中华人民共和国行业标准

Gonglu Gongcheng Biaozhun Guifan Huibian Quanshu

公路工程标准规范汇编全书

桥隧设计卷

本社汇编

人民交通出版社

内 容 提 要

《公路工程标准规范汇编全书》分九卷对现行公路工程类行业标准、规范、规程进行了汇编，并对上述图书出版过程中的疏漏予以校正。本书为《公路工程标准规范汇编全书》之桥隧设计卷，汇编了《公路桥涵设计通用规范》(JTG D60—2004)、《公路桥梁抗风设计规范》(JTG/T D60-01—2004)、《公路桥涵地基与基础设计规范》(JTG D63—2007)、《公路钢筋混凝土及预应力混凝土桥涵设计规范》(JTG D62—2004)、《公路圬工桥涵设计规范》(JTG D61—2005)、《公路桥涵钢结构及木结构设计规范》(JTJ 025—86)、《公路斜拉桥设计细则》(JTG/T D65-01—2007)、《公路隧道设计规范》(JTG D70—2004)、《公路隧道通风照明设计规范》(JTJ 026.1—1999)共九部现行公路工程行业标准，以便于公路工程施工技术人员使用。

图书在版编目（CIP）数据

公路工程标准规范汇编全书. 桥隧设计卷/人民交通出版社汇编. —北京：人民交通出版社，2007.9

ISBN 978-7-114-06705-1

Ⅰ. 公… Ⅱ. 人… Ⅲ. ①道路工程-标准-汇编-中国②桥梁工程-设计-标准-汇编-中国③隧道工程-设计-标准-汇编-中国 Ⅳ. U41-65

中国版本图书馆 CIP 数据核字（2007）第 110151 号

书　　名：公路工程标准规范汇编全书·桥隧设计卷
著 作 者：本社汇编
责任编辑：刘　涛　李　农
出版发行：人民交通出版社
地　　址：(100011)北京市朝阳区安定门外外馆斜街 3 号
网　　址：http://www.ccpress.com.cn
销售电话：(010)85285838,85285995,85285656
总 经 销：北京中交盛世书刊有限公司
经　　销：各地新华书店
印　　刷：北京市密东印刷有限公司
开　　本：880×1230　1/16
印　　张：66.5
字　　数：2040 千
版　　次：2008 年 5 月第 1 版
印　　次：2008 年 5 月第 1 次印刷
书　　号：ISBN 978-7-114-06705-1
印　　数：0001—2000 册
定　　价：198.00 元

目　录

JTG

中华人民共和国行业标准　　JTG D60—2004

1

公路桥涵设计通用规范

General Code for Design of Highway Bridges and Culverts

2004-06-28 发布　　2004-10-01 实施

中华人民共和国交通部发布

中华人民共和国交通部公告

1

第15号

关于发布《公路桥涵设计通用规范》（JTG D60—2004）的公告

现发布《公路桥涵设计通用规范》（JTG D60—2004），自2004年10月1日起施行，原《公路桥涵设计通用规范》（JTJ 021—89）同时废止。

《公路桥涵设计通用规范》（JTG D60—2004）中第1.0.6、1.0.9、4.1.2、4.1.6、4.3.1、4.3.2和4.3.5条为强制性条文，必须按照国家有关工程建设标准强制性条文的有关规定严格执行。《工程建设标准强制性条文》（公路工程部分）2002版中关于《公路桥涵设计通用规范》（JTJ 021—89）的强制性条文同时废止。

《公路桥涵设计通用规范》（JTG D60—2004）由中交公路规划设计院负责编制，规范的管理权和解释权归交通部，日常解释及管理工作由中交公路规划设计院负责。

请各有关单位在实践中注意积累资料，总结经验，及时将发现的问题和修改意见函告中交公路规划设计院（北京市东四前炒面胡同33号，邮政编码：100010；联系电话：010—65237331），以便修订时参考。

特此公告。

中华人民共和国交通部

二〇〇四年六月二十八日

关于批准《公路钢筋混凝土及预应力混凝土桥涵设计规范》(JTG D62—2004)及《公路桥涵设计通用规范》(JTG D60—2004)强制性条文的函

建办标函[2004]233号

交通部办公厅:

你厅《关于报送〈公路钢筋混凝土及预应力混凝土桥涵设计规范〉(JTG D62—2004)及〈公路桥涵设计通用规范〉(JTG D60—2004)强制性条文报批稿的函》(厅公路字[2004]114、115号)收悉。经我部研究,现批准《公路钢筋混凝土及预应力混凝土桥涵设计规范》(JTG D62—2004)中第3.1.3、3.1.4、3.2.2、3.2.3、5.1.5、6.3.1、9.1.1、9.1.12、9.4.1、9.8.2条和《公路桥涵设计通用规范》(JTG D60—2004)中的第1.0.6、1.0.9、4.1.2、4.1.6、4.3.1、4.3.2、4.3.5条为强制性条文,自2004年6月1日起施行。该强制性条文将纳入《工程建设标准强制性条文》(公路工程部分),必须严格执行。原《工程建设标准强制性条文》(公路工程部分)中有关《公路钢筋混凝土及预应力混凝土桥涵设计规范》(JTJ 023—85)和《公路桥涵设计通用规范》(JTJ 021—89)的强制性条文同时废止。

强制性条文的具体内容,将在近期出版的《工程建设标准化》刊物上登载。

中华人民共和国建设部

二〇〇四年四月二十六日

前　言

本规范系根据中华人民共和国交通部交公路发[1996]1085号文《关于下达1996年度公路工程建设标准、规范、定额等编制、修订工作计划的通知》的要求，对《公路桥涵设计通用规范》（JTJ 021—89）进行修订而成。

在修订过程中，规范修订组会同吉林省交通科学研究所和重庆交通学院等单位进行了有关的科研工作，吸取了国内其他单位的研究成果和实际工程设计经验，借鉴了国际先进的标准规范，与国内相关规范作了比较和协调。在规范条文初稿编写完成以后，通过多种方式广泛地征求了有关单位和个人的意见，对规范的主要内容进行了试设计，经反复修改，最后由交通部会同有关部门审查定稿。

本规范修订，结合10余年来我国公路桥梁的发展和要求，对原规范进行了较为全面的改进。主要的修订内容有：

1. 明确了公路桥涵结构应进行承载能力极限状态和正常使用极限状态设计，并引入了结构设计的持久状况、短暂状况和偶然状况三个设计状况；

2. 修改了公路桥涵结构设计的作用效应的组合方式及其组合系数，引入了作用的短期效应组合和长期效应组合，并提出了各种可变作用短期效应组合时的频遇值系数和长期效应组合时的准永久值系数；

3. 引入了公路桥涵设计的安全等级及其重要性系数，以桥涵结构破坏可能产生的后果严重程度的不同采用不同的重要性系数，使结构的设计更趋合理；

4. 开展了"公路桥涵分类标准"专题研究，根据研究成果，适当调整了公路桥涵的分类标准；

5. 进行了"高速公路和一级公路桥涵设计洪水频率标准"专题研究，分析比较了原标准与国内外相关标准间的关系，比较分析了设计洪水的计算分析方法，经综合分析比较，认为可维持原规范的规定；

6. 取消了原标准汽车荷载等级，改为采用公路—I级和公路—II级标准汽车荷载；取消了挂车和履带车验算荷载，将验算荷载的影响间接反映在汽车荷载中；

7. 将汽车冲击系数以跨径为主要影响因素的计算方法，改为以结构基频为主要影响因素的计算方法；

8. 局部调整了人群荷载的标准值；

9. 调整了风荷载的计算公式及各影响系数，给出了全国基本风速图及全国各气象台站的基本风速和风压值表；

10. 补充了冰压力的计算方法和计算公式；

11. 改善了温度作用的规定，完善了体系温度的规定，调整了温度梯度曲线的规定；

12. 增加了汽车撞击荷载的计算和设计要求；

13. 补充了通航海轮船舶撞击作用的规定。

本规范的主编单位、参编单位和主要起草人：

主 编 单 位：中交公路规划设计院

参 编 单 位：吉林省交通科学研究所、重庆交通学院

主要起草人：鲍卫刚、郑绍珪、袁伦一、李扬海、李玉良、邹天一

目　次

1 总则

1.0.1 为统一公路桥涵设计技术标准,贯彻国家有关法规和公路技术政策,使公路桥涵的设计符合技术先进、安全可靠、适用耐久、经济合理的要求,制定本规范。

1.0.2 本规范依据《公路工程结构可靠度设计统一标准》(GB/T 50283)规定的原则和交通部《公路工程技术标准》(JTG B01)的有关规定制定。

1.0.3 本规范适用于新建和改建各级公路桥涵的结构设计。

1.0.4 公路桥涵及其引道的线形应与路线的总体布设相协调。

1.0.5 公路桥涵应根据所在公路的作用、性质和将来发展的需要,除应符合第1.0.1条的要求外,还应按照美观和有利环保的原则进行设计,并考虑因地制宜、就地取材、便于施工和养护等因素。

采用标准化跨径的桥涵宜采用装配式结构,适用于机械化、工厂化施工。

1.0.6 公路桥涵结构的设计基准期为100年。

1.0.7 公路桥涵结构应按承载能力极限状态和正常使用极限状态进行设计。

1 承载能力极限状态:对应于桥涵结构或其构件达到最大承载能力或出现不适于继续承载的变形或变位的状态。

2 正常使用极限状态:对应于桥涵结构或其构件达到正常使用或耐久性的某项限值的状态。

在进行上述两类极限状态设计时,应同时满足构造和工艺方面的要求。

1.0.8 公路桥涵应根据不同种类的作用(或荷载)及其对桥涵的影响、桥涵所处的环境条件,考虑以下三种设计状况,并对其进行相应的极限状态设计。

1 持久状况:桥涵建成后承受自重、汽车荷载等持续时间很长的状况。该状况下的桥涵应进行承载能力极限状态和正常使用极限状态设计。

2 短暂状况:桥涵施工过程中承受临时性作用的状况。该状况下的桥涵仅作承载能力极限状态设计,必要时才作正常使用极限状态设计。

3 偶然状况:在桥涵使用过程中可能偶然出现的状况。该状况下的桥涵仅作承载能力极限状态设计。

1.0.9 按持久状况承载能力极限状态设计时,公路桥涵结构的设计安全等级,应根据结构破坏可能产生的后果的严重程度划分为三个设计等级,并不低于表1.0.9的规定。

表1.0.9 公路桥涵结构的设计安全等级

设计安全等级	桥 涵 结 构
一级	特大桥、重要大桥
二级	大桥、中桥、重要小桥
三级	小桥、涵洞

注:本表所列特大、大、中桥等系按本规范表1.0.11中的单孔跨径确定,对多跨不等跨桥梁,以其中最大跨径为准;本表冠以"重要"的大桥和小桥,系指高速公路和一级公路上、国防公路上及城市附近交通繁忙公路上的桥梁。

对于有特殊要求的公路桥涵结构,其设计安全等级可根据具体情况研究确定。

同一桥涵结构构件的安全等级宜与整体结构相同,有特殊要求时可作部分调整,但调整后的级差不得超过一级。

1.0.10 特殊大桥宜进行景观设计;上跨高速公路、一级公路的桥梁应与自然环境和景观相协调。

1.0.11 特大、大、中、小桥及涵洞按单孔跨径或多孔跨径总长分类规定如表1.0.11所示。

表 1.0.11 桥梁涵洞分类

桥涵分类	多孔跨径总长 L(m)	单孔跨径 L_K(m)
特大桥	$L>1000$	$L_K>150$
大桥	$100\leqslant L\leqslant 1000$	$40\leqslant L_K\leqslant 150$
中桥	$30<L<100$	$20\leqslant L_K<40$
小桥	$8\leqslant L\leqslant 30$	$5\leqslant L_K<20$
涵洞	—	$L_K<5$

注:(1)单孔跨径系指标准跨径;

(2)梁式桥、板式桥的多孔跨径总长为多孔标准跨径的总长;拱式桥为两岸桥台内起拱线间的距离;其他形式桥梁为桥面系行车道长度;

(3)管涵及箱涵不论管径或跨径大小、孔数多少,均称为涵洞;

(4)标准跨径:梁式桥、板式桥以两桥墩中线之间桥中心线长度或桥墩中线与桥台台背前缘线之间桥中心线长度为准;拱式桥和涵洞以净跨径为准。

1.0.12 公路桥涵设计除应严格贯彻有关技术管理制度,实行质量控制外,还应在设计文件中,对涉及工程质量的构造设计、材料性能和结构耐久性、必须特别指明的制作或施工工艺、桥涵运行条件等提出相应的要求。

1.0.13 公路桥涵设计除应符合本规范外,结构设计尚应符合现行有关国家标准的规定。

2 术语

2.0.1 作用 Action

施加在结构上的一组集中力或分布力，或引起结构外加变形或约束变形的原因。前者称直接作用，亦称荷载，后者称间接作用。

2.0.2 永久作用 Permanent action

在结构使用期间，其量值不随时间而变化，或其变化值与平均值比较可忽略不计的作用。

2.0.3 可变作用 Variable action

在结构使用期间，其量值随时间变化，且其变化值与平均值比较不可忽略的作用。

2.0.4 偶然作用 Accidental action

在结构使用期间出现的概率很小，一旦出现，其值很大且持续时间很短的作用。

2.0.5 作用代表值 Representative value of an action

结构或结构构件设计时，针对不同设计目的所采用的各种作用规定值，它包括作用标准值、准永久值和频遇值等。

2.0.6 作用标准值 Characteristic value of an action

结构或结构构件设计时，采用的各种作用的基本代表值，其值可根据作用在设计基准期内最大值概率分布的某一分位值确定。

2.0.7 设计基准期 Design reference period

在进行结构可靠性分析时，考虑持久设计状况下各项基本变量与时间关系所采用的基准时间参数。

2.0.8 作用频遇值 Frequent value of an action

结构或构件按正常使用极限状态短期效应组合设计时，采用的一种可变作用代表值，其值可根据在足够长观测期内作用任意时点概率分布的0.95分位值确定。

2.0.9 作用准永久值 Quasi-permanent value of an action

结构或构件按正常使用极限状态长期效应组合设计时，采用的另一种可变作用代表值，其值可根据在足够长观测期内作用任意时点概率分布的0.5(或略高于0.5)分位值确定。

2.0.10 作用效应 Effect of an action

结构对所受作用的反应，如弯矩、扭矩、位移等。

2.0.11 作用效应设计值 Design value of an action effect

作用标准值效应与作用分项系数的乘积。

2.0.12 分项系数 Partial safety factor

为保证所设计的结构具有规定的可靠度而在设计表达式中采用的系数，分作用分项系数和抗力分项系数两类。

2.0.13 作用效应组合 Combination for action effects

结构上几种作用分别产生的效应的随机叠加。

2.0.14 结构重要性系数 Coefficient for importance of a structure

对不同安全等级的结构，为使其具有规定的可靠度而采用的系数。

2.0.15 作用效应组合系数 Coefficient of combination for action effects

在作用效应组合中，由于几个独立可变作用效应最不利值同时出现的概率较小而对作用采用的折减系数。

2.0.16 作用效应基本组合 Fundamental combination for action effects

承载能力极限状态设计时，永久作用设计值效应与可变作用设计值效应的组合。

2.0.17 作用效应偶然组合 Accidental combination for action effects

承载能力极限状态设计时,永久作用标准值效应与可变作用某种代表值效应、一种偶然作用标准值效应的组合。

2.0.18 作用短期效应组合 Combination for short-term action effects

正常使用极限状态设计时,永久作用标准值效应与可变作用频遇值效应的组合。

2.0.19 作用长期效应组合 Combination for long-term action effects

正常使用极限状态设计时,永久作用标准值效应与可变作用准永久值效应的组合。

3 设计要求

3.1 桥涵布置

3.1.1 桥梁应根据公路功能、等级、通行能力及抗洪防灾要求，结合水文、地质、通航、环境等条件进行综合设计。

特大、大桥桥位应选择河道顺直稳定、河床地质良好、河槽能通过大部分设计流量的河段。桥位不宜选择在河汊、沙洲、古河道、急弯、汇合口、港口作业区及易形成流冰、流木阻塞的河段以及断层、岩溶、滑坡、泥石流等不良地质的河段。

3.1.2 当桥址处有二个及二个以上的稳定河槽，或滩地流量占设计流量比例较大，且水流不易引入同一座桥时，可在各河槽、滩地、河汊上分别设桥，不宜用长大导流堤强行集中水流。

平坦、草原、漫流地区，可按分片泄洪布置桥涵。

天然河道不宜改移或裁弯取直。

3.1.3 桥梁纵轴线宜与洪水主流流向正交。对通航河流上的桥梁，其墩台沿水流方向的轴线应与最高通航水位时的主流方向一致。当斜交不能避免时，交角不宜大于5°；当交角大于5°时，宜增加通航孔净宽。

3.1.4 桥涵水文、水力的计算应符合《公路工程地质勘察规范》(JTJ 064)和《公路工程水文勘测设计规范》(JTG C30)的规定。

3.1.5 通航海轮桥梁的桥孔布置及净高应满足《通航海轮桥梁通航标准》(JTJ 311)的规定。通航内河桥梁的桥孔布置及净高应满足《内河通航标准》(GB 50139)的规定，并应充分考虑河床演变和不同通航水位航迹线的变化。

3.1.6 为保证桥位附近水流顺畅，河槽、河岸不发生严重变形，必要时可在桥梁上、下游修建调治构造物。

调治构造物的形式及其布置应根据河流性质、地形、地质、河滩水流情况以及通航要求、桥头引道、水利设施等因素综合考虑确定。

非淹没式调治构造物的顶面，应高出桥涵设计洪水频率的水位至少0.25m，必要时尚应考虑壅水高、波浪爬高、斜水流局部冲高、河床淤积等影响。

允许淹没的调治构造物的顶面应高出常水位。

单边河滩流量不超过总流量的15%或双边河滩流量不超过25%时，可不设导流堤。

3.1.7 公路桥涵的设计洪水频率应符合表3.1.7的规定。

表3.1.7 桥涵设计洪水频率

公路等级	设计洪水频率				
	特大桥	大　桥	中　桥	小　桥	涵洞及小型排水构造物
高速公路	1/300	1/100	1/100	1/100	1/100
一级公路	1/300	1/100	1/100	1/100	1/100
二级公路	1/100	1/100	1/100	1/50	1/50
三级公路	1/100	1/50	1/50	1/25	1/25
四级公路	1/100	1/50	1/50	1/25	不作规定

二级公路上的特大桥及三、四级公路上的大桥，在水势猛急、河床易于冲刷的情况下，可提高一级洪水频率验算基础冲刷深度。

沿河纵向高架桥和桥头引道的设计洪水频率应符合《公路工程技术标准》(JTG B01)表4.0.2路基设计洪水频率的规定。

三、四级公路,在交通容许有限度的中断时,可修建漫水桥和过水路面。漫水桥和过水路面的设计洪水频率,应根据容许阻断交通的时间长短和对上下游农田、城镇、村庄的影响以及泥沙淤塞桥孔、上游河床的淤高等因素确定。

3.2 桥涵孔径

3.2.1 桥涵孔径的设计必须保证设计洪水以内的各级洪水及流冰、泥石流、漂流物等安全通过,并应考虑壅水、冲刷对上下游的影响,确保桥涵附近路堤的稳定。

桥涵孔径的设计应考虑桥位上下游已建或拟建桥涵和水工建筑物的状况及其对河床演变的影响。

桥涵孔径设计尚应注意河床地形,不宜过分压缩河道、改变水流的天然状态。

3.2.2 小桥、涵洞的孔径,应根据设计洪水流量、河床地质、河床和锥坡加固形式等条件确定。

当小桥、涵洞的上游条件许可积水时,依暴雨径流计算的流量可考虑减少,但减少的流量不宜大于总流量的1/4。

3.2.3 特大、大、中桥的孔径布置应按设计洪水流量和桥位河段的特性进行设计计算,并对孔径大小、结构形式、墩台基础埋置深度、桥头引道及调治构造物的布置等进行综合比较。

3.2.4 计算桥下冲刷时,应考虑桥孔压缩后设计洪水过水断面所产生的桥下一般冲刷、墩台阻水引起的局部冲刷、河床自然演变冲刷以及调治构造物和桥位其他冲刷因素的影响。

3.2.5 桥梁全长规定为:有桥台的桥梁为两岸桥台侧墙或八字墙尾端间的距离;无桥台的桥梁为桥面系长度。

当标准设计或新建桥涵的跨径在50m及以下时,宜采用标准化跨径。

桥涵标准化跨径规定如下:

0.75m、1.0m、1.25m、1.5m、2.0m、2.5m、3.0m、4.0m、5.0m、6.0m、8.0m、10m、13m、16m、20m、25m、30m、35m、40m、45m、50m。

3.3 桥涵净空

3.3.1 桥涵净空应符合图3.3.1公路建筑限界规定及本条其他各款规定。

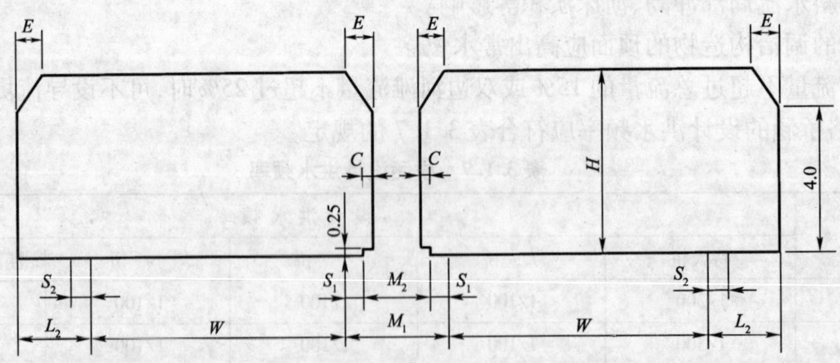

a)高速公路、一级公路(整体式)

图 3.3.1

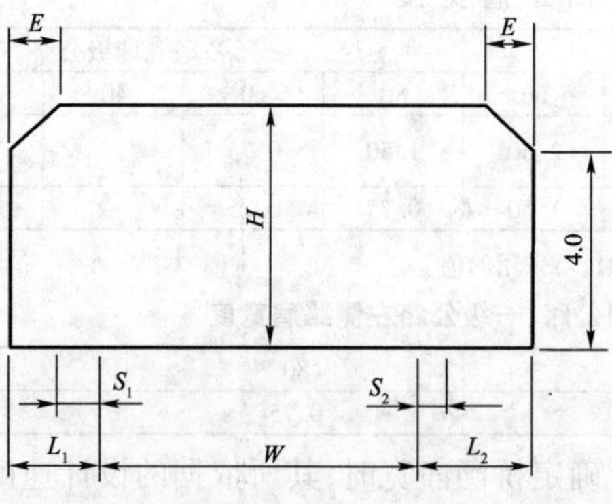

b)高速公路、一级公路(分离式)

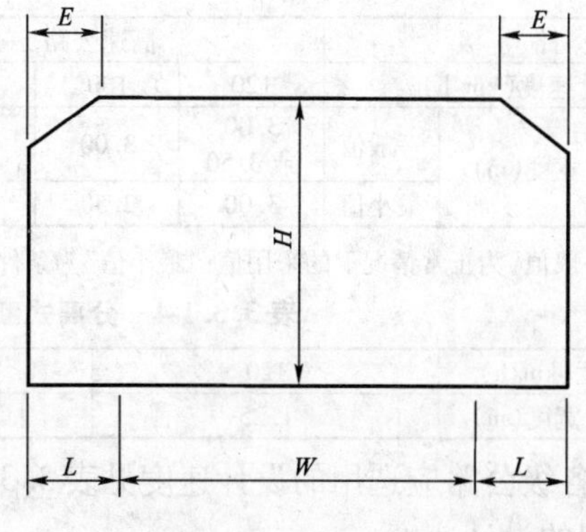

c)二、三、四级公路

图 3.3.1 桥涵净空(尺寸单位:m)

注:(1)当桥梁设置人行道时,桥涵净空应包括该部分的宽度;

(2)人行道、自行车道与行车道分开设置时,其净高不应小于 2.5m。

图中 W——行车道宽度(m),为车道数乘以车道宽度,并计入所设置的加(减)速车道、紧急停车道、爬坡车道、慢车道或错车道的宽度,车道宽度规定见表 3.3.1-1;

C——当设计速度大于 100km/h 时为 0.5m;当设计速度等于或小于 100km/h 时为 0.25m;

S_1——行车道左侧路缘带宽度(m),见表 3.3.1-2;

S_2——行车道右侧路缘带宽度(m),应为 0.5m;

M_1——中间带宽度(m),由两条左侧路缘带和中央分隔带组成,见表 3.3.1-2;

M_2——中央分隔带宽度(m),见表 3.3.1-2;

E——桥涵净空顶角宽度(m),当 $L \leq 1$m 时,$E = L$;当 $L > 1$m 时,$E = 1$m;

H——净空高度(m),高速公路和一级、二级公路上的桥梁应为 5.0m,三、四级公路上的桥梁应为 4.5m;

L_2——桥涵右侧路肩宽度(m),见表 3.3.1-3,当受地形条件及其他特殊情况限制时,可采用最小值。高速公路和一级公路上桥梁应在右侧路肩内设右侧路缘带,其宽度为 0.5m。设计速度为 120km/h 的四车道高速公路上桥梁,宜采用 3.50m 的右侧路肩;六车道、八车道高速公路上桥梁,宜采用 3.00m 的右侧路肩。高速公路、一级公路上桥梁的右侧路肩宽度小于 2.50m 且桥长超过 500m 时,宜设置紧急停车带,紧急停车带宽度包括路肩在内为 3.50m,有效长度不应小于 30m,间距不宜大于 500m;

L_1——桥梁左侧路肩宽度(m),见表 3.3.1-4。八车道及八车道以上高速公路上的桥梁宜设置左路肩,其宽度应为 2.50m。左侧路肩宽度内含左侧路缘带宽度;

L——侧向宽度。高速公路、一级公路上桥梁的侧向宽度为路肩宽度(L_1、L_2);二、三、四级公路上桥梁的侧向宽度为其相应的路肩宽度减去 0.25m。

表 3.3.1-1 车道宽度

设计速度(km/h)	120	100	80	60	40	30	20
车道宽度(m)	3.75	3.75	3.75	3.50	3.50	3.25	3.00 (单车道为 3.50m)

注:高速公路上的八车道桥梁,当设置左侧路肩时,内侧车道宽度可采用 3.50m。

表 3.3.1-2 中间带宽度

设计速度(km/h)		120	100	80	60
中央分隔带宽度(m)	一般值	3.00	2.00	2.00	2.00
	最小值	2.00	2.00	1.00	1.00
左侧路缘带宽度(m)	一般值	0.75	0.75	0.50	0.50
	最小值	0.75	0.50	0.50	0.50
中间带宽度(m)	一般值	4.50	3.50	3.00	3.00
	最小值	3.50	3.00	2.00	2.00

注:“一般值”为正常情况下的采用值;“最小值”为条件受限制时,可采用的值。

表 3.3.1-3 右侧路肩宽度

公路等级		高速公路、一级公路				二、三、四级公路				
设计速度(km/h)		120	100	80	60	80	60	40	30	20
右侧路肩宽度(m)	一般值	3.00 或 3.50	3.00	2.50	2.50	1.50	0.75	—	—	—
	最小值	3.00	2.50	1.50	1.50	0.75	0.25	—	—	

注:"一般值"为正常情况下的采用值;"最小值"为条件受限制时,可采用的值。

表 3.3.1-4 分离式断面高速公路、一级公路左侧路肩宽度

设计速度(km/h)	120	100	80	60
左侧路肩宽度(m)	1.25	1.00	0.75	0.75

1 各级公路应选用的设计速度见表 3.3.1-5。确定桥涵净宽时,其所依据的设计速度应沿用各级公路选用的设计速度。

表 3.3.1-5 各级公路设计速度

公路等级	高速公路			一级公路			二级公路		三级公路		四级公路
设计速度(km/h)	120	100	80	100	80	60	80	60	40	30	20

2 高速公路、一级公路上的特殊大桥为整体式上部结构时,其中央分隔带和路肩的宽度可根据具体情况适当减小,但减小后的宽度不应小于表 3.3.1-2 和表 3.3.1-3 规定的"最小值"。

3 高速公路、一级公路上的桥梁宜设计为上、下行两座分离的独立桥梁。

4 高速公路上的桥梁应设检修道,不宜设人行道。一、二、三、四级公路上桥梁的桥上人行道和自行车道的设置,应根据需要而定,并应与前后路线布置协调。人行道、自行车道与行车道之间,应设分隔设施。一个自行车道的宽度为 1.0m;当单独设置自行车道时,不宜小于两个自行车道的宽度。人行道的宽度宜为 0.75m 或 1.0m;大于 1.0m 时,按 0.5m 的级差增加。当设路缘石时,路缘石高度可取用 0.25 ~ 0.35m。

漫水桥和过水路面可不设人行道。

5 通行拖拉机或兽力车为主的慢行道,其宽度应根据当地行驶拖拉机或兽力车车型及交通量而定;当沿桥梁一侧设置时,不应小于双向行驶要求的宽度。

6 高速公路、一级公路上的桥梁必须设置护栏。二、三、四级公路上特大、大、中桥应设护栏或栏杆和安全带,小桥和涵洞可仅设缘石或栏杆。不设人行道的漫水桥和过水路面应设标杆或护栏。

3.3.2 桥下净空应根据计算水位(设计水位计入壅水、浪高等)或最高流冰水位加安全高度确定。

当河流有形成流冰阻塞的危险或有漂浮物通过时,应按实际调查的数据,在计算水位的基础上,结合当地具体情况酌留一定富余量,作为确定桥下净空的依据。对于有淤积的河流,桥下净空应适当增加。

在不通航或无流放木筏河流上及通航河流的不通航桥孔内,桥下净空不应小于表 3.3.2 的规定。

表 3.3.2 非通航河流桥下最小净空

桥梁的部位		高出计算水位(m)	高出最高流冰面(m)
梁底	洪水期无大漂流物	0.50	0.75
	洪水期有大漂流物	1.50	—
	有泥石流	1.00	—
支承垫石顶面		0.25	0.50
拱脚		0.25	0.25

无铰拱的拱脚允许被设计洪水淹没,但不宜超过拱圈高度的 2/3,且拱顶底面至计算水位的净高不得小于 1.0m。

在不通航和无流筏的水库区域内,梁底面或拱顶底面离开水面的高度不应小于计算浪高的 0.75 倍加上 0.25m。

3.3.3 涵洞宜设计为无压力式的。无压力式涵洞内顶点至洞内设计洪水频率标准水位的净高应符合表 3.3.3 的规定。

表 3.3.3 无压力式涵洞内顶点至最高流水面的净高

涵洞类型 / 涵洞进口净高(或内径)h(m)	管涵	拱涵	矩形涵
$h \leqslant 3$	$\geqslant h/4$	$\geqslant h/4$	$\geqslant h/6$
$h > 3$	≥0.75m	≥0.75m	≥0.5m

3.3.4 立体交叉跨线桥桥下净空应符合下列规定：

1 公路与公路立体交叉的跨线桥桥下净空及布孔除应符合本规范第3.3.1条桥涵净空的规定外，还应满足桥下公路的视距和前方信息识别的要求，其结构形式应与周围环境相协调。

2 铁路从公路上跨越通过时，其跨线桥桥下净空及布孔除应符合本规范第3.3.1条桥涵净空的规定外，还应满足桥下公路的视距和前方信息识别的要求。

3 农村道路与公路立体交叉的跨线桥桥下净空为：

当农村道路从公路上面跨越时，跨线桥桥下净空应符合本规范第3.3.1条建筑限界的规定；

当农村道路从公路下面穿过时，其净空可根据当地通行的车辆和交叉情况而定，人行通道的净高应大于或等于2.2m，净宽应大于或等于4.0m；

畜力车及拖拉机通道的净高应大于或等于2.7m，净宽应大于或等于4.0m；

农用汽车通道的净高应大于或等于3.2m，并根据交通量和通行农业机械的类型选用净宽，但应大于或等于4.0m；

汽车通道的净高应大于或等于3.5m；净宽应大于或等于6.0m。

3.3.5 车行天桥桥面净宽按交通量和通行农业机械类型可选用4.5m或7.0m；其汽车荷载应符合本规范第4.3.1条有关四级公路汽车荷载的规定。

人行天桥桥面净宽应大于或等于3.0m；其人群荷载应符合本规范第4.3.5条的规定。

3.3.6 电信线、电力线、电缆、管道等的设置不得侵入公路桥涵净空限界，不得妨害桥涵交通安全，并不得损害桥涵的构造和设施。

严禁天然气输送管道、输油管道利用公路桥梁跨越河流。天然气输送管道离开特大、大、中桥的安全距离不应小于100m，离开小桥的安全距离不应小于50m。

高压线跨河塔架的轴线与桥梁的最小间距，不得小于一倍塔高。高压线与公路桥涵的交叉应符合现行《公路路线设计规范》的规定。

3.4 桥上线形及桥头引道

3.4.1 桥上及桥头引道的线形应与路线布设相互协调，各项技术指标应符合路线布设的规定。桥上纵坡不宜大于4%，桥头引道纵坡不宜大于5%；位于市镇混合交通繁忙处，桥上纵坡和桥头引道纵坡均不得大于3%。桥头两端引道线形应与桥上线形相配合。

3.4.2 在洪水泛滥区域以内，特大、大、中桥桥头引道的路肩高程应高出桥梁设计洪水频率的水位加壅水高、波浪爬高、河弯超高、河床淤积等影响0.5m以上。

小桥涵引道的路肩高程，宜高出桥涵前壅水水位（不计浪高）0.5m以上。

3.4.3 桥头锥体及引道应符合以下要求：

1 桥头锥体及桥台台后5~10m长度内的引道，可用砂性土等材料填筑。在非严寒地区当无透水性土时，可就地取土经处理后填筑。

2 锥坡与桥台两侧正交线的坡度，当有铺砌时，路肩边缘下的第一个8m高度内不宜陡于1:1；在8~12m高度内不宜陡于1:1.25；高于12m的路基，其12m以下的边坡坡度应由计算确定，但不应陡于1:1.5，变坡处台前宜设宽0.5~2.0m的锥坡平台；不受洪水冲刷的锥坡可采用不陡于1:1.25的坡度；经常受水淹没部分的边坡坡度不应陡于1:2。

埋置式桥台和钢筋混凝土灌注桩式或排架桩式桥台，其锥坡坡度不应陡于1:1.5，对不受洪水冲刷的锥坡，加强防护时可采用不陡于1:1.25的坡度。

3 洪水泛滥范围以内的锥坡和引道的边坡坡面，应根据设计流速设置铺砌层。铺砌层的高度应为：特大、大、中桥应高出计算水位0.5m以上；小桥涵应高出设计水位加壅水水位（不计浪高）0.25m以上。

3.4.4 桥台侧墙后端和悬臂梁桥的悬臂端深入桥头锥坡顶点以内的长度，均不应小于0.75m（按路基和锥坡沉实后计）。

高速公路、一级公路和二级公路的桥头宜设置搭板。搭板厚度不宜小于0.25m,长度不宜小于5m。

3.5 构造要求

3.5.1 桥涵结构应符合以下要求:

1 结构在制造、运输、安装和使用过程中,应具有规定的强度、刚度、稳定性和耐久性。

2 结构的附加应力、局部应力应尽量减小。

3 结构形式和构造应便于制造、施工和养护。

4 结构物所用材料的品质及其技术性能必须符合相关现行标准的规定。

3.5.2 公路桥涵应根据其所处环境条件选用适宜的结构形式和建筑材料,进行适当的耐久性设计,必要时尚应增加防护措施。

3.5.3 桥涵的上、下部构造应视需要设置变形缝或伸缩缝,以减小温度变化、混凝土收缩和徐变、地基不均匀沉降以及其他外力所产生的影响。

高速公路、一级公路上的多孔梁(板)桥宜采用连续桥面简支结构,或采用整体连续结构。

3.5.4 小桥涵可在进、出口和桥涵所在范围内将河床整治和加固,必要时在进、出口处设置减冲、防冲设施。

3.5.5 漫水桥应尽量减小桥面和桥墩的阻水面积,其上部构造与墩台的连接必须可靠,并应采取必要的措施使基础不被冲毁。

3.5.6 桥涵应有必要的通风、排水和防护措施及维修工作空间。

3.5.7 需设置栏杆的桥梁,其栏杆的设计,除应满足受力要求外,尚应注意美观,栏杆高度不应小于1.1m。

3.5.8 安装板式橡胶支座时,应保证其上下表面与梁底面及墩台支承垫石顶面平整密贴、传力均匀,不得有脱空的橡胶支座。

当板式橡胶支座设置于大于某一规定坡度上时,应在支座表面与梁底之间采取措施,使支座上、下传力面保持水平。

弯、坡、斜、宽桥梁宜选用圆形板式橡胶支座。公路桥涵不宜使用带球冠的板式橡胶支座或坡形的板式橡胶支座。

墩台构造应满足更换支座的要求。

3.6 桥面铺装、排水和防水层

3.6.1 桥面铺装的结构形式宜与所在位置的公路路面相协调。桥面铺装应有完善的桥面防水、排水系统。

高速公路和一级公路上特大桥、大桥的桥面铺装宜采用沥青混凝土桥面铺装。

3.6.2 桥面铺装应设防水层。

圬工桥台背面及拱桥拱圈与填料间应设置防水层,并设盲沟排水。

3.6.3 高速公路、一级公路上桥梁的沥青混凝土桥面铺装层厚度不宜小于70mm;二级及二级以下公路桥梁的沥青混凝土桥面铺装层厚度不宜小于50mm。

沥青混凝土桥面铺装尚应符合现行《公路沥青路面设计规范》的有关规定。

3.6.4 水泥混凝土桥面铺装面层(不含整平层和垫层)的厚度不宜小于80mm,混凝土强度等级不应低于C40。

水泥混凝土桥面铺装层内应配置钢筋网。钢筋直径不应小于8mm,间距不宜大于100mm。

水泥混凝土桥面铺装尚应符合《公路水泥混凝土路面设计规范》(JTG D40)的有关规定。

3.6.5 正交异性板钢桥面沥青混凝土铺装结构应根据桥梁纵面线形、桥梁结构受力状态、桥面系的实际情况、当地气象与环境条件、铺装材料的性能等综合研究选用。

3.6.6 桥面伸缩装置应保证能自由伸缩,并使车辆平稳通过。伸缩装置应具有良好的密水性和排水性,并应便于检查和清除沟槽的污物。

特大桥和大桥宜使用模数式伸缩装置,其钢梁高度应按计算确定,但不应小于70mm,并应具有强力的锚固系统。

3.6.7 桥面应设排水设施。跨越公路、铁路、通航河流的桥梁,桥面排水宜通过设在桥梁墩台处的竖向排水管排入地面排水设施中。

3.7 养护及其他附属设施

3.7.1 特大、大桥上部构造宜设置检查平台、通道、扶梯、箱内照明、入口井盖等专门供检查和养护用的设施,保证工作人员的正常工作和安全。条件许可时,特大、大桥应设置检修通道。

特大桥和大桥的墩台宜根据需要设置测量标志,测量标志的设置应符合有关标准的规定。

3.7.2 跨越河流或海湾的特大、大、中桥宜设置水尺或标志,较高墩台宜设围栏、扶梯等。

3.7.3 斜拉桥和悬索桥的桥塔必须设置避雷设施。

3.7.4 特大、大、中桥可视需要设防火、照明和导航设备以及养护工房、库房和守卫房等,必要时可设置紧急电话。

4 作用

4.1 作用分类、代表值和作用效应组合

4.1.1 公路桥涵设计采用的作用分为永久作用、可变作用和偶然作用三类，规定于表4.1.1。

表4.1.1 作用分类

编号	作用分类	作用名称
1	永久作用	结构重力(包括结构附加重力)
2		预加力
3		土的重力
4		土侧压力
5		混凝土收缩及徐变作用
6		水的浮力
7		基础变位作用
8	可变作用	汽车荷载
9		汽车冲击力
10		汽车离心力
11		汽车引起的土侧压力
12		人群荷载
13		汽车制动力
14		风荷载
15		流水压力
16		冰压力
17		温度(均匀温度和梯度温度)作用
18		支座摩阻力
19	偶然作用	地震作用
20		船舶或漂流物的撞击作用
21		汽车撞击作用

4.1.2 公路桥涵设计时，对不同的作用应采用不同的代表值。

1 永久作用应采用标准值作为代表值。

2 可变作用应根据不同的极限状态分别采用标准值、频遇值或准永久值作为其代表值。承载能力极限状态设计及按弹性阶段计算结构强度时应采用标准值作为可变作用的代表值。正常使用极限状态按短期效应(频遇)组合设计时，应采用频遇值作为可变作用的代表值；按长期效应(准永久)组合设计时，应采用准永久值作为可变作用的代表值。

3 偶然作用取其标准值作为代表值。

4.1.3 作用的代表值按下列规定取用：

1 永久作用的标准值，对结构自重(包括结构附加重力)，可按结构构件的设计尺寸与材料的重力密度计算确定。

2 可变作用的标准值应按本规范有关章节中的规定采用。

可变作用频遇值为可变作用标准值乘以频遇值系数 ψ_1。可变作用准永久值为可变作用标准值乘以准永久值系数 ψ_2。

3 偶然作用应根据调查、试验资料，结合工程经验确定其标准值。

4.1.4 作用的设计值规定为作用的标准值乘以相应的作用分项系数。

4.1.5 公路桥涵结构设计应考虑结构上可能同时出现的作用，按承载能力极限状态和正常使用极限状态进行作用效应组合，取其最不利效应组合进行设计：

1 只有在结构上可能同时出现的作用，才进行其效应的组合。当结构或结构构件需做不同受力方向的验算时，则应以不同方向的最不利的作用效应进行组合。

2 当可变作用的出现对结构或结构构件产生有利影响时，该作用不应参与组合。实际不可能同时出现的作用或同时参与组合概率很小的作用，按表 4.1.5 规定不考虑其作用效应的组合。

表 4.1.5 可变作用不同时组合表

编 号	作用名称	不与该作用同时参与组合的作用编号
13	汽车制动力	15,16,18
15	流水压力	13,16
16	冰压力	13,15
18	支座摩阻力	13

3 施工阶段作用效应的组合，应按计算需要及结构所处条件而定，结构上的施工人员和施工机具设备均应作为临时荷载加以考虑。组合式桥梁，当把底梁作为施工支撑时，作用效应宜分两个阶段组合，底梁受荷为第一个阶段，组合梁受荷为第二个阶段。

4 多个偶然作用不同时参与组合。

4.1.6 公路桥涵结构按承载能力极限状态设计时，应采用以下两种作用效应组合：

1 基本组合。永久作用的设计值效应与可变作用设计值效应相组合，其效应组合表达式为：

$$\gamma_0 S_{ud} = \gamma_0 \left(\sum_{i=1}^{m} \gamma_{Gi} S_{Gik} + \gamma_{Q1} S_{Q1k} + \psi_c \sum_{j=2}^{n} \gamma_{Qj} S_{Qjk} \right) \tag{4.1.6-1}$$

或

$$\gamma_0 S_{ud} = \gamma_0 \left(\sum_{i=1}^{m} S_{Gid} + S_{Q1d} + \psi_c \sum_{j=2}^{n} S_{Qjd} \right) \tag{4.1.6-2}$$

式中 S_{ud}——承载能力极限状态下作用基本组合的效应组合设计值；

γ_0——结构重要性系数，按本规范表 1.0.9 规定的结构设计安全等级采用，对应于设计安全等级一级、二级和三级分别取 1.1、1.0 和 0.9；

γ_{Gi}——第 i 个永久作用效应的分项系数，应按表 4.1.6 的规定采用；

S_{Gik}、S_{Gid}——第 i 个永久作用效应的标准值和设计值；

γ_{Q1}——汽车荷载效应（含汽车冲击力、离心力）的分项系数，取 $\gamma_{Q1}=1.4$。当某个可变作用在效应组合中其值超过汽车荷载效应时，则该作用取代汽车荷载，其分项系数应采用汽车荷载的分项系数；对专为承受某作用而设置的结构或装置，设计时该作用的分项系数取与汽车荷载同值；计算人行道板和人行道栏杆的局部荷载，其分项系数也与汽车荷载取同值；

S_{Q1k}、S_{Q1d}——汽车荷载效应（含汽车冲击力、离心力）的标准值和设计值；

γ_{Qj}——在作用效应组合中除汽车荷载效应（含汽车冲击力、离心力）、风荷载外的其他第 j 个可变作用效应的分项系数，取 $\gamma_{Qj}=1.4$，但风荷载的分项系数取 $\gamma_{Qj}=1.1$；

S_{Qjk} S_{Qjd}——在作用效应组合中除汽车荷载效应（含汽车冲击力、离心力）外的其他第 j 个可变作用效应的标准值和设计值；

ψ_c——在作用效应组合中除汽车荷载效应（含汽车冲击力、离心力）外的其他可变作用效应的组合系数，当永久作用与汽车荷载和人群荷载（或其他一种可变作用）组合时，人群荷载（或其他一种可变作用）的组合系数取 $\psi_c=0.80$；当除汽车荷载（含汽车冲击力、离心力）外

尚有两种其他可变作用参与组合时,其组合系数取 $\psi_c = 0.70$;尚有三种可变作用参与组合时,其组合系数取 $\psi_c = 0.60$;尚有四种及多于四种的可变作用参与组合时,取 $\psi_c = 0.50$。

设计弯桥时,当离心力与制动力同时参与组合时,制动力标准值或设计值按70%取用。

2 偶然组合。永久作用标准值效应与可变作用某种代表值效应、一种偶然作用标准值效应相组合。偶然作用的效应分项系数取1.0;与偶然作用同时出现的可变作用,可根据观测资料和工程经验取用适当的代表值。地震作用标准值及其表达式按现行《公路工程抗震设计规范》规定采用。

表 4.1.6 永久作用效应的分项系数

编号	作用类别		永久作用效应分项系数	
			对结构的承载能力不利时	对结构的承载能力有利时
1	混凝土和圬工结构重力(包括结构附加重力)		1.2	1.0
	钢结构重力(包括结构附加重力)		1.1 或 1.2	
2	预加力		1.2	1.0
3	土的重力		1.2	1.0
4	混凝土的收缩及徐变作用		1.0	1.0
5	土侧压力		1.4	1.0
6	水的浮力		1.0	1.0
7	基础变位作用	混凝土和圬工结构	0.5	0.5
		钢结构	1.0	1.0

注:本表编号1中,当钢桥采用钢桥面板时,永久作用效应分项系数取1.1;当采用混凝土桥面板时,取1.2。

4.1.7 公路桥涵结构按正常使用极限状态设计时,应根据不同的设计要求,采用以下两种效应组合:

1 作用短期效应组合。永久作用标准值效应与可变作用频遇值效应相组合,其效应组合表达式为:

$$S_{sd} = \sum_{i=1}^{m} S_{Gik} + \sum_{j=1}^{n} \psi_{1j} S_{Qjk} \tag{4.1.7-1}$$

式中 S_{sd}——作用短期效应组合设计值;

ψ_{1j}——第 j 个可变作用效应的频遇值系数,汽车荷载(不计冲击力)$\psi_1 = 0.7$,人群荷载 $\psi_1 = 1.0$,风荷载 $\psi_1 = 0.75$,温度梯度作用 $\psi_1 = 0.8$,其他作用 $\psi_1 = 1.0$;

$\psi_{1j}S_{Qjk}$——第 j 个可变作用效应的频遇值。

2 作用长期效应组合。永久作用标准值效应与可变作用准永久值效应相组合,其效应组合表达式为:

$$S_{ld} = \sum_{i=1}^{m} S_{Gik} + \sum_{j=1}^{n} \psi_{2j} S_{Qjk} \tag{4.1.7-2}$$

式中 S_{ld}——作用长期效应组合设计值;

ψ_{2j}——第 j 个可变作用效应的准永久值系数,汽车荷载(不计冲击力)$\psi_2 = 0.4$,人群荷载 $\psi_2 = 0.4$,风荷载 $\psi_2 = 0.75$,温度梯度作用 $\psi_2 = 0.8$,其他作用 $\psi_2 = 1.0$;

$\psi_{2j}S_{Qjk}$——第 j 个可变作用效应的准永久值。

4.1.8 结构构件当需进行弹性阶段截面应力计算时,除特别指明外,各作用效应的分项系数及组合系数均取为1.0,各项应力限值应按各设计规范规定采用。

4.1.9 验算结构的抗倾覆、滑动稳定时,稳定系数、各作用的分项系数及摩擦系数,应根据不同结构按各有关桥涵设计规范的规定确定,支座的摩擦系数可按本规范表4.3.11规定采用。

4.1.10 构件在吊装、运输时,构件重力应乘以动力系数1.2或0.85,并可视构件具体情况作适当增减。

4.2 永久作用

4.2.1 结构自重及桥面铺装、附属设备等附加重力均属结构重力，结构重力标准值可按表4.2.1所列常用材料的重力密度计算。

表4.2.1 常用材料的重力密度

材料种类	重力密度(kN/m^3)	材料种类	重力密度(kN/m^3)
钢、铸钢	78.5	浆砌片石	23.0
铸铁	72.5	干砌块石或片石	21.0
锌	70.5	沥青混凝土	23.0~24.0
铅	114.0	沥青碎石	22.0
黄铜	81.1	碎(砾)石	21.0
青铜	87.4	填土	17.0~18.0
钢筋混凝土或预应力混凝土	25.0~26.0	填石	19.0~20.0
混凝土或片石混凝土	24.0	石灰三合土、石灰土	17.5
浆砌块石或料石	24.0~25.0		

4.2.2 预加力在结构进行正常使用极限状态设计和使用阶段构件应力计算时，应作为永久作用计算其主效应和次效应，并计入相应阶段的预应力损失，但不计由于预加力偏心距增大引起的附加效应。在结构进行承载能力极限状态设计时，预加力不作为作用，而将预应力钢筋作为结构抗力的一部分，但在连续梁等超静定结构中，仍需考虑预加力引起的次效应。

4.2.3 土的重力及土侧压力可按下列规定计算：

1 静土压力的标准值可按下列公式计算：

$$e_j = \xi\gamma h \tag{4.2.3-1}$$

$$\xi = 1 - \sin\varphi \tag{4.2.3-2}$$

$$E_j = \frac{1}{2}\xi\gamma H^2 \tag{4.2.3-3}$$

式中 e_j——任一高度 h 处的静土压力强度(kN/m^2)；

ξ——压实土的静土压力系数；

γ——土的重力密度(kN/m^3)；

φ——土的内摩擦角(°)；

h——填土顶面至任一点的高度(m)；

H——填土顶面至基底高度(m)；

E_j——高度 H 范围内单位宽度的静土压力标准值(kN/m)。

在计算倾覆和滑动稳定时，墩、台、挡土墙前侧地面以下不受冲刷部分土的侧压力可按静土压力计算。

2 主动土压力的标准值可按下列公式计算(图4.2.3-1)：

1) 当土层特性无变化且无汽车荷载时，作用在桥台、挡土墙前后的主动土压力标准值可按下式计算：

$$E = \frac{1}{2}B\mu\gamma H^2 \tag{4.2.3-4}$$

$$\mu = \frac{\cos^2(\varphi - a)}{\cos^2\alpha \cdot \cos(\alpha + \delta)\left[1 + \sqrt{\dfrac{\sin(\varphi + \delta)\sin(\varphi - \beta)}{\cos(\alpha + \delta)\cos(\alpha - \beta)}}\right]^2} \tag{4.2.3-5}$$

式中 E——主动土压力标准值(kN)；

γ——土的重力密度(kN/m^3)；

B——桥台的计算宽度或挡土墙的计算长度(m);

H——计算土层高度(m);

β——填土表面与水平面的夹角,当计算台后或墙后的主动土压力时,β 按图 4.2.3-1(a)取正值;当计算台前或墙前主动土压力时,β 按图 4.2.3-1(b)取负值;

α——桥台或挡土墙背与竖直面的夹角,俯墙背(如图 4.2.3-1)时为正值,反之为负值;

δ——台背或墙背与填土间的摩擦角,可取 $\delta=\varphi/2$。

主动土压力的着力点自计算土层底面算起,$C=H/3$。

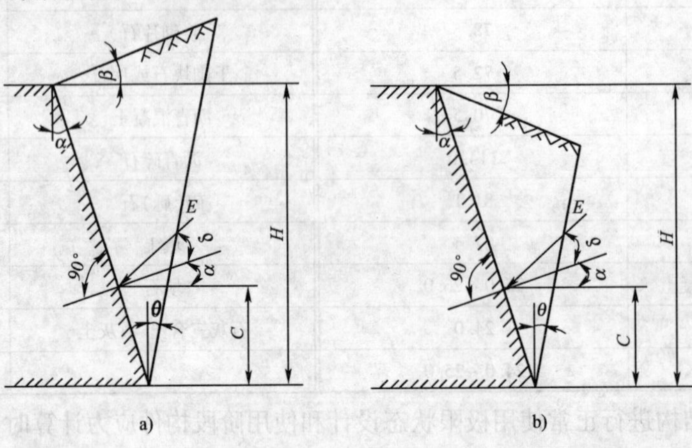

图 4.2.3-1 主动土压力图

2)当土层特性无变化但有汽车荷载作用时,作用在桥台、挡土墙后的主动土压力标准值在 $\beta=0°$ 时可按下式计算:

$$E=\frac{1}{2}B\mu\gamma H(H+2h) \tag{4.2.3-6}$$

式中 h——汽车荷载的等代均布土层厚度(m)。

主动土压力的着力点自计算土层底面算起,$C=\frac{H}{3}\times\frac{H+3h}{H+2h}$。

3)当 $\beta=0°$ 时,破坏棱体破裂面与竖直线间夹角 θ 的正切值可按下式计算:

$$\tan\theta=-\tan\omega+\sqrt{(\cot\varphi+\tan\omega)(\tan\omega-\tan\alpha)} \tag{4.2.3-7}$$

式中 $\omega=\alpha+\delta+\varphi$。

3 当土层特性有变化或受水位影响时,宜分层计算土的侧压力。

4 土的重力密度和内摩擦角应根据调查或试验确定,当无实际资料时,可按照本规范表 4.2.1 和现行的《公路桥涵地基与基础设计规范》采用。

5 承受土侧压力的柱式墩台,作用在柱上的土压力计算宽度,可按下列规定采用(图 4.2.3-2):

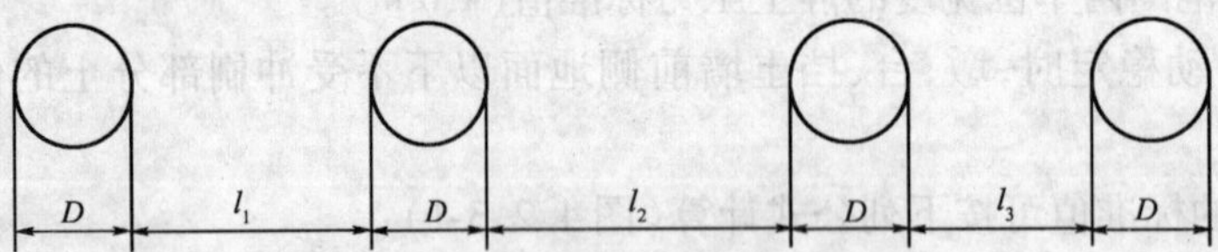

图 4.2.3-2 柱的土侧压力计算宽度

1)当 $l_i\leqslant D$ 时,作用在每根柱上的土压力计算宽度可按下式计算:

$$b=\frac{\left(nD+\sum_{i=1}^{n-1}l_i\right)}{n} \tag{4.2.3-8}$$

式中 b——土压力计算宽度(m);

D——柱的直径或宽度(m);

l_i——柱间净距(m);

n——柱数。

2)当 $l_i > D$ 时，应根据柱的直径或宽度来考虑柱间空隙的折减。

当 $D \leqslant 1.0$m 时，作用在每一柱上的土压力计算宽度可按下式计算：

$$b = \frac{D(2n-1)}{n} \tag{4.2.3-9}$$

当 $D > 1.0$m 时，作用在每一柱上的土压力计算宽度可按下式计算：

$$b = \frac{n(D+1)-1}{n} \tag{4.2.3-10}$$

6 压实填土重力的竖向和水平压力强度标准值可按下式计算：

竖向压力强度 $$q_V = \gamma h \tag{4.2.3-11}$$

水平压力强度 $$q_H = \lambda \gamma h \tag{4.2.3-12}$$

$$\lambda = \tan^2(45° - \frac{\varphi}{2}) \tag{4.2.3-13}$$

式中 γ——土的重力密度(kN/m^3)；

h——计算截面至路面顶的高度(m)；

λ——侧压系数。

4.2.4 水的浮力可按下列规定采用：

1 基础底面位于透水性地基上的桥梁墩台，当验算稳定时，应考虑设计水位的浮力；当验算地基承载力时，可仅考虑低水位的浮力，或不考虑水的浮力。

2 基础嵌入不透水性地基的桥梁墩台不考虑水的浮力。

3 作用在桩基承台底面的浮力，应考虑全部底面积。对桩嵌入不透水地基并灌注混凝土封闭者，不应考虑桩的浮力，在计算承台底面浮力时应扣除桩的截面面积。

4 当不能确定地基是否透水时，应以透水或不透水两种情况与其他作用组合，取其最不利者。

4.2.5 混凝土收缩及徐变作用可按下述规定取用：

1 外部超静定的混凝土结构、钢和混凝土的组合结构等应考虑混凝土收缩及徐变的作用。

2 混凝土的收缩应变和徐变系数可按《公路钢筋混凝土及预应力混凝土桥涵设计规范》(JTG D62)的规定计算。

3 混凝土徐变的计算，可假定徐变与混凝土应力呈线性关系。

4 计算圬工拱圈的收缩作用效应时，如考虑徐变影响，作用效应可乘以 0.45 折减系数。

4.2.6 超静定结构当考虑由于地基压密等引起的长期变形影响时，应根据最终位移量计算构件的效应。

4.3 可变作用

4.3.1 公路桥涵设计时，汽车荷载的计算图式、荷载等级及其标准值、加载方法和纵横向折减等应符合下列规定：

1 汽车荷载分为公路—I 级和公路—II 级两个等级。

2 汽车荷载由车道荷载和车辆荷载组成。车道荷载由均布荷载和集中荷载组成。桥梁结构的整体计算采用车道荷载；桥梁结构的局部加载、涵洞、桥台和挡土墙土压力等的计算采用车辆荷载。车辆荷载与车道荷载的作用不得叠加。

3 各级公路桥涵设计的汽车荷载等级应符合表 4.3.1-1 的规定。

表 4.3.1-1 各级公路桥涵的汽车荷载等级

公路等级	高速公路	一级公路	二级公路	三级公路	四级公路
汽车荷载等级	公路—I 级	公路—I 级	公路—II 级	公路—II 级	公路—II 级

二级公路为干线公路且重型车辆多时,其桥涵的设计可采用公路—I 级汽车荷载。

四级公路上重型车辆少时,其桥涵设计所采用的公路—II 级车道荷载的效应可乘以0.8的折减系数,车辆荷载的效应可乘以 0.7 的折减系数。

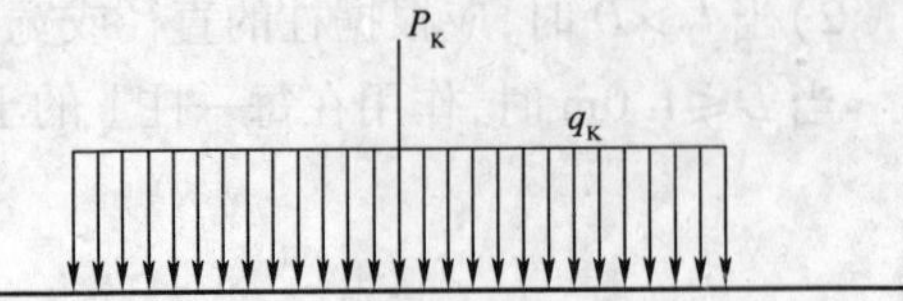

图 4.3.1-1 车道荷载

4 车道荷载的计算图式见图 4.3.1-1。

1)公路—I 级车道荷载的均布荷载标准值为 q_K = 10.5kN/m;集中荷载标准值按以下规定选取:

桥梁计算跨径小于或等于 5m 时,P_K = 180kN;

桥梁计算跨径等于或大于 50m 时,P_K = 360kN;桥梁计算跨径在 5m ~ 50m 之间时,P_K 值采用直线内插求得。计算剪力效应时,上述集中荷载标准值 P_K 应乘以 1.2 的系数。

2)公路—II 级车道荷载的均布荷载标准值 q_K 和集中荷载标准值 P_K 按公路—I 级车道荷载的 0.75 倍采用。

3)车道荷载的均布荷载标准值应满布于使结构产生最不利效应的同号影响线上;集中荷载标准值只作用于相应影响线中一个最大影响线峰值处。

5 车辆荷载的立面、平面尺寸见图 4.3.1-2,主要技术指标规定于表 4.3.1-2。公路—I 级和公路—II 级汽车荷载采用相同的车辆荷载标准值。

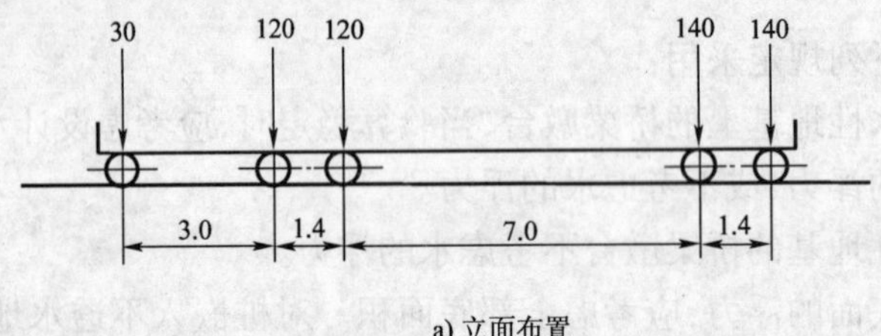

a) 立面布置

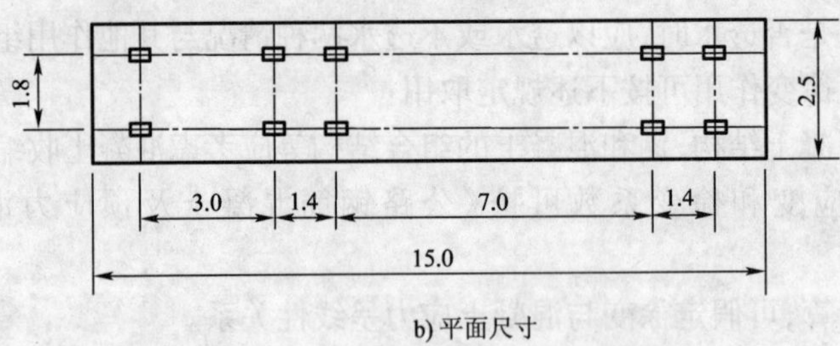

b) 平面尺寸

图 4.3.1-2 车辆荷载的立面、平面尺寸

(图中尺寸单位为 m,荷载单位为 kN)

表 4.3.1-2 车辆荷载的主要技术指标

项 目	单位	技术指标	项 目	单位	技术指标
车辆重力标准值	kN	550	轮 距	m	1.8
前轴重力标准值	kN	30	前轮着地宽度及长度	m	0.3 × 0.2
中轴重力标准值	kN	2 ×120	中、后轮着地宽度及长度	m	0.6 × 0.2
后轴重力标准值	kN	2 ×140	车辆外形尺寸(长 × 宽)	m	15 ×2.5
轴 距	m	3 +1.4 +7 +1.4			

6 车道荷载横向分布系数应按设计车道数如图 4.3.1-3 布置车辆荷载进行计算。

7 桥涵设计车道数应符合表 4.3.1-3 的规定。多车道桥梁上的汽车荷载应考虑多车道折减。当桥涵设计车道数等于或大于 2 时,由汽车荷载产生的效应应按表 4.3.1-4 规定的多车道折减系数进行折减,但折减后的效应不得小于两设计车道的荷载效应。

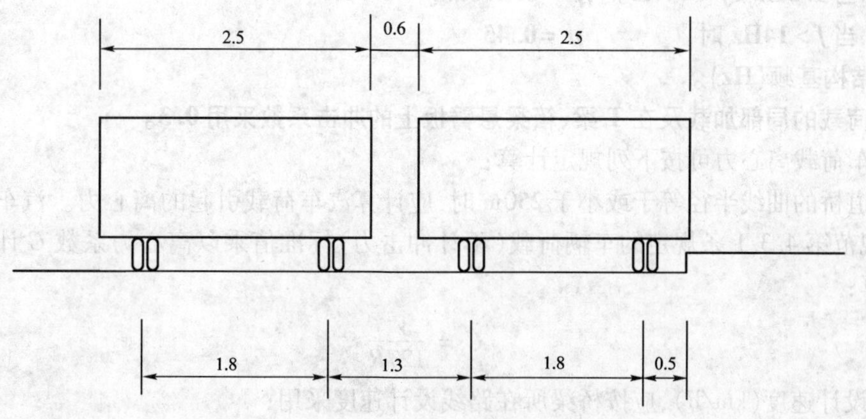

图 4.3.1-3 车辆荷载横向布置(图中尺寸单位为 m)

表 4.3.1-3 桥涵设计车道数

桥面宽度 W(m)		桥涵设计车道数
车辆单向行驶时	车辆双向行驶时	
$W<7.0$		1
$7.0\leqslant W<10.5$	$7.0\leqslant W<14.0$	2
$10.5\leqslant W<14.0$		3
$14.0\leqslant W<17.5$	$14.0\leqslant W<21.0$	4
$17.5\leqslant W<21.0$		5
$21.0\leqslant W<24.5$	$21.0\leqslant W<28.0$	6
$24.5\leqslant W<28.0$		7
$28.0\leqslant W<31.5$	$28.0\leqslant W<35.0$	8

表 4.3.1-4 横向折减系数

横向布置设计车道数(条)	2	3	4	5	6	7	8
横向折减系数	1.00	0.78	0.67	0.60	0.55	0.52	0.50

8 大跨径桥梁上的汽车荷载应考虑纵向折减。

当桥梁计算跨径大于 150m 时,应按表 4.3.1-5 规定的纵向折减系数进行折减。当为多跨连续结构时,整个结构应按最大的计算跨径考虑汽车荷载效应的纵向折减。

表 4.3.1-5 纵向折减系数

计算跨径 L_0(m)	纵向折减系数	计算跨径 L_0(m)	纵向折减系数
$150<L_0<400$	0.97	$800\leqslant L_0<1000$	0.94
$400\leqslant L_0<600$	0.96	$L_0\geqslant 1000$	0.93
$600\leqslant L_0<800$	0.95		

4.3.2 汽车荷载冲击力应按下列规定计算:

1 钢桥、钢筋混凝土及预应力混凝土桥、圬工拱桥等上部构造和钢支座、板式橡胶支座、盆式橡胶支座及钢筋混凝土柱式墩台,应计算汽车的冲击作用。

2 填料厚度(包括路面厚度)等于或大于 0.5m 的拱桥、涵洞以及重力式墩台不计冲击力。

3 支座的冲击力,按相应的桥梁取用。

4 汽车荷载的冲击力标准值为汽车荷载标准值乘以冲击系数 μ。

5 冲击系数 μ 可按下式计算:

当 $f<1.5\text{Hz}$ 时, $\mu=0.05$

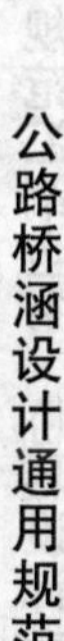

当 $1.5\text{Hz} \leq f \leq 14\text{Hz}$ 时，$\mu = 0.1767\ln f - 0.0157$ (4.3.2)

当 $f > 14\text{Hz}$ 时，$\mu = 0.45$

式中 f——结构基频(Hz)。

6 汽车荷载的局部加载及在T梁、箱梁悬臂板上的冲击系数采用0.3。

4.3.3 汽车荷载离心力可按下列规定计算：

1 当弯道桥的曲线半径等于或小于250m时，应计算汽车荷载引起的离心力。汽车荷载离心力标准值为按本规范第4.3.1条规定的车辆荷载(不计冲击力)标准值乘以离心力系数 C 计算。离心力系数按下式计算：

$$C = \frac{V^2}{127R} \tag{4.3.3}$$

式中 V——设计速度(km/h)，应按桥梁所在路线设计速度采用；

R——曲线半径(m)。

2 计算多车道桥梁的汽车荷载离心力时，车辆荷载标准值应乘以本规范表4.3.1-4规定的横向折减系数。

3 离心力的着力点在桥面以上1.2m处(为计算简便也可移至桥面上，不计由此引起的作用效应)。

4.3.4 汽车荷载引起的土压力采用车辆荷载加载，并可按下列规定计算：

1 车辆荷载在桥台或挡土墙后填土的破坏棱体上引起的土侧压力，可按下式换算成等代均布土层厚度 h(m)计算：

$$h = \frac{\sum G}{Bl_0\gamma} \tag{4.3.4-1}$$

式中 γ——土的重力密度(kN/m^3)；

$\sum G$——布置在 $B \times l_0$ 面积内的车轮的总重力(kN)，计算挡土墙的土压力时，车辆荷载应按本规范图4.3.1-3规定作横向布置，车辆外侧车轮中线距路面边缘0.5m，计算中当涉及多车道加载时，车轮总重力应按本规范第4.3.1条规定进行折减；

l_0——桥台或挡土墙后填土的破坏棱体长度(m)，对于墙顶以上有填土的路堤式挡土墙，l_0 为破坏棱体范围内的路基宽度部分；

B——桥台横向全宽或挡土墙的计算长度(m)。

挡土墙的计算长度可按下列公式计算，但不应超过挡土墙分段长度：

$$B = 13 + H\tan 30° \tag{4.3.4-2}$$

当挡土墙分段长度小于13m时，B 取分段长度，并在该长度内按不利情况布置轮重。

式中 H——挡土墙高度(m)，对墙顶以上有填土的挡土墙，为两倍墙顶填土厚度加墙高。

2 计算涵洞顶上车辆荷载引起的竖向土压力时，车轮按其着地面积的边缘向下作30°角分布。当几个车轮的压力扩散线相重叠时，扩散面积以最外边的扩散线为准。

4.3.5 人群荷载标准值应按下列规定采用：

1 当桥梁计算跨径小于或等于50m时，人群荷载标准值为3.0kN/m^2；当桥梁计算跨径等于或大于150m时，人群荷载标准值为2.5kN/m^2；当桥梁计算跨径在50m～150m之间时，可由线性内插得到人群荷载标准值。对跨径不等的连续结构，以最大计算跨径为准。

城镇郊区行人密集地区的公路桥梁，人群荷载标准值取上述规定值的1.15倍。

专用人行桥梁，人群荷载标准值为3.5kN/m^2。

2 人群荷载在横向应布置在人行道的净宽度内，在纵向施加于使结构产生最不利荷载效应的区段内。

3 人行道板(局部构件)可以一块板为单元，按标准值4.0kN/m^2 的均布荷载计算。

4 计算人行道栏杆时，作用在栏杆立柱顶上的水平推力标准值取0.75kN/m；作用在栏杆扶手上的竖向力标准值取1.0kN/m。

4.3.6 汽车荷载制动力可按下列规定计算和分配：

1 汽车荷载制动力按同向行驶的汽车荷载（不计冲击力）计算，并应按本规范表4.3.1-5的规定，以使桥梁墩台产生最不利纵向力的加载长度进行纵向折减。

一个设计车道上由汽车荷载产生的制动力标准值按本规范第4.3.1条规定的车道荷载标准值在加载长度上计算的总重力的10%计算，但公路—I级汽车荷载的制动力标准值不得小于165kN；公路—II级汽车荷载的制动力标准值不得小于90kN。同向行驶双车道的汽车荷载制动力标准值为一个设计车道制动力标准值的两倍；同向行驶三车道为一个设计车道的2.34倍；同向行驶四车道为一个设计车道的2.68倍。

2 制动力的着力点在桥面以上1.2m处，计算墩台时，可移至支座铰中心或支座底座面上。计算刚构桥、拱桥时，制动力的着力点可移至桥面上，但不计因此而产生的竖向力和力矩。

3 设有板式橡胶支座的简支梁、连续桥面简支梁或连续梁排架式柔性墩台，应根据支座与墩台的抗推刚度的刚度集成情况分配和传递制动力。

设有板式橡胶支座的简支梁刚性墩台，按单跨两端的板式橡胶支座的抗推刚度分配制动力。

4 设有固定支座、活动支座（滚动或摆动支座、聚四氟乙烯板支座）的刚性墩台传递的制动力，按表4.3.6的规定采用。每个活动支座传递的制动力，其值不应大于其摩阻力，当大于摩阻力时，按摩阻力计算。

表4.3.6 刚性墩台各种支座传递的制动力

桥梁墩台及支座类型		应计的制动力	符号说明
简支梁桥台	固定支座	T_1	T_1——加载长度为计算跨径时的制动力； T_2——加载长度为相邻两跨计算跨径之和时的制动力； T_3——加载长度为一联长度的制动力
	聚四氟乙烯板支座	$0.30T_1$	
	滚动（或摆动）支座	$0.25T_1$	
简支梁桥墩	两个固定支座	T_2	
	一个固定支座，一个活动支座	注	
	两个聚四氟乙烯板支座	$0.30T_2$	
	两个滚动（或摆动）支座	$0.25T_2$	
连续梁桥墩	固定支座	T_3	
	聚四氟乙烯板支座	$0.30T_3$	
	滚动（或摆动）支座	$0.25T_3$	

注：固定支座按T_4计算，活动支座按$0.30T_5$（聚四氟乙烯板支座）计算或$0.25T_5$（滚动或摆动支座）计算，T_4和T_5分别为与固定支座或活动支座相应的单跨跨径的制动力，桥墩承受的制动力为上述固定支座与活动支座传递的制动力之和。

4.3.7 风荷载标准值可按下列规定计算：

1 横桥向风荷载假定水平地垂直作用于桥梁各部分迎风面积的形心上，其标准值可按下式计算：

$$F_{wh} = k_0 k_1 k_3 W_d A_{wh} \tag{4.3.7-1}$$

$$W_d = \frac{\gamma V_d^2}{2g} \tag{4.3.7-2}$$

$$W_0 = \frac{\gamma V_{10}^2}{2g} \tag{4.3.7-3}$$

$$V_d = k_2 k_5 V_{10} \tag{4.3.7-4}$$

$$\gamma = 0.012017e^{-0.0001Z} \tag{4.3.7-5}$$

式中 F_{wh}——横桥向风荷载标准值（kN）；

W_0——基本风压（kN/m^2），全国各主要气象台站10年、50年、100年一遇的基本风压可按附表A的有关数据经实地核实后采用；

W_d——设计基准风压（kN/m^2）；

A_{wh}——横向迎风面积（m^2），按桥跨结构各部分的实际尺寸计算；

V_{10}——桥梁所在地区的设计基本风速（m/s），系按平坦空旷地面，离地面10m高，重现期为100年10min平均最大风速计算确定；当桥梁所在地区缺乏风速观测资料时，V_{10}可按附录A“全国基本风速图及全国各气象台站基本风速和基本风压值”的有关数据并经实地调查核实后采用；

V_d——高度 Z 处的设计基准风速(m/s)；

Z——距地面或水面的高度(m)；

γ——空气重力密度(kN/m^3)；

k_0——设计风速重现期换算系数，对于单孔跨径指标为特大桥和大桥的桥梁，$k_0=1.0$，对其他桥梁，$k_0=0.90$；对施工架设期桥梁，$k_0=0.75$；当桥梁位于台风多发地区时，可根据实际情况适度提高 k_0 值；

k_3——地形、地理条件系数，按表4.3.7-1取用；

k_5——阵风风速系数，对A、B类地表 $k_5=1.38$，对C、D类地表 $k_5=1.70$。A、B、C、D地表类别对应的地表状况见表4.3.7-2；

k_2——考虑地面粗糙度类别和梯度风的风速高度变化修正系数，可按表4.3.7-3取用；位于山间盆地、谷地或峡谷、山口等特殊场合的桥梁上、下部结构的风速高度变化修正系数 k_2 按B类地表类别取值；

k_1——风载阻力系数，见表4.3.7-4～4.3.7-6；

g——重力加速度，$g=9.81m/s^2$。

表4.3.7-1 地形、地理条件系数 k_3

地形、地理条件	地形、地理条件系数 k_3
一般地区	1.00
山间盆地、谷地	0.75～0.85
峡谷口、山口	1.20～1.40

表4.3.7-2 地 表 分 类

地表粗糙度类别	地 表 状 况
A	海面、海岸、开阔水面
B	田野、乡村、丛林及低层建筑物稀少地区
C	树木及低层建筑物等密集地区、 中高层建筑物稀少地区、平缓的丘陵地
D	中高层建筑物密集地区、起伏较大的丘陵地

表4.3.7-3 风速高度变化修正系数 k_2

离地面或水面高度(m)	地表类别			
	A	B	C	D
5	1.08	1.00	0.86	0.79
10	1.17	1.00	0.86	0.79
15	1.23	1.07	0.86	0.79
20	1.28	1.12	0.92	0.79
30	1.34	1.19	1.00	0.85
40	1.39	1.25	1.06	0.85
50	1.42	1.29	1.12	0.91
60	1.46	1.33	1.16	0.96
70	1.48	1.36	1.20	1.01
80	1.51	1.40	1.24	1.05
90	1.53	1.42	1.27	1.09
100	1.55	1.45	1.30	1.13

离地面或水面高度(m)	地表类别			
	A	B	C	D
150	1.62	1.54	1.42	1.27
200	1.73	1.62	1.52	1.39
250	1.75	1.67	1.59	1.48
300	1.77	1.72	1.66	1.57
350	1.77	1.77	1.71	1.64
400	1.77	1.77	1.77	1.71
≥450	1.77	1.77	1.77	1.77

风载阻力系数应按下列规定确定：

1)普通实腹桥梁上部结构的风载阻力系数可按下式计算：

$$k_1=\begin{cases}2.1-0.1\left(\dfrac{B}{H}\right) & 1\leqslant\dfrac{B}{H}<8\\ 1.3 & 8\leqslant\dfrac{B}{H}\end{cases} \tag{4.3.7-6}$$

式中 B——桥梁宽度(m)；

H——梁高(m)。

2)桁架桥上部结构的风载阻力系数 k_1 规定见表4.3.7-4。上部结构为两片或两片以上桁架时，所有迎风桁架的风载阻力系数均取 ηk_1，η 为遮挡系数，按表4.3.7-5采用；桥面系构造的风载阻力系数取 $k_1=1.3$。

表4.3.7-4 桁架的风载阻力系数

实面积比	矩形与H形截面构件	圆柱形构件(D为圆柱直径)	
		$D\sqrt{W_0}<5.8$	$D\sqrt{W_0}\geqslant5.8$
0.1	1.9	1.2	0.7
0.2	1.8	1.2	0.8
0.3	1.7	1.2	0.8
0.4	1.7	1.1	0.8
0.5	1.6	1.1	0.8

注：(1)实面积比＝桁架净面积/桁架轮廓面积；

(2)表中圆柱直径 D 以m计，基本风压以 kN/m^2 计。

表4.3.7-5 桁架遮挡系数 η

间距比	实面积比				
	0.1	0.2	0.3	0.4	0.5
≤1	1.0	0.90	0.80	0.60	0.45
2	1.0	0.90	0.80	0.65	0.50
3	1.0	0.95	0.80	0.70	0.55
4	1.0	0.95	0.80	0.70	0.60
5	1.0	0.95	0.85	0.75	0.65
6	1.0	0.95	0.90	0.80	0.70

注：间距比－两桁架中心距/迎风桁架高度。

3)桥墩或桥塔的风载阻力系数 k_1 可依据桥墩或桥塔的断面形状、尺寸比及高宽比值的不同由表4.3.7-6查得。表中没有包括的断面，其 k_1 值宜由风洞试验确定。

2 桥梁顺桥向可不计桥面系及上承式梁所受的风荷载，下承式桁架顺桥向风荷载标准值按其横桥向风压的40%乘以桁架迎风面积计算。

桥墩上的顺桥向风荷载标准值可按横桥向风压的 70% 乘以桥墩迎风面积计算。

悬索桥、斜拉桥桥塔上的顺桥向风荷载标准值可按横桥向风压乘以迎风面积计算。

桥台可不计算纵、横向风荷载。

上部构造传至墩台的顺桥向风荷载，其在支座的着力点及墩台上的分配，可根据上部构造的支座条件，按本规范第 4.3.6 条汽车制动力的规定处理。

表 4.3.7-6　桥墩或桥塔的阻力系数 k_1

断面形状	$\frac{t}{b}$	桥墩或桥塔的高宽比						
		1	2	4	6	10	20	40
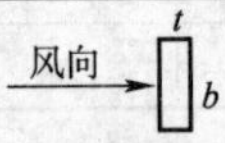 风向 t b	≤1/4	1.3	1.4	1.5	1.6	1.7	1.9	2.1
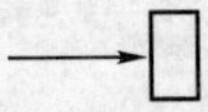	1/3 1/2	1.3	1.4	1.5	1.6	1.6	2.0	2.2
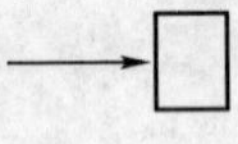	2/3	1.3	1.4	1.5	1.6	1.8	2.0	2.2
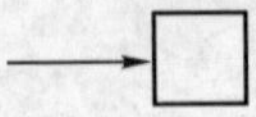	1	1.2	1.3	1.4	1.5	1.6	1.8	2.0
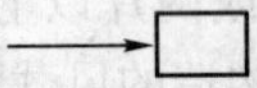	3/2	1.0	1.1	1.2	1.3	1.4	1.5	1.7
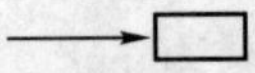	2	0.8	0.9	1.0	1.1	1.2	1.3	1.4
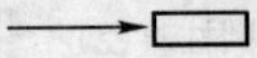	3	0.8	0.8	0.8	0.9	0.9	1.0	1.2
	≥4	0.8	0.8	0.8	0.8	0.8	0.9	1.1
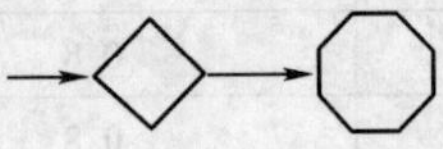		1.0	1.1	1.1	1.2	1.2	1.3	1.4
12 边形 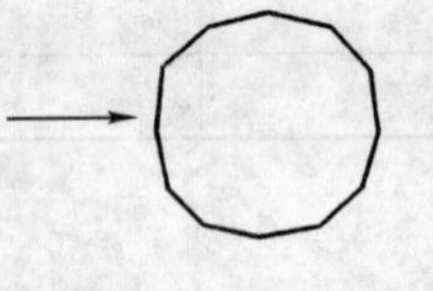		0.7	0.8	0.9	0.9	1.0	1.1	1.3
光滑表面圆形且 $D\sqrt{W_0}\geqslant 5.8$ 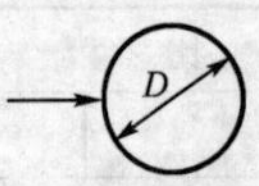　D		0.5	0.5	0.5	0.5	0.5	0.6	0.6
1. 光滑表面圆形且 $D\sqrt{W_0}<5.8$ 2. 粗糙表面或有凸起的圆形 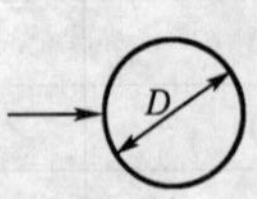　D		0.7	0.7	0.8	0.8	0.9	1.0	1.2

注：(1) 上部结构架设后，应按高宽比为 40 计算 k_1 值；

(2) 对于带有圆弧角的矩形桥墩，其风载阻力系数应从表中查得 k_1 值后，再乘以折减系数 $(1-1.5\frac{r}{b})$ 或 0.5，取其二者之较大值，在此 r 为圆弧角的半径；

(3) 对于沿桥墩高度有锥度变化的情形，k_1 值应按桥墩高度分段计算，每段的 t 及 b 取各该段的平均值，高宽比则应以桥墩总高度对每段的平均宽度之比计之；

(4) 对于带三角尖端的桥墩，其 k_1 值应按包括该桥墩处边缘的矩形截面计算。

3　对风敏感且可能以风荷载控制设计的桥梁，应考虑桥梁在风荷载作用下的静力和动力失稳，必要时应通过风洞试验验证,同时可采取适当的风致振动控制措施。

4.3.8 作用在桥墩上的流水压力标准值可按下式计算:

$$F_w = KA\frac{\gamma V^2}{2g} \tag{4.3.8}$$

式中 F_w——流水压力标准值(kN);

γ——水的重力密度(kN/m³);

V——设计流速(m/s);

A——桥墩阻水面积(m²),计算至一般冲刷线处;

g——重力加速度,$g=9.81$(m/s²);

K——桥墩形状系数,见表 4.3.8。

流水压力合力的着力点,假定在设计水位线以下 0.3 倍水深处。

表 4.3.8 桥墩形状系数

桥墩形状	K	桥墩形状	K
方形桥墩	1.5	尖端形桥墩	0.7
矩形桥墩(长边与水流平行)	1.3	圆端形桥墩	0.6
圆形桥墩	0.8		

4.3.9 对具有竖向前棱的桥墩,冰压力可按下述规定取用:

1 冰对桩或墩产生的冰压力标准值可按下式计算:

$$F_i = mC_t btR_{ik} \tag{4.3.9-1}$$

式中 F_i——冰压力标准值(kN);

m——桩或墩迎冰面形状系数,可按表 4.3.9-1 取用;

C_t——冰温系数,可按表 4.3.9-2 取用;

b——桩或墩迎冰面投影宽度(m);

t——计算冰厚(m),可取实际调查的最大冰厚;

R_{ik}——冰的抗压强度标准值(kN/m²),可取当地冰温 0℃时的冰抗压强度;当缺乏实测资料时,对海冰可取 $R_{ik}=750$kN/m²;对河冰,流冰开始时 $R_{ik}=750$kN/m²,最高流冰水位时可取 $R_{ik}=450$kN/m²。

表 4.3.9-1 桩或墩迎冰面形状系数 m

迎冰面形状 \ 系数	平面	圆弧形	尖角形的迎冰面角度				
			45°	60°	75°	90°	120°
m	1.00	0.90	0.54	0.59	0.64	0.69	0.77

表 4.3.9-2 冰温系数 C_t

冰温(℃)	0	-10 及以下
C_t	1.0	2.0

注:(1)表列冰温系数可直线内插;

(2)对海冰,冰温取结冰期最低冰温;对河冰,取解冻期最低冰温。

当冰块流向桥轴线的角度 $\varphi\leq80°$时,桥墩竖向边缘的冰荷载应乘以 $\sin\varphi$ 予以折减。

冰压力合力作用在计算结冰水位以下 0.3 倍冰厚处。

2 当流冰范围内桥墩有倾斜表面时,冰压力应分解为水平分力和竖向分力。

水平分力 $$F_{xi} = m_0 C_t R_{bk} t^2 \tan\beta \tag{4.3.9-2}$$

竖向分力 $$F_{zi} = F_{xi}/\tan\beta \tag{4.3.9-3}$$

式中 F_{xi}——冰压力的水平分力(kN);

F_{zi}——冰压力的垂直分力(kN);

β——桥墩倾斜的棱边与水平线的夹角(°);

R_{bk}——冰的抗弯强度标准值(kN/m^2),取 $R_{bk}=0.7R_{ik}$;

m_0——系数,$m_0=0.2b/t$,但不小于1.0。

3 建筑物受冰作用的部位宜采用实体结构。对于具有强烈流冰的河流中的桥墩、柱,其迎冰面宜做成圆弧形、多边形或尖角,并做成3∶1~10∶1(竖∶横)的斜度,在受冰作用的部位宜缩小其迎冰面投影宽度。

对流冰期的设计高水位以上0.5m到设计低水位以下1.0m的部位宜采取抗冻性混凝土或花岗岩镶面或包钢板等防护措施。同时,对建筑物附近的冰体采取适宜的使冰体减小对结构物作用力的措施。

4.3.10 计算温度作用时的材料线膨胀系数及作用标准值可按下列规定取用:

1 桥梁结构当要考虑温度作用时,应根据当地具体情况、结构物使用的材料和施工条件等因素计算由温度作用引起的结构效应。各种结构的线膨胀系数规定见表4.3.10-1。

表4.3.10-1 线膨胀系数

结构种类	线膨胀系数(以摄氏度计)
钢结构	0.000 012
混凝土和钢筋混凝土及预应力混凝土结构	0.000 010
混凝土预制块砌体	0.000 009
石砌体	0.000 008

2 计算桥梁结构因均匀温度作用引起外加变形或约束变形时,应从受到约束时的结构温度开始,考虑最高和最低有效温度的作用效应。如缺乏实际调查资料,公路混凝土结构和钢结构的最高和最低有效温度标准值可按表4.3.10-2取用。

表4.3.10-2 公路桥梁结构的有效温度标准值(℃)

气温分区	钢桥面板钢桥		混凝土桥面板钢桥		混凝土、石桥	
	最高	最低	最高	最低	最高	最低
严寒地区	46	-43	39	-32	34	-23
寒冷地区	46	-21	39	-15	34	-10
温热地区	46	-9(-3)	39	-6(-1)	34	-3(0)

注:(1)全国气温分区见附录B。

(2)表中括弧内数值适用于昆明、南宁、广州、福州地区。

3 计算桥梁结构由于温度梯度引起的效应时,可采用图4.3.10所示的竖向温度梯度曲线,其桥面板表面的最高温度 T_1 规定见表4.3.10-3。对混凝土结构,当梁高 H 小于400mm时,图中 $A=H-100$(mm);梁高 H 等于或大于400mm时,$A=300$mm。对带混凝土桥面板的钢结构,$A=300$mm,图4.3.10中的 t 为混凝土桥面板的厚度(mm)。

混凝土上部结构和带混凝土桥面板的钢结构的竖向日照反温差为正温差乘以-0.5。

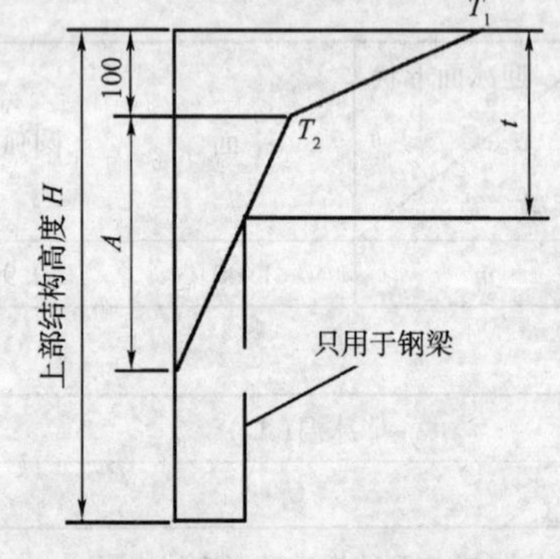

图4.3.10 竖向温度梯度(尺寸单位:mm)

4 计算圬工拱圈考虑徐变影响引起的温差作用效应时,计算的温差效应应乘以0.7的折减系数。

表4.3.10-3 竖向日照正温差计算的温度基数

结构类型	T_1(℃)	T_2(℃)
混凝土铺装	25	6.7
50mm沥青混凝土铺装层	20	6.7
100mm沥青混凝土铺装层	14	5.5

4.3.11 支座摩阻力标准值可按下式计算:

$$F = \mu W \tag{4.3.11}$$

式中 W——作用于活动支座上由上部结构重力产生的效应；

μ——支座的摩擦系数，无实测数据时可按表4.3.11取用。

表4.3.11 支座摩擦系数

支座种类	支座摩擦系数μ
滚动支座或摆动支座	0.05
板式橡胶支座：	
支座与混凝土面接触	0.30
支座与钢板接触	0.20
聚四氟乙烯板与不锈钢板接触	0.06（加硅脂；温度低于-25℃时为0.078） 0.12（不加硅脂；温度低于-25℃时为0.156）

4.4 偶然作用

4.4.1 地震作用

地震动峰值加速度等于0.10g、0.15g、0.20g、0.30g地区的公路桥涵，应进行抗震设计。地震动峰值加速度大于或等于0.40g地区的公路桥涵，应进行专门的抗震研究和设计。地震动峰值加速度小于或等于0.05g地区的公路桥涵，除有特殊要求者外，可采用简易设防。做过地震小区划的地区，应按主管部门审批后的地震动参数进行抗震设计。

公路桥梁地震作用的计算及结构的设计，应符合现行《公路工程抗震设计规范》的规定。

4.4.2 位于通航河流或有漂流物的河流中的桥梁墩台，设计时应考虑船舶或漂流物的撞击作用，其撞击作用标准值可按下列规定采用或计算：

1 当缺乏实际调查资料时，内河上船舶撞击作用的标准值可按表4.4.2-1采用。

四、五、六、七级航道内的钢筋混凝土桩墩，顺桥向撞击作用可按表4.4.2-1所列数值的50%考虑。

表4.4.2-1 内河船舶撞击作用标准值

内河航道等级	船舶吨级DWT(t)	横桥向撞击作用(kN)	顺桥向撞击作用(kN)
一	3000	1400	1100
二	2000	1100	900
三	1000	800	650
四	500	550	450
五	300	400	350
六	100	250	200
七	50	150	125

2 当缺乏实际调查资料时，海轮撞击作用的标准值可按表4.4.2-2采用。

表4.4.2-2 海轮撞击作用的标准值

船舶吨级DWT(t)	3 000	5 000	7 500	10 000	20 000	30 000	40 000	50 000
横桥向撞击作用(kN)	19 600	25 400	31 000	35 800	50 700	62 100	71 700	80 200
顺桥向撞击作用(kN)	9 800	12 700	15 500	17 900	25 350	31 050	35 850	40 100

3 可能遭受大型船舶撞击作用的桥墩，应根据桥墩的自身抗撞击能力、桥墩的位置和外形、水流流速、水位变化、通航船舶类型和碰撞速度等因素作桥墩防撞设施的设计。当设有与墩台分开的防撞击的防护结构时，桥墩可不计船舶的撞击作用。

4 漂流物横桥向撞击力标准值可按下式计算：

$$F = \frac{WV}{gT} \tag{4.4.2}$$

式中 W——漂流物重力(kN),应根据河流中漂流物情况,按实际调查确定;

V——水流速度(m/s);

T——撞击时间(s),应根据实际资料估计,在无实际资料时,可用1s;

g——重力加速度,$g = 9.81(m/s^2)$。

5 内河船舶的撞击作用点,假定为计算通航水位线以上2m的桥墩宽度或长度的中点。海轮船舶撞击作用点需视实际情况而定。漂流物的撞击作用点假定在计算通航水位线上桥墩宽度的中点。

4.4.3 桥梁结构必要时可考虑汽车的撞击作用。汽车撞击力标准值在车辆行驶方向取1000kN,在车辆行驶垂直方向取500kN,两个方向的撞击力不同时考虑,撞击力作用于行车道以上1.2m处,直接分布于撞击涉及的构件上。

对于设有防撞设施的结构构件,可视防撞设施的防撞能力,对汽车撞击力标准值予以折减,但折减后的汽车撞击力标准值不应低于上述规定值的1/6。

4.4.4 高速公路上桥梁的防撞护栏应按现行"高速公路交通安全设施设计及施工技术规范"有关规定执行。

附录 A　全国基本风速图及全国各气象台站基本风速和基本风压值

A.0.1　全国各气象台站的基本风速和基本风压值见附表 A。

附表 A　全国各气象台站的基本风速和基本值风压值

省区市名	地　名	海拔高度(m)	风　速(m/s)			风　压(0.01kN/m²)		
			1/10	1/50	1/100	1/10	1/50	1/100
北京		54.0	22.2	27.2	28.6	30	45	50
天津	天津市	3.3	22.1	28.6	31.3	40	55	60
	塘沽	3.2	25.6	30.0	31.3	40	55	60
上海		2.8	23.9	30.0	32.6	35	55	65
重庆		259.1	20.5	25.9	27.5	25	40	45
	涪陵市	273.5	18.3	22.4	24.2	20	30	35
	奉节	607.3	20.8	24.6	26.3	25	35	40
	梁平	454.6	18.5	22.6	24.5	20	30	35
	万县	186.7	15.8	22.3	24.0	15	30	35
河北	石家庄市	80.5	20.3	24.0	25.7	25	35	40
	张家口市	724.2	24.8	31.1	32.5	35	55	60
	承德市	377.2	22.6	26.0	27.6	30	40	45
	保定市	17.2	22.2	25.6	27.1	30	40	45
	秦皇岛市	2.1	23.9	27.1	28.6	35	45	50
	唐山市	27.8	22.2	25.6	27.1	30	40	45
	蔚县	909.5	18.9	23.2	25.0	20	30	35
	邢台市	76.8	18.1	22.2	24.0	20	30	35
	丰宁	659.7	22.9	26.4	28.0	30	40	45
	围场	842.8	24.9	28.3	29.8	35	45	50
	怀来	536.8	20.8	24.6	26.3	25	35	40
	遵化	54.9	22.2	25.6	27.2	30	40	45
	青龙	227.2	20.4	22.4	24.2	25	30	35
	霸县	9.0	20.2	25.6	27.1	25	40	45
	乐亭	10.5	22.1	25.6	27.1	30	40	45
	饶阳	18.9	22.2	23.9	25.6	30	35	40
	沧州市	9.6	22.1	25.6	27.1	30	40	45
	黄骅	6.6	22.1	25.6	27.1	30	40	45
	南宫市	27.4	20.2	23.9	25.6	25	35	40
山西	太原市	778.3	23.0	26.6	28.2	30	40	45
	大同市	1067.2	25.2	31.6	34.4	35	55	65
	河曲	861.5	23.1	29.8	32.7	30	50	60
	五寨	1401.0	23.7	27.4	29.1	30	40	45
	兴县	1012.6	21.3	28.5	31.5	25	45	55
	原平	828.2	23.1	29.8	32.6	30	50	60

续上表

省区市名	地名	海拔高度(m)	风速(m/s)			风压(0.01kN/m²)		
			1/10	1/50	1/100	1/10	1/50	1/100
山西	离石	950.8	23.2	28.4	30.0	30	45	50
	阳泉市	741.9	23.0	26.5	28.1	30	40	45
	榆社	1041.4	19.0	23.3	25.2	20	30	35
	隰县	1052.7	21.3	25.2	26.9	25	35	40
	介休	743.9	21.0	26.5	28.1	25	40	45
	临汾市	449.5	20.7	26.1	27.7	25	40	45
	长治县	991.8	23.3	30.0	32.9	30	50	60
	运城市	376.0	22.6	26.0	27.6	30	40	45
	阳城	659.5	22.9	28.0	29.5	30	45	50
内蒙古	呼和浩特市	1063.0	25.2	31.6	33.0	35	55	60
	额右旗拉布达林	581.4	24.6	29.4	32.2	35	50	60
	牙克石市图里河	732.6	23.0	26.5	28.1	30	40	45
	满洲里市	661.7	29.5	33.6	34.9	50	65	70
	海拉尔市	610.2	27.9	33.6	36.1	45	65	75
	鄂伦春小二沟	286.1	22.5	25.9	27.5	30	40	45
	新巴尔虎右旗	554.2	27.9	32.2	33.5	45	60	65
	新巴尔虎左旗阿木古朗	642.0	26.4	30.9	32.3	40	55	60
	牙克石市博克图	739.7	26.5	31.1	32.5	40	55	60
	扎兰屯市	306.5	22.5	25.9	27.5	30	40	45
	科右翼前旗阿尔山	1027.4	25.2	30.1	31.5	35	50	55
	乌兰浩特市	274.7	25.9	30.4	31.7	40	55	60
	科右翼前旗索伦	501.8	27.8	30.7	32.1	45	55	60
	东乌珠穆沁旗	838.7	24.9	31.2	34.0	35	55	65
	额济纳旗	940.5	26.8	32.8	35.4	40	60	70
	额济纳旗拐子湖	960.0	28.4	31.4	32.8	45	55	60
	阿左旗巴彦毛道	1328.1	27.3	32.0	33.4	40	55	60
	阿拉善右旗	1510.1	29.2	32.3	33.8	45	55	60
	二连浩特市	964.7	31.4	34.2	35.5	55	65	70
	那仁宝力格	1181.6	27.1	31.8	33.2	40	55	60
	达茂旗满都拉	1225.2	30.4	37.2	39.6	50	75	85
	阿巴嘎旗	1126.1	25.3	30.2	31.7	35	50	55
	苏尼特左旗	1111.4	27.0	30.2	31.7	40	50	55
	乌拉特后旗海力素	1509.6	29.2	30.8	32.3	45	50	55
	苏尼特右旗朱日和	1150.8	30.3	34.5	37.1	50	65	75
	乌拉特中旗海流图	1288.0	28.9	33.4	34.7	45	60	65
	百灵庙	1376.6	30.6	37.5	39.9	50	75	85
	四子王旗	1490.1	27.5	33.7	36.4	40	60	70
	化德	1482.7	29.2	37.7	40.1	45	75	85

续上表

省区市名	地　　名	海拔高度(m)	风　速(m/s)			风　压(0.01kN/m^2)		
			1/10	1/50	1/100	1/10	1/50	1/100
内蒙古	杭锦后旗陕坝	1056.7	23.3	18.6	30.1	30	45	50
	包头市	1067.2	25.2	31.6	33.0	35	55	60
	集宁市	1419.3	27.4	33.6	36.3	40	60	70
	阿拉善左旗吉兰泰	1031.8	25.2	30.1	31.6	35	50	55
	临河市	1039.3	23.3	30.1	33.0	30	50	60
	鄂托克旗	1380.3	25.6	32.1	34.9	35	55	65
	东胜市	1460.4	23.8	30.7	33.7	30	50	60
	阿腾席连	1329.3	27.3	30.5	32.0	40	50	55
	巴彦浩特	1561.4	27.6	33.8	36.6	40	60	70
	西乌珠穆沁旗	995.9	28.5	31.5	32.9	45	55	60
	扎鲁特鲁北	265.0	25.9	30.4	31.7	40	55	60
	巴林左旗林东	484.4	26.2	30.7	32.1	40	55	60
	锡林浩特市	989.5	26.9	31.5	32.9	40	55	60
	林西	799.0	28.2	32.6	35.2	45	60	70
	开鲁	241.0	25.9	30.3	31.7	40	55	60
	通辽市	178.5	25.8	30.2	31.6	40	55	60
	多伦	1245.4	27.2	31.9	33.3	40	55	60
	赤峰市	571.1	22.8	30.8	33.5	30	55	65
	敖汉旗宝国图	400.5	26.1	29.1	30.6	40	50	55
辽宁	沈阳市	42.8	25.6	30.0	31.4	40	55	60
	彰武	79.4	24.0	27.2	28.7	35	45	50
	阜新市	144.0	25.7	31.5	34.1	40	60	70
	开原	98.2	22.2	27.2	28.7	30	45	50
	清原	234.1	20.4	25.9	27.4	25	40	45
	朝阳市	169.2	25.8	30.2	31.6	40	55	60
	建平县叶柏寿	421.7	22.6	24.4	26.1	30	35	40
	黑山	37.5	27.2	32.6	35.1	45	65	75
	锦州市	65.9	25.6	31.4	33.9	40	60	70
	鞍山市	77.3	22.2	28.7	31.4	30	50	60
	本溪市	185.2	24.1	27.4	28.8	35	45	50
	抚顺市章党	118.5	22.3	27.3	28.7	30	45	50
	桓仁	240.3	20.4	22.4	24.2	25	30	35
	绥中	15.3	20.2	25.6	27.1	25	40	45
	兴城市	8.8	23.9	27.1	28.6	35	45	50
	营口市	3.3	25.6	31.3	33.8	40	60	70
	盖县熊岳	20.4	22.2	25.6	27.1	30	40	45
	本溪县草河口	233.1	20.4	27.4	30.3	25	45	55
	岫岩	79.3	22.2	27.2	28.7	30	45	50

续上表

省区市名	地　名	海拔高度(m)	风　速(m/s)			风　压(0.01kN/m²)		
			1/10	1/50	1/100	1/10	1/50	1/100
辽宁	宽甸	260.1	22.4	28.9	31.7	30	50	60
	丹东市	15.1	23.9	30.0	32.6	35	55	65
	瓦房店市	29.3	23.9	28.6	30.0	35	50	55
	新金县皮口	43.2	24.0	28.6	30.0	35	50	55
	庄河	34.8	23.9	28.6	30.0	35	50	55
	大连市	91.5	25.7	32.7	35.2	40	65	75
吉林	长春市	236.8	27.4	33.0	35.4	45	65	75
	白城市	155.4	27.3	32.8	35.3	45	65	75
	乾安	146.3	24.1	27.3	28.8	35	45	50
	前郭尔罗斯	134.7	22.3	27.3	28.8	30	45	50
	通榆	149.5	24.1	28.8	30.2	35	50	55
	长岭	189.3	22.3	27.4	28.8	30	45	50
	扶余市三岔河	196.6	24.1	30.3	32.9	35	55	65
	双辽	114.9	24.0	28.7	30.1	35	50	55
	四平市	164.2	25.8	30.2	31.6	40	55	60
	磐石县烟筒山	271.6	22.4	25.9	27.5	30	40	45
	吉林市	183.4	25.8	28.8	30.2	40	50	55
	蛟河	295.0	22.5	27.5	29.0	30	45	50
	敦化市	523.7	22.7	27.8	29.3	30	45	50
	梅河口市	339.9	22.5	26.0	27.6	30	40	45
	桦甸	263.8	22.4	25.9	27.5	30	40	45
	靖宇	549.2	20.8	24.6	26.3	25	35	40
	抚松县东岗	774.2	23.0	26.6	28.2	30	40	45
	延吉市	176.8	24.1	28.8	30.2	35	50	55
	通化市	402.9	22.6	29.2	31.9	30	50	60
	浑江市临江	332.7	18.4	22.5	24.3	20	30	35
	集安市	177.7	18.2	22.3	24.1	20	30	35
	长白	1016.7	25.2	28.5	30.1	35	45	50
黑龙江	哈尔滨市	142.3	24.1	30.2	32.8	35	55	65
	漠河	296.0	20.5	24.3	25.9	25	35	40
	塔河	357.4	20.6	22.5	24.3	25	30	35
	新林	494.6	20.7	24.5	26.2	25	35	40
	呼玛	177.4	22.3	28.8	31.6	30	50	60
	加格达奇	371.7	20.6	24.4	26.0	25	35	40
	黑河市	166.4	24.1	28.8	30.2	35	50	55
	嫩江	242.2	25.9	30.3	31.7	40	55	60
	孙吴	234.5	25.9	31.7	34.2	40	60	70
	北安市	269.7	22.4	29.0	31.7	30	50	60

续上表

省区市名	地名	海拔高度(m)	风速(m/s)			风压(0.01kN/m²)		
			1/10	1/50	1/100	1/10	1/50	1/100
黑龙江	克山	234.6	22.4	27.4	28.9	30	45	50
	富裕	162.4	22.3	25.8	27.3	30	40	45
	齐齐哈尔市	145.9	24.1	27.3	28.8	35	45	50
	海伦	239.2	24.2	30.3	33.0	35	55	65
	明水	249.2	24.2	27.4	28.9	35	45	50
	伊春市	240.9	20.4	24.2	25.9	25	35	40
	泰来	149.5	22.3	27.3	28.8	30	45	50
	鹤岗市	227.9	22.4	25.8	27.4	30	40	45
	富锦	64.2	22.2	27.2	28.7	30	45	50
	绥化市	179.6	24.1	30.2	32.9	35	55	65
	安达市	149.3	24.1	30.2	32.8	35	55	65
	铁力	210.5	20.4	24.2	25.8	25	35	40
	佳木斯市	81.2	25.7	32.7	35.1	40	65	75
	依兰	100.1	27.2	32.7	35.2	45	65	75
	宝清	83.0	22.2	25.7	27.2	30	40	45
	通河	108.6	24.0	28.7	30.1	35	50	55
	尚志	189.7	24.1	30.3	31.6	35	55	60
	鸡西市	233.6	25.9	30.3	33.0	40	55	65
	虎林	100.2	24.0	27.2	28.7	35	45	50
	牡丹江市	241.4	24.2	28.9	30.3	35	50	55
	绥芬河市	496.7	26.2	32.1	34.7	40	60	70
山东	济南市	51.6	22.2	27.2	28.6	30	45	50
	德州市	21.2	22.2	27.1	28.6	30	45	50
	惠民	11.3	25.6	28.6	30.0	40	50	55
	寿光县羊角沟	4.4	22.1	27.1	28.6	30	45	50
	龙口市	4.8	27.1	31.3	32.6	45	60	65
	烟台市	46.7	25.6	30.0	31.4	40	55	60
	威海市	46.6	27.2	32.7	35.1	45	65	75
	荣成市成山头	47.7	31.4	33.9	35.1	60	70	75
	莘县朝城	42.7	24.0	27.2	28.6	35	45	50
	泰安市泰山	1533.7	35.2	40.2	42.5	65	85	95
	泰安市	128.8	22.3	25.7	27.3	30	40	45
	淄博市张店	34.0	22.2	25.6	27.2	30	40	45
	沂源	304.5	22.5	24.3	25.9	30	35	40
	潍坊市	44.1	22.2	25.6	27.2	30	40	45
	莱阳市	30.5	22.2	25.6	27.1	30	40	45
	青岛市	76.0	27.2	31.4	33.9	45	60	70
	海阳	65.2	25.6	30.1	31.4	40	55	60

续上表

省区市名	地名	海拔高度(m)	风速(m/s)			风压(0.01kN/m²)		
			1/10	1/50	1/100	1/10	1/50	1/100
山东	荣成市石岛	33.7	25.6	30.0	32.6	40	55	65
	菏泽市	49.7	20.3	25.6	27.2	25	40	45
	兖州	51.7	20.3	25.6	27.2	25	40	45
	莒县	107.4	20.3	24.0	25.7	25	35	40
	临沂	87.9	22.2	25.7	27.2	30	40	45
	日照市	16.1	22.1	25.6	27.1	30	40	45
江苏	南京市	8.9	20.2	25.6	27.1	25	40	45
	徐州市	41.0	20.2	24.0	25.6	25	35	40
	赣榆	2.1	22.1	27.1	28.6	30	45	50
	盱眙	34.5	20.2	23.9	25.6	25	35	40
	淮阴市	17.5	20.2	25.6	27.1	25	40	45
	射阳	2.0	22.1	25.6	27.1	30	40	45
	高邮	5.4	20.2	25.6	27.1	25	40	45
	东台市	4.3	22.1	25.6	27.1	30	40	45
	南通市	5.3	22.1	27.1	28.6	30	45	50
	启东县吕泗	5.5	23.9	28.6	30.0	35	50	55
	常州市	4.9	20.2	25.6	27.1	25	40	45
	溧阳	7.2	20.2	25.6	27.1	25	40	45
	吴县东山	17.5	22.2	27.1	28.6	30	45	50
	泰州	6.6	20.2	25.6	27.1	25	40	45
	镇江	26.4	22.2	25.6	27.1	30	40	45
	无锡	6.7	22.1	27.1	28.6	30	45	50
	连云港	3.7	23.9	30.0	32.6	35	55	65
	盐城	3.6	20.2	27.1	30.0	25	45	55
	苏州	7.1	22.1	27.1	28.6	30	45	50
浙江	临安县天目山	1505.9	32.3	36.4	39.0	55	70	80
	杭州市	41.7	22.2	27.2	28.6	30	45	50
	平湖县乍浦	5.4	23.9	27.1	28.6	35	45	50
	慈溪市	7.1	22.1	27.1	28.6	30	45	50
	嵊泗	79.6	37.4	46.3	50.5	85	130	155
	嵊泗县嵊山	124.6	39.6	49.8	53.8	95	150	175
	舟山市	35.7	28.6	37.3	40.5	50	85	100
	金华市	62.6	20.3	24.0	25.6	25	35	40
	嵊县	104.3	20.3	25.7	28.7	25	40	50
	宁波市	4.2	22.1	28.6	31.3	30	50	60
	象山县石浦	128.4	35.2	44.5	48.1	75	120	140
	衢州市	66.9	20.3	24.0	25.6	25	35	40
	丽水市	60.8	18.1	22.2	24.0	20	30	35

续上表

省区市名	地名	海拔高度(m)	风速(m/s) 1/10	1/50	1/100	风压(0.01kN/m²) 1/10	1/50	1/100
浙江	龙泉	198.4	18.3	22.4	24.1	20	30	35
	临海市括苍山	1383.1	33.5	41.1	44.4	60	90	105
	温州市	6.0	23.9	31.3	33.8	35	60	70
	椒江市洪家	1.3	23.9	30.0	32.6	35	55	65
	椒江市下大陈	86.2	38.5	48.0	52.1	90	140	165
	玉环县坎门	95.9	34.0	44.5	48.9	70	120	145
	瑞安市北麂	42.3	39.5	51.2	55.8	95	160	190
安徽	合肥市	27.9	20.2	23.9	25.6	25	35	40
	砀山	43.2	20.2	24.0	25.6	25	35	40
	亳州市	37.7	20.2	27.2	30.0	25	45	55
	宿县	25.9	20.2	25.6	28.6	25	40	50
	寿县	22.7	20.2	23.9	25.6	25	35	40
	蚌埠市	18.7	20.2	23.9	25.6	25	35	40
	滁县	25.3	20.2	23.9	25.6	25	35	40
	六安市	60.5	18.1	24.0	25.6	20	35	40
	霍山	68.1	18.1	24.0	25.6	20	35	40
	巢县	22.4	20.2	23.9	25.6	25	35	40
	安庆市	19.8	20.2	25.6	27.1	25	40	45
	宁国	89.4	20.3	24.0	25.7	25	35	40
	黄山	1840.4	31.3	37.1	39.6	50	70	80
	黄山市	142.7	20.3	24.1	25.7	25	35	40
江西	南昌市	46.7	22.2	27.2	30.0	30	45	55
	修水	146.8	18.2	22.3	24.1	20	30	35
	宜春市	131.3	18.2	22.3	24.1	20	30	35
	吉安	76.4	20.3	22.2	24.0	25	30	35
	宁冈	263.1	18.3	22.4	24.2	20	30	35
	遂川	126.1	18.2	22.3	24.1	20	30	35
	赣州市	123.8	18.2	22.3	24.1	20	30	35
	九江	36.1	20.2	23.9	25.6	25	35	40
	庐山	1164.5	27.1	31.8	33.2	40	55	60
	广昌	143.8	18.2	22.3	24.1	20	30	35
	波阳	40.1	20.2	25.6	27.2	25	40	45
	景德镇市	61.5	20.3	24.0	25.6	25	35	40
	樟树市	30.4	18.1	22.2	23.9	20	30	35
	贵溪	51.2	18.1	22.2	24.0	20	30	35
	玉山	116.3	18.2	22.3	24.0	20	30	35
	南城	80.8	20.3	22.2	24.0	25	30	35
	寻乌	303.9	20.5	22.5	24.3	25	30	35

续上表

省区市名	地名	海拔高度(m)	风速(m/s)			风压(0.01kN/m²)		
			1/10	1/50	1/100	1/10	1/50	1/100
福建	福州市	83.8	25.7	33.9	37.4	40	70	85
	厦门市	139.4	28.8	36.4	39.7	50	80	95
	邵武市	191.5	18.2	22.3	24.1	20	30	35
	铅山县七仙山	1401.9	32.1	36.3	38.8	55	70	80
	浦城	276.9	18.3	22.4	24.2	20	30	35
	建阳	196.9	20.4	24.1	25.8	25	35	40
	建瓯	154.9	20.4	24.1	25.8	25	35	40
	福鼎	36.2	23.9	33.9	38.4	35	70	90
	泰宁	342.9	18.4	22.5	24.3	20	30	35
	南平市	125.6	18.2	24.1	27.3	20	35	45
	福鼎县台山	106.6	35.2	40.6	42.6	75	100	110
	长汀	310.0	18.4	24.3	26.0	20	35	40
	上杭	197.9	20.4	22.4	24.1	25	30	35
	永安市	206.0	20.4	25.8	27.4	25	40	45
	龙岩市	342.3	18.4	24.3	26.0	20	35	45
	德化县九仙山	1653.5	34.0	39.3	41.6	60	80	90
	屏南	896.5	18.9	23.1	25.0	20	30	35
	平潭	32.4	35.0	46.1	51.2	75	130	160
	崇武	21.8	30.0	36.2	38.4	55	80	90
	东山	53.3	36.2	45.3	48.8	80	125	145
陕西	西安市	397.5	20.6	24.4	26.1	25	35	40
	榆林市	1057.5	21.3	26.9	28.6	25	40	45
	吴旗	1272.6	21.5	27.2	30.4	25	40	50
	横山	1111.0	23.4	27.0	28.7	30	40	45
	绥德	929.7	23.2	26.8	28.4	30	40	45
	延安市	957.8	21.2	25.1	26.8	25	35	40
	长武	1206.5	19.2	23.5	25.4	20	30	35
	洛川	1158.3	21.4	25.3	27.1	25	35	40
	铜川市	978.9	19.0	25.1	26.8	20	35	40
	宝鸡市	612.4	18.6	24.6	26.3	20	35	40
	武功	447.8	18.5	24.4	26.1	20	35	40
	华阴县华山	2064.9	28.3	31.7	33.2	40	50	55
	略阳	794.2	21.0	24.9	26.6	25	35	40
	汉中市	508.4	18.5	22.7	24.5	20	30	35
	佛坪	1087.7	21.3	23.4	25.2	25	30	35
	商州市	742.2	21.0	23.0	26.5	25	30	35
	镇安	693.7	18.7	22.9	24.7	20	30	35
	石泉	484.9	18.5	22.7	24.5	20	30	35
	安康市	290.8	22.5	27.5	29.0	30	45	50

续上表

省区市名	地名	海拔高度（m）	风速(m/s)			风压(0.01kN/m²)		
			1/10	1/50	1/100	1/10	1/50	1/100
甘肃	兰州市	1517.2	19.5	23.9	25.8	20	30	35
	吉坷德	966.5	28.4	31.4	32.8	45	55	60
	安西	1170.8	27.1	31.8	33.2	40	55	60
	临夏市	1917.0	19.9	24.4	26.3	20	30	35
	酒泉市	1477.2	27.5	32.3	33.7	40	55	60
	张掖市	1482.7	243.8	30.8	33.7	30	50	60
	武威市	1530.9	25.8	32.3	35.2	35	55	65
	民勤	1367.0	27.4	30.6	32.1	40	50	55
	乌鞘岭	3045.1	27.8	29.8	31.6	35	40	45
	景泰	1630.5	21.9	27.7	29.4	25	40	45
	靖远	1398.2	19.4	23.7	25.6	20	30	35
	临洮	1886.6	19.9	24.3	26.3	20	30	35
	华家岭	2450.6	25.0	28.9	30.6	30	40	45
	环县	1255.6	19.2	23.6	25.5	20	30	35
	平凉市	1346.5	21.6	23.7	25.6	25	30	35
	西峰镇	1421.0	19.4	23.8	25.7	20	30	35
	玛曲	3471.4	24.1	26.3	28.4	25	30	35
	夏河县合作	2910.0	23.4	25.6	27.6	25	30	35
	武都	1079.1	21.3	25.2	27.0	25	35	40
	天水市	1141.7	19.1	25.3	27.1	20	35	40
宁夏	银川市	1111.4	27.0	34.4	37.0	40	65	75
	惠农	1091.0	28.6	34.4	35.7	45	65	70
	中卫	1225.7	23.5	28.8	30.4	30	45	50
	中宁	1183.3	23.5	25.4	27.1	30	35	40
	盐池	1347.8	23.7	27.3	29.0	30	40	45
	海原	1854.2	22.2	24.3	26.2	25	30	35
	同心	1343.9	19.3	23.7	25.6	20	30	35
	固原	1753.0	22.1	26.1	27.9	25	35	40
	西吉	1916.5	19.9	24.4	26.3	20	30	35
青海	西宁市	2261.2	22.6	26.8	28.6	25	35	40
	茫崖	3138.5	25.9	30.0	31.8	30	40	45
	冷湖	2733.0	29.3	34.4	35.9	40	55	60
	祁连县托勒	3367.0	26.2	30.2	32.1	30	40	45
	祁连县野牛沟	3180.0	25.9	30.0	31.8	30	40	45
	祁连	2787.4	25.4	27.5	29.4	30	35	40
	格尔木市小灶火	2767.0	25.4	29.3	31.1	30	40	45
	大柴旦	3173.2	25.9	29.9	31.8	30	40	45

续上表

省区市名	地　　名	海拔高度(m)	风　速(m/s)			风　压(0.01kN/m²)		
			1/10	1/50	1/100	1/10	1/50	1/100
青海	德令哈市	2981.5	23.5	27.7	29.7	25	35	40
	刚察	3301.5	23.8	28.2	30.1	25	35	40
	门源	2850.0	23.3	27.6	29.5	25	35	40
	格尔木市	2807.6	25.5	29.4	31.2	30	40	45
	都兰县诺木洪	2790.4	27.5	32.8	36.0	35	50	60
	都兰	3191.1	26.0	31.8	35.1	30	45	55
	乌兰县茶卡	3087.6	23.6	27.9	29.8	25	35	40
	共和县恰卜恰	2835.0	23.3	27.5	29.4	25	35	40
	贵德	2237.1	22.6	24.8	26.7	25	30	35
	民和	1813.9	19.8	24.2	26.2	20	30	35
	唐古拉山五道梁	4612.2	30.1	34.1	36.0	35	45	50
	兴海	3323.2	23.9	28.2	30.2	25	35	40
	同德	3289.4	23.8	26.1	28.2	25	30	35
	格尔木市托托河	4533.1	32.1	35.8	37.6	40	50	55
	治多	4179.0	24.9	27.3	29.5	25	30	35
	杂多	4066.4	24.8	29.3	31.3	25	35	40
	泽库	3662.8	24.3	26.6	28.7	25	30	35
	曲麻莱	4231.2	25.0	29.5	31.6	25	35	40
	玉树	3681.2	21.7	26.6	28.7	20	30	35
	玛多	4272.3	27.4	31.6	33.6	30	40	45
	称多县清水河	4415.4	25.5	27.6	29.8	25	30	35
	玛沁县仁峡姆	4211.1	27.3	29.5	31.5	30	35	40
	达日县吉迈	3967.5	24.6	29.1	31.2	25	35	40
	河南	3500.0	24.1	10.4	32.3	25	40	45
	久治	3628.5	21.7	26.5	32.5	20	30	35
	昂欠	3643.7	24.2	26.6	28.7	25	30	35
	班玛	3750.0	21.8	26.7	28.8	20	30	35
新疆	乌鲁木齐市	917.9	26.8	32.8	35.4	40	60	70
	乌鲁木齐县达坂城	1103.5	31.7	38.2	40.5	55	80	90
	阿勒泰市	735.3	26.5	35.1	38.6	40	70	85
	博乐市阿拉山口	284.8	39.9	47.6	51.0	95	135	155
	克拉玛依市	427.3	33.3	39.2	41.3	65	90	100
	伊宁市	662.5	26.4	32.4	34.9	40	60	70
	昭苏	1851.0	22.0	28.0	29.7	25	40	45
	和静县巴音布鲁克	2458.0	22.8	27.0	28.9	25	35	40
	吐鲁番市	34.5	28.6	37.3	40.5	50	85	100
	阿克苏市	1103.8	23.4	28.6	30.2	30	45	50
	库车	1099.0	25.3	30.2	33.1	35	50	60

续上表

省区市名	地　　名	海拔高度(m)	风　速(m/s)			风　压(0.01kN/m²)		
			1/10	1/50	1/100	1/10	1/50	1/100
新疆	库尔勒市	931.5	23.2	28.4	29.9	30	45	50
	乌恰	2175.7	22.5	26.7	28.5	25	35	40
	喀什市	1288.7	25.5	32.0	34.7	35	55	65
	阿合奇	1984.9	22.3	26.4	28.2	25	35	40
	皮山	1375.4	19.4	23.7	25.6	20	30	35
	和田	1374.6	21.6	27.4	29.0	25	40	45
	民丰	1409.3	19.4	23.7	25.6	20	30	35
	民丰县安的河	1262.8	19.2	23.6	25.5	20	30	35
	于田	1422.0	19.4	23.8	25.7	20	30	35
	哈密	737.2	23.0	29.6	32.5	30	50	60
河南	郑州市	110.4	23.3	27.3	28.7	30	45	50
	安阳市	75.5	20.3	27.2	30.1	25	45	55
	新乡市	72.7	22.2	25.6	27.2	30	40	45
	三门峡市	410.1	20.6	26.1	27.7	25	40	45
	卢氏	568.8	18.6	22.8	24.6	20	30	35
	孟津	323.3	22.5	26.0	29.0	30	45	50
	洛阳市	137.1	20.3	25.7	27.3	25	40	45
	栾川	750.1	18.8	23.0	24.8	20	30	35
	许昌市	66.8	22.2	25.6	27.2	30	40	45
	开封市	72.5	22.2	27.2	28.7	30	45	50
	西峡	250.3	20.5	24.2	25.9	25	35	40
	南阳市	129.2	20.3	24.1	25.7	25	35	40
	宝丰	136.4	20.3	24.1	25.7	25	35	40
	西华	52.6	20.3	27.2	30.0	25	45	55
	驻马店市	82.7	20.3	25.7	27.2	25	40	45
	信阳市	114.5	20.3	24.0	25.7	25	35	40
	商丘市	50.1	18.1	24.0	25.6	20	35	45
	固始	57.1	18.1	24.0	25.6	20	35	40
湖北	武汉市	23.3	20.2	23.9	25.6	25	35	40
	郧县	201.9	18.3	22.4	24.1	20	30	35
	房县	434.4	18.5	22.6	24.4	20	30	35
	老河口市	90.0	18.2	22.2	24.0	20	30	35
	枣阳市	125.5	20.3	25.7	27.3	25	40	45
	巴东	294.5	15.9	22.5	24.3	15	30	35
	钟祥	65.8	18.1	22.2	24.0	20	30	35
	麻城市	59.3	18.1	24.0	27.2	20	35	45
	恩施市	457.1	18.5	22.6	24.5	20	30	35
	巴东县绿葱坡	1819.3	24.2	26.2	28.0	30	35	40

续上表

省区市名	地　名	海拔高度(m)	风　速(m/s)			风　压(0.01kN/m²)		
			1/10	1/50	1/100	1/10	1/50	1/100
湖北	五峰县	908.4	18.9	23.2	25.0	20	30	35
	宜昌市	133.1	18.2	22.3	24.1	20	30	35
	江陵县荆州	32.6	18.1	22.2	23.9	20	30	35
	天门市	34.1	18.1	22.2	23.9	20	30	35
	来凤	459.5	18.5	22.6	24.5	20	30	35
	嘉鱼	36.0	18.1	23.9	27.2	20	35	45
	英山	123.8	18.2	22.3	24.1	20	30	35
	黄石市	19.6	20.2	23.9	25.6	25	35	40
湖南	长沙市	44.9	20.2	24.0	25.6	25	35	40
	桑植	322.2	18.4	22.5	24.3	20	30	35
	石门	116.9	20.3	22.3	24.0	25	30	35
	南县	36.0	20.2	25.6	28.6	25	40	50
	岳阳市	53.0	20.3	25.6	27.2	25	40	45
	吉首市	206.6	18.3	22.4	24.2	20	30	35
	沅陵	151.6	18.2	22.3	24.1	20	30	35
	常德市	35.0	20.2	25.6	28.6	25	40	50
	安化	128.3	18.2	22.3	24.1	20	30	35
	沅江市	36.0	20.2	25.6	27.2	25	40	45
	平江	106.3	18.2	22.2	24.0	20	30	35
	芷江	272.2	18.3	22.4	24.2	20	30	35
	邵阳市	248.6	18.3	22.4	24.2	20	30	35
	双峰	100.0	18.2	22.2	24.0	20	30	35
	南岳	1265.9	33.3	37.3	39.7	60	75	85
	通道	397.5	20.6	22.6	24.4	25	30	35
	武岗	341.0	18.4	22.5	24.3	20	30	35
	零陵	172.6	20.4	25.8	27.3	25	40	45
	衡阳市	103.2	20.3	25.7	27.2	25	40	45
	道县	192.2	20.4	24.1	25.8	25	35	40
	郴州市	184.9	18.2	22.3	24.1	20	30	35
广东	广州市	6.6	22.1	28.6	31.3	30	50	60
	深圳市	18.2	27.1	35.0	38.4	45	75	90
	汕头市	1.1	28.6	36.1	39.4	50	80	95
	汕尾	4.6	28.6	37.3	40.5	50	85	100
	湛江市	25.3	28.6	36.2	39.4	50	80	95
	南雄	133.8	18.2	22.3	24.1	20	30	35
	连县	97.6	18.2	22.2	24.0	20	30	35
	韶关	69.3	18.1	24.0	27.2	20	35	45
	佛岗	67.8	18.1	22.2	24.0	20	30	35

续上表

省区市名	地　　名	海拔高度(m)	风　　速(m/s)			风　　压(0.01kN/m²)		
			1/10	1/50	1/100	1/10	1/50	1/100
广东	连平	214.5	18.3	22.4	24.2	20	30	35
	台山	32.7	23.9	30.0	32.6	35	55	65
	梅县	87.8	18.1	22.2	24.0	20	30	35
	广宁	56.8	18.1	22.2	24.0	20	30	35
	高要	7.1	22.1	28.6	31.3	30	50	60
	河源	40.6	18.1	22.2	24.0	20	30	35
	惠阳	22.4	23.9	30.0	31.3	35	55	60
	五华	120.9	18.2	22.3	24.0	20	30	35
	惠来	12.9	27.1	35.0	38.4	45	75	90
	南澳	7.2	28.6	36.2	39.4	50	80	95
	信宜	84.6	24.0	31.4	33.9	35	60	70
	罗定	53.3	18.1	22.2	24.0	20	30	35
	阳江	23.3	27.1	33.9	36.2	45	70	80
	电白	11.8	27.1	33.8	36.2	45	70	80
	台山县上川岛	21.5	35.0	41.4	44.3	75	105	120
	徐闻	67.9	27.2	35.1	38.5	45	75	90
广西	南宁市	73.1	20.3	24.0	25.6	25	35	40
	桂林市	164.4	18.2	22.3	24.1	20	30	35
	柳州市	96.8	18.2	22.2	24.0	20	30	35
	蒙山	145.7	18.2	22.3	24.1	20	30	35
	贺山	108.8	18.2	22.3	24.0	20	30	35
	百色市	173.5	20.4	27.3	30.2	25	45	55
	靖西	739.4	18.8	23.0	24.8	20	30	35
	桂平	42.5	18.1	22.2	24.0	20	30	35
	梧州市	114.8	18.2	22.3	24.0	20	30	35
	龙州	128.8	18.2	22.3	24.1	20	30	35
	灵山	66.0	18.1	22.2	24.0	20	30	35
	玉林	81.8	18.1	22.2	24.0	20	30	35
	东兴	18.2	27.1	35.0	38.4	45	75	90
	北海市	15.3	27.1	35.0	38.4	45	75	90
	涠洲岛	55.2	33.9	40.5	43.5	70	100	115
海南	海口市	14.1	27.1	35.0	38.4	45	75	90
	东方	8.4	30.0	37.3	40.4	55	85	100
	儋县	168.7	25.8	34.1	37.6	40	70	85
	琼中	250.9	22.4	27.4	30.3	30	45	55
	琼海	24.0	28.6	37.3	41.5	50	85	105
	三亚市	5.5	28.6	37.3	41.4	50	85	105
	陵水	13.9	28.6	37.3	41.4	50	85	105
	西沙岛	4.7	41.4	54.2	59.9	105	180	220
	珊瑚岛	4.0	33.8	42.4	46.1	70	110	130

续上表

省区市名	地名	海拔高度（m）	风速（m/s）			风压（0.01kN/m²）		
			1/10	1/50	1/100	1/10	1/50	1/100
四川	成都市	506.1	18.5	22.7	24.5	20	30	35
	石渠	4200.0	24.9	27.3	29.5	25	30	35
	若尔盖	3439.6	24.0	26.3	28.4	25	30	35
	甘孜	3393.5	23.9	26.2	28.3	35	45	50
	都江堰市	706.7	18.7	22.9	24.8	20	30	35
	绵阳市	470.8	18.5	22.7	24.5	20	30	35
	雅安市	627.6	18.6	22.8	24.7	20	30	35
	资阳	357.0	18.4	22.5	24.3	20	30	35
	康定	2615.7	25.2	27.2	29.1	30	35	40
	汉源	795.9	18.8	23.0	24.9	20	30	35
	九龙	2987.3	21.0	25.7	27.8	20	30	35
	越西	1659.0	22.0	24.0	26.0	25	30	35
	昭觉	2132.4	22.5	24.6	26.6	25	30	35
	雷波	1474.9	19.5	23.8	25.7	20	30	35
	宜宾市	340.8	18.4	22.5	24.3	20	30	35
	盐源	2545.0	20.5	25.1	27.1	20	30	35
	西昌市	1590.9	19.6	24.0	25.9	20	30	35
	会理	1787.1	19.8	24.2	26.1	20	30	35
	万源	674.0	18.7	22.9	24.7	20	30	35
	阆中	382.6	18.4	22.6	24.4	20	30	35
	巴中	358.9	18.4	22.5	24.3	20	30	35
	达县市	310.4	18.4	24.3	27.5	20	35	45
	遂宁市	278.2	18.3	22.4	24.2	20	30	35
	南充市	309.3	18.4	22.5	24.3	20	30	35
	内江市	347.1	20.6	26.0	29.1	25	40	50
	泸州市	334.8	18.4	22.5	34.3	20	30	35
	叙永	377.5	18.4	22.6	24.4	20	30	35
贵州	贵阳市	1074.3	19.1	23.4	25.2	20	30	35
	威宁	2237.5	22.6	26.7	28.6	25	35	40
	盘县	1515.2	21.8	25.8	27.6	25	35	40
	桐梓	972.0	19.0	23.2	25.1	20	30	35
	习水	1180.2	19.2	23.5	25.4	20	30	35
	毕节	1510.6	19.5	23.9	25.8	20	30	35
	遵义市	843.9	18.8	23.1	24.9	20	30	35
	思南	416.3	18.5	22.6	24.4	20	30	35
	铜仁	279.7	18.3	22.4	24.2	20	30	35

续上表

省区市名	地名	海拔高度(m)	风速(m/s)			风压(0.01kN/m²)		
			1/10	1/50	1/100	1/10	1/50	1/100
贵州	安顺市	1392.9	14.4	23.7	25.6	20	30	35
	凯里市	720.3	18.7	22.9	24.8	20	30	35
	兴仁	1378.5	19.4	23.7	25.6	20	30	35
	罗甸	440.3	18.5	22.6	24.4	20	30	35
	德钦	3485.0	24.0	28.5	30.4	25	35	40
云南	昆明市	1891.4	19.9	24.3	26.3	20	30	35
	贡山	1591.3	19.6	24.0	25.9	20	30	35
	中甸	3276.1	21.3	26.1	28.2	20	30	35
	维西	2325.6	20.3	24.9	26.9	20	30	35
	昭通市	1949.5	22.3	26.4	28.2	25	35	40
	丽江	2393.2	22.8	24.9	26.9	25	30	35
	华坪	1244.8	21.5	25.4	27.2	25	35	40
	会泽	2109.5	22.5	26.6	28.4	25	35	40
	腾冲	1654.6	19.6	24.0	26.0	20	30	35
	泸水	1804.9	19.8	24.2	26.2	20	30	35
	保山市	1653.8	19.6	24.0	26.0	20	30	35
	大理市	1990.5	29.9	36.0	38.7	45	65	75
	元谋	1120.2	21.4	25.3	27.0	25	35	40
	楚雄市	1772.0	19.7	26.1	27.9	20	35	40
	曲靖市沾益	1898.7	22.2	24.3	26.3	25	30	35
	瑞丽	776.6	18.8	23.0	24.9	20	30	35
	江城	1119.5	19.1	27.0	30.2	20	40	50
	景东	1162.3	19.2	23.5	25.3	20	30	35
	玉溪	1636.7	19.6	24.0	25.9	20	30	35
	宜良	1532.1	21.8	27.6	30.8	25	40	45
	泸西	1704.3	22.0	24.1	26.0	25	30	35
	孟定	511.4	20.7	26.2	27.8	25	40	45
	临沧	1502.4	19.5	23.9	25.8	20	30	35
	澜沧	1054.8	19.0	23.3	25.2	20	30	35
	景洪	552.7	18.6	26.3	29.4	20	40	50
	思茅	1302.1	21.6	28.9	32.0	25	45	55
	元江	400.9	20.6	22.6	24.4	25	30	35
	勐腊	631.9	18.7	22.8	24.7	20	30	35
	蒙自	1300.7	21.6	23.6	25.5	25	30	35
	屏边	1414.1	19.4	23.8	25.7	20	30	35
	文山	1271.6	19.3	23.6	25.5	20	30	35
	广南	1249.6	21.5	25.4	27.2	25	35	45

续上表

省区市名	地　名	海拔高度(m)	风　速(m/s)			风　压(0.01kN/m²)		
			1/10	1/50	1/100	1/10	1/50	1/100
西藏	班戈	4700.0	30.2	39.6	42.8	35	60	70
	安多	4800.0	34.5	44.5	48.7	45	75	90
	那曲	4507.0	27.7	34.0	35.8	30	45	50
	日喀则市	3836.0	21.9	26.8	29.0	20	30	35
	拉萨市	3658.0	21.7	26.6	28.7	20	30	35
	乃东县泽当	3551.7	21.6	26.4	28.5	20	30	35
	隆子	3860.0	26.8	32.9	34.7	30	45	50
	索县	4022.8	24.7	31.2	33.1	25	40	45
	昌都	3306.0	21.3	26.1	28.2	20	30	35
	林芝	3000.0	23.5	27.8	29.7	25	35	40
台湾	台北	8.0	25.6	33.8	37.3	40	70	85
	新竹	8.0	28.6	36.2	39.4	50	80	95
	宜兰	9.0	42.4	55.0	61.3	110	185	230
	台中	78.0	28.7	36.3	38.5	50	80	90
	花莲	14.0	25.6	33.8	37.3	40	70	85
	嘉义	20.0	28.6	36.2	39.4	50	80	95
	马公	22.0	37.3	46.1	50.4	85	130	155
	台东	10.0	32.6	38.4	41.4	65	90	105
	冈山	10.0	30.0	36.2	39.4	55	80	95
	恒春	24.0	33.8	41.5	44.3	70	105	120
	阿里山	2406.0	22.8	27.0	28.8	25	35	40
	台南	14.0	31.3	37.3	40.4	60	85	100
香港	香港	50.0	35.8	38.4	39.5	80	90	95
	横栏岛	55.0	39.3	45.3	47.9	95	125	140
澳门		57.0	35.1	37.4	38.4	75	85	90

A.0.2　全国百年一遇基本风速分布图见附图 A。

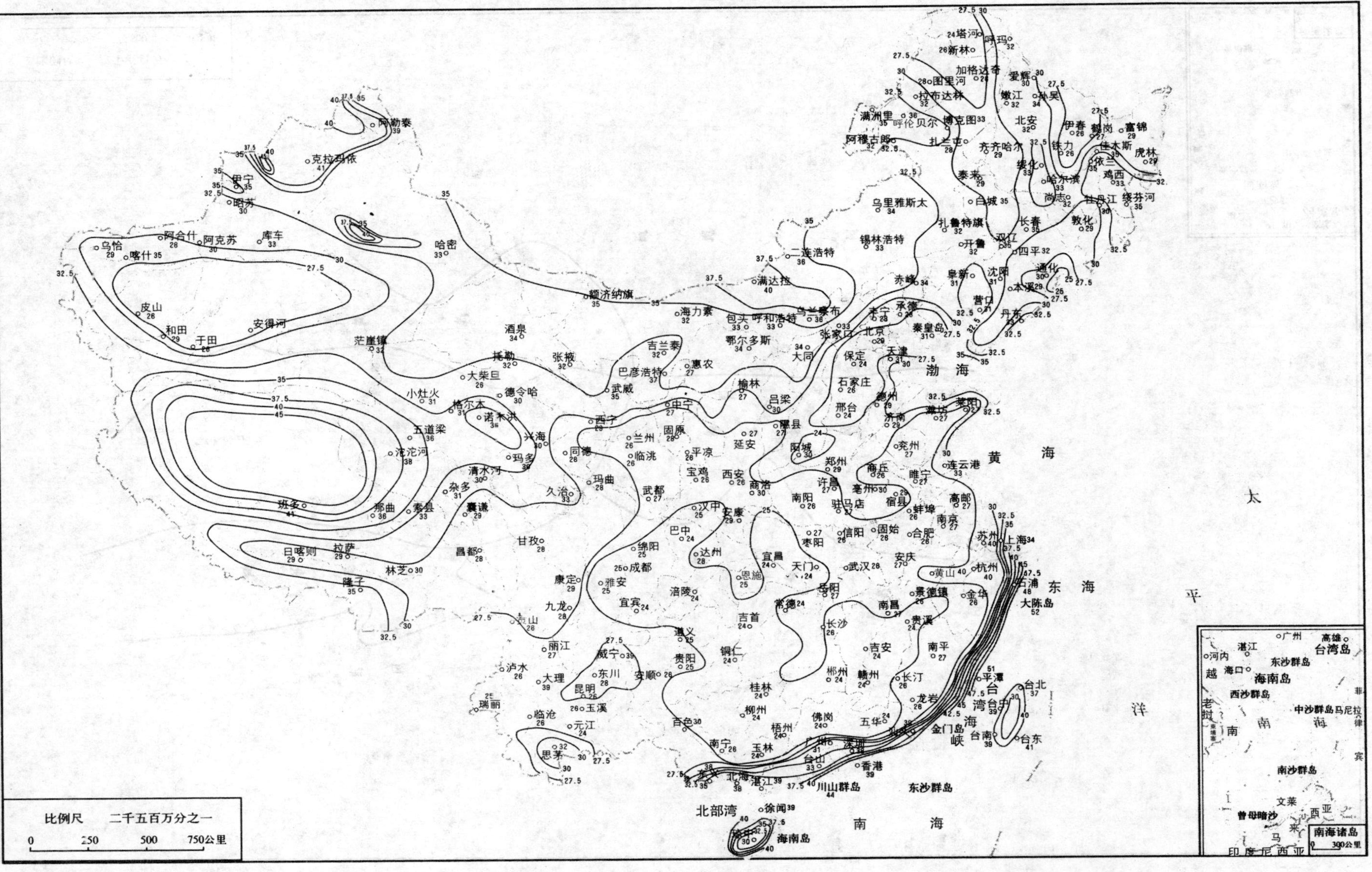

附图 A　全国百年一遇基本风速分布图

附录 B 全国气温分区图

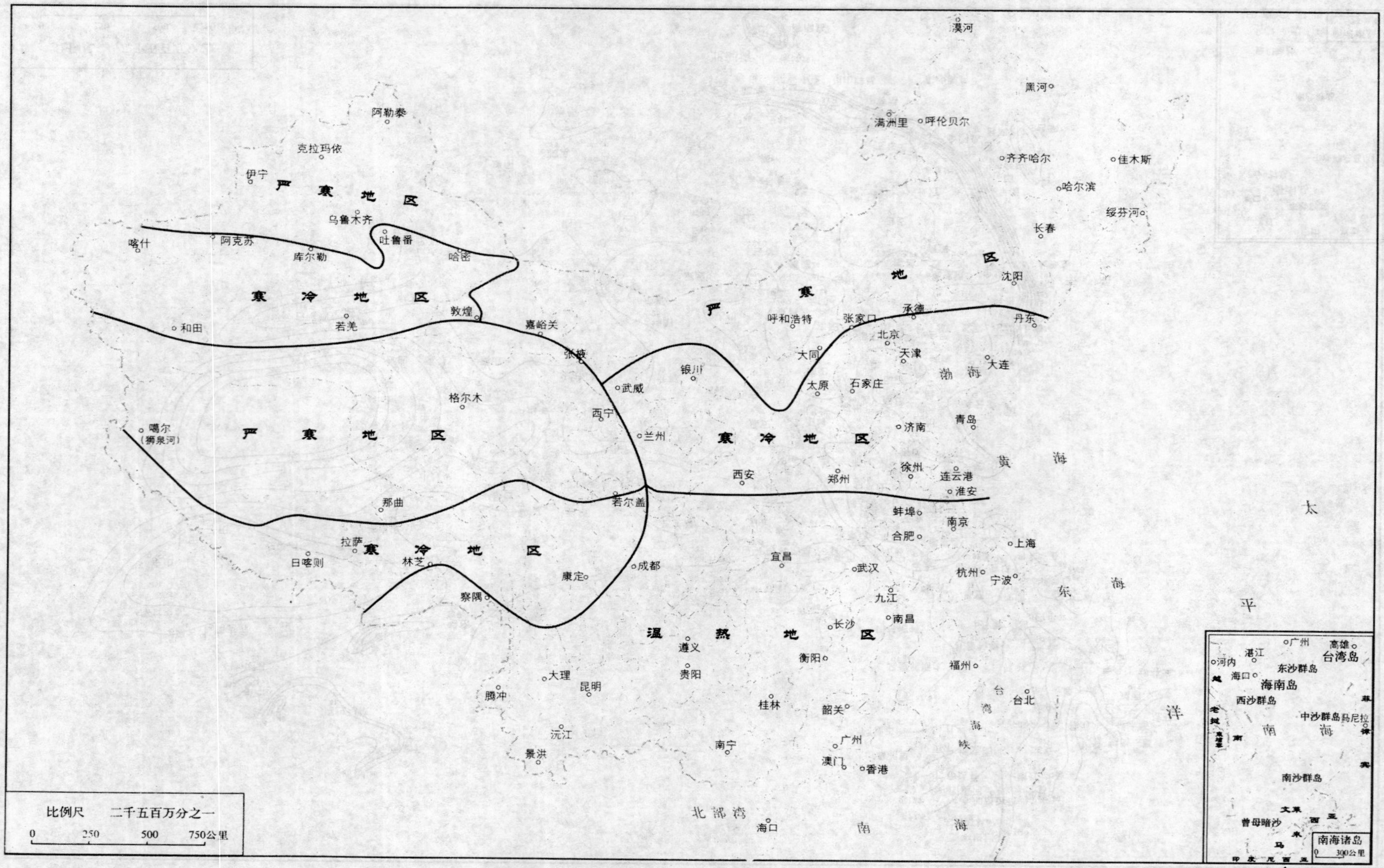
严寒地区
寒冷地区
严寒地区
寒冷地区
严寒地区
寒冷地区
寒冷地区
温热地区
漠河
黑河
满洲里
呼伦贝尔
齐齐哈尔
佳木斯
哈尔滨
绥芬河
长春
沈阳
丹东
阿勒泰
克拉玛依
伊宁
乌鲁木齐
吐鲁番
喀什
阿克苏
库尔勒
哈密
敦煌
和田
若羌
嘉峪关
张掖
呼和浩特
张家口
承德
北京
天津
大连
大同
银川
武威
太原
石家庄
渤海
格尔木
西宁
兰州
济南
青岛
噶尔
(狮泉河)
西安
郑州
徐州
连云港
淮安
黄海
那曲
若尔盖
蚌埠
南京
合肥
上海
拉萨
日喀则
林芝
康定
成都
宜昌
武汉
杭州
宁波
东海
太平洋
察隅
九江
南昌
长沙
遵义
贵阳
衡阳
福州
大理
昆明
腾冲
桂林
韶关
台北
台湾海峡
沅江
景洪
南宁
广州
澳门
香港
北部湾
海口
南海
比例尺 二千五百万分之一
0 250 500 750公里
广州
湛江
高雄
台湾岛
河内
海口
东沙群岛
海南岛
西沙群岛
中沙群岛
南海
南沙群岛
曾母暗沙
南海诸岛
0 300公里

本规范用词说明

对执行规范条文严格程度的用词,采用以下写法:

1 表示很严格,非这样做不可的用词:
正面词采用“必须”;反面词采用“严禁”。

2 表示严格,在正常情况下均应这样做的用词:
正面词采用“应”;反面词采用“不应”或“不得”。

3 表示允许稍有选择,在条件许可时首先应这样做的用词:
正面词采用“宜”;反面词采用“不宜”。
表示有选择,在一定条件下可以这样做的,采用“可”。

《公路桥涵设计通用规范》

（JTG D60—2004）

条 文 说 明

1 总 则

1.0.1 本规范系在原《公路桥涵设计通用规范》(JTJ 021—89)(以下简称原规范)的基础上修订而成,但就其内容而言,本规范吸取了多年来研究的新成果和新经验,使规范的面貌发生了很大变化。例如,在公路桥梁荷载方面,恒荷载、汽车荷载、人群荷载、汽车冲击力、风荷载、温度作用等都进行了全国性的调查和测试,取得了大量的较具代表性的数据,运用统计数学的方法寻找各种荷载的统计参数和概率分布类型;对于可变荷载,由于它们随时间变化而变化,以随机过程概率模型来描述,最终求得在设计基准期内最大值的概率分布。在取得各种荷载统计规律的基础上,根据国际通用的原则,选择概率分布的某一分位值,确定各种荷载的标准值。我国公路桥梁荷载自编制规范的近半个世纪以来,从未进行如此众多内容和如此巨大规模的调查、试验和统计、分析,通过这些调查分析得到的荷载标准值,可以更多地反映现有公路上这些荷载的现状。至于本规范的其他作用(或荷载),尽管未作专门研究,但也是根据国内外最新资料并经多次研讨确定的。

本规范表达的作用(或荷载)的分项系数及组合系数,是在明确了公路桥梁总体失效概率(或可靠指标)以后,通过优化原则加以确定的,这比原规范更多地依据经验得到的分项系数和组合系数要科学、先进得多。

本规范除作用(或荷载)以外的其他部分,如桥涵分类标准、桥涵设计洪水频率等这些重要内容也曾作过专题研究,研究成果均被纳入规范。

1.0.2 《公路工程结构可靠度设计统一标准》(GB/T 50283)(以下简称《公路统一标准》),是我国唯一作为指导编制各公路工程结构设计规范的国家标准,它与国际标准化组织第98技术委员会主持制定的国际标准《结构可靠性总原则》(ISO/DIS 2394)基本上是衔接的。鉴于此,本规范在作用分类、作用代表值的应用、作用标准值的取值原则、持久状况下承载能力极限状态和正常使用极限状态设计时作用的表达式及表达式中的各项系数等,均按《公路统一标准》确定的原则采用。这将使公路各类材料桥涵结构设计在有关作用(或荷载)方面的分项系数、组合系数等取得统一,且在结构设计原则方面与国际先进标准基本保持一致。

《公路工程技术标准》(JTG B01)是我国公路行业的指导性技术文件,本规范在桥涵布置、孔径、净空;桥上线形及桥头引道;桥涵构造的总体要求等方面,按照该标准编制。

1.0.3 本规范适用于新建和改建公路桥涵整体结构及结构构件施工阶段和使用阶段的设计。对于新建公路桥涵的设计,应按本规范的要求进行;对于改建的公路桥涵,当利用现有桥涵受条件限制时,本规范规定的个别指标,经过经济技术比较后,可作合理的改动。

根据2002年建设部令第81号《实施工程建设强制性标准监督规定》的规定,工程建设中拟采用的新技术、新工艺、新材料不符合现行强制性标准规定的,应当由采用单位提请建设单位组织专题技术论证,上报批准标准的建设行政主管部门或者国务院有关主管部门审定。工程中采用国际标准或外国标准,现行强制性标准未作规定的,建设单位应当向国务院建设行政主管部门或者国务院有关行政主管部门备案。

1.0.4 高速公路和一级公路上的行车速度快,路桥衔接必须顺适才能满足行车要求,因此,要求高速公路、一级公路上的各类桥涵的线形布设都要满足路线总体布设的要求,同时,桥上线形应尽量简化,以方便桥涵结构的设计。二级、三级、四级公路上的中、小桥与涵洞的线形及其与公路的衔接亦应符合路线总体布设的要求。二级、三级、四级公路上的特大桥、大桥桥位,由于可能为控制性的桥位,桥位或路线线形选择的余地较小,故规定原则上应服从路线走向,桥、路综合考虑。

1.0.5 公路桥涵应根据所在公路的使用任务、性质和将来发展的需要,按照“安全、适用、经济、美观和有利环保”的原则进行设计。安全是设计的目的,适用是设计的功能需求,必须首先满足;在满足安全和适用的前提下,应根据具体情况考虑经济和美观的要求。公路工程设计应符合环保要求,保持公路的可持续发展,故提出了"有利环保"的原则。

公路桥涵建设与交通运输、农田水利和人民生活有着密切的关系,因此,公路桥涵设计必须考虑各方面因素,如经济、国防、运营、施工和养护等,综合分析,选取最佳方案。

新建中小桥涵的设计应尽量采用标准化的装配式结构,尽量采用机械化和工厂化施工,节约投资,便于养护和构件的更换。

1.0.6 公路桥涵结构的设计基准期主要是通过可变荷载的统计分析确定的。在桥梁结构可靠性分析中,结构功能函数中有关结构材料的基本变量是按随机变量进行统计拟合的;而有关可变荷载的基本变量则一般按随机过程概率模型来描述,先确定随机过程的样本函数,求得截口概率分布,在此基础上,进一步得到设计基准期(随机过程的时间域一般取设计基准期)内最大值的概率分布和统计参数。汽车荷载和人群荷载的统计分析表明,当设计基准期取为100年时,其所得最大值概率分布函数的0.95分位值,与原规范汽车、人群的标准荷载较为接近,这就避免了公路桥梁的主要荷载的量值出现大起大落的现象。

《公路统一标准》表3.3.3-1给定的公路桥梁结构的目标可靠指标(用于结构设计的可靠度指标),在荷载方面是通过对可变荷载随机过程分析所得统计参数和概率分布类型,再由结构抗力共同参与分析后确定,而结构抗力的调查统计只能对结构主要受力构件进行。因此,这里所说的设计基准期是针对桥梁结构的主要受力(受压、受拉、正截面受弯、斜截面受剪和偏心受压)构件而言的。

1.0.7 按照《公路统一标准》的规定,本规范将桥涵设计分为承载能力和正常使用两类极限状态。结构的稳定和疲劳设计属于承载能力极限状态。

承载能力极限状态设计体现了桥涵的安全性,正常使用极限状态设计体现了桥涵的适用性和耐久性,这两类极限状态概括了结构的可靠性。只有每项设计都符合各有关规范的两类极限状态设计的要求,才能使所设计的桥涵达到其全部的预定功能。

1.0.8 本条根据桥梁在施工和使用过程中面临的不同情况,规定了结构设计的三种状况:持久状况、短暂状况和偶然状况。

持久状况是指桥梁的使用阶段。这个阶段持续的时间很长,要对结构的所有预定功能进行设计,即必须进行承载能力极限状态和正常使用极限状态的计算。

短暂状况所对应的是桥梁的施工阶段。这个阶段的持续时间相对于使用阶段是短暂的,结构体系、结构所承受的荷载等与使用阶段也不同,设计要根据具体情况而定。在这个阶段,一般只进行承载能力极限状态计算,必要时才作正常使用极限状态计算。

偶然状况是指桥梁可能遇到的罕遇地震等状况。这种状况出现的概率极小,且持续的时间极短。按照《公路统一标准》的规定,偶然状况的设计原则是:主要承重结构不致因非主要承重结构发生破坏而导致丧失承载能力;或允许主要承重结构发生局部破坏而剩余部分在一段时间内不发生连续倒塌。显然,偶然状况只需进行承载能力极限状态计算,不必考虑正常使用极限状态。

1.0.9 按照《公路统一标准》的规定,公路桥涵进行持久状况承载能力极限状态设计时,应将其划分为三个设计安全等级,以体现不同情况的桥涵的可靠度差异。安全等级二级的结构,其可靠度相当于原规范"隐含"的可靠度水平;安全等级一级和三级的结构,其可靠度水平相应于在二级的基础上增加或减小一个数量级(其值为0.5)。在计算上,不同的安全等级是用结构重要性系数 γ_0 来表示的。

本规范表1.0.9列出了不同安全等级对应的桥涵类型。设计工程师也可根据桥涵的具体情况,与业主商定,但不能低于表1.0.9所列等级。

1.0.11 原规范中的桥涵分类标准采用了两个指标:一个是单孔跨径 L_K,用以反映技术复杂程度,另一个是多孔跨径总长 L,用以反映建设规模。符合其中一个指标即可归类。

桥梁跨径的大小是衡量桥梁工程建设综合水平的一个指标,原规范的规定已不能反映我国近20年来公路桥梁的建设水平。为此,本次修订将特大桥的起点跨径由100m调整至150m。跨径150m基本涵盖了所有常规桥梁结构,包括连续梁桥、连续刚构桥、钢筋混凝土拱桥和钢管混凝土拱桥等,超过此值则归属于特大桥。

划分特大、大、中、小桥的另一个指标是多孔跨径总长，即不考虑两岸桥台侧墙长度在内的桥梁标准跨径的总长度。在一般情况下，桥梁总长大致相当于河流的宽度，以此作为划分指标，概念较明确，并有利于勘测工作中对桥梁总长的估算。本次修订将多孔跨径总长大于500m的特大桥的起点指标调整为大于1000m，该指标也基本涵盖了随着高速公路、一级公路的修建而出现的高架桥，超过此值则归属于特大桥。

大桥的划分标准随特大桥指标的调整而作了相应的调整，其余指标保持原规范的规定。

1.0.12 公路桥涵设计是保证桥涵质量的重要环节之一，按照《公路统一标准》的规定，必须施行设计质量的管理和控制。所谓质量管理和控制就是建立明确的各级责任制和严格的检查校核制度，层层把关，必要时还可委托有经验的设计单位进行全部审查，尽可能地排除影响设计质量的因素。

除此之外，本条还指出在各类设计文件中，应对涉及工程质量的诸多方面提出要求，其中对结构耐久性的要求以往重视不够；构造设计也不够全面，今后应该加强这些方面的工作，不断改进。

2 术语

本章仅将本规范出现的、人们比较生疏的术语列出。术语的解释，其中有一部分是国际公认的定义，但大部分则是概括性的涵义，并非国际或国家公认的定义。术语的英文名称不是标准化名称，仅供引用时参考。

3　设计要求

3.1　桥涵布置

3.1.1　桥梁的设置，尤其是特大、大桥的设置应根据公路功能及其等级、通行能力，结合地形、河流水文、河床地质、通航要求、河堤防洪、环境影响等进行综合考虑，并设置完善的防护设施，增强桥梁的抗灾能力。

特大、大桥的桥位应选择在顺直的河道段，避免设在河湾处，以防止冲刷河岸。同时要求河槽稳定，主槽不易变迁，大部分流量能在所布置桥梁的主河槽内通过。桥位的选择要求河床地质条件良好、承载能力高、不易冲刷或冲刷深度小。桥位若处于断层地带，要分析断层的性质，如为非活动断层，宜将墩台基础设置在同一盘上。桥位应尽量避免选择在有溶洞、滑坡和泥石流的地段，否则应采取防护工程措施，确保岸坡稳定。

3.1.3　通航河道的主流宜与桥纵轴线正交，如有困难时，其斜度不宜大于5°，这是从航行安全考虑的。如斜度超过5°，应增大通航跨径，计算公式如下：

$$l_a = \frac{l + b\sin\alpha}{\cos\alpha} \tag{3-1}$$

式中　l_a——相应于计算水位的墩(台)边缘之间的净距(m)；

l——通航要求的有效跨径(m)；

b——墩(台)的长度(m)；

α——垂直于水流方向与桥纵轴线间的交角(°)。

3.1.6　调治构造物的设置方案应与桥孔的设计统一考虑，进行多方案技术经济比较，不应片面强调长桥短堤或短桥长堤。

单边河滩流量不超过总流量的15%或双边河滩流量不超过总流量的25%时，表明主槽流量占总流量的大部分，河流压缩不大，一般情况下可不设置调治构造物。

非淹没式的调治构造物的顶面应高于设计洪水位至少0.25m，公路路堤的路肩边缘应高于设计洪水位至少0.5m。这是因为公路路堤没水造成的后果比调治构造物要严重，故给予较高的安全储备。

导流堤和丁坝的布设及冲刷计算可参照《公路工程水文勘测设计规范》(JTG C30)执行。

3.1.7　桥涵的设计洪水频率标准，仍采用原规范的规定。

本次修订时，对洪水频率标准的使用进行了重点调研。为此，专门列题开展了“高速公路和一级公路特大桥洪水频率标准研究”。研究认为，原规范中桥涵设计洪水频率标准的规定总体上是合理的，与水工、铁路、城市等的防洪标准是协调的。经综合分析比较，本次规范修订维持了原规范的规定。

本次规范修订，提高了公路桥涵分类标准中的特大桥的分类标准，即单孔跨径由 $L_K > 100$m 提高到 $L_K > 150$m，多孔跨径总长由 $L > 500$m 提高到 $L > 1000$m。经此调整后，实际上将原规范中单孔跨径100～150m、多孔跨径总长500～1000m的特大桥划归为大桥，所采用的桥梁设计洪水频率标准间接地下调了，即由1/300调至1/100。但其调整后的设计洪水频率标准仍高于堤防的防洪标准，是能够保证桥梁的安全的。

鉴于桥梁水毁的原因之一是基础埋置深度不够，因此规定在水势猛急、河床易冲刷的情况下，对于二级公路上的特殊大桥和三、四级公路上的工程艰巨、修复困难的大桥，必要时可选用高一等级的设计洪水频率(即分别为1/300和1/100)验算基础冲刷深度。

三级公路上的小桥和涵洞及四级公路上涵洞的设计洪水频率与路基相同，大、中桥采用了适当高一些的安全度,规定为1/50,四级公路上的小桥规定为1/25。

四级公路主要是沟通县、乡、村并直接为农业服务的支线公路,涵洞及其他排水构造物的设计洪水频率应密切结合当地的农业排灌等具体情况确定,不作硬性规定。

漫水桥虽易阻断交通,但具有造价低和易修复的优点,在容许有限度中断交通的三、四级公路上,可以修建漫水桥。漫水桥的设计洪水频率,应根据容许阻断交通的程度与时间长短、桥梁结构形式、水文情况、引道条件和对上、下游农田、村镇的影响等具体条件决定。按照《公路工程水文勘测设计规范》(JTG C30),三级公路上的漫水桥涵应满足在1/25洪水频率时,车辆能安全通过。车辆通行的桥面水深不应大于0.3m。

设计洪水是指符合本规范表3.1.7规定频率的年最大洪水流量及相应的流量过程线。桥梁设计洪水位应为符合与本规范表3.1.7规定频率的流量相应的最高洪水位。当以暴雨径流计算设计流量时,其频率应符合本规范表3.1.7规定。

3.2 桥涵孔径

3.2.2 《公路工程水文勘测设计规范》(JTG C30)对桥涵的孔径设计作了规定。

小桥、涵洞的孔径应以设计洪水流量来确定。当缺少水文资料时,可根据现场调查的多年洪水痕迹、泛滥范围和既有小桥涵来验算小桥涵的孔径。

对暴雨径流,允许在小桥涵的上游有短时间的积水,以压缩小桥涵的孔径。小桥涵的积水深度及范围,可根据桥涵上游地形确定,但必须保证积水壅高不会危害上游村镇和农田的安全。本条规定因积水而减少的流量,不宜大于总流量的1/4,也是从小桥涵本身的安全考虑的。

3.2.5 本次规范修订,为了增强各种桥梁构件的互换性,以术语"标准化跨径"取代原规范的"标准跨径",并定义梁式桥和板式桥以两桥墩中线间距离或桥墩中线与台背前缘间的距离为标准化跨径。拱式桥和拱涵、箱涵、盖板涵、圆管涵等以净跨径为标准化跨径。

标准化跨径的上限,原规范定为60m,本次修订将上限调整至50m,超过50m跨径的桥梁,可不受标准化跨径规定的限制。

3.3 桥涵净空

3.3.1 本条对桥涵净空的建筑限界作出了规定,作如下几点说明:

1 本条净空限界取自《公路工程技术标准》(JTG B01)的公路建筑限界。把公路上的行车道、路缘带、硬路肩、中间带等按不同公路等级和设计速度分别引入桥涵净空内,这样,可以使桥涵与公路更好地衔接,公路上的车辆可维持原速通过桥涵。车辆在公路上无障碍地行驶,尤其在高速公路和一级公路上,这是现代交通的最基本的要求。

2 原规范按不同地形(平原、微丘、重丘、山岭)分别规定不同的桥宽,由于地形是可以改造的,设计时不便于掌握。本规范改用按设计速度确定桥宽,这样更符合实际需要,因为快速行车比慢速行车更需要保持较大的间隙和桥宽。本规范的桥梁净高仍沿用原规范的规定。

3 本条表3.3.1-2、表3.3.1-3、表3.3.1-4列出了中央分隔带、中间带和路缘带的宽度,桥涵设计在选择上述各项宽度及其一般值和最小值时,应首先考虑与桥涵相连的公路路段的路基宽度,保持桥面净宽与路基(不计入土路肩)同宽。

4 特殊大桥是指技术特别复杂或建设条件特别复杂的桥梁。

3.3.2 不通航和无流筏河流的桥下净空,应根据设计洪水位、壅水高、浪高或最高流冰水位确定,必要时尚应考虑局部股流涌高、桥墩冲高等,并给予一定的安全储备。桥墩冲高仅在确定墩顶支座垫石(板)标高时考虑。对河床今后可能出现的淤高、水上漂流物及流冰阻塞等危险,也应作适当考虑。

有流冰、流木的河流的桥梁跨径,尚应考虑流冰、流木从河槽桥孔通过。

通航河流的桥下净空,应符合《内河通航标准》(GB 50139)的规定。桥下净高应从最高通航水位算起,桥下净宽应根据最低通航水位时墩台间的净距确定。不受潮汐影响和潮汐影响不明显的天然河段的设计最高通航水位的洪水重现期,一至三级航道为20年,四至五级航道为10年,六至七级航道为5年。对于出现高于设计通航水位历时很短的山区性河流,如经论证后,三级航道洪水重现期可采用10年,四至五级航道可采用5~3年,六至七级航道可采用3~2年;设计最低通航水位可采用综合历时曲线法计算确定,其多年历时保证率为:一至二级航道为大于98%;三至四级航道为98%~95%;五至七级航道为95%~90%。设计最低通航水位也可采用保证率频率法计算确定,详见《内河通航标准》(GB 50139)规定。潮汐影响明显的感潮天然河段,设计最高通航水位应采用年最高潮位累积频率为5%的潮位,按极值I型分布律计算确定;设计最低通航水位应采用低潮位累积频率为90%的潮位。

有国防要求和其他特殊要求(如石油钻探船只)的航道,其通航标准须与有关部门具体研究确定。

关于河流中漂流物在水面上突出的高度,根据几十个调查资料,一般高出水面1m左右,最高可达2m。国外资料也有高出3~4m的。设计时应按实地调查资料确定。

3.3.3 当矩形涵洞进口净高大于3m时,其顶面至最高水面的净高不应小于0.5m,这与不通航河流上的梁底净空规定是一致的;净高等于或小于3m的涵洞,其净空不应小于净高的0.5/3=1/6。圆管涵或拱涵的进口净高大于3m时,因其顶部泄水面积减少,其净空不小于0.75m;圆管涵或拱涵的进口净高等于或小于3m时,其净空不应小于净高的0.75/3=1/4。

3.3.4~3.3.5 根据《公路工程技术标准》(JTG B01)的规定,对互通和分离立交,除应满足功能要求外,补充了应满足桥下公路的视距和前方信息识别的要求。

考虑到农村道路的实际情况,增加了农用汽车通道及其相关的净空要求。增加并明确了车行天桥及其净宽和荷载标准。

3.4 桥上线形及桥头引道

3.4.1 高速公路和一级公路上行车速度快,桥路衔接必须舒顺才能满足行车要求,因此,高速公路、一级公路上的各类桥梁除特殊大桥外,其布设应满足路线总体布设的要求,而特殊大桥应尽量顺直,以方便桥梁结构的设计。当二级、三级、四级公路的特大桥、大桥桥位选择余地较小,成为路线控制点时,路线线位应兼顾桥位。应避免在小桥涵处出现急剧的驼峰式和"V"形纵坡。

原规范关于桥上及其引道的纵坡的规定,从多年来的应用情况看是适宜的,本标准维持原规定。

3.4.2 在洪水泛滥范围内的大、中桥桥头引道,经常受到洪水的威胁,必须与桥梁具有相同的抵御洪水的能力,其路肩标高应至少高出桥梁设计洪水位0.5m。

当小桥或涵洞的流量超过其设计流量时,多数情况是溢流首先冲毁路堤,进而导致桥涵破坏,故小桥涵引道路堤的顶高须在桥(涵)前计算水位以上至少0.5m。

压力式或半压力式涵洞限制在一定条件下使用。规范未对路肩高程高出涵前壅水水位作出具体规定,但一般情况下,不应小于1.0m。

3.4.3 桥头锥坡填土或实体式桥台背面的一段引道填土,宜用砂性土或其他透水性土,这对于台背排水和防止台背填土冻胀是十分必要的。在非严寒和无冻胀地区,桥头填土也可以就地取材,利用桥涵附近的土填筑。

锥坡坡面一般要用片石铺砌,且填土须经夯实,其边坡的稳定性好于一般路基边坡,故可以采用较陡的边坡坡度。高填土路堤因本身自重影响其下层边坡的稳定,且锥坡在淹水部分因浸水而减小了土体的安息角,故均应根据实践经验采用较缓的边坡坡角,以保证其稳定。

本条规定的铺砌层高度,仅适用于一般情况,如有逆风、冰冻或漂流物等影响,应适当提高或采用全坡面铺砌。

对于埋置式桥台、钢筋混凝土桩、柱式桥台,其台前锥坡体既起保护桥台的作用,又可平衡台背侧压力,故应采用较缓的边坡坡度,以保证稳定。

3.4.4 桥台侧墙后端和悬臂梁的悬臂端要伸入桥头锥坡0.75m,这是为了保证桥台或悬臂端与引道路堤的密切衔接。悬臂端搭板以下填土必须夯实。

桥头搭板在许多情况下为简单实用且有效的治理桥头跳车的办法。

3.5 构造要求

3.5.1 在桥涵设计中，设计人员一般对结构物的强度和刚度方面考虑较多，而对如何方便制造、简化施工以及在运输、安装和使用过程中如何防止变形和裂缝的研究则较少，设计中往往为节省钢材而使构件类型增多、形式复杂，给制造和施工带来困难和浪费。设计人员应对各种因素综合考虑，以确定最好的结构设计方案。

3.5.8 在梁设置板式橡胶支座的单个支承点上，顺桥向因梁纵向挠曲只能设置一个支座，否则受力易不匀；横向因梁刚度较大，但也不应设置多于两个支座。斜桥、弯桥及多向变位的桥梁宜选用圆形板式橡胶支座。板式橡胶支座无论在桥梁纵向或横向均允许直接设于坡上，但有坡度限制，且应按有关标准的规定验算因支座倾斜而产生的剪切变形和不均匀压缩。若上述计算不满足相关标准的要求时必须采取措施，如梁下设楔形块等，保持支座上下面的水平放置。

板式橡胶支座的使用寿命一般为20~30年，低于主体结构的使用寿命，因此，在进行桥梁结构的设计时，必须留有检查和更换橡胶支座的构造措施。

3.6 桥面铺装、排水和防水层

3.6.1 桥面铺装宜采用沥青混凝土或水泥混凝土。公路桥梁桥面铺装的结构形式宜与所在位置的公路路面相协调。除特大桥外，桥面铺装的结构形式宜与该路段的面层结构保持一致。桥面铺装应与桥梁的上部结构综合考虑、协调设计。桥面铺装应有完善的桥面防水、排水系统，防水层的设置应保证层间结合密实牢固。特大桥、大桥的桥面铺装宜采用沥青混凝土桥面铺装。

3.6.2 桥梁上部结构应设置防水层，但其形式和方法应根据当地的气候条件、雨量情况和桥梁具体结构形式等确定。

沥青混凝土和水泥混凝土都是不能完全防水的。防水层的设置可避免或减少钢筋的锈蚀，保证桥梁结构的质量。

为保护圬工桥台和拱圈不受水侵蚀，在台后和护拱上应设防水层，并设置盲沟使土中水分排出。

3.6.3 沥青混凝土铺装宜由黏层、防水层、保护层及沥青面层组成。长安大学承担的"跨越构造物路面结构设计与施工技术研究"中推荐的沥青混凝土桥面铺装层的典型结构为：

1 单层式：50mm中粒式沥青混凝土。

2 双层式：上面层30mm（40mm）细粒式或中粒式沥青混凝土；下面层40mm（50mm、60mm或70mm）中粒式沥青混凝土。

3 三层式：上面层30mm（40mm）细粒式或中粒式沥青混凝土；中面层40mm（50mm）中粒式沥青混凝土；下面层50mm（60mm或70mm）粗粒式沥青碎石。

高速公路、一级公路上桥梁的沥青混凝土桥面铺装层宜使用性能良好的改性沥青混凝土。沥青混合料的级配类型宜与相邻桥头引道上沥青表面层的混合料的级配相同，以便与桥头引道部分连续施工。

沥青铺装的质量好坏与施工工艺和水平直接相关。铺装前的桥面应平整、粗糙、干燥、整洁，不得有尘土、杂物或油污。施工宜采用轮胎压路机复压、轻型钢筒式压路机终压。

桥面铺装采用的沥青、集料及混合料的技术要求应符合现行《公路沥青路面设计规范》的规定。

3.6.4 混凝土桥面铺装层直接承受车辆轮压的作用，既是保护层，又是受力层，因此必须具有足够的强度、良好的整体性以及抗冲击与耐疲劳特性，同时还应具有防水性及其对温度变化的适应性。

要减少和消除桥面铺装层在预定的设计使用期内的早期破坏、满足行车荷载和环境因素作用下的使用功能，必须强化铺装层结构的抗裂性能和耐疲劳特性。

长安大学在承担的"跨越构造物路面结构设计与施工技术研究"中采用有限元计算方法，分析了桥面铺装层结构在车辆荷载作用下的受力特性，计算涉及了简支结构、悬臂结构和连续结构。研究认为，水泥混凝土桥面铺装层的厚度不宜小于80mm。高速公路和一级公路的桥面铺装层还应适当增加,有条件时,可采用钢纤维混凝土。水泥混凝土桥面铺装内应布设钢筋网,并根据受力需要合理设置胀缩缝。桥面板上宜设置锚固钢筋和抗剪钢筋,这可提高铺装层的抗裂性和抗冲击性,保证铺装层与桥面板的良好结合,也方便铺装层内钢筋的定位。铺装层内钢筋网的钢筋直径宜为8~12mm,间距100mm×100mm~150mm×150mm,提倡使用带肋钢筋,有条件时,可采用工厂化生产的焊接钢筋网。与此同时,水泥混凝土桥面铺装的厚度不宜大于120mm。

3.6.5 钢桥面铺装一般采用沥青混凝土体系,其涉及对正交异性钢桥面板的结构受力状态、桥梁纵面线形、当地气象与环境条件、铺装材料的基本强度、变形性能、抗腐蚀性、水稳性、高温稳定性、低温抗裂性、黏结性、抗滑性、施工工艺等。

目前,钢桥面铺装主要有以德国、日本为代表的高温拌和浇筑式沥青混凝土(Gussasphalt)、以英国为代表的沥青玛蹄脂混合料(Masticasphalt)、德国和日本等国近期采用的改性沥青SMA(Stone Mastic Asphalt),和以美国为代表的环氧树脂沥青混凝土(Epoxy Asphalt)等几类。

江苏省的江阴公路长江大桥和香港的青马大桥采用的是沥青玛蹄脂混合料桥面铺装,厚度为40~50mm。广东虎门大桥、广东汕头海湾大桥、福建厦门海沧大桥、重庆鹅公岩大桥、武汉白沙洲长江大桥等采用的是改性沥青双层SMA桥面铺装,厚度为70~90mm。江苏南京长江第二大桥采用的是双层环氧树脂沥青混凝土铺装,厚度各为25mm。

3.6.6 桥梁用伸缩装置为桥梁的组成部分之一。常用的伸缩装置有填塞嵌固对接型、钢制支承型、板式橡胶型、模数式、无缝(暗缝)型等类型。伸缩装置的设置应保证桥梁接缝处的变形自由、协调,车辆能够平稳、安全地通过,并适应接缝周围可能出现的少量的错位,不致因此而引起伸缩装置部件的受损或脱落。

模数式伸缩装置由吸震性能较好又容易做到密封的橡胶材料和强度高刚性好的异型钢材组合而成,并有加强的锚固系统,特别适用于大变位和承受大交通量的高速公路和一级公路上的桥梁。目前高速公路和一级公路上的沥青面层厚度一般不小于50mm,而主梁高度不足50mm的伸缩装置仅依靠浅层的锚固措施是难以抵抗大交通量下汽车荷载长期的冲击和疲劳作用的,故本规范规定,对于特大桥和大桥,其安装的伸缩装置的钢梁高度不应小于70mm。

3.6.7 桥梁及其引道的设计应保证桥面上的径流迅速地排走,保证行车安全。排水设施主要为设置桥面纵坡、横坡包括超高排水并设置排水管外泄。特大桥和大桥不宜做成纵向平坡桥。

桥面排水管的数量应根据径流面积计算确定。1961年版《公路桥涵设计规范》(草案)第1041条的规定:每平方米桥面宜设300mm^{2}的排水管面积;排水管直径不宜小于100mm,相当于30m跨净-7桥面的桥梁,设8个直径为100mm的泄水孔,每侧4个,或直径为150mm的泄水孔,每侧2个。前苏联1984年版《公路、铁路、城市道路桥涵设计规范》第1.76条规定:对于公路桥,当桥梁纵坡不大于5‰时,排水管直径不得小于150mm,顺桥跨的间距不大于6m;当桥梁纵坡为5‰~10‰时,排水管直径不得小于150mm,顺桥跨的间距不大于12m。1994年版《美国公路桥梁设计规范》规定,泄水孔的最小内径一般不宜小于150mm。

对于高速公路和一级公路,一般采用直径为150mm的排水管,间距在4~5m之间。

跨越公路、铁路、通航河流的桥梁以及城市高架桥,落在桥面上的降水应通过桥面横坡和纵坡排流入排水管后,汇集到纵向排水管或排水槽,并通过设在墩台处的竖向排水管(落水管)流入地面排水设施中。

桥面排水、桥台和支挡构造物的排水还可参考《公路排水设计规范》(JTJ 018)的有关规定执行。

桥面排水管的设置应满足环境和安全的要求。

4 作用

4.1 作用分类、代表值和作用效应组合

4.1.1 长期以来，我们一般习惯地称所有引起结构反应的原因为“荷载”，这种叫法实际并不科学和确切。引起结构反应的原因可以按其作用的性质分为截然不同的两类，一类是施加于结构上的外力，如车辆、人群、结构自重等，它们是直接施加于结构上的，可用“荷载”这一术语来概括。另一类不是以外力形式施加于结构，它们产生的效应与结构本身的特性、结构所处环境等有关，如地震、基础变位、混凝土收缩和徐变、温度变化等，它们是间接作用于结构的，如果也称“荷载”，容易引起人们的误解。因此，目前国际上普遍地将所有引起结构反应的原因统称为“作用”，而“荷载”仅限于表达施加于结构上的直接作用。

本次修订，作用的分类基本维持原规范的规定。作用按随时间的变异分为永久作用、可变作用和偶然作用。这种分类是结构上作用的基本分类。永久作用是经常作用的其数值不随时间变化或变化微小的作用；可变作用的数值是随时间变化的；偶然作用的作用时间短暂，且发生的几率很小。

本次规范修订将原规范的温度影响明确分为均匀温度和梯度温度两类，增加了汽车撞击作用的规定，全面修改了汽车标准荷载的模式，改标准车队荷载模式为标准车道荷载与标准车辆荷载相结合的模式，前者用于结构的整体计算，后者主要用于结构的局部计算，取消了汽车—15 级和汽车—10 级标准汽车荷载，将验算荷载的作用影响隐含在标准车道荷载内。

4.1.2 作用具有变异性，但在结构设计时，不可能直接引用作用随机变量或随机过程的各类统计参数通过复杂的计算进行设计，作用代表值就是为结构设计而给定的量值。设计的要求不同，采用的作用代表值也可不同，这样可以更确切、合理地反映作用对结构在不同设计要求下的特点。作用的代表值一般可分为标准值、频遇值和准永久值。作用的标准值是作用的基本代表值，频遇值和准永久值一般可以在标准值的基础上计入不同的系数后得到。作用的标准值反映了作用在设计基准期内随时间的变异，并按其在设计基准期内的最大值概率分布的某一分位值确定。公路桥涵结构的设计基准期为100 年。

设计时，采用什么作用代表值往往与作用出现的持续时间长短有关，例如永久作用和偶然作用可只取其标准值作为代表值，而可变作用则应根据不同的极限状态分别采用不同的代表值。承载能力极限状态设计及按弹性阶段计算结构强度时应采用标准值作为可变作用的代表值。正常使用极限状态按短期效应（频遇）组合设计时，应采用频遇值为可变作用的代表值；按长期效应（准永久）组合设计时，应采用准永久值作为可变作用的代表值。

4.1.3 永久作用（如恒荷载）被近似地认为在设计基准期内是不变的，它的代表值只有一个，即标准值。可变作用按其在随机过程中出现的持续时间或次数的不同，可取标准值、频遇值和准永久值作为其代表值。

作用的标准值是结构设计的主要参数，关系到结构的安全问题，是作用的基本代表值。其量值应取结构设计规定期限内可能出现的最不利值，一般按作用在设计基准期内最大值概率分布的某一分位值确定。

对于结构自重，包括结构的附加重力，它们的标准值按结构设计规定的设计尺寸和材料的重力密度计算确定。调查统计表明，结构的设计尺寸与实测均值极为相近；钢筋混凝土构件的重力密度与规范的规定值也是接近的。

可变作用的频遇值是指结构上较频繁出现的且量值较大的作用取值，但它比可变作用的标准值小，

实际上由标准值乘以小于 1 的频遇值系数 ψ_1 得到。

可变作用的准永久值是指在结构上经常出现的作用取值，但它比可变作用的频遇值又要小一些，实际上是由标准值乘以小于 ψ_1 的准永久值系数 ψ_2 得到。

4.1.5 结构通常要同时承受多种作用的作用。在进行结构设计时,无论是承载能力极限状态还是正常使用极限状态,均必须考虑可能同时出现的多种作用的效应组合,求其总的作用效应,同时考虑到作用出现的变化性质,包括作用出现与否及作用出现的方向,这种组合是多种多样的,应在必须考虑的所有可能的组合中,取其最不利的效应组合进行设计。

规范只指出了作用效应组合要考虑的范围,其具体组合的内容,尚需由设计者根据实际情况确定,规范不宜规定过死。曲线桥梁,因制动时车速较直线桥上时小,其制动力大约只有最大制动力的 60%(本规范按 70% 采用),因此组合时制动力不能采用最大值。对于一部分不能同时组合的作用,规范以表的形式列出。制动力与支座摩阻力不同时组合,这是考虑到活动支座的最大摩阻力,当上部构造恒载一定、支座摩阻系数一定时是一个定值。任何纵向力,不能大于支座摩阻力,因此,制动力与支座摩阻力不同时存在。流水压力不与汽车制动力、冰压力同时组合,这是考虑同时出现的可能性极小,或冰压力远大于水压力,且实测中也难以分开。

4.1.6 公路桥涵结构的承载能力极限状态设计,按照可能出现的作用,将其分为两种作用效应组合,即基本组合和偶然组合。作用效应的基本组合是指永久作用设计值效应与可变作用设计值效应的组合,这种组合用于结构的常规设计,是所有公路桥涵结构都应该考虑的。作用效应的偶然组合是指永久作用标准值、可变作用代表值和一种偶然作用标准值的效应组合,视具体情况,也可不考虑可变作用效应参与组合。作用效应偶然组合用于结构在特殊情况下的设计,所以不是所有公路桥涵结构都要采用的,一些结构也可采取构造或其他预防措施来解决。

本条公式(4.1.6-1)和(4.1.6-2)是国内外普遍采用的承载能力极限状态设计作用表达式,前者的基本参数采用标准值,再乘以分项系数;后者则以标准值乘以分项系数后的设计值来表达基本设计参数。两个表达式本质是相同的,各类材料设计规范可根据各自情况选用。

作用效应组合表达式中的作用分项系数是在有关作用(恒载、汽车荷载)概率统计分析的基础上,结合结构抗力的统计分析结果,对原《公路钢筋混凝土及预应力混凝土桥涵设计规范》(JTJ 023—85)进行"校准",得到用于桥涵设计的结构可靠度指标,然后通过极限状态设计表达式,运用"抗力最小二乘法"或"可靠指标最小二乘法"的优化方法,求得恒载效应分项系数 $\gamma_G = 1.2$,汽车荷载效应分项系数 $\gamma_{Q1} = 1.4$。这两个系数维持了原《公路钢筋混凝土及预应力混凝土桥涵设计规范》(JTJ 023—85)相同的量值。有关详细情况见《公路统一标准》第 3.3.3 条和第 7.1.2 条的条文说明。

结构重要性系数按结构不同安全等级采用。公路桥梁不同安全等级所对应的结构类型，规定于本标准第 1.0.9 条。不同安全等级的结构有其不同的目标可靠指标，对于以分项系数模式表达的极限状态设计，不同安全等级在计算上是以表达式中的结构重要性系数来体现的,经对极限状态设计表达式的可靠度分析,安全等级一级、二级和三级的结构,其重要性系数分别为 1.1、1.0 和 0.9,详细情况见《公路统一标准》第 7.1.4 条的条文说明。

汽车荷载在公路工程结构中通常被视为主导的可变作用,在设计表达式中与永久作用一样单独列出。在桥梁设计中,汽车荷载分项系数按不同的作用效应组合采用。当某个可变作用对结构或结构构件确实起到主导影响(在同类效应中其值超过汽车效应),则其分项系数宜采用该作用效应组合的汽车荷载分项系数。对于专为承受某作用而设置的结构或装置,如钢桥的风构,设计时风荷载可被视为主导作用,其分项系数取与汽车荷载同值。但当风荷载参与与其他荷载组合时,以往将该组合作为"附加组合"考虑,同时,风荷载计入瞬时脉动风压的影响,比原规范有较大增加,其分项系数只能取 1.1。

对公路上可能行驶的超过《道路车辆外廓尺寸、轴荷及质量限值》(GB 1589)的车辆,应进行承载能力极限状态的检算,其分项系数可取 1.1。

关于公式(4.1.6-1)、(4.1.6-2)中的作用效应组合系数 ψ_c,在多数情况下,桥涵结构上往往同时作用多个荷载,但是本规范确定的恒载分项系数、汽车荷载分项系数以及赖以建立这些系数的可靠度指标,是在只有恒载和汽车荷载作用的最基本组合下确定的,当结构上作用着多于上述荷载时,综合荷载效应最大值的统计规律也发生相应的变化，从而影响了结构可靠度指标和恒载、汽车荷载分项系数的取值。因此，在保持可靠度指标、恒载和汽车荷载分项系数不变的情况下，对多个可变荷载参与效应组合时，引入其值小于1.0的荷载效应组合系数ψ_c对荷载标准值效应作等值折减。组合系数ψ_c是针对可变荷载效应的不同比值，通过优化方法确定的，它随参与组合的可变荷载的增加而减小。详细情况见《公路统一标准》第7.1.2条有关荷载效应组合系数的条文说明。本规范给出的ψ_c值是经优化计算后适当提高的数值。

表4.1.6中土侧压力的分项系数取为1.4，是因为它在多数情况下是按主导荷载考虑的，但当由汽车荷载引起的土侧压力，在汽车荷载考虑了分项系数后，计算的土侧压力不再考虑。基础变位作用在以往的桥梁计算中是作为“附加组合”考虑的，其分项系数可采用1.0；对于混凝土和圬工结构，由于混凝土徐变或灰缝塑性变形对基础变位产生的内力的影响，采用0.5的折减系数。

4.1.7 在公路桥梁结构中，对于需要进行正常使用极限状态设计的结构，需考虑可变作用的短期效应组合和长期效应组合，其可变作用代表值采用频遇值和准永久值。众所周知，正常使用极限状态设计仅涉及构件的抗裂、裂缝宽度和挠度，其结构可靠度要比承载能力极限状态设计低得多，对构件的裂缝和挠度探索性分析表明（见《公路统一标准》第3.3.4条说明），运算的最小可靠度指标可取1.0，而承载能力极限状态设计时二级结构的受弯构件可取4.2（见《公路统一标准》表3.3.3-1）。但是，以前在考虑结构正常使用极限状态设计的可变作用时，其代表值取为标准值，该值为结构使用期内的最大值，显然过高地估算了可变作用的量值。按照国际一般惯例，本规范对已调查的主要可变作用的频遇值和准永久值分别取其随机过程截口任意时点分布的0.95和0.5分位值；对不可调查或尚未调查的可变作用仍取标准值或参照有关资料取值。

4.2 永久作用

4.2.1 本条表4.2.1所列常用材料的重力密度标准值，基本上沿用了原规范的数值，但删去了公路桥涵已不用的砖砌体、木材有关材料的重力密度值（容重）。

对钢筋混凝土和预应力混凝土桥梁的实测分析表明，沥青混凝土、水泥混凝土桥面铺装层重力密度和构件自重均不拒绝正态分布，当取调查统计的平均值时，沥青混凝土和水泥混凝土的重力密度与原规范的规定值较为接近，前者略小于后者，是偏于安全的。但考虑目前密级配的沥青混凝土应用较多，将原规范的重力密度由23kN/m^{3}改为23～24kN/m^3。钢筋混凝土和预应力混凝土构件的重力密度从构件自重和构件尺寸两项不定性调查分析可知，当采用原规范规定的25kN/m^{3}时，桥梁实际构件已普遍超重，这是偏于不安全的，所以本规范仍采用原规范的25～26kN/m^3，并可按原规范规定，当按体积计算的含筋量小于2%时，采用25kN/m^3；等于或大于2%时，可采用26kN/m^3。

4.2.3 一般桥台和挡土墙考虑主动土压力。桥台和挡土墙前面地面或冲刷线以下的土压力，由于台后和墙后考虑了主动土压力，台前和墙前可考虑静土压力。

土的外摩擦角δ一般可采用$\varphi/2$。国内外有些资料建议采用$\delta=(1/2\sim2/3)\varphi$。克列因所著《散体结构力学》中介绍的有关土的试验数据见表4-1。

考虑汽车冲击以及渗水的影响，δ采用$\varphi/2$是合适的。

考虑外摩擦角$(\delta=\varphi/2)$与不考虑外摩擦角所计算出的主动土压力系数值，相差10%左右，见表4-2。

表4-1 土的重力密度和内、外摩擦角

名　称	重力密度(kN/m^3)	内摩擦角φ(°)	墙背与填土之间外摩擦角δ(°)
湿黏土	17～19	25～35	17～18
干黏土	16～17	40～45	27～33
湿砂砾	19～20	25～35	22
干砂砾	18	35～45	24～31
湿　砂	17～18	40	25
干　砂	15～17	30～35	29～30

表 4-2　主动土压力系数值比较表

土的内摩擦角 φ(°)	20	25	30	35	40	45
当 $\delta=0$ 时的值	0.490	0.406	0.333	0.271	0.217	0.171
当 $\delta=\varphi/2$ 时的值	0.446	0.368	0.301	0.246	0.198	0.166

注:上表是按墙背竖直,填土与墙顶同高的情况计算的。

土压力在墙背的分布规律,经模型试验测得其与墙高为非线性关系。影响土压力的因素有:填料性质、土与墙背之间的接触状况、墙的位移等。

根据墙的不同位移情况来分析土压力的分布和作用点是比较切合实际的。但一般桥台(拱桥桥台除外)和挡土墙的主动土压力,多属于墙身向外倾的土压力,因此,土压力按三角形分布,并假定作用点在 $H/3$ 处。

柱式墩台土压力计算宽度。当柱间的净距小于或等于其直径(或宽度)时,考虑到回填土剪切变形对应力传递的影响,土压力宽度按柱群最外边缘间全宽计算。这样就与实体桥台的计算宽度取得一致。

当柱间净距大于直径(或宽度)时,应考虑柱间空隙折减。如柱直径(或宽度)D 小于或等于 1.0m,则中间每一柱按 2 倍直径(或宽度)计算,最外边缘的柱按 1.5 倍直径计算。在求得作用在柱群上的总土压力宽度之后,再分配到每一柱上,土压力计算宽度为 $b=\dfrac{D(2n-1)}{n}$,其中 n 为柱根数。如柱直径(或宽度)D 大于 1.0m,则中间柱一律增加计算宽度 1.0m,即 $(D+1)$;边柱增加 0.5m。故作用在每一柱上的土压力计算宽度为 $b=\dfrac{n(D+1)-1}{n}$。对 D 大于 1.0m 的土压力计算宽度的确定,并无理论或试验的依据,只是比照实体桥台,避免在土压力计算宽度上出现大的矛盾。

填土对涵洞的土压力,分为竖向土压力和水平土压力两种。竖向压力的计算,目前有三种计算方法:1)"等沉面"理论;2)"卸荷拱"法;3)"土柱"法。"等沉面"理论现在用得比较广泛,计算结果竖向压力为最大,新填土涵洞与实测结果比较接近;"卸荷拱"理论,由于其形成条件不易满足,在多数情况下用不上,只有沟埋式或顶管法施工的涵洞可以考虑采用,竖向压力最小;"土柱"法计算比较简便,计算结果在上述两法之间,与按新填土涵洞实测结果比较,一般偏小,但对高填土涵洞还是比较接近的。公路部门自 20 世纪 50 年代以来一直按"土柱"法计算。用"土柱"法计算,涵洞两侧填土必须夯实,否则两侧填土下沉大于洞顶填土下沉将产生附加压力。

涵洞的水平土压力,公路上一直采用主动土压力计算,现仍不变。

4.2.4　水浮力为作用于建筑物基底面的由下向上的水压力,等于建筑物排开同体积的水重力。地表水或地下水通过土体孔隙的自由水沟通并传递水压力。水是否能渗入基底是产生水浮力的前提条件,因此,水浮力与地基土的透水性、地基与基础的接触状态以及水压大小(水头高低)和漫水时间等因素有关。

对于透水性土,应计算水浮力。对于非透水性土,可不考虑水浮力。由于土的透水性质难以预测,故对于难以确定是否具有透水性质的土,计算基底应力时,不计浮力,计算稳定时,计入浮力。对于计算水浮力的水位,计算基底应力用低水位,计算稳定用设计水位。

完整岩石(包括节理发育的岩石)上的基础,当基础与基底岩石之间灌注混凝土且接触良好时,水浮力可以不计。但遇破碎的或裂隙严重的岩石,则应计入水浮力。作用在桩基承台底面的水浮力应予考虑,但如桩下沉嵌入岩层并灌注混凝土者,须扣除桩截面。

基础襟边上的水位以下的土重力,当基底考虑浮力时采用浮重;当基底不考虑浮力时,视其是否透水采用天然重或饱和重,另外还应计入襟边土层以上至设计水位的水柱重力。

浮土重力密度按下式计算:

$$\gamma'=\frac{1}{1+e}(\gamma_0-1) \tag{4-1}$$

式中　e——土的孔隙比;

γ_0——土的固体颗粒重力密度,一般采用 27kN/m³。

4.2.5 混凝土收缩的原因，主要是水泥浆的凝缩和因环境干燥所产生的干缩。混凝土收缩会使受约束的构件产生应力，而这种应力的长期存在又因混凝土徐变的影响减小了收缩应力。徐变是混凝土在持续恒定应力作用下应变不断变化的一种现象。混凝土的收缩和徐变主要有下列规律：

1）随水灰比增长而增加；

2）高强度等级水泥的收缩较大；

3）增加填充集料可减小收缩、徐变，并随集料的种类、形状及颗粒组成的不同而异；

4）收缩徐变在凝结初期比较快，以后逐渐迟缓，但仍延续很长时间；

5）环境湿度大的收缩、徐变小，干燥地区收缩、徐变大。

原规范对整体浇筑、分段浇筑和装配式的混凝土结构，其收缩采用等效降温的方法予以处理。这是一种简化的近似方法，其值偏小。在《公路钢筋混凝土及预应力混凝土桥涵设计规范》（JTG D62）中，规定的混凝土收缩应变和徐变系数的计算公式是根据1990年《CEB-FIP模式规范》提供的公式经适当简化处理得到的。它考虑了持续时间或加载后时间10年，考虑了不同水泥种类、混凝土强度、温度变化、湿度、构件大小等因素对收缩应变和徐变系数的影响。这些公式比原规范的公式所考虑的因素更多，这与国际上的最新相关研究成果的结论是一致的。

对于混凝土静不定结构、钢和混凝土组合梁等，必须考虑由于混凝土收缩变形所引起赘余力的变化和截面内力的变化。

试验表明，混凝土应力与其立方体强度的比值在一定范围内时，混凝土的徐变变形与应力成线性关系。线性与非线性的界限通常定在混凝土应力不超过$0.5f_{cu}$（f_{cu}为混凝土立方体抗压强度）。公路桥梁构件在结构重力和预加力作用下，一般都处在线性徐变范围内。由于徐变变形与应力成线性关系，可以采用不同应力引起的徐变变形叠加。

4.3 可变作用

4.3.1 本条有关汽车荷载的规定，兹说明如下：

1 汽车荷载的等级和组成。本规范将汽车荷载分为公路—I级和公路—II级两个等级，前者相当于原规范的汽车—超20级，后者相当于原规范的汽车—20级。原规范规定的汽车—15级和汽车—10级汽车荷载已较少使用，考虑精简汽车荷载等级，不再列入。

原规范规定的验算荷载——挂车和履带车荷载，本规范不再列入。在车辆荷载可靠性研究的调查中，多个测点测得的6万多辆车辆中未发现像挂车如此大轴重的车辆，包括超载车和集装箱车在内。因此，可以认为公路桥涵的正常设计不宜以挂车或履带车作为控制条件。较多的计算实例表明，多数情况下承载能力极限状态设计验算荷载并不起控制作用，只有在少数跨径较小、且不设人行道的桥梁上，才有可能控制设计（主要是剪力）。因此，本规范将验算荷载的影响通过多种途径间接地反映到汽车荷载中，而不再列入验算荷载，以使前后设计不过多地脱节。

2 汽车荷载的计算图式及标准值。原规范汽车荷载的计算图式是以一辆加重车和具有规定间距的若干辆标准车组成的车队表示的，实践表明这种图式对人工和计算机加载计算都不很方便，且计算效应随桥梁跨径的变化是不连续的。本规范采用由均布荷载q_K和集中荷载P_K组成的图式，只要知道梁的影响线面积和最大竖坐标值，荷载效应即可计算出来，而这些影响线面积和竖坐标值可在桥梁设计的有关手册查得或通过较为简单的计算得到。规范图4.3.1-1表示上述的计算图式本规范称之为车道荷载。但是，车道荷载不能解决局部加载、跨径较小的涵洞、桥台和挡土墙土压力等的计算问题，因为这些计算如果仍采用车道荷载，将产生与按原规范计算相差较大的结果，这是应该避免的。因此，本规范提出了另一种单车的计算图式，如规范图4.3.1-2所示，即原规范汽车—超20级的加重车，本规范称之为车辆荷载。对公路上行驶的单项汽车随机过程的统计分析表明，单车的前后轴重与原规范汽车—超20级的加重车相近。

本规范的车道荷载是个虚拟荷载，它的标准值q_K和P_K是由对汽车车队（车重和车间距）的测定和效应分析得到的。汽车车队通过“公路车辆动态测试仪”调查，该仪器布设在车流密度、车型、车重等各具特点的各条公路上。连续测录五天，同时对汽车自然堵塞时的车距进行了量测，在对这些原始资料筛选的基础上，进行随机过程分析，假定随机过程取100年（即设计基准期），得出设计基准期内汽车车队荷载效应最大值分布的统计参数和概率分布函数（见《公路统一标准》条文说明表8），概率分布可取正态和极值I型两种分布类型，荷载效应按95%的分位值（风险率5%）取值，结果是密集运行状态即公路—I级荷载（两辆相随汽车的时间间隔在3s以下）比原规范汽车—超20级小约7%；一般运行状态即公路—II级荷载（两辆相随汽车的时间间隔在3s及以上）比原规范汽车—20级小约11%。车道荷载就在此基础上取值，这就要通过对各种桥型的各种跨径的大量试算，进行车道荷载效应与原规范汽车—超20级和汽车—20级效应的比较。试算时，本规范取 q_K 为加载基数，根据 q_K 加载的计算结果再取 P_K 补充加载，以求车道荷载 q_K 和 P_K 加载的计算效应与分别按汽车—超20级、汽车—20级加载的计算效应符合上述比例或适当提高车道荷载的比重。由于要适应的桥梁和跨径太多，应该说 P_K 值取得越多越能满足上述要求，但过多的 P_K 值对规范和计算应用都是不方便的。本规范尽管取了多个 P_K 的不同值，但仍只能起到大致的调节作用。按车道荷载计算的效应与原规范比较有升有降，总体上升的多，降的少。试算中同时发现，公路—II级车道荷载可以按公路—I级车道荷载的0.75倍采用。本条规定当计算剪力效应时，集中荷载标准值 P_K 应在原规定值的基础上提高1.2倍，其主要用于验算下部结构或上部结构腹板的。

3　汽车荷载横向分布系数。桥梁设计时，为取得主梁的最大受力，汽车荷载在桥面上需要偏心加载，其方法仍可用车辆荷载偏心加载确定。

4　横桥向设计车道布置及多车道横向折减系数。本条表4.3.1-3列出了桥面宽度与设计车道数的关系，是以公路工程技术标准规定的一个行车道宽度为3.50～3.75m建立的，也即在某一设计车道数下所建立的行车道宽度，既能适用于3.50m又能容纳3.75m。设 N 为设计车道数，表中的下限为 $3.5N$，上限为 $3.5(N+1)$。如 $N=3$，车辆单向行驶时，行车道宽度即为 $3.5\times3=10.5\text{m}\sim3.5\times4=14.0\text{m}$，它也容纳了 $3.75\times3=11.25\text{m}$。但是，在以往的桥梁设计中常遇失去行车道数的概念，在按规范规定的偏载加载时，将双车道的行车道宽度布置了三行车队进行计算，例如，以往设计经常出现9.0m的行车道宽度布置了三行车队的事例，而9.0m甚至于10.0m按表4.3.1-3规定仍属于双车道。这样，就加大了桥梁的设计荷载，造成无谓的浪费。当车辆双向行驶时，行车道的下限宽度仍为 $3.5N$，但上限宽度应为 $3.5(N+2)$。

多车道横向折减的含义是，在桥梁多车道上行驶的汽车荷载使桥梁构件的某一截面产生最大效应时，其同时处于最不利位置的可能性大小，显然，这种可能性随车道数的增加而减小，而桥梁设计时各个车道上的汽车荷载都是按最不利位置布置的，因此，计算结果应根据上述可能性的大小进行折减。这是个概率事件，可以认为各车道上的汽车荷载加载是互不相关的，按重复独立试验随机事件的概率理论，建立多车道横向折减系数与相关变量的关系式，得到折减系数的具体数值。本条表4.3.1-4所列系数是专题研究成果。现将国内外有关国家规定多车道折减系数列表（表4-3）进行比较。

表4-3　国内外规范多车道折减系数比较

	1	2	3	4	5	6	7	8
我国原规范	1.00	1.00	0.80	0.70	—	—	—	—
英国 BS5400	1.00	1.00	0.78	0.67	0.60	0.56	0.52	0.50
加拿大 OHBDC	1.00	0.90	0.80	0.70	0.60	0.55	0.55	0.54
美国 ASCE	1.00	0.85	0.70	0.63	0.58	0.55	0.53	0.51
本规范	1.00	1.00	0.78	0.67	0.60	0.55	0.52	0.50

5　汽车荷载纵向折减系数。规范规定的汽车荷载标准值是在特定的条件下确定的，例如，在汽车荷载的可靠性分析中，用于计算各类桥型结构效应的车队，采用了自然堵塞时的车间间距；汽车荷载本身的重力，也采用了路上运煤车或其他重车居多的调查资料。但是，在实际桥梁上通行的车辆不一定都能达到上述条件，特别是大跨径的桥梁。所以，国外有些规范对车辆荷载适用跨径做了限制。本规范采用纵向折减的方法，对特大跨径桥梁的计算效应进行折减。折减系数 α 采用专题研究得到的下列公

式：$\alpha(L_0)=0.97913-4.7185\times10^{-5}L_0$，式中 L_0 为计算跨径，以 m 计。折减系数 α 以加载长度为函数更合理些，但考虑到折减值较小，且跨径很大的桥梁才进行折减，α 以 L_0 为函数计算起来更方便一些。

4.3.2 汽车的冲击系数是汽车过桥时对桥梁结构产生的竖向动力效应的增大系数。冲击作用有车体的振动和桥跨结构自身的变形和振动。当车辆的振动频率与桥跨结构的自振频率一致时，即形成共振，其振幅（即挠度）比一般的振动大许多。振幅的大小与桥梁结构的阻尼大小及共振时间的长短有关。桥梁的阻尼主要与材料和连接方式有关，且随桥梁跨径的增大而减小。所以，增强桥梁的纵、横向连接刚度，对于减小共振影响有一定的作用。

冲击影响一般都是用静力学的方法，即将车辆荷载作用的动力影响用车辆的重力乘以冲击系数来表达。

对于钢桥和钢筋混凝土桥的上部结构、钢或钢筋混凝土支座、板式橡胶支座、盆式橡胶支座、钢筋混凝土桩、柱式墩台等，因相对来说自重不大，冲击作用的效果显著，故应计算冲击力。重力式墩台等，因自重大、整体性好，冲击影响小，故不计冲击力。

冲击影响与结构的刚度有关。一般来说，跨径越大、刚度越小对动荷载的缓冲作用越强，以往规范近似地认定冲击力与计算跨径成反比（直线变化），无论是梁式桥还是拱式桥等，均规定在一定的跨径范围内考虑汽车荷载的冲击力作用，此模式计算方便，但不能合理、科学地反映冲击荷载的本质。本次规范修订，结合公路桥梁可靠度研究的成果，采用了结构基频来计算桥梁结构的冲击系数。

汽车荷载的冲击力可表示为：

$$\eta=\frac{Y_{dmax}}{Y_{jmax}} \tag{4-2}$$

式中 Y_{jmax}——在汽车过桥时测得的效应时间历程曲线上，最大静力效应处量取的最大静力效应值；

Y_{dmax}——在效应时间历程曲线上最大静力效应处量取的最大动效应值。

吉林省交通科学研究所利用动态测试系统经 12h 连续观测，从跨径 6m 的钢筋混凝土矩形板桥到跨径 45m 的预应力混凝土箱梁桥共 7 座跨径不同、初始条件不同的桥梁的实测中收集了 6600 多个具有一定代表性的冲击系数样本。经统计参数的估计和概率分布的优度拟合检验，表明各种桥梁汽车荷载冲击系数均不拒绝极值 I 型分布。按照国际上通用的习惯做法，取保证率 95% 的数值作为公路桥梁的冲击系数，通过回归分析，得到冲击系数与桥梁结构基频之间的关系曲线，经适当修正后即为本规范的公式。按本规范公式计算的冲击系数，比按原规范计算有所增大。

华中科技大学曾利用反应谱理论及随机过程理论来分析计算桥梁受车辆冲击作用的影响，用动力放大系数描述车辆的动力特性、桥梁的结构形式及其动力特性对冲击系数的影响，用桥面状况系数描述桥面平整度、车辆动力特性、行车速度等因素对冲击系数的影响，利用大量实测数据进行分析，得到了与本规范规定相吻合的曲线。其较加拿大的方法所考虑的因素更为全面。

桥梁结构的基频反映了结构的尺寸、类型、建筑材料等动力特性内容，它直接反映了冲击系数与桥梁结构之间的关系。不管桥梁的建筑材料、结构类型是否有差别，也不管结构尺寸与跨径是否有差别，只要桥梁结构的基频相同，在同样条件的汽车荷载下，就能得到基本相同的冲击系数。本规范采用的冲击系数的曲线与美国、加拿大、日本、法国等国家的相关标准规定的曲线的变化规律是一致的。

桥梁的自振频率（基频）宜采用有限元方法计算，对于如下常规结构，当无更精确方法计算时，也可采用下列公式估算：

1 简支梁桥：

$$f_1=\frac{\pi}{2l^2}\sqrt{\frac{EI_c}{m_c}} \tag{4-3}$$

$$m_c=G/g \tag{4-4}$$

式中 l——结构的计算跨径（m）；

E——结构材料的弹性模量（N/m^2）；

I_c——结构跨中截面的截面惯矩（m^4）；

m_c——结构跨中处的单位长度质量(kg/m),当换算为重力计算时,其单位应为(N.s²/m²);

G——结构跨中处延米结构重力(N/m);

g——重力加速度,$g=9.81(m/s^2)$。

2 连续梁桥:

$$f_1=\frac{13.616}{2\pi l^2}\sqrt{\frac{EI_c}{m_c}} \tag{4-5}$$

$$f_2=\frac{23.651}{2\pi l^2}\sqrt{\frac{EI_c}{m_c}} \tag{4-6}$$

计算连续梁的冲击力引起的正弯矩效应和剪力效应时,采用f_1;计算连续梁的冲击力引起的负弯矩效应时,采用f_2。

3 拱桥:

$$f_1=\frac{\omega_1}{2\pi l^2}\sqrt{\frac{EI_c}{m_c}} \tag{4-7}$$

式中的ω_1为频率系数,可按下列公式计算:

1)当主拱为等截面或其他拱桥(如桁架拱、刚架拱等)时:

$$\omega_1=105\times\frac{5.4+50f^2}{16.45+334f^2+1867f^4} \tag{4-8}$$

其中 f——拱桥矢跨比。

2)当主拱为变截面拱桥时:

$$\omega_1=105\times\frac{r_1+r_2f^2}{r_3+r_4f^2+r_5f^4} \tag{4-9}$$

式中的r_i为系数,可按下式确定:

$$r_i=R_i\times n+T_i \tag{4-10}$$

其中,n为拱厚变化系数,R_i、T_i的数值由表4-4查得。

表4-4 系数R_i、T_i值

i	1	2	3	4	5
R_i	3.7	34.3	16.3	364	1955
T_i	1.7	15.7	0.15	-30	-88

4 双塔斜拉桥的竖向弯曲基频:

无辅助墩的斜拉桥:$f_1=\dfrac{110}{l}$ (4-11)

有辅助墩的斜拉桥:$f_1=\dfrac{150}{l}$ (4-12)

式中 l——斜拉桥主跨跨径(m);

f_1——竖向弯曲基频(Hz)。

5 单跨简支悬索桥的反对称竖向弯曲基频:

$$f_1=\frac{1}{l}\sqrt{\frac{EI\left(\frac{2\pi}{l}\right)^2+2H_g}{m}} \tag{4-13}$$

其中 f_1——反对称竖向弯曲基频(Hz);

l——悬索桥的主跨跨径(m);

EI——加劲梁竖弯刚度(N·m²);

H_g——恒荷载作用下单根主缆的水平拉力(N);

m——桥面系和主缆的单位长度质量(kg/m),$m=m_d+2m_c$;

m_d——桥面系单位长度质量(kg/m);

m_c——单根主缆单位长度质量(kg/m)。

4.3.3 桥梁离心力是一种伴随着车辆在弯道行驶时所产生的惯性力,其以水平力的形式作用于桥梁结构,是弯桥横向受力与抗扭设计计算所考虑的主要因素。

位于曲线上桥梁的墩台,按原规范规定,当曲线半径等于或小于250m时,应计算汽车荷载引起的离心力。离心力的大小与平曲线半径成反比。

长安大学曾做过车辆离心力的实测试验及其试验数据的概率分析。试验所选择的曲线路段的弯道半径有75、100、125、150、200、250、300、400和500m等,车速分别控制在40、50、60、70、80km/h左右。在剔除异常值后得到有效数据227组。经过分析,离心力系数实测值与理论值之比的概率分布服从于正态分布,其均值系数为1.0379,标准差0.2234,变异系数0.2152。实测结果与理论计算结果吻合较好。

在计算曲线长度大于或等于150m的桥梁,以及多车道桥梁的汽车荷载的离心力时,应按本规范表4.3.1-4和表4.3.1-5考虑荷载的纵、横向折减。超高对离心力的影响可不考虑。

4.3.4 长期来,汽车荷载在桥台或挡土墙上引起的土侧压力,都是按汽车轮重换算为等代均布土层厚来计算,这次规范修订仍采用这个模式。但是,这里需要说明的是,原规范是按荷载等级计算不同土侧压力的。本规范则不分荷载等级仅用一种车辆荷载即原规范汽车—超20级列车中的加重车参与计算。经计算分析表明,由于在总的土侧压力中土自重引起的土压力所占的比例较大,不同荷载等级对总土侧压力的影响不是很大,对桥台或挡土墙尺寸确定的影响更小。

在实际工程中,挡土墙的分段长度一般为10~15m,而本规范规定的车辆荷载,其前后轴距为12.8m,因此,当挡土墙分段长度小于13m时,破坏棱体内的车轮应按最不利情况布置,这些车轮全部由挡土墙承受;当挡土墙分段长度大于13m时,则车轮重应作分布,视扩散长度取挡土墙的计算长度:扩散长度不超过分段长度时取扩散长度;扩散长度超过分段长度时取分段长度。对于桥台,在破坏棱体内按横桥向布置的所有轮重均由它承担。

4.3.5 公路桥梁可靠度研究组曾对人群荷载进行了调查,实测的范围包括全国六大片区的沈阳、北京、上海等10个城市的30座桥梁。每座桥梁选其行人高峰期观测3天。观测的方法是在不同宽度的人行道上任意划出$2m^2$面积和10m、20m、30m观测段,分别连续记录瞬时出现其上的最多人数,人体标准重经大量称重统计取0.65kN,据此计算每平方米的人群荷载。根据不同的观测方法,采用随机变量和随机过程(荷载持续时段取为一年)两种模型进行统计分析。结果表明,人群荷载可以用极值Ⅰ型概率分布类型来描述,其0.95分位值为$3.0kN/m^2$。从观测的数据可明显地看出,随着观测段的增长,人群荷载不断减小。

本规范将人群荷载标准值按调查分析结果确定为$3.0kN/m^2$,与原规范保持一致。考虑跨径较小时,人群荷载所占总荷载的比例较大,为确保大量的简支梁不小于原规范的规定值,规定计算跨径$L_K \leq 50m$时,人群荷载标准值均采用$3.0kN/m^2$;计算跨径$L_K \geq 150m$时,按0.85折减,采用$2.5kN/m^2$。上述人群荷载调查数据多来自城市桥梁行人高峰期,而公路桥梁上一般行人较少,将调查分析结果用于公路桥梁设计,应该是偏安全的。但调查实桥的数量毕竟不多,其代表性尚有欠缺,因此,对城镇郊区行人密集的桥梁,其人群荷载标准值在调查统计的基础上再提高15%。

专用人行桥梁,人群荷载标准值参考相关国内外标准采用。

4.3.6 汽车制动力的计算基本沿用了原规范的方法,即以布置在荷载长度内一行汽车车队总重力的百分数表示,只是本规范将汽车车队改用了以均布荷载和集中荷载表达的车道荷载。但是,这里需要说明的是,原规范只规定制动力的量值:一或二车道时,按荷载长度内一行车队总重力的10%计算其制动力;四车道的制动力为上述规定数值的两倍。六车道、八车道的制动力如何取值原规范没有规定。然而,汽车荷载产生的制动力只有同向行驶的汽车才能叠加。因此,原规范所指的二车道实为一个车道;四车道实为同向行驶的二车道,因为一幅行车道只有半幅的汽车是同向行驶的。本规范明确规定汽车荷载的制动力按同向行驶的汽车荷载计算,每个车道均布置有车道荷载,多车道荷载的制动力由单车道制动力叠加,但要进行多车道折减。

汽车荷载制动力按车道荷载的10%取值,这是个名义值,在很多情况下其值偏低,需要作制动力最小值的限制。本规范规定公路—I 级汽车荷载时为 165kN；公路—II 级汽车荷载时为 90kN，这都是原规范加重车单车 30% 计算值，当多车道时，该值在乘上车道数后再进行折减。

关于制动力传递和分配于支座或墩台的规定，也基本与原规范相同。刚性墩台，制动力全部由固定支座传递，但考虑活动支座有摩阻力存在，它仍传递一部分制动力。但对设有板式橡胶支座的刚性墩台，制动力按跨径两端板式橡胶支座的抗推刚度进行分配；当两端支座相同时，各分配 50%。对设有板式橡胶支座的柔性墩台，制动力采用支座与墩台刚度集成方法进行传递和分配。连续桥面简支梁（板）桥或连续梁（板）桥的计算方法和示例可参考袁伦一编《连续桥面简支梁桥墩台计算实例》（人民交通出版社，1995、1998 年）和王伯惠、徐风云编著的《柔性墩台梁式桥设计》（人民交通出版社，1994 年）。

4.3.7 风是空气的流动，它有重量，也有速度，自然会对构造物产生一定的压力，包括静的压力和动的压力。

一般而言，在离开地面 500 ~ 1000m 以上的高空，风速已几乎不受地表面情况的影响。在离地面 500m 以内的范围一般称之为大气边界层，其间风速受到地理位置、地形条件、地面粗糙程度、高度、温度变化等因素的影响而随时间、空间不断变化。抗风设计前需要由桥址处的风速观测数据来推算和确定桥梁的设计风速。但在大多数情况下，桥址处没有或缺少足够的风速观测资料，无法直接推算桥梁的设计风速值，这时需要通过间接的风速资料来确定桥梁的设计风速。而最容易获得的就是桥梁所在地区的气象台站的风速资料。由于我国气象台站采用的风速观测仪和观测记录的具体方法有多次演变，故在做统计分析前，要求对得到的风速数据进行风速仪高度修正、时次换算等工作，以便得到目前统一的风速标准值：开阔平坦地面 10m 高度处的 10min 平均风速。风速的统计分析，使用最多的是皮尔逊 III 型和极值 I 型分布。我国过去年极值的统计分布沿用前苏联的标准，按皮尔逊 III 型曲线来拟合；在美国，早就采用极值 I 型或 II 型来分析气象极值问题。采用极值 I 型或 II 型分布曲线，主要是因为极值分布在理论上比较合理，而且在数学处理上也比较方便。国家标准《公路工程结构可靠度设计统一标准》（GB/T 50283）和本规范对风速、风压也采用极值 I 型分布曲线。

原规范中的全国风压图是按重现期 100 年考虑的，为了保持标准的连续性和完整性，本规范的附录 A 中的全国基本风速分布图也是按重现期 100 年予以绘制的，同时给出全国气象台站的基本风速和基本风压值。对于有不同抗风要求的结构，可以计入风速重现期换算系数来体现，采用不同重现期下的风速值。本规范对单孔跨径指标为特大桥的桥梁，风速重现期换算系数，$k_0 = 1.0$，其他桥梁 $k_0 = 0.9$，施工架设时 $k_0 = 0.75$。

本次规范编制，以我国 657 个基本台站 1961 ~ 1995 年间自记录的风速资料，以极值 I 型分布曲线进行拟合，将基准高度由原规范的 20m 改为 10m，并考虑 100 年重现期，得到各气象台站百年一遇的平均最大风速值。鉴于目前我国有相当多的气象台站，由于近年来城市建设的快速发展，使得台站环境不能满足空旷无遮挡的要求，致使风速记录明显受人为因素的影响而偏小的实际情况。本次研究，对其部分计算结果参照周围台站的情况予以适当地修正。与此同时，参照国内其他的规范，确定 100 年一遇基本风压的下限为 0.35kN/m²，50 年一遇为 0.30kN/m²，10 年一遇为 0.20kN/m²，相应的基本风速下限分别为，24m/s、22m/s 和 18m/s。

基本风压按 $W_0 = \dfrac{\rho V_{10}^2}{2}$计算，式中 ρ 为空气密度。

$\rho = 1.225e^{-0.0001Z}$（kg/m³）$= 0.001225e^{-0.0001Z}$（t/m³），则 $\gamma = \rho \cdot g = 9.81 \times 0.001225e^{-0.0001Z} = 0.012017e^{-0.0001Z}$（kN/m³）。它相应于气压为 760mm 水银柱，常温 15℃和绝对干燥情况下的空气重力密度。于是，基本风压改用 $W_0 = \dfrac{\gamma V_{10}^2}{2g}$计算，式中$\gamma = 0.012017e^{-0.0001Z}$，计量单位为 kN/m³。如前所述，计算风压的基本风速是在离地面 10m 处的数据经统计取得的，在应用于实践时，还应考虑桥梁各计算部位所处高度 Z，按 $V_z = V_{10}\left(\dfrac{Z}{10}\right)^{\alpha}$ 进行换算，同时考虑与地面粗糙度有关的梯度风风速高度变化修正系数和阵风风速系数。

横桥向的风荷载是按在基本风速的基础上，再乘以风荷载阻力系数和地形条件系数取得的。各种桥梁不同部位的阻力系数以及桁架的遮挡系数是经研究得到的，地形地理条件系数基本采用原规范规定的数值。

本规范由于考虑了瞬时脉动风压，计算结果总体上比原规范大。

4.3.8 位于流水中的桥墩，其上游迎水面受到流水压力，流水压力的大小与桥墩的平面形状、墩台表面的粗糙率、水流速度、水流形态、水温及水的黏结性有关。

桥墩宜做成圆形、圆端形或尖端形，以减小流水压力。

当流速大于 10m/s 时，应考虑水流的动力作用因素，即考虑水流的脉动冲击压力。

4.3.9 本条提出的冰压力计算公式，仅适用于通常的河流流冰情况，公式是以与冰破碎极限强度等强建立起来的。公式中冰的抗压强度标准值、水温系数和其他相关系数，在参考了原苏联规范 СНИЛ2.05.03—84 与其他资料后确定。

4.3.10 桥梁结构处于自然环境中，将受到温度作用的影响，例如，常年气温变化导致桥梁沿纵向均匀地位移，这种位移不产生结构内力，只有当结构的位移受到约束时才会引起温度次内力，这是温度作用的一种形式。太阳辐射是温度作用的另一种形式，它使结构沿高度方向形成非线性的温度梯度，导致结构产生次应力。本规范称前者为均匀温度作用，后者为梯度温度作用。沿桥梁横向也存在梯度温度，但考虑公路桥梁都带有较长的悬臂，两侧腹板受太阳直接辐射较少，梁底终日不受日照，所以，设计时认为只有梁顶全天日照，不再计及横桥向温度梯度的作用。

计算桥梁结构因均匀温度作用引起外加变形或约束变形时，应从结构受到约束（架梁或结构合龙）时的结构温度作为起点，计算结构最高和最低有效温度的作用效应。本规范表 4.3.10-2 给出了不同气温区域的结构有效温度标准值。表中数值是按各自区域里各地差异不大的气温中选择适当的温度，用下列公式换算得到：

气温在 20℃ ~45℃之间时

钢桥面板钢桥 $$T_e = 38.00 + \frac{T_t - 20}{2.00} \tag{4-14}$$

混凝土桥面板钢桥 $$T_e = 28.23 + \frac{T_t - 20}{1.44} \tag{4-15}$$

混凝土桥、石桥 $$T_e = 24.14 + \frac{T_t - 20}{1.40} \tag{4-16}$$

气温在 -2℃ ~ -50℃之间时

钢桥面板钢桥 $$T_e = -1.48 + \frac{T_t}{0.91} \tag{4-17}$$

混凝土桥面板钢桥 $$T_e = -0.12 + \frac{T_t}{1.21} \tag{4-18}$$

混凝土桥、石桥 $$T_e = \frac{T_t + 1.85}{1.58} \tag{4-19}$$

式中 T_e——结构有效温度标准值，以℃计；

T_t——气温，可取当地历年最高日平均温度或最低日平均温度，当为 0℃以下时取负值。

关于梯度温度作用问题，曾对新西兰、英国 BS 5400、美国 AASHTO 规范、国内铁路规范和公路原规范的温度梯度曲线进行了多座实桥的应力计算比较，结果表明，新西兰和我国铁路规范中梯度温度作用产生的效应最大，公路原规范最小，英国 BS 5400 和美国 AASHTO 规范居中。考虑美国规范的温度曲线比较简单，计算起来也较为快捷，本规范采用了该规范的温度梯度曲线，并作了适当修改。

4.3.11 上部结构因温度变化引起的伸长或缩短以及受其他纵向力的作用，活动支座将产生一个方向相反的力，即支座摩阻力。摩阻力的大小取决于上部构造自重的大小、支座类型以及材料等。

活动支座承受的纵向力，不容许超过支座与混凝土或其他结构材料之间的摩阻力。该纵向力一般为制动力和温度、收缩作用。本规范规定的支座摩擦系数取自《公路钢筋混凝土及预应力混凝土桥涵设计规范》(JTG D62)。

4.4 偶然作用

4.4.1 本规范对公路桥涵工程的抗震设防提出了基本要求。现行《公路工程抗震设计规范》对公路工程包括桥涵工程的抗震设计作出了明确的规定。

根据《中国地震动参数区划图》(GB 18306),不再采用地震基本烈度的概念,取而代之为地震动峰值加速度系数。地震基本烈度与地震动峰值加速度系数之间的关系如表4-5所示。

表4-5 地震基本烈度与地震动峰值加速度系数的对应关系

地震动峰值加速度系数(g)	<0.05	0.05	0.10	0.15	0.20	0.30	≥0.40
地震基本烈度值	<VI	VI	VII	VII	VIII	VIII	≥IX

公路桥涵工程的抗震设防标准同原规范。位于地震动峰值加速度为0.10g、0.15g、0.20g和0.30g地区的桥涵工程,应进行抗震设计;位于地震动峰值加速度等于0.40g及以上地区的桥涵工程,应进行专门的抗震研究和设计。简支梁等桥梁如采取一些抗震措施(防止落梁措施等),花费不大,而效果是比较明显的。以地震动峰值加速度0.10g为抗震设计的设防起点,是国家对工程建设项目抗震防灾的基本要求。对于地震动峰值加速度小于等于0.05g的地区,除有特别规定以外,可采用简易设防措施。

4.4.2 跨越江、河、海湾的桥梁,必须考虑船舶或漂流物对桥梁墩台的偶然作用。

船舶或漂流物与桥梁结构的碰撞过程十分复杂,其与碰撞时的环境因素(风浪、气候、水流等)、船舶特性(船舶类型、船舶尺寸、行进速度、装载情况以及船首、船壳和甲板室的强度和刚度等)、桥梁结构因素(桥梁构件的尺寸、形状、材料、质量和抗力特性等)及驾驶员的反应时间等因素有关,因此,精确确定船舶或漂流物与桥梁的相互作用力十分困难。

根据通航航道的特点及其通行的船舶的特性,可以将需要考虑船舶与桥梁相互作用的河流分为内河和通行海轮的河流(包括海湾)两大类。前者的代表船型主要为内河驳船货船队,依据《内河通航标准》(GB 50139),一至七级内河航道对应的船舶吨位分别为3000、2000、1000、500、300、100和50t。通行海轮航道的代表船型为海轮。两者与桥梁结构发生撞击的机理有所区别,结果也大不一样。

船舶与桥梁的撞击作用,如有实测资料,宜采用实测资料;如有针对本项目开展的研究成果,在经审批及其他手续后可采用研究成果确定的作用值。上述采用值不宜小于本规范表4.4.2-1和表4.4.2-2的规定值。当无实测资料或针对性研究成果时,可采用本规范表4.4.2-1和表4.4.2-2的规定值。

内河船舶对桥梁墩台的撞击作用标准值可以按"静力法",即假定作用于桥梁墩台上的有效动能全部转化为静力功并采用一些经验系数经计算得到。顺桥向撞击力标准值约为横桥向撞击力标准值的3/4。

在通航河流上,当基础采用桩基础时,承台底面应置于低水位以下,以免船舶或漂流物直接作用于桩上。

从实际情况看,在航道顺直、桥位较正的情况下,船舶或漂流物与桥梁发生正面撞击的机会很小,斜向撞击桥梁墩台的较多。一般斜向撞击的角度α小于45°。当桥位与航道斜交时,正向与斜向撞击墩台的可能性均存在。由于撞击角度不容易预先确定,故在计算撞击作用时,应根据具体情况加以研究确定。

近海通行海轮的区域的船舶与桥梁墩台的碰撞作用与内河上船舶与桥梁墩台的碰撞作用有许多不同之处。20世纪70年代中期以来,一些国家和国际组织上开展了许多相关的研究工作,取得了许多研究成果,并在各自的场合用于一些工程实践。其中主要有米诺斯基碰撞理论、沃辛碰撞理论、汉斯-德鲁彻理论和能量交换原理等。

本规范表4.4.2-2所列海轮的船舶撞击力标准值,是在对国内外有关船舶撞击力计算公式及有关研究成果经综合分析、比较的基础上综合确定的。顺桥向的撞击力标准值取横桥向撞击力标准值的

1/2。本规范的规定值大多数小于国外的研究结果或规定值,但与我国自己的研究成果相近。

总体而言,对于船舶与桥梁撞击力的计算,各国学者通过实验模型分析或结构计算分析,总结而得的计算方法不尽相同,这些试验或计算公式的结果出入也很大。在实际桥梁设计中,应综合考虑船桥相撞的各种因素,通过多方面比较之后再作确定。

我国的长江,在南京长江大桥以下段为 50 000DWT 级航道,南京至城陵矶为5000DWT级航道,城陵矶以上为 3000DWT 级航道。建成的黄石长江公路大桥、铜陵长江公路大桥等大桥均采用 5000DWT 级通航标准,相应的桥梁侧向撞击力经专题研究按 27MN 考虑,顺桥向按 13.5MN 考虑。

4.4.3 本规范规定的汽车撞击荷载标准值参考国外相关规范。为防止或减少因撞击而产生的破坏,对易受到汽车撞击的结构构件的相关部位应采取相应的构造措施,并增设钢筋或钢筋网。如果有防撞设施,汽车撞击力标准值可根据防撞设施的防撞能力予以折减,如英国 BS 5400 规范规定,通过安全护栏撞向结构构件的撞击力为 150kN。

JTG

中华人民共和国行业推荐性标准 JTG/T D60-01—2004

2

公路桥梁抗风设计规范

Wind-resistent Design Specification for Highway Bridges

2004-12-08 发布 2004-12-31 实施

中华人民共和国交通部发布

中华人民共和国交通部公告

第31号

关于发布《公路桥梁抗风设计规范》（JTG/T D60-01—2004）的公告

现发布公路工程行业推荐性标准《公路桥梁抗风设计规范》（JTG/T D60-01—2004），自2004年12月31日起施行。

《公路桥梁抗风设计规范》（JTG/T D60-01—2004）由中交公路规划设计院负责编制，交通部授权中国工程建设标准化协会公路工程委员会负责规范的管理，日常解释和管理工作由中交公路规划设计院负责。

请各有关单位在实践中注意积累资料，总结经验，及时将发现的问题和修改意见函告中交公路规划设计院（地址：北京市东四前炒面胡同33号，邮政编码：100010，联系电话：010—65237331），以便修订时参考。

特此公告。

中华人民共和国交通部

二〇〇四年十二月八日

编 制 说 明

本规范系根据中华人民共和国交通部《关于下达1996年度公路工程建设标准、规范、定额等编制、修订工作计划的通知》(交公路发[1996]1085号文,项目编号:199606)的要求编制而成。

为编制本规范,1995年中交公路规划设计院与同济大学联合编制并出版了《公路桥梁抗风设计指南》,开展了“全国公路桥涵设计风速图研究”、“斜拉桥扭转和竖向弯曲基频近似计算公式研究”、“缆索承重桥梁阻尼特性研究”、“典型桥梁断面气动特性参数风洞试验研究”、“桥梁颤振检验风速修正系数研究”和“桥梁抖振反应谱及等效风荷载研究”,系统总结了近20年来我国桥梁抗风研究和抗风设计的成果,学习和借鉴了欧洲规范、英国BS5400规范、美国公路桥梁设计规范、日本和丹麦的规范及其相关研究成果和工程实践经验,经过多次反复征求意见和修改,由交通部主管部门会同有关部门审查定稿,并由中国工程建设标准化协会公路工程委员会组织进行了总审校。

本规范主编单位、参编单位和主要起草人:

主 编 单 位:中交公路规划设计院

参 编 单 位:同济大学

长安大学

主要起草人:项海帆(顾问)

鲍卫刚、陈艾荣、林志兴、刘健新

2

目　次

1 总 则

1.0.1 为使桥梁特别是大跨、轻柔桥梁结构的抗风设计做到安全可靠、技术先进、经济合理，特编制本规范。

1.0.2 本规范适用于主跨跨径800m以下的斜拉桥和主跨跨径1500m以下的悬索桥，其他桥型结构的抗风设计可参照执行。

1.0.3 抗风设计应遵守如下原则：

1 在桥梁设计的使用年限内，在桥位所在区域可能出现的最大风速下，结构不应发生毁坏性的自激发散振动。

2 在设计风荷载并与其他作用的组合下，结构应具有规定的强度和刚度，并不应发生静力失稳。

3 结构非破坏性风致振动的振幅应满足行车安全、结构疲劳和行车舒适度的要求。

4 结构的抗风能力可通过气动措施、结构措施和机械措施予以提高。

1.0.4 风洞试验是进行桥梁结构抗风设计的重要手段。

1.0.5 公路桥梁的抗风设计除应符合本规范的要求外，尚应符合国家有关强制性标准的规定。

2 术语、符号

2.1 术语

2.1.1 基本风速 basic wind speed

开阔平坦地貌条件下，地面以上10m高度处，100年重现期的10min平均年最大风速。

2.1.2 设计基准风速 design standard wind speed

在基本风速基础上，考虑局部地表粗糙度影响，桥梁结构或结构构件基准高度处100年重现期的10min平均年最大风速。

2.1.3 风攻角（迎角）wind attack angle

风的主流方向与水平面产生的夹角。

2.1.4 阵风系数 gust factor

反映时距为1～3 s的瞬时风速与10min平均风速的关系系数。

2.1.5 静阵风系数 static gust factor

考虑地表粗糙度、风荷载加载长度和结构构件离地面高度等因素的阵风系数。

2.1.6 阵风荷载 gust load

基于阵风风速的风荷载。

2.1.7 地表粗糙度 terrain roughness

反映大气边界层中地表起伏或地物高矮稀密的程度。

2.1.8 空气静力系数 aerostatic factor

表征在风的静气动力作用下，结构断面受力大小的无量纲系数。

2.1.9 静力扭转发散 aerostatic torsional divergence

在风的静力扭转力矩作用下，当风速达到临界值时，桥梁主梁扭转变形的附加攻角所产生的空气力矩增量超过了结构抵抗力矩的增量，而出现扭转角不断增大的失稳现象。

2.1.10 静力横向屈曲 aerostatic lateral buckling

横向静风荷载值超过桥梁主梁横向屈曲临界荷载值时出现的失稳现象。

2.1.11 颤振 flutter

振动的桥梁通过气流的反馈作用不断吸取能量，振幅逐步增大直至使结构破坏的发散性自激振动。

2.1.12 驰振 galloping

振动的桥梁从气流中不断吸取能量，使非扁平截面的细长钝体结构的振幅逐步增大的发散性弯曲自激振动。

2.1.13 涡激共振 vortex resonance

气流绕经钝体结构时产生旋涡脱落，当旋涡脱落频率与结构的自振频率接近或相等时，由涡激力所激发出的结构共振现象。

2.1.14 抖振 buffeting

风的紊流成分所激发的结构随机振动，也称为紊流风响应。

2.1.15 颤振检验风速 flutter checking wind speed

检验桥梁避免发生颤振的风速。

2.1.16 驰振检验风速 galloping checking wind speed

检验桥梁避免发生驰振的风速。

2.1.17 静力三分力 aerostatic force

气流绕过桥梁结构所产生的静力作用力的三个分量，即阻力、升力和扭转力矩。

2.1.18 节段模型试验 sectional model testing

将桥梁结构构件的代表性节段做成刚性模型，在风洞中测定其静力三分力或非定常气动力作用的试验。

2.1.19 全桥气动弹性模型试验 full aeroelastic model testing

将桥梁结构按一定几何缩尺并满足各种必要的空气动力学相似条件制成的弹性三维空间模型，在风洞中观测其在均匀流及紊流风场中各种风致效应的试验。

2.1.20 风振控制 wind-induced vibration control

为避免出现发散性风致振动或过大的限幅振动所采取的气动措施、结构措施或机械措施。

2.1.21 调质阻尼器 tuned mass damper

由质量块、弹簧和阻尼元件组成的动力减振装置。

2.2 符号

B——主梁全宽；

H——主梁高度；

f——频率；

F_p——单位长度上的风荷载；

F_g——单位长度上的阵风荷载；

F_H——横方向单位长度上的风荷载；

F_V——竖方向单位长度上的风荷载；

G_V——静阵风系数；

I_f——颤振稳定性指数；

I_x、I_y——截面的主形心轴惯性矩；

I_d——截面的自由扭转惯性矩；

I_ω——截面约束扭转的主扇性惯性矩；

K——弹簧常数（ 刚度系数 ）；

K_1——由基本风速推算设计基准风速的无量纲修正系数；

M——空气静力扭转力矩；结构总质量；

m——结构单位长度质量 ；

n——风的频率；

q——风动压 ；

r——截面惯性半径；

T——振动周期 ；

V_{10}——基本风速 ；

V_{s10}——设计风速；

V_d——设计基准风速；

V_g——阵风风速 ；

V_Z——距地面（或水面）高度 Z 处的风速；

V_{cr}——颤振临界风速 ；

V_{cg}——驰振临界风速 ；

V_{cv}——涡激共振发生风速；

V_{co}——平板的颤振临界风速；

α——地表粗糙度系数；风的攻角；

δ——对数衰减率；

ζ_s——结构的阻尼比；

η_s——非平板主梁截面的颤振临界风速形状无量纲修正系数；

η_α——非0°攻角下相对0°攻角的颤振临界风速的无量纲修正系数；

μ——结构物与空气的密度比；

μ_f——考虑风速的脉动影响及水平相关特性的修正系数；

ρ——空气密度；

z_0——地表粗糙高度。

3　风速计算

3.1　基本风速

3.1.1　当桥梁所在地区的气象台站具有足够的连续风速观测数据时，可采用当地气象台站年最大风速的概率分布类型，由10min平均年最大风速推算100年重现期的数学期望值作为基本风速。

3.1.2　当桥梁所在地区缺乏风速观测资料时，基本风速可由附录A的全国基本风速分布图或附表A“全国各气象台站的基本风速值”选取。

3.2　设计基准风速

3.2.1　风速沿竖直高度方向的分布可按下述公式计算：

$$V_{Z2}=\left(\frac{Z_2}{Z_1}\right)^{\alpha}\cdot V_{Z1} \qquad (3.2.1)$$

式中　V_{Z2}——地面以上高度 Z_2 处的风速(m/s)；

V_{Z1}——地面以上高度 Z_1 处的风速(m/s)；

α——地表粗糙度系数，可按表3.2.2取用。

3.2.2　地表粗糙度系数可按图3.2.2和表3.2.2的规定取用。

表3.2.2　地　表　分　类

地表类别	地 表 状 况	地表粗糙度系数 α	粗糙高度 z_0(m)
A	海面、海岸、开阔水面、沙漠	0.12	0.01
B	田野、乡村、丛林、平坦开阔地及低层建筑物稀少地区	0.16	0.05
C	树木及低层建筑物等密集地区、中高层建筑物稀少地区、平缓的丘陵地	0.22	0.3
D	中高层建筑物密集地区、起伏较大的丘陵地	0.30	1.0

当所考虑范围内存在两种粗糙度相差较大的地表类别时，地表粗糙度系数可取两者的平均值；当所考虑范围内存在两种相近类别时，可按较小者取用；当桥梁上下游侧地表类别不同时，可按较小一侧取值。

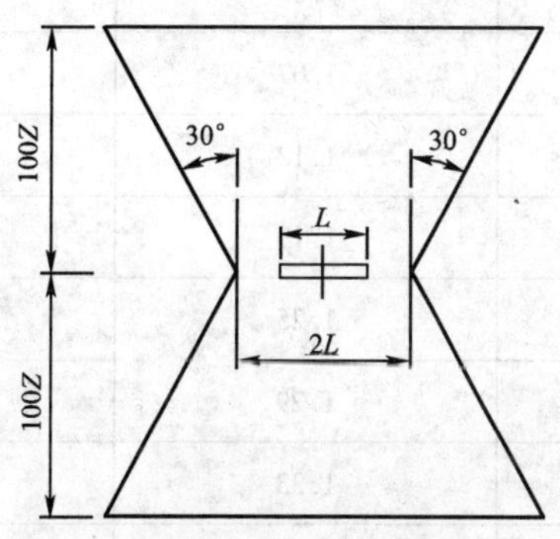

图3.2.2　确定地表粗糙度系数的影响范围

3.2.3 桥梁各构件基准高度可按表 3.2.3 取用。

表 3.2.3 基 准 高 度

基准高度(m) ＼ 桥型		悬索桥、斜拉桥	其他桥型
Z	主梁	主跨桥面距水面或地表面或海面的平均高度(河流以平均水位,即一年中有半年不低于该水位的水面为基准面,海面以平均海面或平均潮位为基准面)	取下列二条中的较大值: ①支点平均高度＋(桥面最大标高－支点平均标高)×0.8; ②桥梁设计高度
	吊杆、索、缆	跨中主梁底面到塔顶的平均高度处	
	桥塔(墩)	水面或地面以上塔(墩)高 65% 高度处	

3.2.4 桥梁构件基准高度处的设计基准风速可按下述公式计算:

$$V_d = K_1 V_{10} \tag{3.2.4-1}$$

或

$$V_d = V_{s10}\left(\frac{Z}{10}\right)^{\alpha} \tag{3.2.4-2}$$

式中 V_d——设计基准风速(m/s);

V_{10}——基本风速(m/s);

V_{s10}——桥址处的设计风速,即地面或水面以上 10m 高度处,100 年重现期的 10min 平均年最大风速(m/s);

Z——构件基准高度(m);

K_1——风速高度变化修正系数,可按本规范第 3.2.5 条规定取用。

3.2.5 风速高度变化修正系数可按下列公式计算,或按表 3.2.5 规定取用。

$$K_{1A} = 1.174\left(\frac{Z}{10}\right)^{0.12} \tag{3.2.5-1}$$

$$K_{1B} = 1.0\left(\frac{Z}{10}\right)^{0.16} \tag{3.2.5-2}$$

$$K_{1C} = 0.785\left(\frac{Z}{10}\right)^{0.22} \tag{3.2.5-3}$$

$$K_{1D} = 0.564\left(\frac{Z}{10}\right)^{0.30} \tag{3.2.5-4}$$

表 3.2.5 风速高度变化修正系数 K_1

离地面或水面高度(m)	地表类别			
	A	B	C	D
5	1.08	1.00	0.86	0.79
10	1.17	1.00	0.86	0.79
15	1.23	1.07	0.86	0.79
20	1.28	1.12	0.92	0.79
30	1.34	1.19	1.00	0.85
40	1.39	1.25	1.06	0.85
50	1.42	1.29	1.12	0.91
60	1.46	1.33	1.16	0.96
70	1.48	1.36	1.20	1.01

离地面或水面高度(m)	地表类别			
	A	B	C	D
80	1.51	1.40	1.24	1.05
90	1.53	1.42	1.27	1.09
100	1.55	1.45	1.30	1.13
150	1.62	1.54	1.42	1.27
200	1.73	1.62	1.52	1.39
250	1.73	1.67	1.59	1.48
300	1.77	1.72	1.66	1.57
350	1.77	1.77	1.71	1.64
400	1.77	1.77	1.77	1.71
≥450	1.77	1.77	1.77	1.77

3.2.6 当桥址处风速观测数据不充分或当桥址所在地区的气象台站与桥址相距较远且与附近气象台站的地形地貌相差较大时，宜设立桥址风速观测站，并可利用桥位处与附近气象台站的风速观测数据的相关性推算桥址处的设计风速 V_{s10}，再由本规范式(3.2.4-2)计算设计基准风速 V_d。

3.2.7 当桥梁跨越较窄的海峡或峡谷等不易确定地表类别的特殊地形时，可通过模拟地形的风洞试验、实地风速观测、数值风洞方法或其他可靠方法确定桥梁设计基准风速。

3.3 施工阶段的设计风速

3.3.1 施工阶段的设计风速可按下式计算：

$$V_{sd} = \eta V_d \tag{3.3.1}$$

式中 V_{sd}——不同重现期下的设计风速(m/s)；

η——风速重现期系数，可按表3.3.1选用。

表3.3.1 风速重现期系数

重现期(年)	5	10	20	30	50	100
η	0.78	0.84	0.88	0.92	0.95	1

3.3.2 当桥梁地表以上结构的施工期少于3年时，可采用不低于5年重现期的风速；当施工期多于3年或桥梁位于台风多发地区时，可根据实际情况适度提高风速重现期系数值。

4 风荷载

4.1 一般规定

4.1.1 作用于桥梁上的风荷载由平均风作用、脉动风的背景作用及结构惯性动力作用叠加而成。风的静力作用的风荷载可按本章规定的静阵风荷载计算。

4.1.2 风荷载参与永久作用和其他可变作用的作用效应组合应按《公路桥涵设计通用规范》(JTG D60)的规定执行。

4.1.3 当风荷载参与汽车荷载组合时,桥面高度处的风速 V_Z 可取为25m/s。

4.2 静阵风风速

4.2.1 静阵风风速可按下式计算:

$$V_g = G_V V_Z \tag{4.2.1}$$

式中 V_g——静阵风风速(m/s);

G_V——静阵风系数,可按表4.2.1取值;

V_Z——基准高度 Z 处的风速(m/s)。

表4.2.1 静阵风系数 G_V

地表类别 \ 水平加载长度(m)	<20	60	100	200	300	400	500	650	800	1000	1200	>1500
A	1.29	1.28	1.26	1.24	1.23	1.22	1.21	1.20	1.19	1.18	1.17	1.16
B	1.35	1.33	1.31	1.29	1.27	1.26	1.25	1.24	1.23	1.22	1.21	1.20
C	1.49	1.48	1.45	1.41	1.39	1.37	1.36	1.34	1.33	1.31	1.30	1.29
D	1.56	1.54	1.51	1.47	1.44	1.42	1.41	1.39	1.37	1.35	1.34	1.32

注:(1)成桥状态下,水平加载长度为主桥全长。

(2)桥塔自立阶段的静阵风系数按水平加载长度小于20m选取。

(3)悬臂施工中的桥梁的静阵风系数按水平加载长度为该施工状态已拼装主梁的长度选取。

4.3 主梁上的静阵风荷载

4.3.1 在横桥向风作用下主梁单位长度上的横向静阵风荷载可按下列公式计算:

$$F_H = \frac{1}{2}\rho V_g^2 C_H H \tag{4.3.1}$$

式中 F_H——作用在主梁单位长度上的静阵风荷载(N/m);

ρ——空气密度(kg/m^3),取为1.25;

C_H——主梁的阻力系数;

H——主梁投影高度(m),宜计入栏杆或防撞护栏以及其他桥梁附属物的实体高度。

4.3.2 "工"形、"Π"形或箱形截面主梁的阻力系数 C_H 可按下式计算：

$$C_H=\begin{cases}2.1-0.1\left(\dfrac{B}{H}\right) & 1\leqslant\dfrac{B}{H}<8\\ 1.3 & 8\leqslant\dfrac{B}{H}\end{cases} \tag{4.3.2}$$

式中 B——主梁断面全宽(m)。

4.3.3 当桥梁的主梁截面带有斜腹板时，本规范第4.3.2条中的阻力系数 C_H 可以竖直方向为基准每倾斜1°折减0.5%，最多可折减30%。斜腹板的倾斜角计算见图4.3.3。

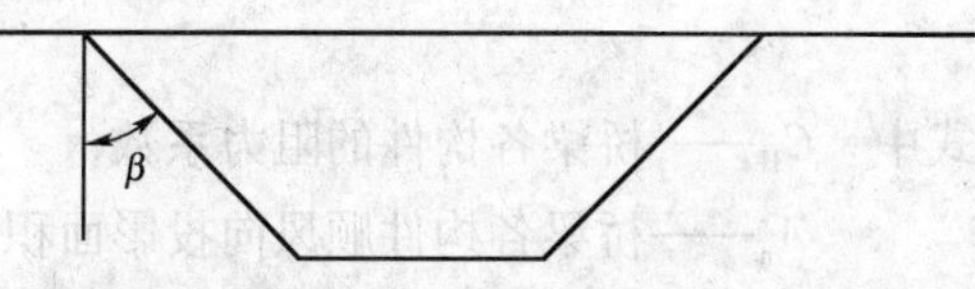

图4.3.3 斜腹板的倾斜角计算

4.3.4 桁架桥上部结构的风载阻力系数 C_H 规定于表4.3.4-1。上部结构为两片或两片以上桁架时，所有迎风桁架的风载阻力系数均取 ηC_H，η 为遮挡系数，按表4.3.4-2采用；桥面系构造的风载阻力系数取 $C_H=1.3$。

表4.3.4-1 桁架的风载阻力系数 C_H

实面积比	矩形与H形截面构件	圆柱形构件(D为圆柱直径)	
		$DV_0>6m^2/s$	$DV_0<6m^2/s$
0.1	1.9	1.2	0.7
0.2	1.8	1.2	0.8
0.3	1.7	1.2	0.8
0.4	1.7	1.1	0.8
0.5	1.6	1.1	0.8

注：实面积比=桁架净面积/桁架轮廓面积。

表4.3.4-2 桁架遮挡系数 η

间距比	实面积比				
	0.1	0.2	0.3	0.4	0.5
≤1	1.0	0.90	0.80	0.60	0.45
2	1.0	0.90	0.80	0.65	0.50
3	1.0	0.95	0.80	0.70	0.55
4	1.0	0.95	0.80	0.70	0.60
5	1.0	0.95	0.85	0.75	0.65
6	1.0	0.95	0.90	0.80	0.70

注：间距比=两桁架中心距/迎风桁架高度。

4.3.5 断面形状复杂的主梁的空气静力系数宜结合风洞试验综合确定。

4.3.6 跨径小于200m的桥梁的主梁上顺桥向单位长度的风荷载可按以下两种情况选取：

1 对实体桥梁截面，取其横桥向风荷载的0.25倍。

2 对桁架桥梁截面，取其横桥向风荷载的0.50倍。

4.3.7 跨径等于或大于200m的桥梁，当主梁为非桁架断面时，其顺桥向单位长度上的风荷载可按风和主梁上下表面之间产生的摩擦力计算：

$$F_{fr}=\frac{1}{2}\rho V_g^2 c_f s \tag{4.3.7}$$

式中 F_{fr}——摩擦力(N/m)；

c_f——摩擦系数，按表4.3.7选取；

s——主梁周长(m)。

表4.3.7 摩擦系数 c_f 的取值

桥梁主梁上下表面情况	摩擦系数 c_f	桥梁主梁上下表面情况	摩擦系数 c_f
光滑表面(光滑混凝土、钢)	0.01	非常粗糙表面(加肋)	0.04
粗糙表面(混凝土表面)	0.02		

4.4 墩、塔、吊杆、斜拉索和主缆上的风荷载

4.4.1 桥墩、桥塔、吊杆上的风荷载、横桥向风作用下的斜拉桥斜拉索和悬索桥主缆上的静风荷载可按下式计算：

$$F_{\mathrm{H}}=\frac{1}{2}\rho V_{\mathrm{g}}^{2}C_{\mathrm{H}}A_{\mathrm{n}} \tag{4.4.1}$$

式中 C_{H}——桥梁各构件的阻力系数；

A_{n}——桥梁各构件顺风向投影面积(m^2)，对吊杆、斜拉索和悬索桥的主缆取为其直径乘以其投影高度。

4.4.2 桥墩或桥塔的阻力系数 C_{H} 可参照表4.4.2选取。断面形状复杂的桥墩、桥塔可通过风洞试验测定或数值模拟方法计算其阻力系数。

表4.4.2 桥墩或桥塔的阻力系数 C_{H}

断面形状	t/b	桥墩或桥塔的高宽比						
		1	2	4	6	10	20	40
风向 → t, b	≤1/4	1.3	1.4	1.5	1.6	1.7	1.9	2.1
风向 → t, b	1/3,1/2	1.3	1.4	1.5	1.6	1.8	2.0	2.2
风向 → t, b	2/3	1.3	1.4	1.5	1.6	1.8	2.0	2.2
风向 → t, b	1	1.2	1.3	1.4	1.5	1.6	1.8	2.0
风向 → t, b	3/2	1.0	1.1	1.2	1.3	1.4	1.5	1.7
风向 → t, b	2	0.8	0.9	1.0	1.1	1.2	1.3	1.4
风向 → t, b	3	0.8	0.8	0.8	0.9	0.9	1.0	1.2
风向 → t, b	≥4	0.8	0.8	0.8	0.8	0.8	0.9	1.1
正方形或八角形		1.0	1.1	1.1	1.2	1.2	1.3	1.4
12边形		0.7	0.8	0.9	0.9	1.0	1.1	1.3
光滑表面圆形 若 $DV_0 \geq 6\mathrm{m^2/s}$		0.5	0.5	0.5	0.5	0.5	0.6	0.6
1. 光滑表面圆形 若 $DV_0 < 6\mathrm{m^2/s}$ 2. 有粗糙面或带凸起的圆形		0.7	0.7	0.8	0.8	0.9	1.0	1.2

注：(1) 上部结构架设后，应根据高宽比为40计算 C_{H}。

(2) 对于带圆弧角的矩形桥墩，其 C_{H} 值应由上表查出后再乘以$(1-1.5r/b)$或0.5，取二者中的较大值，r 为圆弧角的半径。

(3) 对于带三角尖端的桥墩，其 C_{H} 值应按能包括该桥墩外边缘的矩形截面计算。

(4) 对随高度有锥度变化的桥墩，C_{H} 值应按桥墩高度分段计算。在推算 t/b 时，每段的 t 和 b 应按其平均值计，高宽比值应以桥墩总高度对每段的平均宽度计。

4.4.3 作用于桥墩或桥塔上的风荷载可按地面或水面以上 0.65 倍墩高或塔高处的风速值确定。

4.4.4 当悬索桥主缆的中心间距为直径 4 倍及以上时,每根缆索的风荷载宜独立考虑,单根主缆的阻力系数可取 0.7;当主缆中心距不到直径的 4 倍时,可按一根主缆计算,其阻力系数宜取 1.0。当悬索桥吊杆的中心距离为直径的 4 倍及以上时,每根吊杆的阻力系数可取 0.7。

4.4.5 斜拉桥斜拉索的阻力系数在考虑与活载组合时,可取为 1.0;在设计基准风速下可取 0.8。

4.4.6 在顺桥向风作用下的斜拉索上单位长度上的风荷载按下式计算:

$$F_{\mathrm{H}} = \frac{1}{2}\rho V_{\mathrm{g}}^2 C_{\mathrm{H}} D \sin^2\alpha \tag{4.4.6}$$

式中 C_{H}——斜拉索的阻力系数,按 4.4.5 条选取;

α——斜拉索的倾角(°);

D——斜拉索的直径(m)。

4.5 施工阶段的风荷载

4.5.1 悬臂施工的桥梁,除了对称加载外,还应考虑不对称加载工况,参见图 4.5.1,不对称系数可取 0.5。

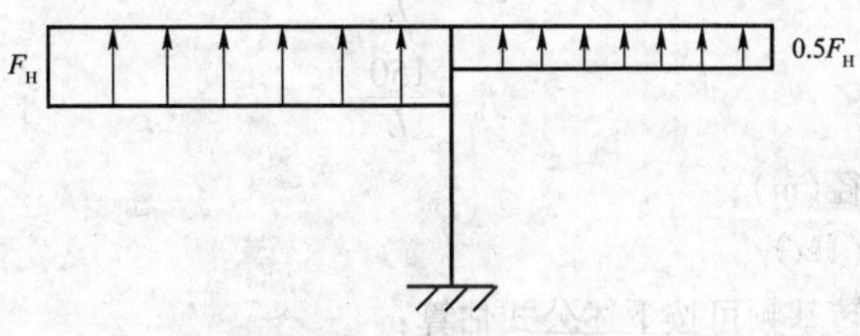

图 4.5.1

4.5.2 对悬臂施工中的大跨斜拉桥和连续刚构桥,应对其最大双悬臂状态和最大单悬臂状态进行详细的风荷载分析,必要时可通过风洞试验测定其风荷载。

5 桥梁的动力特性

5.1 一般规定

5.1.1 桥梁的自振频率及相应的振型宜采用有限元方法计算，也可按本规范第5.2、5.3节的公式估算桥梁的基频。

5.2 斜拉桥的基频估算

5.2.1 双塔斜拉桥的竖向弯曲基频可按下列公式估算：

无辅助墩的斜拉桥：

$$f_b = \frac{110}{L} \tag{5.2.1-1}$$

有辅助墩的斜拉桥：

$$f_b = \frac{150}{L} \tag{5.2.1-2}$$

式中 L——斜拉桥主跨跨径(m)；

f_b——竖向弯曲基频(Hz)。

5.2.2 双塔斜拉桥的扭转基频可按下述公式估算：

$$f_t = \frac{C}{\sqrt{L}} \tag{5.2.2}$$

式中 C——斜拉桥扭转基频经验系数，可按表5.2.2取用；

f_t——双塔斜拉桥的扭转基频(Hz)。

表5.2.2 斜拉桥扭转基频经验系数

索 面	主梁断面形状	钢 桥	混凝土桥
平行索面	开口	10	9
	半开口	12	12
	闭口	17	14
斜索面	开口	12	11
	半开口	14	12
	闭口	21	17

5.3 悬索桥的基频估算

5.3.1 单跨简支悬索桥的反对称竖向弯曲基频可按下述公式估算：

$$f_b = \frac{1}{L}\sqrt{\frac{EI\left(\frac{2\pi}{L}\right)^2 + 2H_g}{m}} \tag{5.3.1}$$

式中 f_b——反对称竖向弯曲基频(Hz)；

L——悬索桥的主跨跨径(m)；

EI——加劲梁竖弯刚度($N \cdot m^2$)；

H_g——恒荷载作用下单根主缆的水平拉力(N)；

m——桥面系和主缆的单位长度质量(kg/m)，$m = m_d + 2m_c$；

m_d——桥面系单位长度质量(kg/m)；

m_c——单根主缆单位长度质量(kg/m)。

5.3.2 主跨跨径500m以上的悬索桥的反对称竖向弯曲基频可按下述公式估算：

$$f_b = \frac{1.16}{\sqrt{f}} \tag{5.3.2}$$

式中 f——主缆矢高(m)。

5.3.3 中跨简支的悬索桥的竖向对称弯曲基频可按下述公式估算：

$$f_b = \frac{0.1}{L}\sqrt{\frac{E_c A_c}{m}} \tag{5.3.3}$$

式中 E_c——主缆的弹性模量(N/m^2)；

A_c——单根主缆的截面积(m^2)。

5.3.4 中跨简支的悬索桥的反对称扭转基频可按下述公式估算：

$$f_b = \frac{1}{L}\sqrt{\frac{EI_\omega\left(\frac{2\pi}{L}\right)^2 + \left(GI_d + \frac{H_g B_c^2}{2}\right)}{m_d r^2 + m_c \frac{B_c^2}{2}}} \tag{5.3.4}$$

式中 EI_ω，GI_d——分别为主梁截面的约束扭转刚度和自由扭转刚度($N \cdot m^4$ 和 $N \cdot m^2$)，对闭口箱梁可忽略约束扭转刚度；

r——加劲梁的截面惯性半径(m)；

B_c——主缆中心距(m)。

5.3.5 悬索桥的对称扭转基频可按下述公式估算：

$$f_t = \frac{1}{2L}\sqrt{\frac{GI_d + 0.05256 E_c A_c (B_c/2)^2}{m_d r^2 + m_c \frac{B_c^2}{2}}} \tag{5.3.5}$$

5.4 桥梁结构的阻尼比

5.4.1 桥梁结构的阻尼比 ζ_s 可按下列数值取用：

钢　　桥	0.005
钢混结合梁桥	0.01
混 凝 土 桥	0.02

6 抗风稳定性验算

6.1 静力稳定性验算

6.1.1 主跨跨径大于400m的斜拉桥和主跨跨径大于600m的悬索桥应计算其静力稳定性。

6.1.2 悬索桥的横向屈曲临界风速可按下述公式计算：

$$V_{lb}=K_{lb}f_{t}B \tag{6.1.2-1}$$

$$K_{lb}=\sqrt{\frac{\pi^{3}\frac{B}{H}\mu\frac{r}{b}}{1.88C_{H}\varepsilon\sqrt{4.54+\frac{C'_{L}B_{c}}{C_{H}H}}}} \tag{6.1.2-2}$$

$$\mu=\frac{m}{\pi\rho b^{2}};b=\frac{B}{2};$$

$$\frac{r}{b}=\frac{1}{b}\sqrt{\frac{I_{m}}{m}};\varepsilon=\frac{f_{t}}{f_{b}}$$

式中 V_{lb}——横向屈曲临界风速(m/s)；

B——主梁全宽(m)；

H——主梁高度(m)；

B_{c}——主缆中心距(m)；

m——桥面系及主缆单位长度质量(kg/m)；

I_{m}——桥面系及主缆单位长度质量惯矩(kg·m²/m)；

f_{t}——对称扭转基频(Hz)；

f_{b}——对称竖向弯曲基频(Hz)；

ε——扭弯频率比；

C_{H}——主梁阻力系数；

C'_{L}——风攻角$\alpha=0°$时主梁升力系数C_{L}的斜率，宜通过风洞试验或数值模拟技术得到。

6.1.3 悬索桥横向屈曲临界风速的应满足下述规定：

$$V_{lb}\geqslant 2V_{d} \tag{6.1.3}$$

式中 V_{d}——桥面高度处的设计基准风速(m/s)。

6.1.4 悬索桥和斜拉桥的静力扭转发散临界风速可按下述公式计算：

$$V_{td}=K_{td}f_{t}B \tag{6.1.4-1}$$

$$K_{td}=\sqrt{\frac{\pi^{3}}{2}\mu\left(\frac{r}{b}\right)^{2}\cdot\frac{1}{C'_{M}}} \tag{6.1.4-2}$$

式中 C'_{M}——当风攻角$\alpha=0$时，主梁扭转力矩系数C_{M}的斜率，宜通过风洞试验或数值模拟技术得到。

6.1.5 静力扭转发散的临界风速应满足下述规定：

$$V_{td}\geqslant 2V_{d} \tag{6.1.5}$$

6.2 驰振稳定性验算

6.2.1 宽高比 $B/H<4$ 的钢主梁、斜拉桥和悬索桥的钢质桥塔应验算其自立状态下的驰振稳定性。

6.2.2 当驰振力系数 $C'_L+C_H<0$ 时，应检验驰振稳定性。

驰振临界风速可用下式估算：

$$V_{cg}=-\frac{4m\omega_1\zeta_s}{\rho H}\cdot\frac{1}{C'_L+C_H} \tag{6.2.2}$$

式中 ω_1——结构一阶弯曲圆频率(rad/s)，$\omega=2\pi f_b$；

ζ_s——结构阻尼比；

H——构件断面迎风宽度(m)。

结构断面的驰振力系数 C'_L+C_H 一般由风洞试验得到。典型断面的驰振力系数见表 6.2.2。

表 6.2.2 典型断面的驰振力系数

断面形状	驰振力系数	断面形状	驰振力系数
圆形截面，冰，$t=0.06b$	-1	正六边形，b	-1.0
(索上有冰)		十字形截面，1/3、1、1/3，b	-4.0
矩形 $\frac{d}{b}=2.0$	-2.0	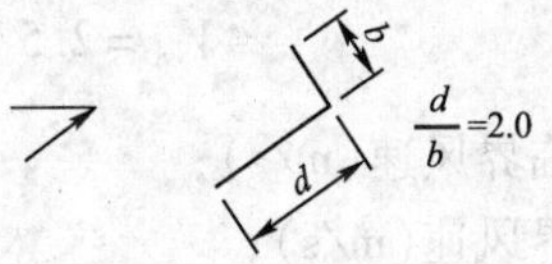 角形，$\frac{d}{b}=2.0$	-0.7
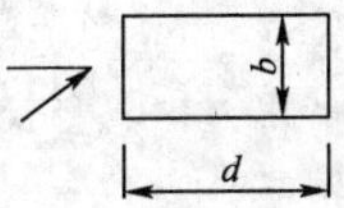 矩形 $\frac{d}{b}=1.5$	-1.7	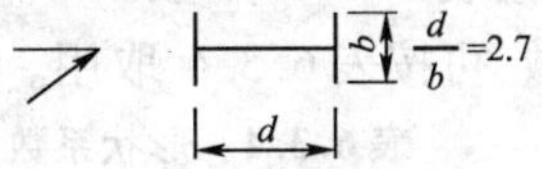 工字形，$\frac{d}{b}=2.7$	-5.0
矩形 $\frac{d}{b}=1.0$	-1.2	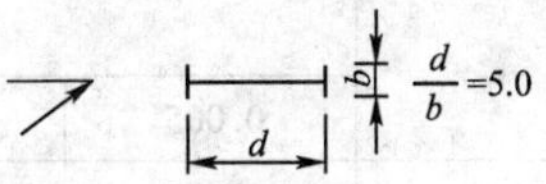 工字形，$\frac{d}{b}=5.0$	-7.0
矩形 $\frac{d}{b}=\frac{2}{3}$	-1.0	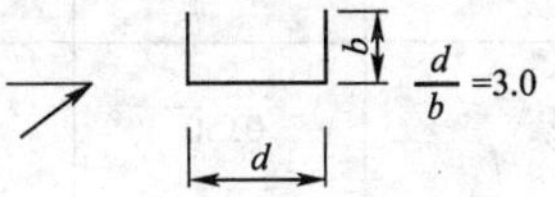 槽形，$\frac{d}{b}=3.0$	-7.5
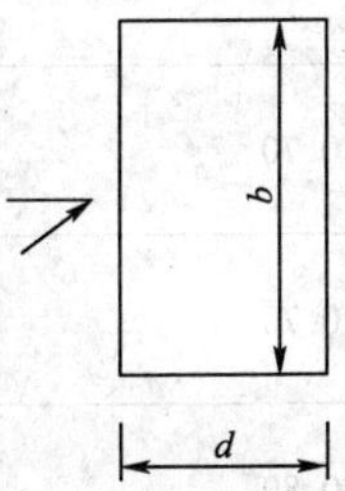 矩形 $\frac{d}{b}=\frac{1}{2}$	-0.7	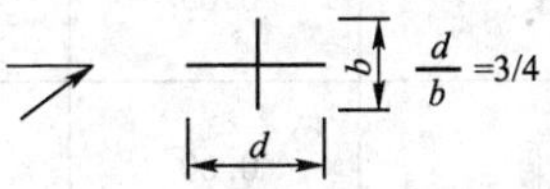 十字形，$\frac{d}{b}=3/4$	-3.2
矩形 $\frac{d}{b}=\frac{1}{3}$	-0.4	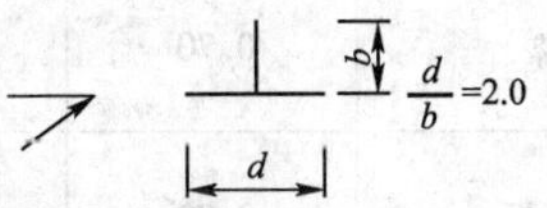 T形，$\frac{d}{b}=2.0$	-1.0

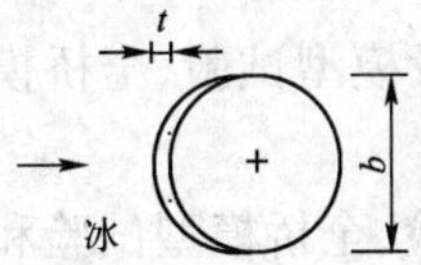

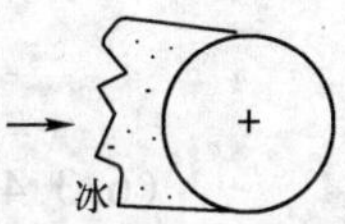

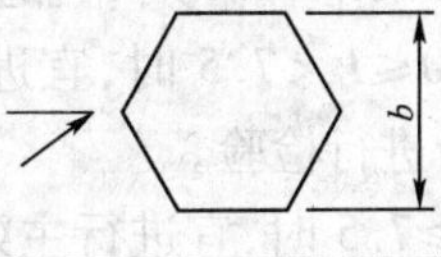

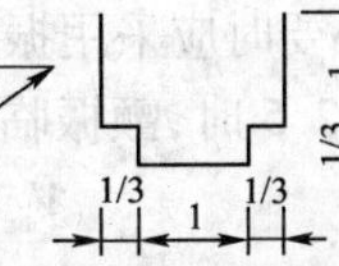

6.2.3 驰振临界风速 V_{cg} 应满足下述规定：

$$V_{cg}\geqslant 1.2V_d \tag{6.2.3}$$

6.3 颤振稳定性验算

6.3.1 颤振稳定性指数 I_f 应按下述公式计算：

$$I_f = \frac{[V_{cr}]}{f_t B} \tag{6.3.1}$$

式中 I_f——颤振稳定性指数；

f_t——扭转基频(Hz)；

B——桥面全宽(m)；

$[V_{cr}]$——颤振检验风速(m/s)，可按 6.3.8 条计算。

6.3.2 成桥状态下的双塔斜拉桥可按对称扭转基频计算其稳定性。成桥状态下的悬索桥可取较小的扭转基频计算其稳定性。

6.3.3 颤振稳定性检验可按以下分级进行：

1 当颤振稳定性指数 $I_f<2.5$ 时，可按第 6.3.4 条规定计算桥梁的颤振临界风速。

2 当颤振稳定性指数 $2.5\leqslant I_f<4.0$ 时，宜通过节段模型风洞试验进行检验。

3 当颤振稳定性指数 $4.0\leqslant I_f<7.5$ 时，宜进行主梁的气动选型，并通过节段模型试验、全桥模型试验或详细的颤振稳定性分析进行检验。

4 当颤振稳定性指数 $I_f\geqslant 7.5$ 时，宜进行主梁的气动选型，通过节段模型试验、全桥模型试验和详细的颤振稳定性分析进行检验，必要时应采用振动控制技术。

6.3.4 当颤振稳定性指数 $I_f<2.5$ 时，颤振临界风速可按下述公式计算：

$$V_{cr} = \eta_s \eta_\alpha V_{co} \tag{6.3.4-1}$$

$$V_{co} = 2.5\sqrt{\mu \frac{r}{b}} f_t B \tag{6.3.4-2}$$

式中 V_{cr}——桥梁的颤振临界风速(m/s)；

V_{co}——平板颤振临界风速(m/s)；

η_s——形状系数，可按表 6.3.4 取用；

η_α——攻角效应系数，可按表 6.3.4 取用。

表 6.3.4 形状系数 η_s 和攻角效应系数 η_α

断面形式	形状系数 η_s			功角效应系数 η_α
	阻尼比			
	0.005	0.01	0.02	
平板	1	1	1	—
钝头形	0.50	0.55	0.60	0.80
带挑臂	0.65	0.70	0.75	0.70
带斜腹板	0.60	0.70	0.90	0.70
带风嘴	0.70	0.70	0.80	0.80
带分流板	0.80	0.80	0.80	0.80
开口板梁	0.35	0.40	0.50	0.85

6.3.5 主跨跨径小于300m的桥梁，当主梁断面宽高比 $B/H=4\sim8$ 时，可按下述公式计算颤振临界风速：

$$V_{cr}=5f_tB \tag{6.3.5-1}$$

对宽高比 $B/H<4$ 的主梁断面，其颤振临界风速可取式(6.3.5-1)和下式计算结果的较小者：

$$V_{cr}=12f_tH \tag{6.3.5-2}$$

6.3.6 风洞试验宜考察桥梁在风攻角 $-3°\leqslant\alpha\leqslant+3°$ 范围内的颤振稳定性。在模拟桥梁阻尼比的条件下，若无明显发散点，可以扭转位移根方差值0.5°时的风速作为颤振临界风速。

6.3.7 在风攻角 $-3°\leqslant\alpha\leqslant+3°$ 范围内，颤振临界风速应满足下述规定：

$$V_{cr}\geqslant[V_{cr}] \tag{6.3.7}$$

式中 V_{cr}——颤振临界风速(m/s)；

$[V_{cr}]$——颤振检验风速(m/s)，可按第6.3.8条规定计算。

6.3.8 颤振检验风速可按下式计算：

$$[V_{cr}]=1.2\mu_fV_d \tag{6.3.8}$$

式中 μ_f——风速脉动修正系数，可按表6.3.8规定选用。

表6.3.8 风速脉动修正系数 μ_f

地表类别 \ 跨径(m)	100	200	300	400	500	650	800	1000	1200	>1500
A	1.30	1.27	1.25	1.24	1.23	1.22	1.21	1.20	1.20	1.19
B	1.36	1.33	1.30	1.29	1.28	1.27	1.26	1.25	1.24	1.22
C	1.43	1.39	1.37	1.35	1.33	1.31	1.30	1.28	1.27	1.25
D	1.49	1.44	1.42	1.40	1.38	1.36	1.35	1.33	1.31	1.29

6.4 施工阶段的抗风稳定性检验

6.4.1 当斜拉桥最大双悬臂和最大单悬臂施工状态的颤振稳定性指数 I_f 大于或等于4.0时，宜通过适当的模型风洞试验作抗风稳定性检验。

6.4.2 悬索桥主缆的施工猫道可采用抗风索网保证其稳定性，也可通过增设猫道之间的横系梁保证抗风稳定性，条件允许时可通过风洞试验进行检验。

6.4.3 在悬索桥已拼装桥面占全桥拼装量的10%～40%之间时存在一个稳定性最不利的状态，条件允许时宜通过适当的风洞试验进行检验。

7 风致限幅振动

7.1 抖振

7.1.1 桥梁由于风的脉动作用,诱发桥梁的抖振而产生抖振惯性力。当判断桥梁结构对风的作用敏感时,宜通过适当的风洞试验测定或数值模拟技术计算其气动力参数,进行抖振响应分析,必要时可通过全桥气动弹性模型试验测定其抖振响应。

7.1.2 抖振响应分析应考虑脉动风的空间相关和动力特征以及结构的振动特性等因素,宜包括所有可能被紊流激发的振型。

7.2 涡激共振

7.2.1 混凝土桥梁可不考虑涡激共振的影响。钢桥或钢质桥塔宜通过风洞试验作涡激振动测试。

7.2.2 当结构基频大于 5 Hz 时,可不考虑涡激共振的影响。

7.2.3 实腹式桥梁的竖向涡激共振发生风速可按下式计算:

$$V_{cvh}=2.0f_bB \tag{7.2.3-1}$$

式中 V_{cvh}——竖向涡激共振发生风速(m/s);

f_b——竖向弯曲振动频率(Hz);

B——桥面全宽(m)。

扭转涡激共振的发生风速可按下式计算:

$$V_{cv\theta}=1.33f_tB \tag{7.2.3-2}$$

式中 $V_{cv\theta}$——扭转涡激共振发生风速(m/s);

f_t——扭转振动频率(Hz)。

7.2.4 实腹式桥梁竖向涡激共振振幅可按下式估算:

$$h_c=\frac{E_hE_{th}}{2\pi m_r\zeta_s}B \tag{7.2.4-1}$$

$$m_r=\frac{m}{\rho B^2} \tag{7.2.4-2}$$

$$E_h=0.065\beta_{ds}(B/H)^{-1} \tag{7.2.4-3}$$

$$E_{th}=1-15\beta_t(B/H)^{1/2}I_u^2\geqslant 0 \tag{7.2.4-4}$$

$$I_u=\frac{1}{\ln\left(\frac{Z}{z_0}\right)} \tag{7.2.4-5}$$

式中 h_c——竖向涡激共振振幅(m);

m——桥梁单位长度质量(kg/m)。对变截面桥梁,可取 1/4 跨径处的平均值;对斜拉桥,应计入斜拉索质量的一半;对悬索桥,应计主缆全部质量;

ζ_s——桥梁结构阻尼比;

β_{ds}——形状修正系数,对宽度小于 1/4 有效高度,或具有垂直腹板的钝体断面,取为 2;对六边形断面或宽度大于 1/4 有效高度或具有斜腹板的钝体断面,取为 1;

B——桥面宽度(m);

H——桥面高度(m),见图7.2.4;

β_t——系数,对六边形截面为0,其他断面取1;

I_u——紊流强度;

Z——桥面的基准高度(m);

z_0——桥址处的地表粗糙高度(m),可按表3.2.2选取。

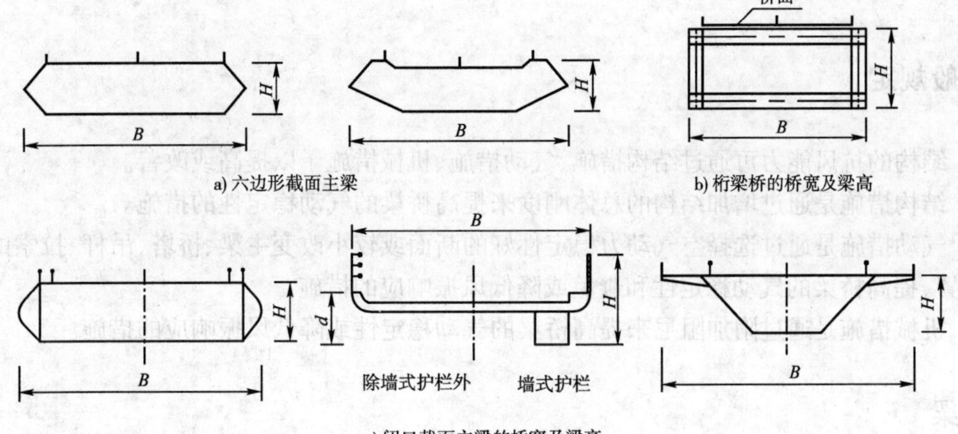

图7.2.4　桥面的宽度和高度

7.2.5　实腹式桥梁扭转涡激共振振幅可按下式估算:

$$\theta_c=\frac{E_\theta E_{t\theta}}{2\pi I_{pr}\zeta_s}B \tag{7.2.5-1}$$

$$I_{pr}=\frac{I_p}{\rho B^4} \tag{7.2.5-2}$$

$$E_\theta=17.16\beta_{ds}(B/H)^{-3} \tag{7.2.5-3}$$

$$E_{t\theta}=1-20\beta_t(B/H)^{1/2}I_u^2\geqslant 0 \tag{7.2.5-4}$$

式中　I_p——桥梁单位长度质量惯矩(kg·m^4/m),对变截面桥梁,取1/4跨径处的平均值;对斜拉桥,应计入斜拉索质量的一半;对悬索桥,应计入主缆全部质量;

θ_c——扭转涡激共振振幅(m);

ζ_s——结构阻尼比。

7.2.6　涡激共振振幅的允许值可按下述公式计算:

1　竖向涡激共振的振幅应满足下述规定:

$$h_c<[h_a]=\frac{0.04}{f_b} \tag{7.2.6-1}$$

式中　$[h_a]$——竖向涡激共振的允许振幅(m)。

2　扭转涡激共振的振幅应满足下述规定:

$$\theta_c<[\theta_a]=\frac{4.56}{Bf_t} \tag{7.2.6-2}$$

式中　$[\theta_a]$——扭转涡激共振的允许振幅(rad)。

7.3　拉索振动

7.3.1　斜拉索有可能会出现参数振动、线性内部共振、涡激共振以及风雨激振等振动,应采取相应的措施控制其振动。

8 风致振动控制

8.1 一般规定

8.1.1 结构的抗风能力可通过结构措施、气动措施、机械措施予以提高或改善。

8.1.2 结构措施是通过增加结构的总体刚度来提高桥梁的气动稳定性的措施。

8.1.3 气动措施是通过选择空气动力稳定性好的断面或较小改变主梁、桥塔、吊杆、拉索的外形或附加气动装置，提高桥梁的气动稳定性和避免或降低风振响应的措施。

8.1.4 机械措施是通过附加阻尼来提高桥梁的气动稳定性或降低风振响应的措施。

8.2 主梁

8.2.1 主梁基本断面的选择应考虑气动稳定性的要求。

8.2.2 当主梁的基本断面不能满足气动稳定性要求或者出现不能接受的涡激共振时，可适当修改断面或采用附加导流板、抑流板、风嘴、分流板和中央稳定板等装置改善空气动力学性能。

8.2.3 在满足气动稳定性要求的前提下，可采用机械措施降低涡激共振或抖振响应。

8.3 桥塔和高墩

8.3.1 桥塔塔柱断面切角或附加气动装置可以改善桥塔的驰振稳定性或抑制涡激共振。

8.3.2 当气动措施不能满足抗风要求时，可以采用阻尼装置或主动控制措施控制桥塔施工过程和成桥后的风致振动。

8.4 拉索和吊杆

8.4.1 设置阻尼装置是拉索减振的有效措施。

8.4.2 附加凸起、卷缠螺旋线、表面加工或改变断面形状的方式可以防止或降低风雨激振的发生。

拉索采用附加凸起断面时，应注意风荷载增加的影响。

横向并列的拉索或吊杆的中心间距宜大于拉索或吊杆直径的5倍，并应避免在10~20倍的直径范围内，下风侧拉索或吊杆发生尾流驰动。

8.4.3 辅助缆索或联结器联结若干根斜拉索可以减振。

9 风洞试验

9.0.1 模型风洞试验宜在模拟大气边界层的风洞中进行。模拟的大气边界层应反映桥址处的平均风速剖面、紊流强度剖面及脉动风功率谱。

9.0.2 模型应模拟桥梁结构构件的外部轮廓。模型的频率和阻尼比应模拟实际桥梁结构的主要模态频率和阻尼比。

9.0.3 风洞试验宜考虑紊流特征和风攻角的影响。所考虑的紊流特征以及风攻角应同桥址处的风环境相适宜。

9.0.4 风洞试验要求见附录 B。

附录A　全国基本风速值和基本风速分布图

A.1.1　全国主要气象台站10年、50年和100年重现期下的基本风速值见附表A。

A.1.2　全国基本风速分布图见附图A。

附表A　全国各气象台站的基本风速值

省区市名	地　名	海拔高度(m)	风　速(m/s)		
			1/10	1/50	1/100
北京		54.0	22.2	27.2	28.6
天津	天津市	3.3	22.1	28.6	31.3
	塘沽	3.2	25.6	30.0	31.3
上海		2.8	23.9	31.3	33.8
重庆		259.1	20.5	25.9	27.5
	涪陵市	273.5	18.3	22.4	24.2
	奉节	607.3	20.8	24.6	26.3
	梁平	454.6	18.5	22.6	24.5
	万县	186.7	15.8	22.3	24.1
河北	石家庄市	80.5	20.3	24.0	25.7
	张家口市	724.2	24.8	31.1	32.5
	承德市	377.2	22.6	26.0	27.6
	保定市	17.2	22.2	25.6	27.1
	秦皇岛市	2.1	23.9	27.1	28.6
	唐山市	27.8	22.2	25.6	27.1
	蔚县	909.5	18.9	23.2	25.0
	邢台市	76.8	18.1	22.2	24.0
	丰宁	659.7	22.9	26.4	28.0
	围场	842.8	24.9	28.3	29.8
	怀来	536.8	20.8	24.6	26.3
	遵化	54.9	22.2	25.6	27.2
	青龙	227.2	20.4	22.4	24.2
	霸县	9.0	20.2	25.6	27.1
	乐亭	10.5	22.1	25.6	27.1
	饶阳	18.9	22.2	23.9	25.6
	沧州市	9.6	22.1	25.6	27.1
	黄骅	6.6	22.1	25.6	27.1
	南宫市	27.4	20.2	23.9	25.6
山西	太原市	778.3	23.0	26.6	28.2
	大同市	1067.2	25.2	31.6	34.4
	河曲	861.5	23.1	29.8	32.7
	五寨	1401.0	23.7	27.4	29.1
	兴县	1012.6	21.3	28.5	31.5
	原平	828.2	23.1	29.8	32.6

续上表

省区市名	地　　名	海拔高度(m)	风　　速(m/s)		
			1/10	1/50	1/100
山西	离石	950.8	23.2	28.4	30.0
	阳泉市	741.9	23.0	26.5	28.1
	榆社	1041.4	19.0	23.3	25.2
	隰县	1052.7	21.3	25.2	26.9
	介休	743.9	21.0	26.5	28.1
	临汾市	449.5	20.7	26.1	27.7
	长治县	991.8	23.3	30.0	32.9
	运城市	376.0	22.6	26.0	27.6
	阳城	659.5	22.9	28.0	29.5
内蒙古	呼和浩特市	1063.0	25.2	31.6	33.0
	额右旗拉布达林	581.4	24.6	29.4	32.2
	牙克石市图里河	732.6	23.0	26.5	28.1
	满洲里市	661.7	29.5	32.4	33.7
	海拉尔市	610.2	27.9	33.6	36.1
	鄂伦春小二沟	286.1	22.5	25.9	27.5
	新巴尔虎右旗	554.2	27.9	32.2	33.5
	新巴尔虎左旗阿木古朗	642.0	26.4	30.9	32.3
	牙克石市博克图	739.7	26.5	31.1	32.5
	扎兰屯市	306.5	22.5	25.9	27.5
	科右翼前旗阿尔山	1027.4	25.2	30.1	31.5
	乌兰浩特市	274.7	25.9	30.4	31.7
	科右翼前旗索伦	501.8	27.8	30.7	32.1
	东乌珠穆沁旗	838.7	24.9	31.2	34.0
	额济纳旗	940.5	26.8	32.8	35.4
	额济纳旗拐子湖	960.0	28.4	31.4	32.8
	阿左旗巴彦毛道	1328.1	27.3	32.0	33.4
	阿拉善右旗	1510.1	29.2	32.3	33.8
	二连浩特市	964.7	31.4	34.2	35.5
	那仁宝力格	1181.6	27.1	31.8	33.2
	达茂旗满都拉	1225.2	30.4	37.2	39.6
	阿巴嘎旗	1126.1	25.3	30.2	31.7
	苏尼特左旗	1111.4	27.0	30.2	31.7
	乌拉特后旗海力素	1509.6	29.2	30.8	32.3
	苏尼特右旗朱日和	1150.8	30.3	34.5	37.1
	乌拉特中旗海流图	1288.0	28.9	33.4	34.7
	百灵庙	1376.6	30.6	37.5	39.9
	四子王旗	1490.1	27.5	33.7	36.4
	化德	1482.7	29.2	37.7	40.1

续上表

省区市名	地　名	海拔高度（m）	风　速（m/s）		
			1/10	1/50	1/100
内蒙古	杭锦后旗陕坝	1056.7	23.3	28.6	30.1
	包头市	1067.2	25.2	31.6	33.0
	集宁市	1419.3	27.4	33.6	36.3
	阿拉善左旗吉兰泰	1031.8	25.2	30.1	31.6
	临河市	1039.3	23.3	30.1	33.0
	鄂托克旗	1380.3	25.6	32.1	34.9
	东胜市	1460.4	23.8	30.7	33.7
	阿腾席连	1329.3	27.3	30.5	32.0
	巴彦浩特	1561.4	27.6	33.8	36.6
	西乌珠穆沁旗	995.9	28.5	31.5	32.9
	扎鲁特鲁北	265.0	25.9	30.4	31.7
	巴林左旗林东	484.4	26.2	30.7	32.1
	锡林浩特市	989.5	26.9	31.5	32.9
	林西	799.0	28.2	32.6	35.2
	开鲁	241.0	25.9	30.3	31.7
	通辽市	178.5	25.8	30.2	31.6
	多伦	1245.4	27.2	31.9	33.3
	赤峰市	571.1	22.8	30.8	33.5
	敖汉旗宝国图	400.5	26.1	29.1	30.6
辽宁	沈阳市	42.8	25.6	30.0	31.4
	彰武	79.4	24.0	27.2	28.7
	阜新市	144.0	22.3	30.2	32.8
	开原	98.2	22.2	27.2	28.7
	清原	234.1	20.4	25.9	27.4
	朝阳市	169.2	25.8	30.2	31.6
	建平县叶柏寿	421.7	22.6	24.4	26.1
	黑山	37.5	27.2	32.6	35.1
	锦州市	65.9	25.6	31.4	33.9
	鞍山市	77.3	22.2	28.7	31.4
	本溪市	185.2	24.1	27.4	28.8
	抚顺市章党	118.5	22.3	27.3	28.7
	桓仁	240.3	20.4	22.4	24.2
	绥中	15.3	20.2	25.6	27.1
	兴城市	8.8	23.9	27.1	28.6
	营口市	3.3	25.6	31.3	33.8
	盖县熊岳	20.4	22.2	25.6	27.1
	本溪县草河口	233.4	20.4	27.4	30.3
	岫岩	79.3	22.2	27.2	28.7

续上表

省区市名	地　名	海拔高度（m）	风　速（m/s）		
			1/10	1/50	1/100
辽宁	宽甸	260.1	22.4	28.9	31.7
	丹东市	15.1	23.9	30.0	32.6
	瓦房店市	29.3	23.9	28.6	30.0
	新金县皮口	43.2	24.0	28.6	30.0
	庄河	34.8	23.9	28.6	30.0
	大连市	91.5	25.7	32.7	35.2
吉林	长春市	236.8	27.4	33.0	35.4
	白城市	155.4	27.3	32.8	35.3
	乾安	146.3	24.1	27.3	28.8
	前郭尔罗斯	134.7	22.3	27.3	28.8
	通榆	149.5	24.1	28.8	30.2
	长岭	189.3	22.3	27.4	28.8
	扶余市三岔河	196.6	22.3	28.9	31.6
	双辽	114.9	24.0	28.7	30.1
	四平市	164.2	25.8	30.2	31.6
	磐石县烟筒山	271.6	22.4	25.9	27.5
	吉林市	183.4	25.8	28.8	30.2
	蛟河	295.0	22.5	27.5	29.0
	敦化市	523.7	22.7	27.8	29.3
	梅河口市	339.9	22.5	26.0	27.6
	桦甸	263.8	22.4	25.9	27.5
	靖宇	549.2	20.8	24.6	26.3
	抚松县东岗	774.2	23.0	26.6	28.2
	延吉市	176.8	24.1	28.8	30.2
	通化市	402.9	22.6	29.2	31.9
	浑江市临江	332.7	18.4	22.5	24.3
	集安市	177.7	18.2	22.3	24.1
	长白	1016.7	25.2	28.5	30.1
黑龙江	哈尔滨市	142.3	24.1	30.2	32.8
	漠河	296.0	20.5	24.3	25.9
	塔河	357.4	20.6	22.5	24.3
	新林	494.6	20.7	24.5	26.2
	呼玛	177.4	22.3	28.8	31.6
	加格达奇	371.7	20.6	24.4	26.0
	黑河市	166.4	24.1	28.8	30.2
	嫩江	242.2	25.9	30.3	31.7
	孙吴	234.5	25.9	31.7	34.2
	北安市	269.7	22.4	29.0	31.7

续上表

省区市名	地　　名	海拔高度(m)	风　速(m/s)		
			1/10	1/50	1/100
黑龙江	克山	234.6	22.4	27.4	28.9
	富裕	162.4	22.3	25.8	27.3
	齐齐哈尔市	145.9	24.1	27.3	28.8
	海伦	239.2	24.2	30.3	33.0
	明水	249.2	24.2	27.4	28.9
	伊春市	240.9	20.4	24.2	25.9
	泰来	149.5	22.3	27.3	28.8
	鹤岗市	227.9	22.4	25.8	27.4
	富锦	64.2	22.2	27.2	28.7
	绥化市	179.6	24.1	30.2	32.9
	安达市	149.3	20.4	27.3	30.2
	铁力	210.5	20.4	24.2	25.8
	佳木斯市	81.2	25.7	32.7	35.1
	依兰	100.1	27.2	32.7	35.2
	宝清	83.0	22.2	25.7	27.2
	通河	108.6	24.0	28.7	30.1
	尚志	189.7	24.1	30.3	31.6
	鸡西市	233.6	25.9	30.3	33.0
	虎林	100.2	24.0	27.2	28.7
	牡丹江市	241.4	24.2	28.9	30.3
	绥芬河市	496.7	26.2	32.1	34.7
山东	济南市	51.6	22.2	27.2	28.6
	德州市	21.2	22.2	27.1	28.6
	惠民	11.3	25.6	28.6	30.0
	寿光县羊角沟	4.4	22.1	27.1	28.6
	龙口市	4.8	27.1	31.3	32.6
	烟台市	46.7	25.6	30.0	31.4
	威海市	46.6	25.6	31.4	33.9
	荣成市成山头	47.7	31.4	33.9	35.1
	莘县朝城	42.7	24.0	27.2	28.6
	泰安市泰山	1533.7	35.2	40.2	42.5
	泰安市	128.8	22.3	25.7	27.3
	淄博市张店	34.0	22.2	25.6	27.2
	沂源	304.5	22.5	24.3	25.9
	潍坊市	44.1	22.2	25.6	27.2
	莱阳市	30.5	22.2	25.6	27.1
	青岛市	76.0	27.2	31.4	33.9
	海阳	65.2	25.6	30.1	31.4

续上表

省区市名	地名	海拔高度(m)	风速(m/s)		
			1/10	1/50	1/100
山东	荣成市石岛	33.7	25.6	30.0	32.6
	菏泽市	49.7	20.3	25.6	28.6
	兖州	51.7	20.3	25.6	27.2
	莒县	107.4	20.3	24.0	25.7
	临沂	87.9	22.2	25.7	27.2
	日照市	16.1	22.1	25.6	27.1
江苏	南京市	8.9	20.2	25.6	27.1
	徐州市	41.0	20.2	24.0	25.6
	赣榆	2.1	22.1	27.1	28.6
	盱眙	34.5	20.2	23.9	25.6
	淮阴市	17.5	20.2	25.6	27.1
	射阳	2.0	22.1	25.6	27.1
	高邮	5.4	20.2	25.6	27.1
	东台市	4.3	22.1	25.6	27.1
	南通市	5.3	22.1	27.1	28.6
	启东县吕泗	5.5	23.9	28.6	30.0
	常州市	4.9	20.2	25.6	27.1
	溧阳	7.2	20.2	25.6	27.1
	吴县东山	17.5	22.2	27.1	28.6
	泰州	6.6	20.2	25.6	27.1
	镇江	26.4	22.2	25.6	27.1
	无锡	6.7	22.1	27.1	28.6
	连云港	3.7	23.9	30.0	32.6
	盐城	3.6	20.2	27.1	30.0
	苏州	7.1	22.1	27.1	28.6
浙江	临安县天目山	1505.9	32.3	36.4	39.0
	杭州市	41.7	22.2	27.2	28.6
	平湖县乍浦	5.4	23.9	27.1	28.6
	慈溪市	7.1	22.1	27.1	28.6
	嵊泗	79.6	37.4	46.3	50.5
	嵊泗县嵊山	124.6	39.6	49.8	53.8
	舟山市	35.7	28.6	37.3	40.5
	金华市	62.6	20.3	24.0	25.6
	嵊县	104.3	20.3	25.7	28.7
	宁波市	4.2	22.1	28.6	31.3
	象山县石浦	128.4	35.2	44.5	48.1
	衢州市	66.9	20.3	24.0	25.6
	丽水市	60.8	18.1	22.2	24.0

续上表

省区市名	地　名	海拔高度(m)	风　速(m/s)		
			1/10	1/50	1/100
浙江	龙泉	198.4	18.3	22.4	24.1
	临海市括苍山	1383.1	33.5	41.1	44.4
	温州市	6.0	23.9	31.3	33.8
	椒江市洪家	1.3	23.9	30.0	32.6
	椒江市下大陈	86.2	38.5	48.0	52.1
	玉环县坎门	95.9	34.0	44.5	48.9
	瑞安市北麂	42.3	39.5	51.2	55.8
安徽	合肥市	27.9	20.2	23.9	25.6
	砀山	43.2	20.2	24.0	25.6
	亳州市	37.7	20.2	27.2	30.0
	宿县	25.9	20.2	25.6	28.6
	寿县	22.7	20.2	23.9	25.6
	蚌埠市	18.7	20.2	23.9	25.6
	滁县	25.3	20.2	23.9	25.6
	六安市	60.5	18.1	24.0	25.6
	霍山	68.1	18.1	24.0	25.6
	巢县	22.4	20.2	23.9	25.6
	安庆市	19.8	20.2	25.6	27.1
	宁国	89.4	20.3	24.0	25.7
	黄山	1840.4	31.3	37.1	39.6
	黄山市	142.7	20.3	24.1	25.7
江西	南昌市	46.7	20.3	25.1	27.2
	修水	146.8	18.2	22.3	24.1
	宜春市	131.3	18.2	22.3	24.1
	吉安	76.4	20.3	22.2	24.0
	宁冈	263.1	18.3	22.4	24.2
	遂川	126.1	18.2	22.3	24.1
	赣州市	123.8	18.2	22.3	24.1
	九江	36.1	20.2	23.9	25.6
	庐山	1164.5	27.1	31.8	33.2
	广昌	143.8	18.2	22.3	24.1
	波阳	40.1	20.2	25.6	27.2
	景德镇市	61.5	20.3	24.0	25.6
	樟树市	30.4	18.1	22.2	23.9
	贵溪	51.2	18.1	22.2	24.0
	玉山	116.3	18.2	22.3	24.0
	南城	80.8	20.3	22.2	24.0
	寻乌	303.9	20.5	22.5	24.3

续上表

省区市名	地　　名	海拔高度（m）	风　速(m/s)		
			1/10	1/50	1/100
福建	福州市	83.8	25.7	33.9	37.4
	厦门市	139.4	28.8	36.4	39.7
	邵武市	191.5	18.2	22.3	24.1
	铅山县七仙山	1401.9	32.1	36.3	38.8
	浦城	276.9	18.3	22.4	24.2
	建阳	196.9	20.4	24.1	25.8
	建瓯	154.9	20.4	24.1	25.8
	福鼎	36.2	23.9	33.9	38.4
	泰宁	342.9	18.4	22.5	24.3
	南平市	125.6	18.2	24.1	27.3
	福鼎县台山	106.6	35.2	40.6	42.6
	长汀	310.0	18.4	24.3	26.0
	上杭	197.9	20.4	22.4	24.1
	永安市	206.0	20.4	25.8	27.4
	龙岩市	342.3	18.4	24.3	26.0
	德化县九仙山	1653.5	34.0	39.3	41.6
	屏南	896.5	18.9	23.1	25.0
	平潭	32.4	35.0	46.1	51.2
	崇武	21.8	30.0	36.2	38.4
	东山	53.3	36.2	45.3	48.8
陕西	西安市	397.5	20.6	24.4	26.1
	榆林市	1057.5	21.3	26.9	28.6
	吴旗	1272.6	21.5	27.2	30.4
	横山	1111.0	23.4	27.0	28.7
	绥德	929.7	23.2	26.8	28.4
	延安市	957.8	21.2	25.1	26.8
	长武	1206.5	19.2	23.5	25.4
	洛川	1158.3	21.4	25.3	27.1
	铜川市	978.9	19.0	25.1	26.8
	宝鸡市	612.4	18.6	24.6	26.3
	武功	447.8	18.5	24.4	26.1
	华阴县华山	2064.9	28.3	31.7	33.2
	略阳	794.2	21.0	24.9	26.6
	汉中市	508.4	18.5	22.7	24.5
	佛坪	1087.7	21.3	23.4	25.2
	商州市	742.2	21.0	23.0	26.5
	镇安	693.7	18.7	22.9	24.7
	石泉	484.9	18.5	22.7	24.5
	安康市	290.8	22.5	27.5	29.0

续上表

省区市名	地　名	海拔高度(m)	风　速(m/s)		
			1/10	1/50	1/100
甘肃	兰州市	1517.2	19.5	23.9	25.8
	吉坷德	966.5	28.4	31.4	32.8
	安西	1170.8	27.1	31.8	33.2
	临夏市	1917.0	19.9	24.4	26.3
	酒泉市	1477.2	27.5	32.3	33.7
	张掖市	1482.7	243.8	30.8	33.7
	武威市	1530.9	25.8	32.3	35.2
	民勤	1367.0	27.4	30.6	32.1
	乌鞘岭	3045.1	27.8	29.8	31.6
	景泰	1630.5	21.9	27.7	29.4
	靖远	1398.2	19.4	23.7	25.6
	临洮	1886.6	19.9	24.3	26.3
	华家岭	2450.6	25.0	28.9	30.6
	环县	1255.6	19.2	23.6	25.5
	平凉市	1346.5	21.6	23.7	25.6
	西峰镇	1421.0	19.4	23.8	25.7
	玛曲	3471.4	24.1	26.3	28.4
	夏河县合作	2910.0	23.4	25.6	27.6
	武都	1079.1	21.3	25.2	27.0
	天水市	1141.7	19.1	25.3	27.1
宁夏	银川市	1111.4	27.0	34.4	37.0
	惠农	1091.0	28.6	34.4	35.7
	中卫	1225.7	23.5	28.8	30.4
	中宁	1183.3	23.5	25.4	27.1
	盐池	1347.8	23.7	27.3	29.0
	海原	1854.2	22.2	24.3	26.2
	同心	1343.9	19.3	23.7	25.6
	固原	1753.0	22.1	26.1	27.9
	西吉	1916.5	19.9	24.4	26.3
青海	西宁市	2261.2	22.6	26.8	28.6
	茫崖	3138.5	25.9	30.0	31.8
	冷湖	2733.0	29.3	34.4	35.9
	祁连县托勒	3367.0	26.2	30.2	32.1
	祁连县野牛沟	3180.0	25.9	30.0	31.8
	祁连	2787.4	25.4	27.5	29.4
	格尔木市小灶火	2767.0	25.4	29.3	31.1
	大柴旦	3173.2	25.9	29.9	31.8

续上表

省区市名	地　　名	海拔高度(m)	风　　速(m/s)		
			1/10	1/50	1/100
青海	德令哈市	2981.5	23.5	27.7	29.7
	刚察	3301.5	23.8	28.2	30.1
	门源	2850.0	23.3	27.6	29.5
	格尔木市	2807.6	25.5	29.4	31.2
	都兰县诺木洪	2790.4	27.5	32.8	36.0
	都兰	3191.1	26.0	31.8	35.1
	乌兰县茶卡	3087.6	23.6	27.9	29.8
	共和县恰卜恰	2835.0	23.3	27.5	29.4
	贵德	2237.1	22.6	24.8	26.7
	民和	1813.9	19.8	24.2	26.2
	唐古拉山五道梁	4612.2	30.1	34.1	36.0
	兴海	3323.2	23.9	28.2	30.2
	同德	3289.4	23.8	26.1	28.2
	格尔木市托托河	4533.1	32.1	35.8	37.6
	治多	4179.0	24.9	27.3	29.5
	杂多	4066.4	24.8	29.3	31.3
	泽库	3662.8	24.3	26.6	28.7
	曲麻莱	4231.2	25.0	29.5	31.6
	玉树	3681.2	21.7	26.6	28.7
	玛多	4272.3	27.4	31.6	33.6
	称多县清水河	4415.4	25.5	27.6	29.8
	玛沁县仁峡姆	4211.1	27.3	29.5	31.5
	达日县吉迈	3967.5	24.6	29.1	31.2
	河南	3500.0	24.1	30.4	32.3
	久治	3628.5	21.7	26.5	32.5
	昂欠	3643.7	24.2	26.6	28.7
	班玛	3750.0	21.8	26.7	28.8
新疆	乌鲁木齐市	917.9	26.8	32.8	35.4
	乌鲁木齐县达坂城	1103.5	31.7	38.2	40.5
	阿勒泰市	735.3	26.5	35.1	38.6
	博乐市阿拉山口	284.8	39.9	47.6	51.0
	克拉玛依市	427.3	33.3	39.2	41.3
	伊宁市	662.5	26.4	32.4	34.9
	昭苏	1851.0	22.0	28.0	29.7
	和静县巴音布鲁克	2458.0	22.8	27.0	28.9
	吐鲁番市	34.5	28.6	37.3	40.5
	阿克苏市	1103.8	23.4	28.6	30.2
	库车	1099.0	25.3	30.2	33.1

续上表

省区市名	地　　名	海拔高度（m）	风　速（m/s）		
			1/10	1/50	1/100
新疆	库尔勒市	931.5	23.2	28.4	29.9
	乌恰	2175.7	22.5	26.7	28.5
	喀什市	1288.7	25.5	32.0	34.7
	阿合奇	1984.9	22.3	26.4	28.2
	皮山	1375.4	19.4	23.7	25.6
	和田	1374.6	21.6	27.4	29.0
	民丰	1409.3	19.4	23.7	25.6
	民丰县安的河	1262.8	19.2	23.6	25.5
	于田	1422.0	19.4	23.8	25.7
	哈密	737.2	23.0	29.6	32.5
河南	郑州市	110.4	23.3	27.3	28.7
	安阳市	75.5	20.3	27.2	30.1
	新乡市	72.7	22.2	25.6	27.2
	三门峡市	410.1	20.6	26.1	27.7
	卢氏	568.8	18.6	22.8	24.6
	孟津	323.3	22.5	26.0	29.0
	洛阳市	137.1	20.3	25.7	27.3
	栾川	750.1	18.8	23.0	24.8
	许昌市	66.8	22.2	25.6	27.2
	开封市	72.5	22.2	27.2	28.7
	西峡	250.3	20.5	24.2	25.9
	南阳市	129.2	20.3	24.1	25.7
	宝丰	136.4	20.3	24.1	25.7
	西华	52.6	20.3	27.2	30.0
	驻马店市	82.7	20.3	25.7	27.2
	信阳市	114.5	20.3	24.0	25.7
	商丘市	50.1	18.1	24.0	25.6
	固始	57.1	18.1	24.0	25.6
湖北	武汉市	23.3	20.2	23.9	25.6
	郧县	201.9	18.3	22.4	24.1
	房县	434.4	18.5	22.6	24.4
	老河口市	90.0	18.2	22.2	24.0
	枣阳市	125.5	20.3	25.7	27.3
	巴东	294.5	15.9	22.5	24.3
	钟祥	65.8	18.1	22.2	24.0
	麻城市	59.3	18.1	24.0	27.2
	恩施市	457.1	18.5	22.6	24.5
	巴东县绿葱坡	1819.3	24.2	26.2	28.0

续上表

省区市名	地　　名	海拔高度（m）	风　速（m/s）		
			1/10	1/50	1/100
湖北	五峰县	908.4	18.9	23.2	25.0
	宜昌市	133.1	18.2	22.3	24.1
	江陵县荆州	32.6	18.1	22.2	23.9
	天门市	34.1	18.1	22.2	23.9
	来凤	459.5	18.5	22.6	24.5
	嘉鱼	36.0	18.1	23.9	27.2
	英山	123.8	18.2	22.3	24.1
	黄石市	19.6	20.2	23.9	25.6
湖南	长沙市	44.9	20.2	24.0	25.6
	桑植	322.2	18.4	22.5	24.3
	石门	116.9	20.3	22.3	24.0
	南县	36.0	20.2	25.6	28.6
	岳阳市	53.0	20.3	25.6	27.2
	吉首市	206.6	18.3	22.4	24.2
	沅陵	151.6	18.2	22.3	24.1
	常德市	35.0	20.2	25.6	28.6
	安化	128.3	18.2	22.3	24.1
	沅江市	36.0	20.2	25.6	27.2
	平江	106.3	18.2	22.2	24.0
	芷江	272.2	18.3	22.4	24.2
	邵阳市	248.6	18.3	22.4	24.2
	双峰	100.0	18.2	22.2	24.0
	南岳	1265.9	33.3	37.3	39.7
	通道	397.5	20.6	22.6	24.4
	武岗	341.0	18.4	22.5	24.3
	零陵	172.6	20.4	25.8	27.3
	衡阳市	103.2	20.3	25.7	27.2
	道县	192.2	20.4	24.1	25.8
	郴州市	184.9	18.2	22.3	24.1
广东	广州市	6.6	22.1	28.6	31.3
	深圳市	18.2	27.1	35.0	38.4
	汕头市	1.1	28.6	36.1	39.4
	汕尾	4.6	28.6	37.3	41.4
	湛江市	25.3	28.6	36.2	39.4
	南雄	133.8	18.2	22.3	24.1
	连县	97.6	18.2	22.2	24.0
	韶关	69.3	18.1	24.0	27.2
	佛岗	67.8	18.1	22.2	24.0

续上表

省区市名	地名	海拔高度(m)	风速(m/s)		
			1/10	1/50	1/100
广东	连平	214.5	18.3	22.4	24.2
	台山	32.7	23.9	30.0	32.6
	梅县	87.8	18.1	22.2	24.0
	广宁	56.8	18.1	22.2	24.0
	高要	7.1	22.1	28.6	31.3
	河源	40.6	18.1	22.2	24.0
	惠阳	22.4	23.9	30.0	31.3
	五华	120.9	18.2	22.3	24.0
	惠来	12.9	27.1	35.0	38.4
	南澳	7.2	28.6	36.2	39.4
	信宜	84.6	24.0	31.4	33.9
	罗定	53.3	18.1	22.2	24.0
	阳江	23.3	27.1	33.8	35.0
	电白	11.8	27.1	33.8	36.2
	台山县上川岛	21.5	35.0	41.4	44.3
	徐闻	67.9	27.2	35.1	38.5
广西	南宁市	73.1	20.3	24.0	25.6
	桂林市	164.4	18.2	22.3	24.1
	柳州市	96.8	18.2	22.2	24.0
	蒙山	145.7	18.2	22.3	24.1
	贺山	108.8	18.2	22.3	24.0
	百色市	173.5	20.4	27.3	30.2
	靖西	739.4	18.8	23.0	24.8
	桂平	42.5	18.1	22.2	24.0
	梧州市	114.8	18.2	22.3	24.0
	龙州	128.8	18.2	22.3	24.1
	灵山	66.0	18.1	22.2	24.0
	玉林	81.8	18.1	22.2	24.0
	东兴	18.2	27.1	35.0	38.4
	北海市	15.3	25.6	33.8	36.2
	涠洲岛	55.2	33.9	40.5	43.5
海南	海口市	14.1	27.1	35.0	38.4
	东方	8.4	30.0	37.3	40.4
	儋县	168.7	25.8	34.1	37.6
	琼中	250.9	22.4	27.4	30.3
	琼海	24.0	27.1	35.0	38.4
	三亚市	5.5	28.6	37.3	41.4
	陵水	13.9	28.6	37.3	41.4
	西沙岛	4.7	41.4	54.2	59.9
	珊瑚岛	4.0	33.8	42.4	46.1

续上表

省区市名	地　名	海拔高度(m)	风　速(m/s)		
			1/10	1/50	1/100
四川	成都市	506.1	18.5	22.7	24.5
	石渠	4200.0	24.9	27.3	29.5
	若尔盖	3439.6	24.0	26.3	28.4
	甘孜	3393.5	23.9	26.2	28.3
	都江堰市	706.7	18.7	22.9	24.8
	绵阳市	470.8	18.5	22.7	24.5
	雅安市	627.6	18.6	22.8	24.7
	资阳	357.0	18.4	22.5	24.3
	康定	2615.7	25.2	27.2	29.1
	汉源	795.9	18.8	23.0	24.9
	九龙	2987.3	21.0	25.7	27.8
	越西	1659.0	22.0	24.0	26.0
	昭觉	2132.4	22.5	24.6	26.6
	雷波	1474.9	19.5	23.8	25.7
	宜宾市	340.8	18.4	22.5	24.3
	盐源	2545.0	20.5	25.1	27.1
	西昌市	1590.9	19.6	24.0	25.9
	会理	1787.1	19.8	24.2	26.1
	万源	674.0	18.7	22.9	24.7
	阆中	382.6	18.4	22.6	24.4
	巴中	358.9	18.4	22.5	24.3
	达县市	310.4	18.4	24.3	27.5
	遂宁市	278.2	18.3	22.4	24.2
	南充市	309.3	18.4	22.5	24.3
	内江市	347.1	20.6	26.0	29.1
	泸州市	334.8	18.4	22.5	34.3
	叙永	377.5	18.4	22.6	24.4
贵州	贵阳市	1074.3	19.1	23.4	25.2
	威宁	2237.5	22.6	26.7	28.6
	盘县	1515.2	21.8	25.8	27.6
	桐梓	972.0	69.0	23.2	25.1
	习水	1180.2	19.2	23.5	25.4
	毕节	1510.6	19.5	23.9	25.8
	遵义市	843.9	18.8	23.1	24.9
	思南	416.3	18.5	22.6	24.4
	铜仁	279.7	18.3	22.4	24.2

续上表

省区市名	地　名	海拔高度(m)	风　速(m/s)		
			1/10	1/50	1/100
贵州	安顺市	1392.9	14.4	23.7	25.6
	凯里市	720.3	18.7	22.9	24.8
	兴仁	1378.5	19.4	23.7	25.6
	罗甸	440.3	18.5	22.6	24.4
	德钦	3485.0	24.0	28.5	30.4
云南	昆明市	1891.4	19.9	24.3	26.3
	贡山	1591.3	19.6	24.0	25.9
	中甸	3276.1	21.3	26.1	28.2
	维西	2325.6	20.3	24.9	26.9
	昭通市	1949.5	22.3	26.4	28.2
	丽江	2393.2	22.8	24.9	26.9
	华坪	1244.8	21.5	25.4	27.2
	会泽	2109.5	22.5	26.6	28.4
	腾冲	1654.6	19.6	24.0	26.0
	泸水	1804.9	19.8	24.2	26.2
	保山市	1653.8	19.6	24.0	26.0
	大理市	1990.5	29.9	36.0	38.7
	元谋	1120.2	21.4	25.3	27.0
	楚雄市	1772.0	19.7	26.1	27.9
	曲靖市沾益	1898.7	22.2	24.3	26.3
	瑞丽	776.6	18.8	23.0	24.9
	江城	1119.5	19.1	27.0	30.2
	景东	1162.3	19.2	23.5	25.3
	玉溪	1636.7	19.6	24.0	25.9
	宜良	1532.1	21.8	27.6	30.8
	泸西	1704.3	22.0	24.1	26.0
	孟定	511.4	20.7	26.2	27.8
	临沧	1502.4	19.5	23.9	25.8
	澜沧	1054.8	19.0	23.3	25.2
	景洪	552.7	18.6	26.3	29.4
	思茅	1302.1	21.6	28.9	32.0
	元江	400.9	20.6	22.6	24.4
	勐腊	631.9	18.7	22.8	24.7
	蒙自	1300.7	21.6	23.6	25.5
	屏边	1414.1	19.4	23.8	25.7
	文山	1271.6	19.3	23.6	25.5
	广南	1249.6	21.5	25.4	27.2

续上表

省区市名	地　　名	海拔高度(m)	风　速(m/s)		
			1/10	1/50	1/100
西藏	班戈	4700.0	30.2	37.9	41.2
	安多	4800.0	34.5	44.5	48.7
	那曲	4507.0	27.7	34.0	35.8
	日喀则市	3836.0	21.9	26.8	29.0
	拉萨市	3658.0	21.7	26.6	28.7
	乃东县泽当	3551.7	21.6	26.4	28.5
	隆子	3860.0	26.8	32.9	34.7
	索县	4022.8	24.7	31.2	33.1
	昌都	3306.0	21.3	26.1	28.2
	林芝	3000.0	23.5	27.8	29.7
台湾	台北	8.0	25.6	33.8	37.3
	新竹	8.0	28.6	36.2	39.4
	宜兰	9.0	42.4	55.0	61.3
	台中	78.0	28.7	36.3	38.5
	花莲	14.0	25.6	33.8	37.3
	嘉义	20.0	28.6	36.2	39.4
	马公	22.0	37.3	46.1	50.4
	台东	10.0	32.6	38.4	41.4
	冈山	10.0	30.0	36.2	39.4
	恒春	24.0	33.8	41.5	44.3
	阿里山	2406.0	22.8	27.0	28.8
	台南	14.0	31.3	37.3	40.4
香港	香港	50.0	35.8	38.4	39.5
	横栏岛	55.0	39.3	45.3	47.9
澳门		57.0	35.1	37.4	38.4

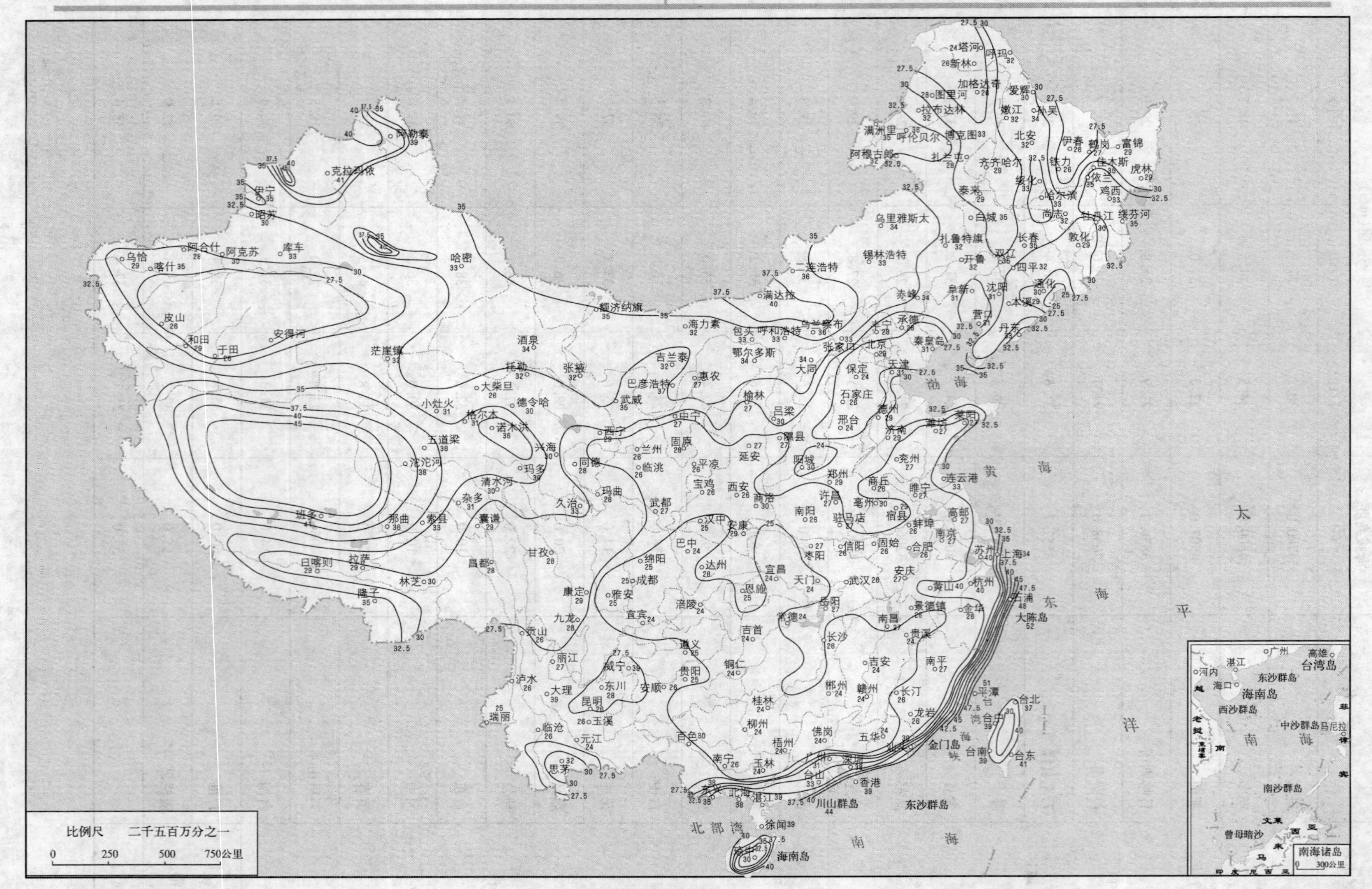

附图 A 全国基本风速分布图

附录B　风洞试验要求

B.1　一般规定

B.1.1　桥梁的风洞试验主要有静力三分力试验、节段模型试验、桥塔模型试验和全桥气动弹性模型试验。

B.1.2　桥梁风洞试验宜在大气边界层风洞中进行。

B.1.3　桥梁模型应设置在风洞试验段的有效试验区内，在沿风洞轴线方向模型长度的中心断面上测量，空风洞应具备以下流场特性：

1　在常用试验风速下，风速分布相对于平均风速的偏差不宜大于2%。

2　气流方向与风洞轴线方向的夹角宜满足：俯仰角$|\alpha|\leqslant 0.5°$，偏航角$|\beta|\leqslant 1.0°$。

3　在常用试验风速下，紊流强度宜小于2%。

4　从风洞轴线方向模型长度的中心断面，风洞试验段的进口及出口方向各1m范围内，风速的轴向静压梯度不宜大于0.01/m。

B.1.4　进行模拟自然风特性条件下的风洞试验时，如果桥位处具有风速观测资料，应按基于此风速资料得到的该处平均风速沿竖直方向的变化（风速剖面）、风速的功率谱密度函数、风速的紊流强度、风速的紊流尺度等进行风场模拟。当桥位处无风速观测资料时，可按以下原则进行风场模拟。

1　平均风速沿竖直方向的变化可按本规范第3.2.1条、第3.2.2条取值。地表粗糙度系数α的容许偏差为±0.01。

2　脉动风速在水平方向及竖向的功率谱密度函数可分别按下式取值：

$$\frac{nS_u(n)}{u_*^2}=\frac{200f}{(1+50f)^{5/3}} \tag{B.1.4-1}$$

$$\frac{nS_w(n)}{u_*^2}=\frac{6f}{(1+4f)^2} \tag{B.1.4-2}$$

$$f=\frac{nZ}{V(Z)} \tag{B.1.4-3}$$

$$u_*=\frac{KV(Z)}{\ln\dfrac{Z-z_d}{z_0}} \tag{B.1.4-4}$$

$$z_d=\overline{H}-z_0/K \tag{B.1.4-5}$$

式中　$S_u(n)$、$S_w(n)$——分别为脉动风的水平顺风向及竖直方向的功率谱密度函数；

n——风的脉动频率（Hz）；

u_*——气流摩阻速度，亦称剪切速度（m/s）；

K——无量纲常数，$K\approx 0.4$；

Z——地面或水面以上的高度（m）；

$V(Z)$——高度Z处的平均风速（m/s）；

$\overline{H}$——周围建筑物平均高度（m）；

z_0——地面粗糙高度（m），参见表3.2.2。

3　风的主流在水平方向的紊流强度I_u的平均值可按附表B.1.4-1取值，与I_u方向垂直的水平及竖直方向的紊流强度I_v、I_w可分别取$I_v=0.88I_u$，$I_w=0.50\ I_u$。

紊流强度的变化范围可为±30%。

附表 B.1.4-1 紊流强度 I_u

高度(m) \ 地表粗糙度类别	A	B	C	D
$10<Z\leqslant20$	0.14	0.17	0.25	0.29
$20<Z\leqslant30$	0.13	0.16	0.23	0.29
$30<Z\leqslant40$	0.12	0.15	0.21	0.28
$40<Z\leqslant50$	0.12	0.15	0.20	0.26
$50<Z\leqslant70$	0.11	0.14	0.18	0.24
$70<Z\leqslant100$	0.11	0.13	0.17	0.22
$100<Z\leqslant150$	0.10	0.12	0.16	0.19
$150<Z\leqslant200$	0.10	0.12	0.15	0.18

4 紊流尺度

风的主流水平方向及与其垂直的水平方向的脉动风速 u 的紊流尺度可按附表 B.1.4-2 取值。紊流尺度模拟作为参考。

附表 B.1.4-2 紊流尺度基准值

高度(m) \ 紊流尺度(m)	L_x^u	L_y^u	高度(m) \ 紊流尺度(m)	L_x^u	L_y^u
$Z\leqslant10$	50	20	$50<Z\leqslant70$	120	60
$10<Z\leqslant20$	70	30	$70<Z\leqslant100$	140	70
$20<Z\leqslant30$	90	40	$100<Z\leqslant150$	160	80
$30<Z\leqslant40$	100	50	$150<Z\leqslant200$	180	90
$40<Z\leqslant50$	110	50			

B.1.5 桥梁风洞试验模型宜满足附表 B.1.5 的规定。

附表 B.1.5 桥梁风洞试验的模型要求

模型要求 \ 试验种类	静力三分力试验	主梁节段模型试验	桥塔模型试验	全桥气动弹性模型试验
模型类别	刚性模型		刚性或弹性模型	弹性模型
模型缩尺	不小于1/100		不小于1/300	桁架加劲梁桥宜不小于1/100;箱型梁桥宜不小于1/300
模型宽度/有效试验区高度	闭口试验段:≤0.4 开口试验段:≤0.2		(模型宽度指塔柱间隔)≤0.2	
模型高度/有效试验区高度			≤0.8	悬索桥、斜拉桥:≤0.9 其他桥:≤0.5
模型长度/有效试验区宽度				悬索桥、斜拉桥:≤0.9 其他桥:≤0.8
模型长度/模型宽度	闭口试验段:>2 开口试验段:>3			
风洞阻塞度	≤5%			

B.2 静力三分力试验

B.2.1 静力三分力试验的模型与实桥间应满足几何外形相似,并在模型两端设置端板或补偿模型。设置端板时,应考虑作用在端板上及模型支撑装置上的气动力修正。设置补偿模型时,补偿模型与测力模型的间隔不宜大于1mm,且补偿模型应具有足够的长度,这时可只考虑作用在测力模型支撑装置上的气动力修正。

B.2.2 主梁静力三分力试验的攻角变化范围宜为 -10° ~ +10°,攻角变化步长应取1°。

B.2.3 主梁静力三分力试验可在均匀流场条件下进行, 应选用两个不同风速进行试验。

B.3 节段模型试验

B.3.1 节段模型振动试验宜采用弹簧悬挂二元刚体节段模型装置,试验装置应保证主梁模型的二元流动特性。节段模型两端可设置二元端板。

B.3.2 模型与实桥间须满足几何外形相似及以下参数的一致性条件:

弹性参数 $\frac{m}{\rho b^2},\frac{I_m}{\rho b^4}$

惯性参数 $\frac{V}{f_b b},\frac{V}{f_t b}$

阻尼参数 ζ_s

对于悬索桥和斜拉桥,m、I_m 应取为计入全桥共同作用的等效质量和等效质量惯性矩。

B.3.3 试验应根据测试目的分别在均匀流场和紊流场中进行。在紊流场中的试验宜满足紊流强度的相似条件。

B.3.4 应通过检验手段,确认试验条件符合附表 B.3.4 的要求。

附表 B.3.4 节段模型参数允许偏差

参 数	质 量	质量惯性矩	频 率	阻尼值
偏差允许值	±3%	±3%	±3%	±10%

B.3.5 试验攻角宜在 -3° ~ +3°范围内。

B.4 桥塔模型试验

B.4.1 可采用桥塔整体弹性模型或弹性支承刚体桥塔模型进行试验。采用弹性支承刚体模型时,应对试验结果进行振型修正。

B.4.2 模型与实桥间须满足几何外形相似及以下参数的一致性条件:

1 整体弹性模型 $\frac{\rho_s}{\rho},\frac{EI}{\rho V^2 D^4},\zeta_s$

2 弹性支承刚体模型 $\frac{I_t}{\rho D^5},\frac{V}{f_b D},\zeta_s$

式中 I_t——桥塔绕塔底支承点的质量惯性矩(kg · m²);

D——塔柱断面的特征尺度(m);

ρ_s——结构物重力密度(kg/m³)。

B.4.3 试验宜分别在均匀流场和模拟自然风的紊流场中进行。

B.4.4 应通过检验手段,确认试验条件符合附表 B.4.4 的要求。

附表 B.4.4 桥塔模型参数的允许偏差

参 数	质 量	质量惯性矩	刚 度	频 率
偏差允许值	±3%	±3%	±3%	±5%

B.5 全桥气动弹性模型试验

B.5.1 模型与实桥间应满足几何外形相似及附表 B.5.1 给出的基于模型几何缩尺 n 和风速比 m 的相似系数。

桥梁结构或构件具有近流线型及圆形断面时，还应考虑雷诺数的影响。

附表 B.5.1 全桥气动弹性模型的相似系数

参数名称	相似系数	缩尺比	
		悬索桥全桥模型、斜拉桥全桥模型②	梁式、拱式桥全桥模型
长度	$C_L = L_m/L_p$①	$1/n$	$1/n$
时间	$C_t = t_m/t_p$	$1/\sqrt{n}$	m/n
风速	$C_U = U_m/U_p$	$1/\sqrt{n}$	$1/m$③
频率	$C_f = f_m/f_p$	$\sqrt{n}$	n/m
密度	$C_\rho = \rho_m/\rho_p$	1	1
单位长度质量	$C_M = M_m/M_p$	$1/n^2$	$1/n^2$
单位长度质量惯性矩	$C_I = I_m/I_p$	$1/n^4$	$1/n^4$
张力	$C_H = H_m/H_p$	$1/n^3$	$1/n^3$
拉伸刚度	$C_{EF} = (EF)_m/(EF)_p$	$1/n^3$	$1/m^2n^2$
弯曲刚度	$C_{EI} = (EI)_m/(EI)_p$	$1/n^5$	$1/m^2n^4$
自由扭转刚度	$C_{GId} = (GI_d)_m/(GI_d)_p$	$1/n^5$	$1/m^2n^4$
约束扭转刚度	$C_{EIm} = (EI_\infty)_m/(EI_\infty)_p$	$1/n^7$	$1/m^2n^6$
结构阻尼（对数衰减率）	$C_\delta = \delta_m/\delta_p$	1	1

注：①相似系数下标 m 和 p 分别代表模型和实桥。

②不考虑拉索的振动特性影响时可采用右栏。

③m 值可在符合风洞条件的可能范围内选取。

B.5.2 试验应分别在均匀流场及模拟自然风特性的紊流场中进行。紊流风场应符合本规范第 B.1.4条规定。地形复杂时应考虑地形影响或进行地形模拟。

B.5.3 应通过检验手段，确认试验条件符合附表 B.5.3 的要求。

附表 B.5.3 全桥气动弹性模型试验参数的允许偏差

参 数	质 量	质量惯性矩	刚 度	频 率	阻尼值
偏差允许值	±3%	±3%	±4%	±5%	±30%

注：表中频率和阻尼值是指低阶模态对应的频率和阻尼。

B.5.4 试验攻角一般为0°。均匀流场或特殊地形条件试验时，如必要可考虑增加±3°。

本规范用词用语说明

1　为了便于在执行本规范条文时区别对待，对要求严格程度不同的用词说明如下：

1）表示很严格，非这样做不可的用词：

正面词采用“必须”；反面词采用“严禁”。

2）表示严格，在正常情况下均应这样做的用词：

正面词采用“应”；反面词采用“不应”或“不得”。

3）表示允许稍有选择，在条件允许时首先这样做的用词：

正面词采用“宜”；反面词采用“不宜”。

表示有选择，在一定条件下可以选择做的，采用“可”。

2　规范中指定应按其他有关标准、规范执行时，写法为“应按……执行”或“应符合……要求或规定”。非必须按指定的标准、规范的规定执行时，写法为“可参照……”。

《公路桥梁抗风设计规范》

（JTG/T D60-01—2004）

条 文 说 明

1 总则

1.0.1 20世纪80年代以来,我国建成了或正在建设或拟建一批特大跨径的桥梁,由于这些特大桥明显具有大、轻、柔的特点,对风的作用十分敏感,风荷载已成为支配性的荷载,甚至控制大桥主梁断面的选择和桥型的选择。与此同时,我国在桥梁抗风研究方面取得了突出的成绩,建成了大大小小十几个风洞试验室,积累了许许多多的理论研究和试验研究成果,为特大跨径桥梁的建设作出了贡献。

风对桥梁的作用包括风荷载的静力作用和风引起的桥梁振动两个方面,《公路桥涵设计通用规范》(JTG D60)虽有静风荷载方面的规定条款,但不够完善,且不完全适用于大跨径桥梁,而有关桥梁的动力抗风设计尚属空白。1995年,在项海帆院士的积极倡议和组织下,中交公路规划设计院和同济大学从事抗风研究的专家联合制订并出版了《公路桥梁抗风设计指南》(以下简称《指南》)。之后数年,《指南》在指导我国特大跨径桥梁的抗风设计中起到了巨大的作用,但为了将近年来在特大跨径桥梁抗风设计、研究及风洞试验的最新成果更好地应用于桥梁的抗风设计,特编制本规范。

1.0.2 本规范的主要适用对象是悬索桥和斜拉桥,当斜拉桥的跨径在800m以下、悬索桥的跨径在1500m以下时,已积累了许多抗风设计的理论、试验和实践经验,但当结构的跨径超过上述范围时,虽世界上有日本的明石海峡大桥、多多罗大桥等大桥的建成经验,但由于其建成时间较短,大桥的数量偏少,还不足以说明许多特有的问题,对这些特大跨径的桥梁,还有许多问题需要通过仔细的专题研究才可能针对性地解决。

根据实践经验,对于跨径在150m以下的各类公路桥梁,由于结构的刚度较大,风致振动很小,与静风荷载相比,动力风荷载是次要的,采用短时距的阵风风速进行静力抗风设计已能满足桥梁在风作用下的抗风设计要求,因而可不进行复杂的风致振动的分析和动力抗风设计。

1.0.3 桥梁设计的基本目的是要保证结构的安全、可靠,保证结构应具有的强度、刚度、稳定性要求及其与之相关的诸如舒适性等要求,抗风设计也不例外。

风对桥梁的作用受到风的自然特性、结构的动力特性以及风与结构的相互作用三方面的制约。从工程的抗风角度,可以将自然风分解成不随时间变化的平均风和随时间变化的脉动风两部分的叠加,分别考虑它们对桥梁结构的作用。忽略平均风和脉动风所引起的风致振动之间的相互作用不会带来明显的分析误差,但可使分析简单可行。目前,在抖振分析中,已能考虑平均风所引起的气动阻尼的作用。

在平均风作用下,假定结构保持静止不动,或者虽有轻微振动,但不影响空气的作用力,即忽略气流绕过桥梁时所产生的特征紊流以及漩涡脱落等非定常(随时间变化的)效应,只考虑定常的空气作用力,称为风的静力作用。

桥梁作为一个振动体系在近地紊流风作用下的空气弹性动力响应可以分为两大类:一类是在风的作用下,由于结构振动对空气力的反馈作用,产生一种自激振动机制,如颤振和驰振达到临界状态时,将出现危险性的发散振动;另一类是在脉动风作用下的一种有限振幅的随机强迫振动,称为抖振。涡激共振虽带有自激的性质,但也是限幅的,因而具有双重性。

风对桥梁的作用的分类见表1-1。

由于自然风会引起风致振动,在桥梁抗风设计中首先要求发生危险性颤振或驰振的临界风速与桥梁的设计风速相比具有足够的安全度,以确保结构在各个阶段的抗风稳定性;同时要求把涡激共振和抖振的最大振幅限制在可接受的范围内,以免造成结构疲劳、人感不适以及行车不安全等问题。

若桥梁的最初设计方案不能满足抗风的要求,应通过修改设计或采取气动措施、结构措施或者机械措施等控制方法提高结构的抗风稳定性或减少风致振动的振幅。

表 1-1　风对桥梁的作用的分类

<table>
<tr><th>分　类</th><th colspan="4">现　　象</th><th>作用机制</th></tr>
<tr><td rowspan="3">静力作用</td><td colspan="4">静风载引起的内力和变形</td><td>平均风的静风压产生的阻力、升力和扭转力矩作用</td></tr>
<tr><td rowspan="2" colspan="2">静力不稳定</td><td colspan="2">扭转发散</td><td>静(扭转)力矩作用</td></tr>
<tr><td colspan="2">横向屈曲</td><td>静阻力作用</td></tr>
<tr><td rowspan="5">动力作用</td><td colspan="2">抖振(紊流风响应)</td><td rowspan="2" colspan="2">限幅振动</td><td>紊流风作用</td></tr>
<tr><td rowspan="4">自激振动</td><td>涡振</td><td>漩涡脱落引起的涡激力作用</td></tr>
<tr><td>驰振</td><td rowspan="2">单自由度</td><td rowspan="3">发散振动</td><td rowspan="2">自激力的气动负阻尼效应——阻尼驱动</td></tr>
<tr><td>扭转颤振</td></tr>
<tr><td>古典耦合振动</td><td>二自由度</td><td>自激力的气动刚度驱动</td></tr>
</table>

在桥梁设计的不同阶段,可以根据不同的情况采用不同精度的抗风设计方法和风洞试验手段。对于一般的大桥,初步设计阶段的抗风分析可采用近似的公式对各方案的静风载内力和气动稳定性进行估算,待方案确定后再通过节段模型的风洞试验测定各种参数,进行抗风验算和各类风振分析。对于重要的桥梁,宜在初步设计阶段通过风洞试验进行气动选型,为确定主梁断面提供依据。在技术设计阶段对选定的断面方案进行详细的抗风验算和风振分析,并应通过必要的全桥气动弹性模型试验对分析结果予以确认。公路桥梁抗风设计的基本工作流程见图 1-1。

在进行公路桥梁抗风设计时,需掌握以下几个重要的因素,才能更好地分析和把握全局:

风特性参数。应通过调查和收集气象资料掌握桥址处的风特性,并采用正确的方法确定合理的参数供抗风设计使用。特别要注意桥址处特殊的地形、地貌和风向条件,以便对常规的取值进行必要的修正。

桥梁的动力特性。桥梁的动力特性分析是风振分析的基础,需采用合理的力学模型,并注意边界支承条件的正确处理。对计算结果要通过与相似桥梁的比较(最好有实测资料)检验其合理性和可靠性,其中特别是对于主梁前二阶对称和反对称的竖向弯曲、侧向弯曲和扭转振型要作出正确的判断。

颤振临界风速。颤振临界风速是桥梁发生发散性颤振的起始风速。当外界风速低于临界风速时,振动是衰减的。为了防止出现这种造成桥梁风毁的危险性振动现象,必须保证桥梁的颤振临界风速高于桥址处可能出现的设计基准风速并具有一定的安全度。

抖振响应。抖振是紊流风作用下的随机强迫振动。抖振响应的正确预测主要取决于桥梁的动力特性、主梁断面的气动特性和紊流风特性。

1.0.4　由于大气边界层的紊流风特性以及桥梁断面作为一种不规则钝体的气动特性具有相当的复杂性,目前还无法建立起能够完善地描述风和结构相互作用的解析模式,而只能通过半理论半实验或纯实验的途径寻求近似的解答。因此,风洞试验是桥梁抗风设计中必不可少的重要手段。通过试验可以直接给出桥梁断面的气动参数和临界风速,能够更可靠地指导桥梁的抗风设计。

结构形式
重现期
气象资料
动力特性
基本风速
截面选择
桥高
桥跨
假定颤振稳定性指数值
设计风速
假定阻力系数
颤振风速估计
陈风系数
设计风载
不安全
稳定性验算
很安全
及格
不安全
静力抗风验算
很安全
及格
节段模型风洞试验
三分力试验
各类风振分析
静力抗风设计
满意
是否要进行全模型验算
否
不够满意
抗风措施
是
全桥气弹模型试验
检验
满意
不够满意
抗风措施

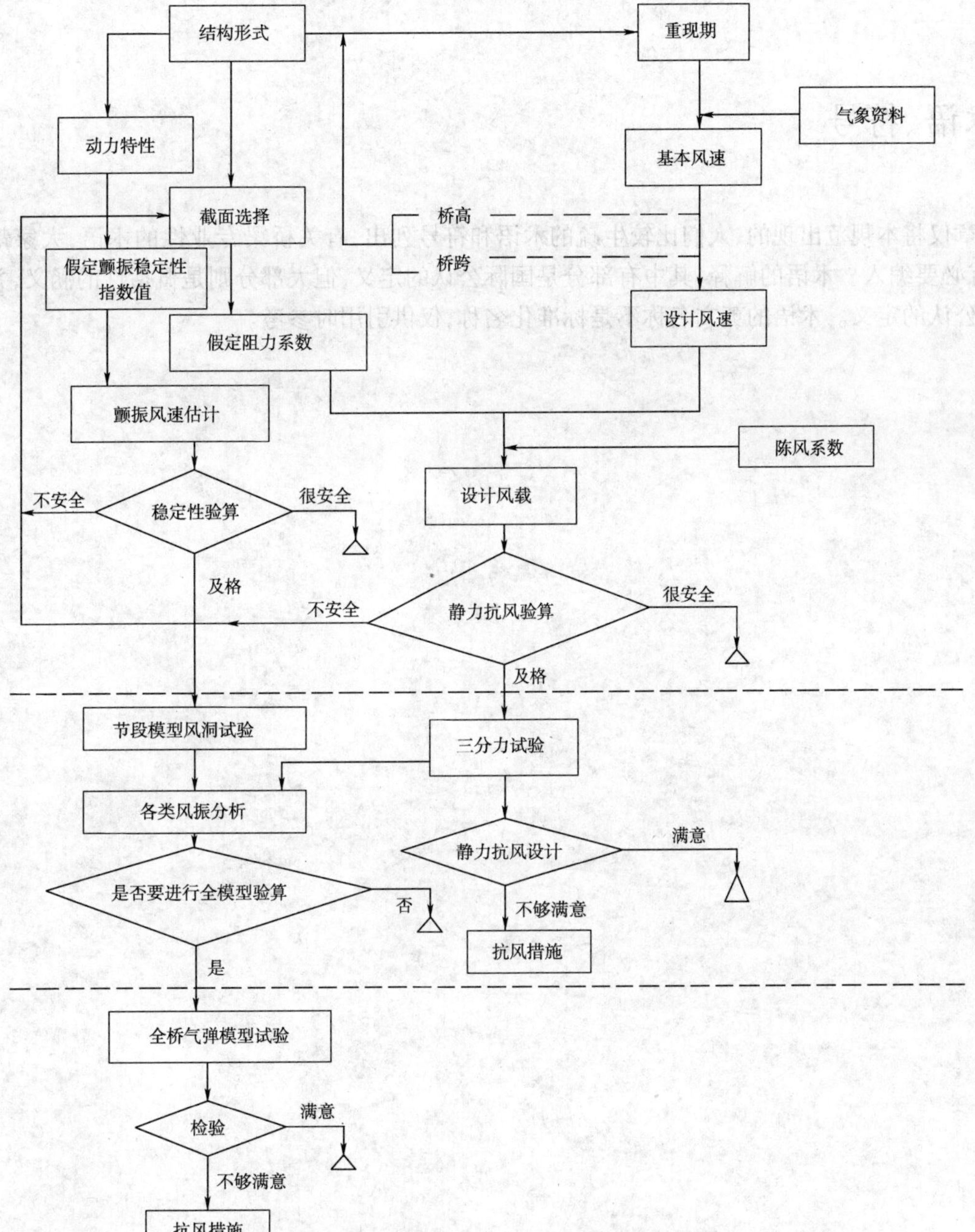

图 1-1　抗风设计流程

2 术语、符号

本章仅将本规范出现的、人们比较生疏的术语和符号列出，有关桥梁专业性的术语，大家都比较熟悉，没有必要编入。术语的解释，其中有部分是国际公认的定义，但大部分则是概括性的涵义，并非国际或国家公认的定义。术语的英文名称不是标准化名称，仅供引用时参考。

3 风速计算

3.1 基本风速

3.1.1 风是空气的流动,有重量,也有速度,自然会对构造物产生一定的压力,包括静的压力和动的压力,压力对长、大、轻、柔结构可能会产生影响到结构安全度的振动,从而可能使结构发生毁坏、产生疲劳或过大的变形或内力,这是抗风设计所要关心的。为此,首先要求了解并掌握风的特性。风的特性主要有平均风随高度的变化规律、平均风速方向对水平面的倾角(攻角)、脉动风速的强度大小、周期成分、空间相关特性等。表3-1所列出的是平常在气象预报中风的等级的有关定义和分类标准,但它对抗风设计而言,太粗糙了。

一般而言,在离开地面500~1000m以上的高空,风速已几乎不受地表面情况的影响。在离地面500m以内的范围一般称之为大气边界层,其间风速受到地理位置、地形条件、地面粗糙程度、高度、温度变化等因素的影响而随时间、空间不断变化。抗风设计前需要由桥址处的风速观测数据推算和确定桥梁的设计风速。但在大多数情况下,桥址处没有或缺少足够的风速观测资料,无法直接推算桥梁的设计风速值,需要通过间接的风速资料确定桥梁的设计风速。最容易获得的是桥梁所在地区的气象台站的风速资料。从数理统计的角度看,当样本有了一定规模数量时,能较合理可靠地确定风速的概率分布类型。由于我国气象台站采用的风速观测仪和观测记录的具体方法演变多次,故在做统计分析前,要求对得到的风速数据进行风速观测仪高度修正、时距换算等工作,以便得到目前统一的风速标准值:开阔平坦地面10m高度处的10min平均风速。风速的统计分析,使用最多的概率分布曲线是皮尔逊III型和极值I型分布。我国过去年极值的统计分布沿用前苏联的标准,按皮尔逊III型曲线来拟合;在美国,早就采用极值I型或II型来分析气象极值问题。采用极值I型或II型分布曲线,主要是因为极值分布在理论上比较合理,而且在数学处理上也比较方便。《公路工程结构可靠度设计统一标准》(GB/T 50283)和《公路桥涵设计通用规范》(JTG D60)对风速、风压也采用极值I型分布曲线,但此处对此不作强行规定。

《公路桥涵设计通用规范》(JTJ 021—89)中的全国基本风压图是按重现期100年考虑的,为了保持标准的连续性和完整性,以及与国内外有关标准的可比性,本规范的附录A中的全国基本风速分布图也是按重现期100年绘制的。对于有不同抗风要求的结构,在计人重现期系数后,可以采用不同重现期下的风速值。同样,考虑到少数特别重要或对抗风有特殊要求的桥梁结构,其重现期也可由100年转为按150年考虑,其时,基本风速宜增大50%。

表3-1 风的等级表

风力等级	海面情况 浪高(m)		海岸渔船征象	陆地地面物征象	相当风速		
	一般	最高			km/h	n mile/h	m/s
0	—	—	静	静、烟直上	<1	<1	0~0.2
1	0.1	0.1	寻常渔船略觉摇晃	烟能表示风向,但风向标不能转动	1~5	1~3	0.3~1.5
2	0.2	0.3	渔船张帆时,可随风移行2~3km/h	人面感觉有风,树叶有微响,风向标能转动	6~11	4~6	1.6~3.3

风力等级	海面情况 浪高(m)		海岸渔船征象	陆地地面物征象	相当风速		
	一般	最高			km/h	n mile/h	m/s
3	0.6	1.0	渔船渐觉簸动,随风移行5~6km/h	树叶及微枝摇动不息,旌旗展开	12~19	7~10	3.4~5.4
4	1.0	1.5	渔船满帆时倾于一方	能吹起地面灰尘和纸张,树的小枝摇动	20~28	11~16	5.5~7.9
5	2.0	2.5	渔船缩帆(即收去帆之一部)	有叶的小树摇摆,内陆的水面有小波	29~38	17~21	8.0~10.7
6	3.0	4.0	渔船加倍缩帆,捕鱼须注意风险	大树枝摇动,电线呼呼有声,举伞困难	39~49	22~27	10.8~13.8
7	4.0	5.5	渔船停泊港中,在海中者下锚	全树摇动,迎风步行感觉不便	50~61	28~33	13.9~17.1
8	5.5	7.5	近港的渔船皆停留不出	微枝折毁,人向前行,感觉阻力甚大	62~74	34~40	17.2~20.7
9	7.0	10.0	汽船航行困难	烟囱顶部及平瓦移动,小屋有损	75~88	41~47	20.8~24.4
10	9.0	12.5	汽船航行颇危险	陆上少见,见时可使树木拔起或将建筑物吹毁	89~102	48~55	24.5~28.4
11	11.5	16.0	汽船遇之极危险	陆上少见,有时必有重大损毁	103~117	56~63	28.5~32.6
12	14.0	—	海浪滔天	陆上绝见,其摧毁力极大	>117	>63	>32.6

3.1.2 本次规范编制,以我国657个基本台站1961年至1995年间自己记录的风速资料,以极值I型分布曲线进行拟合,将基准高度由20m高改为10m高,并考虑100年重现期,得到相应各气象台站百年一遇的最大风速值。同时考虑到标准中风压取值的历史延续性,对得到的结果作了适当的调整,以不致产生过大的波动,对其部分计算结果参照周围台站的情况予以适当的修正。

3.2 设计基准风速

3.2.1 风的竖直变化无论理论分析还是实际观测的结果,都是十分复杂的,它既受动力因素(如地面粗糙程度)的影响,又受热力因素(如大气的稳定度)的影响,至今尚不能完善地解决。目前,工程上普遍采用的风速随高度变化的公式是对数律公式或指数律公式,均是在中性大气稳定度条件下一种描述无热力影响的平均轮廓线公式。

1 对数律公式

$$V_{Z2}=V_{Z1}\frac{\ln(Z_2/z_0)}{\ln(Z_1/z_0)} \tag{3-1}$$

式中 V_{Z1}、V_{Z2}——Z_1 高度和 Z_2 高度处的风速(m/s);

z_0——地表粗糙高度(m)。

2 指数律公式

$$V_{Z2}=V_{Z1}\left(\frac{Z_2}{Z_1}\right)^{\alpha} \tag{3-2}$$

式中 α——粗糙度系数。

出于使用上的方便，目前大部分国家的规范均倾向采用指数律来描述风速度剖面，即统一以粗糙度系数 α 来区分地表分类。

3.2.2 在大气边界层内，风速随离地面高度而增大。风速随高度增大的规律，主要取决于地面粗糙度和温度垂直梯度。通常认为在离地面高度为 300～500m 时，风速不再受地面粗糙度的影响，也即达到所谓“梯度风速”，该高度称之为“梯度风高度”。地面粗糙等级低的地区，其梯度风高度比等级高的地区为低。

《建筑结构荷载规范》曾将地面粗糙度类别划分为三类，新修订的规范已改为四类。日本《道路桥耐风设计便览》将地面粗糙度等级划分为四类：

A 类：海上、海岸；

B 类：农地、田园、平坦开阔地；树木及低层建筑物稀少地区；

C 类：树木及低层建筑物等密集地区；中、高层建筑物稀少地区；平坦的丘陵地；

D 类：中、高层建筑物密集地区；起伏较大的丘陵地。

新修订的《建筑结构荷载规范》中地面粗糙度等级的划分为：

A 类：近海海面、海岛、海岸、湖岸及沙漠地区；

B 类：田野、乡村、丛林、丘陵以及房屋比较稀疏的乡镇和城市郊区；

C 类：有密集建筑群的城市市区；

D 类：有密集建筑群且房屋较高的城市市区。

本规范的分类是综合了上述二本规范的规定，结合公路桥梁的特点而确定的。各类地面粗糙度等级的粗糙度指数，参考某些规范的规定，分别取 0.12、0.16、0.22 和 0.30，梯度风高度分别给定为 300m、350m、400m 和 450m。

峡谷和山口一般是指两岸山高大于 1.5 倍谷宽、最大风速的方向与山谷所成的夹角不超过 22.5°，且沿峡谷、山谷的上风向距桥址 10 倍山高的范围内没有屏障。因两侧山高，气流受阻，在峡谷、山口处形成高风速区，通常风速增大 10%～20%，相应地风压增大 20%～40%。有条件时，应设风速观测站实地观测、分析。《建筑结构荷载规范》参照加拿大、澳大利亚和英国的有关规范以及欧洲钢结构协会 ECCS 的有关规定，对山峰和山坡上的建筑物，给出风速高度变化系数（见第 3.2.4 条说明）的修正系数予以考虑该因素的影响。

3.2.5 根据地面粗糙指数及梯度风高度即可得出风速高度变化系数计算公式（3.2.5-1）～（3.2.5-4），经计算可得到表 3.2.5。应注意的是，上述公式和表内值考虑了海拔高度带来的空气密度不同的影响。由于我国南北气候差异大，大风的形成条件往往不同于同一类天气系统类型，风速随高度变化的特征也不相同。

我国在 20 世纪 70 年代以后曾进行过一系列梯度风的观测工作，如武汉城市外的阳逻过江输电铁塔（高 146m）、广州电视塔（高 180m）、北京气象塔（高 320m）、上海电视塔（高 186m）、南京八卦洲过江铁塔（高 164m）、广东茂名铁塔（高 124m）及天津气象铁塔、内蒙古锡林浩特气象塔（高 118m）和北京八达岭外西拨子气象塔（高 100m）梯度风观测以及辽宁、广东等地零星的梯度风观测，从这些观测的地点看，主要反映了城市、市郊、小起伏丘陵地区及部分近海地区的近地风随高度的变化情况。第一类属大城市，据 20 世纪 80 年代测得结果，α 值在上海是 0.30，广州为 0.25。α 值随风速大小而变，如上海 α 值的变化幅度从0.233～0.403，大风时的平均值为 0.28。另一类是城郊平坦地形，武汉阳逻，平均 α 值为 0.19，南京八卦洲为 0.23，大风时的 α 值，阳逻为 0.13～0.16，八卦洲为 0.15。第三类为小起伏丘陵地区，如内蒙古锡林浩特和北京八达岭西拨子，平均 α 值在锡林浩特为 0.23，八达岭为 0.19；大风时的 α 值，在锡林浩特为 0.12～0.16，八达岭为 0.17。

同时，应注意，对于台风活动频繁的沿海地区，观测结果表明，台风大风风速的垂直梯度远大于其他天气系统的大风垂直梯度，据我国一些观测资料，台风大风时的指数 α 值，上海 0.28，广东茂名 0.31，南京 0.22（其他大风 α 值约为 0.16 左右）。造成上述现象的原因可能与台风大风的湍流度有关，台风中风的阵性比较大，其湍流强度大于其他类型大风的湍流强度。因此，对于台风影响频繁地区，应适当考虑增大风压高度变化系数。

日本明石海峡大桥，横跨海洋，在《明石海峡大桥耐风设计要领·同解说》中，取 $K_1=(Z/10)^{1/8}$。日本《耐风设计基准(1976)·同解说》中 $K_1=(Z/10)^{1/7}$。此处的 K_1 均未考虑空气密度变化的影响。1991 年出版的日本《道路桥耐风设计便览》中采用了针对不同的地面粗糙度的表列方式，见表 3-2。我国以往编制的《公路桥梁抗风设计指南》的表 3.3.3 即取自日本的该便览。英国 BS5400《钢桥、混凝土桥及结合桥》采用的是阵风系数，同时考虑构造物在地面以上的高度和风在结构或构件上的水平加载长度的影响，结果见表3-3。当结构附近有许多一般高度的风障时，规定对阵风系数予以折减，如在地面以上 10m 高度，折减系数为 0.80；在地面以上 20m 时，折减系数为 0.90；超过 20m 以后，不再进一步的折减。

表 3-2　修 正 系 数 K_1

地表粗糙度类别高度(m)	A	B	C	D	地表粗糙度类别高度(m)	A	B	C	D
$0<Z\leqslant5$	1.11	1.00	0.83	0.75	$80<Z\leqslant90$	1.55	1.41	1.22	1.02
$5<Z\leqslant10$	1.16	1.00	0.83	0.75	$90<Z\leqslant100$	1.57	1.43	1.25	1.06
$10<Z\leqslant15$	1.24	1.04	0.83	0.75	$100<Z\leqslant110$	1.59	1.46	1.27	1.09
$15<Z\leqslant20$	1.29	1.09	0.85	0.75	$110<Z\leqslant120$	1.61	1.48	1.30	1.12
$20<Z\leqslant25$	1.33	1.14	0.90	0.75	$120<Z\leqslant130$	1.62	1.50	1.32	1.14
$25<Z\leqslant30$	1.36	1.18	0.94	0.75	$130<Z\leqslant140$	1.64	1.52	1.35	1.17
$30<Z\leqslant35$	1.39	1.21	0.98	0.77	$140<Z\leqslant150$	1.65	1.53	1.37	1.20
$35<Z\leqslant40$	1.41	1.24	1.01	0.80	$150<Z\leqslant160$	1.67	1.55	1.39	1.22
$40<Z\leqslant45$	1.43	1.26	1.04	0.83	$160<Z\leqslant170$	1.68	1.57	1.41	1.24
$45<Z\leqslant50$	1.45	1.28	1.07	0.86	$170<Z\leqslant180$	1.69	1.58	1.43	1.26
$50<Z\leqslant60$	1.47	1.31	1.11	0.90	$180<Z\leqslant190$	1.70	1.60	1.44	1.29
$60<Z\leqslant70$	1.50	1.35	1.15	0.94	$190<Z\leqslant200$	1.71	1.61	1.46	1.31
$70<Z\leqslant80$	1.53	1.38	1.18	0.98					

表 3-3　阵风系数 S_2 及小时风速系数 K_2

地面以上高度(m)	阵风系数 S_2，水平风载长度(m)									小时风速系数 K_2
	≤20	40	60	100	200	400	600	1000	2000	
5	1.47	1.43	1.40	1.35	1.27	1.19	1.15	1.10	1.06	0.89
10	1.56	1.53	1.49	1.45	1.37	1.29	1.25	1.21	1.16	1.00
15	1.62	1.59	1.56	1.51	1.43	1.35	1.31	1.27	1.23	1.07
20	1.66	1.63	1.60	1.56	1.48	1.40	1.36	1.32	1.28	1.13
30	1.73	1.70	1.67	1.63	1.56	1.48	1.44	1.40	1.35	1.21
40	1.77	1.74	1.72	1.68	1.61	1.54	1.50	1.46	1.41	1.27
50	1.81	1.78	1.76	1.72	1.66	1.59	1.55	1.51	1.46	1.32
60	1.84	1.81	1.79	1.76	1.69	1.62	1.58	1.54	1.50	1.36
80	1.88	1.86	1.84	1.81	1.74	1.63	1.64	1.60	1.56	1.42
100	1.92	1.90	1.88	1.84	1.78	1.72	1.68	1.65	1.60	1.48
150	1.99	1.97	1.95	1.92	1.86	1.80	1.77	1.74	1.70	1.59
200	2.04	2.02	2.01	1.98	1.92	1.87	1.84	1.80	1.77	1.66

《美国公路桥梁设计规范—荷载与抗力系数设计法》规定，对于距地面或水面以上超过 10m 高度处

的桥梁结构或其构件，其设计基准风速按下式计算：

$$V_{dt}=2.5V_0\left(\frac{V_{10}}{V_B}\right)\ln\left(\frac{Z}{Z_0}\right) \tag{3-3}$$

式中 V_B——基本风速，取44.4 m/s；

V_{10}——距地面或水面以上10m高速处的风速；

Z_0——迎风行程的摩擦长度，见表3-4；

V_0——摩擦速度，对各种迎风面特性规定的一个气象学的风特征，如表3-4；

Z——构造物离地面的高度(m)。

当缺乏更好的资料(数据)时，可取 $V_B=V_0$。

表3-4 各种迎风面条件下的 V_0 和 Z_0

条件	开阔乡间	郊区	城市
V_0(m/s)	3.67	4.22	5.39
Z_0(m)	70	300	800

对于山区的构造物，《建筑结构荷载规范》规定应考虑地形条件的修正。

1 对于山峰和山坡，其顶部 B 处的修正系数为：

$$\eta=\left[1+k\tan\alpha\left(1-\frac{Z}{2.5H}\right)\right]^2 \tag{3-4}$$

式中 $\tan\alpha$——山峰或山坡在迎风面一侧的坡度，当 $\tan\alpha>0.3$ 时，取 $\tan\alpha=0.3$；

k——系数，对山峰取 $k=3.2$，对山坡取 $k=1.4$；

H——山顶或山坡全高(m)。

当 $Z>2.5H$ 时，取 $Z=2.5H$。

对于山峰和山坡的其他部位，可以按图3-1考虑，取 A、C 处的修正系数为1，AB 和 BC 间的修正系数按线性内插得到。

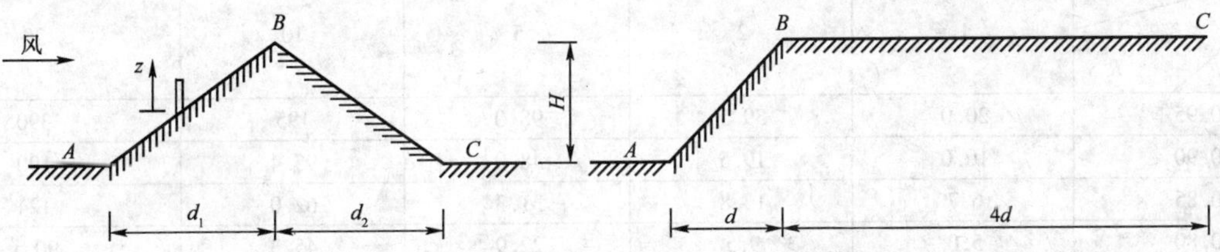

图3-1 山峰和山坡示意

2 对于与风向一致的谷口、山口，$\eta=1.20\sim1.50$。

3.2.6 当桥位处风速观测数据不充分，欲利用桥位处与附近气象台站的风速观测数据的相关性求设计基准风速时，应注意必须选取两者相关性较强的较高风速(如6级以上大风)进行相关分析，否则可能会产生较大误差。

前面定义的基本风速不是以桥址区的风速定义的，而是以包括桥址在内的气象台站所辖的较大范围地区的代表性地貌(即开阔平坦地面)的风速定义的。仅当桥址处于开阔平坦地区时，基本风速才代表桥址处风速。对于重要的大跨径桥梁，特别是沿海等风速较大的影响区内的桥梁，抗风设计可能是控制桥梁设计的控制因素，为了更正确地评估桥址区的风特性及其对桥梁结构的影响，应该在规划初期即设立桥址区风速观测站以获得必要的风速资料。一般而言，观测时段在一年以上时方可获得比较有规律的风速资料或最大风速值，并可作统计分析。经统计分析得到的年极值风速应该与附近气象台站的风速资料的分析结果进行校验，并求得相关关系。

对于台风多发地区，应适当考虑台风的影响，否则其结果偏于不安全。

3.2.7 当桥梁跨越较窄的海峡或峡谷等不易确定地表类别的特殊地形时，其风况有可能与附近地表处的风况有较大的不同，地表的粗糙度类别也不能简单地划归为4类之一，这时，可通过模拟地形的风洞试验、实地建立风速观测站进行实地风速观测或参照有关风速资料确定桥梁设计风速，以使得到的风速真正反映桥址处的风的实际状况。

3.3 施工阶段的设计风速

3.3.1～3.3.2 对于施工阶段的桥梁,应采用不同的重现期系数,以体现不同的结构安全度标准,根据欧洲 ECCS 规定和我国各地风压资料统计平均得出的比值,若以 100 年重现期为标准,则不同重现期的风压比值 $\mu=0.305\lg T_0+0.389$,T_0 为重现期(年)。

按上式可以计算出不同重现期的风压比值,进而得到风速重现期系数 η。

对于成桥状态,重现期为 100 年,而大桥的设计基准期也为 100 年,二者一致,其保证率为 99%,即在大桥的设计基准期内,不超过设计基准风速的概率为 0.99,超过设计基准风速的概率为 0.01。

日本本州四国连络桥的抗风设计基准,规定施工阶段的设计风速为成桥状态的 0.7,相当于重现期为 2 年左右。在日本《耐风设计基准(1976)·同解说》中规定,对应于重现期为 150 年的设计基准期,施工阶段的重现期按 5 年考虑,其时,风速比约为 0.66,而风荷载的相对比值为 $0.66^2=0.436$,而实际规定施工阶段的风荷载取成桥状态的 0.5 倍。同时,对某些桥梁,还应作适当的抗风稳定性检算和风洞试验对此予以确认。

明石海峡大桥的重现期取为 150 年,其采用的风速比与施工年限的关系式为:

$$V_R/V_{150}=0.505-0.099\ln\{\ln[R/(R-1)]\} \tag{3-5}$$

式中 R——施工年限(年)。

假定明石海峡大桥的施工年限为 5 年和不超过设计基准风速的概率为 $P=0.8$,则由 $P=(1-1/R)^T$ 或表 3-5 可求得重现期为 22.9 年,代入前面的公式求得风速比为 0.81,明石海峡大桥的基本风速为 46m/s,而其施工阶段的基本风速为 46×0.81=37m/s。

表 3-5 不超过的概率 P 与施工年限 T 和重现期 R 的关系

P \ T (R)	1	2	5	10	20
0.95	20.0	39.5	98.0	195	390
0.90	10.0	19.5	48.0	95.4	190
0.85	6.7	12.8	31.3	62.0	124
0.80	5.0	9.5	22.9	45.3	90.1
0.70	3.5	6.1	14.5	28.5	56.6
0.60	2.5	4.4	10.3	20.1	39.7
0.50	2.0	3.4	7.7	14.9	29.4

4 风荷载计算

4.1 一般规定

4.1.1 桥梁是处于大气边界层内的结构物，由于受到地理位置、地形条件、地面粗糙程度、离地面（或水面）高度、外部温度变化等诸多因素的影响，作用于桥梁结构上的风荷载是随时间和空间不断变化的。从工程抗风设计的角度考虑，可以把自然风分解为不随时间变化的平均风和随时间变化的脉动风的叠加，分别确定它们对桥梁结构的作用。

对于桥梁结构来说，风荷载一般由三部分组成：一是平均风的作用；二是脉动风的背景脉动；三是由脉动风诱发抖振而产生的惯性力作用，它是脉动风谱和结构频率相近部分发生的共振响应。在本规范中将平均风作用和风的背景脉动两部分合并，总的响应和平均风响应之比称为静阵风系数 G_V，它是和地面粗糙程度、离地面（或水面）高度以及水平加载长度相关的系数。桥梁的横桥向风荷载是指风垂直于桥轴线作用时的风荷载；顺桥向风荷载是指风沿桥轴线方向作用时的风荷载，此时只需按静阵风荷载计算。作用在主梁上的竖向力和扭转力矩主要由风致振动产生的结构惯性力构成。

在进行桥梁的静力风荷载作用计算时，可仅考虑第 4.3 节中给出的静阵风荷载。

4.1.3 当经过桥梁的风速达到一定数值后，就需对桥上的交通实行交通管制，甚至临时性地封闭交通。因此，在汽车荷载与风荷载参与组合时，均应考虑对最大风速的限制。目前国外的有关规定的规定值一般在 25～35m/s 之间（如英国 BS5400 为 35m/s，日本的《耐风设计基准·同解说》为 30m/s），本规范现采用其他规范的较低值。

4.2 静阵风风速

4.2.1 本规范采用“静阵风”荷载概念，静阵风荷载定义为由静阵风风速算出的风荷载。静阵风风速则在 10min 平均风速的基础上乘以一个阵风系数 G_V 得到，使静阵风荷载中包括了平均风载和脉动风的背景响应二部分的综合效应，因此，在 G_V 的计算中应当考虑风的空间相关性、不同地表粗糙度、不同桥梁基准高度的影响。

对如图 4-1 所示水平方向的结构物（桥梁主梁），在 x 处，时间 t 时，单位长度所受风压为：

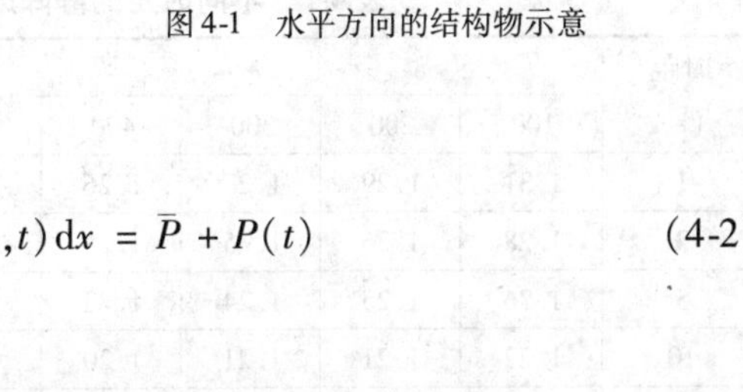

$$P(x,t)=\frac{1}{2}\rho C_H B(V+v(x,t))^2=\bar{P}+\frac{2\bar{P}}{V}v(x,t) \tag{4-1}$$

图 4-1 水平方向的结构物示意

则主梁上的总压力为：

$$P_{t0}=\int_0^l P(x,t)\mathrm{d}x=\bar{P}+\int_0^l \frac{2\bar{P}}{V}v(x,t)\mathrm{d}x=\bar{P}+P(t) \tag{4-2}$$

$P(t)$ 为脉动风压。而：

$$S_p(n)=\left(\frac{2\bar{P}}{V}\right)^2|J_H(n)|^2 S_u(n) \tag{4-3}$$

式中 $S_p(n)$——脉动风压 $P(t)$ 的谱密度函数；

$S_u(n)$——脉动风速的谱密度函数；

$|J_H(n)|^2$——水平联合接受函数，表达式为：

$$|J_H(n)|^2 = \frac{1}{l^2}\int_0^l\int_0^l e^{\frac{-K_1 n}{U}|x_1-x_2|}\,\mathrm{d}x_1\mathrm{d}x_2 \tag{4-4}$$

K_1 为脉动风的相关系数。于是脉动风压的根方差为：

$$\sigma_p = \left(\int_0^\infty S_p(n)\,\mathrm{d}n\right)^{\frac{1}{2}} \tag{4-5}$$

按 Davenport 理论,则最大风压的期望值为：

$$E[P_{t0,\max}] = \bar{P} + g\sigma_p \tag{4-6}$$

$$g = \sqrt{2\ln(vT)} + \frac{0.5772}{\sqrt{2\ln(vT)}} \tag{4-7}$$

$$v = \left[\int_0^\infty n^2 S_p(n)\,\mathrm{d}n\right]^{\frac{1}{2}} / \sigma_p \tag{4-8}$$

于是可得到静阵风风压系数,即为最大风压期望值和 10min 平均风压值之比：

$$G_P = \frac{E[P_{t0,\max}]}{\bar{P}} = 1 + g\cdot\sigma_p/\bar{P} \tag{4-9}$$

静阵风风速系数为：

$$G_V = \frac{V_g}{V_Z} = \sqrt{G_P} \tag{4-10}$$

通过以下方法可以得到不同时距的静阵风系数 G_V。由于 $v(t)$ 的预期最大值是一系列测量的结果,观测的有限时间 T 和记录装置的有限反应时间 τ 限制了实际的谱 $S_u(n)$,变成一个谱窗口,低频被 T 截短,高频依赖于 τ。由于平均风的时距 T 一般为 10min,前者实际是无关的,而后者可通过用在短暂时距 τ 内平均预期最大值代替瞬时预期最大值来考虑。

在有限反应时间 τ 内的平均最大风速可用以下公式得到：

$$V_g(\tau) = G_V(\tau)\cdot V \tag{4-11}$$

$$G_V(\tau) = \sqrt{1 + g(\tau)\cdot\sigma_p(\tau)/\bar{P}} \tag{4-12}$$

式中　$g(\tau)$、$\sigma_p(\tau)$ 可按上式计算,但其中脉动风速的谱密度函数 $S_u(n)$ 须用下式代替。

$$S_u(n,\tau) = S_u(n)\chi(n,\tau) \tag{4-13}$$

$$\chi(n,\tau) = \sin^2(\pi n\tau)/(\pi n\pi)^2 \qquad (\text{当 } n\pi\tau = 0 \text{ 时 } \chi = 1) \tag{4-14}$$

本规范根据 Kaimal 水平风谱,计算了不同基本风速、不同地表粗糙度类别和几种相关系数以及不同桥面高度的静阵风系数。计算表明,对同类地表,静阵风系数随基本风速变化较小,随桥面高度虽有变化,但亦很小;随水平相关系数的变化亦不大,但地表类别变化影响较大。表 4-1 为不同时距的静阵风系数。表 4-2 和 4-3 分别为不同高度和不同平均风速的计算结果。

由于静阵风荷载是等效平均风作用和风的背景脉动形成的,其时距系数应取为 1~3s。对一般大跨径桥梁,桥梁高度一般在 30~70 m 之间,基本风速一般在 20~50 m/s 之间,因而建议采用时距为 1s,基本风速为 40 m/s,桥面高度为 40 m,水平相关系数偏安全地取为 7 时的结果,如表 4-4 所示。

表 4-1　不同时距的静阵风系数(40m 高度,40m/s 基本风速,B 类风场)

时距	水平加载长度(m)											
(s)	100	200	300	400	500	650	800	1000	1200	1500	1800	2100
1	1.31	1.29	1.27	1.26	1.25	1.24	1.23	1.22	1.21	1.20	1.19	1.18
3	1.28	1.26	1.25	1.24	1.23	1.22	1.21	1.20	1.20	1.19	1.18	1.17
5	1.26	1.25	1.24	1.23	1.22	1.21	1.20	1.19	1.19	1.18	1.17	1.16
10	1.22	1.21	1.21	1.20	1.20	1.19	1.18	1.18	1.17	1.16	1.15	1.15
20	1.18	1.18	1.17	1.17	1.16	1.16	1.15	1.15	1.14	1.14	1.13	1.13
30	1.16	1.15	1.15	1.14	1.14	1.14	1.14	1.13	1.13	1.12	1.12	1.12
60	1.11	1.11	1.11	1.11	1.11	1.10	1.10	1.10	1.10	1.09	1.09	1.09
180	1.06	1.06	1.06	1.06	1.06	1.06	1.06	1.06	1.06	1.05	1.05	1.05
300	1.04	1.04	1.04	1.04	1.04	1.04	1.04	1.04	1.04	1.04	1.04	1.04

表 4-2　静阵风系数(40m/s 基本风速,B 类风场,$\tau=1$s,主梁高度变化)

高度(m)	水平加载长度(m)											
	100	200	300	400	500	650	800	1000	1200	1500	1800	2100
20	1.32	1.30	1.28	1.26	1.25	1.24	1.22	1.21	1.20	1.19	1.18	1.17
40	1.31	1.29	1.27	1.26	1.25	1.24	1.23	1.22	1.21	1.20	1.19	1.18
60	1.30	1.28	1.27	1.26	1.25	1.24	1.23	1.22	1.21	1.20	1.19	1.19
80	1.30	1.28	1.27	1.26	1.25	1.24	1.23	1.22	1.21	1.20	1.20	1.19

表 4-3　静阵风系数(40m 高度,B 类风场,$\tau=1$s,基本风速变化)

基本风速(km/h)	水平加载长度(m)											
	100	200	300	400	500	650	800	1000	1200	1500	1800	2100
20	1.30	1.28	1.26	1.25	1.24	1.23	1.22	1.21	1.20	1.19	1.18	1.17
30	1.31	1.28	1.27	1.26	1.25	1.23	1.22	1.21	1.20	1.19	1.19	1.18
40	1.31	1.29	1.27	1.26	1.25	1.24	1.23	1.22	1.21	1.20	1.19	1.18
50	1.31	1.29	1.28	1.26	1.25	1.24	1.23	1.22	1.21	1.20	1.19	1.19

表 4-4　静阵风系数 G_V 取值

地表类别	水平加载长度(m)													
	<20	60	100	200	300	400	500	650	800	1000	1200	1500	1800	2100
A	1.29	1.28	1.26	1.24	1.23	1.22	1.21	1.20	1.19	1.18	1.17	1.16	1.16	1.15
B	1.35	1.33	1.31	1.29	1.27	1.26	1.25	1.24	1.23	1.22	1.21	1.20	1.19	1.18
C	1.49	1.48	1.45	1.41	1.39	1.37	1.36	1.34	1.33	1.31	1.30	1.29	1.27	1.26
D	1.56	1.54	1.51	1.47	1.44	1.42	1.41	1.39	1.37	1.35	1.34	1.32	1.31	1.30

4.3　主梁上的静阵风荷载

4.3.1　本规范仅给出了顺风向的风荷载,未给出横风向和扭转力矩的表达式。作用在大跨桥梁断面上的竖向力(升力)和扭转力矩一般由平均风作用下的静力和抖振惯性力组成,且惯性力部分是主要的,只能通过风洞试验和详细的抖振响应分析得到。

作用在主梁单位长度上的静力风荷载按图 4-2 所示的坐标系(即体轴)三个方向的平均风荷载表达式为:

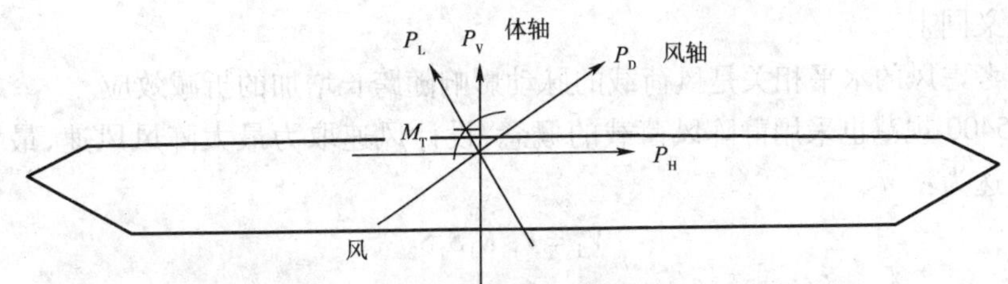

图 4-2　风轴与体轴坐标系及其气动力的方向

横向风载:

$$P_H=\frac{1}{2}\rho V_d^2 C_H H \tag{4-15}$$

竖向风载:

$$P_V=\frac{1}{2}\rho V_d^2 C_V B \tag{4-16}$$

扭转力矩：

$$M = \frac{1}{2}\rho V_d^2 C_M B^2 \tag{4-17}$$

式中 C_H、C_V、C_M——主梁体轴各方向的横向力系数、竖向力(升力)系数、扭转力矩系数；

H、B——分别为主梁的高度和宽度(m)。

为了便于理解规范中有关风荷载的规定，下面列出国内外部分规范中有关风荷载的规定，供参考。

1 在我国1989年版《公路桥涵设计通用规范》(JTJ 021—89)中，定义横向设计风压为：

$$W = K_1 K_2 K_3 K_4 W_0 \tag{4-18}$$

式中 W_0——基本风压，是基于设计基本风速得到的，$W_0 = \frac{1}{1.6}V_{20}^2$，在该规范中设计基本风速定义为平坦开阔地面离地面20m高度处，100年重现期的10min平均最大风速；

K_1——表征桥梁重要程度的重现期系数；

K_2——风载体型系数；

K_3——风压高度变化系数；

K_4——地形、地理条件系数。

该公式把风的作用仅仅当作静力作用考虑，而没有计入脉动风的影响，是偏于不安全的。

2 日本《道路桥耐风设计便览》适用于跨径小于200m的桥梁。其设计风速和设计风荷载定义为：

$$V_d = E_1 V_{10} \tag{4-19}$$

$$P = \frac{1}{2}\rho V_d^2 C_H G_V A_n \tag{4-20}$$

式中 ρ——空气密度；

E_1——高度及地表粗糙度修正系数；

C_H——桥面阻力系数；

A_n——桥梁顺风向投影面积；

G_V——阵风响应系数，$G_V = 1.9$，是一个常数。

在上式中，引入了阵风响应系数，体现了风的紊流成分的影响，但没有考虑风的空间相关，对跨径小于200 m的桥梁是可以适用的。

3 在日本《本州四国联络桥耐风设计指南》中，大跨度桥梁的设计风速和设计风荷载分别表达为：

$$V_d = V_{10} v_1 v_2 \tag{4-21}$$

$$P_d = \frac{1}{2}\rho V_d^2 v_4 C_H A_n \tag{4-22}$$

式中 v_1——高度修正系数；

v_2——水平长度阵风修正系数；

v_4——动力效应风载修正系数。

其余参数意义同上。

该式反映了考虑风的水平相关是风荷载的脉动影响随跨长增加的折减效应。

4 英国BS5400规范也采用静阵风荷载的概念，设计风速取为最大阵风风速，最大阵风风速与设计风荷载分别表达为：

$$V_d = V_{10} K_1 S_1 S_2 \tag{4-23}$$

$$P_d = \frac{1}{2}\rho V_d^2 C_H A_n \tag{4-24}$$

式中 K_1——重现期系数；

S_1——穿谷系数；

S_2——阵风系数。

5 美国《公路桥梁设计规范—LRFD》中设计风速与设计风荷载分别表达为：

$$V_{\mathrm{d}}=\sqrt{2}\left(\frac{Z}{30}\right)^{0.1}V_{\mathrm{mm}} \tag{4-25}$$

$$P_{\mathrm{d}}=\frac{1}{2}\rho V_{\mathrm{d}}^{2}C_{\mathrm{H}}A_{\mathrm{n}} \tag{4-26}$$

式中　Z——高度(ft)；

V_{mm}——小时平均风速，$V_{\mathrm{mm}}=0.8V_{30}$；

V_{30}——30ft(相当于10m)高度处的最大风速。

在本次编写的抗风规范中，对横桥向风作用下顺风向的风荷载，将作用在桥墩(塔)、主缆、斜拉索上的风荷载和作用在主梁上的风荷载分开处理。除主梁外，作用在桥梁各构件单位长度上的风荷载仅考虑各构件不同基准高度上的静阵风荷载，而主梁除考虑静阵风荷载外，还需考虑抖振惯性力。对于成桥状态，主梁上的惯性荷载在桥塔中产生的内力与等效静阵风荷载相比较小，在计算桥塔中的内力时，可以将其忽略。

4.4　墩、塔、吊杆、斜拉索和主缆上的风荷载

4.4.1～4.4.5　除主梁以外的桥梁其他构件上的风荷载一般仅考虑风作用方向上的阻力作用。本规范给出了一些典型断面的阻力系数数值，对复杂的断面形状以及当桥梁的风荷载控制设计时建议通过风洞试验测定和数值模拟技术计算。对斜拉索，当不采用气动措施时，可取为0.7，若采用如缠绕螺旋线的气动措施时，可取为0.8。

4.5　施工阶段的风荷载

4.5.1　对悬臂施工的桥梁，在最长双悬臂状态，除了按第4.4节中的规定施加风荷载外，可按本条的规定进行不对称加载，计算桥墩或桥塔根部的扭转力矩。

4.5.2　对悬臂施工中的大跨径桥梁，由风致振动产生的惯性荷载有时是控制因素，一般可根据具体情况通过风洞测定风荷载。

5　桥梁的动力特性

5.1　一般规定

5.1.1　为精确得到桥梁的自振频率和相应的振型，一般应使用有限元方法进行详细的分析。本规范给出的斜拉桥和悬索桥的竖向和扭转频率的计算公式是经过统计分析得到的,非精确计算公式,原则上仅适用于桥梁的初步设计阶段或技术设计阶段,或用于总体判断或校核。

进行结构动力特性分析时,一般采用空间有限元动力分析程序。塔墩和主梁可离散为三维梁单元,斜拉桥或悬索桥的索可离散为杆单元,但要计入初始恒载轴力的几何刚度。

对主梁为闭口箱形梁的斜拉桥或悬索桥，可采用单脊梁式模型(图5-1a)；对主梁为开口的分离式边梁的斜拉桥应采用三梁式模型进行动力特性计算(图5-1b)。其刚度和质量按下列原则等效：

1　主梁面积 A 和侧向抗弯刚度 I_y 全部集中于中梁，即

$$\begin{aligned} A_2 &= I_{y2} = 0 \\ A_1 &= A, I_{y1} = I_y \end{aligned} \tag{5-1}$$

2　主梁竖向抗弯刚度的分配应使边主梁的竖向刚度提供所需的约束扭转刚度 I_ω,即

$$\begin{aligned} I_{x1} + 2I_{x2} &= I_x \\ 2I_{x2}b^2 &= I_\omega \end{aligned} \tag{5-2}$$

3　开口断面的自由扭转刚度较小,可以自由地分配给三根梁,但要保持左右的对称性。

4　全部质量和质量惯性矩可集中在中梁上,也可以分配给三根梁,由边主梁的质量提供所需的质量惯矩，即

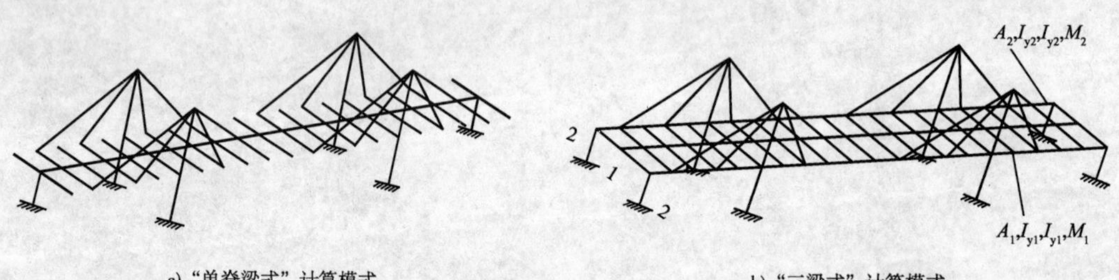

a)"单脊梁式"计算模式　　b)"三梁式"计算模式

图5-1　有限元计算模式

$$\begin{aligned} M_1 + 2M_2 &= M \\ 2M_2b^2 &= I_m \end{aligned} \tag{5-3}$$

5.2　斜拉桥的基频估算

5.2.1～5.2.2　斜拉桥的形式较多,要得到精度高且使用方便的基频计算公式比较困难。在对已建成的斜拉桥的基频进行统计后,本规范给出了具有两个桥塔的斜拉桥的一阶竖向弯曲和一阶对称扭转的经验公式。

表5.2.2中的开口指板梁式截面,半开口指分离箱截面,闭口指封闭的箱形梁截面。

5.3 悬索桥的基频估算

5.3.1～5.3.2 根据悬索桥的振动方程，可得到悬索桥的一阶反对称弯曲频率的解析式：

$$f_{\mathrm{b}}=\frac{1}{L}\sqrt{\frac{EI\left(\frac{2\pi}{L}\right)^{2}+2H_{\mathrm{g}}}{m}} \tag{5-4}$$

式中 L——悬索桥的主跨跨径(m)；

EI——加劲梁竖弯刚度($\mathrm{N\cdot m^2}$)；

H_{g}——恒荷载作用下单根主缆的水平拉力(N)；

m——桥面和主缆的单位长度质量(kg/m)，$m=m_{\mathrm{d}}+2m_{\mathrm{c}}$；

m_{d}——桥面单位长度质量(kg/m)；

m_{c}——单根主缆单位长度质量(kg/m)。

在一般情况下，式(5-4)中的 $EI\left(\frac{2\pi}{L}\right)^{2}$ 比 $2H_{\mathrm{g}}$ 要小一个数量级，若近似取 $EI\left(\frac{2\pi}{L}\right)^{2}=0.2H_{\mathrm{g}}$，考虑到 $H_{\mathrm{g}}=\frac{mgL^{2}}{16f}$，则：

$$f_{\mathrm{b}}=\frac{1}{L}\sqrt{\frac{EI\left(\frac{2\pi}{L}\right)^{2}+2H_{\mathrm{g}}}{m}}=\frac{1}{L}\sqrt{\frac{2.2H_{\mathrm{g}}}{m}}=\sqrt{\frac{2.2g}{16f}}=\frac{1.16}{\sqrt{f}} \tag{5-5}$$

5.3.3 使用瑞雷法，可得到如下悬索桥的一阶对称竖向弯曲频率计算公式：

$$f_{\mathrm{b}}=\frac{1}{2\pi}\sqrt{\frac{EI\left(\frac{120}{L^{4}}\right)+H_{\mathrm{g}}\left(\frac{20}{L^{2}}\right)+\frac{E_{\mathrm{c}}A_{\mathrm{c}}}{L_{\mathrm{E}}}\frac{10}{6}\left(\frac{8f}{L^{2}}\right)^{2}L}{m}} \tag{5-6}$$

$$L_{\mathrm{E}}=\int_{s}\frac{\mathrm{d}x}{\cos^{3}\alpha}$$

式中 α——索的水平倾角。

式(5-6)中的第一、二项比最后一项一般小1～2个数量级，估算时可以忽略不计，一般地说，$f/L\approx0.1$，$L_{\mathrm{E}}\approx2L$，于是有：

$$f_{\mathrm{b}}=\frac{0.1}{L}\sqrt{\frac{E_{\mathrm{c}}A_{\mathrm{c}}}{m}} \tag{5-7}$$

5.3.4 本条文给出的是悬索桥的一阶反对称扭转的解析式，当主梁为闭口箱梁时，可以忽略约束扭转刚度项。

5.3.5 使用瑞雷法，可以得到悬索桥的一阶对称扭转频率为：

$$f_{\mathrm{t}}=\frac{1}{2L}\sqrt{\frac{GI_{\mathrm{d}}+\frac{1}{8}H_{\mathrm{g}}B_{\mathrm{c}}^{2}+E_{\mathrm{c}}A_{\mathrm{c}}\left(\frac{8fB_{\mathrm{c}}}{\pi L}\right)^{2}\frac{L}{L_{\mathrm{E}}}}{m_{\mathrm{d}}r+m_{\mathrm{c}}\frac{B_{\mathrm{c}}^{2}}{2}}} \tag{5-8}$$

注意到上式中的第二项比其他两项要小一个数量级，略去。取 $f/L\approx0.1$，$L_{E}\approx2L$，可得到本条文公式。

5.4 桥梁结构的阻尼比

5.4.1 桥梁的阻尼是确定桥梁振动特性的重要动力参数之一。阻尼消耗能量，使振动衰减，对桥梁的安全是有利的。阻尼的大小直接关系到桥梁在动荷载作用下振动的强弱。因此研究桥梁的阻尼规律是提高桥梁动力计算精确度的关键之一。到目前为止,还没有一种被广泛接受的用来估算桥梁结构阻尼比的方法,阻尼的估算主要基于实际的测量。同时,阻尼比的测量值分散性很大。测量值随测量方法、振动幅度、结构材料、地基基础类型、结构形式、连接类型、非结构部件数量等因素而变化。本条文所给的数值为统计平均值。同济大学曾对我国 20 世纪 90 年代建造的几座斜拉桥和虎门悬索桥进行过现场测试,图 5-2 和图 5-3 分别为结合梁斜拉桥和混凝土斜拉桥的模态阻尼比与固有频率的关系。图 5-4 为模态阻尼比与跨径的关系，可以看出,模态阻尼比随跨径增加而降低，对混凝土斜拉桥，当跨径大于 400m 时，建议取为 0.01。

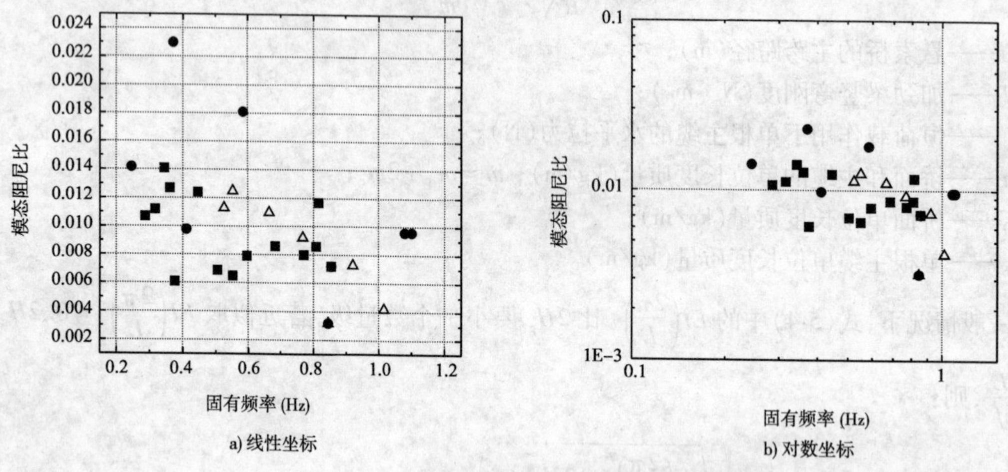

图 5-2 结合梁斜拉桥模态阻尼比与固有频率关系

■为竖弯振型;●为横弯振型;△为扭转振型

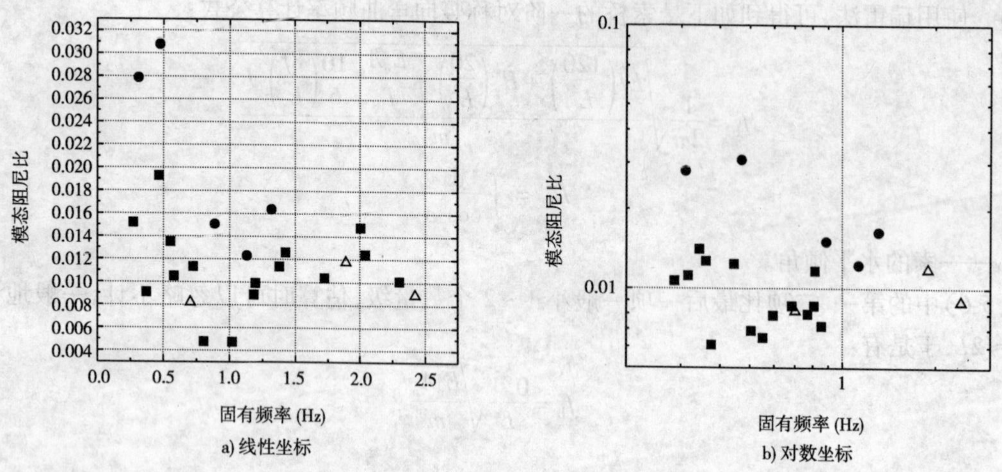

图 5-3 混凝土斜拉桥模态阻尼比与固有频率关系

■为竖弯振型;●为横弯振型;△为扭转振型

根据收集到的一座国内钢悬索桥(虎门桥)实测阻尼资料,将其模态阻尼比与固有频率的关系示于图 5-5，从图中可以看出,竖弯振型、横弯振型和扭转振型的模态阻尼比均随频率的升高而减小。若以对数坐标来显示这种规律则更为明显,由图 5-5b)可见,所有模态阻尼值均分布在一条直线两侧,可用下式来近似地表示模态阻尼值与固有频率的关系:

$$\lg(\xi) = a + b\lg(f) \tag{5-9}$$

式中 a、b——悬索桥结构特性有关的待定常数。对虎门桥,经数据拟合,$a = -2.6463$、$b = -0.91537$。

式(5-9)可以改写为如下形式:

$$\xi = c_1 f^{c_2} \tag{5-10}$$

在虎门桥中,$c_1 = 0.002258$、$c_2 = -0.91537$。即悬索桥的模态阻尼比可以表示为固有频率的幂指数函数,且其幂指数小于零。

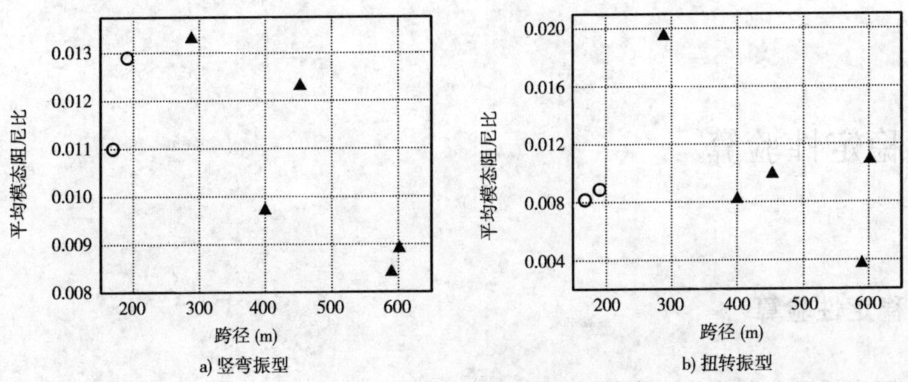

图 5-4　斜拉桥平均模态阻尼比与跨径关系

○为两跨斜拉桥；▲为三跨斜拉桥

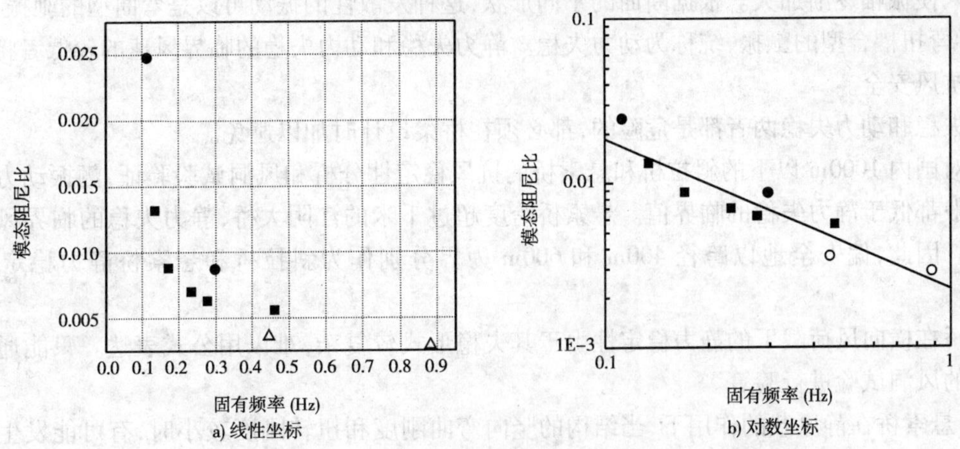

图 5-5　虎门桥模态阻尼比与固有频率关系

■为竖弯振型；●为横弯振型；△为扭转振型

6 抗风稳定性验算

6.1 静力稳定性验算

6.1.1 大跨度桥梁在风荷载的静力作用下有可能发生因升力矩过大而发生扭转发散,或因顺风向的阻力过大而引起横向屈曲这两种静力失稳。桥梁在风的作用下还有可能发生一种自激振动,风的能量的不断输入使振幅逐渐加大。根据断面的不同形状,这种发散性的振动可以是弯曲型的驰振、扭转型的颤振,或者弯扭耦合型的颤振,统称为动力失稳。静力失稳和动力失稳的临界风速的较低者将控制大跨度桥梁的抗风安全。

静力失稳和动力失稳两者都是危险的,都必须在桥梁设计时加以避免。

根据对国内1000m以下的斜拉桥和悬索桥的抗风稳定性分析和风洞试验验证,颤振动力失稳的临界风速一般都低于静力失稳的临界值。悬索桥跨度超过千米的江阴大桥,静力失稳的临界风速向颤振风速逼近。因此,偏安全地以跨径400m和600m为界分别作为斜拉桥和悬索桥静力稳定性验算的起点。

斜拉桥在横向风荷载下的静力稳定性由于其失稳形式较复杂,难以用公式表达。只能通过数值方法和必要的风洞试验进行验算。

6.1.2 悬索桥在静风载的作用下,当结构的竖向弯曲刚度和扭转刚度较小时,有可能发生类似梁的侧倾的静力失稳。对单跨悬索桥,其侧向失稳形态常为反对称形式,其临界均匀水平风载的计算公式为:

$$q_{1b}=\frac{8\pi^3\sqrt{\overline{EI}6\cdot\overline{GI}_d}}{L^3\sqrt{K}\sqrt{K+1+\dfrac{C_L{}'B_c}{C_H H}}} \tag{6-1}$$

$$\overline{EI}=EI+\frac{l}{2\pi^2}H_g$$

$$\overline{GI}_d=GI_d+EI_\omega\frac{4\pi^2}{L^2}+\frac{B_c^2}{2}H_g$$

$$K=\frac{1}{4}\left(\frac{4\pi^2}{3}+1\right)=3.54$$

式中 EI,GI_d,EI_ω——加劲梁的抗弯刚度、自由扭转和约束扭转刚度($N\cdot m^2,N\cdot m^4$);

H_g——恒载作用下索的水平拉力(kN);

B_c——主缆中心距(m);

C_H——阻力系数;

H——桥梁断面高度(m);

C'_L——静升力系数的斜率。

临界风速可写为:

$$V_{1b}=\sqrt{\frac{2q_{1b}}{\rho C_H H}} \tag{6-2}$$

引入刚度和频率的关系式,对一阶反对称振型,有:

$$2\pi f_{\mathrm{b}}=\left(\frac{2\pi}{L}\right)^{2}\sqrt{\frac{E\bar{I}}{m}},2\pi f_{\mathrm{t}}=\frac{2\pi}{L}\sqrt{\frac{G\bar{I}_{\mathrm{d}}}{I_{\mathrm{m}}}} \tag{6-3}$$

于是得到本条文公式。

6.1.3 研究表明，考虑几何非线性和气动力非线性后，静力稳定性的临界风速大约要折减60%左右，考虑1.2倍的安全系数，得到其检验风速为$2.0V_{\mathrm{d}}$。

6.1.4 流线型的机翼，当达到某一临界飞行速度时，曾经出现过机翼扭毁的事故。这是因为空气的静扭转力矩使机翼产生扭角，这一扭角增大了有效攻角又使扭转力矩增大，在临界风速时，空气力矩的增量超过了结构抵抗力矩的增量，出现了不稳定的扭转发散。

当结构跨度较大时桥梁断面也可能出现类似的现象。在平均风的作用下，单位长度桥面的气动力矩为：

$$M_{\alpha}=\frac{1}{2}\rho V^{2}B^{2}C_{\mathrm{M}}(\alpha)=\frac{1}{2}\rho V^{2}B^{2}\left[C_{\mathrm{M0}}+\left.\frac{\mathrm{d}C_{\mathrm{M}}}{\mathrm{d}\alpha}\right|_{\alpha=0}\right] \tag{6-4}$$

由气动力矩和结构抗力矩相等的条件$M_{\alpha}=K_{\alpha}\alpha$，可以得出：

$$(K_{\alpha}-\lambda C'_{\mathrm{M0}})\alpha=\lambda C_{\mathrm{M0}} \tag{6-5}$$

式中 $\lambda=\frac{1}{2}\rho V^{2}B^{2},C'_{\mathrm{M0}}=\left.\frac{\mathrm{d}C_{\mathrm{M0}}}{\mathrm{d}\alpha}\right|_{\alpha=0^{\circ}}$

当$\lambda=K_{\mathrm{t}}/C'_{\mathrm{M0}}$时，$\alpha$将趋于无穷大，于是得到扭转发散的临界风速

$$V_{\mathrm{td}}=\sqrt{\frac{2K_{\mathrm{t}}}{\rho B^{2}C_{\mathrm{M0}}}} \tag{6-6}$$

由上式可见，结构的扭转刚度K_{α}愈小，断面的空气力矩系数斜率C'_{M0}愈大，则扭转发散的临界风速愈低。引入结构抗扭刚度和扭频的关系式：$\omega_{\mathrm{t}}=\sqrt{K_{\mathrm{t}}/I_{\mathrm{m}}}=2\pi f_{\mathrm{t}}$，注意到$I_{\mathrm{m}}=mr^{2}$，可得到本条文公式。

6.1.5 与6.1.3条原因相同。

6.2 驰振稳定性验算

6.2.1 驰振主要可能发生在截面较钝的钢桥和钢的桥塔中。由于国内的桥塔普遍采用混凝土材料，阻尼较大，驰振临界风速一般都很高。

6.2.2 变截面的钢连续梁桥、形状较为复杂的钢桥塔的驰振稳定性一般应通过风洞试验检验。本条文给出了一些典型断面的驰振系数，判断驰振是否有发生的可能性首先采用邓-哈托准则。

6.2.3 检验风速的安全系数参照欧洲规范采用1.2。

6.3 颤振稳定性验算

6.3.1 按第6.3.8条算出的检验风速$[V_{\mathrm{cr}}]$、桥梁要求的宽度B以及按第5章的近似公式计算的扭频f_{t}等三个参数可以计算出颤振稳定性指数I_{f}，该指数实际综合反映了桥梁所在地的风环境、结构的刚度。

6.3.2 在进行颤振稳定性分析或试验时，一般选取扭转基频，若进行详细的有限元动力分析，应计算对应振型的广义质量，选取广义转动惯量最小的扭转基频作为计算参数。

6.3.3 指数愈大，对抗风的要求就愈高，为满足要求就要进行较详细的分析、试验，甚至增设抗风措施。

6.3.4 对于颤振稳定性指数$I_{\mathrm{f}}<2.5$的桥梁，可按近似公式计算临界风速V_{cr}，其中所用的断面形状折减系数η_{s}和攻角折减系数η_{α}都是对大量风洞试验进行设计并偏安全地取整后给出的，具有足够的可靠性。

在进行颤振分析时，先按平板颤振理论的公式计算出平板断面的基本颤振临界风速V_{co}，然后通过实际断面的节段模型风洞试验直接测出二维颤振的临界风速V_{c}，两者之比即为断面形状的修正系数

η_s。如果要考虑 ±3°攻角对颤振的不利影响，也可以通过风洞试验直接测定攻角效应的折减系数 η_α，最后写出颤振临界风速的表达式为：

$$V_c = \eta_\alpha \eta_s V_{co} \tag{6-7}$$

式中 η_s——断面形状的修正系数，$\eta_s = \dfrac{V_c(0°)}{V_{co}}$；

η_α——攻角效应的折减系数，$\eta_\alpha = \dfrac{V_c(\alpha)}{V_c(0°)}$；

V_{co}——平板的耦合颤振风速。

常用的计算 V_{co}的公式有：

1 Van der Put 公式

根据 Theodorson 平板气动力的精确表达式，由 Klöppel 和 Thiele 算出无量纲参数的诺谟图（其中偏保守地忽略了结构阻尼比）。Van der Put 将诺谟图中的曲线拟合成近似的直线式，表示为：

$$V_{co} = \left[1 + (\varepsilon - 0.5)\sqrt{\left(\frac{r}{b}\right)0.72\mu}\right]\omega_b b \tag{6-8}$$

式中 ε——扭弯频率比，$\varepsilon = \dfrac{\omega_t}{\omega_b} = \dfrac{f_t}{f_b}$；

μ——桥面质量与空气的密度比，$\mu = \dfrac{m}{\pi\rho b^2}$；

r——桥梁的惯性半径（m），$\dfrac{r}{b} = \dfrac{1}{b}\sqrt{\dfrac{I_m}{m}}$；

b——桥面宽度之半（m），$b = \dfrac{B}{2}$。

2 Selberg 公式

根据 Theodorson 的平板气动力公式，由 Bleish 的颤振解得出的近似公式：

$$V_{co} = 0.44 B\omega_t \sqrt{\left(1 - \frac{\omega_t^2}{\omega_b^2}\right)\frac{\sqrt{\bar{v}}}{\bar{\mu}}} \tag{6-9}$$

式中 $\bar{\mu}$——空气与桥面的密度比，$\bar{\mu} = \dfrac{\pi\rho B^4}{4m} = \dfrac{1}{\mu}$；

$$\bar{v} = 8\left(\frac{r}{B}\right)^2 = 2\left(\frac{r}{b}\right)^2$$

Selberg 公式计算结果略高于 Van der Put 公式，因其中考虑了阻尼的有利影响。

3 同济大学公式

将 Klöppel 的诺谟图近似地拟合成通过原点的直线，并对斜率作适当调整，此时可消去影响较小的参数 ε，得到如下的简化公式：

$$V_{co} = 2.5\sqrt{\mu \frac{r}{b}} B f_t \tag{6-10}$$

颤振稳定性为Ⅱ级以上的桥梁宜通过风洞试验仔细测定气动参数、发生涡振和颤振的风速。尤其是费用不高、需时短的节段模型试验应当成为大跨度桥梁抗风检验的必要手段。

由于节段模型试验是二维的，不能精确考虑全桥的三维效应和多振型耦合的现象。因此，对于特大跨度的重要桥梁，或者按节段模型试验的结果检验已没有富余量的情况，应当通过全桥气弹模型的大型风洞试验和详细的三维颤振分析进行确认。

6.3.5 该条文主要针对跨径小且截面较钝的桥梁。

6.3.6 对截面形状较钝的桥梁，在进行节段模型风洞试验时，没有明显的发散点，此时，节段模型试验应模拟阻尼，按本条文来确定颤振临界风速，本条文亦可用于紊流场中的试验。

6.3.7 本条文规定在 $-3° \leqslant \alpha \leqslant +3°$风攻角范围内，颤振稳定性均应满足本规范的要求，但当桥梁的主梁离开地面或水面的高度不大时，如小于20m，可适当放宽要求，仅检验0°风攻角的稳定性。

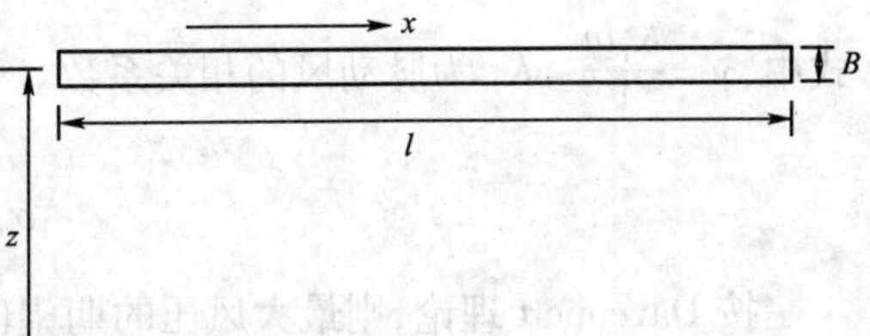

图6-1 水平方向的结构物示意

6.3.8 由于颤振临界风速一般在均匀流场中得到，所以其颤振检验风速应考虑紊流的影响，本条文引入了颤振检验风速修正系数μ_f，其计算原理如下：

对图6-1所示的水平方向的结构物，在x处，时间t时，单位长度所受风压为：

$$p(x,t)=\frac{1}{2}\rho C_H B(V+v)^2\approx\bar{p}+\frac{2\bar{p}}{V}v(x,t) \tag{6-11}$$

式中 ρ——空气密度（kg/m^3），$\bar{p}=\frac{1}{2}\rho C_H BV^2$；

C_H——桥梁主梁阻力系数；

B——主梁高度（m）；

V——高度z处的平均风速（m/s），即桥梁的设计基准风速；

$v(x,t)$——风的水平脉动分量。

于是，桥梁主梁上的总压力为：

$$P_{to}(t)=\int_0^l p(x,t)\mathrm{d}x=\bar{P}+\int_0^l\frac{2\bar{p}}{V}v(x,t)\mathrm{d}x=\bar{P}+P(t) \tag{6-12}$$

式中 l——桥梁主跨长度（m），$\bar{P}=\bar{p}l$。

将上式中的脉动压力部分进行富里埃变换，并设有下列映射：

$$P^T(t):\ t<-T\text{或}t>T\text{时，有}P^T(t)=0$$

$$-T\leqslant t\leqslant T\text{时，有}P^T(t)=P(t)$$

于是脉动压力的富里埃变换可写为：

$$F_P(f)=\int_{-\infty}^{+\infty}P^T(t)e^{-i2\pi ft}\mathrm{d}t=\int_{-\infty}^{+\infty}\int_0^l\frac{2\bar{P}}{V}v^T(x,t)e^{-i2\pi ft}\mathrm{d}t\mathrm{d}x=\frac{2\bar{p}}{V}\int_0^l F_v(x,f)\mathrm{d}x \tag{6-13}$$

式中，$F_v(x,f)=\int_{-\infty}^{+\infty}v^T(x,t)e^{-i2\pi ft}\mathrm{d}t$为脉动风速$v^T(x,t)$的富里埃变换。$F_P(f)$的共轭复数$F_P^*(f)$为：

$$F_P^*(f)=\int_{-T}^{T}P^T(t)e^{i2\pi ft}\mathrm{d}t=\frac{2\bar{P}}{V}\int_{-T}^{T}F_v^*(x,f)\mathrm{d}x \tag{6-14}$$

式中，$F_v^*(x,f)$为$F_v(x,f)$的共轭复数。$P(t)$的功率谱密度函数为：

$$\begin{aligned}S_p(f)&=\lim_{T\to\infty}\frac{1}{2T}E[F_P(f)F_P^*(f)]\\&=\lim_{T\to\infty}\frac{1}{2T}\left(\frac{2\bar{p}}{V}\right)^2\int_0^l\int_0^l E[F_v(x_1,f)F_v^*(x_2,f)]\mathrm{d}x_1\mathrm{d}x_2\\&=\left(\frac{2\bar{p}}{V}\right)^2\int_0^l\int_0^l\lim_{T\to\infty}\frac{1}{2T}E[F_v(x_1,f)F_v^*(x_2,f)]\mathrm{d}x_1\mathrm{d}x_2\\&=\left(\frac{2\bar{p}}{V}\right)^2\int_0^l\int_0^l S_v(x_1,x_2,f)\mathrm{d}x_1\mathrm{d}x_2\end{aligned} \tag{6-15}$$

式中，$S_v(x_1,x_2,f)$为桥跨x_1，x_2处的频率谱密度，按Davenport给出的关系式，有：

$$S_v(x_1,x_2,f)=e^{\frac{-K_1n}{V}|x_1-x_2|}S_v(f) \tag{6-16}$$

式中，$S_v(f)$为风速水平脉动分量的自功率谱。于是，式(6-15)可写为：

$$S_P(f)=\left(\frac{2p}{V}\right)^2S_v(f)\int_0^l\int_0^l e^{\frac{-K_1n}{v}|x_1-x_2|}\mathrm{d}x_1\mathrm{d}x_2=\left(\frac{2\bar{P}}{V}\right)^2S_v(f)|\chi_v(f)|^2 \tag{6-17}$$

式中，$|\chi_v(f)|^2$表示脉动风速沿桥轴方向的空间效果，具有空气导纳的意义：

$$|\chi_v(f)|^2=\frac{1}{l^2}\int_0^l\int_0^l e^{\frac{-K_1n}{V}|x_1-x_2|}\mathrm{d}x_1\mathrm{d}x_2=\frac{2}{\gamma^2}(\gamma-1+e^{-\gamma}) \tag{6-18}$$

式中，$\gamma=\dfrac{K_1 ln}{V}$。K_1 为脉动风的相关系数。于是，脉动风压的根方差为：

$$\sigma_{\mathrm{P}} = \left[\int_0^{\infty} S_{\mathrm{P}}(f)\,\mathrm{d}f\right]^{\frac{1}{2}} \tag{6-19}$$

按 Davenport 理论，则最大风压的期望值为：

$$E[P_{\mathrm{tamax}}] = \bar{p} + g\sigma_{\mathrm{P}} \tag{6-20}$$

$$g = \sqrt{2\ln(n_0 T)} + \frac{0.5772}{\sqrt{2\ln(n_0 T)}} \tag{6-21}$$

$$n_0 = \left[\int_0^{\infty} f^2 S_{\mathrm{P}}(f)\,\mathrm{d}f\right]^{\frac{1}{2}} / \sigma_{\mathrm{P}} \tag{6-22}$$

于是，得到颤振检验风速修正系数 μ_{f}：

$$\mu_{\mathrm{f}} = \sqrt{\frac{E[P_{\mathrm{tomax}}]}{\bar{P}}} = \sqrt{1 - g\sigma_{\mathrm{P}}/\bar{p}} \tag{6-23}$$

日本《本州四国联络桥耐风设计便览》假定基本风速为 40 m/s，水平相关系数为 $K_1=7$ 以及采用 Hino 水平风谱的条件下，根据不同的桥面高度和桥梁跨长，给出了如表 6-1 所示的颤振检验风速修正系数 μ_{f}。

表 6-1　风速脉动修正系数 μ_{f}

Z \ l	100	200	300	400	500	650	800	1000	1200	1500	1800
20	1.24	1.21	1.19	1.18	1.17	1.16	1.15	1.14	1.13	1.12	1.11
40	1.23	1.21	1.19	1.18	1.17	1.16	1.15	1.14	1.13	1.12	1.12
60	1.23	1.20	1.19	1.18	1.17	1.16	1.15	1.14	1.13	1.12	1.12
80	1.23	1.20	1.19	1.17	1.17	1.16	1.15	1.14	1.13	1.12	1.12

Kaimal 水平风谱是目前国际上普遍采用的脉动风谱。本规范根据 Kaimal 水平风谱，计算了不同基本风速、不同地表粗糙度类别和几种相关系数以及不同桥面高度的颤振检验风速修正系数 μ_{f}。计算表明，对同类地表，颤振检验风速修正系数 μ_{f} 随基本风速变化较小，随桥面高度虽有变化，但亦不甚敏感；随水平相关系数的变化亦不大，但随地表类别变化的影响较大。对大跨径桥梁，桥梁高度一般在 30 ~ 70m 之间，基本风速一般在 20 ~ 50 m/s 之间，因而建议采用基本风速为 40 m/s，桥面高度为 40 m，水平相关系数为 7 时的计算结果，见表 6-2。其中由于对 C 类和 D 类地表采用 Kaimal 水平风谱将过高估计结构响应 5% 左右，表中结果亦进行了相应的折减。

表 6-2　推荐风速脉动修正系数 μ_{f}

地表类别	跨　径 (m)											
	100	200	300	400	500	650	800	1000	1200	1500	1800	2100
A	1.30	1.27	1.25	1.24	1.23	1.22	1.21	1.20	1.20	1.19	1.18	1.17
B	1.36	1.33	1.30	1.29	1.28	1.27	1.26	1.25	1.24	1.22	1.21	1.20
C	1.43	1.39	1.37	1.35	1.33	1.31	1.30	1.28	1.27	1.25	1.24	1.23
D	1.49	1.44	1.42	1.40	1.38	1.36	1.35	1.33	1.31	1.29	1.28	1.27

若风洞试验模拟了紊流风场，则颤振检验风速中的修正系数可取为 1。

本条文采用的颤振检验风速的表达式同日本《本州四国联络桥耐风设计便览》以及日本的一些其他桥梁的抗风设计指南在形式上是一样的。不过日本《本州四国联络桥耐风设计便览》给出的颤振检验风速修正系数 μ_{f} 的取值比本条文要稍微小一些，但日本的设计基准风速的重现期为 150 年，其总体的结果与本条文接近。

英国 BS5400 规范采用在 0°风攻角时的检验风速基于 120 年 1min 的最大风速值（与 10min 间的时距系数为对 A 类地貌为 1.1），其分项安全系数为：$\gamma_{\mathrm{f1}}=1.38$，$\gamma_{\mathrm{m}}=1.05$，$\gamma_{\mathrm{f3}}=1.1$。在 ±2.5°，折减系数为 0.8。

按丹麦大海带桥的动力稳定性的失效概率为 $P_f < 10^{-7}$ 的基准，在 ±3°范围内的颤振检验风速为 $1.5V_d$。

表 6-3 给出了按不同设计指南或规范所得到的润扬长江公路大桥南汉悬索桥的颤振检验风速值。可以看出按本规范的计算结果略高于按日本本四便览计算的结果，但低于大海带桥设计指南和英国 BS5400 规范的要求。

表 6-3 润扬长江公路悬索桥的颤振检验风速 [V_{cr}] 比较（m/s）

攻角	本条文	本四指南	大海带指南	BS5400
0°	54	52	56	66
±3°	54	52	56	53（±2.5°）

6.4 施工阶段的抗风稳定性检验

在大跨度斜拉桥或悬索桥的施工阶段中，结构体系处于不断转换、尚未成形的状态，可能会出现比成桥后更为不利的状态：即刚度较小，变形较大，稳定性较差，甚至风致振动响应更大的情况，其中稳定性问题也十分突出。

斜拉桥的最大双悬臂状态和最大单悬臂状态、悬索桥在安装初期当桥面拼装率在 10% ~40% 左右就是这种最不利的状态。

由于施工阶段结构体系的复杂性，难以用简单的公式进行验算。只能规定一些原则性条文以引起设计人员的重视，通过专题研究或专门的风洞试验加以检验。

7 风致限幅振动

7.1 抖振

7.1.1 桥梁的长大化使其刚度和结构阻尼不断下降，导致对风的敏感性不断增加，由于自然风的紊流特性，不可避免地会使大跨柔性桥梁结构发生抖振，从而产生抖振惯性力。桥梁的抖振响应可通风洞试验测得必要的气动参数后通过抖振分析得到，还可通过气动弹性模型试验，在模拟的风场中直接测量。

大跨径斜拉桥和悬索桥成桥状态的桥梁主梁竖向和扭转抖振响应需要与活载产生的效应进行比较，对多座大跨桥梁的抗风研究表明，一般活载效应比这两项抖振响应要大；但侧向抖振惯性力，在主梁中会产生大的内力，但在成桥状态下，侧向一般不控制设计，对桥塔中的风载内力响应有一定贡献，但亦不大。对悬臂施工中的桥梁，有时抖振惯性力是主要荷载，如斜拉桥的最长单悬臂状态和最长双悬臂状态。此时，若判定这些状态对风敏感，则应进行详细的抖振响应分析和风洞试验研究。

理论分析和现场实测均表明，桥梁抖振响应中最低几阶振型起主要作用，高阶振型的贡献很小，气动耦合的影响也不明显，因此，对于侧向水平弯曲振型、竖向弯曲振型或以扭转为主的振型等各种情况，可近似地取其几阶对称振型和几阶反对称振型单独估算其抖振响应，然后进行叠加。这种分析方法和地震分析中的反应谱法有类似之处，称为桥梁抖振反应谱的计算方法，以下给出的近似计算公式以 Scanlan 的抖振理论为框架，并根据 Davenport 的理论引入气动导纳函数修正抖振力谱，计入了背景响应，供工程实例分析和比较。

抖振惯性力与平均风效应和背景脉动效应一般不能直接叠加，需采用矢量叠加的方式，所以对风荷载控制设计的桥梁，宜进行详细的风荷载分析研究。

1 抖振位移响应功率谱密度

根据随机振动理论，桥梁抖振位移响应功率谱密度可写为：

$$
\left.\begin{aligned}
S_{\mathrm{p}}(n,x) &= (\rho V C_{\mathrm{H}} A)^2 \frac{\varphi_{\mathrm{p}}^2(x)}{M_{\mathrm{p}}^2} |H_{\mathrm{p}}(n)|^2 \cdot |\gamma(n)|^2 \cdot |J(n)|^2 S_{\mathrm{v}}(n) \\
S_{\mathrm{h}}(n,x) &= \left(\frac{1}{2}\rho V B\right)^2 \frac{\varphi_{\mathrm{h}}^2(x)}{M_{\mathrm{h}}^2} |H_{\mathrm{h}}(n)|^2 \cdot |\gamma(n)|^2 \cdot |J(n)|^2 \left[4C_{\mathrm{L}}^2 S_{\mathrm{v}}(n) + \left(C'_{\mathrm{L}} + \frac{A}{B} C_{\mathrm{H}}\right)^2 S_{\mathrm{w}}(n)\right] \\
S_{\mathrm{m}}(n,x) &= \left(\frac{1}{2}\rho V B^2\right)^2 \frac{\varphi_{\mathrm{m}}^2(x)}{J_1^2} |H_{\mathrm{m}}(n)|^2 \cdot |\gamma(n)|^2 \cdot |J(n)|^2 \left[4\left(C_{\mathrm{M}} + \frac{A \cdot r}{B^2} C_{\mathrm{H}}\right)^2 S_{\mathrm{v}}(n) + C'^2_{\mathrm{M}} S_{\mathrm{w}}(n)\right]
\end{aligned}\right\} \tag{7-1}
$$

式中 ρ——空气密度，$\rho = 1.225\mathrm{kg/m^3}$；

V——桥面高度处设计基准风速（m/s）；

C_{H}、C_{L}、C_{M}——加劲梁的阻力系数、升力系数和力矩系数；

C'_{L}、C'_{M}——C_{L} 和 C_{M} 在平均攻角 α_0 处对攻角 α 的导数；

A——加劲梁单位展长的迎风面积（$\mathrm{m^2/m}$）；

B——桥宽（m）；

r——桥面质量中心到有效转轴的距离（m），对于闭口截面可忽略不计；

$\varphi_{\mathrm{p}}(x)$、$\varphi_{\mathrm{h}}(x)$、$\varphi_{\mathrm{m}}(x)$——桥梁侧弯、竖弯和扭转振型函数。

式(7-1)中忽略了各运动分量之间的气动耦合以及水平脉动风 $v(x,t)$ 与竖向脉动风 $w(x,t)$ 之间的互谱。$S_{\mathrm{p}}(n,x)$、$S_{\mathrm{h}}(n,x)$ 和 $S_{\mathrm{m}}(n,x)$ 分别为桥轴向坐标 x 处顺风向、横风向和扭转抖振位移响应功率谱密度。

联合接受函数 $$|J(n)|^2 = \int_0^L\int_0^L \varphi(x_1)\varphi(x_2)e^{-\pi c|x_1-x_2|/L}\mathrm{d}x_1\mathrm{d}x_2$$

式中 c——$c=\dfrac{n\lambda L}{\pi V}$；

L——桥梁跨长(m)；

x_1、x_2——桥梁展向坐标；

λ——风场相关系数，在缺乏桥位处风场资料时，可偏安全地取 $\lambda=7$。

2 成桥状态的抖振反应谱

对双塔斜拉桥和悬索桥的成桥状态，取主梁一阶振型函数为正弦函数，即：

$$\varphi(x)=A_1\sin\frac{s\pi x}{L}$$

则有 $$|J(n)|^2=\frac{1}{\pi^2}\cdot\frac{A_1^2L^2}{s^2+c^2}\left\{\pi c+\frac{2s^2}{s^2+c^2}\left[1+(-1)^{s+1}e^{-\pi c}\right]\right\}$$

式中 A_1——振幅(m)；

s——描述振型的无量纲参数，一阶对称振型 $s=1$，一阶反对称振型 $s=2$；

$S_u(n)$、$S_w(n)$——水平风谱和竖向风谱，可取为

$$S_u(n)=\frac{u_*^2}{n}\cdot\frac{200f}{(1+50f)^{5/3}},S_w(n)=\frac{u_*^2}{n}\cdot\frac{6f}{(1+4f)^2}$$

式中 f——莫宁坐标，$f=\dfrac{nZ}{V}$；

u_*——摩擦风速(m/s)，$u_*\approx\dfrac{0.4V}{\ln(z/z_0)}$，地表粗糙长度 z_0 可按表 3.2.2 取值。

M_p 和 M_h 为对应于某阶振型的广义质量(kg)

$$M=\int_0^L m\cdot\varphi^2(x)\mathrm{d}x=\frac{1}{2}A_1^2Lm$$

式中 m——桥梁展向单位长度的总质量(kg/m)；

J_1——对应于扭转振型的广义质量惯矩(kg·m²)；

$$J_1=\int_0^L J_m\varphi_m^2(x)\mathrm{d}x=\frac{1}{2}A_1^2LJ_m$$

J_m——桥梁展向单位长度总质量惯矩(kg·m²/m)。

气动导纳函数 $$|\gamma(n)|^2=\frac{1}{1+\pi K}$$

$H_i(n)$为受气动阻尼和气动刚度影响的气动传递函数

$$H_i(n)=\frac{1}{\tilde{\omega}_i^2-\omega^2+i\cdot2\tilde{\xi}_1\omega\tilde{\omega}_i}$$

式中 $\tilde{\omega}_i$——受自激力影响的结构振动有效圆频率(Hz)，$\tilde{\omega}_i=2\pi\tilde{n}_i$；

$\tilde{n}_i$——受自激力影响的结构振动有效频率(Hz)，$\tilde{n}_i=\beta_1n_i$；

n_i——结构振动固有频率(Hz)。

β_1 表示考虑气动刚度的修正，对于顺风向，$\beta_{1u}=1$；对于横风向，$\beta_{1w}=\sqrt{1-\dfrac{\rho B^2H_4^*}{m}}$，$H_4^*$ 的影响很小，一般总是将其影响忽略不计，故可取 $\beta_{1w}\approx1$；

对于扭转抖振响应

$$\beta_{1m}=\sqrt{1-\frac{\rho B^4A_3^*}{J_m}}$$

式中 $\tilde{\xi}_1$——受自激力影响的表观阻尼比，$\tilde{\xi}_1=\dfrac{1+\beta_2}{\beta_1}\xi_1$；

ξ_1——结构阻尼比。

无量纲系数 β_2 表示考虑气动阻尼的修正，对于顺风向，$\beta_{2u}=-\dfrac{\rho B^2 P_1^*}{2m\cdot\xi_1}$，气动导数 P_1^* 可近似采用准定常假定得到的公式：

$$P_1^*=-\frac{2}{K}\cdot\frac{A}{B}C_H\text{，其中折算频率 }K=\frac{B\omega}{V}$$

对于横风向抖振响应 $\beta_{2w}=-\dfrac{\rho B^2 H_1^*}{2m\xi_1}$

对于扭转抖振响应 $\beta_{2m}=-\dfrac{\rho B^4 A_2^*}{2J_m\xi_1}$

气功导数 H_1^*、A_2^* 和 A_3^* 均应通过风洞试验识别；为方便起见，取 $\beta_u=\beta_{2u}$，$\beta_w=\dfrac{1+\beta_{2w}}{\beta_{1w}}-1\approx\beta_{2w}$，$\beta_m=\dfrac{1+\beta_{2m}}{\beta_{1m}}-1$，则表观阻尼可表示为：

$$\tilde{\xi}_u=(1+\beta_u)\xi_1,\tilde{\xi}_w=(1+\beta_w)\xi_1,\tilde{\xi}_m=(1+\beta_m)\xi_1$$

(1)抖振位移响应根方差

根据随机振动理论，抖振位移响应根方差可根据下式计算：

$$\sigma_i^2(x)=\int_0^\infty S_i(n,x)\mathrm{d}n \tag{7-2}$$

式中 $\sigma_i(x)$——桥轴向坐标 x 处对应于振型 i 的抖振位移响应根方差；

$S_i(n,x)$——由式(7-1)给出的桥轴向坐标 x 处应于振型 i 的抖振位移响应功率谱密密度。

(2)抖振反应谱实用计算公式

式(7-2)中的广义积分十分困难，为便于表示，令

$$S_{0u}(n)=|J(n)|^2\cdot|\gamma(n)|^2\cdot S_u(n),S_{0w}(n)=|J(n)|^2\cdot|\gamma(n)|^2\cdot S_w(n) \tag{7-3}$$

$$I_{0u}=\int_0^\infty|H(n)|^2\cdot S_{0u}(n)\mathrm{d}n,I_{0w}=\int_0^\infty|H(n)|^2\cdot S_{0w}(n)\mathrm{d}n \tag{7-4}$$

则

$$\sigma_p^2(x)=\frac{\phi_p^2(x)\cdot(\rho VC_HA)^2}{M_p^2}\cdot I_{0u}$$

$$\sigma_h^2(x)=(\rho VB)^2\cdot\frac{\phi_h^2(x)}{M_h^2}\left[C_L^2I_{0u}+\frac{1}{4}\left(C'_L+\frac{A}{B}C_H\right)^2I_{0w}\right]$$

$$\sigma_m^2(x)=(\rho VB^2)^2\cdot\frac{\phi_m^2(x)}{J_1^2}\left[\left(C_M+\frac{Ar}{B^2}C_H\right)^2I_{0u}+\frac{1}{4}C_M'^2I_{0w}\right]$$

$S_{0u}(n)$和$S_{0w}(n)$的图形形状大致如图 7-1、图 7-2 所示，二者在高频阶段均迅速衰减并很快趋向于零，将 I_{0u} 和 I_{0w} 近似写为共振响应和背影响应的和的形式，即

$$I_{0u}\approx\frac{1}{\tilde{\omega}_1^4}\left[\int_0^\infty S_{0u}(n)\mathrm{d}n+\frac{\pi\tilde{n}_1}{4\tilde{\xi}_1}S_{0u}(\tilde{n}_1)\right],I_{0w}\approx\frac{1}{\tilde{\omega}_1^4}\left[\int_0^\infty S_{0w}(n)\mathrm{d}n+\frac{\pi\tilde{n}_1}{4\tilde{\xi}_1}S_{0w}(\tilde{n}_1)\right] \tag{7-5}$$

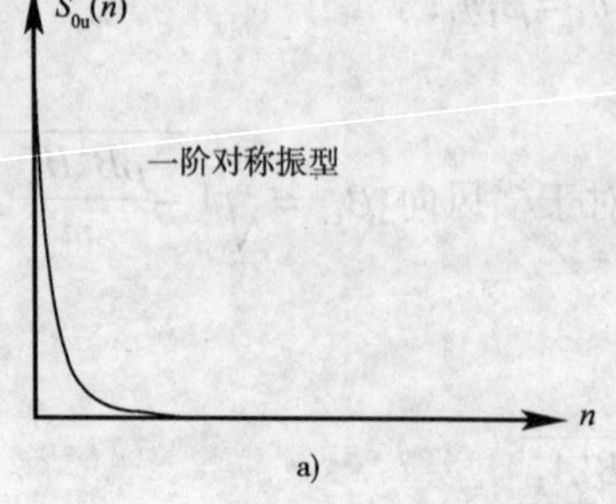

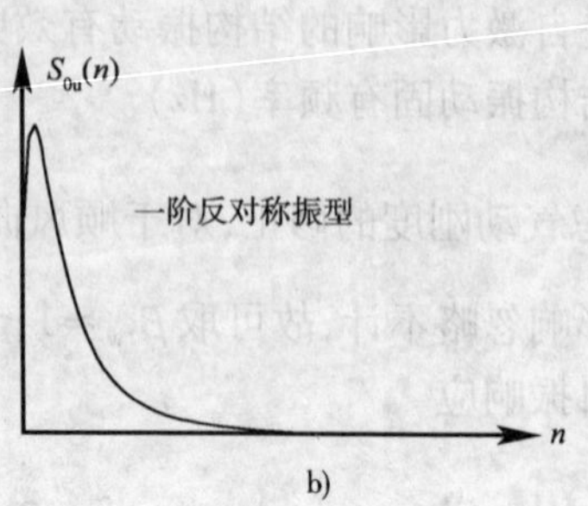

图 7-1 $S_{0u}(n)$的变化规律

为计算式(7-5)中的背景项，令

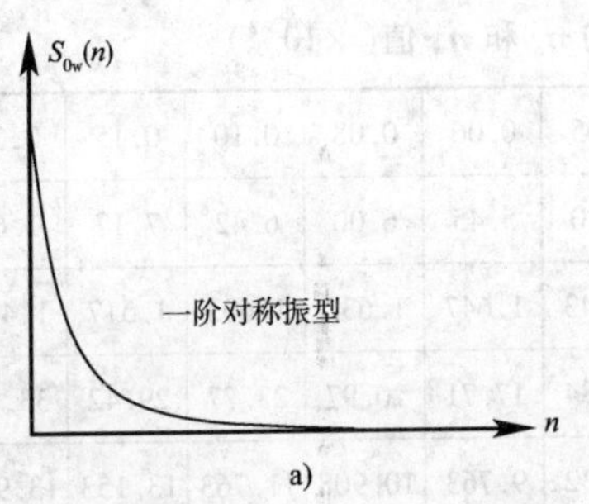

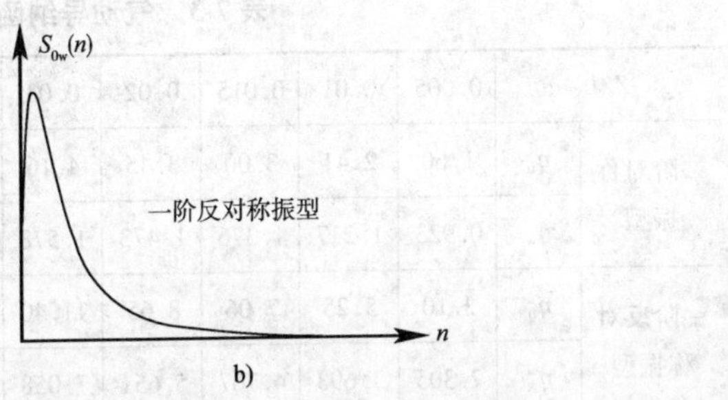

图 7-2 $S_{0w}(n)$的变化规律

$$Q_u(f)=\frac{1}{s^2+c^2}\left\{\pi c+\frac{2s^2}{s^2+c^2}\left[1+(-1)^{s+1}e^{-\pi c}\right]\right\}\cdot\frac{1}{1+\pi K}\cdot\frac{1}{(1+50f)^{5/3}} \tag{7-6}$$

$$Q_w(f)=\frac{1}{s^2+c^2}\left\{\pi c+\frac{2s^2}{s^2+c^2}\left[1+(-1)^{s+1}e^{-\pi c}\right]\right\}\cdot\frac{1}{1+\pi K}\cdot\frac{1}{(1+4f)^{2}} \tag{7-7}$$

$$\eta_u=\int_0^\infty Q_u(f)\,df=\eta_u\left(\frac{z}{L},\frac{z}{B}\right),\eta_w=\int_0^\infty Q_w(f)\,df=\eta_w\left(\frac{z}{L},\frac{z}{B}\right) \tag{7-8}$$

$$\alpha_u=\frac{4\tilde{\xi}_1}{\pi}\cdot\frac{\eta_u}{\tilde{f}_p Q_u(\tilde{f}_p)},\alpha_w=\frac{4\tilde{\xi}_1}{\pi}\cdot\frac{\eta_w}{\tilde{f}_h Q_w(\tilde{f}_h)} \tag{7-9}$$

式(7-9)中 $\tilde{f}_p=\frac{\tilde{n}_p z}{U}$，$\tilde{f}_h=\frac{\tilde{n}_h z}{n}$。$\eta_u$ 和 η_w 的值可由表 7-1、表 7-2 查得，表 7-3 还给出了气动导纳函数取 1 时的 η_u 和 η_w 值。于是可得桥梁抖振反应谱实用计算公式：

$$\left.\begin{aligned}\sigma_p&=K_{bp}C_{wp}C_{Ap}C_{sp}\Psi(\tilde{c}_p)\mu(\bar{K}_p)\phi_u(\tilde{f}_p)\\ \sigma_h&=K_{bh}C_{wh}C_{Ah}C_{sh}\Psi(\tilde{c}_h)\mu(\bar{K}_h)\phi_w(\tilde{f}_h)\\ \sigma_{me}&=K_{bn}C_{wm}C_{Am}C_{sm}\Psi(\tilde{c}_m)\mu(\bar{K}_m)\phi_w(\tilde{f}_m)\end{aligned}\right\} \tag{7-10}$$

表 7-1 气动导纳函数为 Sears 函数时的 η_u 值（$\times10^{-2}$）

Z/B \ Z/L		0.005	0.01	0.015	0.02	0.03	0.04	0.05	0.06	0.08	0.10	0.15	0.20	0.30	0.40
一阶对称振型	0.75	1.36	1.97	2.39	2.70	3.15	3.47	3.71	3.90	4.19	4.40	4.74	4.96	5.21	5.35
	1.5	1.45	2.14	2.61	2.97	3.51	3.89	4.19	4.42	4.79	5.05	5.50	5.78	6.12	6.32
	2.5	1.50	2.22	2.73	3.12	3.70	4.13	4.46	4.72	5.13	5.44	5.95	6.28	6.68	6.93
	3.5	1.52	2.27	2.79	3.20	3.80	4.25	4.60	4.88	5.32	5.64	6.20	6.56	7.00	7.28
一阶反对称振型	0.75	0.715	0.874	0.935	0.957	0.955	0.930	0.898	0.864	0.800	0.743	0.631	0.550	0.449	0.370
	1.5	0.791	0.995	1.085	1.127	1.150	1.138	1.114	1.084	1.021	0.961	0.837	0.742	0.608	0.518
	2.5	0.832	1.062	1.170	1.227	1.268	1.270	1.251	1.226	1.169	1.111	0.984	0.882	0.735	0.634
	3.5	0.853	1.097	1.215	1.279	1.333	1.340	1.328	1.307	1.254	1.199	1.073	0.970	0.817	0.710

表 7-2 气动导纳函数为 Sears 函数时的 η_w 值（$\times10^{-2}$）

Z/B \ Z/L		0.005	0.01	0.015	0.02	0.03	0.04	0.05	0.06	0.08	0.10	0.15	0.20	0.30	0.40
一阶对称振型	0.75	2.13	3.37	4.33	5.13	6.39	7.39	8.21	8.91	10.05	10.96	12.60	13.74	15.25	16.24
	1.5	2.40	3.89	5.07	6.07	7.69	9.01	10.11	11.06	12.63	13.90	16.27	17.95	20.23	21.76
	2.5	2.57	4.22	5.55	6.67	8.55	10.08	11.39	12.52	14.42	15.98	18.92	21.05	23.99	25.99
	3.5	2.67	4.41	5.82	7.03	9.05	10.72	12.14	13.39	15.50	17.24	20.56	22.98	26.38	28.71
一阶反对称振型	0.75	1.382	1.984	2.369	2.639	2.991	3.200	3.330	3.411	3.486	3.498	3.406	3.260	2.960	2.697
	1.5	1.635	2.432	2.974	3.375	2.931	4.293	4.541	4.713	4.919	5.014	5.030	4.903	4.564	4.228
	2.5	1.796	2.725	3.381	3.880	4.597	5.088	5.438	5.696	6.031	6.218	6.361	6.297	5.979	5.611
	3.5	1.888	2.896	3.620	4.180	5.001	5.577	5.998	6.315	6.745	7.002	7.260	7.270	6.974	6.604

表 7-3 气动导纳函数取 1 时的 η_u 和 η_w 值（$\times 10^{-2}$）

Z/L		0.005	0.01	0.015	0.02	0.03	0.04	0.05	0.06	0.08	0.10	0.15	0.20	0.30	0.40
一阶对称振型	η_u	1.60	2.41	3.00	3.45	4.16	4.68	5.10	5.45	6.00	6.42	7.17	7.68	8.35	8.78
	η_w	0.923	1.217	1.376	1.473	1.578	1.625	1.643	1.647	1.632	1.603	1.517	1.435	1.298	1.192
一阶反对称振型	η_u	3.10	5.25	7.06	8.65	11.40	13.76	15.84	17.71	20.97	23.77	29.42	33.82	40.47	45.40
	η_w	2.305	3.693	4.767	5.651	7.058	8.150	9.032	9.763	10.908	11.763	13.153	13.943	14.676	14.885

为与 σ_p 和 σ_h 统一量纲，式中取 $\sigma_{me}=\frac{B}{2}\sigma_m$；$\sigma_p$、$\sigma_h$ 和 σ_{me} 分别为对应于某阶振型的抖振位移响应根方差（RMS）的最大值，主梁轴向坐标 x 处的响应 $\sigma_i(x)=\frac{\phi_i(x)}{\max\{\phi_i(x)\}}\sigma_i$；$\phi_u(f)$ 和 $\phi_w(f)$ 分别为与水平风谱和竖向风谱有关的系数，$\phi_u(f)=\frac{1}{(1+50f)^{5/6}}$，$\phi_w(f)=\frac{1}{1+4f}$；

$\Psi(\tilde{c})=\frac{1}{\pi}\sqrt{\frac{1}{s^2+\tilde{c}^2}\left\{\pi\tilde{c}+\frac{2s^2}{s^2+\tilde{c}^2}[1+(-1)^{s+1}e^{-\pi\tilde{c}}]\right\}}$ 为与联合接受函数有关的系数，当 $c\geqslant 1$ 时可取 $\Psi(\tilde{c})\approx\frac{1}{\pi}\sqrt{\frac{1}{s^2+\tilde{c}^2}\left(\pi\tilde{c}+\frac{2s^2}{s^2+\tilde{c}^2}\right)}$；背景响应影响系数 $K_{bp}=\sqrt{1+\alpha_u}$，$K_{bh}=\sqrt{1+\alpha_w}$，$K_{bm}=\sqrt{1+\alpha_{wm}}$；$\alpha_u$、$\alpha_w$、$\alpha_{uw}$、$\alpha_{um}$ 和 α_{wm} 是与背景响应有关的无量纲参数，

$$\alpha_u=\frac{4(1+\beta_u)\xi_1}{(\pi\tilde{K}_p)^3\tilde{f}_p}\cdot\frac{\eta_u}{[\Psi(\tilde{c}_p)\phi_u(\tilde{f}_p)\mu(\tilde{K}_p)]^2}$$

$$\alpha_w=4\frac{(1+\beta_w)\xi_1}{(\pi\tilde{K}_h)^3\tilde{f}_h}\cdot\frac{\eta_w}{[\Psi(\tilde{c}_h)\phi_w(\tilde{f}_h)\mu(\tilde{K}_h)]^2}$$

$$\alpha_{uw}=\frac{4(1+\beta_w)\xi_1}{(\pi\tilde{K}_h)^3\tilde{f}_h}\cdot\frac{\eta_u}{[\Psi(\tilde{c}_h)\phi_u(\tilde{f}_h)\mu(\tilde{K}_h)]^2}$$

$$\alpha_{um}=\frac{4(1+\beta_m)\xi_1}{(\pi\tilde{K}_m)^3\tilde{f}_m}\cdot\frac{\eta_u}{[\Psi(\tilde{c}_m)\phi_u(\tilde{f}_m)\mu(\tilde{K}_m)]^2}$$

$$\alpha_{wm}=\frac{4(1+\beta_m)\xi_1}{(\pi\tilde{K}_m)^3\tilde{f}_m}\cdot\frac{\eta_w}{[\Psi(\tilde{c}_m)\phi_w(\tilde{f}_m)\mu(\tilde{K}_m)]^2}$$

式(7-10)中 $\tilde{c}_i$、$\tilde{K}_i$、$\tilde{f}_i$——$n=\tilde{n}_i$ 时 c、K 和 f 的值；

C_{wp}、C_{wh}、C_{wn}——紊流度，$C_{wp}=C_{wh}=C_{wm}=\frac{1}{\ln(z/z_0)}$；

C_{AP}、C_{Ah}、C_{Am}——$C_{AP}=\frac{A}{B}C_H$，$C_{Ah}=C'_L+\frac{A}{B}C_H\approx C'_L$，$C_{Am}=C'_M$；

$\mu(\tilde{K})$——与气动导纳函数有关的系数。

$$\mu(\tilde{K})=\begin{cases}1/\sqrt{\tilde{K}^3}(1+\pi\tilde{K})\text{（气动导纳取 Sears 函数）}\\1/\sqrt{\tilde{K}^3}\text{（气动导纳函数取 1）}\end{cases}$$

$$C_{sp}=\frac{5.09\sqrt{Bz}}{\mu\sqrt{(1+\beta_u)\xi_1}},C_{sh}=\frac{0.44\sqrt{Bz}}{\mu\sqrt{(1+\beta_w)\xi_1}}\cdot\sqrt{1+\delta_w},C_{sm}=\frac{0.88\sqrt{Bz}}{\mu_J\sqrt{(1+\beta_m)\xi_1}}\cdot\sqrt{1+\delta_m}$$

式中 $\delta_w=\frac{r(f)}{C_{LD}^2}\cdot\frac{1+\alpha_{uw}}{1+\alpha_w}$，$\delta_m=\frac{r(f)}{C_{MD}^2}\cdot\frac{1+\alpha_{um}}{1+\alpha_{wm}}$，$\mu=\frac{m}{\pi\rho b^2}$，$\mu_J=\frac{J_m}{\pi\rho b^4}$；$r(f)=\frac{400}{3}\cdot\frac{(1+4f)^2}{(1+50f)^{5/3}}$ 为与风谱比值有关的系数，$b=\frac{B}{2}$；$C_{LD}=\left(C'_L+\frac{A}{B}\cdot C_D\right)/C_L$，$C_{MD}=C'_M/\left(C_M+\frac{A\cdot r}{B^2}C_D\right)$。

背景响应在总的抖振动力响应中所占的比例 ε = 背景响应/（背景响应 + 共振响应），即

$$
\left.\begin{aligned}
\varepsilon_{\mathrm{p}} &= 1 - \frac{1}{\sqrt{1 + \alpha_{\mathrm{u}}}} \\
\varepsilon_{\mathrm{h}} &= 1 - \frac{1}{\sqrt{1 + \alpha_{\mathrm{w}}}} \cdot \sqrt{1 + \frac{\delta_{\mathrm{w}}}{1 + \delta_{\mathrm{w}}} \cdot \frac{\alpha_{\mathrm{w}} - \alpha_{\mathrm{uw}}}{1 + \alpha_{\mathrm{uw}}}} \approx 1 - \frac{1}{\sqrt{1 + \alpha_{\mathrm{w}}}} \\
\varepsilon_{\mathrm{m}} &= 1 - \frac{1}{\sqrt{1 + \alpha_{\mathrm{wm}}}} \cdot \sqrt{1 + \frac{\delta_{\mathrm{m}}}{1 + \delta_{\mathrm{m}}} \cdot \frac{\alpha_{\mathrm{wm}} - \alpha_{\mathrm{um}}}{1 + \alpha_{\mathrm{um}}}}
\end{aligned}\right\} \tag{7-11}
$$

背景响应比例 ε 对结构自振频率和风速的变化很敏感，以侧向抖振为例，利用江阴长江大桥为计算模型进行单变量分析，得到 ε 的变化规律如图 7-3、图 7-4 所示。

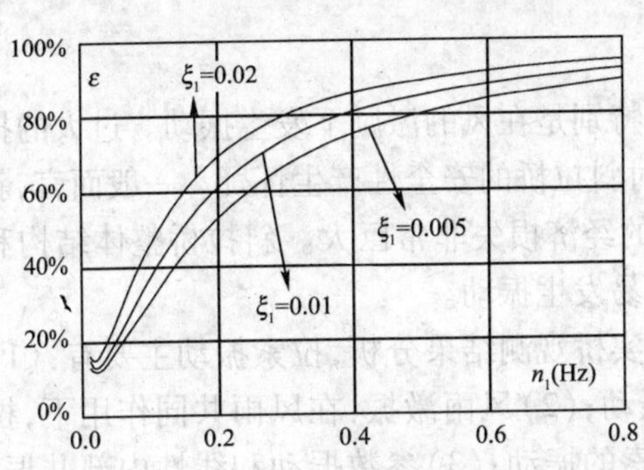

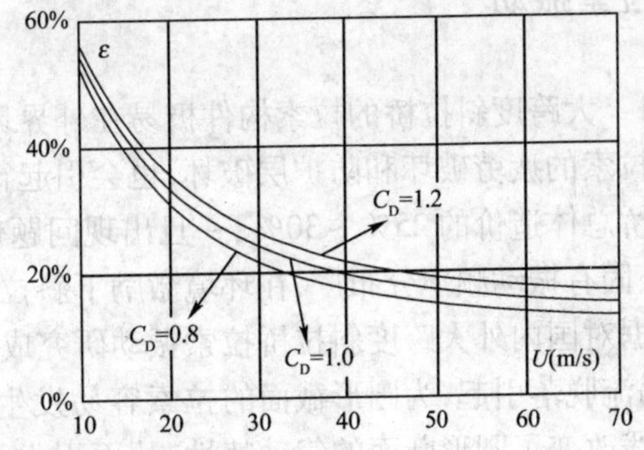

图 7-3　侧向一阶对称振型时背景响应比例 ε 的变化规律

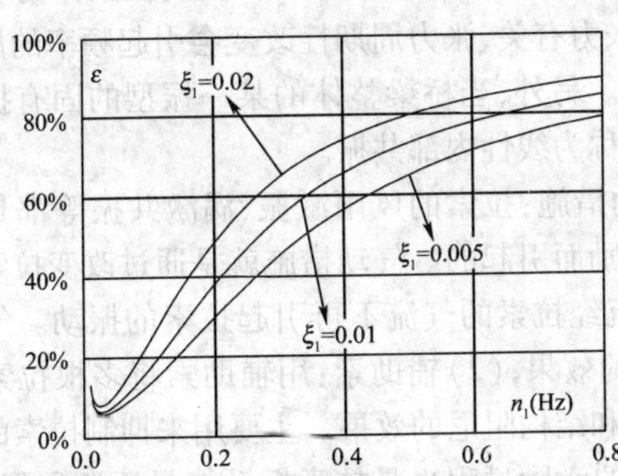

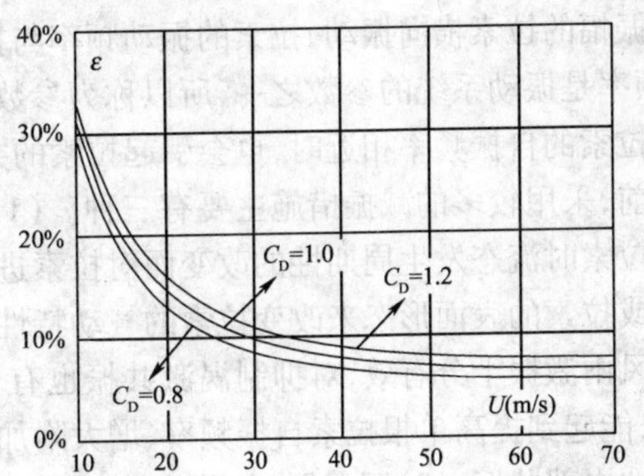

图 7-4　侧向一阶反对称振型时背景响应比例 ε 的变化规律

由图 7-3、图 7-4 可见，当结构自振频率较高时，抖振将主要表现为背景响应；风速较低时，背景响应也可能上升到主导地位。

背景响应比例对桥梁跨径的变化也十分敏感，但桥梁跨长与自振频率有着非常密切的关系，变化跨径时应考虑频率的相应变化。以侧向一阶对称振型为例，近似认为频率与跨长的平方成反比，可得背景响应比例 ε 随跨径的变化规律如图 7-5 所示。

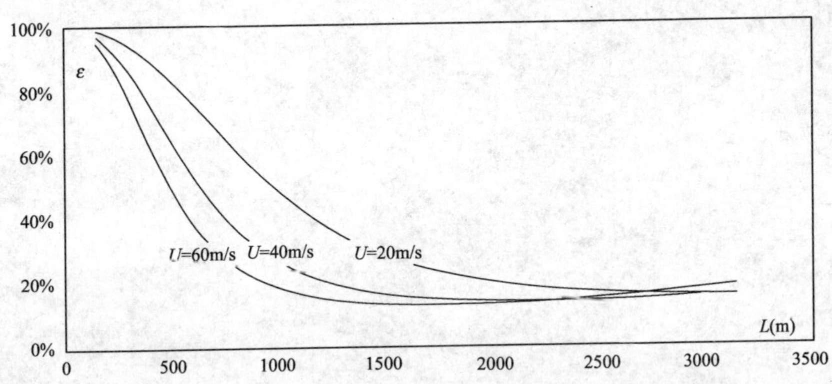

图 7-5　侧向一阶对称振型时背景响应比例 ε 随跨径 L 的变化规律

7.2 涡激共振

7.2.1 涡激共振常发生在桥梁的钢质构件上，如钢主梁、斜拉索、吊杆和钢桥塔。近年来又发现了桥梁构件的风雨激振现象。因而在设计中特别应对涡激共振的发生风速和振动幅值进行控制。

7.2.2～7.2.6 为安全起见，建议对钢桥应通过风洞试验研究其涡激共振发生的可能性。对混凝土桥梁和结构基频大于5Hz的钢桥可不考虑涡激共振。本章给出的有关涡激共振的发生风速和振幅的估计源于日本《道路桥耐风设计便览》，仅适用于跨径小于200 m的桥梁。

7.3 拉索振动

7.3.1 大跨度斜拉桥的拉索构件极易在外界环境，特别是在风的激励下发生振动。过大的拉索振动会造成拉索的疲劳破坏和防护层破坏，也会引起行人对斜拉桥的安全性产生怀疑。一般而言，斜拉索约占斜拉桥总体造价的25%～30%，一旦出现问题带来的经济损失非常巨大。斜拉桥整体结构和拉索构件轻柔、固有振动频率分布广，在环境激励下斜拉索更易发生振动。

根据对国内外大跨度斜拉桥拉索振动研究成果和实桥观测结果分析，拉索振动主要有：(1)涡激共振：由涡流脱落引起，为圆形截面的拉索容易发生的振动；(2)风雨激振：在风雨共同作用下，拉索上形成的雨线改变了圆形断面的气动特性，从而引发了拉索的振动；(3)参数振动和线性内部共振：当桥面或索塔的振动频率和拉索的横向振动频率成整倍数关系时，微小的桥面振动产生的拉索张力变化能激起较大振幅的拉索横向振动，拉索的振动频率与拉索张力有关，张力周期性改变会引起频率的周期性改变，而频率是振动系统的参数之一，所以称为参数振动。另外，当桥梁整体的某一振型的固有振动频率与某一拉索的自振频率相近时，也会引起拉索的共振，称为线性内部共振。

目前，采用较多的减振措施主要有三种。(1)气动措施：拉索的风雨激振、涡激共振等都是由于气流流经拉索时流态发生周期性的改变而对拉索进行激励而引起的。气动措施就是通过改变拉索的横断面形状或拉索的表面形态来改变拉索的气动特性，使流经拉索的气流不再引起拉索的振动。气动措施对抑制风雨激振十分有效，对抑制涡激共振也有较好的效果；(2)辅助索：用辅助索将多根拉索横向联结起来，能起到提高单根拉索自振频率、增大附加质量和结构阻尼的效果。主要用来抑制拉索的参数振动和线性内部共振；(3)阻尼器：各种外界因素对拉索的激励过程也是拉索振动能量逐渐积聚的过程。在拉索的适当部位(通常是在拉索锚固端附近)安装各种形式的阻尼器，可通过提高拉索的模态阻尼来耗散拉索的振动能量。阻尼器是一种"广谱的"减振措施，对各种拉索振动都有良好的减振效果。

8 风致振动控制

8.1 一般规定

8.1.1 桥梁结构的对风反应非常复杂,除了由于风的作用和桥梁结构动态特性本身的复杂性外,还由于风和结构物的相互干涉作用。近年来,由于桥梁结构的日趋长大、轻柔、低阻尼化,长大桥梁以及某些跨度虽不甚大的桥梁结构或其构件由风引起的振动必须被认真考虑的情况愈来愈多。在设计阶段,就应研究由风引起振动的可能性,并有必要通过事前研究确定各种相应对策。但是,使抗风设计完全渗透于结构设计之中是很困难的,因此,在结构施工和建成之后会产生不少的风致振动问题,处理这些问题就不得不在受到种种条件制约的情况下进行。

气动措施以改善桥梁结构的气流特性从而减小激振外力的输入为目的,而机械措施则以减小桥梁结构整体或部分构件的振动反应输出为目的,但应注意的是,将这两种措施截然分开是不合适的,尤其在振动反应输出反馈影响到空气力输入的,具有强烈自激特性的结构中,这两种措施的互相影响更加密切。结构措施是通过增加结构的总体刚度,改变结构的动力特性,提高桥梁静、动力稳定性的措施。

气动措施是通过选择空气动力稳定性好的断面或在桥梁的梁、塔等结构元素的断面形状由于种种要求将非常复杂,往往不能充分满足抗风要求时,附加某些装置以减小气动力,从而减小桥梁结构风致振动反应的措施。

由于种种条件的制约,在实际应用中,不可能仅仅通过气动措施解决风致振动问题,时常需要采用机械措施,机械措施主要如下几类:

1 增加结构刚度方式

(1)互相连接约束法。

(2)构件加劲法。

(3)中央扣拉索法。

2 增加结构质量方式

3 增加结构阻尼方式

(1)调谐式阻尼器。如调谐质量阻尼器 TMD、调谐液体阻尼器 TLD、调谐液柱阻尼器 TLCD 等。

(2)非调谐式阻尼器。如黏性剪切型阻尼器和油阻尼器等。

机械措施按其是否输入外部能源可分为被动控制、半主动控制、主动控制和混合控制方式。

被动控制:不需要外部输入能源。

主动控制:需要施加外部能量,将结构物和可动质量块由激励器直接进行实时控制。

混合控制:是被动控制和主动控制的组合。

半主动控制:通过调节被动控制的动力参数:刚度和阻尼,来适应被控体动力特性变化,在力学原理上和被动控制是等价的。

8.2 主梁

8.2.1 跨度日渐增大的桥梁已成为自振周期长、低阻尼、纤细易挠曲,对动力作用,尤其是对风作用敏感的结构,风的作用常常成为桥梁结构设计的控制因素,因此,主梁的基本断面应选择气动稳定性好的外形。

8.2.2 实践证明,由于风振现象的复杂性,即使选择气动稳定性良好的外形,也无法完全避免或消除所有的风振现象。可能发生于主梁的风振主要有涡激共振、驰振、颤振，应根据结构的具体特点采取相应的控制措施。

1　提高颤振稳定性的措施

流线型断面具有良好的空气动力外形。对流线型断面，可以通过中央开槽，增设风嘴、分流板、导流板，以及中央稳定板来进一步提高其颤振稳定性，图 8-1 为部分气动措施的示意图。研究表明中央稳定板可以和其他的措施共同使用，可以更有效地提高桥梁的颤振临界风速，如润扬南汉悬索桥就同时采用了分流板和中央稳定板的措施。

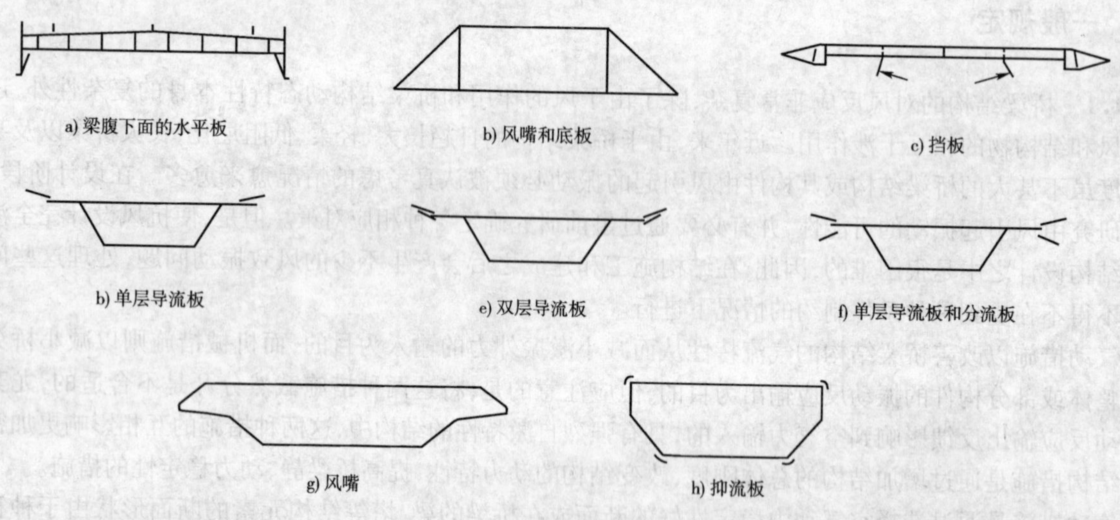

图 8-1　提高桥梁颤振稳定性的气动措施

2　驰振的控制措施

钢连续梁桥和钢桥塔以及斜拉索有可能发生驰振。可以通过增加阻尼和改变气动外型来避免驰振的发生。如需要增加气动措施，则必须经过风洞试验详细研究。

3　涡激共振的制振措施

对钢连续梁桥，一般可以采用增加阻尼的方法来降低或抑制涡激振动。对流线型断面，近年也观察到了涡激共振现象，可以增加导流装置来抑制涡振，但应通过风洞试验验证。

8.2.3　在桥梁基本断面满足抗风稳定性要求的前提下，可以选择调谐式阻尼器或其他方式的机械措施控制超过允许限度的限幅振动。

调谐式阻尼器的最优参数、安装位置及约束条件。

调谐式阻尼器的频率及阻尼比可按下列公式计算

$$\frac{\omega_0}{\omega_s}=1-\frac{\mu}{2} \tag{8-1}$$

$$\zeta_0=\frac{1}{2}\sqrt{\mu} \tag{8-2}$$

式中　ω_0、ζ_0——分别为阻尼器圆频率(Hz)和阻尼比；

ω_s——桥梁受控振型圆频率(Hz)；

μ——阻尼器与结构受控振型的广义质量比，按下式计算：

$$\mu=\frac{m_0\Phi_i^2(x_0)}{\int_0^L m(x)\Phi_i^2(x)\mathrm{d}x} \tag{8-3}$$

L——桥梁跨长或塔高(m)；

m_0——阻尼器质量(kg)；

$m(x)$——桥梁单位长度质量(kg/m)；

$\Phi_i(x)$——受控振型值；

x_0——阻尼器安装位置；

$\Phi_i(x_0)$——阻尼器安装位置相应于 $\Phi_i(x)$ 的振型值。

阻尼器应尽可能安装在受控振型最大区域。

使用弹簧、配重块、阻尼器作为基本元件的调谐质量阻尼器 TMD，应验算弹簧的静力强度、动力疲劳强度以及配重块允许位移及安装空间要求。

调谐式阻尼器的基频及阻尼比。

对弹簧、配重块、阻尼器元件构成的 TMD 系统（图 8-2），其频率与阻尼比可按下列公式计算：

$$f_0 = \frac{\omega_0}{2\pi} = \frac{1}{2\pi}\sqrt{\frac{K}{m_0}} \tag{8-4}$$

$$\zeta_0 = \frac{C}{2m_0\omega_0} \tag{8-5}$$

式中 K——弹簧刚度系数（MPa）；

m_0——阻尼器质量（kg）；

C——阻尼器阻尼系数；

f_0——TMD 系统的振动频率（Hz）；

ζ_0——TMD 系统的阻尼比。

矩形水箱的 TLD（图 8-3）的频率和阻尼比可按下列公式计算：

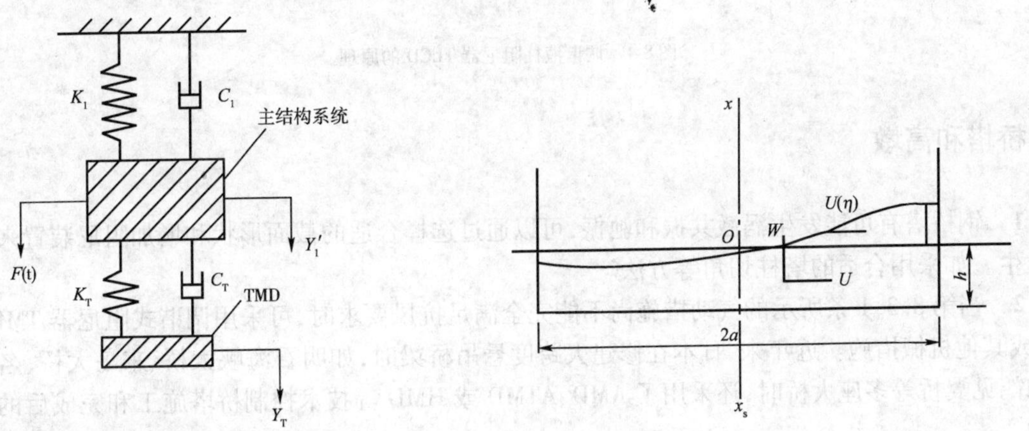

图 8-2 调谐质量阻尼器 TMD 的原理

图 8-3 调谐液体阻尼器 TLD 的原理

$$f_{on} = \frac{\omega_{on}}{2\pi} = \frac{1}{2\pi}\sqrt{\frac{2n-1}{2a}\pi g\tanh\left(\frac{2n-1}{2a}\pi h\right)} \quad (n=1,2,3,\cdots,n) \tag{8-6}$$

$$\zeta_{on} = \frac{1}{a\varepsilon}\cdot\frac{\sqrt{2}}{2}\cdot\frac{1}{2}\sqrt{\frac{\upsilon}{\omega_{on}}}\left(1+\frac{b}{2h}+S\right) \tag{8-7}$$

$$\varepsilon = \frac{h}{a}$$

式中 f_{on}——第 n 阶 TLD 频率（Hz）；

ω_{on}——第 n 阶 TLD 圆率（Hz）；

a——TLD 波动方向水箱长度（m）；

h——水深（m）；

g——重力加速度（m/s^2）；

ζ_{on}——第 n 阶频率阻尼比；

υ——液体黏性系数，对水取 $\upsilon = 0.01 cm^2/s$；

b——水箱宽度（m）；

S——表面损耗因子，一般可取为 1。

对调谐液体柱式阻尼器（TLCD）（图 8-4），其基频和阻尼比可按下列公式计算：

$$f_0=\frac{\omega_0}{2\pi}=\frac{1}{2\pi}\sqrt{\frac{2g}{L}} \tag{8-8}$$

$$\zeta_0=\frac{2Kx_0}{3\pi L} \tag{8-9}$$

式中 L——液体柱长(m);

K——格栅控制的压力损失系数,通过实验得到;

x_0——未控制的受控结构的最大位移(m)。

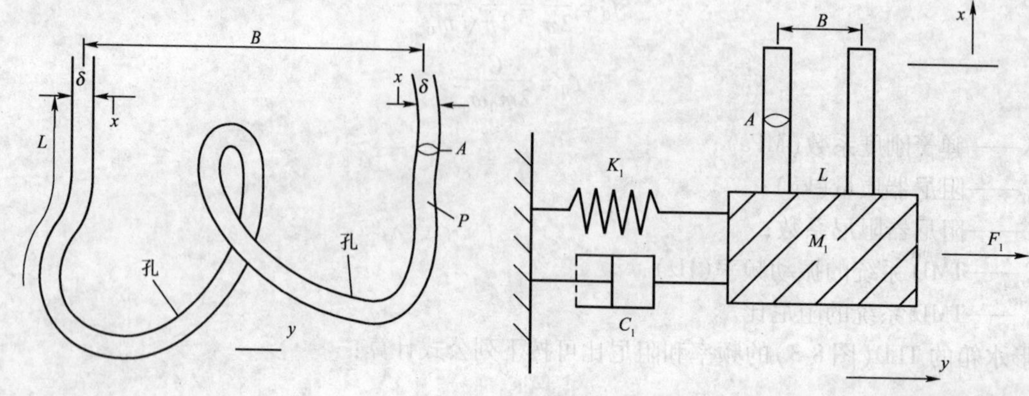

图 8-4　调谐液柱阻尼器 TLCD 的原理

8.3　桥塔和高墩

8.3.1　钢桥塔有可能发生涡激共振和驰振,可以通过选择合适的截面形状和增加阻尼装置来抑制风振的发生。如采用合适的塔柱切角等方法。

8.3.2　当第 8.3.1 条所示的气动措施尚不能完全满足抗风要求时,可采用调谐式阻尼器 TMD、TLD、TLCD 或其他机械措施。近年来,日本在修建大跨度悬吊桥梁时,如明石海峡大桥、来岛大桥、名港中央大桥和鹤见翼桥等多座大桥时,还采用了 AMD、ATMD 或 HMD 等技术控制桥塔施工和完成后的风致限幅振动。

8.4　拉索和吊杆

8.4.1　拉索是斜拉桥的重要结构构件,由于跨度日渐增大及高强钢丝的使用,拉索的长细比愈来愈大,自振频率则愈来愈小,拉索本身阻尼非常小,研究结果表明表面光滑的聚乙烯防护套以及水平偏角风(斜风)作用时拉索的轴向二次流的存在等原因致使拉索可能发生涡激共振、风雨振、参数激振,当两根拉索横向并列时,又有可能发生尾流驰振。可以采用的制振气动措施为:

1　附加凸起方式

(1)平行矩形凸起。

(2)螺旋卷缠凸起。

2　表面加工方式

(1)沿拉索轴向切削的 V 形或 U 形沟。

(2)沿拉索周围切削的环状沟。

(3)表面凸粒或凹点。

3　断面形状改变方式

(1)八角形断面。

(2)扭转的六角形断面。

研究表明，螺旋线对斜拉索的风雨激振有较好的抑制效果。

8.4.2 采用辅助缆索将拉索连接后，将产生以下三种效果：质量效果、阻尼效果和频率效果。

质量效果：辅助缆索将拉索连接后，拉索将再不能单独振动，而变得不论何阶振型，每根拉索或多或少都会发生振动，若仅在部分拉索作用动态空气力或自激振动力，由于辅助缆索的连接，相对质量变大（意味着相对外力变小），即可抑制振动。

阻尼效果：当辅助缆索和拉索的联结非常牢固时，辅助缆索中会产生很大的力和应变，由于滞回能量的耗散，拉索—辅助缆索体系的阻尼可以提高，这一点已在实桥上得到验证。但应注意辅助缆索的材料、拉伸刚度、配置形式、振型将会影响到阻尼值的大小。

频率效果：辅助缆索可以增加拉索面内刚度，并可主要使低阶频率提高，但仅用一根辅助缆索时频率的增大效果并不明显。

少数的辅助缆索并不能使频率有很大的提高，即使有提高，若不涉及涡激共振，风雨振时固有频率的提高带来的制振效果并不明确，这是因为根据以往的实例，风雨振的频率大体都在3Hz以下，将长拉索的最低阶频率提高到3Hz以上并非不可能，但从增加太多的辅助缆索上来看并非现实的好方法。

辅助缆索要受到很大的力，这意味着辅助缆索和拉索的连接部有很大的力，因而应充分注意辅助缆索本身的疲劳强度，并应注意连接不得松弛，不得损伤PE管。

当拉索完全互相独立时，并列拉索尾流引起的振动集中于风下流侧的拉索上，其轨迹呈面内直线或长椭圆形。

两根拉索用抗风联结器相连后的制振效果尚未成定论。联结器和拉索铰接时，微幅振动的情况下，联结器的设置并未引起动力持性的变化，若不在联结器中装入高阻尼的机构时，制振效果不明显。当振幅达到拉索直径的程度，则可以通过联结器产生和风上流侧拉索的耦合，但由此产生的质量效果，气流变化带来的激振力变化尚不明了，日本的岩黑岛桥、拒石岛桥、呼子大桥虽使用了联结器，但同时也用辅助缆索将拉索相连，因此应该认为对尾流驰振起抑制作用的是辅助缆索，而不是联结器。

三根以上平行拉索的联结器形成了空间桁架结构，联结器的设置可使拉索的振动分成两种类型，一是拉索体系的振动，二是次生跨度拉索的振动，由于质量效果和气动效果的互相配合不会再出现由尾流引起的整体扭转振动。可以完全防止下流侧拉索的风振。而次生跨度内的拉索尾流振动则可增加联结器的数量将振动控制在微小振幅的范围之内。

日本志摩丸山桥在三根平行拉索中使用了联结器，在长度54m的拉索中几乎等间距地布置了两个联结器，有效地抑制了振动，但联结器的间距对制振效果的影响因研究尚少，未成定论。

联结器和拉索的联结可分为铰接（岩黑岛等桥）和刚接（志摩丸山桥），刚接时必须考虑不得操作拉索的PE防护管。还必须注意联结器中相当大原应力产生的疲劳问题。

在拉索的适当位置可以安装非调谐式的油阻尼器或黏性剪切型阻尼器，均可得到良好的制振效果。但应注意油阻尼器的阻尼性能与振幅大小有关。黏性剪切型阻尼器的阻尼性能则受到黏性体刚度、振动频率和湿度的影响。

控制拉索风致振动的措施有多种方式，但考虑到风致振动现象的复杂性，桥梁景观的要求以及采取某些措施后可能带来的副效应（如表面凸起的拉索会增大作用于桥梁的横向风荷载）等原因，一般应首选安装阻尼器的方式。

附录B 风洞试验要求

B.1 一般规定

B.1.1 静力三分力试验、节段模型试验、桥塔模型试验、全桥气动弹性模型试验是普遍使用的桥梁模型风洞试验方法。除此之外,近些年来又开发了一种拉条模型试验方法,但我国基本上还没有使用,故未将此方法列入本规范中。

B.1.2 几十年的大量研究表明,紊流对桥梁的风致振动现象具有不可忽略的影响。近十年来,我国先后建成了多座大、中型的大气边界层风洞,为在模拟自然风紊流特性条件下研究桥梁风致振动提供了试验条件,为了提高桥梁抗风试验的正确性和准确性,本规范提出了在大气边界层风洞中进行桥梁风洞试验的要求。由于桥梁主梁的静力气动力系数规定通过均匀流条件下的风洞试验获得,故静力气动力试验可在具有均匀流场特性的低速航空风洞或工业风洞等一般低速风洞中进行。

B.1.3 为了保证桥梁的抗风安全,目前许多国家的桥梁抗风设计规范、规定、标准等,都偏安全地要求在均匀流条件下检验桥梁发生涡激共振、颤振或驰振的可能性。因此,对桥梁试验用风洞提出了基本的均匀流场参数。考虑到桥梁处于接近地面的自然风环境中,对桥梁风洞的均匀流场条件参数,比低速航空风洞等流场条件作了适当的放宽,同时又使其保证必要的试验精度。

B.1.4 近地自然风特性受到地理纬度、地形、温度、地面粗糙情况等多种因素的影响,为了保证桥梁风洞试验的准确性,应尽量获取桥位处的自然风特性进行模拟。但实际能提供桥位处自然风特性资料的情况极少,大多数桥梁风洞试验则基于桥位处的地表粗糙度类型进行自然风特性模拟。

基于地表粗糙度类型,用幂指数 α 表示的风速剖面曲线是一典型统计平均值,实际的风速剖面曲线形状变化要复杂离散得多,鉴于此,在风洞模拟中作了风速剖面曲线幂指数 α 值可以有 ± 0.01 偏差的规定。

高度 Z 处某点的风紊流强度定义为与平均风速方向平行的脉动风速的根方差值与平均风速之比,紊流强度随平均风速的大小而变化。通常,低风速时的紊流强度大于其平均值,而强风时的紊流强度小于其平均值。

脉动风速的功率谱密度函数是紊流中各频率成分脉动分量(涡旋)的贡献大小的描述。许多研究者提出了用于结构设计的不同表达形式的谱的公式,由于我国目前尚未提出适于我国地形及气候特征的谱的实用公式,本规范采用风速水平方向及铅直方向的脉动风功率谱密度函数表达式,即公式(B.1.4-1)和(B.1.4-2)。

表 B.1.4-1 中的 Z_g 为梯度风高度,即平均风速几乎不受地表粗糙程度影响时的大气边界层上空高度,本规范中 Z_g 采用了与我国最新修订的建筑结构规范一致的数值。地面粗糙高度 z_0 定义为,按当地的地表粗糙类别 α 值及风速铅直方向分布的幂指数规律,由 Z_g 高度处的平均风速值 V_g 所求得的平均风速 $V=0$ 处的距地面高度。

由于桥梁结构的风致振动响应的共振分量在总响应中占主要成分,因此,强调了在可能引起桥梁共振的桥梁自振频率范围内的模拟精度要求 。

紊流积分尺度是气流中紊流涡旋的平均尺寸的量度,其离散性一般都很大。在现有风洞试验技术条件下,模拟紊流积分尺度困难较大,因此,本规范将紊流积分尺度的模拟只作为风洞试验紊流场模拟的参考要求。

B.1.5 表 B.1.5 所列出的桥梁风洞试验对模型的要求,系参考了国内外目前的桥梁风洞试验条件和水平,并基于以下考虑制订的:

1 保证模型的几何外形、尺寸、刚度、质量及其分布等的必要模拟精度。

2 避免产生风洞洞壁的干扰效应。

3 避免模型对风洞阻塞度过大而带来的修正问题。

B.2 静力三分力试验

B.2.1 静力三分力试验及主梁节段模型振动试验是截取桥梁主梁(或桥塔、其他构件)的节段进行的,规范虽没有具体规定端板的大小或补偿模型的长度,但原则上应以保持结构绕流的二元流动特性为准。

B.2.3 三分力试验选择两种不同风速的目的,是检验雷诺数对试验结果的影响,故在可能条件下应选用尽可能高的试验风速。

B.2.4 考虑到桥梁风荷载内力分析时使用体轴坐标系下的三分力系数较为方便,而进行抖振及驰振分析时、使用风轴坐标系下的三分力系数较为方便,故提出了三分力试验结果应分别以体轴及风轴坐标系表示的要求。

B.3 节段模型试验

B.3.2 节段模型试验是将桥梁的三维振动问题简化为二元问题的一种近似处理方法,对于悬吊式桥梁,风致振动是按某些振型的组合模态的全桥振动。因此,当简化成只以主梁的振型近似研究全桥振动现象时,应该反映全桥的振动特性,即主梁节段模型的质量和质量惯性矩不应只是主梁自身的值,而应是全桥的等效值。对于所研究的振动模态,主梁的等效质量和等效质量惯性矩按以下公式取值:

$$m_{eq}=\frac{\int m\phi^2\mathrm{d}x}{\int_D\phi_h^2\mathrm{d}x}$$

$$I_{meq}=\frac{\int m\phi^2\mathrm{d}x}{\int_D\phi_\theta^2\mathrm{d}x}$$

式中 m_{eq}、I_{meq}——等效质量、等效质量惯性矩;

$\int m\phi^2\mathrm{d}x$——对于振型 $\phi(x)$ 的全桥广义质量;

$\int_D\phi^2\mathrm{d}x$——振型 $\phi(x)$ 平方关于主梁的积分;

ϕ_h、ϕ_θ——对应于主梁的竖向弯曲及扭转的振型。

B.3.4 对主梁节段模型试验,依赖试验装置本身满足对阻尼值 ±10% 的误差要求往往有难度,这时应通过附加阻尼器达到对阻尼值的误差要求。

B.3.5 主梁节段模型试验中,有时模型会随试验风速增加而产生逐渐增大的附加静攻角,从而影响试验结果。这时应根据静力三分力试验值计算相应的静攻角,此静攻角与设定攻角之和为有效试验攻角,试验中超过有效试验攻角的附加静攻角应予调整扣除。

B.4 桥塔模型试验

B.4.1 当判断桥塔的风致振动以一阶弯曲振型为主时,可以采用弹性支承刚体桥塔模型进行试验,这时,桥塔的振动位移是线性的,需要按一阶弯曲振型的形状对振动响应进行修正。当判断桥塔的风致振动有多阶振型参与时,则须采用桥塔整体弹性模型进行试验。

B.5 全桥气动弹性模型试验

B.5.2 根据绕流物体在不可压缩流体中的运动方程，两个相似流动之间，除应满足几何相似条件外，还应满足表 B-1 的五个无量纲参数的一致性条件。应用于桥梁模型风洞试验时，模型与实桥之间应满足表 B-1 的五个参数的一致性条件。根据量纲分析和桥梁结构特性，惯性参数$\frac{\rho_s}{\rho}$可以用$\frac{m}{\rho b^2}$和$\frac{I_m}{\rho b^4}$代替。对于弹性参数，由于弹性模量 E 在桥梁结构运动方程中都是以结构的刚度表达式出现的，故弹性参数$\frac{E}{\rho U^2}$可以用结构的无量纲拉伸刚度$\frac{EF}{\rho U^2 b^2}$、弯曲刚度$\frac{EI}{\rho U^2 b^4}$、自由扭转刚度$\frac{GJ_d}{\rho U^2 b^4}$、约束扭转刚度$\frac{EJ_W}{\rho U^2 b^6}$代替。

表 B-1

无量纲参数	表达式	力学意义
弹性参数（Cauchy 数）	$\frac{E}{\rho U^2}$	$\frac{\text{结构物理性力}}{\text{气动惯性力}}$
惯性参数（密度比）	$\frac{\rho_s}{\rho}$	$\frac{\text{结构物惯性力}}{\text{气动惯性力}}$
重力参数（Froude 数）	$\frac{gB}{U^2}$	$\frac{\text{结构物重力}}{\text{气动惯性力}}$
黏性参数（Reynolds 数）	$\frac{\rho UB}{\mu}$	$\frac{\text{气动弹性力}}{\text{空气黏性力}}$
阻尼参数（对数衰减率）	δ	$\frac{\text{一个周期的耗散能量}}{\text{振动总能量}}$

假定桥梁模型的几何缩尺比为 $1/n$，根据表 B-1 和上述讨论，当忽略雷诺数的相似要求时，便可得到表 B-1 第 3 列的桥梁各参数的缩尺率。重力参数反映了结构物在地心引力作用下，其重力对结构物绕流运动的影响。对于悬索桥，主缆在水平张力作用下表现出很大的重力刚度，并为悬索桥结构提供了主要的刚度贡献。当重力参数一致性不满足时，模型主缆的重力刚度的改变将导致结构动力特性（固有振型及固有频率）的改变，破坏了模型与实桥间的相似关系。对于斜拉桥，如果重力参数的一致性未被满足，模型主梁可能由于被夸大的正升力作用而产生向上变形，并导致斜拉索的索力释放，使斜张桥的整体刚度降低。上述讨论表明，对于悬索桥和斜拉桥的全桥气动弹性模型，满足重力参数的一致性条件是必要的。这时，模型试验与实桥间的风速比满足 $1/\sqrt{n}$的关系。但对于拱式桥、梁式桥或独立状态的桥塔，重力参数的一致性不满足时，并不会引起结构特性的变化，这时，可以根据非定常流相似的一致性条件，即由无量纲参数斯特罗哈数 $S_t=\frac{fD}{V}=$常数来选定风速比。例如，设 $C_L=\frac{D_m}{D_P}=\frac{1}{n}$，则有$\frac{V_m}{V_P}=\frac{1}{n}\frac{f_m}{f_p}$，因此，可以根据风洞的风速范围和模型的刚度模拟要求来选择风速比，使模型制作要求放宽。这时，桥梁模型各参数的缩尺率如表 B.5.1 第 4 列所示。

对于常压下的大气边界层风洞，满足黏性参数（雷诺数）的一致性条件几乎是不可能的。对于具有尖锐棱缘的钝体，由于流动的分离点几乎固定不变，忽略雷诺数相似将不会给试验结果带来明显误差。但对于近流线型断面的绕流问题，雷诺数的一致性条件则必须满足。可以用增大物体表面粗糙度的办法提高粗糙雷诺数以近似满足。

JTG

中华人民共和国行业标准　　JTG D63—2007

公路桥涵地基与基础设计规范

Code for Design of Ground Base and Foundation of Highway Bridges and Culverts

3

2007-09-29 发布　　2007-12-01 实施

中华人民共和国交通部发布

中华人民共和国交通部公告

2007年第32号

关于公布《公路桥涵地基与基础设计规范》（JTG D63—2007）的公告

现公布《公路桥涵地基与基础设计规范》（JTG D63—2007），自2007年12月1日起施行，原《公路桥涵地基与基础设计规范》（JTJ 024—85）同时废止。

《公路桥涵地基与基础设计规范》（JTG D63—2007）中，第4.1.1-2、4.1.1-5、4.1.1-6、4.4.3、5.2.2-1、7.1.2、7.2.1、7.2.4条为强制性条文，必须严格执行。

该规范的管理权和解释权归交通部。日常解释和管理工作由主编单位中交公路规划设计院有限公司负责。请各有关单位在实践中注意总结经验，若有修改意见，请函告中交公路规划设计院有限公司（北京市东城区东四前炒面胡同33号，邮编：100010，联系电话：010-65237331），以便修订时研用。

特此公告。

中华人民共和国交通部

二〇〇七年九月二十九日

前　　言

根据交通部"关于下达2005年度公路行业标准制修订项目计划的通知"(交公路发【2005】354号),由中交公路规划设计院有限公司组织对《公路桥涵地基与基础设计规范》(JTJ 024—85)进行修订。

在修订过程中,编写组开展了各项专题研究和调查工作,吸取了国内有关科研、院校、设计、检测等单位的研究成果和实际工程经验;参考、借鉴了国外先进的标准规范。通过发函和召开征求意见会等多种方式征求了有关单位和人员的意见,经反复讨论、修改,最后由交通部审查定稿。

修订后的规范共有7章18个附录。修订的主要内容包括:

1. 按《公路工程结构可靠度设计统一标准》(GB/T 50283—1999)的规定,引入了极限状态设计原则,使得本规范与公路桥梁系列设计规范体系协调。

2. 按《工程结构设计基本术语和通用符号》(GBJ 132—90)的规定,修改了符号并列出了主要名词术语。

3. 参照现行有关标准、规范的要求,结合公路工程实际,修改了地基土的分类及工程特性的有关规定。

4. 补充、修改了公路桥涵浅基础设计的有关规定,按照最新的科研成果修订了冻土地区基础设计的有关规定。

5. 完善、修订了桩基础设计的有关规定,补充了后压浆设计等成熟的先进技术。

6. 完善了沉井计算的有关规定。

7. 新增了地下连续墙设计的内容。

各单位在使用过程中,若发现问题或提出意见、建议,请及时与主编单位联系(地址:北京东四前炒面胡同33号,邮编:100010,电话:010-65237331, E-mail: ssso@hpdi.com.cn),以便修订时研用。

主编单位:中交公路规划设计院有限公司

参编单位:湖南大学　东南大学

主要起草人:张喜刚　鲍卫刚　赵君黎　李扬海　袁伦一　郑绍珪　赵明华　龚维明　刘明虎　陈晓东　徐　麟　刘晓娣　戴国亮　穆保岗　刘晓明　刘建华　张　玲　罗　宏　邬龙刚　刘峻龙

目　录

1 总则

1.0.1 为了适应公路桥涵地基基础设计的需要，使设计符合技术先进、安全可靠、适用耐久、经济合理、保护环境的要求，制定本规范。

1.0.2 本规范适用于公路桥涵地基基础的设计。其他道路桥涵的地基基础设计也可参照使用。

1.0.3 地基基础设计，必须坚持因地制宜、就地取材、节约资源的原则。

基础的类型应根据水文、地质、地形、荷载、材料情况、上下部结构形式和施工条件合理地选用。

1.0.4 桥址处应进行工程地质勘察，提供的勘察资料应能正确反映地形、地貌、地层结构、影响桥涵稳定的不良地质、岩土的物理力学性质及地下水埋藏等详细情况。

1.0.5 基础结构设计的作用及其效应组合，应按下列规定采用：

1 按承载能力极限状态要求，结构构件自身承载力及稳定性应采用作用效应基本组合和偶然组合进行验算。

1）基本组合：

承载力验算时作用效应组合表达式、结构重要性系数、各效应的分项系数及效应组合系数按《公路桥涵设计通用规范》（JTG D60—2004）第 4.1.6 条第 1 款规定执行；稳定性验算时，上述各项系数均取为 1.0。

2）偶然组合（不包括地震作用）：

作用效应组合可采用下式：

$$\gamma_0 S_{ad} = \gamma_0 \left(\sum_{i=1}^{m} \gamma_{Gi} S_{Gik} + \gamma_a S_{ak} + \Psi_{11} S_{Q1k} + \sum_{i=2}^{n} \Psi_{2j} S_{Qjk} \right) \tag{1.0.5}$$

式中 γ_0——结构重要性系数，取 $\gamma_0 = 1.0$；

S_{ad}——承载能力极限状态下作用偶然组合的效应组合值；

S_{Gik}——第 i 个永久作用标准值效应；

S_{ak}——偶然作用标准值效应；

S_{Q1k}——除偶然作用外，第一个可变作用标准值效应；该标准值效应大于其他任意第 j 个可变作用标准值效应；

S_{Qjk}——其他第 j 个可变作用标准值效应；

Ψ_{11}——第一个可变作用的频遇值系数，按《公路桥涵设计通用规范》（JTG D60—2004）第 4.1.7 条第 1 款的规定取用；稳定验算时取 $\Psi_{11} = 1.0$；

Ψ_{2j}——其他第 j 个可变作用的准永久值系数，按《公路桥涵设计通用规范》（JTG D60—2004）第 4.1.7 条第2 款的规定采用；稳定验算时取 $\Psi_{2j} = 1.0$；

γ_{Gi}、γ_a——上面表达式中相应作用效应的分项系数，均取值为 1.0。

2 当基础结构需要进行正常使用极限状态设计时，作用短期效应组合和长期效应组合表达式、频遇值系数及准永久值系数，均应按《公路桥涵设计通用规范》（JTG D60—2004）第 4.1.7 条确定。

1.0.6 基础结构的稳定性可按下式进行验算：

$$k \leqslant \frac{S_{bk}}{\gamma_0 S_{sk}} \tag{1.0.6}$$

式中 γ_0——结构重要性系数，取 $\gamma_0 = 1.0$；

S_{sk}——使基础结构失稳的作用标准值效应的组合值，按基本组合和偶然组合最大组合值计算；

S_{bk}——使基础结构稳定的作用标准值效应的组合值，按基本组合和偶然组合最小组合值计算；

k——基础结构稳定性系数。

1.0.7 基础结构应进行耐久性设计。

1.0.8 地基进行竖向承载力验算时，传至基底或承台底面的作用效应应按正常使用极限状态的短期效应组合采用；同时尚应考虑作用效应的偶然组合（不包括地震作用）。

作用效应组合值应小于或等于相应的抗力——地基承载力容许值或单桩承载力容许值。

1 当采用作用短期效应组合时，其中可变作用的频遇值系数均取为1.0，且汽车荷载应计入冲击系数。

填料厚度（包括路面厚度）等于或大于0.5m的拱桥、涵洞，以及重力式墩台，其地基计算可不计汽车冲击系数。

2 当采用作用效应的偶然组合时，其组合表达式按本规范第1.0.5条采用，但不考虑结构重要性系数，式（1.0.5）中的作用分项系数γ_{Gi}和γ_a、频遇值系数Ψ_{11}和准永久值系数Ψ_{2j}均取为1.0。

1.0.9 计算基础沉降时，传至基础底面的作用效应应按正常使用极限状态下作用长期效应组合采用。

该组合仅为直接施加于结构上的永久作用标准值（不包括混凝土收缩及徐变作用、基础变位作用）和可变作用准永久值（仅指汽车荷载和人群荷载）引起的效应。

1.0.10 作用取值及其效应组合、有关系数的取用，除有特别指明外应按现行《公路桥涵设计通用规范》（JTG D60）的规定执行；基础结构计算应按现行《公路圬工桥涵设计规范》（JTG D61）和《公路钢筋混凝土及预应力混凝土桥涵设计规范》（JTG D62）的规定执行；地基基础的抗震设计尚应符合现行《公路工程抗震设计规范》的规定。

1.0.11 公路桥涵地基与基础设计时，除应符合本规范外，尚应符合现行有关国家标准的规定。

2 术语、符号

2.1 术语

2.1.1 地基 subgrade; foundation soil

承受结构作用的土体、岩体。

2.1.2 基础 foundation

将结构所承受的各种作用传递到地基上的结构组成部分。

2.1.3 安全等级 safety classes

为使结构具有合理的安全性,根据工程结构破坏所产生后果的严重程度而划分的设计等级。

2.1.4 作用短期效应组合 combination for short-term action effects

正常使用极限状态设计时,永久作用标准值与可变作用频遇值效应的组合。其中可变作用频遇值为可变作用标准值与频遇值系数的乘积。

2.1.5 作用长期效应组合 combination for long-term action effects

正常使用极限状态设计时,永久作用标准值与可变作用准永久值效应的组合。其中可变作用准永久值为可变作用标准值与准永久值系数的乘积。

2.1.6 承载力容许值 allowable value of bearing capacity

地基压力变形曲线上,在线性变形段内某一变形所对应的压力值。

2.1.7 节理 joint

岩体破裂面两侧岩层无明显位移的裂缝或裂隙。

2.1.8 持力层 bearing stratum

直接承受基础作用的地层。

2.1.9 下卧层 underlying stratum

位于持力层以下,处于被压缩或可能被剪损的一定深度内的土层。

2.1.10 重力密度(简称重度) gravity density

单位体积岩土所承受的重力,为岩土的密度与重力加速度的乘积。

2.1.11 季节性冻土 seasonal frozen soil

冬季冻结、春(夏)季全部融化的土层。

2.1.12 多年冻土 permafrost

冻结状态持续两年以上的土层。

2.1.13 桩基础 pile foundation

由桩以及连接桩顶的承台或系梁所组成的基础。

2.1.14 负摩阻力 negative friction

桩身周围土由于自重固结、自重湿陷、地面附加荷载等原因而产生大于桩身的沉降时,土对桩侧表面所产生的向下摩阻力。

2.1.15 基桩 foundation pilc

桩基础中的单桩。

2.1.16 群桩基础 foundation of pile-group

由两根及以上基桩组成的桩基础。

2.1.17 沉井基础 open caisson foundation

上下敞口带刃脚的空心井筒状结构，依靠自重或配以助沉措施下沉至设计标高处，以井筒作为结构的基础。

2.1.18 地基处理 ground treatment

为提高地基土的承载力、改善其变形性质或渗透性质而采用的工程措施。

2.1.19 切向冻胀力 tangential frost-heave

地基土在冻结膨胀时所产生的作用方向平行于基础侧面的力。

2.1.20 地下连续墙 underground diaphragm wall

在地面以下为截水防渗、挡土和承受作用而建造的连续墙壁。

2.2 主要符号

2.2.1 地基抗力及应力有关符号

$[f_{a0}]$——地基承载力基本容许值；

$[f_a]$——修正后的地基承载力容许值；

f_{rk}——岩石饱和单轴抗压强度标准值；

p——基础底面处平均压应力；

p_{max}、p_{min}——基础底面边缘的最大压应力和最小压应力；

p_0——基础底面处附加压应力；

γ_R——地基承载力容许值抗力系数；

C_u——地基土不排水抗剪强度；

$[R_a]$——单桩竖向承载力容许值；

q_{ik}——第 i 层土桩侧摩阻力标准值；

q_{rk}——桩端处土的承载力标准值；

$[R_t]$——摩擦桩单桩轴向受拉承载力容许值；

τ_{sk}——季节性冻土切向冻胀力标准值；

q_{sk}——基础侧面与融化层的摩阻力标准值；

q_{pk}——多年冻土与基础侧面的冻结力标准值；

Q_S——基础周边融化层的摩阻力；

Q_p——基础周边与多年冻土的冻结力。

2.2.2 作用及其效应有关符号

N——作用于地基上的竖向力；

M——由作用于墩台的水平力和竖向力引起的对基础重心轴的弯矩；

P_i——作用于墩台或基础的分项竖向力；

H_i——作用于墩台或基础的分项水平力；

F_k——作用于基础上或桩(柱)顶上的结构自重标准值；

G_k——基础或桩(柱)自重标准值及基础上土重标准值；

T——对基础或桩(柱)的切向冻胀力；

s——地基最终沉降量。

2.2.3 几何尺寸有关符号

b——基础底面短边边长；

l——基础底面长边边长、桩在局部冲刷线以下的有效长度、桥梁跨径；

h——基础底面或桩端埋置深度、桩嵌入基岩深度；

d_{min}——基底最小埋置深度；

z_d——设计冻深；

z_0——标准冻深；

h_{max}——基础底面下容许最大冻层厚度；

A——基础底面积；

I——基础底面积惯性矩；

W——基础底面积抵抗矩；

e_0——基础底面竖向力的偏心距；

d——桩身直径；

A_p——桩端截面面积；

l_i——承台底面或局部冲刷线以下各土层厚度；

u——桩身的周长、嵌岩桩嵌入部分周长、沉井井壁周边长度。

2.2.4 参数和系数有关符号

I_P——塑性指数；

I_L——液性指数；

w——天然含水量；

e——天然孔隙比；

k_1、k_2——计算修正后地基承载力容许值$[f_a]$时，基础底面宽度、深度修正系数；

γ——地基土的重力密度，简称土的重度；

ψ_{zs}——土的类别对冻深的影响系数；

ψ_{zw}——土的冻胀性对冻深的影响系数；

ψ_{ze}——环境对冻深的影响系数；

ψ_{zg}——地形坡向对冻深的影响系数；

ψ_{zf}——基础对冻深的影响系数；

ψ_s——沉降计算经验系数；

α、$\bar{\alpha}$——附加压应力系数、平均附加压应力系数；

E_s——土的压缩模量；

μ——土与基底的摩擦系数；

K——墙侧土的水平地基反力系数；

k_0——墩台基础抗倾覆稳定性系数；

k_c——墩台基础抗滑动稳定性系数；

k——冻胀力修正系数；

α_i、α_p——振动沉桩时桩侧摩阻力和桩端承载力的影响系数；

ζ_s——在覆盖层中各层土桩侧摩阻力的发挥系数；

β_p、β_{si}——采用后压浆技术的灌注桩各层桩侧摩阻力和桩端承载力的增强系数；

φ——内摩擦角；

c——黏聚力。

3 地基岩土分类、工程特性与地基承载力

3.1 地基岩土分类

3.1.1 公路桥涵地基的岩土可分为岩石、碎石土、砂土、粉土、黏性土和特殊性岩土。

3.1.2 岩石为颗粒间连接牢固、呈整体或具有节理裂隙的地质体。作为公路桥涵地基，除应确定岩石的地质名称外，尚应按本规范第3.1.3条、第3.1.4条、第3.1.5条和第3.1.6条规定划分其坚硬程度、完整程度、节理发育程度、软化程度和特殊性岩石。

3.1.3 岩石的坚硬程度应根据岩块的饱和单轴抗压强度标准值f_{rk}按表3.1.3分为坚硬岩、较硬岩、较软岩、软岩和极软岩5个等级。当缺乏有关试验数据或不能进行该项试验时，可按本规范附录表A.0.1-1定性分级。岩石的风化程度可按本规范附录表A.0.1-2分为未风化、微风化、中风化、强风化、全风化5个等级。

表3.1.3 岩石坚硬程度分级

坚硬程度类别	坚硬岩	较硬岩	较软岩	软 岩	极软岩
饱和单轴抗压强度标准值f_{rk}(MPa)	$f_{rk}>60$	$60\geqslant f_{rk}>30$	$30\geqslant f_{rk}>15$	$15\geqslant f_{rk}>5$	$f_{rk}\leqslant 5$

注：岩石饱和单轴抗压强度试验要点，见本规范附录B。

3.1.4 岩体完整程度根据完整性指数按表3.1.4分为完整、较完整、较破碎、破碎和极破碎5个等级。当缺乏有关试验数据时，可按本规范附录表A.0.1-3划分。

表3.1.4 岩体完整程度划分

完整程度等级	完 整	较完整	较破碎	破 碎	极破碎
完整性指数	>0.75	0.75~0.55	0.55~0.35	0.35~0.15	<0.15

注：完整性指数为岩体纵波波速与岩块纵波波速之比的平方。

3.1.5 岩体节理发育程度根据节理间距按表3.1.5分为节理很发育、节理发育、节理不发育3类。

表3.1.5 岩体节理发育程度的分类

程 度	节理不发育	节理发育	节理很发育
节理间距(mm)	>400	200~400	20~200

3.1.6 岩石按软化系数可分为软化岩石和不软化岩石，当软化系数等于或小于0.75时，应定为软化岩石，大于0.75时，定为不软化岩石。

当岩石具有特殊成分、特殊结构或特殊性质时，应定为特殊性岩石，如易溶性岩石、膨胀性岩石、崩解性岩石、盐渍化岩石等。

3.1.7 碎石为粒径大于2mm的颗粒含量超过总质量50%的土。碎石土可按表3.1.7分为漂石、块石、卵石、碎石、圆砾和角砾6类。

3.1.8 碎石土的密实度，可根据重型动力触探锤击数$N_{63.5}$按表3.1.8分为松散、稍密、中密、密实4级。当缺乏有关试验数据时，碎石土平均粒径大于50mm或最大粒径大于100mm时，按本规范附录表A.0.2鉴别其密实度。

表 3.1.7 碎石土的分类

土的名称	颗粒形状	粒组含量
漂石	圆形及亚圆形为主	粒径大于 200mm 的颗粒含量超过总质量 50%
块石	棱角形为主	
卵石	圆形及亚圆形为主	粒径大于 20mm 的颗粒含量超过总质量 50%
碎石	棱角形为主	
圆砾	圆形及亚圆形为主	粒径大于 2mm 的颗粒含量超过总质量 50%
角砾	棱角形为主	

注：碎石土分类时应根据粒组含量从大到小以最先符合者确定。

表 3.1.8 碎石土的密实度

锤击数 $N_{63.5}$	密实度	锤击数 $N_{63.5}$	密实度
$N_{63.5} \leqslant 5$	松散	$10 < N_{63.5} \leqslant 20$	中密
$5 < N_{63.5} \leqslant 10$	稍密	$N_{63.5} > 20$	密实

注：1. 本表适用于平均粒径小于或等于 50mm 且最大粒径不超过 100mm 的卵石、碎石、圆砾、角砾。

2. 表内 $N_{63.5}$ 为经修正后锤击数的平均值，锤击数的修正按本规范附录 C 进行。

3.1.9 砂土为粒径大于 2mm 的颗粒含量不超过总质量 50%、粒径大于 0.075mm 的颗粒超过总质量 50% 的土。砂土可按表 3.1.9 分为砾砂、粗砂、中砂、细砂和粉砂 5 类。

表 3.1.9 砂土分类

土的名称	粒组含量
砾砂	粒径大于 2mm 的颗粒含量占总质量 25% ~50%
粗砂	粒径大于 0.5mm 的颗粒含量超过总质量 50%
中砂	粒径大于 0.25mm 的颗粒含量超过总质量 50%
细砂	粒径大于 0.075mm 的颗粒含量超过总质量 85%
粉砂	粒径大于 0.075mm 的颗粒含量超过总质量 50%

3.1.10 砂土的密实度可根据标准贯入锤击数按表 3.1.10 分为松散、稍密、中密、密实 4 级。

表 3.1.10 砂土的密实度

标准贯入锤击数 N	密实度	标准贯入锤击数 N	密实度
$N \leqslant 10$	松散	$15 < N \leqslant 30$	中密
$10 < N \leqslant 15$	稍密	$N > 30$	密实

3.1.11 粉土为塑性指数 $I_P \leqslant 10$ 且粒径大于 0.075mm 的颗粒含量不超过总质量 50% 的土。

3.1.12 粉土的密实度应根据孔隙比 e 划分为密实、中密和稍密；其湿度应根据天然含水量 w(%) 划分为稍湿、湿、很湿。密实度和湿度的划分应分别符合表 3.1.12-1 和表 3.1.12-2 的规定。

表 3.1.12-1 粉土密实度分类

孔隙比 e	密实度
$e < 0.75$	密实
$0.75 \leqslant e \leqslant 0.90$	中密
$e > 0.9$	稍密

表 3.1.12-2 粉土湿度分类

天然含水量 w(%)	湿度
$w < 20$	稍湿
$20 \leqslant w \leqslant 30$	湿
$w > 30$	很湿

3.1.13 黏性土为塑性指数 $I_P>10$ 且粒径大于 0.075mm 的颗粒含量不超过总质量 50% 的土。黏性土根据塑性指数按表 3.1.13 分为黏土和粉质黏土。

表 3.1.13 黏性土的分类

塑性指数 I_P	土的名称
$I_P>17$	黏土
$10<I_P\leq 17$	粉质黏土

注：液限和塑限分别按 76g 锥试验确定。

3.1.14 黏性土的软硬状态可根据液性指数 I_L 按表 3.1.14分为坚硬、硬塑、可塑、软塑、流塑 5 种状态。

表 3.1.14 黏性土的状态

液性指数 I_L	状态	液性指数 I_L	状态
$I_L\leq 0$	坚硬	$0.75<I_L\leq 1$	软塑
$0<I_L\leq 0.25$	硬塑	$I_L>1$	流塑
$0.25<I_L\leq 0.75$	可塑	—	—

3.1.15 黏性土可根据沉积年代按表 3.1.15 分为老黏性土、一般黏性土和新近沉积黏性土。

表 3.1.15 黏性土的沉积年代分类

沉积年代	土的分类
第四纪晚更新世(Q_3)及以前	老黏性土
第四纪全新世(Q_4)	一般黏性土
第四纪全新世(Q_4)以后	新近沉积黏性土

3.1.16 特殊性岩土是具有一些特殊成分、结构和性质的区域性地基土，包括软土、膨胀土、湿陷性土、红黏土、冻土、盐渍土和填土等。

3.1.17 软土为滨海、湖沼、谷地、河滩等处天然含水量高、天然孔隙比大、抗剪强度低的细粒土，其鉴别指标应符合表 3.1.17 的规定，包括淤泥、淤泥质土、泥炭、泥炭质土等。

表 3.1.17 软土地基鉴别指标

指标名称	天然含水量 w (%)	天然孔隙比 e	直剪内摩擦角 φ (°)	十字板剪切强度 C_u (MPa)	压缩系数 a_{1-2} (MPa^{-1})
指标值	≥ 35 或液限	≥1.0	宜小于 5	<35kPa	宜大于 0.5

3.1.18 淤泥为在静水或缓慢的流水环境中沉积，并经生物化学作用形成，其天然含水量大于液限、天然孔隙比大于或等于 1.5 的黏性土。

天然含水量大于液限而天然孔隙比小于 1.5 但大于或等于 1.0 的黏性土或粉土为淤泥质土。

3.1.19 膨胀土为土中黏粒成分主要由亲水性矿物组成，同时具有显著的吸水膨胀和失水收缩特性，其自由膨胀率大于或等于 40% 的黏性土。

3.1.20 湿陷性土为浸水后产生附加沉降，其湿陷系数大于或等于 0.015 的土。

3.1.21 红黏土为碳酸盐岩系的岩石经红土化作用形成的高塑性黏土，其液限一般大于 50。红黏土经再搬运后仍保留其基本特征且其液限大于 45 的土为次生红黏土。

3.1.22 盐渍土为土中易溶盐含量大于 0.3% ，并具有溶陷、盐胀、腐蚀等工程特性的土。

3.1.23 填土根据其组成和成因，可分为素填土、压实填土、杂填土、冲填土。

素填土为由碎石土、砂土、粉土、黏性土等组成的填土。经过压实或夯实的素填土为压实填土。杂填土为含有建筑垃圾、工业废料、生活垃圾等杂物的填土。冲填土为由水力冲填泥砂形成的填土。

3.1.24 软弱地基系指主要由淤泥、淤泥质土、冲填土、杂填土或其他高压缩性土层构成的地基。

3.2 工程特性指标

3.2.1 土的工程特性指标包括抗剪强度指标、压缩性指标、动力触探锤击数、静力触探探头阻力、载荷试验承载力以及其他特性指标。

3.2.2 地基土工程特性指标的代表值应分别为标准值、平均值及容许值。强度指标应取标准值;压缩性指标应取平均值;承载力指标应取容许值。

3.2.3 土的载荷试验应包括浅层平板载荷试验和深层平板载荷试验。两种载荷试验要点应分别符合本规范附录D、附录E的规定。岩基载荷试验要点应符合本规范附录F的规定。

3.2.4 土的抗剪强度指标,可采用原状土室内剪切试验、无侧限抗压强度试验、现场剪切试验、十字板剪切试验等方法测定。当采用室内剪切试验确定土的抗剪强度指标时,室内试验抗剪强度指标黏聚力标准值 c_k、内摩擦角标准值 φ_k,可按本规范附录G确定。

3.2.5 土的压缩性指标可采用原状土室内压缩试验、原位浅层或深层平板载荷试验、旁压试验确定。当采用室内压缩试验确定压缩模量时,试验所施加的最大压力应超过土自重压力与预计附加压力之和,试验成果用 e-p 曲线表示。地基土的压缩性可按 p_1 为100kPa,p_2 为200kPa相对应的压缩系数值 a_{1-2} 划分为低、中、高压缩性,且应按以下规定进行评价:

1 当 $a_{1-2}<0.1\text{MPa}^{-1}$ 时,为低压缩性土;

2 当 $0.1\text{MPa}^{-1}\leqslant a_{1-2}<0.5\text{MPa}^{-1}$ 时,为中压缩性土;

3 当 $a_{1-2}\geqslant 0.5\text{MPa}^{-1}$ 时,为高压缩性土。

3.3 地基承载力

3.3.1 地基承载力的验算,应以修正后的地基承载力容许值 $[f_a]$ 控制。该值系在地基原位测试或本规范给出的各类岩土承载力基本容许值 $[f_{a0}]$ 的基础上,经修正而得。

3.3.2 地基承载力容许值应按以下原则确定:

1 地基承载力基本容许值应首先考虑由载荷试验或其他原位测试取得,其值不应大于地基极限承载力的1/2。

对中小桥、涵洞,当受现场条件限制,或载荷试验和原位测试确有困难时,也可按照本规范第3.3.3条有关规定采用。

2 地基承载力基本容许值尚应根据基底埋深、基础宽度及地基土的类别按照本规范第3.3.4条规定进行修正。

3 软土地基承载力容许值可按照本规范第3.3.5条确定。

4 其他特殊性岩土地基承载力基本容许值可参照各地区经验或相应的标准确定。

3.3.3 地基承载力基本容许值 $[f_{a0}]$ 可根据岩土类别、状态及其物理力学特性指标按表3.3.3-1~表3.3.3-7选用。

1 一般岩石地基可根据强度等级、节理按表3.3.3-1确定承载力基本容许值 $[f_{a0}]$。对于复杂的岩层(如溶洞、断层、软弱夹层、易溶岩石、软化岩石等)应按各项因素综合确定。

表3.3.3-1 岩石地基承载力基本容许值 $[f_{a0}]$

坚硬程度 \ $[f_{a0}]$(kPa) \ 节理发育程度	节理不发育	节理发育	节理很发育
坚硬岩、较硬岩	>3 000	3 000~2 000	2 000~1 500
较软岩	3 000~1 500	1 500~1 000	1 000~800
软岩	1 200~1 000	1 000~800	800~500
极软岩	500~400	400~300	300~200

2 碎石土地基可根据其类别和密实程度按表3.3.3-2确定承载力基本容许值 $[f_{a0}]$。

表 3.3.3-2 碎石土地基承载力基本容许值[f_{a0}]

土名 \ [f_{a0}](kPa) \ 密实程度	密实	中密	稍密	松散
卵石	1 200 ~ 1 000	1 000 ~ 650	650 ~ 500	500 ~ 300
碎石	1 000 ~ 800	800 ~ 550	550 ~ 400	400 ~ 200
圆砾	800 ~ 600	600 ~ 400	400 ~ 300	300 ~ 200
角砾	700 ~ 500	500 ~ 400	400 ~ 300	300 ~ 200

注:1. 由硬质岩组成,填充砂土者取高值;由软质岩组成,填充黏性土者取低值。

2. 半胶结的碎石土,可按密实的同类土的[f_{a0}]值提高 10% ~ 30%。

3. 松散的碎石土在天然河床中很少遇见,需特别注意鉴定。

4. 漂石、块石的[f_{a0}]值,可参照卵石、碎石适当提高。

3 砂土地基可根据土的密实度和水位情况按表 3.3.3-3 确定承载力基本容许值[f_{a0}]。

表 3.3.3-3 砂土地基承载力基本容许值[f_{a0}]

土名及水位情况 \ [f_{a0}](kPa) \ 密实度		密实	中密	稍密	松散
砾砂、粗砂	与湿度无关	550	430	370	200
中砂	与湿度无关	450	370	330	150
细砂	水上	350	270	230	100
	水下	300	210	190	—
粉砂	水上	300	210	190	—
	水下	200	110	90	—

4 粉土地基可根据土的天然孔隙比 e 和天然含水量 w(%)按表 3.3.3-4 确定承载力基本容许值[f_{a0}]。

表 3.3.3-4 粉土地基承载力基本容许值[f_{a0}]

e \ [f_{a0}](kPa) \ w(%)	10	15	20	25	30	35
0.5	400	380	355	—	—	—
0.6	300	290	280	270	—	—
0.7	250	235	225	215	205	—
0.8	200	190	180	170	165	—
0.9	160	150	145	140	130	125

5 老黏性土地基可根据压缩模量 E_s 按表 3.3.3-5 确定承载力基本容许值[f_{a0}]。

表 3.3.3-5 老黏性土地基承载力基本容许值[f_{a0}]

E_s(MPa)	10	15	20	25	30	35	40
[f_{a0}](kPa)	380	430	470	510	550	580	620

注:当老黏性土 E_s < 10MPa 时,承载力基本容许值[f_{a0}]按一般黏性土(表 3.3.3-6)确定。

6 一般黏性土可根据液性指数 I_L 和天然孔隙比 e 按表 3.3.3-6 确定地基承载力基本容许值[f_{a0}]。

表 3.3.3-6　一般黏性土地基承载力基本容许值[f_{a0}]

$[f_{a0}]$(kPa) e \ I_L	0	0.1	0.2	0.3	0.4	0.5	0.6	0.7	0.8	0.9	1.0	1.1	1.2
0.5	450	440	430	420	400	380	350	310	270	240	220	—	—
0.6	420	410	400	380	360	340	310	280	250	220	200	180	—
0.7	400	370	350	330	310	290	270	240	220	190	170	160	150
0.8	380	330	300	280	260	240	230	210	180	160	150	140	130
0.9	320	280	260	240	220	210	190	180	160	140	130	120	100
1.0	250	230	220	210	190	170	160	150	140	120	110	—	—
1.1	—	—	160	150	140	130	120	110	100	90	—	—	—

注:1. 土中含有粒径大于 2mm 的颗粒质量超过总质量 30% 以上者,[f_{a0}]可适当提高。

2. 当 $e<0.5$ 时,取 $e=0.5$;当 $I_L<0$ 时,取 $I_L=0$。此外,超过表列范围的一般黏性土,$[f_{a0}]=57.22E_s^{0.57}$。

7　新近沉积黏性土地基可根据液性指数 I_L 和天然孔隙比 e 按表 3.3.3-7 确定承载力基本容许值[f_{a0}]。

表 3.3.3-7　新近沉积黏性土地基承载力基本容许值[f_{a0}]

$[f_{a0}]$(kPa) e \ I_L	≤0.25	0.75	1.25
≤0.8	140	120	100
0.9	130	110	90
1.0	120	100	80
1.1	110	90	—

3.3.4　修正后的地基承载力容许值[f_a]按式(3.3.4)确定。当基础位于水中不透水地层上时,[f_a]按平均常水位至一般冲刷线的水深每米再增大 10kPa。

$$[f_a]=[f_{a0}]+k_1\gamma_1(b-2)+k_2\gamma_2(h-3) \tag{3.3.4}$$

式中　[f_a]——修正后的地基承载力容许值(kPa);

b——基础底面的最小边宽(m);当 $b<2$m 时,取 $b=2$m;当 $b>10$m 时,取 $b=10$m;

h——基底埋置深度(m),自天然地面起算,有水流冲刷时自一般冲刷线起算;当 $h<3$m 时,取 $h=3$m;当 $h/b>4$ 时,取 $h=4b$;

k_1、k_2——基底宽度、深度修正系数,根据基底持力层土的类别按表 3.3.4 确定;

γ_1——基底持力层土的天然重度(kN/m³);若持力层在水面以下且为透水者,应取浮重度;

γ_2——基底以上土层的加权平均重度(kN/m³);换算时若持力层在水面以下,且不透水时,不论基底以上土的透水性质如何,一律取饱和重度;当透水时,水中部分土层则应取浮重度。

表 3.3.4　地基土承载力宽度、深度修正系数 k_1、k_2

土类	黏性土				粉土	砂土								碎石土			
	老黏性土	一般黏性土		新近沉积黏性土	—	粉砂		细砂		中砂		砾砂、粗砂		碎石、圆砾、角砾		卵石	
系数		$I_L\geq0.5$	$I_L<0.5$		—	中密	密实	中密	密实	中密	密实	中密	密实	中密	密实	中密	密实
k_1	0	0	0	0	0	1.0	1.2	1.5	2.0	2.0	3.0	3.0	4.0	3.0	4.0	3.0	4.0
k_2	2.5	1.5	2.5	1.0	1.5	2.0	2.5	3.0	4.0	4.0	5.5	5.0	6.0	5.0	6.0	6.0	10.0

注:1. 对于稍密和松散状态的砂、碎石土,k_1、k_2 值可采用表列中密值的 50%。

2. 强风化和全风化的岩石,可参照所风化成的相应土类取值;其他状态下的岩石不修正。

3.3.5　软土地基承载力容许值[f_a]按下列规定确定:

1　软土地基承载力基本容许值$[f_{a0}]$应由载荷试验或其他原位测试取得。载荷试验和原位测试确有困难时，对于中小桥、涵洞基底未经处理的软土地基，承载力容许值$[f_a]$可采用以下两种方法确定：

1）根据原状土天然含水量 w，按表 3.3.5 确定软土地基承载力基本容许值$[f_{a0}]$，然后按式(3.3.5-1)计算修正后的地基承载力容许值$[f_a]$：

$$[f_a] = [f_{a0}] + \gamma_2 h \tag{3.3.5-1}$$

式中，γ_2、h 的意义同式(3.3.4)。

表 3.3.5　软土地基承载力基本容许值$[f_{a0}]$

天然含水量 w(%)	36	40	45	50	55	65	75
$[f_{a0}]$(kPa)	100	90	80	70	60	50	40

2）根据原状土强度指标确定软土地基承载力容许值$[f_a]$：

$$[f_a] = \frac{5.14}{m} k_p C_u + \gamma_2 h \tag{3.3.5-2}$$

$$k_p = \left(1 + 0.2\frac{b}{l}\right)\left(1 - \frac{0.4H}{blC_u}\right) \tag{3.3.5-3}$$

式中　m——抗力修正系数，可视软土灵敏度及基础长宽比等因素选用 1.5～2.5；

C_u——地基土不排水抗剪强度标准值(kPa)；

k_p——系数；

H——由作用(标准值)引起的水平力(kN)；

b——基础宽度(m)，有偏心作用时，取 $b-2e_b$；

l——垂直于 b 边的基础长度(m)，有偏心作用时，取 $l-2e_l$；

e_b、e_l——偏心作用在宽度和长度方向的偏心距；

γ_2、h——意义同式(3.3.4)。

2　经排水固结方法处理的软土地基，其承载力基本容许值$[f_{a0}]$应通过载荷试验或其他原位测试方法确定；经复合地基方法处理的软土地基，其承载力基本容许值应通过载荷试验确定，然后按式(3.3.5-1)计算修正后的软土地基地基承载力容许值$[f_a]$。

3.3.6　地基承载力容许值$[f_a]$应根据地基受荷阶段及受荷情况，乘以下列规定的抗力系数 γ_R。

1　使用阶段：

1）当地基承受作用短期效应组合或作用效应偶然组合时，可取 $\gamma_R = 1.25$；但对承载力容许值$[f_a]$小于 150 kPa 的地基，应取 $\gamma_R = 1.0$。

2）当地基承受的作用短期效应组合仅包括结构自重、预加力、土重、土侧压力、汽车和人群效应时，应取 $\gamma_R = 1.0$。

3）当基础建于经多年压实未遭破坏的旧桥基(岩石旧桥基除外)上时，不论地基承受的作用情况如何，抗力系数均可取 $\gamma_R = 1.5$；对$[f_a]$小于 150 kPa 的地基，可取 $\gamma_R = 1.25$。

4）基础建于岩石旧桥基上，应取 $\gamma_R = 1.0$。

2　施工阶段：

1）地基在施工荷载作用下，可取 $\gamma_R = 1.25$。

2）当墩台施工期间承受单向推力时，可取 $\gamma_R = 1.5$。

4 基础计算与地基处理

4.1 基础埋置深度

4.1.1 桥涵墩台基础(不包括桩基础)基底埋置深度应符合下列规定：

1 当墩台基底设置在不冻胀土层中时，基底埋深可不受冻深的限制。

2 上部为外超静定结构的桥涵基础，其地基为冻胀土层时，应将基底埋入冻结线以下不小于0.25m。

3 当墩台基础设置在季节性冻胀土层中时，基底的最小埋置深度可按下式计算：

$$d_{min} = z_d - h_{max} \tag{4.1.1-1}$$

$$z_d = \psi_{zs}\psi_{zw}\psi_{ze}\psi_{zg}\psi_{zf}z_0 \tag{4.1.1-2}$$

式中 d_{min}——基底最小埋置深度(m)；

z_d——设计冻深(m)；

z_0——标准冻深(m)；无实测资料时，可按本规范附录H.0.1条采用；

ψ_{zs}——土的类别对冻深的影响系数，按表4.1.1-1查取；

ψ_{zw}——土的冻胀性对冻深的影响系数，按表4.1.1-2查取；

ψ_{ze}——环境对冻深的影响系数，按表4.1.1-3查取；

ψ_{zg}——地形坡向对冻深的影响系数，按表4.1.1-4查取；

ψ_{zf}——基础对冻深的影响系数，取$\psi_{zf}=1.1$；

h_{max}——基础底面下容许最大冻层厚度(m)，按表4.1.1-5查取。

表4.1.1-1 土的类别对冻深的影响系数ψ_{zs}

土的类别	黏性土	细砂、粉砂、粉土	中砂、粗砂、砾砂	碎石土
ψ_{zs}	1.00	1.20	1.30	1.40

表4.1.1-2 土的冻胀性对冻深的影响系数ψ_{zw}

冻胀性	不冻胀	弱冻胀	冻胀	强冻胀	特强冻胀	极强冻胀
ψ_{zw}	1.00	0.95	0.90	0.85	0.80	0.75

注：季节性冻土分类见本规范附录H。

表4.1.1-3 环境对冻深的影响系数ψ_{ze}

周围环境	村、镇、旷野	城市近郊	城市市区
ψ_{ze}	1.00	0.95	0.90

注：当城市市区人口为20~50万时，按城市近郊取值；当城市市区人口大于50万、小于或等于100万时，按城市市区取值；当城市市区人口超过100万时，按城市市区取值，5km以内的郊区应按城市近郊取值。

表4.1.1-4 地形坡向对冻深的影响系数ψ_{zg}

地形坡向	平坦	阳坡	阴坡
ψ_{zg}	1.0	0.9	1.1

表4.1.1-5 不同冻胀土类别在基础底面下容许最大冻层厚度h_{max}

冻胀土类别	弱冻胀	冻胀	强冻胀	特强冻胀	极强冻胀
h_{max}	0.38 z_0	0.28 z_0	0.15 z_0	0.08 z_0	0

注：z_0-标准冻深(m)。季节性冻胀土分类见本规范附录表H.0.2。

4　涵洞基础设置在季节性冻土地基上时，出入口和自两端洞口向内各2～6m范围内（或可采用不小于2m的一段涵节长度）涵身基底的埋置深度可按式（4.1.1-1）计算确定。涵洞中间部分的基础埋深，可根据地区经验确定。严寒地区，当涵洞中间部分基础的埋深与洞口埋深相差较大时，其连接处应设置过渡段。冻结较深地区，也可采用将基底至冻结线处的地基土换填为粗颗粒土（包括碎石土、砾砂、粗砂、中砂，但其中粉黏粒含量不应大于15%，或粒径小于0.1mm的颗粒不应大于25%）的措施。

5　涵洞基础，在无冲刷处（岩石地基除外），应设在地面或河床底以下埋深不小于1m处；如有冲刷，基底埋深应在局部冲刷线以下不小于1m；如河床上有铺砌层时，基础底面宜设置在铺砌层顶面以下不小于1m。

6　非岩石河床桥梁墩台基底埋深安全值可按表4.1.1-6确定。

表4.1.1-6　基底埋深安全值（m）

总冲刷深度（m） 桥梁类别	0	5	10	15	20
大桥、中桥、小桥（不铺砌）	1.5	2.0	2.5	3.0	3.5
特大桥	2.0	2.5	3.0	3.5	4.0

注：1. 总冲刷深度为自河床面算起的河床自然演变冲刷、一般冲刷与局部冲刷深度之和。

2. 表列数值为墩台基底埋入总冲刷深度以下的最小值；若对设计流量、水位和原始断面资料无把握或不能获得河床演变准确资料时，其值宜适当加大。

3. 若桥位上下游有已建桥梁，应调查已建桥梁的特大洪水冲刷情况，新建桥梁墩台基础埋置深度不宜小于已建桥梁的冲刷深度且酌加必要的安全值。

4. 如河床上有铺砌层时，基础底面宜设置在铺砌层顶面以下不小于1m。

7　岩石河床墩台基底最小埋置深度可参考《公路工程水文勘测设计规范》（JTG C30—2002）附录C确定。

8　位于河槽的桥台，当其最大冲刷深度小于桥墩总冲刷深度时，桥台基底的埋深应与桥墩基底相同。当桥台位于河滩时，对河槽摆动不稳定河流，桥台基底高程应与桥墩基底高程相同；在稳定河流上，桥台基底高程可按照桥台冲刷结果确定。

4.1.2　墩台基础顶面标高宜根据桥位情况、施工难易程度、美观与整体协调综合确定。

4.2　地基与基础计算

4.2.1　设计桥梁墩台基础时，应考虑在修建和使用期间可能发生的各项作用效应，并对地基进行验算。

当桥台台背填土的高度在5m以上时，应考虑台背填土对桥台基底或桩端平面处的附加竖向压应力（参见本规范附录J）。对软土或软弱地基，如相邻墩台的距离小于5m时，应考虑邻近墩台对软土或软弱地基所引起的附加竖向压应力。

对于桥台基础，当台背地基土质不良时，应验算桥台与路堤可能一起滑动的稳定性。

4.2.2　基础底面岩土的承载力，当不考虑嵌固作用时，可按下式验算：

1　当基底只承受轴心荷载时：

$$p=\frac{N}{A}\leqslant[f_a] \tag{4.2.2-1}$$

式中　p——基底平均压应力；

N——由本规范第1.0.8条规定的作用短期效应组合在基底产生的竖向力；

A——基础底面面积。

2　当基底单向偏心受压，承受竖向力N和弯矩M共同作用时，除满足本条第1款外，尚应符合下列条件：

$$p_{max}=\frac{N}{A}+\frac{M}{W}\leqslant\gamma_R[f_a] \tag{4.2.2-2}$$

式中　p_{max}——基底最大压应力；

M——由本规范第 1.0.8 条规定的作用短期效应组合产生于墩台的水平力和竖向力对基底重心轴的弯矩；

W——基础底面偏心方向面积抵抗矩。

3　当基底双向偏心受压，承受竖向力 N 和绕 x 轴弯矩 M_x 与绕 y 轴弯矩 M_y 共同作用时，除满足本条第 1 款外，尚应符合下列条件：

$$p_{max}=\frac{N}{A}+\frac{M_x}{W_x}+\frac{M_y}{W_y}\leqslant\gamma_R[f_a] \tag{4.2.2-3}$$

式中　M_x、M_y——作用于基底的水平力和竖向力绕 x 轴、y 轴的对基底的弯矩；

W_x、W_y——基础底面偏心方向边缘绕 x 轴、y 轴的面积抵抗矩。

4.2.3　当设置在基岩上的基底承受单向偏心荷载，其偏心距 e_0 超过核心半径时，可仅按受压区计算基底最大压应力（不考虑基底承受拉力，见图 4.2.3）。基底为矩形截面的最大压应力 p_{max} 按下式计算：

$$p_{max}=\frac{2N}{3da}=\frac{2N}{3\left(\frac{b}{2}-e_0\right)a} \tag{4.2.3}$$

式中　b——偏心方向基础底面的边长；

a——垂直于 b 边基础底面的边长；

d——N 作用点至基底受压边缘的距离；

e_0——N 作用点距截面重心的距离。

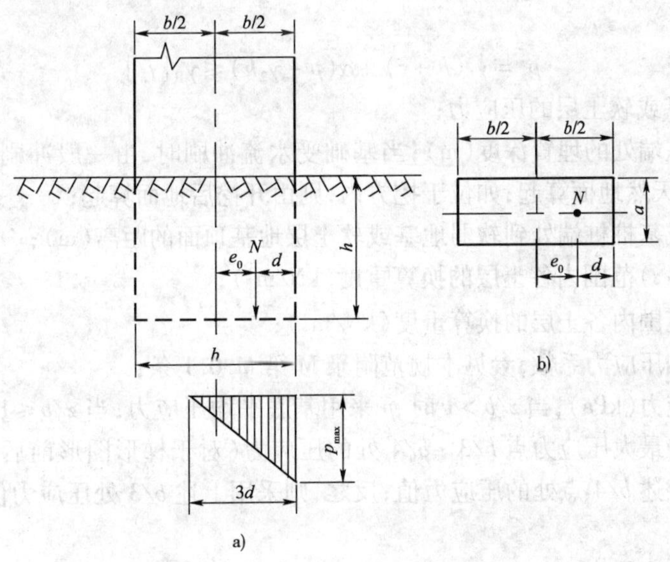

图 4.2.3　基岩上矩形截面基底单向偏心受压应力重分布图

a）基础立面；b）基础平面

4.2.4　当设置在基岩上的墩台基底承受双向偏心压应力且按本规范式（4.2.5-1）、式（4.2.5-2）计算的 $e_0/\rho>1.0$（ρ 为核心半径）时，可仅按受压区计算基底压应力（不考虑基底承受拉应力），墩台基底最大压应力可按本规范附录 K 确定。

4.2.5　桥涵墩台应验算作用于基底的合力偏心距。

1　桥涵墩台基底的合力偏心距容许值［e_0］应符合表 4.2.5 的规定。

2　基底以上外力作用点对基底重心轴的偏心距 e_0 按下式计算：

$$e_0=\frac{M}{N}\leqslant[e_0] \tag{4.2.5-1}$$

式中：N、M——作用于基底的竖向力和所有外力（竖向力、水平力）对基底截面重心的弯矩。

表4.2.5 墩台基底的合力偏心距容许值$[e_0]$

作用情况	地基条件	合力偏心距	备注
墩台仅承受永久作用标准值效应组合	非岩石地基	桥墩$[e_0] \leqslant 0.1\rho$	拱桥、刚构桥墩台,其合力作用点应尽量保持在基底重心附近
		桥台$[e_0] \leqslant 0.75\rho$	
墩台承受作用标准值效应组合或偶然作用(地震作用除外)标准值效应组合	非岩石地基	$[e_0] \leqslant \rho$	拱桥单向推力墩不受限制,但应符合本规范表4.4.3规定的抗倾覆稳定系数
	较破碎~极破碎岩石地基	$[e_0] \leqslant 1.2\rho$	
	完整、较完整岩石地基	$[e_0] \leqslant 1.5\rho$	

3 基底承受单向或双向偏心受压的ρ值可按下式计算:

$$\rho = \frac{e_0}{1 - \frac{p_{\min} A}{N}} \tag{4.2.5-2}$$

$$p_{\min} = \frac{N}{A} - \frac{M_x}{W_x} - \frac{M_y}{W_y} \tag{4.2.5-3}$$

式中 $p_{\min}$——基底最小压应力,当为负值时表示拉应力;

e_0——N作用点距截面重心的距离。

4.2.6 在基础底面下或基桩桩端下有软弱地基或软土层时,应按下式验算软弱地基或软土层的承载力:

$$p_z = \gamma_1(h+z) + \alpha(p - \gamma_2 h) \leqslant \gamma_R [f_a] \tag{4.2.6}$$

式中 p_z——软弱地基或软土层的压应力;

h——基底或桩端处的埋置深度(m);当基础受水流冲刷时,由一般冲刷线算起;当不受水流冲刷时,由天然地面算起;如位于挖方内,则由开挖后地面算起;

z——从基底或基桩桩端处到软弱地基或软土层地基顶面的距离(m);

γ_1——深度$(h+z)$范围内各土层的换算重度(kN/m^3);

γ_2——深度h范围内各土层的换算重度(kN/m^3);

α——土中附加压应力系数,参见本规范附录M第M.0.1条;

p——基底压应力(kPa);当$z/b>1$时,p采用基底平均压应力;当$z/b \leqslant 1$时,p按基底压应力图形采用距最大压应力点$b/3 \sim b/4$处的压应力(对于梯形图形前后端压应力差值较大时,可采用上述$b/4$点处的压应力值;反之,则采用上述$b/3$处压应力值),以上b为矩形基底的宽度;

$[f_a]$——软弱地基或软土层地基顶面土的承载力容许值,按本规范第3.3.4条或第3.3.5条规定采用。

若下卧层为压缩性较大的厚层软黏土时,应验算沉降量。

4.2.7 当墩台、桩基础位于冻胀土中时,应验算抗冻拔稳定性,计算方法可参照本规范附录L。

4.3 基础沉降计算

4.3.1 当墩台建筑在地质情况复杂、土质不均匀及承载力较差的地基上,以及相邻跨径差别悬殊而需计算沉降差或跨线桥净高需预先考虑沉降量时,均应计算其沉降。

4.3.2 沉降计算时,传至基底的作用效应按本规范第1.0.9条规定执行。

4.3.3 墩台的沉降,应符合下列规定:

1 相邻墩台间不均匀沉降差值(不包括施工中的沉降),不应使桥面形成大于0.2%的附加纵坡

（折角）。

2 外超静定结构桥梁墩台间不均匀沉降差值，还应满足结构的受力要求。

4.3.4 墩台基础的最终沉降量，可按下式计算：

$$s = \psi_s s_0 = \psi_s \sum_{i=1}^{n} \frac{p_0}{E_{si}} (z_i \overline{\alpha_i} - z_{i-1} \overline{\alpha_{i-1}}) \tag{4.3.4-1}$$

$$p_0 = p - \gamma h \tag{4.3.4-2}$$

式中 s——地基最终沉降量（mm）；

s_0——按分层总和法计算的地基沉降量（mm）；

ψ_s——沉降计算经验系数，根据地区沉降观测资料及经验确定，缺少沉降观测资料及经验数据时，可按本规范第4.3.5条确定；

n——地基沉降计算深度范围内所划分的土层数（图4.3.4）；

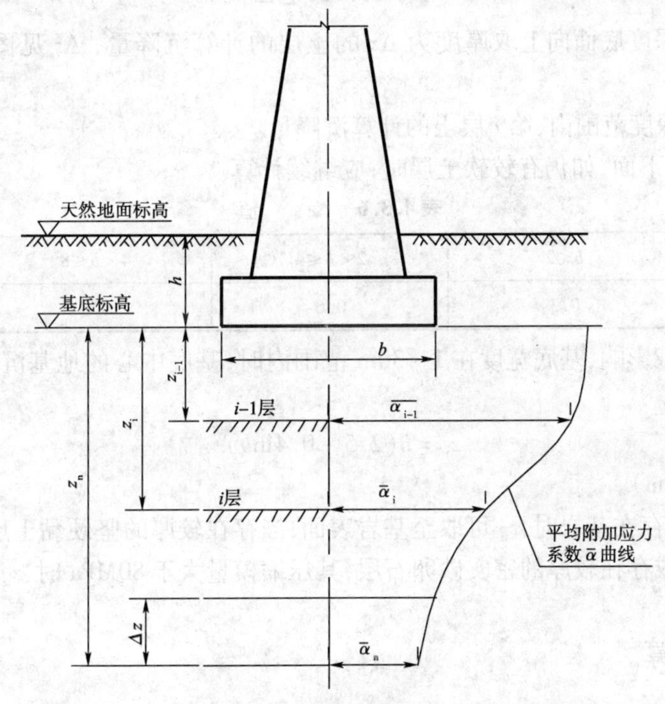

图4.3.4 基底沉降计算分层示意图

p_0——对应于荷载长期效应组合时的基础底面处附加压应力（kPa）；

E_{si}——基础底面下第 i 层土的压缩模量（MPa），应取土的"自重压应力"至"土的自重压应力与附加压应力之和"的压应力段计算；

z_i、z_{i-1}——基础底面至第 i 层土、第 $i-1$ 层土底面的距离（m）；

$\overline{\alpha_i}$、$\overline{\alpha_{i-1}}$——基础底面计算点至第 i 层土、第 $i-1$ 层土底面范围内平均附加压应力系数，可按本规范附录M第M.0.2条取用；

p——基底压应力（kPa），当 $z/b>1$ 时，p 采用基底平均压应力；$z/b \leqslant 1$ 时，p 按压应力图形采用距最大压应力点 $b/3 \sim b/4$ 处的压应力（对梯形图形，前后端压应力差值较大时，可采用上述 $b/4$ 处的压应力值；反之，则采用上述 $b/3$ 处压应力值），以上 b 为矩形基底宽度；

h——基底埋置深度（m），当基础受水流冲刷时，从一般冲刷线算起；当不受水流冲刷时，从天然地面算起；如位于挖方内，则由开挖后地面算起；

γ——h 内土的重度（kN/m^3），基底为透水地基时水位以下取浮重度。

4.3.5 沉降计算经验系数 ψ_s 可按表4.3.5确定。

表 4.3.5　沉降计算经验系数 ψ_s

$\overline{E}_s$(MPa) 基底附加压应力	2.5	4.0	7.0	15.0	20.0
$p_0 \geqslant [f_{a0}]$	1.4	1.3	1.0	0.4	0.2
$p_0 \leqslant 0.75[f_{a0}]$	1.1	1.0	0.7	0.4	0.2

注：1. 表中 $[f_{a0}]$ 为地基承载力基本容许值。

2. 表中 $\overline{E}_s$ 为沉降计算范围内压缩模量的当量值，应按下式计算：

$$\overline{E}_s = \frac{\sum A_i}{\sum \frac{A_i}{E_{si}}}$$

式中　A_i——第 i 层土的附加压应力系数沿土层厚度的积分值。

4.3.6　地基沉降计算时设定计算深度 z_n，在 z_n 以上取 Δz 厚度(表 4.3.6)，其沉降量应符合下式：

$$\Delta s_n \leqslant 0.025 \sum_{i=1}^{n} \Delta s_i \tag{4.3.6}$$

式中　Δs_n——在计算深度底面向上取厚度为 Δz 的土层的计算沉降量，Δz 见图 4.3.4 并按表 4.3.6 采用；

Δs_i——在计算深度范围内，第 i 层土的计算沉降量。

已确定的计算深度下面，如仍有较软土层时，应继续计算。

表 4.3.6　Δz　值

基底宽度 b(m)	$b \leqslant 2$	$2 < b \leqslant 4$	$4 < b \leqslant 8$	$b > 8$
Δz(m)	0.3	0.6	0.8	1.0

4.3.7　当无相邻荷载影响，基底宽度在 1～30m 范围内时，基底中心的地基沉降计算深度 z_n 也可按下列简化公式计算：

$$z_n = b(2.5 - 0.4\ln b) \tag{4.3.7}$$

式中　b——基础宽度(m)。

在计算深度范围内存在基岩时，z_n 可取至基岩表面；当存在较厚的坚硬黏土层，其孔隙比小于 0.5、压缩模量大于 50MPa，或存在较厚的密实砂卵石层，其压缩模量大于 80MPa 时，z_n 可取至该土层表面。

4.4　基础稳定性计算

4.4.1　桥涵墩台基础的抗倾覆稳定，按下式计算(图 4.4.1)：

$$k_0 = \frac{s}{e_0} \tag{4.4.1-1}$$

$$e_0 = \frac{\sum P_i e_i + \sum H_i h_i}{\sum P_i} \tag{4.4.1-2}$$

式中　k_0——墩台基础抗倾覆稳定性系数；

s——在截面重心至合力作用点的延长线上，自截面重心至验算倾覆轴的距离(m)；

e_0——所有外力的合力 R 在验算截面的作用点对基底重心轴的偏心距；

P_i——不考虑其分项系数和组合系数的作用标准值组合或偶然作用(地震除外)标准值组合引起的竖向力(kN)；

e_i——竖向力 P_i 对验算截面重心的力臂(m)；

H_i——不考虑其分项系数和组合系数的作用标准值组合或偶然作用(地震除外)标准值组合引起的水平力(kN)；

h_i——水平力对验算截面的力臂(m)。

注：1. 弯矩应视其绕验算截面重心轴的不同方向取正负号。

2. 对于矩形凹缺的多边形基础，其倾覆轴应取基底截面的外包线。

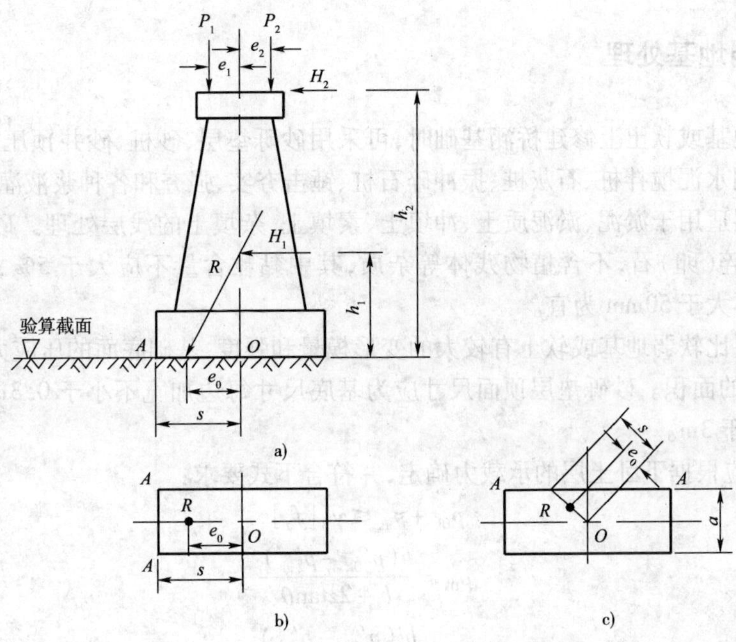

图 4.4.1　墩台基础的稳定验算示意图

a)立面;b)平面(单向偏心);c)平面(双向偏心)

O-截面重心;R-合力作用点;A—A-验算倾覆轴

4.4.2　桥涵墩台基础的抗滑动稳定性系数 k_c 按下式计算:

$$k_c = \frac{\mu \sum P_i + \sum H_{iP}}{\sum H_{ia}} \qquad (4.4.2)$$

式中　k_c——桥涵墩台基础的抗滑动稳定性系数;

$\sum P_i$——竖向力总和;

$\sum H_{iP}$——抗滑稳定水平力总和;

$\sum H_{ia}$——滑动水平力总和;

μ——基础底面与地基土之间的摩擦系数,通过试验确定;当缺少实际资料时,可参照表 4.4.2 采用。

注:$\sum H_{iP}$ 和 $\sum H_{ia}$ 分别为两个相对方向的各自水平力总和,绝对值较大者为滑动水平力 $\sum H_{ia}$,另一为抗滑稳定力 $\sum H_{iP}$;$\mu \sum P_i$ 为抗滑动稳定力。

表 4.4.2　基底摩擦系数

地基土分类	μ	地基土分类	μ
黏土(流塑~坚硬)、粉土	0.25	软岩(极软岩~较软岩)	0.40~0.60
砂土(粉砂~砾砂)	0.30~0.40	硬岩(较硬岩、坚硬岩)	0.60、0.70
碎石土(松散~密实)	0.40~0.50		

4.4.3　验算墩台抗倾覆和抗滑动的稳定性时,稳定性系数不应小于表 4.4.3 的规定。

表 4.4.3　抗倾覆和抗滑动的稳定性系数

作用组合		验算项目	稳定性系数
使用阶段	永久作用(不计混凝土收缩及徐变、浮力)和汽车、人群的标准值效应组合	抗倾覆	1.5
		抗滑动	1.3
	各种作用(不包括地震作用)的标准值效应组合	抗倾覆	1.3
		抗滑动	1.2
施工阶段作用的标准值效应组合		抗倾覆 抗滑动	1.2

4.5 软土或软弱地基处理

4.5.1 在软弱地基或软土上修建桥涵基础时，可采用砂砾垫层、砂桩、砂井预压方法加固地基；根据实际条件，也可采用水泥搅拌桩、石灰桩、振冲碎石桩、锤击夯实、强夯和各种浆液灌注法等加固地基。

4.5.2 砂砾垫层适用于淤泥、淤泥质土、冲填土、素填土、杂填土的浅层处理。砂砾垫层材料可采用中砂、粗砂、砾砂和碎(卵)石，不含植物残体等杂质，其中黏粒含量不应大于5%，粉粒含量不应大于25%，砾料粒径以不大于50mm为宜。

4.5.3 砂砾垫层比软弱地基或软土有较大的变形模量和强度，基础底面的压应力通过砂砾垫层的扩散作用分布到较大的面积。砂砾垫层顶面尺寸应为基底尺寸每边加宽不小于0.3m。垫层厚度不宜小于0.5m，且不宜大于3m。

垫层的厚度 z 应根据下卧土层的承载力确定，并符合下式要求：

$$p_{0k}+p_{gk}\leqslant\gamma_R[f_a] \tag{4.5.3-1}$$

条形基础

$$p_{0k}=\frac{b(p'_{0k}-p'_{gk})}{b+2z\tan\theta} \tag{4.5.3-2}$$

矩形基础

$$p_{0k}=\frac{bl(p'_{0k}-p'_{gk})}{(b+2z\tan\theta)(l+2z\tan\theta)} \tag{4.5.3-3}$$

注：条形基础为长宽比等于或大于10的矩形基础。

式中 p_{0k}——垫层底面处的附加压应力(kPa)；

p_{gk}——垫层底面处土的自重压应力(kPa)；

$[f_a]$——垫层底面处地基的承载力容许值(kPa)，按本规范第3.3.4条或第3.3.5条的规定采用；

b——矩形基础或条形基础底面的宽度(m)；

l——矩形基础底面的长度(m)；

p'_{0k}——基础底面压应力(kPa)；

p'_{gk}——基础底面处的自重压应力(kPa)；

z——基础底面下垫层的厚度(m)；

θ——垫层的压力扩散角，可按表4.5.3采用。

垫层的宽度应满足基底压力扩散的要求，可按下式或根据当地经验确定：

$$b_1=b+2z\tan\theta \tag{4.5.3-4}$$

式中 b_1——垫层底面宽度(m)。

表4.5.3 垫层压力扩散角 θ (°)

垫层材料 / z/b	中砂、粗砂、砾砂、圆砾、角砾、卵石、碎石
≤0.25	20
≥0.5	30

注：当 $0.25<z/b<0.5$ 时，θ 值可内插确定。

4.5.4 垫层承载力容许值 $[f_{cu}]$ 宜通过现场确定，当无试验资料时，可按表4.5.4参考采用。

表4.5.4 各种垫层承载力容许值 $[f_{cu}]$

施工方法	垫层材料	压实系数 λ_c	承载力容许值(kPa)
碾压、振密或夯实	碎石、卵石	0.94~0.97	200~300
	砂夹石(其中碎石、卵石占总质量30%~50%)		200~250
	土夹石(其中碎石、卵石占总质量30%~50%)		150~200
	中砂、粗砂、砾砂		150~200

注：1. 压实系数 λ_c 为土的控制干密度 ρ_d 与最大干密度 $\rho_{d,max}$ 的比值。土的最大干密度宜采用击实试验确定；碎石最大干密度可取2.0~2.2 t/m³。

2. 当采用轻型击实试验时，压实系数 λ_c 宜取高值；采用重型击实试验时，压实系数 λ_c 可取低值。

4.5.5 砂砾垫层地基的沉降量，可按下式计算：

$$s=s_{cu}+s_s \tag{4.5.5-1}$$

$$s_{cu}=p_m\frac{h_z}{E_{cu}}\tag{4.5.5-2}$$

式中 s——砂砾垫层地基沉降量(mm)；

s_{cu}——垫层本身的压缩量(mm)；

s_s——下卧层沉降量(mm)，可按本规范第4.3.4～4.3.7条规定计算；

p_m——垫层内的平均压应力(MPa)，即基底平均压应力与砂砾垫层底平均压应力的平均值；

h_z——砂砾垫层厚度(mm)；

E_{cu}——砂砾垫层的压缩模量(MPa)，如无实测资料时，可采用12～24MPa。

4.5.6 砂桩适用于挤密松散砂土、素填土和杂填土地基。对饱和黏土地基，如不以沉降控制，也可采用砂桩处理。砂桩内填料宜用砾砂、粗砂、中砂、圆砾、角砾、卵石、碎石等，填料中含泥量不应大于5%，并不宜含有粒径大于50mm的粒料。

砂桩直径可采用0.3～0.8m，需根据地基土质和成桩设备确定。对饱和黏性土地基宜选用较大直径。

砂桩挤密地基宽度应超出基础宽度，每边放宽宜为1～3排。砂桩用于防止砂层液化时，每边放宽不宜小于处理深度的1/2，并不应小于5m；当可液化层上覆盖有厚度大于3m的非液化层时，每边放宽不宜小于液化层厚度的1/2，并不应小于3m。

4.5.7 砂桩的中距应通过现场试验确定，但不宜大于砂桩直径的4倍。砂桩的布置如图4.5.7所示，砂桩中距可按下式计算：

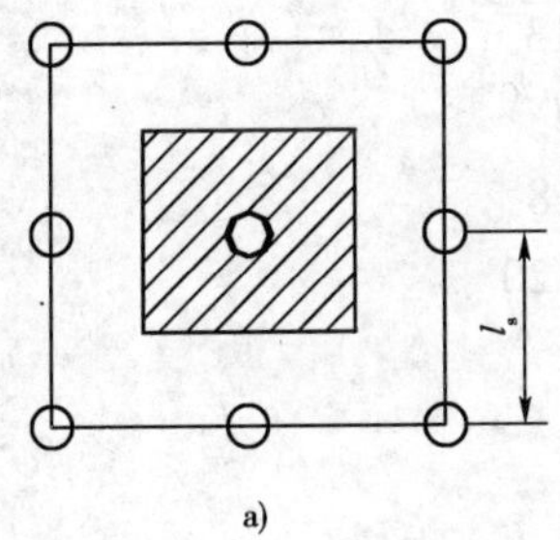

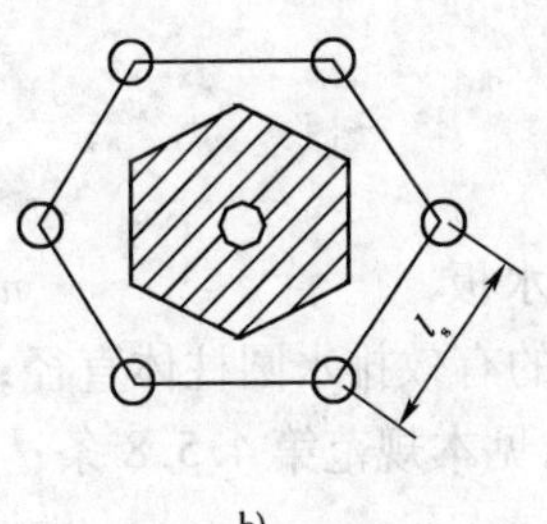

图4.5.7 砂桩的布置及中距

a)正方形；b)等边三角形

1 松散砂土地基

等边三角形布置

$$l_s=0.95d\sqrt{\frac{1+e_0}{e_0-e_1}}\tag{4.5.7-1}$$

正方形布置

$$l_s=0.90d\sqrt{\frac{1+e_0}{e_0-e_1}}\tag{4.5.7-2}$$

$$e_1=e_{max}-D_{r1}(e_{max}-e_{min})\tag{4.5.7-3}$$

式中 l_s——砂桩中距；

d——砂桩直径；

e_0——地基处理前砂土的孔隙比，可按原状土样试验确定，也可根据动力或静力触探等对比试验确定；

e_1——地基挤密后要求达到的孔隙比；

e_{max}、e_{min}——分别为砂土的最大、最小孔隙比；

D_{r1}——地基挤密后要求达到的相对密度，可取0.70～0.85。

2 黏性土地基

等边三角形布置

$$l_s=1.08\sqrt{A_e}\tag{4.5.7-4}$$

正方形布置

$$l_s=\sqrt{A_e}\tag{4.5.7-5}$$

一根砂桩承担的处理面积A_e

$$A_e=\frac{A_p}{m}\tag{4.5.7-6}$$

$$m = \frac{d^2}{d_e^2} \tag{4.5.7-7}$$

式中 A_p——砂桩截面面积；

m——面积置换率；

d_e——等效影响直径，d_e 可取：砂桩等边三角形布置，$d_e = 1.05l_s$；砂桩正方形布置，$d_e = 1.13l_s$。

4.5.8 砂井预压法适用于处理淤泥质土、淤泥和冲填土等饱和黏性土地基。

砂井预压法主要有普通砂井、袋装砂井和塑料排水板等。普通砂井直径可取 $d_w = 300 \sim 500$mm，袋装砂井直径可取 $d_w = 70 \sim 100$mm 。塑料排水板的当量换算直径可按下式计算：

$$D_p = \alpha \frac{2(b+\delta)}{\pi} \tag{4.5.8}$$

式中 D_p——塑料排水板的当量换算直径；

α——换算系数，无试验资料时，可取 $\alpha = 0.75 \sim 1.00$；

b——塑料排水板宽度；

δ——塑料排水板厚度。

4.5.9 砂井的平面布置可采用等边三角形或正方形排列。砂井中距 l_s 按下式计算：

等边三角形布置 $$l_s = \frac{d_e}{1.05} \tag{4.5.9-1}$$

正方形布置 $$l_s = \frac{d_e}{1.13} \tag{4.5.9-2}$$

$$d_e = nd_w \tag{4.5.9-3}$$

普通砂井 $$n = 6 \sim 8 \tag{4.5.9-4}$$

袋装砂井或塑料排水板 $$n = 15 \sim 20 \tag{4.5.9-5}$$

式中 d_e——一根砂井的有效排水圆柱体直径；

d_w——砂井直径，见本规范第4.5.8条；

n——井径比。

4.5.10 砂井的深度应根据桥涵对地基的稳定性和变形的要求确定。

对于以地基抗滑稳定性为主要因素的结构，如拱式结构的墩台，砂井深度至少应超过最危险滑动面2m。

对于以沉降控制的桥涵，如压缩土层厚度不大，砂井深度宜贯穿压缩层；压缩土层深厚时，砂井深度应根据在限定的预压时间内需消除的变形量确定；若施工设备条件达不到设计深度，则可采用超载预压等方法来满足工程要求。

4.5.11 砂井预压法处理地基应在地表铺设排水砂砾垫层，其厚度宜大于400mm。

砂砾垫层砂料宜用中粗砂，含泥量应小于5%，砂料中可混有少量粒径小于50mm的石粒。砂砾垫层的干密度应大于1.5t/m^3。

在预压区内宜设置与砂砾垫层相连的排水盲沟，并把地基中排出的水引出预压区。

砂井的砂料宜用中粗砂，含泥量应小于3%。

4.6 湿陷性黄土地基处理

4.6.1 黄土的湿陷性应按湿陷系数 δ_s 确定。δ_s 根据室内压缩试验可按下式计算：

$$\delta_s = \frac{h_p - h'_p}{h_0} \tag{4.6.1}$$

式中 δ_s——湿陷系数；

h_p——保持天然湿度和结构的土样，加压至规定的压力时，下沉稳定后的高度（mm）；

h'_p——上述加压稳定后的土样，在浸水（饱和）作用下，附加下沉稳定后的高度（mm）；

h_0——土样的原始高度(mm)。

测定湿陷系数 δ_s 的压力：

对于基础底面压应力不大于300kPa的桥涵，自基底算起10m以上的土层采用200kPa；10m以下至非湿陷性层顶面，采用其上面的覆土的饱和自重压应力（当上面的覆土的饱和自重压应力大于300kPa时，采用300kPa）。

对于基础底面压应力大于300kPa的桥涵，应采用实际压应力。

对压缩性较高的新堆积黄土，基底以下5m以内土层宜用100～150kPa的压应力；5～10m及10m以下至非湿陷性黄土层顶面，应分别采用200kPa和上面覆土的饱和自重压应力。

当湿陷系数 δ_s 小于0.015时，定为非湿陷性黄土；当 δ_s 等于或大于0.015时，定为湿陷性黄土。

4.6.2 自重湿陷系数 δ_{zs} 可按下式计算：

$$\delta_{zs}=\frac{h_z-h'_z}{h_0} \tag{4.6.2}$$

式中 δ_{zs}——自重湿陷系数；

h_z——保持天然湿度和结构的土样，加压至该土样上覆土的饱和自重压力时，下沉稳定后的高度(mm)；

h'_z——上述加压稳定后的土样，在浸水（饱和）作用下，附加下沉稳定后的高度(mm)；

h_0——土样的原始高度(mm)。

4.6.3 黄土地区桥涵的湿陷类型按自重湿陷量 Δ_{zs} 确定。当自重湿陷量 $\Delta_{zs}\leqslant 70$mm时，为非自重湿陷性黄土地基；当 $\Delta_{zs}>70$mm时，为自重湿陷性黄土地基。

湿陷性黄土的自重湿陷量 Δ_{zs} 可按下式计算：

$$\Delta_{zs}=\beta_0\sum_{i=1}^{n}\delta_{zsi}h_i \tag{4.6.3}$$

式中 Δ_{zs}——自重湿陷量(mm)；

δ_{zsi}——第 i 层土的自重湿陷系数；

h_i——第 i 层土的厚度(mm)；

β_0——因地区土质而异的修正系数，采用《湿陷性黄土地区建筑规范》(GB 50025—2003)有关数据：陇西地区可取1.5，陇东—陕北—晋西地区可取1.2，关中地区可取0.9，其他地区可取0.5。

自重湿陷量 Δ_{zs} 自天然地面算起累计，至其下面的非湿陷性黄土层的顶面为止，其中自重湿陷系数 δ_{zs} 小于0.015的土层可不计。

4.6.4 基底以下地基的湿陷量 Δ_s 可按下式计算：

$$\Delta_s=\sum_{i=1}^{n}\beta\delta_{si}h_i \tag{4.6.4}$$

式中 Δ_s——基底以下地基的湿陷量(mm)；

δ_{si}——自基底算起第 i 层土的湿陷系数，见本规范第4.6.1条；

β——考虑地基土侧向挤出或浸水几率等因素的修正系数，在基底以下5m以内可取1.5；5～10m取1.0；10m以下至非湿陷性黄土层顶面及非自重湿陷性黄土取零；自重湿陷性黄土可采用本规范公式(4.6.3)中的 β_0 值；

h_i——基底以下第 i 层土的厚度(mm)。

基底以下地基的湿陷量 Δ_s 应自基底算起，对于非自重湿陷性黄土，累计至基底以下10m（或地基压缩层）深度为止。对于自重湿陷性黄土，累计至非湿陷性黄土层顶面为止；其中湿陷系数 δ_s（10m以下为 δ_{zs}）小于0.015的土层可不累计。

4.6.5 湿陷性黄土地基的湿陷等级，应根据自重湿陷量 Δ_{zs} 和基底以下地基湿陷量 Δ_s 的数值按表4.6.5确定。

表4.6.5　湿陷性黄土地基的湿陷等级

湿陷性类型		非自重湿陷性地基	自重湿陷性地基	
自重湿陷量 Δ_{zs}(mm)		$\Delta_{zs} \leq 70$	$70 < \Delta_{zs} \leq 350$	$\Delta_{zs} > 350$
基底以下地基的湿陷量 Δ_s(mm)	$\Delta_s \leq 300$	Ⅰ(轻微)	Ⅱ(中等)	—
	$300 < \Delta_s \leq 700$	Ⅱ(中等)	Ⅱ(中等)或Ⅲ(严重)	Ⅲ(严重)
	$\Delta_s > 700$	Ⅱ(中等)	Ⅲ(严重)	Ⅳ(很严重)

注:当湿陷量的计算值 $\Delta_s > 600$mm,且自重湿陷量的计算值 $\Delta_{zs} > 300$mm 时,可判定为Ⅲ级,其他情况可判定为Ⅱ级。

4.6.6　湿陷性黄土地区桥涵根据其重要性、结构特点、受水浸湿后的危害程度和修复难易程度分为A、B、C、D四类。

A类:20m及以上高墩台和外超静定桥梁;

B类:一般桥梁基础,拱涵;

C类:一般涵洞及倒虹吸;

D类:桥涵附属工程。

湿陷性黄土地区的桥涵应根据湿陷性黄土的等级、结构物分类和水流特征,采取相应的设计措施和处理方案以满足沉降控制的要求。

湿陷性黄土地区地基处理的措施可参考表4.6.6采用。

表4.6.6　湿陷性黄土地区地基处理的措施

类型及措施 \ 水流特征及湿陷等级		经常性流水(或浸湿可能性较大)				季节性流水(或浸湿可能性较小)			
		Ⅰ	Ⅱ	Ⅲ	Ⅳ	Ⅰ	Ⅱ	Ⅲ	Ⅳ
A	措施	①				①			
B	措施	②、③	②、③	①、②	①	③		②、③	②
	处理深度(m)	2.0~3.0	3.0~5.0	4.0~6.0	6.0	0.8~1.0	1.0~2.0	2.0~3.0	5.0
C	措施	③			②	③			
	处理深度(m)	0.8~1.0	1.0~1.5	1.5~2.0	3.0	0.5~0.8	0.8~1.2	1.2~2.0	2.0
D	措施	④				④			

注:表中①、②、③、④为措施编号,各编号所代表的处理措施如下:①墩台基础采用明挖、沉井或桩基,置于非湿陷性土层中;②采用强夯法或挤密桩法,并采取防水和结构措施;③采取重锤夯实,并采取防水和结构措施;④地基表层夯实。

5 桩基础

5.1 一般规定

5.1.1 桩可按下列规定分类。

1 按承载性状分类。

1)摩擦桩:

桩顶荷载主要由桩侧阻力承受,并考虑桩端阻力。

2)端承桩:

桩顶荷载主要由桩端阻力承受,并考虑桩侧阻力。

2 按成桩方法分类。

1)非挤土桩:分为干作业法钻(挖)孔灌注桩、泥浆护壁法钻孔灌注桩、套管护壁法钻孔灌注桩。

2)部分挤土桩:分为冲孔灌注桩、挤扩孔灌注桩、预钻孔沉桩、敞口预应力混凝土管桩等。

3)挤土桩:分为沉桩(锤击、静压、振动沉入的预制桩及闭口预应力混凝土管桩等)。

5.1.2 各类桩基须根据地质、水文等条件比较采用。

1 钻(挖)孔桩适用于各类土层(包括碎石类土层和岩石层),但应注意:

1)钻孔桩用于淤泥及可能发生流砂的土层时,宜先做试桩。

2)挖孔桩宜用于无地下水或地下水量不多的地层。

2 沉桩可用于黏性土、砂土以及碎石类土等。

5.1.3 各类桩基础的承台底面标高应符合下列要求:

1 冻胀土地区,承台底面在土中时,其埋置深度应符合第4.1.1条的有关规定。

2 有流冰的河流,其标高应在最低冰层底面以下不小于0.25m。

3 当有流筏、其他漂流物或船舶撞击时,承台底面标高应保证桩不受直接撞击损伤。

4 承台底面标高宜参照第4.1.2条的原则确定。

5.1.4 位于冻胀土地区的桩,桩间若需设横系梁,其位置应避开冻胀层,以免受冻胀力的作用。

5.1.5 在同一桩基中,除特殊设计外,不宜同时采用摩擦桩和端承桩;不宜采用直径不同、材料不同和桩端深度相差过大的桩。

5.1.6 对于具有下列情况的大桥、特大桥,应通过静载荷试验确定单桩承载力。

1 桩的入土深度远超过常用桩。

2 地质情况复杂,难以确定桩的承载力。

3 有其他特殊要求的桥梁用桩。

5.2 构造

5.2.1 钻孔桩设计直径不宜小于0.8m;挖孔桩直径或最小边宽度不宜小于1.2m;钢筋混凝土管桩直径可采用0.4~0.8m,管壁最小厚度不宜小于80mm。

5.2.2 混凝土桩。

1 桩身混凝土强度等级:钻(挖)孔桩、沉桩不应低于C25;管桩填芯混凝土不应低于C15。

2 钢筋混凝土沉桩的桩身,应按运输、沉入和使用各阶段内力要求通长配筋。桩的两端和接桩区箍筋或螺旋筋的间距须加密,其值可取40~50mm。

3　钻(挖)孔桩应按桩身内力大小分段配筋。当内力计算表明不需配筋时,应在桩顶 3.0 ~ 5.0m 内设构造钢筋。

1)桩内主筋直径不应小于 16mm,每桩的主筋数量不应少于 8 根,其净距不应小于 80mm 且不应大于 350mm。

2)如配筋较多,可采用束筋。组成束筋的单根钢筋直径不应大于 36mm,组成束筋的单根钢筋根数,当其直径不大于 28mm 时不应多于 3 根,当其直径大于 28mm 时应为 2 根。束筋成束后等代直径为 $d_e=\sqrt{n}d$,式中 n 为单束钢筋根数,d 为单根钢筋直径。

3)钢筋保护层净距不应小于 60mm。

4)闭合式箍筋或螺旋筋直径不应小于主筋直径的 1/4,且不应小于 8mm,其中距不应大于主筋直径的 15 倍且不应大于 300mm。

5)钢筋笼骨架上每隔 2.0 ~ 2.5m 设置直径 16 ~ 32mm 的加劲箍一道。

6)钢筋笼四周应设置突出的定位钢筋、定位混凝土块,或采用其他定位措施。

7)钢筋笼底部的主筋宜稍向内弯曲,作为导向。

4　钢筋混凝土预制桩的分节长度应根据施工条件决定,并应尽量减少接头数量。接头强度不应低于桩身强度,接头法兰盘不应突出于桩身之外,在沉桩时和使用过程中接头不应松动和开裂。

5　桩端嵌入非饱和状态强风化岩的预应力混凝土敞口管桩,应采取有效的预防渗水软化桩端持力层的措施。

6　河床岩层有冲刷时,钻孔桩有效深度应考虑岩层最低冲刷标高。

5.2.3　钢桩。

1　钢桩可采用管型或 H 型,其材质应符合现行国家有关规范、标准规定。

2　钢桩焊接接头应采用等强度连接。使用的焊条、焊丝和焊剂应符合现行国家有关规范、标准规定。

3　钢桩的端部形式,应根据桩所穿越的土层、桩端持力层性质、桩的尺寸、挤土效应等因素综合考虑确定。

1)钢管桩可采用下列桩端形式:

①敞口带加强箍(带内隔板、不带内隔板)、敞口不带加强箍(带内隔板、不带内隔板);

②闭口平底、锥底。

2)H 型钢可采用下列桩端形式:

①带端板;

②不带端板、锥底、平底(带扩大翼、不带扩大翼)。

4　钢桩的防腐处理应符合下列规定:

1)海水环境中,钢桩的单面年平均腐蚀速度可按表 5.2.3 取值,有条件时也可根据现场实测确定。其他条件下,在平均低水位以上,年平均腐蚀速度可取 0.06mm/年;平均低水位以下,年平均腐蚀速度可取 0.03mm/年。

表 5.2.3　海水环境中钢桩单面年平均腐蚀速度

部　　位	(mm/年)	部　　位	(mm/年)
大气区	0.05 ~ 0.10	水位变动区,水下区	0.12 ~ 0.20
浪溅区	0.20 ~ 0.50	泥下区	0.05

注:1. 表中年平均腐蚀速度适用于 pH = 4 ~ 10 的环境条件,对有严重污染的环境,应适当增大。

2. 对水质含盐量层次分明的河口或年平均气温高、波浪大和流速大的环境,其对应部位的年平均腐蚀速度应适当增大。

2)钢桩防腐处理可采用外表面涂防腐层、增加腐蚀余量和阴极保护等方法;当钢管桩内壁同外界隔绝时,可不考虑内壁防腐。

5.2.4　桩的布置和中距。

1　群桩的布置可采用对称形、梅花形或环形。

2　桩的中距应符合以下要求：

1）摩擦桩。

锤击、静压沉桩，在桩端处的中距不应小于桩径（或边长）的3倍，对于软土地基宜适当增大；振动沉入砂土内的桩，在桩端处的中距不应小于桩径（或边长）的4倍。桩在承台底面处的中距不应小于桩径（或边长）的1.5倍。

钻孔桩中距不应小于桩径的2.5倍。

挖孔桩中距可参照钻孔桩采用。

2）端承桩。

支承或嵌固在基岩中的钻（挖）孔桩中距，不应小于桩径的2.0倍。

3）扩底灌注桩。

钻（挖）孔扩底灌注桩中距不应小于1.5倍扩底直径或扩底直径加1.0m，取较大者。

3　边桩（或角桩）外侧与承台边缘的距离，对于直径（或边长）小于或等于1.0m的桩，不应小于0.5倍桩径（或边长），并不应小于250mm；对于直径大于1.0m的桩，不应小于0.3倍桩径（或边长），并不应小于500mm。

5.2.5　承台和横系梁的构造。

1　承台的厚度宜为桩直径的1.0倍及以上，且不宜小于1.5m，混凝土强度等级不应低于C25。

2　当桩顶直接埋入承台连接时，应在每根桩的顶面上设1~2层钢筋网。当桩顶主筋伸入承台时，承台在桩身混凝土顶端平面内须设一层钢筋网，在每米内（按每一方向）设钢筋网1 200~1 500mm^2，钢筋直径采用12~16mm，钢筋网应通过桩顶且不应截断。承台的顶面和侧面应设置表层钢筋网，每个面在两个方向的截面面积均不宜小于400mm^2/m，钢筋间距不应大于400mm。

3　当用横系梁加强桩之间的整体性时，横系梁的高度可取为0.8~1.0倍桩的直径，宽度可取为0.6~1.0倍桩的直径。混凝土的强度等级不应低于C25。纵向钢筋不应少于横系梁截面面积的0.15%；箍筋直径不应小于8mm，其间距不应大于400mm。

5.2.6　桩与承台、横系梁的连接应符合下列要求。

1　桩顶直接埋入承台连接：当桩径（或边长）小于0.6m时，埋入长度不应小于2倍桩径（或边长）；当桩径（或边长）为0.6~1.2m时，埋入长度不应小于1.2m；当桩径（或边长）大于1.2m时，埋入长度不应小于桩径（或边长）。

2　桩顶主筋伸入承台连接：桩身嵌入承台内的深度可采用100mm；伸入承台内的桩顶主筋可做成喇叭形（与竖直线夹角大约为15°）。伸入承台内的主筋长度，光圆钢筋不应小于30倍钢筋直径（设弯钩），带肋钢筋不应小于35倍钢筋直径（不设弯钩）。

3　对于大直径灌注桩，当采用一柱一桩时，可设置横系梁或将桩与柱直接连接。

4　管桩与承台连接时，伸入承台内的纵向钢筋如采用插筋，插筋数量不应少于4根，直径不应小于16mm，锚入承台长度不宜少于35倍钢筋直径，插入管桩顶填芯混凝土长度不宜小于1.0m。

5　横系梁的主钢筋应伸入桩内，其长度不小于35倍主筋直径。

5.3　计算

5.3.1　桩的计算，可按下列规定进行：

1　承台底面以上的荷载假定全部由桩承受；

2　桥台土压力可自填土前的原地面起算。

5.3.2　在软土和软弱地基土层较厚、持力层较好的地基中，桩基计算应考虑路基填土荷载或地下水位下降等因素所引起的负摩阻力的影响。

5.3.3　摩擦桩单桩轴向受压承载力容许值$[R_a]$，可按下列公式计算：

1　钻（挖）孔灌注桩的承载力容许值：

$$[R_a]=\frac{1}{2}u\sum_{i=1}^{n}q_{ik}l_i+A_pq_r \tag{5.3.3-1}$$

$$q_r = m_0\lambda[[f_{a0}] + k_2\gamma_2(h-3)] \tag{5.3.3-2}$$

式中 $[R_a]$——单桩轴向受压承载力容许值(kN),桩身自重与置换土重(当自重计入浮力时,置换土重也计入浮力)的差值作为荷载考虑;

u——桩身周长(m);

A_p——桩端截面面积(m^2),对于扩底桩,取扩底截面面积;

n——土的层数;

l_i——承台底面或局部冲刷线以下各土层的厚度(m),扩孔部分不计;

q_{ik}——与 l_i 对应的各土层与桩侧的摩阻力标准值(kPa),宜采用单桩摩阻力试验确定,当无试验条件时按表5.3.3-1选用;

q_r——桩端处土的承载力容许值(kPa),当持力层为砂土、碎石土时,若计算值超过下列值,宜按下列值采用:粉砂1 000 kPa;细砂1 150 kPa;中砂、粗砂、砾砂1 450 kPa;碎石土2 750 kPa;

$[f_{a0}]$——桩端处土的承载力基本容许值(kPa),按本规范第3.3.3条确定;

h——桩端的埋置深度(m),对于有冲刷的桩基,埋深由一般冲刷线起算;对无冲刷的桩基,埋深由天然地面线或实际开挖后的地面线起算;h 的计算值不大于40m,当大于40m时,按40m计算;

k_2——容许承载力随深度的修正系数,根据桩端处持力层土类按本规范表3.3.4选用;

γ_2——桩端以上各土层的加权平均重度(kN/m^3),若持力层在水位以下且不透水时,不论桩端以上土层的透水性如何,一律取饱和重度;当持力层透水时则水中部分土层取浮重度;

λ——修正系数,按表5.3.3-2选用;

m_0——清底系数,按表5.3.3-3选用。

表5.3.3-1 钻孔桩桩侧土的摩阻力标准值 q_{ik}

土 类		q_{ik}(kPa)
中密炉渣、粉煤灰		40~60
黏性土	流塑 $I_L>1$	20~30
	软塑 $0.75<I_L\leqslant1$	30~50
	可塑、硬塑 $0<I_L\leqslant0.75$	50~80
	坚硬 $I_L\leqslant0$	80~120
粉土	中密	30~55
	密实	55~80
粉砂、细砂	中密	35~55
	密实	55~70
中砂	中密	45~60
	密实	60~80
粗砂、砾砂	中密	60~90
	密实	90~140
圆砾、角砾	中密	120~150
	密实	150~180
碎石、卵石	中密	160~220
	密实	220~400
漂石、块石		400~600

注:挖孔桩的摩阻力标准值可参照本表采用。

表 5.3.3-2 修正系数 λ 值

桩端土情况 \ l/d	4~20	20~25	>25
透水性土	0.70	0.70~0.85	0.85
不透水性土	0.65	0.65~0.72	0.72

表 5.3.3-3 清底系数 m_0 值

t/d	0.3~0.1
m_0	0.7~1.0

注：1. t、d 为桩端沉渣厚度和桩的直径。
2. $d \leqslant 1.5$m 时，$t \leqslant 300$mm；$d > 1.5$m时，$t \leqslant 500$mm，且 $0.1 < t/d < 0.3$。

2 沉桩的承载力容许值

$$[R_a] = \frac{1}{2}(u\sum_{i=1}^{n}\alpha_i l_i q_{ik} + \alpha_r A_p q_{rk}) \tag{5.3.3-3}$$

式中 $[R_a]$——单桩轴向受压承载力容许值(kN)，桩身自重与置换土重(当自重计入浮力时，置换土重也计入浮力)的差值作为荷载考虑；

u——桩身周长(m)；

n——土的层数；

l_i——承台底面或局部冲刷线以下各土层的厚度(m)；

q_{ik}——与 l_i 对应的各土层与桩侧摩阻力标准值(kPa)，宜采用单桩摩阻力试验确定或通过静力触探试验测定，当无试验条件时按表5.3.3-4选用；

q_{rk}——桩端处土的承载力标准值(kPa)，宜采用单桩试验确定或通过静力触探试验测定，当无试验条件时按表5.3.3-5选用；

α_i、α_r——分别为振动沉桩对各土层桩侧摩阻力和桩端承载力的影响系数，按表5.3.3-6采用；对于锤击、静压沉桩其值均取为1.0。

表 5.3.3-4 沉桩桩侧土的摩阻力标准值 q_{ik}

土 类	状 态	摩阻力标准值 q_{ik}(kPa)
黏性土	$1.5 \geqslant I_L \geqslant 1$	15~30
	$1 > I_L \geqslant 0.75$	30~45
	$0.75 > I_L \geqslant 0.5$	45~60
	$0.5 > I_L \geqslant 0.25$	60~75
	$0.25 > I_L \geqslant 0$	75~85
	$0 > I_L$	85~95
粉土	稍密	20~35
	中密	35~65
	密实	65~80
粉、细砂	稍密	20~35
	中密	35~65
	密实	65~80
中砂	中密	55~75
	密实	75~90
粗砂	中密	70~90
	密实	90~105

注：表中土的液性指数 I_L，系按 76g 平衡锥测定的数值。

表 5.3.3-5　沉桩桩端处土的承载力标准值 q_{rk}

土　类	状　态	桩端承载力标准值 q_{rk}(kPa)		
黏性土	$I_L \geq 1$	1 000		
	$1 > I_L \geq 0.65$	1 600		
	$0.65 > I_L \geq 0.35$	2 200		
	$0.35 > I_L$	3 000		
		桩尖进入持力层的相对深度		
		$1 > \frac{h_c}{d}$	$4 > \frac{h_c}{d} \geq 1$	$\frac{h_c}{d} \geq 4$
粉土	中密	1 700	2 000	2 300
	密实	2 500	3 000	3 500
粉砂	中密	2 500	3 000	3 500
	密实	5 000	6 000	7 000
细砂	中密	3 000	3 500	4 000
	密实	5 500	6 500	7 500
中、粗砂	中密	3 500	4 000	4 500
	密实	6 000	7 000	8 000
圆砾石	中密	4 000	4 500	5 000
	密实	7 000	8 000	9 000

注:表中 h_c 为桩端进入持力层的深度(不包括桩靴);d 为桩的直径或边长。

表 5.3.3-6　系 数 α_i、α_r 值

土类 / 系数 α_i、α_r / 桩径或边长 d(m)	黏　土	粉质黏土	粉　土	砂　土
$0.8 \geq d$	0.6	0.7	0.9	1.1
$2.0 \geq d > 0.8$	0.6	0.7	0.9	1.0
$d > 2.0$	0.5	0.6	0.7	0.9

当采用静力触探试验测定时,沉桩承载力容许值计算中的 q_{ik} 和 q_{rk} 取为:

$$q_{ik} = \beta_i \bar{q}_i \tag{5.3.3-4}$$

$$q_{rk} = \beta_r \bar{q}_r \tag{5.3.3-5}$$

式中:$\bar{q}_i$——桩侧第 i 层土由静力触探测得的局部侧摩阻力的平均值(kPa),当 $\bar{q}_i$ 小于 5kPa 时,采用 5kPa;

$\bar{q}_r$——桩端(不包括桩靴)标高以上和以下各 $4d$(d 为桩的直径或边长)范围内静力触探端阻的平均值(kPa);若桩端标高以上 $4d$ 范围内端阻的平均值大于桩端标高以下 $4d$ 的端阻平均值时,则取桩端以下 $4d$ 范围内端阻的平均值;

β_i、β_r——分别为侧摩阻和端阻的综合修正系数,其值按下面判别标准选用相应的计算公式;当土层的 $\bar{q}_r$ 大于 2 000kPa,且 $\bar{q}_i/\bar{q}_r$ 小于或等于 0.014 时:

$$\beta_i = 5.067(\bar{q}_i)^{-0.45}$$

$$\beta_r = 3.975(\bar{q}_r)^{-0.25}$$

如不满足上述 $\bar{q}_r$ 和 $\bar{q}_i/\bar{q}_r$ 条件时:

$$\beta_i = 10.045(\bar{q}_i)^{-0.55}$$

$$\beta_r = 12.064(\bar{q}_r)^{-0.35}$$

上列综合修正系数计算公式不适合城市杂填土条件下的短桩；综合修正系数用于黄土地区时，应做试桩校核。

5.3.4 支承在基岩上或嵌入基岩内的钻（挖）孔桩、沉桩的单桩轴向受压承载力容许值$[R_a]$，可按下式计算：

$$[R_a] = c_1 A_p f_{rk} + u\sum_{i=1}^{m} c_{2i} h_i f_{rki} + \frac{1}{2}\zeta_s u \sum_{i=1}^{n} l_i q_{ik} \quad (5.3.4)$$

式中 $[R_a]$——单桩轴向受压承载力容许值（kN），桩身自重与置换土重（当自重计入浮力时，置换土重也计入浮力）的差值作为荷载考虑；

c_1——根据清孔情况、岩石破碎程度等因素而定的端阻发挥系数，按表5.3.4采用；

A_p——桩端截面面积（m^2），对于扩底桩，取扩底截面面积；

f_{rk}——桩端岩石饱和单轴抗压强度标准值（kPa），黏土质岩取天然湿度单轴抗压强度标准值，当f_{rk}小于2MPa时按摩擦桩计算（f_{rki}为第i层的f_{rk}值）；

c_{2i}——根据清孔情况、岩石破碎程度等因素而定的第i层岩层的侧阻发挥系数，按表5.3.4采用；

u——各土层或各岩层部分的桩身周长（m）；

h_i——桩嵌入各岩层部分的厚度（m），不包括强风化层和全风化层；

m——岩层的层数，不包括强风化层和全风化层；

ζ_s——覆盖层土的侧阻力发挥系数，根据桩端f_{rk}确定：当$2\text{MPa} \leqslant f_{rk} < 15\text{MPa}$时，$\zeta_s = 0.8$；当$15\text{MPa} \leqslant f_{rk} < 30\text{MPa}$时，$\zeta_s = 0.5$；当$f_{rk} > 30\text{MPa}$时，$\zeta_s = 0.2$；

l_i——各土层的厚度（m）；

q_{ik}——桩侧第i层土的侧阻力标准值（kPa），宜采用单桩摩阻力试验值，当无试验条件时，对于钻（挖）孔桩按本规范表5.3.3-1选用，对于沉桩按本规范表5.3.3-4选用；

n——土层的层数，强风化和全风化岩层按土层考虑。

表5.3.4 系数c_1、c_2值

岩石层情况	c_1	c_2
完整、较完整	0.6	0.05
较破碎	0.5	0.04
破碎、极破碎	0.4	0.03

注：1. 当入岩深度小于或等于0.5m时，c_1乘以0.75的折减系数，$c_2 = 0$。

2. 对于钻孔桩，系数c_1、c_2值应降低20%采用；

桩端沉渣厚度t应满足以下要求：$d \leqslant 1.5\text{m}$时，$t \leqslant 50\text{mm}$；$d > 1.5\text{m}$时，$t \leqslant 100\text{mm}$。

3. 对于中风化层作为持力层的情况，c_1、c_2应分别乘以0.75的折减系数。

5.3.5 当河床岩层有冲刷时，桩基须嵌入基岩，嵌岩桩按桩底嵌固设计。其应嵌入基岩中的深度，可按下列公式计算。

1 圆形桩：

$$h = \sqrt{\frac{M_H}{0.0655\beta f_{rk} d}} \quad (5.3.5\text{-}1)$$

2 矩形桩：

$$h = \sqrt{\frac{M_H}{0.0833\beta f_{rk} b}} \quad (5.3.5\text{-}2)$$

以上两式中 h——桩嵌入基岩中（不计强风化层和全风化层）的有效深度（m），不应小于0.5m；

M_H——在基岩顶面处的弯矩（kN·m）；

f_{rk}——岩石饱和单轴抗压强度标准值(kPa),黏土质岩取天然湿度单轴抗压强度标准值;

β——系数,$\beta = 0.5 \sim 1.0$,根据岩层侧面构造而定,节理发育的取小值;节理不发育的取大值;

d——桩身直径(m);

b——垂直于弯矩作用平面桩的边长(m)。

5.3.6 桩端后压浆灌注桩单桩轴向受压承载力容许值,应通过静载试验确定。在符合本规范附录N后压浆技术规定的条件下,后压浆单桩轴向受压承载力容许值可按下式计算:

$$[R_a] = \frac{1}{2}u\sum_{i=1}^{n}\beta_{si}q_{ik}l_i + \beta_p A_p q_r \quad (5.3.6)$$

式中 $[R_a]$——桩端后压浆灌注桩的单桩轴向受压承载力容许值(kN),桩身自重与置换土重(当自重计入浮力时,置换土重也计入浮力)的差值作为荷载考虑;

β_{si}——第 i 层土的侧阻力增强系数,可按表5.3.6取值,当在饱和土层中压浆时,仅对桩端以上8.0~12.0m范围的桩侧阻力进行增强修正;当在非饱和土层中压浆时,仅对桩端以上4.0~5.0m的桩侧阻力进行增强修正;对于非增强影响范围,$\beta_{si}=1$;

β_p——端阻力增强系数,可按表5.3.6取值。

其他符号同本规范式(5.3.3-1)。

表5.3.6 桩端后压浆侧阻力增强系数 β_s、端阻力增强系数 β_p

土层名称	黏性土、粉土	粉砂	细砂	中砂	粗砂	砾砂	碎石土
β_s	1.3~1.4	1.5~1.6	1.5~1.7	1.6~1.8	1.5~1.8	1.6~2.0	1.5~1.6
β_p	1.5~1.8	1.8~2.0	1.8~2.1	2.0~2.3	2.2~2.4	2.2~2.4	2.2~2.5

5.3.7 按本规范第5.3.3条、第5.3.4条、第5.3.6条规定计算的单桩轴向受压承载力容许值 $[R_a]$,应根据桩的受荷阶段及受荷情况乘以表5.3.7规定的抗力系数。

表5.3.7 单桩轴向受压承载力的抗力系数

受荷阶段	作用效应组合		抗力系数
使用阶段	短期效应组合	永久作用与可变作用组合	1.25
		结构自重、预加力、土重、土侧压力和汽车、人群组合	1.00
	作用效应偶然组合(不含地震作用)		1.25
施工阶段	施工荷载效应组合		1.25

5.3.8 摩擦桩应根据桩承受作用的情况决定是否允许出现拉力。当桩的轴向力由结构自重、预加力、土重、土侧压力、汽车荷载和人群荷载短期效应组合所引起时,桩不允许受拉;当桩的轴向力由上述荷载并与其他作用组成的短期效应组合或荷载效应的偶然组合(地震作用除外)所引起时,则桩允许受拉。摩擦桩单桩轴向受拉承载力容许值按下列公式计算:

$$[R_t] = 0.3u\sum_{i=1}^{n}\alpha_i l_i q_{ik} \quad (5.3.8)$$

式中 $[R_t]$——单桩轴向受拉承载力容许值(kN);

u——桩身周长(m),对于等直径桩,$u=\pi d$;对于扩底桩,自桩端起算的长度 $\sum l_i \leqslant 5d$ 时,取 $u=\pi D$;其余长度均取 $u=\pi D$(其中 D 为桩的扩底直径,d 为桩身直径);

α_i——振动沉桩对各土层桩侧摩阻力的影响系数,按本规范表5.3.3-6采用;对于锤击、静压沉桩和钻孔桩,$\alpha_i=1$。

计算作用于承台底面由外荷载引起的轴向力时,应扣除桩身自重值。

5.3.9 计算桩内力时,可采用m法(见本规范附录P和附录Q)或其他可靠的方法。

5.3.10 桩应验算桩身强度、稳定性及裂缝宽度。验算方法可按照现行《公路钢筋混凝土及预应力混凝土桥涵设计规范》(JTG D62)有关章节进行。

5.3.11 9 根桩及 9 根桩以上的多排摩擦桩群桩在桩端平面内桩距小于 6 倍桩径时，群桩作为整体基础验算桩端平面处土的承载力，验算方法按本规范附录 R 进行。当桩端平面以下有软土层或软弱地基时，还应按本规范第 4.2.6 条验算该土层的承载力。

5.3.12 当桩基为端承桩或桩端平面内桩的中距大于桩径（或边长）的 6 倍时，桩基的总沉降量可取单桩的沉降量。在其他情况下，按本规范第 4.3.4 条的规定按墩台基础计算群桩的沉降量，并应计入桩身压缩量。

6 沉井基础

6.1 一般规定

6.1.1 当桥梁墩台基础处的河床地质、水文及施工等条件适宜时,可选用沉井基础。但河床中有流砂、孤石、树干或老桥基等难于清除的障碍物,或在表面倾斜较大的岩层上时,不宜采用沉井基础。当水深较大,流速适宜时亦可考虑采用浮运沉井。

沉井的埋置深度应符合本规范第 4 章第 4.1 节的规定。

6.1.2 为使沉井顺利下沉,沉井重力(不排水下沉时,应计浮重度)须大于井壁与土体间的摩阻力标准值。土与井壁间的摩阻力标准值应根据实践经验或实测资料确定;当缺乏上述资料时,可根据土的性质、施工措施,按表 6.1.2 选用。

表 6.1.2 井壁与土体间的摩阻力标准值

土的名称	摩阻力标准值(kPa)	土的名称	摩阻力标准值(kPa)
黏性土	25 ~ 50	砾石	15 ~ 20
砂性土	12 ~ 25	软土	10 ~ 12
卵石	15 ~ 30	泥浆套	3 ~ 5

注:泥浆套为灌注在井壁外侧的触变泥浆,是一种助沉材料。

6.2 构造

6.2.1 沉井平面形状及尺寸应根据墩台身底面尺寸、地基土的承载力及施工要求确定。沉井棱角处宜做成圆角或钝角,顶面襟边宽度应根据沉井施工容许偏差而定,不应小于沉井全高的 1/50,且不应小于 0.2m,浮式沉井另加 0.2m。沉井顶部需设置围堰时,其襟边宽度应满足安装墩台身模板的需要。

井孔的布置和大小应满足取土机具操作的需要,对顶部设置围堰的沉井,宜结合井顶围堰统一考虑。

6.2.2 沉井每节高度可视沉井的平面尺寸、总高度、地基土情况和施工条件而定,不宜高于 5m。

沉井外壁可做成垂直面、斜面(斜面坡度为竖/横:20/1 ~ 50/1)或与斜面坡度相当的台阶形。

6.2.3 沉井井壁的厚度应根据结构强度、施工下沉需要的重力、便于取土和清基等因素而定,可采用 0.8 ~ 1.5m;但钢筋混凝土薄壁浮运沉井及钢模薄壁浮运沉井的壁厚不受此限。

6.2.4 沉井刃脚根据地质情况,可采用尖刃脚或带踏面刃脚。如土质坚硬,刃脚面应以型钢加强或底节外壳采用钢结构。刃脚底面宽度可为 0.1 ~ 0.2m,如为软土地基可适当放宽。刃脚斜面与水平面交角不宜小于 45°。沉井内隔墙底面比刃脚底面至少应高出 0.5m。当沉井需要下沉至稍有倾斜的岩面上时,在掌握岩层高低差变化的情况下,可将刃脚做成与岩面倾斜度相适应的高低刃脚。

6.2.5 沉井材料可用混凝土、钢筋混凝土(配筋率不应小于 0.1%)和钢材等。混凝土沉井仅适用于松软土层;其井壁竖向接缝应设置接缝钢筋。沉井刃脚不宜采用混凝土结构。

浮运沉井可采用钢筋混凝土薄壁或钢模薄壁结构。

6.2.6 沉井填料可采用混凝土、片石混凝土或浆砌片石;在无冰冻地区亦可采用粗砂和砂砾填料;空心沉井应考虑受力和稳定要求。粗砂、砂砾填芯沉井和空心沉井的顶面均须设置钢筋混凝土盖板,盖板厚度通过计算确定。

6.2.7　沉井各部分混凝土强度等级：刃脚不应低于 C25；井身不应低于 C20；当为薄壁浮运沉井时，井壁和隔板不应低于 C25，腹腔内填料不应低于 C15。

6.2.8　沉井封底混凝土厚度由计算确定，但其顶面应高出刃脚根部（即刃脚斜面的顶点处）不小于 0.5m。封底混凝土强度等级，非岩石地基不应低于 C25，岩石地基不应低于 C20。

6.3　计算

6.3.1　沉井的计算应包括：

1　沉井作为整体基础计算。

沉井作为整体基础计算，可按本规范第 4 章有关规定执行。考虑土的弹性抗力作用时，可按本规范附录 Q 计算；采用泥浆套施工且采取了恢复侧面土的约束能力措施后，方可考虑土的弹性抗力作用。

对高低刃脚的沉井基础，验算抗倾覆和抗滑动稳定性时，应考虑岩面倾斜的不利因素，并采取必要的措施。

2　沉井在施工过程中的计算。

1）使沉井顺利下沉所必需的重力，可按本规范第 6.1.2 条规定计算。

2）沉井井壁及刃脚，可按本规范第 6.3.2 ~ 6.3.4 条规定计算。

3）混凝土封底层的厚度，可按本规范第 6.3.5 条规定计算。

4）浮运沉井在浮运过程中的横向稳定性，可按本规范第 6.3.6 条规定计算。

5）沉井在施工过程中，其截面应按现行《公路钢筋混凝土及预应力混凝土桥涵设计规范》（JTG D62）进行短暂状况验算。

3　沉井盖板应按现行《公路钢筋混凝土及预应力混凝土桥涵设计规范》（JTG D62）进行承载能力极限状态计算和正常使用极限状态计算。计算时其结构重要性系数和作用效应组合，应分别符合本规范第 1.0.5 条的规定。

6.3.2　沉井井壁应按下列规定验算。薄壁浮运沉井的井壁应根据实际可能发生的情况进行验算。

1　施工下沉时，沉井底节应按下列情况验算其竖向弯曲强度：

1）当排水挖土下沉时，沉井底节假定支承在四个支点“1”上（图 6.3.2-1），验算其竖向弯曲。

2）当不排水挖土下沉时，由于挖土不均匀，沉井底节假定支承在长边的中心支点“2”上或支承在短边两端的四角支点“3”上（图 6.3.2-2），验算其竖向弯曲。

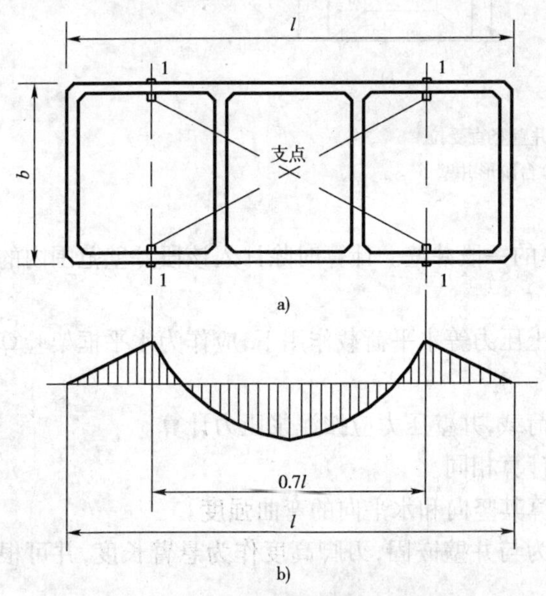

图 6.3.2-1　排水下沉的沉井

a）平面图；b）弯矩图

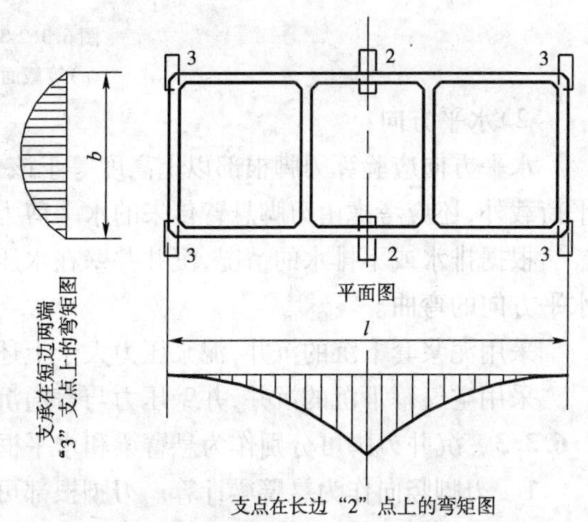

图 6.3.2-2　不排水挖土下沉的沉井

2　施工下沉过程中井壁的验算分为竖直方向和水平方向两部分。

1)竖直方向：

当沉井被四周土体摩阻力所嵌固而刃脚下的土已被挖空时，应验算井壁接缝处的竖向抗拉强度。在接缝处假定混凝土不承受拉力而由接缝处的钢筋承受。

①等截面井壁：

井壁摩阻力可假定沿沉井总高按三角形分布，即在刃脚底面处为零，在地面处为最大。此时，最危险的截面在沉井入土深度的1/2处[图6.3.2-3a)]，最大竖向拉力 P_{max} 为沉井全部重力 G_k 的1/4，即

$$P_{max} = \frac{G_k}{4} \tag{6.3.2-1}$$

②台阶形井壁：

每段井壁变阶处均应进行计算，变阶处的井壁拉力 P_x[图6.3.2-3b)]为：

$$P_x = G_{xk} - \frac{1}{2}uq_x x \tag{6.3.2-2}$$

$$q_x = \frac{x}{h}q_d \tag{6.3.2-3}$$

式中　P_x——距刃脚底面 x 变阶处的井壁拉力(kN)；

G_{xk}——x 高度范围内的沉井自重(kN)；

u——井壁周长(m)；

q_x——距刃脚底面 x 变阶处的摩阻力(kPa)；

q_d——沉井顶面摩阻力(kPa)；

h——沉井总高(m)；

x——刃脚底面至变阶处(或验算截面)的高度。

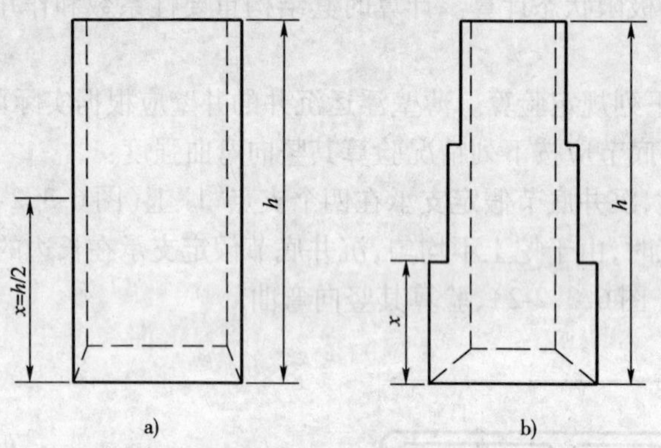

图6.3.2-3　沉井井壁竖直受拉

a)等截面井壁；b)台阶形井壁

2)水平方向：

水平方向应验算刃脚根部以上高度等于该处壁厚的一段井壁。计算时除计入该段井壁范围内的水平荷载外，还应考虑由刃脚悬臂传来的水平剪力。

根据排水或不排水的情况，沉井井壁在水压力和土压力等水平荷载作用下，应作为水平框架验算其水平方向的弯曲。

采用泥浆套下沉的沉井，泥浆压力大于上述水平荷载，井壁压力应按泥浆压力计算。

采用空气幕下沉的沉井，井壁压力与普通沉井的计算相同。

6.3.3　沉井刃脚可分别作为悬臂梁和水平框架验算其竖向和水平向的弯曲强度。

1　刃脚竖向作为悬臂梁计算。刃脚根部可以认为与井壁嵌固，刃脚高度作为悬臂长度，并可根据以下两种不利情况分别计算：

1)刃脚竖向向外弯曲。沉井下沉途中，刃脚内侧已切入土中约1m，沉井顶部露出水面尚有一定高度(多节沉井约为一节沉井高度)时，验算刃脚因受井孔内土体的侧向压力而向外弯曲时的强度。在上

述情况下，作用于井壁外侧的计算侧土压力和水压力的总和不应大于静水压力的70%，井壁外侧的计算摩阻力取$0.5E$(E为井壁所受的主动土压力)或本规范表6.1.2数值计算的较小者。

2)刃脚竖向向内弯曲。沉井已沉到设计标高，刃脚下的土已被挖空的情况下，验算刃脚因受井壁外侧全部水压力和侧土压力而向内弯曲时的强度。水压力可按下列情况计算：

不排水下沉时，井壁外侧水压力值按100%计算，内侧水压力值按50%计算，但也可按施工中可能出现的水头差计算。

排水下沉时，在透水不良的土中，可按静水压力的70%计算；在透水土中，可按静水压力的100%计算。

2 刃脚竖向作为水平框架计算。沉井已沉到设计标高，刃脚下的土已被挖空的情况下，将刃脚作为闭合的水平框架，计算其水平方向的抗弯强度。

6.3.4 沉井刃脚上作用的水平力分配系数可用下列近似方法计算：

1 刃脚沿竖向视为悬臂梁，其悬臂长度等于斜面部分的高度。当内隔墙的底面距刃脚底面为0.5m或大于0.5m而采用竖向承托加强时，作用于悬臂部分的水平力可乘以分配系数α：

$$\alpha=\frac{0.1l_1^4}{h^4+0.05l_1^4}\leqslant 1.0 \tag{6.3.4-1}$$

式中 l_1——支承在内隔墙间的外壁最大计算跨径(m)；

h——刃脚斜面部分的高度(m)。

悬臂部分的竖直钢筋应伸入悬臂根部以上$0.5l_1$的高度，并在悬臂总高按剪力和构造要求设置箍筋。

2 刃脚水平方向可视为闭合框架。当刃脚悬臂的水平力乘以分配系数α时，作用于框架的水平力应乘以分配系数β:

$$\beta=\frac{h^4}{h^4+0.05l_2^4} \tag{6.3.4-2}$$

式中 l_2——支承在内隔墙间的外壁最小计算跨径(m)；

h——刃脚斜面部分的高度(m)。

6.3.5 混凝土封底的厚度应根据基底的水压力和地基土的向上反力计算确定。井孔不填充混凝土的沉井，封底混凝土须承受沉井基础全部荷载所产生的基底反力，井内如填砂时应扣除其重力。井孔内如填充混凝土(或片石混凝土)，封底混凝土须承受填充混凝土前的沉井底部的静水压力。

6.3.6 薄壁浮运沉井在浮运过程中(沉入河床前)，应验算横向稳定性。

沉井浮体稳定倾斜角φ可按下列公式计算：

$$\varphi=\tan^{-1}\frac{M}{\gamma_w V(\rho-a)} \tag{6.3.6-1}$$

$$\rho=\frac{I}{V} \tag{6.3.6-2}$$

式中 φ——沉井在浮运阶段的倾斜角，不应大于6°，并应满足$(\rho-a)>0$；

M——外力矩(kN·m)；

V——排水体积(m^3)；

a——沉井重心至浮心的距离(m)，重心在浮心之上为正，反之为负；

ρ——定倾半径，即定倾中心至浮心的距离(m)；

I——薄壁沉井浮体排水截面面积的惯性矩(m^4)；

γ_w——水的重度，$\gamma_w=10\ kN/m^3$。

6.3.7 底节以上沉井应按静水压力、流水压力、风力、导向结构反力、锚缆拉力、井内填充混凝土侧压力等，分别验算井壁和内隔墙。

7 地下连续墙

7.1 一般规定

7.1.1 本章适用于用作公路桥梁基坑支护结构及基础的现浇混凝土地下连续墙的设计，在一般地质条件下适用，对于特殊地质条件地区应结合地区工程经验应用。

7.1.2 地下连续墙支护结构的设计安全等级及结构重要性系数应根据支护结构破坏、土体失稳或过大变形对基坑周边环境及地下结构施工造成影响的严重性按表 7.1.2 选用。

地下连续墙基础的设计安全等级及结构重要性系数应与桥梁整体结构一致。

表 7.1.2 支护结构安全等级及重要性系数

安全等级	破坏后果	γ_0
一级	很严重	1.1
二级	严重	1.0
三级	不严重	0.9

7.1.3 地下连续墙支护结构设计应综合考虑工程地质与水文地质、基础类型、基坑开挖深度、降排水条件、周边环境要求和使用期限等因素；地下连续墙基础设计应综合考虑工程地质与水文地质、上部结构条件和周边环境要求等因素。做到因地制宜、合理设计。

7.1.4 地下连续墙设计应考虑施工和环境保护的要求。

7.1.5 地下连续墙设计应对质量检测、环境监测和现场试验等提出相关要求。

7.2 支护结构设计

7.2.1 基坑支护结构应保证岩土开挖、地下结构施工的安全。

7.2.2 地下连续墙基坑支护结构设计应包括下列内容：

1 支护体系的方案技术经济比较和选型；

2 支护结构的强度、稳定和变形计算；

3 基坑内外土体稳定性计算；

4 抗渗流稳定性计算；

5 基坑降水、岩土开挖方法及要求；

6 基坑施工过程监测要求。

7.2.3 支护结构宜设置支承系统。

7.2.4 支护结构的支撑必须采用稳定的结构体系和连接构造，刚度应满足变形要求。

支撑设计应包括结构布置、结构内力和变形计算、构件强度和稳定性验算、构件结点设计及构件安装和拆除流程设计。土层锚杆（锚索）设计应包括结构布置、轴向承载力验算、土体稳定性验算。环梁、内衬设计应包括结构布置、受力计算、强度和稳定性验算。

7.2.5 应考虑结构水平变形、地下水的变化对周边环境的水平与竖向变形的影响；对于安全等级为一级或对周边环境变形有限定要求的二级基坑工程，应根据周边环境的重要性、对变形的适应能力及土的性质等因素确定支护结构的水平变形限值。

7.2.6 可根据静力平衡条件初步选定地下连续墙在基坑开挖面以下的入土深度，在进行整体稳定性和墙体变形验算后综合确定入土深度。

7.2.7 地下连续墙的侧向作用应包括土压力、水压力、基坑周围建筑物及施工荷载引起的侧向压力等。砂性土应按水土分算的原则计算；黏性土宜按水土合算的原则计算；也可按地区经验确定。

7.2.8 地下连续墙支护结构设计应根据不同设计状况，分别按承载能力极限状态和正常使用极限状态设计。

1 承载能力极限状态应包括下列计算内容：

1）土体稳定性计算；

2）墙体结构强度和稳定性计算；

3）支承系统承载力和稳定性计算。

2 正常使用极限状态应包括结构变形、抗裂和裂缝宽度验算。

7.2.9 地下连续墙支护结构应根据不同设计状态，按施工过程的不同工况进行作用效应组合。

7.2.10 构造规定：

1 墙体的截面形式和分段长度应根据整体平面布置、受力情况、槽壁稳定性、环境条件和施工条件等确定。单元墙段长度可取 4～8m。墙体厚度应考虑成槽机械能力由计算确定，不宜小于 600mm。成槽竖直度不应大于 1/200。

2 墙体、支撑、环梁（含竖肋）及内衬的混凝土强度等级均不应低于 C25。地下连续墙应满足防渗要求；当地下水具有侵蚀性时，应选择适用的抗侵蚀混凝土。

3 墙体主筋净保护层厚度应根据使用要求、地质条件、施工条件和环境条件确定，不宜小于 70mm。墙体的受力钢筋直径不宜小于 20mm 且不应大于 40mm，构造钢筋直径不宜小于 16mm。

4 墙体单元槽段间可采用接头管接头。当整体性和抗渗性要求较高时，宜采用铣削接头、钢隔板或接头箱等接头形式。

5 地下连续墙钢筋笼的钢筋配置应满足结构受力和吊装要求。竖直主筋应放置在内侧，净距不应小于 75mm，构造钢筋间距不应大于 300mm。当必须配置双层钢筋时，内外排钢筋间距不应小于 100mm。钢筋笼竖向接头位置应选在受力较小处。钢筋笼分幅长度应根据单元槽段长度、接头形式和起重设备能力等因素确定。钢筋笼底部在厚度方向宜适当缩窄，并与墙底之间宜留 100～500mm 的空隙；主筋应伸入墙顶帽梁内，伸入长度不应小于锚固长度。采用接头管接头时，钢筋笼侧端与接头管之间宜留 150～200mm 的空隙；采用铣削接头时，钢筋笼侧端与混凝土端面之间宜留不小于 250mm 的空隙。

6 墙体顶部应设置混凝土帽梁，帽梁两侧应各宽于墙体不小于 150mm。

7 直线形地下连续墙的支撑可采用钢结构或混凝土结构。现浇混凝土支撑的截面竖向高度不应小于其竖向平面计算跨径的 1/20。腰梁的截面水平向尺寸不应小于其水平向计算跨径的 1/8，截面竖向尺寸不应小于支撑的截面高度。锚杆（锚索）锚固体竖向间距不宜小于 2.5m，水平向间距不宜小于 1.5m。锚固体上覆土层厚度不宜小于 4.0m。倾斜锚杆的倾角宜采用 15°～30°。锚固段长度应通过计算确定并不应小于 4.0m，自由段长度不宜小于 5.0m，并应超过潜在破裂面 1.5m。圆形地下连续墙支护结构的环梁（含竖肋）或内衬的截面高度及厚度根据计算确定，竖肋可按构造配筋。

7.2.11 直线形地下连续墙支护结构计算应符合下列规定：

1 应进行抗倾覆稳定性、整体抗滑移稳定性、坑底抗隆起稳定性和坑底抗渗稳定性验算。

2 当按变形控制原则设计支护结构时，作用在地下连续墙上的土压力可按墙体与土体相互作用原理确定，考虑墙体水平变形对墙侧水平土压力的影响。水平土压力强度可按下式计算：

$$E_{jk} = E_{0k} - K\delta \tag{7.2.11-1}$$

$$E_{0k} = K_0(q_k + \sum \gamma_i h_i) \tag{7.2.11-2}$$

$$K = mz \tag{7.2.11-3}$$

式中 E_{jk}——墙侧水平土压力强度（kPa），当 $E_{jk} < E_a$ 时，取 $E_{jk} = E_a$；当 $E_{jk} > E_p$ 时，取 $E_{jk} = E_p$（其中，E_a、E_p 分别为墙侧水平主动土压力强度和被动土压力强度，包括土体自重和墙侧地面荷载的作用效应，可按库仑或朗金土压力理论计算）；

E_{0k}——墙侧水平静止土压力强度（kPa）；

K——墙侧土的水平地基反力系数（kN/m^3），宜由现场试验确定，或按可靠方法计算或经验取

值;当缺乏可靠方法或经验时,可按式(7.2.11-3)计算;

m——水平地基反力系数随深度增大的比例系数(kN/m^4),宜通过水平荷载试验确定,或根据经验取值;

δ——墙体的水平变形量(m),朝向土压力方向的变形为正,背向土压力方向的变形为负;

K_0——静止土压力系数,对正常固结土,$K_0 = 1 - \sin\varphi_k'$;对超固结土,$K_0 = \sqrt{1 - \sin\varphi_k'}$;$\varphi_k'$为计算点处土层的有效内摩擦角(°);

q_k——作用在地面上的竖向均布荷载(kPa);

γ_i——计算面以上第 i 层土的重度(kN/m^3);

h_i——计算面以上第 i 层土的厚度(m);

z——计算点距墙侧地面的深度(m)。

3 地下连续墙的内力和变形可按竖向弹性地基梁法计算,见本规范附录 S。

7.2.12 直线形地下连续墙支护结构构件计算应符合下列规定:

1 墙体、支撑、立柱应按偏心受压构件计算。

2 腰梁可按水平方向的受弯构件计算。当腰梁与水平支撑斜交或腰梁作为边桁架的弦杆时,应按偏心受压构件进行验算。

3 土层锚杆(锚索)的杆体应按轴心受拉构件计算。自由段和锚固段长度、锚固体直径、锚固体形状和浆体强度,应根据锚杆(锚索)轴向设计拉力、土层抗拔力及握裹力确定。外锚头和腰梁应根据锁定荷载值进行设计。

7.2.13 圆形地下连续墙支护结构计算应符合下列规定:

1 应进行稳定性验算,验算内容和方法应符合本规范第 7.2.11 条第 1 款的规定。

2 应进行土压力和水压力作用下的结构失稳验算,结构失稳的临界荷载宜按空间结构计算,也可简化为圆环按下列公式进行验算:

$$q_{pk} = \frac{3EI}{R_0^3 h} \tag{7.2.13-1}$$

$$\gamma_s q_{tk} \leqslant q_{pk} \tag{7.2.13-2}$$

式中 q_{pk}——沿环向分布的临界荷载标准值(kN/m^2);

E——混凝土的弹性模量(kN/m^2);

I——在截取高度范围内的截面惯性矩(m^4);

R_0——截取的圆环中心线半径(m);

h——截取的圆环高度(m);

q_{tk}——荷载标准值(kN/m^2);

γ_s——荷载分项系数,取 1.2~1.5。

3 圆形地下连续墙支护结构宜按空间结构计算,也可按轴线对称结构取单位宽度的地下连续墙墙体作为竖向弹性地基梁计算。墙体、环梁或内衬的环向效应,可按轴线对称结构简化为等效弹性支承,见本规范附录 T。

4 环梁或内衬的内力及变形可按平面刚架环形梁进行计算。应考虑地层、地下水、地面荷载分布的不均匀性,以及圆环向外侧变形区域的土体对环梁或内衬的约束作用。

7.3 基础设计

7.3.1 根据墙段单元之间的连接组合、平面布置以及使用功能,基础可分为条壁式地下连续墙基础、井筒式地下连续墙基础和部分地下连续墙基础。

7.3.2 墙端应进入良好的持力层,墙体在持力层内的埋设深度应大于墙体厚度。当持力层为非岩石地基时,应优先考虑增加墙体的埋置深度以提高竖向承载力。

7.3.3 基础的截面形状和平面布置,宜使其形心与作用基本组合的合力作用点一致。

7.3.4 基础主要承受上部构造物传递的各种作用。基础设计应保证不发生影响上部结构功能的沉降、水平移动、倾斜等。

7.3.5 基础结构设计应按不同设计状况,分别按承载能力极限状态和正常使用极限状态设计。

1 承载能力极限状态应包括下列计算内容:

1)地基承载力计算;

2)地下连续墙结构强度计算;

3)顶板结构强度计算。

2 正常使用极限状态应包括地下连续墙及顶板的结构变形、抗裂和裂缝宽度验算。

7.3.6 当基础周围土体因自重固结或受地面大面积荷载等影响而产生地面沉降时,应考虑由此而引起的墙侧负摩阻力对墙体竖向承载力和沉降的影响。

7.3.7 基础的竖向承载力及水平承载力宜通过现场载荷试验确定。

7.3.8 构造规定:

1 墙体的构造设计应符合本规范第7.2.10条第1~5款的规定(墙体厚度除外)。

2 墙体厚度应结合成槽机械能力及墙段布置由计算确定,不应小于800mm。井筒式地下连续墙基础单室最小宽度不宜小于5m,单室最大宽度不宜大于10m;其外周墙和隔墙宜采用相同厚度。

3 墙顶应设置顶板,混凝土强度等级不应低于C30。墙体应进入顶板100~200mm;竖向钢筋应伸入顶板内,长度不应小于$b/2$与钢筋锚固长度l_a之和(图7.3.8)。单壁式地下连续墙基础墙顶可不设顶板。

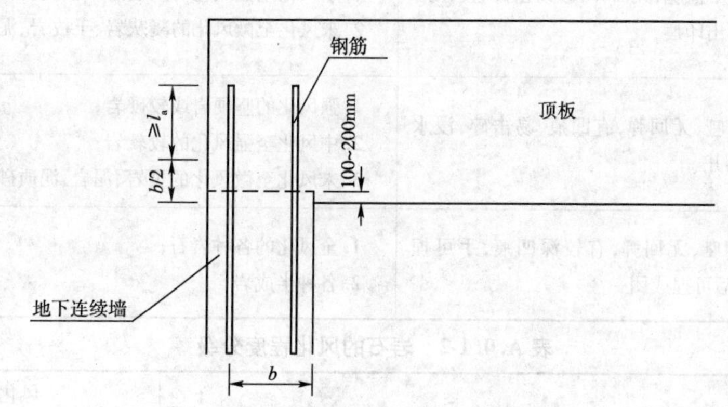

图7.3.8 竖向钢筋

注:b为外侧竖向钢筋至墙体内侧面的距离。

4 竖向受拉钢筋的配筋率不应小于有效计算截面面积的0.3%,水平受拉钢筋的配筋率不应小于计算截面面积的0.2%,接头部位的接合面水平钢筋的配筋率不宜小于一般部位水平钢筋配筋率的2倍。

5 井筒式地下连续墙基础的外周墙墙段之间必须采用刚性接头;内隔墙宜采用刚性接头,也可采用铰接接头。

7.3.9 地下连续墙基础结构受力应采用可靠方法按空间结构进行计算。

7.3.10 井筒式地下连续墙基础的构件计算应符合下列规定:

1 根据空间计算求出的各深度截面内力进行竖向箱形截面强度的计算。

2 按平面刚架进行水平受力计算。

3 按以地下连续墙为支承的板梁进行顶板计算,不考虑内部土承受作用。当顶板厚度超过计算跨径的0.5倍(简支梁)或0.4倍(连续梁)时,可将其作为深梁进行计算。

7.3.11 兼作基坑支护结构的基础墙体,应符合本规范第7.2节的规定。

附录 A　桥涵地基岩土的分级

A.0.1　桥涵岩石地基可按岩石坚硬程度、风化程度、完整程度进行分级，如表A.0.1-1～表A.0.1-3所示。

表 A.0.1-1　岩石坚硬程度的定性分级

坚硬程度		定性鉴定	岩石
硬质岩	坚硬岩	锤击声清脆，有回弹，振手，难击碎，基本无吸水反应	未风化至微风化的花岗岩、闪长岩、辉绿岩、玄武岩、安山岩、片麻岩、石英岩、石英砂岩、硅质砾岩、硅质石灰岩等
	较硬岩	锤击声较清脆，有轻微回弹，稍振手，较难击碎，有轻微吸水反应	1. 微风化的坚硬岩； 2. 未风化至微风化的大理岩、板岩、石灰岩、白云岩、钙质砂岩等
软质岩	较软岩	锤击声不清脆，无回弹，较易击碎，浸水后指甲可刻出印痕	1. 中风化至强风化的坚硬岩或较硬岩； 2. 未风化至微风化的凝灰岩、千枚岩、泥灰岩、砂质泥岩等
	软岩	锤击声哑，无回弹，有凹痕，易击碎，浸水后手可掰开	1. 强风化的坚硬岩或较硬岩； 2. 中风化至强风化的较软岩； 3. 未风化至微风化的页岩、泥岩、泥质砂岩等
极软岩		锤击声哑，无回弹，有较深凹痕，手可捏碎，浸水后可捏成团	1. 全风化的各种岩石； 2. 各种半成岩

表 A.0.1-2　岩石的风化程度分级

风化程度	野外特征	风化程度系数指标	
		波速比 k_v	风化系数 k_f
未风化	岩质新鲜，偶见风化痕迹	0.9～1.0	0.9～1.0
微风化	结构基本未变，仅节理面有渲染或略有变色，有少量风化裂隙	0.8～0.9	0.8～0.9
中风化	结构部分破坏，沿节理面有次生矿物，风化裂隙发育，岩体被切割成岩块，用镐难挖，岩芯钻方可钻进	0.6～0.8	0.4～0.8
强风化	结构大部分破坏，矿物成分显著变化，风化裂痕很发育，岩体破碎，用镐可挖，干钻不易钻进	0.4～0.6	<0.4
全风化	结构基本破坏，但尚可辨认，有残余结构强度，可用镐挖，干钻可钻进	0.2～0.4	—
残积土	组织结构全部破坏，已风化成土状，锹镐易挖掘，干钻易钻进，具可塑性	<0.2	—

注：1. 波速比 k_v 为风化岩石与新鲜岩石压缩波速度之比。
2. 风化系数 k_f 为风化岩石与新鲜岩石单轴抗压强度之比。
3. 岩石风化程度，除按表列野外特征和定量指标划分外，也可根据当地经验划分。
4. 花岗岩类岩石，可采用标准贯入试验划分，为强风化、全风化、残积土。
5. 泥岩和半成岩，可不进行风化程度划分。

表 A.0.1-3 岩石完整程度定性分级

<table>
<tr><th rowspan="2">完整程度</th><th colspan="2">结构面发育程度</th><th rowspan="2">主要结构面的结合程度</th><th rowspan="2">主要结构面的类型</th><th rowspan="2">相应结构类型</th></tr>
<tr><th>结构面组数</th><th>平均间距(m)</th></tr>
<tr><td>完整</td><td>1~2</td><td>>1.0</td><td>结合好或结合一般</td><td>裂隙、层面</td><td>整体状或巨厚状结构</td></tr>
<tr><td rowspan="2">较完整</td><td>1~2</td><td>>1.0</td><td>结合差</td><td>裂隙、层面</td><td>块状或厚层结构</td></tr>
<tr><td>2~3</td><td>1.0~0.4</td><td>结合好或结合一般</td><td>—</td><td>块状结构</td></tr>
<tr><td rowspan="3">较破碎</td><td>2~3</td><td>1.0~0.4</td><td>结合差</td><td rowspan="3">裂隙、层面、小断层</td><td>裂隙块状或中厚层结构</td></tr>
<tr><td rowspan="2">≥3</td><td rowspan="2">0.4~0.2</td><td>结合好</td><td>镶嵌碎裂结构</td></tr>
<tr><td>结合一般</td><td>中、薄层状结构</td></tr>
<tr><td rowspan="2">破碎</td><td rowspan="2">≥3</td><td>0.4~0.2</td><td>结合差</td><td rowspan="2">各种类型结构面</td><td>裂隙块状结构</td></tr>
<tr><td>≤0.2</td><td>结合一般或结合差</td><td>碎裂状结构</td></tr>
<tr><td>极破碎</td><td>无序</td><td>—</td><td>结合很差</td><td>—</td><td>散体状结构</td></tr>
</table>

注:平均间距指主要结构面(1~2组)间距的平均值。

A.0.2 碎石土密实度野外鉴别按表A.0.2的规定判别。

表 A.0.2 碎石土密实度野外鉴别

密实度	骨架颗粒含量和排列	可 挖 性	可 钻 性
松散	骨架颗粒质量小于总质量的60%,排列混乱,大部分不接触	锹可以挖掘,井壁易坍塌,从井壁取出大颗粒后,立即塌落	钻进较易,钻杆稍有跳动,孔壁易坍塌
中密	骨架颗粒质量等于总质量的60%~70%,呈交错排列,大部分接触	锹镐可挖掘,井壁有掉块现象,从井壁取出大颗粒处,能保持凹面形状	钻进较困难,钻杆、吊锤跳动不剧烈,孔壁有坍塌现象
密实	骨架颗粒质量大于总质量的70%,呈交错排列,连续接触	锹镐挖掘困难,用撬棍方能松动,井壁较稳定	钻进困难,钻杆、吊锤跳动剧烈,孔壁较稳定

注:密实度应按表列各项特征综合确定。

附录 B　岩石饱和单轴抗压强度试验要点

B.0.1　试料可用钻孔的岩芯或坑、槽探中采取的岩块。

B.0.2　岩样尺寸一般为 ϕ50mm×100mm,数量不应少于六个,进行饱和处理。

B.0.3　在压力机上以每秒 500～800kPa 的加载速度加载,直到试样破坏为止,记下最大加载值,做好试验前后的试样描述。

B.0.4　根据参加统计的一组试样的试验值计算其平均值、标准差、变异系数,取岩石饱和单轴抗压强度的标准值为:

$$f_{rk}=\psi\cdot f_{rm} \tag{B.0.4-1}$$

$$f_{rm}=\frac{1}{n}\sum f_{ri} \tag{B.0.4-2}$$

$$\psi=1-\left(\frac{1.704}{\sqrt{n}}+\frac{4.678}{n^2}\right)\delta \tag{B.0.4-3}$$

$$\delta=\frac{1}{f_{rm}}\sqrt{\frac{\sum f_{ri}^2-nf_{rm}^2}{n-1}} \tag{B.0.4-4}$$

式中　f_{rm}——岩石饱和单轴抗压强度平均值;

f_{rk}——岩石饱和单轴抗压强度标准值;

f_{ri}——第 i 个岩样饱和单轴抗压强度试验值;

ψ——统计修正系数;

n——试样个数;

δ——变异系数。

附录C　动力触探锤击数修正

C.0.1　重型圆锥动力触探、超重型圆锥动力触探试验锤击数应视杆长 L 按下列规定进行修正。

1　当采用重型圆锥动力触探确定碎石土密实度或其他指标时，锤击数 $N_{s,63.5}$ 可按下式修正：

$$N_{63.5} = \alpha_1 \cdot N_{s,63.5} \tag{C.0.1-1}$$

式中　$N_{63.5}$——修正后的重型圆锥动力触探锤击数；

α_1——修正系数，按表C.0.1-1取值；

$N_{s,63.5}$——实测重型圆锥动力触探锤击数。

表C.0.1-1　重型圆锥动力触探锤击数修正系数 α_1

L(m) \ $N_{s,63.5}$	5	10	15	20	25	30	35	40	≥50
2	1.00	1.00	1.00	1.00	1.00	1.00	1.00	1.00	—
4	0.96	0.95	0.93	0.92	0.90	0.89	0.87	0.86	0.84
6	0.93	0.90	0.88	0.85	0.83	0.81	0.79	0.78	0.75
8	0.90	0.86	0.83	0.80	0.77	0.75	0.73	0.71	0.67
10	0.88	0.83	0.79	0.75	0.72	0.69	0.67	0.64	0.61
12	0.85	0.79	0.75	0.70	0.67	0.64	0.61	0.59	0.55
14	0.82	0.76	0.71	0.66	0.62	0.58	0.56	0.53	0.50
16	0.79	0.73	0.67	0.62	0.57	0.54	0.51	0.48	0.45
18	0.77	0.70	0.63	0.57	0.53	0.49	0.46	0.43	0.40
20	0.75	0.67	0.59	0.53	0.48	0.44	0.41	0.39	0.36

注：表中 L 为杆长。

2　当采用超重型圆锥动力触探确定碎石土密度或其他指标时，实测锤击数 $N_{s,120}$ 按下式修正：

$$N_{120} = \alpha_2 \cdot N_{s,120} \tag{C.0.1-2}$$

式中：N_{120}——修正后的超重型圆锥动力触探锤击数；

α_2——修正系数，按表C.0.1-2取值；

$N_{s,120}$——实测超重型圆锥动力触探锤击数。

表 C.0.1-2　超重型圆锥动力触探锤击数修正系数 α_2

L(m) \ $N_{s,120}$	1	3	5	7	9	10	15	20	25	30	35	40
1	1.00	1.00	1.00	1.00	1.00	1.00	1.00	1.00	1.00	1.00	1.00	1.00
2	0.96	0.92	0.91	0.90	0.90	0.90	0.90	0.89	0.89	0.88	0.88	0.88
3	0.94	0.88	0.86	0.85	0.84	0.84	0.84	0.83	0.82	0.82	0.81	0.81
5	0.92	0.82	0.79	0.78	0.77	0.77	0.76	0.75	0.74	0.73	0.72	0.72
7	0.90	0.78	0.75	0.74	0.73	0.72	0.71	0.70	0.68	0.68	0.67	0.66
9	0.88	0.75	0.72	0.70	0.69	0.68	0.67	0.66	0.64	0.63	0.62	0.62
11	0.87	0.73	0.69	0.67	0.66	0.66	0.64	0.62	0.61	0.60	0.59	0.58
13	0.86	0.71	0.67	0.65	0.64	0.63	0.61	0.60	0.58	0.57	0.56	0.55
15	0.86	0.69	0.65	0.63	0.62	0.61	0.59	0.58	0.56	0.55	0.54	0.53
17	0.85	0.68	0.63	0.61	0.60	0.60	0.57	0.56	0.54	0.53	0.52	0.50
19	0.84	0.66	0.62	0.60	0.58	0.58	0.56	0.54	0.52	0.51	0.50	0.48

注:表中 L 为杆长。

附录D 浅层平板载荷试验要点

D.0.1 浅层平板载荷试验可用于确定浅部地基、承压板下应力主要影响范围内土层的承载力。承压板面积不应小于0.25m^2,对于软土地基不应小于0.5m^2。

D.0.2 试验基坑宽度不应小于承压板宽度 b 或直径 d 的3倍;应保持试验土层的原状结构和天然湿度。宜在拟试压表面用厚度不超过20mm的粗砂或中砂层找平。

D.0.3 加荷分级不应少于8级。最大加载量不应小于设计要求的2倍。

D.0.4 每级加载后,按间隔10min、10min、10min、15min、15min,以后为每隔半小时测读一次沉降量。当在连续两小时内,每小时的沉降量小于0.1mm时,则认为已趋稳定,可加下一级荷载。

D.0.5 当出现下列情况之一时,即可终止加载:

1 承压板周围的土明显地侧向挤出。

2 沉降 s 急骤增大,荷载-沉降(p-s)曲线出现陡降段。

3 在某一级荷载下,24h内沉降速率不能达到稳定。

4 沉降量与承压板宽度或直径之比大于或等于0.06。

当满足前三种情况之一时,其对应的前一级荷载定为极限荷载。

D.0.6 承载力基本容许值的确定应符合下列规定:

1 当p-s曲线上有比例界限时,取该比例界限所对应的荷载值。

2 当极限荷载小于对应比例界限的荷载值的2倍时,取极限荷载值的一半。

3 当不能按上述两款要求确定时,当压板面积为0.25~0.50m^2时,可取s/b(或s/d)=0.01~0.015所对应的荷载,但其值不应大于最大加载量的一半。

D.0.7 同一土层参加统计的试验点不应少于三点。当试验实测值的极差不超过其平均值的30%时,取此平均值作为该土层的地基承载力基本容许值[f_{a0}]。

附录 E　深层平板载荷试验要点

E.0.1　深层平板载荷试验可用于确定深部地基及大直径桩桩端在承压板压力主要影响范围内土层的承载力。

E.0.2　深层平板载荷试验的承压板采用直径为 0.8m 的刚性板，紧靠承压板周围外侧的土层高度不应小于 0.8m。

E.0.3　加荷等级可按预估极限承载力的 1/10 ~ 1/15 分级施加。

E.0.4　每级加荷后，第一个小时内按间隔 10min、10min、10min、15min、15min，以后为每隔半小时测读一次沉降。当在连续两小时内，每小时的沉降量小于 0.1mm 时，则认为已趋稳定，可加下一级荷载。

E.0.5　当出现下列情况之一时，可终止加载：

1　沉降 s 急骤增大，荷载-沉降（p-s）曲线上有可判定极限承载力的陡降段，且沉降量超过 $0.04d$（d 为承压板直径）。

2　在某级荷载下，24h 内沉降速率不能达到稳定。

3　本级沉降量大于前一级沉降量的 5 倍。

4　当持力层土层坚硬，沉降量很小时，最大加载量不小于设计要求的 2 倍。

E.0.6　承载力基本容许值的确定应符合下列规定：

1　当 p-s 曲线上有比例界限时，取该比例界限所对应的荷载值。

2　满足第 E.0.5 条前三款终止加载条件之一时，其对应的前一级荷载定为极限荷载；当该值小于对应比例界限的荷载值的 2 倍时，取极限荷载值的一半。

3　不能按上述两款要求确定时，可取 $s/d = 0.01 \sim 0.015$ 所对应的荷载值，但其值应不大于最大加载量的一半。

E.0.7　同一土层参加统计的试验点不应少于三点。当试验实测值的极差不超过平均值的 30% 时，取此平均值作为该土层的地基承载力基本容许值 $[f_{a0}]$。

附录F　岩基载荷试验要点

F.0.1　本附录适用于确定完整、较完整、较破碎岩基作为天然地基或桩基础持力层时的承载力。

F.0.2　采用圆形刚性承压板，直径为300mm。当岩石埋藏深度较大时，可采用钢筋混凝土桩，但桩周需采取措施以消除桩身与土之间的摩擦力。

F.0.3　测量系统的初始稳定读数观测：加压前，每隔10min读数一次，连续三次读数不变可开始试验。

F.0.4　加载方式：单循环加载，荷载逐级递增直到破坏，然后分级卸载。

F.0.5　荷载分级：第一级加载值为预估设计荷载的1/5，以后每级为1/10。

F.0.6　沉降量测读：加载后立即读数，以后每10min读数一次。

F.0.7　稳定标准：连续三次读数之差均不大于0.01mm。

F.0.8　终止加载条件：当出现下述现象之一时，即可终止加载。

1　沉降量读数不断变化，在24h内，沉降速率有增大的趋势。

2　压力加不上或勉强加上而不能保持稳定。

注：若限于加载能力，荷载也应增加到不少于设计要求的两倍。

F.0.9　卸载观测：每级卸载为加载时的两倍，如为奇数，第一级可为三倍。每级卸载后，隔10min测读一次，测读三次后可卸下一级荷载。全部卸载后，当测读到半小时回弹量小于0.01mm时，即认为稳定。

F.0.10　岩石地基承载力的确定。

1　对应于*p-s*曲线上起始直线段的终点为比例界限。符合终止加载条件的前一级荷载为极限荷载。将极限荷载除以3的安全系数，所得值与对应于比例界限的荷载相比较，取小值。

2　每个场地载荷试验的数量不应少于3个，取最小值作为岩石地基承载力的容许值。

3　岩石地基承载力不进行深度修正。

附录 G 抗剪强度指标 c_k、φ_k 标准值

G.0.1 内摩擦角标准值 φ_k、黏聚力标准值 c_k，可按下列规定计算：

1 根据室内 n 组三轴压缩试验的结果，按下列公式计算某一土性指标的变异系数、试验平均值和标准差：

$$\delta = \sigma / \mu \quad \text{(G.0.1-1)}$$

$$\mu = \frac{\sum_{i=1}^{n} \mu_i}{n} \quad \text{(G.0.1-2)}$$

$$\sigma = \sqrt{\frac{\sum_{i=1}^{n} \mu_i^2 - n\mu^2}{n-1}} \quad \text{(G.0.1-3)}$$

式中 δ——变异系数；

μ——试验平均值；

σ——标准差。

2 按下列公式计算内摩擦角和黏聚力的统计修正系数 ψ_φ、ψ_c：

$$\psi_\varphi = 1 - \left(\frac{1.704}{\sqrt{n}} + \frac{4.678}{n^2}\right)\delta_\varphi \quad \text{(G.0.1-4)}$$

$$\psi_c = 1 - \left(\frac{1.704}{\sqrt{n}} + \frac{4.678}{n^2}\right)\delta_c \quad \text{(G.0.1-5)}$$

式中 ψ_φ——内摩擦角的统计修正系数；

ψ_c——黏聚力的统计修正系数；

δ_φ——内摩擦角的变异系数；

δ_c——黏聚力的变异系数。

3 按下列公式计算内摩擦角标准值 φ_k 和黏聚力的标准值 c_k：

$$\varphi_k = \psi_\varphi \varphi_m \quad \text{(G.0.1-6)}$$

$$c_k = \psi_c c_m \quad \text{(G.0.1-7)}$$

式中 φ_m——内摩擦角的试验平均值；

c_m——黏聚力的试验平均值。

附录 H　中国季节性冻土标准冻深线图及其冻胀性分类

H.0.1　中国季节性冻土标准冻深线如图 H.0.1 所示。

H.0.2　公路桥涵地基土的季节性冻胀性分类，可按表 H.0.2 分为不冻胀、弱冻胀、冻胀、强冻胀、特强冻胀和极强冻胀。

表 H.0.2　公路桥涵地基土的季节性冻胀性分类

土的名称	冻前天然含水量 w（%）	冻前地下水位至地表距离 z（m）	平均冻胀率 K_d（%）	冻胀等级	冻胀类别
岩石、碎石土、砾砂、粗砂、中砂（粉黏粒含量≤15%）	不考虑	不考虑	$K_d \leq 1$	Ⅰ	不冻胀
碎石土、砾砂、粗砂、中砂（粉黏粒含量＞15%）	$w \leq 12$	$z > 1.5$	$K_d \leq 1$	Ⅰ	不冻胀
		$z \leq 1.5$	$1 < K_d \leq 3.5$	Ⅱ	弱冻胀
	$12 < w \leq 18$	$z > 1.5$			
		$z \leq 1.5$	$3.5 < K_d \leq 6$	Ⅲ	冻胀
	$w > 18$	$z > 1.5$			
		$z \leq 1.5$	$6 < K_d \leq 12$	Ⅳ	强冻胀
细砂、粉砂	$w \leq 14$	$z > 1.0$	$K_d \leq 1$	Ⅰ	不冻胀
		$z \leq 1.0$	$1 < K_d \leq 3.5$	Ⅱ	弱冻胀
	$14 < w \leq 19$	$z > 1.0$			
		$1.0 > z \geq 0.25$	$3.5 < K_d \leq 6$	Ⅲ	冻胀
		$z \leq 0.25$	$6 < K_d \leq 12$	Ⅳ	强冻胀
	$19 < w \leq 23$	$z > 1.0$	$3.5 < K_d \leq 6$	Ⅲ	冻胀
		$1.0 > z \geq 0.25$	$6 < K_d \leq 12$	Ⅳ	强冻胀
		$z \leq 0.25$	$12 < K_d \leq 18$	Ⅴ	特强冻胀
	$w > 23$	$z > 1.0$	$6 < K_d \leq 12$	Ⅳ	强冻胀
		$z \leq 1.0$	$12 < K_d \leq 18$	Ⅴ	特强冻胀

续上表

<table>
<tr><th>土的名称</th><th>冻前天然含水量 w（%）</th><th>冻前地下水位至地表距离 z（m）</th><th>平均冻胀率 K_d（%）</th><th>冻胀等级</th><th>冻胀类别</th></tr>
<tr><td rowspan="9">粉土</td><td rowspan="2">$w \leq 19$</td><td>$z > 1.5$</td><td>$K_d \leq 1$</td><td>Ⅰ</td><td>不冻胀</td></tr>
<tr><td>$z \leq 1.5$</td><td rowspan="2">$1 < K_d \leq 3.5$</td><td rowspan="2">Ⅱ</td><td rowspan="2">弱冻胀</td></tr>
<tr><td rowspan="2">$19 < w \leq 22$</td><td>$z > 1.5$</td></tr>
<tr><td>$z \leq 1.5$</td><td rowspan="2">$3.5 < K_d \leq 6$</td><td rowspan="2">Ⅲ</td><td rowspan="2">冻胀</td></tr>
<tr><td rowspan="2">$22 < w \leq 26$</td><td>$z > 1.5$</td></tr>
<tr><td>$z \leq 1.5$</td><td rowspan="2">$6 < K_d \leq 12$</td><td rowspan="2">Ⅳ</td><td rowspan="2">强冻胀</td></tr>
<tr><td rowspan="2">$26 < w \leq 30$</td><td>$z > 1.5$</td></tr>
<tr><td>$z \leq 1.5$</td><td rowspan="2">$K_d > 12$</td><td rowspan="2">Ⅴ</td><td rowspan="2">特强冻胀</td></tr>
<tr><td>$w > 30$</td><td>不考虑</td></tr>
<tr><td rowspan="16">黏性土</td><td rowspan="2">$w \leq w_p + 2$</td><td>$z > 2.0$</td><td>$K_d \leq 1$</td><td>Ⅰ</td><td>不冻胀</td></tr>
<tr><td>$z \leq 2.0$</td><td rowspan="2">$1 < K_d \leq 3.5$</td><td rowspan="2">Ⅱ</td><td rowspan="2">弱冻胀</td></tr>
<tr><td rowspan="4">$w_p + 2 < w \leq w_p + 5$</td><td>$z > 2.0$</td></tr>
<tr><td>$2.0 > z \geq 1.0$</td><td>$3.5 < K_d \leq 6$</td><td>Ⅲ</td><td>冻胀</td></tr>
<tr><td>$1.0 > z \geq 0.5$</td><td>$6 < K_d \leq 12$</td><td>Ⅳ</td><td>强冻胀</td></tr>
<tr><td>$z \leq 0.5$</td><td>$12 < K_d \leq 18$</td><td>Ⅴ</td><td>特强冻胀</td></tr>
<tr><td rowspan="4">$w_p + 5 < w \leq w_p + 9$</td><td>$z > 2.0$</td><td>$3.5 < K_d \leq 6$</td><td>Ⅲ</td><td>冻胀</td></tr>
<tr><td>$2.0 > z \geq 0.5$</td><td>$6 < K_d \leq 12$</td><td>Ⅳ</td><td>强冻胀</td></tr>
<tr><td>$0.5 > z \geq 0.25$</td><td>$12 < K_d \leq 18$</td><td>Ⅴ</td><td>特强冻胀</td></tr>
<tr><td>$z \leq 0.25$</td><td>$K_d > 18$</td><td>Ⅵ</td><td>极强冻胀</td></tr>
<tr><td rowspan="3">$w_p + 9 < w \leq w_p + 15$</td><td>$z > 2.0$</td><td>$6 < K_d \leq 12$</td><td>Ⅳ</td><td>强冻胀</td></tr>
<tr><td>$2.0 > z \geq 0.25$</td><td>$12 < K_d \leq 18$</td><td>Ⅴ</td><td>特强冻胀</td></tr>
<tr><td>$z \leq 0.25$</td><td>$K_d > 18$</td><td>Ⅵ</td><td>极强冻胀</td></tr>
<tr><td rowspan="2">$w_p + 15 < w \leq w_p + 23$</td><td>$z > 2.0$</td><td>$12 < K_d \leq 18$</td><td>Ⅴ</td><td>特强冻胀</td></tr>
<tr><td>$z \leq 2.0$</td><td rowspan="2">$K_d > 18$</td><td rowspan="2">Ⅵ</td><td rowspan="2">极强冻胀</td></tr>
<tr><td>$w > w_p + 23$</td><td>不考虑</td></tr>
</table>

注：1. w_p-塑限含水量（%）；w-在冻土层内冻前天然含水量的平均值。

2. 本分类不包括盐渍化冻土。

H.0.3 公路桥涵地基土的多年冻土分类，可按表 H.0.3 分为不融沉、弱融沉、融沉、强融沉和融陷。

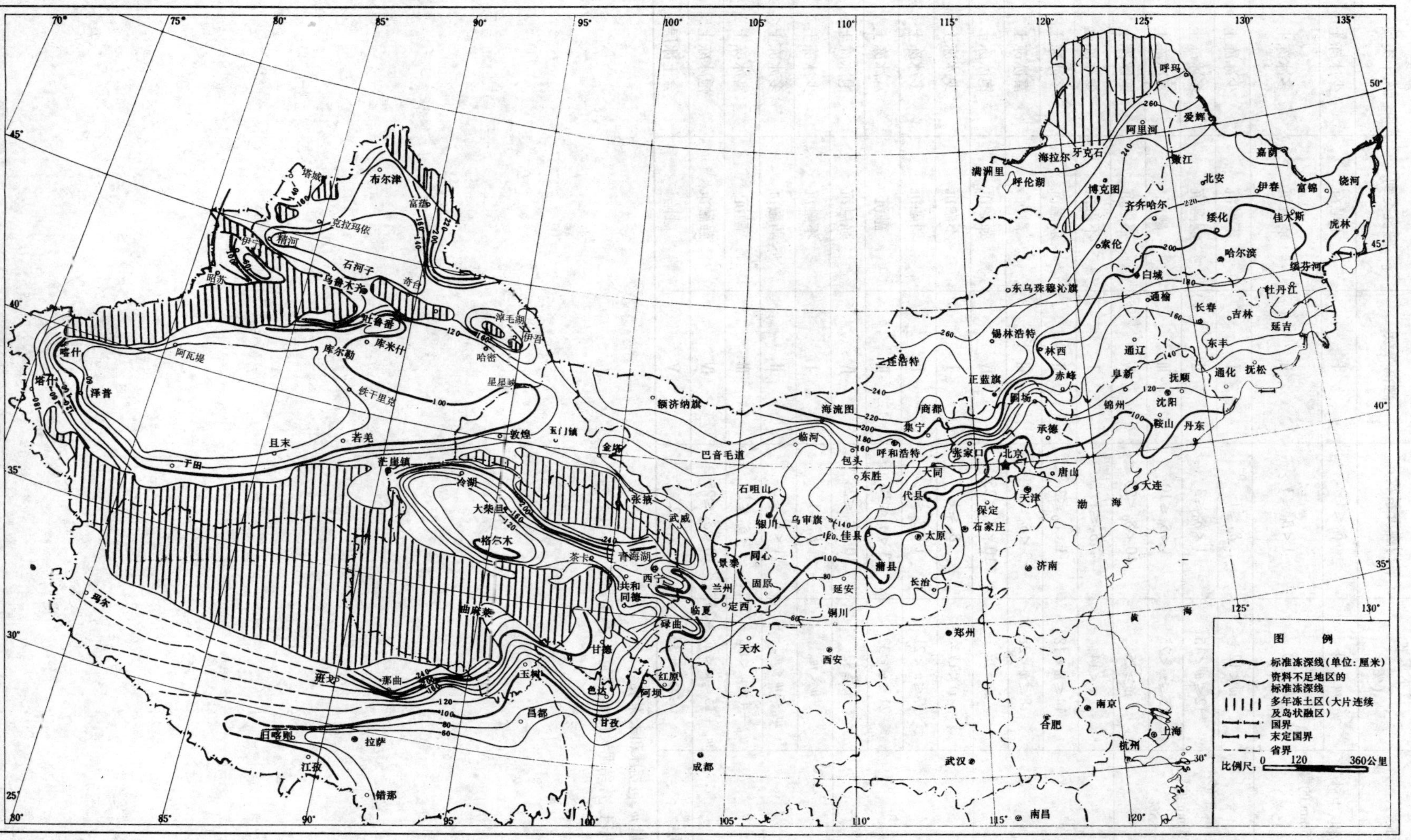

图 H.0.1 中国季节性冻土标准冻深线图

注：本图摘自《建筑地基基础设计规范》(GB 50007—2002)。

表 H.0.3 多年冻土分类表

土的名称	含水量 w (%)	平均融沉系数 δ_0	融沉等级	融沉类别	冻土类型
碎(卵)石,砾、粗、中砂(粒径小于 0.075mm 的颗粒含量不大于 15%)	$w<10$	$\delta_0 \leqslant 1$	Ⅰ	不融沉	少冰冻土
	$w \geqslant 10$	$1<\delta_0 \leqslant 3$	Ⅱ	弱融沉	多冰冻土
碎(卵)石,砾、粗、中砂(粒径小于 0.075mm 的颗粒含量不大于 15%)	$w<12$	$\delta_0 \leqslant 1$	Ⅰ	不融沉	少冰冻土
	$12 \leqslant w<15$	$1<\delta_0 \leqslant 3$	Ⅱ	弱融沉	多冰冻土
	$15 \leqslant w<25$	$3<\delta_0 \leqslant 10$	Ⅲ	融沉	富冰冻土
	$w \geqslant 25$	$10<\delta_0 \leqslant 25$	Ⅳ	强融沉	饱冰冻土
粉、细砂	$w<14$	$\delta_0 \leqslant 1$	Ⅰ	不融沉	少冰冻土
	$14 \leqslant w<18$	$1<\delta_0 \leqslant 3$	Ⅱ	弱融沉	多冰冻土
	$18 \leqslant w<28$	$3<\delta_0 \leqslant 10$	Ⅲ	融沉	富冰冻土
	$w \geqslant 28$	$10<\delta_0 \leqslant 25$	Ⅳ	强融沉	饱冰冻土
粉土	$w<17$	$\delta_0 \leqslant 1$	Ⅰ	不融沉	少冰冻土
	$17 \leqslant w<21$	$1<\delta_0 \leqslant 3$	Ⅱ	弱融沉	多冰冻土
	$21 \leqslant w<32$	$3<\delta_0 \leqslant 10$	Ⅲ	融沉	富冰冻土
	$w \geqslant 32$	$10<\delta_0 \leqslant 25$	Ⅳ	强融沉	饱冰冻土
黏性土	$w<w_p$	$\delta_0 \leqslant 1$	Ⅰ	不融沉	少冰冻土
	$w_p \leqslant w<w_p+4$	$1<\delta_0 \leqslant 3$	Ⅱ	弱融沉	多冰冻土
	$w_p+4 \leqslant w<w_p+15$	$3<\delta_0 \leqslant 10$	Ⅲ	融沉	富冰冻土
	$w_p+15 \leqslant w<w_p+35$	$10<\delta_0 \leqslant 25$	Ⅳ	强融沉	饱冰冻土
含土冰层	$w \geqslant w_p+35$	$\delta_0>25$	Ⅴ	融陷	含土冰层

注:1. 总含水量 w,包括冰和未冻水。

2. 盐渍化冻土、冻结泥炭化土、腐殖土、高塑黏性土不在表列。

附录J　台背路基填土对桥台基底或桩端平面处的附加竖向压应力的计算

J.0.1　台背路基填土对桥台基底或桩端平面处地基土上引起的附加压应力 p_1（图J.0.1）按下列公式计算：

$$p_1 = \alpha_1 \cdot \gamma_1 \cdot H_1 (\mathrm{kPa}) \quad (J.0.1\text{-}1)$$

对于埋置式桥台，应按下列公式加算由于台前锥体对基底或桩端平面处的前边缘引起的附加压应力 p_2（图J.0.1）：

$$p_2 = \alpha_2 \cdot \gamma_2 \cdot H_2 (\mathrm{kPa}) \quad (J.0.1\text{-}2)$$

将 p_1 和 p_2 与其他荷载引起的相应基底或桩端平面处的边缘应力相加即得基底总应力。

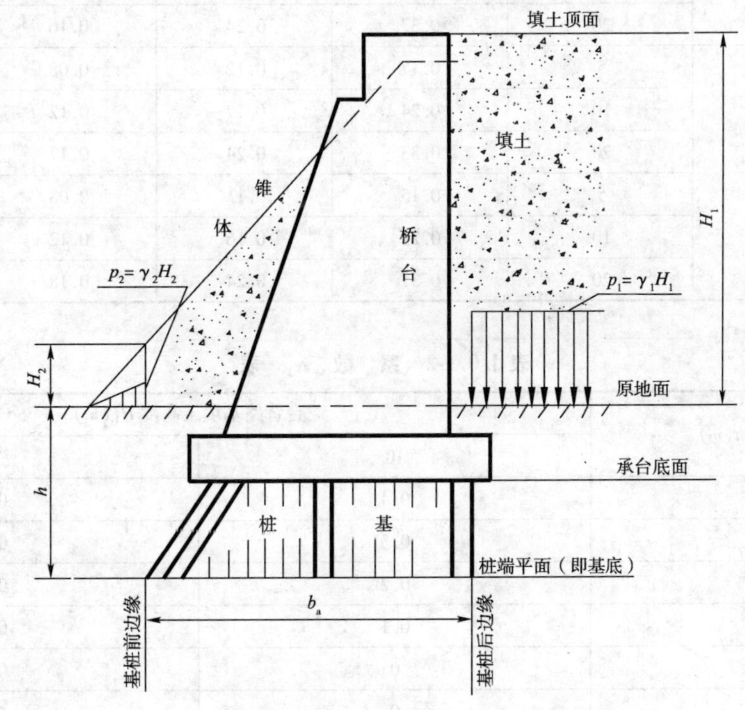

图J.0.1　台背填土对桥台基底的附加压应力

以上两式和图中　p_1——台背路基填土产生的土压应力（kPa）；

p_2——台前锥体产生的土压应力（kPa）；

γ_1——路基填土的重度（kN/m^3）；

γ_2——锥体填土的重度（kN/m^3）；

H_1——台背路基填土的高度（m）；

H_2——基底或桩端平面处的前边缘上的锥体高度（m），取基底或桩端前边缘处的原地面向上竖向引线与溜坡相交点距离（m）；

b_a——基底或桩端平面处的前、后边缘间的基础长度（m）；

h——原地面至基底或桩端平面处的深度（m）；

α_1、α_2——附加竖向压应力系数，见表J.0.1-1和表J.0.1-2。

表 J.0.1-1 系 数 α_1 表

基础埋置深度 h (m)	填土高度 H_1(m)	桥台边缘			
		后边缘	前边缘,基底平面的基础长度 b_a(m)		
			5	10	15
5	5	0.44	0.07	0.01	0
	10	0.47	0.09	0.02	0
	20	0.48	0.11	0.04	0.01
10	5	0.33	0.13	0.05	0.02
	10	0.40	0.17	0.06	0.02
	20	0.45	0.19	0.08	0.03
15	5	0.26	0.15	0.08	0.04
	10	0.33	0.19	0.10	0.05
	20	0.41	0.24	0.14	0.07
20	5	0.20	0.13	0.08	0.04
	10	0.28	0.18	0.10	0.06
	20	0.37	0.24	0.16	0.09
25	5	0.17	0.12	0.08	0.05
	10	0.24	0.17	0.12	0.08
	20	0.33	0.24	0.17	0.10
30	5	0.15	0.11	0.08	0.06
	10	0.21	0.16	0.12	0.08
	20	0.31	0.24	0.18	0.12

注:路堤按黏性土考虑。

表 J.0.1-2 系 数 α_2 表

基础埋置深度 h(m)	台背路基填土高度 H_1(m)	
	10	20
5	0.4	0.5
10	0.3	0.4
15	0.2	0.3
20	0.1	0.2
25	0	0.1
30	0	0

附录K　岩石地基矩形截面双向偏心受压及圆形截面偏心受压的应力重分布计算

K.0.1　矩形截面双向偏心受压截面的应力重分布，当缺少资料时，可按本附录图K.0.1查取。

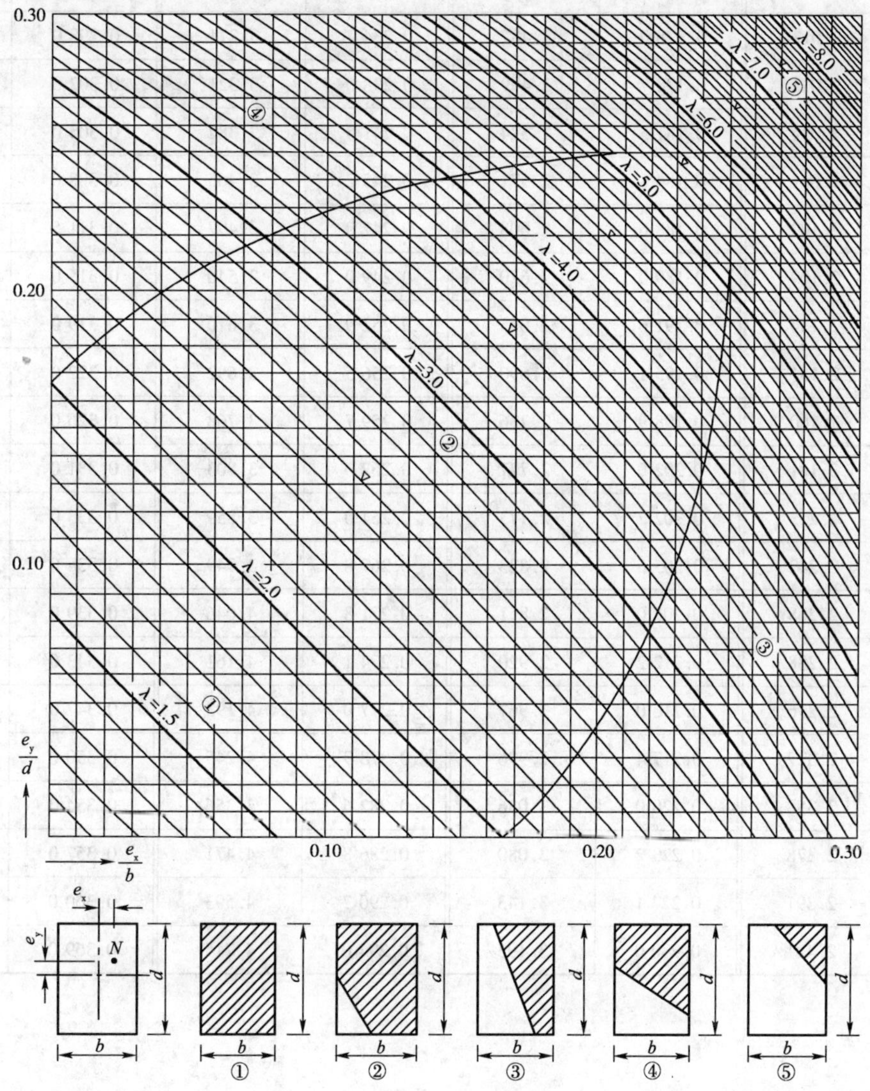

图K.0.1　矩形截面双向偏心受压截面的应力重分布图

$p_{max}=\lambda\frac{N}{A}$；λ-按$e_y/d$及$e_x/b$自图查取；N-截面轴向力；A-基底面积；$e_x$、$e_y$-分别为N在x及y方向的偏心距；b、d-分别为截面在x及y方向的宽度和高度

K.0.2　圆形截面偏心受压的应力重分布，当偏心率$n=\frac{e}{d}>0.125$时，可按下列公式计算：

偏心率

$$n=\frac{e}{d} \tag{K.0.2-1}$$

$$p_{max}=\lambda\frac{N}{A} \tag{K.0.2-2}$$

式中　N——截面轴向力（N）；

A——基底面积(mm^2);

e——偏心距(mm);

d——圆截面直径(mm);

λ——系数,根据 n 值可按表 K.0.2 查取。

表 K.0.2 系 数 λ 表

$n=\frac{e}{d}$	λ	$n=\frac{e}{d}$	λ	$n=\frac{e}{d}$	λ	$n=\frac{e}{d}$	λ
0.125 0	2.000	0.175 2	2.457	0.231 0	3.208	0.294 5	4.729
0.126 0	2.012	0.178 0	2.487	0.234 7	3.271	0.298 0	4.828
0.127 0	2.015	0.178 7	2.499	0.238 0	3.321	0.302 0	4.949
0.129 0	2.034	0.181 5	2.524	0.241 5	3.382	0.305 0	5.074
0.133 0	2.064	0.184 8	2.571	0.245 2	3.465	0.308 0	5.203
0.137 0	2.102	0.188 6	2.608	0.247 0	3.497	0.311 5	5.334
0.138 4	2.109	0.189 0	2.620	0.249 0	3.540	0.315 0	5.484
0.141 4	2.134	0.191 6	2.645	0.252 9	3.610	0.319 0	5.634
0.143 0	2.151	0.195 1	2.690	0.256 5	3.692	0.322 0	5.793
0.144 1	2.160	0.198 9	2.736	0.259 7	3.768	0.326 0	5.957
0.146 8	2.181	0.202 0	2.777	0.262 0	3.803	0.331 0	6.130
0.150 0	2.213	0.202 2	2.773	0.264 0	3.859	0.333 0	6.311
0.153 2	2.242	0.205 5	2.823	0.267 8	3.949	0.338 0	6.512
0.156 2	2.268	0.207 0	2.851	0.271 8	4.046	0.339 0	6.700
0.158 0	2.288	0.212 2	2.920	0.274 1	4.161	0.343 0	6.911
0.159 3	2.296	0.216 0	2.967	0.277 0	4.193	0.347 0	7.141
0.162 5	2.327	0.217 4	2.996	0.278 9	4.245	0.350 0	7.368
0.165 4	2.358	0.220 0	3.036	0.282 6	4.356	0.354 0	7.620
0.168 0	2.378	0.223 2	3.080	0.286 8	4.471	0.357 0	7.881
0.168 6	2.391	0.227 1	3.143	0.290 7	4.593	0.360 0	8.157
0.171 6	2.421	0.230 0	3.193	0.294 0	4.715	0.369 0	8.467

附录L　冻土地基抗冻拔稳定性验算

L.0.1　季节性冻土地基墩、台和基础(含条形基础)抗冻拔稳定性按下列公式验算:

$$F_k + G_k + Q_{sk} \geqslant kT_k \quad (L.0.1\text{-}1)$$

$$T_k = z_d \tau_{sk} u \quad (L.0.1\text{-}2)$$

$$z_d = z_0 \psi_{zs} \psi_{zw} \psi_{ze} \psi_{zg} \psi_{zf} \quad (L.0.1\text{-}3)$$

式中　F_k——作用在基础上的结构自重(kN);

G_k——基础自重及襟边上的土自重(kN);

Q_{sk}——基础周边融化层的摩阻力标准值(kN),按公式(L.0.2-2)计算;

k——冻胀力修正系数,砌筑或架设上部结构之前,k 取1.1;砌筑或架设上部结构之后,对外静定结构 k 取1.2,对外超静定结构 k 取1.3;

T_k——对基础的切向冻胀力标准值(kN);

z_d——设计冻深(m),当基础埋置深度 h 小于 z_d 时,z_d 采用 h;

z_0——标准冻深(m),见本规范第4.1.1条;

ψ_{zs}——土的类别对冻深的影响系数,按本规范表4.1.1-1查取;

ψ_{zw}——土的冻胀性对冻深的影响系数,按本规范表4.1.1-2查取;

ψ_{ze}——环境对冻深的影响系数,按本规范表4.1.1-3查取;

ψ_{zg}——地形坡向对冻深的影响系数,按本规范表4.1.1-4查取;

ψ_{zf}——基础对冻深的影响系数,取 $\psi_{zf}=1.1$;

τ_{sk}——季节性冻土切向冻胀力标准值(kPa),按表L.0.1选用;

u——在季节性冻土层中,基础和墩身的平均周长(m)。

表L.0.1　季节性冻土切向冻胀力标准值 τ_{sk}(kPa)

冻胀类别 / 基础形式	不冻胀	弱冻胀	冻胀	强冻胀	特强冻胀	特强冻胀
墩、台、柱、桩基础	0~15	15~80	80~120	120~160	160~180	180~200
条形基础	0~10	10~40	40~60	60~80	80~90	90~100

注:1. 条形基础系指基础长宽比等于或大于10的基础。

2. 对表面光滑的预制桩,τ_{sk} 乘以0.8。

L.0.2　多年冻土地基墩、台和基础(含条形基础)抗冻拔稳定性按下列公式验算(图L.0.2):

$$F_k + G_k + Q_{sk} + Q_{pk} \geqslant kT_k \quad (L.0.2\text{-}1)$$

$$Q_{sk} = q_{sk} \cdot A_s \quad (L.0.2\text{-}2)$$

$$Q_{pk} = q_{pk} \cdot A_p \quad (L.0.2\text{-}3)$$

式中　Q_{sk}——基础周边融化层的摩阻力标准值(kN),当季节冻土层与多年冻土层衔接时,$Q_s=0$;当季节冻土与多年冻土层不衔接时,按公式(L.0.2-2)计算;

A_s——融化层中基础的侧面面积(m^2);

q_{sk}——基础侧面与融化层的摩阻力标准值(kPa),无实测资料时,对黏性土可采用20~30kPa,对砂土及碎石土可采用30~40kPa;

Q_{pk}——基础周边与多年冻土的冻结力标准值(kN),按公式(L.0.2-3)计算;

A_p——在多年冻土内的基础侧面面积(m^2);

q_{pk}——多年冻土与基础侧面的冻结力标准值(kPa),可按表L.0.2选用;

其余符号同 L.0.1 条。

注:如图 L.0.2,季节性冻土层与多年冻土层之间可分为衔接的和不衔接的。当季节性冻土层下面为多年冻土层顶面时为季节性冻土层与多年冻土层衔接($Q_{sk}=0$);当季节性冻土层下面有融化层或融化层与多年冻土层交错相间时为季节性冻土层与多年冻土层不衔接[Q_{sk}按公式(L.0.2-2)计算]。

表 L.0.2　多年冻土与基础间的冻结力标准值 q_{pk}(kPa)

土类及融沉等级 \ 温度(℃)		-0.2	-0.5	-1.0	-1.5	-2.0	-2.5	-3.0
粉土、黏性土	Ⅲ	35	50	85	115	145	170	200
	Ⅱ	30	40	60	80	100	120	140
	Ⅰ、Ⅳ	20	30	40	60	70	85	100
	Ⅴ	15	20	30	40	50	55	65
砂土	Ⅲ	40	60	100	130	165	200	230
	Ⅱ	30	50	80	100	130	155	180
	Ⅰ、Ⅳ	25	35	50	70	85	100	115
	Ⅴ	10	20	30	35	40	50	60
砾石土(粒径小于0.075mm的颗粒含量小于或等于10%)	Ⅲ	40	55	80	100	130	155	180
	Ⅱ	30	40	60	80	100	120	135
	Ⅰ、Ⅳ	25	35	50	60	70	85	95
	Ⅴ	15	20	30	40	45	55	65
砾石土(粒径小于0.075mm的颗粒含量大于10%)	Ⅲ	35	55	85	115	150	170	200
	Ⅱ	30	40	70	90	115	140	160
	Ⅰ、Ⅳ	25	35	50	70	85	95	115
	Ⅴ	15	20	30	35	45	55	60

注:1. 多年冻土融沉等级见本规范附录表 H.0.3。

2. 对于预制混凝土、木质、金属的冻结力标准值,表列数值分别乘以 1.0、0.9 和 0.66 的系数。

3. 多年冻土与沉桩的冻结力标准值按融沉等级Ⅳ类取值。

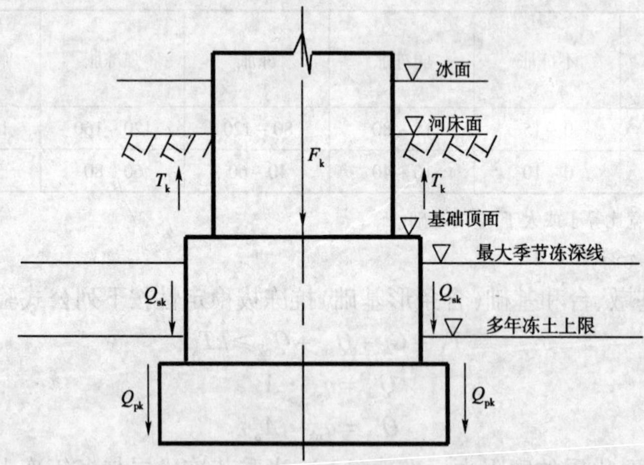

图 L.0.2　多年冻土地基冻胀力图

T_k-对基础切向冻胀力;Q_{sk}-基础位于融化层的摩阻力;Q_{pk}-基础和多年冻土的冻结力

L.0.3　桩(柱)基础抗冻拔稳定性按下列公式验算:

$$F_k + G_k + Q_{fk} \geqslant kT_k \quad \text{(L.0.3-1)}$$

$$Q_{fk} = 0.4u\sum q_{ik} \cdot l_i \quad \text{(L.0.3-2)}$$

式中　F_k——作用在桩(柱)顶上的竖向结构自重(kN);

G_k——桩(柱)自重(kN),对于水位以下且桩(柱)底为透水土时取浮重度;

Q_{fk}——桩(柱)在冻结线以下各土层的摩阻力标准值之和,按公式(L.0.3-2)计算;

u——桩的周长(m);

q_{ik}——冻结线以下各层土的摩阻力标准值(kPa),见本规范表5.3.3-1或表5.3.3-4;

l_i——冻结线以下各层土的厚度(m);

T_k——每根桩(柱)的切向冻胀力标准值(kN),按公式(L.0.1-2)计算,式中u为桩(柱)周长(m);

k——同L.0.1条。

L.0.4 当切向冻胀力较大时,应验算墩、台、基础和桩(柱)的薄弱截面处的抗拉力。

附录 M　桥涵基底附加压应力系数 α、平均附加压应力系数 $\bar{\alpha}$

M.0.1　桥涵基底中点下卧层附加压应力系数 α 见表 M.0.1。

表 M.0.1　基底中点下卧层附加压应力系数 α

z/b \ l/b	1.0	1.2	1.4	1.6	1.8	2.0	2.4	2.8	3.2	3.6	4.0	5.0	≥10（条形）
0.0	1.000	1.000	1.000	1.000	1.000	1.000	1.000	1.000	1.000	1.000	1.000	1.000	1.000
0.1	0.980	0.984	0.986	0.987	0.987	0.988	0.988	0.989	0.989	0.989	0.989	0.989	0.989
0.2	0.960	0.968	0.972	0.974	0.975	0.976	0.976	0.977	0.977	0.977	0.977	0.977	0.977
0.3	0.880	0.899	0.910	0.917	0.920	0.923	0.925	0.928	0.928	0.929	0.929	0.929	0.929
0.4	0.800	0.830	0.848	0.859	0.866	0.870	0.875	0.878	0.879	0.880	0.880	0.881	0.881
0.5	0.703	0.741	0.765	0.781	0.791	0.799	0.810	0.812	0.814	0.816	0.817	0.818	0.818
0.6	0.606	0.651	0.682	0.703	0.717	0.727	0.737	0.746	0.749	0.751	0.753	0.754	0.755
0.7	0.527	0.574	0.607	0.630	0.648	0.660	0.674	0.685	0.690	0.692	0.694	0.697	0.698
0.8	0.449	0.496	0.532	0.558	0.578	0.593	0.612	0.623	0.630	0.633	0.636	0.639	0.642
0.9	0.392	0.437	0.473	0.499	0.520	0.536	0.559	0.572	0.579	0.584	0.588	0.592	0.596
1.0	0.334	0.378	0.414	0.441	0.463	0.482	0.505	0.520	0.529	0.536	0.540	0.545	0.550
1.1	0.295	0.336	0.369	0.396	0.418	0.436	0.462	0.479	0.489	0.496	0.501	0.508	0.513
1.2	0.257	0.294	0.325	0.352	0.374	0.392	0.419	0.437	0.449	0.457	0.462	0.470	0.477
1.3	0.229	0.263	0.292	0.318	0.339	0.357	0.384	0.403	0.416	0.424	0.431	0.440	0.448
1.4	0.201	0.232	0.260	0.284	0.304	0.321	0.350	0.369	0.383	0.393	0.400	0.410	0.420
1.5	0.180	0.209	0.235	0.258	0.277	0.294	0.322	0.341	0.356	0.366	0.374	0.385	0.397
1.6	0.160	0.187	0.210	0.232	0.251	0.267	0.294	0.314	0.329	0.340	0.348	0.360	0.374
1.7	0.145	0.170	0.191	0.212	0.230	0.245	0.272	0.292	0.307	0.317	0.326	0.340	0.355
1.8	0.130	0.153	0.173	0.192	0.209	0.224	0.250	0.270	0.285	0.296	0.305	0.320	0.337
1.9	0.119	0.140	0.159	0.177	0.192	0.207	0.233	0.251	0.263	0.278	0.288	0.303	0.320
2.0	0.108	0.127	0.145	0.161	0.176	0.189	0.214	0.233	0.241	0.260	0.270	0.285	0.304
2.1	0.099	0.116	0.133	0.148	0.163	0.176	0.199	0.220	0.230	0.244	0.255	0.270	0.292
2.2	0.090	0.107	0.122	0.137	0.150	0.163	0.185	0.208	0.218	0.230	0.239	0.256	0.280
2.3	0.083	0.099	0.113	0.127	0.139	0.151	0.173	0.193	0.205	0.216	0.226	0.243	0.269
2.4	0.077	0.092	0.105	0.118	0.130	0.141	0.161	0.178	0.192	0.204	0.213	0.230	0.258
2.5	0.072	0.085	0.097	0.109	0.121	0.131	0.151	0.167	0.181	0.192	0.202	0.219	0.249
2.6	0.066	0.079	0.091	0.102	0.112	0.123	0.141	0.157	0.170	0.184	0.191	0.208	0.239
2.7	0.062	0.073	0.084	0.095	0.105	0.115	0.132	0.148	0.161	0.174	0.182	0.199	0.234
2.8	0.058	0.069	0.079	0.089	0.099	0.108	0.124	0.139	0.152	0.163	0.172	0.189	0.228
2.9	0.054	0.064	0.074	0.083	0.093	0.101	0.177	0.132	0.144	0.155	0.163	0.180	0.218

z/b \ l/b	1.0	1.2	1.4	1.6	1.8	2.0	2.4	2.8	3.2	3.6	4.0	5.0	≥10（条形）
3.0	0.051	0.060	0.070	0.078	0.087	0.095	0.110	0.124	0.136	0.146	0.155	0.172	0.208
3.2	0.045	0.053	0.062	0.070	0.077	0.085	0.098	0.111	0.122	0.133	0.141	0.158	0.190
3.4	0.040	0.048	0.055	0.062	0.069	0.076	0.088	0.100	0.110	0.120	0.128	0.144	0.184
3.6	0.036	0.042	0.049	0.056	0.062	0.068	0.080	0.090	0.100	0.109	0.117	0.133	0.175
3.8	0.032	0.038	0.044	0.050	0.056	0.062	0.072	0.082	0.091	0.100	0.107	0.123	0.166
4.0	0.029	0.035	0.040	0.046	0.051	0.056	0.066	0.075	0.084	0.090	0.095	0.113	0.158
4.2	0.026	0.031	0.037	0.042	0.048	0.051	0.060	0.069	0.077	0.084	0.091	0.105	0.150
4.4	0.024	0.029	0.034	0.038	0.042	0.047	0.055	0.063	0.070	0.077	0.084	0.098	0.144
4.6	0.022	0.026	0.031	0.035	0.039	0.043	0.051	0.058	0.065	0.072	0.078	0.091	0.137
4.8	0.020	0.024	0.028	0.032	0.036	0.040	0.047	0.054	0.060	0.067	0.072	0.085	0.132
5.0	0.019	0.022	0.026	0.030	0.033	0.037	0.044	0.050	0.056	0.062	0.067	0.079	0.126

注：l、b-矩形基础边缘的长边和短边（m）；z-基底至下卧层土面的距离（m）。

M.0.2 矩形面积上均布荷载作用下中点平均附加压应力系数 $\bar{\alpha}$ 见表 M.0.2。

表 M.0.2 矩形面积上均布荷载作用下中点平均附加压应力系数 $\bar{\alpha}$

z/b \ l/b	1.0	1.2	1.4	1.6	1.8	2.0	2.4	2.8	3.2	3.6	4.0	5.0	≥10.0
0.0	1.000	1.000	1.000	1.000	1.000	1.000	1.000	1.000	1.000	1.000	1.000	1.000	1.000
0.1	0.997	0.998	0.998	0.998	0.998	0.998	0.998	0.998	0.998	0.998	0.998	0.998	0.998
0.2	0.987	0.990	0.991	0.992	0.992	0.992	0.993	0.993	0.993	0.993	0.993	0.993	0.993
0.3	0.967	0.973	0.976	0.978	0.979	0.979	0.980	0.980	0.981	0.981	0.981	0.981	0.981
0.4	0.936	0.947	0.953	0.956	0.958	0.965	0.961	0.962	0.962	0.963	0.963	0.963	0.963
0.5	0.900	0.915	0.924	0.929	0.933	0.935	0.937	0.939	0.939	0.940	0.940	0.940	0.940
0.6	0.858	0.878	0.890	0.898	0.903	0.906	0.910	0.912	0.913	0.914	0.914	0.915	0.915
0.7	0.816	0.840	0.855	0.865	0.871	0.876	0.881	0.884	0.885	0.886	0.887	0.887	0.888
0.8	0.775	0.801	0.819	0.831	0.839	0.844	0.851	0.855	0.857	0.858	0.859	0.860	0.860
0.9	0.735	0.764	0.784	0.797	0.806	0.813	0.821	0.826	0.829	0.830	0.831	0.830	0.836
1.0	0.698	0.728	0.749	0.764	0.775	0.783	0.792	0.798	0.801	0.803	0.804	0.806	0.807
1.1	0.663	0.694	0.717	0.733	0.744	0.753	0.764	0.771	0.775	0.777	0.779	0.780	0.782
1.2	0.631	0.663	0.686	0.703	0.715	0.725	0.737	0.744	0.749	0.752	0.754	0.756	0.758
1.3	0.601	0.633	0.657	0.674	0.688	0.698	0.711	0.719	0.725	0.728	0.730	0.733	0.735
1.4	0.573	0.605	0.629	0.648	0.661	0.672	0.687	0.696	0.701	0.705	0.708	0.711	0.714
1.5	0.548	0.580	0.604	0.622	0.637	0.648	0.664	0.673	0.679	0.683	0.686	0.690	0.693
1.6	0.524	0.556	0.580	0.599	0.613	0.625	0.641	0.651	0.658	0.663	0.666	0.670	0.675
1.7	0.502	0.533	0.558	0.577	0.591	0.603	0.620	0.631	0.638	0.643	0.646	0.651	0.656
1.8	0.482	0.513	0.537	0.556	0.571	0.588	0.600	0.611	0.619	0.624	0.629	0.633	0.638
1.9	0.463	0.493	0.517	0.536	0.551	0.563	0.581	0.593	0.601	0.606	0.610	0.616	0.622

续上表

l/b z/b	1.0	1.2	1.4	1.6	1.8	2.0	2.4	2.8	3.2	3.6	4.0	5.0	≥10.0
2.0	0.446	0.475	0.499	0.518	0.533	0.545	0.563	0.575	0.584	0.590	0.594	0.600	0.606
2.1	0.429	0.459	0.482	0.500	0.515	0.528	0.546	0.559	0.567	0.574	0.578	0.585	0.591
2.2	0.414	0.443	0.466	0.484	0.499	0.511	0.530	0.543	0.552	0.558	0.563	0.570	0.577
2.3	0.400	0.428	0.451	0.469	0.484	0.496	0.515	0.528	0.537	0.544	0.548	0.554	0.564
2.4	0.387	0.414	0.436	0.454	0.469	0.481	0.500	0.513	0.523	0.530	0.535	0.543	0.551
2.5	0.374	0.401	0.423	0.441	0.455	0.468	0.486	0.500	0.509	0.516	0.522	0.530	0.539
2.6	0.362	0.389	0.410	0.428	0.442	0.473	0.473	0.487	0.496	0.504	0.509	0.518	0.528
2.7	0.351	0.377	0.398	0.416	0.430	0.461	0.461	0.474	0.484	0.492	0.497	0.506	0.517
2.8	0.341	0.366	0.387	0.404	0.418	0.449	0.449	0.463	0.472	0.480	0.486	0.495	0.506
2.9	0.331	0.356	0.377	0.393	0.407	0.438	0.438	0.451	0.461	0.469	0.475	0.485	0.496
3.0	0.322	0.346	0.366	0.383	0.397	0.409	0.429	0.441	0.451	0.459	0.465	0.474	0.487
3.1	0.313	0.337	0.357	0.373	0.387	0.398	0.417	0.430	0.440	0.448	0.454	0.464	0.477
3.2	0.305	0.328	0.348	0.364	0.377	0.389	0.407	0.420	0.431	0.439	0.445	0.455	0.468
3.3	0.297	0.320	0.339	0.355	0.368	0.379	0.397	0.411	0.421	0.429	0.436	0.446	0.460
3.4	0.289	0.312	0.331	0.346	0.359	0.371	0.388	0.402	0.412	0.420	0.427	0.437	0.452
3.5	0.282	0.304	0.323	0.338	0.351	0.362	0.380	0.393	0.403	0.412	0.418	0.429	0.444
3.6	0.276	0.297	0.315	0.330	0.343	0.354	0.372	0.385	0.395	0.403	0.410	0.421	0.436
3.7	0.269	0.290	0.308	0.323	0.335	0.346	0.364	0.377	0.387	0.395	0.402	0.413	0.429
3.8	0.263	0.284	0.301	0.316	0.328	0.339	0.356	0.369	0.379	0.388	0.394	0.405	0.422
3.9	0.257	0.277	0.294	0.309	0.321	0.332	0.349	0.362	0.372	0.380	0.387	0.398	0.415
4.0	0.251	0.271	0.288	0.302	0.311	0.325	0.342	0.355	0.365	0.373	0.379	0.391	0.408
4.1	0.246	0.265	0.282	0.296	0.308	0.318	0.335	0.348	0.358	0.366	0.372	0.384	0.402
4.2	0.241	0.260	0.276	0.290	0.302	0.312	0.328	0.341	0.352	0.359	0.366	0.377	0.396
4.3	0.236	0.255	0.270	0.284	0.296	0.306	0.322	0.335	0.345	0.353	0.359	0.371	0.390
4.4	0.231	0.250	0.265	0.278	0.290	0.300	0.316	0.329	0.339	0.347	0.353	0.365	0.384
4.5	0.226	0.245	0.260	0.273	0.285	0.294	0.310	0.323	0.333	0.341	0.347	0.359	0.378
4.6	0.222	0.240	0.255	0.268	0.279	0.289	0.305	0.317	0.327	0.335	0.341	0.353	0.373
4.7	0.218	0.235	0.250	0.263	0.274	0.284	0.299	0.312	0.321	0.329	0.336	0.347	0.367
4.8	0.214	0.231	0.245	0.258	0.269	0.279	0.294	0.306	0.316	0.324	0.330	0.342	0.362
4.9	0.210	0.227	0.241	0.253	0.265	0.274	0.289	0.301	0.311	0.319	0.325	0.337	0.357
5.0	0.206	0.223	0.237	0.249	0.260	0.269	0.284	0.296	0.306	0.313	0.320	0.332	0.352

注：l、b-矩形基础的长边和短边(m)；z-从基础底面算起的土层深度(m)。

附录N　后压浆关键技术参数

N.0.1　浆液水灰比:应根据土的饱和度和渗透性确定。对于饱和土宜为0.5～0.7,对于非饱和土宜为0.7～0.9(松散碎石土、砂砾宜为0.5～0.6);低水灰比浆液宜掺加减水剂;地下水流动时,应掺入速凝剂。

N.0.2　桩端压浆终止压力:根据土层性质、压浆点深度确定。对于风化岩,非饱和黏性土、粉土,宜为5.0～10.0MPa;对于饱和土宜为1.5～6.0MPa;软土取低值,密实土取高值。

N.0.3　持荷时间:5min。

N.0.4　压浆流量:不宜超过75L/min。

N.0.5　压浆量:单桩压浆量设计,主要应考虑桩径、桩长、桩端桩侧土层性质、单桩承载力增幅诸因素确定,可按下式计算:

$$G_c = \alpha_p d \tag{N.0.5}$$

式中　G_c——单桩压浆量(t);

α_p——压浆系数,取值范围如表N.0.5所示;

d——桩径。

表N.0.5　压浆系数 α_p

持力层	黏性土、粉土	粉砂	细砂	中砂	粗砂	砾砂	碎石土
取值范围	2.1～2.5	2.5～3.2	2.4～2.7	2.3～2.7	3.1～3.8	3.1～3.8	2.3～2.8

附录P　按m法计算弹性桩水平位移及作用效应

P.0.1　桩的计算宽度可按下式计算：

当$d \geqslant 1.0$m时　　$b_1 = kk_f(d+1)$　　(P.0.1-1)

当$d < 1.0$m时　　$b_1 = kk_f(1.5d+0.5)$　　(P.0.1-2)

对单排桩或$L_1 \geqslant 0.6h_1$的多排桩　　$k = 1.0$　　(P.0.1-3)

对$L_1 < 0.6h_1$的多排桩　　$k = b_2 + \frac{1-b_2}{0.6} \cdot \frac{L_1}{h_1}$　　(P.0.1-4)

式中　b_1——桩的计算宽度(m)，$b_1 \leqslant 2d$；

d——桩径或垂直于水平外力作用方向桩的宽度(m)；

k_f——桩形状换算系数，视水平力作用面(垂直于水平力作用方向)而定，圆形或圆端截面$k_f = 0.9$；矩形截面$k_f = 1.0$；对圆端形与矩形组合截面$k_f = \left(1 - 0.1\frac{a}{d}\right)$(图P.0.1-1)；

k——平行于水平力作用方向的桩间相互影响系数；

L_1——平行于水平力作用方向的桩间净距(图P.0.1-2)；梅花形布桩时，若相邻两排桩中心距c小于$(d+1)$ m时，可按水平力作用面各桩间的投影距离计算(图P.0.1-3)；

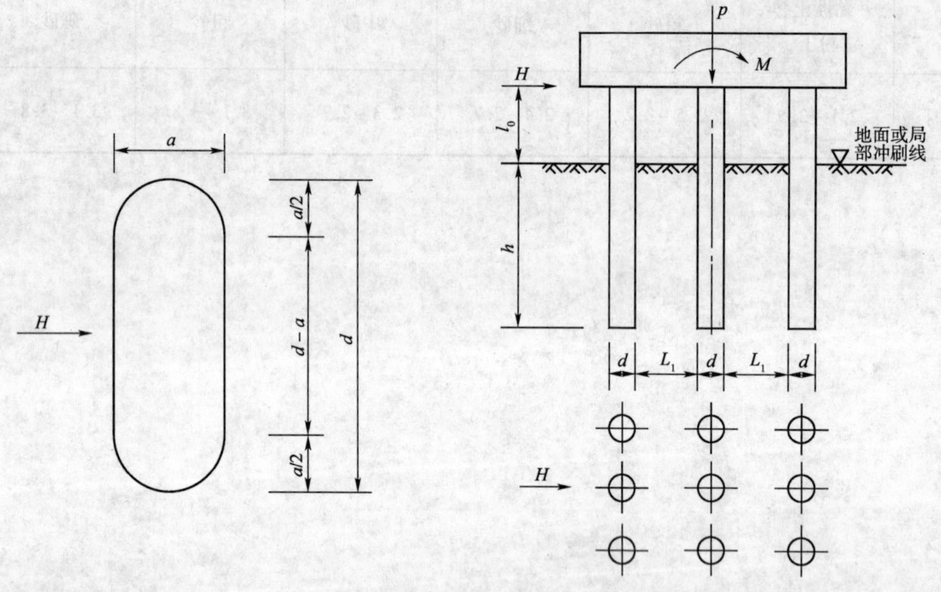

图P.0.1-1　计算圆端形与矩形组合截面k_f值示意图　　图P.0.1-2　计算k值时桩基示意图

h_1——地面或局部冲刷线以下桩的计算埋入深度，可取$h_1 = 3(d+1)$，但不得大于地面或局部冲刷线以下桩入土深度h(图P.0.1-2)；

b_2——与平行于水平力作用方向的一排桩的桩数n有关的系数，当$n=1$时，$b_2 = 1.0$；$n=2$时，$b_2 = 0.6$；$n=3$时，$b_2 = 0.5$；$n \geqslant 4$时，$b_2 = 0.45$。

在桩平面布置中，若平行于水平力作用方向的各排桩数量不等，且相邻(任何方向)桩间中心距等于或大于$(d+1)$(m)，则所验算各桩可取同一个桩间影响系数k，其值按桩数量最多的一排选取。此外，若垂直于水平力作用方向上有n根桩时，计算宽度取nb_1，但须满足$nb_1 \leqslant B+1$(B为n根桩垂直于水平力作用方向的外边缘距离，以米计，见图P.0.1-4)。

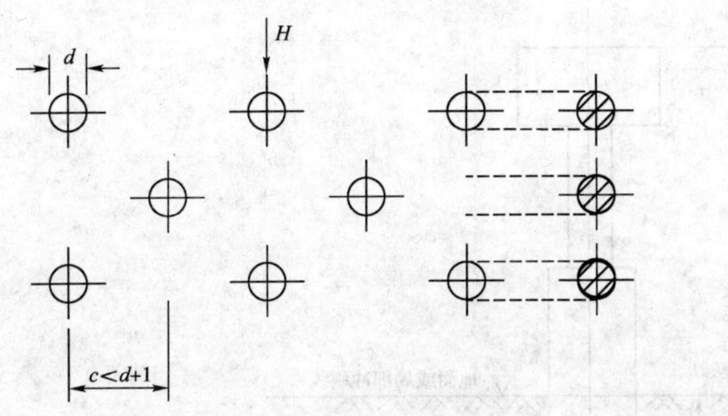

图 P.0.1-3　梅花形示意图

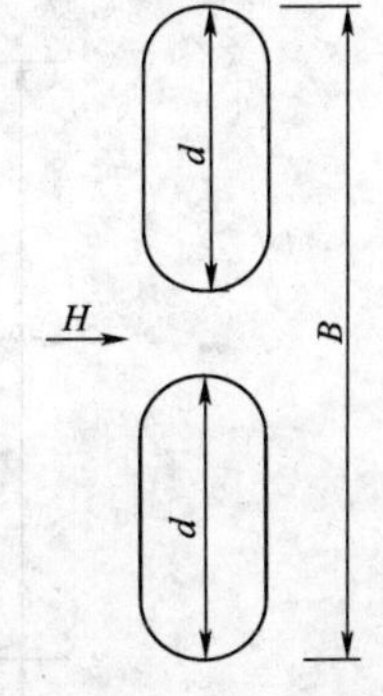

图 P.0.1-4　单桩宽度计算示意

P.0.2　桩基中桩的变形系数可按下式计算：

$$\alpha = \sqrt[5]{\frac{mb_1}{EI}} \tag{P.0.2-1}$$

$$EI = 0.8E_c I \tag{P.0.2-2}$$

式中　α——桩的变形系数；

EI——桩的的抗弯刚度，对以受弯为主的钢筋混凝土桩，根据现行《公路钢筋混凝土及预应力混凝土桥涵设计规范》(JTG D62)规定采用；

E_c——桩的混凝土抗压弹性模量；

I——桩的毛面积惯性矩；

m——非岩石地基水平向抗力系数的比例系数。非岩石地基的抗力系数随埋深成比例增大，深度 z 处的地基水平向抗力系数 $C_z = m \times z$；桩端地基竖向抗力系数为 $C_0 = m_0 \times h$(当 $h < 10$m 时，取 $C_0 = 10 \times m_0$)。其中 m_0 为桩端处的地基竖向抗力系数的比例系数。m 和 m_0 应通过试验确定，缺乏试验资料时，可根据地基土分类、状态按表 P.0.2-1 查用。当基础侧面地面或局部冲刷线以下 $h_m = 2(d+1)$(m)(对 $h \leqslant 2.5$ 的情况，取 $h_m = h$)深度内有两层土时，如图P.0.2所示，应将两层土的比例系数按式(P.0.2-3)换算成一个 m 值，作为整个深度的 m 值。岩石地基抗力系数不随岩层埋深变化，取 $C_z = C_0$，其值可按表 P.0.2-2 采用或通过试验确定。

$$m = \gamma m_1 + (1-\gamma) m_2 \tag{P.0.2-3}$$

$$\gamma = \begin{cases} 5(h_1/h_m)^2 & h_1/h_m \leqslant 0.2 \\ 1 - 1.25(1 - h_1/h_m)^2 & h_1/h_m > 0.2 \end{cases}$$

表 P.0.2-1　非岩石类土的 m 值和 m_0 值

土的名称	m 和 m_0 (kN/m^4)	土的名称	m 和 m_0 (kN/m^4)
流塑性黏土 $I_L > 1.0$，软塑黏性土 $1.0 \geqslant I_L > 0.75$，淤泥	3 000 ~ 5 000	坚硬，半坚硬黏性土 $I_L \leqslant 0$，粗砂，密实粉土	20 000 ~ 30 000
可塑黏性土 $0.75 \geqslant I_L > 0.25$，粉砂，稍密粉土	5 000 ~ 10 000	砾砂，角砾，圆砾，碎石，卵石	30 000 ~ 80 000
硬塑黏性土 $0.25 \geqslant I_L \geqslant 0$，细砂，中砂，中密粉土	10 000 ~ 20 000	密实卵石夹粗砂，密实漂，卵石	80 000 ~ 120 000

注：1. 本表用于基础在地面处位移最大值不应超过 6mm 的情况，当位移较大时，应适当降低。

2. 当基础侧面设有斜坡或台阶，且其坡度（横∶竖）或台阶总宽与深度之比大于 1∶20 时，表中 m 值应减小 50% 取用。

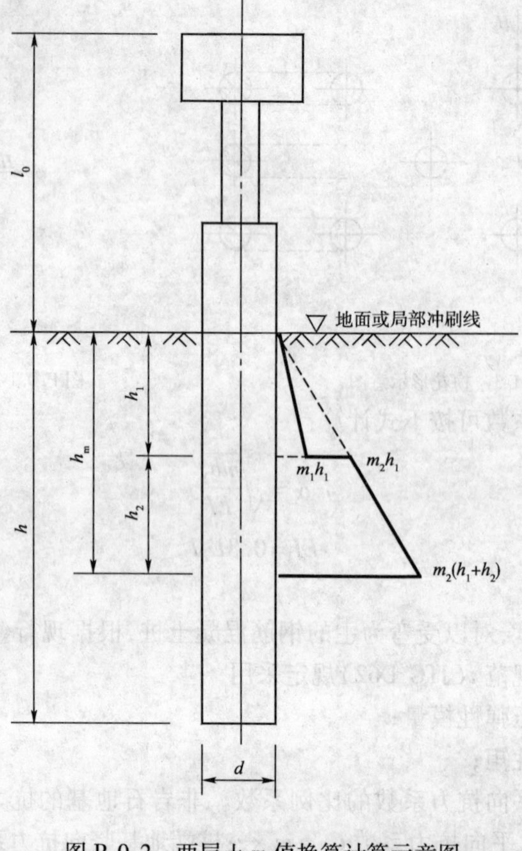

图 P.0.2　两层土 m 值换算计算示意图

表 P.0.2-2　岩石地基抗力系数 C_0

编　号	f_{rk}(kPa)	C_0(kN/m^4)
1	1 000	300 000
2	≥25 000	15 000 000

注：f_{rk}为岩石的单轴饱和抗压强度标准值。对于无法进行饱和的试样，可采用天然含水量单轴抗压强度标准值；当 $1\ 000 < f_{rk} < 25\ 000$ 时，可用直线内插法确定 C_0。

P.0.3　$\alpha h > 2.5$ 时，单排桩柱式桥墩承受桩柱顶荷载时的作用效应及位移可按表P.0.3计算。

表 P.0.3　桩柱顶受力的单排桩柱式桥墩计算用表

	(1)柱顶自由，桩底支承在非岩石类土或基岩面上的单排桩式桥墩	(2)柱顶自由，桩底嵌固在基岩中的单排桩式桥墩
计算图式	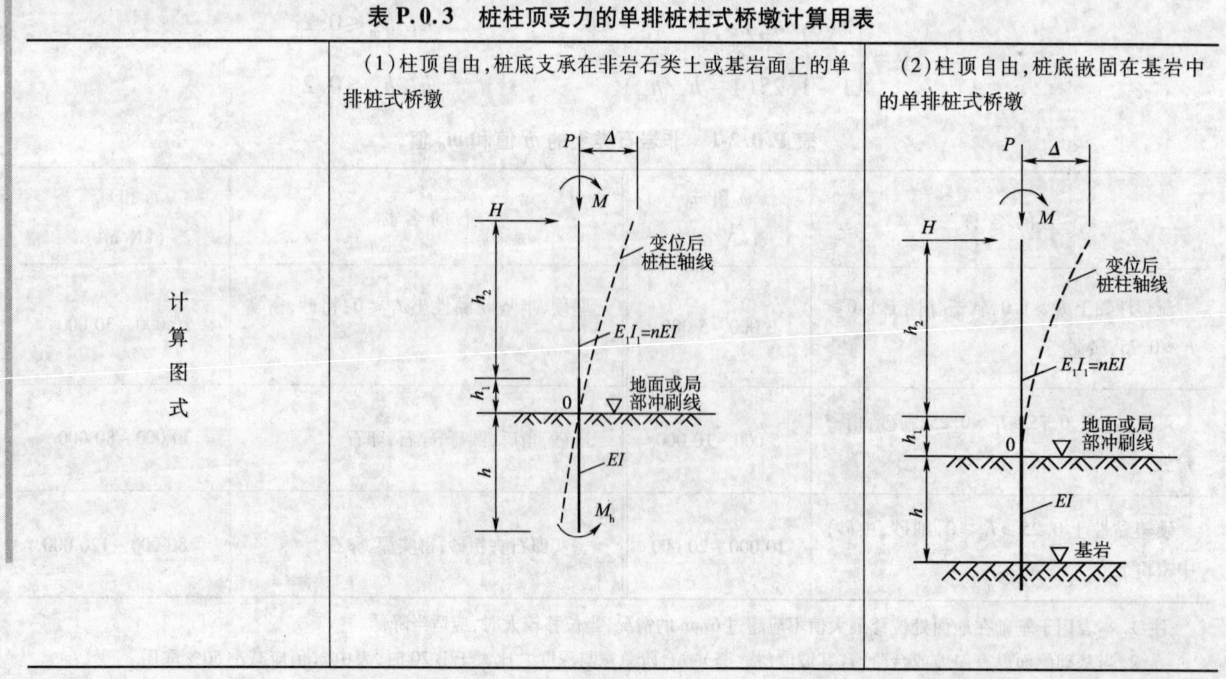	

续上表

地面或局部冲刷线处桩的作用效应		弯矩	$M_0 = M + H(h_2 + h_1)$	
		剪力	$H_0 = H$	
地面或局部冲刷线处作用单位"力"时，该截面产生的变位	$H_0 = 1$ 作用时	水平位移	$\delta_{HH}^{(0)} = \frac{1}{\alpha^3 EI} \times \frac{(B_3D_4 - B_4D_3) + k_h(B_2D_4 - B_4D_2)}{(A_3B_4 - A_4B_3) + k_h(A_2B_4 - A_4B_2)}$	$\delta_{HH}^{(0)} = \frac{1}{\alpha^3 EI} \times \frac{B_2D_1 - B_1D_2}{A_2B_1 - A_1B_2}$
		转角（rad）	$\delta_{MH}^{(0)} = \frac{1}{\alpha^2 EI} \times \frac{(A_3D_4 - A_4D_3) + k_h(A_2D_4 - A_4D_2)}{(A_3B_4 - A_4B_3) + k_h(A_2B_4 - A_4B_2)}$	$\delta_{MH}^{(0)} = \frac{1}{\alpha^2 EI} \times \frac{A_2D_1 - A_1D_2}{A_2B_1 - A_1B_2}$
	$M_0 = 1$ 作用时	水平位移	$\delta_{HM}^{(0)} = \delta_{MH}^{(0)} = \frac{1}{\alpha^2 EI} \times \frac{(B_3C_4 - B_4C_3) + k_h(B_2C_4 - B_4C_2)}{(A_3B_4 - A_4B_3) + k_h(A_2B_4 - A_4B_2)}$	$\delta_{HM}^{(0)} = \delta_{MH}^{(0)} = \frac{1}{\alpha^2 EI} \times \frac{B_2C_1 - B_1C_2}{A_2B_1 - A_1B_2}$
		转角（rad）	$\delta_{MM}^{(0)} = \frac{1}{\alpha EI} \times \frac{(A_3C_4 - A_4C_3) + k_h(A_2C_4 - A_4C_2)}{(A_3B_4 - A_4B_3) + k_h(A_2B_4 - A_4B_2)}$	$\delta_{MM}^{(0)} = \frac{1}{\alpha EI} \times \frac{A_2C_1 - A_1C_2}{A_2B_1 - A_1B_2}$
地面或局部冲刷线处桩变位	水平位移		$x_0 = H_0\delta_{HH}^{(0)} + M_0\delta_{HM}^{(0)}$	
	转角（rad）		$\varphi_0 = -(H_0\delta_{MH}^{(0)} + M_0\delta_{MM}^{(0)})$	
地面或局部冲刷线以下深度 z 处桩各截面内力	弯矩		$M_z = \alpha^2 EI\left(x_0A_3 + \frac{\varphi_0}{\alpha}B_4 + \frac{M_0}{\alpha^2 EI}C_3 + \frac{H_0}{\alpha^3 EI}D_3\right)$	
	剪力		$Q_z = \alpha^3 EI\left(x_0A_4 + \frac{\varphi_0}{\alpha}B_4 + \frac{M_0}{\alpha^2 EI}C_4 + \frac{H_0}{\alpha^3 EI}D_4\right)$	
桩柱顶水平位移			$\Delta = x_0 - \varphi_0(h_2 + h_1) + \Delta_0$ 式中：$\Delta_0 = \frac{H}{E_1I_1}\left[\frac{1}{3}(nh_1^3 + h_2^3) + nh_1h_2(h_1 + h_2)\right] + \frac{M}{2E_1I_1}[h_2^2 + nh_1(2h_2 + h_1)]$	

注：表中 $\delta_{HH}^{(0)}$、$\delta_{MH}^{(0)}$、$\delta_{HM}^{(0)}$、$\delta_{MM}^{(0)}$ 的物理意义见图 P.0.3。

a）当 $H_0 = 1$ 作用在地面或局部冲刷线处，桩在该处产生的水平位移 $x_0 = \delta_{HH}^{(0)}$ 和转角 $\varphi_0 = -\delta_{MH}^{(0)}$

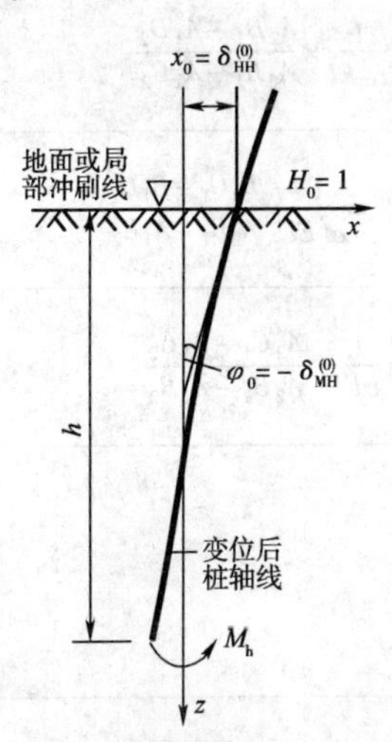

b）当 $M_0 = 1$ 作用在地面或局部冲刷线处，桩在该处产生的水平位移 $x_0 = \delta_{HM}^{(0)}$ 和转角 $\varphi_0 = -\delta_{MM}^{(0)}$

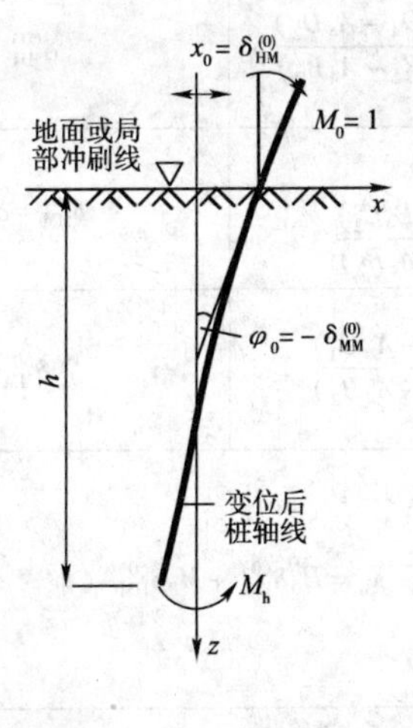

c）当 $H_0 = 1$ 作用在地面或局部冲刷线处，桩在该处产生的水平位移 $x_0 = \delta_{HH}^{(0)}$ 和转角 $\varphi_0 = -\delta_{MH}^{(0)}$

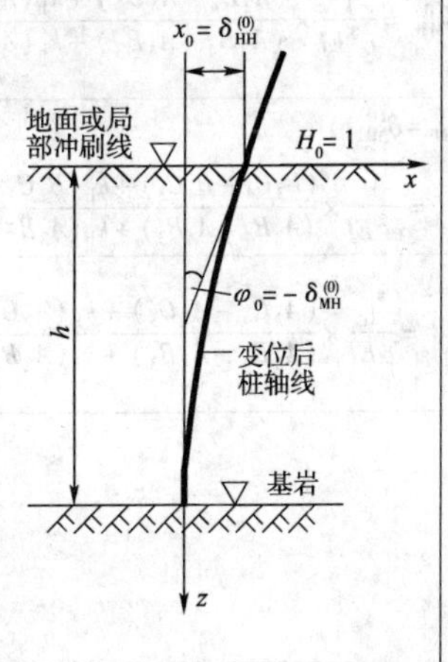

d）当 $M_0 = 1$ 作用在地面或局部刷线处，桩在该处产生的水平位移 $x_0 = \delta_{HM}^{(0)}$ 和转角 $\varphi_0 = -\delta_{MM}^{(0)}$

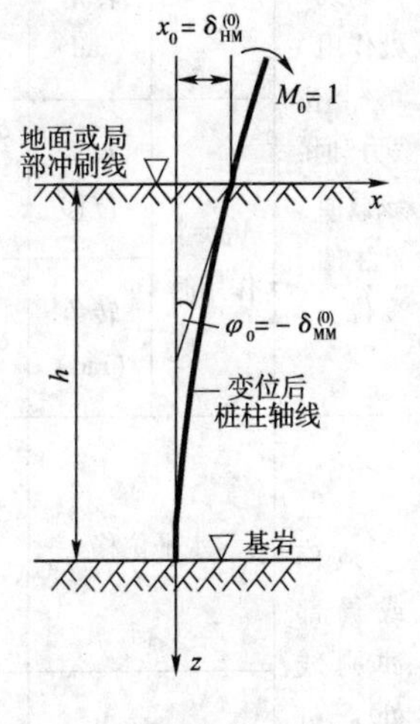

桩底支承在非岩石类土或基岩面上	桩底嵌固在基岩中

图 P.0.3 在荷载作用下桩的变形图

P.0.4 $\alpha h > 2.5$ 时，单排桩柱式桥台桩柱侧面受土压力作用时的作用效应及位移可按表 P.0.4 计算。

表 P.0.4 桩柱侧面受土压力的单排桩柱式桥台计算用表

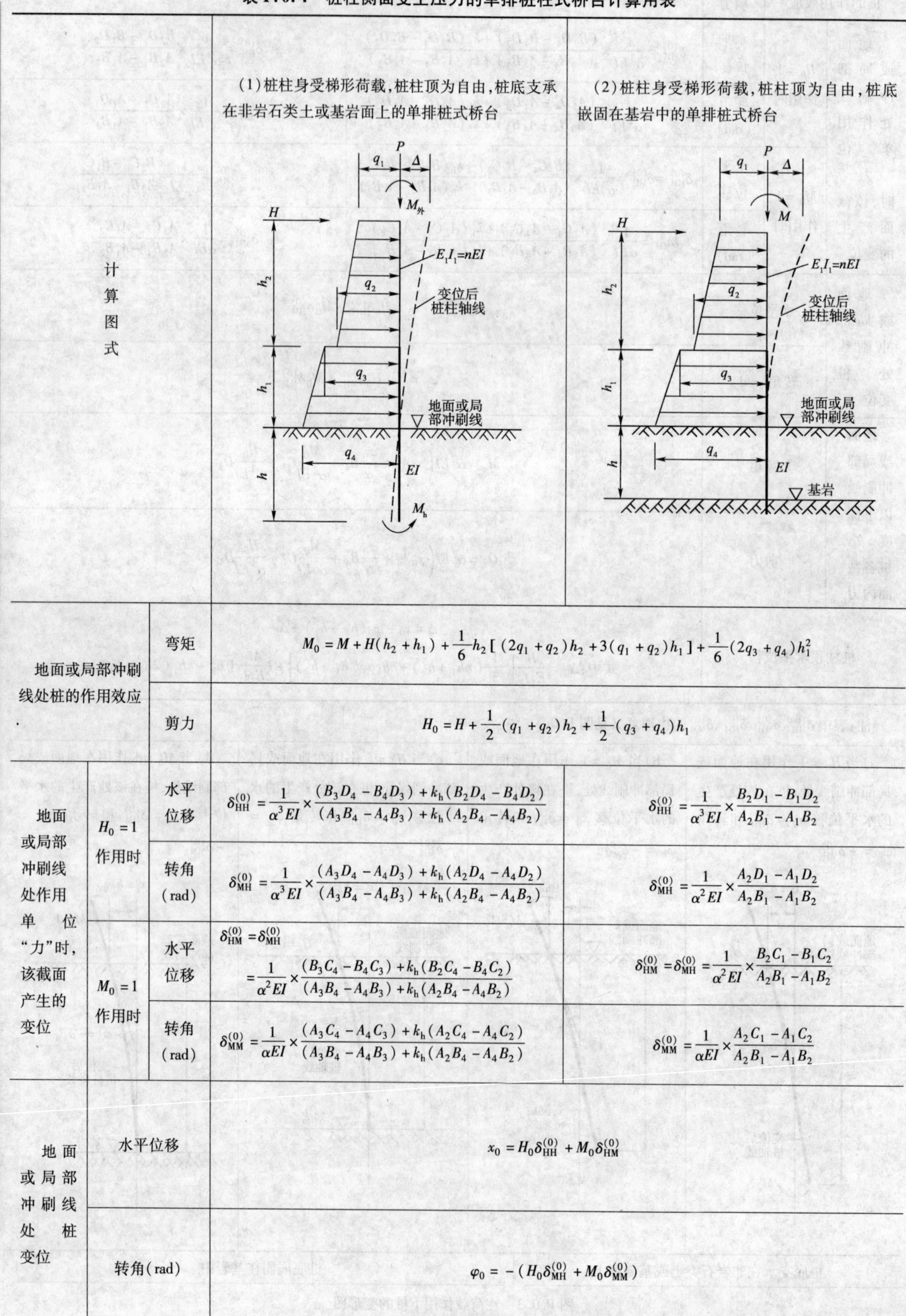

			(1)桩柱身受梯形荷载，桩柱顶为自由，桩底支承在非岩石类土或基岩面上的单排桩柱式桥台	(2)桩柱身受梯形荷载，桩柱顶为自由，桩底嵌固在基岩中的单排桩柱式桥台
计算图式			(见图)	(见图)
地面或局部冲刷线处桩的作用效应		弯矩	$M_0 = M + H(h_2+h_1) + \frac{1}{6}h_2[(2q_1+q_2)h_2 + 3(q_1+q_2)h_1] + \frac{1}{6}(2q_3+q_4)h_1^2$	
		剪力	$H_0 = H + \frac{1}{2}(q_1+q_2)h_2 + \frac{1}{2}(q_3+q_4)h_1$	
地面或局部冲刷线处作用单位"力"时，该截面产生的变位	$H_0=1$ 作用时	水平位移	$\delta_{HH}^{(0)} = \frac{1}{\alpha^3 EI} \times \frac{(B_3D_4 - B_4D_3) + k_h(B_2D_4 - B_4D_2)}{(A_3B_4 - A_4B_3) + k_h(A_2B_4 - A_4B_2)}$	$\delta_{HH}^{(0)} = \frac{1}{\alpha^3 EI} \times \frac{B_2D_1 - B_1D_2}{A_2B_1 - A_1B_2}$
		转角(rad)	$\delta_{MH}^{(0)} = \frac{1}{\alpha^3 EI} \times \frac{(A_3D_4 - A_4D_3) + k_h(A_2D_4 - A_4D_2)}{(A_3B_4 - A_4B_3) + k_h(A_2B_4 - A_4B_2)}$	$\delta_{MH}^{(0)} = \frac{1}{\alpha^2 EI} \times \frac{A_2D_1 - A_1D_2}{A_2B_1 - A_1B_2}$
	$M_0=1$ 作用时	水平位移	$\delta_{HM}^{(0)} = \delta_{MH}^{(0)} = \frac{1}{\alpha^2 EI} \times \frac{(B_3C_4 - B_4C_3) + k_h(B_2C_4 - B_4C_2)}{(A_3B_4 - A_4B_3) + k_h(A_2B_4 - A_4B_2)}$	$\delta_{HM}^{(0)} = \delta_{MH}^{(0)} = \frac{1}{\alpha^2 EI} \times \frac{B_2C_1 - B_1C_2}{A_2B_1 - A_1B_2}$
		转角(rad)	$\delta_{MM}^{(0)} = \frac{1}{\alpha EI} \times \frac{(A_3C_4 - A_4C_3) + k_h(A_2C_4 - A_4C_2)}{(A_3B_4 - A_4B_3) + k_h(A_2B_4 - A_4B_2)}$	$\delta_{MM}^{(0)} = \frac{1}{\alpha EI} \times \frac{A_2C_1 - A_1C_2}{A_2B_1 - A_1B_2}$
地面或局部冲刷线处桩变位	水平位移		$x_0 = H_0\delta_{HH}^{(0)} + M_0\delta_{HM}^{(0)}$	
	转角(rad)		$\varphi_0 = -(H_0\delta_{MH}^{(0)} + M_0\delta_{MM}^{(0)})$	

地面或局部冲刷线以下深度 z 处桩各截面内力	弯矩	$M_z=\alpha^2EI\left(x_0A_3+\frac{\varphi_0}{\alpha}B_3+\frac{M_0}{\alpha^2EI}C_3+\frac{H_0}{\alpha^3EI}D_3\right)$
	剪力	$Q_z=\alpha^3EI\left(x_0A_4+\frac{\varphi_0}{\alpha}B_4+\frac{M_0}{\alpha^2EI}C_4+\frac{H_0}{\alpha^3EI}D_4\right)$
桩柱顶水平位移		$\Delta=x_0-\varphi_0(h_2+h_1)+\Delta_0$ 式中：$\Delta_0=\frac{M}{2E_1I_1}(nh_1^2+2nh_1h_2+h_2^2)+\frac{H}{3E_1I_1}(nh_1^3+3nh_1^2h_2+3nh_1h_2^2+h_2^3)$ $+\frac{1}{120E_1I_1}[(11h_2^4+40nh_2^3h_1+20nh_2h_1^3+50nh_2^2h_1^2)q_1+4(h_2^4+10nh_2^2h_1^2$ $+5nh_2^3h_1+5nh_2h_1^3)q_2+(11nh_1^4+15nh_2h_1^3)q_3+(4nh_1^4+5nh_2h_1^3)q_4]$

注：表中 $\delta_{HH}^{(0)}$、$\delta_{MH}^{(0)}$、$\delta_{HM}^{(0)}$、$\delta_{MM}^{(0)}$ 的物理意义见图 P.0.3。

表 P.0.3、表 P.0.4 说明：

1 本表适用于 $\alpha h>2.5$ 桩的计算，对于 $\alpha h\leqslant2.5$ 的情况，见附录 Q。

2 系数 A_i、B_i、C_i、D_i（$i=1$、2、3、4）值，在计算 $\delta_{HH}^{(0)}$、$\delta_{MH}^{(0)}$、$\delta_{HM}^{(0)}$ 和 $\delta_{MM}^{(0)}$ 时，根据 $\bar{h}=\alpha h$ 由本规范第 P.0.8 条查用；在计算 M_z 和 Q_z 时，根据 $\bar{h}=\alpha z$ 由本规范第 P.0.8 条查用；当 $\bar{h}>4$ 时，按 $\bar{h}=4$ 计算。

3 $k_h=\frac{C_0}{\alpha E}\times\frac{I_0}{I}$ 为因桩端转动，桩端底面土体产生的抗力对 $\delta_{HH}^{(0)}$、$\delta_{MH}^{(0)}$、$\delta_{HM}^{(0)}$ 和 $\delta_{MM}^{(0)}$ 的影响系数。当桩底置于非岩石类土且 $\alpha h\geqslant2.5$ 时，或置于基岩上且 $\alpha h\geqslant3.5$ 时，取 $k_h=0$。式中，C_0 按第 P.0.2 条确定；I、I_0 分别为地面或局部冲刷线以下桩截面和桩端面积惯性矩。

4 n 为桩式桥墩上段抗弯刚度 E_1I_1 与下段抗弯刚度 EI 的比值，EI 计算见第 P.0.2 条，$E_1I_1=0.8E_cI_1$，E_c 为桩身混凝土抗压弹性模量，I_1 为桩上段毛截面惯性矩。

5 q_1、q_2、q_3 和 q_4 为作用于桩上的土压力强度（kN/m），可根据《公路桥涵设计通用规范》（JTG D60—2004）第 4.2.3 条规定确定土压力作用及其在桩上的计算宽度。若地面或局部冲刷线以上桩为等截面，h_2 取全高，$h_1=0$。

6 桩的入土深度 $h\geqslant4/\alpha$ 时，$z=4/\alpha$ 深度以下桩身截面作用效应可忽略不计。

7 当基础侧面地面或局部冲刷线以下 $h_m=2(d+1)$m（对 $\alpha h\leqslant2.5$ 的情况，取 $h_m=h$）深度内有两层土时，桩身实际最大弯矩可按下式进行修正：

$$M_{max}=\xi M_{zmax} \tag{P.0.3-1}$$

式中 M_{zmax}——根据表 P.0.3 或表 P.0.4 计算的桩身最大弯矩值；

M_{max}——桩身实际最大弯矩值；

ξ——最大弯矩修正系数，可按下式计算：

$$\begin{cases}\xi=\frac{2\delta}{\delta+2}\quad\frac{h_1}{h_m}+1 & \frac{h_1}{h_m}\leqslant\frac{1}{6}(\delta+2)\\ \xi=\frac{2\delta}{\delta-4}\quad\frac{h_1}{h_m}+\frac{4+\delta}{4-\delta} & \frac{h_1}{h_m}>\frac{1}{6}(\delta+2)\end{cases} \tag{P.0.3-2}$$

$$\delta=\frac{H_0}{H_0+0.1M_0}\lg\frac{m_2}{m_1} \tag{P.0.3-3}$$

式中，H_0 单位为 kN，M_0 单位为 kN · m。

P.0.5 桩端最大和最小压应力应满足下式要求：

$$p_{\substack{\max \\ \min}} = \frac{N_{hk}}{A_0} \pm \frac{M_{hk}}{W_0} \leqslant q_r \text{（钻孔桩）或 } \alpha_r q_{rk} \text{（沉入桩）} \tag{P.0.5}$$

式中 $p_{\substack{\max \\ \min}}$——桩端最大、最小压应力；

N_{hk}——桩底面的轴向力标准值，对于非岩石类地基：$N_{hk} = P_k + G_k - T_k$；对于岩石类地基：$N_{hk} = P_k + G_k$；

P_k——桩柱顶面处轴向力标准值；

G_k——全部桩柱自重；对非岩石类地基钻（挖）孔桩，局部冲刷线以下部分为桩身自重减去置换土重（当桩重计入浮重时，置换土重也计入浮重）；

T_k——局部冲刷线以下桩侧面土的摩阻力标准值总和；

M_{hk}——桩底弯矩，令 $z = h$ 由表中 M_z 计算公式求得；当 $\alpha h \geqslant 4$ 时，取 $M_{hk} = 0$；

A_0、W_0——桩端面积及面积抵抗矩；

q_r——桩端处土的承载力容许值（kPa），按本规范第 5.3.3 条规定计算；

q_{rk}——桩端处土的承载力标准值（kPa），按本规范表 5.3.3-5 取用；

α_r——沉桩桩底承载力的影响系数，见本规范表 5.3.3-6。

此外，对置于非岩石类土或岩石面上 $\alpha h > 3.5$，以及嵌入岩石中 $\alpha h > 4$ 的桩，认为桩底压力均匀分布，可不验算桩端土的压应力，但须满足本规范第 5.3.3 条、第 5.3.4 条和第 5.3.7 条单桩受压容许承载力要求。对支承在基岩面上的桩，当 $e > \rho$ 时（e 为荷载偏心矩，ρ 为桩底面核心半径），应考虑桩底的压力重分布（可参见本规范附录 K）；对嵌入基岩中的桩应验算嵌固处截面强度。

P.0.6 $\alpha h > 2.5$ 时，多排竖直桩柱式桥墩承受桩顶荷载时的作用效应及位移可按表P.0.6计算。

表 P.0.6 桩顶受力的多排竖直桩柱式桥墩计算用表

	多排对称布置的竖直桩桥墩基础（高承台桩基）	
计算图式	（1）桩底布置在非岩石类土或基岩面上 P、H、M、O、x、EI、l_0、h、地面或局部冲刷线、x_2、x_1、EI、1、2、i、n、z	（2）桩底嵌固在基岩中 P、H、M、O、x、EI、l_0、h、地面或局部冲刷线、x_2、x_1、EI、基岩、1、2、i、n、z

桩顶作用单位"力"时桩顶产生的变位	$H=1$ 作用时	水平位移	$\delta_{HH}=\dfrac{l_0^3}{3EI}+\delta_{MM}^{(0)}l_0^2+2\delta_{MH}^{(0)}l_0+\delta_{HH}^{(0)}$	$\delta_{HH}^{(0)}$、$\delta_{MH}^{(0)}$、$\delta_{HM}^{(0)}$ 和 $\delta_{MM}^{(0)}$ 根据桩底埋置情况，采用表 P.0.3 或表 P.0.4 有关公式计算
		转角(rad)	$\delta_{MH}=\dfrac{l_0^2}{2EI}+\delta_{MM}^{(0)}l_0+\delta_{MH}^{(0)}$	
	$M=1$ 作用时	水平位移	$\delta_{HM}=\delta_{MH}=\dfrac{l_0^2}{2EI}+\delta_{MM}^{(0)}l_0+\delta_{HM}^{(0)}$	
		转角(rad)	$\delta_{MM}=\dfrac{l_0}{EI}+\delta_{MM}^{(0)}$	
任一桩顶发生单位变位时，桩顶产生的作用效应	沿轴线单位位移时，桩顶产生的轴向力		$\rho_{PP}=\dfrac{1}{\dfrac{l_0+\xi h}{EA}+\dfrac{1}{C_0A_0}}$	ξ——系数，对于端承桩，$\xi=1$；对于摩擦桩(或摩擦支承管桩)，打入或振动下沉时 $\xi=2/3$；钻(挖)孔时 $\xi=1/2$； A——入土部分桩的平均截面积； A_0——按下列公式计算； 摩擦桩： $A_0=\begin{cases}\pi\left(\dfrac{d}{2}+h\tan\dfrac{\overline{\varphi}}{4}\right)^2\\\dfrac{\pi}{4}S^2\end{cases}$ 取小值 端承桩：$A_0=\pi d^2/4$ $\overline{\varphi}$——桩所穿过土层的平均内摩擦角； S——桩底面中心距； d——桩底面直径
	垂直桩轴线方向单位位移时，桩顶产生的水平力		$\rho_{HH}=\dfrac{\delta_{MM}}{\delta_{HH}\delta_{MM}-(\delta_{MH})^2}$	
	垂直桩轴线方向单位位移时，桩顶产生的弯矩		$\rho_{MH}=\dfrac{\delta_{MH}}{\delta_{HH}\delta_{MM}-(\delta_{MH})^2}$	
	桩顶单位转角时，桩顶产生的水平力		$\rho_{HM}=\rho_{MH}$	
	桩顶单位转角时，桩顶产生的弯矩		$\rho_{MM}=\dfrac{\delta_{HH}}{\delta_{HH}\delta_{MM}-(\delta_{MH})^2}$	
承台发生单位变位时，所有桩顶对承台作用"反力"之和	承台产生竖向单位位移时，桩顶竖向反力之和		$\gamma_{cc}=n\rho_{PP}$	n——桩总根数； x_i——由坐标原点 O 至各桩轴线的距离； K_i——第 i 排桩根数
	承台产生水平向单位位移时，桩顶水平反力之和		$\gamma_{aa}=n\rho_{HH}$	
	承台绕原点 O 产生单位转角，桩顶水平反力之和或水平方向产生单位位移时，桩柱顶反弯矩之和		$\gamma_{a\beta}=\gamma_{\beta a}=-n\rho_{HM}=-n\rho_{MH}$	
	承台发生单位转角时，桩顶反弯矩之和		$\gamma_{\beta\beta}=n\rho_{MM}+\rho_{PP}\sum K_ix_i^2$	

续上表

承台变位	竖直位移	$c=\dfrac{P}{\gamma_{cc}}$	P、H、M——荷载作用于承台底面原点 O 处的竖直力、水平力和弯矩
	水平位移	$a=\dfrac{\gamma_{\beta\beta}H-\gamma_{\alpha\beta}M}{\gamma_{aa}\gamma_{\beta\beta}-(\gamma_{\alpha\beta})^{2}}$	
	转角(rad)	$\beta=\dfrac{\gamma_{aa}M-\gamma_{\alpha\beta}H}{\gamma_{aa}\gamma_{\beta\beta}-(\gamma_{\alpha\beta})^{2}}$	
桩顶作用效应	任一桩顶轴向力	$N_i=(c+\beta x_i)\rho_{PP}$	x_i 值在坐标原点 O 以右为正，以左为负
	任一桩顶剪力	$Q_i=a\rho_{HH}-\beta\rho_{HM}=\dfrac{H}{n}$	
	任一桩顶弯矩	$M_i=\beta\rho_{MM}-a\rho_{MH}$	
地面或局部冲刷线处桩顶截面上的作用“力”	水平力	$H_0=Q_i$	
	弯矩	$M_0=M_i+Q_il_0$	

注：表中 δ_{HH}、δ_{MH}、δ_{HM} 和 δ_{MM} 的物理意义见图 P.0.6。

a）当 $H=1$ 作用在桩顶时，桩顶产生的水平位移 δ_{HH} 和转角 δ_{MH}

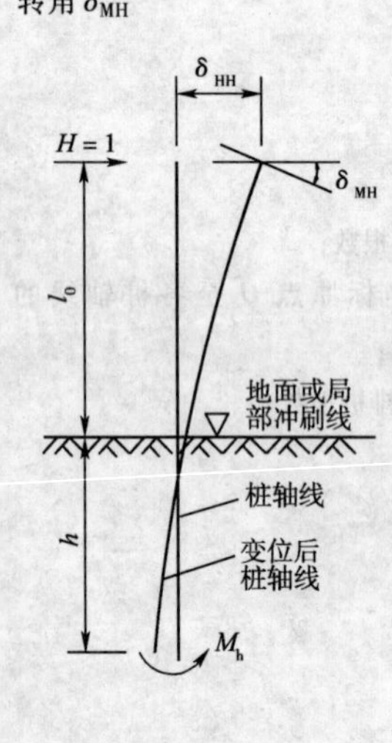

b）当 $M=1$ 作用在桩顶时，桩顶产生的水平位移 δ_{HM} 和转角 δ_{MM}

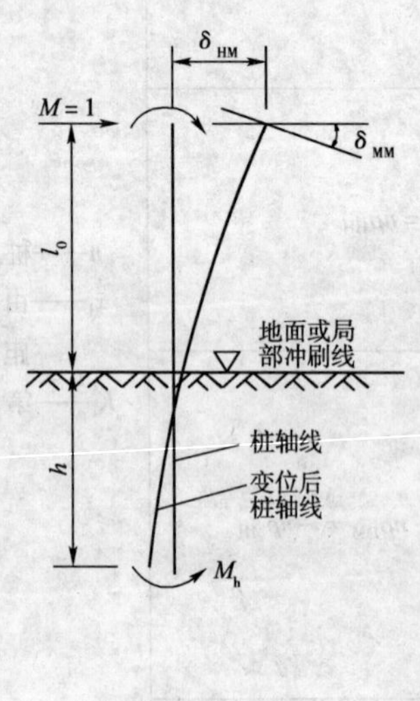

c）当 $H=1$ 作用在桩顶时，桩顶产生的水平位移 δ_{HH} 和转角 δ_{MH}

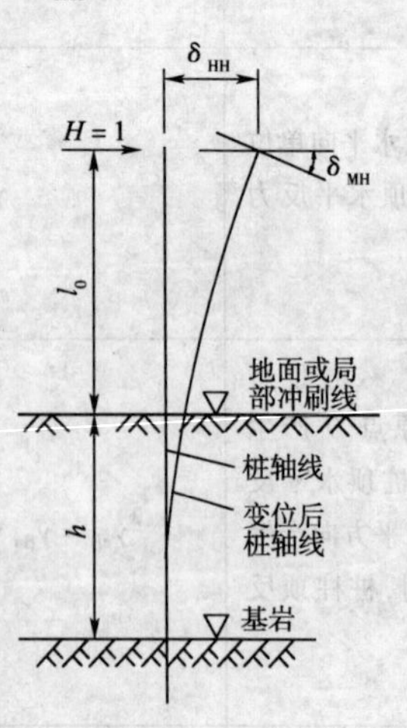

d）当 $M=1$ 作用在桩顶时，桩顶产生的水平位移 δ_{HM} 和转角 δ_{MM}

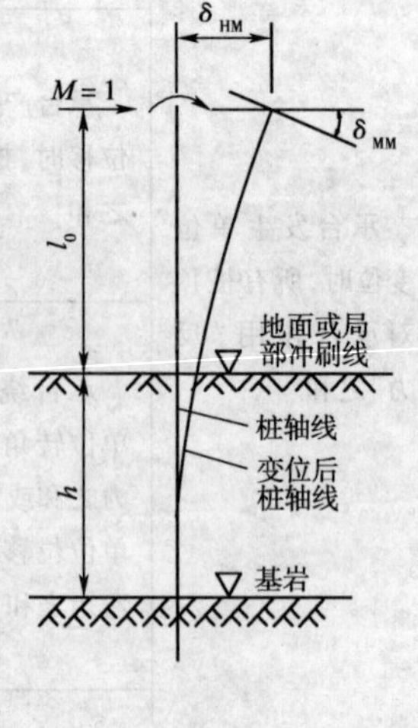

桩底支承在非岩石类土或基岩面上　　　　桩底嵌固基岩中

图 P.0.6　在荷载作用下桩的变形图

P.0.7 $\alpha h > 2.5$时，多排竖直桩桥台桩侧面受土压力作用时的作用效应及位移可按表 P.0.7 计算。

表 P.0.7 桩侧面受土压力的多排竖直桩桥台计算用表

<table>
<tr><td></td><td colspan="4">多排对称布置的竖直桩桥台基础（高承台桩基，桩侧承受梯形荷载）</td></tr>
<tr><td rowspan="2">计算图式</td><td colspan="3">(1)桩底设置在非岩石类土或基岩面上</td><td>(2)桩底嵌固在基岩中</td></tr>
<tr><td colspan="3">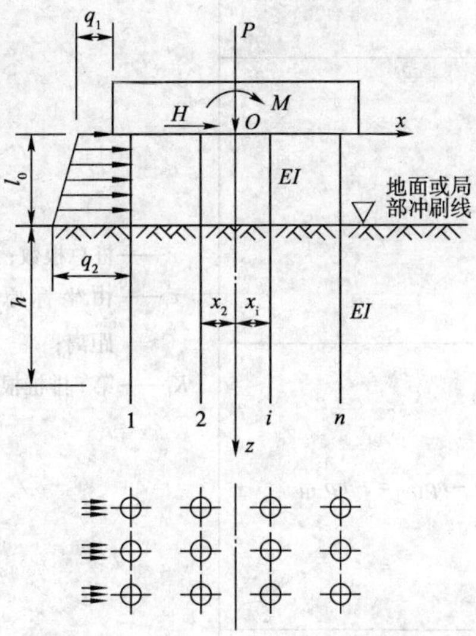</td><td>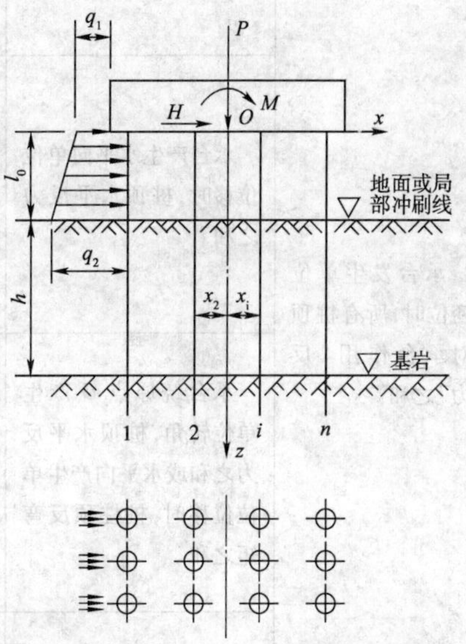</td></tr>
<tr><td rowspan="4">桩顶作用单位“力”时，桩顶产生的变位</td><td rowspan="2">$H=1$ 作用时</td><td>水平位移</td><td>$\delta_{HH}=\frac{l_0^3}{3EI}+\delta_{MM}^{(0)}l_0^2+2\delta_{MH}^{(0)}l_0+\delta_{HH}^{(0)}$</td><td rowspan="4">$\delta_{HH}^{(0)}$、$\delta_{MH}^{(0)}$、$\delta_{HM}^{(0)}$和$\delta_{MM}^{(0)}$根据桩底埋置情况，采用表 P.0.3 或表 P.0.4 有关公式计算</td></tr>
<tr><td>转角 (rad)</td><td>$\delta_{MH}=\frac{l_0^2}{2EI}+\delta_{MM}^{(0)}l_0+\delta_{MH}^{(0)}$</td></tr>
<tr><td rowspan="2">$M=1$ 作用时</td><td>水平位移</td><td>$\delta_{HM}=\delta_{MH}=\frac{l_0^2}{2EI}+\delta_{MM}^{(0)}l_0+\delta_{HM}^{(0)}$</td></tr>
<tr><td>转角 (rad)</td><td>$\delta_{MM}=\frac{l_0}{EI}+\delta_{MM}^{(0)}$</td></tr>
<tr><td rowspan="5">任一桩顶发生单位变位时，桩顶产生的内力</td><td colspan="2">沿轴线仅单位位移时，桩顶产生的轴向力</td><td>$\rho_{PP}=\frac{1}{\frac{l_0+\xi h}{EA}+\frac{1}{C_0A_0}}$</td><td rowspan="5">$\xi$——系数，对于端承桩，$\xi=1$；对于摩擦桩（或摩擦支承管桩），打入或振动下沉时$\xi=2/3$；钻（挖）孔时$\xi=1/2$；
A——入土部分桩的平均截面积；
A_0——按下列公式计算；
摩擦桩：
$A_0=\begin{cases}\pi\left(\frac{d}{2}+h\tan\frac{\overline{\varphi}}{4}\right)^2\\ \frac{\pi}{4}S^2\end{cases}$ 取小值
端承桩：$A_0=\pi d^2/4$
$\overline{\varphi}$——桩所穿过土层的平均内摩擦角；
S——桩底面中心距；
d——桩底面直径</td></tr>
<tr><td colspan="2">垂直桩轴线方向单位位移时，桩顶产生的水平力</td><td>$\rho_{HH}=\frac{\delta_{MM}}{\delta_{HH}\delta_{MM}-(\delta_{MH})^2}$</td></tr>
<tr><td colspan="2">垂直桩轴线方向单位位移时，桩顶产生的弯矩</td><td>$\rho_{MH}=\frac{\delta_{MH}}{\delta_{HH}\delta_{MM}-(\delta_{MH})^2}$</td></tr>
<tr><td colspan="2">桩顶单位转角时，桩顶产生的水平力</td><td>$\rho_{HM}=\rho_{MH}$</td></tr>
<tr><td colspan="2">桩顶单位转角时，桩顶产生的弯矩</td><td>$\rho_{MM}=\frac{\delta_{HH}}{\delta_{HH}\delta_{MM}-(\delta_{MH})^2}$</td></tr>
</table>

续上表

承台发生单位变位时，所有桩顶对承台作用“反力”之和	承台产生竖向单位位移时，桩顶竖向反力之和	$\gamma_{cc}=n\rho_{PP}$	n——桩总根数； x_i——由坐标原点 O 至各桩轴线的距离； K_i——第 i 排桩根数
	承台产生水平向单位位移时，桩顶水平反力之和	$\gamma_{aa}=n\rho_{HH}$	
	承台绕原点 O 产生单位转角，桩顶水平反力之和或水平向产生单位位移时，桩柱顶反弯矩之和	$\gamma_{a\beta}=\gamma_{\beta a}=-n\rho_{HM}=-n\rho_{MH}$	
	承台发生单位转角时，桩顶反弯矩之和	$\gamma_{\beta\beta}=n\rho_{MM}+\rho_{PP}\sum K_i x_i^2$	
承台变位	竖直位移	$c=\dfrac{P}{\gamma_{cc}}$	P、H、M——荷载作用于承台底面原点 O 处的竖直力、水平力和弯矩； $\sum M_q$、$\sum Q_q$——分别为承受土压力的桩顶面作用于承台上的反弯矩和剪力之和。见本表末项
	水平位移	$a=\dfrac{\gamma_{\beta\beta}(H-\sum Q_q)-\gamma_{a\beta}(M-\sum M_q)}{\gamma_{aa}\gamma_{\beta\beta}-(\gamma_{a\beta})^2}$	
	转角(rad)	$\beta=\dfrac{\gamma_{aa}(M-\sum M_q)-\gamma_{a\beta}(H-\sum Q_q)}{\gamma_{aa}\gamma_{\beta\beta}-(\gamma_{a\beta})^2}$	
桩顶内力	任一桩顶轴向力	$N_i=(c+\beta x_i)\rho_{PP}$	x_i 值在坐标原点 O 以右为正，以左为负
	任一桩顶剪力	$Q_i=\alpha\varphi_{HH}-\beta\rho_{HM}$ 直接承受土压力桩：$Q'_i=Q_i+Q_q$	
	任一桩顶弯矩	$M_i=\beta\rho_{MM}-a\rho_{MH}$ 直接承受土压力桩：$M'_i=M_i+M_q$	

续上表

地面或局部冲刷线处桩顶截面上的作用"力"	水平力	$H_0 = Q_i$ 直接承受土压力桩： $H'_0 = Q_i + Q_q + \left(\frac{q_1 + q_2}{2}\right) l_0$	q_1、q_2——作用于桩顶与地面处的土压力强度； M_q、Q_q——直接承受土压力的桩上端（与承台连接处）作用于承台上的弯矩和剪力，如图 P.0.7 所示，图中 M_q 和 Q_q 方向均为正值
	弯矩	$M_0 = M_i + Q_i l_0$ 直接承受土压力桩： $M'_0 = M_i + M_q + (Q_i + Q_q) l_0 + \left(\frac{2q_1 + q_2}{6}\right) l_0^2$	
M_q 和 Q_q 由联立方程式求解		$M_{l_0} = M_q + Q_q l_0 + \left(\frac{q_1}{2!} + \frac{q_2 - q_1}{3!}\right) l_0^2$ $Q_{l_0} = Q_q + \left(q_1 + \frac{q_2 - q_1}{2!}\right) l_0$ $\frac{1}{EI}\left[\frac{M_q l_0^2}{2!} + \frac{Q_q l_0^3}{3!} + \frac{q_1 l_0^4}{4!} + \frac{(q_2 - q_1) l_0^4}{5!}\right] = M_{l_0}\delta_{HM}^{(0)} + Q_{l_0}\delta_{HH}^{(0)}$ $\frac{1}{EI}\left[M_q l_0 + \frac{Q_q l_0^2}{2!} + \frac{q_1 l_0^3}{3!} + \frac{(q_2 - q_1) l_0^3}{4!}\right] = -\left[M_{l_0}\delta_{MM}^{(0)} + Q_{l_0}\delta_{MH}^{(0)}\right]$	M_{l_0}、Q_{l_0}——直接承受土压力的桩，上端视为刚性嵌固于承台内，下端视为弹性嵌固在地面处时，桩在地面处的弯矩和剪力，如图 P.0.7所示

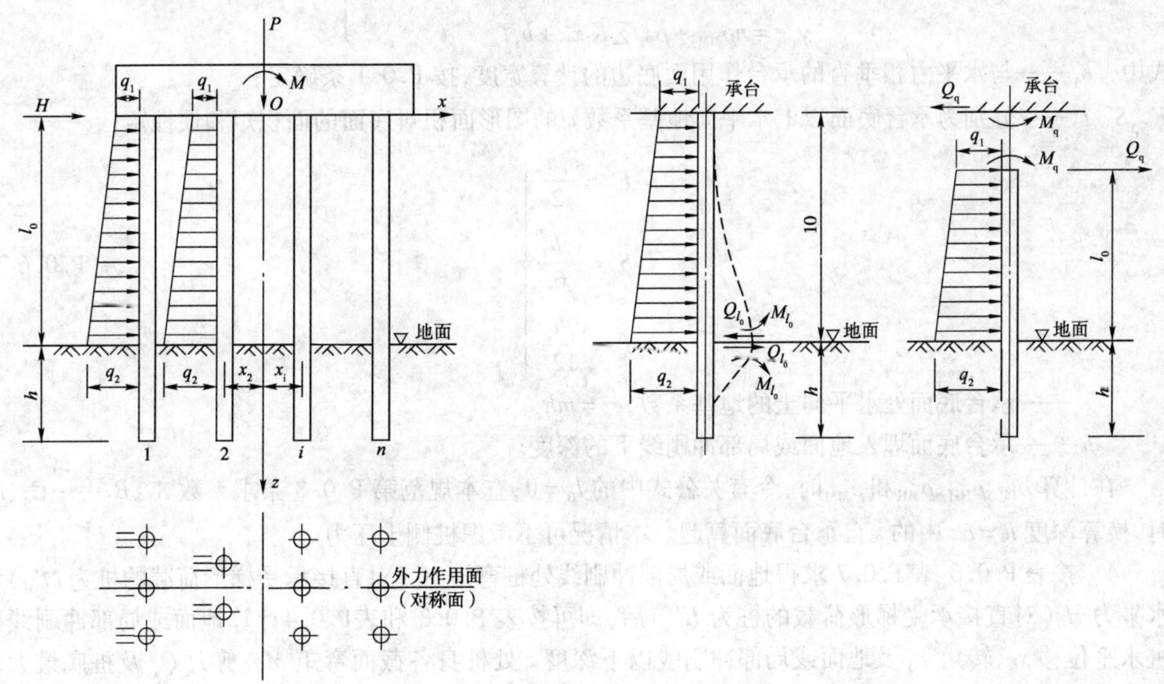

图 P.0.7　计算 M_q 和 Q_q 的示意图

表 P.0.6、表 P.0.7 的说明

1　q_1、q_2 为作用于桩上的土压力强度，可根据《公路桥涵设计通用规范》(JTG D60—2004)第 4.2.3 条确定土压力作用及其在桩上的计算宽度。

2　承台底面坐标原点 O 位置的选择。当桩布置不对称时，原点 O 可任意选择；当桩布置对称时，选择于对称轴上，如表中所示。

3　当竖直桩布置不对称时的计算公式：

1）桩侧面不受土侧压力时，承台的竖向位移 c、水平位移 a、转角 β 由下列方程式联解求得：

$$\left.\begin{aligned} c\gamma_{cc} + \beta\gamma_{c\beta} - P = 0 \\ a\gamma_{aa} + \beta\gamma_{a\beta} - H = 0 \\ a\gamma_{\beta a} + c\gamma_{\beta c} + \beta\gamma_{\beta\beta} - M = 0 \end{aligned}\right\} \tag{P.0.6-1}$$

2）桩侧面受土压力时，承台的竖向位移 c、水平位移 a、转角 β 由下列方程式联解求得：

$$\left.\begin{aligned} c\gamma_{cc} + \beta\gamma_{c\beta} - P = 0 \\ a\gamma_{aa} + \beta\gamma_{a\beta} - (H - \sum Q_q) = 0 \\ a\gamma_{\beta a} + c\gamma_{\beta c} + \beta\gamma_{\beta\beta} - (M - \sum M_q) = 0 \end{aligned}\right\} \tag{P.0.7-1}$$

式中 $\gamma_{c\beta} = \gamma_{\beta c} = \rho_{PP}\sum K_i x_i$——分别为承台绕坐标原点 O 产生单位转角时，所有桩顶对承台作用的竖向反力之和，或承台产生单位竖向位移时所有桩顶对承台作用的反弯矩之和；

x_i——坐标原点 O 至各桩轴线的距离，原点 O 以右为正，以左为负；

$\sum Q_q$、$\sum M_q$——直接承受土压力的各桩 Q_q 和 M_q 的总和。

3）当地面或局部冲刷线在承台底以上时，承台周围土视作弹性介质，此时，形常数 γ_{cc}、γ_{aa}、$\gamma_{a\beta}$、$\gamma_{c\beta}$ 和 $\gamma_{\beta\beta}$ 按下列公式计算：

$$\left.\begin{aligned} \gamma_{cc} = n\rho_{PP} \\ \gamma_{aa} = n\rho_{HH} + b_1 F^c \\ \gamma_{a\beta} = \gamma_{\beta a} = -n\rho_{HM} + b_1 S^c = -n\rho_{MH} + b_1 S^c \\ \gamma_{c\beta} = \gamma_{\beta c} = \rho_{PP}\sum K_i x_i \\ \gamma_{\beta\beta} = n\rho_{MM} + \rho_{PP}\sum K_i x_i^2 + b_1 I^c \end{aligned}\right\} \tag{P.0.6-2}$$

式中 b_1——与水平力相垂直的承台作用面底边的计算宽度，按 P.0.1 条确定；

F^c、S^c、I^c——分别为承台底面以上水平向地基系数 c 的图形面积对底面的面积矩和惯性矩；

$$\left.\begin{aligned} F^c = \frac{c_c h_c}{2} \\ S^c = \frac{c_c h_c^2}{6} \\ I^c = \frac{c_c h_c^3}{12} \end{aligned}\right\} \tag{P.0.6-3}$$

c_c——承台底面处水平向土的地基系数，$c_c = mh_c$；

h_c——承台底面埋入地面或局部冲刷线下的深度。

在计算 ρ_{PP}、ρ_{HH}、ρ_{MH} 和 ρ_{MM} 时，令有关公式中的 $l_0 = 0$；查本规范第 P.0.8 条求系数 A_1、B_1……C_4、D_4 时，换算深度 $\bar{h} = \alpha z$ 中的 z 自承台底面算起。本情况可不考虑桩侧土压力。

4 按表 P.0.6、表 P.0.7 求得地面或局部冲刷线处桩弯矩 M_0（对直接承受梯形荷载的桩为 M'_0）和水平力 H_0（对直接承受梯形荷载的桩为 H'_0）后，即可按表 P.0.3 和表P.0.4计算地面或局部冲刷线处桩水平位移 x_0、转角 φ_0 及地面或局部冲刷线以下深度 z 处桩身各截面弯矩 M_z、剪力 Q_z 及桩底最大最小压应力 p_{max} 和 p_{min}。

5 表中其他符号的意义与表 P.0.3、表 P.0.4 相同。

6 多排桩墩台顶的水平位移 Δ 按下式计算：

$$\Delta = a + \beta l + \Delta_0 \tag{P.0.6-4}$$

式中 a——承台底的水平位移；

β——承台底的转角；

l——墩台顶至承台底的距离；

Δ_0——由承台底至墩台顶面间的弹性挠曲所引起的墩台顶的水平位移。

P.0.8 本规范表 P.0.3、表 P.0.4 中，系数 A_i、B_i、C_i、D_i（$i = 1$、2、3、4）值按表 P.0.8 确定。

表 P.0.8 计算桩身作用效应无量纲系数用表

$h=\alpha z$	A_1	B_1	C_1	D_1	A_2	B_2	C_2	D_2	A_3	B_3	C_3	D_3	A_4	B_4	C_4	D_4
0	1.00000	0.00000	0.00000	0.00000	0.00000	1.00000	0.00000	0.00000	0.00000	0.00000	1.00000	0.00000	0.00000	0.00000	0.00000	1.00000
0.1	1.00000	0.10000	0.00500	0.00017	0.00000	1.00000	0.10000	0.00500	-0.00017	-0.00001	1.00000	0.10000	-0.00500	-0.00033	-0.00001	1.00000
0.2	1.00000	0.20000	0.02000	0.00133	-0.00007	1.00000	0.20000	0.02000	-0.00133	-0.00013	0.99999	0.20000	-0.02000	-0.00267	-0.00020	0.99999
0.3	0.99998	0.30000	0.04500	0.00450	-0.00034	0.99996	0.30000	0.04500	-0.00450	-0.00067	0.99994	0.30000	-0.04500	-0.00900	-0.00101	0.99992
0.4	0.99991	0.39999	0.08000	0.01067	-0.00107	0.99983	0.39998	0.08000	-0.01067	-0.00213	0.99974	0.39998	-0.08000	-0.02133	-0.00320	0.99966
0.5	0.99974	0.49996	0.12500	0.02083	-0.00260	0.99948	0.49994	0.12499	-0.02083	-0.00521	0.99922	0.49991	-0.12499	-0.04167	-0.00781	0.99896
0.6	0.99935	0.59987	0.17998	0.03600	-0.00540	0.99870	0.59981	0.17998	-0.03600	-0.01080	0.99806	0.59974	-0.17997	-0.07199	-0.01620	0.99741
0.7	0.99860	0.69967	0.24495	0.05716	-0.01000	0.99720	0.69951	0.24494	-0.05716	-0.02001	0.99580	0.69935	-0.24490	-0.11433	-0.03001	0.99440
0.8	0.99727	0.79927	0.31988	0.08532	-0.01707	0.99454	0.79891	0.31983	-0.08532	-0.03412	0.99181	0.79854	-0.31975	-0.17060	-0.05120	0.98908
0.9	0.99508	0.89852	0.40472	0.12146	-0.02733	0.99016	0.89779	0.40462	-0.12144	-0.05466	0.98524	0.89705	-0.40443	-0.24284	-0.08198	0.98032
1.0	0.99167	0.99722	0.49941	0.16657	-0.04167	0.98333	0.99583	0.49921	-0.16652	-0.08329	0.97501	0.99445	-0.49881	-0.33298	-0.12493	0.96667
1.1	0.98658	1.09508	0.60384	0.22163	-0.06096	0.97317	1.09262	0.60346	-0.22152	-0.12192	0.95975	1.09016	-0.60268	-0.44292	-0.18285	0.94634
1.2	0.97927	1.19171	0.71787	0.28758	-0.08632	0.95855	1.18756	0.71716	-0.28737	-0.17260	0.93783	1.18342	-0.71573	-0.57450	-0.25886	0.91712
1.3	0.96908	1.28660	0.84127	0.36536	-0.11883	0.93817	1.27990	0.84002	-0.36496	-0.23760	0.90727	1.27320	-0.83753	-0.72950	-0.35631	0.87638
1.4	0.95523	1.37910	0.97373	0.45588	-0.15973	0.91047	1.36865	0.97163	-0.45515	-0.31933	0.86573	1.35821	-0.96746	-0.90754	-0.47883	0.82102
1.5	0.93681	1.46839	1.11484	0.55997	-0.21030	0.87365	1.45259	1.11145	-0.55870	-0.42039	0.81054	1.43680	-1.10468	-1.11609	-0.63027	0.74745
1.6	0.91280	1.55346	1.26403	0.67842	-0.27194	0.82565	1.53020	1.25872	-0.67629	-0.54348	0.73859	1.50695	-1.24808	-1.35042	-0.81466	0.65156
1.7	0.88201	1.63307	1.42061	0.81193	-0.34604	0.75413	1.59963	1.41247	-0.80848	-0.69144	0.64637	1.56621	-1.39623	-1.61340	-1.03616	0.52871
1.8	0.84313	1.70575	1.58362	0.96109	-0.43412	0.68645	1.65867	1.57150	-0.95564	-0.86715	0.52997	1.61162	-1.54728	-1.90577	-1.29909	0.37368
1.9	0.79467	1.76972	1.75090	1.12637	-0.53768	0.58967	1.70468	1.73422	-1.11796	-1.07357	0.38503	1.63969	-1.69889	-2.22745	-1.60770	0.18071
2.0	0.73502	1.82294	1.92402	1.30801	-0.65822	0.47061	1.73457	1.89872	-1.29535	-1.31361	0.20676	1.64628	-1.84818	-2.57798	-1.96620	-0.05652
2.2	0.57491	1.88709	2.27217	1.72042	-0.95616	0.15127	1.73110	2.22299	-1.69334	-1.90567	-0.27087	1.57538	-2.12481	-3.35952	-2.84858	-0.69158
2.4	0.34691	1.87450	2.60882	2.19535	-1.33889	-0.30273	1.61286	2.51874	-2.14117	-2.66329	-0.94885	1.35201	-2.33901	-4.22811	-3.97323	-1.59151
2.6	0.033146	1.75473	2.90670	2.72365	-1.81479	-0.92602	1.33485	2.74972	-2.62126	-3.59987	-1.87734	0.91679	-2.43695	-5.14023	-5.35541	-2.82106
2.8	-0.38548	1.49037	3.12843	3.28769	-2.38756	-1.175483	0.84177	2.86653	-3.10341	-4.71748	-3.10791	0.19729	-2.34558	-6.02299	-6.99007	-4.44491
3.0	-0.92809	1.03679	3.22471	3.85838	-3.05319	-2.82410	0.06837	2.80406	-3.54058	-5.99979	-4.68788	-0.89126	-1.96928	-6.76460	-8.84029	-6.51972
3.5	-2.92799	-1.27172	2.46304	4.97982	-4.98062	-6.70806	-3.58647	1.27018	-3.91921	-9.54367	-10.34040	-5.85402	1.07408	-6.78895	-13.69240	-13.82610
4.0	-5.85333	-5.94097	-0.92677	4.54780	-6.53316	-12.15810	-10.60840	-3.76647	-1.61428	-11.73066	-17.91860	-15.07550	9.24368	-0.35762	-15.61050	-23.14040

注：z 为自地面或最大冲刷线以下的深度。

附录 Q　刚性桩位移及作用效应计算方法

Q.0.1　本附录适用于 $\alpha h \leqslant 2.5$ 时的桩基础、沉井基础的水平位移及作用效应计算，对于支承在非岩石上基础和岩石基础上的深基础，分别采用表 Q.0.1-1 和表 Q.0.1-2 方法计算。

表 Q.0.1-1　支承在非岩石上刚性桩水平位移及作用效应计算方法

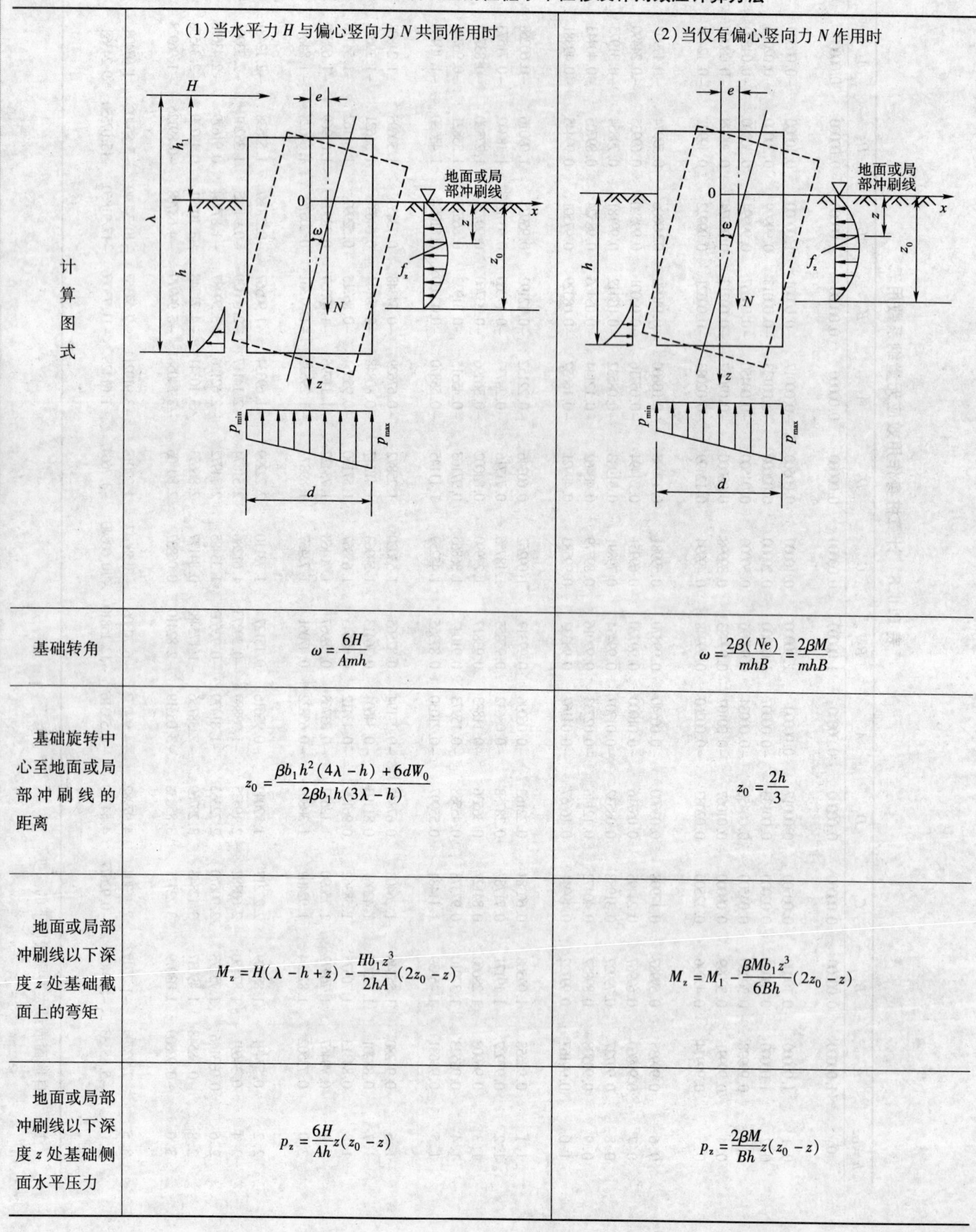

	(1)当水平力 H 与偏心竖向力 N 共同作用时	(2)当仅有偏心竖向力 N 作用时
计算图式		
基础转角	$\omega = \dfrac{6H}{Amh}$	$\omega = \dfrac{2\beta(Ne)}{mhB} = \dfrac{2\beta M}{mhB}$
基础旋转中心至地面或局部冲刷线的距离	$z_0 = \dfrac{\beta b_1 h^2(4\lambda - h) + 6dW_0}{2\beta b_1 h(3\lambda - h)}$	$z_0 = \dfrac{2h}{3}$
地面或局部冲刷线以下深度 z 处基础截面上的弯矩	$M_z = H(\lambda - h + z) - \dfrac{Hb_1 z^3}{2hA}(2z_0 - z)$	$M_z = M_1 - \dfrac{\beta M b_1 z^3}{6Bh}(2z_0 - z)$
地面或局部冲刷线以下深度 z 处基础侧面水平压力	$p_z = \dfrac{6H}{Ah}z(z_0 - z)$	$p_z = \dfrac{2\beta M}{Bh}z(z_0 - z)$

基础底面的竖向压力	$p_{\substack{max\\min}}=\frac{N}{A_0}\pm\frac{3dH}{A\beta}$	$p_{\substack{max\\min}}=\frac{N}{A_0}\pm\frac{dM}{B}$
表内系数	$A=\frac{\beta b_1 h^3+18dW_0}{2\beta(3\lambda-h)}$；$B=\frac{1}{18}\beta b_1 h^3+d\cdot W_0$；$\beta=\frac{mh}{c_0}=\frac{mh}{m_0 h}=\frac{m}{m_0}$；$\lambda=\frac{\sum M}{H}$	

注：β——深度 h 处基础侧面的地基系数与基础底面土的地基系数之比，当基础底面置于非岩石类土上时，m、m_0 按本规范附录P表P.0.2-1查取；当置于岩石上时，C_0 按表P.0.2-2查取；

$\lambda=(\sum M)/H$——地面或局部冲刷线以上所有水平力和竖向力对基础底面重心总弯矩与水平力合力之比；

d——水平力作用面（垂直于水平力作用方向）的基础直径或宽度；

W_0——基础底面的边缘弹性抵抗矩；

b_1——基础的计算宽度，见本规范附录P第P.0.1条；

A_0——基础底面积；

N——基础底面处竖向力标准值（包括基础自重）；

e——基础底面处竖向力偏心距；

M——基础底面处竖向力偏心弯矩标准值；

N_1——基础 z 深度截面处的竖向力（包括 z 以上基础自重）；

M_1——由竖向力 N_1（包括 z 以上基础自重）在基础 z 深度截面处产生的偏心弯矩，$M_1=N_1e_1$，e_1 为深度 z 处的 N_1 偏心距；当基础形状对称时，$M_1=N_1e$。

表Q.0.1-2　支承在岩石上刚性桩水平位移及作用效应计算方法

	(1)当水平力 H 与偏心竖向力 N 共同作用时	(2)当仅有偏心竖向力 N 作用时
计算图式	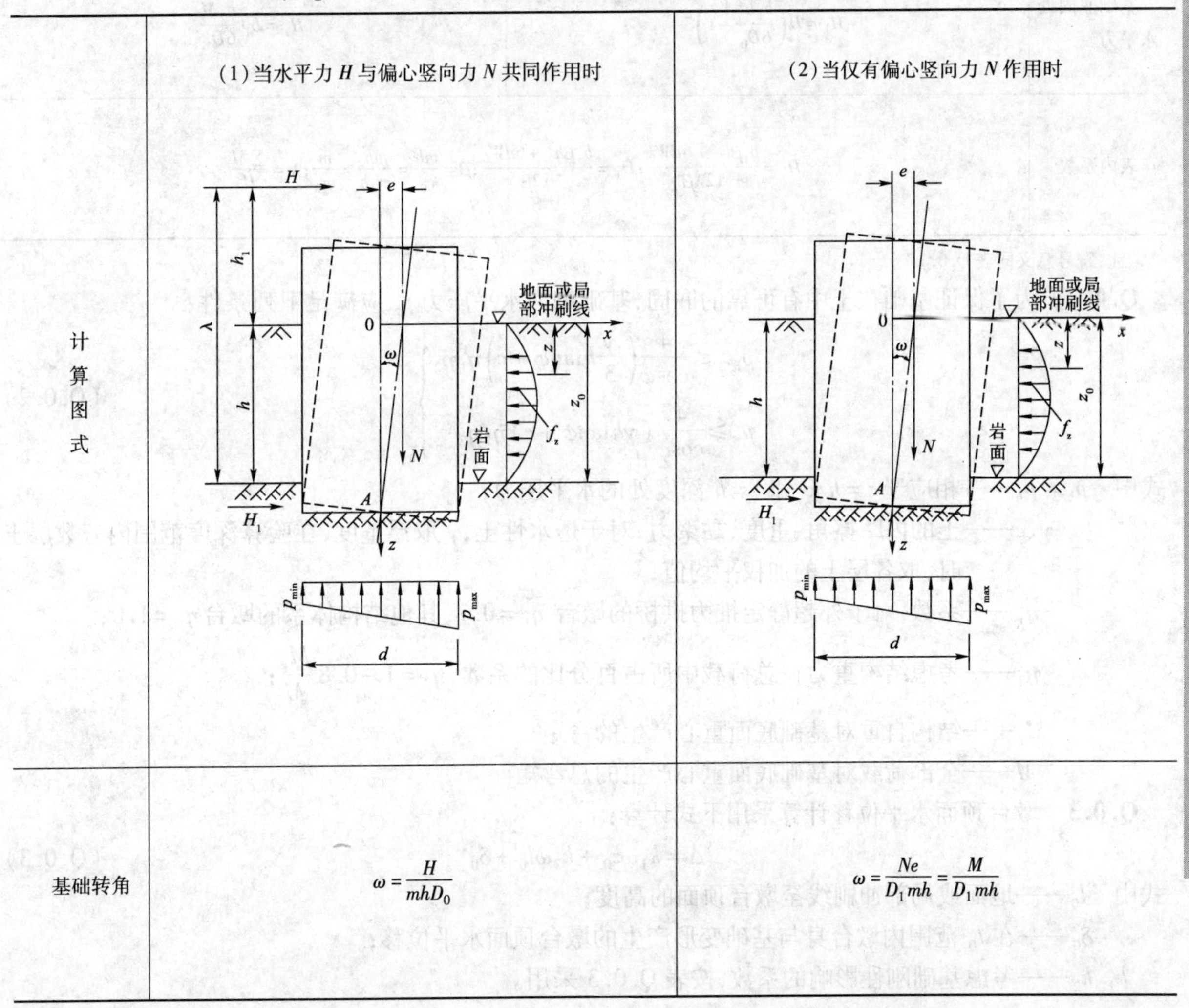	
基础转角	$\omega=\frac{H}{mhD_0}$	$\omega=\frac{Ne}{D_1mh}=\frac{M}{D_1mh}$

续上表

基础旋转中心至地面或局部冲刷线的距离	$z_0 = h$	$z_0 = h$
地面或局部冲刷线以下深度 z 处基础截面上的弯矩	$M_z = H(\lambda - h + z) - \dfrac{z^3 b_1 H}{12D_0 h}(2h - z)$	$M_z = M_1 - \dfrac{z^3 b_1 M}{12D_1 h}(2h - z)$
地面或局部冲刷线以下深度 z 处基础侧面水平压力	$p_z = (h - z)z\dfrac{H}{D_0 h}$	$p_z = (h - z)z\dfrac{M}{D_1 h}$
基础底的竖直压力	$p_{\substack{\max\\\min}} = \dfrac{N}{A_0} \pm \dfrac{dH}{2\beta D_0}$	$p_{\substack{\max\\\min}} = \dfrac{N}{A_0} \pm \dfrac{dM}{2\beta D_1}$
基础嵌固处水平力	$H_1 = H\left(\dfrac{b_1 h^2}{6D_0} - 1\right)$	$H_1 = b_1\dfrac{h_2 M}{6D_1}$
表内系数	$D_0 = \dfrac{b_1\beta h^3 + 6dW_0}{12\lambda\beta}$；$D_1 = \dfrac{b_1\beta h^3 + 6dW_0}{12\beta}$；$\beta = \dfrac{mh}{c_0} = \dfrac{mh}{m_0 h} = \dfrac{m}{m_0}$；$\lambda = \dfrac{\sum M}{H}$	

注：符号意义同表 Q.0.1-1。

Q.0.2 为了保证基础在土中有可靠的嵌固，基础侧面水平压力 p_z 应满足下列条件：

$$\left.\begin{aligned} p_{h/3} &\leqslant \frac{4}{\cos\varphi}\left(\frac{\gamma}{3}h\tan\varphi + c\right)\eta_1\eta_2 \\ p_h &\geqslant \frac{4}{\cos\varphi}(\gamma h\tan\varphi + c)\eta_1\eta_2 \end{aligned}\right\} \tag{Q.0.2}$$

式中 $p_{h/3}$、p_h——相应于 $z = h/3$ 和 $z = h$ 深度处的水平压力；

φ、γ、c——土的内摩擦角、重度、黏聚力；对于透水性土，γ 取浮重度，在验算深度范围内有数层土时，取各层土的加权平均值；

η_1——系数，对于外超静定推力拱桥的墩台 $\eta_1 = 0.7$，其他结构体系的墩台 $\eta_1 = 1.0$；

η_2——考虑结构重力在总荷载中所占百分比的系数，$\eta_2 = 1 - 0.8\dfrac{M_g}{M}$；

M_g——结构自重对基础底面重心产生的弯矩；

M——全部荷载对基础底面重心产生的总弯矩。

Q.0.3 墩台顶面水平位移计算采用下式计算：

$$\Delta = k_1\omega z_0 + k_2\omega l_0 + \delta_0 \tag{Q.0.3}$$

式中 l_0——地面或局部冲刷线至墩台顶面的高度；

δ_0——在 l_0 范围内墩台身与基础变形产生的墩台顶面水平位移；

k_1、k_2——考虑基础刚性影响的系数，按表 Q.0.3 采用。

表 Q.0.3　k_1、k_2　系数

换算深度 $\bar{h}=\alpha h$	系数	λ/h				
		1	2	3	5	∞
1.6	k_1	1.0	1.0	1.0	1.0	1.0
	k_2	1.0	1.1	1.1	1.1	1.1
1.8	k_1	1.0	1.1	1.1	1.1	1.1
	k_2	1.1	1.2	1.2	1.2	1.3
2.0	k_1	1.1	1.1	1.1	1.1	1.2
	k_2	1.2	1.3	1.4	1.4	1.4
2.2	k_1	1.1	1.2	1.2	1.2	1.2
	k_2	1.2	1.5	1.6	1.6	1.7
2.4	k_1	1.1	1.2	1.3	1.3	1.3
	k_2	1.3	1.8	1.9	1.9	2.0
2.5	k_1	1.2	1.3	1.4	1.4	1.4
	k_2	1.4	1.9	2.1	2.2	2.3

注：1. $\alpha h<1.6$，$k_1=k_2=1.0$。

2. 当仅有偏心竖向力作用时，$\lambda/h\to\infty$。

附录 R　群桩作为整体基础的计算

R.0.1　群桩(摩擦桩)作为整体基础时,桩基可视为如图 R.0.1 中的 *acde* 范围内的实体基础,按下式计算:

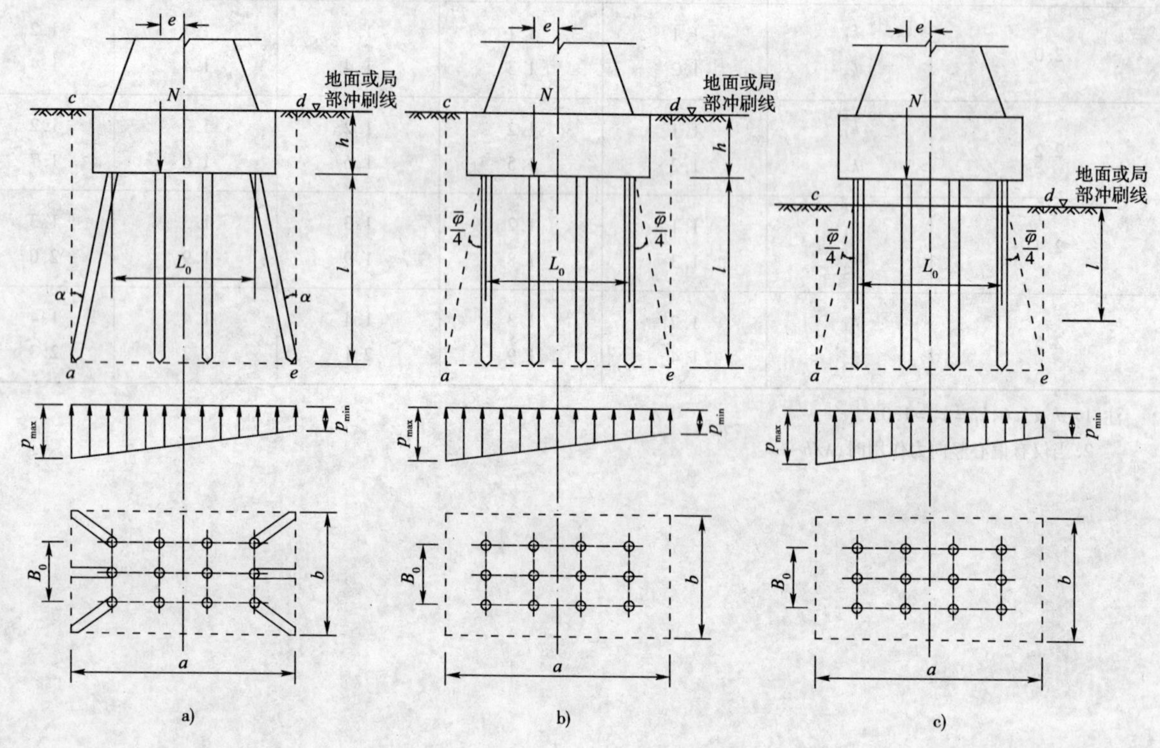

图 R.0.1　群桩作为整体基础计算示意图

1　当轴心受压时:

$$p=\overline{\gamma}l+\gamma h+\frac{BL\gamma h}{A}+\frac{N}{A}\leqslant[f_a] \qquad (R.0.1\text{-}1)$$

2　当偏心受压时,除满足第 1 款外,尚应满足下列条件:

$$p_{max}=\overline{\gamma}l+\gamma h-\frac{BL\gamma h}{A}+\frac{N}{A}\left(1+\frac{eA}{W}\right)\leqslant\gamma_R[f_a] \qquad (R.0.1\text{-}2)$$

$$A=a\times b \qquad (R.0.1\text{-}3)$$

当桩的斜度 $\alpha\leqslant\frac{\varphi}{4}$(图 R.0.1)时:

$$a=L_0+d+2l\tan\frac{\overline{\varphi}}{4} \qquad (R.0.1\text{-}4)$$

$$b=B_0+d+2l\tan\frac{\overline{\varphi}}{4} \qquad (R.0.1\text{-}5)$$

当桩的斜度 $\alpha>\frac{\varphi}{4}$时:

$$a=L_0+d+2l\tan\alpha \qquad (R.0.1\text{-}6)$$

$$b=B_0+d+2l\tan\alpha \qquad (R.0.1\text{-}7)$$

$$\overline{\varphi}=\frac{\varphi_1l_1+\varphi_2l_2+\cdots+\varphi_nl_n}{l} \qquad (R.0.1\text{-}8)$$

式中 p、p_{max}——桩端平面处的平均压应力、最大压应力(kPa);

$\overline{\gamma}$——承台底面包括桩的重力在内至桩端平面土的平均重度(kN/m^3);

l——桩的深度(m),见图 R.0.1;

γ——承台底面以上土的重度(kN/m^3);

L——承台长度(m);

B——承台宽度(m);

N——作用于承台底面合力的竖向分力(kN);

A——假想的实体基础在桩端平面处的计算面积;

a、b——假想的实体基础在桩端平面处的计算宽度和长度(m);

L_0——外围桩中心围成矩形轮廓的长度(m);

B_0——外围桩中心围成矩形轮廓的宽度(m);

d——桩的直径(m);

W——假想的实体基础在桩端平面处的截面抵抗矩(m^3);

e——作用于承台底面合力的竖向分力对桩端平面处计算面积重心轴的偏心距(m);

$\overline{\varphi}$——基桩所穿过土层的平均土内摩擦角;

$\varphi_1 l_1$、$\varphi_2 l_2$、…、$\varphi_n l_n$——各层土的内摩擦角与相应土层厚度的乘积;

$[f_a]$——修正后桩端平面处土的承载力容许值(kPa),按本规范第 3.3.4 条、第 3.3.5 条规定采用,并应按本规范第 3.3.6 条予以提高;

γ_R——抗力系数,见本规范第 3.3.6 条。

附录S　直线形地下连续墙支护结构计算

S.0.1　直线形地下连续墙支护结构采用竖向弹性地基梁法计算时，墙体的内力和变形可采用杆系有限元法计算，其计算图式见图S.0.1。

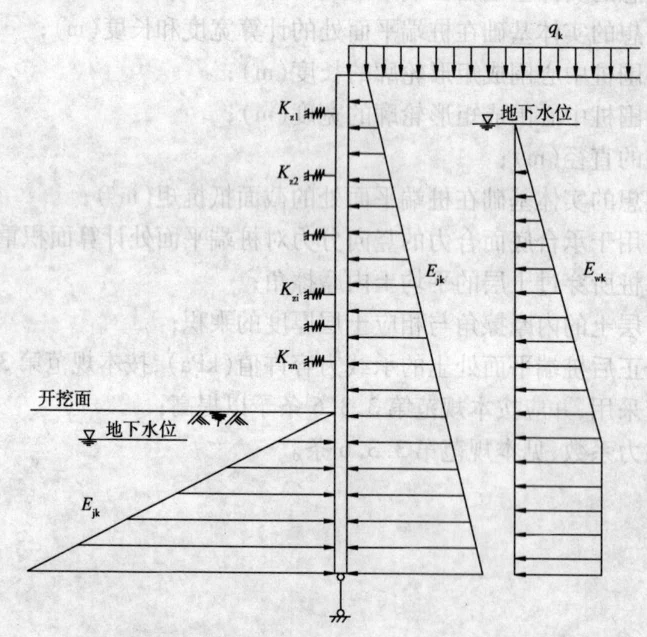

图S.0.1　直线形地下连续墙支护结构的计算图式

注：K_{z1}、K_{z2}、…、K_{zi}、…、K_{zn}——撑杆、水平支架、土层锚杆或锚索等支承的弹性系数；

q_k——作用在地面上的竖向均布荷载(kPa)；

E_{jk}——墙侧水平土压力强度(kPa)，按本规范式(7.2.11-1)计算；

E_{wk}——采用水土分算时，墙侧水压力强度(kPa)，水压力可按静水压力计算，有经验时，也可考虑渗流作用对水压力的影响。

附录 T　圆形地下连续墙支护结构计算

T.0.1　圆形地下连续墙支护结构采用竖向弹性地基梁法计算时，墙体的内力和变形可采用杆系有限元法计算，其计算简图如图 T.0.1 所示。

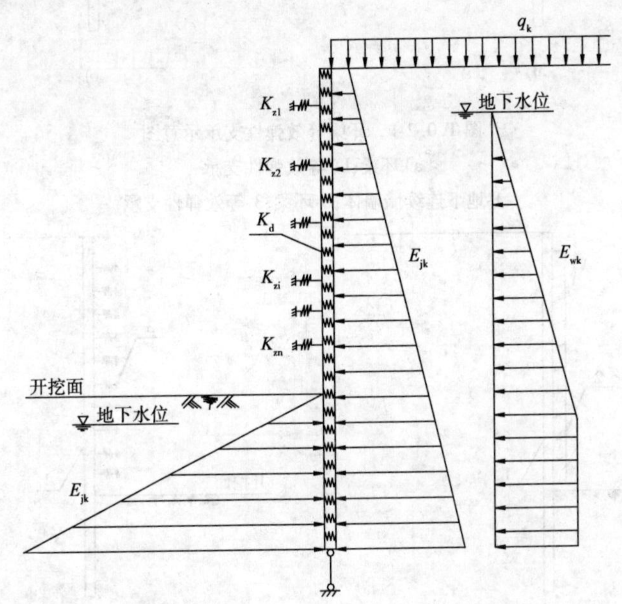

图 T.0.1　圆形地下连续墙支护结构的计算图式

注：K_{z1}、K_{z2}、…、K_{zi}、…、K_{zn}——环梁或内衬等支承的弹性系数，按式(T.0.2)计算；

K_d——墙体沿深度方向的等效分布弹性系数，按式(T.0.3)计算；

q_k——作用在地面上的竖向均布荷载(kPa)；

E_{jk}——墙侧水平土压力强度(kPa)，按本规范式(7.2.11-1)计算；

E_{wk}——采用水土分算时，墙侧水压力强度(kPa)，水压力可按静水压力计算，有经验时，也可考虑渗流作用对水压力的影响。

T.0.2　当圆形地下连续墙支护结构利用环梁或内衬作支承时，可将环梁或内衬的作用以等效弹性支承来替代，如图 T.0.2-1、图 T.0.2-2 所示。单位宽度墙体上的环梁或内衬的等效弹性系数可按下式计算：

$$K_z = \frac{E_z A_z}{R_z^2} \tag{T.0.2}$$

式中　K_z——环梁或内衬的等效弹性系数(kN/m)；

E_z——环梁或内衬材料的弹性模量(kN/m²)；

A_z——一道环梁或内衬的有效截面面积(m²)，应考虑施工偏差的影响；

R_z——环梁或内衬截面中心线半径(m)。

T.0.3　圆形地下连续墙墙体的环向效应可采用沿深度分布的弹性支承来替代，如图 T.0.1 所示。单位宽度地下连续墙墙体的等效分布弹性系数可按下式计算：

$$K_d = \alpha \frac{Ed}{R_0^2} \tag{T.0.3}$$

式中　K_d——地下连续墙墙体的等效分布弹性系数(kN/m²)；

E——地下连续墙墙体材料的弹性模量(kN/m²)；

d——地下连续墙墙体有效厚度(m)，应考虑施工偏差的影响；

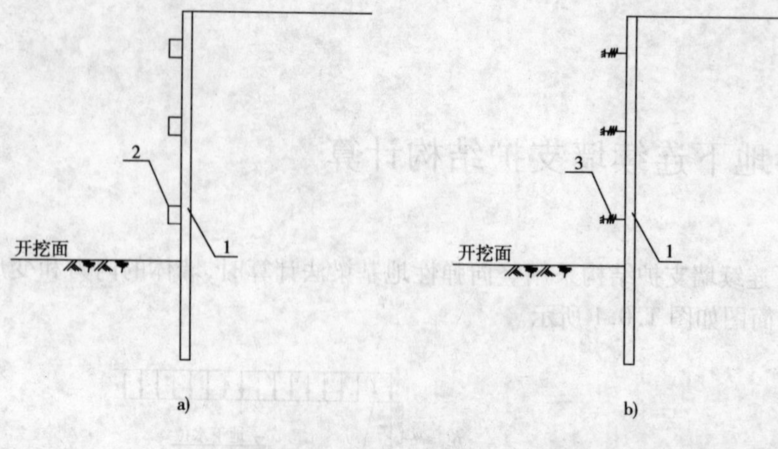

图 T.0.2-1　环梁等效弹性支承示意图

a) 环梁；b) 等效弹性支承

1-地下连续墙墙体；2-环梁；3-等效弹性支承

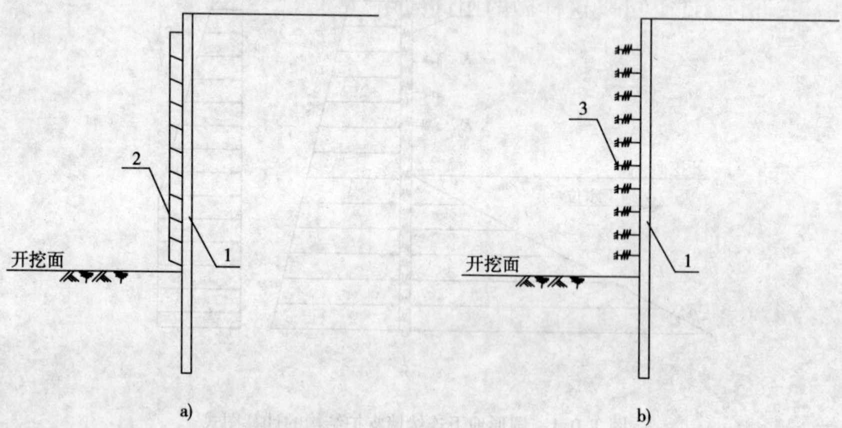

图 T.0.2-2　内衬等效弹性支承示意图

a) 内衬；b) 等效弹性支承

1-地下连续墙墙体；2-内衬；3-等效弹性支承

R_0——地下连续墙墙体中心线半径(m)；

α——修正系数，应根据工程具体情况研究采用，当缺乏实践经验时，可取 $\alpha = 0.4 \sim 0.7$，当 R_0 较大，或槽段数较多时取小值。

本规范用词说明

为便于在执行本规范条文时区别对待，对于要求严格程度不同的用词说明如下：

1　表示很严格，非这样做不可的用词：

正面词采用“必须”，反面词采用“严禁”。

2　表示严格，在正常情况下均应这样做的用词：

正面词采用“应”，反面词采用“不应”或“不得”。

3　表示允许稍有选择，在条件许可时首先应这样做的用词：

正面词采用“宜”，反面词采用“不宜”。

表示有选择，在一定条件下可以这样做的用词采用“可”。

《公路桥涵地基与基础设计规范》

（JTG D63—2007）

条 文 说 明

1 总则

1.0.1 本规范是对原规范《公路桥涵地基与基础设计规范》(JTJ 024—85)(简称原规范)进行修订而成。在修订期间通过总结设计和实践经验以及吸取国内外研究成果,对原规范作出了多项修改和补充,使其更趋于符合本条提出的要求。

首先,引入公路桥涵设计的极限状态原则。根据地基的变形性质,明确将地基设计定位于正常使用极限状态,相应的作用采用短期效应组合或长期效应组合。地基承载力计算时,承载力的选取以不使地基中出现长期塑性变形,同时考虑相应于承载力的地基变形与结构构件的变形具有不同的功能,作用不采用构件变形计算的短期效应频遇值组合,而取用短期效应标准值组合(令频遇值系数等于1)。基础沉降计算时,则考虑不仅结构自重对沉降有影响,而且在桥涵使用期内可变作用的准永久值持续时间很长,也有很大的影响,作用取用了其长期效应组合,摒弃了原规范按结构自重计算的规定。基础结构与结构构件一样也应进行两类极限状态设计:基础结构承载力和稳定性按承载能力极限状态设计;裂缝宽度等按正常使用极限状态设计。

其次,在规范的主要内容上也作了一些必要的改进。例如有关地基承载力方面,修改了地基土的分类及工程特性的有关规定;地基承载力的容许值及其他相关参数,强调首先应由载荷试验或其他原位测试确定,并给出若干有关试验方法,但规范仍部分保留经局部修正的原规范各项表列数据,并规定仅供测试确有困难且跨径不大的中小桥和涵洞设计应用;又例如有关计算或计算公式方面,修改了在季节性冻胀土中基底最小埋置深度的计算,分别以土的冻胀性、土的类别和环境等对冻深的影响,代替原规范单一取值1.15的冻深影响系数,上述诸多影响系数是根据近年来冻土试验场试验分析及有关调研资料综合研究得到的;增加了双向偏心受荷时基底土承载力的计算公式,同时给出岩石地基上当基础部分受压时应力重分布的计算方法;简化了原规范基础沉降计算的分层总和法,采用平均附加应力系数$\bar{\alpha}$并制成表格,使原繁琐的计算工作简单化;修改了地基土冻胀性分类;修改了季节性冻土地基和多年冻土地基基础抗冻拔稳定性计算,其中季节性冻土单位面积切向冻胀力标准值和多年冻土与基础表面单位面积冻结力标准值,以及用于计算设计冻深时影响标准冻深的多项影响系数,都是新的研究成果。在基桩计算方面有:根据多年来的施工实践经验,新增了采用后压浆技术的灌注桩承载力的计算公式;在嵌岩桩承载力计算中考虑了覆盖层土的侧阻力的作用;在桩内力计算的m法中,桩基计算宽度及地基比例系数当量m值的换算方法均得到一定程度的简化和改善。此外,已在公路桥梁上应用的地下连续墙也被列为规范内容。

1.0.3 地基土的性质极为复杂,在同一地基内土的力学指标常有很大变异,加上诸多暗藏和明露的不良地质条件,在我国土地辽阔、土质各异的情况下,地基基础的设计特别需要强调因地制宜的原则。桥梁基础是江、河、湖、海中重要而庞大的工程,需要大量的土石方和混凝土材料,且基础施工大多需进行围水或水中作业,难度和工作量较大,因此,设计人员必须切实地掌握具体工程的地质情况,合理地选择方案,避免因情况不明或方案有误而造成材料和人力资源的浪费,而这样的事故在以往的工程中时有发生。此外,基础工程与水密切相关,在设计方案中应结合实际情况,避免大挖大填,防止水资源受到污染。

桥梁基础类型一般应根据本条提出的天然和人工所具备的条件,进行合理地选择。如遇复杂情况,还可对天然条件进行局部改造,或拟定不同方案作出技术和经济等方面的比较后优选。

1.0.4 桥址处工程地质情况不但对选择基础方案和事后的设计具有重要意义,而且也往往影响桥型方案的正确选择。以往,由于地勘工作做得不够详细和深入而造成浪费甚至返工的事故并非个别例子。因此,在桥位选定以后,必须对桥址处的地质情况进行认真的勘探,对于可能布置墩台的位置,更应准确探明情况。当在桥址处存在断层或岩溶,不均匀地层内埋有局部软弱土层,以及在起伏不平或倾斜岩层的地基上修建基础时,更应特别加强工程地质的勘探工作。

1.0.5 基础结构作为桥涵的重要组成部分,与桥涵主体结构一样应进行自身承载力验算,以保证其在最不利作用效应组合下具有足够的安全度。承载力验算的内容有:受弯、受压和受剪承载力、抗冲切和局部承压承载力。有关现行规范已为这些验算提供了方法和公式。作用效应的组合应按承载能力极限状态要求采用基本组合和偶然组合。参与基本组合的各个作用是经常出现在结构上的,取其值为设计值,也即在它们的标准值基础上乘以相应的分项系数,所以基本组合就是各作用设计值在结构中引起的效应的组合;在组合中当同时出现多个可变作用效应时,尚应考虑根据可变作用数量多少而确定的组合系数。结构重要性系数采用与主体结构相同值。上述各项系数在有关规范中都有明确规定。偶然组合是由地震作用或船舶撞击荷载或汽车撞击荷载参与的组合。这些都是偶然作用于结构上的。有关地震作用的取值及组合由现行《公路工程抗震设计规范》规定,本规范的偶然组合仅指船舶撞击荷载或汽车撞击荷载参与的组合。由于偶然荷载出现的概率很小,且作用在结构上的持续时间也很短,但一旦出现其值很大,因此,进行效应组合时,两个偶然荷载不能组合在一起,永久荷载和偶然荷载均可取标准值效应,分项系数和结构重要性系数均取为1.0;其他可变作用效应视具体情况可有多个参与组合,但其值应分别取小于标准值的适当代表值,如频遇值、准永久值等,不考虑组合系数。但当这些代表值与偶然作用同时出现的概率很小或对基础结构非不利时,也可不予组合。至于结构稳定性验算,由于要利用原规范的稳定性系数,所以基本组合或偶然组合其作用取值及效应组合仍按原规范的规定采用,即结构重要性系数及作用的各项系数均取为1.0。

基础结构当需进行正常使用极限状态设计时,永久作用采用标准值,可变作用采用短期效应组合的频遇值系数和长期效应组合的准永久值系数,与主体结构相同。

1.0.6 基础结构的稳定性验算是承载能力极限状态设计的内容之一,将基础视为刚体使其保持静力平衡并具有一定的稳定性系数。平衡作用效应和不平衡作用效应可取标准值组合,作用效应组合表达式中的各项系数均取为1.0。在计算中,应考虑作用效应的最不利组合。对使结构失稳的同向、且可能同时出现的可变作用效应都应组合在内,使达到组合效应最大值;而使结构稳定的同向、但有可能不同时出现的可变作用效应,则应选用其中主导作用效应,其他可变作用效应不予组合,以使稳定作用效应达最小值。最后所得稳定性系数应满足规范的规定值。

1.0.7 结构耐久性问题影响结构的使用寿命,已引起人们的关注。基础结构的耐久性不仅受材料(如混凝土和钢筋混凝土)本身所含有害物质的影响,而且也受基础结构所处气、水、土等自然环境中常含的腐蚀性物质侵害的影响。因此,基础结构应按不同环境进行耐久性设计。其内容可参照有关现行规范。

1.0.8 与混凝土、砖石材料相比,地基土是大变形材料。地基土的变形随着其上作用的加大而增加,承载力也相应提高。但地基土的变形不能无限制地增加,地基承载力也不能达到极限值。就地基设计而言,由于建在地基上的桥梁结构出于自身变形的要求而不能适应地基土的大变形,往往是地基承载力达到真正的极限值之前,地基变形已使结构达到或超过按正常使用的限值。因此,地基设计应遵循正常使用极限状态这一原则。所选定的地基承载力为由载荷试验或其他原位测试确定的地基土压力与变形关系曲线、其线性变形段内不超过比例限界点的地基压力值,本规范称之为地基承载力容许值。

但是,地基设计与结构构件按正常使用极限状态要求的裂缝宽度和挠度等计算有所不同,后者在设计中考虑了作用长期效应的影响,一般而言,适度的裂缝和挠度等不致造成结构承载力降低,更不会招致结构破坏。而地基支撑着整个桥梁及桥梁上作用的荷载,且地基土的物理性能变异性很大,如果地基承载力不足,将可能构成对桥梁安全性的威胁。所以地基承载力验算在选用作用问题上,应有别于主体结构正常使用极限状态计算,在短期效应组合中可变作用不取频遇值而取频遇值系数等于1.0的标准值;汽车荷载要计入冲击系数;同时,也要考虑作用效应的偶然组合,但偶然荷载的分项系数可取为1.0。而桥涵主体结构的正常使用极限状态设计,汽车是不计冲击系数的。

1.0.9 计算基础沉降要考虑地基变形性质。由于地基土是大变形材料,具有长期的时间效应,因此基础沉降应按正常使用极限状态下作用长期效应组合进行计算。所谓作用长期效应组合,按照现行《公路工程结构可靠度设计统一标准》(GB/T 50283)的规定,为永久作用标准值效应与可变作用准永久值效应相组合。原规范的基础沉降是按结构自重(包括土重)作用下计算的,有意见认为这并不合理。本规范所指作用长期效应组合实为荷载长期效应组合,其中永久作用标准值仅指结构自重、土重、土侧压力、浮力标准值;可变作用准永久值仅指汽车荷载准永久值和人群荷载准永久值。可以看出,本规范在计算基础沉降的荷载取值上,比原规范增加了。但调查统计表明,本规范采用的作用效应组合,在桥梁上出现的概率较大,持续的时间较长,对基础沉降有较大影响,因而是较合理的。

2 术语、符号

本章列出了规范中一些主要术语,对在条文中已加阐明的重要术语,本章均不再重复列出。术语的解释只是术语的概括性含义,仅供引用时参考。

本章列出了规范中的主要符号,一般按现行国家标准的规定采用;现行国家标准没有规定的,则采用原规范的或习惯采用的符号。符号的文字说明只是结合规范的内容所作的注解,一个符号也可能代表几个不同的含义。

3 地基岩土分类、工程特性与地基承载力

3.1 地基岩土分类

3.1.2 岩石的分类可以分为地质分类和工程分类。地质分类主要根据其地质成因、矿物成分、结构构造和风化程度，可以用风化程度加地质名称（即岩石学名称）表达，如强风化花岗岩、微风化砂岩等。这对于工程的勘察设计是十分必要的。工程分类主要根据岩体的工程性状，使工程师建立起明确的工程特性概念。地质分类是一种基本分类。工程分类应在地质分类的基础上进行，目的是为了较好地概括其工程性质，便于进行工程评价。

3.1.3 岩石坚硬程度分类主要用于地基承载力的确定。饱和抗压强度在30MPa以上岩石的地基承载力已经不再取决于岩石的强度，本规范仍将其区分为坚硬岩和较硬岩是为了与其他规范如《岩土工程勘察规范》等相适应。对于30MPa以下的岩石地基承载力确定应更为细致，划分出极软岩十分重要，因为这类岩石不仅极软，而且常有特殊的工程性质，例如某些泥岩具有很高的膨胀性；泥质砂岩、全风化花岗岩等有很强的软化性（单轴饱和抗压强度可能为0）；有的第三纪砂岩遇水崩解，有流砂性质。对于此类遇水崩解不能进行饱和抗压强度试验的岩石，可采用定性方法确定其分级。

3.1.4 根据设计经验，对于60MPa≥f_{rk}＞30MPa的较硬岩与f_{rk}＞60MPa坚硬岩，其承载力已不受岩石强度控制，应视其为岩体并对岩石完整性进行划分以便更科学地确定其工程性质。对于破碎和极破碎的软岩和极软岩，如可取原状试样，也可用土工试验方法测定其性状和物理力学性质。当岩体完整程度为极破碎时，可不进行坚硬程度分类。

3.1.5 原规范采用岩石破碎程度和岩石坚硬程度确定岩石地基的承载力，本规范中对这一方法予以保留，供工程人员参考，并将原规范岩石破碎程度改为节理发育程度。

3.1.6 软化岩石浸水后，其承载力会显著降低，应引起重视。软化系数，即饱和试样与干燥试样的抗压强度之比。以软化系数0.75为界限，借鉴了国内外有关规范和数十年工程经验的规定。

石膏、岩盐等易溶性岩石，以及膨胀性泥岩、湿陷性砂岩等，其性质特殊，对工程有较大危害，应专门研究。

3.1.8 重型动力触探的应用已经普及，因此采用重型动力触探确定碎石土密实度。采用$N_{63.5}$可以将碎石土地基划分为四档，但是野外鉴别结果往往因人而异，而且没有客观的标准，故密实度划分只能粗一些，分为三档；所以，野外鉴别的“松散”，相当于用动力触探鉴别的“稍密”和“松散”。由于这两种鉴别方法所得结果未必一致，故勘察报告中应交待依据的是“野外鉴别” 还是“重型动力触探”。原规范提供的野外鉴定方法与《岩土工程勘察规范》略有差别，但是差别不大，因此本规范直接采用《岩土工程勘察规范》提供的方法。

3.1.9 原规范砂土分类在筛孔尺寸、颗粒含量上略有不同，但是差别不大，所以本规范中直接采用《岩土工程勘察规范》的分类方法也不会对工程单位造成太大的影响。

3.1.10 采用标准贯入实测平均锤击击数分级，原规范与《岩土工程勘察规范》有一定差别。原规范在松散中又划分稍松和极松，实用中几乎没有用到，因此本规范中不再对松散进行划分。对于标准贯入的杆长修正，有杆长修正说和杆长不修正说。我国《岩土工程勘察规范》和《建筑地基基础设计规范》（GB 50007—2002）均不修正，本规范也不修正。原规范采用Dr作为砂土地基土分类指标，实际工作中使用很少，因此本规范中不再采用。

3.1.11～3.1.14 与黏土相比，粉土在土质、工程性质方面均具有较大的差别，因此必须将粉土与黏土区分开来。采用塑性指数I_P小于还是大于10来区分粉土和黏土是国内外、各相关行业规范通用的

方法，不同的是对于液塑限的试验方法有一定的区别。对于液限，国外一般采用卡氏碟式液限仪测定，我国《岩土工程勘察规范》、《建筑地基基础设计规范》(GB 50007—2002)、《铁路桥涵地基和基础设计规范》(TB 10002.5—2005)以及原规范等均采用质量为76g的平衡锥，相应的入土深度 $h_L = 10mm$ 测定土的液限。《土的分类标准》(GBJ 145—90)则采用质量为76g的平衡锥测定土的液限，对应的入土深度 $h_L = 17mm$ 称为17mm液限，而对应的入土深度 $h_L = 10mm$ 称为10mm液限。而《公路土工试验规程》(JTJ 051—93)采用质量为100g的平衡锥，相应的入土深度 $h_L = 20mm$。对于塑限，国内大多采用76g平衡锥法测试，相应的入土深度取 $h_P = 2mm$。只有《公路土工试验规程》(JTJ 051—93)根据 w_L 测定结果按回归公式确定 h_P，然后在试验所得的锥入深度-含水量关系图中找到 h_P 相对应的含水量为 w_P。

不同的试验方法得到的结果必然有一定的差别，而各规范分别采用不同的试验方法，不利于相关行业资料和工程经验共享，更给勘察单位对土的分类和工程性质的确定带来了不便，因此有不少单位和文献指出，各规范宜采用统一的试验方法。

在各种试验方法的选择上，国家标准《岩土工程勘察规范》采用质量为76g的平衡锥，相应的入土深度 $h_L = 10mm$ 测定土的液限。另外建筑、铁路部门、原规范均采用这种方法，但是这种方法测试的结果与液限基本定义差别较其他方法更大：液限的定义是土体介于液态和可塑态时的含水量，土体在液限状态的抗剪强度是介于有和无之间。因此液限所对应的土体抗剪强度应尽可能趋于0。根据试验比对，采用碟式液限仪76g锥入土深度17mm、100g锥入土深度20mm测量处于液限状态的土体其抗剪强度均在1.9kPa左右，只有76g锥入土深度10mm的土体在5.3kPa左右。因此除76g锥入土深度10mm的方法外，其他方法均更接近液限基本定义。另一方面，采用76g锥入土深度10mm的方法所测 w_L 结果偏小，土体 I_L 计算结果偏大，使用该结果对土体的状态进行判断与原位测试结果存在更大偏差，如：采用该结果在试验室判断为流塑，而实际上现场判断可能为软塑。因此采用76g锥入土深度10mm测试液限的方法并非最理想的。正在修订的国家标准《土的分类标准》已不再使用76g锥入土深度10mm的方法。

交通行业标准《公路土工试验规程》(JTJ 051—93)采用质量为100g的平衡锥进行测定，其液限试验结果与碟式仪76g锥入土深度17mm测定结果基本一致。但是其塑限测定方法与76g锥差别较大，而且在地基勘察中很少采用该方法，其测试结果的偏差也很少有人关注，现阶段在地基土分类中采用尚不成熟。

因此，本规范认为采用76g锥入土深度17mm的方法测量地基土的液限、入土深度2mm的方法测量塑限是比较理想的选择。但是也有专家提出，本规范第3.3.3条的地基承载力表格都是基于76g锥入土深度10mm测量液限、入土深度2mm测量塑限方法得到的，因此在本规范中也应考虑采用相应的试验方法。事实上，地基承载力表格采用有限的数据得到对全国地基土承载力的推荐值，本身就不够准确，其在地基基础设计中的作用应该逐步弱化，过渡到采用原位测试和当地经验确定地基承载力。为了兼顾各地区已经积累的工程经验，本规范在条文中规定采用76g锥的试验方法进行界限含水量测试，不对入土深度进行明文规定。但是建议采用76g锥入土深度17mm的方法测量液限，为规范的进一步修订积累资料。

3.1.15 黏性土的工程性质与沉积年代有很大关系，因此保留原规范对黏性土沉积年代的划分。三种土体的主要工程性质差别在于：老黏性土为第四纪晚更新世(Q_3)及其以前沉积的黏性土，一般具有较高的强度和较低的压缩性；一般黏性土为第四纪全新世(Q_4)沉积的黏性土，是正常沉积的黏性土；新近沉积黏性土为第四纪全新世(Q_4)以后沉积的黏性土，一般为欠固结，且强度较低。

3.1.17 原规范中无软土鉴别的标准，本规范中参考交通行业标准《公路路基设计规范》相应的规定推荐软土鉴别指标。考虑到《公路路基设计规范》和本规范中都没有给出"黏质土"和"粉质土"的分类，因此在本规范中，仅采用了《公路路基设计规范》中部分鉴别指标。

3.2 工程特性指标

3.2.1 采用静力触探、动力触探、标准贯入试验等原位测试方法确定地基承载力，在我国已有成熟经验,故列入本条,并强调了必须有地区经验,即当地的对比资料。同时还应注意结合室内试验成果进行综合分析,不宜单独应用。

采用原位测试确定地基承载力国内已经积累了大量资料,但是各地区在应用原位测试确定地基承载力时,仍需在积累本地区经验的基础上进行。根据国内已有资料,在锤击次数范围较小时,动力触探锤击数与地基土地基承载力大多成线性关系,随着锤击次数范围增大,采用二次多项式拟合效果更好。

静力触探贯入阻力与地基土地基承载力关系大多成线性关系,故本规范对推荐动力触探锤击数与地基土地基承载力采用一次和二次多项式拟合,而静力触探贯入阻力与地基土地基承载力关系大多成线性关系采用直线方程拟合。因此采用原位测试确定地基承载力基本值应在总结当地经验的基础上进行。经验关系式可采用以下形式:

动力触探锤击数与地基承载力基本容许值的关系可采用下列形式:

$$f_{a0} = aN + b \tag{3-1}$$

或

$$f_{a0} = aN^2 + bN + c \tag{3-2}$$

式中 f_{a0}——地基承载力基本容许值(kPa);

N——经综合修正后动力触探锤击数平均值,按本规范附录 C 进行;

a、b、c——经验公式回归系数。

静力触探锤击数与地基土地基承载力容许值基本值的关系可采用下列形式:

$$f_{a0} = aq_s + b \tag{3-3}$$

$$f_{a0} = aq_c + b \tag{3-4}$$

式中 q_c——双桥探头锥头阻力;

q_s——单桥探头贯入阻力;

a、b——经验公式回归系数。

3.2.2 工程特性指标的代表值,对于地基基础的设计计算至关重要。本条明确规定了代表值的选取原则。标准值取其概率分布的0.05分位数;对于地基承载力仍采用容许值。

3.2.3 载荷试验是确定岩土承载力的主要方法,为了统一操作,将其试验要点列入了本规范附录 D、附录 E 和附录 F。

3.2.5 土的压缩性指标是结构物沉降计算的依据。为了与沉降计算的受力条件一致,本次修订时强调了施加的最大压应力应超过土的有效自重应力与预计的附加应力之和,并取与实际工程相同的压应力段计算变形参数。地基土的压缩模量按下式计算:

$$E_s = (1 + e_1)\frac{p_2 - p_1}{e_1 - e_2} \tag{3-5}$$

式中 p_1——自重压应力;

p_2——自重与预计的附加压应力之和;

e_1——p_1 压应力下,土样的孔隙比;

e_2——p_2 压应力下,土样的孔隙比。

3.3 地基承载力

3.3.1 地基设计采用正常使用极限状态,所选定的地基承载力为地基承载力容许值。这是由于土是大变形材料,当荷载增加时,随着地基变形的相应增长,地基承载力也在逐渐增大,很难界定出一个真正的"极限值";另外桥涵结构物的使用有一个功能要求,常常是地基承载力还有潜力可挖,而地基的变形却已经达到或超过按正常使用的限值,因此地基承载力应取结构物容许沉降对应的地基承受荷载的能力。

地基承载力基本容许值$[f_{a0}]$,为载荷试验地基土压力变形关系线性变形段内不超过比例界限点的地基压力值。原规范所推荐的地基容许承载力$[\sigma_0]$是根据载荷试验与土的物理力学性质指标的资料对比及国内外有关规范和实践经验综合考虑编制成的,$[\sigma_0]$的确定同时满足强度和变形两方面条件,因此可视为按正常使用极限状态确定的地基承载力。本规范修正后的地基承载力容许值$[f_a]$对应于原规范考虑地基土修正后的容许承载力$[\sigma]$。

3.3.2 原规范采用地基承载力表给公路工程设计人员提供了很大帮助，随着设计水平的提高，设计中应尽可能采用载荷试验或其他原位测试取得地基承载力，但是由于桥涵基础所处环境特殊，在很多地点可能无法进行现场测试，故保留地基承载力表是必要的。

3.3.3 本条各款为各类土地基承载力基本容许值取值表。与原规范相比，本规范的部分岩土分类方法有所变化，因此部分地基承载力基本容许值表也有所调整。本规范各地基承载力表主要来源于原规范的规定，本规范将原规范相应的条文说明摘录在本条文说明中，以便于工程人员理解和查阅。

1 岩石地基

岩石地基的承载力与岩石的成因、构造、矿物成分、形成年代、裂隙发育程度和水浸湿影响等因素有关。各种因素影响程度视具体情况而异，通常主要取决于岩块强度和岩体破碎程度这两个方面。新鲜完整的岩体主要取决于岩块强度；受构造作用和风化作用的岩体，岩块强度低，破碎性增加，则其承载力不仅与强度有关，而且与破碎程度有关。因此，将岩石地基按岩石强度分类，再以岩体破碎程度分级，既明确又能反映客观实际。在使用本规范地基承载力容许值表格时应注意以下几点：

1）根据岩石强度和岩体的破碎程度确定岩石地基的承载力时，$[f_{a0}]$值是根据72份载荷试验（按比例界限作为编制表3.3.3-1的依据），并参考国内外有关规范和建筑经验定出。

2）水对岩石承载力的影响由于没有足够的试验资料，不能给出准确数值，现场遇到此种情况时，应具体研究确定。如遇易风化的岩石作为地基时，应特别注意施工后水文地质条件可能发生的变化，慎重选择$[f_{a0}]$值。必要时，应通过载荷试验确定。

3）岩体已风化成土、砂或砾石时，可按残积土或砂土类比照确定$[f_{a0}]$。但对近期风化残积的砂、砾，因尚与母岩体保持一定的联系，颗粒间具有凝结力（或胶结力），其承载力可比照相应的土类适当提高些。

4）采用岩石地基承载力表取值应注意视岩块强度、厚度、裂隙发育程度等因素适当选用表中数值。遇易软化的岩石及极软岩受水浸泡时，宜用较低值。

5）对于$f_{rk} \geqslant 30\text{MPa}$的软化岩石，其地基承载力应根据实际情况综合确定，不能直接套用表格中坚硬岩和较硬岩的数据。

2 碎石土地基

由于大部分碎石土压缩性较低，基础沉降量小，完成沉降过程较快，因此变形不是主要控制因素。影响碎石土地基承载力的因素很多，主要有颗粒大小、碎石含量、密实度、岩石成因、岩性和充填物性质等。如颗粒的粒径越大、含量越高，承载力就越大。在影响碎石土承载力的诸因素中，密实程度是个具有共性的指标。因此，根据土的名称，按密实度指标制定碎石土容许承载力$[f_{a0}]$较为合理。

原规范的表格对碎石土容许承载力主要是以载荷试验为依据。表3.3.3-2中$[f_{a0}]$值的范围是根据196份载荷试验资料中内容较全的151份经归纳、分析、对比后定出来的，取其比例界限或极限荷载的1/3为地基容许承载力。试验资料还表明，碎石与砾石的承载力很接近，而与卵石有较大差异。考虑到按粒径大小及含量，圆砾和角砾承载力较一致，故碎石与卵石之间承载力的变化应该是协调的。需要说明的是，这些试验都是地面载荷试验资料，未加宽度、深度修正。

在某些情况下，如在表3.3.3-2注1中加以说明的，应适当降低承载力。同时，为了区别老地层与较新地层的承载力，将半胶结的碎石土的承载力酌情提高10%～30%。对漂石、块石的$[f_{a0}]$值，由于缺乏试验资料未予列入，可参照卵石、碎石的承载力适当提高，具体提高幅度，应参考当地经验确定。表3.3.3-2中，“松散”一栏的数值是根据个别地区（四川德阳、甘肃白银等地）的载荷试验资料提出的。资料虽不多，但能满足一般小桥涵设计的要求，故作为一栏列出数值。对于原规范的“中密”～“松散”之间的地基承载力不连续，通过增加的“稍密”一级使其完整。

3 砂土地基

砂土地基基本承载力表的制定是原规范依据73份载荷试验资料整理的，由于绝大部分试验没有做到极限荷载，而且还有部分资料不全，故未能得出较好的成果。但根据当时国内各地砂类土承载力经验数值，并结合之前几十年来的实践，认为表列数值基本是可行的。本次还针对其密实度分级发生变化而进行了修订。

4 粉土地基

粉土地基承载力推荐值参考了《建筑地基基础设计规范》(GBJ 7—89)和《铁路工程地质勘察规范》(TB 10012—2001)的推荐值。资料来自北京、青海、湖北、江苏、山东、浙江、天津、河北、河南、黑龙江、四川、陕西以及新疆等省、市、自治区。资料中饱和度大于90%者占36%。对于资料的统计计算,采用多种方法,既有逐步回归又有选定自变量组合的二元回归,也取单指标 e 统计分析。自变量选取有:表现土质特征的,如塑性指数 I_P、液限 w_L 等;土的密度指标,如孔隙比 e;土的状态指标,如液性指数 I_L、含水比 a_w;此外,含水量 w 是一个既能体现状态又能一定程度上反映饱和土的密实度的指标,也参加选取。通过分析选用天然孔隙比 e 与含水量 w 为指示指标。该式可写为:

$$[f_{a0}] = 148.6e^{-1.692} \times w^{-0.1912} \tag{3-6}$$

式中 $[f_{a0}]$——地基承载力容许值(kPa)。

复相关系数 $R=0.785$,剩余方差 $\sigma^2=0.0944$。实际建表时,考虑 σ^2 的误差,取概率为85%,对表的数值进行了调整。

5 老黏性土地基

老黏性土在试验的可能加压范围内沉降量很小,如用物理指标确定$[f_{a0}]$则很不合理,因为物理指标很难反映老黏性土的结构强度。在搜集的资料中,力学指标 φ、c 资料很不齐全,又多未注明剪切试验方法,因此无法利用,故按室内压缩模量 E_s,采用53份资料统计得到下列方程(3-7),相关系数 $R=0.52$。进而采用下式计算得到表3.3.3-5的值。

$$[f_{a0}] = 308.9 + 79E_s \tag{3-7}$$

式中 E_s——压缩模量(MPa)。

对于 $E_s < 10$MPa 的老黏性土,因缺少资料,上式不适用,可按一般黏性土考虑。

6 一般黏性土地基

对一般黏性土的容许承载力数据进行统计时,考虑了塑性指数 I_P、液限 w_L、天然含水量 w 和天然孔隙比 e 等,经过多种分组比较,最后选用液性指数和孔隙比作为制表依据。条文中表3.3.3-6是在回归方程计算值的基础上,加了深度修正值 $k_2\gamma_2 h$(其中 k_2 按本规范表3.3.4选取,$\gamma_2=15\text{kN/m}^3$,$h=1.5\text{m}$),并根据过去的经验调整了个别数值后编制成的。对 $I_L \geqslant 1$ 的各列及 $e=1.1$ 的一行,没有增加深度修正值,以减少统计中可能造成的不安全因素。

鉴于条文中表3.3.3-6的适用范围有限,即物性指标超出该范围无法使用,故又采用压缩模量 E_s 建立公式,并列于条文中的表3.3.3-6的注2作为补充。

7 新近沉积黏性土地基

新近沉积黏性土地基的容许承载力$[f_{a0}]$(表3.3.3-7),由于缺少资料,直接沿用原规范数据。

3.3.4 公式(3.3.4)是在浅基础的地基承载力计算理论的基础上建立起来的,把$[f_{a0}]$与宽度、深度修正分开,在力学概念上也比较清楚。$[f_a]$、$[f_{a0}]$均以kPa计,量纲也是统一的;k_1 和 k_2 是无量纲系数,在使用时不会搞错。

1 黏性土的宽度和深度修正

1)宽度修正系数 k_1

本规范对各种黏性土的地基承载力容许值$[f_{a0}]$均不考虑基础宽度修正,即 $k_1=0$。这是因为地基受压后,黏土和黄土地基的后期沉降量较大,基础愈宽,沉降也愈大,这对桥涵的正常运营是不利的。从荷载沉降曲线上确定$[f_{a0}]$时,大多数是根据荷载板相对下沉2%确定。宽度增加时,黏土和黄土的 $k_1=0$,可以保证基础不致产生过大的沉降。

2)深度修正系数 k_2

对于深度修正的有效深度的考虑,1971年《公路桥涵设计规范》(讨论稿)中曾规定深度修正的有效深度为$(h-2)$,1975年《公路桥涵设计规范》(试行)考虑到一般桥梁基础埋置得较深,而且一般黏性土承载力值已考虑了1.5m的深度修正,故公式中的有效深度改为$(h-3)$。同时,此公式是按浅基础概念导出的,只适用于相对埋深 $h/b \leqslant 4$ 的情况,若大于4时,应另作考虑。但根据现有国内外资料,当h/b

继续增大时，深度的影响还是存在的；当 h/b 超过 10～20 时，深度对 $[f_a]$ 就没有影响了。为安全计，相对埋深仍限制 $h/b \leqslant 4$ 较适宜。基底埋置深度一般从天然地面或一般冲刷线起算。位于挖方内的基础以及在基础两侧均有填土的基础，应视具体情况具体分析：如果挖方面积较大，原地面线至挖方高度的土体不能对基础两侧的土体可能出现的隆起破坏起到限制作用，则基底埋置深度应自开挖后地面起算；而对基础侧面有填土的情况，如果基础两侧均填土，填土的超载作用能够对基础两侧的土体可能出现的隆起破坏起到限制作用，则基底埋置深度可从填土面起算；如果仅有一侧填土，则仍应自地面起算；其他情况应具体分析，按不利情况考虑。

黏性土的深度修正系数 k_2，参照原桥规数值和国内外资料，取用低值，当 $I_1 \leqslant 0.5$ 时，$k_2 = 2.5$；当 $I_1 \geqslant 0.5$ 时，$k_2 = 1.5$。

新近沉积黏性土一般为次固结，且强度较低，取按 $k_2 = 1$。

2　粉土的宽、深修正

原规范并没有区分黏土和粉土。新规范中将其区分开来。粉土具有一定塑性，但又同时具有某些砂类土的特性，其宽度修正系数比按照黏性土取 $k_1 = 0$ 是安全的。粉土的颗粒比粉砂细，深度修正系数应比粉砂小，比照黏性土取 $k_2 = 1.5$。

3　砂土、碎石土地基的宽度、深度修正系数

砂土、碎石土地基在施工期间沉降已基本完成，后期沉降量很小，地基容许承载力不受沉降控制，所以基础宽度加大时，可提高地基的强度，应该进行宽度的修正。1975 年《公路桥涵设计规范》(试行)采用江苏省水利厅水利勘测队所提供的各类砂土资料(未分密实度)的平均 φ 值：砾砂和粗砂为 38.5°，细砂为 31.0°，粉砂为 27.0°。由于缺少碎石土的 φ 值，假定其平均值为 40.0°。

根据上述 φ 值，按日本国铁《土木构造物设计施工规范》和原联邦德国《DIN 4017》算出砂土和碎石土的 k_1 和 k_2 值，经与 1961 年《公路桥涵设计规范》(试行)稿比较后，根据经验选定。

1975 年《公路桥涵设计规范》(试行)中对中密与密实的砂土和碎石土 k_1 和 k_2 采用相同值。1985 年原规范修改时，根据工程地质手册，砂土采用上述 φ 值，相当于中密状态，对密实砂就显得偏于保守；碎石土假定 φ 值为 40°，属密实状态，对中密碎石有时显得偏高。20 世纪 70 年代铁路地基承载力研究协作组进行了比较系统的试验研究，以统计方法分别建立了 k_1 和 k_2 计算公式，并建议采用 φ 角的平均值为：砾石和粗砂为 40°；中砂为 38°；细砂为 35°；粉砂为 32°。根据此值得出 k_1 和 k_2 的统计值和建议值(详见《地基承载力试验研究文集》，中国铁道出版社，1978 年)。其特点是将中密和密实的修正系数分开了，且仅提高了密实砂土和碎石土的 k_1 和 k_2 值。由下表可以看出，本规范的系数取值在理论和试验上都是偏于安全的。

各规范承载力修正系数见表 3-1。

表 3-1　各规范承载力修正系数

土名	系数	日本国铁《土木构造物设计施工规范》	原联邦德国《DIN 4017》	1975 年《公路桥涵设计规范》(试行)	试验统计值(安全系数取 3)			本规范采用值		
				(中密、密实)	松散	中密	密实	松散	中密	密实
卵石	k_1	15	7.8	4	4.5	7.5	10.6	1.5	3	4
	k_2	114.0	119.5	10	5.3	7.7	10.1	3	6	10
砾砂 粗砂	k_1	6.4	6.3	3			6.81	1.5	3	4
	k_2	17.0	15.2	5			24.3	2.5	5	6
中砂	k_1	2.6	4.3	2			4.78	1	2	3
	k_2	9.0	11.4	4			18.4	2	4	5.5
细砂	k_1	1.0	2.5	1.5			2.84	0.75	1.5	2
	k_2	3.3	7.5	3			12.5	1.5	3	4
粉砂	k_1	0.6	1.5	1.0			1.77	0.5	1	1.2
	k_2	2.2	5.5	2			8.77	1	2	2.5

注：碎石、圆砾、角砾因资料少未列入表中。

4　岩石地基的承载力，原则上是可以进行宽深修正的。但如何修正，是个较复杂的问题，目前尚缺少试验资料。建议对节理不发育和节理较发育的岩石，不作宽度和深度修正；对节理发育或很破碎的岩石，k_1 和 k_2 可参照碎石土的系数确定；对于岩体已风化成土、砂粒状者，可参照砂土和黏性土的系数选用。

5　当地基位于水位以下时，式中的重度 γ_1 和 γ_2 可按如下原则取值：γ_1 为基底持力层的重度，当持力层透水时，γ_1 取浮重度；反之，取饱和重度；若持力层难以确定是否透水时，偏于安全考虑，γ_1 取浮重度。γ_2 用于考虑作用在持力层以上土体超载对持力层地基承载力的提高，当持力层透水时，无论持力层以上土体是否透水，均受浮力作用，所以 γ_2 取浮重度；若持力层不透水，则作用在持力层上的力，不仅有持力层以上土体的颗粒重力，还有土体孔隙中水的重力，故不论基底以上土体是否透水，γ_2 均取饱和重度。饱和重度 γ_s、浮重度 γ_b 分别按下式计算：

$$\gamma_s = \frac{d_s + e}{1 + e}\gamma_w \tag{3-8}$$

$$\gamma_b = \gamma_s - \gamma_w \tag{3-9}$$

或

$$\gamma_b = \frac{d_s - 1}{1 + e}\gamma_w \tag{3-10}$$

式中　d_s——土粒相对密度；

γ_w——水的重度，一般取 $\gamma_w \approx 10\ \text{kN/m}^3$；

e——土的天然孔隙比。

6　当基础底面持力层为不透水性土时，基底不受水的浮力作用，基础四周襟边上的水重力和饱和土重力，应作为基底的超载看待。如基底持力层为透水性土，一般都受水的浮力作用，故不应考虑水重力或仅考虑土的浮重力。但对于深水基础或土层复杂者，基底持力层的透水性能难于确定，则应按荷载最不利组合决定是否考虑基底的浮力作用。

3.3.5　为了保证桥涵建筑物的安全和正常使用，软土地基的容许承载力必须同时满足稳定与变形两个方面的要求。未经处理的软土地基承载力确定方法与原规范相同，供不能进行载荷试验或原位测试以及没有其他更可靠方法的中小桥涵地基设计采用。经排水固结方法处理的软土地基承载力基本容许值应通过载荷试验或其他原位测试方法确定。而考虑了复合地基效应的软土地基处理工程，应通过载荷试验确定。

饱和软黏土的天然含水量与强度存在唯一的关系。土颗粒密度在 2.7g/cm^3 左右，因此含水量为 36% 时孔隙比接近 1.0；而当含水量为 75% 时，孔隙比约为 2.0。本规范软土的容许承载力表 3.3.5 是参考《建筑地基基础设计规范》(GBJ 7—89)确定的，对于确定小桥涵地基承载力是适用的。

从稳定条件出发，按极限荷载确定地基承载力是目前国内外广泛使用的方法。而对于软黏土又多采用内摩擦角 $\varphi = 0°$ 分析法。规范引用的公式是条形基础极限荷载公式(普朗特尔、太沙基、汉森等)。对正方形、圆形或矩形基础，其承载量因 $N_c = 5.14$，可以提高，而对于灵敏度较高的软土，C_u 值又应适当降低。结合国内大量工程实践的经验，安全系数采用 1.5 ~ 2.5 是适宜的。

3.3.6　本条规定的抗力系数 γ_R 按受荷阶段和受荷情况确定。

使用阶段地基承受的作用效应组合应按本规范第 1.0.8 条规定采用。其中作用短期效应组合是指可能同时出现，且对地基承载力不利的所有永久作用和可变作用产生的效应组合。由于这些作用的频遇值系数均取为 1.0，也即取最大值，而且各种作用组合时并未考虑同时出现的概率大小，按这样的组合计算的地基承载力必然比实际产生的承载力要大，故此，地基承载力容许值[f_a]需要乘以大于 1.0 的抗力系数；但如果作用效应组合仅包括结构自重、预加力、土重、土侧压力、汽车和人群这些直接施加于结构的荷载产生的效应，则按此计算的基底压应力分布接近于矩形，地基承载力与实际出现的也较相近，[f_a]也无需要再乘 γ_R，即令 $\gamma_R = 1.0$。作用效应偶然组合其中偶然作用是瞬时发生的，发生的概率也很小，尽管有时可能使基底产生较大的压应力，压力分布为梯形，但体现在基底一侧的最大压应力是局部的、暂时的，这种工况下的承载力容许值可乘以抗力系数 $\gamma_R = 1.25$。

施工阶段地基受荷是短暂的，与使用阶段相比，一般可取较高的抗力系数，本规范沿用原规范的数值。

4 基础计算与地基处理

4.1 基础埋置深度

4.1.1 直接设置在天然地基上的桥涵墩台基底的埋置深度，应根据地基土的性质、冻胀、受流水的冲刷情况及桥涵结构的性质等综合考虑。

3 季节性冻胀土层中埋置深度

墩台基础设置在季节冻土中时，基底最小埋深为设计冻深减去基础底面容许最大冻土层厚度。设计冻深宜尽量采用当地多年实测最大冻深平均值减去地表平均冻胀量。当缺乏上述资料时，设计冻深可采用标准冻深 z_0 乘以各项影响系数；标准冻深 z_0 采用《建筑地基基础设计规范》(GB 50007—2002)（简称《GB 50007—2002 规范》）附录 F，该规范考虑 ψ_{zs}、ψ_{zw}、ψ_{ze} 三个系数，即土的类别、土的冻胀性、环境对冻深的影响系数。除上述三个因素外，根据公路修建特点，尚应考虑地形坡向和原规范对基础圬工较河床覆盖土导热性强两个因素（ψ_{zg}、ψ_{zf}），因此共考虑五个因素。

上述五个因素中，ψ_{zs}、ψ_{ze} 取用《GB 50007—2002 规范》数据，其余主要根据黑龙江省交通科学研究所有关资料提出，其中：

土的冻胀性对冻深影响系数 ψ_{zw} 是根据冻土科学试验场做的多年试验，以及对试验数据回归分析提出的土的冻胀性对冻深影响表达式 $\psi_{zw}=0.94\exp^{-0.0175k_d}$ 计算得出，式中 k_d 为地基冻胀率（%）。

基础对冻深影响系数 ψ_{zf} 是根据冻土科学试验场做的混凝土基础不同埋置深度 $h=1.4\text{m}$、1.6m、1.8m、2.0m 试验，以及由试验数据分析提出的基础对冻深影响系数表达式 $\psi_{zf}=0.09+0.19\ln(100h)$ 得出，式中 h 为基础埋置深度(m)。

基础底面以下容许最大冻层厚度 h_{max} 是根据桥涵结构允许冻胀变形 20mm 计算不同冻胀率土的残留冻土层厚度，将此厚度作为基础底面下容许最大冻层厚度，经对土的冻胀率 k_d 与基础底面下容许最大冻层厚度 h_{max} 之间关系回归得出表达式 $h_{max}=154.3-47\ln k_d$，计算并推荐不同土的冻胀类别在基础底面下容许最大冻层厚度，见表 4-1，其中推荐值即本规范表 4.1.1-5 规定的值。

表 4-1 不同土的冻胀类别在基础底面下容许最大冻层厚度

土冻胀类别		弱冻胀	冻胀	强冻胀	特强冻胀	极强冻胀
h_{max}	计算值	$0.45z_0$	$0.33z_0$	$0.18z_0$	$0.09z_0$	$<0.09z_0$
	推荐值	$0.38z_0$	$0.28z_0$	$0.15z_0$	$0.08z_0$	0

注：1. z_0 为标准冻深，可自本规范附录 H 的 H.0.1 条查得。

2. 推荐值取计算值除以 1.2。

另外，地形坡向对冻深的影响系数 ψ_{zg} 还参考了 2001 年《冻土工程地质勘察规范》、1991 年《渠系工程抗冻设计规范》有关规定。

6、7 河流中埋置深度

非岩石河床墩台基底埋深安全值，按《公路工程水文勘测设计规范》(JTG C30—2002)（简称《JTG C30—2002 规范》）表 7.6.2 和 7.6.4 条规定设置。岩石河床的水流冲刷深度，目前没有可供计算的冲刷深度的方法，《JTG C30—2002 规范》附录 C 提供了 30 座桥的调查资料，可供参考使用。

4.1.2 桥梁除考虑安全经济外，还须考虑整体美观，应与当地的地形、环境相配合，使其各部的线形互相协调，尽可能做到美观。所以，对原规范要求基础顶面不宜高于最低水位，也不宜高于原地面标高的规定，本规范不再作此类的硬性规定，以便设计者可根据实际情况灵活应用。

4.2 地基与基础计算

4.2.1 墩台基础是桥梁的重要组成部分，基础与基底持力层必须有足够的强度和稳定性，以确保桥梁的安全。因此，在墩台设计中，应按墩台在建造时与使用期间可能同时发生的各种最不利的外力组合，对基础的稳定性和基底土的承载力加以验算，必要时还要验算基础的沉降量。

当台背填土较高且地基又较软弱时，地基因受高填土的附加压力作用，往往会超过其容许承载力，使桥台丧失稳定，故须验算由于台背高填土对桥台基底的影响。

4.2.2 基础压力的数值与分布形状，是个复杂的问题，因为地基和桥涵基础不是同一种材料，两者刚度相差很大，两者变形不能协调。桥涵基础属于刚性基础，它的抗弯刚度大，在荷载作用下，基础本身几乎不变形，因此，原来是平面的基底，沉降后仍保持平面。如基础上的荷载合力通过基底形心，则沿基底的沉降也相同，但通过现场埋土压力盒实测和理论计算，基底压力的分布形状，根据其在基础上中心荷载的大小，可分为"马鞍形"、"抛物线形"和"钟形"三种。可见，抗弯刚度很大的基础，具有"架越作用"，即在调整基底沉降使之趋于均匀的同时，也使基底压力发生了由中部向边缘转移。一般压力情况中心受压时，接触压力为马鞍形分布。当荷载较大时，位于基础边缘部分的土中产生塑性变形区，边缘应力不再增大，而中间部分继续增加，应力图形由马鞍形转为抛物线形。当荷载接近于地基的破坏荷载时，应力图形由抛物线形转变成中部突出的钟形。以上情况如图 4-1 所示。

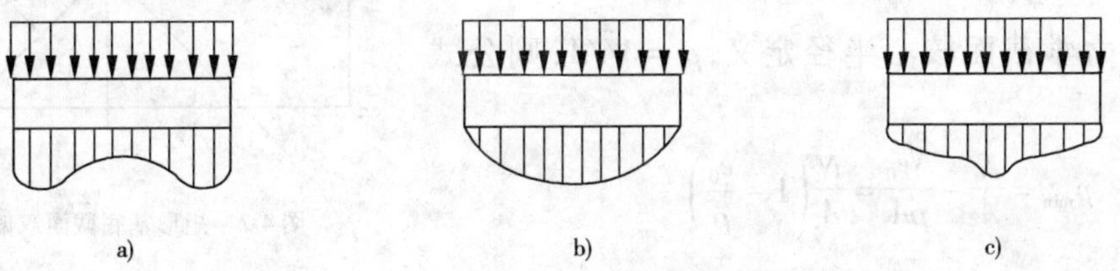

图 4-1 刚性基础基底压力分布图

a）马鞍形；b）抛物线形；c）钟形

桥涵墩台基础，一般都可视为马鞍形分布的刚性基础。这些基础，因受地基承载力的限制，荷载不会太大，加上还有一定埋深，所以在中心荷载作用下，可以认为是均匀分布；另外，根据圣维南原理，在地表以下一定深度（约 1.5 ~2.0 倍基础宽）所引起地基应力，几乎和基底荷载分布形状无关，而只与其合力大小及作用点位置有关。因此，在工程实用中把基底压力假设为直线分布，而按弹性材料力学公式进行简化计算，如本规范公式(4.2.2-1)、式(4.2.2-2)、式(4.2.2-3)所示。

4.2.3、4.2.4 基岩上的墩台基底作用合力偏心距允许超出核心半径（即 $e_0>\rho$），但其值仍不得超出本规范第 4.2.5 条的规定值。基岩上的墩台基底作用偏心距超出核心半径，将出现拉应力，地基不能承受拉应力，因此将要脱空，地基应力将重分布。单向偏心当偏心距超出核心半径后的应力重分布计算如本规范公式(4.2.3)所示。双向偏心当偏心距超出核心半径后的应力重分布，计算时的数学处理比较麻烦，需要时可以参考有关资料。本规范附录 K 参录 1962 年《铁路设计手册》的计算诺模图，可供使用；该诺模图原用于弹性材料力学的双偏心受压及压力重分布；对于地基压力验算，由于采用同一理论，同样适用。

4.2.5 偏心距的限值应考虑基底受压较为均匀，土基最大压力与最小压力不应悬殊；岩基则允许受拉后考虑压力重分布。对于矩形截面单向偏心距 $e_0\leqslant0.1\rho$（ρ 为核心半径）时，其最大压力与最小压力之比为 $p_{max}/p_{min}\leqslant1.22$；当 $e_0\leqslant0.75\rho$ 时，$p_{max}/p_{min}\leqslant7$。桥台承受台后土侧压力，偏心距远较桥墩大；但是桥台基底面积较桥墩为大，其基底最大压力较桥墩最大压力为小。所以对桥台基底制定较大的容许偏心距，既基于实际受力条件，也考虑到桥台基底压力总的说来并不很大，对地基承载力和沉降不会有较大的影响。这些规定自 20 世纪 50 年代以来一直沿用。

墩台承受作用效应组合时，其计算偏心距较仅受永久作用效应偏心距为大，且方向可变，因此相对于承受永久作用，对非岩石地基的偏心距容许值要求放宽至$[e_0]\leqslant\rho$；对于岩石地基，容许出现拉应力，但出现拉应力后，应考虑应力重分布，还须保证抗倾覆稳定。按本规范公式(4.4.1-1)，矩形截面单向偏心，当 $e_0 \leqslant \rho$、$e_0 \leqslant 1.2\rho$ 和 $e_0 \leqslant 1.5\rho$ 时，其相应抗倾覆稳定系数据原规范分别为 $k_0 \geqslant 3.0$、$k_0 \geqslant 2.5$ 和 $k_0 \geqslant 2.0$。上述按偏心距计算的相应的抗倾覆稳定系数较高于稳定验算时的抗倾覆稳定系数规定值。上面是在同一荷载条件下比较的，但实际上承载力验算在无充分把握情况下不计浮力[见《公路桥涵设计通用规范》(JTG D60—2004)第4.2.4条]，而抗倾覆稳定验算在无充分把握情况下计入浮力，可见某些情况下考虑因素不一样。

对于双偏心受压的核心半径 ρ 值或 e_0/ρ 值计算(单偏心受压为其一特例)，原规范因不考虑双偏心受压而未列入。本规范考虑双偏心受压，现推导如下：

设一矩形截面(图4-2)，轴向力作用于第一象限，其绕 x 轴的弯矩 M_x、绕 y 轴的弯矩 M_y 和斜弯矩 M 分别为：

$$M_x = Ne_y = Ne_0\sin\alpha \tag{4-1}$$

$$M_y = Ne_x = Ne_0\cos\alpha \tag{4-2}$$

$$M = Ne_0 \tag{4-3}$$

所有符号意义见图4-2。

将 x、y 轴旋转 α 角，以 x_1 为横坐标，y_1 为纵坐标，由此可得基底最小压应力为：

$$p_{\min} = \frac{N}{A} - \frac{M}{W} \tag{4-4}$$

根据材料力学截面核心半径定义，$\rho = W/A$，则公式(4-4)可写为：

$$p_{\min} = \frac{N}{A} - \frac{Ne_0}{\rho A} = \frac{N}{A}\left(1 - \frac{e_0}{\rho}\right)$$

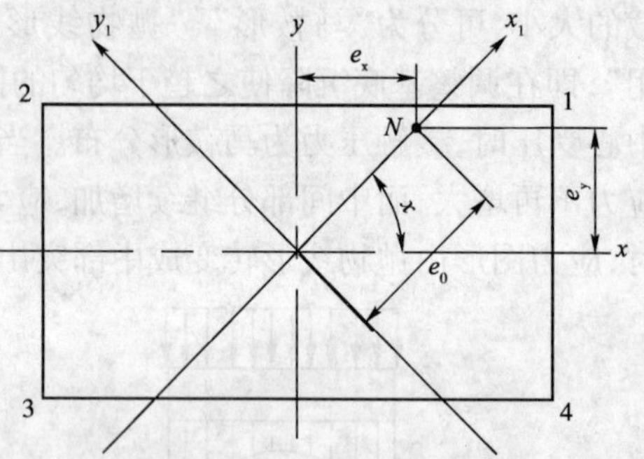

图4-2 矩形基底截面双偏心受压图

即

$$\rho = \frac{e_0}{1 - \dfrac{p_{\min}A}{N}} \tag{4-5}$$

计算 ρ 时，$p_{\min}$ 可用下式求得：

$$p_{\min} = \frac{N}{A} - \frac{Ne_0\sin\alpha}{W_x} - \frac{Ne_0\cos\alpha}{W_y} \tag{4-6}$$

式中 W_x——基底面积绕 x 轴对非偏心方向边缘的截面抵抗矩；

W_y——基底面积绕 y 轴对非偏心方向边缘的截面抵抗矩。

当 $p_{\min}$ 为负值时为拉应力，计算不考虑开裂后应力重分布，可以用负值(拉应力)代入。

对于非矩形的任意截面，以上计算式同样适用。

对于拱桥，水平推力较大，基于实际受力条件，墩台仅承受永久作用时，对于非岩石地基，本规范沿用原规范要求尽量保持在基底中线附近；当承受作用短期效应组合时，非岩石地基仍应不超过核心半径；设于非岩石和岩石地基的单向推力墩，由于其处于非使用的临时情况，偏心距可不受限制，但仍应满足地基承载力和抗倾覆、滑动稳定要求。

4.2.6 当基底或桩端以下有软弱地基或软土层时，应验算其承载力。由于作用在下卧层的附加压应力值是随其深度的增加而降低，故一般不必对所有墩台的下卧层都验算，仅基底下有湿陷性土或液性指数大于0.6的黏性土下卧层时才进行验算。基底压力梯形图形，本条近似地简化为矩形，基底压力值 p 按本条规定采用。这样的做法同样用于沉降计算。《铁路桥涵地基和基础设计规范》(TB 10002.5—2005)第3.2.1条、第5.2.1条均采用此法。随着地基的加深，附加压应力将逐步减小，基底压应力的影响也将减小，故可以简化。

桩端压应力 p 的计算，可自承台底外围桩的边缘，以与竖直线成 $\varphi/4$ 角(φ 为桩周围土的内摩擦角加权平均值)扩散至桩端的平面面积，作为承载面积计算其压应力 p。

4.2.7 见本规范附录L及其条文说明。

4.3 基础沉降计算

4.3.1 墩台基础的沉降必然引起上部结构下沉，从而影响桥下净高和伸缩装置、支座、简支梁连续桥面的使用。

一般情况下，有下列情况者，应验算墩台基底沉降：

1 两相邻跨径差别悬殊。

2 确定跨线桥或跨线渡槽下的净高时，需要预先计算其墩台沉降值。

3 当墩台建筑在地质复杂、地层不均匀及承载力较差的地基上时，应验算其沉降。

4 桥梁改建或拓宽。

4.3.3 基础的沉降，对于外静不定结构（连续梁、推力拱、刚构等）除前述第4.3.1条条文说明因素外，更重要的是会引起结构附加内力。因此，规范规定对于外静不定结构的基础，尚应考虑沉降计算值对结构内力影响。

对于墩台均匀总沉降值（不包括施工中沉降），原规范引用前苏联规定为不大于$20\sqrt{l}$，［以mm计，l为相邻墩台间最小跨径长度（以m计），当l小于25m时采用25m］。相邻墩台间均匀总沉降差，原规范规定为$10\sqrt{l}$（以mm计），当l为16m、25m、100m、144m时分别为50mm、50mm、100mm、120mm，相应形成桥面纵坡（或折角正切值）为0.31%、0.2%、0.1%、0.083%，这些折角限值，随着跨径加大而减小，其值偏小。这是前苏联1948年规范数据，显然不适用。本规范参考前苏联1984年《公路、铁路、城市道路桥涵设计规范》第1.47条规定：墩台均匀总沉降不再计入，相邻桥墩因不同沉降在纵断面上引起的附加折角不应超过0.2%。这样，使桥上的设施，如伸缩装置、连续桥面、支座能够适应（上述设施除适应不均匀沉降外，尚需适应安设以后的上部结构挠度、冲击、制动力和可能的由于弯、坡、斜引起的行车因素）。

按原规范第3.3.4条，沉降计算仅考虑结构重力和土重，即仅计恒载。现根据本规范第1.0.9条，沉降计算的荷载效应按正常使用极限状态下荷载长期效应组合，即考虑永久荷载（仅指结构自重、土侧压力及浮力）和可变荷载（仅指汽车和人群荷载）。

4.3.4～4.3.7 墩台基础的最终沉降量，采用国家标准《建筑地基基础设计规范》（GB 50007—2002）规定的计算方法。沉降计算的规范法是一种简化了的分层总和法。原规范采用分层总和法把地基土视作直线变形体，在外荷载作用下的变形只发生有限厚度z的范围内（即压缩层），将压缩层厚度分层，分别求出各分层的应力，然后用土的"应力－应变"关系式求出各分层的变形量再总和起来即为地基的最终沉降量。规范法从以下几个方面予以简化或改进。

1 分层总和法要求按$h_i \leqslant 0.4b$分层（h_i为分层厚度，b为基础宽度），计算工作量较大；规范法基本上则要求每天然土层当作一层来计算沉降量。

2 采用平均附加应力系数$\bar{\alpha}$，而不采用附加应力系数α。$\bar{\alpha}$和α均见本规范附录M。

$\bar{\alpha}$可作如下推导得出。分层总和法分层变形公式可改为［参见赵明华等《土力学地基与基础疑难释义》（中国建筑工业出版社）4.3、4.4节］：

$$\Delta_{si} = \frac{e_{1i} - e_{2i}}{1 + e_{1i}} h_i = \frac{\alpha_i (p_{2i} - p_{1i})}{1 + e_{1i}} h_i = \frac{p_{2i} - p_{1i}}{E_{si}} h_i = \frac{p_{zi}}{E_{si}} h_i \tag{4-7}$$

式中 e_{1i}、e_{2i}——地基在自重压应力p_1作用下孔隙比和自重压应力加附加压应力p_2作用下孔隙比；

h_i——分层厚度（分层总和法要求$h_i \leqslant 0.4b$）；

α_i——附加应力系数；

p_{1i}——自重压应力平均值；

p_{2i}——附加压应力平均值；

E_{si}——基底以下第i层土压缩模量，取土的自重压应力至土的自重压应力与附加压应力之和的压应力段计算；

p_{zi}——离基底以下z_i处地基自重附加压应力，$p_{zi} = \alpha_i p_0$，其中p_0为基底附加压应力。

上式中 $p_{zi}h_i$ 可以看为图 4-3a)所示阴影线部分的附加压应力面积 A_{3456}，而该压应力面积为：$A_{3456}=A_{1234}-A_{1256}$。

A_{1234} 表示 z_i 范围内竖向附加压应力 p_z 的压应力面积[图 4-3b)]。为了简便计算，规范法引入一个平均附加应力系数 $\overline{\alpha}_i=\dfrac{A_{1234}}{p_0z_i}$，按上式 $\overline{\alpha}_ip_0z_i$ 为深度 z_i 范围内竖向附加压应力 p_z 的压力面积 A_{1234} 的等代值；同理 $\overline{\alpha}_{i-1}p_0z_{i-1}$ 为深度 z_{i-1} 范围内竖向附加压应力面积 A_{1256} 的等代值[见图 4-3c)]，这样，分层总和法公式为：

$$\Delta_{si}=\frac{p_{zi}h_i}{E_{si}}=\frac{A_{3456}}{E_{si}}=\frac{A_{1234}-A_{1256}}{E_{si}}=\frac{p_0}{E_{si}}(z_i\overline{\alpha}_i-z_{i-1}\overline{\alpha}_{i-1}) \tag{4-8}$$

平均附加应力系数 $\overline{\alpha}_i$，按其意义为：

$$\overline{\alpha}=\frac{A}{pz}=\frac{\int_0^z p_z\mathrm{d}z}{p_0z}=\frac{p_0\int_0^z\alpha\mathrm{d}z}{p_0z}=\frac{\int_0^z\alpha\mathrm{d}z}{z} \tag{4-9}$$

式中 $\int_0^z\alpha\mathrm{d}z$ 为深度 z 处附加压应力面积，可采用数值积分制成表格查取。所以，本规范也称“压力面积法”。

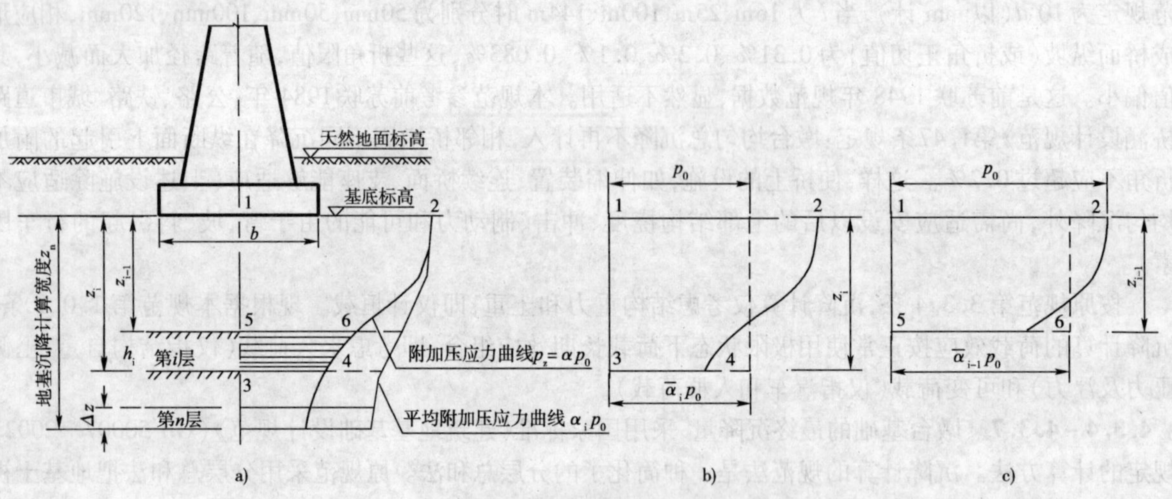

图 4-3　地基沉降计算分层示意

3　地基变形计算深度 z_n 重新作了规定。分层总和法以地基附加压应力与自重压应力之比为 0.2 或 0.1 作为控制标准(简称为压力比法)，但它没有考虑土层的构造与性质，过于强调荷载对压缩层影响，而对基础大小这一更重要因素重视不足。本规范采用相对变形作为控制标准(简称变形法)，即要求满足：

$$\Delta s'_n\leqslant 0.025\sum_{i=1}^{n}\Delta s'_i \tag{4-10}$$

式中　$\Delta s'_i$——在计算深度 z_n 范围内，第 i 层土的计算变形值；

$\Delta s'_n$——在计算深度 z_n 处向上取厚度 Δz(图 4-3)土层的计算沉降值。

Δz 见本规范表 4.3.6。

4　引入沉降经验系数 ψ_s。

上述简化措施必将引起一些偏差，再加上分层总和法本身理论上的偏差，使计算结果与实际情况有出入。大量的沉降观测资料表明：当地基土层较密实时，计算沉降值偏大；当土层较弱时，计算沉降值偏小。为此，规范引入经验系数 ψ_s 予以修正。ψ_s 从大量的工程实际沉降观测资料中，经数理统计分析得出，它综合反映了许多因素的影响，如：侧限条件的假设；计算附加压力时对地基土均质的假设与地基土层实际成层的不一致对附加压力的影响；不同压缩性的地基土沉降计算值与实测值的差异等等。因此，规范法更接近于实际。

ψ_s 见本规范表 4.3.5。ψ_s 是根据地基附加压力 p_0 及 z_n 范围内压缩模量当量值 $\overline{E}_s$ 给出的，而原规范按厚度加权平均值采用，它虽然简单，但忽略了附加压力沿深度分布的特点，因而当压缩层为多层土时与压缩层为单一层土组成时所得的$\overline{E}_s$值在计算中并不等效。因此，规范法提出按分层变形$\overline{E}_s$的加权平均方法，即：

$$\overline{E}_s=\frac{\sum A_i}{\sum \frac{A_i}{E_{si}}}=\frac{p_0\sum(z_i\overline{\alpha}_i-z_{i-1}\overline{\alpha}_{i-1})}{p_0\sum\frac{(z_i\overline{\alpha}_i-z_{i-1}\overline{\alpha}_{i-1})}{E_{si}}}=\frac{\sum(z_i\overline{\alpha}_i-z_{i-1}\overline{\alpha}_{i-1})}{\sum\frac{(z_i\overline{\alpha}_i-z_{i-1}\overline{\alpha}_{i-1})}{E_{si}}} \tag{4-11}$$

$\overline{E}_s$即压缩模量当量值。

其具体使用方法，举例如下（图4-4）：

$$\overline{E}_s=\frac{A_{0145}+A_{1256}+A_{2367}}{\frac{A_{0145}}{E_{s1}}+\frac{A_{1256}}{E_{s2}}+\frac{A_{2367}}{E_{s3}}}=\frac{493.60+1\ 722.32+52.08}{\frac{493.60}{4.5}+\frac{1\ 722.32}{5.1}+\frac{52.08}{5.0}}=5\text{MPa}$$

上式中各项含义，若用面积A代表“压力/长度”，由图4-4可得：

$$A_{0145}=A_{0145}-0=493.60\text{kPa}\cdot\text{m}(\text{kN/m})$$

$$A_{1256}=A_{0246}-A_{0145}=2215.92-493.60=1722.32\text{kPa}\cdot\text{m}(\text{kN/m})$$

$$A_{2367}=A_{0347}-A_{0246}=2268.00-2215.92=52.08\text{kPa}\cdot\text{m}(\text{kN/m})$$

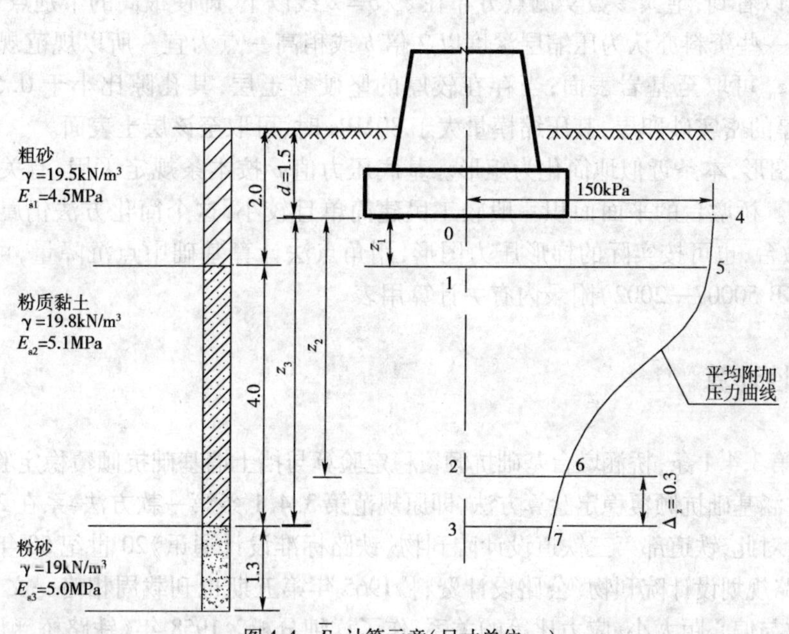

图4-4　$\overline{E}_s$计算示意（尺寸单位：m）

5　确定地基沉降计算深度z_n。

对于地基沉降计算深度（包括存在相邻荷载影响），以相对变形作为控制标准（简称变形法），即：$\Delta s'_n\leqslant 0.025\sum_{i=1}^{n}\Delta s'_i$［见本规范公式（4.3.6）］。可见，其表达形式而言，现行规范与原规范一样［原规范公式（3.3.5）］，但在$\Delta s'_n$的取值上，两者不一样。原规范第3.3.5条取地基深度z_n处，向上取计算层厚度为1m的计算变形值。这样的规定，对于不同基础宽度，其计算精度不等；用变形比法计算独立基础、条形基础时，其值偏大；但对于$b=10\sim50$m的大基础，其值却与实测值接近。为使变形比法在计算小基础时，其计算z_n值不至于过大，经反复试算，提出采用$0.3(1+1\text{n}b)$（以m计）代替采用上述1m的规定，取得较为满意的结果（简称修正变形比法），本规范表4.3.6就是根据$0.3(1+1\text{n}b)$（以m计）的关系，以更粗的分格给出向上计算层厚Δz的值。

当无相邻荷载影响，基础宽度在1～30m范围内时，确定基础中点的变形计算深度，可用本规范公式（4.3.7）。本规范公式（4.3.7）根据具有分层的19个荷载试验（面积为$0.5\sim13.5\text{m}^2$）和31个工程实测资料统计分析而得。分析结果表明，对于一定的基础宽度，地基压缩层的深度不一定随着荷载p的增加而增加。基础形状与地基土类别对压缩层深度的影响亦无显著规律；而基础大小和压缩层深度之间却有着明显的规律性的关系。

图4-5为以实测压缩层深度z_n与基础宽度b之比为纵坐标，而以b为横坐标的实测点与回归线图。

实测方程 $z_n/b=2.0-0.41\mathrm{n}b$ 为根据实测点求得的结果。为使曲线具有更高的保证率,方程式右边引入随机项 $t_a\phi_0 s$,取置信度 $1-\alpha=95\%$ 时,该随机项偏于安全地取0.5,故公式改为本规范公式(4.3.7)。

图4-5的实线之上有两条虚线。上层虚线为 $\alpha=0.05$,具有置信度95%的方程,即本规范公式(4.3.7);下层虚线为 $\alpha=0.2$,具有置信度80%的方程。为安全起见推荐前者。

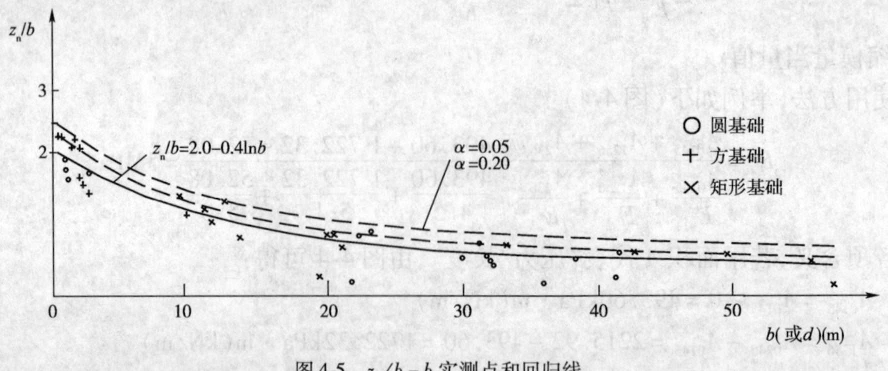

图4-5 $z_n/b-b$ 实测点和回归线

从图4-5中可以看到,绝大多数实测点分布在 $z_n/b=2$ 线以下,即使最高的个别点,也只位于 $z_n/b=2.2$ 之处。国内外一些资料亦认为压缩层深度以2倍 b 或稍高一点为宜。所以规范规定在计算深度范围内存在基岩时,z_n 可取至基岩表面;当存在较厚的坚硬黏土层,其孔隙比小于0.5、压缩模量大于50MPa,或存在较厚的密实砂卵层,其压缩模量大于80MPa时,可取至该层土表面。

6 基底压力图形,本条近似地简化为矩形。基底压力值 p 按本条规定采用,有关说明见本规范第4.2.6条条文说明。桥墩台的平面面积一般较工民建简单且较小,这个简化方法仍属可用。对某些地基情况复杂的桥墩台,也可按实际的梯形压力图形,用角点法计算基础中点沉降量,可参用《建筑地基基础设计规范》(GB 50007—2002)附录内有关计算用表。

4.4 基础稳定性计算

4.4.1 原规范第3.4.1条,桥涵墩台基础抗倾覆稳定验算与挡土墙基础抗倾覆稳定验算分别采用两种不同计算方法。桥涵基础抗倾覆稳定验算方法,即原规范第3.4.1条第一款方法,系在20世纪50年代自前苏联引入我国。对此,铁道部第三铁道设计院刊物《铁路标准设计通讯》20世纪50年代曾数期介绍和讨论;前交通部公路规划设计院刊物《公路设计资料》1965年第五期也刊载周相略一文,就这个方法的抗倾覆稳定安全系数与偏心距大小、应力比等的关系,作了详细分析。1958年《铁路桥涵设计规范》和1961年《公路桥涵设计规范》(试行)均引用此法。挡土墙用于路基结构物、房屋结构物较多的情况下,挡土墙抗倾覆稳定验算仍沿用历史上近百年来老方法,即原规范第3.4.1条第二款方法。《铁路路基设计规范》(TBJ 1—96)第10.3.4条,《建筑地基基础设计规范》(GB 50007—2002)第6.6.5条,《公路路基设计规范》(JTG D30—2004)第5.4.1条,均以此法用于挡土墙设计。此次修编本规范,不将挡土墙基础抗倾覆稳定计算方法列入,但是本条说明将就两种不同的计算方法作一比较,说明桥涵墩台基础抗倾覆稳定计算方法是可行的,并与国外规范(例如美国AASHTO规范,见后第2款)用法一致。

1 桥涵墩台基础抗倾覆稳定计算方法。

验算基底抗倾覆稳定性,旨在保证桥梁墩台不致向一侧倾倒(绕基底的某一轴转动)。建筑在岩层上的墩台是绕基底受压的最外边缘(以最外边缘为轴)而倾覆;建筑在弹性的软土上面的墩台基础,由于最大受压边缘陷入土内,此时基础的转动轴将在受压最外边缘的内侧某一线上。基底土愈弱,基础转动轴将愈接近基底中心,基础抗倾覆的稳定性就愈低。但在设计基础时,因要求基底最大压力限制在基底土的容许承载力以内,故基础的转动轴仍假定在最大受压的外边缘,如图4-6a)所示。

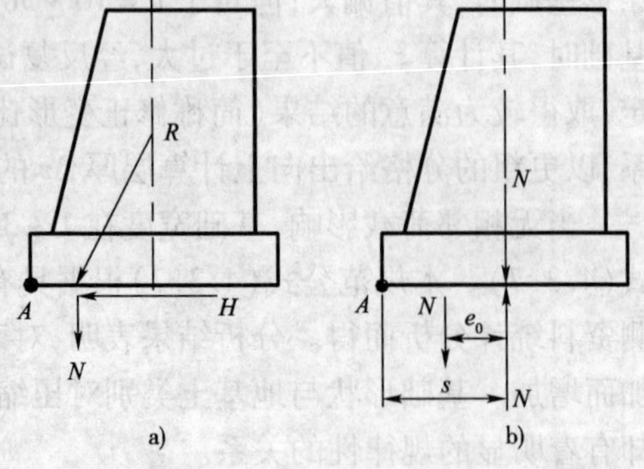

图4-6 倾覆稳定示意图

现将合力作用点移至基底，设基底底面合力分解为竖向力 N 和水平力 H，见图 4-6a)。此时 H 仅有滑动作用，N 才有倾覆作用。如将 N 移至基底重心，同时又加一对大小相等、方向相反的力偶 Ne_0，见图 4-6b)，即在基底重心作用有一个竖向力 N 和弯矩 Ne_0，其各竖向力的作用与图 4-6a) 是一致的。我们可以看到，力偶 Ne_0 绕基底最外边 A 旋转，为倾覆力矩，而竖向力 N 对 A 点的力矩则为稳定力矩。即：

$$k_0 = \frac{Ns}{Ne_0} = \frac{s}{e_0} \tag{4-12}$$

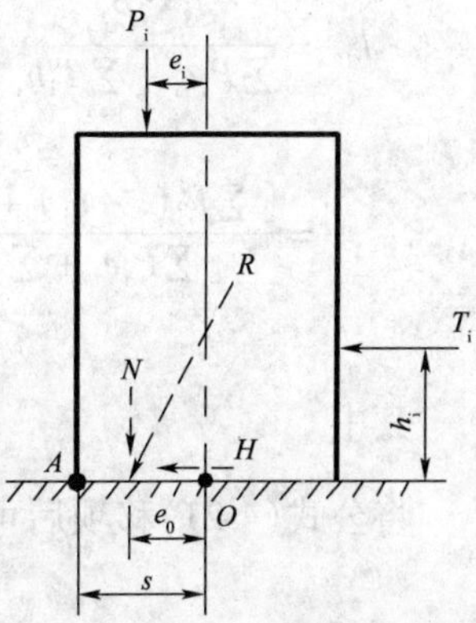

2　桥涵墩台基础抗倾覆稳定验算与挡土墙基础抗倾覆稳定验算两种方法或两种概念（以下简称第一种方法和第二种方法）比较（图 4-7）。

图 4-7　倾覆稳定验算

P_i、T_i-第 i 号竖向力、水平力；e_i、h_i-第 i 号竖向力、水平力对基底重心力臂；R-竖向力和水平力合力，其在基底偏心距为 e_0；N、H-作用于基底的合力 R 分解为竖向力 N 和水平力 H

第一种方法安全系数 k_0：

$$k_0 = \frac{M_y}{M_0} \tag{4-13}$$

式中　M_y——把全部竖向力移至基底截面重心对截面边缘的抵抗倾覆力矩；

M_0——全部外力对基底截面重心倾覆力矩。

$$M_y = s\sum P_i \tag{4-14}$$

$$M_0 = \sum P_i e_i + \sum T_i h_i \tag{4-15}$$

$$k_0 = \frac{s\sum P_i}{\sum P_i e_i + \sum T_i h_i} = \frac{s}{\dfrac{\sum P_i e_i + \sum T_i h_i}{\sum P_i}} = \frac{s}{e_0} \tag{4-16}$$

公式(4-16)即为本规范公式(4.4.1-1)。

第二方法安全系数 k'_0：

$$k'_0 = \frac{M'_y}{M'_0} \tag{4-17}$$

式中：M'_y——绕基底外缘（A 点处）倾覆轴保持结构稳定的稳定力矩；

M'_0——绕基底外缘（A 点处）倾覆轴使结构发生倾覆的倾覆力矩。

按图 4-7：

$$k'_0 = \frac{\sum P_i(s - e_i)}{\sum T_i h_i} \tag{4-18}$$

按上面两种方法计算所得抗倾覆安全系数，通常不相等。那么，什么情况下能相等呢？试令 $k_0 = k'_0$，即令公式(4-16)等于公式(4-17)。

$$\frac{s\sum P_i}{\sum P_i e_i + \sum T_i h_i} = \frac{\sum P_i(s - e_i)}{\sum T_i h_i} \tag{4-19}$$

将公式(4-19)移项整理：

$$\begin{aligned} s\sum P_i \times \sum T_i h_i &= (\sum P_i e_i + \sum T_i h_i) \times (\sum P_i s - \sum P_i e_i) \\ &= \sum P_i e_i \times \sum P_i s + \sum T_i h_i \times \sum P_i s - \sum P_i e_i \times \sum P_i e_i - \sum T_i h_i \times \sum P_i e_i \\ &= \sum P_i e_i(\sum P_i s - \sum P_i e_i - \sum T_i h_i) + \sum T_i h_i \times \sum P_i s \end{aligned}$$

得：

$$\sum P_i e_i(\sum P_i s - \sum P_i e_i - \sum T_i h_i) = 0 \tag{4-20}$$

按公式(4-20)，只有当下面两种情况，等式两边才相等。

情况 1：$\sum P_i e_i = 0$，即竖向合力是作用于截面重心。

情况 2：$\sum P_i s - \sum P_i e_i - \sum T_i h_i = 0$，即 $\sum P_i(s - e_i) = \sum T_i h_i$，即在 A 点，所有竖向力力矩总和等于所有水平力力矩总和；或者说 R 作用于 A 点。

这两种安全系数 k_0 和 k'_0 的关系推演如下：

自公式(4-16)

$$k_0=\frac{s\sum P_i}{\sum P_ie_i+\sum T_ih_i}=\frac{\sum P_i(s-e_i)+\sum P_ie_i}{\sum P_ie_i+\sum T_ih_i}$$

$$=\frac{\left[\sum P_i(s-e_i)+\sum P_ie_i\right]/\sum T_ih_i}{\left[\sum P_ie_i+\sum T_ih_i\right]/\sum T_ih_i}=\frac{\dfrac{\sum P_i(s-e_i)}{\sum T_ih_i}+\dfrac{\sum P_ie_i}{\sum T_ih_i}}{1+\dfrac{\sum P_ie_i}{\sum T_ih_i}}=\frac{k'_0+\alpha}{1+\alpha} \tag{4-21}$$

其中

$$\alpha=\frac{\sum P_ie_i}{\sum T_ih_i} \tag{4-22}$$

将公式(4-21)移项后可得 k_0 和 k'_0 两者关系式:

$$k'_0=k_0+\alpha(k_0-1) \tag{4-23}$$

自公式(4-22),当 $\alpha>0$(α 为正值),即 $\sum P_ie_i$ 与 $\sum T_ih_i$ 同方向;同时又考虑一般情况下 k_0 均大于1,从公式(4-23)可知,$k'_0>k_0$,也就是说第二种方法安全系数 k'_0 将大于第一种方法安全系数 k_0,第二种方法较为安全。

自公式(4-22),当 $\alpha<0$(α 为负值),即 $\sum P_ie_i$ 与 $\sum T_ih_i$ 反方向,从公式(4-23)可知,$k'_0<k_0$,也就是说第二种方法安全系数 k'_0 将小于第一种方法安全系数 k_0,第一种方法较为安全。

《美国公路桥梁设计规范——荷载与抗力系数设计法》(1994)(简称《AASHTO—LRFD》规范)11.6.3.3 条,对于墩台、挡土墙抗倾覆稳定,都采用上述第一种概念,但规定用偏心距限值表达,介绍如下:

对于土体上的基础,反力的合力作用位置应位于基底中央的 $b/2$ 范围内;

对于岩石上的基础,反力的合力作用位置应位于基底中央的 $3b/4$ 范围内。

上述"b"在条文中未注明,显然系为基底全宽;如图 4-8 所示,同样可以用本规范公式(4.4.1-1)计算出安全系数。

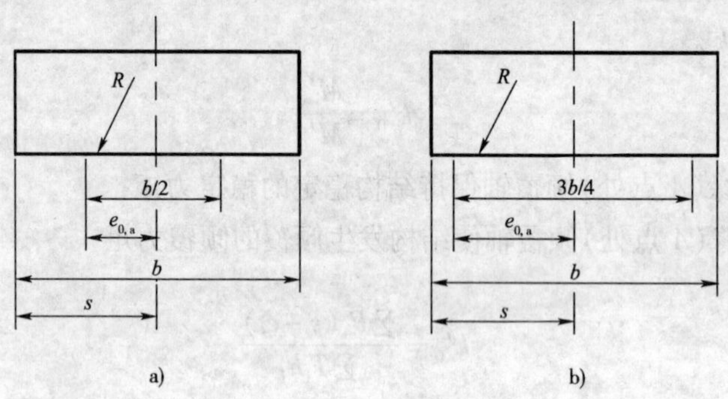

图 4-8 美国 AASHTO 规范关于基底容许偏心距范围

a)土地基;b)岩石地基

b-基底宽;R-外力合力;$e_{0,a}$-容许偏心范围;s-基底重心至偏心方向边缘距离

土基 $e_0=\dfrac{b}{4}=\dfrac{1}{4}\times2s=\dfrac{s}{2}$ $k_0=\dfrac{s}{e_0}=\dfrac{s}{s/2}=2$

岩基 $e_0=\dfrac{3}{8}b=\dfrac{3}{8}\times2s=\dfrac{3}{4}s$ $k_0=\dfrac{s}{e_0}=\dfrac{s}{3s/4}=1.33$

4.4.2 基础滑动有两种可能,一种为水平推力克服了基底面与基底土之间的摩阻力而沿基底面滑动;另一种为水平推力克服了土体内部的摩阻力使基础与持力层的一部分一起滑动。后者对桥涵墩台来说是很少出现的,因为桥涵墩台基础一般埋置深度较深,而且基底的容许压力已有一定的安全系数,这就保证了基底土不致产生局部极限平衡而达于塑性流动。故本规范规定,只验算前一种的抗滑动稳定性。抗滑动稳定系数为抗滑稳定力与滑动力之比。

摩擦系数值引自原规范表 3.4.2 并参考《铁路桥涵地基和基础设计规范》(TB 10002.5—2005)(简称《TB 10002.5—2005 规范》),按本规范第 3 章地基岩土分类确定。

关于桥涵墩台抗滑动稳定性计算式,原规范公式(3.4.2)分母 $\sum T_i$ 为水平力代数总和,正负可以相消，当两个不同方向水平力很接近时，分母趋于零，k_c 则趋于无穷大，不尽合理。所以两个或数个方向不同的水平力不能相消后求其代数和，而应将水平力之和较大的一方作为滑动力列入分母项，水平力之和较小的一方作为稳定力列入分子项，摩阻力则始终作为稳定力的一方列入分子项。例如拱桥桥台，多数拱脚水平推力大于台后土侧压力，所以拱脚水平推力应列入分母项，台后土侧压力应列入分子项，摩阻力则列入分子项与已列入分子项的台后土侧压力相加。关于拱桥桥台引道路基的台后土侧压力，宜采用主动土压力，不宜采用被动土压力。内摩擦角为30°时，被动土压力为主动土压力的9倍，只有桥台逐渐向后移动一定距离后，土体产生明显破坏棱体，被动土压力才达到计算值。此时拱圈因拱脚位移过度已彻底破坏，所以被动土压力不宜作为稳定力。尽管某些资料认为可乘以0.3的系数，其值是否可用也值得商榷，所以，本规范不作为稳定力。如要利用需慎重，即使乘以0.3系数，也为主动土压力的2.7倍。被动土压力即使达此值，拱脚位移也有一定距离，拱脚截面也将为此项位移而受损。

4.4.3 墩台基础抗倾覆和抗滑动的稳定性系数，基本上维持原规范数值。抗倾覆稳定性系数，在同样作用组合条件下，略大于抗滑动稳定性系数。这是考虑基础周边土对基础的抗滑动稳定，较之对基础的抗倾覆稳定，具有较大的稳定作用。

墩台基础抗倾覆稳定系数 k_0，与本规范第4.2.5条关于合力偏心距 e_0 有一定关系。现以矩形截面单偏心为例，说明如下：

本规范公式(4.4.1-1)，$k_0 = s/e_0$，$e_0 = s/k_0 = (b/2)/k_0$（b 为基础宽度），对于单向偏心的矩形截面，基础取单位长度，$\rho = 0.167b$（b 为基础宽度）。在不同 k_0 情况下，e_0 将如表4-2所示。

表4-2 矩形截面单偏心抗倾覆稳定系数 k_0、偏心距和 p_{max}/p_{min} 对照表

k_0	偏心距 e_0		p_{max}/p_{min}
	以 b 表示	以 ρ 表示	
1.2	$0.417b$	2.497ρ	$(3.502/-1.502)\times N/A$
1.3	$0.385b$	2.305ρ	$(3.31/-1.31)\times N/A$
1.5	$0.333b$	1.994ρ	$(2.998/-0.998)\times N/A$

注：1. p_{max} 和 p_{min} 分别为最大和最小应力，$p_{max} = N(1+6e_0/b)/A$，$p_{min} = N(1-6e_0/b)/A$，负值为拉应力。

2. N 为竖向力，A 为基底面积。

从表4-2可以看出，矩形截面单向偏心抗倾覆稳定系数等于规定限值时，相应偏心距大于本规范表4.2.5规定，说明偏心距控制设计。关于偏心距限值与抗倾覆稳定性系数的关系见第4.2.5条条文说明。

4.5 软土或软弱地基处理

4.5.1 浅基础软土或软弱地基承载力不足或沉降量大于容许沉降量时，应采取人工加固处理，这种处理后的地基也称为人工地基。

软土或软弱地基一般系指抗剪强度较低、天然含水量高、天然孔隙比大、压缩性较高、渗透性较小的淤泥、淤泥质土、冲填土、素填土、杂填土、饱和软黏土以及其他高压缩性土层。

在软土或软弱地基上修建建筑物，必须重视地基的变形和稳定问题。普通浅基础下的软土或软弱地基，容许承载力约为60~80kPa，如果不作任何处理，一般不能满足荷载对地基的要求。地基处理的方法很多，公路桥梁上较为常用的有砂砾垫层、砂桩、预压砂井。本规范按原规范所列内容，根据新近发展，作了某些改进，其他方法可参照《建筑地基处理技术规范》(JGJ 79—2002)。

4.5.2 砂砾垫层材料应就地取材，同时又要符合强度要求。垫层以中砂为主，其颗粒的不均匀系数不应小于5。可掺入一定数量的碎石(碎石粒径不应超过100mm)，既能提高强度，又易于夯实。黏土含量不应大于5%，粉土含量不应大于25%，因为这些含量过多不利排水，也不利夯实。桥涵地基基坑面积较小，机械压实难以操作。安徽省某些地区，有将4%~5%水泥掺入垫层材料的做法，以提高承载力。砂砾材料透水性强，只有在一定条件下才可用于湿陷性黄土地基。

4.5.3 原规范第5.0.3条、第5.0.4条有关砂砾垫层的规定有三个问题：其一是软土或软弱地基的承压应力图形呈钟形，假定以梯形计算，实际上软土或软弱地基上面的砂砾垫层厚达1～3m，基础不直接设于软土或软弱地基上，所以软土或软弱地基承压力接近矩形，不应作为梯形计算；其二是砂砾垫层扩散角假定为35°～45°，相当于M5级或以上砂浆砌筑的石砌体和混凝土圬工的扩散角，此值偏大，原规范条文说明中称由于承压应力图形假定为梯形，故其扩散角较一般假定为矩形时大，值得商榷；其三是缺少砂砾垫层的容许承载力。据此，本规范采用《建筑地基处理技术规范》(JGJ 79—2002)有关规定。

4.5.8、4.5.9 预压法分为加载预压法和真空预压法两类，适用于处理淤泥质土、淤泥和冲填土等饱和黏性土地基。预压法的缺点是加载预压需要大量的堆载和很长的排水固结时间，所以常在地基中打入砂井，然后进行加载预压，即砂井(加载)预压法。砂井的作用是缩短软土中的排水距离，土中水通过砂井顶部的砂垫层或排水沟排走，使软土中的孔隙水压力得以较快地消散，从而加速地基固结，地基强度迅速提高。这两条主要对砂井(加载)预压法作出规定。

4.6 湿陷性黄土地基处理

黄土(原生黄土和次生黄土的统称)在我国特别发育，地层全、厚度大，从东向西分布在黑龙江、吉林、辽宁、内蒙古、山东、河北、河南、山西、陕西、甘肃、宁夏和新疆等地，大致以昆仑山、祁连山、秦岭为界(其南很少，分布零星)。我国黄土约64万平方公里。在平坦的黄土地区，黄土有湿陷性和地裂缝；在斜坡黄土地区，黄土有黄土滑坡、黄土崩塌和黄土滑塌。所以，黄土地区的工程地质问题应予重视。原规范第5.0.8条及其条文说明，对黄土地基的处理有所规定，现根据国内有关黄土的规范和书籍，予以改写。

主要参考资料以下述前两种为主；此外，建筑部门也有规范可供参考：

1 《铁路桥涵地基和基础设计规范》(TB 10002.5—2005)；

2 《公路地基处理设计施工实用技术》(张留俊等编著，人民交通出版社，2004)；

3 《湿陷性黄土地区建筑规范》(GB 50025—2004)。

4.6.1～4.6.5 在上覆土的自重压力下，土层受水浸湿发生湿陷，称自重湿陷性土。在上覆土的自重压力下，土层受水浸湿不发生湿陷，称自重非湿陷性土。各条内容取自《铁路桥涵地基和基础设计规范》(TB 10002.5—2005)，该规范在制定时也参考了《湿陷性黄土地区建筑规范》(GB 50025—2004)。

4.6.6 本条参考《公路地基处理设计施工实用技术》第4章第2节编写。本规范主要推荐换填法(垫层法)、强夯法、灰土挤密桩法三种，这些方法较为常用；此外，振冲法(适用于饱和黄土)、高压喷射注浆法，也可用于黄土地基处理。关于黄土地基处理的设计和施工，除前述有关资料可作参考外，《建筑地基处理技术规范》(JGJ 79—2002)，也适用于黄土地基处理的设计和施工。

1 湿陷性黄土地基上的桥涵设计应注意下列事项：

1)湿陷性黄土地基可采用垫层法(换填法)、强夯法、振冲法、土或灰土挤密桩法等方法进行处理。选择地基处理方案时，应经过技术经济比较，选用加强上部结构、基础和处理地基相结合的方案。

2)湿陷性黄土地区的桥涵，宜设置在原有沟床上，并宜采用适应沉降的结构。涵洞不应采用分离式基础。

3)处理后的地基承载力应满足设计要求，且其下卧层顶面的承载力不应小于下卧层顶面的附加压力与自重压力之和。

4)处理后的地基干密度不应小于$1.6t/m^3$。

2 在湿陷性黄土地基上设置的垫层，可采用灰土垫层、素土垫层和砂砾垫层。灰土垫层应用最广；素土垫层主要用于灰土垫层下面挖出的湿土的回填处理；砂砾垫层则仅适用于地下水位较高及黄土层下卧卵砾石或岩石出露地段。灰土垫层按石灰与土以3∶7拌和，在设计与施工中应符合下列要求：

1)采用优质石灰，与土料拌和均匀，加水至最佳含水量后充分闷料。

2)灰土垫层应分层压实或夯实，分层厚度不大于150mm，按重型击实标准的压实度不小于95%。

3)灰土垫层总厚度。对于非自重湿陷性黄土地基，垫层总厚度不宜小于1.0m，并使其下面各天然土层所受的压力小于湿陷起始压力；对于自重湿陷黄土地基，垫层总厚度不宜小于2.0m，并应保证其下卧层顶面的承载力不小于下卧层顶面的总压力（附加压力与土自重压力之和）。

4)灰土垫层每边超出基础边缘外的宽度不应小于其厚度，且不宜小于1.5m。灰土垫层以下宜设置一层1.0~1.5m厚的素土垫层，其基底应夯实。

3　湿陷性黄土地基采用强夯法处理应注意以下事项：

1)强夯前应先进行试夯，试夯应按设计要求选点进行。

2)被处理的地基的天然含水量宜低于塑限含水量的1%~3%。当含水量低于10%时，宜加水至塑限含水量；当土的天然含水量大于塑限含水量3%时，宜采取措施适当降低含水量。

4　湿陷性黄土地基采用灰土挤密桩法，石灰和土的比例可取2:8~3:7。石灰宜采用新鲜消石灰，其颗粒不应大于5mm。灰土填料中的土料宜选蒙脱石、高岭石、伊利石等矿物成分的黏土，且不应含有有机物；土料pH值不宜小于7，且土颗粒不应大于15mm。

灰土桩沉管机的吨位一般为0.5~2.5 t，其相应沉管直径为0.3~0.6m，处理深度5~15m。

5 桩基础

5.1 一般规定

5.1.1 合理地选择桩类和桩型是桩基设计中的重要环节,有关桩的分类说明如下:

1 按承载性状分类

桩在竖向荷载作用下,桩顶荷载由桩侧阻力和桩端阻力共同承受,而桩侧阻力、桩端阻力的大小及分担荷载比例,主要由桩侧和桩端地基土的物理力学性质、桩的尺寸和施工工艺所决定。传统的分类法是将桩分成摩擦桩和端承桩两大类。

2 按成桩方法分类

大量工程实践表明,成桩挤土效应对桩的承载力、成桩质量控制和环境等有很大影响,因此,根据成桩方法和成桩过程的挤土效应,将桩分为非挤土桩、部分挤土桩和挤土桩三类。

在饱和软土中设置挤土桩,如设计和施工不当,就会产生明显的挤土效应,导致未初凝的灌注桩桩身缩小乃至断裂、桩上涌和移位、地面隆起等,从而降低桩的承载力;有时还会损坏邻近建筑物;桩基施工后,还可能因饱和软土中孔隙水压力消散,土层产生再固结沉降,使桩产生负摩阻力,降低桩基承载力,增大桩基沉降。挤土桩只有设计和施工得当,才可收到良好的技术经济效果。

在非饱和松散土中采用挤土桩,其承载力明显高于非挤土桩。因此,正确地选择成桩方法和工艺,是桩基设计中的重要环节。

5.1.2 钻(挖)孔桩在多种土类中都可采用,但挖孔桩宜用于无地下水或地下水量不多的地层。

在流动状态的土层及可能发生流砂的土层内,钻(挖)孔桩的施工较为困难,因此对淤泥及流砂地基应先做施工工艺试验,取得经验后方可决定取舍。

沉桩包括锤击、静压、振动下沉和射水下沉的桩。沉桩可以采用斜桩来抵抗较大的水平力,在某些情况下要比采用竖直的钻孔桩有利。例如,桩数量较多,而现场又有打桩设备和搬移桩架等有利条件,可以考虑采用沉桩。在有严重流砂的河床内,若采用钻孔桩施工比较困难,也可以采用沉桩。碎、卵石类土地基可采用射水沉桩方法施工。

5.1.5 摩擦桩的沉降一般大于端承桩的沉降,为防止桩基产生不均匀沉降,在同一桩基中,不宜同时采用摩擦桩和端承桩。在同一桩基中,采用不同直径、不同材料和桩端深度相差过大的桩,不仅设计复杂,施工中也易产生差错,故不宜采用。

5.2 构造

5.2.1 桩的直径应根据受力大小、桩基形式和施工条件等综合因素确定。一般情况下,钻孔灌注桩的设计直径宜采用0.8~3.2m;挖孔桩直径或最小边宽不宜小于1.2m。

钢筋混凝土管桩直径一般采用0.4~0.8m,是为适应现有的沉入桩施工的机具设备;管壁最小厚度80mm,是指用离心旋转机制造时的壁厚。

5.2.2 混凝土桩

锤击或振动下沉的钢筋混凝土方桩和管桩都是预制的,其桩身配筋除应符合基础结构的强度要求外,并应满足运输、起吊和沉桩时的受力要求,所以需要通长配筋。锤击或振动下沉的过程中,桩的两端受力较大,尤其在坚硬的土层中受力更大,故桩两端的箍筋或螺旋筋要适当加密其间距。

钻(挖)孔桩是先钻(挖)孔,随后就地灌注混凝土制成的,没有吊运、下沉等工序,因此,钻(挖)孔桩仅按结构受力要求分段配筋。当按内力计算不需要配筋时，应在桩顶3.0～5.0m 内设构造钢筋。为防止钢筋骨架在成形或吊装过程中产生太大的变形，一般规定主筋的最小直径不应小于16mm，且每桩主筋数量不应少于8根。为使灌注的混凝土能顺畅地从钢筋笼骨架内溢出，主筋的净距不应小于80mm，但也不应大于350mm。如配筋较多时，可将钢筋成束布置，每束不应多于3根。为防止因骨架移动发生露筋现象，钢筋净保护层厚度不应小于60mm。箍筋直径不应小于主筋直径的1/4，且不应小于8mm。当骨架较重时，为增加吊装时的骨架刚度，一般沿钢筋笼骨架每隔2.0～2.5m 设置直径16～22mm的加劲箍一道。

钢筋混凝土桩采用法兰盘接头。为节省用钢量和加快施工进度，应尽量减少接头数量，可根据施工条件，决定分节长度。

5.2.3 钢桩

钢桩选材在满足使用和安全的前提下，应注意经济合理。由于工程所处环境、水质和气候等条件不同，钢材腐蚀的特点亦有所不同，设计时应综合考虑。耐腐蚀特种钢，因价格较贵，选用时应慎重。

钢桩偏差不仅要在制作过程中控制，运到工地后在施打前还应检查。这是因为出厂后在运输或堆放过程中会因措施不当而造成桩身局部变形。此外，出厂成品均为定尺钢桩，而实际施工时都是由数根焊接而成，但定尺桩组合后的长度不一定等于桩的需要长度，所以多数情况下，最后一节为非定尺桩，这就要进行切割。因此应对切割后的节段及拼接后的桩进行外形尺寸检验。钢管桩出厂时，两端应有防护圈，以防坡口受损；对H型桩，因其刚度不大，若支点不合理，堆放层数过多，均会造成桩体弯曲，影响施工。

选择焊条或焊丝的型号应与构件钢材的强度相适应，焊剂应与焊丝相适应。

材料强度设计值引自现行国家标准《钢结构设计规范》。

钢桩的纵缝和环缝都属于主要结构焊缝，均应采用对接，不得采用搭接或其他形式。为了保证焊接质量，尽可能进行工厂焊接，并采用双面施焊。如不能采取双面施焊，则应设内衬板单面施焊，或采用其他可靠的焊接工艺，否则焊缝强度应适当降低。

H型桩或其他薄壁钢桩不同于钢管桩，其断面与刚度本来就很小，为保证应有的刚度和强度不致因焊接而削弱，一般应加连接板。

H型桩，其刚度不同于钢管桩，且两个方向的刚度不一，很容易在刚度小的方向发生失稳，因而要对施工锤重予以限制。如在刚度小的方向设约束装置，则有利于顺利沉桩。

接桩前和沉桩后对桩顶作局部切割处理是为了避免因桩顶发生局部变形后，影响桩的防腐性能和使用要求。

铰接结构构造复杂，且对桩顶抗腐蚀不利，工程中一般按固接设计。桩顶的锚固受力状态较为复杂，一般采用应力叠加的方法计算。桩顶锚固形式应满足下列要求：

钢管桩与承台之间应采用固接连接。

固接连接有桩顶直接伸入承台内和桩顶通过锚固铁件或钢筋伸入承台内两种形式，见本条文说明图5-1。

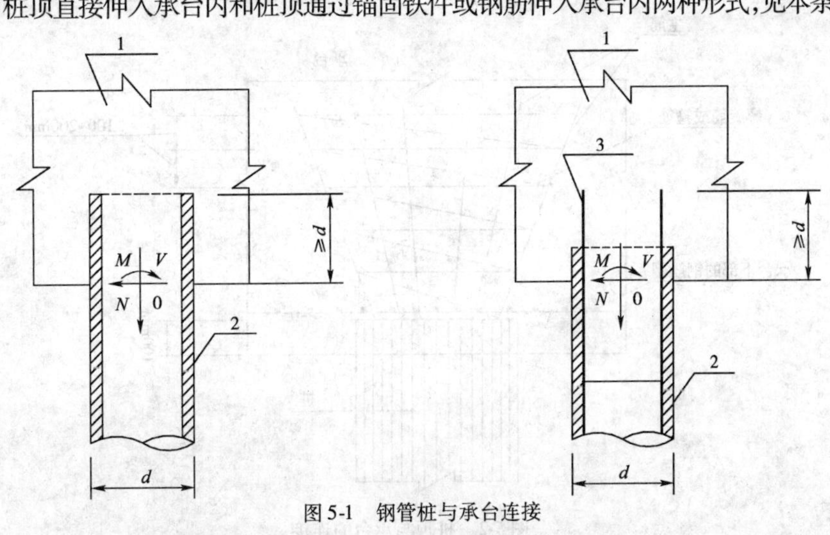

图5-1 钢管桩与承台连接

1-承台；2-钢管桩；3-锚固铁件

桩顶固接连接时,应能承受桩顶弯矩、剪力和轴向力等作用,并应按本条文说明表5-1的规定验算。

表 5-1　桩顶锚固验算项目

荷载情况 \ 固接形式	桩顶直接伸入承台	桩顶通过锚固铁件伸入承台
轴向压力	桩顶混凝土的挤压和冲切	
轴向拉力	桩顶锚固深度	锚固铁件的截面面积、锚固长度和焊缝长度
水平剪力、弯矩	桩侧混凝土的挤压应力	桩侧混凝土的挤压和铁件应力

注:1. 桩顶直接伸入承台时,桩顶伸入的最小深度不应小于1倍桩径。

2. 桩顶通过锚固铁件或钢筋伸入承台时,桩顶伸入的深度不应小于100mm。

3. 当桩受轴向拉力时,桩顶直接伸入承台的部分必要时可加焊锚固铁件。

5.2.4　桩的布置和中距

1　桩的排列应根据受力大小和施工条件确定,一般群桩的布置宜采用对称排列;若承台面积不大,桩数较多,则可采用梅花形或环形排列。

2　摩擦桩的群桩中距,从受力考虑最好是使各桩端平面处压力分布范围不相重叠,以充分发挥其承载能力。根据这一要求,经试验测定,中距定为$6d$(d为直径或边长)。但桩距如采用$6d$就需要很大面积的承台,故一般采用的群桩中距均小于$6d$。为了使桩端平面处相邻桩作用于土的压力重叠不致太多,以致因土体挤密而使桩打不下去,故根据经验规定锤击、静压沉桩在桩端平面处的中距不小于$3d$;振动下沉桩,因土的挤压更为显著,所以规定在桩端平面处中距不小于$4d$。桩在承台底面处的中距均不应小于桩径(或边长)的1.5倍。

钻孔桩不存在沉桩过程中相互影响或打不下去的现象,为减小承台面积,其中距可以适当减小。但中距过小会使桩间土体与桩侧间的摩擦支承作用降低,故规定不小于$2.5d$。

挖孔桩的摩擦桩中距,可参照钻孔桩采用。

端承桩因桩尖处不发生压力重叠现象,只要施工许可,其中距可比摩擦桩适当减小。

支承或嵌固在基岩中的钻(挖)孔桩中距,不应小于桩径的2.0倍。

钻(挖)孔扩底灌注桩中距不应小于1.5倍扩底直径或扩底直径加1.0m,取较大者。

3　边桩(或角桩)外侧至承台边缘的距离,应保证桩顶主筋弯成喇叭形后还有足够的保护层,同时在桩顶弯矩及横向力的作用下承台边缘圬工不致破裂。

5.2.5　承台厚度、配筋和混凝土强度等级,一般应按受力确定。但承台受力情况比较复杂,目前还没有较成熟的计算方法,按现有的设计经验,承台厚度宜为桩直径1.0~2.0倍,且不宜小于1.5m,混凝土强度等级不应低于C25,并在承台底部的桩顶布置一层钢筋网。当桩顶主筋伸入承台连接时,此项钢筋网须全长通过桩顶,并与桩的主筋绑扎在一起,以防止承台受拉区裂缝开展,见本条文说明图5-2。当桩顶不破头直接埋入承台内时,应在桩顶面上设一两层局部钢筋网,钢筋直径不小于12mm,钢筋网每

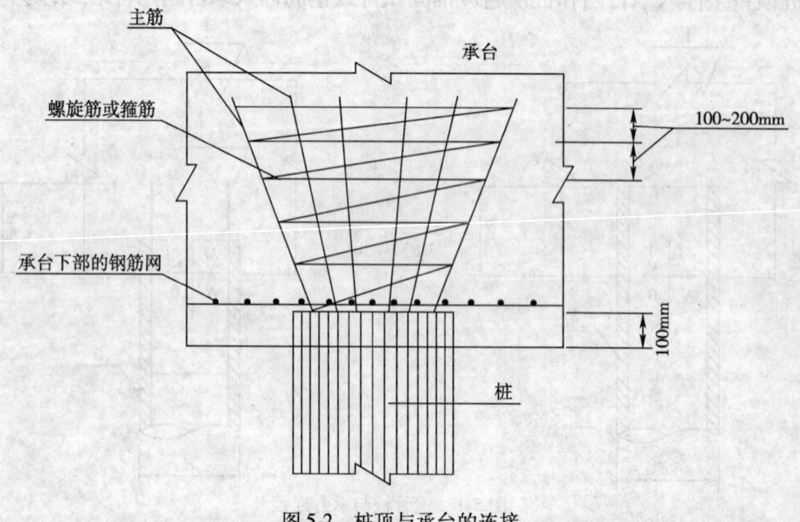

图5-2　桩顶与承台的连接

边长度不小于桩径的2.5倍,网孔为100mm×100mm~150mm×150mm。

承台计算可按照现行《公路钢筋混凝土及预应力混凝土桥涵设计规范》(JTG D62)的有关章节进行。

横系梁的构造钢筋按不小于其横截面面积的0.15%设置。

5.2.6 为加强桩和承台的连接,本规范规定,混凝土桩顶埋入承台内100mm。

5.3 计算

5.3.1 桩的计算

1 假定承台底面以上全部荷载由桩承受。从一些旧桥的开挖检验中发现,承台底面与地基土有脱离现象,故不考虑承台底面的地基土分担承台底面以上的竖直荷载。

2 桥台土压力一般自填土前的原地面起算,当有开挖时,则自基坑底面起算。对老填土或冲积填土,所谓"原地面"仍指填新土前的地面。当台前陡坎距离较近时,土压力应自陡坎下地面起算;当先填土后施工桥台,且填土质量有充分保证时,土压力可自填土后的地面起算。

5.3.2 当桩穿过软土和软弱地基土层并达到坚实土层,桩侧软弱土层上有竖向荷载作用(如路基填土),导致桩周土层的压缩下沉量大于桩的竖向位移值(包括桩身压缩和桩端下沉),或土层中地下水位下降引起地面大面积下沉,而使土层的压缩下沉速度大于桩身的下沉速度时,均需考虑压缩土层对桩身产生向下的负摩阻力。目前,国内外对负摩阻力的计算方法研究尚不够完善,计算方法较多,且差异较大,而现场试验则投入大、周期长。因此,多根据有关资料按经验公式进行估算。本条文说明建议按以下方法计算单桩负摩阻力:

$$N_n = u\sum_{i=1}^{n} q_{ni} l_i \tag{5-1}$$

$$q_{ni} = \beta\sigma'_{vi} \tag{5-2}$$

式中 N_n——单桩负摩阻力(kN);

u——桩身周长(m);

l_i——中性点以上各土层的厚度(m);中性点深度 l_n 应按桩周土层沉降与桩沉降相等的条件计算确定,无法按计算确定的,也可参照表5-2确定;

q_{ni}——与 l_i 对应的各土层与桩侧负摩阻力计算值(kPa),当计算值大于正摩阻力时,取正摩阻力值;

β——负摩阻力系数,可按表5-3取值;

σ'_{vi}——桩侧第 i 层土平均竖向有效应力(kPa),$\sigma'_{vi} = p + \gamma'_i z_i$;

γ'_i——第 i 层土层底以上桩周土按厚度计算的加权平均浮重度;

z_i——自地面起算的第 i 层土中点深度;

p——地面均布荷载。

表5-2 中性点深度 l_n 的确定

持力层性质	黏性土、粉土	中密以上砂	砾石、卵石	基 岩
中性点深度比 l_n/l_0	0.5~0.6	0.7~0.8	0.9	1.0

注:1. l_n、l_0 分别为中性点深度和桩周沉降变形土层下限深度。

2. 桩穿越自重湿陷性黄土层时,按表列值增大10%(持力层为基岩除外)。

表5-3 负摩阻力系数 β

土 类	β	土 类	β
饱和软土	0.15~0.25	砂土	0.35~0.50
黏性土、粉土	0.25~0.40	自重湿陷性黄土	0.20~0.35

注:1. 在同类土中,对于打入桩或沉管灌注桩,取表中较大值;对于钻(冲)挖孔灌注桩,取表中较小值。

2. 填土按其组成取表中同类土的较大值。

注意,按式(5-1)计算得单桩负摩阻力值不应大于单桩所分配承受的桩周下沉土重(以桩为中心,水平方向 1/2 桩间距、竖向 l_n 深度范围内土体的重量)。而对于群桩的负摩阻力问题,建议按照单桩负摩阻力计算方法进行群桩中任一单桩的下拉荷载计算。

在桩基设计中,可采用某些措施(如预制桩表面涂沥青层等)来降低或消除负摩阻力。

5.3.3 摩擦桩单桩轴向受压承载力容许值$[R_a]$的计算

1 钻(挖)孔桩单桩轴向受压承载力容许值计算公式$[R_a]=\frac{1}{2}u\sum_{i=1}^{n}q_{ik}l_i+A_pq_r$中,第一项是桩侧总摩阻力容许值,第二项是桩端总承载力容许值。

1)关于桩侧土的摩阻力标准值 q_{ik}(kPa)

土的分类取用本规范第 3.1 节的规定,q_{ik}值基本采用原规范数据并略有调整。

2)桩端处土的承载力容许值 q_r(kPa)

$$q_r=m_0\lambda\{[f_{a0}]+k_2\gamma_2(h-3)\} \tag{5-3}$$

本次规范修订,q_r(相当于原规范$\frac{1}{2}\sigma_R$)的计算公式仍沿用原规范方式,但数值有所修正。

q_r 的上限值不是由公式计算得出的最大值,而是基于大量实测资料得到的。

近些年的实际应用中发现,原规范某些情况下 q_r 的计算结果大出实测值较多,故本次规范的修订过程中,收集统计了较理想的 113 根试桩资料(均为桩顶变位较大的试桩,包含了用于制定原规范的 105 根试桩中的 15 根),提出了 q_r 的上限值。

当桩端持力层为黏性土时未限制 q_r 的上限,因为从实测数据来看,部分试桩的测试结果要大于由公式计算得到的可能最大值。

当桩端持力层为砂土时,按照粉砂 1 000kPa,细砂 1 150kPa,中砂、粗砂、砾砂 1 450kPa 三大类规定了 q_r 的上限。

当桩端持力层为碎石土时,取 2 750kPa 为 q_r 的上限。

当有可靠的试验结果表明 q_r 值超过上述规定值时,可按实测结果采用。

在本规范表 5.3.3-3 及其注释中,调整$\frac{t}{d}$的比值和按桩径大小限制桩端沉淀土厚度,是由于施工水平提高的缘故。

3)关于地面或局部冲刷线以下桩身自重问题

本规范推荐公式中的 q_{ik} 和 q_r 基本采用了原规范的数值和计算公式,这些值多数是以中小直径的中长、短桩静载试验为依据而确定的。静载试验前桩身自重力业已在土中取得平衡,设计中不必计入桩重力。但考虑到桩身自重与置换土重之差会引起沉降,为保证安全,将桩身自重与置换土重之差作为超载考虑。

对于上述问题,《铁路桥涵地基和基础设计规范》(TB 10002.5—2005)、日本规范《道路橋示方書》和《英国基础规范》(BS 8004)也将桩入土部分所置换土体而增加的重力作为超载处理。

2 根据近年来使用和测试结果,原规范的沉桩承载力的计算与实际情况没有大的出入,故未变动。

5.3.4 本规范给出嵌岩桩(不包括强风化、全风化岩)单桩承载力的计算模式为:承载力一般由桩周土总侧阻力、嵌岩段总侧阻力和总端阻力三部分组成。

1 关于上覆土层侧阻力问题,以往有这样一种概念:凡嵌岩桩必为端承桩,凡端承桩均不考虑土层侧阻力。研究结果表明:随着上覆土层的性质和厚度的不同,嵌入基岩性质和深度的不同,以及桩端沉渣厚度不同,桩侧阻力、端阻力的发挥性状也不同。大量现场试验结果表明,一般情况下,即使桩端置于新鲜或微风化基岩中,上覆土层的侧阻力也是可以发挥的。

本次规范修订过程中,收集统计了较理想的 151 根试桩资料(均为桩顶变位较大的试桩),结果表明上覆土层的侧阻力都是发挥的。为安全起见,当 $2\text{MPa}\leq f_{rk}<15\text{MPa}$ 时,$\zeta_s=0.8$;当 $15\text{MPa}\leq f_{rk}\leq 30\text{MPa}$ 时,$\zeta_s=0.5$;当 $f_{rk}>30\text{MPa}$ 时,$\zeta_s=0.2$;当 $f_{rk}<2\text{MPa}$ 时按摩擦桩计算。

2 持力层岩性问题。实际上有大量的工程采用了中风化层作为桩基持力层,本规范岩性划分时考虑中风化层,故本次修订考虑了中风化层作为持力层的情况。为安全起见,c_1、c_2 值还应分别乘以 0.75

的折减系数。

3 系数 c_1、c_2 的选择主要由孔中泥浆的清除情况及钻孔有无破碎等因素决定，同时也受嵌岩深度和施工工艺的影响。同时摩阻力系数 c_2 要适当考虑孔壁粗糙度的影响。根据冲击钻钻岩石的经验，坚硬的岩石和很软的岩石，孔壁的粗糙度比中等强度的岩石要平滑些。本规范表5.3.4将 c_1、c_2 的数值划分为三类，根据具体情况选用。当嵌岩段桩长过短，入岩深度小于或等于0.5m时，综合考虑各种因素，c_1 采用表列数值的0.75倍，$c_2=0$；对于钻孔桩，系数 c_1、c_2 值可降低20%采用。

本条所述嵌岩桩系指桩端嵌入中风化岩、微风化岩或新鲜岩，桩端岩体能取样进行单轴抗压强度试验的情况。对于桩端置于强风化岩中的嵌岩桩，由于强风化岩不能取样成型，其强度不能通过单轴抗压强度试验确定。这类强风化嵌岩段极限承载力参数标准值可根据岩体的风化程度按砂土、碎石类土取值，按摩擦桩计算。

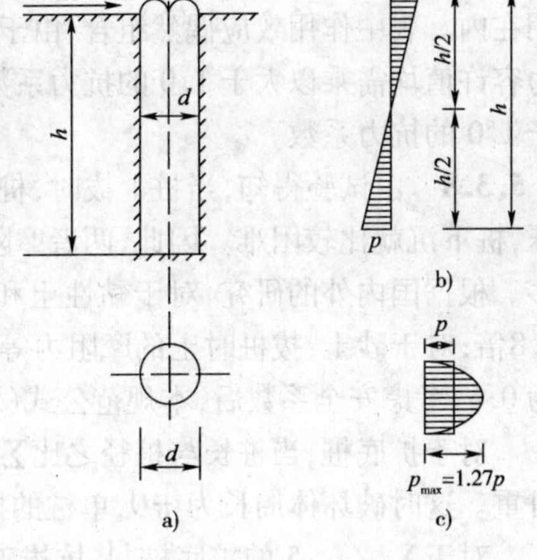

图5-3 压力分布图

5.3.5 根据编写组的专题研究报告，嵌岩桩嵌入基岩中深度的计算公式，在 $f_{rk}\geq 2$MPa 时适用。

公式按下列假定求得：

1 圆形桩

1）桩在嵌固深度 h 范围内的应力图形，假定按两个相等三角形变化［图5-3b)］；

2）桩侧压力的分布，假定最大压力 p_{max} 等于平均压应力 p 的1.27倍［图5-3c)］；

3）水平力 H 和桩端摩阻力对桩的影响略而不计。

$$p_{max}=c\beta f_{rk} \tag{5-4}$$

式中 c——安全系数，采用0.5；

β——岩石的竖直抗压强度换算为水平抗压强度的折减系数；

f_{rk}——岩石饱和单轴抗压强度标准值（kPa），黏土质岩取天然湿度单轴抗压强度标准值。

$$\begin{aligned}M_H&=\left(\frac{1}{2}p\times\frac{h}{2}\times d\right)\times\left(2\times\frac{2}{3}\times\frac{h}{2}\right)\\&=\frac{1}{6}ph^2d=\frac{1}{6}\times\frac{p_{max}}{1.27}\times h^2d\\&=\frac{1}{7.62}c\beta f_{rk}h^2d=0.131\times 0.5\beta f_{rk}h^2d\\&=0.065\,5\beta f_{rk}h^2d\end{aligned}$$

$$h=\sqrt{\frac{M_H}{0.065\,5\beta f_{rk}d}}$$

2 矩形桩

除 $p_{max}=p$ 以外，其他假定均与圆形桩同。

$$\begin{aligned}M_H&=\left(\frac{1}{2}p\times\frac{h}{2}\times b\right)\times\left(2\times\frac{2}{3}\times\frac{h}{2}\right)\\&=\frac{1}{6}ph^2b=\frac{1}{6}\times 0.5\beta f_{rk}h^2b\\&=0.083\,3\beta f_{rk}h^2b\end{aligned}$$

$$h=\sqrt{\frac{M_H}{0.083\,3\beta f_{rk}b}}$$

上述公式未考虑钻孔底面承受挠曲力矩的影响，根据已有的试验资料验证，计算的深度偏于安全。

5.3.6 桩端后压浆浆液通过渗透（粗粒土）和劈裂（细粒土）形式在沉渣和桩端一定范围土体中扩散，从而起到加固作用。试验表明，浆液循桩侧泥皮和软弱扰动层向上扩散8.0～12.0m的高度（粗粒土取低值、细粒土取高值），对桩侧阻力起增强作用。这说明桩端压浆既增强端阻又使桩端以上一定范围的侧阻力得到增强。该现象，通过开挖观察和桩身轴力测试均得到证实。

本次规范修订过程中，收集统计了较理想的69根桩端后压浆试桩资料（均为桩顶变位较大的试桩），经统计归纳后得出本规范表5.3.6中的计算系数。

桩端后压浆应注重以下技术指标，从而保证后压浆对桩承载力的提高作用：①浆液水灰比；②桩端压浆终止压力；③持荷时间；④压浆流量；⑤压浆量。详见本规范附录N。

5.3.7 表5.3.7中永久作用与可变作用组合，包括所有可能同时出现，且对桩受压承载力不利的作用在内。表中作用效应偶然组合，由于其中偶然作用发生的概率很小，作用时间极短，故它们的桩承载力容许值均需乘以大于1.0的抗力系数；施工阶段作用是临时性的，此时，桩承载力容许值也应乘以大于1.0的抗力系数。

5.3.8 由试验得知，当桩上拔时，桩四周的土能较自由地向上凸起；而桩受压时桩四周的土互相挤压，桩下沉就比较困难。因此，两者摩阻力不同，拔桩时土对桩侧的摩阻力比桩下沉时的摩阻力要小得多。根据国内外的研究，对于黏性土和粉土，拔桩时土的摩阻力等于桩受轴向压力时摩阻力的0.6～0.8倍；对于砂土，拔桩时土的摩阻力等于桩受轴向压力时摩阻力的0.5～0.7倍。为安全起见，统一取为0.6；考虑安全系数后，本规范公式（5.3.8）内取0.3。

对于扩底桩，当桩长与桩径之比$\sum l_i/d \leqslant 5$时，桩（土）自重可取扩大端圆柱体投影面形成的桩（土）自重。这时破坏体周长为πD，单桩的抗拔极限侧阻力标准值仍取桩侧表面土的标准值。

对于$\sum l_i/d>5$的扩底桩，其抗拔破坏模式受土的压缩性影响，桩上段的剪切面将转变为发生于桩土界面，即破坏柱体直径由D减小为d，因此其剪切面周长以$\sum l_i/d=5$为界分段计算。

5.3.9 桩在水平荷载作用下的内力计算，有m法、常数法、c法、k法等。大量试验和大量工程实践表明m法较为适用，其地面位移不宜超过10mm。在水深流急的情况下，桩承受水平力作用，一般地面处的位移多大于10mm，属非线性。考虑到m法已为广大工程技术人员所熟悉，又有现成无量纲系数表格，当作用于桩上水平荷载较小，或桩在地面处的位移不超过10mm时，m法偏差较小，使用又较方便，故仍采用m法。

5.3.10 桩应验算桩身强度、稳定性及裂缝宽度。验算方法可按照现行《公路钢筋混凝土及预应力混凝土桥涵设计规范》（JTG D62）的有关规定进行。

5.3.11 群桩的破坏形式，可能是整体破坏，也可能是单桩刺入破坏。

整体破坏时群桩作为整体基础验算桩端平面处土的承载力，验算方法按附录R进行。

单桩刺入破坏应按单桩承载力考虑。

5.3.12 桩身压缩量宜按实际摩阻力分布计算。当缺乏相关资料时，可按下式估算：

$$\text{桩身压缩量(mm)} \approx \frac{Pl}{2EA_p} \tag{5-5}$$

式中 P——桩顶荷载（kN）；

l——桩长（mm）；

E——桩身混凝土抗压弹性模量（kN/mm^2）；

A_p——桩身截面面积（mm^2）。

6 沉井基础

6.1 一般规定

6.1.1 沉井在深基础施工中具有很多优点,如技术上比较稳妥可靠,施工操作简便等。同时,由于沉井基础埋置较深,稳定性好,能支承较大荷载。当沉井遇有流砂、蛮石、树干或老桥基等难以清除的障碍物时,下沉是非常困难的,故上述情况下应尽量避免采用沉井基础。河床覆盖层下如遇有倾斜度较大的需要奠基的岩层,也会增加了沉井施工难度。

6.1.2 沉井下沉是靠在井孔内不断取土,在沉井重力作用下克服四周井壁与土的摩阻力和刃脚底面土的阻力而实现的,所以在设计时应首先确定沉井在自身重力作用下是否有足够的重力使沉井顺利下沉。下沉系数 $k = G/R$ 可取 1.15 ~ 1.25,其中 G 为沉井自重,R 为沉井底端地基总反力 R_r 与沉井侧面总摩阻力 R_f 之和;R_f 计算可假定单位面积摩阻力沿深度呈梯形分布,距地面 5m 范围内按三角形分布,其下为常数,$R_f = u(h-2.5)q$,式中 u 为沉井下端面周长,h 为沉井入土深度,q 为井壁单位面积摩阻力加权平均值。

井壁与土体之间的摩阻力,可根据沉井所在地点土层已有测试资料来估算,也可以参考以往类似的沉井设计中的侧面摩阻力采用之。如无资料,对下沉深度在 20m 以内,最大不超过 30m 的沉井,可参照本规范表 6.1.2 的数值选用。

6.2 构造

6.2.1 沉井平面形状有圆形、圆端形、正方形和长方形等。桥梁基础当采用圆端形或长方形时,为保持其下沉的稳定性,长边与短边之比宜小。

沉井平面尺寸的大小,主要由地基土的容许承载力决定。同时,在水流冲刷大的河床上,应考虑阻水较小的截面形式。

沉井棱角处宜做成圆角或钝角,使沉井在平面框架受力状态下受力均匀,减少井壁摩擦面积和不至于形成死角。

沉井的井孔最小尺寸,应视取土机具而定,一般不宜小于 2.5m。

6.2.2 沉井一般分节下沉,如土质松软,沉井底节的高度以不超过 $0.8b$(b 为沉井宽度)为宜。如沉井高度在 8m 以下,地基土质情况和施工条件都许可时,沉井也可以一次浇成。

沉井外壁,可做成柱形、阶梯形、锥形。

6.2.3 沉井井壁的厚度,与下沉深度、土的摩阻力及施工方法有密切关系。沉井靠自身重力下沉,井壁较厚,可采用 0.8 ~ 1.5m;在深水河流中,流速在 2m/s 以内,可采用钢筋混凝土薄壁或钢模薄壁浮运沉井。

6.2.4 沉井沉入坚硬土层或沉抵岩层者,宜采用尖刃脚或用型钢加强刃脚;沉入松软土层者,宜采用带有踏面的刃脚。沉井刃脚斜面在保证受弯和受剪的强度要求下,应尽量做得陡些,所以规定斜面与水平面交角不应小于 45°。

沉井内隔墙底面比刃脚底面应至少高出 0.5m,以减少下沉时的阻力。

在倾斜的岩面上采用高低刃脚的沉井时,必须有足够的钻探资料,确切掌握岩面的高低变化,使刃脚做成与岩面倾斜度相适应的台阶或斜坡形,以使刃脚嵌入岩层,便于取土清基而不致翻砂。

6.2.5 沉井材料可根据土质软硬采用混凝土适当配以构造钢筋、钢筋混凝土和钢材等。《公路钢筋混凝土及预应力混凝土桥涵设计规范》(JTG D62—2004)第9.1.2条规定,偏心受压构件最小配筋率为0.5%,受弯构件最小配筋率为$(45f_{td}/f_{td})$%且不小于0.2%,较原规范有所提高。本规范沿用1975年、1985年规范规定,沉井配筋率不应小于0.1%。对于沉井底节(包括刃脚),其中刃脚受力难以准确计算,因此,最小配筋率不宜过小。对薄壁沉井,仍宜采用较大的配筋率,不应仅满足于最小限值。

6.2.6 沉井井孔内是否需要填实应根据沉井受力和稳定的要求来确定。一般井孔填料,可采用混凝土、片石混凝土或浆砌片石;在非冰冻地区,封底以后也可采用砂砾填心或仅封底而不填心,此时顶面需设钢筋混凝土盖板。在沉井底部,封底混凝土应足以平衡沉井底面水浮力。

6.3 计算

6.3.1 沉井作为整体基础来计算。

1)先根据荷载、水文地质条件及各土层的工程特性等定出沉井的轮廓尺寸。

2)验算沉井基底承载力、偏心距、滑动及倾覆稳定等以满足设计要求。

3)可考虑扣除冲刷后土对井壁约束作用。

6.3.2 1 沉井底节验算

1)当排水挖土下沉时,沉井的支承位置可以控制在受力最有利的范围。对于圆端形或长方形沉井,当其长边大于1.5倍短边时,支承点可设于长边,两支点的间距等于0.7倍边长(本规范图6.3.2-1),以使支承处产生的负弯矩与长边中点处产生的正弯矩绝对值大致相等,并按此条件验算沉井自重所引起的井壁顶部或底部混凝土的抗拉强度。

2)当不排水挖土下沉时,因无法控制支点位置,可将底节沉井作为梁并按下列假定的不利支承情况进行验算。

①假定底节沉井仅支承于长边的中点(本规范图6.3.2-2)的点"2",两端悬空,验算由于沉井重力在长边中点附近最不利竖截面上所产生的井壁顶部混凝土抗拉强度。

②假定底节沉井支承于短边的两端点(本规范图6.3.2-2)的点"3",验算由于沉井自重在短边中点处引起的刃脚底面混凝土的抗拉强度。

2 沉井井壁验算

1)沉井井壁竖向验算

当沉井沉到设计标高而刃脚下的土已被掏空时,井壁上部可能被土层夹住,井壁下部处于悬挂状态,井壁中段就会产生最大的竖向受拉。计算方法推导如下:

①等截面井壁

从井壁受竖向受拉的最不利条件考虑,假设摩阻力的分布如图6-1所示。

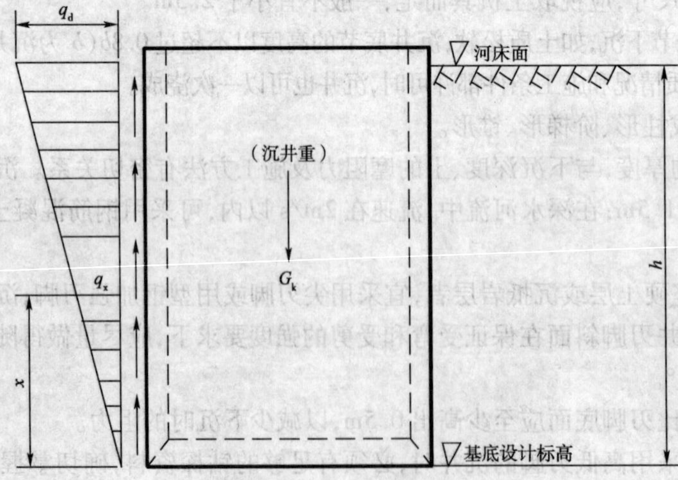

图6-1 等截面沉井井壁竖向受拉计算图

因 $$G_k = \frac{1}{2} \cdot q_d \cdot h \cdot u$$

所以 $$q_d = \frac{2G_k}{hu}$$

又 $$\frac{q_x}{x} = \frac{q_d}{h}$$

所以 $$q_x = \frac{q_d}{h}x = \frac{2G_k}{hu} \times \frac{x}{h} = \frac{2G_k x}{h^2 u}$$

式中 G_k——沉井重力(kN)；

u——井壁周长(m)；

h——沉井入土深度(m)；

q_d——作用于河床表面处的井壁上的单位摩阻力(kPa)；

q_x——作用在距刃脚底面 x 高度处井壁上的单位摩阻力(kPa)。

井壁 x 处的拉力 P_x =(x 以下自重)-(x 高度内摩阻力)，即：

$$P_x = \frac{G_k x}{h} - \frac{q_x x u}{2} = \frac{G_k x}{h} - \frac{2G_k x}{h^2 u} \cdot \frac{xu}{2} = \frac{G_k x}{h} - \frac{G_k x^2}{h^2} \tag{6-1}$$

为了求得 P_{max}，令 $\frac{dP_x}{dx} = 0$

即 $$\frac{dP_x}{dx} = \frac{G_k}{h} - \frac{2G_k x}{h^2} = 0$$

所以 $x = \frac{h}{2}$，将 x 代入公式(6-1)得：

$$P_{max} = \frac{G_k}{h} \cdot \frac{h}{2} - \frac{G_k}{h^2}\left(\frac{h}{2}\right)^2 = \frac{G_k}{2} - \frac{G_k}{4} = \frac{1}{4}G_k \tag{6-2}$$

②台阶形井壁(图 6-2)

因 $$G_{1k} + G_{2k} + G_{3k} + G_{4k} = 0.5 q_d hu$$

所以 $$q_d = \frac{2(G_{1k} + G_{2k} + G_{3k} + G_{4k})}{hu}$$

又 $$\frac{q_x}{x} = \frac{q_d}{h}, q_x = \frac{x}{h} q_d$$

井壁 x 处拉力等于 x 范围内自重减去 x 范围内摩阻力，即：

$$P_x = G_x - \frac{1}{2} u q_x x \tag{6-3}$$

对台阶形井壁，每段井壁都应进行拉力计算，然后取最大值。通过计算，说明最大拉力发生在各截面变化处。

2)沉井井壁水平框架验算

沉井下沉至设计标高，刃脚下的土已被掏空，沉井井壁在水压力和土压力作用下井壁受最大水平力，此时把井壁作为水平框架来验算。这种水平弯曲验算分为两部分：

①刃脚根部以上高度等于井壁厚度 t 的一段井壁

验算位于刃脚根部以上其高度等于井壁厚度 t 的一段井壁，据此设置该段的水平钢筋。因这段井壁 t 又是刃脚悬臂梁的固定端，施工阶段作用于该段的水平荷载，除本身所受的水平荷载外，还承受由刃脚传来的水平力 Q(图 6-3)。作用在该段井壁上的平均荷载 q，即：

$$q = W + E + Q \tag{6-4}$$

$$W = \frac{W_1 + W_2}{2} \cdot t \tag{6-5}$$

$$W_1 = \lambda h_1 \gamma_w \tag{6-6}$$

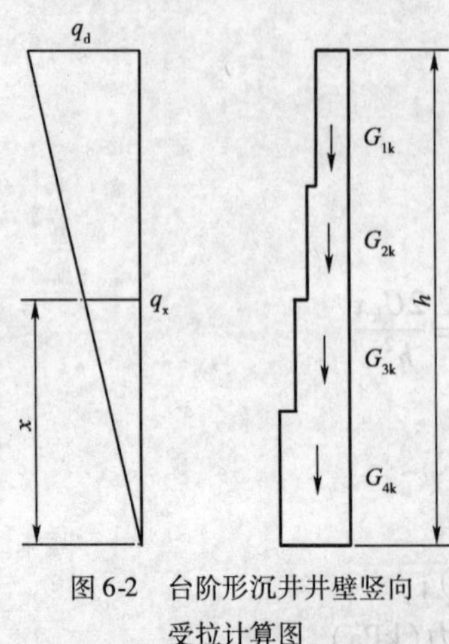

图 6-2　台阶形沉井井壁竖向受拉计算图

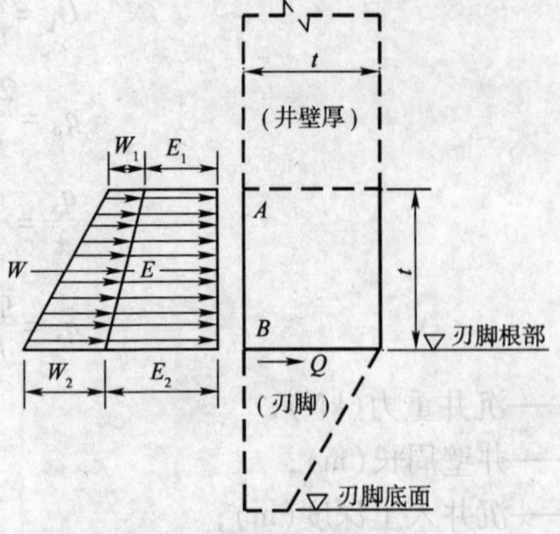

图 6-3　刃脚根部以上高度等于井壁厚度的一段井壁框架荷载分布图

$$W_2 = \lambda h_2 \gamma_w \tag{6-7}$$

$$E = \frac{E_1 + E_2}{2} \cdot t \tag{6-8}$$

式中　q——作用在井壁高度 t 段上的均布荷载(kN/m)；

W——作用在井壁高度 t 段上的水压力(kN/m)；

W_1——作用在刃脚根部以上，高度 t 范围内截面 A 上的单位水压力(kPa)；

W_2——作用在刃脚根部截面 B 的单位水压力(kPa)；

t——井壁厚度(m)；

h_1、h_2——验算截面 A 和 B 距水面的高度(m)；

γ_w——水的重度($10kN/m^3$)；

λ——折减系数，排水挖土时，井内无水压，井外水压视土质而定，砂类土 $\lambda = 1.0$；黏性土 $\lambda = 0.7$；不排水挖土时，井外水压以100%计，$\lambda = 1.0$，井内水压以50%计，$\lambda = 0.5$；

E——作用在 t 段井壁上的土侧压力(kPa)；

E_1——作用在刃脚根部以上，高度 t 处 A 截面的单位土侧压力(kPa)，可按《公路桥涵设计通用规范》(JTG D60)有关土侧压力公式计算；

E_2——作用在刃脚根部处 B 截面的单位土侧压力(kPa)；

Q——由刃脚传来的水平力(kN/m)，其值等于作用在刃脚悬臂梁上的水平力乘以分配系数 α，见本规范公式(6.3.4-1)。

W 的作用点距刃脚根部为 $\frac{W_2 + 2W_1}{W_2 + W_1} \cdot \frac{t}{3}$，$E$ 的作用点距刃脚根部为 $\frac{E_2 + 2E_1}{E_2 + E_1} \cdot \frac{t}{3}$。

根据以上计算出来的 q 值，即可按框架分析求刃脚根部以上 t 高度内截面的作用效应。

②其余段井壁

其余各段井壁的计算，可按井壁断面的变化，将井壁分成数段，取每一段中控制设计的井壁(位于每一段最下端的单位高度)进行计算。作用在框架上的均布荷载 $q = W + E$。然后用同样的计算方法，求得水平框架内截面的作用效应。并将水平筋布置在全段上。

采用泥浆套下沉的沉井，在下沉过程中所受到的侧压力，应将沉井外侧泥浆压力按100%计算，因为泥浆压力一定要大于水压力及土压力总和，才能保证泥浆套不被破坏。

采用空气幕沉井，在下沉过程中受到土侧压力，根据试验沉井测量结果，压气时气压对井壁的作用不明显，可以略去不计，仍按普通沉井的有关规定计算。

在计算空气幕沉井下沉过程中结构强度时，由于井壁的摩擦力在开气时减小，不开气时仍与普通沉井相同。因此视计算内容，按最不利情况采用。

6.3.3　沉井刃脚验算。刃脚竖直方向和水平方向的弯曲应分别验算，用以布设刃脚竖直和水平钢筋并验算其混凝土的强度。在进行内力分析时，应按悬臂和框架分别进行计算。

1　刃脚作为悬臂梁计算其竖直方向的弯曲强度

1）刃脚向外弯曲。在沉井下沉过程中，刃脚内侧切入土中约1m，而在地面以上或水面以上还露出一定高度或井壁全部筑就后的外露高度。此时，刃脚受井孔内土体的横向压力，在刃脚根部水平截面上则产生最大的向外弯矩，计算方法如下（图6-4）：

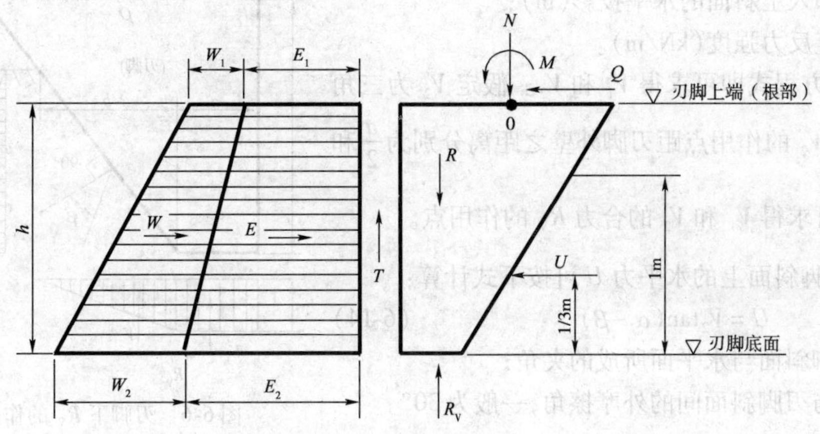

图6-4　在刃脚上的外力

①沿井壁的水平方向取一个单位宽度，并按本规范第6.3.2条条文说明的方法计算作用在刃脚上的土侧压力 E 和水压力 W，其中 E_1、E_2 分别为刃脚上端和底面的土侧压力，W_1、W_2 分别为刃脚上端和底面的水压力。

在计算刃脚向外弯曲时，作用在刃脚外侧的计算侧土压力和水压力的总和，不应大于静水压力的70%，否则就按70%的静水压力计算。

②作用在井壁外侧单位宽度上的摩阻力 T 按以下两式计算，取其较小值（kN/m），目的为求得反力 R_V（图6-5）最大值。

$$T=\mu\cdot E=\tan\varphi E=0.5E \tag{6-9}$$

$$T=q\cdot A \tag{6-10}$$

式中　μ——摩擦系数，$\mu=\tan\varphi$；

φ——土内摩擦角，一般土在水中的内摩擦角可采用26°30′，tan26°30′=0.5；

q——土与井壁间的单位摩阻力，按本规范第6.1.2条表6.1.2选用；

A——沉井侧面与土接触的单位宽度上的总面积（m^2），$A=1\times h=h$（h 为刃脚高度，以m计）；

E——作用在井壁上每m宽度的总土压力（kN/m）。

③刃脚底单位周长上土的竖向反力 R_V，可按下式计算（见图6-5）：

$$R_V=G-T \tag{6-11}$$

式中　G——沿沉井外壁单位周长上的沉井重力，其值等于该高度沉井的总重除以沉井的周长；在不排水挖土下沉时，应在沉井总重中扣去淹没水中部分的浮力；

T——沿井壁单位周长上沉井侧面总摩阻力。

R_V 的作用点可按下法计算（图6-6）：假定作用在刃脚斜面上的土反力的方向与斜面上法线成 β 角，β 为土反力与刃脚斜面间的外摩擦角（一般取 $\beta=30°$）。作用在刃脚斜面上的土反力分解成水平力 U 与垂直力 V_2，刃脚底面上的垂直反力为 V_1，则：

$$R_V=V_1+V_2 \tag{6-12}$$

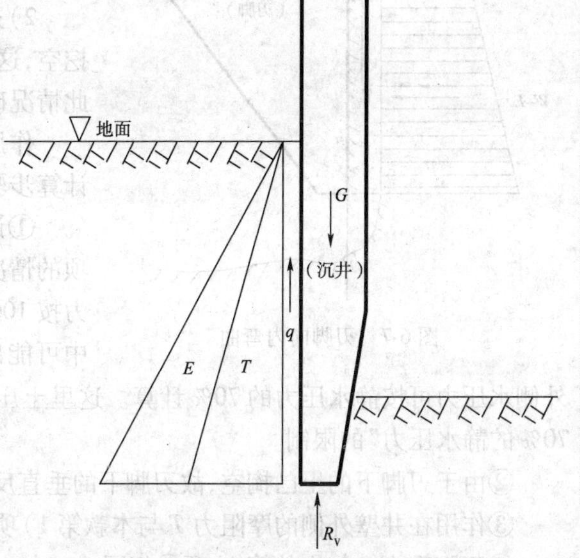

图6-5　井壁摩阻力 T 及刃脚下土的反力 R_V

$$\frac{V_1}{V_2}=\frac{f\cdot a}{\frac{1}{2}f\cdot b}=\frac{2a}{b} \tag{6-13}$$

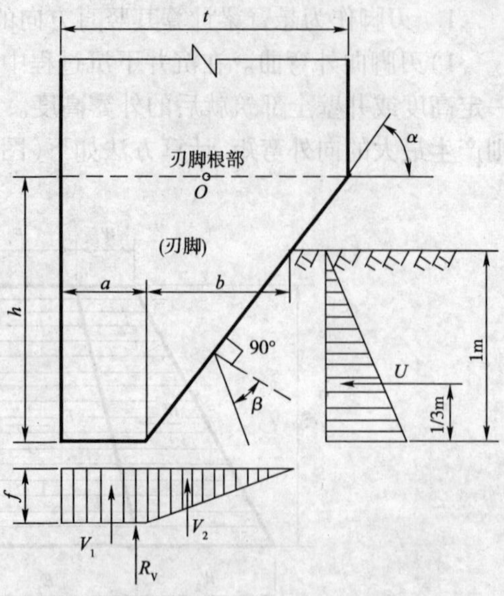

式中 a——刃脚踏面底宽(m)；

b——刃脚入土斜面的水平投影(m)；

f——竖直反力强度(kN/m)。

解以上联立方程式即可求得 V_1 和 V_2。假定 V_2 为三角形分布，则 V_1 和 V_2 的作用点距刃脚外壁之距离分别为$\frac{a}{2}$和$a+\frac{b}{3}$。这样即可求得 V_1 和 V_2 的合力 R_V 的作用点。

图 6-6　刃脚下 R_V 的作用点计算

④作用在刃脚斜面上的水平力 U 可按下式计算：

$$U=V_2\tan(\alpha-\beta) \tag{6-14}$$

式中 α——刃脚斜面与水平面所成的夹角；

β——土与刃脚斜面间的外摩擦角，一般为 30°。

假定 U 为三角形分布，则 U 的作用点在距刃脚底面$\frac{1}{3}$m 高处。

⑤刃脚重力 g 按下式计算：

$$g=\gamma_h\cdot h\frac{t+a}{2} \tag{6-15}$$

式中 γ_h——混凝土重度(kN/m^3)，若不排水下沉，应扣除水的浮力；

h——刃脚斜面的高度(m)。

⑥作用在刃脚外侧的摩阻力，其计算方法与计算井壁外侧摩阻力 T 的方法相同，但取两式中的较大值，其目的为使刃脚弯矩最大。

⑦刃脚既视作悬臂梁，又视作一个封闭的水平框架，因此作用在刃脚侧面上的水平力将两种不同作用来共同承担，其分配系数见本规范第 6.3.4 条及其条文说明。

⑧求得作用在刃脚上的所有外力的大小、方向和作用点以后，即可求算刃脚根部处截面上每单位周长井壁内的轴向压力 N、水平剪力 Q 及对刃脚根部截面重心 O 点的弯矩 M(图6-6)，并据此计算在刃脚内侧的竖向钢筋。此项钢筋应伸至刃脚根部以上$0.5l_1$(l_1 为沉井外壁的最大计算跨径)。

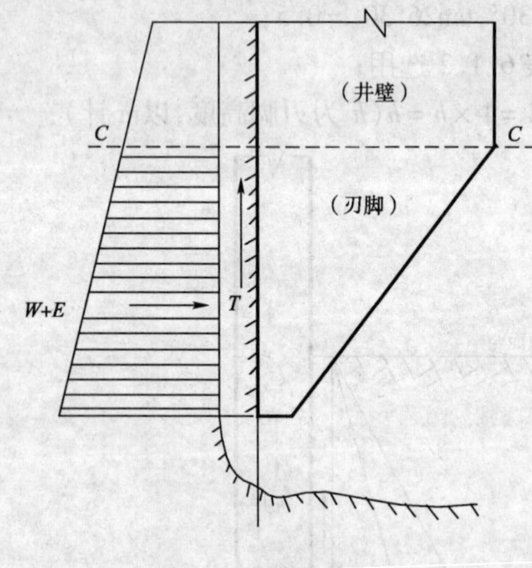

图 6-7　刃脚向内弯曲

2)刃脚向内弯曲。当沉井沉到设计标高，刃脚下的土已挖空，这时刃脚处于向内弯曲的不利情况，如图 6-7 所示。按此情况确定刃脚外侧竖向钢筋。

作用在刃脚外侧的外力，沿沉井周边取一单位周长计算，计算步骤和本款 1)项的情况相似。其计算方法简述如下：

①计算刃脚外侧的土压力和水压力。土压力与本款 1)项的情况相同。水压力计算，当不排水下沉时，井壁外侧水压力按 100% 计算，井内水压力一般按 50% 计算，但也可按施工中可能出现的水头差计算；当排水下沉时，在透水不良土中，外侧水压力可按静水压力的 70% 计算。这里土压力和水压力的总和不受本款第 1)项规定的“不超过 70% 的静水压力”的限制。

②由于刃脚下的土已掏空，故刃脚下的垂直反力 R_V 和刃脚斜面水平反力 U(图 6-6)均等于零。

③作用在井壁外侧的摩阻力 T 与本款第 1)项②内计算方法相同，但取较小值。

④刃脚重力 g 与本款第 1)项⑤相同。

⑤根据以上计算的所有外力，可以算出刃脚根部处截面上每单位周长(外侧)内的轴向力 N、水平

力 Q 及对截面重心轴的弯矩 M。并据以计算刃脚外侧的竖向钢筋数量。此项钢筋也应延伸至刃脚根部以上 $0.5l_1$（l_1 为沉井外壁的最大计算跨径）。

2　刃脚作为水平框架计算其水平方向的弯曲强度。

当沉井下沉到设计标高，刃脚下的土已被掏空时，刃脚将受到最大的水平力。图 6-8 表示刃脚上沿井壁水平方向截取的单位高度水平框架，作用在这个水平框架上的外力计算与上述求算刃脚外侧钢筋的方法相同。但水平钢筋只分担作用在水平框架上的荷载，故作用在水平框架全周上的均布荷载为刃脚上的最大水平力乘以分配系数 β（见本规范第 6.3.4 条的分配系数）。

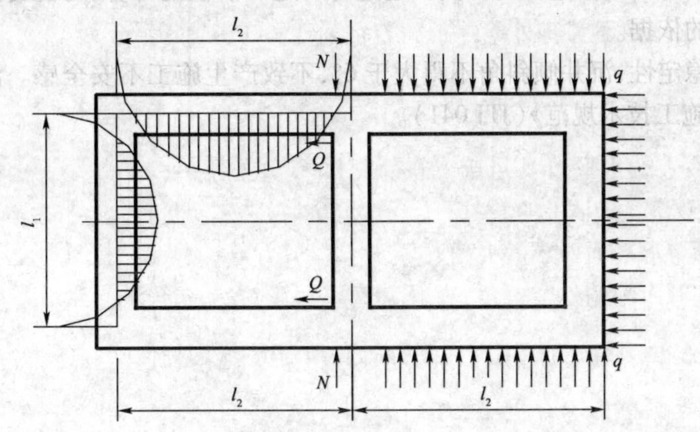

图 6-8　矩形沉井刃脚上的水平框架

作用在矩形沉井上的最大弯矩 M、轴向力 N 及剪力 Q 可按下列近似公式计算：

$$M=\frac{q\cdot l_1^2}{16} \tag{6-16}$$

$$N=\frac{q\cdot l_2}{2} \tag{6-17}$$

$$Q=\frac{q\cdot l_1}{2} \tag{6-18}$$

式中　q——作用在刃脚框架上的水平均布荷载；

l_1、l_2——沉井外壁的最大和最小计算跨径。

根据以上计算的 M、N 和 Q，设计刃脚内的水平钢筋。为便于施工，不必按正负弯矩将钢筋弯起，可按正负弯矩的需要布置成内、外两圈。

6.3.4　沉井刃脚一方面可看作固着在刃脚根部处的悬臂梁，梁长等于外壁刃脚斜面部分的高度；另一方面，刃脚又可看作为一个封闭的水平框架。因此，作用在刃脚侧面上的水平力将由两种不同的构件即悬臂梁和框架来共同承担，也就是说，其中部分水平力竖向由刃脚根部承担（悬臂作用），部分由框架承担（框架作用）。按变形协调关系导得分配系数公式如下：

悬臂作用
$$\alpha=\frac{0.1l_1^4}{h^4+0.05l_1^4}\leqslant 1.0 \tag{6-19}$$

框架作用
$$\beta=\frac{h^4}{h^4+0.05l_2^4}\leqslant 1.0 \tag{6-20}$$

式中：l_1——沉井外壁支承于内隔墙间的最大计算跨径；

l_2——沉井外壁支承于内隔墙间的最小计算跨径；

h——刃脚斜面部分的高度。

上述公式适用于当内隔墙的刃脚踏面底高出外壁的刃脚踏面底不大于 0.5m，或者大于 0.5m 但有竖直承托加强时。否则，全部水平力都由悬臂梁即刃脚承担（即 $\alpha=1$）。

6.3.5　沉井封底混凝土应按如下规定计算：

1　在施工抽水时，封底混凝土应承受基底水和土的向上反力，此时如因混凝土的龄期不足，应考虑降混凝土强度。

2　沉井井孔用混凝土或石砌圬工填实时，封底混凝土应承受基础设计的最大基底反力，并计入井孔内填充物的重力。

3　封底层混凝土厚度，一般不宜小于1.5倍井孔直径或短边边长。

6.3.6　浮式沉井施工应计算各施工阶段的沉井重力、入水深度、浮体稳定性、井壁水头差、井壁出水高度及其受力部分混凝土的龄期强度，计算各种可能水位和河床标高时沉井就位的相应内力，以及落地后所控制的沉井浮重和刃脚可能达到的标高。通过每一施工阶段的计算，可能得到井壁各部位可能承受的内力并作为设计的依据。

保证浮式沉井的稳定性，沉井倾斜角不得大于6°，不致产生施工不安全感。浮式沉井的稳定性验算，可参阅《公路桥涵施工技术规范》(JTJ 041)。

7 地下连续墙

7.1 一般规定

7.1.1 地下连续墙技术是近几十年内发展起来的一种地下工程新技术,20世纪20年代初应用于德国,50~60年代先后在意大利、法国、日本等国得到了迅速发展,50年代末期传入我国。该技术在各国均是首先应用在水利水电工程中,之后逐渐推广到建筑、市政、交通、矿山、铁道等部门。地下连续墙发展初期仅作为施工时承受水平荷载的挡土墙或防渗墙来使用,随后建筑、地铁等部门逐渐把地下连续墙用作高层建筑的地下室、地下停车场以及地铁等建筑的外墙结构,承担部分或全部的建筑物竖向荷载。近年来,在公路行业也得到了一定的应用,主要用作悬索桥重力式锚碇基坑的施工支护结构,同时也兼作基础的一部分参与使用阶段受力,如广东虎门大桥西锚碇采用圆形地下连续墙,江苏润扬长江大桥北锚碇采用矩形地下连续墙,武汉阳逻长江大桥南锚碇及广州珠江黄浦大桥采用圆形地下连续墙等。地下连续墙完全用作桥梁基础结构在国外特别在日本应用广泛,在国内尚处于探索研究阶段,但发展潜力很大。本章总结地下连续墙已有经验,力求使地下连续墙支护结构设计安全、经济、合理,同时对地下连续墙作为基础结构的设计起指导作用。

地下连续墙的概念、作用及分类是随着其自身的应用发展而不断变化着的。本规范地下连续墙主要用作桥梁基坑支护结构或桥梁基础,其范畴有所限制,主要体现在:①墙体截面形式为"板墙式",不包括"排桩式"(如江苏润扬大桥南锚碇所采用的"人工冻土壁+地下连续排桩"支护结构形式),地下连续排桩支护结构的设计可参照直线形地下连续墙支护结构;②必须进行挖槽施工,不包括原位搅拌工法做成的地下连续墙(如水泥固化土);③墙体为现浇钢筋混凝土,不包括塑性混凝土、固化灰浆、自硬泥浆、预应力混凝土、钢制地连墙及预制墙体等。

本章依据一般地质条件下的工程经验,当主要土层为特殊地质条件时应结合当地经验应用。

7.1.2 基坑支护结构安全等级的划分与结构重要性系数采用了结构安全等级划分的基本方法,按支护结构破坏、土体失稳或过大变形的后果分为很严重、严重、不严重三种情况分别对应于三种安全等级,其重要性系数的选用与《公路桥涵设计通用规范》(JTG D60—2004)相一致。要求设计者在进行地下连续墙支护结构设计时应根据基坑的不同条件因地制宜进行设计。

地下连续墙基础作为桥梁结构的一部分,其设计安全等级与结构重要性系数与桥梁整体结构一致。

7.1.3 无论是作为支护结构还是作为基础,地下连续墙的设计与地质条件及周边环境条件密切相关。应明确提出地质勘察要求,掌握工程场地与环境条件(包括现状地下管道、管线、地下构筑物和邻近建筑物、设备、泥浆排放等各种可能影响地下连续墙施工或受到本项工程影响的情况)。对支护结构还应充分考虑基坑施工、使用时间对设计的影响。

7.1.4 地下连续墙设计与施工设备、施工技术、施工工艺密切相关。施工宜先进行成槽试验,根据试验结果确定泥浆配方和成槽机械。墙段接头是地下连续墙设计与施工的关键,接头的形式很多,宜根据不同设计要求采用不同的接头形式。

地下连续墙设计应考虑施工和使用期间对场地周围环境的影响,主要指地下连续墙施工及使用期间其沉降、变形对周边建筑物的影响,以及泥浆排放对环境的污染。防止地下连续墙施工作业和基坑开挖影响或危害邻近建筑(包括地下结构、地下管线等设施),充分预测并采取措施防止地面沉降、变形影响或危害邻近建筑的正常使用,并做好泥浆的回收和排放。

7.1.5 地下连续墙的施工应符合现行《公路桥涵施工技术规范》的规定,对材料、钢筋笼制作、混凝土配制和灌注、预埋件设置、槽段侧面平整性和竖直度、槽段接缝质量、墙体混凝土完整性等应进行检查或检测。

地下连续墙支护结构施工过程中,应对基坑、支护结构和周围环境进行观察和监测,当出现异常情况时,应及时采取措施。地下连续墙基础宜在施工和使用期间进行变形观测,对于应用在重要桥梁锚碇基础的地下连续墙宜进行长期变形监测工作,及时掌握地下连续墙基础在使用期间的变形特征。

当必须确切评价地下连续墙基础的承载能力或变形特性时,应进行现场墙体载荷试验。

7.2 支护结构设计

7.2.2 基坑支护结构设计应在强度、稳定和变形三个方面满足要求:

1)强度:支护结构,包括墙体、支撑体系或锚杆(锚索)的强度应满足构件强度设计的要求。

2)稳定:指基坑周围土体的稳定性,即不发生土体的滑动破坏和因渗流造成流砂、流土、管涌以及支护结构、支撑体系的失稳。

3)变形:因基坑开挖造成的地层移动及地下水位变化引起的地面变形,不得超过基坑周围建筑物、地下设施的允许变形值,不得影响地下结构的施工。

基坑施工过程中的监测应包括对支护结构的监测和对周边环境的监测。

7.2.3 当悬臂式地下连续墙支护结构不能满足结构受力及变形要求时,应设置支承系统。直线形地下连续墙支护结构的支承系统包括支撑(如撑杆、水平支架)和土层锚杆(锚索)等结构形式,圆形地下连续墙支护结构的支承系统包括环梁(含竖肋)、内衬等结构形式。当单层支承不能满足结构受力要求时,应采用多层支承。

7.2.5 安全等级为一、二级的基坑变形影响基坑支护结构的正常使用功能,但目前还不能给出变形限值的具体数值,各地区可根据工程的具体周边环境等因素确定。

7.2.6 为了基坑的安全施工和坑底周围土体的稳定,地下连续墙必须插入基坑开挖面以下土中一定深度(又称嵌入深度)。可采用极限平衡法计算确定。当计算确定的地下连续墙入土深度接近底部岩层且在工程造价增加不多的前提下,宜将墙体嵌入岩层。

7.2.7 通常,由于黏性土渗透性弱,地下水对土颗粒不易形成浮力,故有经验时,可采用饱和重度,用总应力强度指标水、土合算,其计算结果中已包括了水压力的作用。但当支护结构与周围土层之间能形成水头时,仍应单独考虑水压力的作用。对地下水位以下的粉土、砂土、碎石土,由于其渗透性强,地下水对土颗粒可形成浮力,故应采用水、土分算。水压力可按静水压力计算,有经验时也可考虑渗流作用对水压力的影响。

7.2.10 构造规定

1 地下连续墙的厚度应充分结合成槽机械能力。地下连续墙成槽有多种工艺,相对应可采用挖掘机、铣槽机等。根据设计采用值的大多数情况,并考虑实施的可行性和合理性,规定最小厚度不宜小于600mm。最大厚度主要受制于成槽机械的能力,我国目前最大成槽厚度为1 500mm,在武汉阳逻大桥南锚碇圆形地下连续墙基础中得到应用。

地下连续墙成槽竖直度直接关系到墙体厚度的计算取用值,对于圆形地下连续墙尤其如此;同时,还关系到墙体的防渗效果,并影响接头构造的施工。地下连续墙成槽竖直度与成槽设备、槽深、工艺技术及管理水平密切相关,一般情况下,都能达到不大于1/100。武汉阳逻大桥南锚碇地下连续墙最大墙深60m,设计要求不大于1/300,实际施工都达到要求,一些槽段甚至达到1/450~1/500。根据国内技术水平现状,规定地下连续墙成槽竖直度不应大于1/200,是比较切合实际的。

2 各部位或构件的混凝土强度等级、原材料及主要配合比指标尚应满足《公路工程混凝土结构防腐蚀技术规范》(JTG/T B07-01)的相关规定。

3 考虑地下连续墙施工精度较难控制,且为直接接触土体浇筑,为增加结构的耐久性,规定主筋净保护层厚度不应小于70mm。对于L形、T形、多边形钢筋笼,护壁泥浆浓度较大,以及有侵蚀性水质或海水时,应适当加大保护层厚度。

4 墙段接头是地下连续墙设计与施工的关键技术。接头类型从使用材料上可分为:钢管、钢板、钢筋、型钢和铸钢、预制混凝土、人造纤维布和橡胶等;从构造形式和施工方法上可分为:钻凿式、接头管、接头箱、隔板式、软接头、预制混凝土构件等;从受力上可分为:仅起止水防渗不能受力的接头、能承受剪力的铰结接头、能承受弯矩和剪力的刚性接头。接头类型的选择应满足结构受力和施工的要求。图7-1a)~h)列出了常见的几种接头形式的示意图。接头管接头技术成熟,应用较多,一般情况下均可采用。对于有特殊设计要求的场合,应选用能满足相应要求的接头形式。

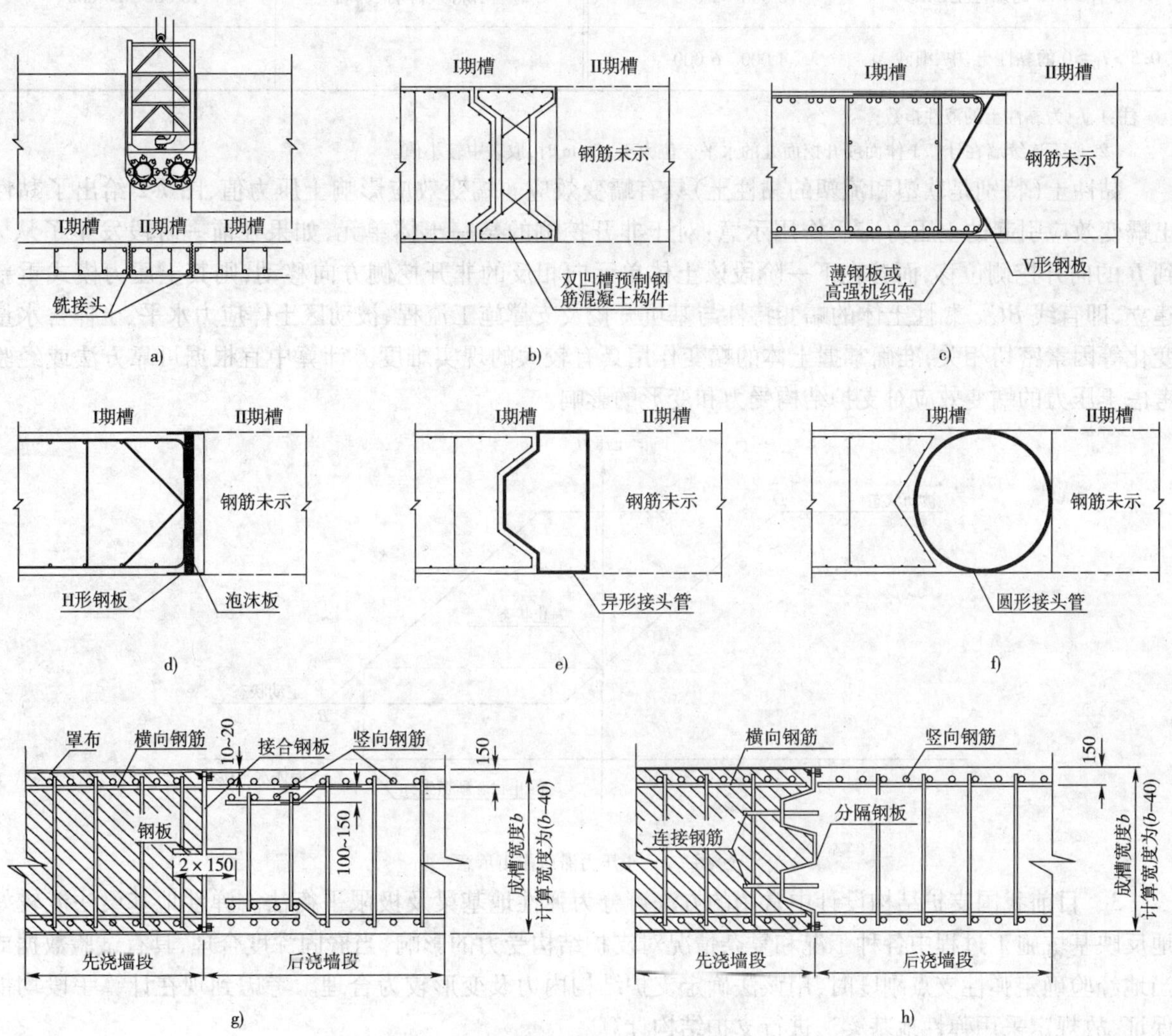

图7-1 几种接头形式示意(尺寸单位:mm)

a)铣削接头;b)双凹槽预制钢筋混凝土构件接头;c)V形钢板接头;d)H形钢板接头;e)异形接头管接头;f)圆形接头管接头;g)、h)刚性接头

5 钢筋笼的竖向分段主要取决于起吊能力。考虑接头位置可能形成构造的薄弱环节,为保证安全,要求接头位置选在受力较小处,并应尽量相互错开。钢筋连接宜优先采用机械连接。当采用绑扎搭接时,应符合《公路钢筋混凝土及预应力混凝土桥涵设计规范》(JTG D62)的规定。

7.2.11 直线形地下连续墙支护结构计算规定:

1 抗倾覆稳定、整体抗滑移稳定、坑底抗隆起稳定和坑底抗渗稳定的验算方法可按照《建筑地基基础设计规范》(GB 50007)的有关规定执行。

2 作用于墙体上的土压力采用库仑或朗金理论计算。自然状态土体内水平向有效应力,可认为与静止土压力相等,随着基坑开挖,墙体变形增大,最终可呈现出主动极限平衡状态和被动极限平衡状态。当对支护结构水平位移有严格限制时,采用静止土压力计算。当按变形控制原则设计支护结构时,作用在支护结构上的土压力按变形条件,即支护结构与土体的相互作用原理确定土压力是比较合理的方法。

土的水平地基反力系数随深度增大的比例系数 m 应尽可能通过水平荷载试验确定。当无条件进行试验时,可根据经验取值。当无试验资料又缺乏经验时,可按表7-1选用。

表 7-1　*m*　值

地基土质情况	m 值（kN/m^4）	地基土质情况	m 值（kN/m^4）
$I_L \geqslant 1.0$ 的黏性土，淤泥	1 000 ~ 2 000	$I_L < 0$ 的黏性土，粗砂	6 000 ~ 10 000
$1.0 > I_L \geqslant 0.5$ 的黏性土，粉砂	2 000 ~ 4 000	砾石、砾砂、碎石、卵石	10 000 ~ 20 000
$0.5 > I_L \geqslant 0$ 的黏性土，中、细砂	4 000 ~ 6 000		

注：1. I_L 为黏性土的液性指数；

2. 地下连续墙在计算土体面或开挖面处的水平变位大于 10mm 时，取表中较小值。

黏性土（特别是软塑和流塑的黏性土）具有蠕变效应。蠕变效应影响土压力值，图 7-2 给出了黏性土蠕变效应引起的土压力滞后作用示意：对于非开挖侧的某一土体单元，如果在前一阶段发生了从 A 到 B 的向开挖侧位移，而若在下一阶段该土体单元向相反的非开挖侧方向移动，则其土压力模式重新建立，即直线 BC。黏性土体的蠕变特性与基坑开挖及支撑施工流程、被动区土体应力水平、土体含水量变化等因素密切相关，准确掌握土体的蠕变作用具有较大的现实难度。计算中宜根据可靠方法或经验考虑土压力的蠕变效应对支护结构受力和变形的影响。

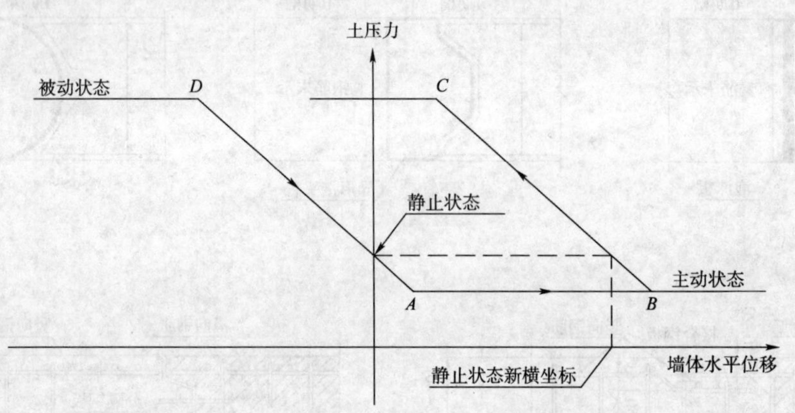

图 7-2　土压力滞后作用示意

3　目前我国支护结构设计中常用的方法可分为弹性地基梁及极限平衡法。弹性地基梁法能较好地反映基坑施工过程中各种工况和复杂情况对支护结构受力的影响，当嵌固深度合理，具有试验数据或当地经验确定弹性支点刚度时，用该法确定支护结构内力及变形较为合理。考虑到现在计算手段均能保证，故规定采用弹性地基梁法进行支护结构计算。

7.2.12　直线形地下连续墙支护结构构件计算规定。

地下连续墙竖向轴力主要包括墙体及支撑的自重，因此墙体按偏心受压构件计算。但一般情况下该竖向轴力较小，因此有时偏于安全可按受弯构件计算。但当轴向力较大时应按偏心受压构件计算。

7.2.13　圆形地下连续墙支护结构构件计算规定：

圆形地下连续墙支护结构受力不同于直线形地下连续墙，在结构受力机理上具有明显的空间性，宜按空间结构计算。但当对墙体、环梁或内衬的环向效应，以及水土压力不均匀分布及程度能较准确把握时，按轴对称结构取单位宽度的墙体作为竖向弹性地基梁计算是一种简洁、直观的方法。其计算原理和方法与直线形地下连续墙相同，不同之处在于圆形地下连续墙应考虑墙体、环梁或内衬的环向效应支承刚度。

环梁或内衬可按平面内的刚架环形梁进行计算。荷载作用的不均匀性对环梁或内衬的内力及变形计算影响很大，应充分研究并准确掌握。在缺乏资料的情况下，荷载作用的不均匀系数可取 1.1 ~ 1.2，为安全计，按沿对角象限分布进行计算。圆环向外侧变形区域的土体对环梁或内衬的约束作用可通过在外侧设置水平径向弹簧来模拟。

7.3 基础设计

7.3.1 地下连续墙基础根据墙段单元之间的连接组合、平面布置以及使用功能可分为下列类型。

1)条壁式地下连续墙基础:由平面长度不小于2.5倍宽度的一个或多个墙段单元组成的分离或连接组合但不封闭的地下连续墙基础,可分为下列类型。

①单壁式:地下连续墙的一个单体构成一个基础[图7-3a)]。单壁式地下连续墙相当于一异形灌注桩(矩形桩)。可以不设置顶板。

②平行复壁式:两个或多个地下连续墙单体在平面内分离并平行布置,通过顶板相连构成基础[图7-3b)]。其平行桥轴和垂直桥轴两个方向刚度差别较大。

③自由复壁式:两个或多个地下连续墙单体在平面内分散布置,通过顶板相连构成基础[图7-3c)]。根据荷载作用方向,可自由布置。

④组合复壁式:两个或多个地下连续墙单体在平面内连接组合并通过顶板相连而成的地下连续墙基础,可分为T形、十形、H形、工形、辐射形等几种形式[图7-3d)~h)]。

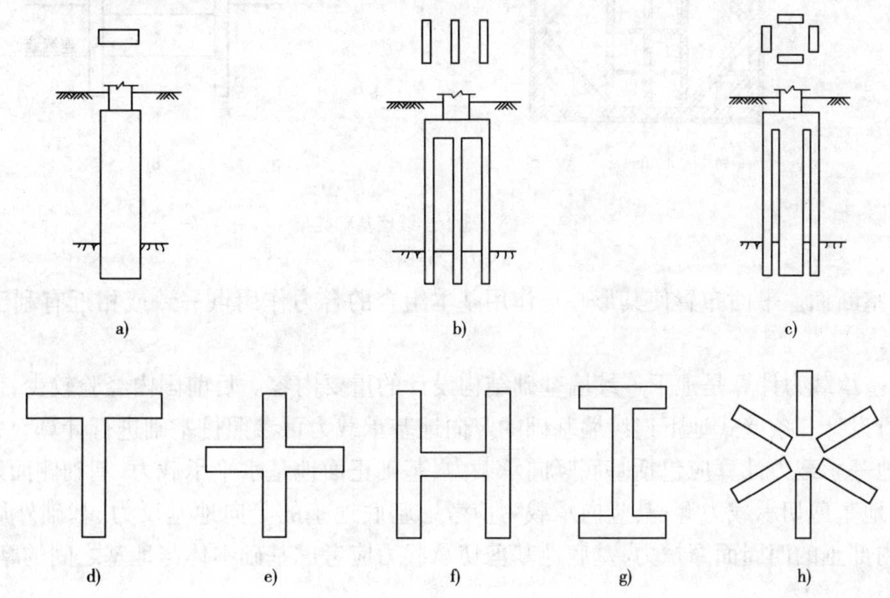

图7-3 条壁式地下连续墙基础类型

a)单壁式;b)平行复壁式;c)自由复壁式;d)T形;e)十形;f)H形;g)工形;h)辐射形

2)井筒式地下连续墙基础:由多个墙段单元相互刚性连接或外周墙刚性连接而内隔墙铰接组成平面封闭断面并通过顶板相连而成的地下连续墙基础,可分单室型和多室型两种形式[图7-4a)、图7-4b)]。

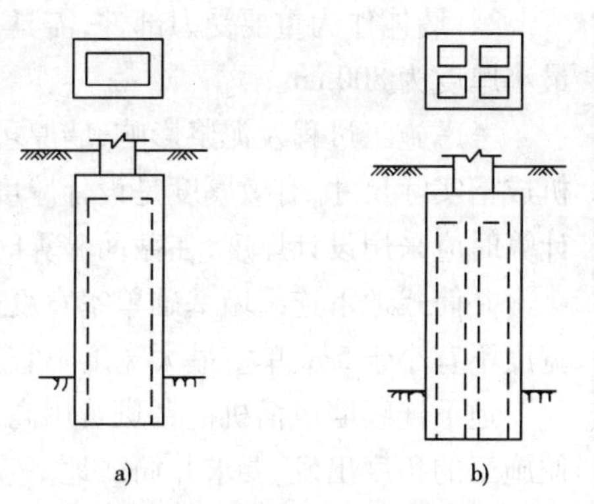

图7-4 井筒式地下连续墙基础类型

a)单室型;b)多室型

3)部分地下连续墙基础:以地下连续墙作为基坑开挖支护结构,内部土体开挖到要求的深度后,在基坑内部构筑钢筋混凝土结构而形成的基础形式,地下连续墙作为基础结构的一部分参与承担上部结构荷载作用。根据地下连续墙平面布置可分为矩形[图7-5a)]、圆形[图7-5b)]或复合异形等形式。

7.3.2 地下连续墙基础竖向承载力主要由墙体侧壁摩擦力和墙端支承力组成。当持力层为非岩石地基时,增加墙体深度能较快地增加侧壁摩擦力和墙端支承力,比增大平面规模更具经济性,且施工也较易实现,因此,应首先考虑增加墙体的埋置深度以提高竖向承载力。

7.3.3 地下连续墙基础平面布置灵活多样。井筒式地下连续墙基础槽段平面布置可做成一室断面、

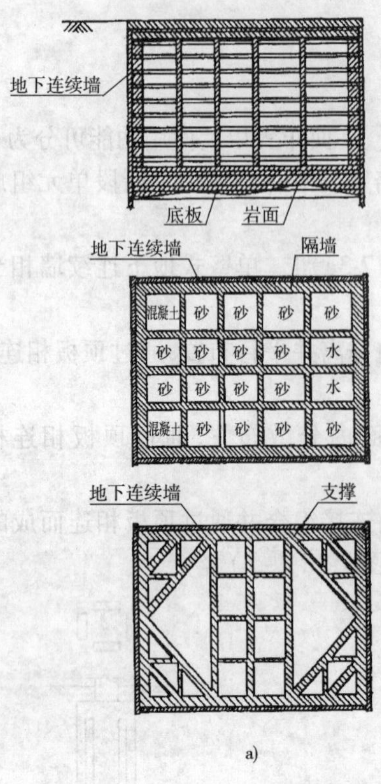

图 7-5　部分地下连续墙基础类型

a)矩形;b)圆形

二室断面、多室断面。平面布置使其形心与作用基本组合的合力作用点一致或相近有利于基础结构的受力。

7.3.5　地基承载力计算是地下连续墙基础结构设计的重要内容。目前国内经验较少,设计者可参考相关资料进行设计。条壁式地下连续墙基础的竖向地基承载力可参照桩基础进行计算。井筒式地下连续墙基础的地基承载力计算应包括基底竖向承载力、基础正面地基水平承载力、基础侧面地基水平剪切承载力、基底地基剪切承载力等;其竖向承载力应考虑基底地基的竖向地基反力、基础外周面的竖向侧壁摩擦力及内部土的四周面摩擦力;基底地基剪切承载力应考虑基础本体与地基之间的摩擦力、内部土体间的摩擦力。

7.3.7　本条与钻孔灌注桩的试桩试验要求具有相同的性质。

7.3.8　构造规定:

2　墙体作为重要受力部件,需具有一定的承载能力,因此对最小厚度作出规定。根据日本经验,取最小厚度为800mm。

考虑施工过程及泥浆影响,墙厚可分为成槽厚度、设计厚度和有效厚度。成槽厚度为挖掘机或铣槽机成槽实际尺寸;有效厚度是设计厚度减去泥膜厚度,一般可取两侧各20mm共40mm。在进行稳定性计算时应采用设计厚度,在截面验算时应采用有效厚度。

井筒式地下连续墙基础单室宽度过小则施工困难,过大则经济性差,借鉴日本经验,规定单室最小宽度不宜小于5m,单室最大宽度不宜大于10m。

地下连续墙成槽机械台班费用高。从最大程度发挥成槽机械工作效率,同时减少施工工艺转换、方便施工的角度出发,要求井筒式地下连续墙基础的外周墙和隔墙尽量采用相同厚度。

3　顶板相当于钻孔灌注桩的承台,将地下连续墙各墙段连成整体共同受力。因此,对于由多个墙段组成的非单壁式地下连续墙基础顶部应设置顶板,并应具有足够刚度。

地下连续墙应与顶板形成一个整体,同桩基础一样,墙体应进入顶板,其钢筋也应伸入顶板一定长度。借鉴日本经验,规定墙体应进入顶板100~200mm,钢筋伸入顶板内长度不应小于$b/2$及钢筋锚固长度l_a之和。

5 井筒式地下连续墙基础作为整体基础必须保证具有较大的整体刚度。外周墙直接承受外侧的水土压力,并由内隔墙作为支承,外周墙内产生较大的弯矩和剪力,因此必须采用刚性接头。内隔墙作为外周墙的支承,主要承受轴力,因此可以采用不能承受弯矩的铰接接头,但若条件容许,宜尽量采用刚性接头,以增加基础的整体刚度。

7.3.9 地下连续墙基础结构受力计算需考虑土体与结构的共同作用,受力比较复杂,目前国内尚缺乏系统的理论分析及试验研究,因此,设计时可参考有关资料或根据经验采用可靠的方法按空间结构进行计算分析。

附录 H 中国季节性冻土标准冻深线图及其冻胀性分类

H.0.1 中国季节性冻土标准冻深线图取自《建筑地基基础设计规范》(GB 50007—2002)附录 F“中国季节性冻土标准深度图”。

H.0.2 季节性冻土分类根据黑龙江交通科学研究所专题研究成果,按冻胀率 k_d(冻胀量与冻结深度之比)划分为不冻胀、弱冻胀、冻胀、强冻胀、特强冻胀和极强冻胀六类。

1)根据黏性土地基冻胀率与有效冻胀水分关系式 $k_d = 0.78(\overline{w} - w_p)$(保证率 95%)计算并推荐各冻胀类别的黏性土地基冻前天然含水量值(%)。以上 k_d 为土的冻胀率(%);$\overline{w}$为冻层范围内冻前平均含水量(%);w_p 为土的塑限含水量(%)。

2)根据冻前地下水对黏性土地基冻胀影响表达式 $k_d = 35.1\exp^{-0.0019z}$计算并推荐各冻胀类别黏性土地基冻前地下水位至地表的距离。以上 z 为冻前地下水位至地表的距离(mm)。

3)根据冻前地下水对细砂地基冻胀影响表达式 $k_d = 24.12 - 5.2\ln z$,计算并推荐了各冻胀类别细砂地基冻前地下水位至地表距离。

4)其他判别条件,采用《公路桥涵地基与基础设计规范》(JTJ 024—85)、《建筑地基基础设计规范》(GB 50007—2002)相关数据。

H.0.3 多年冻土分类采用《冻土地区建筑地基基础设计规范》(JGJ 118—98)表 3.1.6。

附录L　冻土地基抗冻拔稳定性验算

设置在季节性冻土地区和多年冻土地区的墩台基础(包括桩基),如本规范附录图L.0.2所示,河床以下各层,有向上的切向冻胀力 T、向下的摩阻力 Q_s 和向下的冻结力 Q_p。基础埋置深度应根据受力情况满足抗冻胀(拔)稳定要求。据黑龙江省调查,有不少小桥涵,尤其是下部采用桩基础、桥面为板式的小桥,冻胀上拔破坏的较多。因为小桥上部自重较轻,基础埋置也较浅,冻胀上拔力大于自重竖向力。为克服这种冻胀破坏,一是加深基础的埋置深度,二是加大上部自重。但对小桥涵结构来说,增大上部自重是困难的,通常是根据力的平衡条件,恰当确定基础的埋置深度,并验算切向冻胀力和基础薄弱截面处的抗拉强度。

1　墩台基础或桩基础切向冻胀力

附录表L.0.1季节性冻土切向冻胀力标准值 τ_{sk} 系经黑龙江省交通科学研究所在安庆冻土科学试验场,在不同冻胀条件、冻胀率为6% ~28% 条件下,对5—d250mm、3—d370mm、2—d500mm、2—d750mm、13—d800mm、2—d1 000mm和1—d1250mm(d为桩直径),共28组桩切向冻胀真形试验,在室内采用三种比例做的模型试验和数十根冻拔桩验算取得大量数据,以及采用五种试回归方法(直线、对数曲线、幂函数曲线、指数曲线和双曲线)进行数据分析,采用三种检验方法(相关系数、剩余平方和及相关指数)对方程进行检验,从中选出最佳的对数方程:

$$\tau_{sk}=63.45\ln k_d-2.38 \tag{L-1}$$

式中　τ_{sk}——单位切向冻胀力标准值(kPa);

k_d——地基土冻胀率(%)。

桩径与单位切向冻胀力的关系如表L-1所示。

表L-1　桩径与单位切向冻胀力的关系

桩径(mm)	500	750	1 000	1 250
切向冻胀力(kPa)	60	58	56	58
以500mm桩径为1的比值	1.00	0.97	0.93	1.00

表L-1表明,桩径对切向冻胀力影响很小,计算可不考虑桩径对切向冻胀力的修正问题。

2　抗冻拔稳定力

季节性冻土地基墩台基础(含条形基础)抗冻拔稳定按公式(L.0.1-1)计算,抗冻拔稳定力包括基础上的结构自重 F_k、基础及其上土的自重 G_k 和融化层摩阻力 Q_s。多年冻土地基墩台基础(含条形基础)抗冻拔稳定按公式(L.0.2-1)计算,抗冻拔稳定力除上述 F_k、G_k、Q_s 外,尚有多年冻土层冻结力 Q_p。

多年冻土地基桩(柱)抗冻拔稳定按公式(L.0.3-1)计算,冻拔稳定力为桩(柱)顶的结构自重 F_r、桩(柱)自重 G_k 和桩(柱)在季节性冻深线以下各层土的摩阻力之和 Q_f,摩阻力标准值可自本规范表5.3.3-1和表5.3.3-4选用。

3　条形基础单位切向冻胀力

过去对长宽比较大的条形基础(长宽比等于10或大于10)缺乏研究,一般设计时均采用桩基切向冻胀力。实际上根据野外试验观测和理论分析,表明条形基础所受的切向冻胀力比相同条件下的桩基受到的切向冻胀力为小。

如将条形基础取出 $D/2$ 的长度(如图L-1),则其与冻土接触的侧表面长度为 $2\times D/2=D$。设桩直径为 d,桩的周长为 πd。令 $\pi d=D$,即令桩的周长等于条形基础两侧面的长度。设冻深为 h,并设条形基础和桩基对冻土约束范围相等并为 l。于是,在设计冻深范围参与冻胀的土体积 V_1、V_2 为图L-1和公式(L-2)及公式(L-3)所示。

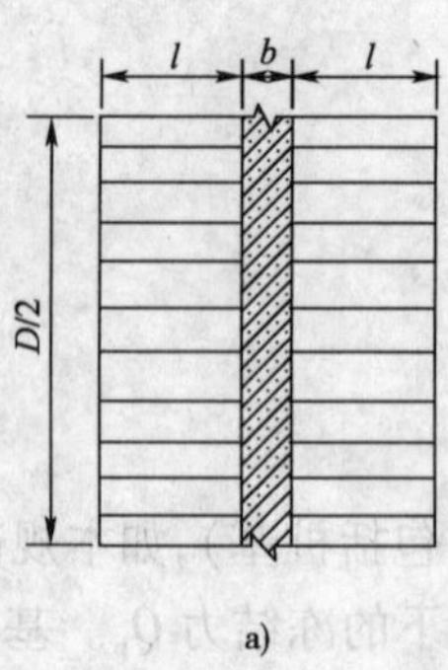

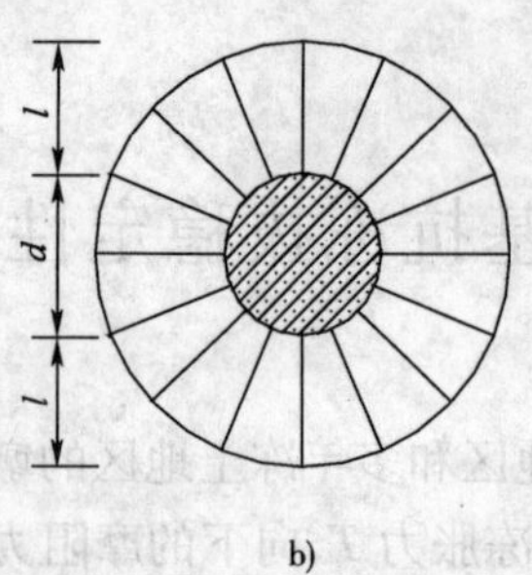

图 L-1 桩基和条基切向冻胀力平面示意图(冻深 h 未示出)

a)条基;b)桩基

b-条基宽度;$D/2$-条基截取长度;d-桩基直径,取为 $d=D/\pi$;l-条基或桩基对冻土约束范围

条基 $$V_1 = h \times 2l \times \frac{D}{2} = hlD \tag{L-2}$$

桩基 $$\begin{aligned} V_2 &= h\pi(2l+d)^2 \times \frac{1}{4} - h\pi d^2 \times \frac{1}{4} \\ &= h\pi(4l^2 + 2 \times 2ld + d^2) \times \frac{1}{4} - h\pi d^2 \times \frac{1}{4} \\ &= h\pi l(l+d) = h\pi l^2 + h\pi ld \end{aligned} \tag{L-3}$$

因 $D=\pi d$,所示 $V_2 = h\pi l^2 + hlD$。

从式(L-2)和式(L-3)可知,在参与冻胀的土体积中,桩基 V_2 多一项 πhl^2。现场试验又表明,桩基影响冻胀范围 l 不仅超过冻深 h,而且还大于桩径 d 两倍以上,说明条基受到的切向冻胀力还不及桩基的一半。

4 关于公式(L.0.3-1)内桩(柱)自重标准值 G_k 和桩(柱)在最大季节冻深线以下融化层中摩阻力 Q_s 的说明

本规范表 5.3.3-1 钻孔桩桩周土的摩阻力标准值 q_{ik} 是试验荷载作用下测得的,它没有包括桩身自重对摩阻力的影响。也就是说,在施加试验荷载之前,桩身自重已在地基中引起抗力。当灌注混凝土尚在流体状态时,其自重主要由桩端承受,当混凝土凝固后,主要由桩壁摩阻力承受。因此,验算桩抗拔时应考虑桩身自重;在水位以下且桩端为透水土时,则应考虑浮力而计算浮重度。

桩(柱)在最大季节冻深线以下的摩擦桩桩周摩阻力 Q_f 是抗冻胀的稳定力,在公式(L.0.3-2)内乘以系数 0.4。黑龙江省交通科学研究所结合实际工程,通过用不同系数0.35、0.40、0.50 计算桩入土深度与实际入土深度比较。结果表明,以系数 0.50 计算的桩的入土深度,不冻拔率为 61%;以 0.40 计算的不冻拔率为 98%;以 0.35 计算的不冻拔率为 100%。最后采用系数 0.40。

5 防治切向冻胀力的措施

防治或减小切向冻胀力,可采用下列措施:

1)采用粗砂、砾(卵)石等非冻胀性材料换填基础周围冻胀土。换填范围为 0.5 ~ 1.0m,换填深度可取:冻胀、强冻胀地基换填 75% 设计冻深;特强冻胀换填 90% 设计冻深;极强冻胀换填全部设计冻深。

2)将墩台身和基础侧面,在冻层范围内做成平整、顺畅的表面。

3)在冻层范围内的墩台基础侧面上涂敷沥青、工业凡士林或渣油。

4)基础可做成正梯形的斜面基础,斜面坡度(竖:横)宜等于或大于 1∶7[见《冻土地区建筑地基基础设计规范》(JGJ 118—98)第 5.1.4.3 条]。

附录 P　按 m 法计算弹性桩水平位移及作用效应

附录 P 根据原规范附录六“基础按 m 法的计算”内 $\alpha h>2.5$(弹性基础)改写,除两层土 m 值换算计算方法及其桩身最大弯矩修正进行了改进外,其他内容不变,仅在文字上作较大简化,表达更为清晰。

P.0.1　对于桩的计算宽度的内容,本规范计算方法的实质与原规范相同,表达方式进行了简化,主要简化过程说明如下:

1　对 $d\geqslant1.0$m 的桩,原规范采用式(P-1)计算单桩的计算宽度 b_1:

$$b_1=k_\varphi k_0 b \tag{P-1}$$

式中　k_0——空间工作系数,按式(P-2)计算;

$$k_0=1+\frac{1}{b} \tag{P-2}$$

k_φ——形状换算系数,圆形桩取 0.9,矩形取 1.0;

b——垂直于水平力作用方向的桩宽度。

将式(P-2)代入式(P-1),可得:

$$b_1=k_\varphi(b+1) \tag{P-3}$$

原规范规定:对垂直于水平力的作用方向,若存在多根桩,则将各单桩的计算宽度进行累加,得到多根桩总的计算宽度;对于水平力的作用方向存在多根桩的情况,即为多排桩,原规范又在式(P-1)的基础上引入桩间相互影响系数 k,得到:

$$b_1=kk_\varphi k_0 b \tag{P-4}$$

k 采用式(P.0.1-4)计算,$k=b_2+\frac{1-b_2}{0.6}\cdot\frac{L_1}{h_1}$。

对于单桩,不存在相互影响的问题,$k=1$;而 $L_1\geqslant0.6h_1$ 的多排桩,桩间也不会互相影响,故 $k=1$。

因此原规范计算 $d\geqslant1.0$ 的单排桩、多排桩的通式为:

$$b_1=kk_\varphi(b+1) \tag{P-5}$$

将 b 用 d 代替,将 k_φ 用 k_f(f 为 *figure* 的首字母)即得到附录 P.0.1 的公式(P.0.1-1)。

2　对于 $d<1.0$m 的桩,公式(P-1)不适用,按下式计算:

$$b_1=kk_f(1.5d+0.5) \tag{P-6}$$

公式(P-6)即本规范附录 P.0.1 的公式(P.0.1-2)。

3　b_1 的计算值不得大于 $2d$,即 $b_1\leqslant2d$(见原规范在附录六第二条第 1 款的“注”),这是为了不致计算宽度发生重叠现象。

P.0.2　关于多层地基当量 m 值的换算

1　多层地基横向受荷桩位移和内力精确计算方法

如图 P-1 所示,设桩侧土地基系数随深度线性增加。第一层土的地基比例系数为 m_1,土层厚 h_1,相应的桩的变形系数为 α_1;第二层土的地基比例系数为 m_2,土层厚 h_2,桩的变形系数为 α_2。若桩径不变,则不同土层中的桩的变形系数为:

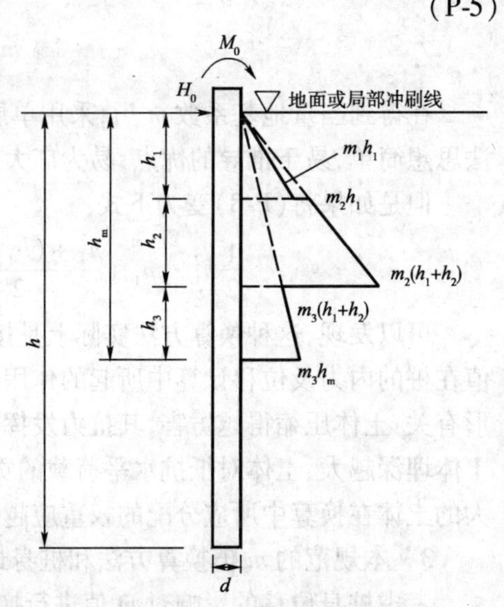

图 P-1　多层地基示意图

$$\alpha = \sqrt[5]{\frac{m_i b_1}{EI}}$$

式中 下标 i——表示第 i 层土；

b_1——桩的计算宽度；

EI——桩的抗弯刚度。

则各土层内桩的内力及位移为：

$$\left.\begin{aligned} x_{iz} &= \alpha_{i0}A_1 + \alpha_{i1}B_1 + \alpha_{i2}C_1 + \alpha_{i3}D_1 \\ \frac{\varphi_{iz}}{\alpha_i} &= \alpha_{i0}A_2 + \alpha_{i1}B_2 + \alpha_{i2}C_2 + \alpha_{i3}D_2 \\ \frac{M_{iz}}{\alpha_i^2 EI} &= \alpha_{i0}A_3 + \alpha_{i1}B_3 + \alpha_{i2}C_3 + \alpha_{i3}D_3 \\ \frac{Q_{iz}}{\alpha_i^3 EI} &= \alpha_{i0}A_4 + \alpha_{i1}B_4 + \alpha_{i2}C_4 + \alpha_{i3}D_4 \end{aligned}\right\} \tag{P-7}$$

其中 $A_1 \sim D_4$ 为无纲量系数，$\alpha_{i0} \sim \alpha_{i3}$ 为待定常数，可根据边界条件和连续条件确定。对于双层地基，由此可得一八阶线性方程组，联立求解即可得到桩身任意点的内力和位移。

2 原规范的多层地基横向受荷桩位移和内力简化计算方法

在缺乏相关软件的情况下，原规范对单层地基的横向受荷桩位移和内力建立计算表格供设计人员使用，对于多层地基横向受荷桩的计算，通过将多层地基换算成单层地基而求得多层地基横向受荷桩位移和内力。由于单层地基的横向受荷桩位移和内力表格是精确的，因此，将此表格应用于多层地基，其准确性取决于多层地基 m 值的取值方法。为简便起见，原规范给出的换算方法如下：如图 P-1 所示，当基础侧面为数种不同土层时，将地面或局部冲刷线以下 h_m 深度内各土层 m_i 换算为一个当量 m 值作为整个深度的 m 值。根据换算前后地基系数图形面积在深度 h_m 内相等，以 3 层地基为例，可得：

$$\frac{1}{2}m_1h_1^2 + \frac{m_2h_1 + m_2(h_1 + h_2)}{2}h_2 + \frac{m_3(h_1 + h_2) + m_3h_m}{2}h_3 = \frac{mh_m^2}{2} \tag{P-8}$$

将 $h_m = h_1 + h_2 + h_3$ 代入上式，整理可得：

$$m = \frac{m_1h_1^2 + m_2(2h_1 + h_2)h_2}{h_m^2} + \frac{m_3(2h_1 + 2h_2 + h_3)h_3}{h_m^2} \tag{P-9}$$

若为两层地基，则令 $m_3 = 0$，可得：

$$\frac{1}{2}m_1h_1^2 + \frac{m_2h_1 + m_2(h_1 + h_2)}{2}h_2 = \frac{mh_m^2}{2} \tag{P-10}$$

$$m = \frac{m_1h_1^2 + m_2(2h_1 + h_2)h_2}{h_m^2} \tag{P-11}$$

在得到当量地基系数 m 后，采用单层匀质地基的精确解答就可以得到桩顶位移与转角。该换算方法思想简单，易于推导的优点，易为广大设计人员掌握。

但是如果将(P-8)变为下式：

$$\frac{1}{2}h_1^2 \cdot m_1 + \frac{h_1 + (h_1 + h_2)}{2}h_2 \cdot m_2 + \frac{(h_1 + h_2) + h_m}{2}h_3 \cdot m_3 = m\frac{h_m^2}{2} \tag{P-12}$$

可以发现，这种换算方法实际上是按深度进行加权换算当量地基系数 m，即埋深越大的土体，其 m 值在桩的内力及位移计算中所起的作用越大。事实上，桩周土对抵抗水平力所起的作用与其本身的变形有关：土体压缩得越厉害，其抗力发挥的程度越大，而自桩顶向下，桩的水平方向变形是越来越小的，土体埋深越大，土体对抵抗水平荷载的贡献应该是越低，其 m 值的大小也越不重要。在换算中，埋深越大的土体在换算中所应分配的权重应越低，因此本规范予以修订。

3 本规范的 m 值换算方法和桩身最大弯矩计算方法

考虑桩身位移的影响对 m 值进行换算是更科学的方法，因此采用根据桩身位移挠曲线确定上下两层土的加权权值，计算得到的当量 m 值，再按照规范采用单层地基的计算方法和数据表格得到的结果必然更准确（详见《公路交通科技》,2006 年第 12 期“双向地基横向受荷桩简化计算方法研究”）。该文献采用按桩身挠曲曲线的形状［图 P-2b）］与深度建立综合权函数计算当量 m 值。其权函数为：

$$x_z = \left(1 - \frac{z}{h_m}\right)^n \frac{z}{h_m} \tag{P-13}$$

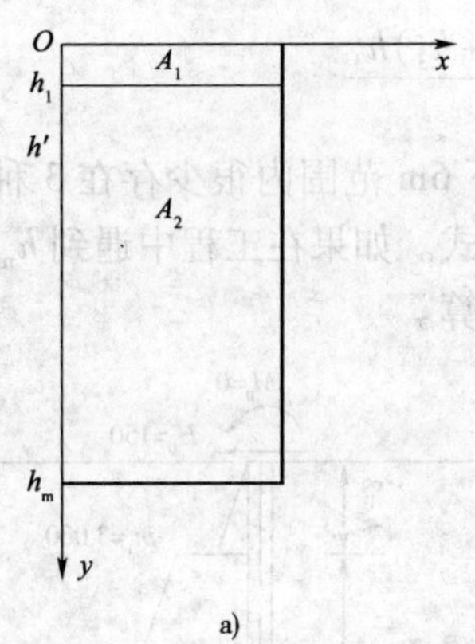

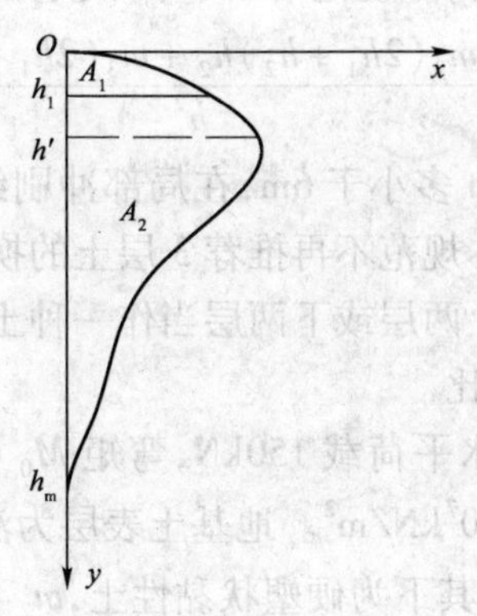

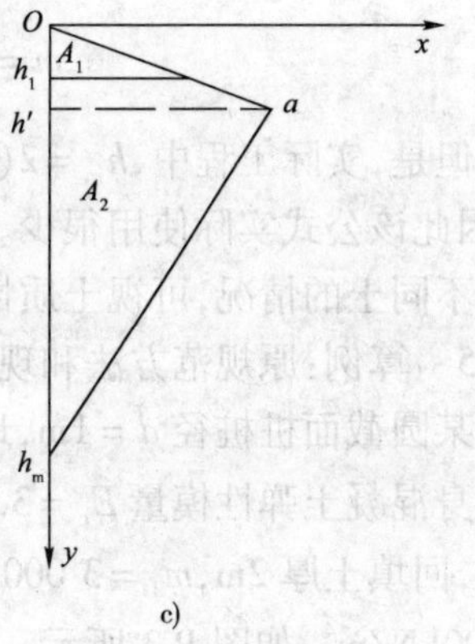

图 P-2　权函数比较

a）深度加权；b）挠曲线加权；c）简化方法加权

由此可得双层地基的当量 m 值为：

$$m = \beta^{n+1}[n + 2 - (n+1)\beta](m_2 - m_1) + m_1 \tag{P-14}$$

其中：

$$\beta = \begin{cases} 1 - h_1/h_m & h_1 < h_m \\ 0 & h_1 \geqslant h_m \end{cases} \tag{P-15}$$

尽管该法大大提高了计算精度，但是采用该文献所采用的换算方法需进行迭代计算，其过程复杂，不适于手工计算。因此将权函数简化为一三角形，如图 P-2c）所示，换算深度为：

$$h_m = 2(d+1)，且\ h_m \leqslant h \tag{P-16}$$

权值最大点深度由式（P-10）可得：

$$h' = 0.2h_m \tag{P-17}$$

故双层地基当量 m 值为：

$$m = \frac{m_1A_1 + m_2A_2}{A_1 + A_2} \tag{P-18}$$

进一步简化可得 m 值的计算式为：

$$m = \gamma m_1 + (1-\gamma)m_2 \tag{P-19}$$

其中：
$$\gamma = \begin{cases} 5(h_1/h_m)^2 & h_1/h_m \leqslant 0.2 \\ 1 - 1.25(1 - h_1/h_m)^2 & h_1/h_m > 0.2 \end{cases}$$

由式（P-19）得到的当量 m 值只能保证桩顶位移的计算精度，而桩身最大弯矩尚存在较大偏差，有必要进一步对桩身最大弯矩进行修正。修正公式为：

$$M_{max} = \xi M_{zmax} \tag{P-20}$$

其中 M_{zmax} 为计算的桩身最大弯矩值，ξ 为最大弯矩修正系数，可按下式计算：

$$\begin{cases} \xi = \frac{2\delta}{\delta + 2}\frac{h_1}{h_m} + 1 & \frac{h_1}{h_m} \leqslant \frac{1}{6}(\delta + 2) \\ \xi = \frac{2\delta}{\delta - 4}\frac{h_1}{h_m} + \frac{4+\delta}{4-\delta} & \frac{h_1}{h_m} > \frac{1}{6}(\delta + 2) \end{cases} \tag{P-21}$$

其中：

$$\delta = \frac{H_0}{H_0 + 0.1M_0}\lg\frac{m_2}{m_1} \tag{P-22}$$

该公式为回归公式，使用该公式约定：H_0 单位为 kN；M_0 单位为 kN·m。经偏差分析，采用本规范的计算方法，在常见各种工况下的计算精度较原规范方法有了显著的提高。

4 关于三层土的换算公式

对于当 h_m 内存在三层不同的土时，原规范给出了以下换算公式：

$$m=\frac{m_1h_1^2+m_2(2h_1+h_2)h_2+m_3(2h_1+2h_2+h_3)h_3}{h_m^2} \tag{P-23}$$

但是，实际工程中，$h_m=2(d+1)$m 多小于 6m，在局部冲刷线以下 6m 范围内很少存在 3 种以上土层，因此该公式实际使用很少。因此本规范不再推荐 3 层土的换算公式。如果在工程中遇到 h_m 内存在三层不同土的情况，可视土质情况将上两层或下两层当作一种土层计算。

5 算例：原规范方法和现规范对比

某圆截面桩桩径 $d=1$m，地面处水平荷载 150kN，弯矩 $M_0=0$，桩身混凝土弹性模量 $E_c=3.237\times10^7$kN/m²。地基土表层为流塑状，回填土厚 2m，$m_1=3\ 000$kN/m⁴，其下为硬塑状黏性土，$m_2=20\ 000$kN/m⁴，如图 P-3 所示：

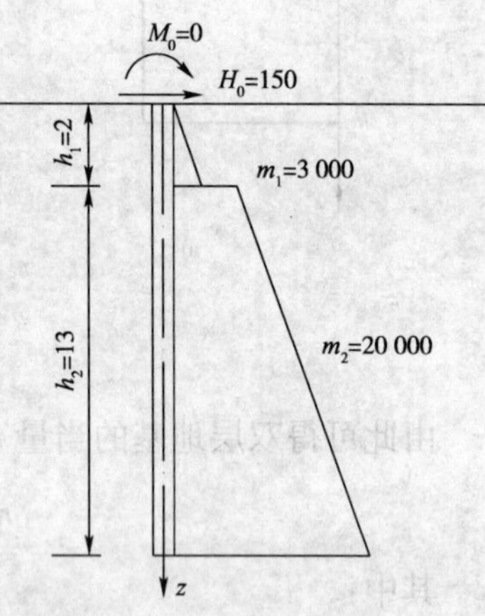

图 P-3 计算实例示意图

根据现规范方法计算，可得：$h_m=4$m，$h_1/h_m=0.5$，$\delta=0.824$，由式（P-19）得 $\gamma=0.687\ 5$，$m=8\ 312.5$kN/m⁴。将此 m 值按单层地基计算可得桩顶位移 $x_0=4.44$mm，桩身最大弯矩 $M'_{max}=270.21$kN·m；由式（P－21）得：$\xi=1.259$，再由式（P-20）得：$M_{max}=\xi M_{zmax}=340.31$kN·m。以幂级数法、原规范法、现规范法计算桩身挠曲曲线和桩身弯矩如表 P-1 和图 P-4、图 P-5 所示。可见，现规范法较原规范有较大的改进。

表 P-1 最大弯矩 M_{max} 及桩顶位移 x_0 比较表

项　目	幂级数解	原规范解		现规范解	
		结果	误差	结果	误差
x_0(mm)	4.35	3.02	−31.05%	4.44	2.01%
M_{max}(kN·m)	335.49	238.95	−28.78%	340.31	1.44%

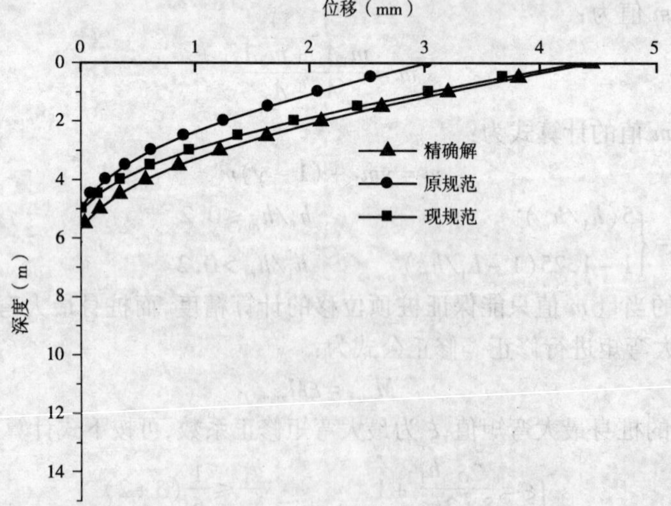

图 P-4 位移曲线

P.0.6、P.0.7 说明如下：

1 表 P.0.6 和表 P.0.7 适用于对称布置的高桩承台竖直桩，其中表 P.0.6 适用于桩身无土侧压力，表 P.0.7 适用于桩身有土侧压力。表 P.0.7 中土侧压力仅外排桩承受，其余各排因有外排桩遮挡，

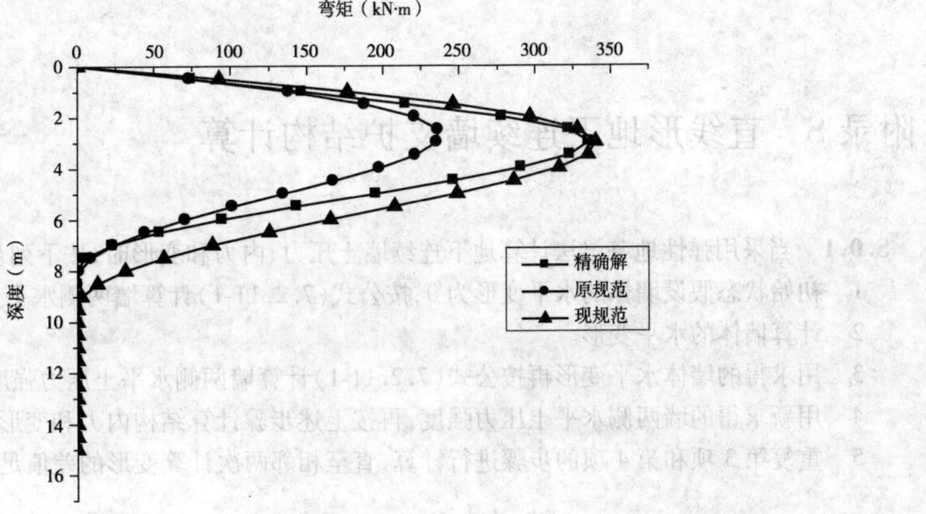

图 P-5　弯矩曲线

不考虑承受土侧压力；如为梅花形布置桩，未被前面遮挡的桩应计入土侧压力（图 P.0.7）。

2　不对称布置的高桩承台竖直桩，可根据表 P.0.6 和表 P.0.7 的说明，分别按其第 2 款第 1）项和第 2）项计算。桩身无土侧压力时，可按公式（P.0.6-1）计算求解，桩身有土侧压力时，可按公式（P.0.7-1）计算求解。

3　当地面或最低冲刷线位于承台底以上时，即承台埋入土的低桩承台，应将承台周围的土视作弹性介质，按表 P.0.6 和表 P.0.7 的说明第 2 款第 3）项计算。此时，由于承台已埋入土中，不考虑桩身承受土侧压力。

附录 S 直线形地下连续墙支护结构计算

S.0.1 当采用弹性地基梁法计算地下连续墙土压力、内力和变形时,按下列步骤进行迭代计算:

1 初始状态假设墙体的水平变形为0,按公式(7.2.11-1)计算墙两侧水平土压力强度。

2 计算墙体的水平变形。

3 用求得的墙体水平变形再按公式(7.2.11-1)计算墙两侧水平土压力强度。

4 用新求得的墙两侧水平土压力强度,再按上述步骤计算结构内力和变形。

5 重复第3项和第4项的步骤进行计算,直至相邻两次计算变形的差值足够小时为止。

附录T　圆形地下连续墙支护结构计算

T.0.2　一道环梁或内衬的有效截面面积 A_z，为设计截面面积考虑施工偏差导致截面削弱后的平面有效“真圆环”截面面积。截面削弱主要指环梁或内衬的水平圆环宽度的折减。影响因素主要包括：由多段直线形槽段组成的“多边形”地下连续墙导致环梁或内衬水平圆环外边理论“真圆”的折减、地下连续墙槽段竖直度施工误差引起墙段间错台导致环梁或内衬水平圆环外边线的偏移、环梁或内衬自身的平面施工误差导致理论“真圆”的折减。

T.0.3　地下连续墙墙体有效厚度 d，为设计厚度考虑施工偏差后的平面有效“真圆环”厚度。影响因素主要包括：由多段直线形槽段组成的“多边形”地下连续墙导致理论“真圆”墙体厚度的折减、槽段竖直度施工误差引起墙段间错台导致墙体厚度的折减。

公式(T.0.3)中的修正系数 α 主要考虑墙段间存在的泥皮对圆形地下连续墙墙体环向受压刚度的削弱。槽段混凝土是分期浇注的，由于采用泥浆护壁，二期槽段浇注时，在一、二期墙段间必然存在一定厚度的泥皮。基坑开挖时，外侧水土压力作用导致墙体环向受压，泥皮在压力作用下产生变形，从而削弱了墙体的环向刚度。圆形地下连续墙直径越大、槽段接头数越多、泥皮厚度越大，则削弱程度越大。削弱程度的取值，与施工单位的技术水平、经验密切相关，应根据工程具体情况研究采用。武汉阳逻大桥南锚碇基础圆形地下连续墙支护结构受力计算中，采用了法国基础公司根据其多年经验提供的建议方法对 α 值进行了计算，算得 α 为0.417。根据信息化施工监测结果，墙体受力及变形状态与计算结果非常吻合。武汉阳逻大桥南锚碇基础圆形地下连续墙支护结构外径达73m，墙厚1.5m，最大墙深约61m，最大开挖深度约45m，已达相当规模，因此本条取用 α 低限值为0.4，应能包括一般情形下的圆形地下连续墙支护结构。α 高限值取0.7主要参考了《港口工程地下连续墙结构设计与施工规程》(JTJ 303)。

JTG

中华人民共和国行业标准 JTG D62—2004

公路钢筋混凝土及预应力混凝土桥涵设计规范

4

Code for Design of Highway Reinforced Concrete and Prestressed Concrete Bridges and Culverts

2004-06-28 发布 2004-10-01 实施

中华人民共和国交通部发布

JTG

中华人民共和国行业标准　　　　JTG D62—2004

公路钢筋混凝土及预应力混凝土桥涵设计规范

Code for Design of Highway Reinforced Concrete and Prestressed Concrete Bridges and Culverts

2004-06-28 发布　　　　2004-10-01 实施

中华人民共和国交通部发布

中华人民共和国交通部公告

2004 年第 16 号

关于发布《公路钢筋混凝土及预应力混凝土桥涵设计规范》(JTG D62—2004)的公告

现发布《公路钢筋混凝土及预应力混凝土桥涵设计规范》(JTG D62—2004),自 2004 年 10 月 1 日起施行,原《公路钢筋混凝土及预应力混凝土桥涵设计规范》(JTJ 023—85)同时废止。

《公路钢筋混凝土及预应力混凝土桥涵设计规范》(JTG D62—2004)中第 3.1.3、3.1.4、3.2.2、3.2.3、5.1.5、6.3.1、9.1.1、9.1.12、9.4.1 和 9.8.2 条为强制性条文,必须按照国家有关工程建设标准强制性条文的有关规定严格执行。《工程建设标准强制性条文》(公路工程部分)2002 版中关于《公路钢筋混凝土及预应力混凝土桥涵设计规范》(JTJ 023—85)的强制性条文同时废止。

《公路钢筋混凝土及预应力混凝土桥涵设计规范》(JTG D62—2004)由中交公路规划设计院负责编制,规范的管理权和解释权归交通部,日常解释及管理工作由中交公路规划设计院负责。

请各有关单位在实践中注意积累资料,总结经验,及时将发现的问题和修改意见函告中交公路规划设计院(北京市东四前炒面胡同 33 号,邮政编码:100010;联系电话:010－65237331),以便修订时参考。

特此公告。

中华人民共和国交通部

二〇〇四年六月二十八日

关于批准《公路钢筋混凝土及预应力混凝土桥涵设计规范》(JTG D62—2004)及《公路桥涵设计通用规范》(JTG D60—2004)强制性条文的函

建办标函[2004]233 号

交通部办公厅:

你厅《关于报送〈公路钢筋混凝土及预应力混凝土桥涵设计规范〉(JTG D62—2004)及〈公路桥涵设计通用规范〉(JTG D60—2004)强制性条文报批稿的函》(厅公路字[2004]114、115 号)收悉。经我部研究,现批准《公路钢筋混凝土及预应力混凝土桥涵设计规范》(JTG D62—2004)中第 3.1.3、3.1.4、3.2.2、3.2.3、5.1.5、6.3.1、9.1.1、9.1.12、9.4.1、9.8.2 条和《公路桥涵设计通用规范》(JTG D60—2004)中的第 1.0.6、1.0.9、4.1.2、4.1.6、4.3.1、4.3.2、4.3.5 条为强制性条文,自 2004 年 6 月 1 日起施行。该强制性条文将纳入《工程建设标准强制性条文》(公路工程部分),必须严格执行。原《工程建设标准强制性条文》(公路工程部分)中有关《公路钢筋混凝土及预应力混凝土桥涵设计规范》(JTJ 023—85)和《公路桥涵设计通用规范》(JTJ 021—89)的强制性条文同时废止。

强制性条文的具体内容,将在近期出版的《工程建设标准化》刊物上登载。

中华人民共和国建设部

二〇〇四年四月二十六日

前　言

本规范系根据中华人民共和国交通部交公路发[1996]1085号文《关于下达1996年度公路工程建设标准、规范、定额等编制、修订工作计划的通知》的要求，对《公路钢筋混凝土及预应力混凝土桥涵设计规范》(JTJ 023—85)进行修订而成。

在修订过程中，规范修订组会同哈尔滨工业大学、同济大学和湖南大学等高等院校进行了科研工作，并吸取了国内其他单位的研究成果和实际工程设计经验，借鉴了国际先进的标准规范，与国内相关规范作了比较和协调。在规范条文初稿编写完成以后，通过多种方式广泛地征求了有关单位和个人的意见，对规范的主要内容进行了试设计，经反复修改，最后由交通部会同有关部门审查定稿。

本规范共分9章和7个附录。修订的主要内容包括：按《公路工程结构可靠度设计统一标准》(GB/T 50283—1999)的规定，采用了以概率理论为基础的极限状态设计方法；按《工程结构设计基本术语和通用符号》(GBJ 132—90)的规定，修改了符号并列出了基本名词术语；在材料方面，改变了强度的取值原则，将混凝土的强度等级提高到C80，钢筋品种也随现行国家标准的规定作了调整；全面改进和补充了各种受力构件的正截面和受弯构件斜截面的承载力计算内容；改善了预应力混凝土受弯构件的抗裂限值、裂缝宽度和构件刚度的计算方法，以及预应力钢筋的几项预应力损失，如钢丝和钢绞线的松弛损失、混凝土收缩和徐变损失等。此外，本规范还增加了有关构件耐久性的规定，组合式受弯构件、墩台盖梁、桩基承台和箱梁翼缘有效宽度等方面的计算和构造的规定。对桥梁上、下部构造，如钢筋的最小保护层厚度、最小锚固长度、钢筋接头及钢筋最小配筋率等方面也作了较全面的补充和完善。

为了提高规范质量，请有关单位在执行本规范的过程中，随时将问题和建议函告中交公路规划设计院(北京市东四前炒面胡同33号，邮编100010)，以便再次修订时参考。

本规范主编单位：中交公路规划设计院
本规范主要起草人：郑绍珪、袁伦一、鲍卫刚

目　次

1 总则

1.0.1 为使公路桥涵的设计符合技术先进、安全可靠、耐久适用、经济合理的要求，制定本规范。

1.0.2 本规范适用于公路桥涵的一般钢筋混凝土及预应力混凝土结构构件的设计，不适用于轻集料混凝土及其他特种混凝土桥涵结构构件的设计。

1.0.3 本规范按照国家标准《公路工程结构可靠度设计统一标准》(GB/T 50283—1999)规定的设计原则编制。基本术语、符号按照国家标准《工程结构设计基本术语和通用符号》(GBJ 132—90)和国家标准《道路工程术语标准》(GBJ 124—88)的规定采用。

1.0.4 本规范采用以概率理论为基础的极限状态设计方法，按分项系数的设计表达式进行设计。

本规范采用的设计基准期为100年。

1.0.5 公路桥涵应进行以下两类极限状态设计：

1 承载能力极限状态：对应于桥涵及其构件达到最大承载能力或出现不适于继续承载的变形或变位的状态。

2 正常使用极限状态：对应于桥涵及其构件达到正常使用或耐久性的某项限值的状态。

1.0.6 公路桥涵应考虑以下三种设计状况及其相应的极限状态设计：

1 持久状况：桥涵建成后承受自重、车辆荷载等持续时间很长的状况。该状况桥涵应作承载能力极限状态和正常使用极限状态设计。

2 短暂状况：桥涵施工过程中承受临时性作用(或荷载)的状况。该状况桥涵应作承载能力极限状态设计，必要时才作正常使用极限状态设计。

3 偶然状况：在桥涵使用过程中偶然出现的如罕遇地震的状况。该状况桥涵仅作承载能力极限状态设计。

1.0.7 公路桥涵应根据其所处环境条件进行耐久性设计。结构混凝土耐久性的基本要求应符合表1.0.7的规定。

表1.0.7 结构混凝土耐久性的基本要求

环境类别	环境条件	最大水灰比	最小水泥用量(kg/m^3)	最低混凝土强度等级	最大氯离子含量(%)	最大碱含量(kg/m^3)
I	温暖或寒冷地区的大气环境、与无侵蚀性的水或土接触的环境	0.55	275	C25	0.30	3.0
II	严寒地区的大气环境、使用除冰盐环境、滨海环境	0.50	300	C30	0.15	3.0
III	海水环境	0.45	300	C35	0.10	3.0
IV	受侵蚀性物质影响的环境	0.40	325	C35	0.10	3.0

注：(1)有关现行规范对海水环境中结构混凝土的最大水灰比和最小水泥用量有更详细规定时，可参照执行；

(2)表中氯离子含量系指其与水泥用量的百分率；

(3)当有实际工程经验时，处于I类环境中结构混凝土的最低强度等级可比表中降低一个等级；

(4)预应力混凝土构件中的最大氯离子含量为0.06%，最小水泥用量为350kg/m^3，最低混凝土强度等级为C40或按表中规定I类环境提高三个等级，其他环境类别提高两个等级；

(5)特大桥和大桥混凝土中的最大碱含量宜降至1.8kg/m^3，当处于III类、IV类或使用除冰盐和滨海环境时，宜使用非碱活性集料。特大桥、大桥的含义见本规范表5.1.2注说明。

1.0.8 位处III类或IV类环境的桥梁，当耐久性确实需要时，其主要受拉钢筋宜采用环氧树脂涂层钢筋；预应力钢筋、锚具及连接器应采取专门防护措施。

1.0.9 水位变动区有抗冻要求的结构混凝土，其抗冻等级不应低于表1.0.9的规定。

表 1.0.9　水位变动区混凝土抗冻等级选用标准

桥梁所在地区	海水环境	淡水环境
严重受冻地区（最冷月月平均气温低于 -8℃）	F350	F250
受冻地区（最冷月月平均气温在 -4 ~ -8℃之间）	F300	F200
微冻地区（最冷月月平均气温在 0 ~ -4℃之间）	F250	F150

注：(1)混凝土抗冻性试验方法应符合现行标准《公路工程水泥混凝土试验规程》（JTJ 053—94）的规定；

(2)墩、台身混凝土应选用比表列值高一级的抗冻等级。

抗冻混凝土应掺入适量引气剂，其拌合物的含气量按现行的《公路桥涵施工技术规范》（JTJ 041—2000）规定采用。

1.0.10　有抗渗要求的结构混凝土，其抗渗等级应符合表 1.0.10 的规定。

表 1.0.10　结构混凝土抗渗等级选用标准

最大作用水头与混凝土壁厚之比	抗渗等级	最大作用水头与混凝土壁厚之比	抗渗等级
<5	W4	16 ~ 20	W10
5 ~ 10	W6	>20	W12
11 ~ 15	W8		

注：混凝土抗渗试验方法应符合现行标准《公路工程水泥混凝土试验规程》（JTJ 053—94）。

1.0.11　桥梁结构的设计和施工质量应分阶段实行严格管理和控制；桥梁的使用应符合设计给定的使用条件，禁止超限车辆通行；使用过程中必须进行定期检查和维护。

1.0.12　按本规范进行设计时，有关作用（或荷载）及其组合应符合《公路桥涵设计通用规范》（JTG D60—2004）的规定；材料和工程质量应符合《公路工程质量检验评定标准》（JTJ 071—98）、《公路桥涵施工技术规范》（JTJ 041—2000）的要求；结构抗震设计应符合《公路工程抗震设计规范》（JTJ 004—89）的规定。

2 术语、符号

2.1 术语

2.1.1 极限状态 Limit states

整体结构或结构的一部分超过某一特定状态就不能满足设计规定的某一功能要求时,此特定状态为该功能的极限状态。

2.1.2 可靠度 Degree of reliability

结构在规定的时间内,在规定的条件下,完成预定功能的概率。

2.1.3 设计基准期 Design reference period

在进行结构可靠性分析时,考虑持久设计状况下各项基本变量与时间关系所采用的基准时间参数。

2.1.4 设计状况 Design situation

结构从施工到使用的全过程中,代表一定时段的一组物理条件,设计时必须做到使结构在该时段内不超越有关的极限状态。

2.1.5 材料强度标准值 Characteristic value of material strength

设计结构或构件时采用的材料强度的基本代表值。该值可根据符合规定标准的材料,其强度概率分布的0.05分位值确定。

2.1.6 材料强度设计值 Design value of material strength

材料强度标准值除以材料强度分项系数后的值。

2.1.7 作用 Action

施加在结构上的集中力或分布力如汽车、结构自重等,或引起结构外加变形或约束变形的原因如地震、基础不均匀沉降、温度变化等,统称为作用。前者为直接作用,也可称为荷载;后者为间接作用(不宜称为荷载)。

2.1.8 作用效应 Effects of actions

结构对所受作用的反应,如由作用产生的结构或构件的轴向力、弯矩、剪力、应力、裂缝、变形等,称为作用效应。

2.1.9 作用标准值 Characteristic value of an action

作用的主要代表值。其值可根据设计基准期内最大值概率分布的某一分位值确定。

2.1.10 作用设计值 Design value of an action

作用标准值乘以作用分项系数后的值。

2.1.11 作用效应组合 Combination for action effects

结构上几种作用分别产生的效应的随机叠加。

2.1.12 安全等级 Safety class

为使桥涵具有合理的安全性,根据桥涵结构破坏所产生后果的严重程度而划分的设计等级。

2.1.13 结构重要性系数 Coefficient for importance of a structure

对不同安全等级的结构,为使其具有规定的可靠度而采用的作用效应附加的分项系数。

2.1.14 几何参数标准值 Nominal value of geometrical parameter

设计结构或构件时采用的几何参数的基本代表值,其值可按设计文件规定值确定。

2.1.15 承载力设计值 Design value of ultimate bearing capacity

结构或构件按承载能力极限状态设计时,用材料强度设计值计算的结构或构件极限承载能力。

2.1.16 作用效应组合设计值 Design value of combination for action effects

设计结构或构件时，由几种作用设计值分别引起的效应的组合。

2.1.17 作用短期效应组合 Combination for short-term action effects

结构或构件按正常使用极限状态设计时，永久作用效应与可变作用频遇值效应的组合。

2.1.18 作用长期效应组合 Combination for long-term action effects

结构或构件按正常使用极限状态设计时，永久作用效应与可变作用准永久值效应的组合。

2.1.19 开裂弯矩 Cracking moment

构件出现裂缝时的理论临界弯矩。

2.1.20 作用频遇值 Frequent value of an action

结构或构件按正常使用极限状态短期效应组合设计时，采用的一种可变作用代表值，其值可根据任意时点（截口）作用概率分布的0.95分位值确定。

2.1.21 分项系数 Partial safety factor

为保证所设计的结构或构件具有规定的可靠度，在结构极限状态设计表达式中采用的系数；分为作用分项系数和材料分项系数等。

2.1.22 施工荷载 Site load

按短暂状况设计时，施工阶段施加在结构或构件上的临时荷载，包括结构自重、附着在结构和构件上的模板、材料机具等荷载。

2.2 符号

2.2.1 材料性能有关符号

C30——表示立方体强度标准值为30MPa的混凝土强度等级；

f_{cu}——边长为150mm的混凝土立方体抗压强度；

f'_{cu}——边长为150mm的施工阶段混凝土立方体抗压强度；

$f_{cu,k}$——边长为150mm的混凝土立方体抗压强度标准值；

f_{ck}、f_{cd}——混凝土轴心抗压强度标准值、设计值；

f_{tk}、f_{td}——混凝土轴心抗拉强度标准值、设计值；

f'_{ck}、f'_{tk}——短暂状况施工阶段的混凝土轴心抗压、抗拉强度标准值；

f_{sk}、f_{sd}——普通钢筋抗拉强度标准值、设计值；

f_{pk}、f_{pd}——预应力钢筋抗拉强度标准值、设计值；

f'_{sd}、f'_{pd}——普通钢筋、预应力钢筋抗压强度设计值；

$f_{cd,s}$——承台计算中撑杆混凝土轴心抗压强度设计值；

E_c——混凝土弹性模量；

G_c——混凝土剪变模量；

E_s、E_p——普通钢筋、预应力钢筋的弹性模量。

2.2.2 作用和作用效应有关符号

M_d——弯矩组合设计值；

M_s、M_l——按作用短期效应组合、长期效应组合计算的弯矩值；

M_k——弯矩组合标准值；

M_{cr}——受弯构件正截面的开裂弯矩值；

M_{1Gd}——组合式受弯构件第一阶段结构自重产生的弯矩设计值；

M_{2Gd}——组合式受弯构件第二阶段结构自重产生的弯矩设计值；

M_{1Qd}——组合式受弯构件第一阶段结构自重外的荷载产生的弯矩设计值；

M_{2Qd}——组合式受弯构件第二阶段结构自重外的可变作用产生的弯矩设计值；

N_d——轴向力组合设计值；

N_p——后张法构件预应力钢筋和普通钢筋的合力；

N_{p0}——构件混凝土法向应力等于零时预应力钢筋和普通钢筋的合力；

F_{ld}——集中反力或局部压力设计值；

N_{id}——第 i 根桩单桩竖向力设计值；

D_d——基桩承台撑杆压力设计值；

T_d——扭矩组合设计值或基桩承台系杆拉力设计值；

V_d——剪力组合设计值；

V_{cs}——构件斜截面内混凝土和箍筋共同的抗剪承载力设计值；

V_{sb}——与构件斜截面相交的普通弯起钢筋抗剪承载力设计值；

V_{pd}——与构件斜截面相交的预应力弯起钢筋抗剪承载力设计值；

σ_s、σ_p——正截面承载力计算中纵向普通钢筋、预应力钢筋的应力或应力增量；

σ_{p0}、σ_{p0}'——截面受拉区、受压区纵向预应力钢筋合力点处混凝土法向应力等于零时预应力钢筋的应力；

σ_{pc}——由预加力产生的混凝土法向预压应力；

σ_{pe}、σ_{pe}'——截面受拉区、受压区纵向预应力钢筋的有效预应力；

σ_{st}、σ_{lt}——在作用(或荷载)短期效应组合、长期效应组合下，构件抗裂边缘混凝土的法向拉应力；

σ_{tp}、σ_{cp}——构件混凝土中的主拉应力、主压应力；

σ_{ss}——由作用短期效应组合产生的开裂截面纵向受拉钢筋的应力；

σ_{con}、σ_{con}'——构件受拉区、受压区预应力钢筋张拉控制应力；

σ_l、σ_l'——构件受拉区、受压区预应力钢筋相应阶段的预应力损失；

τ——构件混凝土的剪应力；

σ_{pt}——由预加应力产生的混凝土法向拉应力；

σ_{kc}、σ_{kt}——由作用(或荷载)标准值产生的混凝土法向压应力、拉应力；

σ_{cc}——构件开裂截面按使用阶段计算的混凝土法向压应力；

W_{fk}——计算的受弯构件最大裂缝宽度。

2.2.3 几何参数有关符号

a、a'——构件受拉区、受压区普通钢筋和预应力钢筋合力点至截面近边的距离；

a_s、a_p——构件受拉区普通钢筋合力点、预应力钢筋合力点至受拉区边缘的距离；

a_s'、a_p'——构件受压区普通钢筋合力点、预应力钢筋合力点至受压区边缘的距离；

b——矩形截面宽度，T形或I形截面腹板宽度；

b_f、b_f'——T形或I形截面受拉区、受压区的翼缘宽度；

h_f、h_f'——T形或I形截面受拉区、受压区的翼缘厚度；

d——钢筋直径或圆形板式橡胶支座的直径；

d_{cor}——构件截面的核心直径；

c——混凝土保护层厚度；

r——圆形截面半径；

e_0——轴向力对截面重心轴的偏心距；

e、e'——轴向力作用点至受拉区纵向钢筋合力点、受压区纵向钢筋合力点的距离；

e_s、e_p——轴向力作用点至受拉区纵向普通钢筋合力点、预应力钢筋合力点的距离；

e_s'、e_p'——轴向力作用点至受压区纵向普通钢筋合力点、预应力钢筋合力点的距离；

e_{p0}、e_{pn}——预应力钢筋与普通钢筋的合力对换算截面、净截面重心轴的偏心距；

l_0——受压构件的计算长度；

l——受弯构件的计算跨径或受压构件节点间的长度；

l_n——受弯构件的净跨径；

s_v——箍筋或竖向预应力钢筋的间距；

x——截面受压区高度；

z——内力臂，即纵向受拉钢筋合力点至混凝土受压区合力点之间的距离；

y_0、y_n——构件换算截面重心、净截面重心至截面计算纤维处的距离；

y_p、y_p'——构件受拉区、受压区预应力钢筋合力点至换算截面重心轴的距离；

y_{pn}、y_{pn}'——构件受拉区、受压区预应力钢筋合力点至净截面重心轴的距离；

y_s、y_s'——构件受拉区、受压区普通钢筋重心至换算截面重心轴的距离；

y_{sn}、y_{sn}'——构件受拉区、受压区普通钢筋重心至净截面重心轴的距离；

A_0、A_n——构件换算截面面积、净截面面积；

A——构件毛截面面积；

A_s、A_s'——构件受拉区、受压区纵向普通钢筋的截面面积；

A_p、A_p'——构件受拉区、受压区纵向预应力钢筋的截面面积；

A_{sb}、A_{pb}'——同一弯起平面内普通弯起钢筋、预应力弯起钢筋的截面面积；

A_{sv}——同一截面内箍筋各肢的总截面面积；

A_{cor}——钢筋网、螺旋筋或箍筋范围以内的混凝土核心面积；

A_l、A_{ln}——混凝土局部受压面积、局部受压净面积；

A_{cr}——开裂截面换算截面面积；

W——毛截面受拉边缘的弹性抵抗矩；

W_0、W_n——换算截面、净截面受拉边缘的弹性抵抗矩；

S_0、S_n——换算截面、净截面计算纤维以上(或以下)部分面积对截面重心轴的面积矩；

I——毛截面惯性矩；

I_0、I_n——换算截面、净截面的惯性矩；

I_{cr}——开裂截面换算截面惯性矩；

B——开裂构件等效截面的抗弯刚度；

B_0——全截面换算截面的抗弯刚度；

B_{cr}——开裂截面换算截面的抗弯刚度。

2.2.4 计算系数及其他有关符号

γ_0——桥梁结构的重要性系数；

φ——轴心受压构件稳定系数；

η——偏心受压构件轴向力偏心距增大系数；

β_a——箱形截面抗扭承载力计算时有效壁厚折减系数；

β_t——剪扭构件混凝土抗扭承载力降低系数；

β_{cor}——配置间接钢筋时局部承压承载力提高系数；

γ——受拉区混凝土塑性影响系数；

η_θ——构件挠度长期增长系数；

α_{ES}、α_{EP}——普通钢筋弹性模量、预应力钢筋弹性模量与混凝土弹性模量的比值；

ρ_{SV}——箍筋配筋率；

ρ——纵向受拉钢筋配筋率。

3 材料

3.1 混凝土

3.1.1 混凝土强度等级应按边长为150mm立方体试件的抗压强度标准值确定。抗压强度标准值系指试件用标准方法制作、养护至28d龄期,以标准试验方法测得的具有95%保证率的抗压强度(以MPa计)。

注:(1)混凝土强度等级用150mm×150mm×150mm立方体抗压强度标准值并冠以C表示,如C30表示30级混凝土;

(2)本规范的混凝土强度等级与《公路钢筋混凝土及预应力混凝土桥涵设计规范》(JTJ 023—85)的混凝土标号和两者各项设计指标的关系,可按附录A的规定采用。

3.1.2 公路桥涵受力构件的混凝土强度等级应按下列规定采用:

1 钢筋混凝土构件不应低于C20,当用HRB400、KL400级钢筋配筋时,不应低于C25。

2 预应力混凝土构件不应低于C40。

3.1.3 混凝土轴心抗压强度标准值f_{ck}和轴心抗拉强度标准值f_{tk}应按表3.1.3采用。

表3.1.3 混凝土强度标准值(MPa)

强度种类 \ 强度等级	C15	C20	C25	C30	C35	C40	C45	C50	C55	C60	C65	C70	C75	C80
f_{ck}	10.0	13.4	16.7	20.1	23.4	26.8	29.6	32.4	35.5	38.5	41.5	44.5	47.4	50.2
f_{tk}	1.27	1.54	1.78	2.01	2.20	2.40	2.51	2.65	2.74	2.85	2.93	3.00	3.05	3.10

3.1.4 混凝土轴心抗压强度设计值f_{cd}和轴心抗拉强度设计值f_{td}应按表3.1.4采用。

表3.1.4 混凝土强度设计值(MPa)

强度种类 \ 强度等级	C15	C20	C25	C30	C35	C40	C45	C50	C55	C60	C65	C70	C75	C80
f_{cd}	6.9	9.2	11.5	13.8	16.1	18.4	20.5	22.4	24.4	26.5	28.5	30.5	32.4	34.6
f_{td}	0.88	1.06	1.23	1.39	1.52	1.65	1.74	1.83	1.89	1.96	2.02	2.07	2.10	2.14

注:计算现浇钢筋混凝土轴心受压和偏心受压构件时,如截面的长边或直径小于300mm,表中数值应乘以系数0.8;当构件质量(混凝土成型、截面和轴线尺寸等)确有保证时,可不受此限。

3.1.5 混凝土受压或受拉时的弹性模量E_c应按表3.1.5采用。

表3.1.5 混凝土的弹性模量(MPa)

混凝土强度等级	C15	C20	C25	C30	C35	C40	C45	C50	C55	C60	C65	C70	C75	C80
E_c	2.20×10^4	2.55×10^4	2.80×10^4	3.00×10^4	3.15×10^4	3.25×10^4	3.35×10^4	3.45×10^4	3.55×10^4	3.60×10^4	3.65×10^4	3.70×10^4	3.75×10^4	3.80×10^4

注:当采用引气剂及较高砂率的泵送混凝土且无实测数据时,表中C50~C80的E_c值应乘以折减系数0.95。

3.1.6 混凝土的剪变模量G_c可按本规范表3.1.5数值的0.4倍采用,混凝土的泊松比v_c可采用0.2。

3.2 钢筋

3.2.1 公路混凝土桥涵的钢筋应按下列规定采用:

1 钢筋混凝土及预应力混凝土构件中的普通钢筋宜选用热轧 R235、HRB335、HRB400 及 KL400 钢筋，预应力混凝土构件中的箍筋应选用其中的带肋钢筋；按构造要求配置的钢筋网可采用冷轧带肋钢筋。

2 预应力混凝土构件中的预应力钢筋应选用钢绞线、钢丝；中、小型构件或竖、横向预应力钢筋，也可选用精轧螺纹钢筋。

注：(1)本条所述"钢筋"系普通钢筋和预应力钢筋的统称，"普通钢筋"系指钢筋混凝土构件中钢筋和预应力混凝土构件中的非预应力钢筋；

(2)R235 钢筋系指国家标准《钢筋混凝土用热轧光圆钢筋》(GB 13013—1991)中的 I 级钢筋；HRB335、HRB400 钢筋摘自国家标准《钢筋混凝土用热轧带肋钢筋》(GB 1499—1998)，相当于原国家标准 GB 1499—91 中的 II 级钢筋、III 级钢筋；KL400 钢筋系指国家标准《钢筋混凝土用余热处理钢筋》(GB 13014—1991)中的 III 级钢筋；冷轧带肋钢筋取自国家标准《冷轧带肋钢筋》(GB 13788—2000)；

(3)预应力钢丝系指国家标准《预应力混凝土用钢丝》(GB/T 5223—2002)及其第一号修改单中消除应力的三面刻痕钢丝、螺旋肋钢丝和光面钢丝。

3.2.2 钢筋的抗拉强度标准值应具有不小于 95% 的保证率。

普通钢筋的抗拉强度标准值 f_{sk} 和预应力钢筋的抗拉强度标准值 f_{pk}，应分别按表 3.2.2-1 和表 3.2.2-2 采用。

表 3.2.2-1 普通钢筋抗拉强度标准值(MPa)

钢筋种类	符号	f_{sk}	钢筋种类	符号	f_{sk}
R235 $d=8\sim20$	ϕ	235	HRB400 $d=6\sim50$	Φ	400
HRB335 $d=6\sim50$	Φ	335	KL400 $d=8\sim40$	$Φ^R$	400

注：表中 d 系指国家标准中的钢筋公称直径，单位 mm。

表 3.2.2-2 预应力钢筋抗拉强度标准值(MPa)

钢筋种类			符号	f_{pk}
钢绞线	1×2（二股）	$d=8.0、10.0$	ϕ^S	1470、1570、1720、1860
		$d=12.0$		1470、1570、1720
	1×3（三股）	$d=8.6、10.8$		1470、1570、1720、1860
		$d=12.9$		1470、1570、1720
	1×7（七股）	$d=9.5、11.1、12.7$		1860
		$d=15.2$		1720、1860
消除应力钢丝	光面	$d=4、5$	ϕ^P	1470、1570、1670、1770
		$d=6$		1570、1670
	螺旋肋	$d=7、8、9$	ϕ^H	1470、1570
	刻痕	$d=5、7$	ϕ^I	1470、1570
精轧螺纹钢筋		$d=40$	JL	540
		$d=18、25、32$		540、785、930

注：表中 d 系指国家标准中钢绞线、钢丝和精轧螺纹钢筋的公称直径，单位 mm。

3.2.3 普通钢筋的抗拉强度设计值 f_{sd} 和抗压强度设计值 f'_{sd} 应按表 3.2.3-1 采用；预应力钢筋的抗拉强度设计值 f_{pd} 和抗压强度设计值 f'_{pd} 应按表 3.2.3-2 采用。

表 3.2.3-1 普通钢筋抗拉、抗压强度设计值(MPa)

钢筋种类	f_{sd}	f'_{sd}	钢筋种类	f_{sd}	f'_{sd}
R235 $d=8\sim20$	195	195	HRB400 $d=6\sim50$	330	330
HRB335 $d=6\sim50$	280	280	KL400 $d=8\sim40$	330	330

注：(1)钢筋混凝土轴心受拉和小偏心受拉构件的钢筋抗拉强度设计值大于 330MPa 时，仍应按 330MPa 取用；

(2)构件中配有不同种类的钢筋时，每种钢筋应采用各自的强度设计值。

表 3.2.3-2 预应力钢筋抗拉、抗压强度设计值(MPa)

钢筋种类		f_{pd}	f'_{pd}
钢绞线 1×2 (二股) 1×3 (三股) 1×7 (七股)	$f_{pk}=1470$	1000	390
	$f_{pk}=1570$	1070	
	$f_{pk}=1720$	1170	
	$f_{pk}=1860$	1260	
消除应力光面钢丝和螺旋肋钢丝	$f_{pk}=1470$	1000	410
	$f_{pk}=1570$	1070	
	$f_{pk}=1670$	1140	
	$f_{pk}=1770$	1200	
消除应力刻痕钢丝	$f_{pk}=1470$	1000	410
	$f_{pk}=1570$	1070	
精轧螺纹钢筋	$f_{pk}=540$	450	400
	$f_{pk}=785$	650	
	$f_{pk}=930$	770	

3.2.4 普通钢筋的弹性模量 E_s 和预应力钢筋的弹性模量 E_p 应按表 3.2.4 采用。

表 3.2.4 钢筋的弹性模量(MPa)

钢筋种类	E_s	钢筋种类	E_p
R235	2.1×10^5	消除应力光面钢丝、螺旋肋钢丝、刻痕钢丝	2.05×10^5
HRB335、HRB400、KL400、精轧螺纹钢筋	2.0×10^5	钢绞线	1.95×10^5

4　桥梁计算的一般规定

4.1　板的计算

4.1.1　四边支承的板，当长边长度与短边长度之比等于或大于2时，可按短边计算跨径的单向板计算；若该比值小于2时，则应按双向板计算。

4.1.2　简支板的计算跨径应为两支承中心之间的距离。与梁肋整体连接的板，计算弯矩时其计算跨径可取为两肋间的净距加板厚，但不大于两肋中心之间的距离。此时，弯矩可按以下简化方法计算：

1　支点弯矩

$$M = -0.7M_0 \quad (4.1.2\text{-}1)$$

2　跨中弯矩

1）板厚与梁肋高度比等于或大于1/4时

$$M = +0.7M_0 \quad (4.1.2\text{-}2)$$

2）板厚与梁肋高度比小于1/4时

$$M = +0.5M_0 \quad (4.1.2\text{-}3)$$

式中　M_0——与计算跨径相同的简支板跨中弯矩。

与梁肋整体连接的板，其计算剪力时的计算跨径可取两肋间净距，剪力按该计算跨径的简支板计算。

4.1.3　计算整体单向板时，通过车轮传递到板上的荷载分布宽度应按下列规定计算：

1　平行于板的跨径方向的荷载分布宽度

$$b = b_1 + 2h \quad (4.1.3\text{-}1)$$

2　垂直于板的跨径方向的荷载分布宽度

1）单个车轮在板的跨径中部时

$$a = (a_1 + 2h) + \frac{l}{3} \geqslant \frac{2}{3}l \quad (4.1.3\text{-}2)$$

2）多个相同车轮在板的跨径中部时，当各单个车轮按公式(4.1.3-2)计算的荷载分布宽度有重叠时

$$a = (a_1 + 2h) + d + \frac{l}{3} \geqslant \frac{2}{3}l + d \quad (4.1.3\text{-}3)$$

3）车轮在板的支承处时

$$a = (a_1 + 2h) + t \quad (4.1.3\text{-}4)$$

4）车轮在板的支承附近，距支点的距离为x时

$$a = (a_1 + 2h) + t + 2x \quad (4.1.3\text{-}5)$$

但不大于车轮在板的跨径中部的分布宽度；

5）按本条算得的所有分布宽度，均不得大于板的全宽度；

6）彼此不相连的预制板，车轮在板内分布宽度不得大于预制板宽度。

以上式中　l——板的计算跨径；

h——铺装层厚度；

t——板的厚度；

d——多个车轮时外轮之间的中距；

a_1、b_1——垂直于板跨和平行于板跨方向的车轮着地尺寸。

4.1.4　当整体式斜板桥的斜交角（板的支承轴线的垂直线与桥纵轴线的夹角）不大于15°时，可按正

交板计算，计算跨径为：当 $l/b \leq 1.3$ 时，按两支承轴线间垂直距离的正跨径计算；当 $l/b > 1.3$ 时，按顺桥向纵轴线的斜跨径计算；以上 l 为斜跨径，b 为垂直于桥纵轴线的板宽。

装配式铰接斜板桥的预制板块，可按宽为两板边垂直距离，计算跨径为斜跨径的正交板计算。

4.1.5 垂直于悬臂板跨径方向的车轮荷载分布宽度，当 c 值（图 4.1.5）不大于 2.5m 时，可按下列公式计算：

$$a = (a_1 + 2h) + 2c \tag{4.1.5}$$

式中 a——垂直于悬臂板跨径的车轮荷载分布宽度；

a_1——垂直于悬臂板跨径的车轮着地尺寸；

c——平行于悬臂板跨径的车轮着地尺寸的外缘，通过铺装层 45°分布线的外边线至腹板外边缘的距离；

h——铺装层厚度。

4.1.6 与梁肋整体连接且具有承托的板（图 4.1.6），当进行承托内或肋内板的截面验算时，板的计算高度可按下式计算：

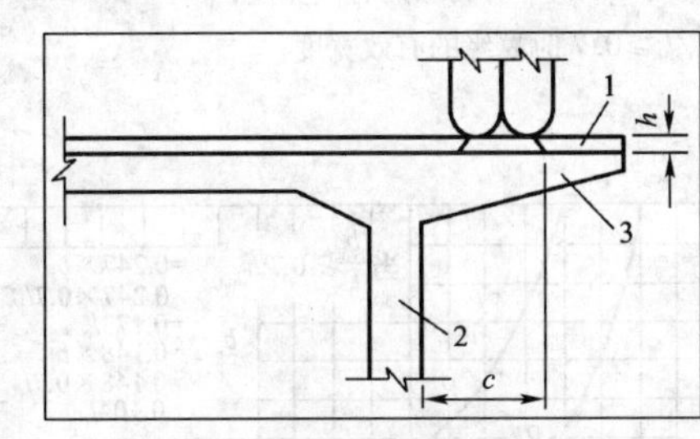

图 4.1.5 车轮荷载在悬臂板上的分布

1-桥面铺装；2-腹板；3-悬臂板

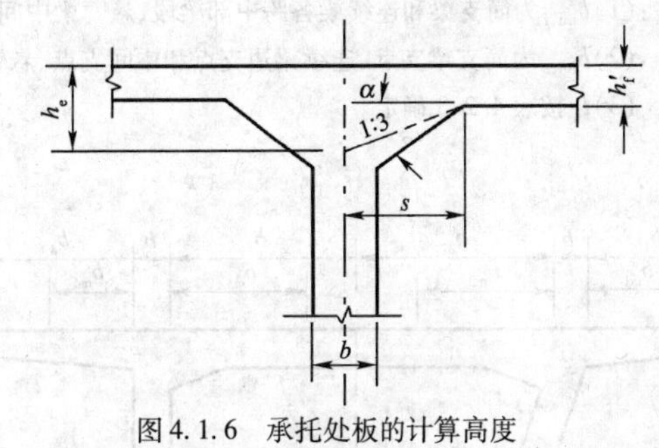

图 4.1.6 承托处板的计算高度

$$h_e = h'_f + s \cdot \tan\alpha \tag{4.1.6}$$

式中 h_e——自承托起点至肋中心线之间板的任一验算截面的计算高度；

h'_f——不计承托时板的厚度；

s——自承托起点至肋中心线之间的任一验算截面的水平距离；

α——承托下缘与悬臂板底面夹角，当 $\tan\alpha$ 大于 1/3 时，取 1/3。

4.2 梁的计算

4.2.1 结构的作用（或荷载）效应可按弹性理论进行计算。对超静定结构，在进行作用（荷载）效应分析时，结构构件的抗弯刚度可采用：允许开裂的构件 $0.8E_cI$，不允许开裂的构件 E_cI；其中 I 为混凝土毛截面惯性矩。

4.2.2 T 形截面梁的翼缘有效宽度 b_f'，应按下列规定采用：

1 内梁的翼缘有效宽度取下列三者中的最小值：

1）对于简支梁，取计算跨径的 1/3。对于连续梁，各中间跨正弯矩区段，取该计算跨径的 0.2 倍；边跨正弯矩区段，取该跨计算跨径的 0.27 倍；各中间支点负弯矩区段，取该支点相邻两计算跨径之和的 0.07 倍；

2）相邻两梁的平均间距；

3）$(b + 2b_h + 12h'_f)$，此处，b 为梁腹板宽度，b_h 为承托长度，h'_f 为受压区翼缘悬出板的厚度。当 $h_h/b_h < 1/3$ 时，上式 b_h 应以 $3h_h$ 代替，此处 h_h 为承托根部厚度。

2 外梁翼缘的有效宽度取相邻内梁翼缘有效宽度的一半，加上腹板宽度的 1/2，再加上外侧悬臂板平均厚度的 6 倍或外侧悬臂板实际宽度两者中的较小者。

预应力混凝土梁在计算预加力引起的混凝土应力时，预加力作为轴向力产生的应力可按实际翼缘全宽计算；由预加力偏心引起的弯矩产生的应力可按翼缘有效宽度计算。

对超静定结构进行作用(或荷载)效应分析时,T形截面梁的翼缘宽度可取实际全宽。

4.2.3 箱形截面梁在腹板两侧上、下翼缘的有效宽度 b_{mi} 可按下列规定计算(图4.2.3-1、图4.2.3-2和表4.2.3):

1 简支梁和连续梁各跨中部梁段,悬臂梁中间跨的中部梁段

$$b_{mi}=\rho_f b_i \tag{4.2.3-1}$$

2 简支梁支点,连续梁边支点及中间支点,悬臂梁悬臂段

$$b_{mi}=\rho_s b_i \tag{4.2.3-2}$$

式中 b_{mi}——腹板两侧上、下各翼缘的有效宽度,$i=1,2,3,\cdots$ 见图4.2.3-1;

b_i——腹板两侧上、下各翼缘的实际宽度,$i=1,2,3,\cdots$ 见图4.2.3-1;

ρ_f——有关简支梁、连续梁各跨中部梁段和悬臂梁中间跨的中部梁段翼缘有效宽度的计算系数,可按图4.2.3-2和表4.2.3确定;

ρ_s——有关简支梁支点、连续梁边支点和中间支点、悬臂梁悬臂段翼缘有效宽度的计算系数,可按图4.2.3-2和表4.2.3确定。

注:(1)$b_{mi,f}$ 为简支梁和连续梁各跨中部梁段、悬臂梁中间跨的中部梁段,当 $b_i/l_i\geqslant 0.7$ 时翼缘的有效宽度;
(2)$b_{mi,s}$ 为简支梁支点、连续梁边支点和中间支点、悬臂梁悬臂段,当 $b_i/l_i\geqslant 0.7$ 时翼缘的有效宽度;
(3)l_i 按表4.2.3确定。

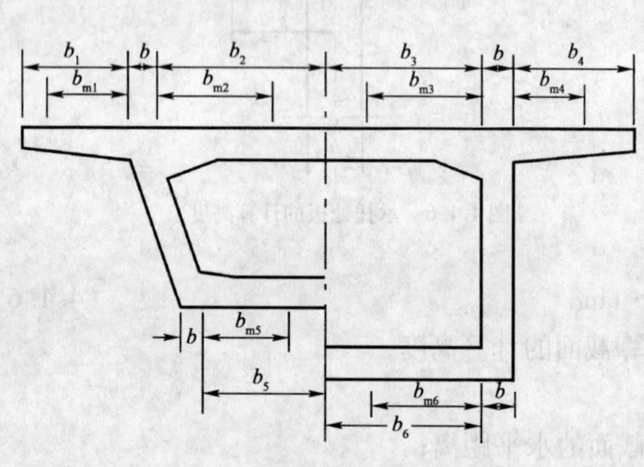

图4.2.3-1 箱形截面梁翼缘有效宽度

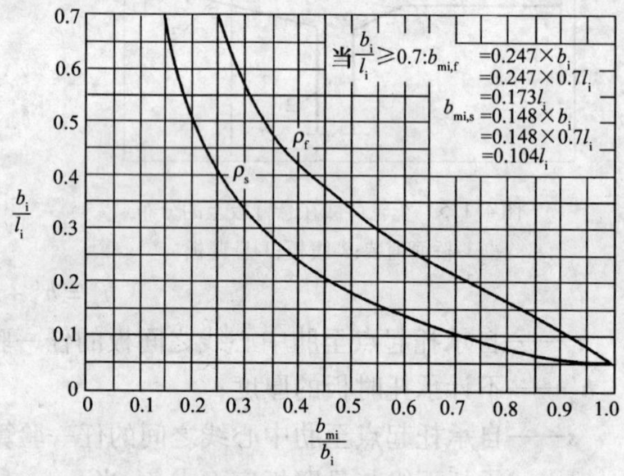

图4.2.3-2 ρ_s、ρ_f 曲线图

表4.2.3 ρ_s、ρ_f 的应用位置和理论跨径 l_i

结构体系			理论跨径 l_i
简支梁		跨中部分梁段；ρ_s、ρ_f、ρ_s；a、$l-2a$、a；l	$l_i=l$
连续梁	边跨	ρ_s、ρ_f、ρ_s；a、$l-a-c$、a；l	边支点或跨中部分梁段 $l_i=0.8l$
	中间跨	ρ_s、ρ_f、ρ_s；c、$l-2c$、c；l	跨中部分梁段 $l_i=0.6l$,中间支点 l_i 取0.2倍两相邻跨径之和

续上表

结构体系		理论跨径 l_i
悬臂梁	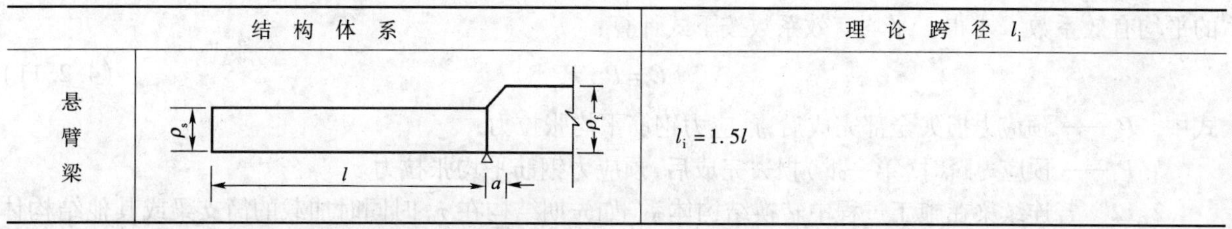	$l_i = 1.5l$

注：(1) a 为与所求的翼缘有效宽度 b_{mi} 相应的翼缘实际宽度 b_i，但 a 不应大于 $0.25l$；

(2) l 为梁的计算跨径；

(3) $c = 0.1l$；

(4) 在长度 a 或 c 的梁段内，有效宽度可用直线插入法在 $\rho_s b_i$ 与 $\rho_f b_i$ 之间求取。

当梁高 $h \geqslant b_i/0.3$ 时，翼缘有效宽度应采用翼缘实际宽度。

预应力混凝土梁在计算预加力引起的混凝土应力时，预加力作为轴向力产生的应力可按实际翼缘全宽计算；由预加力偏心引起的弯矩产生的应力可按翼缘有效宽度计算。

对超静定结构进行作用（或荷载）效应分析时，箱形截面梁的翼缘宽度可取实际全宽。

4.2.4 计算连续梁中间支承处的负弯矩时，可考虑支座宽度对弯矩折减的影响；折减后的弯矩按下列公式计算（图4.2.4）；但折减后的弯矩不得小于未经折减的弯矩的0.9倍。

$$M_e = M - M' \tag{4.2.4-1}$$

$$M' = \frac{1}{8}qa^2 \tag{4.2.4-2}$$

式中 M_e——折减后的支点负弯矩；

M——按理论公式或方法计算的支点负弯矩；

M'——折减弯矩；

q——梁的支点反力 R 在支座两侧向上按45°分布于梁截面重心轴 G-G 的荷载强度，$q = R/a$；

a——梁支点反力在支座两侧向上按45°扩散交于重心轴 G-G 的长度（圆形支座可换算为边长等于0.8倍直径的方形支座）。

4.2.5 设有承托的连续梁，其承托竖向与纵向之比不宜大于1/6。变高度或等高度但支点设有承托的连续梁，计算作用（或荷载）效应时应考虑截面惯性矩的变化；但当支点截面惯性矩与跨径中点截面惯性矩之比等于或小于2时，可不考虑其截面惯性矩变化的影响。

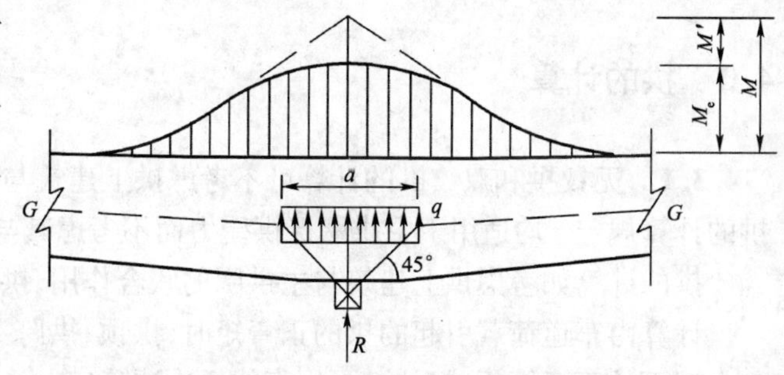

图4.2.4 中间支承处折减弯矩计算图

4.2.6 当连续梁中间支承处设有横隔梁时，支座上的计算截面可采用横隔梁侧面的连续梁截面。

4.2.7 计算变高度梁（包括等高度梁设有承托的梁段）的剪应力时，应考虑弯矩、轴向力引起的附加剪应力。

4.2.8 计算连续梁或其他超静定结构的作用（或荷载）效应时，应根据情况考虑温度、混凝土收缩和徐变、基础不均匀沉降等作用影响。对于预应力混凝土连续梁等超静定结构，还应考虑预加力引起的次效应。

4.2.9 计算混凝土徐变时，可假定徐变与混凝土应力呈线性关系。当缺乏符合当地实际条件的数据和计算方法时，混凝土徐变系数，可按本规范表6.2.7采用或按附录F计算。

混凝土的收缩应变可按本规范表6.2.7采用或按附录F计算。

4.2.10 由于日照正温差和降温反温差引起的梁截面应力，可按附录B计算。竖向日照温差梯度曲线可按《公路桥涵设计通用规范》（JTG D60—2004）取用。

4.2.11 若预应力混凝土连续梁在施工过程中不转换结构体系，在混凝土徐变完成后，由预加力引起的总的次效应(包括弹性变形和徐变),可由预加应力时引起的弹性变形次效应乘以预应力钢筋张拉力的平均有效系数 C 求得。平均有效系数按下式计算:

$$C = P_e / P_i \tag{4.2.11}$$

式中 P_e——预应力损失全部完成后,预应力钢筋平均张拉力;

P_i——预应力瞬时(第一批)损失完成后,预应力钢筋平均张拉力。

4.2.12 若连续梁在施工过程中转换结构体系(如先期结构在 τ_0 时同时加载的简支梁或其他结构体系,在 τ 时同时转换为后期结构的连续梁),由于混凝土徐变影响,后期结构上弯矩可按下列规定计算:

1 在先期结构上由于结构自重产生的弯矩,经过混凝土徐变重分配,在后期结构中 t 时的弯矩 M_{gt},可按下式计算:

$$M_{gt} = M_{1g} + (M_{2g} - M_{1g})\{1 - e^{-[\phi(t,\tau_0) - \phi(\tau,\tau_0)]}\} \tag{4.2.12-1}$$

式中 M_{1g}——在先期结构自重作用下,按先期结构体系计算的弯矩;

M_{2g}——在先期结构自重作用下,按后期结构体系计算的弯矩;

$\phi(t,\tau_0)$——从先期结构加载龄期 τ_0 至后期结构计算所考虑时间 t 时的徐变系数,当缺乏符合当地实际条件的数据时,可按本规范附录 F 计算;

$\phi(\tau,\tau_0)$——从先期结构加载龄期 τ_0 至 τ 时转换为后期结构的徐变系数。

2 在先期结构上由预加力产生的弯矩,经过混凝土徐变重分配,在后期结构中 t 时的弯矩 M_{pt},可按下式计算:

$$M_{pt} = M_{1pt} + (M'_{2pt} - M'_{1pt})\{1 - e^{-[\phi(t,\tau_0) - \phi(\tau,\tau_0)]}\} \tag{4.2.12-2}$$

$$M_{1pt} = M^0_{1pt} + M'_{1pt} \tag{4.2.12-3}$$

式中 M_{1pt}——在先期结构中的预加力作用下,按先期结构体系计算的弯矩;

M^0_{1pt}——在先期结构中的预加力作用下,按先期结构体系计算的主弯矩(预加力乘以偏心距);

M'_{1pt}——在先期结构中的预加力作用下,按先期结构体系计算的次弯矩;当先期结构为静定体系时,M'_{1pt} 为零;

M'_{2pt}——在先期结构中的预加力作用下,按后期结构计算的次弯矩。

4.3 拱的计算

4.3.1 无铰拱和双铰拱的计算可不考虑拱上建筑与主拱圈的联合作用。本节内有关无铰拱和双铰拱的计算规定,均适用于主拱圈裸拱受力而不考虑其与拱上建筑的联合作用。

拱的计算如考虑拱上建筑与主拱圈的联合作用,拱上建筑的结构应符合计算所预设的条件。

计算由车道荷载引起的拱的正弯矩时,拱顶,拱跨 1/4 应乘以折减系数 0.7,拱脚应乘以 0.9,中间各个截面的正弯矩折减系数,可用直线插入法确定。

4.3.2 特大跨径和大跨径拱桥应优选拱轴线,使拱在各种作用(或荷载)组合作用下,在各个受力阶段,轴向力偏心较小。在优选过程中,尚需考虑与施工方法相配合,适应施工各阶段受力特点,满足施工受力的要求。中、小跨径悬链线拱桥,选择拱轴系数可以不考虑弹性压缩的结构自重压力线与拱轴线之间五点(拱顶、1/4 拱跨、拱脚)重合。

特大跨径和大跨径拱桥,如结构自重压力线与拱轴线偏离过大,或在结构自重及其所引起的弹性压缩和温度下降、混凝土收缩等作用下,轴向力偏心距较大时,拱轴线及拱的几何尺寸宜作适当调整。

4.3.3 拱上建筑为立柱排架式墩的板拱(包括双曲板拱、箱形截面板拱),应考虑活载的横向不均匀分布。拱上建筑为墙式墩的板拱,如活载横桥向布置不超过拱圈以外,活载可均匀分布于拱圈全宽。

4.3.4 上承式肋式拱桥活载可通过拱上排架墩的盖梁和立柱分配于拱肋。

4.3.5 拱上建筑横桥向排架的盖梁可参照本规范第 8.2 节计算。

4.3.6 拱桥在施工阶段或成拱过程中,应验算各阶段的截面强度和拱的稳定性。

4.3.7 拱圈应按本规范第 5.3.1 条验算拱的纵向稳定。此时,拱的轴向力组合设计值 N_d 可按下式

计算:

$$N_d = H_d / \cos\varphi_m \tag{4.3.7}$$

式中 H_d——拱的水平推力组合设计值;

φ_m——拱顶与拱脚连线与水平线的夹角。

在施工阶段,拱的纵向稳定验算时的构件自重效应分项系数应取 1.2,施工时附加的其他荷载效应分项系数应取 1.4;在使用阶段,拱的纵向稳定验算的作用(或荷载)效应的分项系数,按《公路桥涵设计通用规范》(JTG D60—2004)取用。

计算拱圈纵向稳定时的计算长度按下列规定采用:

三铰拱 $0.58L_a$;

双铰拱 $0.54L_a$;

无铰拱 $0.36L_a$;

L_a 为拱轴线长度。

4.3.8 当板拱的宽度小于计算跨径的 1/20 时,应验算拱圈的横向稳定。计算以横系梁联结的肋拱横向稳定时,可近似地将其视为长度等于拱轴线长度的平面桁架,根据其支承条件,按受压组合构件确定其计算长度和长细比。拱的平均轴向力可按本规范公式(4.3.7)计算。

4.3.9 计算风力或离心力引起的拱脚截面的荷载效应时,可按以下假定近似计算:

1 拱圈视作两端固定的水平直梁,其跨径等于拱的计算跨径,全梁平均承受风力或离心力,计算梁端弯矩 M_1。

2 拱圈视作下端固定的竖向悬臂梁,其跨径等于拱的计算矢高,悬臂梁平均承受1/2拱跨风力,在梁的自由端承受 1/2 拱跨的离心力,计算固定端弯矩 M_2。

3 拱的弯矩 M 为上述两项弯矩在垂直于曲线平面的拱脚截面上的投影之和:

$$M = M_1 \cos\varphi + M_2 \sin\varphi \tag{4.3.9}$$

式中 φ——拱脚处拱轴线的切线与跨径的夹角。

4.3.10 大跨径拱桥应验算拱顶、拱跨 3/8、拱跨 1/4 和拱脚四个截面;对于中、小跨径拱桥,拱跨 1/4 截面可不验算;特大跨径拱桥,除上述四个截面外,需视截面配筋情况,另行选择控制截面进行验算。

4.3.11 多跨无铰拱桥应按连拱计算。连拱计算方法可以采用可靠的简化方法。当桥墩抗推刚度与主拱抗推刚度之比大于 37 时,可按单跨拱桥计算。

4.3.12 桁架拱可采用双铰拱支承体系。桁架拱的节点按固接考虑;当按简化计算时,可将节点按铰接计算,但其下弦截面强度,应留有不小于 20% 的余量。

桁架拱的结构自重可按全跨均布计算,由桁架拱拱片承受;但如采用下弦杆合龙后再拼装其他杆件的施工方法时,下弦杆应承受合龙前的全部结构自重。桥面板可考虑与上弦杆共同承受桥上活荷载。

上弦杆及与上弦杆在节点处相连的腹杆(竖杆和斜杆),应考虑桥面上局部荷载引起的弯矩。

桁架拱应考虑活载的横向分布。

桁架拱的拱轴线宜采用与结构自重压力线接近的曲线,如采用拱轴系数 m 值较小的悬链线或二次抛物线。

4.3.13 刚架拱在上弦杆两端应设置活动支座。桥面板可与刚架拱片联合作用承受桥上活荷载。

刚架拱应考虑活载的横向分布。

4.3.14 系杆拱当其拱肋截面的抗弯刚度与系杆截面的抗弯刚度的比值小于 1/100 时,拱肋可视为仅承受轴向压力的柔性拱肋;当拱肋截面的抗弯刚度与系杆截面的抗弯刚度的比值大于 100 时,系杆可视为仅承受轴向拉力的系杆。上述杆件的节点均可视为铰接。

系杆拱当拱肋截面的抗弯刚度与系杆截面的抗弯刚度比值为 1/100 至 100 时,系杆与拱肋应视为刚性连接,此时荷载引起的弯矩在系杆和拱肋之间应按抗弯刚度分配。

5 持久状况承载能力极限状态计算

5.1 一般规定

5.1.1 公路桥涵的持久状况设计应按承载能力极限状态的要求，对构件进行承载力及稳定计算，必要时尚应进行结构的倾覆和滑移的验算。在进行承载能力极限状态计算时，作用(或荷载)的效应(其中汽车荷载应计入冲击系数)应采用其组合设计值；结构材料性能采用其强度设计值。

5.1.2 持久状况承载能力极限状态，应根据桥涵破坏可能产生的后果的严重程度，按表5.1.2划分的三个安全等级进行设计。

对有特殊要求的公路桥梁其安全等级可根据具体情况另行商定。

表5.1.2 公路桥涵安全等级

安全等级	桥涵类型
一级	特大桥、重要大桥
二级	大桥、中桥、重要小桥
三级	小桥、涵洞

注：本表所列特大、大、中桥等系按《公路桥涵设计通用规范》(JTG D60—2004)表1.0.11中的单孔跨径确定，对多跨不等跨桥梁，以其中最大跨径为准；本表冠以"重要"的大桥和小桥，系指高速公路和一级公路上、国防公路上及城市附近交通繁忙公路上的桥梁。

5.1.3 同座桥梁的各种构件宜取相同的安全等级，必要时部分构件可作适当调整，但调整后的级差不应超过一个等级。

5.1.4 构件正截面的承载力应按下列基本假定进行计算：

1 构件弯曲后，其截面仍保持为平面。

2 截面受压混凝土的应力图形简化为矩形，其压力强度取混凝土的轴心抗压强度设计值f_{cd}；截面受拉混凝土的抗拉强度不予考虑。

3 极限状态计算时，受拉区钢筋应力取其抗拉强度设计值f_{sd}或f_{pd}(小偏压构件除外)；受压区或受压较大边钢筋应力取其抗压强度设计值f'_{sd}或f'_{pd}。

4 钢筋应力等于钢筋应变与其弹性模量的乘积，但不大于其强度设计值。

5.1.5 桥梁构件的承载能力极限状态计算，应采用下列表达式：

$$\gamma_0 S \leq R \qquad (5.1.5\text{-}1)$$

$$R = R(f_d, a_d) \qquad (5.1.5\text{-}2)$$

式中 γ_0——桥梁结构的重要性系数，按公路桥涵的设计安全等级，一级、二级、三级分别取用1.1、1.0、0.9；桥梁的抗震设计不考虑结构的重要性系数；

S——作用(或荷载)效应(其中汽车荷载应计入冲击系数)的组合设计值，当进行预应力混凝土连续梁等超静定结构的承载能力极限状态计算时，公式(5.1.5-1)中的作用(或荷载)效应项应改为$\gamma_0 S + \gamma_P S_P$，其中$S_P$为预应力(扣除全部预应力损失)引起的次效应；$\gamma_P$为预应力分项系数，当预应力效应对结构有利时，取$\gamma_P = 1.0$；对结构不利时，取$\gamma_P = 1.2$；

R——构件承载力设计值；

$R(\cdot)$——构件承载力函数；

f_d——材料强度设计值；

a_d——几何参数设计值，当无可靠数据时，可采用几何参数标准值a_k，即设计文件规定值。

5.1.6 计算先张法预应力混凝土构件端部锚固区的正截面和斜截面抗弯承载力时，锚固区内预应力钢筋的抗拉强度设计值，在锚固起点处取为零，在锚固终点处取为 f_{pd}，两点之间按直线内插法取值。预应力钢筋的锚固长度 l_a 应按表5.1.6采用。

表5.1.6 预应力钢筋锚固长度 l_a(mm)

预应力钢筋种类		混凝土强度等级					
		C40	C45	C50	C55	C60	≥C65
钢绞线	1×2,1×3, f_{pd}=1170MPa	115d	110d	105d	100d	95d	90d
	1×7, f_{pd}=1260MPa	130d	125d	120d	115d	110d	105d
螺旋肋钢丝, f_{pd}=1200MPa		95d	90d	85d	83d	80d	80d
刻痕钢丝, f_{pd}=1070MPa		125d	115d	110d	105d	103d	100d

注：(1)当采用骤然放松预应力钢筋的施工工艺时，锚固长度应从离构件末端 $0.25l_{tr}$ 处开始，l_{tr} 为预应力钢筋的预应力传递长度，按本规范表6.1.7采用；

(2)当预应力钢筋的抗拉强度设计值 f_{pd} 与表值不同时，其锚固长度应根据表值按强度比例增减。

5.2 受弯构件

5.2.1 受弯构件的纵向受拉钢筋和截面受压区混凝土同时达到其强度设计值时，构件的正截面相对界限受压区高度 ξ_b 应按表5.2.1采用。

表5.2.1 相对界限受压区高度 ξ_b

钢筋种类 \ 混凝土强度等级	C50及以下	C55、C60	C65、C70	C75、C80
R235	0.62	0.60	0.58	—
HRB335	0.56	0.54	0.52	—
HRB400、KL400	0.53	0.51	0.49	—
钢绞线、钢丝	0.40	0.38	0.36	0.35
精轧螺纹钢筋	0.40	0.38	0.36	—

注：(1)截面受拉区内配置不同种类钢筋的受弯构件，其 ξ_b 值应选用相应于各种钢筋的较小者；

(2)$\xi_b = x_b/h_0$，x_b 为纵向受拉钢筋和受压区混凝土同时达到其强度设计值时的受压区高度。

5.2.2 矩形截面或翼缘位于受拉边的T形截面受弯构件，其正截面抗弯承载力计算应符合下列规定(图5.2.2)：

$$\gamma_0 M_d \leqslant f_{cd}bx\left(h_0-\frac{x}{2}\right)+f'_{sd}A'_s(h_0-a'_s)+(f'_{pd}-\sigma'_{p0})A'_p(h_0-a'_p) \tag{5.2.2-1}$$

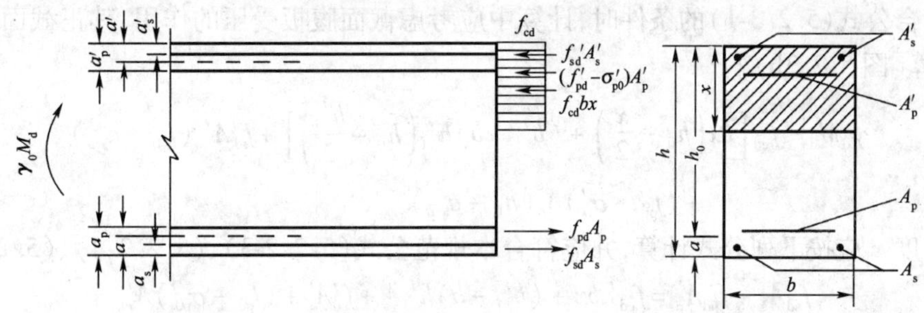

图5.2.2 矩形截面受弯构件正截面承载力计算

混凝土受压区高度 x 应按下式计算：

$$f_{sd}A_s+f_{pd}A_p=f_{cd}bx+f'_{sd}A'_s+(f'_{pd}-\sigma'_{p0})A'_p \tag{5.2.2-2}$$

截面受压区高度应符合下列要求：

$$x\leqslant \xi_b h_0 \tag{5.2.2-3}$$

当受压区配有纵向普通钢筋和预应力钢筋，且预应力钢筋受压即$(f'_{pd}-\sigma'_{p0})$为正时

$$x \geqslant 2a' \tag{5.2.2-4}$$

当受压区仅配纵向普通钢筋或配普通钢筋和预应力钢筋，且预应力钢筋受拉即$(f'_{pd}-\sigma'_{p0})$为负时

$$x \geqslant 2a'_s \tag{5.2.2-5}$$

式中 γ_0——桥梁结构的重要性系数，按本规范第5.1.5条的规定采用；

M_d——弯矩组合设计值；

f_{cd}——混凝土轴心抗压强度设计值，按本规范表3.1.4采用；

f_{sd}、f'_{sd}——纵向普通钢筋的抗拉强度设计值和抗压强度设计值，按本规范表3.2.3-1采用；

f_{pd}、f'_{pd}——纵向预应力钢筋的抗拉强度设计值和抗压强度设计值，按本规范表3.2.3-2采用；

A_s、A'_s——受拉区、受压区纵向普通钢筋的截面面积；

A_p、A'_p——受拉区、受压区纵向预应力钢筋的截面面积；

b——矩形截面宽度或T形截面腹板宽度；

h_0——截面有效高度，$h_0=h-a$，此处h为截面全高；

a、a'——受拉区、受压区普通钢筋和预应力钢筋的合力点至受拉区边缘、受压区边缘的距离；

a'_s、a'_p——受压区普通钢筋合力点、预应力钢筋合力点至受压区边缘的距离；

σ'_{p0}——受压区预应力钢筋合力点处混凝土法向应力等于零时预应力钢筋的应力，先张法构件按本规范公式(6.1.5-2)计算；后张法构件按本规范公式(6.1.5-5)及第6.1.5条注(2)规定计算。

注：当桥梁为预应力混凝土连续梁等超静定结构时，公式(5.2.2-1)中的M_d，应改用按本规范第5.1.5条的规定进行作用(或荷载)效应组合。

5.2.3 翼缘位于受压区的T形截面或I形截面受弯构件，其正截面抗弯承载力应按下列规定进行计算：

1 当符合下列条件时

$$f_{sd}A_s+f_{pd}A_p \leqslant f_{cd}b'_fh'_f+f'_{sd}A'_s+(f'_{pd}-\sigma'_{p0})A'_p \tag{5.2.3-1}$$

应以宽度为b'_f的矩形截面[图5.2.3a)]，按本规范第5.2.2条公式计算正截面抗弯承载力。

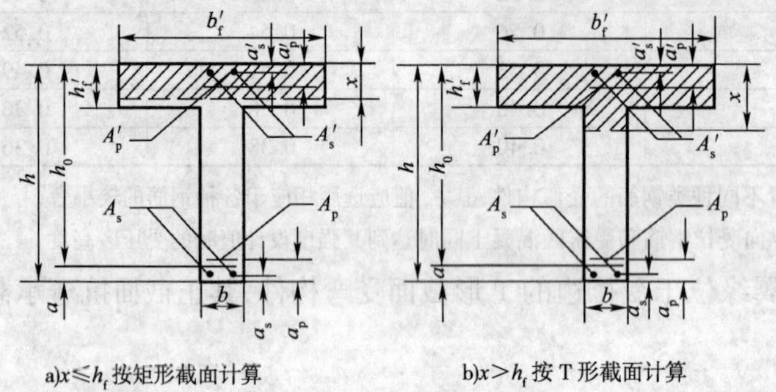

a) $x \leqslant h_f$ 按矩形截面计算　　b) $x > h_f$ 按T形截面计算

图5.2.3 T形截面受弯构件正截面承载力计算

2 当不符合公式(5.2.3-1)的条件时，计算中应考虑截面腹板受压的作用，其正截面抗弯承载力应按下列规定计算[图5.2.3b)]：

$$\gamma_0M_d \leqslant f_{cd}\left[bx\left(h_0-\frac{x}{2}\right)+(b'_f-b)h'_f\left(h_0-\frac{h'_f}{2}\right)\right]+f'_{sd}A'_s(h_0-a'_s)$$

$$+(f'_{pd}-\sigma'_{p0})A_p(h_0-a'_p) \tag{5.2.3-2}$$

此时，受压区高度x应按下列公式计算，并应符合本规范公式(5.2.2-3)、(5.2.2-4)、(5.2.2-5)的要求。

$$f_{sd}A_s+f_{pd}A_p=f_{cd}[bx+(b'_f-b)h'_f]+f'_{sd}A'_s+(f'_{pd}-\sigma'_{p0})A'_p \tag{5.2.3-3}$$

式中 h_f'——T形或I形截面受压翼缘厚度；

b_f'——T形或I形截面受压翼缘的有效宽度，按本规范第4.2.2条的规定采用。

箱形截面受弯构件的正截面抗弯承载力可参照本条计算。

注：图5.2.3截面内力作用方向与本规范图5.2.2相同。

5.2.4 受弯构件在应用公式(5.2.2-3)的条件时，可不考虑按正常使用极限状态计算可能增加的纵向受拉钢筋截面面积和按构造要求配置的纵向钢筋截面面积。

5.2.5 当计算中考虑受压区纵向钢筋但不符合本规范公式(5.2.2-4)、(5.2.2-5)的条件时，受弯构件正截面抗弯承载力的计算应符合下列规定(图5.2.2)：

1 当受压区配有纵向普通钢筋和预应力钢筋，且预应力钢筋受压时

$$\gamma_0 M_d \leqslant f_{pd}A_p(h-a_p-a')+f_{sd}A_s(h-a_s-a') \quad (5.2.5\text{-}1)$$

2 当受压区仅配纵向普通钢筋或配普通钢筋和预应力钢筋，且预应力钢筋受拉时

$$\gamma_0 M_d \leqslant f_{pd}A_p(h-a_p-a'_s)+f_{sd}A_s(h-a_s-a'_s)-(f'_{pd}-\sigma'_{p0})A_p{}'(a'_p-a'_s) \quad (5.2.5\text{-}2)$$

式中 a_s、a_p——受拉区普通钢筋合力点、预应力钢筋合力点至受拉区边缘的距离。

5.2.6 计算受弯构件斜截面抗剪承载力时，其计算位置应按下列规定采用：

1 简支梁和连续梁近边支点梁段

1)距支座中心 $h/2$ 处截面[图5.2.6a)截面1-1]；

2)受拉区弯起钢筋弯起点处截面[图5.2.6a)截面2-2、3-3]；

3)锚于受拉区的纵向钢筋开始不受力处的截面[图5.2.6a)截面4-4]；

4)箍筋数量或间距改变处的截面[图5.2.6a)截面5-5]；

5)构件腹板宽度变化处的截面。

2 连续梁和悬臂梁近中间支点梁段

1)支点横隔梁边缘处截面[图5.2.6b)截面6-6]；

2)变高度梁高度突变处截面[图5.2.6b)截面7-7]；

3)参照简支梁的要求，需要进行验算的截面。

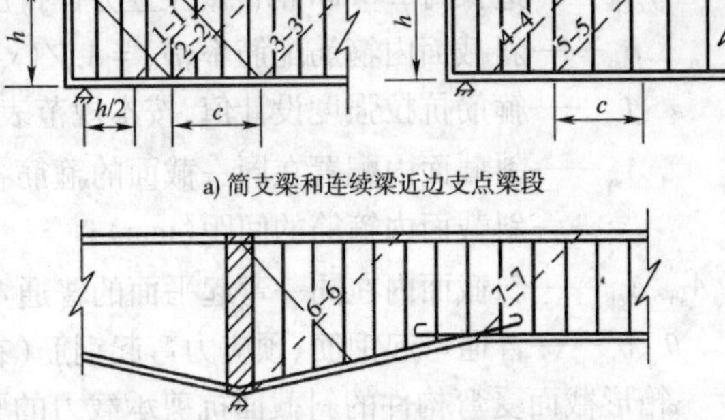

图5.2.6 斜截面抗剪承载力验算位置示意图

5.2.7 矩形、T形和I形截面的受弯构件，当配置箍筋和弯起钢筋时，其斜截面抗剪承载力计算应符合下列规定(图5.2.7)：

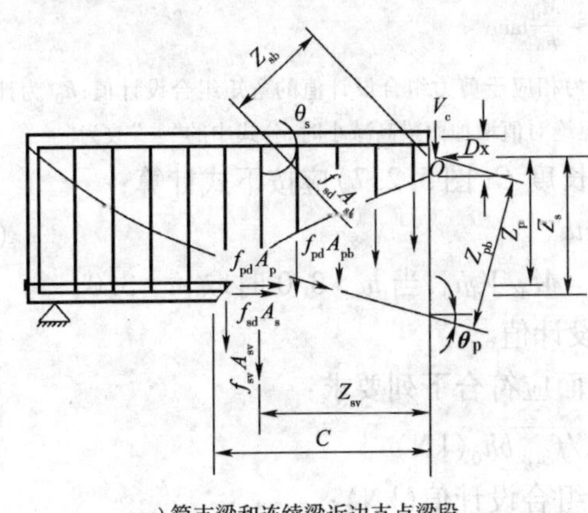

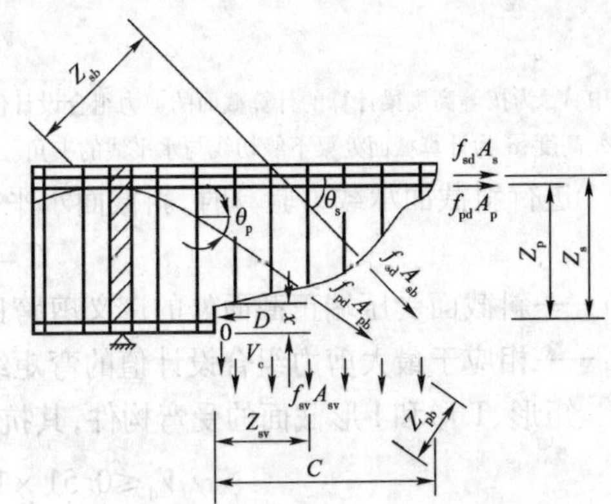

图5.2.7 斜截面抗剪承载力验算

$$\gamma_0 V_d \leqslant V_{cs}+V_{sb}+V_{pb} \quad (5.2.7\text{-}1)$$

$$V_{cs}=\alpha_1\alpha_2\alpha_3 0.45\times10^{-3}bh_0\sqrt{(2+0.6P)\sqrt{f_{cu,k}}\rho_{sv}f_{sv}} \quad (5.2.7\text{-}2)$$

$$V_{sb}=0.75\times10^{-3}f_{sd}\sum A_{sb}\sin\theta_s \quad (5.2.7\text{-}3)$$

$$V_{pb}=0.75\times10^{-3}f_{pd}\sum A_{pb}\sin\theta_p \quad (5.2.7\text{-}4)$$

式中 V_d——斜截面受压端上由作用(或荷载)效应所产生的最大剪力组合设计值(kN)，对变高度(承托)的连续梁和悬臂梁，当该截面处于变高度梁段时，则应考虑作用于截面的弯矩引起的附加剪应力的影响，按本条注(3)计算换算剪力设计值；

V_{cs}——斜截面内混凝土和箍筋共同的抗剪承载力设计值(kN)；

V_{sb}——与斜截面相交的普通弯起钢筋抗剪承载力设计值(kN)；

V_{pb}——与斜截面相交的预应力弯起钢筋抗剪承载力设计值(kN)；

α_1——异号弯矩影响系数,计算简支梁和连续梁近边支点梁段的抗剪承载力时,$\alpha_1=1.0$;计算连续梁和悬臂梁近中间支点梁段的抗剪承载力时,$\alpha_1=0.9$;

α_2——预应力提高系数,对钢筋混凝土受弯构件,$\alpha_2=1.0$;对预应力混凝土受弯构件,$\alpha_2=1.25$,但当由钢筋合力引起的截面弯矩与外弯矩的方向相同时,或允许出现裂缝的预应力混凝土受弯构件,取$\alpha_2=1.0$;

α_3——受压翼缘的影响系数,取$\alpha_3=1.1$;

b——斜截面受压端正截面处,矩形截面宽度(mm),或T形和I形截面腹板宽度(mm);

h_0——斜截面受压端正截面的有效高度,自纵向受拉钢筋合力点至受压边缘的距离(mm);

P——斜截面内纵向受拉钢筋的配筋百分率,$P=100\rho$,$\rho=(A_p+A_{pb}+A_s)/bh_0$,当$P>2.5$时,取$P=2.5$;

$f_{cu,k}$——边长为150mm的混凝土立方体抗压强度标准值(MPa),即为混凝土强度等级;

ρ_{sv}——斜截面内箍筋配筋率,$\rho_{sv}=A_{sv}/(s_v b)$;

f_{sv}——箍筋抗拉强度设计值,按本规范表3.2.3-1采用;

A_{sv}——斜截面内配置在同一截面的箍筋各肢总截面面积(mm^2);

s_v——斜截面内箍筋的间距(mm);

A_{sb}、A_{pb}——斜截面内在同一弯起平面的普通弯起钢筋、预应力弯起钢筋的截面面积(mm^2);

θ_s、θ_p——普通弯起钢筋、预应力弯起钢筋(在斜截面受压端正截面处)的切线与水平线的夹角。

箱形截面受弯构件的斜截面抗剪承载力的验算,可参照本条规定进行。

注:(1)当采用竖向预应力钢筋时,公式(5.2.7-2)中的ρ_{sv}和f_{sv}应换以ρ_{pv}和f_{pd},ρ_{pv}和f_{pd}分别为竖向预应力钢筋的配筋率和抗拉强度设计值;

(2)对预应力混凝土连续梁等超静定结构,公式(5.2.7-1)中的V_d宜改用按本规范5.1.5条的规定进行作用(或荷载)效应组合;

(3)变高度(承托)的钢筋混凝土连续梁和悬臂梁,在变高度梁段内当考虑附加剪应力影响时,其换算剪力设计值按下式计算:

$$V_d=V_{cd}-\frac{M_d}{h_0}\tan\alpha$$

式中,V_{cd}为按等高度梁计算的计算截面的剪力组合设计值;M_d为相应于剪力组合设计值的弯矩组合设计值;h_0为计算截面的有效高度;α为计算截面处梁下缘切线与水平线的夹角。当弯矩绝对值增加而梁高减小时,公式中的“-”改为“+”。

5.2.8 进行斜截面承载力验算时,斜截面水平投影长度C(图5.2.7)应按下式计算:

$$C=0.6mh_0 \tag{5.2.8}$$

式中 m——斜截面受压端正截面处的广义剪跨比,$m=M_d/V_d h_0$,当$m>3.0$时取$m=3.0$;

M_d——相应于最大剪力组合设计值的弯矩组合设计值。

5.2.9 矩形、T形和I形截面的受弯构件,其抗剪截面应符合下列要求:

$$\gamma_0 V_d\leqslant 0.51\times10^{-3}\sqrt{f_{cu,k}}\,bh_0\,(\text{kN}) \tag{5.2.9}$$

式中 V_d——验算截面处由作用(或荷载)产生的剪力组合设计值(kN);

b——相应于剪力组合设计值处的矩形截面宽度(mm)或T形和I形截面腹板宽度(mm);

h_0——相应于剪力组合设计值处的截面有效高度,即自纵向受拉钢筋合力点至受压边缘的距离(mm)。

对变高度(承托)连续梁,除验算近边支点梁段的截面尺寸外,尚应验算截面急剧变化处的截面尺寸。

5.2.10 矩形、T形和I形截面的受弯构件,当符合下列条件时

$$\gamma_0 V_d\leqslant 0.50\times10^{-3}\alpha_2 f_{td}bh_0\,(\text{kN}) \tag{5.2.10}$$

可不进行斜截面抗剪承载力的验算,仅需按本规范第9.3.13条构造要求配置箍筋。

式中 f_{td}——混凝土抗拉强度设计值,按本规范表3.1.4的规定采用。

对于板式受弯构件,公式(5.2.10)右边计算值可乘以1.25提高系数。

注:公式(5.2.10)中b、h_0的计量单位为mm。

5.2.11 钢筋混凝土矩形、T形和I形截面受弯构件,当进行斜截面抗剪承载力配筋设计时,其箍筋

和弯起钢筋应按下列规定进行计算和配置：

1　绘出剪力设计值包络图，用作抗剪配筋设计的最大剪力组合设计值应按以下规定取值：简支梁和连续梁近边支点梁段取离支点 $h/2$ 处的剪力设计值 V'_d［图 5.2.11a)］；等高度连续梁和悬臂梁近中间支点梁段取支点上横隔梁边缘处的剪力设计值 V'_d［图 5.2.11b)］；变高度（承托）连续梁和悬臂梁近中间支点梁段取变高度梁段与等高度梁段交接处的剪力设计值 V_d^0［图 5.2.11c)］。V'_d 或 V_d^0 中应按不少于 60% 由混凝土和箍筋共同承担，不超过 40% 由弯起钢筋承担，并且用水平线将剪力设计值包络图分割为两部分。

2　预先选定箍筋种类和直径，可按下式计算箍筋间距：

$$s_v = \frac{\alpha_1^2 \alpha_3^2 0.2 \times 10^{-6} (2 + 0.6P) \sqrt{f_{cu,k}} A_{sv} f_{sv} b h_0^2}{(\xi \gamma_0 V_d)^2} \quad (\text{mm}) \tag{5.2.11-1}$$

式中　V_d——用于抗剪配筋设计的最大剪力设计值（kN），计算简支梁、连续梁近边支点梁段和等高度连续梁、悬臂梁近中间支点梁段的箍筋间距时，令 $V_d = V'_d$［图 5.2.11a)、b)］；计算变高度（承托）的连续梁和悬臂梁近中间支点梁段的箍筋间距时，令 $V_d = V_d^0$［图 5.2.11c)］；

ξ——用于抗剪配筋设计的最大剪力设计值分配于混凝土和箍筋共同承担的分配系数，取 $\xi \geqslant 0.6$；

h_0——用于抗剪配筋设计的最大剪力截面的有效高度（mm）；

b——用于抗剪配筋设计的最大剪力截面的梁腹宽度（mm），当梁的腹板厚度有变化时，取设计梁段最小腹板厚度；

A_{sv}——配置在同一截面内箍筋总截面面积（mm^2）。

3　计算第一排弯起钢筋 A_{sb1} 时，对于简支梁和连续梁近边支点梁段，取用距支点中心 $h/2$ 处由弯起钢筋承担的那部分剪力 V_{sb1}［图 5.2.11a)］；对于等高度连续梁和悬臂梁近中间支点梁段，取用支点上横隔梁边缘处由弯起钢筋承担的那部分剪力 V_{sb1}［图 5.2.11b)］；对于变高度（承托）的连续梁和悬臂梁近中间支点的变高度梁段，取用第一排弯起钢筋下面弯点处由弯起钢筋承担的那部分剪力 V_{sb1}［图 5.2.11c)］。

图中　V_d^0——由作用（或荷载）引起的最大剪力组合设计值；

V'_d——用于配筋设计的最大剪力组合设计值，对简支梁和连续梁近边支点梁段，取距支点中心 $h/2$ 处的量值；对等高度连续梁和悬臂梁近中间支点梁段，取支点上横隔梁边缘处的量值；

$V_d^{\frac{l}{2}}$——跨中截面剪力组合设计值；

V'_{cs}——由混凝土和箍筋共同承担的总剪力设计值（图中阴影部分）；

V_{sb}'——由弯起钢筋承担的总剪力设计值；

V_{sb1}、V_{sb2}、V_{sbi}——简支梁、等高度连续梁和悬臂梁、变高度（承托）的连续梁和悬臂梁的变高度梁段，由弯起钢筋承担的剪力设计值；

V_{sbf}——变高度（承托）的连续梁和悬臂梁的变高段与等高段交接处，由弯起钢筋承担的剪力设计值；

V'_{sb1}、V'_{sb2}、V'_{sbi}——变高度（承托）的连续梁和悬臂梁的等高度梁段，由弯起钢筋承担的剪力设计值；

A_{sb1}、A_{sb2}、A_{sbi}——简支梁、等高度连续梁和悬臂梁、变高度（承托）的连续梁和悬臂梁的变高度梁段，从支点算起的第一、第二、第 i 排弯起钢筋截面面积；

A_{sbf}——变高度（承托）的连续梁和悬臂梁中跨越变高度与等高度交接处的弯起钢筋截面面积；

A'_{sb1}、A'_{sb2}、A'_{sbi}——变高度（承托）的连续梁和悬臂梁的等高度梁段，从变高段与等高段交接处算起的第一、第二、第 i 排弯起钢筋截面面积；

h——等高度梁的梁高；

l——梁的计算跨径；

α——变高度梁段下缘线与水平线夹角。

4　计算第一排弯起钢筋以后的每一排弯起钢筋 A_{sb2}……A_{sbi} 时，对于简支梁、连续梁近边支点梁段和等高度连续梁与悬臂梁近中间支点梁段，取用前一排弯起钢筋下面弯点处由弯起钢筋承担的那部分剪力 V_{sb2}……V_{sbi}［图 5.2.11a)、b)］；对于变高度（承托）的连续梁和悬臂梁近中间支点的变高度梁段，取用各该排弯起钢筋下面弯点处由弯起钢筋承担的那部分剪力 V_{sb2}……V_{sbi}［图 5.2.11c)］；

5　计算变高度（承托）的连续梁和悬臂梁跨越变高段与等高段交接处的弯起钢筋 A_{sbf} 时，取用交接截面剪力峰值由弯起钢筋承担的那部分剪力 V_{sbf}[图 5.2.11c)];计算等高度梁段各排弯起钢筋 A'_{sb1}、A'_{sb2}、A'_{sbi} 时,取用各该排弯起钢筋上面弯点处由弯起钢筋承担的那部分剪力 V'_{sb1}、V'_{sb2}、V'_{sbi}[图 5.2.11c)]。

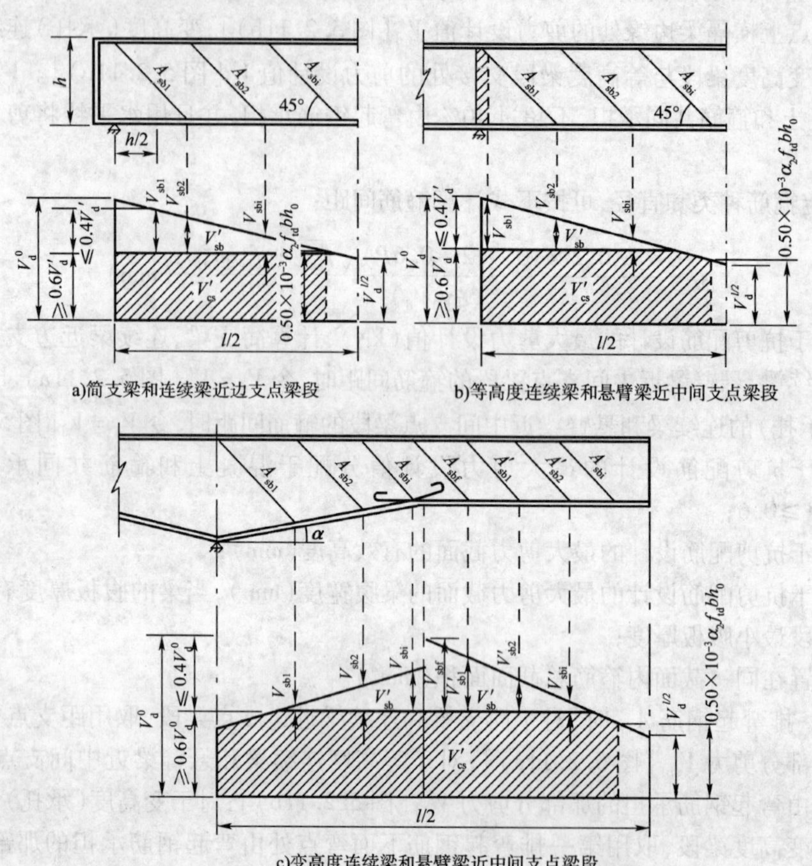

a)简支梁和连续梁近边支点梁段

b)等高度连续梁和悬臂梁近中间支点梁段

c)变高度连续梁和悬臂梁近中间支点梁段

图 5.2.11 斜截面抗剪承载力配筋设计计算图

6 每排弯起钢筋的截面面积按下列公式计算:

$$A_{sb}=\frac{\gamma_0 V_{sb}}{0.75\times10^{-3}f_{sd}\sin\theta_s}(\mathrm{mm}^2) \tag{5.2.11-2}$$

式中 A_{sb}——每排弯起钢筋的总截面面积,即为图 5.2.11 中的 A_{sb1}、A_{sb2}、A_{sbi} 或 A'_{sb1}、A'_{sbi} 或 A_{sbf};

V_{sb}——由每排弯起钢筋承担的剪力设计值(kN),即为图 5.2.11 中的 V_{sb1}、V_{sb2}、V_{sbi} 或 V'_{sb1}、V'_{sb2}、V'_{sbi} 或 V_{sbf}。

5.2.12 矩形、T形和 I 形截面的受弯构件,其斜截面抗弯承载力应按下列规定进行验算(参见图 5.2.7):

$$\gamma_0 M_d\leqslant f_{sd}A_sZ_s+f_{pd}A_pZ_p+\sum f_{sd}A_{sb}Z_{sb}+\sum f_{pd}A_{pb}Z_{pb}+\sum f_{sv}A_{sv}Z_{sv} \tag{5.2.12-1}$$

此时,最不利的斜截面水平投影长度按下列公式试算确定:

$$\gamma_0 V_d=\sum f_{sd}A_{sb}\sin\theta_s+\sum f_{pb}A_{pb}\sin\theta_p+\sum f_{sv}A_{sv} \tag{5.2.12-2}$$

式中 M_d——斜截面受压端正截面的最大弯矩组合设计值;

V_d——斜截面受压端正截面相应于最大弯矩组合设计值的剪力组合设计值;

Z_s、Z_p——纵向普通受拉钢筋合力点、纵向预应力受拉钢筋合力点至受压区中心点 O 的距离;

Z_{sb}、Z_{pb}——与斜截面相交的同一弯起平面内普通弯起钢筋合力点、预应力弯起钢筋合力点至受压区中心点 O 的距离;

Z_{sv}——与斜截面相交的同一平面内箍筋合力点至斜截面受压端的水平距离。

斜截面受压端受压区高度 x,按斜截面内所有的力对构件纵向轴投影之和为零的平衡条件求得。

受弯构件的纵向钢筋和箍筋,当符合本规范第 9.1.4 条、第 9.3.9 条至第 9.3.13 条的要求时,可不进行斜截面抗弯承载力计算。

5.3 受压构件

5.3.1 钢筋混凝土轴心受压构件，当配有箍筋（或螺旋筋或在纵向钢筋上焊有横向钢筋）时（图5.3.1），其正截面抗压承载力计算应符合下列规定：

$$\gamma_0 N_d \leqslant 0.90\varphi(f_{cd}A + f'_{sd}A'_s) \tag{5.3.1}$$

式中 N_d——轴向力组合设计值；

φ——轴压构件稳定系数，按表5.3.1采用；

A——构件毛截面面积，当纵向钢筋配筋率大于3%时，A应改用$A_n = A - A'_s$；

A'_s——全部纵向钢筋的截面面积。

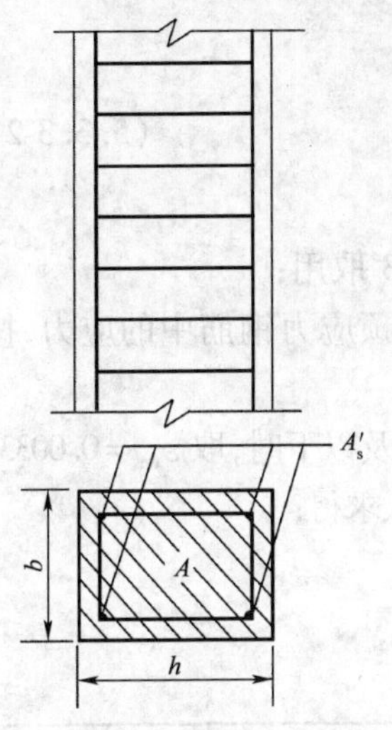

图5.3.1 配有箍筋的钢筋混凝土轴心受压构件截面图

表5.3.1 钢筋混凝土轴心受压构件的稳定系数

l_0/b	≤8	10	12	14	16	18	20	22	24	26	28
$l_0/2r$	≤7	8.5	10.5	12	14	15.5	17	19	21	22.5	24
l_0/i	≤28	35	42	48	55	62	69	76	83	90	97
φ	1.0	0.98	0.95	0.92	0.87	0.81	0.75	0.70	0.65	0.60	0.56
l_0/b	30	32	34	36	38	40	42	44	46	48	50
$l_0/2r$	26	28	29.5	31	33	34.5	36.5	38	40	41.5	43
l_0/i	104	111	118	125	132	139	146	153	160	167	174
φ	0.52	0.48	0.44	0.40	0.36	0.32	0.29	0.26	0.23	0.21	0.19

注：(1)表中l_0为构件计算长度；b为矩形截面的短边尺寸；r为圆形截面的半径；i为截面最小回转半径；

(2)构件计算长度l_0，当构件两端固定时取$0.5l$；当一端固定一端为不移动的铰时取$0.7l$。当两端均为不移动的铰时取l，当一端固定一端自由时取$2l$；l为构件支点间长度。

5.3.2 钢筋混凝土轴心受压构件，当配置螺旋式或焊接环式间接钢筋（图5.3.2），且间接钢筋的换算截面面积A_{so}不小于全部纵向钢筋截面面积的25%；间距不大于80mm或$d_{cor}/5$，构件长细比$l_0/i \leqslant 48$时，其正截面抗压承载力计算应符合下列规定：

$$\gamma_0 N_d \leqslant 0.9(f_{cd}A_{cor} + f'_{sd}A'_s + kf_{sd}A_{so}) \tag{5.3.2-1}$$

$$A_{so} = \frac{\pi d_{cor} A_{sol}}{s} \tag{5.3.2-2}$$

式中 A_{cor}——构件核心截面面积；

A_{so}——螺旋式或焊接环式间接钢筋的换算截面面积；

d_{cor}——构件截面的核心直径；

k——间接钢筋影响系数，混凝土强度等级C50及以下时，取$k = 2.0$；C50～C80取$k = 2.0 \sim 1.70$，中间值直线插入取用；

A_{sol}——单根间接钢筋的截面面积；

s——沿构件轴线方向间接钢筋的螺距或间距。

图5.3.2 配置螺旋式间接钢筋的钢筋混凝土轴心受压构件截面图

当间接钢筋的换算截面面积、间距及构件长细比不符合本条要求，或按公式（5.3.2-1）算得的抗压承载力小于按公式（5.3.1）算得的抗压承载力时，不应考虑间接钢筋的套箍作用，正截面抗压承载力应按第5.3.1条的规定进行计算。

按公式（5.3.2-1）计算的抗压承载力设计值不应大于按本规范公式（5.3.1）计算的抗压承载力设计值的1.5倍。

5.3.3 偏心受压构件应以相对界限受压区高度ξ_b作为判别大小偏压的条件，ξ_b应按以下规定确定：

1 钢筋混凝土偏心受压构件，其ξ_b值可按本规范表5.2.1取用；

2　预应力混凝土偏心受压构件，其 ξ_b 值按下列公式计算：

1）对精轧螺纹钢筋

$$\xi_b=\frac{\beta}{1+\frac{f_{pd}-\sigma_{p0}}{E_p\varepsilon_{cu}}} \tag{5.3.3-1}$$

2）对钢丝和钢绞线

$$\xi_b=\frac{\beta}{1+\frac{0.002}{\varepsilon_{cu}}+\frac{f_{pd}-\sigma_{p0}}{E_p\varepsilon_{cu}}} \tag{5.3.3-2}$$

式中　β——截面受压区矩形应力图高度与实际受压区高度的比值，按表5.3.3取用；

σ_{p0}——截面受拉区纵向预应力钢筋合力点处混凝土法向应力等于零时，预应力钢筋中的应力，按本规范公式（6.1.5-2）或公式（6.1.5-5）计算；

ε_{cu}——截面非均匀受压时，混凝土的极限压应变，当混凝土强度等级为C50及以下时，取 $\varepsilon_{cu}=0.0033$；当混凝土强度等级为C80时，取 $\varepsilon_{cu}=0.003$；中间强度等级用直线插入求得；

f_{pd}——纵向预应力钢筋的抗拉强度设计值；

E_p——预应力钢筋的弹性模量。

表5.3.3　系数 β 值

混凝土强度等级	C50及以下	C55	C60	C65	C70	C75	C80
β	0.80	0.79	0.78	0.77	0.76	0.75	0.74

5.3.4　小偏心受压构件位于截面受拉边或受压较小边的纵向钢筋，其应力可按下列公式计算：

对普通钢筋

$$\sigma_{si}=\varepsilon_{cu}E_s\left(\frac{\beta h_{oi}}{x}-1\right) \tag{5.3.4-1}$$

$$-f'_{sd}\leqslant\sigma_{si}\leqslant f_{sd} \tag{5.3.4-2}$$

当 σ_{si} 为拉应力且其值大于普通钢筋抗拉强度设计值 f_{sd} 时，取 $\sigma_{si}=f_{sd}$；当 σ_{si} 为压应力且其绝对值大于普通钢筋抗压强度设计值 f'_{sd} 时，取 $\sigma_{si}=-f'_{sd}$。

对预应力钢筋

$$\sigma_{pi}=\varepsilon_{cu}E_p\left(\frac{\beta h_{oi}}{x}-1\right)+\sigma_{poi} \tag{5.3.4-3}$$

$$-(f'_{pd}-\sigma_{poi})\leqslant\sigma_{pi}\leqslant f_{pd} \tag{5.3.4-4}$$

当 σ_{pi} 为拉应力且其值大于预应力钢筋抗拉强度设计值 f_{pd} 时，取 $\sigma_{pi}=f_{pd}$；当 σ_{pi} 为压应力且其绝对值大于 $(f'_{pd}-\sigma_{poi})$ 的绝对值时，取 $\sigma_{pi}=-(f'_{pd}-\sigma_{poi})$。

式中　x——截面受压区高度；

h_{oi}——第 i 层纵向钢筋截面重心至受压较大边边缘的距离；

E_s、E_p——普通钢筋、预应力钢筋的弹性模量；

σ_{si}、σ_{pi}——第 i 层纵向普通钢筋、预应力钢筋的应力，按公式计算正值表示拉应力，负值表示压应力；

σ_{poi}——第 i 层纵向预应力钢筋截面重心处混凝土法向应力等于零时，预应力钢筋中的应力。

ε_{cu}、β 见本规范第5.3.3条的规定。

5.3.5　矩形截面偏心受压构件的正截面抗压承载力的计算应符合下列规定（图5.3.5）：

$$\gamma_0N_d\leqslant f_{cd}bx+f'_{sd}A'_s+(f'_{pd}-\sigma'_{p0})A'_p-\sigma_sA_s-\sigma_pA_p \tag{5.3.5-1}$$

$$\gamma_0N_de\leqslant f_{cd}bx\left(h_0-\frac{x}{2}\right)+f'_{sd}A'_s(h_0-a'_s)+(f'_{pd}-\sigma_{p0}')A'_p(h_0-a'_p) \tag{5.3.5-2}$$

$$e=\eta e_0+\frac{h}{2}-a \tag{5.3.5-3}$$

式中　e——轴向力作用点至截面受拉边或受压较小边纵向钢筋 A_s 和 A_p 合力点的距离；

e_0——轴向力对截面重心轴的偏心距，$e_0=M_d/N_d$；

M_d——相应于轴向力的弯矩组合设计值；

h_0——截面受压较大边边缘至受拉边或受压较小边纵向钢筋合力点的距离，$h_0=h-a$；

η——偏心受压构件轴向力偏心距增大系数，按本规范第5.3.10条的规定计算。

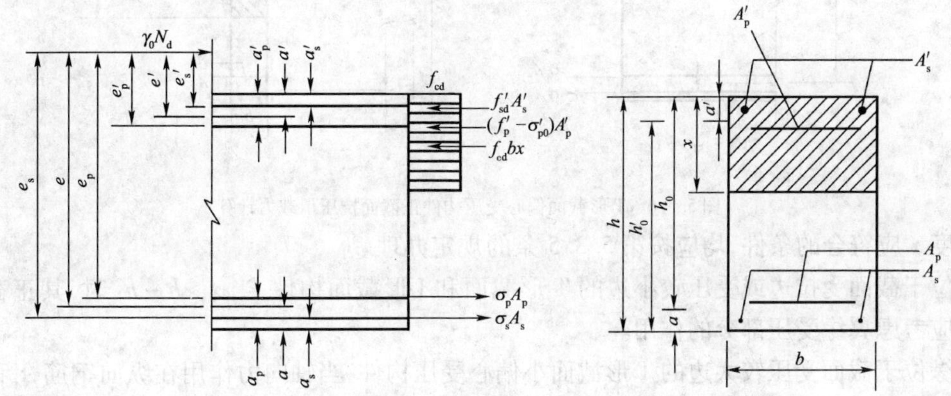

图5.3.5　矩形截面偏心受压构件正截面抗压承载力计算

截面受拉边或受压较小边纵向钢筋的应力 σ_s 和 σ_p 应按下列情况采用：

当 $\xi\leqslant\xi_b$ 时为大偏心受压构件，取 $\sigma_s=f_{sd}$，$\sigma_p=f_{pd}$，此处，相对受压区高度 $\xi=x/h_0$；

当 $\xi>\xi_b$ 时为小偏心受压构件，σ_s 和 σ_p 按本规范第5.3.4条的规定计算。

在承载力计算中，若考虑截面受压较大边的纵向受压钢筋时，受压区高度应符合本规范公式(5.2.2-4)、(5.2.2-5)的要求。

对小偏心受压构件，当轴向力作用在纵向钢筋 A'_s 和 A'_p 合力点与 A_s 和 A_p 合力点之间时，抗压承载力计算尚应符合下列规定：

$$\gamma_0 N_d e'\leqslant f_{cd}bh\left(h'_0-\frac{h}{2}\right)+f'_{sd}A_s(h'_0-a_s)+(f'_{pd}-\sigma_{p0})A_p(h'_0-a_p) \tag{5.3.5-4}$$

$$e'=\frac{h}{2}-e_0-a' \tag{5.3.5-5}$$

式中　e'——轴向力作用点至截面受压较大边纵向钢筋 A'_s 和 A'_p 合力点的距离，计算时偏心距 e_0 可不考虑增大系数 η；

h'_0——截面受压较小边边缘至受压较大边纵向钢筋合力点的距离，$h'_0=h-a'$。

矩形截面对称配筋的钢筋混凝土小偏心受压构件，其钢筋截面面积也可按下列公式计算：

$$A_s=A'_s=\frac{\gamma_0 N_d e-\xi(1-0.5\xi)f_{cd}bh_0^2}{f'_{sd}(h_0-a'_s)} \tag{5.3.5-6}$$

式中相对受压区高度 ξ 可按下列公式计算：

$$\xi=\frac{\gamma_0 N_d-\xi_b f_{cd}bh_0}{\dfrac{\gamma_0 N_d e-0.43f_{cd}bh_0^2}{(\beta-\xi_b)(h_0-a'_s)}+f_{cd}bh_0}+\xi_b \tag{5.3.5-7}$$

注：小偏心受压构件当计算的截面受压区高度 $x>h$ 时，计算构件承载力取 h，但计算钢筋应力 σ_s 和 σ_p 时仍用计算所得的 x。

5.3.6　翼缘位于截面受压较大边的T形截面或I形截面偏心受压构件，其正截面抗压承载力应按下列规定计算：

1　当受压区高度 $x\leqslant h'_f$ 时，应按宽度为 b'_f 的矩形截面计算；

2　当受压区高度 $x>h'_f$ 时，则应按下列公式计算(图5.3.6)：

$$\gamma_0 N_d\leqslant f_{cd}[bx+(b'_f-b)h'_f]+f'_{sd}A'_s+(f'_{pd}-\sigma'_{p0})A'_p-\sigma_s A_s-\sigma_p A_p \tag{5.3.6-1}$$

$$\gamma_0 N_d e\leqslant f_{cd}\left[bx\left(h_0-\frac{x}{2}\right)+(b'_f-b)h'_f\left(h_0-\frac{h'_f}{2}\right)\right]+f'_{sd}A'_s(h_0-a'_s)+(f'_{pd}-\sigma'_{p0})A'_p(h_0-a'_p) \tag{5.3.6-2}$$

截面受拉边或受压较小边纵向钢筋的应力 σ_s 和 σ_p 的确定，以及考虑截面受压较大边受压钢筋时，

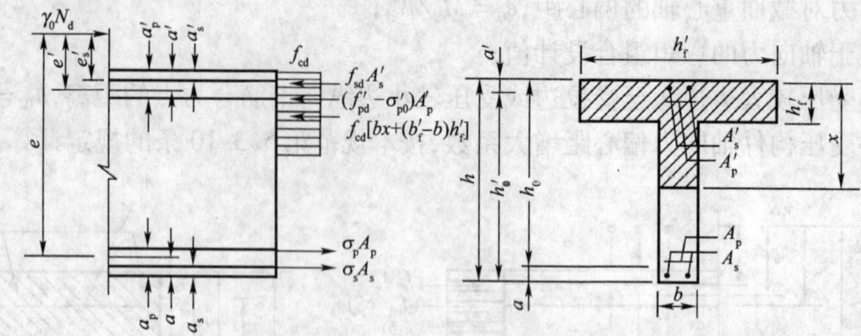

图 5.3.6 T 形截面偏心受压构件正截面抗压承载力计算

受压区高度 x 应符合的条件，均应按第 5.3.5 条的规定办理。

翼缘位于截面受拉边或受压较小边的 T 形截面和 I 形截面构件，当 $x>h-h_f$ 时，其正截面抗压承载力计算应考虑翼缘受压部分的作用。

对翼缘位于截面受压较大边的 T 形截面小偏心受压构件，当轴向力作用在纵向钢筋 A'_s和 A'_p合力点与 A_s 和 A_p 合力点之间时，尚应按下列规定进行计算：

$$\gamma_0 N_d e' \leqslant f_{cd}\left[bh\left(h'_0-\frac{h}{2}\right)+(b'_f-b)h'_f\left(\frac{h'_f}{2}-a'\right)\right]+f'_{sd}A_s(h'_0-a_s)$$
$$+(f'_{pd}-\sigma_{p0})A_p(h'_0-a_p) \qquad (5.3.6\text{-}3)$$

对翼缘位于截面受压较小边的 T 形截面小偏心受压构件，尚应按下列规定计算：

$$\gamma_0 N_d e' \leqslant f_{cd}\left[bh\left(h'_0-\frac{h}{2}\right)+(b_f-b)h_f\left(h'_0-\frac{h_f}{2}\right)\right]+f'_{sd}A_s(h'_0-a_s)$$
$$+(f'_{pd}-\sigma_{p0})A_p(h'_0-a_p) \qquad (5.3.6\text{-}4)$$

式中 b_f——位于截面受压较小边的翼缘宽度；

h_f——位于截面受压较小边的翼缘厚度。

5.3.7 在偏心受压构件正截面抗压承载力计算中，当考虑截面受压较大边的纵向受压钢筋，但受压区高度又不符合本规范公式(5.2.2-4)、(5.2.2-5)的要求时，其正截面抗压承载力可按本规范公式(5.2.5-1)、(5.2.5-2)计算，此时，上述公式中的 M_d 应分别以 $N_d e'$、$N_d e'_s$ 代替，计算时应考虑偏心距增大系数 η。

5.3.8 沿截面腹部均匀配置纵向普通钢筋且每排不少于 4 根的矩形、T 形和 I 形截面钢筋混凝土偏心受压构件(图 5.3.8)，其正截面抗压承载力的计算应符合下列规定：

$$\gamma_0 N_d \leqslant f_{cd}[\xi b h_0+(b'_f-b)h'_f]+f'_{sd}A'_s-\sigma_s A_s+N_{sw} \qquad (5.3.8\text{-}1)$$

$$\gamma_0 N_d e \leqslant f_{cd}[\xi(1-0.5\xi)bh_0^2+(b'_f-b)h'_f(h_0-h'_f/2)]$$
$$+f'_{sd}A'_s(h_0-a'_s)+M_{sw} \qquad (5.3.8\text{-}2)$$

$$N_{sw}=\left(1+\frac{\xi-\beta}{0.5\beta\omega}\right)f_{sw}A_{sw} \qquad (5.3.8\text{-}3)$$

$$M_{sw}=\left[0.5-\left(\frac{\xi-\beta}{\beta\omega}\right)^2\right]f_{sw}A_{sw}h_{sw} \qquad (5.3.8\text{-}4)$$

式中 A_{sw}——沿截面腹部均匀配置的全部纵向钢筋截面面积；

f_{sw}——沿截面腹部均匀配置的纵向钢筋强度设计值；

N_{sw}——沿截面腹部均匀配置的纵向钢筋所承担的轴向力，当 $\xi=\frac{x}{h_0}>\beta$ 时，取 $N_{sw}=f_{sw}A_{sw}$；

M_{sw}——沿截面腹部均匀配置的纵向钢筋的内力对截面受拉边或受压较小边纵向钢筋 A_s 重心的力矩，当 $\xi>\beta$ 时，取 $M_{sw}=0.5f_{sw}A_{sw}h_{sw}$；

h_{sw}——沿截面腹部均匀配置的纵向钢筋区段的高度，取 $h_{sw}=h_0-a'_s$；

ω——沿截面腹部均匀配筋区段的高度与截面有效高度的比值，$\omega=h_{sw}/h_0$。

在公式(5.3.8-1)中,截面受拉边或受压较小边的钢筋应力 σ_s,当 $\xi \leqslant \xi_b$ 时,取 $\sigma_s = f_{sd}$;当 $\xi > \xi_b$ 时,按本规范公式(5.3.4-1)计算。

在计算中当考虑截面受压较大边的受压钢筋 $A_s{}'$时,受压区高度应符合 $x \geqslant 2a_s'$的要求;当不符合时,正截面抗压承载力的计算应符合下列规定:

$$\gamma_0 N_d e' \leqslant f_{sd} As(h_0 - a_s') + M_{sw}' \tag{5.3.8-5}$$

$$M_{sw}' = 0.5 f_{sw} A_{sw} h_{sw} \tag{5.3.8-6}$$

对T形和I形截面的偏心受压构件,当 $x \leqslant h_f'$时,应按宽度为 b_f'的矩形截面计算。对I形截面,当 $x > h - h_f$ 时,应考虑位于受压较小边翼缘受压部分的作用。

注:当计算的 $\xi > h/h_0$ 时,本条各式中的 ξ 均取 $\xi = h/h_0$;但计算钢筋 A_s 的应力时,仍采用计算所得的 ξ。

5.3.9 沿周边均匀配置纵向钢筋的圆形截面钢筋混凝土偏心受压构件(图5.3.9),其正截面抗压承载力计算应符合下列规定:

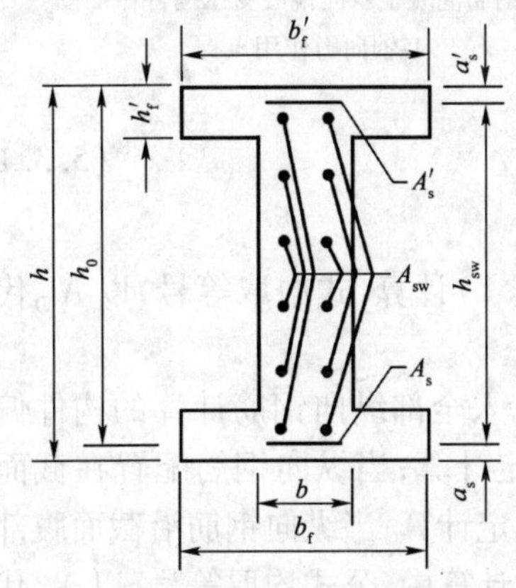

图5.3.8 沿截面腹部均匀配筋的I形截面偏心受压构件正截面抗压承载力计算

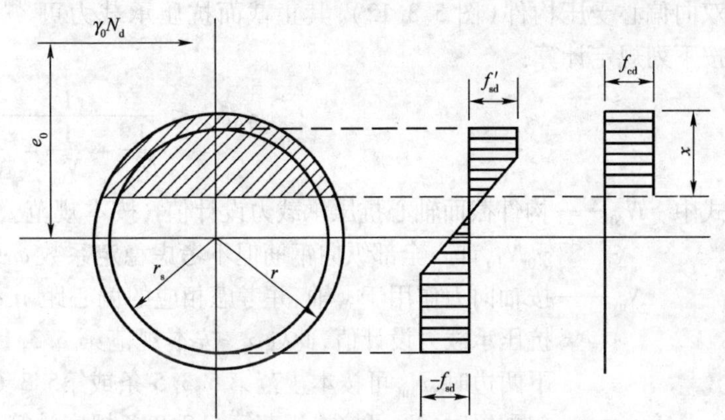

图5.3.9 沿周边均匀配筋的圆形截面偏心受压构件计算

$$\gamma_0 N_d \leqslant A r^2 f_{cd} + C \rho r^2 f_{sd}' \tag{5.3.9-1}$$

$$\gamma_0 N_d e_0 \leqslant B r^3 f_{cd} + D \rho g r^3 f_{sd}' \tag{5.3.9-2}$$

式中 e_0——轴向力的偏心距,$e_0 = M_d/N_d$,应乘以偏心距增大系数 η,η 按第5.3.10条的规定计算;

A、B——有关混凝土承载力的计算系数,按附录C的迭代法由表C.0.2查得;

C、D——有关纵向钢筋承载力的计算系数,按附录C的迭代法由表C.0.2查得;

r——圆形截面的半径;

g——纵向钢筋所在圆周的半径 r_s 与圆截面半径之比,$g = r_s/r$;

ρ——纵向钢筋配筋率,$\rho = A_s/\pi r^2$。

5.3.10 计算偏心受压构件正截面承载力时,对长细比 $l_0/i > 17.5$ 的构件,应考虑构件在弯矩作用平面内的挠曲对轴向力偏心距的影响。此时,应将轴向力对截面重心轴的偏心距 e_0 乘以偏心距增大系数 η。

矩形、T形、I形和圆形截面偏心受压构件的偏心距增大系数可按下列公式计算:

$$\eta = 1 + \frac{1}{1400 e_0/h_0}\left(\frac{l_0}{h}\right)^2 \zeta_1 \zeta_2 \tag{5.3.10-1}$$

$$\zeta_1 = 0.2 + 2.7\frac{e_0}{h_0} \leqslant 1.0 \tag{5.3.10-2}$$

$$\zeta_2 = 1.15 - 0.01\frac{l_0}{h} \leqslant 1.0 \tag{5.3.10-3}$$

式中 l_0——构件的计算长度，按本规范表 5.3.1 注取用或按工程经验确定；

e_0——轴向力对截面重心轴的偏心矩；

h_0——截面有效高度，对圆形截面取 $h_0 = r + r_s$；

h——截面高度，对圆形截面取 $h = 2r$，r 为圆形截面半径；

ζ_1——荷载偏心率对截面曲率的影响系数；

ζ_2——构件长细比对截面曲率的影响系数。

5.3.11 矩形、T 形和 I 形截面偏心受压构件除应计算弯矩作用平面抗压承载力外，尚应按轴心受压构件验算垂直于弯矩作用平面的抗压承载力，此时，不考虑弯矩的作用，但应考虑稳定系数 φ 的影响。

5.3.12 截面具有两个互相垂直对称轴的钢筋混凝土双向偏心受压构件（图 5.3.12），其正截面抗压承载力可按下列规定计算：

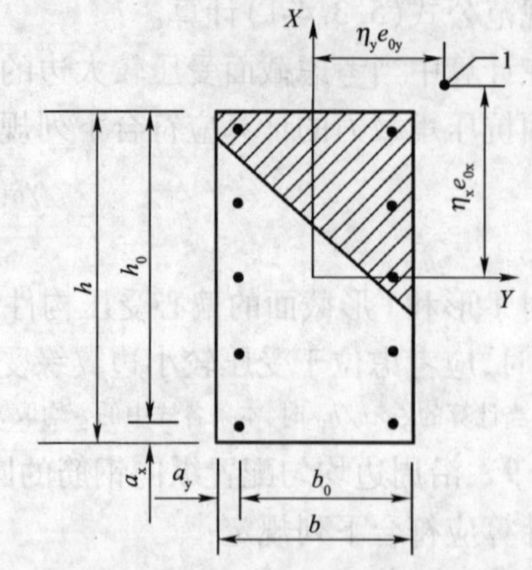

图 5.3.12 钢筋混凝土双向偏心受压构件截面图

1-轴向力作用点

$$\gamma_0 N_d \leqslant \frac{1}{\dfrac{1}{N_{ux}} + \dfrac{1}{N_{uy}} - \dfrac{1}{N_{u0}}} \tag{5.3.12}$$

式中 N_{u0}——构件截面轴心抗压承载力设计值，按本规范公式（5.3.1）计算，式中取等号，以 N_{u0} 代替 $\gamma_0 N_d$，计入全部纵向钢筋但不考虑稳定系数 φ；

N_{ux}——按轴向力作用于 x 轴、并考虑相应的偏心距 $\eta_x e_{0x}$ 后，计入全部纵向钢筋计算的构件偏心抗压承载力设计值，此处 η_x 按本规范第 5.3.10 条规定计算；当纵向钢筋配置在截面上下两边时，N_{ux} 可按本规范第 5.3.5 条或第5.3.6条的规定计算；当纵向钢筋沿截面腹部均匀配置时，N_{ux} 可按本规范第5.3.8 条规定计算；在上述计算中，公式均取等号，以 N_{ux} 代替 $\gamma_0 N_d$；

N_{uy}——按轴向力作用于 y 轴，并考虑相应的偏心距 $\eta_y e_{0y}$ 后，计入全部纵向钢筋计算的构件偏心抗压承载力设计值，此处 η_y 按本规范第 5.3.10 条规定计算；N_{uy} 的计算所考虑的方法和计算公式与 N_{ux} 相同。

5.4 受拉构件

5.4.1 轴心受拉构件的正截面抗拉承载力计算应符合下列规定：

$$\gamma_0 N_d \leqslant f_{sd} A_s + f_{pd} A_p \tag{5.4.1}$$

式中 A_s、A_p——普通钢筋、预应力钢筋的全部截面面积。

5.4.2 矩形截面偏心受拉构件的正截面抗拉承载力应按下列规定计算：

1 对小偏心受拉构件，当轴向力作用在钢筋 A_s 和 A_p 合力点与 A'_s和 A'_p合力点之间时，按下列规定计算［图 5.4.2a)］：

$$\gamma_0 N_d e \leqslant f_{sd} A'_s (h_0 - a'_s) + f_{pd} A'_p (h_0 - a'_p) \tag{5.4.2-1}$$

$$\gamma_0 N_d e' \leqslant f_{sd} A_s (h'_0 - a_s) + f_{pd} A_p (h'_0 - a_p) \tag{5.4.2-2}$$

2 对大偏心受拉构件，当轴向力不作用在钢筋 A_s 和 A_p 合力点与 A'_s和 A'_p合力点之间时，按下列规定计算［图 5.4.2b)］：

$$\gamma_0 N_d \leqslant f_{sd} A_s + f_{pd} A_p - f'_{sd} A'_s - (f'_{pd} - \sigma'_{p0}) A_p - f_{cd} b x \tag{5.4.2-3}$$

$$\gamma_0 N_d e \leqslant f_{cd} b x \left(h_0 - \frac{x}{2}\right) + f'_{sd} A'_s (h_0 - a'_s) + (f'_{pd} - \sigma'_{p0}) A'_p (h_0 - a'_p) \tag{5.4.2-4}$$

此时，截面受压区高度 x 应符合本规范公式（5.2.2-3）的要求；当计算中考虑受压钢筋时，x 尚应符合本规范公式（5.2.2-4）、（5.2.2-5）的要求；当不符合时，则应按本规范公式（5.2.5-1）、（5.2.5-2）计

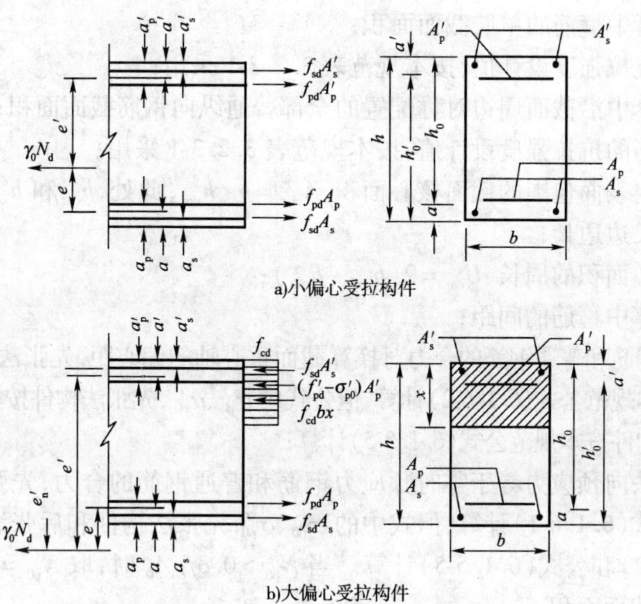

图 5.4.2　矩形截面偏心受拉构件正截面抗拉承载力计算

算，但式中 M_d 应分别以 $N_d e'$、$N_d e_s'$ 代替。

5.5　受扭构件

5.5.1　矩形和箱形截面纯扭构件(图 5.5.1)，其抗扭承载力应按下列规定计算：

$$\gamma_0 T_d \leqslant 0.35\beta_a f_{td} W_t + 1.2\sqrt{\zeta}\frac{f_{sv}A_{sv1}A_{cor}}{s_v} \tag{5.5.1-1}$$

$$\zeta = \frac{f_{sd}A_{st}s_v}{f_{sv}A_{sv1}U_{cor}} \tag{5.5.1-2}$$

对钢筋混凝土构件，ζ 值应符合 $0.6 \leqslant \zeta \leqslant 1.7$ 的要求，当 $\zeta > 1.7$ 时，取 $\zeta = 1.7$。

对预应力混凝土构件，当 $e_{p0} \leqslant h/6$ 且 $\zeta \geqslant 1.7$ 时，应在公式(5.5.1-1)的右边增加预应力影响项 $0.05\dfrac{N_{p0}}{A_0}W_t$，取 $\zeta = 1.7$。当 $e_{p0} > h/6$ 或 $\zeta < 1.7$ 时，可不考虑预应力影响项，应按钢筋混凝土构件计算。

式中　T_d——扭矩组合设计值；

ζ——纯扭构件纵向钢筋与箍筋的配筋强度比；

β_a——箱形截面有效壁厚折减系数，当 $0.1b \leqslant t_2 \leqslant 0.25b$ 或 $0.1h \leqslant t_1 \leqslant 0.25h$ 时，取 $\beta_a = 4\dfrac{t_2}{b}$ 或 $\beta_a = 4\dfrac{t_1}{h}$ 两者较小值，当 $t_2 > 0.25b$ 和 $t_1 > 0.25h$ 时，取 $\beta_a = 1.0$。对矩形截面，$\beta_a = 1.0$；

b——矩形截面或箱形截面宽度；

h——矩形截面或箱形截面高度；

t_1——箱形截面长边壁厚；

t_2——箱形截面短边壁厚；

f_{td}——混凝土轴心抗拉强度设计值；

W_t——矩形截面或箱形截面受扭塑性抵抗矩，按本规范第 5.5.2 条的规定计算；

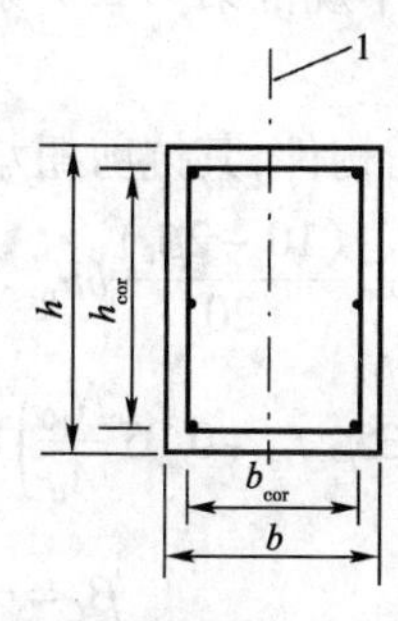

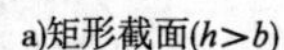
a)矩形截面($h>b$)

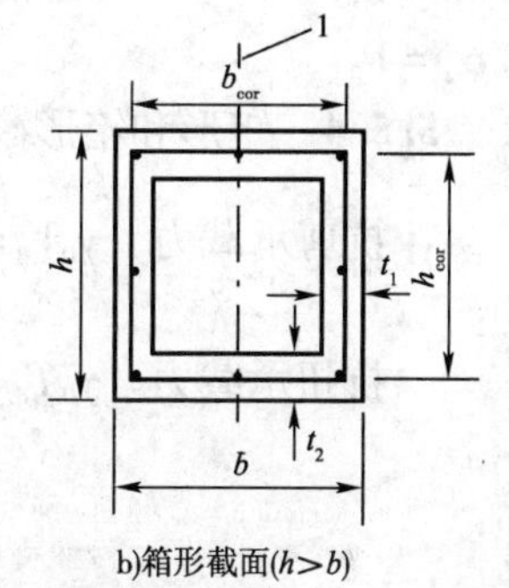

b)箱形截面($h>b$)

图 5.5.1　矩形和箱形受扭构件截面
1-弯矩作用平面

A_{sv1}——纯扭计算中箍筋的单肢截面面积；

f_{sv}——箍筋的抗拉强度设计值，按本规范表 3.2.3-1 采用；

A_{st}——纯扭计算中沿截面周边对称配置的全部普通纵向钢筋截面面积；

f_{sd}——纵向钢筋的抗拉强度设计值，按本规范表 3.2.3-1 采用；

A_{cor}——由箍筋内表面包围的截面核心面积，$A_{cor}=b_{cor}h_{cor}$，此处，b_{cor} 和 h_{cor} 分别为核心面积的短边边长和长边边长；

U_{cor}——截面核心面积的周长，$U_{cor}=2(b_{cor}+h_{cor})$；

s_v——纯扭计算中箍筋的间距；

e_{p0}——预应力钢筋和普通钢筋的合力对换算截面重心轴的偏心距，先张法和后张法预应力混凝土构件均按本规范公式(6.1.6-2)计算，但公式中 σ_{p0}、σ'_{p0}，先张法构件按本规范公式(6.1.5-2)计算；后张法构件按本规范公式(6.1.5-5)计算；

N_{p0}——混凝土法向预应力等于零时预应力钢筋和普通钢筋的合力，先张法和后张法构件均按本规范公式(6.1.6-1)计算，但式中的 σ_{p0}、σ'_{p0}，先张法构件和后张法构件分别按本规范公式(6.1.5-2)和公式(6.1.5-5)计算。当 $N_{p0}>0.3f_{cd}A_0$ 时，取 $N_{p0}=0.3f_{cd}A_0$，此处，A_0 为构件的换算截面面积。

注：按本条计算的箱形截面构件，其箱壁厚应满足 $t_2 \geqslant 0.1b$ 和 $t_1 \geqslant 0.1h$ 的条件。

5.5.2 矩形和箱形截面受扭构件的截面受扭塑性抵抗矩，应按下列公式计算：

1 矩形截面［图 5.5.1a)］

$$W_t=\frac{b^2}{6}(3h-b) \tag{5.5.2-1}$$

2 箱形截面［图 5.5.1b)］

$$W_t=\frac{b^2}{6}(3h-b)-\frac{(b-2t_1)^2}{6}[3(h-2t_2)-(b-2t_1)] \tag{5.5.2-2}$$

5.5.3 矩形和箱形截面承受弯、剪、扭的构件，其截面应符合下列公式要求：

$$\frac{\gamma_0 V_d}{bh_0}+\frac{\gamma_0 T_d}{W_t}\leqslant 0.51\times10^{-3}\sqrt{f_{cu,k}}\quad(\mathrm{kN/mm^2}) \tag{5.5.3-1}$$

当符合下列条件时

$$\frac{\gamma_0 V_d}{bh_0}+\frac{\gamma_0 T_d}{W_t}\leqslant 0.50\times10^{-3}\alpha_2 f_{td}\quad(\mathrm{kN/mm^2}) \tag{5.5.3-2}$$

可不进行构件的抗扭承载力计算，仅需按本规范第 9.3.14 条规定配置构造钢筋。

式中 V_d——剪力组合设计值(kN)；

T_d——扭矩组合设计值(kN·mm)；

b——垂直于弯矩作用平面的矩形截面宽度或箱形截面腹板总宽度(mm)；

h_0——平行于弯矩作用平面的矩形或箱形截面的有效高度(mm)；

W_t——截面受扭塑性抵抗矩(mm³)。

公式(5.5.3-2)中的 α_2 见本规范第 5.2.7 条，当按本规范第 5.5.1 条规定可不考虑预应力影响时 $\alpha_2=1$。

5.5.4 矩形和箱形截面剪扭构件，其抗剪扭承载力应按下式计算：

抗剪承载力 $$\gamma_0 V_d \leqslant \alpha_1\alpha_2\alpha_3\frac{(10-2\beta_t)}{20}bh_0\sqrt{(2+0.6P)\sqrt{f_{cu,k}}\rho_{sv}f_{sv}}\ (\mathrm{N}) \tag{5.5.4-1}$$

抗扭承载力 $$\gamma_0 T_d \leqslant \beta_t\left(0.35\beta_a f_{td}+0.05\frac{N_{p0}}{A_0}\right)W_t+1.2\sqrt{\zeta}\frac{f_{sv}A_{sv1}A_{cor}}{S_v}\ (\mathrm{N\cdot mm}) \tag{5.5.4-2}$$

$$\beta_t=\frac{1.5}{1+0.5\dfrac{V_d W_t}{T_d bh_0}} \tag{5.5.4-3}$$

式中 β_t——剪扭构件混凝土抗扭承载力降低系数，当 $\beta_t<0.5$ 时，取 $\beta_t=0.5$；当 $\beta_t>1.0$ 时，取 $\beta_t=1.0$；

W_t——截面受扭塑性抵抗矩，当为箱形截面剪扭构件时，应以 $\beta_a W_t$ 代替；

b——矩形截面宽度或箱形截面腹板宽度。

其他符号意义参见本规范第 5.2.7 条和第 5.5.1 条。

当按本规范第 5.5.1 条规定可不考虑预应力影响时，公式(5.5.4-1)中的 $\alpha_2=1$，公式(5.5.4-2)中右边括弧内第 2 项等于零。

5.5.5 T 形、I 形和带翼缘箱形截面的受扭构件，可将其截面划分为矩形截面进行抗扭承载力计算：

1 腹板或矩形箱体、受压翼缘和受拉翼缘的扭矩设计值应按下列公式计算：

$$T_{wd}=\frac{W_{tw}}{W_t}T_d \tag{5.5.5-1}$$

$$T_{fd}'=\frac{W_{tf}'}{W_t}T_d \tag{5.5.5-2}$$

$$T_{fd}=\frac{W_{tf}}{W_t}T_d \tag{5.5.5-3}$$

式中 T_d——T 形、I 形或带翼缘箱形截面构件承受的扭矩设计值；

T_{wd}——分配给腹板或矩形箱体承受的扭矩设计值；

T_{fd}'、T_{fd}——分配给受压翼缘、受拉翼缘承受的扭矩设计值；

W_{tw}、W_{tf}'、W_{tf}——分别为腹板或矩形箱体、受压翼缘、受拉翼缘受扭塑性抵抗矩；

W_t——T 形、I 形或带翼缘箱形截面总的受扭塑性抵抗矩。

2 各种截面的受扭塑性抵抗矩：

1) 腹板和矩形箱体的受扭塑性抵抗矩应按本规范第 5.5.2 条计算；

2) 受压翼缘的受扭塑性抵抗矩应按下列公式计算：

$$W_{tf}'=\frac{h_f'^2}{2}(b_f'-b) \tag{5.5.5-4}$$

3) 受拉翼缘的受扭塑性抵抗矩应按下列公式计算：

$$W_{tf}=\frac{h_f^2}{2}(b_f-b) \tag{5.5.5-5}$$

式中 b_f'、h_f'——T 形、I 形或带翼缘箱形截面受压翼缘的宽度和厚度（见图 5.5.5），应符合 $b_f'\leq b+6h_f'$；

b_f、h_f——I 形截面受拉翼缘的宽度和厚度，应符合 $b_f\leq b+6h_f$。

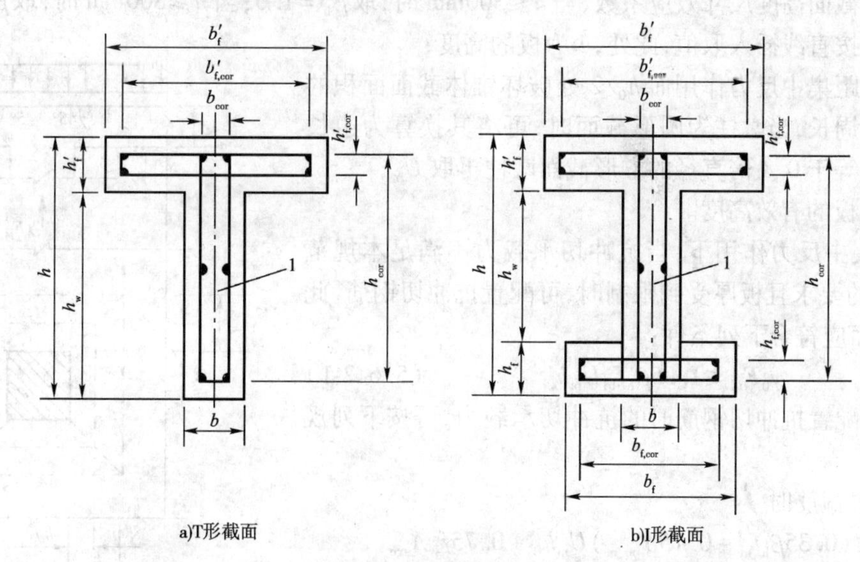

图 5.5.5 T 形和 I 形受扭构件截面

1-弯矩作用平面

3 各种截面总的受扭塑性抵抗矩：

1) T 形和带翼缘箱形截面

$$W_t=W_{tw}+W_{tf}' \tag{5.5.5-6}$$

2)I 形截面

$$W_t = W_{tw} + W'_{tf} + W_{tf} \tag{5.5.5-7}$$

4 T 形、I 形截面的腹板和带翼缘箱形截面的矩形箱体作为剪扭构件，其承载力按本规范第 5.5.4 条的规定计算，公式中的 T_d 和 W_t 应以 T_{wd} 和 W_{tw} 代替；受压翼缘或受拉翼缘作为纯扭构件，其抗扭承载力应按本规范第 5.5.1 条规定计算，公式(5.5.1-1)中的 T_d 和 W_t 应以 T'_{fd} 和 W'_{tf} 或 T_{fd} 和 W_{tf} 代替。

5 T 形、I 形和带翼缘箱形截面弯剪扭构件的截面应符合本规范第 5.5.3 条的规定。

注：T 形和 I 形截面受扭构件的腹板应符合 $b/h_w \geqslant 0.15$ 的条件。此处，b 和 h_w 分别为腹板宽度和净高（见图 5.5.5）。

5.5.6 矩形、T 形、I 形和带翼缘箱形截面的弯剪扭构件，其纵向钢筋和箍筋应按下列规定计算，并分别进行配置：

1 按受弯构件正截面抗弯承载力计算所需的钢筋截面面积配置纵向钢筋。

2 矩形截面、T 形和 I 形截面的腹板、带翼缘箱形截面的矩形箱体，应按剪扭构件计算纵向钢筋和箍筋：

1)按本规范第 5.5.4 条抗扭承载力计算所需的纵向钢筋截面面积，并沿周边均匀对称布置；

2)按本规范第 5.5.4 条抗剪承载力和抗扭承载力计算箍筋截面面积。

3 T 形、I 形和带翼缘箱形截面的受压翼缘或受拉翼缘应按本规范第 5.5.1 条抗扭承载力计算所需纵向钢筋和箍筋截面面积，其中纵向钢筋应沿周边对称布置。

5.6 受冲切构件

5.6.1 在集中反力作用下不配置抗冲切钢筋的钢筋混凝土板，其抗冲切承载力可按下列公式计算（图 5.6.1）：

$$\gamma_0 F_{ld} \leqslant (0.7\beta_h f_{td} + 0.15\sigma_{pc,m}) U_m h_0 \tag{5.6.1}$$

式中 F_{ld}——最大集中反力设计值。当计算由墩柱支承的板的抗冲切承载力时，可取墩柱所承受的最大轴向力设计值减去柱顶冲切破坏锥体范围内的荷载设计值；

$\sigma_{pc,m}$——设有预应力钢筋的板的截面上，由预加力引起的混凝土有效平均压应力，其值宜控制在 1.0 ~ 3.5MPa 范围内；

β_h——截面高度尺寸效应系数，当 $h \leqslant 300$mm 时，取 $\beta_h = 1.0$；当 $h \geqslant 800$mm 时，取 $\beta_h = 0.85$，其间按直线插入取值，此处，h 为板的高度；

U_m——距集中反力作用面 $h_0/2$ 处破坏锥体截面面积的周长，当墩柱为圆形截面时，可将其换算为边长等于 0.8 倍直径的方形截面墩柱再取 U_m；

h_0——板的有效高度。

5.6.2 在集中反力作用下，当抗冲切承载力不满足本规范公式(5.6.1)的要求且板厚受到限制时，可配置抗冲切钢筋，此时，受冲切截面应符合下列条件：

$$\gamma_0 F_{ld} \leqslant 1.05\beta_h f_{td} U_m h_0 \tag{5.6.2-1}$$

混凝土板配置抗冲切钢筋时的抗冲切承载力，可按下列规定计算：

1 当配置箍筋时

$$\gamma_0 F_{ld} \leqslant (0.35\beta_h f_{td} + 0.15\sigma_{pc,m}) U_m h_0 + 0.75 f_{sv} A_{svu} \tag{5.6.2-2}$$

2 当配置弯起钢筋时

$$\gamma_0 F_{ld} \leqslant (0.35\beta_h f_{td} + 0.15\sigma_{pc,m}) U_m h_0 + 0.75 f_{sd} A_{sbu} \sin\theta \tag{5.6.2-3}$$

式中 A_{svu}——与冲切破坏锥体斜截面相交的全部箍筋截面

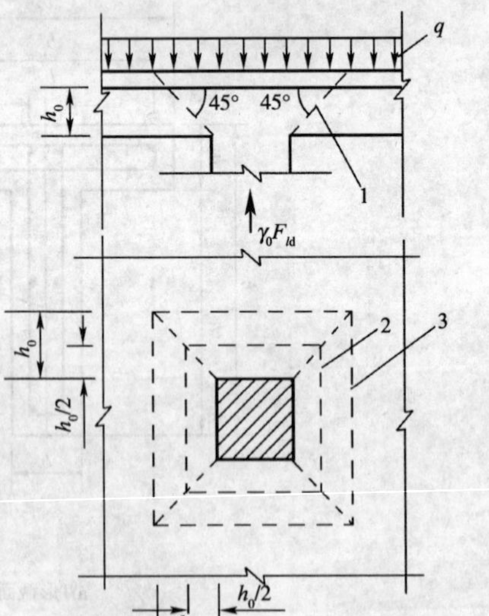

图 5.6.1 板抗冲切承载力计算

1-冲切破坏锥体的斜截面；2-距集中反力作用面 $h_0/2$ 处破坏锥体截面周长；3-冲切破坏锥体的底面线

面积；

A_{sbu}——与冲切破坏锥体斜截面相交的全部弯起钢筋截面面积；

f_{sv}——箍筋抗拉强度设计值；

f_{sd}——弯起钢筋抗拉强度设计值；

θ——弯起钢筋与板底面的夹角。

对配置抗冲切钢筋的冲切破坏锥体以外的截面，尚应按本规范第5.6.1条进行抗冲切承载力验算，此时，U_m 应取冲切破坏锥体以外 $0.5h_0$ 处的最不利周长。

注：混凝土板中配置的抗冲切箍筋或弯起钢筋的构造应符合本规范第9.2.10条规定。

5.6.3 矩形截面墩柱的扩大基础，在墩柱与基础交接处及基础变阶处的抗冲切承载力可按下列规定计算（图5.6.3）：

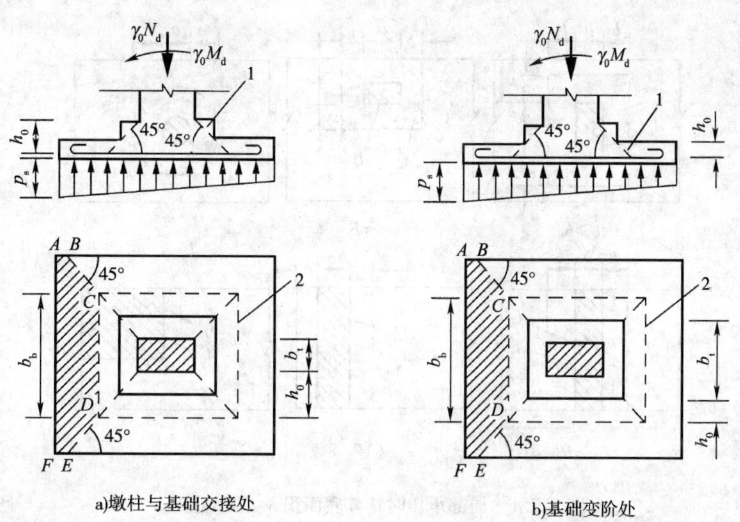

图5.6.3 矩形扩大基础抗冲切承载力计算

1-冲切破坏锥体最不利一侧的斜截面；2-冲切破坏锥体的底面线

$$\gamma_0 F_{ld} \leqslant 0.7\beta_h f_{td} b_m h_0 \quad (5.6.3\text{-}1)$$

$$F_{ld} = p_s A \quad (5.6.3\text{-}2)$$

$$b_m = \frac{b_t + b_b}{2} \quad (5.6.3\text{-}3)$$

式中 b_t——冲切破坏锥体最不利一侧斜截面的上边长：当计算墩柱与基础交接处的抗冲切承载力时，取墩柱宽度；当计算基础变阶处的抗冲切承载力时，取上阶宽度；

b_b——冲切破坏锥体最不利一侧斜截面的下边长：当计算墩柱与基础交接处的抗冲切承载力时，取墩柱宽加两倍基础有效高度；当计算基础变阶处的抗冲切承载力时，取上阶宽加两倍该处以下基础的有效高度；

h_0——冲切破坏锥体内基础的有效高度；

p_s——在荷载设计值作用下基底单位面积上的反力（可扣除基础自重及其上的土重），当受偏心荷载时可取最大的单位反力；

A——考虑冲切荷载时取用的多边形基底面积（图5.6.3中的阴影面积 $ABCDEF$）。

5.7 局部承压构件

5.7.1 配置间接钢筋的混凝土构件，其局部受压区的截面尺寸应满足下列要求：

$$\gamma_0 F_{ld} \leqslant 1.3\eta_s \beta f_{cd} A_{ln} \quad (5.7.1\text{-}1)$$

$$\beta = \sqrt{\frac{A_b}{A_l}} \tag{5.7.1-2}$$

式中 F_{ld}——局部受压面积上的局部压力设计值，对后张法构件的锚头局压区，应取 1.2 倍张拉时的最大压力；

f_{cd}——混凝土轴心抗压强度设计值，对后张法预应力混凝土构件，应根据张拉时混凝土立方体抗压强度 f_{cu}' 值按本规范表 3.1.4 的规定以直线内插求得；

η_s——混凝土局部承压修正系数，混凝土强度等级为 C50 及以下，取 $\eta_s = 1.0$；混凝土强度等级为 C50 ~ C80 取 $\eta_s = 1.0 \sim 0.76$，中间按直线插入取值；

β——混凝土局部承压强度提高系数；

A_b——局部受压时的计算底面积，可按图 5.7.1 确定；

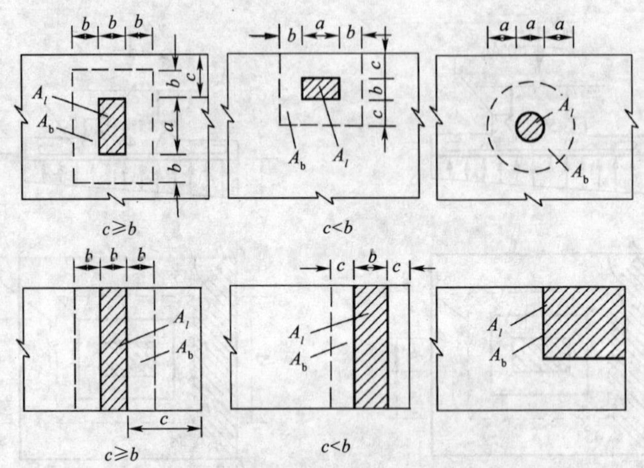

图 5.7.1 局部承压时计算底面积 A_b 的示意图

A_{ln}、A_l——混凝土局部受压面积，当局部受压面有孔洞时，A_{ln} 为扣除孔洞后的面积，A_l 为不扣除孔洞的面积。当受压面设有钢垫板时，局部受压面积应计入在垫板中按 45°刚性角扩大的面积；对于具有喇叭管并与垫板连成整体的锚具，A_{ln} 可取垫板面积扣除喇叭管尾端内孔面积。

5.7.2 配置间接钢筋的局部受压构件（图 5.7.2），其局部抗压承载力应按下列规定计算：

$$\gamma_0 F_{ld} \leqslant 0.9(\eta_s \beta f_{cd} + k\rho_v \beta_{cor} f_{sd}) A_{ln} \tag{5.7.2-1}$$

$$\beta_{cor} = \sqrt{\frac{A_{cor}}{A_l}} \tag{5.7.2-2}$$

间接钢筋体积配筋率（核心面积 A_{cor} 范围内单位混凝土体积所含间接钢筋的体积）按下列公式计算：

方格网

$$\rho_v = \frac{n_1 A_{s1} l_1 + n_2 A_{s2} l_2}{A_{cor} s} \tag{5.7.2-3}$$

此时，在钢筋网两个方向的钢筋截面面积相差不应大于 50%。

螺旋筋

$$\rho_v = \frac{4A_{ss1}}{d_{cor} s} \tag{5.7.2-4}$$

式中 β_{cor}——配置间接钢筋时局部抗压承载力提高系数，当 $A_{cor} > A_b$ 时，应取 $A_{cor} = A_b$；

k——间接钢筋影响系数，按本规范第 5.3.2 条取用；

A_{cor}——方格网或螺旋形间接钢筋内表面范围内的混凝土核心面积，其重心应与 A_l 的重心相重合，计算时按同心、对称原则取值；

n_1、A_{s1}——方格网沿 l_1 方向的钢筋根数、单根钢筋的截面面积；

n_2、A_{s2}——方格网沿 l_2 方向的钢筋根数、单根钢筋的截面面积；

A_{ss1}——单根螺旋形间接钢筋的截面面积；

d_{cor}——螺旋形间接钢筋内表面范围内混凝土核心面积的直径；

s——方格网或螺旋形间接钢筋的层距。

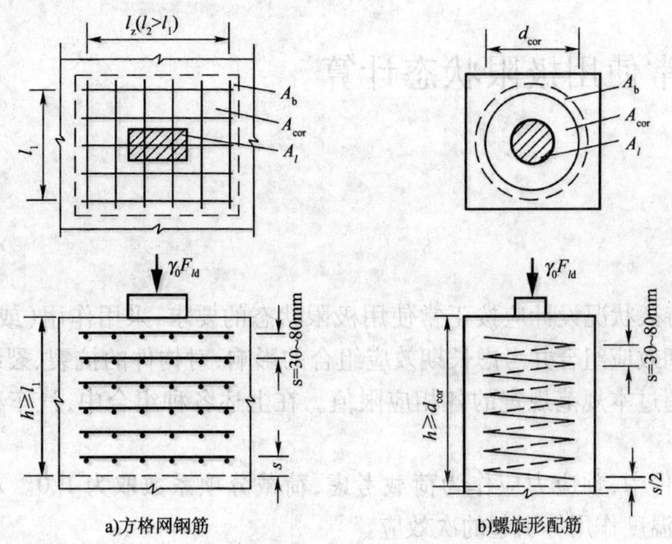

图 5.7.2　局部承压配筋图

注：方格网钢筋不应少于 4 层，螺旋形钢筋不应少于 4 圈；带喇叭管的锚具垫板，板下螺旋筋圈数的长度不应小于喇叭管长度。

5.7.3　在后张法构件的锚头局压区，宜进行端部锚固区段内的局部应力分析，并结合本规范第 9.4.1 条规定的构造要求，配置闭合式箍筋。

6 持久状况正常使用极限状态计算

6.1 一般规定

6.1.1 公路桥涵的持久状况设计应按正常使用极限状态的要求,采用作用(或荷载)的短期效应组合、长期效应组合或短期效应组合并考虑长期效应组合的影响,对构件的抗裂、裂缝宽度和挠度进行验算,并使各项计算值不超过本规范规定的各相应限值。在上述各种组合中,汽车荷载效应可不计冲击系数。

在预应力混凝土构件中,预应力应作为荷载考虑,荷载分项系数取为1.0。对连续梁等超静定结构,尚应计入由预应力、温度作用等引起的次效应。

6.1.2 预应力混凝土构件可根据桥梁使用和所处环境的要求,进行下列构件设计:

1 全预应力混凝土构件。此类构件在作用(或荷载)短期效应组合下控制的正截面的受拉边缘不允许出现拉应力(不得消压)。

2 部分预应力混凝土构件。此类构件在作用(或荷载)短期效应组合下控制的正截面受拉边缘可出现拉应力:当拉应力加以限制时,为A类预应力混凝土构件;当拉应力超过限值时,为B类预应力混凝土构件。

跨径大于100m桥梁的主要受力构件,不宜进行部分预应力混凝土设计。

6.1.3 预应力混凝土构件,预应力钢筋的张拉控制应力值 σ_{con}(对后张法构件为梁体内锚下应力)应符合下列规定:

1 钢丝、钢绞线的张拉控制应力值

$$\sigma_{con} \leqslant 0.75 f_{pk} \tag{6.1.3-1}$$

2 精轧螺纹钢筋的张拉控制应力值

$$\sigma_{con} \leqslant 0.90 f_{pk} \tag{6.1.3-2}$$

式中 f_{pk}——预应力钢筋抗拉强度标准值,按本规范表3.2.2-2的规定采用。

当对构件进行超张拉或计入锚圈口摩擦损失时,钢筋中最大控制应力(千斤顶油泵上显示的值)对钢丝和钢绞线不应超过 $0.8f_{pk}$;对精轧螺纹钢筋不应超过 $0.95f_{pk}$。

6.1.4 在预应力混凝土构件的弹性阶段计算中,构件截面性质可按下列规定采用:

1 先张法构件采用换算截面。

2 后张法构件,当计算由作用(或荷载)引起的应力时,管道压浆前采用净截面,预应力钢筋与混凝土黏结后采用换算截面;当计算由预加力引起的应力时,除指明者外采用净截面。

3 截面性质对计算应力或控制条件影响不大时,也可采用毛截面。

6.1.5 由预加力产生的混凝土法向应力及相应阶段预应力钢筋的应力,应按下列公式计算:

1 先张法构件

由预加力产生的混凝土法向压应力 σ_{pc} 和拉应力 σ_{pt}

$$\sigma_{pc} \text{或} \sigma_{pt} = \frac{N_{p0}}{A_0} \pm \frac{N_{p0} e_{p0}}{I_0} y_0 \tag{6.1.5-1}$$

预应力钢筋合力点处混凝土法向应力等于零时的预应力钢筋应力

$$\left.\begin{aligned} \sigma_{p0} &= \sigma_{con} - \sigma_l + \sigma_{l4} \\ \sigma'_{p0} &= \sigma'_{con} - \sigma'_l + \sigma'_{l4} \end{aligned}\right\} \tag{6.1.5-2}$$

相应阶段预应力钢筋的有效预应力

$$\left.\begin{aligned}\sigma_{pe}&=\sigma_{con}-\sigma_l\\ \sigma'_{pe}&=\sigma'_{con}-\sigma_l'\end{aligned}\right\}\tag{6.1.5-3}$$

2 后张法构件

由预加力产生的混凝土法向压应力 σ_{pc} 和拉应力 σ_{pt}

$$\sigma_{pc}\text{或}\ \sigma_{pt}=\frac{N_p}{A_n}\pm\frac{N_p e_{pn}}{I_n}y_n\pm\frac{M_{p2}}{I_n}y_n\tag{6.1.5-4}$$

预应力钢筋合力点处混凝土法向应力等于零时的预应力钢筋应力

$$\left.\begin{aligned}\sigma_{p0}&=\sigma_{con}-\sigma_l+\alpha_{EP}\sigma_{pc}\\ \sigma'_{p0}&=\sigma'_{con}-\sigma_l'+\alpha_{EP}\sigma'_{pc}\end{aligned}\right\}\tag{6.1.5-5}$$

相应阶段预应力钢筋的有效预应力

$$\begin{aligned}\sigma_{pe}&=\sigma_{con}-\sigma_l\\ \sigma'_{pe}&=\sigma'_{con}-\sigma_l'\end{aligned}\tag{6.1.5-6}$$

式中 A_n——净截面面积，即为扣除管道等削弱部分后的混凝土全部截面面积与纵向普通钢筋截面面积换算成混凝土的截面面积之和；对由不同混凝土强度等级组成的截面，应按混凝土弹性模量比值换算成同一混凝土强度等级的截面面积；

A_0——换算截面面积，包括净截面面积 A_n 和全部纵向预应力钢筋截面面积换算成混凝土的截面面积；

N_{p0}、N_p——先张法构件、后张法构件的预应力钢筋和普通钢筋的合力，按本规范公式(6.1.6-1)、(6.1.6-3)计算；

I_0、I_n——换算截面惯性矩、净截面惯性矩；

e_{p0}、e_{pn}——换算截面重心、净截面重心至预应力钢筋和普通钢筋合力点的距离，按本规范公式(6.1.6-2)、(6.1.6-4)计算；

y_0、y_n——换算截面重心、净截面重心至计算纤维处的距离；

σ_{con}、σ'_{con}——受拉区、受压区预应力钢筋的张拉控制应力，按本规范第6.1.3条的规定确定；

σ_l、σ_l'——受拉区、受压区相应阶段的预应力损失值，按本规范第6.2.2条至第6.2.7条规定计算；使用阶段时为全部预应力损失值；

σ_{l4}、σ'_{l4}——受拉区、受压区由混凝土弹性压缩引起的预应力损失值，按本规范公式(6.2.5-2)计算；

α_{EP}——预应力钢筋弹性模量 E_p 与混凝土弹性模量 E_c 的比值，E_p 和 E_c 分别按本规范表3.2.4和表3.1.5采用；

M_{p2}——由预加力 N_p 在后张法预应力混凝土连续梁等超静定结构中产生的次弯矩。

注：(1)在公式(6.1.5-1)、(6.1.5-4)中，右边第二、第三项与第一项的应力方向相同时取正号，相反时取负号，正号为压，负号为拉；

(2)公式(6.1.5-5)中的 σ_{pc}、σ'_{pc} 系由 N_p 产生的受拉区、受压区预应力钢筋重心处的混凝土法向应力，按本条公式(6.1.5-1)计算，但式中的 N_{p0} 以 N_p 代替；e_{p0} 按本规范公式(6.1.6-2)计算，该式中的 σ_{p0}、σ'_{p0}、N_{p0} 以 σ_{pe}、σ'_{pe}、N_p 代替。

6.1.6 预应力钢筋和普通钢筋的合力 N_{p0}、N_p 及合力的偏心距 e_{p0}、e_{pn} 应按下列公式计算(图6.1.6)：

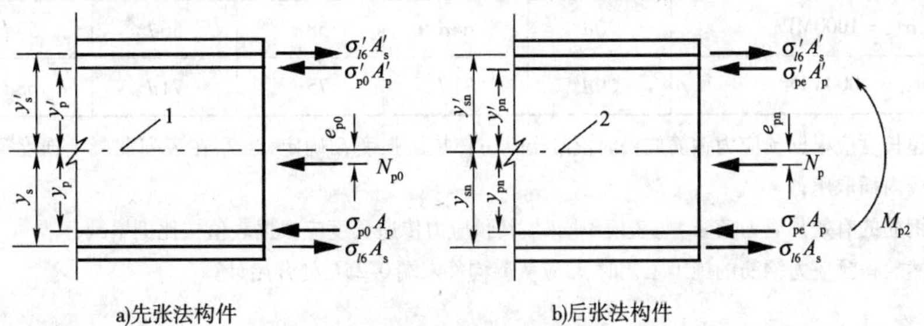

图6.1.6 预应力钢筋和普通钢筋合力及其偏心距

1-换算截面重心轴；2-净截面重心轴

1 先张法构件

$$N_{p0}=\sigma_{p0}A_p+\sigma_{p0}'A_p'-\sigma_{l6}A_s-\sigma_{l6}'A_s' \quad (6.1.6\text{-}1)$$

$$e_{p0}=\frac{\sigma_{p0}A_py_p-\sigma_{p0}'A_p'y_p'-\sigma_{l6}A_sy_s+\sigma_{l6}'A_s'y_s'}{N_{p0}} \quad (6.1.6\text{-}2)$$

2 后张法构件

$$N_p=\sigma_{pe}A_p+\sigma_{pe}'A_p'-\sigma_{l6}A_s-\sigma_{l6}'A_s' \quad (6.1.6\text{-}3)$$

$$e_{pn}=\frac{\sigma_{pe}A_py_{pn}-\sigma_{pe}'A_p'y_{pn}'-\sigma_{l6}A_sy_{sn}+\sigma_{l6}'A_s'y_{sn}'}{N_p} \quad (6.1.6\text{-}4)$$

式中 σ_{p0}、σ_{p0}'——受拉区、受压区预应力钢筋合力点处混凝土法向应力等于零时的预应力钢筋应力，按本规范第6.1.5条公式计算；

σ_{pe}、σ_{pe}'——受拉区、受压区预应力钢筋的有效预应力，按本规范第6.1.5条公式计算；

A_p、A_p'——受拉区、受压区预应力钢筋的截面面积；

A_s、A_s'——受拉区、受压区普通钢筋的截面面积；

y_p、y_p'——受拉区、受压区预应力钢筋合力点至换算截面重心轴的距离；

y_s、y_s'——受拉区、受压区普通钢筋重心至换算截面重心轴的距离；

y_{pn}、y_{pn}'——受拉区、受压区预应力钢筋合力点至净截面重心轴的距离；

y_{sn}、y_{sn}'——受拉区、受压区普通钢筋重心至净截面重心轴的距离；

σ_{l6}、σ_{l6}'——受拉区、受压区预应力钢筋在各自合力点处由混凝土收缩和徐变引起的预应力损失值，按本规范第6.2.7条的规定计算。

注：当公式(6.1.6-1)至公式(6.1.6-4)中的 $A_p'=0$ 时，应取式中 $\sigma_{l6}'=0$。

6.1.7 对先张法预应力混凝土构件端部区段进行正截面、斜截面抗裂验算时，预应力传递长度 l_{tr} 范围内预应力钢筋的实际应力值，在构件端部取为零，在预应力传递长度末端取有效预应力值 σ_{pe}，两点之间按直线变化取值(图6.1.7)。预应力钢筋的预应力传递长度应按表6.1.7采用。

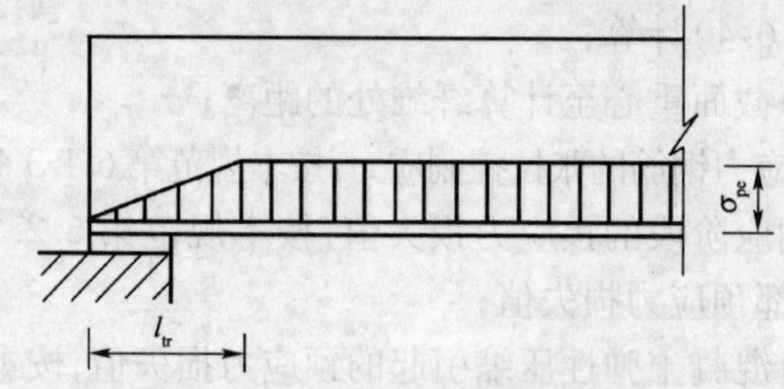

图6.1.7 预应力钢筋传递长度内有效应力值

表6.1.7 预应力钢筋的预应力传递长度 l_{tr}(mm)

预应力钢筋种类		混凝土强度等级					
		C30	C35	C40	C45	C50	≥C55
钢绞线	1×2、1×3，σ_{pe}=1000MPa	75d	68d	63d	60d	57d	55d
	1×7，σ_{pe}=1000MPa	80d	73d	67d	64d	60d	58d
螺旋肋钢丝，σ_{pe}=1000MPa		70d	64d	58d	56d	53d	51d
刻痕钢丝，σ_{pe}=1000MPa		89d	81d	75d	71d	68d	65d

注：(1)预应力传递长度应根据预应力钢筋放松时混凝土立方体抗压强度 f_{cu}' 确定，当 f_{cu}' 在表列混凝土强度等级之间时，预应力传递长度按直线内插取用；

(2)当预应力钢筋的有效预应力值 σ_{pe} 与表值不同时，其预应力传递长度应根据表值按比例增减；

(3)当采用骤然放松预应力钢筋的施工工艺时，l_{tr} 应从离构件末端 $0.25l_{tr}$ 处开始计算。

6.2 钢筋预应力损失

6.2.1 预应力混凝土构件在正常使用极限状态计算中，应考虑由下列因素引起的预应力损失：

预应力钢筋与管道壁之间的摩擦　　σ_{l1}

锚具变形、钢筋回缩和接缝压缩　　σ_{l2}

预应力钢筋与台座之间的温差　　σ_{l3}

混凝土的弹性压缩　　σ_{l4}

预应力钢筋的应力松弛　　σ_{l5}

混凝土的收缩和徐变　　σ_{l6}

此外,尚应考虑预应力钢筋与锚圈口之间的摩擦、台座的弹性变形等因素引起的其他预应力损失。

预应力损失值宜根据试验确定,当无可靠试验数据时,可按本节的规定计算。

6.2.2 后张法构件张拉时,预应力钢筋与管道壁之间摩擦引起的预应力损失,可按下式计算:

$$\sigma_{l1}=\sigma_{con}\left[1-e^{-(\mu\theta+kx)}\right] \tag{6.2.2}$$

式中 σ_{con}——预应力钢筋锚下的张拉控制应力(MPa);

μ——预应力钢筋与管道壁的摩擦系数,按表6.2.2采用;

θ——从张拉端至计算截面曲线管道部分切线的夹角之和(rad);

k——管道每米局部偏差对摩擦的影响系数,按表6.2.2采用;

x——从张拉端至计算截面的管道长度,可近似地取该段管道在构件纵轴上的投影长度(m)。

表6.2.2　系数k和μ值

管道成型方式	k	μ	
		钢绞线、钢丝束	精轧螺纹钢筋
预埋金属波纹管	0.0015	0.20~0.25	0.50
预埋塑料波纹管	0.0015	0.14~0.17	—
预埋铁皮管	0.0030	0.35	0.40
预埋钢管	0.0010	0.25	—
抽芯成型	0.0015	0.55	0.60

6.2.3 预应力直线钢筋由锚具变形、钢筋回缩和接缝压缩引起的预应力损失,可按下式计算:

$$\sigma_{l2}=\frac{\sum\Delta l}{l}E_p \tag{6.2.3}$$

式中 Δl——张拉端锚具变形、钢筋回缩和接缝压缩值(mm),按表6.2.3采用;

l——张拉端至锚固端之间的距离(mm)。

后张法构件预应力曲线钢筋由锚具变形、钢筋回缩和接缝压缩引起的预应力损失,应考虑锚固后反向摩擦的影响,可参照附录D计算。

表6.2.3　锚具变形、钢筋回缩和接缝压缩值(mm)

锚具、接缝类型		Δl	锚具、接缝类型	Δl
钢丝束的钢制锥形锚具		6	镦头锚具	1
夹片式锚具	有顶压时	4	每块后加垫板的缝隙	1
	无顶压时	6	水泥砂浆接缝	1
带螺帽锚具的螺帽缝隙		1	环氧树脂砂浆接缝	1

6.2.4 先张法预应力混凝土构件,当采用加热方法养护时,由钢筋与台座之间的温差引起的预应力损失可按下式计算:

$$\sigma_{l3}=2(t_2-t_1)\quad(\text{MPa}) \tag{6.2.4}$$

式中 t_2——混凝土加热养护时,受拉钢筋的最高温度(℃);

t_1——张拉钢筋时,制造场地的温度(℃)。

注:(1)为了减少温差引起的预应力损失,可采用分阶段的养护措施;

(2)当台座与构件共同受热时,不考虑温差引起的预应力损失。

6.2.5 预应力混凝土构件,由混凝土弹性压缩引起的预应力损失可按下列规定计算:

1　后张法预应力混凝土构件当采用分批张拉时,先张拉的钢筋由张拉后批钢筋所引起的混凝土弹

性压缩的预应力损失,可按下式计算:

$$\sigma_{l4}=\alpha_{EP}\sum\Delta\sigma_{pc} \tag{6.2.5-1}$$

式中 $\Delta\sigma_{pc}$——在计算截面先张拉的钢筋重心处,由后张拉各批钢筋产生的混凝土法向应力(MPa);

α_{EP}——预应力钢筋弹性模量与混凝土弹性模量的比值。

2 先张法预应力混凝土构件,放松钢筋时由混凝土弹性压缩引起的预应力损失,可按下式计算:

$$\sigma_{l4}=\alpha_{EP}\sigma_{pc} \tag{6.2.5-2}$$

式中 σ_{pc}——在计算截面钢筋重心处,由全部钢筋预应力产生的混凝土法向应力(MPa)。

注:后张法预应力混凝土构件,由混凝土弹性压缩引起的预应力损失的简化计算方法列于附录E。

6.2.6 预应力钢筋由于钢筋松弛引起的预应力损失终极值,可按下列规定计算:

1 预应力钢丝、钢绞线

$$\sigma_{l5}=\Psi\cdot\zeta\left(0.52\frac{\sigma_{pe}}{f_{pk}}-0.26\right)\sigma_{pe} \tag{6.2.6-1}$$

式中 Ψ——张拉系数,一次张拉时,$\Psi=1.0$;超张拉时,$\Psi=0.9$;

ζ——钢筋松弛系数,I级松弛(普通松弛),$\zeta=1.0$;II级松弛(低松弛),$\zeta=0.3$;

σ_{pe}——传力锚固时的钢筋应力,对后张法构件 $\sigma_{pe}=\sigma_{con}-\sigma_{l1}-\sigma_{l2}-\sigma_{l4}$;对先张法构件,$\sigma_{pe}=\sigma_{con}-\sigma_{l2}$。

2 精轧螺纹钢筋

一次张拉

$$\sigma_{l5}=0.05\sigma_{con} \tag{6.2.6-2}$$

超张拉

$$\sigma_{l5}=0.035\sigma_{con} \tag{6.2.6-3}$$

注:(1)当取超张拉的应力松弛损失值时,张拉程序应符合我国有关规范要求;

(2)预应力钢丝、钢绞线当需分阶段计算应力松弛损失时,其中间值与终极值的比值可按附录F取用。

6.2.7 由混凝土收缩、徐变引起的构件受拉区和受压区预应力钢筋的预应力损失,可按下列公式计算:

$$\sigma_{l6}(t)=\frac{0.9[E_P\varepsilon_{cs}(t,t_0)+\alpha_{EP}\sigma_{pc}\phi(t,t_0)]}{1+15\rho\rho_{ps}} \tag{6.2.7-1}$$

$$\sigma'_{l6}(t)=\frac{0.9[E_P\varepsilon_{cs}(t,t_0)+\alpha_{EP}\sigma'_{pc}\phi(t,t_0)]}{1+15\rho'\rho'_{ps}} \tag{6.2.7-2}$$

$$\rho=\frac{A_p+A_s}{A},\rho'=\frac{A'_p+A'_s}{A} \tag{6.2.7-3}$$

$$\rho_{ps}=1+\frac{e_{ps}^2}{i^2},\rho'_{ps}=1+\frac{e'^2_{ps}}{i^2} \tag{6.2.7-4}$$

$$e_{ps}=\frac{A_pe_p+A_se_s}{A_p+A_s},e'_{ps}=\frac{A'_pe'_p+A'_se'_s}{A'_p+A'_s} \tag{6.2.7-5}$$

式中 $\sigma_{l6}(t)$、$\sigma'_{l6}(t)$——构件受拉区、受压区全部纵向钢筋截面重心处由混凝土收缩、徐变引起的预应力损失;

σ_{pc}、σ'_{pc}——构件受拉区、受压区全部纵向钢筋截面重心处由预应力产生的混凝土法向压应力(MPa),应按本规范第6.1.5条和第6.1.6条规定计算。此时,预应力损失值仅考虑预应力钢筋锚固时(第一批)的损失,普通钢筋应力 σ_{l6}、σ'_{l6} 应取为零;σ_{pc}、σ'_{pc}值不得大于传力锚固时混凝土立方体抗压强度f'_{cu}的0.5倍;当 σ'_{pc} 为拉应力时,应取为零。计算 σ_{pc}、σ'_{pc}时,可根据构件制作情况考虑自重的影响;

E_p——预应力钢筋的弹性模量;

α_{EP}——预应力钢筋弹性模量与混凝土弹性模量的比值;

ρ、ρ'——构件受拉区、受压区全部纵向钢筋配筋率;

A——构件截面面积,对先张法构件,$A=A_0$;对后张法构件,$A=A_n$。此处,A_0 为换算截面,A_n 为净截面;

i——截面回转半径,$i^2=I/A$,先张法构件取 $I=I_0$,$A=A_0$;后张法构件取 $I=I_n$,$A=$

A_n,此处,I_0 和 I_n 分别为换算截面惯性矩和净截面惯性矩;

e_p、e'_p——构件受拉区、受压区预应力钢筋截面重心至构件截面重心的距离;

e_s、e'_s——构件受拉区、受压区纵向普通钢筋截面重心至构件截面重心的距离;

e_{ps}、e'_{ps}——构件受拉区、受压区预应力钢筋和普通钢筋截面重心至构件截面重心轴的距离;

$\varepsilon_{cs}(t,t_0)$——预应力钢筋传力锚固龄期为 t_0,计算考虑的龄期为 t 时的混凝土收缩应变,其终极值 $\varepsilon_{cs}(t_u,t_0)$ 可按表 6.2.7 取用;

$\phi(t,t_0)$——加载龄期为 t_0,计算考虑的龄期为 t 时的徐变系数,其终极值 $\phi(t_u,t_0)$ 可按表 6.2.7 取用。

表 6.2.7 混凝土收缩应变和徐变系数终极值

混凝土收缩应变终极值 $\varepsilon_{cs}(t_u,t_0)\times10^3$								
传力锚固龄期(d)	$40\% \le RH < 70\%$				$70\% \le RH < 99\%$			
	理论厚度 h(mm)				理论厚度 h(mm)			
	100	200	300	≥600	100	200	300	≥600
3~7	0.50	0.45	0.38	0.25	0.30	0.26	0.23	0.15
14	0.43	0.41	0.36	0.24	0.25	0.24	0.21	0.14
28	0.38	0.38	0.34	0.23	0.22	0.22	0.20	0.13
60	0.31	0.34	0.32	0.22	0.18	0.20	0.19	0.12
90	0.27	0.32	0.30	0.21	0.16	0.19	0.18	0.12
混凝土徐变系数终极值 $\phi(t_u,t_0)$								
加载龄期(d)	$40\% \le RH < 70\%$				$70\% \le RH < 99\%$			
	理论厚度 h(mm)				理论厚度 h(mm)			
	100	200	300	≥600	100	200	300	≥600
3	3.78	3.36	3.14	2.79	2.73	2.52	2.39	2.20
7	3.23	2.88	2.68	2.39	2.32	2.15	2.05	1.88
14	2.83	2.51	2.35	2.09	2.04	1.89	1.79	1.65
28	2.48	2.20	2.06	1.83	1.79	1.65	1.58	1.44
60	2.14	1.91	1.78	1.58	1.55	1.43	1.36	1.25
90	1.99	1.76	1.65	1.46	1.44	1.32	1.26	1.15

注:(1)表中 RH 代表桥梁所处环境的年平均相对湿度(%),表中数值按 $40\% \le RH < 70\%$ 取 55%,$70\% \le RH < 99\%$ 取 80% 计算所得;

(2)表中理论厚度 $h=2A/u$,A 为构件截面面积,u 为构件与大气接触的周边长度。当构件为变截面时,A 和 u 均可取其平均值;

(3)本表适用于由一般的硅酸盐类水泥或快硬水泥配制而成的混凝土。表中数值系按强度等级 C40 混凝土计算所得,对 C50 及以上混凝土,表列数值应乘以 $\sqrt{\frac{32.4}{f_{ck}}}$,式中 f_{ck} 为混凝土轴心抗压强度标准值(MPa);

(4)本表适用于季节性变化的平均温度 −20℃ ~ +40℃;

(5)构件的实际传力锚固龄期、加载龄期或理论厚度为表列数值中间值时,收缩应变和徐变系数终极值可按直线内插法取值;

(6)在分阶段施工或结构体系转换中,当需计算阶段收缩应变和徐变系数时,可按附录 F 提供的方法进行。

6.2.8 预应力混凝土构件,其各阶段的预应力损失值可按表 6.2.8 的规定进行组合。

表 6.2.8 各阶段预应力损失值的组合

预应力损失值的组合	先张法构件	后张法构件
传力锚固时的损失(第一批)σ_{lI}	$\sigma_{l2}+\sigma_{l3}+\sigma_{l4}+0.5\sigma_{l5}$	$\sigma_{l1}+\sigma_{l2}+\sigma_{l4}$
传力锚固后的损失(第二批)σ_{lII}	$0.5\sigma_{l5}+\sigma_{l6}$	$\sigma_{l5}+\sigma_{l6}$

6.3 抗裂验算

6.3.1 预应力混凝土受弯构件应按下列规定进行正截面和斜截面抗裂验算：

1 正截面抗裂应对构件正截面混凝土的拉应力进行验算，并应符合下列要求：

1）全预应力混凝土构件，在作用（或荷载）短期效应组合下

预制构件 $\sigma_{st}-0.85\sigma_{pc}\leqslant 0$ （6.3.1-1）

分段浇筑或砂浆接缝的纵向分块构件 $\sigma_{st}-0.80\sigma_{pc}\leqslant 0$ （6.3.1-2）

2）A类预应力混凝土构件，在作用（或荷载）短期效应组合下

$$\sigma_{st}-\sigma_{pc}\leqslant 0.7f_{tk} \quad (6.3.1\text{-}3)$$

但在荷载长期效应组合下

$$\sigma_{lt}-\sigma_{pc}\leqslant 0 \quad (6.3.1\text{-}4)$$

2 斜截面抗裂应对构件斜截面混凝土的主拉应力 σ_{tp} 进行验算，并应符合下列要求：

1）全预应力混凝土构件，在作用（或荷载）短期效应组合下

预制构件 $\sigma_{tp}\leqslant 0.6f_{tk}$ （6.3.1-5）

现场浇筑（包括预制拼装）构件 $\sigma_{tp}\leqslant 0.4f_{tk}$ （6.3.1-6）

2）A类和B类预应力混凝土构件，在作用（或荷载）短期效应组合下

预制构件 $\sigma_{tp}\leqslant 0.7f_{tk}$ （6.3.1-7）

现场浇筑（包括预制拼装）构件 $\sigma_{tp}\leqslant 0.5f_{tk}$ （6.3.1-8）

式中 σ_{st}——在作用（或荷载）短期效应组合下构件抗裂验算边缘混凝土的法向拉应力，按本规范公式（6.3.2-1）计算；

σ_{lt}——在荷载长期效应组合下构件抗裂验算边缘混凝土的法向拉应力，按本规范公式（6.3.2-2）计算；

σ_{pc}——扣除全部预应力损失后的预加力在构件抗裂验算边缘产生的混凝土预压应力，按本规范第6.1.5条规定计算；

σ_{tp}——由作用（或荷载）短期效应组合和预加力产生的混凝土主拉应力，按本规范第6.3.3条规定计算；

f_{tk}——混凝土的抗拉强度标准值，按本规范表3.1.3采用。

注：(1)本条规定的荷载长期效应组合系指结构自重和直接施加于桥上的活荷载产生的效应组合，不考虑间接施加于桥上的其他作用效应；

(2)B类预应力混凝土受弯构件在结构自重作用下控制截面受拉边缘不得消压。

6.3.2 受弯构件由作用（或荷载）产生的截面抗裂验算边缘混凝土的法向拉应力，应按下列公式计算：

$$\sigma_{st}=\frac{M_s}{W_0} \quad (6.3.2\text{-}1)$$

$$\sigma_{lt}=\frac{M_l}{W_0} \quad (6.3.2\text{-}2)$$

式中 M_s——按作用（或荷载）短期效应组合计算的弯矩值；

M_l——按荷载长期效应组合计算的弯矩值，在组合的活荷载弯矩中，仅考虑汽车、人群等直接作用于构件的荷载产生的弯矩值。

注：后张法构件在计算预施应力阶段由构件自重产生的拉应力时，公式（6.3.2-1）、（6.3.2-2）中的 W_0 可改用 W_n，W_n 为构件净截面抗裂验算边缘的弹性抵抗矩。

6.3.3 预应力混凝土受弯构件由作用（或荷载）短期效应组合和预加力产生的混凝土主拉应力 σ_{tp} 和主压应力 σ_{cp}，应按下列公式计算：

$$\begin{matrix}\sigma_{tp}\\ \sigma_{cp}\end{matrix}=\frac{\sigma_{cx}+\sigma_{cy}}{2}\mp\sqrt{\left(\frac{\sigma_{cx}-\sigma_{cy}}{2}\right)^2+\tau^2} \quad (6.3.3\text{-}1)$$

$$\sigma_{cx}=\sigma_{pe}+\frac{M_s y_0}{I_0} \tag{6.3.3-2}$$

$$\sigma_{cy}=0.6\frac{n\sigma_{pe}'A_{pv}}{bs_v} \tag{6.3.3-3}$$

$$\tau=\frac{V_s S_0}{bI_0}-\frac{\sum\sigma_{pe}''A_{pb}\sin\theta_p\cdot s_n}{bI_n} \tag{6.3.3-4}$$

式中 σ_{cx}——在计算主应力点，由预加力和按作用（或荷载）短期效应组合计算的弯矩 M_s 产生的混凝土法向应力；

σ_{cy}——由竖向预应力钢筋的预加力产生的混凝土竖向压应力；

τ——在计算主应力点，由预应力弯起钢筋的预加力和按作用（或荷载）短期效应组合计算的剪力 V_s 产生的混凝土剪应力；当计算截面作用有扭矩时，尚应计入由扭矩引起的剪应力；对后张预应力混凝土超静定结构，在计算剪应力时，尚宜考虑预加力引起的次剪力；

σ_{pe}——在计算主应力点，由扣除全部预应力损失后的纵向预加力产生的混凝土法向预压应力，按本规范公式(6.1.5-1)或(6.1.5-4)计算；

y_0——换算截面重心轴至计算主应力点的距离；

n——在同一截面上竖向预应力钢筋的肢数；

σ_{pe}'、σ_{pe}''——竖向预应力钢筋、纵向预应力弯起钢筋扣除全部预应力损失后的有效预应力；

A_{pv}——单肢竖向预应力钢筋的截面面积；

s_v——竖向预应力钢筋的间距；

b——计算主应力点处构件腹板的宽度；

A_{pb}——计算截面上同一弯起平面内预应力弯起钢筋的截面面积；

S_0、S_n——计算主应力点以上（或以下）部分换算截面面积对换算截面重心轴、净截面面积对净截面重心轴的面积矩；

θ_p——计算截面上预应力弯起钢筋的切线与构件纵轴线的夹角。

注：(1)公式(6.3.3-1)、(6.3.3-2)中的 σ_{cx}、σ_{cy}、σ_{pe} 和 $\frac{M_s y_0}{I_0}$，当为压应力时以正号代入，当为拉应力时以负号代入；

(2)对变高度预应力混凝土梁，当计算由作用（或荷载）引起的剪应力时，应计算截面上弯矩和轴向力产生的附加剪应力。

6.4 裂缝宽度验算

6.4.1 钢筋混凝土构件和 B 类预应力混凝土构件，在正常使用极限状态下的裂缝宽度，应按作用（或荷载）短期效应组合并考虑长期效应影响进行验算。

6.4.2 钢筋混凝土构件和 B 类预应力混凝土构件，其计算的最大裂缝宽度不应超过下列规定的限值：

1 钢筋混凝土构件

1）Ⅰ类和Ⅱ类环境 0.20mm

2）Ⅲ类和Ⅳ类环境 0.15mm

2 采用精轧螺纹钢筋的预应力混凝土构件

1）Ⅰ类和Ⅱ类环境 0.20mm

2）Ⅲ类和Ⅳ类环境 0.15mm

3 采用钢丝或钢绞线的预应力混凝土构件

1）Ⅰ类和Ⅱ类环境 0.10mm

2）Ⅲ类和Ⅳ类环境不得进行带裂缝的 B 类构件设计。

6.4.3 矩形、T 形和 I 形截面钢筋混凝土构件及 B 类预应力混凝土受弯构件，其最大裂缝宽度 W_{fk} 可按下列公式计算：

$$W_{fk}=C_1C_2C_3\frac{\sigma_{ss}}{E_s}\left(\frac{30+d}{0.28+10\rho}\right)\quad(\mathrm{mm})\tag{6.4.3-1}$$

$$\rho=\frac{A_s+A_p}{bh_0+(b_f-b)h_f}\tag{6.4.3-2}$$

式中 C_1——钢筋表面形状系数，对光面钢筋，$C_1=1.4$；对带肋钢筋，$C_1=1.0$；

C_2——作用（或荷载）长期效应影响系数，$C_2=1+0.5\frac{N_l}{N_s}$，其中 N_l 和 N_s 分别为按作用（或荷载）长期效应组合和短期效应组合计算的内力值（弯矩或轴向力）；

C_3——与构件受力性质有关的系数，当为钢筋混凝土板式受弯构件时，$C_3=1.15$，其他受弯构件 $C_3=1.0$，轴心受拉构件 $C_3=1.2$，偏心受拉构件 $C_3=1.1$，偏心受压构件 $C_3=0.9$；

σ_{ss}——钢筋应力，按本规范第 6.4.4 条的规定计算；

d——纵向受拉钢筋直径（mm），当用不同直径的钢筋时，d 改用换算直径 d_e，$d_e=\frac{\sum n_i d_i^2}{\sum n_i d_i}$，式中，对钢筋混凝土构件，$n_i$ 为受拉区第 i 种普通钢筋的根数，d_i 为受拉区第 i 种普通钢筋的公称直径；对混合配筋的预应力混凝土构件，预应力钢筋为由多根钢丝或钢绞线组成的钢丝束或钢绞线束，式中 d_i 为普通钢筋公称直径、钢丝束或钢绞线束的等代直径 d_{pe}，$d_{pe}=\sqrt{n}d$，此处，n 为钢丝束中钢丝根数或钢绞线束中钢绞线根数，d 为单根钢丝或钢绞线的公称直径。对于钢筋混凝土构件中的焊接钢筋骨架，公式（6.4.3-1）中的 d 或 d_e 应乘以 1.3 系数；

ρ——纵向受拉钢筋配筋率，对钢筋混凝土构件，当 $\rho>0.02$ 时，取 $\rho=0.02$；当 $\rho<0.006$ 时，取 $\rho=0.006$；对于轴心受拉构件，ρ 按全部受拉钢筋截面面积 A_s 的一半计算；

b_f——构件受拉翼缘宽度；

h_f——构件受拉翼缘厚度。

注：当配置环氧树脂涂层带肋钢筋时，公式（6.4.3-1）中的 d 或 d_e 应乘以 1.25 系数。

箱形截面受弯构件的最大裂缝宽度可参照本条的规定计算。

6.4.4 由作用（或荷载）短期效应组合引起的开裂截面纵向受拉钢筋的应力 σ_{ss}，可按下列公式计算：

1 钢筋混凝土构件

轴心受拉构件
$$\sigma_{ss}=\frac{N_s}{A_s}\tag{6.4.4-1}$$

受弯构件
$$\sigma_{ss}=\frac{M_s}{0.87A_sh_0}\tag{6.4.4-2}$$

偏心受拉构件
$$\sigma_{ss}=\frac{N_se'_s}{A_s(h_0-a'_s)}\tag{6.4.4-3}$$

偏心受压构件
$$\sigma_{ss}=\frac{N_s(e_s-z)}{A_sz}\tag{6.4.4-4}$$

$$z=\left[0.87-0.12(1-\gamma_f')\left(\frac{h_0}{e_s}\right)^2\right]h_0\tag{6.4.4-5}$$

$$e_s=\eta_se_0+y_s\tag{6.4.4-6}$$

$$\gamma_f'=\frac{(b'_f-b)h'_f}{bh_0}\tag{6.4.4-7}$$

$$\eta_s=1+\frac{1}{4000e_0/h_0}\left(\frac{l_0}{h}\right)^2\tag{6.4.4-8}$$

式中 A_s——受拉区纵向钢筋截面面积：对轴心受拉构件，取全部纵向钢筋截面面积；对偏心受拉构件，取受拉较大边的纵向钢筋截面面积；对受弯、偏心受压构件，取受拉区纵向钢筋截面面积；

e'_s——轴向拉力作用点至受压区或受拉较小边纵向钢筋合力点的距离；

e_s——轴向压力作用点至纵向受拉钢筋合力点的距离；

z——纵向受拉钢筋合力点至截面受压区合力点的距离，且不大于 $0.87h_0$；

η_s——使用阶段的轴向压力偏心距增大系数，当 $l_0/h \leqslant 14$ 时，取 $\eta_s = 1.0$；

y_s——截面重心至纵向受拉钢筋合力点的距离；

γ_f'——受压翼缘截面面积与腹板有效截面面积的比值；

b_f'、h_f'——受压区翼缘的宽度、厚度，在公式(6.4.4-7)中，当 $h_f' > 0.2h_0$ 时，取 $h_f' = 0.2h_0$；

N_s、M_s——按作用(或荷载)短期效应组合计算的轴向力值、弯矩值。

2 预应力混凝土受弯构件

$$\sigma_{ss} = \frac{M_s \pm M_{p2} - N_{p0}(z - e_p)}{(A_p + A_s)z} \tag{6.4.4-9}$$

$$e = e_p + \frac{M_s \pm M_{p2}}{N_{p0}} \tag{6.4.4-10}$$

式中 z——受拉区纵向普通钢筋和预应力钢筋合力点至截面受压区合力点的距离，按公式(6.4.4-5)计算，但式中的 e_s 以公式(6.4.4-10)的 e 代入；

e_p——混凝土法向应力等于零时纵向预应力钢筋和普通钢筋的合力 N_{p0} 的作用点至受拉区纵向预应力钢筋和普通钢筋合力点的距离；

N_{p0}——混凝土法向应力等于零时预应力钢筋和普通钢筋的合力，先张法构件和后张法构件均按本规范公式(6.1.6-1)计算，该式中的 σ_{p0} 和 σ'_{p0}，先张法构件按本规范公式(6.1.5-2)计算；后张法构件按本规范公式(6.1.5-5)及第 6.1.5 条注(2)规定计算；

M_{p2}——由预加力 N_p 在后张法预应力混凝土连续梁等超静定结构中产生的次弯矩。

注：在公式(6.4.4-9)、(6.4.4-10)中，当 M_{p2} 与 M_s 的作用方向相同时，取正号；相反时，取负号。

6.4.5 圆形截面钢筋混凝土偏心受压构件，其最大裂缝宽度 W_{fk} 可按下列公式计算：

$$W_{fk} = C_1 C_2 \left[0.03 + \frac{\sigma_{ss}}{E_s}\left(0.004\frac{d}{\rho} + 1.52C\right)\right] \quad (\text{mm}) \tag{6.4.5-1}$$

$$\sigma_{ss} = \left[59.42\frac{N_s}{\pi r^2 f_{cu,k}}\left(2.80\frac{\eta_s e_0}{r} - 1.0\right) - 1.65\right] \cdot \rho^{-\frac{2}{3}} \quad (\text{MPa}) \tag{6.4.5-2}$$

式中 N_s——按作用(或荷载)短期效应组合计算的轴向力(N)；

C_1——钢筋表面形状系数，对光面钢筋，$C_1 = 1.4$；对带肋钢筋，$C_1 = 1.0$；

C_2——作用(或荷载)长期效应影响系数，按本规范第 6.4.3 条规定计算；

σ_{ss}——截面受拉区最外缘钢筋应力，当按公式(6.4.5-2)计算的 $\sigma_{ss} \leqslant 24\text{MPa}$ 时，可不必验算裂缝宽度；

d——纵向钢筋直径(mm)；

ρ——截面配筋率，$\rho = A_s/\pi r^2$；

C——混凝土保护层厚度(mm)；

r——构件截面半径(mm)；

η_s——使用阶段的偏心矩增大系数，按本规范公式(6.4.4-8)计算，式中 h 以 $2r$ 代替；h_0 以 $(r + r_s)$ 代替；当 $l_0/2r \leqslant 14$ 时，可取 $\eta_s = 1.0$；

e_0——轴向力 N_s 的偏心距(mm)；

$f_{cu,k}$——边长为 150mm 的混凝土立方体抗压强度标准值，设计时取混凝土强度等级(MPa)；

r_s——构件截面纵向钢筋所在圆周的半径(mm)；

l_0——构件的计算长度，按第 5.3.1 条表注及工程经验确定。

6.5 挠度验算

6.5.1 钢筋混凝土和预应力混凝土受弯构件，在正常使用极限状态下的挠度，可根据给定的构件刚度用结构力学的方法计算。

6.5.2 受弯构件的刚度可按下式计算：

1 钢筋混凝土构件

$$B=\frac{B_0}{\left(\frac{M_{cr}}{M_s}\right)^2+\left[1-\left(\frac{M_{cr}}{M_s}\right)^2\right]\frac{B_0}{B_{cr}}} \quad (6.5.2\text{-}1)$$

$$M_{cr}=\gamma f_{tk}W_0 \quad (6.5.2\text{-}2)$$

式中 B——开裂构件等效截面的抗弯刚度；

B_0——全截面的抗弯刚度，$B_0=0.95E_cI_0$；

B_{cr}——开裂截面的抗弯刚度，$B_{cr}=E_cI_{cr}$；

M_{cr}——开裂弯矩；

γ——构件受拉区混凝土塑性影响系数，按公式(6.5.2-7)计算；

I_0——全截面换算截面惯性矩；

I_{cr}——开裂截面换算截面惯性矩；

f_{tk}——混凝土轴心抗拉强度标准值。

2 预应力混凝土构件

1)全预应力混凝土和A类预应力混凝土构件

$$B_0=0.95E_cI_0 \quad (6.5.2\text{-}3)$$

2)允许开裂的B类预应力混凝土构件

在开裂弯矩 M_{cr} 作用下 $B_0=0.95E_cI_0$ (6.5.2-4)

在(M_s-M_{cr})作用下 $B_{cr}=E_cI_{cr}$ (6.5.2-5)

开裂弯矩 M_{cr} 按下式计算：

$$M_{cr}=(\sigma_{pc}+\gamma f_{tk})W_0 \quad (6.5.2\text{-}6)$$

$$\gamma=\frac{2S_0}{W_0} \quad (6.5.2\text{-}7)$$

式中 S_0——全截面换算截面重心轴以上(或以下)部分面积对重心轴的面积矩；

σ_{pc}——扣除全部预应力损失预应力钢筋和普通钢筋合力 N_{p0} 在构件抗裂边缘产生的混凝土预压应力，先张法构件和后张法构件均按本规范公式(6.1.5-1)计算，但后张法构件采用净截面；该式中的 N_{p0} 与本规范第6.4.4条同样办理；

W_0——换算截面抗裂边缘的弹性抵抗矩。

注：对变截面连续梁，当支座截面刚度不大于跨中截面刚度的两倍时，构件刚度仍可采用跨中截面刚度。

6.5.3 受弯构件在使用阶段的挠度应考虑荷载长期效应的影响，即按荷载短期效应组合和本规范第6.5.2条规定的刚度计算的挠度值，乘以挠度长期增长系数 η_θ。挠度长期增长系数可按下列规定取用：

当采用C40以下混凝土时，$\eta_\theta=1.60$；

当采用C40～C80混凝土时，$\eta_\theta=1.45\sim1.35$，中间强度等级可按直线内插入取用。

钢筋混凝土和预应力混凝土受弯构件按上述计算的长期挠度值，在消除结构自重产生的长期挠度后梁式桥主梁的最大挠度处不应超过计算跨径的1/600；梁式桥主梁的悬臂端不应超过悬臂长度的1/300。

6.5.4 预应力混凝土受弯构件由预加力引起的反拱值，可用结构力学方法按刚度 E_cI_0 进行计算，并乘以长期增长系数。计算使用阶段预加力反拱值时，预应力钢筋的预加力应扣除全部预应力损失，长期增长系数取用2.0。

6.5.5 受弯构件的预拱度可按下列规定设置：

1 钢筋混凝土受弯构件

1)当由荷载短期效应组合并考虑荷载长期效应影响产生的长期挠度不超过计算跨径的1/1600时，可不设预拱度；

2）当不符合上述规定时应设预拱度，且其值应按结构自重和1/2可变荷载频遇值计算的长期挠度值之和采用。

2 预应力混凝土受弯构件

1）当预加应力产生的长期反拱值大于按荷载短期效应组合计算的长期挠度时，可不设预拱度；

2）当预加应力的长期反拱值小于按荷载短期效应组合计算的长期挠度时应设预拱度，其值应按该项荷载的挠度值与预加应力长期反拱值之差采用。

对自重相对于活载较小的预应力混凝土受弯构件，应考虑预加应力反拱值过大可能造成的不利影响，必要时采取反预拱或设计和施工上的其他措施，避免桥面隆起直至开裂破坏。

注：（1）汽车荷载频遇值为汽车荷载标准值的0.7倍，人群荷载频遇值等于其标准值；

（2）预拱的设置应按最大的预拱值沿顺桥向做成平顺的曲线。

6.5.6 预应力混凝土受弯构件当需计算施工阶段的变形时，可按构件自重和预加力产生的初始弹性变形乘以$[1+\phi(t,t_0)]$求得。此处$\phi(t,t_0)$为混凝土徐变系数，可根据加载龄期t_0和计算所需龄期t按本规范附录F方法计算。

7 持久状况和短暂状况构件的应力计算

7.1 持久状况预应力混凝土构件应力计算

7.1.1 按持久状况设计的预应力混凝土受弯构件，应计算其使用阶段正截面混凝土的法向压应力、受拉区钢筋的拉应力和斜截面混凝土的主压应力，并不得超过本节规定的限值。计算时作用（或荷载）取其标准值，汽车荷载应考虑冲击系数。

应考虑预加力效应，预加力的分项系数取为1.0。对连续梁等超静定结构，尚应计及预加力、温度作用等引起的次效应。

7.1.2 计算使用阶段预应力混凝土构件的应力时，由预加力产生的正截面混凝土压应力 σ_{pc} 和拉应力 σ_{pt} 按本规范第6.1.5条和第6.1.6条规定计算。斜截面混凝土的主压应力 σ_{cp} 和主拉应力 σ_{cp} 按本规范第7.1.6条规定计算。

7.1.3 全预应力混凝土和A类预应力混凝土受弯构件，由作用（或荷载）标准值产生的混凝土法向应力和预应力钢筋的应力，应按下列公式计算：

1 混凝土法向压应力 σ_{kc} 和拉应力 σ_{kt}

$$\sigma_{kc}\text{或}\sigma_{kt}=\frac{M_k}{I_0}y_0 \tag{7.1.3-1}$$

2 预应力钢筋应力

$$\sigma_p=\alpha_{EP}\sigma_{kt} \tag{7.1.3-2}$$

式中 M_k——按作用（或荷载）标准值组合计算的弯矩值；

y_0——构件换算截面重心轴至受压区或受拉区计算纤维处的距离。

注：计算预应力钢筋的应力时，公式(7.1.3-2)中的 σ_{kt} 应为最外层钢筋重心处的混凝土拉应力。

7.1.4 允许开裂的B类预应力混凝土受弯构件，由作用（或荷载）标准值产生的混凝土法向压应力和预应力钢筋的应力增量，可按下列公式计算（图7.1.4）：

1 开裂截面混凝土压应力

$$\sigma_{cc}=\frac{N_{p0}}{A_{cr}}+\frac{N_{p0}e_{0N}c}{I_{cr}} \tag{7.1.4-1}$$

$$e_{0N}=e_N+c \tag{7.1.4-2}$$

$$e_N=\left(\frac{M_k\pm M_{p2}}{N_{p0}}\right)-h_{ps} \tag{7.1.4-3}$$

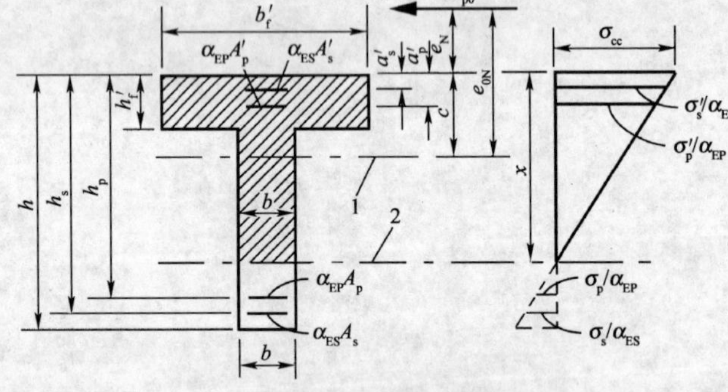

图7.1.4 开裂截面及应力图

1-开裂截面重心轴；2-开裂截面中性轴

$$h_{ps}=\frac{\sigma_{p0}A_ph_p-\sigma_{l6}A_sh_s+\sigma_{p0}'A_p'a_p'-\sigma_{l6}'A_s'a_s'}{N_{p0}} \tag{7.1.4-4}$$

2 开裂截面预应力钢筋的应力增量

$$\sigma_p=\alpha_{EP}\left[\frac{N_{p0}}{A_{cr}}-\frac{N_{p0}e_{0N}(h_p-c)}{I_{cr}}\right] \tag{7.1.4-5}$$

式中 N_{p0}——混凝土法向应力等于零时预应力钢筋和普通钢筋的合力，先张法构件和后张法构件均按本规范公式(6.1.6-1)及第6.4.4条规定计算；

σ_{p0}、σ_{p0}'——构件受拉区、受压区预应力钢筋合力点处混凝土法向应力等于零时预应力钢筋的应力，

先张法构件按本规范公式(6.1.5-2);后张法构件按本规范公式(6.1.5-5)及第6.1.5条注(2)规定计算;

e_{0N}——N_{p0}作用点至开裂截面重心轴的距离;

e_N——N_{p0}作用点至截面受压区边缘的距离,N_{p0}位于截面之外为正;N_{p0}位于截面之内为负;

c——截面受压区边缘至开裂换算截面重心轴的距离;

h_{ps}——预应力钢筋与普通钢筋合力点至截面受压区边缘的距离;

h_p、a_p'——截面受拉区、受压区预应力钢筋合力点至截面受压区边缘的距离;

h_s、a_s'——截面受拉区、受压区普通钢筋合力点至截面受压区边缘的距离;

A_{cr}——开裂截面换算截面面积;

I_{cr}——开裂截面换算截面惯性矩;

α_{EP}——预应力钢筋弹性模量与混凝土弹性模量的比值。

注:(1)公式(7.1.4-4)中,当$A_p'=0$时,式中的σ_{l6}'应取为零;

(2)在公式(7.1.4-3)中当M_{p2}与M_k的方向相同时取正号,相反时取负号;

(3)按(7.1.4-5)计算的值应为负值,表示钢筋为拉应力;

(4)当截面受拉区设置多层预应力钢筋时,可仅计算最外层钢筋的拉应力增量,此时,公式(7.1.4-5)中的h_p应为最外层钢筋重心至截面受压区边缘的距离;

(5)预应力混凝土受弯构件开裂截面的中性轴位置(受压区高度)可按本规范附录G求得。

7.1.5 使用阶段预应力混凝土受弯构件正截面混凝土的压应力和预应力钢筋的拉应力,应符合下列规定:

1 受压区混凝土的最大压应力

$$\left.\begin{array}{l}\text{未开裂构件 } \sigma_{kc}+\sigma_{pt}\\ \text{允许开裂构件 } \sigma_{cc}\end{array}\right\}\leqslant 0.5f_{ck} \tag{7.1.5-1}$$

2 受拉区预应力钢筋的最大拉应力

1)对钢绞线、钢丝

$$\left.\begin{array}{l}\text{未开裂构件 } \sigma_{pe}+\sigma_{p}\\ \text{允许开裂构件 } \sigma_{p0}+\sigma_{p}\end{array}\right\}\leqslant 0.65f_{pk} \tag{7.1.5-2}$$

2)对精轧螺纹钢筋

$$\left.\begin{array}{l}\text{未开裂构件 } \sigma_{pe}+\sigma_{p}\\ \text{允许开裂构件 } \sigma_{p0}+\sigma_{p}\end{array}\right\}\leqslant 0.80f_{pk} \tag{7.1.5-3}$$

式中 σ_{pe}——全预应力混凝土和A类预应力混凝土受弯构件,受拉区预应力钢筋扣除全部预应力损失后的有效预应力;

σ_{pt}——由预加力产生的混凝土法向拉应力,先张法构件按本规范公式(6.1.5-1)计算,后张法构件按本规范公式(6.1.5-4)计算。

注:预应力混凝土受弯构件受拉区的普通钢筋,其使用阶段的应力很小,可不必验算。

7.1.6 预应力混凝土受弯构件由作用(或荷载)标准值和预加力产生的混凝土主压应力σ_{cp}和主拉应力σ_{tp}应按本规范第6.3.3条公式计算,但公式(6.3.3-2)、(6.3.3-4)中的M_s和V_s应分别以M_k、V_k代替。此处,M_k和V_k为按作用(或荷载)标准值组合计算的弯矩值和剪力值。

混凝土的主压应力应符合下式规定:

$$\sigma_{cp}\leqslant 0.6f_{ck} \tag{7.1.6-1}$$

根据计算所得的混凝土主拉应力,按下列规定设置箍筋:

在$\sigma_{tp}\leqslant 0.5f_{tk}$的区段,箍筋可仅按构造要求设置;

在$\sigma_{tp}>0.5f_{tk}$的区段,箍筋的间距s_v可按下列公式计算:

$$s_v=\frac{f_{sk}A_{sv}}{\sigma_{tp}b} \tag{7.1.6-2}$$

式中 f_{sk}——箍筋的抗拉强度标准值;

A_{sv}——同一截面内箍筋的总截面面积；

b——矩形截面宽度、T 形或 I 形截面的腹板宽度。

当按本条计算的箍筋用量少于按斜截面抗剪承载力计算的箍筋用量时，构件箍筋采用后者。

7.2 短暂状况构件的应力计算

7.2.1 桥梁构件按短暂状况设计时，应计算其在制作、运输及安装等施工阶段，由自重、施工荷载等引起的正截面和斜截面的应力，并不应超过本节规定的限值。施工荷载除有特别规定外均采用标准值，当有组合时不考虑荷载组合系数。

当用吊机（车）行驶于桥梁进行安装时，应对已安装就位的构件进行验算，吊机（车）应乘以 1.15 的荷载系数，但当由吊机（车）产生的效应设计值小于按持久状况承载能力极限状态计算的荷载效应组合设计值时，则可不必验算。

7.2.2 当进行构件运输和安装计算时，构件自重应乘以动力系数。动力系数应按《公路桥涵设计通用规范》（JTG D60—2004）的规定采用。

7.2.3 对构件施加预应力时，混凝土的立方体强度不得低于设计混凝土强度等级的 75%。

7.2.4 钢筋混凝土受弯构件正截面应力按下列公式计算，并应符合下列规定：

1 受压区混凝土边缘的压应力

$$\sigma_{cc}^{t}=\frac{M_k^t x_0}{I_{cr}}\leqslant 0.80f_{ck}' \tag{7.2.4-1}$$

2 受拉钢筋的应力

$$\sigma_{si}^{t}=\alpha_{ES}\frac{M_k^t(h_{0i}-x_0)}{I_{cr}}\leqslant 0.75f_{sk} \tag{7.2.4-2}$$

式中 M_k^t——由临时的施工荷载标准值产生的弯矩值；

x_0——换算截面的受压区高度，按换算截面受压区和受拉区对中性轴面积矩相等的原则求得；

I_{cr}——开裂截面换算截面的惯性矩，根据已求得的受压区高度 x_0，按开裂换算截面对中性轴惯性矩之和求得；

σ_{si}^t——按短暂状况计算时受拉区第 i 层钢筋的应力；

h_{0i}——受压区边缘至受拉区第 i 层钢筋截面重心的距离；

f_{ck}'——施工阶段相应于混凝土立方体抗压强度 f_{cu}' 的混凝土轴心抗压强度标准值，按本规范表 3.1.3 以直线内插取用；

f_{sk}——普通钢筋抗拉强度标准值，按本规范表 3.2.2-1 采用。

7.2.5 钢筋混凝土受弯构件中性轴处的主拉应力（剪应力）σ_{tp}^t应符合下列规定：

$$\sigma_{tp}^{t}=\frac{V_k^t}{bz_0}\leqslant f_{tk}' \tag{7.2.5}$$

式中 V_k^t——由施工荷载标准值产生的剪力值；

b——矩形截面宽度、T 形或 I 形截面的腹板宽度；

z_0——受压区合力点至受拉钢筋合力点的距离，按受压区应力图形为三角形计算确定；

f_{tk}'——施工阶段混凝土轴心抗拉强度标准值。

7.2.6 钢筋混凝土受弯构件中性轴处的主拉应力，若符合下列条件：

$$\sigma_{tp}^{t}\leqslant 0.25f_{tk}' \tag{7.2.6-1}$$

该区段的主拉应力全部由混凝土承受，此时，抗剪钢筋按构造要求配置。

中性轴处的主拉应力不符合公式(7.2.6-1)的区段，则主拉应力（剪应力）全部由箍筋和弯起钢筋承受。箍筋、弯起钢筋可按剪应力图配置（图 7.2.6），并按下列公式计算：

1 箍筋

$$\tau_v^t=\frac{nA_{sv1}[\sigma_s^t]}{bs_v} \tag{7.2.6-2}$$

2 弯起钢筋

$$A_{sb}\geqslant\frac{b\Omega}{[\sigma_s^t]\sqrt{2}} \tag{7.2.6-3}$$

式中 τ_v^t——由箍筋承受的主拉应力（剪应力）值；

n——同一截面内箍筋的肢数；

$[\sigma_s^t]$——短暂状况时钢筋应力的限值，按本规范第7.2.4条规定取用$0.75f_{sk}$；

A_{sv1}——一肢箍筋的截面面积；

s_v——箍筋的间距；

A_{sb}——弯起钢筋的总截面面积；

Ω——相应于由弯起钢筋承受的剪应力图的面积。

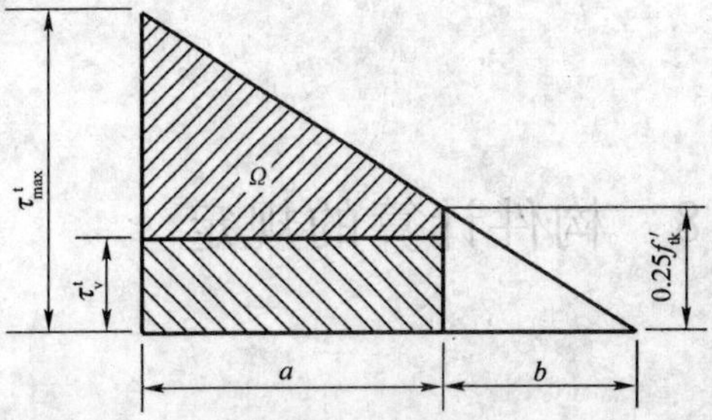

图7.2.6 钢筋混凝土受弯构件剪应力图分配

a-箍筋、弯起钢筋承受剪应力的区段；b-混凝土承受剪应力的区段

7.2.7 预应力混凝土受弯构件按短暂状况计算时，由预加力和荷载产生的法向应力可按本规范第6.1.5条和第7.1.3条的公式进行计算。此时，预应力钢筋应扣除相应阶段的预应力损失，荷载采用施工荷载，截面性质按本规范第6.1.4条的规定采用。

7.2.8 预应力混凝土受弯构件，在预应力和构件自重等施工荷载作用下截面边缘混凝土的法向应力应符合下列规定：

1 压应力

$$\sigma_{cc}^t\leqslant0.70f_{ck}'$$

2 拉应力

1）当$\sigma_{ct}^t\leqslant0.70f_{tk}'$时，预拉区应配置其配筋率不小于0.2%的纵向钢筋；

2）当$\sigma_{ct}^t=1.15f_{tk}'$时，预拉区应配置其配筋率不小于0.4%的纵向钢筋；

3）当$0.70f_{tk}'<\sigma_{ct}^t<1.15f_{tk}'$时，预拉区应配置的纵向钢筋配筋率按以上两者直线内插取用。拉应力σ_{ct}^t不应超过$1.15f_{tk}'$。

上述配筋率为$\frac{A_s'+A_p'}{A}$，先张法构件计入A_p'，后张法构件不计A_p'，A_p'为预拉区预应力钢筋截面面积；A_s'为预拉区普通钢筋截面面积；A为构件毛截面面积。

式中 σ_{cc}^t、σ_{ct}^t——按短暂状况计算时截面预压区、预拉区边缘混凝土的压应力、拉应力；

f_{ck}'、f_{tk}'——与制作、运输、安装各施工阶段混凝土立方体抗压强度f_{cu}'相应的轴心抗压强度、轴心抗拉强度标准值，可按本规范表3.1.3直线插入取用。

预拉区的纵向钢筋宜采用带肋钢筋，其直径不宜大于14 mm，沿预拉区的外边缘均匀布置。

8 构件计算的规定

8.1 组合式受弯构件

8.1.1 本节组合式受弯构件系指施工时把预制构件作为支撑，在其上浇筑混凝土层并与其组合的受弯构件。

对组合式受弯构件的预制构件，应按本规范第 7.2 节的规定进行制作、运输及安装等施工阶段的验算。

8.1.2 组合式受弯构件的作用（或荷载）效应应分别按下列两个阶段进行计算：

1 第一阶段：现浇混凝土层达到强度标准值前，荷载应考虑预制构件自重、现浇混凝土层自重及施工时附加的其他荷载。

2 第二阶段：现浇混凝土层达到强度标准值后，组合梁按整体计算，作用（或荷载）应计算组合构件自重、桥面系自重及使用阶段可变作用（或荷载）。

8.1.3 组合式受弯构件当预制构件与现浇混凝土层组合时的混凝土龄期之差超过三个月时，应计算混凝土收缩差效应。

8.1.4 组合式受弯构件及其预制构件应按本规范第 5.2.2 条或第 5.2.3 条进行正截面抗弯承载力计算，其弯矩设计值按下列规定采用：

对预制构件

$$M_{1d} = M_{1Gd} + M_{1Qd} \tag{8.1.4-1}$$

对组合构件（应考虑结构重要性系数 γ_0）

$$M_d = M_{1Gd} + M_{2Gd} + M_{2Qd} \tag{8.1.4-2}$$

式中 M_{1Gd}——第一阶段预制构件和现浇混凝土层自重产生的弯矩设计值，取荷载标准值乘以荷载效应分项系数 1.2；

M_{1Qd}——第一阶段施工时附加的其他荷载产生的弯矩设计值，取荷载标准值乘以荷载效应分项系数 1.4；

M_{2Gd}——第二阶段桥面系自重产生的弯矩设计值，取荷载标准值乘以荷载效应分项系数 1.2；

M_{2Qd}——第二阶段可变作用（或荷载）产生的弯矩组合设计值，其作用（或荷载）效应分项系数按《公路桥涵设计通用规范》（JTG D60—2004）取用。

对组合构件当现浇混凝土层的强度等级与预制构件强度等级不同时，混凝土强度等级应取现浇混凝土强度等级。

8.1.5 预制构件和组合构件应按本规范第 5.2.6 条至第 5.2.12 条规定分别计算斜截面抗剪、抗弯承载力，其中作用（或荷载）分项系数按本规范第 8.1.4 条取用，剪力设计值按下列规定采用：

对预制构件

$$V_{1d} = V_{1Gd} + V_{1Qd} \tag{8.1.5-1}$$

对组合构件（应考虑结构重要性系数 γ_0）

$$V_d = V_{1Gd} + V_{2Gd} + V_{2Qd} \tag{8.1.5-2}$$

式中 V_{1Gd}——第一阶段预制构件和现浇混凝土层自重产生的剪力设计值；

V_{1Qd}——第一阶段施工时附加的其他荷载产生的剪力设计值；

V_{2Gd}——第二阶段桥面系自重产生的剪力设计值；

V_{2Qd}——第二阶段可变作用（或荷载）产生的剪力组合设计值。

对组合构件，计算斜截面内混凝土和箍筋共同抗剪的承载力设计值 V_{cs}［公式（5.2.7-2）］时，如现浇混凝土层与预制构件的混凝土强度等级不同，应取两者较低者，但按公式计算的组合构件抗剪承载力设计值不应低于预制构件的抗剪承载力设计值；对预应力混凝土组合构件，取预应力提高系数 $\alpha_2 = 1.0$。

8.1.6 组合式受弯梁当符合本规范第9.3.17条和第9.3.18条构造要求时，预制构件与现浇混凝土层之间结合面的抗剪承载力计算应符合下列公式：

$$\gamma_0 V_d \leqslant 0.12 f_{cd} b h_0 + 0.85 f_{sv} \frac{A_{sv}}{s_v} h_0 \tag{8.1.6}$$

式中 V_d——组合梁最大剪力组合设计值；

f_{cd}——混凝土轴心抗压强度设计值，当预制构件和现浇混凝土不同时，取两者较低者；

b——组合梁的结合面宽度；

h_0——组合梁的有效高度；

f_{sv}——组合梁箍筋抗拉强度设计值；

A_{sv}——组合梁上同一竖向截面的箍筋各肢总截面面积；

s_v——箍筋的间距。

8.1.7 结合面不配置抗剪钢筋的组合式受弯板，当符合本规范第9.2.8条的构造要求时，其结合面抗剪承载力应符合下列要求：

$$\frac{\gamma_0 V_d}{b h_0} \leqslant 0.45(\text{MPa}) \tag{8.1.7-1}$$

式中 V_d——组合板最大剪力组合设计值；

b——预制板结合面的宽度；

h_0——组合板的有效高度。

当结合面符合本规范第9.2.8条的构造要求，且同一竖向截面配置不少于 $0.3\frac{bs}{f_{sd}}$（以 mm^2 计）的竖向结合钢筋时（b 为结合面宽度以mm计，s 为结合钢筋纵向间距以mm计，f_{sd} 以MPa计），其结合面抗剪承载力应符合下列要求：

$$\frac{\gamma_0 V_d}{b h_0} \leqslant 2\text{MPa} \tag{8.1.7-2}$$

8.1.8 使用阶段要求不出现裂缝的预应力混凝土组合式受弯构件，其预制构件和组合构件应分别按本规范第6.1.1条、第6.3.1条的规定进行正截面抗裂验算。对组合构件，第6.3.1条有关公式中的 σ_{pc} 取预制构件抗裂边缘混凝土的预压应力，f_{tk} 取预制构件混凝土的抗拉强度标准值。作用（或荷载）短期效应组合和长期效应组合下构件抗裂验算边缘混凝土的法向拉应力应按下列公式计算：

1 预制构件

$$\sigma_{st} = \frac{M_{1k}}{W_{01}} \tag{8.1.8-1}$$

2 组合构件

$$\sigma_{st} = \frac{M_{1Gk}}{W_{01}} + \frac{M_{2s}}{W_0} \tag{8.1.8-2}$$

$$\sigma_{lt} = \frac{M_{1Gk}}{W_{01}} + \frac{M_{2l}}{W_0} \tag{8.1.8-3}$$

式中 M_{1k}——第一阶段荷载产生的弯矩标准值，$M_{1k} = M_{1Gk} + M_{1Qk}$，此处，$M_{1Gk}$ 为第一阶段预制构件和现浇混凝土层自重产生的弯矩标准值；M_{1Qk} 为第一阶段施工附加的其他荷载产生的弯矩标准值；

M_{2s}——第二阶段按作用（或荷载）短期效应组合计算的弯矩值，$M_{2s} = M_{2Gk} + \sum \psi_{1i} M_{2Qik}$，此处，$M_{2Gk}$ 为桥面系自重产生的弯矩标准值，M_{2Qik} 为使用阶段第 i 个可变作用（或荷载）产生的弯矩标准值，ψ_{1i} 为第 i 个可变作用（或荷载）的频遇值系数，按《公路桥涵设计通用规范》（JTG D60—2004）取值；

M_{2l}——第二阶段按作用（或荷载）长期效应组合计算的弯矩值，$M_{2l}=M_{2Gk}+\sum\psi_{2i}M_{2Q_ik}$，此处，$\psi_{2i}$为汽车和人群荷载的准永久值系数，按《公路桥涵设计通用规范》（JTG D60—2004）取值，M_{2Q_ik}为汽车和人群荷载产生的弯矩标准值；

W_{01}——预制构件换算截面受拉边缘的弹性抵抗矩；

W_0——组合构件换算截面受拉边缘的弹性抵抗矩，当现浇混凝土层的强度等级与预制构件不同时，计算时应将前者的截面按弹性模量比换算成后者的截面。

8.1.9 预应力混凝土组合式受弯构件，应按本规范第6.3.1条对全预应力混凝土构件、预应力混凝土A类构件的要求进行斜截面抗裂验算，混凝土主拉应力应考虑组合构件受力特点，按本规范第6.3.3条的规定计算。

8.1.10 钢筋混凝土组合构件应验算裂缝宽度。按作用（或荷载）短期效应组合并考虑长期效应组合的影响计算的最大裂缝宽度不应超过本规范第6.4.2条规定的限值。

8.1.11 钢筋混凝土组合式受弯构件作为整体构件，其最大裂缝宽度可按本规范公式(6.4.3-1)、(6.4.3-2)计算，式中的作用（或荷载）长期效应影响系数 C_2 和钢筋应力 σ_{ss} 按下列公式计算：

1 作用（或荷载）长期效应影响系数 C_2

$$C_2=1+0.5\frac{M_{1Gk}+M_{2l}}{M_{1Gk}+M_{2s}} \qquad (8.1.11\text{-}1)$$

式中符号意义见本规范第8.1.8条，但其中 M_{2l} 中的 $\sum\psi_{2i}M_{2Q_ik}$ 为所有参与组合的可变作用（或荷载）的准永久值系数与弯矩标准值乘积之和。可变作用的准永久值系数，按《公路桥涵设计通用规范》（JTG D60—2004）采用。

2 钢筋混凝土组合式受弯构件纵向钢筋应力 σ_{ss}

$$\sigma_{ss}=\sigma_{s1}+\sigma_{s2}=\frac{M_{1Gk}}{0.87A_sh_{01}}+\frac{0.5\left(1+\dfrac{h_1}{h}\right)M_{2s}}{0.87A_sh_0}\leqslant 0.75f_{sk} \qquad (8.1.11\text{-}2)$$

当 $M_{1Gk}<0.35M_{1u}$ 时，公式(8.1.11-2)中取 $h_1=h$，此处，M_{1u} 为预制构件正截面抗弯承载力设计值，按本规范公式(5.2.2-1)或公式(5.2.3-2)计算，但公式取等号，将 γ_0M_d 以 M_{1u} 代替。

式中 σ_{s1}——在弯矩标准值 M_{1Gk} 作用下预制构件纵向钢筋的应力；

σ_{s2}——在弯矩值 M_{2s} 作用下组合构件纵向钢筋的应力；

h_1——预制构件截面高度；

h——组合构件截面高度；

h_{01}——预制构件截面有效高度；

h_0——组合构件截面有效高度；

A_s——预制构件受拉区钢筋截面面积。

8.1.12 组合式受弯构件在正常使用极限状态下的挠度，可根据给定的刚度用结构力学的方法计算。

8.1.13 在作用（或荷载）短期效应组合下组合式受弯构件的刚度，可按下列规定计算：

1 钢筋混凝土组合构件作为整体构件按本规范公式(6.5.2-1)计算，但应乘以0.9的折减系数；在该式中，全截面的抗弯刚度 $B_0=0.95E_{c1}I_0$，开裂截面的抗弯刚度 $B_{cr}=E_{c1}I_{cr}$，此处，E_{c1} 为预制构件的混凝土弹性模量。

2 全预应力混凝土和部分预应力混凝土A类构件作为整体构件，采用 $B_0=0.80E_{c1}I_0$。

8.1.14 组合式受弯构件的长期挠度，可在按本规范第8.1.13条刚度计算的挠度值基础上，乘以长期增长系数 η_θ 求得：

混凝土强度等级在C40以下时，$\eta_\theta=1.80$；

混凝土强度等级在C40～C80时，$\eta_\theta=1.65\sim1.55$，中间强度等级可按直线插入法取用。

组合式受弯构件使用阶段的长期挠度，在消除结构自重产生的长期挠度值后，不应超过本规范第6.5.3条规定的限值。

注：当预制构件与现浇混凝土层混凝土强度等级不同时，上述混凝土强度等级系指前者。

8.1.15 预应力混凝土受弯组合构件由预加力引起的反拱值,可用结构力学方法按预制构件刚度 $E_{c1}I_{01}$ 计算;使用阶段预加力反拱值应将计算结果乘以长期增长系数 1.75。在计算中,预应力钢筋的应力应扣除全部预应力损失。

8.1.16 组合式受弯构件的预制构件预拱度可按本规范第 6.5.5 条的规定设置。

8.1.17 预应力混凝土组合式受弯构件持久状况应力计算,应考虑组合结构的受力特点,按本规范第 7.1 节进行。

8.2 墩台盖梁

8.2.1 墩台盖梁与柱应按刚构计算。当盖梁与柱的线刚度(EI/l)之比大于 5 时,双柱式墩台盖梁可按简支梁计算,多柱式墩台盖梁可按连续梁计算。以上 E、I、l 分别为梁或柱混凝土的弹性模量、毛截面惯性矩、梁计算跨径或柱计算长度。

计算连续梁盖梁支座的负弯矩时,可按本规范第 4.2.4 条的规定考虑柱支承宽度的影响,圆形截面柱可换算为边长等于 0.8 倍直径的方形截面柱。

8.2.2 本节规定的钢筋混凝土盖梁,其跨高比 l/h 为:简支梁 $2.0<l/h\leqslant 5.0$;连续梁或刚构 $2.5<l/h\leqslant 5.0$。当跨高比 $l/h>5.0$ 时,可按本规范第 5 章~第 7 章钢筋混凝土一般构件计算。此处,l 为盖梁的计算跨径,按本规范第 8.2.3 条规定取用;h 为盖梁的高度。

8.2.3 按简支梁计算的盖梁,其计算跨径应取 l_c 和 $1.15l_n$ 两者较小者,其中 l_c 为盖梁支承中心之间的距离,l_n 为盖梁的净跨径。在确定盖梁的净跨径时,圆形截面柱可换算为边长等于 0.8 倍直径的方形截面柱。当盖梁作为连续梁或刚构分析时,计算跨径可取支承中心的距离。

8.2.4 钢筋混凝土盖梁的正截面抗弯承载力应按下列规定计算:

$$\gamma_0 M_d \leqslant f_{sd} A_s z \tag{8.2.4-1}$$

$$z=\left(0.75+0.05\frac{l}{h}\right)(h_0-0.5x) \tag{8.2.4-2}$$

式中 M_d——盖梁最大弯矩组合设计值;

f_{sd}——纵向普通钢筋抗拉强度设计值;

A_s——受拉区普通钢筋截面面积;

z——内力臂;

x——截面受压区高度,按本规范公式(5.2.2-2)计算;

h_0——截面有效高度。

8.2.5 钢筋混凝土盖梁的抗剪截面应符合下列要求:

$$\gamma_0 V_d \leqslant \frac{\frac{l}{h}+10.3}{30}\cdot 10^{-3}\sqrt{f_{cu,k}}bh_0 \quad (\text{kN}) \tag{8.2.5}$$

式中 V_d——验算截面处的剪力组合设计值(kN);

b——盖梁截面宽度(mm);

h_0——盖梁截面有效高度(mm);

$f_{cu,k}$——边长 150mm 的混凝土立方体抗压强度标准值(MPa),取设计的混凝土强度等级。

8.2.6 钢筋混凝土盖梁的斜截面抗剪承载力按下列规定计算:

$$\gamma_0 V_d \leqslant \alpha_1\left(\frac{14-\frac{l}{h}}{20}\right)\cdot 10^{-3}bh_0\sqrt{(2+0.6P)\sqrt{f_{cu,k}}\rho_{sv}f_{sv}} \quad (\text{kN}) \tag{8.2.6}$$

式中 V_d——验算截面处的剪力组合设计值(kN);

α_1——连续梁异号弯矩影响系数,计算近边支点梁段的抗剪承载力时,$\alpha_1=1.0$;计算中间支点梁段及刚构各节点附近时,$\alpha_1=0.9$;

P——受拉区纵向受拉钢筋的配筋百分率,$P=100\rho$,$\rho=A_s/bh_0$,当 $P>2.5$ 时,取 $P=2.5$;

ρ_{sv}——箍筋配筋率，$\rho_{sv}=A_{sv}/s_v b$，此处，A_{sv}为同一截面内箍筋各肢的总截面面积，s_v为箍筋间距；箍筋配筋率应符合本规范第9.3.13条规定；

f_{sv}——箍筋的抗拉强度设计值(MPa)；

b——盖梁的截面宽度(mm)；

h_0——盖梁的截面有效高度(mm)。

8.2.7 钢筋混凝土盖梁两端位于柱外的悬臂部分设有外边梁时，当外边梁作用点至柱边缘的距离(圆形截面柱可换算为边长等于0.8倍直径的方形截面柱)大于盖梁截面高度时，其正截面和斜截面承载力按本规范第5章有关规定计算。当边梁作用点至柱边缘的距离等于或小于盖梁截面高度时，则可按本规范第8.5.3条"撑杆—系杆体系"方法计算悬臂部分正截面抗弯承载力；斜截面抗剪承载力可按钢筋混凝土一般受弯构件计算。

8.2.8 钢筋混凝土盖梁的最大裂缝宽度可按本规范第6.4.3条的公式计算，但其中系数C_3取为$\frac{1}{3}\left(\frac{0.4l}{h}+1\right)$。最大裂缝宽度不应超过本规范第6.4.2条规定的限值。

8.2.9 跨高比$l/h\leqslant5.0$的钢筋混凝土盖梁可不作挠度验算。

8.3 铰

8.3.1 线接触的圆柱形铰，其受压面抗压承载力可按下列规定计算：

$$\gamma_0 F_{hd}\leqslant\frac{7.14(\eta_s\beta f_{cd})^2 l}{E_c\left(\frac{1}{r_1}-\frac{1}{r_2}\right)} \tag{8.3.1-1}$$

$$\beta=\sqrt{\frac{A_b}{bl}} \tag{8.3.1-2}$$

压力传递面的宽度b按下列公式计算：

$$b=2.74\sqrt{\frac{\gamma_0 F_{hd}}{E_c\left(\frac{1}{r_1}-\frac{1}{r_2}\right)l}} \tag{8.3.1-3}$$

式中 F_{hd}——作用于受压面上铰的压力设计值；

f_{cd}——混凝土抗压强度设计值；

A_b——局部受压时的计算底面积，按本规范图5.7.1确定；

η_s——混凝土局部承压修正系数，按本规范第5.7.1条规定采用；

l——圆柱形铰的长度；

E_c——混凝土弹性模量；

r_1、r_2——上、下圆柱体半径(图8.3.1)，当上圆柱体与平面接触时，取$\frac{1}{r_2}=0$；

γ_0——结构重要性系数，如在结构的荷载效应分析中已考虑了结构重要性系数，γ_0取1.0。

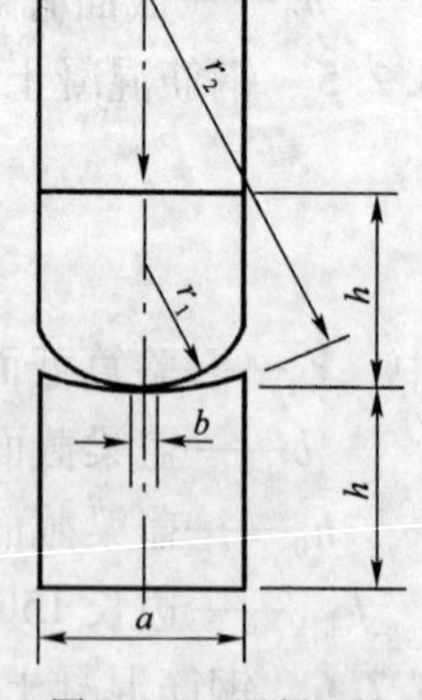

图8.3.1 混凝土铰

8.3.2 铰的横向抗拉承载力可按下列规定计算(见本规范图8.3.1)：

$$\gamma_0 F_{hd}\leqslant\frac{h}{0.425(a-b)}f_{sd}A_s \tag{8.3.2}$$

式中 f_{sd}——铰内横向钢筋抗拉强度设计值；

a——铰的宽度；

h——铰的高度，取a值的0.80~1.25倍；

b——铰的压力传递面宽度，按本规范公式(8.3.1-3)计算；

A_s——铰的横向抗拉钢筋截面面积。

在铰的侧向，可按横向钢筋截面面积的 0.4 倍配置钢筋。

8.4 橡胶支座

8.4.1 板式橡胶支座的基本设计数据应按下列规定采用，其产品分类、技术要求、试验方法、检验规则等应符合《公路桥梁板式橡胶支座》(JT/T 4)的规定。

1 支座使用阶段的平均压应力限值 $\sigma_c = 10.0\text{MPa}$

2 常温下橡胶支座剪变模量 $G_e = 1.0\text{MPa}$

橡胶支座剪变模量随橡胶变冷而递增，当累年最冷月平均温度的平均值为 0 ~ −10℃时，G_e 值应增大 20%；当低于 −10℃时，G_e 值应增大 50%；当低于 −25℃时，G_e 为 2MPa。

3 橡胶支座抗压弹性模量和支座形状系数应按下列公式计算：

$$E_e = 5.4G_eS^2 \tag{8.4.1-1}$$

矩形支座
$$S = \frac{l_{0a}l_{0b}}{2t_{es}(l_{0a}+l_{0b})} \tag{8.4.1-2}$$

圆形支座
$$S = \frac{d_0}{4t_{es}} \tag{8.4.1-3}$$

式中 E_e——支座抗压弹性模量(MPa)；

G_e——支座剪变模量；

S——支座形状系数；

l_{0a}——矩形支座加劲钢板短边尺寸；

l_{0b}——矩形支座加劲钢板长边尺寸；

d_0——圆形支座钢板直径；

t_{es}——支座中间层单层橡胶厚度。

支座形状系数应在 $5 \leqslant S \leqslant 12$ 范围内取用。

4 橡胶弹性体体积模量 $E_b = 2000\text{MPa}$。

5 支座与不同接触面的摩擦系数

1) 支座与混凝土接触时，$\mu = 0.3$；

2) 支座与钢板接触时，$\mu = 0.2$；

3) 聚四氟乙烯板与不锈钢板接触(加硅脂)时，$\mu_f = 0.06$；当温度低于 −25℃时，μ_f 值增大 30%；当不加硅脂时，μ_f 值应加倍。当有实测资料时，也可按实测资料采用。

6 橡胶支座剪切角 α 正切值限值：

1) 当不计制动力时，$\tan\alpha \leqslant 0.5$；

2) 当计入制动力时，$\tan\alpha \leqslant 0.7$。

8.4.2 板式橡胶支座的计算

1 板式橡胶支座有效承压面积按下列公式计算：

$$A_e = \frac{R_{ck}}{\sigma_c} \tag{8.4.2-1}$$

式中 A_e——支座有效承压面积(承压加劲钢板面积)；

R_{ck}——支座压力标准值，汽车荷载应计入冲击系数。

2 板式橡胶支座橡胶层总厚度应符合下列规定：

1) 从满足剪切变形考虑，应符合下列条件：

不计制动力时
$$t_e \geqslant 2\Delta_l \tag{8.4.2-2}$$

计入制动力时
$$t_e \geqslant 1.43\Delta_l \tag{8.4.2-3}$$

当板式橡胶支座在横桥向平行于墩台帽横坡或盖梁横坡设置时，支座橡胶层总厚度应符合下列条件：

不计制动力时 $$t_e \geqslant 2\sqrt{\Delta_l^2+\Delta_t^2} \tag{8.4.2-4}$$

计入制动力时 $$t_e \geqslant 1.43\sqrt{\Delta_l^2+\Delta_t^2} \tag{8.4.2-5}$$

式中 t_e——支座橡胶层总厚度；

Δ_l——由上部结构温度变化、混凝土收缩和徐变等作用标准值引起的剪切变形和纵向力标准值（当计入制动力时包括制动力标准值）产生的支座剪切变形，以及支座直接设置于不大于1%纵坡的梁底面下，在支座顶面由支座承压力标准值顺纵坡方向分力产生的剪切变形；

Δ_t——支座在横桥向平行于不大于2%的墩台帽横坡或盖梁横坡上设置，由支座承压力标准值平行于横坡方向分力产生的剪切变形。

2）从保证受压稳定考虑，应符合下列条件：

矩形支座 $$\frac{l_a}{10} \leqslant t_e \leqslant \frac{l_a}{5} \tag{8.4.2-6}$$

圆形支座 $$\frac{d}{10} \leqslant t_e \leqslant \frac{d}{5} \tag{8.4.2-7}$$

式中 l_a——矩形支座短边尺寸；

d——圆形支座直径。

3 板式橡胶支座竖向平均压缩变形应符合下列规定：

$$\delta_{c,m}=\frac{R_{ck}t_e}{A_eE_e}+\frac{R_{ck}t_e}{A_eE_b} \tag{8.4.2-8}$$

$$\theta \cdot \frac{l_a}{2} \leqslant \delta_{c,m} \leqslant 0.07t_e \tag{8.4.2-9}$$

式中 $\delta_{c,m}$——支座竖向平均压缩变形；

l_a——矩形支座短边尺寸或圆形支座直径；

θ——由上部结构挠曲在支座顶面引起的倾角，以及支座直接设置于不大于1%纵坡的梁底面下，在支座顶面引起的纵坡坡角（rad）。

4 板式橡胶支座加劲钢板应符合下列规定，且其最小厚度不应小于2mm。

$$t_s=\frac{K_pR_{ck}(t_{es,u}+t_{es,l})}{A_e\sigma_s} \tag{8.4.2-10}$$

式中 t_s——支座加劲钢板厚度；

K_p——应力校正系数，取1.3；

$t_{es,u}$、$t_{es,l}$——一块加劲钢板上、下橡胶层厚度；

σ_s——加劲钢板轴向拉应力限值，可取钢材屈服强度的0.65倍。

加劲钢板与支座边缘的最小距离不应小于5mm，上、下保护层厚度不应小于2.5mm。

8.4.3 板式橡胶支座抗滑稳定应符合下列规定：

不计汽车制动力时 $$\mu R_{Gk} \geqslant 1.4G_eA_g\frac{\Delta_l}{t_e} \tag{8.4.3-1}$$

计入汽车制动力时 $$\mu R_{ck} \geqslant 1.4G_eA_g\frac{\Delta_l}{t_e}+F_{bk} \tag{8.4.3-2}$$

式中 R_{Gk}——由结构自重引起的支座反力标准值；

R_{ck}——由结构自重标准值和0.5倍汽车荷载标准值（计入冲击系数）引起的支座反力；

Δ_l——见本规范第8.4.2条，但不包括汽车制动力引起的剪切变形；

F_{bk}——由汽车荷载引起的制动力标准值；

A_g——支座平面毛面积。

8.4.4 聚四氟乙烯滑板式橡胶支座的摩擦力应符合下列规定：

不计汽车制动力时 $$\mu_f R_{Gk} \leqslant G_e A_g \tan\alpha \tag{8.4.4-1}$$

计入汽车制动力时 $$\mu_f R_{ck} \leqslant G_e A_g \tan\alpha \tag{8.4.4-2}$$

式中 μ_f——聚四氟乙烯与不锈钢板的摩擦系数，按本规范第 8.4.1 条采用；

$\tan\alpha$——橡胶支座剪切角正切值的限值，不计制动力或计入制动力分别按本规范第 8.4.1 条采用；

R_{ck}——由结构自重标准值和汽车荷载标准值（计入冲击系数）引起的支座反力；

A_g——支座平面毛面积。

8.4.5 盆式橡胶支座应按《公路桥梁盆式橡胶支座》(JT 391) 选用，但应符合下列要求：

1 按竖向荷载（汽车应计入冲击系数）标准值组合计算的支座承压力 R_{ck}，与《公路桥梁盆式橡胶支座》表中"设计承载力"比较选用。

2 固定支座在各方向和单向活动支座非滑移方向的水平力标准值，不得大于该标准"设计承载力"的 10%。

3 计算的支座转动角度不得大于 0.02rad。

8.5 桩基承台

8.5.1 承台底面单桩竖向力设计值可按下列公式计算（图 8.5.1）：

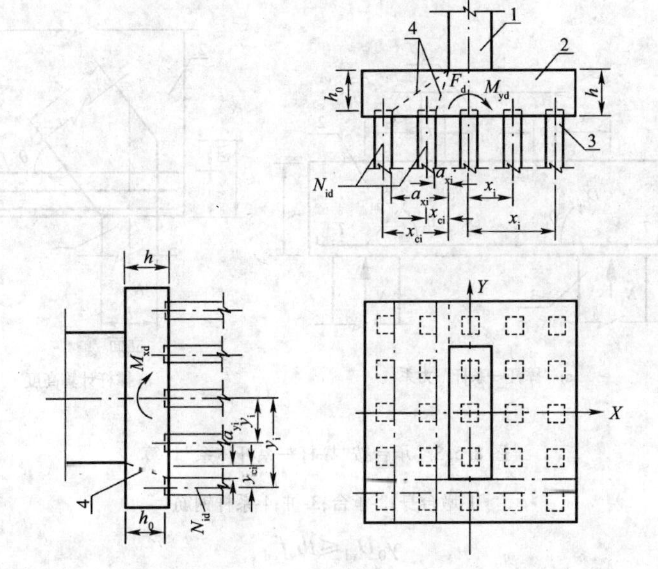

图 8.5.1 桩基承台计算

1-墩身；2-承台；3-桩；4-剪切破坏斜截面

$$N_{id} = \frac{F_d}{n} \pm \frac{M_{xd} y_i}{\sum y_i^2} \pm \frac{M_{yd} x_i}{\sum x_i^2} \tag{8.5.1}$$

式中 N_{id}——第 i 根桩的单桩竖向力设计值；

F_d——由承台底面以上的作用（或荷载）产生的竖向力组合设计值；

M_{xd}、M_{yd}——由承台底面以上的作用（或荷载）绕通过桩群形心的 x 轴、y 轴的弯矩组合设计值；

n——承台下面桩的总根数；

x_i、y_i——第 i 排桩中心至 y 轴、x 轴的距离。

8.5.2 当承台下面外排桩中心距墩台身边缘大于承台高度时，其正截面（垂直于 x 轴和 y 轴的竖向截面）抗弯承载力可作为悬臂梁按本规范第 5.2.2 条"梁式体系"进行计算。

1 承台截面计算宽度

1）当桩中距不大于三倍桩边长或桩直径时，取承台全宽；

2）当桩中距大于三倍桩边长或桩直径时

$$b_s = 2a + 3D(n-1) \tag{8.5.2-1}$$

式中 b_s——承台截面计算宽度；

a——平行于计算截面的边桩中心距承台边缘距离；

D——桩边长或桩直径；

n——平行于计算截面的桩的根数。

2 承台计算截面弯矩设计值应按下列公式计算（本规范图 8.5.1）：

$$M_{xcd} = \sum N_{id} y_{ci} \tag{8.5.2-2}$$

$$M_{ycd} = \sum N_{id} x_{ci} \tag{8.5.2-3}$$

式中 M_{xcd}、M_{ycd}——计算截面外侧各排桩竖向力产生的绕 x 轴和 y 轴在计算截面处的弯矩组合设计值；

N_{id}——计算截面外侧第 i 排桩的竖向力设计值，取该排桩根数乘以该排桩中最大单桩竖向力设计值；

x_{ci}、y_{ci}——垂直于 y 轴和 x 轴方向，自第 i 排桩中心线至计算截面的距离。

8.5.3 当外排桩中心距墩台身边缘等于或小于承台高度时，承台短悬臂可按“撑杆—系杆体系”计算撑杆的抗压承载力和系杆的抗拉承载力（图 8.5.3）。

1 撑杆抗压承载力可按下列规定计算：

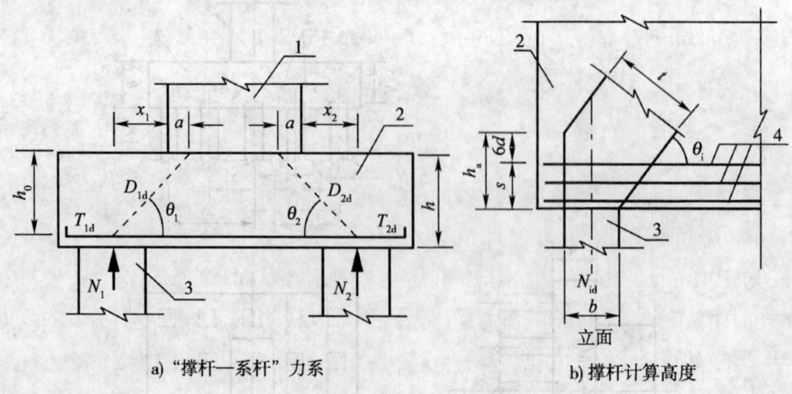

a)“撑杆—系杆”力系　　b) 撑杆计算高度

图 8.5.3 承台按“撑杆—系杆体系”计算

1-墩台身；2-承台；3-桩；4-系杆钢筋

$$\gamma_0 D_{id} \leqslant t b_s f_{cd,s} \tag{8.5.3-1}$$

$$f_{cd,s} = \frac{f_{cu,k}}{1.43 + 304\varepsilon_1} \leqslant 0.48 f_{cu,k} \tag{8.5.3-2}$$

$$\varepsilon_1 = \left(\frac{T_{id}}{A_s E_s} + 0.002\right)\cot^2\theta_i \tag{8.5.3-3}$$

$$t = b\sin\theta_i + h_a\cos\theta_i \tag{8.5.3-4}$$

$$h_a = s + 6d \tag{8.5.3-5}$$

式中 D_{id}——撑杆压力设计值，包括 $D_{1d} = N_{1d}/\sin\theta_1$，$D_{2d} = N_{2d}/\sin\theta_2$，其中 N_{1d} 和 N_{2d} 分别为承台悬臂下面“1”排桩和“2”排桩内该排桩的根数乘以该排桩中最大单桩竖向力设计值，单桩竖向力按本规范公式（8.5.1）计算；按公式（8.5.3-1）计算撑杆抗压承载力时，式中 D_{id} 取 D_{1d} 和 D_{2d} 两者较大者；

$f_{cd,s}$——撑杆混凝土轴心抗压强度设计值；

t——撑杆计算高度；

b_s——撑杆计算宽度，按本规范第 8.5.2 条有关正截面抗弯承载力计算时对计算宽度的规定；

b——桩的支撑宽度,方形截面桩取截面边长,圆形截面桩取直径的 0.8 倍;

$f_{cu,k}$——边长为 150mm 的混凝土立方体抗压强度标准值;

T_{id}——与撑杆相应的系杆拉力设计值,包括 $T_{1d}=N_{1d}/\tan\theta_1$,$T_{2d}=N_{2d}/\tan\theta_2$;

A_s——在撑杆计算宽度 b_s(系杆计算宽度)范围内系杆钢筋截面面积;

s——系杆钢筋的顶层钢筋中心至承台底的距离;

d——系杆钢筋直径,当采用不同直径的钢筋时,d 取加权平均值;

θ_i——撑杆压力线与系杆拉力线的夹角,包括 $\theta_1=\tan^{-1}\dfrac{h_0}{a+x_1}$,$\theta_2=\tan^{-1}\dfrac{h_0}{a+x_2}$,其中 h_0 为承台有效高度;a 为撑杆压力线在承台顶面的作用点至墩台边缘的距离,取 $a=0.15h_0$;x_1 和 x_2 为桩中心至墩台边缘的距离。

2 系杆抗拉承载力可按下列规定计算:

$$\gamma_0 T_{id}\leqslant f_{sd}A_s \tag{8.5.3-6}$$

式中 T_{id}——系杆拉力设计值,见本条第 1 款,取 T_{1d}与 T_{2d}两者较大者;

f_{sd}——系杆钢筋抗拉强度设计值;

A_s——见本条第 1 款。

在垂直于系杆的承台全宽内,系杆钢筋应按本规范第 9.6.8 条第 2 款布置。在系杆计算宽度 b_s 内的钢筋截面面积应符合本规范第 9.1.12 条规定的受弯构件受拉钢筋最小配筋百分率。

8.5.4 承台的斜截面抗剪承载力计算应符合下列规定(见本规范图 8.5.1):

$$\gamma_0 V_d\leqslant\frac{0.9\times10^{-4}(2+0.6P)\sqrt{f_{cu,k}}}{m}b_s h_0\quad(\text{kN}) \tag{8.5.4}$$

式中 V_d——由承台悬臂下面桩的竖向力设计值产生的计算斜截面以外各排桩最大剪力设计值(kN)的总和;每排桩的竖向力设计值,取其中一根最大值乘以该排桩的根数;

$f_{cu,k}$——边长为 150mm 的混凝土立方体抗压强度标准值(MPa);

P——斜截面内纵向受拉钢筋的配筋百分率,$P=100\rho$,$\rho=A_s/bh_0$,当 $P>2.5$ 时,取 $P=2.5$,其中 A_s 为承台截面计算宽度(见本规范第 8.5.2 条)内纵向受拉钢筋截面面积;

m——剪跨比,$m=a_{xi}/h_0$ 或 $m=a_{yi}/h_0$,当 $m<0.5$ 时,取 $m=0.5$,其中 a_{xi}和 a_{yi}分别为沿 x 轴和 y 轴墩台边缘至计算斜截面外侧第 i 排桩边缘的距离;当为圆形截面桩时,可换算为边长等于 0.8 倍圆桩直径的方形截面桩;

b_s——承台计算宽度(mm),见本规范第 8.5.2 条有关正截面抗弯承载力计算时对于计算宽度的规定;

h_0——承台有效高度(mm)。

当承台的同方向可作出多个斜截面破坏面时,应分别对每个斜截面进行抗剪承载力计算。

8.5.5 承台应按下列规定进行冲切承载力验算:

1 柱或墩台向下冲切的破坏锥体应采用自柱或墩台边缘至相应桩顶边缘连线构成的锥体;桩顶位于承台顶面以下一倍有效高度 h_0 处。锥体斜面与水平面的夹角,不应小于 45°,当小于 45°时,取用 45°。

柱或墩台向下冲切承台的冲切承载力按下列规定计算:

$$\gamma_0 F_{ld}\leqslant 0.6f_{td}h_0[2\alpha_{px}(b_y+a_y)+2\alpha_{py}(b_x+a_x)] \tag{8.5.5-1}$$

$$\alpha_{px}=\frac{1.2}{\lambda_x+0.2} \tag{8.5.5-2}$$

$$\alpha_{py}=\frac{1.2}{\lambda_y+0.2} \tag{8.5.5-3}$$

式中 F_{ld}——作用于冲切破坏锥体上的冲切力设计值,可取柱或墩台的竖向力设计值减去锥体范围内桩的反力设计值；

b_x、b_y——柱或墩台作用面积的边长[图 8.5.5a)]；

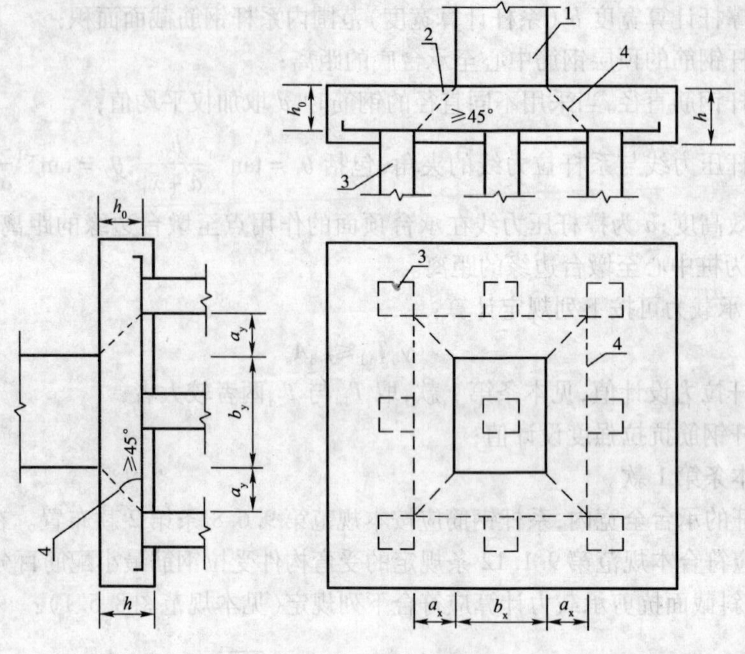

a)柱、墩台下冲切破坏锥体

1-柱、墩台；2-承台；3-桩；4-破坏锥体

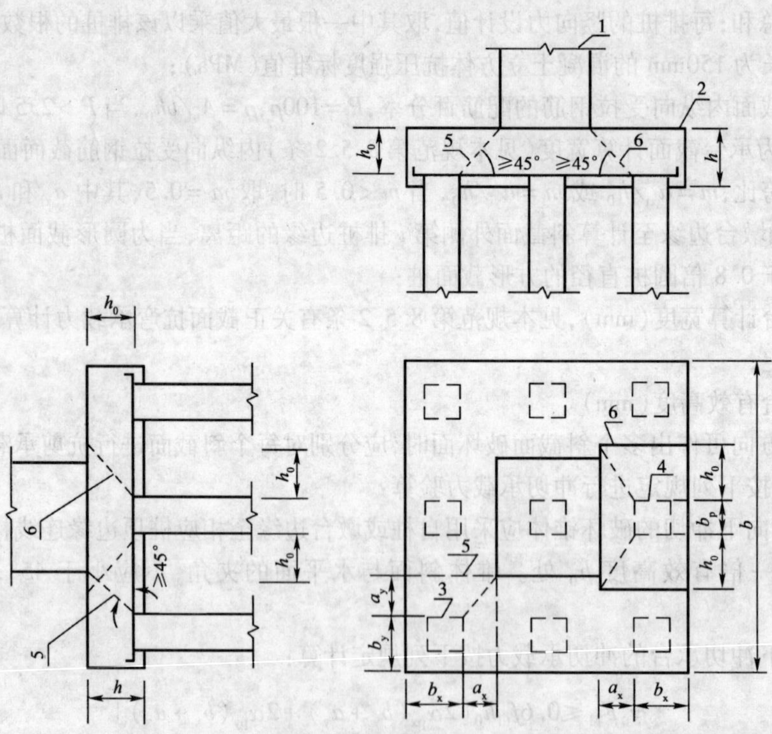

b)角桩和边桩上冲切破坏锥体

1-柱、墩台；2-承台；3-角桩；4-边桩；5-角桩上破坏锥体；6-边桩上冲切破坏锥体

图 8.5.5 承台冲切破坏锥体

a_x、a_y——冲跨，冲切破坏锥体侧面顶边与底边间的水平距离，即柱或墩台边缘到桩边缘的水平距

离，其值不应大于 h_0[图 8.5.5a)]；

λ_x、λ_y——冲跨比，$\lambda_x=a_x/h_0$，$\lambda_y=a_y/h_0$，当 $a_x<0.2h_0$ 或 $a_y<0.2h_0$ 时，取 $a_x=0.2h_0$ 或 $a_y=0.2h_0$；

α_{px}、α_{py}——分别与冲跨比 λ_x、λ_y 对应的冲切承载力系数；

f_{td}——混凝土轴心抗拉强度设计值。

2 对于柱或墩台向下的冲切破坏锥体以外的角桩和边桩，其向上冲切承台的冲切承载力按下列规定计算：

1)角桩

$$\gamma_0 F_{ld} \leqslant 0.6 f_{td} h_0 \left[\alpha_{px}' \left(b_y + \frac{a_y}{2} \right) + \alpha_{py}' \left(b_x + \frac{a_x}{2} \right) \right] \tag{8.5.5-4}$$

$$\alpha_{px}' = \frac{0.8}{\lambda_x + 0.2} \tag{8.5.5-5}$$

$$\alpha_{py}' = \frac{0.8}{\lambda_y + 0.2} \tag{8.5.5-6}$$

式中 F_{ld}——角桩竖向力设计值；

b_x、b_y——承台边缘至桩内边缘的水平距离[图 8.5.5b)]；

a_x、a_y——冲跨，为桩边缘至相应柱或墩台边缘的水平距离，其值不应大于 h_0[图 8.5.5b)]；

λ_x、λ_y——冲跨比，$\lambda_x=a_x/h_0$，$\lambda_y=a_y/h_0$，当 $a_x<0.2h_0$ 或 $a_y<0.2h_0$ 时，取 $a_x=0.2h_0$ 或 $a_y=0.2h_0$；

α_{px}'、α_{py}'——分别与冲跨比 λ_x、λ_y 对应的冲切承载力系数。

2)边桩，当 $b_p+2h_0 \leqslant b$ 时[b 见图 8.5.5b)]

$$\gamma_0 F_{ld} \leqslant 0.6 f_{td} h_0 [\alpha_{px}'(b_p + h_0) + 0.667 \times (2b_x + a_x)] \tag{8.5.5-7}$$

式中 F_{ld}——边桩竖向力设计值；

b_x——承台边缘至桩内边缘的水平距离；

b_p——方桩的边长；

a_x——冲跨，为桩边缘至相应柱或墩台边缘的水平距离，其值不应大于 h_0。

按上述各款计算时，圆形截面桩可换算为边长等于 0.8 倍圆桩直径的方形截面桩。

注：当承台为变厚度时，公式(8.5.5-1)中的 h_0 取沿柱或墩台边缘垂直截面的承台有效高度；公式(8.5.5-4)、(8.5.5-7)中的 h_0 取承台边缘截面的有效高度。

8.5.6 承台在承受局部荷载的部位，应按本规范第 5.7 节进行局部承压承载力的验算。

8.5.7 承台可不进行裂缝宽度和挠度验算。

8.6 桥梁伸缩装置

8.6.1 桥梁伸缩装置应符合下列要求：

1 伸缩装置的材料及其成品的技术要求应符合交通行业标准《公路桥梁橡胶伸缩装置》(JT/T 327)的有关规定。

2 采用定型生产的各类伸缩装置时，可根据桥梁所在地区的气温条件和施工季节，选择伸缩装置的安装温度，按本规范第 8.6.2 条规定计算桥梁接缝处梁体的伸长量和缩短量(接缝的闭口量和开口量)，据此选用伸缩装置的类型和型号。

自行设计伸缩装置时，对于承受汽车荷载的钢构件，应考虑冲击作用及重复作用引起的疲劳影响。

3 根据伸缩装置的安装宽度，绘制桥梁接缝处的结构图，标明安装伸缩装置所必需的槽口尺寸(深度及上、下口宽度)、伸缩装置连接所需的预埋件及其位置。同时，图纸上应标明下列内容：

1)槽口内填筑的材料种类及其强度等级；

2)安装伸缩装置的温度范围，在该范围内安装伸缩装置，可保证在安装后伸缩装置工作正常；

3)伸缩装置的类型和型号，该装置的最大及最小工作宽度(B_{max} 及 B_{min})；

4)伸缩装置的安装宽度或出厂宽度(板式伸缩装置为压缩后的宽度,可由工厂临时固定出厂);

5)伸缩装置施工时应注意事项。

8.6.2 伸缩装置安装以后的伸缩量,可考虑下列因素进行计算:

1 由温度变化引起的伸缩量,按下列公式计算:

温度上升引起的梁体伸长量 Δl_t^+

$$\Delta l_t^+ = \alpha_c l(T_{max} - T_{set,l}) \tag{8.6.2-1}$$

温度下降引起的梁体缩短量 Δl_t^-

$$\Delta l_t^- = \alpha_c l(T_{set,u} - T_{min}) \tag{8.6.2-2}$$

式中 T_{max}、T_{min}——当地最高、最低有效气温值,按《公路桥涵设计通用规范》(JTG D60—2004)取用;

$T_{set,u}$、$T_{set,l}$——预设的安装温度范围的上限值和下限值;

l——计算一个伸缩装置伸缩量所采用的梁体长度,视桥梁长度分段及支座布置情况而定;

α_c——梁体混凝土材料线膨胀系数,采用 $\alpha_c = 0.000\,01$。

2 由混凝土收缩引起的梁体缩短量 Δl_s^-,按下列公式计算:

$$\Delta l_s^- = \varepsilon_{cs}(t_u, t_0) l \tag{8.6.2-3}$$

式中 $\varepsilon_{cs}(t_u, t_0)$——伸缩装置安装完成时梁体混凝土龄期 t_0 至收缩终了时混凝土龄期 t_u 之间的混凝土收缩应变,可按本规范表6.2.7采用或按附录F计算。

3 由混凝土徐变引起的梁体缩短量 Δl_c^- 按下列公式计算:

$$\Delta l_c^- = \frac{\sigma_{pc}}{E_c}\phi(t_u, t_0) l \tag{8.6.2-4}$$

式中 σ_{pc}——由预应力(扣除相应阶段预应力损失)引起的截面重心处的法向压应力,当计算的梁为简支梁时,可取跨中截面与1/4跨径截面的平均值;当梁体为连续梁或连续刚构时,可取若干有代表性截面的平均值;

E_c——梁体混凝土弹性模量,按本规范表3.1.5采用;

$\phi(t_u, t_0)$——伸缩装置安装完成时梁体混凝土龄期 t_0 至徐变终了时混凝土龄期 t_u 之间的混凝土徐变系数,可按本规范表6.2.7采用或按附录F计算。

4 由制动力引起的板式橡胶支座剪切变形而导致的伸缩缝开口量 Δl_b^- 或闭口量 Δl_b^+,其值可按 Δl_b^- 或 $\Delta l_b^+ = F_k t_e / G_e A_g$ 计算,其中 F_k 为分配给支座的汽车制动力标准值,t_e 为支座橡胶层总厚度,G_e 为支座橡胶剪变模量(按本规范第8.4.1条采用),A_g 为支座平面毛面积。

5 按照梁体的伸缩量选用伸缩装置的型号

1)伸缩装置在安装后的闭口量 C^+

$$C^+ = \beta(\Delta l_t^+ + \Delta l_b^+) \tag{8.6.2-5}$$

2)伸缩装置在安装后的开口量 C^-

$$C^- = \beta(\Delta l_t^- + \Delta l_s^- + \Delta l_c^- + \Delta l_b^-) \tag{8.6.2-6}$$

3)伸缩装置的伸缩量 C 应满足:

$$C \geqslant C^+ + C^- \tag{8.6.2-7}$$

式中 β——伸缩装置伸缩量增大系数,可取 $\beta = 1.2 \sim 1.4$。

注:(1)对于影响伸缩装置伸缩量的其他因素,应视具体情况予以考虑。

(2)当施工安装温度在设计规定的安装温度范围以外时,伸缩装置应另行计算。

8.6.3 伸缩装置的安装宽度(或出厂宽度),可按本规范第8.6.2条计算得到的开口量 C^- 和闭口量 C^+ 进行计算,其值可在 $[B_{min} + (C - C^-)]$ 与 $(B_{min} + C^+)$ 两者中或两者之间取用,其中 C 为选用的伸缩装置的伸缩量,B_{min} 为选用的伸缩装置的最小工作宽度。

9 构造规定

9.1 一般规定

9.1.1 普通钢筋和预应力直线形钢筋的最小混凝土保护层厚度(钢筋外缘或管道外缘至混凝土表面的距离)不应小于钢筋公称直径,后张法构件预应力直线形钢筋不应小于其管道直径的1/2,且应符合表9.1.1的规定。

表9.1.1 普通钢筋和预应力直线形钢筋最小混凝土保护层厚度(mm)

序号	构件类别	环境条件		
		Ⅰ	Ⅱ	Ⅲ、Ⅳ
1	基础、桩基承台(1)基坑底面有垫层或侧面有模板(受力主筋)	40	50	60
	(2)基坑底面无垫层或侧面无模板(受力主筋)	60	75	85
2	墩台身、挡土结构、涵洞、梁、板、拱圈、拱上建筑(受力主筋)	30	40	45
3	人行道构件、栏杆(受力主筋)	20	25	30
4	箍筋	20	25	30
5	缘石、中央分隔带、护栏等行车道构件	30	40	45
6	收缩、温度、分布、防裂等表层钢筋	15	20	25

注:对于环氧树脂涂层钢筋,可按环境类别Ⅰ取用。

9.1.2 当受拉区主筋的混凝土保护层厚度大于50mm时,应在保护层内设置直径不小于6mm、间距不大于100mm的钢筋网。

9.1.3 组成束筋的单根钢筋直径不应大于36mm。组成束筋的单根钢筋根数,当其直径不大于28mm时不应多于三根,当其直径大于28mm时应为两根。束筋成束后的等代直径为 $d_e=\sqrt{n}d$,其中 n 为组成束筋的钢筋根数,d 为单根钢筋直径。

当单根钢筋直径或束筋的等代直径大于36mm时,受拉区应设表层钢筋网,在顺束筋长度方向,钢筋直径不应小于10mm,其间距不应大于100mm,在垂直于束筋长度方向,钢筋直径不应小于6mm,其间距不应大于100mm。上述钢筋网的布置范围,应超出束筋的设置范围,每边不小于5倍钢筋直径或束筋等代直径。

9.1.4 当计算中充分利用钢筋的强度时,其最小锚固长度应符合表9.1.4的规定。

表9.1.4 钢筋最小锚固长度 l_a

项目 \ 混凝土强度等级 \ 钢筋种类		R235				HRB335				HRB400、KL400			
		C20	C25	C30	≥C40	C20	C25	C30	≥C40	C20	C25	C30	≥C40
受压钢筋(直端)		$40d$	$35d$	$30d$	$25d$	$35d$	$30d$	$25d$	$20d$	$40d$	$35d$	$30d$	$25d$
受拉钢筋	直端	—	—	—	—	$40d$	$35d$	$30d$	$25d$	$45d$	$40d$	$35d$	$30d$
	弯钩端	$35d$	$30d$	$25d$	$20d$	$30d$	$25d$	$25d$	$20d$	$35d$	$30d$	$30d$	$25d$

注:(1)d 为钢筋直径;

(2)对于受压束筋和等代直径 $d_e\leq28$mm 的受拉束筋的锚固长度,应以等代直径按表值确定,束筋的各单根钢筋在同一锚固终点截断;对于等代直径 $d_e>28$mm 的受拉束筋,束筋内各单根钢筋,应自锚固起点开始,以表内规定的单根钢筋的锚固长度的1.3倍,呈阶梯形逐根延伸后截断,即自锚固起点开始,第一根延伸1.3倍单根钢筋的锚固长度,第二根延伸2.6倍单根钢筋的锚固长度,第三根延伸3.9倍单根钢筋的锚固长度;

(3)采用环氧树脂涂层钢筋时,受拉钢筋最小锚固长度应增加25%;

(4)当混凝土在凝固过程中易受扰动时,锚固长度应增加25%。

9.1.5 受拉钢筋端部弯钩应符合表 9.1.5 规定。

表 9.1.5 受拉钢筋端部弯钩

弯曲部位	弯曲角度	形状	钢筋	弯曲直径(D)	平直段长度
末端弯钩	180°	d, D, $\geqslant 3d$	R235	$\geqslant 2.5d$	$\geqslant 3d$
	135°	d, D, $\geqslant 5d$	HRB335	$\geqslant 4d$	$\geqslant 5d$
			HRB400 KL400	$\geqslant 5d$	
	90°	d, D, $\geqslant 10d$	HRB335	$\geqslant 4d$	$\geqslant 10d$
			HRB400 KL400	$\geqslant 5d$	
中间弯折	$\geqslant 90°$	D, d	各种钢筋	$\geqslant 20d$	—

注：采用环氧树脂涂层钢筋时，除应满足表内规定外，当钢筋直径 $d \leqslant 20$mm 时，弯钩内直径 D 不应小于 $4d$；当 $d > 20$mm 时，弯钩内直径 D 不应小于 $6d$；直线段长度不应小于 $5d$。

9.1.6 箍筋的末端应做成弯钩。弯钩角度可取 135°。弯钩的弯曲直径应大于被箍的受力主钢筋的直径，且 R235 钢筋不应小于箍筋直径的 2.5 倍，HRB335 钢筋不应小于箍筋直径的 4 倍。弯钩平直段长度，一般结构不应小于箍筋直径的 5 倍，抗震结构不应小于箍筋直径的 10 倍。

9.1.7 钢筋接头宜采用焊接接头和钢筋机械连接接头（套筒挤压接头、镦粗直螺纹接头），当施工或构造条件有困难时，也可采用绑扎接头。钢筋接头宜设在受力较小区段，并宜错开布置。绑扎接头的钢筋直径不宜大于 28mm，但轴心受压和偏心受压构件中的受压钢筋，可不大于 32mm。轴心受拉和小偏心受拉构件不应采用绑扎接头。

9.1.8 钢筋焊接接头宜采用闪光接触对焊；当闪光接触对焊条件不具备时，也可采用电弧焊（帮条焊或搭接焊）、电渣压力焊和气压焊。电弧焊应采用双面焊缝，不得已时方可采用单面焊缝。帮条焊接的帮条应采用与被焊接钢筋同强度等级的钢筋，其总截面面积不应小于被焊接钢筋的截面面积。采用搭接焊时，两钢筋端部应预先折向一侧，两钢筋轴线应保持一致。电弧焊接接头的焊缝长度，双面焊缝不应小于钢筋直径的 5 倍，单面焊缝不应小于钢筋直径的 10 倍。

在任一焊接接头中心至长度为钢筋直径的 35 倍，且不小于 500mm 的区段 l 内（图 9.1.8），同一根钢筋不得有两个接头；在该区段内有接头的受力钢筋截面面积占受力钢筋总截面面积的百分数，普通钢筋在受拉区不宜超过 50%，在受压区和装配式构件间的连接钢筋不受限制。

帮条焊或搭接焊接头部分钢筋的横向净距不应小于钢筋直径，且不应小于 25mm，同时非焊接部分钢筋净距仍应符合本规范第 9.3.4 条规定。

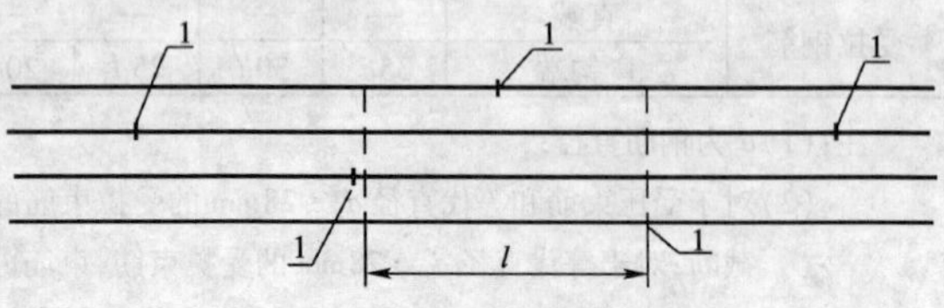

图 9.1.8 焊接接头设置

1-焊接接头中心（图中所示 l 区段内接头钢筋截面面积按两根计）

9.1.9 受拉钢筋绑扎接头的搭接长度，应符合表 9.1.9 的规定；受压钢筋绑扎接头的搭接长度，应取受拉钢筋绑扎接头搭接长度的 0.7 倍。

在任一绑扎接头中心至搭接长度 l_s 的1.3倍长度区段 l(图9.1.9-1)内,同一根钢筋不得有两个接头;在该区段内有绑扎接头的受力钢筋截面面积占受力钢筋总截面面积的百分数,受拉区不宜超过25%,受压区不宜超过50%。当绑扎接头的受力钢筋截面面积占受力钢筋总截面面积超过上述规定时,应按表9.1.9的规定值,乘以下列系数:当受拉钢筋绑扎接头截面面积大于25%,但不大于50%时,乘以1.4,当大于50%时,乘以1.6;当受压钢筋绑扎接头截面面积大于50%时,乘以1.4(受压钢筋绑扎接头长度仍为表中受拉钢筋绑扎接头长度的0.7倍)。

表9.1.9　受拉钢筋绑扎接头搭接长度

钢　筋	混凝土强度等级		
	C20	C25	>C25
R235	35d	30d	25d
HRB335	45d	40d	35d
HRB400,KL400	—	50d	45d

注:(1)当带肋钢筋直径 d 大于25mm时,其受拉钢筋的搭接长度应按表值增加5d采用;当带肋钢筋直径小于25mm时,搭接长度可按表值减少5d采用;

(2)当混凝土在凝固过程中受力钢筋易受扰动时,其搭接长度应增加5d;

(3)在任何情况下,受拉钢筋的搭接长度不应小于300mm;受压钢筋的搭接长度不应小于200mm;

(4)环氧树脂涂层钢筋的绑扎接头搭接长度,受拉钢筋按表值的1.5倍采用;

(5)受拉区段内,R235钢筋绑扎接头的末端应做成弯钩,HRB335、HRB400、KL400钢筋的末端可不做成弯钩。

绑扎接头部分钢筋的横向净距不应小于钢筋直径且不应小于25mm,同时非接头部分钢筋净距仍应符合本规范第9.3.4条规定。

束筋的搭接接头应先由单根钢筋错开搭接,接头中距为1.3倍表9.1.9规定的单根钢筋搭接长度;再用一根其长度为 $1.3(n+1)l_s$ 的通长钢筋进行搭接绑扎,其中 n 为组成束筋的单根钢筋根数,l_s 为单根钢筋搭接长度(图9.1.9-2)。

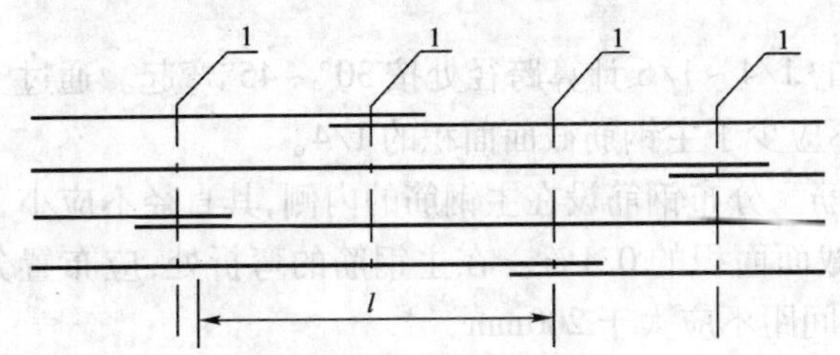

图9.1.9-1　受力钢筋绑扎接头

1-绑扎接头搭接长度中心(图中所示 l 区段内有接头的钢筋截面面积按两根计)

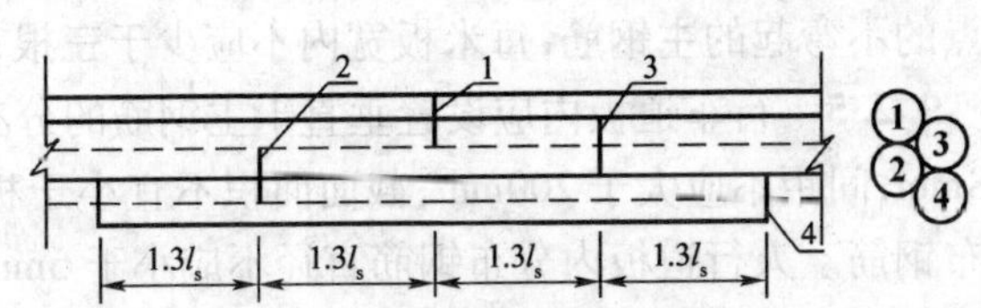

图9.1.9-2　束筋的搭接

1、2、3-组成束筋的单根钢筋;4-通长钢筋

9.1.10　钢筋机械连接接头适用于HRB335和HRB400带肋钢筋的连接。机械连接接头应符合《钢筋机械连接通用技术规程》(JGJ 107)的有关规定。

钢筋机械连接件的最小混凝土保护层厚度,宜符合本规范表9.1.1受力主筋保护层厚度的规定,但不得小于20mm。

连接件之间或连接件与钢筋之间的横向净距不应小于25mm;同时,非接头部分钢筋净距仍应符合本规范第9.3.4条和第9.6.1条的规定。

9.1.11　钢筋套筒挤压接头和镦粗直螺纹接头应分别符合《带肋钢筋套筒挤压连接技术规程》(JGJ 108)和《镦粗直螺纹钢筋接头》(JG/T 3057)的有关规定。

9.1.12　钢筋混凝土构件中纵向受力钢筋的最小配筋百分率应符合下列要求:

1　轴心受压构件、偏心受压构件全部纵向钢筋的配筋百分率不应小于0.5,当混凝土强度等级C50及以上时不应小于0.6;同时,一侧钢筋的配筋百分率不应小于0.2。当大偏心受拉构件的受压区配置按计算需要的受压钢筋时,其配筋百分率不应小于0.2。

2　受弯构件、偏心受拉构件及轴心受拉构件的一侧受拉钢筋的配筋百分率不应小于 $45f_{td}/f_{sd}$，同时不应小于 0.20。

轴心受压构件、偏心受压构件全部纵向钢筋的配筋百分率和一侧纵向钢筋（包括大偏心受拉构件受压钢筋）的配筋百分率应按构件的毛截面面积计算。轴心受拉构件及小偏心受拉构件一侧受拉钢筋的配筋百分率应按构件毛截面面积计算。受弯构件、大偏心受拉构件的一侧受拉钢筋的配筋百分率为 $100A_s/bh_0$，其中 A_s 为受拉钢筋截面面积，b 为腹板宽度（箱形截面梁为各腹板宽度之和），h_0 为有效高度。当钢筋沿构件截面周边布置时，"一侧的受压钢筋"或"一侧的受拉钢筋"系指受力方向两个对边中的一边布置的纵向钢筋。

预应力混凝土受弯构件最小配筋率应满足下列条件：

$$\frac{M_{ud}}{M_{cr}} \geqslant 1.0 \tag{9.1.12}$$

式中 M_{ud}——受弯构件正截面抗弯承载力设计值，按本规范第 5.2.2 条、第 5.2.3 条和第 5.2.5 条有关公式的等号右边式子计算；

M_{cr}——受弯构件正截面开裂弯矩值，按本规范公式（6.5.2-6）计算。

部分预应力混凝土受弯构件中普通受拉钢筋的截面面积，不应小于 $0.003bh_0$。

9.2　板

9.2.1　钢筋混凝土简支板桥的标准跨径不宜大于 13m；连续板桥的标准跨径不宜大于 16m。预应力混凝土简支板桥的标准跨径不宜大于 25m；连续板桥的标准跨径不宜大于 30m。

9.2.2　空心板桥的顶板和底板厚度，均不应小于 80mm。空心板的空洞端部应予填封。人行道板的厚度，就地浇筑的混凝土板不应小于 80mm；预制混凝土板不应小于 60mm。

9.2.3　行车道板内主钢筋直径不应小于 10mm。人行道板内的主钢筋直径不应小于 8mm。在简支板跨中和连续板支点处，板内主钢筋间距不应大于 200mm，其最小净距和层距应符合本规范第 9.3.4 条规定。

9.2.4　行车道板内主钢筋可在沿板高中心纵轴线的 1/4～1/6 计算跨径处按 30°～45°弯起。通过支点的不弯起的主钢筋，每米板宽内不应少于三根，并不应少于主钢筋截面面积的 1/4。

9.2.5　行车道板内应设置垂直于主钢筋的分布钢筋。分布钢筋设在主钢筋的内侧，其直径不应小于 8mm，间距不应大于 200mm，截面面积不宜小于板的截面面积的 0.1%。在主钢筋的弯折处，应布置分布钢筋。人行道板内分布钢筋直径不应小于 6mm，其间距不应大于 200mm。

9.2.6　布置四周支承双向板钢筋时，可将板沿纵向及横向各划分为三部分。靠边部分的宽度均为板的短边宽度的 1/4。中间部分的钢筋应按计算数量设置，靠边部分的钢筋按中间部分的半数设置，钢筋间距不应大于 250mm，且不应大于板厚的两倍。

9.2.7　斜板的钢筋可按下列规定布置（图 9.2.7）：

1　当整体式斜板的斜交角（板的支座轴线的垂直线与桥纵轴线的夹角）不大于 15°时，主钢筋可平行于桥纵轴线方向布置。当整体式斜板斜交角大于 15°时，主钢筋宜垂直于板的支座轴线方向布置，此时，在板的自由边上下应各设一条不少于三根主钢筋的平行于自由边的钢筋带，并用箍筋箍牢。在钝角部位靠近板顶的上层，应布置垂直于钝角平分线的加强钢筋，在钝角部位靠近板底的下层，应布置平行于钝角平分线的加强钢筋，加强钢筋直径不宜小于 12mm，间距 100～150mm，布置于

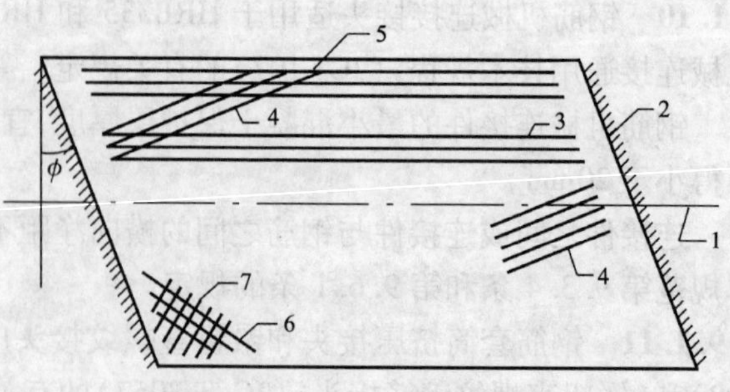

图 9.2.7　斜板桥钢筋布置

1-桥纵轴线；2-支承轴线；3-顺桥纵轴线钢筋；4-与支承轴线正交钢筋；5-自由边钢筋带；6-垂直于钝角平分线的钝角钢筋；7-平行于钝角平分线的钝角钢筋

以钝角两侧 1.0m ~ 1.5m 边长的扇形面积内。

2 斜板的分布钢筋宜垂直于主钢筋方向设置,其直径、间距和数量可按本规范第9.2.5条办理。在斜板的支座附近宜增设平行于支座轴线的分布钢筋;或将分布钢筋向支座方向呈扇形分布,过渡到平行于支承轴线。

3 预制斜板的主钢筋可与桥纵轴线平行,其钝角部位加强钢筋及分布钢筋宜按照第 1 款及第 2 款布置。

9.2.8 由预制板与现浇混凝土结合的组合板,预制板顶面应做成凹凸不小于6mm 的粗糙面。如结合面配置竖向结合钢筋,钢筋应埋入预制板和现浇层内,其埋置深度不应小于 10 倍钢筋直径;钢筋纵向间距不应大于 500mm。

9.2.9 装配式板当采用铰接时,铰的上口宽度应满足施工时使用插入式振捣器的需要,铰槽的深度宜为预制板高的2/3。预制板内应预埋钢筋伸入铰内。铰接板顶面应铺设现浇混凝土层,其厚度不宜小于 80mm。

9.2.10 以独立墩柱作为支承的板,及其按抗冲切计算需要配置的箍筋或弯起钢筋,应符合下列规定:

1 板厚度不应小于 150mm。

2 箍筋直径不应小于 8mm,其间距不应大于 $1/3h_0$。箍筋应采用闭合式,并箍住架立钢筋;按计算所需的箍筋,应配置在冲切破坏锥体范围内,此外,应以等直径和等间距的箍筋自冲切破坏斜截面向外延伸配置在不小于 $0.5h_0$ 范围内[每侧布设箍筋的长度大于或等于 $1.5h_0$,见图 9.2.10a)]。

3 弯起钢筋直径不应小于 12mm,弯起角可根据板的厚度采用 30° ~ 45°,每一方向不应少于五根;弯起钢筋的倾斜段应与冲切破坏斜截面相交,其交点应在离集中反力作用面积周边以外 $\frac{1}{2}h \sim \frac{2}{3}h$ 范围内[图 9.2.10b)]。

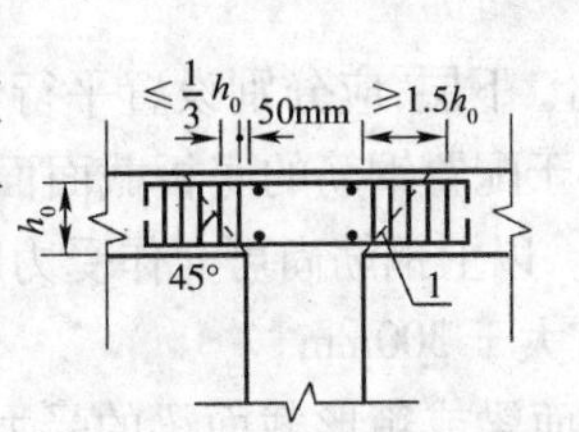

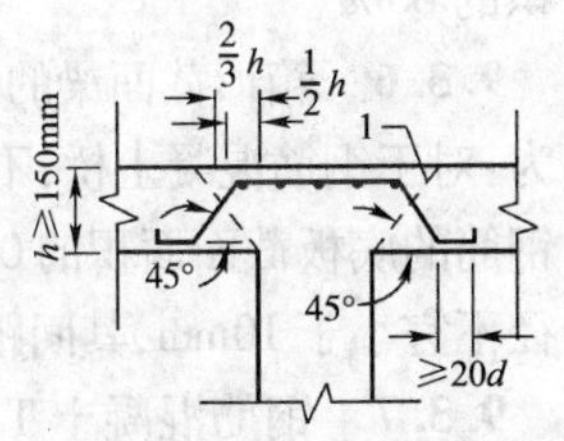

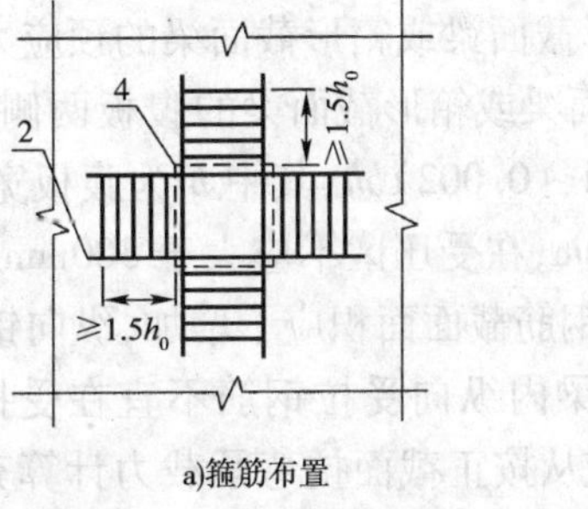

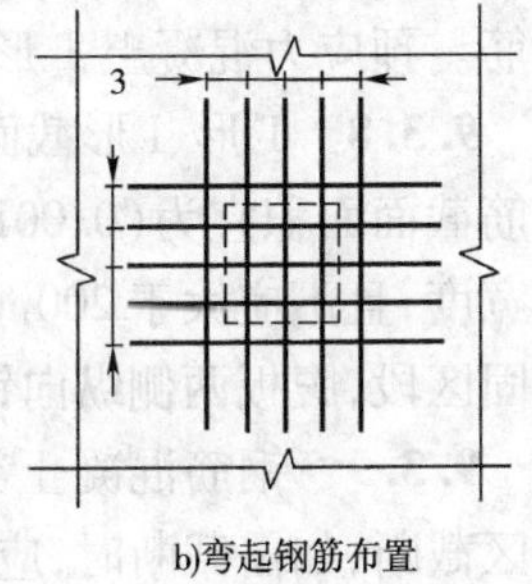

a)箍筋布置　　b)弯起钢筋布置

图 9.2.10 独立墩柱顶面抗冲切钢筋配置

a)箍筋布置;b)弯起钢筋布置

1-冲切破坏锥体斜截面;2-架立钢筋;3-弯起钢筋;4-集中反力作用面积周边

9.3 梁

9.3.1 钢筋混凝土 T 形、I 形截面简支梁标准跨径不宜大于 16m,钢筋混凝土箱形截面简支梁标准跨径不宜大于 25m,钢筋混凝土箱形截面连续梁标准跨径不宜大于 30m。

预应力混凝土 T 形、I 形截面简支梁标准跨径不宜大于 50m。

9.3.2 T 形、I 形截面梁应设跨端和跨间横隔梁。当梁横向刚性连接时,横隔梁间距不应大于 10m。

箱形截面梁应设箱内端横隔板。内半径小于 240m 的弯箱梁应设跨间横隔板,其间距对于钢筋混凝土箱形截面梁不应大于 10m;对于预应力箱形截面梁则需经结构分析确定。共同受力的多箱梁桥,梁间应设跨端横隔梁,需要时尚宜设跨间横隔梁,其设置及间距可按 T 形截面梁办理。

箱形截面悬臂梁桥除应设箱内端横隔板外,悬臂跨径 50m 及以上的箱形截面悬臂梁桥在悬臂中部尚应设跨间横隔板。

条件许可时箱形截面梁横隔板应设检查用人孔。

9.3.3 预制 T 形截面梁或箱形截面梁翼缘悬臂端的厚度不应小于 100mm;当预制 T 形截面梁之间采用横向整体现浇连接时或箱形截面梁设有桥面横向预应力钢筋时,其悬臂端厚度不应小于 140mm。

T形和I形截面梁，在与腹板相连处的翼缘厚度，不应小于梁高的1/10，当该处设有承托时，翼缘厚度可计入承托加厚部分厚度；当承托底坡 $\tan\alpha$ 大于1/3时，取1/3。

箱形截面梁顶板与腹板相连处应设置承托；底板与腹板相连处应设倒角，必要时也可设置承托。箱形截面梁顶、底板的中部厚度，不应小于板净跨径的1/30，且不应小于200mm。当箱形截面梁承受扭矩时，尚应符合本规范第5.5.1条注的要求。

T形、I形截面梁或箱形截面梁的腹板宽度不应小于140mm；其上下承托之间的腹板高度，当腹板内设有竖向预应力钢筋时，不应大于腹板宽度的20倍，当腹板内不设竖向预应力钢筋时，不应大于腹板宽度的15倍。当腹板宽度有变化时，其过渡段长度不宜小于12倍腹板宽度差。当T形、I形截面梁或箱形截面梁承受扭矩时，其腹板平均宽度尚应符合本规范第5.5.5条注和第5.5.1条注的要求。

9.3.4 受弯构件的钢筋净距应考虑浇筑混凝土时，振捣器可以顺利插入。

各主钢筋间横向净距和层与层之间的竖向净距，当钢筋为三层及以下时，不应小于30mm，并不小于钢筋直径；当钢筋为三层以上时，不应小于40mm，并不小于钢筋直径的1.25倍。对于束筋，此处直径采用等代直径。

9.3.5 T形截面梁或箱形梁的顶板内承受局部荷载的受拉钢筋，应符合本规范第9.2.3条规定。垂直于受拉钢筋应设分布钢筋，可按本规范第9.2.5条规定设置。

箱形截面梁顶板承受局部荷载的受拉钢筋，其部分可在近腹板处弯起，通过腹板直伸至悬臂端，并做成弯钩。不弯起钢筋根数不应少于每米三根，并应伸至翼缘悬臂端；当翼缘悬臂长度按本规范第4.1.5条规定的 c 值大于2.5m时，上述不弯起钢筋的截面面积尚应不少于悬臂根部负弯矩钢筋截面面积的60%。

9.3.6 箱形截面梁的底板上、下层，应分别设置平行于桥跨和垂直于桥跨的构造钢筋。钢筋截面面积为：对于钢筋混凝土桥，不应小于配置钢筋的底板截面面积的0.4%；对于预应力混凝土桥，不应小于配置钢筋的底板截面面积的0.3%。以上钢筋尚可充作受力钢筋。当底板厚度有变化时可分段设置。钢筋直径不宜小于10mm，其间距不宜大于300mm。

9.3.7 钢筋混凝土T形截面梁或箱形截面梁的受力主钢筋，宜设于本规范第4.2.2条或第4.2.3条规定的翼缘有效宽度内；超出上述分布范围的宽度，可设置不小于超出部分截面面积0.4%的构造钢筋。预应力混凝土T形截面梁或箱形截面梁的预应力钢筋，亦宜大部分设于有效宽度内。

9.3.8 T形、I形截面梁或箱形截面梁的腹板两侧，应设置直径为6～8mm的纵向钢筋，每腹板内钢筋截面面积宜为(0.001～0.002)bh，其中 b 为腹板宽度，h 为梁的高度，其间距在受拉区不应大于腹板宽度，且不应大于200mm，在受压区不应大于300mm。在支点附近剪力较大区段和预应力混凝土梁锚固区段，腹板两侧纵向钢筋截面面积应予增加，纵向钢筋间距宜为100～150mm。

9.3.9 钢筋混凝土梁内纵向受拉钢筋不宜在受拉区截断；如需截断时，应从按正截面抗弯承载力计算充分利用该钢筋强度的截面至少延伸(l_a+h_0)长度(见图9.3.9)，此处 l_a 为受拉钢筋最小锚固长度，h_0 为梁截面有效高度；同时应考虑从正截面抗弯承载力计算不需要该钢筋的截面至少延伸20d(环氧树脂涂层钢筋25d)，此处 d 为钢筋直径。纵向受压钢筋如在跨间截断时，应延伸至按计算不需要该钢筋的截面以外至少15d(环氧树脂涂层钢筋20d)。

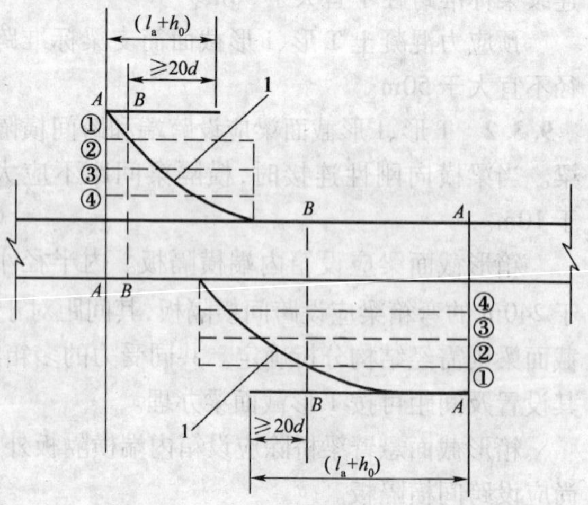

图9.3.9 纵向受拉钢筋截断时的延伸长度

A-A：钢筋①、②、③、④强度充分利用截面；B-B：按计算不需要钢筋①的截面；①、②、③、④-钢筋批号；1-弯矩图

9.3.10 钢筋混凝土梁的支点处，应至少有两根且不少于总数1/5的下层受拉主钢筋通过。两外侧钢筋，应延伸出端支点以外，并弯成直角，顺梁高延伸至顶部，与顶层纵向架立钢筋相连。两侧之间的其他未弯起钢筋，伸出支点截面以外的长度不应小于10倍钢筋直径(环氧树脂涂层钢筋为12.5倍钢筋直径)；

R235 钢筋应带半圆钩。

9.3.11 钢筋混凝土梁当设置弯起钢筋时，其弯起角宜取45°。受拉区弯起钢筋的弯起点，应设在按正截面抗弯承载力计算充分利用该钢筋强度的截面以外不小于 $h_0/2$ 处，此处 h_0 为梁有效高度；弯起钢筋可在按正截面受弯承载力计算不需要该钢筋截面面积之前弯起，但弯起钢筋与梁中心线的交点应位于按计算不需要该钢筋的截面（图9.3.11）之外。弯起钢筋的末端应留有锚固长度：受拉区不应小于20倍钢筋直径，受压区不应小于10倍钢筋直径，环氧树脂涂层钢筋增加25%；R235 钢筋尚应设置半圆弯钩。

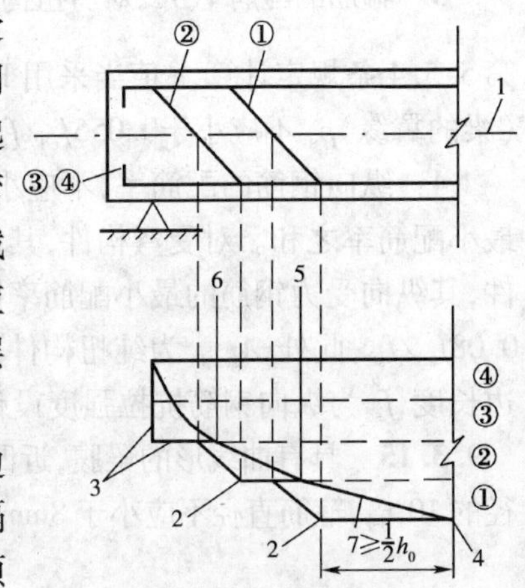

图9.3.11 弯起钢筋弯起点位置

1-梁中心线；2-受拉区钢筋弯起点；3-正截面抗弯承载力图形；4-钢筋①～④强度充分利用的截面；5-按计算不需要钢筋①的截面（钢筋②～④强度充分利用截面）；6-按计算不需要钢筋②的截面（钢筋③～④强度充分利用截面）；7-弯矩图；①、②、③、④-钢筋批号

靠近支点的第一排弯起钢筋顶部的弯折点，简支梁或连续梁边支点应位于支座中心截面处，悬臂梁或连续梁中间支点应位于横隔梁（板）靠跨径一侧的边缘处，以后各排（跨中方向）弯起钢筋的梁顶部弯折点，应落在前一排（支点方向）弯起钢筋的梁底部弯折点处或弯折点以内。

弯起钢筋不得采用浮筋。

9.3.12 钢筋混凝土梁采用多层焊接钢筋时，可用侧面焊缝使之形成骨架（图9.3.12）。侧面焊缝设在弯起钢筋的弯折点处，并在中间直线部分适当设置短焊缝。

焊接钢筋骨架的弯起钢筋，除用纵向钢筋弯起外，亦可用专设的弯起钢筋焊接。

斜钢筋与纵向钢筋之间的焊接，宜用双面焊缝，其长度应为5倍钢筋直径，纵向钢筋之间的短焊缝应为2.5倍钢筋直径；当必须采用单面焊缝时，其长度应加倍。

焊接骨架的钢筋层数不应多于六层，单根钢筋直径不应大于32mm。

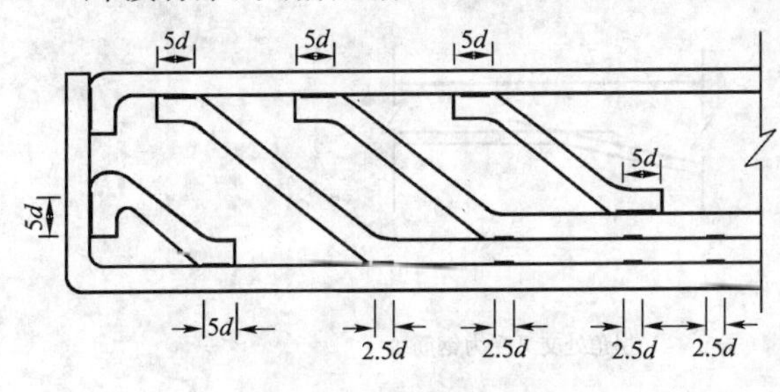

图9.3.12 焊接骨架图

9.3.13 钢筋混凝土梁中应设置直径不小于8mm且不小于1/4主钢筋直径的箍筋，其配筋率 ρ_{sv}（见本规范第5.2.7条），R235钢筋不应小于0.18%，HRB335钢筋不应小于0.12%。当梁中配有按受力计算需要的纵向受压钢筋或在连续梁、悬臂梁近中间支点位于负弯矩区的梁段，应采用闭合式箍筋，同时，同排内任一纵向受压钢筋，离箍筋折角处的纵向钢筋的间距不应大于150mm或15倍箍筋直径两者中较大者，否则，应设复合箍筋（参阅本规范图9.6.1）。相邻箍筋的弯钩接头，沿纵向其位置应交替布置。

箍筋间距不应大于梁高的1/2且不大于400mm；当所箍钢筋为按受力需要的纵向受压钢筋时，不应大于所箍钢筋直径的15倍，且不应大于400mm。在钢筋绑扎搭接接头范围内的箍筋间距，当绑扎搭接钢筋受拉时不应大于主钢筋直径的5倍，且不大于100mm；当搭接钢筋受压时不应大于主钢筋直径的10倍，且不大于200mm。在支座中心向跨径方向长度相当于不小于一倍梁高范围内，箍筋间距不宜大于100mm。

近梁端第一根箍筋应设置在距端面一个混凝土保护层距离处。梁与梁或梁与柱的交接范围内可不设箍筋；靠近交接面的一根箍筋，其与交接面的距离不宜大于50mm。

9.3.14 承受弯剪扭的构件的箍筋和纵向钢筋还应符合下列要求：

1 箍筋应采用闭合式，箍筋末端做成135°弯钩。弯钩应箍牢纵向钢筋，相邻箍筋的弯钩接头，其纵向位置应交替布置。

2 承受扭矩的纵向钢筋，应沿截面周边均匀对称布置，其间距不应大于300mm。在矩形截面基本单元的四角应设有纵向钢筋，其末端应留有按本规范第9.1.4条规定的受拉钢筋最小锚固长度。

3　箍筋的配筋率 ρ_{sv}，对剪扭构件（梁的腹板）不应小于 $\left[(2\beta_t-1)\left(0.055\frac{f_{cd}}{f_{sv}}-c\right)+c\right]$，其中 β_t 按本规范第 5.5.4 条规定计算，c 值当采用 R235 钢筋时取 0.0018，当采用 HRB335 钢筋时取 0.0012；对纯扭构件（梁的翼缘）ρ_{sv} 不应小于 $0.055f_{cd}/f_{sv}$。

4　纵向钢筋的配筋率，不应小于受弯构件纵向受力钢筋的最小配筋率与受扭构件纵向受力钢筋的最小配筋率之和。对受弯构件，其纵向受力钢筋的最小配筋率应按本规范第 9.1.12 条采用；对受扭构件，其纵向受力钢筋的最小配筋率 $[A_{st,min}/(bh)]$，当受剪扭时可取 $0.08(2\beta_t-1)f_{cd}/f_{sd}$，当受纯扭时可取 $0.08f_{cd}/f_{sd}$，此处，$A_{st,min}$ 为纯扭构件全部纵向钢筋最小截面面积，h 为矩形截面基本单元长边长度，b 为短边长度，f_{sd} 为纵向钢筋抗拉强度设计值。

9.3.15　具有曲线形的梁腹，近凹面的纵向受拉钢筋应用箍筋固定。箍筋间距不应大于所箍主钢筋直径的 10 倍，箍筋直径不应小于 8mm。每单肢箍筋截面面积按下列公式计算：

$$A_{sv1} \geqslant mA_s\frac{s_v}{2r} \tag{9.3.15-1}$$

$$r=\frac{l}{2}\left(\frac{1}{4\beta}+\beta\right) \tag{9.3.15-2}$$

式中　A_{sv1}——每单肢箍筋截面面积；

m——主钢筋抗拉强度设计值与箍筋抗拉强度设计值的比值；

A_s——一根箍筋（两肢）所箍的主钢筋截面面积；

r——凹面圆曲线半径，当为其他曲线时，可近似地按公式（9.3.15-2）计算；

s_v——箍筋间距［图 9.3.15a）］；

l——曲线弦长［图 9.3.15a）］；

β——曲线矢高 f 与弦长 l 之比。

设于拐角处的交叉受力钢筋，自拐角处的交叉点起应各延伸一段锚固长度［图 9.3.15b）］。

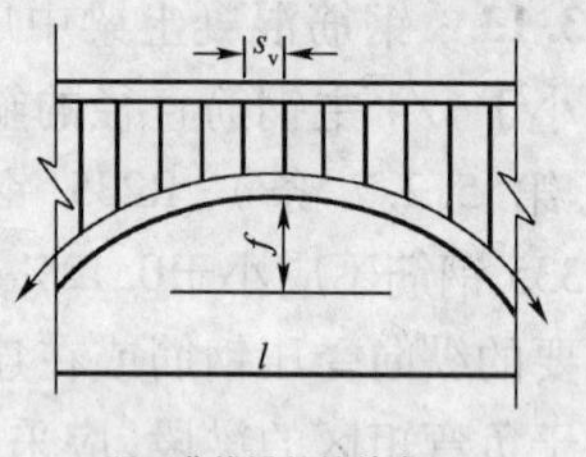

a)凹面曲线梁的箍筋布置　　b)拐角处交叉受力钢筋

图 9.3.15　凹面曲线的箍筋和拐角处交叉受力钢筋设置

9.3.16　预制 T 形截面梁的桥面板横向连接，宜采用现浇混凝土整体连接，主钢筋可采用环形连接。预制 T 形截面梁的横隔梁连接，宜采用现浇混凝土整体连接。

预制梁混凝土与用于整体连接的现浇混凝土龄期之差不应超过三个月。

9.3.17　组合梁中，在与预制梁结合处的现浇混凝土层的厚度不宜小于 150mm。预制梁顶面应做成凹凸不小于 6mm 的粗糙面。

9.3.18　组合梁中预制梁箍筋应伸入现浇桥面板，其伸入长度应不小于 10 倍箍筋直径。

9.4　预应力混凝土上部结构

9.4.1　预应力混凝土梁当设置竖向预应力钢筋时，其纵向间距宜为 500～1000mm。

预应力混凝土 T 形、I 形截面梁和箱形截面梁腹板内应分别设置直径不小于 10mm 和 12mm 的箍筋，且应采用带肋钢筋，间距不应大于 250mm；自支座中心起长度不小于一倍梁高范围内，应采用闭合式箍筋，间距不应大于 100mm。

在 T 形、I 形截面梁下部的马蹄内，应另设直径不小于 8mm 的闭合式箍筋，间距不应大于 200mm。

此外，马蹄内尚应设直径不小于 **12mm** 的定位钢筋。

9.4.2 部分预应力混凝土梁应采用混合配筋。位于受拉区边缘的普通钢筋宜采用直径较小的带肋钢筋，以较密的间距布置。

9.4.3 先张法预应力混凝土构件宜采用钢绞线、螺旋肋钢丝或刻痕钢丝用作预应力钢筋。当采用光面钢丝作预应力钢筋时，应采取适当措施，保证钢丝在混凝土中可靠地锚固。

9.4.4 在先张法预应力混凝土构件中，预应力钢绞线之间的净距不应小于其直径的 1.5 倍，且对二股、三股钢绞线不应小于 20mm，对七股钢绞线不应小于 25mm。预应力钢丝间净距不应小于 15mm。

9.4.5 在先张法预应力混凝土构件中，对于单根预应力钢筋，其端部应设置长度不小于 150mm 的螺旋筋；对于多根预应力钢筋，在构件端部 10 倍预应力钢筋直径范围内，应设置 3～5 片钢筋网。

9.4.6 后张法预应力混凝土构件的端部锚固区，在锚具下面应设置厚度不小于 16mm 的垫板或采用具有喇叭管的锚具垫板。锚垫板下应设间接钢筋，其体积配筋率 ρ_v（见本规范第 5.7.2 条）不应小于 0.5%。

9.4.7 后张法预应力混凝土梁（包括连续梁和连续刚构边跨现浇段）的部分预应力钢筋，应在靠近端支座区段横桥向对称成对弯起，宜沿梁端面均匀布置，同时沿纵向可将梁腹板加宽。在梁端部附近，宜按本规范第 9.3.8 条及第 9.4.1 条要求，设置间距较密的纵向钢筋和箍筋。

9.4.8 对外形呈曲线形且布置有曲线预应力钢筋的构件，其曲线平面内、外管道的最小混凝土保护层厚度，应按下列公式计算：

1 曲线平面内

$$C_{in} \geqslant \frac{P_d}{0.266r\sqrt{f'_{cu}}} - \frac{d_s}{2} \tag{9.4.8-1}$$

式中 C_{in}——曲线平面内最小混凝土保护层厚度；

P_d——预应力钢筋的张拉力设计值（N），可取扣除锚圈口摩擦、钢筋回缩及计算截面处管道摩擦损失后的张拉力乘以 1.2；

r——管道曲线半径（mm），可按本规范公式（9.3.15-2）计算；

f'_{cu}——预应力钢筋张拉时，边长为 150mm 立方体混凝土抗压强度（MPa）；

d_s——管道外缘直径（mm）。

当按公式（9.4.8-1）计算的保护层厚度较大时，也可按直线管道设置最小保护层厚度，但应在管道曲线段弯曲平面内设置箍筋。箍筋单肢的截面面积可按下列公式计算：

$$A_{sv1} \geqslant \frac{P_d s_v}{2r f_{sv}} \tag{9.4.8-2}$$

式中 A_{sv1}——箍筋单肢截面面积（mm^2）；

s_v——箍筋间距（mm）；

f_{sv}——箍筋抗拉强度设计值（MPa），按本规范表 3.2.3-1 采用。

2 曲线平面外

$$C_{out} \geqslant \frac{P_d}{0.266\pi r\sqrt{f'_{cu}}} - \frac{d_s}{2} \tag{9.4.8-3}$$

式中 C_{out}——曲线平面外最小混凝土保护层厚度（mm）。

3 当按上述公式计算的保护层厚度小于本规范表 9.1.1 内各类环境的直线管道的保护层厚度时，应取相应环境条件的直线管道保护层厚度。

9.4.9 后张法预应力混凝土构件，其预应力钢筋管道的设置应符合下列规定：

1 直线管道的净距不应小于 40mm，且不宜小于管道直径的 0.6 倍；对于预埋的金属或塑料波纹管和铁皮管，在竖直方向可将两管道叠置。

2 曲线形预应力钢筋管道在曲线平面内相邻管道间的最小净距应按本规范第 9.4.8 条第 1 款计算，其中 P_d 和 r 分别为相邻两管道曲线半径较大的一根预应力钢筋的张拉力设计值和曲线半径，C_{in} 为相邻两曲线管道外缘在曲线平面内净距。当上述计算结果小于其相应直线管道外缘间净距时，应取用直线管道最小外缘间净距。

曲线形预应力钢筋管道在曲线平面外相邻外缘间的最小净距，应按本规范第 9.4.8 条第 2 款计算，其中 C_{out} 为相邻两曲线管道外缘在曲线平面外净距。

3 管道内径的截面面积不应小于两倍预应力钢筋截面面积。

4 按计算需要设置预拱度时，预留管道也应同时起拱。

9.4.10 后张法预应力混凝土构件的曲线形预应力钢筋的曲线半径应符合下列规定：

1 钢丝束、钢绞线束的钢丝直径等于或小于 5mm 时，不宜小于 4m；钢丝直径大于 5mm 时，不宜小于 6m。

2 精轧螺纹钢筋的直径等于或小于 25mm 时，不宜小于 12m；直径大于 25mm 时，不宜小于 15m。

9.4.11 预应力钢筋管道压浆用水泥浆，按 70mm×70mm×70mm 立方体试件，标准养护 28d 测得的抗压强度不应低于 30MPa。其水灰比宜为 0.40～0.45。为减少收缩，可通过试验掺入适量膨胀剂。

9.4.12 在预加应力施加完毕后，埋封于梁体内的锚具其周围应设置构造钢筋与梁体连接，然后浇筑混凝土封锚。封锚混凝土强度等级不应低于构件本身混凝土强度等级的 80%，且不低于 C30。

9.4.13 预应力混凝土连续梁在选用预应力体系和布置预应力钢筋时，应采取措施减少摩擦损失。

9.4.14 在连续梁全长上，预应力钢筋不宜在某个截面或某个区段急剧增加或减少。梁的正负弯矩交替区，可设置较长的预应力钢筋重叠搭接段，并宜分散布置。

在连续梁中间支承处，腹板及其下方翼缘内应设置顺桥向的普通钢筋。

9.4.15 当预应力钢筋需在构件中间锚固时，其锚固点宜设在截面重心轴附近或外荷载作用下的受压区。如因锚固而削弱梁截面，应用普通钢筋补强。当箱形截面梁的顶、底板内的预应力钢筋引出板外时，应在专设的齿板上锚固，此时，预应力钢筋宜采用较大弯曲半径，并按本规范第 9.4.8 条设置箍筋。

9.4.16 采用预制块件拼装的预应力混凝土结构，预制块件端部应配置直径不小于 10mm 的钢筋网，接缝间应采用环氧树脂黏结或用细石混凝土填充。环氧树脂接缝，块件端头应密贴平整，涂层厚度均匀，接缝应进行挤压。细石混凝土接缝的缝宽不应小于 60mm，混凝土强度等级不应低于预制块件混凝土强度等级。预制块件拼装结构不应作部分预应力混凝土设计。

9.5 拱桥

9.5.1 钢筋混凝土拱的矢跨比，宜采用 1/5～1/8。空腹拱的拱上建筑跨径应根据主拱受力条件确定。悬链线拱的拱轴系数，宜采用 2.814～1.167，该值应随跨径的增大或矢跨比的减小而减小取用。

9.5.2 空腹式拱桥的拱上建筑应能适应拱圈的变形，其构造应符合下列要求：

1 拱上建筑的板或梁宜采用简支结构，其支座可采用具有弹性约束的橡胶支座。桥跨两端应设滑动支座和伸缩缝。

2 拱上建筑的立柱，需要时可设置横系梁，其截面高度和宽度分别可取立柱长边边长的 0.8～1.0 倍和 0.6～0.8 倍。横系梁四角应配置直径不小于 16mm 的纵向钢筋，并设直径不小于 8mm 的箍筋，其间距不应大于横系梁的短边尺寸或 400mm。

3 立柱钢筋按结构受力要求配置，其向上应延伸至盖梁中线以上，向下伸入拱轴线以下，并应具有足够的锚固长度。

4 板拱上的立柱底部应设横向通长的垫梁，其高度不宜小于立柱间净距的 1/5。箱式板拱在拱上建筑的立柱或墙式墩下方应设箱内横隔板。

9.5.3 无铰拱拱圈或拱肋的主钢筋应伸入墩台内锚固，其锚固长度除应满足本规范表 9.1.4 规定的最小锚固长度外，尚应符合下列要求：

1 对于矩形截面，不小于拱脚截面高度的 1.5 倍。

2 对于 T 形、I 形或箱形截面，不小于拱脚截面高度的一半。

三铰拱或双铰拱应在设铰点的墩台内和拱肋内设置不少于三层的钢筋网。

9.5.4 肋拱的拱肋间应设置横系梁。在三铰拱、双铰拱设铰处和拱上建筑的立柱下方，拱肋间必须设置横系梁。横系梁高度可取 0.8～1.0 倍拱肋高度，宽度可取 0.6～0.8 倍拱肋高度。横系梁四角应设置直径不小于 16mm 的纵向钢筋，并设直径不小于 8mm 的箍筋，其间距不应大于横系梁的短边尺寸或 400mm。

9.5.5 中承拱和系杆拱应设置横向联结系，其中包括：桥面以上拱顶处设横系梁，其他部位设横系梁或 K 形撑；拱肋与桥面系交叉处设桥面横梁；中承拱桥面以下设 K 形撑或剪刀撑。

9.5.6 桁架拱应设置横向联结系，其中包括：拱顶实体段和上弦杆、下弦杆的每一节点处设横系梁；桥端第一根上弦杆节点的横系梁应予加强；端部设竖向剪刀撑；端节间设水平剪刀撑；跨间其他处，应视跨径大小设置竖向和水平剪刀撑；设有剪刀撑的水平或竖向平面的节点处，均应设横系梁。

9.5.7 桁式组合拱桥的上、下弦杆和斜杆、竖杆可分别做成多室和单室箱形截面；杆件节点处用横系梁联结。拱顶部分应设实腹段。

桁式组合拱桥边跨长度与主跨长度之比，宜采用 0.2～0.4；下弦杆可采用二次抛物线；上弦杆断点位置，宜设于距拱顶 0.25～0.30 倍主跨长度处。

9.5.8 拱桥的横系梁、K 形撑和剪刀撑的截面短边尺寸，不宜小于支承点或交点间长度的 1/15。杆件内应设置直径不小于 16mm 的纵向钢筋，并设置直径不小于 8mm 的箍筋。横系梁、K 形撑和剪刀撑与拱肋相联处，应设置配有斜向钢筋的倒角。

9.5.9 桁架拱、桁式组合拱的杆件(包括 K 形撑和剪刀撑)，当在同一平面内相交时，相交杆件的邻接边缘应用弧线或折线过渡，同一杆件两边的过渡线起点宜接近于同一截面。沿过渡段边缘应设置包络钢筋，且在杆件内有足够的锚固长度。各相交杆件的主钢筋在顺杆件长度方向应伸过节点中心，且应具备足够的锚固长度。

在节点附近的箍筋应适当加密。

9.5.10 刚架拱的跨径小于 25m 时，可仅设斜腿，不设斜撑；当跨径在 25～70m 之间时，宜加设斜撑；如跨径大于 70m 时，宜再增设一根斜撑。刚架拱实腹段长度，可采用0.4～0.5倍计算跨径。刚架拱的拱片中距宜在 2.0～3.5m 之间，拱片之间纵向每 3～5m 应设置一根横系梁。

9.5.11 修建在软土地基上或严寒地区的桁架拱桥、刚架拱桥，拱脚附近下弦主钢筋宜适量增加，其箍筋也宜加密。

9.5.12 多孔拱桥应根据使用要求设置单向推力墩或采用其他抗单向推力措施。单向推力墩宜每隔三孔至五孔设置一个。

9.6 柱、墩台和桩基承台

9.6.1 配有普通箍筋(或螺旋筋)的轴心受压构件(钻/挖孔桩除外)，其钢筋设置应符合下列规定(图 9.6.1)：

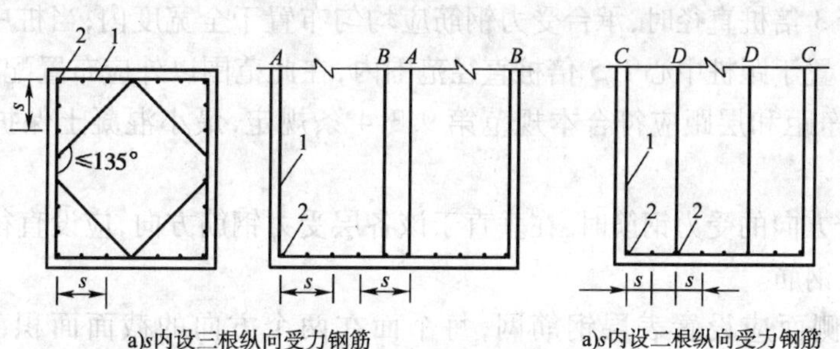

图 9.6.1 柱内复合箍筋布置

1-箍筋；2-角筋；A、B、C、D-箍筋编号

[图 a)、b)内，箍筋 A、B 与 C、D 两组设置方式可根据实际情况选用]

1 纵向受力钢筋的直径不应小于 12mm，净距不应小于 50mm 且不应大于 350mm；水平浇筑的预制件的纵向钢筋的最小净距可按本规范第 9.3.4 条规定执行。构件的最小配筋百分率应符合本规范第 9.1.12 条的规定。构件的全部纵向钢筋配筋率不宜超过 5%。

2　纵向受力钢筋应伸入基础和盖梁，伸入长度不应小于本规范表9.1.4规定的锚固长度。

3　箍筋应做成闭合式，其直径不应小于纵向钢筋的直径的1/4，且不小于8mm。

4　箍筋间距不应大于纵向受力钢筋直径的15倍、不大于构件短边尺寸（圆形截面采用0.8倍直径）并不大于400mm。纵向受力钢筋搭接范围内的箍筋间距，应符合本规范第9.3.13条的规定。

纵向钢筋截面面积大于混凝土截面面积3%时，箍筋间距不应大于纵向钢筋直径的10倍，且不大于200mm。

5　构件内纵向受力钢筋应设置于离角筋中心距离s（图9.6.1）不大于150mm或15倍箍筋直径（取较大者）范围内，如超出此范围设置纵向受力钢筋，应设复合箍筋。相邻箍筋的弯钩接头，在纵向应错开布置。

9.6.2　配有螺旋式或焊接环式间接钢筋的轴心受压构件，其钢筋的设置应符合下列规定：

1　纵向受力钢筋的截面面积，不应小于箍筋圈内核心截面面积的0.5%。核心截面面积不应小于构件整个截面面积的2/3。

2　间接钢筋的螺距或间距不应大于核心直径的1/5，亦不应大于80mm，且不应小于40mm。

3　纵向受力钢筋应伸入与受压构件连接的上下构件内，其长度不应小于受压构件的直径且不应小于纵向受力钢筋的锚固长度。

4　间接钢筋的直径不应小于纵向钢筋直径的1/4，且不小于8mm。

9.6.3　偏心受压构件钢筋的设置应按本规范第9.6.1条规定办理。当偏心受压构件的截面高度$h \geqslant 600$mm时，在侧面应设置直径为10～16mm的纵向构造钢筋，必要时相应设置复合箍筋。

9.6.4　薄壁式桥墩或肋板式桥台，在墩身表层、桥台的背墙和肋板表层应设置钢筋网，其截面面积在水平方向和竖直方向分别不应小于每米250mm^2（包括受力钢筋），间距不应大于400mm。

9.6.5　跨高比不大于5的盖梁宜采用强度等级较高的混凝土，并不应低于C25。盖梁截面内应设箍筋，其直径不应小于8mm，间距不宜大于200mm。盖梁两侧面应设纵向水平钢筋，其直径不宜小于12mm，间距不宜大于200mm。

柱式墩台的柱身间设置横系梁时，其截面高度和宽度可分别取0.8～1.0倍和0.6～0.8倍的柱直径或长边边长。横系梁四角应设置直径不小于16mm的纵向钢筋，并设直径不小于8mm的箍筋，箍筋间距不应大于横系梁的短边尺寸或400mm。

9.6.6　设计采用橡胶支座时，应预留更换支座所需的位置和空间。

9.6.7　在通航河流或有大量漂浮物下泄的河流上采用柔性排架墩时，宜在桥上游设置防护设施。

9.6.8　桩基承台的构造要求除应符合《公路桥涵地基与基础设计规范》（JTJ 024）有关规定外，尚应符合下列要求：

1　桩基承台的高度宜为桩直径的1.0～2.0倍，且不小于1.5m。

2　当桩中距不大于3倍桩直径时，承台受力钢筋应均匀布置于全宽度内；当桩中距大于3倍桩直径时，受力钢筋应均匀布置于距桩中心1.5倍桩直径范围内，在此范围以外应布置配筋率不小于0.1%的构造钢筋。钢筋横向净距和层距应符合本规范第9.3.4条规定，最小混凝土保护层厚度应符合第9.1.1条的规定。

3　如承台仅有一个方向的受力钢筋时，在垂直于该各层受力钢筋方向，应设直径不小于12mm，间距不大于250mm的构造钢筋。

4　承台的顶面和侧面应设置表层钢筋网，每个面在两个方向的截面面积，均不宜小于每米400mm^2，钢筋间距不应大于400mm。在桩身顶端的承台平面内应设一层钢筋网，平面内每一方向的每米宽度钢筋用量1200～1500mm^2，钢筋直径采用12～16mm，当基桩桩顶主筋伸入承台连接时，上述钢筋不得截断。

5　承台竖向连系钢筋，其直径不应小于16mm。

6　承台的桩中距等于或大于桩直径的三倍时，宜在两桩之间，距桩中心各一倍桩直径的中间区段内设置吊筋（图9.6.8），其直径不应小于12mm，间距不应大于200mm。

9.7 支座

9.7.1 钢筋混凝土及预应力混凝土受弯构件，如无特殊要求，宜选用橡胶支座，其材料质量和技术性能，板式橡胶支座和盆式橡胶支座应分别符合《公路桥梁板式橡胶支座》(JT/T 4)和《公路桥梁盆式橡胶支座》(JT 391)的要求。

9.7.2 橡胶支座应根据地区气温条件选用，-25 ~ +60℃地区可选用氯丁橡胶支座；-40 ~ +60℃地区可选用三元乙丙橡胶支座或天然橡胶支座。

9.7.3 在梁的单个支承点上，纵桥向只能设置一个支座，横桥向不应设置多于两个支座。

9.7.4 板式橡胶支座的安装，应使其与梁底及墩台密贴，传力均匀。在板桥的同一块板的多个支座中，不得有支座脱空。活动支座应设防尘罩。

9.7.5 当桥梁纵坡不大于1%时，板式橡胶支座可直接设于墩帽上；当桥梁纵坡大于1%时，应在梁底采取措施，使支座保持水平。当板桥桥面横坡不大于2%时，板式橡胶支座可直接设于墩帽顶面横坡上，当板桥桥面横坡大于2%时，应采取措施予以调整。

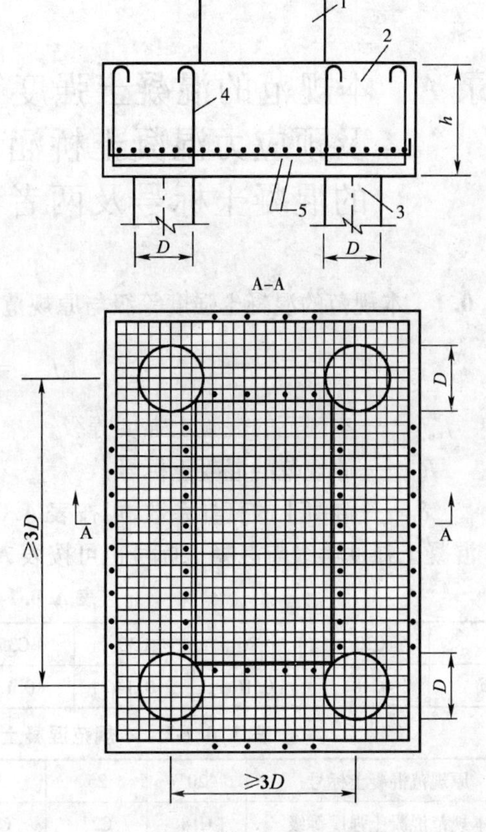

图9.6.8 承台吊筋布置
1-墩台身；2-承台；3-桩；4-吊筋；5-主筋；*D*-桩直径

9.8 涵洞、吊环和铰

9.8.1 孔径1m及以上的圆管涵应采用双层钢筋。钢筋的混凝土最小保护层厚度应符合本规范第9.1.1条的规定。预制的各类涵洞构件，应进行搬运、安装时的受力验算。

9.8.2 预制构件的吊环必须采用R235钢筋制作，严禁使用冷加工钢筋。每个吊环按两肢截面计算，在构件自重标准值作用下，吊环的拉应力不应大于50MPa。当一个构件设有四个吊环时，设计时仅考虑三个吊环同时发挥作用。吊环埋入混凝土的深度不应小于35倍吊环直径，端部应做成180°弯钩，且应与构件内钢筋焊接或绑扎。吊环内直径不应小于三倍钢筋直径，且不应小于60mm。

9.8.3 钢筋混凝土铰的凸面半径 r_1（见本规范图8.3.1）宜为1.5 ~ 3.0m。铰的混凝土强度等级不应低于C30。在铰的接触面应垫以包有薄锌片、铜片或铝片的厚为4 ~ 6mm的铅板，其周围应采取防腐措施。

附录 A　本规范的混凝土强度等级与原《公路钢筋混凝土及预应力混凝土桥涵设计规范》(JTJ 023—85)的混凝土标号及两者各项设计指标的关系

A.0.1　本规范的混凝土强度等级与原规范的混凝土标号应按下列公式进行换算：

$$f_{cu,k}=\frac{1-1.645\delta_f}{0.95(1-\delta_f)}R^b \tag{A.0.1}$$

式中　$f_{cu,k}$——本规范的混凝土强度等级；

R^b——原规范的混凝土标号；

δ_f——混凝土的变异系数，可按表 A.0.1-1 采用。

混凝土强度等级与混凝土标号也可按表 A.0.1-2 进行变换。

表 A.0.1-1　混凝土的变异系数

$f_{cu,k}$	C20	C25	C30	C35	C40	C45	C50	C55	C60
δ_f	0.18	0.16	0.14	0.13	0.12	0.12	0.11	0.11	0.10

表 A.0.1-2　本规范混凝土强度等级与原规范混凝土标号变换关系

原规范混凝土标号	20	25	30	35	40	45	50	55	60
本规范混凝土强度等级	C18	C23	C28	C33	C38	C43	C48	C53	C58

A.0.2　当原设计桥涵需按本规范进行复算或按本规范进行设计但仍采用原混凝土标号配置混凝土时，其混凝土强度标准值、设计值和弹性模量，可将原规范混凝土标号换算为本规范的混凝土强度等级后，按第 3 章表 3.1.3、表 3.1.4 和表 3.1.5 中的数值用直线插入法求得。

附录 B　温差作用效应计算公式

1　简支梁温差应力(图 B)

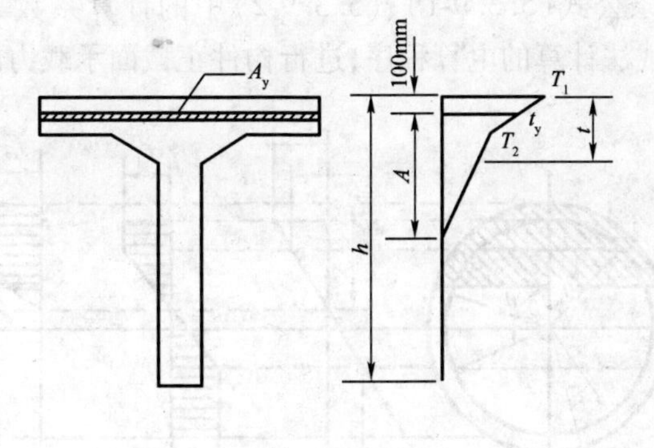

图 B　温差计算

$$N_t = \sum A_y t_y \alpha_c E_c \tag{B-1}$$

$$M_t^0 = -\sum A_y t_y \alpha_c E_c e_y \tag{B-2}$$

1)正温差应力

$$\sigma_t = \frac{-N_t}{A_0} + \frac{M_t^0}{I_0} y + t_y \alpha_c E_c \tag{B-3}$$

2)反温差应力,式(B-1)、(B-2)、(B-3)内 t_y 取负值,按式(B-3)计算。

式中　A_y——截面内的单元面积;

t_y——单元面积 A_y 内温差梯度平均值,均以正值代入;

α_c——混凝土线膨胀系数,按《公路桥涵设计通用规范》(JTG D60—2004)的规定采用;

E_c——混凝土弹性模量;

y——计算应力点至换算截面重心轴的距离,重心轴以上取正值,以下取负值;

e_y——单元面积 A_y 重心至换算截面重心轴的距离,重心轴以上取正值,以下取负值;

A_0、I_0——换算截面面积和惯性矩。

2　连续梁温差应力尚应计入温度作用次弯矩 M_t',此时公式(B-3)右边第 2 项内弯矩 M_t^0 应改以 $M_t = M_t' + M_t^0$ 代之。

附录 C　沿周边均匀配筋的圆形截面钢筋混凝土偏心受压构件正截面抗压承载力计算

C.0.1　本规范第 5.3.9 条公式(5.3.9-1)、(5.3.9-2)中的计算系数 A、B、C、D 应按下列公式计算(图 C.0.1),以供编制用迭代法计算的电算程序,进行构件正截面承载力的复核验算或截面配筋设计。

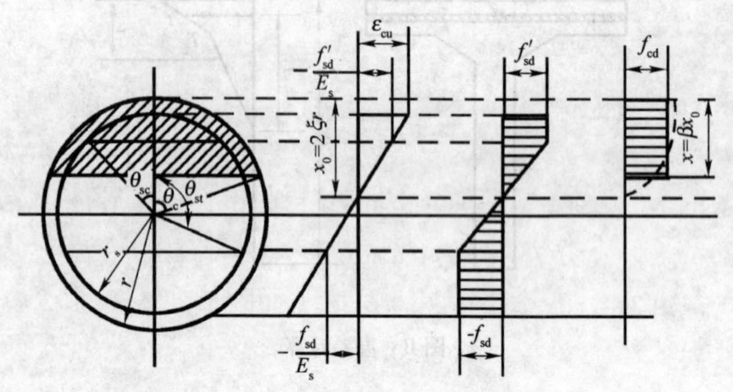

图 C.0.1　沿周边均匀配筋的圆形截面偏心受压构件计算

$$A = \frac{1}{2}(2\theta_c - \sin 2\theta_c) \tag{C.0.1-1}$$

$$B = \frac{2}{3}\sin^3\theta_c \tag{C.0.1-2}$$

$$C = \theta_{sc} - \pi + \theta_{st} + \frac{1}{g\cos\theta_{sc} - (1-2\xi)} \times [g(\sin\theta_{st} - \sin\theta_{sc}) - (1-2\xi)(\theta_{st} - \theta_{sc})] \tag{C.0.1-3}$$

$$D = \sin\theta_{sc} + \sin\theta_{st} + \frac{1}{g\cos\theta_{sc} - (1-2\xi)} \times \left[g\left(\frac{\theta_{st}-\theta_{sc}}{2} + \frac{\sin 2\theta_{st} - \sin 2\theta_{sc}}{4}\right) - (1-2\xi)(\sin\theta_{st} - \sin\theta_{sc})\right] \tag{C.0.1-4}$$

$$\theta_c = \cos^{-1}(1-2\beta\xi) \leqslant \pi \tag{C.0.1-5}$$

$$\theta_{sc} = \cos^{-1}\left(\frac{2\xi}{g\varepsilon_{cu}} \cdot \frac{f'_{sd}}{E_s} + \frac{1-2\xi}{g}\right) \leqslant \pi \tag{C.0.1-6}$$

$$\theta_{st} = \cos^{-1}\left(-\frac{2\xi}{g\varepsilon_{cu}} \cdot \frac{f_{sd}}{E_s} + \frac{1-2\xi}{g}\right) \leqslant \pi \tag{C.0.1-7}$$

式中　ξ——截面实际受压区高度 x_0 与圆形截面直径的比值,$\xi = x_0/2r$;

θ_c——与矩形应力分布高度 x 相应的截面受压面积所对的圆心角之半;

θ_{sc}——由周边均匀配置的纵向钢筋变换的薄壁钢环,在压塑区起点所对的圆心角之半;

θ_{st}——薄壁钢环拉塑区起点所对的圆心角之半;

β——截面受压区矩形应力分布高度 x 与实际受压区高度的比值,$\beta = x/x_0$,当 $\xi = 1.0$ 时,取 $\beta = 0.8$;当 $1.0 < \xi \leqslant 1.5$ 时,取 $\beta = 1.067 - 0.267\xi$;

ε_{cu}——混凝土极限压应变,取 $\varepsilon_{cu} = 0.0033$。

C.0.2　沿周边均匀配筋的圆形截面钢筋混凝土偏心受压构件,其正截面抗压承载力可用查表法(表 C.0.2)并按下列规定计算求得:

1　当对构件承载力进行复核验算时

表 C.0.2　圆形截面钢筋混凝土偏压构件正截面抗压承载力计算系数

ξ	A	B	C	D	ξ	A	B	C	D	ξ	A	B	C	D
0.20	0.3244	0.2628	-1.5296	1.4216	0.64	1.6188	0.6661	0.7373	1.6763	1.08	2.8200	0.2609	2.4924	0.5356
0.21	0.3481	0.2787	-1.4676	1.4623	0.65	1.6508	0.6651	0.8080	1.6343	1.09	2.8341	0.2511	2.5129	0.5204
0.22	0.3723	0.2945	-1.4074	1.5004	0.66	1.6827	0.6635	0.8766	1.5933	1.10	2.8480	0.2415	2.5330	0.5055
0.23	0.3969	0.3103	-1.3486	1.5361	0.67	1.7147	0.6615	0.9430	1.5534	1.11	2.8615	0.2319	2.5525	0.4908
0.24	0.4219	0.3259	-1.2911	1.5697	0.68	1.7466	0.6589	1.0071	1.5146	1.12	2.8747	0.2225	2.5716	0.4765
0.25	0.4473	0.3413	-1.2348	1.6012	0.69	1.7784	0.6559	1.0692	1.4769	1.13	2.8876	0.2132	2.5902	0.4624
0.26	0.4731	0.3566	-1.1796	1.6307	0.70	1.8102	0.6523	1.1294	1.4402	1.14	2.9001	0.2040	2.6084	0.4486
0.27	0.4992	0.3717	-1.1254	1.6584	0.71	1.8420	0.6483	1.1876	1.4045	1.15	2.9123	0.1949	2.6261	0.4351
0.28	0.5258	0.3865	-1.0720	1.6843	0.72	1.8736	0.6437	1.2440	1.3697	1.16	2.9242	0.1860	2.6434	0.4219
0.29	0.5526	0.4011	-1.0194	1.7086	0.73	1.9052	0.6386	1.2987	1.3358	1.17	2.9357	0.1772	2.6603	0.4089
0.30	0.5798	0.4155	-0.9675	1.7313	0.74	1.9367	0.6331	1.3517	1.3028	1.18	2.9469	0.1685	2.6767	0.3961
0.31	0.6073	0.4295	-0.9163	1.7524	0.75	1.9681	0.6271	1.4030	1.2706	1.19	2.9578	0.1600	2.6928	0.3836
0.32	0.6351	0.4433	-0.8656	1.7721	0.76	1.9994	0.6206	1.4529	1.2392	1.20	2.9684	0.1517	2.7085	0.3714
0.33	0.6631	0.4568	-0.8154	1.7903	0.77	2.0306	0.6136	1.5013	1.2086	1.21	2.9787	0.1435	2.7238	0.3594
0.34	0.6915	0.4699	-0.7657	1.8071	0.78	2.0617	0.6061	1.5482	1.1787	1.22	2.9886	0.1355	2.7387	0.3476
0.35	0.7201	0.4828	-0.7165	1.8225	0.79	2.0926	0.5982	1.5938	1.1496	1.23	2.9982	0.1277	2.7532	0.3361
0.36	0.7489	0.4952	-0.6676	1.8366	0.80	2.1234	0.5898	1.6381	1.1212	1.24	3.0075	0.1201	2.7675	0.3248
0.37	0.7780	0.5073	-0.6190	1.8494	0.81	2.1540	0.5810	1.6811	1.0934	1.25	3.0165	0.1126	2.7813	0.3137
0.38	0.8074	0.5191	-0.5707	1.8609	0.82	2.1845	0.5717	1.7228	1.0663	1.26	3.0252	0.1053	2.7948	0.3028
0.39	0.8369	0.5304	-0.5227	1.8711	0.83	2.2148	0.5620	1.7635	1.0398	1.27	3.0336	0.0982	2.8080	0.2922
0.40	0.8667	0.5414	-0.4749	1.8801	0.84	2.2450	0.5519	1.8029	1.0139	1.28	3.0417	0.0914	2.8209	0.2818
0.41	0.8966	0.5519	-0.4273	1.8878	0.85	2.2749	0.5414	1.8413	0.9886	1.29	3.0495	0.0847	2.8335	0.2715
0.42	0.9268	0.5620	-0.3798	1.8943	0.86	2.3047	0.5304	1.8786	0.9639	1.30	3.0569	0.0782	2.8457	0.2615
0.43	0.9571	0.5717	-0.3323	1.8996	0.87	2.3342	0.5191	1.9149	0.9397	1.31	3.0641	0.0719	2.8576	0.2517
0.44	0.9876	0.5810	-0.2850	1.9036	0.88	2.3636	0.5073	1.9503	0.9161	1.32	3.0709	0.0659	2.8693	0.2421
0.45	1.0182	0.5898	-0.2377	1.9065	0.89	2.3927	0.4952	1.9846	0.8930	1.33	3.0775	0.0600	2.8806	0.2327
0.46	1.0490	0.5982	-0.1903	1.9081	0.90	2.4215	0.4828	2.0181	0.8704	1.34	3.0837	0.0544	2.8917	0.2235
0.47	1.0799	0.6061	-0.1429	1.9084	0.91	2.4501	0.4699	2.0507	0.8483	1.35	3.0897	0.0490	2.9024	0.2145
0.48	1.1110	0.6136	-0.0954	1.9075	0.92	2.4785	0.4568	2.0824	0.8266	1.36	3.0954	0.0439	2.9129	0.2057
0.49	1.1422	0.6206	-0.0478	1.9053	0.93	2.5065	0.4433	2.1132	0.8055	1.37	3.1007	0.0389	2.9232	0.1970
0.50	1.1735	0.6271	0.0000	1.9018	0.94	2.5343	0.4295	2.1433	0.7847	1.38	3.1058	0.0343	2.9331	0.1886
0.51	1.2049	0.6331	0.0480	1.8971	0.95	2.5618	0.4155	2.1726	0.7645	1.39	3.1106	0.0298	2.9428	0.1803
0.52	1.2364	0.6386	0.0963	1.8909	0.96	2.5890	0.4011	2.2012	0.7446	1.40	3.1150	0.0256	2.9523	0.1722
0.53	1.2680	0.6437	0.1450	1.8834	0.97	2.6158	0.3865	2.2290	0.7251	1.41	3.1192	0.0217	2.9615	0.1643
0.54	1.2996	0.6483	0.1941	1.8744	0.98	2.6424	0.3717	2.2561	0.7061	1.42	3.1231	0.0180	2.9704	0.1566
0.55	1.3314	0.6523	0.2436	1.8639	0.99	2.6685	0.3566	2.2825	0.6874	1.43	3.1266	0.0146	2.9791	0.1491
0.56	1.3632	0.6559	0.2937	1.8519	1.00	2.6943	0.3413	2.3082	0.6692	1.44	3.1299	0.0115	2.9876	0.1417
0.57	1.3950	0.6589	0.3444	1.8381	1.01	2.7112	0.3311	2.3333	0.6513	1.45	3.1328	0.0086	2.9958	0.1345
0.58	1.4269	0.6615	0.3960	1.8226	1.02	2.7277	0.3209	2.3578	0.6337	1.46	3.1354	0.0061	3.0038	0.1275
0.59	1.4589	0.6635	0.4485	1.8052	1.03	2.7440	0.3108	2.3817	0.6165	1.47	3.1376	0.0039	3.0115	0.1206
0.60	1.4908	0.6651	0.5021	1.7856	1.04	2.7598	0.3006	2.4049	0.5997	1.48	3.1395	0.0021	3.0191	0.1140
0.61	1.5228	0.6661	0.5571	1.7636	1.05	2.7754	0.2906	2.4276	0.5832	1.49	3.1408	0.0007	3.0264	0.1075
0.62	1.5548	0.6666	0.6139	1.7387	1.06	2.7906	0.2806	2.4497	0.5670	1.50	3.1416	0.0000	3.0334	0.1011
0.63	1.5868	0.6666	0.6734	1.7103	1.07	2.8054	0.2707	2.4713	0.5512	1.51	3.1416	0.0000	3.0403	0.0950

1）由本规范公式（5.3.9-1）和（5.3.9-2）解得轴向力的偏心距：

$$e_0 = \frac{Bf_{cd} + D\rho g f_{sd}'}{Af_{cd} + C\rho f_{sd}'} r \tag{C.0.2-1}$$

2）已知 f_{cd}、f_{sd}'、ρ、r，设定 ξ 值，查表 C.0.2，将查得的系数 A、B、C、D 值代入公式（C.0.2-1）计算 e_0 值。若此 e_0 值与实际计算偏心距 $\eta M_d / N_d$ 相符（允许偏差在 2% 以内），则设定的 ξ 值为所求者；若不相符，重新设定 ξ 值，重复上述计算，直到相符为止；

3）将最后确定的 ξ 相应的 A、B、C、D 值代入规范公式（5.3.9-1）或（5.3.9-2）进行构件正截面承载力的复核验算。

2　当对构件进行配筋设计时

1）由公式（C.0.2-1）变换得截面配筋率：

$$\rho = \frac{f_{cd}}{f_{sd}'} \cdot \frac{Br - Ae_0}{Ce_0 - Dgr} \tag{C.0.2-2}$$

2）已知 f_{cd}、f_{sd}'、e_0、r，设定 ξ 值，查表 C.0.2，将得到的 A、B、C、D 值代入公式（C.0.2-2）求得 ρ 值，计算时式中的 e_0 应乘以偏心距增大系数 η；再把 ρ 和 A、C 值代入规范公式（5.3.9-1）算得轴向力值。若此轴向力值与实际作用的轴向力设计值相符（允许偏差在 2% 以内），则该 ξ 值及依此计算的 ρ 值为所求者；若不相符，重新设定 ξ 值，重复上述计算，直至相符为止。

3）以最后确定的 ρ 值代入下列公式计算纵向钢筋截面面积：

$$A_s = \rho \pi r^2 \tag{C.0.2-3}$$

所得钢筋配筋率应符合最小配筋率的要求。

附录 D　预应力曲线钢筋由锚具变形、钢筋回缩和接缝压缩引起的考虑反摩擦后的预应力损失简化计算

D.0.1　后张法预应力混凝土受弯构件应计算由锚具变形、钢筋回缩等引起反摩擦后的预应力损失。反向摩擦的管道摩擦系数可假定与正向摩擦的相同。

D.0.2　反摩擦影响长度 l_f（见图 D.0.2）可按下列公式计算：

$$l_f = \sqrt{\frac{\Sigma \Delta l \cdot E_p}{\Delta \sigma_d}} \quad (\text{mm}) \tag{D.0.2-1}$$

式中，$\Delta\sigma_d$ 为单位长度由管道摩擦引起的预应力损失，按下列公式计算：

$$\Delta \sigma_d = \frac{\sigma_0 - \sigma_l}{l} \tag{D.0.2-2}$$

式中　σ_0——张拉端锚下控制应力，按本规范第 6.1.3 条的规定采用；

σ_l——预应力钢筋扣除沿途摩擦损失后锚固端应力；

l——张拉端至锚固端的距离。

当 $l_f \leqslant l$ 时，预应力钢筋离张拉端 x 处考虑反摩擦后的预应力损失 $\Delta\sigma_x(\sigma_{l2})$，可按下列公式计算：

$$\Delta \sigma_x(\sigma_{l2}) = \Delta \sigma \frac{l_f - x}{l_f} \tag{D.0.2-3}$$

$$\Delta \sigma = 2 \Delta \sigma_d l_f \tag{D.0.2-4}$$

式中，$\Delta\sigma$ 为当 $l_f \leqslant l$ 时在 l_f 影响范围内，预应力钢筋考虑反摩擦后在张拉端锚下的预应力损失值。

如 $x \geqslant l_f$，表示 x 处预应力钢筋不受反摩擦的影响。

当 $l_f > l$ 时，预应力钢筋离张拉端 x' 处考虑反摩擦后的预拉力损失 $\Delta\sigma'_x(\sigma'_{l2})$，可按下列公式计算：

$$\Delta \sigma'_x(\sigma'_{l2}) = \Delta \sigma' - 2x' \Delta \sigma_d \tag{D.0.2-5}$$

式中 $\Delta\sigma'$ 为当 $l_f > l$ 时在 l 范围内，预应力钢筋考虑反摩擦后在张拉端锚下的预应力损失值，可按以下方法求得：令图 D.0.2 中“$ca'bd$”等腰梯形面积 $A = \Sigma \Delta l \cdot E_p$，试算得到 cd，则 $\Delta\sigma' = cd$。

图中　caa' 表示预应力钢筋扣除管道正摩擦损失后的应力分布线。

eaa' 表示 $l_f \leqslant l$ 时，预应力钢筋扣除管道正摩擦和回缩（考虑反摩擦）损失后的应力分布线。

db 表示 $l_f > l$ 时，预应力钢筋扣除管道正摩擦和回缩（考虑反摩擦）损失后的应力分布线。

cae 为等腰三角形；$ca'bd$ 为等腰梯形。

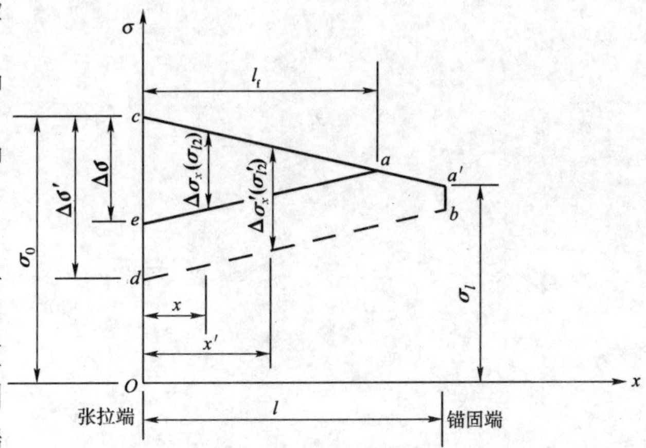

图 D.0.2　考虑反摩擦后钢筋预应力损失计算简图

D.0.3　两端张拉（分次张拉或同时张拉）且反摩擦损失影响长度有重叠时，在重叠范围内同一截面扣除正摩擦和回缩反摩擦损失后预应力钢筋的应力可取：两端分别张拉、锚固，分别计算正摩擦和回缩反摩擦损失，分别将张拉端锚下控制应力减去上述应力计算结果所得较大值。

附录E　后张法预应力混凝土构件弹性压缩损失的简化计算

后张法预应力混凝土构件，当同一截面的预应力钢筋逐束张拉时，由混凝土弹性压缩引起的预应力损失，可按下列简化公式计算：

$$\sigma_{l4} = \frac{m-1}{2}\alpha_{EP}\Delta\sigma_{pc} \tag{E-1}$$

式中　m——预应力钢筋的束数；

$\Delta\sigma_{pc}$——在计算截面的全部钢筋重心处，由张拉一束预应力钢筋产生的混凝土法向压应力（MPa），取各束的平均值。

本附录公式也可用于按截面分批张拉预应力钢筋（如纵向分块悬臂浇筑的构件）时，由混凝土弹性压缩引起的预应力损失。此时，每个截面作为一批，式中 m 为通过计算截面的预应力钢筋的批数；$\Delta\sigma_{pc}$ 为在计算截面全部钢筋重心处，由张拉一批预应力钢筋产生的混凝土法向压应力（MPa），取各批的平均值。

附录F　混凝土收缩应变和徐变系数计算及钢筋松弛损失中间值与终极值的比值

F.1　收缩应变

F.1.1　混凝土的收缩应变可按下列公式计算：

$$\varepsilon_{cs}(t,t_s) = \varepsilon_{cs0} \cdot \beta_s(t - t_s) \tag{F.1.1-1}$$

$$\varepsilon_{cs0} = \varepsilon_s(f_{cm}) \cdot \beta_{RH} \tag{F.1.1-2}$$

$$\varepsilon_s(f_{cm}) = [160 + 10\beta_{sc}(9 - f_{cm}/f_{cm0})] \cdot 10^{-6} \tag{F.1.1-3}$$

$$\beta_{RH} = 1.55[1 - (RH/RH_0)^3] \tag{F.1.1-4}$$

$$\beta_s(t - t_s) = \left[\frac{(t - t_s)/t_1}{350(h/h_0)^2 + (t - t_s)/t_1}\right]^{0.5} \tag{F.1.1-5}$$

式中　t——计算考虑时刻的混凝土龄期(d)；

t_s——收缩开始时的混凝土龄期(d)，可假定为3～7d；

$\varepsilon_{cs}(t,t_s)$——收缩开始时的龄期为t_s，计算考虑的龄期为t时的收缩应变；

ε_{cs0}——名义收缩系数；

β_s——收缩随时间发展的系数；

f_{cm}——强度等级C20～C50混凝土在28d龄期时的平均立方体抗压强度(MPa)，$f_{cm}=0.8f_{cu,k}+8\text{MPa}$；

$f_{cu,k}$——龄期为28d，具有95%保证率的混凝土立方体抗压强度标准值(MPa)；

β_{RH}——与年平均相对湿度相关的系数，公式(F.1.1-4)适用于$40\% \leqslant RH < 99\%$；

RH——环境年平均相对湿度(%)；

β_{sc}——依水泥种类而定的系数，对一般的硅酸盐类水泥或快硬水泥，$\beta_{sc}=5.0$；

h_0——构件理论厚度(mm)，$h=2A/u$，A为构件截面面积，u为构件与大气接触的周边长度；

$RH_0=100\%$；

$h_0=100\text{mm}$；

$t_1=1\text{d}$；

$f_{cm0}=10\text{MPa}$。

F.1.2　强度等级C20～C50混凝土的名义收缩系数ε_{cs0}，可按由公式(F.1.1-2)算得的表F.1.2所列数值采用。

表F.1.2　混凝土名义收缩系数 $\varepsilon_{cs0} \cdot 10^3$

$40\% \leqslant RH < 70\%$	$70\% \leqslant RH < 99\%$
0.529	0.310

注：(1)本表适用于一般硅酸盐类水泥或快硬水泥配制而成的混凝土；

(2)本表适用于季节性变化的平均温度－20℃～＋40℃；

(3)本表数值系按C40混凝土计算所得，对强度等级为C50及以上混凝土，表列数值应乘以$\sqrt{\frac{32.4}{f_{ck}}}$，式中$f_{ck}$为混凝土轴心抗压强度标准值(MPa)；

(4)计算时，表中年平均相对湿度$40\% \leqslant RH < 70\%$，取$RH=55\%$；$70 \leqslant RH < 99\%$，取$RH=80\%$。

F.1.3　在桥梁设计中当需考虑收缩影响或计算阶段预应力损失时，混凝土收缩应变值可按下列步骤计算：

1 按公式(F.1.1-5)计算从 t_s 到 t、t_s 到 t_0 的收缩应变发展系数 $\beta_s(t-t_s)$、$\beta_s(t_0-t_s)$，当计算 $\beta_s(t_0-t_s)$ 时，公式中的 t 均改用 t_0。其中 t 为计算收缩应变考虑时刻的混凝土龄期(d)，t_0 为桥梁结构开始受收缩影响时刻或预应力钢筋传力锚固时刻的混凝土龄期(d)，t_s 为收缩开始时(养护期结束时)的混凝土龄期，设计时可取 3~7d，$t>t_0\geqslant t_s$。

2 按下列公式计算自 t_0 至 t 时的收缩应变值 $\varepsilon_{cs}(t,t_0)$：

$$\varepsilon_{cs}(t,t_0)=\varepsilon_{cs0}[\beta_s(t-t_s)-\beta_s(t_0-t_s)] \tag{F.1.3}$$

式中的名义收缩系数 ε_{cs0} 按表 F.1.2 采用。

F.2 徐变系数

F.2.1 混凝土的徐变系数可按下列公式计算：

$$\phi(t,t_0)=\phi_0\cdot\beta_c(t-t_0) \tag{F.2.1-1}$$

$$\phi_0=\phi_{RH}\cdot\beta(f_{cm})\cdot\beta(t_0) \tag{F.2.1-2}$$

$$\phi_{RH}=1+\frac{1-RH/RH_0}{0.46(h/h_0)^{\frac{1}{3}}} \tag{F.2.1-3}$$

$$\beta(f_{cm})=\frac{5.3}{(f_{cm}/f_{cm0})^{0.5}} \tag{F.2.1-4}$$

$$\beta(t_0)=\frac{1}{0.1+(t_0/t_1)^{0.2}} \tag{F.2.1-5}$$

$$\beta_c(t-t_0)=\left[\frac{(t-t_0)/t_1}{\beta_H+(t-t_0)/t_1}\right]^{0.3} \tag{F.2.1-6}$$

$$\beta_H=150\left[1+\left(1.2\frac{RH}{RH_0}\right)^{18}\right]\frac{h}{h_0}+250\leqslant 1500 \tag{F.2.1-7}$$

式中 t_0——加载时的混凝土龄期(d)；

t——计算考虑时刻的混凝土龄期(d)；

$\phi(t,t_0)$——加载龄期为 t_0，计算考虑龄期为 t 时的混凝土徐变系数；

ϕ_0——名义徐变系数；

β_c——加载后徐变随时间发展的系数。

式中 f_{cm}、f_{cm0}、RH、RH_0、h、h_0、t_1 的意义及其采用值与第 F.1.1 条相同。

F.2.2 强度等级 C20~C50 混凝土的名义徐变系数 ϕ_0，可按由公式(F.2.1-2)算得的表 F.2.2 值采用。

表 F.2.2 混凝土名义徐变系数 ϕ_0

加载龄期(d)	$40\%\leqslant RH<70\%$				$70\%\leqslant RH<99\%$			
	理论厚度 h(mm)				理论厚度 h(mm)			
	100	200	300	≥600	100	200	300	≥600
3	3.90	3.50	3.31	3.03	2.83	2.65	2.56	2.44
7	3.33	3.00	2.82	2.59	2.41	2.26	2.19	2.08
14	2.92	2.62	2.48	2.27	2.12	1.99	1.92	1.83
28	2.56	2.30	2.17	1.99	1.86	1.74	1.69	1.60
60	2.21	1.99	1.88	1.72	1.61	1.51	1.46	1.39
90	2.05	1.84	1.74	1.59	1.49	1.39	1.35	1.28

注：(1)本表适用于一般硅酸盐类水泥或快硬水泥配制而成的混凝土；

(2)本表适用于季节性变化的平均温度 -20℃ ~ +40℃；

(3)本表数值系按 C40 混凝土计算所得，对强度等级 C50 及以上混凝土，表列数值应乘以 $\sqrt{\frac{32.4}{f_{ck}}}$，式中 f_{ck} 为混凝土轴心抗压强度标准值(MPa)；

(4)计算时，表中年平均相对湿度 $40\%\leqslant RH<70\%$，取 $RH=55\%$；$70\leqslant RH<99\%$，取 $RH=80\%$；

(5)构件的实际理论厚度和加载龄期为表列中间值时，混凝土名义徐变系数可按直线内插法求得。

F.2.3 在桥梁设计中需考虑徐变影响或计算阶段预应力损失时，混凝土的徐变系数值可按下列步骤计算：

1 按公式(F. 2. 1-7)计算β_H，计算时公式中的年平均相对湿度RH，当在$40\% \leqslant RH < 70\%$时，取$RH = 55\%$；当在$70\% \leqslant RH < 99\%$时，取$RH = 80\%$。

2 根据计算徐变所考虑的龄期t、加载龄期t_0及已算得的β_H，按公式(F. 2. 1-6)计算徐变发展系数$\beta_c(t - t_0)$。

3 根据$\beta_c(t - t_0)$和表F. 2. 2所列名义徐变系数(必要时用内插求得)，按公式(F. 2. 1-1)计算徐变系数$\phi(t, t_0)$。

注：当实际的加载龄期超过表F. 2. 2给出的90d时，其混凝土名义徐变系数可按$\phi_0' = \phi_0 \cdot \beta(t_0') / \beta(t_0)$求得，式中$\phi_0$为表F. 2. 2所列名义徐变系数，$\beta(t_0')$和$\beta(t_0)$按公式(F. 2. 1-5)计算，其中$t_0$为表列加载龄期，$t_0'$为90d以外计算所需的加载龄期。

F. 3 钢筋松弛损失中间值与终极值的比值

当需分阶段计算钢筋松弛损失时，其中间值应根据建立预应力的时间按表F. 3确定。钢筋松弛损失的终极值按本规范第6. 2. 6条计算。

表F. 3 钢筋松弛损失中间值与终极值的比值

时间(d)	2	10	20	30	40
比值	0. 5	0. 61	0. 74	0. 87	1. 00

附录G　允许开裂的B类预应力混凝土受弯构件受压区高度计算

T形和I形截面预应力混凝土受弯构件，其受压区高度 x 可按下列公式计算（参见图7.1.4）：

$$Ax^3 + Bx^2 + Cx + D = 0 \tag{G-1}$$

$$A = b \tag{G-2}$$

$$B = 3be_N \tag{G-3}$$

$$C = 3b_0h'_f(2e_N + h'_f) + 6\alpha_{EP}(A_pg_p + A'_pg'_p) + 6\alpha_{EP}(A_sg_s + A'_sg'_s) \tag{G-4}$$

$$D = -b_0h_f'^2(3e_N + 2h'_f) - 6\alpha_{EP}(A_ph_pg_p + A'_pa'_pg'_p) - 6\alpha_{ES}(A_sh_sg_s + A'_sa'_sg'_s) \tag{G-5}$$

计算 A、B、C、D 后，代入公式(G-1)解得 x。

对于矩形截面预应力混凝土受弯构件，令公式(G-4)、(G-5)中的 h'_f 等于零。

式中　b——T形和I形截面的腹板宽度或矩形截面的宽度；

e_N——N_{p0} 作用点至截面受压区边缘的距离；

b_0——T形和I形截面受压翼缘宽度与腹板宽度之差，$b_0 = b'_f - b$；

h'_f——T形和I形截面受压翼缘厚度；

h_p、h_s——受拉区预应力钢筋重心、普通钢筋重心至受压区边缘的距离；

g_p、g_s——受拉区预应力钢筋重心、普通钢筋重心至 N_{p0} 作用点的距离，$g_p = h_p + e_N$，$g_s = h_s + e_N$；

a'_p、a'_s——受压区预应力钢筋重心、普通钢筋重心至受压区边缘的距离；

g'_p、g'_s——受压区预应力钢筋重心、普通钢筋重心至 N_{p0} 作用点的距离，$g'_p = a'_p + e_N$，$g'_s = a'_s + e_N$。

注：(1)受压区普通钢筋的应力应符合 $\alpha_{ES}\sigma_{cc} \leq f'_{sd}$ 的要求，当 $\alpha_{ES}\sigma_{cc} > f'_{sd}$ 时，公式(G-4)、(G-5)中的 A'_s 应以 $\frac{f'_{sd}}{\alpha_{ES}\sigma_{cc}}A'_s$ 代替，此处 f'_{sd} 为普通钢筋抗压强度设计值，σ_{cc} 为受压区普通钢筋合力点处混凝土压应力，可按本规范公式(7.1.4-1)计算，但式中 c 改用该钢筋合力点至开裂截面重心轴的距离；

(2)当受压区预应力钢筋为拉应力[$(\alpha_{EP}\sigma_{cc} - \sigma'_{p0})$为负]时，公式(G-4)、(G-5)中含 A'_p 项前面的正号应改为负号，此处 σ_{cc} 为受压区预应力钢筋合力点处混凝土的压应力；

(3)当受压区未设预应力钢筋或普通钢筋时，公式(G-4)、(G-5)中的 A'_p 项或 A'_s 项令其等于零。

本规范用词用语说明

1　为了便于在执行本规范条文时区别对待,对要求严格程度不同的用词说明如下:

1)表示很严格,非这样做不可的用词:

正面词采用"必须";反面词采用"严禁"。

2)表示严格,在正常情况下均应这样做的用词:

正面词采用"应";反面词采用"不应"或"不得"。

3)表示允许稍有选择,在条件允许时首先这样做的用词:

正面词采用"宜";反面词采用"不宜"。

表示有选择,在一定条件下可以这样做的,采用"可"。

2　规范中指定应按其他有关标准、规范执行时,写法为"应按……执行"或"应符合……要求或规定"。非必须按指定的标准、规范的规定执行时,写法为"可参照……"。

《公路钢筋混凝土及预应力混凝土桥涵设计规范》

（JTG D62—2004）

条 文 说 明

1 总则

1.0.1 本规范系在原《公路钢筋混凝土及预应力混凝土桥涵设计规范》(JTJ 023—85)(以下简称原规范)的基础上修订而成。虽然本规范和原规范采用的都是极限状态设计法,但其性质是不同的。原规范的基本立足点是把影响结构可靠性的各种因素视为确定性的量,设计的安全系数主要依据经验来确定,所以可称为"经验极限状态设计法",国际上统称为"定值设计法"。本规范以"公路桥梁可靠度"研究为基础,把影响结构可靠性的各主要因素均视为不确定的随机性变量,从荷载和结构抗力(包括材料性能、几何参数和计算模式不定性)两个方面进行了全国性的调查、实测、试验及统计分析,运用统计数学的方法寻求各随机变量的统计特性(统计参数和概率分布类型),进而探讨原规范隐含的可靠度,确定适合于当前我国公路桥涵设计总体水平的失效概率(或目标可靠指标),再从这个总体失效概率出发,通过优化分析或直接从各基本变量的概率分布中求得设计所需要的各相关参数。这种以调查统计分析和对结构可靠性分析为依据而建立的极限状态设计,称为"概率极限状态设计法"。

从原规范的"定值设计法"转变为本规范的"概率极限状态设计法",或者说在度量结构可靠性上,由经验方法转变为运用统计数学的方法,无疑是设计思想和设计方法的一大进步,后者使结构设计渊源于客观实际,更具有科学性和合理性。

1.0.2 本规范的适用范围与原规范相同,即仅适用于用硅酸盐水泥、矿渣水泥、火山灰水泥配制的目前实际工程中大量使用的混凝土制作的一般的钢筋混凝土及预应力混凝土构件的设计,不适用于特种混凝土如轻质混凝土制作的桥涵结构构件设计。

由于本规范设计所依据的可靠度水平是从原规范经"校准"得到的,其他道路工程的同类桥涵,凡过去曾参照原规范设计的,仍可参照本规范设计。

1.0.3 国家标准《公路工程结构可靠度设计统一标准》(GB/T 50283—1999)(以下简称《公路统一标准》),是我国用来指导公路工程各类结构规范编制的统一性文件,它不但规定了设计依据的目标可靠指标,而且在结构可靠性分析方法、极限状态设计原则和表达式、结构作用和抗力、结构分析与试验和质量控制等方面作出了原则性规定;该标准与国际标准化组织第98技术委员会主持制定的国际标准《结构可靠性总原则》(ISO/DIS2394)基本上是衔接的。本规范的编制以《公路统一标准》规定的设计原则为依据,有些设计参数如荷载标准值和材料强度标准值的概率分布类型及其取值原则,以及在承载能力极限状态设计中的荷载分项系数及作用(或荷载)组合系数直接取自该标准及其条文说明中。

1.0.4 本规范按照《公路统一标准》的设计原则,采用概率极限状态设计方法,以失效概率即可靠指标来度量结构构件的可靠度。极限状态设计表达式中采用了作用(或荷载)的分项系数、材料性能的分项系数和结构的重要性系数。为了方便起见,本规范给出作用(或荷载)的设计值,它就是作用(或荷载)的标准值乘以作用(或荷载)的分项系数,此两值在现行标准《公路桥涵设计通用规范》(JTG D60)中作了规定;材料性能(强度)也给出设计值,该值即为材料性能标准值除以分项系数,材料性能分项系数在有关条文说明中给出。

结构按概率极限状态设计需要有一个确定的设计基准期。这是因为在结构可靠度分析中,作为确定可靠指标依据之一的可变荷载一般是按随机过程概率模型来描述的,而随机过程的时间域一般取为设计基准期。例如,汽车荷载随机过程的统计分析表明,当设计基准期取为100年时,该荷载效应最大值分布的0.95分位值(国际一般取值原则),接近于《公路工程技术标准》(JTG B01)的汽车荷载标准值效应;人群荷载也有同样的结论。这样的规定可避免规范荷载取值出现过大的变动,对保持今后桥涵设计的连续性是有利的。国际上一些技术先进的国家规定的桥梁设计基准期多为80~120年,我国规定的100年也属适中时域。必须指出,目前所说的结构可靠度是仅对桥梁构件而言,实际上是构件截面可靠度,而且必须在正常设计、正常施工和正常使用养护的条件下才能得到保证。所以,本规范规定的设计基准期也是仅对桥梁主要受力构件而言的，表示在设计基准期内这些构件的可靠度是有效的。

1.0.5 按照《公路统一标准》的规定，本规范将桥涵设计分为承载能力和正常使用两类极限状态，这与原规范是相同的。

承载能力极限状态设计关系到桥涵的安全问题，例如，结构构件或其连接是否超出其强度而破坏（包括疲劳破坏）；结构整体或局部构件是否失稳等，所以这类设计必须具有足够的安全度，在设计中做到万无一失，避免造成重大事故。

正常使用极限状态设计仅涉及桥涵的使用条件和耐久问题，例如，结构的变形或振动是否过大；构件的裂缝是否出现过早、过宽等，但这些现象并不引起结构的破坏，造成生命财产的严重损失。因此，正常使用极限状态设计的可靠度水平一般要低于承载能力极限状态设计。尽管如此，此类设计仍须确保符合结构的适用性和耐久性的要求，避免引起人们的心理上的不适感或恐惧感。

上述两种极限状态所概括的结构安全性、适用性和耐久性，统称为结构的可靠性。每项设计均必须满足结构可靠性的要求，才能使桥涵达到其全部预定的功能。

1.0.6 按照《公路统一标准》的要求并考虑与国际标准的衔接，本条根据桥梁在施工和使用过程中面临的不同情况，规定了结构设计的三种状况：持久状况、短暂状况和偶然状况。这三种设计状况的结构体系、结构所处环境条件、经历的时间长短都是不同的，所以设计时采用的计算模式、作用（或荷载）、材料性能的取值及结构可靠度水平也是有差异的。

持久状况是指桥梁的使用阶段。这个阶段持续的时间很长，结构可能承受的作用设计时均需考虑，要接受结构是否完成其预定功能的考验，因而必须进行承载能力极限状态和正常使用极限状态的计算。持久状况设计是本规范的主要计算内容。

短暂状况所对应的是桥梁的施工阶段。这个阶段的持续时间相对于使用阶段是短暂的，结构体系、结构所承受的荷载等与使用阶段也不同，设计时要根据具体情况而定。因为这个阶段是短暂的，一般只进行承载能力极限状态计算（本规范以计算构件截面应力表达），必要时才作正常使用极限状态计算。

偶然状况是指桥梁可能遇到的罕遇地震等状况。这种状况出现的概率极小，且持续的时间极短。结构在极短时间内承受的作用以及结构可靠度水平等在设计中都需特殊考虑。偶然状况的设计原则是：主要承重结构不致因非主要承重结构发生破坏而导致丧失承载能力；或允许主要承重结构发生局部破坏而剩余部分在一段时间内不发生连续倒塌。显然，偶然状况只需进行承载能力极限状态计算，不必考虑正常使用极限状态。

1.0.7 结构的耐久性问题从表面上看似乎仅影响结构的正常使用，但如不加维修，任其发展，则将直接关系到结构的安全度，最后导致结构破坏。所以，在本规范审查会议上有专家提出，在规范“总则”一章中应补充有关耐久性的要求，并被纳入会议纪要中。

的确，近年来在我国某些地区已建的桥梁中发现了混凝土的自然裂缝、剥落和膨胀疏松的现象，据分析，这是因为使用了碱活性集料在混凝土中引起碱活性反应的结果。由于碱活性反应形成的损害往往难以阻止其继续发展，且修补也较为费事，国际上称这种病害为混凝土的“癌症”，是导致混凝土耐久性降低的重要原因。然而，削弱结构耐久性的因素是多方面的，例如，结构混凝土中的氯离子含量过高或混凝土的抗氯离子渗透性能差，也将造成钢筋锈蚀，混凝土受损；位于侵蚀性物质影响的环境，有害物质的侵蚀也将加快混凝土和钢筋的腐蚀。为了防止或减轻结构受到损害，本规范根据桥涵所处的不同环境和条件，对结构混凝土的水灰比、水泥用量、混凝土的强度等级、氯离子含量和碱含量提出控制要求。

本条表1.0.7中的环境条件及耐久性基本要求的具体指标系参照国内有关现行规范并与《公路桥涵施工技术规范》（JTJ 041）协调后得出的。表中使用除冰盐环境是指北方城市依靠喷洒盐水除冰化雪的且其主梁受到侵蚀的环境；滨海环境是指在海水浪溅区以外且其前面无建筑物遮挡的环境；海水环境是指潮汐区、浪溅区及海水中的环境；受侵蚀性物质影响的环境是指某些化学工业和石油化工工厂的气态、液态和固态侵蚀物质影响的环境。

表中严寒和寒冷地区的区别，按照《民用建筑热工设计规范》（GB 50176—93）的规定为：

严寒地区：累年最冷月平均温度低于－10℃地区。

寒冷地区:累年最冷月平均温度高于-10℃、低于或等于0℃的地区。

累年是指近期30年,不足30年的取实际年数,但不得少于10年。

考虑到公路桥梁采用的设计基准期较长,在本规范第9.1.1条将桥梁各种构件的钢筋最小混凝土保护层厚度按不同环境类别作出规定,并适当予以增大。

水灰比大小和水泥用量多少不仅影响混凝土强度,而且是影响混凝土耐久性的主要因素。为了防止钢筋腐蚀以及提高混凝土的抗冻性和抗渗性,混凝土应尽可能地密实使其具有良好的抗渗透性能。为此,除了选择级配良好的集料和精心施工保证混凝土充分捣实和水泥充分水化外,水灰比是影响混凝土密实性的最重要的条件。为保证混凝土有足够的耐久性,最低水泥用量也应给予重视,主要因为单位水泥用量较高的混凝土,混凝土拌合物较均匀,可减少混凝土捣实过程中出现局部缺陷。因此,国内有些规范对海水环境结构混凝土的最大水灰比和最小水泥用量作了较详细的规定,环境条件分为海上大气区、浪溅区、水位变动区和水下区,都有规定的指标。对于海上较大的公路桥梁也可参照这些更详细的指标执行。

1.0.8 位处III类或IV类环境的桥梁,尽管混凝土强度等级提高了,混凝土保护层厚度加大了,但是长期与侵蚀性物质的接触,而且有些钢筋混凝土构件可能带有裂缝,因此钢筋遭受腐蚀的可能性很大。环氧树脂涂层钢筋已颁有行业标准《环氧树脂涂层钢筋》(JG 3042),产品已在国内工程中应用,并取得一定经验。该产品采用静电喷涂环氧树脂粉末的工艺,在钢筋表面形成一定厚度的环氧树脂防腐涂层,将钢筋与其周围混凝土隔开,使侵蚀性介质不直接接触钢筋表面,可避免钢筋受到腐蚀。但是,这种产品价格比较昂贵,且由于其与混凝土的黏结力降低,材料用量可能加多,必将增加工程费用,只有在确实必要时才予采用。

1.0.9 冻融破坏最严重的是水位变动区,其次是浪溅区。本条表1.0.9关于水位变动区混凝土抗冻等级标准取自现行行业标准《水运工程混凝土质量控制标准》(JTJ 269)。

混凝土抗冻融的能力与其含气量有密切关系,因此,有抗冻要求的结构混凝土必须掺入适量的引气剂。混凝土拌合物含气量的控制范围见《公路桥涵施工技术规范》(JTJ 041)及上述标准。

1.0.10 结构混凝土抗渗等级的选定标准是参照现行的行业标准《水运工程混凝土质量控制标准》(JTJ 269)制定的。

1.0.11 本条对桥梁结构在设计、施工质量管理、使用条件和使用过程中的维护提出了原则性的要求,目的在于提醒人们在桥梁实施的各个阶段工作,都要保持正常状态,以达到其具有规定的可靠度及各项预期功能的发挥。

2 术语、符号

本章仅将本规范出现的、人们比较生疏的术语列出，有关桥梁专业性的术语，大家都比较熟悉，没有必要编入。术语的解释，其中有部分是国际公认的定义，如极限状态、可靠度等；但大部分则是概括性的涵义，并非国际或国家公认的定义。术语的英文名称不是标准化名称，仅供引用时参考。

本章符号按有关材料性能、作用和作用效应、几何参数、计算系数及其他几部分列出，这些符号的主体符号是按现行国家标准的规定采用的；当现行国家标准无统一规定时，则按习惯采用。本规范应用的符号没有被全部列出，本章只列出一些主要的。

3 材料

3.1 混凝土

3.1.1 本条所提的混凝土强度等级，就其意义相当于原规范的混凝土标号。但两者有所不同：混凝土标号为边长为200mm的立方体试件、其标准值取85%保证率的抗压强度；混凝土强度等级则是边长为150mm的立方体试件、具有95%保证率的抗压强度标准值。这表明在同一批混凝土中，本规范的混凝土强度等级比原规范的混凝土标号低，也就是说，本规范对混凝土质量的要求提高了。本规范混凝土标准试件尺寸和强度标准值取值原则，与国际标准是接轨的。

本规范将混凝土强度等级拓宽到C80，规定桥涵受力构件的混凝土强度等级可采用C20～C80，中间以5MPa进级。C50及以上高强的混凝土可用常规水泥、砂石料和常规工艺配制，具有高强、早强、工作度良好、变形小、抗渗抗腐蚀性能优良等特点；能大幅度提高结构构件的承载能力，减小尺寸和自重，加快施工进度，可获重大经济效益。高强的混凝土在发达国家已取得迅速发展，我国也列为"八五"期间重点推广项目。近年来我国公路大跨径桥梁发展很快，C50混凝土已较普遍地使用，根据我国目前基建的发展趋势，高强的混凝土将成为更广泛应用的建桥材料。

3.1.2 本条是公路桥涵受力构件下限混凝土选用的规定，对原规定作了以下变动：

1 原规范规定"钢筋混凝土构件的混凝土标号不宜低于15号；当采用II级（相当于本规范HRB335级）、III级（相当于本规范HRB400、KL400级）钢筋时，混凝土标号不宜低于20号"。目前在公路桥涵受力构件中已几乎不采用15号混凝土，所以本规范把钢筋混凝土构件的下限混凝土改为不应低于C20级；原III级钢筋配筋的钢筋混凝土构件，考虑现采用的HRB400、KL400级钢筋的抗拉强度比原III级钢筋提高很多，因而将其配用的混凝土改为不应低于C25，以避免构件可能过早出现过宽裂缝。

2 预应力混凝土构件的下限混凝土，原规范规定为30号，这主要是针对预应力钢筋采用强度等级较低的冷拉钢筋配筋的构件提出的。但以前的实际情况是，公路桥梁的预应力混凝土构件极少采用30号混凝土，况且本规范采用的预应力钢筋以钢绞线和钢丝为主，所以构件的下限混凝十强度等级改用C40。

3.1.3、3.1.4 这两条给出了构件中混凝土强度的标准值和设计值，现说明如下：

1 混凝土轴心抗压强度标准值和设计值

混凝土标准立方体试件150mm×150mm×150mm，其统计的概率分布类型为正态分布，当取保证率为95%时，其标准值$f_{cu,k}$为

$$f_{cu,k}=\mu_{f150}-1.645\sigma_{f150}=\mu_{f150}(1-1.645\delta_{f150}) \tag{3-1}$$

式中的μ_{f150}、σ_{f150}、δ_{f150}分别为边长150mm立方体试件抗压强度的平均值、标准差和变异系数。

设计应用的棱柱体试件抗压强度$f_{c,s}$与边长150mm立方体试件抗压强度f_{150}有一定的关系，其平均值的关系为

$$\mu_{fc,s} = \alpha\mu_{f150} \tag{3-2}$$

式中α为棱柱体强度与立方体强度的比值。

构件中混凝土与试件混凝土因品质、制作工艺、受荷情况和环境条件等不同，有一定差异，按《公路统一标准》条文说明建议，其抗压强度平均换算系数$\mu_{\Omega0}=0.88$，则构件混凝土棱柱体抗压强度f_c的平均值为

$$\mu_{fc}=\mu_{\Omega0}f_{c,s}=0.88\alpha\mu_{f150} \tag{3-3}$$

假定构件混凝土强度f_c的变异系数δ_{fc}与立方体强度f_{150}的变异系数相同，即$\delta_{fc}=\delta_{f150}$，则构件混凝土棱

柱体抗压强度标准值为

$$f_{ck}=\mu_{fc}(1-1.645\delta_{fc})=0.88\alpha\mu_{f150}(1-1.645\delta_{f150})$$

$$=0.88\alpha\frac{f_{cu,k}}{(1-1.645\delta_{f150})}(1-1.645\delta_{f150})=0.88\alpha f_{cu,k} \tag{3-4}$$

式中 α 按以往试验资料和《高强混凝土结构设计与施工指南》(以下简称《高强混凝土指南》)建议取值,C50 及以下混凝土,$\alpha=0.76$;C55 ~ C80 混凝土,$\alpha=0.78\sim0.82$。另外,考虑 C40 以上混凝土具有脆性,取折减系数 C40 ~ C80 为 1.0 ~ 0.87,中间按直线插入。本规范表 3.1.3 中混凝土轴心抗压强度标准值就是按公式(3-4)计算,并乘以脆性折减系数得到。

构件中混凝土轴心抗压强度设计值 f_{cd},由混凝土轴心抗压强度标准值除以混凝土材料分项系数 $\gamma_{fc}=1.45$ 求得。混凝土材料分项系数的这个取值,接近于按二级安全等级结构分析的脆性破坏构件目标可靠指标的要求。

2 混凝土轴心抗拉强度标准值和设计值

根据试验数据分析,构件混凝土轴心抗拉强度 f_t 与边长 150mm 立方体试件抗压强度 f_{150} 之间的平均值关系为

$$\mu_{ft}=0.88\times0.395\mu_{f150}^{0.55} \tag{3-5}$$

构件混凝土轴心抗拉强度标准值(保证率为 95%)为

$$f_{tk}=\mu_{ft}(1-1.645\delta_{ft})=0.88\times0.395\mu_{f150}^{0.55}(1-1.645\delta_{f150})$$

$$=0.88\times0.395\left(\frac{f_{cu,k}}{1-1.645\delta_{f150}}\right)^{0.55}(1-1.645\delta_{f150})$$

$$=0.88\times0.395f_{cu,k}^{0.55}(1-1.645\delta_{f150})^{0.45} \tag{3-6}$$

式中 δ_{f150} 列于本规范附录 A 表 A.0.1-1 中,混凝土强度等级大于 C60 的 δ_{f150} 均取为 0.10。混凝土轴心抗拉强度标准值按公式(3-6)计算后,还应乘以与混凝土抗压强度相同的脆性折减系数,即可得本规范表 3.1.3 中的数值。

构件中混凝土轴心抗拉强度设计值 f_{td},在混凝土轴心抗拉强度标准值的基础上,除以与混凝土轴心抗压强度相同的材料分项系数。

3.1.5 本条规定的混凝土弹性模量是按下列公式计算得到的:

$$E_c=\frac{10^5}{2.2+\dfrac{34.74}{f_{cu,k}}}(\text{MPa}) \tag{3-7}$$

这是沿用原规范的计算公式,只是将公式中的 R 用 $0.95f_{cu,k}$ 替换,它也适用于 C60 以上混凝土。

3.1.6 混凝土的剪变模量 G_c 和混凝土的泊松比(横向变形系数)v_c 国内外规范采用的大体相同。原规范采用 $G_c=0.43E_c$,$v_c=\frac{1}{6}$,本规范参照国家标准《混凝土结构设计规范》(GBJ 10—89)(以下简称《GBJ 10—89 规范》)改用 $G_c=0.4E_c$,$v_c=0.2$。原苏联《公路、铁路、城市道路桥涵设计规范》(CHиП2.0.5.03—84)(以下简称原苏联 84 年规范)也是此值。

3.2 钢筋

3.2.1 本条选用的钢筋品种主要来自最新颁布的国家标准,有以下几点说明:

1 普通钢筋:光圆钢筋 R235 摘自《钢筋混凝土用热轧光圆钢筋》(GB 13013—1991);带肋钢筋 HRB335、HRB400 和 KL400 摘自《钢筋混凝土用热轧带肋钢筋》(GB 1499—1998)和《钢筋混凝土用余热处理钢筋》(GB 13014—1991)。R235 为光圆钢筋强度等级代号,其牌号为 Q235,钢筋级别为 I 级,公称直径 $d=8\sim20$mm,以偶数 2mm 递增;HRB335、HRB400 为钢筋牌号,其中尾部数字为强度等级,HRB335 相当于原标准 II 级钢筋,HRB400 相当于原标准 III 钢筋,该钢筋公称直径 $d=6\sim50$mm,其中 $d=22$mm 以下以 2mm 递减,$d=22$mm 以上为 25、28、32、36、40、50mm;KL400 为余热处理钢筋的强度等级代号,钢筋级别 III 级,公称直径 $d=8\sim40$mm,尺寸进级情况与 HRB 相同。

《钢筋混凝土用热轧带肋钢筋》(GB 1499—1998)中取消了原标准 RL540(原Ⅳ级)钢筋,增加了HRB500,但该钢筋在公路桥涵中无工程实践经验和试验数据,本规范未予选用。原规范中的5号钢钢筋已不生产,予以取消。为了便于设计应用,现将上述钢筋的公称截面面积和公称质量列于表3-1。

表3-1 钢筋公称截面面积和公称质量

公称直径(mm)	截面面积(mm^2)	单根钢筋公称质量(kg/m)
6	28.27	0.222
8	50.27	0.395
10	78.54	0.617
12	113.10	0.888
14	153.90	1.210
16	201.10	1.580
18	254.50	2.000
20	314.20	2.470
22	380.10	2.980
25	490.90	3.850
28	615.80	4.830
32	804.20	6.310
36	1018.00	7.990
40	1257.00	9.870
50	1964.00	15.420

本规范还提出了冷轧带肋钢筋,但规定仅用于按构造要求配置的钢筋网。该钢筋取自国家标准《冷轧带肋钢筋》(GB 13788—2000)。也有工程行业标准《冷轧带肋钢筋混凝土结构技术规程》(JGJ 95),需要时可参照执行。

2 预应力钢筋:钢绞线摘自《预应力混凝土用钢绞线》(GB/T 5224—2003),该标准列出了三种规格的钢绞线,其中用两根钢丝(1×2)和三根钢丝(1×3)捻制的钢绞线是新增的,七根钢丝(1×7)捻制的钢绞线是原标准保留的,它们的公称直径本规范作了如下选用:两股钢绞线 d=8.0、10.0、12.0mm;三股钢绞线 d=8.6、10.8、12.9mm;七股钢绞线d=9.5、11.1、12.7、15.2mm。钢丝选自《预应力混凝土用钢丝》(GB/T 5223—2002),该标准除了保留原标准的消除应力光面钢丝和刻痕钢丝外,还增加了螺旋肋钢丝,公称直径d=4~9mm,螺旋肋钢丝最大直径为8mm。预应力钢绞线和钢丝分为Ⅰ级松弛(普通松弛)和Ⅱ级松弛(低松弛)。精轧螺纹钢筋摘自企业标准津 Q/YB 3125 96 和 Q/ASB 116—1997,公称直径 d=18、25、32、40mm。

作为预应力钢筋,本规范以采用钢绞线和钢丝为主,精轧螺纹钢筋仅用于中、小型构件或竖、横向钢筋。原规范冷拉钢筋一律取消,其中冷拉Ⅱ级、Ⅲ级和5号钢钢筋在实际工程中应用很少,仅冷拉Ⅳ级钢筋时有用作先张法构件主筋,尽管国家标准和本规范不作为推荐钢筋,但不等于禁止使用,有关它的强度指标将在第3.2.2条和第3.2.3条说明中给出。钢绞线、钢丝和精轧螺纹钢筋的公称截面面积和公称质量列于表3-2。

3.2.2、3.2.3 本规范钢筋强度指标的确定原则,具体说明如下:

1 普通钢筋抗拉强度标准值,取自现行国家标准的钢筋屈服点,具有不小于95%的保证率。余热处理钢筋的屈服点,国家标准规定为440MPa,这是交货屈服点,该钢筋经闪光对焊后接头强度有所下降,在实际工程应用中取强度等级为RL400,其抗拉强度标准值为400MPa。普通钢筋抗拉强度设计值由普通钢筋抗拉强度标准值除以钢筋材料分项系数 $\gamma_{fs}=1.2$ 而得,以此确定的强度设计值,按轴心受拉构件分析的可靠指标超过了安全等级二级结构规定的延性破坏构件的目标可靠指标。

2 钢绞线和钢丝的抗拉强度标准值,取自现行国家标准规定的极限抗拉强度。按照最新国家标准的规定,钢绞线和钢丝的条件屈服点为其抗拉强度的0.85倍,考虑原规范钢绞线和钢丝的安全系数在设计强度的基础上再取1.25,因此,本规范钢绞线和钢丝的抗拉强度设计值取为$f_{pd}=f_{pk}\times 0.85/1.25=f_{pk}/1.47$,即将其抗拉强度标准值除以材料分项系数 $\gamma_{fs}=1.47$ 而得。

精轧螺纹钢筋的抗拉强度标准值，取自现行企业标准的屈服点，材料分项系数与普通钢筋的相同，$\gamma_{fs}=1.2$。

表 3-2　预应力钢筋公称截面面积和公称质量

钢筋种类及公称直径（mm）				截面面积（mm^2）	公称质量（kg/m）
钢绞线	1×2		8.0	25.3	0.199
钢绞线	1×2		10.0	39.5	0.310
钢绞线	1×2		12.0	56.9	0.447
钢绞线	1×3		8.6	37.4	0.295
钢绞线	1×3		10.8	59.3	0.465
钢绞线	1×3		12.9	85.4	0.671
钢绞线	1×7	标准型	9.5	54.8	0.432
钢绞线	1×7	标准型	11.1	74.2	0.580
钢绞线	1×7	标准型	12.7	98.7	0.774
钢绞线	1×7	标准型	15.2	139.0	1.101
钢丝			4	12.57	0.099
钢丝			5	19.63	0.154
钢丝			6	28.27	0.222
钢丝			7	38.48	0.302
钢丝			8	50.26	0.394
钢丝			9	63.62	0.499
精轧螺纹钢筋			18	254.5	2.1
精轧螺纹钢筋			25	490.9	4.1
精轧螺纹钢筋			32	804.2	6.6
精轧螺纹钢筋			40	1247.0	10.3

3　钢筋抗压强度设计值f_{sd}'或f_{pd}'按以下两个条件确定：

1）钢筋的受压应变ε_s'（或ε_p'）$=0.002$；

2）钢筋的抗压强度设计值f_{sd}'（或f_{pd}'）$=\varepsilon_s'E_s$（或$\varepsilon_p'E_p$）必须不大于钢筋的抗拉强度设计值f_{sd}（或f_{pd}）。

例如，HRB335 级钢筋$f_{sd}'=0.002\times2.0\times10^5=400MPa$，该值大于钢筋抗拉强度设计值$f_{sd}=280MPa$，取$f_{sd}'=280MPa$；抗拉强度标准值$f_{pd}=1860MPa$的钢绞线，其设计值$f_{pd}'=0.002\times1.95\times10^5=390MPa$，该值小于抗拉强度设计值$f_{pd}=1260MPa$，取$f_{pd}'=390MPa$。

4　热轧Ⅳ级钢筋（$40Si_2MnV$、$45Si_2MnV$、$45Si_2MnTi$）已不被列入现行国家标准，所以本规范也予取消。但作为过渡时期，库存的Ⅳ级钢筋有可能被冷拉用作预应力钢筋。原规范将冷拉钢筋分别规定“双控”和“单控”两种强度设计值，现可改用一种强度设计值。冷拉Ⅳ级钢筋的抗拉强度标准值$f_{pk}=700MPa$，当采用控制应力方法冷拉钢筋时，冷拉控制应力取强度标准值；当采用控制应变（冷拉率）方法冷拉钢筋时，冷拉控制应力取强度标准值加 30MPa，即 730MPa，并按此应力确定相应的冷拉率。冷拉Ⅳ级钢筋的抗拉强度设计值取$f_{pd}=560MPa$，抗压强度设计值$f_{pd}'=400MPa$。作为预应力钢筋其对接接头应采用闪光接触焊。其他在设计中用到的参数及限值均可参照精轧螺纹钢筋取用。

4 桥梁计算的一般规定

4.1 板的计算

4.1.1 四边支承的板，在均布荷载 q 作用下，长边跨中挠度为 $\Delta_1 = k\dfrac{q_1 l_1^4}{EI}$，短边跨中挠度为 $\Delta_2 = k\dfrac{q_2 l_2^4}{EI}$，以上 k 为系数，视板的支承条件而定，q_1 为长边分配的均布荷载，q_2 为短边分配的均布荷载，l_1 和 l_2 分别为长边和短边计算跨径，EI 为板的抗弯刚度。根据 $\Delta_1 = \Delta_2$，$q = q_1 + q_2$ 条件，可得：$q_1 = \dfrac{l_2^4}{l_1^4 + l_2^4}q$，$q_2 = \dfrac{l_1^4}{l_1^4 + l_2^4}q$；当 $\dfrac{l_1}{l_2} \geqslant 2$ 时，$q_1 \leqslant \dfrac{1}{16}q_2$，可见长边跨分配的荷载小于短边跨分配的荷载。如果以弯矩来比较，长跨弯矩与短跨弯矩之比为：

$$(M_1/M_2) = (k' q_1 l_1^2)/(k' q_2 l_2^2) = \frac{[l_2^4/(l_1^4 + l_2^4)]q}{[l_1^4/(l_1^4 + l_2^4)]q} \times \frac{l_1^2}{l_2^2} = \left(\frac{l_2}{l_1}\right)^2$$

当 $l_1/l_2 \geqslant 2$ 时，$M_1 \leqslant \dfrac{1}{4}M_2$ 以上 k' 为系数，视板的支承条件而定。因此，当 $l_1/l_2 \geqslant 2$ 时，可以按长边作为支承，短边作为跨径，按单向板计算。在长边方向仍应配置构造钢筋，这不仅起分布荷载的作用，也具有承受一定弯矩的能力。如果 $l_1/l_2 < 2$，则应按弹性力学方法分配荷载。《美国公路桥设计规范 AASHTO 14 版，1989》（以下简称《美国规范 AASHTO 14 版》）3.24.6，对于荷载分配的简化方法是：均布荷载 $q_2 = \dfrac{l_1^4}{l_2^4 + l_1^4}q$，集中荷载 $P_2 = \dfrac{l_1^3}{l_1^3 + l_2^3}P$（$q_2$ 和 P_2 为短边跨径所分配的均布荷载和集中荷载，q 为板上均布荷载，P 为板上集中荷载）。该规范还规定当 $l_1/l_2 \geqslant 1.5$ 时，可以短边跨径作为单向板计算，其 l_1/l_2 比值的限值较本规范为小。

4.1.2 由于支承点并非完全固结，弯矩计算跨径取净跨径加板厚，但不大于支承点中距。

与梁肋整体连接的板，支点截面偏安全地按固端考虑，其弯矩为：

$$M = -\frac{1}{12}ql^2 = -\frac{2}{3} \times \frac{1}{8}ql^2 = -0.67M_0 \approx -0.7M_0 \tag{4-1}$$

式中 q——板单位长度上的均布荷载；

l——板的计算跨径；

M_0——简支板跨中弯矩。

跨中截面的弯矩偏安全地按板的支承为弹性半固结考虑，其值为：

$$M = +\frac{1}{16}ql^2 = +\frac{1}{2} \times \frac{1}{8}ql^2 = +0.5M_0 \tag{4-2}$$

当板厚与梁肋的高度比值大于或等于 1/4 时，因支承构件对板的约束减小，跨中弯矩取 $+0.7M_0$。

剪力计算跨径按原规范取为净跨，但可按简支梁计算剪力。

4.1.3 车轮荷载在板的跨中部分，在垂直于板的跨径方向的分布宽度，一般以车轮着地后通过铺装层的分布宽度再加一个计算跨径分数值的形式来表达。本条规定为通过铺装层后再加一个 1/3 计算跨径。根据弹性理论，车轮荷载在跨中部分分布宽度为0.6～0.7倍计算跨径，故规定不小于 2/3 计算跨径。

4.1.4 斜交板桥根据奥尔森（Olsen）提出的实验数据，按正交板桥计算条件如表4-1。从该表可以看出，整体式斜板桥在编号 2 和 3 内，当 $\varphi < 15°$ 时可用正交桥计算，计算跨径按本条规定取用。装配式斜

板桥为横向铰接，其单块预制板是跨宽比很大的窄板，相邻铰接板之间仅考虑传递剪力，属于编号1内类型，故凡斜交角 $\varphi \leqslant 40°$ 的装配式斜板桥均可按计算跨径为斜跨的正交板桥计算；另据《公路桥涵设计手册》(1978)所载，当 $l > 1.25b'$（b' 为斜板支承边宽）、$\varphi < 45°$ 时，斜板桥可按跨径为斜跨的正交桥计算。

表4-1　斜板桥按正交板桥计算条件

编　号	斜跨 l/板宽 b	斜交角 φ	计算跨径	主钢筋配置
1	≥1.3	≤40°	斜跨	平行于斜跨
2	1.3～0.7	<15°	正跨	中间部分垂直于墩台长度方向，边缘部分平行于斜跨
		15°<φ<40°	1/2（斜跨+正跨）	
3	<0.7	φ<40°	正跨	垂直于墩台长度方向

注：上述斜跨指顺桥轴线的跨径，正跨指墩（台）间垂直距离，计算宽度为垂直于桥纵轴线的板宽 b。

4.1.5　本条车轮荷载分布适用于 c 值不大于2.5m情况，当长悬臂板 c 值大于2.5m时，悬臂根部负弯矩为本条计算方法的1.15～1.30倍，此外，在车轮荷载作用点的下方，还会出现正弯矩情况，因此尚应考虑正弯矩配筋。可参阅项海帆主编的《高等桥梁结构理论》第1章。

4.1.6　试验表明，当承托底缘倾角正切值 $\tan\alpha > 1/3$ 时，应力流仍集中在 $\tan\alpha = 1/3$ 范围以内，承托的一部分不起作用，因此板的计算高度 h_e，当 $\tan\alpha > 1/3$ 时只能按 $\tan\alpha = 1/3$ 考虑。

4.2　梁的计算

4.2.1　超静定结构的作用（或荷载）效应分析与结构变形或抗弯刚度 E_cI 有关。由于混凝土反复承受作用（或荷载），E_c 值有所减小；对于允许开裂的构件，I 值也有所减小。在以往超静定结构作用（或荷载）效应分析中，由于假设截面时尚无配筋数量，钢筋混凝土超静定结构的 E_cI 值，按1975年《公路桥涵设计规范》第4.4条乘以1/1.5。现参考铁路方面有关钢筋混凝土超静定结构计算结构变形的规定，改为乘以0.8。至于不允许开裂的预应力混凝土构件，以往设计中 E_cI 值不打折扣，但由于假设截面时尚无配筋数量，故不计预应力钢筋截面，I 值采用混凝土毛截面惯性矩，现仍按此方法计算。本条仅适用于作用（或荷载）效应分析，不适用于正常使用极限状态的挠度计算。

4.2.2　T形截面梁受弯时，在横桥向由于剪滞效应，贴近腹板的翼缘法向应力与腹板的法向应力相同，离腹板愈远则愈小（图4-1）。这种在同一纤维层上沿翼缘宽度变化的法向应力，需用高等材料力学方法求解，可参阅程翔云编著《梁桥理论与计算》（以下简称《梁桥》）第六章。为了在计算中应用初等材料力学方法求解，采用了翼缘有效宽度或称翼缘计算宽度方法，即令翼缘有效宽度内的法向应力体积等于原翼缘全宽的法向应力体积，并按有效宽度内的翼缘任一纤维层的法向应力值与同一纤维层的腹板内的应力值相同，来确定翼缘有效宽度。如图4-1所示，设翼缘有效宽度为 b_f'，在任一纤维层上，腹板两侧有效宽度所包括的虚线所示的等代法向应力面积应等于实线所示的实际法向应力的面积，λ_x（见图4-1）计算式（参阅铁摩辛柯著《高等材料力学》）为：

$$2\lambda_x = \frac{4l}{\pi(1+v)(3-v)} \tag{4-3}$$

式中　v——梁材料泊桑比，取0.2；

l——梁计算跨径。

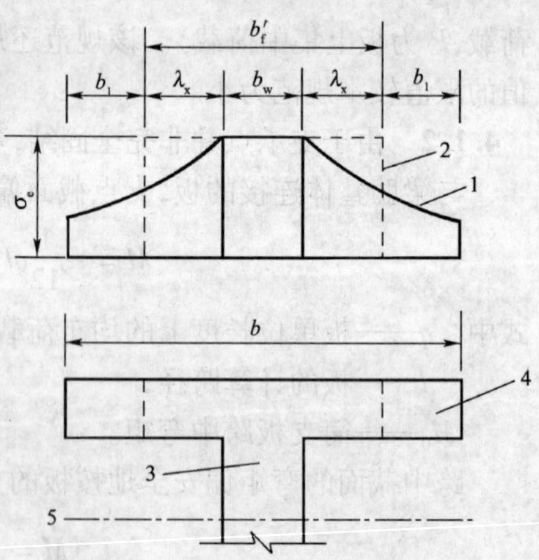

图4-1　T形截面梁应力示意图

1-实线表示实际法向应力；2-虚线表示等代法向应力；3-腹板；4-翼缘；5-中性轴；σ_e-等代法向应力

按上式计算，$2\lambda_x = 0.379l$。为偏安全计，简支梁有效宽度 b_f' 包括腹板在内取 $l/3$；连续梁取1/3反弯点间距。连续梁各中间跨正弯矩区段反弯点间距取 $0.6l$，有效宽度为 $0.6 \times \frac{1}{3}l = 0.2l$；连续梁边跨正弯矩区段反弯点间距取 $0.8l$，有效宽度为 $0.8 \times \frac{1}{3}l = 0.27l$；连续梁各中间支点负弯矩区段反弯点间距取该支点相邻两跨计算跨径之和(l_i+l_{i+1})的0.2倍,有效宽度为$0.2\times\frac{1}{3}\times(l_i+l_{i+1})=0.07(l_i+l_{i+1})$。

翼缘有效宽度的另一控制条件为腹板每侧计入5~8倍悬臂板厚作为翼缘有效厚度。这与翼缘抗剪强度有关。

如图4-1,在有效宽度b_f'内(虚线)和原全宽b内(实线),两翼缘和腹板内的法向应力体积是相等的,因此,无论采用有效宽度及等代法向应力,或采用全宽度及实际法向应力,在正常使用极限状态(弹性状态)两者应是同一中性轴。所以当用有效宽度截面计算等代法向应力时,中性轴理应取用原全宽截面的中性轴。此项讨论详见《梁桥》第六章。公路上钢筋混凝土T形截面梁在设计时多数采用全宽;箱形截面梁(见本规范第4.2.3条)则两中性轴位置相差不大。据此,本规范不作硬性规定。

T形截面梁的有效宽度,《美国公路桥梁设计规范——荷载与抗力系数设计法AASHTO-LRFD,1994》(以下简称美国规范《AASHTO-LRFD》)4.6.2.6.1规定用于两种极限状态;而《英国混凝土桥设计规范BS5400,1984》(以下简称《英国规范BS5400》)5.3.1.2则规定承载能力极限状态计算应采用截面全宽。本规范规定有效宽度用于两种极限状态,其理由是当梁内钢筋达到屈服点时,混凝土由于剪滞效应将首先在梁的有效宽度内破坏,此时偏安全地可认为已处于承载能力极限状态。对于预应力混凝土构件张拉时的应力计算,参照《德国混凝土桥设计规范DIN1075》(以下简称《德国规范DIN1075》)第5.1.3.2条规定。这是考虑有效宽度仅适用于受弯构件,轴向力产生的应力应按全宽计算。

按原规范第3.2.2条和《英国规范BS5400》5.3.1.2规定,超静定结构分析时采用梁全宽。

4.2.3 箱形截面梁的翼缘有效宽度问题,其原理与T形截面梁一样。箱形截面梁翼缘有效宽度,目前比较通用的是《德国规范DIN1075》推荐的方法。这个方法已为《德国钢桥设计规范DIN1073》、《美国规范AASHTO-LRFD》所采用。《梁桥》第七章也介绍了这个方法。本规范也采用这个方法。

为了探讨《德国规范DIN1075》关于箱形截面梁翼缘有效宽度的计算方法,本规范编制组委托湖南大学土木系对该方法进行实桥验算,湖大土木系对国内20座箱形截面连续梁和连续刚构桥,分别用下列步骤进行比较、验证:(1)空间有限元方法计算箱形截面梁因剪滞效应产生的顶、底板截面的法向应力及其峰值;(2)《德国规范DIN1075》方法确定有效宽度,从而用初等材料力学方法求得梁的顶、底板截面的等代法向应力,此项应力相当于箱形截面梁因剪滞效应产生的在梁的顶、底板截面的法向应力峰值,以此与空间有限元方法计算的梁的顶、底板截面的法向应力峰值比较,来检验《德国规范DIN1075》方法的合理性和精度;(3)平面有限元方法(初等材料力学方法)求梁的顶、底板截面平均应力$\bar{\sigma}$;(4)求剪滞系数$\lambda=\sigma_{max}/\bar{\sigma}$,$\sigma_{max}$自(1)或(2)中得出,$\bar{\sigma}$自(3)得出,这样从$\lambda=(1)/(3)$与$\lambda=(2)/(3)$可以对比《德国规范DIN1075》方法的合理性和精度。20座桥各项计算结果如表4-2和表4-3所示。

表4-2 剪滞系数λ平均值比较表

(a)边跨跨内最大应力截面法向应力

上 翼 缘			下 翼 缘		
(1)/(3)	(2)/(3)	(2′)/(3)	(1)/(3)	(2)/(3)	(2′)/(3)
1.006	1.023	1.024	1.049	1.023	1.023

(b)中间支点截面法向应力

上 翼 缘			下 翼 缘		
(1)/(3)	(2)/(3)	(2′)/(3)	(1)/(3)	(2)/(3)	(2′)/(3)
1.217	1.329	1.266	1.348	1.327	1.291

(c)中间跨跨内最大应力截面法向应力

上 翼 缘			下 翼 缘		
(1)/(3)	(2)/(3)	(2′)/(3)	(1)/(3)	(2)/(3)	(2′)/(3)
0.990	1.024	1.023	1.021	1.024	1.023

表 4-3　法向应力峰值平均值比较表

边跨内最大应力截面				中间支点				中间跨			
上翼缘		下翼缘		上翼缘		下翼缘		上翼缘		下翼缘	
(1)/(2)	(1)/(2′)	(1)/(2)	(1)/(2′)	(1)/(2)	(1)/(2′)	(1)/(2)	(1)/(2′)	(1)/(2)	(1)/(2′)	(1)/(2)	(1)/(2′)
0.983	0.983	1.025	1.025	0.918	0.964	1.026	1.055	0.966	0.967	0.948	0.998

在表 4-2 中,(1)/(3)与(2)/(3)或(2′)/(3)对比,说明剪滞系数 λ 用空间有限元法(1)/(3)与用《德国规范 DIN1075》法(2)/(3)或(2′)/(3) 都比较接近。在表 4-3 中,(1)/(2)或(1)/(2′)均接近于1,说明用空间有限元法计算的应力峰值与用《德国规范 DIN1075》法计算的等代法向应力(相当于峰值)比较接近;(1)/(2)或(1)/(2′)小于 1 表示《德国规范 DIN1075》计算的等代应力较空间有限元方法计算的应力峰值偏大,大于 1 表示偏小,但总的来看,偏差均在 5% 以内。在表 4-2 及表 4-3 中,(2)与(2′)不同处仅为(2) 内用全宽度截面中性轴,而(2′)内用有效宽度截面中性轴;用(2)或(2′)求得的(2)/(3)与(2′)/(3)、(1)/(2)与(1)/(2′)都很为接近,说明在实际计算中,对于箱梁截面而言,中性轴位置的取用(见第 4.2.2 条说明)对计算结果影响不大。

在表 4-2、表 4-3 两表中:

(1)——空间有限元方法法向应力峰值。

(2)——《德国规范 DIN1075》方法采用有效宽度时的等代法向应力,相当于应力峰值;计算法向应力时,采用全宽度截面的中性轴。

(2′)——《德国规范 DIN1075》方法采用有效宽度时的等代法向应力,相当于应力峰值;计算法向应力时,采用有效宽度截面的中性轴。

(3)——平面有限元方法计算的上翼缘、下翼缘截面的法向应力(平均值)。

连续梁中间支点理论跨径 l_i,《德国规范 DIN1075》规定取用两相邻跨径中较大者,经验算,采用此项规定与按空间有限元计算偏差较大。经改以取用 0.15 、0.16、0.18、0.20、0.25、0.30、0.35 倍的两相邻跨径之和验算,以 0.18 倍和 0.20 倍较为接近于空间有限元计算,所以取用了 0.20 倍两相邻跨径之和。以上各表内中间支点的有关数据也是以 0.20 倍两相邻跨径之和作为理论跨径 l_i 计算得到的。这项修正是对《德国规范 DIN1075》方法的唯一修正。

关于正常使用极限状态下的中性轴问题,两种极限状态的翼缘宽度取用问题,预应力混凝土梁张拉时预应力计算的翼缘宽度取用问题,以及超静定结构分析时取用全宽问题,见本规范第 4.2.2 条条文说明。

4.2.4　连续梁中间支承处负弯矩图,理论上呈尖形,但实际上支承处有一定的支承宽度,支承处又设有横隔梁(板),支承反力在梁内有扩散分布,真实弯矩图呈圆滑的曲线形。假定支承反力按 45°刚性角分布到梁的重心轴,重心轴上分布长度为 a,其单位荷载强度为 $q(=R/a)$,由此产生一折减弯矩 $M'=qa^2/8$。将理论弯矩 M 减去 M',即得折减后弯矩 M_e。考虑到高梁可能折减过多,故规定 M' 不大于 M 的 10%。

4.2.5　连续梁承托底坡不宜大于 1/6,以避免截面过剧变化。连续梁截面作用(或荷载)效应与惯性矩的变化相关,但对于在沿跨长惯性矩变化较小包括承托高度、底坡均较小的梁,也可按常截面梁来计算作用(或荷载)效应。不考虑惯性矩变化对作用(或荷载)效应影响的限值,以支点惯性矩与跨中惯性矩之比不大于 2 较为适宜。

4.2.6　连续梁支点处设有横隔梁(板),使连续梁在该处截面发生急剧变化,这将使作用(或荷载)效应计算复杂化。为实用方便计可不计横隔梁(板)的影响。

4.2.7　变高度梁的剪应力计算,应考虑由于弯矩、纵向力引起的剪应力(如图 4-2)。对于箱梁底板呈二次抛物线变化的梁,其腹板混凝土的剪应力可参照下列方法计算:

$$\tau_c=\tau+c_1N+c_2M \tag{4-4}$$

$$c_1=\frac{1}{b}\left(\frac{S_cA_l}{AI}-\frac{bA_c}{A^2}\right)\tan\beta+\frac{1}{b}\left(\frac{S_cA_v}{AI}-\frac{b'A_c}{A^2}\right)\tan\beta' \tag{4-5}$$

$$c_2=\frac{1}{b}\left(\frac{A_cA_l}{AI}-\frac{2S_cS_l}{I^2}\right)\tan\beta+\frac{1}{b}\left(\frac{A_cA_v}{AI}-\frac{2S_cS_v}{I^2}\right)\tan\beta' \tag{4-6}$$

$$\tan\beta=-\frac{4(H-h_1)}{l_n^2}(l_n-2x) \tag{4-7}$$

$$\tan\beta'=-\frac{4(\Delta-\delta_1)}{l_n^2}(l_n-2x) \tag{4-8}$$

式中 τ_c——变高度梁在腹板内计算剪应力点,由作用(或荷载)和预应力钢筋的有效预加力引起的混凝土剪应力;

τ——按本规范第6章第6.3.3条公式(6.3.3-4)计算的混凝土剪应力,式中有关截面几何特性,按该式规定采用;

N——计算截面由预加力引起的轴向力(压力为正,拉力为负);

M——计算截面由作用(或荷载)和预加力引起的弯矩(使构件下凹为正,上凸为负);

A_c、S_c——计算剪应力点以上部分截面面积及该截面面积对计算截面重心轴的面积矩,截面几何特性可用毛截面;

A_l、S_l——计算截面重心轴以下部分截面面积及该截面面积对重心轴的面积矩,截面几何特性可用毛截面;

A_v、S_v——计算截面重心轴以下挖空部分截面面积及该截面面积对重心轴的面积矩,截面几何特性可用毛截面;

A、I——计算截面的毛截面面积及毛截面惯性矩;

b——计算截面所有腹板宽度之和;

b'——扣除所有腹板宽度后的底板净宽度;

h_1——跨中梁高;

δ_1——跨中底板厚。

本说明公式的推导见1983年《公路》杂志第3期范家聪《预应力变截面梁的剪应力计算》一文。

4.2.8 连续梁应考虑梯度温差、基础不均匀沉降的作用,其他超静定结构尚应考虑均匀温差、混凝土收缩等作用。对于预应力混凝土连续梁或其他超静定结构,尚应考虑由于预加力引起的弹性变形受到约束而产生的次效应。在原规范第3.4.7条内规定在塑性阶段(相当于承载能力极限状态)可不计由预加力引起的次效应,现在考虑到在承载能力极限状态塑性铰尚未完全形成,所以在该状态时由预加力引起的次效应,应予以考虑。至于混凝土徐变对上述各项作用的影响,一般在定性上较多起卸载作用,可在规范有明确规定或具有可靠的计算方法条件下(如预应力损失、体系转换)予以考虑。

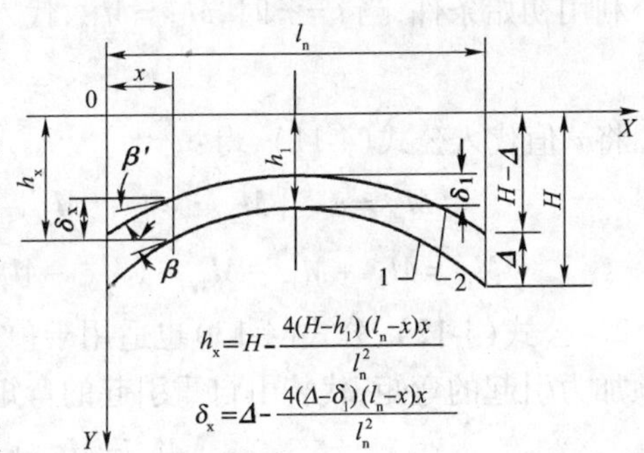

图4-2 变高度、变底板厚剪应力计算

1-梁外腹二次抛物线;2-梁内腹二次抛物线;x-验算截面距左支点的距离;l_n-梁净跨径;H-支点梁高;h_1-跨中梁高;Δ-支点底板厚;δ_x-验算截面底板厚;h_x-验算截面梁高;β-验算截面底板下缘的切线与水平线的夹角;β'-验算截面底板上缘的切线与水平线的夹角;δ_1-跨中底板厚

4.2.9 混凝土压应力在0.3~0.6倍混凝土立方强度时,可考虑混凝土应力与徐变成线性关系。通常混凝土压应力不超过立方强度之半,所以可以考虑徐变与应力保持线性关系。

4.2.10 日照辐射,梁体吸热,在截面内升温不一,形成温差梯度,称为正温差。由于日落后梁体反辐射散热,在截面内降温不一,形成温差梯度,称为反温差。无论正温差或反温差,均导致梁体截面发生温差应力。

4.2.11 施工过程中不转换体系的预应力混凝土连续梁,预加力对梁体产生偏心弯矩,这个偏心弯矩相当于一个外力,对梁支点产生次反力,次反力又引起次剪力和次弯矩,总的称为次效应。预加力在瞬时损失完成后,尚有钢筋松弛、混凝土收缩和徐变的预应力损失在持续进行直至完成,从而次效应受到影响;要计算上述影响是个复杂的问题,本条公式是反映上述各因素对次效应影响的概括的简化方法。

4.2.12 预应力混凝土连续梁在施工中如转换体系,且转换后为超静定体系,就要考虑混凝土徐变的次效应。这项计算较为复杂,本条方法是在一定条件下的简化方法。

假定简支梁或悬臂梁的浇筑、预制、架设和转换为连续梁都在同一时间 τ 进行和完成。从 τ 时开始,混凝土徐变将受多余约束的制约,从而引起多余约束力的变化和结构内作用效应的变化。

1 设先期结构受结构自重作用引起弯矩为 M_{1g}。先期结构上的自重,假如按作用于后期结构计算,其弯矩为 M_{2g}。设 τ 时将先期结构转换为后期结构,随着时间的增长,由于徐变的影响,M_{1g} 逐渐向 M_{2g} 接近,至 t 时达到 M_{gt}。

在后期结构上某一点设一铰作为基本结构(图 4-3),在该点上作用未知力 M_{gt},则在基本结构设铰处,dt 瞬间内由自重引起的徐变增量为 $\Delta_g d\varphi_t$。

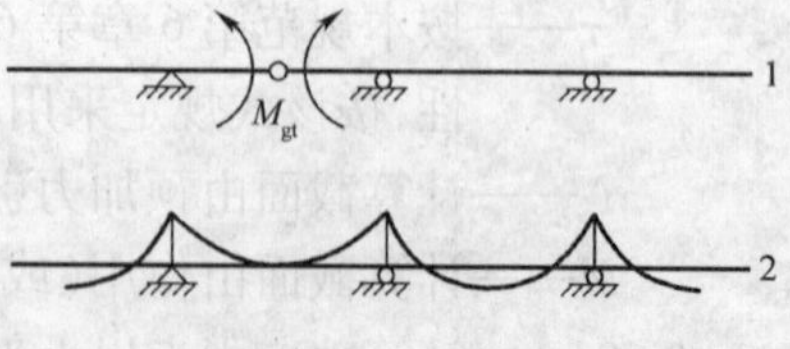

在基本结构中,dt 瞬间内由于约束效应增量 dM_{gt} 引起的弹性变形增量为 $dM_{gt}\cdot\delta$。

在基本结构中,dt 瞬间内由于 M_{gt} 引起的徐变增量为 $M_{gt}\cdot\delta\cdot d\varphi_t$。

图 4-3 体系转换时作用(荷载)效应重分布

1-基本结构;2-弯矩图

dt 瞬间在基本结构设铰处的变形协调条件为:上述变形增量之和应等于零,即:

$$dM_{gt}\cdot\delta+M_{gt}\cdot\delta\cdot d\varphi_t+\Delta_g\cdot d\varphi_t=0 \tag{4-9}$$

$$\frac{dM_{gt}}{d\varphi_t}+M_{gt}=-\frac{\Delta_g}{\delta}=M_{2g} \tag{4-10}$$

式中 Δ_g——基本结构受自重作用时,在设铰处引起的弹性变形(角度);

δ——基本结构设铰处作用单位弯矩,在设铰处引起的弹性变形(角度)。

解公式(4-10)得:

$$M_{gt}=e^{-\varphi_t}(M_{2g}\cdot e^{\varphi_t}+c) \tag{4-11}$$

利用初始条件,当 $t=\tau$ 时,$M_{gt}=M_{1g}$,代入公式(4-11),求得 c:

$$c=-(M_{2g}-M_{1g})\cdot e^{\varphi_\tau}$$

将 c 值代入公式(4-11),得:

$$M_{gt}=e^{-\varphi_t}[M_{2g}\cdot e^{\varphi_t}-(M_{2g}-M_{1g})\cdot e^{\varphi_\tau}]=M_{2g}-(M_{2g}-M_{1g})\cdot e^{-\varphi(t,\tau)}, \tag{4-12}$$

或

$$M_{gt}=M_{2g}+M_{1g}-M_{1g}-(M_{2g}-M_{1g})\cdot e^{-\varphi(t,\tau)}=M_{1g}+(M_{2g}-M_{1g})\cdot(1-e^{-\varphi(t,\tau)}) \tag{4-13}$$

2 公式(4-12)、公式(4-13)也适用于预加力引起的弯矩重分配计算,只需将 t 时预应力钢筋的有效预加力引起的弯矩,代替由自重引起的弯矩,即以 M_{1pt} 代 M_{1g},M_{2pt} 代替 M_{2g},即:

$$M_{pt}=M_{1pt}+(M_{2pt}-M_{1pt})(1-e^{-\varphi(t,\tau)}) \tag{4-14}$$

$$M_{2pt}=M_{2pt}^0+M'_{2pt} \tag{4-15}$$

$$M_{1pt}=M_{1pt}^0+M'_{1pt} \tag{4-16}$$

$$M_{2pt}^0=M_{1pt}^0 \tag{4-17}$$

式中 M_{2pt}——先期结构预加力(t 时),按后期结构计算的弯矩;

M_{1pt}——先期结构预加力(t 时),按先期结构计算的弯矩;

$M_{2pt}^0=M_{1pt}^0$——预加力初弯矩,在后期结构与先期结构中均相等;

M'_{2pt}——先期结构预加力,按后期结构计算的弹性次弯矩;

M'_{1pt}——先期结构预加力,按先期结构计算的弹性次弯矩,当先期结构为静定时,此值为零。

代入公式(4-14)得:

$$M_{pt}=M_{1pt}+(M'_{2pt}-M'_{1pt})(1-e^{-\varphi(t,\tau)}) \tag{4-18}$$

先期结构为静定结构时,$M'_{1pt}=0$,则式(4-13)简化为:

$$M_{pt}=M_{1pt}^0-M'_{2pt}(1-e^{-\varphi(t,\tau)}) \tag{4-19}$$

在以上公式中,$\varphi_{(t,\tau)}$ 为简支梁加载龄期 τ(亦为体系转换龄期)至计算所考虑的时间 t 的一段时间内的徐变系数。

3 公式(4-13)假定简支梁预制、架设、转换为连续梁是在同一时间 τ 时进行得出的。如果简支梁的加载龄期与转换为连续梁的时间相隔较长,则先期结构混凝土经历的这段时间的龄期对徐变的影响应加以考虑。若简支梁加载龄期为 τ_0,转换成连续梁时间为 τ,则公式(4-13)可改变为:

$$M_{gt}=M_{1g}+(M_{2g}-M_{1g})\{1-e^{-[\varphi(t,\tau_0)-\varphi(\tau,\tau_0)]}\} \tag{4-20}$$

同理,对于预加力引起的弯矩重分配计算,公式(4-18)可改变为:

$$M_{pt}=M_{1pt}+(M'_{2pt}-M'_{1pt})\{1-e^{-[\varphi(t,\tau_0)-\varphi(\tau,\tau_0)]}\} \tag{4-21}$$

4.3 拱的计算

4.3.1 无铰拱和双铰拱的计算,目前多按主拱圈裸拱受力,不考虑与拱上建筑的联合作用;但是在构造细节上,在不导致拱上建筑发生过度约束效应的前提下,两者应具有良好的结合。

4.3.2 特大、大跨径拱桥可以采用电子计算机进行拱轴线的优选。中、小跨径悬链线拱桥,可采用数解法算出拱跨1/4点不考虑弹性压缩时的自重压力线坐标,然后选择拱轴系数,做到全拱五点与拱轴线符合;但是,在其他各点是有偏离的,在拱脚至拱跨1/4点附近一段,压力线多数点在所选择的拱轴线下面,在拱跨1/4点附近至拱顶一段,则多数在上面。这样,如果考虑上述偏离影响,根据某些计算表明,拱脚多发生正弯矩,拱顶多发生负弯矩,与设计荷载作用下的拱脚、拱顶弯矩正好相反。所以,如果偏离不大,在上述情况下不考虑偏离影响,对于拱顶、拱脚都不会有不利影响。

4.3.3 本条参考《公路砖石及混凝土桥涵设计规范》(JTJ 022—85)(以下简称《JTJ 022—85 规范》)第4.2.6条制定。

4.3.7 验算拱的纵向稳定时采用的竖向荷载,需视验算时所设条件而定。验算拱的纵向稳定的计算长度,取自《JTJ 022—85 规范》表3.0.3-1。这项规定在公路桥梁规范上已使用多年。《铁路桥涵技术规范》(TBJ 2—85)(以下简称按《TBJ 2—85 规范》)第9.2.10条,拱的纵向稳定计算长度 l_0 为:

$$l_0=\pi\sqrt{\frac{8f}{kl}}\cdot l \tag{4-22}$$

式中 l——拱的跨径;

f——拱的矢高;

k——按表4-4取用。

表4-4 k 值及 l_0 值

拱	$f/l=0.1$			$f/l=0.2$			$f/l=0.3$		
	k	l_0	l_0	k	l_0	l_0	k	l_0	l_0
无铰拱	60.7	$0.36l$	$0.36L_a$	101.0	$0.39l$	$0.36L_a$	115.0	$0.45l$	$0.37L_a$
双铰拱	28.5	$0.53l$	$0.53L_a$	45.4	$0.59l$	$0.54L_a$	46.5	$0.71l$	$0.58L_a$
三铰拱	22.5	0.591	$0.59L_a$	39.6	$0.62l$	$0.57L_a$	46.5	$0.71l$	$0.58L_a$

注:L_a 为拱轴线长度。

公式(4-22)源于《苏联铁路、公路、城市道路桥涵设计技术规范》(CH200—62)第411条或1965年李国豪主编《桥梁结构与振动》,是按抛物线拱受均布荷载时的临界水平推力公式推导出来的。由于公路拱桥线形多样,荷载也不是均布荷载,所以偏安全地将上述公式用于临界轴向力作用下的纵向稳定验算。根据表4-4,拱圈纵向稳定计算长度,三铰拱、双铰拱和无铰拱分别取用 $0.58L_a$、$0.54L_a$ 和 $0.36L_a$。这些规定值,自20世纪50年代以来,一直为砖、石、混凝土拱所采用,1975年《公路桥涵设计规范》延伸用于钢筋混凝土拱和钢拱。为了验证这些规定值,1975年《公路桥涵设计规范》第5.18条条文说明用圆弧拱受径向均布荷载下的临界轴向力作了比较,证明可行。上述前苏联规范第206条和第411条,也分别规定公式(4-22)适用于钢筋混凝土拱和钢拱的纵向计算长度。

当按本规范表 5.3.1 查取轴心受压构件的稳定系数时，对于变截面的拱圈或拱肋，可采用拱的换算等代截面惯性矩。换算等代截面惯性矩可按下法计算：将半个拱圈取直，为一简支梁，再取一跨径相同的等截面简支梁，在两者跨径中央作用一单位集中荷载，当该点挠度彼此相等时，后者惯性矩即视为该拱的换算等代截面惯性矩。当拱的截面变化不大时，可直接采用跨径 1/4 处的截面惯性矩。

4.3.8 板拱拱圈宽度小于 1/20 拱跨时应验算拱圈横向(平面外)稳定的规定，取自《JTJ 022—85 规范》第 4.2.2 条。这条规定在公路、铁路桥梁上较为通用。目前国内外已建拱桥中，宽跨比较小的有南斯拉夫克尔克 1 号桥，宽跨比 1/30，南斯拉夫另一座舍宾斯基桥，宽跨比 1/32.5，我国铁路也有几座拱桥宽跨比小于 1/20，如丹河桥宽跨比为 1/26.67。换言之，宽跨比为 1/20 及以上时可不验算板拱拱圈横向稳定，实践证明是可行且安全的。

无铰板拱的横向稳定宜用稳定计算程序验算，同时也可与下述计算方法作一比较。简化方法可近似地将板拱作为长度为 $l_0 = r\pi\sqrt{\frac{1}{k}}$ 的两端铰接的轴心受压构件，自本规范表 5.3.1 查取轴心受压构件稳定系数 φ，用本规范公式(5.3.1)验算轴心受压强度。在上式中，r 为圆弧拱的计算半径［当为其他曲线拱时可用矢跨比 $\beta = f/l$，近似地换算为圆弧拱半径 r，即 $r = \frac{l}{2}\left(\frac{1}{4\beta}+\beta\right)$］，$k$ 为系数，其值与圆弧拱的圆心角(以弧度计)α 有关，k 如表 4-5 所列。

表 4-5 系 数 k

α/π	0.25	0.50	1.00
k	60.1	12.6	1.85

上述方法以圆弧无铰拱均布径向荷载的临界力 $N_{cr} = kEI_y/r^2$［见《公路设计手册：拱桥(上册)(1978)》公式(9-12)］，使其等于上下铰接的直杆临界力 $\pi^2 EI_y/l_0^2$，解出 $l_0 = r\pi\sqrt{\frac{1}{k}}$。各种矢跨比的无铰板拱其横向稳定计算长度 l_0 如表 4-6 所示(对于表 4-5 内 α/π 中间值，用直线内插法确定)。

表 4-6 无铰板拱横向稳定计算长度 l_0

矢跨比 f/l	1/3	1/4	1/5	1/6	1/7	1/8	1/9	1/10	乘数
计算长度 l_0	1.1665	0.9622	0.7967	0.5759	0.4950	0.4519	0.4248	0.4061	r

1975 年《铁路工程技术规范》第二篇第 2-317 条，对于拱的横向(平面外)的稳定，建议近似地将拱视为长度等于拱轴线长度的直杆进行计算。这个方法也曾在公路拱桥设计上应用。表 4-6 的计算长度 l_0，接近于拱轴线长度乘以两端固接系数 0.5。

用横系梁连接的肋拱横向稳定是一个较为复杂的问题，特大、大跨径拱桥宜用稳定计算程序计算，同时也可与下述简化法作一比较。公路和铁路桥目前均近似地将其视为长度等于拱轴长度的组合直杆进行计算。现介绍如下：

将以横系梁连接的拱肋作为平面桁架(图 4-4)，其长度等于拱轴长度。

根据铁摩辛柯研究，以布置较密的横系梁连接的拱肋，其横向(平面外)的临界力为：

$$N_{cr} = \alpha_0 \frac{\pi^2 EI}{(\alpha L)^2} \tag{4-23}$$

令其等于两端铰接的直杆的临界力 $N'_{cr} = \frac{\pi^2 EI}{l_0^2}$，可解得：

$$l_0 = \alpha L/\sqrt{\alpha_0} \tag{4-24}$$

$$\alpha_0 = \frac{1}{1 + \frac{EI\pi^2}{(\alpha L)^2}\left(\frac{ab}{12EI_b} + \frac{a^2}{24EI_c} \times \frac{1}{1-\beta} + \frac{na}{bA_bG}\right)} \tag{4-25}$$

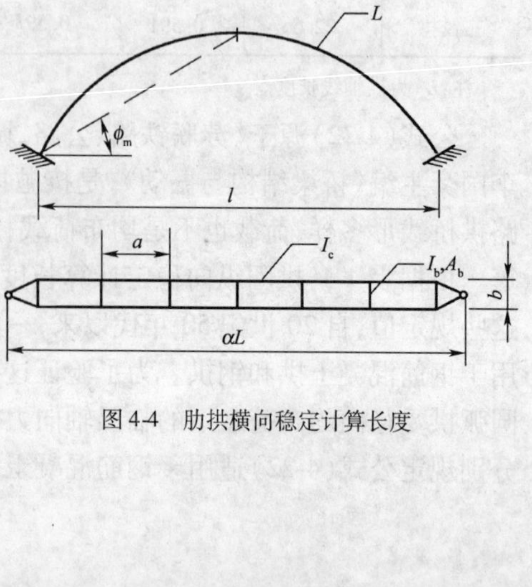

图 4-4 肋拱横向稳定计算长度

$$\beta = \frac{N_{cr}a^2}{2\pi^2 EI_c} \tag{4-26}$$

式中 l_0——拱横向稳定计算长度；

α——拱肋的拱脚支承条件系数，双铰拱 $\alpha=1$；无铰拱 $\alpha=0.5$；

L——拱轴长度；

EI——拱肋抗压弹性模量 E 与惯性矩 I 的乘积；I 为两拱肋对桥纵轴线的横向惯性矩；

α_0——剪力影响系数；

a——横系梁间距(沿拱轴线量取)；

b——拱肋轴线间距；

I_b——一根横系梁横截面对自身竖轴的惯性矩；

I_c——一根拱肋横截面对自身竖轴的惯性矩；

A_b——横系梁截面面积；

n——与横系梁截面形状有关系数，矩形截面为1.20，圆形截面为1.11；

G——横系梁的剪变模量。

计算时，先假定一个 β 值，代入公式(4-25)求 α_0，再将 α_0 代入公式(4-24)求 l_0，继而自公式(4-23)得 N_{cr}，再用 N_{cr} 代入公式(4-26)求 β。如果求得的 β 值与假定的 β 值相差较大，应再假设一个 β 值，再试算。这样反复试算，直至最后求得的假定值与试算结果值接近。求得 β 值后，即可用公式(4-25)及(4-24)分别求得 α_0 及 l_0。

在求得横向稳定计算长度 l_0 后，即可按本规范表5.3.1查取纵向弯曲系数 φ。在查取 φ 值时，截面最小回转半径 r 应取两拱肋截面对桥纵轴线的回转半径。查取 φ 值后即可按本规范公式(5.3.1)验算轴心受压截面强度。

以上计算忽略了材料的非线性性质，其临界荷载可能偏大，因此计算时宜具备一定的安全富余量。

4.3.9 本条参照《JTJ 022—85 规范》第4.2.2条制定。计算桥上横向风力时，需先将全桥所受风力总和 F_{wh} 求出，在假拟的固定端水平直梁上满布均布荷载为 $q_{1w}=F_{wh}/l$(l 为计算跨径)，其固定端弯矩为 $M_{1w}=q_{1w}l^2/12$；在假拟的竖向悬臂梁上满布均布荷载为 $q_{2w}=F_{wh}/2f$(f 为计算矢高)，其固定端弯矩为 $M_{2w}=q_{2w}f^2/2$。计算离心力时，需将全桥列车离心力 P 求出，作用于固定端水平直梁上的均布荷载为 $q_{1c}=P/l$，其固定端弯矩为 $M_{1c}=q_{1c}l^2/12$；作用于竖向悬臂自由端的集中荷载为 $P/2$，其固定端弯矩为 $M_{2c}=Pf/2$。$M_1=M_{1w}+M_{1c}$，$M_2=M_{2w}+M_{2c}$，代入本条公式(4.3.9)即可得垂直于曲线平面的拱脚截面弯矩 M。

4.3.10 本条参照《JTJ 022—85 规范》第4.2.5条制定。拱跨1/4截面在竖向比较靠近弹性中心，由弹性压缩、压力线偏离、温度变化、混凝土收缩等产生的作用效应与拱跨3/8比较相对较小。拱跨3/8截面在活载作用下正弯矩可能比拱顶大，加之其他作用均大于拱跨1/4截面，所以，大跨径拱桥应验算拱顶、拱跨3/4、拱跨1/4和拱脚四个截面；中、小跨径拱桥，拱跨1/4截面可不验算。

4.3.11 本条参照《JTJ 022—85 规范》第4.2.9条制定。

多跨无铰拱桥当桥墩抗推刚度与主拱抗推刚度之比大于37时，可简化为单跨无铰拱计算。有关解释可参见《JTJ 022—85 规范》第4.2.9条条文说明。另据《公路设计手册，拱桥(上册)》(1978年版)表7-5，连拱按单拱计算的判别条件，抄录如表4-7。

表4-7 连拱按单拱计算判别条件

要求计算精度(β)	0.95	0.90	0.85	0.8
D	>37	>17.1	>10.3	>7.1

上表中 β 为要求的精度，即要求连拱按单拱计算时，连拱计算推力与按单拱计算推力的比值；D 为多孔无铰拱桥桥墩抗推刚度与主拱抗推刚度的比值。

按王国鼎《拱桥连拱计算》第一章第一节，等跨连拱拱桥的桥墩抗推刚度为拱圈刚度的38倍时，拱桥按单孔固定拱计算，其活载效应偏差在5%以内。

4.3.12 桁架拱为双铰拱体系，其外部为一次超静定。桁架拱杆件作用（或荷载）效应，如节点按铰接计算，与实验结果及按刚接点计算结果比较，均较为接近，但按铰接计算不考虑次内力，因此其下弦截面强度应具备不小于20%的余量。

4.3.13 刚架拱适用于跨径80m及以下的轻型拱桥，个别达90m（如广东阳山花溪大桥）。刚架拱由拱腿（相当于下弦）与跨中实腹段组成拱肋。在此拱肋基础上，拱跨两侧设上弦杆与实腹段连接。为减少上弦杆受弯和受压长度，可在上弦杆中部与拱脚之间设斜撑。上弦杆的两个桥端支点设活动支座。刚架拱应具有较强的横向联结系。

4.3.14 本条参照《TBJ 2—85规范》第9.2.9条制定。系杆拱桥任一截面中的弯矩在系梁及拱中的分配与两者抗弯刚度比值有关。当 $E_aI_a/E_bI_b<\frac{1}{100}$ 时（E_aI_a 和 E_bI_b 分别为拱肋和系梁抗弯刚度），弯矩可仅由系梁承受；当 $E_aI_a/E_bI_b>100$ 时，弯矩可仅由拱肋承受。上述的拱与梁连接处由于抗弯刚度悬殊，可视为铰接。

5 持久状况承载能力极限状态计算

5.1 一般规定

5.1.1 本节所谈的承载能力极限状态计算,均指对持久状况下的结构。这种状况的承载能力极限状态应包括对构件的抗弯、抗压、抗拉、抗剪、抗扭等的强度及受压构件的稳定进行计算;当有必要时还应对结构的倾覆和滑移进行验算。这是结构设计最主要的部分。计算时汽车荷载应计入冲击系数,在构件进行承载力及稳定计算时,作用(或荷载)及结构构件的抗力均应采用已考虑了分项系数的设计值;在多种作用(或荷载)情况下,应将各设计值效应进行最不利组合,并根据参与组合的作用(或荷载)情况,取用不同的效应组合系数。

5.1.2、5.1.3 按照《公路统一标准》的规定,公路桥涵进行持久状况承载能力极限状态设计时,应将其划分为三个设计安全等级,以体现不同情况的桥涵的可靠度差异。安全等级二级的结构,其可靠度相当于原规范"隐含"的可靠度水平;安全等级一级和三级的结构,其可靠度水平相应于100年设计基准期在二级的基础上增加或减小一个数量级(其值为0.5)。在计算上,不同安全等级是用结构重要性系数 γ_0 来表示的。

第5.1.2条表5.1.2列出了不同安全等级其对应的桥涵类型。那么,设计时如何判断现实中的特大桥,大、中、小桥从结构的可靠度出发,可按《公路桥涵设计通用规范》(JTG D60—2004)表1.0.11中单孔跨径来判定;对于不等跨多跨桥梁,以其中最大跨径为准。设计工程师也可根据桥梁的具体情况,经与业主商定或按照自己的经验确定,但不应低于规范规定的安全等级。表中冠以"重要"的大桥和小桥,一般系指高速公路和一级公路上、城市附近交通繁忙的城郊公路上以及国防公路上的桥梁。

在一般情况下,同一座桥梁只宜取一个设计安全等级,但对个别构件,也允许在必要时作安全等级的调整,但调整后的级差不应超过一个等级。

5.1.4 本条关于构件正截面承载力计算的基本假定,基本沿用了原规范的规定。但有关计算参数有所变动,兹说明如下:

1 仍维持平截面假定,但受压区混凝土的极限压应变 ε_{cu},原规范取 $\varepsilon_{cu}=0.003$;本规范C50及以下强度等级的混凝土取 $\varepsilon_{cu}=0.0033$,强度等级C50~C80混凝土取 $\varepsilon_{cu}=0.0033\sim0.003$,中间按直线内插求得。

2 受压区混凝土应力图形仍维持等效矩形应力块,但矩形应力块高度 x 与中性轴高度(实际受压区高度)x_0 的比值 β 值,原规范钢筋混凝土构件(混凝土强度较低)取 $\beta=0.9$,预应力混凝土构件(混凝土强度较高)取 $\beta=0.8$;本规范C50及以下强度混凝土取 $\beta=0.8$,强度等级C50~C80混凝土取 $\beta=0.8\sim0.74$,中间按直线内插求得。

3 矩形应力块的等效应力仍维持取混凝土的轴心抗压强度设计值,但其数值已不是原规范意义上的轴心抗压设计强度。原规范的混凝土标准试件为边长200mm的立方体,混凝土轴心抗压设计强度为混凝土棱柱体抗压强度平均值(为立方体强度的0.7倍)减去两倍统计标准差,保证率为97.73%,另外,对50号和60号混凝土再分别考虑0.95和0.9的脆性折减系数。本规范的混凝土标准试件为边长150mm的立方体,混凝土轴心抗压强度设计值为混凝土棱柱体抗压强度标准值(保证率为95%,具体值见第3.1.3条和第3.1.4条说明)的基础上除以材料分项系数求得。

5.1.5 本条所列公式(5.1.5-1)是构件承载能力极限状态计算的一般表达式。其形式与原规范基本相同,但有以下差异:

1 本规范在作用(或荷载)效应项乘了一个结构重要性系数 γ_0,以表示对不同安全等级的桥涵其结构可靠度的调整,在一定范围内克服了桥涵活恒载比值愈大(如跨径较小的桥涵)其安全度愈高的不合理现象。

2 表达式中的作用(或荷载)效应,本规范给出的是设计值,其分项系数已计入其中;原规范则以标准值表达,同时给出分项系数。在作用(或荷载)效应组合系数的取值上,本规范与原规范也有一些差异。

3 在材料强度指标上,本规范给出已将分项系数考虑在内的设计值;原规范虽也给出设计值,但在此基础上再给出了材料安全系数。

原规范对预应力混凝土连续梁等超静定结构,在承载能力极限状态计算中是不考虑预应力引起的次效应的,该规范规定"对于预应力混凝土连续梁,在弹性阶段的计算中尚应计入由预加应力引起的混凝土弹性变形的二次力……但在塑性阶段计算中则可不计由预加应力引起的二次力"。这里所说的二次力即为次效应。本条改变了原规范的规定,强调了预应力混凝土连续梁等超静定结构,即使是承载能力极限状态计算仍应考虑由预应力引起的次效应。这是因为试验表明,这种结构在破坏时次效应部分或全部存在。当用软钢作连续梁的预应力钢筋时,若配筋率较低,界限受压区高度较小,可以形成塑性铰转动,破坏时预应力钢筋部分进入流限,次效应虽然消失较多但仍存在。当用硬钢作预应力钢筋或仍用软钢但界限受压区高度较大时,截面不能形成明显的塑性铰转动,破坏时次效应始终存在。

预应力混凝土连续梁等超静定结构的次弯矩可按等效荷载分析的弹性计算求得,由预加力产生的在构件截面上的次弯矩 M_{p2} 可按下列公式确定:

$$M_{p2} = M_r - M_{p1} \tag{5-1}$$

$$M_{p1} = N_p e_{pn} \tag{5-2}$$

式中 M_r——预加力(扣除相应阶段预应力损失)的等效荷载在构件截面上产生的总弯矩值;

M_{p1}——预加力(扣除相应阶段预应力损失)对净截面重心轴引起的主弯矩值;

N_p——预应力钢筋(扣除相应阶段预应力损失)和普通钢筋的合力,按本规范公式(6.1.6-3)计算;

e_{pn}——预应力钢筋和普通钢筋合力的偏心距,按本规范公式(6.1.6-4)计算。

在承载能力极限状态计算中,次弯矩如何取值是一个复杂的问题,它随塑性铰是否形成及其充分程度而变化,作为工程应用技术问题的处理,且不考虑次弯矩在连续梁内力重分布中的影响,徐金声等著的《现代预应力混凝土楼盖结构》一书中建议,对构件截面承载力不利的次弯矩值全部计入;对构件截面承载力有利的次弯矩可只计入一半。

次剪力宜根据构件各截面次弯矩的分布,按结构力学的方法计算。

5.1.6 先张法预应力混凝土构件,当计算端部锚固区段正截面和斜截面的抗弯承载力时,锚固区段内预应力钢筋的抗拉强度设计值,在锚固起点处取为零,在锚固终点处取为 f_{pb},两点之间按直线内插取值。本条表5.1.6中预应力钢筋的锚固长度 l_a(mm)是由下列公式计算并不小于受拉钢筋最小锚固长度得到的。

$$l_a = \alpha \frac{f_{pd}}{f_{td}} d \tag{5-3}$$

式中 f_{pd}——锚固钢筋的抗拉强度设计值;

f_{td}——锚固区混凝土的抗拉强度设计值;

α——锚固钢筋的外形系数,二、三股钢绞线 $\alpha = 0.16$,七股钢绞线 $\alpha = 0.17$;三面刻痕钢丝 $\alpha = 0.19$;螺旋肋钢丝 $\alpha = 0.13$;

d——锚固钢筋的公称直径,当用束筋时取等效直径 $\sqrt{n}d$,n 为单筋根数,d 为单筋直径。

规范表(5.1.6)中数值系按每种钢筋的某一抗拉强度设计值计算而得,设计时当采用的钢筋抗拉强度设计值有变化时,则其锚固长度应按表值以强度比例增减。

5.2 受弯构件

5.2.1 受弯构件纵向受拉钢筋和受压区混凝土同时达到其强度设计值时,构件正截面相对界限受压

区高度 $\xi_b(x_b/h_0)$,可依据平截面假定建立的下列公式求得:

1　对热轧普通钢筋(R235、HRB335、HRB400、KL400)

$$\xi_b=\frac{\beta}{1+\frac{f_{sd}}{\varepsilon_{cu}E_s}} \tag{5-4}$$

2　对钢绞线和钢丝

$$\xi_b=\frac{\beta}{1+\frac{0.002}{\varepsilon_{cu}}+\frac{f_{pd}-\sigma_{p0}}{\varepsilon_{cu}E_p}} \tag{5-5}$$

式中　β——受弯构件受压区矩形应力块高度 x 与中性轴高度(实际受压区高度)x_0 的比值,按本规范表5.3.3规定取用;

f_{sd}、f_{pd}——普通钢筋、预应力钢筋的抗拉强度设计值;

ε_{cu}——受弯构件受压边缘混凝土的极限压应变,混凝土强度等级C50及以下时,$\varepsilon_{cu}=0.0033$;混凝土强度等级C50~C80时,$\varepsilon_{cu}=0.0033\sim0.003$,中间按直线内插求得;

σ_{p0}——受拉区纵向预应力钢筋合力点处混凝土法向应力等于零时预应力钢筋的应力。

公式(5-4)中所有计算参数均为已知,可以直接计算出 ξ_b 值,列入规范表格。公式(5-5)中只有 σ_{p0} 为未知数,可根据以往预应力混凝土构件的设计经验,对($f_{pd}-\sigma_{p0}$)作一定范围的设定,计算出最大和最小的 ξ_b 值。混凝土强度等级对 ξ_b 值的影响不大,可作适当合并。最后确定规范表5.2.1的数值时,选用了计算的最小值,尽可能使构件取得较好的延性。对配置精轧螺纹钢筋的预应力混凝土受弯构件,按以往设计经验取与钢绞线、钢丝相同的 ξ_b 值。

5.2.2、5.2.3　受弯构件抗弯承载力的设计表达式系根据本规范第5.1.4条的基本假定及承载力计算的基本要求建立的,式中包含了钢筋混凝土和预应力混凝土受弯构件所有设计参数,设计时可根据设计对象的具体情况进行选用。对预应力混凝土连续梁等超静定结构,表达式中的作用(或荷载)效应应按第5.1.5条的规定进行组合,需要考虑预加应力引起的次弯矩。次弯矩的具体取值,在获得充分论证和可靠数据前,可参照该条条文说明办理。

为防止受弯构件的超筋设计,规范规定了截面受压区高度的限制条件 $x\leqslant\xi_b h_0$,其中相对界限受压区高度 ξ_b,通过计算已于本规范表5.2.1中列出。当给定钢筋种类和混凝土强度等级,根据 ξ_b 可求得相应的受拉钢筋配筋率 ρ_b,这个 ρ_b 即为受弯构件界限(最大)配筋率。因此,截面受压区高度的限制条件也就是限制受弯构件的配筋率。超过这个限制条件,受弯构件有可能出现超筋,也有可能出现脆性破坏。一般来说,当设计计算的受压区高度不能满足上述要求时,表明受拉区纵向钢筋配置过多或构件高度不足,需要进行调整;当构件受拉区配置不同种类钢筋时,应选用相应于各种钢筋较小的 ξ_b,以使构件维持更多的延性。但是,这个限制条件只是从理论上得到保证,当 x 与 $\xi_b h_0$ 接近或相等时,受弯构件仍有可能发生具有明显脆性破坏特征的界限破坏。因此,在实际工程中应尽量避免出现两者接近或相等的情况。为了确保构件不发生脆性破坏,国外有些规范将构件的配筋率限制得较低。例如美国规范规定 $\rho\leqslant0.75\rho_b$,将界限配筋率 ρ_b 打个0.75折减以后作为构件配筋率的限制条件。

5.2.5　在受弯构件正截面抗弯承载力的计算中,为了使配置在受压区的纵向钢筋达到其抗压强度设计值,规范规定了截面受压区高度 x 必须符合第5.2.2条公式(5.2.2-4)或(5.2.2-5)的要求;当不符合要求时,则可按本条提供的公式近似地计算。该公式是假定受压区混凝土的压力点在受压纵向钢筋的合力点上,以该点为矩心取矩建立起来的,可用于一般情况(受压边缘设置一般厚度的保护层)下的承载力的计算。

对这项计算原规范还附加了如下一条规定:"当按公式算得的正截面承载力比不考虑受压钢筋还小时,则应按不考虑受压钢筋计算"。其实,受压钢筋是可以计算的,本规范第5.3.4条给出了截面任意位置上纵向钢筋应力的计算公式,尽管它们用于计算小偏压构件的纵向钢筋,因为该公式根据平截面假定得出,所以也适用于受弯构件计算钢筋应力。当截面受压边缘钢筋的保护层厚度较大时,受压钢筋的应力就可按该条公式计算,因而无须保留原规范上述这项规定。

5.2.7 就总体而言,本规范受弯构件斜截面抗剪承载力的验算,与原规范比较有以下变化:增加连续梁和悬臂梁的验算公式;将原规范预应力混凝土简支梁的两项和(混凝土和箍筋分别抗剪)公式,改为与钢筋混凝土简支梁相同的两项积(混凝土和箍筋共同抗剪)公式。抗剪表达式中的一些计算参数也有变化,具体情况说明如下:

1 原规范钢筋混凝土构件的抗剪表达式为 $V_{cs}=0.0349bh_0\sqrt{(2+p)\sqrt{R}\mu_k R_{gk}}$(kN),截面尺寸单位以cm表示。经与其他规范和资料比较,式中纵向钢筋配筋百分率对抗剪承载力的贡献,随配筋百分率的提高而增长过快,本规范将式中的 $(2+p)$ 改为 $(2+0.6p)$。考虑混凝土标准试件、箍筋抗拉强度设计值的变化以及上述纵向钢筋配筋百分率和计量单位的改变,经换算后本规范的抗剪表达式改为 $V_{cs}=0.45\times10^{-3}bh_0\sqrt{(2+0.6p)\sqrt{f_{cu,k}}\rho_{sv}f_{sd}}$。该式的抗剪承载力实质上与原规范大致相等。与《GBJ 10—89规范》一般受弯构件和其他资料比较,这个抗剪承载力的取值属于偏低值。按这个公式计算,构件在使用阶段的斜裂缝宽度一般可控制在0.2mm以内。

2 公路桥梁多数采用T形截面梁或带翼缘的箱形截面梁,一项钢筋混凝土梁的抗剪试验表明,受压翼缘的存在,可以提高梁的抗剪承载力。50根模型试验得到的实际抗力平均值与按原规范公式计算的抗力值之比,矩形截面梁为1.67;T形截面梁为2.18,表明T形截面梁的抗剪承载力比矩形截面梁提高30%。原苏联规范对T形梁的抗剪计算取受压翼缘的提高系数 $\beta_f=1+0.75(b'_f-b)b'_f/bh_0$,但 $\beta_f\leq1.2$,受压翼缘宽度 b'_f 取不大于 $b+2h'_f$ 或 $3b$。按这个规定计算,我国公路桥梁的 β_f 一般大于1.2。有资料介绍,翼缘宽度为腹板厚度2倍时,T形梁的抗剪承载力与矩形梁相比提高20%左右,再增大翼缘宽度,其影响就较小了。考虑上述情况,同时考虑这项有利影响主要出于翼缘悬出宽度,与箍筋关系不大,而本规范将其乘在混凝土和箍筋共同抗剪上,因此,本规范取受压翼缘的影响系数 $\alpha_3=1.1$。据此计算T形梁的斜截面抗剪承载力,在公路钢筋混凝土桥梁常用混凝土强度等级和纵向钢筋配筋率下,一般仍偏低于《GBJ 10—89规范》一般受弯构件和其他资料。

3 对于连续梁的斜截面抗剪,国内外试验表明,连续梁近边支点梁段,其混凝土和箍筋共同抗剪的性质与简支梁相同,斜截面抗剪承载力可按简支梁的规定计算;连续梁近中间支点梁段,则有异号弯矩的影响,抗剪承载力有所降低。原苏联科学研究院和同济大学等单位的研究都证明了这一点。试验指出,当广义剪跨比较大$\left(m=\dfrac{M}{Vh_0}=2.67\right)$时,梁破坏时在反弯点两侧出现两条主斜裂缝,它们各不越过反弯点,沿梁顶和梁底的纵向钢筋的应力性质(拉、压)完全与弯矩图正负号一致[见图5-1a)];当剪跨比较小$\left(m=\dfrac{M}{Vh_0}=1.0\right)$时,梁破坏时主斜裂缝越过了反弯点,跨越了正、负弯矩区[见图5-1b)],于是与主斜裂缝相交的纵向钢筋产生了应力重分配,原来受压的变为受拉,沿纵筋的黏结力遭到破坏,出现撕裂裂缝,降低了抗剪的销栓作用;受压区混凝土的压力也加大了,减小了混凝土的抗剪能力。上述这些原因导致承受异号弯矩的连续梁抗剪能力的降低。

根据国内外160根承受异号弯矩的等高度无腹筋梁的混凝土抗力 V_c^s 试验资料($f_{cu,k}=19.0\sim55.9$MPa, $m=0.34\sim6.0$, $\rho=10\%\sim4.76\%$),与按原规范钢筋混凝土简支梁所采用的混凝土计算抗力 V_c^j 比较,V_c^s/V_c^j 平均低12%。另有151根有腹筋梁的抗力 V_{cs}^s 试验资料($f_{cu,k}=19.0\sim45.0$MPa, $\rho=0.47\%\sim4.76\%$, $\rho_{sw}f_{sv}=0.39\sim7.51$MPa),与按原规范钢筋混凝土简支梁计算的混凝土和箍筋共同抗剪能力 V_{cs}^j 比较,V_{cs}^s/V_{cs}^j 平均低7%;原苏联科学研究院的研究结论是平均低13%。综合以上试验分析,本规范取平均降低值10%,也即取异号弯矩影响系数 $\alpha_1=0.9$。此值对剪跨比较小情况略为偏小;而对剪跨比

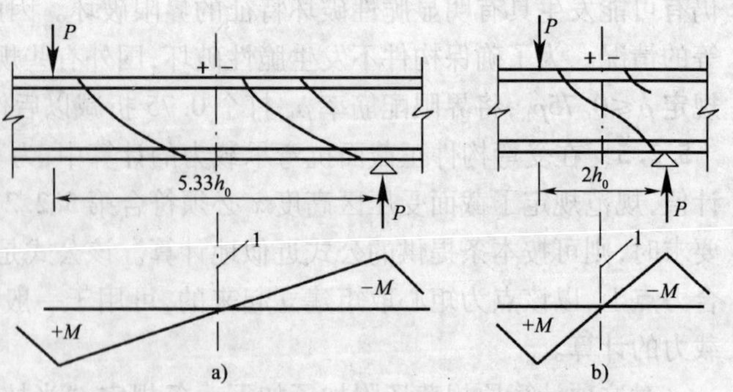

图5-1 承受异号弯矩钢筋混凝土梁的典型剪切破坏

1-反弯点

较大情况略为偏大。

为了验证采用 $\alpha_1=0.9$ 以后连续梁的抗剪能力，特地进行了4根较大尺寸(5m+5m)两跨连续梁的试验，所得结果(剪力试验值/剪力计算值)如下：两根等高度连续梁分别为2.05及1.98；两根变高度连续梁分别为1.95及1.81。这里的剪力试验值系为连续梁中间支点的最大实测破坏剪力；剪力计算值系为按原规范计算的混凝土和箍筋共同抗剪承载力乘以异号弯矩影响系数0.9与弯起钢筋抗剪承载力之和。显而易见，连续梁在考虑异号弯矩影响系数以后，即使计入受压翼缘影响系数仍具有足够抗剪安全储备。

4 国内外研究均表明，预加应力可以提高梁的抗剪能力。这主要是轴压力能阻滞斜裂缝的出现和开展，增加了混凝土剪压区高度，从而提高了混凝土所承担的抗剪能力；预应力混凝土梁的斜裂缝长度比钢筋混凝土梁有所增长，也提高了斜裂缝内箍筋的抗剪能力。

原苏联《建筑法规》(СНИП2.03.01—84)对预加应力的提高系数规定为：

$$\alpha_2=1+\phi_n\leqslant1.5-\phi_f \tag{5-6}$$

$$\phi_n=0.1\sigma_{a0}/f_{tk} \tag{5-7}$$

式中 ϕ_f——受压翼缘提高系数，$\phi_f=0.1$，表明预加应力提高系数最大只能到1.4；

f_{tk}——混凝土抗拉强度标准值；

σ_{a0}——混凝土预加轴心压应力，偏安全地取矩形截面形心处($h/2$)的 σ_{a0}(T形、箱形截面由于形心轴上移，其截面形心处的 σ_{a0} 恒大于矩形截面的 σ_{a0})。

按本规范的规定，使用阶段截面边缘混凝土纤维的最大压应力等于 $0.5f_{ck}$，则 $\sigma_{a0}=0.5f_{ck}/2=0.25f_{ck}$，于是 $\alpha_2=1+\phi_n=1+0.1\sigma_{a0}/f_{tk}=1+0.025f_{ck}/f_{tk}$。在预应力混凝土梁适用的范围内，混凝土平均的 $f_{ck}/f_{tk}\approx12.3$，则 $\alpha_2=1+\phi_n=1+0.025\times12.3=1.30$，本规范取 $\alpha_2=1.25$。

根据国内外52根矩形、T形和I形截面无腹筋(排除箍筋抗剪因素)预应力混凝土简支梁的抗剪试验资料($f_{cu,k}=22.6\sim70.0$MPa，$\rho=0.9\%\sim3.29\%$，$m=1.03\sim6.7$)，以及30根有腹筋的预应力混凝土简支梁的试验资料($f_{cu,k}=29.4\sim62.5$MPa，$\rho=1.58\%\sim2.63\%$，$\rho_{sv}f_{sv}=1.036\sim3.451$MPa，$m=2\sim4$)，其剪力破坏试验值 V_c^s 和 V_{cs}^s，与按原规范钢筋混凝土简支梁计算的混凝土抗剪计算值 V_c^j 和混凝土与箍筋共同抗剪的计算值 V_{cs}^j 进行比较，前者的 V_c^s/V_c^j 平均值为3.38；后者的 V_{cs}^s/V_{cs}^j 平均值为2.27。由此可见，即使考虑受压翼缘影响系数 $\alpha_3=1.1$ 后，比取 $\alpha_2=1.25$ 仍然大得很多，是安全可取的。但对允许出现裂缝的预应力混凝土梁，由于构件达到承载力时预加应力可能已经消失；或者当钢筋的合力对截面引起的弯矩与外弯矩方向相同时，预应力钢筋不能充分发挥轴压作用，这两种情况均不考虑预加应力的有利作用，取 $\alpha_2=1.0$。

5 本条公式(5.2.7-3)、(5.2.7-4)是与斜截面相交的弯起钢筋抗剪公式。试验证明，预应力混凝土连续梁的弯起钢筋在破坏阶段大部分可达到屈服强度，所以仍可用与预应力混凝土简支梁相同的弯起钢筋抗剪公式。这两个公式基本保持原规范抗剪水平，仅作钢筋抗拉强度设计值和计量单位的变换。

6 对预应力混凝土连续梁，针对由预加应力引起的次反力，又由次反力引起的次剪力，本条提出在斜截面抗剪承载力计算中考虑次剪力 V_{p2} 的影响。但次剪力的数值一般不大，其作用不像次弯矩那样值得重视，所以本规范在用词上用了"宜"。

5.2.8 本条斜截面水平投影长度 C 的计算公式(5.2.8)即是原规范的公式，但原规范注明这个公式仅适用于简支梁。试验表明，等高度和变高度的钢筋混凝土连续梁斜截面剪切破坏的倾角与简支梁接近一致，故此，连续梁斜截面水平投影长度仍可按原规范的公式计算。预应力混凝土连续梁的试验表明，破坏时其主斜裂缝长度比钢筋混凝土梁增大了1.3~1.5倍，本规范仍用钢筋混凝土梁的公式计算斜截面水平投影长度，增大范围内的腹筋没有被利用，所以是偏安全的。

5.2.9 本条关于"抗剪上限值"的公式(5.2.9)，维持了与原规范相同的水平，以防止钢筋混凝土梁的斜裂缝开展过宽或出现斜压破坏。在计算中如不能满足该公式的要求，就应加大梁的截面尺寸或提高混凝土的强度等级。

5.2.10 本条关于"抗剪下限值"的公式(5.2.10)，用于确定有腹筋梁与无腹筋梁的界限。当梁或某一梁段符合该公式的要求时，其箍筋可按构造要求配置。公式(5.2.10)是将原规范公式作混凝土抗拉强度和尺寸计量单位的换算而得，对预应力混凝土构件则考虑了预加应力的有利影响，但当钢筋合力引起的截面弯矩与外弯矩的方向相同时，或允许出现裂缝的预应力混凝土受弯构件，该有利影响仍不应被利用。

5.2.11 本条规定了钢筋混凝土简支梁、等高度和变高度（承托）连续梁的抗剪配筋设计方法。这个方法就是利用已绘制的剪力设计值包络图，把箍筋间距和弯起钢筋及弯起点确定下来。基本思路与原规范相同。但在梁的最大设计剪力分配上，对原规范作了修改。原规范规定混凝土和箍筋共同承担最大设计剪力的60%，弯起钢筋则承担40%；本规范改为前者承担不少于60%，后者承担不超过40%。

预应力混凝土受弯构件一般是不配置普通弯起钢筋的，抗剪配筋设计也就只是确定箍筋间距。只要在由作用（或荷载）引起的最大设计剪力中减去由预应力弯起钢筋引起的剪力设计值后，就可与钢筋混凝土受弯构件同样计算。例如，对预应力混凝土简支梁和连续梁可按下列公式计算箍筋间距 s_v：

$$s_v = \frac{\alpha_1^2\alpha_2^2\alpha_3^2 0.2\times10^{-6}(2+0.6p)\sqrt{f_{cu,k}}A_{sv}f_{sv}bh_0^2}{(\gamma_0 V_d - V_{pb})^2}(\text{mm}) \tag{5-8}$$

式中 V_d——由作用（或荷载）引起的用于配筋设计的剪力设计值（kN），按本条规定取用；

V_{pb}——与斜截面相交的预应力弯起钢筋抗剪承载力设计值（kN），按本规范公式（5.2.7-4）计算。

5.3 受压构件

5.3.1 对原规范公式进行混凝土和钢筋抗压强度的比较换算，在原公式（4.1.3）右边乘以0.90的系数，适当提高轴心抗压构件的安全度。

5.3.2 原规范公式（4.1.4）中的套箍系数 k（间接钢筋影响系数）采用2.0，这对强度等级C50及以下的混凝土是适用的。但对强度等级C50以上的混凝土，其对螺旋箍筋的约束效果不如C50及以下混凝土。国外试验得出，在侧压下80～100MPa级高强的混凝土的强度提高值比普通的强度混凝土约低25%。国内对高强的混凝土钢管柱的试验也表明，80 MPa混凝土的套箍系数为1.8，而普通的强度混凝土为2.0～2.1。可以认为，套箍系数随着混凝土强度等级的提高而降低，本规范取为：C50及以下时，$k=2.0$；C50～C80取 $k=2.0\sim1.7$。

5.3.3 本条给出判别偏心受压构件大小偏压的相对界限受压区高度 ξ_b，其计算公式与受弯构件判别是否超筋的 ξ_b 相同，都是按平截面假定推导出来的。对钢筋混凝土偏压构件，计算公式中有关混凝土和钢筋的参数都是已知的，所以可以采用受弯构件已经算出的 ξ_b 值。对预应力混凝土偏压构件，计算公式中含有未知数 σ_{p0}，它在设置预应力钢筋和其他条件后才能算得；如果与受弯构件一样，预先假定 σ_{p0} 算出 ξ_b 并订入规范，则在具体构件计算中可能出现：假定为大偏心构件，计算结果是小偏心构件；而按小偏心构件计算，结果又是大偏心构件。因此，对预应力混凝土偏压构件本规范给出 ξ_b 的计算公式，让设计人员根据构件具体条件计算。预应力混凝土受弯构件不存在上述出现的情况，可以预先假定 σ_{p0}（给出一个范围）算出 ξ_b 值，选择其中较低值订入规范。较低的 ξ_b 值意味着使受弯构件具有较好的延性。

5.3.4 本条公式（5.3.4-1）、（5.3.4-3）用于计算小偏压构件受拉边或受压较小边的钢筋应力，由截面应变的平截面假定，得如下关系：

$$\xi = \frac{x}{h_0} = \frac{\beta\varepsilon_{cu}}{\varepsilon_{cu}+\varepsilon_s}$$

或

$$\varepsilon_s = \varepsilon_{cu}\left(\frac{\beta}{\xi}-1\right)$$

所以普通钢筋

$$\sigma_s = \varepsilon_s E_s = \varepsilon_{cu}E_s\left(\frac{\beta h_0}{x}-1\right) \tag{5-9}$$

预应力钢筋的应力将上式 E_s 换为 E_p，加上截面消压时预应力钢筋已有的应力 σ_{p0}。

按以上公式算得的钢筋应力 σ_s(或 σ_p)以受拉为正,以受压为负。适用的条件是:

普通钢筋应力 $-f_{sd}' \leqslant \sigma_{si} \leqslant f_{sd}$

预应力钢筋应力 $-(f_{pd}' - \sigma_{p0i}) \leqslant \sigma_{pi} \leqslant f_{pd}$

以上公式也适用于计算受弯构件的钢筋应力。

5.3.5 本条关于偏心受压构件正截面承载力计算的基本公式及大、小偏压构件的判断原则,与原规范是相同的。

本条列入了矩形截面对称配筋的钢筋混凝土小偏压构件钢筋截面的近似计算公式,目的在于该构件进行配筋设计时,可直接算出所需钢筋截面面积。在公路桥梁中钢筋混凝土偏压构件较多(较少采用预应力混凝土偏压构件),其中不乏有矩形对称配筋截面,这个由偏压构件基本公式变换而来的求 A_s(或 A'_s)公式,可为该类构件的设计提供方便条件。

对偏心受压构件的验算,原规范曾给出一个求中性轴位置(受压区高度)的计算公式,该公式是把截面内力对轴向力作用点取矩得到的。也有其他方法求得中性轴位置,例如将规范公式(5.3.5-1)、(5.3.5-2)联立解得受压区高度 x,此时,两式均取为等号。所以本规范不再列出此类公式,无需规定采用什么公式,由设计者自行考虑计算。

对于公路桥梁大量存在的钢筋混凝土偏心受压构件,采用配筋设计也许比先配筋后验算要方便得多。配筋设计时,当 $\eta e_0 \leqslant 0.3h_0$ 时,可按小偏压构件计算;当 $\eta e_0 > 0.3h_0$ 时,可先按大偏压构件计算,但所得受拉钢筋的截面面积必须大于本规范第 9.1.12 条规定的最小配筋率,否则,钢筋截面面积按小偏压构件计算。对对称配筋的偏压构件,这个判别条件不一定适用,当 $A_s = A'_s$ 时,可直接按轴向力 $\gamma_0 N_d$ 与受压区混凝土的压力相等来判别,对矩形截面即 $\gamma_0 N_d \leqslant f_{cd} b\xi_b h_0$ 为大偏压构件,$\gamma_0 N_d > f_{cd} b\xi_b h_0$ 为小偏压构件。

5.3.8 本条系参照《GBJ 10—89 规范》新增的内容。截面腹部均匀配置纵向钢筋的偏心受压构件,其正截面的承载力由两部分组成:一是由混凝土与上、下两边的纵向钢筋 A_s' 和 A_s 构成的承载力;二是由腹部均匀配置的纵向钢筋 A_{sw} 构成的承载力。

前者与一般钢筋混凝土偏心受压构件同样计算,利用本规范公式(5.3.6-1)、(5.3.6-2)并经简单转化可得:

轴向力 $$N_{cs} = f_{cd}[\xi b h_0 + (b'_f - b)h'_f] + f'_{sd}A'_s - \sigma_s A_s$$

弯矩 $$N_d e = f_{cd}\left[\xi(1-0.5\xi)bh_0^2 + (b'_f - b)h'_f\left(h_0 - \frac{h'_f}{2}\right)\right] + f'_{sd}A'_s(h_0 - a'_s)$$

后者可根据基本假定,并利用平衡方程和变形协调条件进行计算,但计算过程烦琐,不便于设计应用。一般采用简化的方法,要求腹部纵向钢筋等直径、等间距布置,且每排不少于 4 根,假定这些钢筋的截面变换为一钢带,其截面积为 A_{sw},钢带高度为 $h_{sw} = h_0 - a_s'$。

根据第 5.1.4 条的基本假定,可作出此类构件的计算简图,如图 5-2 所示。

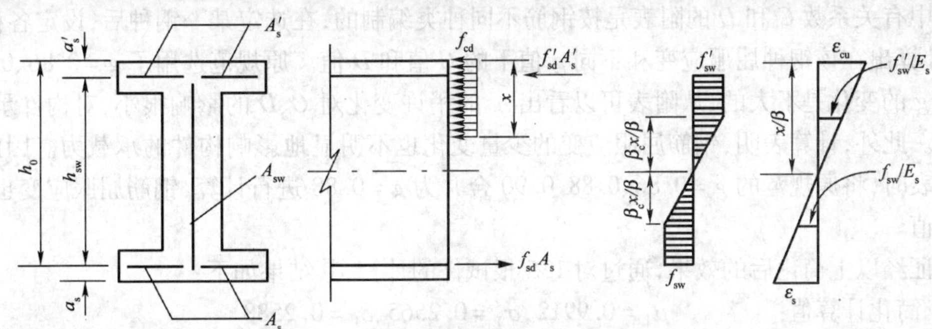

图 5-2 沿截面高度均匀配筋的偏压构件承载力计算

设均匀配置的钢筋(钢带)应变到达屈服时的纤维距中性轴的距离为 $\beta_c x/\beta$,则由图 5-2 可得:

$$\frac{f_{sw}/E_s}{\varepsilon_{cu}} = \frac{\beta_c x/\beta}{x/\beta} = \beta_c \tag{5-10}$$

$$\beta_c = \frac{f_{sw}}{E_s \varepsilon_{cu}} \tag{5-11}$$

β_c 与钢筋种类有关，当均匀配置的钢筋种类选定后，β_c 为一定值。对常用的钢筋可近似地取 $\beta_c = 0.4$，这对构件承载力影响不大。钢筋混凝土构件，混凝土强度等级一般不大于 C50，所以 β 可取为 0.8。

当 $\xi \leqslant \xi_b$，按大偏心受压计算得：

轴向力 $$N_{sw} = \left(1 + \frac{\xi - \beta}{0.5\beta\omega}\right) f_{sw} A_{sw}$$

弯矩 $$M_{sw} = \left[0.5 - \frac{(\beta - \xi)^2 + \frac{1}{3}(\beta_c \xi)^2}{(\beta\omega)^2}\right] f_{sw} A_{sw} h_{sw}$$

当 $\xi > \xi_b$，按小偏心受压计算得：

轴向力 $$N_{sw} = \left\{1 - \frac{[\beta - (1 - \beta_c)\xi]^2}{1.6\omega\beta_c\xi}\right\} f_{sw} A_{sw}$$

弯矩 $$M_{sw} = \left\{0.5 - \frac{[\beta - (1 - \beta_c)\xi]^3}{3.85\omega^2\beta_c\xi}\right\} f_{sw} A_{sw} h_{sw}$$

将上面按平截面假定写出的均匀配筋承载力 N_{sw}、M_{sw} 的表达式分别用直线及二次曲线近似地拟合，同时把 $\beta_c = 0.4$ 代入，得到：

$$N_{sw} = \left(1 + \frac{\xi - \beta}{0.5\beta\omega}\right) f_{sw} A_{sw}$$

$$M_{sw} = \left[0.5 - \left(\frac{\xi - \beta}{\beta\omega}\right)^2\right] f_{sw} A_{sw} h_{sw}$$

最后将两部分承载力相加：

$$\sum N = N_{cs} + N_{sw}$$

$$\sum M = N_d e + M_{sw}$$

上式 N_{sw} 为负值时表示受拉，正值时表示受压；M_{sw} 为负值时与 $N_d e$ 同向，正值时与 $N_d e$ 反向。

5.3.9 和附录 C 本规范有关圆截面钢筋混凝土偏心受压构件正截面的承载力计算，仅适用于强度等级 C50 及以下混凝土制作的构件，在原规范的基础上作了以下改变：对影响承载力较小的计算参数进行简化，重新编制了计算表格，减少规范附表的篇幅。

简化工作从有关纵向钢筋承载力的计算系数 C 和 D 入手。由本规范附录 C（原规范附录三）系数 C 和 D 的计算公式可知，式中含有参数 ξ（实际受压区高度 x_0 与圆截面直径的比值，$\xi = x_0/2r$）、g（纵向钢筋所在圆周的半径 r_g 与圆截面半径的比值，$g = r_g/r$）和钢筋的屈服应变 f_{sd}/E_s（原规范为 R_g/E_g），原规范附录三中有关系数 C 和 D 的附表是按钢筋不同种类编制的，在选定某一钢种后，设定各种不同的 ξ 值，按公式计算出在该钢种屈服应变和不同 g 值下的 C 值和 D 值。原规范选用了 $g = 0.86$、0.88、0.90。实际工程中 g 的变化是不大的，从附表可以看出，g 的稍许变化对 C、D 的影响很小，对构件承载力的影响更是有限。此外，计算表明，钢筋屈服应变的少量变化也不明显地影响构件的承载力。因此，编制本规范计算附表时，将原规范的 $g = 0.86$、0.88、0.90 合并为 $g = 0.88$ 进行计算，钢筋屈服应变也改取常用钢筋的平均值。

为了验证经以上简化后的效果，通过对 135 根试件的计算，其结果如下：

试验值/简化计算值：　$\mu_1 = 0.9912$，$\sigma_1 = 0.2565$，$\delta_1 = 0.2588$

试验值/原规范计算值：　$\mu_2 = 1.0059$，$\sigma_2 = 0.2509$，$\delta_2 = 0.2494$

简化计算值/原规范计算值：　$\mu_3 = 1.0128$，$\sigma_3 = 0.0338$，$\delta_3 = 0.0332$

上面数字说明，简化后承载力计算值比原规范略有提高，但计算表格大为减少，仍是可取的。

利用附录 C 用查表的方法计算圆截面偏心受压构件的正截面承载能力，需要进行重复迭代，仍有不方便之处。如果对本规范公式(5.3.9-1)、(5.3.9-2)进行变换，取等式，并在偏心距 e_0 前面乘以偏心

距增大系数 η，可得：

$$K=\frac{\gamma_0 N_{\mathrm{d}}}{f_{\mathrm{cd}}r^2}=A+C\rho\frac{f_{\mathrm{sd}}'}{f_{\mathrm{cd}}} \tag{5-12}$$

$$K\frac{\eta e_0}{r}=\frac{\gamma_0 N_{\mathrm{d}}}{f_{\mathrm{cd}}r^2}\cdot\frac{\eta e_0}{r}=B+D\rho g\frac{f_{\mathrm{sd}}'}{f_{\mathrm{cd}}} \tag{5-13}$$

分别以 $K=\frac{\gamma_0 N_{\mathrm{d}}}{f_{\mathrm{cd}}r^2}$ 和 $K\frac{\eta e_0}{r}$ 为纵坐标和横坐标，取纵向钢筋配筋率 $\rho=0.004\sim0.030$ 及 $g=0.88$，选定纵向钢筋种类和混凝土强度等级，按两者的不同组合绘制诺模图，利用诺模图同样可以进行构件承载力的复核验算或配筋设计，而且在工程设计时可直接查得计算结果，避免查表法反复迭代的试算过程，具有一定的优点。诺模图见图 5-3(一)~(七)。

5.3.10 长细比较大的偏心受压构件，由于在竖向荷载作用下由构件挠曲引起的二阶弯矩，目前尚无简便的方法计算，因此，国内外规范大多采用偏心距增大系数 η 与构件计算长度 l_0 相结合的方法进行简化计算来考虑二阶弯矩对截面承载力的影响。这种方法的基本思路是，先以两端铰支等偏心距的受压标准构件为基础，通过试验分析，给出标准构件中点截面偏心距增大系数 η 的表达式，然后再以计算长度 l_0 来体现与不同杆端约束条件下各偏心受压构件相应的标准构件长度，也即用长度 l_0 的标准构件算出的 η 值使能接近构件控制截面中二阶弯矩的实际情况。这种简化方法计算简便，但是近似的。其中 l_0 只能根据工程经验和参照某些理论分析结果来确定。

在竖向荷载作用下，两端铰支且偏心距 e_0 相等的标准受压构件，其偏心距增大系数可按下式表示：

$$\eta=\frac{e_0+f_{\max}}{e_0}=1+\frac{f_{\max}}{e_0} \tag{5-14}$$

本条给出的 η 表达式是按极限曲率理论建立起来的，试验表明，它比原规范按弹性稳定理论并根据试验资料进行刚度修正的计算公式更接近试验结果。公式(5-14)中构件中点最大挠度 $f_{\max}$ 可用积分法求得：

$$f_{\max}=\frac{l_0^2}{\beta r_{\mathrm{c}}} \tag{5-15}$$

则

$$\eta=1+\frac{1}{e_0}\left(\frac{l_0^2}{\beta r_{\mathrm{c}}}\right) \tag{5-16}$$

式中，β 为与构件曲率分布有关的系数，当曲率分布符合正弦曲线时，$\beta=\pi^2\approx10$；$1/r_{\mathrm{c}}$ 为控制截面的极限曲率，取决于控制截面上受拉钢筋和受压边缘混凝土的应变值。

试验表明，对大偏心受压构件，当构件达到承载力极限状态时，可近似地取界限受压状态时的极限曲率；当考虑长期荷载作用影响后，根据平截面假定可写为

$$\frac{1}{r_{\mathrm{c}}}=\frac{\phi\varepsilon_{\mathrm{cu}}+\varepsilon_{\mathrm{y}}}{h_0} \tag{5-17}$$

式中 $\varepsilon_{\mathrm{cu}}$——受压区边缘混凝土极限压应变，取 $\varepsilon_{\mathrm{cu}}=0.0033$；

ε_{y}——受拉钢筋达到屈服强度时的应变，取与 HRB335 级钢筋抗拉强度标准值对应的应变，即 $\varepsilon_{\mathrm{y}}=0.0017$；

ϕ——荷载长期作用下混凝土徐变引起的应变增大系数，取 $\phi=1.25$。

在界限条件下，将荷载偏心率和长细比对曲率的影响(见后)分别用 ζ_1、ζ_2 表示，则

$$\eta=1+\frac{1}{e_0}\left(\frac{\phi\varepsilon_{\mathrm{cu}}+\varepsilon_{\mathrm{y}}}{h_0}\cdot\frac{l_0^2}{\beta}\right)\zeta_1\zeta_2 \tag{5-18}$$

用上述具体数值代入，并让 $h\approx1.1h_0$，可以得到计算偏心受压构件 η 的公式：

$$\eta=1+\frac{1}{1400e_0/h_0}\left(\frac{l_0}{h}\right)^2\zeta_1\zeta_2 \tag{5-19}$$

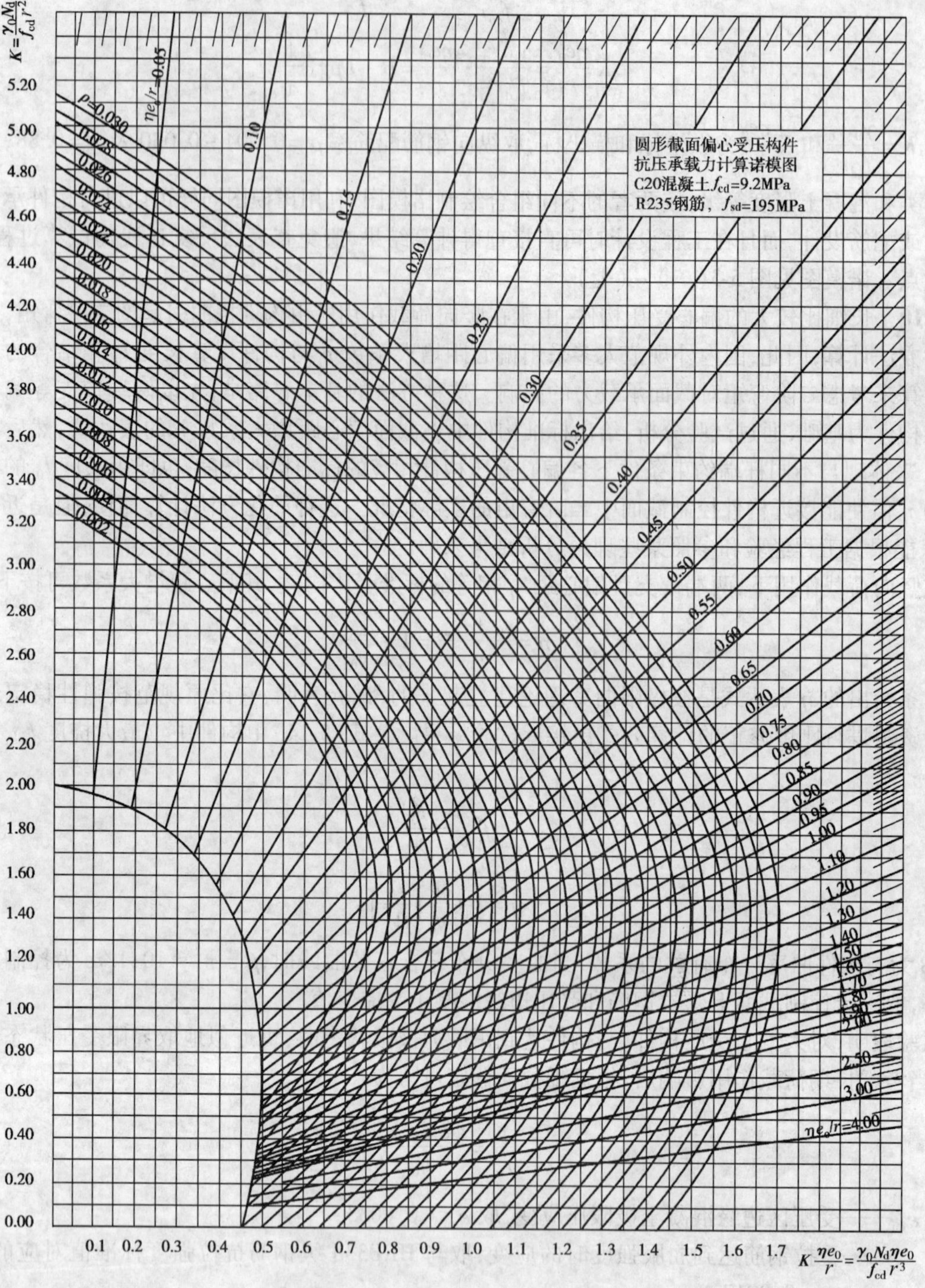

图 5-3(一)　圆形截面钢筋混凝土偏压构件正截面抗压承载力计算诺模图

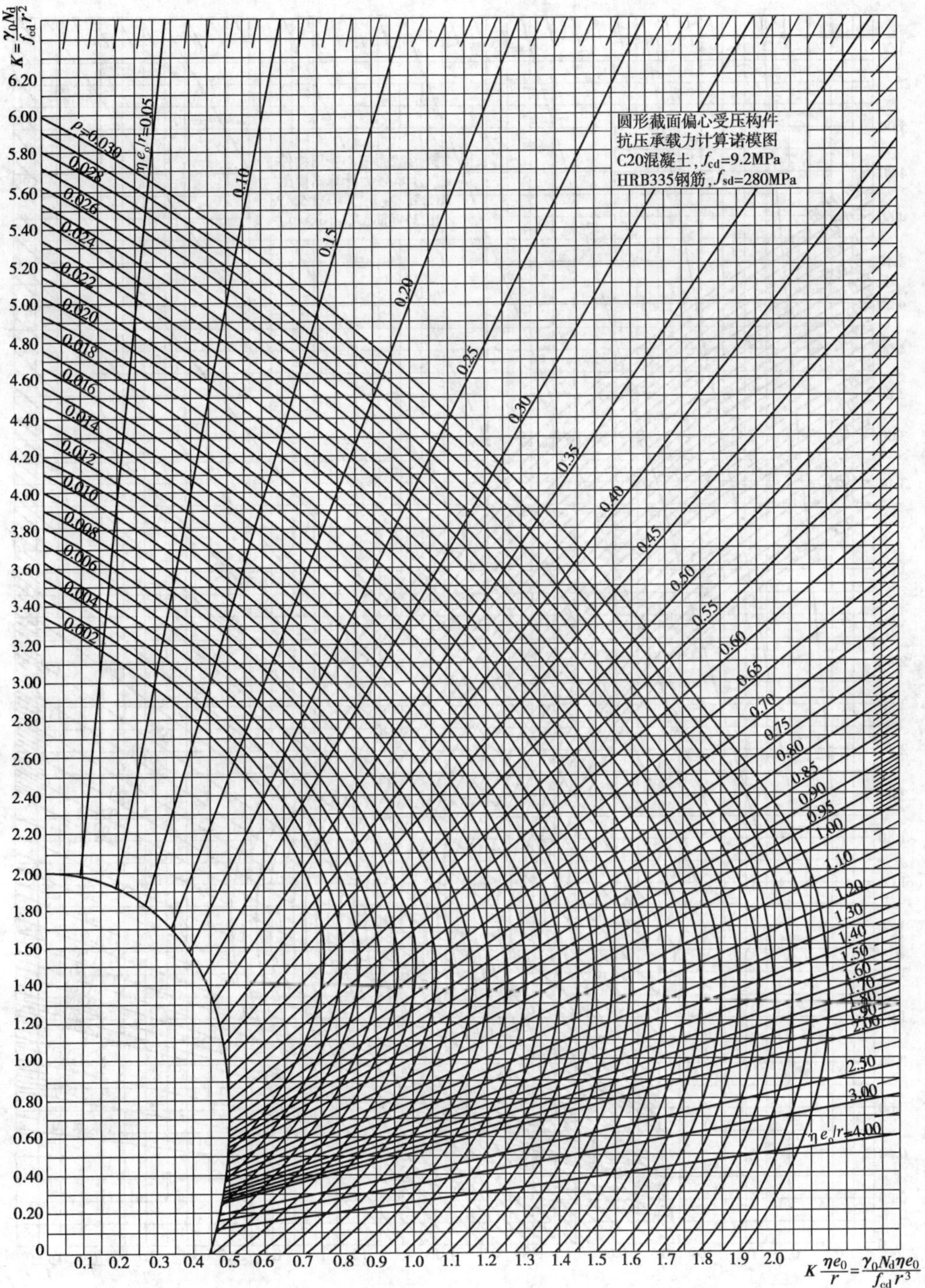

图 5-3(二)　圆形截面钢筋混凝土偏压构件正截面抗压承载力计算诺模图

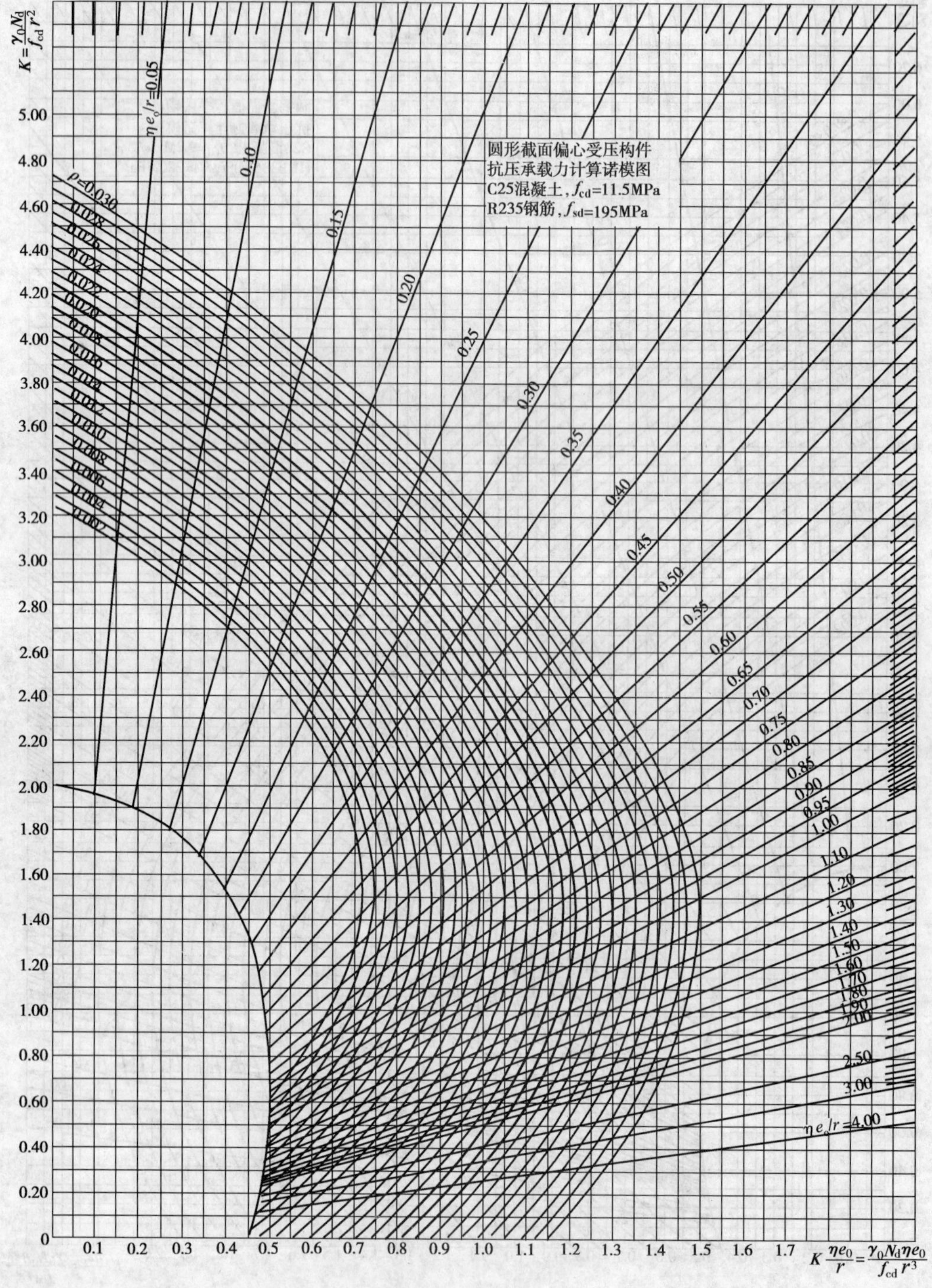

图 5-3(三)　圆形截面钢筋混凝土偏压构件正截面抗压承载力计算诺模图

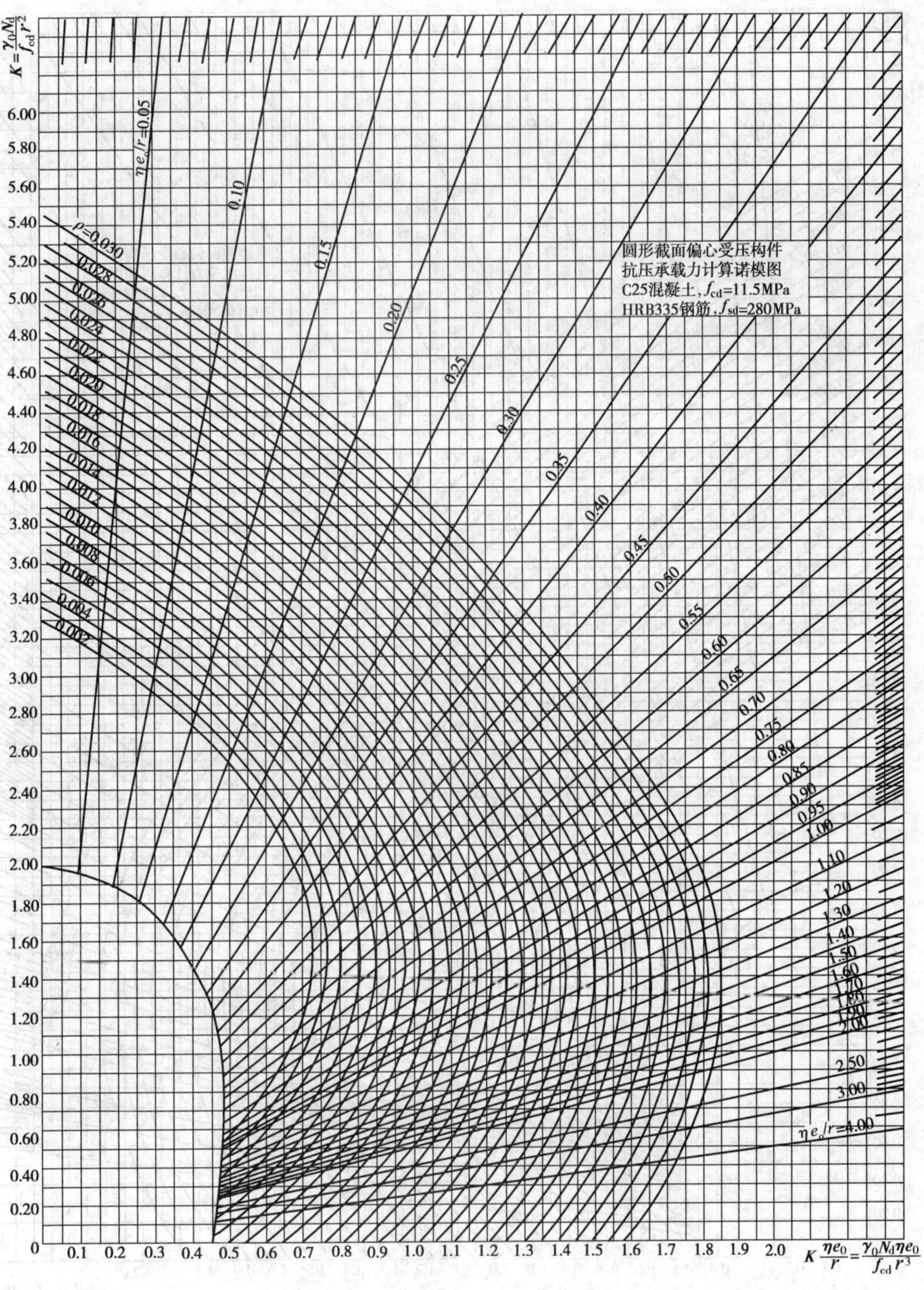

图 5-3(四)　圆形截面钢筋混凝土偏压构件正截面抗压承载力计算诺模图

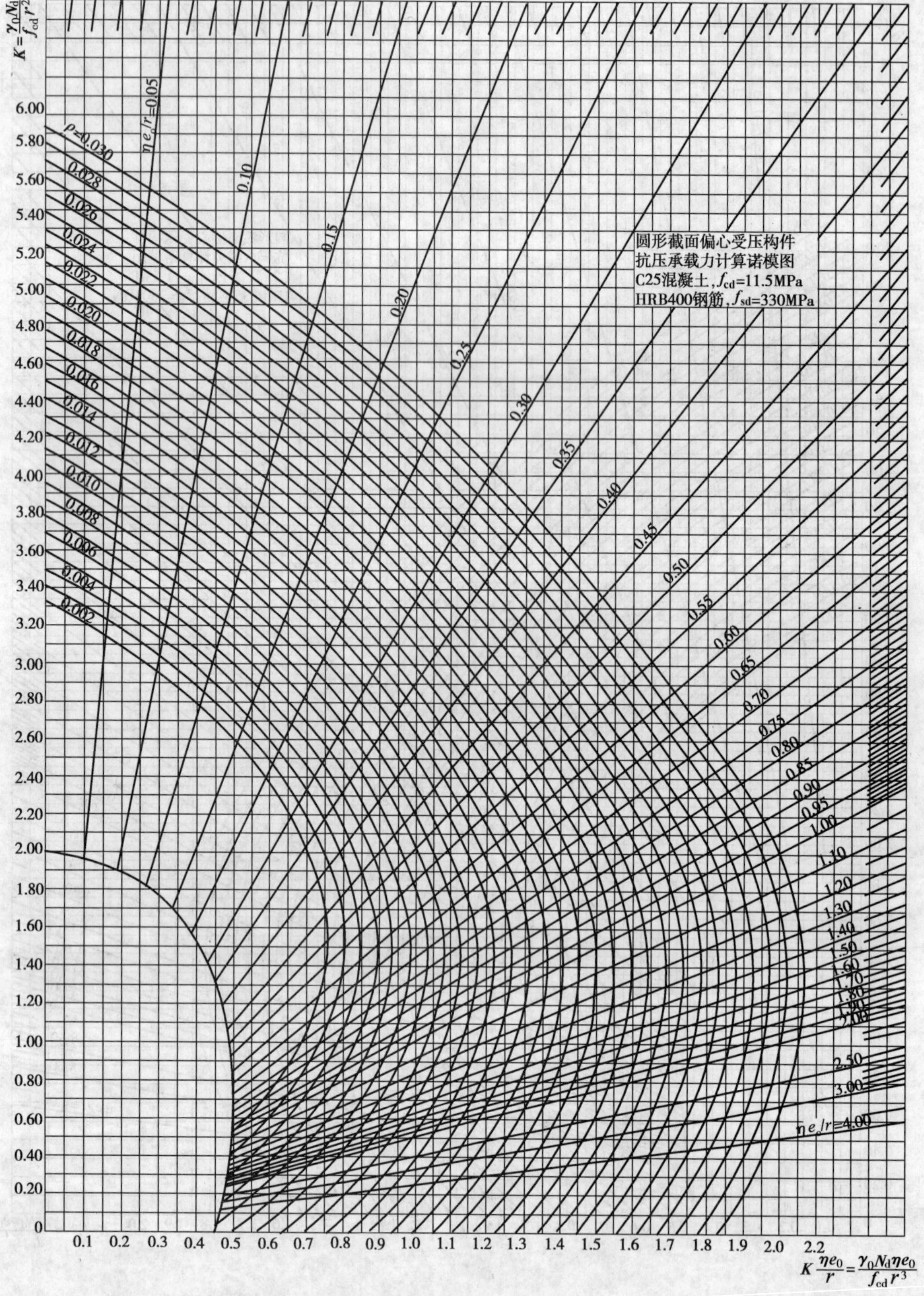

图 5-3（五） 圆形截面钢筋混凝土偏压构件正截面抗压承载力计算诺模图

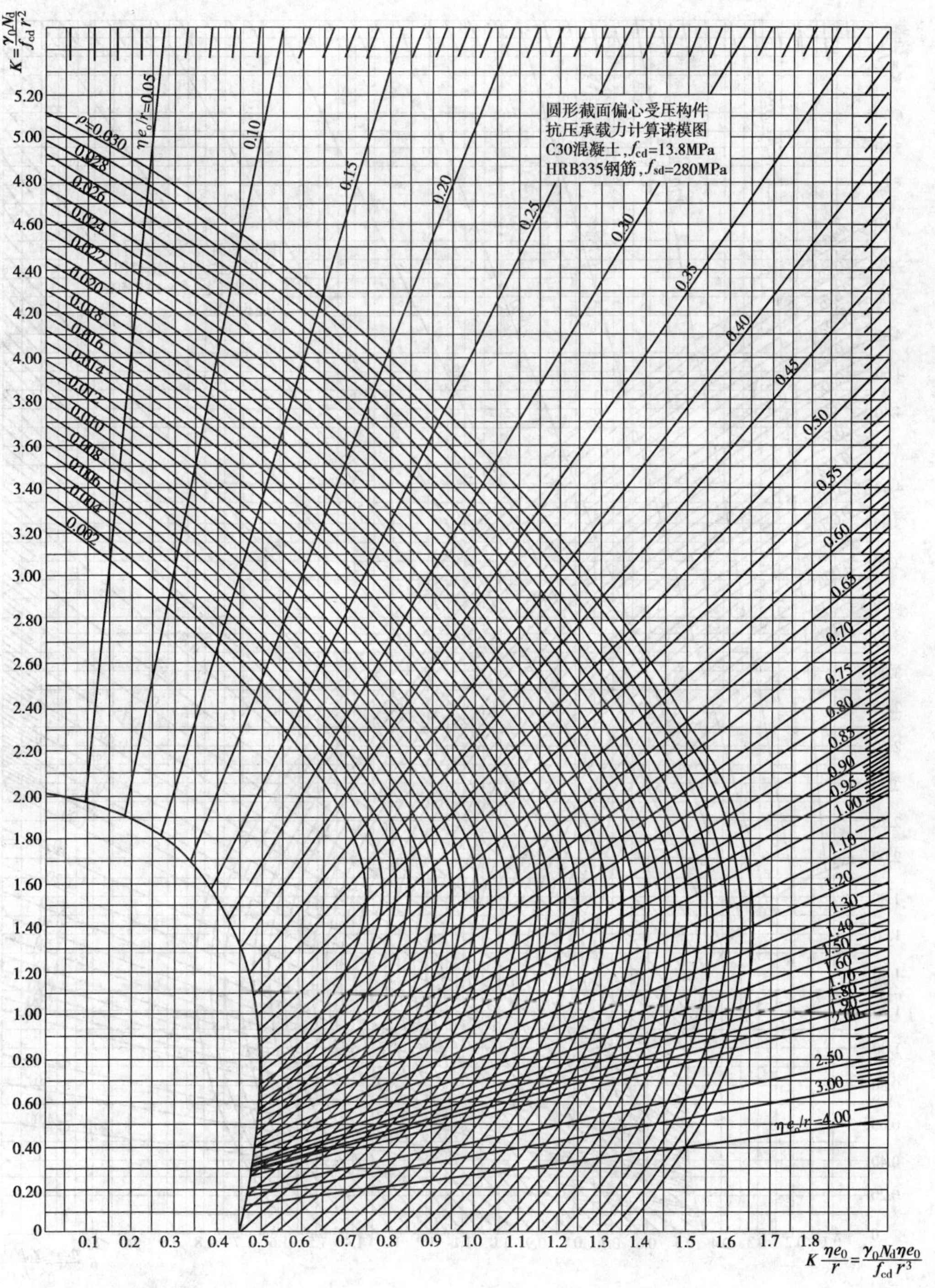

图 5-3（六） 圆形截面钢筋混凝土偏压构件正截面抗压承载力计算诺模图

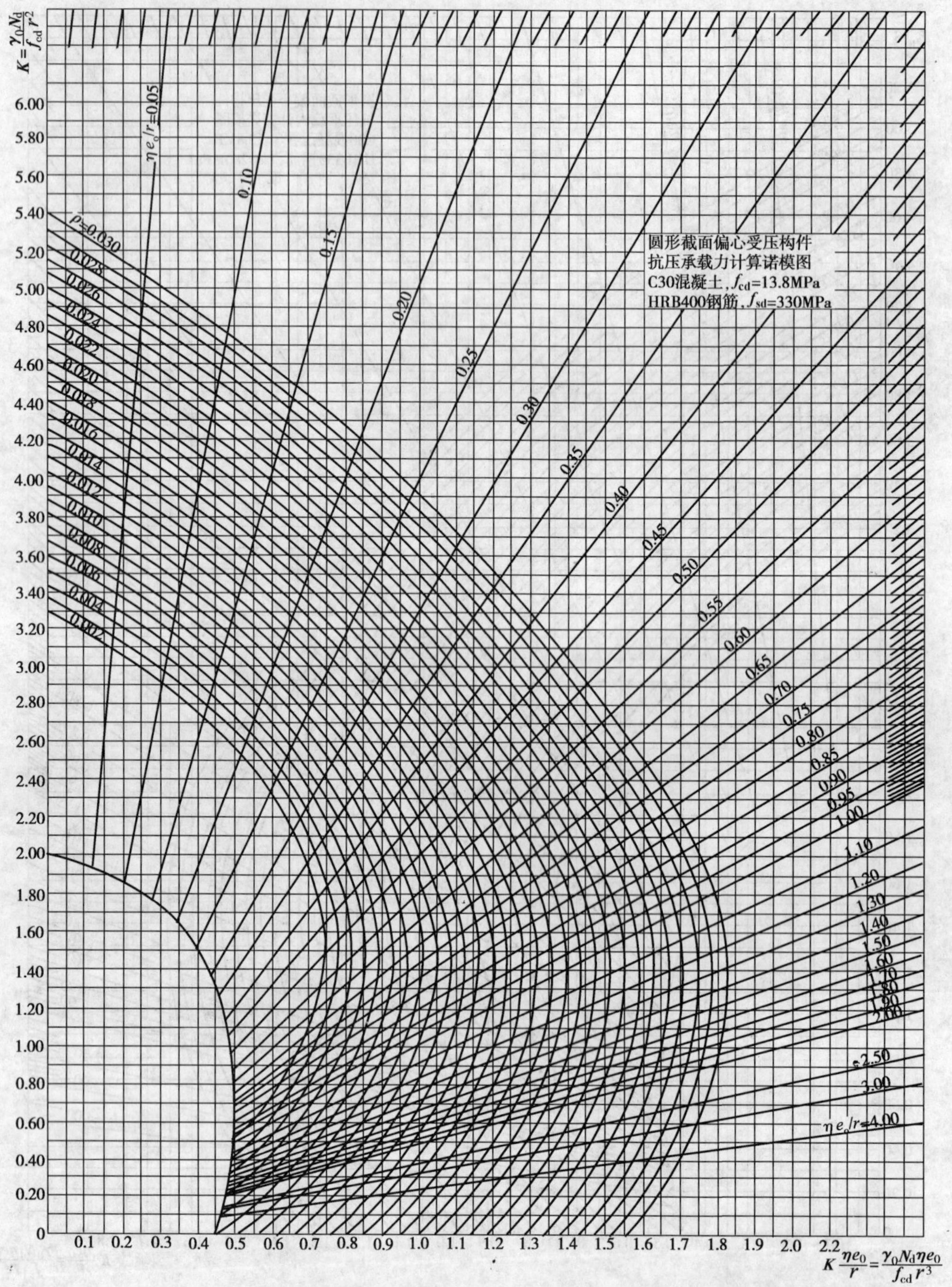

图 5-3(七)　圆形截面钢筋混凝土偏压构件正截面抗压承载力计算诺模图

公式(5-19)中的 ζ_1 为截面曲率修正系数，主要取决于相对偏心率 e_0/h_0，所以也称荷载偏心率对截面曲率的影响系数。前面已经说过，η 的计算公式是在控制截面界限极限曲率的基础上建立起来的，大偏心受压构件符合这个前提。但对非界限条件的构件如小偏心受压构件，就不符合这个前提。在极限状态时，小偏心受压构件受拉钢筋的应力达不到屈服强度，受压区边缘混凝土的极限压应变也会随受压区高度的增大而有所减小，这样，截面曲率将随轴向压力的增大而减小。因此需要引入 ζ_1 进行修正。ζ_1 的计算公式取自《GBJ 10—89 规范》，它是在 $e_0/h_0=0.3$ 时基本不修正的情况下建立起来的。

公式(5-19)中的 ζ_2 是构件长细比对截面曲率的影响系数。试验表明，随着构件长细比的增大，构件达到极限状态时控制截面的曲率将减小。故此引入 $\zeta_2=1.15-0.01l_0/h$ 进行修正。该公式的适用范围为 $15\leqslant l_0/h\leqslant 30$。当 $l_0/h<15$ 时，影响不显著，无须修正，取 $\zeta_2=1$；当 $l_0/h>30$ 时，构件已由材料破坏变为失稳破坏，不在考虑范围之内，$l_0/h=30$ 时，最小值 $\zeta_2=0.85$。

原规范曾规定，当构件长细比 l_0/i(或 l_0/h) >28(或 8)时，方考虑二阶弯矩的影响。这次修订，在参考了工民建规范和国外有关规范以后，将不考虑二阶弯矩的界限条件修改为 l_0/i(或 l_0/h) $\leqslant 17.5$(或 5.0)。

5.3.12 试验表明，双向偏心受压构件的破坏形态与单向偏心受压构件的破坏形态相似，所以单向偏心受压构件正截面承载力计算的基本假定也适用于双向偏心受压构件。但由于破坏时受压区的形状较为复杂，如用正截面承载力计算的基本假定来精确计算双向偏心受压构件的承载力，过程势必复杂烦琐。目前各国规范均采用近似的计算方法。本条双偏心受压构件抗压承载力的计算表达式，是尼克丁(N. V. Nikitin)根据材料力学的方法按单向偏心受压构件推导建立的，只用于截面承载力的复核验算。现就公式来源说明如下：

设一承受轴向压力的构件，其截面极限轴心压力为 N_{u0}时的压应力为 σ_{u0}；偏心距为 e_x、极限偏心压力为 N_{ux}时的压应力为 σ_{ux}；偏心距为 e_y、极限偏心压力为 N_{uy}时的压应力为 σ_{uy}；双向偏心距为 e_x 和 e_y、极限压力为 N_{uxy}时的压应力为 σ_{uxy}。如构件换算截面面积为 A_0，x 轴方向的换算截面抵抗矩为 W_{0x}，y 轴方向的换算截面抵抗矩为 W_{0y}，则可得：

$$\sigma_{u0}=N_{u0}/A_0 \tag{5-20}$$

$$\sigma_{ux}=N_{ux}\left(\frac{1}{A_0}+\frac{e_x}{W_{0x}}\right) \tag{5-21}$$

$$\sigma_{uy}=N_{uy}\left(\frac{1}{A_0}+\frac{e_y}{W_{0y}}\right) \tag{5-22}$$

$$\sigma_{uxy}=N_{uxy}\left(\frac{1}{A_0}+\frac{e_x}{W_{0x}}+\frac{e_y}{W_{0y}}\right) \tag{5-23}$$

在极限状态下，

$$\sigma_{u0}=\sigma_{ux}=\sigma_{uy}=\sigma_{uxy}$$

由公式(5-21)：

$$\frac{e_x}{W_{0x}}=\frac{\sigma_{ux}}{N_{ux}}-\frac{1}{A_0}=\frac{\sigma_{u0}}{N_{ux}}-\frac{1}{A_0}=\frac{N_{u0}}{A_0N_{ux}}-\frac{1}{A_0}$$

由公式(5-22)：

$$\frac{e_y}{W_{0y}}=\frac{\sigma_{uy}}{N_{uy}}-\frac{1}{A_0}=\frac{\sigma_{u0}}{N_{uy}}-\frac{1}{A_0}=\frac{N_{u0}}{A_0N_{uy}}-\frac{1}{A_0}$$

将以上 $\frac{e_x}{W_{0x}}$、$\frac{e_y}{W_{0y}}$ 代入公式(5-23)，得：

$$\sigma_{uxy}=N_{uxy}\left(\frac{1}{A_0}+\frac{N_{u0}}{A_0N_{ux}}-\frac{1}{A_0}+\frac{N_{u0}}{A_0N_{uy}}-\frac{1}{A_0}\right)=\frac{N_{uxy}}{A_0}\left(\frac{N_{u0}}{N_{ux}}+\frac{N_{u0}}{N_{uy}}-1\right) \tag{5-24}$$

在公式(5-24)两边乘以 A_0，得：

$$\sigma_{uxy}A_0=\sigma_{u0}A_0=N_{u0}=N_{uxy}\left(\frac{N_{u0}}{N_{ux}}+\frac{N_{u0}}{N_{uy}}-1\right) \tag{5-25}$$

将公式(5-25)除以 N_{u0}，得：

$$N_{uxy}\left(\frac{1}{N_{ux}}+\frac{1}{N_{uy}}-\frac{1}{N_{u0}}\right)=1\text{，移项后}$$

$$\frac{1}{N_{uxy}}=\frac{1}{N_{ux}}+\frac{1}{N_{uy}}-\frac{1}{N_{u0}}$$

N_{uxy}应大于或等于双向偏心荷载轴向力设计值$\gamma_0 N_d$，于是

$$\frac{1}{\gamma_0 N_d}\geqslant\frac{1}{N_{uxy}}=\frac{1}{N_{ux}}+\frac{1}{N_{uy}}-\frac{1}{N_{u0}}$$

移项即得本条公式(5.3.12)：

$$\gamma_0 N_d\leqslant\frac{1}{\dfrac{1}{N_{ux}}+\dfrac{1}{N_{uy}}-\dfrac{1}{N_{u0}}} \tag{5-26}$$

5.5 受扭构件

5.5.1 矩形截面纯扭构件极限扭矩的计算，目前有变角度空间桁架和斜弯曲两种计算理论和模型。箱形截面当其壁厚与相应壁高(或壁宽)之比达到一定数值后，也可与矩形截面一样计算。按照上述两种理论计算可以得出相同的极限扭矩：

$$T_u=2\sqrt{\zeta}\frac{f_{sv}A_{sv1}A_{cor}}{s_v} \tag{5-27}$$

式中参数ζ是受扭的纵向钢筋与箍筋的配筋强度比，

$$\zeta=\frac{f_{sd}A_{st}s_v}{f_{sv}A_{sv1}U_{cor}} \tag{5-28}$$

ζ具有表征受扭构件破坏裂缝与构件纵轴线倾角α的几何意义。原规范假定α一般呈现的约45°，而变角度空间桁架计算模型取斜压杆倾角α并非定值45°，按下列公式计算：

$$\tan\alpha=\sqrt{\frac{1}{\zeta}}=\sqrt{\frac{f_{sv}A_{sv1}U_{cor}}{f_{sd}A_{st}s_v}} \tag{5-29}$$

当$\alpha=45°$时，$\zeta=1$，则由公式(5-28)得：

$$\frac{f_{sv}A_{sv1}}{s_v}=\frac{f_{sd}A_{st}}{U_{cor}}$$

将$\zeta=1$和上面的关系式代入公式(5-27)，可得如下两种形式：

$$T_u=2\frac{f_{sv}A_{sv1}A_{cor}}{s_v} \tag{5-30}$$

$$T_u=2\frac{f_{sd}A_{st}A_{cor}}{U_{cor}} \tag{5-31}$$

将符号换为原规范的符号，公式(5-30)、(5-31)就是原规范第4.1.23条公式(4.1.23-1)、(4.1.23-2)。也就是说，原规范矩形截面纯扭构件极限扭矩的计算公式，是按本规范$\alpha=45°$、$\zeta=1$的假定推导出来的。但原规范和公式(5-27)均未考虑混凝土的抗扭作用。

试验表明，原规范的计算公式，当构件的配筋率较低时，由于没有考虑混凝土的抗扭作用，偏于保守；当配筋率较高时，由于纵向钢筋和箍筋不能同时屈服，计算值又偏高。因此需要对原规范的计算公式作必要的修正。除了上述螺旋形破坏裂缝的倾角α进行修正外，不少学者认为极限扭矩的计算公式中还应反映试验中观测到的混凝土强度的影响，建议采用如下的计算模式：

$$T_u=T_c+\alpha_t\frac{f_{sv}A_{sv1}A_{cor}}{s_v} \tag{5-32}$$

公式右边第一项T_c为混凝土的抗扭承载力；第二项为钢筋的抗扭承载力。本条所列公式(5.5.1-1)的这两项均取自国家标准《GBJ 10—89规范》，反映混凝土抗扭的第一项取开裂扭矩T_{cr}($T_{cr}=0.7f_{td}W_t$)的50%，而第二项反映钢筋抗扭作用的系数α_t取为$1.2\sqrt{\zeta}$。总的抗扭能力取试验数据的偏下值。式中的

ζ值,试验表明,当其值在0.5~2.0范围时,钢筋混凝土构件破坏时纵向钢筋和箍筋基本上能同时屈服,为稳妥起见,取限制条件$0.6 \leqslant \zeta \leqslant 1.7$。$\zeta = 1.2$左右为钢筋达到屈服的最佳值。因截面内力平衡的需要,不对称布置的纵向钢筋在计算中只取对称布置的纵向钢筋截面面积。

对钢筋混凝土箱形截面纯扭构件承载力的计算,本规范参照国外规范取箱壁有效厚度$t_2 \geqslant 0.25b$(或$t_1 \geqslant 0.25h$),当$0.1b \leqslant t_2 \leqslant 0.25b$(或$0.1h \leqslant t_1 \leqslant 0.25h$)时,其第一项混凝土抗扭承载力乘以$\beta_a = 4\frac{t_2}{b}\left(\text{或}4\frac{t_1}{h}\right)$予以折减。

预应力混凝土纯扭构件的试验表明,预应力提高抗扭承载力的前提是纵向钢筋不能屈服,当预加力产生的混凝土法向应力不超出规定的限值时,纯扭构件抗扭承载力可提高$0.08\frac{Np_0}{A_0}W_t$。考虑到实际上应力分布不均匀等不利影响,规范只取提高值$0.05\frac{Np_0}{A_0}W_t$,且仅限于偏心距$e_{p0} \leqslant h/6$的情况。在计算ζ时,不考虑预应力钢筋的作用。

试验还表明,预应力承载力的有利作用应有所限制,故此当$N_{p0} > 0.3f_{cd}A_0$时,应取$N_{p0} = 0.3f_{cd}A_0$。

在扭矩作用下的钢筋混凝土结构或构件,若扭矩系由荷载直接引起,并可由静力平衡条件求得,一般称为平衡扭转;若扭矩系由结构或相邻构件间的转动受到约束所引起,并由转动变形的连续条件所决定,一般称为协调扭转或附加扭转。由于后者的连续变形可引起内力重分布,对设计的扭矩起到折减作用。本节规定的抗扭计算公式均未考虑协调扭矩或附加扭矩,也即本规范有关受扭构件的计算仅适用于平衡扭转。

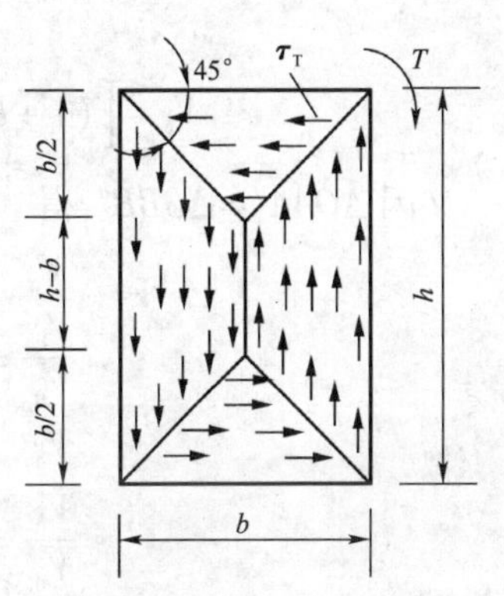

图5-4 剪力流分布图

5.5.2 本条公式(5.5.2-1)是假定钢筋混凝土构件矩形截面进入全塑性状态时,出现与截面各边成45°剪应力界限分布区,形成的剪力流τ_t对截面的扭转中心取矩导得的。由平衡条件可得(图5-4):

$$T = \left\{2\frac{b}{2}(h-b)\frac{b}{4} + 4\frac{b}{2}\frac{b}{2}\frac{1}{2}\frac{b}{3} + 2\frac{b}{2}\frac{b}{2}\left[\frac{2}{3}\frac{b}{2} + \frac{1}{2}(h-b)\right]\right\}\tau_T = \frac{b^2}{6}(3h-b)\tau_T$$

因此

$$W_t = \frac{b^2}{6}(3h-b) \tag{5-33}$$

箱形截面的受扭塑性抵抗矩,按上述公式计算实心矩形截面与箱室空心矩形截面之差。

5.5.3 试验表明,受扭构件当抗扭钢筋配置过多时,可能出现混凝土被压坏而钢筋达不到屈服强度,必须限制截面的最小尺寸。也就是使截面混凝土剪应力不超过某一限值,类似构件斜截面抗剪承载力计算时的上限值。对弯剪扭构件,由于其受力的复杂性,目前只能将扭矩产生的剪应力与弯剪产生的剪应力叠加起来,使其总和不超过混凝土强度的规定限值。本条规定的限值基本维持原规范的水平。在设计中,当由剪扭产生的剪应力超过规范公式(5.5.3-1)规定的限值时,就应修改构件截面尺寸或提高混凝土强度等级。

本条公式(5.5.3-2)类似于构件斜截面抗剪计算的下限值,按该公式计算并满足限值的要求时,构件可不配置抗扭钢筋。但为了防止脆断和保证构件破坏时具有一定延性,仍应按本规范第9.3.14条构造要求配筋。公式(5.5.3-2)规定的限值与原规范相近。

5.5.4 目前钢筋混凝土剪扭构件的承载力一般按受扭构件承载力和受剪构件承载力分别进行计算,然后叠加起来。但是共同承受剪扭的构件,其剪力和扭矩对构件内的混凝土和箍筋均有一定影响。如果采取简单地叠加,对箍筋和混凝土尤其是混凝土是偏于不安全的。试验表明,构件在剪扭共同作用下,其截面的某一受压区域内承受剪切和扭转应力的双重作用,这必将降低构件内混凝土的抗剪和抗扭能力。由于受扭构件受力情况比较复杂,目前采取箍筋所承担的承载力进行简单叠加,而混凝土的承载力则在受剪构件和受扭构件承载力的计算公式中均引入一个剪扭构件混凝土承载力的降低系数β_t。本规范计算β_t的公式(5.5.4-3)取自《GBJ 10—89 规范》,它是根据剪扭构件计算所得的剪扭承载力相关曲线接近于按试验所得的剪扭相关曲线,并进行适当简化而得的,现说明如下:

无腹筋和有腹筋的剪扭构件试验研究后认为,剪扭构件中其混凝土所能承受的强度,若以(T_c/T_{co},V_c/V_{co})为无量纲坐标,其剪扭试验值的相关曲线接近于1/4圆的规律性,由此可画出剪扭构件混凝土强度相关关系,如图5-5。上述T_c和V_c为有腹筋剪扭构件中混凝土所能承受的抗扭和抗剪强度;T_{co}和V_{co}为有腹筋纯扭构件中和有腹筋受弯构件中混凝土所能承受的抗扭强度和抗剪强度。为简化计算,将在图5-5中1/4圆曲线EF近似地以EG、GH、HF三折线来代替,将GH延长交于坐标轴C及D,并取$\angle OCD=45°$,则使$CE=DF=b$。

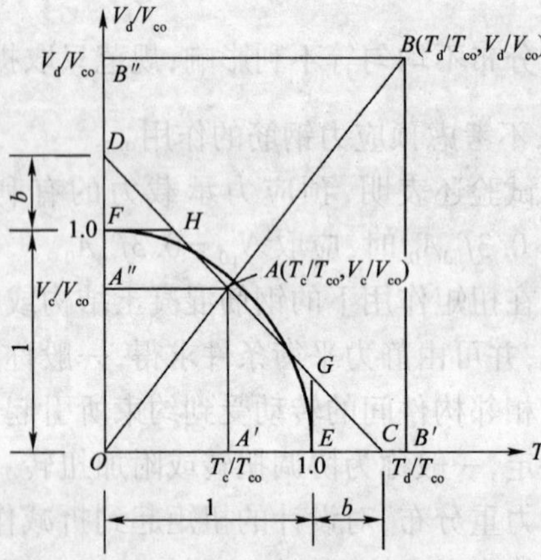

图5-5　剪扭构件混凝土强度相关关系

由$\Delta AA'C$可得:

$$\frac{\dfrac{V_c}{V_{co}}}{(1+b)-\dfrac{T_c}{T_{co}}}=1$$

则
$$V_c=\left[(1+b)-\frac{T_c}{T_{co}}\right]V_{co} \tag{5-34}$$

又因$\Delta OAA''\approx\Delta OBB''$,得

$$\frac{\dfrac{V_c}{V_{co}}}{\dfrac{V_d}{V_{co}}}=\frac{\dfrac{T_c}{T_{co}}}{\dfrac{T_d}{T_{co}}}$$

即
$$\frac{V_c}{V_d}=\frac{T_c}{T_d} \tag{5-35}$$

将式(5-34)代入式(5-35),得

$$\frac{T_c}{T_d}=\left[(1+b)-\frac{T_c}{T_{co}}\right]\frac{V_{co}}{V_d}$$

整理后得
$$T_c=\frac{(1+b)V_{co}}{\dfrac{V_d}{T_d}+\dfrac{V_{co}}{T_{co}}} \tag{5-36}$$

将式(5-36)代入式(5-34),得

$$V_c=\left[(1+b)-\frac{(1+b)\dfrac{V_{co}}{T_{co}}}{\dfrac{V_d}{T_d}+\dfrac{V_{co}}{T_{co}}}\right]V_{co}=\left[(1+b)-\frac{(1+b)}{1+\dfrac{V_dT_{co}}{T_dV_{co}}}\right]V_{co}$$

令
$$\beta_t=\frac{1+b}{1+\dfrac{V_dT_{co}}{T_dV_{co}}} \tag{5-37}$$

则
$$V_c=\left[(1+b)-\beta_t\right]V_{co} \tag{5-38}$$

由式(5-36)可导出:

$$T_c=\frac{(1+b)}{1+\dfrac{V_dT_{co}}{T_dV_{co}}}T_{co}=\beta_tT_{co} \tag{5-39}$$

取公式(5-38)、(5-39)中的$b=0.5$,可算出$\dfrac{V_d}{V_0}\sim\dfrac{T_d}{T_0}$相关曲线与试验所得相关曲线吻合最好。此处$V_d$和$T_d$为有腹筋剪扭构件的抗剪和抗扭荷载设计值;$V_0$和$T_0$为有腹筋受弯构件所能承受的抗剪和纯扭构件所能承受的抗扭强度。

《GBJ 10—89 规范》对有腹筋受弯构件混凝土的抗剪强度取$V_{co}=0.07f_cbh_0$(f_c相当于本规范的f_{cd});对有腹筋纯扭构件混凝土的抗扭强度取$T_{co}=0.35f_tW_t$(f_t相当于本规范的f_{td}),并$f_t\approx0.1f_c$,$b=$

0.5，代入公式(5-37)，得

$$\beta_t=\frac{1.5}{1+0.5\frac{V_d W_t}{T_d b h_0}} \tag{5-40}$$

对预应力混凝土构件，混凝土抗扭承载力的降低系数 β_t 可不计预应力影响。

将 β_t 分别代入公式(5-38)和(5-39)，得

$$V_c=0.07(1.5-\beta_t)f_c b h_0 \tag{5-41}$$

$$T_c=0.35\beta_t f_t W_t \tag{5-42}$$

这就是《GBJ 10—89 规范》有腹筋剪扭构件混凝土的抗剪和抗扭承载力的计算公式（箍筋抗剪和抗扭承载力取与受弯构件抗剪和纯扭构件抗扭相同）。本规范对剪扭构件承载力未作专门研究，其中抗扭承载力录自该规范；但剪扭构件中以受弯构件为基础的抗剪承载力，本规范长期以来一向采用两项积（混凝土和箍筋共同抗剪，不分项计算）公式，不能直接套用《GBJ 10—89 规范》只对混凝土项进行折减的公式，需作适当调整。经对各种构件的计算比较，将剪扭构件抗剪折减系数由 $(1.5-\beta_t)$ 改为 $(10-2\beta_t)/20$，使本规范按总抗剪值折减的降低值占总抗剪值的百分数，与《GBJ 10—89 规范》按混凝土抗剪值折减的降低值占总抗剪值的百分数大致接近。

5.5.5 T 形、I 形和带翼缘箱形截面的钢筋混凝土受扭构件，在承载力的计算中可将其截面划分为几个矩形截面。划分的原则是：先按截面总高度划出腹板或矩形箱体，然后再划出受压翼缘和受拉翼缘。T 形或 I 形截面受纯扭构件的试验表明，破坏时第一条斜裂缝首先出现在腹板侧面中部，当腹板宽度大于翼缘厚度时，如将悬出翼缘部分去掉，可看出腹板侧面裂缝与顶面裂缝基本相连，形成了断断续续、相互贯通的螺旋形斜裂缝，也即腹板裂缝的形成受翼缘的影响不大，其自身具有独立性。依此，可将腹板和翼缘分开分别进行抗扭计算。划分出的腹板或矩形箱体按剪扭构件计算；受压翼缘和受拉翼缘不考虑受剪仅按纯扭构件计算。试验同时表明，对于配有闭合式箍筋的翼缘，其截面抗扭承载力是随翼缘悬出部分的增加而提高。但悬出部分过大，翼缘与腹板连接时整体刚度减弱，同时受弯变形后翼缘易于断裂，因此，翼缘的抗扭作用因悬出部分过大反而显著降低。本规范取悬出长度不超过其厚度的 3 倍。每个矩形基本单元体所承受的扭矩设计值，按其截面受扭塑性抵抗矩与总截面的受扭塑性抵抗矩的比值从构件总扭矩中分担。

受压翼缘受扭塑性抵抗矩的计算公式 $W'_{tf}=\frac{h_f'^2}{2}(b'_f-b)$ 作如下说明：按本规范公式(5.5.2-1)，矩形截面受扭塑性抵抗矩为 $W_t=\frac{b^2}{6}(3h-b)$，该式可写为 $W_t=\alpha b^2 h$，$\alpha=\frac{1}{6}\left(3-\frac{b}{h}\right)$，$\alpha$ 为与截面短边 b 对长边 h 的比值有关的系数，翼缘截面狭长，对全塑性材料，可令 $b/h=0$，则 $\alpha=\frac{1}{2}$，$W_t=\frac{1}{2}b^2h$；就翼缘而言，$W'_{tf}=\frac{h_f'^2}{2}(b'_f-b)$，$h'_f$ 为翼缘短边，(b'_f-b) 为翼缘长边。

5.5.6 在实际桥梁工程中，真正纯扭构件或剪扭构件是很少的，大多是同时承受弯矩、剪力和扭矩的构件。这些弯剪扭构件的配筋按第 5.5.5 条规定，可划分为几个矩形截面分别计算和配置。例如，抗弯纵向钢筋应按受弯构件正截面抗弯承载力计算所需的钢筋截面面积，配置在受拉区边缘；矩形截面或 T 形、I 形截面腹板及带翼缘箱形截面的矩形箱体，应按剪扭构件计算，由抗扭承载力计算所需的纵向钢筋截面面积沿腹板或矩形箱体周边均匀对称布置，而箍筋则为按斜截面抗剪承载力和抗扭承载力计算所需截面面积之和布置；T 形、I 形和带翼缘箱形截面的受压翼缘或受拉翼缘，应按纯扭构件的抗扭承载力计算所需的纵向钢筋和箍筋截面面积，其中纵向钢筋沿翼缘周边均匀对称布置。

5.6 受冲切构件

5.6.1 本条是关于不配置抗冲切钢筋的钢筋混凝土板抗冲切承载力计算的规定。公式(5.6.1)中的 0.7 是经验系数；β_h 是考虑板的抗冲切承载力随板厚的增大而降低所设立的截面高度尺寸效应系

数；对于腹内配有预应力钢筋的板，考虑预加应力可以阻止斜裂缝的出现和开展，增加混凝土剪压区的高度，有利于板的抗冲切作用，因而在公式中增加了这项有利的因素。上述经验系数、截面高度尺寸效应系数 β_h 以及预压应力影响的具体取值，来自国内和国外有关资料。

5.6.2 在实际工程中当单靠混凝土抗冲切不能满足要求或增加板厚有困难时，仅提高混凝土强度等级并不能合理地解决冲切承载力的问题。此时需要设置抗冲切钢筋。试验资料表明，配置抗冲切钢筋后板的抗冲切承载力有明显增加；它的位置应布置在集中荷载作用面的附近，否则，抗冲切承载力提高不显著；此外，抗冲切钢筋的锚固也很重要，锚固不好将影响其强度的充分发挥。

试验研究表明，配有抗冲切钢筋的混凝土板，其破坏形态和受力特性与有腹筋的受弯构件相似，当抗冲切钢筋达到一定数量后，板的抗冲切承载力几乎不再提高。因此，需要对抗冲切钢筋加以限制，也就是对板的受冲切截面加以限制，就像对受弯构件抗剪截面进行限制一样。国内外规范对此都作了一些规定，即配置抗冲切钢筋的板的最大抗冲切承载力不超过不配抗冲切钢筋的板的抗冲切承载力的1.5倍。这样，一般可以充分发挥抗冲切钢筋的作用，避免使用阶段过宽的斜裂缝。

国外研究资料认为，在各种形式的抗冲切钢筋中，以箍筋和弯起钢筋的效果较好。箍筋或弯起钢筋应布置在斜裂缝可能出现的地方。在配有抗冲切钢筋的混凝土板中，由于斜裂缝的出现和开展，使混凝土的抗冲切能力有所降低，斜裂缝出现时的荷载大约为未配置抗冲切钢筋混凝土板冲切破坏荷载的一半。本条公式(5.6.2-2)、(5.6.2-3)中混凝土项的抗冲切承载力因而也取了第5.6.1条无抗冲切钢筋板极限承载力的一半。

在冲切破坏锥体以外不需要配置抗冲切钢筋的截面，尚需按混凝土板进行抗冲切验算，以防止冲切破坏在该处提前发生。此时，计算最不利周长取在冲切破坏锥体以外 $0.5h_0$ 处。

5.7 局部承压构件承载力计算

5.7.1 本条对原规范作了以下内容的修改：

1 为了满足无预留孔道，同时满足有预留孔道构件局部承压的要求，当时规范编制组按劈裂拉力概念建立了原规范公式(4.1.25-1)。但其计算模式与国内外规范表达的不一样，不易进行比较。本条改为与国内规范类似的公式(5.7.1-1)。

2 原规范在计算混凝土局部承压提高系数 β 值时，对有预留孔道的构件，局部承压面积 A_l 和计算底面积 A_b 均要扣除孔道面积，这样，就造成预留孔道越大计算的 β 值越高的不合理情况。本条改为计算 β 值时 A_l 和 A_b 均不扣除孔道面积。同时考虑了实际工程中常用的带有喇叭管的锚具垫板 A_{ln} 的取值，此值来自以往工程设计和实践经验。

3 高强度的混凝土，其局部承压强度提高系数，无论是极限承载力阶段还是开裂阶段，都比普通强度的混凝土要低，本规范用修正系数 η_s 来考虑这个随混凝土强度等级(C50～C80)提高而降低的影响。

4 荷载和材料均采用设计值，对后张法构件锚头局压区预应力分项系数取为1.2。

经以上修改后，参考了1979年颁布的《公路预应力混凝土桥梁设计规范》及与国内其他有关规范的比较，建立本规范的计算公式。

5.7.2 本条公式(5.7.2-1)基本保持原规范的表达形式，但也有些改动。原规范规定，由公式第二项钢筋承担的承载力不应超过第一项由混凝土承担承载力的50%（见原规范第4.1.24条注）。试验表明，局部承压区间接钢筋配置过多，当局压区达到承载力时，其局压垫板会产生过大下沉。如今，按照本规范第5.7.1条局部承压区截面尺寸的限制条件，将不会出现这样的问题，因此，取消了原规范的这项规定。同时，考虑第二项由间接钢筋承担的承载力占总承载力的比例不大，将原规范公式中的 β_{he}^2 改为 β_{cor}，以便与国内规范统一。此外，计算局部承压提高系数 β_{cor} 时，A_{cor} 和 A_l 也不扣除预留孔道面积。公式(5.7.2-1)右边第二项引入间接钢筋影响系数 k，以表示间接钢筋局部承压强度提高系数随混凝土强度等级的提高而降低。

5.7.3 后张法构件的锚头局压区，在其纵向长度大致相当于一倍梁高的端块内，由锚具局部压力引起的应力是比较复杂的，在靠近垫板处产生横向压应力，在其他部位则产生横向拉应力。当锚具的吨位很大时，这种拉应力可达到很可观的数值，有可能导致构件纵向开裂。此外，在端块区域内也正是主拉应力的高值区，由于上述拉应力的存在，加大了主拉应力，也可能使构件出现斜裂缝。

近年来，新修建的预应力混凝土连续梁和连续刚构桥，在边跨现浇段较普遍地发生了纵向裂缝或斜裂缝，为此，本规范增加了分析局压区端块局部应力的规定。在该区域除了垫板附近配置间接钢筋外，另应根据局部应力分析配置闭合式箍筋。本规范第 9.4.1 条对端块的构造箍筋作出了规定，原意在于分布这个区域可能出现的裂缝，端块局部应力分析所配置的箍筋可将构造箍筋包括在内。

6 持久状况正常使用极限状态计算

6.1 一般规定

6.1.1 正常使用极限状态计算在构件持久状况设计中占有重要地位,尽管不像承载能力极限状态计算那样直接涉及结构的安全问题,但如果设计不好,也有可能间接引发出结构的安全问题。

按《公路统一标准》的规定,正常使用极限状态设计作用(或荷载)应取用短期效应组合和长期效应组合,这与原规范是不同的。所谓短期效应组合就是恒载(结构自重)标准值与活载频遇值效应的组合;长期效应组合则为恒载标准值与活载准永久值效应的组合。至于活载频遇值和准永久值的涵义是什么,《公路统一标准》的条文说明作了扼要解释;具体取值是多少,由《公路桥涵设计通用规范》给出。一般认为,汽车荷载是公路桥梁的主导活载,本条明确规定在正常使用极限状态计算中可不计冲击系数。原规范对挠度和裂缝宽度计算有明确规定,汽车荷载是不计冲击系数的;但对抗裂计算未作明确规定,实际计算是考虑的。构件的挠度、裂缝宽度和抗裂计算,同属正常使用极限状态计算,它们之间有内在关系,在荷载取值上不应不同对待,且也给计算带来麻烦。至于抗裂计算由于新规范采用了静活载,汽车荷载效应的计算结果比原规范偏低,可能造成对构件抗裂的不利,这可采用其他办法加以弥补。

对于预应力混凝土构件,预应力作为荷载应取标准值效应,其荷载分项系数取为1.0。温度作用等其他可变作用引起的效应,应作为作用(或荷载)短期效应组合或长期效应组合的一部分,按《公路桥涵设计通用规范》的规定,取其频遇值系数或准永久值系数。

6.1.2 从1985年开始,公路预应力混凝土桥梁的正常使用极限状态采用预应力度进行设计。根据预应力度的大小将构件划分为全预应力和部分预应力,部分预应力又分为A类和B类构件。全预应力混凝土构件,在作用(或荷载)短期效应组合作用下构件任何截面的受拉边缘不允许出现拉应力,因此需要保持较大的预应力度。部分预应力混凝土构件,意味着在作用(或荷载)短期效应组合作用下控制截面受拉边缘已出现拉应力或裂缝,与全预应力构件比较,此时的预应力度有所降低。预应力度的降低,表示预应力钢筋可以少用,这是设计部分预应力构件的目的之一。部分预应力的A类构件,其控制截面受拉边缘的拉应力受到限制;拉应力超过限值直到出现裂缝均属于部分预应力B类构件。

部分预应力混凝土构件的应用,可以为工程带来实效。部分预应力不但改善构件预压区的受力状况,节省预应力钢材甚至降低构件高度,而且避免出现梁的过大反拱,尤其跨径较小而活载较大的桥梁,更能收到好处。部分预应力即使是允许开裂的B类构件,在桥梁使用期内的大部时间,其裂缝是闭合的。只有荷载达到设计最大值的短时间内构件才可能开裂。按照本规范的规定,部分预应力构件必须进行混合配筋,一般预应力钢筋设置在非预应力钢筋里面,只要设计合理,预应力钢筋不致因裂缝遭受腐蚀。然而,部分预应力构件尤其是带裂缝的B类构件,应有选择地使用,地处有侵蚀物质严重影响的桥梁,不应进行有裂缝的预应力混凝土构件设计。跨径很大的桥梁的主要受力构件也不宜进行部分预应力设计。

6.1.3 多年来的实践证明,预应力钢筋采用原规范的张拉控制应力,在设计与施工上均未出现问题。所以,本规范关于钢丝和钢绞线的张拉控制应力仍维持原规范的规定;而精轧螺纹钢筋则沿用原规范冷拉粗钢筋的规定。本条规定的张拉控制应力$\sigma_{con} \leq 0.75f_{pk}$(或$\leq 0.9f_{pk}$),具体设计时$\sigma_{con}$可采用小于$0.75f_{pk}$(或$0.9f_{pk}$),但不应小于$0.4f_{pk}$。

需要指出,本规范规定的张拉控制应力,对后张法构件是指梁体内锚下的钢筋应力;当梁端设有锚圈时,体外张拉控制应力为锚下钢筋应力加上锚圈口应力损失值;如锚圈口应力损失较大,则体外张拉控制应力也不能超过本条规定的最大值,例如钢丝和钢绞线不能超过$0.8f_{pk}$。这里所谓的体外张拉控制应力，是指当张拉钢筋时千斤顶油压表不受其他因素干扰时，就是油压表显示的总张拉力除以预应力钢筋截面面积所得的应力值。

由于各种原因进行超张拉时，梁体外张拉控制应力可提高 $0.05f_{pk}$，对钢丝和钢绞线可以达到 $\sigma_{con} \leq 0.8f_{pk}$。对先张法构件，意味着梁体内钢筋应力也提高了 $0.05f_{pk}$。考虑到超张拉是瞬时行为，先张法构件放张后混凝土产生弹性压缩，预应力钢筋建立的应力很快降低（后张法构件是在混凝土弹性压缩后显示的张拉控制应力），梁体内钢筋应力一般不会超过 $0.75f_{pk}$。

为了充分发挥预应力的优点，张拉控制应力值应尽量定得高些，使构件截面混凝土取得较大的预压应力值，以提高构件的抗裂性。但也要考虑在束筋中每根钢丝或钢绞线所获得的张拉应力不均匀而导致断筋，同时高应力状态下使构件预压区可能出现纵向裂缝，因此张拉控制应力也不宜定得过高。根据我国现行国家标准规定，预应力混凝土用的钢丝和钢绞线，其条件屈服点为 $0.85f_{pk}$，此处 f_{pk} 为钢筋的抗拉极限强度（本规范的强度标准值）。本规范确定的张拉控制应力梁体内为 $0.75f_{pk}$，梁体外（超张拉时）为 $0.80f_{pk}$，分别相当于国家标准条件屈服点的 0.75/0.85 = 0.88 倍和 0.8/0.85 = 0.94 倍，不致影响钢材的塑性，比原规范更安全些（原规范钢丝和钢绞线的条件屈服点约为 $0.80f_{pk}$）；本规范精轧螺纹钢筋的张拉控制应力确定为 $0.90f_{pk}$，超张拉时为 $0.95f_{pk}$，此处 f_{pk} 为该钢筋的屈服点，与钢丝和钢绞线的控制应力几乎相同，所以也是安全的。

6.1.5 本条列出了由预加力引起的混凝土法向应力的计算公式。先张法构件只用于简支结构，所以预加力的压力线与预应力钢筋的重心线是重合的，计算截面混凝土应力可以用一般偏心受压构件的公式。先张法构件的初始压力为 N_{p0}，N_{p0} 对构件重心轴的偏心距为 e_{p0}。

对后张法构件，当为简支梁时，仍可用偏心受压公式，初始压力为 N_p，N_p 对构件重心轴的偏心距为 e_{pn}；当为连续梁等超静定结构时，由于预加力对超静定梁引起的结构变形受到支座的约束，将产生支座次反力，次反力又引起次弯矩 M_{p2}，使得沿梁长各个截面内混凝土应力的分布重心（预加力的压力线）与预应力钢筋的中心线不在同一平面上，如果仍用偏心受压公式计算混凝土应力，则式中的 e_{pn} 实为混凝土压力中心对净截面重心轴的偏心距，而不是预应力钢筋中心线对净截面重心轴的偏心距。因此，后张法预应力混凝土连续梁等超静定结构，不但要考虑 M_{p2} 的作用，而且要单独计算混凝土的法向应力。

本条公式(6.1.5-5)中的 σ_{pc}（或 σ'_{pc}）是由 N_p 产生的受拉区（或受压区）预应力钢筋重心处的混凝土法向应力，应按下列公式计算：

$$\sigma_{pc}(\text{或}\ \sigma'_{pc}) = \frac{N_p}{A_0} \pm \frac{N_p e_{p0}}{I_0} y_0$$

式中 e_{p0} 按下列公式计算：

$$e_{p0} = \frac{\sigma_{pe} A_p y_p - \sigma'_{pe} A'_p y'_p - \sigma_{l6} A_s y_s + \sigma'_{l6} A'_s y'_s}{\sigma_{pe} A_p + \sigma'_{pe} A'_p - \sigma_{l6} A_s - \sigma'_{l6} A'_s}$$

以上计算表达了本条注(2)的意思。

6.1.6 本条列出了预应力钢筋和普通钢筋合力及其偏心距的计算公式。当预应力混凝土构件中配置了普通钢筋，由于混凝土收缩和徐变的影响，使普通钢筋产生与预压力相反的内力，减少了受拉区混凝土的预压应力，降低了构件的抗裂性能，计算时需加考虑。为简化计算，按规范公式(6.1.6-1)、(6.1.6-3)计算 N_{p0} 和 N_p 时，假定普通钢筋的应力等于混凝土收缩和徐变引起的预应力损失值，这种简化计算当预应力钢筋和普通钢筋重心位置不重合时是有误差的。

6.1.7 在先张法预应力混凝土构件的端部锚固区段，由于受预应力钢筋锚固传递应力的影响，预应力钢筋的实际应力是按曲线规律变化的，但可以近似地假定在钢筋传递长度范围内按直线变化。本条表 6.1.7 中预应力钢筋的传递长度 l_{tr}(mm) 系按下列公式计算求得：

$$l_{tr} = \beta \frac{\sigma_{pe}}{f_{tk}} d \tag{6-1}$$

式中 σ_{pe}——放张时预应力钢筋的有效预应力值；

β——预应力钢筋的外形系数，二、三股钢绞线，$\beta = 0.15$，七股钢绞线，$\beta = 0.16$；三面刻痕钢丝，$\beta = 0.18$；螺旋肋钢丝，$\beta = 0.14$；

f_{tk}——混凝土轴心抗拉强度标准值；

d——预应力钢丝、钢绞线的公称直径，见本规范第3.2.1条条文说明表3-2，当用束筋时取等效直径$\sqrt{n}d$，n为单筋根数，d为单根预应力钢丝、钢绞线的直径。

表6.1.7中的预应力传递长度l_{tr}是按该表给定的混凝土强度等级和有效预应力值σ_{pe}求得，实际工程中当预应力钢筋放张时混凝土强度等级不正好是表列值时，其预应力传递长度应按相应的两级之间以直线插入求出；当有效预应力值也非表列值时，则其预应力传递长度应在插入求出的基础上再按实际的σ_{pe}与表列σ_{pe}的比例增减。

6.2 钢筋预应力损失

6.2.1 本条所列σ_{l1} ~ σ_{l6}是预应力混凝土构件计算中常遇的预应力损失，对桥梁正常使用极限状态设计具有重要影响，而各项损失又涉及多方面因素，情况较为复杂。因此，这里需要特别指出，各项预应力损失值应首先考虑采用结合工程具体条件由试验确定的数据。对一些大工程尤其需要这样做。当无条件进行试验或无可靠的实测资料时，才取用本规范给出的数据和计算方法。

本规范未给出的其他预应力损失，如预应力钢筋与锚圈口之间摩擦、先张法台座变形引起的损失等，当计算需要时，必须预先通过试验确定，或采用生产厂家及施工单位常年积累的数据。

6.2.2 在后张法构件中，管道成型方式对摩擦损失的影响较大。本条表6.2.2中抽芯成型包括钢管抽芯成型和橡胶管抽芯成型两种。原规范对钢管抽芯成型的管道，取其摩擦影响系数$k=0$；但近年来国内实测资料表明，这种管道因钢管变形、成型质量及预应力钢筋的表面接触等也会引起预应力损失，本规范参考有关资料取$k=0.0015$，即与橡胶管抽芯成型的管道相同。

另外，随着预应力技术的不断进步以及适应这种进步伴随而来的管道成型方式的增多，本规范补充了预埋金属波纹管管道、塑料波纹管道和钢管管道，根据国内有关试验资料确定了这些管道的摩擦影响系数k值和管道壁摩擦系数μ值。

6.2.3 自原规范公布实施至今，应用于实际工程中的预应力钢筋及其锚固系统有了很大变化。为此，这次改规对原规范表5.2.7中的锚具类型作了调整。增加了广泛在后张法构件中使用的夹片式锚具，并参考国内规范的数据规定了锚具变形和钢筋回缩值；取消了已在公路桥梁上极少采用的环销式锚具、JM12锚具和单根冷拔钢丝的锥形锚具。

另外，原规范给出的锚具变形和钢筋回缩等引起的预应力损失的计算公式(5.2.7)，只能适用于直线形配筋，而后张法构件几乎全部配置曲线形预应力钢筋。由于预应力曲线钢筋锚固时，钢筋回缩受到管道反向摩擦力的阻止，对预应力损失产生影响，计算时需要考虑这种反摩擦的影响。本规范除了录用原规范用于直线形钢筋的计算公式外，还在附录D给出了预应力曲线钢筋考虑了反摩擦后由锚具变形、钢筋回缩等引起的预应力损失σ_{l2}的计算方法。目前，计算σ_{l2}的方法很多，但大多是近似的。本规范的计算方法是在参考了瑞士VSL公司的有关资料，经适当修改后给出的。

6.2.4 本条计算σ_{l3}的公式与原规范相同。这是一个普通的材料力学公式，是设定预应力钢筋的线膨胀系数$\alpha_c = 1\times10^{-5}/℃$、弹性模量$E_p = 2.0\times10^5$MPa建立的。本规范给出的钢丝弹性模量为$2.05\times10^5$，钢绞线的弹性模量为$1.95\times10^5$，两者平均值为$2.0\times10^5$，所以符合原规范的本意。

先张法构件加热养护时，由钢筋与台座温差引起的预应力损失，只是在钢筋与混凝土尚未黏结的情况下才能发生；当钢筋与混凝土一旦黏结共同工作后，就不再发生因温差引起的预应力损失。利用这个关系，采用分阶段的养护措施，可以减少钢筋的应力损失。例如，第一阶段用低温养护，温差控制在20℃左右，以此计算预应力损失。待混凝土达到某一强度，其与钢筋的黏结力足以抗衡温差变形，钢筋应力不再损失，再进行第二阶段的高温养护。此时，由于混凝土弹性模量的变化，仍有应力损失，但数值很小，可忽略不计。

6.2.5 本条公式(6.2.5-1)、(6.2.5-2)分别用来计算后张法构件和先张法构件由混凝土弹性压缩引起的预应力损失。先张法构件一般采用预应力直线钢筋，且放张时所有预应力钢筋几乎同时被割断，计算公式(6.2.5-2)中钢筋重心处由全部钢筋预应力产生的混凝土法向预压应力 σ_{pc} 是件不困难的事，因而钢筋的预应力损失即便手算也能容易地完成。但对后张法构件，往往配置很多纵向预应力钢筋，其中有较多预应力钢筋要弯起，而且它们总是逐束(根)张拉的，按公式(6.2.5-1)计算预应力损失，首先要计算每束(根)后张拉的预应力钢筋在先张拉钢筋的重心处产生的混凝土法向预压应力 $\Delta\sigma_{pc}$，这是一个烦琐的计算过程，除非利用电算程序，手工计算是有一定难度的。

为此，本规范给出一个计算后张法构件由混凝土弹性压缩引起的预应力损失的简便方法，列于附录E。该方法是假定每束(根)预应力钢筋的预加力相同，且取它们弹性压缩损失的平均值建立起来的，所以是一个近似的简化方法。设后张拉钢筋在先张拉钢筋重心处产生混凝土预压应力为 $\Delta\sigma_{pc}$，相应的混凝土压应变为 $\Delta\sigma_{pc}/E_c$，显然，先张拉钢筋也有相同的应变，从而形成预应力损失：

$$\sigma_{l4} = E_p \frac{\Delta\sigma_{pc}}{E_c} = \alpha_{EP}\Delta\sigma_{pc} \tag{6-2}$$

如有 m 束(根)预应力钢筋，则第 i 束(根)钢筋的弹性压缩损失将由其后张拉的 $(m-i)$ 束(根)钢筋所引起，如果 m 束(根)钢筋是同类型的，而且假定所有钢筋均位于全部钢筋重心处，则第 i 束(根)钢筋的预应力损失为

$$\sigma_{l4(i)} = (m-i)\alpha_{EP}\Delta\sigma_{pc} \tag{6-3}$$

式中 $\Delta\sigma_{pc}$ 为全部钢筋重心处，由张拉一束(根)钢筋产生的混凝土法向压应力。

显而易见，m 束(根)钢筋的弹性压缩损失是各不相同的，最先张拉的一束(根)钢筋损失最大，$\sigma_{l4(1)} = (m-1)\alpha_{EP}\Delta\sigma_{pc}$，最后张拉的一束(根)钢筋没有损失 $\sigma_{l4(m)} = (m-m)\alpha_{EP}\Delta\sigma_{pc} = 0$。简化计算时取 m 束(根)钢筋的弹性压缩损失平均值：

$$\begin{aligned}\sigma_{l4} &= [\sigma_{l4(1)} + \sigma_{l4(2)} + \cdots + \sigma_{l4(m)}]/m = \sum_{i=1}^{m}\sigma_{l4(i)}/m \\ &= \sum_{i=1}^{m}(m-i)\alpha_{EP}\Delta\sigma_{pc}/m = \alpha_{EP}\Delta\sigma_{pc}\sum_{i=1}^{m}(m-i)/m \\ &= \frac{m-1}{2}\alpha_{EP}\Delta\sigma_{pc}\end{aligned} \tag{6-4}$$

这就是本规范附录E所列计算钢筋弹性压缩应力损失的公式。

这里对如何计算钢筋重心处混凝土法向预压应力，作两点补充说明。

1　在确定 $\Delta\sigma_{pc}$ 或 σ_{pc} 时，预应力钢筋的有效预应力值 σ_{pe} 的取用，一般情况下后张法构件 $\sigma_{pe} = \sigma_{con} - \sigma_{l1} - \sigma_{l2}$；先张法构件 $\sigma_{pe} = \sigma_{con} - \sigma_{l2} - \sigma_{l3} - 0.5\sigma_{l5}$；

2　后张法构件，当预应力钢筋弯起后，对于沿梁长方向各个不同截面，$\Delta\sigma_{pc}$ 是有差异的，计算时有两种取法。本规范取按应力计算需要控制的截面，因为这些截面的几何特性、预应力损失等均有现成的数据，可以利用；铁路规范则规定，简支梁取跨径1/4截面上的 $\Delta\sigma_{pc}$；连续梁、连续刚构取若干有代表性截面上 $\Delta\sigma_{pc}$ 的平均值。

6.2.6　关于预应力钢筋的松弛损失，原上海铁道学院作了深入研究，经7年试验分析后提出下列钢丝、钢绞线松弛损失终极值的计算公式为

$$\sigma_{l5} = \Psi\left(0.52\frac{\sigma_{pe}}{f_{pk}} - 0.26\right)\sigma_{pe} \tag{6-5}$$

该公式仅适用于普通松弛的钢丝和钢绞线。通过公路桥梁跨径为10~20m的预应力混凝土空心板和跨径为25~50m的预应力混凝土简支梁的实例计算，当一次张拉时，$\sigma_{pe}/f_{pk} = 0.63 \sim 0.68$，损失终极值 $\sigma_{l5} = (0.07 \sim 0.093)\sigma_{pe}$。而现行国家标准关于普通松弛钢丝和钢绞线，其在初始应力为 $0.7f_{pk}$、1000h的松弛率不大于8%。两者相比之下，认为(6-5)公式是可以接受的。该公式当 $\sigma_{pe}/f_{pk} = 0.5$ 时，$\sigma_{l5} = 0$。

目前，实际工程中大量使用低松弛的钢丝和钢绞线，为了适应这种实际情况的需要，本规范将公式(6-5)再乘以钢筋松弛系数 ζ，即为

$$\sigma_{l5} = \Psi\zeta\left(0.52\frac{\sigma_{pe}}{f_{pk}} - 0.26\right)\sigma_{pe} \tag{6-6}$$

据徐金声等著的《现代预应力混凝土楼盖结构》中介绍，低松弛钢丝、钢绞线的应力松弛值约为普通松弛的1/4；有关预应力混凝土用钢丝、钢绞线的现行国家标准则规定前者为后者的0.31，为安全起见，本规范取$\zeta = 0.3$。

精轧螺纹钢筋的松弛损失值，根据以往的设计经验，采用原规范冷拉钢筋的规定值。

当需计算钢筋阶段松弛损失时，本规范附录F给出了钢筋松弛损失中间值与终极值的比值。该比值摘自铁道部有关资料，只适用于钢丝和钢绞线。

6.2.7 由混凝土收缩、徐变引起的预应力钢筋预应力损失值的计算模式基本上与原规范相同。但按原规范公式计算普遍反映数值偏大，经原研究单位重新核定后作了适当调整，改为本条公式(6.2.7-1)、(6.2.7-2)。该公式分别用于计算构件受拉区和受压区均配置纵向预应力钢筋时的预应力损失值。对泵送混凝土，其收缩、徐变引起的预应力损失值宜根据实际情况适当增大。

本条表6.2.7关于混凝土收缩应变和徐变系数终极值，系根据1990年《CEB-FIP模式规范》(以下简称《CEB-FIP规范》)提供的公式计算得到，这些公式已列于本规范附录F。现就在计算中遇到的一些问题说明如下：

1 《CEB-FIP规范》对混凝土收缩应变或徐变系数的计算，考虑了持续时间或加载后时间70年。在经过计算分析以后，本规范按10年的延续期计算。因为10年以后收缩应变值和徐变系数值增长甚小，认为可以忽略；

2 按《CEB-FIP规范》计算的收缩应变和徐变系数，大体适用于强度等级C20～C50混凝土。试验表明，高强的混凝土收缩量，尤其是徐变量要比普通强度的混凝土有所减少，且与$\sqrt{f_{ck}}$成反比。因此，本规范对C50及以上混凝土的收缩应变和徐变系数，按计算所得的表列值乘以$\sqrt{\frac{32.4}{f_{ck}}}$折减之。式中32.4为C50混凝土轴心抗压强度标准值，f_{ck}为C50及以上混凝土轴心抗压强度标准值；

3 《CEB-FIP规范》给出的计算公式，考虑了不同水泥种类对收缩应变和徐变系数的影响。特别是计算徐变系数，要按给定的公式对加载龄期t_0进行修正，情况比较复杂。本条表6.2.7及附录F表列数值系按一般硅酸盐类水泥或快硬水泥修正计算得出，一般可满足公路桥梁设计；

4 本条和附录F表列数据，可近似地适用于-20℃～+40℃之间季节性变化的混凝土。如要更精确地考虑，所有表列数值只适用于混凝土平均温度10℃～20℃之间，否则，应按下列方法对大约从0℃至+80℃的范围、对混凝土平均温度20℃的实际偏差的影响进行修正。

1)收缩。按下列公式对名义收缩系数和收缩发展系数进行修正：

①名义收缩系数

$$\beta_{RH,T} = \beta_{RH} \cdot \beta_{sT} \tag{6-7}$$

$$\beta_{sT} = 1 + \left(\frac{8}{103 - 100RH/RH_0}\right)\left(\frac{T/T_0 - 20}{40}\right) \tag{6-8}$$

式中 $\beta_{RH,T}$——依温度而定的系数，用来代替附录F公式(F.1.1-2)中的β_{RH}；

β_{RH}——按附录F公式(F.1.1-4)计算的系数；

RH——年平均相对湿度(%)，当40%≤RH<70%时，取55%；当70%≤RH<99%时，取RH=80%；

T——实际温度(℃)；

$T_0 = 1$℃；

$RH_0 = 100\%$。

②收缩发展系数

$$\alpha_{st}(T) = 350(h/h_0)^2 \cdot e^{-0.06(T/T_0 - 20)} \tag{6-9}$$

式中 $\alpha_{st}(T)$——依温度而定的系数，用来代替附录F公式(F.1.1-5)中的乘积$350(h/h_0)^2$；

T——实际温度(℃)；

$T_0 = 1$℃。

2)徐变。按下列公式对名义徐变系数和徐变发展系数进行修正：

①名义徐变系数

$$\phi_{RH,T} = \phi_T + (\phi_{RH} - 1) \cdot \phi_T^{1.2} \tag{6-10}$$

$$\phi_T = e^{0.015(T/T_0 - 20)} \tag{6-11}$$

式中　$\phi_{RH,T}$——依温度而定的系数，用来代替附录 F 公式（F. 2. 1-2）中的 ϕ_{RH}；

ϕ_{RH}——按附录 F 公式（F. 2. 1-3）计算的系数；

T——实际温度（℃）；

$T_0 = 1$℃。

②徐变发展系数

$$\beta_{H,T} = \beta_H \cdot \beta_T \tag{6-12}$$

$$\beta_T = e^{1500/(273 + T/T_0) - 5.12} \tag{6-13}$$

式中　$\beta_{H,T}$——与温度有关的系数，用来代替附录 F 公式（F. 2. 1-6）中的 β_H；

β_H——按附录 F 公式（F. 2. 1-7）计算的系数；

T——实际温度（℃）；

$T_0 = 1$℃。

6.3　抗裂验算

6.3.1　长期以来，公路桥梁预应力混凝土构件的抗裂验算，都是以构件混凝土的拉应力是否超过规定的限值来表示的，分为构件正截面抗裂验算和斜截面抗裂验算。

1　正截面抗裂验算

正截面抗裂验算按作用（或荷载）短期效应组合和长期效应组合两种情况进行。按照《公路统一标准》的规定，作用（或荷载）短期效应组合比原规范标准值组合要小，而且本规范又规定汽车荷载在抗裂验算时不计冲击系数，因而本规范的作用（或荷载）效应比原规范低得较多。这种差异随作用于构件的恒载与活载的不同比例而变化。经统计，在预应力混凝土桥梁常遇的跨径中，按本规范荷载短期效应组合，汽车不计冲击系数与原规范按荷载标准值组合，汽车荷载计入冲击系数比较，前者为后者的（0.77～0.96）倍，平均为0.86倍。为使按本规范设计的预应力混凝土构件比原规范不过多地降低预应力度，将本规范预制的全预应力混凝土构件的预压应力降低15%，即由原规范 $\sigma_{pc} \geq \sigma_{st}$（相当于 $\sigma_h > \sigma$）改为 σ_{st}　$0.85\sigma_{pc} \leq 0$；分段浇筑或砂浆接缝的纵向分块构件降低20%，改为 $\sigma_{st} - 0.80\sigma_{pc} \leq 0$。将预应力混凝土 A 类构件也由原规范 $\sigma_{st} - \sigma_{pc} \leq 0.8 f_{tk}$［$(\sigma_{st} - \sigma_{pc})$ 相当于 σ_{h1}，f_{tk} 相当于 R_l^b］改为 $\sigma_{st} - \sigma_{pc} \leq 0.7 f_{tk}$。

A 类预应力混凝土构件在长期荷载下的抗裂验算，原规范规定在结构自重作用下不得消压（见原规范表 5. 2. 32），而本规范规定为 $\sigma_{lt} - \sigma_{pc} \leq 0$，此处 σ_{lt} 为荷载长期效应组合下产生的构件混凝土边缘的法向拉应力，不但包括结构自重效应，也包括部分活载效应。可见，长期荷载作用下对构件抗裂的要求，本规范比原规范严格了。为此，本条注（1）规定了荷载长期效应组合仅包括结构自重和直接施加于结构的活载，而不考虑间接施加的其他作用效应，以尽量减小其他活载的影响。

在正截面抗裂中还应考虑允许开裂的 B 类构件，尽管它在作用（或荷载）短期效应组合下是开裂的，但仍希望在结构自重作用下控制截面受拉边缘不出现拉应力。

2　斜截面抗裂验算

预应力混凝土桥梁的腹部出现斜裂缝是不能自动闭合的，它不像构件的正截面裂缝，在使用阶段的多数情况下是闭合的。因此，对构件的斜截面抗裂应更严格些，也更应引起设计人员的重视。无论哪类受弯构件均不希望出现斜裂缝，本规范都要求进行斜截面抗裂验算。由于梁体内有预应力存在，尤其是后张法预应力混凝土构件，预应力钢筋可合理地布置，对大跨径桥梁，在主拉应力较大的梁段，往往设置了竖向预应力钢筋，使能大大抵消由作用引起的主拉应力，因而也容易满足斜截面抗裂的要求。

但是也应该指出，试验统计表明，混凝土抗拉强度的离散性是很大的，规范中混凝土的抗拉强度按95%保证率取其标准值（原规范按85%保证率取值），如果施工不十分重视混凝土质量，或设计也考虑得不周全,则将使实际桥梁的主拉应力超出规范规定值的概率大大地增加。国内外规范对混凝土主拉应力的限制大体在接近的水平上,例如,《GBJ 10—89 规范》规定,严格要求不出现裂缝的构件,$\sigma_{tp} \leqslant 0.85f_{tk}$;一般要求不出现裂缝的构件,$\sigma_{tp} \leqslant 0.95f_{tk}$;铁路规范规定 $\sigma_{tp} \leqslant f_{tk}$;而公路原规范规定 $\sigma_{tp} \leqslant 0.8f_{tk}$。公路规范低于国内其他两本规范。按照上述规定,无论是铁路桥梁或是建筑结构,多年来都不曾听到有不良反映,公路桥梁一般也是正常的。但是,近年来不时传来在公路大跨径连续梁和连续刚构桥上发生斜裂缝的消息,个别桥梁甚至在施工阶段就已发生。斜裂缝具有规律性,说明桥梁实际主拉应力已超过混凝土的极限拉应力。尽管这些斜裂缝多半是稳定的,不致引起桥梁的安全事故,但它损坏了桥梁外观,可能造成人们心理上的不安。为此,本规范根据对这些桥梁的调查分析资料,在消除或减轻可能引起病害的原因方面作些补充规定或提出更严格的规定。

本条第 2 款是斜截面主拉应力限值的规定,其中 σ_{tp}是按本规范第 6.3.3 条公式计算的,在作用(或荷载)短期组合下的混凝土主拉应力,对于预应力混凝土连续梁和连续刚构,除了考虑直接施加于桥梁的荷载如恒载、汽车外,还应考虑间接作用如日照温差、混凝土收缩和徐变等影响,但是由于箱形截面主拉应力形成的复杂性,在实际计算中不是把所有的不利因素都考虑在内,因而桥梁实际存在的应力往往比计算的大。近年来也修建了大量的受力简单的简支梁,无论是先张法或后张法,极少听说出现有规律性的斜裂缝,说明这类桥梁在承受主拉应力上不存在问题。因此,本规范在确定主拉应力限值方面分两种情况对待。对工地现浇的多数是跨径较大的连续梁桥和连续刚构桥,吸取近年来修建的不曾发生斜裂缝的一些桥梁的设计经验,全预应力混凝土桥梁将其主拉应力限制在大约 1.0MPa 左右,即 $\sigma_{tp} \leqslant 0.4f_{tk}$,A 类和 B 类预应力混凝土构件适当放宽至 $\sigma_{tp} \leqslant 0.5f_{tk}$;对于预制的大多跨径较小的桥梁,根据多方面意见,其主拉应力限值比原规范也有一定程度降低。

6.3.3 本条对原规范计算由竖向预应力引起的混凝土竖向压应力进行一些修改。在第 6.3.1 条说明中已提到,近年在新建的大跨径预应力箱形截面连续梁和连续刚构中出现不少有规律的斜裂缝,这些桥都配有竖向预应力钢筋,在设计中它们对克服主拉应力起到很大作用。计算分析表明,如果这些竖向预应力钢筋不能充分发挥,桥梁腹板的主拉应力就将超过规范规定的限值,有可能出现斜裂缝。调查表明,竖向预应力钢筋一般施工质量不理想,甚至发现几乎失效的情况,由它引起的混凝土竖向压应力很可能达不到计算值。考虑到目前的这些现实情况,同时也考虑竖向预应力较困难的施工条件,在广泛征求意见后将原规范计算 σ_{cy}的公式乘以 0.6 的折减系数。同时在本规范第 9.4.2 条中规定了竖向预应力钢筋的纵向间距为 500~1000mm。调查同时发现,在连续梁和连续刚构桥边孔的现浇梁段,以往设计时为照顾施工方便大多配置了直线预应力钢筋,而这些梁段也均出现斜裂缝。为此,本规范在第 9.4.7 条规定了这些梁段中须配置曲线预应力钢筋,以发挥曲线筋对减小主拉应力的作用。

本条公式(6.3.3-2)右边第 2 项是计算由作用(或荷载)短期效应组合产生在主拉应力点的混凝土法向应力,式中用 M_s 代表短期作用(或荷载)效应组合值。但是,有些作用产生的效应不仅有弯矩 M 而且还有轴向力 N,它们对主应力点的法向应力都有影响。因此,对这些作用应单独计算主应力点的法向应力,再与其他作用(或荷载)产生的法向应力叠加。

6.4 裂缝宽度验算

6.4.2 本条裂缝宽度的限值,是指在作用(或荷载)短期效应组合并考虑长期效应组合影响下构件的垂直裂缝,不包括施工中混凝土收缩过大、养护不当及渗入氯盐过多等引起的其他非受力裂缝。对裂缝宽度的限制,应从保证结构耐久性,钢筋不被锈蚀及过宽的裂缝影响结构外观,引起人们心理上的不安两个因素考虑。但如采取切实措施,在施工上保证混凝土的密实性,在设计上采用必要的保护层厚度,要比用计算控制构件的裂缝宽度重要得多。

构件的工作环境是影响钢筋锈蚀的重要条件。本规范根据表 1.0.7 划分的环境条件,分别确定不同的裂缝宽度限值。例如,用粗钢筋配制的钢筋混凝土构件,在 I 类和 II 类环境条件下,其裂缝宽度限值为0.2mm;在 III 类和 IV 类环境条件下,裂缝宽度限值为0.15mm。这些限值与国内有关规范比较,大致保持相同水平,在某些条件下,可能稍为严格。

对配有精轧螺纹粗钢筋的预应力混凝土构件本规范视为普通钢筋混凝土构件，其裂缝宽度限值相同。

在确定裂缝宽度限值时，要考虑钢材对锈蚀的敏感性。钢丝和由钢丝捻制的钢绞线，由于直径较小，锈蚀后截面面积损失相对较大，在高应力下易发生脆断。用它们配制的预应力混凝土构件，其裂缝宽度限值比之钢筋混凝土构件应适当减小。在Ⅰ类和Ⅱ类环境下，本规范规定为0.1mm。这是考虑国内在有侵蚀环境下所做的观测资料，裂缝宽度小于0.1mm时钢筋无锈蚀情况；同时考虑预应力混凝土构件的裂缝，在较长时间是闭合的，可以减少受侵蚀的机会，所以确定仍用原规范的规定值。对于Ⅲ类和Ⅳ类环境下的钢丝或钢绞线预应力混凝土构件，本规范仍持慎重态度，不采用允许开裂的B类构件。

6.4.3 本条公式(6.4.3-1)是原规范钢筋混凝土受弯构件的裂缝计算公式。该公式取自原大连工学院海洋工程研究所的试验研究资料(见原规范条文说明)，它也适用于钢筋混凝土其他受力构件。原规范预应力混凝土受弯构件的裂缝验算，采用名义拉应力的方法进行。本规范为了与钢筋混凝土构件统一，也沿用了公式(6.4.3-1)。但公式中的 E_s 改用 E_P，预应力钢筋的应力 σ_{ss} 则应取截面消压后钢筋的应力增量。预应力混凝土其他受力构件在公路桥梁上应用很少，其裂缝计算公式未予列出。

公式中有关构件受力性质的系数 C_3，受弯构件仍维持原规范的规定；钢筋混凝土其他受力构件是新增的，均取自试验研究资料。

公式中纵向受拉钢筋直径 d，当用不同直径钢筋时等效直径 d_e 的计算，其中包括钢筋混凝土构件中不同直径普通钢筋的等效直径；预应力混凝土构件中钢绞线束(或钢丝束)和普通钢筋的等效直径，经初步试算后认为本规范提供的方法是可以接受的。对于焊接钢筋骨架，考虑钢筋与混凝土的接触面积减少，根据以往经验将其直径 d 或等效直径 d_e 乘以系数1.3。当采用环氧树脂涂层带肋钢筋时，由于其黏结力比普通钢筋低，所以本条注(1)规定其直径 d 或等效直径 d_e 乘以1.25系数。

6.4.4 本条列出了构件开裂截面纵向受拉钢筋的应力 σ_{ss} 的计算公式。其中钢筋混凝土受弯构件的钢筋应力，仍沿用了原规范的计算公式，其裂缝截面的内力臂采用 $0.87h_0$，多年来的使用结果证明，效果很好；其他钢筋混凝土受力构件及预应力混凝土受弯构件钢筋应力的计算公式是本规范新增的。

钢筋混凝土偏心受拉构件钢筋应力的计算公式(6.4.4-3)，是由轴向拉力 N_s 与截面内力对受压区钢筋合力点取矩建立起来的，不论是大偏心受拉或小偏心受拉都用这个公式，开裂截面的内力臂均采用 $z = h_0 - a_s'$，是近似的。

钢筋混凝土偏心受压构件钢筋应力的计算公式(6.4.4-4)，是由轴向压力 N_s 与截面内力对截面受压区合力点取矩建立起来。预应力混凝土受弯构件受拉钢筋应力的计算公式(6.4.4-9)，与钢筋混凝土偏心受压构件钢筋应力的计算公式是相类似的，它也是由内、外力对受压区合力点取矩建立的，只是所计算的钢筋应力是应力增量，需要在外力 M_s 中减去预应力钢筋和普通钢筋合力点处混凝土法向预应力等于零时的合力 N_{p0} 所形成的力矩 $N_{p0}(z - e_p)$，此外，对预应力混凝土连续梁等超静定结构尚应考虑由预加力引起的次弯矩 M_{p2}。钢筋混凝土偏心受压构件和预应力混凝土受弯构件裂缝截面的内力臂 z，本规范采用同一模式，在经过多种构件尤其预应力混凝土受弯构件的裂缝计算比较后，认为公式(6.4.4-5)能够接受，可以纳入规范。

钢筋混凝土偏心受压构件，当 $l_0/h > 14$ 时，试验表明应考虑构件挠曲对轴向力偏心距的影响，可近似地采用本规范公式(5.3.10-1)。但构件处于裂缝受力阶段，该公式中荷载偏心率和构件长细比对截面曲率的影响系数 ζ_1 和 ζ_2 可不考虑，均令其等于1.0；控制截面的曲率也不能取用承载能力极限状态时曲率，参照《GBJ 10—89规范》取其1/2.85。

6.4.5 本条裂缝宽度计算公式(6.4.5-1)是专题组在圆截面钢筋混凝土偏心受压构件裂缝试验的基础上，采用数理统计中多元回归方法建立的。它反映了影响裂缝开展的主要因素受拉区最外缘钢筋应变、钢筋直径与配筋率的比值、混凝土保护层厚度等。式中数值还考虑了在试验中直接表现出来的重复荷载对裂缝宽度的影响。计算钢筋应力的公式(6.4.5-2)则是根据大量试验数据按非线性全过程分析结果得到，它主要反映了相对偏心距、荷载、配筋率、混凝土强度等级等的影响因素。统计分析表明，实测值与非线性全过程分析值吻合较好。

公式(6.4.5-1)中的 C_1 是钢筋表面形状系数,试验结果表明,在 70% 的破坏荷载范围内,当配有带肋钢筋的 $C_1=1.0$ 时,同样条件下光面钢筋的 $C_1=1.1$。这与国内同类规范的取值有些出入。为了安全起见,C_1 值取与原规范受弯构件相同,即带肋钢筋 $C_1=1.0$;光面钢筋 $C_1=1.4$。

为了验证本条所用公式的适用性,对现有公路桥梁圆截面钢筋混凝土墩柱、基桩共 30 个实例进行了计算,结果是可以接受的。

6.5 挠度验算

6.5.2 原规范计算钢筋混凝土受弯构件的挠度时,采用开裂截面的刚度,不考虑未开裂截面对构件抗挠曲的有利影响,是偏保守的。本规范改用公式(6.5.2-1)计算,该公式来自东南大学有关研究资料。据介绍,对 198 根钢筋混凝土受弯构件的统计,试验值与计算值比值的平均值 $\mu=1.106$,标准差 $\sigma=0.153$,变异系数 $\delta=0.138$。

将一根带裂缝的受弯构件视为一根不等刚度的构件[图 6-1a)],裂缝处刚度最小,两裂缝间刚度最大,图 6-1b)实线表示截面刚度变化规律。为便于分析,取一个其长度为 l_{cr} 的裂缝区段,近似地分解为 $\alpha_1 l_{cr}$ 整体截面区段和 $\alpha_2 l_{cr}$ 开裂截面区段[图 6-1c)]。根据试验分析,α_1 和 α_2 与开裂弯矩 M_{cr} 和截面上所受弯矩 M_s 的比值有关,可按下列公式确定:

$$\alpha_1=(M_{cr}/M_s)^2 \tag{6-14}$$

$$\alpha_2=1-(M_{cr}/M_s)^2 \tag{6-15}$$

把图 6-1c)变刚度构件等效为[图 6-1d)]等刚度构件,采用结构力学方法,按在端部弯矩作用下构件转角相等的原则,可求得等刚度受弯构件的等效刚度 B。

根据图 6-1c)所示变截面构件,求出裂缝区段两端截面的相对转角 θ_1:

$$\theta_1=\frac{\alpha_1 l_{cr} M_s}{B_0}+\frac{\alpha_2 l_{cr} M_s}{B_{cr}} \tag{6-16}$$

根据图 6-1d)所示等截面构件,求出裂缝区段两端截面的相对转角 θ_2:

$$\theta_2=l_{cr}M_s/B \tag{6-17}$$

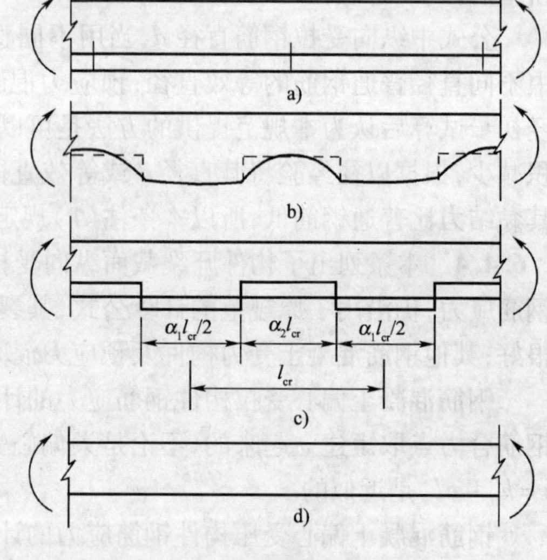

图 6-1 构件截面等效示意图

令 $\theta_1=\theta_2$,可得:

$$\frac{1}{B}=\frac{\alpha_1}{B_0}+\frac{\alpha_2}{B_{cr}} \tag{6-18}$$

将公式(6-14)、(6-15)代入公式(6-18),整理后得:

$$B=\frac{B_0}{\left(\frac{M_{cr}}{M_s}\right)^2+\left[1-\left(\frac{M_{cr}}{M_s}\right)^2\right]\frac{B_0}{B_{cr}}} \tag{6-19}$$

式中,开裂弯矩 $M_{cr}=\gamma f_{tk}W_0$。

对于允许开裂的预应力混凝土受弯构件,据东南大学研究资料介绍,如将 $M_{cr}=M_0+M_{cr,r}$ 代入本说明公式(6-19)(M_0 为消压弯矩,$M_{cr,r}$ 为对应于开裂预应力混凝土受弯构件的非预应力混凝土受弯构件的开裂弯矩),并根据试验资料进行适当修正,也可得到与钢筋混凝土构件统一的预应力混凝土受弯构件等效截面的抗弯刚度。但是通过对公路桥梁现有受弯构件的试算,按此等效刚度计算的挠度,比按原规范计算的大得较多。因此,本规范仍保留原规范的计算方法,只是根据多座预应力混凝土公路桥梁的实桥试验,将构件的刚度作适当调整。

6.5.3 原规范计算钢筋混凝土受弯构件的挠度是不考虑荷载长期效应影响的。但是,随着时间的增长,构件的刚度要降低,挠度要增大。这是因为:受压区混凝土发生徐变;受拉区裂缝间混凝土与钢筋之间的黏结逐渐退出工作,钢筋平均应变增大;受压区与受拉区混凝土收缩不一致,构件曲率增大;以及混凝土弹性模量降低等。因此,本规范在计算受弯构件挠度时考虑了荷载长期效应的影响,并以弹性挠度乘以挠度长期增长系数表示。

本条挠度长期增长系数 η_θ 来自1985年《部分预应力混凝土结构设计建议》的下列公式:

$$\eta_\theta = \frac{M_l\theta + (M_s - M_l)}{M_s} \tag{6-20}$$

为便于计算进行以下简化:

式中 M_l 和 M_s 的比值,在公路桥梁常遇的恒、活载比例下平均约为 $M_l/M_s = 0.56$,也即取平均值$M_l = 0.56M_s$。

式中 θ 为荷载长期作用下挠度增长影响系数,对钢筋混凝土受弯构件,θ 与受压区纵向钢筋配筋率 ρ' 有关,当 $\rho' = 0$ 时,可取 $\theta = 2.0$。公路桥梁钢筋混凝土受弯构件通常不配受压区纵向受力钢筋或配置少量钢筋,可近似地取 $\theta = 2.0$;预应力混凝土受弯构件一般也取 $\theta = 2.0$,这对允许开裂的B类构件偏高,但属安全方面;C50及以上的高强混凝土徐变较小,构件挠度增长也较少,同时受压区钢筋对减少长期挠度的效果较差,按《高强混凝土结构设计与施工指南》,当 $\rho' = 0$ 时,$\theta = 1.85 \sim 1.65$。

将以上 $M_l = 0.56M_s$ 及 θ 值代入公式(6-20),经调整后即可得本条钢筋混凝土及预应力混凝土受弯构件的挠度长期增长系数 η_θ。考虑到本规范的挠度限值仍保持原规范的规定,而计入荷载长期效应影响后挠度计算值增加了,尤其是预应力混凝土构件,故将高强的混凝土的 η_θ 取值,由最低限的C50改为C40,把一部分预应力混凝土受弯构件包括在内,即C40时,$\eta_\theta = 1.45$;C80时,$\eta_\theta = 1.35$,中间强度等级按直线插入取值。

6.5.5 梁的挠度验算并使其计算值不超过规范规定的限值,这是检验梁是否具有足够的刚度。而梁的预拱度设置则是谋求桥梁建成后有一个平顺行车的条件。因此,梁的预拱度也是设计人员应该认真考虑的问题。

钢筋混凝土桥梁的预拱度,原规范作出了明确的规定。设置的原则是:当由结构自重和静活载产生的挠度超过 $l/1600$ 时,应设置其值为结构自重和半个活荷载挠度的预拱度。这样,桥梁建成后梁的跨中可维持半个活荷载挠度的上拱度,侧面观察也比较美观。但原规范未考虑荷载长期效应的影响。本规范的预拱度设置,沿用了原规范的原则,不同的只是本规范考虑了荷载长期效应的影响。

预应力混凝土桥梁的预拱度,原规范未作规定。这可能是一般认为预应力混凝土梁总是向上拱曲,无须设置预拱度的缘故。这对全预应力混凝土桥梁也许是对的,因为全预应力混凝土梁的预应力度 $\lambda = M_0/M_s \geqslant 1$,消压弯矩 M_0 始终大大地超过结构自重引起的弯矩。但对部分预应力混凝土梁,尤其是允许开裂的预应力混凝土梁而言,梁的上拱度将大为减小,如果桥梁的恒活载比例较大时,有可能随时间增长而梁逐渐向下挠曲。因此,预应力混凝土梁在必要时也要设置预拱度。本规范按以下两种情况考虑:

1 当预应力产生的长期反拱值大于按荷载短期效应组合计算的长期挠度时,此时梁的上拱值已经很大,在消除结构自重的长期挠度后,桥梁仍保持大于活载频遇值长期挠度的上拱值,不但无须设置预拱度,反倒要考虑预加应力反拱值过大对桥梁造成不利影响。当桥梁的恒活载比例较小时,发生这种不利影响的可能性就愈大。因此,在桥梁设计阶段就要充分预计到这种情况,采取适当措施例如降低预应力度或反预拱等;在施工上也可配合采取必要的措施。

2 当预加应力的长期反拱值小于按荷载短期效应组合计算的长期挠度时,此时在消除结构自重的长期挠度后桥梁的上拱值很小,一般与桥梁跨径不成比例,需要设置预拱度,其值取用荷载短期效应组合的长期挠度值与预加应力长期反拱值之差,也即使桥梁的上拱值保持活载频遇值的长期挠度值。

6.5.6 公路桥梁一般情况下不计算施工阶段的构件挠度。但有些大跨径桥梁施工期相对较长,当采用悬臂浇筑或预制拼装施工方法时,需要计算悬臂端挠度以便加以控制。此时,混凝土徐变未达到终极值,徐变系数需根据加载龄期和计算挠度龄期进行计算。悬臂端挠度等于块件自重和预加应力分别计算的短期变形代数和加上该变形乘以徐变系数。

7 持久状况和短暂状况构件的应力计算

7.1 持久状况预应力混凝土构件应力计算

7.1.1 预应力混凝土构件由于施加预应力以后截面应力状态较为复杂，按照以往公路桥梁设计惯例，除了计算构件承载力外，还要计算弹性阶段的构件应力。这些应力包括截面混凝土的法向压应力、钢筋的拉应力和斜截面混凝土的主压应力。构件应力计算实质上是构件的强度计算，是对构件承载力计算的补充。计算时作用（或荷载）取其标准值，汽车荷载应计入冲击系数，预加应力效应应考虑在内，所有荷载分项系数均取为1.0。对预应力混凝土简支结构，只计算预加应力引起的主效应；预应力混凝土连续梁等超静定结构，除此之外尚应计算预加应力、温度作用等其他可变作用引起的次效应。

7.1.4 预应力混凝土受弯构件开裂截面的应力计算，可把在外弯矩 M_k 和预应力钢筋及非预应力钢筋合力 N_{p0} 作用下的受弯构件，转化为仅有一距截面重心轴 e_{0N} 的轴向力 N_{p0} 作用的偏心受压构件进行。对后张法预应力混凝土连续梁等超静定结构，上述外弯矩 M_k 应包括所有作用（或荷载）引起的弯矩，此外，还应加入由预加应力引起的次弯矩 M_{p2}。

由本规范图7.1.4得：

$$N_{p0}(h_{ps}+e_N)=M_k \pm M_{p2} \tag{7-1}$$

$$e_N=\frac{M_k \pm M_{p2}}{N_{p0}}-h_{ps} \tag{7-2}$$

式中 h_{ps}——预应力钢筋及非预应力钢筋合力点至受压区边缘的距离；

e_N——偏心压力 N_{p0} 至受压区边缘的距离。

本条公式（7.1.4-1）、（7.1.4-5）均为一般的材料力学公式。

配置在受拉区的非预应力钢筋，截面消压后出现的拉应力不大，本条不再列出计算公式。

7.1.5 本条给出了预应力混凝土受弯构件按第7.1.2条、第7.1.3条和第7.1.4条计算的应力叠加，以及叠加后的应力限值。

使用阶段构件受压区混凝土的最大压应力，对不开裂构件应是由作用（或荷载）标准值组合引起的压应力 σ_{kc} 与由预加应力引起的预拉区混凝土拉应力 σ_{pt} 的代数和；对开裂构件则为由作用（或荷载）标准值组合引起的开裂截面混凝土压应力 σ_{cc}。

构件受拉区预应力钢筋的最大拉应力，对不开裂构件应是扣除全部预应力损失后预应力钢筋的有效预应力 σ_{pe} 与由作用（或荷载）标准值组合引起的钢筋应力 σ_p 之和；对开裂构件则为预应力钢筋合力点处混凝土法向应力等于零时的预应力钢筋的有效预应力 σ_{p0} 与由作用（或荷载）标准值组合引起的开裂截面预应力钢筋应力增量 σ_p 之和。

上述最大应力的限值取值与原规范相当，混凝土最大压应力均为混凝土抗压强度标准值的0.5倍；钢丝和钢绞线均为其抗拉强度标准值的0.65倍；精轧螺纹钢筋沿用原规范冷拉粗钢筋的规定。

7.1.6 本条作了以下两项规定：

1 关于预应力混凝土受弯构件斜截面主压应力的计算及其限值的规定。这项计算及规定是防止构件腹板在预加应力和使用阶段作用（或荷载）下被压坏，作为斜截面抗剪承载力的补充；过高的主压应力也会导致斜截面抗裂能力的降低。主压应力的限值与原规范规定值相当，均取混凝土抗压强度标准值的0.6倍。

2 按弹性阶段计算构件腹部的主拉应力，并按规定设置箍筋及计算箍筋数量，作为构件斜截面抗剪承载力计算的补充。计算公式和所取材料安全系数与原规范相同。按本条计算的箍筋用量应与斜截面抗剪承载力计算的箍筋用量进行比较,实际取用两者较多者。

7.2 短暂状况构件的应力计算

7.2.1 本节关于构件短暂状况的应力计算,实属构件弹性阶段的强度计算,施工荷载采用标准值组合,但有特别规定者除外。除非有特殊要求,短暂状况一般不进行正常使用极限状态计算,可以通过施工措施或构造布置来弥补,防止构件过大变形或出现不必要的裂缝。

在施工中当利用已安装就位的构件进行吊装时,要对吊机(车)行驶其上的构件进行验算。这些构件都已作持久状况承载力计算,而吊机(车)系临时荷载,荷载系数取值较低,当其设计值产生的效应小于持久状况承载力的荷载设计值效应时,则可不必验算。

7.2.3 构件施加预应力时,混凝土的收缩和徐变处于初期,过早地施加预应力,将引起较大的预应力损失,一方面不能充分利用预应力,另一方面有可能引起构件微裂缝,降低构件的抗裂性能。所以施加预应力时,混凝土要达到一定的强度,本规范规定不得低于设计混凝土强度等级的75%,相当于原规范不低于设计标号的70%。

必须指出,目前有些施工单位为了加快施工进度,常在混凝土中掺入早强剂,这样,可使混凝土强度很快达到要求,但混凝土的弹性模量并未相应提高,施加预应力后构件出现很大变形。因此,对于掺入早强剂的预制构件,还应兼顾混凝土弹性模量的增长情况,当无试验资料时,在混凝土浇筑完成后5~7d再施加预应力为宜。

7.2.4~7.2.6 这几条是关于短暂状况钢筋混凝土受弯构件的应力计算及应力限值的规定。有以下几点说明:

1 所有正截面和斜截面的应力计算,均系用弹性阶段钢筋混凝土结构的计算公式,有关弹性阶段受弯构件的基本假定都适用;

2 正截面边缘混凝土压应力和受拉钢筋拉应力的限值,取与原规范相当的规定,受弯构件中性轴处主拉应力的限值,按征求的意见由原规范的$1.3f'_{tk}$改用f'_{tk};

3 当受压区配有纵向钢筋时,在计算受压区高度x_0和惯性矩I_{cr}公式中的受压钢筋的应力应符合$\alpha_{ES}\sigma^t_{cc}\leqslant f'_{sd}$的条件;当$\alpha_{ES}\sigma^t_{cc}>f'_{sd}$时,则各公式中所含的$\alpha_{ES}A'_s$应以$\dfrac{f'_{sd}}{\sigma^t_{cc}}A'_s$代替,此处,$f'_{sd}$为受压钢筋强度设计值,$\sigma^t_{cc}$为受压钢筋合力点相应的混凝土压应力。当受拉区配置有多层钢筋时,在计算开裂换算截面惯性矩的公式中所含$\alpha_{ES}A_s(h_0-x_0)^2$项,应用$\alpha_{ES}\sum_{i=1}^{n}A_{Si}(h_{0i}-x_0)^2$代替,此处$n$为受拉钢筋层数,$A_{Si}$为第$i$层全部钢筋的截面面积,$h_{0i}$为第$i$层钢筋$A_{Si}$重心至受压区边缘的距离。

7.2.8 本条规定了预应力混凝土受弯构件,在预施应力阶段预压区和预拉区混凝土法向应力的限值。所谓预压区和预拉区系指施加预应力时形成的压应力区和拉应力区。

预压区边缘混凝土的压应力限值,是吸取国内施工经验和参考国内外规范确定的,也是原规范的规定值,但将高强的混凝土和普通强度的混凝土合并为一个限值。预压区混凝土应力过高,不但出现过大上拱度,而且沿构件纵向可能出现裂缝。多年的实践证明,规范规定是恰当的。

预拉区混凝土边缘的拉应力σ^t_{ct}不应超过$1.15f'_{tk}$,$1.15f'_{tk}$是原规范的规定值。当$\sigma^t_{ct}\leqslant0.7f'_{tk}$时,尽管混凝土质量有保证时,预拉区一般不会出现裂缝,但对于受拉的混凝土,由于混凝土抗拉强度离散性较大,仍应配置一定数量的纵向钢筋,以分布可能发生的裂缝,这比原规范的要求有所提高。当$\sigma^t_{ct}=1.15f'_{tk}$时,仍小于$\gamma f'_{tk}$,从理论上讲一般不会开裂,但拉应力已较高,如预施应力不准确,或混凝土拉应变的离散性过大等,出现裂缝的可能性很大,更需配置较多的纵向钢筋。

预拉区配置的纵向钢筋,其直径尽可能地小些,有利于将裂缝均匀地分布。

8 构件计算的规定

8.1 组合式受弯构件

8.1.1～8.1.3 有关规定按照组合构件的一般施工程序制定。预制构件与其上的现浇混凝土，两者龄期差不应超过三个月。否则应计算两者收缩差在现浇混凝土层及预制构件内引起的应力，其计算方法相当于现浇混凝土层内降温若干度，计算原理与反温差计算类同。必要时在现浇混凝土内设置纵向收缩钢筋。

8.1.6 试验表明，影响组合梁结合面受剪承载力的主要因素为混凝土强度、箍筋配筋率、钢筋抗拉强度。当配筋率低于0.001时，对抗剪作用一般不大，当大于或等于0.001时，根据试验数据，其近似回归式为：

$$\frac{\tau_u}{f_{cd}} = 0.14 + \rho_{sv}\frac{f_{sd}}{f_{cd}} \tag{8-1}$$

式中 τ_u——结合面极限剪应力；

f_{sd}——箍筋抗拉强度设计值；

f_{cd}——混凝土轴心抗压强度设计值；

ρ_{sv}——箍筋配筋率，$\rho_{sv}=A_{sv}/bs_v$，其中 A_{sv} 为组合梁上竖向截面的箍筋各肢总截面面积，s_v 为箍筋间距，b 为梁宽(结合面宽)。

由图8-1，斜截面的结合面承受的剪力为 F，支座反力为 V，结合面上的剪应力为 τ，支座至验算截面距离为 a，结合面梁宽为 b，力臂为 z，各力平衡式为：

$$Va = \tau abz$$

于是：

$$\tau = \frac{V}{bz} \tag{8-2}$$

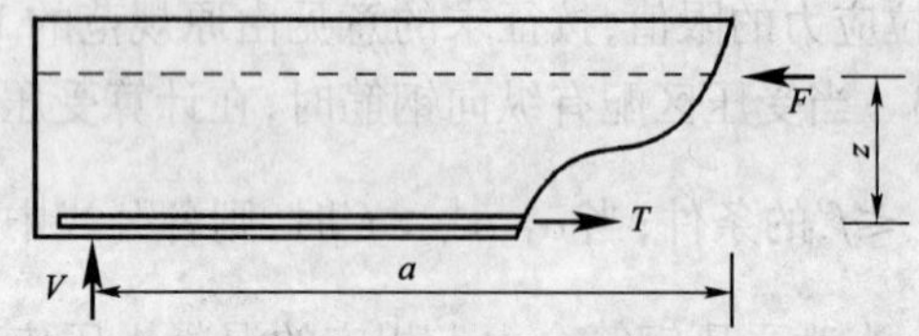

图8-1 组合梁的结合面受剪图式

F-结合面水平剪力；V-竖向剪力；T-主钢筋拉力；z-内力臂

取 $\tau=\tau_u$，$V=V_d$，$z=0.85h_0$ 代入公式(8-2)，再将该式代入公式(8-1)，且 $\rho_{sv}=A_{sv}/(bs_v)$，引入结构重要性系数 γ_0，即得：

$$\gamma_0 V_d \leqslant 0.12 f_{cd} bh_0 + 0.85 f_{sd}\frac{A_{sv}}{s_v}h_0 \tag{8-3}$$

此式即为本条公式(8.1.6)。

8.1.7 本条内公式(8.1.7-1)、(8.1.7-2)参考《美国公路桥设计规范 AASHTO 14版，1989》(以下简称《美国规范 AASHTO 14版》)8.16.6.5.3(英制已换算为SI制)制定。

8.1.11 本条公式(8.1.11-1)系考虑组合构件的特点，对本规范第6.4.3条内的 C_2 计算式作不同形式的表达。本条公式(8.1.11-2)系参照《混凝土结构设计规范》(GBJ 10—89)(以下简称《GBJ 10—89规范》)公式(7.5.9-1)制定。公式(8.1.11-2)内限值 $0.75f_{sk}$，系考虑组合构件在施工阶段，以截面高度小的预制构件承担该阶段全部荷载，使受拉钢筋中的应力比假定用组合构件全截面承担同样荷载为大。这一现象通常称为"受拉钢筋应力超前"。当现浇层达到设计强度从而形成组合构件后，整个截面受 M_{2s} 作用，受拉钢筋又产生应力增量。此时，组合构件受拉钢筋应力仍较截面相同的一般整体构件的受拉钢筋应力为大，并有可能使受拉钢筋在 $M_s=M_{1Gk}+M_{2s}$ 作用下过早达到屈服，故对 σ_{ss} 作出 $0.75f_{sk}$ 的限值。公式(8.1.11-2)内当 $M_{1Gk}<0.35M_{1u}$时,取 $h_1=h$,系参照《GBJ 10—89 规范》第7.5.9条规定及汪一骏《混凝土结构(基本构件)》9.3.1 制定。

8.1.12、8.1.13 组合式受弯构件的挠度，较之一般整体构件为大,因此组合式受弯构件的计算刚度，应较一般整体构件为小。参照《GBJ 10—89 规范》第5.3.3 条内一般受弯构件短期刚度计算公式和第7.5.15 条内叠合式受弯构件短期刚度计算公式，对之进行对比分析,组合式钢筋混凝土和预应力混凝土受弯构件刚度,按本规范公式(6.5.2-1)和(6.5.2-3)分别乘以0.9 和0.85 的折减系数。

8.1.14 组合式受弯构件的挠度长期增长系数，参照《GBJ 10—89 规范》第5.3.2 条一般受弯构件长期刚度计算与第7.5.14 条叠合构件长期刚度计算,对之进行对比分析，结合本规范一般受弯构件与组合构件情况,从而确定本条组合构件挠度长期增长系数。

8.1.15 本条参考《GBJ 10—89 规范》第7.5.13 条制定。

8.2 墩台盖梁

8.2.1 排架墩台在横桥向由盖梁与柱(桩)组成框架结构。原规范第3.4.2 条规定,如盖梁与柱的抗弯刚度(应为线刚度 EI/l)之比大于5，盖梁可简化为简支梁计算，这项规定从20 世纪50 年代就为规范所采用,本规范仍予沿用,但当多跨时简化为连续梁,其中 l 可取结构节点间轴线长度,如柱的基础为桩,其柱长可取至局部冲刷线以下2m。

由于钻(挖)孔灌注桩及柱式墩的大量采用，柱(桩)尺寸加大，根数减少，盖梁与柱的线刚度之比一般不大于5，因此排架墩应按框架结构计算。为便于计算，可将横桥向每单根桩基模拟为一个固接于底部的等效基础框架结构(图8-2)，然后用计算机求解盖梁和柱顶的作用(或荷载)效应，可参阅1992 年10 月《华东公路》鲍卫刚“桥梁承台桩基柔度的模拟”，兹摘录如下：

每根单桩模拟为一个柱底固结的框架,其横梁抗弯刚度 EI 设为无穷大，柱的截面面积为 A,惯性矩为 I,两柱间距为 c,柱高为 h(图8-1)。

$$h=\frac{2\theta_H}{\theta_M} \tag{8-4}$$

$$A=\frac{h}{2E\delta_F} \tag{8-5}$$

$$I=\frac{h^3}{24E}\times\frac{1}{\delta_H-\frac{h}{2}\theta_H} \tag{8-6}$$

$$c=\left[\frac{1}{A}\left(\frac{h^2}{E\theta_H}-4I\right)\right]^{\frac{1}{2}} \tag{8-7}$$

式中 θ_H——实际结构由 $H=1$ 作用在桩顶引起的角变位；

θ_M——实际结构由 $M=1$ 作用在桩顶引起的角变位；

δ_F——实际结构由 $F=1$ 作用在桩顶引起的轴向压缩；

δ_H——实际结构由 $H=1$ 作用在桩顶引起的水平变位；

E——桩基材料弹性模量。

H、M、F 为作用于桩顶的单位力，见图8-2。

如每个柱下的桩基为群桩，则 H、M、F 为作用于每个群桩承台底的单位力,θ_H、θ_M、δ_F、δ_H 为承台底的各项变位。

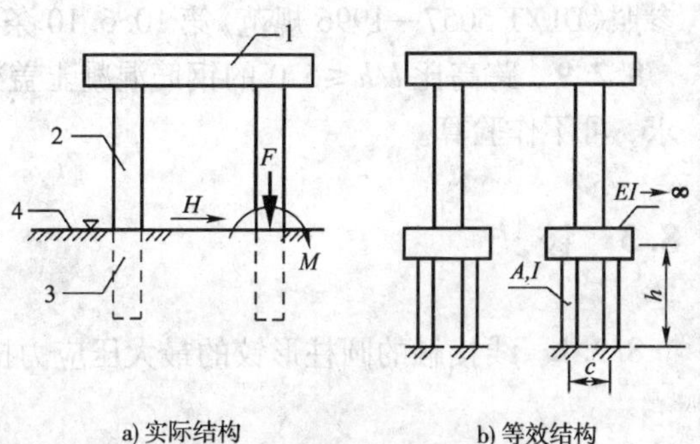

图8-2 排架墩桩基结构模拟

1-盖梁;2-柱;3-桩;4-地面

8.2.2 原规范第3.4.3 条将 $l/h\leq2$ 的简支梁和 $l/h\leq2.5$ 的连续梁定为深梁。近20 年来国内外试验研究表明,当简支梁 $2.0<l/h\leq5.0$,连续梁 $2.5\leq l/h\leq5.0$ 称为“短梁”，其受力特征类似于深梁，与一般梁有所区别。

所以在水工部门[见《水工混凝土结构设计规范》(DL/T 5057—1996)(以下简称《DL/T 5057—1996 规范》)]和建筑部门将 $l/h \leq 5$ 的梁统称为深受弯构件(包括短梁和深梁)。深受弯构件的截面计算不同于一般受弯构件;对于深受弯构件中的深梁，其构造尚有特殊要求。

公路桥的墩台盖梁，据调查分析，其跨高比 l/h 绝大多数在 3~5 之间，属于深受弯构件的短梁，但未进入深梁范围，所以其计算方法应按深受弯构件计算，而其构造则不必按深梁的特殊要求。

深受弯构件不同于一般受弯构件，其跨高比 l/h 定为不大于 5 的理由(参阅《DL/T 5057—1996 规范》)为:

1 根据简支梁和连续梁加载以后跨中截面和中间支座截面的应变分布和开裂后平均应变分布，以及有限元分析和结构试验实测数据可知，当 $l/h \leq 5$ 时不符合平截面假定。

2 根据梁的受剪试验，$l/h \leq 5$ 的梁不会出现斜拉破坏。

3 根据弹性分析，当 $l/h \leq 5$ 时，剪切变形对梁的挠度的影响仅及 7.8% 左右，可以忽略不计。

4 《美国规范 ACI 318—89》、《加拿大规范 CAN3-A23-3-M84》和《新西兰规范 NZS3101 1982》等规范也有类似的规定。

8.2.3 确定盖梁跨高比的盖梁计算跨径，参考建筑部门有关资料确定。关于圆截面柱换算为方截面柱，参照《钢筋混凝土承台设计规程》(CECS88:97)(以下简称《CECS88:97 规程》)第 4.2.8 条，计算承台冲切及斜截面受剪承载力时，圆形截面桩换算为边长等于 0.8 倍直径的方形截面桩；根据平板在圆柱和方柱下的冲切承载力塑性解，圆柱的直径 d 和方柱的边长 b 存在换算关系 $b=(\pi/4)d$，根据国外试验资料有 $d=1.2b$ 的关系，故采用 $b=0.8d$。以后关于圆柱与方柱的换算均采用这个比值。

8.2.4 深受弯构件的正截面抗弯承载力仍采用内力臂表达式。本条内两个公式系参考建筑部门有关资料制定的。深受弯构件截面由于不符合平截面假定,内力臂 z 较一般受弯构件为小,故内力臂乘以修正系数。

8.2.5 钢筋混凝土盖梁的抗剪面尺寸控制条件系按照本规范公式(5.2.10)和参考建筑部门有关资料制定的。按本条公式,当 $l/h=5$ 时，其结果与本规范公式(5.2.10)计算结果一致，当 $l/h=2$ 时，其结果为本规范公式(5.2.10)计算结果的 0.8 倍，这个比例与建筑部门有关资料相应公式的对比值是一致的。

8.2.6 钢筋混凝土盖梁的斜截面抗剪承载力计算公式系按本规范公式(5.2.7-2)和参考《DL/T 5057—1996 规范》第 10.6.4 条及建筑部门有关资料制定的。按本条公式,当 $l/h=5$ 时,其结果与本规范公式(5.2.7-2)计算结果一致,随着跨高比的减小而增大,当 $l/h=2$ 时,为 $l/h=5$ 的 1.33 倍,这个比例与建筑部门有关资料相应公式的对比值接近。

8.2.7 盖梁两端位于柱外的悬臂部分设有外边梁，当边梁作用点至柱边缘的距离等于或小于盖梁截面高度时，属于悬臂深梁，其正截面抗弯承载力应按本规范第 8.5.3 条的有关公式计算,抗剪承载力可按本规范钢筋混凝土一般受弯构件计算。

8.2.8 钢筋混凝土盖梁特征裂缝宽度计算，可用一般构件裂缝计算公式，但构件受力特征系数[相当于本规范公式(6.4.3-1)内 C_3]取为$\frac{1}{3}\left(\frac{0.4l}{h}+1\right)$,当 l/h 等于 5 时即为一般受弯构件公式。上述公式参照《DL/T 5057—1996 规范》第 10.6.10 条制定，该规范曾对 34 根简支梁做了验证。

8.2.9 跨高比 $l/h \leq 5.0$ 的钢筋混凝土盖梁线刚度较大，挠度均可满足本规范第 6.5.3 条规定的要求，可不作验算。

8.3 铰

8.3.1 线接触的圆柱形铰的最大压应力按赫尔茨公式为(见机械设计手册):

$$\sigma_{\max}=0.564\sqrt{\frac{P}{l}\times\frac{\frac{1}{r_1}-\frac{1}{r_2}}{\frac{1-v_1^2}{E_1}+\frac{1-v_2^2}{E_2}}} \tag{8-8}$$

式中 P——铰受压面压力；

E_1、E_2——上、下圆柱体混凝土弹性模量，$E_1=E_2=E_c$；

υ_1、υ_2——上、下圆柱体混凝土泊桑比，$\upsilon_1=\upsilon_2=\upsilon_c$；

其余符号含义见本规范第8.3.1条。

按本规范第3.1.8条，$\upsilon_c=0.2$，代入公式(8-8)得：

$$\sigma_{max}=0.407\sqrt{\frac{PE_c}{l}\left(\frac{1}{r_1}-\frac{1}{r_2}\right)} \tag{8-9}$$

圆柱形铰的平均压力为：

$$f_{cm}=\frac{\pi}{4}\sigma_{max}=0.32\sqrt{\frac{PE_c}{l}\left(\frac{1}{r_1}-\frac{1}{r_2}\right)} \tag{8-10}$$

当构件截面受力进入承载能力极限状态时不一定符合上述赫尔茨公式，所以仍宜按弹性状态、容许应力方法来确定承载能力。根据原规范并参考1975年《公路桥涵设计规范》，混凝土轴心抗压容许应力取$0.75f_{cd}$，铰的压力取$P=\gamma_0F_{hd}/1.3$，考虑混凝土局部承压提高系数β及其修正系数η_s（见本规范第5.7.1条），于是$f_{cm}=0.75\beta\eta_s f_{cd}$，以上$f_{cd}$为本规范混凝土轴心抗压强度设计值，$\gamma_0$为结构重要性系数，$F_{hd}$为铰的压力设计值，代入公式(8-10)，并引入"≥"号，便得：$0.75\beta\eta_s f_{cd}\geqslant 0.32\sqrt{\frac{\gamma_0F_{hd}E_c}{1.3l}\left(\frac{1}{r_1}-\frac{1}{r_2}\right)}$，解出后得：

$$\gamma_0F_{hd}\leqslant\frac{7.14(\beta\eta_s f_{cd})^2l}{E_c\left(\frac{1}{r_1}-\frac{1}{r_2}\right)} \tag{8-11}$$

受压面宽度为：

$$b=\frac{P}{f_{cm}l}=\frac{\gamma_0E_{hd}/1.3}{0.32l\sqrt{\frac{\gamma_0F_{hd}E_c}{1.3l}\left(\frac{1}{r_1}-\frac{1}{r_2}\right)}}=2.74\sqrt{\frac{\gamma_0F_{hd}}{E_c\left(\frac{1}{r_1}-\frac{1}{r_2}\right)l}} \tag{8-12}$$

8.3.2 铰体的横向拉力公式系参照《公路设计手册：拱桥（上册）》（1978年版）制定。铰体内横向拉力按E. Morsch所提出的公式为：

$$z=1.5\,\frac{a-b}{4h}P \tag{8-13}$$

式中 z——铰体内横向拉力；

P——铰的受压面压力；

a、b、h——见本规范图8.3.1。

E. Morsch公式适用于弹性状态。根据原规范并参考1975年《公路桥涵设计规范》，各级钢筋容许应力平均取$0.68f_{sd}$，铰的压力取$P=\gamma_0F_{hd}/1.3$，其中f_{sd}为本规范钢筋抗拉强度设计值，γ_0为结构重要性系数，F_{hd}为铰的压力设计值。设钢筋截面面积为A_s，将上述各式代入公式(8-13)并引入"≥"号，便得$0.68f_{sd}A_s\geqslant1.5\,\frac{a-b}{4h}\times\frac{\gamma_0F_{hd}}{1.3}$，解出后得：

$$\gamma_0F_{hd}\leqslant\frac{h}{0.425(a-b)}f_{sd}A_s \tag{8-14}$$

据1977年北京市政二公司等四个单位实验和研究资料，他们认为铰体的横向拉力约为铰的受压面压力的0.25~0.3倍，而侧向拉力（铰的长度方向），可取受压面压力的0.1倍。横向拉力与侧向拉力之比为2.5~3.0。所以在确定铰的横向钢筋截面面积以后，侧向钢筋截面面积取横向的0.4倍。

铰的高度采用其宽度的0.8~1.25倍，系沿用前苏联《铁路、公路、城市道路设计技术规范》（CH200—62）第329条规定。这个数值在20世纪50年代即为公路、铁路部门所采用。

8.4 橡胶支座

8.4.1 板式橡胶支座的各项基本设计数据，主要根据我国1992年编制JT/T 4—1993行业标准时，对不同规格支座进行的各项力学性能试验的结果，其中抗压弹性模量做了147个试块，抗剪弹性模量做了105对试块，转角试验做了61对试块，四氟聚乙烯滑板支座与不锈钢板摩擦系数做了24个试块，破坏试验做了51个试块。支座试块经试验后，用数理统计法确定各项设计参数。2003年修订JT/T 4—93行业标准时，根据实际使用经验，对板式橡胶支座又进行了部分力学性能试验，其中用同一台全自动化压剪试验机进行了42块抗压弹性模量试验，30块抗剪弹性模量试验；同时，还在不同支座生产厂家进行了一定数量的支座力学性能试验。在上述试验的基础上，参考了国外一些新的规范、标准，如《美国公路桥梁设计规范—荷载和抗力系数设计法AASHTO-LRFD，1994》（以下简称《美国规范AASHTO-LRFD》、欧洲标准CEN/TC 167 N185、BS5400等，制定了本条各项数据。

8.4.2 板式橡胶支座各项计算，均按正常使用极限状态和使用阶段计算。这在国际上有些也用这一方式，如《美国规范AASHTO-LRFD》的14.7.5.3.2也以支座承受的平均压应力验算支座抗压承载力。

第1款板式橡胶支座的承压面积，采用有效面积，即限于设承压的加劲钢板平面面积部分。

第2款第1）项公式（8.4.2-2）～（8.4.2-5）内Δ_l，由上部结构温度变化、混凝土收缩和徐变产生的支座剪切变形，可直接自上部结构长度变化计算中求得；由纵向力和支座直接设置于有纵坡的梁底面下，在支座顶面由支座承压力顺纵坡方向产生的剪切变形，需先行算出分配给支座的剪切力，再计算剪切变形值。纵向力标准值F_k，支座橡胶层总厚度t_e，纵向力引起的剪切变形Δ_l，支座剪变模量G_e，支座平面毛面积A_g，支座剪切角正切值$\tan\alpha$，其关系为$\tan\alpha=\dfrac{\Delta_l}{t_e}=\dfrac{F_k}{A_gG_e}$，$\Delta_l$、$F_k$、$\tan\alpha$三者只要已知其中一值，即可求得其他值，如图8-3所示。

计算时可取单个支座的各项参数进行计算。

板式上部结构的橡胶支座，当横桥向系平行于墩台横坡或盖梁横坡设置时，应考虑支点压力平行于横坡方向的分力产生的横桥向的剪切变形。由于支座平行于墩台帽横坡或盖梁横坡设置，所以在横桥向没有不均匀的压缩变形，仅有剪切变形，其计算方法与纵向剪切变形相同。

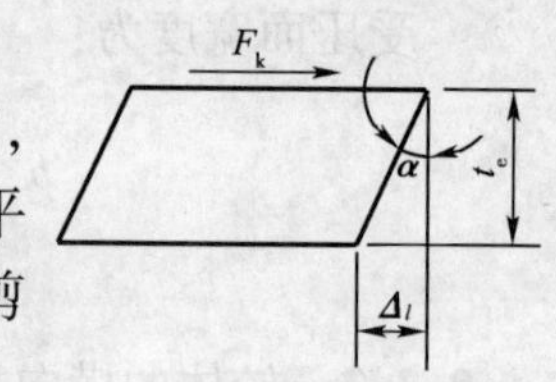

图8-3 支座橡胶层剪切变形

第2款第2）项公式（8.4.2-6）、（8.4.2-7）对支座总厚度t_e与支座周边尺寸关系作了规定，系考虑支座如过厚影响行车的平稳性，但过薄则又影响支座的剪切变形和转角，所以应有一个适当的范围。

第3款关于橡胶支座竖向平均压缩变形计算，原规范第3.5.6条未考虑橡胶弹性体体积模量，这次修订时，参考美国、欧洲的规范、标准，考虑了橡胶弹性体体积模量，其值取为2000MPa。公式（8.4.2-9）内，$\delta_{c,m}\geq\theta\dfrac{l_a}{2}$是为了满足转角要求，使之不致脱空；$\delta_{c,m}\leq0.07t_e$是为了限制竖向压缩变形，不致影响支座稳定，见图8-4。

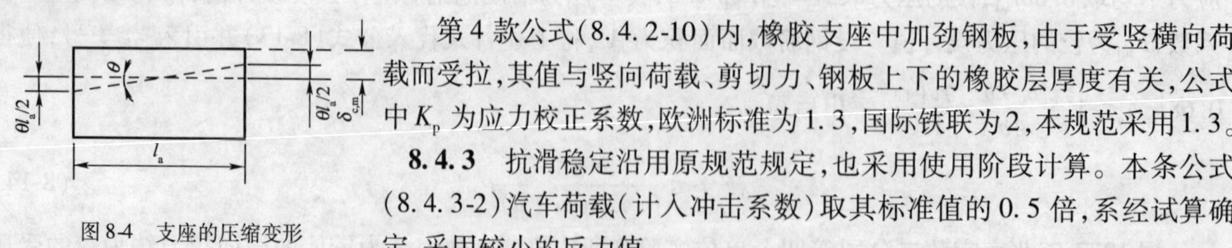

图8-4 支座的压缩变形

第4款公式（8.4.2-10）内，橡胶支座中加劲钢板，由于受竖横向荷载而受拉，其值与竖向荷载、剪切力、钢板上下的橡胶层厚度有关，公式中K_p为应力校正系数，欧洲标准为1.3，国际铁联为2，本规范采用1.3。

8.4.3 抗滑稳定沿用原规范规定，也采用使用阶段计算。本条公式（8.4.3-2）汽车荷载（计入冲击系数）取其标准值的0.5倍，系经试算确定，采用较小的反力值。

8.4.4 聚四氟乙烯滑板支座，其摩擦力不应大于支座内橡胶层容许的剪切变形。本条公式（8.4.4-1）、（8.4.4-2）内"≤"号右边$G_eA_g\tan\alpha=F_k$（见第8.4.2条条文说明）。F_k为$\tan\alpha$限值时的容许水平力，要使此值不小于摩擦力，控制因素是A_g的取值。滑板支座如A_g采用较小，不满足本条规定，在较大的摩擦力情况下，将使支座内橡胶层产生过度的剪切变形。

8.5 桩基承台

8.5.1 本条公式(8.5.1)为单桩竖向力设计值计算简化公式，与精确法比较，偏差仅在5%以内。对特大桥、大桥的承台,应用精确方法例如考虑土的变形(m法等)进行比较,特别在强大水平力如地震作用的影响下,更应用精确法核对。

8.5.2、8.5.3 桩基承台计算方法，1994年以后始见于规范，有《建筑桩基技术规范》(JGJ 94—94)(以下简称《JGJ 94—94规范》)、《钢筋混凝土承台设计规程》(CECS88:97)(以下简称《CECS 88:97规程》)和《美国规范AASHTO-LRFD》。承台正截面抗弯强度计算，有"梁式体系"计算方法和"撑杆-系杆体系"计算方法，前者为国内两本规范所采用，后者为《美国规范AAAHTO-LRFD》5.6.3.1所规定。《美国规范AAAHTO-LRFD》5.13.2.4.1对于性质与承台相似的牛腿和梁托,规定当悬臂长度大于梁托或牛腿高度时,按悬臂梁计算,当小于牛腿或梁托高度时,用"撑杆-系杆体系"方法计算。1982年国际预应力协会(FIP)的《钢筋混凝土与预应力混凝土结构设计建设》(草案)内，把悬臂长度与梁高之比等于或小于1时作为悬臂深梁考虑。据此,本规范规定当外排桩中心距墩台边缘大于承台高度时，按"梁式体系"方法计算承台截面；当外排桩中心距墩台边缘等于或小于承台高度时，按"撑杆-系杆体系"方法计算承台截面。

梁式体系是传统的承台计算方法，根据《JGJ 94—94规范》有关说明，承台呈梁式破坏，即挠曲裂缝在平行于墩台的两个边出现，说明承台在两个方向呈梁式承受荷载，而不是呈双向板式承受荷载。考虑到公路桥梁由于有两个方向的水平力和弯矩同时作用，在同一排内各桩竖向力不一，而当水平力和弯矩方向改变，最大竖向力与最小竖向力也随之各自向相反方向变化，所以将一排桩内受力最大一根桩的竖向力作为全排每桩的计算竖向力。

"撑杆-系杆体系"计算方法，避开了常规材料力学公式对短臂高梁不能反映结构材料非线性应变与剪应力不均匀分布等不足。公路桥梁桩基承台多属于短臂高梁，截面内抗力力臂较一般应变按平面假定为小，抗弯能力随之降低，所以，当外排桩中心距墩台边缘小于或等于承台高度时，应按"撑杆-系杆体系"计算方法计算承台截面。

"撑杆-系杆体系"的力系平衡，可用下例说明(图8-5)：设 $N_1=6000\text{kN}$，$N_2=5000\text{kN}$，$x_1=x_2=1250\text{mm}$，$h_0=1880\text{mm}$，$c=3000\text{mm}$，$a=0.15h_0=282\text{mm}$，$\theta_1=\theta_2=\tan^{-1}\dfrac{h_0}{x_1+a}=\tan^{-1}\dfrac{1880}{1250+282}=50.82°$

$\theta_1'=\theta_2'=\tan^{-1}\dfrac{h_0}{c-2a}=\tan^{-1}\dfrac{1880}{3000-2\times282}=27.66°$；根据各力作用线几何关系，可得：$D_1=\dfrac{N_1}{\sin\theta_1}=7740.3\text{kN}$，$T_1=\dfrac{N_1}{\tan\theta_1}=4890.0\text{kN}$，$D_1'=$

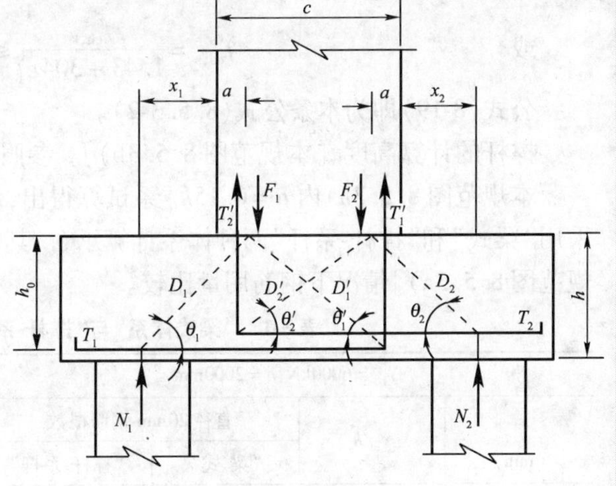

图8-5 "撑杆-系杆体系"的力系平衡

D_1、D_1'、D_2、D_2'-撑杆；T_1、T_2-系杆；N_1、N_2-桩反力；F_1与T_2'和F_2与T_1'作用于同一点(为了便于表达,图内箭头分开示出)

$\dfrac{T_1}{\cos\theta_1}=6177.0\text{kN}$，$F_1=D_1\sin\theta_1+D_1'\sin\theta_1'=9774.0\text{kN}$，$T_1'=D_1'\sin\theta_1'=3774.0\text{kN}$；$D_2=\dfrac{N_2}{\sin\theta_2}=6450.2\text{kN}$，

$T_2=\dfrac{N_2}{\tan\theta_2}=4075.0\text{kN}$，

$D_2'=\dfrac{T_2}{\cos\theta_2'}=5147.5\text{kN}$，$F_2=D_2\sin\theta_2+D_2'\sin\theta_2'=8145.0\text{kN}$，$T_2'=D_2'\sin\theta_2=3145.0\text{kN}$；

$F_1-T_2'=9774.0-3145.0=6629.0\text{kN}$，$F_2-T_1'=8145.0-3774.0=4371.0\text{kN}$；

校核 $N_1 + N_2 = 6000.0 + 5000.0 = 11000.0\text{kN}$

$F_1 + F_2 - T_1' - T_2' = 9774.0 + 8145.0 - 3774.0 - 3145.0 = 11000.0\text{kN}$，两者相等。上述仅说明承台内力系分析，不适用于墩台身的计算。

撑杆的轴心抗压设计值系参照《美国规范 AASHTO-LRFD》5.6.3.3.3 换算而得。该文献公式(5.6.3.3.3-1)撑杆的极限抗压强度及对其有关说明，可表达为：

$$f_u = \frac{f_c'}{0.8 + 170\varepsilon_1} \leqslant 0.85 f_c' \tag{8-15}$$

$$\varepsilon_1 = (\varepsilon_s + \varepsilon_2)\cot^2\theta_i \tag{8-16}$$

$$\varepsilon_s = \frac{T_i}{A_s E_s} \tag{8-17}$$

式中 f_u——撑杆的极限抗压强度；

f_c'——ϕ150mm×300mm 混凝土圆柱体 28d 特征抗压强度；

ε_s——系杆钢筋拉伸应变；

θ_i——撑杆压力作用线与系杆拉力作用线的夹角；

T_i——与撑杆相应的系杆拉力；

A_s——与撑杆相应的系杆钢筋截面面积；

E_s——系杆钢筋弹性模量；

ε_2——撑杆方向压缩应变，取 0.002。

同一混凝土制成的边长 150mm 立方体 28d 抗压强度标准值 $f_{cu,k}$ 与 ϕ150mm×300mm 圆柱体 28d 特征抗压强度 f_c' 的关系约为 $f_c' = 0.80 f_{cu,k}$；按《美国规范 AASHTO-LRFD》5.5.4.2.1、5.6.3.2，撑杆抗压强度设计值为其特征抗压强度的 0.7 倍；据此换算为本规范的撑杆的轴心抗压强度设计值为：

$$f_{cd,s} = \frac{0.7 \times 0.8 f_{cu,k}}{0.8 + 170\varepsilon_1} \leqslant 0.7 \times 0.85 \times 0.8 f_{cu,k} \tag{8-18}$$

或

$$f_{cd,s} = \frac{f_{cu,k}}{1.43 + 304\varepsilon_1} \leqslant 0.48 f_{cu,k} \tag{8-19}$$

公式(8-19)即为本条公式(8.5.3-2)。

撑杆的计算高度 t[本规范图 8.5.3b)]，参照《美国规范 AASHTO-LRFD》5.6.3.3.2 制定。

本规范图 8.5.3a) 内 $a = 0.15h_0$ 系试算得出，使之在外排桩中心距墩台边缘等于承台高度条件下，采用"梁式"和"撑杆-系杆"两种体系计算承台，其钢筋用量接近或后者略多。表 8-1 列有不同 x_1/h[本规范图 8.5.3a)]情况下钢筋用量比较。

表 8-1 "梁式体系"与"撑杆-系杆体系"计算承台钢筋根数比较表

$N_{1d}=6000\text{kN}, h=2000\text{mm}$				$N_{1d}=4000\text{kN}, h=1500\text{mm}$			
x_1 (mm)	x_1/h	直径 20mm 钢筋根数		x_1 (mm)	x_1/h	直径 20mm 钢筋根数	
		"梁 式"	"撑杆-系杆"			"梁 式"	"撑杆-系杆"
200	0.10	26*	26*	200	0.133	19*	19*
400	0.20	26*	26*	400	0.267	19*	20
600	0.30	26*	31	600	0.400	21	26
800	0.40	30	39	800	0.533	27	32
1000	0.50	38	46	1000	0.667	34	39
1500	0.75	58	65	1500	1.000	52	55
2000	1.00	80	83	2000	1.333	72	73
2500	1.25	102	101	2500	1.667	94	89
3000	1.50	130	122	3000	2.000	125	109
4000	2.00	185	164	4000	2.667	190	149

注：承台采用 C20 混凝土，HRB335 钢筋；有 * 号者由最小配筋率控制钢筋根数。一根桩的承压宽度为 2800mm。

8.5.4 公路桥梁的桩基承台，不设箍筋或弯起钢筋。斜截面抗剪主要由混凝土承受，参照原规范公式(5.1.10-2)右式第1项为：

$$Q_h=\frac{0.008(2+P)\sqrt{R}bh_0}{m} \tag{8-20}$$

式中 Q_h——由混凝土承受的剪力(kN)；

R——原规范混凝土标号；

b——通过斜截面受压区顶端截面上的最小腹板宽度(cm)；

h_0——构件有效高度(cm)；

m——剪跨比。

该式中 P 为纵向受拉钢筋配筋百分率，说明纵向钢筋对抗剪也有一定作用，可制约斜裂缝的开展，阻止中性轴的上升；现将$(2+P)$改为$(2+0.6P)$(见本规范第5.2.7条条文说明)，同时考虑混凝土"标号"改为"强度等级"后的强度变化，以及计量单位的改变，综合各种因素后再引入结构重要性系数γ_0，便得本条公式(8.5.4)，即：

$$\gamma_0 V_d \leq \frac{0.9\times10^{-4}\times(2+0.6P)\sqrt{f_{cu,k}}}{m}b_s h_0 \tag{8-21}$$

关于 $m<0.5$ 时采用 $m=0.5$ 的规定，系与《JGJ 94—94 规范》公式(5.6.8-2)比较后制定，避免剪跨比过小时出现较大抗剪承载力。

承台是短臂高梁，其剪跨比远较一般梁为小，目前试验数据较少，所以在制定公式时与《JGJ 94—94 规范》规定的计算公式作了比较，如表8-2所示。

表8-2 斜截面抗剪承载力比较表

剪跨比	JGJ 94—94 $(\times b_s h_0)$N	本规范 $(\times b_s h_0)$N		剪跨比	JGJ 94—94 $(\times b_s h_0)$N	本规范 $(\times b_s h_0)$N	
0.3	2.50/2.00	$P=0.20$	1.91/1.71	1.1	1.07/0.88	$P=0.60$	0.97/0.86
0.5	1.88/1.50	$P=0.30$	1.96/1.76	1.3	0.94/0.75	$P=0.70$	0.84/0.75
0.7	1.50/1.20	$P=0.40$	1.44/1.29	1.5	0.83/0.67	$P=0.80$	0.74/0.67
0.9	1.25/1.00	$P=0.50$	1.15/1.03	1.7	0.78/0.62	$P=0.90$	0.67/0.60

注：(1)表中分子为C25、分母为C20；b_s为承台计算宽度(mm)；h_0为承台有效高度(mm)，《JGJ 94—94 规范》不考虑纵筋对抗剪的贡献，故与P值无关；

(2)按本规范公式，当剪跨比小于0.5时取为0.5；

(3)P值的取用考虑了常规设计中与剪跨比的对应关系。

8.5.5 本规范公式(5.6.1)的抗冲切承载力公式为：

$$\gamma_0 F_{ld}\leq 0.7\beta_h f_{td}U_m h_0 \tag{8-22}$$

对于承台，$\beta_h=0.85$。

该式适用于破坏锥体斜面与水平面夹角为45°情况。本规范图8.5.5a)所示向下冲切破坏锥体斜面与水平面夹角不小于45°，因此应根据不同夹角乘以冲切承载力系数α_{px}和α_{py}；当冲跨比λ_x或λ_y为1，即夹角为45°时，α_{px}或α_{py}为1，本条内公式(8.5.5-1)与公式(8-22)便协调一致。同理，本规范图8.5.5b)，向上冲切破坏锥体斜面与水平面夹角不小于45°，因此也应乘以冲切承载力系数α'_{px}和α'_{py}。有关冲切承载力系数参考了《CECS88:97 规程》有关规定。

本条第1款为柱或墩台压力向下冲切，采用自柱或墩台边缘向下与相应的桩顶边缘连线构成锥体。锥体斜面与水平面夹角不应小于45°，如小于45°，应按与水平面成45°夹角向下画线，此时，自柱或墩台边缘向下的线可能不与桩顶边缘相交，而交于承台底边某点，桩则位于锥体以外。

本条第2款为位于柱或墩台向下冲切的锥体以外的角桩或边桩反力向上冲切，采用自角桩或边桩边缘向上与柱式墩台边缘的连线构成的锥体。锥体斜面与水平面夹角不应小于45°，如小于45°，应按与水平面成45°夹角向上画线，此时，自桩边缘向上的线可能不与柱或墩台边缘相交，而交于承台顶面某点。图8.5.5b)内边桩边缘两侧各取h_0的长度，也就是采用45°的冲切角度。

8.5.6 本条参照了《CECS88:97 规程》第3.2.4条规定。承台是短臂高梁,挠度很小,可不作挠度验算。试验研究表明,承台破坏形态大多为剪切型或冲切型,其裂缝宽度目前缺乏研究,也不作裂缝验算,但在构造上采取措施控制裂缝开展,见本规范第9.6.8条规定。

8.6 桥梁伸缩装置

8.6.1 根据已建桥梁使用情况,不少桥梁的伸缩装置未达规定使用时限即遭损坏。过早损坏的原因除材质、施工安装等因素外,有的施工图设计未标明施工安装时有关数据且图示不完备,影响伸缩装置安装质量。本条规定了设计、选型、图示应注意事项。

8.6.2 伸缩装置的伸缩量计算。影响伸缩量及伸缩装置在使用过程中的变形的因素较多,除本条所列者外,其他可能影响伸缩装置变形的因素有:梁端转角;由于日照、日落引起竖向及横向梯度温差,导致伸缩装置竖向、纵向变形;弯桥的汽车离心力导致伸缩装置横向错动;某些斜桥的端跨采用不等跨梁长导致伸缩缝不等量变形等。在计算伸缩量时应乘以伸缩量增大系数β。β值在德国规范和《公路桥梁伸缩装置》一书内取为1.3,本规范定为1.2~1.4,可根据各种不利因素及可能出现的有利因素选择。

混凝土收缩和徐变,在多年后完成,此时伸缩装置将拉开一定距离,对伸缩装置的闭口将具有较多富余量。由于混凝土收缩和徐变在伸缩装置安装完成后缓慢进行直到完成,这个因素在计算中不考虑,但可在确定伸缩量增大系数β时作为有利因素考虑。

板式橡胶支座由于制动力引起的剪切变形导致伸缩装置的伸缩,它与制动力作用方向、连续桥面或连续梁分段、板式橡胶支座的布置方式等有关,需根据实际情况计算其对伸缩装置的最不利的闭口量和开口量。

柔性排架墩墩顶设有板式橡胶支座时,排架墩墩顶与板式橡胶支座两者刚度串联,在制动力作用下,可用串联刚度计算两者由于制动力引起的位移,可参阅《连续桥面简支梁墩台实例(修订版)》。

9 构造规定

9.1 一般规定

9.1.1 普通钢筋和预应力直线形钢筋，参照《混凝土结构设计规范》（GB 50010—2002）（以下简称《GB 50010—2002 规范》）和美国规范，将其最小混凝土保护层厚度的规定取用一致。表 9.1.1 内最小混凝土保护层厚度参照建筑、港口等规范制定。

9.1.2 混凝土保护层厚度，除作了最小厚度规定外，其值也不宜过大，原规范第 6.2.12 条及铁路规范均规定不宜大于 50mm，《GB 50010—2002 规范》第 9.2.4 条则规定对于保护层厚度大于 40mm 时，应对保护层采取有效的防裂措施。所以本条作了混凝土保护层厚度大于 50mm 时，应设防裂钢筋网的规定。

9.1.3 本条参照《德国混凝土和钢筋混凝土设计与施工规范 DIN1045，1978》（以下简称《德国规范 DIN1045》）18.11，对等代直径大于 36mm 的束筋的混凝土保护层内设钢筋网作了具体规定。本条规定与混凝土保护层厚度无关，任何保护层厚度均应设置。

关于组成束筋的单根钢筋的直径、根数等限值，系参照美、德规范制定。

9.1.4 钢筋最小锚固长度 l_a 按下列公式计算得出：

$$l_a = f_{sk}\frac{\pi d^2}{4} \times \frac{1}{\pi d\tau} = \frac{f_{sk}d}{4\tau} \tag{9-1}$$

式中 f_{sk}——钢筋抗拉强度标准值；

d——钢筋直径；

τ——钢筋与混凝土极限锚固黏结应力，取自《英国混凝土桥设计规范 BS 5400，1984》（以下简称《英国规范 BS 5400》），其值如表 9-1 所示。

表 9-1 钢筋与混凝土极限锚固应力（MPa）

钢 筋	混凝土强度等级			
	C20	C25	C30	≥C40
光圆钢筋受拉	1.2	1.4	1.6	1.9
光圆钢筋受压	1.5	1.7	1.9	2.3
带肋钢筋受拉	2.2	2.5	2.8	3.3
带肋钢筋受压	2.7	3.1	3.5	4.1

对于受压钢筋，美、德规范均规定端部弯钩对受压钢筋不起作用，即如同直端一样。

对于受拉钢筋，钢筋端部设弯钩者，其锚固长度按《德国规范 DIN1045》18.5.2.2 乘以 0.7。

9.1.5、9.1.6 弯钩和箍筋尺寸参照《混凝土结构工程施工质量验收规范》（GB 50204—92）（以下简称《GB 50204—92 规范》）和《公路桥涵施工技术规范》（JTJ 041—2000）制定。

9.1.7 绑扎接头的钢筋直径限值参照《GB 50010—2002 规范》第 9.4.2 条。

9.1.8 焊接接头有关规定参照《GB 50204—92 规范》第 3.4.7 条制定。

9.1.9 受拉钢筋绑扎接头有关规定参照《GB 50204—92 规范》第 3.5.3 条制定。束筋搭接参照《德国规范 DIN1045》18.11.5 制定。根据《GB 50204—92 规范》第 3.5.5 条注及美、德规范，在施工条件困难时，允许绑扎接头多于 25%，但搭接长度应加长，有关规定系参照《GB 50010—2002 规范》表 9.4.3 制定。

9.1.10 《钢筋机械连接通用技术规程》（JGJ 107）于 1996 年颁布，1998 年有局部修订稿，现已有新稿。新稿规定钢筋连接件的混凝土保护层厚度不宜小于受力钢筋的混凝土保护层最小厚度，且不得小于15mm。本条有关规定参照上述规程制定。

9.1.12 我国混凝土结构最小配筋率，无论对于受压或受拉，与国际上规范相比均偏低。随着混凝土等级的提高，有必要进行调整。

受压构件破坏时，要避免混凝土突然脆性压溃，取决于纵筋的最小配筋率和箍筋的配置。此外，受压构件混凝土受压后由于混凝土徐变，一部分压力将自原由混凝土承受者转移到钢筋；所以，受压钢筋的配筋率较高。美国规范和德国规范对于受压构件的钢筋配筋率分别不小于1%和0.8%，但如设计所取用的混凝土截面面积大于实际需要的截面面积，可按减少后的混凝土实际需要的截面面积的配筋率配筋。《英国规范 BS 5400》5.8.4.1 规定柱内钢筋截面面积 A_s 不小于柱截面面积的1%或不小于 $0.15N/f_y$（N 为极限轴向荷载，f_y 为钢筋屈服强度，如一直径1.5m柱，$N=25000\text{kN}$，$f_y=335\text{MPa}$，$A_s=11194\text{mm}^2$ 相当于0.6%），取较小者。由于规定了一些限制条件，国外规范规定的受压构件最小含筋率，实际上也在0.6%上下。本规范适当将原规范规定的0.4%提高至0.5%，当混凝土强度等级C50及以上时，属高强度混凝土，提高至0.6%。在国外规范中，轴心受压构件或偏心受压构件统称为受压构件或柱，本规范也同样将轴心受压构件与偏心受压构件列为同一类型，其最小含筋量的规定也相同。这样也弥补了原规范对偏心受压构件未作最小配筋率规定的不足。

受弯构件的受拉钢筋最小配筋率是根据混凝土开裂的弯矩，与同尺寸的钢筋混凝土梁所能承担的弯矩相等而确定的，其目的是当混凝土受拉边缘出现裂缝时，梁不致因配筋过少而脆性破坏。按上述要求钢筋混凝土构件受拉钢筋最小配筋百分率取为 $45f_{td}/f_{sd}$。

本条公式（9.1.12）对于预应力混凝土受弯构件最小配筋率的要求，其性质与上述钢筋混凝土受弯构件类似，可表达为 $M_{ud}\geqslant M_{cr}$。

9.2 板

9.2.1 板的跨径系根据目前较多采用的最大跨径概括得出，超出上述范围应在设计、施工上考虑必要的保证质量和安全的措施。

9.2.2～9.2.5 各条大多沿用原规范第6.1.1条至第6.1.5条规定，但对人行道预制板厚度原不小于50mm改为60mm，人行道板主钢筋原不小于6mm改为8mm。行车道板内垂直于主钢筋的分布钢筋，直径由原不小于6mm改为8mm，其截面面积参考《英国规范 BS 5400》5.8.4.2，取为不小于设置分布钢筋的板的截面面积的0.1%。

9.2.7 斜板的钢筋布置，参考有关规范可作以下说明：

1 《英国规范 BS 5400》5.8.10.1 要求斜板主钢筋的布置尽量与主弯矩方向接近。

2 《美国公路桥设计规范——荷载与抗力系数设计法 AASHTO-LRFD，1994》（以下简称《美国规范 AASHTO-LRFD》）C9.7.1.3 内说明，当斜交角不大于25°时，整体式斜板主钢筋可以平行于桥纵轴线布置，其影响受力仅及10%。《英国规范 BS 5400》5.8.10.2 指出，整体实心斜板通常将钢筋（受力钢筋和分布钢筋）在垂直于和平行于支座轴线两个方向布置，再在自由边布置一条平行于边缘的钢筋带。

3 预制单片板是宽跨比小的窄板，其受弯情况接近于跨径为斜长的正交板。《英国规范 BS 5400》5.8.10.2 指出，在大斜交角、小宽跨比情况下，可把钢筋平行于和垂直于自由边布置。

4 根据沃格特（Vogt）研究，简支斜板在钝角方向有负弯矩，其方向垂直于钝角平分线；根据杭伯格（Hornberg）研究，简支斜板在钝角端支点反力较正交板大数倍。因此，在垂直于钝角平分线设上层钢筋，以承受负弯矩；在平行于钝角平分线设置下层钢筋，以承受板底拉力。

9.2.8 本条系配合第8.1.7条制定。预制板顶面做成凹凸不小于6mm的粗糙面，参照《美国规范 AASHTO 14版》8.16.6.5.3 制定。

9.2.10 本条参照《GBJ 10—89 规范》第7.1.7条制定。

9.3 梁

9.3.1 梁的跨径系根据目前较多采用的最大跨径概括得出，超出上述范围应在设计、施工上考虑必要的保证质量和安全的措施。

9.3.2 T形、I形截面梁必须设置端横隔梁。根据我国设计图纸，横向整体浇筑的T形截面梁，每隔10m需加设中间横隔梁。《美国规范AASHTO 14版》8.12.2规定T形截面梁计算跨径大于12m时，应在最大弯矩处设一根中间横隔梁；此项规定与我国目前采用者接近。

箱形截面梁必须设置端横隔板；弯箱形截面梁尚应设置中间横隔板。《美国规范AASHTO 14版》8.12.1、8.12.3、9.10.3.3、9.10.3.5等规定内半径小于240m的弯箱梁应设置中间横隔板，钢筋混凝土弯箱梁中间横隔板中距不大于12m，预应力混凝土弯箱梁中间横隔板中距需视结构受力情况而定。

9.3.3 T形和I形截面梁，在与腹板相连处的翼缘厚度，原规范为不小于梁高的1/12，其值与现行设计图纸较为偏小，现参考《铁路桥涵技术规范》(TBJ 2—85)(以下简称《TBJ 2—85规范》)第5.3.15条，改为不小于梁高的1/10，当设有承托时，可计入承托加厚部分厚度。

箱形截面梁的桥面板和底板，在板的跨中部分厚度不应小于板净跨的1/30且200mm，经与国内17座矩形截面箱形梁尺寸对照，多数较为接近。《美国规范AASHTO 14版》9.9.1、9.9.2也有类似的规定。

T形、I形截面梁和箱形截面梁的腹板厚度不应小于140mm，系沿用原规范第6.2.25条规定。当腹板厚度有变化时，其过渡段长度不小于12倍腹板厚度差，系参照《美国规范AASHTO 14版》8.11.3及9.9.3规定。

9.3.4 钢筋最小净距系沿用原规范第6.2.12规定。

9.3.5 悬臂板长度较大时，在车轮作用点下方可能出现正弯矩，参阅本规范第4.1.5条条文说明。

9.3.6 箱形截面梁的底板钢筋，原规范仅对预应力混凝土结构有所规定(第6.2.36条)，顺桥向和横桥向均设不小于0.25% ~0.30%混凝土截面面积的钢筋。现参考《美国规范AASHTO 14版》8.17.2.3、9.2.4等规定，对于钢筋混凝土桥，配置不小于0.4%的混凝土截面面积的钢筋，对于预应力混凝土桥，配置不小于0.3%的混凝土截面面积的钢筋。

9.3.7 钢筋混凝土T形截面或箱形截面梁的翼缘有效宽度以外，受弯时截面应力较小，配置受力主钢筋作用不大，故要求受力主钢筋设于有效宽度内。在有效宽度以外，设置0.4%的构造钢筋，此系参照《美国规范AASHTO 14版》8.17.2.1制定。

9.3.8 梁腹板两侧设置纵向构造钢筋，主要用于腹板防裂，特别是腹板受拉区防裂。原规范第6.2.10条规定纵向钢筋截面面积，整体浇筑混凝土梁不小于(0.0005 ~0.0010)bh；焊接骨架薄壁梁不小于(0.0015 ~0.0020)bh。据反映腹板两侧裂缝时有发生，侧面钢筋嫌少。本条不再分整体浇筑梁和焊接骨架薄壁梁，两侧面的钢筋截面面积合计取用(0.001 ~0.002)bh，对薄壁梁宜取上限。国外规范均对侧面钢筋较为重视，如《英国规范BS 5400》5.8.4.2规定每侧面至少应设0.0005bh_0的钢筋；《美国规范AASHTO 14版》8.17.2.1.3规定梁高大于610mm时，受拉区应设10%的受拉钢筋截面面积的侧面钢筋，其他侧面每米高度应设264mm^{2}钢筋。此外，支点附近剪力较大区段和预应力钢筋锚固区段，纵向钢筋有利于防裂，其间距宜适当加密。

9.3.9 本条参考《GBJ 10—89规范》第6.1.5条及汪一骏等主编《混凝土结构》8.6.12制定。本条规定主要为充分保证截断钢筋的锚固长度和斜截面受弯承载力。

9.3.10 在梁支承部位，由于支座反力局部荷载在梁底面引起复杂的应力；为增强支座附近斜截面抗弯和斜截面抗剪能力以及抵抗梁底面拉应力，受拉主钢筋至少有1/5或两根伸入梁的支座部位。本条系沿用原规范第6.2.13条规定。

9.3.11 本条沿用原规范第6.2.17条，并参考了《GBJ 10—89规范》第7.2.5条和《混凝土结构》8.7制定。本条主要为保证斜截面抗弯承载力不小于正截面抗弯承载力。

9.3.12 本条系沿用原规范第6.2.14条规定，但对焊接钢筋骨架的钢筋层数和直径加以限制。

9.3.13 混凝土在出现斜裂缝前，主拉应力主要由混凝土承受，箍筋内应力很小，但当裂缝一经出现，箍筋内应力骤增，箍筋过少不足以抵抗由开裂截面转移过来的斜拉应力，因此有必要规定最小箍筋配筋率，本规范仍沿用原规范第 6.2.16 条规定。

箍筋除用于斜截面抗剪外，如还用于支撑计算受压钢筋使之不受压屈，此时必须做成封闭式，且其布置方式应与受压构件的箍筋一样（见本规范第 9.6.1 条及其说明）。至于所箍为受拉钢筋时，原规范规定箍筋每边所箍受拉钢筋不多于五根，本条内现不作规定，箍筋作为定位钢筋，只要施工安装能保持受拉钢筋的正确位置，其所箍纵向受拉钢筋不受限制。

箍筋间距过大，可能有些斜裂缝在两箍筋间出现而不与箍筋相交，原规范规定箍筋间距不大于梁高的 3/4 和 500mm，现参照《美国规范 AASHTO 14 版》18.19.3 和《GB 50010—2002 规范》表 10.2.10，改为不大于梁高的 1/2 和 400mm。钢筋绑扎搭接接头范围内，为增强钢筋的锚固力，要求加密箍筋间距。在梁的支点附近，剪力较大，为防止裂缝发展，箍筋应予以加密。

9.3.14 弯剪扭的箍筋最小配筋率应考虑受剪与受扭相互作用的影响。根据《混凝土结构》4.5.2 及 8.4.2，纯扭构件最小配箍率为 $0.055f_{cd}/f_{sv}$；按本规范第 9.3.13 条，受弯构件的抗剪箍筋的最小配筋率为 0.12% ~0.18%（本条内以 c 概括表达）。弯剪扭构件的配箍率则通过与剪扭构件混凝土承载力降低系数β_t（第 5.5.4 条）呈线性关系，在上两者之间确定，其计算式见本条第 3 款公式 $[(2\beta_t-1)(0.055\frac{f_{cd}}{f_{sv}}-c)+c]$；当纯扭构件 $\beta_t=1.0$ 时该式为 $0.055f_{cd}/f_{sv}$，当受剪构件 $\beta_t=0.5$ 时该式为 c。

弯剪扭构件的纵向钢筋最小配筋率，不应小于受弯构件纵向受力钢筋的最小配筋率与剪扭构件纵向受力钢筋最小配筋率之和。对受弯构件纵向受力钢筋配筋率按本规范第 9.1.12 条采用。对剪扭构件，参照《混凝土结构》4.5.2 与 8.4.2 和《GBJ 10—89 规范》第 7.2.10 条，剪扭构件纵向钢筋最小配筋率取为 $0.08(2\beta_t-1)f_{cd}/f_{sv}$；对于纯扭构件，$\beta_t=1$，此时最小配筋率为 $0.08f_{cd}/f_{sv}$，对于纯剪构件，$\beta_t=0.5$，此时最小配筋率为零。

9.3.15 具有曲线形的梁腹，受拉区的纵向受力钢筋在拉力作用下有向下变位的趋势，使混凝土保护层剥落，因此在曲线部分要加密箍筋。设于拐角处的受拉钢筋，其受力情况与上述梁腹近凹面处的受拉钢筋类似，此时可把交叉的受拉钢筋在相交点各延伸一段锚固长度。

设梁腹圆曲线半径为 r，曲线部分主钢筋拉力为 F，则曲线单位弧长上的圆心方向径向压力为 $u=F/r$，弧长 s_v（箍筋间距）内的径向压力为 $F_c=us=(F/r)s_v$。如主钢筋截面面积为 A_s，抗拉强度设计值为 f_{sd}，则钢筋拉力 $F=f_{sd}A_s$；将 F 值代入 F_c 的计算式，得$F_c=f_{sd}A_s s_v/r$。设箍筋单肢截面面积为 A_{sv1}；箍筋抗拉强度设计值为 f_{sv}，双肢箍筋抗拉力 $F_r=2f_{sv}A_{sv1}$。双肢箍筋应与其所箍的主钢筋拉力引起的径向压力平衡，令 $F_r=F_c$，可得 $A_{sv1}=(f_{sd}/f_{sv})\times[A_s s_v/(2r)]=m[A_s s_v/(2r)]$，其中 $m=f_{sd}/f_{sv}$，便得规范公式(9.3.15-1)。规范公式(9.3.15-2)为圆曲线公式，当非圆曲线时，也可近似地利用该式。

9.3.16 环形搭接用于 T 形截面梁桥面板横桥向连接已有多年，且用于通用设计图。环形接头所有钢筋在同一截面上有 100% 搭接接头，搭接长度（两个半圆环顶端距离）仅 20 倍钢筋直径左右，而且相邻两梁翼缘连接段内有两个距离很近的搭接接头，这就要求采取一定的加强接头的措施，可在半圆环内设置通长纵向钢筋。此外，连接段内的桥面板厚度，应满足钢筋的混凝土保护层和圆环直径的需要，不宜取用较小的尺寸。

9.3.17 本条沿用原规范第 6.2.31 条规定，组合梁现浇板最小厚度参照已建桥制定，例如浙江杭枫线组合梁现浇桥面板厚 150mm。参照《GBJ 10—89 规范》第 7.5.17 条，预制件顶面应做凹凸不小于 6mm 的粗糙面。

9.3.18 组合梁的结合面受剪承载力，当结合面配筋率低于 0.10% 时，箍筋对结合面不起作用（见《混凝土结构》9.2.3）。《英国规范 BS 5400》7.4.2.3 规定，组合梁内梁与板之间应设有 0.15% 的结合面积的结合系筋，其间距不小于板厚的四倍，且不小于 600mm。

9.4 预应力混凝土上部结构

9.4.1 本条对原规范第 6.2.18 条关于箍筋的要求有所提高，以控制斜裂缝的开展。预应力梁的梁端锚头集中，应力复杂，故要求加密箍筋。T形截面梁的马蹄内，预应力钢筋密集，张拉时相当于受压构件，故马蹄内应另设箍筋。在梁支座中心附近，剪力较大且锚固区有拉应力，故箍筋应加密。

9.4.3 光面剪力钢丝与混凝土黏结力较差。据建筑科学院试验资料，构件的破坏均由于钢丝滑移而引起，钢丝强度未发挥，配以直径5mm、标准强度1100MPa的光圆钢丝受弯构件，破坏弯矩仅及设计值的40%~50%；配以直径3mm、标准强度1600MPa的光圆钢丝受弯构件，破坏弯矩为设计值的90%，所以光圆钢丝应采用压痕措施加强黏结力。

9.4.4 本条净距沿用原规范第6.2.21条和参考《GB 50010—2002规范》第9.6.2条制定。

9.4.5 为了使预应力钢筋放松时引起的冲击不致破坏端部混凝土，钢筋端部周围混凝土应局部加强。本条沿用原规范第6.2.23条规定。

9.4.6 原规范第6.2.28条规定，钢垫板厚度不小于15mm，根据目前使用情况及《TBJ 2—85规范》第6.4.6条改为16mm。

9.4.7 当预应力钢筋集中布置在端部截面的下部或同时布置于上部和下部时，预加力在梁端部产生的垂直于梁长方向的拉应力，使构件端部产生纵向裂缝，因此要求将部分预应力钢筋弯起后尽可能沿端部高度均匀布置。根据国外试验资料，锚下拉应力一般分布在梁端沿跨径方向3/4梁高长度的区段内；另根据铁路部门调查，在梁端出现沿管道的纵向裂缝；因此均需要加密梁端箍筋（见第9.4.1条）和增设钢筋网。此外，在梁端部适当加厚腹板厚度，也是防止梁端纵向裂缝的有效措施。

9.4.8 对于曲线形管道，如直梁竖曲线钢筋、弯梁钢筋和加厚齿板钢筋等的管道，其曲线平面内侧受曲线预应力钢筋的挤压，混凝土保护层在曲线平面内和平面外均受剪，所以梁底面保护层和侧面保护层均需加厚或设拉筋。参照《美国规范AASHTO-LRFD》5.10.4.3.1和5.10.4.3.2，曲线平面内剪力F_{in}、平面外剪力F_{out}和抗剪力V_c（单位均为N/mm）为：

$$F_{in}=P/r\leqslant V_c \tag{9-2}$$

$$F_{out}=P/\pi r\leqslant V_c \tag{9-3}$$

$$V_c=0.33\phi d_c\sqrt{f'_{ci}} \tag{9-4}$$

式中 ϕ——材料抗剪系数，$\phi=0.9$；

P——预应力钢筋张拉力（N）；

f'_{ci}——预应力钢筋传力锚固时的混凝土圆柱体（ϕ150mm×300mm）抗压强度（MPa）；

d_c——管道中心至曲线平面内或平面外混凝土保护层的距离。

同一混凝土制成的边长为150mm的立方体强度与圆柱体强度比值为1/0.8。如传力锚固时的混凝土立方体强度为f'_{cu}，则应以$0.8f'_{cu}=f'_{ci}$代入公式（9-4），抗剪值便为$V_c=0.33\times0.9d_c\sqrt{0.8f'_{cu}}=0.266d_c\sqrt{f'_{cu}}$。$d_c$为混凝土保护层厚度$c_{in}$或$c_{out}$加管道外缘半径$d_s/2$，将其代入公式（9-4）并引入公式（9-2）、（9-3），便得本条文内公式（9.4.8-1）、（9.4.8-3）。

预应力钢筋张拉力为P，则曲线单位弧长上的径向压力$u=P/r$，弧长s_v（箍筋间距）的径向压力为$F_c=us_v=(p/r)s_v$。如箍筋单肢截面面积为A_{sv1}，双肢箍筋的抗拉力为$F_r=2f_{sd}A_{sv1}$，令$F_c=F_r$，便得规范公式（9.4.8-2）。

9.4.9 本条沿用原规范第6.2.26条规定，但考虑到预应力钢筋直径和管道直径加大，增加了管道净距不宜小于0.6倍管道直径的规定。

直线管道允许竖向两根叠置，系沿用原规范第6.2.26条规定。

原规范第6.2.26条规定管道内径应比预应力钢筋至少大10mm，现考虑预应力钢筋截面面积增大，参考《美国规范AASHTO 14版》9.25.4.1，改为管道内径面积不小于钢筋截面面积的两倍。

9.4.10 本条沿用原规范第6.2.27条规定。曲线形预应力钢筋，如曲线半径过小，张拉时引起较大的管道摩擦力及径向压力。对于特殊的管道和预应力钢筋，如斜拉桥桥塔内围箍用的半圆形预应力钢筋，其半径在1.5m左右，由于采用特殊措施，可以不受此限。

9.4.13 本条系沿用原规范第6.2.34条规定。预应力钢筋的预拉应力摩擦损失，除偏离线形外，主要是曲线管道与预应力钢筋间的摩擦损失。为减少摩擦损失，要求预应力钢筋减少整根通长的连续弯曲和加大曲线半径。在预应力钢筋设置时通常采用两种方式来达到上述目的,一种方式是预应力钢筋逐段张拉、锚固、接长,再张拉、锚固、接长,接长方法有直接用连接器接长和逐段锚固、逐段搭接;另一种方式是采用变化的梁高,使整根曲线钢筋曲率减小。这两种方式也可结合使用,使预应力钢筋的设置更趋合理。

9.4.14 本条系沿用原规范第6.2.35条规定。预应力钢筋在梁内布置应避免急剧增减,以免在同一截面内设锚过多而削弱截面,同时也避免由于预应力突变在腹板内引起过大的剪应力或主拉应力的变化。

在连续梁的1/4~1/3跨径区段,活载作用下正负弯矩交替出现。顶推连续梁施工顶推阶段,大部分截面交替出现正负弯矩。在上述情况下,预应力钢筋宜分散布置于梁的腹板上下及其相邻翼缘上,使正负弯矩都有预应力钢筋承受。

在连续梁中间支撑处,反力集中,应力状态复杂。支点反力在梁腹板底部引起纵向水平拉应力。所以在中间支点附近梁腹板内及其下方的翼缘内应布置顺桥向非预应力钢筋。

9.4.15 本条系参照原规范第6.2.37条制定。在预压力作用下,锚具周围混凝土表层有拉应力;锚下的扩散角范围内混凝土受压力,但在此范围内沿传力方向还有一个枣核形的拉力区。这说明锚具周围表层及锚下混凝土内应力复杂,所以在构件受拉区不宜设置锚具,而宜设于截面重心处或受压区。

预应力钢筋伸出于板外锚固时,锚固齿板内拉筋设置可参阅第9.4.8条。

9.4.16 少数桥曾用过干接缝接合的分块拼装悬臂梁,尽管预制时以先浇块的接合面作为后浇块的模板,但接合面仍有不完善之处;因此应采用环氧树脂黏结或采用细石混凝土填充。环氧树脂接缝要用0.2MPa压应力予以压紧。

9.5 拱桥

9.5.1 钢筋混凝土拱桥的矢跨比,一般在1/5~1/8之间。据徐风云《SRC拱桥及CFST拱桥设计优化研究》一文中统计分析,40座跨径100m及以上竣工的钢筋混凝土拱桥中,矢跨比1/4者4座,1/5者4座,1/6者11座,1/7者7座,1/8者13座,1/10者1座;26座跨径66~313m设计、在建、竣工的钢骨架钢筋混凝土拱桥和钢管混凝土拱桥中,矢跨比1/4者8座,1/5者10座,1/6者7座,1/8者1座;11座跨径100~330m在建、竣工的钢筋混凝土桁架式组合拱桥中,矢跨比1/6者3座,1/7者1座,1/8者6座,1/9者1座。

空腹拱的拱上建筑跨径一般取主拱跨径的1/8~1/15,这样主拱受力较为均匀;但从配合景观来考虑,也可适当采用稍大的比值。

悬链线拱轴线,随着拱上建筑的轻型化及矢跨比的趋小,拱轴系数也趋小,据上述《SRC拱桥及CFST拱桥设计优化研究》一文分析,跨径自100~312m的12座拱桥,拱轴系数m自2.24~1.347。对于桁式组合拱,其底弦可取较小的m值或采用抛物线。

9.5.2 空腹式拱桥的拱上建筑,一般采用墙式墩或排架式墩和筒支板或筒支梁结构,以适应主拱的变形。支座可采用橡胶支座。如果采用连续桥面,在主拱的墩台立柱顶面应设滑动支座和伸缩缝;在拱顶附近,因拱上建筑墙式墩或排架式墩较矮,抗推刚度较大,也宜设置滑动支座和伸缩缝。

9.5.4 拱肋间横系梁与拱肋组成空腹桁架,增强了拱桥的横向刚度。拱上建筑立柱下方设横系梁,有助于荷载的横向分布。

9.5.5 横向联结系对于中承拱和系杆拱的整体性和稳定性至为重要。在浇筑拱肋混凝土时,还可利用已就位的横向联结系加强施工稳定性。拱顶设横系梁,拱顶两侧的弯矩影响线零点附近设横系梁或K形撑,桥面处设横梁,桥面以下设剪力撑。以广西邕宁邕江大桥为例,主跨312m,全拱设拱顶横系梁一道,拱顶正弯矩影响线零点附近设K形撑两道,桥面设横梁两道,桥面以下设剪刀撑两道,此外,另在桥面以上拱肋间设横系梁四道。

9.5.6 桁架拱桥端部结构高度较大,其上弦杆端节点与墩台上方无连接,故需设竖向剪力撑以保持横向稳定。为加强桁架拱的横向水平刚度,端节间还应设水平剪刀撑。在其他节间亦应适当设置竖向剪刀撑和水平向剪刀撑。

9.5.7 桁式组合拱桥是贵州省于1981年创建的一种新型拱桥。目前最大跨径的桁式组合拱桥是贵州江界河大桥，主跨330m。

桁式组合拱是桁架拱和桁式T形刚构（加挂孔）两种桥型综合发展的产物。桁式组合拱把桁架拱位于拱端的上、下弦杆与桥台固结，在跨中0.5~0.6跨长段的两端将上弦断开，下弦仍保持连续。这样形成了上梁下拱的组合结构体系。拱轴线一般用二次抛物线。

桁式组合拱桥的杆件，跨径稍大一些都采用箱形截面，如主跨330m江界河大桥，主跨160m的广西京南大桥，上、下弦杆均为三室箱梁；斜杆、竖杆为两个分离箱梁，其间用横系梁联结。

桁式组合拱桥在端部因上弦与桥台固结，在拱脚后面应设短边孔。边孔长度与主孔长度之比接近于0.5时，因边孔力臂较长，其尾部反力较小，对施工阶段受力有利，而对使用期间受力不利；若比值接近于0.2，则上述情况反之。江界河大桥，边孔与主孔跨长之比，左边孔为0.24，右边孔为0.16；广西京南大桥，边孔与主孔跨长之比，左边孔为0.24，右边孔为0.31；以上边孔长度包括台身长度。

桁式组合拱桥上弦断点位置，据贵州道真桥与剑河桥分析，跨径中段两端的断点位置各以距拱顶0.3倍主孔跨径为宜。京南大桥取用0.3倍，江界河大桥取用0.25倍。

9.5.8 本条系沿用原规范第6.3.3条部分内容。拱桥的横系梁、K形撑、剪刀撑，为了具备一定刚度，其截面短边尺寸不应小于长度的1/15。横系梁、K形撑和剪刀撑与拱肋相交处，由于截面急剧变化，局部应力较大，所以应设倒角平缓过渡。

9.5.9 桁架杆件在节点处交汇，形成节点块。据江界河大桥所做节点光弹性模型试验，杆件交汇处局部应力集中。为缓和节点应力集中现象，在节点块边缘即杆件相邻边缘间应设过渡线。节点块边缘设包络钢筋对改善应力集中，防止相邻杆件之间劈裂及拉杆从节点块拔出，具有一定作用。

9.5.11 本条系沿用原规范第6.3.2条规定。软土地区或严寒地区的桁架拱桥、刚架拱桥，由于地基沉降或温度下降等因素，使拱脚受力不利；因此，其下弦钢筋应适量增设。

9.5.12 本条内容与《公路砖石及混凝土桥涵设计规范》（JTJ 022—85）第4.1.4条一致。多孔拱桥桥墩，以修建柔性墩较多，连拱作用显著，所以要求每三至五孔设置一个承受恒载的单向推力墩，或采取其他抗单向推力的措施。

9.6 柱、墩台和桩基承台

9.6.1 本条与本规范第5.3.1条所规定的一般轴心受压构件相适应，与本规范第5.3.2条规定的配置密布的螺旋环形筋或焊接环形箍筋的间接钢筋轴心受压构件有区别，后者的构造要求另见第9.6.2条规定。

纵向受力钢筋的最小直径、最小净距、最大净距、最大配筋率，分别参照原规范第6.4.1条和《GBJ 10—89规范》第7.3.2条制定。最大配筋率系考虑到构件配筋率过大影响混凝土浇筑的质量，国内外规范有关规定值较为悬殊，国内规范如铁路为3%，建筑部门为5%，国外规范如英国为6%，美国规范为8%，德国规范为9%。公路上以前无此项规定，现予增列。

箍筋使受压钢筋自由长度减小，提高钢筋抗压屈的能力。受压钢筋的箍筋应做成封闭式，这样才能有效地约束纵向受压钢筋。圆截面如采用螺旋环形筋，具有较好的侧面约束纵向钢筋的能力。按原规范第6.4.1条规定，箍筋直径不小于6mm，参考国外规范，如美国规范不小于9.5mm，现将纵向受力钢筋的箍筋最小直径改为8mm。

箍筋主要靠其折角点（折角不大于135°）来约束纵向钢筋。纵向钢筋离折角点愈远，箍筋对纵向钢筋的约束愈弱。美、英、国际预应力协会等规范均规定中间纵向钢筋距折角点纵向钢筋净（中）距不得大于150mm，德国规范则为15倍箍筋直径。上述规定较之原规范第6.4.1条规定同一箍筋在构件每边所箍的纵向受力钢筋不多于三根更为明确，说明了实质问题。纵向钢筋位置如超过此范围应设复合箍筋，如本规范图9.6.1所示。

9.6.2 本条与本规范第5.3.2条规定的配有螺旋式或焊接环式间接钢筋的受压构件相适应。与第

9.6.1 条一般受压构件比较,由于间接钢筋布置较密,其长细比又有限制,不考虑纵向弯曲系数,因此具有较高承载力。

纵向受力钢筋的截面面积,原规范规定为不应小于核心截面面积的 0.4%,因第 9.1.12 条规定的纵向受力钢筋的最小配筋百分率自原规范的 0.4 改为 0.5,因此本条也改为纵向受力钢筋的截面面积不小于核心截面面积的 0.5%。

配有间接钢筋的受压构件,仅计入核心截面面积,因此核心截面面积不应小于全截面面积的 2/3;同时,受压构件靠间接钢筋围箍混凝土,以间接地提高构件的承压能力;所以间接钢筋要求布置较密,其间距不应大于核心直径的 1/5,且不大于 80mm,但不小于 40mm,以便浇筑混凝土时粗集料可以顺利通过。

间接钢筋的配置提高了构件的承压能力,所以间接钢筋不能仅配置至构件的两端,间接钢筋应伸入与受压构件连接的上下构件内,其长度不应小于受压构件的直径和纵向受力钢筋的锚固长度,借以作为一个过渡。

9.6.3 偏心受压构件与轴心受压构件有同样的构造要求。在国外规范中,轴心受压和偏心受压统称为受压构件或柱,其构造要求也是一样。偏心受压构件需在受弯方向设置受力钢筋,在侧面非受弯方向则应设置构造钢筋,有关规定参照了《GBJ 10—89 规范》第 7.3.2 条。公路桥墩台多双向偏心受压,此时两个方向均设受力钢筋。

9.6.4 表层钢筋网参照《美国规范 AASHTO 14 版》8.20 规定,折合每米 $264mm^2$,本规范采用 $250mm^2$,相当于每米设直径 8mm 钢筋五根。

9.6.5 盖梁计算跨径一般为 7.0 ~ 2.5m,跨高比 l/h 在 3 ~ 5 之间(跨高比随跨径增大而减小),属深受弯构件范畴,但不属深梁(简支深梁 $l/h \leq 2$,连续深梁 $l/h \leq 2.5$);由于跨高比 l/h 小于一般梁,加之盖梁与墩台柱固结,梁的伸缩受到约束,因此侧面宜设置一定数量的构造钢筋,本条规定系参照常用设计图制定。盖梁因受集中荷载,剪力较高,所以要求采用等级较高的混凝土。

9.6.8 桩基承台高度,《公路桥涵地基与基础设计规范》(JTJ 024—85)(以下简称《JTJ 024—85 规范》)第 4.2.5 条规定不宜小于 1.5m,除按此要求外一般宜取桩直径的 1.0 ~ 2.0 倍;对于大型钻孔桩(例如直径 2.5m 以上的钻孔桩),其倍数尚宜增加。

承台的纵筋布置,《钢筋混凝土承台设计规程》(CECS88:97)(以下简称《CECS88:97 规程》)认为与对破坏机理的认识有关。按塑性铰线(本规范为"梁式体系")方法计算时,往往采用均匀正交配筋,如《JGJ 94—94 规范》第 4.2.3.2 条和第 5.2.2.1 条所规定;在当前公路桥梁上也多如此。按空间桁架模型(本规范为"撑杆-系杆"体系)方法计算时,纵筋往往集中布置在通过桩顶的板带内,如莱昂哈特《钢筋混凝土结构配筋原理》16.8。上述两种配筋方式,其优缺点尚难定论。本规范规定受力主钢筋应设于距桩中心 1.5 倍桩直径范围内,超出上述范围部分应另设置配筋率不小于 0.1% 构造钢筋,综合了两种不同的配筋方式。当桩距拉开到等于或大于 3 倍桩直径时,参考莱昂哈特《钢筋混凝土结构配筋原理》16.8,在距桩中心各一倍桩直径的中间区段内应设置吊筋。这是因为两桩之间的纵向主钢筋没有桩的直接承托,却有部分"撑杆"压力向其施压,可能致使两桩之间的中间部分纵向钢筋下压而导致混凝土裂缝,故桩距较大时应配置吊筋。公路桥梁的桩基一般多采用最小中距 2.5 倍桩直径,所以如上述设构造钢筋和吊筋情况不多,但因地基原因或避开地下管线干扰则有可能拉大桩距。

承台的混凝土保护层厚度较大,如《JGJ 94—94 规范》第 4.2.2 条定为 70mm,本规范表 9.1.1 根据环境类别及浇筑条件作出一些规定。承台的顶面、侧面表层钢筋,由于承台体积大,混凝土水化热较高,收缩也大,又要防水流和漂浮物冲击,所以表层钢筋布置较多,每米不少于 $400mm^2$。

按《JTJ 024—85 规范》第 4.2.5 条,承台内桩身顶面须设一层每米宽度 1200 ~ $1500mm^2$ 的钢筋网,本条仍予列入。桩身顶面在承台底面以上 150 ~ 200mm(《JTJ 024—85 规范》第 4.2.6 条),则主钢筋在承台底面以上至少 180mm。由于主钢筋的混凝土保护层很厚,故应在桩身顶设钢筋网。

9.7 支座

9.7.1 氯丁橡胶具有较好的耐老化性能,为我国多数桥梁所采用,但其耐寒性较差,所以寒冷地区按

《公路桥梁板式橡胶支座》(JT/T 4—93)(以下简称《JT/T 4—93 标准》)和《公路桥梁盆式橡胶支座》(JT 391—1999)(以下简称《JT 391—1999 标准》)规定,采用三元乙丙橡胶支座或天然橡胶支座。

9.7.2 在梁的一个支点上,纵向只能设一个支座,如多于一个,则由于梁端产生挠角使支座受力不均匀;在横桥向,虽然没有上述纵桥向的问题,但多于两个也会受力不匀,所以横向不能多于两个。

9.7.3 板式上部结构预制板每端设两个支座,整体板每端设多于两个支座,由于安装不准,个别支座脱空现象时有发生,所以要求安装时务求上下密贴。

9.7.4 板式橡胶支座无论在桥梁纵向或横向均允许直接设于坡上。在纵坡方向,本条参照了原规范第6.5.4条规定,支座顺梁底纵坡直接安装的纵坡限制为1%(仍需进行各项验算),否则,应在梁下设楔形垫块或采取其他措施。《美国规范 AASHTO-LRFD》14.8.2 也有类似规定。当支座顺梁底纵坡直接倾斜安装时,为满足本规范第8.4节规定的验算要求,支座压应力在限值范围内宜取高,同样平面承压面积下短边宜取小,支座厚度在限值范围内宜取大。在桥梁横向,板式上部结构的墩台盖梁或墩台帽的顶面设有横坡;由于支座顶、底面有同一的横坡,所以支座顺横坡设置仅有剪切变形而无不均匀压缩变形,这是较纵向有利方面。板桥横坡一般为1.5%~2.0%,支座可顺墩帽横坡方向设置;对于弯桥超高,板桥横坡有大于2%者,可将超过2%部分在桥面内调整,或在墩帽顶设垫石、板底设垫块,使支座保持水平。

9.8 涵洞、吊环和铰

9.8.1 孔径1m及以上的圆管涵,其受力钢筋应采用双层。圆管涵厚度较薄,但不应采用单层钢筋设于中心或成椭圆形以适应正负弯矩变化,从而导致裂缝。

9.8.2 吊环容许应力参照《GBJ 10—89 规范》第7.9.8条规定采用50MPa。

9.8.3 铰的构造参考《公路设计手册:拱桥(上册)(1978)》及1958年《铁路桥涵设计规范》制定。

附录A 本规范的混凝土强度等级与原《公路钢筋混凝土及预应力混凝土桥涵设计规范》(JTJ 023—85)的混凝土标号及两者各项设计指标的关系

A.0.1 本规范以边长为150mm的立方体抗压强度标准值与原规范以边长为200mm的立方体抗压强度标准值,按如下关系换算:

原规范 $$R^{b}=\mu_{R200}-\sigma_{R200}=\mu_{R200}(1-\delta_{R200}) \tag{附A-1}$$

本规范 $$R_{cu,k}=\mu_{f150}-1.645\sigma_{f150}=\mu_{f150}(1-1.645\delta_{f150}) \tag{附A-2}$$

两者平均值关系 $$\mu_{R200}=0.95\mu_{f150} \tag{附A-3}$$

取 $$\delta_{R200}=\delta_{f150}=\delta_{f}$$

得到 $$f_{cu,k}=\mu_{f150}(1-1.645\delta_{f150})=\frac{\mu_{R200}}{0.95}(1-1.645\delta_{f150})$$

$$=\frac{1-1.645\delta_{f150}}{0.95(1-\delta_{R200})}R^{b}=\frac{1-1.645\delta_{f}}{0.95(1-\delta_{f})}R^{b} \tag{附A-4}$$

将规范表A.0.1-1中混凝土的变异系数δ_{f}代入,则得规范表A.0.1-2的大致关系。

附录B 温差作用效应计算公式

温差作用的温度梯度呈非线性变化，但梁截面变形服从平面假定，致使梁截面的温差变形在纵向纤维之间受到约束，在截面上产生自平衡的纵向约束应力，称为自应力。如图B所示：b）为温度梯度（无约束的自由应变图形与温度梯度同）；c）为平面变形，为最终应变；d）内阴影部分为自由应变与最终应变之差，即由纤维之间的约束产生的自应力应变。

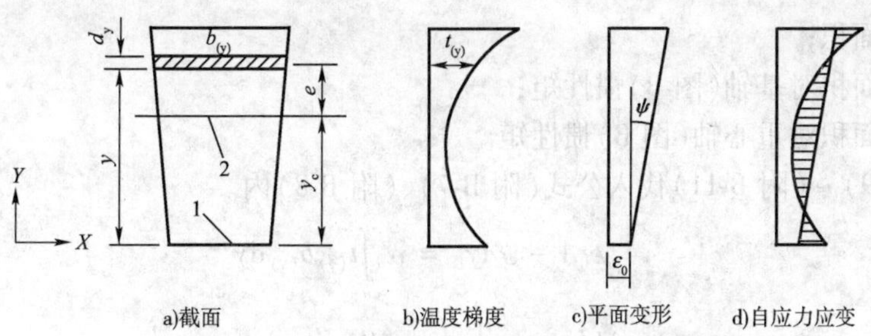

图B 温度梯度计算模式

1-基轴；2-重心轴

沿梁高的自由应变（纵向纤维之间不受约束时）$\varepsilon_{t(y)}$ 与温度梯度一致，即：

$$\varepsilon_{t(y)}=\alpha_c t_{(y)} \tag{附 B-1}$$

由于纵向纤维之间相互约束，梁截面应变应符合平面假定，梁截面上的最终应变 $\varepsilon_{f(y)}$ 应为直线分布，即：

$$\varepsilon_{f(y)}=\varepsilon_0+\psi y \tag{附 B-2}$$

式中 ε_0——基轴 $y=0$ 处应变；

ψ——截面变形曲率；

y——基轴以上任一点求应变的坐标；

α_c——混凝土线膨胀系数。

自由应变与最终应变之差，即图B(d)的阴影部分，系纤维之间的约束产生，其值为：

$$\varepsilon_{\sigma(y)}=\varepsilon_{t(y)}-\varepsilon_{f(y)}=\alpha_c t_{(y)}-(\varepsilon_0+\psi y) \tag{附 B-3}$$

阴影部分的应力（自应力）为：

$$\sigma_{s(y)}=E_c\varepsilon_{\sigma(y)}=E_c[\alpha_c t_{(y)}-(\varepsilon_0+\psi y)] \tag{附 B-4}$$

全截面上轴向力 N 和弯矩 M

$$\begin{aligned}N&=E_c\int_h\varepsilon_{\sigma(y)}b_{(y)}\mathrm{d}y=E_c\int_h(\alpha_c t_{(y)}-\varepsilon_0-\psi y)b_{(y)}\mathrm{d}y\\&=E_c\left[\alpha_c\int_h t_{(y)}b_{(y)}\mathrm{d}y-\varepsilon_0\int_h b_{(y)}\mathrm{d}y-\psi\int_h yb_{(y)}\mathrm{d}y\right]\end{aligned} \tag{附 B-5}$$

$$\begin{aligned}M&=E_c\int_h\varepsilon_{\sigma(y)}b_{(y)}(y-y_c)\mathrm{d}y=E_c\int_h(\alpha_c t_{(y)}-\varepsilon_0-\psi_y)b_{(y)}(y-y_c)\mathrm{d}y\\&=E_c\left[\alpha_c\int_h t_{(y)}b_{(y)}(y-y_c)\mathrm{d}y-\varepsilon_0\int_h b_{(y)}(y-y_c)\mathrm{d}y-\psi\int_h b_{(y)}(y-y_c)y\mathrm{d}y\right]\end{aligned} \tag{附 B-6}$$

式中 E_c——混凝土材料弹性模量；

$b_{(y)}$——y 处的梁宽。

对于任何截面，$N=0$，$M=0$，即内力总和为零。

公式（附B-5）、（附B-6）可分别改写为：

$$\varepsilon_0\int_h b_{(y)}\mathrm{d}y+\psi\int_h yb_{(y)}\mathrm{d}y=\alpha_c\int_h t_{(y)}b_{(y)}\mathrm{d}y \tag{附 B-7}$$

$$\varepsilon_0\int_h b_{(y)}(y-y_c)\mathrm{d}y+\Psi\int_h b_{(y)}(y-y_c)y\mathrm{d}y=\alpha_c\int_h t_{(y)}b_{(y)}(y-y_c)\mathrm{d}y \tag{附 B-8}$$

在公式(附 B-7)、(附 B-8)内

$$\int_h b_{(y)}\mathrm{d}y=A \tag{附 B-9}$$

$$\int_h yb_{(y)}\mathrm{d}y=Ay_c \tag{附 B-10}$$

$$\int_h b_{(y)}(y-y_c)y\mathrm{d}y=\int_h b_{(y)}y^2\mathrm{d}y-\int_h b_{(y)}yy_c\mathrm{d}y=I_b-\int_h b_{(y)}yy_c\mathrm{d}y=I_g \tag{附 B-11}$$

$$\int_h b_{(y)}(y-y_c)\mathrm{d}y=0\text{(对重心轴的静面积矩为零)}$$

式中 A——截面面积;

I_b——截面面积对基轴(图 B)惯性矩;

I_g——截面面积对重心轴(图 B)惯性矩。

将公式(附 B-9)~(附 B-11)代入公式(附 B-7)、(附 B-8)内。

$$\varepsilon_0A+\psi Ay_c=\alpha_c\int_h t_{(y)}b_{(y)}\mathrm{d}y \tag{附 B-12}$$

$$\psi I_g=\alpha_c\int_h t_{(y)}b_{(y)}(y-y_c)\mathrm{d}y \tag{附 B-13}$$

由公式(附 B-12)、(附 B-13)可得:

$$\varepsilon_0=\frac{\alpha_c}{A}\int_h t_{(y)}b_{(y)}\mathrm{d}y-\psi y_c \tag{附 B-14}$$

$$\psi=\frac{\alpha_c}{I_g}\int_h t_{(y)}b_{(y)}(y-y_c)\mathrm{d}y \tag{附 B-15}$$

设在坐标 y 处,截面内一厚度为 i 的微小单元面积 A_y 处温度梯度值为 t_y,以 t_y 为常值代入公式(附 B-14)、(附 B-15),并注意积分区段仅在 i 厚度范围内有值。因此:$\int_h b_{(y)}\mathrm{d}y=\psi\int_h b_{(y)}\mathrm{d}y=A_y$,$t_{(y)}=t_y$,$y-y_c=e_y$(单元面积 A_y 对全面积重心的偏心距)。

$$\psi=\frac{\alpha_c}{I_g}\int_h t_{(y)}b_{(y)}(y-y_c)\mathrm{d}y=\frac{\alpha_c}{I_g}\int_i t_{(y)}b_{(y)}(y-y_c)\mathrm{d}y=\frac{\alpha_c t_y A_y e_y}{I_g} \tag{附 B-16}$$

$$\varepsilon_0=\frac{\alpha_c}{A}\int_h t_{(y)}b_{(y)}\mathrm{d}y-\psi y_c=\frac{\alpha_c}{A}\int_i t_{(y)}b_{(y)}\mathrm{d}y-\psi y_c=\frac{\alpha_c t_y A_y}{A}-\frac{\alpha_c t_y A_y e_y y_c}{I_g} \tag{附 B-17}$$

自公式(附 B-4)可求得任意点应力 $\sigma_{s(y)}$:

$$\sigma_{s(y)}=E_c[\alpha_c t_{(y)}-(\varepsilon_0+\psi_y)]=E_c\alpha_c t_y-\frac{E_c\alpha_c t_y A_y}{A}+\frac{E_c\alpha_c t_y A_y e_y y_c}{I_g}-\frac{E_c\alpha_c t_y A_y e_y y}{I_g} \tag{附 B-18}$$

如令:$N_{ti}=A_y t_y\alpha_c E_c$,$M_{ti}=-N_{ti}e_y=-A_y t_y\alpha_c E_c e_y$

$$\sigma_{s(y)}=-\frac{N_{ti}}{A}+\frac{M_{ti}}{I_g}(y-y_c)+t_y\alpha_c E_c \tag{附 B-19}$$

这个公式是由于一个单元面积 A_y 内的温度作用,在截面任一点产生的应力;对于分为很多块单元面积上不同 t_y 的作用,应用分段总和法,也就是本规范附录 B 内的公式。在本规范附录 B 内,N_t 相当于本说明 N_{ti}的总和;M_t^0 相当于 M_{ti}的总和;I 相当于 I_g;y 相当于$(y-y_c)$,即附录 B 内的坐标以截面重心轴为准。

公式(附 B-19)适用于正温差;如为反温差则整个公式前冠以负号。

本附录公式对于开裂截面,如钢筋混凝土构件或允许开裂的预应力混凝土 B 类构件,在计算温差作用效应时,可不考虑中性轴以下开裂截面的温度梯度。计算温差应力时采用开裂截面的重心轴、换算截面面积和惯性矩。

附录D 预应力曲线钢筋由锚具变形、钢筋回缩和接缝压缩引起的考虑反摩擦后的预应力损失简化计算

D. 0. 2 预应力钢筋在扣除管道正摩擦损失后的应力分布，假定为一根直线 caa'（见图 D），计算表明，这样的假定出现在锚固前瞬间其误差是不大的。锚固时，张拉预应力钢筋将发生一个数值为 $\sum\Delta l$ 的回缩值。由回缩引起的反摩擦损失，以张拉端为最大，随离开张拉端的距离而逐渐衰减，到反摩擦影响长度 l_f 时为零。超过 l_f 之后，预应力钢筋仍保持锚固前的应力不变，也即不受回缩的影响。由于假定正向摩擦与反向摩擦的管道摩擦系数是相等的，所以代表锚固前和锚固后瞬间预应力钢筋应力变化的两根直线 ca 和 ea 的斜率也是相同的，但摩擦力方向则相反。这样，锚固后预应力钢筋的应力分布线可用折线 eaa' 来代表（见图 D）。

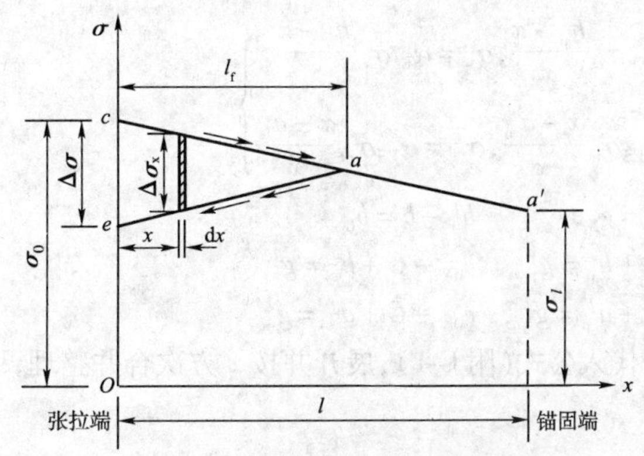

图 D 锚固前后预应力钢筋应力变化示意图

从图 D 可知，由于 ca 和 ea 两条直线是对称的，张拉端的预应力损失可用下式求得：

$$\Delta\sigma = 2\Delta\sigma_d l_f \tag{附 D-1}$$

式中 $\Delta\sigma_d$——单位长度由管道摩擦引起的预应力损失值，其值为 $(\sigma_0 - \sigma_l)/l$；

l_f——预应力钢筋回缩的影响长度。

回缩（反摩擦）影响长度 l_f 可根据回缩值 $\sum\Delta l$ 用积分法（也就是计算 cae 面积）求得：

$$\sum\Delta l = \int_0 \Delta\varepsilon \mathrm{d}x = \int_0^{l_f} \frac{\Delta\sigma_x}{E_p}\mathrm{d}x = \int_0^{l_f} \frac{2\Delta\sigma_d x}{E_p}\mathrm{d}x = \frac{\Delta\sigma_d}{E_p} l_f^2$$

移项得

$$l_f = \sqrt{\frac{\sum\Delta l \cdot E_p}{\Delta\sigma_d}} \tag{附 D-2}$$

公式（附 D-2）只适用于一端张拉时 l_f 不超过构件全长，如正摩擦损失较小，应力降低曲线比较平坦，或者回缩值较大，则 l_f 有可能超过构件全长，此时，只能用在 l 范围内钢筋变形与锚具回缩变形相协调，并通过试算方法来求预应力损失值。

附录 G　允许开裂的 B 类预应力混凝土受弯构件受压区高度计算

规范图 7.1.4 表示 B 类预应力混凝土受弯构件转化为在偏心压力 N_{p0} 作用下的开裂截面及应力图。假定开裂截面的中性轴位于腹板内，按内外力对偏心压力 N_{p0} 作用点取矩为零，即 $\sum M_{Np0}=0$，可得

$$\frac{\sigma_{cc}x}{2}\cdot b'_f\left(e_{0N}-C+\frac{x}{3}\right)-\frac{1}{2}\left(\frac{x-h'_f}{x}\right)\sigma_{cc}(x-h'_f)(b'_f-b)\left(e_{0N}-C+h'_f+\frac{x-h'_f}{3}\right)$$

$$+A'_p\sigma'_p(e_{0N}-C+a'_p)+A'_s\sigma'_s(e_{0N}-C+a'_s)-A_p\sigma_p(e_{0N}-C+h_p)-A_s\sigma_s(e_{0N}-C+h_s)=0 \qquad \text{(附 G-1)}$$

由规范图 7.1.4 得下列关系：

$$\left.\begin{aligned}\sigma_p=\alpha_{EP}\sigma_{cc}\frac{h_p-x}{x},\sigma_s=\alpha_{Es}\sigma_{cc}\frac{h_s-x}{x}\\ \sigma'_p=\alpha_{ES}\sigma_{cc}\frac{x-a'_p}{x},\sigma'_s=\alpha_{ES}\sigma_{cc}\frac{x-a'_s}{x}\end{aligned}\right\} \qquad \text{(附 G-2)}$$

令

$$e_{0N}-C=e_N,\qquad b'_f-b=b_0$$

$$e_{0N}-C+h_p=g_p,\quad e_{0N}-C+h_s=g_s$$

$$e_{0N}-C+a'_p=g'_p,\quad e_{0N}-C+a'_s=g'_s$$

将公式(附 G-2)和以上数据代入公式(附 G-1)，展开并按 x 方次合并整理，可得规范附录 G 公式(G-2)、(G-3)、(G-4)、(G-5)。

JTG

中华人民共和国行业标准　　JTG D61—2005

公路圬工桥涵设计规范

Code for Design of Highway Masonry Bridges and Culverts

5

2005-08-16 发布　　2005-11-01 实施

中华人民共和国交通部发布

中华人民共和国交通部公告

第12号

关于发布《公路圬工桥涵设计规范》（JTG D61—2005）的公告

现发布《公路圬工桥涵设计规范》(JTG D61—2005)，自2005年11月1日起施行，原《公路砖石及混凝土桥涵设计规范》(JTJ 022—85)同时废止。

《公路圬工桥涵设计规范》(JTG D61—2005)中第3.2.1、3.3.1、3.3.2、3.3.3、3.3.4、4.0.3、4.0.4、5.3.4为强制性条文，必须按照国家有关工程建设标准强制性条文的有关规定严格执行。《工程建设标准强制性条文》(公路工程部分)2002版中关于《公路砖石及混凝土桥涵设计规范》(JTJ 022—85)的强制性条文同时废止。

《公路圬工桥涵设计规范》(JTG D61—2005)由中交公路规划设计院负责编制，规范的解释权和管理权归交通部，日常解释及管理工作由中交公路规划设计院负责。

请各有关单位在实践中注意积累资料，总结经验，及时将发现的问题和修改意见函告中交公路规划设计院（地址：北京市东四前炒面胡同33号，邮政编码：100010，联系电话：010—65279988转1210分机），以便修订时参考。

特此公告。

中华人民共和国交通部

二〇〇五年八月十六日

前　　言

本规范系根据中华人民共和国交通部交公路发[1999]739号文《关于下达1999年度公路建设标准规范、定额等编制、修订工作计划的通知》的要求，对《公路砖石及混凝土桥涵设计规范》(JTJ 022—85)进行修订而成，并根据本规范编制大纲审查会议纪要的精神，将规范名称改为《公路圬工桥涵设计规范》。

在修订过程中，规范修订组吸取了国内有关单位的研究成果和实际工程设计经验，借鉴了国际先进的标准规范，与国内相关规范作了比较和协调。在规范条文初稿编写完成以后，通过多种方式广泛地征求了有关单位和个人的意见，对规范的主要内容进行了试算比较，经反复讨论、修改和充实，最后由交通部会同有关部门审查定稿。

修订后的规范共有7章2个附录，修订的主要内容包括：

1. 按《公路工程结构可靠度设计统一标准》(GB/T 50283—1999)的规定，采用了以概率理论为基础的极限状态设计方法。

2. 按《工程结构设计基本术语和通用符号》(GBJ 132—90)的规定，修改了符号并列出了基本名词术语。

3. 增加了有关加筋土桥台方面的内容。

4. 在材料方面，取消了砖材料，采用了新的符合国家标准的石材、混凝土和砂浆强度等级。按极限状态设计方法，制定了各种材料的强度设计值。

5. 适度提高了材料最低强度等级的规定，提出了耐久性要求。

6. 对原规范圬工偏心受压计算作了适当修正和改进。

请有关单位在执行本规范的过程中，注意总结经验，积累资料，随时将问题和建议函告中交公路规划设计院(北京东四前炒面胡同33号，邮编100010)，以供再次修订时参考。

本规范主编单位：中交公路规划设计院

本规范参编单位：长安大学、湖南省交通规划勘察设计院、四川省交通厅公路规划勘察设计研究院

本规范主要起草人：鲍卫刚、李扬海、袁伦一、胡大琳、张贵明、胡建华、范远才

目　次

1　总则

1.0.1　为在圬工桥涵设计中贯彻执行国家的技术经济政策，合理地选择桥涵结构方案和建筑材料，做到技术先进、安全可靠、适用耐久、经济合理，制定本规范。

1.0.2　本规范适用于一般公路圬工桥涵的结构设计。

1.0.3　本规范根据《公路工程结构可靠度设计统一标准》(GB/T 50283)规定的原则与方法制定。

1.0.4　采用本规范进行公路圬工桥涵的结构设计时，尚应符合相关国家标准、规范的规定。

2 术语、符号

2.1 术语

2.1.1 圬工桥涵 masonry bridge and culvert

以石材或混凝土包括以其块件和砂浆或小石子混凝土结合而成的砌体作为建筑材料，所建成的桥梁和涵洞。

2.1.2 极限状态 limit state

整体结构或结构的一部分超过某一特定状态就不能满足设计规定的某一功能要求时，此特定状态为该功能的极限状态。

2.1.3 材料强度标准值 characteristic value of material strength

设计结构构件时采用的材料强度的基本代表值。该值可根据符合规定标准的材料，取其强度概率分布的0.05分位值确定。

2.1.4 材料强度设计值 design value of material strength

材料强度标准值除以材料强度分项系数后的值。

2.1.5 作用 action

施加在结构上的集中力或分布力，如汽车、结构的自重等，称为直接作用，也称为荷载；引起结构外加变形或约束变形的原因，如地震、基础不均匀沉降、温度变化等，称为间接作用。两者统称为作用。

2.1.6 作用标准值 characteristic value of an action

作用的主要代表值。其值可根据设计基准期内最大概率分布的某一分位值确定。

2.1.7 作用效应 effect of an action

结构所受作用的反应，称为作用效应。如由作用产生的结构或构件的轴向力、弯矩、剪力、应力、裂缝和变形等。

2.1.8 安全等级 safety class

为使桥涵具有合理的安全性，根据桥涵结构破坏所产生后果的严重程度而划分的设计安全等级。

2.1.9 结构重要性系数 coefficient for importance of a structure

对不同安全等级的结构，为使其具有规定的可靠度而采用的作用效应附加的分项系数。

2.1.10 分项系数 partial safety factor

为保证所设计的结构或构件具有规定的可靠度，在结构极限状态设计表达式中采用的系数。分为作用分项系数和材料分项系数等。

2.2 符号

2.2.1 材料性能

MU——石材强度等级；

C——混凝土强度等级；

M——砂浆强度等级；

f_{ck}、f_{cd}——石材、混凝土、砌体轴心抗压强度标准值、设计值；

f_{tk}、f_{td}——砌体轴心抗拉强度标准值、设计值；

f_{tmk}、f_{tmd}——石材、混凝土、砌体弯曲抗拉强度标准值、设计值；

f_{vk}、f_{vd}——混凝土、砌体直接抗剪强度标准值、设计值；

E_c——混凝土受压弹性模量；

G_c——混凝土剪变模量；

E_m——砌体受压弹性模量；

G_m——砌体剪变模量。

2.2.2 作用效应

N_d——计入作用分项系数后的轴向力设计值；

M_d——计入作用分项系数后的弯矩设计值；

V_d——计入作用分项系数后的剪力设计值。

2.2.3 几何参数

A——截面面积；

A_l——局部承压面积；

A_b——局部承压计算底面积；

W——截面弹性抵抗矩；

S——截面面积矩；

e——轴向力的偏心矩；

s——截面重心至偏心方向截面边缘的距离；

i——弯曲平面内的截面回转半径；

r——圆形截面半径；

h——矩形截面高度；

b——矩形截面宽度；

l——构件支点间长度或跨径；

l_0——构件计算长度；

l_n——净跨径；

L_a——拱轴线长度。

2.2.4 计算系数

γ_0——结构重要性系数；

φ——砌体构件受压承载力影响系数、混凝土轴心受压构件弯曲系数或拱脚处拱轴线的切线与跨径的夹角；

m——截面形状系数或悬链线拱拱轴系数；

β——混凝土局部承压强度提高系数；

μ_f——摩擦系数。

3 材料

3.1 材料强度等级

3.1.1 石材、混凝土和砂浆的强度等级,应按下列规定采用:

1 石材强度等级:MU120、MU100、MU80、MU60、MU50、MU40、MU30。

2 混凝土强度等级:C40、C35、C30、C25、C20、C15。

3 砂浆强度等级:M20、M15、M10、M7.5、M5。

注:(1)石材强度等级采用边长70mm的含水饱和的立方体试件的抗压强度(MPa)表示。抗压强度取三块试件平均值。

(2)混凝土强度等级的定义见《公路钢筋混凝土及预应力混凝土桥涵设计规范》(JTG D62—2004)。

(3)砂浆的强度等级采用边长70.7mm的标准立方体试件28d抗压强度(MPa)表示。抗压强度取三块试件平均值。

3.1.2 不同尺寸的石材试件强度换算系数及石砌体的分类可按附录A的规定采用。

3.2 材料基本要求

3.2.1 公路圬工桥涵结构物所使用的材料的最低强度等级应符合表3.2.1的规定。

表3.2.1 圬工材料的最低强度等级

结构物种类	材料最低强度等级	砌筑砂浆最低强度等级
拱圈	MU50 石材 C25 混凝土(现浇) C30 混凝土(预制块)	M10(大、中桥) M7.5(小桥涵)
大、中桥墩台及基础,轻型桥台	MU40 石材 C25 混凝土(现浇) C30 混凝土(预制块)	M7.5
小桥涵墩台、基础	MU30 石材 C20 混凝土(现浇) C25 混凝土(预制块)	M5

3.2.2 片石混凝土为混凝土中掺入不多于其体积20%的片石,片石强度等级不应低于混凝土强度等级和本规范第3.2.1条规定的石材最低强度等级。片石混凝土各项强度、弹性模量和剪变模量可按同强度等级的混凝土采用。

3.2.3 累年最冷月平均温度低于或等于-10℃的地区,所用的石材抗冻性指标应符合表3.2.3的规定。

表3.2.3 石材抗冻性指标

结构物部位	大、中桥	小桥及涵洞
镶面或表面石材	50	25

注:(1)抗冻性指标,系指材料在含水饱和状态下经过-15℃的冻结与20℃融化的循环次数。试验后的材料应无明显损伤(裂缝、脱层),其强度不应低于试验前的0.75倍。

(2)根据以往实践经验证明材料确有足够抗冻性能者,可不做抗冻试验。

3.2.4 石材应具有耐风化和抗侵蚀性。用于浸水或气候潮湿地区的受力结构的石材的软化系数不应低于0.8。

注：软化系数系指石材在含水饱和状态下与干燥状态下试块极限抗压强度的比值。

3.2.5 结构混凝土应符合《公路钢筋混凝土及预应力混凝土桥涵设计规范》(JTG D62—2004)关于结构混凝土耐久性的要求。

3.3 材料设计指标

3.3.1 石材强度设计值应按表3.3.1的规定采用。

表 3.3.1 石材强度设计值(MPa)

强度类别 \ 强度等级	MU120	MU100	MU80	MU60	MU50	MU40	MU30
轴心抗压 f_{cd}	31.78	26.49	21.19	15.89	13.24	10.59	7.95
弯曲抗拉 f_{tmd}	2.18	1.82	1.45	1.09	0.91	0.73	0.55

3.3.2 混凝土强度设计值应按表 3.3.2 规定采用。

表 3.3.2 混凝土强度设计值(MPa)

强度类别 \ 强度等级	C40	C35	C30	C25	C20	C15
轴心抗压 f_{cd}	15.64	13.69	11.73	9.78	7.82	5.87
弯曲抗拉 f_{tmd}	1.24	1.14	1.04	0.92	0.80	0.66
直接抗剪 f_{vd}	2.48	2.28	2.09	1.85	1.59	1.32

3.3.3 砂浆砌体抗压强度设计值规定如下：

1 混凝土预制块砂浆砌体轴心抗压强度设计值 f_{cd} 应按表 3.3.3-1 的规定采用。

表 3.3.3-1 混凝土预制块砂浆砌体轴心抗压强度设计值 f_{cd}(MPa)

砌块强度等级	砂浆强度等级					砂浆强度
	M20	M15	M10	M7.5	M5	0
C40	8.25	7.04	5.84	5.24	4.64	2.06
C35	7.71	6.59	5.47	4.90	4.34	1.93
C30	7.14	6.10	5.06	4.54	4.02	1.79
C25	6.52	5.57	4.62	4.14	3.67	1.63
C20	5.83	4.98	4.13	3.70	3.28	1.46
C15	5.05	4.31	3.58	3.21	2.84	1.26

2 块石砂浆砌体轴心抗压强度设计值 f_{cd} 应按表 3.3.3-2 的规定采用。

表 3.3.3-2 块石砂浆砌体的轴心抗压强度设计值 f_{cd}(MPa)

砌块强度等级	砂浆强度等级					砂浆强度
	M20	M15	M10	M7.5	M5	0
MU120	8.42	7.19	5.96	5.35	4.73	2.10
MU100	7.68	6.56	5.44	4.88	4.32	1.92
MU80	6.87	5.87	4.87	4.37	3.86	1.72
MU60	5.95	5.08	4.22	3.78	3.35	1.49
MU50	5.43	4.64	3.85	3.45	3.05	1.36

续上表

砌块强度等级	砂浆强度等级					砂浆强度
	M20	M15	M10	M7.5	M5	0
MU40	4.86	4.15	3.44	3.09	2.73	1.21
MU30	4.21	3.59	2.98	2.67	2.37	1.05

注：对各类石砌体，应按表中数值分别乘以下列系数：细料石砌体为1.5；半细料石砌体为1.3；粗料石砌体为1.2；干砌块石砌体可采用砂浆强度为零时的抗压强度设计值。

3　片石砂浆砌体轴心抗压强度设计值f_{cd}应按表3.3.3-3的规定采用。

表3.3.3-3　片石砂浆砌体的轴心抗压强度设计值f_{cd}(MPa)

砌块强度等级	砂浆强度等级					砂浆强度
	M20	M15	M10	M7.5	M5	0
MU120	1.97	1.68	1.39	1.25	1.11	0.33
MU100	1.80	1.54	1.27	1.14	1.01	0.30
MU80	1.61	1.37	1.14	1.02	0.90	0.27
MU60	1.39	1.19	0.99	0.88	0.78	0.23
MU50	1.27	1.09	0.90	0.81	0.71	0.21
MU40	1.14	0.97	0.81	0.72	0.64	0.19
MU30	0.98	0.84	0.70	0.63	0.55	0.16

注：干砌片石砌体可采用砂浆强度为零时的轴心抗压强度设计值。

4　各类砂浆砌体的轴心抗拉强度设计值f_{td}、弯曲抗拉强度设计值f_{tmd}和直接抗剪强度设计值f_{vd}应按表3.3.3-4的规定采用。

表3.3.3-4　砂浆砌体轴心抗拉、弯曲抗拉和直接抗剪强度设计值(MPa)

强度类别	破坏特征	砌体种类	砂浆强度等级				
			M20	M15	M10	M7.5	M5
轴心抗拉f_{td}	齿缝	规则砌块砌体	0.104	0.090	0.073	0.063	0.052
		片石砌体	0.096	0.083	0.068	0.059	0.048
弯曲抗拉f_{tmd}	齿缝	规则砌块砌体	0.122	0.105	0.086	0.074	0.061
		片石砌体	0.145	0.125	0.102	0.089	0.072
	通缝	规则砌块砌体	0.084	0.073	0.059	0.051	0.042
直接抗剪f_{vd}	—	规则砌块砌体	0.104	0.090	0.073	0.063	0.052
		片石砌体	0.241	0.208	0.170	0.147	0.120

注：(1)砌体龄期为28d。

(2)规则砌块砌体包括：块石砌体、粗料石砌体、半细料石砌体、细料石砌体、混凝土预制块砌体。

(3)规则砌块砌体在齿缝方向受剪时，系通过砌块和灰缝剪破。

5　施工阶段砂浆尚未硬化的新砌砌体的强度，可按砂浆强度为零进行验算。

3.3.4　小石子混凝土砌块石、片石砌体强度设计值应分别按表3.3.4-1和表3.3.4-2及表3.3.4-3的规定采用。

表 3.3.4-1 小石子混凝土砌块石砌体轴心抗压强度 f_{cd} 设计值(MPa)

石材强度等级	小石子混凝土强度等级					
	C40	C35	C30	C25	C20	C15
MU120	13.86	12.69	11.49	10.25	8.95	7.59
MU100	12.65	11.59	10.49	9.35	8.17	6.93
MU80	11.32	10.36	9.38	8.37	7.31	6.19
MU60	9.80	9.98	8.12	7.24	6.33	5.36
MU50	8.95	8.19	7.42	6.61	5.78	4.90
MU40	—	—	6.63	5.92	5.17	4.38
MU30	—	—	—	—	4.48	3.79

注:砌块为粗料石时,轴心抗压强度为表值乘 1.2;砌块为细料石时、半细料石时,轴心抗压强度为表值乘 1.4。

表 3.3.4-2 小石子混凝土砌片石砌体轴心抗压强度设计值 f_{cd}(MPa)

石材强度等级	小石子混凝土强度等级			
	C30	C25	C20	C15
MU120	6.94	6.51	5.99	5.36
MU100	5.30	5.00	4.63	4.17
MU80	3.94	3.74	3.49	3.17
MU60	3.23	3.09	2.91	2.67
MU50	2.88	2.77	2.62	2.43
MU40	2.50	2.42	2.31	2.16
MU30	—	—	1.95	1.85

表 3.3.4-3 小石子混凝土砌块石、片石砌体的轴心抗拉、弯曲抗拉和直接抗剪强度设计值(MPa)

强度类别	破坏特征	砌体种类	小石子混凝土强度等级					
			C40	C35	C30	C25	C20	C15
轴心抗拉 f_{td}	齿缝	块石砌体	0.285	0.267	0.247	0.226	0.202	0.175
		片石砌体	0.425	0.398	0.368	0.336	0.301	0.260
弯曲抗拉 f_{tmd}	齿缝	块石砌体	0.335	0.313	0.290	0.265	0.237	0.205
		片石砌体	0.493	0.461	0.427	0.387	0.349	0.300
	通缝	块石砌体	0.232	0.217	0.201	0.183	0.164	0.142
直接抗剪 f_{vd}	—	块石砌体	0.285	0.267	0.247	0.226	0.202	0.175
		片石砌体	0.425	0.398	0.368	0.336	0.301	0.260

注:对其他规则砌块砌体强度值为表内块石砌体强度值乘以下列系数:粗料石砌体 0.7;细料石、半细料石砌体0.35。

3.3.5 混凝土及各类砌体的受压弹性模量、线膨胀系数和摩擦系数,应分别按表3.3.5-1 ~ 表3.3.5-4的规定采用。混凝土和砌体的剪变模量 G_c 和 G_m 分别取其受压弹性模量的0.4 倍。

表 3.3.5-1 混凝十的受压弹性模量 E_c(MPa)

混凝土强度等级	C40	C35	C30	C25	C20	C15
弹性模量 E_c	3.25×10^4	3.15×10^4	3.00×10^4	2.80×10^4	2.55×10^4	2.20×10^4

表 3.3.5-2　各类砌体受压弹性模量 E_m(MPa)

砌体种类	砂浆强度等级				
	M20	M15	M10	M7.5	M5
混凝土预制块砌体	$1700f_{cd}$	$1700f_{cd}$	$1700f_{cd}$	$1600f_{cd}$	$1500f_{cd}$
粗料石、块石及片石砌体	7300	7300	7300	5650	4000
细料石、半细料石砌体	22000	22000	22000	17000	12000
小石子混凝土砌体	$2100f_{cd}$				

注:f_{cd}为砌轴心体抗压强度设计值。

表 3.3.5-3　混凝土和砌体的线膨胀系数

砌 体 种 类	线膨胀系数(10^{-6}/℃)
混凝土	10
混凝土预制块砌体	9
细料石、半细料石、粗料石、块石、片石砌体	8

表 3.3.5-4　砌体的摩擦系数 μ_f

材 料 种 类	摩擦面情况	
	干燥	潮湿
砌体沿砌体或混凝土滑动	0.70	0.60
木材沿砌体滑动	0.60	0.50
钢沿砌体滑动	0.45	0.35
砌体沿砂或卵石滑动	0.60	0.50
砌体沿粉土滑动	0.55	0.40
砌体沿黏性土滑动	0.50	0.30

3.3.6　混凝土收缩应变可按《公路钢筋混凝土及预应力混凝土桥涵设计规范》(JTG D62—2004)规定计算。

4 构件设计与计算

4.0.1 本规范采用以概率理论为基础的极限状态设计方法，采用分项系数的设计表达式进行计算。

4.0.2 圬工桥涵结构应按承载能力极限状态设计，并满足正常使用极限状态的要求。

注：根据圬工桥涵结构的特点，其正常使用极限状态的要求，一般情况下可由相应的构造措施来保证。

4.0.3 圬工桥涵结构的承载能力极限状态，应按表4.0.3规定的设计安全等级进行设计。

表 4.0.3 公路圬工桥涵结构设计安全等级

设计安全等级	桥 涵 结 构
一级	特大桥、重要大桥
二级	大桥、中桥、重要小桥
三级	小桥、涵洞

注：本表所列特大、大、中桥等系指《公路桥涵设计通用规范》（JTG D60—2004）规定的桥梁、涵洞，按其单孔跨径分类确定，对多孔不等跨桥梁，以其中最大跨径为准。本表冠以“重要”的大桥和小桥，系指高速公路和一级公路上、国防公路上及城市附近交通繁忙公路上的桥梁。

4.0.4 公路圬工桥涵结构按承载能力极限状态设计时，应采用下列表达式：

$$\gamma_0 S \leqslant R(f_d, a_d) \tag{4.0.4}$$

式中 γ_0——结构重要性系数，对应于表4.0.3规定的一级、二级、三级设计安全等级分别取用1.1、1.0、0.9；

S——作用效应组合设计值，按《公路桥涵设计通用规范》（JTG D60—2004）的规定计算；

$R(\cdot)$——构件承载力设计值函数；

f_d——材料强度设计值；

a_d——几何参数设计值，可采用几何参数标准值 a_k，即设计文件规定值。

4.0.5 砌体（包括砌体与混凝土组合）受压构件，在本规范表4.0.9规定的受压偏心距限值范围内的承载力应按下列公式计算：

$$\gamma_0 N_d < \varphi A f_{cd} \tag{4.0.5}$$

式中 N_d——轴向力设计值；

A——构件截面面积，对于组合截面按强度比换算，即 $A = A_0 + \eta_1 A_1 + \eta_2 A_2 + \cdots$，$A_0$ 为标准层截面面积，A_1、A_2、…为其他层截面面积，$\eta_1 = f_{c1d}/f_{c0d}$、$\eta_2 = f_{c2d}/f_{c0d}$、…，f_{c0d} 为标准层轴心抗压强度设计值，f_{c1d}、f_{c2d}、…为其他层的轴心抗压强度设计值；

f_{cd}——砌体或混凝土轴心抗压强度设计值，应按本规范第3.3.2条、第3.3.3条及第3.3.4条的规定采用；对组合截面应采用标准层轴心抗压强度设计值；

φ——构件轴向力的偏心距 e 和长细比 β 对受压构件承载力的影响系数，按本规范第4.0.6条和第4.0.7条计算。

4.0.6 砌体偏心受压构件承载力影响系数 φ，按下列公式计算：

$$\varphi = \frac{1}{\frac{1}{\varphi_x} + \frac{1}{\varphi_y} - 1} \tag{4.0.6-1}$$

$$\varphi_x = \frac{1 - \left(\frac{e_x}{x}\right)^m}{1 + \left(\frac{e_x}{i_y}\right)^2} \cdot \frac{1}{1 + \alpha\beta_x(\beta_x - 3)\left[1 + 1.33\left(\frac{e_x}{i_y}\right)^2\right]} \tag{4.0.6-2}$$

$$\varphi_y = \frac{1-\left(\frac{e_y}{y}\right)^m}{1+\left(\frac{e_y}{i_x}\right)^2} \cdot \frac{1}{1+\alpha\beta_y(\beta_y-3)\left[1+1.33\left(\frac{e_y}{i_x}\right)^2\right]} \qquad (4.0.6\text{-}3)$$

式中 φ_x、φ_y——分别为 x 方向和 y 方向偏心受压构件承载力影响系数；

x、y——分别为 x 方向、y 方向截面重心至偏心方向的截面边缘的距离，见图4.0.6；

e_x、e_y——轴向力在 x 方向、y 方向的偏心距，$e_x = M_{yd}/N_d$、$e_y = M_{xd}/N_d$，其值不应超过本规范表4.0.9及图4.0.9所示在 x 方向、y 方向的规定值，其中 M_{yd}、M_{xd} 分别为绕 x 轴、y 轴的弯矩设计值，N_d 为轴向力设计值，见图4.0.6；

m——截面形状系数，对于圆形截面取2.5；对于T形或U形截面取3.5；对于箱形截面或矩形截面（包括两端设有曲线形或圆弧形的矩形墩身截面）取8.0；

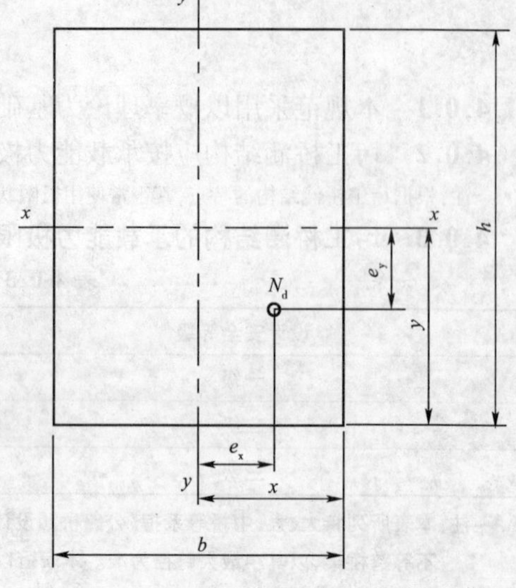

图4.0.6 砌体构件偏心受压

i_x、i_y——弯曲平面内的截面回转半径，$i_x = \sqrt{I_x/A}$、$i_y = \sqrt{I_y/A}$；I_x、I_y 分别为截面绕 x 轴和绕 y 轴的惯性矩，A 为截面面积；对于组合截面，A、I_x、I_y 应按弹性模量比换算，即 $A = A_0 + \psi_1 A_1 + \psi_2 A_2 + \cdots$，$I_x = I_{0x} + \psi_1 I_{1x} + \psi_2 I_{2x} + \cdots$，$I_y = I_{0y} + \psi I_{1y} + \psi_2 I_{2y} + \cdots$，$A_0$ 为标准层截面面积，A_1、A_2、…为其他层截面面积，I_{0x}、I_{0y} 为绕 x 轴和绕 y 轴的标准层惯性矩，I_{1x}、I_{2x}、…和 I_{1y}、I_{2y}、…为绕 x 轴和绕 y 轴的其他层惯性矩；$\psi_1 = E_1/E_0$、$\psi_2 = E_2/E_0$、…，E_0 为标准层弹性模量，E_1、E_2、…为其他层的弹性模量。对于矩形截面，$i_y = b/\sqrt{12}$，$i_x = h/\sqrt{12}$，b、h 见图4.0.6；

α——与砂浆强度等级有关的系数，当砂浆强度等级大于或等于M5或为组合构件时，α 为0.002；当砂浆强度为0时，α 为0.013；

β_x、β_y——构件在 x 方向、y 方向的长细比，按本规范第4.0.7条的规定计算，当 β_x、β_y 小于3时取3。

4.0.7 计算砌体偏心受压构件承载力的影响系数 φ 时，构件长细比 β_x、β_y 按下列公式计算：

$$\beta_x = \frac{\gamma_\beta l_0}{3.5 i_y} \qquad (4.0.7\text{-}1)$$

$$\beta_y = \frac{\gamma_\beta l_0}{3.5 i_x} \qquad (4.0.7\text{-}2)$$

式中 γ_β——不同砌体材料构件的长细比修正系数，按表4.0.7-1的规定采用；

l_0——构件计算长度，按表4.0.7-2的规定取用；拱的纵、横向计算长度见本规范第5.1.4条；

i_x、i_y——弯曲平面内的截面回转半径，对于等截面构件，见本规范第4.0.6条的规定；对于变截面构件，可取等代截面的回转半径。

表4.0.7-1 长细比修正系数 γ_β

砌体材料类别	γ_β
混凝土预制块砌体或组合构件	1.0
细料石、半细料石砌体	1.1
粗料石、块石、片石砌体	1.3

表 4.0.7-2　构件计算长度 l_0

构件及其两端约束情况		计算长度 l_0
直杆	两端固结	$0.5l$
	一端固定，一端为不移动的铰	$0.7l$
	两端均为不移动的铰	$1.0l$
	一端固定，一端自由	$2.0l$

注：l 为构件支点间长度。

4.0.8　混凝土偏心受压构件，在本规范表4.0.9规定的受压偏心距限值范围内，当按受压承载力计算时，假定受压区的法向应力图形为矩形，其应力取混凝土抗压强度设计值，此时，取轴向力作用点与受压区法向应力的合力作用点相重合的原则（图4.0.8）确定受压区面积 A_c。受压承载力应按下列公式计算：

$$\gamma_0 N_d \leqslant \varphi f_{cd} A_c \tag{4.0.8-1}$$

1　单向偏心受压

受压区高度 h_c 应按下列条件确定［图4.0.8a)］：

$$e_c = e \tag{4.0.8-2}$$

矩形截面的受压承载力可按下列公式计算：

$$\gamma_0 N_d \leqslant \varphi f_{cd} b(h-2e) \tag{4.0.8-3}$$

式中　N_d——轴向力设计值；

φ——弯曲平面内轴心受压构件弯曲系数，按表4.0.8采用；

f_{cd}——混凝土轴心抗压强度设计值，按本规范表3.3.2的规定采用；

A_c——混凝土受压区面积；

e_c——受压区混凝土法向应力合力作用点至截面重心的距离；

e——轴向力的偏心距；

b——矩形截面宽度；

h——矩形截面高度。

当构件弯曲平面外长细比大于弯曲平面内长细比时，尚应按轴心受压构件验算其承载力。

表 4.0.8　混凝土轴心受压构件弯曲系数

l_0/b	<4	4	6	8	10	12	14	16	18	20	22	24	26	28	30
l_0/i	<14	14	21	28	35	42	49	56	63	70	76	83	90	97	104
φ	1.00	0.98	0.96	0.91	0.86	0.82	0.77	0.72	0.68	0.63	0.59	0.55	0.51	0.47	0.44

注：(1) l_0 为计算长度，按本规范表4.0.7-2的规定采用。

(2) 在计算 l_0/b 或 l_0/i 时，b 或 i 的取值：对于单向偏心受压构件，取弯曲平面内截面高度或回转半径；对于轴心受压构件及双向偏心受压构件，取截面短边尺寸或截面最小回转半径。

2　双向偏心受压

受压区高度和宽度，应按下列条件确定［图4.0.8b)］：

$$e_{cy} = e_y \tag{4.0.8-4}$$

$$e_{cx} = e_x \tag{4.0.8-5}$$

矩形截面的偏心受压承载力可按下列公式计算：

$$\gamma_0 N_d \leqslant \varphi f_{cd}[(h-2e_y)(b-2e_x)] \tag{4.0.8-6}$$

式中　φ——轴心受压构件弯曲系数，见本规范表4.0.8；

e_{cy}——受压区混凝土法向应力合力作用点在 y 轴方向至截面重心距离；

e_{cx}——受压区混凝土法向应力合力作用点在 x 轴方向至截面重心距离；

e_y——轴向力 y 轴方向的偏心距；

e_x——轴向力 x 轴方向的偏心距。

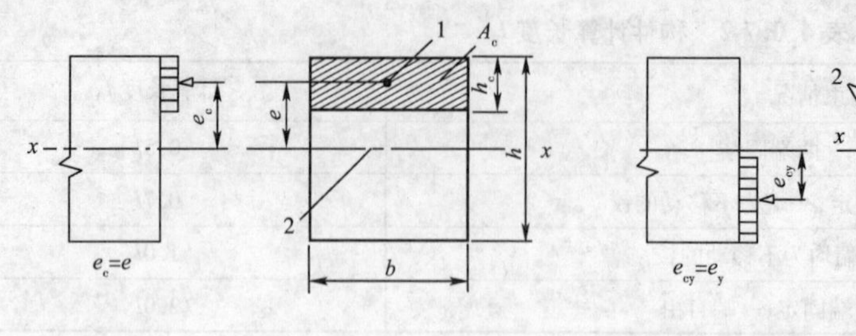
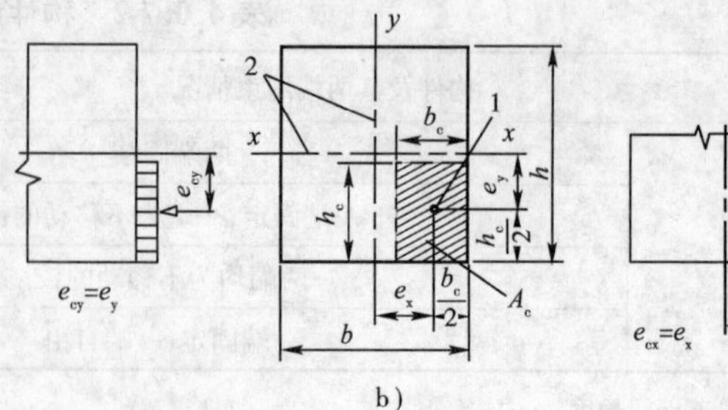

图 4.0.8　混凝土构件偏心受压

a)单向偏心受压;b)双向偏心受压

1-受压区重心(法向压应力合力作用点);2-截面重心轴;e-单向偏心受压偏心距;e_c-单向偏心受压法向应力合力作用点距重心轴距离;e_x、e_y-双向偏心受压在 x 方向、y 方向的偏心距;e_{cx}、e_{cy}-双向偏心受压法向应力合力作用点,在 x、y 方向的偏心距;A_c-受压区面积;h_c、b_c-矩形截面受压区高度、宽度

4.0.9　砌体和混凝土的单向和双向偏心受压构件,除符合本规范第4.0.10条的规定外,其受压偏心距 e 的限值应符合表4.0.9的规定。

表 4.0.9　受压构件偏心距限值

作用组合	偏心距限值 e
基本组合	$\leqslant 0.6s$
偶然组合	$\leqslant 0.7s$

注:(1)混凝土结构单向偏心的受拉一边或双向偏心的各受拉一边,当设有不小于截面面积0.05%的纵向钢筋时,表内规定值可增加 $0.1s$。

(2)表中 s 值为截面或换算截面重心轴至偏心方向截面边缘的距离(图4.0.9)。

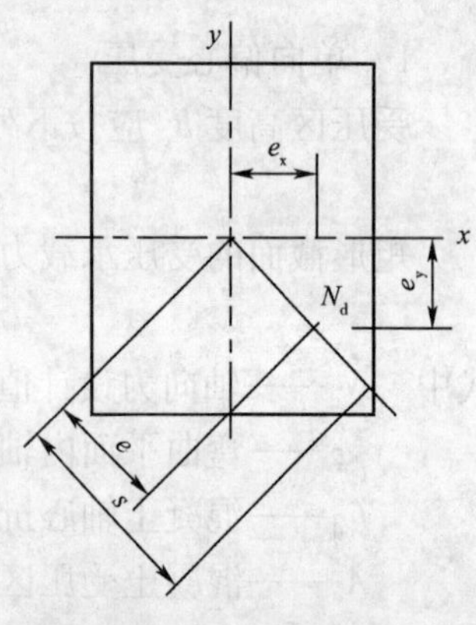

图 4.0.9　受压构件偏心距

N_d-轴向力;e-偏心距;s-截面重心至偏心方向截面边缘的距离

4.0.10　当轴向力的偏心距 e 超过本规范表4.0.9偏心距限值时,构件承载力应按下列公式计算:

单向偏心

$$\gamma_0 N_d \leqslant \varphi \frac{A f_{tmd}}{\dfrac{Ae}{W} - 1} \tag{4.0.10-1}$$

双向偏心

$$\gamma_0 N_d \leqslant \varphi \frac{A f_{tmd}}{\left(\dfrac{Ae_x}{W_y} + \dfrac{Ae_y}{W_x} - 1\right)} \tag{4.0.10-2}$$

式中　N_d——轴向力设计值;

A——构件截面面积,对于组合截面应按弹性模量比换算为换算截面面积;

W——单向偏心时,构件受拉边缘的弹性抵抗矩,对于组合截面应按弹性模量比换算为换算截面弹性抵抗矩;

W_y、W_x——双向偏心时,构件 x 方向受拉边缘绕 y 轴的截面弹性抵抗矩和构件 y 方向受拉边缘绕 x 轴的截面弹性抵抗矩,对于组合截面应按弹性模量比换算为换算截面弹性抵抗矩;

f_{tmd}——构件受拉边层的弯曲抗拉强度设计值,按本规范表3.3.2、表3.3.3-4和表3.3.4-3采用;

e——单向偏心时,轴向力偏心距;

e_x、e_y——双向偏心时,轴向力在 x 方向和 y 方向的偏心距;

φ——砌体偏心受压构件承载力影响系数或混凝土轴心受压构件弯曲系数,分别见本规范第4.0.6条和4.0.8条。

按弹性模量比换算截面面积、弹性抵抗矩(或惯性矩),可参见本规范第4.0.6条的规定。

4.0.11　混凝土截面局部承压的承载力应按下列公式计算:

$$\gamma_0 N_d \leqslant 0.9\beta A_l f_{cd} \tag{4.0.11-1}$$

$$\beta = \sqrt{\frac{A_b}{A_l}} \tag{4.0.11-2}$$

式中 N_d——局部承压面积上的轴向力设计值；

β——局部承压强度提高系数；

A_l——局部承压面积；

A_b——局部承压计算底面积，根据底面积重心与局部受压面积重心相重合的原则，按图4.0.11 确定；

f_{cd}——混凝土轴心抗压强度设计值，按本规范表 3.3.2 采用。

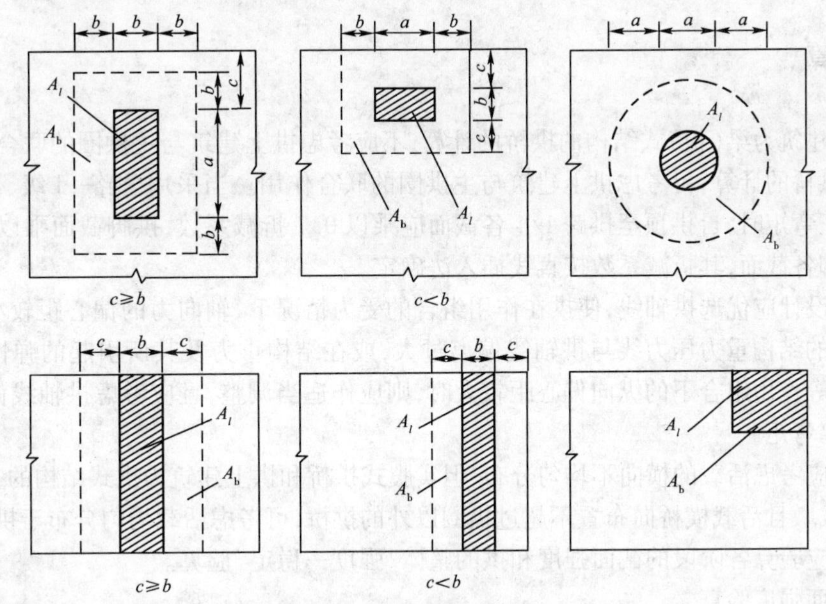

图 4.0.11 局部承压计算底面积 A_b 示意图

4.0.12 结构构件正截面受弯时，应按下列公式计算：

$$\gamma_0 M_d \leqslant W f_{tmd} \tag{4.0.12}$$

式中 M_d——弯矩设计值；

W——截面受拉边缘的弹性抵抗矩，对于组合截面应按弹性模量比换算为换算截面受拉边缘弹性抵抗矩；

f_{tmd}——构件受拉边缘的弯曲抗拉强度设计值，按本规范表 3.3.1、表 3.3.2、表 3.3.3-4 和表 3.3.4-3采用。

4.0.13 砌体构件或混凝土构件直接受剪时，应按下列公式计算：

$$\gamma_0 V_d \leqslant A f_{vd} + \frac{1}{1.4}\mu_f N_k \tag{4.0.13}$$

式中 V_d——剪力设计值；

A——受剪截面面积；

f_{vd}——砌体或混凝土抗剪强度设计值，按本规范表 3.3.2、表 3.3.3-4 和表 3.3.4-3 采用；

μ_f——摩擦系数，采用 $\mu_f = 0.7$；

N_k——与受剪截面垂直的压力标准值。

4.0.14 对多阶段受力的组合构件，应分别验算各阶段的承载能力。

5 拱桥

5.1 拱桥计算

5.1.1 拱上建筑为梁(板)式结构的拱桥的计算,不应考虑拱上建筑与主拱圈的联合作用;拱上建筑为拱式结构的拱桥的计算,可考虑拱上建筑与主拱圈的联合作用。当采用公路—I级、公路—II级车道荷载计算拱的正弯矩时,自拱顶至拱跨1/4各截面应乘以0.7折减系数;拱脚截面乘以0.9折减系数;拱跨1/4至拱脚各截面,其折减系数按直线插入法确定。

5.1.2 拱桥设计应优选拱轴线,使拱在作用组合的受力情况下,轴向力的偏心距较小。对大跨径拱桥,如某些截面的结构重力压力线与拱轴线偏离过大,或在结构重力及其所引起的弹性压缩和温度下降、混凝土收缩等作用组合下的纵向偏心距较大时,则应作适当调整,且应考虑拱轴线偏离结构重力压力线引起的偏离弯矩。

5.1.3 拱桥应考虑活载的横向不均匀分布,但实腹式拱桥和拱上建筑为拱式结构的空腹式拱桥或拱上建筑采用墙式墩且活载横桥向布置不超过拱圈以外的拱桥,可考虑活载均匀分布于拱圈全宽。

5.1.4 拱桥应验算各阶段的截面强度和拱的整体"强度—稳定"验算。

1 拱的截面强度验算

拱圈应按本规范第4.0.5条至第4.0.10条验算截面强度。

1)砌体截面的强度验算可按本规范第4.0.5条至第4.0.7条和第4.0.9条至第4.0.10条的规定计算,计算时可不计长细比β_x、β_y对受压构件承载力的影响,即可令本规范公式(4.0.6-2)和(4.0.6-3)内β_x、β_y小于3取为3。

2)混凝土截面的强度验算可按本规范第4.0.8条至第4.0.10条的规定计算,计算时可取混凝土轴心受压构件弯曲系数φ为1.0。

2 拱的整体"强度—稳定"验算

拱圈应按本规范第4.0.5条至第4.0.9条进行拱的整体"强度—稳定"验算。按本规范公式(4.0.7-1)和(4.0.7-2)计算砌体构件长细比β_x、β_y和按本规范表4.0.8查取混凝土轴心受压构件弯曲系数φ值时,拱圈纵向(弯曲平面内)计算长度l_0,三铰拱为$0.58L_a$、双铰拱为$0.54L_a$、无铰拱为$0.36L_a$,L_a为拱轴线长度;拱圈横向(弯曲平面外)计算长度l_0见表5.1.4。

表5.1.4 无铰板拱横向稳定计算长度l_0

矢跨比f/l	1/3	1/4	1/5	1/6	1/7	1/8	1/9	1/10
计算长度l_0	$1.167r$	$0.962r$	$0.797r$	$0.577r$	$0.495r$	$0.452r$	$0.425r$	$0.406r$

注:r为圆曲线半径,当为其他曲线时,可近似地取$r=\frac{l}{2}\left(\frac{1}{4\beta}+\beta\right)$,其中$\beta$为矢跨比。

拱的轴向力设计值可按下列公式计算:

$$N_d = \frac{H_d}{\cos\varphi_m} \quad (5.1.4)$$

式中 N_d——拱的轴向力设计值;

H_d——拱的水平推力设计值;

φ_m——拱顶与拱脚的连线与跨径的夹角。

轴向力偏心距可取与水平推力计算时同一荷载布置的拱跨1/4处弯矩设计值M_d除以N_d。

1)砌体拱可按本规范第4.0.5条至第4.0.7条规定计算。如符合本规范第5.1.1条规定,考虑拱上建筑与拱圈的联合作用时，纵向长细比 β_y 对构件承载力的影响系数 φ_y 可不考虑，即令 β_y 小于3取为3。

2）混凝土拱可按本规范第4.0.8条规定计算。如符合本规范第5.1.1条规定，考虑拱上建筑与拱圈的联合作用时，纵向稳定可不予考虑，即可取纵向轴心受压构件弯曲系数 $\varphi=1.0$。

3）当板拱拱圈宽度等于或大于1/20计算跨径时，砌体拱可不考虑横向长细比 β_x 对构件承载力的影响，即令 β_x 小于3取为3；混凝土拱可不考虑横向稳定，即可取横向轴心受压构件弯曲系数 $\varphi=1.0$。

5.1.5 施工阶段验算时，构件自重效应分项系数取为1.2，施工附加荷载效应分项系数取为1.4。当按承载能力极限状态设计时，作用分项系数按《公路桥涵设计通用规范》（JTG D60—2004）的规定取用。

5.1.6 计算风力或离心力引起的拱脚截面的作用效应时，可按以下假定计算：

1 拱圈视作两端固定的水平直梁，其跨径等于拱的计算跨径，全梁平均承受风力或离心力，计算梁端弯矩 M_1。

2 拱圈视作下端固定的竖向悬臂梁，其跨径等于拱的计算矢高，悬臂梁平均承受1/2拱跨的风力，在梁的自由端承受1/2拱跨的离心力，计算固定端弯矩 M_2。

3 拱的计算弯矩 M 为上述两项弯矩在垂直于曲线平面内拱脚截面上的投影之和：

$$M = M_1\cos\varphi + M_2\sin\varphi \tag{5.1.6}$$

式中 φ——拱脚处拱轴线的切线与跨径的夹角。

5.1.7 多跨无铰拱桥应按连拱计算。当桥墩抗推刚度与主拱抗推刚度之比大于37时，可按单跨拱桥计算。

5.1.8 计算拱圈的温度变化和混凝土收缩影响时，作用效应可乘以下列系数：

温度作用效应：0.7；

混凝土收缩作用效应：0.45。

5.1.9 箱形截面拱的设计应考虑：

1 设计水位（当洪水淹没拱脚）时，漂浮物对拱圈边腹板的撞击力。

2 箱室内外温差作用效应。当无可靠资料时，箱室内外温差可按不低于5℃计算。

5.1.10 计算超静定拱桥由相邻墩台引起的不均匀沉降或桥台水平位移引起的作用效应时，其计算作用效应可乘以0.5的折减系数。

5.1.11 拱桥应按《公路桥涵设计通用规范》（JTG D60—2004）规定的作用短期效应组合，在一个桥跨范围内的正负挠度的绝对值之和的最大值不应大于计算跨径的1/1000。

5.2 拱桥构造

5.2.1 拱桥的矢跨比宜采用1/4～1/8；箱形板拱的矢跨比宜采用1/5～1/8。采用无支架施工或早期脱架施工的悬链线拱的拱轴系数 m 不宜大于3.5。

5.2.2 空腹式拱桥的腹拱，靠近墩台的一孔应做成三铰拱；大跨径拱桥根据跨径长度和当地温度变化情况，宜将靠近拱顶的腹拱做成三铰拱或二铰拱。在腹拱铰上面的侧墙、人行道、栏杆等均应设置伸缩缝或变形缝。

对于梁式和板式拱上建筑，可采用连续桥面。端腹孔的梁或板如支承于桥墩台身墙顶部时，应设置滚动支座或滑动支座。

当采用排架式拱上结构时，应加强柱底垫梁的刚度和强度。

5.2.3 多孔拱桥应根据使用要求及施工条件设置单向推力墩或采取其他抗单向推力措施。单向推力墩宜每隔三孔至五孔设置一个。

5.2.4 在软土地基上不宜修建拱式结构，当必须采用拱式结构时，宜采用三铰拱。设计时应注意下列事项：

1 宜选用适应墩台变位和轻型的上下部结构，跨径宜小，矢跨比宜大。

2 加强拱脚截面的局部承压能力。

3 宜采用无支架或早期脱架施工。

5.2.5 严寒地区修建拱桥应注意下列事项：

1 拱圈施工应严格控制合龙温度。

2 主拱圈的拱脚顶面及拱顶底面应增设钢筋网，拱脚顶面钢筋应伸入拱座。

3 加强拱脚截面的局部承压能力；对大跨径拱桥，宜采用变截面拱圈。

5.2.6 当拱桥由预制构件或预制与现浇构件组成时，应保证其组合截面的横向和纵向整体性，并应注意下列事项：

1 在构造上应采取措施，使预制与现浇、预制与预制构件之间结合良好。

2 拱肋与拱板必须紧密结合，可在拱肋顶部设置锚筋、键块或齿槽。

3 对预制组合成型的组合构件及预制构件与现浇构件间的连接，必须将预制构件的钢筋伸出混凝土外，以便组合时与对应钢筋连接；组合接头处混凝土应采取措施以加强组合构件的整体性。

4 分段吊装构件的接头，应构造简单，结合牢固，在安装时，能承受拱圈自重作用下的局部压力。

5 组合截面各部分的混凝土强度等级宜一致。接缝采用砂浆填筑时，砂浆强度等级不宜低于M10；接缝如采用小石子混凝土填筑时，小石子混凝土强度等级不应低于被连接构件的强度等级。

5.2.7 箱形拱的主拱圈截面形式可采用单室箱或多室箱，箱形截面的挖空率可取50%～70%。

拱箱由底板、腹板及顶板组成，其中腹板和顶板可由预制构件和现浇混凝土层组合构成。底板厚度、预制腹板厚度及预制顶板厚度均不应小于100mm。腹板的现浇混凝土厚度（相邻板壁间净距）及顶板的现浇混凝土厚度不应小于100mm。预制边箱外壁宜适当加厚。

箱形拱的拱箱内宜每隔2.5～5.0m设置一道横隔板，横隔板厚度可为100～150mm，在腹孔墩下面以及分段吊装接头附近均应设置横隔板，在3/8拱跨长度至拱顶段的横隔板应取较大厚度，并适当加密。箱形板拱的拱上建筑采用柱式墩时，立柱下面应设横向通长的垫梁，其高度不宜小于立柱间净距的1/5。

箱形拱采用预制吊装成拱时，除按现浇混凝土要求处理接合面外，尚应设置必要的连接钢筋。

箱形拱应在底板上设排水孔，大跨径拱桥应在腹板顶部设通气孔。当箱形拱可能被洪水淹没时，在设计水位以下，拱箱内应设进、排水孔。

5.2.8 肋式拱桥可采用双肋式或多肋式结构，拱肋可采用实心矩形或箱形截面。最外侧拱肋间的距离，不宜小于跨径的1/15。

拱肋间应有足够的横系梁，横系梁可采用矩形或I形截面，其梁宽或腹板厚度不宜小于100mm，高度不宜小于800mm或与拱肋同高。横系梁除在腹拱立柱下设置外，在拱脚附近及拱顶段（$3l/8\sim l/2$，l为拱的跨径）应予加密。当拱肋为箱形截面时，箱内横隔板应与横系梁对应设置。横系梁四周应设直径不小于16mm的构造钢筋。

5.2.9 混凝土构件在受拉区应设置不少于构件截面面积的0.05%的构造钢筋。

5.3 拱桥施工阶段验算

5.3.1 拱桥应设置施工预拱度。预拱度应根据施工条件，按主拱圈的弹性与非弹性下沉、拱架的弹性与非弹性下沉、墩台位移、温度变化及混凝土收缩和徐变等因素产生的挠度曲线反向设置。预拱度的计算和设置，可参照附录B的方法确定。

5.3.2 安装或砌筑主拱圈及拱上建筑时，必须在纵横向保持对称均衡施工，多孔拱桥应考虑连拱影响。在施工过程中随时注意观测，控制拱肋或拱圈的变位。

1 当采用无支架施工或早期脱架施工时，应根据安装砌筑程序、最不利受力情况及拱脚的支承条件，对裸拱或裸肋进行截面强度和拱的整体"强度—稳定"验算；主拱圈及拱上结构构件在分段运输、吊装、合龙过程中应进行必要的强度和稳定验算，验算截面应根据实际情况确定；拱肋接头位置应准确，其接头强度不应低于被连接构件的强度。分段吊装时应设置缆风索。

2 当采用拱式拱架施工时，应根据拱架的结构形式及支承条件进行强度和稳定性验算。

3　当采用满堂拱架施工时，拱架上应设置纵、横撑及斜撑。对高而窄的拱架及在大风地区，应加强拱架的稳定措施。

4　当采用分环（层）砌筑时，拱架承受的荷载可按分环数（层数）不同而定。

5.3.3　采用缆索起吊构件时，应保证塔架、绳索和锚碇的整体性和稳定性。在正式施工前，应进行超载试吊，试吊重量不应小于最大吊重的1.2倍。

5.3.4　预制构件的吊环应采用R235钢筋制作，严禁使用冷加工钢筋。每个吊环按两肢截面计算，在构件自重标准值作用下，吊环应力不应大于50MPa。当一个构件设有四个吊环时，设计仅考虑三个吊环同时发挥作用。吊环埋入混凝土的深度不应小于35倍吊环钢筋直径，端部应做成180°弯钩，且与构件内钢筋焊接或绑扎。吊环内直径不应小于3倍钢筋直径，且不应小于60mm。

6 墩台

6.1 一般规定

6.1.1 在有强烈流冰、泥石流或漂流物的河流中的墩台，其表面宜选用强度等级不小于 MU60 的石材或 C40 混凝土预制块镶面。镶面砌体的砂浆强度等级不应低于 M20。

累年最冷月平均温度低于或等于 -10℃的地区，墩台表面应选用强度等级不低于 MU50 的石料或 C30 混凝土。

具有强烈流冰河流中的桥墩，应在其迎冰面设置破冰棱。破冰棱应高出最高流冰水位 1.0m，并应低于最低流冰水位时冰层底面下 0.5m。破冰棱的倾斜度宜为 3:1 ~ 10:1（竖:横）。破冰棱迎冰面应做成尖端形或圆端形。混凝土破冰棱在迎冰表面应埋设钢板或角钢。破冰棱与桥墩应构成一体，自基底或承台底至最高流冰水位以上 1.0m 处，混凝土墩台应避免设水平施工缝，当不可避免时，其接合面应用型钢或钢筋加强。

6.1.2 在非岩石类的地基上修建带八字形翼墙的桥台，台身与翼墙之间宜设缝分开。在非岩石类的地基上，桥台宜每隔 10 ~ 15m 设置一道沉降缝。现浇混凝土桥台台身及基础，应根据当地气候条件及施工条件，每隔 5 ~ 10m 设置一道伸缩缝。

桥台应设置台背排水设施。

6.1.3 相邻墩台间均匀沉降差（不包括施工中的沉降）不应使桥面形成大于 2‰的纵坡。

6.1.4 超静定结构桥梁墩台间的均匀沉降差除应满足本规范第6.1.3条要求外，尚应满足结构的受力要求。

6.1.5 各种桥梁墩台除应满足强度和稳定要求外，尚应满足构造和施工要求。

6.1.6 实体墩台基础的扩散角（刚性角），对于片石、块石和料石砌体，当用强度等级为 M5 的砂浆砌筑时，不应大于 30°；当用 M5 以上的砂浆砌筑时，不应大于 35°；对于混凝土，不应大于 40°。

6.1.7 空心墩台应设置壁孔，在墩台身周围交错布置，其尺寸或直径宜为 0.2 ~ 0.3m。

6.1.8 当桥台锥坡和护坡采用浆砌或干砌砌体时，其砌体厚度不宜小于 0.30m。

6.1.9 高速公路、一级公路和二级公路上桥梁的桥头宜设置搭板。搭板厚度不宜小于 250mm，长度不宜小于 6m。

6.1.10 混凝土墩台身宜设置表层钢筋网，其截面面积在水平方向和竖直方向分别不小于 $250mm^2/m$。

6.2 梁、板式桥墩台

6.2.1 桥梁的墩帽和台帽厚度，特大、大跨径桥梁不应小于 0.5m；中、小跨径桥梁不应小于 0.4m。在墩、台帽内应设置构造钢筋。

设置支座的墩帽和台帽上应设置支座垫石，在其内应设置水平钢筋网。与支座底板边缘相对的支座垫石边缘应向外展出 0.1 ~ 0.2m。支座垫石顶面应高出墩、台帽顶面排水坡的上棱。墩、台顶面与梁底之间应预留更换支座时的空间。

墩、台帽出檐宽度宜为 0.05 ~ 0.10m。

6.2.2 支座边缘至墩、台身顶部边缘的距离（图 6.2.2）应视墩、台构造形式及安装上部构造的施工方法而定，其最小距离可按表 6.2.2 的规定采用。

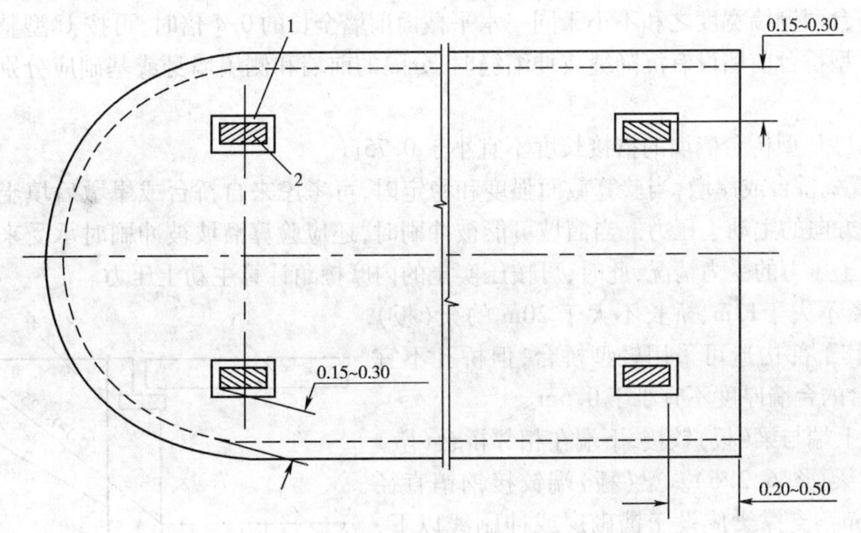

图6.2.2　支座边缘至墩、台边缘最小距离示意图(尺寸单位:m)

1-支座垫石;2-支座

表6.2.2　支座边缘至墩、台身边缘的最小距离(m)

跨径 l(m) ＼ 桥向	顺桥向	横桥向	
		圆弧形端头(自支座边角量起)	矩形端头
$l \geqslant 150$	0.30	0.30	0.50
$50 \leqslant l < 150$	0.25	0.25	0.40
$20 \leqslant l < 50$	0.20	0.20	0.30
$5 \leqslant l < 20$	0.15	0.15	0.20

注:当采用钢筋混凝土或预应力混凝土悬臂墩帽时,可不受本表限制,应以便于施工、养护和更换支座而定。

6.2.3　实体桥墩侧坡可采用20:1~30:1(竖:横),小跨径桥梁的桥墩也可采用直坡。

实体桥墩墩身的顶宽,小跨径桥梁不宜小于0.8m(采用轻型桥台的桥梁的桥墩不宜小于0.6m);中跨径桥梁不宜小于1.0m;特大、大跨径桥梁应视上部构造类型而定。

6.2.4　U型桥台(图6.2.4)前墙顶面宽度不宜小于0.50m,其任一水平截面的宽度,不宜小于该截面至墙顶高度的0.4倍。U型桥台前墙,可参照本规范第6.1.2条规定,设置沉降缝或伸缩缝。

U型桥台的侧墙顶面宽度不宜小于0.50m,其任一水平截面的宽度,对于片石砌体不宜小于该截面至墙顶高度的0.4倍;块石、粗料石砌体或混凝土不宜小于0.35倍;如桥台内填料为中、粗砂或砂砾时,则上述两项可分别相应减为0.35和0.30倍。

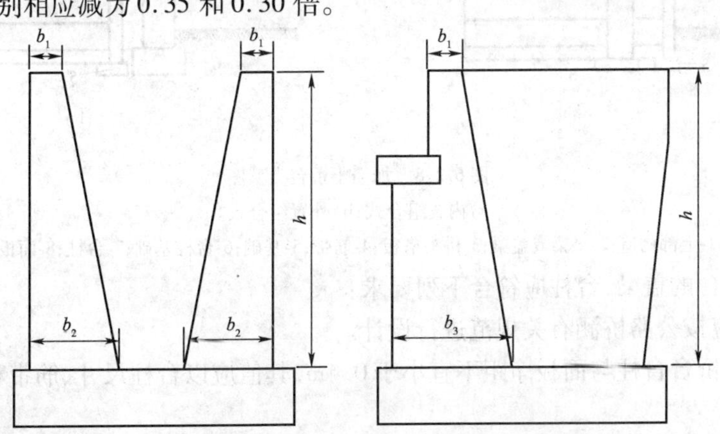

图6.2.4　U型桥台尺寸示意图(尺寸单位:m)

$b_1 \geqslant 0.50$;$b_2 \geqslant (0.3 \sim 0.4)h$;$b_3 \geqslant 0.4h$

当U型桥台两侧墙宽度之和不小于同一水平截面前墙全长的0.4倍时,可按U型整体截面验算截面强度。当U型桥台前墙设有沉降缝或伸缩缝时,分隔的前墙和侧墙墙身或基础应分别按独立墙验算截面强度。

路基填土与U型桥台侧墙的搭接长度不宜小于0.75m。

6.2.5 埋置式桥台或岸墩,当验算截面强度和稳定时,可考虑来自桥台或岸墩后填土及桥台或岸墩前溜坡的两个方向的主动土压力。当溜坡可能被冲刷时,还应验算溜坡被冲刷时承受来自桥台或岸墩后面单向主动土压力的受力情况,此时,可按压实土的内摩擦角计算主动土压力。

6.2.6 跨径不大于13m、桥长不大于20m的梁(板)式上部结构,其下部构造可采用轻型桥台,但桥孔不宜多于三孔,桥台的台墙厚度不宜小于0.6m。

轻型桥台上端与梁(板)铰接,下端在相邻桥台(墩)之间应设支撑梁(图6.2.6)。梁(板)端铰接钢销直径不应小于20mm。支撑梁应设于铺砌层或冲刷线以下,中距宜为2~3m,采用钢筋混凝土构件,其截面尺寸不宜小于0.2m(横)×0.3m(竖),四角应设置直径不小于12mm的钢筋;如采用混凝土或块石砌筑,其截面尺寸不宜小于0.4m×0.4m。

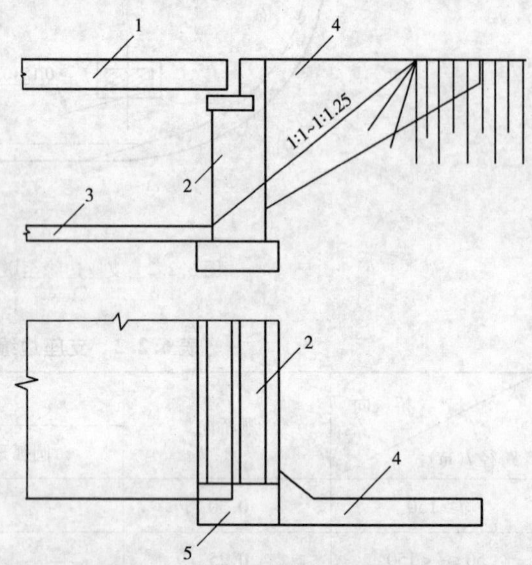

图6.2.6 轻型桥台的支撑梁和耳墙

1-上部结构;2-轻型桥台;3-支撑梁;4-耳墙;5-边柱

轻型桥台的斜交角(台身与桥纵轴线的垂直线的交角),不应大于15°。轻型桥台下端,两外侧应设置平行于桥轴线的支撑梁,中间应设垂直于桥台的支撑梁。

6.2.7 轻型桥台可设八字墙、一字墙或边柱带耳墙(见本规范图6.2.6)。带耳墙的轻型桥台的边柱除承受由耳墙重力产生的竖直荷载和弯矩外,尚应计算耳墙上水平土压力对柱身所产生的剪力和扭矩。耳墙与边柱接合处应加腋。

6.2.8 加筋土桥台可采用内置组合式或外置组合式(图6.2.8)。

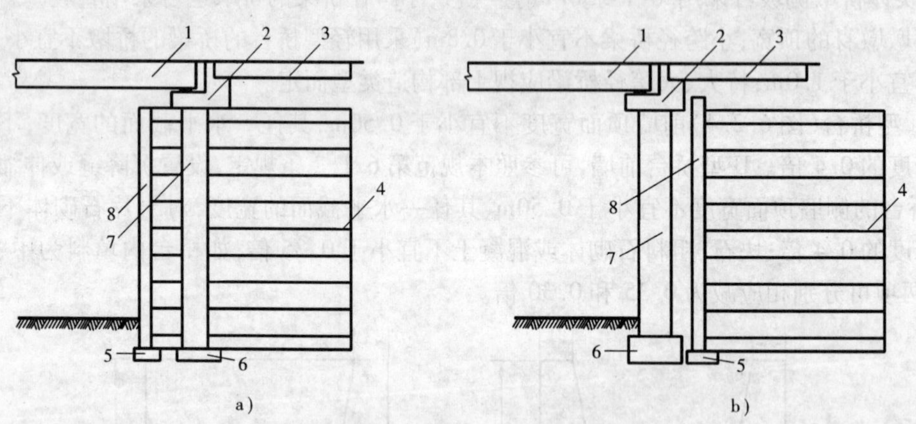

图6.2.8 加筋土桥台类型图

a)内置组合式;b)外置组合式

1-上部构造;2-垫梁或盖梁;3-桥头搭板;4-筋带;5-基础;6-台柱基础;7-台柱;8-面板

6.2.9 加筋土桥台的盖梁、台柱应符合下列要求:

1 盖梁、台柱应按公路桥涵有关规范进行设计。

2 内置组合式桥台台柱与面板净距不宜小于0.4m,其值应以台柱尺寸、筋带种类以及压实方法等条件综合考虑决定。

3 外置组合式桥台,台柱与面板净距不应小于0.3m。

6.2.10 加筋土桥台应设置桥头搭板。外置组合式桥台的桥头搭板与加筋体面板顶部之间应留有

0.05m 的间距，并应填塞。

6.2.11 加筋土桥台加筋体的筋带应选用抗老化、耐腐蚀材料的筋带，加筋体筋带的截面面积、长度以及加筋体的稳定性，应通过加筋体内部、外部的稳定性分析确定。

加筋体内部稳定性，可按局部平衡法计算。

加筋体外部稳定性分析，应包括地基承载力、基底滑移和倾覆稳定，必要时增加整体滑动验算。筋带截面计算应考虑车辆荷载引起的拉力。筋带锚固长度计算可不计车辆荷载引起的抗拔力。

6.3 拱桥墩台

6.3.1 等跨拱桥的实体桥墩的顶宽（单向推力墩除外），混凝土桥墩可按拱跨的 1/15 ~ 1/25、石砌桥墩可按拱跨的 1/10 ~ 1/20 拟定，但不宜小于 0.8m。墩身两侧边坡可为 20:1 ~ 30:1（竖:横）。

6.3.2 拱桥桥台可采用 U 型桥台、空心桥台（内填以砂砾材料）以及其他形式的桥台。U 型桥台的侧墙尺寸及计算要求可参见本规范第 6.2.4 条的有关规定。

台后的土侧压力宜采用主动土压力。

6.3.3 组合式桥台适用于以桩基或沉井作为基础的中、小跨径拱桥。组合式桥台由前台与后座两部分组成（图 6.3.3）。前台桩基或沉井基础用作承受拱的竖直力；台后的主动土压力及后座基底摩阻力平衡拱的水平推力。在计算土侧压力时，其作用分项系数取为 1.0；计算摩阻力时，其作用分项系数取为 0.9。拱的推力和竖向力分项系数按《公路桥涵设计通用规范》（JTG D60—2004）的规定取用。

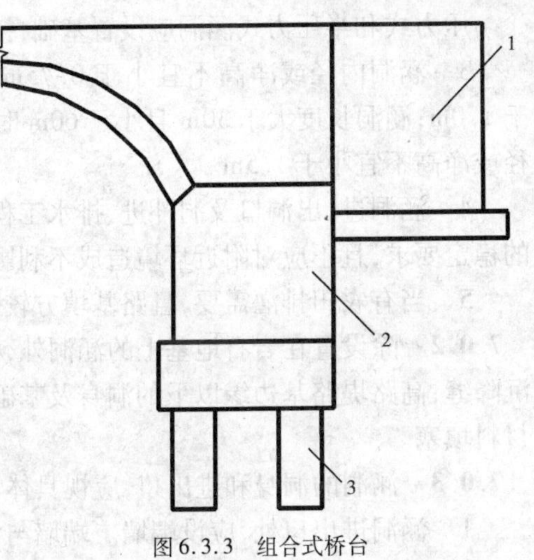

图 6.3.3 组合式桥台

1-后座；2-前台；3-桩基

组合式桥台的前台和后座两部分之间必须密切贴合，其间应设置两侧既密贴又可相互自由沉降的隔离缝，以适应两者的不均匀沉降。后座的基底标高，在考虑沉降后应低于拱脚截面底缘标高。

地基土质较差时，后座式桥台应防止后座的不均匀沉降引起前台向后倾斜，而导致前台或拱圈开裂。

6.3.4 长度为3 ~ 4倍台高的台背填土应在拱圈合龙前完成。台后填土必须分层夯实，其密实度不应小于 96%，并切实做好台后填土防护工程，防止受水流侵蚀和冲刷。

桥台或后座应在后台或后座的土侧压力作用下保持地基强度和结构稳定。

7 涵洞

7.0.1 涵洞设计应符合如下要求：

1 涵洞设计时，应按水力性质选择其计算图式。新建涵洞应采用无压力式涵洞；当涵前允许壅水时，可采用压力式或半压力式涵洞。

2 无压力式圆管涵应根据地基土的密实程度，设置砂垫层、灰土垫层、砌石基础或混凝土基础；建于砂砾地基上的圆管涵，可不设基础，但应对接缝处和进出水口处的地基予以处理，以避免管节间发生不均匀沉降和接缝漏水。

压力式和半压力式涵洞应设置基础，接缝应严密。

3 涵洞内径或净高不宜小于0.75m；涵洞长度大于15m但小于30m时，其内径或净高不宜小于1.0m；涵洞长度大于30m且小于60m时，其内径或净高不宜小于1.25m；涵洞长度大于60m时，其内径或净高不宜小于1.5m。

4 涵洞进、出洞口及洞外进、排水工程的形式与尺寸，应使水流能顺利通过，并满足两侧附近路堤的稳定要求，且不应对附近环境造成不利影响。

5 当有农田排灌需要，且路基填方较低时，可设置倒虹吸管。

7.0.2 除设置在岩石地基上的涵洞外，根据涵洞的涵底纵坡及地基土情况，应每隔4～6m设置一道沉降缝；高路堤路基边缘以下的洞身及基础应每隔适当距离设置沉降缝。沉降缝应采用弹性的不透水材料填塞。

7.0.3 涵洞的洞身和进出口，应视具体情况按如下要求作出处理：

1 涵洞进出口处，应设端墙。端墙与洞身应设缝隔开，缝内填以不透水材料。

2 设置于非岩石地基上的涵洞，洞内外应进行铺砌，洞外铺砌长度应视河沟纵坡、地基土、冲刷等条件而定，涵洞上游至少应在端墙（或锥坡）范围内铺砌，下游应铺出端墙以外3～5m（压力式涵洞应更长些）。对于无明显沟槽的河沟，出口铺砌的扩散平面宜采用等腰梯形，其铺砌扩散角可取为20°。涵洞锥坡、受水流淹没的路基坡面也应铺砌。

3 在纵坡陡、流速大的河沟，必要时还需设置急流槽、跌水及相应的消能措施，并应在端墙外端底部设置隔水墙。在沟床铺砌的端部，也应设置隔水墙。

4 在冰冻地区，端墙与端管节应采用整体的刚性基础。

7.0.4 涵洞洞底纵坡不宜大于5%，圆管涵的纵坡不宜大于3%。洞底纵坡大于5%时，涵底宜每隔3～5m设置消能横隔墙或将基础做成阶梯形。洞底纵坡大于10%时，洞身及基础应分段做成阶梯形，前后两节涵洞盖板或拱圈的搭接高度不应小于其厚度的1/4。

7.0.5 涵洞洞身两侧填土应分层夯实，其每侧长度不应小于洞身填土高度的一倍，压实度不应小于96%。现浇混凝土拱涵应沿拱轴线分段间隔浇筑或在拱顶预留合龙段最后浇筑。

7.0.6 涵洞结构可按下列假定进行计算：

1 计算盖板式涵洞的涵台内力时，台身按上端与盖板不可移动的铰接、下端与基础固接计算。盖板按两端简支的板计算，可不考虑涵台传来的水平力。

2 拱涵的拱圈按无铰拱计算，其矢跨比不宜小于1/4。拱涵可不考虑温度作用效应和混凝土收缩效应。拱涵按本规范第5.1.4条计算时，可仅作拱的截面强度验算。

3 整体式涵洞基础底面的地基土的承压应力，可将涵长根据不同的填土高度分段计算。

附录 A 石材试件强度的换算系数及石砌体分类

A.0.1 石材的强度等级,应用边长为 70mm 的立方体试块的抗压强度表示,当采用其他尺寸时,应乘以表 A.0.1 规定的换算系数进行换算。

表 A.0.1 石材试件强度的换算系数

立方体试件边长(mm)	200	150	100	70	50
换算系数	1.43	1.28	1.14	1.00	0.86

A.0.2 石砌体分类如下:

1 细料石砌体。砌块厚度 200~300mm 的石材,宽度为厚度的 1.0~1.5 倍,长度为厚度的 2.5~4.0 倍,表面凹陷深度不大于 10mm,外形方正的六面体,错缝砌筑。砌筑缝宽不应大于 10mm。

2 半细料石砌体。砌块表面凹陷深度不大于 15mm,缝宽不大于 15mm,其他要求同细料石砌体。

3 粗料石砌体。砌块表面凹陷深度不大于 20mm,缝宽不大于 20mm,其他要求同细料石砌体。

4 块石砌体。砌块厚度 200~300mm 的石材,形状大致方正,宽度约为厚度的 1.0~1.5 倍,长度约为厚度的 1.5~3.0 倍,每层石材高度大致一律,并错缝砌筑。

5 片石砌体。砌块厚度不小于 150mm 的石材,砌筑时敲去其尖锐凸出部分,平稳放置,可用小石块填塞空隙。

A.0.3 混凝土预制块砌体各项规格、尺寸同细料石砌体。

附录B 拱桥预拱度的计算与设置

B.0.1 施工预拱度的计算

预拱度的大小应按无支架和有支架两种情况，并分别考虑下列因素进行估算。

1 无支架施工的拱桥

1）主拱圈及拱上建筑自重产生的拱顶弹性下沉 δ_{u1}

$$\delta_{u1} = \frac{\left(\frac{l}{2}\right)^2 + f^2}{f} \cdot \frac{\sigma}{E} \tag{B.0.1-1}$$

$$\sigma = \frac{H_g}{A\cos\varphi_m} \tag{B.0.1-2}$$

式中 l——主拱圈计算跨径；

f——主拱圈计算矢高；

E——主拱圈材料受压弹性模量；

H_g——主拱圈及拱上建筑自重产生的水平推力；

σ——主拱圈及拱上建筑自重产生的平均压应力；

φ_m——拱顶与拱脚连线与跨径的夹角；

A——主拱圈截面面积(变截面拱可取平均截面面积)。

2）主拱圈温度变化产生的拱顶弹性变形 δ_{u2}

$$\delta_{u2} = \frac{\left(\frac{l}{2}\right)^2 + f^2}{f} \cdot \alpha(t_1 - t_2) \tag{B.0.1-3}$$

式中 α——主拱圈材料线膨胀系数；

t_1——年平均温度；

t_2——封拱时的温度。

当$(t_1 - t_2) > 0$时，拱顶上挠，反之，拱顶下沉。

3）混凝土主拱圈由混凝土收缩和徐变产生的拱顶下沉 δ_{u3}

整体施工的主拱圈，可按温度降低15℃所产生的下沉值计算，分段施工的主拱圈，可按温度降低5～15℃所产生的下沉值计算，即在本条第(B.0.1-3)公式内，整体施工的主拱圈取$(t_1 - t_2) = -15$℃，分段施工的主拱圈取$(t_1 - t_2) = -5 \sim -15$℃。

4）墩、台水平位移产生的拱顶下沉 δ_{u4}

$$\delta_{u4} = \frac{l}{4f} \cdot \Delta l \tag{B.0.1-4}$$

式中 Δl——主拱圈拱脚相对分离水平位移值。

5）施工过程中裸拱变形(如接合点压密等)，拱顶下沉可按 $l/1000$ 估算。

6）对于无支架施工的拱桥，本款内1)～4)项可估算为$\frac{l^2}{4000f} \sim \frac{l^2}{6000f}$，当墩台可能有位移时取较大值，当无水平位移时取较小值。

2 满布式拱架施工的拱桥

满布式拱架受载后，主拱圈拱顶产生的弹性及非弹性下沉，本条第1款的1)～4)项仍然适用。满布式拱架本身的下沉可按下列项目估算：

1）弹性下沉 δ_{s1}

$$\delta_{s1} = \frac{\sigma h}{E} \tag{B.0.1-5}$$

式中 σ——拱架立柱受载后的压应力；

h——立柱高度；

E——立柱材料的弹性模量。

2）非弹性变形 δ_{s2}

非弹性变形各类缝隙压密量可按下列估计：顺木纹相接，每条接缝变形取 2mm；横木纹相接时取 3mm；顺木纹与横木纹材料相接取 2.5mm；木料与金属或木料与圬工相接取 2mm。对于扣件式钢管拱架，扣件沿立柱滑动或相对转动可引起拱架非弹性变形，按经验估算。

3）砂筒的非弹性压缩量 δ_{s3}

可按经验估算：一般 200kN 压力砂筒取 4mm，400kN 压力砂筒取 6mm，筒内未预先压实时取 10mm。

4）支架基础在受载后的非弹性下沉 δ_{s4}

支架基础非弹性下沉可按下列值估算：枕梁在砂类土上取 5～10mm，枕梁在黏土上取 10～20mm，打入砂土的桩取 5mm，打入黏土的桩取 10mm。

拱顶处的预拱度，根据上述各种下沉量，按可能产生的各项数值相加后得到，施工时应根据以上计算值并结合实践经验进行调整。一般情况下，有支架施工的拱桥，当无可靠资料时，预拱度可按 $\frac{l}{600}$～$\frac{l}{800}$ 估算。

B.0.2 预拱度的设置

预拱度应根据上述各项因素产生的挠度曲线反向设置；可根据以往的实践经验按下述方法之一设置：

1 按抛物线设置

$$\delta_x = \delta\left(1 - \frac{4x^2}{l^2}\right) \tag{B.0.2}$$

式中 δ_x——与拱顶距离为 x 处的预加高度；

δ——主拱圈拱顶预拱度；

l——主拱圈计算跨径。

2 按推力影响线的比例设置。

3 对于不对称拱桥或坡拱桥，按拱的弹性挠度反向比例设置。

本规范用词说明

为便于在执行本规范条文时区别对待，对于要求严格程度不同的用词说明如下：

1 表示很严格，非这样做不可的用词：

正面词采用“必须”，反面词采用“严禁”。

2 表示严格，在正常情况下均应这样做的用词：

正面词采用“应”，反面词采用“不应”或“不得”。

3 表示允许稍有选择，在条件许可时首先应这样做的用词：

正面词采用“宜”，反面词采用“不宜”。

表示有选择，在一定条件下可以这样做的用词采用“可”。

附件

《公路圬工桥涵设计规范》

(JTG D61—2005)

条 文 说 明

1 总则

公路圬工桥涵总的设计原则是:技术先进、经济合理、安全适用和确保质量。

本规范适用于一般公路圬工桥涵的设计,对于特殊材料(如轻质混凝土)、特殊结构(如薄壳结构)和特殊条件(如抗震设计)的圬工桥涵设计应符合有关标准和规范的规定。

圬工桥涵结构的设计,除应满足本规范的要求外,凡涉及其他标准、规范者尚应符合其他有关的规定和要求。

2 术语、符号

术语和符号参照《工程结构设计基本和通用符号》(GBJ 132—90)、《公路桥涵设计通用规范》(JTG D60—2004)和《砌体结构设计规范》(GB 50003—2001)制定。

3 材料

3.1 材料强度等级

3.1.1 砖的强度低、耐久性差，在公路桥涵结构中较少采用，特别在等级公路上的桥涵结构物不应采用砖砌体，所以本次修订时将砖砌体取消，并将原规范的名称《公路砖石及混凝土桥涵设计规范》改为《公路圬工桥涵设计规范》。

材料的符号和强度等级与《砌体结构设计规范》(GB 50003—2001)(以下简称《GB 50003— 2001 规范》)采用的基本相同。

根据公路石材的应用情况，石材强度等级范围按新的等级标准取为 MU30 ~ MU120，基本上与《公路砖石及混凝土桥涵设计规范》(JTJ 022—85)(以下简称原规范)所取强度标号范围接近。

混凝土增加 C40、C35 两种强度等级。

砂浆强度等级作了调整，增加了 M20、M15 的强度等级，取消了 M12.5、M2.5 的强度等级。

3.2 材料的基本要求

3.2.1 由于石材试件尺寸由原规范200mm × 200mm × 200mm 改为 70mm × 70mm × 70mm，其最低强度等级也作了相应调整。混凝土最低强度等级，比原规范强度标号有所提高。砌筑砂浆的最低强度等级是考虑施工、构造的需要和目前的水泥供应情况确定的。

近年来修建的拱桥拱圈混凝土强度等级大多采用 C25 ~ C30，其最低强度等级较原规范的最低标号有所提高。

3.2.3 石材及混凝土材料受水浸湿后，冬季冻结，春季融化，引起材料风化侵蚀。如水汽充满于材料内部气孔，则因冻结膨胀有可能使孔壁破裂而导致材料破损。据有关资料介绍，试验循环(冻结与融化)一次约相当于大气中一年的作用。冻结试验温度不应高于 -15℃，这是因为水在微小毛细管中，只在低于 -15℃时才能冻结。累年最冷月平均温度低于或等于 -10℃的地区，不考虑材料的抗冻性，也是基于上述原因。

3.2.4 气候潮湿地区指年平均相对湿度平均值大于80% 的地区。

3.3 材料强度设计指标

3.3.1 原规范规定石材的抗压极限强度为棱柱体的极限强度，其值取为200mm立方体强度的 0.7 倍。本规范采用的试件尺寸为 70mm 立方体，应乘以 0.7 的石材强度等级换算系数。同时考虑沿用原规范的材料安全系数 1.85，则本次修订的石材抗压强度设计值为：石材强度等级 ×0.7 ×0.7 ×1/1.85 =0.265 × 石材强度等级。

原规范石材弯曲抗拉极限强度为标号的 0.06 倍，现石材等级为原石材标号的 0.7 倍，再考虑沿用原规范的材料安全系数 2.31，则本次修订的石材弯曲抗拉设计值为：石材强度等级 ×0.06 ×0.7 × 1 /2.31 =0.0182 × 石材强度等级。

3.3.2 混凝土轴心抗压强度设计值，按照《公路钢筋混凝土及预应力混凝土桥涵设计规范》(JTG D62—2004)(以下简称《JTG D62 规范》)中的规定值乘以0.85。

混凝土弯曲抗拉强度设计值，采用《JTG D62 规范》混凝土轴心抗拉强度设计值乘以系数 0.5，再乘以受拉区塑性影响系数 γ。γ 值随截面不同而变，现取常用截面平均值1.5。所以混凝土弯曲抗拉设计值为《JTG D62 规范》混凝土轴心抗拉强度设计值乘以 $0.5 \times 1.5 = 0.75 \times$《JTG D62 规范》混凝土轴心抗拉强度设计值。

混凝土直接抗剪强度试验资料很少，根据 1975 年、1995 年和 1999 年的铁路规范，纯剪容许应力均取容许弯曲抗拉应力的 2 倍，本规范也采用这个比值。

3.3.3 砂浆砌体抗压强度设计值，系按照《GB 50003—2001 规范》的取值原则，采用标准值除以材料分项系数 γ_f 得出。砌体的抗压强度与诸多因素有关，目前多采用根据范围较为广泛的系统试验归纳得出的经验公式进行计算。我国有关单位多年来对各类砌体进行了大量的砌体抗压强度试验，共取得三千多个试验数据，为掌握砌体抗压强度的各主要影响因素与砌体强度的关系，建立了符合我国实际情况的各类砌体抗压强度计算公式。根据与试验值相结合，变异系数尽量小，物理概念明确，并在表达形式方面尽量向国际标准靠拢的原则，通过反复运算和研究，提出如下形式比较简洁而统一的各类砌体的抗压强度平均值 f_m、抗压强度标准值 f_k、抗压强度设计值 f_d 的计算公式：

$$f_m = k_1 f_1^a (1 + 0.07 f_2) k_2 \tag{3-1}$$

$$f_k = (1 - 1.645\delta_f) f_m \tag{3-2}$$

$$f_d = f_k / \gamma_f \tag{3-3}$$

式中 f_1——块体的强度（MPa）；

f_2——砂浆的强度（MPa）；

k_1——随砌体中块体类别和砌筑方法而变化的参数，见表 3-1；

a——与块体高度有关的参数，见表 3-1；

k_2——低强度等级砂浆砌筑的砌体强度修正系数，见表 3-1；

δ_f——砌体变异系数；

γ_f——砌体材料分项系数。

根据《GB 50003—2001 规范》第 3.2.3 条，水泥砂浆砌筑时应乘以 0.9。按原规范第2.0.5条条文说明，水泥砂浆和易性较差，因此乘以 0.9 折减系数。公路桥涵砂浆强度等级最低为 M5，均用水泥砂浆，故乘以 0.9 折减系数。

表 3-1 砌体抗压强度平均值公式中的各系数

序 号	砌体种类	k_1	a	k_2
1	块石（毛料石）	0.79	0.5	当 $f_2 < 1$ 时，$k_2 = 0.6 + 0.4 f_2$；
2	片石（毛石）	0.22	0.5	当 $f_2 < 2.5$ 时，$k_2 = 0.4 + 0.24 f_2$

注：表中 k_2 在表列条件之外均等于 1。

1 表 3.3.3-1。混凝土预制块砌体，根据原规范系按细料石考虑，即以块石砌体抗压强度设计值乘 1.5。混凝土强度等级，采用《JTG D62 规范》规定，所以当用于本条条文说明的公式时，需换算为石材强度等级，例如，C25 = MU1.28 × 25 = MU32，所以以 $f_1 = 32$MPa 代入公式。

2 表 3.3.3-2。块石（毛料石）砌体抗压强度设计值参照《砌体结构》（司马玉洲主编）表 2.6 和《GB 50003—2001 规范》第 4.1.5 条分别取变异系数 $\delta_f = 0.17$、材料分项系数 $\gamma_f = 1.6$。考虑水泥砂浆折减系数 0.9，块石（毛料石）砌体抗压强度设计值取为：

$$f_d = \frac{0.9 f_k}{1.6} = f_m (1 - 1.645\delta_f) \times \frac{0.9}{1.6} = 0.4052 f_m \tag{3-4}$$

3 表 3.3.3-3。片石（毛石）砌体抗压强度设计值参照《砌体结构》表 2.6 和《GB 50003—2001 规范》第 4.1.5 条分别取变异系数 $\delta_f = 0.24$、材料分项系数 $\gamma_f = 1.6$。考虑水泥砂浆折减系数 0.9，片石（毛石）砌体抗压强度设计值取为：

$$f_d = \frac{0.9 f_k}{1.6} = f_m (1 - 1.645\delta_f) \times \frac{0.9}{1.6} = 0.3404 f_m \tag{3-5}$$

4 表 3.3.3-2 注和表 3.3.3-3 注内关于干砌块石和干砌片石抗压强度设计值，均取砂浆强度为零时的抗压强度设计值。与原规范规定的干砌块石和干砌片石的极限抗压强度为 2.5 号砂浆极限抗压强度的 0.5 倍相比，前者基本一致，后者则为 M2.5 砂浆的 0.7 倍。

5　表 3.3.3-4。砌体的抗压性能远比抗拉、抗弯和抗剪性能为好，所以通常砌体结构都用于受压构件，但在公路工程中也有像挡土墙和轻型桥台等受拉、受弯、受剪的情况，所以本次修订仍列出上述各项指标。根据《砌体结构》表 2.6，对于规则块材砌体（包括混凝土预制块、块石砌体）的拉、弯、剪的变异系数取为 $\delta_f = 0.2$，片石（毛石）砌体的变异系数取为 $\delta_f = 0.26$。这样可以通过如下砌体的平均强度计算公式得出各类砌体拉、弯、剪的强度标准值和设计值。

各类砌体轴心抗拉强度平均值 f_{tm}

$$f_{tm} = k_3 \sqrt{f_2} \tag{3-6}$$

各类砌体弯曲抗拉强度平均值 f_{tmm}

$$f_{tmm} = k_4 \sqrt{f_2} \tag{3-7}$$

各类砌体抗剪强度平均值 f_{vm}

$$f_{vm} = k_5 \sqrt{f_2} \tag{3-8}$$

式中　k_3、k_4、k_5——计算系数，见表 3-2。

表 3-2　砌体轴心抗拉、弯曲抗拉、直接抗剪强度平均值（MPa）及计算系数

砌体种类	$f_{tm} = k_3 \sqrt{f_2}$	$f_{tmm} = k_4 \sqrt{f_2}$		$f_{vm} = k_5 \sqrt{f_2}$
	k_3	k_4		k_5
		沿齿缝	沿通缝	
规则块材砌体	0.069	0.081	0.056	0.069
片石砌体	0.075	0.113	—	0.188

规则块材砌体

$$f_k = (1 - 1.645\delta_f) f_m = (1 - 1.645 \times 0.2) k \sqrt{f_2} = 0.671 k \sqrt{f_2} \tag{3-9}$$

片石砌体

$$f_k = (1 - 1.645\delta_f) f_m = (1 - 1.645 \times 0.26) k \sqrt{f_2} = 0.572 k \sqrt{f_2} \tag{3-10}$$

根据《GB 50003—2001 规范》第 3.2.3 条，水泥砂浆砌筑时应乘以 0.8。按原规范第 2.0.5 条条文说明，水泥砂浆和易性较差，因此乘以 0.8 折减系数。公路桥涵砂浆强度等级最低为 M5，均用水泥砂浆，故乘以 0.8 折减系数。

采用的材料分项系数为 1.6，考虑水泥砂浆折减系数 0.8，规则块材砌体和片石砌体轴心抗拉、弯曲抗拉、直接抗剪强度设计值为：

规则块材砌体

$$f_d = \frac{0.8}{1.6} f_k = 0.3355 k \sqrt{f_2} \tag{3-11}$$

片石砌体

$$f_d = \frac{0.8}{1.6} f_k = 0.2862 k \sqrt{f_2} \tag{3-12}$$

式中　f_m——概括代表砌体抗拉、拉弯、抗剪强度平均值；

f_k——概括代表砌体抗拉、拉弯、抗剪强度标准值；

f_d——概括代表砌体抗拉、拉弯、抗剪强度设计值；

k——概括代表 k_3、k_4、k_5，视相关荷载效应采用。

6　砌体拉、弯、剪破坏基本形式为：

1）砌体受拉时有三种破坏形式：沿齿缝；沿块体和竖向灰缝；沿水平通缝。其中前两种受力情况类同，仅破坏形式不一，砌体抗拉强度设计值取两者较小者，在规范内则称"齿缝"。水平通缝虽有一定的黏结力，但很不稳定、可靠，所以规范内不列入其抗拉强度设计值，也不允许在设计中出现通缝受拉。

2）砌体受弯拉时，在受拉区破坏。砌体弯拉有三种破坏形式：砌体在竖向受弯时，水平通缝截面受拉破坏，如轻型桥台受台背土压力和上部结构偏心压力使轻型桥台前面水平通缝受拉[图 3-1a)]；砌体在水平方向受弯时，有沿齿缝破坏和沿块体及竖向灰缝破坏两种，其受力情况类同，但破坏形式不一，砌体抗拉强度设计值取两者较小者，在规范内则称“齿缝”，如后肋式挡土墙的挡土面板，即为水平方向受弯一例[图 3-1b)]。

3）砌体受剪时，有三种破坏形式：通缝抗剪；齿缝抗剪和阶梯形抗剪。根据试验，上述三种破坏形式的抗剪强度基本一样，所以本规范“直接抗剪”不再分述破坏特征。

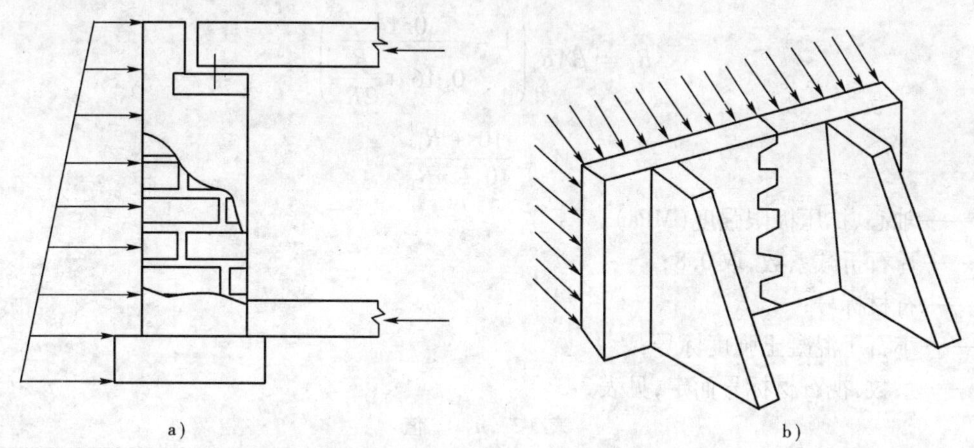

图 3-1

a）通缝截面弯曲受拉；b）齿缝截面弯曲受拉

3.3.4 小石子混凝土砌块石砌体抗压和直接抗剪强度设计值采用长安大学公路学院的试验数据，其结果见表 3.3.4-1 和表 3.3.4-3。小石子混凝土砌片石砌体抗压极限强度仍沿用原规范公式，其设计值见表 3.3.4-2；小石子混凝土砌片石抗剪、轴心抗拉、弯曲抗拉设计值采用长安大学公路学院建议的公式，其设计值见表 3.3.4-2。有关公式和数据说明如下：

1 小石子混凝土砌块石砌体的抗压强度标准值，按下列公式计算：

$$f_{ck} = [0.45k_1k_2f_1^{0.5}(1 + 0.26f_2^{0.8})](1 - 1.645\delta) \tag{3-13}$$

式中 f_{ck}——砌体抗压强度标准值（MPa）；

k_1——砌块规格系数，块石为 1.0，粗料石为 1.2，细料石、半细料石为 1.4；

k_2——砌体岩性系数，脆性岩石为 1.0，塑性岩为 1.5，本规范按脆性岩石用于表3.3.4-1；

δ——变异系数，取 0.15；

f_1——石材强度等级（MPa）；

f_2——小石子混凝土强度等级（MPa）。

设计值为标准值除以材料分项系数 1.6，即块石砌体抗压强度设计值为：

$$f_{cd} = [0.45k_1k_2f_1^{0.5}(1 + 0.26f_2^{0.8})] \times (1 - 1.645\delta) \times \frac{1}{1.6} = 0.21185f_1^{0.5}(1 + 0.26f_2^{0.8}) \tag{3-14}$$

2 小石子混凝土砌块石砌体的直接抗剪强度标准值，按下列公式计算：

$$f_{vk} = k\sqrt{f_2}(1 - 1.645\delta) \tag{3-15}$$

式中 f_{vk}——砌体直接抗剪强度标准值（MPa）；

k——与砌块规格有关的系数，取 0.098；

δ——变异系数，取 0.16；

f_2——小石子混凝土强度等级（MPa）。

小石子混凝土砌块石砌体直接抗剪强度设计值为其标准值除以材料分项系数 $\gamma_f = 1.6$，即块石砌体直接抗剪强度设计值为：

$$f_{vd} = 0.098\sqrt{f_2}(1 - 1.645 \times 0.16) \times \frac{1}{1.6} = 0.045129\sqrt{f_2} \tag{3-16}$$

按表3-2，砂浆砌块石砌体 $k_3 = k_5$，即砂浆砌块石砌体轴心抗拉与直接抗剪同值；弯拉（沿齿缝）/直接抗剪 $= k_4/k_5 = 0.081/0.069 = 1.174$，弯拉（沿通缝）/直接抗剪 $= k_4/k_5 = 0.056/0.069 = 0.8116$，现移用于小石子混凝土砌块石砌体，则其弯拉（沿齿缝）设计值和弯拉（沿通缝）设计值分别为块石砌体直接抗剪设计值的1.174倍和0.8116倍。

3　小石子混凝土砌片石砌体的轴心抗压强度，本次规范修订未作试验，仍沿用原规范采用的1964年11月四川省交通厅公路勘察设计院《小石子混凝土砌体试验研究》推荐的轴心抗压极限强度公式，其设计值为轴心抗压极限强度除以原规范砌体安全系数 γ_m（相当于材料分项系数 γ_f）2.31。

小石子混凝土砌片石砌体轴心抗压极限强度公式为：

$$R_a = \beta A R_1 \left(1 - \frac{0.14}{0.16 + \dfrac{R_2}{2R_1}}\right) \tag{3-17}$$

$$A = \frac{10 + R_1}{10 + nR_1} \tag{3-18}$$

式中　R_a——轴心、抗压极限强度（MPa）；

β——片石折减系数，取0.8；

R_1——石材标号；

R_2——小石子混凝土强度标号；

n——系数，视石材标号而定，见表3-3。

表3-3　n　值

石材标号	≤50	60	80	100
片石砌体	3.9	3.7	2.7	2.7

以上公式和表均适用于200mm立方体石材试件，标号以试件强度表示。如采用70mm立方体试件，等级以试件强度表示，则等级应乘以0.7换算为标号。如120级石材，应以标号84按上述公式计算其轴心、抗压极限强度值。现在混凝土采用等级，应将其换算为标号按上述公式计算，其相互关系为C30 = #32，C25 = #27，C20 = #22，C15 = #17。

小石子混凝土砌片石砌体的直接抗剪、轴心抗拉、弯曲抗拉强度设计值（均为齿缝），根据长安大学公路学院提供的公式确定：$f_{vd} = \frac{1}{1.6} \times 0.188\sqrt{f_2}(1 - 1.645 \times 0.26)$；$f_{td} = f_{vd}$；$f_{tmd} = 1.16 f_{vd}$。

3.3.5　本条数据参照《JTG D62规范》、《GB 50003—2001规范》有关数据确定，并对照了ISO/TC179/SCI的有关数据。

4 构件设计与计算

4.0.1～4.0.4 根据《公路工程结构可靠度设计统一标准》(GB/T 50283)(以下简称《GB/T 50283 标准》)的规定,结构设计采用概率极限状态设计原则和分项系数表达的方法。圬工桥涵结构除了按承载能力极限状态进行设计外,并应根据桥涵的结构特点,采取相应的构造措施来保证其正常使用极限状态的要求。同时,为了与其他结构形式保持基本相同的可靠水平,圬工桥涵构件的承载能力极限状态,根据《GB/T 50283 标准》的规定,视结构破坏可能产生的后果严重程度,应按表 4.0.3 划分的三个安全等级进行设计。

4.0.5 本条计算公式是参照《GB 50003—2001 规范》和原规范制定的,适用于砌体轴心受压和偏心受压,其形式相当于原规范公式(3.0.2-2),本条内 φ 值相当于原规范公式中的 $\varphi\alpha$。本条内 φ 值既考虑偏心影响,也考虑构件的长细比影响。

4.0.6 与原规范公式(3.0.2-2)相比,本条内公式(4.0.6-2)或(4.0.6-3)内,等号右边第一项即原规范公式(3.0.2-2)内的 α,等号右边第二项即原规范公式(3.0.2-2)内的 φ。原规范公式(3.0.3)内 $\alpha\beta^2$ 系经简化,现恢复为 $\alpha\beta(\beta-3)$,见原规范条文说明。此外,原规范第 3.0.3 条规定还要求单向偏心受压构件考虑非弯曲平面内的稳定,此项规定则在本条公式(4.0.6-1)内体现,而且较原分散验算更为合理。

本条公式(4.0.6-1)系按长安大学建议,采用尼克勤(N. V. Nikitin)提出的混凝土构件半经验、半理论公式经转换后确立的。尼克勤公式可按下式表达:

$$N_d \leqslant \frac{1}{\frac{1}{N_{uxd}}+\frac{1}{N_{uyd}}-\frac{1}{N_{uod}}} \tag{4-1}$$

式中 N_d——构件轴向力设计值;

N_{uxd}、N_{uyd}——分别为轴向力作用于 x 轴、y 轴,考虑相应承载力影响系数 φ(偏心影响系数和长细比影响系数)后的偏心受压承载力设计值;$N_{uxd}=\varphi_x A f_{cd}$,$N_{uyd}=\varphi_y A f_{cd}$,其中 A 为构件截面面积,f_{cd} 的抗压强度设计值;

N_{uod}——轴心受压构件,其偏心影响系数为 1,不考虑长细比影响,于是,承载力影响系数 $\varphi=1$;$N_{uod}=Af_{cd}$。

把 N_{uxd}、N_{uyd} 和 N_{uod} 代入公式(4-1),将"≤"右式的分子、分母分别乘以 Af_{cd},便得:

$$N_d \leqslant \frac{Af_{cd}}{\frac{1}{\varphi_x}+\frac{1}{\varphi_y}-1} \tag{4-2}$$

在公式(4-2)中,$\frac{N_d}{Af_{cd}}=\varphi$,于是可得出本条公式(4.0.6-1)。关于尼克勤公式的讨论,可参见汪一骏等主编《混凝土结构》5.9 节及 2001 年 3 月《黑龙江水专学报》刘长和等"矩形截面双向偏心受压砌体结构计算方法的研究"一文。

本条公式(4.0.6-2)或(4.0.6-3)内,等号右边第一项即原规范公式(3.0.2-2)内的 α,它是砌体偏心受压影响系数。建筑部门对于矩形截面构件,其原公式为 $\alpha=\frac{1}{1+(e/i)^2}$。为了适用于公路桥梁方面的构件截面,我们将分子项改为 $1-(e/y)^m$,即为原规范公式(3.0.2-2),现仍予沿用,有关资料可参阅原规范条文说明或杨高中《桥梁结构论文集》(人民交通出版社)。

4.0.7 本条参照《GB 50003—2001 规范》第 5.1.2 条制定。本条内截面回转半径 i_x、i_y,当构件为等截面时,与第 4.0.6 条内的 i_x、i_y 含义一致;当构件为变截面时,可取等代截面的回转半径;如变截面拱圈见第 5.1.4 条条文说明第 4 款,对截面变化不大的圬工桥墩,可取平均截面的回转半径。

4.0.8 混凝土构件和砌体构件的偏心受压承载力计算,如按弹性状态,两者可采用同一计算方法。如果进入塑性状态,两者并不一致。砌体是由单块石块用砂浆衬垫黏结而成;混凝土则相对来讲较为匀质,其整体性较好。所以在塑性状态,砌体的承载力计算公式不应用于混凝土结构。混凝土构件偏心受压构件进入塑性状态,根据试验分析,可以认为受压区的法向应力图形为矩形,受压应力的合力点与轴向力作用点重合,在确定偏心受压构件的受压区面积时,可先根据轴向力偏心距 e,然后得出受压区面积重心离截面重心轴的距离 $e_c=e$,根据受压区面积重心即可得出受压区面积。1975 年《公路桥涵设计规范》附录 3-2(三)、前苏联《铁路、公路、城市道路桥涵设计规范》(CH200-62)(以下简称《前苏联 CH200-62 规范》)第 566 条、《混凝土结构设计规范》(GB 50010—2002)(以下简称《GB 50010—2002 规范》)附录 A 中 A.2.1 条,都采用这种方法。美国《公路桥梁设计规范——荷载与抗力系数设计法》10.6.3.1.5 则将此法用于地基承载力的计算。可见,这个方法在国内外通用于偏心受压构件进入塑性状态的强度计算。

4.0.9 偏心距的制定应考虑承载能力极限状态。当偏心距较小时,由于圬工的弹塑性性能,截面应力呈曲线分布,但全截面受压。当偏心距增大时,截面上离轴向力较远一侧边缘的压应力减小,并由受压逐步过渡到受拉;在近轴向力侧边缘,则压应力有所提高;当受拉边缘的应力大于圬工的弯曲抗拉强度时,将产生裂缝。随着裂缝的开展,受压面积逐渐减小,荷载对实际受压面积的偏心距也逐渐减小,使该受压部分具有局部受压性质,此时承载力有所提高。《GB 50003—2001 规范》第 5.1.5 条规定轴向力偏心距不应超过$0.6y$(y 为单偏心时截面重心至偏心方向截面边缘距离,以下同)。

圬工结构容许出现裂缝,但裂缝宽度应予控制。正常使用极限状态采用荷载标准值,其值约为极限荷载的 0.5~0.6 倍,所以当等于极限荷载的 0.5~0.6 倍时出现裂缝的偏心距,作为偏心距的限值。下面是上世纪一些试验结果:西南建筑研究所上世纪 70 年代砖砌体试验,当 $e \geqslant 0.7y$ 时,加载至 0.7 倍极限荷载出现裂缝;第三铁路设计院混凝土矩形截面试验,当 $e=0.6y$ 时,加载至 0.565 倍极限荷载出现裂缝。参考国外规范对偏心距限值的规定,原规范制定了偏心距限值,本规范仍沿用原规范规定。

从截面的抗倾覆稳定安全系数 $k=y/e$[见《公路桥涵与基础设计规范》(JTJ 024—85)第 3.4.1 条]来看,当 $e=0.6y$ 和 $e=0.7y$ 时,如不计截面抗拉,倾覆稳定安全系数 $k=y/(0.6y)=1.67$ 和$k=y/(0.7y)=1.43$。

上面从抗压强度、裂缝、截面稳定三个方面综合考虑,表 4.0.9 的偏心距限值是合适的。这些限值沿用原规范表 3.0.2-1 数值,但"其他结构"改与"中、小跨径拱圈"一致。

原规范表 3.0.2-1 及《前苏联 CH200-62 规范》第 578 条关于混凝土构件受拉区设不小于 0.05% 钢筋时,偏心距可增加 $0.1y$ 的规定,本规范仍予沿用。

4.0.10 当构件截面的轴向力比较小而偏心距 e 比较大,超过了表 4.0.9 规定的限值时,在截面受拉边还有可能小于抗弯拉强度设计值。在这种情况下,可按本条进行计算。

按本条规定设计,结构将不出现裂缝,因此也不需要通过限制偏心距的办法来控制结构的裂缝。

4.0.11 本条仅适用于混凝土截面局部受压。本条公式(4.0.11-1)与《JTG D62 规范》公式(5.3.1)一致,其中乘数 0.9 是适当提高混凝土安全度;《混凝土设计规范》(GB 50010—2002)附录 A、A.5.1 条也有类似考虑。桥涵结构的砌体截面如承受局部受压,应在其上浇筑一层混凝土,在混凝土上面的压力以 45°扩散角向下分布,分布后的压力强度不应大于砌体的强度设计值。

4.0.12 石板和混凝土受弯时的承载能力,按本条所给公式(4.0.12)计算,该公式是由原规范中相应的计算公式转换而来,即原规范公式(3.0.6)为:

$$M \leqslant W \frac{R_{wl}^{j}}{\gamma_m} \tag{4-3}$$

上式中用材料强度设计值f_{tmd}置换 R_{wl}^{j}/γ_m,并计入桥梁结构重要性系数 γ_0,得:

$$\gamma_0 M_d \leqslant W f_{tmd} \tag{4-4}$$

上式即为本条公式(4.0.12)。

4.0.13 本条系参照原规范第3.0.7条的规定。

4.0.14 多阶段受力的组合构件,由于不同受力阶段构件的截面也在不断变化,因此应分别验算不同阶段的承载能力。对于必须采用应力叠加的场合,例如施工或旧桥鉴定时的应力测试,也可用计算应力的方法,此时应力限值可取测试时材料强度设计值的0.75倍。材料强度设计值可根据测试时的砂浆立方强度或混凝土立方强度对照本规范相关材料设计值取得。

5 拱桥

5.1 拱桥计算

5.1.1 无铰拱和双铰拱,目前多按主拱圈裸拱受力计算,拱桥设计手册的所有方法、图表均以裸拱受力考虑。本条对无铰拱和双铰拱的有关规定,均以裸拱受力为准,不考虑它与拱上建筑的联合作用。拱上建筑为拱式结构的拱桥,可以考虑拱上建筑与拱圈的联合作用,此时可将主拱圈与拱上建筑作为整体结构计算;也可按裸拱计算,不考虑纵向(弯曲平面内)长细比对构件承载力影响,如本规范第5.1.4条第2款第1)、2)项所述。

原规范第4.2.1条,对不同的跨径,当拱矢度相对较大时可不考虑弹性压缩的规定,这条规定来自前苏联公路、铁路桥梁设计规范,20个世纪50年来一直为我国公路、铁路规范所采用。公路拱桥设计自20世纪60年代以后就采用拱桥设计手册的计算用表,这些计算用表均计入弹性压缩。所以,本规范不将原规范第4.2.1条内容列入。而且,拱涵的厚度大、自重也大,即使跨径小,弹性压缩仍不可忽视,而原规范第4.2.1条的规定是由于20世纪40年代受计算技术的局限而作的一些简化,没有必要再次列入。

5.1.2 中、小跨径悬链线拱桥,可采用数解法算出拱跨1/4点不考虑弹性压缩时的自重压力线坐标,然后选择拱轴系数 m。对于实腹式悬链线拱,也可用拱脚单位长度的自重强度与拱顶单位长度的自重强度之比得出拱轴系数 m。在确定拱轴系数前,要先假定拱轴系数、拱顶和拱脚的厚度等几何参数,然后反复试算确定拱轴系数。空腹拱在拱顶、拱脚和1/4拱跨处,拱轴线与不考虑弹性压缩的自重压力线重合,其他各点则有所偏离。在1/4拱跨至拱脚处,由于腹拱挖空量较大,自重压力线多偏离在拱轴线以下,而1/4拱跨至拱顶处,自重压力线多偏离在拱轴线以上。如果考虑上述偏离影响,根据某些计算表明,拱脚多发生正弯矩,拱顶多发生负弯矩,与设计荷载作用下的拱脚、拱顶的弯矩方向相反。所以,如果偏离不大,在上述情况下不考虑偏离影响,对于拱顶、拱脚都不会有不利影响。

选择拱轴线的另一方法是:在先行假定各项有关拱的参数以后,用数解法算出全拱各点的不考虑弹性压缩的自重压力线坐标,然后选择相当的拱轴线,这样选择的拱轴线,除拱顶、拱脚与压力线符合外,其他各点也较为均匀地大致符合。这种适线法也为设计所采用。

大跨径悬链线拱桥应优选拱轴线,使在各个阶段(包括施工阶段)受力较为适中,符合各方面受力要求。优选拱轴线需从各个情况考虑、试算,包括拱圈截面和拱上建筑布置的调整,得到一个最佳的拱轴线方案。

恒载压力线不可能与拱轴线完全重合。大跨径拱桥宜考虑恒载压力线偏离拱轴线引起荷载效应。中、小跨径拱桥,如前所述,只要五点重合,可以不考虑恒载压力线偏离拱轴线引起的荷载效应。

在恒载作用下的弹性压缩,引起弹性中心有一个拉力。弹性压缩将导致拱轴线向下偏离,从而引起了附加效应,据1996年第6期《公路》杂志所载刘其伟《对无铰拱弹性压缩所引起的拱轴偏离影响的探讨》一文分析,由于弹性压缩引起拱轴线偏离而导致的拱轴线偏离弯矩仅为弹性压缩产生的弯矩的0.2%,所以,一般可不考虑上述拱轴线的偏离影响。

温度升降、混凝土收缩和徐变等因素,也可引起拱轴线偏离。由于上述因素也导致的拱轴线偏离而引起附加效应,其值甚小,一般可不考虑此项偏离影响。

5.1.3 实腹式拱桥或拱上建筑为拱式结构的空腹式拱桥,由于其纵横向整体性较好,历来均考虑活载可均匀分布于全宽。对于拱上建筑为简支板(梁)体系的空腹式拱桥,除采用墙式墩,且活载布置不超过拱宽范围者外,应考虑活载的横向不均匀分布,特别是横向将拱上建筑的墩上盖梁挑出,活载的不均匀分布尤为显著。

5.1.4 拱圈是等截面或变截面曲杆。拱圈每个截面的弯矩 M、轴向力 N、偏心距 $e(e=M/N)$ 都是变数。为了使直杆偏心受压公式移用于拱，参照原规范第 3.0.2 条规定，仍分列为拱的截面强度验算和拱的整体“强度—稳定”验算。这两项验算与原规范第 4.2.7 条对应，并作了适当修正，以适应新的有关承载力计算的规定。根据本规范公式(4.0.5)、(4.0.8-1)特点(例如考虑双向的偏心距和长细比影响)，这两项验算的要点分别说明如下：

1 拱的截面强度验算应在各受力不利截面进行。原规范第 4.2.5 条列有应验算的截面。由于圬工拱桥多系等截面拱，其受力不利截面为拱脚、拱顶、拱跨 1/4 或 3/8，这已为一般所共识，所以条文内不再指定应验算截面，设计时可根据设计和计算条件，自行确定需要验算截面。强度验算时仅考虑各截面的轴向力和偏心距对承载力的影响，长细比对承载力影响不予考虑，对于砌体结构，在公式(4.0.6-2)、(4.0.6-3)内，β_x、β_y 可假定小于 3 取为 3；对于混凝土结构，在公式(4.0.8-3)、(4.0.8-6)内，φ 取为 1.0。拱的截面强度验算是考虑拱的各截面内力悬殊，取其受力较为不利者分别予以验算，所以仅考虑受力不利截面轴向力和偏心距对承载力影响，而不考虑长细比对承载力的影响，否则将过度估计受力的不利因素。也可以说，它与拱的整体“强度—稳定”验算相互补充，考虑受力不利的各个方面。

2 拱的整体“强度—稳定”验算是将拱换算为直杆，按直杆承载力计算公式验算拱的承载力。这是一个近似的模拟直杆方法，所以它考虑了偏心距和长细比双重影响。由于模拟为直杆，全拱只能取用同一个的轴向力、偏心距和截面。对于轴向力取值见本条公式(5.1.4)，其值近似于计算荷载下各截面平均轴向力。公式(5.1.4)内拱的水平推力设计值应根据推力影响线布载，求取最大水平推力。对于偏心距，则采用与最大水平推力相应的 1/4 跨处的弯矩除以公式(5.1.4)计算所得轴向力，其值可以认为是各截面平均轴向力的平均偏心距。

拱圈如符合本规范第 5.1.1 条关于拱上建筑与联合作用的条件，拱圈在纵向(弯曲平面内)因受拱上建筑约束就可不计纵向长细比对承载力的影响。此时，砌体拱可令纵向长细比 β_y 小于 3 取为 3，但在拱圈横向(弯曲平面外)并没有约束，因此仍应考虑横向长细比 β_x 对承载力的影响；混凝土拱纵向取 $\varphi=1$，横向在计算弯曲系数 φ 时取用拱圈横向的长细比。符合拱上建筑与拱圈联合作用条件者，必须在拱上建筑合龙后才能考虑联合作用。施工阶段，在拱上建筑合龙前的所有拱上建筑的自重及施工荷载作用下，只能考虑裸拱受力而不能考虑联合作用受力。

3 将拱换算为直杆，拱的纵向(弯曲平面内)与横向(弯曲平面外)的换算系数不同，其换算为直杆的计算长度分别推导如下：

1)拱的纵向计算长度

按《铁路桥涵设计基本规范》(TB 10002.1—99)(以下简称《TB 10002.1—99 规范》)第 5.2.13 条，拱的纵向(曲线平面内)稳定计算长度 l_a 按公式(5-1)计算：

$$l_a = \pi\sqrt{\frac{8f}{kl}}\cdot l \tag{5-1}$$

式中 l——拱的跨径；

f——拱的矢高；

k——按表 5-1 取用。

表 5-1 拱的纵向稳定计算长度 l_a

拱的类型	$f/l=0.1$			$f/l=0.2$			$f/l=0.3$		
	k	l_a	l_a	k	l_a	l_a	k	l_a	l_a
无铰拱	60.7	$0.36l$	$0.36L_a$	101.0	$0.39l$	$0.36L_a$	115.0	$0.45l$	$0.37L_a$
双铰拱	28.5	$0.53l$	$0.53L_a$	45.5	$0.59l$	$0.54L_a$	46.5	$0.71l$	$0.58L_a$
三铰拱	22.5	$0.59l$	$0.59L_a$	39.6	$0.62l$	$0.57L_a$	46.5	$0.71l$	$0.58L_a$

注：L_a 为拱轴线长度。

公式(5-1)源于《前苏联 CH200-62 规范》第 206 条及第 411 条或 1965 年李国豪主编《桥梁结构与振动》第 87 页，是按抛物线拱受均布荷载的临界水平推力公式推导出来的。由于公路拱桥线形、截面多样，荷载也非均布荷载，所以偏安全地将上述公式用于平均轴向力作用下的纵向稳定验算。根据表 5-1，拱圈纵向稳定计算长度，三铰拱、双铰拱和无铰拱分别取用 $0.58L_a$、$0.54L_a$ 和 $0.36L_a$。这些规定值，自 20 世纪 50 年代以来，一直为砖、石、混凝土拱所采用，1975 年《公路桥涵设计规范》延伸用于钢筋混凝土拱和钢拱。为了验证这些规定值，1975 年《公路桥涵设计规范》第 5.18 条条文说明用圆弧拱受径向均布荷载下的临界荷载作了比较，其计算值如表 5-2。

表 5-2 拱的纵向稳定计算长度(圆弧拱径向均布荷载)

f/l	1/10	1/5	1/3
无铰拱	$0.356L_a$	$0.362L_a$	$0.378L_a$
双铰拱	$0.508L_a$	$0.516L_a$	$0.540L_a$
三铰拱	$0.595L_a$	$0.585L_a$	$0.580L_a$

注：L_a 为拱轴线长度。

表 5-2 是按拱的临界平均轴向力推导出来的，其值与本规范规定的计算长度接近。

2)拱的横向计算长度

《公路设计手册：拱桥(上册)(1978)》公式(9-12)，圆弧无铰拱在均布径向荷载作用下的横向稳定临界力为：

$$N_{cr} = kE\frac{I_y}{\gamma^2} \tag{5-2}$$

式中 I_y——拱圈截面绕竖轴(y 轴)的惯性矩；

r——拱半径；

E——拱材料弹性模量；

k——系数，其值与圆弧拱的圆心角 α(以弧度计)有关，见表 5-3。

表 5-3 系 数 k

α/π	0.25	0.50	1.00
k	60.1	12.6	1.85

令公式(5-2)N_{cr}等于上下铰接的直杆临界力 $N_{cr} = \pi^2 E\frac{I_y}{l_0^2}$，由此可解出 $l_0 = r\pi\sqrt{1/k}$，各种矢跨比的无铰板拱的横向稳定计算长度 l_0 如本条表 5.1.4 所示。

1975 年《铁路工程技术规范》第二篇第 2-317 条，对于拱的横向(平面外)的稳定，建议近似地将拱视为长度等于拱轴长度的直杆进行计算。这个方法也曾在公路拱桥设计中使用。规范表 5.1.4 的计算长度 l_0，接近于拱轴线长度乘以两端固接系数 0.5。对于双铰拱，可以近似地将拱视为长度等于拱轴长度的直杆进行计算，双铰拱为拱轴线长度乘以 1.0。

4 关于变截面拱圈在拱的整体“强度—稳定”验算中的截面取值问题，可采用拱的换算等代截面惯性矩方法，推荐如下：将半个拱圈弧长取直为一简支梁，再取一跨径相同的等截面简支梁，在两者跨径中央加载一单位集中力，当该点挠度彼此相等时，后者的惯性矩即视为该拱的换算等代截面惯性矩。变截面拱圈一般取等宽变高，也可取变宽等高。由于宽度或高度必有一个在全拱为定值，另一个值不难自求得的惯性矩反求得出。

5 本条第 2 款第 3)项，当拱圈宽度等于或大于 1/20 计算跨径时，可不考虑横向长细比影响或横向稳定，这是沿用原规范第 4.2.2 条规定。这项规定一直为公路、铁路规范所采用。目前已建拱桥中，前南斯拉夫克尔克桥宽跨比为 1/30，前南斯拉夫另一座舍宾斯基 1 号桥为 1/32.5，我国铁路丹河桥为 1/26.67，所以从实践的角度来看，拱圈宽度等于或大于 1/20 可不考虑横向长细比影响或横向稳定。

5.1.6 本条沿用原规范第4.2.2条规定。计算桥上横向风力时，需先将全桥所受风力总和 W 求出，在假拟的固定端水平直梁上满布均布荷载为 $q_{1w}=\frac{W}{l}$（l 为计算跨径），其固定端弯矩为 $M_{1w}=q_{1w}\frac{l^2}{12}$；在假拟的竖向悬臂梁上满布均布荷载为 $q_{2w}=\frac{W}{2f}$（f 为计算矢高），其固定端弯矩为 $M_{2w}=q_{2w}\frac{f^2}{2}$。计算离心力时，需将全桥列车离心力 P 求出，作用于固端水平直梁上的均布荷载为 $q_{1c}=\frac{P}{l}$，其固定端弯矩为 $M_{1c}=q_{1c}\frac{l^2}{12}$；作用于竖向悬臂自由端的集中荷载为 $P/2$，其固定端弯矩为 $M_{2c}=P\frac{f}{2}$。$M_1=M_{1w}+M_{1c}$，$M_2=M_{2w}+M_{2c}$，代入本条公式(5.1.7)即可得到垂直于曲线平面的拱脚截面弯矩 M。

5.1.7 本条沿用原规范第4.2.9条规定。多跨无铰拱桥当桥墩抗推刚度与主拱抗推刚度之比大于37时，可简化为单跨无铰拱计算。据《公路设计手册，拱桥（上册）》(1978年)表7-5和王国鼎《拱桥连拱计算》表5-7，连拱按单拱计算判别条件综合如表5-4所示。按本条规定，简化后精度为95%。

表5-4 连拱按单拱计算的计算精度

计算精度		0.98	0.95	0.90	0.85	0.80
墩、拱刚度比	拱桥手册	—	>37.0	>17.1	>10.3	>7.1
	连拱计算	≥98.0	≥38.0	≥18.0	≥11.3	≥8.0

5.1.8 本条沿用原规范第4.2.8条规定。这项规定自1975年《公路桥涵设计规范》至今，一直沿用。混凝土拱桥和石拱桥的混凝土收缩和温度变化效应计算，考虑混凝土和砌体的徐变影响，上世纪的规范及著作都有不少规定和论述，简要介绍如下：

参考文献[1]建议，由于温度所引起的弯矩和轴向力，乘0.5。

参考文献[2]认为，混凝土拱在弯矩最大的拱顶和拱脚截面，在每侧长度等于拱圈截面高度的范围内，塑性变形达最大值，此时弹塑性总变形量等于弹性变形量的四倍。这样，估计对温度的抗力等于按弹性计算所得3～5倍。因此，建议混凝土的温度应力和混凝土收缩应力计算时的弹性模量采用受压弹性模量的0.625倍。

参考文献[3]认为石拱桥或混凝土拱，除非受压区超过容许值甚至达到抗压极限，否则不会开裂。因此，建议跨径小于25m的拱桥不计温度应力，并进一步建议任何跨径的石拱桥和混凝土拱桥，仅验算压应力，不计拉应力。

参考文献[4]规定，跨径等于或小于25m且矢跨比等于或大于1/6的石拱桥，温度应力可折减一半。

1　徐变作用下混凝土收缩效应折减系数

混凝土的徐变与收缩关系密切。混凝土的收缩引起了混凝土产生应力，混凝土因受力而产生塑性变形即徐变。下面讨论两者相互作用的问题。

设徐变和收缩应变在拱外缘及内缘均相等，由此徐变和收缩在弹性中心处产生水平推力。设：

ε_n——混凝土最终收缩应变值；

$\varepsilon_{(t)}$——在时间 t 时的收缩应变值；

φ_n——混凝土徐变终止时的徐变系数；

$\varphi_{(t)}$——在时间 t 时的混凝土徐变系数。

参考文献[5]第117页载称“徐变系数-时间”与“收缩应变-时间”曲线甚为相似。因此在时间 t 时混凝土的收缩应变为：

$$\varepsilon(t)=\varepsilon_n\frac{\varphi(t)}{\varphi_n} \tag{5-3}$$

式中　H_n——不考虑徐变影响的混凝土收缩在弹性中心处产生的水平推力；

$H(t)$——考虑徐变影响后，在时间 t 时由于混凝土收缩在弹性中心处产生的水平推力；

δ_{22}——在弹性中心处由于单位水平力引起的水平位移。

由于混凝土最后的收缩应变值 ε_n，在弹性中心所引起的水平位移 $\Delta\varepsilon$ 为：

$$\Delta\varepsilon = \varepsilon_n l \tag{5-4}$$

式中 l——拱的计算跨径。

由于混凝土收缩，在弹性中心处水平推力 H_n（图 5-1）为：

$$H_n = -\frac{\Delta\varepsilon}{\delta_{22}} = -\frac{\varepsilon_n l}{\delta_{22}} \tag{5-5}$$

以上两拱脚相对分开时 $\Delta\varepsilon$ 为正号，反之为负号。收缩使跨径缩短，但由于两拱脚是固接端，不得缩短，相对来讲两拱脚分开了，故 $\Delta\varepsilon$ 为正号，H_n 为负号，表示作用力方向与图（5-1）示方向相反。

现在来分析在同一时间内混凝土的徐变和收缩相互作用的情况。设在时间 t 到 $t+\Delta t$ 内，弹性中心处由于徐变和收缩相互作用所引起的水平推力 $H(t)$ 及 $H(t)+\mathrm{d}H(t)$（图 5-1）。在微小时间 $\mathrm{d}(t)$ 内，由于收缩力的增量 $\mathrm{d}H(t)$，在弹性中心所引起的水平位移为 $\mathrm{d}H(t)\cdot\delta_{22}$。

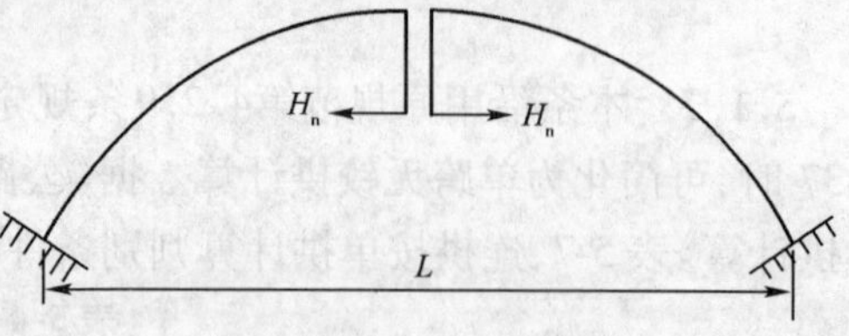

图 5-1 考虑徐变后的混凝土收缩在弹性中心的水平推力

在时间 t 内，由于弹性中心已产生的水平推力 $H(t)$ 的作用，使拱在 $\mathrm{d}t$ 时间增量过程中产生的徐变为 $H(t)\cdot\delta_{22}\cdot\mathrm{d}\varphi(t)$。其中 $\mathrm{d}\varphi(t)$ 为 $\mathrm{d}t$ 时间的徐变系数。

在 $\mathrm{d}t$ 时间内，由于混凝土收缩使拱产生的变位 $\varepsilon(\mathrm{d}t)$ 为：

$$\varepsilon(\mathrm{d}t) = \Delta\varepsilon\frac{\mathrm{d}\varphi(t)}{\varphi_n} = \frac{\varepsilon_n l}{\varphi_n}\mathrm{d}\varphi(t) \tag{5-6}$$

由于在收缩和徐变过程中始终保持为一连续体，因此上述各项水平位移的代数和为零，由此得到变形方程式：

$$\mathrm{d}H(t)\cdot\delta_{22} + H(t)\cdot\delta_{22}\cdot\mathrm{d}\varphi(t) + \frac{\varepsilon_n l}{\varphi_n}\mathrm{d}\varphi(t) = 0 \tag{5-7}$$

当时间为零时，收缩所引起的轴向力也为零。故初始条件为：

$$t = 0 \qquad H(t) = 0$$

由此得到微分方程式的解为：

$$H(t) = -\frac{\varepsilon_n l}{\varphi_n\delta_{22}}\left[1 - e^{-\varphi(t)}\right] \tag{5-8}$$

由于 $H_n = -\frac{\varepsilon_n l}{\delta_{22}}$，故 $\delta_{22} = -\frac{\varepsilon_n l}{H_n}$ 代入上式（5-8）得，

$$H(t) = H_n\left[\frac{1 - e^{-\varphi(t)}}{\varphi_n}\right] \tag{5-9}$$

当 $t\to\infty$，$\varphi(t)\to\varphi_n$ 得最后解：

$$H(t)_\infty = H_n\left[\frac{1 - e^{-\varphi_n}}{\varphi_n}\right] = \eta H_n$$

$$\eta = \frac{1 - e^{-\varphi_n}}{\varphi_n} \tag{5-10}$$

混凝土最终徐变系数，与水泥品种和标号、水灰比、水泥浆含量、截面尺寸、空气相对湿度、加载龄期等有关，本规范仍采用原规范参照《前苏联 CH200-62 规范》和《第六届国际预应力混凝土会议的建议》确定的 $\varphi_n = 2.0$，按公式（5-10），得 $\eta = 0.45$。这样，原规范规定的计算混凝土收缩效应时折减系数为 0.45 仍不变。这个数值适用于我国大部分年平均相对湿度 55% ~80% 地区；对于干旱地区，则偏于安全。

2 徐变作用下温度变化效应折减系数

温度变化不像混凝土收缩那样持续进行，它是年复一年反复进行。根据老化理论，随着混凝土龄期的增长，计算温度变化时的徐变影响将削弱。计算徐变对温度影响时，参考文献[6]建议徐变系数 φ_t 采用终极徐变系数 φ_n 的 0.25 倍，即 $\varphi_t = 0.25\times2 = 0.5$，此时按公式（5-10），$\eta = 0.787$。此外，1975 年《公

路桥涵设计规范》编制时，兰州铁道学院熊清章教授（已故）根据参考文献[7]关于徐变对温度变化的影响的论著进行料研究和试算，建议折减系数为0.62～0.65。综合以上情况，本规范仍沿用原规范规定，徐变对温度变化效应乘以0.7折减系数。

以上为徐变对混凝土拱的混凝土收缩效应、温度变化效应的影响。至于对石砌体和混凝土预制块砌体拱桥，其灰缝的塑性变形与混凝土徐变性质类似，所以，上述折减系数也适用于石砌体和混凝土预制块砌体拱桥。

本条参考文献：

[1]《双曲拱桥》(1971年)；

[2] K. C 扎夫里也夫《轻质混凝土拱桥》；

[3] r. п. 别列捷列《桥梁教程》；

[4] 德国1955年规范《DIN1075》；

[5] 张树平《预应力混凝土结构》(1959年)；

[6] H. E. 吉卜西曼《预应力钢筋混凝土桥梁理论与计算》；

[7] H. X. 阿鲁久涅扬《蠕变理论中若干问题》。

5.1.9 箱内外温差，需视当地气候条件而定，原规范第4.2.10条定为5℃，对于气候温和地区是可行的，但是对于温度变化骤冷骤热地区，其值应予增加。

5.1.10 本条沿用原规范第4.2.12条的规定。原规范仅作一般概述，现将具体理由说明如下。

据本规范第5.1.8条条文说明内参考文献[5]载述，设梁一端为固定支座，一端为铰接支座，当铰接端发生沉降时，考虑混凝土徐变与不考虑徐变的铰接端附加反力的比值为$e^{-\varphi_n}$；设一双铰拱的拱脚发生水平位移，考虑混凝土徐变与不考虑徐变的附加水平推力和拱内弯矩的比值也为$e^{-\varphi_n}$。$e^{-\varphi_n}$见表5-5，其中φ_n为徐变终极系数。

表5-5 $e^{-\varphi_n}$ 值

φ_n	1.5	2.0	3.0	4.0	5.0
$e^{-\varphi_n}$	0.223	0.135	0.050	0.018	0.007

$e^{-\varphi_n}$如表5-5所示，从表中可以看出，考虑徐变且其终止后，因支座沉降或拱脚水平位移而产生的附加作用都很小。但是，徐变终止需几十年的时间，其中大部分在五年内完成。建筑物因地基原因而产生的支点沉降或水平位移多发生在建筑物完工以后的一个短时期内，此时应采用沉降或水平位移开始至完成一段时间的徐变系数φ_t。随着时间的延长，徐变持续进行，最后到徐变终止时才可达到φ_n。设计采用值应为φ_t，此值较φ_n为小。

上述两例是以一次超静定结构计算推导出来的结果。对于多次超静定结构，各赘余力考虑徐变以后的折减，可得同样的结果，所以它可以推及各种超静定结构。

如前所述，考虑徐变影响应考虑自徐变开始至沉降或水平位移完成的一段时间的徐变系数φ_t。设φ_t取为0.7，$e^{-\varphi_t}=e^{-0.7}=0.5$，则由相邻墩台引起的不均匀沉降或桥台水平位移引起的作用效应，可乘以折减系数0.5。

5.1.11 本条沿用原规范第4.2.13条规定。此项规定自1975年《公路桥涵设计规范》一直沿用。拱桥由于荷载引起的正负挠度的最大绝对值之和一般产生在拱跨的1/4。

5.2 拱桥构造

5.2.1 拱的矢跨比除根据地形、地基条件选择外，尚应考虑施工的难易程度。矢跨比越大则拱轴系数m值越大，拱脚段施工较困难。

矢跨比大于1/4的拱尽管水平推力相对较小，但拱轴线较长，对稳定不利。矢跨比小于1/8的拱水平推力较大，弹性压缩和收缩、温度变化效应也增加，对拱圈和墩台受力也不利。所以，矢跨比宜在1/4～1/8之间选择。从受力强度和稳定综合考虑，除小跨径桥涵外，矢跨比1/5～1/6最为合适。悬链线多用于中、大跨径的空腹拱桥，因拱上建筑日趋轻型化，拱上建筑自重接近于均布荷载，所以 m 值不宜过大。无支架施工时拱圈自重接近于均布荷载，拱轴系数小有利于拱圈施工受力。

5.2.2 空腹式拱桥的拱上建筑腹拱的拱铰上面的侧墙、人行道栏杆都应设置伸缩缝或变形缝。在腹拱拱脚铰上面设伸缩缝，在腹拱拱顶铰上面设变形缝。伸缩缝宽度20～30mm，缝内塞以填充物，如锯末和沥青按1∶1（重量比）配制的预制板，上缘做成不透水的覆盖层。变形缝不留缝宽，设缝处可用油毛毡隔离或用低强度等级砂浆砌筑，以适应主拱圈的变形。

伸缩缝或变形缝有利于主拱圈适应温度变化、混凝土或砂浆收缩，也有利于拱上建筑适应主拱圈的弹性与非弹性变形，避免拱上建筑产生裂缝。

对于梁式或板式拱上建筑，可在主拱拱脚处设一立柱并与墩台身墙隔离。也可采用其他措施，例如取消主拱拱脚处立柱，而将梁或板直接搁于墩台身墙的顶面，此时，支座应采用活动支座，以适应主拱变形，避免因主拱变形而导致支承处墩台身墙顶面开裂。

5.2.3 多孔拱桥连拱作用显著，一孔坍塌将导致邻孔受损，甚至全桥损毁，所以，应根据基础的安全性及施工设备情况，确定设计全拱恒载单向推力墩或施工制动墩是必要的。根据以往的经验宜每三孔至五孔应设置一个承受一孔拱桥自重的单向推力墩。

5.2.4 在软土地基修建拱桥，一般采用无支架或早期脱架施工，使拱圈随着安装砌筑的进程逐步地适应地基变形。采用无支架或早期脱架施工，拱圈自重接近均布荷载，因此，悬链线拱拱轴系数宜小，比较接近于抛物线（$m=1$）。在软土地基建拱桥，由于地基变形，对拱脚较为不利。悬链线拱如拱轴线 m 较大，其线形在拱跨1/4处耸起，弹性中心离拱脚相对较高，使拱脚由于地基变形引起作用效应增大，所以拱轴系数宜小。软土地基拱脚附近截面宽度宜予增加，或加设一些钢筋和箍筋，可以控制上缘裂缝开展，增强下缘承压能力。

5.2.5 严寒地区的拱桥，由于温度变化剧烈，特别是降温时水平力较大，所以不宜修建矢跨比较小的拱，悬链线拱拱轴线系数相对也不宜大，其情况与软土地基建拱类似。气温下降在弹性中心发生水平拉力，增加拱顶正弯矩和拱脚负弯矩（绝对值），所以拱圈要在低温合龙，减少降温时过大作用效应。低温对拱上建筑受力不利，腹拱宜采用双铰拱或三铰拱，梁（板）式拱上建筑宜采用简支结构（可连续桥面）。对于拱脚和拱顶的加强措施同软土地基拱桥。本条第3款要求加强拱脚截面承压能力，其方法是局部加宽或加高拱脚截面，其中局部加宽可加大截面面积而不导致较大弯矩。另外适当在拱脚截面加钢筋。

5.2.7 已建箱形截面拱桥曾发现沿箱间的现浇接缝出现纵向开裂，其原因除拱上立柱位置不当外，箱的横向连接比较薄弱也是原因之一，故箱间的连接应予加强，包括拱上建筑采用立柱式时加强垫梁强度和刚度。此外，拱上立柱应避免设在拱箱边缘，使拱箱受较大扭矩。

由于拱桥主拱圈允许部分被水淹，箱形拱挖空率较大，为减小浮力，应在设计水位以下的腹板及底版内设置进、排水孔。这样也利于通风，减小箱内外温差。

5.2.8 肋式拱桥由于荷载偏压作用比较显著，根据现有桥梁调查，横系梁间距和尺寸需加密和加强，故本条要求加强横系梁的设置，以改善拱的受力。

5.2.9 现浇混凝土拱圈或预制拱圈构件，为控制受拉区裂缝开展，参照《GB 50010—2002规范》附录A.2.1条，在受拉区设置配筋率不小于构件截面面积的0.05%的构造钢筋，如因受力需要而设置的钢筋也包括在内。

5.3 拱桥施工

5.3.1 本规范附录B为应用本条提出了一些具体的估算预拱度方法，可根据实际情况，在拟定预拱度时参考使用。现将有关问题作进一步说明。

关于满布式拱架的预拱度估算，20世纪60年代，湖南省石拱桥总结建议为（1/250～1/800）l，l 为计算跨径。因材料、施工水平均在提高，上述上、下限据反映偏高，原规范改为（1/400～1/800）l，这次修订时进一步减小幅度，改为（1/600～1/800）l。

关于预拱度设置，原规范附录三有将悬链线拱轴系数降一级放样的规定。在拱桥手册（1978年）内也有此提法。交通部公路科研学研究所1983年经研究：降低一级，在拱脚0.27l 长度内，或降低半级，在拱脚 0.125l 长度内，非但不能预拱，反而下凹，故不再使用。附录 B.0.2 所推荐的预拱度设计方法，按抛物线设置，在 $l/4$ 处为 0.75δ(δ 为拱顶预拱度)，预拱度较大，适宜于满膛支架施工，不适于无支架施工；按推力影响线的比例设置，在 $l/4$ 处为 0.52δ，适用于拱架施工和无支架施工。

5.3.2 主拱圈及拱上建筑施工加载要求对称和均衡。"对称"包括纵向和横向对称，使主拱受力稳定。"均衡"要求加载重量不要过于集中，施工荷载压力线偏离拱轴线不要过多，使拱圈截面轴向力偏心距较小。对于多孔拱桥还要考虑连拱作用影响。

施工时应根据施工条件，拟定几种不同的安装砌筑程序，选择合理的施工方案，再对各控制截面进行强度和稳定验算。另一方面，在施工过程中应随时观测，控制拱圈变形和挠度，避免出现不对称变形和减少挠度的正负反复变化次数。

多孔拱桥应考虑自重单向推力的影响。

5.3.4 预制构件的吊环必须采用 R235(Q235)钢筋(原Ⅰ级钢筋)。严禁使用经冷加工的钢筋，也不得使用 HRB335 钢筋(原Ⅱ级钢筋)、HRB400 钢筋(原Ⅲ级钢筋)。否则都会在吊装过程发生脆断。本条规定取自《混凝土结构设计规范》(GB 50010—2002)第 10.9.8 条和《水工混凝土结构设计规范》(DL/T 5057—1996)第 9.6.3 条。

6 墩台

6.1 一般规定

6.1.1 镶面石材或混凝土预制块用于保护墩台,如墩台表面一旦受损便于更换,不致影响邻近部位。镶面石材可用块石或粗料石,其加工要求应符合《公路桥涵施工技术规范》(JTJ 041—2000)的规定。

累年最冷月平均温度等于或低于或等于 -10℃地区圬工表面易于冻损、风化,所以对其表层材料强度等级作了下限规定。

具有强烈流水的河流的桥墩,迎水面应做破冰棱。如冰块较大,其倾斜度(竖:横)宜小,即破冰棱相对较长,有利于冰块借自重下压破碎。

6.1.2 非岩石地基修建八字形翼墙桥台,考虑地基不均匀沉降,桥台与翼墙宜设缝分开。桥台背面易于存水潮湿,应涂以沥青防水。现浇混凝土桥台台身沿长度发生收缩裂缝,据了解东北地区较多发生,如施工时沿长度分段且相隔浇筑,则可减少裂缝。现浇混凝土桥台基础养护条件较好,且便于分段相隔浇筑,其伸缩缝间距可较台身为大。沉降缝和伸缩缝应综合安排设置。

6.1.3 原规范第5.1.3条规定相邻墩台均匀沉降差值(不包括施工中的沉降)不应大于 $1.0\sqrt{L}$cm(L为相邻墩台以米计的最大跨径长度),现参考前苏联 1984 年桥涵规范,以不应使桥面形成 2‰纵坡为度。关于墩台顶水平位移,尽管原规范第 5.1.3 条规定有限值,但是该条注内对桩基墩台又可不受限制,实际上放宽甚至可不考虑。经查美国规范和前苏联 1984 年规范,都没有关于水平位移限值的规定(前苏联 1962 年规范有规定,1984 年规范已删除)。墩台水平位移对于行车影响并不显著,但是对伸缩装置有一定影响,这将由伸缩装置设计中的伸缩量增大系数 $\beta=1.2\sim1.4$[见《公路钢筋混凝土及预应力混凝土桥涵设计规范》(JTG D62—2004)]来调节。根据上述理由,本条内不作墩台顶水平位移限值规定。

6.1.6 圬工基础的扩散角,可作以下说明:

1 均布荷载在圬工砌体的压力分布,近似于梯形,见图6-1。在深度 h 处,压应力为梯形,其长度为($a+2\times1.57h$)。如梯形面积以同面积的矩形代替,则其长度将为($a+2\times0.79h$),此时扩散角为 38°。因此,就圬工本身而言,其内部压力传布的扩散角不应大于 38°。

2 当圬工内压力传至地基时,地基承压应力的图式与压力大小、基底尺寸、土的压缩性、基础埋深有关,有马鞍形、抛物线形、哑铃形等。在计算地基承压力时,一般采用文克尔假定,即地基变形与地基应力成正比,也就是用弹性材料力学公式计算地基承压应力。这说明地基的计算应力与实际应力,两者应力图式并不完全一致。所以,地基应力对圬工基础的反力,及由此反力引起在圬工内的应力计算,很难做到准确。此外,基础台阶襟边部分作为短臂深梁,其应力分布图式也不同于一般浅梁。

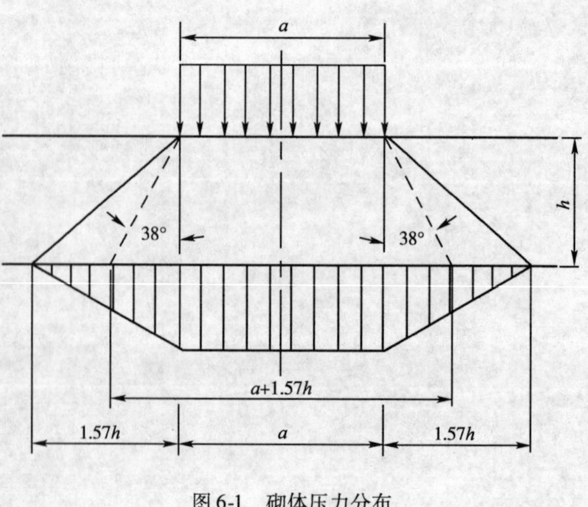

图 6-1 砌体压力分布

a-压力面宽度

3 根据以上所述,圬工基础的扩散角,不仅要反映圬工内部的压力分布,而且要考虑地基反力对襟边的作用。因此,为了简化计算,规范对于不同圬工，规定了扩散角的限值，在此限值以内，基础襟边受力可不作验算。本条规定的扩散角限值，仍沿用原规范的规定。其值与《建筑地基基础设计规范》（GB 50007—2002）表 8.1.2 比较，大致接近，个别情况略小于该规范。

6.1.7 空心墩台如不设壁孔，将使墩台壁承受静水压力，而且壁外河水通过墩壁向墩台内渗透，使混凝土受损。此外，如果基础底面以下是透水地基，河水尚对桥墩台身和基础产生浮力，不利于稳定。所以，空心墩台壁应设壁孔。对于水位以上及旱桥的空心墩台壁，也宜设壁孔，但壁孔尺寸可适当减小，用作通风。

6.2 梁、板式桥墩台

6.2.1、6.2.2 墩台帽厚度，由于按跨径长度分类的大、中、小桥指标有所增大，且加了特大跨径，故较原规范第 5.3.2 条有所加大。支座边缘至墩台身边缘距离，根据上述同样理由，较原规范第 5.3.3 条也有所加大。板式橡胶支座更换如采用扁千斤顶，梁底与墩顶之间应预留设置扁千斤顶空间，其高度需视千斤顶高度而定。

6.2.3 本条沿用原规范第5.3.4条的规定。实体桥墩的底宽，需计算确定，根据经验，其值约为墩身高度的 1/5 ~ 1/6，对于石砌桥墩可取较大值，混凝土桥墩可取较小值。

6.2.4 本条沿用原规范第5.3.5条的规定。U 型桥台作整体 U 型截面计算的条件为 U 型桥台两侧墙宽度之和不小于同一水平截面前墙全长的 0.4 倍，若达不到此要求，前墙、侧墙应分别按独立墙计算。

6.2.5 对埋置式桥台或岸墩，其前后土压力可按《公路桥涵设计通用规范》（JTG D60—2004）（以下简称《JTG D60 规范》）内推荐公式计算。

6.2.6、6.2.7 轻型桥台是20世纪50年代从前苏联引进的，适用于小跨径的圬工桥台，原为单孔一字墙或八字翼墙（八字墙与台设缝分离），后发展为最多三孔但全长不大于 20m。除上述外，我国还发展了采用耳墙挡土的轻型桥台。轻型桥台上部结构过长，因其与墩台均为铰接，上部结构因混凝土收缩和温度升降而产生的伸缩量将增大，这将导致桥头的路桥衔接处发生凹凸现象。

6.2.8 加筋土桥台在我国目前已开始应用。根据调查已建成使用的有 7 座，其中整体式 3 座，组合式 4 座。在 3 座整体式桥台中，均是单孔跨径 6 ~ 8m 的板式桥，台高一般为 5 ~ 6m。

在组合式桥台中，加筋体不需承受支座传递的荷载，因而桥跨大小不影响加筋体的稳定。但整体式桥台则不同，支座传递的荷载通过垫梁，作用在加筋体上，所以桥跨度大小、桥台高度均是直接影响加筋体强度与稳定性的主要因素，目前还很缺之设计和施工方面的经验。为此，在此次编制规范时，暂不列入整体式桥台。

对于加筋土桥台的型式，通常采用的有 U 形、八字形和一字形。选择时应考虑加筋土结构的构造特点和桥台与路堤的平顺衔接。如桥涵斜交角较小或与带有支档构造物的路堤衔接时，采用 U 形比较合适；如桥台斜交角较大或与填方路堤衔接时，则适宜选择八字或一字形桥台。

6.2.9 组合式桥台是常规的桩柱式桥台和加筋体共同组成的一种复合式桥台。根据桩柱位置分为内置组合式和外置组合式两种，不论何种形式，上部结构均由桩柱顶部盖梁支承，加筋体不承受支座传递的荷载。因此桩柱与盖梁的设计与常规桥梁设计要求相同，应按公路桥涵有关设计规范进行。

组合式加筋土桥台在国内工程实践较少，此次调查内置式与外置式仅各有 2 座，因此在设计与施工方面均缺乏经验，条文中建议的一些具体尺寸，主要参考了国内已有工程和国外加筋土规范的有关规定。

6.2.10 在外置组合式桥台中，搭板是不可缺少的连接装置。在内置组合式桥台中，虽然垫梁或盖梁与其后的填土已有相互衔接，但通常为了减轻或避免在交界处产生错台而加剧车辆的冲击作用，也应考虑设置桥头搭板。这在我国公路刚性路面设计规范中给予了明确规定并提出了具体措施。法国加筋土规范对搭板（连接板）的设置作出了原则规定，但未说明具体的设计方法。

6.2.11 局部平衡法原理是根据作用在填料中最大拉应力点上的应力，计算拉筋最大拉应力 T_{imax}。

加筋土内部稳定性分析的目的是确定筋带断面与长度，局部平衡法是它的基本方法。

6.3 拱桥墩台

6.3.1 本条参照原规范第5.2.1条的规定，略作修改。有关数据根据已建拱桥尺寸拟定。

6.3.2 本条沿用原规范规定。台后的土侧压力，原规范规定一般情况下可采用主动土压力，或按填土压实情况采用静土压力或静土压力加土抗力。本条取消了采用静土压力或静土压力加土抗力的规定，因为静土压力为主动土压力的1.3～1.6倍，只有桥台向路堤方向移动开始瞬间才出现；至于计入土抗力，其前提是桥台要有后移变形，才能产生土抗力，而桥台后移变形值难以估计准确，这将影响以后的一系列计算值，包括因桥台后移在拱圈内产生的附加内力。所以，此次修订不再考虑静土压力和土抗力。

6.3.3 组合式桥台自20世纪70年代以来已为各地所采用，实践证明效果良好，解决了某些拱桥的推力问题，为竖桩修建拱桥桥台提供了途径。采用组合式桥台的有湖南长沙湘江大桥东岸引桥、东山大桥、红山庙桥、渌江桥、涝刀河桥、青羊树桥（109国道）等。组合式桥台的计算一般采用静力平衡法，如本条所述。组合桥台另一计算方法是变形协调法，在原规范第5.2.3条内有此规定。考虑到拱桥桥台一般不宜作水平位移，而桩基或沉井的水平位移值均涉及土的特性和土抗力，也难以计算准确，所以，本条不再将变形协调法列入本条文内。如果设计时有确切的计算参数，如侧向地基系数、竖向地基系数、地基剪切系数等，仍可采用变形协调法；计算时由于允许拱脚位移，所以也应计算因拱脚位移引起拱圈的附加内力。

组合式桥台的前台与后座之间的沉降隔离缝两侧结构物的接触面，要求先期完成的结构表面光洁细致，然后涂以隔离油脂，将先期完成的结构表面作为后期结构的模板，以保证接触面两边紧密接触又可相互自由沉降。组合式桥台的后座基底标高，应低于拱脚截面底缘标高，这是考虑水平力向后传递时将向下扩散。

组合式桥台应注意桩基周围地基沉降引起的负摩阻力。施工时应控制填土速度。

拱的推力和竖向力分项系数需视产生该推力和竖向力的永久作用和可变作用的分项系数而定。

7 涵洞

7.0.1 涵洞的泄水能力与其工作状态有关。涵洞工作状态可分为以下三种：

1 无压力状态——涵洞水流通过涵洞全长时，水面不接触涵洞顶面，且进水口与宽顶堰的作用相同，涵洞处于无压力状态。

2 半压力状态——涵洞进水口被淹没，洞内流水不接触洞顶，出口不被淹没时，涵洞处于半压力状态。

3 压力状态——涵洞进、出口都被水淹没，涵前水深在1.2倍涵洞的净高以上，水流在压力下通过涵洞时，涵洞处于压力状态。

压力式涵洞必须保证涵身不漏水，不能让水渗入路基，影响路基强度和稳定性，同时由于流速较大，必须加深涵洞基础和加强涵底铺砌的工程，来保证进出口、基底和其附近路基、农田不致被冲毁，所以，一般在确保提高排洪能力的情况下，才可采用压力式涵洞。半压力式涵洞因水位起落变化引起水流不稳定，因此在公路上也不常用。《JTG D60规范》规定涵洞宜采用无压力式涵洞。

洞口建筑包括进水口和出水口两部分。洞口形式与涵洞的宣泄能力和基底铺砌类型的选用有密切关系。所以，洞口型式必须满足水流顺畅，保证附近路基的稳定。洞口建筑类型有八字式、端墙式、锥坡式、直墙式、扭坡式、平头式、走廊式及流线型等，其中常用的有八字式、端墙式、锥坡式、走廊式和平头式。

本条对于涵洞内径和净高的规定，系考虑涵洞便于养护、清理。

7.0.2 涵洞设置沉降缝在于适应基底受力不均而引起的基础不均匀沉降，所以，除设置在岩石地基上的涵洞或圆管涵，可以不设沉降缝外，在土质地基上的涵洞或圆管涵，应每隔适当长度在整个涵长(包括基础)上设置沉降缝，以确保涵洞安全。一般沿涵身每隔4～6m左右设一道沉降缝。圆管涵的管节预制长度通常根据施工预制安装及沉降缝的设置而定。

涵洞地基土发生变化和基础填挖交界处，以及采用填石抬高基础处理的涵洞的地基，都应视实际情况设置沉降缝。

沉降缝缝隙间填塞浸涂沥青的木板或浸以沥青的麻絮，沉降缝周围应设置厚约200mm、顶宽约200mm的黏土保护层。

压力式涵洞和圆管涵或倒虹吸管涵洞的沉降缝，除了按上述对沉降缝的处理外，还要设置防水层。设置防水层的常用方法是用热沥青敷包两层油毡于管外壁，或沿全管外敷200mm厚的掺入麻刀的塑性黏土；还有在缝隙背面用防水水泥砂浆涂抹后，再在涵洞顶面及涵台外侧填筑约150mm厚的胶泥防水层等做法。

7.0.3 涵洞出入口附近沟床应予铺砌。对于无明显沟槽的河沟，其出口铺砌的平面形式，1964年12月铁道部铁道科学研究院曾作了模型试验，其结果是：下游最大局部冲刷深度，当采用矩形时为523.72m；水流扩散角20°的等腰三角形时为3.15m；水流扩散角30°的等腰三角形时为3.05m。从上面看当水流扩散角20°和30°时，下游局部冲刷深度无显著差别，而铺砌工程量后者增大不少，故铁路规范自1975年以来一直规定为采用扩散角为20°的等腰三角形铺砌。

7.0.4 为了保证涵洞的稳定及减小管壁受急流冲刷，本条对涵洞洞底纵坡作了规定。当纵坡太大时，应将基础分段做成阶梯形，以保证基础的稳定。

7.0.5 涵洞顶上及两侧填土，必须分层夯实，主要考虑：

1 避免填土不均匀沉降而破坏路面。

2 《JTG D60规范》规定，涵洞竖向土压力采用土柱自重力。对于上埋式涵洞，涵顶除承受土柱重力外，还承受因涵顶填土与涵侧填土的沉降差而产生的向下的摩擦力[图7-1b)]。由于涵洞仅计算土柱自重力，因此，涵洞顶部及两侧填土均应分层夯实，特别是洞身两侧填土的夯实尤为重要。如洞身两侧填土沉降大于洞顶填土的沉降，势必增加对洞顶的附加压力。

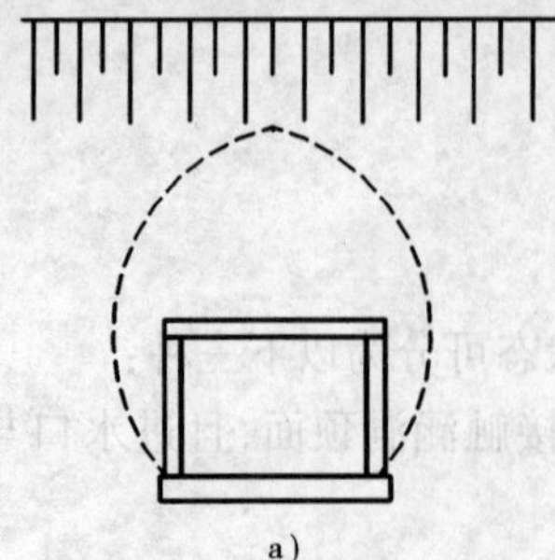
a)

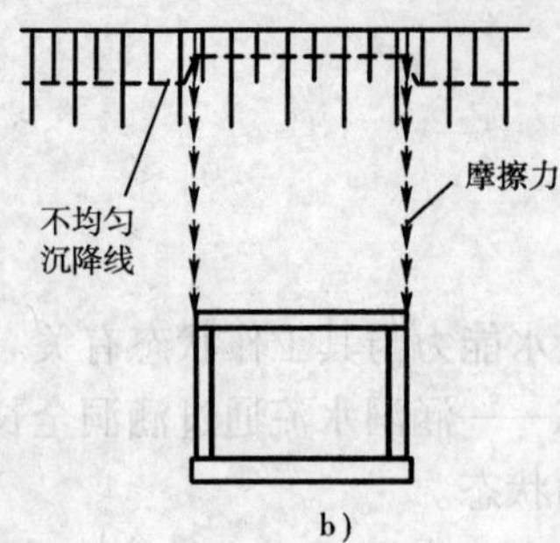

b)

图 7-1　涵洞顶上竖向压力

a）密实土的自然拱；b）由于填土不均匀沉降而产生的摩擦力

有一种看法认为：涵洞顶上填土竖向压力，可按填土内形成的自然拱（卸载拱）来确定[图 7-1a)]。竖向压力随着填土高度的增加而增加，并最后达到一个定值（自然拱起作用），其值不超过涵顶土柱重力。土中自然拱，仅在路基完成若干年以后和填土密实的情况下才能形成，在已建路基内用顶管法或坑道法施工即是一例。这项有利因素不能考虑。

7.0.6　涵洞的承载力计算，可参照本规范第 5.1.4 条关于拱桥计算的规定，由于涵洞系实腹拱、跨径小、长度大，可仅作拱的截面强度验算，而不作拱的整体“强度—稳定”验算。

拱涵一般采用陡拱（矢跨比≥1/4）为宜，因为拱涵顶填土较拱桥为厚，采用平拱会因推力相对较大，而使地基承压力加大和涵台圬工数量增加。另外，涵洞拱圈跨径小（<5m）时，厚度相对较大，如用平拱，其弹性压缩、混凝土收缩和温度变化影响力均较大，易引起拱圈开裂。就涵洞的构造而言，一般拱顶距路基边缘标高尚有相当的空间，采用陡拱也是合理的。

原规范第 6.0.6 条第三款规定计算拱涵内力时可不考虑曲率、剪切变形、弹性压缩对内力影响，也不计混凝土收缩和温度变化效应。弹性压缩对跨径小但厚度又较大的拱涵而言，影响较大，不能忽略，而现在的圆弧拱计算表，已计入弹性压缩引起的效应；至于混凝土收缩和温度变化，原规范第 6.0.6 条第三款规定可不考虑，本规范仍予沿用。但在第 7.0.5 条内对现浇混凝土的浇筑提出减少成拱后的混凝土收缩的要求。

涵台压力在基础内的分布及地基的承压力图式，可参阅本规范第 6.1.6 条说明。涵洞的跨径较小（<5m），基础高度相对较大，加之涵洞以均匀对称的恒载为主，因此，可以认为整体式涵洞基础是刚性的整体，地基沉降比较均匀，地基承压力近似平均分布。

附录 A

石材强度等级系数参照《砌体结构设计规范》(GB 50003—2001)制定，石材砌体分类沿用原规范制定。

附录 B

拱桥的预拱度的计算与设置,参照原规范、《公路设计手册—拱桥》(1978)和 1983 年 8 月《少箱薄壁多段施工的大跨径钢筋混凝土拱桥设计中的几个问题》(交通部公路科学研究所)制定。

JTJ

中华人民共和国交通部部标准 JTJ 025—86

公路桥涵钢结构及木结构设计规范

Specifications for Design of Steel Structure
and Timber Structure Highway Bridges and Culverts

6

1986-09-10 发布 1987-01-01 实施

中华人民共和国交通部发布

中华人民共和国交通部公告

（86）交公路字 690 号

关于发布《公路桥涵钢结构及木结构设计规范》的通知

（不另行文）

兹批准《公路桥涵钢结构及木结构设计规范》，编号为 JTJ 025—86，作为交通部部颁标准，自一九八七年一月一日起实行。原交通部一九七四年发布的《公路桥涵设计规范（试行）》中第五章钢结构和第六章木结构同时废止。

该规范的解释工作，由我部公路规划设计院负责。希各有关单位在实践中注意积累资料，不断总结经验，将发现的问题和修改意见，函告我部公路规划设计院，以便修订时参考。

交通部

一九八六年九月十日

6

修 订 说 明

本规范系在1974年颁发的《公路桥涵设计规范》第五章——钢结构和第六章——木结构的基础上修订而成。

修订的主要内容有:钢结构部分,增列了3号碳素钢品种;增加了高强度螺栓的品种,修改了高强度螺栓连接的摩擦系数;补充了构件焊缝形式和连接形式;在吊桥设计中增添了一些基本要求;取消了钢拱桥、曲弦桁架桥和斜缆式悬索桥的条文。木结构部分,根据1981年国家计委、国家经委、国家建委和物资总局物木字15号文"除抢险急修的临时性便道外禁止修建木桥"的指示精神,删去了原规范中永久性和半永久性木桥的全部条文,只保留与临时性木结构相关的内容;在选材标准和容许应力方面也都作了适当放宽,以提高木材的利用率;取消了键结合,对螺栓连接、钉连接和齿连接作了修改。此外,本规范还采用了中华人民共和国法定计量单位。

本规范钢结构部分第一、二节由曾宪武执笔编写,第三、四节由郑绍珪执笔编写,第五节由苏善根执笔编写。木结构部分由王婉华(林业部牙克石林业设计院)、杨高中执笔编写。

目　录

符号

钢结构部分

内　外　力

M——构件截面的计算弯矩；

M_0——简支梁跨中最大弯矩；

N——构件截面的计算轴向力；

N_a——桁架弦杆内力；

N_d——联结系斜杆内力；

N_b——联结系横杆内力；

N_{d1}、N_{d2}——联结系横杆左、右侧斜杆内力；

N_l——高强度螺栓的容许承载力；

N'_l——高强度螺栓的剩余承载力；

P——高强度螺栓的预拉力；

Z——高强度螺栓沿轴向由外力引起的附加拉力；

V——施于吊桥塔顶的竖向压力；

Q——构件截面的计算剪力、缀板剪力或作用于联合梁的剪力；

Q_b——作用于一组缀板上的剪力；

T——联合梁中钢梁与钢筋混凝土板之间单位长度上水平剪力；

F——辊轴的摩阻力。

应　　力

$[\sigma]$——钢材轴向容许应力或对接焊缝抗拉容许应力；

$[\sigma_w]$——钢材弯曲容许应力；

σ——构件按净截面计算的法向应力、对接焊缝计算的法向应力或钢索的附加弯曲应力；

$[\sigma_n]$——疲劳容许应力；

σ_{w1}、σ_{w2}——两个相互垂直平面上由弯矩产生的较小及较大应力；

$\overline{\sigma}$——由活载产生的桁架下弦平均应力；

σ_{ob}——横梁按竖向荷载和毛截面积计算的最大纤维应力；

$[\tau]$——钢材容许剪应力或角焊缝的容许应力；

τ_{max}——验算截面最大剪应力；

τ——构件截面或对接焊缝的计算剪应力、板梁腹板的平均剪应力；

τ_x——斜角焊缝或不焊透的对接焊缝垂直于焊缝长度方向的剪应力；

τ_y——斜角焊缝或不焊透的对接焊缝沿焊缝长度方向的剪应力；

R_a^b——混凝土轴心抗压标准强度；

E——钢材的弹性模量；

E_1——在联合梁中考虑混凝土徐变影响时的有效弹性模量；

E_c——吊桥主索的弹性模量；

G——钢材的剪切模量。

几 何 特 征

L——桥梁的计算跨径；

L_1——梁的悬臂长度；

l——桥门架楣梁斜撑下端节点中心至桁架下弦杆节点中心的距离；

l_1——桁架腹杆相交点至节点的长度或相邻缀板中心到中心的距离；

l_2——联结系系统线与节点板连在主桁杆件的固着线交点的距离；

l_0——主桁各杆件的几何长度、桥门架支腿的反弯点至桁架下弦杆节点的距离或杆件的自由长度；

A——构件的计算截面积或组合构件被接合的肢的总截面积；

A_j——构件的净截面积；

A_m——构件的毛截面积；

A_a——桁架弦杆的毛截面积；

A_d——联结系斜杆的毛截面积；

A_b——联结系横杆的毛截面积；

A_{0b}——横梁的毛截面积；

I——弦杆（或翼缘）对竖轴的毛截面惯性矩或联合梁惯性矩；

I_m——毛截面惯性矩；

I_c——板梁加劲肋对垂直于它的轴线的惯性矩；

I_b——横梁截面对主轴的惯性矩；

W、W_x、W_y——构件计算截面对主轴的抵抗矩；

W_m——毛截面抵抗矩；

W_j——净截面抵抗矩；

S_m——中性轴以上的毛截面对中性轴的面积矩；

S——联合梁中，钢筋混凝土板对联合截面重心轴的面积矩、相邻两梁轴线间的距离、缀板连接铆钉间或焊缝间的距离或不焊透对接焊缝坡口根部至焊缝表面的最短距离；

λ——构件的长细比；

λ_y——由两个肢组成的组合构件在缀板平面内的长细比；

λ_1——单个肢对其形心轴的长细比；

λ_e——换算长细比；

r——回转半径或支座辊轴半径；

r_x、r_y——构件对 x—x 轴及 y—y 轴的回转半径；

h——腹板全高或加劲肋（或竖杆）的高度；

h_0——板梁腹板计算高度；

h_f——角焊缝的焊脚尺寸；

h_e——焊缝的有效厚度；

B——两主梁（或主桁）间的中距；

a——板梁（或桁架）、联结系、竖向加劲肋节间长度；

b——组合式受压构件单板或板束的宽度、被缀板连接的两肢形心轴间的距离、联合梁中钢筋混凝土桥面板的计算宽度；

c——桥门架楣梁斜撑下端节点中心至桁架下弦杆节点中心的距离；

d——吊桥主索直径；

d_0——螺栓或铆钉的孔径；

t——焊件厚度、栓(或铆)合的钢板厚度或联合梁钢筋混凝土桥面板厚度；

δ——构件翼板或腹板厚度、半框架上节点由单位水平力作用产生的最大水平位移或吊桥主索中钢丝直径；

R——吊桥索鞍的弯曲半径；

θ——角焊缝两焊脚的夹角；

α——不焊透对接焊缝的坡口角度或联结系斜杆与弦杆的交角；

Δ——平直下弦的简支桁架由活载引起的移动距离。

计算系数

μ——摩擦系数；

k——高强度螺栓连接安全系数、容许应力提高系数或计算混凝土徐变时弹性模量影响系数；

C——构件斜弯曲时容许应力增大系数或计算吊桥钢索弯曲应力时的系数；

C_τ——剪应力分布不均匀时容许剪应力增大系数；

ϕ_1——轴心受压构件纵向弯曲系数；

ϕ_2——构件只在一个主平面受弯时的纵向弯曲系数；

n——钢与混凝土的弹性模量比；

n_1——受压构件容许应力安全系数或计算徐变时混凝土有效弹性模量比；

β——缀板剪力的计算系数。

木结构部分

内外力

M——计算弯矩；

N——计算轴向力；

Q——计算剪力；

$[T]$——每一剪切面的承载力。

应力

$[\sigma_l]$、σ_l——顺纹容许拉应力和计算拉应力；

$[\sigma_a]$——顺纹受压或承压容许应力；

σ_a——计算应力；

$[\sigma_w]$、σ_w——顺纹容许弯应力和计算弯应力；

$[\sigma_{ah}]$、σ_{ah}——横纹承压容许应力和计算承压应力；

$[\sigma_{a\alpha}]$——斜纹承压容许应力；

$[\tau_j]$、τ_j——顺纹容许剪应力和计算剪应力；

E——木材的弹性模量。

几何特征

A_a——计算承压面积；

A_j——计算剪切面积；

A_{ji}——构件的净截面面积；

A_m——构件的毛截面面积；

A_0——验算稳定时的计算面积；

I_m——构件毛截面惯性矩；

S_m——构件毛截面面积矩；

r——截面的回转半径；

l——构件的长度；

l_0——构件的计算长度；

l_1——单肢杆件的计算长度；

l_j——剪切面的计算长度；

λ——构件的长细比；

λ_y——整个构件对 y—y 轴的长细比；

λ_1——单肢杆件对其重心轴的长细比；

b——计算截面中性轴处的截面宽度；

d——螺栓或钉的直径；

h——整个构件的截面高度；

h_1——构件单肢的计算高度；

α——作用力方向与木纹方向间的夹角。

计 算 系 数

k_c——计算组合受压构件的稳定时，考虑结合影响的松弛系数；

k_a——斜纹承压换算系数；

k_j——剪力不均匀分布系数；

k_s——螺栓或钉连接时承载力的计算系数；

φ——构件的纵向弯曲系数；

μ_f——长细比换算系数；

n_f——构件结合缝数目；

n_j——每 m 长度内，每条结合缝中连接物的计算剪力面数。

第一章　钢结构

第一节　总则

第 1.1.1 条　本章适用于一般的公路工程钢结构设计。对本规范未涉及的钢结构，可参照国家批准的专门规范或有关的先进技术资料进行设计。

第 1.1.2 条　采用本规范进行设计时，荷载按《公路桥涵设计通用规范》的规定执行。有关抗震的计算和规定，按《公路工程抗震设计规范》执行。

第 1.1.3 条　钢结构设计要与架设方案统筹考虑，应以经济合理、便于加工、方便运输安装和检查养护为准。

结构构件应尽量标准化，使同类构件能够互换。

第 1.1.4 条　钢结构一般采用工厂焊接（或铆接）构件，工地现场拼装（高强度螺栓连接）而成。

第 1.1.5 条　由汽车荷载（不计冲击力）所引起的竖向挠度，不应超过表 1.1.5 所列的容许值。用平板挂车或履带车验算时，容许竖向挠度可增加 20%。

如车辆荷载在一个桥跨范围内移动，因而产生正负两个方向的挠度时，计算挠度应为其正负挠度的最大绝对值之和。

对于临时或特殊结构，其竖向挠度容许值，可与有关部门协商确定。

表 1.1.5　竖向挠度容许值

桥梁结构形式	容许挠度值
简支或连续桁架	$\frac{1}{800}L$
简支或连续板梁	$\frac{1}{600}L$
梁的悬臂端部	$\frac{1}{300}L_1$
悬　索　桥	$\frac{1}{400}L$

表中：L——计算跨径；

L_1——悬臂长度。

第 1.1.6 条　桥跨结构应设置预拱度，其值等于结构重力和 1/2 静活载所产生的竖向挠度和；起拱应做成平顺曲线。如桥面在竖曲线上，预拱度应与竖曲线纵坡一致。

当结构重力和静活载产生的挠度不超过跨径的$\frac{1}{1600}$时，可不设预拱度。

第 1.1.7 条　设计钢梁时，应分析施工吊装和调整支座等受力状态；起顶设施及结构本身都应按起顶重力增加 30% 验算。

第二节　一般规定

（Ⅰ）材　　料

第 1.2.1 条　钢桥所用的主要钢材为：

一、主体结构　符合国标（GB）1591—79 要求的 16 锰（16Mn）钢或其他适用于桥梁结构的普通低合金钢。

符合国标（GB）700—79 要求的 3 号（A3）钢或其他适用于桥梁结构的普通碳素结构钢。

二、铸件　符合国际(GB)979—67 要求且不小于铸钢—25II(ZG25II)的碳素钢。

三、铰、销子　符合国标(GB)699—65 要求的 45 号优质碳素钢(45 号钢)或适用于桥梁的铰和销子的其他钢种。

四、辊轴　符合一机部部标要求的 35 号锻钢或其他锻钢。

五、吊桥的钢索　符合国标(GB)1102—74 要求的 7×19 钢丝绳或适用于吊桥的平行钢丝索。

第 1.2.2 条　用以制造高强度螺栓、粗制螺栓和铆钉的主要钢材为:

一、高强度螺栓　符合冶标(YB)6—71 要求的 40 硼(40B)钢和符合国标(GB)3077—82 要求的 20 锰钛硼(20MnTiB)钢。40 硼钢热处理后,材料机械性能应符合国标(GB)1231—76 钢结构用高强度大六角头螺栓技术条件。20MnTiB 钢应符合冷镦生产工艺要求。螺母、垫圈采用符合国标(GB)699—65 要求的 45 号优质碳素钢。

二、粗制螺栓　符合国标(GB)700—79 要求的 3 号(A3)钢。

三、铆钉　符合国标(GB)715—65 要求的铆螺 2 号(ML2)钢。

第 1.2.3 条　用以焊接的材料为:

一、自动或半自动焊　应采用符合国标(GB)1300—77 要求的焊接用钢丝,选用的焊丝和焊剂应与主体金属强度相适应。

二、手工焊接用的焊条　应采用符合国标(GB)981—76 要求的低碳钢及低合金高强度钢焊条,且选择的焊条型号应与主体金属相适应。

当不同强度的钢材连接时,宜采用与低强度钢材相适应的焊接材料。

第 1.2.4 条　钢材的弹性模量规定如下:

弹性模量 E　2.1×10^5MPa

剪切模量 G　0.81×10^5MPa

悬索桥的钢丝绳弹性模量,当缺乏试验资料时,可取 1.6×10^5MPa。

(II)材料的容许应力及其提高系数

第 1.2.5 条　钢材的容许应力规定如表 1.2.5。

第 1.2.6 条　高强度螺栓的容许承载力 N_L 按下式计算:

$$N_L=\frac{P\cdot\mu\cdot n}{k} \tag{1.2.6-1}$$

表 1.2.5　钢材的容许应力(MPa)

应力种类	钢号						
	A3	16Mn	ZG25II	ZG35II	ZG45II	45 号钢	35 号锻钢
轴向应力[σ]	140	200	130	150	170	210	—
弯曲应力[σ_w]	145	210	135	155	180	220	220
剪应力[τ]	85	120	80	90	100	125	110
端部承压应力(磨光顶紧)	210	300	—	—	—	—	—
紧密接触的承压应力(接触圆弧中心角为 2×45°)	70	100	65	75	85	105	105
自由接触的承压应力	5.5	8.0	5.0	6.0	7.0	8.5	8.5
节点销子的孔壁承压应力	210	300	195	225	255	—	180
节点销子的弯应力	240	340	—	—	—	360	—

注:(1)表列 16Mn 钢的容许应力与屈服点 340MPa 对应;如按国标(GB)1591—79 的规定,由于厚度影响,屈服点有变动时,各类容许应力可按屈服点的比例予以调整。

(2)验算紧密接触和自由接触的承压应力时,其面积取枢轴或辊轴的直径及其长度的乘积。其容许承压应力取两接触钢材中强度较低者。

(3)节点销子的孔壁容许承压应力系指被连接件钢材的孔壁承压应力;节点销子的容许弯应力仅适用于被连接构件之间只有极小缝隙的情况。

式中 P—— 高强度螺栓的预拉力,按表 1.2.6-1 采用;

μ—— 摩擦系数,按表 1.2.6-2 采用;

n—— 传力摩擦面数目;

k—— 安全系数,采用 1.70。

表 1.2.6-1　高强度螺栓的预拉力(kN)

直　径	M20	M22	M24
预拉力	155	190	225

高强度螺栓沿轴向有由外力引起的附加拉力 Z 时,Z 不应大于 $0.6P$,此时,螺栓的剩余承载力 N'_L 按下式计算:

表 1.2.6-2　摩 擦 系 数 μ 值

在连接处杆件接触面的处理方法	杆件的钢号	
	A3 钢	16Mn 钢
喷砂	0.45	0.55
喷砂后涂无机富锌漆	0.35	0.40
轧制表面、钢丝刷清理浮锈(或未经处理,但轧制表面干净)	0.30	0.35

$$N'_L = N_L \frac{P - 1.4Z}{P} \tag{1.2.6-2}$$

第 1.2.7 条　粗制螺栓、铆钉容许应力规定如表 1.2.7。

表 1.2.7　粗制螺栓、铆钉容许应力(MPa)

类　别	应力种类		
	剪应力	承压应力	拉应力
粗制螺栓	80	170	110
工厂铆钉	110	280	90
工地铆钉	100	250	80

注:平头铆钉的容许应力应降低 20%。

第 1.2.8 条　承受拉力的焊缝容许应力与基本钢材的容许应力相同。承受剪力的焊缝容许应力与基本钢材的容许剪应力相同。

第 1.2.9 条　悬索桥钢索的容许拉力采用钢索破断拉力的 30%。钢索破断拉力采用钢丝极限强度的 0.85 倍。

钢索锚固可用锌铝合金做灌注套筒的材料,其合金成分和容许应力规定如表 1.2.9。

表 1.2.9　灌注套筒的合金成分和容许应力

合金代号	成分			灌注温度(℃)	容许应力(MPa)	
	锌	铝	铜		承压应力	黏着应力
Zn93-A16-Cuj	93	6	1	450	24	18

第 1.2.10 条　容许应力的提高系数

验算结构在各种荷载作用下的强度和稳定性时,基本钢材和各种连接件的容许应力应乘以表 1.2.10 的提高系数 k。

表 1.2.10　容许应力的提高系数

构造物性质	荷载组合	k
永久性结构	组合 I	1.0
	组合 II、III、IV	1.25
	组合 V	1.30~1.40
临时性结构	组合 I	1.30
	组合 II、III、IV、V	1.40

注:节点销子的容许弯应力在任何荷载作用下,均不得提高。

(Ⅲ)横向刚度与抗倾覆稳定系数

第1.2.11条 桥梁结构应具有必要的横向刚度,在一般情况下,跨长不宜超过主桁(主梁)中距的20倍。

第1.2.12条 桥跨结构在施工架设时期应保证横向和纵向的倾覆稳定性。稳定系数应不小于1.3。

(Ⅳ)结构内力计算原则和构件的基本计算公式

第1.2.13条 结构构件的内力按弹性受力阶段确定。变形按构件的毛截面计算,不考虑钉(栓)孔削弱的影响。

第1.2.14条 为简化计算,可将桥跨结构划分为若干个平面系统分别计算,但应考虑各个平面系统的共同作用和相互影响。

第1.2.15条 结构构件的强度应按表1.2.15的公式计算。

第1.2.16条 结构构件的总稳定性按表1.2.16-1的公式计算。

第1.2.17条 凡承受动应力的结构构件或连接件,应进行疲劳验算。构件的疲劳强度按表1.2.17-1中的公式进行计算。

验算疲劳强度时,可根据桥梁实际行车情况,选用实际经常发生的荷载组合中的车辆荷载进行计算。

对只承受压力的构件和临时性结构物的构件,可不验算疲劳强度。

以压为主兼受拉力的构件,在验算疲劳强度的同时,还应验算构件的总稳定性。

表1.2.15 强度计算公式

计算应力的种类	构件受力	计算公式	公式编号
法向应力	轴心受拉	$\frac{N}{A} \leqslant [\sigma]$	(1.2.15-1)
	在一个主平面内受弯曲	$\frac{M}{W} \leqslant [\sigma_w]$	(1.2.15-2)
	受压(或受拉)并在一个主平面内受弯曲或与此相当的偏心受压及偏心受拉	$\frac{N}{A} \pm \frac{M}{W} \leqslant [\sigma]$或$[\sigma_w]$	(1.2.15-3)
	受斜弯曲	$\frac{M_x}{W_x} + \frac{M_y}{W_y} \leqslant C[\sigma_w]$	(1.2.15-4)
	受压(或受拉)并受斜弯曲或与此相当的偏心受压及偏心受拉	$\frac{N}{A} \pm \left(\frac{M_x}{W_x} + \frac{M_y}{W_y}\right)\frac{1}{C} \leqslant$ $[\sigma]$或$[\sigma_w]$	(1.2.15-5)
剪应力	受弯曲	$\tau_{max} = \frac{QS_m}{I_m \delta} \leqslant C_\tau [\tau]$	(1.2.15-6)
换算应力	受弯曲 受压(或受拉)并受弯曲	$\sqrt{\sigma^2 + 3\tau^2} \leqslant 1.1[\sigma]$或$1.1[\sigma_w]$	(1.2.15-7)

表中 N、M、Q——验算截面的计算轴向力、弯矩和剪力;

A——验算截面的计算面积,受拉构件为净截面积;受压构件为毛截面积;

W、W_x、W_y——验算截面处对主轴的计算截面抵抗矩,验算受拉翼缘为净截面抵抗矩;验算受压翼缘为毛截面抵抗矩;为简化计,均可按毛截面的重心轴计算;

S_m——中性轴以上的毛截面对中性轴的面积矩;

δ——验算截面处腹板厚度;

I_m——毛截面惯性矩；

σ——验算截面处按净截面计算的法向应力；

τ_{max}、τ——验算截面的最大剪应力和实际剪应力；

C——斜弯曲作用下容许应力增大系数

$$C = 1 + 0.3\frac{\sigma_{w_1}}{\sigma_{w_2}} \leqslant 1.15$$

σ_{w_1}、σ_{w_2}——为验算截面上由于作用在两相互垂直平面的弯矩所产生的较小和较大的应力；

C_τ——剪应力分布不均匀时容许应力增大系数；

当$\frac{\tau_{max}}{\tau_0} \leqslant 1.25$，$C_\tau = 1.0$；

当$\frac{\tau_{max}}{\tau_0} \geqslant 1.50$，$C_\tau = 1.25$；

当$1.25 < \frac{\tau_{max}}{\tau_0} < 1.50$时，$C_\tau$按直线比例计算；

$$\tau_0 = \frac{Q}{h\delta}$$

h——腹板全高。

注：兼受轴向力和弯曲作用时的容许法向应力，如$\frac{N}{A} \geqslant \frac{M}{W}$，则采用$[\sigma]$；如$\frac{N}{A} < \frac{M}{W}$，则采用$[\sigma_w]$。

表 1.2.16-1 总稳定性计算公式

计算应力种类	构件受力情况	计算公式	公式编号
法向应力	轴心受压	$\frac{N}{A_m} \leqslant \phi_1[\sigma]$	(1.2.16-1)
	在一个主平面内受弯曲	$\frac{M}{W_m} \leqslant \phi_2[\sigma]$	(1.2.16-2)
	受压并在一个主平面内受弯曲或与此相当的偏心受压	$\frac{N}{A_m} + \frac{\phi_1}{\mu\phi_2} \cdot \frac{M}{W_m} \leqslant \phi_1[\sigma]$	(1.2.16-3)

表中 N——计算轴向力；

M——构件中部1/3长度范围内最大计算弯矩；

A_m——毛截面积；

W_m——毛截面抵抗矩；

ϕ_1——轴心受压构件的纵向弯曲系数，根据钢种、截面形状及弯曲方向等按表1.2.16-2采用；

ϕ_2——构件只在一个主平面受弯时的纵向弯曲系数(若是压弯杆，可按$N=0$的情况来确定ϕ_2)，在不作进一步分析时，可按式(1.2.16-4)计算构件的换算长细比λ_e，并按λ_e由表1.2.16-2查得相应的ϕ_1以替代ϕ_2；

$$\lambda_e = \alpha \cdot \frac{L_0}{h} \cdot \frac{r_x}{r_y} \quad (1.2.16\text{-}4)$$

α——系数，焊接构件取1.8；铆接构件取2.0；

L_0——构件对y—y轴的自由长度；

r_x、r_y——构件截面对x—x轴(强轴)和y—y轴(弱轴)的回转半径(见图1.2.16)；

h——见图1.2.16。

对于下列情况，取$\phi_2 = 1$：

(1)箱形截面构件；

(2)任何截面构件，当所验算的失稳平面和弯矩作用平面一致时；

μ——考虑弯矩因构件受压而增大所引用的值；

当$\frac{N}{A_m} \leqslant 0.15\phi_1[\sigma]$时，取$\mu = 1.0$；

当$\frac{N}{A_m} > 0.15\phi_1[\sigma]$时，取$\mu = \left(1 - \frac{n_1 N\lambda^2}{\pi^2 E A_m}\right)m$；

λ——构件在弯矩作用平面内的长细比；

E——弹性模量；

n_1——受压杆容许应力安全系数，在荷载组合Ⅰ时取1.7；在荷载组合Ⅱ~Ⅳ时取1.4；

m——当弯矩由荷载组合Ⅰ产生时取1.0；在荷载组合Ⅱ~Ⅳ时取1.4。

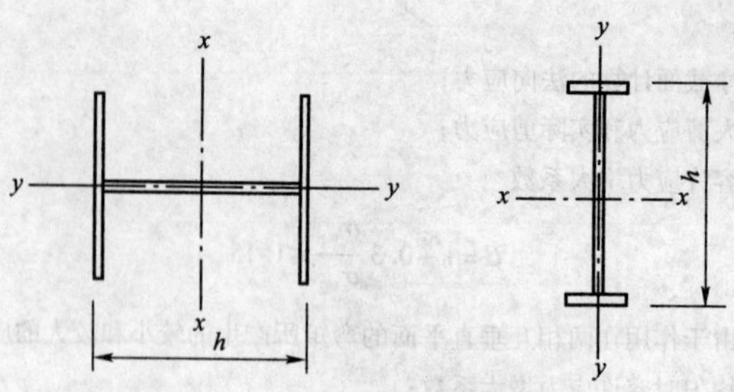

图 1.2.16　H 形和 I 形构件简图

表 1.2.16-2　轴心受压构件的纵向弯曲系数

焊接 H 形(验算翼板平面内总稳定性)及焊接 T 形构件			焊接 H 形(验算腹板平面内总稳定性)、焊接箱形及铆接构件		
λ	ϕ_1		λ	ϕ_1	
	A3	16Mn		A3	16Mn
0~30	0.900	0.807	0~30	0.900	0.900
40	0.877	0.841	40	0.900	0.877
50	0.828	0.775	50	0.867	0.826
60	0.772	0.705	60	0.824	0.766
70	0.713	0.630	70	0.773	0.695
80	0.651	0.547	80	0.715	0.616
90	0.583	0.483	90	0.651	0.529
100	0.521	0.426	100	0.581	0.450
110	0.469	0.376	110	0.510	0.391
120	0.422	0.330	120	0.446	0.333
130	0.380	0.288	130	0.396	0.291
140	0.341	0.248	140	0.347	0.258
150	0.305	0.222	150	0.308	0.227

注：λ——构件长细比。

表 1.2.17-1　疲劳强度计算公式

计算应力种类	构件受力情况	计算公式	公式编号
法向应力	轴向受力构件	$\frac{N}{A_j} \leqslant [\sigma_n]$	1.2.17-1
	在一个主平面受弯曲	$\frac{M}{W_j} \leqslant [\sigma_n]$	1.2.17-2
	受轴向力并在一个主平面受弯曲或受与此相当的偏心受拉或受压	$\frac{N}{A_j} + \frac{M}{W_j} \leqslant [\sigma_n]$	1.2.17-3

表中　N、M——计算轴向力、弯矩；

A_j——验算截面处的净面积；

W_j——验算截面对主轴的净截面抵抗矩；

$[\sigma_n]$——结构构件的疲劳容许应力，按表 1.2.17-2、表 1.2.17-3、表 1.2.17-4 采用。

表 1.2.17-2　各种构件或连接的疲劳容许应力$[\sigma_a]$

容许应力类别	疲劳容许应力(MPa)		连接类别
	最大应力(绝对值)为拉应力	最大应力(绝对值)为压应力	(序号见表 1.2.17-4)
A	$\frac{245}{1-0.6\rho}$ 但 $\leqslant [\sigma]$	$\frac{245}{0.6-\rho}$ 但 $\leqslant [\sigma]$	1
B	$\frac{190}{1-0.6\rho}$ 但 $\leqslant [\sigma]$	$\frac{190}{0.6-\rho}$ 但 $\leqslant [\sigma]$	3.1,5.1,5.2,5.3,6.1,6.2
C	$\frac{165}{1-0.6\rho}$ 但 $\leqslant [\sigma]$	$\frac{165}{0.6-\rho}$ 但 $\leqslant [\sigma]$	3.2
D	$\frac{145}{1-0.6\rho}$ 但 $\leqslant [\sigma]$	$\frac{145}{0.6\rho}$ 但 $\leqslant [\sigma]$	2,4,7.1,8.2.1,9,10.1,11.1
E	$\frac{110}{1-0.6\rho}$ 但 $\leqslant [\sigma]$	$\frac{110}{0.6-\rho}$ 但 $\leqslant [\sigma]$	7.2,8.1.1,8.2.2,10.2,11.2
F	$\frac{70}{1-0.6\rho}$ 但 $\leqslant [\sigma]$	$\frac{70}{0.6-\rho}$ 但 $\leqslant [\sigma]$	8.1.2,12

注：(1)$[\sigma]$——钢材的基本容许应力，见表 1.2.5；

(2)$\rho = \frac{|\sigma|_{min}}{|\sigma|_{max}}$(同号应力为正，反号应力为负)。

表 1.2.17-3　铆钉受剪及承压时的疲劳容许压力〔σ_n〕

疲劳容许应力(MPa)		连接类别
受剪	受压	
$\frac{110}{1-0.6\rho}$但≤〔τ〕	$\frac{280}{1-0.6\rho}$但≤〔σ〕	工厂或工地铆钉

注:表中〔τ〕及〔σ〕为铆钉的剪切及承压容许应力,见表1.2.7。

表 1.2.17-4　构件(或连接形式)容许压力类别表

类别	构件或连接形式及简图	加工、质量及其他要求	容许应力类别	检算部位
1	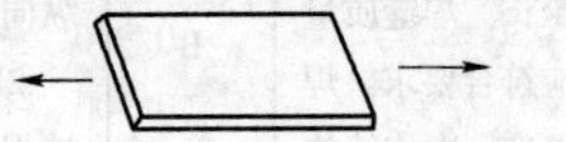 母材	原轧制表面,侧边刨边,不得在母材上引弧	A	非连接部位的母材
2	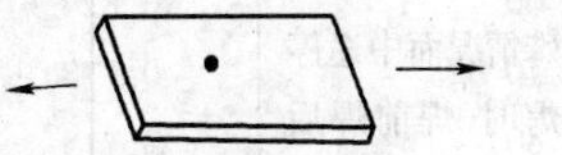 带孔母材	机械钻孔	D	弦杆泄水孔
3	高强度螺栓连接			
3.1	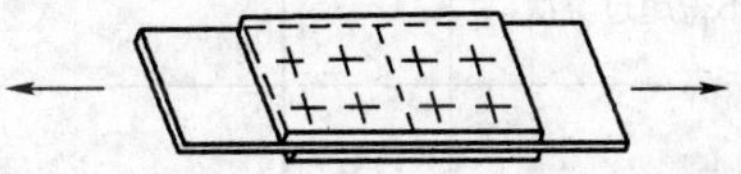		B	①全断面拼接的构件。 ②主桁构件中,不起拼接作用(杆件不断开)的高强度螺栓连接处
3.2	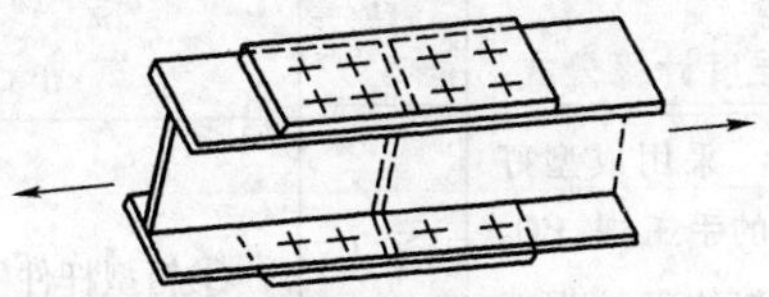		C	①非全断面拼接的构件(如H、口形杆件),仅在翼板拼接。 ②纵梁鱼形板连接处。 ③板梁(或纵梁)下翼缘和联结系的连接处
4	铆钉连接　简图同3.2		D	同3
5	横向对接焊缝	采用埋弧自动焊焊接。 焊缝加强处须受力方向磨平,焊趾处不留横向痕迹。 焊缝需经无损探伤检验,焊缝质量应符合要求。 横向对接焊缝应一次连续施焊完毕,同一位置连续补焊不得超过二次	B	桁梁构件及板梁中板材横向对接焊缝
5.1	等宽等厚钢板对接 			
5.2	等宽不等厚钢板对接 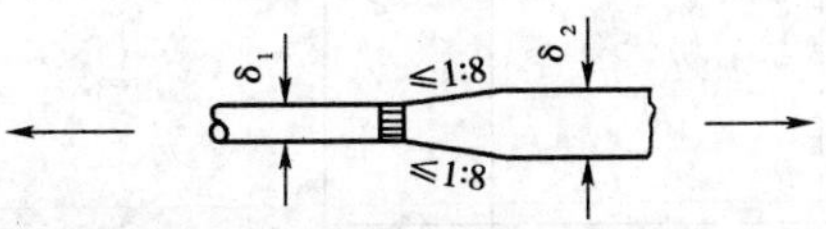 δ_1　≤1:8　δ_2　≤1:8			
5.3	等厚不等宽钢板对接 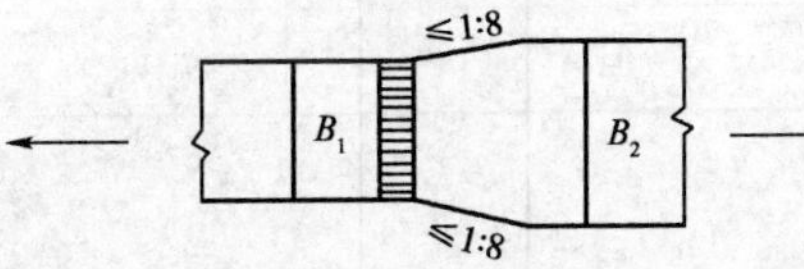 ≤1:8　B_1　B_2　≤1:8			

续上表

类别	构件或连接形式及简图	加工、质量及其他要求	容许应力类别	检算部位
6	纵向焊缝接头	采用埋弧自动焊接。 焊缝需经无损探伤检查，检查范围从杆端至工地孔外 1m。如发现超熔限缺陷，需检查焊缝全长。焊缝质量应符合要求。焊缝应一次连续施焊完毕，如遇特殊情况而中途停焊时，焊前焊后需进行处理，使之过渡匀顺。同一位置连续补焊不得超过三次	B	①H、口、T 形构件，板梁翼缘及纵向加劲肋等处的纵向角焊缝。 ②板梁中腹板及盖板的纵向对接焊缝
6.1	纵向对接焊缝			
6.2	纵向角接焊缝			
7	横向角接焊接头			
7.1	a 类	采用成型好的手工焊、CO_2 气体保护焊或半自动焊施焊；焊趾处不允许有咬肉。如不满足以上条件，可用砂轮顺受力方向打磨	D	①箱型杆件隔板处的横向连接角焊缝。 ②板梁腹板与竖向加劲肋的横向连接角焊缝
7.2	b 类	焊趾处有轻微咬肉，深度应小于 0.5mm	E	
8	十字形角接焊接头			
8.1	不熔透角接焊			
8.1.1	a 类	同 7.1	E	纵横肋横向连接角焊缝
8.1.2	b 类	同 7.2	F	
8.2	熔透角接焊			

续上表

类别		构件或连接形式及简图	加工、质量及其他要求	容许应力类别	检算部位
	8.2.1	a类	同7.1	D	
	8.2.2	b类	同7.2	E	
9		板梁竖加劲肋与股板连接焊缝端部 M 80~100mm		D	板梁竖加劲肋与腹板连接焊缝端部(为检算顺桥轴方向的主拉应力)
10		板梁焊接盖板端焊缝 M			板梁盖板焊缝端部或端焊缝焊趾处
	10.1	a类	盖板端部焊缝(包括端焊缝焊趾)应无咬肉,并用砂轮顺受力方向打磨,焊趾不留横向痕迹	D	
	10.2	b类	端部焊缝不加工	E	
11		$R\geqslant100$mm			板梁中腹板与水平结点板连接焊缝的端部
	11.1	a类	焊缝两端顺受力方向打磨,使之匀顺过渡	D	
	11.2	b类	焊缝端部不加工	E	
12				F	板梁中联结系杆件与结点板的搭接焊缝端部

(Ⅴ)杆件的自由长度、长细比与宽厚比

第1.2.18条 受压杆件的自由长度规定如表1.2.18。开口式主桁(或主梁)的受压弦杆(或翼缘)的自由长度的确定见附录一。

表 1.2.18 杆件的自由长度

杆件			弯曲平面 平面内	弯曲平面 平面外	附注
主桁	弦杆		l_0	l_0	l_0——主桁各杆件的几何长度(即杆端节点中距),如杆件全长被横向结构分割时,则为其较长的一段长度。 l_1——从相交点至杆端节点中较长的一段长度。 l_2——纵向(横向)联结系杆件轴线与节点板连在主桁杆件的固着线交点之间的距离
主桁	端斜杆、端立杆、连续梁中间支点处立柱或斜杆作为桥门架时		$0.9l_0$	l_0	
主桁	桁架的腹杆	无相交和无交叉	$0.8l_0$	l_0	
主桁	桁架的腹杆	与杆件相交或相交叉(不包括与拉杆相交叉)	l_1	l_0	
主桁	桁架的腹杆	与拉杆相交叉	l_1	$0.7l_0$	
纵向及横向联结系	无交叉		l_2	l_2	
纵向及横向联结系	与拉杆相交叉		l_1	$0.7l_2$	
纵向及横向联结系	与杆件相交或相交叉(不包括与拉杆相交叉)		l_1	l_2	

第 1.2.19 条 杆件容许最大长细比规定如表 1.2.19。

表 1.2.19 杆件容许最大长细比

杆件		长细比
主桁杆件	受压弦杆 受压或受压—拉腹杆	100
主桁杆件	仅受拉力的弦杆	130
主桁杆件	仅受拉力的腹杆	180
联结系杆件	纵向联结系、支点处横向联结系和制动联结系的受压或受压—拉杆件	130
联结系杆件	中间横向联结系的受压或受压—拉杆件	150
联结系杆件	各种联结系的受拉杆件	200

第 1.2.20 条 杆件的计算长细比 λ 规定如下:

一、整体截面的杆件以及由两个肢组成的组合杆件在垂直于缀板平面内弯曲时,等于自由长度 l_0 与相应的回转半径 r 之比,即

$$\lambda = \frac{l_0}{r}$$

二、由两个肢组成的组合杆件在缀板平面内弯曲时,其换算长细比 λ 按表 1.2.20 公式计算。

表 1.2.20 换算长细比 λ 的计算公式

杆件截面形式	换算长细比 λ
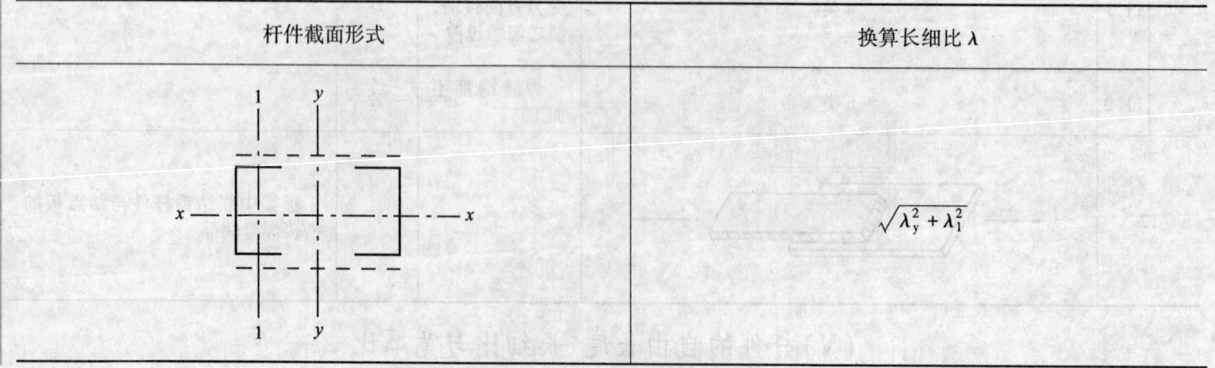	$\sqrt{\lambda_y^2 + \lambda_1^2}$

表中 λ_y——由两个肢组成的组合杆件在缀板平面内(即对 y 轴)的长细比;

λ_1——单个肢对 1-1 轴(形心轴)的长细比。肢的自由长度:当用铆接缀板时为最近铆钉间的距离;当用焊接缀板时为相邻缀板间的净距。

第 1.2.21 条　组合杆件的单肢长细比，在受压时不得大于 40，在其他情况下不得大于 50，均不宜于大于整个组合杆件的换算长细比。

第 1.2.22 条　组合式受压杆件中的单板或板束的宽度 b 与厚度 δ 之比规定如表 1.2.22。

表 1.2.22　组合压杆单板（或板束）的宽度 b 与厚度 δ 之比

<table>
<tr><th rowspan="2">序号</th><th rowspan="2" colspan="2">杆件类型及板束位置</th><th rowspan="2">杆件长细比</th><th colspan="2">b/δ</th></tr>
<tr><th>A3</th><th>16Mn</th></tr>
<tr><td rowspan="2">1</td><td rowspan="2">箱形杆</td><td rowspan="2">桁梁平面内</td><td>≤60</td><td>≤35</td><td>≤30</td></tr>
<tr><td>>60</td><td>0.6λ，但不大于 50</td><td>0.5λ，但不大于 45</td></tr>
<tr><td rowspan="2">2</td><td rowspan="2">箱形杆
H 形杆</td><td rowspan="2">垂直于桁梁平面</td><td>≤50</td><td>≤35</td><td>≤30</td></tr>
<tr><td>>50</td><td>0.6λ +5，但不大于 50</td><td>0.5λ +5，但不大于 45</td></tr>
<tr><td rowspan="4">3</td><td rowspan="4">H 形或 T 形
（伸出肢无镶边）</td><td>铆接杆</td><td></td><td>≤12</td><td>≤10</td></tr>
<tr><td rowspan="3">焊接杆</td><td>≤60</td><td>≤14</td><td>≤12</td></tr>
<tr><td rowspan="2">>60</td><td>0.15λ +5</td><td>0.2λ</td></tr>
<tr><td colspan="2">主要杆件不大于 18；次要杆件不大于 20</td></tr>
<tr><td rowspan="2">4</td><td rowspan="2">铆接杆角钢伸出肢</td><td>受轴向力的主要杆件</td><td></td><td colspan="2">≤12</td></tr>
<tr><td>支撑及次要杆件</td><td></td><td colspan="2">≤16</td></tr>
</table>

注：(1) b、δ 见图 1.2.22。

(2) 当压杆平均应力 σ 小于容许应力 $\phi_1[\sigma]$ 时，表中 b/δ 值除铆接杆无镶边的伸出肢及角钢的伸出肢外，可按规定放宽。其规定为：根据该杆件计算压应力与基本容许应力之比 ϕ 在表 1.2.16-2 中查出相应的 λ 值，再根据此 λ 值按本表算出该杆件容许的 b/δ 值。但在序号 1、2 两项中的构件不大于 50；在序号 3 项中，主要杆件不大于 20，次要杆件不大于 22。

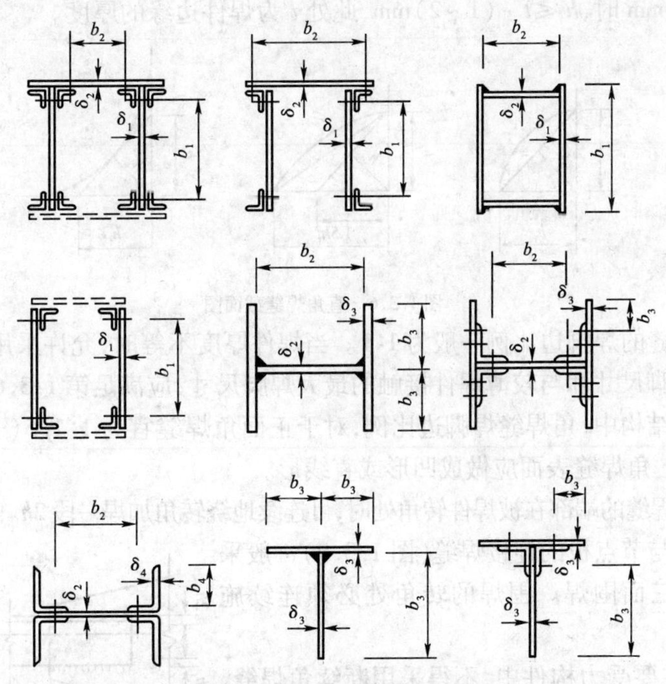

图 1.2.22　单板（或板束）位置简图

注：图中 b_1、δ_1；b_2、δ_2；b_3、δ_3；b_4、δ_4 分别表示表 1.2.22 中序号 1、2、3、4 项中的 b 及 δ。

第 1.2.23 条　主桁杆件的截面面积，钢料应主要地集中在平行于主桁平面的竖向翼板上，对于 H 形受压杆件其腹板厚度不宜小于：

铆接杆——0.4δ；

0.5δ（当 $\delta \geqslant 24$mm 时）；

焊接杆

0.6δ（当 $\delta < 24$mm 时）；

δ——翼板厚。

第三节　连接的构造与计算

（Ⅰ）焊　　接

第1.3.1条　在设计中不得任意加大焊缝，且应避免焊缝交叉、重叠和过分集中。焊缝的布置应尽量对称于杆件的重心线。

第1.3.2条　在承受动荷载的结构中，垂直于杆件受力方向的对接焊缝必须焊透，其厚度应不小于被焊件的最小厚度。这种焊缝宜双面施焊，且应进行机械加工。

第1.3.3条　在对接焊缝的拼接处，当焊件宽度不等或厚度相差4mm以上时，应分别在宽度方向或厚度方向将一侧或两侧做成坡度不大于1:4的斜角，当厚（或宽）差不超过4mm时，则可采用焊缝表面斜度来过渡。

第1.3.4条　不焊透的对接焊缝（见图1.3.11-2）必须在设计图中注明坡口尺寸和最小焊缝尺寸。不焊透对接焊缝的有效厚度 h_e 不得小于 $1.5\sqrt{t}$，t 为坡口所在焊件的较大厚度（单位mm）。

第1.3.5条　角焊缝两焊脚的夹角 θ 一般为90°。夹角 $\theta>120°$ 或 $\theta<60°$ 的斜角焊缝不宜用作受力焊缝。

第1.3.6条　角焊缝的焊脚尺寸 h_f（h_f 见图1.3.6）不得小于 $1.5\sqrt{t}$，此处 t 为较厚焊件厚度（单位mm）；同时也不得大于较薄焊件厚度的1.2倍。对于焊件边缘的角焊缝，其最大焊脚尺寸，当 $t \leqslant 6$mm 时，$h_f \leqslant t$；当 $t>6$mm 时，$h_f \leqslant t-(1\sim2)$mm，此处 t 为焊件边缘的厚度。

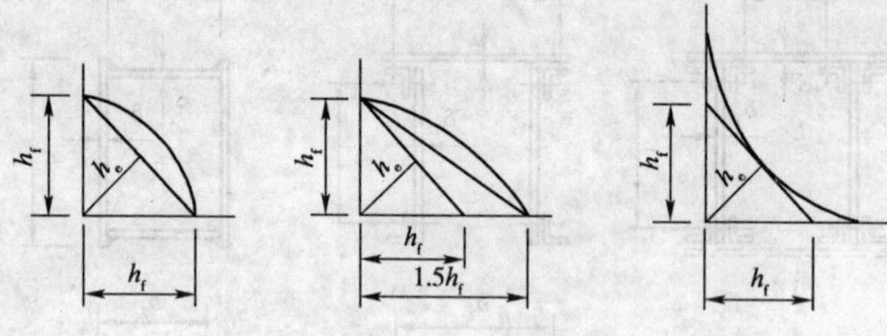

图1.3.6　直角焊缝截面图

第1.3.7条　角焊缝的焊脚边比例一般为1:1。当焊件厚度不等时，允许采用不等的焊脚尺寸，与较厚焊件接触的最小焊脚尺寸和与较薄焊件接触的最大焊脚尺寸，应满足第1.3.6条的要求。

在承受动荷载的结构中，角焊缝焊脚边比例，对于正面角焊缝宜为1:1.5（长边顺内力方向）；对于侧面角焊缝可为1:1。角焊缝表面应做成凹形或直线形。

第1.3.8条　当角焊缝的端部在被焊件转角处时，可连续地绕转角加焊一段 $2h_f$ 的长度〔见图1.3.9a)〕。

第1.3.9条　杆件与节点板的连接焊缝（图1.3.9）一般采用两面侧焊，也可用三面围焊。围焊的转角处必须连续施焊。

第1.3.10条　在主要受力构件中，不得采用断续角焊缝。在次要构件或次要焊缝连接中，如需采用断续角焊缝时，焊缝间的净距在受压构件中不应大于 $15t$ 或240mm；在受拉构件中不应大于 $24t$ 或360mm。t 为较薄被焊件的厚度。

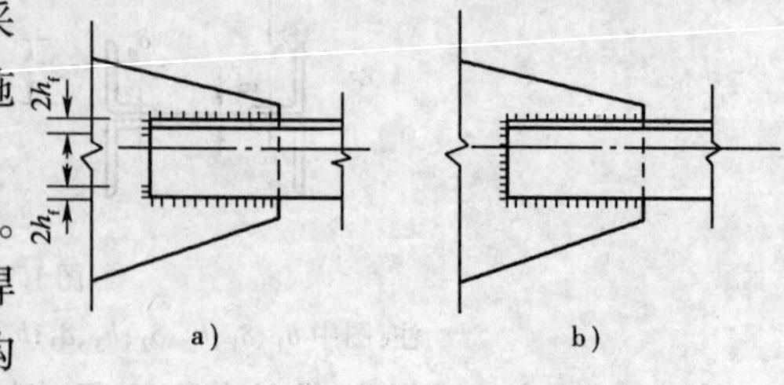

图1.3.9　杆件与节点板的焊接

a）两面侧焊；b）三面围焊

第1.3.11条　各种型式的焊缝其有效计算厚度 h_e，按下列规定采用：

一、T 形连接时，如竖板边缘加工有 K 形坡口（焊透），焊缝的有效厚度采用竖板的厚度。

二、直角焊缝的有效厚度 h_e 采用焊脚尺寸 h_f 的 0.7 倍（见图 1.3.6）。

三、斜角焊缝的有效厚度取为（见图 1.3.11-1）：

$$h_e = h_f \cos\frac{\theta}{2}\ (\theta \geqslant 60°\text{时})$$

四、不焊透的对接焊缝，其有效厚度取为（见图 1.3.11-2）：坡口角度 $\alpha \geqslant 60°$ 的 V 形坡口、U 形坡口、J 形坡口，$h_e = s$；坡口角度 $\alpha < 60°$ 的 V 形坡口，$h_e = s - 3\text{mm}$。此处 s 为坡口根部至焊缝表面（不考虑余高）的最短距离。

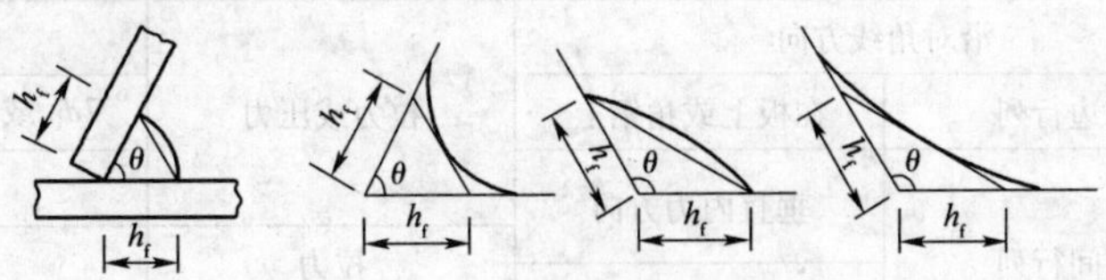

图 1.3.11-1　斜角焊缝截面图

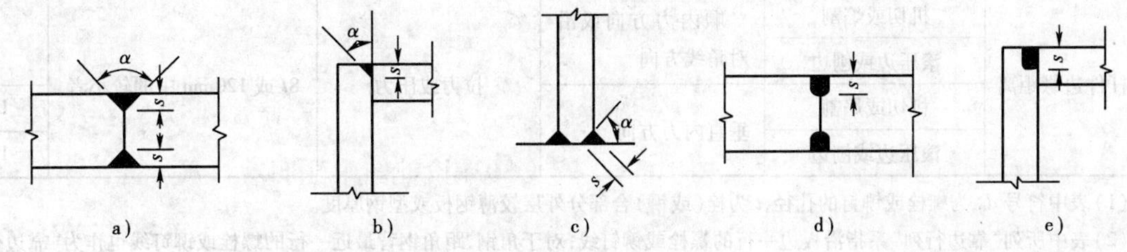

图 1.3.11-2　不焊透的对接焊缝截面图

a)、b)、c) V 形坡口；d) U 形坡口；e) J 形坡口

第 1.3.12 条　各种型式的焊缝，其计算的有效长度 l_w 按下列规定采用：

一、采用引弧板施焊的焊缝，其计算长度取焊缝的实际长度；未采用引弧板时，取实际长度减去 10mm。

二、侧面角焊缝的计算长度，当受动荷载时，不宜大于 $50h_f$；当受静荷载时，不宜大于 $60h_f$。如采用大于上述的数值时，其超过部分在计算中不予考虑。焊缝在全长范围内均传递内力（例如梁翼缘与腹板连接焊缝），则其计算长度不受此限。

三、侧面角焊缝或正面角焊缝的计算长度不得小于 $8h_f$。

四、当钢板端部仅有两侧角焊缝连接时，每条侧面角焊缝长度不宜小于相邻两侧面角焊缝之间的距离；同时两侧角焊缝之间的距离不宜大于 $16t$（$t > 12\text{mm}$）或 200mm（$t \leqslant 12\text{mm}$），t 为较薄焊件的厚度。

第 1.3.13 条　在端焊缝的搭接连接中，搭接长度不得小于焊件较薄厚度的 5 倍，并不得小于 25mm。

第 1.3.14 条　在对接连接和 T 形连接中，承受弯矩和剪力共同作用的对接焊缝（焊透），应分别计算其法向应力和剪应力。在同时受有较大法向应力和剪应力处，还应按下式计算换算应力：

$$\sqrt{\sigma^2 + 3\tau^2} \leqslant 1.1[\sigma] \tag{1.3.14}$$

式中　$[\sigma]$——对接焊缝的抗拉容许应力。

第 1.3.15 条　斜角焊缝和不焊透的对接焊缝，采用直角焊缝的计算方法。在垂直于焊缝长度方向应力 τ_x 和沿焊缝长度方向应力 τ_y 共同作用处，应按下式计算应力：

$$\sqrt{\tau_x^2 + \tau_y^2} \leqslant [\tau] \tag{1.3.15}$$

式中　$[\tau]$——角焊缝的容许应力。

注：不焊透的对接焊透的 V 形坡口，当 $\alpha < 60°$ 时，或熔合线处（焊缝与焊件表面接触处）焊缝截面边长等于最短距离 s 时，应计算熔合线处的剪应力。

（II）栓接和铆接

第 1.3.16 条　螺栓或铆钉连接的布置，应与构件的轴线对称，避免偏心。螺栓或铆钉的距离应符合

表 1.3.16 的规定。

第 1.3.17 条 位于主要构件上的螺栓或铆钉直径，应不大于角钢肢宽的 1/4。不得已时或在次要构件上，对于肢宽 75mm 的角钢可用直径 22mm 的螺栓或铆钉；对于肢宽 90mm 的角钢，可用直径 24mm 的螺栓或 25mm 的铆钉。

注：螺栓（或铆钉）孔的公称直径比螺栓（或铆钉）公称直径大 1.0 ~ 1.5mm。

表 1.3.16 螺栓和铆钉的容许距离

名称	位置和方向		杆力种类	容许距离	
				最大的	最小的
中心间距	沿对角线方向		拉力或压力	—	$3.5d_0$
中心间距	靠边行列	在板上或角钢上	拉力或压力	$7d_0$ 或 $16t$ 中的较小者	$3d_0$
中心间距	中间行列	垂直内力方向	拉力或压力	$24t$	$3d_0$
中心间距	中间行列	顺内力方向	拉力	$24t$	$3d_0$
中心间距	中间行列	顺内力方向	压力	$16t$	$3d_0$
中心至杆件边缘距离	机切或焰割	顺内力方向或沿对角线方向	拉力或压力	$8t$ 或 120mm 中的较小者	$2d_0$
中心至杆件边缘距离	滚压边或刨边	顺内力方向或沿对角线方向	拉力或压力	$8t$ 或 120mm 中的较小者	$2d_0$
中心至杆件边缘距离	机切或焰割	垂直内力方向	拉力或压力	$8t$ 或 120mm 中的较小者	$1.5d_0$
中心至杆件边缘距离	滚压边或刨边	垂直内力方向	拉力或压力	$8t$ 或 120mm 中的较小者	$1.3d_0$

注：(1) 表中符号 d_0 为螺栓或铆钉的孔径，t 为栓（或铆）合部分外层较薄钢板或型钢厚度。

(2) 表中所列“靠边行列”系指沿板边一行的螺栓或铆钉线；对于角钢，距角钢背最近一行的螺栓或铆钉线也作为“靠边行列”。

(3) 有角钢镶边的翼肢上交叉排列的螺栓或铆钉，其靠边行列最大中心间距可取 $14d_0$ 或 $32t$ 中较小者。

(4) 由两个角钢或两个槽钢中间夹以垫板（或垫圈）并用螺栓或铆钉连接组成的构件，顺内力方向的螺栓（或铆钉）之间的最大中距，对于受压或受压—拉构件规定为 $40r$，但不应大于 160mm；对于受拉构件规定为 $80r$，但不应大于 240mm。其中 r 为一个角钢或槽钢绕平行于垫板或垫圈所在平面轴线的回转半径。

第 1.3.18 条 铆钉最大铆合的厚度不宜大于钉孔直径的 4.5 倍。如用双铆钉枪、冲击式风顶或马蹄形铆钉机铆合时，则铆合的厚度可增至钉孔直径的 5.5 倍。超过上述厚度时，每加厚 2mm，铆钉数量增加 1%。

第 1.3.19 条 受力杆件在节点上连接的螺栓（或铆钉）或接头一边的螺栓（或铆钉），其最少数量规定如下：

一、一排螺栓时 2 个；一排铆钉时 3 个；

二、二排及二排以上螺栓（或铆钉）时，每排 2 个。

角钢在连接或接头处采用交叉布置的螺栓（或铆钉）时，第一个螺栓（或铆钉）应排在靠近边角钢背处。

第 1.3.20 条 螺栓（或铆钉）连接接头的栓（或钉）数量，对于主桁架杆件或板梁翼缘宜按与被连接杆件等强度的要求进行计算；对于联结系和次要受力杆件可按实际内力计算。并假定纵向力在栓（钉）群上是平均分布的。

受压杆件的螺栓或铆钉接头，可采用端部磨光顶紧的措施来传递内力，此时接头处的螺栓（或铆钉）及连接板的截面积，可按被连接杆件承载力的 50% 计算。

在同一接头中，允许螺栓或铆钉与焊缝同时采用，但不得按共同受力计算。

第 1.3.21 条 轴向受力构件的螺栓或铆钉连接接头，在下列情况下连接板上的栓（或钉）数量应按以下规定增大：

一、杆件的肢与节点板偏心连接，且这些肢在连接范围内无缀板相连或杆件的肢仅有一面有拼接板时，其栓（或钉）总数应增加 10%；

二、对于铆接杆件截面的个别部分不用连接板直接连接，其连接铆钉数应予增加，隔一层板增加 10%；隔两层或两层板以上时增加 20%；

三、当隔着填板连接时，连接铆钉数应增加 10%；但如填板在顺受力方向伸出连接范围之外有一排铆钉时，则连接板上的铆钉可不予增加。

(III)销　　接

第 1.3.22 条　在销接接头中，带销孔的受拉杆件其销孔各部尺寸应符合下列规定：

一、垂直受力方向销孔直径处的净截面积应比杆件计算所需的面积大 40%；

二、由销孔边至杆端的截面积应不小于杆件的计算截面积。

注：腹杆端部如用钢板加强时，在销孔中线每边连接钢板的铆钉数或焊缝长度，应与此项钢板的净截面积作等强度计算。

第 1.3.23 条　销接的接头作用力按被连接杆件的实际内力计算。节点销子应计算孔壁承压应力、销子剪应力和弯应力。当销的计算跨径大于直径的两倍时，承受弯曲的销子可按简支梁近似计算，并假定各集中力作用在与销相接触的各板条的轴线上。

第四节　行车系、联结系、缀板及支座的构造与计算

(I)行　车　系

第 1.4.1 条　为减小行车系受主桁架弦杆变形的影响，简支桁架纵梁宜设断缝和纵向活动支承，断缝的间距一般不大于 80m。

第 1.4.2 条　纵梁的跨中弯矩、剪力和反力，按跨径等于横梁中距的简支梁计算。用螺栓或铆钉连接的支点弯矩，当有鱼形板等能承受支点弯矩的结构或连续通过的翼缘时，可采用简支梁最大弯矩的 0.6 倍。

纵梁与横梁的连接，当不设承受支点弯矩的结构时，在连接于纵梁的竖角钢肢上的螺栓或铆钉，按支点反力增加 10% 计算；在连接于横梁的竖角钢肢上的螺栓或铆钉按支点反力增加 40% 计算。当设有能承受支点弯矩的结构时，则全部支点弯矩和纵梁纵向力由该结构承受，而连接纵、横梁腹板的竖角钢肢上的螺栓或铆钉按承受 1.1 倍的反力计算。

第 1.4.3 条　横梁按跨径等于主梁（或主桁）中距的简支梁计算。

横梁与主梁（或主桁）的连接，当不设承受支点弯距的结构时，连接于横梁的竖角钢肢上的螺栓或铆钉，按支点反力增加 10% 计算；连接于主梁（或主桁）的竖角钢肢上的螺栓或铆钉，按支点反力增加 20% 计算。当设有能承受支点弯矩的结构时，则全部弯矩由该结构承受，而连接横梁、主梁（或主桁）的竖角钢肢上的螺栓或铆钉按承受 1.1 倍的反力计算。

如横梁作为刚架（在开口式下承桥中为半框架）的一部分，则应按刚架（或半框架）计算支点弯矩。

如横梁兼作支承处横向联结系支杆，还应考虑其作为支杆所受的力。

第 1.4.4 条　在计算行车系的强度时，一般要考虑由于主桁弦杆或主梁翼缘的变形（包括结构重力在内的全部竖向荷载产生的）所引起的纵梁轴向力和横梁弯矩。同时，还应进行行车系与主桁或主梁不共同受力时的计算。

当为减小行车系的附加应力而设置纵梁断缝时，则在计算附加影响中主桁跨径取纵梁断缝的间距。如纵梁在部分结构重力已传至主桁或主梁后再安装时，仅考虑剩余结构重力和活载的作用。

计算行车系与主桁或主梁共同作用时，可不考虑各构件不在同一高度的偏心影响，并假定纵梁铰接于横梁，横梁固接于主桁或主梁。此时，横梁的最大边缘容许应力可提高至 $1.7C[\sigma]$。C 及 $[\sigma]$ 见第 1.2.15 条及第 1.2.5 条的规定。

(II)联　结　系

第 1.4.5 条　梁式上部构造应在其弦杆或翼缘的上下平面内设纵向联结系。但跨径较小的上承式梁桥，可不设下弦（或下翼缘）平面内的纵向联结系。钢梁与钢筋混凝土板组成的联合梁，如在安装时没有特殊需要，可不设行车系平面内的纵向联结系。

上承式桥梁应在两端及跨中设横向联结系，下承式桥梁应在两端设桥门架，跨间设门架式的横向联结系，其间距不宜超过两个节间。开口式桥应在每个横梁竖向面内设半框架。

第1.4.6条 横向联结系应尽量与梁的上、下翼缘连接。横向联结系如焊于竖向加劲肋时，则各该加劲肋应与梁的受压翼缘焊连。

第1.4.7条 纵向联结系与主桁或主梁共同作用时，可不考虑各该构件不在同一高度的偏心影响。

纵向联结系杆件应考虑自身重力引起的弯矩，该弯矩按跨径等于杆件长度的简支梁计算。

第1.4.8条 纵向联结系应按横向水平力进行计算。当在上部结构上设置上下平面的纵向联结系时，水平荷载的分配规定于表1.4.8。

表1.4.8 上下纵向联结系水平荷载分配

水平荷载	分配的百分数	
	在行车系弦杆平面上	在非行车系弦杆平面上
主桁上的风力	50%	50%
行车系上的风力、离心力引起的荷载	100%	20%

在下承式桥梁中，如仅设置行车系平面内的纵向联结系，则所有水平荷载均由其承担。

第1.4.9条 在交叉形、菱形和三角形纵向联结系中，应计算由于竖向荷载（包括上部结构重力）引起的联结系杆件内力。K形桁架式的纵向联结系，可不考虑此项内力。

对于三角形或菱形纵向联结系，还应计算由于联结系横杆的作用力所引起的在联结系平面内的弯矩。上述弯矩与风力组合计算时，容许应力可提高20%。在稳定计算中，可不考虑上述弯矩。

第1.4.10条 交叉形、菱形和三角形纵向联结系，由主桁或主梁变形而引起的杆件内力按下列公式计算。

一、纵向联结系斜杆内力：

交叉形

$$N_d=\frac{N_a}{A_a}\cdot\frac{A_d\cos^2\alpha}{1+2\dfrac{A_d}{A_b}\sin^3\alpha+\dfrac{A_d}{A_a}\cos^3\alpha}\tag{1.4.10-1}$$

交叉形，当横梁兼作联结系横杆时

$$N_d=\frac{A_d\left(\dfrac{N_a}{A_a}\cos^2\alpha+0.6\sigma_{0b}\sin^2\alpha\right)}{1+4\dfrac{A_d}{A_{0b}}\sin^3\alpha+\dfrac{A_d}{A_a}\cos^3\alpha}\tag{1.4.10-2}$$

菱形

$$N_d=\frac{N_a}{A_a}\cdot\frac{A_d\cos^2\alpha}{1+2\dfrac{A_d}{A_b}\sin^3\alpha+\dfrac{A_d}{48I}B^2\cos^3\alpha+\dfrac{A_d}{A_a}\cos^3\alpha}\tag{1.4.10-3}$$

三角形

$$N_d=\frac{N_a}{A_a}\cdot\frac{A_d\cos^2\alpha}{1+\dfrac{A_d}{A_b}\sin^3\alpha+\dfrac{A_d}{24I}B^2\cos^3\alpha+\dfrac{A_d}{2A_a}\cos^3\alpha}\tag{1.4.10-4}$$

式中 N_a、A_a——桁架弦杆的内力和毛截面积；

N_d、A_d——联结系斜杆内力和毛截面积；

A_b——联结系横杆的毛截面积；

A_{0b}——横梁毛截面积；

I——弦杆（或翼缘）毛截面对竖轴的惯性矩；

α——联结系斜杆与弦杆的交角；

B——主桁（或主梁）中距；

σ_{0b}——横梁按竖向荷载和毛截面积计算的最大纤维应力。

在计算板梁纵向联结系的斜杆内力时，上面公式中的 N_a/A_a 用位于联结系平面处梁的应力来代替。

当σ_{0b}和N_a的符号相反时，可按不利的内力组合，假定公式（1.4.10-2）中的σ_{0b}或N_a为零。

二、纵向联结系横杆内力：

交叉形、菱形

$$N_b=(N_{d1}+N_{d2})\sin\alpha \tag{1.4.10-5}$$

三角形

$$N_b=\frac{1}{2}(N_{d1}+N_{d2})\sin\alpha \tag{1.4.10-6}$$

式中 N_b——联结系的横杆内力；

N_{d1}、N_{d2}——横杆左右两侧斜杆的内力。

第1.4.11条 位于压力弦杆平面内的联结系斜杆，除按第1.4.8条和第1.4.9条验算外，还应以两弦杆内力之和的3%作为节间剪力予以验算，其容许应力不提高。

第1.4.12条 当采用三角形或菱形纵向联结系时，由横杆的作用力引起的在联结系与弦杆或翼缘的节点处作用于联结系平面的弯矩，可按下列公式计算：

$$M=\pm\frac{N_b a}{4} \tag{1.4.12}$$

式中 a——联结系节间长度。

第1.4.13条 由单个角钢组成的联结系拉杆，其净截面积按连接肢的截面积与50%非连接肢的截面之和计。

用单个T形杆的翼板连接的或由单个槽形杆的腹板连接的联结系构件，不论其为轧制型钢或组合构件，截面积均按减少10%计。

在以上两种情况下，计算应力均不考虑连接的偏心影响。

（Ⅲ）缀　板

第1.4.14条 组合构件缀板尺寸，应不小于表1.4.14的规定。

表1.4.14 缀板尺寸

名称		受压及压—拉构件		受拉构件		仅受结构重力的辅助性构件
		主要的	次要的	主要的	次要的	
缀板长度	端缀板	1.25s	0.75s	s	0.75s	0.75s
	中缀板	0.75s		0.75s		
缀板厚度		s/50 但应≥8mm	s/60 但应≥6mm	8mm	6mm	6mm
缀板一侧铆钉	最少数目 最大间距（mm）	3 120	3 120	3 120	3 120	3 120

注：（1）表中s为连接铆钉间或焊缝间的距离。

（2）不受力构件其缀板每边最少铆钉数可减至2个。

（3）端缀板应尽量设置在接近节点中心处。

受压及压—拉构件缀板间的净距不宜大于2.5s。

第1.4.15条 轴心受压组合构件的缀板应按下列公式求得的剪力Q计算，其值可视为沿构件全长不变。

$$Q=\beta A(\text{单位:N}) \tag{1.4.15}$$

式中 β——系数，3号钢构件采用210；16锰钢构件采用340；

A——组合构件中被接合的肢的总截面积，单位以cm^2计。

承受反复应力的组合构件，如截面的选择由疲劳容许应力〔σ_n〕决定，则在剪力Q的计算中应乘以〔σ_n〕/φ_{min}〔σ〕。此处〔σ〕为材料的容许应力，φ_{min}为按构件最大长细比求得的轴心受压构件纵向弯曲系数。

压弯组合构件，除计算上述剪力外，还应加上由弯曲引起的剪力。

在平行平面上有数组缀板时，剪力 Q 由各组缀板平均分担；兼用整板和缀板时，则缀板承担其中一半。

第 1.4.16 条 缀板按空腹桁架分析，作用其上的剪力 T 和弯矩 M 按下列公式计算：

$$T=\frac{Q_b l_1}{b} \tag{1.4.16-1}$$

$$M=\frac{Q_b l_1}{2} \tag{1.4.16-2}$$

式中 Q_b——作用于一组缀板的剪力；

l_1——缀板中心到中心的距离；

b——被缀板连接的两肢的形心轴间的距离。

(Ⅳ)支 座

第 1.4.17 条 梁式桥跨径在 25m 以上的，一般采用辊轴式支座、摇轴式支座或可靠的其他型式支座。

支座应具有一定的刚性，以便将荷载较均匀地分布于支承垫石上。活动支座底板厚度不宜小于：热轧钢板的平板支座为 20mm；弧形支座支承中心处为 40mm；辊轴及摇轴支座为 40mm。铸件各部分加工后尺寸不宜小于 30mm。支座顺桥方向的长度，不宜超过墩台支承面至铰中心高度的两倍；在横桥方向，应使墩台支承面处的底板宽度与铰的长度之差不超过支承面至铰中心高度的两倍。

第 1.4.18 条 活动支座底板的计算有效尺寸，在顺桥方向，弧形支座及摇轴支座不应大于底板厚度的 4 倍；辊轴支座不应大于两排最边辊轴中距加上板厚的 4 倍；横桥方向，任何支座均不应大于底板顶面压力接触线长度加板厚的 2 倍。

第 1.4.19 条 支座宜选用自由接触式的。辊轴直径应不小于 150mm，但吊桥索鞍上的辊轴可不受此限制。割边式辊轴经两边削割后的厚度应不小于直径的 1/3。如支座平面尺寸不超过规定或不受限制时，宜少用割边式辊轴支座。

有数个辊轴时，应尽量选用最少的偶数，并用侧杆联系。在可能的情况下宜采用单辊式支座。

辊轴支座必须有防止横斜滑移和纵向滚出的设施。不易养护的支座必须四面用遮板防护。

第 1.4.20 条 钢支座的座板或下摆均应用锚栓固定于墩台上。计算受拔力锚栓的锚固时，应按其内力增加 50%。

第 1.4.21 条 计算辊轴支座时，应考虑由于温度和活载（包括冲击力）所产生的移动，同时考虑上述因素引起纵向位移后的偏心影响。

第 1.4.22 条 在平直下弦的简支桁架内，由活载引起的移动 Δ 用下式计算：

$$\Delta=\frac{\overline{\sigma}L}{E} \tag{1.4.22}$$

式中 $\overline{\sigma}$——由活载产生的下弦平均应力；

L——桁架跨径；

E——钢材的弹性模量。

第五节 桥梁的构造与计算

(Ⅰ)基 本 要 求

第 1.5.1 条 结构构件中不应有未栓（铆）合的或未焊合的接触部分，应尽量避免采用易积水的闭口截面并于凹槽、坑槽处设置有效的排水孔。

第 1.5.2 条 不得将各种辅助构件（如拉杆、人行道托梁及管道托架等）直接焊在主桁弦杆上或主梁翼缘上。不得在板梁的受拉翼缘上布置横向角焊缝。

第 1.5.3 条 设计构件时，在构件上和工艺上应尽量避免和减少应力集中、残余应力和次应力。

第1.5.4条 结构各部分截面最小尺寸(mm)规定如下:

主梁、行车系、联结系用钢板或型钢肢厚度	8
节点板、焊接梁腹板用钢板或纵梁与横梁及横梁与主梁连接用角钢肢厚度	10
填板厚度	4

临时结构所用截面尺寸不限。

(Ⅱ)板　梁

第1.5.5条 普通焊接板梁应尽量用三块钢板焊接而成,除非当板厚不能用其他方法解决时才采用外贴翼缘钢板的形式,外贴翼缘板原则上宜用一块钢板。

第1.5.6条 焊接板梁受压翼缘的伸出肢宽不宜大于40cm,也不宜大于其厚度的12倍。

当用外贴翼缘钢板时,其纵向中断点应伸出理论截断点以外,延伸部分的焊缝长度按该板截面强度的50%计算,并将板端沿板宽方向做成不大于1:2的斜角。

焊接板束的侧面角焊缝应尽量采用自动焊或半自动焊,由宽板至窄板的边缘距离,应不小于50mm。

第1.5.7条 铆接板梁翼缘如由盖板与角钢组成时,应尽量加大翼缘角钢面积,使其占翼缘总截面积的40%以上。

板梁上翼缘设有盖板时,应有一层盖板覆盖板梁的全长。板梁上、下翼缘的非全长盖板截断点的位置应伸出理论截断点以外有足够的长度,使其足以布置按该盖板截面强度的50%算得的铆钉数,且不少于三排铆钉。

翼缘盖板伸出翼缘角钢的宽度不宜小于5~10mm。

第1.5.8条 板梁翼缘的拼接焊缝与腹板的拼接焊缝之间的距离不宜小于10δ(δ为腹板厚度),且拼接的位置不应布置在最大应力的部位。

第1.5.9条 板梁在支承处及外力集中处应设置成对的竖向加劲肋。加劲肋应尽量延伸到翼缘板的外边缘,在支承处应磨光并与下翼缘顶紧(铆接梁)或焊连(焊接梁)。在外力集中处,加劲肋应与上翼缘磨光顶紧(铆接梁)或焊连(焊接梁),但对焊接梁不得与受拉翼缘直接焊连。

支承加劲肋按压杆设计。对有二块板或角钢组成的加劲肋,承压截面为加劲肋及填板的截面加每侧由加劲肋中轴算起不大于15倍板厚的腹板截面;对有四块板或角钢组成的加劲肋,承压截面为四块加劲肋及填板截面所包围的腹板面积(铆接梁仅为加劲角钢和填板)另加不大于30倍板厚的腹板截面(图1.5.9)。自由长度取腹板的计算高度。同时应验算伸出肢与贴紧翼缘部分的支承压力。

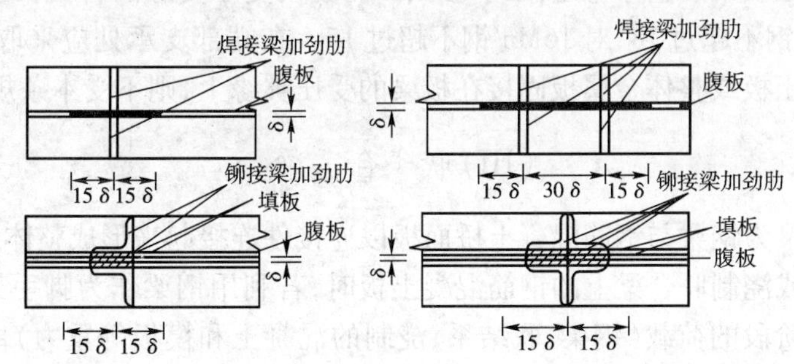

图1.5.9　加劲肋按压杆设计计算的承压截面

第1.5.10条 为保证板梁腹板的局部稳定,应按下列规定设置加劲肋:

一、当$h_0/\delta \leq 70$(A3钢)和$h_0/\delta \leq 60$(16Mn钢)时,可不设竖向加劲肋及水平加劲肋。

二、当$70 < h_0/\delta \leq 160$(A3钢)和$60 < h_0/\delta \leq 140$(16Mn钢)时,仅设置竖向加劲肋,间距a应满足下式要求,且不得大于2m。

$$a \leq \frac{950\delta}{\sqrt{\tau}} \tag{1.5.10-1}$$

式中　a——竖向加劲肋的间距,以cm计;

δ——腹板的厚度,以 cm 计;

τ——验算板梁处的腹板平均剪应力,以 MPa 计。

三、当 $160 < \frac{h_0}{\delta} \leqslant 280$(A3 钢)和 $140 < \frac{h_0}{\delta} \leqslant 240$(16Mn 钢)时,除设置竖向加劲肋外,尚须设置水平加劲肋。水平加劲肋宜布置在距受压翼缘$(\frac{1}{4} \sim \frac{1}{5})h_0$ 处。h_0 为腹板计算高度,对焊接梁为腹板的全高,对铆接梁为上、下翼缘角钢内排铆钉线的间距。

四、当仅设置竖向加劲肋加强腹板时,其每侧加劲肋的伸出肢肢宽不宜小于 $40\text{mm} + \frac{1}{30}$腹板计算高度,肢厚不宜小于肢宽的$\frac{1}{15}$。

五、当既设置竖向加劲肋又设置水平加劲肋时,竖向加劲肋除满足第四项规定外,其截面对板梁中线的惯性矩不应小于

$$I_c = 3h_0\delta^3 \tag{1.5.10-2}$$

水平加劲肋对梁中线的惯性矩不应小于

$$I_c = \frac{a^2}{h_0}\delta^3(2.5 - 0.45a/h_0) \tag{1.5.10-3}$$

也不宜小于 $1.5h_0\delta^3$。

六、当必须设置单侧加劲肋时,则以与加劲肋相贴的腹板边缘为轴线的惯性矩不应小于成对的加劲肋对腹板中心截面的惯性矩。

第 1.5.11 条 设计焊接板梁加劲肋时,在构造上尚须满足下列要求:

一、与腹板对接焊缝平行的加劲肋,应距对接焊缝不小于 10δ。

二、与腹板对接焊缝相交的加劲肋,加劲肋及其焊缝应连续跨过腹板焊缝。

三、水平加劲肋与竖向加劲肋相交时,宜切断竖向加劲肋而使水平加劲肋连续通过。切断的竖向加劲肋可切出斜角并焊在水平加劲肋上;也可以将竖向加劲肋及其焊缝连续通过,而将水平加劲肋截断并切出斜角使其焊在竖向加劲肋上。

四、竖向加劲肋与梁的翼缘板焊接时,应将加劲肋切出不大于 5 倍腹板厚度的斜角。

第 1.5.12 条 连接板梁的翼缘与腹板之间的焊缝或铆钉应能抵抗由于弯曲和直接作用于翼缘的垂直荷载共同作用所产生的剪力。

第 1.5.13 条 为保证板梁的整体稳定,工字形截面简支梁受压翼缘的自由长度(即侧向固定点的间距)与宽度之比,对 A3 钢不超过 18,对 16Mn 钢不超过 15。在端部支承处应采取措施以阻止梁端截面扭转,但当有钢筋混凝土板或整体金属板固接在板梁的受压翼缘上,则不受本条规定的限制。

(III)联 合 梁

第 1.5.14 条 联合梁为钢梁与钢筋混凝土桥面板以连接件连接起来形成整体而共同受力的结构。

第 1.5.15 条 安装或浇制联合梁上的钢筋混凝土板时,若利用钢梁作为脚手架,则联合梁应分为两个阶段计算:第一受力阶段的荷载(钢梁、联结系、浇制的混凝土和模板等重力)由钢梁承受;第二受力阶段的荷载(桥面铺装、栏杆重力和活载等)由联合梁承受。对模板重力如无实际资料时,可假定每 m^2 桥面附加 1kN 计算。

第 1.5.16 条 钢筋混凝土桥面板的计算宽度 b(图 1.5.16)采用下列三种宽度中最小者:

一、梁计算跨径的$\frac{1}{3}$;

二、相邻两梁轴线间的距离 s;

三、桥面板承托以外加 12 倍钢筋混凝土板厚。

当无承托时,则取钢梁上翼缘的宽度。

第 1.5.17 条 钢梁与钢筋混凝土板之间的纵向水平剪力由连接件承受,单位长度上的纵向水平剪力

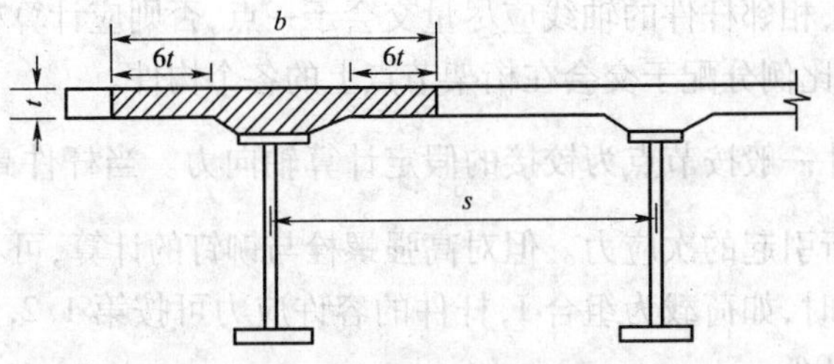

图1.5.16　桥面板翼缘计算宽度

T 按下式计算：

$$T=\frac{QS}{I} \tag{1.5.17}$$

式中　Q——作用于联合梁的剪力；

S——钢筋混凝土板对联合截面重心轴的面积矩；

I——联合梁惯性矩。

连接件在钢梁翼缘上的数量按梁长范围内的平均剪力计算，宜按等间距布置。

第1.5.18条　连接件分为刚性的和柔性的两种形式，刚性连接件一般采用角钢或槽钢；柔性连接件采用斜钢筋。当有可靠根据时，也可采用其他的形式。

第1.5.19条　连接件除满足受力要求外，在构造上应符合以下要求：

一、为防止连接件与桥面板脱开，对于刚性连接件可将其与桥面板钢筋焊在一起。连接件之间的净距，不得超过桥面板厚度的8倍，也不得小于连接件计算高度的3.5倍。

二、柔性连接件宜在联合梁截面上成对设置，钢筋弯折与钢梁纵向的夹角为30°或45°，并在末端做成锚钩。斜钢筋应采用双面侧焊缝与钢梁翼缘相连，焊缝长度不得小于钢筋直径的4倍（对Ⅰ级钢筋）或5倍（对Ⅱ级钢筋）。间距不得小于0.7倍桥面板的厚度，也不得大于2倍桥面板的厚度。

三、连接件保护层厚度不应小于2cm。

第1.5.20条　联合梁的桥面板采用预制时，应符合下列要求：

一、为刚性连接件而设置的预留孔，宜做成由下向上扩大的锥形。

二、刚性连接件与预留孔间的空隙：在承压一边不宜小于5cm，其余边不宜小于3cm。

三、为了防止钢梁上翼缘锈蚀，在钢梁与钢筋混凝土之间应垫以砂浆垫层。

四、预留孔的角隅处，应设置与受力方向成45°角的抗剪构造钢筋。

第1.5.21条　联合梁内钢梁与混凝土桥面板间的计算温差，一般采用10～15℃，在有可能发生更显著的温差的情况下则另作考虑。此项温差假定沿钢梁截面的全部高度内不变。

计算混凝土收缩时，应考虑徐变的影响。无可靠技术资料作依据时，对整体浇筑的钢筋混凝土桥面板，可按相应于温度降低15～20℃考虑；对分段浇筑的钢筋混凝土桥面板，可按相应于温度降低10～15℃考虑；预制的钢筋混凝土桥面板不考虑混凝土收缩影响。

第1.5.22条　考虑混凝土徐变时，如无可靠技术资料作依据，也可近似地在计算公式中引用"有效弹性模量"$E_1=kE$。计算结构重力对徐变影响时 $k=0.4$，计算混凝土收缩对徐变影响时 $k=0.5$；E 为混凝土的弹性模量。活载对徐变的影响不予考虑。

计算徐变时，钢与混凝土的弹性模量之比，应考虑相当的混凝土有效弹性模量比 $n_1=\frac{n}{k}$，其中 n 为钢与混凝土的弹性模量比。

超静定结构中由混凝土徐变收缩所引起的内力，宜用较精确的方法计算。

第1.5.23条　联合梁的钢筋混凝土桥面板的容许压应力为 $0.63R_a^b$，R_a^b 为混凝土轴心抗压标准强度，见《公路钢筋混凝土及预应力混凝土桥涵设计规范》。

（Ⅳ）桁　架

第1.5.24条　在桁架中，主要构件截面的重心轴应尽量和截面的中心轴相一致，应优先考虑采用单交叉腹杆系统。在节点处，相邻杆件的轴线应尽量交会于一点，否则应计算杆件由于偏心弯矩所产生的影响。偏心弯矩可按刚度比例分配于交会在桁架节点上的各个构件。

第1.5.25条 桁架杆件一般按节点为铰接的假定计算轴向力。当杆件高度与节点中距之比超过$\frac{1}{10}$时，应计算由于节点刚性所引起的次应力。但对高强螺栓与铆钉的计算，可不考虑此项影响。

当考虑节点刚性影响时，如荷载为组合Ⅰ，杆件的容许应力可按第1.2.5条规定的数值提高20%，荷载为组合Ⅱ~Ⅳ，提高40%。

按轴向力和节点刚性弯矩共同作用进行验算时，仍须验算仅受轴向力作用下杆件的受力。

第1.5.26条 直接承受荷载的弦杆，当在节点外作用有竖向荷载时，除作为桁架的杆件承受轴向力外，还应同时作为杆件计算竖向荷载所产生的弯矩，此时不论弦杆截面的高度与节间的比例如何，均应考虑该弦杆的节点刚性作用。由节点间竖向荷载产生的弯矩可近似地假定为$0.7M_0$，M_0为跨径等于节间长度的简支梁跨中最大弯矩。在这种情况下，容许应力不予提高。

第1.5.27条 主桁受拉杆件的拼接无论在节点内或节点外进行，其净截面积应较被拼接部分的净截面积大10%，主桁受压杆件应较被拼接部分按稳定计算的承载力大10%。

第1.5.28条 对焊成的H形截面杆件，当用高强螺栓或铆钉固接于节点板上时，一般只栓接或铆接于翼板。拼接用高强螺栓或铆钉的数量，仍然要计入腹板面积。此时杆件腹板伸入节点板中的长度，不应小于腹板宽度的1.5倍。连接杆件的高强螺栓或铆钉应和杆件的轴线相对称。

第1.5.29条 节点板可作为弦杆的拼接板，其计算面积仅取与弦杆同高的正截面。

节点板在任何连接截面上的强度，均应较各被连接杆件的强度至少大10%。

应验算节点板上可能被连接杆件撕裂的危险截面上的强度，其容许应力规定为：

一、垂直于被连接杆件轴线的截面，采用钢材的容许轴向应力〔σ〕。

二、与被连接杆件轴线倾斜小于90°的截面，采用0.75〔σ〕，此处〔σ〕为钢材的容许轴向应力。

三、节点板除验算撕裂强度外，尚应验算水平和竖直截面上的剪应力和法向应力，其容许轴向应力分别为0.75〔σ〕及〔σ〕。计算方法可近似地按偏心受拉或偏心受压杆件进行。

第1.5.30条 节点板的尺寸与外形，应尽量做得小巧、简单，避免出现曲线边，且与杆件的接触面必须全部密贴。在支承处，节点板一般低于桁架下弦10~15mm，并将下缘磨光使与支座垫板顶紧。

第1.5.31条 下承式桁架桥的桥门架，若用端斜杆作为腿杆时，应计算桥门架两腿由水平荷载作用而产生的轴向力和弯矩，此时视桥门架为下端固定的框架。

当桥门架的楣梁为桁架时，其两腿的反弯点位置可近似地按下式计算：

$$l_0=\frac{c(c+2l)}{2(2c+l)} \tag{1.5.31}$$

式中 l_0——由反弯点至下弦杆节点的距离；

l——由楣梁上弦节点中心至下弦节点中心的距离；

c——由楣梁斜撑下端节点中心至下弦杆节点中心的距离。

此外，由于风力作用使桥门架斜腿所产生的轴向力的水平分力，应计入下弦杆杆力之内。

第1.5.32条 多腹杆系桁架中的竖杆兼作横向联结系的组成杆件时，它在桁高中部的连接部分应满足横向联结系平面内所需的抗弯刚度的要求。

（Ⅴ）悬 索 桥

第1.5.33条 悬索桥的主索应选用钢芯的钢丝绳，钢丝绳中的钢丝应采用镀锌的，且直径不小于2mm。

第1.5.34条 跨径较小的悬索桥主索垂跨比一般取$\frac{1}{9}\sim\frac{1}{12}$，加劲梁高约为跨径的$\frac{1}{40}\sim\frac{1}{80}$，桥宽与跨径之比不宜小于$\frac{1}{30}$。为了保证抗风的稳定性，应将加劲梁做成气动性能良好的结构，以用上承式为宜。加劲梁应设置纵向联结系，以增强抗扭转刚度。

第 1.5.35 条 跨径较小而加劲梁刚度较大的悬索桥，可以采用弹性理论设计，且不考虑主索受力后变形对内力的影响。

第 1.5.36 条 悬索桥应验算风力作用下的侧向挠度，其在行车系的纵向联结系平面内的容许挠度规定为跨径的$\frac{1}{1\,000}$。

第 1.5.37 条 联系主索与吊索、主索与锚碇拉杆用的套筒，宜用铸钢制成。套筒长除满足受力要求外，应不小于主索直径的 6 倍；筒壁最小厚度等于主索直径的$\frac{1}{2}$，但不得小于 20mm；筒内壁斜度不小于$\frac{1}{12}$。套筒内壁须精加工，以便灌注易熔的合金。

第 1.5.38 条 悬索桥的主索、吊索及临时抗风索，均应有调整长度的设施。悬索桥的加劲梁支座，不论是否产生负反力，均应设有防止支座掀动的设施。此外，悬索桥的塔架须设避雷针，并应在塔顶上设工作台。

第 1.5.39 条 在计算悬索桥桥塔时，如桥塔与基础固接，除保证正常安全使用外，尚应考虑在架设时由于塔顶两侧主索受力不均衡而引起的水平力对塔身所产生的弯矩。

第 1.5.40 条 如塔顶设有辊轴支承，应计算摩阻力对塔身产生的弯矩。

辊轴的摩阻力按下式计算：

$$F=\frac{1}{r}V \tag{1.5.40}$$

式中 V——施于塔顶的竖向压力，以 MPa 计；

r——辊轴半径，以 mm 计。

第 1.5.41 条 主索在索鞍上的弯曲半径应尽量加大，一般不小于 300δ（δ 为主索中钢丝的直径），以减小主索的附加应力。钢索的弯曲应力可按下式计算：

$$\sigma=CE_c\cdot\frac{\delta}{2R} \tag{1.5.41-1}$$

式中 σ——弯曲应力，以 MPa 计；

E_c——主索的弹性模量，以 MPa 计；

δ——主索的钢丝直径，以 cm 计；

R——索鞍的弯曲半径，以 cm 计；

C——系数，用下式决定：

$$C=0.104+0.04\frac{d}{R} \tag{1.5.41-2}$$

d——主索直径，以 cm 计。

第 1.5.42 条 悬索桥锚碇室内的锚碇板，宜采用钢筋混凝土重力式，并与四周基岩或混凝土连成整体，以保证锚碇板的稳定。室内应设置照明、排水和通风设施。

第二章　木结构

第一节　一般规定

第2.1.1条　本章只适用于抢险急修的木桥和其他临时性木结构设计。

第2.1.2条　木结构的设计采用容许应力法。应根据就地取材和因地制宜的原则，按照国家关于节约木材的总要求，在确保工程质量的前提下，恰当采取处理木材缺陷的措施，提高木材利用率。

第2.1.3条　木桥涵的主要构件一般应采用质量符合要求的针叶材或原木；制作结合零件（垫块等）的木材宜采用硬质阔叶材，在无阔叶材时可采用优质松木。

第2.1.4条　木结构主要构件，当有对称削弱时，其净截面面积应不小于毛截面面积的50%；当有不对称削弱时，其净截面面积应不小于毛截面面积的60%。

（Ⅰ）材　料

第2.1.5条　承重结构用的木材，按构件受力性质，其材质应符合表2.1.5-1及表2.1.5-2选材标准的要求。

表2.1.5-1　承重木结构方木、板材的选材标准

项次	缺陷名称	构件类别		
		受拉构件或拉弯构件	受弯构件或压弯构件	受压构件
1	腐　朽	不容许	不容许	不容许
2	木　节 在构件任何一面、任何15cm长度上，所有木节尺寸的总和不大于所在面宽	方木为$\frac{1}{3}$ （连接部位为$\frac{1}{4}$） 板材为$\frac{1}{4}$ （连接部位为$\frac{1}{5}$）	方木为$\frac{2}{5}$ 板材为$\frac{1}{3}$	方木为$\frac{1}{2}$ 板材为$\frac{2}{5}$
3	斜　纹 每m平均斜度不大于	5cm	8cm	12cm
4	裂　缝 方木：(1)在连接的受剪面上 (2)在连接部位的受剪面附近，其裂缝深度（有对面裂缝时用两者之和）不得大于材宽 板材：在连接部位的受剪面及其附近	不容许 $\frac{1}{4}$ 不容许	不容许 $\frac{1}{3}$ 不容许	不容许 — 不容许
5	髓　心 方木 板材	避开受剪面 不容许	— 不容许	— —

注：(1)对于松软节和腐朽节，除按一般木节测量外，尚应按缺孔验算；

(2)容许使用有表面虫蛀的木材，若虫眼中有活虫，应经杀虫处理后使用；

(3)受剪面附近是指在受剪面上下或左右3cm范围内；

(4)木节尺寸按垂直于构件长度方向测量，木节表现为条状时，在条状的一面不量，直径小于1cm的木节不量；

(5)木材表面有局部的青皮和红斑，经清除后可以使用，但不宜用于重要的受拉构件；

(6)非承重构件除不容许有腐朽外，其他木材缺陷可根据具体情况酌情处理。

表 2.1.5-2 承重木结构原木选材标准

项次	缺陷名称	构件类别		
		受拉构件或拉弯构件	受弯构件或压弯构件	受压构件
1	腐朽	不容许	不容许	不容许
2	木节 (1)在构件任何 15cm 长度上,沿周长所有木节尺寸的总和不大于所测部位原木周长的	$\frac{1}{4}$	$\frac{1}{3}$	—
	(2)每个木节的最大尺寸不大于所测部位原木周长的	$\frac{1}{10}$	$\frac{1}{6}$	$\frac{1}{6}$
3	扭纹 每 m 平均斜度不大于	8cm	12cm	15cm
4	髓心	避开受剪面	—	—

注:(1)同表 2.1.5-1 注(1)、(2)、(5)、(6);

(2)木节尺寸按垂直于构件长度方向测量,直径小于 1cm 的木节不量;

(3)有裂缝的原木,应通过调整方位(使裂缝尽量垂直于构件的受剪面)予以使用。

第 2.1.6 条 木结构所用木材的含水率,应符合下列要求:

一、接点或接头用的零件(如垫块等)的含水率应不大于 15%。

二、组合构件及受拉构件的连接板,其含水率应不大于 18%。

其他构件,不受此限。

为了确保工程质量,应尽量提前备料,使木材自然干燥。若由于条件限制而必须采用湿材制作时,要进行适当处理。

第 2.1.7 条 当需要检验木材的强度时,应采用无疵木材制作标准小试件作顺纹受压强度试验,并按其极限强度的最低值对照表 2.1.7 的规定确定该批木材的应力等级。

表 2.1.7 确定木材应力等级的检验指标(MPa)

木材种类	针叶材					阔叶材		
应力等级	A-1	A-2	A-3	A-4	A-5	B-1	B-2	B-3
顺纹受压最低极限强度	40	32	30	28	26	45	40	35

注:(1)表列的极限强度系木材的含水率为 15% 时的数值;

(2)检验时,应从同批木材中随意抽取两根,每根木材各取 3 个试件,根据 6 个试件中的最低值确定该批木材的应力等级;

(3)树名不详的木材,应按检验结果降低一级使用;

(4)表 2.1.9 及其注内的各种分类的木材,其试验得出的顺纹受压最低极限强度,当高于表 2.1.7 规定时,按本级使用;当低于表 2.1.7 规定时,可按实际试验所得的最低极限强度降低使用。

第 2.1.8 条 木结构中钢材的材质及弹性模量等,应符合第一章钢结构的有关规定。

用于主要连接部位的钢材应用 3 号钢;用于次要连接部位的钢材,可采用 0 号、1 号或 2 号钢。

(II)计算的基本规定

第 2.1.9 条 各种常用木材的容许应力和弹性模量按表 2.1.9 采用。

第 2.1.10 条 木材容许斜纹承压应力$[\sigma_{a\alpha}]$,根据作用力与木纹的交角 α 按下列公式确定:

$$[\sigma_{a\alpha}] = \frac{[\sigma_a]}{1 + \left(\frac{[\sigma_a]}{[\sigma_{ah}]} - 1\right)\sin^3\alpha} \tag{2.1.10}$$

式中 α——作用力方向与木纹方向间的夹角,以度计;

$[\sigma_a]$——木材容许顺纹承压应力;

$[\sigma_{ah}]$——木材容许横纹承压应力。

第 2.1.11 条 木结构所用的钢材,其容许应力规定如表 2.1.11。

第 2.1.12 条 木材的容许应力和弹性模量,视使用条件或荷载组合可予提高或降低,其提高或降低系数规定如表2.1.12。

表2.1.9　各种常用木材容许应力和弹性模量(MPa)

木材种类		木材名称	顺纹拉应力〔σ_l〕	顺纹受压及承压应力〔σ_a〕	顺纹弯应力〔σ_w〕	顺纹剪应力〔τ_j〕	弯曲剪应力〔τ〕	横纹承压应力〔σ_{nh}〕			弹性模量 E
								全面积	局部表面及齿面	螺栓垫板下	
针叶材	A-1	东北落叶松、陆均松	9.0	14.5	14.5	1.5	2.3	2.3	3.5	4.6	11×10^3
	A-2	鱼鳞云杉、西南云杉、铁杉、红杉、赤杉、新疆落叶松	8.5	13.0	13.0	1.4	2.0	2.0	2.9	4.1	10×10^3
	A-3	红松、樟子松、华山松、马尾松、云南松、广东松、油松、红皮云杉	8.0	12.0	12.0	1.3	1.9	1.8	2.6	3.6	9×10^3
	A-4	杉木、华北落叶松、秦岭落叶松	7.0	11.0	11.0	1.2	1.7	1.8	2.6	3.6	9×10^3
	A-5	冷杉、西北云杉、山西云杉、山西油松	6.5	9.5	9.5	1.2	1.7	1.6	2.3	3.1	8.5×10^3
阔叶材	B-1	栎木(柞木)、青冈、椆木	12	19.0	19.0	2.6	3.8	4.1	6.1	8.2	12×10^3
	B-2	水曲柳	11	16.5	16.5	2.3	3.2	3.7	5.5	7.4	11×10^3
	B-3	锥栗(栲木)、桦木	9.5	14.5	14.5	1.9	2.8	3.0	4.4	6.0	10×10^3

注:(1)材性相近的树种,按下列归类:

①针叶材中,东北落叶松包括长白落叶松和兴安落叶松等两种;西南云杉包括麦吊云杉、油麦吊云杉、丽江云杉、细叶云杉、粗云杉及紫果云杉等六种;铁杉包括铁杉和云南铁杉等两种;红杉包括红杉、四川红杉和怒江红杉等三种;西北云杉包括粗云杉、新疆云杉、细叶云杉和天山云杉等四种;冷杉包括各地产的冷杉属木材,其中包括苍山冷杉、泡杉、巴山冷杉、沙松冷杉、臭冷杉(臭松等);

②阔叶材中,栎木(柞木)包括大叶栎、小叶栎、辽东栎、白栎、枹栎、柞栎、栓皮栎、麻栎及槲栎等九种;青冈包括红、白青冈两类:有竹叶青冈、青冈、细叶青冈、盘克青冈、黄栎、滇青冈及福建青冈等七种;椆木包括红白椆木两类:有长柄椆、椆木、包栎树、红椆、果柄椆、桃叶石栎、脚板椆、猪栎及黔粤椆等九种;锥栗包括红白锥两类:有白锥、红锥、米槠、苦槠、罗浮栲、钩栗、南岭栲、高山栲、海南锥及甜槠等;

(2)弯曲剪应力〔τ〕仅适用于整体梁的弯曲受剪验算;

(3)对于桩(柱)式墩盖梁,柱式座架墩底梁等在局部长度上的容许横纹承压应力为全面积容许承压应力的二倍。

表2.1.11　钢材容许应力(MPa)

应力类别 \ 钢材	3号钢	2号钢
拉应力、压应力、弯应力	165	140
两根及两根以上拉杆共同受力时的拉应力	140	120

表2.1.12　木材容许应力和弹性模量提高或降低系数

使用条件或荷载组合	提高或降低系数	
	容许应力	弹性模量
原木顺纹受压和受弯的容许应力及弹性模量	1.15	1.15
截面短边尺寸不小于15cm的方木受弯容许应力	1.15	1.00
简支梁上部构造及其他梁桥的桥面系简单构造	1.20	1.00
当采用湿材时,木材横纹承压容许应力和弹性模量	0.90	0.90
荷　载　组　合　I	1.00	1.00
荷载组合II、III、IV	1.20	1.00

注:(1)上述各项条件同时出现时,容许应力提高或降低系数可连乘叠加,但叠加后的提高系数不得大于1.25;

(2)荷载组合的规定见《公路桥涵设计通用规范》。

第二节 构件的计算

第 2.2.1 条 轴心受拉构件的强度按下式计算：

$$\sigma_l = \frac{N}{A_{ji}} \leqslant [\sigma_l] \tag{2.2.1}$$

式中 σ_l——计算拉应力；

N——计算轴向力；

A_{ji}——受拉构件的净截面积，计算时应减去邻近 15cm 长度范围内所有削弱面积（缺孔、齿槽）在计算面上投影之和，当两个以上的削弱面积在计算截面上的投影重合时，重合部分只计一个投影；

$[\sigma_l]$——容许顺纹拉应力。

第 2.2.2 条 轴心受压构件按下式计算：

一、强度验算

$$\sigma_a = \frac{N}{A_{ji}} \leqslant [\sigma_a] \tag{2.2.2-1}$$

二、稳定验算

$$\sigma_a = \frac{N}{\varphi A_0} \leqslant [\sigma_a] \tag{2.2.2-2}$$

式中 σ_a——计算压应力；

N——计算纵向力；

$[\sigma_a]$——木材容许顺纹承压应力；

A_{ji}——受压构件计算截面的净截面面积；

A_0——验算稳定时截面的计算面积，可按下列规定采用：

1. 无缺口时，取 $A_0 = A_m$，A_m 为构件的毛截面面积；
2. 缺口不在边缘时，取 $A_0 = 0.9A_m$；
3. 缺口在边缘且对称时，取 $A_0 = A_{ji}$；
4. 缺口在边缘但不对称时，应按偏心受压构件计算；

φ——构件的纵向弯曲系数，按下式计算：

当 $\lambda \leqslant 80$ 时，
$$\varphi = 1.02 - 0.55\left(\frac{\lambda + 20}{100}\right)^2 \tag{2.2.2-3}$$

当 $\lambda = 80$ 时，
$$\varphi = \frac{3000}{\lambda^2} \tag{2.2.2-4}$$

λ 为构件的长细比，$\lambda = \dfrac{l_0}{r}$；

r 为构件计算截面回转半径，$r = \sqrt{\dfrac{I_m}{A_m}}$；

l_0 为受压构件的计算长度，可按实际长度乘以下列系数：

两端铰接	1.0
一端固接，一端自由	2.0
一端固接，一端铰接	0.8
两端固接	0.65

第 2.2.3 条 受弯构件的强度按下式计算：

一、弯曲强度

$$\sigma_w = \frac{M}{W_{ji}} \leqslant [\sigma_w] \tag{2.2.3-1}$$

二、剪切强度

$$\tau=\frac{QS_{\mathrm{m}}}{bI_{\mathrm{m}}}\leqslant[\tau] \tag{2.2.3-2}$$

式中 σ_{w}——计算的弯曲应力；

M——计算弯矩；

W_{ji}——构件计算截面的净截面抵抗矩；

$[\sigma_{\mathrm{w}}]$——木材容许顺纹受弯应力；

τ——计算截面中性轴处的弯曲剪应力；

Q——计算剪力；

S_{m}——计算截面中性轴以上毛截面面积对中性轴的面积矩；

b——计算截面中性轴处的截面宽度；

I_{m}——计算截面的毛截面惯性矩；

$[\tau]$——容许弯曲剪应力。

第 2.2.4 条 偏心受拉构件强度按下式计算：

$$\sigma_l=\frac{N}{A_{\mathrm{ji}}}+\frac{M[\sigma_l]}{W_{\mathrm{ji}}[\sigma_{\mathrm{w}}]}\leqslant[\sigma_l] \tag{2.2.4}$$

第 2.2.5 条 偏心受压构件按下式计算：

$$\sigma_{\mathrm{a}}=\frac{N}{\varphi A_0}+\frac{M[\sigma_{\mathrm{a}}]}{W_{\mathrm{ji}}[\sigma_{\mathrm{w}}]}\leqslant[\sigma_{\mathrm{a}}] \tag{2.2.5}$$

式中 A_0——计算稳定时的计算面积，按第 2.2.2 条采用，当 $\varphi=1$ 时，可取 $A_0=A_{\mathrm{ji}}$。

当验算垂直于弯矩作用平面的稳定时，可按公式(2.2.2-2)验算，不考虑弯矩的影响。

第 2.2.6 条 原木构件沿其长度的直径变化率可按 0.9cm/m（或当地经验数字）采用。验算原木构件的稳定时，计算截面可采用构件计算长度的中央截面；验算受弯强度和挠度时，可取构件最大弯矩处的截面。

注：标注原木的直径时，应以小头为准。

第 2.2.7 条 验算组合受压构件的稳定时，构件长细比应按下列方法确定，见图 2.2.7。

一、对 $x—x$ 轴，（经过组合构件所有单肢杆件的截面重心）长细比的计算与整体构件同。

二、对 $y—y$ 轴，长细比按下式计算：

$$\lambda=\sqrt{(\mu_{\mathrm{y}}\cdot\lambda_{\mathrm{y}})^2+\lambda_1^2} \tag{2.2.7-1}$$

式中 λ_{y}——整个构件对 $y—y$ 轴的长细比，不考虑结合的松弛性，按构件计算长度 l_0 计算；

λ_1——单肢杆件对其自身重心轴 $I—I$ 的长细比：

$$\lambda_1=\frac{l_1}{\sqrt{\frac{\sum I_1}{A_{\mathrm{m}}}}} \tag{2.2.7-2}$$

当 $l_1\leqslant0.7h_1$ 时，$\lambda_1=0$

$\sum I_1$——各单肢杆件对其自身重心轴（平行于 $y—y$ 轴）的惯性矩总和；

A_{m}——整个构件的毛截面面积；

l_1——各单肢杆件的计算长度，采用连接件（螺栓、钉）间的长度；

h_1——单肢杆件的计算高度；

μ_{y}——长细比的换算系数；

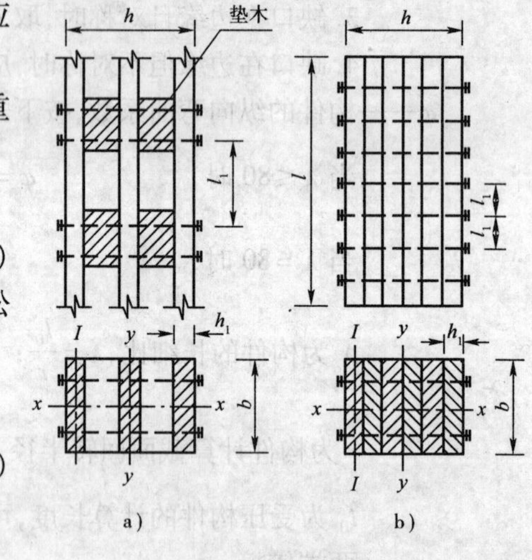

图 2.2.7 组合构件

$$\mu_y = \sqrt{1 + k_c \frac{bhn_f}{l_0^2 n_j d^2}} \qquad (2.2.7\text{-}3)$$

b——整个构件的截面宽度(cm);

h——整个构件的截面高度(cm);

n_f——构件结合缝的数目,如图2.2.7a),$n_f=4$;如图2.2.7b),$n_f=5$;

l_0——构件计算长度(m),见第2.2.2条;

n_j——每m长度内,每条结合缝中连接物(螺栓或钉)的计算剪力面数,如图2.2.7b),$n_j=\frac{2\times 7}{l}$,其中l为构件长度,以m计;

k_c——松弛系数,见表2.2.7,单位为m;

d——螺栓或钉的直径(cm)。

表2.2.7 k_c(m)值

结合形式	轴心受压	偏心受压
螺栓	$\frac{1}{3}$	$\frac{1}{1.5}$
钉	$\frac{1}{10}$	$\frac{1}{5}$

第2.2.8条 受压构件的长细比应不大于:

主要构件 100; 连接系构件 150。

第三节 构件的连接和计算

(I)螺栓连接和钉连接

第2.3.1条 螺栓连接和钉连接可采用双剪结合或单剪结合,见图2.3.1。

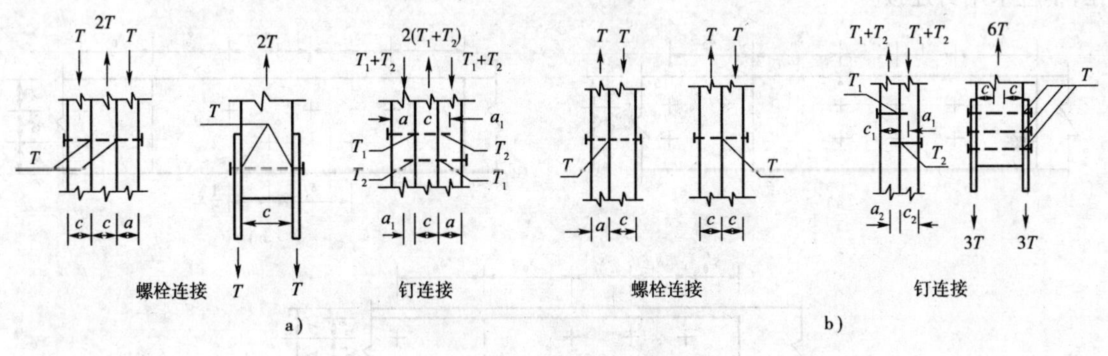

图2.3.1 螺栓及钉连接

a)双剪结合;b)单剪结合

螺栓连接和钉连接中,木构件的最小厚度应符合表2.3.1的要求。

表2.3.1 螺栓连接和钉连接中木构件的最小厚度

结合形式	螺栓连接	钉连接
双剪结合	$c\geqslant 5d, a\geqslant 2.5d$	$c\geqslant 8d, a\geqslant 4d$
单剪结合	$c\geqslant 7d, a\geqslant 2.5d$	$c\geqslant 10d, a\geqslant 4d$

注:c——双剪结合为中部构件厚度;单剪结合为较厚构件的厚度或等厚构件的厚度;

a——双剪结合为边部构件的厚度;单剪结合为较薄构件的厚度或钉子在未钉穿构件中的有效长度(应扣除钉尖长度1.5d);

d——钉或螺栓的直径。

第2.3.2条 当构件最小厚度符合表2.3.1的要求时,螺栓连接或钉连接每一剪面的承载能力〔T〕(N)按下式确定:

$$〔T〕\leqslant md^2〔\sigma_a〕 \qquad (2.3.2)$$

式中 $[\sigma_a]$——木材容许顺纹承压应力(MPa);

d——螺栓或钉的直径(mm);

m——螺栓或钉连接承载力的计算系数,按表2.3.2采用;

$[T]$——每一剪面的承载力(N)。

表2.3.2 系数 m 值

连接形式	螺栓连接				钉连接				
a/d	≤3	4	5	≥6	≤4	6	8	10	≥11
m	1.6	1.7	1.9	2.0	2.3	2.5	2.7	3.0	3.1

采用钢夹板时,m 取表中螺栓连接或钉连接中的最大值,当构件采用湿材制作时,螺栓连接的 m 取值不大于1.9。

在单剪连接中,若受条件限制,构件的厚度 c 不满足表2.3.1的规定时,则每一剪面的承载能力 $[T]$ 除应按公式(2.3.2)计算外,尚不得大于 $0.3cdk_\alpha^2[\sigma_a]$,$k_\alpha$ 值见第2.3.3条规定。

第2.3.3条 若螺栓的传力方向与构件木纹成 α 角时,则按公式(2.3.2)计算的每一剪面承载能力 $[T]$ 值应乘以表2.3.3中考虑木材斜纹承压的换算系数 k_α。

表2.3.3 系数 k_α 值

螺栓直径(mm) / 角度 α	12	14	16	18	20	22
≤10°	1					
10° < α < 80°	按内插值采用					
≥80°	0.84	0.81	0.78	0.75	0.73	0.71

第2.3.4条 螺栓排列应按两行齐列(图2.3.4a)或错列(图2.3.4b)布置,其最小间距应符合表2.3.4的要求。

第2.3.5条 钉连接可采用齐列、错列或斜列(图2.3.5c)布置,其最小间距应符合表2.3.5的要求。对于软质阔叶材,其顺纹中距和端距应按表中规定增加25%。对于硬质阔叶材和落叶松,若无法预先钻孔,不应采用钉连接。

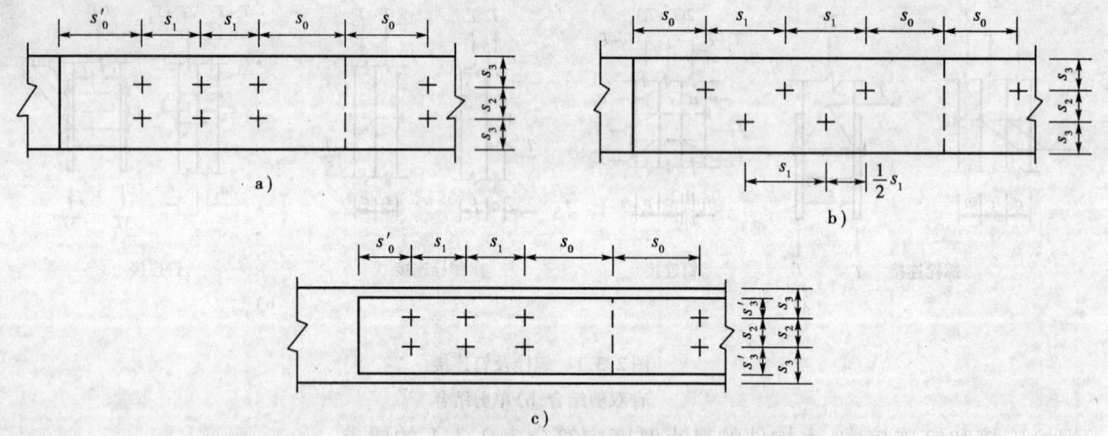

图2.3.4 螺栓的排列

a)木夹板螺栓两纵行齐列;b)木夹板螺栓两纵行错列;c)钢夹板螺栓两纵行齐列

表2.3.4 螺栓排列的最小间距

构造特点		顺纹			横纹		
		端距		中距	边距		中距
		s_0	s'_0	s_1	s_3	s'_3	s_2
木夹板	两纵行齐列	$7d$	$7d$	$7d$	$3d$	$3d$	$3.5d$
	两纵行错列	$7d$	$7d$	$10d$	$3d$	$3d$	$2.5d$
钢夹板螺栓连接		$7d$	$2d$	$7d$	$3d$	$1.5d$	$3.5d$

注:(1)d 为螺栓直径;

(2)当采用湿材制作时,木构件顺纹端距 s_0 应加大7cm。

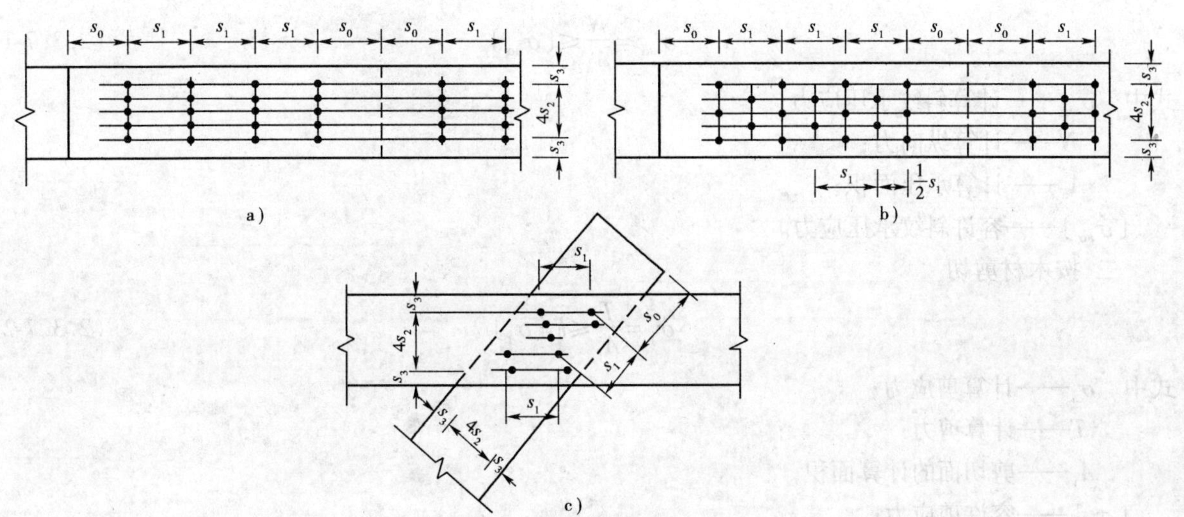

图 2.3.5 钉的排列

a)钉的齐列;b)钉的错列;c)钉的斜列

表 2.3.5 钉排列的最小间距

钉的有效长度(a)	顺纹		横纹		
	中距	端距	中距 s_2		边距
	s_1	s_0	齐列	错列或斜列	s_3
$a \geq 10d$	$15d$				
$10d > a > 4d$	按内插值	$15d$	$4d$	$3d$	$4d$
$a = 4d$	$25d$				

注:d——钉的直径;

a——钉的有效长度,见图 2.3.1。

(Ⅱ)齿连接

第 2.3.6 条 齿连接一般宜采用单齿连接(图 2.3.6a)。若采用双齿连接时(图 2.3.6b),应保证两齿在支承面均能紧密结合。

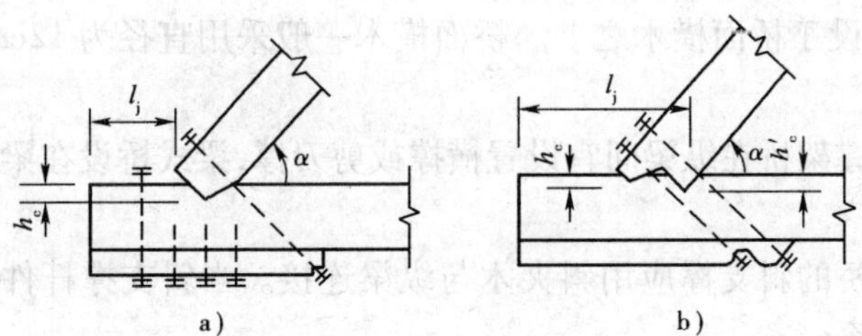

图 2.3.6 齿连接

a)单齿;b)双齿

齿连接的承压面应与所连接的压杆轴线垂直。

单齿连接应使压杆轴线通过承压面中心。

齿连接的齿深 h_c,对于方木及削面原木应不小于 2cm;对于原木应不小于 2.5cm。同时,端节点的 h_c 应不大于构件高度的$\frac{1}{3}$,中间节点的 h_c 应不大于构件高度的$\frac{1}{4}$。

齿的剪面长度应不小于 $4.5h_c$,并不小于 20cm。

双齿连接中,第二齿的齿深 h'_c 应比第一齿深 h_c 至少大 2cm。

第 2.3.7 条 单齿连接应按下列公式计算:

一、按木材承压

$$\sigma_{a\alpha}=\frac{N}{A_a}\leqslant[\sigma_{a\alpha}] \tag{2.3.7-1}$$

式中 $\sigma_{a\alpha}$——计算斜纹承压应力；

N——计算纵向力；

A_a——计算承压面积；

$[\sigma_{a\alpha}]$——容许斜纹承压应力。

二、按木材剪切

$$\sigma_j=\frac{T}{A_j}\leqslant k_j[\sigma_j] \tag{2.3.7-2}$$

式中 σ_j——计算剪应力；

T——计算剪力；

A_j——剪切面的计算面积；

$[\sigma_j]$——容许剪应力；

k_j——考虑剪切面上的剪应力不均匀分布系数，见表2.3.7。

表2.3.7 剪应力不均匀分布系数 k_j

l_j/h_c	4.5	5	6	7	8	≥10
单齿	1.00	0.90	0.75	0.65	0.55	0.45
双齿	—	—	1.00	0.90	0.85	0.70

注：l_j——剪切面计算长度；

h_c——槽深。

第2.3.8条 双齿连接的承压仍按公式(2.3.7-1)计算，但其承压面积应取两个齿的承压面积之和。

双齿连接的受剪，可按公式(2.3.7-2)计算第二齿面的剪应力，但剪面上的计算剪力 T 值应取作用于两个齿的全部剪力。

齿连接应设置与斜杆垂直的保险螺栓，但不考虑保险螺栓与齿共同受力。

第四节 木桥的构造和计算

第2.4.1条 桥面铺装设于桥面横木之上。桥面横木一般采用直径为12cm或14cm的圆木密排组成。

第2.4.2条 梁式桥及撑架桥在纵梁间宜设置横撑或剪刀撑，梁式桥设在梁端支点处，撑架桥设在支撑顶点处。

第2.4.3条 八字撑架桥的斜支撑应用斜夹木与纵梁连接。当斜支撑杆件长度在4m以上时，横桥向各支撑间应设置横撑联系。

第2.4.4条 桥面横木、横梁、纵梁均作为简支梁计算。车轮压力按车轮着地面积通过桥面铺装向下作45°分布。

在纵梁上的桥面横木的接头应交错布置。每一纵梁上的横木接头应不多于桥面横木总数的30%；纵梁上的荷载可按弹性分布计算。

第2.4.5条 梁式桥的纵梁支承处设有托梁时，纵梁计算跨径可减小10%。

第2.4.6条 木墩台一般采用桩式或座架式。桩式墩台的木桩入土深度应根据桩的承载力确定，但不小于最低设计洪水冲刷线以下2.5m；如桩同时承受水平力时，不宜小于4m。座架式墩台的底梁基坑，应设于地面以下至少100cm。使用期内如有冻害影响，除满足上述要求外，尚应将底梁基坑设于冰冻线以下25cm。

第2.4.7条 河流中有流冰或漂浮物时，排架墩的迎水面前应设置护桩。

第2.4.8条 桥高大于4m或桥长大于30m的排架桥，宜每隔20~25m设置双排架墩或框架式制动墩。

墩台制动力按以下规定计算:不设制动墩的排架桥,制动力由两桥台平均承受;设有制动墩的排架桥,在全桥长度内的制动力由制动墩和桥台承受,并按荷载长度比例分配。

第 2.4.9 条 木排架墩应验算受压强度及稳定。

计算桩的稳定时,桩的计算长度按以下计算:

一、不接桩:梁式桥为帽木至河底(或冲刷线,下同)长度的 0.8 倍;无拉杆的撑架桥为斜支撑脚至河底长度的 0.9 倍;有拉杆的撑架桥为拉杆至河底长度的 0.8 倍。

二、接桩:梁式桥为帽木至接桩处的长度;无拉杆的撑架桥为斜撑脚至接头处长度的 1.2 倍;有拉杆的撑架桥为拉杆至接桩处的长度。

第 2.4.10 条 接桩的桩式排架墩及座架式排架墩,应验算其横桥向抗倾覆稳定。横桥向两外侧无斜撑的排架墩,应验算其最外边的基桩接桩处立柱下端的抗倾覆稳定;横桥向两外侧设有斜撑排架墩,应验算斜撑下端的抗倾覆稳定。抗倾覆稳定系数采用 1.3。

附录一　开口式主桁(或主梁)的自由长度计算

开口式主桁(或主梁)的受压弦杆(或翼缘)的自由长度 l_0 按下式计算:

$$l_0 = 2.23\sqrt[4]{EIa\delta} \quad (附 1.1)$$

式中　E——钢的弹性模量;

I——受压弦杆(或翼缘)毛截面对竖向轴的惯性矩(取整跨的平均值);

a——节间长度;

δ——横向半框架(支点处半框架除外)上节点由于单位水平力($p=1$)作用所产生的一个弦杆(或翼缘)的最大水平位移,按下式计算:

$$\delta = \frac{h^3}{3EI_c} + \frac{Bh^2}{2EI_b} \quad (附 1.2)$$

h——竖杆(或加劲肋)的高度,等于受压弦杆(或翼缘)的截面重心至横梁顶面的距离;

B——两主桁(或主梁)间的中距;

I_c——竖杆(或加劲肋)毛截面向主桁(或主梁)平面外弯曲的惯性矩;

I_b——横梁截面的惯性矩。

附录二　本规范使用的法定计量单位及其与公制单位的换算关系

法定计量单位及其与公制单位的换算表

量的名称	单位名称	单位符号	与公制单位近似换算关系	附　注
力 重力	牛〔顿〕	N	1N = 0.1kgf	
	千牛〔顿〕	kN	1kN = 0.1tf = 100kgf	$k = 10^3$
应力 压力 强度	帕〔斯卡〕	Pa	$1Pa = 0.1kgf/m^2$	
	千帕〔斯卡〕	kPa	$1kPa = 0.1tf/m^2$	
	兆帕〔斯卡〕	MPa	$1MPa = 1N/mm^2 = 10kgf/cm^2$	$M = 10^6$
力矩 力偶矩	牛〔顿〕米	N·m	1N·m = 10kgf·cm	
	千牛〔顿〕米	kN·m	1kN·m = 0.1tf·m	
弹性模量　剪切模量	兆帕〔斯卡〕	MPa	$1MPa = 10kgf/cm^2$	
速度	米每秒	m/s	与公制单位相同	
加速度	米每二次方秒	m/s^2	与公制单位相同	
长度	米	m	与公制单位相同	
	厘米	cm	与公制单位相同	
	毫米	mm	与公制单位相同	
面积	平方米	m^2	与公制单位相同	
	厘方米	cm^2	与公制单位相同	
	毫方米	mm^2	与公制单位相同	
时间	秒	s	与公制单位相同	
	分	min	1min = 60s	
	时	h	1h = 60min = 3 600s	
角度	弧度	rad	与公制单位相同	
体积	立方米	m^3	与公制单位相同	
温度	摄氏度	℃	与公制单位相同	

注:(1)本规范法定计量单位与公制单位采用近似整数换算,如1kgf = 9.806 65N,采用1kgf = 10N。

(2)法定计量单位Pa以SI单位表示为N/m^2。

附录三　本规范用词说明

一、对执行条文严格程度的用词采用以下写法：

1.表示很严格，非这样做不可的用词：

正面词采用“必须”；反面词采用“严禁”。

2.表示严格，在正常情况下均应这样做的用词：

正面词采用“应”；反面词采用“不应”或“不得”。

3.表示允许稍有选择，在条件许可时首先应这样做的用词：

正面词采用“宜”或“可”；反面词采用“不宜”。

二、条文中按指定的其他有关标准、规范的规定执行，其写法为“应按……执行”或“应符合……要求（或规定）”。

如非必要按指定的其他有关标准、规范的规定执行，其写法为“可参照……”。

附件

《公路桥涵钢结构及木结构设计规范》

（JTJ 025—86）

条 文 说 明

前言

《公路桥涵钢结构及木结构设计规范》(JTJ 025—86)是在1975年《公路桥涵设计规范》钢结构和木结构的条文基础上修订而成,在规范的"修订说明"中已概略地介绍了修订的主要内容。由于钢木结构桥梁在公路上应用不多,从科研和实践中取得的资料也很少,所以这本规范沿用了过去的容许应力设计法。今后应开展钢木结构的可靠度研究,将规范改用近似概率理论为基础的极限状态设计,以提高设计水平。

为了使广大桥梁科技人员对规范条文有较深入的了解,在实践中总结经验和积累资料,以便为规范的改进提出意见,特编写了这本规范条文说明。在编写的过程中,引用了国内外一些科研资料,也许有理解不当之处,恳请读者批评和指正。本说明提供规范以外的一些数据和方法,不作为设计的依据,仅供工作时参考。

本说明由以下同志执笔编写:

钢结构第一节、第二节　曾宪武

第三节、第四节　郑绍珪

第五节　苏善根

木结构　王婉华、杨高中

交通部公路规划设计院

第一章　钢结构

第一节　总则

第 1.1.1 条　本章条文主要是根据我国建桥生产实践经验编写的。对于跨径为 50m 以下的板梁和联合梁，跨径 112m 以下的栓焊梁，跨径 200m 以下的吊桥以及临时性结构等，采用本规范进行设计是适宜的。对于更大跨径或特殊型式的桥梁结构，应作专门研究。

第 1.1.3 条　钢结构设计时，应全面考虑，统筹兼顾，既要验算桥梁在运营状态下结构的强度及稳定，又要考虑构件在架设过程中的受力情况。同时，还要结合工厂制造工艺和装备，设计构件形式及结构细部，应以易于制造加工和方便运输架设为准。构件形式、节点及连接布置等尽可能标准化，使同类型构件在跨径相等或相近的其他桥上能互换通用，以减少钢材规格和构件类型。

第 1.1.4 条　桥梁结构应优先考虑采用栓焊结构，即构件一般宜采用工厂焊接、工地拼装（采用高强度螺栓连接）的方式。

第 1.1.5 条　为保证结构在外力作用下不致有过大的变形，桥梁设计要对其竖向刚度加以验算。衡量竖向刚度的标志是挠度。

挠度分为结构重力挠度与静活载弹性挠度，前者是结构重力所引起的竖向变形，后者是由静活载所引起的竖向变形，且当静活载离去，后者变形消失。

结构重力挠度一般由施工预拱度来消除。

桥梁的静活载弹性挠度必须有所限制，因为：

一、挠度大，杆件变形大，因而构件的次应力大。

二、挠度大，在桥梁上形成凹形竖曲线，尤其在多跨桥面上形成波浪起伏，高速行车会引起颠簸和冲击。

三、挠度大，上部结构在端部转角大，各跨邻接处的桥面会突然隆起，易受到行车的冲击，破坏伸缩缝及两端的桥面，不利于行车和养护。

本条所列容许弹性挠度是参考国内外资料并结合以往设计经验以及结构的性能而分别规定的。悬臂梁的悬臂端容许挠度值较简支或连续的桁架、板梁放宽了许多，这是因为在悬臂端与挂梁衔接处挠度曲线的切线方向一致，而简支梁在支点处相邻两跨挠度曲线的切线方向相反。

吊桥的最大弹性挠度在跨度 1/4 处，当车辆荷载仅在左半孔时，左孔 1/4 处向下挠度值最大，右孔 1/4 处向上挠度值最大；当车辆仅在右半孔时则反之。计算挠度值应为其正负挠度的最大绝对值之和。

第 1.1.6 条　桥梁上部结构设置预拱度是为了补偿结构重力挠度，同是要求在无荷载时仍略有拱度，以增加舒适感和美观，所以采用结构重力挠度加 1/2 静活载挠度。对于连续梁的预拱度，应在结构重力作用下足以抵消结构重力产生的挠度，使桥面保持平顺。

第 1.1.7 条　钢梁在安装或支座维修时，常需将梁顶起，故在梁端或梁中应预设可供起顶用的附属结构（如牛腿、顶梁）等。考虑到顶起时着力的不平衡及其他偶然因素，起顶结构应按顶起重量超载 30% 验算。布置千斤顶位置时，需考虑更换支座等必须的操作净空。

连续梁各支点起顶高度不同时，起顶中应考虑支点反力变化对主桁（主梁）杆件的影响。

第二节　一般规定

（I）材　　料

第 1.2.1 条　制作公路钢桥主体结构使用的钢号，常见的有 16Mn 普通低合金钢和 A3 普通碳素结构钢。16Mn 钢具有强度高，塑性、韧性比较适宜和可焊性能良好等优点。但 16Mn 钢强度较高这一特点，在受疲劳、稳定等控制的构件中，以及用于临时修复、施工架设设备和加固构件等，往往得不到发挥，此时采用 A3 钢具有更好的技术、经济效果。

支座通常承受较大的冲击力，采用强度较低、塑性和焊补性能好、制造工艺简单的铸钢 ZG25II 比较适宜。如生产单位具有浇铸、焊补的经验和手段，亦可采用铸钢 ZG35II 或 ZG45II。

关于辊轴，为了与铸钢 ZG25II 配套起见，辊轴选用 35 号锻钢。5 号锻钢因其热处理工艺及其相应的机械性能缺乏可资遵循的标准，故予删除。

第 1.2.2 条　高强度螺栓用的钢号现增列了 20 锰钛硼(20MnTiB)，该钢号作为高强度螺栓专用钢是可靠的，较之 45 号钢和 40 硼(40B)钢优点多，不易产生延迟断裂，其强度级别与 40 硼相同。制造高强度螺栓用的 40 硼钢，因在实践中曾发现螺栓经热处理后，有的达不到规定的机械性能要求，因此，规范要求除按冶金工业部现行的《合金结构钢技术条件》验收外，热处理后的机械性能还应符合现行的国标《钢结构用高强度大六角头螺栓技术条件》的各项有关规定。

铆钉采用普通碳素结构钢，是因为它的塑性能够适应连接的要求，故铆钉所用的材质仍推荐常用的铆螺 2(ML2)号钢。当使用普通低合金钢作为基材，而连接铆钉仍用强度较低的铆螺 2 号钢，这似不相称，连接处会因布置铆钉较多而使节点过于庞大。但考虑到今后铆接结构终将被栓焊结构所代替，目前只是过渡阶段，因此没有要求用强度更高的钢材制造铆钉。

第 1.2.3 条　自动焊或半自动焊用的焊丝、焊剂和手工焊用的焊条，可参照《铁路钢桥制造规则》的规定进行试验及鉴定。

第 1.2.4 条　由于本规范仍采用容许应力法计算，故给出了钢材的弹性模量，并沿用旧规范的数值，即 E 取 2.1×10^5MPa。

$$剪切模量\ G=\frac{E}{2(1+\mu)}$$

泊桑比 $\mu\approx0.3$ 时，则

$$G=\frac{2.1\times10^5}{2(1+0.3)}=0.81\times10^5\text{MPa}$$

(II)材料的容许应力及其提高系数

第 1.2.5 条　各种材料的容许轴向(拉、压)应力的选定，均以屈服强度为依据，即以屈服强度除以某一安全系数 k。安全系数 k 系由材料的匀质系数、超载系数和工作条件系数三者综合而成。低合金钢的匀质条件系数为 270/340 = 0.8；超载系数，对结构重力为 1.1 ~ 1.5，对汽车荷载为 1.4，综合约为 1.35；工作条件系数一般取 1，则 $k=\frac{1}{0.8}\times1.35\times1\approx1.7$，所以取用 1.7 为计算基础。以 16Mn 钢为例，当屈服强度 $\sigma_s=340$MPa 时，则轴向应力 $[\sigma]=\sigma_s/k=340/1.7=200$MPa。

对于铸件，由于未经热轧，均匀性较差，因此取较高的安全系数 1.85。例如铸钢(ZG25)，屈服强度 $\sigma_s=240$MPa，则轴向应力 $[\sigma]=240/1.85=130$MPa(规范未列)。

钢材的容许剪应力，系根据试验以及最大能量的强度理论决定的，直接受剪强度为轴向受拉强度的 0.577 倍，故近似地取用 $0.6[\sigma]$。

钢料端部在互相顶紧的接触面处，由于局部塑性变形，扩大了接触面积，相当于提高了钢材的承压应力，因此取轴向容许应力的 1.5 倍，即用 $1.5[\sigma]$。

紧密接触的承压应力，以往采用轴向容许应力的 0.75 倍，这是基于枢轴上下接触面完全密贴的假定推导出来的。要达到完全密贴是不可能的，实际上只能在圆周 1/4 的范围内密合。如假定应力按余弦曲线变化(图 1.2.5)，则

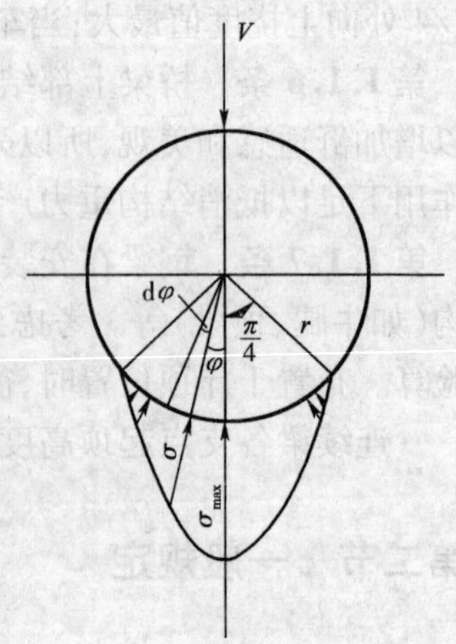

图 1.2.5　紧密接触承压应力图

$$\sigma = \sigma_{max}\cos 2\varphi$$

当 $\varphi = 0, \sigma = \sigma_{max}$；

$$\varphi = \pm\frac{\pi}{4}, \sigma = 0$$

则

$$dV = \sigma\cos\varphi \cdot L ds$$

以 $r d\varphi$ 代 ds，$\sigma_{max}\cos 2\varphi$ 代 σ

则

$$dV = \sigma_{max} r L \cos 2\varphi \cos\varphi d\varphi$$

$$\int dV = \sigma_{max} r L \int_{-\frac{\pi}{4}}^{+\frac{\pi}{4}} \cos 2\varphi \cos\varphi d\varphi$$

$$V = \sigma_{max} r L \left[\sin\varphi + \frac{1}{3}\sin 3\varphi\right]_0^{\frac{\pi}{4}}$$

$$= 0.47\sigma_{max} DL$$

$$\therefore \quad \frac{V}{DL} \leqslant 0.47\sigma_{max}$$

故采用0.5倍的轴向应力。

例如，ZG25与枢轴相接触时，容许的局部承压应力为130×0.5=65MPa。

自由接触的承压应力系指两个以点或线相接触处的局部承压应力，用直径平面上的平均应力来表示，参考苏联《CH200—62》规范，它为两接触钢材中强度较低的钢材的容许轴向应力的0.04倍。

例如，ZG25与其他强度较高的钢材相接触时，容许的自由接触承压应力为130×0.04=52MPa，采用50MPa。

节点销孔的孔壁承压应力相当于端部承压应力，故取容许轴向应力的1.5倍。

当钢材承受弯曲作用时，边缘纤维应力最大，它比其他任何部位的纤维早达到屈服强度，并出现局部塑性变形，而中间纤维仍为弹性变形阶段。若再继续增加荷载，截面将全部达到屈服强度而进入塑性变形阶段，即所谓极限状态。由于钢材的塑性变形，使破损荷载增大，也就是受弯时的弯曲应力可以提高。一般受纯弯的梁，大多做成I字形截面，弹性工作状态截面抵抗矩为 W，塑性工作状态为 $1.17W$，若取弹性变形与塑性变形两阶段的平均值，则截面抵抗矩为 $\frac{W+1.17W}{2} = 1.085W$，为偏于安全取 $1.05W$，即本规范所规定的弯曲应力可按容许轴向应力的1.05倍计。

第1.2.6条 高强度螺栓的容许承载力取决于：①螺栓设计预拉力 P；②钢材接触表面的摩擦系数 μ。关于螺栓设计预拉力 P，一方面与所用的材质有关，另一方面也与螺栓直径有关，直径大预拉力也大，直径小预拉力也小。但是，预拉力的形成是通过强行旋转螺母而取得的，过大的预拉力将给螺栓和拧紧螺栓的工具带来困难，所以常用的螺栓直径为 $\phi 20 \sim \phi 24$，以 $\phi 22$ 居多。根据国标(GB)1231—76规定的钢结构用高强度大六角头螺栓技术条件，以40B钢做成的高强度螺栓，经热处理后的抗拉极限强度为 $\sigma_s = 1040 \sim 1240 N/mm^2$，取假想屈服点为 $0.9\sigma_s$，材质的匀质系数为0.9，施工超张拉(5%～10%)的系数为0.9，在正常施工条件下复合应力为法向应力的1.2倍，则螺栓的预拉力 P 为：

$$P = \frac{0.9 \times 0.9 \times 0.9\sigma_s}{1.2}A$$

螺栓直径(mm)	20	22	24
计算截面积 A(cm^2)	2.45	3.03	3.53
预拉力 P(kN)	154.8	191.4	223
预拉力采用值 P(kN)	155	190	225

关于钢材表面的摩擦系数 μ，它是随着表面处理方法不同而有所不同。即使采用同一种表面处理方法，又随施工条件不同又有所不同，有的 μ 值可能大，有的可能小，因此规范首先强调的是依据试验而定的。在无试验条件下，可参照规范所给的数值应用。

抗滑安全系数采用1.7，与基材的安全系数取法相同。其他未考虑的因素均归纳在抗滑安全系数之中。

高强度螺栓在轴线方向除承受预拉力外，还可能承受附加拉力，此附加拉力减小了钢板之间摩擦面压力。联邦德国规范规定螺栓承受附加拉力 Z 不宜超过预拉力的60%，此时螺栓尚有部分预拉力可产生一些摩擦力，按比例关系，螺栓剩余承载力为 $N'_1 = N_1\dfrac{P-1.4Z}{P}$。在这样情况下，螺栓总的应力仍保持在流限以下。

第1.2.7条 铆接的设计，不是以个别铆钉的实际应力为根据，而是从铆接试验所得的整个铆钉群的强度出发的。因此，铆钉的容许剪应力及其承压应力是根据试验所得的平均强度而规定的。铆钉的剪切、承压容许应力，根据 OttoGraf 的试验，当铆钉与基材都为碳素钢，并以连接的母材基本容许应力为准时，则钢材基本容许应力与铆钉容许剪应力及铆钉容许承压应力三者之比为1:0.8:2。现有国内外规范中，铆钉各项容许应力基本上是参照 OttoGraf 的资料制定的。但各国规范大都对强度较高的低合金钢基材配以强度较高的铆钉钢。若基材为低合金钢，铆钉仍采用2号铆钉钢时，铆钉的剪切容许应力直接与铆钉的剪切强度有关。无论基材的强度如何，铆钉钢号确定后，容许剪应力都不应有什么变动。但铆钉承压应力是否与基材强度相联系，各国规范的看法也不一致。例如，苏联《CH200—62》规范明确规定铆钉的承压容许应力完全根据基材确定，而美国《A. R. E. A》(1979年)规范则规定，当采用 A502 一级铆钉钢时，无论连接基材是低碳素钢还是低合金钢，都采用同样的铆钉承压容许应力。国内因缺少2号铆螺钢的铆钉与基材为低合金钢相匹配的铆钉承压应力试验资料，因此，无论基材为16Mn钢或A3钢，铆钉承压容许应力均采用同一数值。

当铆钉受拉时，作用力一般有偏心，这就使得拉力铆钉的工作变得极其复杂，不得不降低铆钉的抗拉容许应力，参考有关规定，定为90MPa。

由于工地铆接设备没有工厂完善，操作条件较差，故工地铆接铆钉所取各项容许应力均较工厂铆接铆钉的各项容许应力降低10%。

平头或半平头铆钉，因不能很好地夹紧所铆构件，且连接强度较差，故按工厂铆接铆钉的各项容许应力分别降低20%计。

第1.2.8条 根据国内各部门所做试验的结果，焊缝的强度都比母材略高，拉伸试件大都破坏在母材上。因此，可以认为承受拉力的焊缝容许应力与基材的容许应力相同，承受剪力的焊缝容许应力与基材容许剪应力相同。

第1.2.9条 钢索的容许拉力为其破断拉力的30%，其安全系数为3.3，与苏联1948年《公路桥涵设计规范》规定的安全系数3.5相近。根据国标(GB)1102—74规定，钢索破断拉力采用钢丝极限强度的0.85倍。

钢索锚固于套筒里所用的合金可采用纯锌，但是纯锌的强度低，而且要弯丝浇灌。掺铝和铜的合金，如Zn93-Al6-Cu1，已在四川某大桥使用过，该桥试验表明，这种合金的黏结强度和抗拉强度都比较高，而且质量稳定，用不着弯丝即可浇灌，只是要严格限制其杂质含量，以防合金内部腐蚀。

第1.2.10条 桥梁结构在偶然荷载作用下，可能产生很高的应力。但偶然荷载是瞬时出现的，或者是短暂期间存在的，故基材和各种连接件的应力允许超出容许应力而无不安全之虞。

k 值的大小纯系经验，并非理论推导而得。

(III)横向刚度与抗倾覆稳定系数

第1.2.11条 桥梁结构除在竖向应具有必要的刚度外，还要求在横向也应具有必要的刚度。桥上的车辆或人群的动荷载及风荷载，特别是人群产生的有节奏的、周期性动荷载，当其周期和桥梁的自振周期相接近时，可能使桥梁发生显著的横向振动。共振时产生的振幅 δ，对钢桥而言，可能达到与动力大小相等的静力所产生的水平挠度 δ_0 的十倍以上。因此，减小桥梁的侧向振动的措施之一，是增加桥梁的横向抗弯刚度和整体性，使 δ 值尽量减小。所以控制桥梁的宽跨比也是重要措施之一。参考我国《铁路桥梁设计规范》及国外有关规范，规定跨长以不超过主桁(或主梁)中距的20倍为宜。

第1.2.12条 桥跨结构的倾覆稳定验算，属于外部形状的问题，而与材料本身的力学性质无关。这种验算主要用于钢桥施工架设阶段。如架设桥跨结构采用纵向拖拉或悬臂拼装方法时，悬伸出墩台的桥跨结构的平衡重对支点产生抗倾覆弯矩，则抗倾与倾覆弯矩之比称为纵向稳定系数，要求不小于1.3，以策安全。对于横向稳定系数的验算，多用于桥跨结构架设完成阶段。由于横向风力作用，桥跨结构最危险的部位可能发生倾覆（对桁架桥来说，最危险的部位为端节点处靠外的竖板下端；对板梁来说，最危险的部位为下翼缘支点处的外侧边缘）。用以平衡倾覆弯矩的主要是桥跨结构本身的自重，因此，横向稳定系数就等于所有垂直外力对钢梁的边缘弯矩与所有外力对钢梁中心线的弯矩之比，为安全计，同样要求不小于1.3。

一般公路钢桥，桥上净空比较宽，桥面均铺有自重较大的钢筋混凝土板，抵抗横向倾覆能力很大，可不必验算。只有当桥跨结构刚架设完（此时横向联结系应该安装好），桥面尚未施工，而此时风荷载又很大，有横向失稳的危险，若不能满足横向稳定系数1.3的要求，则必须设置锚固螺栓，以承担由横向弯矩所产生的拉力。为安全计，锚固螺栓所承担的内力按其实际内力增大50%来考虑。

（Ⅳ）结构内力计算原则和构件的基本计算公式

第1.2.13条 在通常的桥跨结构中，对钢梁整体来说，钉孔是很有限的，它对变形的计算结果影响很小。同时，在钉孔比较集中的部位，又往往有拼接板等可以补偿，因此不考虑钉孔削弱的影响是与实际接近的。

第1.2.15条 强度验算的目的在于使构件或梁的任何截面的计算应力不超过容许应力，以保证与屈服强度相比有一定的安全系数。

对于受拉构件和梁的受拉翼缘，因截面被栓孔或钉孔所削弱，应按净截面计算。

对于轴心受压构件，以往都用净截面验算强度，本规范改用毛截面，是考虑铆接构件中空孔为铆钉所填塞，且铆钉能传递应力；栓接构件则由于高强度螺栓的预拉力使钢材侧向产生强大的压力，栓孔断面处的局部屈服强度有所提高。同时，压杆强度一般受压溃强度控制，这与拉杆在净截面处破坏的情况不同，因此铆栓结合的受压构件在强度计算中不扣栓孔截面积，构件也有足够的安全度。

换算应力的计算公式是用以验算受纯弯曲或偏心受拉（偏心受压）构件具有最大法向应力和兼有剪应力时的复合应力，复合应力不应超过基本容许应力。根据能量强度理论，受挠曲时的复合应力为$\sqrt{\sigma^2+3\tau^2}$，这只表明验算截面某一点上的应力达到屈服强度，但由于塑性变形的存在，不致影响整个截面的安全，因此容许应力可以增大10%。

承受斜弯曲时，任何形状的横截面上一点达到屈服强度后，其承载能力较单向受弯曲有更大的储备，故以增大系数C提高容许弯应力。这种情况多见于桁架桥桥面系的横梁，因为横梁不仅承受竖向荷载作用下所引起的弯矩，还承受与其共同受力的主桁变形所引起的水平弯矩。

设轴向受力的基本容许应力为σ_0，在塑性变形和弹性变形阶段其容许应力采用$\sigma=1.05\sigma_0$，则杆件承受斜挠曲时，其容许应力$\sigma'=C\sigma_0$。

当$\dfrac{\sigma_{w1}}{\sigma_{w2}}=0$时，斜挠曲变为单向挠曲，$C=1$，$\sigma'=\sigma$；

当$\dfrac{\sigma_{w1}}{\sigma_{w2}}\geqslant 0.5$时，即$\sigma=1.2\sigma_0=\dfrac{1.2}{1.05}\sigma$，$C=1.15$；

当$0.5\geqslant\dfrac{\sigma_{w1}}{\sigma_{w2}}>0$时，按插入法得$C=1+0.3\dfrac{\sigma_{w1}}{\sigma_{w2}}$。

构件腹板截面剪应力如果分布不均匀，由于最大剪应力处的邻近纤维对腹板屈服起着阻碍作用，故容许应力应乘以增大系数C。对于矩形截面τ_{max}与τ_0的比值为1.5，C_τ取1.25；对于I字形截面，$\dfrac{\tau_{max}}{\tau_0}$值随着翼缘面积与腹板面积之比的增大而有所减小，一般在1～1.5之间变化，为偏于安全，取其平均值$\dfrac{\tau_{max}}{\tau_0}=1.25$时，$C_\tau=1$；$\dfrac{\tau_{max}}{\tau_0}=1.5$时，$C=1.25$；当$1.25<\dfrac{\tau_{max}}{\tau_0}<1.5$，按直线比例计算$C_\tau$，则$C_\tau=\dfrac{\tau_{max}}{\tau_0}-0.25$（此处$\dfrac{\tau_{max}}{\tau_0}>1.25$）。

第 1.2.16 条 细长的受压构件，其破坏常常不是因为强度不够，而是由于纵向弯曲变形过大失去稳定所致。轴心受压杆件的纵向弯曲系数 ϕ_1 的确定，主要有三种理论，今以两端铰接杆件为例，介绍三种理论的差别。

1. 压溃理论 以有缺陷（初弯曲及偏心所形成的几何缺陷及残余应力）的实用钢压杆为分析对象，将其荷载 P 与杆中挠度 y_c 之间的关系曲线求出，此曲线顶点所表示的最大荷载称为压溃荷载（见图 1.2.16-1中的 P_A），并用以表示压杆承载力。这是较接近于实际情况的一种理论。

2. 压屈理论 以没有几何缺陷的理想钢直杆为分析对象，将其开始以微屈形状平衡所承受的轴向荷载求出，此称为压屈荷载（见图 1.2.16-1 中的 P_B），并用这一荷载作为表征杆件承载力的一种指标。

3. 纤维屈服理论 以有明显屈服点的材料所制成的有几何缺陷但没有残余应力的杆件作为分析对象，推算它在轴向荷载下的最大纤维压力，将最大纤维应力刚达到屈服点时的轴向荷载（在图 1.2.16-1 中以 P_C 表示其位置）取作表征杆件承载力的一种指标。

1975 年出版的《公路桥涵设计规范》是依压溃理论确定 ϕ_1 值。当时所依据的主要试验成果、计算方法及采用压溃理论的理由，详见《钢压杆的承载力》（铁道出版社 1980 年版）一书。

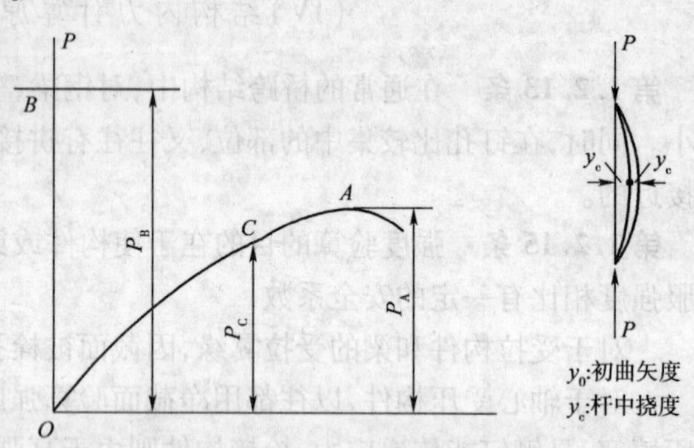

图 1.2.16-1 压溃、压屈、纤维屈服荷载

在这次修订规范中，根据《铁路桥涵设计规范》编制了一个可以同时计入偏心、初弯曲、残余应力和横向荷载影响且适用于 H 形及箱形截面压杆的压溃荷载计算程序。在计算本条所列的数据时，采用的截面残余应力如图 1.2.16-2 所示（图中以 σ_s 表示屈服点，"+"表示是拉应力，"−"表示是压应力），所采用的偏心及初弯曲值为

$$\lambda \leqslant 45, e_c = 0.001L;$$

$$\lambda > 45, e_0 = 0.008b, e_0 = 0.001L$$

式中 e_0——偏心距；

e_c——初曲矢度；

b——截面高度；

L——杆件长度。

在导出 ϕ_1—λ 关系后（这里的 λ 是长细比），为使线形适顺连续，曾做了少量调整。

上述程序及说明见西南交通大学学报 1981 年第 3 期所刊载的《关于铁路钢桥压杆容许应力的修订》一文。

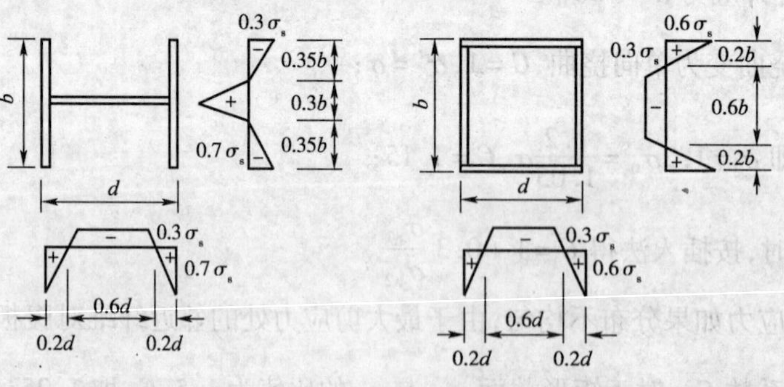

图 1.2.16-2 H 形及箱形截面残余应力

梁或压弯杆所用的纵向弯曲系数 ϕ_2，是按照弹性稳定理论，取沿梁弯矩图呈矩形的构件所推得的 M_{cr}，再折合为压杆长细比 λ_e，由规范条文中表 1.2.16-2 查得。按一般的弹性稳定理论，其 M_{cr} 可写作：

$$M_{cr} = \frac{\pi}{l}\sqrt{EI_Y GJ_D}\sqrt{1 + \frac{\pi^2 EI_Y (h/2)^2}{l^2 \cdot GJ_D}}$$

$$=\frac{\pi^2 EI_Y h}{2l^2}\sqrt{\frac{4GJ_D l^2}{\pi^2 EI_Y h^2}+1}$$

式中 E、G——弹性模量及剪切弹性模量；

I_Y——梁截面对弱轴(在弯矩作用面内的形心轴)的惯矩；

J_D——截面抵抗自由扭转的常数；

l——构件按其受压翼缘支撑点间的距离计算的自由长度，在正常情况，这一长度较短，而位于这一长度范围内的杆件弯矩图和矩形相近；

h——上下翼缘形心间的距离。

当用 I_x 表示截面对强轴的惯矩时，受压翼缘形心处的法向应力 $\sigma_{cr}=\frac{M_{cr}(h/2)}{I_x}$。再令 σ_{cr} 和压杆的 $\sigma_{cr}=\pi^2 E/\lambda_e{}^2$ 相等，就可将 λ_e 求出如下：

$$\sigma_{cr}=\frac{M_{cr}h}{2I_x}=\frac{\pi^2 EI_y h^2}{4L^2 I_x\beta^2}=\frac{\pi^2 E}{\lambda_e^2}$$

$$\lambda_e=\frac{2\beta L}{h}\sqrt{\frac{I_x}{I_y}}=\frac{2\beta l r_x}{h r_y}$$

$$\approx\alpha\cdot\frac{l}{h}\cdot\frac{r_x}{r_y}$$

式中 β^2——代表 M_{cr} 最后一式内的根式的倒数；

α——规范所列系数，等于 2β；若为焊接杆件，其每一翼缘往往是一块厚度较大的整板，这使 J_D 较大，上述根式将大于1，β 较小，今按 $\beta=0.9$ 来推算 α，得 $\alpha=1.8$；若为铆接杆，其每一翼缘往往由几块薄板组成，假使各薄板间发生少量滑动，其 J_D 就应大幅度减小，为了安全，将 β 按1.0计，得 $\alpha=2.0$。

采用这一换算方法，是假定存在于梁中的 σ_{cr} 和 $\phi_2[\sigma]$ 间的比值和存在于压杆中的 σ_{cr} 和 $\phi_1[\sigma]$ 的比值两者相等。压杆是全截面受压，而梁只是部分截面受压，且梁的压应力最大值只在局部发生，这一假定在本质上就有偏于安全的一面。若梁(或压弯杆)在受压翼缘不设支撑或支撑点较稀，则 L 较大，在 L 范围内的弯矩图就不会是矩形(其最大弯矩所占长度当显著小于 L)，这里所引用的 M_{cr} 算式就低估了梁在总体失稳时所提供的抵抗力矩。对于中间不设支撑点的受弯杆，其两端往往不是简支，这也使 L 不应按其支点间全长计算。对于所说的这两种情况，规范式(1.2.16-4)是偏保守的，在确有理论根据的条件下，可以放宽。

关于规范式(1.2.16-3)，这是一个交叉影响性质的公式。在用极限状态形式表达时，它是：

$$\frac{P}{P_A}+\frac{M}{(1-P/P_e)M_u}\leqslant 1.0$$

式中 P、M——同时作用于压弯杆的轴向力和弯矩；

P_A——杆只受压(不受弯)时的压溃荷载；

M_u——杆只受弯(不受压)时所能承受的极限弯矩；若受稳定控制，其值将是 $n_2\phi_2[\sigma]W_m$；若稳定不控制，将是 $n_2[\sigma]W_m$(也可以列入 ϕ_2，但写明 $\phi_2=1$)；n_2 代表验算受压弯失稳所用的安全系数；

P_e——杆在弯矩作用面内失稳时的欧拉荷载(并不是欧拉荷载和这里的稳定问题发生联系，而是因为欧拉荷载内 EI/l^2 能代表杆件的弹性特征，引用 P_e 将可使弯矩增大数写成式中的那种形式)。

为了将上式改写成容许应力的算式，P 当用 n_1N 代替，M 用 n_3M 代替，可将 P_A 写作 $n_1\phi_1[\sigma]A_m$，M_u 写作 $n_2\phi_2[\sigma]W_m$，P_e 写作 π^2EA/λ^2。这里的 N 和 M 是指由设计荷载所产生的轴向力及弯矩，而 n_1 和 n_3 分别代表对 N 及 M 所应取的安全系数。由此可得下式：

$$\frac{N}{A_m}+\left(\frac{\phi_1}{u\phi_2}\right)\frac{M}{W_m}\leqslant\varphi_1[\sigma]$$

式中

$$u=\left(1-\frac{n_1N\lambda^2}{\pi^2EA_m}\right)\frac{n_2}{n_3}$$

$$=\left(1-\frac{n_1N\lambda^2}{\pi^2EA_m}\right)m$$

当M是由风力所产生的,可取$n_3=1$,也就是$m=n_2$;当M不是由风力所产生时,取$n_3=n_2$,也就是$m=1$。

在本规范中,钢结构内力由荷载组合Ⅰ产生时,$n_1=n_2=1.7$;由荷载组合Ⅱ~Ⅳ产生时,$n_1=n_2=1.4$。

第1.2.17条 众所周知,在多次重复荷载的作用下,钢材发生疲劳现象,表现为强度的降低。钢材的疲劳破坏应力小于静载作用下的破坏应力(强度极限),特别当变向荷载作用时,甚至小于屈服强度。由钢材做成的各种连接件,其疲劳强度更低,因此,对于经常直接承受动力荷载的结构,必须进行疲劳验算。

影响疲劳强度的因素很多,其主要因素是构件连接处的几何形状所引起的应变集中,一般称作应力集中。局部应变过大,疲劳强度将急剧降低。强度极限越高的钢种,其疲劳强度降低得也越多。所以疲劳现象在很大程度上与局部应力的发展有关。为防止疲劳开裂,凡有应力集中之处,应尽量使其表面形状均匀过渡,避免应力集中而产生疲劳断裂。其次,疲劳强度与加载次数N有关。凡发生一次应力大小或方向变化,称为一次循环,加载次数为N次即发生N次循环。至于列车通过桥梁应算多少次加载,一般视桥跨长短来区分。如铁路桥梁,长跨桥列车通过一次为一次循环;对短跨桥则轮轴通过一次即发生一次应力变化,通过一列车就产生几十次应力循环。美国1977年《公路桥梁设计规范》(人民交通出版社1988年)也是按负荷长度来区分的,负荷长度小则循环次数N取得大,反之则取得小。引起疲劳破坏的应力,随着循环次数N的增加而减小。一般桥梁设计中采用的循环次数为2×10^6次,因此,疲劳强度是指在2×10^6次循环荷载作用下引起疲劳破坏的应力。再者,疲劳强度还和应力循环特征系数ρ有关,$\rho=\sigma_{min}/\sigma_{max}$。完全对称循环时,即$\rho=-1$,疲劳强度最小;完全反对称循环(脉冲)时,即$\rho=0$,疲劳强度稍低于屈服强度;不完全反对称循环时,即$\rho>0$,则疲劳强度高于屈服强度。因此,$\rho$值越小,疲劳强度越低,反之则越高。所有这些都是在等应力循环之下,也就是在每次加载循环中产生的$\sigma_{max}-\sigma_{min}$均不变(常幅加载)的情况下得出的,各国也是这样做疲劳试验的。但常幅加载并不能真实反映钢桥构件的实际受力情况,实际情况是变应力循环(变幅加载),也就是每一次加载循环中产生的$\sigma_{max}-\sigma_{min}$是按一定规律变化的。变幅加载疲劳强度显然要比常幅加载的疲劳强度高,一般均以常幅加载试验为基础,而将变幅加载的有利因素考虑在内。

本规范同1975年《公路桥涵设计规范》相比,具有下列特点:

一、增加了A3钢,其疲劳强度容许应力与16Mn钢相同(当其不是由基本容许应力控制时)。

二、将疲劳容许应力分成A、B、C、D、E、F六个等级,不同种类的构造(包括工艺及质量要求)分属于这六个等级中。这是考虑到各种接头(特别是焊接接头)按其疲劳强度分类比较合理,且使用上也较方便灵活。

三、针对新建栓焊桥梁中常遇到的各种连接,并适当兼顾焊接板梁桥中的各种连接,共归纳成12种基本连接形式,见表1.2.17-4。设计者可根据设计对象,参照表中所列的基本连接形式,选用相应的疲劳容许应力等级。例如,箱形杆件隔板横向角焊缝接头,根据焊接质量要求,可选用表中的7.1或7.2类型的接头。又如,设计者可根据具体构件的受力大小,决定焊接质量的要求和是否需要加工。以横向角焊缝接头为例,当其计算应力不超过表1.2.17-2中E级的容许应力时,可按表1.2.17-4中7.2b类来要求接头的焊接质量和加工形状。当该处计算应力超过E级,但小于D级容许应力时,应按表1.2.17-4中7.2a类来要求接头的焊接质量和加工形状。这样,设计者就可根据应力状态、焊接质量及加工要求,而有一定的选择余地。

四、对焊接构件的焊接工艺、质量及焊后加工提出了一定要求，列在规范表 1.2.17-4 中。设计者应将对焊接接头的上述要求注明在设计图上，并作为钢梁产品验收条件的一部分。如表 1.2.17-4 中，横向角焊缝接头，当焊趾处有轻微咬肉或轻微裂纹时，200 万次疲劳强度约降低 50MPa，由此可见，焊接质量及加工状况对接头疲劳性能的影响是很大的。所以，确定疲劳容许应力时，不仅要考虑接头类型，还要考虑焊接质量及加工状况。

五、取消了未探伤的纵向自动焊缝。本次修订时，考虑到该项规定不符合桥梁主要受力构件对纵向角焊缝的质量要求。相反，对受疲劳控制的纵向角焊缝，应加强探伤检查和施工管理。

对于桥梁腹板加劲肋半自动焊缝端部的疲劳容许应力，从原 150MPa 降至 145PMa，这一方面是分类的需要，但更主要的是考虑该处（特别是纵梁）受力情况复杂，如近年来某些桥上出现的疲劳裂纹。因此，除需要考虑合理的结构形式并对加工质量提出详细要求外，还适当降低了该接头处的疲劳容许应力。

对于无缺陷的纵向自动焊缝的疲劳容许应力，从原 245MPa 降至 190MPa。影响纵向受力焊缝疲劳强度的因素，除焊缝表面及根部（不熔透的纵向对接焊缝或角焊缝）不匀顺及焊缝本身缺陷外，还有纵向焊接残余应力的影响（影响疲劳强度的残余应力，是因初始焊接残余应力与外荷载应力叠加而引起应力重分布后的残余应力），所以适当降低纵向自动焊缝接头的疲劳容许应力是合适的。

验算疲劳强度时，如果疲劳容许应力折减得过多，因而控制了构件的截面面积，则可采取下列措施：①根据公路桥梁实际行车情况，选用经常发生的参入主要荷载组合的车辆进行计算。因为挂车是验算车辆，偶尔在桥上行驶，即使计算构件应力时考虑了提高系数 k 以后，仍为挂车控制，故不用它验算疲劳强度。②只考虑主车不考虑重车，或把主车行进的间距加大，其目的在于考虑非满载的因素，从而可以提高疲劳容许应力。

（V）杆件的自由长度、长细比与宽厚比

第 1.2.18 条

一、弦杆在主桁平面内的自由长度：

在计算受压弦杆稳定时，若作一些偏于安全的假定：1. 略去腹杆对弦杆的约束影响；2. 假定相邻的受压弦杆和验算的受压弦杆同时达到压溃临界状态。这样，在桁架平面内就可把弦杆的两端看成是支承在不沉陷的支座上，并在支座上可以自由转动的杆件。这种弦杆在桁架平面内的稳定，实际上与各弦杆在节点处互相铰接的情况相同，因此计算时可将其几何长度作为自由长度。

在连续桁梁中，反弯点附近相邻两弦杆中有一根受压而另一根受拉，当受拉弦杆应力未达屈服点时，可对相邻的受压弦杆起约束作用，这一有利因素规范未考虑。

二、腹杆在桁架平面内的自由长度：

由于节点板的刚性及弦杆对腹杆的约束作用，腹杆在桁架平面内的自由长度一般将小于几何长度，中间腹杆采用 $0.8L_0$；端斜杆及端立杆由于仅一端与受拉弦杆相连接，且当弦杆应力较高时，对端斜杆的约束作用较小，因此采用 $0.9L_0$。

三、相交或交叉腹杆在主桁平面内的自由长度：

多根腹杆交会在一起时，由于其交会的情况不同，对所计算腹杆的自由长度的影响也不相同，所以规范将腹杆的交会情况区分为交叉和相交（见图 1.2.18）。

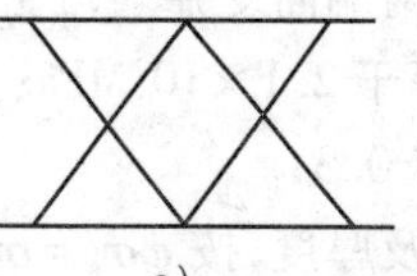

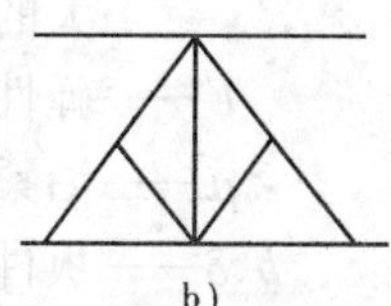

图 1.2.18　交叉和相交腹杆

a）腹杆交叉；b）腹杆相交

当腹杆一端与弦杆铰接，另一端与受拉弦杆刚接并在中部与一腹杆相交时，受拉弦杆对这腹杆所起的约束作用并不大，因此，该腹杆自由长度是按相交点至杆端较长的一段取值。

四、弦杆和腹杆在桁架平面外的自由长度：

当杆件两端在桁架平面外均设有刚度足够的支撑系，并略去与其相连的其他杆件（包括节点板）的约束影响时，两端可看作是铰接，其自由长度可采用几何长度。

五、交叉腹杆在桁架平面外的自由长度：

压杆与拉杆交叉，当拉杆应力较小，则压杆在丧失稳定时较相交腹杆应力为零的情况为好。因此在这种情况下，该受压腹杆可偏安全地视作两端铰接、中间具有一个拉力为零的交叉杆作弹性支承的杆件而考虑其稳定条件，据此可推求其自由长度的折减系数。

当交叉腹杆的惯矩及几何长度相同时，无论是具有一处或两处交叉的受压腹杆，如果相交各杆件都是贯通的（即断面不变），则它在桁架平面外的自由长度折减系数均为0.7左右。但若在交点处各杆件不贯通或不采用全断面相连，则受压腹杆的自由长度将有可能大于规范规定的自由长度。

第1.2.19条 杆件之所以限制其长细比，主要目的是保证杆件有足够的刚度，也就是不使其柔度过大，以防杆件在搬运、安装和使用期内发生弯曲。细长的杆件在动力荷载作用下产生很大的振动，因此极易弯曲。细长杆在自重力作用下也容易下垂。受压杆件这种弯曲和下垂等于增加了作用力的偏心距离，从而使强度折减过大，构件早期丧失稳定。因此，必须根据杆件的受力性质和部位的重要性，分别限制其长细比，具体数值依经验而定。

国内修建的公路桥梁，主桁弦杆长细比都在100以内，故将受压弦杆长细比限制在100以内。对仅受拉力的弦杆，长细比可增大至130。

第1.2.20条 由两个肢组成的组合构件在垂直于缀板平面内弯曲时，由于其截面绕实轴转动，与整体式截面的构件一样，长细比等于自由长度与相应的回转半径之比。当在缀板平面内弯曲时，由于其截面绕虚轴转动，临界力小于相同长细比的整体式构件的临界力。临界力之所以降低，主要是构件在压力作用下所产生的剪力对于组合构件的挠度所产生的影响要比整体式构件为大。因此，组合构件的剪力对于临界力的影响不容忽视，计算时用换算长细比来体现临界力的降低。

第1.2.21条 假如单肢长细比 λ_1 大于40，承压应力将进一步降低。为使组合构件较相同长细比的整体式构件的容许压溃应力不致减小很多，故规范规定单肢长细比不得大于40。非受压构件可以放宽要求，即缀板之间的距离可以适当放大一些。

单肢长细比 $\lambda_1 \leq \lambda$ 的要求，是为防止组合构件尚未失去稳定以前而单肢先失去稳定，即保证构件局部的杆件有足够的刚度。

第1.2.22条 规范表1.2.22中所列数据是以1972～1973年铁道部科学研究院所进行的试验为依据而制定的。表中关于 b/δ 不小于30及35、10、12等值，以及不宜大于45、50、18、20等，已沿用多年，不宜更动。但对于 λ 较大的杆件，所用的 b/δ 算式较为保守，可以考虑放宽。

b/δ 值可按 $\sigma_e^B = \varphi\sigma_s$ 求出，再乘以0.60～0.70的折减系数。对于主要杆件，系数宜取稍小值；对于次要杆件，系数值可稍大，现介绍如下：

$$\sigma_e^B = k\sigma_E = \frac{k\pi^2 E}{12(1-\mu^2)(b/\delta)^2}$$

式中 σ_e^B——按弹性稳定理论算出的板件压屈强度；

k——屈曲系数，当长板的一侧边自由，另一侧边简支时，$k=0.425$；当长板的一侧自由，另一侧固定时，$k=1.277$；当长板两边简支时，$k=4.0$；

$\sigma_E = \pi^2 E/12(1-\mu^2)(b/\delta)^2$，是为简化书写而引用的，它是将长度为 b、厚度为 δ、宽度较大的板当作两端简支并均匀受压的杆而求出的欧拉强度；

E——弹性模量，等于 2.1×10^5MPa；

μ——泊桑比，等于0.3；

b、δ——板件的宽度及厚度，按 $\phi\sigma_s = \sigma_e^B$，得

$$b/\delta = 435.7\sqrt{\frac{k}{\phi\sigma_s}}$$

ϕ——受压构件的纵向弯曲系数。

若将 $k=4$ 及 $\sigma_s=240$MPa或340MPa代入（240MPa及340MPa分别为A3及16Mn钢的屈服点），得 $b/\delta=56.2/\sqrt{\phi}$ 或 $47.3/\sqrt{\phi}$，取折减系数为0.623或0.634，得 $b/\delta=35/\sqrt{\phi}$ 或 $30/\sqrt{\phi}$。取 $\phi=1$，即表示杆件应力可用到〔σ〕，且保持安全系数为1.7，则 $b/\delta=35$ 及30。所以，若板件可按两侧简支计算，A3及

16Mn 钢板件的 b/δ 不宜大于 35 及 30。

若将 $k=0.425$ 及 $\sigma_s=240\text{MPa}$ 或 340MPa 代入上式,得 $b/\delta=18.3/\sqrt{\phi}$ 或 $15.4/\sqrt{\phi}$。取折减系数为 0.656 或 0.649,并取 $\phi=1$,得 $b/\delta=12$ 或 10,这适用于铆接杆。

对于焊接 H 形或 T 形杆的板件来讲,k 值照 0.425 取用,实属过低($k=0.425$,只适用于等边角钢截面杆),一般可取 $k=0.7$。将 $\sigma_s=340\text{MPa}$ 代入上式得 $b/\delta=19.8/\sqrt{\phi}$;折减系数取 0.61,$\phi$ 取为 1,则 $b/\delta=12$。

b/δ 不得大于 50、45、18、20 等规定,在于使长细杆件不致因板件较易屈曲而影响总体稳定。目前没有充分的论据容许将其放宽时,不拟变更。

第 1.2.23 条 主桁杆件腹板一般不与节点板直接相连,杆力靠翼板间接传递效果较差,根据国内一些实测资料,H 形杆件腹板平均应力有低于翼板平均应力的现象。个别实测资料表明,腹板应力与翼板平均应力之比,在节点附近只达 75% ~82%,在杆件中部也仅 88% 左右。国外试验结果证明,未被直接连接的腹板的作用大小,随着接头的长短而变化,短接头将影响腹板发挥作用。为了使杆件均匀受力,除接头布置有适当长度外,杆件截面主要应布置在与主桁节点板直接连接的翼板上。

但当 H 形杆件截面很大、翼板很厚时,为了保证杆件的整体作用,腹板也不宜过薄。若假定翼板的临界应力与腹板的临界应力相等,则可推算出腹板厚度 t 与翼板厚度 δ 应有的比例关系。

翼板的临界应力 $\sigma_1=\dfrac{\pi^2E}{12(1-\mu^2)}\cdot\left(\dfrac{\delta}{b/2}\right)^2k_1$

腹板的临界应力 $\sigma_2=\dfrac{\pi^2E}{12(1-\mu^2)}\left(\dfrac{t}{d'}\right)^2k_2$

式中符号的意义如图 1.2.23 所示。

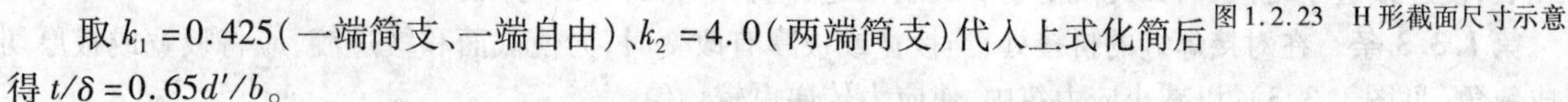

图 1.2.23 H 形截面尺寸示意

取 $k_1=0.425$(一端简支、一端自由)、$k_2=4.0$(两端简支)代入上式化简后得 $t/\delta=0.65d'/b$。

现按一般桥梁焊接杆件尺寸 d 及 b 定出 t/δ 如表 1.2.23。

特大跨度桥,d'/b 有时在 0.6 左右,t/δ 将降为 0.4。

表 1.2.23 焊接杆件尺寸 d、b 及 t/δ

δ(mm)		d(mm)	d'(mm)	b(mm)	t/δ	
					计算	采用
<25	20	460	420	480	0.57	0.6
	24	460	412	500	0.54	
≥25	25	460	410	600	0.44	0.5
	32	600	536	760	0.46	

第三节 连接的构造与计算

(Ⅰ)焊　　接

第 1.3.1 条 焊缝施焊后,由于冷却将引起收缩应力。施焊的焊缝愈大,其收缩应力也愈大,所以规范规定在设计中不得任意加大焊缝和避免焊缝交叉重叠。

焊缝布置不对称将引起焊接处受力偏心,应尽量避免。这里所说的"对称"就是要求焊缝的重心与杆件的重心相重合。兹举例说明之。

图 1.3.1 表示一个不对称杆件的侧焊缝,x—x 为角钢的重心轴,如果两边焊缝高度是一样的,则可以得到

$$\frac{l_a}{l_b}=\frac{b}{a} \tag{1.3.1-1}$$

而焊缝的总长度应该为

$$l = \frac{N}{0.7h_f[\tau]} = l_a + l_b \quad (1.3.1\text{-}2)$$

根据式(1.3.1-1)、(1.3.1-2)的关系,可以求得

$$l_a = \frac{b}{a+b}l \quad (1.3.1\text{-}3)$$

$$l_b = \frac{a}{a+b}l \quad (1.3.1\text{-}4)$$

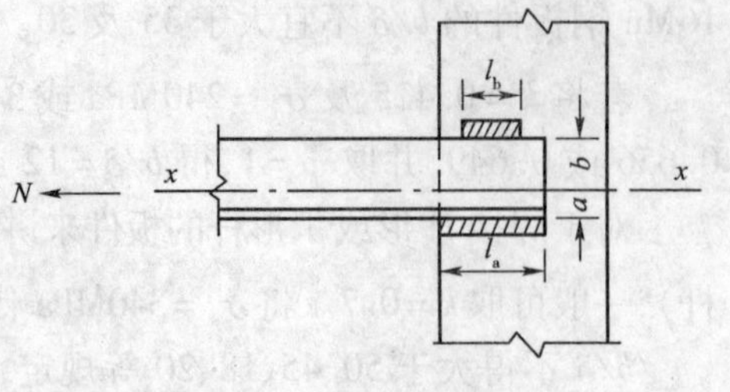

图 1.3.1　侧焊缝计算图

如果 l_a 和 l_b 求得的长度相差很大,结构的处理是不方便的,可以增加较长边的焊缝高度(焊脚尺寸)来减小其长度。由于焊缝的长度与其高度成反比,如果将原来的焊缝高度 h_f 改变为新的设计高度 h'_f,那么改变焊缝高度后所需要的计算长度 l'_a 为

$$l'_a = \frac{l_a h_f}{h'_f} \quad (1.3.1\text{-}5)$$

这样设计出来的焊缝,其重心与杆件重心是重合的。

第 1.3.2 条　承受动荷载的构件,当垂直于焊缝长度方向受力时,未焊透处的应力集中会带来很不利的影响,因此规定垂直于杆件受力方向的对接焊缝必须焊透。当焊缝长度平行于受力方向时,焊缝只承受剪应力,不要求焊透,所以不焊透的对接焊缝完全可以用于受动荷载的结构。

为了保证被焊杆件全熔焊透,垂直于受力方向的对接焊缝一般要求双面施焊,其厚度也要求至少等于被焊件的最小厚度,使对接焊缝与基材具有相同的强度。不得已时,也可采用单面施焊,但必须在保证焊缝根部完全焊透的前提下,才能这样做。

焊缝的横截面形状应该是平顺的。外形骤然变化将引起局部应力集中,焊接处可能由于疲劳产生脆裂,使连接过早地破坏,因此规定对焊缝表面进行机械加工,使其匀顺过渡。

第 1.3.3 条　在对接焊缝的拼接处,当板宽或板厚有改变时,为使截面和缓过渡,应将板宽或板厚切成斜角(见图 1.3.3),以减小应力集中,使应力传递也较均匀。

国内试验表明,不论板的宽度或厚度如何变化,坡度均用 1∶8 ~ 1∶4 为宜。接头的疲劳强度与板的宽厚变化关系不大。另据研究,在宽窄不等的杆件中,其内应力大约按 15°传递,而 $\tan 15° \approx \frac{1}{4}$,因此规定,不论受静载或动载,板的宽度或厚度变化均做成不大于 1∶4 的坡度。两焊件厚(或宽)差不超过 4mm,焊缝表面的斜坡已足以满足和缓传递应力的要求,所以只有当两焊件厚(或宽)差在 4mm 以上时,才规定在焊件上做成坡度。改变焊件厚度需要对较厚焊件进行切削,极为费工,而且需有长线切削设备,所以在某些条件下非不得已不宜改变厚度。

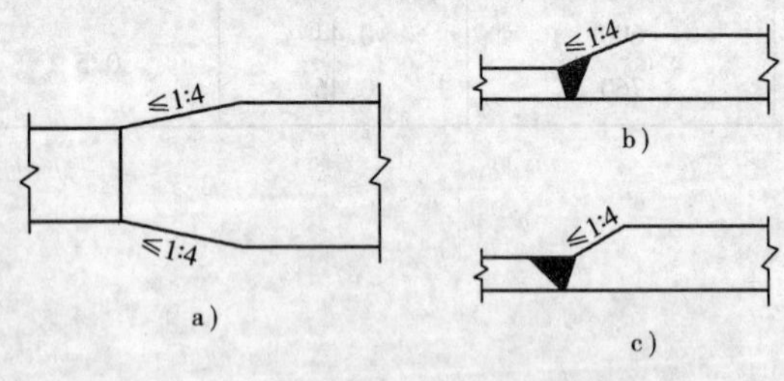

图 1.3.3　不同宽度或厚度钢板拼接示意图

图 1.3.3 介绍了两种厚度改变的构造形式,一种是斜坡包括焊缝在内(图 1.3.3b),这种形式焊件切削加工的长度较小,甚至除焊缝的坡口外,不需另外再加工,传力情况也较好,但焊缝金属较多,焊缝表面成型也可能困难一些。另一种是斜坡不包括焊缝(图 1.3.3c),它的优缺点与前者相反。这两种形式在实践中均有应用,国外有关规范(如美国焊接规程)也都同时作了介绍。

第 1.3.4 条　在公路钢桥和其他临时钢结构中,不焊透的对接焊缝时有采用,所以本规范增加了有关这种焊缝的规定。因为不焊透的对接焊缝在其未焊透处具有较严重的应力集中现象,所以它只能用于承受静载的结构以及焊缝平行于受力方向的承受动载构件。垂直于受力方向的承受动载的构件不能采用这种焊缝。

不焊透对接焊缝的有效厚度 h_e,规定不小于 $1.5\sqrt{t}$,这是按照贴角焊缝最小厚度 h_f 的规定值确定的。因为这两种焊缝受力性质近似,可采用相同的最小厚度规定值。

板件的两侧均有不焊透的焊缝(见规范图 1.3.11-2a),如果按 $1.5\sqrt{t}$ 算得的 h_e 值大于板件厚度的

1/2 时，则此焊缝应按焊透的对接焊缝考虑。

第 1.3.5 条 原《公路桥涵设计规范》仅局限于两焊脚成 90°的角焊缝的有关规定，这是一般的情况，但在实际工程中也遇到不是直角的焊接，故本规范增加了夹角为非直角的斜角焊缝的规定。

两焊脚边夹角 $\theta > 120°$ 的斜角焊缝，其表面成型较难，受力状况不好；而夹角 $\theta < 60°$ 的斜角焊缝，施焊条件差，根部不但无熔深，而且还可能留有空隙和焊渣，因此规定在上述范围内的斜角焊缝不宜用作受力焊缝，而只能用作构造焊缝。

第 1.3.6 条 角焊缝在满足受力计算的前提下，应尽可能用较小的尺寸。但在实际计算中，有时算得的焊缝厚度过小，焊缝厚度不能保证焊缝熔深要求，因此，规范规定了角焊缝的最小厚度。原规范根据焊件最大厚度分级来规定角焊缝的最小厚度，例如焊件最大厚度为 12 ~ 16mm，规定角焊缝的最小厚度为 8mm；焊件最大厚度 17 ~ 25mm，角焊缝的最小厚度为 10mm 等等。本规范按照工民建系统提供的资料，规定 $h_f \geq 1.5\sqrt{t}$（计算时，凡小数点以后数字都进为 1mm）。此式简单，便于记忆，与原规范比较，焊缝厚度限值略小。例如，上述最小厚度 8mm，可放到 6mm；最小厚度 10mm，可放到 7 ~ 8mm，这对角焊缝的设置也是有利的。

角焊缝的厚度不宜过大，过大的焊缝易使母材形成"过烧"现象，使构件产生翘曲、变形，招致较大的焊接应力。按照国内外的资料，规定角焊缝的厚度不得大于较薄焊件厚度的 1.2 倍。原规范规定不大于焊件的最小厚度，似要求过严。

对于板边缘的角焊缝（见图 1.3.6），如焊缝厚度与板边缘等厚，施焊时容易产生"咬边"现象，因此规定板边厚大于 6mm 时，板边角焊缝的最大厚度比板厚小 1 ~ 2mm；当板厚等于或小于 6mm 时，由于一般采用小直径焊条施焊，技术较易掌握，可采用与焊件等厚的角焊缝。

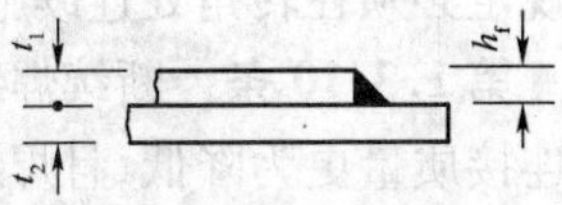

图 1.3.6　板边角焊缝示意图

第 1.3.7 条 当两焊接件厚度不等，尤其厚度相差悬殊时，如用等焊脚边，有可能发生无法满足最大、最小焊缝厚度规定的矛盾。例如，焊脚边尺寸符合较厚焊件厚度的最小尺寸的规定（即 $h_f \geq 1.5\sqrt{t}$），有可能不符合较薄焊件厚度的最大尺寸的规定（即 $h_f \leq 1.2t_2$，t_2 为较薄焊件的厚度）。本条关于允许采用不等焊脚尺寸的规定，就是为了解决上述可能出现的矛盾，即与较厚焊件接触的角焊缝最小焊脚尺寸应满足 $h_f \geq 1.5\sqrt{t_1}$ 的要求；而与较薄焊件接触的角焊缝最大焊脚尺寸应满足 $h_f \leq 1.2t_2$ 的要求（见图 1.3.7）。

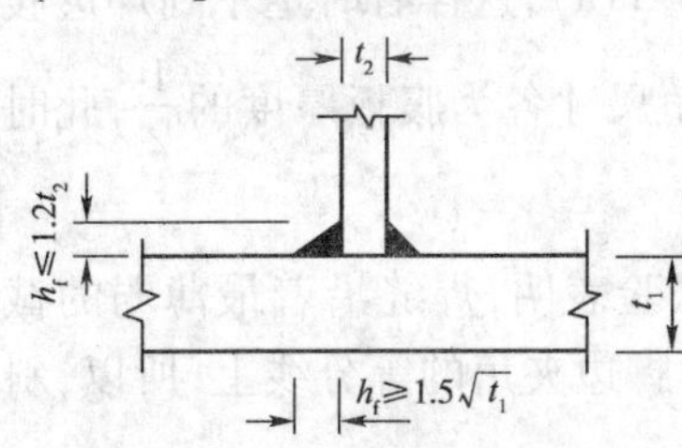

图 1.3.7　不等焊脚尺寸示意图

根据国内外疲劳试验，如要满足疲劳要求，正面角焊缝（端角焊缝）直角边的比例应为 1∶3。某些国外规定对此要求也较严格。但这样比例的焊缝，坡度小，不易施焊，即使 1∶1.5 的坡度，也深感施焊困难，一般需二次堆焊才能形成。考虑正面焊缝刚度较大，受动荷载时应焊成平坡式，故本规范仍规定正面角焊缝的直角边比例为 1∶1.5。

在承受动荷载的结构中，为了减小应力集中，提高构件的抗疲劳强度，焊缝形式以凹形为最好。但手工焊接焊成凹形极为费工，即使堆焊成凹形，也不易与主体金属熔合，所以采用手工焊时，焊缝做成直线形较为合适。当用自动焊接时，由于电流较大，金属熔化速度快、熔深大，焊缝金属冷却后收缩，自然形成凹形表面，所以规定承受动荷载的结构，角焊缝表面做成凹形或直线形均可。

第 1.3.8 条 国外和我国造船工业广泛应用绕角焊，这种做法能避免起落弧的缺陷发生在应力集中的转角处，可改善连接处的受力状况。本条规定是取自国内外造船工业部门的经验。据了解，绕角焊施焊并不费事。

第 1.3.9 条 杆件与节点板的连接焊缝，过去一般采用两面侧焊缝，而不采用围焊。国外普遍采用围焊。围焊分端焊缝和侧焊缝，端焊缝的刚度大，弹性模量 $E \approx 1.5 \times 10^5$MPa；侧焊缝的刚度小，$E \approx (0.7 \sim 1.0) \times 10^5$MPa。在弹性工作阶段，端焊缝的实际负荷要高于侧焊缝。国内试验表明，尽管端焊缝与侧焊缝的弹性模量不同，在静荷载作用下，进入塑性阶段时，应力逐渐趋于平均。在焊缝等量的情况下，围焊的破坏强度与仅有侧焊缝时没有什么差别。国内外的试验同时还表明，围焊比仅有侧焊缝时的疲劳强度为高。因此，对于承受动荷载的结构，节点连接应尽量采用围焊。对于承受静荷载的结构，围焊与两面侧焊的强度基本相同，但侧焊缝的塑性较好，应优先采用两面侧焊。也可采用三面围焊，以减小节点板尺寸。

因为端焊缝与侧焊缝的容许应力相同，围焊的计算是简单的。为使焊缝的重心与杆件的重心相重合，作如下计算（见图1.3.9）：

角钢肢背焊缝所承担的内力为

$$N_1 = \frac{Ne_2}{b} - \frac{N_2}{2}$$

角钢肢尖焊缝所承担的内力为

$$N_3 = \frac{Ne_1}{b} - \frac{N_2}{2}$$

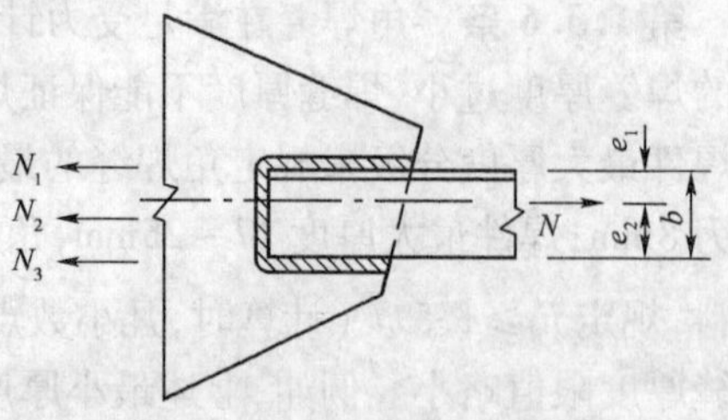

图1.3.9 围焊计算示意图

式中 e_1、e_2——杆件重心线至角钢肢背、肢尖的距离；

b——杆件的宽度；

N——总内力；

N_2——端焊缝所能承担的内力。

围焊的转角处是连接的重要部位，如在此处熄火或起弧都容易造成焊缝缺陷，加剧应力集中，因此规定必须在转角处连续施焊。

第1.3.10条 断续焊缝的端部是起落弧的地方，容易出现气孔等缺陷，产生或加剧了应力集中，致使连接质量更为降低，且焊缝间空隙处易受潮气侵蚀而生锈，因此，在主要受力构件中不得采用断续焊缝。若在次要构件或次要连接中使用，断续焊缝间的距离也不宜过大。为防止受压构件产生翘曲现象，焊缝间隔净距不应大于焊件最小厚度的15倍或240mm；受拉构件不大于焊件最小厚度的24倍或360mm。

第1.3.11条 本条关于焊缝计算厚度的规定，分以下几点加以说明：

一、在主要受力构件和应力复杂部位的T形连接中，一般腹板采用K形坡口，并要求焊透。但是，由于过去受焊缝质量检查仪器的限制，没有对此种焊缝进行精确检查，可能存在着未焊透的现象。然而由于腹板边缘经过加工，腹板翼缘顶紧，连接焊缝的受力情况大为改善，所以仍能保证正常使用。如果腹板边缘不经加工，施工时又没采取力求焊透的措施，连接处必然存在着较大的间隙，成为产生裂缝的隐患。至于焊缝的截面尺寸，过去往往采用焊角尺寸横竖相等（见图1.3.11a），这样有时达不到焊透腹板全厚的要求。建议采用如图1.3.11b）的型式，仅规定腹板两侧的焊角尺寸各为腹板厚度的$\frac{1}{2}$，此时焊缝计算的有效厚度采用腹板的厚度。

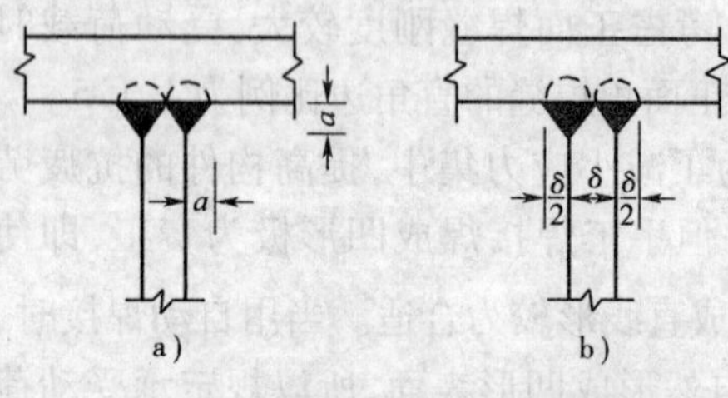

图1.3.11 T形连接K形坡口焊缝示意图

二、角焊缝承受剪切作用，试验表明，焊缝沿着最薄弱的截面被剪坏。这个截面发生在两焊脚边夹角的等分线上，所以，斜角焊缝计算厚度采用

$$h_e = h_f \cos\frac{\theta}{2}$$

对于直角焊缝，不论焊脚边比例如何，均采用

$$h_e = h_f \cos 45° = 0.707h_f \approx 0.7h_f$$

三、不焊透的对接焊缝同样承受剪切作用，这种焊缝的计算厚度取坡口根部至焊缝表面（不考虑余高）的最短距离。对于坡口角度$\alpha \geq 60°$的V形坡口、U形坡口和J形坡口，即

$$h_e = s$$

对于坡口角度$\alpha < 60°$的V形坡口，考虑其根部焊缝质量无法保证，所以计算的有效厚度按减小3mm取用，即

$$h_e = s - 3\text{mm}$$

第1.3.12条 本条是关于焊缝计算长度的规定，分以下几点加以说明：

一、采用自动焊接时，一般在焊缝两端设有引板，用以临时加长焊槽的长度，把容易出现缺陷的焊缝端部引出焊缝实际长度之外,所以焊缝计算长度采用实际长度。用手工焊接时,一般不设置引板,焊缝两端起落弧的地方容易出现气孔和焊不透等缺陷,因此计算焊缝长度按实际长度每端减去5mm计。

二、侧焊缝的应力沿长度方向的分布是不均匀的,长度与厚度之比愈大,应力集中现象愈严重。根据国外资料,计算长度为 $28h_f$ 时,$\sigma_{max}=1.6\sigma_0$;计算长度为 $42h_f$ 时,$\sigma_{max}=1.97\sigma_0$;计算长度为 $60h_f$ 时,$\sigma_{max}=2.54\sigma_0$。此处 σ_{max} 为侧焊缝端部的最高应力,σ_0 为平均计算应力。

试验证明,侧焊缝的应力集中现象在动荷载作用下很不利,容易使焊件在焊缝端部首先出现裂缝,导致整个杆件的破坏。所以承受动荷载的侧焊缝,计算长度不宜过大,本规范规定不大于 $50h_f$。

当侧焊缝承受静荷载时,进入塑性阶段后应力分布逐渐趋于平均。一般说来,应力集中对静力强度的影响并不大,所以,对承受静荷载的结构,焊缝最大计算长度可以放宽,采用 $60h_f$ 是没有问题的。

在特殊情况下,如果连接线很长,但焊缝受力并不大,焊缝长可以不受 $50h_f$ 或 $60h_f$ 的限制,只是超过部分在计算中不予考虑就是了。

三、对于厚度较大的侧焊缝,若长度过小,而使构件局部过热变形,且起弧落弧产生的缺陷相距太近,焊缝将更为不可靠。另外,若焊缝集中在一个很短距离上,构件的应力集中将很大,因此,应有一个最小计算长度的规定。原规范规定最小计算长度为35mm(实际长度45mm),这是一个固定数,对小厚度焊缝来说似嫌过长,对大厚度焊缝又嫌过短,不合理。在实际工程中,一般焊缝的最小计算长度约为 $(8\sim10)h_f$,本规范规定为 $8h_f$。

原规范还规定,自动焊接时,焊缝的最小计算长度不宜小于15倍焊缝厚度。因为接头焊缝或短焊缝一般不采用自动焊,所以取消这项规定。

四、钢板端部仅有侧面角焊缝时(见图1.3.12a),规定焊缝长度 l 不小于侧焊缝之间的距离 b,是为了避免应力传递过分曲折而使构件中应力过分不均。规定 b 不大于 $16t$($t>12$mm)或200mm($t\leq12$mm),是为了避免因焊缝横向收缩而引起板件拱曲太大(见1.3.12b)。当 b 不满足此项规定时,应加正面角焊缝或加槽焊或焊钉。

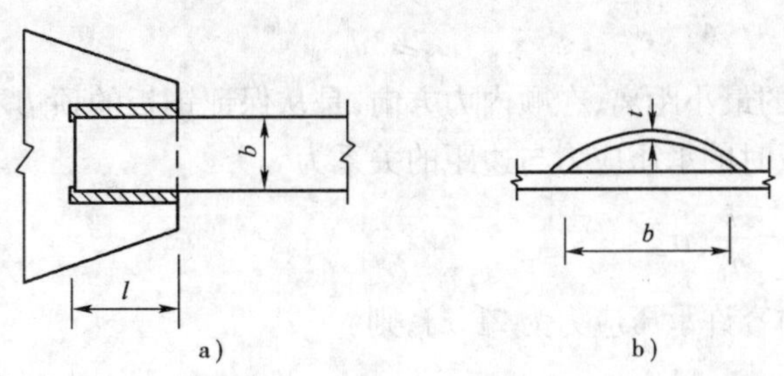

图1.3.12 钢板端部侧面角焊缝及其横向收缩变形示意图

第1.3.13条 采用端焊缝作搭接连接时,为了避免偏心的不良影响和防止因偏心使一端的焊接强度降低过多,应在上下两端均采用端焊缝连接。为了减小收缩应力,搭接长度应不小于被焊件最小厚度的5倍。

第1.3.14条 如图1.3.14的T形连接,在外力 P 作用下焊缝承受弯矩和剪力,应分别计算其法向应力和剪应力。在同时承受较大法向应力和剪应力处,还应计算其换算应力。

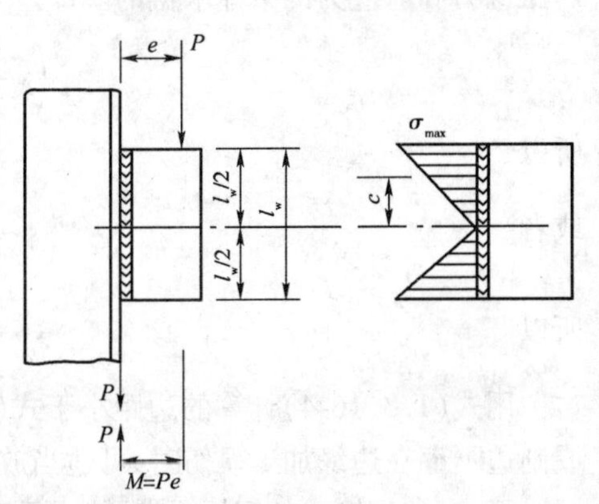

图1.3.14 焊缝换算应力计算图

焊缝由剪力 P 引起的剪应力为

$$\tau=\frac{P}{2tl_w}$$

焊缝由 $M=Pe$ 引起的弯应力为

$$\sigma=\frac{Mc}{I}$$

式中 I——焊缝对它的重心轴(水平轴)的惯性矩。

在焊缝的顶端,即 $c=\frac{l_w}{2}$ 处,受到的法向应力和剪应力是

最大的，该处的换算应力按本规范表 1.2.15 公式(1.2.15-7)为

$$\sigma_v=\sqrt{\sigma^2+3\tau^2}\leqslant 1.1[\sigma]$$

(Ⅱ)栓接和铆接

第 1.3.16 条 本条是关于螺栓(包括高强度螺栓和普通螺栓)或铆钉如何布置的规定，现作以下几点说明：

一、规范要求螺栓或铆钉对称于杆件轴线布置，目的是防止因偏心而在杆件连接部位产生附加弯矩，对杆件受力不利。

二、螺栓或铆钉的间距作了最大和最小值的限制，这是因为间距过大，被连接钢板在螺栓或铆钉之间会发生局部挠曲，板间空隙容易侵入潮气，使钢板生锈腐蚀；间距过小，不但施铆有困难，而且还会由于热铆的强烈冲击影响邻近已铆好的铆钉质量。对于螺栓，也有一个便于拧紧螺帽而需保持最小间距的问题。

高强度螺栓的间距，无论从受力方面或施拧方面考虑，都可比铆钉间距为小。但为了方便工厂制造，便于采用统一样板，两者基本采用一样的。国外也大致如此。也就是说，螺栓或铆钉的间距是根据铆钉是特性确定的，高强螺栓按照铆钉间距采用。

三、本规范螺栓或铆钉间距基本沿用 1975 年《公路桥涵设计规范》的规定，容许的最大间距，一般压杆比拉杆订得严格些，因为在受压杆件中，间距范围内最薄板容易失去局部稳定；靠边行列比中间行列要求严格，因为靠边行列的螺栓或铆钉受力比中间行列的大；顺内力方向比垂直内力方向规定严格些，原因不言而明。

四、螺栓或铆钉的最小间距是这样确定的：即用铆钉铆接后，杆件的强度要等于或大于铆钉的强度。设铆钉的排距为 s，铆合部分较薄板厚为 t，钉孔直径为 d_0，钉孔承压应力为 $2[\sigma]$，则

$$(s-d_0)t[\sigma]\geqslant t\cdot d_0\cdot 2[\sigma]$$

所以

$$s\geqslant 3d_0 \tag{1.3.16-1}$$

铆钉中心至杆件边缘的最小距离，在顺内力方向，是从保证钢板的顶边不致被铆钉冲破的条件确定的。根据试验，铆钉冲破板时的承压应力与边距的关系为

铆钉的承压应力 $[\sigma']=\frac{s}{d_0}[\sigma]$

在一般情况下，铆钉的容许承压应力为 $2[\sigma]$，则

$$2[\sigma]=\frac{s}{d_0}[\sigma]$$

所以

$$s=2d_0 \tag{1.3.16-2}$$

铆钉中心至杆件边缘的最小距离，在垂直内力方向，是根据杆件边缘净截面强度等于或大于铆钉的承压应力和剪应力的条件求得的。即

$$\left(s-\frac{d_0}{2}\right)t[\sigma]\geqslant\frac{d_0}{2}\cdot t\cdot 2[\sigma]$$

所以

$$s\geqslant 1.5d_0 \tag{1.3.16-3}$$

或者

$$\left(s-\frac{d_0}{2}\right)t[\sigma]\geqslant\frac{\pi}{4}d_0^2\cdot 0.6[\sigma]$$

所以

$$s\geqslant\frac{d_0}{2}+0.15\,\frac{\pi}{t}d_0^2 \tag{1.3.16-4}$$

用式(1.3.16-4)计算的边距小于式(1.3.16-3)计算值，因此规定机切或焰割边采用 $1.5d_0$；滚压边或刨边不存在边缘加工损伤时，可适当放小，采用 $1.3d_0$。

五、有角钢镶边的钢板梁翼肢，由于有角钢这个刚性杆件的辅助，可使连接更加紧密，并增强了板的局部稳定，所以靠边行列螺栓或铆钉的最大间距比一般的连接($7d_0$ 或 $16t$ 中的较小者)可放大一倍($14d_0$ 或 $32t$ 中的较小者)。

六、由两个角钢或两个槽钢夹以垫板或垫圈并用螺栓或铆钉连接的杆件，为了保证其两个肢结成整体和协同工作，防止因受力不均而使单肢压层；同时也为了缝隙免遭尘土和潮气的侵入，螺栓或铆钉的最大间距也应有所限制。对于受压或受压兼受拉的杆件要求严格一些，规定为 $40r$ 且不大于160mm；对于受拉杆件可以放宽一些，规定为 $80r$ 且不大于240mm。r 为一肢角钢或槽钢对平行于垫板所在平面轴线的回转半径。

第1.3.17条 设置铆钉孔的杆件，在垂直于受力方向，孔径截面上将产生局部的超额应力，其大小与孔径 d_0 和杆件肢宽 b 的比例有关，d_0/b 越大，此项超额应力越大；反之也然。当 $d_0/b=\frac{1}{3}$ 时，此项应力达到 3σ（σ 为杆件按净截面计算求得的平均应力）。规范规定螺栓或铆钉直径不应大于角钢肢宽的1/4，就是要限制孔边这项集中应力，使其不要过大。对于次要杆件，条件可以放宽，但 d_0/b 也不能超过1/3。规范规定的肢宽75mm可以用直径22mm的螺栓或铆钉，肢宽90mm可用直径24mm的螺栓或铆钉，其 d_0/b 均在1/3～1/4之间。

本条注中规定的螺栓或铆钉孔，比螺栓或铆钉直径大1～1.5mm，这是根据经验确定。铆钉热铆时受热膨胀，其钉杆变粗，一般钉孔比钉径大1.0mm即可。螺栓（这里指的是高强螺栓或粗制普通螺栓）孔比螺杆直径一般大1.0～1.5mm。摩擦型高强螺栓是靠摩擦力传递杆力，孔径本可稍大，但过大的孔径将减小接触面积，影响其抗滑力，所以还是加以限制，使孔径比杆径大1.0～1.5mm，已足够满足加工和安装的要求。

第1.3.18条 在铆接钢桥中，是用铆钉枪将受热的钉杆挤压并紧密地填充各板层钉孔，待钉杆冷却后，钉杆长度缩短，从而压紧所连接的板束。这只有当板束厚度在一定的限度内才有可能。铆合厚度过大，铆钉枪的冲击力不能遍布整个钉杆，要使连接铆钉完全密实地填充各板层钉孔是比较困难的，因此规范对最大铆合厚度作了限制。根据经验，铆钉最大铆合厚度一般不大于钉孔直径的4.5倍。用特殊铆合机铆合，铆合厚度也不大于钉孔直径的5.5倍。在超过规定厚度时，为了防止某些钉孔不能填满和铆合不紧而影响结构的连接强度，规范规定以增加铆钉数量来补偿连接强度的降低。

第1.3.19条 为保证螺栓或铆钉群有足够的抗弯能力，以承受可能产生的局部弯矩，规范规定，当有多排螺栓或铆钉时，每排数量不少于2个。设置单排铆钉时，考虑施铆需采用螺栓临时固定，所以规定铆钉数不少于3个。高强螺栓（或普通螺栓）在安装时，因不需另设临时固定螺栓，采用单排时，至少需2个。

在翼肢较宽的角钢上，往往采用交叉式布置螺栓或铆钉，并因为第一个螺栓或铆钉受力较大，宜靠角钢背部设置。

第1.3.20条 杆件的连接接头，易受制造、安装等可能出现的不利因素影响，受力情况比较复杂，故在桥梁主要受力部分如主桁杆件和板梁翼缘等处，连接部件应具有足够的强度——不低于杆件的强度，所以规范规定接头连接件按被连接杆件的计算截面积作等强度设计。次要受力构件如联结系等，其连接接头不如主要受力构件重要，没有必要与杆件作等强度计算，只需按杆件的实际内力计算即可。

由于高强螺栓与铆钉头的疲劳强度不同，当以等强度原则计算接头处所需高强螺栓或铆钉数量时，应分别不同情况加以考虑。在铆钉接头中，铆钉的疲劳强度与被连接杆件的疲劳强度相接近，所以铆钉的数量可按杆件强度来计算。在高强螺栓接头中，螺栓本身不发生疲劳断裂，而被连接杆件的疲劳强度低于或等于杆件的强度，所以高强螺栓的数量则按杆件的疲劳强度来计算。

铆钉群在一般工作情况下，受力分布是不均匀的，越在中间位置的铆钉，其所受到的力量越小，边排的铆钉受力最大，且排数越多，铆钉受力差也越大。但当铆钉接近破坏时，由于塑性变形，钉群受力趋于均匀。高强螺栓挤压的摩擦面，其受力过程与铆钉相似。因此，在实际计算中，无论是铆钉或螺栓，均可认为外力是均匀分配在各个连接件上，虽然与实际工作情况有所出入，但并不降低整个连接接头的安全性。

当受压杆件采用端部磨光顶紧的措施来传递杆力时，从理论上说杆力是可以全部直接传递的，但因杆件具有柔性，受力后产生挠曲，有可能使接触面部分脱开，加之杆件制造误差，也不可能完全顶紧，为安全起见，这类连接其连接处的螺栓或铆钉数量及连接板的截面积，均可按被连接杆件承载力的50%

来计算。

第 1.3.21 条　杆件的肢若与节点板偏心连接，且这些肢在连接范围内无缀板相联系或杆件的肢仅有一面有拼接板时，螺栓或铆钉除承受剪切外，还要承受附加弯矩，所以栓、铆数量要增加 10%。

在铆接连接中，当杆件需要数块连接板连接时，连接板必然有未能与被连接杆件直接连接的部分，此时铆钉承受附加弯矩，故其数量应予增加。高强螺栓连接是依靠板层间的摩阻来传力的，数层连接板可视为一个整体与被连接杆件相连接，不存在高强螺栓栓杆受弯的问题，其数量可不增加。

当两个被连接杆件的厚度不等时，在较薄杆件上须先垫以填板，然后才能与连接板连接。在此情况下的铆钉受力情况与隔层板连接时相同，所以铆钉数量也应增加。只要保证填板与被连接杆件有足够的铆钉连接，即填板伸出连接范围之外有一排铆钉连接时，就可视填板与被连接杆件为同一体，铆钉仅受剪切，不存在偏心受力而产生附加弯矩的问题，连接上的铆钉数量自可不必增加。

(III)销　　接

第 1.3.22 条　受拉杆件如使用销子连接时，在销孔处有集中应力并产生偏心弯矩，加大了通过销孔直径的正截面的负担，所以该截面的净面积应比杆件计算截面积大 40%。为保证销孔边至杆端截面承受剪切而不致破坏，应使该截面面积不小于杆件截面积。

销杆的端部被销孔削弱，常用补强钢板来补偿，借以增加销杆端部与销子接触的承压面积。此项补强钢板应有足够的平头铆钉或焊缝与销杆端部相连接，方能发挥补强的作用，因此规定将销子中线两侧的平头铆钉数量或焊缝长度与补强钢板作等强度计算。

第 1.3.23 条　销子的受力状态和应力分布都很复杂，实用计算上一般近似地把它视为简支梁，将各被连接构件的内力作为集中力并作用于销接触的各板条的中心线上，以计算销子的弯应力、剪应力和孔壁承压应力。

第四节　行车系、联结系、缀板及支座的构造及计算

(I)行　车　系

第 1.4.1 条　由于纵横梁与主桁共同作用，主桁弦杆的变形将使横梁产生很大的附加应力，此项应力随着桥梁跨径的增大而增大。为了减少弦杆对横梁的此种影响，可以把纵梁在桥中断开，根据计算和实验资料，凡跨径超过 80m 的简支梁桥，都宜设置断缝和使纵梁可以纵向移动的活动支承。对于跨径很大的钢桥，断缝的间距也不宜超过 80m。

对于连续梁桥，由于其弦杆一段受拉，另一段受压，弦杆变形相互抵消，总的伸长量减小。如主桁中距较大(公路桥主桁中距一般均较大)时，因弦杆变形而产生的行车系次应力相应降低较多，可不设纵梁断缝和活动支承。

纵梁活动支承制作较为麻烦，如果采取措施减小横梁的附加应力，即便是简支梁桥，也可不设纵梁活动支承。主桁弦杆变形对行车系所产生的附加应力与横梁的翼缘宽度有关，可以减小翼缘宽度来减小横梁的附加应力。另外，也可以从桥梁安装的程序上部分地消除横梁的次应力，即使之在结构重力作用下的弦杆变形与行车系不发生关系，而横梁的附加应力仅发生于桥梁承受活荷载时。

第 1.4.2 条　连接成连续梁的桥面系纵梁，即使有鱼形板等能承受支点弯矩的结构与横梁连接，其受力情况也是与固定支承连续梁不同的，因此纵梁的弯矩不能按固定支承连续梁来计算。在荷载作用下，横梁和主梁都会发生挠曲，致使纵梁跨中的正弯矩增加，支承处负弯矩减小。可以把纵梁当作弹性支承的连续梁进行较精确的计算，即假定其支点弯矩与支点的沉降有关。国外对桁架桥研究的结果表明，当考虑桁架吊杆的伸长时，在柔性较大的支承处，弯矩约等于按简支梁计算的跨中弯矩；当考虑主桁挠度，主桁计算跨径在 44 ~66m 时，支点弯矩可减小 8% ~12%，约为简支梁跨中弯矩的 0.9 倍。跨径愈大主桁挠度影响愈小，跨径超过 70m 时，挠度影响可略而不计。再考虑连接处的松动，则纵梁支点弯矩与简支梁跨中弯矩之比还要降低，约为 0.7，故规范规定纵梁支点弯矩采用按简支梁计算的最大弯矩

的$0.9\times0.7\approx0.6$倍。

如上所述,假定纵梁按简支梁计算,而其实际工作状态又接近于弹性支承连续梁,因为按简支梁计算的支点反力偏小,一般应加大10%,因此连接纵梁的竖角钢肢上的螺栓或铆钉也应增加10%。连接于横梁的竖角钢肢上的螺栓或铆钉,因要承担由支点弹性钳制而产生的负弯矩(实际为拉力),容易使连接松动或连接角钢开裂,所以规定铆钉(螺栓)增加40%,以减轻它们的负担。当支承处设置能承受支点弯矩的结构时,则全部支点弯矩由该结构承受,而连接纵横梁的竖角钢肢上的螺栓或铆钉数,只考虑因反力计算偏小而增加10%就可以了。

第1.4.3条 桥面系的横梁,为了简化起见,一般按简支梁计算。

横梁与主桁的连接,当不设承受支点弯矩的结构时,由于纵梁弹性支点处的连续性而引起反力增大10%,所以规定连接于横梁上的竖角钢肢上的螺栓或铆钉数也应增加10%;而连接于主桁的竖角钢肢上的螺栓或铆钉将承受横梁端弯矩,根据计算,这个端弯矩约为按简支梁计算的跨中弯矩的5%~14%,比纵梁的端弯矩与简支梁跨中弯矩之比为小,所以螺栓或铆钉的增加数也可比纵梁相同受力性质的螺栓或铆钉为少,即以增加10%考虑,再加上纵梁连续作用的反力增大影响,故连接于主桁的竖角钢肢上的螺栓或铆钉以按简支梁计算的支点反力增加20%计算。当支承处设置承受支点弯矩的结构时,则全部支点弯矩由该结构承受,而连接横梁和主桁的竖角钢肢上的螺栓或铆钉数仅按纵梁连续而增加的数量,即10%。

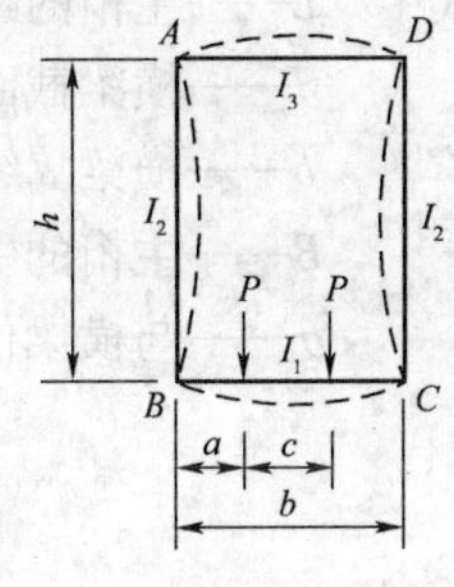

图1.4.3 闭合刚架变形图

当横梁作为闭合刚架的组成部分时,横梁两端的负弯矩可按下式计算(见图1.4.3):

$$M_{\mathrm{BC}}=M_{\mathrm{CB}}=\frac{b(2I_3h+3I_2b)I_2}{I_1I_3h^2+2bhI_2(I_1+I_3)+3b^2I_2^2}M_{\mathrm{F}} \tag{1.4.3-1}$$

式中 M_{F} 为梁的固端弯矩,其值为

$$M_{\mathrm{F}}=\frac{P\cdot a\,(b-a)^2}{b^2} \tag{1.4.3-2}$$

上式是左边单轮作用下的端弯矩。多轮作用时,将单轮算得的弯矩相加。

当 AD 为极强劲的支撑桁架时,可假定 I_3 近似无穷大,即 $1/I_3\approx0$,则式(1.4.3-1)可写成

$$M_{\mathrm{BC}}=M_{\mathrm{CB}}=\frac{2bI_2}{I_1h+2bI_2}M_{\mathrm{F}} \tag{1.4.3-3}$$

若 AD 甚细弱,I_3 近乎零(相当于半框架),则

$$M_{\mathrm{BC}}=M_{\mathrm{CB}}=\frac{3bI_2}{2hI_1+3bI_2}M_{\mathrm{F}} \tag{1.4.3-4}$$

上列各式中 I 值为图中所示各杆的惯性矩。

设 I_1/C_1 及 I_2/C_2 各为横梁 BC 和竖杆 AB 的截面抵抗矩,则横梁和竖杆的次应力各为

$$\Delta\sigma_1=\pm M_{\mathrm{BC}}\frac{C_1}{I_1} \tag{1.4.3-5}$$

$$\Delta\sigma_2=\pm M_{\mathrm{BC}}\frac{C_2}{I_2} \tag{1.4.3-6}$$

横梁兼作支承处横向联结系支杆时,由于竖杆杆力有时较大,受竖杆变形影响的横向联结系斜杆的杆力也较大,而斜杆力对横梁的偏心作用会使横梁跨中弯矩超载较多,这种不利影响应在设计中加以考虑。横梁兼作纵向联结系支杆时,纵向联结系对横梁的偏心作用力对横梁跨中弯矩一般起卸载作用,但在连续梁的支点附近会使横梁跨中弯矩有所增大,这种影响在设计时也应注意。

第1.4.4条 竖向荷载作用会引起桁架弦杆(或板梁翼缘)的变形,由于横梁与主桁(或主梁)及纵梁与横梁间的连接均是固定的,即纵向不能移动,因此弦杆(或翼缘)的变形必将引起桥面系的变形。武汉长江大桥的测试表明,主桁与桥面系的共同作用是很明显的。当桥面系设置在主桁受拉部分,弦杆因受拉而伸长,此时纵梁受拉,横梁在水平方向受弯;如桥面系设置在主桁受压部分,由于弦杆受压而缩

短，则纵梁受压，横梁仍在水平方向受弯。

按照吉卜施曼所著《公路钢桥》的论述，与主桁连接的桥面系端横梁（受最大附加弯矩）在水平面上的最大弯矩为

$$M=\frac{25}{6}\cdot\frac{IL}{B^2}\cdot\overline{\sigma} \tag{1.4.4-1}$$

横梁在水平面上最大边缘应力为

$$\Delta\sigma=\frac{Mb}{2I}=\frac{25}{12}\cdot\frac{Lb}{B^2}\overline{\sigma} \tag{1.4.4-2}$$

式中 L——主桁的跨径；

I——横梁截面对竖轴的惯性矩；

b——横梁翼缘的宽度；

B——主桁的中距；

$\overline{\sigma}$——与横梁位于同一平面内的主桁弦杆的平均应力，按下式计算：

$$\overline{\sigma}=\frac{\sum\frac{N}{A}a}{L}$$

N——不考虑共同受力时，主桁弦杆中由竖向荷载产生的内力；

A——主桁弦杆的截面积；

a——主桁节间的长度。

横梁除承受竖向弯矩外，还承受水平方向的附加弯矩，因而成为受斜弯曲的构件。按照本规范第1.2.15条规定，其容许应力应乘以增大系数C。由于桥面系与主桁共同作用的大小与结构形式关系较大，目前尚无成熟的公式可供应用，能提供的计算方法都不很准确。例如，横梁附加应力的计算公式，一般是在假定纵梁长度不变的情况下推导出来的，而实际纵梁是有伸长的；产生横梁两个平面（竖向平面和水平平面）内最大挠曲应力的竖向荷载位置并不一致，但为简化起见，在计算中往往予以忽略；钉（或栓）及连接构件的变形，弦杆与横梁截面形心线不在同一高程等等，都使计算结果比实际应力偏大较多。试验表明，横梁斜弯曲的计算应力等于实测应力的1.56～6.28倍，因此应将容许应力较多地提高，故规范采用$1.7C[\sigma]$。

假定横梁因竖向弯曲已使翼缘承受了$[\sigma]$的应力，则由水平弯曲而引起的翼缘应力只能等于或小于$1.7C[\sigma]-[\sigma]=[\sigma]\times(1.7C-1)=(1.7\times1.15-1)[\sigma]=0.95[\sigma]$，所以

$$\Delta\sigma=\frac{25}{12}\cdot\frac{Lb}{B^2}\cdot\overline{\sigma}\leqslant0.95[\sigma]$$

假定弦杆的平均应力$\overline{\sigma}=0.8[\sigma]$，且弦杆与横梁用同一种钢材，当在$B=6\text{m}$时

$$Lb=\frac{0.95[\sigma]}{0.8[\sigma]}\cdot\frac{12}{15}B^2=20.5$$

就是说，当纵梁不与纵向联结系直接连接，且$Lb\leqslant20$时（L和b均以m为单位），可不考虑主桁弦杆的变形对横梁受力的影响。当主桁中距B小于6m时，Lb值应乘以$B^2/36$的系数。

纵梁的附加轴向力以桥梁中间节间为最大，可以利用半边桥孔中所有横梁累积的、总的水平作用力分布图来计算。这个分布图假定沿桥宽方向按二次抛物线变化，其最大荷载强度大约为

$$p_{\max}=\frac{25IL(L+2a)\overline{\sigma}}{aB^4} \tag{1.4.4-3}$$

式中a为桥面系每节长度，其他符号同上。

最接近主桁的纵梁受到的附加轴向力最大。每根纵梁中的纵向力可按累积的水平力分布图中的相应部分的面积求得。

（II）联 结 系

第1.4.5条 纵向联结系用来承受附加的水平荷载，并保证桥梁的稳定性。梁式上部结构，一般在弦

杆(或翼缘)上下平面内设置纵向联结系。但在联合梁中,因在行车平面内已有整块的钢筋混凝土板,使桥梁结构在该水平面上有足够的横向刚度,所以如果没有安装上的要求,一般是不设行车系平面内的纵向联结系的。

跨径较小的上承式桥梁,常常不设下纵向联结系。因为梁底全部风力可由上纵向联结系承担。又由于跨径小,横向刚度也容易满足。

横向联结系的主要作用,在于调整主梁的不均匀荷载、传递风力及维持结构的空间稳定性。上承式桥跨结构,若沿上下平面均设置了纵向联结系,原则上可仅在梁的两端(或支承点上)设置横向联结系。但为了增加桥梁的整体性和抗扭刚度,使主梁和纵向联结系受力更加均匀,仍要求在跨中设置横向联结系。

下承式桥梁应在两端设桥门架,以把上纵向联结系的水平荷载传到墩台。跨径较大的下承式桥,跨中也应设门架式横向联结系,横联间距不宜大于两个节间,借以增加桥梁的整体性和抗扭刚度,使主梁受力均匀。

开口式桥梁在每个横梁竖直面内均应设半框架,用来抵抗上弦杆的侧向屈曲。

第1.4.6条 上承式桥的端横向联结系,除用于加强桥梁的稳定外,并需将上纵向联结系的反力传到桥下支座。中横向联结系,当桥梁只有上纵向联结系时,梁下缘的风力将借其传至上纵向联结系;当桥梁上下均设置纵向联结系时,因它们承担的风力不等,中横向联结系用于承受由此产生的扭力。因此,对于焊接板梁,其横向联结系应尽量与梁的上下翼缘连接,以避免水平力对横向联结系的偏心。如果将横向联结系焊于腹板加劲肋上,该加劲肋也应与梁的受压翼缘焊连,以改善其受力情况。对于桥面系纵梁的横向联结系,也要求这样做。

第1.4.7条 由于主桁弦杆(或主梁翼缘)在竖向荷载作用下被拉长(或缩短),迫使布置在它所在平面上的纵向联结系变形并产生较大的附加应力,因此,纵向联结系与主桁的连接应力求对中于弦杆的轴线,以避免由于偏心引起附加应力。各种形式的纵向联结系附加杆力的计算公式,也是假定杆件与弦杆的轴线在同平面内相交而推导出来的。但是,如果纵向联结系采用T形截面杆件,且以翼缘与主桁弦杆(或主梁翼缘)连接,则在其参与主桁弦杆(或主梁翼缘)的共同作用中,由于连接肢受偏心弯矩影响所产生的变形未加考虑,使按规范式(1.4.10-1)、(1.4.10-2)算得的T形纵向联结系的共同作用力偏大较多,所以在验算该联结系时,可不另计该杆件所受偏心连接的影响。

在选择纵向联结系杆件的截面时,除满足承担最大外力要求外,还应考虑由于杆件自身重力引起的弯曲应力。该弯曲应力可按简支梁计算,跨径取为杆件的长度。因为纵向联结系杆件在重力作用下的弯曲平面与纵向联结系作为桁架的计算平面是垂直的,且当杆件的长细比较大时,重力引起的弯矩具有举足轻重的影响,所以要考虑杆件重力的影响。如果杆件的长细比小于70时,一般不计杆件重力的影响。

第1.4.8条 水平荷载在桥梁上下纵向联结系中的分配,仍维持原规范的规定不变。分配系数是按空间分析和参考国内外规范确定的。

长沙铁道学院按空间结构对四座桥梁进行了分析,结果列于表1.4.8-1、2。

表1.4.8-1 主桁风力在上下纵向联结系中的分配系数

桥梁形式	空间结构计算		
	各桥平均值	四桥平均值	各桥平均值的最大值
简支56m栓焊平列公铁两用下承式桁梁桥	$\frac{0.516}{0.528}$	$\frac{0.507}{0.521}$	$\frac{0.554}{0.570}$
简支64m栓焊平列公铁两用下承式桁梁桥	$\frac{0.507}{0.520}$		
简支80m栓焊平列公铁两用下承式桁梁桥	$\frac{0.554}{0.465}$		
简支64m铆接平列公铁两用下承式桁梁桥	$\frac{0.450}{0.570}$		

注:(1)表中分子表示上纵向联结系的分配系数,分母表示下纵向联结系的分配系数。

(2)表列数值系纵向联结系斜杆的计算数值。

表 1.4.8-2　行车系横向水平力在上下纵向联结系的分配系数

桥梁形式	空间结构计算		
	各桥平均值	四桥平均值	各桥平均值的最大值
简支 56m 栓焊平列公铁两用下承式桁梁桥	$\frac{0.237}{0.793}$	$\frac{0.215}{0.800}$	$\frac{0.257}{0.848}$
简支 64m 栓焊平列公铁两用下承式桁梁桥	$\frac{0.208}{0.807}$		
简支 80m 栓焊平列公铁两用下承式桁梁桥	$\frac{0.257}{0.754}$		
简支 64m 铆接平列公铁两用下承式桁梁桥	$\frac{0.158}{0.848}$		

注：表中数字含义同表 1.4.8-1。

主桁上风力的分配系数，规范规定的与四桥平均值接近。

行车系上的横向水平力分配系数，本规范规定为：非行车系弦杆平面的纵向联结系承担 20%，接近上表四桥平均值；而行车系弦杆平面的纵向联结系承担的数额，由空间结构分析得知，约为 80%，而规范采用 100%，这是从安全考虑，沿用 1961 年《公路桥涵设计规范》（草案）的规定。

第 1.4.9 条　交叉形、菱形和三角形纵向联结系，应计算由竖向荷载引起的联结系杆件内力，其计算公式在规范第 1.4.10 条作了规定。K 形桁架式的纵向联结系多用于桁距较大的桥梁，由于其横杆在联结系平面内的刚度较小，弦杆（或翼缘）变形联结系横杆也变形，故弦杆变形对联结系斜杆影响很小，所以可不考虑由竖向荷载引起的附加内力。

K 形纵向联结系计算公式如下：

斜杆内力

$$N_d = \frac{N_a}{A_a} \cdot \frac{A_d \cdot \cos^2\alpha}{1 + \frac{A_d}{A_b} \cdot \sin^3\alpha + \frac{A_d}{48 I_b} B^2 \sin\alpha \cos^2\alpha} \tag{1.4.9-1}$$

横杆内力

$$N_b = N_d \sin\alpha \tag{1.4.9-2}$$

横杆弯矩

$$M_b = \frac{N_b d}{2} \tag{1.4.9-3}$$

式中　N_a、A_a——弦杆的内力和毛截面积；

N_d、A_d——斜杆的内力和毛截面积；

N_b、A_b——横杆的内力和毛截面积；

I_b——联结系横杆对竖向轴的惯性矩；

B——主桁轴线间的距离；

α——联结系斜杆与桁架弦杆的交角。

式（1.4.9-1）中分母的第一、二两项远小于第三项，相对地可以略去不计，式（1.4.9-1）可写成

$$\begin{aligned} N_d &\approx 48 \frac{N_a}{A_a} \cdot \frac{I_b}{B^2 \sin\alpha} \\ &= 48\left(\frac{A_b}{A_a}\right)\frac{I_b N_a}{A_b B^2 \sin\alpha} \\ &= 48\left(\frac{A_b}{A_a}\right)\left(\frac{r_b}{B}\right)^2 \frac{N_a}{\sin\alpha} \end{aligned} \tag{1.4.9-4}$$

式中 r_b 为横杆对竖直轴的回转半径，相对于主桁中距 B 来说，其值极小，式（1.4.9-4）中的 $\left(\frac{r_b}{B}\right)^2$ 更小，因而 N_d 值也极小。上述计算公式也表明 K 形纵向联结系可不考虑由竖向荷载产生的附加内力。

三角形或菱形纵向联结系，由于横杆内力 N_b 的作用，将使弦杆（或翼缘）产生联结系平面内的弯矩，这在规范第 1.4.12 条中作了规定。而交叉形纵向联结系不产生这种弯矩。所以当横梁兼作纵向联结系的横杆时，不宜采用三角形或菱形纵向联结系。因为纵向联结系参与主桁（或主梁）共同作用时，横梁承受较大的轴向力，主桁弦杆（或主梁翼缘）将产生很大的次应力。但当横梁截面较小、主桁（或主梁）中距较宽、纵向联结系斜杆与弦杆（或翼缘）间的交角较大时，则横杆内力较小，故不排除横梁兼作三角形或菱形纵向联结系的横杆。

主桁弦杆（或主梁翼缘）在考虑三角形或菱形纵向联结系横杆内力所产生的弯矩时，强度验算的容许应力可提高 20%。在稳定计算中，由于丧失稳定是发生在节间中央一段，而上述弯矩产生的次应力发生在节点的附近，两者不全部叠加，因此可不考虑横杆内力的作用。

第 1.4.10 条　纵向联结系由主桁或主梁变形引起的各杆力计算公式推导如下：

交叉形纵向联结系　把主桁弦杆切断，断开的距离 δ 等于弦杆由竖向荷载引起的变形值，断口处作用着未知力 N_a。

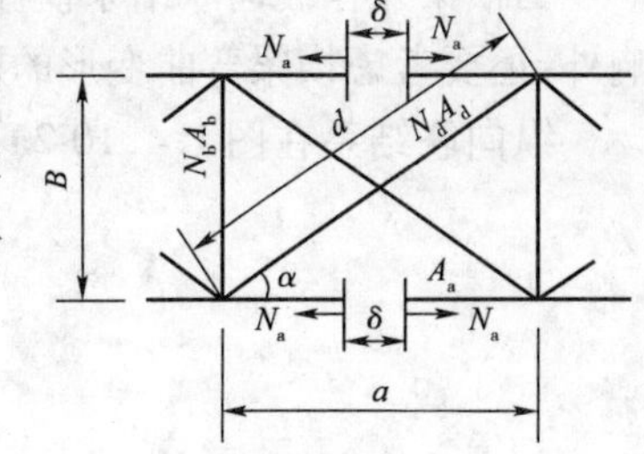

图 1.4.10-1　交叉形纵向联结系内力计算图

图 1.4.10-1 为一节间长度，B 为弦杆轴线间的距离，d 为斜杆的长度，N_a、N_d、N_b 为由弦杆变形 δ 在弦杆、斜杆、横杆中引起的杆力，α 为斜杆与弦杆之间的交角。根据力的平衡条件得

$$N_d = N_a \frac{d}{a} = N_a \frac{1}{\cos\alpha}$$

$$N_b = N_a \frac{B}{a} = N_a \tan\alpha$$

由 N_a 在 δ 距离上作的外功

$$T = 2N_a \frac{\delta}{2}$$

由弦杆杆力 N_a 所作的内功

$$U_a = 2\frac{N_2^2 a}{2EA_a}$$

由斜杆杆力 N_d 作的内功

$$U_d = 2\frac{N_d^2 d}{2EA_d} = 2\left(\frac{N_a}{\cos\alpha}\right)^2 \frac{d}{2EA_d}$$

由横杆杆力 N_b 作的内功

$$U_b = 2\frac{N_b^2 2B}{2EA_b} = 2\,(N_a\tan\alpha)^2 \frac{2B}{2EA_b}$$

根据外功等于内功的原理，得

$$T = U_a + U_d + U_b \tag{1.4.10-1}$$

即

$$2N_a\frac{\delta}{2} = 2\frac{N_a^2 a}{2EA_a} + 2\left(\frac{N_a}{\cos\alpha}\right)^2 \times \frac{d}{2EA_d} + 2\,(N_a\tan\alpha)^2\frac{2B}{2EA_b}$$

解方程式得

$$N_a = \frac{E\delta}{\dfrac{a}{A_a} + \dfrac{d}{A_d\cos^2\alpha} + \dfrac{2B\tan^2\alpha}{A_b}} \tag{1.4.10-2}$$

由于 $\delta = \sigma_a a/E$（σ_a 为由竖向荷载产生的在弦杆中的应力），以 δ 值代入式（1.4.10-2），并经运算后得

$$N_a = \frac{\sigma_a A_d \cos^3\alpha}{1 + 2\sin^3\alpha\dfrac{A_d}{A_b} + \cos^3\alpha\dfrac{A_d}{A_a}} \tag{1.4.10-3}$$

有了 N_a 就可求得 N_d，即

$$N_d=\frac{N_a}{\cos\alpha}=\frac{\sigma_a A_d\cos^2\alpha}{1+2\dfrac{A_d}{A_b}\sin^3\alpha+\dfrac{A_d}{A_a}\cos^3\alpha}$$

$$=\frac{N_a}{A_a}\cdot\frac{A_d\cos^2\alpha}{1+2\dfrac{A_d}{A_b}\sin^3\alpha+\dfrac{A_d}{A_a}\cos^3\alpha}$$

这个公式就是规范式(1.4.10-1)。式中分母第三项一般数值很小，也可略去不计。

横杆内力可从图 1.4.10-1 中直接得到：

$$N_b=(N_{d1}+N_{d2})\sin\alpha$$

当横梁兼作纵向联结系横杆时，则纵向联结系在竖向荷载作用下所引起的内力，除有弦杆变形的影响外，还要考虑横梁弯曲变形的影响。

纵向联结系在图 1.4.10-2a)所示荷载作用下为一次超静定结构，如以斜杆为赘余杆，则有

$$N_d=\frac{\Delta_{1p}}{\delta_{11}}=\frac{\sum\dfrac{N_i\overline{N}_i}{EA_i}L+\sum\int\dfrac{M_i\overline{M}_i}{EI_i}dx}{\sum\dfrac{\overline{N}_i^2}{EA_i}L+\sum\int\dfrac{\overline{M}_i^2}{EI_i}dx} \tag{1.4.10-4}$$

按图 1.4.10-2b)，荷载作用于静定基本体系时，有弦杆轴向力 N_a，横梁弯矩 M_b。

假定横梁中最大弯矩与弯矩图面积的关系为

$$M_{max}=M_b/n$$

横梁中的平均弯矩为

$$\overline{M}=M_b/B$$

于是横梁平均弯矩与跨间最大弯矩的比值为

$$\mu=\overline{M}/M_{max}=n/B$$

横梁在跨间最大简支弯矩 M_{max} 作用下，按毛截面计算的最大纤维应力(实际为纵向联结系所在位置处的纤维应力)为

$$\sigma_{0b}=M_{max}e/I_b$$

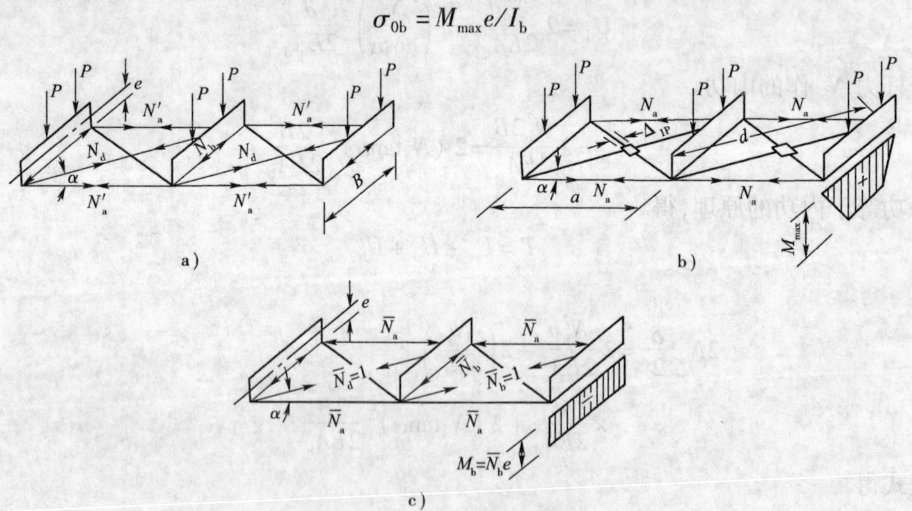

图 1.4.10-2　横梁兼作横杆时交叉形纵联内力计算图

按照图 1.4.10-2c)，单位力 $\overline{N}_d=1$ 作用于静定基本体系时

弦杆轴向力　$\overline{N}_a=\overline{N}_d\cos\alpha=\cos\alpha$

横梁轴向力　$\overline{N}_b=2\overline{N}_d\sin\alpha=2\sin\alpha$

横梁弯矩　$\overline{M}_b=\overline{N}_b e=2e\sin\alpha$

计算 δ_{11}：

$$\Sigma \frac{\overline{N}_i^2}{EA_i}l = 2\frac{\overline{N}_d^2}{EA_d}d + 2\frac{\overline{N}_a^2}{EA_a}a + \frac{\overline{N}_b^2}{EA_{0b}}B$$

$$= \frac{2a}{EA_d\cos\alpha} + \frac{2a\cos^2\alpha}{EA_a} + \frac{4a\sin^3\alpha}{EA_{0b}\cos\alpha}$$

$$= \frac{2a}{EA_d\cos\alpha}\left(1 + \frac{A_d}{A_a}\cos^3\alpha + 2\frac{A_d}{A_{0b}} - \sin^3\alpha\right)$$

$$\Sigma\int\frac{\overline{M}_i^2}{EI_i}dx = \int_0^B\frac{\overline{M}_b^3}{EI_b}dx = \frac{(2e\sin\alpha)^2}{EI_b}B$$

$$= \frac{4e^2a\sin^3\alpha}{EA_{0b}r^2\cos\alpha} = \frac{2a}{EA_d\cos\alpha}\left(2\frac{A_d}{A_{0b}}\cdot\frac{e^2}{r^2}\sin^3\alpha\right)$$

$$\delta_{11} = \frac{2a}{EA_d\cos\alpha}\left[1 + \frac{A_d}{A_a}\cos^3\alpha + 2\frac{A_d}{A_{0b}}\left(1 + \frac{e^2}{r^2}\right)\sin^3\alpha\right]$$

计算 Δ_{1p}：

$$\Sigma\frac{N_i\overline{N}_i}{EA_i}l = 2\frac{N_a\overline{N}_a}{EA_a}a = 2\frac{N_a\cos\alpha}{EA_a}a = \frac{2a}{EA_d\cos\alpha}\left(A_d\frac{N_a}{A_a}\cos^2\alpha\right)$$

$$\Sigma\int\frac{M_i\overline{M}_i}{EI_i}dx = \int_0^B\frac{M'_b\overline{M}_b}{EI_b}dx = \frac{2e\sin\alpha}{EI_b}nM_{max}$$

$$= \frac{2n}{E}\sigma_{0b}\sin\alpha = \frac{2BA_d}{EA_d}\cdot\frac{n}{B}\sigma_{0b}\sin\alpha$$

$$= \frac{2a}{EA_d\cos\alpha}A_d\frac{n}{B}\sigma_{0b}\sin^2\alpha$$

$$= \frac{2a}{EA_d\cos\alpha}(A_d\mu\sigma_{0b}\sin^2\alpha)$$

$$\Delta_{1p} = \frac{2a}{EA_d\cos\alpha}A_d\left(\frac{N_a}{A_a}\cos^2\alpha + \mu\sigma_{0b}\sin^2\alpha\right)$$

将 δ_{11} 和 Δ_{1p} 的表达式代入式(1.4.10-4)，即得

$$N_d = \frac{A_d\left(\frac{N_a}{A_a}\cos^2\alpha + \mu\sigma_{0b}\sin^2\alpha\right)}{1 + \frac{A_d}{A_a}\cos^3\alpha + 2\frac{A_d}{A_{0b}}\left(1 + \frac{e^2}{r^2}\right)\sin^3\alpha} \tag{1.4.10-5}$$

此式是纵向联结系当横梁兼作横杆时，斜杆杆力的理论计算公式。式中横梁平均弯矩与跨间最大弯矩的比值 μ 一般可取用 0.6，e^2/r^2 一般取为 1，则得规范式(1.4.10-2)。该式中的 $\frac{A_d}{A_a}\times\cos^3\alpha$ 一般很小，同样可以略去不计。

菱形纵向联结系 图 1.4.10-3 示一节间长度，根据力的平衡条件，得

$$N_d = N_a\frac{1}{\cos\alpha}$$

$$N_b = 2N_a\tan\alpha$$

由 N_a 在 δ 距离上作的外功

$$T = 4N_a\frac{\delta}{2}$$

由弦杆杆力 N_a 作的内功

$$U_a = 4\frac{N_a^2a}{2EA_a}$$

由斜杆杆力 N_d 作的内功

$$U_d = 4\frac{N_d^2\frac{d}{2}}{2EA_d} = 4\left(\frac{N_a}{\cos\alpha}\right)^2\frac{\frac{d}{2}}{2EA_d}$$

由横杆杆力 N_b 作的内功

$$U_b = 2\frac{N_b^2 \frac{B}{2}}{2EA_b} = 2\ (2N_a \tan\alpha)^2\ \frac{\frac{B}{2}}{2EA_b}$$

由弦杆挠曲作的内功

$$U_{fb} = 2\frac{N_b^2 a^3}{48EI} = 2\ (2N_a \tan\alpha)^2\ \frac{a^3}{48EI}$$

U_{fb}是由横杆杆力引起的弦杆水平挠曲变形,式中 I 为弦杆对竖向轴的惯性矩。

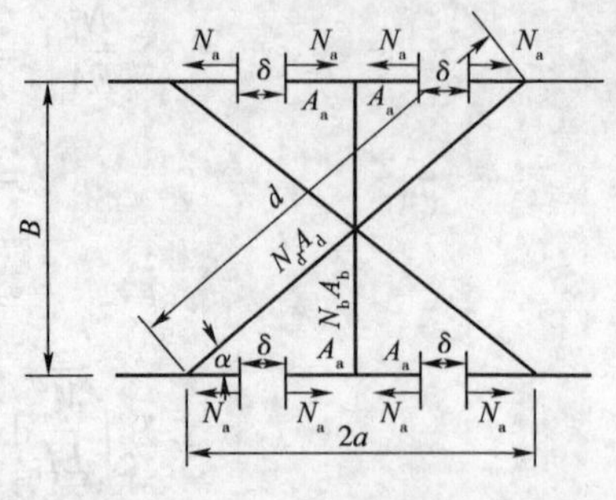

图 1.4.10-3　菱形纵向联结系内力计算图

根据外功等于内功的原理,得

$$T = U_a + U_d + U_b + U_{fb} \tag{1.4.10-6}$$

将以上各式代入式(1.4.10-6),得

$$\begin{aligned} 4N_a\frac{\delta}{2} &= 4\frac{N_a^2 a}{2EA_a} + 4\left(\frac{N_a}{\cos\alpha}\right)^2\frac{d/2}{2EA_d} \\ &+ 2\ (2N_a\tan\alpha)^2\ \frac{B/2}{2EA_b} \\ &+ 2\ (2N_a\tan\alpha)^2\ \frac{a^3}{48EI} \end{aligned}$$

$\delta = \sigma_a a/E$,解方程式得

$$N_a = \frac{\sigma_a}{\frac{1}{A_a} + \frac{1}{A_d\cos^3\alpha} + \frac{2\tan^3\alpha}{A_b} + \frac{a^2\tan^2\alpha}{12I}} \tag{1.4.10-7}$$

$$N_d = \frac{N_a}{\cos\alpha} = \frac{\sigma_a}{\frac{\cos\alpha}{A_a} + \frac{1}{A_d\cos^2\alpha} + \frac{2\tan^3\alpha\cos\alpha}{A_b} + \frac{a^2\tan^2\alpha\cos\alpha}{12I}} \tag{1.4.10-8}$$

分母和分子各乘以 $A_d\cos^2\alpha$,并以 $a = B/2\tan\alpha$、$\tan\alpha = \sin\alpha/\cos\alpha$ 代入,得

$$N_d = \frac{\sigma_a A_d\cos^2\alpha}{1 + 2\frac{A_d}{A_b}\sin^3\alpha + \frac{A_d}{A_a}\cos^3\alpha + \frac{A_d}{48I}B^2\cos^3\alpha} = \frac{N_a}{A_a}\times\frac{A_d\cos^2\alpha}{1 + 2\frac{A_d}{A_b}\sin^3\alpha + \frac{A_d}{48I}B^2\cos^3\alpha + \frac{A_d}{A_a}\cos^3\alpha}$$

上式分母第四项一般很小,也可略去。

横杆内力　$N_b = (N_{d1} + N_{d2})\sin\alpha$

三角形纵向联结系　在竖向荷载作用下,由于联结系与弦杆共同作用,使之产生如图 1.4.10-4a)的变形(实际上各弦杆内力 N_a 和截面 A_a 是不等的,但由于联结系各杆内力只与弦杆的应力 $\sigma_a = N_a/A_a$ 有关,而理论上各节间弦杆的应力是相等的,为了便于计算,在图中用了相同的 N_a、A_a 来代替各节间不等 N_a 和 A_a,这样的假定,不影响计算结果的正确性)。

为了求得图 1.4.10-4a)中的各未知力,可将各节间的斜杆切断,取图 1.4.10-4c)所示的基本体系,此时竖向荷载所产生的力将单独由弦杆承受。

根据力法原理,可以写出如式(1.4.10-4)的形式。在 $\overline{N}_d = 1$ 的作用下,各杆产生的内力见图 1.4.10-4d)和 e)。

计算 Δ_{1p} 和 δ_{11}:

$$\Sigma\int\frac{M_i\overline{M}_i}{EI}dx = 0$$

$$\Sigma\frac{N_i\overline{N}_i}{EA_i}l = 2\frac{N_a\overline{N}_a}{EA_a}a$$

$$\Sigma\int\frac{\overline{M}_i^2}{EI_i}dx = 4\int_0^{\frac{a}{3}}\frac{\overline{M}_x^2}{EI}dx$$

$$\Sigma\frac{\overline{N}_{i}^{2}}{EA_{i}}l=\frac{\overline{N}_{d}^{2}d}{EA_{d}}+\frac{\overline{N}_{b}^{2}B}{EA_{b}}+2\frac{\overline{N}_{a}^{2}a}{EA_{a}}$$

$$=\frac{a}{EA_{d}\cos\alpha}+\frac{\overline{N}_{b}^{2}a\sin\alpha}{EA_{b}\cos\alpha}+2\frac{\overline{N}_{a}^{2}a}{EA_{a}}$$

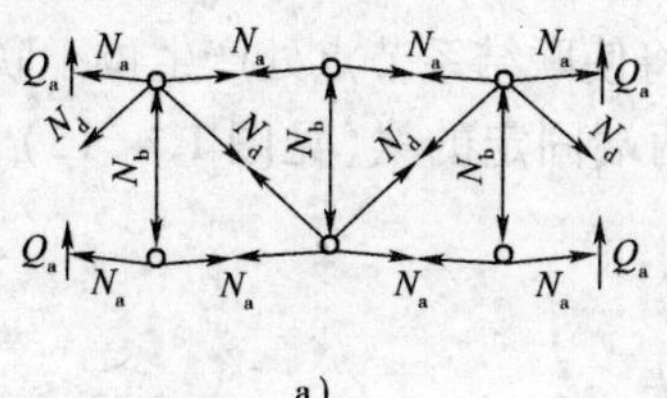

a)

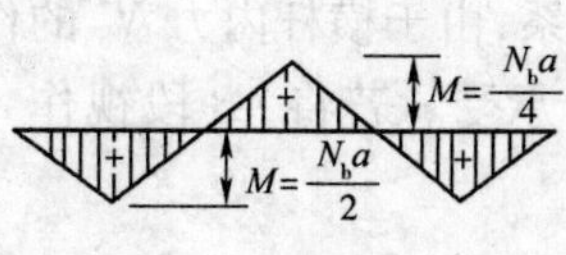

b)

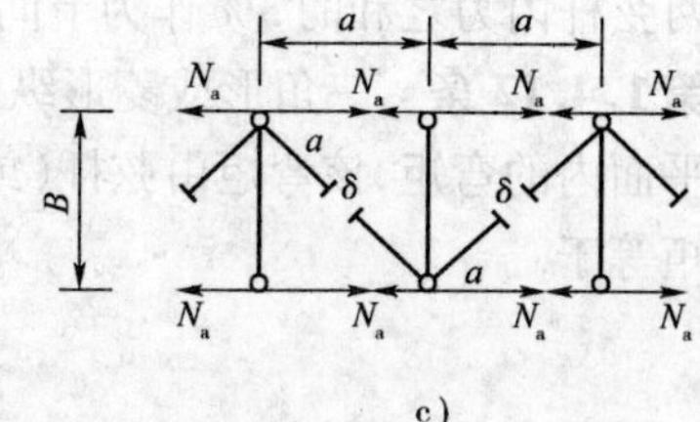

c)

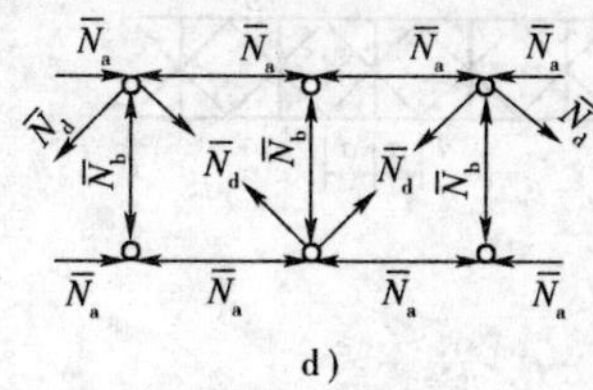

d)

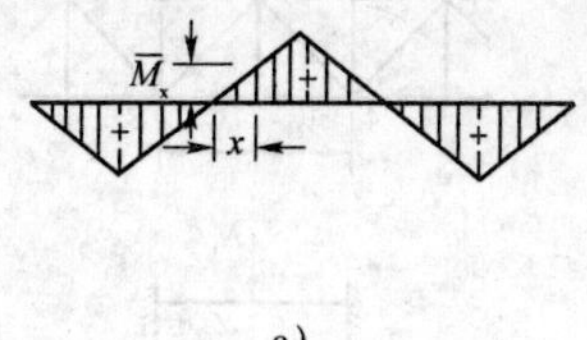

e)

图 1.4.10-4　三角形纵向联结系内力计算图

将以上各式代入式(1.4.10-4)得

$$N_{d}=\frac{\Delta_{1p}}{\delta_{11}}$$

$$=\frac{2\frac{N_{a}\overline{N}_{a}a}{A_{a}}}{\frac{a}{A_{d}\cos\alpha}+\frac{\overline{N}_{b}^{2}a\sin\alpha}{A_{b}\cos\alpha}+\frac{2\overline{N}_{a}^{2}a}{A_{a}}+4\int_{0}^{\frac{a}{2}}\frac{\overline{M}_{x}^{2}}{I}dx} \tag{1.4.10-9}$$

在图 1.4.10-4a)中，根据节点平衡条件（取两个相邻节点求解）或截面平衡条件（将整个纵向联结系沿纵轴剖开）得

$$N_{b}=\frac{1}{2}(N_{d1}+N_{d2})\sin\alpha$$

$$\overline{N}_{b}=\frac{1}{2}(\overline{N}_{d1}+\overline{N}_{d2})\sin\alpha\approx\overline{N}_{d}\sin\alpha$$

根据截面平衡条件（横截面上 $\Sigma x=0$）得

$$\overline{N}_{a}=\frac{1}{2}\overline{N}_{d}\cos\alpha$$

弦杆弯矩

$$\overline{M}_{x}=\frac{1}{2}\overline{N}_{b}x=\frac{\overline{N}_{d}}{2}x\sin\alpha$$

将以上各式代入式(1.4.10-9)得

$$N_{d}=\frac{\Delta_{1p}}{\delta_{11}}$$

$$=\frac{\frac{aN_{a}\cos\alpha}{A_{a}}}{\frac{a}{A_{d}\cos\alpha}+\frac{a\sin^{3}\alpha}{A_{b}\cos\alpha}+\frac{a\cos^{2}\alpha}{2A_{a}}+\frac{\sin^{2}\alpha}{I}\int_{0}^{\frac{a}{2}}x^{2}dx}$$

$$=\frac{N_{a}}{A_{a}}\cdot\frac{A_{d}\cdot\cos^{2}\alpha}{\left(1+\frac{A_{d}}{A_{b}}\sin^{3}\alpha+\frac{A_{d}}{2A_{a}}\cos^{3}\alpha+\frac{A_{d}}{24I}B^{2}\cos^{3}\alpha\right)}$$

式中分母括弧内第三项一般很小，也可略去不计。

横杆内力 $$N_b = \frac{1}{2}(N_{d1} + N_{d2})\sin\alpha$$

第 1.4.11 条 桁架左右两受压弦杆与纵向联结系组成的组合受压结构，其长度为弦杆受压区长度，如果纵向联结系平面内具有初弯曲，则弦杆轴向力在组合受压结构的杆件平面内产生剪力。因此，规定以两弦杆内力之和的3%作为节间剪力来计算纵向联结系斜杆的内力。

第 1.4.12 条 三角形或菱形纵向联结系，由于横杆内力 N_b 的作用，将使联结系节点处产生位于联结系平面内的弯矩，该弯矩由弦杆(或翼缘)承受。若将 AB 段视作 A、B 两端固定的梁(见图 1.4.12)，则弯矩等于

$$M = \pm\frac{2N_b a}{8} = \pm\frac{N_b a}{4}$$

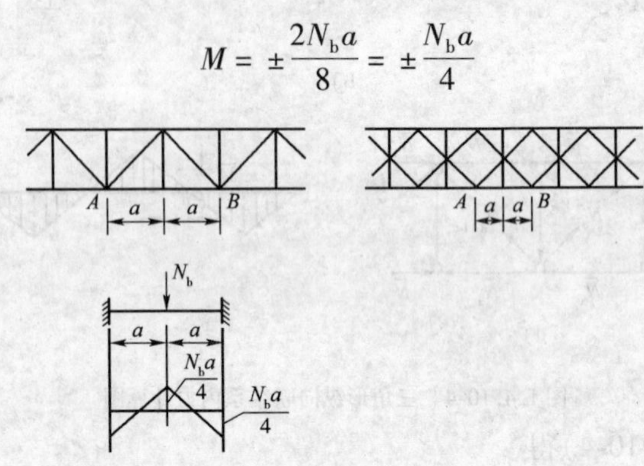

图 1.4.12 三角形及菱形纵向联结系在横杆内力作用下的计算图

第 1.4.13 条 用单根角钢作拉杆的连接时，非连接肢的作用力将通过连接肢传递至连接板，使连接肢承受偏心弯矩而引起附加应力。按照结构理论，此项弯矩由角钢和连接板分担，刚度较大者负担较多，刚度较小的则负担也小。如果连接板刚度不大，角钢将要抵抗较大的弯矩。另外，由于连接板轴线与角钢中心轴不相重合，也会产生偏心弯矩。试验证明，角钢承受了这些偏心弯矩之后，它所能承受的轴向力仅为全部材料强度的70%～80%。强度的折减与角钢的非连接肢与连接肢的宽度比有关，比值愈大，偏心就愈大，折减也愈多。所以在计算偏心连接的单角钢拉杆净截面积时，不能把非连接肢的截面积全部计算在内，规范规定仅计及50%，就是考虑了偏心连接的不利影响。

如果在角钢的非连接肢上另外铆上一根短角钢(见图 1.4.13a)或用两根并联角钢作拉杆(见图 1.4.13b)时，则角钢非连接肢上的作用力经由短角钢直接传至节点板，而不需要经过连接肢去传递，从而避免了轴向力在连接肢上引起的附加力。据试验，此时材料强度可由上述的70%～80%增加到85%～95%。所以T形或槽形截面的拉杆，如其翼缘或腹板与节点板连接，其截面积均按减少10%计算。

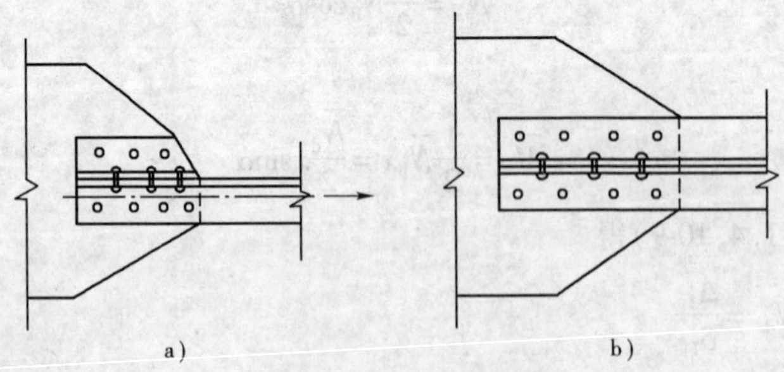

图 1.4.13 角钢连接示意图

(Ⅲ)缀　　板

第 1.4.14 条 压杆两端剪力最大，如果被连接的部分杆件受力稍有不均或偏心，就会在缀板上引起附加应力，因此，对于主要受压及压—拉构件的端缀板，其长度要长些，规范规定至小为 $1.25s$，s 为部分杆件连接铆钉线间或焊缝间的距离。压杆中部剪力较小，缀板长度可减小，规范规定至小为 $0.75s$。苏联规范(CH200—62)规定受压和压—拉构件端缀板长度为中缀板长度($0.75s$)的 1.7 倍，与本规范很

接近。

受压或压—拉构件缀板的最小厚度，主要构件规定为 $s/50$，相当于最大长细比 $l/r=50\sqrt{12}=173$；次要构件规定为 $s/60$，相当最大长细比 $l/r=60\sqrt{12}=207$，均能保证缀板弯曲稳定。至于缀板厚度又规定大于或等于 8mm（主要受压或受拉构件）或 6mm（次要受压或受拉构件），是从构造上考虑的，具体数值参考苏联规范确定。

两根杆件用缀板连接的构件，如果端缀板设在远离节点的地方（见图 1.4.14a），则由于节点板的刚度不大，在部分杆件上（截面 1—1）产生偏心弯矩 Ne，对构件不利。如果将缀板移到接近节点中心处（见图 1.4.14b），就可避免产生偏心弯矩，其受力情况如图 1.4.14c），故规范规定端缀板应尽量设置在节点中心处。

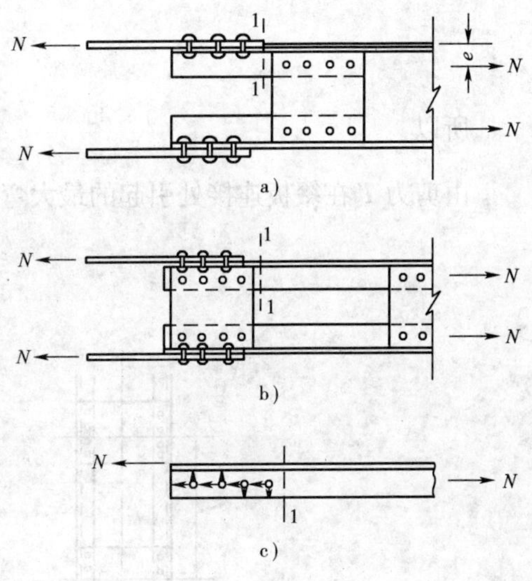

图 1.4.14　角钢用缀板连接示意图

第 1.4.15 条　验算组合构件缀板的剪力，通常采用下列公式计算：

$$Q=2A[\sigma]\frac{\varphi_{\min}}{\varphi}$$

或者

$$Q=\beta A,\beta=\alpha[\sigma]\frac{\varphi_{\min}}{\varphi}$$

式中　α——系数，3 号钢构件采用 0.015；16 锰钢构件采用 0.017；

$[\sigma]$——钢材轴向容许应力，3 号钢等于 140MPa；16 锰钢等于 200MPa；

$\varphi_{\min}$——构件最小纵向弯曲系数；

φ——轴心受压构件验算在缀板平面内的稳定性时的纵向弯曲系数。

$\varphi_{\min}/\varphi$ 值一般接近于 1，于是 β 值如下：

3 号钢构件　$\beta=0.015\times140=2.1\text{N/mm}^2=210\text{N/cm}^2$

16 锰钢构件　$\beta=0.017\times200=3.4\text{N/mm}^2=340\text{N/cm}^2$

上述计算公式考虑了纯压杆的因素，如组合构件的截面是由疲劳容许应力 $[\sigma_n]$ 确定的，则在剪力 Q 的计算中还要乘以 $[\sigma_n]/\varphi_{\min}[\sigma]$，使之减小。如构件以受拉控制，则 Q 值还应再乘以压力与拉力绝对值的比值。

剪力 Q 在数组平行缀板中的分配，列于表 1.4.15。

表 1.4.15　假想剪力在数组平行缀板中的分配

分配情况	图例
在平行平面上有数组缀板时，剪力由它们均分	Q/2　Q/2　Q/2　Q/2　Q/2　Q/2
组合构件的肢一面由整板连接，其余由缀板连接时，整板承受一半，其余由缀板均分	Q/2　Q/2　Q/4　Q/2　Q/4

第 1.4.16 条　缀板的作用，假定与无斜腹杆的桁架体系相同，压杆受力后，缀板将如图 1.4.16b）所示弯曲。如把构件的节点当作刚性连接，则压杆在每个节间的部分都像梁一样弯曲，在每个节间的中点都有一个反弯点，在缀板中心弯矩为零，该处只有剪力 T 的作用（见图 1.4.16c）。

假定有两个缀板平面，则每个缀板平面承受剪力 $Q_b=Q/2$。由图 1.4.16c）看出，压杆肢的上部和

下部作用着 $Q_b/2$，造成一个力偶 $Q_b/2l_1$，这个力偶由加于缀板中心的剪力 T 来平衡，于是得

$$\frac{Q_b}{2}l_1 = T\frac{b}{2}$$

所以

$$T = \frac{Q_b l_1}{b}$$

由剪力 T 在缀板连接处引起的最大弯矩（见图 1.4.16d）为

$$M = T\frac{b}{2} = \frac{Q_b l_1}{2}$$

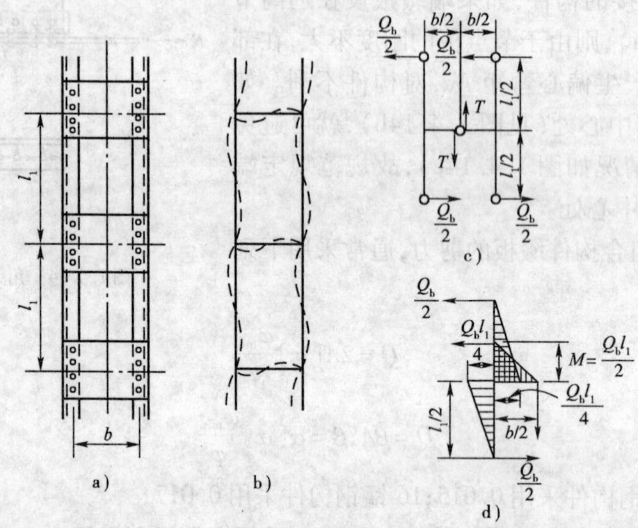

图 1.4.16　缀板计算图

（Ⅳ）支　　座

第 1.4.17 条　梁式桥跨径在 25m 以上时，由于载重较大，温度变化影响也大，使梁产生较大的转角和纵向移动。为了克服较大的摩阻力，保证梁有足够的角变位和线变位，所以一般采用辊轴式支座或摇轴式支座。橡胶支座可否用作钢桥支座，应通过试验确定。

支座用以传递荷载，其底板必须具有一定的刚性，才能使通过它的荷载均匀分布于垫石上。规范规定的底板最小厚度是从实践经验中得出的。铸钢在铸造时可能出现气孔及其他缺陷，影响铸件的强度，所以也要有最小尺寸的规定。

支座顺桥方向的长度，不宜超过墩台支承面至铰中心高度的两倍，即图 1.4.17a）中的 C 值不宜大于 $2h$ 值；垂直桥方向的宽度，应使墩台支承面与铰的平面之差不超过支承面至铰中心高度的两倍，即图 1.4.17b）中的 $(B-b)$ 不宜大于 $2h$。这些规定都是依支座上压力分布角度不超过 45°得出的（见图 1.4.17）。

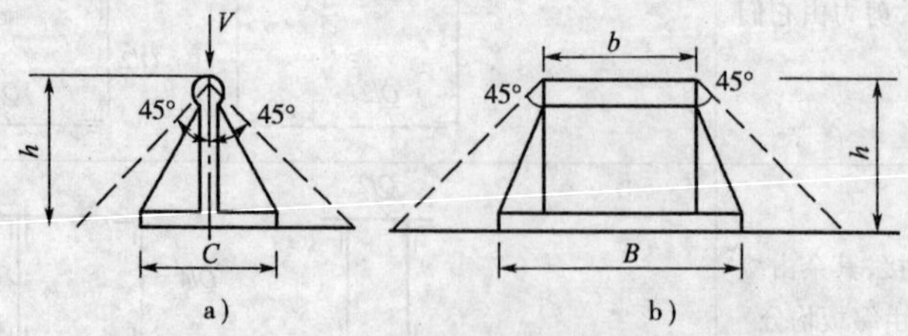

图 1.4.17　支座压力分布图

第 1.4.18 条　支座上的压力通过底板传至墩台，尽管它的最小厚度在规范中作了规定，以保证其具有一定的刚性，但不是所有长度都能参与传递工作，因此必须规定有效范围。也即底板的实际长度可根据需要确定，但计算时采用的有效长度必须按规定取用。底板的强度往往以板中的弯曲应力控制，计算的有效长度过长，也增加了板中的弯曲应力，从而不必要地增大板厚。

第 1.4.19 条 支座的形式很多,但就支座铰的形式而言,只有紧密接触和自由接触两种。紧密接触(两弧形表面接触)因容易生锈而增加转动摩阻力;自由接触(弧形与平面接触)摩阻力较小,所以一般情况下宜选用后者。

为了减小摩阻力,提高活动支座的效能,辊轴直径不宜太小,规范规定不小于 150mm。钢桥愈长需要滚移的距离愈大,相应地加大辊轴直径,可以使转角较小、容易滚动。割边式辊轴加工麻烦,且有翻倒的可能,如不受支座平面尺寸限制,应尽量少用。

辊轴数量多,各轴受力不均匀,所以辊轴数量宜选用最少数,在可能的情况下用单辊式支座。采用奇数辊轴,中间辊轴的受荷要比外边的两个辊轴大很多,因此在选用多个辊轴时,应尽量选用偶数。

第 1.4.20 条 当设置拔力锚栓时,其锚固力应为上拔力的 1.5 倍,使之有相当的安全储备。试验表明,锚栓随着埋置深度的增加,应力递减很快,所以埋得过深意义不大。为了增加握裹力,一般在锚栓下端设置弯钩或将端部扩大成螺头形式的锚固板。

第 1.4.21 条 辊轴支座应能自由地纵向移动,其移动距离应不小于由活载和温度所产生的移动量。辊轴纵向位移后,对基座和底板均产生偏心,在计算中应考虑偏心弯矩的影响。

第 1.4.22 条 由竖向荷载引起的主梁(如平直下弦的简支杆架)支承点的位移,与被支承的主梁的弦或翼缘的位置、应力及挠度有关,计算公式如下:

$$\Delta = \frac{\bar{\sigma}L}{E} + \frac{8}{3}\frac{(2f-\delta)\delta}{L}$$

式中 L——桁架的跨径;

$\bar{\sigma}$——由活载产生的下弦杆平均应力;

f——梁中的预拱度;

δ——活载引起的跨中挠度。

式中右边第二项与第一项相比甚小,可以省略,规范仅采用

$$\Delta = \frac{\bar{\sigma}L}{E}$$

第五节 钢桥的构造与计算

(I)基 本 要 求

第 1.5.1 条 结构中不应有未栓(或铆)合或未焊合的接触部分,如有则会产生缝隙,缝隙内积水容易发生锈蚀。闭口截面和凹槽也是基于以上原因,故应尽量避免。

构件中出现槽形截面如 H 形也容易积水,因此应设置排水孔,孔的直径不宜太大,太大了会过分削弱截面面积,太小了如遇冰冻或积垢容易被堵塞,以往 H 形截面的排水孔直径一般为 50mm,间距不超过 1.5m,可供设计人员参考。

第 1.5.2 条 主桁弦杆上或主梁翼缘上不容许直接焊连各种辅助构件,板梁的受拉翼缘不得采用横向角焊缝,因为这种垂直于应力作用方向的焊缝会引起相当大的局部应力,甚至于要出现裂缝。

第 1.5.3 条 为了充分发挥构件的强度和稳定作用,不致由于基材的某些缺陷或连接构造的细节不当造成构件局部应力过大(应力集中)或在未承受荷载以前构件内部先承受内应力,对易造成应力集中的缺口、空洞、坑槽及构件截面发生突然变化的部位,以及由于焊接工艺低劣所产生的夹渣、气孔、裂纹和未焊透等缺陷,应该竭力避免或进行很好的机械加工。

残余应力是由于焊接所引起的,构件焊接受热后会发生膨胀,如果它的变形受到阻碍的话,就产生塑性变形。而当构件冷却后,因为焊缝较基材有着更大的收缩趋势,因此引起残余应力,这种残余应力是影响焊接构件脆性破坏的重要原因,同时也降低了构件的疲劳强度和压杆稳定的临界应力。为了避免残余应力的影响,除了对钢材质量本身有较高的要求以外,要特别注意焊接方法、焊接顺序和对焊缝质量的检查,以减小残余应力的不良影响。

次应力又称二次应力，它是由于构造上的原因所引起的，这些构造上的因素大致有如下几种：

a. 构件在连接处由于节点板影响使构件呈刚性连接；

b. 相邻构件由于重心不一致，使轴向力对构件产生偏心作用；

c. 构件自重引起的挠曲；

d. 梁的活动支座的摩擦；

e. 支座沉降；

f. 其他。

各国规范都强调应尽量减小二次应力，由于它是构造上引起的，因此可以从构造上采取措施来控制它，比如可以减小构件高度，尽可能把节点板做得紧凑些，避免采用再分式节间以降低节点的刚性；又如应尽量使构件截面的形心与截面中心一致并使相邻构件的中线一致以消除偏心等。除此之外，在施工和架设阶段，也可以采取措施降低二次应力，比如对满载作用下构件的伸缩量事先估算好，而在制造时将构件的长度预先增加或减小，这样组装起来的上部结构在无荷载作用时比正常的形状有些上拱；还可以在进行拼装时使构件的交角成为设计中的预定交角（在构件中施以端弯矩），这样也就等于在构件中建立了与二次应力相反的预加力，满载作用时的二次应力就被抵消了；也可以预先在横梁的两端设置反向端弯矩，使受荷载作用时不让连于横梁上的桁架腹杆产生弯矩和弦杆产生扭转，以尽力消除满载时二次应力的影响，因此在设计时完全有可能采取上述手段使次应力减到最小程度。

第 1.5.4 条　由于钢板厚度可能有轧制负公差，且在长期运营过程中会产生锈蚀现象，因此对构件应规定最小的厚度。

节点板位于几根杆件交汇的部位，弦杆与腹杆的内力是通过节点板来平衡的，因此节点板应力状态比较复杂，既有压应力，也有拉应力，还有剪应力，应力分布也极不均匀。焊接板梁为保证腹板稳定和减小残余应力，板厚均不宜过小，故规定以不小于 10mm 为好。对于主梁、行车系或联结系，因考虑可能采用有悬伸翼缘的 I 形或 T 形截面构件，从满足最小宽厚比的要求出发，规定以不小于 8mm 为宜。填板为非受力构件，规定不小于 4mm。轧制型钢的肢厚或腹板厚，除了本条规定所指明的部位需从受剪角度考虑之外，其他部位的肢厚或腹板厚均可小于 8mm。

这里顺便提一下，关于具有正交各向异性的桥面板，虽然板厚远小于 8mm，并且直接承受荷载，但是它是作为主梁的一部分参入共同受力的，是和密布的纵肋及垂直于纵肋的分布较疏的横肋共同组成桥面系，属于高次超静定结构，设计时按格子结构和正交异性板的理论进行分析。桥面板对局部荷载的承载力是很大的，故板厚不受 8mm 的限制，只要满足受力要求即可。

（II）板　　梁

第 1.5.5 条　当设计焊接板梁截面时，截面是根据弯矩的分布来决定的，应具有抵抗弯矩的能力。在一般情况下，尽可能用三块钢板组成 I 形截面，即翼缘只用一块钢板。如所需要的翼缘截面积较大时，就应采用屈服点较高的钢材和较厚的钢板，目前最厚的钢板可用到 32mm。当这些条件都不能满足时，才采用外贴翼缘钢板的形式。外贴翼缘钢板通常只用一块，实践中极少用多于一块的，且在弯矩较大的地段用外贴钢板而在弯矩较小的地段仍用一块翼缘钢板，原因是由于外贴钢板的翼缘在制作时比单板翼缘要困难得多。此外，因焊缝受力不均，紧靠腹板与翼缘板处的焊缝应力较外贴翼缘处的焊缝应力最大处要大出 20%，这是因为外贴翼缘板是依靠侧面角焊缝来传力的，而角焊缝至腹板的位置还有着一定的距离。

第 1.5.6 条　焊接板梁受压翼缘的伸出肢，其宽度与厚度比限制在 12 倍，主要是为了保证翼缘的局部稳定。可以把翼缘看成为一个三面支承的矩形板，与腹板连接的一边由于考虑到腹板常在翼缘失去稳定以前先失去稳定，故可以看成是简支的，翼板的另一端因为没有支承，因此可认为是自由的。在顺梁长的方向由于设置了腹板加劲肋，对翼缘的支承可视为简支，并把翼缘两端看成为受均匀压力的三边支承一边自由状态的结构，在均匀压应力作用下，其弹性屈曲应力为

$$\sigma_0 = k \cdot \frac{\pi^2 E}{12(1-\mu)^2}\left(\frac{t}{b}\right)^2 \tag{1.5.6-1}$$

式中 t——板厚(此处为翼缘厚度);

b——板宽(此处为翼缘悬臂宽度);

E——钢的弹性模量,为2.1×10^5MPa;

μ——泊桑比,取用0.3;

k——屈曲系数,为0.425。

将上列数值代入式(1.5.6-1),得

$$\delta_0 = 0.425\cdot\frac{(3.14)^2\times210}{12(1-0.09)}\left(\frac{t}{b}\right)^2 = 81\left(\frac{t}{b}\right)^2 \quad (1.5.6\text{-}2)$$

若使临界应力等于屈服强度,即使翼板丧失稳定与承载能力的丧失等值,则

$$\sigma_y = 81\left(\frac{t}{b}\right)^2$$

或

$$\frac{b}{t} = \frac{9}{\sqrt{\sigma_y}} \quad (1.5.6\text{-}3)$$

16Mn钢的屈服强度σ_y为3500MPa,将其代入式(1.5.5-3),得$b/t\approx15$。

通常为偏于安全考虑,对A3钢和16Mn钢统一采用$b\leqslant12t$。除了受以上条件限制以外,还规定受压翼缘伸出肢宽不宜大于40cm,这实际上是限制钢板不宜用大于32mm厚度的。

外贴翼缘钢板如在跨径内需要中断,实际中断点应伸出理论截断点以外若干距离,其目的是使被切断的翼缘板经过延伸段一定范围的过渡而到全部退出工作为止,故延伸部分的焊缝长度根据该板截面强度为50%进行计算。此外,为减小应力集中,同时避免在切断处出现横焊缝,将伸出理论截断点以外的板端做成尖劈形,尖劈的两边与板的轴线方向的斜度为1:2。

焊接板束的侧面角焊缝大多数为较长的焊缝,为保证焊接质量,应尽量采用自动焊或半自动焊为好。宽板至窄板的边缘应留有不小于50mm的空隙,目的是为了在施焊中采用熔剂承托器,如距离过小或者齐平,则熔剂容易脱落。

第1.5.7条 由盖板与角钢共同组成的铆接板梁翼缘,为了使角钢受力均匀,并有足够强度把应力由盖板传递到腹板,同时避免因用较大的盖板面积而使用过长的铆钉,此外从受力观点出发,尽量加大直接传递的面积而相应减少间接传递的部分,所以希望加大翼缘角钢面积,使其占翼缘总截面积的较大部分。角钢面积所占比例,各国规范规定不一,有的国家用40%,也有的国家用30%,本规范不作具体的规定,由设计者自行决定。

具有多层盖板的铆接梁,上翼缘中最贴近翼缘角钢的一层盖板应覆盖梁的全长,这是为了防止雨水和灰砂停滞在翼缘角钢与腹板组成的空隙之内,避免梁本身遭受腐蚀(下翼缘则不受此限制,因不存在上述问题)。其他外层翼缘盖板在梁长方向可以截断,和第1.5.6条的焊接板梁一样,实际中断点应伸出理论截断点以外若干长度,以保证理论截断点有一个逐渐退出工作的过渡段。

翼缘盖板伸出翼缘角钢的宽度不宜小于5~10mm,是为避免当盖板两侧切边稍有不齐平时角钢边缘露出板外,外貌不甚美观。

第1.5.8条 焊接板梁翼缘的拼接焊缝与腹板拼接焊缝之间的距离相隔不宜小于10倍腹板厚度,目的在于避免焊接接头聚集在一处,因为两个以上的焊接接头过于接近时,容易由于冷却收缩而产生相当大的残余应力,并由此引起龟裂。除此之外,翼缘拼接或腹板拼接都不宜布置在应力最大的部位,因为对接焊缝中的应力可能超过对接接头的计算抗拉强度。即使用自动焊或高质量的手工焊,并经严格的焊缝质量检查,也不希望把拼接的焊缝布置在最大应力的断面处,而应布置在应力较小的断面处。

第1.5.9条 板梁支承处和外力集中处,局部压力较大,如无加劲肋,腹板容易出现压皱现象,因此需要设置加劲肋(对铆接梁尚应有填板)和腹板共同来传递反力。竖向加劲肋应有足够的刚度,伸出肢必须磨光与翼缘顶紧,也可以与受压翼缘焊连,但要注意不要使受压翼缘出现局部变形及外形不平整,以免降低其承载力。对于受拉翼缘,由于侧焊缝方向正好和拉应力正交,在使用过程中由于应力集中可能出现裂缝。

支承加劲肋应作为压杆验算稳定。由于腹板也密贴着下翼缘,因此把腹板的一部分作为压杆与加

劲肋共同参与受力。腹板的有效宽度因钢材品种不同而有所变化,设计时为了简化计算,统一规定为 30 倍板厚,一般腹板截面积占支承加劲压杆总截面积的 70% 以下。

支承加劲肋除按压杆进行稳定验算外,还要验算它与翼缘接触处的支承压力。计算的支承面积为加劲肋与下翼缘顶紧的部分(焊接梁)或加劲角钢与下翼缘紧贴部分(铆接梁)。

第 1.5.10 条 为保证腹板的局部稳定,使它不致在板梁丧失稳定以前早期失去稳定,一种做法是使腹板的高厚比不超过临界值,另一种做法就是设计具有足够刚度的加劲肋。

当板梁腹板不设加劲肋时,以纯剪控制设计,其临界剪应力 τ_{cr} 可用下式计算:

$$\tau_{cr}=k_{\tau}\cdot\frac{\pi^2 E}{12(1-\mu^2)}\left(\frac{\delta}{h_0}\right)^2 \tag{1.5.10-1}$$

式中 $k_{\tau}=5.34+4/\alpha^2$;

$\alpha=a/b$

a、b——矩形板件的长度和宽度,如图 1.5.10-1 所示。

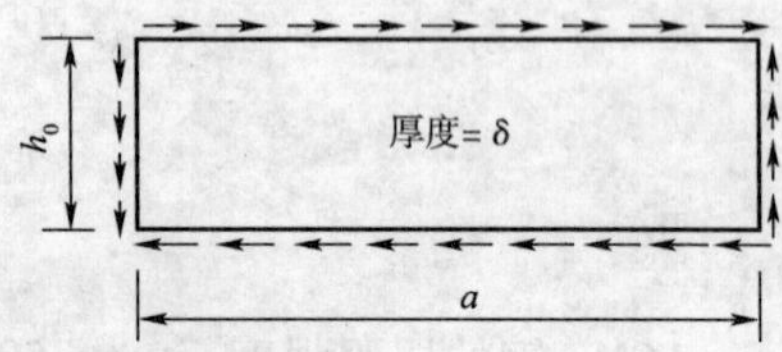

图 1.5.10-1 受纯剪的腹板剪切层应力

若不设竖向加劲肋,α 值很大,故取 $k_{\tau}=5.34$,代入式(1.5.10-1)得

$$\tau_{cr}=1010\ (\delta/h_0)^2$$

由于腹板在压曲后仍有相当大的承载能力,因此临界剪应力可以提高,纯剪时提高系数为 1.25,则

$$\tau_{cr}=1.25\times1010\ (\delta/h_0)^2=1263\ (\delta/h_0)^2$$

腹板屈曲剪应力为 $\sigma_y/\sqrt{3}=0.577\sigma_y$,命 $\tau_{cr}=0.577\sigma_y$,即

$$1263\ (\delta/h_0)^2=0.577\sigma_y \tag{1.5.10-2}$$

将 A3 与 16Mn 钢的 σ_y 值分别代入式(1.5.10-2)后,得

$h_0/\delta=95.5$ (A3 钢)

$h_0/\delta=80.3$ (16Mn 钢)

由于存在着初始缺陷,屈曲承载能力有所降低,故除以 1.4 的安全系数,则

$h_0/\delta=95.5/1.4=68$ (A3 钢)

$h_0/\delta=80.3/1.4=57$ (16Mn 钢)

故规范规定当 $h_0/\delta\leqslant70$(A3 钢)和 $h_0/\delta\leqslant60$(16Mn 钢)时,可以不设竖向加劲肋和水平向加劲肋。

当 h_0/δ 超出上述数值后,应设置竖向加劲肋,由于设置了竖向加劲肋,腹板呈长方形,它承受弯曲应力 σ,如图 1.5.10-2 所示。其临界压应力为:

$$\sigma_{cr}=k_{\sigma}\cdot\frac{\pi^2 E}{12(1-\mu^2)}(\delta/h_0)^2 \tag{1.5.10-3}$$

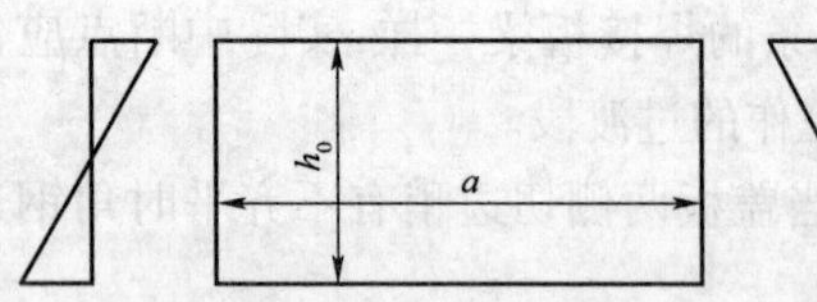

图 1.5.10-2 受纯弯的腹板弯曲应力

式中 k_{σ}——约束系数,根据板的长宽比即 a/h_0(a 为竖向加劲肋的间距)和非荷载边支承条件而定的。

假定非荷载的腹板上、下缘的二边为简支,板件为无限长时,k_{σ} 值最小,$k_{\sigma_{min}}=23.9$,则

$$\sigma_{cr}=23.9\frac{(3.14)^2\times210}{12(1-0.09)}(\delta/h_0)^2=4530\ (\delta/h_0)^2$$

鉴于翼缘抗弯刚度大,对腹板有钳制作用,k 值可以提高 1.4 倍,则临界应力为

$$\sigma_{cr}=4530\times1.4\ (\delta/h_0)^2=6300\ (\delta/h_0)^2$$

临界应力取钢的屈服应力 σ_y,命 $\sigma_{cr}=\sigma_y$,有

$$6300\ (\delta/h_0)^2=\sigma_y \tag{1.5.10-4}$$

将 A3 与 16Mn 的 σ_y 分别代入式(1.5.10-4)得

$h_0/\delta=162$ (A3 钢)

$h_0/\delta=136$ (16Mn 钢)

故规范规定,当仅设竖向加劲肋时,A3 钢的 h_0/δ 限制不大于 160,16Mn 钢的 h_0/δ 限制不大于 140。以满足临界剪应力要求来决定竖向加劲肋的间距 a 值。按实用情况分析,竖向加劲肋的间距小于

腹板高度时，至少也不会小于腹板高度的1/2，即 $a/h_0 \geqslant 1/2$，此时长边为腹板高度，短边为竖向加劲肋的间距。腹板高度既定，竖向加劲肋间距 a 越小，k_τ 值将越小。设 $a=1/2h_0$，则 $\alpha=\frac{h_0}{h_0/2}=2$，$k_\tau=5.34+4/2^2=6.34$。设临界剪应力为 1.25τ，τ 为腹板内平均剪应力（以 MPa 计），代入式（1.5.10-1），便得

$$\tau_{cr}=6.34\cdot\frac{(3.14)^2\times210000}{12(1-0.09)}(\delta/a)^2=1.25\tau$$

$$\frac{a}{\delta}=100\sqrt{\frac{98}{\tau}}=\frac{980}{\sqrt{\tau}}$$

所以 $$a\leqslant\frac{980\delta}{\sqrt{\tau}}$$

故规范采用 $$a\leqslant950\delta/\sqrt{\tau}$$

由试验得知，加密设置竖向加劲肋，a/h_0 值虽有所减小，但 k_σ 值增加有限，也就是弯曲临界应力提高的很少，反使材料耗费很大，故此时除布置竖向加劲肋外，以布置水平加劲肋为好。

在提高受弯腹板的屈曲应力方面，于受压区设水平加劲肋效果最好，Massonnet 计算结果表明，若在距受压翼缘 $0.25h_0$ 的位置设置一根水平加劲肋，系数 k_σ 可以增加到101，若按 Dubas 的计算，在同样位置设置水平加劲肋时，$k_\sigma=129$，可见水平加劲肋最佳位置为距受压翼缘（0.20～0.25）h_0 处，若取 $k_\sigma=101$ 代入式（1.5.10-3），则

$$\delta_{cr}=\frac{101\times(3.14)^2\times210}{12(1-\mu^2)}(\delta/h_0)^2=19150\ (\delta/h_0)^2$$

令 $\sigma_{cr}=\sigma_y$，即

$$19150\cdot(\delta/h_0)^2\geqslant\sigma_y \tag{1.5.10-5}$$

将 A3 与 16Mn 钢的 σ_y 分别代入式（1.5.10-5），得

$$h_0/\delta=282 \quad (\text{A3 钢})$$
$$h_0/\delta=237 \quad (\text{16Mn 钢})$$

故规范规定当设置一根水平加劲肋时，A3 钢的 h_0/δ 可以达到280，16Mn 钢的 h_0/δ 可以达到240。

竖向加劲肋伸出肢宽度 $b_p>h_0/30+40\text{mm}$ 的规定是一经验公式，这样的宽度能够有效地加固腹板，应用也简单，故一直被采用。竖向加劲肋的厚度，规定不小于肢宽的1/15，在于保证它具有一定的刚性，不致在腹板发生屈曲以前先期丧失稳定，也即保证竖向加劲肋的局部稳定。仿效第1.5.6条的方法，将竖向加劲肋在梁的上、下二翼缘间视为简支，与腹板连接的一边为固定、另一边为悬臂，采用式（1.5.6-3）：

$$b/t=9/\sqrt{\sigma_y}$$

即 $$t/b=\sqrt{\sigma_y}/9$$

此处 t 为竖向加劲肋的厚度，b 为竖向加劲肋的肢宽即 b_p，将 16Mn 钢的 σ_y 值代入，便得

$$t/b_p=1/15$$

A3 钢为偏于安全考虑，统一采用1/15。

加劲肋必须具有足够的刚度方能阻止腹板的屈曲，因此要求加劲肋的抗弯刚度与腹板的抗弯刚度具有一定的刚度比，此比值与腹板的高度 h_0 成正比，并与板的边长比 $a\colon b$（即 h_0）有关，即

$$\frac{EI_p}{EI_k}=\frac{EI_p}{E\cdot\frac{1}{12}\frac{\delta^3}{(1-\mu^2)}}=\frac{I_p\cdot12(1-\mu^2)}{\delta^3}=kh_0 \tag{1.5.10-6}$$

式中 k——屈曲系数，当 $a\colon b=1$，$k=3.3$；当 $a\colon b=2$，$k=30.4$。

由式（1.5.10-6）可知加劲肋所需要的惯性矩为

$$I_p=\frac{k}{12(1-\mu^2)}h_0\delta^3=k_1\cdot h_0\delta^3 \tag{1.5.10-7}$$

设 $a:b=2$ 为最大，则 $k=30.4$，$k_1=3.0$，故规范规定值

$$I_p=I=3h_0\delta^3$$

由水平加劲肋保证受弯腹板的局部稳定性时，根据研究，水平加劲肋的弯曲刚度 EI_p 与腹板的抗弯刚度 EI_k 之比，与竖向加劲肋间距的平方成正比，与腹板的计算高度 h_0 成反比，即

$$\frac{EI_p}{EI_k}=\frac{EI_p}{E\cdot\dfrac{\delta^3}{12(1-\mu^2)}}=k'\frac{a^2}{h_0}$$

即

$$I_p=\frac{k'}{12(1-\mu^2)}\cdot\frac{a^2\delta^3}{h_0}=k'_1\frac{a^2}{h_0}\delta^3$$

式中 k'——与 a/h_0 有关的系数；

$$k'_1=\frac{k'}{12(1-\mu^2)}=2.5-0.45a/h_0$$

因此要求

$$I_p\geqslant(2.5-0.45a/h_0)\frac{a^2}{h_0}\delta^3\qquad(1.5.10\text{-}8)$$

若将 $a/h_0=0.85$ 代入式(1.5.10-8)，得

$$I_p\geqslant(2.5-0.45\times0.85)\times0.85\times0.85h_0\delta^3$$

即

$$I_p\geqslant1.5h_0\delta^3$$

规范要求水平加劲肋对板梁中线的惯性矩不小于 $1.5h_0\delta^3$，即不小于竖向加劲肋的惯性矩的1/2，这说明当布置水平加劲肋时，同时要求竖向加劲肋的间距 a 应小于 $0.85h_0$。若放大竖向加劲肋的间距 a，则不能保证水平加劲肋应有的抗弯惯性矩。

加劲肋应尽量在两侧设置，如有困难时也可以单侧设置，但其对腹板相贴边缘线的惯性矩要等于或大于成对的加劲肋对腹板中心线的惯性矩，以保证有足够的刚度。

第1.5.11条 与腹板对接焊缝平行的加劲肋，应距对接焊缝有一定的距离，这是为了避免各条焊缝过于接近造成焊接热影响区和应力集中区的重叠，防止结构的脆性破坏。

与腹板对接焊缝相交的加劲肋，为了保证加劲肋与焊缝的连续性，且便于制造，允许加劲肋及其焊缝不截断而让其与对接焊缝相交，因相交只是局部的，可以采用这种做法。

水平加劲肋若与竖向加劲肋相交时，可以切断水平加劲肋使竖向加劲肋连续通过，也可以切断竖向加劲肋使水平加劲肋连续通过，这两种办法都可以，不论采用哪一种方法，都要用焊缝将中断的加劲肋连接到未断的加劲肋上。在阻止周边为水平加劲肋和竖向加劲肋所包围的那一部分的腹板板件屈曲方面，水平加劲肋与竖向加劲肋都起一定的作用。水平加劲肋还必须承担弯曲法向应力，若不将水平加劲肋和它相遇处的竖向加劲肋加以焊连，它们将因为失去支承而难以发挥作用。

竖向或水平加劲肋与梁的翼缘板焊接时，为防止焊缝垂直相交，宜将加劲肋切出斜角。

第1.5.12条 板梁受荷载后发生弯曲，翼缘与腹板之间有相互错动的趋势，因而连接这两部分的连接件受到水平剪力，为了保证桥梁的整体工作，连接件应能承受水平剪力，以防发生错动而将水平剪力传到腹板上去。

单位长度上的水平剪力 T_1 计算如下：

$$\tau=\frac{QS_m}{I_m\delta}$$

式中 Q——计算截面处的最大剪力；

S_m——梁翼缘截面对板梁中心轴的面积矩；

I_m——梁毛截面惯性矩；

δ——腹板厚度。

沿梁跨径单位长度内剪应力的总和

$$T_1=\tau\cdot\delta\cdot1=\frac{QS_m}{I_m}$$

此式即为单位长度连接件需要传递的水平剪力。如果连接件为焊缝，并假定 n_f 为焊缝的条数，h_f 为侧面角焊缝的计算厚度，则

$$T_1 \leqslant n_f h_f [\tau]$$

即

$$\frac{QS_m}{n_f h_f \cdot I_m} \leqslant [\tau]$$

式中 $[\tau]$——侧面角焊缝的容许剪应力，与基材的容许剪应力相同。

如果连接件为铆钉，两个铆钉之间距离为 s 时，则由铆钉所承受的剪力为

$$T_1 \cdot s = N$$

上式是假定在两个铆钉之间（距离 s）的剪力不变的情况下求得的，实际上剪力是变化的，一般均采用板梁区段中最大的剪力来计算，免得钉距变化较多，于是有

$$s \cdot \frac{QS_m}{I_m} \leqslant N$$

式中 N——一个铆钉抗剪或承压的承载力，见第 1.2.7 条。

上承式板梁桥的受压翼缘，由于直接承受垂直荷载，翼缘与腹板之间的连接件还要承受竖向剪力，因此在这种情况下尚应考虑该两种力的合力。翼缘上集中荷载 P 在接缝处单位长度上的力为

$$v_1 = P/\lambda$$

则连接件承受的总剪力 Q_1 为水平剪力与竖向剪力的合力，

即

$$Q_1 = \sqrt{T_1^2 + v_1^2}$$

在焊接梁中

$$\sqrt{\left(\frac{QS_m}{I_m}\right)^2 + \left(\frac{P}{\lambda}\right)^2} < n_f h_f [\tau]$$

即

$$\frac{1}{n_f h_f}\sqrt{\left(\frac{QS_m}{I_m}\right)^2 + \left(\frac{P}{\lambda}\right)^2} < [\tau]$$

在铆接梁中

$$\sqrt{\left(\frac{sQS_m}{I_m}\right)^2 + \left[s\left(\frac{P}{\lambda}\right)\right]^2} < N$$

即

$$s \cdot \sqrt{\left(\frac{QS_m}{I_m}\right)^2 + \left(\frac{P}{\lambda}\right)^2} < N$$

式中 λ——垂直荷载（指轮压）的分布长度，一般采用轮压长度加荷载由行车道板顶至翼缘顶（对焊接梁）或翼缘铆钉中心线（对铆接梁）按 45°角的分布长度；如翼缘上直接搁置有型钢梁时，则分布长度为型钢梁的翼缘宽度（对焊接梁）加型钢梁底至翼缘铆钉中心线按 45°角的分布长度（对铆接梁）。

第 1.5.13 条 I 形截面梁受弯曲时，截面只有一部分受压，这一部分有可能成为不稳定的因素，当弯曲达到某一定值时，梁将发生从弯曲面内向外扭转的侧面屈曲。抗扭弱的 I 形截面，弯曲平面内具有的弯曲刚度远大于侧向弯曲刚度，所以侧向容易压屈。这种压屈称之为丧失整体稳定。

假定梁的两端为简支，在无支撑长度内认为弯矩相等，且截面具有两个对称轴时，梁的弹性侧向屈曲强度也即引起横向扭转压曲的临界弯矩按下式计算：

$$M_{cr} = \frac{\pi}{l}\sqrt{EI_y GK\left[1 + \frac{EI_w}{GK}(\pi/l)^2\right]} \tag{1.5.13-1}$$

式中 EI_y——绕弱轴（y 轴）的抗弯刚度；

GK——抗扭刚度；

EI_w——翘曲刚度（对具有两对称轴的截面为 $EI_y \cdot \frac{h^2}{4}$）；

l——无支撑长度。

将式(1.5.13-1)除以截面模量 W_x 后,即得

$$\sigma_{cr}=\frac{M_{cr}}{W_x}=\sqrt{\frac{\pi^2 EI_yGK}{W_x^2l^2}+\frac{\pi^4E^2I_yI_w}{W_x^2l^4}}$$

根式中第一项适用于类似轧制型粗宽的长梁,而根式第二项适用于薄壁狭长梁.对于后一种形式的桥,第一项较第二项的数值要小很多,为实用起见,常可以略去,只用第二项代替,如此

$$\sigma_{cr}=\sqrt{\frac{\pi^4E^2I_yI_w}{W_x^2l^4}} \tag{1.5.13-2}$$

以 $I_w=\frac{I_yh^2}{4}$,$W_x=\frac{I_x}{h/2}$代入式(1.5.13-2),则

$$\sigma_{cr}=\frac{\pi^2E}{4\frac{I_x}{I_y}\left(\frac{l}{h}\right)^2}=\frac{\pi^2E}{4\left(\frac{r_x}{r_y}\frac{l}{h}\right)^2} \tag{1.5.13-3}$$

若令$\frac{r_x}{r_y}\cdot\frac{b}{h}=\alpha$,则$\frac{r_x}{r_y}\cdot\frac{l}{h}=\alpha\cdot\frac{l}{b}$,以此代入式(1.5.13-3),便得

$$\sigma_{cr}=\frac{\pi^2E}{4\left(\alpha\cdot\frac{l}{b}\right)^2} \tag{1.5.13-4}$$

现解求 α(见图 1.5.13)

$$A=2bt+(h-2t)\delta$$
$$\approx 2bt+h\delta=2A_F+A_w$$
$$I_y\approx 2\times\frac{1}{12}b^3t=\frac{1}{6}bt\cdot t^2=\frac{A_F}{b}b^2$$
$$I_x=\frac{1}{12}\delta(h-2t)^3+bt\left(\frac{h}{2}\right)^2\times 2$$
$$\approx\frac{A_w}{12}h^2+\frac{A_F}{2}h^2$$

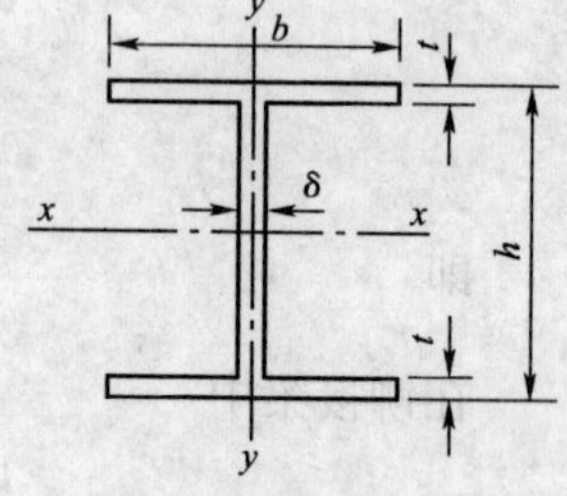

图 1.5.13 工字形梁断面

所以

$$\alpha=\frac{r_x}{r_y}\cdot\frac{b}{h}=\sqrt{\frac{I_x}{I_y}\cdot\frac{b^2}{h^2}}$$
$$=\sqrt{3+\frac{A_w}{2A_F}}$$

将 α 值代入式(1.5.13-4),得

$$\sigma_{cr}=\frac{\pi^2E}{4\left(\sqrt{3+\frac{A_w}{2A_F}}\cdot\frac{l}{b}\right)^2} \tag{1.5.13-5}$$

由式(1.5.13-3)可以得知:当$\frac{r_x}{r_y}\cdot\frac{l}{h}\leqslant 48$(A3 钢)或$\leqslant 40$(16Mn 钢),$\sigma_{cr}$分别为 225MPa 或 325MPa,即接近屈服应力,因此当 r_x/r_y、l/h 之值小于上列数值时,可不验算总体稳定。反之,则应进行验算。同样从式(1.5.13-5)来分析,对狭长的梁,一般$\frac{A_w}{2A_F}>4$,现假定$\frac{A_w}{2A_F}=4$,当$\frac{l}{b}\leqslant 18$(A3 钢)或 15(16Mn 钢),并代入式(1.5.13-5),算出 σ_{cr}分别为 225MPa 或 325MPa,接近屈服应力。故规范规定:侧向固定点的间距与其宽度之比,对 A3 钢不超过 18,对 16Mn 钢不超过 15,方可保证板梁的总体稳定。当有钢筋混凝土板或整体金属板固接在板梁的上翼缘时,相当有强大的侧向支承,阻止板梁侧向屈曲,故不受此限制。

(Ⅲ)联　合　梁

第 1.5.14 条　本条是对联合梁所下的定义,以往有的称“结合梁”,有的称“组合梁”,不甚统一。有时把不同强度的同一种材料结合起来的结构也称之为联合梁,如不同标号的钢筋混凝土板和梁相结合,不同钢种的钢桥面板和钢梁相结合,为区别起见,本条规定:凡用钢筋混凝土作为桥面板而用钢材作为主梁,二者之间用剪力连接件传递剪力的结构,谓之联合梁。

第 1.5.15 条　由于联合梁在修建时所采用的施工方法不同,受力的方式就有所不同,最常用的方法是先将钢梁安放在支座上,作为以后浇筑或安装钢筋混凝土行车道板及人行道结构的承重物,很明显,联合就位的钢梁此时只承受它本身的重力、联结系重力以及其上浇筑或安装的钢筋混凝土桥面板和模板等重力。待混凝土硬化以后,由于钢筋混凝土桥面板与钢梁固结而起到联合作用,所加上的第二阶段荷载,如桥面铺装、栏杆重力以及行驶在桥上的活载,就由钢筋混凝土板与钢梁的联合结构共同承受。

如不用钢梁作脚手架而在钢梁之下另设满堂脚手架进行施工时,节约钢材很少,反而带来施工上的麻烦,因此不大采用这种方法。

第 1.5.16 条　联合梁承受荷载时,沿翼缘板的正应力分布是不均匀的,如图 1.5.16 所示。

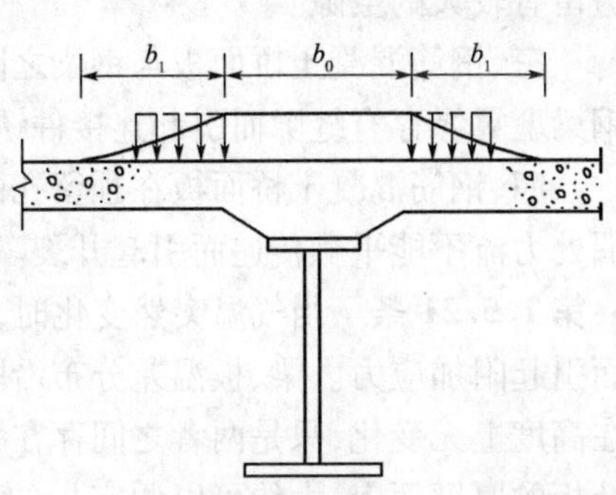

图 1.5.16　翼缘板沿宽度的正应力分布

由图可以看出,翼缘和腹板的连接处较大,而在板跨中部则明显的减小,应力分布的形式与荷载、构造及支承条件等多种因素有关,一般均假定应力按抛物线变化。设计中采用有效宽度 b 进行计算,在有效宽度 b 的范围内认为应力是均匀的,有效宽度 b 的数值来源请参见《公路钢筋混凝土及预应力混凝土桥涵设计规范》第 3.2.2 条的条文说明。

第 1.5.17 条　此公式为梁受弯曲后的受剪公式,值得注意的是此处的 Q 为活载引起的剪力 Q_p 和第二阶段恒载引起的剪力 Q_R^{II} 之和。第一阶段恒载引起的剪力 Q_g^{I} 在钢筋混凝土桥面板和钢梁之间为零,I 与 S 应以同一种材料为换算基础。

在简支结构中,支点处剪力最大,跨中处最小。因此钢梁翼缘上的抗剪连接件的布置可根据剪力图面积进行分配,即支点处抗剪连接件密,靠近跨中抗剪连接件疏。为了减少构造上施工的麻烦,可以沿梁长分成几个段落,在几个段落内取各自的最大剪力,然后按等间距布置抗剪连接件,这样梁长上就有几种不同间距的排列。但在跨径不大的联合梁桥上,也可以取整个梁长的最大剪力进行计算,然后沿梁长等距离布置抗剪连接件。

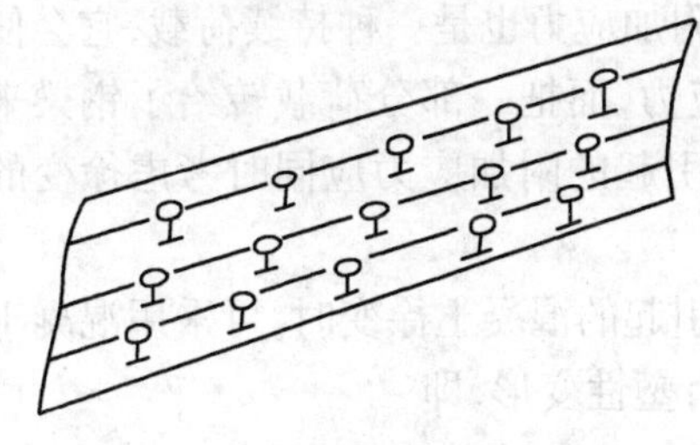
图 1.5.18　钢梁上翼缘的剪力钉

第 1.5.18 条　抗剪连接件的形式可以分成刚性的和柔性的两种,刚性的抗剪连接件以往多采用角钢或槽钢,将其焊在钢梁的上翼缘之上,伸入在钢筋混凝土板中,以阻止板沿钢梁滑动。除角钢或槽钢以外,如有可靠的承载能力实验数据,也可采用其他形式,如在美国和日本近来采用一种特制的剪力钉,如图 1.5.18 所示。此种剪力钉类似无螺纹的圆头螺栓,用自动焊接法将钉焊在受压翼缘上。焊连时,在自动焊枪内塞进剪力钉,并保持剪力钉抵紧在钢梁翼缘上,将焊枪的触发器与电流连通,电热熔化剪力钉端部的焊接材料,使剪力钉固定在钢梁翼缘上。我国过去设计联合梁时尚未使用过这种刚性连接件,若要使用,须通过实验决定其承载力,这里提出仅供参考。柔性连接件就是指钢筋,此钢筋焊固于钢梁翼缘之上,并伸入至钢筋混凝土桥面板之中,按板的主拉应力方向设置。在受冲击荷载情况下,以采用柔性连接件为好,且现浇于钢筋混凝土桥面板上。若钢筋混凝土桥面板采用预制的,则以使用刚性连接件比较便利。

第 1.5.19 条　本条主要是抗剪连接件的构造要求。用于现浇钢筋混凝土桥面板时,刚性连接件的间距不宜过大,以保证板和钢梁形成整体而共同工作,阻止钢梁与钢筋混凝土板之间滑移;但也不宜过小,否则使浇筑混凝土发生困难。对于柔性连接件,为保证受力均匀,最好成对设置,并对称于梁中心线。

为了增加钢筋与混凝土的锚固力，要像普通钢筋混凝土中的钢筋一样，端部要做成弯钩，钢筋应该是斜向的，与弯起钢盘一样沿主拉应力方向设置，即与钢梁纵向的夹角为45°或30°。弯起钢筋与钢梁上翼缘的焊缝必须双面施焊，避免单面施焊因受力不均而产生应力集中。根据《公路钢筋混凝土及预应力混凝土桥涵设计规范》第6.2.14条规定，侧焊缝长度除满足受力要求外，还不得小于本条规定的长度，它们之间的间距系按混凝土的浇筑条件和均匀传力的要求规定其最大与最小距离。无论是刚性抗剪连接件或柔性抗剪连接件，其保护层的厚度均不应小于2cm，为的是保证混凝土的质量和保护连接件。

第1.5.20条 本条是预制钢筋混凝土桥面板的构造要求，目的是使板和刚性连接件能够很好地结合，以发挥它的抗剪能力。

一、桥面板的预留孔做成由下向上扩大的锥形，是为了便于插进刚性连接件，同时在安装后便于浇筑混凝土。

二、刚性连接件与钢筋混凝土桥面板之间规定留有最小的空隙，在于保证有一定的集料灌入到空隙之内。因为希望承压一边能进入较多的集料，以保证有足够的承压强度，所以规定承压一边较之非承压边留有较大的空隙。

三、钢筋混凝土桥面板与钢梁之间垫以砂浆垫层，一方面是保证桥面的平整，另一方面也起到防止钢梁上翼缘存有缝隙而引起连接件锈蚀。梁板之间，一般都用砂浆密缝。

四、钢筋混凝土桥面板在预留孔的四个角隅处，设置与受力方向成45°角的斜放短钢筋，以防止角隅处力流不能平顺传递而引起开裂。

第1.5.21条 当气温突然变化时，由于钢梁传热快，而钢筋混凝土桥面板传热慢，因两者的温度不同而引起附加应力。梁、板温差分布沿联合梁的截面高度是变化的，但在实际计算中都假定板与梁的温度在高度上无变化，只是两者之间存在一些差值。钢筋混凝土桥面板与钢梁的温度差视该地区气候条件及板的厚度而定，大约可以假定板的温度接近于气温的昼夜平均温度，而昼夜平均温度差约为5℃左右。各地区气温骤变是非常不一致的，假设在我国平均气候条件下骤变温度的数值采用15～20℃，据此推算钢梁与混凝土的温差为10～15℃。遇有骤变温度显著且远大于15～20℃的地区修建联合梁桥，则当以特殊情况予以考虑，而不应采有10～15℃。

混凝土在空气中凝固时，体积收缩，对联合梁的影响类似于板的温度降低。由于混凝土收缩在龄期很短时就已开始，早期收缩占的比例大，故整体浇筑的钢筋混凝土桥面板因收缩发生的变形比较大，按相应于温度降低15～20℃考虑。分段浇筑的收缩相对于整体浇筑为小，故按10～15℃考虑。预制的钢筋混凝土桥面板，在早期收缩完成以后才与钢梁起共同作用，由于早期收缩占的比例很大，可以认为它已完成收缩，故不计入收缩影响。

混凝土收缩在钢梁及钢筋混凝土桥面板中产生附加应力，这种附加应力也是一种持续荷载，它会使混凝土产生塑性变形——徐变。这种塑性变形降低了混凝土中的应力，而把一部分荷载转给了钢梁来承受，从而加大了钢梁的应力，因此在计算联合梁时，由板的收缩所引起的附加应力应同时考虑徐变的影响。

第1.5.22条 用近似方法计算由恒载重力及混凝土收缩应力所引起的混凝土徐变时，可采用混凝土的“有效弹性模量”$E_1=kE$，此时除考虑混凝土的弹性变形以外，尚有塑性变形，即

$$\varepsilon_{\text{total}}=\varepsilon+\Delta_{\text{t}}=\varepsilon(1+\Delta_{\text{t}}/\varepsilon)=\frac{\sigma_{\text{b}}}{E}(1+\varphi_{\text{t}})$$

式中 ε——在单位应力作用下，混凝土发生的弹性变形；

Δ_{t}——在单位应力作用下，经过t时间所积累的混凝土塑性变形；

E——混凝土的受压弹性模量；

φ_{t}——经过t时间后的塑性变形Δ_{t}与弹性变形之比。

由上式可得

$$\frac{\sigma_{\text{b}}}{\varepsilon_{\text{total}}}=E_1=\frac{E}{1+\varphi_{\text{t}}}=kE \tag{1.5.22}$$

可以看出，在应力 σ_b 不变的情况下，由于徐变的增加，结果和混凝土弹性模量的减小效果是一样的。

当 $t=\infty$ 时，塑性变形 Δ_∞ 达到最终值，此时 φ_t 值（恒载）一般在 1 ~4 之间，苏联（CH200—62）规范第 531 条建议在无可靠资料时，采用 $\varphi_t=1.5$，则

$$E_1=\frac{1}{1+\varphi_t}E=\frac{1}{1+1.5}E=0.4E$$

和《钢筋混凝土联合钢结构设计》（E. E. 吉卜施曼著，高伟刚、张成德译）采用的相同。

由收缩应力所发生的混凝土徐变与恒载作用下所发生的徐变稍有不同。联合梁在恒载作用下，作用力在整个混凝土徐变的塑性变形积累期间数值是不变的，然而当受收缩应力影响时，联合梁上所发生的内力随混凝土徐变积累程度而减小，因此，计算联合梁由收缩应力在混凝土中发生的徐变影响时，所采用的徐变计算数值较恒载徐变影响值为小，所采用的有效弹性模量应稍大，设 $\varphi_t=1$，则 $k=0.5$。

活载为非持续荷载，瞬时即消失，不致产生塑性变形，故不考虑徐变影响。

计算徐变时，由于混凝土的弹性模量用的是"有效弹性模量"，故钢与混凝土的有效弹性模量之比为 $n_1=E_s/E_1=E_s/kE=n/k$，式中 E_s 为钢的弹性模量，n 即为钢与混凝土的弹性模量之比。

对超静定结构，联合梁截面的内力是变化的，所以由混凝土徐变及收缩所引起的附加内力，也是变化的，宜用更精确的方法求算。

第 1.5.23 条 采用联合梁的目的是使钢筋混凝土桥面板参入钢梁抵抗纵向弯矩以达到节约钢材。因混凝土有较高的抗压能力，所以应充分利用它的受力有利条件，希望联合梁截面的重心轴在钢筋混凝土板厚以下，以使其承受弯曲压应力。规范规定的容许弯曲受压应力值，是按照常用的混凝土标号，参照 1975 年《公路桥涵设计规范》表 4-3，由混凝土轴心抗压标准强度 R_a^b（R_a^b 见《公路钢筋混凝土及预应力混凝土桥涵设计规范》）换算得来的，至于顶面有负弯矩的悬臂梁或连续梁，为了避免混凝土受拉，也可施以预应力或者放置较多的钢筋来承受拉应力，不一定采用联合梁这种结构。但这都与本条无关，兹不赘述。

（Ⅳ）桁　架

第 1.5.24 条 在桁架中，主桁构件必须采用对称截面，以使应力均匀分布。

桁架的腹杆体系要优先采用单交叉即三角式系统。单交叉系统杆件数量小，构造简单，当今各国都普遍采用，如图 1.5.24a）所示。为了减小弦杆之间的间距，也即减小桥面系纵梁的跨度，在三角式腹杆体系加设竖杆也是一种较好的形式。我国公路钢桁架大多采用这种体系，如图 1.5.24b）所示。其他腹杆体系如 K 式（图 1.5.24c）、双腹杆式（图 1.5.24d）、再分式（图 1.5.24e），其共同特点是腹杆数量多、节点构造复杂，无论是用钢量、制造、安装架设都显得不合理，故目前钢桁架极少采用这些腹杆体系。跨径特大的桥梁，桁架高度高，采用多腹杆式体系方显得合理，如铁路钢桥常采用的米字形腹杆体系（图 1.5.24f）。从力学观点来看，米字形腹杆受力比较复杂，但是腹杆受力很小，它的截面也很小，因而节点板所需要的尺寸不大。加之它是内部高次超静定体系，腹杆遭受局部破坏不致使全桥破坏，且因节间较小，便于布置桥面纵梁，因此特大跨径桥梁采用米式腹杆也是合理的体系之一。

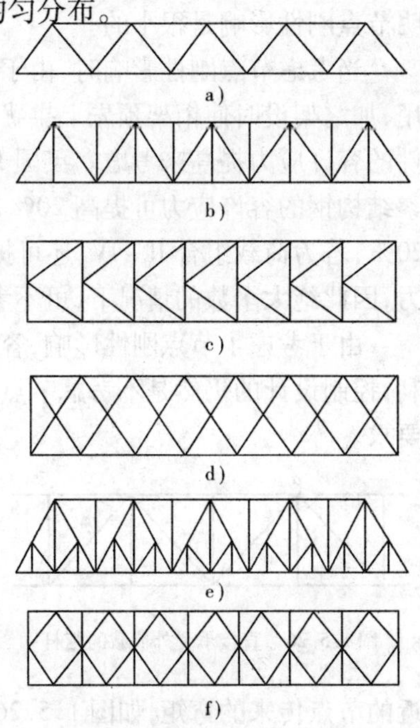

图 1.5.24　主桁各种腹杆体系

a）三角式；b）带竖杆三角式；c）K 式；d）双腹杆式；e）再分式；f）米字式

在第 1.5.3 条中我们已经强调过，应该尽量减小二次应力，因此相邻杆件的轴线应尽量交会于一点，否则会因和轴向力存在偏心距而引起附加的二次弯矩。实在不可避免时，应计入二次弯矩对相邻杆件所引起的弯曲应力。二次弯矩可按刚度比例分配给交会于

节点处的各个杆件,可用下式表达:

$$M = \frac{\frac{N_1 + N_2}{2} \cdot c \frac{I_i}{l_1}}{\sum \frac{I}{l}}$$

式中 N_1、N_2——相邻两杆件的内力;

l——相邻两杆件重心轴的偏离值;

I_1、l_1——被验算杆件的惯性矩和长度;

$\sum I/l$——通过该节点所有杆件相对刚度之和。

铁路桥梁的实测表明,不应忽视此项偏心影响,如偏心值为弦杆高度的1.5%时,附加应力可以达到主应力的12%,影响颇大。

第1.5.25条 通常都把节点处的杆件连接视为理想的铰接,则杆件内力主要是轴向力,可按照结构力学的方法计算。如果节点是用没有摩擦的销子构成,杆件完全可以自由转动,上述假定是真实的,但实际桥梁杆件之间是通过节点板用铆钉或高强螺栓连接,事实上也就变成了刚性连接,因此除轴向力外,必不可避免地会产生端弯矩,因而引起了二次应力。杆件刚度 EI/l 越大或者说长细比越小,其抵抗转动的能力越强,从而发生的二次应力也越大;反之杆件刚度 EI/l 越小或者说长细比越大,则二次应力越小,因此在桁架中的杆件不宜采用短而粗的杆件,所以规范对杆件的高长比作了限制,超出限制以外的就要计算此项影响。美国AASHTO规范、美国铁路钢桥规范和日本公路桥梁规范均规定杆件的高度与其长度之比小于1/10,英国BS5400规范规定小于1/12,可不计节点刚性影响。参考以上国家的规范,故规定杆件的高长比不超过1/10。

次应力的大小除与节点刚性有关外,还与桁架的形式有关,Patton氏计算了6种桁式(简支)杆件的二次应力并与一次应力相比,得知多腹杆体系的桁架二次应力较大(指上、下弦杆),K式桁架最小。三角式腹杆体系的桁架上、下弦杆的二次应力也比较小,除斜杆外,均在主应力(一次应力)的20%以下。新近设计的大连市"北大友谊桥"——吊桥,它的加劲桁架的弦杆截面高度为40cm,节间长度为3m,超过了1/10之比。设计者利用矩阵位移法编制了平面刚架的结构内力计算程序,求得在荷载作用下各个杆件的内力,再与按铰接桁架得到的内力相比较,表明二次应力都小于一次应力(轴向应力)的10%,说明节点刚性影响是很小的。

当考虑节点刚性影响时,由于联结系和桥道系都参入主桁共同工作,对主桁杆件的杆力起减载作用,加之架设时使桁架预先上拱犹如事先建立预应力,这些有利因素均未计入计算之中,所以可作为杆件的容许应力提高来考虑。英国BS5400规范规定容许应力可以提高20%,美国AASHTO规范规定碳素结构钢的容许应力可提高20%,低合金钢可提高15%~20%,故本规范参考它们的规定,定为可提高20%;若为荷载组合II~IV,还可提高到40%。由于容许应力提高常可抵消节点刚性所引起的二次应力,因此绝大多数的情况下,可不考虑节点刚性的影响,只有特大跨径的桥梁才应考虑。

由于考虑了节点刚性影响,容许应力的提高较多,反而比不考虑节点刚性影响容许应力不提高有利,控制设计的仍然是不考虑节点刚性影响的情况,故仍应验算仅受轴向力作用时杆件受力能否满足要求。

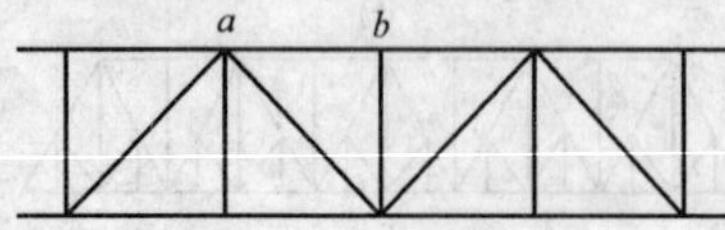

图1.5.26 直接承受外荷载的弦杆

第1.5.26条 当弦杆上直接承受桥面板的荷载时(上承式桁架),弦杆除受轴向力外,尚有作用在节点以外的竖向荷载所引起的弯矩,受力情况与一般桁架的弦杆有着根本的区别,近似一弹性支承连续梁。支承点就是节点,但在计算时按刚性连接处理,采用近似的方法进行计算,既不考虑将这一节点的弯矩传至邻近节点,也不考虑由邻近的节点传来的弯矩,如图1.5.26所示。弦杆中作用有桥面板传来的垂直荷载,欲求 a 点处的弯矩,可将弦杆视为一根两端固接的梁(ab),求出固端弯矩 M_{Fa},然后按照节点 a 处所连接的各个杆件相对刚度 I/l 之比值进行分配,如此,则 a 点弯矩为

$$M_{ab}=\frac{F_{Fa}}{\sum_a I/l}\cdot\frac{I_{ab}}{l_{ab}}$$

式中 M_{ab}——由于荷载所产生的在 a 端的固端弯矩，可以近似地取 $0.7M_0$，M_0 为跨径等于节间长度 ab 的简支梁的跨中弯矩；

I_{ab}——ab 杆件的惯性矩；

l_{ab}——节间 ab 的长度；

$\sum_a I/l$——节点 a 各杆件的相对刚度之和。

这种固端弯矩所产生的杆件应力是客观存在的，因此容许应力不能提高。

第 1.5.27 条 受拉杆件的破坏发生在净截面处，为了保证拼接处不比原净截面弱，故规定受拉杆件的拼接板无论在节点内或节点外拼接，其净截面积均应较被拼接部件的净截面积大 10%。

对于受压杆件，考虑到由于拼接板可能产生局部偏心，受力比较复杂，故要求拼接板的面积也应大于被拼压杆有效面积的 10%，也就是比丧失稳定时计算的承载力大 10%。此外，从满足强度要求出发，它的净截面积同时应较被拼接的压杆的净截面积大 10%。

当被拼接的两弦杆的截面不等时，拼接板应按截面较大的弦杆来计算。

综合以上所述，可以用以下公式表示：

对受拉杆件 $A'_j \geqslant 1.1A_j$

对受压杆件 $A'_m \geqslant 1.1\varphi_1 A_m$

式中 A'_j、A'_m——拼接板的净面积、毛面积；

A_j、A_m——被拼接部件的净面积、毛面积；

φ_1——中心压杆的轴向容许应力折减系数。

第 1.5.28 条 对于 H 形截面杆件，腹板和两侧翼板若均设拼接板，则传力情况较好，腹板与翼板的应力均能通过拼接板直接传递，截面的内力分布也比较均匀。但这样对截面的形状及栓（钉）孔位置的准确程度要求提高，因而增添了工厂制造的困难，同时也增加了工地拼装工作量。为此，腹板可不设拼接板，而只在翼板两侧加设拼接板，腹板中的应力间接地通过翼板两侧的拼接板来传递。为了保证腹板的应力能逐步地通过翼板传至节点板，故要求杆件的腹板应伸入节点板一定的长度（不小于腹板宽度的一倍半）。为了使栓（钉）传力均匀，同样要求连接于杆件上的栓（钉）与杆件轴线相对称排列。

第 1.5.29 条 相邻两弦杆的内力是通过节点板来传递的，因此节点板可作拼接作用。由于节点板受力复杂，在计算时一般只考虑弦杆截面高度范围内的节点板作为传递弦杆内力之用，伸出弦杆高度范围以外的不考虑。由于节点板作为拼接板使用，因此与第 1.5.27 条所要求的一样，应较被连接杆件的强度至少大 10%。

对节点板强度的验算，可分为三个部分：a）在斜杆与节点板连接处，验算节点板的撕裂应力；b）验算腹杆与弦杆之间的节点板水平截面的剪应力；c）验算节点中心处节点板竖向截面上的法向应力。兹以图 1.5.29 说明之。

一、当斜杆受力时，节点板可能沿 1—2—3—4 截面撕裂，也有可能沿 5—2—3—6 截面撕裂，当撕裂截面与斜杆内力垂直时，采用钢材的基本容许应力〔σ〕；凡破裂线与斜杆内力所成的交角小于 90°或平行时，一律采用 0.75〔σ〕。若以图 a）中 1—2—3—4 撕裂截面为例，节点板中的应力为：

$$\sigma=\frac{1.1N}{0.75(A_{j1-2}+A_{j3-4})+A_{j2-3}}\leqslant[\sigma]$$

式中 A_{j1-2}、A_{j3-4}、A_{j2-3}——节点板沿撕裂处的净截面积；

N——斜杆内力。

斜杆内力与撕裂截面小于 90°交角时，容许应力只取 0.75〔σ〕，是因为该截面内节点板承受剪切，钢材的抗剪容许应力为 0.6〔σ〕。但平行于斜杆内力方向的栓（钉）孔相当于弯曲受剪，剪应力分布不均匀，按第 1.2.15 条规定，容许应力应予提高，当节点板为矩形截面时，$\tau_{max}/\tau_0=1.5$，增大系数 $C_\tau=1.25$，故采用 $1.25\times0.6[\sigma]=0.75[\sigma]$。

二、相邻两腹杆的水平力是通过节点板传递到弦杆的，其水平力的代数和 $Z=(S_1+S_2)\cos\theta$（见图

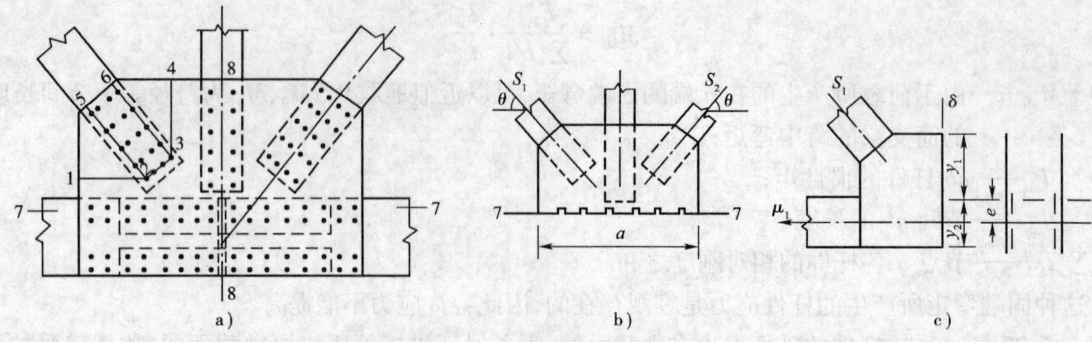

图 1.5.29　节点板强度验算图式

a)撕裂应力验算图;b)水平截面剪应力验算图;c)节点中心截面法向应力验算图

b),即为作用于节点板上的水平剪力,截面 7—7 的剪应力为

$$\tau = \frac{ZS}{I\delta} = \frac{3}{2} \cdot \frac{Z}{a\delta} \leqslant 0.75[\sigma]$$

式中　a——计算水平截面 7—7 上节点板长度(应减去栓、钉孔的长度);

δ——节点板的厚度;

S_1、S_2、θ 见图 b)。

三、作用在竖向截面 8—8 的力为斜杆的水平分力和其一边弦杆内力之代数和,即 $N = S_1\cos\theta + \mu_1$。由于节点中心处的有效截面由节点板和拼接板所组成(不应包括弦杆截面),它的重心与弦杆轴线不吻合,因此出现偏心,故发生弯矩 $M = N \cdot e = (S_1\cos\theta + \mu_1)e$。节点板即为偏心受拉或偏心受压杆件,上、下缘的法向应力应为

$$\sigma_1 = \frac{N}{A_j} - \frac{N \cdot e \cdot y_1}{I_j} < [\sigma]$$

$$\sigma_2 = \frac{N}{A_j} + \frac{N \cdot e \cdot y_2}{I_j} < [\sigma]$$

式中　A_j——节点板和拼接板的净截面积;

I_j——节点板和拼接板的净截面惯性矩;

y_1、y_2——截面上、下缘距节点板和拼接板所组成的截面重心轴的距离。

第 1.5.30 条　为了使节点板构造刚劲,同时也使节点板的用料较少,避免因使用过大的节点板容易出现较长的自由边,而自由边易发生局部屈曲,为此还要设置补强板等连锁反应,希望节点板尽可能做得小一些。此外为了方便工厂制作(使用机器样板钻制栓(钉)孔,外形也应尽量简单一样。此外还希望节点板尽量不要出现曲线边。未经机械加工的曲线边容易产生应力集中,对疲劳影响很大。节点板与杆件接触面应密贴,不致因产生缝隙使水渗入或进入污垢腐蚀栓(钉),影响其承载力。

桁架的节点板在支承端伸入下弦底面 10~15mm,且要求磨光并与支座承托顶紧,其目的在于使支承反力均匀地传给节点板,通过节点板再传给桁架。此外,在顶梁时,使千斤顶只顶在节点板上而不直接顶弦杆。

第 1.5.31 条　对于桥门架斜置的下承式桁架桥,由于端斜杆作了桥门架的斜腿,因此上平纵联所受的横向风力经由桥的两端桥门架传至下弦端节点,使端斜杆和下弦杆产生附加内力。计算时,把桥门架视为框架,求出反弯点以后,即可用静定结构求出斜杆及端下弦杆之内力。

设楣梁为桁架式的桥门架,如图 1.5.31a)所示。

在水平力作用下,假定楣梁 $ECDF$ 各杆件在受力后不发生变形,则横杆 CD 经水平移动后仍保持水平,而 C、E 及 D、F 点保持在直线上。取右半肢为自由体,并认为腿的下端是钳制的,而 D、F 两点受水平力 X 和 Y。作为一端固定的悬臂梁,根据弹性荷载法求得 F 点转角为

$$EI\tan\alpha = -\frac{1}{2}[X(l-c) + Xl]c + \frac{1}{2}Y \cdot c \cdot c$$

$$= -X\left(lc - \frac{1}{2}c^2\right) + Y \cdot \frac{c^2}{2}$$

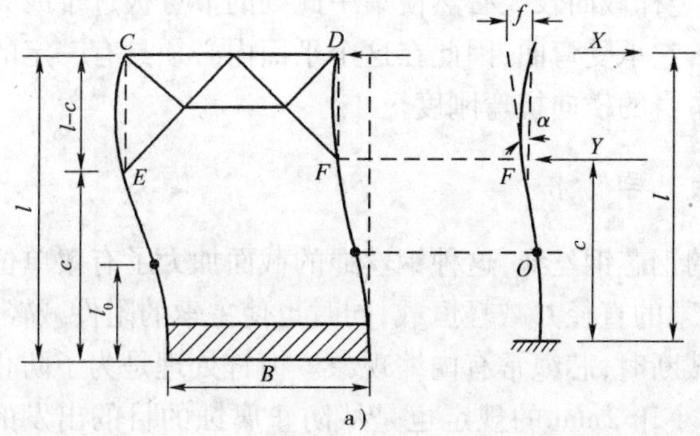

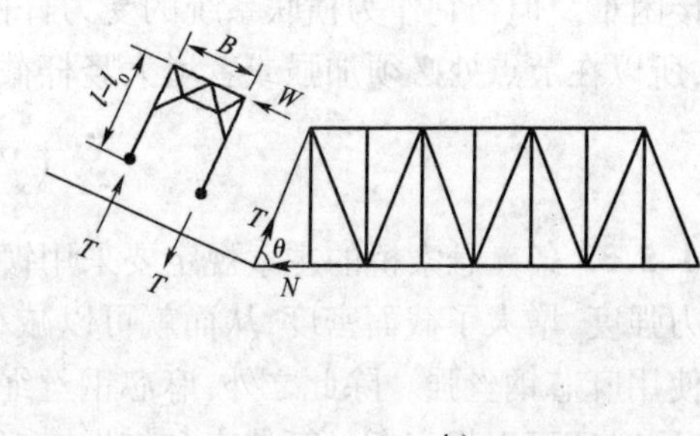

图 1.5.31

a)桥门架计算图式;b)桥门架对端斜杆及端下弦杆的内力效应

因为 D 及 F 仍在一垂直线上,所以

$$f=(l-c)\tan\alpha$$

就$(l-c)$一段而言,在水平力 X 作用下,D 点变位为

$$EIf=\frac{X(l-c)^3}{3}$$

由此可知

$$\frac{X(l-c)^3}{3}=-\left[X\left(lc-\frac{1}{2}c^2\right)-Y\cdot\frac{c^2}{2}\right](l-c)$$

即

$$\frac{X}{Y}=\frac{3c^2}{2l^2+2lc-c^2} \tag{1.5.31-1}$$

在反弯点处弯矩为零,即

$$X(l-l_0)-Y(c-l_0)=0,\text{则}$$

$$\frac{X}{Y}=\frac{c-l_0}{l-l_0} \tag{1.5.31-2}$$

式(1.5.31-1)和(1.5.31-2)相等,从而得

$$l_0=\frac{c}{2}\cdot\frac{2l^2-lc-c^2}{l^2+lc-2c^2}=\frac{c}{2}\cdot\frac{(l+c)(l-c)+l(l-c)}{(l+c)(l-c)+c(l-c)}$$

$$=\frac{c}{2}\,\frac{(2l+c)}{(l+2c)}$$

l_0、l、c 见图 1.5.31a)。

在决定了反弯点位置以后,可取桥门架在反弯点以上部分为隔离体,在水平力 W 作用下,两腿杆的反弯点处将产生大小相等、方向相反的竖直反力 T,在迎风面主桁端斜杆为拉力,背风面主桁端斜杆为压力,见图 1.5.31b)。

拉力的竖向分力减轻了迎风一侧支座的反力,而水平分力则使迎风一侧的下弦杆产生压力 N。端斜杆为压力的则相反,其竖向分力加大了背风一侧支座的反力,而水平分力则使背风一侧的下弦杆的拉力有所增大。用公式表达如下:

$$N=T\cos\theta=\frac{W(l-l_0)}{B}\cos\theta$$

式中 W——斜桥门架上端的风力;

B——主桁中距;

θ——端斜杆与水平线的交角;

$l-l_0$——上弦节点中心至斜桥门架反弯点的距离。

第 1.5.32 条 当采用多腹杆系桁架时,它的竖杆兼作横向联结系的杆件,在实践中曾出现过横向刚度不足的问题。因为这种多腹杆系的竖杆从纵向来说,截面只是满足构造上的要求,所以选用的截面较小，又由于它在桁高中部位置处在多腹杆相交，若竖杆截面较大必然使集中此处的节点板过于庞大而引起连接困难。但当它作为横联系统的受力杆件时，它承受弯曲，因此在这个平面内必须具有一定的抗弯刚度，所以在节点处必须加强或者增大竖杆截面本身的横向抗弯刚度。

(Ⅴ)悬 索 桥

第1.5.33条 悬索桥的主索规定要采用镀锌的钢芯钢丝绳，这种钢丝绳的截面加大了有效单位面积的拉力强度，增大了截面密度，从而就可以减小主索的直径并减轻恒载，同时也使主索的附件减轻，因此不得使用麻芯钢丝强。除此之外，麻芯钢丝绳在截断时，芯绳常有内缩现象。镀锌处理是为了防止表面腐蚀，同时还可以提高钢丝延伸率和韧性，直径不小于2mm的规定也是从防止腐蚀的目的出发的。在GB 1102—74中就明确规定，用于桥梁上(悬索桥)的钢丝绳中的钢丝，其直径不得小于2mm。主索也可采用平行钢丝绳，这样可选取更大的钢丝直径，目前国内跨径最大(500m)的西藏达孜悬索桥，首次使用$\phi5$平行钢丝绳。

第1.5.34条 主索的垂跨比是决定悬索桥经济性的关键问题，一般认为，采用较小的垂跨比不仅可以减低塔架高度，节省塔架的费用，而且也能减小四分点的挠度，从而增加悬索桥的刚度。从欧美各国已建成的悬索桥来看，常用的垂跨比为1/9～1/12。我国解放后在西南等地区修建的和新近建造的悬索桥，也多在1/8～1/10之间(详见表1.5.34)，故规范规定一般取1/9～1/12，悬索桥的加劲梁高度主要取决于刚度的大小，它依据跨度大小而变化，跨径小的，高跨比可以取得大一些，跨径大的或者加劲桁为钢箱截面的(刚度较大)，高跨比也可以取得小一些。从表1.5.34可以看出，跨径较小的悬索桥，高跨比大部分均在1/40～1/80之间，故本规范规定对跨径较小的悬索桥取用1/40～1/80。特大桥梁不在此列，如欧美各国跨径大于600m的悬索桥，高跨比都小于1/100。主索的间距除了配合桥道的宽度要求外，对保证具有足够的水平刚度也起到很大的作用，从表1.5.34看出，所列的悬索桥索距均在1/30之内，故本规范规定主索的间距不宜小于跨径的1/30。

表1.5.34 几座悬索桥主要构件尺寸与技术指标

桥名	主跨(m)	主索				加劲桁	
		垂度(m)	垂跨比	主索间距(m)	索距与跨度比	主桁高(m)	高跨比
四川渡口3001	170		1/9		1/19	4.0	1/43
四川渡口3004	185	18.5	1/10	6.0	1/31	2.5	1/74
重庆朝阳大桥	186		1/8		1/19	1.7*	1/109
越南莱州桥	140	14.0	1/10	8.1	1/17.3	3.5	1/40
尼伯尔特力索里桥	125	12.5	1/10	8.4	1/14.9	3.0	1/42
大连北大友谊桥	132	13.2	1/10	12.5	1/10.6	3.0	1/44

*主桁为开口钢箱截面。

悬索桥最大的缺点是刚度较差，在风力作用下会激发桥跨结构的振动并导致破坏，即存在着空气动力不稳定的问题，因此对抗风必须有足够的重视。为此，加劲梁结构通常采用桁架式或箱形梁的截面。桁架式迎风面积小，因此对风的稳定性能好；而箱形梁的抗扭刚度大，整体性强，当迎风面为流线型时，可减弱空气涡流作用所造成的桥梁涡激振动。箱形断面一般做成扁平的倒梯形，两端设有折翼板(风嘴)，为比较理想的抗风性能截面。上承式加劲桁架抗扭刚度大，所以都采用上承式。加劲桁架设置水平纵向联结系，其目的是为了保证悬索桥的水平刚度和承受风力及增强横向抗扭刚度。

第1.5.35条 加劲梁式悬索桥的应力分析，通常采用两种理论，一种是线性弹性理论，一种是非线性弹性理论(挠度理论)。线性弹性理论是假定主索的初始形状为抛物线，受荷载后主索的形状(指垂度)是不变的；而非线性弹性理论则假定受荷载后主索曲线形状发生变化。一般对于跨径较小的悬索桥，由于加劲梁具有较大的刚度(较主索刚度大的多)。因此由吊杆传到主索的荷载大致均匀，即使加劲梁上具有不对称的活荷载，主索也不会发生显著的变形，加劲梁的几何尺寸也不会产生变化。然而，随着悬索桥跨径的加大，主索受力后发生较大的变形，此时应考虑变形对加劲梁的内力影响。主索变形减小了加劲梁的弯矩和主索的水平拉力，这就可能节省材料，减轻桥梁自重，获得了经济效果。所以国外许多大跨径的悬索桥，其加劲桁的高度较小，高跨比甚至小于1/150，就是这个原因。对于跨径较小的悬索桥采用线性弹性理论计算是足够精确的了，无需采用非线性弹性理论计算，表1.5.34所列出的悬索桥都是采用线弹性理论计算的。其中大连市北大友谊桥，设计者还采用了我国钱令希教授提出的一种非线性弹性理论的简易计算法进行分析，得出的加劲桁支点处的剪力和跨径1/4和1/2处的弯矩只比按线性弹性理论计算出的相应内力相差5%以下，这就说明跨径较小的悬索桥采用线性弹性理论是可行的。另外根据美国学者D. B. Steinman的研究，认为这两种理论的差距与悬索桥的刚度系数$S=\frac{1}{l}\sqrt{\frac{EI}{H_g}}$有关，差距的关系曲线见图1.5.35。上式中$l$为加劲梁的跨径；$I$为加劲梁截面的惯性矩；$H_g$为主索在恒载下的水平拉力。

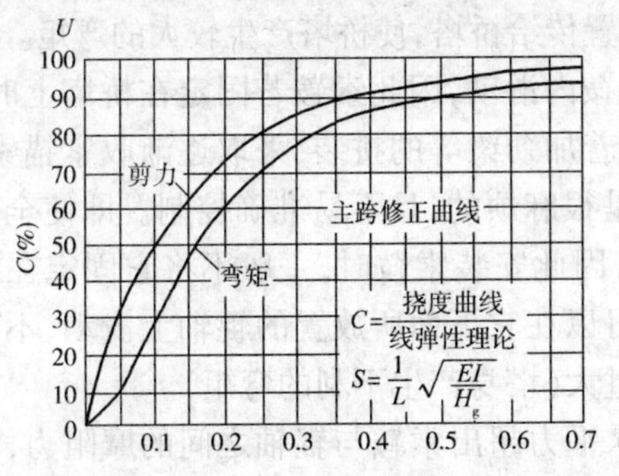

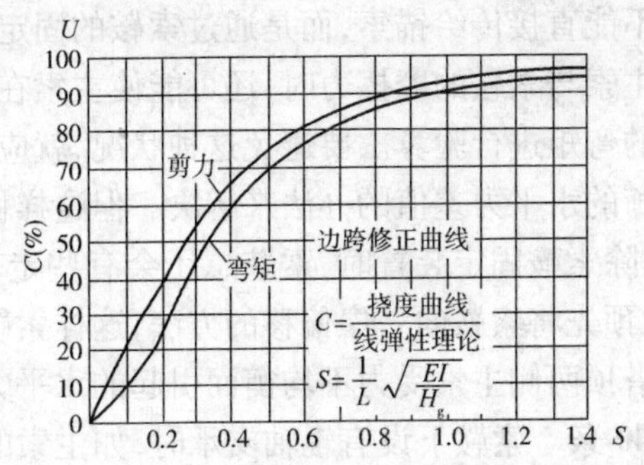

图1.5.35　刚度系数与两种计算理论的内力差关系曲线

从该图也可以看出，刚度系数S越大，两种理论的差值极微，反之，刚度系数S越小，两种理论的差值越大，无论是主跨或是边跨都是如此。因此，我们可以说，跨径小的，加劲梁刚度相对来说是大的，因而刚度系数S大，采用线性弹性理论计算是切合实际的，也是安全可靠的。反之，跨径大的，刚度系数小，若再用线性弹性理论计算，将导致较大的误差，内力算的过大，造成钢材的浪费，此时就应该采用非线性弹性理论进行分析。尽管这种理论应用时比较复杂，但由于电子计算机的发展，将可得到精确的计算结果。同时，我们还应注意到，即便跨径较小的悬索桥，如果恒载较大，使主索的水平拉力H_g很大，也会使刚度系数S变小，用线性弹性理论进行分析同样会使内力误差较大（增大了内力），相应地浪费了钢材，所以对跨径较小的悬索桥，不宜用过大的桥面系（恒载增大）。

第1.5.36条　悬索桥的刚度较差，容易在风力作用下发生事故，这已在第1.5.34条强调过了，因此对水平刚度也需要有一定的要求。由于主索和加劲梁是通过吊杆联系在一起的，所以两者作为一体来抵抗风力，因此任何一处的变形都会使它处受到影响。但由于纵向联结系在水平面是刚性的，而主索是柔性的，因此就存在着水平风力在它们之间如何分配的问题，分配的假定较多，这里不加叙述。总的来说，纵向水平联结系承受的风力要比主索承受的大，因此必须增强抗风联结系的刚度，即增加桥面的宽度，第1.5.34条规定要保证桥宽与跨径之比不宜小于1/30，就是这个目的。至于规定纵向水平联结系的容许侧向挠度为跨径的1/1 000，是悬索桥沿用已久的数值。

第1.5.37条　当吊杆采用钢索时，必须设置套筒以便将吊杆两端固定住，又因为悬索桥均有调整长度的设施，因此套筒便成为钢索与调节设施的连接件。套筒的尺寸主要取决于筒内灌注的合金强度，规范规定的尺寸要求系参考日本平井敦教授所著的《钢桥》中表9.3（各种不同钢索直径对套筒各分部尺寸的要求），再取一定的安全值。此外C. A. 普查林所著《悬索桥》一书中第78节也提出套筒应具有如此的尺寸要求。当悬索桥采用平行钢丝绳时，则不需要套筒，而以冷铸锚等形式取代之。

第1.5.38条　为了使悬索桥在安装完毕后达到原设计的标高，使吊杆受力均匀、加劲梁建筑拱度符合设计要求，在施工安装中必须对主索、吊杆等进行长度的调整，为此，应有调节的设施。悬索桥中的调节设施大都采用调节拉杆，转动调节拉杆上的螺帽，即可达到调整长度的目的。吊杆的调节在悬索桥中是至为重要的，不仅可使自身受力均匀，还可以控制主索的线形和调整桥面标高。但是调节起来是比较困难的，因为要使各根长度不同的吊杆通过调整拉杆达到相同的竖直位移是不容易的，因此除安装时需有一定的方法外，对所调节的长度应计算得准确。

由于悬索桥的加劲梁梁身较轻，竖向刚度弱，在动荷载与风力作用下，梁有跳动的可能，因此不论是否产生负反力，都要对支座设置防止向上掀动的设施。大连市北大友谊桥除设固定支座和活动支座外，还设有抗风支座，其目的在于减小加劲梁的侧向变形对支座的附加作用，且具有抗震措施的作用。

桥塔设避雷针系为安全考虑，塔顶设工作台为了施工和日后检查时便于操作。

第1.5.39条 悬索桥桥塔的塔底通常是固接的，塔顶依靠主索系牢，主索不仅承受直接作用其上的风荷载，还承受主索、加劲梁等重力以及用在悬索桥体系上的活载及其他荷载。这些荷载是通过主索作为垂直力作用在桥塔塔顶的。由于主索的作用，还产生顺桥方向的水平力。在这许多力的作用下，必须保证顺桥方向和垂桥方向的桥塔和基础的安全。在悬索桥架设安装过程中，由于桥塔的两侧不平衡加载，使主索产生不均衡的水平力，如果索鞍被固定在桥塔上时，主索由于拼装加劲梁等所产生的不均衡水平力就不能直接传给锚索，而是通过索鞍的固定装置传给桥塔，使桥塔产生较大的弯矩。当主索的水平力超过主索与索鞍的摩擦力时，还可能使主索在索鞍内滑动，因此索鞍若固定在桥塔上时，必须对塔身所产生的弯矩进行验算。要避免这种状况，就应随着加劲梁等的拼装，采取逐渐收紧锚索的措施，即减小不均衡的水平力差值的办法来解决。但这样做是很麻烦的，且不易准确控制。即使全桥安装完毕以后，在拆除索鞍固定装置时，索鞍总还会有些走动，因此安装索鞍时，一般不将它固定在塔顶居中位置，而采取预先将索鞍向一岸偏移的方法，这样索鞍可以在它下面所放置的辊轴上滑动，不致因架设加劲梁等使塔顶两侧主索受力不均衡而引起的水平力过大（塔身产生不利的弯矩）。

第1.5.40条 索鞍下设有辊轴支承时，如主索的水平力超出索鞍与辊轴之间的摩阻力，辊轴即可移动，因此传给塔身最大的水平力就是摩阻力，可根据作用于辊轴处的摩阻力计算塔身各截面的弯矩。

根据理论力学，辊轴的摩阻力按下式计算

$$F=\frac{f}{r}\cdot V$$

式中 V——施加在塔顶的竖直压力；

f——滚动摩阻系数；

r——辊轴半径（cm）。

若f采用0.05（钢辊轴），并取安全系数为2，则

$$F=\frac{2\times0.05}{r}V=\frac{0.1}{r}V$$

或将r改用mm计，则

$$F=\frac{0.1\times10}{r}V=\frac{1}{r}\cdot V$$

在规范中规定辊轴的半径是以mm计的。

第1.5.41条 索鞍弯曲半径应尽量加大，以减小主索中的附加弯曲应力，这个附加应力系按试验公式计算，日本今俊三教授根据Car Star Phew及Stewwnt的试验数据进行研究，认为此项附加应力可用下式表达：

$$\sigma=CE_c\cdot\frac{\delta}{2R}$$

式中 C——与主索直径d、支承主索的索鞍半径R有关的系数，由试验或下式计算

$$C=0.104128+0.079539\left(\frac{d}{2R}\right)$$

规范近似地采用 $C=0.104+0.04\cdot\frac{d}{R}$

第1.5.42条 悬索桥锚碇室（锚洞）的锚碇板（承托板）是主要的承重结构，悬索桥上的荷载均通过

锚杆传递于锚碇板上，而板上荷载直接由岩层承担。最常用的锚碇板是重力式钢筋混凝土板。它是一种板式结构，因板较厚，其受力状况及应力分布均较复杂，但一般均简化成单向板或双向板计算。它的最大优点是施工方便，放样定位准确；缺点是配筋较密，钢筋安装及浇筑混凝土均有一定的困难。锚碇板的四周嵌入岩石与基岩连成整体，能够保证锚碇板的稳定。

为了调整主索的线形，常需进入工作室内拧旋锚杆的螺栓，因此室内应设有照明设备，以便于操作。此外，室内还应设排水沟，以便将岩层和衬砌的渗水排除，保证室内干燥。还应有良好的通风设施，便于锚碇室的维护。

第二章　木结构

第一节　一般规定

第2.1.1条　我国木材资源随着社会主义建设事业的飞跃发展已日益不能满足需要，供需矛盾十分突出，国家计委、国家经委、国家建委、国家物资总局1981年物木字15号文《关于节约使用、合理利用木材和推广木材代用品的若干规定（草案）》的通知，规定永久性桥梁工程禁止使用木材打桩；铁路与公路桥梁，除抢险急修的临时性便道外，禁止修建木结构桥梁；建筑用材应大力推广金属材料做脚手架和脚手板；推广钢模板、菱镁混凝土模板以及用钙塑材料等代替木材做定型模板、滑升模板；推广升板法、大型砌块和拼装式施工。根据上述文件精神，本规范删去了原有木结构中有关永久性木桥和半永久性木桥有关规定，只保留了与临时性木结构相关的部分。

第2.1.2条　考虑采用极限状态设计的条件尚不成熟，所以本规范仍采用容许应力设计方法。

关于提高木材利用率，主要在以下两个方面：

一、处理木材缺陷

由于木材的材质情况很复杂，在规范中的选择标准只是将其主要问题予以规定，在具体应用时，难免遇到各种情况，这就需要发挥人的主观能动性，从木材供应的实际情况出发，根据当地木材的特点及使用要求，采取措施加以利用。

1. 当受弯构件跨中的边缘部位有大木节影响使用时，则应将大木节置于构件的受压区，减小木节的影响，以充分利用木材。取消了1975年《公路桥涵设计规范》中将较大木节不设置在控制截面的要求。

2. 受拉构件仅因个别部位有大木节而影响使用时，可将该部位看作接头，加设夹板后使用。

3. 受拉构件的接头部位，若有大木节超过标准限值，可加长夹板，避开木节和涡纹布置螺栓或其他联结物，见图2.1.2-1。

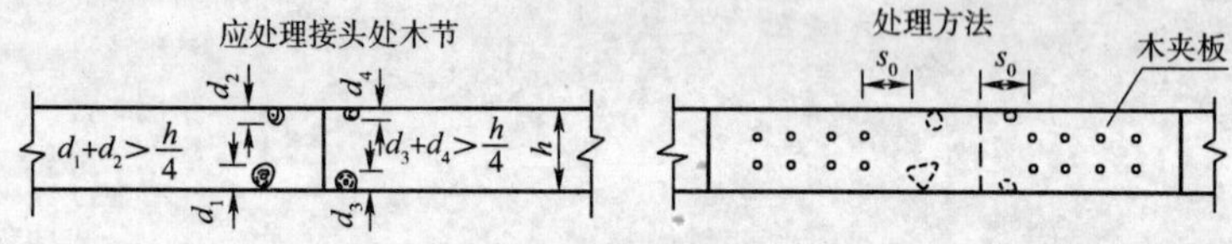

图2.1.2-1　受拉接头处有大木节的处理方法

4. 对于等边方木的裂缝，可通过调整其所在方位，使超过规定深度的裂缝垂直于受剪面。

二、处理高含水率木材

由于施工条件限制，采用高含水率的木材时，可作如下处理：

1. 在选材上要符合木材对斜纹要求的限值，以防发生危险的斜裂缝。要求剪力面避开髓心，以免裂缝与受剪面重合。

2. 承重结构用的方木，应尽量采用"破心下料"的制材方法，见图2.1.2-2。

3. 由于原木的径级较小，不能全部采用破心下料措施时，宜直接用原木作构件。

4. 做好通风防潮。

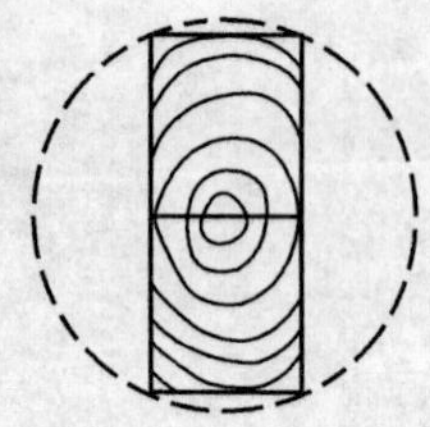

图2.1.2-2　破心下料

第2.1.3条　在本条中放宽了对垫块等结合零件的用材要求，将原来的精选硬质阔叶材改为硬质阔叶材，同时允许在无硬质阔叶材时亦可采用优质松木，目的在于充分利用木材。

第 2.1.4 条 为了合理利用木材，在本条中对削弱面积作了限制，如削弱面积过大，削弱截面的强度和稳定将比未削弱截面减小甚多，从而使未削弱截面的强度不能充分发挥作用。

验算有缺口的轴心受压杆件的稳定时，当缺口不在边缘时，不论缺口大小都是假定按 $A_0=0.9A_m$ 进行计算的。这就是说，对缺口不在边缘的杆件按稳定计算的，其应力始终是无缺口杆件应力的 0.9 倍。要使计算与实际情况相符，也必须对缺口面积作一定限制，当削弱面积小于等于 50% 的毛截面面积时；按 $A_0=0.9A_m$ 计算将与实际情况相符，现证明如下：

对缺口不在边缘的杆件，失稳时的临界荷载是根据金尼克提出的简化公式计算的，当两端铰接时，临界荷载 P 的计算公式为：

$$P=\frac{\pi^2 EI_a}{l^2}\left[1-\frac{2}{l}\int_0^l\frac{\Delta I}{I_a}\sin^2\frac{\pi x}{l}\mathrm{d}x\right]=P_0(1-\alpha)$$

式中 P_0——没有缺口杆件的临界荷载，$P_0=\dfrac{\pi^2 EI_a}{l^2}$；

ΔI——削弱了的截面惯性矩，$\Delta I=I_a-I_b$；

I_a——未削弱截面的惯性矩；

I_b——有缺口截面的惯性矩；

l——杆件长度。

前式中的 α 又可进一步简化为：

$$\alpha=\frac{2\Delta I}{lI_a}\int_0^l\sin^2\frac{\pi x}{l}\mathrm{d}x=\frac{2\Delta I}{lI_a}\int_a^{a+b}\sin^2\frac{\pi x}{l}\mathrm{d}x$$

$$=\frac{\Delta I}{I_a}\left[\frac{b}{l}+\frac{1}{\pi}\sin\frac{\pi b}{l}\right]$$

式中 a——为杆件全长 l 减去有缺口段长度 b 后的一半，见图 2.1.4；

b——有缺口段的长度，见图 2.1.4。

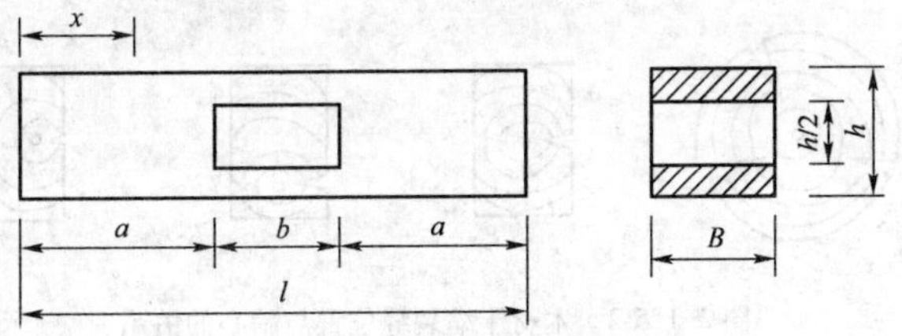

图 2.1.4 有缺口杆件尺寸

对图 2.1.4 的矩形截面，设缺口高度为 $h/2$，b 取可能出现的最大值 $0.5l$，则

$$\frac{\Delta I}{I_a}=\left(\frac{1}{2}\right)^3=\frac{1}{8}$$

将 $\dfrac{\Delta I}{I_a}=\dfrac{1}{8}$、$b=0.5l$ 代入上式，得

$$\alpha=\frac{1}{8}\left[0.5+\frac{1}{\pi}\sin(0.5\pi)\right]=0.102\approx0.10$$

从而证明了当削弱面小于毛截面的 50% 时，有缺口的 P 将大于或等于 $0.9P_0$。

第 2.1.5 条 因为一般用锯材做成的构件与用原木做成的构件对木材缺陷的限制有所不同，很多缺陷在原木中的影响较小而在锯材中却影响较大，因此本规范将锯材与原木的材质标准分列，以便使用。

1975 年《公路桥涵设计规范》对原木的材质标准中有关木节一项规定过严，本规范参照《木结构设计规范》改为“在构件任何 15cm 长度上沿周长所有木节尺寸的总和不得大于所测部位原木周长的……”。

规范表 2.1.5-1 及表 2.1.5-2 采用 1973 年《木结构设计规范》中规定的木材材质标准。

一、木节

木节对板材和方木的削弱是不同的，由图 2.1.5-1 可见，同一大小的木节在板材中为贯通节，在方木中则为锥状节，显然对方木的削弱要比板材小。若方木与板材采用同一标准挑选，不必要地提高了对方木的要求，使大量可用之材被列为不合格材，故将板、方材的材质标准分开。根据渡口地区试行结果证明，放宽方木木节标准，既不影响结构安全，又能使选材的合格率增加，收到明显的经济技术效果。

关于木节尺寸的量法见图2.1.2-1，即只量与木节长度方向垂直截面的木节直径，因而当木节表现为条状时，在条状的一面均不测量也不计入木节尺寸的总和之内。

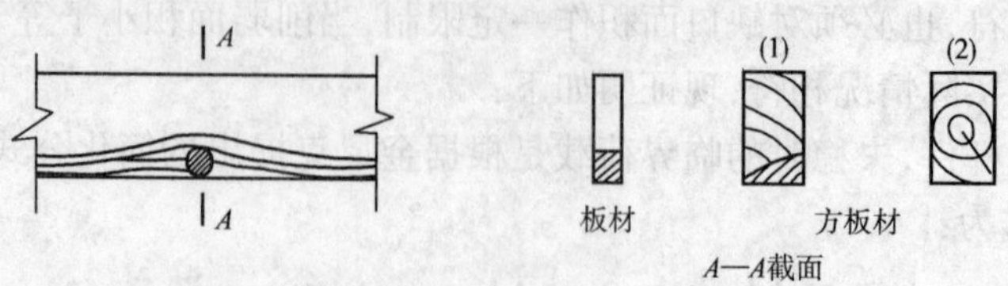

图2.1.5-1　板、方材中的木节

二、斜纹

对斜纹的规定较为严格，因为根据调查，一般构件制作时的含水率均较高，在干燥过程中，若木材的纹理较斜，就会产生扭翘变形和斜裂缝，使结构处于危险状态。

再者，木材内外纹理的斜度不一致，不少树种其内部斜纹比表层大，故有必要适当加严其表面斜纹的限值。但不论那种树种，有严重斜纹的木材在成批材中占的比例比较小，所以并不显著影响选材的合格率。

斜率较大的木材斜纹被截断以后，木材纤维将会减短，这对抗拉和抗剪均不利，因而应严加限制。

三、髓心

在选材标准中，规定髓心应避开受剪面，因为原木的干裂，一般沿径向朝着髓心发展，见图2.1.5-2。对于原木构件只要不采用单排螺栓联结，一般不易在受剪面上遇到危险性裂缝。有髓心的方木的最大裂缝一般发生在方木的较宽面上，并位于离髓心最近的位置，逐渐向着髓心发展，见图2.1.5-2。因此，从髓心所在位置，即可判断最大裂缝将发生在哪个面的哪个部位。若避开髓心，即意味着在剪面上避开了危险的最大裂缝。

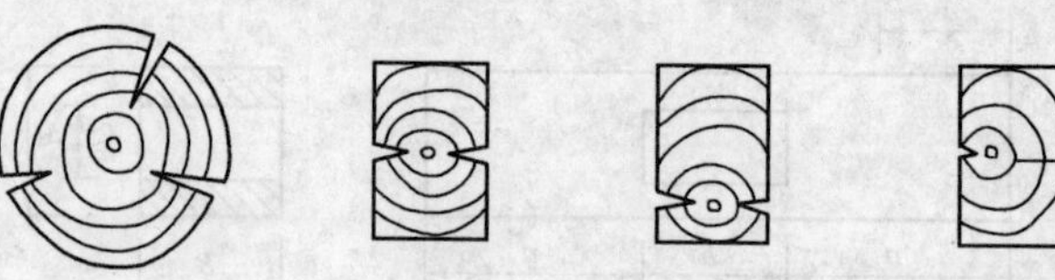

图2.1.5-2　木材干缩裂缝位置与髓心的关系

板材若有髓心，很可能产生贯通裂缝，对构件的联结和受力均不利，所以规定不容许有髓心存在。这条规定对板材也是可以办到的。

四、裂缝

裂缝对于受剪面最为不利，所以对于受剪面及其附近作了相应的规定。对于原木，要求裂缝尽量垂直于受剪面。在1975年的《公路桥涵设计规范》中，对受剪面附近未作明确规定，实际应用时不便掌握，此次将附近的含义限定为与受剪面平行的3cm距离的上下或左右平面之间。因为齿槽深度h_c一般不大于6cm（见图2.1.5-3），若以$h_c=6$cm，则距受剪面为3cm的平面其受力已减小一半，剪坏的危险性已显著减小，因此将附近规定为距受剪面上下或左右3cm范围是适宜的。

当使用湿材时，裂缝往往会在施工以后出现或发展，所以对于剪应力较大的构件不应使用湿材。同时，受剪面避开髓心。

齿联结时，应将近裂缝的一面朝下，齿槽刻在远离裂缝的一侧，从而避免了裂缝对齿联结的危害，见图2.1.5-3。

图2.1.5-3　齿槽位置与裂缝

第2.1.6条　木结构若采用较干的木材制作，减小了因木材干缩所造成的松弛变形和裂缝危害，保证了结构的尺寸和位置，对保证工程质量起很大作用。为此，应尽量提前备料，将木材合理堆放，防止曝晒，使之逐渐风干。根据调查，这一工序即是时间很短，也能收到一定的效果。

由于干裂和翘、扭变形对板材的危害比原木和方木更为严重，尤其是受拉构件的连接板，如发生开裂,就会影响结构的安全。但板材容易干燥,不论是自然干燥或人工干燥,一般施工单位均能办到。板材经干燥后再使用,就不会给结构造成后患,因此,有必要也有条件加严对板材含水率的限制。

对于受拉构件的连接板,应预先干燥,因其变形和裂缝对受力影响较大。至于结点或接头零件,一般采用阔叶材,其收缩变形较大,若不经过干燥,则不能保证结合的紧密,而且也容易引起腐朽。

第 2.1.7 条 各种木材强度的检验标准,只列顺纹受压这一项,因为这项力学指标的变异性较小,也具有代表性。

规范表 2.1.7 的检验标准,大致为平均极限强度减去 2 倍均方差,相当于具有 97.72% 的保证率,但作了适当调整。

第 2.1.9 条 各类木材的容许应力和弹性模量,采用 1973 年《木结构设计规范》的各项数据,将容许应力乘以临时性木结构的提高系数 1.2。现将有关问题说明如下:

一、本规范采用容许应力计算方法,各项容许应力按多系数分析的原则,对影响结构安全的各种因素进行了半经验、半统计的分析,将基本影响系数一律考虑在材料的容许应力数值内。对临时性木结构,目前还没有调查数据,本规范仍沿用以前的经验数据 1.2,由此得容许应力的计算式为:

$$[\sigma]=1.2\frac{k_3}{k_1k_2}k_4k_5k_6k_7k_8R=1.2kR \quad (2.1.9\text{-}1)$$

式中 $[\sigma]$——木材容许应力;

1.2——考虑临时性木结构的调整系数;

R——木材标准小试件的极限强度平均值,根据全国各有关单位所作的 178 种木材的试验结果,由林科院审核提出;

$k_1\sim k_8$——考虑影响结构安全的系数(见表 2.1.9)。

表 2.1.9 确定木材容许应力引用的系数

受力种类	k_1	k_2	k_3	k_4	k_5	k_6	k_7	k_8	计算采用系数 k
顺纹受拉	1.3	1.1	0.50	0.80	0.38	0.85	0.90	0.90	0.075
顺纹受压	1.3	1.1	0.72	0.80	0.67	1.00	1.00	0.90	0.25
受　弯	1.3	1.1	0.70	0.80	0.52	0.80	1.00	0.90	0.15
顺纹受剪	1.3	1.1	0.66	0.80	0.80	0.75	1.00	0.90	0.20

现将式(2.1.9-1)中各系数说明如下:

k_1——荷载变异系数,参照 1975 年《公路桥涵设计规范》,恒载变异系数为 1.1,活载变异系数为 1.4。在公路木桥中,活载产生的内力占全部内力的 70%;恒载产生的内力占全部内力的 30%,取两者的加权平均值为

$$k_1=1.1\times0.3+1.4\times0.7=1.3$$

k_2——考虑设计和施工可能出现的偏差系数。鉴于计算理论与实际情况的差别以及施工允许的误差,都可能使内力增加,设计时应予考虑,按经验取 1.1。

k_3——木材强度变异系数,当统计保证率为 99% 时,可按下式确定:

$$k_3=1-\frac{2.33v}{100} \quad (2.1.9\text{-}2)$$

式中 v——变异系数。

根据 178 种国产木材标准小试件试验结果统计,其变异系数的平均值,对顺纹受拉 $v=21.7$;顺纹受压 $v=12$;受弯 $v=13$;顺纹受剪 $v=14.8$。

将 v 代入式(2.1.9-2)即得到表 2.1.9 中的 k_3 值。

k_4——恒载长期作用下强度的影响系数,按 1975 年《公路桥涵设计规范》数值 0.8 采用。

k_5——木材天然缺陷(木节、涡纹)的影响系数,根据北京、四川、福建等地对落叶松、云南松、杉木、冷杉等 200 余根构件的试验结果,得出表 2.1.9 的数值。

k_6——木材干燥缺陷的影响系数。木材的干缩变形和干裂对构件承载力的影响因受力不同而异,对受压实际无影响,取等于 1;对受剪考虑剪面有 1/4 裂深,取等于 0.75;对受弯和受拉,由

于斜裂缝等干燥缺陷的影响，使木构件从湿到干的强度增长抵消一部分，因而对受弯取0.8，对顺纹受拉取0.85。

k_7——考虑构件缺口处应力集中的影响系数。由于在 k_5 中已经部分地考虑了这个因素，根据有关资料，对受拉构件取0.9；对其他构件取1。

k_8——木桥涵暴露于大气之中，对露天结构的强度折减系数取0.9。

按上式系数和式(2.1.9-1)计算，并经过适当调整后，便得到规范中表2.1.9中各种常用木材的容许应力值。对于缺陷较多的树种，如落叶松、云南松、杨木以及一些杂木，按各地使用经验作适当的降低调整；而对材性较好的若干树种，如鱼鳞云杉和红松，虽其受压强度极限并不很高，但由于材性好，过去使用的计算指标比较高，因此，按现在方法算得的容许应力虽较低，但仍取不低于过去习用的数值。应强调说明的是，由于本规范的容许应力已考虑了干燥缺陷的影响，因而拉、压、弯、剪的容许应力不仅适用于含水率符合要求的木材，同时也适用于在施工阶段为湿材，随后逐渐干燥的情况，不必另乘其他系数。

二、木材弹性模量和横纹承压容许应力

上述对基本应力的考虑并不适用于木材的弹性模量和横纹承压容许应力的取值。木材的这两项指标是在试验平均值的基础上按实践经验确定的。关于横纹承压容许应力，是根据试验值，在不超过比例极限的范围内，凭经验进行确定。

三、弯曲剪应力采用顺木纹剪应力的1.44倍。这个数值是上述两种应力的工作条件系数的比值，即弯曲应力工作条件系数为1.15，顺木纹剪应力工作条件系数为0.8，两者比值为1.15÷0.8=1.44。以上的各个参数是根据过去习惯和参考苏联《桥梁按照极限状态计算》一书中的表8采用的。弯曲剪应力的工作条件系数较高的原因是：

直接剪应力在沿剪力面长度上分布是不均匀的，着力点附近最高（见图2.1.9-1），其值与剪力面长度 L 及偏心距 e 的比值有关。另外，在剪断破坏时，剪力引起的偏心尚导致横木纹的裂开。但在受弯时，没有上述复杂的应力情况。在计算弯曲剪应力时，是以沿跨径长度方向和横截面高度方向上的最大弯曲剪应力为准的。在其他部位，剪应力均小于计算的最大弯曲剪应力。

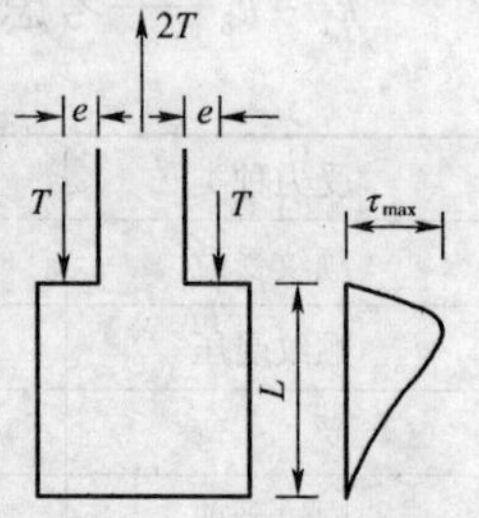

图2.1.9-1　直接剪应力的分布

四、在局部长度上的横纹承压，例如桩（柱）式墩的盖梁、柱式座架墩的底梁等，当不受力长度大于承压面积的顺木纹长度，同时又大于构件厚度时，局部承压条件比较有利，在苏联1962年桥规表6-1及《桥梁按照极限状态计算》一书中是乘以工作条件系数 $m_2=1+\dfrac{8}{L+1.2}$，其中 L 为承压面的顺木纹长度（以cm计）。如果承压面为圆形，则取同样面积的矩形长度。此外，对桩（柱）相连的盖梁和底梁，还乘以 $m_{cm}=1.6$ 的附加工作条件系数。由此，当 $L=25\text{cm}$ 时，$m_2=1.305$，则 $m=m_2\times m_{cm}=1.305\times1.6=2.08$，所以在表2.1.9的注③内，规定用于桩（柱）式墩盖梁和底梁等横纹承压情况下，容许横纹承压应力为全部承压时容许承压应力的两倍。上述情况也适用于大梁支承面，但条件是大梁端部应伸出支承边缘以外一倍构件高度或顺木纹的支承长度（取两者的较大值）。

五、为了便于设计者理解规范表2.1.9中各种应力的性质，以便在设计时正确应用，将表2.1.9中各种应力如弯曲剪应力、弯应力、顺纹剪应力、顺纹压应力等示于图2.1.9-2。

第2.1.10条　容许斜纹承压应力计算是根据试验资料统计分析得出的经验公式，即

$$[\sigma_{a\alpha}]=\frac{[\sigma_a]}{1+\left(\dfrac{[\sigma_a]}{[\sigma_{ah}]}-1\right)\sin^n\alpha} \tag{2.1.10-1}$$

令式(2.1.10-1)中 $\alpha=0$ 得 $[\sigma_{a\alpha}]=[\sigma_a]$；令 $\alpha=90°$ 得 $[\sigma_{a\alpha}]=[\sigma_{ah}]$，满足 $\alpha=0$ 及 $\alpha=90°$ 时的边界条件，当 α 在0~90°之间时，$[\sigma_{a\alpha}]$ 应在 $[\sigma_a]$~$[\sigma_{ah}]$ 之间，因而可将 $[\sigma_{a\alpha}]$ 与 $[\sigma_a]$、$[\sigma_{ah}]$ 表达为式(2.1.10-1)。

将式(2.1.10-1)与试验资料对比得知，$n=3$ 时最为接近。

第2.1.11条　钢材的容许应力，系根据中华人民共和国国家标准《普通碳素结构钢技术条件》

(GB 700—79),取 3 号钢的屈服强度为 240MPa,除以安全系数 1.8,又考虑临时性木结构再乘以 1.25 的调整系数得 165MPa;2 号钢的屈服强度取其平均值 200MPa,除以安全系数 1.8 后再乘以 1.25 的调整系数得 140MPa。

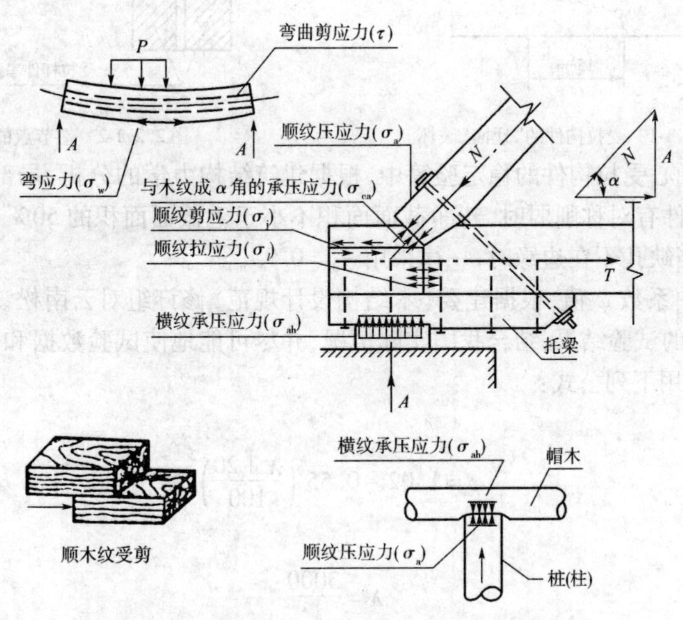

图 2.1.9-2　各种应力示意图

当采用两根及两根以上圆钢共同受拉时,考虑受力不均匀,钢材的容许应力乘以 0.85 的调整系数。

对带螺纹的圆拉杆应验算螺纹部位的净截面,其计算指标按现行钢结构设计规范毛螺栓的数值采用。

第 2.1.12 条　因为木材的需要量逐年增加,往往是边采伐、边运输、边分配,因此,经常会遇到湿材的情况。如果施工时木材的含水率较高,则弹性模量较小,变形则较大,特别当木材干燥后而增加的一部分变形,将永远不能消除。木材的横纹承压能力也与制作时的含水率有密切关系;湿材的横纹承压变形较大。关于湿材的影响,原西南建筑研究所曾以云南松和冷杉做过 6 组试验,其结果表明:湿材的横纹承压变形不仅较大,而且并不能随着木材的干燥和强度的提高而得到恢复。针对这种情况,规范中给出使用湿材时的容许应力和弹性模量的降低系数 0.9,这一数值是根据四川、内蒙古、云南等地的经验考虑的。

当直接使用原木时,由于木材纤维未被破坏,按使用经验,顺纹受压和受弯的容许应力可提高 15%。

根据《木结构设计规范》的规定,原木不仅顺纹压应力和承压应力可提高 15%,而且弹性模量也可提高 15%,因此本规范对原木的弹性模量也提高 15%。

对于经常干湿交替的构件,如木桩、临时木涵,其容许应力和弹性模量分别乘以 0.9 和 0.85 的降低系数。

第二节　构件的计算

第 2.2.1 条　计算受拉构件的净截面面积 A_{ji} 时,当有缺孔的木材受拉时,由于木材纤维构造的关系,在缺孔前后一段距离内不能受力,故相距很近的缺孔间可能形成迂回破坏的特征,见图 2.2.1-1。规范规定应将分布在 15cm 长度上的缺孔在受力截面上的投影面积从受力截面中扣除,此处 15cm 的规定,主要考虑与有关木节缺陷的规定相一致。

计算受拉下弦端节点处的净截面面积 A_{ji} 时,亦应将槽齿和保险螺栓的削弱一并扣除,见图 2.2.1-2。

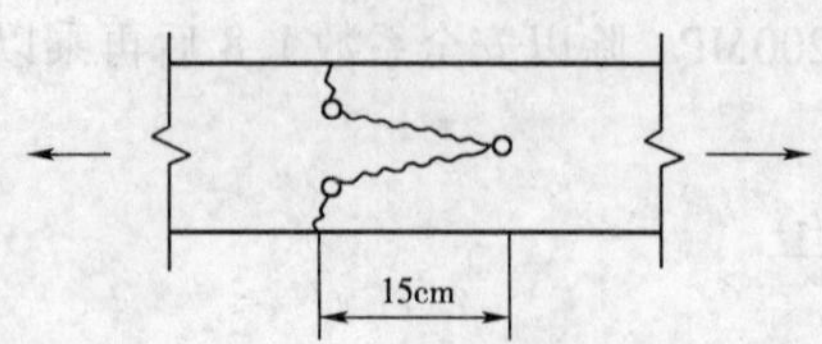
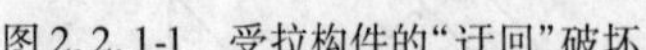

图 2.2.1-1　受拉构件的"迂回"破坏

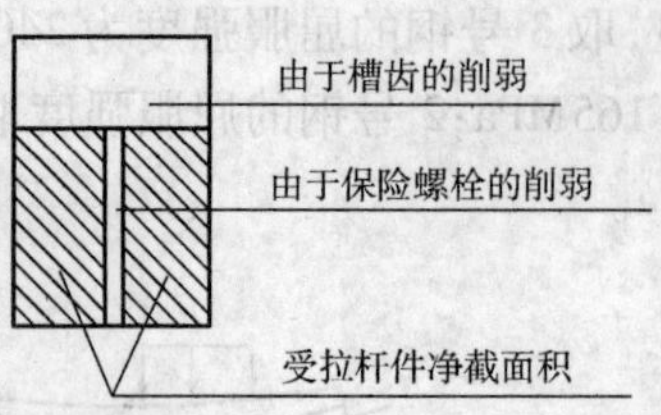

图 2.2.1-2　端节点的净面积

第 2.2.2 条　一、轴心受拉构件的稳定验算中，根据建筑结构力学的分析，局部缺孔对构件的临界荷载的影响甚小。当构件有对称削弱时，若净截面面积不小于毛截面面积的 50%，在不影响结构安全又计算简便的前提下，当缺孔不在边缘时，一律采用 $A_0=0.9A_m$。

二、关于纵向弯曲系数 φ 值，根据建委《木结构设计规范》修订组对云南松、冷杉和杉木等 84 根有木节构件做中心受压的试验结果，结合我国实际情况，并尽可能地使试验数据和使用经验相符合，偏心受压公式中的 φ 值采用下列公式：

当 $\lambda\leqslant 80$ 时

$$\varphi=1.02-0.55\left(\frac{\lambda+20}{100}\right)^2$$

当 $\lambda>80$ 时

$$\lambda=\frac{3000}{\lambda^2}$$

按上式计算，其安全系数 $k=\dfrac{\sigma_a}{\varphi[\sigma_a]}$（$\sigma_a$ 为构件破坏时的临界应力，$[\sigma_a]$ 为容许应力），云南松（含水率一般为 18% ~20%，相当于半干材）无木节试件每组的平均值为2.98 ~4.49，有木节的试件为 2.02 ~2.33；冷杉（含水率一般为 23% ~30%，相当于湿材）有木节试件，当 $\lambda=78\sim125$ 时，每组平均值为2.03 ~2.57。若采用气干材做试验，则安全系数会有所提高。

按上述公式计算的 φ 值，一般不会因 φ 值的降低（指要比 61 年桥规的 φ 值偏低）而增加材料，因为在大多数情况下，受压构件的截面尺寸是根据构造确定的。个别大型受压构件，可能因 φ 值降低而使截面稍有增加，但这也完全有必要，因为在新的材质标准中，对于受压杆件的木节限值有所放宽。

第 2.2.3 条　受弯构件的剪切强度验算中，所采用的木材受剪容许应力见条文第 2.1.9 条表 2.1.9 中的弯曲剪应力$[\tau]$。

第 2.2.5 条　偏心受压构件的计算公式为经验公式，该公式亦为其他国家的规范所采用，它有以下几个优点：

一、计算简单。

二、该公式的计算值基本上与试验值相符合。1967 ~1968 年，西南建研所和重庆建工学院进行了云南松的偏心受压构件试验，由 12 组试件的试验结果来看，试验值与计算值的比值为：无木节试件每组的平均值最小为 0.85，最大为 1.11，多数试件接近于 1.0；有木节的试件，最小为 0.565，最大为 0.84，一般接近于有木节木材的缺陷影响系数 0.67。

三、当 $N=0$ 或 $M=0$ 时，该公式能分别化为弯曲公式或轴心受压稳定公式，避免了按边缘应力理论建立的偏心受压公式所造成的矛盾（当 $M=0$ 时竟变成轴心受压强度公式）。

第 2.2.8 条　受压构件的最大长细比应该受到限制，也就是说，对构件的刚度应予一定的保证，以减轻振动和避免由于自重而产生过分的下垂。

第 2.3.7 条

一、计算公式：齿连接剪切计算公式是按原西南建研所、《木结构设计规范》修订组从 1968 年至 1973 年以常用的有压紧力的齿连接进行了三批共 10 多个试件的试验结果得出的。

哈尔滨建筑工程学院对齿连接的承载能力进行了三组试验，再次证明由该公式计算的极限抗剪承载能力值与实验所得之极限抗剪承载力极为相符。

二、剪应力不均匀分布系数 k_j 值：

哈尔滨建筑工程学院利用有限单元法对木屋架齿连接的剪切应力状态进行了分析，并经过模型试验验证，认为齿连接剪面上的剪切应力实际分布长度是有限的，对单齿 $l_j \approx 7h_c$；对双齿 $l_j \approx 9h_c$。又根据对原规范中的系数 k_j 进行分析的结果，认为现行规范中所用公式

$$k_j = 0.69 + 1.2e^{-0.3\frac{l_j}{h_c}}$$

确定的 k_j 值偏高。

将电算资料分析整理后，得单齿连接时

$$k_j = 4.5\frac{h_c}{l_j}$$

双齿连接的工作特点是第二齿（下齿）剪面上剪切应力的分布较单齿远为均匀，且剪切应力的分布长度（l_j）越短，剪应力的分布越均匀。将电算资料分析整理后，得双齿连接时

$$k_j = 4.5\left(\frac{T''}{T}\right)\frac{h_c}{l_j}$$

式中　T''——第二齿的作用力。

为了对计算成果进行检验，进行了一系列承载能力试验。①单齿 $l_j/h_c = 2、4、6、8、10、12$；②双齿 $l_j/h_c = 6、8、10、12$；③单齿 $l_j = 8h_c$ 和 $h_c/h = \frac{1}{3}、\frac{1}{4}、\frac{1}{6}$实验所得的 k_j 值与电算资料分析推算的 k_j 值极为相近，见表 2.3.7。

表 2.3.7　k_j　值

l_j/h_c			4	6	8	10	12
单齿连接	k_j	实验值	1.00	0.76	0.62	0.47	0.40
		电算资料分析值	1.00	0.75	0.56	0.45	0.38
	安全系数	建议安全系数值	4.24	4.54	4.87	4.81	4.34
		原规范安全系数	4.24	3.80	3.43	2.86	2.18
双齿连接	k_j	实验值		0.89	0.827	0.666	0.494
		电算资料分析值		1.00	0.865	0.690	0.575
	安全系数	建议安全系数值		3.54	4.04	4.30	4.67
		原规范安全系数		3.55	3.50	3.50	2.85

由此可见，原规范的可靠度呈降低趋势，而且变动范围太大（单齿连接为 3.80～2.18；双齿连接为 3.55～2.85），剪面越长可靠度越差。按建议的 k_j 值求得的安全系数比较稳定，可以保证足够的安全。

通过以上分析，现行规范的 k_j 值与电算分析值相差较大，而电算分析之 k_j 值又与实验值极相近，因此将 k_j 值作相应修改，以保证齿连接必要的可靠度。

第三节　构件连接和计算

第 2.3.1 条　一个螺栓（或钉）究竟能传递多大剪力，取决于剪面两侧木构件的承压和螺栓的承弯条件。为了充分利用螺栓（或钉）的承弯强度，取其受压条件的承载能力大于或等于基受弯条件的承载能力，为了简化计算工作，近似地按鱼鳞云杉构件中的螺栓或钉的受压条件确定构件的最小厚度（本规范表 2.3.1）。

一、由第 2.3.2 条螺栓承受弯曲条件，每一剪面的承载力为

$$T = md^2[\sigma_a] \tag{2.3.1-1}$$

取 $m = 2$、鱼鳞云杉$[\sigma_a] = 13\text{MPa}$，代入上式得

$$T = 2 \times d^2 \times 13 = 26d^2 \tag{2.3.1-2}$$

螺栓按受压条件，每一剪面的承载力为：

双剪结合的边部构件

$$T'=0.8ad[\sigma_a]=10.4ad \quad (2.3.1\text{-}3)$$

双剪结合的中部构件

$$T''=0.5cd[\sigma_a]=6.5cd \quad (2.3.1\text{-}4)$$

令 $T'\geqslant T$，得 $a\geqslant 2.5d$，用 $a\geqslant 2.5d$；

令 $T''\geqslant T$，得 $c\geqslant 4d$，用 $c\geqslant 5d$。

二、由第2.3.2条钉按受弯条件，每一剪面的承载力为

$$T=md^2[\sigma_a] \quad (2.3.1\text{-}5)$$

取 $m=3$、鱼鳞云杉 $[\sigma_a]=13\text{MPa}$，代入上式得

$$T=39d^2 \quad (2.3.1\text{-}6)$$

钉按受压条件，每一剪面承载力为：

双剪结合的边部构件

$$T'=0.8ad[\sigma_a]=10.4ad \quad (2.3.1\text{-}7)$$

双剪结合的中部构件

$$T''=0.5cd[\sigma_a]=6.5cd \quad (2.3.1\text{-}8)$$

令 $T'\geqslant T$，得 $a\geqslant 3.3d$，取 $a\geqslant 4d$；

令 $T''\geqslant T$，得 $c\geqslant 6d$，取 $c\geqslant 8d$。

三、上述均为双剪结合，对于单剪结合，其较薄构件的受压条件与双剪结全的边部构件相同；单剪结合较厚或等厚构件的受压条件为

$$T''=0.3ca[\sigma_a]=3.9ca \quad (2.3.1\text{-}9)$$

根据螺栓受弯条件，有

$$T=26d^2 \quad (2.3.1\text{-}10)$$

根据钉受弯条件，有

$$T=39d^2 \quad (2.3.1\text{-}11)$$

对螺栓结合，$T''\geqslant T$，得 $c\geqslant 6.7d$，用 $c\geqslant 7d$。

对钉结合，$T''\geqslant T$，得 $c\geqslant 11d$，用 $c\geqslant 10d$。

第2.3.2条 螺栓和钉连接，根据受力条件规定木构件的最小厚度。现根据螺栓和钉的受弯条件，验算每一剪切面的承载力。

一、螺栓连接

1. 孔壁容许顺纹压应力，可按下式确定：

$$[\sigma_{ak}]=\frac{k_3k_4k_5k_6}{k_1k_2}R_c \quad (2.3.2\text{-}1)$$

式中 k_1、k_2、k_3——符号及数值同第2.1.9条说明；

k_4——恒载作用的折减系数，螺栓结全在恒载作用下变形较大，考虑有活载同时作用时，取 $k_4=0.65$；

k_5——螺栓孔壁应力不均匀分布系数，取0.8；

k_6——构件暴露在野外时的强度折减系数，取0.9；

R_c——标准小试件顺纹受压极限强度平均值，对鱼鳞云杉，取 $R_c=42.4\text{MPa}$。

将上式各系数代入式(2.3.2-1)，得

$$[\sigma_{ak}]=\frac{0.72\times0.65\times0.8\times0.9}{1.3\times1.1}\times42.4=10\text{MPa}$$

2. 考虑塑性变形后，螺栓容许弯曲应力采用 $[\sigma_w]=240\text{MPa}$。

3. 计算公式

当双剪连接中出现一对塑性铰或单剪连接出现一个塑性铰时，根据螺栓受弯条件，每一剪面承载力为

$$T=0.3d^2\sqrt{[\sigma_w][\sigma_{ak}]}+0.09a^2[\sigma_{ak}]\sqrt{\frac{[\sigma_{ak}]}{[\sigma_w]}} \quad (2.3.2\text{-}2)$$

当双剪连接出现两对塑性铰或单剪连接出现两个塑性铰时，螺栓每一剪面的承载力达最大值为

$$T=0.443d^2\sqrt{[\sigma_w][\sigma_{ak}]} \quad (2.3.2\text{-}3)$$

由第2.1.9条说明中表2.1.9有

$$[\sigma_a]=0.25R_c \quad (2.3.2\text{-}4)$$

故

$$[\sigma_{ak}]=\frac{0.24}{0.25}[\sigma_a]=0.96[\sigma_a] \quad (2.3.2\text{-}5)$$

将以上各式代入式(2.3.2-2)及(2.3.2-3)，得

$$\begin{aligned}T&=0.3\sqrt{\frac{[\sigma_w]}{[\sigma_{ak}]}}[\sigma_{ak}]d^2+0.09\sqrt{\frac{[\sigma_{ak}]}{[\sigma_w]}}[\sigma_{ak}]a^2\\&=1.47d^2[\sigma_{ak}]+0.184a^2[\sigma_{ak}]\\&=\left(1.47+0.0184\frac{a^2}{d^2}\right)d^2[\sigma_{ak}]\\&=\left(1.47+0.0184\frac{a^2}{d^2}\right)\times0.96d^2[\sigma_a]\\&=\left(1.41+0.0177\frac{a^2}{d^2}\right)d^2[\sigma_a]\end{aligned} \quad (2.3.2\text{-}6)$$

$$\begin{aligned}T_{max}&=0.443d^2\sqrt{\frac{[\sigma_w]}{[\sigma_{ak}]}}\cdot[\sigma_{ak}]\\&=2.17[\sigma_{ak}]d^2\\&=2.17\times0.96[\sigma_a]d^2\\&=2.08d^2[\sigma_a]\end{aligned} \quad (2.3.2\text{-}7)$$

由式(2.3.2-6)、(2.3.2-7)可得 m 的计算值和最大值为

$$m=1.41+0.0177\frac{a^2}{d^2} \quad (2.3.2\text{-}8)$$

$$m_{max}=2.08\approx2 \quad (2.3.2\text{-}9)$$

令$\frac{a}{d}$为不同的值，就可得到条文表2.3.2中的各项 m 值，其最大值 $m=2$。

当采用钢夹板时，由于能充分利用螺栓的承弯强度，故 m 可取表中的最大值。

二、钉连接

1. 孔槽容许顺纹压应力

$$[\sigma_{ak}]=\frac{k_3k_4k_5k_6}{k_1k_2}R_c \quad (2.3.2\text{-}10)$$

式中 $k_1\sim k_6$ 的符号意义同前，但 k_4 取为0.55，故

$$[\sigma_{ak}]=\frac{0.72\times0.55\times0.8\times0.9}{1.3\times1.1}\times42.4=8.5\text{MPa}$$

2. 钉的容许弯曲应力

钉系冷拔钢丝制成，考虑塑性变形后，其容许弯曲应力采用$[\sigma_w]=700$MPa。

3. 计算公式同螺栓连接相同。

由于$[\sigma_a]=0.25R_c$

故$[\sigma_{ak}]=\frac{0.2}{0.25}[\sigma_a]=0.8[\sigma_a]$

则

$$T=0.3\sqrt{\frac{[\sigma_w]}{[\sigma_{ak}]}}[\sigma_{ak}]d^2+0.09\sqrt{\frac{[\sigma_{ak}]}{[\sigma_w]}}[\sigma_{ak}]a^2$$

$$=\left(2.72+0.099\frac{a^2}{d^2}\right)[\sigma_{ak}]d^2$$

$$=0.8\left[2.72+0.099\frac{a^2}{d^2}\right]d^2[\sigma_a]$$

$$=\left(2.18+0.079\frac{a^2}{d^2}\right)d^2[\sigma_a] \tag{2.3.2-11}$$

$$T_{max}=0.443d^2\sqrt{\frac{[\sigma_w]}{[\sigma_{ak}]}}[\sigma_{ak}]$$

$$=4.01d^2[\sigma_{ak}]$$

$$=4.01\times0.8d^2[\sigma_a]$$

$$=3.2d^2[\sigma_a] \tag{2.3.2-12}$$

故 m 的计算式及最大值为

$$m=2.18+0.079\frac{a^2}{d^2} \tag{2.3.2-13}$$

$$m_{max}=3.2,取3.1 \tag{2.3.2-14}$$

将不同的$\frac{a}{d}$比值代入式(2.3.2-14),可得条文 2.3.2 表 2.3.2 中的 m 值,其最大值为 3.1。

当采用钢夹板时,m 应取最大值 3.1 计算。

三、关于注的说明

1975 年《公路桥涵设计规范》没有此注,该注是根据《木结构设计规范》第 32 条增加的。

因为常用的双剪连接一般均能满足构件最小厚度的要求,故只要按本规范公式 2.3.2 计算每一剪面的承载力即可。但是单剪连接的较厚构件则不一定能满足最小厚度的要求,此时其承载力由该构件的承压条件控制,故本规范第 2.3.2 条注指出,此时$[T]$尚不得大于 $0.3cd[\sigma_a]$。

第 2.3.4 条 规范表 2.3.4 中注②对湿木材端距 s_0 加 7cm,主要是为了防止端部裂缝的影响。

第四节 木桥的构造和计算

在本节中取消了 1975 年《公路桥涵设计规范》中有关永久性和半永久性木桥的规定,只保留了有关临时性木桥的有关规定。

附录一　开口式主桁(或主梁)的自由长度计算

开口式桥的受压弦杆,由于缺乏上平纵联,它在垂直于桁架平面方向的稳定是依靠行车系的横梁与主桁竖杆所组成的刚性半框架来支撑。这种刚性半框架是阻止受压弦杆从桁架平面向外凸出的弹性支承,因此受压弦杆是具有中间弹性支承的多跨连续压杆;如半框架的数量足够时,弹性支承可以用连续分布的弹性支承来代替。

试假定受压弦杆对竖向轴的惯性矩为 I,杆力 N 相等并取全跨的平均值,受压弦杆全长 l 的两端为刚性铰支,如附图 1。

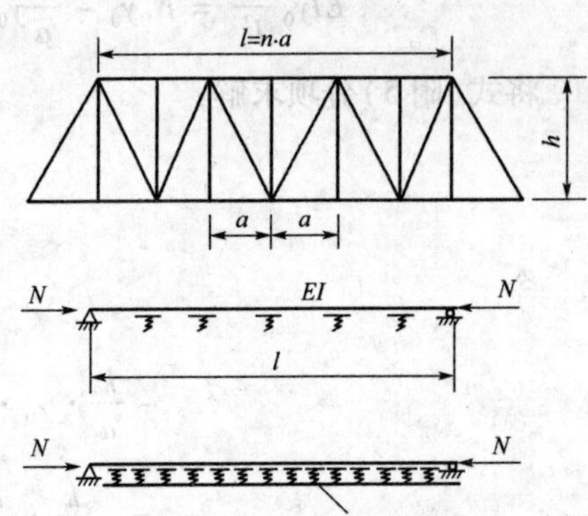

附图 1　开口式桁架上弦杆的弹性支承假设

弹性支承反力 R 与该点的挠度 y 成直线比例,即

$$R=k\cdot y$$

$$\mathrm{d}R=\frac{R}{a}\quad \mathrm{d}x=\frac{k}{a}y\mathrm{d}x$$

式中　k——一个半框架的弹性常数,相当于产生单位挠度 $y=1$ 所需要的力,或为单位力产生的挠度 δ 的倒数

$$k=\frac{1}{\delta}$$

由单位力作用于半框架节点上所产生的一个弦杆的挠度

$$\delta=\frac{h^3}{3EI_c}+\frac{Bh^2}{3EI_b}$$

式中　h——竖杆的高度;

B——两主桁的中距;

I_c——竖杆毛截面积向主桁平面外弯曲的惯性矩;

I_b——横梁截面的惯性矩。

设受压弦杆压屈成若干个半波,试取一个半波来分析其受力情况,如附图 2。

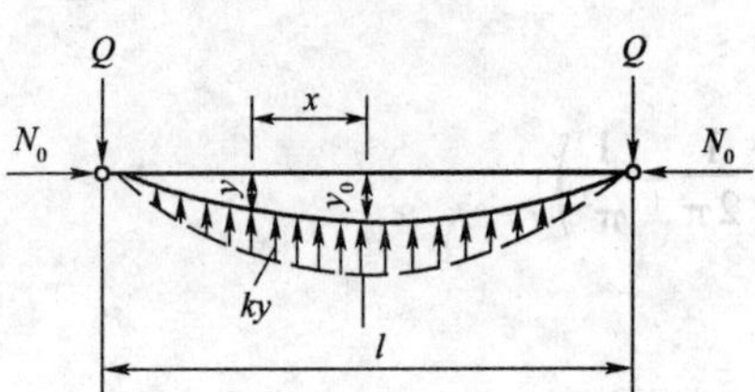

附图 2　上弦杆屈曲后一个半波内的受力情况

若坐标原点取在半波的中央,则挠度曲线可近似地假定为余弦曲线,即

$$y=y_0\cos\frac{\pi x}{l}\qquad(附 1)$$

中点的弯矩为

$$M_0=N_0y_0-Q\frac{l}{2}+\int_0^{\frac{l}{2}}\mathrm{d}R\cdot x\qquad(附 2)$$

波节点的剪力为

$$Q=\int_0^{\frac{l}{2}}\mathrm{d}R$$

当 $x=0$ 时,

$$EI\frac{\mathrm{d}^2y}{\mathrm{d}x^2}=-M_0\qquad(附 3)$$

将式(附 1)微分二次后,得

$$\frac{\mathrm{d}^2y}{\mathrm{d}x^2}=-y_0\frac{\pi^2}{l^2}\cos\frac{\pi x}{l}$$

在半波节点处,由于 $x=0$,则 $\cos\frac{\pi x}{l}=1$

即
$$\frac{d^2y}{dx^2}=-y_0\frac{\pi^2}{l^2}\tag{附4}$$

将式(附2)和(附4)代入式(附3)后,便得

$$EIy_0\frac{\pi^2}{l^2}=N_0y_0-Q\cdot\frac{l}{2}+\int_0^{\frac{l}{2}}dRx$$

$$=N_0y_0-\int_0^{\frac{l}{2}}dR\cdot\frac{l}{2}+\int_0^{\frac{l}{2}}dRx$$

由于 $dR=\frac{k}{a}ydx$,代入上式后,得

$$EIy_0\frac{\pi^2}{l^2}=N_0y_0-\frac{k}{a}y_0\cdot\frac{l}{2}\int_0^{\frac{l}{2}}\cos\frac{\pi x}{l}dx+\frac{k}{a}y_0\int_0^{\frac{l}{2}}\cos\frac{\pi x}{l}xdx\tag{附5}$$

将式(附5)分项求解:

$$-\frac{k}{a}y_0\frac{l}{2}\int_0^{\frac{l}{2}}\cos\frac{\pi x}{l}dx$$

令
$$u=\frac{\pi x}{l},\qquad dx=\frac{l}{\pi}du$$

$$-\frac{k}{a}\cdot y_0\cdot\frac{l}{2}\int_0^{\frac{l}{2}}\frac{l}{\pi}\cos u du$$

$$=-\frac{k}{a}\cdot\frac{l}{2}\cdot y_0\frac{l}{\pi}\left[\sin\frac{\pi x}{l}\right]_0^{\frac{l}{2}}$$

$$=-\frac{l}{2}\cdot\frac{k}{a}\cdot y_0\frac{l}{\pi}$$

$$\frac{k}{a}y_0\int_0^{\frac{l}{2}}x\cos\frac{\pi x}{l}dx$$

$$=\frac{k}{a}y_0\left[\frac{1}{(\pi/l)^2}\cos\frac{\pi}{l}x+\frac{x}{\pi/l}\sin\frac{\pi}{l}x\right]_0^{\frac{l}{2}}$$

$$=\frac{k}{a}y_0l^2\left(\frac{1}{2\pi}-\frac{1}{\pi^2}\right)$$

即

$$EIy_0\frac{\pi^2}{l^2}=N_0y_0-\frac{l}{2}\frac{k}{a}y_0\frac{l}{\pi}+\frac{k}{a}y_0l^2\left(\frac{1}{2\pi}-\frac{1}{\pi^2}\right)$$

再经过化简便得

$$N_0=\frac{\pi^2EI}{l^2}+\frac{kl^2}{\pi^2a}$$

令$\frac{dN_0}{dl}=0$,即求得 N_0 之最小值时的 l。

$$-2\pi^2EIl^{-3}+2\frac{k}{\pi^2a}l=0$$

所以

$$l=\pi\sqrt[4]{\frac{EIa}{k}}$$

也即

$$N_0=\frac{\pi^2EI}{\pi^2\sqrt{\frac{EIa}{k}}}+\frac{k\pi^2\sqrt{\frac{EIa}{k}}}{\pi^2a}=2\cdot\frac{k}{a}\sqrt{\frac{EIa}{k}}=2\sqrt{\frac{EIk}{a}}\tag{附6}$$

现将式(附6)写成下列形式,从而临界力为

$$N_0=\frac{\pi^2 EI}{l_0^2}=2\sqrt{\frac{EIk}{a}}$$

所以
$$l_0^2=\frac{\pi^2}{2}\sqrt{\frac{EIa}{k}}=\sqrt{\frac{\pi^4}{4}\cdot\frac{aEI}{k}}$$

又因
$$\delta=\frac{1}{k},\frac{\pi^4}{4}\approx 25$$

所以 $l_0=\sqrt[4]{25EIa\delta}=2.23\sqrt{EIa\delta}$ (附7)

式(附7)即为附录开口式受压弦杆的自由长度计算公式。

JTG

中华人民共和国行业推荐性标准　　JTG/T D65-01—2007

公路斜拉桥设计细则

Guidelines for Design of Highway Cable-stayed Bridge

7

2007-09-29 发布　　2007-12-01 实施

中华人民共和国交通部发布

中华人民共和国交通部公告

2007 年第 31 号

关于公布《公路斜拉桥设计细则》(JTG/T D65-01—2007)的公告

现公布《公路斜拉桥设计细则》(JTG/T D65-01—2007),作为公路工程行业推荐性标准,自 2007 年 12 月 1 日起施行,原《公路斜拉桥设计规范》(JTJ 027—96)同时废止。

该细则的管理权和解释权归交通部,日常解释及管理工作由主编单位重庆交通科研设计院负责。请各有关单位在实践中注意总结经验,若有修改意见请函告重庆交通科研设计院,以便修订时研用。

特此公告。

中华人民共和国交通部

二〇〇七年九月二十九日

前　言

本细则根据交通部“关于下达2001年度公路工程标准制修订工作计划的通知”(厅公路字[2002]36号)的要求,对《公路斜拉桥设计规范》(试行)(JTJ 027—96)进行修订而成。

在修订过程中,编写组吸取了国内有关单位的研究成果和实际工程经验,借鉴了国外先进的规范、标准、设计方法,总结了施工经验,同时开展了有关设计参数的统计与研究。采取多种方式,广泛征求有关单位和个人的意见,反复讨论、修改后,由交通部审查定稿。

本细则共分9章,与老规范相比有如下重大改进:在相关基础规范的基础上突出了斜拉桥的特点,编制对象以独塔斜拉桥和双塔斜拉桥为主,同时明确了本细则的适用范围;根据斜拉桥的设计实践经验,补充了斜拉桥总体设计有关要求,引入了合理成桥状态和合理施工状态的设计理念;进一步明确整体结构和局部结构的分析,同时补充细化了斜拉桥的设计计算内容及规定;通过对国内外已建成斜拉桥的工程实例有关参数的统计分析,提出了各类材料斜拉桥的适用跨径范围,充实了斜拉桥各组成部分的构造要求和钢绞线斜拉索的有关规定;结合当前斜拉桥建设与发展趋势,及时收入了有关梁、塔上钢锚箱锚固的构造要求,特别补充了钢锚箱和钢索塔的内容。此外,本细则还增加了斜拉桥施工控制与可养护检修设计的规定,提出了相关的基本要求、计算分析内容和工作流程。

请有关单位在使用过程中,随时将问题和建议函告重庆交通科研设计院(重庆市南岸区学府大道33号,邮编:400067),以便再次修订时研用。

主 编 单 位:重庆交通科研设计院

参 编 单 位:湖北省交通规划设计院、四川公路桥梁建设集团有限公司、北京建达道桥咨询有限公司

主要起草人:韩道均　王福敏　楼庄鸿　刘毓湘　张佐安　邹小燕
周长晓　詹建辉　李文琪

目　次

1 总则

1.0.1 为了指导公路斜拉桥的设计，使工程符合技术先进、安全可靠、适用耐久、经济合理的要求，制定本细则。

1.0.2 本细则适用于新建和改建跨径在800m以下的公路斜拉桥的设计。

1.0.3 本细则以交通部发布的现行《公路工程技术标准》(JTG B01—2003)为主要依据。

1.0.4 除应执行本细则外，还应遵照执行其他有关公路桥涵规范。

1.0.5 结构应按极限状态法设计，部分钢构件可采用容许应力法设计。

1.0.6 对斜拉索和其他可更换构件，必须在确保主体结构安全运营的前提下，考虑其检测与更换的可行性与方便性。

1.0.7 应积极、稳妥推广应用新技术、新材料和新工艺。

1.0.8 应注重结构美观和景观要求。

1.0.9 在公路斜拉桥设计与建设中，必须重视施工过程控制和运营过程中的养护。

2 术语

2.0.1 斜拉桥 cable-stayed bridge

将斜拉索两端分别锚固在塔和梁或其他载体上，形成塔、梁、索共同承载的结构体系。

2.0.2 矮塔斜拉桥 extradosed cable-stayed bridge

又称部分斜拉桥。塔高较低，梁体刚度较大，斜拉索对承载力的贡献相对较小。

2.0.3 多塔斜拉桥 multi-pylon cable-stayed bridge

具有两个以上索塔的斜拉桥。

2.0.4 混凝土梁斜拉桥 cable-stayed bridge with concrete girder

主梁为钢筋混凝土或预应力混凝土结构的斜拉桥。

2.0.5 钢梁斜拉桥 cable-stayed bridge with steel girder

主梁与桥面板均为钢结构的斜拉桥。

2.0.6 组合梁斜拉桥 cable-stayed bridge with composite girder

主梁为钢结构，桥面板为混凝土结构，主梁与桥面板组合共同承载的斜拉桥。

2.0.7 混合梁斜拉桥 cable-stayed bridge with hybrid girder

边跨的一部分或全部采用混凝土梁，主跨的大部分或全部采用钢梁或组合梁的斜拉桥。

2.0.8 斜拉索 stay cable

承受拉力并支承主梁的构件。

2.0.9 索塔 pylon

用以锚固或支承斜拉索，并将其索力传递给下部结构的构件。

2.0.10 主梁 girder(Beam)

由斜拉索和支座支承，直接承受由桥面传递的交通荷载的构件。

2.0.11 辅助墩 assistant pier

为提高结构整体刚度，改善结构受力而在边跨内设置的桥墩。

2.0.12 斜拉索初拉力 initial tension force of stay cable

斜拉索安装到梁段上时，对斜拉索施加的张拉力。

2.0.13 斜拉索调整力 adjusting force of stay cable

为改善主梁和索塔结构的受力状态而对斜拉索进行调整的索力。

2.0.14 边跨径 side span length

边索塔中心线至离最外一根斜拉索最近的墩中心线间的距离。

2.0.15 钢锚箱 steel anchorage box

索塔和主梁上锚固斜拉索的箱形装置。

2.0.16 斜拉索涡激共振 vortex-induced resonance of stay cable

风流经斜拉索时会发生漩涡脱落，当漩涡脱落频率接近或等于斜拉索的自振频率时，由周期性涡激力所激发出的斜拉索共振现象。

2.0.17 斜拉索尾流驰振 wake galloping of stay cable

后排斜拉索处在前排斜拉索尾流不稳定的驰振区内而发生的风致振动。

2.0.18 斜拉索参数共振 parametric resonance of stay cable

当桥面的振动频率与斜拉索的横向振动频率满足倍数条件时，斜拉索发生的振动。

2.0.19 斜拉索风雨振 wind and rain-induced vibration of stay cable

在一定的临界风速下，雨水沿斜拉索流动引起的斜拉索的驰振。

2.0.20 飘浮体系 floating system

塔墩固结，塔处主梁不设竖向支座，其他墩设不约束纵向移动支座的结构体系。

2.0.21 支承体系 supporting system

斜拉桥全长范围内的墩上均设支座的结构体系。对所有墩上的支座均不约束纵向位移的结构体系称为半飘浮体系。

2.0.22 塔梁固结体系 fixed system between pylon and girder

塔梁固结，墩处设支座的结构体系。

2.0.23 刚构体系 rigid frame system

塔、梁、墩均固结的结构体系。

2.0.24 地锚体系 ground anchoring system

岸跨的斜拉索或部分斜拉索锚固在地锚上的结构体系。

2.0.25 限位装置 limited movement bearing

为防止主梁水平位移过大而采用限制水平位移的装置。

2.0.26 斜拉索减振装置 damping devices of stay cable

减小斜拉索风振或风雨振的措施或装置。

2.0.27 成桥恒载索力 cable force due to dead load of completed bridge

斜拉桥桥面系施工及索力调整完成后的斜拉索实际索力。

2.0.28 合理成桥状态 reasonable state of completed bridge

斜拉桥成桥时结构受力、斜拉索索力、线形等与设计理想状态基本吻合的状态。

2.0.29 合理施工状态 reasonable state of constructing bridge

为达到合理成桥状态，按一定的施工流程和方法控制结构应力、线形误差，使其符合相关规范要求的施工状态。

3 材料

3.1 混凝土

3.1.1 用于斜拉桥各部分构件混凝土的强度等级、标准强度、设计强度和弹性模量等，按现行《公路钢筋混凝土及预应力混凝土桥涵设计规范》(JTG D62—2004)的规定采用。

3.1.2 预应力混凝土主梁的混凝土强度等级不应低于C40；预应力混凝土索塔中的预应力构件强度等级不应低于C40；钢筋混凝土索塔的强度等级不应低于C30。

3.2 钢材

3.2.1 钢筋混凝土及预应力混凝土构件所采用的普通钢筋与预应力钢筋类别、设计强度、标准强度和弹性模量，按现行《公路钢筋混凝土及预应力混凝土桥涵设计规范》(JTG D62—2004)的规定采用。

3.2.2 斜拉桥所采用的钢板及型材的技术要求按现行国家标准《桥梁用结构钢》(GB/T 714—2000)的规定采用。高强螺栓的技术要求按现行《公路桥涵钢结构及木结构设计规范》(JTJ 025—86)及其他相关设计规范的规定采用。

3.3 斜拉索

3.3.1 斜拉索用高强钢丝应采用ϕ5mm或ϕ7mm热镀锌钢丝，其标准强度不宜低于1 670MPa，性能应满足现行《桥梁缆索用热镀锌钢丝》(GB/T 17101—1997)的要求。

3.3.2 斜拉索用钢绞线应采用高强低松弛预应力镀锌或其他防护钢绞线，其标准强度不宜低于1 860MPa，性能应满足现行《预应力混凝土用钢绞线》(GB/T 5224—2003)的要求。

3.3.3 斜拉索用锚具钢材应选用优质碳素结构钢或合金结构钢，性能应满足相应国家标准要求。

3.3.4 斜拉索外防护材料应采用在直接承受大气环境因素的作用下，具有较长的抗老化寿命，性能应符合相应国家标准或行业标准要求的高密度聚乙烯护套料或其他合适的材料。

3.4 斜拉索及锚具安全系数

3.4.1 运营状态斜拉索的安全系数不应小于2.5，即

$$[\sigma] \leqslant 0.4 f_{pk}$$

式中 $[\sigma]$——斜拉索的容许应力(MPa)；

f_{pk}——斜拉索的抗拉标准强度(MPa)。

3.4.2 施工状态斜拉索的安全系数不应小于2.0，即

$$[\sigma] \leqslant 0.5 f_{pk}$$

式中 $[\sigma]$——斜拉索的容许应力(MPa)；

f_{pk}——斜拉索的抗拉标准强度(MPa)。

3.4.3 斜拉索锚具的安全系数不应小于斜拉索的安全系数。

4 总体设计

4.1 一般规定

4.1.1 斜拉桥总体设计应根据桥梁建设条件、通航要求、建设规模、技术标准、景观环境、交通流量预测以及水利、电力、航空等部门的具体要求，对斜拉桥的结构体系、跨径布置、辅助墩的设置、车道数量等进行综合考虑，合理地布置。

4.1.2 斜拉桥的总体设计，应对其主梁、斜拉索、索塔和基础等主要组成构件的类型及其组合，进行同等深度的多方案比较，以得到最佳设计方案。

4.1.3 在斜拉桥设计中，必须确保结构和构件满足强度、刚度、稳定性和耐久性要求。

4.1.4 斜拉桥的各个主要构件即主梁、斜拉索、索塔和基础的设计必须统筹考虑，应使各主要构件互相协调。

4.1.5 设计中应明确结构体系转换的顺序及应采取的相应措施。

4.2 基本结构体系与形式

4.2.1 斜拉桥的基本构成

斜拉桥由主梁、斜拉索、索塔及基础等部分构成，在边跨内可根据需要设置辅助墩。

4.2.2 斜拉桥的结构体系

1 结构体系

常用的结构体系包括：飘浮体系，支承体系（包括半飘浮体系），塔梁固结体系，刚构体系，如图4.2.2所示。

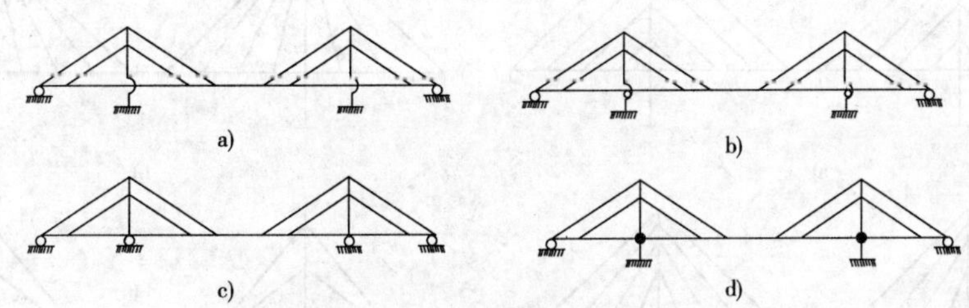

图4.2.2 斜拉桥四种基本结构体系

a）飘浮体系；b）支承体系；c）塔梁固结体系；d）刚构体系

2 选择原则

跨度较大、索距较密或在有抗震要求的地区修建的斜拉桥宜选择飘浮体系或半飘浮体系；支承体系宜用于跨度较小的斜拉桥；独塔或双塔高墩和对变形要求较高的斜拉桥宜选择刚构体系；塔梁固结体系宜用于塔根弯矩小和温度内力小的斜拉桥。

对一些特殊的结构体系，如地锚体系、矮塔体系以及斜拉桥与其他桥型协作体系，应根据桥址条件、适用情况、技术经济以及美观要求来选定。

4.2.3 不同跨径斜拉桥主梁选择

主跨在400m以下的双塔斜拉桥宜采用混凝土主梁；主跨在600～800m的斜拉桥宜采用钢主梁或混合梁；主跨在400～600m的双塔斜拉桥宜进行各种主梁综合比较后选择；主跨处于边界域时，应根据具体情况作综合比较。

4.2.4 总体布置及基本参数

1 跨径比

一般情况下按恒载平衡的设计原则确定边中跨比例。

1）双塔三跨斜拉桥的边跨与主跨跨径比宜为0.33～0.50。其中，钢主梁宜为0.30～0.40；组合梁宜为0.40～0.50；混合梁宜为0.30～0.45；混凝土主梁宜为0.40～0.45。但在特殊的地形条件下，可采用更小的跨径比或采用地锚式斜拉桥。

2）独塔斜拉桥的双侧跨径比考虑地形条件及跨越能力，可取0.50～1.00。

3）多塔斜拉桥适用于各种跨径的桥梁结构，边跨与主跨跨径比可参照双塔三跨斜拉桥选用。

2 索塔

索塔根据不同需要，可布置为独塔、双塔或多塔形式。可采用混凝土索塔、钢索塔或钢—混组合索塔。

双塔、多塔斜拉桥桥面以上索塔的高度与主跨跨径之比宜为1/4～1/6；独塔斜拉桥塔高通过外索控制，桥面以上高度与跨径之比宜为1/2.7～1/3.7，外索的水平倾角不宜小于22°。

3 斜拉索

1）斜拉索横桥向布置可采用单索面、双索面或多索面，索面布置可采用空间索面布置或平面索面布置，如图4.2.4-1所示。

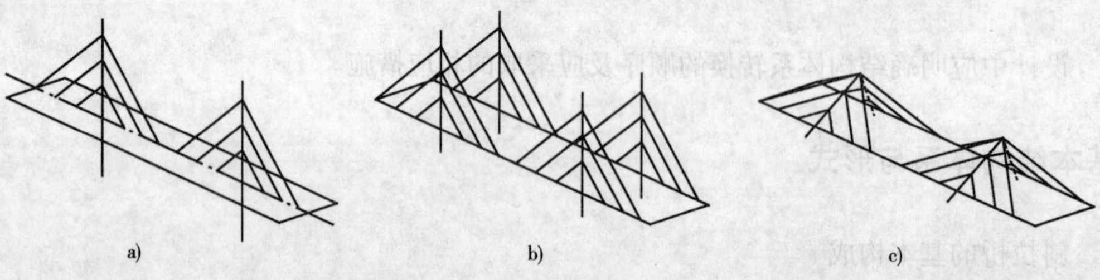

图4.2.4-1 斜拉索索面布置

a）单索面；b）竖向双索面；c）空间双索面

2）斜拉索纵桥向布置宜采用扇形，也可采用竖琴形、辐射形、扇形、星形等，如图4.2.4-2所示。

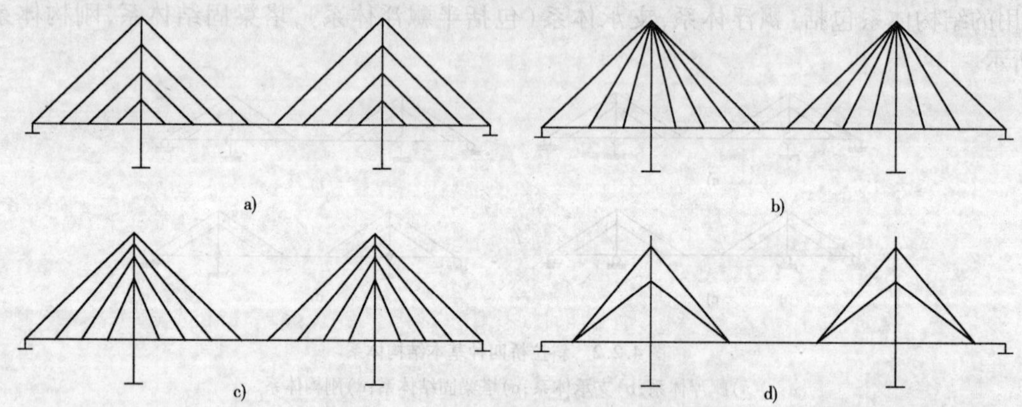

图4.2.4-2 斜拉索纵桥向索面布置

a）竖琴形索（平行索）；b）辐射形索；c）扇形索；d）星形索

3）斜拉桥主梁采用钢梁或组合梁时斜拉索标准间距宜为8～16m，采用混凝土梁时斜拉索标准间距宜为6～12m。

4）斜拉索作为一个独立构件，设计时应进行综合比较，选用平行钢丝斜拉索或钢绞线斜拉索，并考虑其可更换性。

4 辅助墩

斜拉桥的辅助墩应根据全桥整体刚度、结构受力、边孔通航要求、施工期安全以及经济使用条件进行设置。

5 主梁

应综合考虑斜拉桥纵、横向受力情况，合理选择截面形式和梁高。

1）主梁可采用钢梁、混凝土梁、组合梁或混合梁。

2）双塔三跨斜拉桥梁高与跨径之比，混凝土主梁宜采用1/100～1/220，组合梁宜采用1/125～1/200，钢主梁宜采用1/180～1/330。

3）独塔斜拉桥梁高视主跨长度、索面数、截面形式等变化较大，可略低于同跨径的双塔式梁高。

4.3 其他结构体系与形式

4.3.1 多塔斜拉桥

1 多塔斜拉桥宜采用飘浮体系或半飘浮体系。

2 多塔斜拉桥的设计和构造，可采取下列措施提高其整体刚度：

1）增大主梁、中间索塔的刚度；

2）采用斜拉索对中间索塔顶加劲；

3）在边孔设辅助墩，增大边孔斜拉索的面积，减少边孔索距。

3 多塔斜拉桥的其他构造要求应与一般斜拉桥相同。

4.3.2 地锚式斜拉桥

1 地锚可采用重力式锚或抗拔桩锚。

2 地锚式斜拉桥为适应温度引起的梁体的伸缩，主跨中部应设有允许梁体纵向移动的装置：只传递剪力不传递弯矩、轴力的剪力铰，或同时能传递剪力和弯矩的变位装置，后者如图4.3.2所示。

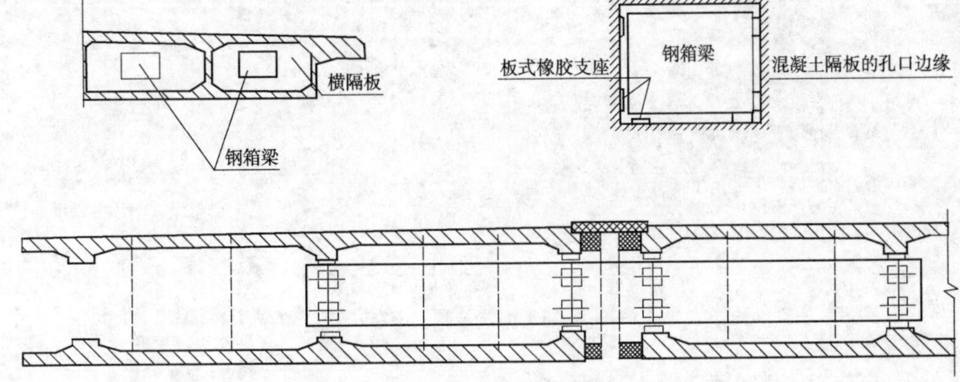

图4.3.2 地锚式斜拉桥纵向移动装置示意

3 地锚式斜拉桥其他构造要求应与一般斜拉桥相同。

4.3.3 矮塔斜拉桥

1 矮塔斜拉桥宜采用混凝土结构，其结构体系主要是塔、梁、墩固结体系或塔、梁固结体系。在跨径较大时，可采用钢和混凝土混合式梁，跨中无索区用钢梁。

2 矮塔斜拉桥的跨径适用范围不宜大于300m。

3 矮塔斜拉桥桥面以上塔高与跨径之比宜采用1/8～1/12。

4 混凝土梁宜采用箱形截面，梁高与跨径之比采用1/35～1/45。在跨径较大时，靠近塔处梁高可增大，形成变截面。

5 矮塔斜拉桥的边跨与主跨跨径比宜取0.50～0.76。

6 矮塔斜拉桥主梁上的无索区长度，索塔附近宜取0.15～0.20倍主跨跨径；中跨跨中宜取0.20～0.35倍中跨跨径；边跨部宜取0.20～0.35倍边跨跨径。

7 斜拉索可按体外索设计，容许应力可采用$0.60f_{pk}$，在施工中可不作索力调整。

8 斜拉索在索塔处宜布置为通过索，设置双套管或分丝管抗滑锚等类型的索鞍。

9 其他构造要求可参照其他斜拉桥和连续梁桥与连续刚构桥。

4.4 容许变形

4.4.1 主梁在车道荷载(不计冲击力)作用下的最大竖向挠度。

1 混凝土梁主跨应不大于 $l/500$(l 为主跨跨径,当为不对称的独塔斜拉桥时,为较大侧的跨径,下同)。

2 钢梁、钢组合梁和混合梁在主孔采用钢梁时应不大于 $l/400$。

4.4.2 混凝土行车道板在车辆荷载下的最大竖向挠度跨中应不大于 $l_j/600$(l_j 为板的行车方向计算跨径)。

5 作用

5.1 一般规定

5.1.1 公路斜拉桥设计中作用的计算，除本节有明确规定外，应符合现行《公路桥涵设计通用规范》(JTG D60—2004)的要求。

5.1.2 公路斜拉桥设计中作用的分类与组合，应符合现行《公路桥涵设计通用规范》(JTG D60—2004)的要求。

5.1.3 结构重要性系数的确定，应符合现行《公路桥涵设计通用规范》(JTG D60—2004)的要求，并根据结构计算状态确定作用效应分项系数和频遇值、准永久值系数。

5.2 各类作用

5.2.1 永久作用计算应按现行《公路桥涵设计通用规范》(JTG D60—2004)的规定执行。结构重力计算时，当钢筋混凝土或预应力钢筋混凝土含筋率(含普通钢筋和预应力钢筋)大于1%(体积比)时，其重度可按单位体积中扣除钢筋体积的混凝土的自重加所含钢筋的自重之和计算。

5.2.2 斜拉索初拉力及调整力应作为永久作用，并参与组合。

5.2.3 汽车荷载、汽车冲击力和制动力、人群荷载均应按现行《公路桥涵设计通用规范》(JTG D60—2004)的规定采用。计算汽车冲击力时，结构基频应取现行《公路桥梁抗风设计规范》(JTG/T D60-01—2004)中双塔斜拉桥的竖向弯曲基频。

5.2.4 作用在桥上的风荷载标准值计算应按现行《公路桥涵设计通用规范》(JTG D60—2004)的规定执行。主梁上的静阵风荷载，墩、塔和斜拉索上的风荷载计算应按现行《公路桥梁抗风设计规范》(JTG/T D60-01—2004)执行。在风速较大的地区，必要时应作专题研究。

5.2.5 温度作用

1 考虑温度作用时，应根据当地的具体情况，结构物使用的材料和施工条件等因素计算由温度引起的结构效应。

2 体系温差，钢结构可按当地最高和最低气温确定；混凝土结构可按当地平均最高和最低气温确定。气温变化值应自结构合龙时的温度起算。

3 主梁、主塔局部温差应按现行《公路桥涵设计通用规范》(JTG D60—2004)的规定执行；没有实测数据资料时，构件温差可按下述范围取值：

斜拉索与混凝土主梁、索塔间的温差可采用 ±(10 ~ 15℃)；

斜拉索与钢主梁的温差可采用 ±10℃；

索塔左右侧面温差可采用 ±5℃；

组合梁内钢梁与混凝土桥面板间的温差可采用 ±(10 ~ 15℃)；

混凝土主梁上下缘温差可采用 ±5℃。

5.2.6 斜拉桥支座摩阻力应按现行《公路桥涵设计通用规范》(JTG D60—2004)的规定计算。

5.2.7 地震作用力的计算应符合现行《公路工程抗震设计规范》的要求，对于地震动峰值加速度系数大的地区或重要的斜拉桥，地震作用计算应考虑结构的非线性影响。

5.2.8 需要考虑船舶或汽车撞击作用时，撞击作用的标准值按现行《公路桥涵设计通用规范》(JTG D60—2004)的规定确定。

5.2.9 施工荷载

进行施工计算时，必须计入施工中可能出现的施工荷载，包括架设机具和材料、施工人群、桥面堆载、临时配重以及风荷载等，以考虑所设计结构的施工安全性。

5.3 作用效应组合

作用效应组合应符合现行《公路桥涵设计通用规范》(JTG D60—2004)有关效应组合规定。

6 计算

6.1 一般规定

6.1.1 在斜拉桥的设计计算中,除进行静力分析外,还应进行动力分析、稳定分析,确保结构的强度、刚度和稳定性满足要求。

6.1.2 结构计算图式、几何特性、边界条件应反映实际结构状况和受力特征。

6.1.3 结构计算图式分平面结构计算图式和空间结构计算图式。

1 平面结构计算图式主要用于斜拉桥结构方案设计计算、施工过程控制计算和成桥结构荷载效应的计算。

2 空间结构计算图式主要用于斜拉桥结构的空间静力分析、动力分析、稳定分析与地震分析。

3 斜拉桥结构的局部构件计算,可采用平面结构计算图式或空间结构计算图式。局部应力计算应采用空间结构计算图式,计算区域应能确保计算分析点的荷载效应,能体现实际结构的荷载效应。

6.2 静力计算

6.2.1 结构计算原则

1 对于一般跨径的混凝土斜拉桥结构计算,可按经典结构力学或有限元方法计算。

2 对于跨径较大的斜拉桥计算应计入结构的几何非线性影响,必要时计入材料非线性对结构的影响。

3 采用平面结构计算图式进行结构静力分析时,应计算荷载横向分布对结构的影响。

4 将空间斜拉索简化为平面结构计算时,应考虑索力变化的影响。

5 在斜拉桥结构计算中,必须计入斜拉索垂度对索刚度的影响,可采用斜拉索换算弹性模量的方法计入或采用柔索单元直接模拟斜拉索垂度对结构的非线性影响。

6 在组合梁斜拉桥结构计算中,必须考虑主梁上下两种材料的不一致而引起的结构内力重分配。

7 在斜拉桥结构计算中,应考虑基础变位对结构的影响。主梁为箱形结构时,应考虑扭转翘曲影响。

8 在斜拉桥结构计算中,至少应确保一根斜拉索脱落或断索后,主梁最大应力增加不应超过相应设计应力的10%。

9 除对结构进行总体荷载效应分析外,尚应对一些特殊部位进行局部分析,尤其是锚下应力区、组合梁剪力键、混合梁的钢混结合部及塔墩梁固结等部位的分析等;在局部分析中应计入结构总体荷载效应的非线性影响。

6.2.2 确定合理成桥状态

1 斜拉桥设计计算时应首先确定合理成桥状态。

2 确定合理成桥状态时,预应力混凝土梁斜拉桥,应计入主梁预应力效应和汽车荷载效应;组合梁斜拉桥,应计入主梁桥面板预应力效应和汽车荷载效应;钢箱梁斜拉桥,应计入汽车荷载效应。

6.2.3 斜拉索初拉力和调整力

以合理成桥状态为基础,可通过常用的方法,求得施工阶段斜拉索的初拉力。斜拉索的初拉力不仅与合理成桥状态有关,还与合理施工状态有关。所确定的斜拉索初拉力应保证合理成桥状态和合理施工状态的耦合。必要时,可在施工的一定阶段施加斜拉索的调整力。

6.2.4 斜拉索换算弹性模量计算

斜拉索换算弹性模量按下式计算：

$$E = \frac{E_0}{1 + \frac{(\gamma S\cos\alpha)^2}{12\sigma^3}E_0} \qquad (6.2.4)$$

$$\gamma = \frac{\text{每米斜拉索及防护结构材料重力(kN/m)}}{\text{斜拉索截面积(m}^2\text{)}}$$

式中：E——考虑垂度影响的确定工况斜拉索换算弹性模量（kPa）；

E_0——斜拉索钢材弹性模量（kPa）；

γ——斜拉索单位体积重力（kN/m^3）；

S——斜拉索长度（m）；

α——斜拉索与水平线的夹角（°）；

σ——确定工况斜拉索应力（kPa）。

6.2.5 索塔的内力和变位，宜采用小变形理论分析；对结构自重、可变作用等荷载的作用，主梁、索塔和斜拉索可用平面杆系有限元法分析；对风荷载等横向荷载，可将索塔作为平面框架来分析。

6.2.6 局部计算

1 索塔与横梁、索塔与主梁连接区、应力集中以及锚固部位等结构局部分析和应力计算均可采用有限元方法，所取计算区域应能确保分析点的应力与实际相符。

2 钢箱梁、组合梁锚固部位应进行局部稳定分析和疲劳分析。

3 必要时应对钢主梁的索梁锚固结构进行模型试验。

6.2.7 斜拉桥主要构件强度验算

1 混凝土主梁、混凝土索塔截面强度的验算，应符合现行《公路钢筋混凝土及预应力混凝土桥涵设计规范》（JTG D62—2004）的要求。

2 钢主梁、钢索塔截面强度的验算，应符合现行《公路桥涵钢结构及木结构设计规范》（JTJ 025—86）及现行《钢结构设计规范》（GB 50017—2003）的要求。

3 混凝土主梁、钢梁的强度验算和配筋计算以及钢梁的强度验算应考虑剪力滞后的不利影响。

6.2.8 基础计算

1 常规基础计算应符合现行《公路桥涵地基与基础设计规范》（JTG D63—2007）的要求。

2 用有限元法将基础与上部结构一并按施工形成过程进行分析，应计入墩、索塔施工偏心对基础的影响和桥梁横向荷载对基础的影响。

3 按常规的基础计算方法将基础单独分析，除应计入墩、索塔施工偏心和桥梁横向荷载对基础的影响外，还应计入上部结构产生效应后对基础产生的二次效应。

4 重力式地锚计算应包括抗倾覆、抗滑移和抗拔计算，其中抗倾覆、抗滑移安全系数应不小于2.0，抗拔安全系数应不小于1.5。

6.2.9 稳定分析

在方案设计和初步设计阶段，可用常规的稳定分析方法估算索塔和主梁的面内稳定和面外稳定；在技术设计和施工图设计阶段，应根据不同的桥型结构和不同的工况状态，详细计算整体稳定和局部稳定。

1 斜拉桥稳定分析中，应计入斜拉索垂度的影响。

2 斜拉桥结构体系第一类稳定，即弹性屈曲的结构稳定安全系数应不小于4；第二类稳定，即计入材料非线性影响的弹塑性强度稳定的安全系数，混凝土主梁应不小于2.50，钢主梁应不小于1.75。

3 应对钢梁、钢索塔受压板件进行局部稳定应力分析，屈曲应力验算应符合现行《公路桥涵钢结构及木结构设计规范》（JTJ 025—86）及现行《钢结构设计规范》（GB 50017—2003）的要求。

4 组合梁斜拉桥稳定分析中，主梁混凝土桥面板稳定应力验算时应计入桥面板局部荷载引起的应力。

5　混合梁斜拉桥稳定计算参照本条3、4款执行。

6.2.10　混凝土收缩徐变计算

混凝土斜拉桥、混凝土索塔的钢斜拉桥、组合梁斜拉桥及混合梁斜拉桥应按实际施工成桥过程计算混凝土收缩徐变影响效应。混凝土收缩徐变计算应符合现行《公路钢筋混凝土及预应力混凝土桥涵设计规范》(JTG D62—2004)的要求。

6.3　动力特性计算

在斜拉桥的设计计算中,应进行斜拉桥自振特性,包括振型和频率的动力计算。计算图式应正确反映桥梁质量的实际分布并计入非线性影响。可参照现行《公路桥梁抗风设计规范》(JTG/T D60-01—2004)进行计算。

6.4　空气动力稳定计算

6.4.1　在斜拉桥的设计计算中,应进行斜拉桥空气动力稳定分析,按现行《公路桥梁抗风设计规范》(JTG/T D60-01—2004)或采用其他有效计算方法进行计算。

6.4.2　斜拉桥结构设计临界风速应不小于设计基准风速的1.2倍。临界风速的确定应按现行《公路桥梁抗风设计规范》(JTG/T D60-01—2004)规定的颤振稳定性验算要求执行。

6.4.3　斜拉桥结构的颤振、驰振临界风速以及风致限幅振动应按现行《公路桥梁抗风设计规范》(JTG/T D60-01—2004)要求确定,并根据颤振安全等级确定是否要进行风洞试验。分析计算和试验时不仅要考虑成桥持久状态,还必须考虑短暂状态的最不利阶段。

6.4.4　斜拉索风振、风雨振计算

1　斜拉索横截面不能保证为圆截面时,应计算斜拉索的驰振临界风速。

2　斜拉索由两根以上平行索组成,且风向上下游索距在$6D \sim 40D$(D为上游索直径)范围之内,下游索距尾流中心距离在$2D \sim 4D$时,应考虑下游索的尾流驰振。

3　斜拉索外防护层为圆截面时,应计算斜拉索涡激共振的临界风速。

4　计算斜拉索风雨振时,风雨激振相关参数可按现行《公路桥梁抗风设计规范》(JTG/T D60-01—2004)取用或风洞试验确定。

6.5　抗震计算

有抗震要求的斜拉桥,其抗震计算应遵照现行《公路工程抗震设计规范》有关规定执行。

6.6　施工阶段计算

6.6.1　施工阶段划分及计算

1　各施工阶段的计算简图应与施工流程的划分一致。

2　施工阶段应计算:斜拉索索力、结构内力、截面应力、支座反力、索塔及主梁变位等,必要时可考虑非线性影响。

3　施工阶段截面验算应遵照现行《公路钢筋混凝土及预应力混凝土桥涵设计规范》(JTG D62—2004)、《公路桥涵钢结构及木结构设计规范》(JTJ 025—86)及《钢结构设计规范》(GB 50017—2003)的有关规定执行。

4　体系转换计算

斜拉桥在以下几种阶段应进行体系转换计算:

1)施工过程中的临时支座(墩)安装和拆卸;

2)悬臂施工挂篮和合龙施工挂篮的安装和拆卸；

3)临时斜拉索转为永久斜拉索；

4)采用满堂支架施工工艺初次张拉斜拉索；

5)边跨合龙、中跨合龙。

5　不平衡荷载计算

斜拉桥施工过程中应考虑以下几种不平衡荷载：

1)主梁悬臂两端设计不对称产生的不平衡重力；

2)主梁悬臂施工两端不同的临时施工荷载；

3)混凝土主梁悬臂两端模板成型(包括胀模)大小不同产生的不平衡重力；

4)主梁悬臂纵坡在斜拉索索力(包括不平衡索力)作用下的不平衡荷载；

5)因施工工序产生的不平衡荷载；

6)主梁悬臂施工过程中一端挂篮脱落。

6.6.2　施工阶段抗风验算

1　索塔浇筑完成,施工模板尚未拆卸,应对该状态按结构受纵、横向风力作用进行静力验算,风荷载应按本细则5.2.4条的规定取用。

2　对裸塔状态应进行风稳定分析,风稳定分析按现行《公路桥梁抗风设计规范》(JTG/T D60-01—2004)有关条款进行，必要时可进行风洞试验。

3　主梁施工到最大双悬臂状态和最大单悬臂状态时,应计算受横桥向风力作用索塔两侧主梁底面产生不同的升力。计算采用空间模型或平面模型。

6.6.3　临时墩计算

在斜拉桥施工过程中,按本细则6.2节验算不能通过或需要增强施工过程中结构的抗风能力时,可在边跨不影响通航的范围内设置临时墩。临时墩按常规计算方法,参与施工过程中的结构计算,按拉压杆设计;在有漂浮物的河流,应考虑漂浮物的撞击。

6.6.4　主梁预拱度计算

成桥预拱度宜不小于主梁的混凝土收缩徐变、斜拉索松弛产生的竖向挠度及1/2汽车荷载产生的竖向挠度之和,并拟合成平顺曲线。

1　混凝土梁斜拉桥,应考虑主梁的混凝土收缩徐变、斜拉索松弛产生的影响,混凝土收缩徐变计算时间应满足现行《公路钢筋混凝土及预应力混凝土桥涵设计规范》(JTG D62—2004)的规定。

2　钢梁斜拉桥,主梁应考虑斜拉索松弛的影响。

3　组合梁斜拉桥,主梁应考虑斜拉索松弛及混凝土收缩徐变的影响。

4　混合梁斜拉桥,边跨混凝土梁预拱度计算参照本条第1款,中跨钢箱梁或组合梁预拱度计算分别参照本条第2款和第3款。

7 构造

7.1 一般规定

7.1.1 斜拉桥主要组成部分的尺寸及构造应满足现行《公路钢筋混凝土及预应力混凝土桥涵设计规范》(JTG D62—2004)、《公路桥涵钢结构及木结构设计规范》(JTJ 025—86)的构造要求。

7.1.2 斜拉桥各主要组成部分的构造尺寸,必须保证结构具有足够的刚度,同时使应力传递顺畅,减少应力集中,便于施工。

7.2 主梁

7.2.1 斜拉桥的主梁宜在全长范围内布置成连续体系。

7.2.2 主梁截面形式

斜拉桥主梁的截面形式应根据材料、跨径、索距、桥宽、索面数等不同,并综合考虑结构受力、抗风稳定和施工方法进行选用。

1 混凝土斜拉桥主梁截面有实心板截面、边箱梁截面、箱形截面、带斜撑箱形截面和肋板式截面。其典型截面形式如图 7.2.2-1 所示。

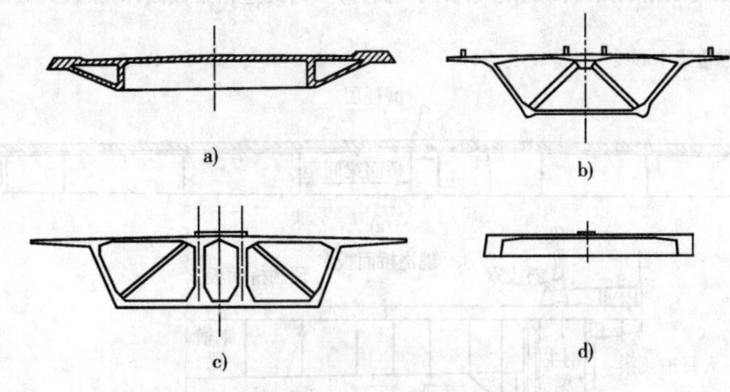

图 7.2.2-1 混凝土斜拉桥典型截面示意
a)边箱梁截面;b)箱形截面;c)带斜撑箱形截面;d)肋板式截面

实心板截面适用于跨径 200m 以下的混凝土斜拉桥;肋板式截面及边箱梁截面适用于双索面斜拉桥;带斜撑的箱形截面适用于单索面斜拉桥。

当桥面很宽时,箱梁截面可考虑设为单箱多室截面、肋板式及边箱梁截面,必要时在中间板的部分适当增加梁肋数。

2 钢梁斜拉桥主梁截面有箱形截面、板板截面、分离式边箱截面和钢板梁截面,其典型截面形式如图 7.2.2-2 所示。当采用双层桥面的主梁时,宜采用桁架形式。

3 组合梁斜拉桥主梁截面宜采用两工字形钢主梁其间加小纵梁截面形式,跨径较大时也可采用边钢箱梁截面形式。其典型截面形式如图 7.2.2-3 所示。

组合梁斜拉桥宜采用双索面,飘浮体系。与钢梁和横隔梁组成的主梁的钢筋混凝土或预应力混凝土桥面板,其厚度不宜小于 250mm。混凝土强度等级不宜小于 C40,预制板需存放 4 ~ 6 个月后才能使用。混凝土板间接缝、钢梁顶面的剪力键与钢梁顶面应有效地结合成整体。其典型剪力键如图7.2.2-4 所示。

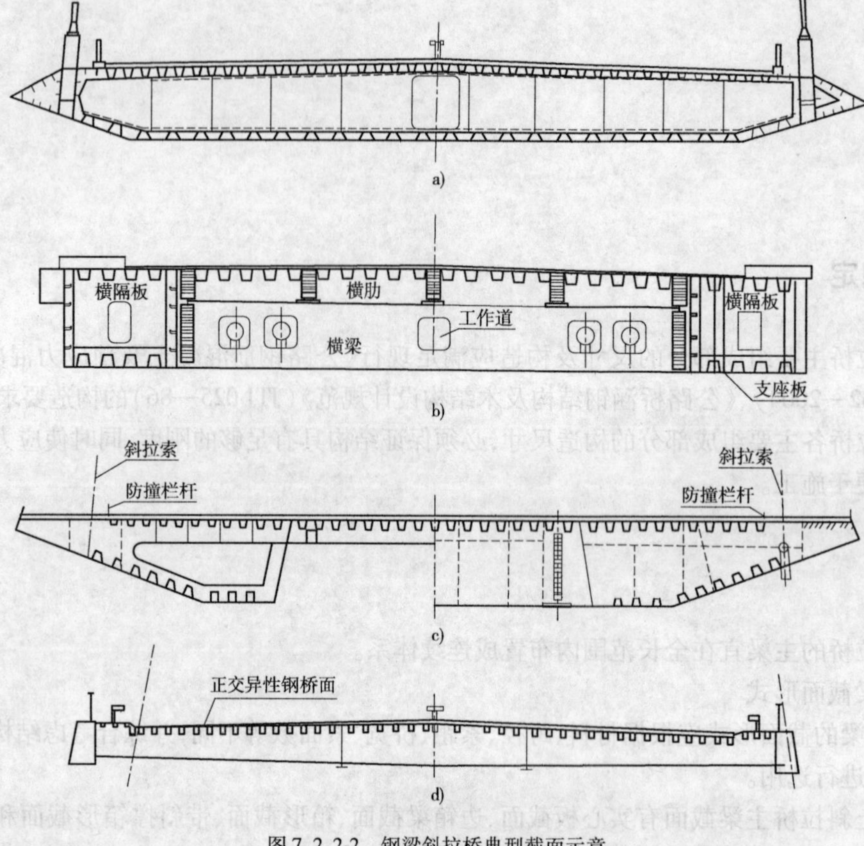

图 7.2.2-2　钢梁斜拉桥典型截面示意

a)流线型箱形截面;b)小边箱板式截面;c)分离式边箱梁截面;d)梁板式截面

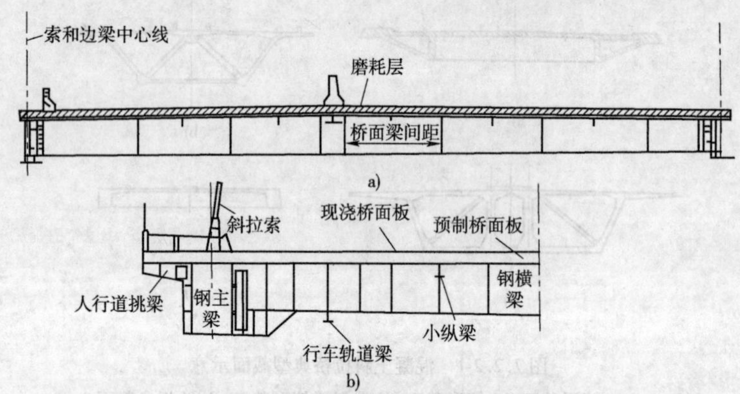

图 7.2.2-3　组合梁斜拉桥典型截面示意

a)工字钢主梁截面;b)边钢箱梁截面

7.2.3　主梁横向连接系

主梁斜拉索锚固区必须设置横向连接系。支座处横隔板必须加强。

1　混凝土各主梁连接系

混凝土梁横向连接系应采用横隔板(梁),横隔板(梁)可采取增加混凝土板厚、施加预应力等措施加强。横隔板的人洞应加强角隅处配筋,并充分考虑其他防裂措施。

轻型开口截面主梁结构其横隔板(梁)间距宜采用6~10m。其厚度宜不小于180 mm。

2　钢梁连接系

钢梁的横隔板(梁)宜采用钢板梁。钢桁架梁横向连接系宜采用桁架斜撑形式。

横隔板(梁)应采用工厂焊接方法制作,钢板的厚度不宜小于10mm。

3　组合梁连接系

主梁之间宜采用钢板梁进行横向连接,其钢板厚度不宜小于10mm。

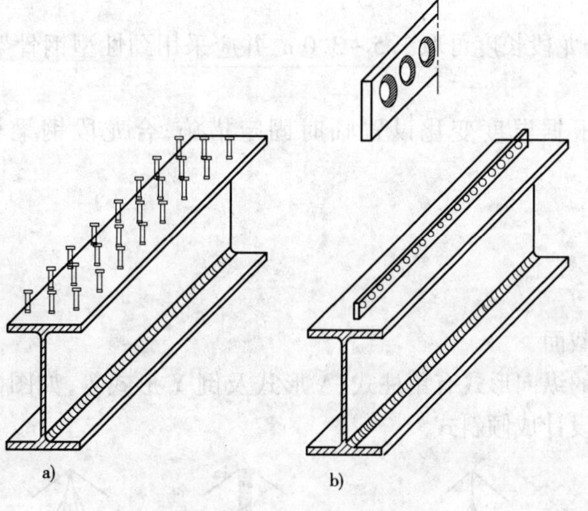

图 7.2.2-4　组合梁的剪力连接键

a)标准式;b)带孔肋板式

7.2.4　主梁纵向连接

1　混凝土梁

主梁纵向采用分段悬浇时,在分段处主梁纵向预应力筋的连接接头不应超过其总数的 50%。主梁纵向采用分段悬拼时,混凝土主梁端面应设计成企口缝形式,并宜设置定位预(埋)制件。主梁接缝应采用胶接缝,构件接触面应平整、密贴并做好防水处理,跨径较大时可增加湿接缝,便于调整线形。

2　钢梁

钢箱梁和钢桁架构件应采用工厂焊接方法制作,节段连接方式可采用高强螺栓连接或焊接;钢箱梁顶板应采用焊接连接。

钢箱梁纵向隔板宜布置在桥面车道的分界线位置。

3　组合梁

大跨径组合梁斜拉桥主梁节段长度以能布置 1 ~ 2 根斜拉索或 2 ~ 4 根横梁为宜。

组合梁中的钢梁节段应采用工厂焊接方法制作。节段连接方式可采用高强螺栓连接或焊接。

4　混合梁

不同材料梁的连接处,宜设置在弯矩最小位置,可布置在主跨或边跨内,连接处应设横隔板。

不同材料梁间应连接可靠。两种梁段的重心高度位置宜设置一致。可采用施加预应力、设抗剪栓钉等的直接式连接,并通过加劲肋逐渐变高,以缓解两种梁体刚度的突变,保证力的顺畅传递。典型构造形式如图 7.2.4 所示。

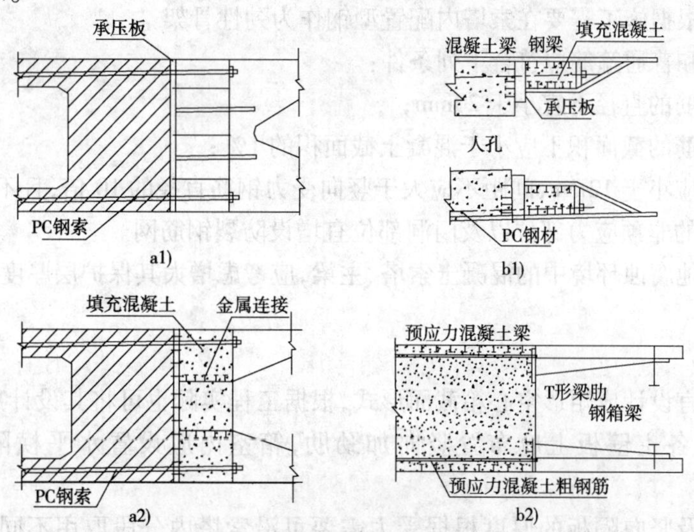

图 7.2.4　箱形截面混合梁的连接方式

a1)整体式;a2)填充混凝土整体式;b1)填充混凝土直接式;b2)承压板式

7.2.5 合龙段

混凝土斜拉桥主梁合龙段长度可取1.5～3.0m,并应采用劲性型钢骨架或施加预应力等方式作为临时固结措施。

钢梁斜拉桥合龙应根据温度变化设置临时固定措施,合龙段钢梁长度需根据合龙温度予以修正。

7.3 索塔

7.3.1 索塔的形式和截面

1 常用斜拉桥索塔的纵向形式有单柱式、A形式及倒Y形式等,如图7.3.1-1所示。索塔宜设计成竖直式,也可根据需要设计成倾斜式。

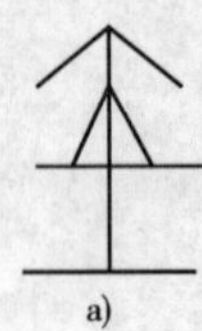
a)

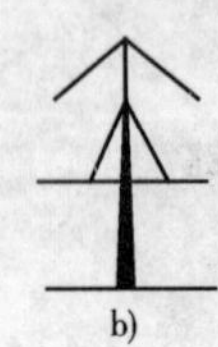
b)

c)

d)

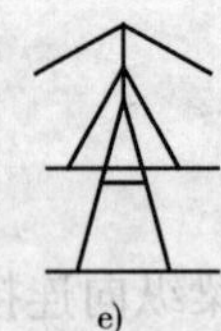
e)

图7.3.1-1 索塔的基本形式

a)等截面;b)向下加宽;c)向上加宽;d)A形;e)倒Y形

2 常用斜拉桥索塔的横向形式有单柱式、双柱式、门式、花瓶式、A形式、倒Y形式、宝塔式、钻石式等,如图7.3.1-2所示。

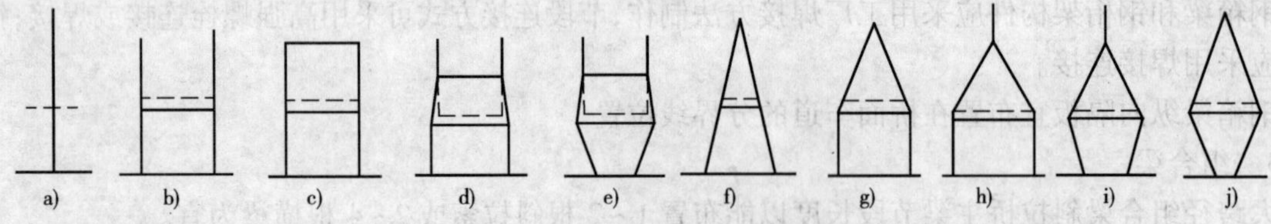

图7.3.1-2 索塔的基本形式

a)单柱式;b)窄双柱式;c)门式;d)花瓶式(1);e)花瓶式(2);f)A式(1);g)A式(2);h)倒Y式;i)宝塔式;j)钻石式

3 索塔塔柱的横断面可采用实心或空心,截面形式可采用矩形、I字形或箱形。

7.3.2 索塔的细部构造要求

1 混凝土索塔

混凝土索塔应根据施工需要在索塔内配置型钢作为劲性骨架 。

索塔受力钢筋和普通箍筋应符合下列条件:

1)竖向受力钢筋的直径不宜小于20mm;

2)竖向受力钢筋的截面积不应小于混凝土截面积的1%;

3)箍筋直径不应小于12mm,间距不应大于竖向受力钢筋直径的10倍,且不大于200mm;

4)混凝土索塔的非预应力部位以及门洞部位宜增设防裂钢筋网。

处于海洋或其他腐蚀环境中的混凝土索塔、主梁,应考虑增大其保护层厚度或增加其他提高结构耐久性的措施。

2 钢索塔

斜拉桥钢索塔宜设计成矩形空心箱截面形式,根据工程实际也可将其设计成T形或准十字形空心箱形式。箱室四周各主壁板上应布置竖向加劲肋,箱室内应设置水平横隔板,其间距不宜大于4 000mm。

钢索塔外壁板及竖向隔板的厚度根据受力需要可沿索塔内分段取用不同的壁板厚度,但不宜小于20mm。

7.4 斜拉索

7.4.1 斜拉索应结合起重、运输和安装等条件选用平行钢丝斜拉索或钢绞线斜拉索。

7.4.2 斜拉索作为一个独立构件,应有完整可靠的密封防护构造,尤其是索端与锚具的接合部。斜拉索锚具不可封死,斜拉索与主梁、索塔不能固结,以便于张拉和换索。

7.4.3 斜拉索索端钢护筒内应设置减振装置,并应采取可靠的防水、防潮措施。

7.4.4 桥面以上的斜拉索应设置有效防护,其竖向防护高度应不小于2m,以防止人为损坏。

7.4.5 大型斜拉桥或在多风多雨特殊地区,斜拉索应考虑其抗振措施。

7.4.6 平行钢丝斜拉索

1 平行钢丝斜拉索设计应符合现行国家标准《斜拉桥热挤聚乙烯高强钢丝拉索技术条件》(GB/T 18365—2001)的要求。成品拉索检验超张拉取1.2~1.4倍设计索力,冷铸锚板内缩值不宜大于5mm。

2 平行钢丝斜拉索应采用外挤单层或双层高密度聚乙烯护套防护形式。

3 斜拉索应配用冷铸镦头锚,并根据斜拉索安装张拉工艺的需要设计为张拉端锚具或非张拉端锚具,锚具外表面应进行防护处理。

7.4.7 钢绞线斜拉索

1 斜拉索用钢绞线应选择满足现行《预应力混凝土用钢绞线》(GB/T 5224—2003)的高强度低松弛钢绞线。

2 单根钢绞线宜进行镀锌等防腐处理,且外包挤黑色高密度聚乙烯护套,整束钢绞线外护套可采用高密度聚乙烯半圆管或整管护套。

3 钢绞线斜拉索锚具可采用夹片群锚或其他成熟锚具,其结构形式及规格应符合现行《预应力筋用锚具、夹具和连接器》(GB/T 14370—2000)的要求。

7.4.8 必要时,斜拉索可考虑进行静载试验或疲劳荷载试验。试验方法和结果应满足有关标准的要求。

7.5 结构空气动力稳定

计算临界风速小于设计基准风速的1.2倍时,可采取下列措施提高临界风速,加强结构空气动力稳定性。

1 提高结构刚度,包括增加塔梁刚度,采用空间索以及边跨设辅助墩与背索等。

2 索塔、主梁采用能改善空气动力稳定性的截面外形,包括主梁采用带风嘴的流线形,主塔进行倒角等。

3 斜拉索外表面采用螺旋、条形或麻点凸纹;设内置或外置式阻尼器;长索间设抑振索连接等。

4 桥宽与跨径之比不小于1/30;桥宽与梁高之比不小于8。

5 施工阶段在主梁上设下拉临时索等。

7.6 锚固系统

7.6.1 斜拉索与混凝土梁的锚固

1 斜拉索与混凝土主梁锚固宜采用的形式有:顶板锚固、箱内锚固、斜隔板锚固、梁体两侧锚固和梁底锚固等,如图7.6.1所示。

2 顶板锚固宜用于箱内采用加劲斜杆的单索面桥;箱内锚固宜用于两个分离单箱的双索面桥;斜隔板锚固应用范围与箱内锚固块一致;梁体两侧锚固宜用于双索面桥;梁底锚固宜用于梁截面较小的双主梁或板式梁。

7.6.2 斜拉索与混凝土索塔的锚固

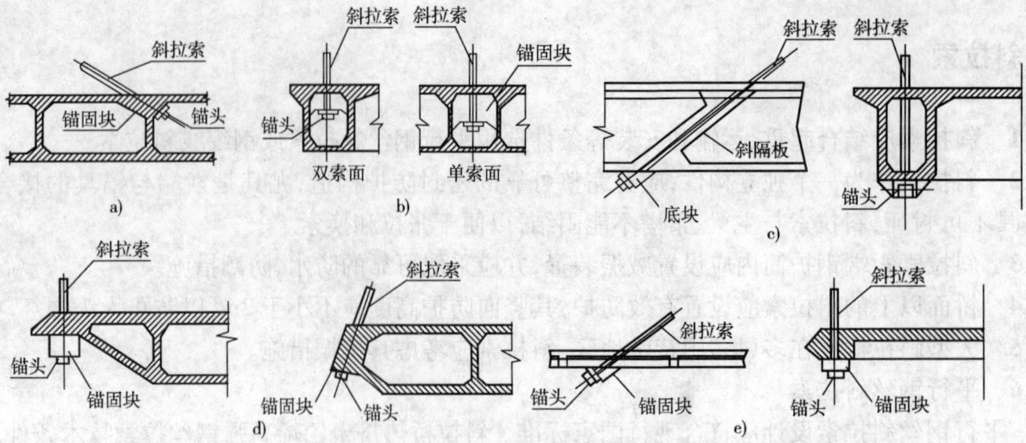

图 7.6.1 混凝土梁斜拉索锚固基本方式

a)锚固在顶板上;b)锚固在箱内;c)锚固在斜隔板上;d)锚固在梁体两侧;e)锚固在梁底

1 索塔与斜拉索锚固宜采用的形式有:侧壁锚固、钢横梁锚固、交叉锚固、钢锚箱。典型截面形式如图 7.6.2-1 及图 7.6.2-2 所示。

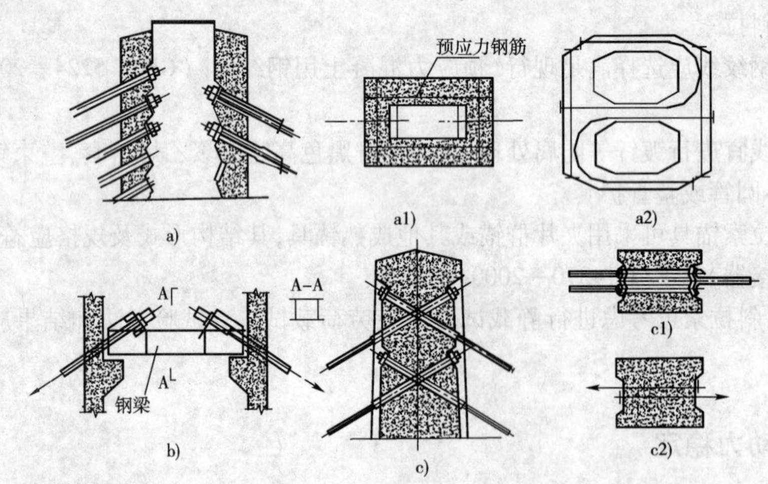

图 7.6.2-1 混凝土索塔锚固基本方式示意

a)锚固段为箱梁截面;a1)箱梁;a2)双箱;b)钢锚梁;c)锚固段为 I 形截面;c1)对称布索;c2)交叉布索

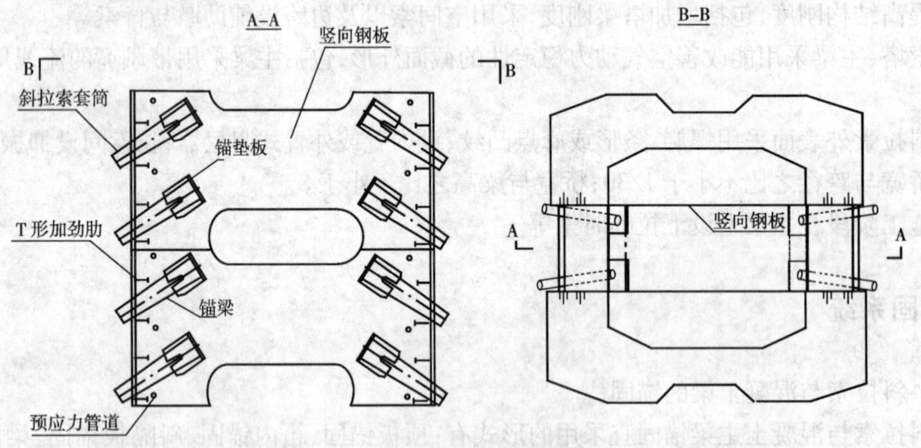

图 7.6.2-2 索塔钢锚箱锚固方式示意

2 锚固的基本构造要求

1)实体塔上的交错锚固,应在塔柱中埋设钢管,并设置锚垫板。

2)空心塔上的侧壁锚固,应在空心塔柱的壁板内配置预应力钢筋,对索塔的预应力钢筋的布置,应避免出现预应力盲区。

3）钢横梁锚固，应在混凝土塔柱内侧设置牛腿。

4）钢锚箱锚固，由锚垫板、承压板、锚腹板、套筒及若干加劲肋构成钢锚箱。钢锚箱间连接应采用焊接，并用栓钉使之与混凝土塔身连接。

7.6.3 斜拉索与钢主梁的锚固

1 斜拉索与钢主梁的锚固宜采用的形式有：锚箱式、耳板式、锚管式，如图 7.6.3-1 及图 7.6.3-2所示。

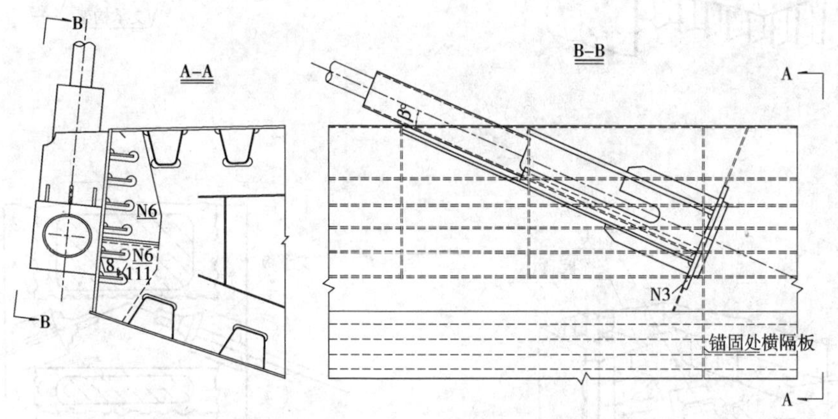

图 7.6.3-1 钢主梁与斜拉索的锚箱式锚固方式示意

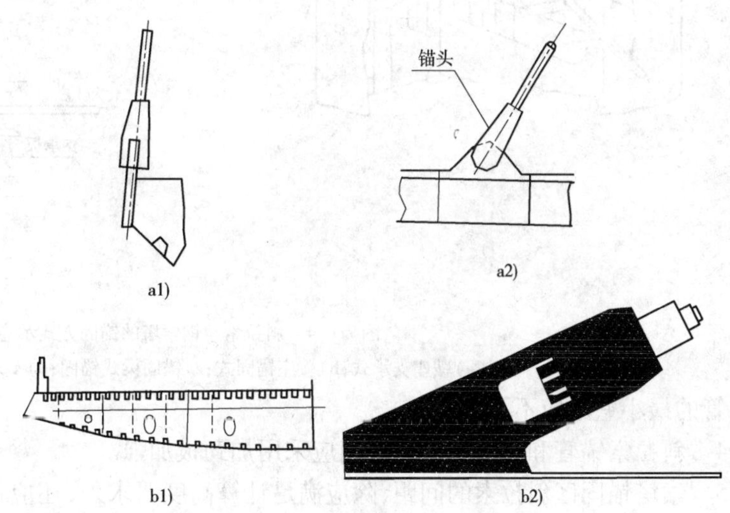

图 7.6.3-2 钢主梁与斜拉索的锚固方式示意

拉索锚固于钢梁截面的节点板上（1）；a2）斜拉索锚固于钢梁截面的节点板上（2）；

b1）斜拉索锚固于钢梁风嘴上（1）；b2）斜拉索锚固于钢梁风嘴上（2）

2 基本构造要求

1）锚箱式锚固应设置锚固梁，斜拉索锚固在锚固梁上，锚固梁用焊接或高强螺栓方式与主梁连接。

2）耳板式锚固应在主梁的腹板向上伸出一块耳板，斜拉索通过铰连接在耳板上。

3）锚管式锚固应在主梁或纵梁的腹板上安装一根钢管，斜拉索锚固于钢管。

7.6.4 斜拉索与钢索塔的锚固宜采用的形式有：鞍座支承式、鞍座锚固式、锚固梁式、支承板式，如图 7.6.4 所示。

7.6.5 斜拉索锚固区构造要求

1 在混凝土主梁上应设置锚固实体段构造；锚固区内的构件截面尺寸应满足设置穿索管道及锚下垫板的需要；锚下局部区段内应增设加强钢筋网或螺旋钢筋。其构造及配筋设计应满足现行《公路钢筋混凝土及预应力混凝土桥涵设计规范》（JTG D62—2004）的要求。

2 钢主梁上的斜拉索锚固区各构件之间应连接可靠，各构件的最小厚度应不小于 10mm。

3 锚下钢垫板尺寸应根据张拉吨位、张拉机具大小和锚具型式等确定，厚度不宜小于 20mm，斜拉

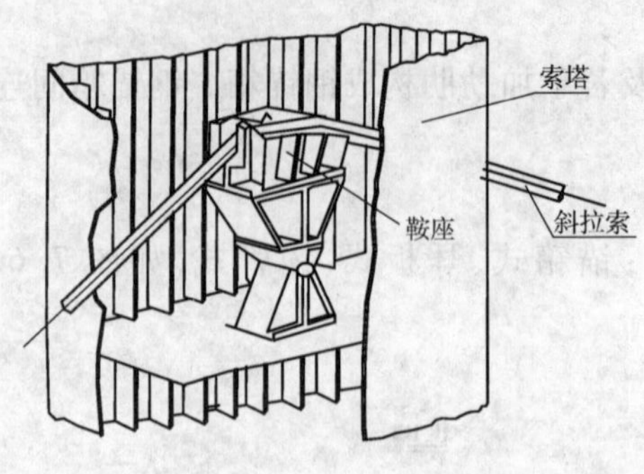

a)

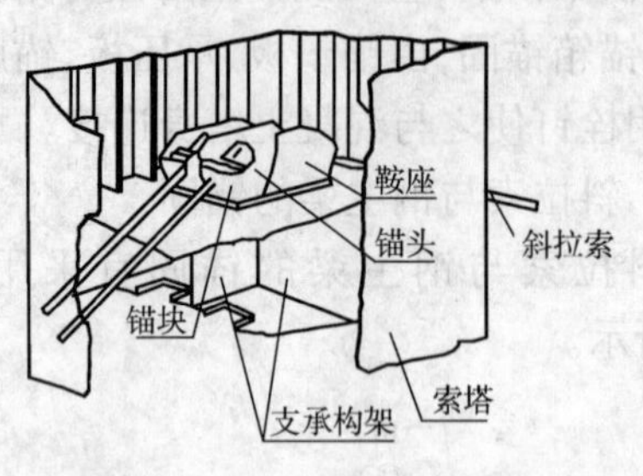

b)

c)

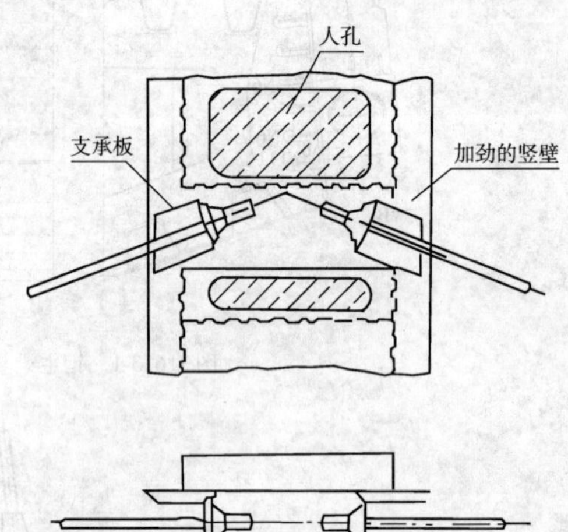

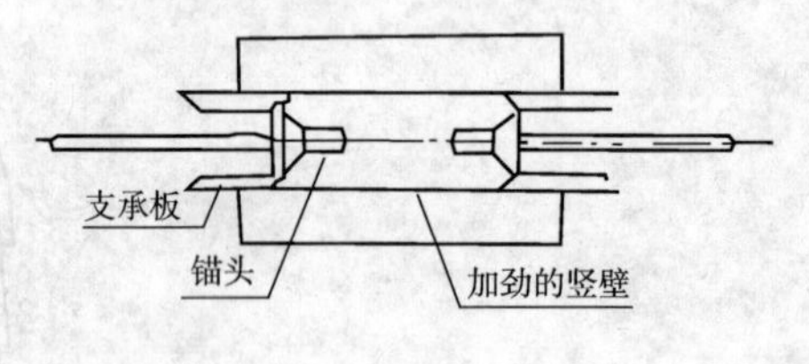

d)

图 7.6.4　斜拉索与钢索塔的锚固方式示意

a）鞍座支承式；b）鞍座锚固式；c）锚固梁式锚固；d）支承板式锚固

索锚管的最小壁厚应不小于 10mm。

4　斜拉索锚管和锚下钢垫板之间应采用加劲板加强。

5　索塔锚固区斜拉索的间距，除应满足计算高度要求外，还应保证张拉及调索的空间，满足孔洞、管道及千斤顶行程与移动需要的高度要求。

7.7　附属工程

7.7.1　桥面铺装

主梁桥面铺装可采用沥青混凝土或水泥混凝土铺装，并应设置防水层。

1　钢梁桥面铺装

钢梁桥面铺装宜采用沥青混凝土铺设。桥面铺装层应与钢梁顶面有效黏结。

2　混凝土梁桥面铺装

宜采用普通混凝土、防渗混凝土、纤维混凝土或沥青混凝土铺装。桥面铺装混凝土强度等级应不低于 C40。

7.7.2　支座

1　斜拉桥应结合支座的设置方式合理选择其支座类型和限位装置。

2　斜拉桥边跨端支点支座或辅助墩承受正负反力的支座应进行特殊设计。

3　设置支座处应预留支座更换时放置千斤顶的空间，并对该部位加强配筋。

7.7.3 伸缩装置

应根据桥梁伸缩量，参照现行《公路桥梁伸缩装置》(JT/T 327—2004)标准的要求选择性能好的伸缩装置。伸缩缝锚固部位混凝土强度等级不得低于C40，并做好接缝处理。

7.7.4 抽湿系统

斜拉桥主梁、索塔为钢箱结构时，为防止闭口钢箱结构内部发生锈蚀，宜设置内部抽湿系统。

7.7.5 防雷、航空、航道

1 索塔顶部应设置能覆盖全桥的防雷安全设施，并应符合现行《建筑物防雷设计规范》(GB 50057—1994)的有关规定。

2 根据航空管理的要求，必要时应考虑设置航空障碍标志灯。

3 有通航要求时，通航孔处应按航道部门要求设置导航装置。

8 施工控制

8.1 一般规定

8.1.1 斜拉桥施工中必须进行施工控制。应严格控制实际施工时的结构几何尺寸、重度、收缩徐变、弹性模量、预加应力、斜拉索张拉力，并及时采集各类计算参数，按照实际参数进行跟踪计算分析，确定下一阶段所需拉索索力和施工节段的立模高程。

8.1.2 施工控制应以施工图设计内容为基础，以结构总体设计确定的标准温度为参考目标，根据实际施工过程中的具体情况对计算参数进行调整，形成施工控制文件。

8.1.3 施工控制文件中，应包括下列有关施工控制的内容：

1 施工过程控制系统

施工控制流程、误差分析方法、测试系统、判断分析系统等。

2 施工过程控制数据

斜拉索初拉力、斜拉索调整力、主梁节段立模或拼装高程。

3 主梁节段浇注或安装及结构体系转换顺序

4 施工过程测试数据

主梁立面线形、索塔的变位以及控制截面应力、斜拉索索力等。

5 成桥恒载状态数据

主梁立面线形、索塔的变位以及控制截面应力、成桥恒载斜拉索索力等。

8.2 基本要求

8.2.1 斜拉桥施工控制应使大桥施工完成后，线形、索力和内力符合设计要求。

8.2.2 在斜拉桥整个施工过程中应对主梁线形、索塔变位、截面应力和斜拉索索力实施全过程控制。

8.2.3 施工控制应以控制主梁、索塔截面应力和索力满足设计要求为目标，对主梁立面线形和索塔变位进行控制。

8.2.4 施工监测内容主要包括：节段安装前后主梁高程、索塔变位、索力大小和结构控制截面的应力等。

8.2.5 施工过程中索力、应力和线形的实际值与理论值的偏差超过允许偏差时，应进行调整。

8.2.6 施工控制中应在现场进行温度场测试，掌握温度变化规律，有效修正温度的影响。

8.2.7 应利用计算机分析软件，跟踪、模拟斜拉桥的实际施工过程，确定影响斜拉桥施工状态的各种因素（如结构自重、混凝土弹性模量等），及时修正控制的相关参数，并通过调整索力或立模高程，使实测的结果和理论分析趋于一致。

8.3 施工过程控制精度

8.3.1 变位控制

结构在施工过程的最终误差应符合现行《公路桥涵施工技术规范》（JTJ 041—2000）和《公路工程质量检验评定标准》（JTG F80—2004）的要求，且相邻节段相对高程误差应不大于节段长度的 ±0.3%，混凝土已浇梁段及成桥后主梁高程误差应不大于 $\pm L/5000$，钢梁应不大于 $\pm L/10000$，其中 L 为跨径。

索塔的倾斜度应控制在 $H/3000$ 以内,且不大于 30mm 或设计文件规定值,H 为承台以上塔高。

8.3.2 立模高程误差控制

施工节段的挂篮空载立模高程与预设值允许误差不大于 ±5mm。

8.3.3 索力误差控制

斜拉索索力与设计的允许误差需满足设计要求,且不宜大于 5%。钢绞线斜拉索索内各绞线索力误差宜控制在 2% ~8%。

8.3.4 节段重量误差控制

现浇混凝土主梁,节段重量误差不应大于 2%。

9 可养护检修设计

9.1 一般规定

9.1.1 在斜拉桥施工图设计中应考虑运营期间的养护检修需求，并应提出后期养护重点。

9.1.2 设计中应设定养护工况，考虑养护设施及养护人员的荷载以及养护中结构重力的变化，进行养护工况的验算。

9.1.3 斜拉桥钢结构的内、外表面必须进行防腐蚀涂装。涂装系统设计应综合考虑桥梁所处的腐蚀环境、期望涂层使用年限、涂层维修性能等。

9.1.4 公路斜拉桥建设应建立完善的健康档案，包括设计资料、施工资料、施工监控资料以及成桥荷载试验资料等，便于养护及检修。

9.2 养护条件设计

9.2.1 应依据不同的主梁结构形式及跨越障碍的环境条件，设置沿主梁可移动的检修车，以方便养护检修人员进行定期养护作业。

9.2.2 索塔采用空心塔时，养护及检修等用的电梯、爬梯与简易停歇台等宜在索塔内设置，并配有照明及防火设备。设计中应对各种检修通道提出明确的防护要求。

9.2.3 索塔上应预留用于布设斜拉索检修、更换相应设施的预埋件。

9.2.4 设计时应设置防雷系统、导航灯标、航空障碍标志灯的检修通道和工作平台。

9.2.5 在需要到达的部位以及通道应设检修爬梯及护栏。

9.3 构件更换条件设计

9.3.1 斜拉索、支座和伸缩缝等应设计成为可更换构件，并布置必要的预埋件，预留足够的工作空间。

9.3.2 斜拉索设计中宜提出换索的原则和程序。

本细则用词用语说明

1　为了便于在执行本细则条文时区别对待，对要求严格程度不同的用词用语说明如下：

1）表示很严格，非这样做不可的用词：

正面词采用“必须”；反面词采用“严禁”。

2）表示严格，在正常情况下均应这样做的用词：

正面词采用“应”；反面词采用“不应”或“不得”。

3）表示允许有选择，在条件许可时首先应这样做的用词：

正面词采用“宜”；反面词采用“不宜”。

4）“可”表示允许有选择。

2　细则中指定应按其他有关标准、规范执行时，写法为“应按……执行”或“应符合……要求或规定”。非必须按指定的标准、规范的规定执行时，写法为“可参照……”。

《公路斜拉桥设计细则》

(JTG/T D65-01—2007)

条 文 说 明

1 总则

1.0.1 对原条文略作修改。其中“技术先进、安全可靠、适用耐久、经济合理”与修订的《公路桥涵设计通用规范》(JTG D60—2004)采用同一提法。

中国已成为世界上修建斜拉桥最多、修建大跨径斜拉桥最多的国家,已积累了丰富的经验。为了使已有的成熟的斜拉桥建设经验条理化,并得到广泛的应用,修订原规范已非常必要。

1.0.2 适用范围确定为800m以下跨径的斜拉桥,主要原因是目前全世界修建的跨径大于800m的斜拉桥只有4座,样本太少。

1.0.3～1.0.4 将原规范的1.0.2条下半段单独成为一条。原规范的1.0.3～1.0.6删除,或移入总体设计一章。

1.0.5 新增条款,根据《公路桥涵设计通用规范》(JTG D60—2004)第1.0.7条“公路桥涵结构应按承载能力极限状态和正常使用极限状态进行设计”的规定,并参照英国标准BS 5400《钢桥·混凝土桥及结合桥》(1982年版)与《Australian Standard Bridge Design Part 6: Steel and Composite Construction》(AS 5100.6—2004)的规定形成结构按极限状态法设计的条文,同时参考《铁路桥梁钢结构设计规范》(TB 10002.2—2005 J461—2005),本条文又规定包括斜拉索等钢构件的强度验算可按容许应力法进行。

1.0.6 本细则规定了斜拉桥部分构件可适时更换,如斜拉索、支座等。

1.0.7～1.0.8 为新增条款。

1.0.9 新增条款,主要是进一步强调斜拉桥设计中应高度重视桥梁施工控制目标和后期的养护。

2 术语

2.0.1 斜拉桥,为新加的术语。

《公路工程名词术语》中对斜拉桥的定义为:“以通过或固定于索塔并锚固于桥面系的斜向拉索作为上部结构主要承重构件的桥梁”。这个定义已不是很合适了,因为:

1)斜拉索并不一定是主要承重构件;

2)斜拉索一般均锚固于塔柱,很少通过。

因此,改用现在的定义。

2.0.2 矮塔斜拉桥,为新加的术语。除塔高较低、梁较刚、斜拉索对承载力贡献较小外,还有边主跨比较大、无索区较长以及斜拉索通过塔柱等特点。斜拉索虽可作为体外索来设计,但矮塔斜拉桥仍属斜拉桥的一种。

2.0.3 多塔斜拉桥,为新加的术语。由于没有边墩及辅助墩上的背索,其结构体系刚度小,是设计中必须着重解决的问题。

2.0.4 混凝土梁斜拉桥,名词上多了一个梁字。

2.0.5 钢梁斜拉桥,名词上多了一个梁字。

2.0.6 组合梁斜拉桥,名词上多了一个梁字。

2.0.7 混合梁斜拉桥,为新加的术语。要着重解决两种不同材料梁之间的良好连接和力的平稳传递问题。

2.0.8~2.0.10 对原条文作了部分修改。

2.0.11 辅助墩,去掉了原来术语中的“既能承受压力又能承受拉力”,因为辅助墩也有并不承受拉力者,这样涵盖的面就更广泛了。

2.0.12~2.0.13 原条文。

2.0.14 将原条文中的跨径改为边跨径。

2.0.15 为适应钢斜拉桥和大跨径斜拉桥的建设,新加的术语。

2.0.16~2.0.19 为确定斜拉桥有关风振的概念,新加的术语。

2.0.20~2.0.24 均为新增加的术语。

除所列的几种结构体系外,还有T构加挂梁体系,如Maracaibo桥;T构加铰,如我国台湾光复桥。矮塔斜拉桥也应是斜拉桥结构体系的一种。

2.0.25~2.0.27 均为新增加的术语。

2.0.28 合理成桥状态

斜拉桥设计在确定成桥状态时,起控制作用的往往是主梁的应力,索塔内力(主要是弯矩)一般可通过限制塔身控制截面的弯矩较容易得到满足。因此,成桥状态的确定应以主梁受力合理为目标,以主梁各截面的上、下缘的最大最小正应力作为控制条件来确定恒载弯矩 。如果允许恒载弯矩有一个活动范围,给成桥状态确定以一定的宽容度,则由此确定主梁成桥恒载弯矩称之为“合理值”,其成桥状态称之为“合理状态”。

成桥受力状态确定可以不考虑施工过程,而以成桥状态的受力体系为分析对象,通过对成桥索力的调整来获得一个合理的成桥状态,合理成桥状态下的索力一般应是变化有序的。

2.0.29 合理施工状态

施工受力状态是指各施工阶段结构的受力状态,必须满足两方面的要求:其一为施工过程中受力安全;其二为成桥后满足合理成桥状态要求。斜拉桥是设计与施工必须高度耦合的结构,其施工方法及流程不但影响施工时的结构应力,而且将决定结构成桥时的应力状态,一旦施工工序确定好后,合理施工状态在理论上是唯一的,因此确定合理施工状态必须以合理成桥状态为依据。

3 材料

3.1 混凝土

3.1.1 为与国际接轨,按现行的国家标准,将原规范中混凝土标号改为强度等级。

斜拉桥的混凝土构件，在选用的材料等级、特性、强度指标方面应符合交通部现行《公路钢筋混凝土及预应力混凝土桥涵设计规范》(JTG D62—2004）的规定，具体说明参见该细则的条文说明。

3.1.2 本细则分别对预应力混凝土主梁、索塔及钢筋混凝土索塔混凝土的强度等级提出了采用的下限值,其中索塔中的预应力构件的受力较大,故较原规范适当提高了其强度等级。

近年来采用钢筋混凝土索塔的斜拉桥较少。如确需采用钢筋混凝土索塔时,其混凝土的强度等级不宜低于C30,但是主要用于中小跨径桥梁,大跨径斜拉桥建议均采用C40以上混凝土。

3.2 钢材

3.2.1~3.2.2 斜拉桥的钢结构部分所采用的材料应符合交通部现行《公路桥涵钢结构及木结构设计规范》(JTJ 025—86)和《桥梁用结构钢》(GB/T 714—2000)的规定,具体说明可参见该规范的条文说明。普通钢筋的选用应符合交通部现行《公路钢筋混凝土及预应力混凝土桥涵设计规范》(JTG D62—2004)的规定。其中钢筋的强度指标及材料特性的具体说明可参见该细则的条文说明。其他相关设计规范主要指《铁路桥梁钢结构设计规范》(TB 10002.2—2005)等。

3.3 斜拉索

3.3.1~3.3.2 斜拉索主要受力材料是高强度钢丝或钢绞线,目前几乎不用光面钢筋或钢绞线,一般都用镀锌高强度钢丝或钢绞线,也有少数使用环氧涂覆钢丝或钢绞线,材料本身的防护处理多一层保护对斜拉索的使用耐久性也非常重要。调查中发现,近年已换斜拉索的斜拉桥,其斜拉索破坏的典型原因为锈蚀,绝大多数的为普通高强钢丝或普通钢绞线斜拉索,而这类斜拉索在近年的桥梁设计中已不采用了,因此本细则对斜拉索用材料做出调整。如设计特别需要,斜拉索也可以采用环氧涂层钢绞线。斜拉索的镀锌钢丝应符合《桥梁缆索用热镀锌钢丝》(GB/T 17101—1997)的要求。

3.3.3 按照国标的要求提出本条文。

3.3.4 外防护材料采用黑色或彩色的高密度聚乙烯护套料,黑色层具有较好的耐老化寿命,彩色层满足桥梁美观需要。原规范中斜拉索的玻璃钢外壳、拉索外设钢套管内压注水泥浆防腐方法,现已不采用,本细则将其取消。近年国内已建成的斜拉桥的斜拉索防腐方法有:热挤压高密度聚乙烯护套(如南京长江二桥,巴东长江大桥,涪陵长江大桥,重庆大佛寺长江大桥,湖北荆沙长江大桥,福建青州闽江大桥,攀枝花炳草岗大桥,上海徐浦大桥、南浦大桥、杨浦大桥,广州鹤洞大桥,温州瓯江二桥,汕头海湾二桥,岳阳洞庭湖大桥,铜陵长江大桥,宁波招宝山大桥,天津海河大桥,海口世纪大桥,舟山桃夭门大桥,山东利津黄河大桥,鄱阳湖口大桥等);拉索外套高密聚乙烯(HDPE)套管(如绵阳涪江四桥、宜宾中坝大桥、重庆马桑溪长江大桥等均为钢绞线斜拉索)。目前最常用和最有效的防护方法为热挤压高密度聚乙烯护套,抗老化寿命应满足其耐环境应力开裂指数 N 不小于1500h。

3.4 斜拉索及锚具安全系数

3.4.1 斜拉索的抗拉标准强度指的是对应的平行钢丝和钢绞线的抗拉标准强度。平行钢丝和钢绞线的斜拉索采用统一的安全系数2.5。

3.4.2 原规范中不同组合下斜拉索容许应力采用提高系数方式,本细则改为施工期间安全系数不低于2.0,即提高系数为1.25。

3.4.3 斜拉索锚具和斜拉索采用等强度设计。

4 总体设计

4.1 一般规定

根据最近公路斜拉桥的建设情况以及设计中的经验,对总体设计要求提出了本节条文。

4.1.1 ~4.1.2 斜拉桥为高次超静定结构,影响因素很多,各部分主要构件的采用直接影响结构的安全和投资,为此,提出本条文。

4.1.3 斜拉桥为柔性结构,且一般跨径都比较大,常为跨越江河桥梁的首选桥型,受风致振动的影响大,必须进行动力分析,必要时还可通过试验确定部分重要构件的尺寸。

4.1.4 ~4.1.5 斜拉桥为高次超静定结构,受力非常复杂,同时施工过程中要经过多次体系转换和调索,为保证施工状态受力与设计一致,故而提出本条文。

4.2 基本结构体系与形式

4.2.1 斜拉桥主要由索塔、基础、主梁及斜拉索等部分构成,具有大的跨越能力,可减少水中桥墩。总体布局时根据经济指标、地形、跨径的需要选用双塔、独塔及多塔方案,根据受力需要设置一个或几个辅助墩。

4.2.2 斜拉桥的基本体系中按塔、梁、墩的连接方式可分为:

飘浮体系。塔、墩固结,梁在塔处不设支座,而往往设竖直拉索,边墩上仅设纵向滑动支座,斜拉索在竖直面内布置成辐射形或扇形,而不能是竖琴形。在地震时,全斜拉桥可作纵向摆动,避免结构共振,达到抗震消能,因而适用于地震动峰值加速度系数较大的地区。该体系还能减小混凝土徐变的影响,减少梁在塔处的负弯矩。但在悬臂施工时要将塔梁临时固结,合龙后去除,作体系转换。

半飘浮体系。这是本次修订单独列出的一种体系,因为用得相当多,基本同飘浮体系,但在所有墩、塔处,梁下均设纵向滑动支座。其优缺点与飘浮体系类同,但在塔支撑处主梁负弯矩较大。

上述两种体系采用最多。

支承体系。塔墩固结,在所有墩、塔处梁下均设有支座。半飘浮体系是支承体系的一种。设有固定支座的支承体系,仅适用于较小的跨径。

塔梁固结体系。塔梁固结,墩处设有支座。优点是塔根部弯矩小,温度内力小。但是支座反力很大,支座复杂,梁负弯矩大,主梁跨中挠度也大。而且动力特性不理想,抗风、抗震不利。早期法国 Brotonne 桥(主跨 320m)曾用此体系,我国上海泖港桥(主跨 200m)也曾用此体系,其目的在过渡墩设可以调节的支座,以防止软土地基引起的不均匀沉陷。近年来除用在梁较刚的矮塔斜拉桥外,其他较少采用。

刚构体系。索塔、梁、墩均固结,不需支座,不需转换体系。但温度内力大。最适用于独塔斜拉桥。当主墩高度很大且较柔时,大跨径斜拉桥也可采用刚构体系,如跨径 1 018m 的香港昂船洲大桥。

早期也曾修建带挂梁的刚架体系,如委内瑞拉马拉开波桥(主跨 235m)以及跨中带铰的刚架体系,如我国台湾的光复桥(主跨 134m),但因行车不舒适,现在已很少用。

其他体系。如地锚体系,边主跨跨径比很小,边跨设地锚,以维持体系平衡。此时必须在跨中设有可供主梁因温度变化而引起的胀缩装置。国外有西班牙的鲁那桥(主跨 440m),跨中设剪力铰;我国有郧阳汉江大桥(主跨 414m),跨中设可传递弯矩的允许纵向移动装置。

矮塔斜拉桥体系。塔较矮,梁较刚,索的贡献较小,接近于带有体外索的连续梁。在跨径 150 ~ 250m 范围内,是一种较经济的桥型。目前世界上日本修得最多,最大跨径已达 275m(木曾川桥),在我国已得到较快发展,如漳州战备大桥(跨径 132m),兰州小西湖黄河大桥(跨径 136m),芜湖长江大桥(跨径 312m,钢桁梁),除芜湖长江大桥为钢结构外,其他均为混凝土结构。

斜拉桥与其他桥型体系协作体系。斜拉桥与梁桥的协作体系,如我国广东金马大桥,由 60m T 构与 223m 斜拉桥组成 283m 独塔斜拉桥;斜拉桥与悬索桥的协作体系,如美国的 Brooklyn 桥(跨径 487m),我国贵州乌江大桥(跨径 288m),前者为 Roebling 体系,后者为修正的 Dischinger 体系;斜拉桥与反拱形上承式或索桥协作体系,如日本 Miho 博物馆桥(跨径 114m);斜拉桥与拱桥的协作体系,如马来西亚 Putrajaya 8 号桥(跨径 300m)。

4.2.3 各有其经济的适用范围。这次修订时在总结已有斜拉桥经验的基础上形成本条文。对跨径超过 800m 的斜拉桥和特殊结构体系的斜拉桥不适用。

双塔斜拉桥主跨 400m 以下采用混凝土斜拉桥,表 4-1 列出一部分。

如桥位处地质条件好,经过技术经济比较,PC 斜拉桥的主跨也可以超过 400m,如重庆长江二桥(主跨 444m,1996 年建成)、重庆大佛寺长江大桥(主跨 450m,2001 年建成)、湖北郧阳汉江大桥(主跨 414m,1993 年建成)、铜陵长江大桥(主跨 432m,1995 年建成)、湖北鄂黄长江大桥(主跨 480m,2002 年建成)、湖北荆沙长江大桥北汊桥(主跨 500m,2002 年建成)。还有重庆石忠路忠县长江大桥(主跨 450m)、重庆涪陵石板沟长江大桥(主跨 450m)、宜宾长江大桥(主跨 460m)正在建设中。

主跨 600m 以上时,宜采用钢主梁斜拉桥,但也有用于稍小的跨径,如表 4-2。

表 4-1 主跨 400m 以下双塔斜拉桥

桥 名	主跨(m)	建成年	桥 名	主跨(m)	建成年
武汉长江二桥	400	1995	湖北荆沙长江大桥南汊桥	300	2002
重庆涪陵长江大桥	330	1997	山东滨州黄河大桥	300	2002
广东番禺大桥	380	1998	湖北巴东长江大桥	388	2004
重庆马桑长江大桥	360	2000	美国 Dame Point 桥	396	1989
湖南岳阳洞庭湖大桥	310	2000	澳大利亚 Glebe 岛桥	345	1995
湖南湘潭湘江三桥	270	2000	加拿大 Sky Train 桥	340	1988
江西鄱阳湖口大桥	318	2000	葡萄牙 Guadiana 桥	324	1991
山东济南纬云路跨线桥	380	2001	日本新凑大桥	320	2008
湖北宜昌夷陵长江大桥	348	2001	荷兰 Tiel 桥	267	1973
广东新会崖门大桥	338	2001	利比亚 Wadi Kuff 桥	282	1972
山东利津黄河大桥	310	2001	美国 Pasco Kenwick 桥	299	1978
海南海口世纪大桥	340	2002	法国 Brotonne 桥	320	1977

表 4-2 钢—混组合梁斜拉桥

桥 名	主跨(m)	建成年	备 注
南京长江二桥	628	2001	
安庆长江大桥	510	2005	
武汉军山长江大桥	460	2001	
南京长江三桥	648	2005	
江苏苏通长江大桥	1 088	在建	
武汉天兴州长江大桥	504	在建	双层交通
上海闵浦长江大桥	708	在建	双层交通
杭州湾大桥北航道桥	448	在建	
上海长江大桥	730	在建	
杭州湾大桥北航道桥	448	在建	
润杨长江公路大桥北汊桥	406	2005	

至于钢—混组合梁适用范围很广，如表4-3。

表4-3 钢—混组合梁斜拉桥

桥 名	主跨(m)	主梁形式	建成年	备 注
上海南浦大桥	423	双工字形主梁	1991	
香港汀九桥	127+448+475+127	双主梁	1998	三塔四索面
Annacis 桥(加拿大)	465	双主梁	1986	第一座钢—混组合梁斜拉桥
伊丽莎白女王二桥(英国)	450	双主梁	1991	
东海大桥主通航孔桥	420	双工字形主梁	2005	单索面
上海杨浦大桥	423	双工字形主梁	1991	
东海大桥主通航孔桥	420	双工字形主梁	2005	
福建福州青州闽江大桥	605	双工字形主梁	2001	
黑龙江哈尔滨松花江大桥	336	双钢主梁	2005	
英国伊丽莎白女王二桥	181+450+181	双主梁	1991	
加拿大 Annacis 桥	465	双主梁	1986	
希腊 Rion-Antirion 桥	286+3×560+286	双工字钢梁	2003	
韩国 Bukhang 大桥	205+480+205		2000	
韩国 西海大桥	200+470+200		1998	
印度 Hooghly Ⅱ桥	183+457+183		1993	
英国 Seven 二桥	181+450+181		1996	
瑞典 Uddevall 桥	179+414+179		2000	
西班牙 Rande 桥	400.14		1997	

跨径范围在400~600m时，可作钢—混组合梁、钢梁、混合梁甚至混凝土梁斜拉桥，进行比较而确定。

混合梁斜拉桥的应用范围非常广泛，从已建成及正在建设的实例看，跨径最大已达1 018m，如表4-4。

表4-4 混合梁斜拉桥

桥 名	主跨(m)	建成年	备 注
香港昂船洲大桥	1 018	2008	
湖北鄂东长江公路大桥	926	在建	
日本多多罗大桥	890	1999	
法国 Normandie 桥	856	1995	
武汉白沙洲长江大桥	618	2000	
上海徐浦大桥	590	1997	主跨组合梁
日本生口桥	490	1991	
香港汲水门大桥	430	1997	主跨组合梁
东海大桥主航道桥	420	2005	
泰国南工业环路桥	398	2004	主跨组合梁
德国 Dusseldorf-Flehe 桥	368	1979	独塔
瑞典 Tjorn 桥	366	1981	
墨西哥 Tmpico 桥	360	1988	
香港汀九大桥	448.475	1977	
台湾重阳大桥	200	1985	

4.2.4 本条文是结合已建桥梁的实际应用情况总结得出，分别从梁、塔、索、辅助墩等方面提出了总体设计时需要确定的基本参数，同时给出了典型的布置形式供设计时参考。提出的比例是在不考虑设置辅助墩的前提下得出的，使用时请注意此前提。

(1)双塔斜拉桥

双塔斜拉桥边跨与主跨、梁高与主跨及塔高与主跨之比见表4-5。

表4-5 斜拉桥边跨与主跨、梁高与主跨及塔高与主跨之比

桥 名	跨径布置(m)	主梁以上塔高(m)	梁高(m)	边、中跨比	梁高与跨比	塔高跨比	备 注
国内情况：							
涪陵长江大桥	52+98.5+330+98.5+52	88.5	2.30	0.456	1/143	0.268	双塔PC梁
重庆长江二桥	53+169+444+169+53	141.5	2.50	0.381	1/178	0.319	双塔PC梁
重庆马桑溪长江大桥	179+360+179	106	3.00	0.497	1/120	0.294	双塔PC梁
重庆大佛寺长江大桥	198+450+198	126	2.70	0.440	1/167	0.280	双塔PC梁
湖北荆沙长江大桥	200+500+200	116	2.40	0.400	1/208	0.232	双塔PC梁
广东番禺大桥	161+388+161	76	2.2	0.415	1/173	0.196	双塔PC梁
鄂黄长江大桥	55+200+480+200+55	168.6	2.2	0.531	1/218	0.351	双塔PC梁
南京长江二桥	58.5+246.5+628+246.5+58.5	156.3	3.50	0.486	1/179	0.249	双塔钢箱梁
南京长江三桥	63+257+648+257+63	218.1	4.0	0.493	1/272	0.337	双塔钢箱梁
武汉军山长江大桥	60+204+460+204+60	136.1	3.00	0.574	1/153	0.296	双塔钢箱梁
安庆长江大桥	50+215+510+215+58.5	133.42	2.7	0.520	1/189	0.222	双塔钢箱梁
巴东长江大桥	40+130+388+30+40	90	2.62	0.438	1/200	0.232	双塔钢箱梁
上海南浦大桥	76+94+423+94+76	108	2.36	0.402	1/179	0.255	双塔组合梁
福建青州闽江大桥	40+250+605+250+40	139	2.95	0.479	1/205	0.230	双塔组合梁
武汉白沙洲长江大桥	50+180+618+180+50	148	3.00	0.372	1/206	0.239	双塔混合梁
香港昂船洲大桥	298+1 018+298		3.20	0.293	1/318		双塔混合梁
勒弗库森桥(德国)	280	45.1	4.2	0.380	1/67	0.161	双塔钢箱梁
弗勒埃桥(德国)	368	129.5	3.8	0.352	1/97	0.352	双塔混合梁
澳大利亚GLEBE岛桥	345	119.2	1.85	0.406	1/186	0.346	双塔PC梁
加拿大Annacis桥	465	98.8	2.32	0.393	1/200	0.212	双塔组合梁
西班牙Rande桥	400	76	2.4	0.368	1/167	0.190	双塔钢桁梁
西班牙luna桥	440	90.5	2.5	0.231	1/176	0.206	双塔地锚式PC梁
法国卢瓦尔河桥	404	68	3.2	0.433	1/126	0.168	双塔钢箱梁
英国伊丽莎白女王二桥	450	89.3	2.0	0.402	1/225	0.187	双塔组合梁
日本名港西大桥	405	83	2.78	0.432	1/146	0.205	双塔钢箱梁
墨西哥塔皮科桥	360	74	3.0	0.583	1/120	0.206	双塔混合梁
阿根廷萨拉特巴拉那河桥	330	67.4	2.6	0.333	1/127	0.204	双塔PC梁
瑞典乔恩桥	366	69	3	0.339	1/122	0.189	双塔混合梁
美国Baytown桥	381	77.8	2.23	0.386	1/171	0.204	双塔组合梁
挪威sloboda桥	530	101.5	2.15	0.206	1/247	0.192	双塔PC梁
南斯拉夫sloboda桥	351	59	3.8	0.342	1/92	0.168	双塔钢箱梁

(2)独塔斜拉桥

独塔斜拉桥边跨与主跨、梁高及塔高与主跨之比见表4-6～表4-8。

(3)多塔斜拉桥

多塔斜拉桥及组合梁边主跨比统计表、混合梁边主跨比统计表如表4-9～表4-11所示。

表 4-6　我国独塔混凝土斜拉桥（$L \geqslant 100m$）

序号	桥名	跨径（m）	建成年	体系	索面数	梁截面	梁高（m）	梁宽（m）	高跨比	宽跨比	索距（m）	塔高（m）	备注
1	广东金马大桥	60+283+283+60	1998	塔、梁、墩固结，与60mT构组合	2	肋板式	2	28.5	1/141.5	1/9.9	7	102.7	
2	泸州泰安长江大桥	208+270	2007	塔、梁、墩固结	2	三室箱	3	29.5	1/90	1/9.2	6	145.2	
3	宁波招宝山大桥	74.5+258+102+40.5+42.5+49.5	2003	飘浮，与45mT构组合	2	边箱中板	2.5	29.5	1/103	1/8.9	8	103.8	
4	宜宾中坝金沙江大桥	252+105+2×35	2003	飘浮	2	肋板式加纵梁	2.68	30	1/94	1/8.4	6	117.45	
5	温州飞云江三桥	240+170+60		塔、梁固结	2	三室箱	3.2	36.8	1/75	1/6.5	6	122.2	上塔柱横向曲线形
6	株洲建宁大桥	240+134+2×42	2004	塔、梁、墩固结	1	三室箱	3.5	30	1/68.6	1/8.0	7		
7	福州市三县洲闽江大桥	238+76+56+47	1999	塔、梁、墩固结	1	三室箱	3.28	30	1/72.6	1/7.9	7	105	
8	武汉市江汉四桥（月湖大桥）	232+75.4+34+28.6	1999	塔、梁、墩固结	2	三室箱	2.2	23.5	1/105	1/9.9	8	110.5	
9	重庆石门大桥	200+230	1988	塔、梁、墩固结	1	三室箱	4	24.5	1/57.5	1/9.4	8	106	
10	攀枝花炳草岗金沙江大桥	149+200+51	1999	塔、梁、墩固结，与51mT构组合	2	肋板式	2.2	23.9	1/90.9	1/8.4	6	74.5	
11	台湾基隆河大桥	137+200	1999		1	四室箱	2	17.5	1/100	1/11.4			弯桥，索塔位于弯道内侧，向圆心倾斜

续上表

序号	桥名	跨径（m）	建成年	体系	索面数	梁截面	梁高（m）	梁宽（m）	高跨比	宽跨比	索距（m）	塔高（m）	备注
12	黄山太平湖大桥	190 +190	1996	塔、梁、墩固结	1	三室箱	3.5	18.2	1/54.3	1/10.4		86.3	
13	浙江湖州南太湖大桥	67.5 +92.5 +190 +38	1996		2	双主梁	2.8	40.5	1/67.9	1/4.7	6	约100	
14	杭州钱塘江三桥	188 +188	1996		1	五室箱	3.5	29.5	1/53.7	1/6.4		80	两座
15	贵州红枫湖大桥	31.34 +102 +185	2004		2	肋板式		31		1/6.0			
16	重庆沙溪庙嘉陵江大桥	180 +180	1996	塔、梁固结	2	边箱中梁	2.6	27.5	1/69.2	1/6.5	6		
17	广东三水大桥	110 +180	1993		1	肋板式	1.7	20.5	1/106	1/8.8		88	
18	湖北仙桃汉江大桥	50 +82 +180	2002	塔、梁固结	2			25.6		1/7.0	8		
19	四川内江沱江三桥	2 ×28 +32 +175 +30	1998		1	五室箱	2.6	33	1/67.3	1/5.3	10	78.7	塔顶设观光厅
20	通化西昌大桥	170 +92.85 +37.15			1	五室箱	3.645	28.5	1/46.6	1/6.0	6	83.2	
21	广东九江大桥	160 +160	1998		1	四室箱	2.8	17.7	1/57.1	1/9.0	8	80	
22	浙江丽水紫金大桥	160 +160			2	肋板式	2.5	30.5	1/64	1/5.2	8		
23	浙江临海大桥	36 +110 +160			1	梯形三室箱		31.2		1/5.1		80.77	
24	南昌新八一大桥	168 +168	1997		2	肋板式	2.5	28.4	1/67.2	1/5.9		86	两座
25	云南景洪西双版纳大桥	156 +156	1999	飘浮		箱梁	2.5	14.82	1/62.4	1/10.5		85	两座
26	云南三达地桥	145 +145	1994	半飘浮	2	单箱室	1.6	12.4	1/90.6	1/11.7		87	
27	恩施大桥	30 +100 +45		塔、梁、墩固结		梯形三室箱	2.6	31	1/55.8	1/4.7	8.5	55	
28	绵阳涪江四桥	140 +140	199	塔、梁、墩固结	1	梯形三室箱	3	31	1/46.7	1/4.5	6	89	
29	青岛丹山水库桥	50 +88 +136	2001		4	三室箱	2.3	17.5	1/59.1	1/7.8		73.4	并列双塔
30	兰州开发区飞虹桥	133 +133	1999	飘浮	2	四室箱	2.25	25	1/59.1	1/5.3		72.5	
31	吉林市临江门大桥	132.5 +132.5	1994		2	肋板式		27.5		1/4.8		67	
32	广东西樵山大桥	125 +110	1987		2	箱梁	1.25	16	1/100	1/7.8		60	塔顶设观光厅，110m 侧有两个辅助墩

续上表

序号	桥名	跨径（m）	建成年	体系	索面数	梁截面	梁高（m）	梁宽（m）	高跨比	宽跨比	索距（m）	塔高（m）	备注
33	浙江上虞人民路大桥	125 +125	1995		2	边箱中板	2.2	26.5	1/56.8	1/4.7		76	
34	金华金婺桥	100 +125	1997		1	三室箱	2.2	24.7	1/56.8	1/5.1		57.5	
35	南宁邕江三桥（白沙大桥）	122.5 +122.5	1995		2	肋板式	1.76	26.5	1/69.6	1/4.6			
36	沈阳公和桥	114 +120	2002	塔、梁、墩固结	1	五室箱	3.16	32	1/38.0	1/3.8	6.66	69.13	
37	广西柳州壶西大桥	120 +120	1994		2	肋板式	2.2	22.0	1/54.5	1/5.5		62	
38	四川桐子林大桥	104 +120	1990		2	三室箱	2.5	12.7	1/48	1/9.4		52	
39	珠海横琴大桥	120 +120	1999	塔、梁、墩固结	2	梁板	2.2	35.4	1/54.5	1/3.4		60	
40	齐齐哈尔扎兰屯桥	90 +120			2	箱	1.1	13.5	1/109	1/8.9		51	
41	衡阳湘江三桥	112 +112	1998		2	肋板式	2	33.8	1/44.8	1/3.3		33.6	
42	广东花县江村大桥	110 +110	1997		2	肋板式	2	32.3	1/55	1/3.4		51.4	
43	惠州下角东江大桥	108 +101 +45		塔、梁、墩固结	2	冂形梁	2.3	35.5	1/47	1/3.0	6	109.32	用环氧喷涂钢绞线
44	宁波甬江大桥	97 +105	1991		2	三室箱		18		1/5.8		58	
45	苏州京杭运河大桥	105 +70		塔、梁、墩固结	1	三室箱		36.5		1/2.9	6.2		
46	陕西咸阳渭河大桥	100 +100	1995	飘浮	2	三室箱	2	24	1/50	1/4.2		69.6	
47	抚顺洋河鸟岛桥	100 +100	2006	塔、梁、墩固结	1	双边箱	0.85	7	1/118	1/14.3	8	46.87	空间索面
48	衡阳湘江三桥	112 +112	1998		2	肋板式	2	33.8	1/44.8	1/3.3		33.6	
49	绥芬河大桥	100 +100	2005	塔、梁、墩固结	1	箱		23.5		1/4.3	4.9		转体施工，质量 14 000t

表 4-7 我国独塔钢斜拉桥($L \geq 100m$)

序号	桥名	跨径(m)	建成年	体系	索面数	梁截面	梁高(m)	梁宽(m)	高跨比	宽跨比	索距(m)	塔高(m)	备注
1	珠江黄埔二桥北汊桥	383+197+2×62.5	2007		2	三室箱	3.5	4.1	1/109	1/9.3	16		
2	杭州湾大桥南航道桥	100+160+318	2007	半飘浮	2	箱	3.5	37.1	1/90.9	1/8.6	15	135	主边跨均为钢梁
3	香港后海湾大桥	2×74.585+90+210	2005	塔、梁、墩固结	1	箱	4.114	38.5	1/57.0	1/5.5	12		后倾斜塔
4	深圳湾公路大桥	180+90+75	2005		1	箱		38.6		1/4.7	12		
5	台湾高屏溪大桥	180+330	2000		1	五室箱	3.2	34.5	1/103	1/9.6	20	135	主跨为钢梁，边跨为混凝土梁
6	天津塘沽海河大桥	310+88+2×51	2002	飘浮	2	边箱板	2.87	23	1/108	1/13.4	15.8	126	
7	天津市河北路立交子牙河桥	145+48+42		塔、梁固结	2	两双室箱	2.2~2.46	36.8		1/3.9	6	78	拱形斜塔，倾角 75°，空间索
8	天津市海河保定桥	51+120		塔、梁、墩固结	2	箱	1.8	30			15	52	
9	大连斜拉琴桥	112		塔、梁、墩固结	2	四室箱	2.9	29.5	1/38.6	1/3.8		90	主跨钢梁，边跨混凝土梁，弯塔如竖琴，背索集中锚固

表 4-8　国外独塔钢斜拉桥（$L \geq 280m$）

序号	桥　名	跨　径（m）	建成年	体　系	索面数	梁截面	梁高（m）	梁宽（m）	高跨比	宽跨比	索距（m）	塔高（m）	备　注
1	俄罗斯西伯利亚 Ob 河桥	31 + 148 + 408	2000	地锚	2	箱	3.6	15.2	1/113	1/26.8	14	141	
2	乌克兰乌里扬诺斯克伏尔加河桥	220 + 407 + 407 + 220	1998		2	桁架	13	2.5	1/31.3	1/16.3		215	双层行车，公铁两用
3	德 Knie 桥	47.2 + 4 × 48.8 + 319	1969		2	两工字梁	3.2	29.3	1/99.7	1/10.9	63.8	96	稀索
4	苏联 Daugava 河桥	90 + 312 + 87	1982	地锚	1			28.65		1/10.9			
5	斯洛伐克 Bratislava	74.8 + 303 + 54	1972		2	双室箱	4.57	21	1/66.3	1/14.4			
6	德 Severin 桥	301.67 + 150.68	1959	飘浮	2	两单室箱	4.57	30.1	1/65.9	1/10.0		64.5	
7	苏联德聂伯河桥	5 × 63 + 300 + 85	1976	塔、墩固结	2	两单室箱	3.6	31.4	1/83.3	1/9.6			
8	德 Deggenau 桥	290 + 145	1973		1	四室箱	4.54	32.8	1/63.9	1/8.8		81.5	
9	荷兰 Brasmus 桥	73.7 + 284	1996		2	两箱	2.25	33	1/126	1/8.6			
10	德 Dusseldorf Flehe 桥	13 × 60 + 368	1979		1	箱	3.8	4.1	1/96.8	1/9.0		129.5	
11	德 Kurt Schumacher 桥	287.04 + 60.16 + 65 + 21.25	1972		2	箱	4.5	36.9	1/43.8	1/7.8		71.5	

表 4-9 多塔斜拉桥

桥 名	跨径布置（m）	主跨以上塔高（m）	梁高（m）	边、中跨比	梁高与主跨比	塔高与主跨比	备 注
湖南衡山湘江大桥	45 + 45 + 45 + 90 + 90		3	0.500	1/30		三塔 PC 梁
岳阳洞庭湖大桥	129.8 + 310 + 310 + 129.8	中 100、边 75	2.5	0.419	1/124	中 323 边 242	三塔 PC 梁
宜昌夷陵长江大桥	3 × 40 + 348 + 348 + 3 × 40	中 93、边 72	3.0	0.345	1/116	中 267 边 207	三塔 PC 梁
Rion-Antirion 桥（希腊）	286 + 3 560 + 286	—	2.82	0.511	1/199	—	四塔组合梁
汀九大桥	127 + 448 + 475 + 127	126.75	1.76	0.267	1/270	0.267	三塔组合梁
Mezcala 桥（墨西哥）	57 + 79.86 + 311.44 + 299.46 + 83.34 + 67.87	80	2.79	0.439	1/112	0.257	三塔组合梁
山东滨州黄河大桥	42 × 2 + 300 × 2 + 42 × 2	中 101.33、边 54.23	3.00	0.280	1/100	中 338 边 181	三跨 PC 梁
Millau 桥（法国）	204 + 6 × 342 + 204		4.2	0.596	1/81		八跨钢梁

表 4-10 组合梁边主跨比统计表

桥 名	主跨（m）	塔高度（m）	桥宽（m）	梁高（m）	塔高主跨比	边主跨比
杨浦大桥	602	144	30.35	3	0.239	0.404
南浦大桥	423	108	30.35	2.1	0.255	0.402
Annacis 桥（西班牙）	465	98.8	32	2.32	0.211	0.393
昆西桥（美）	274	55.4	14.26	2.18	0.202	0.45
伊丽莎白女王二桥（英）	450	84	19	2	0.187	0.402
青州闽江大桥	605	140	29	2.9	0.289	0.479
Rande（西班牙）	400.14	75.58	23.46	2.4	0.189	0.413
萨拉勃沙拉哥桥（阿根廷）	330	67	22.6	2.6	0.203	0.333 3
特耶仑岛桥（瑞典）	366	69	15.75	3	0.189	0.428
Farf 桥	290	67	22.9	3.5	0.231	0.414
哈尔滨松花江大桥	336	88.56	33.2	2.47	0.264	
东海大桥主航道桥	420	111	333	4	0.264	

表 4-11　混合梁边主跨比统计表

桥　名	主跨(m)	塔高度(m)	桥宽(m)	梁高(m)	塔高主跨比	边主跨比
武汉白沙州长江公路大桥	618	59	30.2	3	1/206	
徐浦大桥	590	214	36	3	0.363	
舟山桃夭门大桥	580	151	27.6	2.8	1/207	
天津塘沽海河大桥	310	126	23	2.87	1/108	
汕头岩石大桥	518	113	30.35	2.72	1/190	
Kurt-Schuacher 桥(德国)	287	71.5	36.9	4.5	0.21	0.226(独塔)
弗勒埃桥(德国)	368	129.5	41	3.8	0.352	
Normandie Bridge(法国)	856	202.74	22.3	3.05	0.236	
Tjorn 桥(瑞典)	366	69	15.75	3	0.189	0.339
生口桥(日本)	490	96.5	24.1	2.7	0.197	0.306
台湾高屏溪河大桥	330	144	34.5	3.2	1/103	

索塔是表达斜拉桥特色和视觉效果的主要结构物，设计必须适合于斜拉索布置，传力应简单明确，在恒载作用下，索塔应尽可能处于轴心受压状态，由于索塔的重要性，结合实际工程应用情况，总结出本条文。

保留了原规范关于斜拉索布置的有关内容，结合近年来斜拉索发展历史补充了斜拉索构件和制造方面的内容。现代斜拉索几乎都是专业化制作而成，由专业生产厂家按我国相应的企业标准、行业标准和国家标准在厂内制作或现场安装，基本上做到了标准化、规范化、程序化和产品化生产，既保证了质量，又提高了工效。

星形布置在美学上虽很引人注目，但它违反了斜拉桥的一个重要原则，即斜拉索在主梁上的锚固点应尽可能分散。因此，这种形式很少被采用。

斜拉桥的加劲主梁根据材料的不同有混凝土梁、结合梁、混合梁和钢箱梁等，根据已建成桥梁的调查情况在条文中列出各种梁的高跨比值。

4.3　其他结构体系与形式

4.3.1　多塔斜拉桥

多塔斜拉桥是指塔数在两个以上，主跨在两个以上的斜拉桥。

多塔斜拉桥一般用混凝土梁和组合梁。目前世界上跨径超过 200m 的多塔斜拉桥有以下 10 座，见表 4-12。

表 4-12　跨径 >200m 的多塔斜拉桥

桥　名	国家	跨径布置(m)	类型	塔数	结构体系
Rion-Antirion	希腊	286 + 3 × 560 + 286	组合梁	4	半飘浮
香港汀九大桥	中国	127 + 448 + 475 + 127	组合梁	3	
宜昌夷陵长江大桥	中国	38 + 38.5 + 43.5 + 2 × 348 + 43.5 + 38.5 + 38	混凝土梁	3	中塔与墩、梁固结，其他半飘浮
Mezcala 桥	墨西哥	57 + 79.86 + 311.44 + 299.46 + 83.84 + 67.87	组合梁	3	半飘浮
岳阳洞庭湖大桥	中国	130 + 2 × 310 + 130	混凝土梁	3	飘浮
polcevera 桥	意大利	142.5 + 206 + 202.5 + 68.5	混凝土梁	4	T 构 + 挂梁
木曾川桥	日本	160 + 3 × 275 + 160	混凝土梁，主跨中部用钢	4	矮塔，支承
揖斐川桥	日本	154 + 4 × 271.5 + 154	混凝土梁，主跨中部用钢	5	矮塔，支承
Maracaibo 桥	委内瑞拉	160 + 5 × 235 + 95	混凝土梁	6	T 构 + 挂梁
Millau 桥	法国	204 + 6 × 342 + 204	钢梁	7	半飘浮

多塔斜拉桥通常采用飘浮体系和半飘浮体系，见表4-12，还有两座是Morandi体系，即T构加挂梁，是早期的混凝土梁斜拉桥，塔很刚，塔每侧仅一根拉索，现已不采用。日本的两座采用矮塔斜拉桥，塔、梁固结，设支座，这是由于梁刚度较大。

除此以外，我国台湾光复桥为跨径67m+134m+134m+67m的三塔斜拉桥，主跨中部设铰。这与Morandi体系一样，同样存在行车舒顺的问题，现已不用。

希腊Rion-Antirion桥为28届奥运会工程，原设计成塔、墩固结，设支座，并有50m长挂梁，设滑动支座及大型水平阻尼器，因地震时会发生1m的水平变位，因而改变方案，改成无挂梁的半飘浮体系，也取消了阻尼器。

多塔斜拉桥的关键是提高桥梁的整体刚度，因为多孔斜拉桥降低了桥梁的整体刚度。

在典型的三孔斜拉桥中，主跨加载时主梁下挠，两塔向加载孔变位，边跨上挠，而锚固在靠近桥台的边背索不能像其他后索那样上挠，因而拉力变化较大，平衡了塔向加载孔的变位，而其他边跨斜拉索拉力变化不大。

当边跨加载时，边跨下挠，主跨上挠，塔向边跨变位，结果边跨背索拉力减小，其他斜拉索拉力增大。

当边跨设有辅助墩时主跨加载，所有锚固在边跨的斜拉索均像边跨背索那样起作用，将边跨的上挠减小到最低。因而加大了刚度，减小了主跨的挠度。

而多塔斜拉桥时，不存在边跨背索调整塔变位的作用，因而刚度变小，因此提高桥梁的整体刚度，成为多跨斜拉桥设计中的关键问题。

提高刚度。岳阳洞庭湖桥采用了适当增大塔的刚度，适当增加梁高，由于该桥是三塔斜拉桥，在边孔适当加密索，加大索径。汀九大桥由主塔顶部向邻塔根部中设纵向斜拉索，以限制塔的水平变位。夷陵长江大桥是三塔斜拉桥，把中间主墩作成塔、梁、墩固结及其他塔为半飘浮，而在边跨设辅助墩。中间塔顶向邻塔根部(或顶部)设纵向斜拉索也是提高刚度的方法之一。

4.3.2 地锚式斜拉桥

国内外修建了少量地锚式斜拉桥。一般是自锚体系。在受地形条件限制，主跨很大而边跨很小时，可采用地锚式斜拉桥，把悬索桥的地锚特点融合到斜拉桥中，使跨径布置更能结合实际，灵活多样。

三跨地锚式斜拉桥最著名的有：

西班牙Luna桥，跨径67m+440m+67m，边跨另设35m长地锚。

中国郧阳汉江大桥，跨径43m+414m+43m，边跨另设43m长地锚。

另有少量单跨斜拉桥，主跨一侧自锚，而背索用完全地锚式，如日本跨径96.6m的松山桥(锚长32.5m)和跨径153m的秩父桥(锚长22.5m)。

1 地锚可做成重力锚，但也有做成抗拔桩承台。

由于地锚是关系到地锚式斜拉桥安全运营的关键构件，因此必须给予足够的安全储备，安全系数必须≥2。

2 三跨地锚式斜拉桥，梁体锚固在地锚上，必须给梁体在温度变化时有伸长缩短的可能。

西班牙Luna桥，在主跨中部设剪力铰，可以允许梁体伸缩，可以传递剪力，但不能传递弯矩，桥面不平顺，不利于行车。

我国郧阳汉江大桥，在主跨中部设可伸缩的、可传递剪力及弯矩的装置。推荐用这类既有利于受力，又有利于行车的装置。

至于两跨或单跨地锚式斜拉桥，由于梁可向主跨一侧伸缩，一般不必有为适应温度变化的特殊装置。

4.3.3 矮塔斜拉桥

1 矮塔斜拉桥又称部分斜拉桥，是1988年法国Mathivat提出，它是塔较矮、梁较刚、索的贡献相对较小、受力以梁为主的一种斜拉桥，同时也接近于具有体外索的连续梁。它是柔性斜拉桥和连续梁之间的一种过渡性桥型。

鉴于矮塔斜拉桥与一般斜拉桥无论从外形还是构造仍有不少相同之处，同时在我国发展很快，因此纳入斜拉桥细则，并专门设一条，为方便设计使用。国内外已建的矮塔斜拉桥见表4-13。

表 4-13 矮塔斜拉桥

编号	桥名	用途	跨径(m)	边跨/中跨	结构体系	索塔 塔高	索塔 高跨比	锚固方式	截面类型	主梁 宽(m)	主梁 高(中/根)	主梁 高跨比(中/根)	无索区长(m) 塔根	无索区长(m) 跨中	无索区长(m) 边跨	拉索 布置形式	拉索 最小倾角	拉索 张拉控制应力(MPa)
1	屋代桥(日)	铁路桥	55 +90 +55		梁、塔、墩固结	10	1/9	鞍座、贯通式	PC 箱梁	12.8	2.5, 2.5	1/36, 1/36	0.22L	0.11L	0.27L_1	双排双索面	1:4	0.6f_{pk}
2	屋代南桥(日)	铁路桥	65 +2 ×105 +65	0.62	梁、塔、墩固结	12	1/8.8	鞍座、贯通式	PC 箱梁	12.8	2.5, 2.5	1/42, 1/42	0.19L	0.16L	0.32 L_1	双排双索面	1:3.7	0.6f_{pk}
3	芜湖长江大桥(中)	公路桥	180 +312 +180	0.58	梁、塔、墩固结及梁底设支座	37.2	1/8.4	索锚固于塔	钢桁组合梁	21.5	13.5, 13.5	1/23, 1/23	0.115L	0.23L	0.33 L_1	双排单索面	1:2.85	0.6f_{pk}
4	木曽川桥(日)	公路桥	160 +3 ×275 +160	0.58	梁、塔、墩固结及梁底设支座	30	1/9.2	鞍座、贯通式	跨中110m钢箱	33	4.0, 7.0	1/68.8, 1/39.3	0.11L	0.4L	0.48 L_1	单排双索面	1:2.9	0.6f_{pk}
5	揖斐川桥(日)	公路桥	154 +4 ×271.5 +154	0.56	梁、塔、墩固结及梁底设支座	30	1/9.1	鞍座、贯通式	跨中110m钢箱	33	3.0, 5.5	1/68, 1/39	0.12L	0.37L	0.47 L_1	单排双索面	1:4.3	0.6f_{pk}
6	冲原桥(日)	公路桥	65.4 +180 +76.4	0.36 ~ 0.42	梁、塔、墩固结	16	1/11.3	鞍座、贯通式	PC 箱梁	12.8	3.3, 5.6	1/60, 1/32.7	0.15L	0.15L	0.1 L_1	单排双索面	1:3.9	0.6f_{pk}
7	蟹泽大桥(日)	公路桥	99.875 +180 +99.875	0.55	梁、塔、墩固结及梁底设支座	19.3	1/9.3	鞍座、贯通式	PC 箱梁	23	2.3, 5.6	1/56, 1/40	0.17L	0.11L	0.24 L_1	单排双索面	1:5.22	0.6f_{pk}
8	西新唐柜大桥(日)	公路桥	74.1 +140 +69.1	0.49 ~ 0.53	梁、塔、墩固结及梁底设支座	12.0	1/11.7	鞍座、贯通式	PC 箱梁	8.5	2.5, 3.5	1/48, 1/34.3	0.184L	0.224L	0.25 L_1	单排双索面	1:5.22	0.6f_{pk}
9	东新唐柜大桥(日)	公路桥	94 +3 ×140 +94	0.55 ~ 0.60	梁、塔、墩固结及梁底设支座	12.0	1/10	鞍座、贯通式	PC 箱梁	8.5	2.5, 3.5	1/46.6, 1/23.3				单排双索面		0.6f_{pk}

续上表

编号	桥名	用途	跨径(m)	边跨/中跨	结构体系	索塔		锚固方式	截面类型	主梁			无索区长(m)			拉索		
						塔高	高跨比			宽(m)	高(中/根)	高跨比(中/根)	塔根	跨中	边跨	布置形式	最小倾角	张拉控制应力(MPa)
10	士狩大桥(日)	公路桥	74+122+74	0.67	梁、塔、墩固结及梁底设支座	10	1/14	鞍座、贯通式	PC箱梁	23.0	3.0, 6.0	1/54.5, 1/34.3	0.21L			双排单索面		0.6f_{pk}
11	小田原港桥(日)	公路桥	76+100+76	0.62	梁、塔、墩固结	10.7	1/11.2	鞍座、贯通式	PC箱梁	13.0	2.2, 3.5	1/35.7, 1/35.7	0.19L	0.15L	0.29 L_1	单排双索面	1:4.93	0.6f_{pk}
12	保津桥(日)	公路桥	80.8+132+80.8	0.76	梁、塔、墩固结	10	1/10	鞍座、贯通式	PC箱梁	15.3~18.3	2.8, 2.8	1/55, 1/34.7	0.17L			单排双索面		0.6f_{pk}
13	漳州战备桥(中)	公路桥	81.2+136+81.2	0.61	梁、塔、墩固结及梁底设支座	16.5	1/8	鞍座、贯通式	PC箱梁	27	2.4, 3.8	1/52.3, 1/32.1		0.08L	0.25 L_1	单排双索面	1:3.68	0.6f_{pk}
14	小西湖黄河大桥(中)	公路桥	81.2+136+81.2	0.60	梁、塔、墩固结及梁底设支座	17	1/8	鞍座、贯通式	PC箱梁	27.5	2.6, 4.5	1/56.3, 1/32.1		0.07L	0.27 L_1	单排单索面	1:3.47	0.6f_{pk}
15	离石高架桥(中)	公路桥	85+135+85	0.60	梁、塔、墩固结及梁底设支座	18	1/7.5	鞍座、贯通式	PC箱梁	26	2.4, 4.2	1/35, 1/35				双排单索面		0.6f_{pk}
16	新名西桥(日)	公路桥	88.5+122.3+81.2	0.66~0.72	梁、塔、墩固结	16.5	1/7.4	鞍座、贯通式	PC箱梁	18.6~22.6	3.5, 3.5	1/33.3, 1/20.5				单排单索面		0.6f_{pk}
17	都田川桥(日)	公路桥	133+133	1.00	梁、塔、墩固结	20	1/6.7	鞍座、贯通式		2×16.5	4.0, 6.5	1/33.3, 1/20.5	0.23L		0.32 L_1	单排三索面	1:3	0.6f_{pk}
18	同安银湖大桥(中)	公路桥	80+80	1.00	梁、塔、墩固结及梁底设支座	30.25	1/2.6	鞍座、贯通式		27	2.4, 3.8	1/33.3, 1/21	0.25L		0.3 L_1	单排单索面	1:2.6	0.6f_{pk}
19	又喜纳大桥(日)	公路桥	109.3+89.3	0.82	梁、塔、墩固结	26.4	1/4.1	索锚固于塔		11.3	3.5, 6.0	1/31, 1/18	(0.28~0.34)L		(0.04~0.21)L_1	单排双索面	1:3.2	0.6f_{pk}

(1)矮塔斜拉桥大部分的主梁用混凝土梁。仅我国的芜湖长江大桥由于机场、火车站等条件限制,不得不做成钢桁梁矮塔斜拉桥。

(2)其结构体系主要是塔、梁、墩固结及塔、梁固结,下设支座,为刚架体系或支承体系。

(3)可以采用单索面或双索面。

2 矮塔斜拉桥的跨径适用范围 100 ~ 300m。混凝土主梁经济跨径在 130 ~ 200m。对于混合主梁目前最大跨径为 275m。

我国跨径 200m 以上的混凝土连续刚构桥存在梁下挠与混凝土梁开裂的缺陷,矮塔斜拉桥将是与混凝土连续刚构有力的竞争方案。

3 由表 4-13 可见,矮塔斜拉桥桥面以上塔高与跨径之比为 1/7.4 ~ 1/14,多数在1/8 ~ 1/12 之间,只有一般斜拉桥的一半。

4 由表 4-13 可见,矮塔斜拉桥梁高与跨径之比为 1/35 ~ 1/42,多数在 1/35 ~ 1/40 之间,高于一般的斜拉桥,不少矮塔斜拉桥都和连续梁一样,采用变高主梁。

5 矮塔斜拉桥边主跨跨径之比较一般的斜拉桥大,为 0.36 ~ 0.76 之间,多数在0.5 ~ 0.76 之间,这个比例非常接近于混凝土连续梁的边主跨跨径之比。

6 矮塔斜拉桥塔矮而刚,因而一般不需设背索。因其梁较刚,故无索区长,塔根部无索区长与主跨比为 0.11 ~ 0.22,多数为 0.15 ~ 0.20,跨中无索区长为 0.07 ~ 0.4,多数为 0.2 ~ 0.35。

7 矮塔斜拉桥索的贡献相对较小,可按体外索来设计,容许应力为 $0.6f_{pk}$,即安全系数为 1.67,小于一般斜拉桥的 2.5。

由于梁较刚,在施工中一般可不必进行索力调整。

8 斜拉索在塔处通过,一般不必在塔上锚固。

我国第一座矮塔斜拉桥漳州战备桥,用双套管索鞍。兰州小西湖黄河大桥采用分丝管抗滑锚索鞍。

9 日本木曾川桥跨径 160m + 3 × 75m + 160m,4 塔,主跨跨中部有 110m 钢梁。日本揖斐川桥跨径 154m + 4 × 271.5m + 154 m,5 塔,主跨跨中部有 100m 钢梁。矮塔斜拉桥由于塔刚,连续影响小,故适用于多孔斜拉桥。

4.4 容许变形

4.4.1 由于在调查中发现各地方和设计院意见不统一,故而维持原规范的要求。组合梁、混合梁的挠度按主跨主梁的材料采用。

4.4.2 混凝土行车道板的跨中挠度参照交通部现行《公路钢筋混凝土及预应力混凝土桥涵设计规范》(JTG D62—2004)第 6.5.3 条中“在消除自重产生的长期挠度后梁式桥主梁跨中最大挠度处不应超过计算跨径的 1/600”取用。

5 作用

5.1 一般规定

5.1.1 基本上采用了原来规范的内容和条文。

5.1.2 根据《公路桥涵设计通用规范》(JTG D60—2004)规定将荷载改为作用。

5.1.3 根据《公路桥涵设计通用规范》(JTG D60—2004)的规定增加的相关规定。

5.2 各类作用

5.2.1 斜拉桥混凝土构件含筋率往往较高,故本条增加含筋率 >1% 时重度的确定方法。

5.2.2 斜拉索初拉力及调整力是确定斜拉桥合理成桥状态的索力,对结构发挥持久的作用,应作为永久作用参加组合。

5.2.3 斜拉桥结构基频计算在《公路桥梁抗风设计规范》(JTG/T D60-01—2004)中有明确的要求。

5.2.4 众所周知,大跨度斜拉桥与悬索桥在风力作用下是容易发生变形和振动的柔性结构。1940 年主跨 853m 的美国塔科马(Tacoma)桥在仅有 19m/s 的风速下,因发生激振而造成闻名于世的毁桥事故。在斜拉桥方面,有日本石狩河口桥与加拿大 Hawkshaw (Longs Creek)桥等相继因风振引起加固事例的教训。因此,对抗风问题应特别重视。

一般来说,风的动力作用比静力作用更加危险。关于风的动力理论研究,从数学分析到风洞试验以及最近发展起来的所谓"数值仿真"(Numerical Simulation),已有许多文献和专著。但数学分析只能解决定性问题,模型(风洞)试验也只能相对地解决定量问题。至于数值仿真这门科学还很年轻,它的推算结果也不能准确定量。

目前《公路桥梁抗风设计规范》(JTG/T D60-01—2004)已经出版,有关斜拉桥的风荷载的取值及计算,均应参照其执行。

5.2.5 主梁局部温差按《公路桥涵设计通用规范》(JTG D60—2004)规定取用。比原规范增大很多。

编制组调查了不同地区斜拉桥设计计算时采用的杆件温差后,保留了原规范的内容并补充了斜拉索与钢桥面的温差取值。有条件时应进行实桥的温度场测量,按实际结果取用。

5.2.7 地震作用应按《公路工程抗震设计规范》(JTJ 004—89)执行,但该规范仅适用于跨径在150m以下的桥梁,大跨度斜拉桥非线性问题对地震力的计算有较大的影响。对于地震动峰值加速度系数大的地区的斜拉桥或重要的斜拉桥,建议进行专题研究。

5.2.8 位于有船舶通航的河道的斜拉桥应考虑防撞;处于易于车辆撞击的桥墩应考虑撞击力的作用,在没有实测撞击力大小资料时,可参照《公路桥涵设计通用规范》(JTG D60—2004)的规定酌情取用。

5.2.9 在规范修订过程中,经过对全国已修建好的斜拉桥施工荷载的大量调研后,筛选出本条文所规定几种施工中应考虑的荷载,设计中应计及此条中规定的荷载,但实际工作中应根据所设计的桥梁的具体情况综合考虑。

5.3 作用效应组合

在《公路桥涵设计通用规范》(JTG D60—2004)中关于作用效应组合已有明确规定。针对斜拉桥的特殊性,整理出安庆长江公路大桥、军山长江大桥、日本新猪名川桥以及南京长江二桥、南京长江三桥等大跨度斜拉桥设计计算中采用的荷载组合供设计时参考。

1　安庆长江大桥

组合1:恒载+汽车荷载

组合2:恒载+挂车荷载

组合3:恒载+满布人群荷载

组合4:恒载+汽车荷载+温度影响力+风荷载+制动力

组合5:恒载+温度影响力+风荷载

组合6:恒载+汽车荷载+船舶撞击力

2　武汉军山长江大桥

1)施工阶段

(1)考虑最大双悬臂时,横向风力与不平衡施工荷载组合。

(2)考虑边跨合龙前,纵向风力、温度与不平衡施工荷载组合。

(3)考虑中跨合龙前,纵向风力、温度与不平衡施工荷载组合。

2)使用阶段

(1)一、二期恒载+汽—超20

(2)一、二期恒载+汽—超20+体系升温+日照温差

(3)一、二期恒载+汽—超20+体系降温+日照温差

(4)一、二期恒载+汽—超20+体系升温+日照温差+顺桥向风力

(5)一、二期恒载+汽—超20+体系降温+日照温差+顺桥向风力

(6)一、二期恒载+汽—超20+顺桥向船撞力

(7)一、二期恒载+挂—120

(8)一、二期恒载+满布人群荷载

(9)一、二期恒载+地震荷载

3　日本新猪名川桥

日本的《新猪名川大桥设计指针》中有关荷载及其组合等的规定。

1)荷载的种类,如表5-1所示:

表5-1　荷载的种类及代号

荷载种类	编号	荷载名称	代号	荷载种类	编号	荷载名称	代号
主荷载(P)	1	恒载	(D)	附加荷载(S)	8	风荷载	(W)
	2	活载	(L)		9	温度变化的影响	(T)
	3	冲击力	(I)	特殊荷载(PA)	10	地震的影响	(EQ)
	4	预应力	(PS)		11	撞击荷载	(CO)
	5	斜拉索调整力	(SP)		12	施工荷载	(ER)
	6	混凝土的徐变影响	(CR)		13	施工误差的影响	(δ_{ER})
	7	混凝土的收缩影响	(SH)				

关于以上的某些荷载有以下一些说明:

温度变化的影响

除要按照《道路桥示方书》的第2.1.12条规定之外,还必须考虑斜索与混凝土构件之间以及塔柱左右之间的温差。年温差对一般混凝土采用±15℃的温度升降,当截面最小尺寸大于70cm时,只考虑±10℃。日温差按以下3种情况分别考虑:

(1)桥面板与其他部分的日温差取标准温差5℃。

(2)斜拉索与混凝土构件之间的日温差要根据所用斜拉索的截面组成情况(包括保护层)决定。

(3)塔柱左右两面之间的日温差采用标准值5℃,并按直线变化来处理。

对日温差产生的截面内力,分别进行不利的组合。

施工误差的影响

设计桥塔时应考虑塔顶在纵、横向双向分别产生有 $\delta_{er}=H/1000$ 的施工误差(偏心量),H 为塔的高度。这个误差标准是针对混凝土桥塔而言的,它是根据日本混凝土桥塔的施工实践调查并再适当增加一些安全度来制订的。

2)荷载的组合及其容许应力提高系数:

荷载组合列于表 5-2、表 5-3。

表 5-2 设计荷载及极限荷载作用时的荷载组合

时 间	组合种类	荷 载 组 合	容许应力提高系数
成桥后	(1)	D + PS + SP + [CR + SH] + L + I	1.00
	(2)	(1) + T	1.15
	(3)	D + PS + SP + [CR + SH] + W	1.25
	(4)	D + PS + SP + [CR + SH] + L_W + W_L	1.25
	(5)	(3) + T	1.35
	(6)	(4) + T	1.35
	(7)	(1) + CO	1.50
	(8)	D + PS + SP + [CR + SH] + EQ	1.50
	(9)	(8) + T	1.65
	(10)	D + PS + SP + [CR + SH] + L_{EQ} + EQ	1.65
架设时	(11)	ER + [CR + SH]	1.25
	(12)	(11) + EQ_{ER} + T	1.65
	(13)	(11) + W_{ER} + T	1.35

注:表中:

L_W——风荷载作用时的活载,按照大和川桥的设计指针,在影响线上加载时,其强度为(L + I)/2;

W_L——活载作用时的风荷载;

L_{EQ}——地震时的活载,满布于全桥,其强度为满载时的 1/2 或 0(无载);

EQ_{ER}——施工时的地震荷载,采用成桥后的一半,即 EQ/2;

W_{ER}——施工时的地震荷载,采用成桥后的一半, 即 W/2。

关于表 5-2 的说明:

(1)构件的截面应力应按表 5-2 的各种荷载组合来验算,要求小于容许应力。由于这些组合的发生频率以及对各种构件的影响程度各不相同,因此规定了不同的容许应力提高系数。

(2)表中的中括号[ ]内为随时间变化的荷载,处理时应考虑时间变化因素。施工时组合(11)中的[CR + SH]一般要较成桥后各种组合中的[CR + SH]小,因为此时徐变与收缩尚未到达最终值。

表 5-3 极限荷载作用时的荷载组合

组合种类	荷 载 组 合	组合种类	荷 载 组 合
(1)	1.3D + 2.5(L + I) + 1.0(SP + SH)	(4)	1.3(D + EQ) + 1.0(SWP + SH)
(2)	1.0D + 2.5(L + I) + 1.0(SP + SH)	(5)	1.0D + 1.3EQ + 1.0(SP + SH)
(3)	1.7(D + L + I) + 1.0(SP + SH)		

关于表 5-3 的说明:

(1)构件截面应按表 5-3 的各种荷载组合来验算,要求不会在此之前破坏。

(2)目前对各种荷载的荷载系数尚未作取值方法的统一规定,故基本上是按《道路桥示方书》来暂时规定的。对 PC 斜拉桥特有的斜拉索调整力,可视为外部作用的持续荷载。此外,由于斜拉索调整力的目的是改善构件的截面内力，其结果对构件强度有利，故为了偏于安全，对斜拉索调整力不考虑荷载增大系数，即荷载系数等于1.0。

(3)对主梁预应力PS产生的超静内力，由于在极限荷载作用时此预应力已经消失，故不再在荷载组合中考虑PS，但PC钢材可与RC构件中的钢筋一样，应被作为抗拉钢材用。对恒载D及斜拉索调整力SP产生的混凝土徐变影响的超静内力分别包括在D和SP中。

由于以上的荷载及其组合情况是针对新猪名川桥具体桥例制订的，故其荷载中尚欠缺支点移动影响(SD)等项。按照我国某些斜拉桥的设计规定，考虑SD时的荷载组合与容许应力提高系数如表5-4所示。另外，表5-5为日本花畔大桥(钢箱梁斜拉桥)的资料。

表5-4　考虑支点移动影响SD的荷载组合

组合种类	荷载组合	容许应力提高系数
(1)	$D+PS+[CR+SH]+EQ+T+\delta_{ER}+SD$	1.65
(2)	$D+PS+[CR+SH]+L+I+\delta_{ER}+SD$	1.15
(3)	$D+PS+[CR+SH]+L+I+T+\delta_{ER}+SD$	1.50

注：表中SD为支点位移影响。

表5-5　花畔大桥(钢斜拉桥)的荷载组合表

组合种类	荷载组合	容许应力提高系数
(1)	$D+PS+SD+\delta_{ER}+L+I$	1.00
(2)	$D+PS+SD+\delta_{ER}+L+I+T$	1.15
(3)	$D+PS+SD+\delta_{ER}+W$	1.25
(4)	$D+PS+SD+\delta_{ER}+L+I+W$	1.25
(5)	$D+PS+SD+\delta_{ER}+L+I+W+T$	1.35
(6)	$D+PS+SD+\delta_{ER}+EQ+T$	1.70

4　南京长江二桥

南京长江二桥设计荷载分为顺桥向和横桥向两部分，按照以下五种工况计算顺桥向和横桥向索塔的内力及变位。

1)计算工况

(1)裸塔施工(含各施工阶段)；

(2)钢箱梁拼至临时墩；

(3)钢箱梁拼至边跨合龙；

(4)钢箱梁拼至中跨合龙；

(5)全桥合龙。

2)荷载组合及设计控制荷载

(1)施工阶段(裸塔，三种工况，横桥向，顺桥向)；

恒载+施工荷载(含偏载)+风载(钢箱梁悬拼至临时墩，塔顺桥向设计控制荷载组合)

(2)成桥后(横桥向，顺桥向)：

恒载+温变+风载

恒载+活载+温变+风载

恒载+活载+船撞力+25%的设计风载

恒载+地震力

5　南京长江三桥

南京长江三桥设计荷载分为顺桥向和横桥向两部分，钢索塔成桥状态的作用组合考虑了以下八种工况。

工况1：恒载

工况2：恒载+汽车荷载

2-1 恒载+汽车荷载中跨加载

2-2 恒载+汽车荷载边跨加载

2-3 恒载+汽车荷载半桥加载

2-4 恒载+汽车荷载全桥加载

工况3:恒载+均匀升温

工况4:恒载+均匀降温

工况5:恒载+百年一遇风作用

工况6:恒载+汽车荷载+均匀升温

6-1 恒载+汽车荷载中跨加载+均匀升温

6-2 恒载+汽车荷载边跨加载+均匀升温

6-3 恒载+汽车荷载半桥加载+均匀升温

6-4 恒载+汽车荷载全桥加载+均匀升温

工况7:恒载+汽车荷载+均匀降温

7-1 恒载+汽车荷载中跨加载+均匀降温

7-2 恒载+汽车荷载边跨加载+均匀降温

7-3 恒载+汽车荷载半桥加载+均匀降温

7-4 恒载+汽车荷载全桥加载+均匀降温

工况8:恒载+汽车荷载+汽车荷载作用时的风作用

8-1 恒载+汽车荷载中跨加载+汽车荷载作用时的风作用

8-2 恒载+汽车荷载边跨加载+汽车荷载作用时的风作用

8-3 恒载+汽车荷载半桥加载+汽车荷载作用时的风作用

8-4 恒载+汽车荷载全桥加载+汽车荷载作用时的风作用

6 计算

6.1 一般规定

6.1.1 本条是对斜拉桥设计计算和验算项目内容的总规定。

6.1.2 现代斜拉桥除了它的高次超静定特点外,它的结构是逐步形成的,结构的荷载效应具有历时性,因此,结构计算图式、几何特性、边界条件等的正确描述与结构的计算分析结果的正确与否关系十分密切。现在能对斜拉桥结构进行正确计算分析的有限元法程序有多种,各程序对结构计算分析要求的结构描述或计算输入数据不尽相同,在进行结构计算分析时,应根据所应用的程序要求拟定结构的计算图式等,但必须与实际结构相一致,才能保证结构计算分析结果的正确性。

6.1.3 这里根据斜拉桥设计的不同计算任务提出不同的计算图式及对计算图式中应考虑的因素提出要求,这是因为计算图式的正确与否直接影响计算结果的正确性。由于斜拉桥结构是逐步形成的,结构的荷载效应具有历时性等原因,现有的一些大型商品软件如 SAP、ADINA、ANSYS、JIFEX 等对斜拉桥施工过程进行仿真计算还存在许多局限性。国内现有施工过程进行仿真计算的程序大多是基于平面结构的仿真计算,从现已建成桥的大量斜拉桥结果来看,平面结构计算的误差大都能被工程师们所接受,但对空间结构体系来说,这些程序还存在局限性。此外,这些程序的计算效果及使用的灵活性也参差不齐,为了要求保证计算结果能符合设计,所以本条对计算图式作了特别要求。

1 在平面结构计算图式规定中,提出斜拉桥的结构方案设计计算、施工过程仿真计算和成桥结构荷载效应的计算可以采用平面结构计算图,这被我国大量斜拉桥设计实践证明了是可行的、可靠的,计算输出结果与我们设计习惯需要的数据一致,设计者应用方便。这里没有提示空间索斜拉桥计算图式的要求,从以往的桥设计来看,空间索斜拉桥计算图采用平面结构计算图式也是可行的,但要考虑空间索的影响。这里强调了计算图式必须能正确反映斜拉桥结构分阶段形成的特点,正确反映各重要工况下的结构特性及荷载状况,这意味着结构分析计算的各荷载效应满足设计要求,包括各历时荷载效应的叠加是正确的。例如结构形成、体系转换、斜拉索张拉和索力调整、永久作用、可变作用及偶然作用等。

2 在现代斜拉桥中,由于桥面较宽,跨径较大,显现空间柔性的特点,平面内的分析不能完全反映桥梁的动力和稳定等的真实性,对于梁板式(肋板式、边主梁式)主梁或扁平箱梁主梁更是如此。在许多研究中表明,斜拉桥的动力问题、稳定问题不是单方面的面内或面外的问题,一般都是面内、面外和扭转耦合问题。因而,强调动力分析、稳定分析、地震分析应采用空间结构计算图式。例如空间布索、结构扭转、活载偏载、横向风载、不对称空间索力调整及支座不均匀变位等。

3 在结构局部构件荷载效应或局部应力计算图式规定中,强调计算图式必须取足够的计算区域。这里主要是考虑边界条件的影响,按圣维南原理的要求,所取计算区域边界条件的影响应对计算分析所关心的部位产生的误差十分小,必须是工程师们可以接受的误差。

6.2 静力计算

6.2.1 结构计算原则本来是结构力学简化的内容,考虑到其对斜拉桥设计的重要性,仍在此强调。

1 斜拉桥在我国建设比较成熟,对于一般跨径的斜拉桥设计已不存在太大的困难,采用经典结构力学或有限元就能完成。

2 多大跨径应考虑或不考虑结构非线性影响,没有明确的界定,应视桥梁的整体刚度而定。一般情况,钢斜拉桥和结合梁斜拉桥跨径都大,桥梁整体刚度相对较柔,这类桥设计计算时均应考虑结构非线性影响;对于混凝土斜拉桥来说,跨径小于200m时,可以不考虑结构非线性影响,跨径大于200m以及梁很柔时,应考虑结构非线性影响。例如天津永和桥(双塔260m预应力混凝土斜拉桥),非线性分析结果是弯矩增大5%~10%;武汉长江二桥(双塔400m预应力混凝土斜拉桥)最大差值为15%~18%,一般为10%左右;跨径425m的挪威Helgeland混凝土斜拉桥,由于梁很柔,计入非线性影响主梁弯矩增加50%;上海杨浦大桥结合梁斜拉桥方案设计中,其中一个方案考虑几何非线性时,主塔底弯矩增大60%;苏通大桥主跨1 088m钢梁斜拉桥方案设计中,考虑非线性综合因素(大位移效应、$P—\Delta$效应、斜拉索垂度效应)影响,主塔最大弯矩相差51.7%,主梁控制断面应力增大71.9%。

3 斜拉桥因系高次超静定结构,可以存在多种不同的受力状态,但必然存在较合理的受力状态。设计的任务,就是要寻求这种较为合理的受力状态,具体见6.2.2。

斜拉桥静力计算,原则上可按平面图式进行。但对于很宽的桥面、弯斜拉桥及索面特殊布置的斜拉桥,要用空间图式计算。

斜拉桥和其他梁式桥一样,用平面图式计算时,必须考虑荷载横向分布的影响。因其对结构影响较大,特别是宽桥,影响更大。

4 进行施工过程仿真计算时,可将空间索体系,如A形塔、倒Y形塔(钻石形塔)等,简化为平面索体系进行计算,此时体系荷载效应为空间索平面分量影响的效应,与实际空间索体系荷载效应有差异,应作修正。

当斜拉桥主梁为箱形结构时,应考虑约束扭转,包括扭转、翘曲、畸变的作用。

5 斜拉索垂度对结构的非线性影响较大,故在这里规定,不论跨径大小,均应考虑这项修正。

6 在组合梁斜拉桥结构计算中,作为整体结构的活载内力等的结构计算分析,与单纯的钢斜拉桥或混凝土斜拉桥相同。由于混凝土桥面板和钢梁材料不同,桥面板存在收缩、徐变,桥面板和钢梁通过剪力键联结,变形相互约束,存在内力重分配;同理,在温度影响下,也存在内力重分配;此外,后期桥面板预应力压缩也存在内力重分配。这里仅列举几项因素产生的内力重分配,对于其他因素产生的内力重分配,设计工程师应根据具体情况考虑。

7 在大跨径斜拉桥中,对于基础比如高桩承台,基础有效嵌固以上部分应作为墩、塔部分参与桥梁结构整体分析。对于基础有效嵌固部分和低桩承台基础,可以与墩、塔分开计算。

8 斜拉索脱落或断索对桥梁结构的效应影响较大。因此参考美国土木工程师协会斜拉桥委员会编《斜拉桥设计指南(Guidelines for the Design of Cable-stayed Bridges)》中第五章的5.5条内容的要求提出斜拉索脱落或断索的要求。

9 列出了要进行局部分析的部位。同时指出在局部分析中应计入结构总体荷载效应的非线性影响。

6.2.2 斜拉桥合理成桥状态是这次修订时才引入的概念,近年来诸多科技工作者对此进行了比较多的研究。

1 确定合理成桥状态已有很多实用方法,例如刚性支承连续梁法、最小弯曲能量原理法、影响弯矩法、考虑活载效应的分步计算法、内力(或应力)平衡法、最小弯矩法、零初索力法、零支反力法和用索量最小法等。其中有些方法例如刚性支承连续梁法、最小弯曲能量法不能考虑活载效应,此时可与其他方法结合起来,确定合理成桥状态。

2 斜拉桥合理成桥状态是指成桥时(混凝土斜拉桥是指混凝土收缩徐变基本完成时)主梁和塔的线形符合设计状态,而且各计算截面弯矩较小,斜拉索受力相对均匀,各斜拉索应力水平大致相同,且斜拉索规格品种数量尽量减少。

鉴于混凝土自重较大,以及受拉能力差,混凝土主梁的应力往往成为设计控制因素之一,因此,在确定混凝土梁斜拉桥的合理成桥状态时,应计入主梁的预应力效应和汽车荷载效应。

6.2.3 以合理成桥状态为基础,结合合理施工状态来确定施工阶段斜拉索的初拉力,使合理成桥状态和合理施工状态耦合。

这些方法有倒拆法、正装—倒拆迭代法、正装迭代法、无应力状态控制法等,一般要经过多次试算才能得到较满意的结果。

斜拉桥的索力可以进行调整,以实现合理成桥状态,但过多的调整会使施工工期延长,施工工艺变复杂。在设计中,应尽可能少调或不调,但在必须调整时,在某一施工阶段对索力加以调整。

6.2.4 从斜拉索换算弹性模量公式(Ernst 公式)中可看出,修正值与拉索的应力有关。因此,在应用时要注意两点:一是对斜拉索的使用应力不能过低,以降低它对结构的非线性影响;二是修正值随施工过程变化而变化,随结构上的荷载变化而变化,在整个仿真计算过程中要不断改变修正值。Ernst 在分析斜拉索垂度对结构的非线性影响时,对给定的阶段,当考虑外荷载增加引起索力变化时,在迭代过程中则采用下列修正式:

$$E = \frac{E_0}{1 + \dfrac{(\gamma_T l)^2}{12\sigma_m^2}\dfrac{(1+\mu)^4}{16\mu^2}E_0}$$

$$\sigma_m = 0.5(\sigma_0 + \sigma_1);\mu = \sigma_0/\sigma_1;l = S\cos\alpha$$

式中:E——考虑垂度影响的拉索换算弹性模量(kPa);

E_0——拉索弹性模量(kPa);

σ_0——拉索原有应力(kPa);

σ_1——承受新的荷载后拉索的应力(kPa);

S——斜拉索长度(m);

α——斜拉索与水平线的夹角(°);

γ_T——斜拉索换算重度(kN/m³)。

该计算公式引自王伯惠编著《斜拉桥结构发展和中国经验》(上册)。

此外,ASCE 的暂行规定中,对考虑斜拉索垂度时建议采用下式计算修正弹性模量 E_2:

$$E_2 = \frac{E_0}{1 + \dfrac{(Wl)^2(T_0 + T_1)AE_0}{24T_0^2 \cdot T_1^2}}$$

式中:A——斜拉索的钢材的面积(cm²);

T_0——变形前的索力(kN);

T_1——变形后的索力(kN);

W——斜拉索单位长度的重量(kN/m)。

虽然本细则条文中推荐的是用 Ernst 切线模量公式来计算斜拉索非线性分析的修正弹性模量 E,在此也将割线模量 E_2 公式列出,供设计者使用时参考。

6.2.5 本条具体规定了一些设计方法。

塔柱计算,一般用小变形理论,即不考虑塔的纵向位移所引起的二次力。对于横向荷载,塔可以按平面框架来分析,不一定采用空间分析。

6.2.6 本条明确提出锚固区应力计算宜采用空间有限元方法进行计算。锚固区受力复杂,应力集中十分明显,有限单元法是目前锚固区应力分析广泛采用且行之有效的数值解法,采用平面有限单元法计算锚固区应力,难以全面反应锚固区应力的真实性。如前所述,斜拉桥结构是逐步形成的,荷载效应具有历时性,对于索力大的重要大型桥梁锚固区除采用空间有限元方法进行计算外,建议增加试验验证。

本条明确提出钢箱梁、组合梁锚固区应进行局部稳定分析和疲劳分析,必须计入结构的非线性影响。以往的锚固区局部分析中,一般情况索力取分析阶段总索力,但总体作用的非线性影响产生的效应都未考虑,有关研究表明,这种非线性影响产生的效应很大。美国土木工程师协会斜拉桥委员会编《斜拉桥设计指南》中明确规定,局部单元计算应计入总体作用的非线性影响。因此,本条作出此规定。对混凝土梁的锚固区,同样存在疲劳问题,但目前还未见成熟的计算方法,所以本条未作出明确规定,这并不意味着混凝土梁的锚固区可以不作疲劳分析,对重要的混凝土梁斜拉桥,应同样作疲劳分析计算。

6.2.7 明确规定梁的强度验算必须考虑剪力滞后的不利影响。剪力滞后往往有两种考虑方法:一是将弯矩乘增大系数,二是将主梁截面按有效宽度加以折减。在计算中,也要考虑正、负剪力滞引起的抵消。

6.2.8 本条只是提出斜拉桥基础计算的一般原则。斜拉桥结构仿真分析有两种做法:一是将基础作为结构分析的计算单元或是子结构,按施工顺序直到成桥进行模拟计算,从理论上讲,这种方法比较合理,在大跨径梁桥中已普遍采用将群桩基础简化为等效双柱刚架的模拟结构,可完全回避土—桩的复杂关系与边界条件,使上下部结构一起计算,并考虑彼此的影响成为一个毫无困难的问题;另一种是将基础和上部结构计算分开考虑,一般仅在基础很刚时才可采用。本细则推荐前种做法。

由于斜拉桥墩、塔都较高大,施工误差不可避免,对于基础设计计算来说,主要有两部分必须考虑:一是塔、墩底与基础交接面截面形心不在同一点;二是墩、塔轴线偏差。对于大跨斜拉桥,主墩、塔传给基础的轴力较大,一般有万吨级,该轴力相对于上述两种偏差,都会对基础产生很大的附加力。该附加力对基础产生变位,这部分变位对上部结构的影响在大跨径斜拉桥桥设计计算中不能忽略。

地锚式斜拉桥的地锚计算,与一般桥梁基础比较,除有上拔力作用外,其他并无差别,因此,计算内容与其他桥梁基础计算相同。地锚变位要求可参照悬索桥有关规定进行计算。

6.2.9 稳定分析规定

墩、塔、梁承受巨大的轴力和弯矩,在施工阶段或营运阶段可能出现失稳现象。这里说的稳定仅指静载稳定,包括静活载作用,抗风稳定另有所述。国内外对斜拉桥稳定多数定义为:K = 极限荷载/设计荷载,K 称为稳定安全系数(见梁硕等,《土木工程学报》Vol. 34 No. 5 P45 ~51),按其定义,斜拉桥稳定可归结为结构承载能力。斜拉桥稳定分析较为复杂,一些研究表明,由于斜拉桥结构复杂,受力也并非对称(斜拉桥结构整体失稳很难说是面内还是面外失稳),因此,很难说是面内还是面外失稳控制斜拉桥设计,葛耀君教授以上海恒丰北路斜拉桥为例的论文(《华东公路》1991 年 10 月 20 日第 5 期:单索面斜拉桥侧倾稳定分析;《东北公路》1990 年第 4 期:斜张桥平面内的稳定分析;《中国公路学报》Vol. No. 35 P45 ~51:索—塔—梁耦合作用下的斜拉桥侧倾稳定研究)给出不同的稳定系数也说明了这一点。在斜拉桥稳定分析研究中,都是对特定的桥的稳定性分析和计算方法研究,没有给出斜拉桥结构的统一安全稳定系数,按斜拉桥稳定可归结为结构承载能力的定义,结构非线性稳定安全系数与强度安全系数是一致的(见卜一之等,《桥梁建设》2001 年第 5 期)。在众多研究中,结构线性稳定安全系数都较大,而结构非线性稳定安全系数都较小,如重庆大佛寺长江大桥,主跨 450m 双塔预应力混凝土斜拉桥,成桥状态结构线性稳定安全系数为12.4,成桥状态结构非线性稳定安全系数为 3.7;岳阳洞庭湖大桥,三塔预应力混凝土斜拉桥,成桥状态(全桥均布偏载)结构非线性稳定安全系数为 1.75;黄山太平湖大桥,独塔预应力混凝土斜拉桥,跨径 2 ×190m,成桥状态结构非线性稳定安全系数为2.4,施工结构非线性稳定安全系数为 2.2;在京沪高速铁路上元越江工程南京长江大桥方案,主跨 488m,三塔 PC 箱—钢桁叠合梁,对不同的工况,结构线性稳定安全系数为 4.7 ~8.0,结构非线性稳定安全系数为 1.7 ~2.3。南京长江三桥、南京长江二桥、湖北军山长江大桥结构非线性稳定安全系数为 1.75,苏通长江大桥结构非线性稳定安全系数为 1.8。

本条中提出了两个系数,对于第一类稳定,即非线性弹性屈曲,其稳定安全系数应大于等于 4。对第二类稳定,即计入材料非线性影响的稳定,通常都表现为强度稳定,对于索的强度安全系数为 2.5,因此对其他主要构件,其稳定安全系数也规定为 2.5。因为规定再大,那时索已破坏,就显得毫无意义。从上述一些桥的稳定安全系数来看,不少均小于 2.5,至今仍很好营运。本条规定的混凝土主梁第二类稳定安全系数不小于 2.5,是足够安全的。而钢主梁斜拉桥则根据国内建设的实际情况,规定其第二类稳定安全系数不小于 1.75,也是安全的。

6.2.10 混凝土收缩徐变计算

本条规定与现行《公路钢筋混凝土及预应力混凝土桥涵设计规范》(JTG D62—2004)一致。但是,现代斜拉桥除了它的高次超静定的特点外,它的结构是逐步形成的,结构的荷载效应具有历时性,结构的混凝土收缩、徐变效应与结构逐步形成有关,因此,本条强调按实际施工成桥过程仿真计算混凝土收缩、徐变影响效应。此外,斜拉桥的主塔和主梁的受力特点是压弯构件,承受巨大的压力,长期的研究表明,当受压混凝土的压应力 $\sigma_h \leq 0.5f_{cd}$ 时,混凝土的徐变可以认为是线性的,但当受压混凝土的压应力 $\sigma_h > 0.5f_{cd}$ 时,混凝土的徐变则是非线性的,因此,在计算中要注意这点。

6.3 动力特性计算

斜拉桥结构的动力特点反映了斜拉桥的刚度指标。斜拉桥结构一般较柔,在地震、风荷载和车辆等动载荷作用下,必然会发生振动,轻则影响行车、行人,严重时则使桥梁破坏。斜拉桥结构的抗震、抗风设计计算,一般都要进行斜拉桥结构的动力模态(振型、频率)分析,因此,本条文规定强调了采用计算模型的正确性。

此外,对带有人行道的斜拉桥,应尽可能使设计的斜拉桥结构频率避开人感频率。

6.4 空气动力稳定计算

6.4.1~6.4.3 斜拉桥是柔性结构体系,有敏感的风动力稳定特性,在设计时应重视结构的风动力稳定问题。实际中,虽不是所有的斜拉桥都要求进行风动力稳定分析,但应根据斜拉桥的重要性、跨径大小、结构体系的刚度和桥址处的风速情况等来确定。设计时可根据《公路桥梁抗风设计规范》(JTG/T D60-01—2004)有关条款计算斜拉桥结构临界风速,必要时通过风洞试验确定。

保证斜拉桥风动力稳定性的办法是提高该桥的临界风速。Van Ven Put 在1976年提出,只要结构的临界风速≥60m/s 或216km/h,该结构遭受风破坏的概率小到2000年一遇,该结构的风动力稳定问题可以不必考虑。本条给斜拉桥临界风速定了一界限,应不小于结构设计基准风速的1.2倍,如果满足这一条件,斜拉桥的风动力稳定是不会存在大问题的。

斜拉索的风致振动,在斜拉桥中是普遍现象,国内外均有记载。斜拉索的风致振动虽然不会使斜拉索直接破坏,但会使索在索锚接合处引起疲劳破坏,由于斜拉索疲劳破坏而使全桥换索的报道已有多起,因此,在斜拉桥的设计中必须考虑斜拉索的风致振动。在斜拉索的风致振动方面,国内外有较多的研究,但多在振动机理和起因方面研究,再就是通过风洞试验提出减振措施。在目前的研究中,斜拉索的风致振动主要有涡激共振、尾流驰振、风雨振和参数共振等几类。由于斜拉索风振的复杂性,在这些研究报告中,对斜拉索风振现象的认识有共性,但对斜拉索风振的致因本质的认识不尽相同,因此,在斜拉索的抗风设计中,参照《公路桥梁抗风设计规范》(JTG/T D60-01—2004)有关条款进行,必要时通过风洞试验确定。

6.4.4 斜拉索的风雨振是斜拉索的风致振动中最强烈的一种振动。该振动现象由日本学者 Hikami 发现并于1988年首次报道以来,在国内外均发现了类似的斜拉索风雨振动,上海杨浦大桥尾索在风雨作用下也发生过强烈振动,振幅超过1m,因此,在斜拉桥的设计中必须考虑斜拉索的风雨振动。如上所述,由于斜拉索的风雨振原因复杂,至今斜拉索风雨振的机理并未清楚,仍在研究探讨之中。在斜拉索风雨振的观测调查研究中,发生斜拉索风雨振的前提条件主要有:风和雨共同作用,当水线出现后,斜拉索振动变得不稳定;产生风雨振的风速范围在6~20m/s;斜拉索振动频率在0.6~3.0Hz范围。根据这些观测调查研究成果,本条提出了斜拉索的风雨振设计的条件。一般应根据风洞试验确定风雨激振相关参数指导设计。文献《斜拉桥设计阶段斜拉索雨振的估算》(《国外桥梁》2001年第2期)给出了以下斜拉索风雨振时最大振幅估算公式,供设计者参考:

$$\left[\omega_1 \frac{y}{v}\right]^2 = \frac{6}{\dfrac{d^3 C_y}{d^3 \alpha}}\left[-\frac{dC_y}{d\alpha} - \frac{2\xi m\omega_1}{\dfrac{1}{2}\rho v D}\right]$$

式中:v——风速度(m/s);

m——斜拉索的单位长度质量(kg/m);

ξ——阻尼比;

ω_1——斜拉索自振圆频率(Hz);

ρ——空气质量密度(kg/m^3);

D——斜拉索直径(m);

y——斜拉索振动的振幅(m);

α——风的相对攻角(°);

C_y——斜拉索在竖直方向上的风荷载系数,为相对攻角 α 的函数。

6.5 抗震计算

由于公路桥抗震设计规范正在修订,本条文暂时规定按《公路工程抗震设计规范》(JTJ 004—89)执行,新规范出版后应按新规范有关规定执行。

6.6 施工阶段计算

6.6.1 施工阶段的划分及计算

1 我国已建成的斜拉桥,多数采用挂篮悬臂现浇和悬臂拼装的施工方法。有少数采用搭架施工或转体施工。

由斜拉桥的结构特性决定,全桥完成后的应力状态与施工过程有关,因此设计计算阶段不应遗漏主要施工阶段,否则造成施工完后的结构实际内力状态与设计不符,形成永久性的结构不安全状态。必须使各阶段的计算简图与施工阶段划分一致,使最终完成的结构符合设计预计的受力状态。

2 为准确地控制整个施工过程,应将各施工阶段出现的荷载不遗漏地纳入计算,同时将各阶段产生的内力、应力、索力及位移计算结果列出,以便在施工过程中进行检查核对。

关于施工过程中因温度变化而对结构产生的影响问题,设计计算中不予考虑,而由施工控制在施工过程中考虑。原因是,施工过程工期较长,设计计算时不可能预测每个施工阶段将发生的温度变化,每个施工阶段产生的温度变化对结构产生的影响实际还得由施工控制在施工过程中考虑。需要注意的是,这里所述的施工过程中因温度变化而对结构产生的影响问题,是指结构合龙前各悬臂施工阶段的温度变化而对结构产生的影响问题。对悬臂拼装施工的桥梁,在进行施工工期安排时尽量将悬臂施工阶段安排在接近合龙温度且温度变化不大的季节里进行,可以减少温度变化对悬臂施工的影响。

3 本条文的规定,使本细则与现行桥规的规定一致。

4 因体系转换对结构产生的效应是永久效应,本条文规定必须对体系转换进行计算,规定了体系转换进行计算的项目,对本条文未规定的项目而在实际中存在的体系转换也必须进行计算,计算结果应按本细则荷载组合的要求进行组合。主梁合龙时应计入温度效应的影响。

合龙施工涉及结构体系转换,合龙施工计算包括两方面的含义:一是合龙温度变化和合龙施工荷载对结构产生的效应,该效应是永久效应,应按本细则荷载组合的要求进行组合;二是合龙温度变化和合龙施工荷载对结构合龙施工荷载产生的临时影响,如合龙段两端相对变位,对合龙临时结构的受力影响等,该部分计算应对合龙段(包括合龙临时结构)进行验算。

5 主梁悬臂施工时,双悬臂的不平衡荷载对结构的内力影响很大,特别是主梁悬臂施工达到最大悬臂长度,这种不平衡荷载对结构的内力影响严重时足以使桥梁破坏,因此,本条强调了应对斜拉桥悬臂施工状态进行计算。本条规定了不平衡荷载计算的项目,实际结构不平衡荷载不尽相同,设计时应根据实际结构可能发生的不平衡荷载进行计算,根据荷载效应的性质,按相关规范荷载组合的要求进行组合。

6.6.2 施工阶段的抗风验算

1 索塔浇筑完成,施工模板尚未拆卸时,结构的挡风面积是最大的,该状态的静风荷载效应是最危险的,应对结构(包括施工结构)进行静力验算。

2 裸塔是高耸结构,在风荷载作用下存在驰振或涡激共振的可能,在结构设计时,应对裸塔进行风稳定验算,如果所验算结果不能确保裸塔的风稳定安全性时,应进行必要的风洞试验以确定结构设计在裸塔状态的风稳定性是安全的。

3 当主梁及斜拉索安装进行至边跨合龙前，主梁达到最大悬臂长度，在这种状态下，当索塔两侧有不平衡横向风力作用时，结构处于不利的受力状态，应分为两种状态进行验算。

(1)结构承受横向风力的作用，按空间结构进行分析计算。

(2)结构承受因横向风力产生的，作用在索塔两侧主梁底不同的升举力，将此升举力作为静荷载考虑，结构体系按平面杆系进行计算。

对于斜拉桥在施工阶段或成桥状态的抗风稳定，国内各有关单位进行了大量的风洞试验研究，结果表明，当主梁截面外形选择合理时，应能取得较高的临界风速值(主梁产生颤振的风速)，这种风速一般是不易出现的，根据这项研究结果及已成桥的实际计算经验，本条文将升举力作为静荷载处理。

由于我国现行桥规对施工过程中桥梁结构的抗风计算尚无明确的规定，因此本条文对上述第二种状态的抗风验算，系参考国内外某些已成桥采用的计算方法及有关规范条文而提出的升力系数，作为初设或估算时使用。如需准确计算，应通过风洞试验确定。

本条文除考虑风力造成的不平衡竖向荷载外，还考虑了不平衡的施工荷载，及考虑使结构处于最不利的不平衡状态。对于悬拼主梁预制块件的施工方法，主梁两悬臂端的块件不可能很准确地同时安装，即两端相差一个块件。

本条文所列的两种验算状态，第二种状态对桥梁结构易造成直接危害，在施工过程中应注意预防，因此要求必须进行此项验算。

6.6.3 临时墩的设置

如前述条文解释所述，主梁悬臂施工时，双悬臂的不平衡荷载(包括恒载和风载)对结构产生不利影响，这种不利影响会影响桥梁在施工中的安全，严重的足以使桥梁破坏。根据我国已建斜拉桥的成功经验，设临时墩是解决这种不利影响最有利的办法，因此，本条文强调在施工桥位条件允许的情况下，可设临时墩，但应进行体系转换计算。

6.6.4 主梁预拱度计算

主梁预拱度是指主梁合龙标高与主梁设计标高之差，即合龙后高程的预留值，主要是补偿二期恒载、混凝土收缩徐变、斜拉索松弛以及1/2汽车荷载引起主梁的下挠。至于主梁在施工期间产生的竖向变位，则主要在施工过程中通过设置施工预抬高度，施加斜拉索力及确定立模标高解决，不再考虑预留拱度。

预拱度按通常规定设置，但由于斜拉桥一般具有较大的跨径，桥轴纵平面设计不仅影响桥梁外形美观，而且对使用功能也有较大的影响。根据已建的一些混凝土桥的经验，混凝土收缩徐变对桥梁挠度有一定影响，因此本条文规定应计入此项影响，不应漏计。经验表明，如果已建成的斜拉桥存在因施工控制不当而形成的凹形纵面，要进行纠正是十分困难的。设计合理的桥轴纵面曲线是很重要的，在实桥具体条件允许的前提下，将桥轴线设计成有一定坡度的凸形曲线，可避免因施工控制不当而形成的凹形纵面。

7 构造

7.1 一般规定

7.1.1~7.1.2 提出了斜拉桥各组成部分尺寸及构造的最基本的要求,即符合规范要求,具有必需的刚度,使应力传递均匀,以及便于施工等。

7.2 主梁

7.2.1 斜拉桥的主梁一般都布置成连续梁。在早期的斜拉桥中,也曾采用T构加挂梁的形式,如委内瑞拉的Maracaibo桥的Morandi体系。在我国台湾的光复桥中,也曾设剪力铰。

对于地锚式斜拉桥,主梁为了适应温度升降而胀缩的需要,必须在主跨中部设有可纵向移动装置。西班牙Luna桥设有剪力铰,我国湖北郧阳汉江大桥则设有可以传递剪力及弯矩亦可允许主梁纵向变位的设施。

7.2.2 主梁截面形式

把原规范第3章一般规定的结构形式一节中的主梁截面形式,改放在本细则第七章构造中。

1 混凝土梁

给出了各截面的适用条件。

实心板梁截面已用希腊Evripos桥,主跨215m,板厚45cm。

肋板式截面及三角形边梁截面和实心板梁截面一样,都仅适用于双索面斜拉桥,这是主梁趋于轻型化的重要标志之一。肋板式截面已被广泛采用。

单索面斜拉桥的主梁,一般采用箱形截面。

2 钢梁

一般都采用箱梁,为了节约钢材,也可以采用箱肋截面。其顶板一般作为正交异性钢桥面,必须加劲,并有一定厚度,一般宜不小于12mm。

3 组合梁

其截面由钢梁和混凝土板组合而成。混凝土板必须在梁截面中占有重要的承载和刚度作用,其厚度不宜小于250mm。板必须提前预制,以减少混凝土收缩和徐变对组合梁的不利影响。梁与混凝土间用剪力键连接。

钢梁多数采用两工字形钢主梁。如我国福建青洲闽江大桥,跨径605m。跨径602m的上海杨浦大桥则采用边箱梁截面。

由于混凝土受拉能力较差,故组合梁斜拉桥一般都采用飘浮体系,以减少负弯矩。

7.2.3 钢梁的横向连接系构造比较简单,混凝土结构较为复杂。

主梁横向连接系采用横隔板(梁),是使主梁成为空间整体结构的重要构造,它能增加主梁的抗扭、抗剪刚度,与主梁连成一体增加截面横向刚度,提高整体性能。

对箱形截面,从受力角度分析,中间横隔板对纵向受力和横向弯矩的分布影响很小,可以减少或不设中间横隔板,但为局部加强腹板也可以采用斜撑形式,形成横向刚架。

在主梁的斜拉索锚固区,局部应力集中,受力复杂,为使斜拉索的拉力能较好地传递给主梁,必须设置较大刚度的横向连接系。另外,还需根据主梁的横向刚度和桥面板的跨径及索距大小适当加密布置。

在支座处的横隔板(梁)要承受和分布很大的支承反力,因此横隔板(梁)应有足够的强度和刚度。可采用增加混凝土板厚度、施加预应力或设置加劲板等措施予以加强,横隔板预留孔的顶端角隅处法向应力分布与其内折角有关,内折角做得越平缓转角处的应力就越小,为缓和应力集中现象,须设承托并在斜方向上加强配筋。

施加预应力的横隔板(梁)的厚度,要满足构件端部锚下垫板的最小构造和排列尺寸,主要由管道的直径、锚箱板及配套千斤顶等张拉锚固体系的构造尺寸决定。

若是有双层交通的桥梁,由于下层桥面的净空要求,横向联结系由横梁和主桁架的中间竖杆(或斜杆)形成的刚架构成。

7.2.4 主梁纵向连接

1 分段悬浇的混凝土主梁,纵向预应力筋连接接头不应在分段线处全部断开,做到对主梁的削弱尽可能小一些(张拉压浆以前)。主梁分段线处的预应力筋接头不宜超过总数的50%。为了使待浇梁段的混凝土能与已浇梁段端面很好地结合,应对已成梁端的外端面进行凿毛并做界面胶接处理。

混凝土主梁拉应力较大的部位易开裂,为保证桥梁的耐久性,该部位宜增设防裂钢筋网。

2 钢主梁节段连接采用高强螺栓连接时,螺栓的排列应与构件轴线对称,防止因偏心产生附加应力,要求所有螺栓对齐居中,即打入冲钉旋紧高强螺栓。钢主梁节段间连接采用焊接时,先以栓接匹配方式临时连接,然后实施焊接连接。

3 组合梁的节段长度,以能布置1~2根斜拉索和2~4根横梁为宜,因一般自重不很大,吊装重量能够轻易解决。

4 混合梁

两种不同梁的纵向连接,是混合梁斜拉桥的最重要技术关键。本条根据国内外的已有经验,给出了关于连接点位置及连接段构造,连续点伸入主跨时不少于20m,伸入边跨时不宜小于40m。

连接构造应保证应力的均匀传递,两种不同的截面重心位置应尽量吻合,以避免重心不一而产生的二次力,并尽量缓解两种梁体刚度的突变。对于板梁式梁段由于应用实例较少,将广州鹤洞桥的连接方式示例列于图7-1。

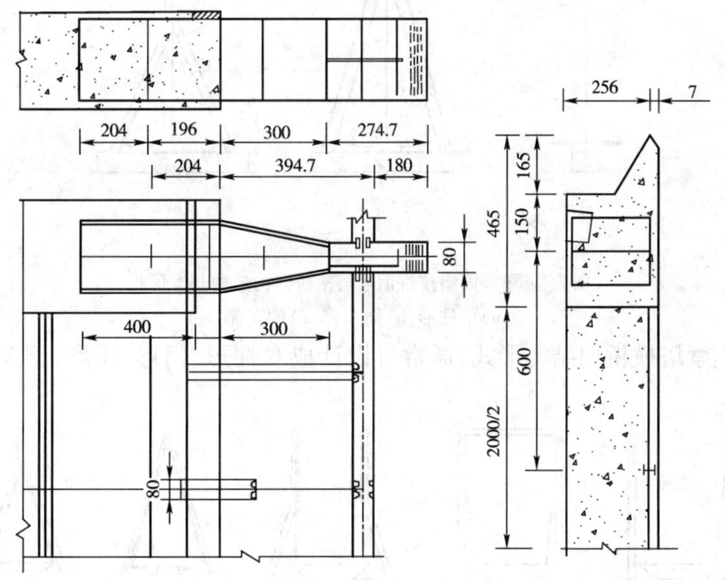

图7-1 混合梁板梁式截面连接方式示例(广东省鹤洞桥,1988年)(尺寸单位:cm)

7.2.5 混凝土主梁合龙段在施工过程中,由于温度变化,新浇混凝土早期收缩,已完成结构部分的混凝土收缩与徐变,结构体系变化以及施工荷载等因素,在合龙过程中要承受轴力、弯矩和剪力,并要克服温度影响防止混凝土开裂,所以必须采取加强措施来保证结构的连续,保持两侧梁体变形协调。

合龙段混凝土浇筑要尽快完成,尽早达到设计强度,并要有一定的施工作业面,一般合龙段长度为1.5~3.0m。可采用劲性型钢或劲性钢管作为预应力筋套管并施加预应力等方式作为临时固结措施。

钢主梁合龙与混凝土斜拉桥合龙的不同区别是,确定合龙段梁长和选择一天内最佳的合龙时间,这是由于钢梁具有较大的传热性,很快吸收周围空气中的温度,而且温度变形对合龙长度影响非常敏感,所以,应正确选择合龙温度及满足钢梁安装就位时,高强螺栓定位所需的时间,并应进行温度变形观测,为修正设计合龙温度提供科学依据。

7.3 索塔

7.3.1 索塔的形状和截面

把原规范第三章一般规定的结构形式一节中的塔的形式,改放在第七章构造中,列出了塔纵、横向的构造形式。由于钢索塔国内设计较少,但已开始采用,故对钢索塔补充以下内容:

斜拉桥钢索塔纵桥向结构形式,一般可设计成单柱形,在需要将索塔的纵向刚度设计得较大时,也可将其设计成倒 V 形与倒 Y 形。如图 7-2 所示。

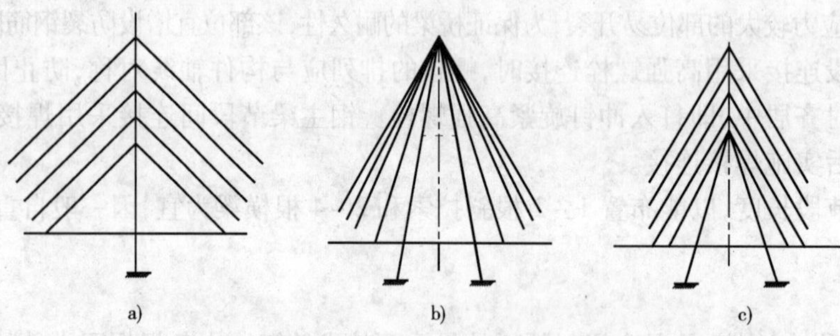

图 7-2 斜拉桥钢索塔纵桥向构造的基本形式

a)单柱形;b)倒 V 形;c)倒 Y 形

单索面斜拉桥钢索塔横桥向结构形式,通常可设计成单柱形、倒 V 形与倒 Y 形。如图 7-3 所示。

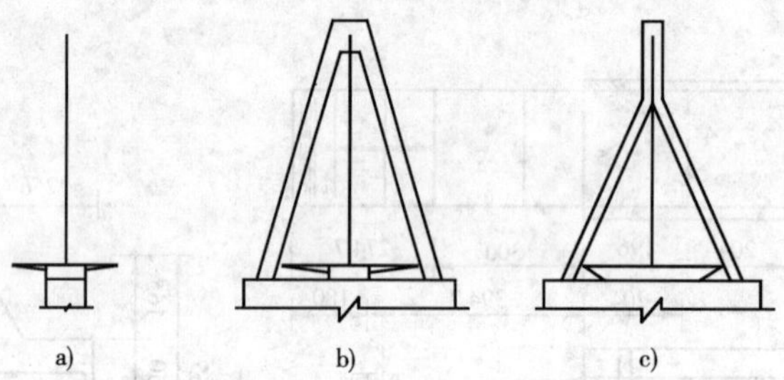

图 7-3 单索面斜拉桥钢索塔横桥向构造的基本形式

a)单柱形;b)倒 V 形;c)倒 Y 形

双索面斜拉桥钢索塔横桥向结构形式,通常可设计成双柱形、门形、H 形、倒 V 形与倒 Y 形。如图 7-4 所示。

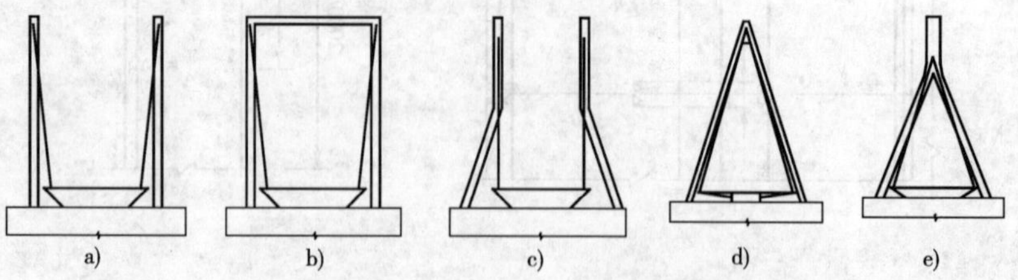

图 7-4 双索面斜拉桥钢索塔横桥向构造的基本形式

a)双柱形;b)门形;c)H 形;d)倒 V 形;e)倒 Y 形

在梁体高出塔基较多时,斜拉桥钢索塔所采用的横桥向形式可设计成如图 7-5 所示形式。

在设计中为了增加索塔的面内刚度,设计中也可采用将索塔横桥向设计成花瓶形、钻石形及改进花瓶形,如图 7-6 所示。

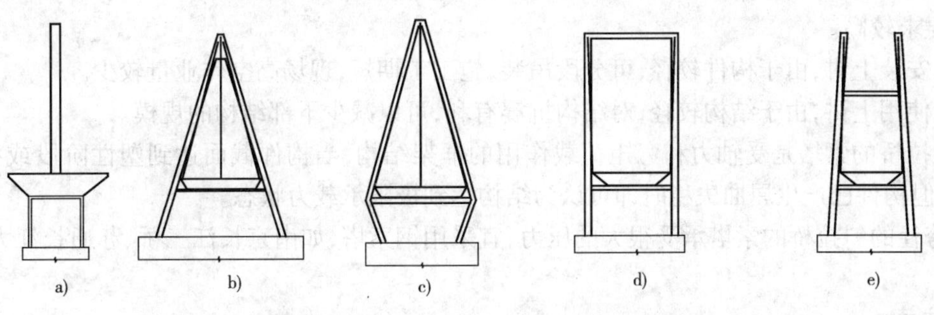

图 7-5 梁体高出塔基较多斜拉桥钢索塔横桥向构造的基本形式

a)独柱塔;b)A 形塔;c)宝石形塔;d)门形塔;e)H 形塔

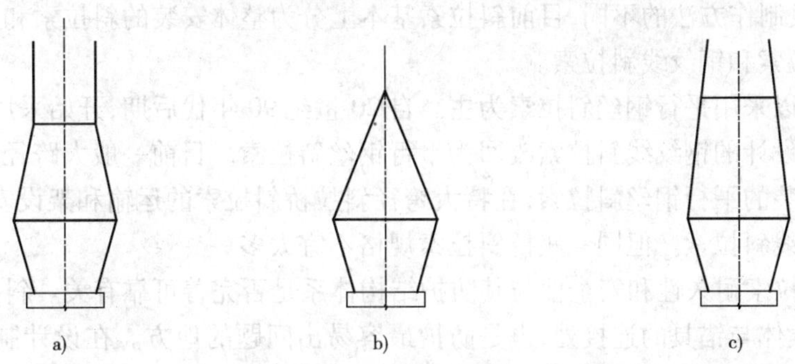

图 7-6 梁体高出塔基较多斜拉桥索塔横桥向构造的基本形式

a)花瓶形;b)钻石形;c)改进花瓶形

7.3.2 索塔的细部构造要求

1 索塔是斜拉桥的主要承重结构,索力的垂直分力引起塔柱轴向力和水平力对塔柱产生弯矩和剪力,此外温度变化、日照影响、支座沉降、风荷载、地震力、混凝土收缩、徐变等都将对塔柱产生轴向力、水平力、扭矩和顺、横桥向的弯矩,因此塔柱配筋较多,纵向钢筋的直径应取粗些,并提高钢筋含量,按计算面积配筋对于空心截面配筋较多,而实心截面可能较小,本细则提出的仅是配筋低限,设计中尚应根据计算适当配置。

2 斜拉桥钢索塔由于结构轻,在发生地震时结构自重产生的惯性力较小,所以采用钢索塔对抵抗大地震是极其有效的措施之一,钢索塔与混凝土索塔相比总体来说有以下特点:

(1)体积小,自重轻。

(2)抗震性能好。

(3)由于结构阻尼小,容易产生涡激振动和弛振。钢截面刚度小,且以受压为主,设计上必须考虑局部屈曲和失稳。

(4)工厂化加工,易于保证精度。

(5)机械化程度高,工期快。

(6)虽然钢索塔本身造价浇混凝土索塔高,但其与基础相结合的总造价可能还低,这是因为钢索塔自重轻使其基础尺寸减小所致。

(7)维护工程量较大,维修保养费用较高,这不仅是目前困惑工程师们最严重的问题,也是钢索塔不能大量推广的主要原因之一。

采用钢索塔一方面可减轻索塔的自重,有利于深水地区,采用高桩承台基础,减少深水基础的建造施工难度,另一方面也可改善斜拉索的锚固条件,缩短建设工期,钢索塔同混凝土索塔相比较,从设计构造、及施工等方面来说还具有以下特点:

(1)从设计计算上讲,由于钢材材质较均匀,计算应力与实测应力间关系较明确,容易掌握;钢材弹性模量固定,变形计算精确;各种不定因素(如收缩、徐变)较少,计算结果与实际情况接近一致。

(2)从结构处理上讲,由于钢结构的连接采用焊接或栓接,开孔与加劲方便,细节处理较容易;斜拉索锚固细节处理与补强相对容易。

(3)从制造上讲,由于采用工厂节段预制与拼装,尺寸精度可以精确孔制,但对加工工厂的设备与加工精度要求较高。

(4)从安装上讲,由于构件较轻,可分段吊装,施工工期短,现场高空作业量较少。

(5)从使用上讲,由于结构较轻,对结构抗震有利,可以减少下部结构的规模。

(6)斜拉桥的索塔是受轴力和弯矩荷载作用的框架结构,当构件截面达到塑性阶段或截面虽处于弹性阶段,但构件已产生屈曲失稳时即可认为结构达到极限承载力状态。

特大跨径的斜拉桥的索塔承受很大的压力,宜采用钢索塔,如南京长江三桥、苏通长江大桥。

7.4 斜拉索

7.4.1 根据材料及制作方法的不同,目前斜拉索基本上分为整体安装的斜拉索和分散安装的斜拉索两类,即平行钢丝斜拉索和钢绞线斜拉索。

我国初期斜拉桥以采用平行钢丝斜拉索为主。自20世纪90年代后期,开始采用钢绞线斜拉索,但最近一些大桥又将原设计的钢绞线斜拉索改回为平行钢丝斜拉索。目前一般大跨径斜拉桥较适应选用的较多的还是整体安装的平行钢丝斜拉索,在特大跨径斜拉桥斜拉索的运输和架设安装能力有限时,可考虑分散安装的钢绞线斜拉索。但同一座桥斜拉索规格不宜太多。

7.4.2~7.4.5 斜拉索耐久性和安全性与其防护结构体系是否完善可靠有关。斜拉索整个构件中防护最复杂、最薄弱的索体与锚具的连接处,也是防护最容易出问题的地方。在设计制造时,应采取可靠的索端密封防护措施,在安装尤其是长期运营状况下,特别注意保护索端的密封结构不受破坏,这是提高斜拉索的耐久性和安全性,延长使用寿命的很重要的一个措施。设置可靠的防水、防潮措施也很重要:外防护罩、下端锚垫板应有设置排水槽等。

振动尤其是过大的振动易导致斜拉索的疲劳和防护结构的破坏,影响其安全使用寿命,因此斜拉索抗风雨振逐渐引起了人们越来越多的关注。一般桥梁预埋管内设内置式减振器就可以起到很好的减振效果,不必采取其他措施。减振阻尼块可采用黏弹性高阻尼材料,是国内外近年发展的一种减振、降噪、防冲的新型合成橡胶材料,其阻尼值比一般橡胶大4~5倍,将这种材料制作衬套,嵌在斜拉索和钢导管之间构成阻尼支点后,则阻尼衬套因受振动就被挤压吸收能量。但在大型斜拉桥或在多风多雨特殊地区,除预埋管内设内置式减振器外,索表面粗糙处理对抗风雨振也有一定的帮助,如斜拉索外表面处理成螺旋、条形或麻点凸纹,但设置外置式减振器或抑振索,减振效果会更明显有效。抑振索的景观效果不太好,一般选用外置式减振器较多。

斜拉索在使用过程中需要日常维护,使用若干年后可能需要更换,因而斜拉桥构造设计时,应考虑斜拉索维护和更换可行性,预设必要的构造措施。

7.4.6 平行钢丝斜拉索整体在工厂内制造,技术成熟,质量易保证,安全可靠,安装工效高,但特大跨径斜拉桥的长、重斜拉索运输、吊装和安装较困难。

钢丝排列整齐、规则,组成断面紧密并易于成型,使钢丝受力均匀,便于进行锚固及外层防护,采用正六边形或缺角六边形排列还可以较好的保持各根钢丝长度相同,其周边及间隙填充物均匀,经过防护材料的包裹钢丝截面更为紧密。另外为便于盘卷整索运输,要进行轻度转度扭绞,扭转角度约为2°~4°。

斜拉索锚具主要有冷铸锚、热铸锚、镦头锚等形式,都为拉锚式。其主要构造为锚杯、锚圈、锚碇板、填充固化料、防漏板等。为便于穿束张拉,在其尾部设置与张拉连接器、引出杆连接的附属构造。

热铸锚虽使用低熔点合金,但浇铸温度仍超过400℃,故对钢丝的力学性能会带来不利影响,一般不用于斜拉索。

镦头锚是每根钢丝穿孔后将钢丝未端镦粗,使用镦头锚时必须具有可镦性的钢丝,镦头锚加工难度较大,钢丝镦头工艺要求较高,耐疲劳性能较差,很少用于斜拉索。

冷铸锚是使用较多的锚具,冷铸锚在国外又称Hi-Am锚具。其构造与热铸锚具相似,只在锚杯锥形腔的后部增设了一块钢丝定位板,索中的钢丝通过锚杯后,再穿过定位板上的对应孔眼,镦头就位,锚杯中的空隙用特制的环氧混合料填充。环氧混合料中加入铸钢球,形成承受荷载的构架,环氧固化后,即和锚杯中的钢丝结合成一个整体,由于楔形原理,铸钢球受到锚杯内壁的挤压,对索中的钢丝形成啮合,使钢丝获得锚固。冷铸锚环氧混合料的固化温度低于180℃,并且钢丝末端均被镦粗锚碇,它具有优异的抗疲劳性能。

根据多年的实践经验,保留了成品拉索检验超张拉取1.2~1.4倍设计索力,冷铸锚板内缩值不宜大于5 mm的要求。

7.4.7 钢绞线斜拉索目前没有行业标准和国家标准,根据目前国内应用的情况列出此条文。设计中可参考已成桥的经验进行设计。

夹片式锚具用在斜拉桥时,必须提高锚具的抗疲劳性能,因为在后张预应力的有黏结力筋中,锚具疲劳性能要求较低。值得注意的是,斜拉索中所用的夹片式锚具与工程中通常所用的有黏结预应力夹片式锚具是不同的。为此,用于斜拉索的夹片式锚具可具备一些特殊的构造,如使钢绞线在进入群锚的锚板后穿过一个压板,在索力调整完毕后,将夹片压紧防松。

锚具是极为重要的部件,其质量和性能对整个结构的可靠性有着直接的影响,故对锚具性能有严格规定。当采用新型锚具时,必须经过耐疲劳及强度试验和锚固性能参数检验,证明其可靠性,保证使用中不会出现滑丝、锚固失效现象。

7.4.8 斜拉索制作技术已较成熟,均已专业化生产,并且有相应的企业标准、行业标准和国家标准,一般情况下,斜拉索作常规检验即可保证使用质量。在材料、工艺更新或有特殊要求时,才有必要做非常规检验。

斜拉索疲劳薄弱位置是在索端部的锚头口处,与锚头构造和安装质量角度有关。为此设计时,在锚圈下设置球形垫圈,可较好地解决安装误差问题。斜拉索疲劳检验时,平行钢丝斜拉索按GB/T 18365—2001的要求进行检验,钢绞线斜拉索可参考国际后张预应力协会(PTI)《斜拉索设计、试验和施工标准》的要求进行检验。

7.5 结构空气动力稳定

本条是对那些不满足$v_{临界} \geq 1.2 v_{设计基准}$的斜拉桥的强制规定,应以增设抗风措施来改变结构体系的刚度,以提高该斜拉桥的临界风速。

提高结构风稳定性的措施是根据国内外的研究成果和设计成功经验而选定的,每座桥都有不同的结构形式、不同的刚度、不同的跨径、不同的桥宽和梁高等,所处桥位的风速也不同,要求也不相同。因此应根据每座桥的具体要求而采取相应的措施。

7.6 锚固系统

7.6.1~7.6.4 斜拉索可锚固在主梁的顶板、底板或梁高中部,在主梁上应有锚固实体构造,否则将无法进行锚固,尤其对混凝土与预应力混凝土斜拉桥,通过刚度很大的实体构造将该处复杂的空间受力进行分散,获得较小的变形和应力。另外因为锚固点作用着强大的集中力,在主梁的一定范围内产生局部应力,在锚固区还同时受有弯曲力矩和剪力,应力状况十分复杂,绝不可忽视。宜将锚固区段内的构件截面加大,为斜拉索通过及锚碇,设置穿索管道及锚下垫板。

斜拉索在索塔上锚固采用锚固钢横梁的布置可以适应斜拉索的任意角度变化,但必须对局部弯曲和集中力作用进行详细验算。这种锚固横梁是支承于空心塔柱内部的塔壁牛腿上,两端的刚性支承可在顺桥向、横桥向做微小的移动和转动。为此,在两端都须设置顺、横向的限位构造,锚固钢横梁构件承受斜拉索的水平拉力、垂直分力及偏心弯矩,斜拉索的垂直分力传至牛腿,而斜拉索两侧不平衡水平力,通过横梁下支承摩阻力或顺桥向两端的水平限位挡块传至牛腿上,这样塔壁承受的水平力将大为减少,相应地减少了塔柱在平面框架内的局部荷载及剪力、弯矩。由于钢横梁两端可做微小的自由移动和转动,它对温度影响造成的约束力将是很小,这种锚固构造受力明确、内力减少,不会产生水平裂缝,使索塔锚固安全可靠。

斜拉索在索塔上采用钢锚箱锚固是大跨径斜拉桥索塔锚固方式之一,是从法国 Normandie 桥和希腊埃弗里布斯桥开始的,我国杭州湾大桥、苏通大长江大桥等也采用。斜拉索通过钢锚箱的垫板支承在塔壁的抗剪钢板上,索力直接通过抗剪钢板及顺桥向锚固索座传给塔壁。将索直接锚固在钢箱上,可以很容易抵抗拉应力,这种锚固方式成本较高,但可减少索塔高空作业强度,加快施工进度,使桥梁的建设期缩短,提前通车,及早投入运营和社会服务产生额外的社会收益,提高桥梁的整体社会效益和经济效益。应该说是大跨径斜拉桥混凝土塔上斜拉索锚固方式的发展方向。

近年来索塔锚固方式多采用拉索在锚固区断开(相对于鞍座型锚固结构)非交错式锚固结构,主要包括:①侧壁锚固(施加环向预应力锚固),即直接将拉索锚固在混凝土索塔内壁的齿板上,在锚固区施加环向预应力,采用此结构型式的斜拉桥有南京长江二桥、军山长江大桥等;②锚固钢横梁,将锚固钢横梁置于混凝土索塔内壁的牛腿上,斜拉索锚固在钢横梁两端的锚固梁上,采用此结构型式的斜拉桥有Arutacie 桥、南浦大桥等;③钢锚箱,斜拉索锚固在钢锚箱上,钢锚箱通过剪力钉与混凝土索塔连接,采用此结构型式的斜拉桥有法国 Normandi 桥、苏通长江大桥等。索塔锚固方式,有交叉锚固、箱壁锚固、钢横梁锚固和钢锚箱锚固等数种。交叉锚固适用于早期的中小跨径斜拉桥,现已较少采用。一般都用箱壁锚固,当锚固在混凝土箱形或空心截面内时,必须设环向预应力,以克服塔壁内产生的拉应力。在斜拉桥跨径很大时,宜优先考虑采用钢横梁和钢锚箱锚固方式。

索塔斜拉索锚固部位的构造,与斜拉索布置、斜拉索的根数和形状、塔型与构造、斜拉索牵引和张拉等种种因素有关,故应从设计、施工、养护维修及斜拉索的更换等各方面综合考虑锚固段的合理构造。

斜拉索与钢索塔,常用的有四种锚固方式,即稀索斜拉索的鞍座形式、密索斜拉索的鞍座形式、锚固梁形式、支承板形式。

7.6.5 在锚固区,应加强箍筋及纵向钢筋的配置,并在锚下设置多层钢筋网或采取其他措施,以承受和分散锚下局部应力。

锚下钢垫板厚度须根据张拉吨位及锚具型式等确定。在垫板下反力图形简化为等效均布反力,要求压力分布的扩散角为45°时,垫板尺寸应有相应的要求,本条提出不宜小于20mm,系参考《公路钢筋混凝土及预应力混凝土桥涵设计规范》(JTG D62—2004)的最小垫板厚度和近年来主梁采用强度等级较高的混凝土以及主梁纵向采用大吨位预应力的实际情况。

钢锚箱在制作时应保证尺寸准确,在与斜拉索通过的管道一起安装时应保证空间位置的准确性,使安装完成后,管道中线与斜拉索中线一致,锚板端面与斜拉索中线相垂直。

锚箱厚度不宜太薄,避免钢板因焊接热应力产生翘曲变形,一般不宜用10mm 以下的钢板。

斜拉索锚固区的局部范围内,由于斜拉索强大集中力,孔洞削弱,局部受力及应力集中现象存在,必须使相邻锚固点距不能互相紧贴,并防止应力重叠,影响斜拉桥整体安全。另外,穿索及张拉都必须有一定的操作空间,因此综合考虑结构受力、构造及施工工艺要求,须在斜拉索锚固区边缘外面留有富余尺寸。应用事例见表 7-1。

表 7-1 钢梁索梁锚固实例表

桥 名	主跨(m)	索梁锚固型式	简 图
南京长江二桥南汉桥	628	锚箱式(承压式)连接	
汕头岩石大桥	605	锚管式连接	z x y

续上表

桥　　名	主跨(m)	索梁锚固型式	简　　图
福建青州闽江大桥	605	锚拉板连接	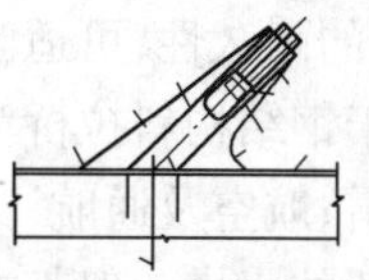
舟山桃夭门大桥	580	耳板式连接	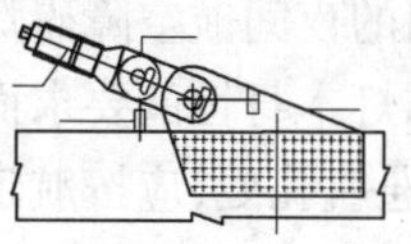

7.7　附属工程

7.7.1　桥面铺装采用沥青混凝土材料，是因为它易于重新铺筑，当沥青混凝土发生裂缝和产生剥落危及桥面板，须刨挖清理和重新铺筑更换桥面时，沥青混凝土材料就较水泥混凝土材料易于施工。此外，沥青混凝土对车辆的剪切、冲击、磨损影响较小，材料强度也较高，如采用改性沥青混凝土或环氧沥青混凝土，则抗裂性优于沥青混凝土，能更好地保护桥面，延长主梁使用寿命。在钢箱梁上设沥青混凝土铺装时，应控制桥面变形和其他技术措施，保证两者的结合。

对于交通量不大，跨径小，桥面较窄或地理位置偏远的人行斜拉桥，在沥青混凝土材料施工有困难时，可采用混凝土铺装。混凝土桥面铺装的强度等级不得低于C30，铺装下宜设防水层。

7.7.2　大跨径斜拉桥设计反力较大，要求支座允许的位移和转角也高，以适应梁体由于制动力、温度、混凝土收缩、徐变及荷载作用等引起的变形需要。

盆式橡胶支座从20世纪70年代末至今，我国在公路、铁路、市政工程的桥梁建设中得到普遍的应用，支座反力在1000～50000kN，横向所能承受的水平力为支座反力的10%时都可采用。并应符合《公路桥梁盆式橡胶支座》(JT 391—1999)的要求。

球形橡胶支座的结构形式与盆橡胶支座基本相似，与盆式支座相比具有以下优点：①球形支座通过球面传力，不出现力的缩颈现象，作用在混凝土上的反力比较均匀，支座各向转动性能一致；②支座通过球面四氟板的滑动实现转动过程，转动力矩小，而且转动力矩只与支座的球面半径及四氟摩擦系数有关，与支座转角大小无关，因此特别适用于大转角的支座；③支座不用橡胶承压，不存在橡胶老化对支座转动性能的影响，尤其适用低温地区。

悬浮体系的主梁除两端有支承外，其余全部用斜拉索悬吊，不能对主梁提供有效的横向支承，在索塔及两边跨支座处设横向限位的板式支座，可以限制主梁的横向位移，并能使主梁在横向形成较为“柔性”的约束，保持其良好的动力性能。

斜拉桥的边跨或辅助墩承受活载作用，上部构造位移，使支座呈交替的拉、压受力状态，故要求该处支座既能受拉又能承压。

拉索式组合支座由平行钢丝组成拉力悬摆，对其预施应力以致在较高的使用荷载作用下也不出现负反力，在桥梁位移过程中，为了不容许缆索的钢丝在它的端部入口处出现弯曲，其端部支承在球形支承上，使其能各向旋转。

支座需进行定期检查及养护，对外露表面积水、积尘需加以清除，避免污染滑动面，对地脚螺栓逐个松动并再次拧紧，以防锈死，涂刷防锈漆，检查上、下部构造的连接变化等，保持支座处于良好的工作状态。为此，要求设置检查用的防护护栏及爬梯等装置。

在需要更换支座时，应在墩、台帽处设搁置千斤顶的位置和必要的操作空间，否则很难进行。故设计时宜要构造上预先考虑设置,另外,还须结合墩、台位置具体情况,在墩、台上直接设置攀登梯级、平台与护栏以作检修用。

7.7.3 公路桥梁伸缩缝应遵照《公路桥梁伸缩装置》(JT/T 327—2004)标准使用。为保证伸缩缝锚固部位混凝土的耐久性,可适当增加纤维,且混凝土强度等级应不低于C40。

7.7.4 对于钢结构斜拉桥为保证其耐腐蚀,对于未封闭的钢箱杆件,一般要求设置抽湿装置。

7.7.5 防雷、航空及通航

1 斜拉桥的索塔一般都在100m以上,防雷是必不可少的,因此增加此条文。

2 根据我国飞行区技术标准的规定,要求在飞行区域内高度超过45m的独立建筑物,都需设置不能中断照明的夜间航空障碍灯,以确保安全,障碍灯的布设应事先与民用或军用航空管理部门取得协议。从标志灯本身性能要求而言,应具有使用寿命长,维修方便,气候适应性好的特点。

3 对通航孔处,应按航道部门要求设导航灯标,使航行的船舶能及早发现并避开墩、台,防止撞击事故发生。

8 施工控制

8.1 一般规定

本章是新增的条文。

8.1.1 斜拉桥的特点之一是设计和施工的高度耦合，施工方法的不同，不但影响安装时的结构应力，而且对建成后的桥梁的最终应力状态和几何线形也有很大影响。为确保桥梁设计的合理成桥状态在桥梁施工中顺利实现，必须进行施工控制。

8.1.2 施工控制应以施工设计有关施工控制的内容为基础，进行复核细化。不宜完全抛弃施工设计有关的内容，另起炉灶，另搞一套。

8.1.3 斜拉桥施工控制的具体方法，有参数识别法、卡尔曼滤波法、最佳成桥状态法、顺推法、无应力状态控制、零弯矩拼装法、线形回归分析法、灰色预测控制系统等，近年来具有预测功能的人工神经网络系统也引起重视。

本条还规定了施工设计中至少应具有的有关施工控制的内容。所以规定，理由如下：

(1)《公路工程基本建设项目设计文件编制办法》中不可能对斜拉桥施工图设计中有关施工控制的内容规定得那么齐全具体；

(2)只有具有了这些内容，才能体现施工控制的基础内容；

(3)目前斜拉桥施工图设计中有关施工控制的内容相当不一致，本条的规定将有助于统一施工图设计文件的口径。

8.2 基本要求

8.2.1～8.2.3 提出了施工控制的基本要求，包括两个主要方面：

(1)斜拉桥施工完成后，线形符合设计要求。

这是指二期恒载施加后，斜拉桥竖向线形符合设计要求。但并不意味着与图纸标高完全一致，应该还稍高于设计图纸标高，以补偿混凝土收缩徐变及松弛等因素引起的下挠。

(2)各控制构件的应力满足设计要求。

8.2.4～8.2.7 一般来说，斜拉桥施工时，在主梁悬臂架设阶段确保主梁线形顺畅、准确是第一位的，施工中以标高控制为主。二期恒载施工时为保证结构的整体内力和变形处于理想的状态，斜拉索张拉时以索力控制为主。所谓"标高控制为主"，并非只控制主梁的标高，而不顾及斜拉索索力的偏差。施工中应根据结构本身的特性和施工方法的不同，采取相应的控制策略。如果主梁刚度较小，斜拉索索力的微小变化将引起悬臂端挠度较大的变化，斜拉索张拉时应以高程测量进行控制。如果主梁刚度较大或主梁与桥墩联结后结构刚度大为增加，斜拉索索力改变很多而悬臂端挠度的变化却非常有限，施工中应以斜拉索张拉吨位进行控制，然后根据标高的实测情况对索力作适当的调整。此时标高、线形的控制主要是通过混凝土浇筑前放样标高的调整(采用悬臂浇筑施工方法时)或预制块件间接缝转角的调整(采用悬臂拼装施工方法时)来加以实现。

8.3 施工过程控制精度

应符合《公路桥涵施工技术规范》(JTJ 041—2000)和《公路工程质量检验评定标准》(JTG F80/1—

2004）的要求。

条文规定了施工监测所要测定的一些参数。

主梁变形测试是在斜拉桥每一施工阶段中测定关键工况如移动挂篮、浇筑混凝土、张拉斜拉索、张拉预应力等前后主梁的变形，可根据每一工况前后的标高来确定。

索塔变形测试主要是测定某些关键工况前后索塔沿桥轴线方向的位移。对于采用空间索的斜拉桥，必要时还需测定横向水平位移。

应力测试主要是测定某些工况前后主梁或索塔内若干控制截面的应力变化。

日照温差的影响愈加显著，但是如果要将日照温差所引起的结构变形从挠度实测值中分离出来则是相当困难的，一般采用在一天中日照温差对结构变形影响最小的时候即清晨日出之前进行测量。

斜拉桥温度测试包括索、塔、梁三个部分，塔梁温度测试截面及测点布置同应力测试。由于索的温度场变化与梁不同，索表面温度与索内芯温度不一样，应当先制作 1～2 根2～3m 长的测温试验索。在其内部和表面均布置感温元件，测出其表面温度和内部温度以及平均温度的关系曲线，在实桥斜拉索表面测量其表面温度，利用试验段的标定结果换算索的内部温度及平均温度。测试方法一般采用预埋测温元件，用数字万用表测试。施工期间梁的高程偏差，并不是与成桥并徐变完成后的图纸上标高相比，而是与施工设计中有关施工阶段的标高相比。

以下列出一些桥对各构件施工精度的具体规定，供参考。

南京长江二桥：

索塔混凝土塔柱倾斜度为 $H/3000$，塔柱节段轴线容许偏差 ±10mm，断面尺寸容许偏差 ±20mm，斜拉索锚点高程容许偏差 ±10mm，斜拉索锚具轴线偏位 ±5mm。

岳阳洞庭湖大桥：

施工立模标高容许误差 ±5mm，索张力容许误差 ±5%；已浇梁段的标高容许误差 ±40mm；索力容许误差 ±3%。

荆州长江公路大桥：

施工立模标高容许误差 ±5mm；控制索力张拉最大容许误差 ±2%，中间索力容许误差 ±5%，已浇梁段标高误差 ±30mm 以内，索力容许误差 ±5% 以内。

安庆长江公路大桥：

施工立模标高容许误差 ±5mm，已浇梁段标高误差 ±30mm 以内。

9　可养护检修设计

9.1　一般规定

本章为新加的内容。

9.1.1　过去一些斜拉桥施工图设计中，曾经对养护检查要求考虑不周，例如：

(1)缺乏检查设备，检查梁困难；

(2)无法上塔顶检查斜拉索锚固是否锈蚀，有的桥不得不采用热气球登塔；

(3)斜拉索的 PE 防护开裂无法检查；

(4)更换支座时无安置千斤顶的位置。

因此，在设计中考虑养护、检查要求很重要，但本章并不是具体提出养护、检查的要求，那是养护规范要解决的问题，这里只是提出为满足检查、养护要求而在设计上应考虑的问题。

9.1.2　设计计算中必须计入养护荷载，例如检查车、检查设施和养护检查人员等荷载，也要考虑后期养护时增铺桥面、车辆在半幅行驶、另半幅有筑路机械等荷载变化情况。

9.1.3　钢结构涂装材料

斜拉桥钢结构中的钢铁，处在自然界的大气环境中，受空气中的水分、氧气和腐蚀介质(如雨水中的杂质、烟尘、表面沉积物等联合作用)的化学和电化学作用引起钢铁(金属)锈蚀，影响桥梁的使用寿命或使桥梁发生破坏(如英国伦敦塔桥因主塔底下钢梁腐蚀生锈无法支撑大桥自重，被迫关闭重建新桥)。因此，必须对斜拉桥的钢结构内外表面进行防腐蚀涂装。其表面涂装系统的选用应综合考虑桥梁所处的腐蚀环境、期望涂层年限、涂层的维修性能等来确定。具体选用时，参考《铁路钢桥保护涂装》(TB/T 1527—1995)、日本《钢质公路桥涂装便览》(1991 年)及英国公路局《涂装规格书 1900 系列草案—第 8 版》(1995/96)等来选定。我国近年修建的武汉军山长江大桥、南京长江二桥、舟山桃夭门大桥、上海徐浦大桥等的涂装体系见表 9-1。

表 9-1　国内桥梁钢结构主要涂装系统

桥　梁	部位	涂层名称	涂装道数	涂膜厚度(μm)	备　注
上海徐浦大桥	钢箱梁外表面	水性无机硅酸富锌底漆环氧	1	70	1996 年
		云铁中间漆	2	100	
		聚氨酯面漆	2	80	
武汉军山长江大桥	钢箱梁外表面	电弧喷铝	1	≥180	2000 年
		环氧云铁封闭漆	1	20	
		环氧云铁中间漆	1	60	
		脂肪族聚氨酯面漆	2	60	
	钢箱梁内表面	厚浆型环氧耐磨漆	1	125	

续上表

桥　梁	部位	涂层名称	涂装道数	涂膜厚度（μm）	备　注
南京长江大桥	钢箱梁外表面	无机硅酸富锌底漆	1	80	2001年
		环氧封闭漆	1	30	
		环氧云铁中间漆	2	80	
		脂肪族聚氧酯面漆	2	80	
	钢箱梁内表面	环氧云铁防锈漆	1	50	
		环氧玻璃鳞片涂料	1	50	
舟山桃夭门大桥	钢箱梁外表面	电弧喷铝	1	200	2002年
		环氧云铁封闭漆	1	—	
		环氧云铁中间漆	1	60	
		脂肪族聚氧酯面漆	2	80	

9.1.4 随着国家经济建设的快速发展，我国公路交通网络日趋发达，斜拉桥工程的建设日新月异，这类大型桥梁的造价不菲，而且多建于干线（公路）要道，充分发挥作用和延长使用寿命的观念使人们开始加强这些桥梁的维护工作，逐渐改变了以往那种“只修不管”、“重建轻养”的传统思想。对桥梁营运期间的管理日益重视起来。许多大型桥梁都成立了桥梁养护、管理的专门机构，组织有关的管理人员和专业技术力量从事桥梁的日常保养。为了对桥梁结构的养护管理提供必要的基础资料和结构建成后的初始状态参数，本条规定要求对斜拉桥的主要构件建立健康档案，以便今后养护与检修。

9.2 养护条件设计

9.2.1 设计并非日常养护工作，主要是在设计过程中尽量考虑主要承重构件出现问题时能够有通道、场地、有放置设备的辅助构件，实现快速处置病害。

9.2.3～9.2.5 斜拉桥作为跨越江河的重要设施，由于斜拉桥建设地离地较高，为保证其安全和正常运营，对其定期检查是必不可少的，因此增加这些条文。

9.3 构件更换条件设计

9.3.1 由于环境或荷载的影响，斜拉桥的斜拉索、支座及伸缩缝会因多次反复变形或老化而破坏，其使用寿命显著低于主梁和索塔等，这些构件和设施对于桥梁结构的正常运营是极为重要的，因此本条文要求桥梁设计中应将其设计成更换方便的构件和设施，而且应预留可供修复人员进入、有足够工作的空间。

9.3.2 为了便于后期的维修，规定了设计中要提供今后换索的原则和程序。

JTG

中华人民共和国行业标准　　JTG D70—2004

公路隧道设计规范

Code for Design of Road Tunnel

2004-07-09 发布　　2004-11-01 实施

中华人民共和国交通部发布

8

中华人民共和国交通部公告

第19号

关于发布《公路隧道设计规范》（JTG D70—2004）的公告

现发布《公路隧道设计规范》（JTG D70—2004），自2004年11月1日起实行，原《公路隧道设计规范》（JTJ 026—90）同时废止。

《公路隧道设计规范》（JTG D70—2004）中第1.0.3、1.0.5、1.0.6、1.0.7、3.1.1、3.1.3、7.1.2、8.1.2、10.1.1、15.1.1、15.1.2、16.1.1条为强制性条文，必须按照国家有关工程建设标准强制性条文的有关规定严格执行。《工程建设标准强制性条文》（公路工程部分）2002版中关于《公路隧道设计规范》（JTJ 026—90）的强制性条文同时废止。

《公路隧道设计规范》（JTG D70—2004）由重庆交通科研设计院负责编制，规范的管理权和解释权归交通部，日常解释和管理工作由重庆交通科研设计院负责。

请各有关单位在实践中注意积累资料，总结经验，及时将发现的问题和修改意见函告重庆交通科研设计院（地址：重庆市南岸区五公里，邮政编码：400067），以便修订时参考。

特此公告。

中华人民共和国交通部

二〇〇四年七月九日

前　言

《公路隧道设计规范》(JTJ 026)自1990年12月1日发布实施以来,对推进我国公路隧道工程科技进步和规范其设计行为均起到了积极的作用。但是,随着我国近十多年来隧道建设实践经验的积累和技术进步,该规范当时所依托的技术已有相当一部分较为陈旧,许多规定已明显落后于工程实际,极不适应当前隧道建设的需要,因此需要对该规范进行全面修订。为此,交通部以交公路发〔1999〕82号文下达了修订《公路隧道设计规范》的决定。根据该文通知,重庆交通科研设计院为修订工作主编单位,浙江省交通规划设计研究院、同济大学、中交第一公路勘察设计研究院、重庆交通学院为参编单位,并邀请有关技术专家组成《公路隧道设计规范》修订编制组。

在编制过程中,编制组对全国已建和在建的公路隧道进行了较广泛的调查研究,搜集并分析了大量设计文件、工程报告、营运管理报告,就有关专题进行了研究,并听取了全国有关设计院和专家的意见。考虑到我国公路隧道技术起步较晚,其经验和基础性工作不足,因此在我国经验的基础上又采用或借鉴了国外公路隧道的成功经验和先进技术。

本规范修订内容以高速公路隧道和一、二级公路隧道为主,同时也考虑到低等级公路隧道的需要,体现了高速公路隧道与一般公路隧道相结合;在技术上,既采纳了成熟的新理论、新方法、新材料,又考虑到我国目前的技术现状,保留了一部分当前实用的较传统技术。本规范各条文的规定均以可靠的技术依据和较成熟的经验为基础,对于一些目前我国没有实践经验或不够成熟的技术内容没有纳入或仅作出原则性的规定。

修订中,充分考虑了与其他相关标准、规范的协调性,并保持一致。同时,在全面修订的原则下,尽量按原规范的风格编排撰写。本次修订的重点为隧道调查、围岩分级、总体设计、喷锚支护与衬砌、洞口段工程、结构计算、特殊构造设计、特殊地质地段设计等,并增加了三车道隧道、连拱隧道和小净距隧道等内容。本规范主要由总则、隧道调查及围岩分级、总体设计、建筑材料、荷载、洞口与洞门、衬砌结构、结构计算、防水与排水、小净距及连拱隧道、辅助通道、辅助工程、特殊地质地段、路基与路面、机电及其他设施等内容组成。

本规范由重庆交通科研设计院负责解释工作。为使本规范更能符合我国公路建设的实际情况,请各有关单位在执行过程中将发现的问题和意见及时函告重庆交通科研设计院(地址:重庆市南岸区五公里,邮编:400067)。

主 编 单 位:重庆交通科研设计院

参 编 单 位:浙江省交通规划设计研究院

同济大学

中交第一公路勘察设计研究院

重庆交通学院

主要起草人:蒋树屏　杨林德　刘　伟　何林生　程崇国　吴德兴

王华牢　赵明阶　王晓雯　李　勇　王石春　黄伦海

目　次

1 总则

1.0.1 为给山岭公路隧道设计提供技术准则，制定本规范。

1.0.2 本规范适用于以钻爆法为主要开挖手段的各级公路双车道隧道，其他形式的公路隧道可参照执行。

1.0.3 隧道规划和设计应遵循能充分发挥隧道功能、安全且经济地建设隧道的基本原则。

隧道设计应有完整的勘测、调查资料，综合考虑地形、地质、水文、气象、地震和交通量及其构成，以及营运和施工条件，进行多方案的技术、经济、环保比较，使隧道设计符合安全实用、质量可靠、经济合理、技术先进的要求。

1.0.4 公路隧道按其长度可分为四类，如表1.0.4所示。

表1.0.4 公路隧道长度分类

分类	特长隧道	长隧道	中隧道	短隧道
长度(m)	$L > 3\,000$	$3\,000 \geqslant L > 1\,000$	$1\,000 \geqslant L > 500$	$L \leqslant 500$

注：隧道长度系指两端洞门墙墙面与路面的交线同路线中线交点间的距离。

1.0.5 隧道主体结构必须按永久性建筑设计，具有规定的强度、稳定性和耐久性；建成的隧道应能适应长期营运的需要，方便维修作业。

1.0.6 应加强隧道支护衬砌、防排水、路面等主体结构设计与通风、照明、供配电、消防、交通监控等营运设施设计之间的协调，形成合理的综合设计。必要时应对有关的技术问题开展专项设计和研究。

1.0.7 隧道土建设计应体现动态设计与信息化施工的思想，制定地质观察和监控量测的总体方案；地质条件复杂的隧道，应制定地质预测方案，以及时评判设计的合理性，调整支护参数和施工方案。通过动态设计使支护结构适应于围岩实际情况，更加安全、经济。

1.0.8 隧道设计应贯彻国家有关技术经济政策，积极慎重地采用新技术、新材料、新设备、新工艺。

1.0.9 隧道设计必须符合国家有关国土管理、环境保护、水土保持等法规的要求。应注意节约用地，保护农田及水利设施，尽量保护原有植被，妥善处理弃渣和污水。

1.0.10 公路隧道设计除应符合本规范外，尚应符合国家现行的有关标准和规范。

2 主要术语与符号

2.1 术语

2.1.1 公路隧道 road tunnel

供汽车和行人通行的隧道,一般分为汽车专用和汽车与行人混用的隧道。

2.1.2 山岭隧道 mountain tunnel

指贯穿山岭或丘陵的隧道。是相对于城市隧道和水下隧道,表示修建场所不同的名称。

2.1.3 岩石质量指标 Rock Quality Designation(RQD)

指10cm以上长度的岩心累计的钻孔长度百分比。

2.1.4 岩体分级 rock mass classification

以土木工程为对象,将岩石集合体(岩体)分成稳定程度不同的若干级别。

2.1.5 环境调查 environmental survey

因修建隧道而对路线周围的环境影响进行的调查。

2.1.6 水文调查 hydrological survey

对隧道工程及周边环境有影响的地表水和地下水所进行的调查。

2.1.7 地质调查 geological survey

为了解岩体或地层的分布、形成年代、风化程度或地质构造等而进行的调查。

2.1.8 隧道涌水 water inflow into tunnel

伴随隧道开挖,从隧道周边围岩流入隧道内的地下水。

2.1.9 荷载 load

指作用于结构物而使结构产生应力的力量。

2.1.10 围岩压力 surrounding rock pressure

隧道开挖后,因围岩变形或松散等原因,作用于洞室周边岩体或支护结构上的压力。

2.1.11 偏压 unsymmetrical pressure

作用于隧道的压力左右不对称,一侧压力特大的情况;作用于隧道结构上的不对称荷载。

2.1.12 松散压力 loosening pressure

指因隧道的开挖爆破、支护的下沉以及衬砌背后的空隙等原因,致使隧道周边的围岩产生松动,以相当于一定高度的围岩重力,作为直接荷载作用于隧道支护和衬砌上的土压。

2.1.13 新奥法 NATM(New Austrian Tunneling Method)

新奥法是应用岩体力学的理论,以维护和利用围岩的自承能力为基点,采用锚杆和喷射混凝土为主要支护手段,及时地进行支护,控制围岩的变形和松弛,使围岩成为支护体系的组成部分,并通过对围岩和支护的量测、监控来指导隧道和地下工程设计施工的方法和原则。

2.1.14 净空断面(内轮廓) inner section

指隧道衬砌内侧的断面面积、形状。

2.1.15 洞门 portal

在隧道的洞口部位,为挡土、坡面防护等而设置的隧道结构物。

2.1.16 衬砌 lining

为控制和防止围岩的变形或坍落,确保围岩的稳定,或为处理涌水和漏水,或为隧道的内空整齐或美观等目的,将隧道的周边围岩被覆起来的结构体。

2.1.17 仰拱 invert

为改善隧道上部支护结构受力条件而设置在隧道底部的反向拱形结构。

2.1.18 小净距隧道 neighburhood tunnel

指上下行双洞洞壁净距较小,不能按独立双洞考虑的隧道结构。

2.1.19 连拱隧道 multi-arch tunnel

指两洞拱部衬砌结构通过中柱相连接的隧道结构。

2.1.20 竖井 vertical shaft

为改善营运通风或施工条件而竖向设置的坑道。

2.1.21 斜井 incline, inclined shaft

为改善营运通风或施工条件按一定倾斜角度设置的坑道。

2.1.22 横通道 horizontal adit

将隧道划分成几个工区进行施工时,为搬入材料和出渣等而设置的大体上接近水平的作业坑道。横通道有时也可用于营运通风。

2.1.23 超前导坑 advancing drift

因隧道断面较大或围岩条件复杂等,在开挖中采用全断面法有困难的情况下,往往在隧道的开挖断面内超前开挖小断面的隧道,这种小断面的隧道称为超前导坑。

2.1.24 通风 ventilation

将隧道内有害气体排出洞外的一种换气行为。

2.1.25 照明 lighting

通过在隧道内设置灯具,达到行车安全所要求的亮度。

2.2 符号

BQ——岩体基本质量指标;

$[BQ]$——岩体基本质量指标修正值;

R_c——岩石单轴饱和抗压强度;

R_a——混凝土或砌体的抗压强度;

R_l——混凝土的抗拉极限强度;

$I_{s(50)}$——实测的岩石点荷载强度指数;

K_1——地下水影响修正系数;

K_2——主要软弱结构面产状影响修正系数;

K_3——初始应力状态影响修正系数;

K_v——岩体完整性系数;

J_v——岩体体积节理数;

S_n——第 n 组节理每米长测线上的条数;

S_k——每立方米岩体非成组节理条数;

v_{pm}——岩体弹性纵波速度;

v_{pr}——岩石弹性纵波速度;

σ_{max}——垂直洞轴线方向的最大初始应力;

γ——围岩重度;

k——弹性抗力系数;

E——变形模量;

μ——泊松比;

φ——计算摩擦角;

B——隧道开挖断面宽度;

W——行车道宽度；

L_L——左侧向宽度；

L_R——右侧向宽度；

L——侧向宽度；

C——余宽；

J——检修道宽度；

h——检修道或人行道高度；

R——人行道宽度；

H——隧道建筑限界高度；

K——围岩弹性抗力系数；

δ——衬砌位移值；

n——开挖边坡坡率；

m——回填土石面坡率。

3 隧道调查及围岩分级

3.1 一般规定

3.1.1 应根据隧道不同设计阶段的任务、目的和要求，针对公路等级、隧道的特点和规模，确定搜集、调查资料的内容和范围，并认真进行调查、测绘、勘探和试验。调查的资料应齐全、准确，满足设计要求。

3.1.2 调查应分施工前调查和施工中调查两个阶段。施工前各阶段的调查内容、范围、精度等应符合相应设计阶段的要求；施工中的调查应及时进行，预报和解决施工中遇到的地质问题，为验证或修改设计、施工提供依据。

3.1.3 应根据隧道所通过地区的地形、地质条件，并综合考虑调查的阶段、方法、范围等，编制相应的调查计划。在调查过程中，如发现实际地质情况与预计的情况不符，应及时修正调查计划。

3.1.4 围岩分级应采用定性划分和定量相结合的方法综合评判。

3.2 资料搜集

3.2.1 应全面搜集隧道地区的下列既有资料：

1 地形地貌资料、图件，以及有关的遥感与遥测资料；

2 工程地质、水文地质特别是自然地质灾害的种类、性质、规模、危害程度等资料，并分析各种灾害与隧道工程的关系；

3 地质测绘、勘探资料和各类图件，并对资料的准确性和可能存在的问题进行分析，同时提出调查计划；

4 隧道地区的气温、降水、风速和风向等气象资料；

5 地震历史、地震动峰值加速度系数等资料；

6 沿线地区交通量及其车辆构成情况、矿产资源等；

7 有关的法令、法规。

3.2.2 搜集社会环境、施工条件和邻近既有工程等资料。

3.3 地形与地质调查

3.3.1 隧道调查各阶段的目标、内容及范围可按表3.3.1拟定。

表3.3.1 各阶段调查的目标、内容及范围

阶段		目标	内容和方法	范围
施工前	踏勘	为路线走向比选提供区域地形、地质、环境等基本资料	搜集、分析既有资料及沿路线进行地面踏勘	大于路线可能方案的范围
	初勘	获取路线所需地形、地质、其他环境资料，为方案比较及下阶段调查提供基础资料	搜集、分析既有资料，现场踏勘、测绘和必要的勘探工作	大于比选方案的范围
	详勘	获取技术设计、施工计划、预算等所需的地质、环境等资料	详细进行地形、地质、环境等调查；按要求进行钻探、物探、测试等	隧道路线两侧及周围地区，特长、长隧道和岩溶隧道范围应适当扩大

续上表

阶段	目标	内容和方法	范围
施工中	预报和确认施工中出现的工程地质、水文地质问题；验证或变更设计、调整施工方法等	地形、地质、环境补充调查；洞内观测、量测、超前探测预报，地质灾害及防治措施	隧道内及地面受施工影响的范围

3.3.2 隧道工程测绘应遵守下列规定：

1 按设计阶段的要求，搜集或测绘地形图、纵断面图、横断面图等；

2 测绘资料的图纸内容、精度，应符合《公路工程地质勘察规范》(JTJ 064)和《公路勘测规范》(JTJ 061)的要求；

3 在隧道辅助通道和洞口附近，应按规定设置平面控制点和水准点。

3.3.3 施工前各阶段的地形与地质调查应包括自然地理概况以及工程地质和水文地质等，并按阶段要求重点调查和分析以下内容：

1 地层、岩性及地质构造变动的性质、类型和规模；

2 断层、节理、软弱结构面特征及其与隧道的组合关系，围岩的基本物理力学性质；

3 地下水类型及地下水位、含水层的分布范围及相应的渗透系数、水量和补给关系、水质及其对混凝土的侵蚀性，有无异常涌水、突水；

4 崩塌、错落、岩堆、滑坡、岩溶、自然或人工坑洞、采空区、泥石流、流沙、湿陷性黄土、盐渍土、盐岩、地热、多年冻土、冰川等不良地质和特殊地质现象，及其发生、发展的原因、类型、规模和发展趋势，分析其对隧道洞口和洞身稳定的影响程度。

5 隧道通过含有害气体或有害矿体的地层时，应查明其分布范围、有害成分和含量，并预测和评价其对施工、营运的影响，提出防治措施。

6 按《中国地震动参数区划图》(GB 18306)的规定或经地震部门鉴定，确定隧道所处地区的地震动峰值加速度系数。

3.3.4 地形、地质调查应注意做好以下工作：

1 当隧道地区存在区域性断裂构造时，特别是存在全新活动的断裂和发震断层时，应调查新构造活动的痕迹、特点和与地震活动的关系，并查明其对隧道工程的影响程度。

2 当隧址区存在影响隧道方案的重大不良地质、特殊地质情况时，应进一步搜集调查地质资料，综合分析，预测隧道开挖后可能出现塌方、滑动、挤压、岩爆、突然涌水、流沙及瓦斯溢出等的地段，并提出相应的工程措施，为方案比选和隧道设计提供依据。

3 水文地质条件复杂的隧道(含岩溶隧道)除按一般隧道进行调查、勘探、试验外，必要时还应进行水文地质动态观测或进行专题研究。

4 路线越岭的隧道，应查明不同的越岭高程的地质条件，进行全面的技术、经济比较，选择工程地质条件较好的位置穿越。

5 沿河傍山地段的隧道，应调查分析斜坡地质结构特征及其稳定性和水流冲刷对山体和洞身稳定的影响。

6 濒临水库地区的隧道，应查明岸坡的稳定性，水库库容及水位(含浪高和壅水高)等。当隧道穿过岩溶洼地或坡立谷间的峰丛斜坡底部时，应查明洼地或坡立谷的季节性壅水的最高水位高程。

3.3.5 施工中的地质调查，宜采取地面补充调查，开挖工作面直接观察、素描、摄像、量测。对于工程地质、水文地质复杂的隧道，可采用超前地震波反射、声波反射、地质雷达等地球物理手段，或采用超前钻孔、平行导坑、试验坑道等进行超前探测，及时预报可能发生地质灾害的位置、性质。施工中工程地质调查应完成以下任务：

1 根据对围岩性质的直接观察、量测和试验资料，核定岩性、地质构造、地下水等情况，分析判定实际揭露的围岩级别；

2 及时预报和解决施工中遇到的工程地质和水文地质问题；

3 为验证和修改(变更)设计及调整施工方案提供依据。

3.4 气象调查

3.4.1 气象调查的内容应包括隧道地区的气温、气压、风速、风向、降雨量、积雪量、降雾的程度和天数、冻结深度等，其中气温、风速、降雨、积雪应调查其极端值。

3.4.2 必要时应在隧址处设立气象观测点（站）进行观测，持续搜集当地气象资料。

3.5 工程环境调查

3.5.1 应对隧道场区及邻近地区相关地表水系、地下水露头、涌泉、温泉、沼泽、天然和人工湖泊、植被、矿产资源以及动植物生态等自然环境状况进行调查。

3.5.2 应对场区内土地使用情况、农田、水利设施、建筑物、地下管线情况等进行调查。若场区内有公园、保护林、文化遗址、纪念建筑等需要保护的重要地物时，除应调查它们的现状外，还应提出隧道建设对其环境影响的评价和保护措施。

3.5.3 应对生产生活用水、交通状况、施工和营运噪声、振动、污水及废气排放等对生态环境的影响进行调查；应对施工和营运中地下水大量流失可能造成地表沉降、塌陷、地面建筑物破坏、民众生产生活用水枯竭等环境问题的影响程度进行调查和预测。

3.5.4 施工条件调查应包括：

1 施工便道、施工场地、拆迁、弃渣场地、供水、供电和通信条件；

2 建筑材料的来源、品质、数量等；

3 其他可能影响施工的因素。

3.6 围岩分级

3.6.1 隧道围岩分级的综合评判方法宜采用两步分级，并按以下顺序进行：

1 根据岩石的坚硬程度和岩体完整程度两个基本因素的定性特征和定量的岩体基本质量指标 *BQ*，综合进行初步分级。

2 对围岩进行详细定级时，应在岩体基本质量分级基础上考虑修正因素的影响，修正岩体基本质量指标值。

3 按修正后的岩体基本质量指标[*BQ*]，结合岩体的定性特征综合评判、确定围岩的详细分级。

3.6.2 围岩分级中岩石坚硬程度、岩体完整程度两个基本因素的定性划分和定量指标及其对应关系应符合下列规定：

1 岩石坚硬程度可按表 3.6.2-1 定性划分。

2 岩石坚硬程度定量指标用岩石单轴饱和抗压强度 R_c 表达。R_c 一般采用实测值，若无实测值时，可采用实测的岩石点荷载强度指数 $I_{s(50)}$ 的换算值，即按式（3.6.2）计算。

$$R_c = 22.82 I_{s(50)}^{0.75} \qquad (3.6.2)$$

3 R_c 与岩石坚硬程度定性划分的关系可按表 3.6.2-2 确定。

表 3.6.2-1 岩石坚硬程度的定性划分

名称		定性鉴定	代表性岩石
硬质岩	坚硬岩	锤击声清脆，有回弹，震手，难击碎；浸水后大多无吸水反应	未风化～微风化的花岗岩、正长岩、闪长岩、辉绿岩、玄武岩、安山岩、片麻岩、石英片岩、硅质板岩、石英岩、硅质胶结的砾岩、石英砂岩、硅质石灰岩等
	较坚硬岩	锤击声较清脆，有轻微回弹，稍震手，较难击碎；浸水后有轻微吸水反应	1 弱风化的坚硬岩； 2 未风化～微风化的熔结凝灰岩、大理岩、板岩、白云岩、石灰岩、钙质胶结的砂页岩等

续上表

名称		定性鉴定	代表性岩石
软质岩	较软岩	锤击声不清脆,无回弹,较易击碎;浸水后指甲可刻出印痕	1 强风化的坚硬岩; 2 弱风化的较坚硬岩; 3 未风化~微风化的凝灰岩、千枚岩、砂质泥岩、泥灰岩、泥质砂岩、粉砂岩、页岩等
	软岩	锤击声哑,无回弹,有凹痕,易击碎;浸水后手可掰开	1 强风化的坚硬岩; 2 弱风化~强风化的较坚硬岩; 3 弱风化的较软岩; 4 未风化的泥岩等
	极软岩	锤击声哑,无回弹,有较深凹痕,手可捏碎;浸水后可捏成团	1 全风化的各种岩石; 2 各种半成岩

表 3.6.2-2 R_c 与岩石坚硬程度定性划分的关系

R_c(MPa)	>60	60~30	30~15	15~5	<5
坚硬程度	坚硬岩	较坚硬岩	较软岩	软岩	极软岩

4 岩体完整程度可按表 3.6.2-3 定性划分。

表 3.6.2-3 岩体完整程度的定性划分

名称	结构面发育程度		主要结构面的结合程度	主要结构面类型	相应结构类型
	组数	平均间距(m)			
完整	1~2	>1.0	好或一般	节理、裂隙、层面	整体状或巨厚层结构
较完整	1~2	>1.0	差	节理、裂隙、层面	块状或厚层状结构
	2~3	1.0~0.4	好或一般		块状结构
较破碎	2~3	1.0~0.4	差	节理、裂隙、层面、小断层	裂隙块状或中厚层结构
	>3	0.4~0.2	好		镶嵌碎裂结构
			一般		中、薄层状结构
破碎	>3	0.4~0.2	差	各种类型结构面	裂隙块状结构
		<0.2	一般或差		碎裂状结构
极破碎	无序		很差		散体状结构

注:平均间距指主要结构面(1~2组)间距的平均值。

5 岩体完整程度的定量指标用岩体完整性系数 K_v 表达。K_v 一般用弹性波探测值,若无探测值时,可用岩体体积节理数 J_v 按表 3.6.2-4 确定对应的 K_v 值。

表 3.6.2-4 J_v 与 K_v 对照表

J_v(条/m^3)	<3	3~10	10~20	20~35	>35
K_v	>0.75	0.75~0.55	0.55~0.35	0.35~0.15	<0.15

6 K_v 与定性划分的岩体完整程度的对应关系可按表 3.6.2-5 确定。

表 3.6.2-5 K_v 与定性划分的岩体完整程度的对应关系

K_v	>0.75	0.75~0.55	0.55~0.35	0.35~0.15	<0.15
完整程度	完整	较完整	较破碎	破碎	极破碎

7 岩体完整程度的定量指标 K_v、J_v 的测试和计算方法应符合附录 A.0.1 的规定。

3.6.3 围岩基本质量指标 BQ 应根据分级因素的定量指标 R_c 值和 K_v 值按式(3.6.3)计算。

$$BQ = 90 + 3R_c + 250K_v \tag{3.6.3}$$

使用式(3.6.3)时应遵守下列限制条件:

1 当 $R_c > 90K_v + 30$ 时,应以 $R_c = 90K_v + 30$ 和 K_v 代入计算 BQ 值;

2 当 $K_v > 0.04R_c + 0.4$ 时,应以 $K_v = 0.04R_c + 0.4$ 和 R_c 代入计算 BQ 值。

3.6.4 围岩详细定级时,如遇下列情况之一,应对岩体基本质量指标 BQ 进行修正:

1 有地下水;

2　围岩稳定性受软弱结构面影响，且由一组起控制作用；

3　存在高初始应力。

围岩基本质量指标修正值[BQ]可按式(3.6.4)计算。

$$[BQ] = BQ - 100(K_1 + K_2 + K_3) \tag{3.6.4}$$

式中　[BQ]——围岩基本质量指标修正值；

BQ——围岩基本质量指标；

K_1——地下水影响修正系数；

K_2——主要软弱结构面产状影响修正系数；

K_3——初始应力状态影响修正系数。

K_1、K_2、K_3 值可分别按附录 A 中表 A.0.2-1、表 A.0.2-2、表 A.0.2-3 确定。

围岩极高及高初始应力状态的评估，可按附录 A 中表 A.0.3 规定进行。

3.6.5　可根据调查、勘探、试验等资料，岩石隧道的围岩定性特征，围岩基本质量指标 BQ，或修正的围岩质量指标[BQ]值，土体隧道中的土体类型、密实状态等定性特征，按表 3.6.5 确定围岩级别。

表 3.6.5　公路隧道围岩分级

围岩级别	围岩或土体主要定性特征	围岩基本质量指标 BQ 或修正的围岩基本质量指标[BQ]
Ⅰ	坚硬岩，岩体完整，巨整体状或巨厚层状结构	>550
Ⅱ	坚硬岩，岩体较完整，块状或厚层状结构； 较坚硬岩，岩体完整，块状整体结构	550～451
Ⅲ	坚硬岩，岩体较破碎，巨块(石)碎(石)状镶嵌结构； 较坚硬岩或较软硬岩层，岩体较完整，块状体或中厚层结构	450～351
Ⅳ	坚硬岩，岩体破碎，碎裂结构； 较坚硬岩，岩体较破碎～破碎，镶嵌碎裂结构； 较软岩或软硬岩互层，且以软岩为主，岩体较完整～较破碎，中薄层状结构	350～251
	土体：1　压密或成岩作用的黏性土及砂性土； 2　黄土(Q_1、Q_2)； 3　一般钙质、铁质胶结的碎石土、卵石土、大块石土	
Ⅴ	较软岩，岩体破碎； 软岩，岩体较破碎～破碎； 极破碎各类岩体，碎、裂状，松散结构	≤250
	一般第四系的半干硬至硬塑的黏性土及稍湿至潮湿的碎石土，卵石土、圆砾、角砾土及黄土(Q_3、Q_4)。非黏性土呈松散结构，黏性土及黄土呈松软结构	
Ⅵ	软塑状黏性土及潮湿、饱和粉细砂层、软土等	

注：本表不适用于特殊条件的围岩分级，如膨胀性围岩、多年冻土等。

当根据岩体基本质量定性划分与[BQ]值确定的级别不一致时，应重新审查定性特征和定量指标计算参数的可靠性，并对它们重新观察、测试。

在工程可行性研究和初步勘测阶段，可采用定性划分的方法或工程类比的方法进行围岩级别划分。

3.6.6　各级围岩的物理力学参数宜通过室内或现场试验获取，无试验数据和初步分级时，可按附录 A 中表 A.0.4-1 选用；岩体结构面抗剪断峰值强度参数可按附录 A 中表 A.0.4-2 选用。

3.6.7　各级围岩的自稳能力宜根据围岩变形量测和理论计算分析来评定，也可按附录 A.0.5 作出大致的评判。

4 总体设计

4.1 一般规定

4.1.1 隧道设计应满足公路交通规划的要求，其建筑限界、断面净空、隧道主体结构以及营运通风、照明等设施，应按《公路工程技术标准》(JTG B01)规定的预测交通量设计。当近期交通量不大时，可采取一次设计，分期修建。

4.1.2 隧道总体设计应遵循以下原则：

1 在地形、地貌、地质、气象、社会人文和环境等调查的基础上，综合比选隧道各轴线方案的走向、平纵线形、洞口位置等，提出推荐方案。

2 地质条件很差时，特长隧道的位置应控制路线走向，以避开不良地质地段；长隧道的位置亦应尽可能避开不良地质地段，并与路线走向综合考虑；中、短隧道可服从路线走向。

3 根据公路等级和设计速度确定车道数和建筑限界。在满足隧道功能和结构受力良好的前提下，确定经济合理的断面内轮廓。

4 隧道内外平、纵线形应协调，以满足行车的安全、舒适要求。

5 根据隧道长度、交通量及其构成、交通方向以及环保要求等，选择合理的通风方式，确定通风、照明、交通监控等机电设施的设置规模。必要时特长隧道应作防灾专项设计。

6 应结合公路等级、隧道长度、施工方法、工期和营运要求，对隧道内外防排水系统、消防给水系统、辅助通道、弃渣处理、管理设施、交通工程设施、环境保护等作综合考虑。

7 当隧道与相邻建筑物互有影响时，应在设计与施工中采取必要的措施。

4.2 隧道位置选择

4.2.1 隧道位置应选择在稳定的地层中，尽量避免穿越工程地质和水文地质极为复杂以及严重不良地质地段；当必须通过时，应有切实可靠的工程措施。

4.2.2 穿越分水岭的长、特长隧道，应在较大面积地质测绘和综合地质勘探的基础上确定路线走向和平面位置。对可能穿越的垭口，应拟定不同的越岭高程及其相应的展线方案，结合路线线形及施工、营运条件等因素，进行全面技术经济比较后确定。

4.2.3 路线沿河傍山地段，当以隧道通过时，其位置宜向山侧内移，避免隧道一侧洞壁过薄、河流冲刷和不良地质对隧道稳定的不利影响。应对长隧道方案与短隧道群或桥隧群方案进行技术经济比较。

4.2.4 隧道洞口不宜设在滑坡、崩坍、岩堆、危岩落石、泥石流等不良地质及排水困难的沟谷低洼处或不稳定的悬崖陡壁下。应遵循“早进晚出”的原则，合理选定洞口位置，避免在洞口形成高边坡和高仰坡。

4.2.5 濒临水库地区的隧道，其洞口路肩设计高程应高出水库计算洪水位(含浪高和壅水高)不小于0.5m，同时应注意由于水的长期浸泡造成库壁坍塌对隧道稳定的不利影响，并采取相应的工程措施。

隧道设计洪水频率标准可按表4.2.5取值；当观测洪水高于标准值时，应按观测洪水设计；当观测洪水的频率在高速公路、一级公路超过1/300，二级公路超过1/100，三、四级公路超过1/50时，则应分别采用1/300、1/100和1/50的频率设计。

表 4.2.5 隧道设计水位的洪水频率标准

隧道类别 \ 公路等级	高速公路、一级公路	二级公路	三级公路	四级公路
特长隧道	1/100	1/100	1/50	1/50
长隧道	1/100	1/50	1/50	1/25
中、短隧道	1/100	1/50	1/25	1/25

4.3 隧道线形设计

4.3.1 应根据地质、地形、路线走向、通风等因素确定隧道的平曲线线形。当设为曲线时，不宜采用设超高的平曲线，并不应采用设加宽的平曲线。隧道不设超高的圆曲线最小半径应符合表 4.3.1-1 的规定。当由于特殊条件限制隧道平面线形设计为需设超高的曲线时，其超高值不宜大于 4.0%，技术指标应符合《公路路线设计规范》的有关规定。隧道的停车视距与会车视距应符合表 4.3.1-2 的规定。

表 4.3.1-1 不设超高的圆曲线最小半径(m)

路拱 \ 设计速度(km/h)	120	100	80	60	40	30	20
≤2.0%	5 500	4 000	2 500	1 500	600	350	150
>2.0%	7 500	5 250	3 350	1 900	800	450	200

表 4.3.1-2 公路停车视距与会车视距

公路等级	高速公路、一级公路				二、三、四级公路				
设计速度(km/h)	120	100	80	60	80	60	40	30	20
停车视距(m)	210	160	110	75	110	75	40	30	20
会车视距(m)	—	—	—	—	220	150	80	60	40

4.3.2 高速公路、一级公路的隧道应设计为上、下行分离的独立双洞。分离式独立双洞的最小净距，按对两洞结构彼此不产生有害影响的原则，结合隧道平面线形、围岩地质条件、断面形状和尺寸、施工方法等因素确定，一般情况可按表 4.3.2 取值。一座分离式双洞隧道，可按其围岩代表级别确定两洞最小净距。

在桥隧相连、隧道相连、地形条件限制等特殊地段隧道净距不能满足表 4.3.2 的要求时，可采取小净距隧道或连拱隧道形式，但应作出充分的技术论证和比较研究，并制订可靠的技术保障措施，确保工程质量。

表 4.3.2 分离式独立双洞间的最小净距

围岩级别	I	II	III	IV	V	VI
最小净距(m)	$1.0\times B$	$1.5\times B$	$2.0\times B$	$2.5\times B$	$3.5\times B$	$4.0\times B$

注：B——隧道开挖断面的宽度。

4.3.3 隧道内纵面线形应考虑行车安全性、营运通风规模、施工作业效率和排水要求，隧道纵坡不应小于 0.3%，一般情况不应大于 3%；受地形等条件限制时，高速公路、一级公路的中、短隧道可适当加大，但不宜大于 4%；短于 100m 的隧道纵坡可与该公路隧道外路线的指标相同。当采用较大纵坡时，必须对行车安全性、通风设备和营运费用、施工效率的影响等作充分的技术经济综合论证。

4.3.4 隧道内的纵坡形式，一般宜采用单向坡；地下水发育的长隧道、特长隧道可采用双向坡。纵坡变更的凸形竖曲线和凹形竖曲线的最小半径和最小长度应符合表 4.3.4 的规定。

隧道内纵坡的变换不宜过大、过频，以保证行车安全视距和舒适性。

表 4.3.4 竖曲线最小半径和最小长度(m)

设计速度(km/h)		120	100	80	60	40	30	20
凸形竖曲线半径	一般值	17 000	10 000	4 500	2 000	700	400	200
	极限值	11 000	6 500	3 000	1 400	450	250	100
凹形竖曲线半径	一般值	6 000	4 500	3 000	1 500	700	400	200
	极限值	4 000	3 000	2 000	1 000	450	250	100
竖曲线长度		100	85	70	50	35	25	20

4.3.5 隧道洞外连接线应与隧道线形相协调,并符合以下规定:

1 隧道洞口内外各 3s 设计速度行程长度范围的平面线形应一致。

2 隧道洞口内外各 3s 设计速度行程长度范围的纵面线形应一致,有条件时宜取 5s 设计速度行程。

3 当隧道建筑限界宽度大于所在公路的建筑限界宽度时,两端连接线应有不短于 50m 的、同隧道等宽的路基加宽段;当隧道限界宽度小于所在公路建筑限界宽度时,两端连接线的路基宽度仍按公路标准设计,其建筑限界宽度应设有 4s 设计速度行程的过渡段与隧道洞口衔接,以保持隧道洞口内外横断面顺适过渡。

4 长、特长的双洞隧道,宜在洞口外合适位置设置联络通道,以利车辆调头。

4.3.6 间隔 100m 以内的短隧道群,宜整体考虑其平、纵线形技术指标。

4.4 隧道横断面设计

4.4.1 各级公路隧道建筑限界如图 4.4.1,在建筑限界内不得有任何部件侵入。各级公路隧道建筑限界基本宽度应按表 4.4.1 执行,并符合以下规定:

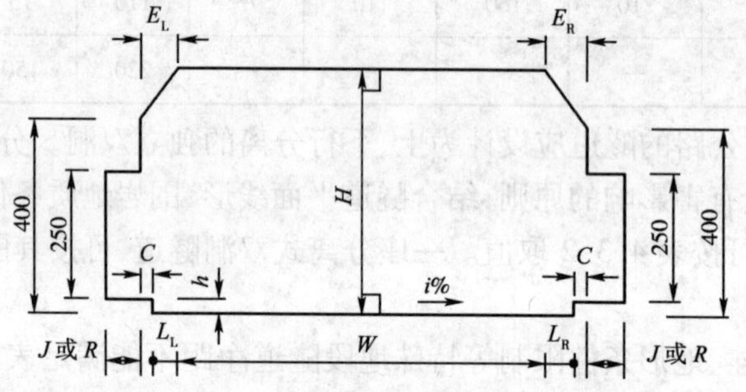

图 4.4.1 公路隧道建筑限界(单位:cm)

H-建筑限界高度;W-行车道宽度;L_L-左侧向宽度;L_R-右侧向宽度;C-余宽;J-检修道宽度;R-人行道宽度;h-检修道或人行道的高度;E_L-建筑限界左顶角宽度,$E_L = L_L$;E_R-建筑限界右顶角宽度,当 $L_R \leq 1m$ 时,$E_R = L_R$,当 $L_R > 1m$ 时,$E_R = 1m$

1 建筑限界高度,高速公路、一级公路、二级公路取 5.0m;三、四级公路取 4.5m。

2 当设置检修道或人行道时,不设余宽;当不设置检修道或人行道时,应设不小于 25cm 的余宽。

3 隧道路面横坡,当隧道为单向交通时,应取单面坡;当隧道为双向交通时,可取双面坡。坡度应根据隧道长度,平、纵线形等因素综合分析确定,一般可采用 1.5% ~2.0%。

4 当路面采用单面坡时,建筑限界底边线与路面重合;当采用双面坡时,建筑限界底边线应水平置于路面最高处。

5 单车道四级公路的隧道应按双车道四级公路标准修建。

表 **4.4.1　公路隧道建筑限界横断面组成最小宽度**(单位:m)

公路等级	设计速度(km/h)	车道宽度 W	侧向宽度 L		余宽 C	人行道 R	检修道 J		隧道建筑限界净宽		
			左侧 L_L	右侧 L_R			左侧	右侧	设检修道	设人行道	不设检修道、人行道
高速公路 一级公路	120	3.75×2	0.75	1.25			0.75	0.75	11.00		
	100	3.75×2	0.50	1.00			0.75	0.75	10.50		
	80	3.75×2	0.50	0.75			0.75	0.75	10.25		
	60	3.50×2	0.50	0.75			0.75	0.75	9.75		
二级公路 三级公路 四级公路	80	3.75×2	0.75	0.75		1.00				11.00	
	60	3.50×2	0.50	0.50		1.00				10.00	
	40	3.50×2	0.25	0.25		0.75				9.00	
	30	3.25×2	0.25	0.25	0.25						7.50
	20	3.00×2	0.25	0.25	0.25						7.00

注:(1)三车道隧道除增加车道数外,其他宽度同表;增加车道的宽度不得小于3.5m。

(2)连拱隧道的左侧可不设检修道或人行道,但应设50cm(120km/h与100km/h时)或25cm(80km/h与60km/h时)的余宽。

(3)设计速度120km/h时,两侧检修道宽度均不宜小于1.0m;设计速度100km/h时,右侧检修道宽度不宜小于1.0m。

4.4.2　高速公路和一级公路隧道内应设置检修道。其他等级公路隧道,应根据隧道所在地区的行人密度、隧道长度、交通量及交通安全等因素确定人行道的设置。检修道或人行道宜双侧设置;检修道或人行道的宽度按表4.4.1规定选取;检修道或人行道的高度可按20~80cm取值,并综合考虑以下因素:

1　检修人员步行时的安全;

2　紧急情况时,驾乘人员拿取消防设备方便;

3　满足其下放置电缆、给水管等的空间尺寸要求。

4.4.3　隧道内轮廓设计除应符合隧道建筑限界的规定外,还应满足洞内路面、排水设施、装饰的需要,并为通风、照明、消防、监控、营运管理等设施提供安装空间,同时考虑围岩变形、施工方法影响的预留富裕量,使确定的断面形式及尺寸符合安全、经济、合理的原则。隧道断面宜采用附录B所示的内轮廓形状。公路等级和设计速度相同的一条公路上的隧道断面宜采用相同的内轮廓。

4.4.4　隧道内路侧边沟应结合检修道、侧向宽度、余宽等布置,其宽度应小于侧向宽度,并布置于车道两侧。

4.4.5　长、特长隧道应在行车方向的右侧设置紧急停车带。双向行车隧道,其紧急停车带应双侧交错设置。紧急停车带的宽度,包含右侧向宽度应取3.5m,长度应取40m,其中有效长度不得小于30m。紧急停车带的设置间距不宜大于750m。停车带的路面横坡,长隧道可取水平,特长隧道可取0.5%~1.0%或水平。紧急停车带建筑限界的构成如图4.4.5,具体尺寸按4.4.1条和4.4.2条规定执行。

不设检修道、人行道的隧道,可不设紧急停车带,但应按500m间距交错设置行人避车洞。

4.4.6　上、下行分离式独立双洞的公路隧道之间应设置横向通道,并符合下列规定:

1　横通道的断面建筑限界一般规定如图4.4.6。

2　人行横通道的设置间距可取250m,并不大于500m。

3　车行横通道的设置间距可取750m,并不得大于1 000m;长1 000~1 500m的隧道宜设1处,中、短隧道可不设。

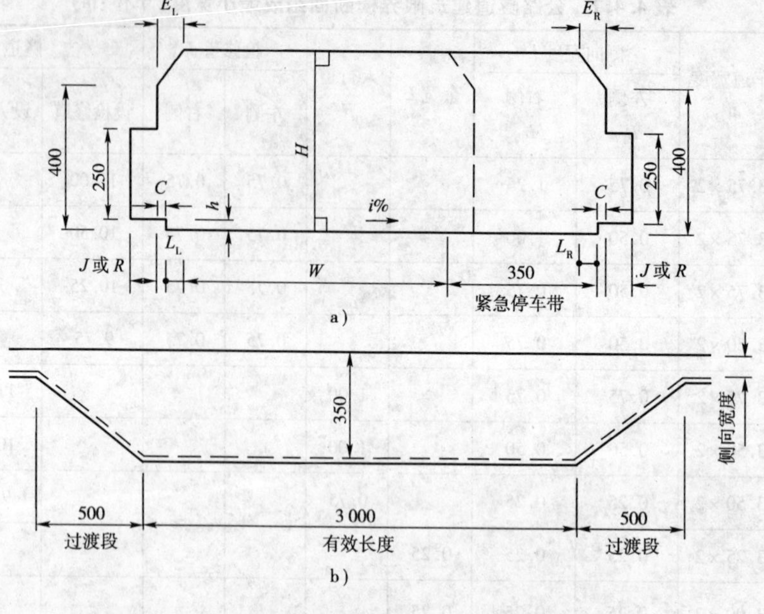

图4.4.5 紧急停车带的建筑限界、宽度和长度(单位:cm)
a)宽度构成及建筑限界;b)长度

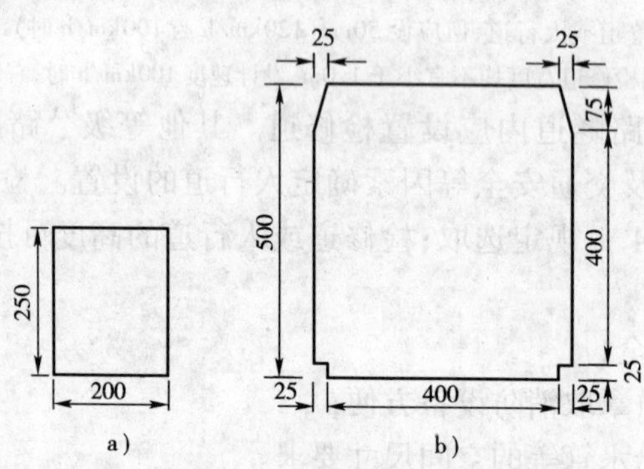

图4.4.6 横通道的断面建筑限界(单位:cm)
a)人行横通道;b)车行横通道

4.5 施工计划

4.5.1 隧道设计应制订合理的施工计划。施工计划主要包括:总工期要求、施工方法的确定、合理工区的划分、辅助通道的用途、施工便道、弃渣场、临时设施、监控量测方案等。制订施工计划应遵循下列原则:

1 应考虑隧道长度、断面、工期要求、地质条件和当地自然条件等,确定合理的施工方法和施工进度。

2 工区划分应考虑隧道纵坡变化、水文与地质条件、渣场和便道修建条件以及土石方平衡等综合因素。

3 应结合工程地质与水文地质超前预报、施工方法以及营运通风方式等,对辅助通道的设置目的、作用、必要性作出技术经济论证。

4 必要时应根据隧道的建设规模、地质条件等,对主要施工机械设备、大型洞内临时设备、洞外临时设备的技术指标作出要求。

5 建筑材料

5.1 一般规定

5.1.1 隧道工程常用的各类建筑材料,可选用下列强度等级:

1 混凝土 C50、C40、C30、C25、C20、C15、C10;

2 石材 MU100、MU80、MU60、MU50、MU40;

3 水泥砂浆 M25、M20、M15、M10、M7.5、M5;

4 喷射混凝土 C30、C25、C20;

5 混凝土砌块 MU30、MU20;

6 钢筋 HPB235、HRB335、HRB400。

5.1.2 隧道工程各部位的建筑材料,其强度等级不应低于表5.1.2-1和表5.1.2-2的规定。

表5.1.2-1 衬砌及管沟建筑材料

材料种类 工程部位	混凝土	片石混凝土	钢筋混凝土	喷射混凝土
拱圈	C20	—	C25	C20
边墙	C20	—	C25	C20
仰拱	C20	—	C25	C20
底板	C20	—	C25	—
仰拱填充	C10	C10	—	—
水沟、电缆槽	C25	—	C25	—
水沟、电缆槽盖板	—	—	C25	—

表5.1.2-2 洞门建筑材料

材料种类 工程部位	混凝土	钢筋混凝土	片石混凝土	砌体
端墙	C20	C25	C15	M10水泥砂浆砌片石、块石或混凝土砌块镶面
顶帽	C20	C25	—	M10水泥砂浆砌粗料石
翼墙和洞口挡土墙	C20	C25	C15	M7.5水泥砂浆砌片石
侧沟、截水沟	C15	—	—	M5水泥砂浆砌片石
护坡	C15	—	—	M5水泥砂浆砌片石

注:(1)护坡材料可采用C20喷射混凝土。

(2)最冷月份平均气温低于-15℃的地区,表中水泥砂浆的强度应提高一级。

5.1.3 建筑材料的选用应符合下列规定:

1 应符合结构强度和耐久性的要求,同时满足抗冻、抗渗和抗侵蚀的需要。

2 当有侵蚀性水经常作用时,所用混凝土和水泥砂浆均应采用具有抗侵蚀性能的特种水泥和集料配制,其抗侵蚀性能的要求视水的侵蚀特征确定。

3 最冷月份平均气温低于-15℃的地区及受冻害影响的隧道,混凝土强度等级应适当提高。

5.1.4 混凝土和砌体所用的材料除应符合国家有关标准规定外,尚应符合下列要求:

1 混凝土不应使用碱活性集料。

2 钢筋混凝土构件中,钢筋的技术条件应符合现行国家标准《钢筋混凝土用热轧带肋钢筋》(GB 1499)与《钢筋混凝土用热轧光圆钢筋》(GB 13013)的规定。

3 片石强度等级不应低于MU40,块石强度等级不应低于MU60,混凝土砌块强度等级不应低于MU20,有裂缝和易风化的石材不应采用。

4　片石混凝土内片石掺用量不得超过总体积的30%。

5.1.5　喷锚支护采用的材料除应符合5.1.1~5.1.3条的有关规定外，尚应符合下列要求：

1　喷射混凝土应优先采用硅酸盐水泥或普通硅酸盐水泥，也可采用矿渣硅酸盐水泥。

2　粗集料应采用坚硬耐久的碎石或卵石，不得使用碱活性集料；喷射混凝土中的石子粒径不宜大于16mm，喷射钢纤维混凝土中的石子粒径不宜大于10mm；集料级配宜采用连续级配，细集料应采用坚硬耐久的中砂或粗砂，细度模数宜大于2.5，砂的含水率宜控制在5%~7%。

3　锚杆的杆体直径宜为20~32mm，杆体材料宜采用HRB335、HRB400钢；垫板材料宜采用HPB235钢。

4　锚杆用的各种水泥砂浆强度不应低于M20。

5　钢筋网材料可采用HPB235钢，直径宜为6~12mm。

5.1.6　混凝土和喷射混凝土中掺加的各种外加剂，其性能应满足下列要求：

1　对混凝土的强度及其与围岩的黏结力基本无影响，对混凝土和钢材无腐蚀作用。

2　对混凝土的凝结时间影响不大（除速凝剂和缓凝剂外）。

3　不易吸湿，易于保存；不污染环境，对人体无害。

5.1.7　喷射钢纤维混凝土中的钢纤维宜采用普通碳素钢制成，并满足下列要求：

1　宜用等效直径为0.3~0.5mm的方形或圆形断面。

2　长度宜为20~25mm，长度直径比宜为40~60。

3　抗拉强度不得小于380MPa，并不得有油渍和明显的锈蚀。

5.1.8　初期支护的钢架宜用钢筋或H形、工字形、U形型钢制成，也可用钢管或钢轨制成。各种型钢的特性参数见附录C。

5.1.9　隧道内路面材料应符合现行《公路沥青路面设计规范》和《公路水泥混凝土路面设计规范》（JTG D40）的有关规定。

5.1.10　隧道内防水材料应符合现行国家标准《地下工程防水技术规范》（GB 50108）的规定。隧道内常用的防水材料可选用防水混凝土、防水卷材、中埋式止水带（条）、背贴式止水带或止水浆液。

5.2　材料性能

5.2.1　常用建筑材料的重度应按表5.2.1的规定采用。

表5.2.1　建筑材料的标准重度或计算重度

材料名称	混凝土	片石混凝土	钢筋混凝土（配筋率在3%以内）	钢材	浆砌片石	浆砌块石	浆砌粗料石
重度（kN/m^3）	23	23	25	77	22	23	25

注：钢筋混凝土配筋率大于3%时，其重度应计算确定。

5.2.2　混凝土的强度标准值应按表5.2.2采用。

表5.2.2　混凝土强度标准值（MPa）

强度种类＼混凝土强度等级	C15	C20	C25	C30	C40	C50
轴心抗压f_{ck}	10	13.5	17	20	27	33.5
弯曲抗压f_{cmk}	11	15	18.5	22	29.5	36
轴心抗拉f_{ctk}	1.4	1.7	2.0	2.2	2.7	3.1

注：（1）混凝土垂直浇筑，且一次浇筑层高度大于1.5m时，表中强度值应乘以系数0.9。

（2）计算现浇钢筋混凝土轴心受压构件时，如截面中的边长或直径小于30cm，则表中强度值应乘以系数0.8，当构件质量（如混凝土成形、截面和轴线尺寸等）确有保证时，则不受此限制。

（3）离心混凝土的设计强度应按有关专门规定取用。

5.2.3 混凝土的强度设计值应按表5.2.3采用。

表5.2.3 混凝土强度设计值(MPa)

强度种类 \ 混凝土强度等级	C15	C20	C25	C30	C40	C50
轴心抗压 f_{cd}	7.5	10	12.5	15	20	25
弯曲抗压 f_{cmd}	8.5	11	13.5	16.5	21.5	27.5
轴心抗拉 f_{ctd}	0.93	1.13	1.33	1.47	1.80	2.07

5.2.4 混凝土的受压弹性模量 E_c 应按表5.2.4采用。混凝土的剪切弹性模量可按表5.2.4数值乘以0.43采用。混凝土的泊松比可采用0.2。

表5.2.4 混凝土的弹性模量 E_c(GPa)

混凝土强度等级	C15	C20	C25	C30	C40	C50
弹性模量 E_c	26	28	29.5	31	33.5	35.5

5.2.5 钢筋的抗拉强度标准值及其抗拉强度和抗压强度的设计值应按表5.2.5采用。

表5.2.5 钢筋抗拉和抗压强度的设计值与标准值(MPa)

钢 筋 种 类	HPB235	HRB335
抗拉强度标准值 f_{stk}	235	335(d=8~25mm),315(d=28~40mm)
抗拉或抗压强度设计值 f_{std}、f_{scd}	188	268

注:表中 d 为钢筋直径。

5.2.6 钢筋的弹性模量应采用210GPa。

5.2.7 砂浆砌体抗压强度设计值应按下列规定采用:

1 混凝土预制块砂浆砌体抗压强度设计值 f_{cd} 应按表5.2.7-1的规定采用。

2 块石砂浆砌体的抗压强度设计值 f_{cd} 应按表5.2.7-2采用。

表5.2.7-1 混凝土预制块砂浆砌体抗压强度设计值 f_{cd}(MPa)

砌块混凝土强度等级 \ 砂浆强度等级	M20	M15	M10	M7.5	M5
C40	8.10	6.92	5.74	5.15	4.56
C30	7.01	5.99	4.97	4.46	3.90
C20	5.73	4.89	4.06	3.64	3.22
C15	4.96	4.24	3.51	3.15	2.79

表5.2.7-2 块石砂浆砌体的抗压强度设计值 f_{cd}(MPa)

石材强度等级 \ 砂浆强度等级	M20	M15	M10	M7.5	M5
MU100	8.54	7.29	6.04	5.43	4.80
MU80	7.64	6.52	5.41	4.85	4.29
MU60	6.61	5.65	4.68	4.20	3.72
MU50	6.04	5.16	4.28	3.84	3.39
MU40	5.40	4.61	3.83	3.43	3.04

注:对各类石砌体,应按表中数值分别乘以系数:细料石砌体为1.5;半细料石砌体为1.3;粗料石砌体为1.2;干砌勾缝石砌体为0.8。

3 片石砌体的抗压强度设计值 f_{cd} 应按表5.2.7-3采用。

表 5.2.7-3 片石砌体的抗压强度设计值 f_{cd}(MPa)

砂浆强度等级 / 石材强度等级	M20	M15	M10	M7.5	M5
MU100	2.0	1.71	1.41	1.27	1.13
MU80	1.79	1.53	1.26	1.14	1.01
MU60	1.55	1.32	1.09	0.98	0.87
MU50	1.41	1.21	1.00	0.90	0.79
MU40	1.26	1.08	0.89	0.80	0.71

5.2.8 砌体的抗压弹性模量采用10~15GPa。砌体的抗剪弹性模量宜采用抗压弹性模量的0.4倍。

5.2.9 混凝土和钢筋混凝土结构中用的混凝土的极限强度应按表5.2.9采用。

表 5.2.9 混凝土的极限强度(MPa)

混凝土强度等级 / 强度种类	C15	C20	C25	C30	C40	C50
抗压 R_a	12.0	15.5	19.0	22.5	29.5	36.5
弯曲抗压 R_w	15.0	19.4	24.2	28.1	36.9	45.6
抗拉 R_l	1.4	1.7	2.0	2.2	2.7	3.1

注:(1)片石混凝土的抗压极限强度可采用表中数值。

(2)表中弯曲抗压极限强度按 $R_w = 1.25R_a$ 换算。

5.2.10 混凝土的容许应力应按表5.2.10采用。

表 5.2.10 混凝土的容许应力(MPa)

混凝土强度等级 / 应力种类	C15	C20	C25	C30	C40	C50
弯曲及偏心受压应力[σ_w]	6.1	7.8	9.6	11.2	14.7	18.2
弯曲拉应力[σ_{wl}]	0.36	0.43	0.50	0.50	—	—
剪应力[τ]	0.70	0.85	1.00	1.10	1.35	1.55

注:(1)片石混凝土的容许应力可采用表中数值。

(2)计算主要荷载+附加荷载时,除剪应力外可提高30%。

5.2.11 钢筋的容许应力应按表5.2.11采用。

表 5.2.11 钢筋的容许应力(MPa)

容许应力 / 钢筋种类	主要荷载	主要荷载+附加荷载
HPB235	130	160
HRB335	180	230

5.2.12 喷射混凝土的设计强度等级不应低于C20,不同强度等级喷射混凝土的设计强度应按表5.2.12采用。

表 5.2.12 喷射混凝土的设计强度值(MPa)

混凝土强度等级 / 强度种类	C20	C25	C30
轴心抗压	10.0	12.5	15
弯曲抗压	11.0	13.5	16.5
抗拉	1.1	1.3	1.5

注:(1)喷射混凝土的强度指采用喷射大板切割法,制作成边长为10cm的立方体试块,在标准条件下养护28d,用标准试验方法所得的极限抗压强度乘以0.95的系数。

(2)黏结力可采用劈裂法或在喷层上直接拉拔测定。

5.2.13 喷射混凝土的重度可取 $22kN/m^3$,弹性模量应按表 5.2.13 采用。

表 5.2.13 喷射混凝土弹性模量(GPa)

喷射混凝土强度等级	弹性模量	喷射混凝土强度等级	弹性模量
C20	21	C30	25
C25	23		

5.2.14 砌体的极限强度应按表 5.2.14 采用。

表 5.2.14 砌体的极限强度(MPa)

砌体种类＼强度种类		抗压 R_a 片石	抗压 R_a 块石	抗压 R_a 粗料石	抗压 R_a 混凝土砌块	抗剪 R_j
砂浆强度等级	M7.5	3.0	—	—	—	0.35
	M10	3.5	5.5	8.0	5.5	0.40
	M15	4.0	6.0	9.0	6.0	0.50

注:混凝土砌块高度 h 超过 20cm 时,表中混凝土块砌体的抗压极限强度应乘以下列提高系数 c:
$h \leqslant 40$cm 时,$c=0.6+0.02h$;$h>40$cm 时,$c=1.2+0.005h$。当 c 大于 1.7 时,取 1.7。

5.2.15 石砌体和混凝土块砌体轴心及偏心受压的容许应力应按表 5.2.15 采用。

表 5.2.15 石砌体和混凝土块砌体轴心及偏心受压容许应力(MPa)

砌体种类	石料和混凝土块强度等级	水泥砂浆强度等级 M20	M10	M7.5	M5
片石砌体	MU100	3.0	2.2	1.9	1.7
	MU80	2.7	2.0	1.7	1.5
	MU60	2.3	1.85	1.5	1.25
	MU50	2.1	1.6	1.3	1.1
块石砌体	MU100	5.6	4.9	—	—
	MU80	4.7	4.1	—	—
	MU60	3.8	3.2	—	—
	MU50	3.3	2.8	—	—
粗料石砌体	MU100	7.1	5.0	—	—
	MU80	6.0	4.8	—	—
	MU60	4.9	4.1	—	—
	MU40	3.7	3.4	—	—
混凝土块砌体	MU30	5.6	4.7	—	—
	MU20	4.4	3.6	—	—

注:(1)介于表列石料或水泥砂浆强度等级之间的其他砌体的受压容许应力可用内插法确定。

(2)混凝土块高度 h 超过 20cm 时,混凝土块砌体的容许应力应以表中数值乘以下列提高系数 c:
$h \leqslant 40$cm 时,$c=0.6+0.02h$;$h>40$cm 时,$c=1.2+0.005h$。当 c 大于 1.7 时,取 1.7。

(3)如有特殊需要必须用细料石及半细料石砌体时,受压容许应力可按粗料石砌体的受压容许应力分别乘以提高系数 1.43 及 1.14,但提高后的受压容许应力不应大于水泥砂浆抗压极限强度的一半。

6 荷载

6.1 一般规定

6.1.1 隧道结构上的荷载应按表 6.1.1 分类。

表 6.1.1 隧道荷载分类

编号	荷载分类		荷载名称
1	永久荷载		围岩压力
2			土压力
3			结构自重
4			结构附加恒载
5			混凝土收缩和徐变的影响力
6			水压力
7	可变荷载	基本可变荷载	公路车辆荷载,人群荷载
8			立交公路车辆荷载及其所产生的冲击力、土压力
9			立交铁路列车活载及其所产生的冲击力、土压力
10		其他可变荷载	立交渡槽流水压力
11			温度变化的影响力
12			冻胀力
13			施工荷载
14	偶然荷载		落石冲击力
15			地震力

注:编号 1~10 为主要荷载;编号 11、12、14 为附加荷载;编号 13、15 为特殊荷载。

6.1.2 荷载应根据隧道所处的地形、地质条件、埋置深度、结构特征和工作条件、施工方法、相邻隧道间距等因素确定。施工中如发现与实际不符,应及时修正。对于地质复杂的隧道,必要时应通过实地量测确定。

6.1.3 在隧道结构上可能同时出现的荷载,应按承载能力和满足正常使用要求的检验分别进行组合,并按最不利组合进行设计。

6.1.4 明洞荷载组合时应符合下列规定:

1 计算明洞顶回填土压力,当有落石危害须检算冲击力时,可只计洞顶实际填土重力和落石冲击力的影响,不计塌方堆积土石重力。

2 当明洞上方与公路立交时,应考虑公路车辆荷载。公路车辆荷载计算应按《公路工程技术标准》(JTG B01)的有关规定执行。

3 当明洞上方与铁路立交时,应考虑列车活载。列车活载应按铁路标准活载的有关规定计算。

6.1.5 本规范所列之外的特殊荷载,在荷载计算与组合时应作特殊处理。

6.2 永久荷载

6.2.1 隧道结构自重可按结构设计尺寸及材料标准重度计算,结构附加恒载一般应按实际情况计算。

6.2.2 Ⅰ~Ⅳ级围岩中的深埋隧道,围岩压力为主要形变压力,其值可按释放荷载计算。释放荷载可按附录D的公式确定。

6.2.3 Ⅳ~Ⅵ级围岩中深埋隧道的围岩压力为松散荷载时,其垂直均布压力及水平均布压力可按下列公式计算:

1 垂直均布压力按式(6.2.3)计算。

$$q = \gamma h \tag{6.2.3}$$

$$h = 0.45 \times 2^{S-1}\omega$$

式中 q——垂直均布压力(kN/m^2);

γ——围岩重度(kN/m^3);

S——围岩级别;

ω——宽度影响系数,$\omega = 1 + i(B-5)$;

B——隧道宽度(m);

i——B每增减1m时的围岩压力增减率,以$B=5m$的围岩垂直均布压力为准,当$B<5m$时,取$i=0.2$;$B>5m$时,取$i=0.1$。

2 水平均布压力按表6.2.3的规定确定。

表6.2.3 围岩水平均布压力

围岩级别	Ⅰ、Ⅱ	Ⅲ	Ⅳ	Ⅴ	Ⅵ
水平均布压力e	0	$<0.15q$	$(0.15\sim0.3)q$	$(0.3\sim0.5)q$	$(0.5\sim1.0)q$

注:应用式(6.2.3)及表6.2.3时,必须同时具备下列条件:

(1)$H/B<1.7$,H为隧道开挖高度(m),B为隧道开挖宽度(m)。

(2)不产生显著偏压及膨胀力的一般围岩。

6.2.4 浅埋隧道围岩压力可按附录E确定。

6.2.5 隧道可能产生偏压时,应根据偏压的状态和程度采取相应的治理措施,当预期不能消除偏压影响时,应在荷载组合与分布中加以考虑。作用于隧道衬砌上的偏压力,应视地形、地质条件以及围岩的覆盖厚度确定。偏压隧道的围岩压力可按附录F确定。

6.2.6 计算明洞的回填土压力,其填料的物理力学指标,无试验资料时可按表6.2.6采用。回填土石所产生的土压力可按附录G确定。

表6.2.6 填料的物理力学指标

填料名称	重度γ(kN/m^3)	计算摩擦角φ_c
干砌片石	20	50°
回填土石	19	35°

6.2.7 作用于洞门墙墙背的主动土压力可按库仑理论计算,当墙背仰斜或直立时,土压力采用水平方向,其值可按附录H确定。

6.3 可变荷载

6.3.1 明洞上公路车辆荷载及其所产生的冲击力、土压力应按照现行《公路桥涵设计通用规范》(JTG D60)的有关规定计算。

6.3.2 明洞上立交铁路列车活载及其所产生的冲击力、土压力应按照现行《铁路桥涵设计基本规范》(TB 10002.1)的有关规定计算。

6.3.3 变形受约束的结构,应考虑温度变化和混凝土收缩徐变对结构的影响。

6.3.4 最冷月份平均气温低于-15℃地区的隧道应考虑冻胀力,冻胀力可根据当地的自然条件、围岩冬季含水量及排水条件等通过研究确定。

6.3.5 施工荷载应根据施工阶段、施工方法和施工条件确定。

6.4 偶然荷载

6.4.1 当有落石危害需检算冲击力时,可通过现场调查或有关计算验证。

6.4.2 地震荷载应按现行《公路工程抗震设计规范》的规定计算确定。

7　洞口及洞门

7.1　一般规定

7.1.1　洞口位置应根据地形、地质条件,同时结合环境保护、洞外有关工程及施工条件、营运要求,通过经济、技术比较确定。

7.1.2　隧道应遵循“早进洞、晚出洞”的原则,不得大挖大刷,确保边坡及仰坡的稳定。

7.1.3　洞口边坡、仰坡顶面及其周围,应根据情况设置排水沟及截水沟,并和路基排水系统综合考虑布置。

7.1.4　洞门设计应与自然环境相协调。

7.2　洞口工程

7.2.1　洞口位置的确定应符合下列要求:

1　洞口的边坡及仰坡必须保证稳定。有条件时,应贴壁进洞;条件限制时,边坡及仰坡的设计开挖最大高度可按表 7.2.1 控制。

表 7.2.1　洞口边、仰坡控制高度

围岩分级	I ~ II			III		IV			V ~ VI	
边、仰坡坡率	贴壁	1:0.3	1:0.5	1:0.5	1:0.75	1:0.75	1:1	1:1.25	1:1.25	1:1.5
高度(m)	15	20	25	20	25	15	18	20	15	18

注:设计开挖高度系从路基边缘算起。

2　洞口位置应设于山坡稳定、地质条件较好处。

3　位于悬崖陡壁下的洞口,不宜切削原山坡;应避免在不稳定的悬崖陡壁下进洞。

4　跨沟或沿沟进洞时,应考虑水文情况,结合防排水工程,充分比选后确定。

5　漫坡地段的洞口位置,应结合洞外路堑地质、弃渣、排水及施工等因素综合分析确定。

6　洞口设计应考虑与附近的地面建筑及地下埋设物的相互影响,必要时采取防范措施。

7.2.2　洞口工程的设计应遵循下列规定:

1　洞口边坡、仰坡应根据实际情况采取加固防护措施,有条件时应优先采用绿化护坡。

2　当洞口处有坍方、落石、泥石流等时,应采取清刷、延伸洞口、设置明洞或支挡构造物等措施。

7.3　洞门工程

7.3.1　隧道应修建洞门,洞门形式的设计应保证营运安全,并与环境协调。设在城镇、旅游区附近及高速公路、一级公路的隧道,尤应注意与环境相协调,有条件时,洞门周围应植树绿化。

7.3.2　洞门宜与隧道轴线正交。

7.3.3　洞门构造及基础设置应遵循下列规定:

1　洞口仰坡坡脚至洞门墙背的水平距离不宜小于 1.5m,洞门端墙与仰坡之间水沟的沟底至衬砌拱顶外缘的高度不小于 1.0m,洞门墙顶高出仰坡脚不小于 0.5m。

2　洞门墙应根据实际需要设置伸缩缝、沉降缝和泄水孔;洞门墙的厚度可按计算或结合其他工程类比确定。

3　洞门墙基础必须置于稳固地基上，应视地形及地质条件，埋置足够的深度，保证洞门的稳定。

基底埋入土质地基的深度不应小于1.0m，嵌入岩石地基的深度不应小于0.5m；基底标高应在最大冻结线以下不小于0.25m；地基为冻胀土层时，应进行防冻胀处理。基底埋置深度应大于墙边各种沟、槽基底的埋置深度。

4　松软地基上的基础，可采取加固基础措施。

5　洞门结构应满足抗震要求。

8 衬砌结构设计

8.1 一般规定

8.1.1 公路隧道应作衬砌,根据隧道围岩地质条件、施工条件和使用要求可分别采用喷锚衬砌、整体式衬砌、复合式衬砌。高速公路、一级公路、二级公路的隧道应采用复合式衬砌;三级及三级以下公路隧道,在Ⅰ、Ⅱ、Ⅲ级围岩条件下,隧道洞口段应采用复合式衬砌或整体式衬砌,其他段可采用喷锚衬砌。

8.1.2 隧道衬砌设计应综合考虑地质条件、断面形状、支护结构、施工条件等,并应充分利用围岩的自承能力。衬砌应有足够的强度和稳定性,保证隧道长期安全使用。

8.1.3 衬砌结构类型和尺寸,应根据使用要求、围岩级别、工程地质和水文地质条件、隧道埋置深度、结构受力特点,并结合工程施工条件、环境条件,通过工程类比和结构计算综合分析确定。在施工阶段,还应根据现场监控量测调整支护参数,必要时可通过试验分析确定。

8.1.4 衬砌设计应符合下列规定:

1 衬砌断面宜采用曲边墙拱形断面。

2 隧道围岩较差地段应设仰拱。仰拱曲率半径应根据隧道断面形状、地质条件、地下水、隧道宽度等条件确定。路面与仰拱之间可采用混凝土或片石混凝土填充。当隧道边墙底以下为整体性较好的坚硬岩石时,可不设仰拱。

3 隧道洞口段应设加强衬砌。加强衬砌段的长度应根据地形、地质和环境条件确定,一般情况下两车道隧道应不小于10m,三车道隧道应不小于15m。

4 围岩较差地段的衬砌应向围岩较好地段延伸5~10m。

5 偏压衬砌段应向一般衬砌段延伸,延伸长度应根据偏压情况确定,一般不小于10m。

6 净宽大于3.0m的横通道与主洞的交叉段均应设加强段衬砌,加强段衬砌应向各交叉洞延伸,主洞延伸长度不小于5.0m,横通道延伸长度不小于3.0m。

8.2 喷锚衬砌

8.2.1 喷射混凝土厚度不应小于50mm,不宜大于300mm。

8.2.2 钢筋网喷射混凝土设计应符合下列规定:

1 钢筋网网格应按矩形布置,钢筋间距宜为150~300mm。

2 钢筋网钢筋的搭接长度应不小于30d(d为钢筋直径)。

3 钢筋网喷射混凝土保护层厚度应不小于20mm,当采用双层钢筋网时,两层钢筋网之间的间隔距离应不小于60mm。

4 单层钢筋网喷射混凝土厚度不得小于80mm,双层钢筋网喷射混凝土厚度不得小于150mm。

5 钢筋网应配合锚杆一起使用,钢筋网宜与锚杆绑扎连接或焊接。

8.2.3 钢纤维喷射混凝土设计应符合下列规定:

1 钢纤维掺量宜为干混合料质量的1.5%~4%(33~96kg/m^3)。

2 钢纤维喷射混凝土的设计强度等级不应低于C25。

8.2.4 为提高喷射混凝土的抗裂性能,可采用合成纤维喷射混凝土,合成纤维喷射混凝土的设计强度等级不应低于C20,合成纤维喷射混凝土应根据试验确定其掺量。

当防水要求较高时,可采用强度等级大于C30的高性能喷射混凝土。

8.2.5 锚杆支护设计应根据隧道围岩条件、隧道断面尺寸、作用部位、施工条件等合理选择锚杆设计参数。锚杆种类如下:

1 全长黏结型锚杆有:普通水泥砂浆锚杆、早强水泥砂浆锚杆、树脂锚杆、水泥卷锚杆、中空注浆锚杆和自钻式注浆锚杆等。

2 端头锚固型锚杆有:机械锚固锚杆、树脂锚固锚杆、快硬水泥卷端头锚杆等。

3 摩擦型锚杆有:缝管锚杆、楔管锚杆、水胀锚杆等。

4 预应力锚杆。

8.2.6 永久支护的锚杆应为全长黏结型锚杆或预应力注浆锚杆。其他类型的锚杆不能作为永久支护,当需作永久支护时,锚孔内必须注满砂浆或树脂。

8.2.7 自稳时间短的围岩,宜采用全黏结树脂锚杆或早强水泥砂浆锚杆。

8.2.8 锚杆露头应设托板,托板长、宽、厚宜不小于150mm×150mm×6mm。

8.2.9 在Ⅲ、Ⅳ、Ⅴ、Ⅵ级围岩条件下,锚杆应按系统锚杆设计,并符合下列规定:

1 锚杆一般应沿隧道周边径向布置,当结构面或岩层层面明显时,锚杆应与岩体主结构面或岩层层面呈大角度布置。

2 锚杆应按矩形排列或梅花形排列。

3 锚杆间距不得大于1.5m。间距较小时,可采用长短锚杆交错布置。

4 两车道隧道系统锚杆长度一般不小于2.0m,三车道隧道系统锚杆长度一般不小于2.5m。

8.2.10 局部不稳定的岩块宜设置局部锚杆,可采用全长黏结型锚杆、端头锚固型锚杆、预应力锚杆,锚固端应置于稳定岩体内,锚杆参数应通过计算确定。

8.2.11 软岩、收敛变形较大的围岩地段,可采用预应力锚杆,预应力锚杆的预加应力应不小于100kPa。预应力锚杆的锚固端必须锚固在稳定岩层内。

8.2.12 岩体破碎、成孔困难的围岩,宜采用自进式锚杆。

8.2.13 在围岩条件较差地段或地面沉降有严格限制时,应在初期支护内增设钢架。常用的钢架有:钢筋格栅钢架、工字形型钢钢架、U形型钢钢架和H形型钢钢架。钢架支护宜优先选用格栅钢架。格栅钢架主筋宜采用HRB335、HRB400钢,辅筋宜采用HPB235钢。型钢钢架支护宜采用工字形钢、U形钢和H形钢钢架。

8.2.14 在设置超前支护的地段,可设置钢架作为超前锚杆、超前小导管、超前大管棚等的尾端支点。

8.2.15 钢架支护的一般规定:

1 钢架支护必须有足够的刚度和强度,能够承受隧道施工期间可能出现的荷载。

2 钢架支护间距宜为0.5~1.5m。

3 采用钢架支护的地段连续使用钢架的数量不少于3榀;钢架支护榀与榀之间必须用直径为18~22mm的钢筋连接,连接筋的间距不大于1m,并在钢架支护内缘、外缘交错布置。

4 钢架应分节段制作,节段与节段之间通过钢板用螺栓连接或焊接。

5 钢架与围岩之间的混凝土保护层厚度不应小于40mm;临空一侧的混凝土保护层厚度不应小于20mm。

8.2.16 大面积淋水地段、膨胀性地层、能造成衬砌腐蚀的地段、最冷月份平均气温低于-5℃的地区或有冻害的地段,不宜采用喷锚衬砌。

8.2.17 喷锚衬砌可采用工程类比法或数值计算,并结合现场监控量测进行设计。

8.3 整体式衬砌

8.3.1 整体式衬砌截面可设计为等截面或变截面。对设仰拱的地段,仰拱与边墙宜采用小半径曲线连接,仰拱厚度宜与边墙厚度相同。

8.3.2 明洞衬砌与洞内衬砌交界处或不设明洞的洞口段衬砌,在距洞口5~12m的位置应设沉降缝;在洞内,软硬地层明显分界处宜设沉降缝;在连续Ⅴ、Ⅵ级围岩中每30~80m应设沉降缝一道。

8.3.3 严寒与酷热温差变化大的地区，特别是在最冷月份平均气温低于 -15℃的寒冷地区，距洞口 100～200m 范围的衬砌段应根据情况增设伸缩缝。

8.3.4 沉降缝、伸缩缝缝宽应大于 20mm，缝内可夹浸沥青木板或沥青麻丝。伸缩缝、沉降缝应垂直于隧道轴线设置。

8.3.5 沉降缝、伸缩缝可兼作施工缝。在设有沉降缝、伸缩缝的位置，施工缝宜调整到同一位置。

8.3.6 不设仰拱的地段，衬砌边墙基底应置于稳固的地基之上，在洞门墙厚度范围内，边墙基础应加深到与洞门墙基础底相同的标高。

8.3.7 在有明显偏压的地段，应采用抗偏压衬砌，抗偏压衬砌宜采用钢筋混凝土结构。

8.3.8 隧道横洞与主洞的交叉段衬砌宜采用钢筋混凝土结构。

8.3.9 地震动峰值加速度系数大于 0.2 的地区，洞口段及软弱围岩段的衬砌宜采用钢筋混凝土结构。

8.3.10 当采用钢筋混凝土衬砌结构时，混凝土强度等级不应小于 C25，受力主筋的净保护层厚度不小于 40mm。

8.4 复合式衬砌

8.4.1 复合式衬砌是由初期支护和二次衬砌及中间夹防水层组合而成的衬砌形式。复合式衬砌设计应符合下列规定：

1 初期支护宜采用喷锚支护，即由喷射混凝土、锚杆、钢筋网和钢架等支护形式单独或组合使用，并应符合 8.2 节的规定。锚杆支护宜采用全长黏结锚杆。

2 二次衬砌宜采用模筑混凝土或模筑钢筋混凝土结构，衬砌截面宜采用连接圆顺的等厚衬砌断面，仰拱厚度宜与拱墙厚度相同。二次衬砌应符合 8.3.2～8.3.10 条的规定。

3 在确定开挖断面时，除应满足隧道净空和结构尺寸外，还应考虑围岩及初期支护的变形，并预留适当的变形量。预留变形量的大小可根据围岩级别、断面大小、埋置深度、施工方法和支护情况等，采用工程类比法预测。当无预测值时可参照表 8.4.1 选用，并应根据现场监控量测结果进行调整。

表 8.4.1 预留变形量(mm)

围岩级别	两车道隧道	三车道隧道	围岩级别	两车道隧道	三车道隧道
I	—	—	IV	50～80	80～120
II	—	10～50	V	80～120	100～150
III	20～50	50～80	VI	现场量测确定	

注：围岩破碎取大值；围岩完整取小值。

8.4.2 复合式衬砌可采用工程类比法进行设计，并通过理论分析进行验算。初期支护及二次衬砌的支护参数可参照表 8.4.2-1、表 8.4.2-2 选用，并应根据现场围岩监控量测信息对设计支护参数进行必要的调整。

表 8.4.2-1 两车道隧道复合式衬砌的设计参数

围岩级别	初期支护							二次衬砌厚度(cm)	
	喷射混凝土厚度(cm)		锚杆(m)			钢筋网	钢架	拱、墙混凝土	仰拱混凝土
	拱部、边墙	仰拱	位置	长度	间距				
I	5	—	局部	2.0	—	—	—	30	—
II	5～8	—	局部	2.0～2.5	—	—	—	30	—
III	8～12	—	拱、墙	2.0～3.0	1.0～1.5	局部 @25×25	—	35	—

续上表

围岩级别	初期支护							二次衬砌厚度(cm)	
	喷射混凝土厚度(cm)		锚杆(m)			钢筋网	钢架	拱、墙混凝土	仰拱混凝土
	拱部、边墙	仰拱	位置	长度	间距				
IV	12~15	—	拱、墙	2.5~3.0	1.0~1.2	拱、墙@25×25	拱、墙	35	35
V	15~25	—	拱、墙	3.0~4.0	0.8~1.2	拱、墙@20×20	拱、墙、仰拱	45	45
VI	通过试验、计算确定								

表 8.4.2-2　三车道隧道复合式衬砌的设计参数

围岩级别	初期支护							二次衬砌厚度(cm)	
	喷射混凝土厚度(cm)		锚杆(m)			钢筋网	钢架	拱、墙混凝土	仰拱混凝土
	拱部边墙	仰拱	位置	长度	间距				
I	8	—	局部	2.5	—	局部	—	35	
II	8~10	—	局部	2.5~3.5	—	局部	—	40	—
III	10~15	—	拱、墙	3.0~3.5	1.0~1.5	拱、墙@25×25	拱、墙	45	45
IV	15~20	—	拱、墙	3.0~4.0	0.8~1.0	拱、墙@20×20	拱、墙、仰拱	50,钢筋混凝土	50
V	20~30	—	拱、墙	3.5~5.0	0.5~1.0	拱、墙(双层)@20×20	拱、墙、仰拱	60,钢筋混凝土	60,钢筋混凝土
VI	通过试验、计算确定								

注:有地下水时,可取大值;无地下水时,可取小值。采用钢架时,宜选用格栅钢架。

8.4.3　对软弱流变围岩、膨胀性围岩,隧道支护参数的确定还应考虑围岩形变压力继续增长的作用。

8.5　明洞衬砌

8.5.1　下列情况应设明洞衬砌:

1　洞顶覆盖层薄,不宜大开挖修建路堑,并难于用暗挖法修建隧道的地段。

2　路基或隧道洞口受边坡坍方、岩堆、落石、泥石流等不良地质危害;修建路堑会危及到附近重要建筑物安全的地段。

3　铁路、公路、沟渠和其他人工构造物必须在隧道上方通过,不宜采用暗洞或立交桥涵跨越时。

4　为了保护洞口的自然景观而延伸隧道长度时。

8.5.2　选择明洞的结构类型,应根据地形、地质、施工条件,考虑结构安全、经济实用、美观等因素综合分析确定。

1　边坡一次塌方量大、落石较多且基底地质条件较好时,宜采用拱形明洞。

2　当路基外侧地形狭窄、内外侧墙基底地质明显不同,外侧基础工程量较大或洞顶荷载较小时,可采用棚洞。

3　在建筑高度受到限制或地基软弱的地方,可采用框架明洞。

4　为保护洞口自然环境或防止洞口边、仰坡滚石须加长隧道而修建明洞时,可采用拱形、箱形明洞,并可在洞顶植草、植树等。

8.5.3　明洞衬砌设计应符合下列规定:

1　当采用拱形明洞时,可按整体式衬砌设计。

2 半路堑拱形明洞应考虑偏压，拱形明洞外边墙宜适当加厚。当地形条件允许时，可考虑采用反压回填、设反压墙平衡偏压荷载，减小或消除偏压。

3 当拱形明洞边墙侧压较大及地层松软时，宜设仰拱。

4 明洞宜采用钢筋混凝土结构。

5 采用棚洞结构时，顶板一般可采用T形、Π形或空心板截面构件，内边墙可采用挡墙结构；当内侧岩体完整、坚固、无地下水时，可采用锚杆挡墙；外侧边墙可视地形、地基、边坡坍方、落石等情况选用墙式、柱式、刚架等结构类型。

6 当明洞作为整治滑坡的措施时，应按支挡工程设计，并应采取综合治理措施，确保滑坡体稳定和明洞安全。

7 在地质情况变化较大地段应设置沉降缝；气温变化较大地区，应根据长度等情况设置伸缩缝。

8.5.4 明洞基础设计应符合下列规定：

1 明洞基础应置于稳固的地基上，明洞基础底标高不宜高于隧道侧沟沟底标高或路面基层标高。

2 当基岩埋深较浅时，基础可设置于基岩上；当基础位于软弱地基上时，可采用仰拱、整体式钢筋混凝土底板，也可采用桩基、扩大基础、基础加深和地基加固处理等措施。

3 外墙基础趾部应保证一定的嵌入基岩深度和护基宽度。在冻胀性土上设置明洞基础时，基底埋置深度应不小于冰冻线以下250mm。当地基为斜坡地形时，地基可切割成台阶。

4 当地基外侧受水流冲刷影响时，应采取加固和防护措施。

5 明洞外边墙、棚洞立柱基础埋置深度超过路面以下3m时，宜在路面以下设置钢筋混凝土横向水平拉杆，并锚固于内边墙基础或岩体中，或用锚杆锚固于稳定的岩体中；立柱可在路基平面处加设纵撑，应与相邻立柱及内边墙连接。

8.5.5 明洞洞顶回填、拱背处理应根据明洞设置的目的、作用，以及地形条件、山坡病害而定，并符合下列规定：

1 当山坡有严重的危石、崩坍威胁时，应予清除或作加固处理。为防护一般的落石、崩坍危害时，明洞拱背回填土厚度不宜小于1.5m，填土表面应设置一定的排水坡度。

2 不设洞门端墙时，可采用拱背部分裸露、按自然山坡坡度填土，填土表面一般应植草。

3 立交明洞上的填土厚度应结合公路、铁路、沟渠及其他人工构造物的标高、自然环境、美化要求和结构设计等研究确定，必要时可设护拱。

4 当明洞顶设置过水、泥石流等渡槽、沟渠及其他构造物时，设计应考虑其影响。一般过水沟渠或普通截水沟沟底距洞顶外缘厚度不小于1.0m。当为排泄山沟洪水、泥石流等的渡槽时，泥石流等渡槽沟渠底距洞顶外缘不小于1.5m。

8.5.6 明洞边墙背后回填，应根据明洞类型、地质条件、设计要求和施工方法按下列要求确定：

1 衬砌设计考虑地层弹性抗力时，边墙背后超挖部分应用混凝土或浆砌片石回填。

2 衬砌设计只计墙背地层或回填土主动土压力时，边墙背后回填料的内摩擦角不应小于地层的计算摩擦角或设计的回填料的计算摩擦角。

9 结构计算

9.1 一般规定

9.1.1 隧道结构应按破损阶段法验算构件截面的强度。结构抗裂有要求时,对混凝土构件应进行抗裂验算,对钢筋混凝土构件应验算其裂缝宽度。

9.1.2 本章适用于静力问题的分析。

9.2 衬砌计算

9.2.1 深埋隧道中的整体式衬砌、浅埋隧道中的整体或复合式衬砌及明洞衬砌等应采用荷载结构法计算。深埋隧道中复合式衬砌的二次衬砌也可采用荷载结构法计算。荷载结构法的计算原理可见附录 I。

9.2.2 采用荷载结构法计算隧道衬砌的内力和变形时,应通过考虑弹性抗力等体现围岩对衬砌变形的约束作用。弹性抗力的大小及分布,对回填密实的衬砌构件可采用局部变形理论,按式(9.2.2)计算确定。

$$\sigma = k\delta \tag{9.2.2}$$

式中 σ——弹性抗力的强度(MPa);

k——围岩弹性抗力系数,无实测数据时可按附录 A 中表 A.0.4-1 选用;

δ——衬砌朝向围岩的变形值(m),变形朝向洞内时取为零。

9.2.3 计算带仰拱的衬砌,当先做仰拱后建边墙时,应考虑仰拱对结构内力的影响;当仰拱在边墙之后施作时,则可不考虑。

9.2.4 按破损阶段验算构件截面的强度时,应根据不同的荷载组合,分别采用不同的安全系数,并应不小于表 9.2.4-1 和表 9.2.4-2 所示的数值。验算施工阶段的强度时,安全系数可采用表 9.2.4-1 和表 9.2.4-2"永久荷载 + 基本可变荷载 + 其他可变荷载"栏内的数值乘以折减系数 0.9。

表 9.2.4-1 混凝土和砌体结构的强度安全系数

圬工种类	混凝土		砌体	
破坏原因 \ 荷载组合	永久荷载 + 基本可变荷载	永久荷载 + 基本可变荷载 + 其他可变荷载	永久荷载 + 基本可变荷载	永久荷载 + 基本可变荷载 + 其他可变荷载
混凝土或砌体达到抗压极限强度	2.4	2.0	2.7	2.3
混凝土达到抗拉极限强度	3.6	3.0		

表 9.2.4-2 钢筋混凝土结构的强度安全系数

破坏原因 \ 荷载组合	永久荷载 + 基本可变荷载	永久荷载 + 基本可变荷载 + 其他可变荷载
钢筋达到计算强度或混凝土达到抗压或抗剪极限强度	2.0	1.7
混凝土达到抗拉极限强度	2.4	2.0

9.2.5 Ⅰ~Ⅴ级围岩中,复合式衬砌的初期支护应主要按工程类比法设计。其中Ⅳ、Ⅴ级围岩的支护参数应通过计算确定,计算方法为地层结构法。地层结构法的计算原理可见附录 J。

9.2.6 复合式衬砌中的二次衬砌，I～III级围岩中为安全储备，并按构造要求设计；IV、V级围岩中为承载结构，可采用地层结构法计算内力和变形。

9.2.7 进行衬砌计算时，围岩地层的特性参数值应按地质资料选用，无资料时可按附录A中表A.0.4-1选用。隧道开挖后，应按监控量测结果对其修正。

9.2.8 按承载能力设计时，复合式衬砌初期支护的允许洞周相对收敛值应根据围岩地质条件分析确定，缺乏资料时可按表9.2.8选用。

表9.2.8 允许洞周水平相对收敛值(%)

围岩级别 \ 埋深(m)	<50	50～300	>300
III	0.10～0.30	0.20～0.50	0.40～1.20
IV	0.15～0.50	0.40～1.20	0.80～2.00
V	0.20～0.80	0.60～1.60	1.00～3.00

注：(1)水平相对收敛值系指收敛位移累计值与两测点间距离之比。

(2)硬质围岩隧道取表中较小值，软质围岩隧道取表中较大值。

(3)拱顶下沉允许值一般可按本表数值的0.5～1.0倍采用。

(4)本表所列数值在施工过程中可通过实测和资料积累作适当修正。

9.2.9 衬砌计算时，应使其在变形后仍满足净空要求。

9.2.10 整体式衬砌的混凝土偏心受压构件，其轴向力的偏心距不宜大于截面厚度的0.45倍；对于半路堑式明洞外墙、棚式明洞边墙和砌体偏心受压构件，则不应大于截面厚度的0.3倍。基底偏心距应符合表9.4.1的规定。

9.2.11 混凝土和砌体矩形截面轴心及偏心受压构件的抗压强度应按式(9.2.11)计算。

$$KN \leqslant \varphi \alpha R_a bh \tag{9.2.11}$$

式中 R_a——混凝土或砌体的抗压极限强度，按表5.2.9和表5.2.14采用；

K——安全系数，按表9.2.4-1采用；

N——轴向力(kN)；

b——截面宽度(m)；

h——截面厚度(m)；

φ——构件纵向弯曲系数，对于贴壁式隧道衬砌、明洞拱圈及墙背紧密回填的边墙，可取$\varphi=1$，对于其他构件，应根据其长细比按表9.2.11-1采用；

α——轴向力的偏心影响系数，按表9.2.11-2采用。

表9.2.11-1 混凝土及砌体构件的纵向弯曲系数

H/h	<4	4	6	8	10	12	14	16
纵向弯曲系数φ	1.00	0.98	0.96	0.91	0.86	0.82	0.77	0.72
H/h	18	20	22	24	26	28	30	
纵向弯曲系数φ	0.68	0.63	0.59	0.55	0.51	0.47	0.44	

注：(1)H为构件的高度，h为截面短边的边长(当轴心受压时)或弯矩作用平面内的截面边长(当偏心受压时)。

(2)当H/h为表列数值的中间值时，φ可按内插法求得。

表9.2.11-2 偏心影响系数α

e_0/h	α	e_0/h	α	e_0/h	α	e_0/h	α	e_0/h	α
0.00	1.000	0.10	0.954	0.20	0.750	0.30	0.480	0.40	0.236
0.02	1.000	0.12	0.923	0.22	0.698	0.32	0.426	0.42	0.199
0.04	1.000	0.14	0.886	0.24	0.645	0.34	0.374	0.44	0.170
0.06	0.996	0.16	0.845	0.26	0.590	0.36	0.324	0.46	0.142
0.08	0.979	0.18	0.799	0.28	0.535	0.38	0.278	0.48	0.123

注：(1)表中e_0为轴向力偏心距。

(2)表中$\alpha=1.000+0.648(e_0/h)-12.569(e_0/h)^2+15.444(e_0/h)^3$。

9.2.12 按抗裂要求，混凝土矩形截面偏心受压构件的抗拉强度应按式(9.2.12)计算。

$$KN \leqslant \varphi \frac{1.75R_1bh}{\frac{6e_0}{h}-1} \qquad (9.2.12)$$

式中：R_1——混凝土的抗拉极限强度，按表 5.2.9 采用；

其他符号意义同前。

注：当为混凝土矩形截面构件，$e_0 \leqslant 0.20h$ 时，系抗压强度控制承载能力，可不必按式(9.2.12)计算；$e_0 > 0.20h$ 时，系抗拉强度控制承载能力，可不必按式(9.2.11)计算。

9.2.13 整体式衬砌的拱脚截面，当混凝土为间歇浇筑或边墙用砌体、拱圈用混凝土时，其偏心距应与 9.2.10 条砌体构件的规定相同，计算截面抗压强度时，安全系数也应采用表 9.2.4-1 所示对砌体规定的数值。

9.2.14 钢筋混凝土受弯和偏心受压构件的截面强度可按附录 K 计算。

9.2.15 钢筋混凝土衬砌结构构件，按荷载基本组合求得的最大裂缝宽度 w_{max} 不应大于 0.2mm。

9.2.16 对于受弯构件，按荷载的基本组合计算的最大挠度值不应大于表 9.2.16 规定的允许值。

表 9.2.16 受弯构件的允许挠度

构件类型		允许挠度
梁、板构件	$l_0 \leqslant 5$m	$l_0/250$
	5m < $l_0 \leqslant 8$m	$l_0/300$
	$l_0 > 8$m	$l_0/400$

9.2.17 钢筋混凝土受弯构件在各种荷载组合作用下的变形(挠度和转角)，可根据给定的刚度按材料力学的方法计算。

9.3 明洞计算

9.3.1 明洞衬砌应按破损阶段计算构件截面强度，并根据不同荷载组合，采用表9.2.4-2的安全系数值。

9.3.2 当墙背围岩对边墙变形有约束作用时，应按 9.2.2 条考虑弹性抗力的影响。

9.4 洞门计算

9.4.1 采用挡墙式洞门时，洞门墙可视作挡土墙，按极限状态验算其强度，并应验算绕墙趾倾覆及沿基底滑动的稳定性。验算时应符合表 9.4.1 的规定，并应符合《公路路基设计规范》、《公路砖石及混凝土桥涵设计规范》、《公路桥涵地基与基础设计规范》的有关规定。

表 9.4.1 洞门墙主要验算规定

墙身截面荷载效应值 S_d	≤结构抗力效应值 R_d(按极限状态计算)	基底偏心距 e	岩石地基≤$B/5 \sim B/4$；土质地基≤$B/6$(B 为墙底厚度)
墙身截面偏心距 e	≤0.3 倍截面厚度	滑动稳定安全系数 K_c	≥1.3
基底应力 σ	≤地基容许承载力	倾覆稳定安全系数 K_0	≥1.6

对于高洞门墙，为避免拉应力过大，设计时应控制截面拉应力。

9.4.2 洞门设计计算参数应按现场试验资料采用。当缺乏试验资料时，可参照表9.4.2选用。

表 9.4.2 洞门设计计算参数

仰坡坡率	计算摩擦角 φ(°)	重度 γ(kN/m³)	基底摩擦系数 f	基底控制压应力(MPa)
1:0.5	70	25	0.60	0.80
1:0.75	60	24	0.50	0.60
1:1	50	20	0.40	0.40 ~ 0.35
1:1.25	43 ~ 45	18	0.40	0.30 ~ 0.25
1:1.5	38 ~ 40	17	0.35 ~ 0.40	0.25

9.4.3 钢筋混凝土洞门的截面最小配筋率应符合9.5.4条的规定。

9.5 构造要求

9.5.1 隧道建筑物各部结构的截面最小厚度应大于表9.5.1的数值。

表9.5.1 截面最小厚度(cm)

建筑材料种类	隧道和明洞衬砌			洞门端墙、翼墙和洞口挡土墙
	拱圈	边墙	仰拱	
混凝土	20	20	20	30
片石混凝土		50	50	50
浆砌粗料石		30		30
浆砌片石		50		50

9.5.2 混凝土基础台阶的坡线和竖直线之间的夹角不应大于45°;当为砌体基础时,不应大于35°。

9.5.3 钢筋混凝土构件中受力钢筋的混凝土保护层最小厚度应符合表9.5.3的规定。

表9.5.3 混凝土保护层最小厚度(cm)

构件厚度	保护层最小厚度		构件厚度	保护层最小厚度	
	非侵蚀性环境	侵蚀性环境		非侵蚀性环境	侵蚀性环境
<15	根据情况确定	根据情况确定	31~50	3.5	4
15~30	3	3.5	>50	4	5

注:(1)明洞和洞门均采用表中非侵蚀性环境栏内的数值。

(2)有防火要求时,保护层最小厚度应按相应规范考虑。

9.5.4 钢筋混凝土结构构件中纵向受力钢筋的截面最小配筋率应符合表9.5.4的规定。

表9.5.4 钢筋混凝土结构构件中纵向受力钢筋的截面最小配筋率(%)

受力类型		最小配筋率				
受压构件	全部纵向钢筋	0.6				
	一侧纵向钢筋	0.2				
受弯构件、偏心受拉、轴心受拉构件一侧的受拉钢筋	钢筋种类	混凝土强度等级				
		C20	C25	C30	C40	C50
	HPB235	0.25	0.25	0.30	0.35	0.40
	HRB335	0.20	0.20	0.20	0.25	0.30

注:(1)受压构件全部纵向钢筋最小配筋率,当采用HRB400钢筋时,应按表中规定减小0.1。

(2)偏心受拉构件中的受压钢筋,应按受压构件一侧纵向钢筋考虑。

(3)受压构件的全部纵向钢筋和一侧纵向钢筋的配筋率以及轴心受拉构件和小偏心受拉构件一侧受拉钢筋的配筋率应按构件的全截面面积计算;受弯构件、大偏心受拉构件一侧受拉钢筋的配筋率应按全截面面积扣除受压翼缘面积后的截面面积计算。

(4)当钢筋沿构件截面周边布置时,"一侧纵向钢筋"系指沿受力方向两个对边中的一边布置的纵向钢筋。

9.5.5 钢筋的弯起及锚固应符合下列规定:

1 钢筋的弯起如图9.5.5。

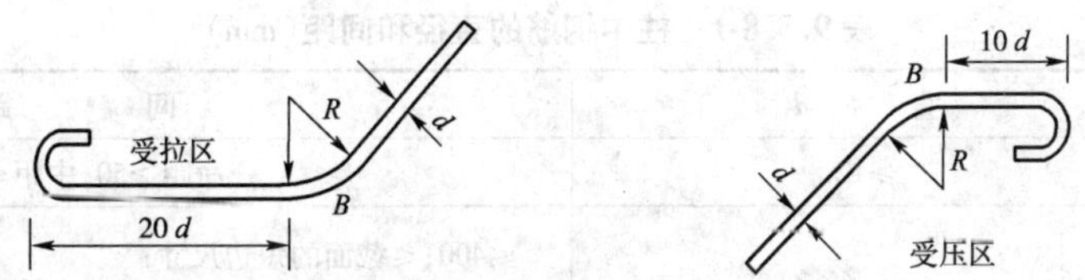

图9.5.5 弯起钢筋端部构造

当纵向受力钢筋需弯起时,弯起钢筋的弯终点 B 处应留有锚固长度,该长度在受拉区不应小于 $20d$,在受压区不应小于 $10d$,光圆钢筋在端部尚应设弯钩。位于梁侧底层的钢筋不应弯起。

弯起钢筋的弯起角，对于梁宜取45°或60°；对于板不宜小于30°。

弯起钢筋最小弯曲半径 R，钢筋为HPB235时为 $10d$；钢筋为HRB335时为 $12d$（d 为钢筋直径）。

2　钢筋的锚固长度应符合表9.5.5的规定。

表 9.5.5　钢筋的锚固长度

锚固条件 \ 钢筋类别		HPB235 光面钢筋	HRB335 螺纹钢筋
受压钢筋自不受力处算起的锚固长度	≥30d	不设弯钩	—
	<30d	10d 加直钩	—
	≥20d	—	不设弯钩
	<20d	—	10d 加直钩
受拉构件的钢筋按黏结力计算的锚固长度	在无横向压力区域	30d 加半圆钩	20d 加直钩
	在有横向压力区域	15d 加半圆钩	10d 加直钩
受弯构件、偏心受压构件的受拉钢筋自不受力处算起的锚固长度	在受压区	10d 加直钩	10d 不设弯钩
	在受拉区（在困难情况下）	20d 加半圆钩	20d 加直钩
弯起钢筋伸到受压区的长度	≥20d	不设与纵筋平行的直段，端部采用直钩	不设与纵筋平行的直段，且不设弯钩
	<20d	设与纵筋平行长度为10d 的直段，并加直钩	设与纵筋平行长度为15d 的直段，且不设弯钩

9.5.6　轴心受压构件的配筋构造应符合下列规定：

1　仅受轴心压力并配有纵筋及一般箍筋的构件：

1）纵筋截面积不应小于构件截面积的0.5%，也不宜大于3%；

2）纵筋的直径不宜小于12mm；

3）箍筋的间距不应超过纵筋直径的15倍，也不应大于构件横截面的最小尺寸；

4）箍筋的直径不应小于纵筋直径的1/4，也不应小于6mm。

2　当采用螺纹钢筋时：

1）纵筋的截面积不应小于螺旋圈内核心面积的0.6%；

2）核心截面积不应小于构件截面积的2/3；

3）螺纹钢筋的螺距不应大于核心直径的1/5，同时也不应大于80mm；

4）螺纹钢筋换算截面不应小于纵筋的截面积，同时也不应超过该截面积的3倍；

5）纵筋截面积与螺纹钢筋换算截面积之和不应小于该截面积的10%。

9.5.7　直径大于25mm的光圆钢筋以及所有螺纹钢筋的接头均应采用焊接；直径较小的光面钢筋可以采用搭接，此时钢筋端部应弯成半圆形弯钩，两钩切点间的距离对受拉钢筋不得小于30d，对受压钢筋不得小于20d，在搭接范围内应用铁丝捆扎。

焊接接头的抗拉强度不应低于钢筋本身的强度。

9.5.8　钢筋的直径和间距应符合表9.5.8-1～表9.5.8-3的要求。

表 9.5.8-1　柱中钢筋的直径和间距（mm）

类　别	直 径 d	间　　距
纵向受力钢筋（主筋）	≥12	净距≥50，中距≤350
箍筋	≥6； ≥d/4（d 为主筋中的最大直径）； 纵向钢筋配筋率>3%时，≥8	≤400；≤截面的短边尺寸； ≤15d（绑扎骨架中）或≤20d（焊接骨架中），d 为纵筋中的最小直径。在绑扎的搭接接头 l_d 长度范围内，当搭接钢筋为受压时，≤10d（d为主筋中最小直径），且≤200
构造钢筋	偏心受压柱，当截面高度 h≥600mm时，应在柱长边设置纵向构造钢筋，d=10～16，间距≤500	

表 9.5.8-2 板中钢筋的直径和间距(mm)

类　别	直 径 d	间　距
纵向受力钢筋(主筋)	受力钢筋常用6,8,10	板厚 $h \leqslant 150$mm 时,≤200;$h > 150$mm 时,≤1.5h,且不应大于300
构造钢筋	分布钢筋常用 $d \geqslant 6$,间距≤200	

表 9.5.8-3 梁中钢筋的直径和间距(mm)

类　别	直 径 d	间　距
纵向受力钢筋(主筋)	梁高 $h < 300$mm 时,≥6; $h \geqslant 300$mm 时,≥10	净距≥d,同时下部钢筋≥25mm,上部钢筋≥30mm。下部钢筋多于两排时,其横向中距应是下面两排中距的2倍
箍筋	梁高 $h \leqslant 250$mm 时,≥4; 250mm < $h \leqslant 800$mm 时,≥6; $h > 800$mm 时,≥8; 配有计算的受压钢筋时,≥d/4(d 为受压钢筋中的最大直径)	梁高 150mm < $h \leqslant 300$mm 时,150~200; 300mm < $h \leqslant 500$mm 时,200~300; 500mm < $h \leqslant 800$mm 时,250~350; $h > 800$mm 时,300~500。 $V > 0.07 f_{cd} b h_0 + 0.05 N_{p0}$ 时,取小值,反之,取大值(V 为剪力设计值;N_{p0} 为混凝土法向预应力等于零时预应力钢筋及非预应力钢筋的合力;f_{cd} 为混凝土轴心抗压强度设计值)
构造钢筋	1 架立钢筋,梁跨 $l < 4$m 时,$d \geqslant 6$,$l = 4 \sim 6$m 时,$d \geqslant 8$,$l > 6$m 时,$d \geqslant 10$; 2 梁侧构造钢筋及拉筋,梁高 $h > 700$mm 时,在梁两侧面沿高度每隔300~400mm应设一根 $d \geqslant 10$ 的构造钢筋,并以拉筋联系,拉筋直径一般与箍筋同,间距500~700mm,常为箍筋间距的倍数	

注:当按计算需设置弯起钢筋时,前一排(对支座而言)的弯起点至后一排的弯终点的距离不应大于表中 $V > 0.07 f_{cd} b h_0 + 0.05 N_{p0}$ 时的箍筋间距。

10 防水与排水

10.1 一般规定

10.1.1 隧道防排水应遵循"防、排、截、堵结合，因地制宜，综合治理"的原则，保证隧道结构物和营运设备的正常使用和行车安全。隧道防排水设计应对地表水、地下水妥善处理，洞内外应形成一个完整通畅的防排水系统。

10.1.2 高速公路、一级公路、二级公路隧道防排水应满足下列要求：

1 拱部、边墙、路面、设备箱洞不渗水。

2 有冻害地段的隧道衬砌背后不积水，排水沟不冻结。

3 车行横通道、人行横通道等服务通道拱部不滴水，边墙不淌水。

10.1.3 三级公路、四级公路隧道应做到：

1 拱部、边墙不滴水，路面不积水，设备箱洞不渗水。

2 有冻害地段的隧道衬砌背后不积水，排水沟不冻结。

10.1.4 当采取防排水工程措施时，应注意保护自然环境。当隧道内渗漏水引起地表水减少，影响居民生产、生活用水时，应对围岩采取堵水措施，减少地下水的渗漏。

10.2 防水

10.2.1 隧道地表沟谷、坑洼积水、渗水对隧道有影响时，宜采用疏导、勾补、铺砌和填平等处治措施。废弃的坑穴、钻孔等应填实封闭。隧道附近的水库、池沼、溪流、井泉水、地下水，当有可能渗入隧道时，应采取防止或减少其下渗的处理措施。

10.2.2 隧道采用复合式衬砌时，在初期支护与二次衬砌之间应设置防水板及无纺布。要求如下：

1 无纺布密度不小于300g/m²。

2 防水板应采用易于焊接的防水卷材，厚度不小于1.0mm，接缝搭接长度不小于100mm。

10.2.3 隧道二次衬砌应满足抗渗要求。混凝土的抗渗等级，有冻害地段及最冷月份平均气温低于-15℃的地区不低于S8，其余地区不低于S6。

10.2.4 隧道二次衬砌的施工缝、沉降缝、伸缩缝应采取可靠的防水措施。

10.2.5 有侵蚀性地下水时，应针对侵蚀类型，采用抗侵蚀混凝土，压注抗侵蚀浆液，或铺设抗侵蚀防水层。

10.2.6 围岩破碎、涌水易坍塌地段，宜向围岩内预注浆。向衬砌背后压浆时，应防止因压浆而堵塞衬砌背后的排水管道。

10.2.7 当隧道位于常水位以下，又不宜排泄时，隧道衬砌应采用抗水压衬砌。

10.3 排水

10.3.1 隧道洞内宜按地下水和营运清洗污水、消防污水分离排放的原则设置纵向排水系统，应能保证排水畅通，避免洞内积水。

10.3.2 隧道内排水应符合下列规定：

1 路面两侧应设纵向排水沟，引排营运清洗水、消防水和其他废水。

2 隧道纵向排水坡宜与隧道纵坡一致。

3 路侧边沟可设置为开口式明沟或暗沟。当边沟为暗沟时,应设沉沙池、滤水箅,其间距宜为25~30m。

4 检修道或人行道的道面应考虑排水,可酌情设0.5%~1.5%的横坡,亦可在墙脚与检修道交角处设宽50mm、深30mm的纵向凹槽,以利道面清洁排水。

10.3.3 路面结构底部排水设施应符合下列规定:

1 路面结构下宜设纵向中心水沟(管),集中引排地下水。

2 中心水沟(管)断面积应根据隧道长度、纵坡、地下水渗流量,通过水力计算确定。

3 中心水沟(管)纵向应按间距50m设沉沙池,并根据需要设检查井。检查井的位置、构造不得影响行车安全,并应便于清理和检查。

4 隧底应设横向导水管,以连接中心水沟(管)与衬砌墙背排水盲管。横向导水管的直径不宜小于100mm,横向坡度不应小于2%,其纵向间距应根据地下水量确定,一般可按30~50m设置。当不设隧底中心水沟(管)时,横向导水管的纵向间距不宜小于10m。

5 路面底部应设不小于1.5%的横向排水坡度。

6 寒冷和严寒地区有地下水的隧道,最冷月份平均气温低于-10℃时,应采用深埋中心水沟;最冷月份平均气温低于-25℃时,应在隧道下设防寒泄水隧洞。

10.3.4 隧道衬砌外排水设施应符合下列规定:

1 在衬砌两侧边墙背后底部应设沿隧道的纵向排水盲管(沟),其孔径不应小于80mm。

2 沿衬砌背后环向应设置导水盲管,其纵向间距不应大于20m,遇水量较大时,环向盲管应加密。对有集中出水处,应单独设竖向盲管。环向盲管、竖向盲管的直径不应小于50mm。

3 环向盲管、竖向盲管应与边墙底部的纵向排水盲管(沟)连通;纵向排水盲管(沟)应与横向导水管连通,以形成完整的纵横向排水系统。环向盲管、竖向盲管、纵向排水盲管应用无纺布包裹。

10.3.5 当地下水发育,含水层明显,又有长期充分补给来源时,可利用辅助坑道排水或设置泄水洞等截、排水设施。

10.3.6 当洞内水质有侵蚀时,应采取适当措施,防止排水造成环境污染。

10.4 洞口与明洞防排水

10.4.1 隧道、辅助坑道的洞口及明洞应设置截水沟和排水沟,洞口边坡、仰坡应采取防护措施,防止地表水的下渗和冲刷。

10.4.2 为防止洞外水流入隧道内,可在洞口外设置反向排水边沟或采取截流措施。

10.4.3 明洞防排水要求如下:

1 明洞顶部应设置必要的截、排水系统。

2 回填土表面宜铺设隔水层,并与边坡搭接良好。

3 靠山侧边墙底或边墙后宜设置纵向和竖向盲沟,将水引至边墙泄水孔排出。

4 衬砌外缘应敷设外贴式防水层。

5 明洞与隧道接头处应做好防水处理。

11 小净距及连拱隧道

11.1 小净距隧道

11.1.1 小净距隧道是指隧道间的中间岩柱厚度小于表4.3.2建议值的特殊隧道布置形式。宜用于洞口地形狭窄或有特殊要求的中、短隧道,也可用于长或特长隧道洞口局部地段。

11.1.2 小净距隧道设计应符合下列要求:

1 应根据隧道地质条件,进出口地形条件,结合使用要求,经综合比选后确定最小净距。

2 应优先选用复合式衬砌,支护参数应经工程类比、计算分析综合确定。

3 设计应考虑相应的施工方法,并提出各类方法的具体要求。

4 设计与施工应遵循"少扰动、快加固、勤量测、早封闭"的原则,并将中间岩柱的稳定与加固作为设计与施工的重点。

5 小净距隧道监控量测应根据不同围岩级别制订量测计划。应把中间岩柱稳定、浅埋段地表沉降和爆破振动对相邻洞室的影响作为监控量测的重要内容。

6 在地震动峰值加速度系数大于0.15的地区选用小净距隧道时,宜进行抗震强度和稳定性验算。

11.1.3 为确保小净距隧道的安全,应对相邻双洞最大临界震动速度按净距、围岩级别、支护实施阶段分别进行控制,最大临界震动速度可通过试验确定,无资料时可参照《爆破安全规程》(GB 6722)取值。

11.1.4 小净距隧道有偏压时,支护参数、施工方法、施工顺序宜进行特殊设计。

11.2 连拱隧道

11.2.1 连拱隧道主要适用于洞口地形狭窄,或对两洞间距有特殊要求的中、短隧道。

11.2.2 连拱隧道按中墙结构形式不同分为整体式中墙和复合式中墙两种形式,在有条件加大中墙厚度的地段宜选用复合式中墙连拱隧道形式。

11.2.3 连拱隧道设计必须结合洞外接线、地形、地质和施工条件进行,并应符合下列规定:

1 隧道暗挖段应优先采用复合式衬砌,支护参数可采用工程类比或计算分析确定。

2 中墙设计应在满足结构设计与施工安全的前提下,综合考虑洞外接线要求、防排水系统的可靠性等因素。

3 两车道连拱隧道设计为整体式中墙时,中墙厚度不宜小于1.4m;设计为复合式中墙时,中墙厚度不宜小于2.0m。三车道连拱隧道设计为整体式中墙时,中墙厚度不宜小于1.6m;设计为复合式中墙时,中墙厚度不宜小于2.2m。

4 整体式中墙的连拱隧道应注意纵向施工缝的预留位置、施工缝止水方式、中墙纵横向排水管与防水层的布置,避免施工缝渗漏水、防水层顶破和排水管堵塞。复合式中墙的连拱隧道防排水设计与独立双洞隧道基本相同。

5 连拱隧道应根据结构需要设置变形缝,双洞变形缝应在同一位置设置,并应注意隧道纵向荷载对结构的影响。

6 连拱隧道监控量测可参照《公路隧道施工技术规范》(JTJ 042)的相应要求进行,并应以拱部垂直位移、中墙以上的拱部水平位移为重点。

7 连拱隧道设计应考虑相应的施工方法,并提出各类方法的具体要求,辅助施工措施应作专项设计。

8 采用导洞施工时,应对导洞围岩情况认真观察记录,并及时反馈信息,根据围岩变化情况和监控量测资料及时调整设计与施工方案。导洞宽度宜大于4m。

9 设计中应采取有效辅助措施,防止施工中拱部推力不平衡对中墙结构造成危害。

10 在地震动峰值加速度系数大于0.15的地区,连拱隧道应进行抗震强度和稳定性验算。

11.2.4 为确保连拱隧道施工安全,应对相邻洞室的最大临界震动速度进行控制,一般不宜大于15m/s。

11.2.5 连拱隧道有偏压时,应对支护参数与施工方法进行特殊设计。

12 辅助通道

12.1 一般规定

12.1.1 为满足营运通风、逃生救灾等要求或增加施工开挖面，应设置辅助通道。满足营运通风、救灾要求而设置的营运辅助通道为竖井、斜井、平行导坑、横通道、风道、地下风机房等；为增加施工开挖面而设置的施工辅助通道为竖井、斜井、平行导坑、横洞等。

12.1.2 应根据隧道长度、施工期限、地形、地质、水文等条件，结合通风、救灾、排水及弃渣的需要，通过技术经济比较，合理选设竖井、斜井、平行导坑、横洞及风道。

12.1.3 营运辅助通道的断面尺寸应根据通风需要、管路布置和逃生救灾要求确定；施工辅助通道的断面尺寸应根据施工要求、地质条件、支护类型、设备技术条件及工作环境要求等因素确定。

12.1.4 营运辅助通道一般应设模筑衬砌，并要求内壁面平滑；施工辅助通道根据情况可采用喷锚衬砌。辅助通道岔洞和正洞联结处应作加强设计。

12.1.5 施工辅助通道在隧道主体工程竣工后不予利用者，在保证隧道安全的条件下应作如下处理：

1 整理排水系统，使其畅通。

2 加强洞(井)口、软弱围岩段及辅助通道与正洞连接段的衬砌。

3 封闭洞(井)口时应设置安全检查设施。

12.1.6 辅助通道的洞(井)口位置选择、施工场地布置及弃渣处理等，应注意环境保护、少占耕地，防止弃渣堵塞河道、沟渠、道路交通，并应减少由于辅助通道的修建对农田、水利设施和生活用水的影响。

12.1.7 应根据地下水水量和施工组织安排，选择竖井、斜井井底的排水方式和相应的设施。应根据运量要求、提升方式、运输设备等因素，合理布置竖井、斜井井底的场地。

12.2 竖井

12.2.1 竖井的布置应符合下列规定：

1 井口位置的高程应高出洪水频率为1/100的水位至少0.5m。

2 竖井平面位置的选择应综合考虑施工与营运的需要。

3 竖井断面宜采用圆形，井筒内应设置安全梯。

12.2.2 竖井的衬砌应符合下列规定：

1 竖井井口应设混凝土或钢筋混凝土井颈，马头门应作模筑混凝土衬砌。

2 井口段、地质条件较差的井身段及马头门的上方宜设壁座，其形式、间距可根据地质条件、施工方法及衬砌类型确定。衬砌参数可按表12.2.2选用。

表12.2.2 竖井衬砌参数

<table>
<tr><th rowspan="3">围岩级别</th><th colspan="2">喷锚衬砌</th><th rowspan="3">支护衬砌</th><th colspan="3">复合衬砌</th></tr>
<tr><th rowspan="2">$D<5$m</th><th rowspan="2">5m≤D≤7m</th><th colspan="2">初期支护</th><th rowspan="2">二次衬砌</th></tr>
<tr><th>$D<5$m</th><th>5m≤D≤7m</th></tr>
<tr><td>Ⅰ</td><td>喷混凝土厚10cm</td><td>喷混凝土厚10～15cm，必要时局部设锚杆</td><td>模筑混凝土或钢筋混凝土厚30cm，砌体厚40cm</td><td>—</td><td>—</td><td>—</td></tr>
</table>

续上表

围岩级别	喷锚衬砌		支护衬砌	复合衬砌		
				初期支护		二次衬砌
	$D<5$m	5m≤D≤7m		$D<5$m	5m≤D≤7m	
II	喷混凝土厚10~15cm,锚杆长1.5~2m,间距1~1.5m	喷混凝土厚15~20cm,锚杆长2~2.5m,间距1m,配钢筋网,必要时加钢圈梁	模筑混凝土或钢筋混凝土厚30cm,砌体厚50cm	—	—	—
III	喷混凝土厚15~20cm,锚杆长2~2.5m,间距1m,配钢筋网,必要时设钢圈梁	喷混凝土厚20cm,锚杆长2.5~3m,间距1m,配钢筋网,加钢圈梁	混凝土或钢筋混凝土厚40cm,砌体厚60cm	喷混凝土厚5~10cm,锚杆长1.5~2m,间距1m,必要时配钢筋网	喷混凝土厚10~15cm,锚杆长2~2.5m,间距1m,必要时局部配钢筋网	30cm
IV	—	—	混凝土或钢筋混凝土厚50cm,砌体厚70cm	喷混凝土厚10~15cm,锚杆长2~2.5m,间距1m,必要时配钢筋网	喷混凝土厚15~20cm,锚杆长2.5~3m,间距0.75~1m,配钢筋网	40cm
V	—	—	混凝土或钢筋混凝土厚60cm,砌体厚80cm	喷混凝土厚15~20cm,锚杆长2.5~3m,间距0.75~1m,配钢筋网,必要时配钢圈梁	喷混凝土厚20~25cm,锚杆长3~3.5m,间距0.5~0.7m,配钢筋网,必要时配钢圈梁	50cm

注:(1)VI级围岩地段应采用特殊支护措施。

(2)D为竖井直径。直径大于7m的竖井应作专项设计。

12.2.3 竖井必须设有安全设施,并采取相关安全措施。

12.3 斜井

12.3.1 斜井的布置应符合下列规定:

1 井口位置的高程应高出洪水频率为1/100的水位至少0.5m。

2 斜井提升方式应根据提升量、斜井长度及井口地形选择。

各种提升方式的斜井倾角规定如下:

1)箕斗提升时不大于35°;

2)串车提升时不大于25°;

3)胶带输送机提升时不大于15°;

4)无轨运输时不大于12°。

3 与隧道中线连接处的平面交角,在满足施工与营运要求的前提下,应尽可能采用大角度。

4 井身纵断面不宜变坡,井口和井底变坡点应设置竖曲线,竖曲线半径宜采用12~20m。

5 斜井必须设置宽度不小于0.75m的人行道,倾角大于15°时应设置台阶。

12.3.2 斜井井口段和地质较差的地段宜作衬砌,衬砌参数可按表12.3.2选用。

表12.3.2 斜井、平行导坑、横洞及风道衬砌参数

围岩级别	喷锚衬砌	模筑混凝土衬砌	复合衬砌	
			初期支护	二次衬砌
I	5cm	20cm	不支护,局部喷混凝土或水泥砂浆护面	20cm
II	5cm	20cm	局部喷射混凝土,厚度5cm	20cm
III	10cm,局部锚杆长2~2.5m	25~30cm	喷混凝土厚5~8cm,局部设锚杆,长2m	20cm

续上表

围岩级别	喷锚衬砌	模筑混凝土衬砌	复合衬砌	
			初期支护	二次衬砌
Ⅳ	—	35~40cm	喷混凝土厚8~10cm,拱部设锚杆,长2~2.5m,间距1~1.2m,必要时拱部设钢筋网	25~30cm
Ⅴ	—	45~50cm 必要时设仰拱	喷混凝土厚10~15cm,设系统锚杆,长2.5~3m,间距1m,设钢筋网	35~40cm,必要时设仰拱

注:(1)Ⅳ级围岩地段应特殊设计。

(2)喷锚衬砌仅适用于地下水不发育,无侵蚀性并能保证光面爆破效果的Ⅰ~Ⅲ级围岩地段。

(3)适用于通道宽度不大于5m,当通道宽度大于5m时另行设计。

12.3.3 斜井必须有相应的安全措施,并在适当位置设挡车设备,严防溜车。倾角在15°以上的斜井应有轨道防滑措施。

12.4 平行导坑与横洞

12.4.1 长度在3 000m以上或确有特殊需要的隧道,可采用平行导坑,其位置选择应符合下列要求:

1 宜设在地下水补给源一侧。

2 与隧道的净距应根据地质条件、施工方法等因素确定。

3 坑底高程宜低于隧道底面高程0.2~0.6m。

12.4.2 平行导坑应设置水沟,其过水断面、沟底坡度等应根据排水需要和正洞排水统一考虑。

12.4.3 傍山、沿河隧道需设辅助通道时宜考虑采用横洞,其位置应考虑施工需要,并应设向横洞外不小于0.3%的下坡,以利排水。

12.4.4 平行导坑与横洞的衬砌参数可按表12.3.2选用。

12.5 横通道、风道及地下机房

12.5.1 营运用横通道的设置间距和断面建筑限界应符合本规范4.4.6条的规定。施工用横通道的间距应根据施工需要和工程进度确定,不宜小于120m。

横通道的位置,在原则上满足以上条件下应尽量避免通过断层、破碎带等不良地质地段。

12.5.2 风道设置应满足下列要求:

1 风道在弯曲、变径、分岔等断面变化处应采取曲线相连接,平顺过渡。内壁面应平滑,减小摩阻力。

2 送风机前后附近的风道内不得产生偏流、回流及涡流等。当弯道为90°时,应在转角处设置导流叶片。

3 在风道吸入口应设置网状门,防止异物吸入。

4 应防止风道内和风道口结冰。

5 风机房内的连接风道应充分考虑风量控制、应急时风机运转等因素,确定合理的风道形状及切换方法。

6 风道内必须采取防排水措施,严禁渗漏水。

7 风道隔板必须密封并具有耐久性,不得漏风。

8 当隧道照明设施和应急设施的管线和器械设置于风道内时,应在合适位置设置检修用进出口、楼梯和照明灯具。

12.5.3 将通风机械设备设置于地下洞室时应满足下列要求:

1 地下机房宜靠近隧道布置。

2 地下机房空间应能布置轴流风机、电气设备、控制设备和其他辅助机电设备,并有大型设备搬运通道和工作通道等。

3 当风机分期安装时应考虑预留空间和连接装置。

4 地下机房应采取严格的防排水措施,严禁渗漏水。

5 地下机房与风道的连接处,其周壁必须密封,严禁漏风。

12.5.4 横通道、风道的衬砌参数可按表 12.3.2 选用;地下机房应根据洞室规模和设备安装要求作特殊设计。

13 辅助工程措施

13.1 一般规定

13.1.1 当隧道通过浅埋、严重偏压、岩溶流泥地段、砂土层、砂卵(砾)石层、回填土、自稳性差的软弱破碎地层、断层破碎带以及大面积淋水或涌水地段时,应采用辅助工程措施。辅助工程措施有管棚、超前导管、超前钻孔注浆、超前锚杆、地表砂浆锚杆、地表注浆加固、护拱、井点降水、深井排水等。

13.1.2 隧道设计可根据不同地质条件、环境条件和施工条件采用相应的辅助工程措施。

13.2 地层稳定措施

13.2.1 管棚法设计应遵循下列原则:

1 管棚的形状和导管的布置方式应根据隧道开挖面的形状选择。

2 导管环向间距应根据地层性质、地层压力、导管设置部位、钻孔机具和隧道开挖方式等条件确定,一般为30~50cm,纵向两组管棚间应有不小于3.0m的水平搭接长度。

3 导管宜选用热轧无缝钢管,外径宜为80~180mm,长度为10~45m,分段安装,分段长4~6m。

4 导管上的注浆孔孔径宜为10~16mm,间距宜为15~20cm,呈梅花形布置。

5 当需增加管棚钢架支护的刚度时,可在钢管内注入水泥砂浆。

6 在护拱上沿隧道开挖轮廓线纵向钻设的管棚孔不得侵入隧道开挖轮廓线。孔深设计宜为10~45m。护拱的基础应放在稳定的基础上。

13.2.2 超前小导管设计应遵循下列原则:

1 小导管宜采用直径42~50mm的无缝钢管,长度宜为3~5m。

2 小导管前部注浆孔孔径宜为6~8mm,间距宜为10~20cm,呈梅花形布置,尾部长度不小于30cm。

3 小导管环向设置间距可为20~50cm,外插角10°~30°,两组小导管间纵向水平搭接长度不小于100cm。

4 小导管应与格栅钢架组成支护系统。

13.2.3 超前钻孔注浆设计应遵循下列原则:

1 根据地质状况,选用合理的计算方法确定注浆范围。

2 注浆孔应根据注浆范围、注浆长度、浆液材料、扩散半径以及工程要求等条件布置。

3 注浆孔径应不小于110mm,注浆压力应根据现场试验确定。

4 注浆材料根据地质条件及涌水情况确定。

13.2.4 超前锚杆设计应遵循下列原则:

1 超前锚杆设置范围,对于拱部超前锚杆宜为隧道拱部外弧全长的1/6~1/2。

2 锚杆直径宜取20~25mm。

3 锚杆长度宜为3~5m,拱部超前锚杆纵向两排之间应有1m以上的水平搭接段。

4 锚杆间距,Ⅳ级围岩宜为40~60cm,Ⅴ级围岩宜为30~50cm。

5 锚孔直径不应小于40mm,可设一排或数排。

6 超前锚杆外插角宜为5°~30°。

7 充填砂浆宜采用早强砂浆,其强度等级不应低于M20。

13.2.5 地表砂浆锚杆设计应遵循下列原则：

1 锚杆宜垂直地表设置，根据地形及主结构面具体情况也可倾斜设置。

2 锚杆宜采用 HRB335 钢筋，直径 16 ~ 22mm，由单根钢筋或多根钢筋并焊组成，间距宜为 1.0 ~ 1.5m，呈梅花形布置。

3 锚孔直径应大于杆体直径 30mm，充填不得低于 M20 的水泥砂浆。

4 锚杆长度可根据隧道覆盖层厚度确定，一般取地面至隧道拱部外缘线之间的距离。

5 加固宽度可按 1 ~ 2 倍隧道宽度考虑。

13.2.6 地表注浆加固设计应遵循下列原则：

1 地表注浆加固范围，沿隧道纵向应超出不良地质地段 5 ~ 10m。

2 注浆孔应竖向设置，注浆孔径应不小于 110mm，可按梅花形或矩形排列布孔；注浆孔深应根据实际情况确定。

3 孔间距宜为单孔浆液扩散半径的 1.4 ~ 1.7 倍。

13.2.7 对于浅埋隧道，且隧道上方两侧（或一侧）地表有建筑物时，可采用墙式遮挡法。

13.3 涌水处理措施

13.3.1 注浆止水设计除应符合 13.2.3 条外，还应遵循下列原则：

1 注浆范围宜覆盖围岩松动圈。

2 注浆段的长度应根据地质条件、涌水量和水压力等因素确定。

3 注浆孔中心间距应根据注浆帷幕厚度、浆液扩散半径以及各孔扩散范围相互重叠等因素确定，可为浆液扩散半径的 1.5 ~ 1.7 倍；浆液扩散半径根据不同的地质条件、注浆压力、浆液种类等在现场试验确定，亦可按工程类比法选定，并在施工中不断修正。

13.3.2 超前钻孔排水设计应遵循下列原则：

1 采取排水措施，保证钻孔排出的水迅速排出洞外。

2 超前钻孔的孔底应超前开挖面 1 ~ 2 个循环进尺。

13.3.3 超前导洞排水设计应遵循下列原则：

1 导洞应和正洞平行或接近平行。

2 导洞底标高应低于正洞底标高。

3 导洞应超前正洞 10 ~ 20m，至少应超前 1 ~ 2 个循环进尺。

13.3.4 井点降水设计应遵循下列原则：

1 当降水深度为 3 ~ 6m 时，可采用井点降水。

2 井点的布置应根据地层的渗透系数、降水范围及降水深度等因素综合确定。

3 深度小于 5m 时，可采用单排井点。井点间距可通过计算确定。

4 滤水管应深入含水层，各滤水管的高程应相同。

13.3.5 深井降水设计应遵循下列原则：

1 当降水深度大于 6m 时，可采用深井降水。

2 在隧道两侧地表面布置井点，间距可通过计算确定。

3 井底应置于隧底以下 3 ~ 5m。

4 深井抽水时应有相应的地面排水措施。

14 特殊地质地段

14.1 一般规定

14.1.1 当隧道通过膨胀岩层、黄土地层、含水未固结围岩、溶洞、破碎带、岩爆、流沙以及瓦斯溢出地层时,应根据具体情况采用相应辅助工程措施。

14.1.2 特殊地质地段的隧道,除采用特殊设计外,还应在施工中加强围岩和地下水位变化观察、支护和衬砌受力量测,如发现设计与实际情况不符,应及时修正设计。

14.2 膨胀性围岩

14.2.1 膨胀性围岩隧道支护衬砌形状宜采用圆形或接近圆形的断面。

14.2.2 膨胀性围岩隧道应采用先柔后刚、先让后顶、分层支护的设计方法。

14.2.3 膨胀性围岩隧道应采用复合式衬砌,初期支护喷射混凝土最大厚度不应超过25cm。二次衬砌宜采用等厚、圆顺断面,宜采用钢筋混凝土衬砌,衬砌厚度不宜大于50cm。

膨胀性围岩隧道支护衬砌均应设置仰拱。

14.2.4 当膨胀压力引起大变形时,初期支护宜采用预留纵向变形缝的喷混凝土支护,并采用可缩式钢架,同时加密高强度锚杆,以抵御膨胀压力。

14.2.5 膨胀性围岩隧道仰拱应及时施作,使支护衬砌尽早形成闭合结构,以增加衬砌的整体承载能力,控制边墙变形,防止底鼓现象。

14.2.6 膨胀性围岩隧道必须做好隧底的防水排水工作,防止水流浸泡基底。

14.3 溶洞与采空区

14.3.1 通过岩溶地区的隧道,可采用跨越、加固洞穴、引排截流岩溶水、清除或加固充填物、回填夯实、封闭地表塌陷、疏排地表水等综合治理设计方案。

14.3.2 对于规模较大溶洞、或暗河通道、或有松软充填物的溶洞、或基础处理工程修建困难的地段,应采用跨越通过。

14.3.3 对跨径较小、无水的溶洞,可根据其与隧道相交的位置及其充填情况,采用混凝土、浆砌片石予以回填封闭。

14.3.4 当隧道拱顶部有较大规模空溶洞时,可视溶洞洞壁的岩石稳定程度,在溶洞顶部采用喷锚加固,并采用隧道护拱及拱顶回填的办法处治。

14.3.5 当个别溶洞处理困难时,可采取迂回导坑绕过溶洞的方法。

14.3.6 对于隧道底部溶洞充填物应根据具体情况采取桩基、注浆、换填等措施进行加固。

14.3.7 对管道岩溶水应采取宜疏不宜堵的原则处理。对裂隙岩溶水应根据实际情况采用相应的处治措施。

14.3.8 对穿越采空区的隧道,应根据采空区的分布范围、大小、深度、积水及其上覆岩层稳定情况,采取加固、回填、封闭地表塌陷、疏排水等综合处治措施。

14.4 流沙

14.4.1 穿越流沙地段的隧道应根据流沙特性、规模,综合考虑物质组成、贯入度、相对密度、粒径分布、塑性指数、地层承载力、滞水层分布、地下水压力和渗透系数等因素确定设计方案。

14.4.2 通过流沙地段的隧道应遵循下列设计原则:

1 加强防排水设计,必要时可采取井点降水法。

2 衬砌可采用工字型钢支撑,设置底梁,支撑的上下、纵横均应连接牢固。

3 对于流沙逸出口附近较干燥围岩,应采用锚杆或混凝土层加固围岩。

14.5 瓦斯地层

14.5.1 通过瓦斯地层的隧道,衬砌断面宜采用带仰拱的封闭式衬砌或加厚铺底,并视地质情况向不含瓦斯地段延伸 10 ~ 20m。

14.5.2 含瓦斯地层隧道应采用单层或多层全封闭结构,并提高混凝土的抗渗性。

14.5.3 含瓦斯地层的喷射混凝土厚度不应小于 15cm,模筑混凝土二次衬砌厚度不应小于 40cm。

14.5.4 瓦斯地层宜采用超前导坑法开挖,探查瓦斯种类和含量,并加强施工通风,以稀释瓦斯浓度。

14.5.5 隧道竣工后,应继续对瓦斯渗入及含量进行监测,当封堵等措施仍无法隔绝瓦斯渗漏时,应考虑增设营运期间机械通风。

14.5.6 通过瓦斯地层的隧道,钻爆设计应遵循《公路隧道施工技术规范》(JTJ 042)的相关规定。

14.6 黄土

14.6.1 黄土地区的隧道,应视黄土分类、物理力学性能和施工方法等确定衬砌结构。

14.6.2 黄土地区隧道应采用曲墙衬砌。

14.6.3 采用复合式衬砌时,开挖后宜以钢支撑、钢筋网喷射混凝土和锚杆作初期支护,必要时宜采用超前锚杆、管棚加固。

14.6.4 位于隧道附近地表的冲沟、陷穴、裂缝应回填、铺砌,并设置地表水的引排设施。

14.6.5 黄土地区的隧道,在因构造节理切割而形成的不稳定部位应加强支护。当隧道覆盖层浅、地层稳定性差时,可按本规范第 13 章中地层稳定方法的辅助工程措施设计。

14.6.6 黄土隧道洞门设计应遵循下列原则:

1 非湿陷性黄土地基上的隧道洞门设计应考虑地表水冲刷防护。

2 湿陷性黄土地基上的隧道洞门,应根据黄土的物理力学性质,对端、翼墙地基采取适当的换填夯实措施。

3 黄土隧道洞门墙背上的压力可按库仑理论计算,同时应考虑土壤黏聚力的作用。

14.7 岩爆

14.7.1 岩爆地段的隧道设计应根据岩爆烈度等级采取有效的防治措施。

14.7.2 岩爆地段隧道初期支护可采用喷射混凝土、系统锚杆和钢筋网,形成喷、锚、网的一体组合支护;岩爆烈度级别较高时,可以采取超前应力释放措施,并辅以超前锚杆、增设格栅钢架支撑等措施。

15 隧道内路基与路面

15.1 一般规定

15.1.1 隧道路基应稳定、密实、匀质,为路面结构提供均匀的支承。

15.1.2 隧道路面应具有足够的强度和平整、耐久、抗滑、耐磨等性能。

15.2 路基

15.2.1 当隧道衬砌设置仰拱时,仰拱的填充材料和填充要求应符合第5章、第8章的规定;不设仰拱的隧道,其路基应置于稳定的石质地基上。

15.2.2 隧道内路基宜设完整的中央管(沟)排水系统。对不设仰拱的隧道,当路面上面层采用沥青面层铺装时,其排水系统应使地下水位不高于路基顶面以下30cm。在季节性冰冻地区,地下排水系统应符合《公路路基设计规范》有关防冻深度的要求。

15.3 路面

15.3.1 各级公路隧道可采用水泥混凝土路面。有条件时,可采用沥青混合料上面层与水泥混凝土下面层组成的复合式路面。

15.3.2 不设仰拱的隧道路面结构宜设整平层、基层和面层;设仰拱的隧道路面可只设基层和面层。

15.3.3 各级水泥混凝土路面结构可靠度设计标准、材料性能和结构参数及变异水平、设计方法、标准轴载、材料组成和性质参数均应符合现行《公路水泥混凝土路面设计规范》(JTG D40)的有关规定。

15.3.4 岩石路基的整平层混凝土的弯拉强度值应与基层相同,厚度为10~15cm。

15.3.5 基层宜采用素混凝土,适宜的厚度范围为12~20cm,其抗压强度不低于C20或弯拉强度不低于1.8MPa。在其弯拉强度值超过1.8MPa时,应设置与混凝土面层相对应的横向缩缝;一次摊铺宽度大于7.5m时,应设纵向缩缝。

15.3.6 水泥混凝土面层

1 二、三、四级公路隧道路面一般宜采用设接缝的普通水泥混凝土面层;一级公路、高速公路隧道路面宜采用连续配筋混凝土面层或钢纤维混凝土面层。其层面板厚度、接缝构造与布设间距、钢纤维混凝土的钢纤维掺量、连续配筋混凝土的配筋率、面层特殊部位的配筋均应符合现行《公路水泥混凝土路面设计规范》(JTG D40)的有关规定。

2 路面表面构造应采用刻槽、压槽、拉毛或凿毛等方法制作,构造深度在使用初期应满足表15.3.6的要求。表面构造采用刻槽时,宜采用纵向刻槽,或同时采用纵向和横向刻槽。

表15.3.6 各级公路水泥混凝土路面面层的表面构造深度要求

公路等级	高速公路、一级公路	二、三、四级公路,汽车横向通道
构造深度(mm)	0.8~1.2	0.6~1.0

注:采用复合式路面时,作为下面层的水泥混凝土,其表面构造除外。

15.3.7 复合式路面沥青上面层

1 当采用复合式沥青路面上面层时,沥青面层应具有与混凝土面板黏结牢固、防水渗入、抗滑耐磨、低温抗开裂、高温抗车辙、抗剥离的良好性能;必要时,可采用阻燃性良好的、有利于光电照明、反光特性良好的沥青路面类型。

2 隧道复合式路面沥青上面层铺装结构应由黏结层和沥青面层组成。沥青面层厚度一般为 8 ~ 10cm，宜采用双层式沥青面层。其表面层应采用抗滑表层，沥青混合料配合比设计、高低温性能、水稳性等要求应符合《公路沥青路面设计规范》的有关规定。沥青表面层的厚度、混合料类型宜与洞外路段相同。

3 黏结层是使沥青下面层、防水层与混凝土面板联结成整体的结构层；在黏结层上应设置防水层。关于黏结层、防水层的要求应符合现行《公路沥青路面设计规范》有关对水泥混凝土桥面沥青铺装的规定。

15.3.8 当洞内采用水泥混凝土路面而洞外采用沥青路面时，应符合如下规定：

1 高速公路和一级公路的中、长隧道和特长隧道，洞内一段路面应与洞外路段保持一致，其长度不小于《公路隧道通风照明设计规范》（JTJ 026.1）对隧道照明引入段、适应段和过渡段的长度规定且不小于 300m。

2 二、三、四级公路隧道及高速公路和一级公路的中、短隧道，洞内一段路面宜与洞外路段保持一致，其长度不小于 3s 的设计速度行程距离，且不小于 50m。

16 机电及其他设施

16.1 通风

16.1.1 公路隧道通风设计应综合考虑交通条件、地形、地物、地质条件、通风要求、环境保护要求、火灾时的通风控制、维护与管理水平、分期实施的可能性、建设与营运费用等因素。

16.1.2 隧道通风应符合以下要求：

1 单向交通的隧道设计风速不宜大于10m/s，特殊情况下可取12m/s；双向交通的隧道设计风速不应大于8m/s；人车混合通行的隧道设计风速不应大于7m/s。

2 风机产生的噪声及隧道中废气的集中排放均应符合环保的有关规定。

3 确定的通风方式在交通条件等发生变化时，应具有较高的稳定性，并能适应火灾工况下的通风要求。

4 隧道内营运通风的主流方向不应频繁变化。

16.1.3 隧道通风主要应对一氧化碳（CO）、烟雾和异味进行稀释。

16.1.4 CO设计浓度

1 采用全横向通风方式与半横向通风方式时，CO设计浓度可按表16.1.4-1取值；采用纵向通风时，CO设计浓度可按表16.1.4-1所列各值提高50ppm取值。

表16.1.4-1 CO设计浓度δ

隧道长度(m)	≤1 000	≥3 000
δ(ppm)	250	200

注：隧道长度为1 000～3 000m时，可按插入法取值。

2 交通阻滞（隧道内各车道均以怠速行驶，平均车速为10km/h）时，阻滞段的平均CO设计浓度可取300ppm，经历时间不超过20min。阻滞段的计算长度不宜大于1km。

3 人车混合通行的隧道长度不宜超过2 000m，其CO设计浓度应按表16.1.4-2取值。

表16.1.4-2 CO设计浓度δ

隧道长度(m)	≤1 000	≥2 000
δ(ppm)	150	100

注：隧道长度为1 000～2 000m之间时，可按插入法取值。

16.1.5 烟雾设计浓度

1 采用钠灯光源时，烟雾设计浓度应按表16.1.5取值；采用荧光灯光源时，烟雾设计浓度应提高一级。

表16.1.5 烟雾设计浓度δ

计算行车速度(km/h)	100	80	60	40
$K(m^{-1})$	0.006 5	0.007 0	0.007 5	0.009 0

2 当烟雾浓度达到$0.012m^{-1}$时，应按采取交通管制等措施考虑。

3 隧道内进行养护维修时，应按现场实际烟雾浓度不大于$0.003\ 5m^{-1}$考虑。

16.1.6 稀释异味

1 隧道空间不间断换气频率不宜低于每小时5次；交通量较小或特长隧道，可采用每小时3～4次。

2 采用纵向通风的隧道,隧道内换气风速不应低于2.5m/s。

16.1.7 通风设计时必须考虑火灾对策,长度大于1 500m且交通量较大的隧道应考虑排烟措施。火灾时的排烟风速可按2~3m/s取值。

16.1.8 选用的风机,在环境温度为250℃情况下其可靠运转时间应不低于60min。

16.2 照明

16.2.1 长度大于100m的隧道应设置照明。

16.2.2 照明设计应综合考虑环境条件、交通状况、土建结构设计、供电条件、建设与营运费用等因素。

16.2.3 照明设计路面亮度总均匀度(U_0)应不低于表16.2.3-1的要求,路面亮度纵向均匀度(U_1)应不低于表16.2.3-2的要求。

表16.2.3-1 路面亮度总均匀度 U_0

设计交通量 N(辆/h)		U_0
双车道单向交通	双车道双向交通	
≥2 400	≥1 300	0.4
≤700	≤360	0.3

注:当交通量在其中间值时,可按插入法取值。

表16.2.3-2 亮度纵向均匀度 U_1

设计交通量 N(辆/h)		U_1
双车道单向交通	双车道双向交通	
≥2 400	≥1 300	0.6~0.7
≤700	≤360	0.5

注:当交通量在其中间值时,可按插入法取值。

16.2.4 中间段亮度

1 中间段亮度可按表16.2.4取值。

表16.2.4 中间段亮度 L_{in}(cd/m²)

计算行车速度(km/h)	双车道单向交通 $N>2\ 400$ 辆/h 或双车道双向交通 $N>1\ 300$ 辆/h	双车道单向交通 $N\leq700$ 辆/h 或双车道双向交通 $N\leq360$ 辆/h
100	9.0	4.0
80	4.5	2.0
60	2.5	1.5
40	1.5	1.5

2 当双车道单向交通700辆/h<N≤2 400辆/h,双向交通360辆/h<N≤1 300辆/h且通过隧道的行车时间超过135s时,可按表16.2.4的80%取值。

3 人车混合通行的隧道中,中间段亮度不得低于2.5 cd/m²。

4 隧道两侧墙面2m高范围内,宜铺设反射率不小于0.7的墙面材料。

5 灯具布置应满足闪烁频率低于2.5Hz或高于15Hz的要求。

6 中间段灯具的平面布置形式可采用单光带布置、两侧交错布置或两侧对称布置。

7 紧急停车带宜采用荧光灯光源,其照明亮度应大于7cd/m²。

8 连接通道亮度应大于2cd/m²。

16.2.5 入口段亮度可按式(16.2.5)计算。

$$L_{th}=k\cdot L_{20}(S) \tag{16.2.5}$$

式中 L_{th}——入口段亮度(cd/m²);

k——入口段亮度折减系数,可按表16.2.5取值;

$L_{20}(S)$——洞外亮度(cd/m²)。

表 16.2.5 入口段亮度折减系数 k

设计交通量 N(辆/h)		k			
		计算行车速度 v_t(km/h)			
双车道单向交通	双车道双向交通	100	80	60	40
≥2 400	≥1 300	0.045	0.035	0.022	0.012
≤700	≤360	0.035	0.025	0.015	0.010

注:当交通量在其中间值时,可内插取值。

16.2.6 过渡段照明

1 过渡段亮度

过渡段由 TR_1、TR_2、TR_3 三个照明段组成,与之对应的亮度可按表 16.2.6-1 取值。

表 16.2.6-1 过渡段亮度

照明段	TR_1	TR_2	TR_3
亮度	$L_{tr1}=0.3L_{th}$	$L_{tr2}=0.1L_{th}$	$L_{tr3}=0.035L_{th}$

2 过渡段长度

各过渡段的长度可按表 16.2.6-2 取值。

表 16.2.6-2 过渡段长度 D_{tr}

计算行车速度 v_t(km/h)	D_{tr1}(m)	D_{tr2}(m)	D_{tr3}(m)
100	106	111	167
80	72	89	133
60	44	67	100
40	26	44	67

16.2.7 出口段照明

1 在单向交通隧道中,应设置出口段照明;出口段长度宜取 60m,亮度宜取中间段亮度的 5 倍。

2 在双向交通隧道中,可不设出口段照明。

16.2.8 隧道照明灯具的防护等级应不低于 IP65。

16.3 交通工程

16.3.1 公路隧道交通工程设计内容主要包括标志、标线、交通监控、通风与照明控制、紧急呼叫、火灾报警、防灾与避难、供配电和中央控制管理等。

16.3.2 公路隧道交通工程分级,应根据隧道长度和隧道交通量两个因素划分为 A、B、C、D 四级。

16.3.3 隧道交通工程设施配置应遵循下列原则:

1 根据隧道交通工程分级,设施配置采用前期配置、后期完善的方法。

2 长度 1.0km 以上的公路隧道各类设施的配置规模应根据预测交通量进行总体规划设计,并据此一次性征用土地和实施基础工程、地下管线及预留预埋工程等。

3 各设施(系统)应视技术发展和交通量增长情况等逐步补充完善。

16.4 其他设施

16.4.1 公路隧道内壁装饰应结合隧道位置、使用要求进行,力求安全、经济、美观、实用,并符合下列规定:

1 内壁装饰不得侵入建筑限界。

2 内壁装饰材料应具有无毒、耐火、吸水膨胀率低、反光率高、便于清洗、耐磨和耐用的特点，并符合室外建筑材料相关规范的要求。

3 内壁装饰高度不宜低于路面以上 2m。

16.4.2 公路隧道可根据需要设置消音设施，消音设施不得侵入建筑限界。

16.4.3 隧道内各类设施的悬挂及安装配件应根据其承重和耐久性要求，进行强度和防腐设计。

附录 A　围岩分级有关规定

A.0.1　岩体完整程度的定量指标 K_v 和 J_v 值的测试和计算方法应符合以下规定：

1　岩体完整性指标(K_v)，应针对不同的工程地质岩组或岩性段，选择有代表性的点、段，测试岩体弹性纵波速度，并应在同一岩体取样测定岩石纵波速度。按下式计算：

$$K_v = (v_{pm}/v_{pr})^2 \tag{A.0.1-1}$$

式中　v_{pm}——岩体弹性纵波速度(km/s)；

v_{pr}——岩石弹性纵波速度(km/s)。

2　岩体体积节理数[J_v(条/m^3)]，应针对不同的工程地质岩组或岩性段，选择有代表性的露头或开挖壁面进行节理(结构面)统计。除成组节理外，对延伸长度大于 1m 的分散节理亦应予以统计。已为硅质、铁质、钙质充填再胶结的节理不予统计。

每一测点的统计面积不应小于 2m×5m。岩体 J_v 值应根据节理统计结果按下式计算：

$$J_v = S_1 + S_2 + \cdots + S_n + S_k \tag{A.0.1-2}$$

式中　S_n——第 n 组节理每米长测线上的条数；

S_k——每立方米岩体非成组节理条数(条/m^3)。

A.0.2　岩体基本质量影响因素的修正系数 K_1、K_2、K_3 的取值可分别按表 A.0.2-1、表 A.0.2-2 和表 A.0.2-3 确定。无表中所示情况时，修正系数取零。

表 A.0.2-1　地下水影响修正系数 K_1

地下水出水状态 \ BQ	>450	450~351	350~251	<250
潮湿或点滴状出水	0	0.1	0.2~0.3	0.4~0.6
淋雨状或涌流状出水，水压<0.1MPa 或单位出水量<10L/(min·m)	0.1	0.2~0.3	0.4~0.6	0.7~0.9
淋雨状或涌流状出水，水压>0.1MPa 或单位出水量>10L/(min·m)	0.2	0.4~0.6	0.7~0.9	1.0

表 A.0.2-2　主要软弱结构面产状影响修正系数 K_2

结构面产状及其与洞轴线的组合关系	结构面走向与洞轴线夹角<30°，结构面倾角 30°~75°	结构面走向与洞轴线夹角>60°，结构面倾角>75°	其他组合
K_2	0.4~0.6	0~0.2	0.2~0.4

表 A.0.2-3　初始应力状态影响修正系数 K_3

初始应力状态 \ BQ	>550	550~451	450~351	350~251	<250
极高应力区	1.0	1.0	1.0~1.5	1.0~1.5	1.0
高应力区	0.5	0.5	0.5	0.5~1.0	0.5~1.0

A.0.3　根据岩体(围岩)钻探和开挖过程中出现的主要现象，如岩芯饼化或岩爆现象，可按表 A.0.3 详估围岩的应力情况。

表 A.0.3　高初始应力地区围岩在开挖过程中出现的主要现象

应力情况	主 要 现 象	R_c/σ_{max}
极高应力	1　硬质岩：开挖过程中有岩爆发生，有岩块弹出，洞壁岩体发生剥离，新生裂缝多，成洞性差； 2　软质岩：岩芯常有饼化现象，开挖过程中洞壁岩体有剥离，位移极为显著，甚至发生大位移，持续时间长，不易成洞	<4
高应力	1　硬质岩：开挖过程中可能出现岩爆，洞壁岩体有剥离和掉块现象，新生裂缝较多，成洞性差； 2　软质岩：岩芯时有饼化现象，开挖过程中洞壁岩体位移显著，持续时间较长，成洞性差	4~7

注：σ_{max}为垂直洞轴线方向的最大初始应力。

A.0.4　各级围岩的物理力学参数及结构面抗剪强度，应通过室内或现场试验获得。如无实测数据时，可按以下各款选取：

1　各级围岩物理力学参数可按表 A.0.4-1 选用。

表 A.0.4-1　各级围岩的物理力学指标标准值

围岩级别	重度 γ (kN/m³)	弹性抗力系数 k (MPa/m)	变形模量 E (GPa)	泊松比 μ	内摩擦角 φ (°)	黏聚力 C (MPa)	计算摩擦角 φ_c (°)
I	26~28	1 800~2 800	>33	<0.2	>60	>2.1	>78
II	25~27	1 200~1 800	20~33	0.2~0.25	50~60	1.5~2.1	70~78
III	23~25	500~1 200	6~20	0.25~0.3	39~50	0.7~1.5	60~70
IV	20~23	200~500	1.3~6	0.3~0.35	27~39	0.2~0.7	50~60
V	17~20	100~200	1~2	0.35~0.45	20~27	0.05~0.2	40~50
VI	15~17	<100	<1	0.4~0.5	<20	<0.2	30~40

注：(1)本表数值不包括黄土地层。

(2)选用计算摩擦角时，不再计内摩擦角和黏聚力。

2　岩体结构面抗剪断峰值强度参数可按表 A.0.4-2 选用。

表 A.0.4-2　岩体结构面抗剪断峰值强度

序号	两侧岩体的坚硬程度及结构面的结合程度	内摩擦角 φ(°)	黏聚力 C(MPa)
1	坚硬岩，结合好	>37	>0.22
2	坚硬~较坚硬岩，结合一般； 较软岩，结合好	37~29	0.22~0.12
3	坚硬~较坚硬岩，结合差； 较软岩~软岩，结合一般	29~19	0.12~0.08
4	较坚硬~较软岩，结合差~结合很差； 软岩，结合差；软质岩的泥化面	19~13	0.08~0.05
5	较坚硬岩及全部软质岩，结合很差； 软质岩泥化层本身	<13	<0.05

A.0.5　各级围岩自稳能力可按表 A.0.5 作出判断。

表 A.0.5 隧道各级围岩自稳能力判断

围岩级别	自稳能力
I	跨度20m,可长期稳定,偶有掉块,无塌方
II	跨度10~20m,可基本稳定,局部可发生掉块或小塌方; 跨度10m,可长期稳定,偶有掉块
III	跨度10~20m,可稳定数日~1个月,可发生小~中塌方; 跨度5~10m,可稳定数月,可发生局部块体位移及小~中塌方; 跨度5m,可基本稳定
IV	跨度5m,一般无自稳能力,数日~数月内可发生松动变形、小塌方,进而发展为中~大塌方。埋深小时,以拱部松动破坏为主,埋深大时,有明显塑性流动变形和挤压破坏; 跨度小于5m,可稳定数日~1个月
V	无自稳能力,跨度5m或更小时,可稳定数日
VI	无自稳能力

注:(1)小塌方:塌方高度<3m,或塌方体积<30m^3。

(2)中塌方:塌方高度3~6m,或塌方体积30~100m^3。

(3)大塌方:塌方高度>6m,或塌方体积>100m^3。

附录 B　隧道标准内轮廓

B.0.1　隧道内轮廓标准，即拱部为单心半圆，侧墙为大半径圆弧，仰拱与侧墙间用小半径圆弧连接。两车道隧道标准内轮廓断面如图 B.0.1 所示。

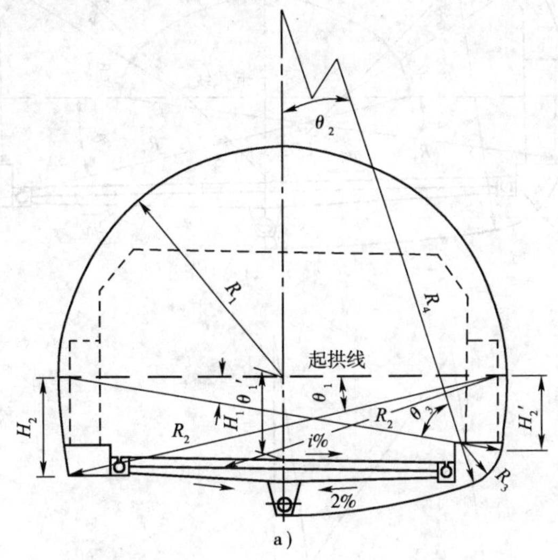

a)

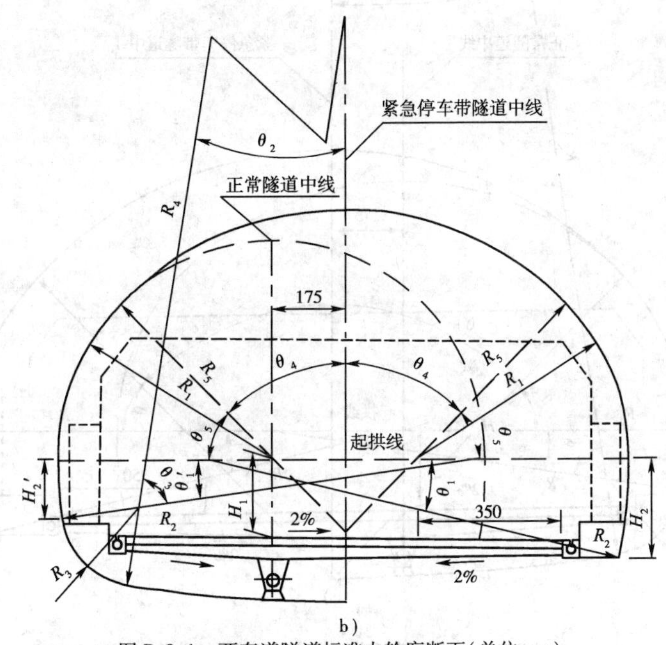

b)

图 B.0.1　两车道隧道标准内轮廓断面(单位:cm)

a)标准断面;b)紧急停车带断面

R_1-拱部圆弧半径;R_2-侧墙圆弧半径;R_3-侧墙与仰拱连接段圆弧半径;R_4-仰拱圆弧半径;H_1-路面至起拱线的高度;H_2-侧墙结构高度;H'_2-设仰拱时的侧墙结构高度(侧墙与仰拱连接点至起拱线的高度);θ_1-起拱线与 R_2 的夹角;θ'_1-设仰拱时起拱线与 R_2 的夹角;θ_2-隧道结构中心线与 R_4 的夹角;$\theta_3=90°-(\theta'_1+\theta_2)$;$R_5$-紧急停车带拱部圆弧半径;$\theta_4$-半径为 R_5 的拱部圆弧段夹角;R_1-拱部与侧墙连接段圆弧半径;θ_5-半径为 R_1 的圆弧段夹角

B.0.2　三车道隧道标准内轮廓断面如图 B.0.2 所示。

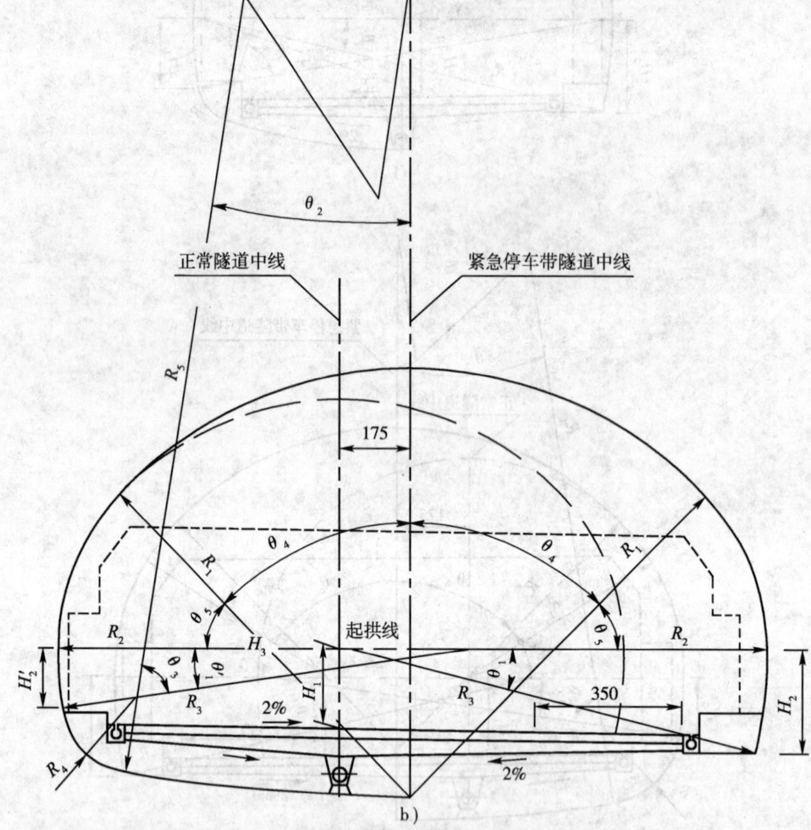

图 B.0.2　三车道隧道标准内轮廓断面(单位:cm)

a)标准断面;b)紧急停车带断面

R_1-拱部圆弧半径;R_2-拱部与侧墙连接段圆弧半径;R_3-侧墙圆弧半径;R_4-侧墙与仰拱连接段圆弧半径;R_5-仰拱圆弧半径;H_1-路面至起拱线的高度;H_2-侧墙结构高度;H'_2-设仰拱时的侧墙结构高度(侧墙与仰拱连接点至起拱线的高度);θ_1-起拱线与 R_3 的夹角;θ'_1-设仰拱时起拱线与 R_2 的夹角;θ_2-隧道结构中心线与 R_5 的夹角;$\theta_3=90°-(\theta'_1+\theta_2)$;$\theta_4$-半径为 R_1 的拱部圆弧段夹角;θ_5-半径为 R_2 的圆弧段夹角

附录C　型钢特性参数表

表 C.0.1　工字钢截面特性参数表

型号	截面尺寸(mm)						截面面积 (cm^2)	理论质量 (kg/m)	特性参数						
									X—X				Y—Y		
	h	b	d	t	r	r_1			I_X (cm^4)	W_X (cm^3)	i_X (cm)	I_X,S_X	I_Y (cm^4)	W_Y (cm^3)	i_Y (cm)
10	100	68	4.5	7.6	6.5	3.3	14.345	11.261	245	49.0	4.14	8.59	33.0	9.72	1.52
12.6	126	74	5.0	8.4	7.0	3.5	18.118	14.223	188	77.5	5.20	10.8	46.9	12.7	1.61
14	140	80	5.5	9.1	7.5	3.8	21.516	16.890	712	102	5.76	12.0	64.4	16.1	1.73
16	160	88	6.0	9.9	8.0	4.0	26.131	20.513	1 130	141	6.58	13.8	93.1	21.2	1.89
18	180	94	6.5	10.7	8.5	4.3	30.756	24.143	1 660	185	7.36	15.4	122	26.0	2.00
20a	200	100	7.0	11.4	9.0	4.5	35.578	27.929	2 370	237	8.15	17.2	158	31.5	2.12
20b	200	102	9.0	11.4	9.0	4.5	39.578	31.069	2 500	250	7.96	16.9	169	33.1	2.06
22a	220	110	7.5	12.3	9.5	4.8	42.128	33.070	3 400	309	8.99	18.9	225	40.9	2.31
22b	220	112	9.5	12.3	9.5	4.8	46.528	36.524	3 570	325	8.78	18.7	239	42.7	2.27
25a	250	116	8.0	13.0	10.0	5.0	48.541	38.105	5 020	402	10.2	21.6	280	48.3	2.40
25b	250	118	10.0	13.0	10.0	5.0	53.541	42.030	5 280	423	9.94	21.3	309	52.4	2.40
28a	280	122	8.5	13.7	10.5	5.3	55.404	43.492	7 110	508	11.3	24.6	345	56.6	2.50
32a	320	130	9.5	15.0	11.5	5.8	67.156	52.747	11 100	692	12.8	27.5	460	70.8	2.62
32b	320	132	11.5	15.0	11.5	5.8	73.556	57.741	11 600	726	12.6	27.1	502	76.0	2.61
32c	320	134	13.5	15.0	11.5	5.8	79.956	62.765	12 200	760	12.3	26.8	544	81.2	2.61
36a	360	136	10.0	15.8	12.0	6.0	76.480	60.037	15 800	875	14.4	30.7	552	81.2	2.69
36b	360	138	12.0	15.8	12.0	6.0	83.680	65.689	16 500	919	14.1	30.3	582	84.3	2.64
36c	360	140	14.0	15.8	12.0	6.0	90.880	71.341	17 300	962	13.8	29.9	612	87.4	2.60
40a	400	142	10.5	16.5	12.5	6.3	86.112	37.598	21 700	1 090	15.9	34.1	660	93.2	2.77
40b	400	144	12.5	16.5	12.5	6.3	94.112	73.878	22 800	1 140	15.6	33.6	692	96.2	2.71
40c	400	146	14.5	16.5	12.5	6.3	102.112	80.158	23 900	1 190	15.2	33.2	727	99.6	2.65
45a	450	150	11.5	18.0	13.5	6.8	102.446	80.420	32 200	1 430	17.7	38.6	855	114	2.89
45b	450	152	13.5	18.0	13.5	6.8	111.446	87.485	33 800	1 500	17.4	38.0	894	118	2.84
45c	450	154	15.5	18.0	13.5	6.8	120.446	94.550	35 300	1 570	17.1	37.6	938	122	2.79
50a	500	158	12.0	20.0	14.0	7.0	119.304	93.654	46 500	1 860	19.7	42.8	1 120	142	3.07
50b	500	160	14.0	20.0	14.0	7.0	129.304	104.504	48 600	1 940	19.4	42.4	1 170	146	3.01
50c	500	162	16.0	20.0	14.0	7.0	139.304	109.354	50 600	2 080	19.0	41.8	1 220	151	2.96
56a	560	166	12.5	21.0	14.5	7.3	135.435	106.316	65 600	2 340	22.0	47.7	1 370	165	3.18
56b	560	168	14.5	21.0	14.5	7.3	146.635	115.108	68 500	2 450	21.6	47.2	1 490	174	3.16
56c	560	170	16.5	21.0	14.5	7.3	157.835	123.900	71 400	2 550	21.3	46.7	1 560	183	3.16
63a	630	176	13.0	22.0	15.0	7.5	154.658	121.407	93 900	2 980	24.5	54.2	1 700	193	3.31
63b	630	178	15.0	22.0	15.0	7.5	167.258	131.298	98 100	3 000	24.2	53.5	1 810	204	3.29
63c	630	180	17.0	22.0	15.0	7.5	179.858	141.189	102 000	3 300	23.3	52.9	1 920	214	3.27

表 C.0.2 宽翼缘 H 型钢截面特性参数表

代号	截面尺寸(mm)					截面面积 (cm²)	理论质量 (kg/m)	特性参数					
								X—X			Y—Y		
	H	B	T_1	t_2	R			I_X (cm^4)	W_X (cm^3)	i_X (cm)	I_Y (cm^4)	W_Y (cm^3)	i_Y (cm)
HK100a	96	100	5.0	8.0	12	21.2	16.7	349	72	4.1	133	26	2.51
b	100	100	6.0	10.0	12	26.0	20.4	449	89	4.2	167	33	2.53
c	120	106	12.0	20.0	12	53.2	41.8	1 142	190	4.6	399	75	2.74
HK120a	114	120	5.0	8.0	12	25.3	19.9	606	106	4.9	230	38	3.02
b	120	120	6.5	11.0	12	34.0	26.7	864	144	5.0	317	52	3.06
c	140	126	12.5	21.0	12	66.4	52.1	2 017	288	5.5	702	111	3.25
HK140a	133	140	5.5	8.5	12	31.4	24.7	1 033	155	5.7	389	55	3.52
b	140	140	7.0	12.0	12	43.0	33.7	1 509	215	5.9	549	78	3.58
c	160	146	13.0	22.0	12	80.6	63.2	3 291	411	6.4	1 144	156	3.77
HK160a	152	160	6.0	9.0	15	38.8	30.4	1 672	220	6.6	615	76	3.98
b	160	160	8.0	13.0	15	54.3	42.6	2 491	311	6.8	889	111	4.05
c	180	166	14.0	23.0	15	97.1	76.2	5 098	566	7.2	1 758	211	4.26
HK180a	171	200	6.0	9.5	15	45.3	35.5	2 510	293	7.4	924	102	4.52
b	180	200	8.5	14.0	15	65.3	51.2	3 830	425	7.7	1 362	151	4.57
c	200	206	14.5	24.0	15	113.3	88.9	7 482	748	8.1	2 579	277	4.77
HK200a	190	220	6.5	10.0	18	53.8	42.3	3 691	383	8.3	1 335	133	4.98
b	200	220	9.0	15.0	18	78.1	61.3	5 695	569	8.5	2 003	200	5.06
c	220	226	15.0	25.0	18	131.3	103.1	10 641	967	9.0	3 650	354	5.27
HK220a	210	240	7.0	11.0	18	64.3	50.5	5 409	515	9.2	1 954	177	5.51
b	220	240	9.5	16.0	18	91.0	71.5	8 090	735	9.4	2 842	258	5.59
c	240	248	15.5	26.0	18	149.4	117.3	14 604	1 217	9.9	5 011	443	5.79
HK240a	230	260	7.5	12.0	21	76.8	60.3	7 762	674	10.1	2 768	230	6.00
b	240	260	10.0	17.0	21	106.0	83.2	11 258	938	10.3	3 922	326	6.08
c	270	268	18.0	32.0	21	199.6	156.7	24 288	1 799	11.0	8 152	657	6.39
HK260a	250	260	7.5	12.5	24	86.8	68.2	10 453	836	11.0	3 666	282	6.50
b	260	260	10.0	17.5	24	118.4	93.0	14 918	1 147	11.2	5 133	394	6.58
c	290	268	18.5	32.5	24	219.6	172.4	31 305	2 159	11.9	10 447	779	6.90
HK280a	270	280	8.0	13.0	24	97.3	76.4	13 671	1 012	11.9	4 761	340	7.00
b	280	280	10.5	18.0	24	131.4	103.1	19 268	1 376	12.1	6 593	470	7.08
c	310	288	18.5	33.0	24	240.2	188.5	39 546	2 551	12.8	13 161	914	7.40
HK300a	290	300	8.5	14.0	27	112.5	88.3	18 261	1 259	12.7	6 307	420	7.48
b	300	300	11.0	19.0	27	149.1	117.0	25 163	1 677	13.0	8 561	570	7.58
c	320	305	16.0	29.0	27	225.1	176.7	40 948	2 559	13.5	13 734	900	7.81
d	340	310	21.0	39.0	27	303.1	237.9	59 198	3 482	14.0	19 401	1 251	8.00
HK320a	305	203	7.8	13.0	27	80.8	63.4	13 783	903	13.1	1 819	179	4.75

续上表

代号	截面尺寸(mm)					截面面积 (cm^2)	理论质量 (kg/m)	特性参数					
								X—X			Y—Y		
	H	B	T_1	t_2	R			I_X (cm^4)	W_X (cm^3)	i_X (cm)	I_Y (cm^4)	W_Y (cm^3)	i_Y (cm)
b	311	205	9.6	16.0	27	98.6	77.4	17 137	1 102	13.2	2 306	225	4.84
c	308	254	9.0	14.5	27	105.0	82.4	18 619	1 209	13.3	3 968	312	6.15
d	311	254	9.4	16.0	27	113.8	89.3	20 516	1 319	13.4	4 379	344	6.20
e	310	300	9.0	15.5	27	124.4	97.6	22 926	1 479	13.6	6 983	465	7.49
f	320	300	11.5	20.5	27	161.3	126.7	30 821	1 926	13.8	9 237	615	7.57
g	359	309	21.0	40.0	27	312.0	245.0	68 132	3 795	14.8	19 707	1 275	7.95
HK340a	330	300	9.5	16.5	27	133.5	104.8	27 690	1 678	14.4	7 434	495	7.46
b	340	300	12.0	21.5	27	170.9	134.2	36 654	2 156	14.6	9 688	645	7.53
c	377	309	21.0	40.0	27	315.8	247.9	76 369	4 051	15.6	19 709	1 275	7.90
HK360a	342	203	7.7	13.5	27	85.3	67.0	18 235	1 066	14.6	1 889	186	4.71
b	345	204	8.5	15.0	27	94.2	74.0	20 322	1 178	14.7	2 130	208	4.76
c	347	205	9.6	16.5	27	104.0	81.7	22 391	1 290	14.7	2 378	232	4.78
d	351	255	10.8	18.0	27	132.0	103.7	29 721	1 693	15.0	4 985	391	6.14
e	359	257	12.8	22.0	27	159.7	125.3	36 920	2 056	15.2	6 239	485	6.25
HK360f	350	300	10.0	17.5	27	142.8	112.1	33 087	1 890	15.2	7 885	525	7.43
g	360	300	12.5	22.5	27	180.6	141.8	43 191	2 399	15.5	10 139	675	7.49
h	395	308	21.0	40.0	27	318.8	250.3	84 864	4 296	16.3	19 520	1 267	7.82
HK400a	390	300	11.0	19.0	27	159.0	124.8	45 066	2 311	16.8	8 562	570	7.34
b	400	300	13.5	24.0	27	197.8	155.3	57 678	2 883	17.1	10 817	721	7.40
c	432	307	21.0	40.0	27	325.8	255.7	104 116	4 820	17.9	19 333	1 259	7.70
d	452	417	30.0	50.0	27	528.9	415.2	182 051	8 055	18.6	60 533	2 903	10.70
e	492	432	45.0	70.0	27	769.5	604.0	289 894	11 784	19.4	94 376	4 369	11.10
HK430a	415	260	10.0	17.0	27	132.8	104.2	41 765	2 012	17.7	4 990	383	6.13
b	420	261	11.2	19.5	27	150.7	118.3	48 140	2 292	17.9	5 791	443	6.20
c	431	265	14.8	25.0	27	195.1	153.2	63 620	2 252	18.1	7 775	586	6.31
d	425	203	13.5	22.0	27	147.0	115.4	44 652	2 101	17.4	3 085	303	4.58
HK450a	440	300	11.5	21.0	27	178.0	139.7	63 718	2 896	18.9	9 463	630	7.29
b	450	300	14.0	26.0	27	218.0	171.1	79 884	3 550	19.1	11 719	781	7.33
c	478	307	21.0	40.0	27	335.4	263.3	131 481	5 501	19.8	19 337	1 259	7.59
HK500a	490	300	12.0	23.0	27	197.5	155.1	86 971	3 549	21.0	10 365	691	7.24
b	500	300	14.5	28.0	27	238.6	187.3	107 172	4 286	21.2	12 622	841	7.27
c	524	306	21.0	40.0	27	344.3	270.3	161 926	6 180	21.7	19 153	1 251	7.46
HK550a	540	300	12.5	24.0	27	211.8	166.2	11 928	4 145	23.0	10 817	721	7.15
b	550	300	15.0	29.0	27	254.1	199.4	13 687	4 970	23.2	13 075	871	7.17
c	572	306	21.0	40.0	27	354.4	278.2	197 980	6 922	23.6	19 156	1 252	7.35

续上表

代号	截面尺寸(mm)					截面面积(cm^2)	理论质量(kg/m)	特性参数					
								X—X			Y—Y		
	H	B	T_1	t_2	R			I_X(cm^4)	W_X(cm^3)	i_X(cm)	I_Y(cm^4)	W_Y(cm^3)	i_Y(cm)
HK600a	590	300	13.0	25.0	27	226.5	177.8	141 204	4 786	25.0	11 269	751	7.05
b	600	300	15.5	30.0	27	270.0	211.9	171 037	5 701	25.2	13 528	901	7.08
c	620	305	21.0	40.0	27	363.7	285.5	237 443	7 659	25.6	18 973	1 244	7.22
HK650a	640	300	13.5	26.0	27	241.6	189.7	175 174	5 474	26.9	11 722	781	6.97
b	650	300	16.0	31.0	27	286.3	224.8	210 612	6 480	27.1	13 982	932	6.99
c	668	305	21.0	40.0	27	373.7	293.4	281 663	8 433	27.5	18 977	1 244	7.13
HK700a	690	300	14.5	27.0	27	260.5	204.5	215 296	6 240	28.7	12 177	811	6.84
b	700	300	17.0	32.0	27	306.4	240.5	256 883	7 339	29.0	14 439	962	6.87
c	716	304	21.0	40.0	27	383.0	300.7	329 273	9 197	29.3	18 795	1 236	7.01
HK800a	790	300	15.0	28.0	30	285.8	224.4	303 435	7 681	32.6	12 636	842	6.65
b	800	300	17.5	33.0	30	334.2	262.3	359 076	8 976	32.8	14 901	993	6.68
c	814	303	21.0	40.0	30	404.3	317.3	442 590	10 874	33.1	18 624	1 229	6.78
HK900a	890	300	16.0	30.0	30	320.5	251.6	422 066	9 484	36.3	13 545	903	6.50
b	900	300	18.5	35.0	30	371.3	291.4	494 056	10 979	36.5	15 813	1 054	6.53
c	910	302	21.0	40.0	30	423.6	332.5	570 425	12 536	36.7	18 449	1 221	6.60

表 C.0.3 窄翼缘 H 型钢截面特性参数表

代号	截面尺寸(mm)					截面面积(cm^2)	理论质量(kg/m)	特性参数					
								X—X			Y—Y		
	H	B	T_1	t_2	r			I_X(cm^4)	W_X(cm^3)	i_X(cm)	I_Y(cm^4)	W_Y(cm^3)	i_Y(cm)
HZ_{80}	80	46	3.8	5.2	5	7.6	6.0	80	20	3.2	8	3	1.04
HZ_{100}	100	55	4.1	5.7	7	10.3	8.1	171	34	4.0	15	5	1.23
HZ_{120}	120	64	4.4	6.3	7	13.2	10.4	317	52	4.9	27	8	1.45
HZ_{140}	140	73	4.7	6.9	7	16.4	12.9	541	77	5.7	44	12	1.65
HZ_{160}	160	82	5.0	7.4	9	20.1	15.8	869	108	6.6	68	16	1.84
HZ_{180}	180	91	5.3	8.0	9	23.9	18.8	1 316	146	7.4	100	22	2.05
HZ_{200}	200	100	5.6	8.5	12	28.5	22.4	1 943	194	8.3	142	28	2.24
HZ_{220}	220	110	5.9	9.2	12	33.4	26.2	2 771	251	9.1	204	37	2.48
HZ_{240}	240	120	6.2	9.8	15	39.1	30.7	3 891	324	10.0	283	47	2.69
HZ_{270}	270	135	6.6	10.2	15	45.9	36.1	5 789	428	11.2	419	62	3.02
HZ_{300}	300	150	7.1	10.7	15	53.8	42.2	8 355	557	12.5	603	80	3.35
HZ_{330}	330	160	7.5	11.5	18	62.6	49.1	11 766	713	13.7	787	98	3.55
HZ_{360}	360	170	8.0	12.7	18	72.7	57.1	16 264	903	15.0	1 043	122	3.79
HZ_{400}	400	180	8.6	13.5	21	84.5	66.3	23 127	1 156	16.5	1 317	146	3.95
HZ_{450}	450	190	9.4	14.6	21	98.8	77.6	33 741	1 499	18.5	1 657	176	4.42

代号	截面尺寸(mm)					截面面积	理论质量	特性参数					
								X—X			Y—Y		
	H	B	T_1	t_2	r	(cm^2)	(kg/m)	I_X (cm^4)	W_X (cm^3)	i_X (cm)	I_Y (cm^4)	W_Y (cm^3)	i_Y (cm)
HZ_{500}	500	200	10.2	16.0	21	115.5	90.7	48 197	1 927	20.4	2 141	214	4.31
HZ_{550}	550	210	11.1	17.2	24	134.4	10.5	67 114	2 440	22.3	2 666	253	4.45
HZ_{600}	600	220	12.0	19.0	24	156.0	122.4	92 080	3 069	24.3	3 386	307	4.66

工字钢的截面图及标注符号如图C.0.1所示。H型钢的截面图及标注符号如图C.0.2所示。

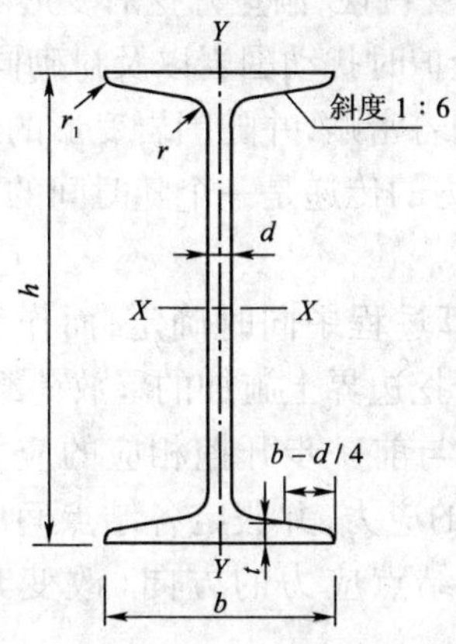

图C.0.1 工字钢的截面图及标注符号

h-高度;b-腿高度;d-腰厚度;t-平均腿厚度;r-内圆弧半径;r_1-腿端圆弧半径;I-惯性矩;W-截面系数;i-惯性半径;S-半截面的净力矩

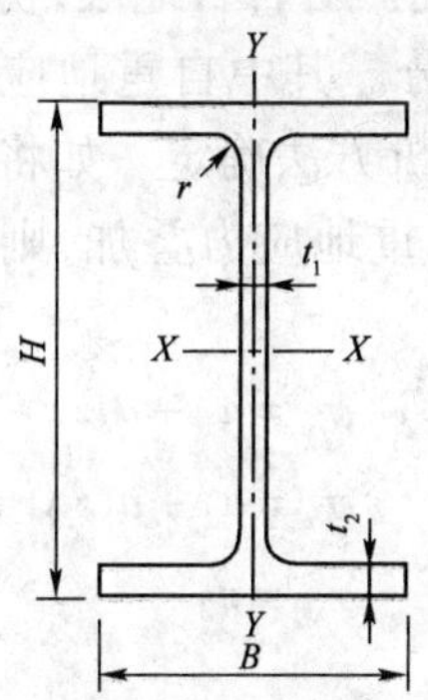

图C.0.2 H型钢的截面图及标注符号

H-高度;B-宽度;t_1-腹板厚度;t_2-翼缘厚度;r-工艺圆弧半径

附录 D　释放荷载的计算方法

Ⅳ级以下围岩,喷射混凝土层将在同围岩共同变形的过程中对围岩提供支护抗力,使围岩变形得到控制,从而使围岩保持稳定。与此同时,喷层将受到来自围岩的挤压力。这种挤压力由围岩变形引起,常称做“形变压力”。

Ⅳ级以下围岩一般呈现塑性和流变特性,洞室开挖后变形的发展往往会持续较久的时间。采用模筑混凝土支护围岩时,顶替原有临时支护时扰动围岩以及衬砌同周围岩体不密贴都可招致松散压力,而当坍落发展到一定程度时,衬砌将与围岩密贴,并随围岩变形的继续发展,衬砌也将受到挤压,从而经受形变压力。可见围岩与支护间形变压力的传递是一个随时间的推进而逐渐发展的过程。这类现象习称时间效应。

有限元分析中,形变压力常在计算过程中同时确定,而作为开挖效应的模拟,直接施加的荷载是在开挖边界上施加的释放荷载。

释放荷载可由已知初始地应力或与前一步开挖相应的应力场确定。先求得预计开挖边界上各结点的应力,并假定各结点间应力呈线性分布,然后反转开挖边界上各结点应力的方向(改变其符号),据以求得释放荷载,如图 D 所示。

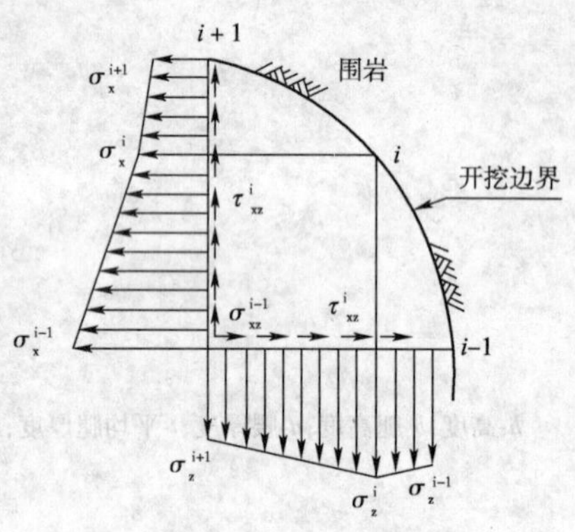

图 D　开挖边界结点

D.0.1　初始地应力的确定

初始地应力$\{\sigma_0\}$的确定常需专门研究。对岩石地层,初始地应力可分为自重地应力和构造地应力两部分。其中自重地应力可由有限元法求得,构造地应力可由位移反分析方法确定。如将其假设为均布应力或线性分布分力,并将其与自重地应力叠加,则可得到初始地应力的计算式为

$$\left.\begin{aligned}\sigma_x &= a_1 + a_4 z\\ \sigma_z &= a_2 + a_5 z\\ \tau_{xz} &= a_3\end{aligned}\right\} \tag{D.0.1-1}$$

式中 $a_1 \sim a_5$ 为常数,z 为竖向坐标值。

对软土地层,初始地应力的垂直分量可取为自重应力,水平分量则常由根据经验给出的水平侧压力系数 K_0 算得,初始计算式为

$$\left.\begin{aligned}\sigma_z &= \sum \gamma_i H_i\\ \sigma_x &= K_0 \cdot (\sigma_z - P_w) + P_w\end{aligned}\right\} \tag{D.0.1-2}$$

式中　σ_z、σ_x——为竖直向和水平向初始地应力;

γ_i——计算点以上第 i 层土的重度;

H_i——相应土层的厚度;

P_w——计算点的孔隙水压力。

D.0.2　释放荷载的计算

对各开挖阶段的状态,有限元分析的表达式可写为

$$[K]_i\{\Delta\delta\}_i = \{\Delta F_r\}_i + \{\Delta F_a\}_i \quad (i = 1, L) \tag{D.0.2-1}$$

式中　L——开挖阶段数;

$[K]_i$——第 i 开挖阶段岩土体和结构的总刚度矩阵,由式$[K]_i = [K]_0 + \sum_{\lambda=1}^{i}[\Delta K]_\lambda$ 计算;

$[K]_0$——岩土体和结构(开挖开始前存在时)的初始总刚度矩阵;

$[\Delta K]_\lambda$——第 λ 开挖阶段的岩土体和结构刚度的增量或减量,用以体现岩土体单元的挖除、填筑及结构单元的施作或拆除;

$\{\Delta F_r\}_i$——第 i 开挖阶段开挖边界上的释放荷载的等效结点力;

$\{\Delta F_a\}_i$——第 i 开挖阶段新增自重等的等效结点力;

$\{\Delta\delta\}_i$——第 i 开挖阶段的结点位移增量。

采用增量初应变法解题时,对每个开挖步,增量加载过程的有限元分析的表达式为

$$[K]_{ij}\{\Delta\delta\}_{ij}=\{\Delta F_r\}_i\cdot\alpha_{ij}+\{\Delta F_a\}_{ij}\qquad(i=1,L;j=1,M)\tag{D.0.2-2}$$

式中 M——各开挖步增量加载的次数;

$[K]_{ij}$——第 i 开挖步中施加第 j 增量步时的刚度矩阵,$[K]_{ij}=[K]_{i-1}+\sum_{\xi=1}^{j}[\Delta K]_{i\xi}$;

α_{ij}——第 i 开挖步第 j 增量步的开挖边界释放荷载系数,开挖边界荷载完全释放时有 $\sum_{j=1}^{M}\alpha_{ij}=1$;

$\{\Delta F_a\}_{ij}$——第 i 开挖步第 j 增量步新增自重等的等效结点力;

$\{\Delta\delta\}_{ij}$——第 i 开挖步第 j 增量步的结点位移增量。

增量时步加荷过程中,部分岩土体进入塑性状态后,由材料屈服引起的过量塑性应变以初应变的形式被转移,并由整个体系中的所有单元共同负担。每一时步中,各单元与过量塑性应变相应的初应变均以等效结点力的形式起作用,并处理为再次计算时的结点附加荷载,据以进行迭代运算,直至时步最终计算时间,并满足给定的精度要求。

岩土体单元出现受拉破坏或节理、接触面单元发生受拉或受剪破坏时,也可按原理与上述方法类同的方法处理。单元发生破坏后,沿破坏方向的单元应力需予转移,计算过程将其处理为等效结点力,据以进行迭代计算。

附录 E　浅埋隧道荷载的计算方法

E.0.1　浅埋和深埋隧道的分界，按荷载等效高度值，并结合地质条件、施工方法等因素综合判定。按荷载等效高度的判定公式为

$$H_p=(2\sim2.5)h_q \tag{E.0.1-1}$$

式中　H_p——浅埋隧道分界深度（m）；

h_q——荷载等效高度（m），按下式计算：

$$h_q=\frac{q}{\gamma} \tag{E.0.1-2}$$

q——用式（6.2.3）算出的深埋隧道垂直均布压力（kN/m^2）；

γ——围岩重度（kN/m^3）。

在矿山法施工的条件下，Ⅳ～Ⅵ级围岩取

$$H_p=2.5h_q \tag{E.0.1-3}$$

Ⅰ～Ⅲ级围岩取

$$H_p=2h_q \tag{E.0.1-4}$$

E.0.2　浅埋隧道荷载分下述两种情况分别计算：

1　埋深（H）小于或等于等效荷载高度 h_q 时，荷载视为均布垂直压力。

$$q=\gamma\cdot H \tag{E.0.2-1}$$

式中　q——垂直均布压力（kN/m^2）；

γ——隧道上覆围岩重度（kN/m^3）；

H——隧道埋深，指坑顶至地面的距离（m）。

侧向压力 e 按均布考虑时其值为

$$e=\gamma\left(H+\frac{1}{2H_t}\right)\tan^2\left(45-\frac{\varphi_c}{2}\right) \tag{E.0.2-2}$$

式中　e——侧向均布压力（kN/m^2）；

H_t——隧道高度（m）；

φ_c——围岩计算摩擦角（°），其值见表 A.0.4-1。

2　埋深大于 h_q 小于等于 H_p 时，为便于计算，假定土体中形成的破裂面是一条与水平成 β 角的斜直线，如图 E.0.2-1 所示。$EFHG$ 岩土体下沉，带动两侧三棱土体（如图中 FDB 和 ECA）下沉，整个土体 $ABDC$ 下沉时，又要受到未扰动岩土体的阻力；斜直线 AC 或 BD 是假定的破裂面，分析时考虑内聚力 C，并采用了计算摩擦角 φ；另一滑面 FH 或 EG 则并非破裂面，因此，滑面阻力要小于破裂面的阻力，若该滑面的摩擦角为 θ，则 θ 值应小于 φ 值，无实测资料时，θ 可按表 E.0.2 采用。

表 E.0.2　各级围岩的 θ 值

围岩级别	Ⅰ、Ⅱ、Ⅲ	Ⅳ	Ⅴ	Ⅵ
θ 值	0.9φ	$(0.7\sim0.9)\varphi$	$(0.5\sim0.7)\varphi$	$(0.3\sim0.5)\varphi$

由图 E.0.2-1 可见，隧道上覆岩体 $EFHG$ 的重力为 W，两侧三棱岩体 FDB 或 ECA 的重力为 W_1，未扰动岩体整个滑动土体的阻力为 F，当 $EFHG$ 下沉，两侧受到阻力 T 或 T'，作用于 HG 面上的垂直压力总值 $Q_浅$ 为

$$Q_浅=W-2T'=W-2T\sin\theta \tag{E.0.2-3}$$

三棱体自重为

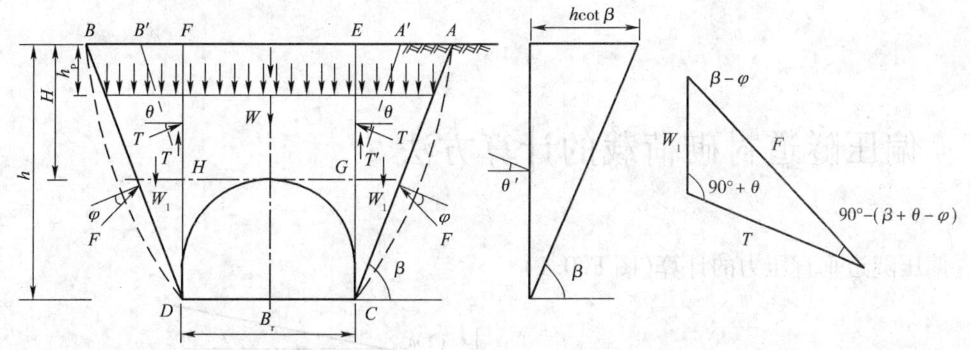

图 E.0.2-1

$$W_1 = \frac{1}{2}\gamma h \frac{h}{\tan\beta} \qquad (\text{E.0.2-4})$$

式中 h——坑道底部到地面的距离(m);

β——破裂面与水平面的夹角(°)。

由图据正弦定理可得

$$T = \frac{\sin(\beta-\varphi)}{\sin[90°-(\beta-\varphi+\theta)]}W_1 \qquad (\text{E.0.2-5})$$

将式(E.0.2-4)代入可得

$$T = \frac{1}{2}\gamma h^2 \frac{\lambda}{\cos\theta} \qquad (\text{E.0.2-6})$$

$$\lambda = \frac{\tan\beta - \tan\varphi_c}{\tan\beta[1+\tan\beta(\tan\varphi_c - \tan\theta)+\tan\varphi_c\tan\theta]} \qquad (\text{E.0.2-7})$$

$$\tan\beta = \tan\varphi_c + \sqrt{\frac{(\tan^2\varphi_c + 1)\tan\varphi_c}{\tan\varphi_c - \tan\theta}} \qquad (\text{E.0.2-8})$$

式中 λ——侧压力系数;

其他符号意义同前。

至此,极限最大阻力 T 值可求得。得到 T 值后,代入式(E.0.2-3)可求得作用在 HG 面上的总垂直压力 $Q_{浅}$。

$$Q_{浅} = W - 2T\sin\theta = W - \gamma h^2\lambda\tan\theta \qquad (\text{E.0.2-9})$$

由于 GC、HD 与 EG、EF 相比往往较小,而且衬砌与土之间的摩擦角也不同,前面分析时均按 θ 计,当中间土块下滑时,由 FH 及 EG 面传递,考虑压力稍大些对设计的结构也偏于安全,因此,摩阻力不计隧道部分而只计洞顶部分,即在计算中用 H 代替 h,这样式(E.0.2-9)为

$$Q_{浅} = W - \gamma H^2\lambda\tan\theta$$

由于 $W = \gamma B_t H$,故

$$Q_{浅} = \gamma H(B_t - H\lambda\tan\theta) \qquad (\text{E.0.2-10})$$

式中 B_t——坑道宽度(m)。

换算为作用在支护结构上的均布荷载(图 E.0.2-2),即

$$q_{浅} = \frac{Q_{浅}}{B_t} = \gamma H\left(1 - \frac{H}{B_t}\lambda\tan\theta\right) \qquad (\text{E.0.2-11})$$

式中 $q_{浅}$——作用在支护结构上的均布荷载(kN/m²);

其他符号意义同前。

作用在支护结构两侧的水平侧压力为

$$\left.\begin{aligned} e_1 &= \gamma H\lambda \\ e_2 &= \gamma h\lambda \end{aligned}\right\} \qquad (\text{E.0.2-12})$$

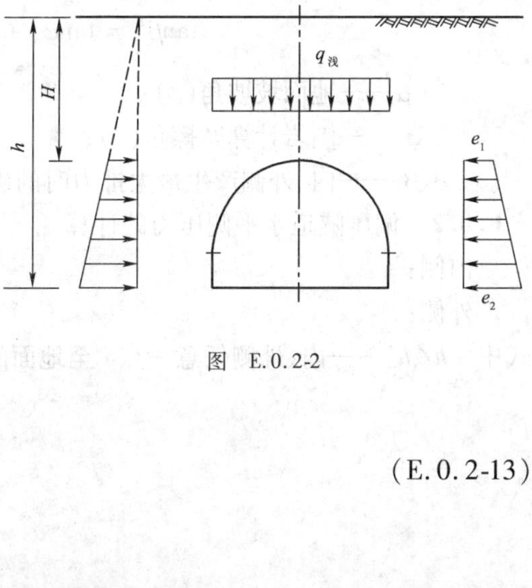

图 E.0.2-2

侧压力视为均布压力时,

$$e = \frac{1}{2}(e_1 + e_2) \qquad (\text{E.0.2-13})$$

附录F 偏压隧道衬砌荷载的计算方法

F.0.1 偏压隧道垂直压力的计算(图F.0.1)

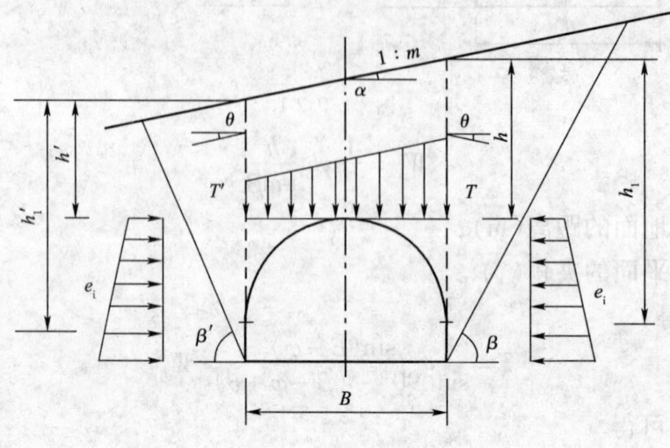

图F.0.1 偏压分布图

假定偏压分布图形与地面坡一致。

$$Q=\frac{\gamma}{2}\left[(h+h')B-(\lambda h^2+\lambda' h'^2)\tan\theta\right] \quad \text{(F.0.1-1)}$$

式中 h、h'——内、外侧由拱顶水平至地面的高度(m);

B——坑道跨度(m);

γ——围岩重度(kN/m^3);

θ——顶板土柱两侧摩擦角(°),当无实测资料时,可参考表E.0.2选取;

λ、λ'——内、外侧的侧压力系数,由下式计算:

$$\lambda=\frac{1}{\tan\beta-\tan\alpha}\times\frac{\tan\beta-\tan\varphi_c}{1+\tan\beta(\tan\varphi_c-\tan\theta)+\tan\varphi_c\tan\theta} \quad \text{(F.0.1-2)}$$

$$\lambda'=\frac{1}{\tan\beta'+\tan\alpha}\times\frac{\tan\beta'-\tan\varphi_c}{1+\tan\beta'(\tan\varphi_c-\tan\theta)+\tan\varphi_c\cdot\tan\theta} \quad \text{(F.0.1-3)}$$

$$\tan\beta=\tan\varphi_c+\sqrt{\frac{(\tan^2\varphi_c+1)(\tan\varphi_c-\tan\alpha)}{\tan\varphi_c-\tan\theta}} \quad \text{(F.0.1-4)}$$

$$\tan\beta'=\tan\varphi_c+\sqrt{\frac{(\tan^2\varphi_c+1)(\tan\varphi_c+\tan\alpha)}{\tan\varphi_c-\tan\theta}} \quad \text{(F.0.1-5)}$$

α——地面坡坡角(°);

φ_c——围岩计算摩擦角(°);

β、β'——内、外侧产生最大推力时的破裂角(°)。

F.0.2 偏压隧道水平侧压力的计算

内侧:

$$e_i=\gamma\cdot h_i\lambda \quad \text{(F.0.2-1)}$$

外侧:

$$e_i=\gamma\cdot h'_i\lambda' \quad \text{(F.0.2-2)}$$

式中 h_i、h'_i——内、外侧任意一点i至地面的距离(m)。

附录 G 明洞设计荷载的计算方法

G.0.1 拱圈回填土石垂直压力

$$q_i = \gamma_1 h_i \tag{G.0.1-1}$$

式中：q_i——明洞结构上任意点 i 的回填土石垂直压力值（kN/m^2）；

γ_1——拱背回填土石重度（kN/m^3）；

h_i——明洞结构上任意点 i 的土柱体高度（m）。

G.0.2 拱圈回填土石侧压力

$$e_i = \gamma_1 h_i \lambda \tag{G.0.2-1}$$

式中 e_i——任意点 i 的侧压力值（kN/m^2）；

γ_1、h_i——符号意义同前；

λ——侧压力系数，按以下两种情况计算：

1）填土坡面向上倾斜（图 G.0.2-1），按无限土体计算。

$$\lambda = \cos\alpha \frac{\cos\alpha - \sqrt{\cos^2\alpha - \cos^2\varphi_1}}{\cos\alpha + \sqrt{\cos^2\alpha - \cos^2\varphi_1}} \tag{G.0.2-2}$$

2）填土坡面向上倾斜（图 G.0.2-2），按有限土体计算。

$$\lambda = \frac{1-\mu n}{(\mu+n)\cos\rho + (1-\mu n)\sin\rho} \cdot \frac{mn}{m-n} \tag{G.0.2-3}$$

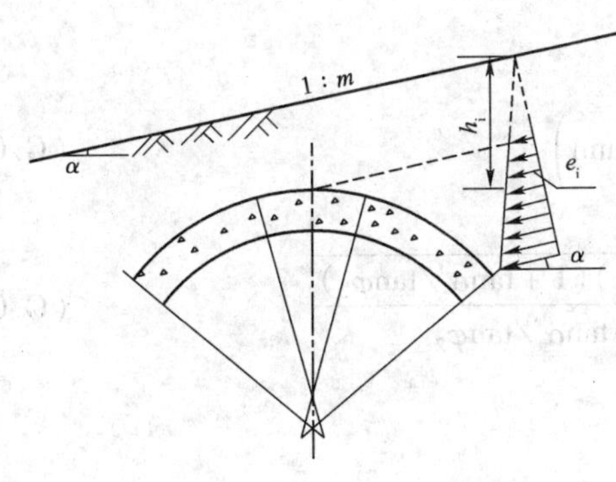

图 G.0.2-1

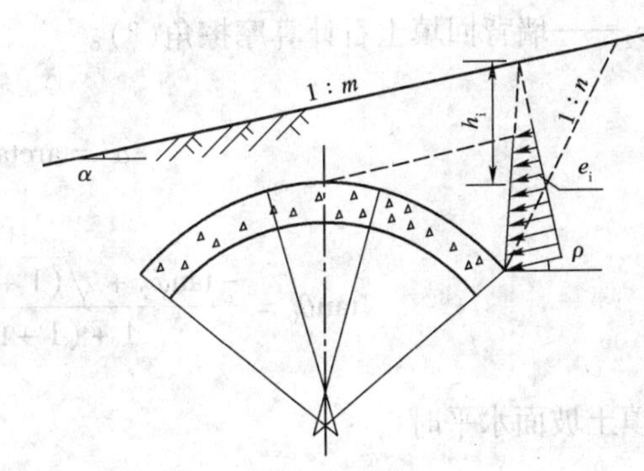

图 G.0.2-2

式中 α——设计填土面坡度角（°）；

φ_1——拱背回填土石计算摩擦角（°）；

ρ——侧压力作用方向与水平线的夹角（°）；

n——开挖边坡坡率；

m——回填土石面坡率；

μ——回填土石与开挖边坡面间的摩擦系数。

G.0.3 边墙回填土石侧压力

$$e_i = \gamma_2 h_i' \lambda \tag{G.0.3-1}$$

式中　γ_2——墙背回填土石重度(kN/m^3)；

h_i'——边墙计算点换算高度(m)，$h_i' = h''_i + \frac{\gamma_1}{\gamma_2}h_1$；

h_i''——墙顶至计算位置的高度(m)；

h_1——填土坡面至墙顶的垂直高度(m)；

λ——侧压力系数，按下列三种情况进行计算：

1)填土坡面向上倾斜(图 G.0.3-1)

$$\lambda = \frac{\cos^2\varphi_2}{\left[1 + \sqrt{\frac{\sin\varphi_2 \sin(\varphi_2 - \alpha')}{\cos\alpha'}}\right]^2} \tag{G.0.3-2}$$

2)填土坡面向下倾斜(图 G.0.3-2)

$$\lambda = \frac{\tan\theta_0}{\tan(\theta_0 + \varphi_2)(1 + \tan\alpha' \tan\theta_0)} \tag{G.0.3-3}$$

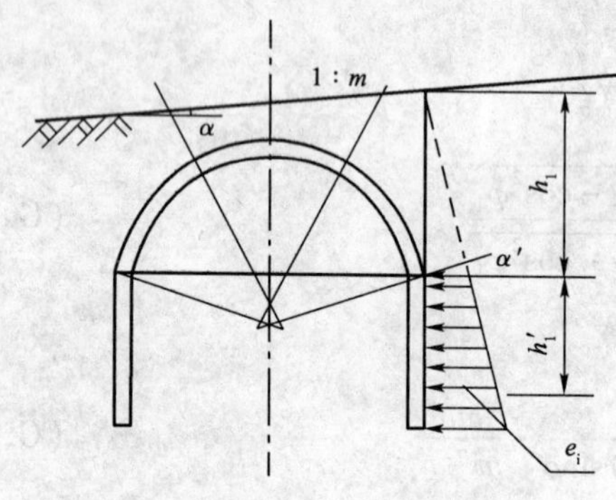

图　G.0.3-1

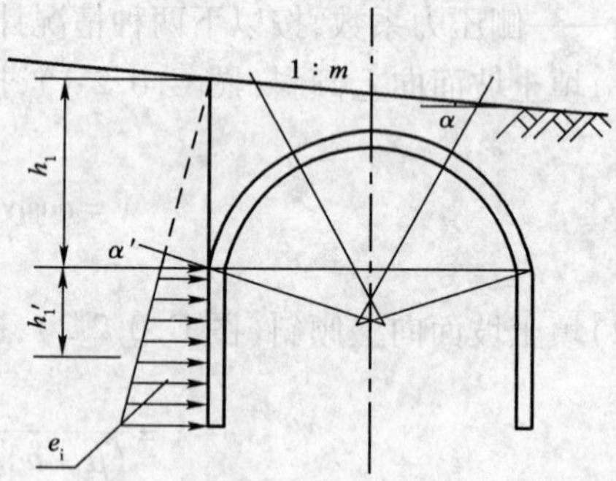

图　G.0.3-2

式中　φ_2——墙背回填土石计算摩擦角(°)。

$$\alpha' = \arctan\left(\frac{\gamma_1}{\gamma_2}\tan\alpha\right) \tag{G.0.3-4}$$

$$\tan\theta_0 = \frac{-\tan\varphi_2 + \sqrt{(1 + \tan^2\varphi_2)(1 + \tan\alpha'/\tan\varphi_2)}}{1 + (1 + \tan^2\varphi_2)\tan\alpha'/\tan\varphi_2} \tag{G.0.3-5}$$

3)填土坡面水平时

$$\lambda = \tan^2\left(\frac{\pi}{4} - \frac{\varphi_2}{2}\right) \tag{G.0.3-6}$$

附录 H　洞门土压力荷载的计算方法

H.0.1　隧道门端墙、翼墙及洞门挡土墙可按下列公式计算：

1　最危险破裂面与垂直面之间的夹角

$$\tan\omega=\frac{\tan^2\varphi+\tan\alpha\tan\varepsilon-\sqrt{(1+\tan^2\varphi)(\tan\varphi-\tan\varepsilon)(\tan\varphi+\tan\alpha)(1-\tan\alpha\tan\varepsilon)}}{\tan\varepsilon(1+\tan^2\varphi)-\tan\varphi(1-\tan\alpha\tan\varepsilon)} \tag{H.0.1-1}$$

式中　φ——围岩计算摩擦角(°)；

ε、α——地面坡角与墙面倾角(°)，如图 H.0.1。

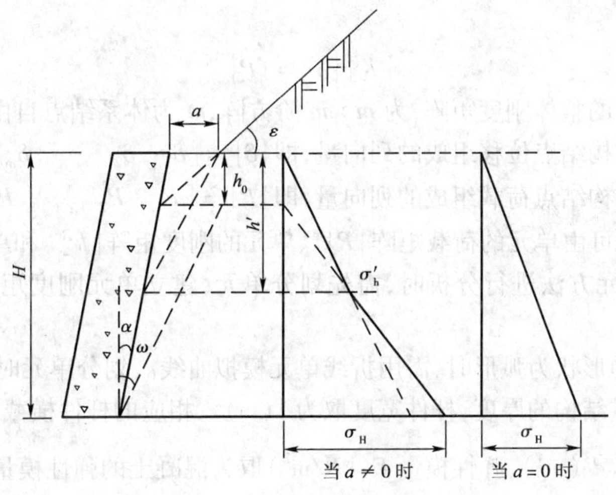

图　H.0.1

2　土压力

$$E=\frac{1}{2}\gamma\lambda[H^2+h_0(h'-h_0)]b\xi \tag{H.0.1-2}$$

$$\lambda=\frac{(\tan\omega-\tan\alpha)(1-\tan\alpha\tan\varepsilon)}{\tan(\omega+\varphi)(1-\tan\omega\tan\varepsilon)} \tag{H.0.1-3}$$

$$h'=\frac{\alpha}{\tan\omega-\tan\alpha} \tag{H.0.1-4}$$

式中　E——土压力(kN)；

γ——地层重度(kN/m³)；

λ——侧压力系数；

ω——墙背土体破裂角(°)；

b——洞门墙计算条带宽度(m)；

ξ——土压力计算模式不确定性系数，可取 $\xi=0.6$。

H.0.2　明洞门端墙土压力计算可参考有关设计手册。

附录 I　荷载结构法

I.0.1　设计原理

荷载结构法的设计原理认为，隧道开挖后地层的作用主要是对衬砌结构产生荷载，衬砌结构应能安全可靠地承受地层压力等荷载的作用。计算时先按地层分类法或由实用公式确定地层压力，然后按弹性地基上结构物的计算方法计算衬砌的内力，并进行结构截面设计。

I.0.2　计算原理

1　基本未知量与基本方程

取衬砌结构结点的位移为基本未知量。由最小势能原理或变分原理可得系统整体求解时的平衡方程为

$$[K]\{\delta\}=\{P\} \tag{I.0.2-1}$$

式中　$[K]$——衬砌结构的整体刚度矩阵，为 $m\times m$ 阶方阵，m 为体系结点自由度的总个数；

$\{\delta\}$——由衬砌结构结点位移组成的列向量，即 $\{\delta\}=[\delta_1\quad\delta_2\quad\cdots\quad\delta_m]^{T}$；

$\{P\}$——由衬砌结构结点荷载组成的列向量，即 $\{P\}=[P_1\quad P_2\quad\cdots\quad P_m]^{T}$。

矩阵 $\{P\}$、$[K]$ 和 $\{\delta\}$ 可由单元的荷载矩阵 $\{P\}^{e}$、单元的刚度矩阵 $[k]^{e}$ 和单元的位移向量矩阵 $\{\delta\}^{e}$ 组装而成，故在采用有限元方法进行分析时，需先划分单元，建立单元刚度矩阵 $[k]^{e}$ 和单元荷载矩阵 $\{P\}^{e}$。

隧道承重结构轴线的形状为弧形时，需用折线单元模拟曲线。划分单元时，只需确定杆件单元的长度。杆件厚度 d 即为承重结构的厚度，杆件宽度取为 1(m)。相应的杆件横截面面积为 $A=d\times1(\mathrm{m}^2)$，抗弯惯性矩为 $I=\frac{1}{12}\times1\times d^3(\mathrm{m}^4)$，弹性模量 $E(\mathrm{kN/m^2})$ 取为混凝土的弹性模量。

2　单元刚度矩阵的计算

设梁单元在局部坐标系下的结点位移为 $\{\bar{\delta}\}=[\bar{u}_i,\bar{v}_i,\bar{\theta}_i,\bar{u}_j,\bar{v}_j,\bar{\theta}_j]^{T}$，对应的结点力为 $\{\bar{f}\}=[\bar{X}_i,\bar{Y}_i,\bar{M}_i,\bar{X}_j,\bar{Y}_j,\bar{M}_j]^{T}$，则有

$$\{\bar{f}\}=[\bar{k}]^{e}\{\bar{\delta}\} \tag{I.0.2-2}$$

式中 $[\bar{k}]^{e}$ 为梁单元在局部坐标系下的刚度矩阵，并有

$$[\bar{k}]^{e}=\begin{bmatrix} \frac{EA}{l} & 0 & 0 & -\frac{EA}{l} & 0 & 0\\ 0 & \frac{12EI}{l^3} & \frac{6EI}{l^2} & 0 & -\frac{12EI}{l^3} & \frac{6EI}{l^2}\\ 0 & \frac{6EI}{l^2} & \frac{4EI}{l} & 0 & -\frac{6EI}{l^2} & \frac{2EI}{l}\\ -\frac{EA}{l} & 0 & 0 & \frac{EA}{l} & 0 & 0\\ 0 & -\frac{12EI}{l^3} & -\frac{6EI}{l^2} & 0 & \frac{12EI}{l^3} & -\frac{6EI}{l^2}\\ 0 & \frac{6EI}{l^2} & \frac{2EI}{l} & 0 & -\frac{6EI}{l^2} & \frac{4EI}{l} \end{bmatrix} \tag{I.0.2-3}$$

式中　l——梁单元的长度；

A——梁的截面积；

I——梁的惯性矩；

E——梁的弹性模量。

对于整体结构而言，各单元采用的局部坐标系均不相同，故在建立整体矩阵时，需按式(I.0.2-4)将按局部坐标系建立的单元刚度矩阵$[\bar{k}]^e$转换成结构整体坐标系中的单元刚度矩阵$[k]^e$。

$$[k]^e=[T]^T[\bar{k}]^e[T] \tag{I.0.2-4}$$

式中 $[T]$——转置矩阵，表达式为

$$[T]=\begin{bmatrix} \cos\beta & \sin\beta & 0 & 0 & 0 & 0 \\ -\sin\beta & \cos\beta & 0 & 0 & 0 & 0 \\ 0 & 0 & 1 & 0 & 0 & 0 \\ 0 & 0 & 0 & \cos\beta & \sin\beta & 0 \\ 0 & 0 & 0 & -\sin\beta & \cos\beta & 0 \\ 0 & 0 & 0 & 0 & 0 & 1 \end{bmatrix} \tag{I.0.2-5}$$

β——局部坐标系与整体坐标系之间的夹角。

3 地层反力作用模式

地层弹性抗力由下式给出：

$$F_n=K_n\cdot U_n \tag{I.0.2-6}$$

$$F_s=K_s\cdot U_s \tag{I.0.2-7}$$

其中，

$$K_n=\begin{cases} K_n^+ & U_n\geqslant 0 \\ K_n^- & U_n<0 \end{cases} \tag{I.0.2-8}$$

$$K_s=\begin{cases} K_s^+ & U_s\geqslant 0 \\ K_s^- & U_s<0 \end{cases} \tag{I.0.2-9}$$

式中 F_n、F_s——分别为法向和切向弹性抗力；

K_n、K_s——相应的围岩弹性抗力系数，且K^+、K^-分别为压缩区和拉伸区的抗力系数，通常令$K_n^-=K_s^-=0$。

杆件单元确定后，即可确定地层弹簧单元，它只设置在杆件单元的结点上。地层弹簧单元可沿整个截面设置，也可只在部分结点上设置。沿整个截面设置地层弹簧单元时，计算过程中需用迭代法作变形控制分析，以判断出抗力区的确切位置。

附录J　地层结构法

J.0.1　设计原理

地层结构法的设计原理，是将衬砌和地层视为整体共同受力的统一体系，在满足变形协调条件的前提下分别计算衬砌与地层的内力，据以验算地层的稳定性和进行结构截面设计。

目前计算方法以有限单元法为主，适用于设计构筑在软岩或较稳定的地层内的衬砌。

J.0.2　初始地应力的计算

1　初始自重应力

初始自重应力通常采用有限元法或给定水平侧压力系数的方法计算。

1）有限元法

即初始自重应力由有限元法算得，并将其转化为等效结点荷载。

2）给定水平侧压力系数法

即在给定水平侧压力系数 K_0 值后，按下式计算初始自重地应力：

$$\sigma_z^g = \sum \gamma_i H_i \tag{J.0.2-1}$$

$$\sigma_x^g = K_0(\sigma_z - p_w) + p_w \tag{J.0.2-2}$$

式中　$\sigma_z{}^g$、$\sigma_x{}^g$——竖直方向和水平方向初始自重地应力；

γ_i——计算点以上第 i 层岩石的重度；

H_i——计算点以上第 i 层岩石的厚度；

p_w——计算点的孔隙水压力，在不考虑地下水头变化的条件下，p_w 由计算点的静水压力确定，即 $p_w = \nu_w \cdot H_w$（ν_w 为地下水的重度，H_w 为地下水的水位差）。

2　构造应力

构造地应力可假设为均布或线性分布应力。假设主应力作用方向保持不变，则二维平面应变的普遍表达式为

$$\left.\begin{aligned} \sigma_x^s &= a_1 + a_4 z \\ \sigma_z^s &= a_2 + a_5 z \\ \tau_{xz}^s &= a_3 \end{aligned}\right\} \tag{J.0.2-3}$$

式中　$a_1 \sim a_5$——常系数；

z——竖直坐标。

3　初始地应力

将初始自重应力与构造应力叠加，即得初始地应力。

J.0.3　本构模型

1　岩石单元

1）弹性模型

对于平面应变问题，横观各向同性弹性体的应力增量可表示为

$$\{\Delta\sigma\} = \begin{Bmatrix} \Delta\sigma_x \\ \Delta\sigma_z \\ \Delta\tau_{zx} \end{Bmatrix} = [D]\{\Delta\varepsilon\} = \begin{bmatrix} \dfrac{E_0 E_v - \mu_{uh}^2 E_h^2}{E_0} & \dfrac{E_h E_v \mu_{vh}(1+\mu_{hh})}{E_0} & 0 \\ \dfrac{E_h E_v \mu_{vh}(1+\mu_{hh})}{E_0} & \dfrac{E_v^2(1-\mu_{hh}^2)}{E_0} & 0 \\ 0 & 0 & G_{hv} \end{bmatrix} \begin{Bmatrix} \Delta\varepsilon_x \\ \Delta\varepsilon_z \\ \Delta\gamma_{zx} \end{Bmatrix} \tag{J.0.3-1}$$

式中　E_v——竖直方向（z）弹性模量；

E_h——水平方向(x,y)弹性模量;

μ_{vh}——竖直向应变引起水平向应变的泊松比(竖直面内的泊松比);

μ_{hh}——水平面内的泊松比;

G_{hv}——竖向平面内的剪切模量。

各向同性弹性体的应力增量可表示为

$$\{\Delta\sigma\} = \begin{Bmatrix} \Delta\sigma_x \\ \Delta\sigma_z \\ \Delta\tau_{zx} \end{Bmatrix} = [D]\{\Delta\varepsilon\} = \frac{E(1-\mu)}{(1+\mu)(1-2\mu)} \begin{bmatrix} 1 & \frac{\mu}{1-\mu} & 0 \\ \frac{\mu}{1-\mu} & 1 & 0 \\ 0 & 0 & \frac{1-2\mu}{2(1-\mu)} \end{bmatrix} \begin{Bmatrix} \Delta\varepsilon_x \\ \Delta\varepsilon_z \\ \Delta\gamma_{zx} \end{Bmatrix} \quad \text{(J.0.3-2)}$$

2)非线性弹性模型

采用邓肯-张模型的假设,并认为应力-应变关系可用双曲线关系近似描述,则在主应力 σ_3 保持不变时

$$\sigma_1 - \sigma_3 = \frac{\varepsilon_1}{a + b\varepsilon_1} \quad \text{(J.0.3-3)}$$

轴向应变 ε_1 和侧向应变 ε_3 之间假设也存在双曲线关系,即有

$$\varepsilon_1 = \frac{\varepsilon_3}{f + d\varepsilon_3} \quad \text{(J.0.3-4)}$$

式中 a、b、f、d 均为由试验确定的参数。

在不同应力状态下弹性模量的表达式为

$$E_i = \left[1 - \frac{R_f(1-\sin\varphi)(\sigma_1-\sigma_3)}{2C\cos\varphi + 2\sigma_3\sin\varphi}\right]^2 Kp_0\left(\frac{\sigma_3}{p_0}\right)^n \quad \text{(J.0.3-5)}$$

式中 R_f——破坏比,数值小于1(一般在0.75~1.0之间);

C、φ——土的内聚力和内摩擦角;

p_0——大气压力,一般取100kPa;

K、n——由试验确定的参数。

不同应力状态下泊松比的表达式为

$$\mu_i = \frac{G - F\lg\left(\frac{\sigma_3}{p_0}\right)}{(1-A)^2} \quad \text{(J.0.3-6)}$$

$$A = \frac{(\sigma_1-\sigma_3)d}{Kp_0\left(\frac{\sigma_3}{P_0}\right)^n\left[1 - \frac{R_f(1-\sin\varphi)(\sigma_1-\sigma_3)}{2C\cos\varphi + 2\sigma_3\sin\varphi}\right]} \quad \text{(J.0.3-7)}$$

式中 G、F、d 为由试验确定的参数。

由 E_i 和 μ_i 即可确定该应力状态下的弹性矩阵[D]。

3)弹塑性模型

①屈服准则

材料进入塑性状态的判断准则采用 Drucker-Prager 或 Mohr-Coulomb 屈服准则,其中 Drucker-Prager 屈服准则的表达式为

$$f = \alpha I_1 + \sqrt{J_2} - k = 0 \quad \text{(J.0.3-8)}$$

式中 I_1——应力张量的第一不变量;

J_2——应力偏量的第二不变量,并有

$$\alpha = \frac{\sin\varphi}{\sqrt{3}\sqrt{3+\sin^2\varphi}}$$

$$k=\frac{\sqrt{3}C\cos\varphi}{\sqrt{3+\sin^2\varphi}} \tag{J.0.3-9}$$

Mohr-Coulomb 屈服准则的表达式为

$$f=\frac{1}{3}I_1\sin\varphi-\left(\cos\theta+\frac{1}{\sqrt{3}}\ \sin\theta\sin\varphi\right)\sqrt{J_2}+C\cos\varphi=0 \tag{J.0.3-10}$$

式中 $\theta=\frac{1}{3}\sin^{-1}\left(\frac{-3\sqrt{3}}{2}\ \frac{J_3}{(J_2)^{\frac{3}{2}}}\right),-\frac{\pi}{6}\leqslant\theta\leqslant\frac{\pi}{6}$;

J_3——应力偏量的第三不变量。

②弹塑性矩阵

材料进入塑性状态后，其弹塑性应力-应变关系的增量表达式为

$$\{\mathrm{d}\sigma\}=\left([D]-\frac{[D]\left\{\frac{\partial g}{\partial\sigma}\right\}\left\{\frac{\partial f}{\partial\sigma}\right\}^{\mathrm{T}}[D]}{A+\left\{\frac{\partial f}{\partial\sigma}\right\}^{\mathrm{T}}[D]\left\{\frac{\partial g}{\partial\sigma}\right\}}\right)\{\mathrm{d}\varepsilon\}$$

$$=([D]-[D_{\mathrm{p}}])\{\mathrm{d}\varepsilon\}=[D_{\mathrm{ep}}]\{\mathrm{d}\varepsilon\} \tag{J.0.3-11}$$

式中 $[D],[D_{\mathrm{p}}],[D_{\mathrm{ep}}]$——分别为材料的弹性矩阵、塑性矩阵和弹塑性矩阵；

A——与材料硬化有关的参数，理想弹塑性情况下，$A=0$；

f——屈服面函数；

g——塑性势面函数，采用关联流动法则时，$g=f$。

③弹塑性分析的计算过程

增量时步加荷过程中，部分岩土体进入塑性状态后，由材料屈服引起的过量塑性应变以初应变的形式被转移，并由整个体系中的所有单元共同负担。每一时步中，各单元与过量塑性应变相应的初应变均以等效结点力的形式起作用，并处理为再次计算时的结点附加荷载，据以进行迭代运算，直至时步最终计算时间，并满足给定的精度要求。

4）黏弹性模型

三元件广义 Kelvin 模型，由弹性元件和 Kelvin 模型串联组成，如图 J.0.3 所示。其应力应变关系式为

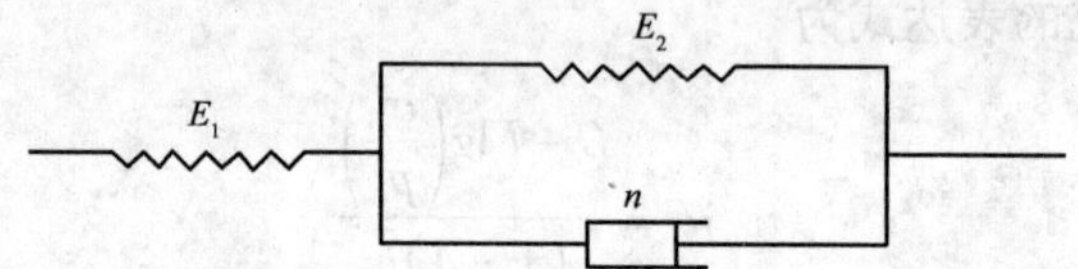

图 J.0.3 广义 Kelvin 模型

$$\frac{\eta}{E_1+E_2}\dot{\sigma}+\sigma=\frac{\eta E_1}{E_1+E_2}\dot{\varepsilon}+\frac{E_1E_2}{E_1+E_2}\varepsilon \tag{J.0.3-12}$$

衬砌施作后的蠕变方程为

$$\varepsilon(t)=\left[\frac{1}{E_1}+\frac{1}{E_2}(1-e^{-\frac{E_2}{\eta}t})\right]\sigma_0=\sigma_0J(t) \tag{J.0.3-13}$$

式中 $J(t)$——蠕变柔量；

σ_0——常量应力。

2 梁单元

与附录 I 中"单元刚度矩阵的计算"相同。

3 杆单元

设杆单元在局部坐标系中的结点位移为 $\{\bar{\delta}\}=[\bar{u}_{\mathrm{i}},\bar{v}_{\mathrm{i}},\bar{u}_{\mathrm{j}},\bar{v}_{\mathrm{j}}]^{\mathrm{T}}$，对应的结点力为 $\{\bar{f}\}=[\bar{X}_{\mathrm{i}},\bar{Y}_{\mathrm{i}},\bar{X}_{\mathrm{j}},\bar{Y}_{\mathrm{j}}]^{\mathrm{T}}$，则有

$$\{\bar{f}\}=[\bar{k}]\{\bar{\delta}\} \tag{J.0.3-14}$$

其中$[\bar{k}]$为杆在局部坐标系下的单元刚度矩阵,并有

$$[\bar{k}]=\begin{bmatrix}\frac{EA}{l} & 0 & -\frac{EA}{l} & 0\\ 0 & 0 & 0 & 0\\ -\frac{EA}{l} & 0 & \frac{EA}{l} & 0\\ 0 & 0 & 0 & 0\end{bmatrix} \tag{J.0.3-15}$$

式中 l——杆长;

A——杆的截面积;

E——杆的弹性模量。

4 接触面单元

接触面采用无厚度节理单元模拟,不考虑法向和切向的耦合作用时,有增量表达式

$$\begin{Bmatrix}\Delta\tau_s\\ \Delta\sigma_n\end{Bmatrix}=\begin{bmatrix}K_s & 0\\ 0 & K_n\end{bmatrix}\begin{Bmatrix}\Delta u_s\\ \Delta u_n\end{Bmatrix}=[K^e]\begin{Bmatrix}\Delta u_s\\ \Delta u_n\end{Bmatrix} \tag{J.0.3-16}$$

式中 K_s——接触面的切向刚度;

K_n——接触面的法向刚度。

接触面材料的应力-应变关系一般为非线性关系,并常处于塑性受力状态。当屈服条件采用莫尔-库仑屈服条件,并假定节理材料为理想弹塑性材料及采用关联流动法则时,对平面应变问题,可导出接触面单元剪切滑移的塑性矩阵为

$$[D_p]=\frac{1}{S_0}\begin{bmatrix}K_s^2 & K_sS_1\\ K_sS_1 & S_1^2\end{bmatrix}$$

式中 $S_0=K_s+K_n\tan^2\varphi$;

$S_1=K_n\tan\varphi$;

φ——接触面的内摩擦角。

对处于非线性状态的接触面单元,应力与相对位移间的关系式为

$$\tau_s=K_s\cdot\Delta u_s$$

$$\sigma_n=K_nv_m\frac{\Delta u_n}{v_m-\Delta u_n}\qquad(\Delta u_n<v_m)$$

式中 v_m——接触面单元的法向最大允许嵌入量。

J.0.4 单元模式

1 一维单元

对两结点一维线性单元,设结点位移为$\{\delta\}=\{u_i,v_i,u_j,v_j\}$时,单元上任意点的位移为

$$u=\sum N_iu_i \tag{J.0.4-1}$$

式中N为插值函数,并有

$$\left.\begin{aligned}N_1&=\frac{1-\xi}{2}\\ N_2&=\frac{1+\xi}{2}\end{aligned}\right\} \tag{J.0.4-2}$$

2 三角形单元

对三结点三角形单元,设结点坐标为$\{x_i,y_i,x_j,y_j,x_m,y_m\}$,结点位移$\{\delta\}=\{u_i,v_i,u_j,v_j,u_m,v_m\}$,对应的结点力$\{F\}=\{X_i,Y_i,X_j,Y_j,X_m,Y_m\}$,则当取线性位移模式时,单元内任意点的位移为

$$\begin{pmatrix}u\\ v\end{pmatrix}=[N]\{\delta\} \tag{J.0.4-3}$$

式中 $[N]$——形函数矩阵,即

$$[N]=\begin{bmatrix} N_i & 0 & N_j & 0 & N_m & 0 \\ 0 & N_i & 0 & N_j & 0 & N_m \end{bmatrix} \tag{J.0.4-4}$$

其中 $N_i=\frac{1}{2\Delta}(a_i+b_ix+c_iy)$；

$a_i=x_iy_m-x_my_i$；

$b_i=y_j-y_m$；

$c_i=x_m-x_i$；

Δ——单元面积。

3 四边形单元

采用四结点等参单元，并设结点位移为$\{\delta\}=\{u_1,v_1,u_2,v_2,u_3,v_3,u_4,v_4\}^T$时，位移模式可由双线性插值函数给出，形式为

$$\left.\begin{aligned} u=N_1u_1+N_2u_2+N_3u_3+N_4u_4 \\ v=N_1v_1+N_2v_2+N_3v_3+N_4v_4 \end{aligned}\right\} \tag{J.0.4-5}$$

式中N为插值函数，即

$$\left.\begin{aligned} N_1=\frac{1}{4}(1-\xi)(1-\eta) \\ N_2=\frac{1}{4}(1+\xi)(1-\eta) \\ N_3=\frac{1}{4}(1+\xi)(1+\eta) \\ N_4=\frac{1}{4}(1-\xi)(1+\eta) \end{aligned}\right\} \tag{J.0.4-6}$$

J.0.5 施工过程的模拟

1 一般表达式

开挖过程的模拟一般通过在开挖边界上施加释放荷载实现。将一个相对完整的施工阶段称为施工步，并设每个施工步包含若干增量步，则与该施工步相应的开挖释放荷载可在所包含的增量步中逐步释放，以便较真实地模拟施工过程。具体计算中，每个增量步的荷载释放量可由释放系数控制。对各施工阶段的状态，有限元分析的表达式为

$$[K]_i\{\Delta\delta\}_i=\{\Delta F_r\}_i+\{\Delta F_g\}_i+\{\Delta F_p\}_i \quad (i=1,L) \tag{J.0.5-1}$$

$$[K]_i=[K]_0+\sum_{\lambda=1}^{i}[\Delta K]_\lambda \quad (i\geqslant 1) \tag{J.0.5-2}$$

式中 L——施工步总数；

$[K]_i$——第i施工步岩土体和结构的总刚度矩阵；

$[K]_0$——岩土体和结构（施工开始前存在）的初始总刚度矩阵；

$[\Delta K]_\lambda$——施工过程中，第λ施工步的岩土体和结构刚度的增量或减量，用以体现岩土体单元的挖除、填筑及结构单元的施作或拆除；

$\{\Delta F_r\}_i$——第i施工步开挖边界上的释放荷载的等效结点力；

$\{\Delta F_g\}_i$——第i施工步新增自重等的等效结点力；

$\{\Delta F_p\}_i$——第i施工步增量荷载的等效结点力；

$\{\Delta\delta\}_i$——第i施工步的结点位移增量。

对每个施工步，增量加载过程的有限元分析的表达式为

$$[K]_{ij}\{\Delta\delta\}_{ij}=\{\Delta F_r\}_i\cdot\alpha_{ij}+\{\Delta F_g\}_{ij}+\{\Delta F_p\}_{ij} \quad (i=1,L;j=1,M) \tag{J.0.5-3}$$

$$[K]_{ij}=[K]_{i-1}+\sum_{\xi=1}^{j}[\Delta K]_{i\xi} \tag{J.0.5-4}$$

式中 M——各施工步增量加载的次数；

$[K]_{ij}$——第i施工步中施加第j荷载增量步时的刚度矩阵；

α_{ij}——与第 i 施工步第 j 荷载增量步相应的开挖边界释放荷载系数,开挖边界荷载完全释放时有 $\sum_{j=1}^{M}\alpha_{ij}=1$;

$\{\Delta F_g\}_{ij}$——第 i 施工步第 j 增量步新增单元自重等的等效结点力;

$\{\Delta\delta\}_{ij}$——第 i 施工步第 j 增量步的结点位移增量;

$\{\Delta F_p\}_{ij}$——第 i 施工步第 j 增量步增量荷载的等效结点力。

2 开挖工序的模拟

开挖效应可通过在开挖边界上设置释放荷载,并将其转化为等效结点力模拟。表达式为

$$[K-\Delta K]\{\Delta\delta\}=\{\Delta P\} \tag{J.0.5-5}$$

式中 $[K]$——开挖前系统的刚度矩阵;

$[\Delta K]$——开挖工序中挖除部分的刚度;

$[\Delta P]$——为开挖释放荷载的等效结点力。

开挖释放荷载可采用单元应力法或 Mana 法计算,具体方法见附录 D。

3 填筑工序的模拟

填筑效应包含两个部分,即整体刚度的改变和新增单元自重荷载的增加,其计算表达式为

$$[K+\Delta K]\{\Delta\delta\}=\{\Delta F_g\} \tag{J.0.5-6}$$

式中 K——填筑前系统的刚度矩阵;

ΔK——新增实体单元的刚度;

$\{\Delta F_g\}$——新增实体单元自重的等效结点荷载。

4 结构的施作与拆除

结构施作的效应体现为整体刚度的增加及新增结构的自重对系统的影响,其计算式为

$$[K+\Delta K]\{\Delta\delta\}=\{\Delta F_g^s\} \tag{J.0.5-7}$$

式中 K——结构施作前系统的刚度矩阵;

ΔK——新增结构的刚度;

$\{\Delta F_g^s\}$——施作结构自重的等效结点荷载。

结构拆除的效应包含整体刚度的减小和支撑内力释放的影响,其中支撑内力的释放可通过施加一反向内力实现,其计算表达式为

$$[K-\Delta K]\{\Delta\delta\}=-\{\Delta F\} \tag{J.0.5-8}$$

式中 K——结构施作前系统的刚度矩阵;

ΔK——拆除结构的刚度;

$\{\Delta F\}$——拆除结构内力的等效结点力。

5 增量荷载的施加

在施工过程中施加的外荷载,可在相应的增量步中用施加增量荷载表示,其计算式为

$$[K]\{\Delta\delta\}=\{\Delta F\} \tag{J.0.5-9}$$

式中 K——增量荷载施加前系统的刚度矩阵;

$\{\Delta F\}$——施加的增量荷载的等效结点力。

附录 K　钢筋混凝土受弯和受压构件配筋量计算方法

K.0.1　钢筋混凝土受弯构件的截面强度应按下列公式计算(图 K.0.1):

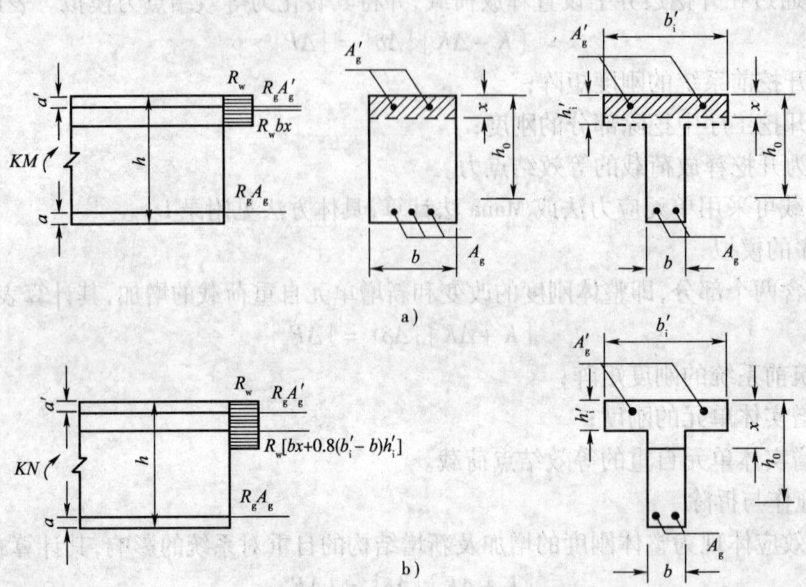

图 K.0.1　钢筋混凝土受弯构件截面强度计算

a)受压区面积为矩形;b)受压区面积为 T 形

1　受压区面积为矩形时

$$KM \leqslant R_{w}bx(h_{0}-x/2)+R_{g}A'_{g}(h_{0}-a') \quad (K.0.1\text{-}1)$$

中性轴的位置按下式确定:

$$R_{g}(A_{g}-A_{g}')=R_{w}bx \quad (K.0.1\text{-}2)$$

2　受压区面积为 T 形时

$$KM \leqslant R_{w}[bx(h_{0}-x/2)+0.8(b'_{i}-b)h'_{i}(h_{0}-h'_{i}/2)]+R_{g}A'_{g}(h_{0}-a') \quad (K.0.1\text{-}3)$$

中性轴的位置按下式确定:

$$R_{g}(A_{g}-A'_{g})=R_{w}[bx+0.8(b'_{i}-b)h'_{i}] \quad (K.0.1\text{-}4)$$

按上述公式计算受弯构件时,混凝土受压区的高度应符合式(K.0.1-5)及式(K.0.1-6)的要求,截面强度应符合式(K.0.1-7)的要求。但在构造中如无受压钢筋或计算中不考虑受压钢筋时,只需符合式(K.0.1-5)的要求。

$$x \leqslant 0.55h_{0} \quad (K.0.1\text{-}5)$$

$$x \geqslant 2a' \quad (K.0.1\text{-}6)$$

$$KM \leqslant 0.5R_{w}bh_{0}^{2} \quad (K.0.1\text{-}7)$$

式中　K——安全系数,按表 9.2.4-2 采用;

M——弯矩(MN·m);

R_{w}——混凝土弯曲抗压极限强度标准值,$R_{w}=1.25R_{a}$,按表 5.2.2 采用;

R_{g}——钢筋的抗拉或抗压计算强度标准值,按表 5.2.5 采用;

A_{g}、A'_{g}——受拉和受压区钢筋的截面面积(m^{2});

a、a'——自钢筋 A_{g} 或 A'_{g} 的重心分别至截面最近边缘的距离(m);

h——截面高度(m);

h_0——截面的有效高度(m),$h_0 = h - a$;

x——混凝土受压区的高度(m);

b——矩形截面的宽度或T形截面的肋宽(m);

b'_i——T形截面受压区翼缘计算宽度(m),按表K.0.1各项中的最小值采用;

h'_i——T形截面受压区翼缘的高度(m)。

表K.0.1 T形截面受压区翼缘的宽度

序号	考虑情况	肋形梁	独立梁
1	按跨度	$l/3$	$l/3$
2	按梁肋净距	$b+s$	—
3	按翼缘高度 h'_i($h'_i/h_0 \geqslant 0.1$)	—	$B+12h'_i$

K.0.2 矩形和T形截面的受弯构件,其截面应符合下式要求:

$$KQ \leqslant 0.3R_a bh_0 \quad (K.0.2)$$

式中 K——安全系数,按表9.2.4-2采用;

Q——剪力(MN);

b——矩形截面的宽度或T形截面的肋宽(m);

其余符号意义同前。

K.0.3 计算斜截面的抗剪强度时,其计算位置应按下列规定采用:

1 支座边缘处的截面(图K.0.3截面1-1);

2 受拉区弯起钢筋弯起点处的截面(图K.0.3截面2-2及3-3);

3 受拉区箍筋数量与间距改变处的截面(图K.0.3截面4-4)。

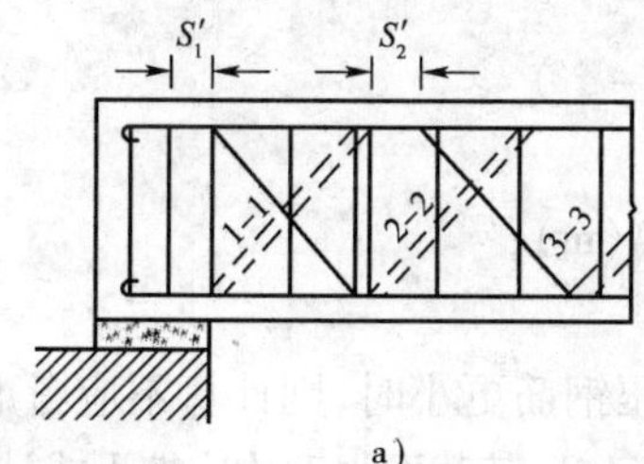

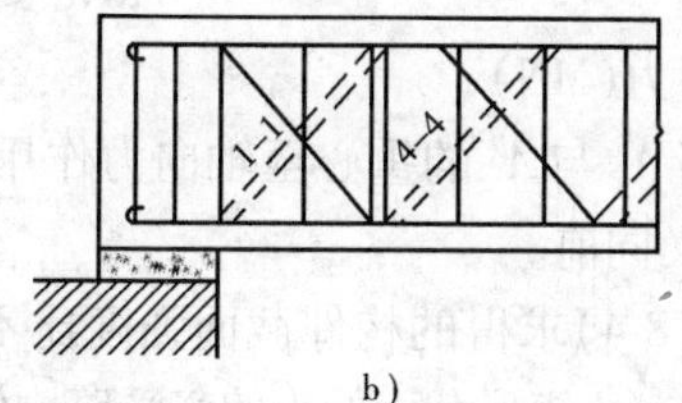

图K.0.3 斜截面抗剪强度的计算位置图

a)弯起钢筋;b)纵筋及箍筋

1-1-支座边缘处的斜截面;2-2及3-3-受拉区弯起钢筋弯起点的斜截面;4-4-箍筋数量与间距改变处的斜截面

K.0.4 矩形和T形截面的受弯构件,当仅配有箍筋时,其斜截面的抗剪强度应按下列公式计算:

$$KQ \leqslant Q_{kh} \quad (K.0.4\text{-}1)$$

$$Q_{kh} = 0.07R_a bh_0 + \alpha_{kh} R_g \frac{A_k}{S} h_0 \quad (K.0.4\text{-}2)$$

式中 Q——斜截面的最大剪力(MN);

Q_{kh}——斜截面上受压区混凝土和箍筋的抗剪强度(MPa);

α_{kh}——抗剪强度影响系数,当$KQ/(bh_0) \leqslant 0.2R_a$时,$\alpha_{kh}=2.0$,当$KQ/(bh_0)=0.3R_a$时,$\alpha_{kh}=1.5$,当$KQ/(bh_0)$为中间数值时,$\alpha_{kh}$值按直线内插法取用;

A_k——配置在同一截面内箍筋各肢的全部截面面积(m^2),$A_k = na_k$,此时,箍筋的间距应符合第9.5.6条的要求;

n——在同一截面内箍筋的肢数;

a_k——单肢箍筋的截面面积(m^2);

S——沿构件长度方向上箍筋的间距(m);

R_g——箍筋的抗拉计算强度标准值,按表5.2.5采用。

K.0.5 矩形和T形截面的受弯构件,当配有箍筋和弯起钢筋时,其斜截面的抗剪强度应按下式计算：

$$KQ \leqslant Q_{kh} + 0.8R_g A_g A_w \sin\theta \quad (K.0.5)$$

式中 Q——在配置弯起钢筋处的剪力(MN)，按第K.0.6条的规定采用；

A_w——配置在同一弯起平面内的弯起钢筋的截面面积(m^2)，弯起钢筋的间距应符合第9.5.6条的要求；

θ——弯起钢筋与构件纵向轴线的夹角(°)。

K.0.6 计算弯起钢筋时，剪力 Q 值可按下列规定采用[图K.0.3a)]：

1 当计算第一排(对支座而言)弯起钢筋时，取用支座边缘处的剪力值；

2 当计算以后的每排弯起钢筋时，取用前一排(对支座而言)弯起钢筋起点处的剪力值。

K.0.7 矩形和T形截面的受弯构件，当符合式(K.0.7)的要求时，则不需要进行斜截面的抗剪强度计算，仅需根据第9.5.6条的规定，按构造要求配置箍筋。

$$KQ \leqslant 0.07R_a bh_0 \quad (K.0.7)$$

K.0.8 钢筋混凝土矩形截面的大偏心受压构件($x \leqslant 0.55h_0$)，其截面强度应按下式计算(图K.0.8)：

$$KN \leqslant R_w bx + R_g(A'_g - A_g) \quad (K.0.8\text{-}1)$$

或

$$KN_e \leqslant R_w bx(h_0 - x/2) + R_g A'_g(h_0 - a') \quad (K.0.8\text{-}2)$$

此时，中性轴的位置按下式确定：

$$R_g(A_g e \mp A'_g e') = R_w bx(e - h_0 + x/2) \quad (K.0.8\text{-}3)$$

当轴向力 N 作用于钢筋 A_g 与 A'_g 的重心之间时，式(K.0.8-3)中的左边第二项取正号；当 N 作用于 A_g 与 A'_g 两重心以外时，则取负号。

如计算中考虑受压钢筋时，则混凝土受压区的高度应符合式(K.0.1-6)的要求，如不符合，则按式(K.0.8-4)计算。

$$KNe' \leqslant R_g A_g(h_0 - a') \quad (K.0.8\text{-}4)$$

式中 N——轴向力(MN)；

e、e'——钢筋 A_g 与 A'_g 的重心至轴向力作用点的距离(m)；

其他符号意义同前。

当按式(K.0.8-4)求得的构件截面强度比不考虑受压钢筋更小时，则计算不应考虑受压钢筋。

K.0.9 钢筋混凝土矩形截面的小偏心受压构件($x > 0.55h_0$)，其截面强度均应按下式计算(图K.0.9)：

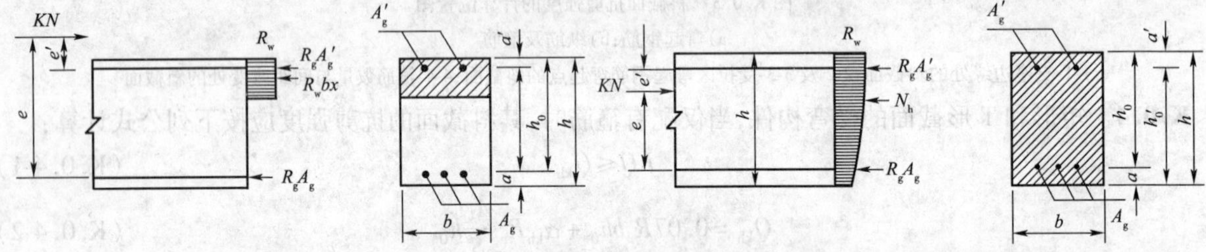

图K.0.8 钢筋混凝土大偏心受压构件截面强度计算　　图K.0.9 钢筋混凝土小偏心受压构件截面强度计算

$$KNe \leqslant 0.5R_a bh_0^2 + R_g A'_g(h_0 - a') \quad (K.0.9\text{-}1)$$

当轴向力 N 作用于钢筋 A_g 的重心与钢筋 A'_g 的重心之间时，尚应符合下列要求：

$$KNe' \leqslant 0.5R_a bh_0^2 + R_g A_g(h_0 - a) \quad (K.0.9\text{-}2)$$

式中符号意义同前。

K.0.10 计算钢筋混凝土矩形截面的偏心受压构件时，应考虑构件在弯矩作用平面内的挠度使轴向力偏心距增大的影响。此时，应将轴向力的偏心距 e_0 乘以偏心距增大系数 η。η 值按下式计算：

$$\eta = \frac{1}{1 - \frac{KN}{10\alpha E_c I_0}H^2} \quad (K.0.10\text{-}1)$$

式中 K——安全系数，按表9.2.4-2采用；

E_c——混凝土的受压弹性模量，按第 5.2.4 条规定；

I_0——混凝土全截面（包括钢筋）的换算截面惯性矩（m^4）；

H——构件的高度（m）；

α——与偏心距有关的系数，按下式计算：

$$\alpha = \frac{0.12}{0.3 + \frac{e_0}{h}} + 0.17 \tag{K.0.10-2}$$

当 $e_0/h \geqslant 1$ 时，取 $\alpha = 0.26$。

对于隧道衬砌、明洞拱圈和墙背紧密回填的明洞边墙，以及当构件高度与弯矩作用平面内的截面边长之比 $H/h \leqslant 8$ 时，可取 $\eta = 1$。

偏心受压构件，除应计算弯矩作用平面的强度以外，尚应按轴向受压构件验算弯矩作用平面的强度。此时，不考虑弯矩的作用，但应按表 K.0.10 考虑纵向弯曲系数。

表 K.0.10 钢筋混凝土构件的纵向弯曲系数

H/b	≤8	10	12	14	16	18	20	22	24	26	28	30
纵向弯曲系数 φ	1.00	0.98	0.95	0.92	0.87	0.81	0.75	0.70	0.65	0.60	0.56	0.52

注：(1) H 为构件计算长度，两端刚性固定时，$H = 0.5l$；一端刚性固定、另一端为不移动的铰时，$H = 0.7l$；两端均为不移动的铰时，$H = l$；一端刚性固定、另一端为自由端时，$H = 2l$。

(2) l 为构件的全长，b 为矩形截面构件短边尺寸。

K.0.11 钢筋混凝土受拉、受弯和偏心受压构件，其最大裂缝宽度 w_{max} 可按式（K.0.11）计算，当 $e_0 \leqslant 0.55h_0$ 时，可不进行裂缝宽度的检算。

$$w_{wax} = \alpha\psi\gamma(2.7C_s + 0.1d/\rho_{te})\sigma_s/E_s \tag{K.0.11}$$

式中 α——构件受力特征系数，对轴心受拉构件取 $\alpha = 2.7$，对受弯和偏心受压构件取 $\alpha = 2.1$，对偏心受拉构件取 $\alpha = 2.4$；

ψ——裂缝间纵向受拉钢筋应变不均匀系数，$\psi = 1.1 - 0.65f_{ctk}/(\rho_{te}\sigma_s)$，其中，$\rho_{te}$ 为按有效受拉混凝土面积计算的纵向受拉钢筋配筋率，$\rho_{te} = A_s/A_{ce}$，当 $\rho_{te} < 0.01$ 时，取 $\rho_{te} = 0.01$；

A_s——受拉区纵筋面积；

A_{ce}——有效受拉混凝土截面面积（图 K.0.11），对受拉构件，A_{ce} 取构件截面面积，对受弯、偏心受压和偏心受拉构件，取 $A_{ce} = 0.5bh + (b_f - b)h_1$，对矩形截面，取 $A_{ce} = 0.5bh$（b、h 分别为混凝土截面的宽度及高度），当 $\psi < 0.4$ 时，取 $\psi = 0.4$，当 $\psi > 1.0$ 时，取 $\psi = 1.0$，对直接承受重复荷载的构件，取 $\psi = 1.0$；

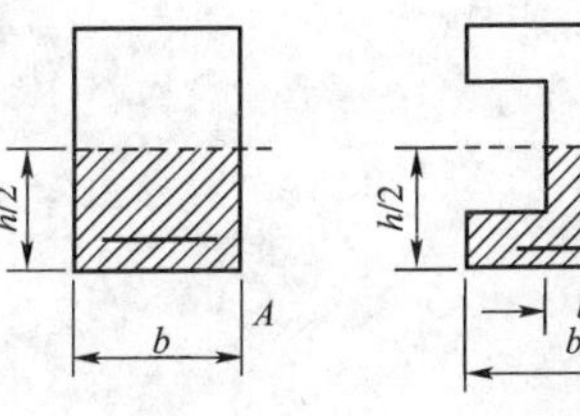

图 K.0.11 有效受拉混凝土截面面积

γ——纵向受拉钢筋表面特征系数，螺纹钢筋取 0.7，光面钢筋取 1.0；

C_s——最外层纵向受拉钢筋外边缘至受拉区底边的距离（mm），当 $C_s < 20$ 时，取 $C_s = 20$；

d——钢筋直径（mm），当采用不同直径的钢筋时，$d = 4A_s/u$，此处 u 为纵向受拉钢筋截面周长的总和；

σ_s——纵向受拉钢筋的应力（MPa），按第 K.0.12 条计算；

E_s——钢筋的弹性模量（MPa），按第 5.2.6 条采用。

K.0.12 检算裂缝宽度时，构件纵向受拉钢筋应力可按下列公式计算：

1 受弯构件 $$\sigma_s = M_s/(0.87h_0A_s) \tag{K.0.12-1}$$

2 偏心受压构件 $$\sigma_s = N_s(e - z)/(A_sz) \tag{K.0.12-2}$$

3 轴心受拉构件 $$\sigma_s = N_s/A_s \tag{K.0.12-3}$$

4 偏心受拉构件 $$\sigma_s = N_se'/[A_s(h_0 - a_s')] \tag{K.0.12-4}$$

式中 M_s、N_s——按荷载组合计算出的弯矩值（MN·m）和轴力值（MN）；

A_s——受拉区纵向钢筋截面面积(m^2);

e——轴向压力作用点至纵向受拉钢筋合力点之间的距离(m),计算式为 $e=\eta e_i+y_{sp}$,其中 e_i 为初始偏心距(m),η 为考虑挠曲影响的偏心距增大系数,按表 K.0.10 的规定取值,y_{sp}为自截面重心至 A_s 合力点的距离;

z——纵向受拉钢筋合力点至受压区合力之间的距离(m),$z=[0.87-0.12(h_0/e)^2]h_0$,且$z<0.87h_0$;

a'_s——纵向非预应力钢筋受压钢筋合力点至截面近边的距离(m);

e'——轴向力作用点至纵向受压钢筋合力点的距离(m);

h_0——截面有效高度(m)。

附录L　本规范用词说明

对执行本规范条文严格程度的用词采取以下写法：

1　表示很严格，非这样做不可的用词：

正面词采用“必须”；反面词采用“严禁”。

2　表示严格，在正常情况下均应这样做的用词：

正面词采用“应”；反面词采用“不应”或“不得”。

3　表示允许稍有选择，在条件许可时首先应这样做的用词：

正面词采用“宜”或“可”，反面词采用“不宜”。

4　表示有选择，在一定条件下可以这样做的用词：

正面词采用“可”或“允许”，反面词采用“不可”或“不允许”。

《公路隧道设计规范》

（JTG D70—2004）

条 文 说 明

1 总则

1.0.1 我国是一个多山的国家,75%左右的国土是山地或重丘,为缩短里程,保护环境,节约土地,在山区公路建设中应重视隧道方案。近10多年来,随着我国公路交通事业的发展,公路隧道的建设规模越来越大,已建成中梁山隧道、大溪岭隧道、二郎山隧道、华蓥山隧道、九顶山隧道、飞鸾岭隧道等数座特长山岭隧道和珠江隧道等水底隧道,并正在建设长18km的秦岭终南山隧道等。长3 000m以上的特长公路隧道已有30多座。这些隧道在降低交通事故发生率、缩短行车距离、提高车速、保护环境诸方面发挥了积极作用,取得了良好的社会经济效益。

为了提高隧道的科技水平,交通部门有关单位近年来围绕工程实际问题开展了科学研究,如围岩稳定监控技术与支护技术的研究,隧道防排水技术,高寒地区公路隧道防冻保温技术,大跨度扁平隧道设计与施工技术,小净距或连拱隧道设计与施工技术,公路长隧道纵向竖井送排式组合通风方式研究,公路隧道通风、照明、防灾及其监控综合系统研究等,都取得较好的成果,我国修建特长公路隧道或大断面隧道的经验和技术有所积累和提高。这些为修订《公路隧道设计规范》打下了基础。

但应看到,我们取得的成果还不多,与国外先进技术相比,在围岩稳定、支护及衬砌结构、防排水、营运通风、交通监控等方面的技术水平还比较低。因此,在给公路隧道设计提供技术准则的同时,亦通过本规范修订推动和提高我国公路隧道技术水平。

1.0.2 修建公路隧道的方法有钻爆方法、全断面隧道掘进机(TBM)方法、盾构掘进机方法、沉管隧道方法等,这些方法在施工形态上完全不同,其设计手法和内容亦不同,本规范适用于以钻爆法为主要开挖手段的各级公路山岭隧道,也包括采取钻爆法设计与施工的城市隧道。

随着六车道高速公路的增多,我国大断面(三车道)公路隧道,如大宝山隧道、靠椅山隧道、大梅沙隧道、铁山坪隧道、真武山隧道等已开始兴建。由于三车道公路隧道的断面积比双车道大得多,这种高宽比为0.62左右的扁平状隧道受力较为复杂,因此隧道位置的选定、隧道断面形式、隧道衬砌结构、施工方法、初期支护结构模式、参数等需要加以深入研究。考虑到我国目前仍以两车道隧道为主,故本规范以两车道断面隧道为考虑基点,三车道、四车道的大断面隧道可参照执行。

1.0.3 为什么修建隧道,隧道建在何处才能有效发挥其功能,并且安全、经济,这是公路隧道规划和设计者必须回答的首要问题。为缩短行车里程,提高交通效率,是修建公路隧道的基本目的;同时,隧道可从根本上免除公路路线上的土石方坍塌、泥石流、雪崩等道路病害;隧道不改变地形自然原貌,保护了环境,还利用地下空间,节省了公路建设用地。因此,隧道是路线上非常有价值的一种构造形式。然而,隧道尤其是长隧道的造价不低,如何在保证功能的前提下,安全且经济地建设隧道至关重要。

隧道设计采取的手法不同于一般构造物,预设计主要依靠基于过去工程实例的经验性方法或者计算、实验等,主观上力图达到合理设计,但设计成的断面形状、支护衬砌结构等是否适应于所处的地层,其稳定性程度如何,很难量化把握,而隧道的形状或支护结构一旦建成很难改变,因此,在规划、设计阶段就要充分考虑隧道的合理性与耐久性问题。

在沟壑纵横、峰峦叠嶂的群山中选择隧道方案,将遇到复杂的地形、地质、气象等条件,应通过地质勘察、路线测量和沿线社会经济交通调查,比较各方案的优劣。譬如,选择隧道位置时,若采取低线方案,行驶条件最好,发挥的作用最佳,而且少占地,能较好地保护自然环境,但隧道较长,造价高,营运费用高,其技术管理要求也高;采取高线方案则相反,隧道较短,造价与营运费用相对较低,但其功能和作用相对较差,因此在方案比选中应综合比较。又如,当遇"鸡爪地形"等山势时,应从标高和平面位置对长隧道方案和连续短隧道群方案进行比选,前者营运费较高,但环保效果好;后者除照明外的营运费较低,但由于洞口及其边仰坡的数量较多,支护工程较为复杂,而且于环保不利,两者均存在优缺点,应根据具体情况综合比选后确定。这里所说的隧道方案,除通常的隧道构造外,还包括半隧道、棚洞、棚架等构造形式。应根据具体地形地质情况，灵活采用隧道的结构形式。

对于分阶段建设的隧道，应在规划、设计中作总体考虑。譬如，高速公路暂按半幅修建时应在洞口位置等方面充分考虑将来另半幅修建的合理性。另外，洞口附近有匝道时应充分考虑洞口的合理断面，使其适应交通流顺畅。由于暂为单洞双向交通，会增加通风设备、应急设施，且增加养护维修的负担，这些均应在规划、设计中对隧道断面的合理性作出评价。

1.0.4 目前除国际隧道协会按长度将隧道称为特长、长、中、短隧道外，其他像瑞士仅对隧道长度分布范围作了区分，但没有长短之分，德国、澳大利亚仅按长度的不同对隧道内应设置的安全设施提出了要求。其他各国如英国、挪威、日本、法国、瑞典等都是按照隧道长度与交通量这两个指标进行分级的，其目的主要还是为隧道内安全、营运管理设施设置规模提供一个标准。

我国公路与铁路部门都是按隧道长度进行分类的，但其分类长度不同。另外在《高速公路隧道监控系统模式标准》中提出了隧道监控等级划分原则（分A、B、C、D四个等级）。

从国内外隧道分类（级）现状来看，多数国家没有隧道长短之分，隧道内安全设施根据隧道长度与交通量来确定。采用的隧道分级有5个级别、4个级别与3个级别等多种情况，各级隧道起点长度也不一致，这主要与各国道路等级、交通组成与交通量是相对应的。

单按隧道长度来划分，主要是给人们一个宏观的概念，此种分类方式称为隧道分类。按隧道长度与交通量这两个指标来划分，主要是解决隧道内应设置的营运安全设施规模，体现隧道的安全与重要性，此种分类方式称为隧道分级。

通过对全国已建成隧道的调查结果表明，长度小于250m的隧道仅占隧道总长的18%，长度小于1 000m的隧道占隧道总长的58%，其中大量隧道都在500m以下。并且，从公路隧道建设的发展趋势看，500m以下的隧道数量增加较快。另外，我国的概预算定额是按照离洞口500m以内的人工工日和机械台班数量作为基准定额。从洞内设施看，500m以下的公路隧道一般采用自然通风方式，设施简单，以照明为主。因此，综合考虑公路隧道在勘测、设计、施工和管理中的技术要求和现状，此次修订将短隧道的长度确定为小于500m。

1.0.5 为满足营运正常使用，隧道主体结构物应设计为永久性建筑。这里所说的主体结构物指洞门、支护衬砌、各附属风道、风井、洞室、防排水设施、路面板及隧底填充等。洞内一般要求设置衬砌。这些结构设计必须具有规定的强度、稳定性和耐久性。所谓耐久性，一般指所使用的建筑材料具有必要的抗渗性、抗冻性和抗侵蚀性。

1.0.6 一般来讲，公路隧道设计由支护衬砌、防排水、路面和各类洞室等土建主体结构与通风、照明、供配电、防灾与减灾、交通监控等营运设置两大部分构成，是多个专业的总成，属复合型技术，因此要求各专业设计之间密切配合。譬如，根据交通量和隧道长度需要设置通风竖井（或斜井）时，首先由通风专业工程师通过计算分析初步确定出竖井位置，然后应征求地质和结构专业工程师的意见，如果初定的竖井位于断层破碎带等不良地质地层，竖井结构处理非常复杂，工程费上扬，竖井就应适当挪位，再计算分析新井位条件下的隧道通风状态及风机容量。同时，竖井及其风道位置还应征求路线工程师的意见，以使竖井口尽快钻出地面，同时风道又要最短。总之，在确定风井、风道、风口时，上述3个专业应相互"磨合"，反复推敲，综合分析通风费用和结构费用，使设计达到最好、最省的综合效果。

对于高速公路特长隧道或者地质情况非常复杂的长隧道，必要时应针对其中的技术难题如大跨扁平断面、不良地质、大涌量地下水、通风、防灾等进行专项研究和技术设计。

1.0.7 由于岩土材料物理特性和力学特性非常复杂，要想用解析手段预测隧道等地下结构物的力学动态，就必须建立精度很高的本构关系式。然而，本构关系式越复杂，所含的力学参数越多，这些参数不管是采用室内试验还是现场测试都是非常困难的。由于岩土的非连续介质特性，即使通过一些较先进的手段能测得这些参数，其解析结果与实际状态往往也有较大差异。显然，将通常的结构分析方法应用于地下岩土结构工程是不宜的。所幸的是，像隧道这样的地下工程，开挖面前方虽是未知的，但同时也是可再设计的，这就给人们客观地评价围岩特性及预测开挖面前方力学动态提供了机会，并进而对隧道结构进行重新设计使之更符合实际情况成为可能。即，在施工现场开挖过程中不断地对围岩变形进行量测，然后以这些位移量测信息为依据，反算围岩物理力学参数，在此基础上重新评价隧道结构的事前设计(预设计),确定更符合围岩动态的支护参数。将此过程称为动态设计或信息化设计。由于该工作是在施工过程中完成的,又称它为现场临床诊断式设计与施工。

不同于一般构造物,隧道设计受所穿越山体的地形、地质条件和施工方法的影响很大。隧道围岩既是作用于隧道结构上的荷载,又是隧道成洞的支护载体,因此,地质条件是正确设计的基本前提。可是,在隧道开挖前要获得高精度的地质信息就目前的技术水平是困难的,而且在经济上也是办不到的。因而,一方面要求在事前设计阶段尽量采用高技术和手段加之经验对地质状况作出判断,另一方面要求在开挖施工阶段,不断通过现场量测对地层围岩和支护的动态及开挖方法作出评价并及时调整,使之设计更加合理。

1.0.8 近10年来,隧道与地下工程的科技水平不断提高。在设计理论和方法方面,以充分发挥山体围岩自承载能力为基本原理,以喷锚支护及复合柔性衬砌为主要特征的新奥法(New Austrian Tunneling Method),使隧道工程从理论、设计到施工发生了一场革命。它改变了过去按围岩荷载全部作用于衬砌上来进行设计和施工的传统思想,在工程造价、工程进度及施工管理等诸多方面都带来极大的效益。新奥法在国外许多国家被广泛应用于隧道工程中,日本等国家在有关技术规范、指南中,已明确将该法定为隧道标准工法,并努力开发和应用与新奥法相关的各种技术,其中复合柔性衬砌设计技术及基于现场施工监控和信息反馈(也称信息设计)的围岩稳定分析技术是新奥法的核心和关键,各国专家更着力加以研究。在材料和工艺方面,防排水、锚杆、喷射混凝土等的材料和型号比较过去10年有较大进步,效果也越来越好,湿喷工艺也有长足进步,并逐步普及。总之,隧道建设科技进步为使隧道达到安全实用,质量可靠,经济合理,技术先进打下了基础。

1.0.9 我国耕地少,农业人口多,生态脆弱,搞公路建设应注意保护农田和水利设施,尽量利用荒地,避免占用良田,或采取造地还田等措施。在设计中应注意生态平衡,保护环境。隧道建设发生的废方应妥善处理,其废水一般应经沉淀、净化后排放。总之,隧道建设应贯彻我国建设与环保并重的基本国策,符合国家土地管理、环保、水土保持等法规的有关要求。

1.0.10 条文中所指的有关标准、规范主要有:《公路工程技术标准》(JTG),《锚杆喷射混凝土支护技术规范》(GB),《地下工程防水技术规范》(GB),《工程岩体分级标准》(GB),《公路隧道施工技术规范》(JTJ),《公路隧道通风照明设计规范》(JTJ)。

2 主要术语与符号

2.1 术语

2.1.1 公路隧道,英文也称 highway tunnel。公路隧道供汽车和行人通行,因此,洞内一般应有适当的通风、照明等设施。

2.1.2 山岭隧道的围岩多为基岩。因此,断层破碎带等的存在和它们的走向,以及有无高压涌水,将直接影响隧道的开挖,所以对上述问题的调查非常重要。

2.1.3 将 RQD 定义为良好圆柱状岩心的采取率,可以说是更现实的岩体评价法。这种表示法是美国的Deere建议的,可供隧道设计用。

2.1.6 水文调查是为了掌握和弄清地球上的水在降水、渗透、储存、流动、蒸发的水循环系中各种情况的转变过程,对降水量、河流流量、涌泉量、蒸发量等水量平衡要素,或构成地下水容器的滞水层的构造或渗水性等进行观测和试验的调查;也是对伴随隧道开挖的涌水和枯水、涌水位置和数量及其影响进行的调查。

2.1.7 地质调查是为了解岩体或地层的分布、形成年代、风化程度或地质构造等而进行的调查。地质调查的方法有:地质踏勘、各种物理勘探、钻孔调查、试坑调查等。

2.1.8 隧道涌水可分为施工中的集中涌水和竣工后的经常涌水;根据涌水的位置可分为开挖面涌水和洞口涌水等;根据涌水的形态可分为突发涌水、滴水等。

2.1.9 隧道设计中应考虑的荷载主要有:土压、水压、地震力、活荷载、自重等。

2.1.11 偏压,英文也称 uneven pressure。隧道上部覆盖土层薄且倾斜,或地层相对于隧道断面倾斜,或岩性不均一,或膨胀性地层中受到来自单侧较强挤压等情况下,均有可能产生偏压作用。

2.1.12 松散压力是指伴随隧道的开挖爆破、支护的下沉以及衬砌背后的空隙等原因,致使隧道上方的围岩产生松动,以相当于一定高度的围岩重力,作为直接荷载作用于隧道支护和衬砌上的土压。松散压力发生在岩石隧道围岩和无黏土成分的裂隙岩石或砂质隧道围岩的情况中。上述围岩中,由于隧道开挖,初始应力(内压)被释放,经过应力重新分配,转入二次应力状态。但此时隧道周边的围岩在一定范围内已达到塑性状态,向隧道内蠕动。沿铅直方向,隧道上方塑性区(应力已释放的免压圈)内的围岩下落而产生土压,重力成为其支配的主要因素。与此相反,在风化岩或黏性土等塑性围岩和膨胀性围岩中,支护和衬砌承受的土压,由于较强地受围岩的物性和一次应力所控制,所以和松弛土压有区别,叫做实际土压。

2.1.13 新奥法由国际著名工程地质学家 L. 缪勒教授(奥地利人)提出,它以充分发挥山体围岩自承载能力为基本原理,以喷锚支护及复合柔性衬砌为主要特征。

为防止围岩强度方面的恶化,积极地有效利用隧道周边围岩固有的承载能力,把喷射混凝土或锚杆作为主要支护构件,在通过现场量测管理的基础上进行隧道施工。

隧道无支护时,最大限度利用围岩的支护机能(承载能力)。然而,在一般的隧道中,为了补强围岩,必须进行支护。在以前的隧道施工中,为支承来自围岩的荷载,使用大型钢制支护和厚的混凝土衬砌。在新奥法中,使用能与围岩密贴的喷射混凝土和锚杆,以防止伴随围岩松弛而产生承载能力的下降,积极发挥了围岩的自承机能。为了掌握围岩的动态,现场量测非常重要。围岩的自承机能若有富裕,则可改用较经济的支护构件。若围岩的自承机能不足,则应进行安全性支护的设计。应及时将量测结果反馈到设计与施工中。

新奥法是依据力学方面的考虑,将支护结构与围岩结合起来,并进行现场量测管理,形成一个完整的隧道动态设计与施工的概念，而不能单纯理解为一种施工方法。

2.1.14 净空断面(内轮廓)，英文也称 inside shape。决定净空断面的主要因素有公路等级、车道数、建筑限界、通风方式、交通流方式等。

2.1.15 在隧道的洞口部位，为挡土、坡面防护等而设置的隧道结构物。一般，洞口是由其正面和两侧三个挖方构成的凹地。所以，一般来讲，洞口地质条件差，并且易坍塌，同时，在冬季大雪地区，还有雪崩的危险。在有这种倾向的地形、地质的处所，洞口尽可能不要深入地表过深，宁可早进洞、晚出洞。洞门在隧道的进口和出口处，考虑美观也很重要。

2.1.20 竖井有供营运通风换气用的永久性结构，和供隧道施工中作业坑道用的临时结构两种。作业坑道可用于隧道较长，不易从两端洞口开挖的情况；增加作业面以缩短工期的情况；为搬运材料、出渣，作为近路设置，以提高作业效率的情况。

2.1.21 斜井的作用大体上和竖井相同，但与竖井相比，在作为较深部位对象的开挖或运输的目的上，因要增加坑道的长度而不适用。然而在出水时的安全性或出现异常时的处理及排水施工等方面却有利。斜井的斜率，在长大公路隧道中，考虑到传送带、出渣机等的能力，一般规定为 1/4 左右。

2.1.22 将隧道划分成几个工区进行施工时，为搬入材料和出渣等而设置的大体上接近水平的作业坑道。由于横通道施工时的作业性、安全性较好，所以，作业坑道应尽可能采用横通道。横通道有时也可用于营运通风。

2.1.23 超前导坑，英文也称 drift。根据导坑的开挖位置，有上导坑、中央导坑、下导坑、侧壁导坑等。

2.1.24 通风一般分为机械通风和自然通风两种。通风方式有纵向通风、横向通风、半横向通风和组合式通风等形式。

3 隧道调查及围岩分级

3.1 一般规定

3.1.1 隧道调查是勘测设计人员通过各种勘测手段，对隧道所处位置的地形、地质等自然条件进行的调查、测绘。调查必须按本规范及相关规范的要求分阶段、按项目认真开展工作。

调查资料是隧道位置选择、工程布置和结构设计，以及计划工程投资等整个设计工作的依据，因此，调查资料应齐全、准确。

3.1.2 调查工作应分阶段进行，并要求贯彻工程建设的全过程。施工前阶段包括工程可行性踏勘、初步勘测和详细勘测三个子阶段。可行性阶段以了解大范围全貌为目的，应基本了解隧道工程方案的主要工程地质问题，为方案比选和编制可行性研究报告提供资料；初步和详细勘测阶段，应逐步查明工程范围内的区域工程地质、水文地质条件，工程环境条件等，并作出评价，确定隧道位置、围岩分级，为隧道设计、施工提供地质依据。

施工中的调查是一项十分重要的工作，必须加强。通过施工调查、超前地质预报等工作，可以及时解决施工中遇到的工程地质、水文地质问题，为验证或修改设计、施工提供依据，有利于提高勘测水平。施工地质调查一般应列入施工计划，由施工单位专人负责，或由施工、设计和有关科研单位组成专门小组，全面开展地质素描、超前探测等工作。

3.1.3 调查工作是各阶段相互紧密联系的一个整体，由面到线再到工程具体位置，在初步了解工程地区概貌的基础上，编制调查计划。在调查过程中，应随时根据实际情况，及时调整或修改调查计划，做到对主要工程地质、水文地质问题有准确评价，提供齐全的设计、施工所需资料，不漏项。

3.1.4 本规范遵循《工程岩体分级标准》(GB 50218)的规定，围岩分级采用围岩的定性划分和定量指标相结合的综合定级方法，这是目前国内外大多数围岩分级(分类)所采用的方法。定性和定量两者可以相互校核和检验，可提高分级的可靠性。

3.2 资料搜集

3.2.1、3.2.2 调查前应全面搜集隧道地区的地形、地貌、地质及水文、气象、不良地质、地震、施工环境及交通状况和相关国家和地方法规等资料，这充分体现隧道调查工作要充分利用前人工作资料，并在此基础上开展进一步调查。

3.3 地形与地质调查

3.3.1 对施工前各阶段及施工中调查的目标、内容、方法和范围作了规定，表 3.3.1 所示内容可供编制调查计划参照。

隧道调查不同阶段有不同的目标，在踏勘时，首先进行大范围的全貌调查，了解线路可能走向及隧道位置存在的地质环境问题，提出调查的重点，接着在先前调查已获得成果的基础上，选择隧道两侧为调查重点，并用后续进行的调查成果不断地加以评价、修正，使之更趋完善。

调查各阶段是相互联系的一个整体。因此，规定了调查方法可行性阶段以地面调查为主，初、详勘测阶段按要求采用各种勘测手段和岩土物理力学试验。对工程地质、水文地质条件复杂，或高速公路、一级公路的重点隧道和长、特长隧道，除应采用地面调查、测绘、遥感判释外，还应采用调绘与钻探、坑探及弹性波探测等相结合的综合勘察，并要求适当扩大调查范围。

调查项目不同，调查方法会有差别，可参照表 3-1 选择调查方法。

表 3-1　调查项目与调查方法间的关系

调查项目 \ 地质调查法		资料调查	地表踏勘	弹性波调查	水文调查	地下水调查	钻孔	孔内检测				标准贯入试验	孔内加载试验	试件试验	调查坑道观(量)测
								速度检测	电气检测	孔径检测	温度检测				
地貌	滑坡、崩塌	⊙	⊙				⊙								
	偏压	⊙	⊙												
	埋深	⊙													
地质构造	地质分布	Δ	⊙	Δ			⊙	Δ	Δ		⊙				
	断层、褶曲	Δ	⊙	⊙			⊙	Δ							⊙
岩质、土质	岩石、土质名	Δ	⊙				⊙		Δ						⊙
	岩相	Δ	⊙				⊙								⊙
	裂隙		Δ	⊙			⊙	⊙							⊙
	风化、变质		Δ	⊙			⊙	⊙	Δ						⊙
	固结程度		⊙	Δ			⊙	Δ	Δ	⊙		⊙			⊙
地下水	积水层		⊙		⊙	⊙			⊙	⊙	Δ				
	地下水位		Δ		Δ	⊙									
	透水系数					⊙									
力学性质	饱和单轴抗压强度											⊙		⊙	Δ
	黏结力、内摩擦角											Δ		⊙	Δ
	变形系数、泊松比											Δ	⊙	⊙	
	标准贯入试验锤击数											⊙			
物理性质	围岩弹性波速度			⊙				⊙							
	超声波速度													⊙	
	密度													⊙	
	粒径分布													⊙	
	液限、塑限													⊙	
	含水比													⊙	
矿物化学性质	黏土矿物													⊙	
	浸水崩解度													⊙	
	吸水率、膨胀率													⊙	

注：表中⊙为必测项目；Δ 为选测项目。

3.3.2　各阶段提供的图件应符合《公路工程地质勘察规范》(JTJ 064)和《公路勘测规范》(JTJ 061)规定，如可行性研究阶段应搜集绘制 1∶5000～1∶10000 地形图、地形断面图，并根据调查资料、搜集的区域地质图和地质资料编制 1∶50000～1∶200000 地质或工程地质平面图；初勘阶段根据调查、勘探资料，绘制 1∶1000～1∶20000 隧道工程地质平面图和水平比例为 1∶500～1∶2000、垂直比例为 1∶50～1∶200 的隧道地质纵剖面图、洞口断面图等。

3.3.3　规定了施工前各阶段隧道工程的地形、地质调查内容。隧道地形、地质调查是综合性的工作，查明测区的工程地质、水文地质条件，对各种不良地质条件作出评价，并提出有效措施或建议，为工程设计提供正确的资料。

由于各类地质问题的复杂程度、规模、性质，自然地理条件的不同，很难划分初、详勘工作的基本内容，实际工作中常互有穿插。条文中只提出了调查内容，应结合实际情况，安排调查内容之深度。一般在初勘阶段，以地质测绘为主要手段，辅以少量的勘探试验，对隧道围岩稳定性作出定性为主的评价，初步划分围岩级别；在详勘阶段，合理采用各种勘探手段，对各类地质现象进行综合分析，互相印证，尽量对隧道工程地质条件作出定量或半定量评估，详细划分围岩级别。

测区存在有害气体或矿体时，按劳动保护、环境保护等条例，查明含量，预测释放程度，以对人体、环境不发生危害为限，超出规定的危害允许值时，须采取必要的防护措施。对气、矿体勘察可与专业技术单位协力合作进行。

地震动参数是指隧道地区未来100年内可能遭遇的最大地震的动参数，可按照《中国地震动参数区划图》规定或专门机构评估确定。

按《公路工程抗震设计规范》（JTJ 004）规定采用“地震基本烈度”、“重要性修正系数”的办法来调整和计算地震力。重要性修正系数是根据路线等级及构造物的重要性划分的，见表3-2。

表3-2　重要性修正系数 C_1

线路等级及构造物	C_1	线路等级及构造物	C_1
高速公路和一级公路上的抗震重点工程	1.7	二级公路上的一般工程，三级公路上的抗震重点工程	1.0
高速公路、一级公路上的一般工程，二级公路上的抗震重点工程	1.3	三级公路上的一般工程，四级公路上的抗震重点工程	0.6

3.3.4　规定在调查时，应对某些特殊地质环境问题作专门调查，并提出注意事项。这是对调查的重点内容作出的特别要求。如，当测区存在区域性断裂带，特别是存在近期活动和发震断层时，应查明其对工程的影响程度并作出评价；此外对地质复杂的越岭隧道、傍山和濒临水库等隧道，在查明其状态的同时，必须就这些条件对隧道的稳定性的影响作出评价。

通常隧道外侧最小覆盖厚度应根据山坡坡度、围岩级别和洞身断面大小等因素确定。一般情况下，隧道拱脚处最小覆盖厚度（L）不得小于《公路勘测规范》（JTJ 061）表3.1.2规定的数值。若存在偏压情况，应对其稳定性作出评价，并应按照有关偏压来设计。

濒临水库地区的隧道，由于受水库水位变化影响，易造成边坡坍岸、滑坡等，将对隧道稳定产生不利影响，甚至危及隧道安全，因此条文规定“应查明岸坡的稳定性、水库库容及水位（含浪高和壅水高等）”。库岸区隧道洞口路肩设计高程应高出水库计算水位至少0.5m。

3.3.5　施工中的地质调查是一项十分重要的工作，以往重视不够，为此本条对施工中的调查内容和方法作了明确的规定。条文规定的几种调查方法是施工地质调查常用的和有效的方法。

开挖面的地质观察和素描是极其重要的基础工作。每次爆破后，应立即由专人进行开挖面的观察、素描或摄像等。主要观察内容有：

1　地层、岩石分布、岩层走向、倾角；

2　固结程度、风化及变质程度、软硬程度；

3　裂隙方向及频度、充填物及性质；

4　断层位置及走向、倾角、破碎程度；

5　涌水位置及涌水量；

6　坍塌位置及形态。

施工地质超前预报工作，应强调地质调查分析与物理探测相结合的方法，同时应采用中长距离预报与短距离预报相结合的方法。

根据施工中对实际开挖的岩体进行直接观察、量测等资料，若岩性、地质构造和地下水状态、初始应力状况等与设计资料不一致时，应及时对围岩稳定性、围岩级别作出合理修正。

施工阶段调查资料和实测隧道地质纵剖面图等，应纳入工程竣工文件。

3.4 气象调查

3.4.1 对隧道地区气象条件调查内容作出了基本规定。条文规定了对隧道技术设计影响较大的气温、降雨量、降雪量、降雾，高寒地区冰冻层的深度，以及场区风速、风向等的调查，因为这些气象因素对隧道洞口位置、高程、隧道防排水、防冻等措施的确定和选择有很大影响。极端值是指气温、风速、降雨、降雪的最大值、最小值。

3.5 工程环境调查

3.5.1～3.5.4 规定了隧道地区自然生态环境、社会环境、生活环境和施工条件的调查内容和要求。通过对环境调查和隧道开挖对环境影响的初估，将环保意识融入设计理念中。要求尽量减少隧道开挖对环境的影响，若难以避免时，应提供保护环境的防治措施。

3.6 围岩分级

3.6.1 按国家标准《工程岩体分级标准》规定，本规范将原规范的"围岩分类"改为围岩分级。分级方法与国家标准一致，采用《工程岩体分级标准》规定的方法、级别和顺序，即岩石隧道围岩稳定性等级由好至坏分为Ⅰ级、Ⅱ级、Ⅲ级、Ⅳ级和Ⅴ级。考虑到土体中隧道的围岩分级，将松软的土体围岩定为Ⅵ级。

国内外现有的围岩分级方法有定性、定量、定性与定量相结合3种方法，且多以前两种方法为主。定性分级的做法是，在现场对影响岩体质量的诸因素进行定性描述、鉴别、判断，或对主要因素作出评判、打分，有的还引入部分量化指标进行综合分级。以定性为主的分级方法，如现行的公路、铁路隧道围岩分类（分级）等方法经验的成分较大，有一定人为因素和不确定性，在使用中，往往存在不一致，随勘察人员的认识和经验的差别，对同一围岩作出级别不同的判断。采用定性分级的围岩级别，常常出现与实际差别1～2级的情况。定量分级的做法是根据对岩体（或岩石）性质进行测试的数据或对各参数打分，经计算获得岩体质量指标，并以该指标值进行分级。如国外N. Barton的Q分级、Z. T. Bieniawsks的地质力学（MRM）分级、Dree的RQD值分级等方法。但由于岩体性质和赋存条件十分复杂，分级时仅用少数参数和某个数学公式难以全面准确地概括所有情况，而且参数测试数量有限，数据的代表性和抽样的代表性均存在一定的局限，实施时难度较大。因此本规范采用定性划分和定量相结合的综合评判方法，两者可以互相校核和检验，以提高分级的可靠性。

根据隧道工程建设的不同阶段、公路线路等级和隧道长度的不同，所进行的调查和测试工作的深度不同，对围岩分级精度的要求也不尽相同。一般在可行性研究和初勘阶段，和线路等级三级以下、长度短于500m的隧道，围岩初步分级可以定性分级为主，或以定性与少量测试数据所确定的岩体基本质量指标 BQ 值相结合进行围岩基本质量分级。在详勘阶段和施工设计阶段，特别是施工期间，必须进行定性与定量相结合的分级，并应根据勘测测试资料和开挖揭露的岩体观察量测资料，对初步分级进行检验和修正，确定围岩详细分级。

影响围岩稳定的因素多种多样，主要是岩石（体）的物理力学性质、构造发育情况、承受的荷载（工程荷载和初始应力）、应力变形状态、几何边界条件、水的赋存状态等。这些因素中，岩体的物理力学性质和构造发育情况是独立于各种工程类型的，反映出了岩体的基本特性，在岩体的各项物理力学性质中，对稳定性关系最大的是岩石坚硬程度，岩体的构造发育状态，岩体的不连续性、节理化程度所反映的岩体完整性是地质体的又一基本属性。因此本规范将岩石坚硬程度和岩体的完整程度作为岩体基本质量分级的两个基本因素。这一观点已为国内外多数围岩分级方法所采纳。

3.6.2 岩石坚硬程度和岩体完整程度的定性划分和定量指标的确定方法是在分析比较了国内外相

关规范和众多围岩分级后提出的。

1　岩石坚硬程度的定性划分，主要应考虑岩石的成分、结构及其成因，还应考虑岩石内化作用的程度，以及岩石受水作用后的软化、吸水反应情况。为了便于现场勘察时直观地鉴别岩石坚硬程度，在"定性鉴定"中规定了用锤击难易、回弹强度、手触感觉和吸水反应等方法。

本条文表3.6.2-1规定了用"定性鉴定"和"代表性岩石"两项作为定性评价岩石坚硬程度的依据。在定性划分时，应注意作综合评价，在相互检验中确定坚硬程度并定名。

总结并参考国内已有的划分方法和工程实践经验，可将岩石划分为硬质岩和软质岩两大档次，再进一步划分为坚硬岩、较坚硬岩、较软岩、软岩和极软岩五个档次。

根据国内外资料，岩石风化程度的划分和定义可按表3-3进行。

表3-3　岩石风化程度的划分

名　称	风 化 特 征	名　称	风 化 特 征
未风化	结构构造未变，岩质新鲜	强风化	结构构造大部分破坏，矿物色泽明显变化，长石、云母等多风化成次生矿物
微风化	结构构造、矿物色泽基本未变，部分裂隙面有铁锰质渲染	全风化	结构构造全部破坏，矿物成分除石英外，大部分风化成土状
弱风化	结构构造部分破坏，矿物色泽较明显变化，裂隙面出现风化矿物或存在风化夹层		

2　表征岩石坚硬程度的定量指标有岩石单轴抗压强度 R_c、弹性（变形）模量 E_r、回弹值等。本规范采用将岩石单轴饱和抗压强度 R_c 作为反映岩石坚硬程度的定量指标。

国内外研究表明，岩石点荷载强度与岩石单轴饱和抗压强度之间有良好的相关关系，表3-4列举了国内外研究者提出的二者之间的回归方程。

表3-4　岩石单轴饱和抗压强度与点荷载强度的关系

名　　称	R_c 与 $I_{s(50)}$ 的关系	相关系数
Bieniawski、Broch &Franklin、Brook 等人试验资料	$R_c=29.07I_{s(50)}$	0.92
国际岩石力学试验方法委员会测定点荷载强度的建议方法（1985年修订）	$R_c=(20\sim25)I_{s(50)}$	
岩石点荷载试验资料统计分析及强度计算公式的探讨（向桂馥、梁红，岩石力学与工程学报，卷15第2期，1986年）	沿短轴加载时：$R_c=(18\sim19)I_{s(50)}$ 沿长轴加载时：$R_c=23.7I_{s(50)}$	
东北工学院	$R_c=65+17.4I_{s(50)}$	
长沙矿山研究院	对坚硬岩石：$R_c=53.7+15I_{s(50)}$	0.976
应用点荷载试验测定岩石单轴抗压抗拉强度试验研究报告（铁道部第二勘测设计院，1990年）	$R_c=22.819I_{s(50)}^{0.746}$	0.9002

经分析验证，本规范采用国家标准规定的换算式(3.6.2)，将实测的岩石点荷载强度指数 $I_{s(50)}$ 换算为 R_c 作为反映岩石坚硬程度的辅助定量指标。

3　本规范以 $R_c=30\text{MPa}$ 作为硬质岩与软质岩的划分界限。根据 R_c 和定性划分将岩石坚硬程度划分为五级，表3.6.2-2列示了 R_c 与坚硬程度对照关系。

4　岩体完整程度的定性划分，采用结构面发育程度、主要结构面的结合程度和主要结构面类型作为划分依据。按表3.6.2-3作定性划分时，应注意上述三项依据的综合分析评价，在此基础上对岩体完整程度进行定性划分并定名。

表3.6.2-3中，"主要结构面"是指相对发育的结构面，或对围岩稳定性影响较大的结构面。

结构面发育程度由结构面组数和平均间距来反映。表3.6.2-3中所列平均间距数据，主要参考了我国工程实践和有关规范的划分情况。

结构面的结合程度应从结构面特征即张开度、粗糙状况、充填物性质及其性状等方面进行评价。

现场鉴定结构面结合程度时，除应注意结构面缝隙的宽度外，还应注意描述结构面两侧壁岩性的变化，充填物性质（来源、成分、颗粒大小），胶结情况及赋水状态等，综合分析评价它们对结合程度的影响。

结构面粗糙情况也是决定结构面结合好坏的一个重要方面。结构面的粗糙起伏程度，很大程度上影响该结构面的抗剪强度。

5 岩体完整程度的定量指标，国内外普遍采用的有：岩体完整性指数 K_v、岩体体积节理数 J_v、岩石质量指标 RQD、节理平均间距、岩体与岩块的动静弹模比、岩体龟裂系数等。目前国内诸多围岩分级（分类）方法中，大多数认为 K_v、J_v 和 RQD 三项指标能较全面体现岩体的完整状态。其中 K_v 和 J_v 两项具有应用广泛，测试或量测方法简便的特点。RQD 值国外应用较多，但考虑到我国工程勘探中，由于钻头、钻具及工艺等原因，RQD 数量少，且缺乏统一性和可比性，因此本规范遵循国家标准的规定，只选用 K_v 和 J_v 来定量评定岩体的完整程度。

根据实测的包含有各种结构面及充填物岩体的声波纵波速度（v_{pm}）和基本上不明显结构面的岩块纵波速度（v_{pr}），即可得出 K_v 值[$K_v = (v_{pm}/v_{pr})^2$]。它既反映了岩体结构面的发育程度，又反映了结构面的性状，是一项能从量上全面反映岩体完整程度的指标。

岩体体积节理（结构面）数 J_v 值是国际岩石力学委员会推荐用来定量评价岩体节理化程度和单元岩体的块度的一个指标。经国内外的应用，认为它具有上述物理含义，而且在勘察各阶段及施工阶段容易获得。考虑到 J_v 值不能反映结构面的结合程度，特别是结构面的张开程度和充填物性状等，因此，本规范规定 J_v 值作为评价岩体完整程度的辅助定量指标。

6 考虑到工程建设的可行性阶段和初勘阶段，以及对三级以下公路的隧道和高等级公路的短隧道往往不进行弹性波探测，或者因为勘测单位缺乏弹性波（声波）测试手段，无法获取 K_v 值。在无实测 K_v 值时，测得的 J_v 值可按表 3.6.2-4 对应换成 K_v 值。根据我国铁道科学研究院西南分院、昆明水利水电勘测设计院试验研究，J_v 值与 K_v 有较好的相关性。表 3.6.2-4 就是在综合有关单位成果的基础上提出的。

3.6.3 根据分级因素的定量指标对岩体质量进行定量分级的方法有上百种，大致可归纳为三种：

1）单参数法。如 RQD 法，就是以修正的 10cm 以上岩心长度之和与钻孔总长度的百分比为依据进行分级的方法。

2）多参数法。如东北大学以 R_c、岩体弹性波纵波速度（v_{pm}）、平均节理间距（d_p）和围岩位移稳定时间四项参数为依据，通过计算程序进行动态分级的方法。

3）多参数组成的综合指标法。如总参工程兵第四设计研究院坑道工程围岩分级中，由 R_c、K_v、地下水状态和岩层产状四项参数组成分级指标。也有人提出对 R_c、岩体完整性、含水情况和风化程度四方面分别评分，最后给出表示岩体质量的总分。巴顿（Barton）的 Q 分级法属于这一种。

本规范采用多参数法，以两个分级因素的定量指标 R_c 及 K_v 为参数，计算求得岩体基本质量指标 BQ，作为分级的定量依据。

计算岩体质量的数学模型有很多种，例如巴顿（Barton）、谷振德模型等。总参工程兵第四设计研究院等单位在分级中采用的是积商模型、别尼威斯基（Bieniawski Z. T.）模型，水电部昆明勘测设计院、铁道部科学研究院西南分院等采用和差模型。

本规范采用逐步回归、逐步判别等方法建立并检验基本质量指标 BQ 的计算公式，属于和差模型。

由 K_v 和 R_c 所确定的 BQ 值，其计算模式为

$$BQ = b_0 + b_1 R_c^{\alpha} + b_2 K_v^{\beta}$$

式中 b_0、b_1、b_2、α、β——待定系数。

这一数学模式，用权值系数计算各因素的单值，用和差计算质量总值，最后得出岩体基本质量指标 BQ 的计算公式，即式(3.6.3)。

需指出，岩体基本质量指标 BQ 的计算公式，是在现有的抽样总体的基础上确定的。随着本规范使用中经验和数据的积累，对公式中的系数可能要作一定的调整，但其数学模式、分级档数和分级界限可

保持不变。

使用式(3.6.3)时应遵守的限制条件,分别以两个函数的形式规定了该式上下限的使用条件。限制条件之一是对式(3.6.3)上限的限制,这是注意到岩石的 R_c 过大,而岩体的 K_v 不大时,对于这样坚硬但完整性较差的岩体,其稳定性较低,R_c 虽高但对稳定性起不了多大的作用,如果不加区别地将原来测得的 R_c 值代入公式,过大的 R_c 值使得岩体基本质量指标 *BQ* 大为增高,造成对岩体质量等级及实际稳定性作出错误的判断。使用这一限制条件可获得经修正过的 R_c 值。例如,当 $K_v=0.55$ 时,实测 R_c 值大于79.5MPa,取用79.5MPa,反之,取用实测值。

第二个限制条件是对式(3.6.3)下限的限制,这是针对岩石的 R_c 很低,而相应岩体 K_v 值过高的情况下给定的。这是注意到,完整性虽好但甚为软弱的岩体,其稳定性仍然是不好的,将过高的实测 K_v 值代入公式也会得出高于岩体实际稳定性或质量等级的错误判断。使用这一限制条件时,可获得经修正过的 K_v 值。例如,当 $R_c=10\text{MPa}$ 时,实测 K_v 值大于0.8时取用0.8,反之,取用实测值。

出现定性分级与定量分级不吻合的情况是正常的。若两者定级不一致时,可能定性评级不符合岩体的实际级别,也可能是测试数据在选用或实测时缺乏代表性,或两者兼而有之。必要时,应重新进行定性鉴定和定量指标的复核,在此基础上经综合分析,重新确定岩体基本质量的级别。

为了提高定级的准确性,宜由有经验的人作定性分级,定量指标测试的地点与定性分级的岩石工程部位应一致。

根据我国目前的实际情况,在隧道工程可行性研究和初步勘测(初步设计)阶段,中、短隧道或三级以下公路的隧道工程,基本上没有开展岩石物理力学测试和弹性波(声波)探测,无法获得评价围岩基本质量指标 *BQ* 的参数,因此本条规定,出现上述情况时,围岩级别的确定,可以定性划分为主要依据,或采用工程类比的方法加以划分。

本规范围岩级别与原规范的围岩类别对应关系可按表3-5大致确定。应用中可能会存在一定问题,特别是对于III~V级(即IV~II类)划分并不完全对应,对此,应开展专项研究。对III级以下(含部分III级)的岩体,应慎重确定级别,以确保工程安全。

表3-5 围岩级别与围岩类别关系

围岩级别(本规范)	I	II	III	IV	V	VI
围岩类别(原规范)	VI	V	IV	III	II	I

3.6.4 影响工程岩体稳定性的诸因素中,岩石坚硬程度和岩体完整程度是岩体的基本属性,是各种岩石工程类型的共性,反映了岩体质量的基本特征,但它们远不是影响岩体稳定的全部重要因素。当隧道围岩存在地下水、高初始应力、不利的软弱结构面等时,其稳定性要降低,可将它们作为围岩分级的修正因素。

随着设计工作的深入,地质勘察资料增多,就应结合不同类型工程的特点、边界条件、所受荷载(含初始应力)情况和营运条件等,引入影响岩体稳定性的主要修正因素,对围岩作详细定级。

式(3.6.4)为围岩基本质量指标的修正式,式中三个修正因素 K_1、K_2 和 K_3 的确定,宜按表A.0.2选用,无表中所列情况时,修正系数取零。

3.6.5 围岩分级方法基本执行《工程岩体分级标准》(GB 50218)的方法和思路,是基于以下考虑:

1 该标准是由我国水利水电部门会同铁道部、冶金部、建设部和总参谋部的有关单位共同制定的,为国家基础标准之一,属强制性国家标准。

2 该标准是在国内外特别是国内多个部门成果的基础上提出的,是一个各行都能适用的分级标准,对统一我国的工程岩体(或围岩)分级方法和标准有利。

3 该标准的围岩分级采用定性与定量相结合的方法,将岩石坚硬程度、岩体完整程度两大基本因素,和地下水、结构面产状、初始地应力状况作为修正因素,这些分级方法和规定是总结我国大多数围岩分级提出的,已得到了大部分同行的认可。定性与定量相结合,可以提高分级的准确性。

4 可以减少采用定性分级造成的误差。

表3.6.5是根据《工程岩体分级标准》中的表4.1.1作若干修正后提出的。

表3.6.5在"围岩或土体主要定性特性"一栏中加进了结构状态和土体特性,定量指标一栏除 *BQ*

值外,也可用[BQ]。

《工程岩体分级标准》中的地下工程岩体分级,是针对岩石隧道及其他地下工程提出的,不包括土体围岩分级。为了适应公路隧道的实际情况和需要,将土体围岩分级引入表3.6.5,围岩级别共分六级。土体围岩分级尚无统一标准。本规范表3.6.5中土体围岩分级引用了《铁路隧道设计规范》(TB 10003)之表3.2.7的相关内容。在今后实践中,应对土体分别进行专门研究,提出定性与定量相结合的土体围岩分级。

3.6.6 各级围岩的物理力学参数,是岩体和结构面所固有的物理力学性质,从量上反映了岩体和结构面的基本属性。

大量的岩石力学试验研究表明,岩体的物理力学性质及其参数有一定的分散性和随机性,最有效的办法是有针对性的进行必要的现场和实验室实测。但由于隧道设计阶段或工作详细程度不同,以及工程的规模、重要性不同,对试验工作量和参数精度的要求也不同。所以本条规定,初步定级时可按表A.0.4-1选用与岩体基本质量级别相应的物理力学参数。

岩体普遍存在着结构面,它是岩体的弱面,其强度远小于两侧岩体的强度,对于工程岩体稳定性常常起着控制作用。由于两侧岩体的坚硬程度不同,结构面粗糙程度、张开程度、充填物性状和充填物厚度不同,都会较大幅度地影响其强度值。表A.0.4-2给出的结构面抗剪断峰值强度,就是针对不同结构面的具体情况给出的,可供计算分析时选用。

3.6.7 围岩级别是评判围岩稳定性的尺度,围岩级别越高的隧道在无支护条件下的稳定性(即自稳能力)越好,反之亦然。可以将隧道开挖的实际自稳能力作为检验原来围岩定级正确与否的标志。

围岩自稳能力不仅与围岩级别有关,还与隧道宽度有关。

对照附录A.0.5,隧道开挖后围岩的实际稳定性与原定级别不符时,应对围岩级别进行调整。当开挖后围岩稳定性较原定级别高时,由低级调到高级要慎重。

4　总体设计

4.1　一般规定

4.1.1　关于远景规划,《公路工程技术标准》对远景年限规定:高速公路和一级公路为20年,二级公路为15年,三级公路为10年,四级公路一般为10年,也可根据实际情况适当调整。

对于一级公路以上的隧道,当近期交通量不大时可以分期修建,其优点是可以缓解建设资金,缺点是可能造成一定的浪费。譬如,对于特长隧道,前期通风应满足单洞双向交通的要求,后期则要满足双洞单向交通的要求,这样在通风设施上会带来一些损失。另外,在地形狭窄地带,后期洞的修建对前期洞的干扰较大。因此,应采取必要的防范措施,避免对前期洞结构的不利影响,并减少对正常交通的干扰。对于洞内设施的分期安装,务必设置好预留件和接口,不得对后期的安装造成困难。

4.1.2　隧道总体设计非常重要,它是隧道建设成功与否的关键。公路隧道是地下工程之一,建设的地质条件极为重要,它是直接影响工程造价的主要因素之一,甚至决定着工程的成败。在我国,某隧道由于隧址选在沟谷地带,汇水面积大,冰冻严重,结果建成后就大量漏水、结冰,衬砌结构遭到严重冻胀破坏,仅通车1年多就废弃了。因此,隧道设计应高度重视地质工作。有时,哪怕适当绕线,也要尽量避开不良地质地段。条文中提出当地质条件差时,路线走向应服从特长、长隧道的位置,就是基于地质条件优先的思想。

公路隧道既是道路构造物又是地下工程,除了岩土、结构、地下水等问题外,它还涉及空气动力学、光学、消防、交通工程、自动控制和工程机械等多种学科,其技术属复合技术,因此,在隧道总体设计时,应综合考虑断面形状、大小和通风方式、照明、监控等设施的设置规模等。设置规模应按照《公路隧道交通工程设计规范》的规定。

近年来,国家要求建设与环保并重。隧道方案本身具有很好的环保意义和价值,它利用地下空间构筑交通线,不造成人工边坡,保护了植被,避免了水土流失。但是,隧道建设中的弃渣和污水排放容易造成环境污染,需要采取措施防止。同时,隧道洞口应与周围环境协调一致,尽量做到绿化美化。因此,条文中要求在总体设计中对上述问题作综合考虑。

4.2　隧道位置选择

4.2.1　地质条件对隧道位置的选择往往起决定性的作用。隧道位置应选择在岩性较好、稳定的地层中,将对施工和营运有利,亦可节约投资。对岩性不好的地层、断层破碎带、含水层等工程地质、水文地质极为复杂的严重不良地质地段,应尽量避免穿越,以免增加设计、施工和营运的困难,甚至影响隧道的性能和安全,发生意料不到的病害。若不能绕避而必须通过时,应减短其穿越的长度,采取可靠的工程处理措施,以确保隧道施工及营运的安全。

4.2.2　越岭隧道所经地区一般山峦起伏、地形陡峻、地质复杂,自然条件变化很大,其中分水岭垭口的高低、山梁的厚薄、山坡的陡缓以及垭口两面的沟台地势,主、支沟台地分布情况等,对构成越岭方案的越岭位置、隧道长度、展线条件三个密切相关的因素影响很大。越岭方案的选择,以选择越岭垭口为重点,从而解决越岭垭口、隧道高程(长度)和两侧展线这三个既相互依存又互相制约的问题。一个大型的分水岭往往有不少的垭口,可对越岭路线和隧道穿越进行比选,因而条文规定:“穿越分水岭的长、特长隧道,应在较大面积地质测绘和综合地质勘探的基础上确定路线走向和平面位置”。选择越岭垭口时,可由面到线,由线到点,由近而远,由低而高,寻找可能穿越的各个垭口进行研究。一般利用小比例尺的航测照片或地形图，根据路线方向和克服高程的不同要求及条件，进行大面积纸上选线，而后对这些方案进行同等的调查研究，特别是区域工程地质的调查、测绘，查清区域性构造与路线的关系，地质条件与隧道工程的关系；结合路线条件及施工水平，合理地确定隧道工期，充分注意到较长的隧道往往具有显著的技术经济价值和较好的营运条件，但常因工期控制而遇到困难，应正确处理好施工与营运的关系，近期与远期的利益，结合两端展线情况，对各方案作出评价，进行全面的技术经济比选后确定。

4.2.3 河谷地形由于受地质构造和水流冲刷等影响，往往出现地形和地质均较复杂的情况，特别是在山区河谷地区，往往河流弯曲、沟谷发育、支沟密布，河谷两岸常有对称或不对称的台地和陡峭的山坡，并常伴有崩塌、错落、岩堆、滑坡、泥石流、河岸冲刷等不良地质现象。河谷路线沿河傍山地段，常因地形、地质复杂等原因而采用隧道通过。由于地形、地质复杂，以隧道通过时，有时路线内靠不足，造成不少隧道出现洞壁过薄、偏压、浅埋、洞口深基础明洞工程，水流冲刷危害以及穿越不良地质地段等现象，往往出现路线扭曲，隧道短而多，或桥隧相连，桥梁工程增加，支挡建筑物甚多，而一些坍塌落石的威胁又不能彻底消除。因此条文规定当路线以隧道通过时，路线宜向山侧内移。

路线沿河傍山,不论是河流弯曲地段或较顺直地段,常出现隧道群或桥隧群的情况,此时路线是靠里还是靠外,或裁弯取直,是用长隧道还是隧道群或桥隧群,就很有比选价值。一般情况下应优先选用长隧道,这是因为:

1)对危岩落石地段或陡坡地段,如以路基通过,安全难保,不如采用隧道方案为优越。

2)沿河傍山地段,若路线靠外行,结果会出现桥、隧、支挡相连,隧道洞壁过薄,洞口常伴有深基础明洞等较大的河岸防护工程,路基难免出现病害;如路线靠里行以隧道穿越,增加隧道工程,减少桥、路工程,可减少或避免上述弊病。

3)以中长隧道或长隧道代替隧道群或桥隧群,工程集中单一,施工管理方便,并有利于营运安全。

4)沿河傍山修建中长隧道或长隧道,易于设置辅助通道(如横洞),增加工作面。

4.2.4 隧道洞身和洞口是不可分割的整体,故在隧道位置选定时,理应包括洞身和洞口位置的选定。但由于洞身范围大,移动面宽,而洞口位置范围较小,移动面窄,有关工程集中,且常在路线转换方向的附近,故隧道定线时,如不充分注意,往往照顾了洞身的位置条件,而忽视了洞口位置的选择和对洞外有关工作的处理,结果给隧道设计和施工带来困难,如接建明洞、施工进洞困难、洞口有关工程严重干扰等现象,甚至造成不得不改线的情况。所以,在路线定线时就应注意洞口的安排,当路线确定后,应尽量把洞口位置和洞口建筑物设计得经济合理。

选定隧道位置时,尚应考虑到辅助坑道和营运通风的设置条件和要求,使其互相协调,以免顾此失彼,造成施工困难或营运不便,甚至不得不重新定线。

4.2.5 濒临水库地区的隧道，由于水库水位变化影响较大，且常易造成山体坍岸以及滑坡，因此必须充分注意，并采取可靠的工程措施，以确保隧道结构的营运安全。

条文中提出的隧道设计洪水频率标准,参考了《铁路隧道设计规范》(TB 10003)和《公路桥涵设计通用规范》(JTJ 021)的有关规定。观测洪水应包括调查可靠的有重现可能的历史洪水。

4.3 隧道线形设计

4.3.1 隧道平面线形一般希望设计成直线，这主要是基于两点理由：取直线于通风有利，如果曲线尤其是小半径曲线，通风阻力增大，对自然通风不利，同时会增大机械通风量；其二，如果隧道取较小半径曲线，通常须设置超高和加宽，这将使施工变得复杂，断面不统一以及它们的相互过渡都给施工增加难度。从这两点考虑，希望在隧道洞身不设置曲线。但如果隧道洞口正朝东西方向时，可将洞口段设计成曲线，以避开阳光直射驾驶员视野，或者设置必要长度的遮阳棚。当因地形、地质等条件限制不得已时，可采用较小半径线形，但必须进行技术论证，并符合《公路路线设计规范》中关于超高的规定。条文中关于停车视距、曲线最小半径的规定来源于《公路工程技术标准》。

4.3.2 分离式相邻隧道的间距也属平面线形问题,应认真研究分析。两洞间距的确定应充分考虑路线线形、隧道断面形状、几何尺寸、施工方法、工期要求等因素,两洞相互影响依地质条件或施工方法而异,尚有若干影响因素目前还不清楚,比较复杂,难以用一个标准值来量化。最小净距是指相邻隧道毛洞边壁之间的最小距离。

条文中表4.3.2的净距值是根据国内科研成果、工程实践提出的经验值,但只依据该表是无法确定隧道双洞净距的,需要确定围岩代表级别。本次修订,提出围岩代表级别的概念,即隧道各围岩级别段占总长比例的最大者为围岩代表级别。

大量工程表明,按分离式双洞考虑的隧道净距,除直接与围岩级别有关外,还间接与隧道长度有关。这是因为,一般而言,隧道越短,其埋深越小,围岩条件总体相对较差,对净距大小的敏感度较高;反之,隧道越长,其埋深越大,围岩条件总体较好,它对净距大小的敏感度较低。基于这一思想确定隧道净距值。条文中表4.3.2的净距值是短隧道的最小净距值,对于中隧道以上可适当折减,如表4-1所示,供读者参考使用。

表4-1 分离式独立双洞间净距修正系数

隧道级别	短隧道	中隧道	长隧道	特长隧道
修正系数	1.00	0.98	0.95	0.90

以往国内外的研究结果表明,当双洞中轴距离为开挖毛洞宽的2倍(视地层为完全弹性体的情况)~5倍(黏土等较弱地层的情况)时,可作为相互不受影响的独立双洞考虑。而小净距隧道则由于施工原因会受到应力再分配的相互影响。在日本,据以往大量工程统计,取中轴间距30m居多,因此,一般情况时,可以取30m为中轴间距。但是,如果将某较大值(例如30m)作为间距标准值,则洞外地形狭窄地段将会产生大量人工边坡、桥隧相连的情况,会导致工程费和养护费增加,而且线形很差,对连续中、短隧道(亦称隧道群)的情况,这样做就非常困难。因此,有必要在这样的特殊地段采取小净距隧道或连拱隧道形式。当然,也可在洞身段采取较大间距,形成独立双洞,而在洞口段渐变过渡成小净距或连体形式,使其更符合实际情况。值得注意的是,当地层自稳性较差时,小净距隧道或连拱隧道在施工上是有风险的,对此必须作出充分的技术验证,并制订质量保障措施。

非独立双洞隧道一般可分为以下三种情况:

1)并行双洞,即双洞按左右平行或上下平行设置;

2)交叉双洞,即双洞在立面上按一定交角设置;

3)连拱双洞,即双洞按左右平行且共用中壁设置,双洞呈连体状。

非独立双洞隧道的一般断面如图4-1所示。

1 小净距隧道或连拱隧道的设计

应充分考虑两洞的相互影响,由此设计相应的支护和衬砌,必要时应采用加强措施。相互影响因素包括:近距离的程度、隧道埋深、地质条件、结构形式、施工方法和施工步骤等。尤其应注意以下几方面:

1)先行洞围岩由于后行洞施工而再次出现松弛,从而增大作用在支护上的围岩荷载;反之,后行洞也由于先行洞造成的凌空面而产生较大变形。

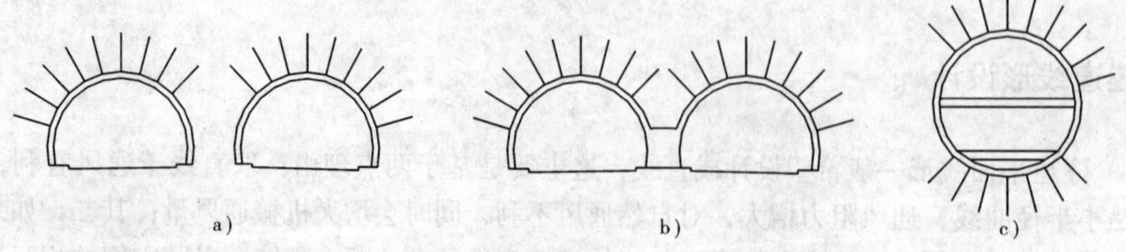

图4-1 非独立双洞隧道一般断面

a)小净距;b)水平连体(连拱);c)垂直连体

2)对于连拱双洞,中壁是重要结构,然而应力却在此集中,中壁的下沉或中壁上覆的围岩的塑性化均给围岩体或衬砌带来不利影响。

3)后行洞爆破施工引起的振动可能会对先行洞造成破坏性影响,应加以控制。

4)后行洞的开挖和衬砌完成后,会引起地下水位的降低,从而在较大范围内出现地层压密沉降,由此对先行洞产生恶劣影响。

5)设计中,除工程类比法外,必要时应作数值计算和理论分析。

6)一般而言,先行洞围岩受两次扰动,因此宜加强支护,衬砌采用钢筋混凝土结构。

7)对于连拱双洞,较多采取侧壁导坑超前开挖的方法,当地质条件较好时,也可采取中导坑超前开挖的方法,支护和衬砌均应加强。

8)连拱双洞的中壁部容易产生应力集中,因此,宜采取地层改良加固或加强支护,以防止围岩松弛或下沉。

9)中壁设计时,宜采用有限元法、松弛荷载结构法或全土重荷载结构法(埋深情况)进行衬砌结构验算。

2　小净距隧道或连拱隧道的施工

1)关于连拱隧道衬砌的施作时间,当围岩变形较大时,应尽快施作衬砌;当围岩完整性较好时,为了避免爆破振动的影响,可在开挖及支护施作完成一段时间后再做衬砌。在国外,这两种情况均有。

2)现场围岩、支护、衬砌的变形和应力监控量测极为重要,其目的是检测先行洞结构的安全性,并评价后行洞施工的妥当性以及加固措施的有效性。量测计划要按照这一目的来制订,量测结果要及时指导设计参数的修正和施工方法的变更。

3)作为近距离双洞隧道施工的对策,分别针对先行洞、后行洞、两洞间地层的基本考虑见表4-2。

应尽量避免隧道与其他构造物的交叉,不得已时,应尽量采取直交,而且新建隧道宜上穿既有构造物。

表4-2　小净距隧道或连拱隧道施工对策的基本考虑

对　象	影　响	基　本　考　虑
先行洞	变形	增大衬砌结构的刚性; 控制水平位移
后行洞	变形	超前加固地层,分割开挖断面,早期闭和断面,加强支护; 强化结构基础,加固开挖面,改良前方地层
	振动	控制爆破振动及机械振动
	地下水	排水,止水
两洞间地层	变形	改良加固地基,用钢板桩等方法约束变形
	地下水	排水,止水

4.3.3　隧道内纵面线形(纵坡)的最小值应以隧道建成后洞内水(包括漏水、涌水、渗水等)能自然排泄为原则,要求不得小于0.3%,又考虑到隧道施工误差,一般最好不要小于0.3%~0.5%。隧道纵坡的最大值应充分考虑:①施工中出渣或材料运输的作业效率(纵坡太大则作业效率低下);②营运期车辆行驶的安全和舒适性;③营运通风的要求等因素,一般要求不大于3%。

近年来,在西部重丘区公路建设中,由于受地形地貌限制,隧道纵坡如果强制要求不大于3%,可能招致大量人工边坡,并且使展线变得非常困难,甚至不可能,因此希望放宽这一限制的呼声较高。根据这一实际情况,中、短隧道或独立明洞(包括棚洞、半隧道结构)在线形要求非常困难的情况下可以适当放宽,但要求作如下技术论证:

1)施工运输是否困难,装渣车、翻斗车等施工车辆的排污对洞内施工环境的影响程度。

2)较大纵坡对车辆行驶安全性的影响。当长下坡且坡度较大时,容易发生交通事故,尤以寒冷地区路面结冰后为甚。

3)是否需增加过多的通风设备和营运费用。据国外试验和实测,纵坡超过3%时柴油车的烟尘排放将急剧上升,会导致通风设备的增加。因此,除短隧道外,均应作出评价。

国外尤其是欧洲在修建水下隧道时，由于河（海）床较深，有时不得不加大纵坡，甚至达到7%。但对于大纵坡的隧道，他们往往采取交通管制，禁止排污较大的货车、柴油车驶入，或者增大机械通风规模。我国在修建水下隧道时，应分析纵坡与汽车排污量的关系，认真研究后确定。

4.3.4 隧道纵坡是采用单向坡还是双向坡，国内两种情况均有。从行驶舒适性和营运通风效率来看，采用单向坡较好，只是施工时会出现逆坡排水问题。据施工单位调查，近年来抽水泵性能和抽排水技术水平有较大提高，因此，逆坡排水不存在大的技术难题，是可以解决的。如果采用双向坡，其竖曲线半径应尽量采用较大值，以提高行驶安全性、舒适性。

4.3.5 通过调查发现，车辆穿越隧道时由于隧道内外环境的不同，驾驶员将会做出相应的调整，大致可分为三个阶段：隧道前调整期、隧道中适应期和隧道末调整期。大型车和小型车的典型三阶段如图4-2所示。

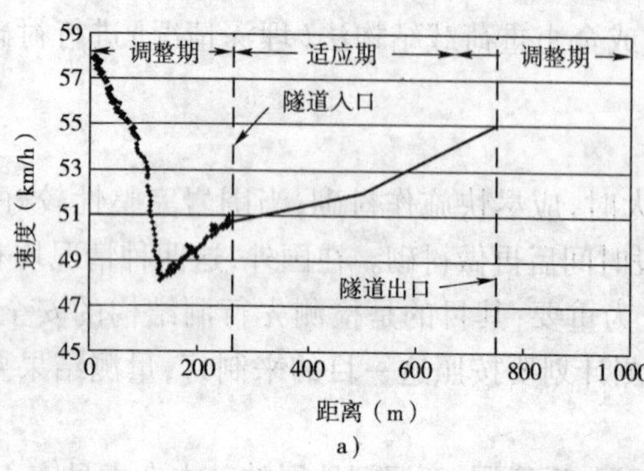

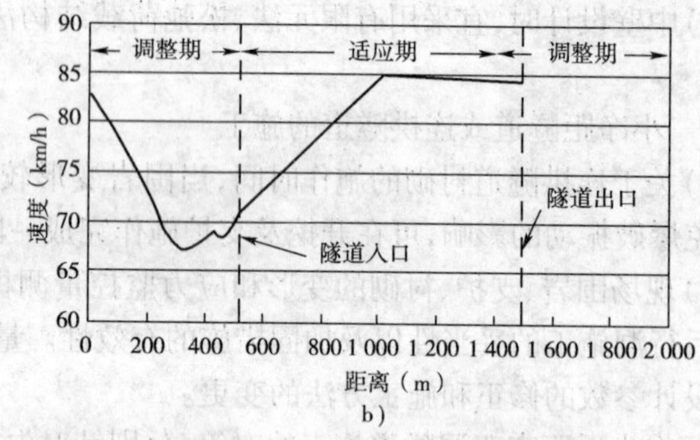

图4-2 隧道内外车辆行驶速度变化

a）大型车；b）小型车

隧道前调整期——

车辆在进入隧道前因隧道和公路其他路段构造的不同而会降低其运行速度，以便适应新的驾驶环境，速度降低的幅度基本上在7%～20%之间，相对于其他两个阶段，速度变化幅度比较剧烈。与此同时，驾驶员会因对隧道的恐惧感和灯光等因素的影响，将车辆的横向位置向路中心偏移，小型车辆的偏移幅度在0.5～1.0m的范围之内，大型车辆的偏移幅度在1.0m左右，偏移幅度是比较大的。总之，驾驶员在进入隧道前会根据隧道前视距、线形、隧道口情况和驾驶员对隧道的熟悉程度调整车辆的速度和横向位置，以最为安全的方式进入隧道。

由于在这一阶段驾驶员的驾驶行为会发生较大的变化，与洞内运行相比，从安全方面来说不利于行车安全。法国的一项调查研究发现：视距不足再加上速度过快是隧道事故发生的主要原因。挪威的一项研究也表明，隧道入口前50m和出口100m附近区域是最危险的。

隧道中适应期——

由于在隧道入口段车辆已经完成了对隧道内部适应性的调整，进入隧道后基本会保持现有的车辆速度和横向位置，随着对隧道内部环境的逐渐适应，驾驶员会逐渐提高车辆的运行速度，提高的幅度与隧道横断面的组成以及隧道长度有关。对于车辆的横向位置，由于在隧道内驾驶员的眼球转动角度较小，更喜欢离隧道墙（或步行道、防撞护栏等）有一定距离，尤其是隧道内侧向净距距离小于毗邻隧道外公路的侧向净距时，驾驶员一般会保持在隧道前调整期中对车辆横向位置做出的调节，随着车速提高，横向偏移值会逐渐增大。但对于长隧道（长2km以上）来说，由于驾驶员在隧道内行驶的时间较长，对隧道内环境已充分适应，会将车辆的横向位置向墙一侧靠拢，但车辆的中线仍然不会与车道中线重合，车辆仍偏向中间行驶，只是偏移的幅度有所减小。

由于隧道内的环境给驾驶员造成一定的压力，使得驾驶员在隧道内注意力高度集中，格外遵守交通规则，驾驶随意性较小，速度相对较低，在一定程度上也提高了单一车辆在隧道内行驶的安全性。但车辆向内侧的横向偏移会使超车间距大为缩小，降低了车辆在超车过程中的安全性。

隧道末调整期——

随着车辆即将驶出隧道，面临隧道内外环境的转换，对于速度较高的小型车辆来说，这时车辆速度的上升幅度将减小,其运行速度可能会出现一定的降低。对于长度较短的隧道,车辆的横向偏移将会与进入隧道时保持一致。对于长隧道(长 2km 以上),车辆的横向偏移将会恢复到进入隧道时的情况。

由于车辆面对两种环境的又一次转换,受线形、视距、亮度等多方面因素的影响,车辆的安全性有所下降。

隧道内车辆横向偏移——

由于隧道外公路提供了足够的侧向净距,车辆可基本沿车道中心线行驶。在隧道内部,由于提供的侧向净距较小,驾驶员更喜欢离隧道墙(或步行道、防撞护栏等)有一定距离,在自由流条件下,车辆会向隧道中心靠拢,发生横向偏移(隧道内车辆中心线与车道中心线的距离),见图 4-3。

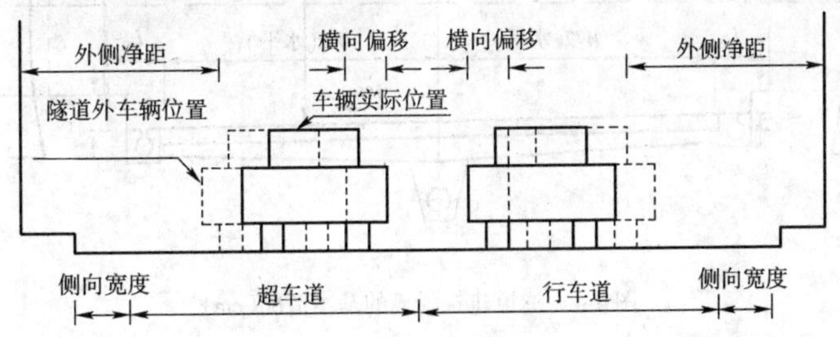

图 4-3　隧道内车辆实际横向位置

根据“公路隧道横断面宽度”专题研究的分析,本条文对隧道内外接线线形技术指标作了 3 款规定。

1　洞外连接线的平曲线可根据设计速度来确定,规定 3s 设计速度行驶长度范围的平曲线应与洞内一致。

2　隧道洞内外的线形应相互协调。从过去一些隧道的经验和教训来看,洞外接线 50m 内设置纵坡变坡点,通视很差,容易引起交通事故。因此,该款规定隧道两端的接线纵坡宜有距洞口 5s 设计速度行程的长度与隧道纵坡保持一致。

3　该款规定是根据我国实际情况,通过工程调研后确定的。

设计速度行程的长度如表 4-3 所示。

表 4-3　设计速度行程长度(m)

设计速度(km/h)		120	100	80	60	40	30	20
行程长度	3s	100	83	67	50	33	25	17
	4s	133	111	89	67	44	33	22
	5s	167	139	111	83	55	42	28

4.3.6　近年来,在山区高等级公路建设中,遇到一些距离很近的短隧道群,对于这种情况,可视为长隧道,其平、纵线形技术指标按长隧道考虑。

4.4　隧道横断面设计

4.4.1　公路隧道的建筑限界,不仅要提供汽车行驶的空间,还要考虑汽车行驶的安全、快捷、舒适和防灾等,因此要求设计中应充分研究各种车道与公路设施之间所处的空间关系,任何部件(包括通风、照明、安全、监控和内装等附属设施)均不得侵入隧道建筑限界之内。

建筑限界置于隧道轮廓内的情况见图 4-4。

隧道建筑限界由车道宽度 W、侧向宽度 L(由 L_L 和 L_R 构成)、余宽 C、检修道 J 或人行道 R 组成。此次修订有两点主要变化:①根据 10 多年来全国各设计单位的经验,将检修道作对称布置,理由有二:公路隧道内设施较多,而且多数隧道是将设施布置在两侧,检修道在两侧布置更有利于养护维修管理;其二,两侧设检修道并不增大隧道内空断面积,并有利于断面标准化设计。②本次修订,取消了按“重丘,山岭”地形的区分,而根据《公路工程技术标准》的新规定,改为主要按设计速度区分限界宽度。

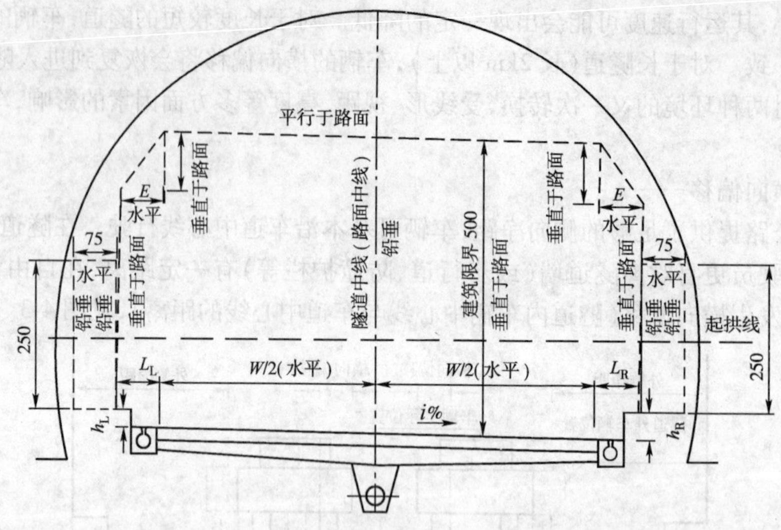

图 4-4 隧道建筑限界的基本情况(cm)

为了消除或减少隧道边墙给驾驶员带来恐之冲撞的心理影响(“侧墙效应”),保证一定车速的安全通行,应在行车道两侧设置一定宽度的侧向宽度或余宽。

4.4.2 步道(检修道或人行道)的主要功能为:

1)养护人员、隧道使用者可以在与交通相互不干扰的情况下处理紧急事件。

2)步道的路缘石可以阻止车辆爬上步道,是步行者的安全限界;同时,是保护隧道设备的安全限界。

3)从交通管理和安全行走的观点出发,步道的路缘石可作为驾驶员的行驶方向线。由于步道比较突出,它比车道边线更能吸引驾驶员的注意力。

4)步道除安全功能外,其下部空间还常被用来安装管道、缆线等。

根据上述功能,条文中提出步道高度取值范围和设计原则,一般来讲,除开其他因素,单按设计车速考虑,可参照表 4-4 取值。图 4-5 所示为步道空间的一般尺寸。

表 4-4 步道高度 *h*

设计速度(km/h)	120	100	80	60	40~20
h(cm)	80~60	60~40	40~30	30~25	25 或 20

注:在设计速度一定的条件下,可按隧道长短等因素取值。

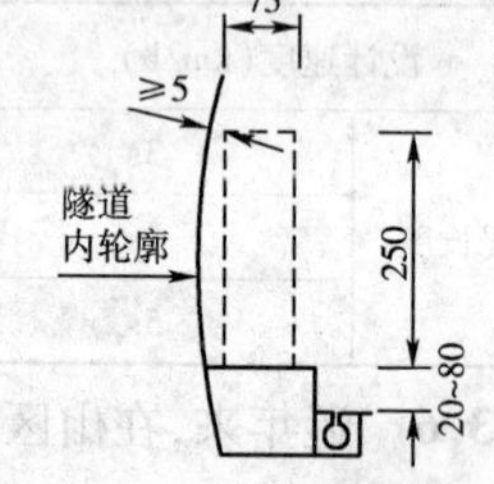

图 4-5 步道空间的一般尺寸(cm)

4.4.3 公路隧道横断面设计,除满足隧道建筑限界的要求外,还应考虑洞内路面、排水、检修道、通风、照明、消防、内装、监控等设施所需要的空间,还要考虑仰拱曲率的影响,并根据施工方法确定出安全、经济、合理的断面形式和尺寸。

十多年来,我国公路隧道建设规模扩大,各地在设计隧道横断面时标准不统一,隧道轮廓有采用单心圆的,有三心圆的,既有尖拱又有坦拱,曲率不一。甚至,同一条公路上出现几种不同内轮廓的断面,这既影响洞内设施的布置,又不利于施工时衬砌模板的制作。而在国外和我国的铁路隧道中,已在推动断面标准化。因此,此次规范修订,应在横断面轮廓设计方面推行标准化。

经过多年的工程实践和内力分析,我们认为,应按附录 B 所示的隧道内轮廓统一标准,即拱部为单心半圆,侧墙为大半径圆弧,仰拱与侧墙间用小半径圆弧连接。

根据各设计速度相应的建筑限界,可分别计算出内轮廓断面几何尺寸,表 4-5 所示为一般两车道隧道计算实例的结果,图 4-6 所示为计算例。三车道隧道可参考该方法计算出内轮廓断面几何尺寸。

表 4-5　两车道隧道内轮廓几何尺寸计算例(cm)

公路等级	设计速度(km/h)		R_1	R_2	R_3	R_4	H_1	H_2	H'_2	R_5
高速公路 一级公路	120	一般部	612	862	100	1 500	160.4	200	144	—
		紧急停车带	612	862	150	1 800	162.1	200	136	771
	100	一般部	570	820	100	1 500	160.6	200	164.5	—
		紧急停车带	570	820	150	1 800	162.4	200	151.5	747
	80	一般部	543	793	100	1 500	160.2	200	176.1	—
		紧急停车带	543	793	150	1 800	162.3	200	159.1	737
	60	一般部	514	764	100	1 500	160.2	200	188.4	—
		紧急停车带	514	764	150	1 800	162.3	200	184.1	708.5

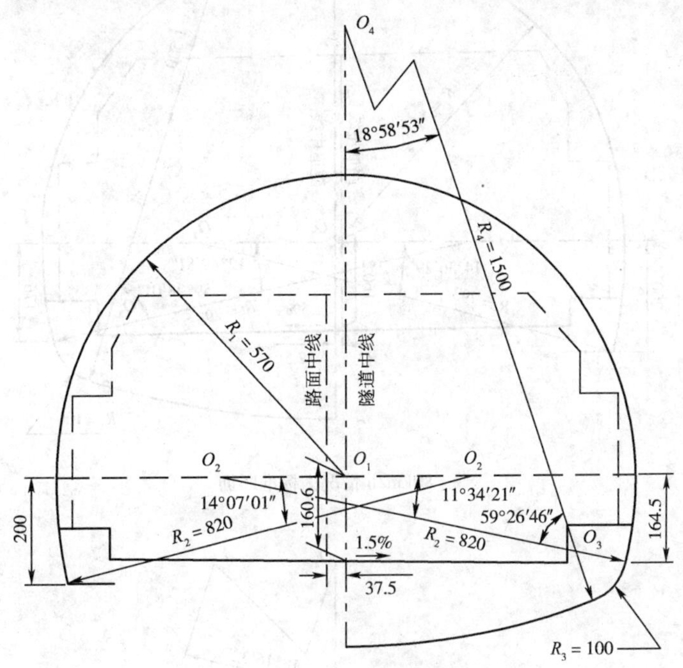

$v = 100$km/h 情况的标准断面

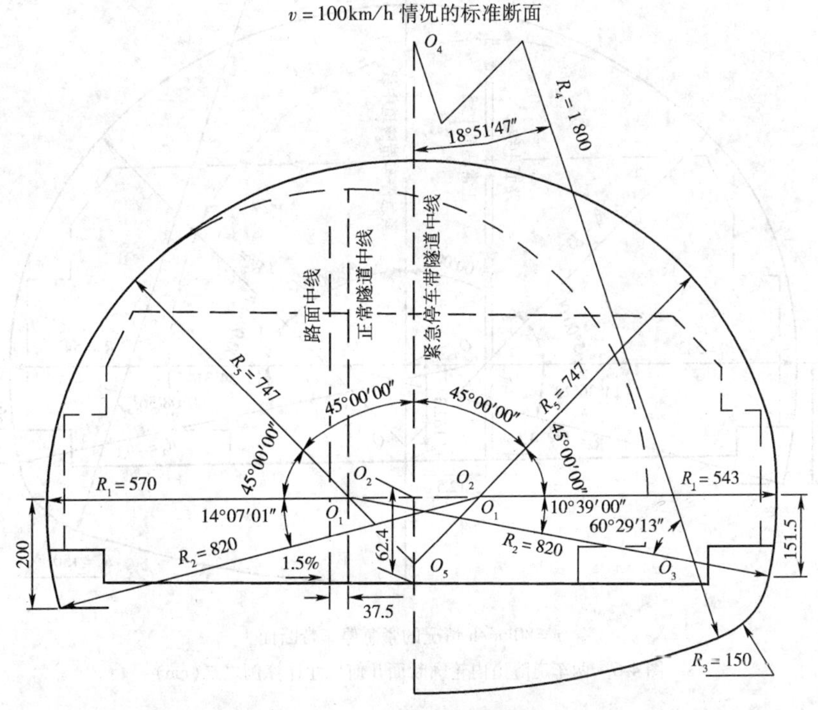

$v = 100$km/h 情况的紧急停车带断面

图 4-6　两车道隧道内轮廓断面几何尺寸计算例之一(cm)

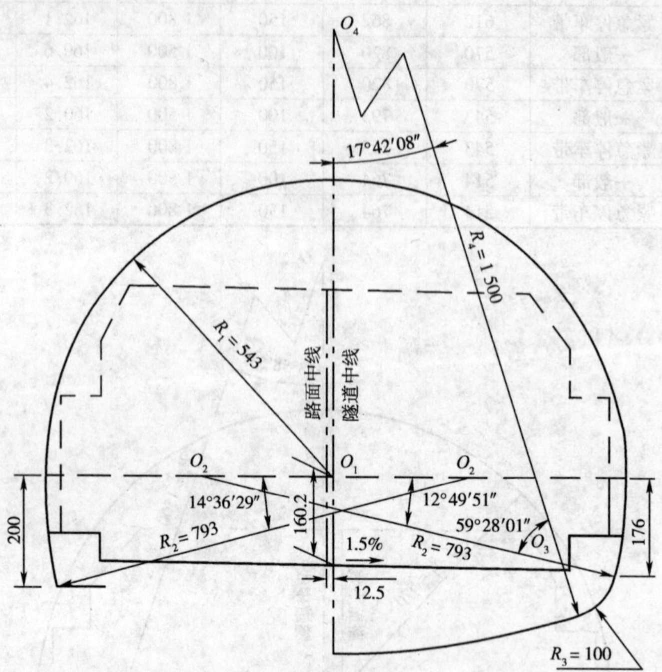

v = 80km/h 情况的标准断面

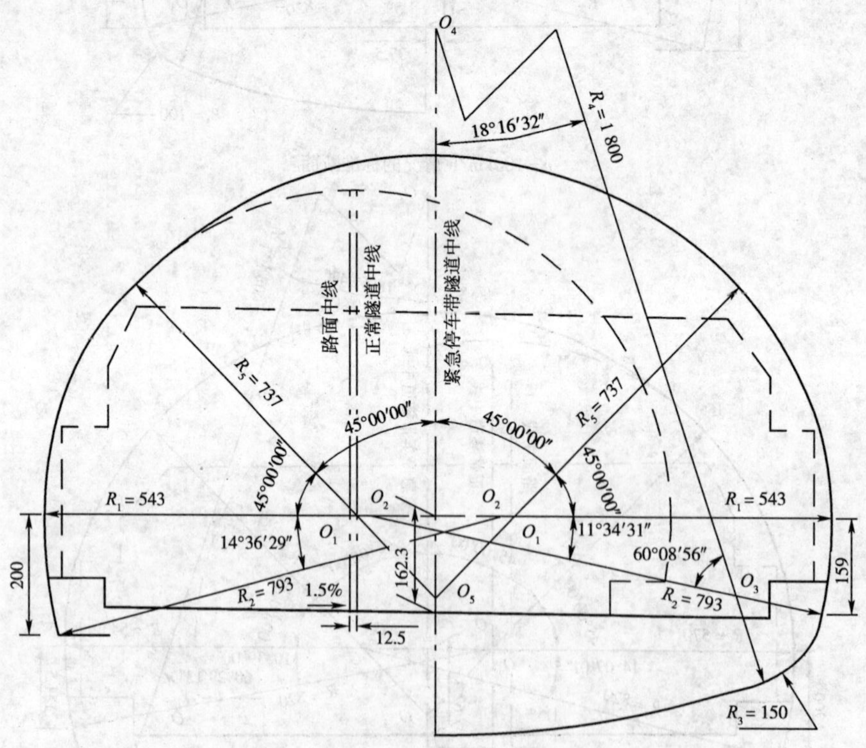

v = 80km/h 情况的紧急停车带断面

图 4-6　两车道隧道内轮廓断面几何尺寸计算例之二(cm)

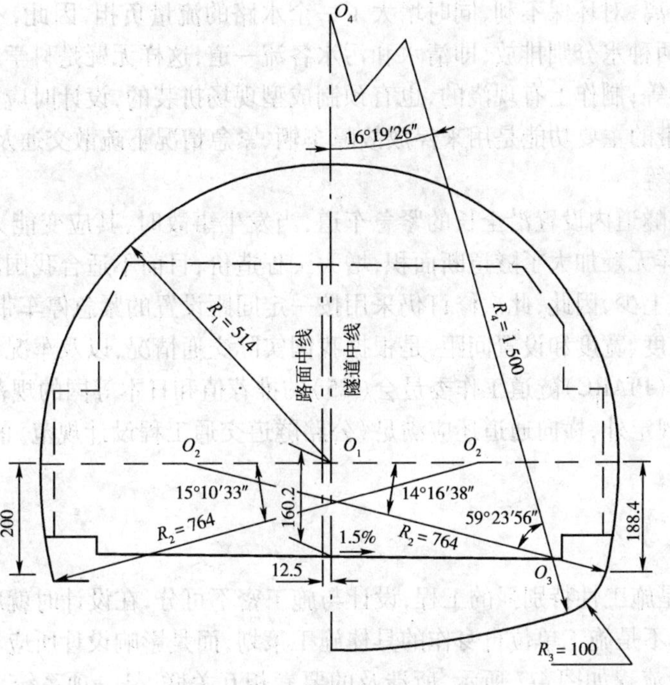

v=60km/h 情况的标准断面

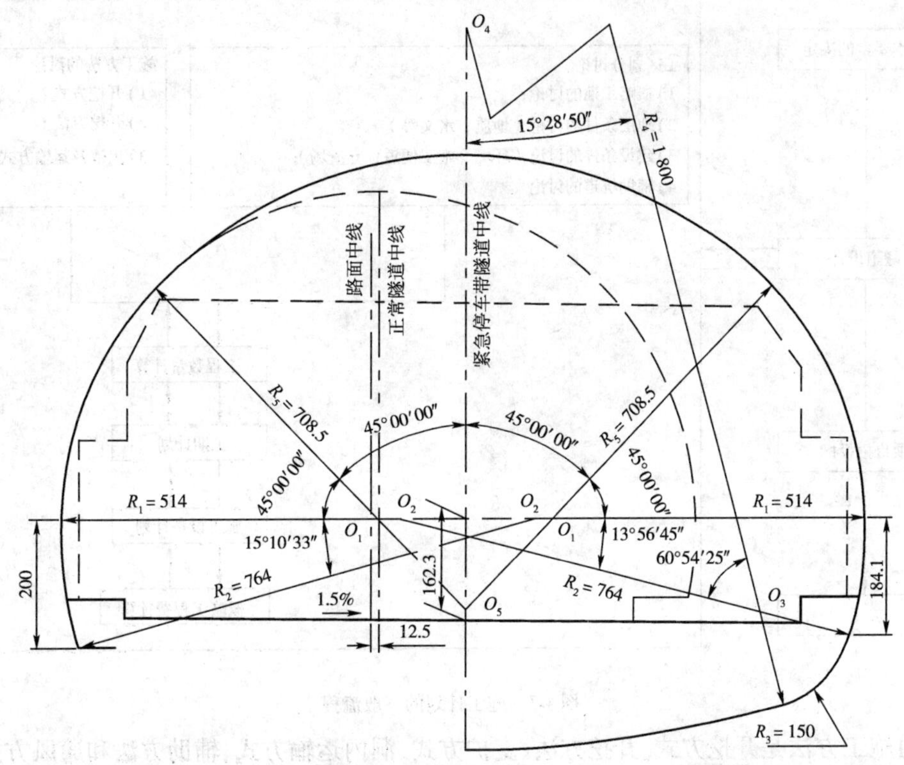

v=60km/h 情况的紧急停车带断面

图4-6　两车道隧道内轮廓断面几何尺寸计算例之三(cm)

隧道断面内轮廓在推行标准化的同时，还应考虑个别情况，如对内空断面有特殊要求的情况，或在受力条件方面极为复杂的情况，应对此作特殊设计。

4.4.4 以往隧道排水为一个通路，即地下水与隧道壁面清洗水和火灾时的灭火水同流一个水路，这样清水和污水无法分离，对环保不利，同时增大了一个水路的流量负担，因此，本次修订，提出设置中央水沟和路侧边沟，对两种水分别排放，即清水和污水各流一道，这样无疑是科学的。路侧边沟形式较多，有矩形、圆形、椭圆形等；制作上有现浇的，也有预制成型现场拼装的，设计时应根据具体情况而定。

4.4.5 紧急停车带的主要功能是用来停放故障车辆、紧急情况下疏散交通及救援车辆和救援小组用以进行紧急救援活动等。

一些发达国家在隧道内设置沿全长的紧急车道，当发生事故时，其应变能力当然更强，而且提高了行车的舒适性，但这样无疑加大了隧道断面积，增大工程造价，目前不适合我国国情，而且隧道内事故一般要比洞外一般路段上少，因此，此次修订仍采用按一定间距设置的紧急停车带。

紧急停车带的长度、宽度和设置间距，是根据我国实际交通情况，以及车况和大车混入率的国情，并参考了国际道路协会(PIARC)隧道工作委员会(C5)的推荐值和日本等国的规范值而确定的。

4.4.6 除本条文规定外，横向通道还应满足《公路隧道交通工程设计规范》的有关要求。

4.5 施工计划

4.5.1 隧道工程是施工性特别强的工程，设计与施工密不可分，在设计时就应制订合理的施工计划。这里所说的施工计划不是施工单位自身作的具体施工策划，而是影响设计所应考虑的事项。

施工计划的一般流程如图4-7所示，所涉及的要素相互关联，是一项系统工程。在编制时，应从粗略阶段到详细阶段，并逐步提高各要素的讨论精度，不断反馈，使各要素有机地达到一定程度的平衡。

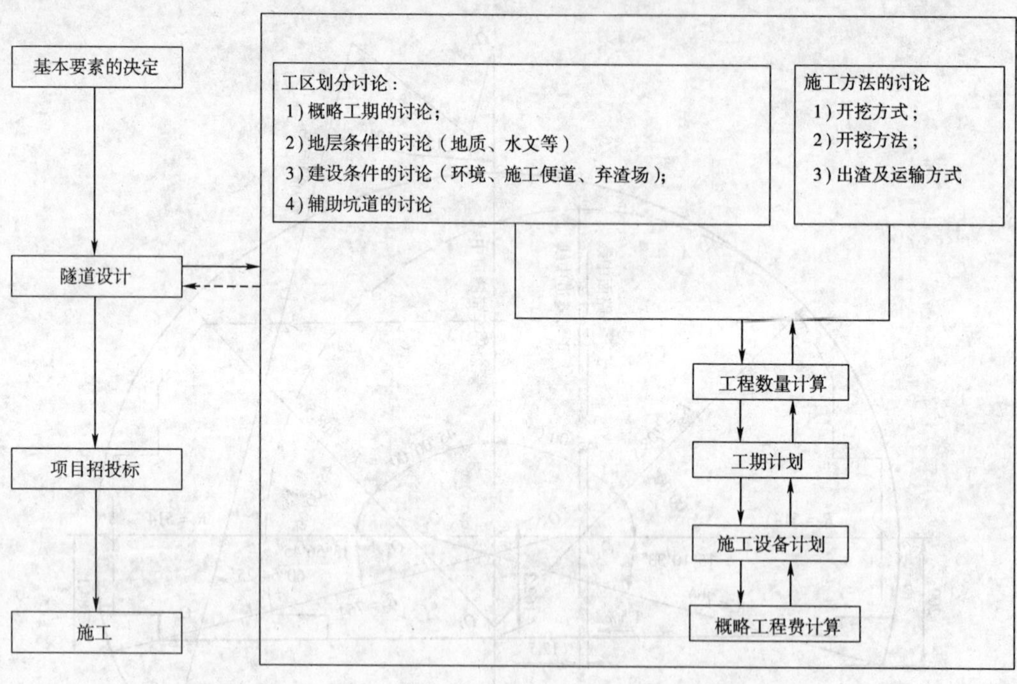

图4-7 施工计划的一般流程

1 隧道施工方法是开挖方式、开挖方法、支护方式、洞内运输方式、辅助方法和通风方式等的总称。它应通过对隧道断面、长度、双洞与否、工期、地质条件、自然环境条件等综合研究后确定。开挖方式是指爆破开挖、掘进机开挖、人力开挖等开挖手段。开挖方法是指全断面法、台阶法、导坑法、分部法等开挖方法。支护方式有锚杆、喷射混凝土、钢支撑、钢筋网、构件支撑等，它们可单独使用，也可组合使用。衬砌混凝土支模方式有全断面整体式和分块拼装式。洞内运输方式有无轨式和有轨道式。辅助方法主要是指在稳固开挖面和处治涌水的超前锚杆、小导管、管棚、药液注浆、冻结、混凝土注浆等。

2 特长隧道时,应将整个工程划分成若干施工区段,以利于缩短工期和降低工程费。特长隧道施工区段的划分,在我国历来是业主决定,而业主对设计中涉及到的纵坡、水文地质条件、弃渣以及土石方量平衡等因素不如设计者熟悉。因此,设计者有责任根据有关因素提出施工分段的合理长度和划分点。

3 是否设置辅助通道,应根据隧道长度、地质条件等因素综合考虑。一般来讲,只有特长隧道才设辅助通道,并应考虑隧道土建施工完成后辅助通道的其他用途,例如作为营运通风的风道或避难通道等继续发挥它的作用,即多用途的辅助通道才是经济合理的。

4 应根据工程规模、施工方法、施工环境等决定施工主要机械设备。譬如,当洞口施工场地的形成非常困难时,可考虑采取横洞反向开挖的方法、架设栈桥的方法等,由此安排施工机械设备,并作出相应的电力使用计划。关于弃渣和弃渣场,在远郊地域弃渣可以一步到位,不需中转;但在城镇附近,有时需中转,即在洞口附近修建临时堆放场作中转,再搬运至永久性渣场。这种渣体临时堆放场和永久性渣场的位置和体积,应事先作出计划。关于施工便道,应尽量利用既有道路;规模较大的施工便道应作个案设计,尽量取良好的平、纵曲线,并少破坏植被。

洞内主要的机械和设备有:掘进机(TBM)、大型凿岩机(drifter)、支架式冲钻锤(leg hammer)、多臂钻孔台车(jumbo)、铲斗装载机(shovel)、自卸卡车(dump truck)、混凝土搅拌罐车(agitator car)、混凝土喷射机、锚杆钻孔机、整体式衬砌模板台车、抽水泵等。

洞外主要设施有:炸药储藏所、建筑材料堆放场、供配电所、出渣运输皮带机、混凝土拌和楼、水泥与集料堆放场、污水处理场、试验室、工作与生活设施等。

图4-8所示为洞外大型临时设施布置例。

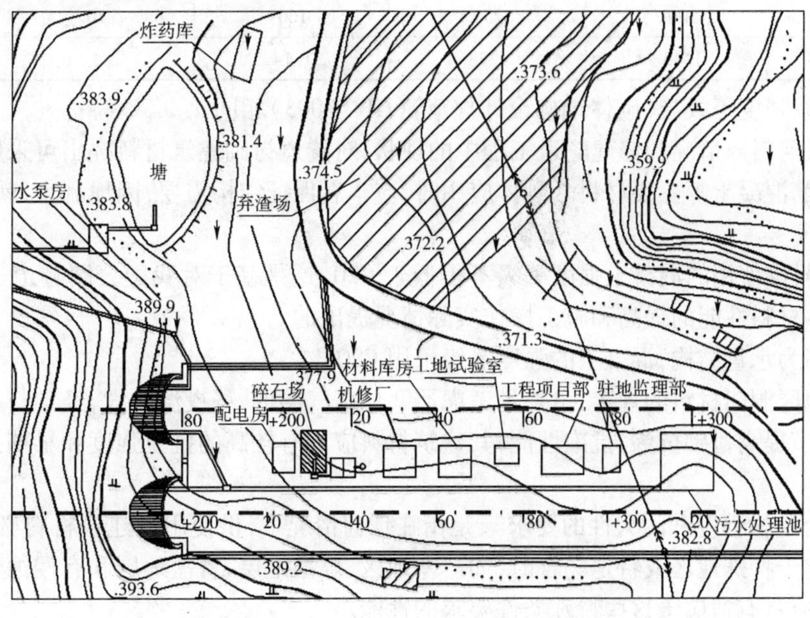

图4-8 隧道洞口附近大型临时设施布置例

5 建筑材料

5.1 一般规定

5.1.1 根据国际标准(ISO3893)的规定,混凝土标号的名称改为混凝土强度等级(以符号 C 表示),并对混凝土试件的标准尺寸,由原来的边长为 200mm 立方体,改为边长为 150mm 立方体。

1 混凝土强度等级由立方体抗压强度标准值确定,立方体抗压强度标准值是本规范混凝土各种力学指标的基本代表值。

2 关于石材强度等级的确定,原采用边长为 200mm 的立方体试块作为试验抗压强度的标准,由于石材抗压强度较高,一般压力试验机的测力范围较小,不易满足。现修改为边长 70mm 的立方体试块标准,并调整了其他边长尺寸试块的强度换算系数,如表 5-1 所示。石材的强度等级以其标准试件的饱和含水极限抗压强度表示。

表 5-1 石材强度等级的换算系数

立方体边长(mm)	200	150	100	70	50
换算系数	1.43	1.28	1.14	1	0.86

3 水泥砂浆强度等级与《砌体结构设计规范》(GB 50003)相同。

根据我国目前料源情况和修建隧道工程中的现状,对隧道衬砌建筑材料提出可采用混凝土、喷射混凝土、砌体和钢筋混凝土等主要材料。具体应用时,应本着保证结构需要,因地制宜,就地取材的原则来考虑。

5.1.2 隧道衬砌使用的混凝土强度等级不得低于 C20,这是基于对我国公路隧道工程实践的总结,并考虑目前基本材料性能的提高和施工操作实际情况提出的。

考虑洞门墙为承重结构,混凝土的强度等级采用 C20。

关于严寒地区洞门材料的规定,主要是考虑严寒地区气温低,昼夜温差大,经常与冰雪接触,受冰冻膨胀等特点,为了提高衬砌抗渗、抗冻性能,其建筑材料应具有较高的抗拉强度和早期强度。

5.1.3

1 "应符合结构强度和耐久性的要求",是指在任何情况下,供使用的建筑材料必须具备的基本条件。当隧道修建于特殊地区或特定场合时,如严寒地区、煤系地层、含盐地层和有侵蚀性水等,其所选用的衬砌材料,尚应具有适应于这些特殊条件要求的性能。

2 在有侵蚀性水的围岩中修建隧道,若对此忽视或处理不够完美时,衬砌混凝土会被腐蚀成豆腐渣状,严重影响衬砌的强度和安全,需要事后补救。故条文强调有侵蚀性水时,隧道衬砌的混凝土或砂浆应采取抗侵蚀措施。

含有侵蚀性水对混凝土损坏的原因,系由于混凝土材料中的某些成分被水所溶蚀;而某些成分与水中的酸、碱、盐等起化学作用,或生成有害物质,而导致结构的破坏。水中含有侵蚀物质种类较多,对水泥、石料侵蚀的性质也各不相同,而且水对混凝土的侵蚀作用是一项复杂的物理化学反应过程。环境水的侵蚀特征是决定抗侵蚀措施的关键。

3 在寒冷及严寒地区的隧道衬砌经常与冰冻接触,当气温低、昼夜温差大时,在冻融循环作用下,其表面剥蚀现象比一般地区严重。为了提高砌体和混凝土的强度,增强其抗冻、抗渗性能,以加强其抗侵蚀性和满足衬砌结构的耐久性要求,故条文规定:"混凝土强度等级应适当提高"。

5.1.4

1 为了保证混凝土的质量,故条文规定"不应使用碱活性集料"。

2 用于砌体的石料，应符合衬砌材料的基本要求。石料强度等级是体现石料质量的重要标志，并可相应反映出石料的其他性能，如强度低的多表现为易风化，耐久性差，耐冻、耐渗性能要弱些。从过去修建隧道用石料的实际情况来看，规定其强度等级不低于30kPa是合适的，故条文规定片石强度不应低于MU40，为保证砌体的质量，强调“有裂缝和易风化的石材不应采用”。

5.1.5

1 喷射混凝土优先选用普通硅酸盐水泥，是因为它含有较多的C_3A和C_3S，凝结时间较快，特别是与速凝剂有良好的相容性，细集料采用中粗砂及细度模数大于2.5的规定，不仅是为了有足够的水泥包裹细集料，有利于获得足够的混凝土强度，同时可减少粉尘和硬化后混凝土的收缩。砂的含水率控制在“5%~7%”，主要是为了减少具有活性的水泥颗粒的损失，减少粉尘，也有利于水泥的充分水化。关于粗集料粒径，目前国内的喷射机可使用的最大粒径为25mm，但为了减少回弹和管路堵塞，故条文规定不大于16mm。

2 锚杆的杆体材料，按国标《钢筋混凝土用热轧带肋钢筋》及国标《钢筋混凝土用热轧光圆钢筋》采用HRB335或HPB235钢筋，杆体直径一般为20~32mm，除考虑强度要求外，由于钻孔眼一般为42mm，可便于注入必要的砂浆。

3 早强水泥砂浆，如采用硫铝酸盐水泥作胶结料，并在砂浆中掺入一定比例的早强剂，砂浆灌注后2~8h内，锚杆抗拔力可大于50kN。

4 钢筋网的钢筋不宜太粗，否则易使喷层产生裂纹，故采用钢筋直径不大于12mm。

5.1.6 为了改善模筑混凝土和喷射混凝土的性能，在混凝土中加入有关外加剂是当前一种不可缺少的重要手段。如为了提高强度可掺加增强剂；为提高防水性可掺加抗渗剂；为提高早期强度可掺加早强剂；欲使喷射混凝土速凝需加入速凝剂；为减少喷射混凝土回弹及粉尘可掺加增黏剂等。但目前各种外加剂还在不断改进，不断创新，因此条文未规定具体产品型号，采用时应满足条文提出的普遍要求，即使采用一种外加剂满足了某一特殊需要，但不能对混凝土原有性能产生不良影响。为此，可能要采用多种外加剂的组合。选用外加剂时，首先选用经过鉴定的产品，并结合工程实际情况进行验证改进。否则，要在使用前进行相应试验，找出合理组合及其掺量。

5.1.7 根据《钢纤维混凝土结构设计与施工规程》，并结合相关材料发展情况而定。由于钢纤维表面光滑，喷射钢纤维混凝土的破坏，通常都是纤维从混凝土中被拔出。要使喷射钢纤维混凝土性能更加增强，需提高混凝土纤维间的握裹力，钢纤维可加工成麻花形，并采用矩形断面，如料源有困难，可采用圆形断面。

5.1.8 用钢筋组焊成的格栅钢架是近年来吸取国外经验而使用的一种新型钢架，它与往常使用的钢轨、钢管等组成的钢架相比，有受力好、质量小、刚度可调节、省钢材、易制造、易安装等优点，应大力推广使用。

5.1.9 隧道内路面材料主要根据路面等级及面层类型决定。国家有关路面设计规范、施工技术规范十分详尽，因此这里不再摘录。具体采用时可参照有关规范，特别是有关材料性能指标，如沥青可参见《沥青路面施工及验收规范》(GB 50092)；石料可参见《道路建筑用天然石料强度技术分级标准》(JTJ 1003)；水泥混凝土路面可参见《水泥混凝土路面施工及验收规范》(GBJ 097)。

5.1.10 隧道防水等级主要根据公路等级和地下水类型决定。

1 水泥的强度等级不应低于32.5MPa。混凝土抗渗等级不应小于S8。在受侵蚀性介质作用时，应按介质的性质选用相应的水泥。在受冻融作用时，应优先选用普通硅酸盐水泥，不宜采用火山灰硅酸盐水泥和粉煤灰硅酸盐水泥。

防水混凝土所用石子最大粒径不宜大于40mm，泵送时其最大粒径应为输送管径的1/4，吸水率大于1.5%，不得使用碱活性集料。其他要求符合《普通混凝土用碎石或卵石质量标准及检验方法》(JGJ 53)的规定。

防水混凝土所用砂宜采用中砂，其要求应符合《普通混凝土用砂质量标准及检验方法》(JGJ 52)的规定。防水混凝土所用水应符合《混凝土拌和用水标准》(JGJ 63)的规定。

2 防水卷材应选用高聚物改性沥青类或合成高分子类材料。卷材及其胶黏剂应具有良好的耐水性、耐久性、耐刺穿性、耐腐蚀性和耐菌性。卷材外观质量、品种规格和主要物理性能指标应符合现行国家标准或行业标准。

3 橡胶止水带的外观质量、尺寸偏差和物理性能要求应符合 HG2288 的规定。

5.2 材料性能

5.2.2、5.2.3 混凝土试块强度的总体分布一般属正态分布(图 5-1)。其强度等级取保证率为 95% 的下分位值,即取混凝土抗压极限强度(试块)的总体分布的平均值减去1.645倍标准差,故材料强度标准值 f_{ck} 可由下式求得:

$$f_{ck} = f_{cm}(1 - k\delta)$$

式中 δ——变异系数;

k——系数,保证率为95%时,$k = 1.645$。

华东交通大学和有关铁路单位曾先后取得各种强度等级的混凝土试样的静载抗压强度数据共39 805个,并进行了统计分析,得出各种等级混凝土的概率分布及参数。此外,还进行了混凝土静载力学性能如轴心抗压强度、劈裂抗拉强度、弹性模量的试验分析,以便为这些力学性能标准值的制订提供依据。

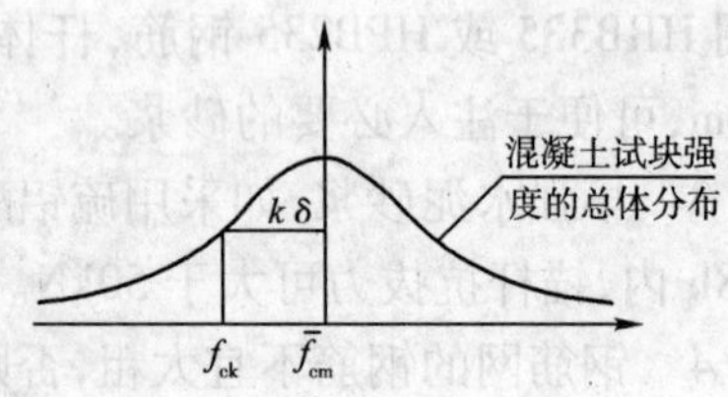

图 5-1 混凝土试块强度的正态分布

根据调查资料,经离差分析,剔除部分数据后得出的综合统计参数与建工系统的对照见表 5-2。

表 5-2 混凝土统计参数

混凝土强度等级	铁路系统		建工系统	
	标准差 S	变异系数 δ	标准差 S	变异系数 δ
C60	5.53	0.08	7.16	0.10
C55	5.81	0.09	—	—
C50	5.98	0.10	6.72	0.11
C45	6.04	0.11	—	—
C40	5.98	0.12	5.98	0.12
C35	5.79	0.13	5.79	0.13
C25	5.43	0.16	5.43	0.16
C20	5.11	0.18	5.11	0.18
C15	4.18	0.21	4.81	0.21

在 C40 以下,公路、铁路工程用混凝土强度的统计参数(包括试块强度均值、变异系数)与建工系统相同;在 C45 以上,则明显比建工系统好,这反映了公路、铁路工程中 C45 以上的混凝土由于大多为厂制,混凝土制作的质量控制较严之故。

1 混凝土轴心抗压强度标准值

混凝土棱柱体抗压强度标准值与边长为 150mm 立方体抗压强度标准值关系式为

$$f_{ck} = K_a f_{cu,k} \tag{5-1}$$

式中 f_{ck}——混凝土棱柱体抗压强度标准值,按下式表达:

$$f_{ck} = \bar{f}_{c,15}(1 - 1.645\delta_{fc,15}) \tag{5-2}$$

$\bar{f}_{c,15}\delta_{fc,15}$——混凝土轴心抗压强度 $f_{c,15}$ 的平均值和变异系数;

$f_{cu,k}$——混凝土立方体抗压强度标准值(试件尺寸为 150mm×150mm×150mm),

$$f_{cu,k}=\bar{f}_{cu,15}(1-1.645\delta_{fcu,15}) \tag{5-3}$$

$\bar{f}_{cu,15}$、$\delta_{fcu,15}$——混凝土立方体抗压强度的平均值和变异系数。

假定混凝土轴心抗压强度的变异系数与立方体抗压强度的变异系数相等，即 $\delta_{fc,15}=\delta_{fcu,15}$，故混凝土棱柱强度换算系数 $K_c=\dfrac{f_{c,15}}{f_{cu,15}}$，$K_c$ 值的试验资料比较离散，通常可取为0.67，故 $f_{ck}=0.67f_{cu,k}$，考虑到结构中混凝土结构或构件的强度标准值，$f_{ck'}=0.88f_{ck}\approx 0.67f_{cu,k}$。为说明情况，将本规范的取值与国内外主要规范的取值列于表5-3，以资比较。

表5-3 混凝土轴心抗压强度标准值 f_{ck}（MPa）比较表

混凝土强度等级 / 轴心抗压强度标准值 f_{ck}	C15	C20	C25	C30	C35	C40	C45	C50	C55	C60
本规范采用值	10	13.5	17	20	23.5	27	30	33.5	37	40
CEB—FIP 规范推荐值	12	16	20	24	28	32	36	40	45	50
GBJ 10—89 规范换算值	10	13.5	17	20	23.5	27	29.5	32	34	36
TBJ 3—85（隧规）值	10.5	14	17.5	21	24.5	28	31.5	35	38.5	42
SDJ 20—78（水工规范）值	10.5	14	17.5	21		26		35		42

注：GBJ 10—89 规范换算值中考虑了结构构件强度换算系数0.88，为便于比较，此表中的数值为该规范的 $f_{ck}/0.88$。

从表5-3可看出，C40以下本规范与建工系统（GBJ 10—89）两者的 f_{ck} 值是基本相同的；C40以上，则本规范的大，这是因为GBJ 10—89规范考虑到高强度混凝土的脆性破坏等特征和高强度混凝土施工实践经验不足，对C45～C60分别乘以0.975、0.95、0.925和0.9的折减系数。本规范未乘上述折减系数，主要考虑到就公路工程来说，高强度混凝土多为工厂生产，质量控制较严，且已有相当的工程经验，没有必要予以折减。至于高强度混凝土的脆性破坏问题，应该在结构计算中给予考虑，不宜在混凝土强度标准值中乘以折减系数。

2 混凝土轴心抗拉强度标准值

混凝土轴心抗拉强度 f_{ct} 应以截面150mm×150mm的棱柱体或截面 ϕ150mm的圆柱体的直接抗拉强度为准。考虑到直接抗拉试验比较复杂，我国目前仅制定了混凝土劈裂抗拉强度的标准试验方法。因此，我国大部分混凝土轴心抗拉强度的试验资料是通过劈裂抗拉强度换算而得；参考CEB—FIP模式规范的建议，混凝土劈裂抗拉强度 $f_{ct,sp}$ 与混凝土抗拉强度 f_{ct} 的关系可用下式表达：

$$f_{ct}=0.9f_{ct,sp}$$

一般认为，混凝土轴心抗拉强度 f_{ct} 与混凝土棱柱体抗拉强度的 $f_{ct,15}^{2/3}$ 呈线性比例关系，即

$$K_{ct}=f_{ct}/f_{ct,15}^{2/3}$$

式中 K_{ct}——混凝土轴心抗拉强度与混凝土棱柱体抗拉强度 $f_{ct,15}^{2/3}$ 的比值。

根据华东交通大学、上海铁道大学、铁道部科学研究院等单位的资料，偏安全地取 $K_{ct}=0.26f_{ct,15}^{2/3}$。

假定混凝土轴心抗拉强度 f_{ct} 的变异系数 $\delta_{fct}=0.12$，则混凝土轴心抗拉强度的标准值为 $f_{ctk}=\bar{f}_{ct,15}(1-1.645f\ \delta_{fct})=\bar{f}_{ct,15}(1-1.645\times 0.12)\approx 0.8\bar{f}_{ct,15}$

故 $f_{ct,15}=f_{ctk}/0.8$，则有

$f_{ct}=0.26\left(\dfrac{f_{ctk}}{0.8}\right)^{2/3}\approx 0.30f_{ctk}^{2/3}$ 就是本规范表5.2.2中之 f_{ctk} 值。

将本规范的取值与国内外规范的取值比较列于表5-4中。

3 混凝土轴心抗压强度设计值

在对现有隧道的标准设计进行了可靠指标标准分析结果的基础上，考虑到原规范的设计安全系数以及综合作用分项系数等综合分析结果，混凝土的材料分项系数根据混凝土构件的目标可靠指标取 $\gamma_c=1.35$，故 $f_{cd}=\dfrac{f_{ck}}{1.35}$，由此得出本规范表5.2.3之值，与国内外规范值比较见表5-5。

表 5-4　混凝土轴心抗拉强度标准值 f_{ctk} (MPa) 比较表

轴心抗拉强度标准值 f_{ctk} ＼ 混凝土强度等级		C15	C20	C25	C30	C35	C40	C45	C50
本规范采用值		1.4	1.7	2.0	2.2	2.5	2.7	2.9	3.1
CEB—FIP 模式规范(1990)	$f_{ctk,m}$	1.6	1.9	2.2	2.5	2.8	3.0	3.3	3.5
	$f_{ctk,min}$	1.1	1.3	1.5	1.7	1.8	2.0	3.2	2.3
	$f_{ctk,max}$	2.1	2.5	2.9	3.3	3.7	4.0	4.4	4.7
GBJ 10—89 规范值		1.36	1.7	1.99	2.27	2.56	2.78	2.95	3.12
TBJ 3—85(隧规)值		1.3	1.6	1.9	2.1	2.4	2.6	2.8	3.0
SDJ 20—78(水工规范)值		1.3	1.75	1.9	2.1		2.55		3.0

表 5-5　混凝土轴心抗压强度设计值 f_{cd} (MPa) 比较表

轴心抗压强度设计值 f_{cd} ＼ 混凝土强度等级	C15	C20	C25	C30	C35	C40	C45	C50
本规范采用值	7.5	10	12.5	15	17.5	20	22.5	25
GBJ 10—89 规范值	7.5	10	12.5	15	17.5	19.5	21.5	23.5
前苏联规范(CHиП2.05.03—84)值		10.5	13	15.5	17.5	20	22	25
CEB—FIP 模式规范(1990)*	8.0	10.7	13.3	16	18.7	21.3	24	26.7

注：* 采用的混凝土强度等级是以 ϕ15cm×30cm 的圆柱试件强度为准，表列数值已进行适当换算，以便比较。

从表中可看出，本规范的混凝土轴心抗压强度设计值与前苏联规范(CHиП2.05.03—84)十分接近，与我国建工系统的《混凝土结构设计规范》(GBJ 10)比较，在 C15～C35 部分是完全相同的；C40～C60 则由于该规范对高强度混凝土的轴心抗压强度采用了 0.9～0.975 的折减系数，故本规范采用值大于《混凝土结构设计规范》(GBJ 10)规定值。

4　混凝土轴心抗拉强度设计值

混凝土轴心抗拉强度的设计值 f_{ctd} 可按下式取值：

$$f_{ctd}=f_{ct}\exp(-\beta_{fct}\delta_{fct})$$

式中　β_{fct}——混凝土结构极限状态设计式中混凝土轴心抗拉强度的分项可靠指标。

根据对铁路工程结构极限状态设计式的分析，我们可以偏安全地将混凝土轴心抗拉强度的分项可靠指标取为 $\beta_{fct}=3.0$。关于变异系数，一般认为混凝土轴心抗拉强度(指结构中的强度)的变异性大于混凝土轴心抗压强度的变异性。根据国外有关资料，混凝土轴心抗拉强度的变异系数可取 $\delta_{fct}=0.2$，故 $\delta_{ctd}=\delta_{ct}\times0.5488$。

此外，考虑到结构构件的抗拉强度与试件强度之间的偏差类似于混凝土轴心抗压强度，取"结构构件换算系数"为 0.845，则结构构件的混凝土轴心抗拉强度 $f_{ct}=0.845f_{ct}$。

综上所述，混凝土轴心抗拉强度设计值 $f_{ctd}=0.5488\times0.845f_{ct}=0.464f_{ct}$，而

$$f_{ct,k}=\bar{f}_{ct}(1-1.645\delta_{fct})=\bar{f}_{ct}(1-1.645\times0.2)=0.671\bar{f}_{ct}$$

则混凝土抗拉强度 f_{ct} 的材料分项系数 γ_{ct} 可用下式表达：

$$\gamma_{ct}=\bar{f}_{ct,k}/f_{ct,d}=0.671\bar{f}_{ct}/(0.464\bar{f}_{ct})=1.446$$

考虑到混凝土的抗拉强度较抗压强度的离散性要大，为偏于安全起见，混凝土抗拉强度的材料分项系数 γ_{ct} 取为 1.5，则可得本规范表 5.2.3 之值。混凝土轴心抗拉强度设计值与各规范的比较见表 5-6。

表 5-6 混凝土轴心抗拉强度设计值 f_{ctd}(MPa)比较表

混凝土强度等级 / 轴心抗拉强度设计值 f_{ctd}	C15	C20	C25	C30	C35	C40	C45	C50
本规范采用值	0.93	1.13	1.33	1.47	1.67	1.80	1.93	2.07
GBJ 10—89 规范值	0.9	1.1	1.3	1.5	1.65	1.8	1.9	2.0
前苏联规范	*	0.85	0.95	1.1	1.15	1.25	1.3	1.4
(СНиП2.05.03—84)值	* *	1.4	1.6	1.8	1.95	2.1	2.2	2.3
CEB—FIP 模式规范(1990)	0.59	0.71	0.82	0.94	1.06	1.18	1.24	1.35

注:* 此行数值为按第一种极限状态(强度和稳定性的计算)计算时的采用值。

* * 此行数值为按第二种极限状态(抗裂性与挠度的计算)计算时的采用值。

5.2.4 混凝土的弹性模量定义为应力-应变图原点处的切线模量,它近似等于快速卸载时曲线的割线的斜率,不包括初始塑性应变。在过去的规范中,混凝土的静压弹性模量常采用割线弹性模量来表达。此次修订是向国际规范的 CEB—FIP 模式靠拢。在 CEB—FIP 模式中对混凝土受压弹性模量列有两个参数,即 E_c(切线弹性模量)和 E_{cs}(折减弹性模量),其中 E_c 用于按变形协调条件进行结构分析,而 E_{cs} 则用于弹性分析,以考虑初始塑性应变,本规范仅取 E_c。

混凝土静压弹性模量是以混凝土棱柱体(圆柱体)试件的试验结果为准,一般为混凝土受压弹性模量与混凝土轴心抗压强度的 $f^{1/3}$ 呈线性比例关系,即

$$E'_c = k'_E{}^{1/3} f_{c,15}$$

式中 E'_c——混凝土割线弹性模量;

k'_E——混凝土割线弹性模量 E'_c 与轴心抗压强度 $f_{c,15}^{1/3}$ 的比值。

根据华东交通大学、上海铁道大学、铁道部科学研究院和其他一些单位混凝土弹性模量的试验资料分析,k'_E 离散性很大,而且其试验结果均为割线弹性模量而非切线弹性模量。因此,在制定新的混凝土弹性模量标准值时,只能参考。故参照 CEB—FIP 模式规范(1990)中推荐的公式来拟定混凝土弹性模量标准值。

$$E_c = 10^4 f_{cm}^{1/3}$$

根据调查统计,各种强度等级的混凝土轴心抗压强度平均值 f_{cm} 如表 5-7 所列。

表 5-7 混凝土棱柱体抗压强度平均值 f_{cm}(MPa)

混凝土轴心抗压强度平均值	C15	C20	C25	C30	C35	C40	C45	C50
f_{cm}	17.4	21.6	25.8	29.6	33.8	37.9	41.8	45.5

据上表数值及上述表达式可得本规范表 5.2.4 的 E_c 值。

混凝土弹性应变的泊松比 γ_c 及剪切弹性模量 G_c 系参照 CEB—FIP 模式规范(1990)确定。

5.2.5 钢筋强度标准值的确定,对有明显物理流限的热轧钢筋,采用国家标准规定的屈服点;对无明显物理流限的钢筋,则采用国家标准规定的极限抗拉强度,所有标准值均具有不小于 95% 的保证率。钢筋强度设计值的确定,同样采用结构可靠指标分析及结合工程经验校准,经综合分析后确定。本规范对钢筋强度的设计值取整,对热轧 I、II 级钢筋(HPB235、HRB335)的材料分项系数 γ_s 取值 1.25。

5.2.6 钢筋混凝土中所用钢筋,仍取弹性模量 $E_s = 210\text{GPa}(2.1 \times 10^5\text{MPa})$。

5.2.7、5.2.8 根据《砌体结构设计规范》和《公路砖石及混凝土桥涵设计规范》(JTJ 022),结合公路隧道工程情况改编的,砌体的块体和砌筑砂浆,按材料力学性质划分为若干强度等级,强度等级的数值基本上与原来的"标号"数值相对应,但换算为法定计量单位"(MPa)或(N/mm^2)",并取整数表示(个别强度等级保留了一位小数)。其次,根据工程实践经验,对某些材料强度等级规定作了适当的调整。有关砌体性能的说明参见《砌体结构设计规范》。

对于龄期为 28d 的以毛截面计算的各类砌体的轴心抗拉、弯曲抗拉和抗剪强度设计值在缺少实测资料时,可按表 5-8 采用。

表 5-8　沿砌体灰缝截面破坏时的轴心抗拉、弯曲抗拉和抗剪强度设计值(MPa)

序号	强度种类	破坏特征及砌体种类	砂浆强度等级			
			M15	M10	M7.5	M5
1	轴心抗拉	沿齿缝	0.11	0.10	0.08	0.06
2	弯曲抗拉	沿齿缝	0.17	0.16	0.13	0.10
		沿通缝	0.08	0.07	0.05	0.04
3	抗剪		0.25	0.23	0.20	0.16

5.2.12、5.2.13　喷射混凝土的极限强度,系参照国标《混凝土结构设计规范》及国标《锚杆喷射混凝土支护设计施工验收规范》的规定,考虑到喷射混凝土抗拉强度与抗压强度之比稍小于模筑混凝土,因而将抗拉极限强度适当降低。

喷射混凝土标准试件制作方法一般采用大板切割法,若采用非标准方法,则应在本工程所用原材料、配合比、工艺技术和养护等条件相同的情况下,作对比试验求得。

表 5.2.12、表 5.2.13 的内容来自《锚杆喷射混凝土支护技术规范》(GB 50086)。

5.2.14　条文引自原规范,其中由于本规范对砌块材料作了强度等级的划分规定,而原规范与其没有对应关系,故此处砌体的性能参数未作调整。

5.2.15　对于石砌体和混凝土块砌体轴心及偏心受压的容许应力,本条文引自《铁路隧道设计规范》(TB 10003);当有实测资料时,应以实测资料为准。

6 荷载

6.1 一般规定

6.1.1 本条文对隧道结构上的荷载作出规定。表 6.1.1 所列荷载是在原《公路隧道设计规范》(JTJ 026)基础上,增加了结构附加恒载和水压力等两个永久荷载,并将施工荷载从偶然荷载类型移至其他可变荷载类型中。

结构附加恒载主要是指伴随隧道营运的各种设备、设施等的恒重,由于其长期作用于隧道结构,故属于永久荷载的范畴。水压力主要是针对在有水或含水地层中的隧道结构,应考虑水压力的影响,它属于永久荷载。

施工荷载是指施工阶段的某些外加力,如机械设备自重、人群、温度作用、吊扣或其他机具的荷载及在构件制造、运送、吊装时作用于构架上的临时荷载等。由于这种荷载是隧道施工过程中必然存在的临时荷载,将其放入偶然荷载中是不恰当的,因此本规范将其调整到可变荷载范畴。

鉴于目前对公路隧道结构的各类作用的统计分析研究尚不够全面和深入,因此本规范未按照结构可靠度设计原则,对公路隧道结构上的作用进行规定,要完善可靠度设计,必须作进一步的深入研究。

6.1.2 在确定隧道荷载时,应充分考虑对其影响的各项因素,包括隧道所处的地形、地质条件、埋置深度、结构特征和工作条件、施工方法、相邻隧道间距等,但由于荷载的不确定性,目前在大多数情况下仍按工程类比法确定。如施工中发现其与实际不符,应及时修正。对于地质复杂的隧道,为了了解和掌握隧道荷载的性质、大小及分布,宜通过实地量测确定荷载计算值及其分布规律。

6.1.3 在隧道结构上可能同时出现的荷载,按承载能力要求的检验进行组合时,主要考虑基本组合和偶然组合。

1 荷载基本组合

组合一:结构自重+附加恒载+围岩压力

组合二:①结构自重+附加恒载+土压力+公路荷载

②结构自重+附加恒载+土压力+列车活载

③结构自重+附加恒载+土压力+渡槽流水压力

组合三:结构自重+附加恒载+土压力+施工荷载+温度作用力

2 荷载偶然组合

组合四:结构自重+附加恒载+围岩压力或土压力+地震作用或落石冲击力

按检验满足正常使用要求组合时,主要考虑长期效应组合和短期效应组合。

1)荷载长期效应组合

①结构自重+附加恒载+围岩压力+混凝土收缩和徐变力

②结构自重+附加恒载+土压力+公路荷载、列车活载或渡槽流水压力

2)荷载短期效应组合

结构自重+附加恒载+围岩压力或土压力+混凝土收缩和徐变力+温度荷载+冻胀力

6.1.5 本条文所提的特殊荷载是指在 6.1.1 条中未列出的、而又有可能出现的其他所有荷载。由于对一切出现几率很小的荷载全部列出既有困难,也没有必要,故在此条中加以概括。

6.2 永久荷载

6.2.1～6.2.4 深埋隧道和浅埋隧道的围岩压力计算系原规范的规定。但原计算公式中的"围岩类别"，按照国家标准《工程岩体分级标准》（GB 50218）和本规范第3章围岩分级的规定，修正为相应的"围岩级别"。

6.2.5 根据偏压隧道的调查，大多数偏压隧道处于洞口段，属于地形浅埋偏压；在洞身偏压较少，且多属于地质构造偏压。在确定作用于隧道衬砌上的偏压力时，应视地形、地质条件以及外侧围岩的覆盖厚度确定。

6.2.6 回填土压力的计算分两种情况，一是按无限土体计算，一是按有限土体计算。当地层无侧压力、开挖边坡稳定、其开挖边坡坡率陡于按有限土体计算得出的最大侧压力开挖坡率时，可根据实际开挖边坡，按有限土体计算其侧压力。反之，当开挖边坡坡率缓于或等于按有限土体计算得出的最大侧压力开挖坡率时，其侧压力按无限土体计算。

6.2.7 关于土压力理论和计算，目前与实际情况还有一定的差距，但在没有更为成熟的计算理论和方法的情况下，对于洞门墙墙背的主动土压力当前一般仍可按库仑理论计算。

6.3 可变荷载

6.3.1 当隧道结构承受汽车荷载时（如上方有道路通过的明洞等），应按现行《公路桥涵设计通用规范》（JTJ 021）或《城市道路桥涵设计规范》的有关规定计算。

6.3.2 设计山岭公路隧道时，一般不考虑铁路列车活载，只有隧道结构构件承受列车活载时（如上方有铁路通过的明洞、深基础明洞的外墙等），才应按照现行《铁路桥涵设计基本规范》（TB 10002.1）的有关规定计算。

6.3.3 混凝土收缩的原因，主要是由于水泥浆凝结而产生的，也包括了环境干燥所产生的干缩现象。研究混凝土收缩问题，往往需要考虑混凝土徐变的影响。混凝土收缩使构件本身产生应力，而这种应力的长期存在使混凝土发生徐变。

影响混凝土徐变的因素很复杂，如组成混凝土成分的性质、数量及质量，结构物的加载龄期及所处的气候条件等，考虑到结构物施工及工作条件的差异，本条规定应按照实际资料计算，如果资料缺乏，按照弹性体进行计算，近似地采用混凝土的弹性模量的0.7和0.45倍，将是偏于安全的。

6.3.5 施工荷载是指结构构件在就地建造、安装时，作用在构件上的临时荷载。包括结构重、机械设备自重、人群、温度作用、吊扣或其他机具荷载，以及构件在制造、运送、吊装时作用于构件上的荷载。该类荷载主要用于施工阶段的验算，其取值应根据施工阶段、施工方法和施工条件的实际情况确定。

6.4 偶然荷载

6.4.1 由于落石冲击力的计算，目前研究还不够深入，实测资料也很少，故对其计算未作规定，具体设计时主要通过现场量测确定，必要时可采用简化计算方法对其进行验证。

7 洞口及洞门

7.1 一般规定

7.1.1 合理地选择洞口位置，是保护环境和保证顺利施工、安全营运及节省工程造价的重要条件。近年来，公路建设已重视洞口位置的选择，但仍有不足之处。隧道洞口处岩层破碎、松散，风化较为严重，地质条件一般较差。洞口施工或路堑开挖时破坏了山体原有的平衡，容易产生坍塌、顺层滑动等，并且还存在洞口各部位与相关工程施工干扰、洞口弃渣处理不当，以及占用农田、影响居民生活等问题。

条文针对目前隧道洞口存在的问题，根据施工技术的进步和条件的改善等情况，提出了“洞口位置应根据地形、地质条件，同时结合环境保护、洞外有关工程及施工条件、营运要求，通过经济、技术比较确定。”

隧道洞口位置受地形或气象的影响，一般有以下几种形式（见图 7-1）：

1）坡面正交型——这是一种隧道轴线与坡面正交的形式，最为理想。

2）坡面斜交型——隧道轴线与坡面斜交进入，边坡切面与洞门为非对称，往往存在偏压，应讨论洞门形式和偏压的影响。

3）坡面平行型——是一种极端的斜交情况，隧道在较长区段的单边覆盖层较薄，特别应考虑偏压，往往容易出问题，应尽量避免这种形式。当出现这种情况时，可按图 7-2 考虑。

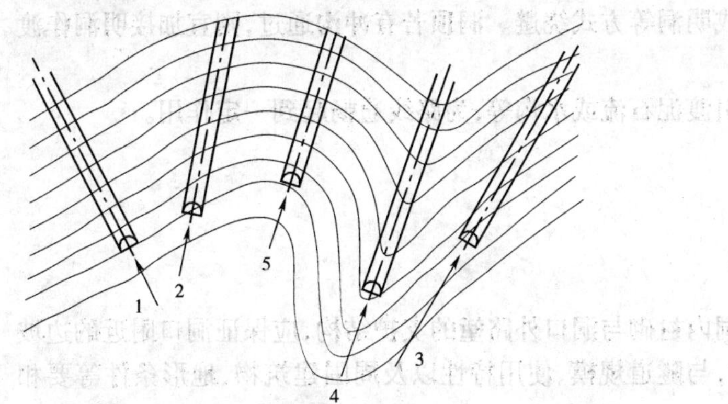

图 7-1 隧道洞口轴线与地形的关系

1-坡面正交型；2-坡面斜交型；3-坡面平行型；4-山脊突出部进入型；5-沟谷部进入型

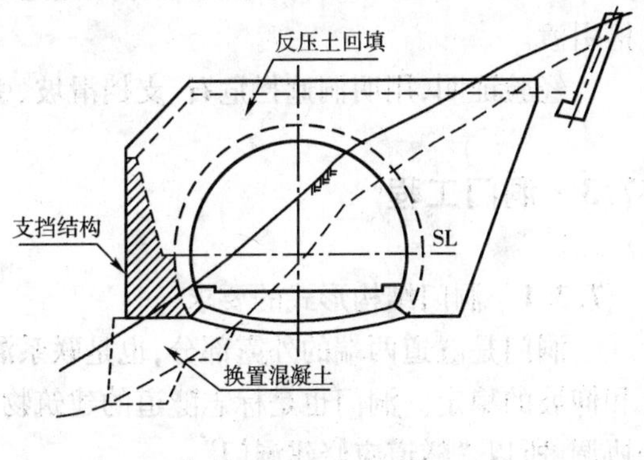

反压土回填
支挡结构
SL
换置混凝土

图 7-2 反压回填处治偏压的工程例

4）山脊突出部进入型——山脊突出部一般是稳定的，但山脊突出部的背后侧可能存在断层，应注意。

5）沟谷部进入型——存在岩堆等不稳定堆积层，地下水位较高，泥石流、雪崩等自然灾害容易发生。

洞口轴线应尽量与坡面正交。采取斜交时，洞口覆盖层厚不应小于 2 ~ 3m，其边、仰坡应采取喷锚支护加固。

7.1.2 本条文提出隧道“早进洞、晚出洞”这一技术原则，旨在不破坏原有的地表形态，确保边坡及仰坡的稳定，保护环境。

7.2 洞口工程

7.2.1 在选择隧道位置时,必须重视洞口位置的选择。洞口选择不当会造成洞口坍方,长期不能进洞或病害整治工程大,不易根治而留隐患。洞口位置选择的基本要求是:①地质条件较好;②隧道轴线尽量垂直或接近垂直地形等高线。

鉴于洞口出现的问题多为边坡、仰坡失稳坍塌,对环境造成破坏,并严重威胁施工安全,阻碍顺利施工,所以最大限度地降低边仰坡高度,控制暴露面范围是十分必要的,也是隧道工程设计及施工技术发展和国家环境保护政策、法规的要求。

在路线遇到沟渠时应慎重处理,当路线横沟进洞时,设置桥涵净空不宜过小,以免留有后患。当地形条件不适于设置桥涵时,结合地形、地质情况、水流大小,经过技术经济比较,采取相应的工程措施。

1)扩大洞门墙顶水沟,将水引离隧道。

2)利用明洞洞顶作过水渡槽引接。

3)洞顶水沟流量大,对隧道施工、营运不利时,应结合地形、地质条件,改沟排出。

洞口线路沿沟进洞时,往往地质条件差,极易产生坍方、滑移等病害,应尽量避开。当路线必须通过时,应采取妥善的支挡防护措施并认真做好防排水工作。

7.2.2 为保证洞口工程质量和施工、营运安全而规定本条文。当洞口山坡局部土石失稳,或有危石时,采取清刷、支挡措施在施工前比较容易,也可保证施工安全,不留后患。洞口仰坡及边坡土石有剥落可能时,坡面应予防护,否则营运期间的养护维修工作量很大。

在不良地质地段,如遇有落石、坍塌、掉块威胁线路安全时,宜早进洞或加接明洞,还可以设柔性钢丝网防护。对于有些大型危石和集中落石区,根据具体情况分别采用清除、支顶、锚杆、锚索加固等措施处理,保证隧道安全营运。

如遇较严重的泥石流地段,多采用隧道或明洞等方式绕避。洞顶若有冲沟通过,则宜加接明洞作渡槽引渡。

经验证明,用明洞遮拦危石、支挡滑坡、引渡泥石流或水沟等,为路线通畅起到一定作用。

7.3 洞门工程

7.3.1 洞门结构形式的要求

洞门是隧道两端的外露部分,也是联系洞内衬砌与洞口外路堑的支护结构,应保证洞口附近的边坡和仰坡的稳定。洞门也是标志隧道的建筑物,与隧道规模、使用特性以及周围建筑物、地形条件等要相协调,所以"隧道应修建洞门"。

洞门的形式很多,从构造形式、建筑材料以及相对位置等可以划分许多类型。目前,我国公路隧道的洞门形式有:端墙式、翼墙式、台阶式、柱式、削竹式、喇叭口式等。

洞门的形式及特点见表7-1。

洞门形式应美观醒目,这是因为洞门的造价只占隧道总造价的较小部分,隧道的标志在洞门,洞门美观合理与否直接影响对隧道工程的评价。特别是位于城镇、风景区附近的隧道,行人及旅游者多,车辆也多,设计一个好的洞门,将给人留下美的感受。

7.3.3 洞口仰坡坡脚至洞门墙背应有一定的水平距离,以防仰坡土石掉落到路面上,危及安全。洞门端墙与仰坡之间、水沟底与衬砌拱顶外缘之间要求一定高度,以免落石破坏拱圈。洞门墙顶应高出仰坡脚,以防水流溢出墙顶,也可防止掉落土石弹出。水沟底下填土如果不夯实,则会使水沟变形,产生漏水,影响衬砌强度。

洞门墙应根据情况设置伸缩缝、沉降缝和泄水孔,以防止洞门变形。洞门墙的厚度可按计算并结合其他工程类比确定,但墙身厚度最小不得小于0.5m。

"洞门墙基础必须置于稳固地基上",这是因为通常洞门位置的地形、地质条件比较复杂,有的全为松散堆积覆盖层，有的半软半硬，有的地面倾斜陡峻，为了保证建筑物稳固，作此规定。

表 7-1　隧道洞门的形式与特征

项目	端墙式	翼墙式	台阶式	柱 式	削竹式	喇叭口式
形式	侧面 正面	侧面 正面	侧面 正面	侧面 正面	洞门	洞门
适用的围岩条件	轴线与坡面基本正交，边、仰坡坡率为1:0.3～1:0.5	边、仰坡坡率为1:0.75～1:1.5	边、仰坡坡率为1:0.5～1:1.25	边、仰坡坡率为1:0.5～1:0.75	洞门周围地形平缓	地形、地质条件较好，洞口周围开阔； 积雪地带易吹入雪
特征	易于施工	抗滑、抗倾覆性能较好	可减少靠山侧仰坡开挖高度，一般与偏压衬砌配合使用	洞口受地形限制，无法布置翼墙式洞门	模型板、配筋较费事，耗资较大	模型板、配筋费事，耗资大
景观	壁面面积大，两侧需降低其亮度（修凿打毛壁面）；有重量感，行车易感到压抑	壁面面积大，两侧需降低其亮度（修凿打毛壁面）；有重量感，行车易感到压抑	壁面面积较大，两侧需降低其亮度（修凿打毛壁面）；有重量感，行车易感到压抑	较为雄伟	修饰周围的景观，使洞门与之协调	对车辆行驶的影响小；最适合洞口周围地形

洞门墙基础必须埋入地基一定深度（地基面以路面边缘计算），埋入深度视地质情况好坏确定，保证结构物稳定。基础设置在岩石上时，应清除表面强风化层；当风化层较厚难于全部清除时，可根据地基的风化程度及相应的地基容许承载力，将基底埋在风化层中。斜坡岩基应挖台阶，以防墙体滑动，岩基的废渣均应清除干净，这样才能确保洞门稳定。在松软地基上，地基强度偏小时，可根据情况采用扩大基础、换土、桩基、压浆加固地基等措施。

一般冻胀性土壤的特点是：冻结时土壤隆起、膨胀力大，而解冻时由于水融作用，土壤变软后沉陷，建筑物相应下沉，产生衬砌变形。条文根据公路工程一般设置基础的经验，要求基底设在冻结线以下不小于0.25m（所指的冻结线为当地最大的冻结深度）。如果冻结线较深，施工有困难，可采取非冻结性的砂石材料换填，也可采用设置桩基等办法。不冻胀土层中的地基，例如岩石、砾石、卵石、砂等，埋置深度可不受冻结深度的限制。

8 衬砌结构设计

8.1 一般规定

8.1.1 公路隧道作为道路工程永久性构筑物,应避免隧道围岩日久风化和水的侵蚀,产生松弛、掉块、坍塌甚至围岩失稳,危及行车安全;隧道建成后能适应长期营运的需要。隧道投入营运后,补作衬砌、加固围岩非常困难,技术、经济、安全方面都是不合理的,因此,条文规定"隧道应作衬砌"。

隧道支护衬砌有:喷锚衬砌、整体式衬砌、复合式衬砌。

1 喷锚衬砌是①喷混凝土支护、②喷混凝土+锚杆支护、③喷混凝土+锚杆+钢筋网支护、④喷混凝土+锚杆+钢筋网+钢架支护的统称,是一种加固围岩,控制围岩变形,能充分利用和发挥围岩自承能力的支护衬砌形式,具有支护及时、柔性、紧贴围岩、与围岩共同变形等特点,在受力条件上比整体式衬砌优越,对加快施工进度,节约劳动力及原材料,降低工程成本等效果显著,能保证围岩的长期稳定。但是,由于喷锚衬砌刚度较小,在围岩自稳能力较差的Ⅳ~Ⅵ级围岩中,稳定性和防止水侵蚀方面经验不多,材料及施工工艺还有待进一步提高,因此,在Ⅳ~Ⅵ级围岩中不宜单独采用喷锚支护作永久衬砌。

2 整体式衬砌是被广泛采用的衬砌形式,有长期的工程实践经验,技术成熟,适应多种围岩条件。因此,在隧道洞口段、浅埋段及围岩条件很差的软弱围岩中采用整体式衬砌较为稳妥可靠。

3 复合式衬砌是由内外两层衬砌组合而成,第一层称为初期支护,第二层为二次衬砌,初期支护与二次衬砌之间夹防水层,我国高等级公路隧道已普遍采用复合式衬砌。

复合式衬砌的初期支护采用喷锚支护,二次衬砌采用模筑混凝土衬砌。其优点是能充分发挥喷锚支护快速、及时、与围岩密贴的特点,充分发挥围岩的自承能力,使二次衬砌所受的力减到最小。

复合式衬砌在初期支护与二次衬砌之间铺设防水层,解决隧道衬砌渗漏水问题;二次衬砌通常采用模筑混凝土衬砌,具有长期可靠的作用,能保证隧道内壁平整,满足隧道对外观的基本要求。

不同公路等级、不同交通流量的隧道,技术标准要求不一样,其衬砌的可靠性和防水要求也不同。复合式衬砌具有较高的结构承载能力、耐久性和防水性能;二次衬砌采用模筑混凝土,外观成型较好。因此条文规定,在高速公路、一级公路、二级公路中的隧道衬砌应采用复合式衬砌。三级及三级以下公路隧道等,由于交通量较小,使用频率较低,当围岩条件较好时,为控制投资,可采用喷锚衬砌。

隧道洞口段是指隧道洞口暗挖进洞一定长度段,覆盖层厚度小于2倍毛洞开挖宽度(见图8-1),一般较洞身围岩条件差,埋深浅,受地形、环境条件影响较大,如地表水、气候等影响。洞口段要求具有很高的抗风化能力和耐久性。喷锚衬砌在稳定性和防止水侵蚀方面经验不多,材料及施工工艺还有待进一步提高。所以条文规定"隧道洞口段应采用复合式衬砌或整体式衬砌"。

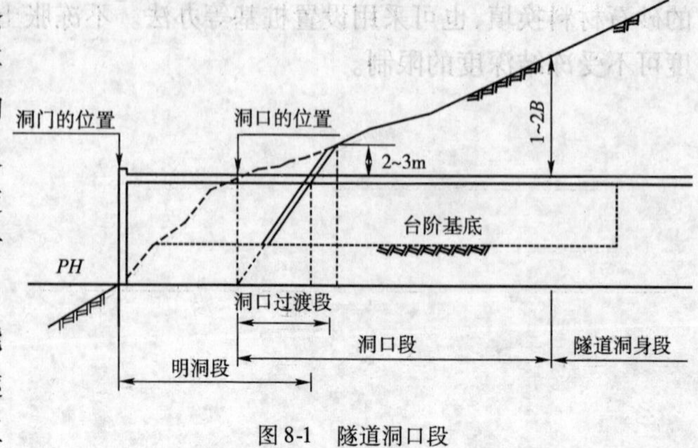

图8-1 隧道洞口段
B-开挖断面宽度(m)

8.1.2 最大限度地利用和发挥围岩的自承能力是隧道衬砌结构设计应遵守的基本原则。隧道围岩自身具有一定的结构作用,通过一些工程措施和合理的衬砌形式使围岩的这一特性得以充分发挥,达到节省工程投资的目的。隧道衬砌是永久性的重要建筑物,营运中一旦破坏很难恢复,维护费用很高,给交通营运管理带来极大困难。因此,要求衬砌具有足够的强度和稳定性,保证隧道长期安全使用,不产生病害。

8.1.3 衬砌结构类型和尺寸的影响因素十分复杂,设计中应在满足使用要求的前提下,因地制宜地进行设计。隧道围岩级别、埋置深度、施工条件和施工方法直接影响到围岩的应力状态和结构受力。公路隧道衬砌结构设计目前仍以工程类比法为主,但由于地质条件复杂,不同围岩地质条件自身的承载能力不同,并与隧道开挖方式、支护手段和支护时间密切相关,有时单凭工程类比还不足以保证设计的合理性和可靠性,还应进行理论验算。隧道设计阶段,设计者难以准确预测各种复杂条件,在工程实施过程中,应该通过现场监控量测,观测围岩与初期支护的变形变化,掌握围岩动态及支护结构受力状态,调整支护参数。围岩地质条件好,围岩变形小或变形趋于稳定,可适当减少支护;反之,应增强支护,实行动态设计。对重要工程、特殊地段、工程类比无可借鉴时,可通过试验确定。

8.1.4 衬砌设计规定说明如下:

1 隧道及地下工程衬砌断面形式常用的有曲墙拱形衬砌和直墙拱形衬砌。公路隧道一般跨度较大,荷载、变形也较大,根据大量工程实例和力学分析表明,公路隧道曲墙拱形衬砌较直墙拱形衬砌结构受力合理,围岩及结构稳定性较好,抵抗侧压力的能力较强,适应多种围岩条件;在严寒地区调查,曲墙式衬砌隧道,墙部破坏的情况远小于采用直墙式衬砌的隧道。

对于车行横通道、人行横通道、通风道等断面较小的隧道及风机洞室、工作室,一般地质条件较好,对净空断面有特殊要求,可采用直墙拱形衬砌。

2 在Ⅳ~Ⅵ级围岩条件下,围岩自稳能力差,侧压力较大,地基承载力弱,为保证结构整体安全,控制沉降,采用有仰拱的封闭式衬砌断面。设置仰拱以后,不仅满足了地基承载力的要求,也能够减小沉降变形,抵抗较大的侧压力,调整围岩和衬砌的应力状态,保持隧道围岩和衬砌结构的稳定。

隧道断面越大,围岩自稳能力越差,围岩变形也越大。所以,Ⅳ~Ⅵ级围岩两车道隧道、Ⅲ级围岩三车道以上隧道宜采用有仰拱的衬砌断面形式。

在工程实际中,有很多情况(特别是洞口段)拱部围岩条件很差,甚至还需采用管棚等辅助工程措施,但边墙脚及以下的地质条件很好,基底承载能力和稳定性均能满足结构受力要求,这时,为节约投资,减少施工干扰,可不设仰拱。所以,规范提出,在隧道边墙底以下围岩为坚硬整体岩石(Ⅰ、Ⅱ、Ⅲ级围岩)时,可不设仰拱。

3 隧道洞口段一般埋置较浅,地质条件较差,受环境影响较大,岩石易风化,围岩长期稳定性较洞内差,衬砌受力情况也较洞内不利,有时还须承受仰坡方向的纵向推力,因此,洞口段应设加强衬砌。加强衬砌的设计通常是将洞口围岩级别降低一级考虑。加强段长度应根据洞口地形条件、地质条件、埋深、隧道跨度确定,一般应不小于1倍洞跨。

4 洞身围岩地质条件不同,围岩压力和变形也不相同,加上围岩级别分界里程很难准确划分,围岩级别的变化有时是渐变的,围岩较差段的衬砌向围岩较好段延伸是使衬砌能适应这种条件变化,起过渡作用。

5 偏压衬砌段向一般衬砌段延伸也是基于上述原因考虑。

6 隧道内交叉口是指两相交洞室在拱部相交的岔洞结构,受力关系复杂,计算和施工都比较繁琐,为保证岔洞结构的安全,条文规定宽度大于3.0m的车行横洞、避难支洞及通风横通道等与主洞的交叉段,其交叉部位在主洞拱部或侵入拱部的衬砌段应作加强处理。交叉段范围应是交叉口边缘向各交叉洞延伸,主洞延伸长度不小于5m,横洞延伸长度不小于3m,是为了保证交叉段的结构稳定,如图8-2。

人行横通道、消防设备洞、控制柜等断面较小的洞室,在主洞边墙部位与主洞相交,跨度和高度一般小于2.0m,可以不作特殊考虑。

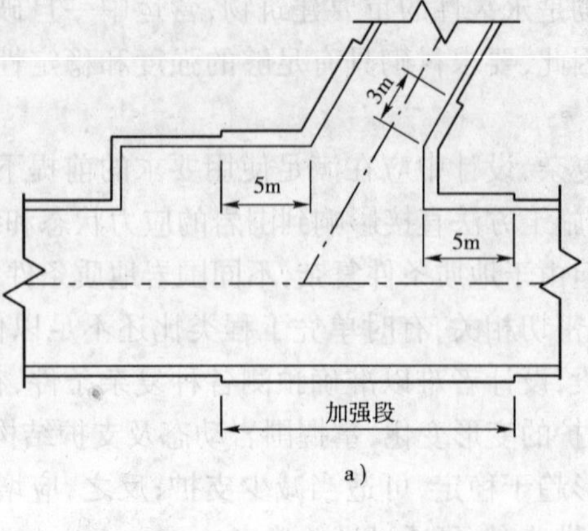

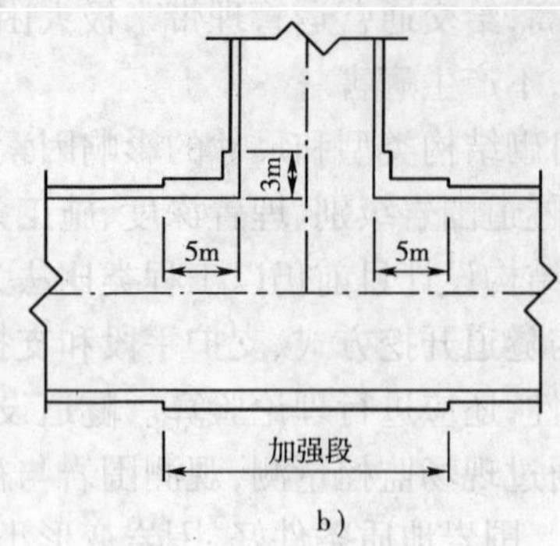

图 8-2　交叉口部

8.2　喷锚衬砌

喷射混凝土是利用泵或高压风作动力，把混凝土混合料通过喷射机、输料管及喷头直接喷射到隧道围岩壁上的支护方法。喷射混凝土是在隧道开挖后立即施工，以覆盖围岩壁面，维护隧道围岩稳定的结构物，具有不需模板、施作速度快、早期强度高、密实度好、与围岩紧密黏结、不留空隙的突出优点。隧道开挖后及时施作喷混凝土支护，可以起到封闭岩面、防止风化松动、填充坑凹及裂隙、维护和提高围岩的整体性、帮助围岩发挥自身的结构作用、调整围岩应力分布、防止应力集中、控制围岩变形、防止掉块、防止坍塌的作用。

锚杆支护是喷锚支护的主要组成部分，是一种锚固在岩体内部的杆状体，锚杆支护是通过锚入岩体内部的钢筋，与岩体融为一体，达到提高围岩的力学性能，改善围岩的受力状态，实现加固围岩、维护围岩稳定的目的。根据大量试验和工程实践表明，锚杆对保持隧道围岩稳定、抑制围岩变形发挥很好作用。利用锚杆的悬吊作用（图 8-3）、组合拱作用（图 8-4）、减跨作用、挤压加固作用（图 8-5），将围岩中的节理、裂隙窜成一体，提高围岩的整体性，改善围岩的力学性能，从而发挥围岩的自承能力。锚杆支护不仅对硬质围岩，而且对软质围岩也能起到良好的支护效果。

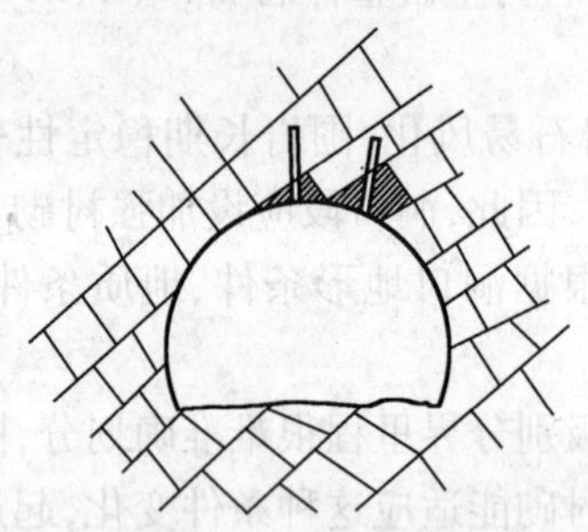

图 8-3　悬吊作用

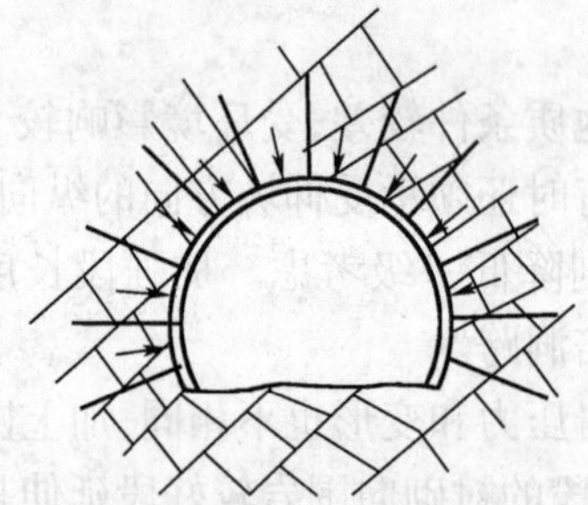

图 8-4　组合拱作用

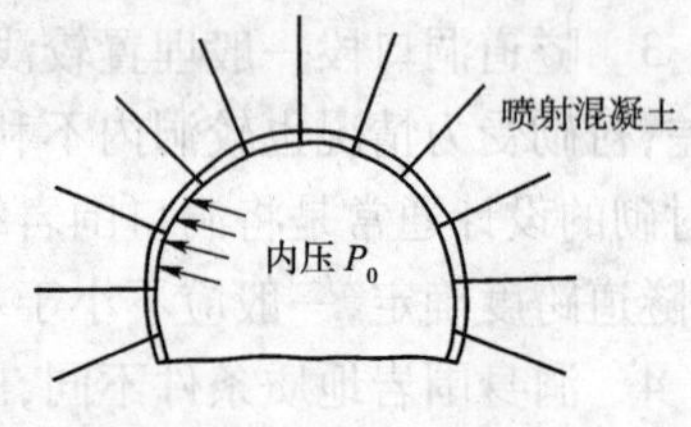

图 8-5　挤压加固作用

为了充分发挥锚杆对围岩的支护作用，从技术上要求：第一要紧跟开挖面及时安装系统锚杆；第二要确保锚杆全长注浆饱满，与岩体连成整体；第三要求锚杆达到使用耐久，避免松弛、锈蚀、腐蚀损坏。

8.2.1　由于喷射混凝土的收缩，若其厚度小于 50mm，喷层中粗集料的含量甚少，容易引起收缩开裂。同时，喷层过薄也不足以抵抗岩块的移动，常出现局部开裂和剥落。近几年来，国内一些部门对喷射混凝土支护作用情况进行了调查，喷射混凝土支护层产生局部开裂和剥落者，其厚度多在 50mm 以下，因此，条文规定喷射混凝土支护的厚度不应小于 50mm。

为发挥围岩的自承作用，要求喷层具有一定的柔性。一般喷射混凝土厚度不宜超过 250mm。施工时要求分几次喷射达到设计厚度。对于三车道以上的大断面隧道，喷混凝土层相对柔性大，喷射混凝土厚度可适当加大，但不宜大于 300mm。对 V、VI 级不稳定的围岩，一般须设钢架支护，钢架的截面高度达到 220mm 时，加上保护层厚度，喷层最大厚度可为 300mm。

8.2.2 喷射混凝土内布设钢筋网，有利于提高喷混凝土的抗剪和抗弯强度，提高喷混凝土的抗冲切能力、抗弯曲能力，提高喷混凝土的整体性，减少喷混凝土的收缩裂纹，防止局部掉块。钢筋网喷混凝土的施工顺序是：先初喷混凝土，铺挂钢筋网，再复喷混凝土，覆盖钢筋网。对钢筋网喷射混凝土衬砌设计规定如下：

1 实践表明，当钢筋间距小于150mm，喷射混凝土回弹大，且钢筋与壁面之间易形成空隙，不易保证钢筋网喷混凝土的密实性；当钢筋间距大于300mm时，则将大大削弱钢筋网在喷射混凝土中的作用，因此，规定钢筋网的钢筋间距为150～300mm。可采用150mm×150mm、200mm×200mm、200mm×250mm、250mm×250mm、250mm×300mm、300mm×300mm的组合方式。

2 钢筋网搭接长度与钢筋混凝土结构中的钢筋搭接要求是一致的，即钢筋绑扎搭接长度为30d（d为钢筋直径）。也可按1个网格宽度控制搭接长度。

3 钢筋保护层厚度不应小于20mm，这与普通钢筋混凝土的规定是一致的。当采用双层钢筋网时，保持两层钢筋网之间的距离有利于发挥钢筋网的效率。

4 钢筋网要求一定的保护层厚度，钢筋铺设位置不可能十分准确，所以，钢筋网喷射混凝土厚度不得小于80mm，双层钢筋网的喷射混凝土厚度不得小于150mm，是为了保证钢筋网既要有足够的保护层厚度，又要保持两层钢筋网间的距离。

5 钢筋网宜与锚杆绑扎连接或焊接才能固定在岩面上，如没有锚杆，也应采用长度不小于0.5m的短锚杆固定钢筋网。

8.2.3 喷射混凝土内添加一定数量的钢纤维，各项性能都优于普通喷射混凝土，特别是它具有良好的韧性（即从加荷开始直至试件完全破坏所作的总功，常以荷载-挠度曲线与横坐标轴所包络的面积表示），比素混凝土提高10～50倍，抗冲击能力比素混凝土提高8～30倍。在围岩变形大、自稳性差的软弱围岩、膨胀性围岩地段，可以采用钢纤维喷射混凝土支护。

1 钢纤维喷混凝土的力学性能随钢纤维掺量的提高而提高，但掺量增大，搅拌的均匀性及喷射流畅性会发生困难。实际上钢纤维的掺量主要是由喷混凝土的工艺决定的，钢纤维掺量超过混凝土干混合料质量的4%，搅拌的均匀性和喷混凝土施工中的流畅性变差，回弹增加。因此，钢纤维的掺量每立方米喷混凝土宜为33～96kg，即混凝土干混合料质量的1.5%～4%。

2 掺加钢纤维后，喷混凝土的力学性能显著提高，在钢纤维掺量为40～60kg/m^{3}时，与不掺钢纤维的混凝土相比，抗压强度增加10.3%～22.3%；劈裂强度增加41%～68.8%。喷混凝土添加钢纤维是为了提高喷混凝土的强度和抗裂性能。因此，要求钢纤维喷混凝土的设计强度等级应不低于C25。

8.2.4 合成纤维喷混凝土是指由化工原料制成的具有一定抗拉强度的细长纤维（如聚丙烯纤维）掺进喷混凝土内，对喷混凝土的抗拉强度、韧度、抗裂性能有显著提高，而对混凝土的施工工艺没有影响。目前合成纤维的种类不同，性能参数不一样，掺量的多少也影响喷混凝土的力学性能，经验不多，尚难统一，所以应根据试验确定。掺加合成纤维对提高混凝土的抗压强度效果不明显，所以合成纤维喷混凝土的抗压强度要求与一般喷混凝土 样。

高性能喷射混凝土是近几年来出现的新材料，在欧洲采用较多，具有较高的强度、耐久性和很好的防水性能，在我国才刚刚起步。高性能喷射混凝土，是在钢纤维喷混凝土的基础上，增加少量纤维、微硅粉、矿渣粉、粉煤灰、高效减水剂等成分形成的高强度等级、高抗渗性及高耐久性的喷混凝土衬砌，适用于各级围岩无水段。在围岩变形已稳定的基础上，复喷8～12cm的高性能混凝土形成单层喷混凝土衬砌，特别适用于高烈度地震区的隧道衬砌结构。高性能喷射混凝土的设计强度等级为C40、C50；抗渗指标≥B12。从已经应用的工程看有一定的效果，但工程应用还不多，所以须经试验后采用。

8.2.5 锚杆的种类、长度、间距是锚杆支护设计的重要参数，应根据隧道围岩地质条件、隧道断面大小、锚杆的作用、施工条件等合理选择。锚杆按作用原理分为四类：全长黏结型锚杆、端头锚固型锚杆、摩擦型锚杆、预应力锚杆。

1 全长黏结型锚杆

用水泥砂浆或树脂作填充黏结剂，使锚杆和孔壁岩石黏结牢固，提供摩擦阻力，阻止岩体位移，并通过安装在孔口上的托板、螺母对岩壁的约束力来抑制围岩变形和承受围岩松弛荷载。其锚固性能可靠，具有长期锚固效果。目前在地下工程中使用最广的是水泥砂浆锚杆和早强水泥砂浆锚杆,这种锚杆最重要的指标是全长黏结效果。普通水泥砂浆锚杆、早强水泥砂浆锚杆、树脂锚杆、水泥卷锚杆、中空注浆锚杆和自钻式注浆锚杆都要求锚孔内注满砂浆。它能增强锚杆的抗剪、抗拉和防钢筋腐蚀作用。系统锚杆和局部锚杆都可采用这类锚杆。近来,国内又研制开发了新型全长黏结型锚杆——组合式锚杆,这种锚杆的特点是在工艺上提高了锚杆砂浆的饱满度,保证全长黏结效果。

2 端头锚固型锚杆

通过锚杆的机械式锚固或黏结式锚固,将锚杆前端锚固于锚杆孔底部岩体,通过孔口托板及螺母使锚杆受拉,对孔口附近围岩施加径向约束力。锚杆受力大小取决于锚头的锚固强度。这种锚杆主要有机械锚固锚杆、树脂锚固锚杆、快硬水泥卷端头锚杆。

机械式锚杆又分为楔缝式锚杆、胀壳式锚杆和倒楔式锚杆。

楔缝式锚杆是锚固方式最简单的锚杆。安装时楔块打入锚头的楔缝中,使锚头劈开,岩体受挤压而起锚固作用。锚杆长2~4m,楔缝宽2~3mm,楔缝长150~200mm,楔块比楔缝短20mm,锚杆孔直径比杆体直径大8~12mm。其锚固力在页岩、板岩中为20~50kN,在砂岩、灰岩中可达60~90kN。

胀壳式锚杆,在锚杆前端有一个锥形塞,用丝扣连接在锚头上,胀壳在锥形塞外面,转动杆体使锥形挤压胀壳,把胀壳张开与孔底岩石挤紧起锚固作用。安装时不用锤击,故杆体可较楔缝式锚杆稍细。钻孔直径一般比锚头外径大1~6mm,锚头与孔壁的接触面积较大,故比楔缝式锚杆的锚固力要大,其锚固力一般为60~300kN。当不注浆作临时支护时,杆体和托板尚可回收。

倒楔式锚杆,其原理和胀壳式锚杆类似,杆体前端连接一固定楔,外面有活动倒楔(用铁丝将活动倒楔捆在固定楔上,一起送入孔底)。安装时用锤击活动倒楔,使之与岩体挤紧起锚固作用。其锚固力比楔缝式大、比胀壳式小,介于两者之间。

机械式锚杆可用于硬岩支护中,黏结式端头锚固锚杆除用于硬岩和中硬岩外,也用于软岩。

3 摩擦型锚杆

摩擦型锚杆是将锚杆强行压入比其直径略小的钻孔后,管体受围岩约束而产生径向张力,使孔壁产生压力,挤压岩体,从而使孔壁与锚杆间产生静摩擦力(即锚固力),阻止岩体位移,同时,锚杆末端托板在安装时紧压孔口岩面,对围岩产生压力,使锚杆周围岩体处于三向应力状态,形成梨形压力球,增加围岩的稳定性。这种锚杆主要有缝管锚杆、楔管锚杆、水胀锚杆。

目前国内应用的有缝管式(全长摩擦型)和楔管式(局部摩擦型)两种锚杆,前者用得较多。缝管式锚杆是沿纵向开缝的钢管,前端做成尖头,尾端焊接钢托板,杆体用HRB335和HRB400钢管,外径38~45mm,缝宽13~18mm,管壁厚2.75~3.25mm,钻孔直径应小于杆体外径,托板宜用Q235碟形钢板,板厚不小于8mm,尺寸不小于120mm×120mm。杆体极限抗拉力不小于120kN,托板与管壁焊接处的抗拉力不小于80kN,初始锚固力不应小于25kN/m。当需要较高的初始锚固力时,可采用端头锚固的缝管锚杆或楔管锚杆。

4 预应力锚杆

应用端头锚杆,在锚孔口部对锚杆施加拉力,并用垫板和螺栓锁口,紧压孔口岩面,使围岩产生径向压力,约束围岩变形,对改善围岩的力学性能,特别是提高岩体结构面的摩擦力很有帮助。

8.2.6 作永久支护的锚杆,必须保证锚杆长期作用效果,锚杆体和钢筋混凝土中的钢筋一样需要一定的保护层,孔内注满水泥砂浆或树脂,不仅仅是保证砂浆与锚杆、砂浆与孔壁的摩擦力,保证锚杆与围岩共同工作,同时也是锚杆的保护层。其他形式的锚杆,由于地下水或潮湿空气作用而使锚杆锈蚀,因围岩蠕变而使锚杆松弛降低锚固力,所以不能作为永久支护。预应力锚杆仅用于临时支护,当作永久支护时,须向锚杆孔内压注水泥砂浆或采取其他防腐蚀措施。

8.2.7 对自稳时间短的围岩,采用全黏结树脂锚杆或早强水泥砂浆锚杆是为了发挥锚杆的早期作用。

8.2.8 锚杆外露端头设托板,安装时紧贴孔口岩面,对围岩产生径向约束力,能增大锚杆的作用范围,使锚杆的作用效果大大提高。为充分发挥托板效果,托板尺寸应不小于150mm×150mm×6mm。

8.2.9 系统锚杆主要是对围岩起整体加固作用,使围岩在一定深度范围内形成拱形承载结构,充分发挥围岩岩体抗压强度高的特点,发挥围岩的自承能力,在围岩条件较差时应采用系统锚杆。

1 一般情况下系统锚杆应沿隧道开挖轮廓线径向布置。但必须注意,锚杆与岩体主结构面、岩层层面平行或交角太小,锚固效果较差,锚杆的组合拱作用效果不好。成大角度布置,可以把不利结构面或岩层"串"在一起,共同参与工作。

2 系统锚杆布置方式有梅花形排列和矩形排列,见图8-6。

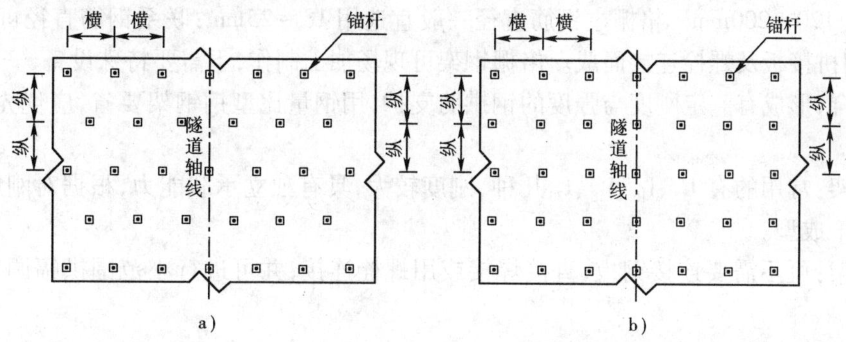

图8-6 系统锚杆布置方式

a)梅花形;b)矩形

3、4 系统锚杆长度和间距应根据围岩的破碎程度、隧道宽度,采用工程类比法确定,也可按下式计算:

锚杆长度 $L=\frac{1}{3}W-\frac{1}{5}W$ 或 $L\geqslant t$ (8-1)

锚杆间距 $P=0.5L\sim0.7L$ (8-2)

式中 L——锚杆长度;

W——隧道开挖宽度;

t——开挖面与已支护区间的距离;

P——锚杆的设置间距(横向)。

公路隧道开挖宽度一般大于10m,开挖断面面积也较大,系统锚杆要求一定长度是使围岩一定深度范围内形成拱形承载结构。根据国内工程实例调查统计,两车道隧道一般不小于2.0m,三车道隧道一般不小于2.5m。同时由于锚杆长度大于4.0m时,钻孔和注浆施工较困难,难以保证有效锚固深度,费用也大。所以,锚杆长度也不宜太大,两车道隧道一般不大于3.5m,三车道隧道一般不大于4.0m,这主要从施工和经济方面考虑。系统锚杆的间距不应大于锚杆长度的1/2,并不得大于1.5m。在Ⅳ、Ⅴ、Ⅵ级围岩中锚杆间距宜为0.8~1.2m。

8.2.10 局部锚杆的主要作用是阻止部分不稳定岩块崩落或滑移,通过锚杆将岩块锚固在稳定的岩体上(图8-7)。有效锚固端必须置于稳定的岩体内。锚杆长度和锚固力的计算参数应根据现场地质调查选定。锚固力T由下式计算:

$$T\geqslant W-f \quad (8\text{-}3)$$

当单根锚杆锚固力$t<T$时,

$$n\times t\geqslant T \quad (8\text{-}4)$$

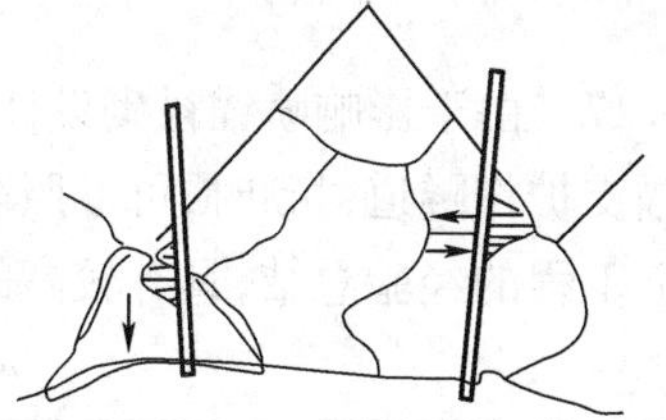

图8-7 局部锚杆锚固作用示意图

式中 W——滑动岩体的重力;

f——滑动岩体与稳定岩体间的摩擦力;

n——锚杆根数。

8.2.11 预应力锚杆在公路隧道内应用不多,当必须采用时应符合《锚杆喷射混凝土支护技术规范》(GB 50086)的规定。

8.2.12 在围岩破碎,锚杆孔成孔困难的地段,钻杆拔出以后,孔内易出现坍孔,锚杆插入困难,这时,可采用自进式锚杆。自进式锚杆是利用钻杆作锚杆,钻孔过程即为锚杆打入过程,利用钻杆中孔向锚杆孔内注浆。

8.2.13 钢架支护(即钢拱架支护)的作用,主要是加强喷锚支护中喷层的刚度和强度,以支承浅埋段、偏压段及Ⅳ~Ⅵ级围岩地段开挖后产生的早期荷载,是控制围岩变形与松弛所采取的措施。

8.2.14 钢架包括钢筋格栅钢架、工字钢拱架、U形钢钢架等。

钢筋格栅钢架:可按实际需要的不同刚度,制成矩形、梯形、三角形等几种截面,截面高度可根据设计要求,一般在120~200mm。格栅主钢筋直径一般宜选用18~25mm;联系钢筋直径可用10~14mm,分节段焊接,用拼接板及螺栓连接而成。格栅钢架可现场加工制作,不需要特殊设备,安装方便,能与喷混凝土紧密结合,形成有一定刚度与强度的钢拱肋支护,用钢量比型钢钢架要省,应优先选用钢筋格栅钢架。

工字钢钢架:常用的有I_{12}、I_{16}、I_{18}、I_{20}几种,刚度较大,具有独立承载能力,根据对刚度的要求选用,使用冷弯机加工成型。

U形钢钢架:可不需要连接钢板,直接焊接或用螺栓连接,并可进行小范围拱幅调节,有一定的灵活性。

8.2.15 钢架支护的一般规定说明如下:

1 钢架支护必须有足够的强度和一定的刚度,应能够承受1~3m松动岩柱荷载,同时应能保证自身的稳定。

2 钢架的纵向间距可根据围岩级别、毛洞宽度和开挖进尺确定,并通过施工监控量测进行调整。间距一般在0.5~1.5m之间,间距太小,喷混凝土回弹大,难以保证钢架背后的密实;间距太大,由于钢架支护范围有限,两榀之间的岩块容易坍塌,支护作用减弱。为了保证锚杆和钢架不重叠,各自发挥作用,钢架与锚杆的纵向间距宜相同,便于相间布置(图8-8)。

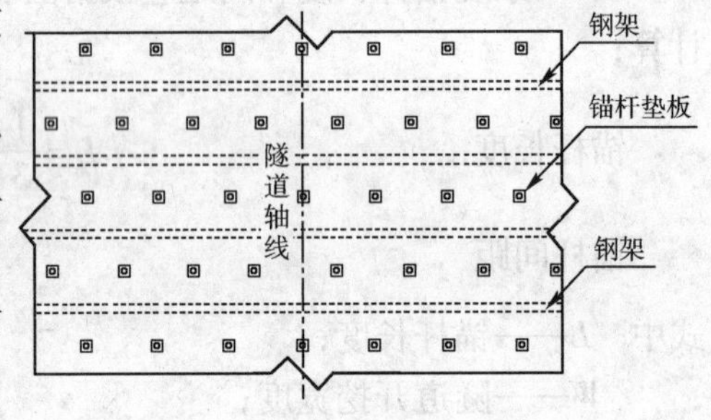

图8-8 钢架与锚杆布置关系示意图

3 每支护段的钢架支护数量不少于3榀,并要求相邻两榀钢架之间用直径18~22mm的钢筋连接,是为了保证钢架侧向稳定。

4 为架立方便,每榀钢架可分为3~6节段制作,使用等强度的拼接板及螺栓连接,分节段长度应与分部开挖方法相适应。

5 钢架支护贴岩壁一侧,由于岩面凹凸不平,喷混凝土保护层厚不小于40mm。临空一侧保护层密实度较好,厚度大于20mm即可。

8.2.16 在所指的几种条件下采用喷锚支护尚无足够把握,缺乏经验,不提倡采用喷锚支护作永久支护。

8.2.17 由于影响喷锚衬砌设计的因素较多,计算方法不统一,应根据工程类比确定支护参数,当仅有喷锚支护作隧道衬砌时,可参照表8-1选用。表8-1中所提供的参数是长期以来我国公路隧道和各类地下工程的经验总结,具有较高的可靠性和操作性。

表8-1 喷锚永久支护设计参数参考表

隧道类别 \ 围岩级别	Ⅰ	Ⅱ	Ⅲ
人行通道	喷混凝土5cm	喷混凝土5cm	喷混凝土8cm
汽车横通道	喷混凝土5cm	①喷混凝土8cm; ②锚杆$\phi22$,长2.0m; ③间距1.2m×1.2m	①喷混凝土10cm; ②锚杆$\phi22$,长2.0m; ③锚杆间距1.0m×1.0m
两车道隧道	喷混凝土8cm	①喷混凝土10cm; ②锚杆$\phi22$,长2.5m; ③锚杆间距1.2m×1.2m	①喷混凝土15cm; ②锚杆$\phi22$,长3.0m; ③锚杆间距1.0m×1.0m; ④钢筋网$\phi6.5$,25cm×25cm

注:Ⅳ~Ⅵ级围岩,地质软弱、破碎,一般多地下水,采用复合式衬砌较好。

8.3 整体式衬砌

8.3.1 整体式衬砌截面，一般情况下宜采用等截面。当衬砌承受偏压荷载或承受垂直荷载较大时，可采用变截面形式。对设仰拱地段，为了减少围岩和衬砌的应力集中，避免急剧弯曲和棱角，边墙衬砌与仰拱宜采用小半径曲线连接(图8-9)，仰拱厚度宜与边墙厚度相同，是为保证边墙衬砌与仰拱之间力的有效传递。

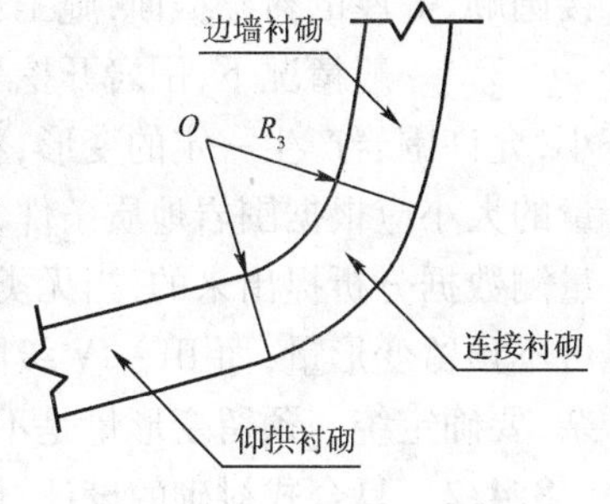

图8-9 边墙衬砌应与仰拱连接

8.3.2 不同围岩级别采用不同衬砌类型，不同衬砌类型所受的围岩压力不同，地基承载能力也不相同，设沉降缝是为了防止不均匀沉降或变形不一致产生的剪切破坏。在隧道洞口，衬砌所受的力和地基承载力差异较大，加上洞口段各种影响因素较多，衬砌大多出现明显的横向变形错位，所以，应设沉降缝。在连续软弱围岩中，由于地基承载能力弱，长期荷载作用，变形也不一致，根据具体情况每隔一定距离也应设沉降缝。

8.3.3 衬砌由于冷缩影响，往往导致开裂，为了适应温度变化，在气候温度变化影响较大的范围内的衬砌应设伸缩缝，这是为了防止衬砌由于温度应力引起的开裂。

8.3.4 设置沉降缝、伸缩缝的目的是为了把不同承载能力结构、承受不同围岩压力的结构完全断开，产生的沉降变形和受力变形各自独立。隧道结构设变形缝，并在缝内设置一定厚度的隔离层，采用沥青木板或沥青麻丝是多年的做法，也可采用具有一定耐久性的柔性材料。结构的荷载作用方向垂直于隧道轴线，所以，沉降缝也应垂直于隧道轴线设置。

8.3.5 沉降缝、伸缩缝本身可作施工缝，施工缝调整到沉降缝、伸缩缝同一位置，可减少一道专门的工序。同时沉降缝、伸缩缝与临近施工缝的距离一般不小于5m，是为保证一次浇筑衬砌段的长度。

8.3.6 不设仰拱地段，地基承载能力较高，但不要因为边沟开挖而破坏了地基的整体性，导致边墙脚失稳。洞口端墙式洞门的基础深度较大，洞门墙基坑开挖可能对隧道衬砌边墙基底造成损伤，要求衬砌边墙基础加深到洞门墙基底深度。

8.3.7 因地形、地质构造造成围岩松动、滑移而引起的有明显偏压的地段，有时由于施工工序而引起的短暂偏压地段，为了承受不对称围岩压力，设计中应采用抗偏压衬砌。偏压衬砌靠外一侧衬砌外缘受拉，抗力较弱，向外侧变形的趋势较大，所以靠外侧的拱墙衬砌可加厚，并对衬砌截面在偏压状态下进行验算。根据国内工程实例调查，偏压状态一般出现在洞口，容易出现开裂，所以宜采用钢筋混凝土结构。

8.3.8 隧道横洞指汽车横通道、通风道等，与主洞连接处形成交叉口。在交叉口段，由于暴露空间大，结构受力复杂，为保证结构强度，防止开裂，要求交叉口衬砌段采用钢筋混凝土结构。

8.3.9 根据一些已发生地震地区的调查资料看，地下结构具有很好的抗震能力。在地震动峰值加速度系数小于0.2的地区，一般地震对地下结构影响不大；在地震动峰值加速度系数大于0.2的高地震区，资料不多，不能保证地震发生时隧道衬砌不开裂、破坏。所以，在地震动峰值加速度系数大于0.2的地区，隧道洞口段或软弱围岩段的衬砌宜采用钢筋混凝土结构。

8.3.10 本条参照《混凝土结构设计规范》(GB 50010—2002)第9.2节的有关规定，按二类环境条件并考虑隧道施工环境，故规定主筋净保护层厚度不小于40mm。

8.4 复合式衬砌

8.4.1 复合式衬砌是由两层衬砌组合而成的，中间设防水层。我国高速公路、一级公路、二级公路隧道已全部采用复合式衬砌，三级公路隧道也大量采用。其结构稳定，防水和衬砌外观均能满足公路隧道使用的基本要求，适合多种地质条件，技术较为成熟，是目前公路隧道最好的衬砌结构形式。复合式衬砌已成为公路隧道衬砌的标准结构形式。因此，一般情况下，应采用复合式衬砌。

1 复合式衬砌初期支护多采用喷锚柔性支护，具有支护及时、柔性的特点，并在一定程度上能够随着围岩的变形而变形,能很好地发挥围岩的自承能力;由于喷射混凝土、锚杆、钢筋网、钢架等的作用各不相同,初期支护的刚度与其组成成分有密切关系。故在设计时应根据工程地质、水文地质、隧道断面尺寸、覆盖层厚度等条件选择初期支护的组成,确定初期支护的刚度。初期支护是永久衬砌的一部分,宜采用全长黏结型的各类锚杆。

2 二次衬砌应采用刚度较大、整体性好、外观平顺的模筑混凝土衬砌。为防止应力集中,宜采用连接圆顺、等厚的衬砌截面,施工也易控制。复合式衬砌中的二次衬砌应符合整体式衬砌的相关规定。

3 一般情况下,围岩开挖暴露后周边围岩会产生一定的变形。为了使衬砌所承受的变形压力最小,允许围岩产生一定的变形,释放一定的能量,故在确定开挖尺寸时应预留必要的变形量。预留变形量的大小应根据围岩地质条件,采用工程类比法确定。表8.4.1是根据近几年来国内采用的情况和现场量测数据分析提出来的,当无类比资料时可参照使用。一般Ⅰ~Ⅱ级围岩变形量小,并且多有超挖,所以可不预留变形量;而Ⅲ~Ⅳ级围岩则有不同程度的变形,特别是软弱围岩(含浅埋隧道)的情况比较复杂,要确定统一预留变形量是不合适的,在施工期间必须根据现场量测结果修正。

8.4.2 复合式衬砌的设计,目前以工程类比为主,理论验算为辅。表8.4.2-1、表8.4.2-2是根据近几年来我国公路隧道采用的设计参数统计的结果。复合式衬砌设计和施工密切相关,应通过现场监控量测,掌握围岩和支护的形变和应力状态,不断调整和修改设计,确定衬砌的闭合时间,保证施工期安全。

8.4.3 国内外隧道现场试验表明,软弱围岩隧道在施工后2~3年,甚至5~6年围岩变形才最终稳定,故对软弱流变围岩隧道,应考虑以后继续增长的围岩形变压力的作用。

8.5 明洞衬砌

8.5.1 以明挖法或在露天修建的隧道(洞顶及拱背可有回填土石遮盖,也可没有回填土石遮盖)可称为明洞。下穿公路、铁路、建筑物、防雪棚、遮阳棚洞等以掘开地表土修建隧道结构后再在上面回填或修建其他建筑物的隧道都可称为明洞。修建明洞原因有:

1 洞顶覆盖薄,围岩成洞条件差,难以用暗挖法修建隧道,明挖修建隧道在技术经济上比暗挖修建隧道更合理,施工技术条件、施工工期和施工安全更容易得到保证,有利环境保护。

2 路基或隧道口受不良地质等危害又不宜避开、清理的地段;受路线平纵横线形控制无法避开,清理会造成更大的病害的地段;或者附近还有其他重要建筑,采用路堑边坡难以整治的地段,经技术经济比较后,以明洞通过,技术经济效益为更高的特殊情况。

3 当公路、铁路、沟渠和其他人工构造物等跨越公路时,由于地形、地质以及线路条件的限制,必须在隧道上方通过,可以用明洞结构代替跨线桥、过水渡槽等。

4 为了保持洞口的自然环境,或防止洞口仰坡对隧道洞口造成的危害,可将隧道延伸出天然地表之外,以明洞方式接长隧道。

8.5.2 明洞结构类型可分为拱形明洞、箱形明洞和棚洞三类。

1 从结构特点来说,现浇拱形明洞结构整体性较好,承载力较大,能承受较大的垂直压力。在一般情况下,预计一次坍方量较大,基础设置条件较好时,宜采用拱形明洞。

2 当路线外侧地形狭窄或外侧基岩埋藏较深,设置稳固的基础工程大时,不宜设置拱形明洞,可采取棚洞形式。

3 箱形结构建筑高度较小,对地基要求较低。所以在建筑高度受到限制时,可采用箱形明洞。

4 根据景观造型的需要,明洞结构形式比较灵活,可以是拱形明洞,也可以是棚洞。

8.5.3 明洞衬砌设计说明如下:

1 拱形明洞结构和隧道整体式衬砌基本相似,是由拱圈、边墙、铺底(或仰拱)组成,可参照隧道整体式衬砌的规定进行设计。当山坡落石较多,体积较大时,应验算落石冲击荷载下的明洞结构安全性。

2 半路堑拱形明洞由于衬砌所受荷载明显不对称,靠山侧所受荷载较大,故外边墙及拱圈宜适当加厚,也可对称加厚。除应对衬砌各截面进行验算外,必要时还应对明洞整体滑动、倾覆可能性进行验算。当地形允许时宜采用反压回填或设反压墙,以平衡偏压荷载,对明洞整体稳定性有利。

3　当地层松软或侧压力较大时，则应设仰拱。设置仰拱，对地基承载力要求较低，能减小沉降变形，抵抗较大的侧压力。

4　由于明洞所受荷载受外界影响较大，根据近几年的工程经验，明洞衬砌宜采用钢筋混凝土结构。

5　棚洞结构主要由盖板、内边墙和外侧支承建筑物三部分组成。盖板的形式通常有T形和Π形两种，一般多采用T形截面构件，便于预制吊装，缩短工期。内边墙根据地形、地质情况应按支挡结构考虑，包括重力式和锚杆式两种。重力式适用于内侧有足够净宽或岩层破碎不适宜修建锚杆式内边墙的地段，因棚洞内边墙要承受全部水平力，起挡土墙的作用，故一般采用重力式结构；锚杆式边墙适用于新建线路或已成路堑内侧不宽余，同时岩层坚硬完整，能提供一定的锚固力的地段，考虑地下水对岩层稳定的影响，以及锚杆的强度和耐久性，锚杆式内墙宜设在无水或地下水较少的岩层上。外侧支承结构有墙式、柱式及刚架式等类型，具体选用时，应根据落石、坍方和地质情况确定。墙式棚洞一般适用于外侧地基承载力较低，但地基稳定的半路堑；柱式或刚架式棚洞适用于外侧地形狭窄，基岩埋藏较深，采用柱式结构并将基础置于较好的基岩上。

6　路线通过滑坡地段采用明洞方案时，应与路基整治和滑坡整治方案作全面的技术经济比较。在一定条件下，明洞是整治滑坡的一项经济有效措施，明洞的设计应按支挡工程设计，充分考虑明洞上方滑坡体的推力，采取综合治理措施，如地表排水、减载、反压、支撑墙、抗滑桩、地下排水盲沟等，确保明洞与滑坡的稳定。

7　明洞是修建在地面上的建筑物，衬砌结构除受地形、地质影响外，不可避免地受大气温度变化的影响而产生胀缩，特别是在气温变化较大的地区，常出现环形裂缝。因此，为了减少衬砌变形开裂，在气温变化较大的地区，应根据具体情况设置伸缩缝。伸缩缝的间距可视明洞长度、覆土或暴露情况、温差大小及地质情况酌定。

8.5.4　明洞基础设计说明如下：

1　明洞衬砌基础和隧道衬砌基础一样，为防止侧沟及铺底施工开挖时影响边墙地基稳定，基础底标高不宜高于隧道侧沟沟底标高或路面基层标高。

2　拱形明洞基础不宜设在软弱地基上或两侧边墙基础软硬不均的地基上，以免基础下沉或不均匀沉降，导致明洞结构产生裂缝或破坏。当基岩不深时，可加深基础至基岩上；基础加深有困难时，可加设混凝土或钢筋混凝土仰拱；如明洞基础位于软弱地层或填筑土上或弃渣堆积等地基上，而修建深基础工程量大、施工困难时，可采用整体式钢筋混凝土基础，亦可考虑采用桩基或加固地层等措施。

3　位于斜坡地段的明洞外墙基础，为确保基底稳定，墙趾趾部应埋入稳固的地层中，并与外侧稳固地层边缘保持适当水平距离。明洞墙基嵌入基岩最小深度和护基最小宽度见表8-2所示。在寒冷地区明洞外墙基础埋深应在冻结线以下250mm。

表8-2　明洞墙基嵌入基岩最小深度和护基最小宽度

岩 层 种 类	埋深 h(m)	护基宽 L(m)	说　明
较完整的坚硬岩层	0.25	0.3	（图示：h、L）
一般岩层（如砂、页岩互层）	0.60	1.0	
松软岩石（如千枚岩等）	1.00	1.5	
砂夹砾石	1.50	2.5	

外墙地基为坚硬完整的岩层时，为了节约砌体和混凝土，减少开挖量和施工难度，基础可切割成台阶，但台阶的平均坡度不得陡于1∶0.5，且不大于岩层的内摩擦角；台阶宽度不得小于0.5m，最低一层基础的宽度不小于2m，以免影响洞身稳定。

4　山区傍山沿河公路，设计明洞时，要考虑河岸冲刷可能影响基础稳定的地段，应根据地形、地质、流速等情况，设置河岸防护，确保明洞安全。

5　明洞外边墙、棚洞立柱基础埋置深度在路面3m以下时（一般是指半路堑单压式明洞的外侧边墙及立柱），在路基处设置钢筋混凝土横向水平拉杆或锚杆，或给立柱加设横撑和纵撑，是为了增加墙柱约束，减小其长细比的影响，以确保整个结构的整体性、稳定性。

8.5.5　明洞有防御落石、坍塌的作用，也有因公路、铁路、沟渠必须在其上方通过而修建的，有受泥石流等危害而建明洞的，也有因保护洞口自然景观或造型设计需要而建明洞的。由于明洞的用途不同，洞顶回填土的厚度和坡度也不一样。因此，在确定明洞回填土的厚度和坡度时，应根据明洞的用途和要求来确定。

1　为防御落石、崩坍的需要而设的明洞，明洞顶以上的危石应清除或作加固处理。边坡防护处理以后也不能绝对保证边仰坡不掉块，或有小规模的落石、崩坍危害。保证明洞拱背一定的填土厚度，是为了不使落石、滚石直接作用在拱圈上。根据十几年公路、铁路隧道的经验，填土的厚度不宜小于1.5m，见图8-10a）。洞顶回填土表面坡度（简称填土坡度），应以能顺畅排除坡面水为原则。在满足排水的原则下，填土坡愈缓愈好，但考虑山坡崩坠的石块，受雨水冲刷带来的泥石，以及坡面零星的坍塌，多堆积于坡脚附近，因而设计填土坡度一般为1∶1.5～1∶5。

2　隧道仰坡按自然山坡坡度填土，起坡点在路面标高附近，形成明洞拱背部分裸露，近几年来在公路隧道应用较多，对保护洞口自然景观、美化环境起到了很好的效果，见图8-10b）。

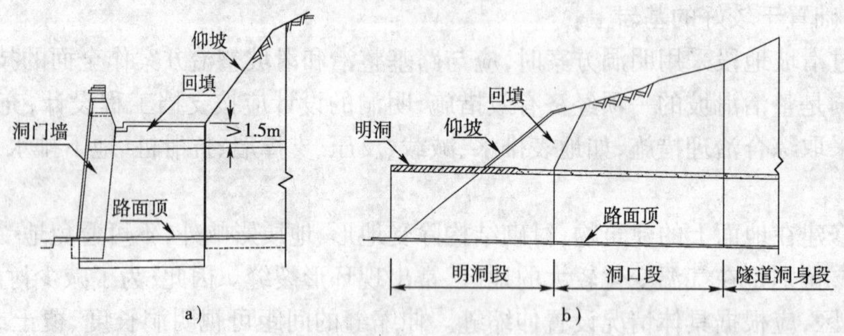

图8-10　明洞形式

3　该条是属于立交明洞设计的特殊情况。如何填土，是否要填土，可由设计人员根据使用要求，结合构造物和环境具体情况灵活掌握。拱背设0.8～1.2m厚的护拱可提高明洞的承载力。

4　明洞顶上的过水渡槽，一般是排泄山沟洪水，或为农田灌溉输水。当为排泄山沟洪水的渡槽时，需注意有无泥石流的影响。如为泥石流沟，还应考虑泥石流淤积引起的漫溢和大漂砾通过对槽底、槽身撞击磨损等情况。沟渠底距洞顶外缘厚度不小于1.5m，是为了保证地质病害发生时，明洞不受影响。一般沟渠或普通截水沟沟底距洞顶外缘厚度不小于1.0m。

8.5.6　明洞边墙背开挖，因围岩不同而有两种情况，一种是边墙部位垂直开挖，另一种是自墙底放坡开挖。边墙与边坡间的回填，应结合这两种情况并根据设计要求确定。因此，明洞边墙背回填应视明洞类型、围岩级别、设计要求和施工方法而定。

1　各种类型明洞的Ⅱ、Ⅲ、Ⅳ级围岩，一般均自墙顶起坡开挖，边墙部位要求与围岩密贴，设计时考虑了围岩弹性抗力作用，此时墙背如有超挖，应视超挖大小，用混凝土或水泥砂浆砌片石回填密实，以适合边墙受力条件。

2　Ⅴ级围岩的边墙，一般不宜垂直开挖，而须用填料回填，但明洞墙背主动土压力是按围岩计算摩擦角计算的，因此边墙背回填料的摩擦角不应低于地层的计算摩擦角，但如设计时已按回填料的计算摩擦角计算，则不应低于该计算用的摩擦角，否则侧压力将增大，影响结构安全。回填料的内摩擦角可按回填料的计算摩擦角采用，故条文规定："边墙背后回填料的内摩擦角不应小于地层的计算摩擦角或设计的回填料的计算摩擦角"。

9 结构计算

9.1 一般规定

9.1.1 在结构设计领域，目前多数工程结构已采用概率极限状态设计法，以可靠指标度量结构构件的可靠度，并采用以分项系数表达的计算式进行设计。公路隧道因建设时间尚短，样本及专题研究成果积累都还尚少，目前尚未具备采用极限状态设计法设计的条件，然而由于对隧道衬砌限制裂缝开展宽度等将是使其延长使用寿命的基本条件，因而对隧道结构设计提出同时按承载能力和限制裂缝开展宽度进行计算的规定。

对构件截面的强度,因公路隧道目前尚未具备按概率极限状态设计法设计的条件,故仍规定按破损阶段验算,必要时配筋量按限制裂缝开展宽度进行计算。

9.2 衬砌计算

9.2.1 深埋隧道中的整体式衬砌通常用于自成拱能力差的 VI 级围岩,浅埋隧道中的衬砌及明洞衬砌上方的覆盖层通常不能形成卸载拱,故均应按荷载结构模型设计。程序软件方面,国内自行研制的专用软件有"GeoFBA"、"2D-σ"、"3D-σ"等。

复合式衬砌的二次衬砌理论上应按地层结构法计算,然而由于以往有对其采用荷载结构法计算的经验,因而本条提出也可采用荷载结构法计算。

9.2.2 模型试验及理论分析表明,隧道衬砌承载后的变形受到围岩的约束,从而改善了衬砌的工作状态,提高了衬砌的承载能力,故在计算衬砌时,应考虑围岩对衬砌变形的约束作用。

采用荷载结构模型设计时,规定通过设置弹性抗力考虑围岩对衬砌变形的约束作用。

弹性抗力、黏结力均属围岩对衬砌的约束力。鉴于迄今对黏结力作用的研究不多,故通常仅按弹性抗力计算,而将黏结力对衬砌结构的有利作用视为安全储备。

为简化计算,弹性抗力的摩擦力对衬砌内力的影响也不考虑,即也视为衬砌结构的安全储备。

9.2.3 基底围岩过于松软时,有先做仰拱稳定坑道底部,然后再建边墙的施工方法,这时应考虑仰拱对隧道衬砌结构内力的影响。如果仰拱在边墙之后修建,一般不需计算仰拱的作用。但若遇到在隧道竣工后,围岩压力增长仍较显著的地层,则亦需考虑仰拱对结构内力的影响。

模筑衬砌考虑仰拱对结构内力的影响时,仰拱按弹性地基上的曲梁计算。

9.2.4 表9.2.4-1和表9.2.4-2所列数值主要参照《铁路隧道设计规范》(TB 10003),这些安全系数是以我国41条已建及新建的近400座铁路隧道的调查及实践经验为基础提出的,且结构基本上是安全的。因此,可以认为,在结构计算理论和材料指标没有较大变动的情况下,这些安全系数值基本上是合适的。特别是根据地下建筑的特点(如衬砌施工条件差、质量不易保证、作用变异大、结构计算简图与实际受力状态有出入等),结构强度安全系数的取值应较地面结构略有提高,以保证隧道建筑物在正常设计施工条件下具有必要的安全储备。

检算施工阶段强度时,因隧道衬砌和明洞结构处于施工阶段的时间比使用阶段短得多,围岩压力等荷载一般不会立即达到使用阶段的最大值,且在检算施工阶段强度的计算假定中,受力较好的空间结构常被简化为内力较大的平面结构,一些对衬砌受力有利的因素,如工作缝的黏结强度、围岩的阻抗及衬砌与围岩的黏结作用等常忽略或取很小的数值,故本规范规定对施工阶段安全系数可按使用阶段的值乘以折减系数0.9后采用。

9.2.5 由于岩土体介质的性质通常具有明显的不确定特征，岩土工程问题分析中经验常起主导作用，因而本规范规定Ⅰ~Ⅴ级围岩中复合式衬砌的初期支护主要按工程类比法设计，即参照已往工程实例确定支护参数。

经验表明，Ⅰ~Ⅲ级围岩具有较强的自支承能力，对其施作薄层喷射混凝土和少量锚杆后即可保持稳定，因而不必计算；Ⅳ、Ⅴ级围岩则在根据经验选定支护参数后仍需进行检验计算。

对Ⅳ、Ⅴ级围岩中的初期支护，采用连续介质力学的有限元方法，按地层结构设计模型计算内力和变形的理论与方法已较成熟，且这类方法可较好模拟开挖施工步骤的影响，因而本规范规定采用这类方法计算。国内自行研制的程序软件参见9.2.1的条文说明。

同济大学对宜兴抽水蓄能电站的岩屑砂岩进行的试验表明，经锚杆支护加固后围岩结构面的内聚力 C 值可提高10倍以上。鉴于目前进行的试验尚少，以及岩体的参数值低于岩样，计算时可令内摩擦角 φ 值保持不变，并参照以往经验将 C 值提高20%~30%，体现锚杆支护的作用。确定具体比例时，对Ⅳ级围岩取较小的值，Ⅴ级围岩取较大的值。

采用地层结构法计算时，可通过对释放荷载设置释放系数控制初期支护的受力，以使初期支护和二次衬砌能按较为合理的分担比例共同承受释放荷载的作用。具体分担比例可参考表9-1选定。

表9-1 释放荷载分担比例表

围岩级别	分担比例	
	围岩+初期支护	二次衬砌
Ⅳ	60%~80%	40%~20%
Ⅴ	20%~40%	80%~60%

注：围岩工程地质条件较好时，初期支护取大值，二次衬砌取小值，围岩工程地质条件较差时则相反。

9.2.6 复合式衬砌的二次衬砌用于Ⅰ~Ⅲ级围岩时，由于初期支护作为永久结构已可使围岩保持稳定，因而二次衬砌可按构造要求选定厚度，不必进行验算。对于Ⅳ、Ⅴ级围岩，二次衬砌应按承载结构进行力学分析，计算原理和方法与同类围岩中的初期支护相同。然而，由于已往有对其采用荷载结构法计算的经验，因而对其也可采用荷载结构法计算。

9.2.7 由于岩层性质具有明显的随机性特征，工程设计中按地质资料选用或按规范查取的围岩地层特性参数值仍与工程实际有差异，因而本规范规定在隧道开挖后，应根据在施工现场进行的监控量测对其作修正。

9.2.8 表9.2.8参照国标《锚杆喷射混凝土支护技术规范》(GB 50086)拟定。该表主要依据国内一些地下工程的测试实例制定，具有一定的实用性。但因受实际工程的时间和数量的限制，特别是岩层性质具有多变性和复杂性，表内所列数据不可能很准确，因此需要在施工实测中根据资料进行适当修正和补充。

9.2.9 鉴于本规范规定对隧道衬砌须按满足正常使用要求计算，因而列入本条规定。其余参见9.1.1条的说明。

9.2.10 对隧道衬砌和明洞混凝土偏心受压构件偏心距的要求规定的用词为“不宜”，其理由是：

1 当检算衬砌截面强度时，应同时满足安全系数和偏心距的要求。但在一般情况下，安全系数易于满足，偏心距则往往超出限值，这时如拱轴线不易调整，为了满足偏心要求，必须加厚衬砌截面，而这常是不合理的。

2 隧道衬砌刚度大，且衬砌背后一般均密实回填，衬砌结构通常不会因偏心大而失去稳定。

3 已往计算衬砌时，实际算得的偏心距略超出容许偏心距亦未出问题，这主要是衬砌使用阶段与破坏阶段有距离，故在衬砌使用阶段不容许出现裂缝的前提下，对偏心距没有必要作过严的限制。

目前国内地下建筑设计混凝土衬砌时，很多部门和单位均不计偏心。本规范对衬砌截面的偏心距仍作出规定，目的是使衬砌结构形式选择合理，以充分发挥混凝土的抗压能力。因为当偏心距超过一定数值后，衬砌截面系抗拉强度控制，而混凝土的抗拉强度远远低于其抗压强度，随着偏心距的增加，衬砌截面的承载能力将显著降低，故除满足强度要求外，对偏心距也应适当加以控制。当衬砌截面强度符合要求，而偏心距超出规定较多时，宜适当调整拱轴，使衬砌结构形式趋于合理。如拱轴不能调整，则可放宽偏心要求，而不宜加厚衬砌截面。

9.2.11 构件偏心受压时，由于合力作用点偏离截面核心，承压面积减少，部分截面还可能受拉等原因，承载能力将比轴心受压有所减小。偏心影响系数 α 的意义是混凝土构件偏心受压时的极限承载能力与同强度同截面尺寸混凝土构件轴心受压时的极限承载能力的比值，用于体现由于偏心受压使构件极限承载能力比轴心受压降低的程度。由于实际情况复杂，影响因素较多，α 与相对偏心距 e_0/h 的关系实际上是一个随机过程，用简化假定和理论计算难以全面概括和反映，较好的办法是通过大量试验找出其统计特征。本规范采用的表 9.2.11-2 的数值和 α 的计算公式是各种强度等级的混凝土、6 种偏心距、300 多根偏压和轴心受压试件的试验结果的统计特征。表 9.2.11-1 中所列纵向弯曲系数 φ 值系参照《钢筋混凝土结构设计规范》拟定。

9.2.12 为与《钢筋混凝土结构设计规范》取得一致，式(9.2.12)中的系数采用 1.75。

为计算方便，本条对混凝土矩形截面偏心受压构件按本规范给出的混凝土抗压、抗拉极限强度(R_a、R_l)，安全系数及偏心影响系数值，导出抗压强度控制与抗拉强度控制的分界偏心 e_0 取 $0.2h$，此控制分界偏心的意义不是受拉区或受压区先破坏的实际分界偏心，而是判别抗拉或抗压控制的分界偏心。它不是依据试验得到，而是通过计算求得的，它的数值随 $N_{压}\text{-}\frac{e_0}{h}$ 及 $N_{拉}\text{-}\frac{e_0}{h}$ 曲线不同而不同，也随拉、压安全系数的比值及 R_a/R_l 不同而变化。在此控制分界偏心处，抗拉和抗压承载力相等；在此分界偏心的两侧分别为抗压控制承载能力或抗拉控制承载能力，见图 9-1。

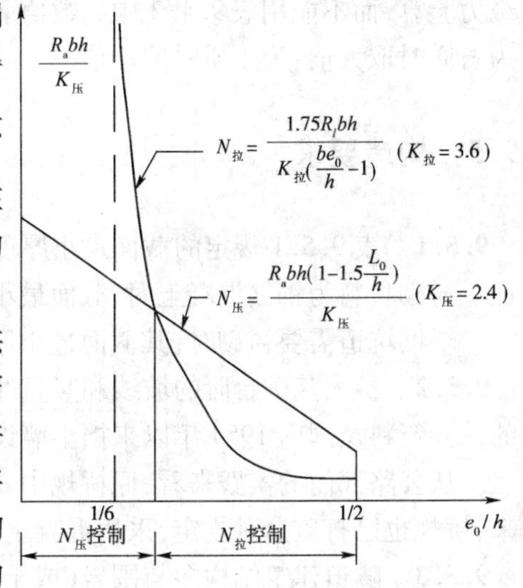

图 9-1 抗压、抗拉控制承载能力

9.2.13 混凝土间歇灌筑或边墙用砌体、拱圈用混凝土的拱脚截面的特性与砌体构件截面相似，可按砌体截面考虑，仅需检算其抗压强度。理由是：对砌体构件，如果也像混凝土构件那样，按 9.2.12 条的规定进行抗裂检算，则其承载能力很低，将很不经济。事实上砌体灰缝开裂并不影响结构的使用，如果砌筑质量不好，灰缝处早已存在裂缝，故本规范规定，砌体偏压构件只检算抗压强度，并按 9.2.10 条控制偏心距($e_0 \leqslant 0.3h$)，使裂缝开展不致过大。

9.2.14 本规范附录 K 中，K.0.1 ~ K.0.10 条所列的公式为按破损阶段设计时配筋量的计算公式，K.0.11、K.0.12 条为按控制裂缝开展宽度设计时配筋量的计算公式。

9.2.15 本条与《铁路隧道设计规范》(TB 10003)10.3.2 条相同。

9.3 明洞计算

9.3.1 采用挡墙式洞门时，明洞结构的强度安全系数，本规范取与隧道衬砌相同的数值。其理由是明洞属于半隐蔽结构，其结构变形受周围地层的约束小，且有受冲击荷载作用的可能，从这一不利因素看，明洞安全系数应比隧道衬砌取值大。但明洞的有利因素是：外荷载较为明确，结构计算图式与实际情况比较接近；采用明挖法施工，施工条件较隧道好，圬工质量易于保证，从这一方面看，安全系数取值可比隧道衬砌小。综合以上有利及不利两方面因素，其有利因素起主导作用，故对明洞取与隧道衬砌相同的结构强度安全系数值是较合适的。

9.3.2 当围岩对洞身有约束作用时，则应同普通隧道一样考虑围岩弹性抗力的作用。

9.4 洞门计算

9.4.1 采用挡墙式洞门时，作用在洞门上的外力主要是土压力，因此洞门墙可视作挡土墙，计算方法与路基挡土墙相同。根据现行《公路路基设计规范》(JTJ 013)中有关挡土墙设计的规定,洞门墙的强度计算应采用分项系数的极限状态设计法,为此一切有关强度计算公式和计算用参数(系数)、符号以及计算单位等均应符合该规范的要求。

表9.4.1所列的洞门墙验算要求与路基挡土墙的验算要求是统一的。验算洞门墙时,一般以压应力及偏心距两个条件控制,但遇高洞门墙(包括洞口路堑高挡土墙)时,为避免拉应力过大,设计时还需适当控制截面拉应力,拉应力控制值可按表5.2.9中的 R_1 值给以适当的安全系数(建议取1.5~2.0)拟定。基底偏心距≤$B/4$一般均易满足,并不控制设计。

对于重力式挡土墙稳定性的验算,现实工程中倾覆稳定破坏的可能性大于滑动破坏,说明以往倾覆稳定性安全系数偏低,因而本规范将其由原来的1.5调整为1.6,取值与《建筑地基基础设计规范》(GB 50007)一致。

9.4.2 表9.4.2中第5项为考虑到洞门地基容许承载力按仰坡区分难以确定,故本条改列基底设计控制压应力指标。该指标在一般地质条件下不会超过地基实际承载力,故在实际工程中,也可将其选为通过试验确定的地基承载力。遇特殊情况,如黄土,坡度很陡,地基承载力不大时,则必须按地基实际承载力验算,而不能用表9.4.2中的数值。表9.4.2中仰坡坡率1:1和1:1.25的基底控制压应力,当基底为石质时取大值,为土质时取小值。

9.5 构造要求

9.5.1 表9.5.1规定的截面最小厚度,主要考虑因素是各种材料的施工要求,以便施工质量得到保证。衬砌材料为钢筋混凝土时,截面最小厚度与混凝土相同。

辅助坑道需要衬砌时,其截面最小厚度亦应符合表9.5.1的规定。

9.5.2 扩大基础台阶的坡线和竖直线之间的夹角 α 的容许最大值随基础材料种类而异。根据国外的试验资料及国内1954年以来挡土墙设计使用的经验,本条采用的 α 角,混凝土为45°,砌体为35°。

从公路部门的实践来看,原桥规中 α 角混凝土为35°、石砌体为30°的规定比较保守。自1966年以来,桥规也已打破这种规定,采用混凝土为45°,石砌体为35°。

9.5.3 隧道建筑结构多与围岩(或土壤)直接接触,其所处的环境不同于一般地面结构,加之施工条件差,质量不易保证,如混凝土保护层薄,由于绑扎钢筋的误差,将不能起到保护钢筋免遭锈蚀的作用。尤其汽车排放出的油烟等易沿衬砌裂纹侵入,故其混凝土保护层厚度须较地面钢筋混凝土结构规定略大。

表9.5.3所列混凝土保护层最小厚度,主要根据《钢筋混凝土结构设计规范》的规定拟定。构件厚度小于15cm时,保护层厚度应参照《建筑地基基础设计规范》(GB 50007)确定。

考虑到明洞一般多系洞口接长明洞,即使独立明洞,长度也不会很长,行驶汽车时受油烟中有侵蚀性介质的影响不大,故可采用非侵蚀性环境栏内的数值。对于不与围岩(或土壤)直接接触的钢筋混凝土构件,其保护层厚度可较表9.5.3规定值适当减小。

钢筋混凝土构件中的钢筋构造要求可参照国标《钢筋混凝土结构设计规范》、《钢筋混凝土工程施工及验收规范》等的规定执行。

9.5.4 本条规定与《混凝土结构设计规范》(GB 50010)9.5.1条相同。

本次修订规范适当提高了受弯构件、偏心受拉构件和轴心受拉构件的受拉钢筋最小配筋率,同时规定了受拉钢筋最小配筋率的取值下限。

规定受压构件最小配筋率的目的是改善其脆性特征,避免混凝土突然压溃,并使受压构件具有必要的刚度和抗偶然偏心作用的能力。本次修订规范将受压构件全部纵向钢筋最小配筋率由0.4%上调至0.6%。当纵筋使用HRB400级钢筋时,最小配筋率下调0.1%。应注意的是,这种调整只针对截面全部纵向钢筋,受压构件一侧纵向钢筋的最小配筋率仍保持不小于0.2%的要求。

9.5.5 本条与《铁路隧道设计规范》(TB 10003)10.5.6条相同。

9.5.6

1 轴心受压钢筋混凝土构件是由钢筋和混凝土两部分共同承受荷载的。规定最小配筋率的目的主要是使构件能承受一部分弯矩和减少混凝土收缩徐变的影响。一般在工程实践和科学实验中，轴心受压构件均有弯矩存在，配置规定数量的钢筋即可承受这一部分弯矩，从而推迟构件的破坏。试验资料表明，在轴心受压钢筋混凝土构件中，由于混凝土收缩徐变的影响，使原来由混凝土承受的压力转加给钢筋，混凝土应力减小，钢筋应力增大，配筋率愈低则转加给钢筋的应力愈大，因此，必须规定最小配筋率的限度。各国的规定不一，其范围为0.4%～1.0%，本规范取0.6%，与《混凝土结构设计规范》(GB 50010)取值一致。

规定最大配筋率主要是从施工出发，以免钢筋过密使混凝土不易灌筑和捣实。

2 规定纵筋、箍筋最小直径和箍筋最大间距是为了保证受压钢筋有足够的刚度，使钢筋承受压力时，距离纵向弯曲破坏还有一定的安全储备，因此每一纵筋必须与箍筋绑扎在一起；同时箍筋能给混凝土以侧向约束作用，提高其极限承载能力，使构件不致发生突然破坏。

3 配有螺纹钢筋的构件可视为一个组合构件，它的截面由螺纹钢筋约束的核心部分和外围部分(保护层)所组成。核心部分的约束程度与很多因素有关，如螺纹钢筋的体积配筋率、螺纹钢筋的间距、钢号以及核心部分混凝土的质量等，最主要的是螺纹钢筋的间距，间距愈大，约束程度愈差。因此，限定螺纹钢筋的间距不应大于核心直径的1/5或80mm。同时，间距也不能过小，以免影响灌筑混凝土的质量，使核心部分与保护层之间可能出现蜂窝，减小构件的整体性。

4 截面核心部分的面积对总截面比例的规定，是从经济方面考虑的，螺纹钢筋部分对纵筋面积比例的规定是不使配有螺纹钢筋的构件的承载能力反低于未配螺纹钢筋的构件的承载能力，但螺纹钢筋也不宜配置过多，以免混凝土保护层有剥落的可能。

9.5.7 钢筋在接头处连接后，还必须保证其与未连接前具有相同的强度，直径愈大必然需加强连接，当直径大于25mm时，用搭接等办法已不能保证接头处与未接头处具有相同的强度，故必须焊接。至于搭接长度的规定，一般按等强度的要求由试验求得。

10 防水与排水

10.1 一般规定

10.1.1 隧道的水害是由洞内、洞外的多种因素引起的,所以不可能靠单一的办法就能得到很好的解决。根据多年来隧道治水的经验,防排水应遵循"防、排、截、堵结合,因地制宜,综合治理"的原则。

"防":即要求隧道衬砌、防水层具有防水能力,防止地下水透过防水层、衬砌结构渗入洞内。

"排":即隧道应有畅通的排水设施,将衬砌背后、路面结构层下的积水排入洞内中心水沟或路侧边沟,排出衬砌背后的积水,能减少或消除衬砌背后的水压力,排得越好,衬砌渗漏水的几率就越小,防水也就更容易;排出路面结构层下的积水,能防止路面冒水、翻浆、结构破坏。

"截":对易于渗漏到隧道的地表水,应采用设置截(排)水沟、清除积水、填筑积水坑洼地、封闭渗漏点等措施。对于地下水,应采取导坑、泄水洞、井点降水等措施。

"堵":针对隧道围岩有渗漏水地段,采用注浆、喷涂、堵水墙等方法,将地下水堵在围岩体内。

隧道防排水工作,应结合水文地质条件、施工技术水平、材料来源和成本等,因地制宜,选择适宜的方法,以满足保证使用期内结构和设备的"正常使用和行车安全"的目的。

10.1.2、10.1.3 水对隧道的危害是多方面的,漏水的长期作用,可能造成隧道侵蚀破坏,危害隧道结构的耐久性;寒冷地区,尤其是严寒地区,隧道衬砌渗水反复的冻融循环,在衬砌内部造成衬砌混凝土冻胀开裂破坏;隧道漏水还将使隧道拱部和侧墙产生冰凌侵入净空;隧道滴水将使路面结冰,降低轮胎与路面的附着力,恶化隧道的营运条件,危及行车安全;隧道渗漏水还将极大地降低隧道内各种设施的使用功能和寿命。而地表水与地下水经常存在联系。因此,隧道防排水设计应对地表水、地下水进行妥善处理,结合隧道支护衬砌采取可靠的防水、排水措施,使洞内外形成一个完整的通畅的防排水系统,见图10-1。隧道主要防水设施为防水层(含无纺布)、防水衬砌、止水带等;主要排水设施为中心水管(沟)、纵向盲管、竖向盲管、环向盲管、路侧边沟等;主要堵水措施有围岩体内压注水泥浆或其他化学浆液、设止水墙等。

为确保公路隧道的行车安全和洞内设备正常运转,等级较高的公路隧道各部位均不得渗水,三级及以下公路隧道要求相对低一些。

1 "不渗水"是指隧道衬砌、路面、设备箱洞等结构表面无湿润痕迹。

2 "不滴水"是指没有水滴间断地脱离拱部、边墙向下滴落(有时连续出水,也称做滴水成线)。

3 "不积水"是指路面结构底部和衬砌背后不产生积水。在冻害地区,积水会造成衬砌背后和路面底部冻胀,影响隧道结构和行车安全。

4 "不冻结"是指排水沟不出现结冰冻胀。在冻害地区,排水沟冻结将会影响隧道内排水系统的畅通,甚至造成整个隧道的冻胀病害。

10.1.4 大量排水后将有可能引起地下水流失,造成当地农田灌溉和生活用水的减少,造成围岩颗粒流失,形成地下空洞,甚至地表塌陷,降低围岩稳定性,改变该地区的自然环境。

围岩地下水的来源大部分由地表水补给,所以防止或减少地表水下渗、下漏,是减少围岩渗漏水或涌水的一种措施。对洞顶存在的积水洼地,宜设洞顶排水沟疏导引流,洼地可采取填平、封堵洼底缝隙;经过洞顶的天然沟槽或输水渠道、水工隧洞等排水设施对隧道产生影响时,宜将沟床铺砌,对易发生积水下渗的废弃的坑穴、钻孔等应填实封闭。

隧道穿过地区的地形、地质情况是影响地表水排泄方式的重要因素。当地表水需要处理时,应结合隧道具体情况,注意既有利于隧道上部的疏水、截水、引水,将地面水引排于隧道以外,减少对隧道的影响，也应考虑当地农田灌溉、水利设施及人民生活上的需要。由于隧道开挖后地表水输干，地下水流失，影响农田灌溉和人民生活用水的例子很多，赔款及补救措施费用巨大。目前处理这类问题，教训多于经验，效果不甚理想，具体措施应因地制宜，行之有效。

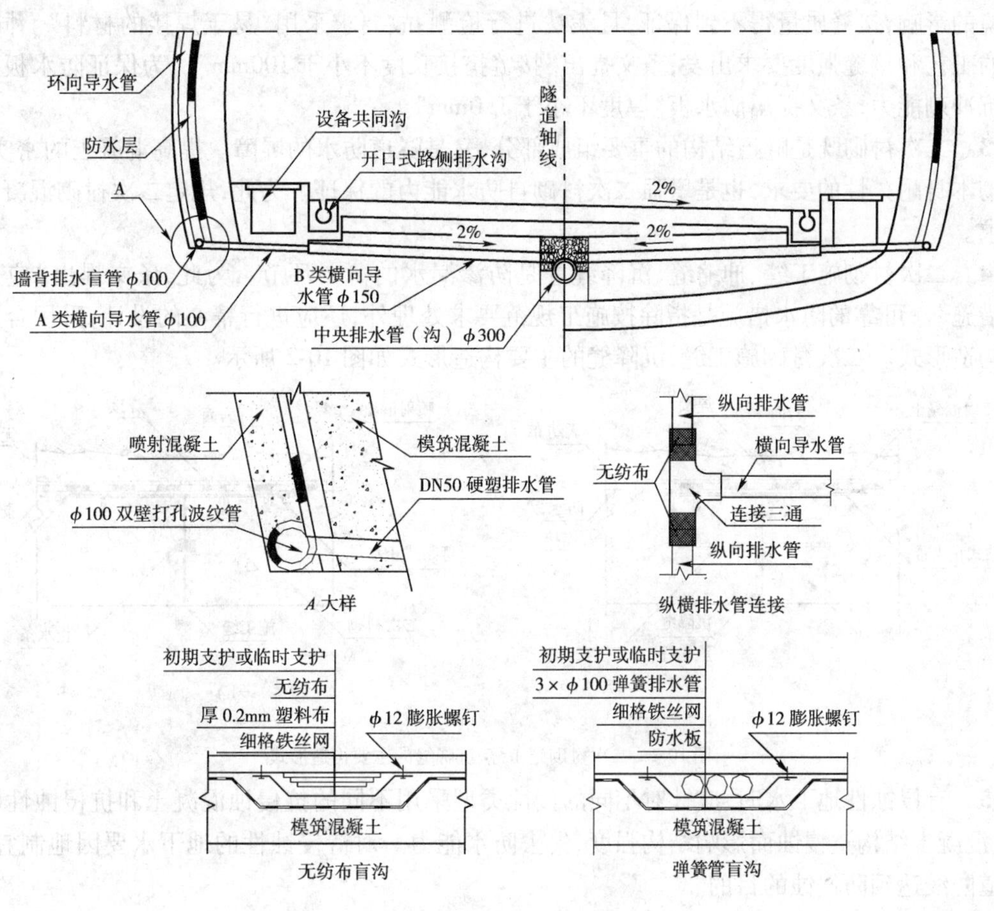

图 10-1　隧道主要防排水设施

围岩注浆是将不透水的凝胶物质（防水材料）通过钻孔注入扩散到岩层裂隙中，堵住地下水出水通道，将地下水堵在岩体内，减少或阻止地下水涌入隧道内，地下水产生的静水压力由围岩体承担，从而为开挖、衬砌施工创造较好的条件，减少或消除地下水对衬砌结构产生的静水压力。国内外隧道施工采用围岩注浆防水取得成功的实例都有不少。此外，在整治既有隧道漏水中，采用分段注浆将水集中在一定范围开凿盲沟引排治水也得到较好的效果，如成渝高速公路中梁山隧道等。

近年来，围岩注浆技术的发展较快，注浆材料已从水泥浆液发展到化学浆液，注浆工艺从单液注浆系统发展到双液注浆系统，注浆的应用范围从地面竖井注浆和地面帷幕注浆发展到隧道工作面注浆及衬砌外围岩注浆，注浆的地质条件已从含水裂隙岩层到含水砂岩层等较复杂的地层。

10.2　防水

10.2.1　为了减少或防止地表水下渗，对洞顶存在的积水洼地，宜设洞顶排水沟疏导引流，洼地应填平，防止积水，对经过洞顶的天然沟槽或输水渠道、水工隧洞等排水设施，凡对隧道有影响时，宜将沟床铺砌，防止水流下渗，故条文提出“隧道地表沟谷、坑洼积水、渗水对隧道有影响时，宜采用疏导、勾补、铺砌和填平等处治措施”，对易发生积水下渗的“废弃的坑穴、钻孔等应填实封闭。”防止或减少地表水和地下水下渗。

10.2.2　在初期支护与二次衬砌之间，设置由防水板与无纺布组成的防水层，以防止地下水渗漏进入衬砌内。由于地下水水量、流向等在隧道施工和营运期间可能有所变化，在施工期间无水或少水的隧道并不能保证在营运期间也无水或少水，故在施工期间无水或少水的隧道中，根据耐久性的要求，也应设置防水层。

从目前国内防水层的使用情况来看，隧道洞身防水层主要采用防水板卷材。防水板卷材的主要作用是隔水，防水板防水的薄弱环节在接缝，过去防水板的连接有采用黏结的情况，由于黏结方式受洞内作业环境的影响，接缝质量得不到保证，且无法进行检测，故要求采用“易于焊接的材料”。同时，从接缝处理的工艺和接缝强度要求出发，条文提出“接缝搭接长度不小于100mm”。为保证防水板接缝焊接质量和抗冲刺能力，条文提出防水板“厚度不小于1.0mm”。

10.2.3 二次衬砌既是隧道结构的重要组成部分，又是隧道防水的屏障。提高混凝土的密实性，既是二次衬砌本身耐久性的要求，也是增强二次衬砌自防水能力的保证。为此，规定二次衬砌混凝土应满足抗渗要求。

10.2.4 二次衬砌施工缝、伸缩缝、沉降缝等是防渗漏水的薄弱环节。为此，条文提出“应采取可靠的防水措施”。可靠的防水措施是指除按施工规范要求处理外，还应进行精心的设计，采用合适的防水材料和构造形式。二次衬砌施工缝、沉降缝的主要构造形式如图10-2所示。

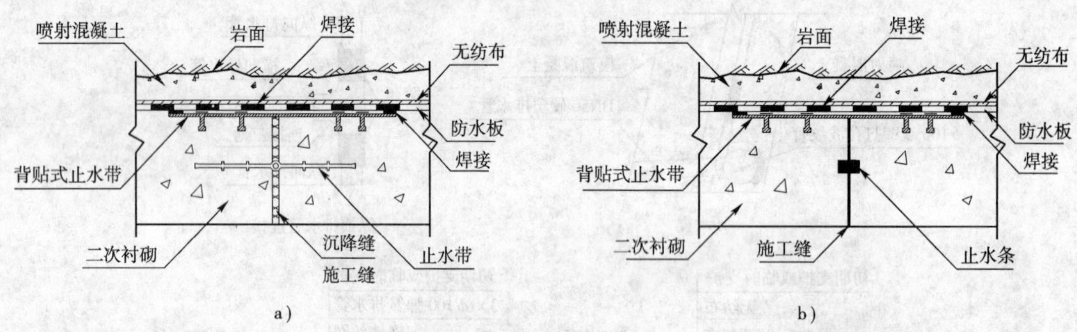

图10-2 二次衬砌施工缝、沉降缝的主要构造形式

10.2.5 有侵蚀性地下水时，应针对不同的侵蚀类型采用不同的抗侵蚀混凝土和抗侵蚀性的防水卷材，防止混凝土结构遭侵蚀而影响结构强度，失去防水能力。对待侵蚀性的地下水要因地制宜，尽可能采用多道防线达到防侵蚀的目的。

10.2.6 围岩注浆是将不透水的凝胶物质（防水材料）通过钻孔注入、扩散到岩层裂隙中，把裂隙中的水挤走，堵住地下水的通路，减少或阻止涌水流入工作面，同时还起到固结破碎岩层的作用，从而为开挖、衬砌创造条件。国内外隧道施工采用围岩注浆防水取得成功的实例不少。

10.2.7 当隧道位于常水位以下，没有条件排泄或不宜排泄时，隧道衬砌要承受一定的静水压力，应采用抗水压衬砌。

10.3 排水

10.3.1 隧道建成后，围岩地下水一般情况下是洁净的，而营运过程中的清洗水和消防水是污水，为避免地下水被污染，分离排放有利于地下水的利用。为此，条文提出“洞内宜按地下水和营运清洗污水、消防污水分离排放的原则设置纵向排水系统”。

10.3.2

1 路侧边沟主要引排营运中隧道内清洗污水、消防污水和其他污水，电缆沟内的集水也应引入路侧边沟。当隧道内没有设中心水管（沟）时，衬砌背后的地下水也可通过边沟排出，这时，路侧边沟底宜低于路面垫层，避免边沟水对路面结构产生不利影响。

2 《公路工程技术标准》（JTG B01）规定隧道纵坡一般应大于0.3%，是为了排水的需要。洞内纵向排水沟坡度与隧道路线坡度保持一致，是为了避免加深或减小边沟深度，保持正常过水断面不变。在隧道路线纵坡变坡的分坡范围内，由于处于流水起始点，水流量一般不大，且分坡范围的距离一般不长，减小坡顶水沟深度可作为保证排水最小坡度的处理措施。

3 路侧边沟常用开口式明沟和暗沟两种形式，见图10-3、图10-4。开口式明沟便于清洗，不易淤积,不需要设沉砂池,采用预制,施工速度快。缺点是预制块间的接缝不易保证不漏水。盖板式暗沟沟身可以现浇,也可以预制,边沟盖板有活动盖板和固定盖板两种。活动盖板施工简单,清洗方便,可以不设滤水箅,由盖板接缝滤水,宜设沉砂池,缺点是对行车不利;固定盖板对行车有利,但边沟淤积,不便疏通,为此应设沉砂池和滤水箅。

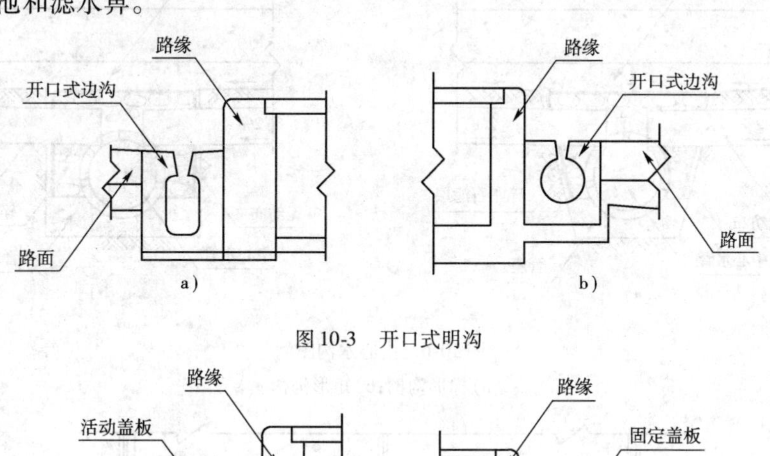

图 10-3　开口式明沟

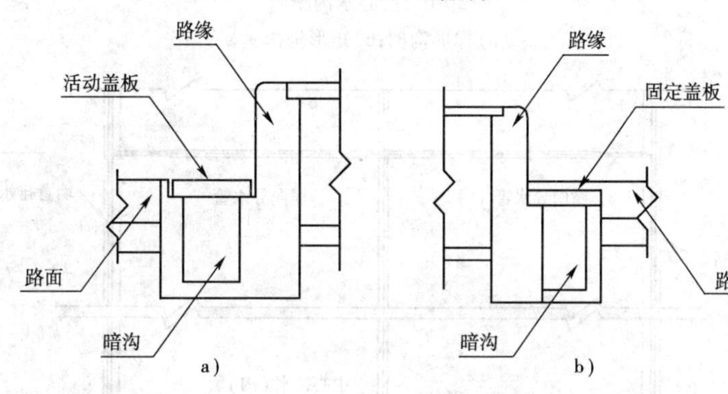

图 10-4　暗沟

4　检修道、人行道面宜设横坡 0.5% ~1.5%,以利表面排水;在墙脚侧设纵向凹槽,排水槽细部如图 10-5 所示。

10.3.3

1　国内外的工程实例表明,中心水沟对路面底积水疏导效果明显,且可避免因设置深埋侧沟引排地下水而导致衬砌边墙墙基加深、仰拱加深。衬砌背后的地下水经横向导水管通过中心水沟排出。因此,条文提出"路面结构下宜设纵向中心水沟(管),集中引排地下水"。地下水量不大的中、短隧道可不设中心水沟(管)。

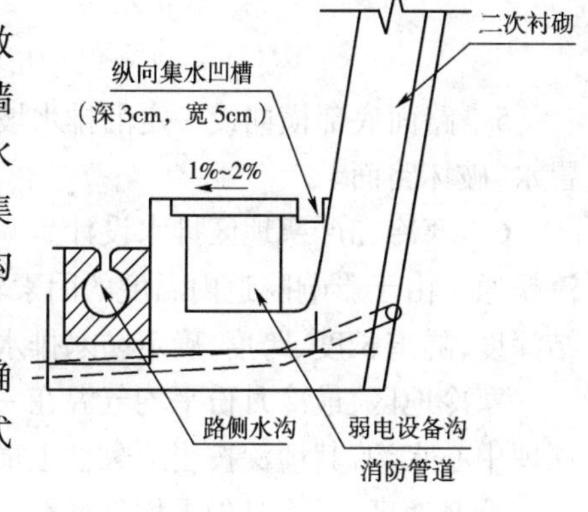

图 10-5　排水槽细部

2　中心水沟(管)断面尺寸应根据设计流量计算确定,以确保排水设施的排水能力。若采用圆形断面,其尺寸可由下式确定:

$$Q = \frac{1}{3n} \cdot R^{2/3} \cdot I^{1/2} \cdot A$$

式中　Q——过水流量(m^3/s);

n——粗糙系数,可取 0.025;

R——水力半径,取圆管直径 D 的 1/4(m);

I——排水坡度;

A——满水时的过水断面积(m^2)。

过水流量根据地质调查确定,还应根据开挖时的涌水情况进行适当修正。中心水沟沟槽设置方式有梯形和矩形两种,如图 10-6 所示。

3　地下水可能夹带泥砂或沉积矿物质,中心水沟应设置沉砂池,间距 50m。检查井根据需要设置,间距不应小于 250m。

4　隧道底设横向导水管是为了将衬砌背后的纵向盲沟与中心水沟连接起来,将衬砌背后的地下水引入中心水沟(管);横向导水管的最小排水坡取2%,是为了加快横向排水速度。纵向间距应根据地下水量确定,一般可按30~50m设置(图10-7)。横向导水管的两端应采用三通连接。

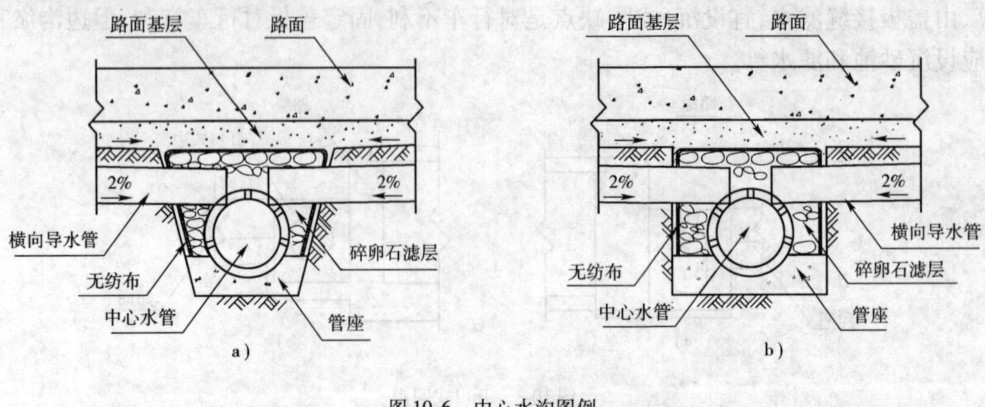

图10-6 中心水沟图例

a)梯形沟槽;b)矩形沟槽

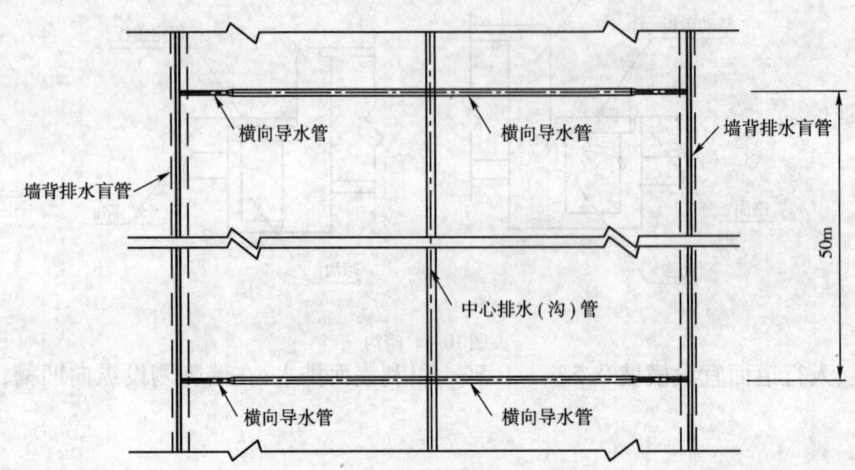

图10-7 中心水沟(管)纵向间距例

5 路面底部横向设一定的排水坡度,有利于地下水迅速排入中心水沟,防止路面底积水,避免路面冒水,破坏路面。

6 寒冷和严寒地区排水设计是一个特殊的问题,要求纵向排水沟和出水口不冻结,保证隧道内水流畅通。由于影响隧道内温度的因素较多,目前主要根据工程类比,按当地最冷月份平均气温和当地冻结深度,隧道长度、跨度,确定防寒排水沟(管)的形式和长度。

寒冷地区,最冷月份平均气温在-15~-10℃之间,当地黏性土冻结深度在1~1.5m范围内,采用深埋中心水沟,其埋深按当地黏性土最大冻结深度考虑。

严寒地区,最冷月份平均气温在-25~-15℃之间,当地黏性土冻结深度1.5~2.5m范围内,在洞口段采用深埋中心水沟,将水沟埋置于洞内相应的冻结深度以下,利用地温达到水沟内水流不冻结的目的。最好通过实测隧道内气温和冻结深度来确定中心沟的埋置深度。一般而言,短于1km的隧道,中心沟的埋置深度可按当地黏性土最大冻结深度考虑;长于1km的隧道,其洞口段400~500m范围内,中心沟埋置深度可按当地黏性土最大冻结深度考虑。

严寒地区,最冷月份平均气温低于-25℃,当地黏性土冻结深度大于2.5m时,如采用明挖中心沟时,埋深过大,施工困难,且有可能影响边墙和隧道的稳定时,可在主隧道下设置防寒泄水隧洞。泄水隧洞设置位置应低于当地围岩最大冻结深度,并且不因隧洞施工影响主隧道隧底围岩及结构稳定。

凡采用防寒泄水的隧道,其配套排水设施应能防寒。配套排水设施系指衬砌背后的盲沟、中心水沟检查井、中心水沟出水口等。

10.3.4 目前国内隧道衬砌外排水通常的做法是,在衬砌外缘防水层与喷射混凝土层之间设纵向排水盲管、环向导水管。纵向排水盲管设在边墙底部,沿隧道两侧布置,全隧道贯通,环向导水管沿隧道衬砌外缘环向布设，并下伸到边墙脚与纵向排水盲管连通。在遇有地下水较大的地段或有集中渗水地段，应加设竖向导水管。衬砌背后的地下水通过环向、竖向导水管，汇集到纵向排水盲管以后，通过横向导水管，将衬砌背后的地下水引入纵向中心水管（沟）排出洞外。

1　衬砌背后边墙脚设全隧道贯通的纵向排水盲管（沟）是为了将衬砌背后的地下水汇集到衬砌最低位置，并可沿隧道纵向顺坡流动，排水坡度与隧道纵坡一致。

2　在衬砌背后应设置环向、竖向导水盲管（沟），使衬砌背后形成环向、竖向导水通道。环向导水管是沿拱墙背整环连续铺设；设置间距应根据出水量大小、出水面情况确定，间距不应大于20m。即使施工期间没有地下水也必须每20m设一道，这是因为隧道衬砌施工完成后，衬砌背后地下水可能发生改变。当地下水量较大、有集中出水点时，设置间距应加密。竖向导水管是从拱墙某一出水位置向下铺设到墙脚与纵向盲沟相连。环向导水管、竖向导水管管径应不小于50mm。

3　排水管、导水管相互连通是衬砌背后地下水迅速排出的重要条件。盲管（沟）用无纺布包裹是为了防止岩土颗粒进入盲管（沟），起滤水作用。

当衬砌背后采用防水板时，在防水板背后应设无纺布，是利用无纺布良好的导水和滤水特性，是使地下水能迅速汇集到边墙脚纵向排水盲沟（管）的有效措施。衬砌背后导水管布设密度有限，通常采用透水型盲管，这样水既可以进去也能出来。无纺布沿拱墙衬砌背满铺，利用水的毛细作用，通过无纺布纤维将地下水导入纵向排水盲沟；同时，无纺布又可作为围岩和防水板的缓冲垫层，防止围岩棱角和尖锥刺破防水板，起保护防水板的作用。无纺布的单位面积质量不小于300g/m^2。有实验表明，无纺布与防水板黏合成一体铺设，其滤水和导水性能大大降低，起不到应有的作用，所以无纺布不得与防水板黏合在一起。有时候为了施工方便，无纺布和防水板一次铺设，只能分点黏结，每平方米一个黏结点，每点黏结面积不大于25cm^2。

10.3.5　在地下水水量很大时，仅靠盲沟和中心水沟不能排泄丰富的地下水，这时应根据实际情况设置或利用辅助通道与泄水洞等作为截、排水设施，降低地下水位。

10.3.6　当洞内地下水具有侵蚀性，如含盐、含碱、含硫、含硫酸根离子，以及隧道施工时排出的污泥浊水可能严重污染附近环境时，应采取以下措施，以防止隧道排水造成环境污染。

1）处理后排水；

2）排入地下，渗透过滤；

3）污泥浊水沉淀后排放。

10.4　洞口与明洞防排水

10.4.1　为防止地表水冲刷洞口和洞口边、仰坡的水流入隧道，“隧道、辅助通道的洞口及明洞应设置截水沟和排水沟”。具体措施是在明洞回填层顶面洞门墙背设排水沟；明洞槽边、仰坡开挖线3～5m以外设截水沟。排水沟一般采用矩形断面，尺寸为50cm×50cm；截水沟可采用矩形断面，也可采用梯形断面。洞口水沟应不渗漏才能起到截排水的作用，并将洞口边、仰坡地表水引至洞口以外。排水沟、截水沟迎水一侧沟壁不能高于坡面。正确的设置如图10-8所示，错误的设置如图10-9所示。

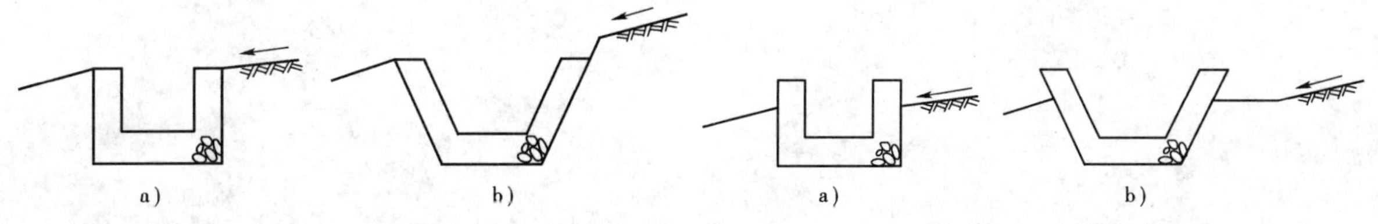

图10-8　正确的排、截水沟形式
a）排水沟；b）截水沟

图10-9　错误的排、截水沟形式
a）排水沟；b）截水沟

10.4.2　洞外的水不应流入隧道，避免将洞外泥砂和杂物带入洞内，堵塞洞内排水系统。当出口方向的路堑为上坡时，一般可沿路线方向反坡排水；当地形条件限制，反坡排水有困难时，最好在隧道口设置有流水箅的横向路面截水沟，阻止洞外路面水流入隧道内。必须通过隧道排水时，水沟应保证有足够的过水断面和相应的措施。

10.4.3

1 如不设截、拦、排等措施，地表水容易冲刷坡面，引起坡面坍塌；或流入回填土体内部，浸泡回填料，增加明洞荷载。为了保证明洞结构的安全，条文规定："明洞顶部应设置必要的截、排水系统"。

2 为了防止地表汇水的渗透，"回填土表面宜铺设隔水层"，减少或隔断水流的通路。隔水层与边坡的搭接处往往是水流的良好通道，由于水流的渗透软化作用，易产生回填土体的滑移，故要求回填土"与边坡搭接良好"。

3 对衬砌背后的地下水，条文提出："靠山侧边墙底或边墙后，宜设置纵向和竖向盲沟，将水引至边墙泄水孔排出"。

4 外贴式防水层防水效果显著，对明洞来说，更具有施工方便的特点，故要求"衬砌外缘应敷设外贴式防水层"。

5 明洞与隧道接头处往往是渗漏水的薄弱环节，因此，"明洞与隧道接头处，应做好防水处理"。为此，明洞混凝土浇筑应严格按新旧混凝土施工规则要求施做，明洞防水层应往隧道延伸一定长度，并做好仰坡脚与明洞填土的搭接。

11 小净距及连拱隧道

11.1 小净距隧道

11.1.1 在第4章总体设计中对分离式独立双洞隧道的最小净距作了规定，由于工程的需要、设计与施工技术的进步，对压缩双洞最小净距的要求极为迫切，通过在京福高速公路福建段等隧道工程的实践与研究，已取得初步成果。为了规范小净距隧道的设计行为，本次修订增补了这一内容。过去对这类隧道名称不统一，有近接隧道、近间距隧道、小间距隧道和小净距隧道等。这类隧道主要指隧道间中间岩柱较薄，双洞净距较小，因此，采用小净距隧道较为确切。严格地说，双洞最小净距小于正常使用规定范围的隧道都统称小净距隧道。由于双洞净距小，施工相互影响大，对于长、特长的隧道不宜采用，但需要洞口局部压缩净距时，也是十分有效的一种技术手段。

11.1.2

1 最小净距的确定对路线布置、施工难度、工期及造价均有较大影响，因此应综合分析。根据工程实际看，Ⅳ、Ⅴ、Ⅵ级围岩与Ⅰ、Ⅱ、Ⅲ级围岩在支护手段及工程造价上有较大差异，参照福建省高速公路建设指挥部与重庆交通科研设计院《京福高速公路福建段小净距隧道设计、施工关键技术研究》的成果，采用Ⅰ、Ⅱ、Ⅲ级围岩比例进行控制，对确定合理间距十分重要。借鉴上述研究成果，当Ⅰ、Ⅱ、Ⅲ级围岩占小净距隧道总长的80%以上时，双洞最小净距不宜小于$0.3B$；当Ⅰ、Ⅱ、Ⅲ级围岩占小净距隧道总长的50%~80%时，双洞最小净距不宜小于$0.5B$；当Ⅰ、Ⅱ、Ⅲ级围岩占小净距隧道总长的50%以下时，双洞最小净距不宜小于$0.75B$；当双洞最小净距小于$0.3B$时，宜与连拱隧道比选。这一指标主要是从施工中围岩的稳定和工程造价增加不宜太多等方面综合考虑的，可供设计参考。当工程需要并有足够技术保障时也可以有所突破。

2 优先采用复合式衬砌是从分部施工的特点和及时加固围岩的要求提出的。小净距隧道净距变化范围大，地质及施工等不确定因素的影响较大，较难给出通用的设计支护参数。表11-1列出的支护参数是福建京福高速公路一期工程小净距隧道的研究成果，在无类比资料时两车道小净距隧道可参照。其中水平对拉锚杆主要用于最小净距小于6m时，当大于6m时，则可用系统锚杆取代。采用水平对拉锚杆时可适当施加预应力，根据以往经验预应力的施加对改善中间岩柱的物理力学指标有一定作用，但具体数据宜试验确定，在京福路一期工程采用了30~100kN的建议值。必要时可对Ⅳ、Ⅴ、Ⅵ级围岩中间岩柱进行注浆加固。Ⅰ级围岩支护参数样本较少，参照Ⅱ级围岩提出支护参数。Ⅵ级围岩和三车道小净距隧道目前资料少，暂未涉及。

3 小净距隧道设计与施工步骤关系密切，直接影响设计意图能否实现，因此建议在设计中对各类施工方法提出明确要求。在京福高速公路一期工程中，重庆交通科研设计院等单位编制了《小净距隧道设计施工细则》，其中对Ⅰ、Ⅱ、Ⅲ级围岩建议选用超前导坑预留光爆层的施工方法；Ⅳ级围岩建议选用侧墙导坑法或台阶施工方法；Ⅴ、Ⅵ级围岩建议选用单或双侧壁导坑施工方法；施工时两主洞掌子面建议保持在1~2倍洞径的距离。

4 小净距隧道中间岩柱厚度小，对其保护、加固对小净距隧道极为重要，提出“少扰动、快加固、勤量测、早封闭”就是出于这一目的，施工方案制订也是从这一原则出发。

5 小净距隧道监控量测与分离式独立双洞隧道不同，因此应根据相应方法和围岩级别制订量测计划。特别强调中间岩柱稳定、地表沉降和爆破振动对相邻洞室的影响，正是小净距隧道与分离式独立双洞隧道的不同之处。

表 11-1　两车道小净距隧道复合式衬砌支护参数表

支护措施 \ 围岩等级			支护参数					
			I 级围岩	II 级围岩	III 级围岩	IV 级围岩	V 级围岩	VI 级围岩
初期支护	超前支护				小导管注浆或锚杆	小导管注浆	管棚或小导管注浆	通过试验确定
	锚杆	长(m)	需要时设	需要时设	2.5～3.0	3.0～3.5	4.0	
		间距(cm)	120×120	120×120	100×100	100×100	80×80	
	中间岩柱水平对拉锚杆或系统锚杆		120×120	120×120	100×100	100×100	80×80	
	钢架(cm)			需要时设	需要时设	80～100（格栅）	50～80（型钢）	
	喷射混凝土(cm)		5～8	8～10	10～15	15～20	20～25	
二次衬砌	拱、墙(cm)		30 ◘	30 ◘	35～40 ◘	40～45 ●	45～50 ●	
	仰拱(cm)				需要时设置	35～40 ●	45～50 ●	

注：◘ -C25 素混凝土；● -C25 钢筋混凝土。

6　提出抗震强度和稳定性验算是强调在较高地震动峰值区域，小净距这类特殊隧道形式应对其结构安全性作必要评价，并参照《公路工程抗震设计规范》(JTJ 004)双车道 V、VI 级围岩浅埋段的要求提出。

11.1.3　根据《爆破安全规程》规定，交通隧道最大临界震动速度为 $v \leq 15$cm/s。按照《京福高速公路福建段小净距隧道设计、施工关键技术研究》子课题施工爆破震动控制研究的成果，应针对不同围岩与支护区别对待，并给出了建议指标，规范编写借鉴了这一成果。当先行隧道 V、VI 级围岩无支护时不大于 15cm/s，有支护时不大于 20cm/s；III、IV 级围岩无支护时不大于 30cm/s，有支护时不大于 35cm/s；I、II 级围岩有无支护时均不大于 40cm/s。在先行洞已作二次衬砌时，素混凝土不大于 25cm/s，钢筋混凝土不大于 45cm/s。但这些数据样本较少，受净距变化的影响较大，不能简单照搬，宜根据隧道具体位置试验确定，无资料时，建议按《爆破安全规程》从严掌握。

11.1.4　偏压时的小净距隧道支护参数、施工方法、施工顺序受偏压程度的影响较大，与无偏压的小净距隧道差异很大，故提出进行特殊设计。

11.2　连拱隧道

11.2.1　连拱隧道严格地说是隧道侧墙相连，这里选用了工程上的习惯叫法。从目前使用看，连拱隧道主要用在山区洞口地形较为狭窄或桥隧相连地段，其最大优点是双洞轴线间距可以较小，可减小占地，便于洞外接线。同时，连拱隧道较独立的双洞设计、施工更为复杂，工程造价更高、工期更长，从各地采用连拱隧道的经验看，主要用在 500m 以下的隧道居多，1 000m 以下的中隧道也偶有使用，如浙江温州尖牛山隧道长 700m，而长和特长隧道一般不采用这一结构形式，但在洞口狭窄地段也可采用从连拱隧道并最终过渡到小净距和独立双洞的隧道，如重庆莱袁路龙家湾隧道长 762m，就采用了从连拱到小净距和独立双洞的结合形式。但总体看连拱隧道主要适宜于中、短隧道。

11.2.2　连拱隧道发展大体经历了两个阶段，第一阶段主要采用整体式中墙的结构形式，一般结构如图 11-1 所示。它与单洞隧道主要区别在于中墙一次施作和排水系统不同，其中墙在中导洞贯通后即浇筑，它既是初期支护和二次衬砌的支撑点，又是防水层的支撑结构。洞室开挖后初期支护支撑于中墙，而防水层则绕过初期支护与中墙的结合部越过中墙顶与洞室内其他防排水设施形成完整的排防水系统;中墙的中央纵向每隔一定间距埋设竖向排水管,以排除中墙顶凹部的积水。中墙与中导洞之间的空洞是待初期支护和中墙防水层施工完成后回填,其优点是双洞净距最小。它有三个较为明显的缺点:其一,由于中墙与中导洞之间的空洞得不到及时的回填造成开挖时毛洞跨度增大,B/H 值较大(其中 B 为毛洞跨度,H 为毛洞高度),使洞周围岩处于较为不利的受力状态,从而影响施工安全和进度。在回填空洞时,由于受支护等因素干扰,往往没办法回填密实,这就给营运安全留下隐患。其二,由于部分围岩裂隙水经中墙顶凹部通过排水管排入排水沟,容易造成凹部积水,并且该部排防水系统施工难度大,质量难以控制,造成隧道中墙渗漏水,影响结构耐久性和营运安全。其三,由于行车单洞两侧不对称,结构不美观。因此,对这一结构形式一般不倡导。

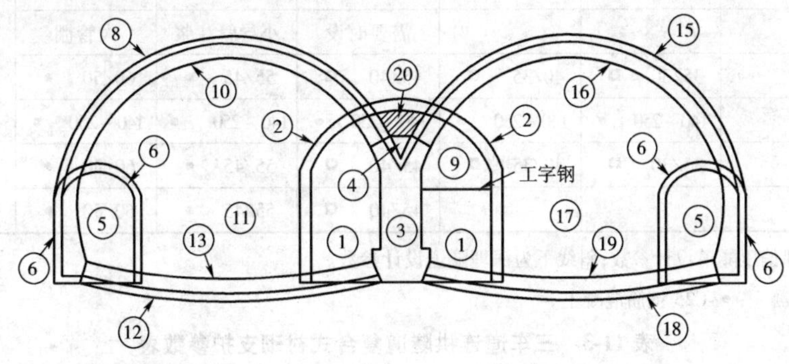

图 11-1 整体式中墙连拱隧道的施工步序

第二阶段主要采用复合式中墙连拱隧道的结构形式,一般结构如图 11-2 所示。它与整体式中墙的连拱隧道的主要区别在于中墙和中墙处的排防水处理。在中导洞贯通后随即修建中墙,要求中墙顶部与中导洞顶紧密接触,这就克服了中墙与围岩间存在着空洞的缺点,使主洞开挖时毛洞跨度相对减小,有利于洞周围岩的稳定,从而减少了施工时的辅助措施,加快了施工进度,节省了工程投资,并可大大提高结构的可靠性,使施工与营运安全得到进一步的保证。由于中墙分次施作两侧外轮廓与双洞隧道初期支护轮廓一致,有利于防水板的全断面铺设,从而使连拱隧道中间部分的排防水结构与独立的单洞隧道相同。其施工工艺相对较为简单,质量容易控制,隧道建成后排防水系统运行可靠,且较美观。从京福高速公路福建段一期工程的实践看,这一结构形式的连拱隧道效果较好,因此,建议在有条件加大中墙厚度的地段采用这一结构形式。

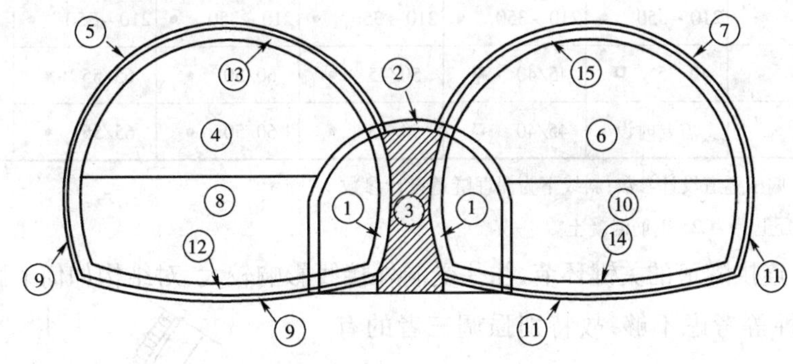

图 11-2 复合式中墙连拱隧道的施工步序

11.2.3 由于连拱隧道受地形、地质和施工条件影响较大,且较普通双洞隧道技术更复杂,简单的工程类比不能解决其设计与施工安全问题,因此进行特殊设计是很必要的。

1 连拱隧道优先采用复合式衬砌,主要是基于这种隧道工序较多,分部施工的各部分必须进行及时的支护,而二次衬砌要求尽量用整体式模板台车一次完成,复合式衬砌最适合连拱隧道的工艺特点。连拱隧道受地形、地质和施工条件影响较大,必须进行特殊设计。本条列出的设计支护参数表 11-2、表 11-3 的取值,是根据浙江、福建、广东、重庆等地工程实践归纳得出的,有一定局限性,I 级围岩支护参数样本较少,分别参照 II 级围岩提出支护参数。这些参数有一定参考价值,但应结合各地的地形、地质特征,进行专门的计算分析。VI 级围岩支护参数样本缺乏,建议通过试验确定。

表 11-2　两车道连拱隧道复合式衬砌支护参数表

支护参数		围岩等级	Ⅰ级围岩	Ⅱ级围岩	Ⅲ级围岩	Ⅳ级围岩	Ⅴ级围岩	Ⅵ级围岩
初期支护	喷射混凝土(cm)		5～10	12	15	15～20	20～25	通过试验确定
	锚杆	长(m)	2.5	2.5	3.0	3.5	3.5	
		间距(cm)	120×120	120×120	120×120	100×100	80×80	
	钢架(cm)			需要时设	需要时设	100～100（格栅）	80（型钢）	
	超前支护				需要时设	小导管注浆	大管棚	
二次衬砌	拱顶(cm)		35/30 □	40/35 □	45/40 □	55/45 •	60/50 •	
	中墙(cm)		140～250 •	140～250 •	140～250 •	140～250 •	140～250 •	
	边墙(cm)		35/30 □	40/35 □	45/40 □	55/45 •	60/50 •	
	仰拱(cm)				45/40 □	55/45 •	60/50 •	

注：(1)斜线上为浅埋偏压隧道设计参数；斜线下为深埋隧道设计参数。

(2) □-C25 素混凝土；•-C25 钢筋混凝土。

表 11-3　三车道连拱隧道复合式衬砌支护参数表

支护参数		围岩等级	Ⅰ级围岩	Ⅱ级围岩	Ⅲ级围岩	Ⅳ级围岩	Ⅴ级围岩	Ⅵ级围岩
初期支护	喷射混凝土(cm)		10	12	15	15～20	20～25	通过试验确定
	锚杆	长(m)	2.5	3.0	3.5	3.5	3.5～4	
		间距(cm)	120×120	100×100	100×100	100×100	100×100	
	钢架(cm)			需要时设	需要时设	80～100（型钢）	80（型钢）	
	钢筋网(cm×cm)		φ6.5,20×20	φ6.5,20×20	φ6.5,20×20	φ6.5,20×20		
	超前支护			需要时设	小导管注浆	小导管注浆	大管棚	
二次衬砌	拱顶(cm)		40/35 □	45/40 □	50/45 •	60/50 •	65/55 •	
	中墙(cm)		210～350 •	210～350 •	210～350 •	210～350 •	210～350 •	
	边墙(cm)		40/35 □	45/40 □	50/45 •	60/50 •	65/55 •	
	仰拱(cm)		需要时设	45/40 □	50/45 •	60/50 •	65/55 •	

注：(1)斜线上为浅埋偏压隧道设计参数；斜线下为深埋隧道设计参数。

(2) □-C25 素混凝土；•-C25 钢筋混凝土。

2　中墙设计是连拱隧道的关键环节，往往受洞外接线影响较大，对结构如何兼顾设计与施工安全、防排水系统的可靠性等考虑不够，故特别强调三者的有机结合。

3　提出连拱隧道中墙最小厚度的依据是近年我国公路隧道工程实践的经验，中墙要承受施工过程中拱部施加的不对称推力，而要保持中墙稳定不开裂的构造厚度。对于复合式中墙连拱隧道考虑了两洞二次衬砌的构造厚度。

4　整体式中墙的连拱隧道，中墙的防排水施工难度较大，本款提出的几点要求，是根据这一结构形式的问题提出的。其设置方式可按图 11-3 进行。中墙顶设置纵向排水管，中墙顶纵向施工缝处设置止水条或止水带，中墙

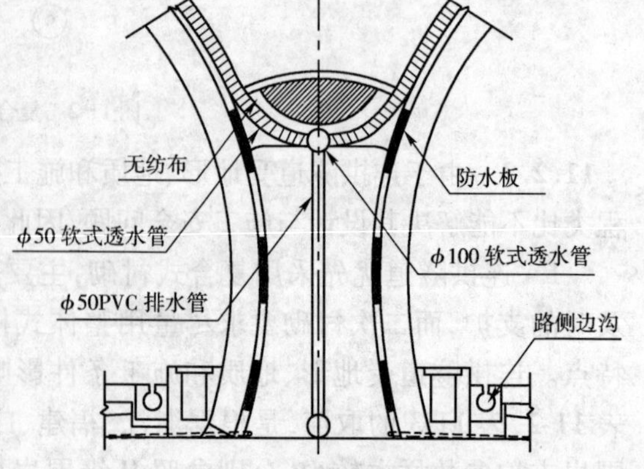

图 11-3　中墙顶部防排水

内埋设竖向排水管,将中墙顶纵向排水管中的水引入洞内边沟。

5 连拱隧道由于结构整体相连,其变形缝设置与独立隧道不同,要求双洞变形缝应同步设置,设置间距在广东五先岭连拱隧道提出 10m 的要求,本次提出按需要设置,旨在提醒规范使用者重视这一问题。

6 本款是根据浙江、福建、广东、重庆等地工程实践和浙江金丽温高速公路建设指挥部等关于《连拱公路隧道综合修建技术研究》的研究成果,经综合分析得出。隧道周边容许相对位移值是连拱隧道的重要稳定性判据,其拱顶下沉可取规定值的 70%,水平位移值可取规定值的 80%。

7 由于连拱隧道施工工艺较复杂,设计内容包括施工过程中结构的安全性,设计和施工密不可分,因此,强调设计中考虑将要采取的施工方法等,对于保证连拱隧道设计意图的实现特别重要。从已建成连拱隧道的情况看,两车道连拱隧道 V、VI 级围岩,宜采用配合超前支护的三导洞施工方法,I、II、III、IV 级围岩,多采用中导洞施工方法。三车道连拱隧道 IV、V、VI 级围岩,多采用配合超前支护的三导洞施工方法,I、II、III 级围岩,可采用中导洞施工方法。施工时两主洞宜保持 1 ~2 倍洞径以上的距离。

8 导洞最小开挖宽度,主要是根据施工中中墙施工必要的操作空间要求提出,也结合了各地导洞实际操作经验提出。连拱隧道往往采用导洞先行,这对超前探明围岩情况极为重要,以前这方面的资料反馈不够及时,这次专门提出这一要求,是想通过这一工作让设计和施工方案更加符合实际。

9 本款提出这一要求,是因为连拱隧道两拱与中墙很难同时施作,这时往往作用于中墙的推力是不对称的,主要可通过施工中加临时支撑或调整施工步骤加以解决,设计中应对这一问题加以重视。

10 提出抗震强度和稳定性验算是强调在较高地震动峰值区域,连拱隧道这类特殊结构形式应对其结构安全性作必要评价,并按《公路工程抗震设计规范》(JTJ 004)双车道明洞和双车道 V、VI 级围岩浅埋段的要求提出。

11.2.4 根据《爆破安全规程》,隧道最大临界震动速度为 $v \leq 15\text{cm/s}$。

11.2.5 已建连拱隧道的经验已经证明偏压时支护参数、施工方法、施工顺序受偏压程度的影响较大,与无偏压的连拱隧道差异很大。同时在偏压状态下,不同的施工步骤,围岩扰动范围是不同的,以前在这方面重视不够,导致部分工程不顺利,因此提出进行特殊设计的要求。参照浙江金丽温高速公路建设指挥部等《连拱公路隧道综合修建技术研究》的研究成果,"先外后里"较"先里后外"其塑性区分布及初期支护内力等均更优,因此,一般宜采用外侧隧道先行的施工顺序。

12 辅助通道

12.1 一般规定

12.1.1 辅助通道有两类：一是为满足公路隧道营运时通风、救援的需要而设的营运辅助通道，二是为增加开挖面加快施工进度而设的施工辅助通道。各种辅助通道的类型、主要用途及适用条件见表12-1。

表12-1 辅助通道类型、用途及适用条件

辅助通道类型		主要用途	适用条件
竖井	隧道、风道、竖井	营运通风	特长隧道分段纵向式机械通风
		增加施工开挖面	长、特长隧道，地质条件较好； 无设置横洞、斜井的条件； 洞顶局部地段覆盖较薄
斜井	斜井、α	营运通风	特长隧道分段纵向式机械通风
		增加施工开挖面	长、特长隧道，地质条件较好； 埋置不深； 虽埋置深但隧道适宜位置处傍侧有低洼地形
横通道	横通道、隧道、平行导坑	营运避难、救援通道	中、长、特长隧道，分离式双洞单向行车或隧道与平行导坑之间的连接
	横通道、隧道、隧道	施工联络道，增加施工开挖面，便于施工通风、运输	平行导坑与隧道的联络； 分离式双洞的联络
风道	风道、风道、隧道	营运通风	设置竖井或斜井与隧道通风连接； 风机房与隧道连接
地下风机房	风机房、风道、风道、隧道	放置风机及其机电设备	有设置地下风机需求的特长隧道； 地质条件较好

续上表

辅助通道类型		主要用途	适用条件
平行导坑	隧道 横通道 平行导坑	营运避难,救援通道	单洞双向行驶的长、特长隧道; 远期规划修建第二线隧道时
		增加施工开挖面	长、特长的深埋隧道; 不宜采用其他辅助通道时
		超前探测地质情况	地质情况复杂
		排泄通道	有大量地下水或瓦斯
横洞	隧道 横通道	增加施工开挖面	傍山、沿河; 桥隧相连施工干扰大或进出口场地狭窄; 地质不良,进洞困难

12.1.2 一般情况下,隧道长度是选设辅助通道的基本条件,当某公路一经决定施工,必然就有一个工期的要求,因此在全面安排施工组织计划后,隧道仅以两个开挖面掘进,施工进度不能满足工期要求时,就有考虑设置辅助通道的必要,以增辟开挖面,适应施工工期的要求。从当前的施工技术水平和机具设备来看,当隧道长度在3km及以上时,为满足工期要求,同时结合营运通风、救灾的要求需设置辅助通道。

设计时,必须对辅助通道的设置与否,采用何种类型等问题进行多方案技术经济比较,慎重采用,防止缺乏整体规划,不顾经济效益,仅从施工方便考虑,随意设置辅助通道,造成工程上的浪费。

12.1.3 设置辅助通道的目的,主要是增加开挖面加快施工进度,而影响进度的关键多在于出渣速度。因此在设计时,首先要根据运输要求确定采用单道或双道断面,地质条件则决定了断面的形状,如地质条件较好,可采用梯形断面,而地质条件较差时,则需采用拱形断面。按上述条件确定的同时,还需综合考虑设备、管路布置等要求,力求提高断面利用率,缩小断面积,以降低造价和加快施工速度。

1 作为营运通风道时,其断面积可按《公路隧道通风照明设计规范》(JTJ 026.1)的有关要求考虑。

2 营运辅助通道兼作施工通风道时,应根据施工通风所需的风量核算其净断面积,使风速控制在允许范围以内。计算公式如下:

$$v = Q/F \leqslant v_{允许} \tag{12-1}$$

式中 v——通过坑道风流的速度(m/s);

Q——所需风量(m^3/s);

F——坑道的净断面积(m^2);

$v_{允许}$——坑道允许通过的最高风速,$v_{允许}=6m/s$。

一般认为风道中风速采用10~15m/s为宜,以使选用的通风机的效率经济合理。

通过核算辅助通道断面积后,若不能满足营运通风要求时,则应修改断面,避免施工过后重新扩大断面,造成浪费。

3 斜井、平行导坑在一侧应留有宽度不小于0.75m的人行道,另一侧应设不小于0.25m的间隙宽度;运送车辆停车处,在一侧应留有宽度不小于1.0m的人行道;轨道运输时,两条轨道中心线之间的距离应大于0.2m;有摘挂钩作业的车场,两列列车车体最突出部分之间的间隙不得小于0.7m。

12.1.5 近年来修建的长隧道,很多都采用了辅助通道。竣工营运后除少数利用外,多数废弃,仅做了洞口的封闭工程,在营运中往往发生病害,以致危及行车安全。过去有用木支撑做支护的,竣工后还有少量木支撑因山体压力随时间增加不易拆除而留下,以致当支撑腐朽,山体压力继续增加造成洞壁坍塌,而在隧道开挖时,隧道四周一定范围内的围岩都受到扰动,应力状态发生变化,这一范围内辅助通道的稳定与否，直接影响到隧道衬砌的外荷状况，辅助通道一旦坍塌，必然导致主洞山体压力增大，同时会引起地下水流不畅，甚至堵塞，往往造成支护裂损，边墙渗漏水等病害。因此对辅助通道的支护，不能仅仅从施工阶段安全的角度出发，还应保证主洞营运安全。所以，要求设计时对不予利用而可能造成各种病害的辅助通道进行妥善处理。

12.1.6 隧道施工中的弃渣、废水、废气、噪声都会给环境造成不良影响，特别是弃渣堵塞水道、河道，造成水患和占用农田的事常有发生。以往隧道选位、洞门设计，考虑与自然景观相协调已然不足，而辅助通道洞(井)口位置的选择和设计，考虑与自然环境、自然景观相协调更为不足。条文中因而规定辅助通道洞(井)口选位和设计、施工场地布置及弃渣处理等应与环境保护、道路交通总体布置相协调。这是与国家现行的环境保护法规相协调一致的。

12.1.7 采用竖井和斜井作辅助通道时，地下水的排出直接影响到工程的进度、造价及施工安全，因此在勘测设计过程中应切实了解和掌握地下水的情况，并根据涌水量的大小和施工组织安排及有关规定，确定井下泵房、水仓等排水系统的设置。

12.2 竖井

12.2.1

1 在设置斜井、竖井时，应使井身通过地质较好的地段，这是因为竖井在工程地质、特别是水文地质差的情况下，施工难度大、进度慢、造价高且不安全。在选设井口位置时，其井口地形应有布置提升设备以及卸料和出渣所需的场地。设置竖井的目的在于增辟主洞开挖面，加快施工速度，满足工期要求。如果忽视这些要求，井身施工期长，且增加造价，将达不到设置竖井的预期效果。

在竖井和斜井的施工中，因斜井的施工设备和施工技术较简单，而竖井施工需要一套专门的设施，如吊盘、抓岩机、吊桶、稳车等。二者比较，竖井的施工进度慢，水的排出困难，造价高，安全性也差，同时竖井测量投点困难，向主洞延伸测量误差较大。

“井口位置的高程应高出洪水频率为1/100的水位至少0.5m”。这是根据工程实践中的经验教训提出来的。隧道竣工后，一般竖井或斜井、通风井成为永久建筑的一部分。在洪水位高程难以确定，井口有可能被洪水淹没时，则应有确保安全的防洪措施。

2 竖井设在隧道中线上时，对主洞施工有干扰，不安全，而且竖井与隧道接头处拱顶衬砌结构处理较复杂，如竖井漏水将威胁主洞，处理也较困难，而设在中线一侧，则可避免上述缺陷，故平面位置以设在隧道中线的一侧为宜。

根据以往的实践，竖井平面位宜设在与隧道净距不小于15m处，这在一般围岩下是可行的；当地质条件差时，应选用较大的距离。竖井与隧道的间距还应考虑井口地形和井底车场的布置，以利出渣、进料和便利施工。

3 安全梯主要是作为井下发生突发事故和停电时的安全设施，而在主洞未贯通前，它又是唯一的出口，平时也可利用安全梯检查井筒装备和处理卡罐等事故。

12.2.2 竖井井口多处在松软的表土层或风化破碎的岩层内，故条文规定：“竖井井口应设混凝土或钢筋混凝土井颈”。其井颈的形式、尺寸和材料可根据井口地质条件、井架和井口建筑物传给井颈的荷载及施工方法等因素确定。

因马头门是十字交叉点，结构特殊，受力情况复杂，还要承受井筒传来的力，故“马头门应作模筑混凝土衬砌”。

在竖井支护中，一般地质条件下均可采用无壁座支护；当地质条件差，衬砌与地层间黏结力小，地基承载力低，或需承受上方较大的荷载，而设置壁座可以扩散承受的负荷，减小单位地基承载力，故规定“井口段、地质条件较差的井身段及马头门的上方宜设壁座”。

12.2.3 竖井不论在建井还是在使用过程中，必须安全工作，在提升过程中会因断绳、脱钩产生溜车(掉罐)或过卷，以及在竖井中的碰撞事故。故本条提出：“竖井必须设有安全设施”。

12.3 斜井

12.3.1

2 近年来，斜井施工数量逐年增多，根据调查，大多倾角设在25°以下，一般认为斜井倾角小，对斜井本身的修建速度有所提高，工作人员上下方便、安全，并可提高斜井的提升能力，对隧道快速施工起到一定作用，当采用矿车提升，倾角超过一定的角度就会出现掉块，角度越大掉块现象越严重，同时还容易造成掉道。故规定："串车提升时，不大于25°"。由于施工技术和施工机械化程度的不断提高，主洞施工进度加快，出渣量增大，除采用大容积提升容器外，采用箕斗提升亦可适当增大倾角，以缩短斜井长度，增大提升能力，加快斜井的提升速度。为此，在地形有利而另有通道进料时，可设专为出渣用的箕斗提升斜井，故规定："箕斗提升时，不大于35°"。胶带运输机的斜井，在公路隧道中很少使用，缺乏经验，参照国内外有关资料，考虑到隧道弃渣与冶金部门提升的矿石、矸石的情况相接近，从安全出发，故规定："胶带输送机提升时，不大于15°"。

4 "井身纵断面不宜变坡"，是由于井身变坡会给提升带来不利。如纵断面是凹形，钢丝绳与轨面之间呈现一弓弦状，极易撞击顶板，增加钢丝绳的磨损及造成车辆掉道；如纵断面是凸形，车辆行经变坡点，其重心落在后轮时，前轮翘起，不能保持稳定，易发生掉道，不安全。

"井口和井底变坡点应设置竖曲线"，是为了缓和变坡点坡度的急剧变化，使车辆能够平稳顺利地通过变坡点，不致发生掉道和脱钩。

5 "斜井必须设置宽度不小于0.75m的人行道"，适用于串车、箕斗提升的斜井，也适用于采用胶带运送机提升的斜井，但前者是设在一侧，后者是设在胶带运送机与轨道之间。

12.3.3 斜井不论在施工还是在使用过程中，必须安全工作，在提升过程中会因断绳、脱钩产生溜车（掉罐）或过卷，以及在斜井中的掉道、翻车等事故。故本条提出："斜井必须有相应的安全措施，并在适当位置设挡车设备，严防溜车"。"相应措施"除挡车设备外，斜井串车提升时井口应设阻车器，车辆上应设置抓钩，连接插销应有防止脱钩的装置；防止过卷、过速装置以及必要的检查管理制度等。"适当位置设挡车设备"是指在井口和井底应各设一道挡车设备，斜井井身则根据斜井长可设1～2道挡车设备。

"倾角在15°以上的斜井应有轨道防滑措施"。因为斜井轨道与水平轨道不同，斜井轨道由于重力作用，往往下滑，轨缝增大或缩小，轨道连接螺栓被剪断，局部线路或道岔变形，使维护困难，造成事故，危及人员和设备安全，影响正常的施工。故作此规定。

12.4 平行导坑与横洞

12.4.1 实践表明，平行导坑对解决施工通风、排水、运输和减少施工干扰，以及增加主洞开挖面都能起一定的作用，对加快施工进度有利，并能起探明地质的作用。要通过平行导坑增辟开挖面，则要求平行导坑施工比主洞有较大的超前，这只在平行导坑长度较长时才能实现。平行导坑成本较高，一般约占隧道造价的30%左右，而隧道竣工后，除少数平行导坑有营运排水作用外，一般为废弃工程。因此，条文规定："长度在3 000m以上或确有特殊需要的隧道，可采用平行导坑"。

瓦斯隧道施工时，为防止瓦斯爆炸，加强通风是最主要的措施。由于需要的风量大，风管式通风往往不能满足需要，因此，应优先采用能形成全负压的巷道式通风的平行导坑。另外，《煤矿安全规程》规定：每个生产矿井必须至少有两个能行人的通地面的安全出口。公路瓦斯隧道与煤矿生产矿井虽有区别，但设置平行导坑后多一个通向洞外的出口，对于防止瓦斯灾害是有显著作用的。

条文提出平行导坑"坑底高程宜低于隧道底面高程0.2～0.6m"，这可使横通道的纵坡向平行导坑布置为下坡，有利于主洞水流向平行导坑排出和重车出渣。为有利于排水，其坡度不应小于0.3%。另外，瓦斯隧道设置平行导坑作为辅助通道用于排放瓦斯时，其底面高程应高于隧道底标高，如此则隧道不能用平行导坑排水和出渣。

在考虑兼顾营运隧道排水时,应加深平行导坑内水沟的深度。

12.4.2 平行导坑和主洞的排水关系可能出现多种形式,当隧道内为单向坡,平行导坑纵坡与隧道一致反向掘进时,地下水需依靠机械抽排;若两端平行导坑不贯通,到营运时,高洞口端平行导坑地下水只能流经隧道排出;隧道纵坡为人字坡或单向坡,而地下水量大,需流经平行导坑排出,但考虑不周或处理不当时,往往产生滞留、倒流、漫流等情况,因此设计时对平行导坑的水沟断面、坡度都应和主洞排水系统一并考虑,以免造成上述问题。

12.4.3 傍山、沿河隧道,当施工需要时,采用横洞施工,方便实用。其连接形式应根据地质、施工的主攻方向和进度要求及横洞的长短,确定采用单联或双联。

"应设向横洞外不小于0.3%的下坡",这是根据一般的排水坡度要求而定的。

12.5 横通道、风道及地下机房

12.5.2、**12.5.3** 主要内容来自《公路隧道通风照明设计规范》(JTJ 026.1)中的3.7.1条、3.8.1条。

13 辅助工程措施

13.1 一般规定

13.1.1 隧道通过浅埋地段、自稳性差的软弱破碎地层、严重偏压、岩溶流泥地段、砂土层、砂卵(砾)石层、断层破碎带以及大面积淋水或涌水地段时,常会发生开挖面围岩失稳,或由于初期支护的强度不能满足围岩稳定的要求以及由于大面积淋水、涌水导致洞体围岩丧失稳定而产生坍塌、冒顶等,这不仅使围岩条件更加恶化,给施工带来极大困难,而且影响施工安全,延误工期,影响工程质量和隧道使用年限。此时采用通常的锚杆、喷射混凝土层、钢支撑等初期支护难以稳定围岩,因此需要采用辅助工程措施(又称辅助工程方法,简称辅助工法)以加强围岩的稳定性。

辅助工程措施包括地层稳定措施和涌水处理措施。地层稳定措施又可以分为对地层预支护与预加固两大类,主要有管棚、超前导管、超前钻孔注浆、超前开挖面锚杆、上半部临时仰拱封闭法、拱脚导管锚固、地表砂浆锚杆与注浆加固、墙式遮挡法等;涌水处理措施主要有注浆止水法、超前钻孔排水法、超前导洞排水法、井点降水法和深井排水法等。

13.1.2 是否采用辅助工程措施,应根据隧道所处的工程地质和水文地质条件、隧道长度、埋置深度、施工机械、工期和经济等方面考虑决定。各辅助工程措施的适用条件如表13-1。使用时,可结合隧道所处的围岩条件、施工方法、进度要求、配套机械、工期等进行比选,有时可采取几种方法综合处理。

表13-1 辅助工程措施及其适用条件

辅助工程措施		适用条件
地层稳定措施	管棚法	V级和VI级围岩,无自稳能力,或浅埋隧道及其地面有荷载
	超前导管法	V级围岩,自稳能力低
	超前钻孔注浆法	V级和VI级软弱围岩地段、断层破碎带地段、水下隧道或富水围岩地段、坍方或涌水事故处理地段以及其他不良地质地段
	超前锚杆法	IV~V级围岩,开挖数小时内可能剥落或局部坍塌
	拱脚导管锚固法	V级围岩,自稳能力低
	地表锚杆与注浆加固法	V级围岩浅埋地段和埋深≤50m的隧道
	墙式遮挡法	浅埋隧道,且隧道上方两侧(或一侧)地面有建筑物
涌水处理措施	注浆止水法	地下水丰富且排水时挟带泥沙引起开挖面失稳,或排水后对其他用水影响较大的地段
	超前钻孔排水法	开挖面前方有高压地下水或有充分补给源的涌水,且排放地下水不会影响围岩稳定及隧道周围环境条件
	超前导洞排水法	同上
	井点降水法	渗透系数为0.6~80m/d的匀质砂土及亚黏土地段
	深井降水法	覆盖较浅的均质砂土及亚黏土地层

13.2 地层稳定措施

13.2.1 管棚是将钢管(导管)安插在已钻好的孔中,沿隧道开挖轮廓外排列形成钢管棚,管内注浆,并与强有力的型钢钢架组合成预支护系统(图13-1),以支承和加固自稳能力极低的围岩,适用于极破碎的地层、塌方体、岩堆等地段,对防止软弱围岩的下沉、松弛和坍塌等有显著效果。其特点是支护能力强大,适用于含水的砂土质地层或破碎带,以及浅埋隧道或地面有重要建筑物地段。

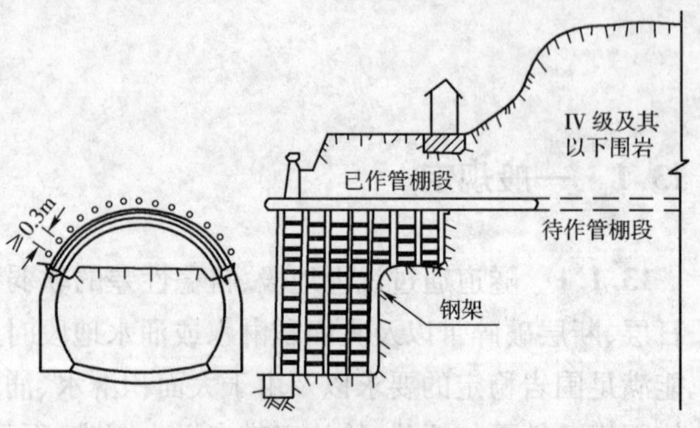

图13-1 型钢钢架组合预支护系统

管棚的形状如图13-2所示,随隧道开挖面形状和导管的布置方式而异。

管棚钢管沿隧道开挖轮廓线纵向设置,其长度为10~45m,应视地质情况选用。为保证开挖后管棚钢管仍有足够的超前长度,纵向两组管棚搭接长度应大于3.0m。管棚钻孔环向间距应视管棚用途而定,如果考虑防塌与防水,一般为30~50cm。

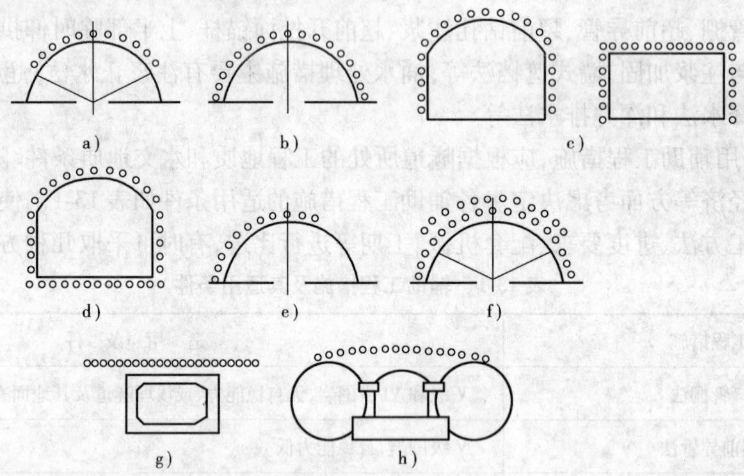

图13-2 管棚形状

导管宜为热轧无缝钢管,并分段安装,两段之间用"V"型对焊或丝扣连接。导管上须钻注浆孔,呈梅花形布置(图13-3)。导管尾部留有不钻孔的止浆段。

在进行管棚设计时,设计参数宜根据实际地质情况及施工条件参照本条规定的要求进行。

13.2.2 超前小导管是沿隧道纵向在拱上部开挖轮廓线外一定范围内向前上方倾斜一定角度,或者沿隧道横向在拱脚附近向下方倾斜一定角度的密排注浆花管(图13-4)。注浆花管的外露端通常支于开挖面后方的格栅钢架上,共同组成预支护系统。

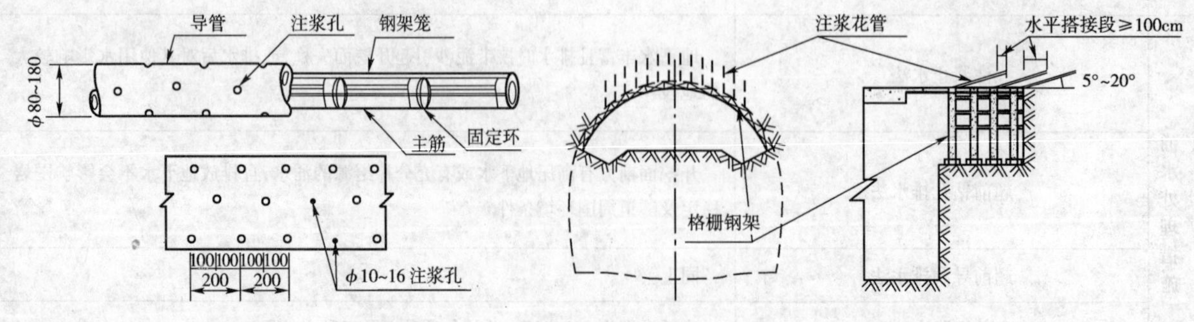

图13-3 梅花形布置导管(mm)

图13-4 密排注浆花管

注浆小导管既能加固洞壁一定范围内的围岩,又能支托围岩,其支护刚度和预支护效果均大于超前锚杆,适用于自稳时间很短的砂土层、砂卵(砾)石层、断层破碎带、软弱围岩浅埋段等地段的隧道。

小导管前部钻有注浆孔,呈梅花形布置,前端成锥形,尾部长度不小于 30cm,作为不钻注浆孔的预留止浆段(图 13-5)。

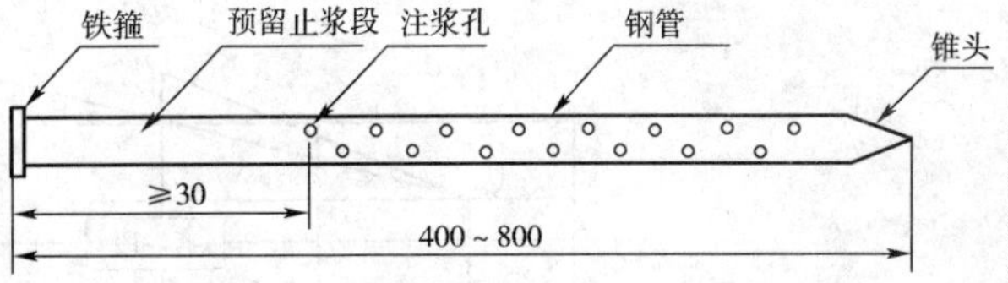

图 13-5 不钻注浆孔的预留止浆段(单位:cm)

压注水泥砂浆的水灰比一般为 0.5~1.0。当围岩破碎、岩体止浆效果不好时,亦可采用水泥-水玻璃双液注浆,将浆液凝结时间控制在数分钟之内。注浆压力宜为 0.5~1.0MPa,必要时在孔内设止浆塞。

浆液扩散半径 R 可根据导管排列密度确定,考虑注浆扩散范围相互重叠的情况,可按下式计算:

$$R = (0.6 \sim 0.7)L \tag{13-1}$$

式中 L——导管中心间距(m)。

单根导管注浆量 Q 按下式计算:

$$Q = \pi R^2 ln \tag{13-2}$$

式中 R——浆液扩散半径(m);

l——导管长度(m);

n——围岩空隙率(%)。

导管注浆也可与格栅钢架组成预支护系统。格栅钢架又称格构梁,施工现场多称为花拱。常用 ϕ22~30mm 的主筋和 ϕ12~16mm 的构造筋,经冷弯焊接而成。其与注浆小导管组合成的预支护系统具有类似管棚的作用,也可称为短管棚。具有如下特点:

1)比超前锚杆或小导管的支护能力强大;

2)比管棚简单易行,灵活经济,但支护能力较弱;

3)格栅钢架内空间被喷射混凝土充填、覆盖,具有较好的防水性能;

4)充填的喷射混凝土与围岩和钢筋均紧密黏结,形成一个刚度较接近的共同变形体,受力条件合理。

13.2.3 超前钻孔注浆预加固地层是把具有充填和凝胶性能的浆液材料,通过配套的注浆机具设备压入所需加固的地层中,经过凝胶硬化作用后充填和堵塞地层中缝隙,减小注浆区地层渗水系数及隧道开挖时的渗漏水量,并能固结软弱和松散岩体,使围岩强度和自稳能力得到提高。

超前围岩预注浆又称长孔注浆,它是加固地层、封堵水源的一种方法。适用于软弱围岩及断层破碎带、自稳性差的含水地质地段。注浆孔深一般在 15~30m。注浆孔可在地表面或开挖面正面分层布置,在纵向呈伞形辐射状。要求注浆孔底间距按各个注浆孔的扩散半径相互重叠的原则确定。

8~16m 的浅孔可采用钻孔台车钻注浆孔;当孔深超过 16m 时,则应采用重型风钻或钻机钻孔。

注浆孔径 75~110mm;注浆孔间距按 1.5~1.6 倍浆液扩散半径决定,一般为 2~3m。浆液扩散半径为 1~2m。注浆范围为开挖轮廓线以外 1~3m。

以提高软弱围岩强度为主要目的的注浆范围按下列不同情况计算确定:

1)注浆区围岩可视为弹性体时,注浆范围半径取 2~3 倍的隧道开挖平均半径较为合理。

2)在断层破碎带注浆范围半径取 3~4 倍的隧道开挖平均半径较为恰当。

注浆段长应根据工程地质、水文地质和钻孔机械及注浆设备等条件确定。一般情况下,设计段长可取 30~50m,对于破碎岩层或涌水量大的地段,可适当取短些,每次在注浆段长度范围内保留 5~10m 左右不开挖,作为下一段注浆的止水(浆)岩盘。止水(浆)岩盘的厚度,可根据岩石的抗剪强度、注浆压力、开挖断面的平均直径等条件经计算确定,计算厚度应满足下一段注浆时,有设置止浆塞的条件和位置。

根据确定的注浆范围、注浆段长、浆液材料、扩散半径以及工程要求等条件布置注浆孔。布孔原则是使各注浆孔浆液扩散范围相互重叠,以免出现"盲区",造成隧道开挖时涌水或坍方。

洞内工作面预注浆的注浆孔布置可由工作面向开挖方向呈伞形辐射状,根据隧道施工开挖方式分全断面一次布孔和半断面多次布孔,或从侧向导坑布置注浆孔等方式。钻孔布置成一圈或数圈,内外圈按梅花形排列，并采用长短孔相结合(图 13-6)。

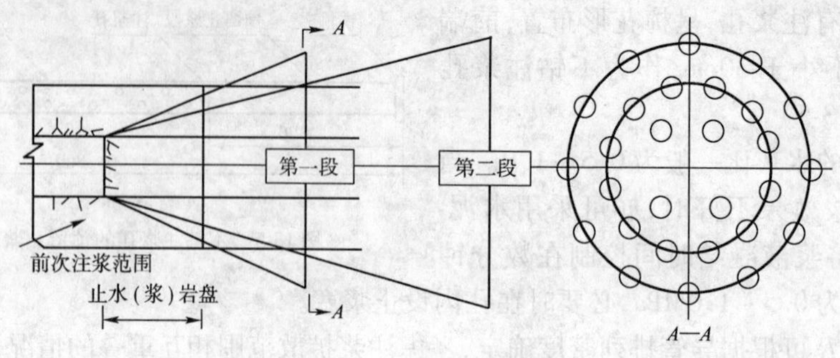

图 13-6　钻孔布置

注浆孔底间距按单孔注浆时浆液扩散半径来确定，孔间距为 1.4 ~1.7 倍的扩散半径。

注浆钻孔深度和角度计算是根据注浆段长，采用作图或计算求得。计算时是根据注浆孔的孔底和孔口坐标算出注浆钻孔的倾角、偏角和孔长。

隧道周边浅孔预注浆的注浆孔布置可根据地质条件、施工方法和机具设备确定。在地质条件特别差的地段，可采用周边浅孔预注浆和管棚相结合的施工方法。由于钻管棚孔时引起围岩松动，孔壁与管棚钢管之间存在一定的空隙，加之地下水作用，若不作处理，在开挖时管棚孔间易产生流泥、流石，严重时可能引起坍塌。可在打入管棚导管后，再打周边孔预注浆(图 13-7)，封堵管棚四周裂缝和空隙，使隧道衬砌外周形成一个加固封闭圈。周边浅孔预注浆可与开挖方法相配合，当采用上下半断面开挖时，周边注浆也可分上下半断面两次进行。周边注浆孔一般可采用钻孔台车施工，注浆孔深度 8 ~12m，注浆钻孔方向大致与管棚导管平行，孔口位置在初期支护轮廓线内侧 0.3m 左右，间距视地质条件确定。

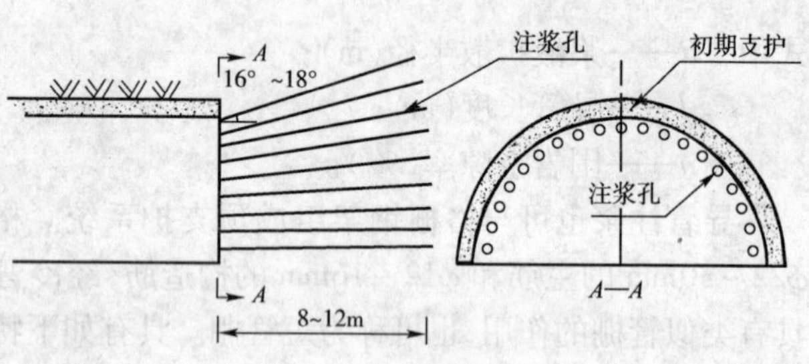

图 13-7　周边孔预注浆

注浆方式有前进式、后退式及全孔一次式等，可根据涌水量大小及注浆孔的深度选用。当钻孔遇有较大涌水时，应暂停钻孔，待再压浆后，重复钻孔、注浆，这种注浆方式称为前进式注浆。当钻孔中涌水量较小时，则钻孔可直钻到设计深度，然后从孔底向孔口进行分段注浆，这种注浆方式称为后退式注浆。当钻孔直至孔底，然后一次注浆完毕，这种注浆方式称为全孔一次注浆。一般在软弱地层中多采用分段前进式注浆。

注浆结束后应及时对注浆效果进行检查，检查方法通常有分析法、检查孔法、声波监测法等。

注浆材料的可灌性要好，易注入岩石裂缝中；要求早期强度高且后期强度下降不大，有一定的胶凝时间，其结石体透水性低，材料配合及操作简单，料源广，价格便宜，不会污染地下水，对操作人员无伤害等。详细内容参见《公路隧道施工技术规范》(JTJ 042)有关的说明部分。

13.2.4　超前锚杆又称斜锚杆，一般适用于浅埋松散破碎的地层，是沿隧道纵向在拱上部开挖轮廓线外一定范围内向前上方倾斜一定外插角，或者沿隧道横向在拱脚附近向下方倾斜一定外插角的密排砂浆锚杆。前者称拱部超前锚杆，后者称边墙超前锚杆(图 13-8)。

拱部超前锚杆用以支托拱上部临空的围岩，起插板作用。边墙超前锚杆用在先拱后墙法开挖边墙

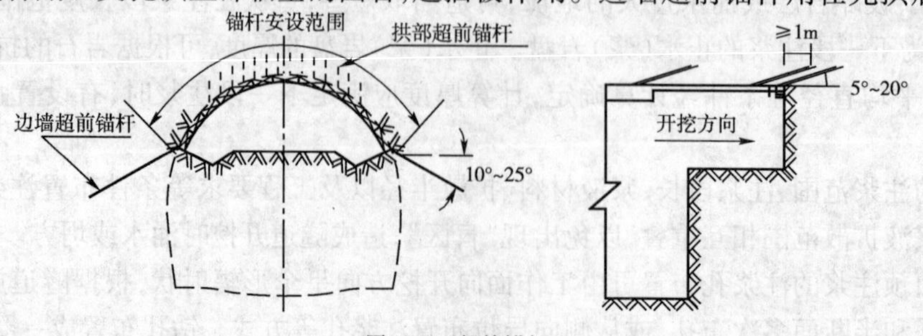

图 13-8　超前锚杆

的过程中，将起拱线附近岩体所承受的较大拱部荷载传递至深部围岩，从而提高施工中的围岩稳定性。

13.2.5 地面砂浆锚杆是对地层预加固的一种方法，它适用于浅埋、洞口地段和某些偏压地段（图13-9）。为使预加固有较好的效果，锚固砂浆在达到设计强度的70%以上时，才能进行下方隧道的开挖。

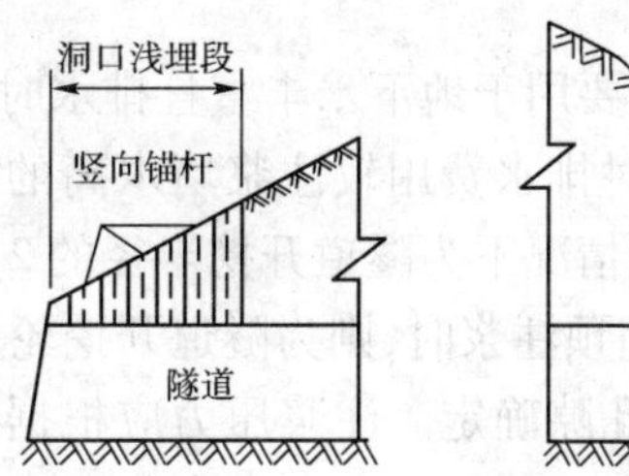

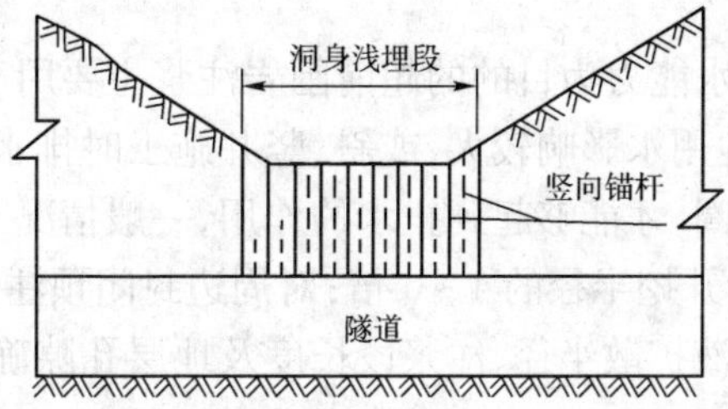

图13-9 地面砂浆锚杆

锚杆长度一般为地面至隧道拱部外缘线之间的距离，如图13-10。

地表锚杆加固宽度可按1～2倍隧道宽度考虑，亦可按下列方法确定：

1 破裂面估算法

用破裂面法计算加固宽度，系假定在软弱围岩中开挖隧道后，边墙外侧岩体沿竖直面呈$45° - \varphi/2$夹角的破裂面滑动。由该破裂面向上延伸与地面交线之间的距离，即为应加固的宽度B（图13-11），其半宽度$B/2$为：

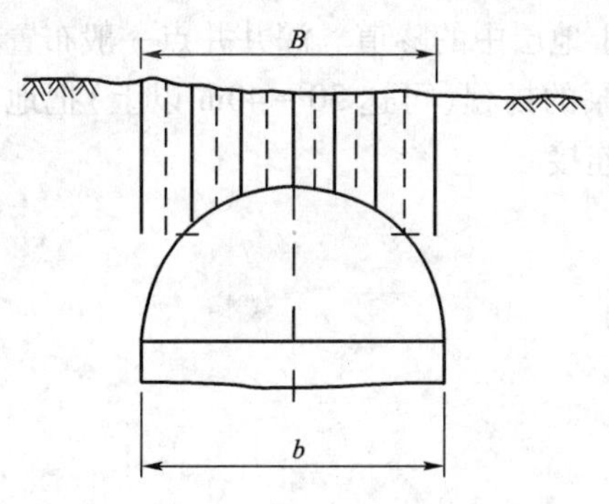

图13-10 锚杆长度

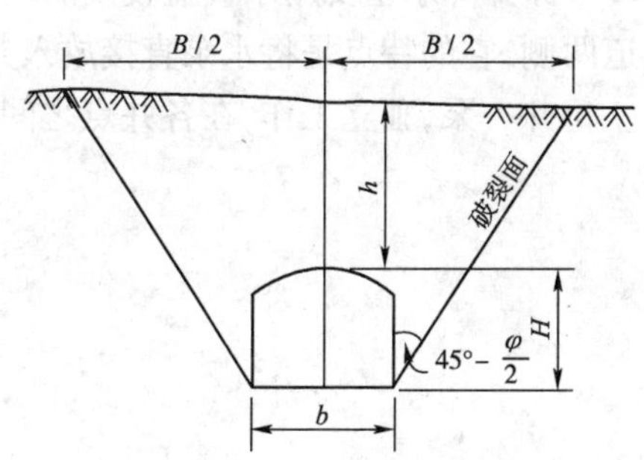

图13-11 加固宽度B

$$B/2 = \frac{b}{2} + (h + H)\tan\left(45° - \frac{\varphi}{2}\right) \tag{13-3}$$

式中 $b/2$——隧道开挖宽度之半（m）；

h——隧道埋深（m）；

H——隧道开挖高度（m）；

φ——岩体内摩擦角（°）。

2 根据埋深选定加固长度

纵向加固长度一般采用浅埋段长度，亦可按埋深$h \leqslant 2b$（b为隧道开挖宽度）时的长度作为加固长度范围。

13.2.6 地表注浆加固法是对于隧道埋深小于50m，围岩稳定性较差，开挖过程中可能引起塌方的不良地段，它通过从地面向下钻孔注浆，对围岩进行预先加固。与13.2.4条相比，除了注浆孔的布置（图13-12）不同外，其余要求相同。

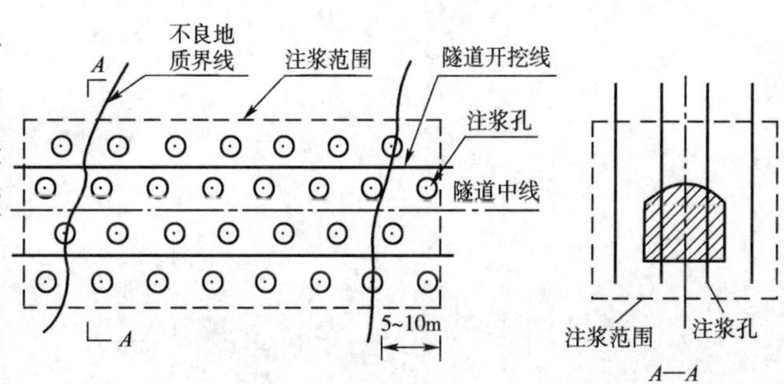

图13-12 注浆孔布置

13.2.7 墙式遮挡法一般用于浅埋隧道，且隧道上方两侧（或一侧）地表有建筑物。此时可在隧道两侧（或一侧）从地表向下打入板桩，形成遮挡壁，以限制因隧道开挖造成围岩松弛的范围传到遮挡壁以外，从而保证了地表建筑物的安全。这种方法常用的有混凝土连续壁法和钢管、H形型钢、钢板桩等遮挡法。

13.3 涌水处理措施

13.3.1 以提高堵水能力为目的的超前围岩注浆主要用于地下水丰富且排水时挟带泥沙引起开挖面失稳，或排水后对其他用水影响较大，或斜、竖井施工时排水费用较注浆堵水高的情况。注浆范围要求达到或超过围岩松动圈，才能够起到止水的作用，一般情况下为隧道开挖半径的2～3倍；当地下静水压力大于2.5MPa时，为开挖半径的4～6倍；对周边封闭预注浆时，则为隧道开挖轮廓线外0～3m。

注浆量可根据浆液扩散半径、注浆段长度及地层孔隙确定。注浆压力应根据涌水压力、岩性、注浆目的等因素决定。

13.3.2 超前钻孔排水是为了防止承压水突然袭击而采取的措施。设计应对工程地质和水文地质进行详细调查分析，判明地下水流方向，估计可能发生的涌水量，然后布置钻孔位置、方向、数目和每次钻进深度。施工中应严格遵循《公路隧道施工技术规范》(JTJ 042)的有关规定。

13.3.3 超前钻孔导洞或辅助通道排水一般用于开挖面前方有高压地下水或有充分补给源的涌水，且排放地下水不会影响围岩稳定及隧道周围环境条件。

13.3.4 井点降水是在隧道内用来降低地下水的一种方法。一般适用于渗透系数为0.6～80m/d的均质砂土及亚黏土地段，井点的布置应根据地层的渗透系数、降水范围及降水深度而定。

13.3.5 深井降水主要用于覆盖较浅的均质砂土及亚黏土地层中的隧道。深井井点一般布置在地表面靠隧道两侧，它的特点是将水泵直接放入井管中，依靠水泵的扬程(可达30～40m以上)把地下水抽到地面。每井一泵，独立工作，在各井点之间不用集水管路连接。

14 特殊地质地段

14.1 一般规定

14.1.1 特殊地质地段是指膨胀性地层、软弱黄土地层、含水未固结围岩、溶洞、断层、岩爆、流沙等地段以及瓦斯逸出地层。由于这些岩层地质成因复杂,具有突发性,对隧道施工危害极大,仅靠常规方法是难以克服的,在这些围岩中修建隧道,都要采取特殊的设计和特殊的施工方法。因此,本条文提出除遵守一般技术要求外,还应遵守本章规定,采用辅助工程措施设计。

14.1.2 特殊地质地段的变异条件是非常复杂的。施工前根据设计文件提供的地质资料和施工调查制定的措施和对策,不可能自始至终符合实际情况,因此,在施工过程中应经常观察地层的变化,检查支护、衬砌的受力状态,及时排险,防止突然事故的发生。

现场围岩及结构变形量测以及对设计、施工的反馈,对于隧道结构物来说具有积极的意义,效果是显著的。特殊地质地段,围岩变形大,速度快,事故具有突发性,因此,积极采取现场围岩变形量测,及时了解变形量、变形时间及空间变化规律是非常有益的,这样,开挖与支护就有了科学依据,减少了施工中的人为主观因素。

14.2 膨胀性围岩

14.2.1 膨胀性围岩隧道除拱部承受很大围岩压力外,边墙和底部亦承受很大的膨胀压力,为适应膨胀压力情况,支护衬砌形状必须采用圆形或接近圆形的卵形或马蹄形断面。由于围岩变形大,为防止衬砌侵入建筑限界,故隧道设计断面要预留较大的变形量,该变形量应根据围岩膨胀变形量确定。

14.2.2 膨胀性围岩隧道采用先柔后刚、先让后顶、分层支护的方法,关键是如何确定二次衬砌最佳施作时间。如围岩变形不充分,过早施作二次衬砌,则可能被围岩膨胀压力破坏;施作过晚,则变形过大,围岩松弛,造成坍方,故宜通过现场试验、量测来确定二次衬砌施作时间。据有关资料,一般在围岩变形基本稳定,变形速率<0.2~0.5mm/d后施作二次衬砌为宜。

14.2.3 根据《锚杆喷射混凝土支护技术规范》(GB 50086)第4.1.11条条文说明:"一些试验表明,在膨胀性岩体中,采用喷锚支护与其他支护形式相结合的复合支护是行之有效的,采用锚喷支护作为复合支护的初期支护是适宜的。"为此,本条规定膨胀性围岩隧道应采用复合式衬砌。

实际上,喷锚初期支护具有及时、柔性和密贴等优点。在开挖后能及时施作,迅速有效地支护封闭围岩,防止围岩变形过大而松弛、坍塌,阻止水汽侵入岩体,减少围岩风化、吸水软化和膨胀。初期支护刚度较小,最大厚度不超过25cm,允许围岩有一定的变形,能发挥和利用围岩的自承作用,特别是长锚杆能加固围岩,随围岩变形而产生一定位移后,仍可起到加固围岩的作用。膨胀压力大时,为提高初期支护的强度,可采用钢纤维喷射混凝土,或在喷层中加钢筋、型钢、钢管等钢架。

二次衬砌主要承受后期继续增加的膨胀围岩压力,使隧道衬砌长期稳定。一般情况下,由初期支护传给二次衬砌的荷载分布比较均匀,故二次衬砌宜采用等厚、圆顺断面,一般衬砌厚度<50cm;若膨胀围岩压力大时,可采用钢筋混凝土衬砌。

为加强支护衬砌的整体刚度,阻止围岩过大的变形,膨胀性围岩隧道支护衬砌均应设置仰拱。

14.2.4 在膨胀压力引起大变形的情况下,喷射混凝土层会出现剥落、掉块和破坏,或钢架扭曲、锚杆拉断等现象。为适应大变形的要求,初期支护可采用预留纵向变形缝的喷混凝土支护,变形缝宽10~30cm;采用可缩式钢架,每榀钢架可设2~5个可缩接头,每个接头可缩10~20cm;同时加密高强度锚杆，以抵御膨胀压力。如奥地利陶息公路隧道直径约 11m，马蹄形衬砌断面，在膨胀围岩段，初期支护采用 15cm 厚喷层，4.0m 长锚杆(间距 0.75m)，25kg/m 的轻型钢架，产生 <25cm 的位移，经补强后保持围岩稳定，但在 80cm 的大变形段，喷层严重破坏，钢架扭曲，为适应 80cm 变形要求，沿喷层每隔 2～3m 布置一条宽 15cm 的纵向变形缝，当变形值达 80cm 时，纵向缝闭合，未引起喷层明显破坏。

14.2.5 隧道未作底部支护时，隧底便成为围岩应力释放的集中部位，如果底部经常积水，使围岩浸泡软化，吸水膨胀，将可能产生底鼓现象。如不及时加以控制，便会产生墙脚内移，边墙剪断，拱圈破损、坍塌而导致整个支护衬砌破坏(图 14-1)。

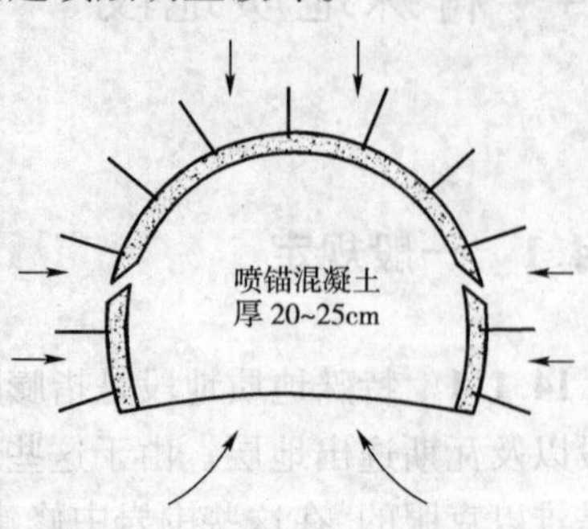

图 14-1 未封闭的喷锚支护隧道变形破坏图

初期支护的仰拱不宜过厚，允许围岩有一定变形，以便发挥围岩的自承作用。仰拱的曲率应尽量大些，并要求与边墙连接圆顺，防止应力集中。在大的膨胀压力作用下，为适应膨胀围岩压力，应适当加强仰拱的强度和刚度，仰拱宜做成钢筋混凝土结构，以承受较大的拉应力。

底鼓现象严重的层状岩层，宜采用长锚杆加固底部围岩，尤其在应力集中、塑性区大的墙脚附近，可提高节理裂隙面上的抗剪强度和岩体的整体刚度，在松散破碎围岩段可采用注浆加固地层，以增加岩体的强度和整体性，减小膨胀压力和底鼓。

14.2.6 水是膨胀性围岩隧道工程产生病害的主要根源，对膨胀性围岩强度和体积有较大影响。围岩含水量的变化直接使其强度和体积发生变化，所以，应及时施作喷锚闭合支护，封闭暴露围岩，防止施工用水和水汽侵入岩体。此外，还应重视地表防水、排水工程，防止地表水沿裂缝、层面流入隧道，地下水可通过衬砌背后的引水管或盲沟引入洞内水沟排出，防止地下水渗流到隧道底部，造成底鼓。

14.3 溶洞与采空区

14.3.1 岩溶发育的条件是岩石的可溶性与裂隙性，以及水的侵蚀性及其流通条件。可溶性岩层的成分可分为碳酸盐类岩(石灰岩、白云岩、泥灰岩)、硫酸盐类岩层(石膏、芒硝)、卤盐类岩层(岩盐)三类。可溶性岩层的裂隙是地下水流的通道，是岩溶发育的基本条件。可溶性岩层的裂隙泛指岩层的节理、裂隙、断层、褶皱等岩体构造变形。一般岩溶均沿层间裂隙和构造裂隙而发育，并为其所控制。水的存在和水的流通循环是促使岩溶发生发展的重要因素。地下水的流动对可溶岩产生溶蚀作用，溶解力随 CO_2、SO_4^{2-} 等含量的增加而增强。除上述岩溶发育的主要条件外，地形、降水量、覆盖表土等因素对岩溶发育亦有密切的关系和影响。

岩溶对隧道工程的影响主要是：空穴、地下水、洞穴充填物及坍塌、洞顶地表塌陷四个方面。当隧道穿越岩溶地段时，设计上处理比较复杂，应根据溶洞的实际情况和隧道在其中所处的位置灵活确定，溶洞情况包括空穴大小，围岩壁稳定与否，水量大小和充填状况等等。一般情况下可按岩溶对隧道的影响情况及施工条件，采取跨越、加固洞穴、引排截流岩溶水、清除充填物或注浆对软弱土地基进行加固、回填夯实、封闭地表塌陷、疏排地表水等工程综合治理设计方案。

14.3.2 当溶洞较大较深，不宜采用堵填封闭的方法，或充填物松软不能承载隧道结构时，可采用梁、拱跨越。跨越的梁端或拱座应置于稳固可靠的岩层上，必要时灌注混凝土进行加固。遇特大溶洞时，可采取明洞结构形式。

当溶洞很大，地质情况复杂时，隧道衬砌可采用拉杆拱、边墙梁结构；有条件时，可采用锚索对溶洞与隧道连接处进行加固，锚索应为全长未胶结的自由受力锚索。

14.3.3 对于已经停止发育的干溶洞来讲，在处理时可采用混凝土、浆砌片石或干砌片石堵塞、充填。

14.3.6 洞穴充填物的特点是松软、下沉量大、强度低、稳定性差。当隧道必须穿越溶洞充填物地段时，可按不同情况采取相应的措施。如为防止洞穴岩壁或顶板坍塌，在清除松动岩石困难的情况下，可采用锚杆或大钢管、钢轨加固岩体，也可采用注浆加固岩体的处理措施。

当隧道底部岩溶充填物承载力低，不能满足道路承载力要求时，可通过换填混凝土或浆砌片块石来提高地基承载力。

14.3.7 从岩溶水供水角度来看,可将岩溶蓄水构造分为裂隙岩溶蓄水构造、断层岩溶蓄水构造、地下河及管道蓄水构造、层间岩溶蓄水构造、侵入体岩溶蓄水构造、覆盖岩溶蓄水构造和隐伏岩溶蓄水构造。

对于管道蓄水构造,它是岩层的层面和破碎带在地下水的溶蚀和侵蚀作用下,经过漫长的地质年代可以形成规模巨大的岩溶管道网络构造,岩溶管道中的水量大、流速快,采用堵截的方法往往难以达到治水的效果。

裂隙岩溶水是地下水沿可溶岩层面裂隙和节理裂隙流动,其特点是在岩层中分布比较均匀,岩层中没有大的岩溶管道和溶洞,但对于不同的地质情况,水量变化较大,此时应根据实际情况确定处理方法。

对岩溶水的整治,以采取截、堵、排、防综合措施为宜。设计中应对邻近隧道的水利设施予以保护,并对由于施工可能引起水资源漏失的程度作出评价,同时应对当地生产、生活用水采取适当的保护措施。

14.3.8 采空区可分为老采空区、现采空区和未来采空区。穿越采空区的隧道设计应根据采空区的范围、埋藏深度、空间大小、顶板岩层厚度、地质构造及其对隧道的危害确定防治措施。原则上可采用与岩溶类似的处理方法,但对未来采空区,应根据采空区的工程地质条件、基本特征、变形发展规律提出开采应采取的保护措施,防止开采对隧道造成危害。

14.4 流沙

14.4.1 流沙是砂土或粉质黏土在水的作用下丧失其内聚力后形成的,多呈糊浆状,对隧道施工危害极大,所到之处,围岩失稳坍塌,支护结构变形,甚至倒塌破坏。

要治理流沙,应根据地质构成、贯入度、相对密度、粒径分布、塑性指数、地层承载力、滞水层分布、地下水压力和渗透系数等因素综合确定设计方案。

14.4.2 通常情况下,当遇到流沙时,除尽快设法排除外,要尽早封闭流沙通道,尤其是开挖面附近更要采取强有力措施,否则,可能由于流沙作用不得不封洞停止施工。由于流沙的破坏,导致隧洞淤死或影响日后营运安全的隧道,在国内外不乏其例。

流沙地层隧道的衬砌,其拱部、边墙及仰拱应形成封闭环。三者的灌筑时间应尽可能靠近,这样,即使围岩中出现流沙也不会对洞身衬砌造成破坏。

14.5 瓦斯地层

14.5.1~14.5.6 通过瓦斯地层的隧道,衬砌及防瓦斯层的一个特殊任务是防止围岩的瓦斯逸入隧道内。因此隧道衬砌,应根据瓦斯地层含瓦斯的情况,采取隔离、封闭等措施。

通过瓦斯地层的隧道,衬砌设计时,为防止瓦斯浓度积存而危及行车安全的事故发生,保证公路正常营运,应根据地层瓦斯含量的大小,瓦斯逸出量和压力的大小,采取下列相应措施:

1)宜采用有仰拱的封闭式衬砌或复合式衬砌,以及混凝土整体模筑衬砌,并提高混凝土的密实性和抗渗性,以防瓦斯逸出。

2)向衬砌背后压注水泥砂浆、沥青及其他化学浆液,使在衬砌背后形成一个帷幕,以隔绝瓦斯的通路,也是常用的封闭堵塞措施之一。

如采用上述措施,还可能有渗逸情况时,可采用较大压力的深孔压浆,填塞堵死岩缝、节理裂隙,减少瓦斯的出路。此外,在衬砌表面和断缝处敷内贴式、外贴式防瓦斯层,实践表明也具有良好的封闭效果。内、外贴防瓦斯层一般有沥青玻璃布、聚氯乙烯防瓦斯层、油毛毡防瓦斯层、环氧沥青防瓦斯层及喷抹防瓦斯层等。但外贴式防瓦斯层往往由于衬砌与地层间空隙狭窄,施工困难,且操作人员易中毒,铺设质量不易保证,受到一定的局限。内贴式防瓦斯层也存在一定缺点,如有良好的敷设条件,可以采用。

隧道在掘进过程中,预防瓦斯燃烧与爆炸的主要措施是加强通风以降低瓦斯浓度,使其在允许值之

下,应采取以下相应措施:

1)排放瓦斯。瓦斯含量不大时,使其自然排放,亦可用风筒将瓦斯引至回风流或距工作面20m以外的坑道中,以保证工作面开挖放炮的安全。当瓦斯量大,喷出强度大,持续时间长时,则可插管排放;当开挖面瓦斯含量较大,而且裂隙多、分布广时,可暂停开挖,封闭坑道抽放瓦斯。

2)在裂隙小、瓦斯含量小时,可用黏土、水泥浆或其他材料堵塞裂隙,防止瓦斯喷出。

3)在开挖工作面前方接近煤层2m左右,向煤层打若干75~300mm的超前钻孔排放瓦斯,钻孔周围形成卸压带,使集中应力移向煤体深部,达到防止突出的目的。

4)水力冲孔。在进行开挖之前,使用高压水射流,在突出危险煤层中,冲出若干直径较大的孔洞,使瓦斯解吸和排放,降低煤层瓦斯含量和瓦斯压力。

5)震动性放炮诱导突出。在工作面布置较多的炮眼并装较多的炸药,撤出人员后远距离起爆,利用爆破时强大的震动力一次揭开具有突出危险性的煤层。

6)深孔松动爆破。在开挖工作面向煤体深部的应力集中带内布置几个长炮眼进行爆破,其目的在于利用炸药的能量破坏煤体前方的应力集中带,在工作面前方造成较长的卸压带,从而预防突出的发生。

7)煤层注水。通过钻孔将压力水注入煤层,使煤体湿润以改变煤的物理机械性质,减小或消除突出的危险性。

14.6 黄土

14.6.1 黄土隧道围岩包括老黄土和新黄土,新、老黄土物理力学性能和围岩稳定性有很大的差异,施工方法的不同也直接影响黄土的扰动情况、稳定性、荷载大小和荷载图式,故应按其土壤分类及物理力学性能确定衬砌结构。设计隧道衬砌时,应尽可能进行多种最不利荷载计算,使设计的衬砌能够适应施工期间和使用期间可能出现的各种荷载情况。

14.6.2 黄土隧道衬砌背后回填措施中不宜压浆,以免水对黄土围岩面和黄土裂隙中黄土的侵蚀、软化,影响围岩面的稳定和围岩的压力,并影响其与衬砌的密贴性。

根据黄土隧道衬砌现场试验研究和量测资料,说明垂直压力是不均匀的,大致呈马鞍形分布,侧压力比较大,其侧压力系数约为0.5,故规定黄土隧道应采用曲墙衬砌。实践证明,带仰拱、边墙曲率较大的复合式衬砌,能促使围岩较快地稳定,为了避免或减少土体应力集中,隧道开挖轮廓宜圆顺。

14.6.3 黄土隧道应根据黄土物理力学指标和隧道断面大小分别采用喷射混凝土、锚杆、挂网、钢架等作为初期支护。施工过程中应进行地面水准测量和洞体收敛变形量测,以便及时掌握洞顶地表和开挖断面的变形情况,从而确定是否需要调整初期支护的强度和施作二次衬砌的时间。施工中应随隧道开挖,分段、分层取样化验,对设计资料进行核对。黄土隧道施工一次开挖进尺不能过大,且支护工序必须紧跟,并注意现场监控量测,及时施作二次衬砌及仰拱,尽早形成封闭结构。混凝土应采用喷雾养生。洞口段施工应尽量保持山体稳定,切勿大削乱挖。做好洞口段衬砌后,及时修筑洞门端墙与翼墙。

新黄土隧道可采用超前锚杆或加固围岩后再分部扩大开挖,初期支护采用钢架并配合喷射混凝土、锚杆、挂网。

14.6.4 由于黄土的多孔性、湿陷性,遇水软化、坍塌,黄土的抗剪强度和抗压强度随含水量的增加而显著降低,因此,水对黄土地层的危害性极大,对黄土围岩的稳定性、围岩压力有直接影响,且反应灵敏。对位于隧道附近地表冲沟、陷穴、裂隙,应予以回填、铺砌,并做好地表水的引排设施,将水引至隧道范围以外,以免下渗影响结构安全。当地下水量大时,应在洞内采用井点降水法降低地下水位,或在洞外设深井降水。

14.6.5 黄土围岩隧道,由于构造节理切割,将降低围岩的稳定性,此时应通过调查黄土中构造节理的产状与分布状况,对因构造节理切割而形成的不稳定部位进行加强支护。如果隧道覆盖层浅、地表有下沉可能时,应采用相应辅助工程措施以防止地表下沉。

14.6.6 非湿陷性黄土地基上的隧道洞门设计及施工与其他地区基本相同,唯须注意地表水的堵截和宣泄。洞口边、仰坡坡脚以及可能被冲刷之处均需铺砌防护,洞口至翼墙外1~2m范围内的路基面、两侧平台及侧沟亦应加以铺砌。边、仰坡交界处应采用圆角法开挖,以减少雨水冲刷。翼墙泄水孔的下方应夯填厚度不小于30cm的黏土隔水层,以防水渗入基底。端、翼墙基底须用自重力不小于500kN的重锤夯实。

湿陷性黄土地基上的隧道洞门,除前述有关要求外,尚应根据黄土物理力学性质对端、翼墙地基采取相应的措施,一般可采用灰土在深度1~1.5m范围内进行换填夯实。

黄土隧道洞门墙背上的压力按库仑理论计算,与一般地区的不同点在于应加计土壤黏聚力的作用。

14.7 岩爆

14.7.1 根据国内外岩爆防治的经验,岩爆地段采用钻爆法施工时,应短进尺掘进,减小药量和减少爆破频率,控制光爆效果,以减少围岩表层应力集中现象。轻微岩爆(Ⅰ级)、中等岩爆(Ⅱ级)区:一般进尺控制在2~2.5m,尽可能全断面开挖,一次成形,以减少围岩应力平衡状态的破坏;在掌子面和洞壁经常喷洒水,必要时采用超前钻孔应力解除方法,形成局部应力释放区,从而减少(弱)岩爆。强烈岩爆(Ⅲ级)、剧烈岩爆(Ⅳ级)区:一般进尺控制在2m以内,必要时下部可以预留1/3分两部开挖,以降低岩爆破坏程度;可采取超前钻孔应力解除、松动爆破或震动爆破等方法,降低岩体应力,使能量在开挖前提前释放,必要时可均匀、反复地向掌子面内岩体高压注水,以降低岩体的强度。

14.7.2 岩爆地段开挖后,应及时进行挂网喷锚支护,以达到"以柔克刚"的目的;从另一角度来讲,当挂网喷锚支护作业完成后,即使再产生岩爆,它们也构成了"第一道防线",不会因此而危及到施工人员和设备的安全。初期支护可采用喷射混凝土、系统锚杆和钢筋网,形成喷、锚、网的一体组合支护;当岩爆烈度级别较高时,可辅以超前锚杆、增设仰拱或格栅钢架支撑。岩爆地段的初期支护可按表14-1取值。

表14-1 岩爆地段的初期支护

初期支护 岩爆程度	锚杆	喷射混凝土	钢筋网	钢支撑
轻微岩爆(Ⅰ级)	ϕ22mm砂浆锚杆,加垫板,长2m,间距120cm,梅花形布置	C20,厚10cm	ϕ6mm,间距20cm×20cm	
中等岩爆(Ⅱ级)	ϕ22mm砂浆锚杆,加垫板,长2~2.5m,间距100cm,梅花形布置	C20,厚10~12cm	ϕ8mm,间距20cm×20cm	必要时,增设格栅钢架支撑
强烈岩爆(Ⅲ级)	ϕ22mm砂浆锚杆,加垫板,长2.5~3m,间距50~100cm,梅花形布置; 掌子面可采用ϕ40mm超前缝管式锚杆加固,长3.5m,间距1.5~2m	C20,厚12cm	ϕ8mm,间距20cm×20cm	设置格栅钢架支撑
剧烈岩爆(Ⅳ级)	ϕ22mm砂浆锚杆,加垫板,长3.5m,间距50cm,梅花形布置; 掌子面可采用ϕ40mm超前缝管式锚杆加固,长3.5m,间距1~2m	必要时喷厚15cm的C20混凝土封闭掌子面,分三个循环作业	ϕ8mm,间距F20cm×20cm	设置格栅钢架支撑

15 隧道内路基与路面

在原《公路隧道设计规范》(JTJ 026—90)第6章第5节"行车道路面"基础上作较大篇幅的修编,形成本章内容。

15.1 一般规定

15.1.1、15.1.2 隧道内的路基与路面是承受车辆长期行驶的基本载体,是公路隧道最重要的部位之一。稳定、密实、匀质的路基可为路面提供均匀的支承;满足车辆荷载作用应有的强度、抗滑性、平整、耐磨性的路面是保证行车安全、舒适的基本条件;路面要长期承受高速车辆荷载的冲击与摩擦,保证其耐久性更为重要。

隧道内路基路面与洞外路堑段相比存在如下的特殊性:

1)隧道在地层中穿越,其埋置条件、地应力条件与洞外路堑段有较大的受力特征的不同。

2)隧道路基(底板)处于山体中,地下水对隧道路基路面的影响比洞外更大。

3)隧道为管状构造物,空间狭小,存在汽车排放废气、积聚等现象,这些废气、油烟、粉尘在路面表面的黏附比洞外路段大。油渍的污染、粉尘的黏聚使路面抗滑性能变差,且得不到天然降雨的冲洗,长期影响路面的抗滑性能。

4)洞内发生火灾时,其温度对路面的影响比洞外严重。

5)洞内行车条件总体上光线差,视觉环境差,对行车不利。

6)洞内路基路面受场地条件影响,施工条件差,维护难度大。

7)行车安全受气候环境影响大。在雨天时,多使洞口段冷热空气变换,产生水珠,路面积雾,降低路面抗滑性能。

因此,隧道内路基与路面设计时,必须依据上述的特殊性提出经济合理、安全可靠,能满足长期营运要求的方案。

刚性路面系统包括面层为水泥混凝土路面(含钢纤维混凝土路面、连续配筋混凝土路面)、沥青混合料上面层与水泥混凝土路面(含钢纤维混凝土路面、连续配筋混凝土路面)下面层组成的复合路面两大类型。隧道路面设计应符合《公路水泥混凝土路面设计规范》(JTG D40)的有关规定。

我国隧道内路面系统采用半刚性和柔性路面系统较少,故本规范不推荐使用。但经论证亦可采用半刚性和柔性路面系统。采用半刚性和柔性路面系统时,应符合《公路沥青路面设计规范》(JTJ 014)的有关规定。

15.2 路基

15.2.1 本条文规定了隧道内路基的两种类型:带仰拱隧道的仰拱填充隧道路基和不带仰拱的天然石质地基作为隧道路基。

带仰拱隧道衬砌为封闭结构时,地下水的危害影响小,只要严格按仰拱填充材料和填充要求施工,就可达到较好的路基的稳定性、密实性、匀质性。

不设仰拱的天然石质地基作隧道路基,受地下水影响大,故除其他物理力学性能要求外还对地基的水稳性、软化程度提出高的要求,因此要求地基为完整性较好的、无显著软化的中硬或硬岩以上岩石作天然地基,故作规定"不设仰拱的隧道,其路基应置于稳定的石质地基上"。

15.2.2 隧道路基的地下水一般来说是整个隧道水压最高的部位。不完整的排水系统,或排水不畅,是造成隧道路面病害最主要的原因之一。几十年的工程实践表明,隧道路面病害的主要形态是,轻者水泥路面接缝冒水，重者路面翻浆冒泥，路面断裂破坏。这种病害在雨季表现更为严重。如浙江省20世纪80年代初期在104国道上用传统的矿山法修建的杨梅岭隧道、长石岭隧道、黄土岭隧道等，隧道路基均未设仰拱，路基为天然石基，没有设置路基中心排水盲沟，路面采用20cm厚水泥混凝土面板，基层或路面层经过10多年营运，路面病害严重，表现在翻浆冒泥，面板破裂翘起，洞口段甚为严重。在1996～1999年重新改建中，按现代隧道的设计理念增设完整的防排水系统，即路基中央排水系统，使原病害得以彻底改善。因此本规范规定隧道路基应设完整的中央管（沟）排水系统，使排水合理、通畅，并便于养护修检。具体可见第10章。

本条文规定不设仰拱的隧道石质地基中，中央排水沟的最高地下水位不宜高于路基顶面以下300mm，主要是减少地下水的毛细管作用使整平层、基层混凝土潮湿。对设仰拱的隧道其中央排水沟设在仰拱下，或设在仰拱填充中间。一般情况下，不设仰拱时见图15-1，设仰拱时见图15-2。

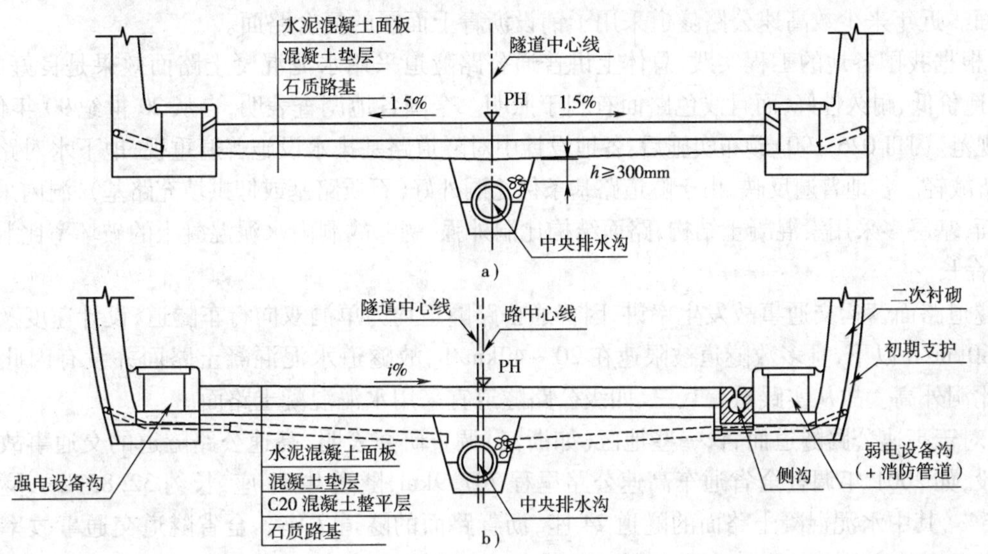

图15-1　不设仰拱的情况

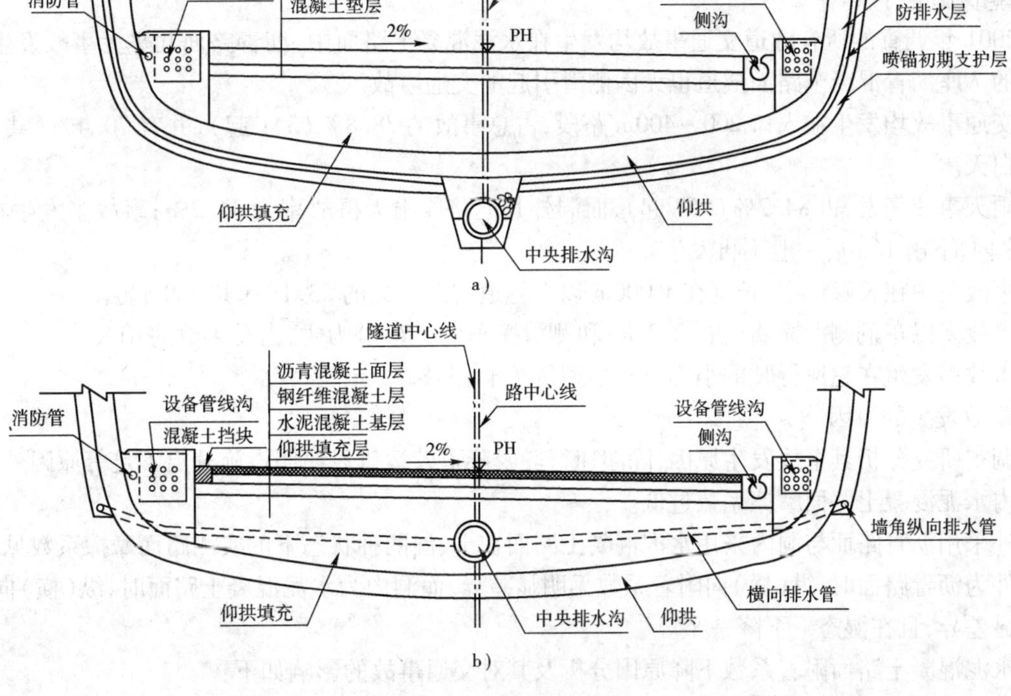

图15-2　设仰拱的情况

当隧道全长设仰拱时，中央排水沟宜设在仰拱下，否则一般可设在仰拱填充中间，此时，中央排水沟高程宜与不设仰拱段相一致。

对季节性冰冻地区地下排水系统的设置与洞外路堑段要求相同，防冻深度应满足《公路路基设计规范》(JTJ 013)的规定。

15.3 路面

15.3.1 关于隧道路面，在欧洲几乎所有的隧道都采用沥青路面，而在日本隧道中则采用水泥混凝土路面。

我国目前已建成的绝大部分二、三、四级公路隧道及大部分一级公路、高速公路隧道多采用水泥混凝土路面。近年来少数高速公路隧道采用了铺设沥青上面层的复合路面。

1 根据我国各地的工程实践，总体上讲普通公路隧道采用水泥混凝土路面效果是良好的，不仅施工方便，造价低，耐久性好，而且浅色路面有利于照明。全国各地调查表明，自从20世纪90年代《公路隧道设计规范》(JTJ 026—90)颁布实施后，各地设计中对隧道路基排水设施普遍重视，地下水对路面结构的危害有所减轻。各地普遍反映，由于隧道路基条件比洞外好(石质路基或仰拱填充路基)，洞内采用水泥混凝土路面，基层多采用素混凝土结构，路面结构比洞外强一些，故洞内水泥混凝土的破坏率比洞外路堑要低，即寿命长。

从隧道路面营运交通事故发生率讲，因普通公路隧道均为单洞双向行车隧道，设计速度及行车速度一般在60km/h以下，且多数隧道被限速在20～40km/h，故隧道水泥混凝土路面并没有因此而使事故发生率比洞外高。故从实践看，二、三、四级公路隧道宜采用水泥混凝土路面。

2 对于高速公路隧道而言，一些地区(如浙江)调查研究表明，高速公路隧道的交通事故率远大于洞外路段，如2001年调查全省通车高速公路里程707.9km，隧道共31座，长约32.857km，隧道占总里程的4.6%，其中水泥混凝土路面的隧道24座，沥青路面的隧道7座。全省隧道交通事故率占全省高速公路交通事故率的13.7%。每公里的事故发生率达到13.18起，远远高于其他路段的4.14起/km。2001年全省高速公路隧道共发生事故433起。现对浙江省高速公路交警支队有关交通事故调查研究报告简要介绍如下：

1)事故发生特点

①2001年调查的所有隧道交通事故均发生在水泥混凝土路面中，沥青路面几乎无事故发生。而目前开通的7座沥青混凝土路面隧道也无因侧滑引起的交通事故。

②交通事故均发生在入口200～400m路段，占总事故的78.8%(341起)，并有70.4%(共305起)发生在白天。

③雨天事故高发，占84.7%(367起)，而洞外其他路段雨天事故率为34.2%；事故多发生在下雨6～10h之内，下雨16h后一般不再发生。

④事故集中在长隧道中，长度在1 000m以上隧道占总事故的83.1%(共360起)。

⑤事故多以车辆侧滑撞墙(占42.3%)和侧滑撞车(38.7%)为主，占总事故的81%。

⑥事故多发生在超速行驶的小客车和小型货车上，占82.1%。

2)事故发生的原因

①调查研究分析其事故发生原因，除超速行驶及隧道营运排风照明设施开启不足等原因外，主要原因为洞内水泥混凝土路面摩擦系数过低。

洞外采用沥青路面与洞内采用水泥混凝土路面在干、湿两种状态下的实测路面摩擦系数见表15-1。

洞外为沥青路面时，纵(横)向附着系数无明显差异，而洞内为水泥混凝土路面时，纵(横)向附着系数有明显差异，且在湿态下下降一半。

②水泥混凝土路面附着系数下降原因分析及其对交通事故的影响如下：

a.由于过往车辆尾气中的微小颗粒在隧道路面中的沉积，加上车辆行驶中滴漏的燃油、机油等物质，会在隧道路面上形成滑腻性薄膜层，从而使隧道路面的附着系数下降。

表 15-1　水泥混凝土路面在干、湿两种状态下路面摩擦系数

测　区	隧道外路段（沥青路面）	洞内 150～250m		隧　道　中　段	
状态	干	干	湿	干	湿
纵向附着系数	0.74	0.58	0.37	0.53	0.36
横向附着系数比	100	75	50	70	48

b. 中、短隧道由于自然通风好，此类物质不易在路面上积聚，受影响不大，而长隧道受此影响严重。

c. 当路面干燥时，此类物质对路面附着系数尚不构成明显影响，而当路面处于潮湿状态下时，此物质形成一层“滑膜”，使路面附着系数明显下降。

d. 无论是干燥或潮湿状态，此物质仅对水泥混凝土路面的附着系数构成影响，而对沥青路面不构成影响。

e. 路面附着系数下降后，对交通安全有一定影响，但不是主要的。造成隧道内事故高发的最直接的原因是隧道入口处两种路面工况（洞外为沥青路面，洞内为水泥混凝土路面）附着系数的巨大差异。车辆在从高速公路进入隧道的时候，由于路面附着系数瞬间发生差异，对行车的适应性带来巨大影响，从而造成车辆侧滑发生事故。

上述调查研究表明，总体上，高速公路隧道使用水泥混凝土路面存在事故率高的缺点，中短隧道次之。洞口段洞外与洞内的路面类型不同，造成附着系数的差别，这是造成事故高发的另一个主要原因。

3　浙江省多座沥青路面隧道，路面结构均为沥青上面层和水泥混凝土下面层的复合路面结构，其路面结构见表 15-2。

表 15-2　路　面　结　构

序　号	隧　道　名　称	隧道长度	路　面　结　构
1	甬台温高速公路燕居岭隧道	2×2300m（曲线隧道）	4cmSMA 面层 +4cm 中粒式沥青混凝土 +22cm 钢纤维水泥混凝土面板（配筋混凝土板）+12～18cm 素混凝土基层
2	金丽温高速公路黄家垄隧道	2×460m	4cm 厚 AK—13 抗滑表面 +4cm 中粒式沥青混凝土 +22cm 钢纤维水泥混凝土面板 +12～18cm 素混凝土基层
3	金丽温高速公路黄家坞隧道	2×510m	
4	金丽温高速公路水坑隧道	2×220m	
5	金丽温高速公路甫坑隧道	2×420m	
6	金丽温高速公路阳山隧道	2×298m	
7	甬台温高速公路岩下徐隧道	198m+160m	

从其使用情况看：

1）造价比水泥混凝土路面造价平均约提高 100 元/m^2，提高不大。

2）路面的破损率比洞外路段低。

3）在照明方面，由于路面与标线反差大，视觉明显，行驶者普遍反映良好，事故率降低。

4　根据浙江省对现有水泥混凝土路面进行改造的经验，有以下几点分析：

1）对隧道内路面进行纵向刻槽，对侧向防滑有利，交通事故明显下降（如黄土岭隧道、猫狸岭隧道等），但其长效性有待研究。

2）对路面人工凿毛制造糙面，从几座隧道试验看（如上三线盘龙岭隧道），路面人工打毛，效果较为理想，洞内事故率明显下降（从 17.7 起/km 下降到 6.4 起/km），但其长效性有待进一步验证。

3）混凝土面层沥青微表处理，在金丽温金华段二期工程共 21 座连拱隧道、2 座分离隧道、7 座棚洞中，通车一年后在原水泥混凝土路面层上加铺 1cm 厚含玄武岩集料的沥青混凝土层，从使用效果看洞内事故率明显下降，但其沥青微表处理层的耐久性有待进一步验证。

综上所述，从浙江的实际工程经验看，一级公路、高速公路隧道路面，从技术性、适用性等角度，建议推广下面层为水泥混凝土而上面层为沥青的复合式路面。但鉴于国内地域辽阔，地区差异大，发展不平衡，交通量和运输状况就同等级的公路在东部沿海与西部等存在明显的差异，要求也不同，本次规范修订考虑这些因素，故规定“各级公路隧道可采用水泥混凝土路面。有条件时，可采用沥青混合料上面层与水泥混凝土下面层组成的复合式路面”。

水泥混凝土路面结构见图15-3，复合式路面结构见图15-4。

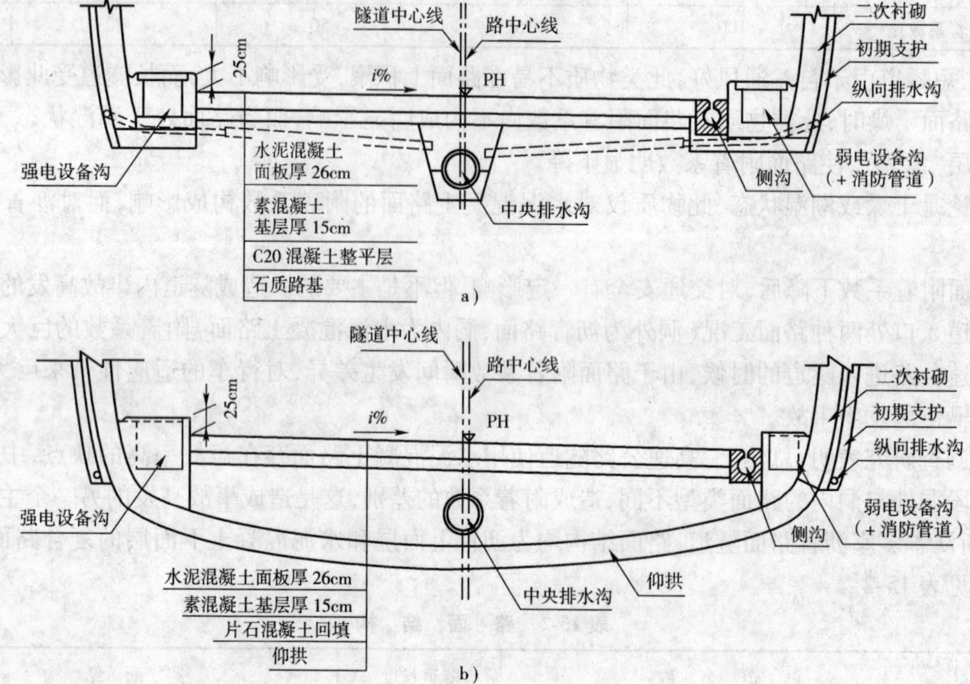

图15-3 水泥混凝土路面结构

a)不设仰拱的情况；b)设仰拱的情况

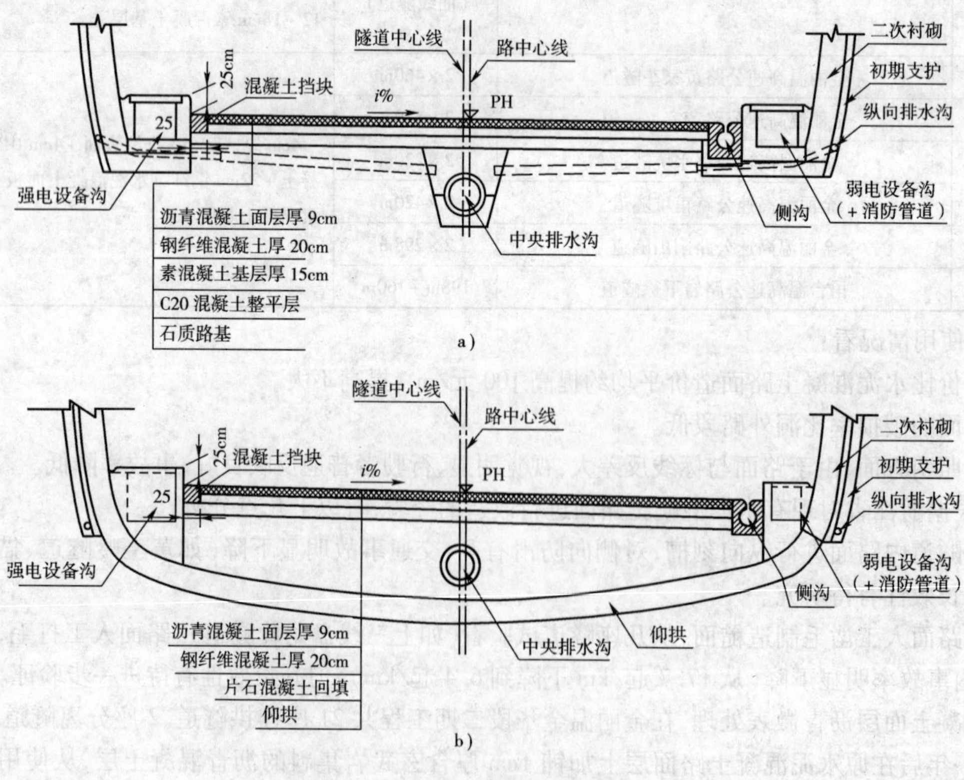

图15-4 复合式路面结构

a)不设仰拱的情况；b)设仰拱的情况

15.3.2 岩石路基因存在超挖与欠挖现象，故应设置整平层。而设置仰拱的隧道，其仰拱填充已充当了整平层的功能，故仅设基层与面层。

15.3.3 不论是水泥混凝土路面还是沥青混凝土上面层与水泥混凝土下面层组成的复合式路面，其结构设计均按《公路水泥混凝土路面设计规范》(JTG D40)的规定执行，并应针对隧道洞内使用环境特点注意以下几方面：

1 考虑洞内施工维修困难，洞内水泥混凝土面板厚度宜与比洞外略高一级，至少同厚。

2 在结构设计时，按可靠度设计标准设计，其材料性能和结构尺寸参数的变异系数 C_V，因隧道内施工条件较差等原因，宜在变异水平中～高级范围内取值。

15.3.4 本条文规定岩石路基开挖过程中超挖或欠挖部分应采用素混凝土进行整平，整平前应按《公路隧道施工技术规范》(JTJ 042)规定清除泥渣。整平层厚度10～15cm是按隧道底板允许平均超挖深度而确定的。

15.3.5 隧道路面基层与整平层对地下水的抗冲刷及抗软化能力应提出比洞外更高的要求。地下水对隧道基层的破坏会影响路面的寿命，故宜采用强度高、稳定性好的素混凝土材料。抗压强度不宜低于C20或弯拉强度不宜低于1.8MPa。虽洞内温差较小，但当混凝土基层弯拉强度大于1.8MPa时，一般亦需要设置横向缩缝，横向缩缝可比洞外长一些。当一次性摊铺宽度大于7.5m时，亦应设纵向缩缝。

15.3.6

1 关于水泥混凝土面层类型

1)根据一些省份多年的工程实践表明，二、三、四级公路隧道目前普遍采用设接缝的普通水泥混凝土面层，总体上使用情况良好。《公路隧道设计规范》(JTJ 026—90)颁布实施以来，公路隧道中绝大多数均采用设接缝的水泥混凝土路面，水泥混凝土面层厚度一般三、四级公路隧道在20～22cm，混凝土强度等级为C35～C40，抗折强度4.0～4.5MPa；二级公路隧道厚度一般采用22～24cm，混凝土强度等级一般为C40，抗折强度在4.0～4.5MPa；一级公路隧道一般采用24cm，强度等级一般为C40～C45，抗折强度在4.0～4.5MPa。

2)在本次规范修订的调查中，一级公路和高速公路隧道的路面面层，各地普遍采用设接缝的普通水泥混凝土面层，厚度一般在24～26cm，混凝土强度等级取C40～C50，抗折强度一般要求4.5～5.0MPa。从使用情况调查看，路面面层的破损率不大。但主要存在问题是面层的抗滑能力不足，交通事故率高，如第15.3.1所述。

《公路水泥混凝土路面设计规范》(JTG D40)在高速公路推荐使用连续配筋混凝土和沥青上面层与连续配筋混凝土或横向传力杆的普通混凝土下面层的复合式路面，对高程受限路段、桥面铺装层可用钢纤维混凝土面层。本规范考虑行业标准的统一，规定"高速公路隧道路面宜采用连续配筋混凝土面层或钢纤维混凝土面层"。

3)水泥混凝土面层板厚度、接缝构造、布设间距、钢纤维混凝土的钢纤维掺量、连续配筋混凝土的配筋率、面层特殊部位的配筋，均应符合《公路水泥混凝土路面设计规范》(JTG D40)的有关规定。但在设计过程中应考虑到洞内温差小，面板施工缝、胀缝的设置间距可比洞外长一些；在洞口段应设胀缝；衬砌结构变化处应结合衬砌变形缝情况统一设置路面横向接缝。

2 条文中水泥混凝土表面构造的规定，部分参照了《公路水泥混凝土路面设计规范》(JTG D40)。近年来，公路隧道水泥混凝土路面反映的主要问题是表面抗滑能力不足，表面附着系数(摩擦系数)低，由于侧滑造成的交通事故率高。过去水泥混凝土面层表面构造多采用拉毛、压槽方法制作，近几年来多数隧道施工均采用刻槽方法制作。

国内多数高速公路隧道常采用横向刻槽这种构造，从通车后调查资料来看，抗滑能力不足。故在浙江，多数隧道路面改用了纵向刻槽或在旧水泥混凝土路面横向刻槽基础上再进行纵向刻槽的方法提高抗滑能力。

表15.3.6规定了各级水泥混凝土路面面层的表面构造深度要求。依照《公路水泥混凝土路面设计规范》(JTG D40)对路面"特殊路段"的要求制定。

15.3.7 复合式路面沥青上面层

1　隧道复合式路面沥青表面层的铺装与水泥混凝土桥面沥青面层铺装相近，但存在不同点，其有利方面：隧道路基及水泥混凝土面板刚度大、变形小，不存在桥面梁的变形挠度问题，故对于混凝土黏合方面有利；其次，隧道内无雨水，路面水下渗情况比桥面小，对沥青面层亦有利；第三，隧道内温差小。不利的一面是隧道石质路基存在地下水位问题，故应解决好路基排水及控制地下水位问题，以防止对沥青路面寿命造成不良影响。沥青面层一般应具有面层与混凝土面板黏结牢固、防渗水、抗滑耐磨、低温抗开裂、高温抗车辙、抗剥离的良好性能。对隧道沥青面层特殊的要求是应具有良好的阻燃性和有利于光电照明的反光特性。从欧洲几座隧道火灾调查发现，沥青混凝土路面发生火灾后，在火灾区出现路面熔化，但未燃烧。我国尚无这种事故发生。对隧道路面高反光特性的要求是从照明方面提出的。国际照明委员会（CIE）提出了基于照明的路面分类有 R_1、R_2、R_3、R_4、R_5，其中 R_1 为最高级路面，反射率最高，R_5 为最次，反射率最低。建议采用 $R_1 \sim R_2$ 路面，CIE 分类见表 15-3［见《Calculation and measurement of luminance and illuminance in road lighting（道路照明中照度与亮度、计算与测量）》，CIE 30-2 第二版（1982），ISBN 9290340304］。

表 15-3　基于照明的 CIE 路面分类

类别	序号	说明
R_1	1	沥青混凝土路面面层：含至少 15% 的人造反光材料，如 Grenette，Luxovite，Synopal 牌及类似产品，或含至少 30% 反光很好的钙长石（anorthosites），如 Arcdyte，Labradorite 牌闪光拉长石、宫拉玄武岩；
	2	碎石路面：80% 以上路面用碎石铺盖且碎石中含有大量人造反光材料，或 100% 都是反光很好的钙长石（anorthosites）；
	3	混凝土路面
R_2	1	质地粗糙且含标准集料的面层；
	2	含 10% ~15% 人造反光材料的沥青路面；
	3	粗糙沥青混凝土路面，含 60% 以上集料且集料尺寸大于 10mm；
	4	新加铺的胶黏沥青面层（Gussasphalt）
R_3	1	沥青混凝土（冷沥青、胶结沥青）含尺寸不小于 10mm 的集料，且质地有一定粗糙度（如砂纸）；
	2	粗质地但经磨光的铺装层
R_4	1	经过几个月使用后的胶黏沥青（Gussaphalf）路面；
	2	质地颇光或磨光的路面
R_5		主要指表面光滑且磨光的沥青路面，集料含量低且尺寸小，过量黏胶剂，尚在流淌的沥青路面

在欧洲国家，隧道大多采用 R_1 标准的沥青面层。我国目前还没有这方面的经验，建议有条件的地方可做试验。故规范提出“必要时，可采用阻燃性良好的有利于光电照明、反光特性良好的沥青路面”。

国内已进行的一种面层试验方案为：其沥青面层表面撒布嵌入耐磨碎石，粒径 2 ~6mm，石料磨光值≥50，颜色为白色，表面构造深度≥1.2mm。其使用效果需待进一步验证。

2　本文提出面层铺装结构应由黏结层和沥青面层组成，因与水泥混凝土面板组成复合式路面，要保证黏结牢固，应设置黏结层与防水层。

复合式路面沥青面层总厚度取 8 ~10cm，从几座隧道工程使用看效果良好，《公路沥青路面设计规范》（JTJ 014）对水泥混凝土桥面铺装中规定“沥青桥面铺装厚度应为 6 ~8cm，特殊情况可增至 10cm”，但近年高速公路桥面铺装多数取 8 ~10cm 厚，故规定采用此值。

因隧道属特殊路段，路面抗滑要求比洞外更高，故规定采用抗滑表面层，厚度一般为 4cm，为便于与洞外一起铺装，表面层厚度与洞外一致。下面层可采用 4 ~6cm 厚的中粒式沥青混凝土。

国内隧道沥青面层铺装技术总体上还处于探索阶段，需要在工程中总结和改进。

3　关于黏结层、防水层的具体要求按《公路沥青路面设计规范》（JTJ 014）。

15.3.8　洞内外路面面层类型不一致时，面层抗滑性能不一致，易危及行车安全。洞口又是行车最易发生交通事故的路段，尤其当洞内采用水泥混凝土路面而洞外采用沥青路面时，事故最严重。故这次修订增加了本条规定。

浙江省高速公路隧道水泥混凝土路面交通事故调查结果如下：

①交通事故均发生在入口200~400m路段，占总事故的78.8%（341件），并有70.4%（共305起）发生在白天。

②造成隧道内事故高发最直接的原因是隧道入口处两种路面工况（洞外为沥青路面，洞内为水泥混凝土路面）附着系数的巨大差异，车辆从隧道外驶入隧道内的时候，由于路面附着系数瞬间发生差异，对行车的适应性带来巨大影响，从而造成车辆侧滑发生事故。

③事故集中在长隧道中，长度在1 000m以上隧道发生事故率占总事故的83.1%。

1　对于高速公路和一级公路的长、特长隧道规定，洞内一段路面宜与洞外路段保持一致，其长度不小于《公路隧道通风照明设计规范》（JTJ 026.1）对隧道照明引入段、适应段和过渡段长度的规定且不小于300m，这比《公路工程技术标准》（JTG B01）对隧道两端平纵线形规定要求高。

当隧道内采用水泥混凝土面层时，可在隧道进口300m内铺设薄层反应性树脂抗滑层，厚度5~10mm，构造深度≥1.2mm，黏结碎石粒径2~6mm，石料磨光值≥50，宜为浅色，该抗滑层与水泥混凝土路面结合力≥2.0MPa（或大于水泥混凝土的强度）。

2　普通公路隧道及高速公路、一级公路的中、短隧道规定，与洞口相接的洞外一段路面宜与隧道内保持一致，其长度不小于3s的设计速度行程距离且不小于50m。这与《公路工程技术标准》（JTG B01）对隧道两端平纵线形规定相一致。

16 机电及其他设施

16.1 通风

本节主要摘录了《公路隧道通风照明设计规范》(JTJ 026.1)通风的主要要求和标准,没作大的调整和修改。

16.1.1 本条列举了公路隧道通风设计中一般应考虑的一些主要因素。

16.1.2 单向交通隧道设计风速借鉴挪威《公路隧道设计准则》(1990 版)取值,比日本等国的限制风速小,主要是从行车安全出发,特殊情况可放宽至 12m/s,但必须进行技术、经济综合分析和论证。双向交通和人车混合通行的隧道设计风速借鉴日本《公路隧道通风技术基准》(1985 版)和 PIARC(1995)取值。

人车混合通行的隧道是指设有专用人行道的隧道。

16.1.3 隧道的通风是一项环境保护工程,包括隧道内环境的保护和隧道外环境的保护,但公路隧道一般地处野外,故以隧道内环境的保护为重点。通风的主要对象限于 CO、烟雾和空气中的异味。故在本规范中,氮氧化物不作考虑对象。这点与 PIARC(1983)报告和日本现行规范《公路隧道通风技术基准》(1985 版)是一致的。

对 CO 进行稀释的目的是保证卫生条件;对烟雾进行稀释的目的是保证行车安全;对异味进行稀释的目的是提高隧道内行车的舒适性。

16.1.4 CO 设计浓度

本条各款均以较简便的方式,尽量反映 May 氏实验所得结论:CO 浓度-经历时间-活动状态三者密切相关。

1 本款以隧道长度反映经历时间,比较简便、合理。本条表 16.1.4-1 所列各值均与瑞士规范一致,没有脱离"卫生标准"太远。

1994 ~ 1996 年间,我国有关单位组织了大量的人力、物力,在按照我国现行《公路隧道设计规范》(JTJ 026—90)设计的中梁山隧道和缙云山隧道中进行了大量的现场实测。实测时,专门组成了交通量与车型组合完全符合原设计条件的车队,以设计车速通过该两隧道,进行通风实效的检验。结果在中梁山左线上坡隧道,所测风机全部运行时,CO 浓度平均值仅为 42ppm(单向交通)与 68ppm(双向交通),为设计规定值 150ppm 的 28% 与 45%。大量现场实测数据充分说明设计所依据的原规范规定(CO 设计浓度为 150ppm),离开真正的"卫生标准"相当远。由于本规范对 CO 设计浓度只作保证卫生条件的目的要求,故以工程实践和实测数据为依据,参照瑞士规范作了修正。

在纵向通风系统中,CO 浓度呈三角形分布,通过隧道的人员只在经过隧道出口或其他排风口的很短时间内,才经受最大的 CO"点浓度"。因此设计时不必按全隧道的平均浓度而按"点浓度"或最大 CO 计算浓度来计算需风量。这在 PIARC 十五届大会(1975)报告、PIARC 十六届大会(1979)报告、PIARC 二十二届大会(2003)报告、挪威《公路隧道设计准则》(1990 版)和日本《公路隧道通风技术基准》(1985 版)中均有指出。

2 交通阻滞时的平均车速采用 PIARC 建议的 10km/h。在日本,由于小客车含率较高,当车速降至平均 17 ~ 18km/h 时,即视作交通阻滞。我国各公路的交通组成中,货车含率较高,故采用了 PIARC 的建议。

在公路隧道中,长度在 1km 以上的通常均有交通监控设施;且在野外公路隧道中发生 1km 以上的交通阻滞概率较低(这与城市隧道不同)。因此通风设计应考虑交通监控系统的功能,不必考虑 1km 以上的交通阻滞,否则过量的通风设施必定长期(甚至永远)闲置,显然是浪费。PIARC(1995、2003)报告中亦指出了这点。

3 人车混合通行的隧道,在高等级公路中应予禁止。除非人行道(包括检修道)高出车道路面80cm以上,否则对人、车都易产生车祸伤害(在欧洲低人行道是严禁的,在日本则采用高出地面1m的做法)。我国在低等级公路隧道中,人车混行比较多,故根据CO浓度-经历时间-活动状态三者间关系提出本款的规定。

16.1.5 烟雾设计浓度

烟雾设计浓度不但与车速(要求视距)有关,而且与亮度(或照度)、光源有关,见表16-1。

表16-1 车速-路面亮度-烟雾浓度之关系

计算行车速度(km/h)	100	80	60	40
路面平均亮度(cd/m²)	9.0	4.5	2.5	1.5
$K(m^{-1})$	0.006 9	0.007 0	0.007 5	0.009 0

本条各款均是按钠灯光源考虑。如采用荧光灯光源,则烟雾浓度要求需提高一级。

本条各款所用的烟雾浓度K与透过率τ(100m)之换算关系见表16-2,也可按式(16-1)计算。

表16-2 K与τ之关系

$K(m^{-1})$	τ(%)	$K(m^{-1})$	τ(%)
0.0050	60	0.0090	40
0.0070	50	0.0120	30
0.0075	47.5		

$$K = -\frac{1}{100}\ln\tau \quad (16\text{-}1)$$

16.1.6 稀释异味

本条所用换气频度与PIARC二十届大会(1995)报告所介绍的一致。PIARC二十二届大会(2003)提出换气频度为不低于每小时3次,换气风速不低于1.5m/s,考虑到标准的配套性,本次未作修订。

16.1.7 火灾排烟设计应结合避难设施和通风控制统一考虑。本文借鉴日本通风设计指南提出1 500m的长度。隧道排烟风速2~3m/s是按一般隧道火灾产生20MW的热量控制的排烟风速取值;对油罐车相撞产生300MW以上的热量,排烟风速要求5m/s以上,如以此设计很不经济,建议特殊车辆通过隧道可定时并由引导车开道。

16.1.8 本条对射流风机和轴流风机的耐热要求作了合并。

16.2 照明

本节摘录《公路隧道通风照明设计规范》(JTJ 026.1)照明的主要要求和标准,未作调整和修改。

16.2.2 本条列举了公路隧道照明设计一般应考虑的一些主要因素。

16.2.3 路面亮度总均匀度U_0、纵向均匀度U_1与隧道的设计交通量有密切关系,该款参照EURO STD(欧盟隧道照明标准,1997版)取值,较CIE TC4—08《隧道与地下通道照明指南》规定有所调低。这次把该部分内容提前,是为了对各段提出统一明确要求。

16.2.4 中间段亮度

1 该款内容主要借鉴EURO STD(欧盟隧道照明标准,1997版)和《日本隧道照明指针》(1990版)中的有关规定,较CIE TC4—08《隧道与地下通道照明指南》(1990版)标准低。

2 长隧道有充分的适应(过渡)时间,故亮度可适当降低。

4 所提出的照明亮度是以墙面2m高范围内铺反射率$\rho \geqslant 0.7$的装修材料为前提的。

6 本条将中线布置改为单光带布置是借鉴了重庆交通科研设计院等单位在隧道照明研究中的最新成果,即为了节能和养护的需要,单光带不必一定布置在中线,有时偏一侧布置也有较好效果。

7 紧急停车带上有车辆停靠或维修,为提高行车的安全性,故宜采用显色指数高的荧光灯光源且亮度应提高。

8 连接通道亮度规定也是从使用者的安全考虑的。

16.2.5 自20世纪60年代开始,隧道照明工学上的两大学派,即欧洲的D. A. Schreuder学派和日本的成定康平学派,长期以来围绕k的合理取值进行了针锋相对的争论,两大学派理论上的分歧集中反映在k值两者差达5倍之多。两派的立说依据都是相同的模拟测试方法,但在基本参数的选用上差别较大。

从表16-3可见,Schreuder在障碍物标准尺寸和亮度对比度上所采用的是照明工学上国际通用常规值。而成定康平所采用的是以“注视点”学说为依托的修正值,比较有利于障碍物的视认。

表16-3 两大学派的基本参数差异

参数类型	障碍物标准尺寸(cm)	亮度对比度	模型显示时间(s)
Schreuder	20×20	0.2	0.1
成定康平	25×25	0.25	0.5

可是成定康平已于1984年宣布放弃自己的“注视点”学说,并认为他所主张的k值应提高一倍左右。

表16-4所示为各国际学术团体及不同国家最近采用的k值。本条文采用的k值是两大学派荐用值的中间值。

表16-4 国际学术团体及不同国家采用的k值

学术团体名称	交通量 AADT(辆/d)	交通量 N(辆/h) 单向交通	交通量 N(辆/h) 双向交通	车速v(km/h)	D_s(m)	k
PIARC (1987)					100	0.06
					60	0.05
CIE TC4—08 (1990)					100	0.06
					60	0.05
NDG Road Tunnels (挪威公路隧道设计准则) (1990)	>20 000					0.05
	8 000~20 000			80		0.05
				50		0.025
	4 000~8 000			80		0.03
				50		0.015
BS 5489/7 (1992)				80		0.06
				50~70		0.05
CNBE (1997)					100	0.06
					60	0.05
EURO STD (1997)		≥2 400	≥1 300		100	0.05
					60	0.035
		≤700	≤360		100	0.025
					60	0.015
日本隧道照明指针(1990)				80		0.02
				60		0.015

16.2.6 过渡段照明

1 过渡段亮度

本规范采用CIE适应曲线$L_{tr}=L_{th}(1.9+t)^{-1.4}$作为过渡段亮度与长度划分的依据。$TR_1$、$TR_2$、

TR_3 三个过渡照明段的亮度比例按3:1划分。

2　过渡段长度

各过渡段的长度(表16-5)基本上沿着CIE适应曲线分割。

过渡段 TR_1 的长度为:$D_{tr1}=\frac{D_{th}}{3}+\frac{v}{1.8}$;

过渡段 TR_2 的长度为:$D_{tr2}=\frac{2v}{1.8}$,相当于4s内的行驶距离;

过渡段 TR_3 的长度为:$D_{tr3}=\frac{3v}{1.8}$,相当于6s内的行驶距离。

式中　$v/1.8$——2s内的行驶距离。

表16-5　过渡段长度 D_{tr} 计算表

计算行车速度 v_t (km/h)	D_{tr1}(m)			D_{tr2}(m)	D_{tr3}(m)
	H(m)				
	6	7	8		
100	108	106	103	111	167
80	74	72	70	89	133
60	46	44	42	67	100
40	26	26	26	44	67

16.2.7　出口段照明

在隧道出口附近,前车背后的小型车辆常难以发现、视认,容易发生车祸。设置出口加强照明后,可消除这类视觉困难。

16.2.8　隧道照明灯具的防护等级参照CIE TC4—08《隧道与地下通道照明指南》(1990版)的要求取值,IP65的含义是:防尘达到6级,无尘埃进入;防水达到5级,任何方向喷水无有害影响。

16.3　交通工程

公路隧道交通工程设计内容较多,为使本规范较为系统、完整,本节摘录了《公路隧道交通工程设计规范》(JTJ 026.2)的部分设计内容,使设计者有个基本概念,具体设计尚应参照《公路隧道交通工程设计规范》(JTJ 026.2)进行。

16.3.1　公路隧道交通工程设计内容主要包括营运管理和安全等系统。

16.3.2　公路隧道按长度划分为短隧道、中隧道、长隧道和特长隧道四类。隧道交通工程是隧道安全营运保障的重要部分,国际上对隧道分级的划分除考虑长度因素外,主要还考虑到交通量因素。少数国家的标准规范将其分为五级,大部分国家则分为四级。因此本规范拟根据隧道长度和交通量将隧道划分为A、B、C、D四级。隧道交通工程主要是为了隧道交通安全,特别是在隧道内发生交通事故或火灾等紧急事件时提高救助效率,因此隧道交通工程分级的划分准则是隧道内的年事故概率。概率越大,分级越高;概率越小,分级越低。事故概率对应隧道分级的划分范围见表16-6。

表16-6　事故概率对应隧道分级的划分范围

日本隧道分级		本规范分级	
概率≥66%	AA级		
20%≤概率<66%	A级	概率>55%	A级
7%≤概率<20%	B级	8%≤概率≤55%	B级
3%≤概率<7%	C级	5%<概率<18%	C级
概率<3%	D级	概率≤5%	D级

事故概率的计算方式反映了隧道长度和交通量两个因素。计算法和图解法对隧道进行分级的准则中暗含了两个参数的标定。

事故概率可按式(16-2)计算。

$$P = \alpha Lq \times 365 \times 10^{-9} \tag{16-2}$$

式中 P——隧道内年事故概率估计值(当 P 的计算值 >1 时,取值为 1);

L——隧道长度(m);

q——隧道单洞年平均日交通量(辆/d);

α——事故率(事故数/百万车公里)。

隧道百万车公里事故率 α 的取值:资料表明日本隧道事故率取值为百万车公里0.045,而欧美国家多以火灾事故率为主,取值 0.10、0.02、0.05、0.09、0.014、0.059 不等。我国部分高速公路近期统计的百万车公里事故率为 3.5、2.1、3.85、2.47、2.58、2.89、1.85、2.21、2.97、2.17、4.64 等;火灾事故率为 0.04。参考国外标准和我国国情,本规范中 α 拟取值 0.1。

考虑到长度小于 100m 的隧道和日交通量小于 1 000 辆的隧道实际上已没有必要进行交通工程的特殊设计,因此不再对长度和交通量属于这一区域的隧道进行分级。

16.3.3 根据我国目前公路隧道交通工程设施的建设状况和使用情况,长度在 1km 以下的隧道一般不设置交通监控、通风与照明控制、火灾报警和中央控制管理等设施,长度 1km 以上的公路隧道随着交通量的增长,需设置交通监控、通风与照明控制、火灾报警和中央控制管理等设施,并据此一次性征用土地和实施基础工程、地下管线及预留预埋工程等。

公路隧道交通工程设施大多为电子技术产品,随着计算机和通信技术的发展,设施配置应具有可扩展性和可替换性。

16.4 其他设施

16.4.1 公路隧道内壁装饰以前做得少,近几年通过隧道内壁装饰的实践也取得了较好的经验。总体看,在近城市或位置较重要的隧道对美观要求较高,可考虑内壁装饰,一般情况可不考虑。内壁装饰往往可提高行车舒适性,但会增加建设与养护成本,不宜盲目采用。

公路隧道内壁装饰材料目前主要有瓷砖、涂料和装饰板材。对这些材料虽未给出具体指标,但提出的几个定性指标对材料选择具有重要参考价值。提出符合室外建筑材料相关规范的要求,是由于隧道环境与室外环境具有相似性。内壁装饰高度应不低于路面以上 2m 的要求,是根据《公路隧道通风照明设计规范》(JTJ 026.1)要求,将隧道侧墙 2m 以下作为亮度均匀度计算范围确定的。

附录A 围岩分级有关规定

A.0.1

1 由于声波测试设备及工作条件的不同，岩体弹性纵波速度（v_{pm}）的测试方法在国内各部门间不尽相同，主要有跨孔测试法、单孔测井法、锤击法等。不同测试方法结果略有差异，由它们计算得到的 K_v 值彼此相差约为 ±10%，但仍可用来定量地评价岩体的完整程度。所以本附录未明确规定 v_{pm} 的测试以何种方法为主。今后通过深入的分析研究，可以确立由不同方法获得的 K_v 值之间的关系。为此，各工程的勘察试验报告中应当说明测试方法。

跨孔测试方法所得的 v_{pm} 值能较好地反映岩体的不完整性，在可能的条件下，宜首先考虑采用此测试方法。若在洞室内进行测试，应注意避开爆破影响。

本条规定，测定岩石纵波速度（v_{pr}）的试件应取自进行现场 v_{pm} 测试同一地段的同类岩组中，目的是确保 K_v 值的可靠性和可信度。

2 岩体体积节理数 J_v 值的统计，宜选择在具有三维空间的岩体露头上或工程开挖壁面上进行。测线布置应垂直于被测的一组结构面走向，测线长度不得小于5m。结构面稀少时，测线宜适当加长。先统计与每一条测线正交的结构面条数，或每一组节理的平均间距，然后按式（A.0.1-2）计算 J_v 值。

由于被硅质、铁质、钙质充填再胶结的结构面已不再成为分割岩体的界面，因此，在确定 J_v 时不予统计。对伸长度大于1m的非成组分散的结构面予以统计，即需加上分散节理的条数 S_k（条/m^3），目的在于使计算的 J_v 值更符合实际。

A.0.2 规定了对地下水等三项修正因素的修正方法和修正系数的取值原则，并给出了相应的修正系数值。

1 地下水是影响岩体稳定的重要因素。水的作用主要表现为溶蚀岩石和结构面中易溶胶结物，潜蚀充填物的细小颗粒，使岩石软化、疏松，充填物泥化，强度降低，增加动、静水压力等。这些作用对岩体质量的影响，有的可在基本质量中反映出来，如对岩石的软化作用，采用了单轴饱和抗压强度。水的其他作用在基本质量中得不到反映，需采用修正措施来反映它们对岩体质量的影响。

目前国内外在围岩分级中，考虑水的影响时主要有四种方法：修正法、降级法、限制法、不考虑 。本规范采用修正法，并给出定量的修正系数，这一方法不仅考虑了出水状态，还考虑了岩体基本质量级别。这是由于对岩体质量的影响，不仅与水的赋存状态有关，还与岩石性质和岩体完整程度有关。岩石愈致密，强度愈高，完整性愈好，则水的影响愈小。反之，水的不利影响愈大。基本质量为Ⅰ、Ⅱ级的岩体，且含水不多，无水压时，认为水对岩体质量无不利影响，取修正系数 $K_1=0$；基本质量为Ⅴ级的岩体，呈涌水状出水，水压力较大时，不利影响最大，取 $K_1=1.0$（即降一级）。对其他中间情况，考虑了在同一出水状态下，基本质量愈差的岩体，对其影响程度愈大，修正系数也随之加大。

修正系数的确定，除考虑上述原则外，还考虑了国内近几年的有关研究成果，如表A-1 所示。

2 软弱结构面是影响地下工程岩体稳定的一个重要因素，在引入这一因素时，应注意对稳定影响大，起着控制作用的软弱结构面。所谓起控制作用的软弱结构面，是指成层岩体的泥化层面，一组很发育的裂隙，次生泥化夹层，含断层泥、糜棱岩的小断层等。

由于结构面产状不同，与隧洞轴线的组合关系不同，对地下工程岩体稳定的影响程度亦不同。如成层岩体，层面性状较大，为陡倾角且走向与洞轴线夹角很大时，对岩体稳定性无不利影响；反之，倾角较缓且走向与洞轴线夹角很小时，就容易发生沿层面的过大变形，甚至发生拱顶坍塌或侧壁滑移。再如一条小断层，当其倾角很陡，且与洞轴线夹角很大时，洞室稳定，基本无影响；反之则有很大的影响。这种不利影响在岩体基本质量及其指标中反映不出来。

表 A-1　地下水影响修正系数汇总表

出水状态	资料来源	岩体基本质量级别				
		I	II	III	IV	V
渗水滴水	大型水电站地下洞室围岩分类(水电部昆明勘测设计院)	0	0	0~0.1 (软岩)	0.2~0.4 (硬岩~软岩)	0.4~0.5 (硬岩~软岩)
	隧道工程岩体(围岩)分级(铁道科研院西南研究所)	0	0.1 (硬岩)	0.1~0.25 (硬岩~软岩)	0.1~0.25 (硬岩~软岩)	0.1~0.25 (硬岩~软岩)
	国防工程锚喷支护技术暂行规定(总参,1984 提)	0	0	0.1	0.25	0.5
	本规范	0	0	0.1	0.2~0.3	0.4~0.6
淋雨状或线流状出水	大型水电站地下洞室围岩分类(水电部昆明勘测设计院)	0	0~0.1 (硬岩)	0.1~0.25 (硬岩~软岩)	0.3~0.6 (硬岩~软岩)	0.6~0.9 (硬岩~软岩)
	隧道工程岩体(围岩)分级(铁道科研院西南研究所)	0	0.1 (硬岩)	0.1~0.5 (硬岩~软岩)	0.1~0.5 (硬岩~软岩)	0.1~0.5 (硬岩~软岩)
	国防工程锚喷支护技术暂行规定(总参,1984 提)	0	0.1	0.25	0.5	0.75
	本规范	0	0.1	0.2~0.3	0.4~0.6	0.7~0.9
涌水	大型水电站地下洞室围岩分类(水电部昆明勘测设计院)	0	0~0.2 (硬岩)	0.2~0.5 (软岩)	0.4~0.8 (硬岩~软岩)	0.8~1.0 (硬岩~软岩)
	隧道工程岩体(围岩)分级(铁道科研院西南研究所)	0	0.25 (硬岩)	0.25~0.75 (硬岩~软岩)	0.25~0.75 (硬岩~软岩)	0.25~0.75 (硬岩~软岩)
	国防工程锚喷支护技术暂行规定(总参,1984 提)	0	0.25	0.5	0.75	1.0
	本规范	0	0.20	0.4~0.6	0.7~0.9	1.0

注:昆明院和西南所都是用评分法确定岩体质量指标,水的影响采用评负分对岩体质量进行修正。表中所列系数是按负分值和级差换算的。

为了反映这种组合关系对稳定性的影响,本附录仍采用对基本质量进行修正的方法,其修正系数 K_2 是根据试验并参考表 A-2 制定的。表 A.0.2-2 中的“其他组合”是指结构面倾角 <30°,夹角为任意值;倾角为任意值,夹角为 30°~60°;倾角 <75°,夹角 >60°;倾角 <30°或 >75°,夹角 <30°四种情况。

表 A-2　国内对结构面影响的修正情况

代表性分级	修正系数幅度	代表性分级	修正系数幅度
水利水电工程地质勘察规范	0~0.6	铁路隧道工程岩体(围岩)分级建议	0~0.6
水工隧洞设计规范	限制法	节理化岩体地质力学分类	0~0.6
国防工程锚喷支护技术暂行规定	0~0.5	岩体结构评价	0~0.6
坑道工程围岩分类	0~0.5	本规范	0~0.6
大型水电站地下洞室围岩分类	0~0.6		

需指出,这是指存在一组起控制作用结构面的情况,若有两组或两组以上起控制作用的结构面,组合情况就复杂得多,不能用修正岩体基本质量的方法,而需通过稳定分析解决。

3　岩体初始应力对地下工程岩体稳定性的影响是众所周知的,特别是高初始应力的存在。岩石强度与初始应力之比(R_c/σ_{max})大于一定值时,可以认为对洞室岩体稳定不起控制作用,当这个比值小于一定值时,再加上洞周边应力集中的结果,对岩体稳定性或变形破坏的影响就表现得显著;尤其岩石强度接近初始应力值时,这种现象就更为突出。采用降低基本质量指标(BQ),从而限制岩体级别的办法来处理,引入修正系数 K_3。这里降低 BQ 值,而不是直接规定降到某一级。

在极高应力地区,基本质量为 III、IV 级的岩体,将会发生不同程度的塑性挤压,流动变形,基本上没有自稳能力,采取较大幅度地限制岩体的级别。为此,进行了如下处理,如:当 $BQ=351\sim450$ 和 $BQ=251\sim350$ 时,均取 $K_3=1.0\sim1.5$,BQ 值较小时取较大的修正系数(K_3),反之取较小的修正系数。基本质量为Ⅰ、Ⅱ级的岩体,在极高应力区岩体未丧失自稳能力,但明显地影响了自稳性。在高应力地区,初始应力对岩体稳定性的影响大为减少,但仍影响岩体稳定性,故取较小的修正系数(K_3),适当限制其级别。

对初始应力这一修正因素,采用降低岩体 BQ 指标的处理办法,可用于经验方法确定支护参数的设计。若用计算分析方法进行设计时,就不需作上述处理。

按照上述办法进行修正,修正前后可能仍属同一级,似无意义,其实经修正后可能由原来靠近某级上限而变为处于该级中部或接近下限。不仅如此,若单修正水的影响,由某级的上限修正到该级的中部,如果再加上另一影响因素的修正,就可能降低一级了。这些对于评价地下工程岩体稳定性和选用支护等参数是有意义的,因为有关规范中的支护等参数表,每级都有一定的范围值。对 $BQ<250$ 时也作修正,就是据此考虑的。

A.0.3 岩体初始应力或称地应力,是在天然状态下存在于岩体内部的应力,是客观存在的确定的物理量,是岩石工程的基本外荷载之一。岩体初始应力是三维应力状态,一般为压应力。初始应力场受多种因素的影响,一般来讲其主要影响因素依次为埋深、构造运动、地形地貌、地壳剥蚀程度等。

1 准确地获得岩体初始应力的最有效方法,是进行现场测试。对特长、长隧道等重要工程,宜现场实测岩体初始应力,以取得其定量数据;对一般工程,有岩体初始应力实测数据者,应采用实测值,无实测资料时,可根据地质勘探资料,对初始应力场进行评估。

1)在其他因素的影响不显著的情况下,初始应力为自重应力场。上覆岩体的重力是垂直向主应力,沿深度按直线分布增加。

2)历次发生的地质构造运动,常影响并改变自重应力场。国内外大量实测资料表明,垂直应力值(σ_v)往往大于岩体自重。若用 $\lambda_0=\sigma_v/\gamma H$ 表示这个比例系数,我国实测资料 $\lambda_0<0.8$ 者约占有3%,$\lambda_0=0.8\sim1.2$ 者约占17%,$\lambda_0>1.2$ 者占65%以上。这些资料大多是在200m深度内测得的,最深达500m。据前苏联资料,$\lambda_0<0.8$ 者占4%,$\lambda_0=0.8\sim1.2$ 者占23%,$\lambda_0>1.2$ 者占73%。

国内外的实测水平应力普遍大于泊松效应产生的 $\gamma H\cdot\nu/(1-\nu)$(H 为工程埋深,m),且大于或接近实测垂直应力。用最大水平应力(σ_{HI})与 σ_ν 之比表示侧压系数($\lambda_1=\sigma_{HI}/\sigma_\nu$),一般 λ_1 为0.5~5.5,大部分在0.8~2.0之间,λ_1 最大达30。若用两个水平应力的平均值($\sigma_{H.an}$)与 σ_ν 之比表示侧压系数($\lambda_{a\nu}=\sigma_{H.an}/\sigma_\nu$),一般 λa_ν 为0.5~5.0,大多数为0.8~1.5。我国实测资料 $\lambda_{a\nu}$ 在0.8~3.0之间,$\lambda_{a\nu}<0.8$ 者约占30%,$\lambda_{a\nu}=0.8\sim1.2$ 者约占40%,$\lambda_{a\nu}>1.2$ 者约占30%。

3)实测资料还表明,水平应力并不总是占优势的,到达一定深度以后,水平应力逐渐趋向等于或略小于垂直应力,即趋向静水压力场。这个转变点的深度即临界深度,经实测资料统计,大约在1 000~1 500之间。也有人提出,这个临界深度在各国不尽相同,如南非为1 200m,美国为1 000m,日本为500m,冰岛最浅,为200m,我国为1 000余米。

在目前测试技术和现有实测成果的基础上,本附录规定深度在1 000~1 500m为过渡段,1 500m为临界深度是比较合适的。就岩石工程而言,绝大部分工程的埋深远小于1 500m。

2 高初始应力区的存在,已为工程实践所证实。岩爆和岩芯饼化产生的共同条件是高初始应力。一般情况下,岩爆发生在岩性坚硬完整或较完整的地区,岩芯饼化发生在中等强度以下的岩体。

一定的初始应力值对不同岩性的岩体影响其稳定性的程度是不一样的。为此,用岩石单轴饱和抗压强度(R_c)与最大主应力(σ_1)的比值,作为评价岩爆和岩芯饼化发生的条件,进而评价初始应力对工程岩体稳定性的指标。实测资料表明,一般当 $R_c/\sigma_1=3\sim6$ 时就会发生岩爆和岩芯饼化,小于3可能发生严重岩爆。实际上,洞室周边应力集中系数最小为2,这样高的初始应力值(σ_1)引起隧洞周边应力集中,从而使得部分洞壁岩体接近或超过强度极限。

考虑到空间最大主应力(σ_1)与隧道轴线夹角的不同,对工程岩体稳定的影响程度也不同,只有垂直工程轴线方向的最大初始应力(σ_{max})对工程岩体稳定的影响最大,且荷载作用明确。所以表A.0.3采用 R_c/σ_{max} 作为评价"应力情况"的定量指标。

由于高初始应力对围岩稳定性的影响程度尚缺乏成熟的资料，目前还不能给出更详细的规定，表A.0.3将应力情况定为两种是适宜的。

初始应力各向异性的大小，最大主应力方向与工程主要特征尺寸、方位（如洞线）的关系不同，对围岩体稳定性的影响也不同。由于目前在这方面缺乏足够的依据，暂无法在分级标准中作出规定。

A.0.4

1　岩体的物理力学参数反映了岩体的稳定性和质量的高低，它们与决定岩体基本质量的岩石坚硬程度和岩体完整程度密切相关。一般情况下可根据围岩的级别由表A.0.4-1选取岩体的物理力学参数值，该表中给出的物理力学参数均是设计采用参考值。

2　岩体结构面抗剪断峰值强度取决于两侧岩体的坚硬程度和结构面本身的结合程度。由于结构面是岩体的弱面，人们在评价和核算工程岩体稳定性时，常对结构面强度给予极大地关注。

表A.0.4-2是综合国内有关标准、规范有关数据提出的结构面抗剪断峰值强度，设计采用时可适当调整。

A.0.5　表A.0.5引自《工程岩体分级标准》中的表E.0.1（地下工程岩体自稳能力）。

围岩级别与洞室的自稳能力之间有很好的对应关系，据对48项地下工程、416个区段、总长度12 000m洞室的工程岩体质量指标[*BQ*]值和塌方破坏关系的统计，[*BQ*]>550的52段无一处塌方，其中最大跨度为18~22m无支护，至今已稳定近20年。其他情况见表A-3。值得注意的是，表中所列[*BQ*]<351的地段，所发生的塌方多数是没有按要求及时支护，若长期不支护，可能有100%的地段发生塌方。经工程实际统计分析，给出地下工程岩体自稳能力表A.0.5。

表A-3　塌方情况统计表

项　目	工程岩体级别				
	I	II	III	IV	V
段数	52	80	81	108	95
发生塌方段数	0	10	14	39	59
塌方段占总段数比	0	12.5%	17.3%	36.1%	62.1%
最大塌方高度(m)	0	2	3	10	65(通天)

表A.0.5所描述的稳定性（自稳能力）包括变形和破坏两方面，是指长期作用的结果。开挖后短时间不破坏并不能说明岩体是稳定的，需通过变形观测和较长时间作用的检验。

JTJ

中华人民共和国行业标准 JTJ 026.1—1999

公路隧道通风照明设计规范

Specifications for Design of Ventilation and Lighting of Highway Tunnel

9

2000-01-02 发布 2000-06-01 实施

中华人民共和国交通部发布

中华人民共和国交通部公告

交公路发[2000]31号

关于发布《公路隧道通风照明设计规范》的通知

各省、自治区交通厅，北京市公路局，上海市市政工程管理局，天津市公路局，重庆市交通局，部属公路设计、施工、科研、监督单位，公路院校：

现批准发布《公路隧道通风照明设计规范》（编号 JTJ 026.1—1999），作为行业标准，自2000年6月1日起施行。《公路隧道设计规范》（JTJ 026—90）中相关内容同时废止。

该规范由交通部重庆公路科学研究所主编并负责解释，由人民交通出版社出版。请各单位在实践中注意积累资料，总结经验，及时将发现的问题和修改意见函告交通部重庆公路科学研究所，以便修订时参考。

中华人民共和国交通部

二〇〇〇年一月二日

前　言

随着我国公路建设的发展，公路隧道建设规模及其技术需求越来越大，而公路的长隧道和特长隧道的营运通风照明有其特殊的要求，需要制定专门的设计规范。为此，交通部以交公路发(94)1265号文下达了编制《公路隧道通风照明设计规范》的决定。根据该文通知，由交通部重庆公路科学研究所为主编单位，重庆交通学院为参编单位，并邀请有关技术专家，组成《公路隧道通风照明设计规范》编制组。

在编制过程中，编制组对全国已建和在建的公路隧道进行了较广泛的调查研究，搜集并分析了大量设计文件、工程报告、营运管理报告以及有关流体力学和光学的应用科研成果等技术资料。考虑到我国公路隧道技术起步较晚，其经验和基础性工作不足，因此在我国经验的基础上又采用或借鉴了国外公路隧道的成功经验和先进技术。

本规范既采纳了新技术、新方法，又兼顾到较传统技术的存在；既考虑到随着汽车工业的发展其尾排污染下降的必然性，又考虑到我国目前混合车辆排污仍然严重的实际情况。本规范的各条文规定，均以可靠的技术依据和较成熟的经验为基础，对于一些目前我国没有实践经验或不够成熟的技术内容，本规范没有纳入或仅作出原则性的规定。

本规范主要由总则、通风、照明三部分构成，内容包括通风规划、通风调查、通风方式、污染空气稀释标准、需风量、通风计算、风机选型与布置、风道、风机房与竖井口扩散、通风运转控制、照明系统构成、洞外亮度与减光、隧道各照明段的长度与亮度、照明总均匀度与纵向均匀度、调光分级、光源与灯具、应急照明、灯具布置等。

本规范由交通部重庆公路科学研究所负责解释。为使本规范更能符合我国公路建设的实际情况，请各有关单位在执行过程中，将发现的问题和意见及时函告交通部重庆公路科学研究所（地址：重庆市南岸区五公里，邮编：400067）。

主编单位：交通部重庆公路科学研究所

参编单位：重庆交通学院

主要起草人：蒋树屏　郑汉璋　刘　伟　王晓雯　涂　耘　林　勇

目　录

1 总则

1.0.1 为公路隧道通风与照明设计及营运管理提供技术准则,特制定本规范。

1.0.2 本规范适用于高速公路,一、二级公路的新建隧道和改建隧道,三、四级公路的新建隧道和改建隧道可参照执行。

1.0.3 本规范所采用的设计交通量为由远景设计年限年平均昼夜交通量换算的混合车高峰小时交通量;计算行车速度为洞内线形计算行车速度,一般不宜大于100km/h。

1.0.4 公路隧道的通风与照明应纳入隧道建设总体设计周密考虑,以保证隧道内安全行车和经济营运为宗旨,选择适宜的通风方式和照明方式。

1.0.5 应根据公路等级、车道数、设计交通量、计算行车速度、车辆种类与排放量、隧道海拔高程、隧道所经路线及洞口附近的自然条件、隧道断面与平纵线形、洞内装饰情况等因素进行通风与照明设计。

1.0.6 通风设施宜按近、远期交通量的变化分期设置,但应统一规划,一次设计。隧道由双向交通变更为单向交通时,应充分考虑机械通风的衔接。

1.0.7 隧道通风设计可按下列顺序实施:

1 根据隧道长度和交通量,初步确定通风方式;

2 收集交通、气象、环境、地质、地形、地物等通风设计基础资料;

3 根据有关调查资料尤其是车辆情况,计算需风量;

4 从安全、技术、经济等方面进行通风方式比较,选择最佳通风方式;

5 计算通风压力、风量和风速等;

6 确定风机的规格和配置,并对风道、风机房等进行结构设计。

1.0.8 隧道照明设计可按下列顺序实施:

1 收集隧道设计有关资料,初勘现场自然环境;

2 初步判定或现场测定洞外亮度,制定洞外减光方案;

3 确定入口段、过渡段、中间段及出口段的亮度与长度指标;

4 选择光源与灯具,并确定灯具安装位置与角度;

5 根据路面材料与灯具光强分布表,计算各段亮度、均匀度;

6 洞口土建完工后,对洞外亮度进行验核,必要时修正照明设计。

1.0.9 公路隧道通风与照明设计应贯彻国家的技术经济政策,积极而慎重地采用新理论、新技术、新材料、新设备、新工艺,使通风与照明达到安全实用、质量可靠、经济合理、技术先进的要求。

1.0.10 通风与照明设计除应考虑正常交通工况外,还应考虑洞内发生火灾等工况。

1.0.11 隧道口或通风竖井出口的废气排放应符合环保的有关规定。

1.0.12 公路隧道通风与照明设计除应遵守本规范外,尚应符合国家和交通部现行的有关标准、规范。

2 符号

2.0.1 通风中的主要符号

A_b——送风道断面积

A_c——汽车正面投影面积

A_e——排风道断面积

A_j——射流风机的出口面积

A_m——汽车等效阻抗面积

A_{kW}——理论功率

A_r——隧道断面积

b——下角码，表示送风道空间

C——隧道气流浓度

C_n——烟雾浓度

D_a——轴流风机的叶轮直径

D_b——送风道断面当量直径

D_e——排风道断面当量直径

D_j——射流风机的叶轮直径

D_r——隧道断面当量直径

e——下角码，表示排风道空间

F——风机喷流推力

f_d——车密度系数

f_a——车况系数

f_h——海拔高度系数

f_{iv}——纵坡—车速系数

f_m——车型系数

H_e——有效排风口高度

H_0——排风口结构高度

H——排风上升高度

K——烟雾设计浓度

K_b——送风口升压动量系数

K_e——排风口升压动量系数

L——隧道长度

L_a——噪声级水平

L_{sa}——比噪声级

N——设计交通量(混合车辆)

p_0——标准大气压

Δp_b——送风口升压力

Δp_d——风道压力损失

Δp_e——排风口升压力

Δp_m——自然风阻力

Δp_j——射流风机升压力

Δp_r——通风阻抗力

Δp_t——交通通风力

p_{tot}——全风压力

q_b——单位长度送风量

Q_b——送风量

Q_e——排风量

q_{CO}——一氧化碳基准排放量

Q_{CO}——隧道全长一氧化碳排放量

Q_{req}——需风量

Q_s——短道风量

Q_r——隧道内设计风量

q_{VI}——烟雾基准排放量

Q_{VI}——隧道全长烟雾排放量

r_i——大型车比例

S_{kW}——风机轴功率

T——隧道夏季的设计气温

T_0——标准气温

v_b——送风道(口)风速

v_e——排风道(口)风速

v_j——射流风机的出口速度

v_n——自然风作用引起的洞内风速

v_r——隧道设计风速

v_t——计算行车速度

α——交通通风力系数

β——喷流方向与隧道轴向的夹角

γ——空气容重

δ——一氧化碳设计浓度

Δ——平均壁面粗糙度

ζ_d——各位置的形状损失系数

ζ_e——隧道入口损失系数

η——风机效率

η_{VI}——烟雾净化率

λ——壁面摩阻损失系数

ν——运动黏滞系数

ξ_c——汽车空气阻力系数

ρ——空气密度

2.0.2 照明中的主要符号

b——最小衬托长度

d——适应距离

D_{ex}——出口段长度

D_{th}——入口段长度

D_{tr}——过渡段长度

E_{av}——路面平均水平照度

h——隧道洞口内净空高

H——灯具安装高度

I_{cr}——灯具的光强值

$L_{20}(A)$——适应点亮度

$L_{20}(S)$——洞外亮度

L_{av}——路面平均亮度

L_{ex}——出口段亮度

L_{in}——中间基本亮度

L'_{max}——路面最大亮度

L'_{min}——路面最低亮度

L_{th}——入口段亮度

L_{tr}——过渡段亮度

M——灯具养护系数

S——灯具间距

U_0——路面亮度总均匀度

U_1——车道中线上亮度纵向均匀度

W——隧道路面宽度

η——灯具利用系数

ρ——反射率

Φ——灯具额定光通量

3　通风

3.1　调查

3.1.1　通风规划和设计时,应对交通量、气象及环境进行调查。

1　交通量调查的内容包括车辆类型、数量及其历时变化等,应了解汽车发动机的种类和汽车实载情况。

2　气象调查的内容包括隧道进出口气压、风向、风速、温度、湿度、冻害及相关地区的气象资料,并根据需要作实地观测。

3　环境调查包括地形、地物、地质、洞口及竖(斜)井口附近的建筑物分布,居民分布,重要设施等。

3.1.2　调查的同时还应对通风噪声、废气排放及竖(斜)井施工可能对周围环境和居民生活造成的影响进行初步评价。

3.2　通风方式

3.2.1　可按下列方法初步判定是否设置机械通风:

1　双向交通隧道,当符合式(3.2.1-1)的条件时,宜设置机械通风。

$$L \cdot N \geqslant 6 \times 10^5 \tag{3.2.1-1}$$

式中　L——隧道长度(m);

N——设计交通量(辆/h)。

2　单向交通隧道,当符合式(3.2.1-2)的条件时,宜设置机械通风。

$$L \cdot N \geqslant 2 \times 10^6 \tag{3.2.1-2}$$

3.2.2　通风方式的选择

1　机械通风方式可分为纵向式、半横向式、全横向式以及在这三种基本方式基础上的组合通风方式。机械通风方式的种类见表3.2.2。

表3.2.2　机械通风方式的种类

纵向通风方式	半横向通风方式	全横向通风方式	组合通风方式
1)射流风机式	1)送风半横向式	—	—
2)集中送入式	2)排风半横向式		
3)竖(斜)井送排风式			
4)竖(斜)井排出式			
5)静电吸尘式			

2　应充分考虑各通风方式的特点,并根据隧道长度、平曲线半径、纵坡、海拔高程、交通条件、气象条件、环境条件,经综合比较后,选择较为安全、经济和营运维护方便的通风方式。

3　选择机械通风方式考虑下列因素:

1)交通条件;

2)地形、地物、地质条件;

3)通风要求;

4)环境保护要求;

5)火灾时的通风控制;

6)维护与管理水平；

7)分期实施的可能性；

8)工程造价、营运电力费、维护管理费。

3.2.3 隧道通风要求：

1 单向交通的隧道设计风速不宜大于10m/s，特殊情况可取12m/s；双向交通的隧道设计风速不应大于8m/s；人车混合通行的隧道设计风速不应大于7m/s。

2 风机产生的噪声及隧道中废气的集中排放均应符合环保的有关规定。

3 确定的通风方式在交通条件等发生变化时，应具有较高的稳定性，并便于防灾时的气流组织。

4 隧道内营运通风的主流方向不应频繁变化。

3.3 污染空气的稀释标准

3.3.1 隧道通风主要应对一氧化碳（CO）、烟雾和异味进行稀释。

3.3.2 CO设计浓度

1 采用全横向通风方式与半横向通风方式时，CO设计浓度可按表3.3.2-1取值；采用纵向通风方式时，CO设计浓度可按表3.3.2-1所列各值提高50ppm取值。

表3.3.2-1 CO设计浓度δ

隧道长度（m）	≤1000	≥3000
δ（ppm）	250	200

注：隧道长度为1000m～3000m时，可按插入法取值。

2 交通阻滞（隧道内各车道均以怠速行驶，平均车速为10km/h）时，阻滞段的平均CO设计浓度可取300ppm，经历时间不超过20min。阻滞段的计算长度不宜大于1km。

3 人车混合通行的隧道，长度不宜超过2000m，其CO设计浓度应按表3.3.2-2取值。

表3.3.2-2 CO设计浓度δ

隧道长度（m）	≤1000	≥2000
δ（ppm）	150	100

注：隧道长度为1000m～2000m时，可按插入法取值。

3.3.3 烟雾设计浓度

1 采用钠灯光源时，烟雾设计浓度应按表3.3.3取值；采用荧光灯光源时，烟雾设计浓度应提高一级。

表3.3.3 烟雾设计浓度K

计算行车速度（km/h）	100	80	60	40
K（m^{-1}）	0.0065	0.0070	0.0075	0.0090

2 当烟雾浓度达到0.012m^{-1}时，应按采取交通管制等措施考虑。

3 隧道内进行养护维修时，应按现场实际烟雾浓度不大于0.0035m^{-1}考虑。

3.4 需风量

3.4.1 一般规定

1 通风设计中，车辆有害气体的排放量以及与之对应的交通量，都应有明确的远景设计年限，两者应相匹配。计算近期的需风量及交通通风力时应采用相应年份的交通量。

2 确定需风量时，应对计算行车速度以下各工况车速按20km/h为一档分别进行计算，并考虑交通阻滞状态,取其较大者作为设计需风量。

3 在双向交通隧道中,上坡较长方向的交通量按设计交通量的60%进行计算。

3.4.2 CO排放量应按式(3.4.2)计算:

$$Q_{CO}=\frac{1}{3.6\times10^{6}}\cdot q_{CO}\cdot f_{a}\cdot f_{d}\cdot f_{h}\cdot f_{iv}\cdot L\cdot\sum_{m=1}^{n}(N_{m}\cdot f_{m}) \tag{3.4.2}$$

式中 Q_{CO}——隧道全长CO排放量(m^3/s);

q_{CO}——CO基准排放量(m^3/辆·km),可取0.01 m^3/辆·km;

f_a——考虑CO的车况系数,按表3.4.2-1取值;

f_d——车密度系数,按表3.4.2-2取值;

f_h——考虑CO的海拔高度系数,按图3.4.2取值;

f_m——考虑CO的车型系数,按表3.4.2-3取值;

f_{iv}——考虑CO的纵坡—车速系数,按表3.4.2-4取值;

n——车型类别数;

N_m——相应车型的设计交通量(辆/h)。

表3.4.2-1 考虑CO的车况系数 f_a

适用道路等级	f_a	适用道路等级	f_a
高速公路、一级公路	1.0	二、三、四级公路	1.1~1.2

表3.4.2-2 车密度系数 f_d

工况车速(km/h)	100	80	70	60	50	40	30	20	10
f_d	0.6	0.75	0.85	1	1.2	1.5	2	3	6

表3.4.2-3 考虑CO的车型系数 f_m

车型	各种柴油车	汽油车			
		小客车	旅行车、轻型货车	中型货车	大型客车、拖挂车
f_m	1.0	1.0	2.5	5.0	7.0

表3.4.2-4 考虑CO的纵坡—车速系数 f_{iv}

v_t(km/h) \ i(%)	−4	−3	−2	−1	0	1	2	3	4
100	1.2	1.2	1.2	1.2	1.2	1.4	1.4	1.4	1.4
80	1.0	1.0	1.0	1.0	1.0	1.0	1.2	1.2	1.2
70	1.0	1.0	1.0	1.0	1.0	1.0	1.0	1.2	1.2
60	1.0	1.0	1.0	1.0	1.0	1.0	1.0	1.0	1.2
50	1.0	1.0	1.0	1.0	1.0	1.0	1.0	1.0	1.0
40	1.0	1.0	1.0	1.0	1.0	1.0	1.0	1.0	1.0
30	0.8	0.8	0.8	0.8	0.8	1.0	1.0	1.0	1.0
20	0.8	0.8	0.8	0.8	0.8	1.0	1.0	1.0	1.0
10	0.8	0.8	0.8	0.8	0.8	0.8	0.8	0.8	0.8

3.4.3 稀释CO的需风量应按式(3.4.3)计算:

$$Q_{req(CO)}=\frac{Q_{CO}}{\delta}\cdot\frac{p_0}{p}\cdot\frac{T}{T_0}\times10^{6} \tag{3.4.3}$$

式中　$Q_{req(CO)}$——隧道全长稀释 CO 的需风量(m^3/s);

p_0——标准大气压(kN/m^2),取 101.325kN/m^2;

p——隧址设计气压(kN/m^2);

T_0——标准气温(K),取 273K;

T——隧道夏季的设计气温(K)。

3.4.4　烟雾排放量应按式(3.4.4)计算:

$$Q_{VI} = \frac{1}{3.6 \times 10^6} \cdot q_{VI} \cdot f_{a(VI)} \cdot f_d \cdot f_{h(VI)} \cdot f_{iv(VI)} \cdot L \cdot \sum_{m=1}^{n_D} (N_m \cdot f_{m(VI)}) \tag{3.4.4}$$

式中　Q_{VI}——隧道全长烟雾排放量(m^2/s);

q_{VI}——烟雾基准排放量[m^2/(辆·km)],可取 2.5 m^2/(辆·km);

$f_{a(VI)}$——考虑烟雾的车况系数,按表 3.4.4-1 取值;

$f_{h(VI)}$——考虑烟雾的海拔高度系数,按图 3.4.4 取值;

$f_{iv(VI)}$——考虑烟雾的纵坡—车速系数,按表 3.4.4-2 取值;

$f_{m(VI)}$——考虑烟雾的车型系数,按表 3.4.4-3 取值;

n_D——柴油车车型类别数。

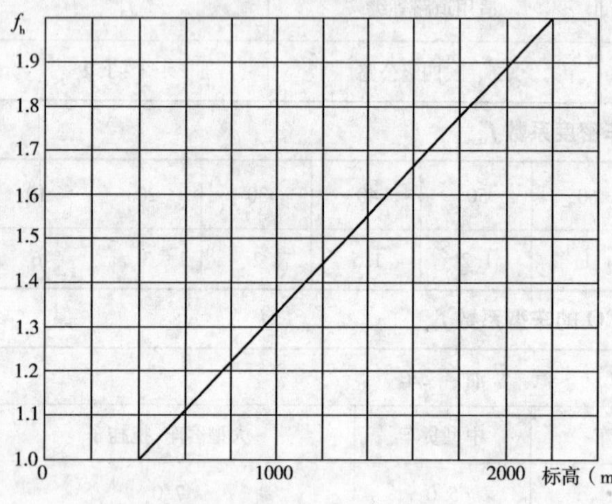

图 3.4.2　考虑 CO 的海拔高度系数 f_h

注:当取值超出图示范围时,可作直线延伸。

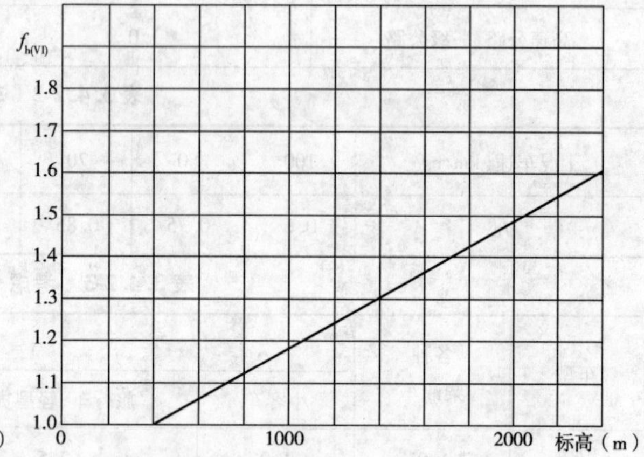

图 3.4.4　考虑烟雾的海拔高度系数 $f_{h(VI)}$

注:当取值超出图示范围时,可作直线延伸。

表 3.4.4-1　考虑烟雾的车况系数 $f_{a(VI)}$

适用道路等级	$f_{a(VI)}$	适用道路等级	$f_{a(VI)}$
高速公路、一级公路	1.0	二、三、四级公路	1.2 ~ 1.5

表 3.4.4-2　考虑烟雾的纵坡—车速系数 $f_{iv(VI)}$

v_t(km/h) \ i(%)	−4	−3	−2	−1	0	1	2	3	4
80	0.3	0.4	0.55	0.8	1.3	2.6	—	—	—
70	0.3	0.4	0.55	0.8	1.1	1.8	3.1	—	—
60	0.3	0.4	0.55	0.75	1.0	1.45	2.2	—	—
50	0.3	0.4	0.55	0.75	1.0	1.45	2.2	—	—
40	0.3	0.4	0.55	0.7	0.85	1.1	1.45	2.2	—
30	0.3	0.4	0.5	0.6	0.72	0.9	1.1	1.45	2.0
10 ~ 20	0.3	0.36	0.4	0.5	0.6	0.72	0.85	1.03	1.25

表 3.4.4-3 考虑烟雾的车型系数 $f_{m(VI)}$

柴油车			
轻型货车	中型货车	重型货车、大型客车、拖挂车	集装箱车
0.4	1.0	1.5	3~4

3.4.5 稀释烟雾的需风量应按式(3.4.5)计算：

$$Q_{req(VI)} = \frac{Q_{VI}}{K} \tag{3.4.5}$$

式中 $Q_{req(VI)}$——隧道全长稀释烟雾的需风量(m^3/s)；

K——烟雾设计浓度(m^{-1})，按表 3.3.3 取值。

3.4.6 稀释空气中异味的需风量

隧道空间不间断换气频率，不宜低于每小时 5 次；交通量较小或特长隧道，可采用每小时 3~4 次。

采用纵向通风的隧道，隧道内换气风速不应低于 2.5m/s。

3.5 通风计算

3.5.1 一般规定

1 在所设计的通风系统中，风机及交通通风力提供的风压和风量必须满足需风量的要求。

2 应根据通风计划、初步设计、技术设计和施工图设计等不同阶段，进行粗略或详细的通风计算。

3 在隧道通风计算中可把空气作为不可压缩流体对待；隧道内的空气流可作为不随时间变化的恒定流处理，且视汽车行驶也为恒定流。在标准大气压状态下的空气物理量可按表 3.5.1-1 取值。

表 3.5.1-1 空气物理量

容重 γ(kN/m^3)	11.77	运动黏滞系数 υ(m^2/s)	1.52×10^{-5}
密度 ρ(kg/m^3)	1.20	—	—

4 隧道壁面摩阻损失系数及入口损失系数应根据隧道或风道的断面当量直径和壁面糙率以及风道结构形状等取值，当为混凝土壁面时常用损失系数可按表 3.5.1-2 取值。其他材料、弯道及变断面摩阻损失系数可按附录 A 计算或取值。

表 3.5.1-2 损失系数

项目	取值
隧道壁面摩阻损失系数 λ_r	0.02
主风道(含竖井)壁面摩阻损失系数 λ_b、λ_e	0.022
连接风道壁面摩阻损失系数 λ_d	0.025
隧道入口损失系数 ζ_e	0.6

5 通风设计中应尽可能减少风道断面积变化和转弯次数，损失系数的取值应充分考虑隧道和风道壁面粗糙程度、结构形状。

6 交通通风力必须针对具体工程的通风系统进行分析。交通通风力在交通阻塞或双向交通情况下宜作为阻抗力考虑；在单向交通情况下宜作为推力考虑。

7 应针对计算行车速度以下各工况车速分别计算汽车交通通风力。

3.5.2 自然风阻力

1 在通风计算中，一般可将自然通风力作为阻力考虑。

2 自然风阻力应按式(3.5.2-1)计算：

$$\Delta p_m = \left(1 + \zeta_e + \lambda_r \cdot \frac{L}{D_r}\right) \cdot \frac{\rho}{2} \cdot v_n^2 \tag{3.5.2-1}$$

式中 Δp_m——自然风阻力(N/m^2)；

v_n——自然风作用引起的洞内风速(m/s),可取2m/s~3m/s;

ζ_e——隧道入口损失系数,可按表3.5.1-2取值;

λ_r——隧道壁面摩阻损失系数,可按表3.5.1-2取值;

ρ——空气密度(kg/m³),按表3.5.1-1取值;

D_r——隧道断面当量直径(m)。

隧道断面当量直径按下式计算:

$$D_r = \frac{4 \times A_r}{\text{隧道断面周长}} \tag{3.5.2-2}$$

式中 A_r——隧道净空断面积(m²)。

3.5.3 交通通风力可按式(3.5.3-1)计算:

$$\Delta p_t = \frac{A_m}{A_r} \cdot \frac{\rho}{2} \cdot n_+ \cdot (v_{t(+)} - v_r)^2 - \frac{A_m}{A_r} \cdot \frac{\rho}{2} \cdot n_- \cdot (v_{t(-)} + v_r)^2 \tag{3.5.3-1}$$

式中 Δp_t——交通通风力(N/m²);

n_+——隧道内与 v_r 同向的车辆数(辆),$n_+ = \dfrac{N_+ \cdot L}{3600 \times v_{t(+)}}$;

n_-——隧道内与 v_r 反向的车辆数(辆),$n_- = \dfrac{N_- \cdot L}{3600 \times v_{t(-)}}$;

v_r——隧道设计风速(m/s),一般情况 $v_r = \dfrac{Q_{req}}{A_r}$;

$v_{t(+)}$——与 v_r 同向的各工况车速(m/s);

$v_{t(-)}$——与 v_r 反向的各工况车速(m/s);

A_m——汽车等效阻抗面积(m²)。

汽车等效阻抗面积可按式(3.5.3-2)计算:

$$A_m = (1 - r_1) \cdot A_{cs} \cdot \xi_{cs} + r_1 \cdot A_{cl} \cdot \xi_{cl} \tag{3.5.3-2}$$

式中 A_{cs}——小型车正面投影面积(m²),可取2.13m²,或参照附录B取值;

ξ_{cs}——小型车空气阻力系数,可取0.5,或参照附录B取值;

A_{cl}——大型车正面投影面积(m²),可取5.37m²,或参照附录B取值;

ξ_{cl}——大型车空气阻力系数,可取1.0,或参照附录B取值;

r_1——大型车比例。

3.5.4 通风阻抗力可按式(3.5.4)计算:

$$\Delta p_r = \left(1 + \zeta_e + \lambda_r \cdot \frac{L}{D_r}\right) \cdot \frac{\rho}{2} \cdot v_r^2 \tag{3.5.4}$$

式中 Δp_r——通风阻抗力(N/m²)。

3.5.5 射流风机通风方式

1 通风压力模式

射流风机的通风方式模式如图3.5.5所示。

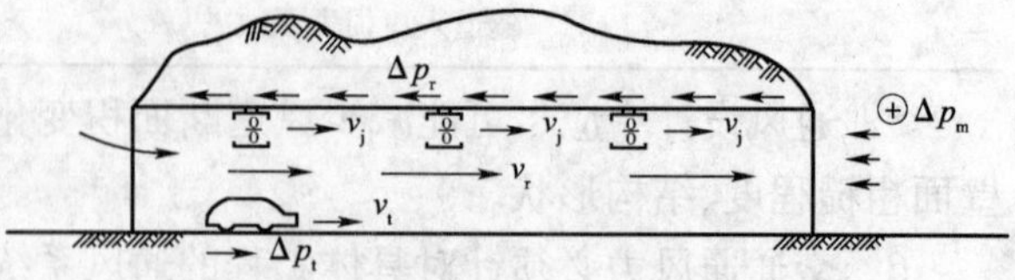

2 隧道内压力平衡应满足式(3.5.5-1):

$$\Delta p_r + \Delta p_m = \Delta p_t + \sum \Delta p_j \tag{3.5.5-1}$$

图3.5.5 射流风机通风方式模式图

式中 $\sum \Delta p_j$——射流风机群总升压力(N/m²)。

3 射流风机所需台数计算

在满足隧道设计风速 v_r 的条件下,射流风机台数可按式(3.5.5-2)计算:

$$i = \frac{\Delta p_r + \Delta p_m - \Delta p_t}{\Delta p_j} \tag{3.5.5-2}$$

式中 i——所需射流风机的台数(台);

Δp_j——每台射流风机升压力(N/m²)。

每台射流风机升压力应按式(3.5.5-3)计算：

$$\Delta p_j = \rho \cdot v_j^2 \cdot \frac{A_j}{A_r} \cdot \left(1 - \frac{v_r}{v_j}\right) \cdot \eta \tag{3.5.5-3}$$

式中 v_j——射流风机的出口风速(m/s)；

A_j——射流风机的出口面积(m²)；

η——射流风机位置摩阻损失折减系数，可按表3.5.5取值。

表3.5.5 射流风机位置摩阻损失折减系数 η

Z/D_j	1.5	1.0	0.7	图示
η	0.91	0.87	0.85	

3.5.6 集中送入通风方式

1 集中送入通风方式模式如图3.5.6所示。

2 送风机送风口升压力，可按式(3.5.6-1)计算：

$$\Delta p_b = 2 \times \frac{Q_b}{Q_r} \cdot \left(\frac{K_b \cdot v_b \cdot \cos\beta}{v_r} - 2 + \frac{Q_b}{Q_r}\right) \cdot \frac{\rho}{2} \cdot v_r^2 \tag{3.5.6-1}$$

式中 Δp_b——送风机送风口升压力(N/m²)；

Q_r——隧道设计风量，一般情况 $Q_r = Q_{req}$(m³/s)；

Q_b——送风口喷出风量，即送风机风量(m³/s)；

v_b——送风口喷出风速，一般取20m/s～30m/s；

β——喷流方向与隧道轴向的夹角；

K_b——送风口升压动量系数。

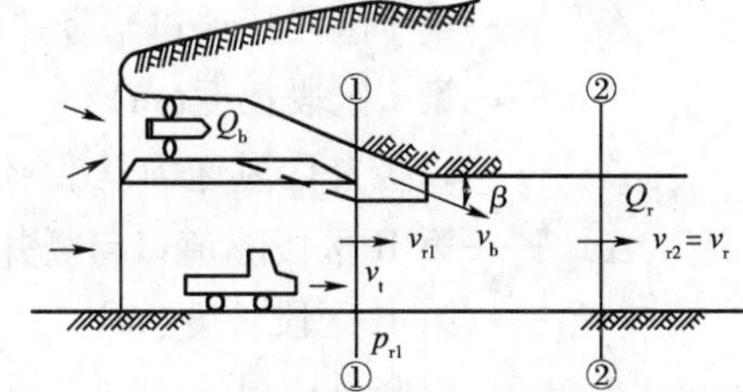

图3.5.6 集中送入通风方式模式图

3 送风口面积可按式(3.5.6-2)计算：

$$A_b = \frac{Q_b}{v_b} \tag{3.5.6-2}$$

式中 A_b——送风口面积(m²)，当为双车道隧道时不宜大于12m²。

4 送风机风量、全风压

1)送风机风量可按式(3.5.6-3)计算：

$$Q_b = \frac{Q_r}{2\rho \cdot v_r^2} \cdot \left(\sqrt{a^2\rho \cdot v_r^2 + 4\Delta p_b} - a\right) \tag{3.5.6-3}$$

式中 a——系数，$a = \frac{K_b \cdot v_b \cdot \cos\beta}{v_r} - 2$。

2)送风机所需全风压可按式(3.5.6-4)计算：

$$p_{tot} = \left(\frac{\rho}{2} \cdot v_b^2 + \Delta p_d\right) \times 1.1 \tag{3.5.6-4}$$

式中 p_{tot}——送风机所需全风压(N/m²)；

Δp_d——风道、送风口等部位的总压力损失(N/m²)。

5 集中送入通风方式宜符合下列规定：

1)应充分比选送风机房结构形式和风道连接方式，减少压力损失；对送风口结构形式亦应作比选，确定经济、合理的风口形式。

2)应结合结构工程尽可能使送风口喷流方向与隧道轴向一致，并在弯道部位设置导流装置。

3)该通风方式可与其他通风方式组合采用，宜用于单向交通隧道。

3.5.7 竖井排出通风方式

1 压力模式

1)当应用于双向交通隧道时，竖井宜设置在隧道轴向中央附近。合流型竖井排出式通风压力模式可用图 3.5.7-1 表示。竖井底部合流后的全压力可用式(3.5.7-1)计算：

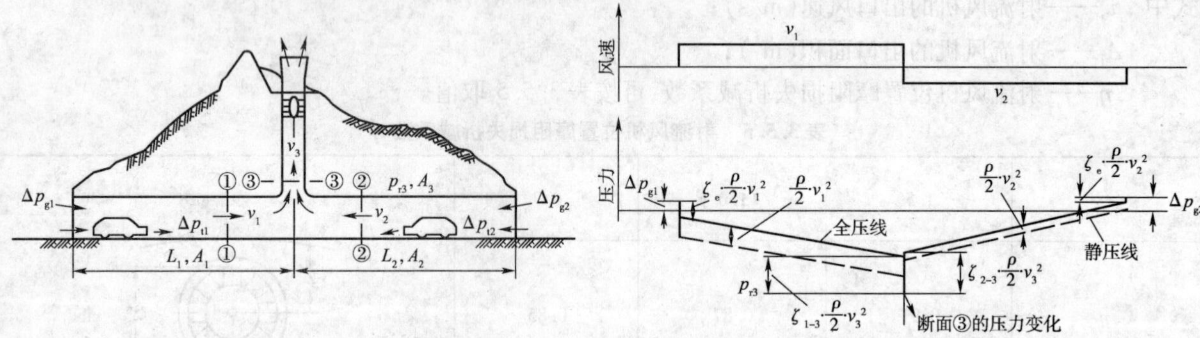

图 3.5.7-1 合流型竖井排出式通风压力模式

$$p_{\text{tot3}} = \Delta p_{\text{g1}} + \Delta p_{\text{t1}} - \left(\zeta_{\text{e}} + \lambda_{\text{r}} \cdot \frac{L_1}{D_{\text{r}}}\right) \cdot \frac{\rho}{2} \cdot v_1^2 - \zeta_{1-3} \cdot \frac{\rho}{2} \cdot v_3^2 \tag{3.5.7-1}$$

$$p_{\text{tot3}} = \Delta p_{\text{g2}} + \Delta p_{\text{t2}} - \left(\zeta_{\text{e}} + \lambda_{\text{r}} \cdot \frac{L_2}{D_{\text{r}}}\right) \cdot \frac{\rho}{2} \cdot v_2^2 - \zeta_{2-3} \cdot \frac{\rho}{2} \cdot v_3^2 \tag{3.5.7-1a}$$

式中 p_{tot3}——竖井底部合流全压力(N/m^2)；

Δp_{g1}——第Ⅰ区段隧道口与竖井出口之间的气象压力差(N/m^2)，自然风朝隧道方向时为正；

L_1——第Ⅰ区段长度(m)；

ζ_{1-3}——以竖井内风速为基准第Ⅰ区段的损失系数；

Δp_{g2}——第Ⅱ区段隧道口与竖井出口之间的气象压力差(N/m^2)，自然风朝隧道方向时为正；

L_2——第Ⅱ区段长度(m)；

ζ_{2-3}——以竖井内风速为基准第Ⅱ区段的损失系数；

v_1——第Ⅰ区段①－①断面平均风速(m/s)；

v_2——第Ⅱ区段②－②断面平均风速(m/s)；

v_3——竖井内③－③断面平均风速(m/s)。

Ⅰ区段交通通风力可按式(3.5.7-2)计算：

$$\Delta p_{\text{t1}} = \frac{A_{\text{m}}}{A_{\text{r}}} \cdot \frac{\rho}{2} \cdot [n_{+1} \cdot (v_{\text{t}} - v_1)^2 - n_{-1} \cdot (v_{\text{t}} + v_1)^2] \tag{3.5.7-2}$$

式中 Δp_{t1}——Ⅰ区段的交通通风力(N/m^2)。

n_{+1}——第Ⅰ区段内由Ⅰ区段往Ⅱ区段行驶的车辆数(辆)；

n_{-1}——第Ⅰ区段内由Ⅱ区段往Ⅰ区段行驶的车辆数(辆)。

Ⅱ区段交通通风力可按式(3.5.7-3)计算：

$$\Delta p_{\text{t2}} = \frac{A_{\text{m}}}{A_{\text{r}}} \cdot \frac{\rho}{2} \cdot [n_{-2} \cdot (v_{\text{t}} - v_2)^2 - n_{+2} \cdot (v_{\text{t}} + v_2)^2] \tag{3.5.7-3}$$

式中 Δp_{t2}——Ⅱ区段的交通通风力(N/m^2)；

n_{+2}——第Ⅱ区段内由Ⅰ区段往Ⅱ区段行驶的车辆数(辆)；

n_{-2}——第Ⅱ区段内由Ⅱ区段往Ⅰ区段行驶的车辆数(辆)。

2)当应用于单向交通隧道时，竖井宜设置在隧道出口侧的位置，其通风系统的气流形态可分为合流型和分流型两种，分流型的竖井排出式通风压力模式如图 3.5.7-2 所示。

隧道第Ⅰ区段末端的全压力(即分岔前的全压力)可按式(3.5.7-4)计算：

$$p_{\text{tot1}} = \Delta p_{\text{g1}} + \Delta p_{\text{t1}} - \left(\zeta_{\text{e}} + \lambda_{\text{r}} \cdot \frac{L_1}{D_{\text{r}}}\right) \cdot \frac{\rho}{2} \cdot v_1^2 \tag{3.5.7-4}$$

式中　p_{tot1}——第Ⅰ区段末端的全压力(N/m^2)。

隧道第Ⅱ区段始端的全压力(分岔后的全压力)可按式(3.5.7-5)计算:

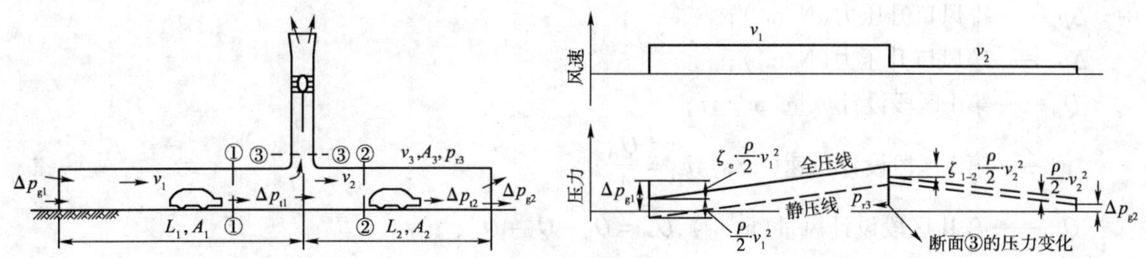

图3.5.7-2　分流型竖井排出式通风压力模式

$$p_{tot2} = \Delta p_{tot1} - \zeta_{1-2} \cdot \frac{\rho}{2} \cdot v_1^2 \tag{3.5.7-5}$$

式中　p_{tot2}——第Ⅱ区段始端的全压力(N/m^2);

ζ_{1-2}——分流型风道主流分岔损失系数,可按附录A.0.4取值。

隧道第Ⅱ区段末端(出口)的全压力可按式(3.5.7-6)计算:

$$\Delta p_{g2} + \frac{\rho}{2} \cdot v_2^2 = p_{tot2} - \lambda_r \cdot \frac{L_2}{D_r} \cdot \frac{\rho}{2} \cdot v_r^2 + \Delta p_{t2} \tag{3.5.7-6}$$

竖井底部的全压力可按式(3.5.7-7)计算:

$$p_{tot3} = p_{tot1} - \zeta_{1-3} \cdot \frac{\rho}{2} \cdot v_1^2 \tag{3.5.7-7}$$

式中　p_{tot3}——竖井底部的全压力(N/m^2);

ζ_{1-3}——分流型风道支流分岔损失系数,可按本规范附录A.0.4取值。

2　排风机设计风压

排风机的设计风压可按式(3.5.7-8)计算:

$$p_{tot} = (p_{tot3} + \Delta p_d) \times 1.1 \tag{3.5.7-8}$$

式中　p_{tot}——排风机设计风压(N/m^2);

Δp_d——竖井及连接风道总压力损失(N/m^2)。

3.5.8　竖井送排式纵向通风方式

1　压力模式

竖井送排式通风模式如图3.5.8-1所示。采用该通风方式时,排风口与送风口之间可能产生短道流动,设计中应考虑尽量减少这种短道流动,以利于空气交换。

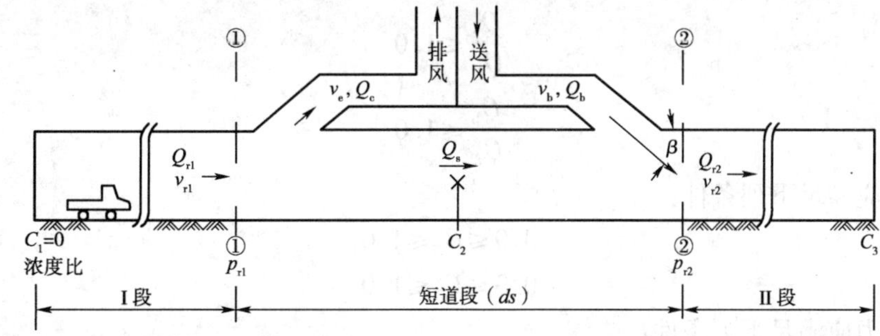

图3.5.8-1　竖井送排式通风方式模式图

排风口升压力可按式(3.5.8-1)计算:

$$\Delta p_e = 2 \times \frac{Q_e}{Q_{r1}}\left[\left(2 - \frac{K_e \cdot v_e}{v_{r1}}\right) - \frac{Q_e}{Q_{r1}}\right] \cdot \frac{\rho}{2} \cdot v_{r1}^2 \tag{3.5.8-1}$$

送风口升压力可按式(3.5.8-2)计算:

$$\Delta p_b = 2 \times \frac{Q_b}{Q_{r2}} \left[\left(\frac{K_b \cdot v_b \cdot \cos\beta}{v_{r2}} - 2 \right) + \frac{Q_b}{Q_{r2}} \right] \cdot \frac{\rho}{2} \cdot v_{r2}^2 \tag{3.5.8-2}$$

式中 Δp_e——排风口升压力(N/m^2);

Δp_b——送风口升压力(N/m^2);

Q_{r1}——第I区段设计风量(m^3/s);

v_{r1}——第I区段设计风速(m/s),$v_{r1} = \frac{Q_{r1}}{A_r}$;

Q_{r2}——第II区段设计风量(m^3/s),$Q_{r2} = Q_b - Q_e + Q_{r1}$;

v_{r2}——第II区段设计风速(m/s),$v_{r2} = \frac{Q_{r2}}{A_r}$;

Q_e——排风量(m^3/s);

v_e——与 Q_e 相应的排风口风速(m/s);

K_e——排风口的升压动量系数;

K_b——送风口的升压动量系数。

2 设计判定

1)隧道气流浓度 C 可用需风量与设计风量之比表示,竖井底部的浓度 C_2 可按式(3.5.8-3)计算:

$$C_2 = \frac{Q_{req1}}{Q_{r1}} \tag{3.5.8-3}$$

竖井底部气流中的等效新鲜空气量 Q_{sf} 可按式(3.5.8-4)计算:

$$Q_{sf} = Q_{r1} - Q_e - Q_{req1} + \frac{Q_e \cdot Q_{req1}}{Q_{r1}} \tag{3.5.8-4}$$

隧道出口内侧处的浓度 C_3 按式(3.5.8-5)计算:

$$C_3 = \frac{Q_{req2}}{Q_{r1} - Q_e - Q_{req1} + \frac{Q_e \cdot Q_{req1}}{Q_{r1}} + Q_b} \tag{3.5.8-5}$$

式中 Q_{req1}——隧道I段需风量;

Q_{req2}——隧道II段需风量。

送风量 Q_b 与排风量 Q_e 可按式(3.5.8-6)计算:

$$Q_b = Q_{req} - Q_{r1} + Q_e \cdot \left(\frac{Q_{r1} - Q_{req1}}{Q_{r1}} \right) \tag{3.5.8-6}$$

2)排风口与送风口之间的短道不得产生回流,应满足下列条件:

$$\frac{Q_e}{Q_{r1}} \leqslant 1.0 \tag{3.5.8-7}$$

$$\frac{Q_b}{Q_{r2}} \leqslant 1.0 \tag{3.5.8-8}$$

3)设计浓度应满足下列条件:

$$0.9 \leqslant C_2 \leqslant 1.0 \tag{3.5.8-9}$$

$$0.9 \leqslant C_3 \leqslant 1.0 \tag{3.5.8-10}$$

4)隧道内压力应满足下列条件:

$$\Delta p_b + \Delta p_e \geqslant \Delta p_r - \Delta p_t + \Delta p_m \tag{3.5.8-11}$$

3 排风机、送风机设计风压可按式(3.5.8-12)和(3.5.8-13)计算:

$$p_{tote} = 1.1 \times \left(\frac{\rho}{2} \cdot v_e^2 + p_{de} - p_{se} \right) \tag{3.5.8-12}$$

$$p_{totb} = 1.1 \times \left(\frac{\rho}{2} \cdot v_b^2 + p_{db} + p_{sb} \right) \tag{3.5.8-13}$$

式中 p_{tote}——排风机设计风压(N/m^2);

p_{totb}——送风机设计风压(N/m^2);

p_{de}——排风口、排风井及其连接风道的总压力损失(N/m^2);

p_{db}——送风口、送风井及其连接风道的总压力损失(N/m^2);

p_{se}——隧道内排风口处的总升压力(N/m^2),由隧道沿程压力分布计算求得;

p_{sb}——隧道内送风口处的总升压力(N/m^2),由隧道沿程压力分布计算求得。

4 竖井送排式通风应符合以下要求:

1)竖井送排通风方式适用于单向交通隧道,对远期为单向交通而近期为双向交通的隧道也可采用。

2)采用竖井送排式通风方式时,隧道设计风速宜取 6m/s~8m/s。

3)竖井位置的选择应充分考虑地形、地质条件及营运费等,进行技术与经济综合比较。

4)送风量计算应充分考虑短道风量及其污染浓度。

5)送风口宜设置于隧道拱部,断面平均风速宜取 25m/s~30m/s,送风方向宜与隧道轴向一致。

6)排风口宜设置于隧道侧墙,其底面与隧道检修道标高一致,断面平均风速宜取 5m/s~6m/s,排风方向宜与隧道轴向垂直。

7)在竖井底部及连接风道各弯道处应设置导流叶片。在风道变断面处、合流处及送排风口等处宜设置整流板,减小气流阻抗。应在排风口和竖井塔口设置钢丝网门。

8)应防止短道内出现回流,短道长度不得小于 50m。

9)排风口断面积不得大于隧道正洞断面积;送风口断面积可在 $11m^2$~$15m^2$ 范围取值。

10)为防止排出的废气被重新吸入,地面通风井的排风口标高宜高出吸风口标高 5m 以上。

11)设计计算中应分别考虑交通堵塞、怠速行驶、火灾等异常工况,以及实际交通量、自然风速与风向等因素的变化情况,给通风控制提供依据。

3.5.9 竖井与射流风机组合通风方式

当竖井送排式或竖井单排式通风难以达到洞内风压力平衡时,宜采用射流风机与之组合,形成竖井与射流风机组合通风方式。

1 组合通风方式压力平衡应满足式(3.5.9)的条件:

$$\Delta p_b + \Delta p_e + \Delta p_j = \Delta p_r - \Delta p_t + \Delta p_m \qquad (3.5.9)$$

2 设计计算中,应就竖井位置以及竖井与射流风机的相对位置,针对各方案相应的需风量、设计风量、风速等反复试算,以获得合理的沿程压力分布。其他事项应按本规范第 3.5.8 条执行。

3.5.10 静电吸尘通风方式

对于特长公路隧道,可设置静电吸尘装置,增加纵向通风方式的适用长度。

1 通风模式

静电吸尘通风模式如图 3.5.10 所示。

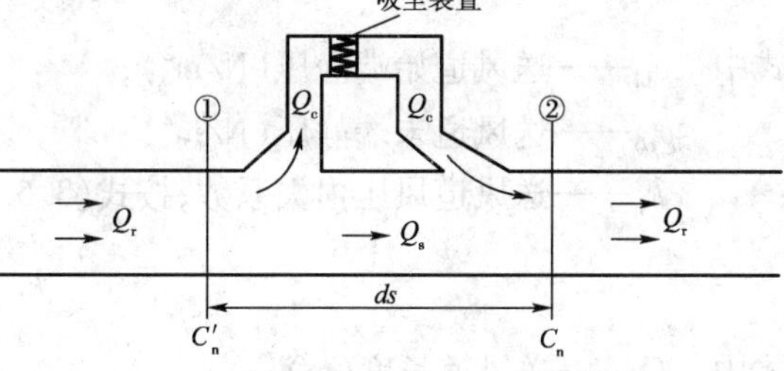

图 3.5.10 静电吸尘通风模式

静电吸尘装置前后的隧道空间平均烟雾浓度关系可用式(3.5.10-1)表示:

$$C_n = \left(1 - \frac{Q_c}{Q_r} \cdot \eta_{VI}\right) \cdot C_n' \qquad (3.5.10\text{-}1)$$

式中 C_n——吸尘后的隧道空间平均烟雾浓度比;

Q_c——吸尘装置过滤处理风量(m^3/s);

η_{VI}——烟雾净化率(%);

C_n'——吸尘前的隧道空间平均烟雾浓度比。

短道区间 ds 流出侧的平均烟雾浓度可按式(3.5.10-2)计算:

$$C = C_n' + \frac{Q_{req(s)}}{Q_s} \qquad (3.5.10\text{-}2)$$

式中　C——短道区间流出侧的平均烟雾浓度比；

$Q_{req(s)}$——短道区间 ds 内的需风量(m^3/s)；

ds——短道长度(m)；

Q_s——短道设计风量(m^3/s)，$Q_s = Q_r - Q_e$。

2　静电吸尘装置的升压力应按本规范 3.5.8 条规定进行计算，并可按 $Q_c = Q_e = Q_b$ 考虑。

3　静电吸尘通风方式应符合下列要求：

1)应在隧道空间平均烟雾浓度达到允许浓度处设置吸尘装置。

2)宜用烟雾净化率表示吸尘装置的除尘效率，烟雾净化率可取 70% ~80%。

3)当以烟雾浓度(VI 值)为主要控制指标时，经吸尘装置过滤后的空气可再利用，当以一氧化碳(CO)为主要通风控制指标时，必须考虑空气再利用的限度。

4)设计吸尘装置时，应充分考虑吸尘装置的各种压力损失和始端动压等。静电吸尘装置本身的压力损失可按 $150N/m^2$ 计算。

5)靠近吸尘装置前部的风道断面风速应尽可能呈均匀分布，通过吸尘装置的风速一般不宜大于 7m/s。

6)当隧道发生火灾时，必须采取其他排烟措施。

7)吸尘装置滤除的粉尘可作固化处理，并妥善弃放。

3.5.11　全横向和半横向通风方式

1　全横向、半横向通风方式压力模式可用图 3.5.11 表示。

2　送、排风道的风压

1)送风道始端动压与静压差

当送风道断面积 A_b 沿隧道轴向不变，并由送风道往隧道内等量输送新鲜空气时：

①送风道始端动压可按式(3.5.11-1)计算：

$$p_b = \frac{\rho}{2} \cdot v_{bi}^2 \quad (3.5.11\text{-}1)$$

式中　p_b——送风道始端动压(N/m^2)；

v_{bi}——送风道始端风速(m/s)，$v_{bi} = \frac{Q_b}{A_b}$。

②送风道静压差可按式(3.5.11-2)计算：

$$p_{bi} - p_{b0} = k_b \cdot \frac{\rho}{2} \cdot v_{bi}^2 \quad (3.5.11\text{-}2)$$

式中　p_{bi}——送风道始端静压(N/m^2)；

p_{b0}——送风道末端静压(N/m^2)；

k_b——送风道风压损失系数，按式(3.5.11-3)计算：

$$k_b = \frac{\lambda_b}{3} \cdot \frac{L_b}{D_b} - 1 \quad (3.5.11\text{-}3)$$

式中　L_b——送风道长度(m)；

D_b——送风道当量直径(m)。

2)排风道末端动压与静压差

当排风道断面积沿隧道轴向不变，并且污染空气等量向排风道排出时：

①排风道末端动压可按式(3.5.11-4)计算：

$$p_e = \frac{\rho}{2} \cdot v_{e0}^2 \quad (3.5.11\text{-}4)$$

式中　p_e——排风道末端动压(N/m^2)；

v_{e0}——排风道末端风速(m/s)，$v_{e0} = \frac{Q_e}{A_e}$。

②排风道静压差可按式(3.5.11-5)计算：

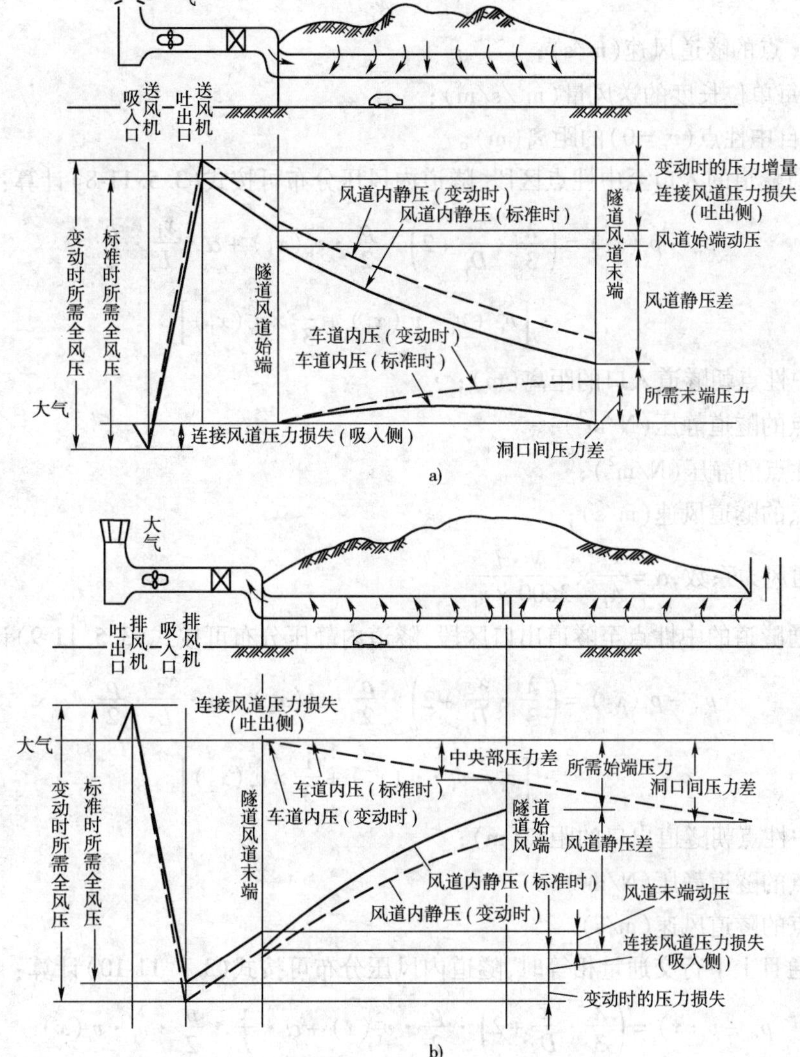

图 3.5.11　全横向、半横向通风方式的压力模式

a）送风道系统的压力分布（一条风道的情况）；b）排风道系统的压力分布（两条风道的情况）

$$p_{ei} - p_{e0} = k_e \cdot \frac{\rho}{2} \cdot v_{ei0}^2 \qquad (3.5.11\text{-}5)$$

式中　p_{ei}——排风道始端静压（N/m²）；

p_{e0}——排风道末端静压（N/m²）；

k_e——排风道风压损失系数，可按式（3.5.11-6）计算：

$$k_e = \frac{\lambda_e}{3} \cdot \frac{L_e}{D_e} + 2 \qquad (3.5.11\text{-}6)$$

式中　L_e——排风道长度（m）；

D_e——排风道当量直径（m）。

3）送风道所需末端压力应保证送风量分布的均匀性，送风道所需末端压力可取 150N/m²，该值包含两洞口间自然风引起的压力差 Δp_m。

4）排风道所需始端压力应保证排风的均匀性，排风道所需始端压力可取 100N/m²，该值包含两洞口间自然风引起的压力差 Δp_m。

3　隧道内风压

1）当采用全横向通风时，标准大气压状态下的隧道内静压可取零。

2）当采用送风型半横向通风时，隧道风速可按式（3.5.11-7）计算：

$$v_r(x) = \frac{q_b}{A_r} \cdot x \qquad (3.5.11\text{-}7)$$

式中 $v_r(x)$——x 点的隧道风速(m/s);

q_b——每单位长度的送风量(m^3/s/m);

x——自中性点($v_r=0$)的距离(m)。

①在单向交通隧道的入口至中性点区段,隧道内风压分布可按式(3.5.11-8)计算:

$$p_{rc} - p_r(x_1) = \left(\frac{\lambda}{3} \cdot \frac{x_1}{D_r} + 2\right) \cdot \frac{\rho}{2} \cdot v_r^2(x_1) + \alpha \cdot \frac{x_1}{L} \cdot \frac{\rho}{2} \cdot \left[v_t^2 + v_t \cdot v_r(x_1) + \frac{1}{3} \times v_r^2(x_1)\right] \qquad (3.5.11\text{-}8)$$

式中 x_1——自中性点朝隧道入口的距离(m);

$p_r(x_1)$——x_1 点的隧道静压(N/m^2);

p_{rc}——中性点的静压(N/m^2);

$v_r(x_1)$——x_1 点的隧道风速(m/s);

α——交通风力系数,$\alpha = \frac{A_m}{A_r} \times \frac{N \cdot l}{3600 \times v_t}$。

②在单向交通隧道的中性点至隧道出口区段,隧道内静压分布可按式(3.5.11-9)计算:

$$p_{rc} - p_r(x_2) = \left(\frac{\lambda}{3} \cdot \frac{x_2}{D_r} + 2\right) \cdot \frac{\rho}{2} \cdot v_r^2(x_2) - \alpha \cdot \frac{x_2}{L} \cdot \frac{\rho}{2} \cdot \left[v_t^2 - v_t \cdot v_r(x_2) + \frac{1}{3} \times v_r^2(x_2)\right] \qquad (3.5.11\text{-}9)$$

式中 x_2——自中性点朝隧道出口的距离(m);

$p_r(x_2)$——x_2 点的隧道静压(N/m^2);

$v_r(x_2)$——x_2 点的隧道风速(m/s)。

③当双向交通且上下行交通量相等时,隧道内风压分布可按式(3.5.11-10)计算:

$$p_{rc} - p_r(x) = \left(\frac{\lambda}{3} \cdot \frac{x}{D_r} + 2\right) \cdot \frac{\rho}{2} \cdot v_r^2(x) + \alpha \cdot \frac{x}{L} \cdot \frac{\rho}{2} \cdot v_t \cdot v_r(x) \qquad (3.5.11\text{-}10)$$

4 连接风道的压力损失可按式(3.5.11-11)计算:

$$\Delta p_d = \sum_{i=1}^{m} \zeta_i \cdot \frac{\rho}{2} \cdot v_i^2 + \sum_{i=1}^{n} \lambda_i \cdot \frac{L_i}{D_i} \cdot \frac{\rho}{2} \cdot v_i^2 \qquad (3.5.11\text{-}11)$$

式中 Δp_d——连接风道的压力损失(N/m^2);

ζ_i——第 i 个形状损失系数;

λ_i——第 i 段的沿程摩阻损失系数;

v_i——第 i 段的风速(m/s);

L_i——第 i 段的长度(m);

D_i——第 i 段的当量直径(m);

m——连接风道形状变化个数;

n——连接风道段数。

5 风机所需全风压

1)送风机

送风型半横向式通风或全横向式通风中的送风机所需全风压 p_{btot},可按式(3.5.11-12)计算:

p_{btot} =(隧道风压+送风道所需末端压力+送风道静压差+送风道始端动压+连接风道压力损失)×1.1 (3.5.11-12)

2)排风机

全横向式通风中的排风机所需全风压 p_{etot},可按式(3.5.11-13)计算:

$$p_{\text{etot}} = (\text{排风道所需始端压力} + \text{排风道静压差} - \text{排风道末端动压} + \text{连接风道压力损失}) \times 1.1 \quad (3.5.11\text{-}13)$$

3)当最终确定风机所需风压时,还应考虑风机本身的压力损失。

3.6 风机的选型与布置

3.6.1 公路隧道营运通风机械可采用射流风机、轴流风机,也可采用静电吸尘装置。

3.6.2 射流风机的选型、布置与控制

1 射流风机的选型

射流风机应选用具有消音装置且可逆转的公路隧道专用风机,宜选用大推力射流风机,并应满足下列要求:

1)对于双向交通隧道,逆转反向风量大于正转正向风量的70%;单向交通隧道可不作此要求。特殊情况下,射流风机的逆转反向风量达到正转正向风量的95%。

2)当隧道内发生火灾时,在环境温度为250℃情况下射流风机应能正常可靠运转60min。

3)在野外距风机出口10m且45°处测量射流风机的A声级应小于77dB(A)。

4)射流风机电机防护等级应不低于IP55。

2 射流风机布置

射流风机应设置于建筑限界以外15cm~20cm处,风机轴线与隧道轴线平行。设置方法宜采用固定式或悬吊式,支承风机的结构强度应保证在实际静荷载的15倍以上,风机安装前应做支承结构的载荷试验。同一断面上射流风机设置数量应视隧道断面形状、大小而定。射流风机纵向布置及设置间距应综合考虑风机效率、交通通风力的利用、火灾对策、经济性等因素。

3.6.3 轴流风机的选型、设置与控制

1 轴流风机的选型

应结合使用条件、隧道需风量、全风压及全性能曲线选择风机。

1)轴流风机的轴功率与电机功率

轴流风机的轴功率可按式(3.6.3-1)计算:

$$S_{\text{kW}} = \frac{Q_{\text{a}} \cdot p_{\text{tot}}}{1000\eta} \cdot \left(\frac{273 + t_0}{273 + t_1}\right) \cdot \frac{p_1}{p_0} \quad (3.6.3\text{-}1)$$

式中 S_{kW}——轴流风机轴功率(kW);

Q_{a}——轴流风机的风量(m^3/s);

p_{tot}——轴流风机的全风压(N/m^2);

η——风机效率(一般取80%);

t_0——标准温度(℃),取20℃;

t_1——风机环境温度(℃);

p_0——标准大气压(N/m^2),取101.325N/m^2;

p_1——风机环境大气压(N/m^2)。

轴流风机所需配用的电机功率可按式(3.6.3-2)计算:

$$M_1 = \frac{S_{\text{kW}}}{\eta_{\text{m}}} \cdot k \quad (3.6.3\text{-}2)$$

式中 M_1——电机功率(kW);

η_{m}——电机效率(%),可取90%~95%;

k——电机容量安全系数,可取1.15。

2)轴流风机的耐热性

当隧道内发生火灾时,轴流风机应能在环境温度为250℃情况下可靠运转60min以上,恢复常温后,轴流风机不需大修即可投入正常运转。

2　轴流风机的设置

轴流风机宜并联设置，每一通风系统一般设置2~3台。

3　轴流风机的风量控制

风量控制方法宜采用转速控制法、台数控制法及其组合方法。风量分档根据交通量随时间的变化确定，不宜太细。在进行风机台数与转速的组合选择时应充分考虑动力消耗。

4　轴流风机的噪声

轴流风机噪声可按式(3.6.3-3)推算：

$$L_a = L_{sa} + 10 \times \lg(Q_a \cdot p_{tot}^2) \tag{3.6.3-3}$$

式中　L_a——噪声级水平[dB(A)]；

L_{sa}——比噪声级[dB(A)]。

3.6.4　静电吸尘装置吸尘率应大于80%。

3.7　风道

3.7.1　一般规定

1　风道设计应在满足技术要求的前提下，综合考虑建设费用和养护费用等因素。

2　风道内设计风速宜在13m/s~18m/s范围内取值。

3　内壁面应平滑，减小摩阻力。

4　风道在弯曲、折曲、扩径、缩径、分岔等变形处应采用曲线相连接，平顺过渡。

5　送风机前后附近的风道内不得产生偏流、回流及涡流等。当弯道为90°时，应在转角处设置导流叶片。

6　在风道吸入口应设置网状门，防止异物吸入。

7　应防止风道内与风道口结冰。

8　风机房内的连接风道应充分考虑风量控制、应急时风机运转等因素，确定合理的风道形状及切换方法。

9　当隧道发生火灾时，应由排风机排烟。为冷却空气，宜在排风道内设置水喷雾装置。

10　风道内必须采取防排水措施，严禁渗漏水。

11　风道隔板必须密封并具有耐久性，不得漏风。

12　当隧道照明设施和应急设施的管线和器械设置于通风道内时，应在合适位置设置检修用进出口、楼梯和照明灯具。

3.7.2　隧道主风道

1　隧道主风道宜设于隧道的上部。

2　顶隔板设计应符合下列要求：

1)顶隔板材料应具有耐腐蚀性、阻燃性、气密性、板面摩阻力小的特点。

2)设计荷载由顶隔板及其附属构件自重等恒载和风荷载、人群荷载等可变荷载组成。风荷载可按通风设计的送(排)风最大风压取值，人群荷载可按1000N/m^{2}取值。

3)恒载与风荷载和人群荷载中较大者之和作用下的最大挠度值应小于顶隔板跨度的1/600。

4)顶隔板的标准厚度不宜大于15cm，特殊情况下顶隔板厚度可适当增加。

5)当顶隔板采用金属构件时，构件应进行防锈处理。

3.7.3　送风孔与排风孔

1　送风孔

按最大需风量条件下送风孔全开时吹出的风速为6m/s~8m/s计算确定送风孔面积。送风孔间距宜取5m~6m。

送风孔宜设于隧道侧壁下部，其标高宜与汽车尾排气管距路面高度大致相等，主送风道与送风孔之间用引风道连接。

2　排风孔

按最大需风量且全开排风孔时吸入的风速不大于4m/s确定排风孔面积，排风孔间距宜取送风孔间距的2倍，设于两送风孔间且交错布置。

排风孔宜设于隧道顶隔板处，直接与排风道相通。

3　送排风孔的开度调节

风孔的开度调节应满足隧道设计状态下的等风量分布，风孔宜以10个为1组进行同一开度设定。风孔开度调节可按以下顺序进行：

1）测试风道内摩阻损失系数λ_b；

2）初次调整风孔开度；

3）测试风道内静压分布及风速分布；

4）再调整风孔开度；

5）设定风孔开度。

3.7.4　连接风道

连接风道包括风机房与主风道、隧道主洞、竖井等之间的风道。设计时应注意与两端结构物的衔接，减少风压损失。

3.7.5　各类风道的压力损失

各类风道的压力损失系数可按本规范附录A取值。当风道连续出现变形时，应考虑压力损失的富余量，必要时可通过模拟实验来确定具体的压力损失值。

3.8　风机房与通风井

3.8.1　一般规定

1　风机房与通风井应从功能要求、位置选择、外观协调、环境保护、养护维修及营运管理等方面综合考虑，作出合理规划与设计。

2　风机房空间应能布置轴流风机、电气设备、控制设备和其他辅助机电设备，并有大型设备搬运通道和工作通道等。

3　风机房宜靠近隧道布置。

4　当风机分期安装时，应考虑预留空间和连接装置。

5　风机房与风道的连接处，其周壁必须密封，严禁漏风。

6　风机房与通风井内应采取严格的防排水措施，严禁渗漏水。

7　通风井顶部应设井帽，防止雨水进入井内。

3.8.2　洞外风机房

风机房可设于洞口和通风井附近，应根据洞口或通风井周围地形条件、两洞口轴向间距等因素，确定风机房位置，并注意与环境的协调。城镇附近的隧道还应考虑对洞口附近居民及城市设施的影响。

3.8.3　洞内风机房

洞内风机房应考虑防潮、防尘、降噪和温度调节。

3.8.4　通风井的排风扩散要求

通风井的设计应考虑排风对周围大气环境的影响，地处城镇附近的隧道，必要时应作专门调查并采取防范措施。

通风井口应设置在扩散效果良好的地带。设于山坳中的通风井，井口应朝开阔方向。

3.9　火灾时的通风

3.9.1　通风设计时必须考虑火灾对策，长度大于1500m且交通量较大的隧道应考虑排烟措施。

3.9.2　火灾时排烟风速可按2m/s～3m/s取值。

3.9.3 火灾时排烟应按长度分区，分区长度可取1000m，各分区应有相应的火灾排烟要求及人车逃离方案。

3.9.4 火灾时半横向和全横向通风方式应通过主风道排烟；纵向通风应视隧道内火灾点的位置确定风机的正反转，应尽量缩短火灾烟雾在车道内的行程。

3.9.5 运送易燃易爆危险品的车辆通过长或特长隧道时，应有引导车在规定时间内引导通过。

3.9.6 设置横洞的隧道，横洞门应有防烟功能。

3.10 通风监控

3.10.1 应根据隧道营运过程中的交通状况，适时调整通风量，在保证交通安全的前提下，以最经济的动力给隧道提供满足营运条件的通风量。

3.10.2 控制方式

高速公路和一级公路的隧道宜采用自动控制方式，并用手动控制方式辅助，其他等级公路的隧道可采用自动控制方式或手动控制方式。

3.10.3 控制方法

控制方法分为直接控制法、间接控制法、程序控制法。每座隧道应根据其具体情况选择一种或多种控制方法。

3.10.4 风量级档的设定

应设定相应于营运条件的风量级档，作为风量控制依据。

风量级档的划分不宜过细，并应充分考虑营运动力消耗与风机运行时间。当隧道通风系统中有送风机、排风机与射流风机时，应针对各种风机确定合理的组合风量级档。

3.10.5 监控设施

1 传感仪器

传感仪器包括烟雾透过率传感器、一氧化碳浓度传感器、车辆检测器、风向风速仪等。

1)烟雾透过率传感器(VI仪)的设置位置与台数应根据通风方式及烟雾浓度分布特征确定。高速公路的特长隧道一般可按300m~500m间距布设，其他等级的公路隧道布设间距可适当放宽。洞内通风井口等特征点处应布设VI仪。

2)一氧化碳浓度传感器(CO仪)的布设间距与VI仪相同，宜采用红外线传感器。

3)车辆检测器分为环行线圈式、超声波式和光电式，应根据具体情况选用。

4)风向风速检测仪(W仪)宜采用叶片螺旋式风向风速仪，风向与风速应同时检测。

2 监视装置

监视装置应集中在中央监控室，其控制平台应尽量小型化。当为特长隧道时，宜设置屏幕监视器。

3 自动控制装置

控制装置的构成与功能应根据隧道的等级和长度来确定，对于较简易的情况，可采用小型信息处理机作控制；对于较复杂的情况，宜采用大容量计算机进行控制。

4 信息传输装置

信息传输的方式及装置应根据传输项目、传输线路和传输距离来确定，一般可采用数字循环传输方式及其装置。

3.10.6 火灾时的通风监控要求

1 通风监控系统应有排烟控制功能。

2 通风监控系统应有火灾时的风机运转控制模式。

3 通风监控系统应结合排烟分区，确定相应的风量控制模式。

3.10.7 通风监控设施规模

通风监控设施规模应与隧道类别和交通需求相适应，既应满足当前交通需求，又应考虑监控系统将来扩展需要。

通风监控设施配置可按表 3.10.7 选定。

表 3.10.7　通风监控设施配置

k	>2100	1400 ~ 2100	700 ~ 1400	<700
车辆检测器	布设间距取 200m ~ 500m	布设间距大于 500m	布设间距适量,隧道两端与洞中各一组	无
环境检测设施	必须有	有	可有	可无
通风控制设施	自动与手动控制	自动控制	手动控制	可无

注:$k = v_t \cdot L \cdot N/v_R$,$v_R$ 为实际平均行车速度。

3.10.8　通风控制应遵循下列原则:

1　电机的启闭次数不应过频,防止风机出现振荡现象。

2　当每日交通量较为固定或柴油车混入率变化较小时,应采用程序控制方式。

3　应将监控装置采集的模拟数据进行数字变换,并将交通量数据与风机运转状况作对应性归纳。

4　通风监控系统应在隧道营运过程中不断完善。

4 照明

4.1 一般规定

4.1.1 长度大于100m的隧道应设置照明。

4.1.2 照明设计应进行下列调查：

1 环境条件：隧道附近地形、洞口朝向、洞口附近视野情况、植被条件、洞外路段的平纵线形和气象条件。

2 土建结构物的设计方案：隧道长度、平纵线形、洞门结构形式、横断面布置及建筑限界。

3 交通状况：设计交通量、计算行车速度、实际平均行车速度、单向或双向交通、汽车专用或混合通行。

4 通风方式、布置方案及烟雾浓度。

5 供电条件：配电所位置、容量，电源电压及其变动幅度。

6 营运管理方式。

4.1.3 隧道照明系统包括：

1 中间段照明；

2 入口段照明；

3 过渡段照明；

4 出口段照明；

5 接近段减光设施；

6 应急照明；

7 洞外引道照明。

隧道照明系统的各照明段如图4.1.3所示。

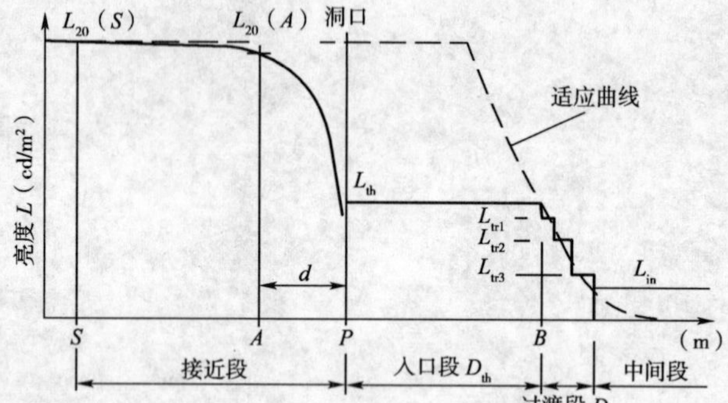

图4.1.3 各照明段亮度与长度

P-洞口（或棚口）；S-接近段起点；A-适应点；d-适应距离；$L_{20}(S)$-洞外亮度；$L_{20}(A)$-适应点亮度；L_{th}-入口段亮度；L_{tr1}、L_{tr2}、L_{tr3}-过渡段亮度；L_{in}-中间段亮度；D_{tr1}、D_{tr2}、D_{tr3}-过渡段1、2、3分段长度

4.1.4 隧道照明设计所采用的计算行车速度不宜大于100km/h，如大于100km/h，应作特殊设计。

4.1.5 亮度

1 路面左、右两侧墙面2m高范围内的平均亮度，应不低于路面平均亮度。

2 平均亮度与平均照度间的换算关系一般可按沥青路面(15~22)lx/cd·m^{-2}，水泥混凝土路面(10~13)lx/cd·m^{-2}取值。

4.2 中间段照明

4.2.1 中间段亮度

1 中间段亮度可按表4.2.1取值。

2 当双车道单向交通700辆/h < N ≤ 2400辆/h，双向交通360辆/h < N ≤ 1300辆/h且通过隧道的行车时间超过135s时，可按表4.2.1的80%取值。

3 人车混合通行的隧道中，中间段亮度不得低于2.5cd/m^2。

4 隧道两侧墙面2m高范围内，宜铺设反射率不小于0.7的墙面材料。

表 4.2.1　中间段亮度 L_{in}

计算行车速度（km/h）	L_{in}（cd/m²）	
	双车道单向交通 $N>2400$ 辆/h 双车道双向交通 $N>1300$ 辆/h	双车道单向交通 $N\leq700$ 辆/h 双车道双向交通 $N\leq360$ 辆/h
100	9.0	4
80	4.5	2
60	2.5	1.5
40	1.5	1.5

4.2.2　灯具布置应符合下列要求：

1　灯具布置应满足闪烁频率低于2.5Hz 或高于 15Hz。

2　中间段灯具的平面布置形式可采用中线布置、两侧交错布置或两侧对称布置。

3　路面亮度总均匀度应不低于表4.2.2-1所示值。

表 4.2.2-1　路面亮度总均匀度 U_0

设计交通量 N（辆/h）		U_0
双车道单向交通	双车道双向交通	
≥2400	≥1300	0.4
≤700	≤360	0.3

注：当交通量在其中间值时，按内插考虑。

4　路面中线亮度纵向均匀度应不低于表4.2.2-2所示值。

表 4.2.2-2　亮度纵向均匀度 U_l

设计交通量 N（辆/h）		U_l
双车道单向交通	双车道双向交通	
≥2400	≥1300	0.6～0.7
≤700	≤360	0.5

注：当交通量在其中间值时，按内插考虑。

4.2.3　应急停车带和连接通道照明

1　应急停车带宜采用荧光灯光源，其照明亮度应大于7cd/m²。

2　连接通道亮度应大于2cd/m²。

4.3　入口段照明

4.3.1　入口段亮度可按下式计算：

$$L_{th}=k\cdot L_{20}(S) \tag{4.3.1}$$

式中　L_{th}——入口段亮度（cd/m²）；

k——入口段亮度折减系数，可按表 4.3.1 取值；

$L_{20}(S)$——洞外亮度（cd/m²）。

表 4.3.1　入口段亮度折减系数

设计交通量 N（辆/h）		k			
		计算行车速度 v_t（km/h）			
双车道单向交通	双车道双向交通	100	80	60	40
≥2400	≥1300	0.045	0.035	0.022	0.012
≤700	≤360	0.035	0.025	0.015	0.01

注：当交通量在其中间值时，按内插考虑。

4.3.2 洞外亮度

1 洞外亮度在设计阶段,如无实测资料可按表4.3.2-1取值。

表4.3.2-1 洞外亮度 $L_{20}(S)$ (cd/m^2)

天空面积百分比	洞口朝向或洞外环境	v_t(km/h) 40	v_t(km/h) 60	v_t(km/h) 80	v_t(km/h) 100
35%~50%	南洞口	—	—	4000	4500
	北洞口	—	—	5500	6000
25%	南洞口	3000	3500	4000	4500
	北洞口	3500	4000	5000	5500
10%	暗环境	2000	2500	3000	3500
	亮环境	3000	3500	4000	4500
0%	暗环境	1000	1500	2000	2500
	亮环境	2500	3000	3500	4000

注:(1)天空面积百分比指20°视场中天空面积百分比;

(2)南洞口指北行车辆驶入的洞口,北洞口指南行车辆驶入的洞口;

(3)东洞口与西洞口取用南洞口与北洞口之中间值;

(4)暗环境指洞外景物(包括洞门建筑)反射率低的环境;亮环境指洞外景物(包括洞门建筑)反射率高的环境。

2 在洞口土建完成时,应采用黑度法进行洞外亮度实测。实测值与设计值的误差,如超出±25%,应调整照明系统的设计。

3 洞外亮度实测时实测位置为接近段起点,接近段长度应取洞外一个照明停车视距。

4 照明停车视距可按表4.3.2-2取值。

表4.3.2-2 照明停车视距 D_s 表(m)

v_t(km/h) \ 纵坡(%)	-4	-3	-2	-1	0	1	2	3	4
100	179	173	168	163	158	154	149	145	142
80	112	110	106	103	100	98	95	93	90
60	62	60	58	57	56	55	54	53	52
40	29	28	27	27	26	26	25	25	25

4.3.3 入口段长度可按下式计算:

$$D_{th} = 1.154D_s - \frac{h-1.5}{\tan 10^\circ} \qquad (4.3.3)$$

式中 D_{th}——入口段长度(m);

D_s——照明停车视距(m),可按表4.3.2-2取值;

h——洞口内净空高度(m)。

4.3.4 入口段灯具布置

1 入口段的照明由基本照明和加强照明两部分组成,前者的灯具布置应按中间段照明考虑,后者可用功率较大的灯具加强照明。

2 入口段的加强照明所用灯具,可以从洞口以内10m处开始布设。

4.3.5 连续隧道的入口段照明

当两座隧道间的行驶时间按计算行车速度考虑小于30s,且通过的前一座隧道内的行驶时间大于30s时,后续隧道入口段亮度折减率可按表4.3.5取值。

表4.3.5 后续隧道入口段亮度折减率

两隧道之间行驶时间(s)	<2	<5	<10	<15	<30
后续隧道入口段亮度折减率(%)	50	30	25	20	15

4.4 过渡段照明

4.4.1 过渡段亮度

过渡段由 TR_1、TR_2、TR_3 三个照明段组成，与之对应的亮度可按表4.4.1取值。

表4.4.1 过渡段亮度

照明段	TR_1	TR_2	TR_3
亮 度	$L_{tr1}=0.3L_{th}$	$L_{tr2}=0.1L_{th}$	$L_{tr3}=0.035L_{th}$

4.4.2 过渡段长度

过渡段各照明段的长度可按表4.4.2取值。

表4.4.2 过渡段长度 D_{tr}

计算行车速度 v_t (km/h)	D_{tr1} (m)	D_{tr2} (m)	D_{tr3} (m)	计算行车速度 v_t (km/h)	D_{tr1} (m)	D_{tr2} (m)	D_{tr3} (m)
100	106	111	167	60	44	67	100
80	72	89	133	40	26	44	67

4.5 出口段照明

4.5.1 在单向交通隧道中，应设置出口段照明；出口段长度宜取60m，亮度宜取中间段亮度的5倍。

4.5.2 在双向交通隧道中，可不设出口段照明。

4.6 调光

4.6.1 应根据洞外亮度和交通量变化分级调整入口段、过渡段、出口段的照明亮度。

4.6.2 入口段、过渡段、出口段照明亮度调整可按表4.6.2-1和表4.6.2-2取值。

表4.6.2-1 白天调光

分级		亮度	分级		亮度
I	晴天	$L_{20}(S)$	III	阴天	$0.25L_{20}(S)$
II	云天	$0.5L_{20}(S)$	IV	重阴	$0.13L_{20}(S)$

表4.6.2-2 夜间调光

分级		亮度
I	交通量较大	与 L_{in} 相等
II	交通量较小	$0.5L_{in}$ 但不小于 $1cd/m^2$

4.7 光源与灯具

4.7.1 隧道照明光源按如下要求选择：

1 一般情况下宜选择效率高、透雾性能较好的光源。

2 短隧道、柴油车较少的城镇附近隧道、应急停车带、人行横通道、车行横通道可选用显色指数较高的光源。

3 光源的使用寿命应不小于10000h。

4.7.2 隧道照明灯具应满足下列要求：

1 防护等级应不低于 IP65。

2 应具有适合公路隧道特点的防眩装置。

3 灯具结构应便于更换灯泡和附件。

4 灯具零部件应具有良好的防腐性能。

5 灯具配件安装应易于操作，并能调整安装角度。

6 灯具不得侵入隧道建筑限界。

4.8 接近段的减光

4.8.1 接近段可采取以下洞外减光措施：

1 从接近段起点起，在路基两侧种植常青树；

2 采用削竹式洞门形式；

3 大幅坡面绿化；

4 洞口采用端墙形式时，墙面宜采用冷色调，其反射率应小于 0.17。

4.8.2 在接近段起点处的20°视场中，天空面积小于 50% 时，不宜设置遮光棚。

4.9 应急照明

4.9.1 高速公路隧道应设置不间断照明供电系统。长度大于1000m 的其他隧道应设置应急照明系统，并保证照明中断时间不超过 0.3s，维持时间不短于 3min。

4.9.2 配合启用应急照明，应在洞外一定距离处设置信号灯或可变信息板显示警告信息。

4.9.3 在启用应急照明时，洞内路面亮度应不小于中间段亮度的10% 和 0.2cd/m^2。

4.9.4 在高速公路长隧道和长度大于2000m 的其他隧道中，应设置避灾引导灯。

4.10 洞外引道照明

4.10.1 洞外引道宜布设路灯。

4.10.2 洞外引道布灯长度与路面亮度不宜小于表4.10.2的值。

表 4.10.2 洞外引道布灯长度与路面亮度

计算行车速度(km/h)	路面亮度(cd/m^2)	长度(m)
100	2.0	180
80	1.0	130
60	0.5	95
40	0.5	60

4.11 照明计算

4.11.1 进行照明计算时应收集下列资料：

1）隧道净空断面形式；

2）路面材料及其亮度系数或简化亮度系数；

3）灯具布置方式及安装高度、间距、仰角；

4）光源及灯具的类型、规格；

5）灯具的光强分布表、利用系数曲线图、等光强曲线图、亮度产生曲线图等光度数据；

6）灯具的养护系数。

4.11.2 照度计算

1 利用光强表的数值计算方法

1）某一灯具在洞内路面计算点产生的水平照度可按下式计算：

$$E_{pi}=\frac{I_{c\gamma}}{H^2}\cos^3\gamma\cdot\frac{\Phi}{1000}\cdot M \tag{4.11.2-1}$$

式中 E_{pi}——灯具在洞内路面计算点 p 产生的水平照度（lx）；

γ——p 点对应的灯具光线入射角（°）；

$I_{c\gamma}$——灯具在计算点 p 的光强值（cd），按灯具光强表（I 表）取值；

M——灯具的养护系数，无资料时可取 0.6～0.7；

Φ——灯具额定光通量（lm）；

H——灯具光源中心至路面的高度（m）。

2）数个灯具在计算点所产生的照度可按下式计算：

$$E_p=\sum_{i=1}^{n}E_{pi} \tag{4.11.2-2}$$

式中 E_p——p 点的水平照度（lx）；

n——灯具数量，计算时可取计算区域前后各一组灯，约 2～4 个。

3）路面平均水平照度可按下式计算：

$$E_{av}=\frac{\sum_{p=1}^{m}E_p}{m} \tag{4.11.2-3}$$

式中 E_{av}——路面平均水平照度（lx）；

m——计算区域内计算点的总数。

2 利用系数曲线图计算方法

路面平均水平照度可按下式计算：

$$E_{av}=\frac{\eta\cdot\Phi\cdot M\cdot N}{W\cdot S} \tag{4.11.2-4}$$

式中 N——灯具布置系数，对称布置时取 2，交错及中线布置时取 1；

η——利用系数，由灯具的利用系数曲线图查取；

W——隧道路面宽度（m）；

S——灯具间距（m）。

4.11.3 亮度计算

1 亮度计算应满足下列条件：

1）计算区域不小于灯具间距；

2）观察点距计算区域取60m～160m，距路面边缘为 1/4 路面宽，距路面高度为 1.5m；

3）计算区域内纵向计算点间距不宜大于1.0m，横向计算点应不少于 5 点；

4）计算灯具应包括计算区域前后各一组，约 2～4 个。

2 某灯具在路面计算点产生的亮度可按下式计算：

$$L_{pi}=\frac{I_{c\gamma}}{H^2}r(\beta,\gamma) \tag{4.11.3-1}$$

式中 L_{pi}——灯具 i 在计算点 p 产生的亮度（cd/m²）；

$r(\beta,\gamma)$——简化亮度系数，按附录 C 表取值；

β——观察面与光入射面之间的角度。

3 数个灯具在计算点产生的亮度可按下式计算：

$$L_p=\sum_{i=1}^{n}L_{pi} \tag{4.11.3-2}$$

式中　L_p——p 点的亮度(cd/m²)。

4　计算区域内路面的平均亮度可按下式计算：

$$L_{av}=\frac{\sum_{p=1}^{m}L_p}{m} \tag{4.11.3-3}$$

式中　L_{av}——计算区域内路面的平均亮度(cd/m²)。

4.11.4　均匀度计算

1　路面亮度总均匀度可按下式计算：

$$U_0=\frac{L_{min}}{L_{av}} \tag{4.11.4-1}$$

式中　U_0——路面亮度总均匀度；

L_{min}——计算区域内路面最小亮度(cd/m²)。

2　路面中线亮度纵向均匀度可按下式计算：

$$U_1=\frac{L'_{min}}{L'_{max}} \tag{4.11.4-2}$$

式中　U_1——路面亮度总均匀度；

L'_{min}——路面中线最小亮度(cd/m²)；

L'_{max}——路面中线最大亮度(cd/m²)。

附录 A　隧道与风道的压力损失系数

A. 0. 1　直管段壁面摩阻损失系数

直管段内壁面摩阻损失系数可按式(A. 0. 1)计算：

$$\lambda = \frac{1}{\left(1.1138 - 2\lg \dfrac{\Delta}{D}\right)^2} \tag{A. 0. 1}$$

式中　Δ——平均壁面粗糙度(mm)，可按表 A. 0. 1 取值；

D——管段断面当量直径(m)。

表 A. 0. 1　平均壁面粗糙度 Δ

壁 面 材 料 及 特 征		Δ(mm)
混凝土壁面	抹平度良好	0. 3 ~ 0. 8
	抹平度一般	2. 5
	粗糙	3 ~ 9
水泥浆壁面	抹平度良好	0. 3 ~ 0. 8
	抹平度一般	1. 0 ~ 2. 0
	粗糙	2. 9 ~ 6. 4
陶瓷贴面		1. 4

A. 0. 2　弯曲段

1　弯曲与折曲损失系数

1) 圆形弯曲风道的损失系数可按式(A. 0. 2-1)计算：

$$\zeta_b = \left[0.131 + 0.1632 \times \left(\frac{D}{r}\right)^{\frac{7}{2}}\right] \cdot \left(\frac{\theta}{90°}\right)^{\frac{1}{2}} \tag{A. 0. 2-1}$$

式中　ζ_b——弯曲风道损失系数；

r——弯曲管段内壁半径(m)。

2) 圆形折曲风道的损失系数可按式(A. 0. 2-2)计算或按表 A. 0. 2-1 查取。

$$\zeta_b = 0.946\sin^2\left(\frac{\theta}{2}\right) + 2.05\sin^4\left(\frac{\theta}{2}\right) \tag{A. 0. 2-2}$$

表 A. 0. 2-1　圆形折曲风道的损失系数

θ	ζ_b	图　　示
15°	0. 022	弯曲 D r θ θ v；折曲 θ v
30°	0. 073	
45°	0. 183	
60°	0. 365	
90°	0. 99	
120°	1. 86	

3)变断面折曲风道损失系数可按图 A. 0. 2-1 取值。

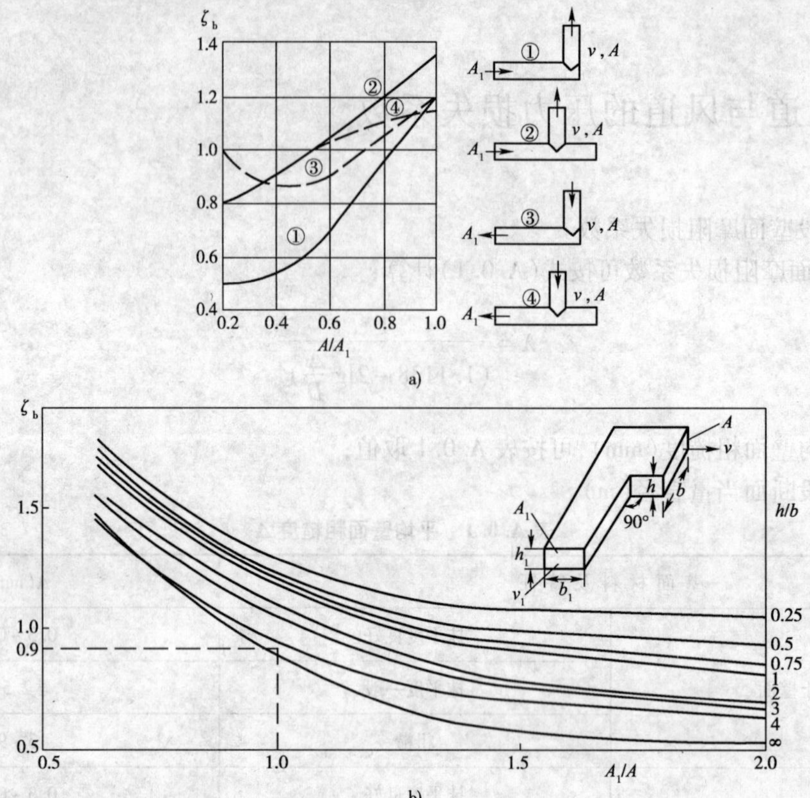

图 A. 0. 2-1 变断面折曲管段损失系数 ζ_b

a)圆形断面;b)矩形断面

2 带导流叶片弯曲管段损失系数

1)当弯角 θ 在0°~60°范围内时,带导流叶片弯曲管段损失系数与弯角成正比变化;当弯角 θ 在 60°~90°范围内时,损失系数变化不大,如图 A. 0. 2-2 所示。

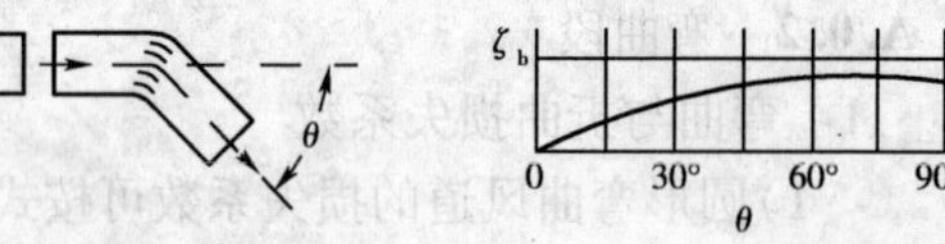

图 A. 0. 2-2 带导流叶片的弯曲管段弯角 θ 与 ζ_b 的关系

2)导流叶片一般可做成两种形状,一种为简化弯曲圆柱面形状的翼型;另一种为同心圆弧形状的薄圆型,如图 A. 0. 2-3 所示。翼型导流叶片的剖面尺寸可按表 A. 0. 2-2 制作。

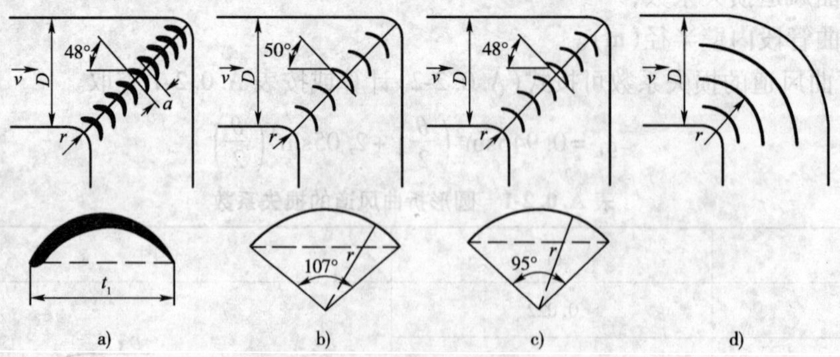

图 A. 0. 2-3 弯曲管段中的导流叶片

a)翼型;b)107°薄圆形;c)95°薄圆形;d)同心圆形

导流叶片正常数目 a 可按式(A. 0. 2-3)计算:

$$a = 2.13 \times \left(\frac{r}{D}\right)^{-1} - 1 \qquad \text{(A. 0. 2-3)}$$

表 A.0.2-2 翼型导流叶片的剖面尺寸

代号	相对尺寸	代号	相对尺寸	图示
x_1	$0.519t_1$	y_2	$0.215t_1$	
x_2	$0.489t_1$	z_1	$0.139t_1$	
r_1	$0.663t_1$	z_2	$0.338t_1$	
r_2	$0.553t_1$	z_3	$0.268t_1$	
y_1	$0.463t_1$	l	$0.033t_1$	

注：其弦长 t_1 可取 90°圆弧的弦长，即 $t_1=\sqrt{2}r$。

导流叶片最少数目 $a_{\min}$ 可按式(A.0.2-4)计算：

$$a_{\min}=0.9\times\left(\frac{r}{D}\right)^{-1} \tag{A.0.2-4}$$

导流叶片减少数目 a' 可按式(A.0.2-5)计算：

$$a'=1.4\times\left(\frac{r}{D}\right)^{-1} \tag{A.0.2-5}$$

若减少叶片数目，可从靠近弯曲管外壁的叶片开始，依次去掉。

3）带导流叶片的弯曲管段的损失系数，可按表 A.0.2-3 ~ A.0.2-6 取值，必要时可进行模型试验确定损失系数值。

表 A.0.2-3 带翼型导流叶片矩形弯曲管段损失系数 ζ_b（$\theta=90°$）

叶片数目	r/D						
	0	0.1	0.2	0.3	0.4	0.5	0.6
正常叶片数目	0.35	0.25	0.19	0.19	0.20	0.25	0.35
减少叶片数目	0.35	0.25	0.17	0.14	0.16	0.22	0.34
最少叶片数目	0.47	0.35	0.29	0.26	0.20	0.18	0.21

注：若 $Re<10^5$ 时，表中数据应乘以修正系数 k_{Re}，k_{Re} 可按表 A.0.2-6 取值。

表 A.0.2-4 带薄圆形导流叶片矩形弯曲管段损失系数 ζ_b（$\theta=90°$）

叶片数目	r/D						
	0	0.05	0.10	0.15	0.20	0.25	0.30
正常叶片数目	0.44	0.37	0.32	0.28	0.25	0.25	0.23
减少叶片数目	0.44	0.37	0.32	0.26	0.22	0.21	0.17
最少叶片数目	0.59	0.50	0.45	0.41	0.37	0.34	0.31

注：若 $Re<10^5$ 时，表中数据应乘以修正系数 k_{Re}，k_{Re} 可按表 A.0.2-6 取值。

表 A.0.2-5 带翼型导流叶片圆形弯曲管段损失系数 ζ_b（$\theta=90°$）

弯曲管特点	损失系数 ζ_b	图示
平滑转弯，正常叶片数目 $a=3D/t_1-1$	$\zeta_b=0.23k_{Re}+1.28\lambda$	
平滑转弯，减少叶片数目 $a=2D/t_1$	$\zeta_b=0.15k_{Re}+1.28\lambda$	
转弯边缘削边，正常叶片数目 $a=3D/t_1-1$	$\zeta_b=0.30k_{Re}+1.28\lambda$	
转弯边缘削边，减少叶片数目 $a=2D/t_1$	$\zeta_b=0.23k_{Re}+1.28\lambda$	
转弯边缘削边，减少叶片数目（从外壁拿掉第一个和第二个叶片）	$\zeta_b=0.21k_{Re}+1.28\lambda$	

注：损失系数计算式中 k_{Re} 是与气流雷诺数 Re 有关的参数，可按表 A.0.2-6 取值。

表 A.0.2-6 修 正 系 数 k_{Re}

$Re\times10^{-5}$	0.3	0.4	0.5	0.6	0.8	1.0	1.4	2.0	3.0	>6.0
k_{Re}	2.10	1.80	1.60	1.50	1.35	1.23	1.12	1.0	0.9	0.8

A.0.3 缩径管段与扩径管段损失系数

扩径与缩径分为断面突然扩大、断面突然缩小和断面渐变三种情况，其损失系数可按图 A.0.3-1、A.0.3-2 和表 A.0.3 取值。

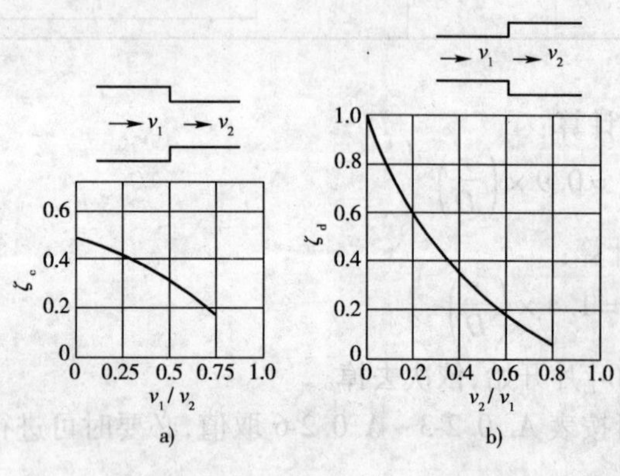

图 A.0.3-1 突缩径与突扩径损失系数

a)突然收缩；b)突然扩大

图 A.0.3-2 圆形渐变管段示意图

a)渐扩管段；b)渐缩管段

表 A.0.3 圆形渐变管段损失系数

类型		ζ										
渐扩	$\zeta=k\cdot\left(\frac{A_2}{A_1}-1\right)^2$	θ	8°	10°	12°	15°	20°	25°				
		k	0.14	0.16	0.22	0.30	0.42	0.62				
渐缩	$\zeta=k_1\cdot k_2$	θ	10°	20°	40°	60°	80°	100°				
		k_1	0.40	0.25	0.20	0.20	0.30	0.40				
		A_2/A_1	0.1	0.2	0.3	0.4	0.5	0.6	0.7	0.8	0.9	1.0
		k_2	0.40	0.38	0.36	0.34	0.30	0.27	0.20	0.16	0.10	0

A.0.4 分岔段与合流段

1 当为合流型时，其损失系数 $\zeta_{1\text{-}3}$、$\zeta_{2\text{-}3}$，可按表 A.0.4-1 取值。

表 A.0.4-1 合流型风道的损失系数

Q_1/Q_3	Q_2/Q_3	$\zeta_{1\text{-}3}$	$\zeta_{2\text{-}3}$	图示
1.00	0	0.91	0.55	
0.95	0.05	0.84	0.50	
0.90	0.10	0.78	0.46	
0.85	0.15	0.71	0.42	
0.80	0.20	0.64	0.38	
0.75	0.25	0.58	0.35	v_3 Q_3
0.70	0.30	0.52	0.33	v_1 Q_1 v_2 Q_2
0.65	0.35	0.46	0.31	
0.60	0.40	0.40	0.29	
0.55	0.45	0.34	0.29	
0.50	0.50	0.31	0.31	

2　当为分流型时，其损失系数$\zeta_{1\text{-}2}$、$\zeta_{1\text{-}3}$，可按表 A.0.4-2 取值。

表 A.0.4-2　分流型风道的损失系数

主流的分岔损失系数$\zeta_{1\text{-}2}$

A_3/A_1	Q_3/Q_1									
	0.1	0.2	0.3	0.4	0.5	0.6	0.7	0.8	0.9	1.0
0.5	0.72	0.48	0.28	0.13	0.05	0.04	0.09	0.18	0.31	0.5
1.0	0.05	0.05	0.05	0.05	0.06	0.13	0.22	0.30	0.38	0.48
图示	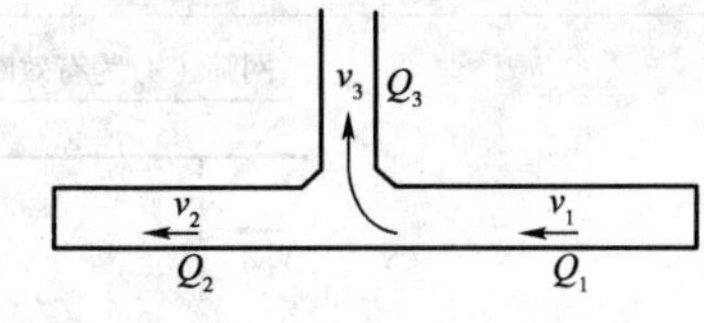									

支流的分岔损失系数$\zeta_{1\text{-}3}$

A_3/A_1	Q_3/Q_1									
	0.1	0.2	0.3	0.4	0.5	0.6	0.7	0.8	0.9	1.0
0.25	0.55	0.50	0.6	0.85	1.20	1.80	3.10	4.35	6.0	9.0
1.0	0.67	0.55	0.46	0.37	0.32	0.29	0.29	0.30	0.37	0.48
图示	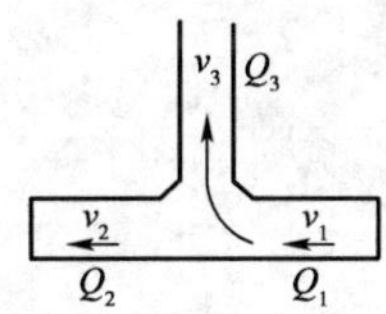									

A.0.5　入口、出口及其他

入口、出口及其他各损失系数可按表 A.0.5-1 ~ A.0.5-3 及图 A.0.5 取值。

表 A.0.5-1　入 口 损 失 系 数

形　状	ζ_e	图　示	形　状	ζ_e	图　示
直角锐缘	0.50 ~ 0.60		圆缘、倒角	0.03 ~ 0.05	

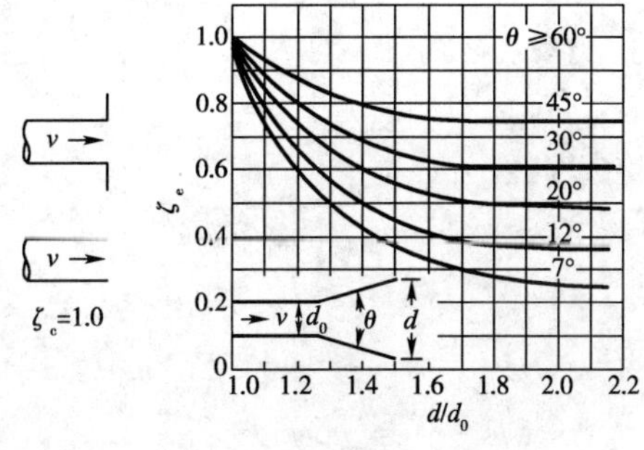

图 A.0.5　出口损失系数

表 A.0.5-2　出入口格栅损失系数

有效面积比	出口 ζ_d	入口 ζ_d	图　　示
50%	9.0	5.8	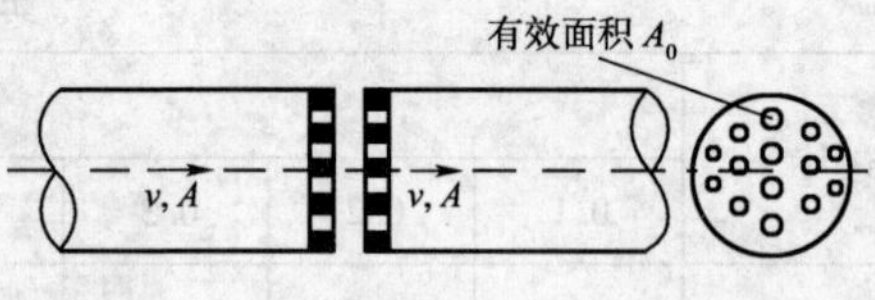
60%	6.2	3.5	
70%	3.0	2.0	

表 A.0.5-3　金属网筛损失系数

有效面积比(%)	30	40	50	60	70	80	90
ζ_d	6.2	3.0	1.44	0.97	0.58	0.32	0.14
图　　示	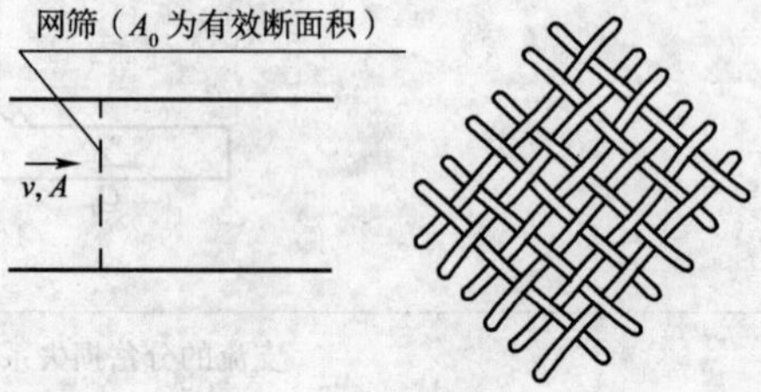						

注:有效面积比 = 实际过风面积/风道断面积。

附录 B　汽车正面投影面积与空气阻力系数

B.0.1　汽车正面投影面积可按式(B.0.1)计算或按表 B.0.1-1、B.0.1-2 酌情取值。

$$A_c = B \cdot h \tag{B.0.1}$$

式中　A_c——汽车正面投影面积(m^2)；

B——汽车轮距(m)；

h——汽车高(m)。

表 B.0.1-1　我国客车正面投影面积

车型		A_c(m^2)	车型		A_c(m^2)
12m 系列大客车	座位客车	6.4	8m 系列中客车	座位客车	5.5
	卧铺客车	7.1		卧铺客车	5.9
10m 系列大客车	座位客车	6.2	7m 系列中客车	座位客车	4.3
	卧铺客车	7.2	6m 系列轻客车	座位客车	4.2

表 B.0.1-2　国外汽车正面投影面积

国别	厂家	车型	车长(mm)	前轮距(mm)	车高(mm)	正面投影面积(mm^2)
德国	大众	帕萨特轿车	4540	1414	1395	1972530
		高尔夫轿车	3985	1413	1415	1999395
		大赛马轿车	3975	1306	1355	1769630
		奥迪轿车	4383	1400	1365	1911000
	本茨	190E	4430	1444	1361	1965284
		200	4725	1488	1438	2139744
		230TE	4724	1486	1425	2117550
		380SEC	4910	1545	1406	2172270
		500SL	4389	1455	1341	1951155
	宝马	315	4355	1366	1380	1885080
		745	5014	1501	1430	2146430
美国	通用	GMC 大客车	10668	2205	3010	6637050
		GMC 卡车	4040	1350	1805	2436750
		马利布轿车	4895	1486	1415	2102690
		骑士轿车	4428	1406	1366	1920596
		旁蒂克轿车	4780	1491	1372	2045652
		马刀轿车	5550	1570	1440	2260800
	福特	城市轿车	5560	1580	1420	2243600
		速度轿车	4475	1390	1339	1861210
	克莱斯勒	格兰轿车	5225	1524	1405	2141220
		新港轿车	5250	1520	1400	2128000
		董事轿车	5340	1460	1350	1971000
		纽约人轿车	4715	1464	1346	1970544
		道奇轿车	4755	1463	1344	1966272

续上表

国别	厂家	车型	车长(mm)	前轮距(mm)	车高(mm)	正面投影面积(mm^2)
日本	丰田	皇冠轿车	4860	1440	1400	2016000
		追击者轿车	4670	1390	1395	1980750
		光冠轿车	4670	1390	1425	1980750
		卡姆利轿车	4400	1465	1395	2043675
		远景轿车	4410	1460	1390	2029400
		L-KM 卡车	4060	1350	1785	2409750
		海艾斯卡车	4690	1440	1925	2772000
		戴娜卡车	5780	1410	2030	2862300
	日产	总统轿车	5280	1520	1490	2264800
		公子轿车	4860	1430	1425	2037750
		桂冠轿车	4675	1410	1380	1945800
		阿特拉斯	5990	1640	2100	3444000
		神鹰	5965	1640	2915	4780600
		蓝鸟轿车	4500	1460	1380	2014800
		前进轿车	3645	1345	1395	1876275
	三菱	未尼卡布	3190	1220	1670	2037400
		奔马	5950	1630	2060	3357800
		N-FB120	4915	1395	2815	3926925
		KFK115H	7460	1715	2405	4124575
		KFK216H	7460	1715	2405	4124574
		PFP418	9970	2050	3185	6449625
		PFT418V	11360	2050	3195	6549750
	五十铃	科迪亚轿车	4390	1410	1320	1861200
		华丽轿车	4560	1445	1385	2001325
		特雷轿车	4280	1410	1370	1931700
		枪骑兵轿车	4125	1390	1360	1890400
		N-WFR51	4690	1430	2200	3146000
		N-TLD34	5940	1385	2060	2853100
		P-TLD76V	6690	1385	3032	4199320
		K-86BR	7505	1700	2380	4046000
		K-TMQ78	9030	1960	2670	5233200
		P-CXK19V	11990	2050	2915	5975750
		P-CXG17M	8740	2050	2870	5883500
	马自达	家族轿车	3955	1390	1375	1911250
		卡佩拉轿车	4430	1430	1395	1994850
	本田	阿科德轿车	4455	1445	1375	1986875

B. 0. 2 汽车空气阻力系数

部分车型的汽车空气阻力系数可按表 B. 0. 2 取值,其他车型可参照使用。

表 B. 0. 2　汽车正面投影面积与空气阻力系数

车　　型	面积 $A_c(m^2)$	阻力系数 ξ_c	$\xi_c \cdot A_c(m^2)$	备　　注
典型轿车	1. 4 ~ 2. 6	0. 4 ~ 0. 6		
货车	3 ~ 7	0. 8 ~ 1. 0		
大型客车	4 ~ 7	0. 6 ~ 0. 7		
ЗИЛ130，空车	4	0. 941	3. 764	模型
载货用篷布盖好	4. 65	0. 816	3. 794	试验
后装向式厢式车厢	5. 8	0. 564	3. 271	
油罐车	4	0. 716	2. 864	
VW1200		0. 458		
VW1500	1. 681	0. 422	0. 710	
DB220S	1. 903	0. 430	0. 820	
DB330SE	2. 100	0. 406	0. 852	
ГАЗ-24　Волга	2. 3	0. 48	1. 104	
ГАЗ-15　Найка		0. 502		
Citroen　DS-19		0. 311		
Oldsmoble　Toronado		0. 38		
Ford　Falcon		0. 419		
Cadillao	2. 27	0. 46	1. 04	

注：本表数据取自《汽车理论》，机械工业出版社，1981 年。

附录 C 路面简化亮度系数

水泥混凝土路面简化亮度系数见表 C,亮度计算示意图见图 C。

表 C 水泥混凝土路面简化亮度系数 $r(\beta,\gamma)$ 表

$\tan\gamma$ \ β	0°	2°	5°	10°	15°	20°	25°	30°	35°	40°
0	655	655	655	655	655	655	655	655	655	655
0.25	619	619	619	619	610	610	610	610	610	610
0.5	539	539	539	539	539	539	521	521	521	521
0.75	431	431	431	431	431	431	431	431	431	431
1	341	341	341	341	323	323	305	296	287	287
1.25	269	269	269	269	260	251	242	224	207	198
1.5	224	224	224	215	198	180	171	162	153	148
1.75	189	189	189	171	153	139	130	121	117	112
2	161	162	157	135	117	108	99	94	90	85
2.5	121	121	117	95	79	66	60	57	54	52
3	94	94	86	66	49	41	38	36	34	33
3.5	81	80	66	46	33	28	25	23	22	22
4	71	69	55	32	28	20	18	16	15	14
4.5	63	59	43	24	17	14	13	12	12	11
5	57	52	36	19	14	12	10	9.0	9.0	8.8
5.5	51	47	31	15	11	9.0	8.1	7.8	7.7	7.7
6	47	42	25	12	8.5	7.2	6.5	6.3	6.2	—
6.5	43	38	22	10	6.7	5.8	5.2	5.0	—	—
7	40	34	18	8.1	5.6	4.8	4.4	4.2	—	—
7.5	37	31	15	6.9	4.7	4.0	3.8	—	—	—
8	35	28	14	5.7	4.0	3.6	3.2	—	—	—
8.5	33	25	12	4.8	3.6	3.1	2.9	—	—	—
9	31	23	10	4.1	3.2	2.8	—	—	—	—
9.5	30	22	9.0	3.7	2.8	2.5	—	—	—	—
10	29	20	8.2	3.2	2.4	2.2	—	—	—	—
10.5	28	18	7.3	3.0	2.2	1.9	—	—	—	—
11	27	16	6.6	2.7	1.9	1.7	—	—	—	—
11.5	26	15	6.1	2.4	1.7	—	—	—	—	—
12	25	14	5.5	2.2	1.6	—	—	—	—	—

$\tan\gamma$ \ β	45°	60°	75°	90°	105°	120°	135°	150°	165°	180°
0	655	655	655	655	655	655	655	655	655	655
0.25	610	610	610	610	601	601	601	601	601	601
0.5	521	503	503	503	503	503	503	503	503	503
0.75	395	386	371	371	371	371	371	386	395	395
1	278	269	269	269	269	269	269	278	278	278
1.25	189	189	180	180	180	180	180	189	198	207
1.5	144	144	139	139	139	144	148	153	162	180
1.75	108	103	99	99	103	108	112	121	130	139
2	85	83	84	84	86	90	94	99	103	111
2.5	51	50	51	52	54	58	61	65	69	75
3	32	31	31	33	35	38	40	43	47	51
3.5	21	21	22	22	24	27	29	31	34	38
4	14	14	15	17	19	20	22	23	25	27
4.5	11	11	12	13	14	14	16	17	19	21

续上表

$\tan\gamma$ \ β	45°	60°	75°	90°	105°	120°	135°	150°	165°	180°
5	8.7	8.7	9.0	10	11	13	14	15	16	16
5.5	6	—	—	—	—	—	—	—	—	—
6	—	—	—	—	—	—	—	—	—	—
6.5	—	—	—	—	—	—	—	—	—	—
7	—	—	—	—	—	—	—	—	—	—
7.5	—	—	—	—	—	—	—	—	—	—
8	—	—	—	—	—	—	—	—	—	—
8.5	—	—	—	—	—	—	—	—	—	—
9	—	—	—	—	—	—	—	—	—	—
9.5	—	—	—	—	—	—	—	—	—	—
10	—	—	—	—	—	—	—	—	—	—
10.5	—	—	—	—	—	—	—	—	—	—
11	—	—	—	—	—	—	—	—	—	—
11.5	—	—	—	—	—	—	—	—	—	—
12	—	—	—	—	—	—	—	—	—	—

注：对应于各角度的所有 r 值均都乘了1000；水泥混凝土路面 $Q_0=0.10$。

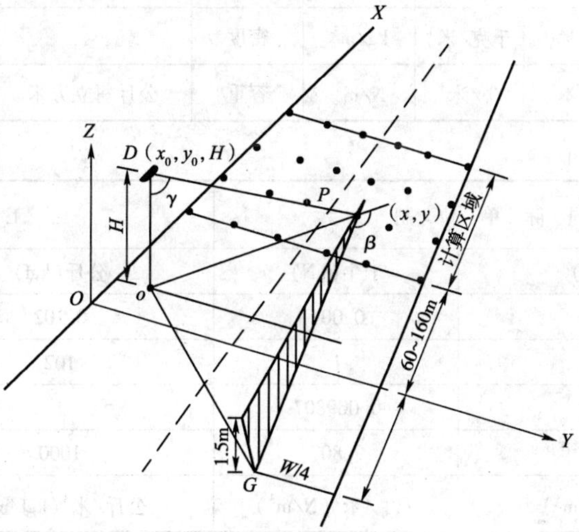

图C　亮度计算示意图

附录 D　流体力学中常用单位及单位换算

D.0.1　常用单位

	国际单位制				工程单位制			
	量	名称	代号		量	名称	代号	
			中文	字母			中文	字母
基本单位	长度	米	米	m	长度	米	米	m
	时间	秒	秒	s	时间	秒	秒	s
	质量	千克	千克	kg	力	公斤	公斤	kgf
导出单位	力	牛顿	牛	N	质量		公斤·秒^2/米	kgf·s^2/m
	密度	千克每立方米	千克/米^3	kg/m^3	密度		公斤·秒^2/米^4	kgf·s^2/m^4
	容重	牛顿每立方米	牛/米^3	N/m^3	容重	公斤每立方米	公斤/米^3	kgf/m^3

D.0.2　单位换算

	国际单位制		工程单位制	
力	牛顿(N)	千牛(kN)	公斤(kgf)	吨(t)
	1	0.001	0.102	0.000102
	1000	1	102	0.102
	9.807	0.009807	1	0.001
	9807	9.807	1000	1
容重	牛/米^3(N/m^3)	千牛/米^3(N/m^3)	公斤/米^3(kgf/m^3)	吨/米^3(t/m^3)
	1	0.001	0.102	0.000102
	1000	1	102	0.102
	9.807	0.009807	1	0.001
	9807	9.807	1000	1
质量	千克(kg)	1	公斤·秒^2/米(kgf·s^2/m)	0.102
		9.807		1
密度	千克/米^3(kg/m^3)	1	公斤·秒^2/米^4(kgf·s^2/m^4)	0.102
		9.807		1
功率	瓦(W)	千瓦(kW)	公斤·米/秒(kgf·m/s)	马力(PS)
	1	0.001	0.102	0.00136
	1000	1	102	1.36
	9.807	0.009807	1	0.0133
	735.5	0.7355	75	1

续上表

			国际单位制		工程单位制			
压强	国际单位制	千牛/米^2(kPa)	1	0.001	101.3	98.07	9.807	0.133
		牛/米^2(Pa)	1000	1	101 325	98 067	9807	133.32
	工程单位制	公斤/厘米^2(kgf/cm^2)	0.0102	1.02×10^{-5}	1.033	1	0.1	0.00136
		吨/米^2(t/m^2)	0.102	1.02×10^{-4}	10.332	10	1	0.0136
	大气压表示	标准大气压(atm)	0.00987	9.87×10^{4}	1	0.9678	0.09678	0.00132
		工程大气压(at)	0.0102	1.02×10^{-5}	1.033	1	0.1	0.00136
	液柱高度表示	米水柱(m)	0.102	1.02×10^{-4}	10.332	10	1	0.0136
		毫米汞柱(mmHg)	7.50	0.0075	760	735.6	73.56	1

附录 E　本规范用词说明

E.0.1　执行本规范时,对条文严格程度的用词应按以下写法,以便在执行过程中区别对待。

1　表示很严格,非这样做不可的用词:

正面词采用"必须",反面词采用"严禁"。

2　表示严格,在正常情况下均应这样做的用词:

正面词采用"应",反面词采用"不应"或"不得"。

3　表示允许稍有选择,在条件许可时应首先这样做的用词:

正面词采用"宜"或"可",反面词采用"不宜"。

4　表示只有在一定条件下才可这样做的用词:

正面词采用"允许",反面词采用"不允许"。

E.0.2　条文中涉及按本规范或其他有关的标准、规范的规定条文执行时,应按以下写法。

1　表示很严格,非这样做不可的用词为:"应按……执行"或"应符合……要求(或规定)"。

2　表示严格,在正常情况下均应这样做的用词为:"可参照……"。

附件

《公路隧道通风照明设计规范》

（JTJ 026.1—1999）

条 文 说 明

1 总 则

1.0.1 随着高等级公路的发展,公路隧道的建设规模日益扩大,隧道越来越长,机械通风必不可少,其技术也更为复杂,因此需要针对不同的通风方式制定适宜的统一设计规范。同时,从交通安全考虑,公路隧道需要照明,亦应针对隧道等级和洞内区段的不同情况制定设计规范。

在对公路隧道通风与照明设施进行规划、设计、安装和营运时,应充分理解本规范的主要宗旨,综合考虑,并以本规范为依据作出适当的判断。

1.0.2 本规范是以两车道山岭隧道为主要对象来编制的。对于三车道隧道或盾构隧道、沉管隧道等不同断面形式的隧道,其通风照明的技术思路与前者基本一致,因此同样也适用本规范。

当路线特性、隧道规模、交通条件、位置条件等与普通情况有很大差异时,应根据实际情况在遵循本规范要求的原则下进行特别技术探讨。

1.0.3 本条提出的高峰小时交通量是指第30位小时交通量,高峰小时交通量与年平均昼夜交通量的比率分别为山岭重丘区隧道14%、平原微丘区隧道12%、城镇隧道9%。

通风照明所采用的计算行车速度为洞内线形计算行车速度。

1.0.4、1.0.5 为了防止行驶中的汽车排出废气造成隧道内空气污染,公路隧道内必须通风。短隧道或部分中隧道靠自然通风便满足要求,而在长隧道且交通量大的隧道中,必须安装机械通风设施。

通风规划是隧道总体规划的重要组成部分,它与隧道断面、路线选择等基本规划密切相关。它不仅仅是单独讨论通风的经济性和机械设备,而是从更广义的立场讨论它与隧道交通方式(单洞双向交通或双洞单向交通的形式)、防灾计划(指火灾或交通事故发生时应急用设施)等的相互关系;当隧道很长且交通量大因而需设竖井实现分段通风时,通风规划更要与隧道结构、地质、地形、平纵线形以及隧道总造价等进行综合分析,不可单独讨论。

这里所说的通风方式是指机械通风方式,他们有全横向方式、半横向方式、纵向方式,在纵向方式中又有单纯射流风机、竖(斜)井与射流风机组合方式等。照明方式是指灯具安装位置,一般有中央布置、单侧布置和两侧布置三种方式。另外,近年来国内外开始采用逆光照明方式,在做照明规划时也可以考虑采用逆光照明。

1.0.6 四车道或六车道以上的公路为分隔单向交通,由于工程投资巨大或近期交通量较小等原因,其间隧道段可一次设计分期修建,在满足近期交通量要求的年限内隧道为单洞双向交通,当不能满足交通量需求时应建设开通旁边隧道,形成双洞单向交通,这时,应在一期工程中按设计要求预留好与二期工程通风设施的连接位置和接口等,做好有关衔接工作。何时开通二期工程应充分考虑交通量的增长情况,尽早形成总体设计要求的最终通风状态。

在近期交通量较小的情况下,不宜将按远期交通量设计的通风设施一次性全部安装到位,一般可按两期安装,但必须一次设计完成,预留好相应的位置、接口等。

1.0.7、1.0.8 通常情况按该两条要求的顺序实施通风与照明设计,各工序相互关联,必要时应返回到前面已进行过的工序上。例如特长隧道,如果初拟的通风方案中出现很深的通风竖井,且地质状况又极差,结果导致工程困难或工程造价很大,这时应重新比选其他隧道路线方案,确定综合效益更好的隧道位置。

1.0.10 隧道段是隐蔽交通,其行车环境和安全比普通线路段差,所以必须高度重视环境和安全,尤其是特长隧道或长隧道,应对火灾等工况条件下的通风状态作出评价,并制定有效的应急措施。

1.0.11 当对隧道洞口或竖井出口附近的空气清洁度有严格要求时,应对隧道内排出的污染空气浓度和扩散范围作出评价和处治措施。

1.0.12 条文中所指的有关标准、规范主要有：

1 《公路工程技术标准》(JTJ 001)；

2 《公路隧道设计规范》(JTJ 026)；

3 《公路隧道施工技术规范》(JTJ 042)；

4 《公路工程质量检测评定标准》(JTJ 071)；

5 《电气装置安装工程施工及验收规范》(GBJ 232)。

3 通　风

3.1 调　查

3.1.1

1 交通量历时变化包括随小时、星期、季节和年的变化情况，尤其交通量逐年变化情况，是进行通风规划分期实施的主要依据。对难以区分的大型载货车和客车，是指在许多情况下计算交通量时，只区分客车、货车、大型车、小型车，而不能区别其发动机的种类，因而为保证安全，常把大型货车和客车视为柴油车。

2 冻害调查对山岭隧道通风竖井（或斜井）规划设计尤为重要，气温、气压、湿度等是通风计算和设备选型的重要参数。

3 洞口、竖井（或斜井）口附近的地形、重要建筑分布及居民分布，可能成为通风规划的制约因素，必须认真收集调查有关资料。

3.1.2 应通过对其他各条件相似的已建隧道营运情况调查或实测，对通风噪声、废气排放等的不良影响进行分析并作出初步评价，其中，风机噪声问题应与交通噪声综合起来进行预测分析。

3.2 通风方式

3.2.1 本条提出的两个公式分别为判断双向交通隧道和单向交通隧道是否需要机械通风的经验公式，只能作为初步判定，是否设置风机还应考虑公路等级、隧道断面、长度、纵坡、交通条件及自然条件等因素，进行综合分析，并经计算确定。

3.2.2 根据隧道的条件，将各种方式组合，可作出更合理的组合通风方式。鉴于我国这类通风方式实例和经验不多，暂不列出。目前，采用射流风机作为辅助通风手段的纵向通风方式越来越多。

不同交通状况下主要通风方式的基本特点如表1、表2所示，表中所示各通风方式的适用长度是指一般情况下的参考值，不是限制值，具体设计时应综合分析。

表1　各主要通风方式的特点（单向交通隧道）

通风方式	纵　向　式			
基本特征	通风风流沿隧道纵向流动			
代表形式	射流风机式	洞口集中送入式	集中排出式	竖井送排式
形式特征	由射流风机群升压	由喷流送风升压	洞口两端进风、中部集中抽风	由喷流送风升压
通风系统略图 隧道内压 隧道风速 浓度分布	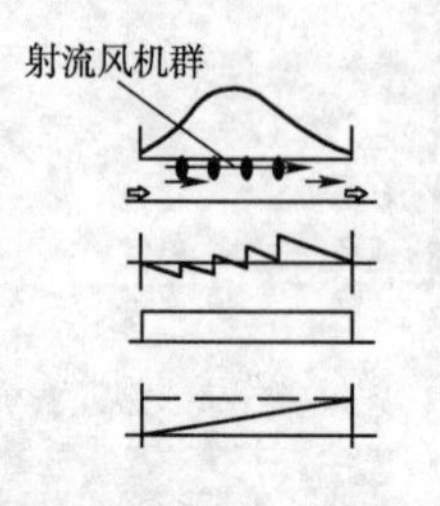 射流风机群	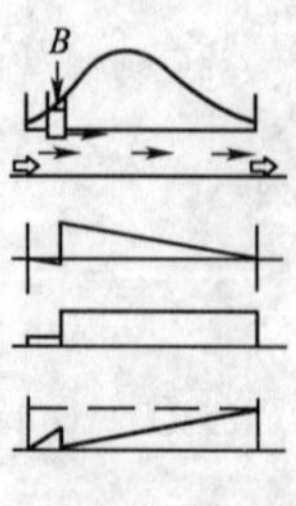 B	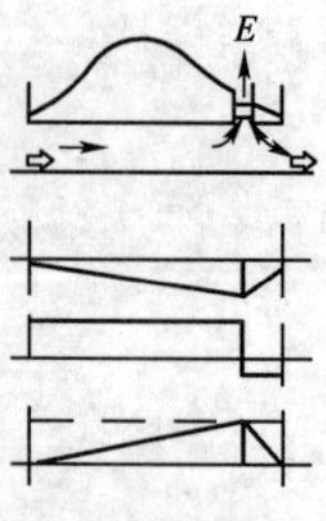 E	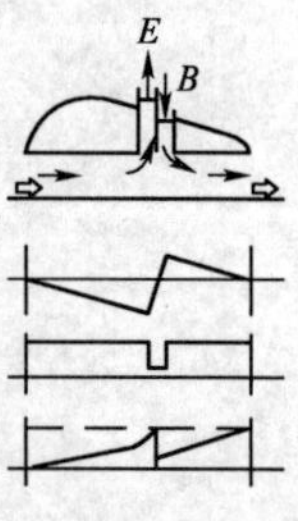 E B

续上表

一般特征	适用长度	2500m 左右	2500m 左右	2000m 左右	不受限制
	活塞风利用	很好	很好	部分较好	很好
	洞内环境	噪声较大	口部噪声较大	噪声较小	噪声较小
	火灾处理	排烟不便	排烟不便	排烟较方便	排烟较方便
	工程造价	低	一般	一般	一般
	管理与维护	不便	方便	方便	方便
	分期实施	易	不易	不易	不易
	技术难度	不难	一般	一般	稍难
	营运费	低	一般	一般	一般
	洞口环保	不利	不利	有利	一般

通风方式		半横向式		全横向式
基本特征		由隧道通风道送风或排风，由洞口沿隧道纵向排风或抽风		分别设有送排风道，通风风流在隧道内作横向流动
代表形式		送风半横向式	排风半横向式	
形式特征		由送风道送风	由排风道排风	
通风系统略图 隧道内压 隧道风速 浓度分布		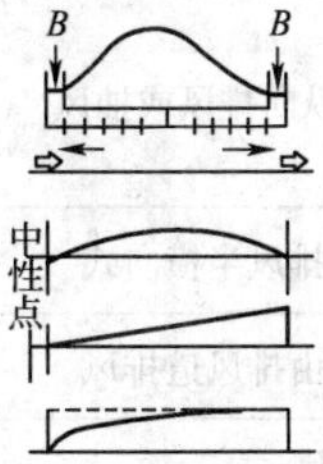 B B 中性点	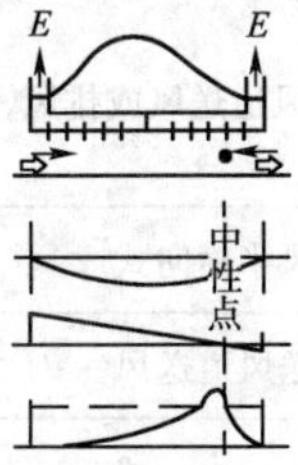 E E 中性点	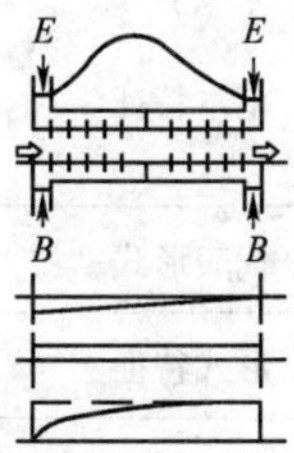 E E B B
一般特征	适用长度	3000m 左右	3000m 左右	不受限制
	活塞风利用	较好	不好	不好
	洞内环境	噪声小	噪声小	噪声小
	火灾处理	排烟方便	排烟方便	能有效排烟
	工程造价	较高	较高	高
	管理与维护	一般	一般	一般
	分期实施	难	难	难
	技术难度	稍难	稍难	难
	营运费	较高	较高	高
	洞口环保	一般	有利	有利

表2　各主要通风方式的特点(双向交通隧道)

	通风方式	纵　　向　　式		
	基本特征	通风风流沿隧道纵向流动		
	代表形式	射流风机式	洞口集中送入式	集中排出式
	形式特征	由射流风机群升压	由喷流送风升压	洞口两端进风中部集中抽风
	通风系统略图	射流风机群	B	E
	隧道内压 隧道风速 浓度分布			
一般特征	适用长度	1500m 左右	1500m 左右	3000m 左右
	活塞风利用	不好	不好	不好
	洞内环境	噪声较大	口部噪声较大	噪声较小
	火灾处理	排烟不便	排烟不便	排烟较方便
	工程造价	低	一般	一般
	管理与维护	不便	方便	方便
	分期实施	易	不易	不易
	技术难度	不难	一般	一般
	营运费	低	一般	一般
	洞口环保	不利	不利	有利
	通风方式	半　横　向　式		全　横　向　式
	基本特征	由隧道通风道送风或排风,由洞口沿隧道纵向排风或抽风		分别设有送排风道,通风风流在隧道内作横向流动
	代表形式	送风半横向式	排风半横向式	
	形式特征	由送风道送风	由排风道排风	
	通风系统略图	B　B	E　E	E　E B　B
	隧道内压 隧道风速 浓度分布	中性点	中性点	
一般特征	适用长度	3000m 左右	3000m 左右	不受限制
	活塞风利用	不好	不好	不好
	洞内环境	噪声小	噪声小	噪声小
	火灾处理	排烟较方便	排烟较方便	排烟方便
	工程造价	较高	较高	高
	管理与维护	一般	一般	一般
	分期实施	难	难	难
	技术难度	稍难	稍难	难
	营运费	较高	较高	高
	洞口环保	一般	有利	有利

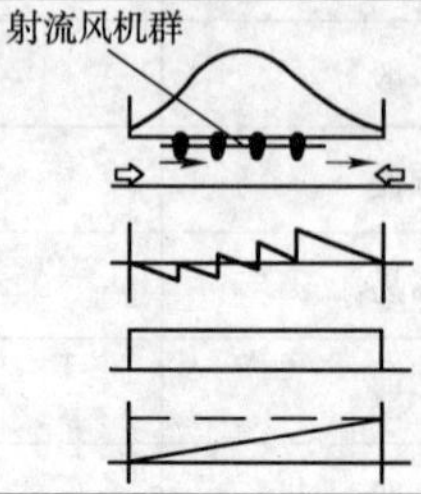

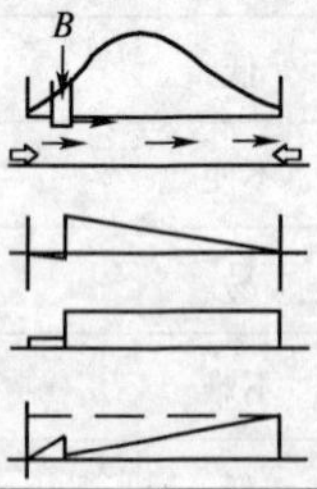

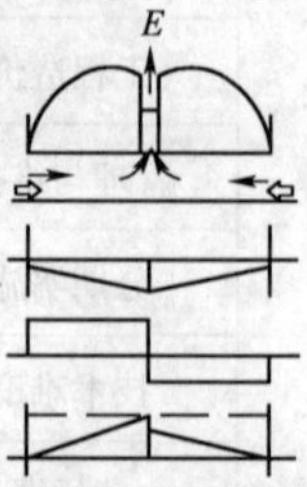

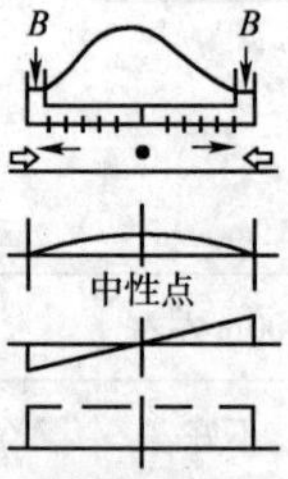

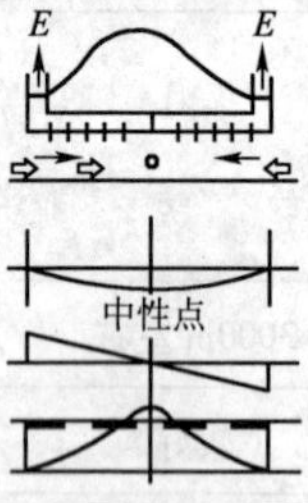

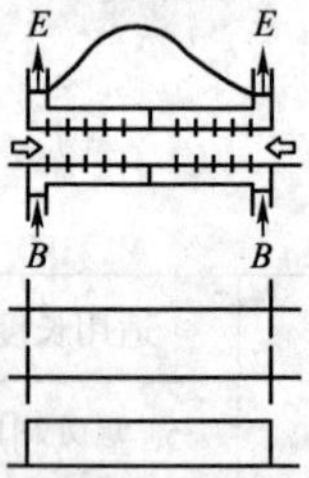

在选择通风方式时应考虑本条第3款所提出的8个因素进行全面比较，综合判断。

3.2.3 单向交通隧道设计风速借鉴挪威《公路隧道设计准则》（1990版）取值，比日本等国的限制风速小，主要是从行车安全出发，特殊情况可放宽至12m/s，但必须进行技术、经济综合分析和论证。双向交通和人车混合通行的隧道设计风速借鉴日本《公路隧道通风技术基准》（1985版）和PIARC（1995）取值。

人车混合通行的隧道是指设有专用人行道的隧道。

3.3 污染空气的稀释标准

3.3.1 隧道的通风，是一项环境保护工程，包括隧道内环境的保护和隧道外环境的保护，但公路隧道一般地处野外，故以隧道内环境的保护为重点。通风的主要对象限于CO、烟雾和空气中的异味。故在本规范中，氮氧化物不作考虑对象。这点是与PIARC（1983）报告和日本现行规范《公路隧道通风技术基准》（1985版）是一致的。

对CO进行稀释的目的是保证卫生条件；对烟雾进行稀释的目的是保证行车安全；对异味进行稀释的目的是提高隧道内行车的舒适性。在公路隧道中，汽车排放出来的废气中有害物质很多，包括CO、NO_x、Pb、CO_2、SO_2、H·CHO和烟雾等。其中，CO对人体健康的影响比较突出，且将其稀释至无害于人体健康的需风量常是最多的，故通风设计时以将其浓度控制在一定的安全限度内，作为主要的设计指标之一，即CO的设计浓度。

CO之所以有害于人体健康，乃因其与血液中的血红蛋白Hb结合成CO-Hb的结合力特强，达三百倍于氧气与血红蛋白结合成O_2-Hb的结合力。一旦CO进入人体过多，氧气在血液中的输送量就不足。CO-Hb饱和度（即CO-Hb取代O_2-Hb的百分率）超过10%后，就会引起程度不同的症状；饱和度为10%～20%时，将会引起轻度头痛；饱和度达到20%～30%时，将引起剧烈头痛。如图1所示。

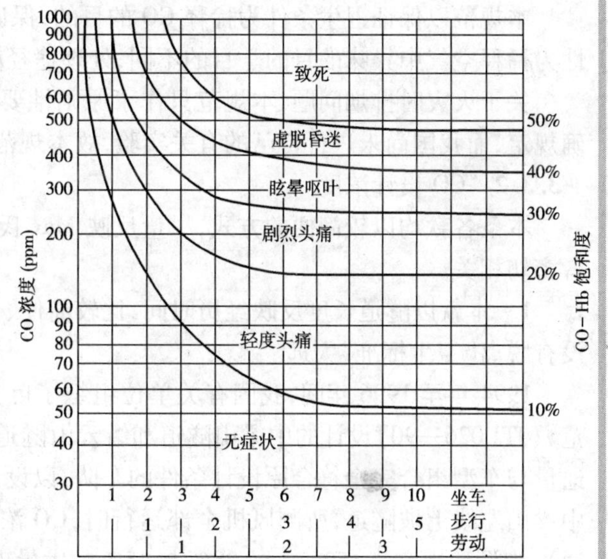

图1 May氏曲线

尽管CO-Hb饱和度达到10%时，只会引起轻度的头痛，且返回正常空气中后，能全消除且不留后遗症，但有些国家（如荷兰）仍规定不能超越CO设计浓度—经历时间曲线，确保在乘车过隧道状态下，CO-Hb饱和度不超过5%，以备留100%的保险余地。如图2所示。

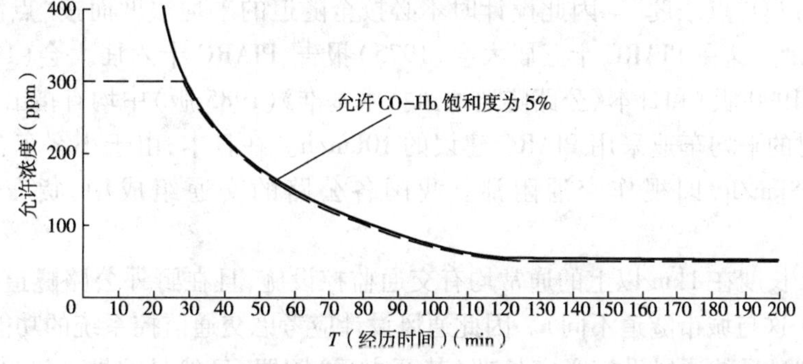

图2 CO设计浓度—经历时间曲线

世界上第一条设置机械通风系统的公路隧道，是1927年通车的美国纽约霍兰（Holland）隧道。当时采用的CO设计浓度是400ppm。虽然当时没有明确相应的最大允许经历时间，但一般隧道的过隧经历时间实际上都只有几分钟，因此400ppm所代表的卫生水平是远远超过图2所示5% CO-Hb饱和度限值要求的。隧道通风的这一设计标准，一直沿用到20世纪40年代。其后，随着柴油车的日渐发展，而一时又没有稀释烟雾的通风标准，有些国家为了保证充分的能见度，将CO设计浓度降低到250ppm（事故时仍用400ppm），以增加风量，解决烟雾问题。自此CO设计浓度不再是真正的卫生标准，而变为行车安全标准。

1975年PIARC隧道技术委员会在日本、法国等国家的研究基础上，提出了一套稀释柴油车烟雾的计算方法后，CO设计浓度不必再充作行车安全标准。

可是此后CO设计浓度并没有复原到本来卫生标准要求的水平。它又被赋以新的目的内涵，即稀释空气中的异味，把隧道使用时的舒适性提高到更高的标准——"无异味（Odour free）"（见PIARC十八届大会隧道技术委员会报告）。因此CO设计浓度非但没有从250ppm回复到400ppm，反而进一步降至150ppm，甚至100ppm。自此CO设计浓度已完全脱离卫生标准本来涵义，变成了舒适性标准。

这种以稀释CO的名义，去稀释空气中的异味；以卫生标准的名义，去满足舒适性要求的办法不可取[美国仍明确规定，作为卫生标准应为400ppm/15min或200ppm/30min。见PIARC（1983）报告]。

本规范以保证卫生条件为稀释CO的目的，保证行车安全为稀释烟雾的目的，提高隧道内行车舒适性为稀释空气中异味的目的。目的不同，处理途径亦不同。

关于火灾时排烟问题，本规范只作了原则性要求。由于各国规范（如日本、PIARC等规范）均无明确规定，而我国尚未进行自己的有关实验，故本规范未规定很具体的要求。

3.3.2 CO设计浓度

本条各款均以较简便的方式，尽量反映May氏实验所得结论：CO浓度—经历时间—活动状态，三者密切相关。

1 本款以隧道长度反映经历时间，比较简便、合理。本条表3.3.2-1所列各值均与瑞士规范一致，没有脱离"卫生标准"太远。

1994年至1996年间，我国有关单位组织了巨大的人力、物力，在按照我国现行《公路隧道设计规范》（JTJ 026—90）设计的中梁山隧道和缙云山隧道中进行了大量的现场实测。实测时，专门组成了交通量与车型组合完全符合原设计条件的车队，以设计车速通过该两隧道，进行通风实效的检验。结果在中梁山左线上坡隧道，所测风机全部运行时，CO浓度平均值仅为42ppm（单向交通）与68ppm（双向交通），为设计规定值150ppm的28%与45%。大量现场实测数据充分说明设计所依据的原规范规定（CO设计浓度为150ppm），离开真正的"卫生标准"相当远。由于本规范对CO设计浓度只作保证卫生条件的目的要求，故以工程实践和实测数据为依据，参照瑞士规范作了修正。

在纵向通风系统中，CO浓度呈三角形分布，过隧道人员只在经过隧道出口或其他排风口的很短时间内，才经受最大的CO"点浓度"。因此设计时不必按全隧道的平均浓度而按"点浓度"或最大CO计算浓度来计算需风量。这在PIARC十五届大会（1975）报告、PIARC十六届大会（1979）报告、挪威《公路隧道设计准则》（1990版）和日本《公路隧道通风技术基准》（1985版）中均有指出。

2 交通阻滞时的平均车速采用PIARC建议的10km/h。在日本，由于小客车含率较高，当车速降至平均17km/h～18km/h，即视作交通阻滞。我国各公路的交通组成中，货车含率较高，故采用了PIARC的建议。

在公路隧道中，长度在1km以上的通常均有交通监控设施，且在野外公路隧道中发生1km以上的交通阻滞概率较低（这与城市隧道不同）。因此通风设计应考虑交通监控系统的功能，不必考虑1km以上的交通阻滞，否则过量的通风设施必定长期（甚至永远）闲置，显然是浪费。PIARC（1995）报告中亦指出了这点。

3 人车混合通行的隧道，在高等级公路中应予禁止。除非人行道（包括检修道）高出车道路面80cm以上，否则对人、车都易产生车祸伤害（在欧洲低人行道是严禁的，在日本则采用高出地面1m的做法）。我国在低等级公路隧道中，人车混行比较多，故根据CO浓度—经历时间—活动状态三者间关系,提出本款的规定。

3.3.3　烟雾设计浓度

烟雾设计浓度不但与车速(要求视距)有关,而且与亮度(或照度)、光源有关(见表3)。日本照明专家曾于大量测试后得图3所示的烟雾浓度(透过率)、车速、照度和光源四者之间关系。

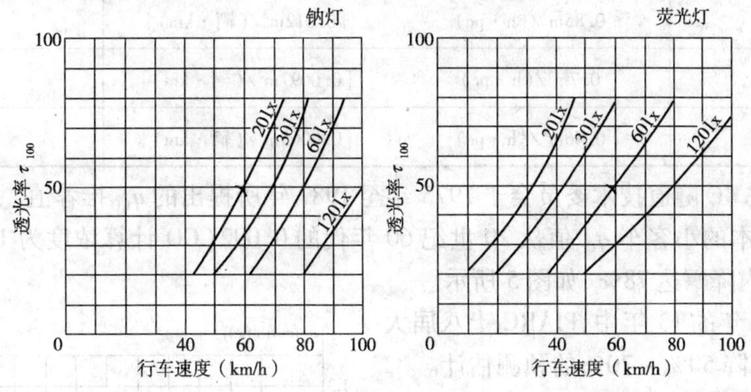

图3　透过率、车速、照度和光源之间关系

表3　车速—路面亮度—烟雾浓度之关系

计算行车速度(km/h)	100	80	60	40
路面平均亮度(cd/m^2)	9.0	4.5	2.5	1.5
$K(m^{-1})$	0.0069	0.0070	0.0075	0.0090

本条各款均是按钠灯光源考虑。如采用荧光灯光源,则烟雾浓度要求需提高一级。本条各款所用的烟雾浓度 K 与透过率 τ(100m)之换算关系见表4,也可按下式计算:

$$K = -\frac{1}{100}\ln\tau \tag{1}$$

表4　K 与 τ 之 关 系

$K(m^{-1})$	τ(%)	$K(m^{-1})$	τ(%)	$K(m^{-1})$	τ(%)
0.0050	60	0.0075	47.5	0.0120	30
0.0070	50	0.0090	40		

3.4　需风量

3.4.1　一般规定

公路隧道通风设计中,计算有害气体的排放量是一个重要环节,也是整个设计的基本依据。而有害气体排放量计算中又以交通量 N 与有害气体基准排放量 q 为最主要参数。

本规范采用的基准排放量,是以1995年为起点,并按每年1% ~2%的递减率计算获得的排放量作为设计年限的基准排放量。

设计时,N 比较容易确定。一般在设计任务书中都有预计(如2015年,2025年)设计交通量的指定。但如果要求按某年的交通量进行设计,则该年即为整个设计的设计年限(目标年份)。

另外,也要注意到 q_{CO}(CO基准排放量)亦有其设计年限(目标年份)。特别是20世纪50年代以来,各国汽车制造业技术水平都在激烈的竞争中迅速提高,带来了 q_{CO} 的急剧锐减。从表5可见瑞士小客车的 q_{CO} 值在30年内下降了约60%。

表5 瑞士小客车历年来 q_{CO} 的变化

年 份	q_{CO}		%
1950	1.2m³/(h·pc)	[0.017m³/(辆·km)]	100
1975	0.85m³/(h·pc)	[0.012m³/(辆·km)]	70.83
1979	0.7m³/(h·pc)	[0.0097m³/(辆·km)]	58.33
1987	0.46m³/(h·pc)	[0.0065m³/(辆·km)]	38.33

图4所示为PIARC隧道技术委员会于1975年至1987年所提出的 q_{CO} 推荐值。在前后12年内，q_{CO} 值下降了44%。日本的小客车 q_{CO} 值从20世纪60年代的0.092(CO计算浓度为100ppm)，下降到80年代的0.02，20年内降幅达78%，如图5所示。

1987年至2000年的13年中，PIARC十八届大会亦作了 q_{CO} 值再下降50%～70%的预测估计。

我国实行改革开放以来，德、法、日、美、意、韩等国已在我国合资建厂制造新型车辆，且已大量投入生产，每年将有大量的新车走上公路投放市场。在此形势下，通风设计不单是要考虑 N 的设计年限，也应明确 q 的设计年限，两者必须匹配，否则所设计的通风系统必定规模过大，浪费建设资金。

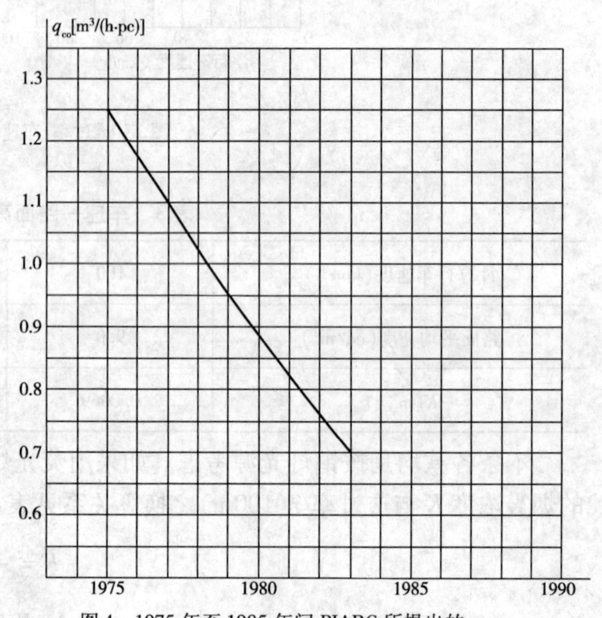

图4 1975年至1985年间PIARC所提出的 q_{CO}

根据我国最新的《汽车报废标准》规定，轻、微型载货汽车(含越野型)、带拖挂载货汽车、矿山作业专用车及各类出租车使用8年，其他车辆使用10年均作报废处理。新标准和老标准比较，汽车使用年限从原来的10年至14年缩短到8年至10年。行驶里程由原来的40万至70万公里缩短为30万至50万公里。因此，本条文规定交通量的设计年限应与有害气体排放量的设计年限相匹配。

不同工况车速对应的适应交通量可参照表6进行验算。

此表是参照PIARC隧道技术委员会报告的建议和英国通风设计规定。

3.4.2 CO排放量

公式(3.4.2)中的 N 是经OD调查得到的各种车辆混合交通量，采用适应交通量验算时，应折算成小客车。

CO基准排放量采用 $q_{CO}=0.01\text{m}^3/(\text{辆}\cdot\text{km})$ 的主要参照车型是：

——上海桑塔纳JV 1.8L型车，5座，满载1.46t，60km/h时，油耗4.9L/100km；90km/h时，油耗6.3L/100km；120km/h时，油耗8.3L/100km。

——一汽奥迪Audi 100型，5座，满载1.71t，90km/h时，油耗5.9L/100km；120km/h时，油耗7.6 L/100km。

——北京切诺基BJ/XJ213型吉普车，5座，满载2t，满载时油耗8.5L/100km。

本条文取值 $q_{CO}=0.01\text{m}^3/(\text{辆}\cdot\text{km})$，略大于日本现行规范《公路隧道通风技术基准》(1985版)所定 $q_{CO}=0.007\text{m}^3/(\text{辆}\cdot\text{km})$。但较我国《公路隧道设计规范》(JTJ 026—90)所列举的北京BJ212型轿车的 $q_{CO}=1.955\times0.0176=0.0344\text{m}^3/(\text{辆}\cdot\text{km})$，降低了71%。

车型系数 f_m，除柴油车定为1.0(与PIARC及日本现行规范一致)外，余均参照《中国汽车大全》和《汽车使用、维修大全》中典型车型：

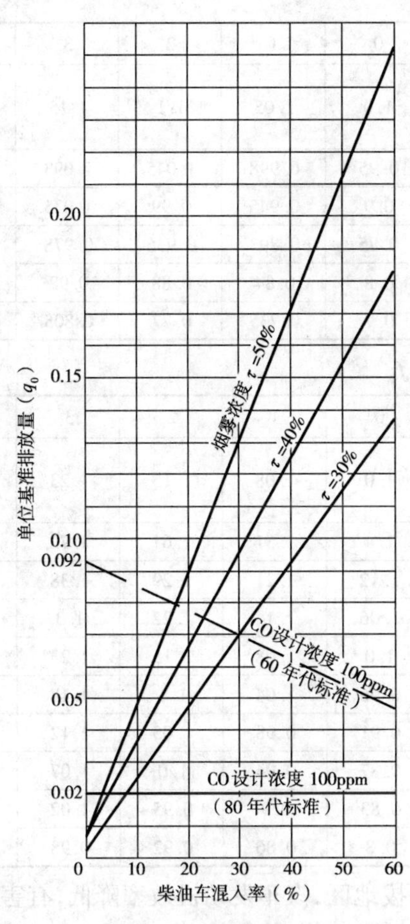

图5 日本CO需风量系数

表6 各工况车速的适应交通量

v (km/h)	N'[小客车·辆/(h·车道)]	N''[小客车·辆/(h·车道)]
100	1400	795
80	1600	910
70	1750	990
60	1800	1020
50	1780	1000
40	1700	965
30	1550	880
20	1330	755
10	950	540

注:v——工况车速;

N'——单向交通时各工况车速的最大适应交通量;

N''——双向交通时各工况车速的最大适应交通量。

旅行车　三峰牌TJ620B型车,10座,满载2.38t,油耗14L/100km。

　　　　金杯牌SY622B型车,10座,满载2.47t,最大油耗12L/100km。

轻型货车　北京牌BJ1041,Q2DG型车,满载4.11t,油耗13.8L/100km。

　　　　金杯牌SY132C型车,满载3.89t,油耗14L/100km。

中型货车　东风牌EQ1090E型车,满载9.29t,油耗26.5L/100km。

　　　　解放牌CA1091型车,满载9.31t,油耗26L/100km。

大型客车　东风牌GZ660型车,51座,满载9.4t,油耗28L/100km。

　　　　太湖牌XQ641型车,37座,满载10t,油耗29L/100km。

纵坡—车速系数f_{iv}有两种提法,一种是f_i与f_v分为不同的两组;另一种是合二为一,称为f_{iv}。本规范采用后者。本条文内容主要参照日本现行规范与PIARC报告。日本规范比较简单,取$f_{iv}=1.0$。PIRAC历届报告均略有调整,但幅度不大。本规范以PIRAC(1987)报告及(1991)报告推荐值为基础,作了综合、调整和简化处理(见表7和表8),以便于使用。

表7 **PIARC**(1987)的f_{iv}

	i(%)	-4	-3	-2	-1	0	1	2	3	4
v(km/h)	f_i \ f_v	0.87	0.9	0.93	0.97	1.0	1.05	1.1	1.15	1.2
100	1.2	1.04	1.08	1.11	1.16	1.2	1.26	1.32	1.38	1.44
80	1.1	0.957	0.99	1.023	1.067	1.1	1.155	1.21	1.265	1.32
70	1.05	0.914	0.945	0.977	1.019	1.05	1.103	1.155	1.208	1.26
60	1.0	0.87	0.9	0.93	0.97	1.0	1.05	1.1	1.15	1.2

续上表

	i(%)	−4	−3	−2	−1	0	1	2	3	4
v(km/h)	f_i / f_v	0.87	0.9	0.93	0.97	1.0	1.05	1.1	1.15	1.2
50	0.95	0.825	0.855	0.884	0.922	0.95	0.998	1.045	1.093	1.14
40	0.9	0.783	0.81	0.837	0.873	0.9	0.945	0.99	1.035	1.08
30	0.85	0.74	0.765	0.79	0.825	0.85	0.893	0.935	0.978	1.02
20	0.8	0.696	0.72	0.744	0.776	0.8	0.84	0.88	0.92	0.96
10	0.7	0.609	0.63	0.651	0.679	0.7	0.735	0.77	0.805	0.84

表8 PIARC(1991)的 f_{iv}

	i(%)	−4	−3	−2	−1	0	1	2	3	4
v(km/h)	f_i / f_v	1.0	1.0	1.0	1.0	1.0	1.08	1.15	1.23	1.3
100	1.4	1.4	1.4	1.4	1.4	1.4	1.51	1.61	1.72	1.82
80	1.12	1.12	1.12	1.12	1.12	1.12	1.21	1.29	1.38	1.46
70	1.06	1.06	1.06	1.06	1.06	1.06	1.14	1.22	1.3	1.38
60	1.0	1.0	1.0	1.0	1.0	1.0	1.08	1.15	1.23	1.3
50	0.96	0.96	0.96	0.96	0.96	0.96	1.04	1.1	1.18	1.25
40	0.91	0.91	0.91	0.91	0.91	0.91	0.98	1.05	1.12	1.18
30	0.87	0.87	0.87	0.87	0.87	0.87	0.94	1.0	1.07	1.13
20	0.83	0.83	0.83	0.83	0.83	0.83	0.9	0.95	1.02	1.08
10	0.8	0.8	0.8	0.8	0.8	0.8	0.86	0.92	0.98	1.04

国际上现有两种海拔高度系数 f_h。第一种既考虑在高海拔地区，汽车发动机效率降低，有害气体排放量增加的影响，又考虑海拔高处空气稀薄，风机工作风量有所增加的影响。实质上是排放量修正系数和需风量修正系数两者的乘积，故 f_h 数值较大。PIARC 历届报告推荐用的 f_h 属这一种。第二种是只考虑排放量的增大，需风量的增大另做计算（见本规范第 3.4.3 条），故数值较小。如图 6 所示，瑞士、美国等国家所用的属第二种，且数值完全一致。美国 Colorado 州公路局曾于 1964 年和 1965 年会同州卫生署做过高原现场实测，所得结果与沿用多年的 f_h 值非常接近。本条文的海拔高度系数 f_h 只对排放量作修正，故采用与瑞士、美国等国一致的数值。

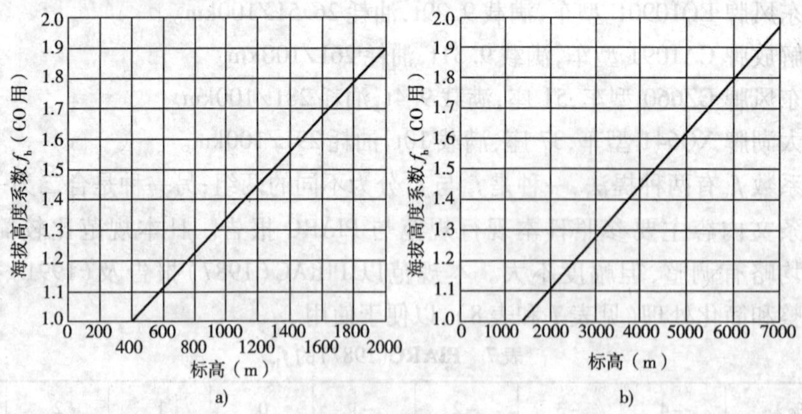

图6 国外的 f_h 系数

a) 瑞士；b) 美国

3.4.4 烟雾的排放量

烟雾基准排放量采用 $q_{VI} = 2.5m^3/(辆 \cdot km)$，含义是每辆中型柴油货车行走 1km 排放浓度为 $1m^{-1}$ 的烟雾 $2.5m^3$。此值与 PIARC 最近数届大会隧道委员会推荐的 $q_T^0 = 16m^2/(h \cdot t)$ 一致。

车型系数 $f_{m(VI)}$ 随相对车重而定。本条取满载质量 9.5t 的中型柴油货车的 $f_{m(VI)}$ 为 1.0。由于缺乏资料依据,本规范暂未规定汽油载货车的$f_{m(VI)}$。

所采用的$f_{iv(VI)}$均参照 PIARC(1991)的推荐值。表 3.4.4-3 中未列有 100km/h 的纵坡系数,这是因为国内外均无这方面的技术成果和资料,当设计车速取 100km/h 时可参考 80km/h 的情况酌情取值。

本条文的海拔高度系数$f_{h(VI)}$,采用根据 1968 年日本建设省土木研究所实测数据所制定的日本现行规范推荐值。

3.4.5 稀释烟雾的需风量

计算稀释 CO 的需风量时,如活动状态(坐车、步行或劳动)相同,既要考虑 CO 浓度,也要考虑经历时间,二者不可偏废。但计算稀释烟雾的需风量时,烟雾浓度与经历时间没有关系,即使是经历时间很短,也要满足确保视距(能见度)的要求。所以在采用纵向通风方式时,应按隧道出口或竖(斜)井排风口的"点浓度"进行需风量的计算。

3.4.6 稀释空气中异味的需风量

本条所用换气频度与 PIARC 二十届大会(1995)报告所介绍的一致。

3.5 通风计算

3.5.1 一般规定

1 这里所说的风机包括射流风机、轴流风机。

2 在通风计划阶段,应结合路线走向和选择隧道位置等工作比选经济合理的通风方式。隧道内设计风速、一氧化碳(CO)和烟雾浓度(VI)分布应满足行车交通的安全性和舒适性要求,对全通风系统的经济性和合理性作概略讨论。

在初步设计阶段,应对可选的通风方式进行通风系统初步设计,并确定通风系统规模,即选定隧道通风各要素(如隧道条件、车辆与交通条件、隧道卫生标准与营运服务水平等),然后计算所需风压和风量、风机的大致规格、设置台数等,同时根据交通量等提出通风分期实施的设计方案。

当采用竖井(或斜井)结合射流风机进行分段组合通风时,这种通风系统技术复杂,我国经验很少,应针对其中的关键技术做专题技术设计,如组合风压、风量、分段风速、送风和排风风压、风口与风道构造形式等应做详细计算分析,必要时还应通过模拟实验进行分析。

在施工图设计阶段,通风计算和设计应深化初步设计或技术设计的工作成果,确定通风系统的细部构造,精确计算所需风压和风量,预测计算隧道投入营运后的各种通风状态(如短期单洞双向交通、远期双洞单向交通、通风设施分期安装、交通量变化等)。

3 隧道内通风风速一般均在30m/s 以下,因此可以不考虑空气压缩性影响。

通风中涉及到的流动,在微观上是复杂的,但在宏观上可视为恒定流,这在实际应用中是可行的。

隧道内空气虽受汽车尾排废气污染,但它与洞外新鲜空气常混为一体,难以分开,因此可以忽视空气性质的变化,而作为纯空气考虑。

4 这里的摩阻损失系数考虑的是混凝土壁面,如果采用光洁材料装饰壁面,应视实际情况取合理值(小于本规范表 3.5.1-2 所示值),必要时可通过模拟实验确定摩阻损失系数。

5 风道的断面尺寸常从构造考虑而沿程改变,这时在外来风压力的作用下使得风道的风速和风压发生改变。在复杂的风道系统通风计算时,可以绘制压力线图(包括全压力线和静压力线),由此可容易看出风速和风压的变化。

如图 7 所示,在存在入口和扩大部的风道模式中,有连续性方程 $A_1v_1 = A_2v_2$。

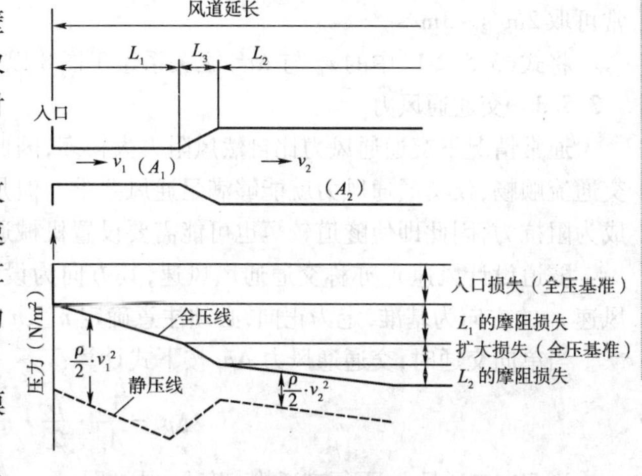

图 7 压力线图

该图中扩大部的压力损失称为局部阻抗。风

道内如果没有阻抗力，其全压力沿程不变。由于阻抗力或压力损失的存在使得全压力发生变化，因此应尽可能减少弯道和断面变化。

在低风速通风系统中，送风机所需全压较小，因此不得低估风道断面尺寸改变和弯道造成的压力损失，以防止造成送风机风量不足。

在高风速通风系统中，风速越大所需全压力越急剧增加，从而导致电力费大幅增加，因此应合理确定风道结构尺寸，尽可能减少风道断面改变和弯道数。

对于一些特殊的变断面或弯道，其局部压力损失应通过模型实验来确定，使其取值更加合理。在隧道建成投入营运后，宜对局部压力损失的实际情况进行回访性实测（如果按风机两期实施的方案，即可通过实测适当调整未实施通风设施和通风参数）。

6　在双向交通情况下，无法利用汽车交通流产生的通风活塞作用，一般作为阻抗力考虑，在此情况下的通风计算是以与洞内风向相逆的交通流中的较大者为考虑对象的。因此只要满足此条件并由此确定风机容量就不会发生风量不足的问题。

在单向交通情况下，可将交通通风力作为通风的一种动力（即活塞作用力）有效利用。需要注意的是，其通风计算往往考虑远期设计交通量，而在营运近期交通量较小，或者说交通量是一个变化量，其交通通风力也随之变化，有时会出现风量不足；交通堵塞或慢速行驶时，同样会产生风量不足的问题。为此，应对通风系统的各营运工况进行计算分析。

以上是针对纵向式通风系统而言的，对于全横向式或半横向式通风系统也应对交通通风力进行讨论，但比纵向式问题简单。

3.5.2　自然风阻力

1　在隧道内自然风向与交通方向一致时产生推力（顺压），相反时则产生阻力（逆压）。从实际情况看自然风向难以与交通方向完全一致，且经常变化，从安全考虑，通风计算中通常视自然风向与交通方向逆向，即作为阻力考虑。

2　压力差大致由两部分构成，即①隧道洞口间的气象气压坡度差及隧道内外温度差引起的压力差；②洞外自然风吹入洞口时那一瞬间产生的“风墙式”压力差。这两者相互关联，相互作用，几乎不能独立分解。

实际隧道中，这种自然通风力并不是经常存在，即使存在，也因为时间和自然风风向的变化而经常变动。因此，在计算中常把他作为逆向阻力，有时也可按 $\Delta p_m = 0$ 考虑。

关于自然风速引起的车道风速 v_n，不是指洞外大气自然风速，而是指在自然风作用下产生的洞内（洞口内侧）风速，他的大小可在隧道贯通后但未通车前的期间内进行实测，但在设计计算阶段很难掌握，目前基本上是凭经验确定。对于一般地形条件的隧道，若没有可借鉴资料，通常可取 2m/s～3m/s。

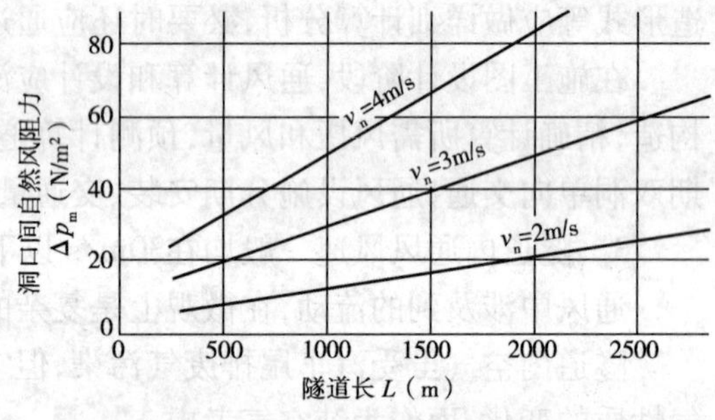

图8　自然风阻力 Δp_m 与自然风引起的洞内风速 v_n 的关系

将式（3.5.2-1）中的 v_n 与 Δp_m 之关系绘于图8以作参考。

3.5.3　交通通风力

通常情况下交通通风力比自然风阻力大得多，因此，在单向交通条件下，即使隧道较长但只要汽车交通流顺畅，仅交通通风力就能够满足通风要求。但是，在双向交通条件下，交通通风力互相抵消或者成为阻抗力，因此即使隧道较短也可能需要设置机械通风设施。

隧道设计风速 v_r 亦称交通通风风速，其方向为设计通风方向，本规范式（3.5.3-1）中，以隧道设计风速 v_r 的方向为基准，定为正向，必须注意确定 n_+、n_- 及 $v_{t(+)}$、$v_{t(-)}$ 的方向。

当单向交通时，交通通风力 Δp_t 按下式计算：

$$\Delta p_t = \frac{A_m}{A_r} \cdot \frac{\rho}{2} \cdot n \cdot (v_t - v_r)^2 \tag{2}$$

当双向交通且上、下行交通状态完全一样（即 $n_+ = n_-$；$A_{m(+)} = A_{m(-)}$）时，交通通风力 Δp_t 按下式计算：

$$\Delta p_t = -4 \times \frac{A_{m(+)}}{A_r} \cdot \frac{\rho}{2} \cdot n_+ \cdot v_t \cdot v_r \tag{3}$$

由于隧道内行驶汽车的种类较多，因此应求出汽车群正面投影面积 A_c 和空气阻力系数 ξ_c 的平均值，该条文提出的值是几种主要汽车的统计值，如果有条件，可通过试验来获得空气阻力系数。用本条文提供的 A_c、ξ_c 值，可得到 A_m r_1 关系图(如图9所示)。

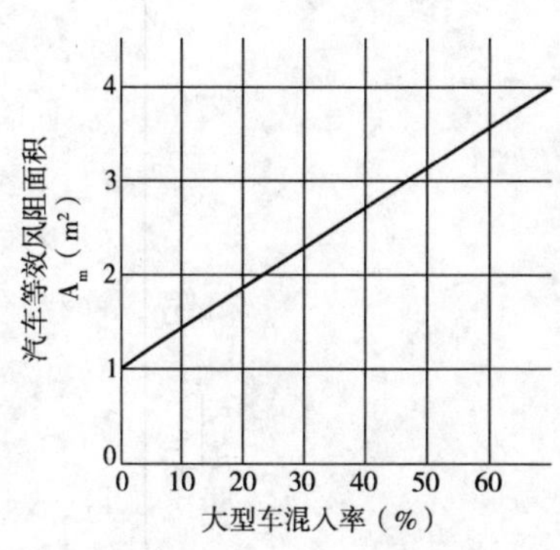

图9 汽车等效阻抗面积

3.5.5 射流风机通风方式

设置射流风机的目的是补充汽车交通通风力的不足，由喷流效果保持空气推力，使隧道内压力上升，以满足所需通风量的要求。

本条文中式(3.5.5-2)所示的射流风机台数计算式是基于图3.5.5所示的通风压力模式而定的(即自然风向与交通方向 v_t、隧道内风向 v_r 相逆)。

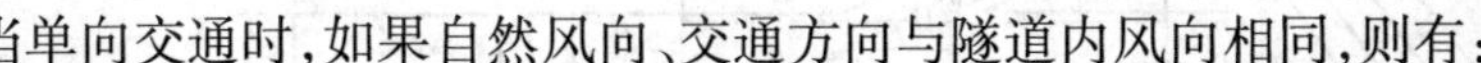

当单向交通时，如果自然风向、交通方向与隧道内风向相同，则有：

$$i = \frac{\Delta p_r - \Delta p_m - \Delta p_t}{\Delta p_j} \tag{4}$$

如果交通方向与自然风向、隧道内风向相逆，且自然风所产生的洞内风速非常大时，则有：

$$i = \frac{\Delta p_r - \Delta p_m + \Delta p_t}{\Delta p_j} \tag{5}$$

式(4)所示的情况所需风机台数较少，若自然风向经常变化，则隧道内风压可能不足，因此一般不作为计算风机台数的依据。式(5)所示的情况则表明自然风压比汽车交通“活塞”作用显著，结果射流风机升压力的方向与设计希望的方向相逆，因此这种情况是极少发生的，一般不予考虑。

采用射流风机通风方式设计时，应注意以下事项：

1)不宜频繁逆转射流风机的喷流方向，避免引起通风压力模式的不断改变。

双向交通时，自然风向也可能在不断变化，如果频繁逆转风机喷流方向，使得压力模式不断改变，将使通风系统复杂化，而且考虑到空气流动的惯性，经常使其转向会造成较大的能量损失和气体紊乱。

2)自然风引起的洞内风速 v_n 可取2m/s~3m/s为标准值。当将需风量 Q_{req} 作为设计风量 Q_r 考虑时，隧道设计风速可按 $v_r = Q_{req}/A_r$ 取值。

3)射流风机宜按拱顶悬吊式设置，并应考虑与壁面的摩阻损失，适当折减风机产生的升压力。

我国大多数隧道是将风机悬吊于拱顶处，但也有将风机设置在靠拱脚侧壁处的情况，这时，必须充分讨论风机升压力的摩阻损失问题以及喷流速度对行车安全的影响问题。

4)射流风机的喷流能量亦可按推力考虑，其推力 F 按下式计算：

$$F = \rho \cdot A_j \cdot v_j \cdot (v_j - v_r) \tag{6}$$

3.5.6 集中送入通风方式

集中送入通风方式是将较大功率轴流风机布置在隧道洞口附近，其喷流方向与交通方向一致，所产生的风压与交通通风力合成，由此克服隧道通风阻抗力和自然风阻力。由动量法则可得图3.5.6中两断面的动量方程如下：

$$A_r \cdot \Delta p_b = \rho \cdot Q_r \cdot v_{r2} - [\rho \cdot (Q_r - Q_b) \cdot v_{r1} + K_b \cdot \rho \cdot Q_b \cdot v_b \cdot \cos\beta] \tag{7}$$

$$v_{r1} = \frac{Q_r - Q_b}{A_r};\quad v_{r2} = \frac{Q_r}{A_r}$$

集中送入通风方式的工作原理与射流风机通风基本一样，属于同一类型。由于该方式在隧道内存在大风量高速喷流风速，因此一般适用于单向交通隧道。它的优点是便于集中控制和管理，升压效果显著。我国目前还没有一座采用该通风方式的隧道，本规范所采用的通风参数参考了国外的经验和标准。关于送风口升压动量系数 K_b，应综合考虑送风道和送风口的结构形式及工程造价，尽可能保证 $K_b = 1.0$。图10所示为送风口升压增量与送风口升压动量系数 K_b 之关系，该图为日本建设省土木研究所的实验结果，可作参考。

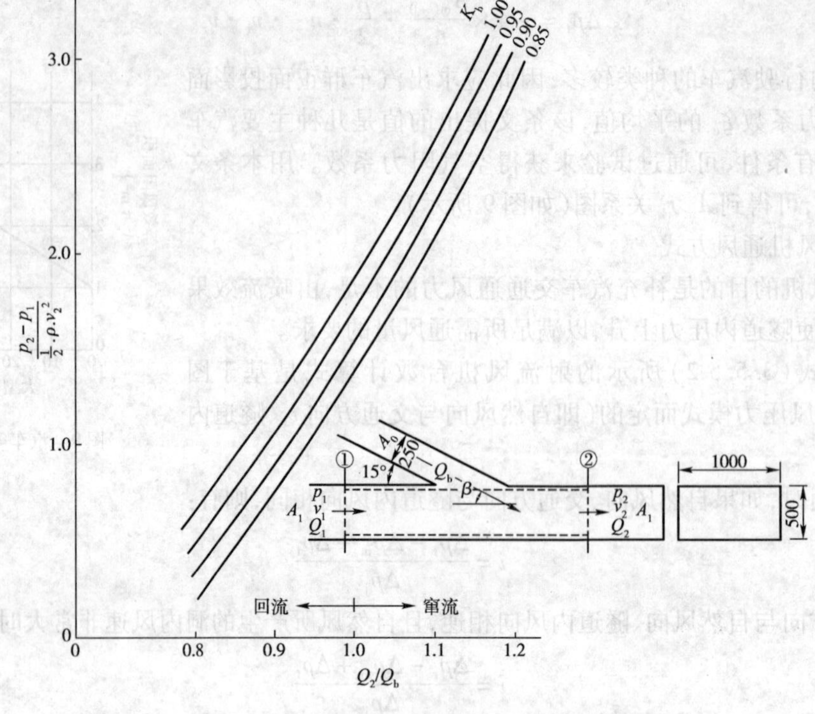

图10　送风口升压增量与送风口升压动量系数 K_b

3.5.7　竖井排出通风方式

竖井排出式是利用竖井底部产生的负压来实现换风的通风方式。

该通风方式一般适用于双向交通隧道；当单向交通并在出口附近有较严格的环境要求即不允许洞内污染风吹出（出口）洞外的情况时，也可以采用该通风方式，但在隧道短区段（出口侧）气流与行车方向及隧道总体设计风向呈相反流动，压力损失较大，流态可能出现紊乱，设计计算中应充分注意这一问题。从环保考虑，洞内污染空气吹出（洞外）量为零原则上是能够做到的，但这需要较大的竖井排风动力，消耗较大电力；另一方面汽车交通流本身会带出一部分风量，因此将洞口处的污染风量定为零一般很难，设计中应注意这一点。

应当指出，单向交通隧道采用这种通风方式不太理想，但基于一些特殊考虑（如环保要求等），只要精心设计和严格营运管理，采用这种方式也是可行的。

1　压力模式

图（3.5.7-1）中 Δp_g 为洞口与竖井出口之间存在的气象压力差。以竖井出口为基准，Δp_g 长期产生加压作用，为通风推力（区别于自然风阻力 Δp_m）。当 $A_1=A_2$ 且隧道及竖井内风向如该图中所示方向流动时，竖井底部合流后的全压力可用式（3.5.7-1）表示。

该通风方式一般采用竖井结构，但也可采用斜井或水平坑道，这时通风设计中应建立相应的压力模式，并考虑不同的结构特点和压力损失等进行计算。

2　排风机设计风压

按照本条第1款所示的压力模式和平衡方法以及有关损失系数就可确定出各区段的风量、

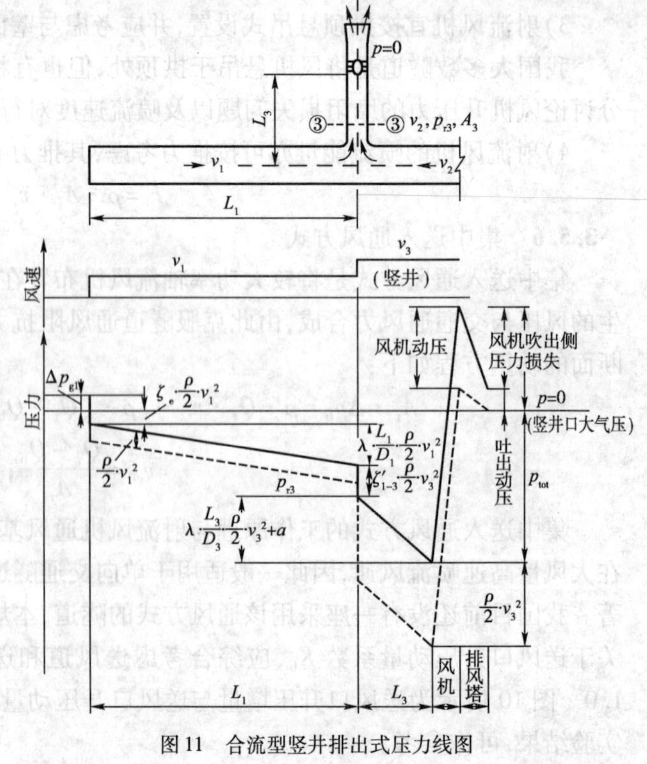

图11　合流型竖井排出式压力线图

风速及风压，然后考虑自隧道内排风口到竖井出口止的总压力损失（含连接风道和竖井的壁面摩阻损失、弯道损失、钢网风门损失等），并考虑一定的风压富余，就可以求得风机所需的全风压力。

作为一个参考，图 11 所示为无车辆通行时的合流型压力线图。

3　设计要求与注意事项

1）单向交通时，在合流型压力模式条件下，隧道短区段（出口侧）内气流与隧道总体设计风向相逆流动，并与行车方向相逆，对此，设计计算中必须充分注意。

2）在合流型压力模式中，考虑到竖井底部左右两侧的风量受交通条件或自然风影响而出现不均衡，必须充分估计排风量，I、II 区段均不得出现通风量不足现象；另一方面，从建设费和营运电力费的经济性考虑，排风量不应过大。一般可采取在隧道拱顶局部设置挡风板的办法或与射流风机组合的通风方式。

3）应尽可能缩短连接风道和竖井的长度，减少转弯次数，必要时宜设导流叶片，以减小风压损失。

如图 12 所示，挡风板有多种类型，通常采用其中的 A 类型。若挡风板的设置个数为 3 个以上时，每一个挡风板的损失系数 ζ_j 值是稳定的。当为 A 类型挡风板时，ζ_j 与设置间距和尺寸的关系如图 13 所示。

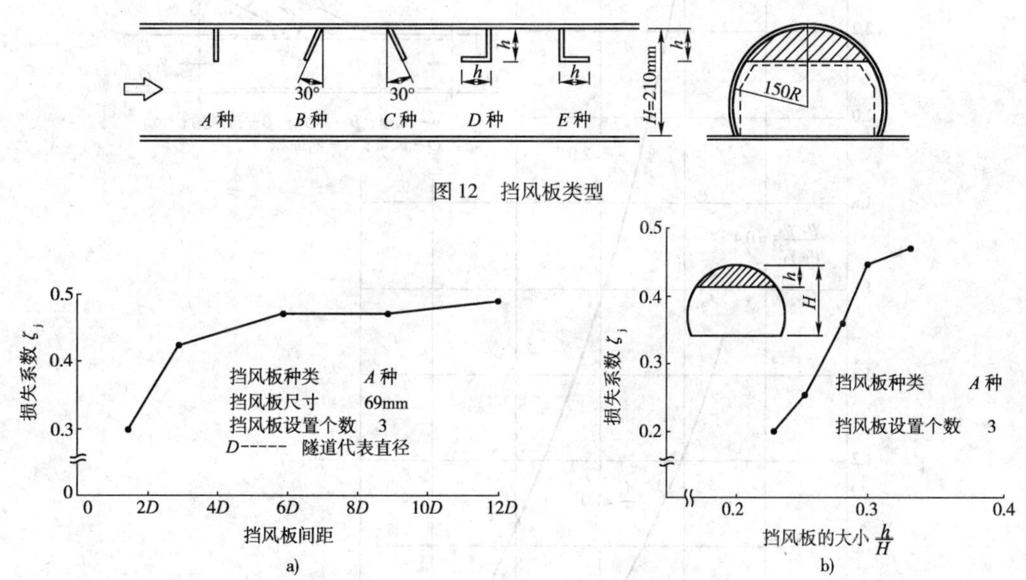

图 12　挡风板类型

图 13　挡风板间距与大小对损失系数的影响

假设在半圆形断面的公路隧道的拱部，建筑界限以上空间全部设置挡风板，即 $h/H = 0.23 \sim 0.31$ 左右，此时，挡风板引起的隧道内损失系数 ζ_j 的值约为 $0.35 \sim 0.45$ 左右（A 类型），其压力损失可按下式计算：

$$\Delta p = \zeta_j \cdot \frac{\rho}{2} \cdot v_r^2 \cdot n' \tag{8}$$

式中　n'——挡风板设置个数。

3.5.8　竖井送排式纵向通风方式

1　压力模式

竖井送排式通风是通过竖井交换隧道空间的空气，达到排出污染气体同时送入新鲜气体之目的，由此加大纵向通风方式的适用长度。

考虑图 14 所示的模式，分别取排风口和送风口两段的隔离体，应用流体力学动量法则，即有如下关系：

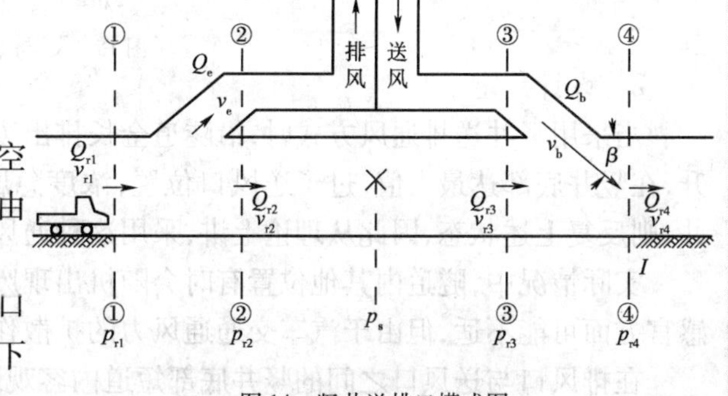

图 14　竖井送排口模式图

$$A_r(p_{r2} - p_{r1}) = \rho \cdot Q_{r1} \cdot v_{r1} - (\rho \cdot Q_{r2} \cdot v_{r2} + \rho \cdot K_e \cdot Q_e \cdot v_e) \tag{9}$$

$$A_r(p_{r4} - p_{r3}) = \rho \cdot Q_{r4} \cdot v_{r4} - (\rho \cdot Q_{r3} \cdot v_{r3} + \rho \cdot K_b \cdot Q_b \cdot v_b \cdot \cos\beta) \tag{10}$$

通过数学推导整理可分别得到排风口升压力 Δp_e 和送风口升压力 Δp_b。

大量的计算结果和一些模型实验结果表明，若取隧道内设计风速 v_r 为 4m/s ~ 7m/s，排风口产生的升压力较送风口升压力小得多，因此起升压作用的就主要依靠送风口，于是升压力计算可简化为（取竖井两端设计风速一样，均为 v_r）：

$$\Delta p_b = 2 \times \frac{Q_b}{Q_r}\left[\left(\frac{K_b \cdot v_b \cdot \cos\beta}{v_r} - 2\right) + \frac{Q_b}{Q_r}\right] \cdot \frac{\rho}{2} \cdot v_r^2 \tag{11}$$

关于升压动量系数，参考日本有关技术资料和实验报告，送风口升压动量系数 K_b 一般可取 0.95 ~ 0.90。排风口升压动量系数 K_e 受排风口断面积与隧道断面积之比、排风量与隧道设计风量之比影响，其关系如图 15 所示。

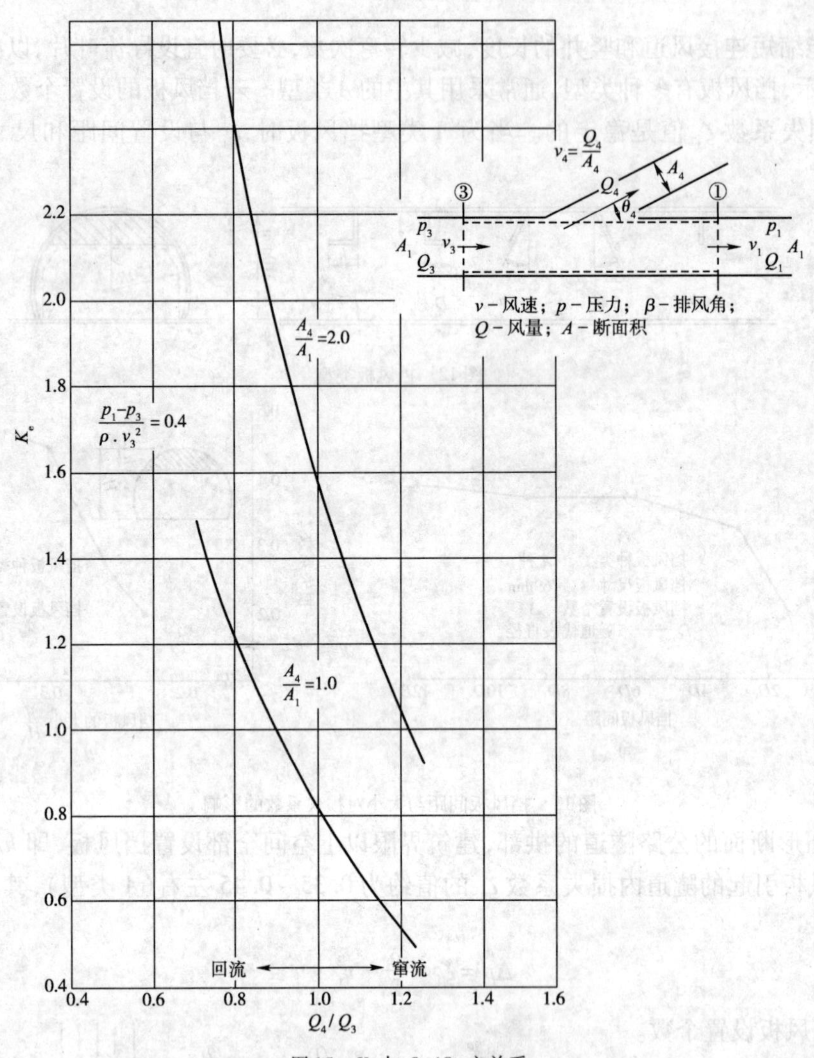

图 15　K_e 与 Q_e/Q_r 之关系

2　设计判定

当采用竖井送排通风方式时，沿隧道全长排出废气的浓度分布为：从隧道入口开始基本是直线状上升，在竖井底部达最大值，过了送风口位置，浓度急剧降低，之后又几乎呈直线状上升。如果有数个竖井，则反复上述状态，因此从理论上讲，采用这种通风方式，则隧道长度没有限制。

实际情况中，隧道内其他位置有时会随机出现废气浓度接近设计允许浓度的高浓度情况，在视觉和感官方面可能不适，但由于汽车交通通风力的扩散作用，即使暂时出现高浓度情况也会很快消失。

在排风口与送风口之间的竖井底部短道内客观地存在着窜流和回流两种状态，有时受车流量、自然风、风机运转等的影响还会出现两者交替的状态，总之，短道内气流有一定流速。即使按短道气流流速等于零进行设计，由于交通通风力的扩散作用，短道浓度也会在允许浓度之内。

污染风量（需风量）与新鲜风量（设计风量）之比 Q_{req}/Q_r 如果大于 1.0，隧道内空气污浊，这是不允许的；如果等于或小于并趋近于1.0，隧道内空气清洁，符合设计要求；如果远小于1.0，虽然隧道内空气清洁，但存在浪费，设计方案不经济。本条文中提出的0.9是经大量设计计算后的经验值。

送风量 Q_b 与排风量 Q_e 互为相关，一般不能独立确定，需要通过试算确定合理值。

3 排风机、送风机设计风压

全压力中的总压力损失 p_{de} 或 p_{db} 是由各弯道、扩径管、缩径管、沿程摩阻、进出口等引起的压力损失之和，各损失系数 ζ_i 可参照我国有关流体力学和空气动力学专业书籍中的资料（或有关试验报告）。在计算简例中采用的有关损失系数，仅供参考。

4 设计要求与注意事项

1）当竖井送排通风方式用于分期修建的隧道时，需对远期交通量相应的双洞单向交通情况和近期交通量相应的单洞双向交通情况分别计算，并尽可能兼顾该两种情况，应在满足两种通风系统要求的前提下获得工程的经济性。

2）采用竖井送排通风方式时，从交通通风力方面考虑取隧道设计风速6m/s～8m/s往往较为经济合理。

3）竖井位置应选在由交通通风力从洞口带入的气流（活塞风）几乎达到设计浓度的地点附近，同时竖井位置的选择还应充分考虑地形地质条件，将这些自然条件与营运动力费等进行工程与经济综合比较分析后确定出合理的竖井位置。

4）送风量应在充分估计从竖井底部窜过排风口和短道流入送风口后段的风量及其污染浓度状态的基础上加以计算确定。

5）为获得大的升压力，送风口喷流风速一般取25m/s～30m/s，并要求喷流方向与隧道轴向一致。但风速过大，对行车安全不利，为此宜将风口构造设置于隧道拱部。

送风口喷流风速越快，其通风升压效果越大，但该风速过大可能会给行驶车辆造成不良影响，因此一般要求不超过30m/s。当双向交通时，无法利用交通升压力，因此可取上限30m/s；当单向交通时，交通升压力显著，这时可适当降低该喷流风速。关于风速调节，日本关越隧道的具体做法是，当初期单洞双向交通时在送风口部设置风速调节板，以缩小送风断面积；当成为双洞单向交通时撤除该调节板，以扩大送风口断面积，同时适当降低送风机提供的风压。

6）排风口断面平均风速不得大于隧道内设计风速，并从行车安全考虑，提出宜取5m/s～6m/s。

考虑到便于土建结构的实施和节省工程造价，本项提出排风口其底面与隧道检修道标高基本齐平，排风方向与隧道轴向垂直。实际工程中也有排风口与隧道轴向呈夹角相交的情况，当制订方案时，应对风压损失与工程造价等因素进行综合比较分析，确定经济合理的结构形式。

7）为减小气流阻抗，在竖井底部及连接风道各弯道处应设置隅角导流叶片，在风道变断面部、合流部及送排风口等处宜设置整流板。

排风口及竖井塔口部（尤其是吸风口）需设置钢网门，以防止异物吸入损坏风机叶片，同时也保护检修人员过往时的安全。

8）应防止送、排风口间的短道内气流出现回流、短路以及污染问题，由此确定合理的短道长度。

短道区间的污染风量（需风量）可按下式计算：

$$Q_{req/s} = q_0 \cdot N \cdot ds \cdot f_{iv} \tag{12}$$

式中 ds——短道长度；

q_0——单位需风量；

f_{iv}——坡度—车速修正系数。

短道浓度可按下式计算：

$$C_s = Q_{req/s}/Q_s \tag{13}$$

式中 Q_s——短道设计流量，$Q_s = Q_{r1} - Q_e$。

等效新鲜空气量 Q_{sf} 可按下式计算：

$$Q_{sf} = Q_s \cdot (1 - C_s) \tag{14}$$

从上述三个计算式可知，短道长度越长，其间污染浓度越大，其等效新鲜空气量就越少，从这个意义考虑，送排风口间的短道不宜过长；但从防止回流方面考虑，该短道又不得过短。因此，应综合分析确定合理值。根据日本数座特长公路隧道经验和我国工程实践，本款提出短道长度不得小于50m。

9）排风口断面积不得大于隧道正洞断面积；送风口断面积应考虑隧道拱部结构及允许面积，不得侵占隧道建筑限界，同时从送风口风速考虑，本款提出该取值范围。

10）为防止地面换气时排出的废气不被重新吸入，地面换气塔的排风口标高宜高出吸风口5m以上。

3.5.9 竖井与射流风机组合通风方式

竖井送排式通风中的排风系统或竖井单排式通风系统，其升压效果非常小，往往难以与隧道所需压力（$\Delta p_r - \Delta p_t + \Delta p_m$）平衡，为了解决升压力不足的问题，一般可采用升压效果较显著的射流风机与之组合。

有时还可利用射流风机产生的升压力来替代部分排风量。譬如，排风量 Q_e 增大 $60m^3/s$，其升压力增长量约为 $10N/m^2$，并且其增长率随隧道设计风速减小而降低，从能量观点看，这是不经济的。因此，应设置适当数量的射流风机来弥补上述之不足。假设一台30kW功率的射流风机所产生的升压力 Δp_j 约为 $10.6N/m^2$，显然用它来替换 $60m^3/s$ 的排风机风量是经济合理的。

然而，射流风机采用过多会导致洞内风速增大，不利于行车，更为重要的是，既然作了竖井送排式通风的计划，就应充分发挥升压效果非常显著的送风升压作用，如果用射流风机替代部分送风升压力也是不经济的。因此，射流风机在组合通风中（指竖井送排式）总体来说是辅助性的，如果其数量及安装位置合理，将会起到良好的通风升压效果。

3.5.10 静电吸尘通风方式

隧道内行驶车辆尾排的有害气体主要有一氧化碳（CO）、氧化氮化合物（NO_x）和烟尘等，随着柴油车的增多，含烟尘气体越来越成为隧道内的主要污染源，对于特长隧道，如果在隧道内合适位置一处或数处设置静电吸尘装置滤除汽车尾排气体中的烟尘，就可以取消或减少竖井，并使隧道的适用长度增大。日本在80年代首先开发出静电吸尘机装置，并成功地使用于惠那山、关越等数座特长隧道中，吸尘效果显著，达到净化空气的目的。挪威也在公路隧道中成功采用。我国有关研究机构也在开发之中，但还远远未达到使用阶段。由于这种通风方式非常合理，将会在我国公路隧道中得到应用，因此本条文借鉴日本的方法列出其计算方法和注意事项，供今后实际应用时参考。

1　吸尘装置的升压力

由于行驶车流的活塞作用或其他通风设施的机械力作用产生隧道内通风风速，因此在此状态下可以不依赖由吸尘装置吹出风量 Q_c 产生的升压力。

吸尘装置的安装方式一般有两种，一种是在隧道拱部轴向分散布置小容量吸尘装置的分散安装方式，另一种是在隧道主洞断面的旁侧隧道安装大容量吸尘装置的方式。目前日本新建隧道多数采用大容量吸尘装置的方式。

当采用大容量吸尘装置时，其送风口尺寸受到结构上的制约，一般与竖井送排通风方式的送风口基本一样，风流以较高风速吹出，因此其升压力完全可按竖井送排式通风的压力模式进行计算，并可考虑 $Q_c = Q_b = Q_e$ 的关系。

2　设计要求与注意事项

1）一般要求在 C_n' 达到设计允许浓度的位置安装吸尘装置，则吸尘装置的处理风量 Q_c 一般可任意设定，但是，由于 $Q_c \times \eta_{VI}$ 的量就是下一区段（指两台吸尘装置之间的隧道长度）的需风量，因此 Q_c 的取值大小对吸尘装置的设置间距和设置台数有影响。因而，Q_c 值应根据隧道各方面的条件进行综合性经济技术比较分析后合理确定。

2）当以烟雾浓度（VI值）为主要控制指标时，经吸尘装置过滤后的空气可流入下一区段再利用，这种空气再利用一般没有限度；当以一氧化碳（CO）为主要通风控制指标时，必须考虑空气再利用的限度。隧道内吸尘机总的处理风量一般不大于隧道入口流进风量的2倍，当超过该值时，应考虑将吸尘装置与其他通风方式进行组合，适时地换入新鲜空气。

3）吸尘装置电力设计时，应充分考虑吸尘机房内的各种压力损失和吹风动压等。静电吸尘机本身的压力损失约为 $150N/m^2$。

4）靠近吸尘机前部的风道断面风速应尽可能呈均匀分布，以使吸尘机每个吸尘单元的VI改善率一样。吸尘机的通过风速一般不宜大于7m/s。

5）当隧道发生火灾时，吸尘机机室一般不具有吸收烟雾功能，必须从其他方面采取排烟措施。

6）吸尘机运转时容易产生臭氧（O_3）等物质，实际装置时应将臭氧控制在允许值之内。

7）应处理好吸尘机滤除的粉尘，一般可将该粉尘做固化处理，以便储藏或弃放，并可作为与其他物质的混合剂加以积极利用。

3.5.11 全横式和半横向通风方式

相对于纵向通风方式，横向通风方式其气流是在隧道横断面上产生循环，进行换风，其车道内风速较低，排烟效果良好，特别适用于双向交通特长隧道。我国采用横向通风方式的隧道较少，通风计算实例不多，有待于今后积累经验，逐步提高该通风方式的设计水平。

1 通风系统压力模式

横向通风系统的压力模式一般可用图3.5.11表示。当隧道两洞口间不存在由自然风、气象温度差引起的压力差（Δp_m）时，在该图中用（压力）实线表示，并作为通风标准状态；当两洞口间存在压力差时，隧道内风压应发生变化，同时风道始端和末端的压力也随之上升或下降，图中用（压力）虚线表示。风机全风压一般以虚线所示的所需风压为基准来确定。

2 送、排风道的风压

为决定送风道末端风道静压原点值，应确定送风道所需末端压力（$p_{b0}-p_{r0}$）。即使隧道内压力分布由于气象状态或交通状态的改变而发生变化也必须保证风量分布的均匀性。送风道所需末端压力一般可取（$p_{b0}-p_{r0}$）$=150N/m^2$。

为决定排风道静压原点值，应确定排风道的所需始端压力（$p_{ri}-p_{ei}$）。设计中必须考虑有充足的始端压力，以克服行车通过后产生的负压或气象变化等引起的不良影响，保证排风的均匀性。排风道所需始端压力一般可取（$p_{ri}-p_{ei}$）$=100N/m^2$。

上述两值是参照日本东（京）名（古屋）高速公路隧道的实测结果确定的，在我国暂无该数据的情况下可按上述取值。

根据国外一些工程实践，隧道风压与送风道风压之关系可由图16表示，当然这与送风道的形状和尺寸有关。但在实际隧道中几乎没有（$p_{b0}-p_{r0}$）$_{min}$比吹出所需压力小的情况。

上述的送风道末端压力和排风道始端压力均是工程实测结果，自然因素已在其中，因此可以说两洞口间气象压力差Δp_m已包含在实测压力值之中。

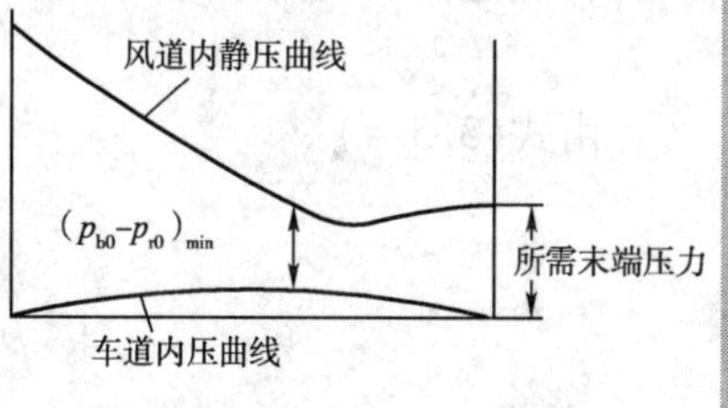

风道内静压曲线
$(p_{b0}-p_{r0})_{min}$
所需末端压力
车道内压曲线

图16 送风道所需末端压力与最低吹出风压之关系

3 隧道内风压

式（3.5.11-5）~式（3.5.11-8）所示的送风型半横向式的隧道风压分布计算，是在单位长度送风量q_b呈均匀分布的前提下进行的（一般为洞口两端输风的情况）。当考虑洞口单端输风时，送风道末端处的隧道风压通常为零，在送风机全风压计算中一般将该处隧道风压取为零。

当采用两个送风道以上将隧道划为两个以上通风区段时，可由图17所示的图解法，即通过隧道风压分布与风道区间的相对位置关系求解隧道风压。

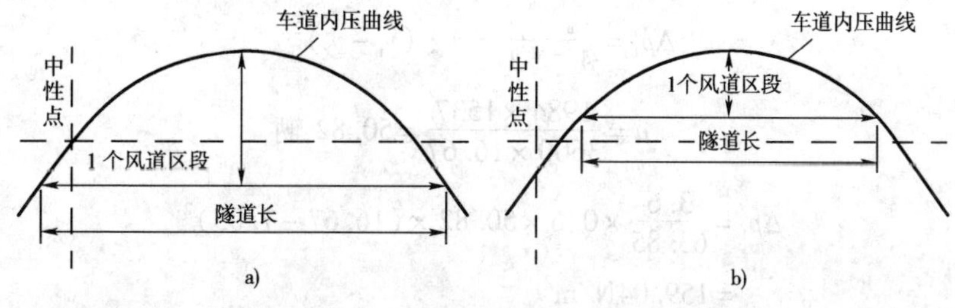

图17 隧道风压图解法示意图（两端输风情况）

a）中性点在隧道内的情况；b）中性点在隧道外的情况

5　风机所需全风压

送风机所需全风压应包括空气从换气塔口被吸入后流经连接风道、送风道、送风口吹入隧道，然后从排风口排出为止的各种压力损失之和，并加上隧道风压。

排风机所需全风压应包括空气自隧道被吸入排风口后流经排风道、连接风道，然后从换气塔口排出为止的各种压力损失之和。考虑到全横向式通风时在标准大气压状态下的隧道静压通常为零，因此式(3.5.11-11)中未考虑该项压力。

通风计算简例

简例1　射流风机纵向通风方式

1　单向交通隧道

1)计算条件

隧道长度　$L_r=1537m$

隧道断面积　$A_r=63.85m^2$

断面当量直径　$D_r=8.166m$

设计交通量　$N=1984$ 辆/h

大型车混入率　$r_1=59\%$

计算行车速度　$v_t=60km/h=16.67m/s$

自然风引起的洞内风速　$v_n=2.5m/s$

需风量　$Q_{req}=450m^3/s$

隧道设计风速　$v_r=450/63.85=7.05m/s$

2)隧道内所需升压力

$$\Delta p=\Delta p_r+\Delta p_m-\Delta p_t$$

由式(3.5.4)

$$\Delta p_r=\left(1+\zeta_e+\lambda_r\cdot\frac{L_r}{D_r}\right)\cdot\frac{\rho}{2}\cdot v_r^2$$

$$=\left(1+0.6+0.025\times\frac{1537}{8.17}\right)\times0.6\times7.05^2$$

$$=187.97N/m^2$$

由式(3.5.2-1)，并设 $v_n=2.5m/s$

$$\Delta p_m=\left(1+\zeta_e+\lambda_r\cdot\frac{L_r}{D_r}\right)\cdot\frac{\rho}{2}\cdot v_n^2$$

$$=\left(1+0.6+0.025\times\frac{1537}{8.17}\right)\times0.6\times2.5^2$$

$$=23.64N/m^2$$

由式(3.5.3-1)

$$\Delta p_t=\frac{A_m}{A_r}\cdot\frac{\rho}{2}\cdot n\cdot(v_t-v_r)^2$$

$$n=\frac{1984\times1537}{3600\times16.67}=50.82\text{ 辆}$$

$$\Delta p_t=\frac{3.6}{63.85}\times0.6\times50.82\times(16.67-7.05)^2$$

$$=159.04N/m^2$$

$$\Delta p=187.97+23.64-159.04$$

$$=52.57N/m^2$$

3)900 型射流风机所需台数

900 型射流风机每台的升压力 Δp_j 为

$$\begin{aligned}\Delta p_j &= \rho \cdot v_j^2 \cdot \Phi \cdot (1-\Psi) \\ &= 1.2 \times 25^2 \times 0.010 \times (1-0.282) \\ &= 5.385\text{N/m}^2\end{aligned}$$

$$A_j = 0.636\text{m}^2;\quad \Phi = \frac{A_j}{A_r} = \frac{0.636}{63.85} = 0.010;$$

$$v_j^2 = 25\text{m/s};\quad \Psi = \frac{v_r}{v_j} = \frac{7.05}{25} = 0.282$$

则

$$i = \frac{\Delta p}{\Delta p_j} = \frac{52.57}{5.385} = 9.76 \approx 10\ 台$$

合计需要 10 台射流风机,按 5 组布置。

4)1120 型射流风机所需台数

1120 型射流风机每台的升压力为 Δp_j,由

$$A_j = 0.98\text{m}^2;\quad \Phi = \frac{A_j}{A_r} = \frac{0.98}{63.85} = 0.0154;$$

$$v_j^2 = 30\text{m/s};\quad \Psi = \frac{v_r}{v_j} = \frac{7.05}{30} = 0.235$$

可得

$$\begin{aligned}\Delta p_j &= \rho \cdot v_j^2 \cdot \Phi \cdot (1-\Psi) \\ &= 1.2 \times 30^2 \times 0.0154 \times (1-0.235) \\ &= 12.72\text{N/m}^2\end{aligned}$$

则

$$i = \frac{\Delta p}{\Delta p_j} = \frac{52.57}{12.72} = 4.1 \approx 4\ 台$$

合计需要 4 台 1120 型射流风机,按 2 组布置。

2　双向交通隧道

1)计算条件

除按 1 中所示的有关计算条件外,另附加以下条件:

设计交通量	$N = 759$ 辆/h
上行方向交通量率	$k = 60\%$
计算行车速度	$v_t = 40\text{km/h} = 11.11\text{m/s}$
自然风引起的洞内风速	$v_n = 1.5\text{m/s}$
需风量(按烟尘考虑)	$Q_{req} = 172\text{m}^3/\text{s}$
隧道设计风速	$v_r = 172/63.85 = 2.69\text{m/s}$

2)隧道内所需升压力

按射流风机喷流方向与主交通率方向一致考虑。

$$\begin{aligned}\Delta p_r &= \left(1+\zeta_e+\lambda_r \cdot \frac{L_r}{D_r}\right) \cdot \frac{\rho}{2} \cdot v_r^2 \\ &= \left(1+0.6+0.025 \times \frac{1537}{8.17}\right) \times 0.6 \times 2.69^2 \\ &= 27.37\text{N/m}^2\end{aligned}$$

$$\begin{aligned}\Delta p_m &= \left(1+\zeta_e+\lambda_r \cdot \frac{L_r}{D_r}\right) \cdot \frac{\rho}{2} \cdot v_n^2 \\ &= \left(1+0.6+0.025 \times \frac{1537}{8.17}\right) \times 0.6 \times 1.5^2 \\ &= 8.51\text{N/m}^2\end{aligned}$$

$$\Delta p_{\mathrm{t}}=\frac{A_{\mathrm{m}}}{A_{\mathrm{r}}}\cdot\frac{\rho}{2}\cdot n_{+}\cdot(v_{\mathrm{t}}+v_{\mathrm{r}})^{2}-\frac{A_{\mathrm{m}}}{A_{\mathrm{r}}}\cdot\frac{\rho}{2}\cdot n_{-}\cdot(v_{\mathrm{t}}-v_{\mathrm{r}})^{2}$$

对上行方向交通正常行驶时隧道内车辆数 n_{+} 为

$$n_{+}=\frac{759\times0.6\times1537}{3600\times11.11}=17.5\text{ 辆}$$

对下行方向交通的车辆数 n_{-} 为

$$n_{-}=\frac{759\times0.4\times1537}{3600\times11.11}=11.67\text{ 辆}$$

设 $A_{\mathrm{m}+}=A_{\mathrm{m}-}$，则

$$\begin{aligned}\Delta p_{\mathrm{t}}&=\frac{-3.6}{63.85}\times\frac{1.2}{2}[11.67\times(11.11-2.69)^{2}-17.5\times(11.11+2.69)^{2}]\\&=-84.75\mathrm{N/m^{2}}\end{aligned}$$

由以上计算结果，则有

$$\begin{aligned}\Delta p&=\Delta p_{\mathrm{r}}+\Delta p_{\mathrm{m}}-\Delta p_{\mathrm{t}}\\&=27.37+8.51-(-84.75)=120.63\mathrm{N/m^{2}}\end{aligned}$$

3)射流风机所需台数的计算

按单向交通隧道方法计算，则对于 900 型风机，

$$\Delta p_{\mathrm{j}}=5.385\mathrm{N/m^{2}}$$

$$i=\frac{\Delta p}{\Delta p_{\mathrm{j}}}=\frac{120.63}{5.385}=22.4\approx23\text{ 台}$$

按 12 组 24 台布置。

对于 1120 型风机，则

$$\Delta p_{\mathrm{j}}=12.72\mathrm{N/m^{2}}$$

$$i=\frac{\Delta p}{\Delta p_{\mathrm{j}}}=\frac{120.63}{12.72}=9.48\approx10\text{ 台}$$

按 5 组 10 台布置。

简例 2　集中送入纵向通风方式

1　隧道条件

交通方向	单向交通
隧道长度	$L_{\mathrm{r}}=2150\mathrm{m}$
隧道断面积	$A_{\mathrm{r}}=63.85\mathrm{m^{2}}$
断面当量直径	$D_{\mathrm{r}}=8.17\mathrm{m}$
设计交通量	$N=2480$ 辆/h
大型车混入率	$r_{1}=0.3(A_{\mathrm{m}}=2.3\mathrm{m^{2}})$
计算行车速度	$v_{\mathrm{t}}=60\mathrm{km/h}=16.67\mathrm{m/s}$
需风量	$Q_{\mathrm{req}}=490\mathrm{m^{3}/s}$

集中送风设施如图 18 所示。

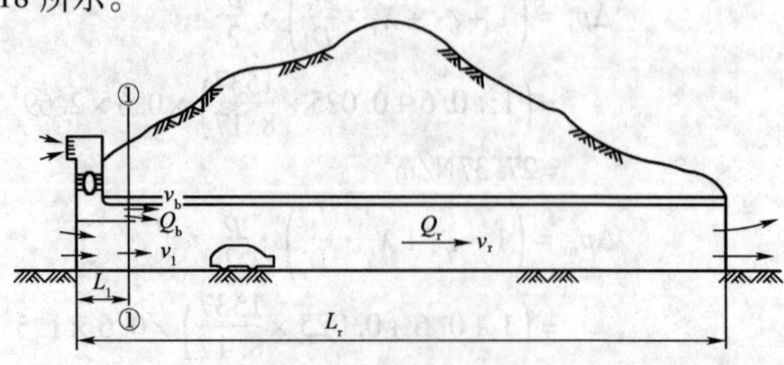

图 18　集中送入通风方式的隧道概况图

2　隧道内所需升压力 Δp

$$\Delta p=\left(1+\zeta_{e}+\lambda_{r}\cdot\frac{L_{1}}{D_{1}}\right)\cdot\frac{\rho}{2}\cdot v_{1}^{2}+\lambda_{r}\cdot\frac{L_{r}-L_{1}}{D_{r}}\cdot\frac{\rho}{2}\cdot v_{r}^{2}-\Delta p_{t}+\Delta p_{m}$$

$$v_{1}=\frac{Q_{r}-Q_{b}}{A_{r}-A_{b}}$$

这里,为了简化,设 $L_1=0$,并假定 $v_1=0.5v_r$,则得下式:

$$\Delta p=\left[\frac{1}{4}(1+\zeta_{e})+\lambda_{r}\cdot\frac{L_{r}}{D_{r}}\right]\cdot\frac{\rho}{2}\cdot v_{r}^{2}-\Delta p_{t}+\Delta p_{m}$$

$$v_{r}=\frac{490}{63.85}=7.67\ \mathrm{m/s}$$

$$\frac{\rho}{2}\cdot v_{r}^{2}=0.6\times7.67^{2}=35.3\ \mathrm{N/m^{2}}$$

$$\Delta p_{r}=\left[\frac{1}{4}(1+\zeta_{e})+\lambda_{r}\cdot\frac{L_{r}}{D_{r}}\right]\cdot\frac{\rho}{2}\cdot v_{r}^{2}$$

$$=\left[\frac{1}{4}(1+0.6)+0.025\times\frac{2150}{8.17}\right]\times35.3$$

$$=246.36\mathrm{N/m^{2}}$$

$$\Delta p_{t}=\frac{A_{m}}{A_{r}}\cdot n\cdot\frac{\rho}{2}\cdot(v_{t}-v_{r})^{2}$$

式中　$A_m=2.3\mathrm{m}^2$;　$n=\frac{2480\times2150}{3600\times16.67}=88.85$

$$\Delta p_{t}=\frac{2.3}{63.85}\times88.85\times0.6\times(16.67-7.67)^{2}$$

$$=155.55\ \mathrm{N/m^{2}}$$

$$\Delta p_{m}=\left(1+\zeta_{e}+\lambda_{r}\cdot\frac{L_{r}}{D_{r}}\right)\cdot\frac{\rho}{2}\cdot v_{n}^{2}$$

设　$v_n=2.8\mathrm{m/s}$

$$\Delta p_{m}=\left(1+0.6+0.025\times\frac{2150}{7.67}\right)\times0.6\times2.8^{2}=40.49\ \mathrm{N/m^{2}}$$

$$\Delta p=246.36-155.55+40.49=131.3\ \mathrm{N/m^{2}}$$

3　送风机风量 Q_b、送风口喷出风速 v_b 和送风口面积 A_b

本例取送风口面积 $A_b=12\mathrm{m}^2$,并认为送风口面积大小对送风口土建结构造价影响不大。设送风口喷流方向与隧道轴方向夹角 β 为 5°,取 $\cos\beta\approx1.0$,$K_j=0.9$。

1)计算风速 v_b(取送风口面积为 $12\mathrm{m}^2$)

重写式(3.5.6-1),即

$$\Delta p_{b}=2\left(\frac{Q_{b}}{Q_{r}}\right)\left[\frac{k_{b}\cdot v_{b}\cdot\cos\beta}{v_{r}}-2+\left(\frac{Q_{b}}{Q_{r}}\right)\right]\cdot\frac{\rho}{2}\cdot v_{r}^{2}$$

本例中有 $\Delta p_b=\Delta p$,并设 $f=\frac{A_r}{A_b}\cdot k_b\cdot\cos\beta$;则有

$$\Delta p_{b}=2\left(\frac{Q_{b}}{Q_{r}}\right)\cdot\left[f\cdot\left(\frac{Q_{b}}{Q_{r}}\right)-2+\left(\frac{Q_{b}}{Q_{r}}\right)\right]\cdot\frac{\rho}{2}\cdot v_{r}^{2}$$

移项得　$2\times(1+f)\times\left(\frac{Q_{b}}{Q_{r}}\right)^{2}-4\times\left(\frac{Q_{b}}{Q_{r}}\right)-\frac{\Delta p}{\frac{\rho}{2}\cdot v_{r}^{2}}=0$

上式为(Q_b/Q_r)的2次方程。

由

$$\frac{\Delta p}{\frac{\rho}{2}\cdot v_{\mathrm{r}}^{2}}=\frac{131.3}{0.6\times 7.67^{2}}=3.72$$

及

$$f=\frac{A_{\mathrm{r}}}{A_{\mathrm{b}}}\cdot K_{\mathrm{b}}\cdot\cos\beta=\frac{63.85}{12}\times 0.9\times 1.0=4.79$$

解出 $Q_{\mathrm{b}}/Q_{\mathrm{r}}=0.765$，所以

$$Q_{\mathrm{b}}=Q_{\mathrm{r}}\times 0.765=490\times 0.765=375\mathrm{m}^{3}/\mathrm{s}$$

［检验 $v_{1}=\frac{490-375}{63.85-12}=2.22\ \mathrm{m/s}<\frac{1}{2}\times 7.67\ \mathrm{m/s}$

$$(1+\zeta_{\mathrm{e}})\cdot\frac{\rho}{2}\cdot v_{1}^{2}=(1+0.6)\times 0.6\times 2.22^{2}=4.73\ \mathrm{N/m^{2}}$$

因此，$v_{1}=0.5v_{\mathrm{r}}$ 的假定是偏安全的，可以不再做试算。］

2）计算送风口面积（取送风口风速为30m/s）

在

$$\begin{aligned}\Delta p_{\mathrm{b}}&=\Delta p\\&=2\left(\frac{Q_{\mathrm{b}}}{Q_{\mathrm{r}}}\right)\left[\frac{K_{\mathrm{b}}\cdot v_{\mathrm{b}}\cdot\cos\beta}{v_{\mathrm{r}}}-2+\left(\frac{Q_{\mathrm{b}}}{Q_{\mathrm{r}}}\right)\right]\cdot\frac{\rho}{2}\cdot v_{\mathrm{r}}^{2}\end{aligned}$$

中，$v_{b}=30\mathrm{m/s}$ 时，由

$$\frac{K_{\mathrm{b}}\cdot v_{\mathrm{b}}\cdot\cos\beta}{v_{\mathrm{r}}}=\frac{0.9\times 30\times 1.0}{7.67}=3.52;$$

$$\frac{\Delta p}{\frac{\rho}{2}\cdot v_{\mathrm{r}}^{2}}=\frac{131.3}{0.6\times 7.67^{2}}=3.72$$

可得

$$\left(\frac{Q_{\mathrm{b}}}{Q_{\mathrm{r}}}\right)^{2}+1.52\left(\frac{Q_{\mathrm{b}}}{Q_{\mathrm{r}}}\right)-\frac{3.72}{2}=0$$

解出

$$Q_{\mathrm{b}}/Q_{\mathrm{r}}=0.801,\quad Q_{\mathrm{b}}=490\times 0.801=393\mathrm{m}^{3}/\mathrm{s}$$

$$A_{\mathrm{b}}=Q_{\mathrm{b}}/v_{\mathrm{j}}=393/30=13.09\mathrm{m}^{2}$$

［检验 $v_{1}=\frac{490-393}{63.85-13.09}=1.91\ \mathrm{m/s}<\frac{1}{2}\times 7.67\ \mathrm{m/s}$

因此，$v_{1}=0.5v_{\mathrm{r}}$ 的假定是偏安全的，可以不再做验算。］

4 送风机动力设计

在第3条所示的计算分析基础上，对其动力费和工程建设费（如风机设备、风塔、风道等）作比较分析，确定出最好的送风设备。

重写式（3.5.6-4），并设 Δp_{d} 为 $300\mathrm{N/m^{2}}$，则

对于第3条1）的情况（$Q_{\mathrm{b}}=375\mathrm{m}^{3}/\mathrm{s}$，$v_{\mathrm{b}}=31.2\mathrm{m/s}$），

$$\begin{aligned}p_{\mathrm{tot}}&=1.1\times\left(\frac{\rho}{2}v_{\mathrm{b}}^{2}+\Delta p_{\mathrm{d}}\right)\\&=1.1\times(0.6\times 31.2^{2}+300)=972\mathrm{N/m^{2}}\end{aligned}$$

理论功率为

$$A_{\mathrm{kW}}=\frac{Q_{\mathrm{b}}\times p_{\mathrm{tot}}}{1000}=\frac{375\times 972}{1000}=364.5\mathrm{kW}$$

若设送风机效率 $\eta=0.8$，则送风机电机轴功率 S_{kW}

$$S_{\mathrm{kW}}=\frac{A_{\mathrm{tot}}}{\eta}=\frac{364.5}{0.8}=455.6\mathrm{kW}$$

对于第3条2）的情况（$Q_{\mathrm{b}}=393\mathrm{m}^{3}/\mathrm{s}$，$v_{\mathrm{b}}=30\mathrm{m/s}$），

$$\begin{aligned}p_{\mathrm{tot}}&=1.1\times\left(\frac{\rho}{2}\cdot v_{\mathrm{b}}^{2}+\Delta p_{\mathrm{d}}\right)\\&=1.1\times(0.6\times 30^{2}+300)=924\mathrm{N/m^{2}}\end{aligned}$$

$$S_{kW}=\frac{393\times 924}{1000\times 0.8}=453.9\text{kW}$$

以上计算可以看出,在本例中所需动力费没有多少差异,因此工程建设费就成为经济比选的主要因素。

简例3　竖井送排式通风方式

（考虑一座竖井的情况）

1　隧道条件

交通方向　单向交通

隧道长度　$L=4100\text{m}(L_1=2000\text{m},L_2=2100\text{m})$

隧道断面积　$A_r=66.04\text{m}^2$

断面当量直径　$D_r=8.25\text{m}$

设计交通量　$N=1850$ 辆/h

大型车混入率　$r_1=55\%(A_m=3.43\text{m}^2)$

柴油车混入率　$r_d=28\%$

计算行车速度　$v_t=80\text{km/h}=22.22\text{m/s}$

需风量　$Q_{req}=812\text{m}^3/\text{s}(Q_{req1}=396,Q_{req2}=416)$

自然风引起的洞内风速$v_n=1.5\text{m/s}$

2　送、排风量,浓度、升压力及设计风速

由
$$Q_b=Q_{req}-Q_{r1}+Q_e\cdot\left(\frac{Q_{r1}-Q_{req1}}{Q_{r1}}\right)$$

$$\Delta p_e=2\cdot\frac{Q_e}{Q_{r1}}\cdot\left(2-\frac{k_e\cdot v_e}{v_{r1}}-\frac{Q_e}{Q_{r1}}\right)\cdot\frac{\rho}{2}\cdot v_{r1}^2$$

$$\Delta p_b=2\cdot\frac{Q_b}{Q_{r2}}\cdot\left(\frac{k_b\cdot v_b\cdot\cos\beta}{v_{r2}}-2+\frac{Q_b}{Q_{r2}}\right)\cdot\frac{\rho}{2}\cdot v_{r2}^2$$

并取 $v_b=28\text{m/s},v_e=6\text{m/s},\beta=0°(\cos\beta=1.0),K_b=1.0,K_e=0.9$,按表9所列计算(需分别列表进行试算)。

通过分析可确定如下诸量:

$$Q_e=340\text{m}^3/\text{s};Q_{r1}=396\text{m}^3/\text{s};v_{r1}=6.0\text{m/s};$$
$$Q_b=360\text{m}^3/\text{s};Q_{r2}=416\text{m}^3/\text{s};v_{r2}=6.3\text{m/s}$$

表9　升压力 Δp_e、Δp_b 的计算(取 $Q_e=340\text{m}^3/\text{s}$)

v_{r1}	6.0	6.5	7.0	7.5	8.0	
Q_{r1}	396	429	462	495	528	
$\rho/2\cdot v_{r1}^2$	22.03	25.86	29.99	34.43	39.17	
v_e/v_{r1}	1.0	0.923	0.857	0.80	0.75	
Q_e/Q_{r1}	0.859	0.793	0.736	0.687	0.644	
Δp_e	9.12	15.43	21.75	28.05	34.36	
Q_b	360	358	351	340	327	$Q_{r2}=Q_b-Q_e+Q_{r1}$ $v_{r2}=Q_{r2}/A_r$
Q_{r2}	416	447	473	495	515	
v_{r2}	6.302	6.769	7.162	7.495	7.800	
$\rho/2\cdot v_{r2}^2$	24.31	28.04	31.39	34.38	37.24	
v_b/v_{r2}	4.443	4.136	3.909	3.736	3.59	
Q_b/Q_{r2}	0.865	0.801	0.742	0.687	0.635	
Δp_b	139.1	131.9	123.5	114.4	105.2	

$\Delta p_b+\Delta p_e=139.1+9.12=148.22\text{N/m}^2$　(送排风口提供的升压力)

并验算：

$$C_2=\frac{Q_{\text{req1}}}{Q_{\text{r1}}}=\frac{396}{396}=1.0$$

$$C_3=\frac{Q_{\text{req2}}}{Q_{\text{r1}}-Q_{\text{e}}-Q_{\text{req1}}+\dfrac{Q_{\text{e}}\cdot Q_{\text{req1}}}{Q_{\text{r1}}}+Q_{\text{b}}}=1.0$$

$$\frac{Q_{\text{e}}}{Q_{\text{r1}}}=0.859<1.0;\qquad \frac{Q_{\text{e}}}{Q_{\text{r2}}}=0.865<1.0$$

∴　满足条件。

$$Q_{\text{s}}=Q_{\text{r1}}-Q_{\text{e}}=396-340=56\text{m}^3/\text{s}$$

$$v_{\text{rs}}=\frac{Q_{\text{s}}}{A_{\text{r}}}=\frac{56}{66.04}=0.85\text{m/s}$$

即短道内气流存在低速流动。

3　隧道内所需压力 Δp

隧道内所需压力 Δp 应为Ⅰ段和Ⅱ段所需压力之和，即

$$\Delta p=\Delta p_{\text{r}}-\Delta p_{\text{t}}+\Delta p_{\text{m}}$$
$$=(\Delta p_{\text{r1}}+\Delta p_{\text{r2}})-(\Delta p_{\text{t1}}+\Delta p_{\text{t2}})+\Delta p_{\text{m}}$$

计算通风阻抗力 Δp_{r} 时，对于Ⅰ段，出口流量损失为零；对于Ⅱ段，入口流量损失为零，并考虑竖井分岔损失，取分岔损失系数 $\zeta_{\text{分岔}}=0.28$。计算汽车交通力 Δp_{t} 时，考虑不利情况，偏于安全，取 $v_{\text{t}}=50\text{km/h}=13.89\text{m/s}$。计算自然风阻力 Δp_{m} 时，送风口损失系数取 $\zeta_{\text{合流}}=0.7$，自然风引起的洞内风速取 $v_{\text{n}}=1.5\text{m/s}$。

$$\Delta p_{\text{r1}}=\left(\zeta_{\text{入口}}+\lambda\cdot\frac{L_1}{D_{\text{r}}}\right)\cdot\frac{\rho}{2}\cdot v_{\text{r1}}^2+\zeta_{\text{分岔}}\cdot\frac{\rho}{2}\cdot v_{\text{r1}}^2$$
$$=\left(0.28+0.6+0.0255\times\frac{2000}{8.25}\right)\times0.6\times6.0^2$$
$$=155.6\text{N/m}^2$$

$$\Delta p_{\text{r2}}=\left(1+\lambda\cdot\frac{L_2}{D_{\text{r}}}\right)\cdot\frac{\rho}{2}\cdot v_{\text{r2}}^2+\zeta_{\text{合流}}\cdot\frac{\rho}{2}\cdot v_{\text{r2}}^2$$
$$=\left(1+0.7+0.0255\times\frac{2100}{8.25}\right)\times0.6\times6.3^2$$
$$=199.0\text{N/m}^2$$

$$\Delta p_{\text{t1}}=\frac{A_{\text{m}}}{A_{\text{r}}}\cdot\frac{\rho}{2}\cdot n_1\cdot(v_{\text{t}}-v_{\text{r1}})^2$$
$$=\frac{3.43}{66.04}\times0.6\times\frac{1850\times2000}{3600\times13.89}\times(13.89-6.0)^2$$
$$=122.0\text{N/m}^2$$

$$\Delta p_{\text{t2}}=\frac{A_{\text{m}}}{A_{\text{r}}}\cdot\frac{\rho}{2}\cdot n_2\cdot(v_{\text{t}}-v_{\text{t2}})^2$$
$$=\frac{3.43}{66.04}\times0.6\times\frac{1850\times2100}{3600\times13.89}\times(13.89-6.3)^2$$
$$=118.5\text{N/m}^2$$

$$\Delta p_{\text{m}}=\left(1+\zeta_{\text{入口}}+\zeta_{\text{合流}}+\zeta_{\text{分岔}}+\lambda\cdot\frac{L}{D_{\text{r}}}\right)\cdot\frac{\rho}{2}\cdot v_{\text{n}}^2$$
$$=\left(1+0.6+0.7+0.28+0.0255\times\frac{4100}{8.25}\right)\times0.6\times1.5^2$$
$$=21.0\text{N/m}^2$$

隧道内所需压力 Δp 即为

$$\Delta p = 155.6 + 199.0 - 122.0 - 118.5 + 21.0 = 135.1\text{N/m}^2$$

$$\Delta p_b + \Delta p_e = 148.22\text{N/m}^2 > \Delta p_r - \Delta p_t + \Delta p_m = 135.1\text{N/m}^2$$

故满足压力条件。

4 送风口与排风口断面积、短道长度

根据国外工程经验，送风口断面积宜取 $A_b = 12\text{m}^2$ 左右，排风口断面积不得大于隧道正洞断面积。

由前面的计算结果可得

$$A_b = \frac{Q_b}{v_b} = \frac{360}{28} = 12.8\text{m}^2; \qquad A_e = \frac{Q_e}{v_e} = \frac{340}{6} = 56.7\text{m}^2$$

满足要求。

短道长度从防止回流方面考虑，不得过短；从防止短道污染方面考虑，不宜过长，再综合考虑其他因素（如土建结构、风压沿程损失等问题），本例取短道长度 $ds = 56\text{m}$，并取 $q_{VI} = 2.5\text{m}^2/\text{辆}\cdot\text{km}$，$k = 0.007$，$f_{iv} = 1.3$，则

$$q_0 = \frac{q_{VI}}{3600k} = 0.0992\text{m}^3/\text{s}$$

$$Q_{req/s} = q_0 \cdot N \cdot ds \cdot f_{iv} = 0.0992 \times 1850 \times 0.056 \times 1.3 = 13.36\text{m}^3/\text{s}$$

$$C_2 = \frac{Q_{req/s}}{Q_s} = \frac{13.36}{56} = 0.24$$

本例浓度分布如图19所示（本例计算忽略了短道内的浓度变化）。

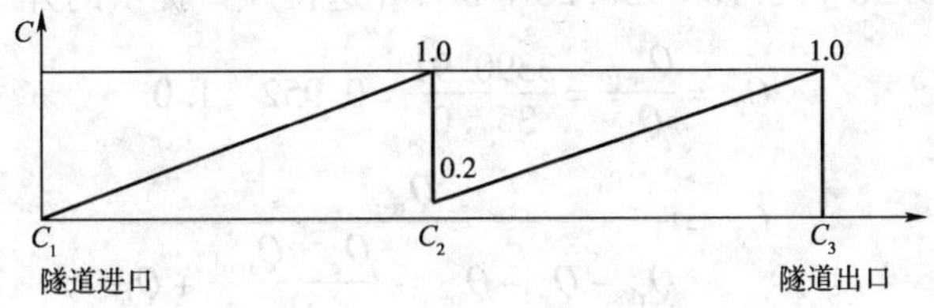

图19 浓度分布

简例4 竖井送排式与射流风机组合通风方式

1 隧道条件

交通方向	单向交通
隧道长度	$L = 3922\text{m}(L_1 = 1972\text{m}, L_2 = 1950\text{m})$
隧道断面积	$A_r = 59.5\text{m}^2$
断面当量直径	$D_r = 7.79\text{m}$
设计交通量	$N = 1656$ 辆/h
大型车混入率	$r_1 = 70\%(A_m = 4.08\text{m}^2)$
柴油车混入率	$r_d = 42\%$
计算行车速度	$v_t = 60\text{km/h} = 16.67\text{m/s}$
需风量	$Q_{req} = 700.08\text{m}^3/\text{s}(Q_{reqI} = 339.91, Q_{reqII} = 360.17)$
自然风引起的洞内风速	$v_n = 1.0\text{m/s}$

2 送、排风量、浓度、升压力及设计风速

由

$$Q_b = Q_{req} - Q_{r1} + Q_e \cdot \left(\frac{Q_{r1} - Q_{req1}}{Q_{r1}}\right)$$

$$\Delta p_e = 2 \cdot \frac{Q_e}{Q_{r1}} \cdot \left(2 - \frac{k_e \cdot v_e}{v_{r1}} - \frac{Q_e}{Q_{r1}}\right) \cdot \frac{\rho}{2} \cdot v_{r1}^2$$

$$\Delta p_b = 2 \cdot \frac{Q_e}{Q_{r2}} \cdot \left(\frac{k_b \cdot v_b \cdot \cos\beta}{v_{r2}} - 2 + \frac{Q_b}{Q_{r2}}\right) \cdot \frac{\rho}{2} \cdot v_{r2}^2$$

并取 $v_b=28\text{m/s}, v_e=6\text{m/s}, \beta=0°(\cos\beta=1.0), K_b=1.0, K_e=0.9$，按表 10 所列计算(需分别列表进行试算)。

表 10　升压力 Δp_e、Δp_b 的计算(取 $Q_e=280\text{m}^3/\text{s}$)

v_{r1}	5.0	5.5	6.0	6.5	7.0	7.5
Q_{r1}	297.5	327.2	357.0	386.8	416.5	446.3
$\rho/2\cdot v_{r1}^2$	15.00	18.15	21.60	25.35	29.4	33.75
v_e/v_{r1}	1.20	1.09	1.0	0.92	0.86	0.80
Q_e/Q_{r1}	0.941	0.856	0.784	0.724	0.672	0.627
Δp_e	−0.593	5.039	10.703	16.343	21.992	29.130
Q_b	362.7	362	356.5	347.2	335.1	320.5
Q_{r2}	380.2	409.2	433.5	454	471.6	486.8
v_{r2}	6.39	6.88	7.29	7.63	7.93	8.18
$\rho/2\cdot v_{r2}^2$	24.50	28.40	31.89	34.93	37.73	40.15
v_b/v_{r2}	4.38	4.07	3.84	3.67	3.53	3.42
Q_b/Q_{r2}	0.954	0.885	0.822	0.765	0.711	0.658
Δp_b	155.85	148.54	139.56	130.13	120.23	109.80
$\Delta p_b+\Delta p_e$	155.26	153.58	150.26	146.47	142.22	138.93

通过分析可确定如下诸量：

$$Q_e=280.0\text{m}^3/\text{s};\ Q_{r1}=357.0\text{m}^3/\text{s};\ v_{r1}=6.0\text{m/s};$$

$$Q_b=356.48\text{m}^3/\text{s};\ Q_{r2}=433.48\text{m}^3/\text{s};\ v_{r2}=7.29\text{m/s}。$$

$$\Delta p_b+\Delta p_e=139.56+10.70=150.26\text{N/m}^2\quad(\text{送排风口提供的升压力})$$

并验算：

$$C_2=\frac{Q_{req1}}{Q_{r1}}=\frac{3390.91}{357.0}=0.952<1.0$$

$$C_3=\frac{Q_{req2}}{Q_{r1}-Q_e-Q_{req1}+\dfrac{Q_e\cdot Q_{req1}}{Q_{r1}}+Q_b}$$

$$=\frac{360.17}{360.17}=1.0$$

$$\frac{Q_e}{Q_{r1}}=\frac{280}{375.0}=0.784<1.0;\quad \frac{Q_e}{Q_{r2}}=\frac{356.48}{433.48}=0.822<1.0$$

∴　满足条件。

$$Q_s=Q_{r1}-Q_e=357.0-280.0=77.0\text{m}^3/\text{s}$$

$$v_{rs}=\frac{Q_s}{A_r}=\frac{77.0}{59.5}=1.29\text{m/s}$$

3　隧道内所需压力 Δp

隧道内所需压力 Δp 应为Ⅰ段和Ⅱ段所需压力之和，即

$$\Delta p=\Delta p_r-\Delta p_t+\Delta p_m$$

$$=(\Delta p_{r1}+\Delta p_{r2})-(\Delta p_{t1}+\Delta p_{t2})+\Delta p_m$$

计算通风阻抗力 Δp_r 时，对于Ⅰ段，出口流量损失为零；对于Ⅱ段，入口流量损失为零，并考虑竖井分岔损失，取分岔损失系数 $\zeta_{分岔}=0.28$。计算汽车交通力 Δp_t 时，考虑不利情况，偏于安全，取 $v_t=50\text{km/h}=13.89\text{m/s}$。计算自然风阻力 Δp_m 时，送风口损失系数取 $\zeta_{合流}=0.7$，自然风引起的洞内风速取 $v_n=1.5\text{m/s}$。

$$\Delta p_{r1}=\left(\zeta_{入口}+\lambda\cdot\frac{L_1}{D_r}\right)\cdot\frac{\rho}{2}\cdot v_{r1}^2+\zeta_{分岔}\cdot\frac{\rho}{2}\cdot v_{r1}^2$$

$$=\left(0.28+0.65+0.0255\times\frac{1972}{7.79}\right)\times0.6\times6.0^2$$

$$=155.71\text{N/m}^2$$

$$\Delta p_{r2}=\left(1+\lambda\cdot\frac{L_2}{D_r}\right)\cdot\frac{\rho}{2}\cdot v_{r2}^2+\zeta_{合流}\cdot\frac{\rho}{2}\cdot v_{r2}^2$$

$$=\left(1+0.7+0.0255\times\frac{1950}{7.79}\right)\times0.6\times7.29^2$$

$$=253.75\text{N/m}^2$$

$$\Delta p_{t1}=\frac{A_m}{A_r}\cdot\frac{\rho}{2}\cdot n_1\cdot(v_t-v_{t1})^2$$

$$=\frac{4.08}{59.5}\times0.6\times\frac{1656\times1972}{3600\times13.89}\times(13.89-6.0)^2$$

$$=166.42\text{N/m}^2$$

$$\Delta p_{t2}=\frac{A_m}{A_r}\cdot\frac{\rho}{2}\cdot n_2\cdot(v_t-v_{r2})^2$$

$$=\frac{4.08}{59.5}\times0.6\times\frac{1656\times1950}{3600\times13.89}\times(13.89-7.29)^2$$

$$=115.16\text{N/m}^2$$

$$\Delta p_m=\left(1+\zeta_{入口}+\zeta_{合流}+\zeta_{分岔}+\lambda\cdot\frac{L}{D_r}\right)\cdot\frac{\rho}{2}\cdot v_n^2$$

$$=\left(1+0.6+0.7+0.28+0.0255\times\frac{3922}{7.79}\right)\times0.6\times1.0^2$$

$$=9.10\text{N/m}^2$$

隧道内所需压力 Δp 即为

$$\Delta p=155.71+253.75-166.42-115.16+9.10$$

$$=191.58\quad\text{N/m}^2$$

$$\Delta p-(\Delta p_b+\Delta p_e)=191.58-(10.70+139.56)$$

$$=41.32\text{N/m}^2$$

4　竖井送排式与射流风机组合通风

选用 TAS 9.0-3-1 型射流风机，每台升压力为 $\Delta p_j=3.99\text{N/m}^2$，则所需射流风机为

$$N=\frac{41.32}{3.99}=10.36\ 台$$

本例的压力、风速、浓度分布如图 20 所示（本例计算忽略了短道内的浓度变化）。

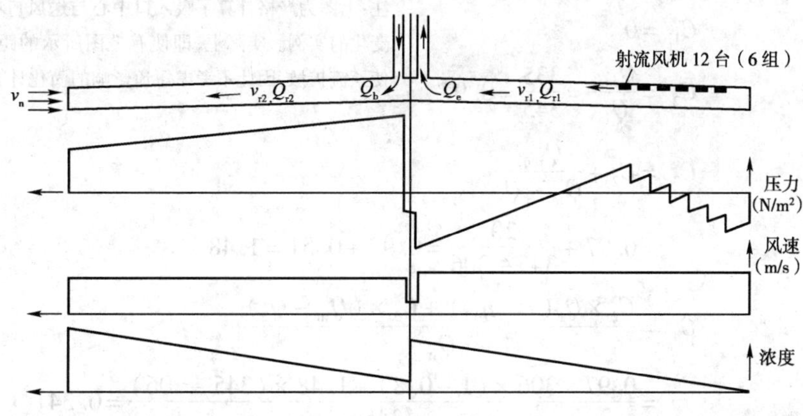

图 20　压力、风速、浓度分布

简例 5　电吸尘机纵向通风方式

1　隧道条件

交通方向　　单向交通

隧道长度　　$L=3000\text{m}$

隧道断面积　　$A_r = 58.0\text{m}^2$

断面当量直径　$D_r = 7.7\text{m}$

设计交通量　　$N = 1700$ 辆/h

大型车混入率　$r_1 = 43\%(A_m = 2.9\text{m}^2)$

柴油车混入率　$r_d = 42\%$

计算行车速度　$v_t = 60\text{km/h} = 16.67\text{m/s}$

需风量　　　　$Q_{req} = 590\text{m}^3/\text{s}$（考虑烟尘的情况）

　　　　　　　$Q_{req} = 210\text{m}^3/\text{s}$（考虑一氧化碳的情况）

2　吸尘机房位置的大致确定

因烟尘需风量 $590\text{m}^3/\text{s}$ 超过一氧化碳需风量 $210\text{m}^3/\text{s}$ 时，宜采用吸尘机。若第一次计算时忽略吸尘机的升压能力，并假设 $\Delta p_m = 52\text{N/m}^2$，则自洞口在风速作用下带入洞内的风量 Q_{in} 及区段长度 L_1 可计算如下：

将计算条件中的有关数值代入下式中：

$$\left(1+\zeta_e+\lambda\cdot\frac{L}{D}\right)_r\cdot\frac{\rho}{2}\cdot v_r^2-\frac{A_m}{A_r}\cdot n\cdot\frac{\rho}{2}\cdot(v_t-v_r)^2+\Delta p_m=0$$

整理得
$$6.804v_r^2-2.549\times(16.67-v_r)^2+52=0$$

计算得
$$v_r = 5.95\text{m/s}$$
$$Q_{in} = v_r\cdot A_r = 5.95\times 58 = 345\text{m}^3/\text{s}$$

自洞口 L_1 处需设置吸尘装置，即

$$L_1=\frac{345}{590}\times 3000 = 1754\text{m}$$

本例浓度分布如图 21 所示。

3　浓度比计算

由下式可以求出第一次处理风量的概略值 Q_c。

$$Q_c=\frac{\text{需风量}(590)-\text{吹入风量}(345)}{VI\text{改善率}(0.8)}=306\text{m}^3/\text{s}$$

这里考虑大容量吸尘装置，将吸尘机房设置于弯形隧道内，短道距离 L_2 按 100_m 考虑，则各控制点的浓度比可按计算如下：

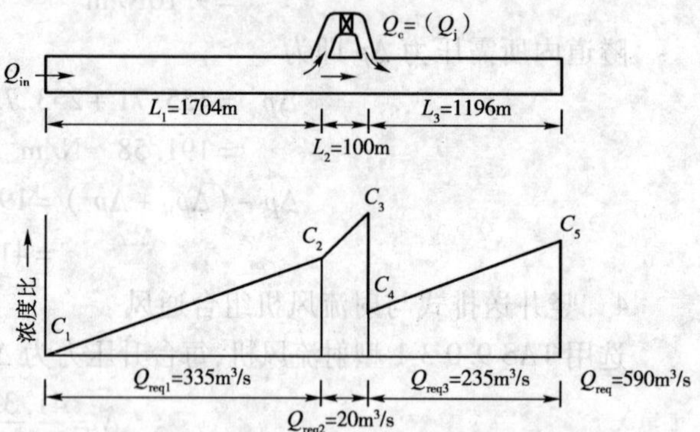

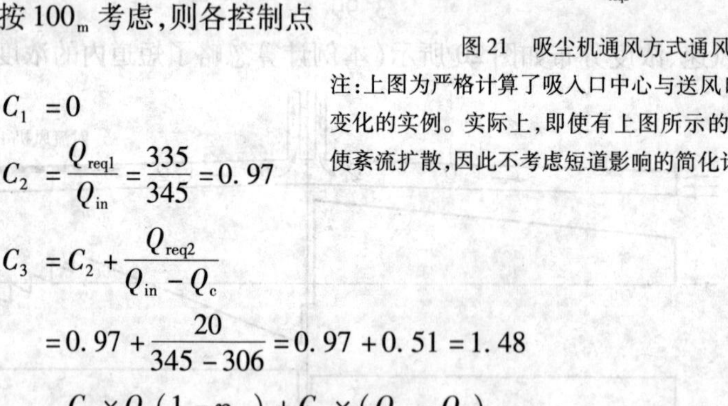

图 21　吸尘机通风方式通风系统图例

注：上图为严格计算了吸入口中心与送风口中心距离之间的浓度变化的实例。实际上，即使有上图所示的距离，由于汽车行驶可使紊流扩散，因此不考虑短道影响的简化计算也是可以的。

$$C_1 = 0$$

$$C_2=\frac{Q_{req1}}{Q_{in}}=\frac{335}{345}=0.97$$

$$C_3=C_2+\frac{Q_{req2}}{Q_{in}-Q_c}$$
$$=0.97+\frac{20}{345-306}=0.97+0.51=1.48$$

$$C_4=\frac{C_2\times Q_c(1-\eta_{VI})+C_3\times(Q_{in}-Q_c)}{Q_{in}}$$
$$=\frac{0.97\times 306\times(1-0.8)+1.48\times(345-306)}{345}=0.34$$

$$C_5=C_4+\frac{Q_{req3}}{Q_{in}}=0.34+\frac{235}{345}=0.34+0.68=1.02$$

4　由吹出风量喷流效果产生的升压力估算

由吸尘装置吹出风量产生的升压力计算可按照竖井送排通风方式的情况进行，即由 $\Delta p_b = \Delta p_r - \Delta p_t + \Delta p_m$ 关系，可计算出 $Q_c(=Q_b)$ 与 Q_{in} 值（互为相关）。

5　Q_{in} 与浓度分布的关系

由第3条所示的各浓度计算式，并变化 Q_c 值，则可求得隧道出口浓度与 Q_{in} 值的相应关系，取出口 $C_5=1.0$，可得相应的 Q_c 值。由此可求得各点的浓度 C 和烟雾透过率。

简例6　横向通风方式

1　送风型半横向通风方式

1）隧道条件

交通方向　　双向交通

隧道长度　　$L_r=2160\text{m}$

拱部风道长度　　$L_b=1080\text{m}$（洞口两端送风）

隧道断面积　　$A_r=42.0\text{m}^2$

隧道当量直径　　$D_r=6.0\text{m}$

设计交通量　　$N=1428$ 辆/h

计算行车速度　　$v_t=60\text{km/h}=16.67\text{m/s}$

需风量　　$Q_{req}=290\text{m}^3/\text{s}, q_b=290/2160=0.134\text{m}^3/\text{s/m}$

风道断面积　　$A_b=9.0\text{m}^2$

风道当量直径　　$D_b=2.3\text{m}$

汽车等效迎风阻抗面积　　$A_m=2.8\text{m}^2$

2）风道与隧道的风压

风道始端风速 v_b

$$v_{bi}=\frac{Q}{2A_b}=\frac{290}{2\times 9.0}=16.11\text{m/s}$$

风道始端动压 p_b

$$p_b=\frac{\rho}{2}\cdot v_{bi}=0.6\times 16.11^2=155.72\text{N/m}^2$$

风道静压差（$p_{bi}-p_{b0}$）

$$k_b=(\frac{\lambda}{3}\cdot\frac{L}{D}-1)_b=\frac{0.025}{3}\times\frac{1080}{2.3}-1=2.91$$

$$p_{bi}-p_{b0}=k_b\cdot\frac{\rho}{2}\cdot v_{bi}^2=2.91\times 155.72=453.62\text{N/m}^2$$

送风道所需末端压力

$$(p_{b0}-p_{r0})=150\text{N/m}^2$$

隧道风压

$$v_r(x)=\frac{q_b}{A_r}\cdot x=\frac{0.134}{42.0}\cdot x=(3.19\times 10^{-3})\cdot x$$

$$a=\frac{A_m}{A_r}\cdot\frac{N\cdot L}{v_t}=\frac{2.8}{42}\times\frac{1428\times 2160}{16.67\times 3600}=3.43$$

上下行交通量相等（均为50%），且 $\Delta p_m=0$ 时，用 $x=1080\text{m}$ 代入，则得

$$\begin{aligned}p_{re}-p_r(x)&=\frac{\rho}{2}\cdot\left\{(\frac{\lambda}{3}\times\frac{x}{D}+2)_r\cdot v_r^2(x)+\alpha\cdot\frac{x}{L}\cdot v_t\cdot v_r(x)\right\}\\&=0.6\left\{(\frac{0.025}{3}\times\frac{1080}{6.0}+2)\cdot(3.19\times 10^{-3}\times 1080)^2\right.\\&\quad\left.+3.43\times\frac{1080}{2160}(16.67\times 3.19\times 10^{-3}\times 1080)\right\}\\&=84.03\text{N/m}^2\end{aligned}$$

3）送风机所需全压力

设连接风道的压力损失为 p_d，送风机所需全风压 p_{tot} 可计算如下：

$p_{tot}=1.1\times\{$隧道风压＋所需末端压力＋风道静压差

$+$风道始端动压$+$连接风道损失$\}$

$=1.1\times\{84.03+150+453.62+155.72+p_d\}$

$=1.1\times(843.4+p_d)\text{N/m}^2$

2　全横向式

1)计算条件

隧道长度　$L_r=3200\text{m}$

送、排风道长度　$L_b=L_e=1600\text{m}$(洞口两端送排风)

设计交通量　$N=2950$ 辆/h

计算行车速度　$v_t=60\text{km/h}=16.67\text{m/s}$

需风量　$Q_{req}=317\text{m}^3/\text{s}$(每条风道的量)

送、排风道断面积　$A_b=A_e=16\text{m}^2$

送、排风道断面当量直径　$D_b=D_e=3.2\text{m}$

2)送风机的全风压

送风道始端风速

$$v_{bi}=\frac{Q_b}{A_b}=\frac{317}{16}=19.8\text{m/s}$$

送风道始端动压 p_b

$$p_b=\frac{\rho}{2}\cdot v_{bi}^2=0.6\times19.81^2=235.5\text{N/m}^2$$

送风道静压差$(p_{bi}-p_{b0})$

$$k_b=(\frac{\lambda}{3}\cdot\frac{L}{D}-1)_b=\frac{0.025}{3}\times\frac{1600}{3.2}-1=3.17$$

$$p_{bi}-p_{b0}=k_b\cdot\frac{\rho}{2}v_{bi}^2=3.17\times235.5=746.5\text{N/m}^2$$

送风道所需末端压力

$$(p_{b0}-p_{r0})=150\text{N/m}^2$$

送风连接风道的压力损失 Δp_{bd},必须根据各段风道形状及摩阻情况,由式(3.5.11-9)进行计算。

送风机所需全压力

$p_{tpt}=1.1\times\{$隧道风压$+$送风道所需末端压力$+$送风道静压差$+$送风道始端动压$+$连接风道压力损失$\}$

$=1.1\times\{0+150+746.5+235.5+\Delta p_{bd}\}$

$=1.1\times(1132+p_{bd})\text{N/m}^2$

3)排风机的全风压

排风道末端风速

$$v_{e0}=\frac{Q_e}{A_e}=\frac{317}{16}=19.81\text{m/s}$$

排风道末端动压 p_e

$$p_e=\frac{\rho}{2}\cdot v_{e0}^2=0.6\times19.81^2=235.5\text{N/m}^2$$

排风道静压差$(p_{ei}-p_{e0})$

$$k_e=(\frac{\lambda}{3}\cdot\frac{L}{D}+2)_e=\frac{0.025}{3}\times\frac{1600}{3.2}+2=6.17$$

$$p_{ei}-p_{e0}=k_e\cdot\frac{\rho}{2}v_{e0}^2=6.17\times235.5=1453\text{N/m}^2$$

排风道所需始端压力

$$(p_{ri}-p_{ei})=100\text{N/m}^2$$

连接风道的压力损失 p_{ed}，同样必须根据各段风道形状及摩阻情况，由式(3.5.11-9)进行计算。

排风机所需全压力

$$p_{tpt}=1.1\times\{排风道所需始端压力+排风道静压差-排风道末端动压+连接风道压力损失\}$$
$$=1.1\times\{100+1453-235.5+\Delta p_{ed}\}$$
$$=1.1\times(1318+p_{ed})\mathrm{N/m^2}$$

3.6 风机的选型与布置

3.6.1 特长隧道通风一般采用满足大风量低风压的轴流风机，但当送、排风机全风压达到 $5000\mathrm{N/m^2}$ 时，必须进行轴流风机和离心风机的比选。从总体看，轴流风机具有体积小，与土建易配合，风机效率高，火灾排烟逆转方便的优点，但存在价格高、噪声大的缺点。

静电吸尘装置主要目的是采用静电原理除去隧道内空气中烟尘粒子，达到改善隧道内环境，保障行车安全。该设备对节约能源，保护环境非常有利。

3.6.2 常用国产射流风机的部分型号及其技术参数见表11，安装可参见图22。

表11　部分国产风机型号及其技术参数

机号(No)	63	90	100	112	125	140
叶轮直径(mm)	630	900	1000	1120	1250	1400
轴向推力(N)	245～515	390～840	530～1095	695～1340	845～1655	645～1330
流量($\mathrm{m^3/s}$)	8.6～12.3	15.4～22.3	20～28.5	25.8～35.5	31.8～44	31～44
出口风速(m/s)	27.6～39.5	24.2～35.1	25.5～36.3	26.2～36	25.9～35.9	20.1～28.6
转速(r/min)	2900～2930	1440～1470	1460～1470	1460～1480	1470～1480	970～980
电机功率(kW)	5.5～15	7.5～22	11～30	15～37	18.5～45	11～30
噪声(dB(A))	68～75	66～75	68～75	69～75	69～75	68～75
A (mm)	2980	3130	3380	3880	4480	3880
B (mm)	1215	1215	1315	1515	1815	1515
C (mm)	940	1180	1260	1360	1470	1740
D (mm)	800	1100	1200	1320	1450	1700
E (mm)	750	940	1000	1100	1160	1160
H (mm)	1100	1400	1500	1620	1750	2100
总重力(kN)	450	770	985	1165	1410	1820
最小间距(m)	80	100	120	150	180	180

根据实验测试，口径小于1000mm的射流风机间距宜小于120m，口径大于1000mm的射流风机间距宜大于150m，由此风机能产生较好的升压效果。

据实测与经验，在距进洞口约200m范围以内，汽车带进隧道的新鲜空气量是足够的，因此在该段落内不宜布置射流风机。

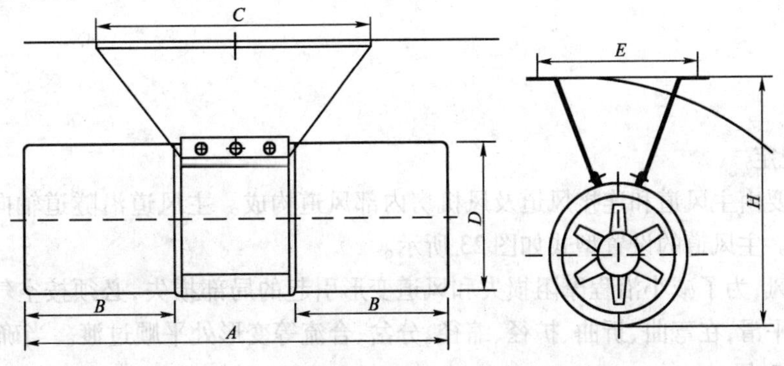

图22　射流风机尺寸型号及安装示意图

对长度大于1500m的隧道须考虑火灾时的排烟问题，如果风机布置过于集中，一旦火灾发生在风机较集中地段，后果较为严重，因此风机不宜过于集中。

在考虑上述因素的同时，应注意经济性。风机距配电所越远，电压降越大，所需电缆直径越大，材料费用越高，因此风机布置还应考虑经济性这一重要指标。

如果对每段风机控制太多，则同时启动的启动电流太大，如果每段风机控制太少，营运时又没必要。故根据工程经验，宜按2~4台一组进行控制。

3.6.3 轴流风机的构造形式有卧式和立式，均可采用，国外两种形式都有，目前我国多采用卧式风机。

风量控制方法一般有减振器控制法、转速调节控制法、叶片安装角控制法、可变齿距控制法、台数控制法5种。

轴流风机风量控制应根据交通量、交通监控、CO浓度和能见度监测指标综合考虑。

3.6.4 静电吸尘装置已在日本、挪威成功应用于公路隧道，其原理、规格及布置方式简介如下：

1 静电吸尘装置的原理

空气中的微粒子流经电晕放电区域带电，带电粒子在电场力的作用下而被吸附于吸尘板上，从而使空气得以净化。

2 静电吸尘装置的规格

静电吸尘装置以处理烟尘为主，吸尘率可达80%以上。表12列出静电吸尘装置主要技术参数。

表12 电吸尘机主要技术参数

项目	规格
形式	钢板自立平板形水平气流两段式
吸尘处理风量	240m³/s(120m³/s×2组)
吸尘机组	15m³/s处理机×2台×2组
吸尘输送管的洗清方式	空气清洗
吸尘过风风速	7m/s
吸尘率	重力法τ=80%以上
压力损失	120N/m² 以下
外加电压	带电部DC 11kV，吸尘部DC 5.5kV
电源	3Φ 3W 210V 60Hz
吸尘机消耗电力	约12kW
清洗用辅助机械	高压风机

3 静电吸尘装置的布置方式

较多采取置于隧道旁侧风道的大型设备布置方式；随着小型化设备的发展，也可采取吊顶式的静电吸尘装置布置方式。

3.7 风道

3.7.1 一般规定

通风风道主要由主风道和连接风道及风机房内部风道构成。主风道沿隧道轴向布置，一般设在隧道的上部或下部。主风道的设置型式如图23所示。

风道用于送风，为了减小沿程摩阻损失和风道变形引起的局部损失，必须按空气动力学原理设计，要求风道内壁面平滑，在弯曲、折曲、扩径、缩径、分岔、合流等变形处平顺过渡。当确定风道形状的变形时，可参照表13考虑。

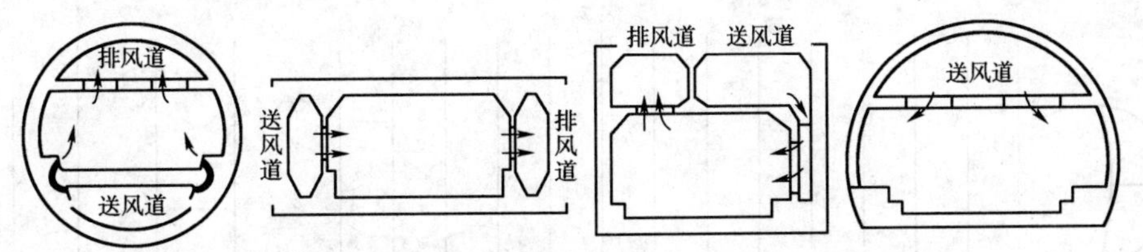

图 23　隧道主风道设置型式示例

表 13　风道的各变形部及注意事项

变形	图　　示	注　意　事　项
弯曲		· $R>1.6d$ 时，可不设导流叶片，但弯头后出现偏流
		· $R<1.6d$ 时，安装隅角叶片以减小损失，也可减小偏流； · 弯曲内侧必须做成圆滑状； · 弯曲外侧不做成圆滑状也可
折曲		· 尽量避免 $\theta>30°$ 的折曲； · 连续折曲时，选择合适的 l/d 和 θ 角，可以减小损失，例如，$\theta=30°$ 时 $l=3d$ 为最好
扩径		· $\theta=6\sim10°$ 时，损失最小； · $\theta=60\sim70°$ 时，损失最大，此时最好做成 $\theta=180°$ 的突变扩大
缩径		· 应避免突然缩小； · $\theta<60°$ 较好，当 $\theta>60°$ 时，宜做成喇叭口状，以减小损失； · 喇叭口半径宜大于 $0.1d$，理想状态为 $0.3d$ 左右
分岔、合流		· 分岔、合流的损失受风量比 Q_1/Q_2 和面积比的影响，不能一概而论，但 θ 角应尽可能小

3.7.2　隧道主风道

隧道主风道一般用于全横向或半横向通风方式。

1　主风道一般设置于隧道上部，也有设置于隧道下部或侧部的情况，应根据具体情况确定。

所谓一个通风区段，对于横向通风方式而言，是指可独立控制风量且与其他通风区段完全隔断的区段，一般宜将长隧道的风道划割成 2 段或 2 段以上，形成隧道分段控制通风；对于纵向通风方式，一般可将隧道空间作为一个通风区段考虑。

2　对于横向通风方式，当火灾时顶隔板直接承受高温，结构易于变形、剥脱，从而导致漏风甚至更严重后果，如果风道及顶隔板一旦破损，其修补或更换将非常困难，因此，应特别重视其结构的耐久性。

顶隔板的材料和结构形式一般有轻质气泡混凝土板（ALG 板）、PC 板、现浇 RC 结构和组合钢结构。顶隔板的比较选择除了通风方面的考虑外，还应从材料与结构的施工难易、功能、耐久性、维修养护、美观、工程费用等诸方面进行全面综合比较分析，然后确定合理方案（参见表 14）。

关于顶隔板人群荷载，日本数座公路隧道均按 1.0kN/m² 取值，属成熟经验，故本条文借鉴了这一取值。

顶隔板允许挠度按《公路钢筋混凝土及预应力混凝土桥涵设计规范》（JTJ 023）第 4.2.3 条规定取 1/600。日本新神户隧道工程设计取 1/500。

表 14 主风道顶隔板方案比较简表

比较方案		ALC 板	PC 板	组合钢结构板	吊跨板	现浇板
设计条件	图示	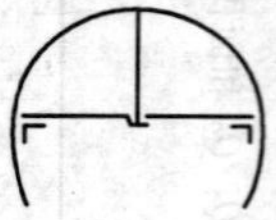	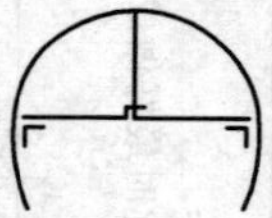	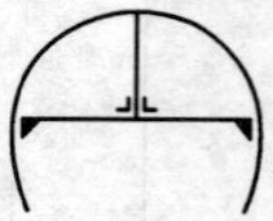	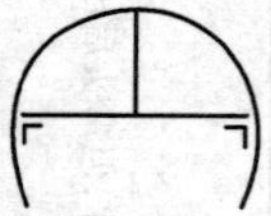	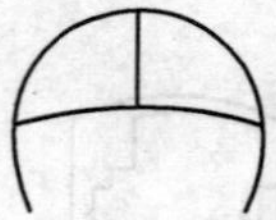
	荷载条件					
施工性	材料尺寸(板厚)					
	防锈措施					
	现场加工工耗					
	部件拼装					
	施工速度及施工处数					
	施工省力度					
	结构质量可靠性					
	与其他工程的相互干扰					
功能性	风道内壁的摩阻					
	风道的封闭性					
	漏水处治措施					
耐久性	材质耐久年数					
	由高温引起的剥脱、溶解					
维修养护	板体(部件)拆换					
	养护					
美观	接缝数量					
	板体形状					
工程费(万元)						
综合评价						

根据国外工程实践经验，本条文提出顶隔板的标准厚度一般不宜大于15cm，但应根据实际荷载和材料特性以及具体使用功能，经计算后确定。当隧道照明灯具嵌入顶隔板内布置或其他特殊情况时，顶隔板厚度可适当加大。

3　当确定了通风方式和需风量后，就可以计算隧道主风道所负担的送风量或排风量。此时，如果增大一个通风区段的长度，其主风道断面积就会增大，从而造成建设费用增加，因此，应针对主风道分段数与主风道断面积之关系，结合隧道布局条件、地形条件等要素进行风道经济性设计。经济性设计可按以下顺序进行：

1）从风道分段数、风道断面积、风道内风速以及连接风道等几者关系考虑，制订若干通风系统比较方案。

2）在各比较方案的相应设计条件下，概略地计算所需风压，并初步确定风机规格和所需动力，分析各方案所采用的风机房型式和有关电气设备的各自特点，将此计算分析的结果作为确定通风系统建设费的主要参考资料。

3）对各方案在营运期间发生的电力、维修等费用进行估计，并预测电力等费用的年递增率。

4）对各方案相应的建设费（包括隧道主体结构、竖井、主风道顶隔板、风机房、风机设备及有关电气设备等）和营运费（包括电力费、养护维修费等）进行经济比较。

经济性方案比较可按下式进行计算：

$$c = c_B \cdot (1+r)^Y + \sum_{n=1}^{Y} c_E \cdot (1+r)^{(Y-n)} \tag{15}$$

式中　c——总费用；

c_B——工程建设费；

r——年利率；

Y——还贷年数；

c_E——营运维持费（全年电力费）。

3.7.3　送风孔与排风孔

1、2　当为山岭隧道（马蹄形断面）且全横向通风方式时，送风孔和排风孔可参照图24所示的位置布置。

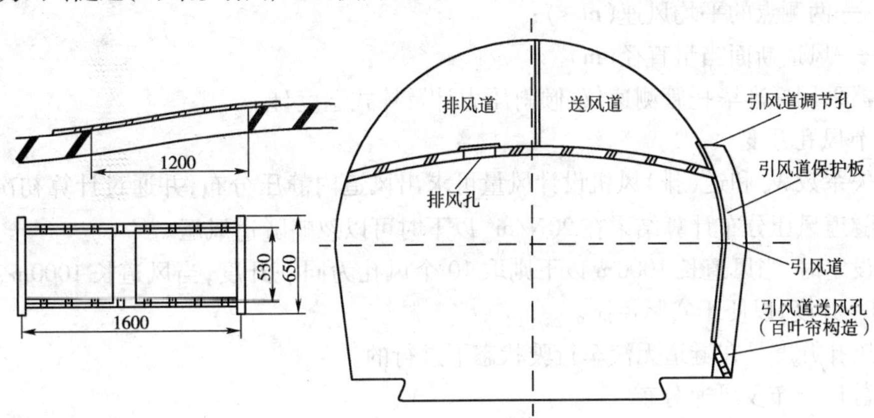

图24　送风孔与排风孔的位置示例（尺寸单位：mm）

条文提出送风孔的位置标高宜与汽车尾排气管距路面高度大致相同，是为了尽快稀释汽车尾排气体，与排风孔形成空气交换。如果新鲜风从送风道直接吹入隧道，将会在隧道上部形成空气交换，存于隧道下部的污染风得不到交换，通风效果差；另一方面，吹入风速会因送风孔与轴流风机的距离近而大，距离远而小，形成风速不均匀。为了解决这一问题，如上图所示在送风道与送风孔之间设置引风道及调节孔，则吹入隧道的风速可以基本达到均匀程度。

3　送排风孔的开度调节

为了使新鲜空气均匀输送到隧道内，有必要对风孔的开度进行调节，为此本款提出开度调节的工作顺序。

测试通风状态的方法有以下3种：

· 由风孔流速和开度断面积计算其流量的方法

测试点容易受偏流的影响，而且需要实测风孔的流量系数，其精度较低。一般不太采用这种方法。

·由风道内静压分布推算的方法

风道内静压测试非常稳定，可以提高其测试精度。如果静压分布与计算值一致，吹入流量或吸出流量就可视为是均匀的。采用这种方法时需要测试风道内壁面摩阻损失系数 λ_b。

·由风道内风速分布推算的方法

风道内风速分布不一样，而且由于送风孔与主风流形成分岔流，排风孔与主风流形成合流，因此风速测试精度很难保证。另外，随着趋近风道末端，其风速变低，测试误差增大。然而，风速分布自风道始端朝末端呈直线减小，由此可大致了解吹入流量的均匀状态。

国外许多工程实例表明，主要用静压推算的方法对通风状态进行判定，同时用风速推算的方法进行验核。

以下按风孔开度调节的顺序，对测试方法作一介绍。

1）主风道内壁面摩阻损失系数

如图25所示，以距风道始端约 $10D_b$ 处和再往末端方向100m处为测试点，对风道内的静压及风速进行测试。测试时关闭 $10D_b+100m+10D_b$ 区段中的所有风孔。此外，一般还应测试风道内空气温度和大气压。由此，摩阻损失系数 λ_b 可按下式计算：

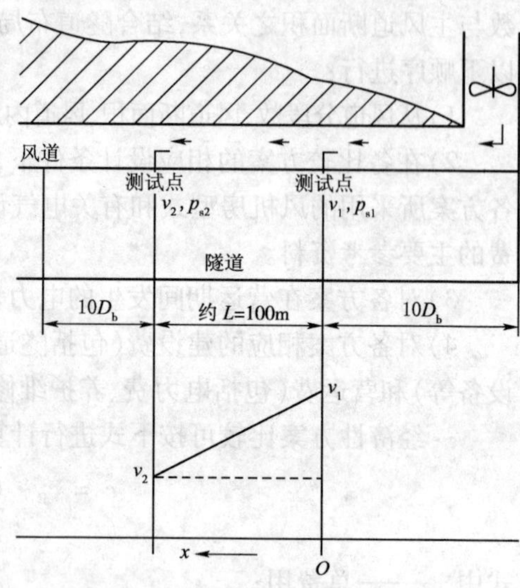

图25 测试点与风速的关系

$$\lambda_b=(p_{s1}-p_{s2})\cdot\frac{D_b}{L_b}\cdot\frac{6g}{\gamma}\cdot\frac{1}{(v_1^2+v_2^2+v_1\cdot v_2)}\tag{16}$$

式中 p_{s1}、p_{s2}——两测点的平均静压（N/m^2）；

L_b——两测点间的距离（m）；

g——重力加速度（m/s^2）；

v_1、v_2——两测点的平均风速（m/s）；

D_b——风道断面当量直径（m）。

测试仪器采用标准毕托管测速仪、倾斜压力计及棒式温度计。

2）初次调节风孔开度

由摩阻损失系数 λ_b 和送（排）风机设计风量可求出风道内静压分布，并通过计算初次（临时）设定风孔开度。当隧道风压分布计算结果在 $20N/m^2$ 以下时可以忽略隧道风压。

风孔开度设定时，当风道长1000m以下则取10个风孔为同一开度，当风道长1000m～2000m则取20个风孔为同一开度，以便于实际控制。

初次调节风孔开度是在隧道无汽车行驶状态下进行的。

3）风道内静压分布及风速分布

在临时设定风孔开度的状态下，再次对风道内静压及风速进行测试。

测试仪器在横向设置于风道横断面中心，在纵向设置于同一开度风孔的中央风机位置，并距顶隔板上面50cm。

毕托管测速仪一般用于测试风速4m/s（动压约为 $10N/m^2$）以上的情况，当在风道末端附近风速非常小时，需要采用热线式风速仪测试。

4）测试结果及其判定

将测试结果用图表示，即得到风道长—静压分布关系曲线和风道长—风速分布关系曲线。要求实测值与其计算值的容许误差在±10%以内。如果不满足此条件，应反复调节风孔开度，并讨论其通风状态，直到满足此条件为止。

5）设定风孔开度

经过上述对测试结果的判定及反复调节后所设定的风孔开度，就能保证隧道内在设计状态下的等风量分布(即吹入风量均匀)。需要说明的是,上述调试工作是在非设计状态(即隧道无行车或少行车的情况)下进行的,因此,所设定的风孔开度在设计状态下是偏于安全的。

3.7.4 连接风道

1 连接风道包括主风道与风机房之间的连接风道、隧道主洞与风机房之间的连接风道、竖井与风机房之间的连接风道等。

2 连接风道断面积、长度和断面形状等的设计,应进行经济分析比较。

3 连接风道内的风压损失由摩阻损失与风道形状变形(如弯曲、断面扩大与缩小、分岔、合流等)产生的局部损失两部分构成,不得缺漏。

3.7.5 各类风道的压力损失

风道壁面摩阻损失系数和风道变形损失系数的取值对压力损失的大小有着密切关系,应合理取值。

当风道在短距离内连续出现变形(弯曲、折曲、突扩、突缩等),其压力损失非常大,应尽可能通过试验来确定具体的损失系数值。

各类风道的压力损失系数可参照本规范附录A取值。

3.8 风机房与通风井

3.8.1 风机房与通风井、连接风道、主风道和隧道构成完整的通风系统,它的规划与设计是否合理,至关重要,因此要求风机房满足功能要求,位置合适,结构可靠,外观协调,便于养护维修及营运管理。

3.8.2 洞外风机房

当采用集中送入式或横向式通风方式时,风机房可设置在隧道洞口处,其中可分为在两洞口间设置的形式和路堑单侧设置的形式;当采用竖井通风方式时,风机房可设在竖井地表口处。

应根据洞口或竖井周围地形条件、两洞口轴向间距等因素,合理确定风机房位置。城镇附近的隧道还应考虑对洞口附近城市设施的影响。

当在两洞口间设置风机房时,应注意与洞口环境的协调,避免对行车造成压抑感。

3.8.3 洞内风机房

当采用竖井通风且洞外设置风机房有困难时,可将风机房设置于竖井底部。洞内风机房内应考虑防湿、防尘、降噪和温度调节,同时应具有自身通风设施。

据国外一些技术资料,20世纪90年代以前,隧道风机房较多设置在隧道洞口附近和竖井地表换风塔口附近,但进入20世纪90年代后,一些国家尤其是日本在采用竖井通风方式时,较多地将风机房设在地下即竖井底部与正洞连接处的山体内。这种设置方式在工程费用方面一般高于洞外设置方式,但可节省土地,保护植被环境,并且由于风机房位于隧道内路侧边,便于设备的维护管理和工作人员的进出。我国为数不多的几座设竖井通风的隧道均采取洞外设置风机房的方式,还未有洞内设置风机房的工程实践,有待今后积累经验。这里示出几座国外隧道工程实例(图26~图28),仅为参考。

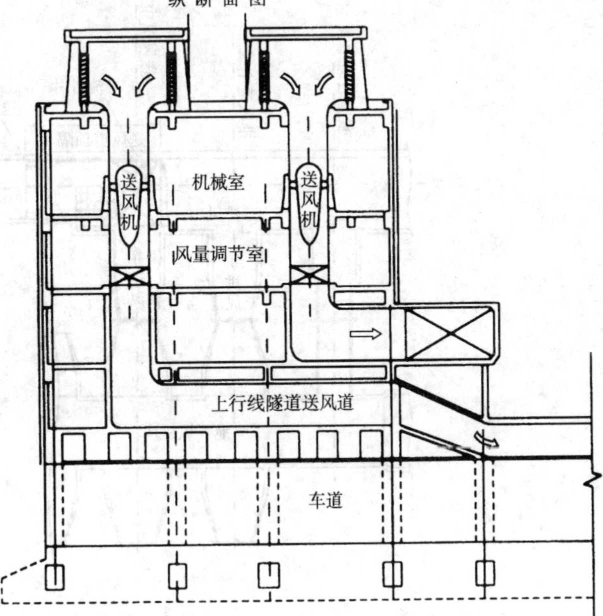

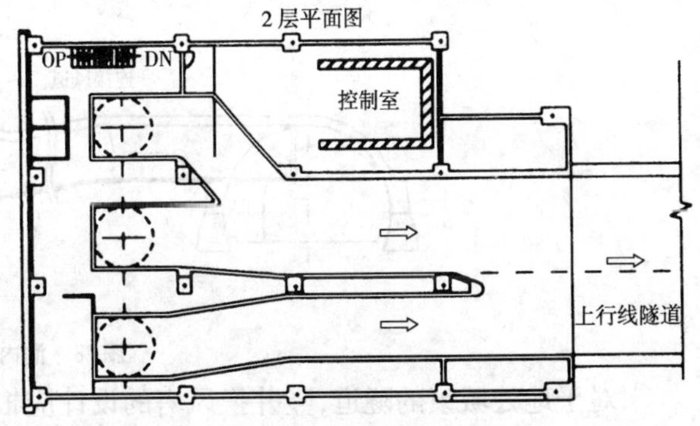

图26 两洞口间设置风机房实例

3.8.4　通风井(竖井换风塔)的排风扩散要求

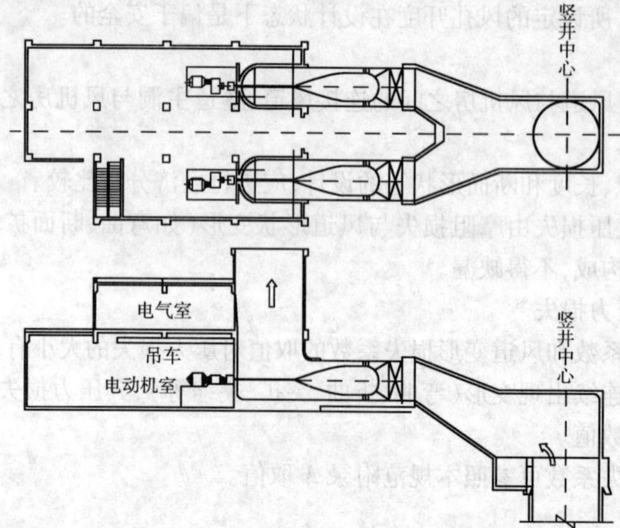

图27　竖井口(地表)设置风机房实例

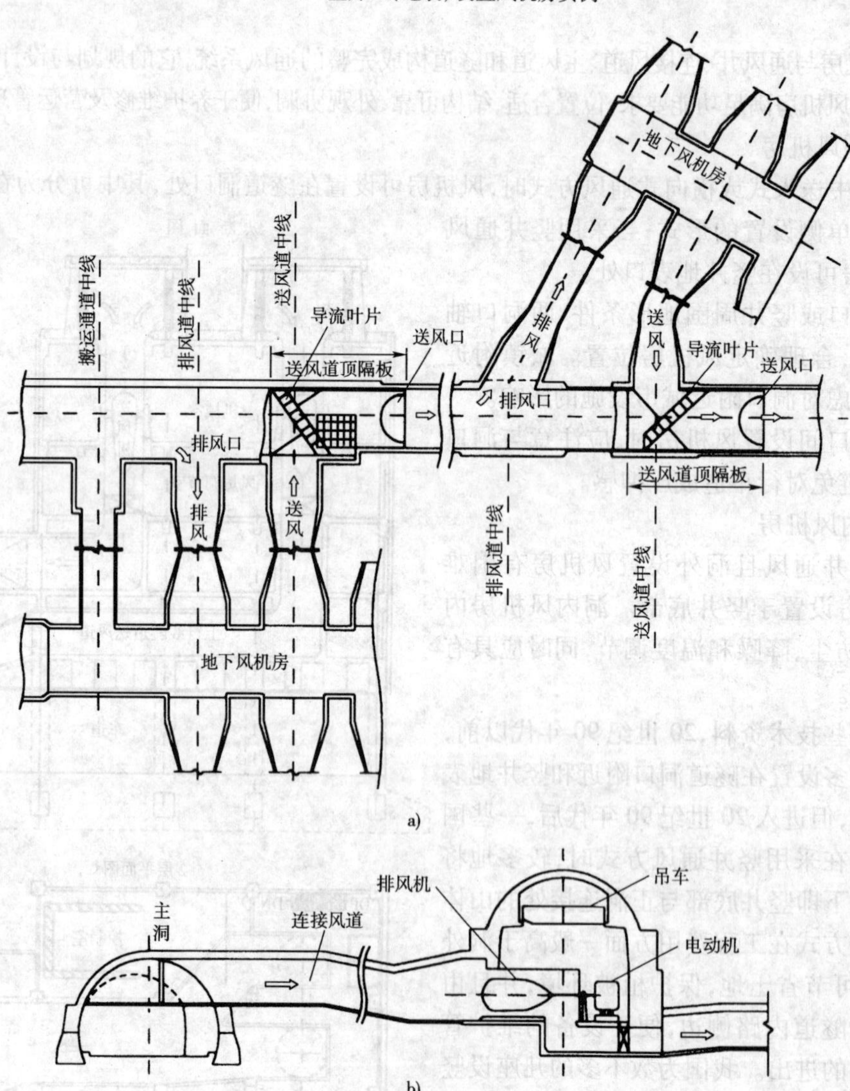

图28　洞内设置风机房实例

对于地处城镇的隧道,竖井换风塔的设计应根据所处位置注意防止排风扩散对周围大气环境的不良影响,必要时应对此影响作出评价并采取防范措施。其调查和评价内容应包括排风的上升高度、排出角度、扩散宽度、扩散浓度以及井位附近的大气主导风向等。

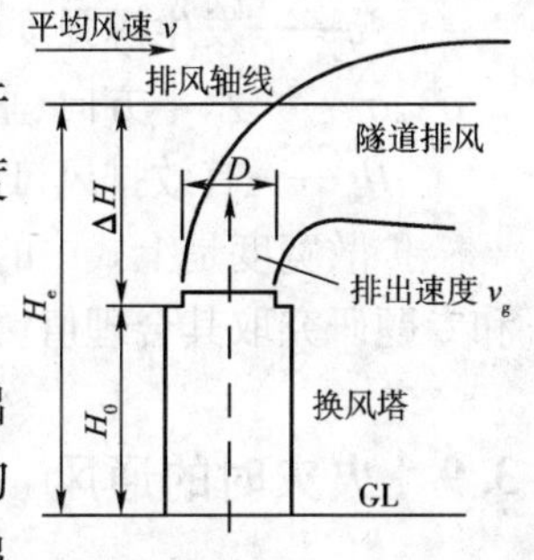

图 29　排风口有效高度

竖井换风塔应设置在地形较为开阔其扩散效果良好的地带。换风塔设于山坳中时，在地势上应有一方朝开阔方向，以提高换风质量。风塔排风口高度宜高出送风口 5m。

1　排风上升高度

地面换风塔的排风（吹出）口附近，有管理所和人员以及各通风设备，吹出的废风有一定污染，应有环保要求，因此排风口应有足够的高度。排风口的构造应考虑风口周围的地形、植被等自然条件来确定，一般而言，朝上开口吹出的形式较为有利。表 15 所示为排风口构造形式与排风上升效果。

有效排风口高度 H_e 应为排风口结构高度 H_0 加上排风上升高度 ΔH（图 29 所示），即

$$H_e = H_0 + \Delta H \tag{17}$$

表 15　换风塔排风口构造与排风上升效果

排风口型式			排气上升效果
朝上吹出	A	v_g 钢网	构造与工厂烟囱基本相同，其排出速度可以有效地改变上升高度
	B	雨棚百叶片	排气吐出方向由于有叶片而变成斜向，对上升高度的改变不利
	C		与 B 同
侧面吹出	D	钢网	排气的排出速度不能左右上升高度
	E	栅百叶窗	由于有叶片朝下，排出速度减小了排风高度，是一种不利的型式

由于汽车尾排气体有一定热量，排出的气体与大气存在温差，具有少量上浮力，但这里忽略这一小量，只考虑排风机械产生的排出速度，采用国际较普遍的 Bosanguet 计算公式来计算排风上升高度 ΔH，即

$$\Delta H = \frac{0.65 \times 4.77}{1 + 0.43 \times \dfrac{v}{v_g}} \cdot \frac{\sqrt{Q_e \cdot v_g}}{v} \tag{18}$$

式中　Q_e——排风量（m^3/s）；

v_g——换风塔排风口风速（m/s）；

v——大气平均风速（m/s）。

2　排风的扩散

排风口的扩散计算方法可按工厂烟囱的排烟问题一样考虑。

一般假设扩散气体的污染浓度分布为正态分布，其扩散计算公式称为正态型扩散式。计算式以排出源（排风口中心）为原点，沿风向为 x 轴，水平向为 y 轴，垂直向为 z 轴。

地表面浓度（取 $z=0$）可按式（19）计算：

$$C(x,y,0) = \frac{q}{\pi \cdot \sigma_y \cdot \sigma_z \cdot v} \cdot \exp\left[-\left(\frac{H_e^2}{2\sigma_z^2} + \frac{y^2}{2\sigma_y^2}\right)\right] \tag{19}$$

式中　C——浓度（ppm）；

q——发生源强度(ml/s);

σ_y、σ_z——水平方向、垂直方向的扩散宽度(m);

H_e——有效排风口高度(m)。

扩散宽度是上式中的重要参数,它与大气稳定度、地面糙度等诸多因素密切相关,应通过大量调查和专题研究取其合理值。

3.9 火灾时的通风

3.9.1 火灾排烟设计应结合避难设施和通风控制统一考虑。本文借鉴日本通风设计指南,提出1500m的长度。

3.9.2 隧道排烟风速2m/s~3m/s,是按一般隧道火灾,产生20MW的热量控制的排烟风速取值;对汽油车相撞产生500MW以上的热量,排烟风速要求5m/s以上,如以此设计很不经济,建议特殊车辆通过隧道可定时并由引导车开道。

3.9.3 排烟分区长度建议取1000m,是基于与避难横通道所处位置基本对应而提出来的。

3.9.4 半横向和全横向通风可通过风道实现排烟要求;纵向通风主要通过控制风速、风向及竖井排烟等手段达到控制烟雾行程的目的,必要时可通过射流风机的风向逆转来实现排烟。

3.10 通风监控

3.10.1 当隧道内发生如火灾等异常情况时,应通过对异常情况的监控和通风控制,使异常情况的规模得到控制,并尽快恢复正常的营运环境。

3.10.2 控制方式

控制方式大致可分为自动控制和手动控制两类。每座隧道应根据其隧道长度、公路等级、交通量等要素选择合适的控制方式。

自动控制方式由设置于隧道内的烟雾透过率传感器、一氧化碳浓度传感器、车辆检测器、风向与风速测试仪所得到的传感信号,通过控制网络进行风量控制。

手动控制方式是靠人工操纵仪器控制风量,它分为联动控制与单独控制。

联动控制——预先确定风量档次,通过单手操纵风量各档按钮,使其相关仪器和机械产生联动,由此控制风量。当自动控制系统出现故障或检修时可使用联动控制;对于高速公路的特长隧道,亦可与自动控制结合使用。

单独控制——可由人工对各仪器和机械单独控制,亦可对几个相关联的附属机械实施局部联动控制。当自动控制或联动控制出现故障或检修时可使用单独控制;对于低等级公路中的中、短隧道,可使用单独控制。

3.10.3 控制方法

1 直接控制法

可通过分布在隧道内各点的烟雾透过率传感器和一氧化碳浓度传感器,直接检测行驶车辆排放出的烟雾浓度和CO浓度值,经计算处理后,给出控制信号,控制运转风机,供给必要的新鲜风量,稀释烟雾浓度和CO浓度,以达到设计要求的洞内卫生与安全标准。

直接控制法的主要设备由控制中心计算机系统、区域控制器、VI传感器、CO传感器、风机控制柜及风机构成。

基于VI、CO浓度信息的直接控制法较为简单、直接,我国许多隧道目前较普遍采用这种方式。直接控制法的控制图如图30所示。

2 间接控制法

可根据进入隧道前区段的交通量信息及埋在洞内路面下的车辆检测器,实时了解隧道内交通量、行车速度、车辆构成等,通过检测交通流状况,分析并计算出车辆烟雾和一氧化碳的排放量,实施风量

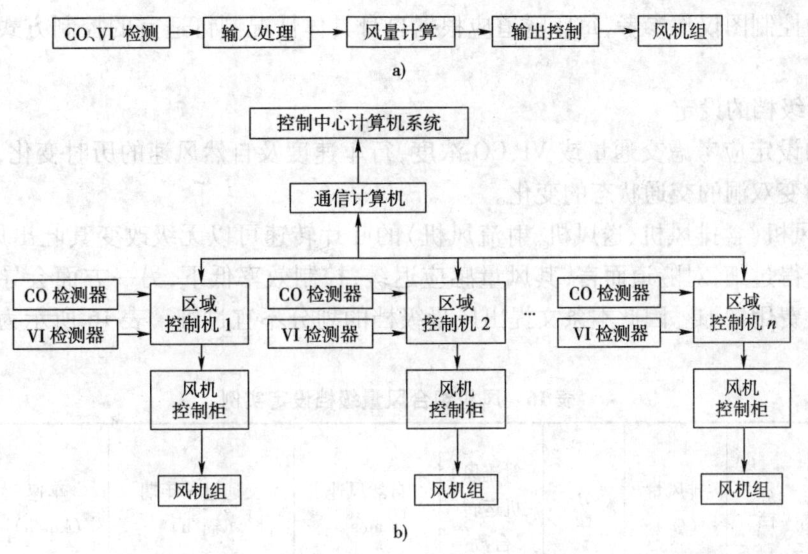

图 30　直接控制法的流程图

a）控制流程；b）控制方式

控制。

间接控制法的主要设备由控制中心计算机系统、区域控制器、交通量信号板、车辆检测器、风机控制柜及风机构成。

间接控制法的核心是通过车辆分类检测装置，在检测交通量和车速的基础上，同时把各种车辆按类型检测出来。目的在于减少 VI 和 CO 的计算误差，提高通风控制精度。该方法的控制流程比直接法复杂，其检测技术与设备要求较高，在我国的实际应用受到限制，但国外一些发达国家如日本等常采用这种方法，效果良好。间接法的控制图如图 31 所示。

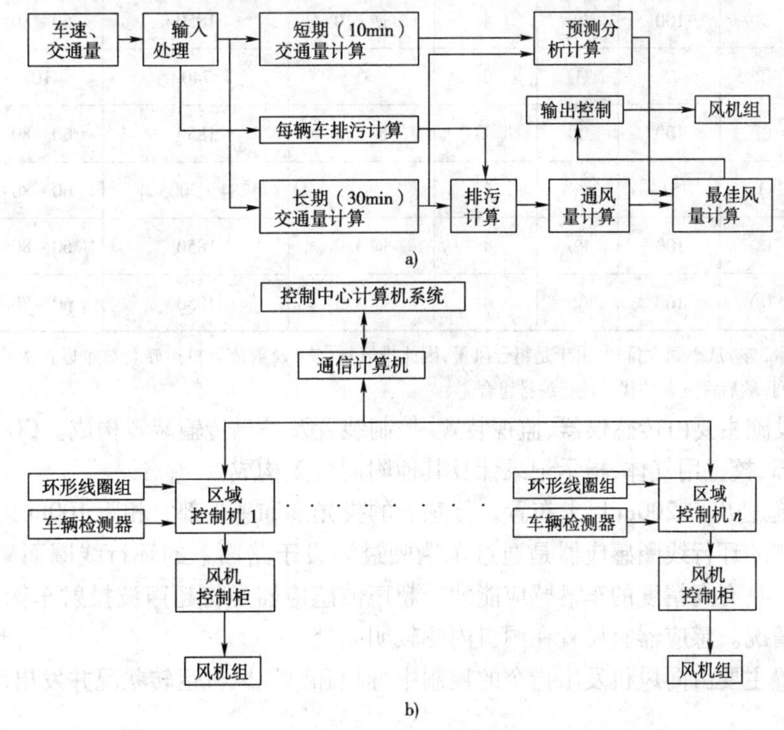

图 31　间接控制法的流程图

a）控制流程；b）控制方式

3　程序控制法

该方法不考虑 VI、CO 浓度及交通量的变化情况，而是按时间区间（如白昼与夜晚，节假日与平时）预先编成程序来控制风机运转。

以上示出的控制图仅作参考，每座隧道应根据自身具体情况制订适宜的控制方式并编制相应的控制程序。

3.10.4 风量级档的设定

风量级档的设定应考虑交通量或 VI、CO 浓度，行车速度及自然风速的历时变化，还应考虑分期修建情况下由单洞变双洞的交通状态的变化。

一般来说，风机(含排风机、送风机、射流风机)的叶片转速可以无级改变其吐出风量，但如果按无级控制或级档分得过细，对隧道而言，其风量感应迟缓，控制效率低下，另一方面会导致控制系统复杂化，设备消耗大，费用增加。因此本条文提出风量级档的划分不宜过细。表 16 所示为风量级档设定实例，仅作参考。

表 16 风机组合风量级档设定实例

分档	送风量(%)	分档	排风量(%)	分档	射流风机运转台数	自然风速(m/s)	交通量·年期(辆/h)	车速(km/h)	车向	平均设计风速(m/s)
	0		0		0					
①	20	③	100	②	4	顺 1.0	1850	60~80	单	6.8
②	30	③	100	②	4	0	1850	60~80	单	6.8
③	46	③	100	②	4	逆 1.5	1850	60~80	单	6.8
④	(54)51	①	51	②	4	0	874·2002 年	60~80	双	3.4
④	54	①	50	①	0	逆 3.5	1330	40	单	4.0
⑤	(68)60	③	100	②	4	逆 2.0	1850	60~80	单	6.8
⑤	68	②	75	①	0	0	740	10	单	4.2
⑥	74	③	100	②	4	逆 2.5	1850	60~80	单	6.8
⑦	81	①	51	③	8	0	1284·2005 年	60~80	双	4.2
⑧	91	③	100	②	4	逆 3.0	1850	60~80	单	6.8
⑨	100	③	100	②	4	逆 3.5	1850	60~80	单	6.8

注：本表是按送风量(%)从小到大排列，由于是组合风量，因此排风量(%)及射流风机运转台数难以按大小顺序排列。当然，也可将其按大小排列，然后将三者的代号进行编排组合。

3.10.5 监控设施主要由传感仪器、监视装置、控制装置及信息传输装置构成。CO 仪由试料采集部、红外线气体分析部、校正用气体、指示记录计及其他附属装置构成。

VI 仪宜距隧道进出口 200m 以上布置。传感器的投光部和感光部宜相距 100m 设置。

用于车辆检测的环行线圈感应器是通过车辆驶过埋设于路面下的环行线圈而感应线圈的电感变化，检测车辆情况，具有高精度的车辆感应能力。超声波感应器是将超声波投射车辆，根据其反射波的变化来检测车辆情况。感应器宜设置在洞口内侧较明亮处。

自动控制装置主要由向风机发出指令的控制中继柜和监视风机运转状况并发出手动运转指令的监视控制柜构成。

自动控制应采用工业用控制计算机。

3.10.6 火灾时的通风监控要求

1 通风控制系统应考虑火灾发生时的排烟功能。

2 火灾发生后风机的运转模式，应能防止烟雾扩散，确保火点附近的司乘人员在疏散避难过程中具有一定的视觉条件，并尽力确保消防工作起码的作业环境。

3　应根据隧道长度和通风方式等将隧道划分成若干个排烟区段(一般与通风区段一致)。当为竖井送排式纵向通风方式时,以竖井为界,可划为2个排烟区段。当火点发生在第1段时,应由排风机风口排烟;当火点发生在第2段时,应由隧道出口排烟。有时送排风口间的短道亦可作为一个区段。当横向通风方式时,可酌情划分多区段排烟。

应考虑自然风等因素对洞内的影响,将排烟运行分为排烟 *A* 类型和排烟 *B* 类型,并确定相应的风机风量或风机运转台数。表17所示为排烟区段划分实例,仅作参考。

表17　竖井纵向通风方式的排烟区段划分实例

火点位置	排烟类型	送风机风量	排风机风量	*JF* 运转台数
Ⅰ区段	*A*	20%	100%	0
	B	100%	100%	4台
Ⅱ区段	*A*	100%	0	0
	B	100%	100%	4台
短道	*A*	20%	100%	0
	B	100%	100%	4台

注:*A* 类型表示隧道内不受自然风影响($v_n=0$)的情况;

B 类型表示自然风速($v_n=3.5\text{m/s}$)逆吹的情况。

4　排烟时隧道内风速应满足本规范3.9.2条的要求。

3.10.7　隧道通风监控设施可根据计算行车速度、隧道长度、设计交通量和实际平均行车速度的情况进行配置。实际平均行车速度应通过对实际行车速度进行实地观测统计获得;当有困难时,亦可假定与计算行车速度相同,作近似处理。

4 照明

4.1 一般规定

4.1.2 洞外亮度是隧道照明的重要基准之一，洞口方位对洞外亮度影响较大，在设计阶段之初，应做调查。

交通量与照明水平关系密切，交通量越大，事故发生的几率越高，对照明水平的要求也越高。早在60年代，意、法两国之间的 Mont Blanc 隧道（长11.6km）就按交通量的变化进行照明调光。80年代之后，各国新编隧道照明规范均在设计指标中综合了交通量及交通状况的影响因素。本规范亦作如此考虑，故要求进行交通状况的调查。

隧道内废气的排放方式与情况对照明有很大影响。如果在入口端洞口排出大量废气，其微细颗粒受日光照射后，经散射和反射就会产生白色光幕，将降低亮度对比度和照明效果，设计时应予充分考虑。初设时要对通风方式、布置方案及通风标准做详细调查。

为了确定养护系数 M，设计之初应了解营运管理组织方式和管理方式。

4.1.4 照明用计算行车速度

计算行车速度在公路隧道照明中是个极为敏感的参数，对整个照明系统的投资与营运电费影响很大。日本东京湾海底隧道曾做过详细比较，如其他参数相同，仅是车速由80km/h提高到100km/h，其结果照明设备费提高60%～61%，营运电耗提高63%～66%。

俄罗斯有关研究机构曾做过现场实测，在车辆通过隧道洞口前后，会很自然地降速，进洞后再行回升。日本许多隧道实测结果也证明，通过隧道时，车速普遍下降30%左右。这一现象对隧道照明影响较大，故 PIARC1995 报告建议，凡通行货车的公路隧道，计算行车速度不超过80km/h。因此，在选用计算行车速度时应慎重。

4.1.5 亮度

光源、透过率（烟雾浓度）都对照明水平的要求有较大影响，日本照明专家曾做过大量的实测，予以证实。详见本规范第3.3.3条的条文说明图3。

维持亮度是指灯具在养护、清洗前的亮度，较初装亮度低。设计时，应在照明计算结果中除以养护系数 M。M 值一般可取0.6～0.7。日本隧道照明设计规范对此取值较低，如表18所示。这并不说明日本的养护工作周期长，清洗不及时，而与日本隧道照明设计规范所规定的入口加强段照明亮度远较其他国家为低有关。

表18 日本的养护系数 M

交通量（辆/d） \ 隧道长度（m）	>1500		500～1500		<500	
纵坡（%）	>2	<2	>2	<2	>2	<2
>20000	0.4	0.5	0.5	0.55	0.55	0.6
10000～20000	0.45	0.55	0.55	0.6	0.6	0.65
5000～10000	0.5	0.6	0.6	0.65	0.65	0.7
<5000	0.55	0.65	0.65	0.7	0.7	0.75

注：该表为双向交通的情况。当单向交通时，养护系数可在表中数字基础上增加0.05。

路面平均亮度与平均照度间的换算率,不仅与路面材料有关,还与路面的使用龄期有关。新的沥青路面较黑,新的混凝土路面较白,随着使用年数的增长,前者黑度降低,后者黑度增大。因此换算率宜在一个范围内选取,如图 32 所示。

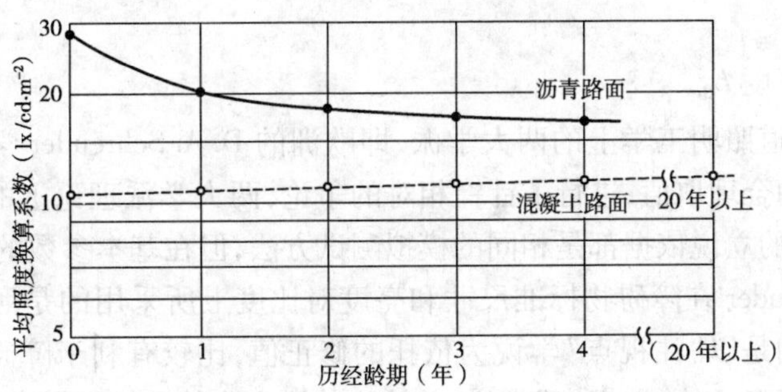

图 32 平均照度换算系数的历年变化

4.2 中间段照明

4.2.1 中间段亮度 L_{in}

1 该款内容主要借鉴 EURO STD(欧盟隧道照明标准,1997 版)和日本《隧道照明指针》(1990 版)中的有关规定,较《隧道与地道照明准则》(CIE TC4—08)(1990 版)标准低。

2 长隧道有充分的适应(过渡)时间,故 L_{in} 可适当降低。

3 所提出的照明亮度是以墙面2m 高范围内铺反射率 $\rho \geqslant 0.7$ 的装修材料为前提的。

如图 33 所示,墙面的反射与衬托作用在隧道照明中非常重要,不容忽视。当墙面反射率达到 0.7 时路面亮度可提高 10%。1992 年,我国上海黄浦江水下隧道曾对隧道墙面上采用喷塑铝合金板、苯丙乳液涂料、平光瓷砖、白色有光瓷砖、搪瓷钢板等各种护面材料进行现场实测,结果仅白色有光瓷砖达标。

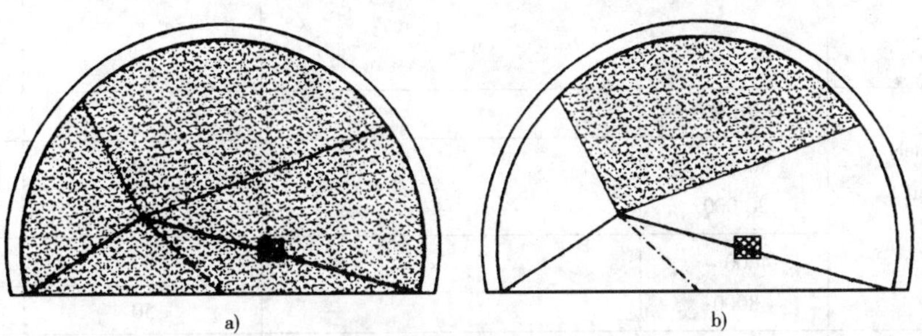

图 33 墙面亮度衬托效果示意图

a)无瓷面砖;b)有瓷面砖

4.2.2 灯具布置形式如图34 所示。

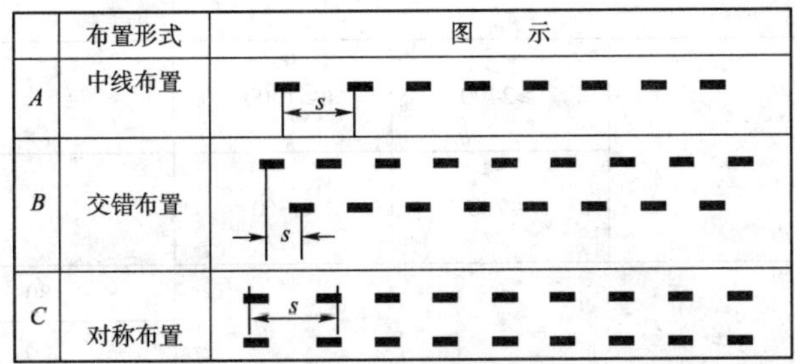

	布置形式	图示
A	中线布置	s
B	交错布置	s
C	对称布置	s

图 34 灯具布置

路面亮度总均匀度 U_0、纵向均匀度 U_1 与隧道的设计交通量有密切关系,该两款参照了 EURO STD(欧盟隧道照明标准,1997 版)取值,较 CIE TC4—08 规定有所调低。

4.2.3 应急停车带上经常进行车辆检修，故宜采用显色指数高的荧光灯光源。

4.3 入口段照明

4.3.1 入口段照明亮度 L_{th}

自60年代开始，隧道照明工学上的两大学派，即欧洲的D. A. Schreuder学派和日本的成定康平学派，长期以来围绕 k 值的合理取值，进行了针锋相对的争论，两大学派理论上的分歧集中反映在 k 值两者差达5倍之多。两派的立说依据都是相同的模拟测试方法，但在基本参数的选用上差别较大。

从表19可见，Schreuder在障碍物标准尺寸和亮度对比度上所采用的是照明工学上国际通用常规值，而成定康平所采用的是以"注视点"学说为依托的修正值，比较有利于障碍物的视认。可是成定康平已于1984年宣布放弃自己的"注视点"学说，并认为他所主张的 k 值应提高1倍左右。

表19 两大学派的基本参数差异

	障碍物标准尺寸	亮度对比度	模型显示时间
Schreuder	20cm×20cm	0.2	0.1s
成定康平	25cm×25cm	0.25	0.5s

表20所示为各国际学术团体及不同国家最近采用的 k 值。本条文采用的 k 值是两大学派荐用值的中间值。

表20 国际学术团体及不同国家采用的 k 值

	交通量			车速 v(km/h)	D_s (m)	k
	AADT (辆/d)	N(辆/h) 单向交通	N(辆/h) 双向交通			
PIARC(1987)					100	0.06
					60	0.05
CIE TC4-08 (1990)					100	0.06
					60	0.05
NDG Road Tunnels (挪威公路隧道设计准则) (1990)	>20 000					0.05
	8000～20 000			80		0.05
				50		0.025
	4000～8000			80		0.03
				50		0.015
BS 5489/7 (1992)				80		0.06
				50～70		0.05
CNBE(1997)					100	0.06
					60	0.05
EURO STD (1997)		≥2400	≥1300		100	0.05
					60	0.035
		≤700	≤360		100	0.025
					60	0.015
日本隧道照明指针 (1990)				80		0.02
				60		0.015

4.3.2 洞外亮度 $L_{20}(S)$

1 洞外亮度 $L_{20}(S)$ 是指在接近段起点 S 处，距地面1.5m高正对洞口方向20°视场实测得到的平均亮度。洞外亮度 $L_{20}(S)$ 是照明系统的设计基准之一。洞外亮度 $L_{20}(S)$ 的正确设定，对工程投资和营运电费都有极大的影响，不容忽视。日本东京湾海底隧道曾于设计中做过详细比较。在其他条件（包括车速)相同的情况下,如 $L_{20}(S)$ 分别设定为 4000cd/m² 与 6000cd/m²,则设备费相差 34%,年电耗量(kW·h),相差达 30%。因此,宜通过洞口山坡绿化或对结构物进行减光处理,尽量降低洞外亮度。

本规范表 4.3.2-1 中,当 20°视场中天空面积比大于或等于 25% 时,北洞口的 $L_{20}(S)$ 较南洞口大,此与《隧道与地道照明准则》(CIE TC4—08)(1990 版)、BS 5489/7(英国国家标准,1992)、CNBE(比利时隧道照明国家标准,1997)及 EURO STD(欧盟隧道照明标准,1997 版)所提一致,但与日本《隧道照明指针》(1990 版)提法相反。本规范采纳了前者的观点,表 21 可说明理由。

表 21 行车方向与景物亮度关系

行车方向	天 空	路 面	岩 石	树木、草地	建筑物
N	8000	3000	3000	2000	8000
E、W	12 000	4000	2000	2000	6000
S	16 000	5000	1000	2000	4000

由于 $L_{20}(S)$ 随纬度、季度、气象变化,本规范表 4.3.2-1 所提供的仅是粗略的设计参考值。雪地环境中 $L_{20}(S)$ 会较高,但行车速度亦相应下降,故该表中不提雪地环境中的 $L_{20}(S)$。

2 黑度法是一种简易的实测法。实测时,在接近段起点 S 距地面 1.5m 高处,正对洞口拍摄黑白照片,拍摄时在洞口旁立一已知亮度的灰板,作为参照物,然后将冲洗出来的胶片置于黑度仪上测读 20°视场内各景物的黑度,经权重计算得出平均黑度,从而确定现场的洞外亮度 $L_{20}(S)$ 值。实测应在夏季(6、7、8 月)晴天无云时连续进行 3 日,每日测读 5 次(11:00 至 15:00 时,时距 1h)或 11 次(8:00 至 18:00 时,时距 1h)。

4.3.3 入口段长度 D_{th}

为保证驾驶员对路面上(标准高 20cm)障碍物的视认能力,在障碍物背后应有一段最小长度为 b 的明亮路面,如图 35 所示。

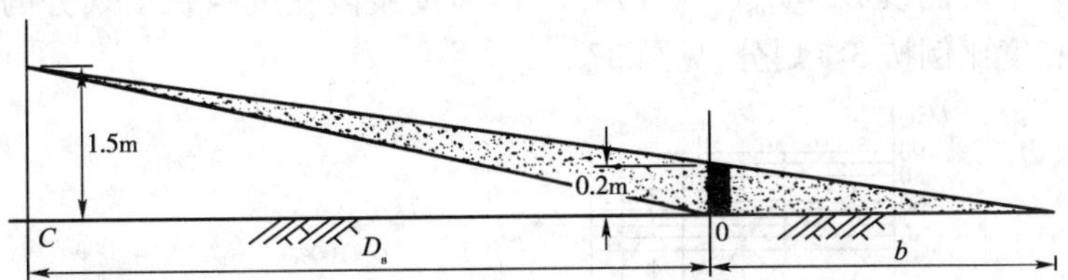

图 35 照明停车视距与最小衬托长度

车辆驶至洞外适应点 A 时,驾驶员的 20°视场中,洞外景物基本消失。适应点 A 与洞口 P 间的距离 d 称为适应距离[$d=(h-1.5)/\tan10°$],如图 36 所示。

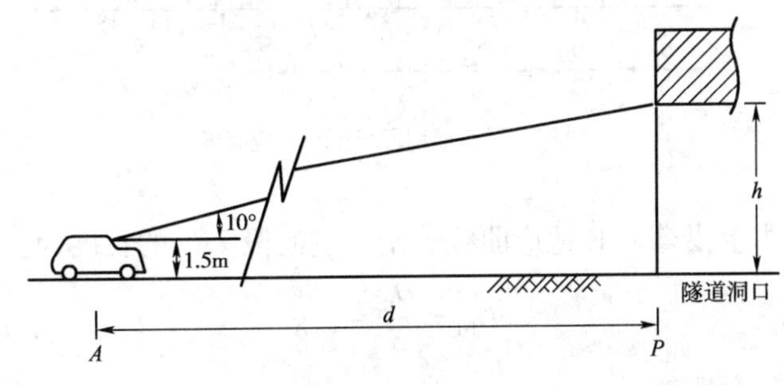

图 36 适应距离

入口段长度 D_{th} 可根据车速、视距、最小衬托长度、洞口净空高度、适应距离进行计算,表 22 所示为计算示例。

表 22　D_{th} 计算示例

计算行车速度（km/h）	停车视距 D_s（m）	最小衬托长度 b（m）	洞口净空高度 h(m)		
			6	7	8
			适应距离 d(m)		
			25.5	31.2	38.9
100	158	24.3	157	151	143
80	100	15.4	89.9	84.2	76.5
60	55	8.5	38	32	25
40	27	4.2	10	10	10

4.3.4　由于洞外日光的投射进入，洞口以内一定范围内有较高亮度。这种自然光可利用作为入口段加强照明的组成部分，因此参照了英、日两国规范，将洞口以内 10m 范围内的加强照明灯具予以省略。

4.3.5　连续隧道入口照明

连续隧道指两隧道间正常行驶时间小于 30s 的隧道。在连续隧道中，后续隧道入口照明的标准，国内外的研究资料与成果较少，仅日本有关研究人员对此进行了研究，这里借鉴了其研究成果。同时考虑到我国山区高速公路建设必然出现连续隧道，因此将连续隧道的照明纳入本规范，可参照执行。

4.4　过渡段照明

4.4.1　过渡段亮度 L_{tr}

本规范采用 CIE 适应曲线 $L_{tr}=L_{th}(1.9+t)^{-1.4}$ 作为过渡段亮度与长度划分的依据。TR_1、TR_2、TR_3 三个过渡照明段的亮度比例按 3:1 划分，见图 37。

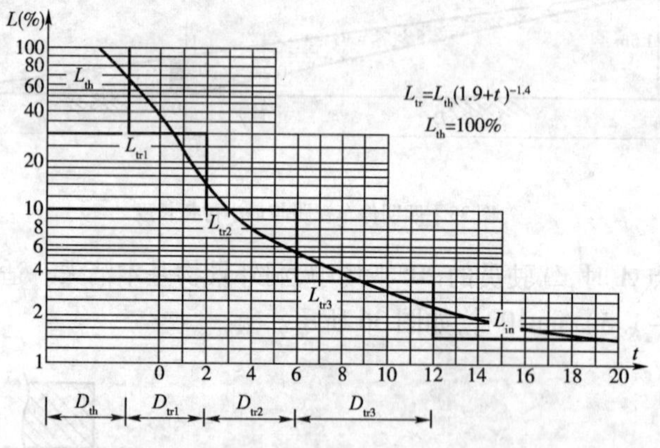

图 37　过渡照明段长度与相应亮度

4.4.2　过渡段长度 D_{th}

各过渡段的长度，基本上沿着 CIE 适应曲线分割。过渡段 TR_1 的长度为：

$$D_{tr1}=\frac{D_{th}}{3}+\frac{v}{1.8} \tag{20}$$

式中　$v/1.8$——2s 内的行驶距离。

过渡段 TR_2 的长度为 $D_{tr2}=\dfrac{2v}{1.8}$，相当于 4s 内的行驶距离。

过渡段 TR_3 的长度为 $D_{tr3}=\dfrac{3v}{1.8}$，相当于 6s 内的行驶距离。

过渡段长度 D_{tr} 计算见表 23。

表 23　过渡段长度 D_{tr} 计算表(m)

计算行车速度 v_t (km/h)	D_{tr1}			D_{tr2}	D_{tr3}	计算行车速度 v_t (km/h)	D_{tr1}			D_{tr2}	D_{tr3}
	h						h				
	6	7	8				6	7	8		
100	108	106	103	111	167	60	46	44	42	67	100
80	74	72	70	89	133	40	26	26	26	44	67

4.5　出口段照明

4.5.1　在隧道出口附近,前车背后的小型车辆常难以发现、视认,容易发生车祸。设置出口加强照明后,可消除这类视觉困难(如图 38 所示)。

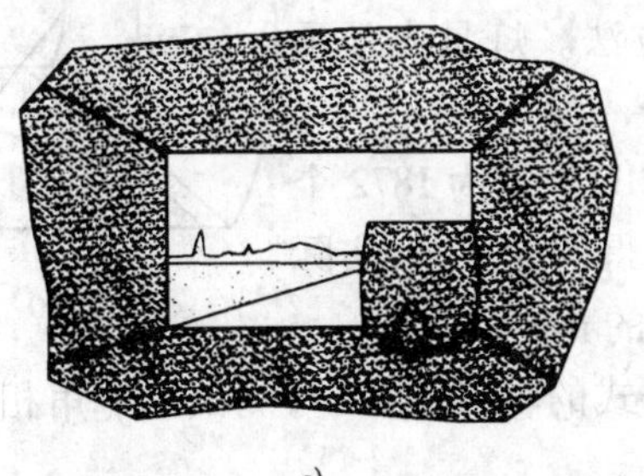

a)

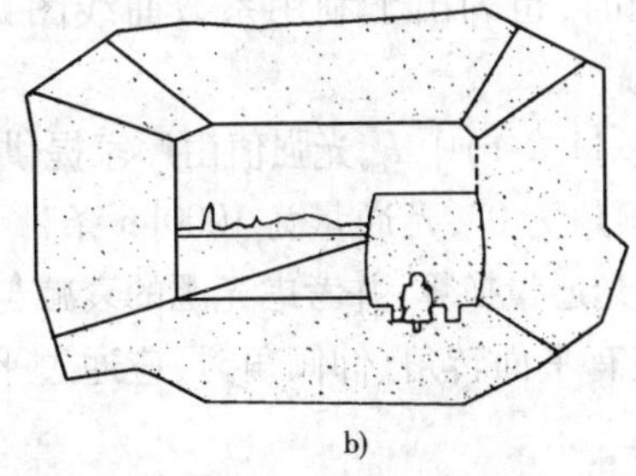

b)

图 38　出口加强照明效果

a)未设加强照明;b)设加强照明

4.7　光源与灯具

4.7.1　隧道照明目前多采用效率及透雾性能较好的高压钠灯,对显色性要求较高的隧道和特殊地段较多采用荧光灯。

4.7.2　隧道照明灯具的防护等级参照 CIE《隧道和地下通道照明指南》(1990 版)的要求取值,IP65 的含义是:防尘达到 6 级,无尘埃进入;防水达到 5 级,任何方向喷水无有害影响。

4.8　接近段的减光

4.8.1　采用削竹式洞口并辅以大幅坡面植被时,即使 20°视场中天空所占比例较多,$L_{20}(S)$ 值仍远低于端墙式洞门,如图 39(a)所示。

洞外亮度 $L_{20}(S)$ 对整个照明系统的影响极大,若对洞门做明亮装饰会倍增洞外亮度,加剧“黑洞效应”,导致照明能耗的浪费。图 39(b)所示为洞门做明亮装饰后,使 $L_{20}(S)$ 提高的情况。

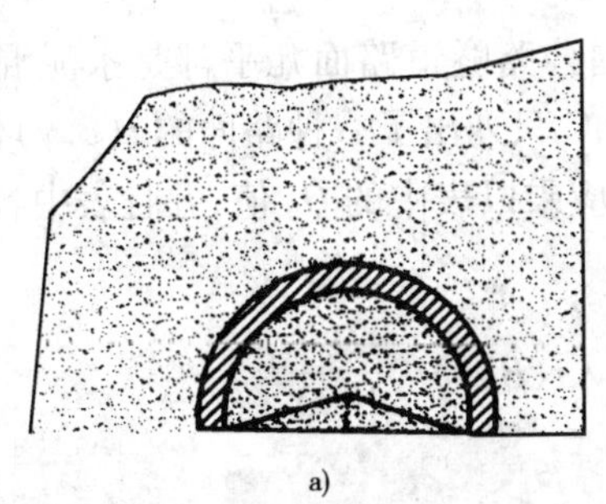

a)

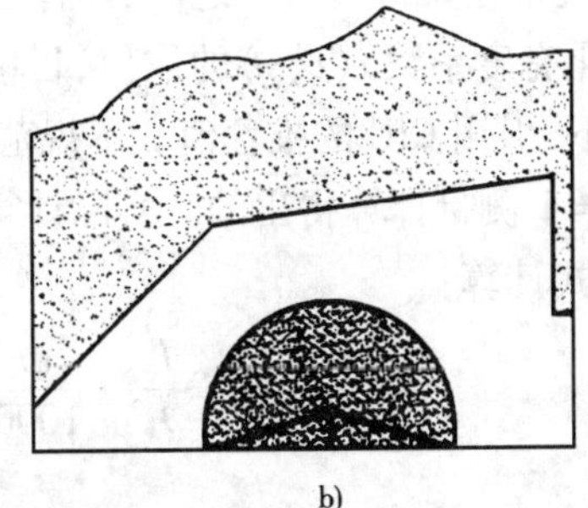

b)

图 39　洞口(门)形式对洞外亮度的影响

a)削竹式洞口;b)明亮装饰洞口

4.11 照明计算

4.11.1 照明计算除与灯具的规格、型号、光源类型、隧道断面形式、灯具布置方式直接有关外，灯具制造厂还应根据国家和CIE的有关规定、测试方法，提供灯具的性能指标、光度数据等。按CIE的要求，需要提供36个γ角，52个c角所对应的光强表，共计1872个数值，才能进行照明数值计算。

4.11.2 照度计算

照明计算的方法很多，传统的如经验表格法、等照度曲线法、利用系数法等，但是计算精度均不高，不能全面评价照明的效果与质量。随着计算机技术的发展与普及，根据厂家提供的光度数据表，已经可以实现繁琐的重复计算工作，得出路面上乃至隧道墙面上任意一点的照度与亮度。本规范推荐数值计算方法（CIE法）的同时，也列出了利用系数曲线图计算方法。灯具光强示意图见图40。

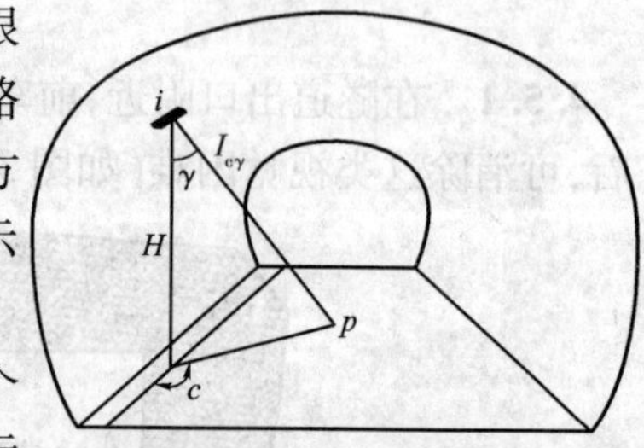

图40 灯具光强

本条文式(4.11.2-1)中$I_{c\gamma}$光强值由厂家提供，按CIE规定为1872个数据；在灯具仰倾角为0°，光通量为1000lm条件下，所得的光强表，实际计算时应按额定光通量换算，并考虑光源的衰减与灯具的养护系数。

当灯具安装有平面转角、仰倾角时，应通过平面公式的转换，求出与测试c、γ角相一致的角度。内插求出$I_{c\gamma}$值。

关于计算灯具的选取数量n值，通过相关计算表明，隧道内距计算区域（假定为S_0）一倍以上的灯具影响较小，可以不考虑。故一般情况下，取计算区域前后各一组，计算区域之外，另计2~4个灯（如图41所示）。

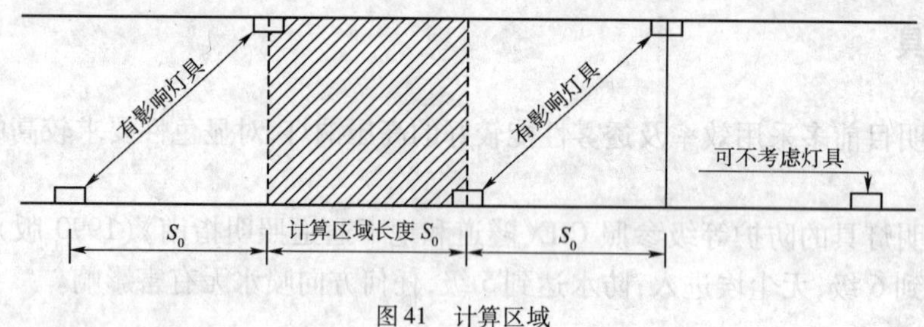

图41 计算区域

为保证计算精度，且符合计算平均照度、亮度，特别是亮度均匀度与纵向均匀度的要求，计算区域内必须有足够的计算点数量，并且车道中心线上应布点。

4.11.3 亮度计算

亮度计算比较复杂，除涉及照度计算有关内容外，它还与观察点的位置、路面材料等有关，为可靠起见，没有考虑墙面反射光对路面亮度提高的影响。查对国内外有关资料，驾驶员注意力集中的区域大致是前方60m~160m，因此视点纵向距离取距计算区域60m~160m，侧向距离取1/4路面宽，视点高为1.5m。由于视角大多在0.5°~1.5°之间，不计其影响。

关于路面简化亮度系数$r(c,\gamma)$的取值，目前我国公路隧道路面几乎都是水泥混凝土路面，在没有实测资料的情况下，引用CIE的推荐值。本规范附录C只列出了一种路面的$r(c,\gamma)$值。$r(c,\gamma)$表中所有的r值是按$Q_0=1$测量计算得出的。实际计算时，应乘以表中的Q_0值，并且表中各r值均乘了1000。经推断L_{pi}可按下式计算：

$$L_{ip}=\frac{I_{c\gamma}}{H^2}\cdot\frac{\Phi}{1000}\cdot M\cdot r(\beta,\gamma)\cdot\frac{Q_0}{1000} \tag{21}$$

照明计算简例

1 基本数据见表24。

表 24　基 本 数 据

光源	高压钠灯	路面类型	水泥混凝土路面
功率	100W	路面宽度	8.5m
灯具	×××	灯具安装方式	双侧交错，间距 6m；高度 5m，仰角 10°
养护系数	0.7	观测点位置	计算区域前方 60m，距路面边缘 1/4 路面宽处
光通量	8180lm	计算区域	纵向长度 S = 6m，横向宽度 W = 8.5m
灯具数量	4 个	计算点数	纵向 7 点（间距 1m），横向 5 点（间距 2.125m）

2　照度、亮度计算

1）数值计算方法

计算区域、布灯方式、计算点布设如图 42 所示。

①计算步骤：

· 计算某灯对某点的照度与亮度；

· 依次计算其余灯具对某点的照度与亮度；

· 计算全部灯具在此点产生的总照度和亮度；

· 逐点计算区域内各计算点的照度和亮度；

· 根据各计算点的照度和亮度，计算平均照度和亮度；

· 根据各计算点的照度和亮度，计算总均匀度及纵向均匀度。

以上计算照度和亮度，需反复迭代计算，可由计算机完成。

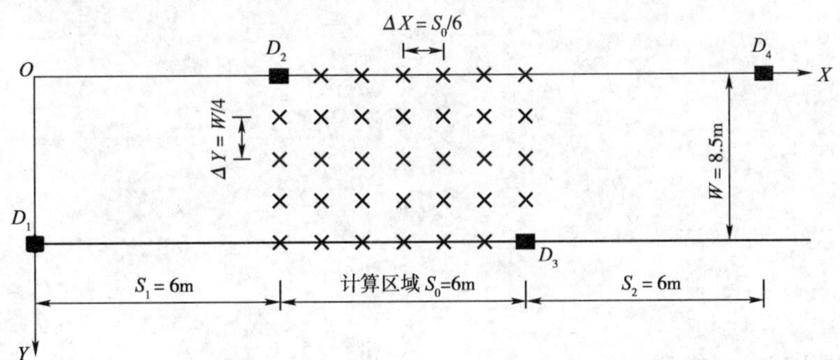

图 42　计算区域、布灯方式、计算点布设

②计算结果

· 计算区域内的路面照度（lx）

	1 *	2 *	3 *	4 *	5 *	6 *	7 *
1 –	59.9	56.3	47.4	37.3	29.1	24.1	22.2
2 –	63.2	60.5	54.3	47.9	42.6	39.6	38.5（车道中心线）
3 –	58.9	58.0	56.4	55.7	56.4	58.0	58.9
4 –	38.5	39.6	42.6	47.9	54.3	60.5	63.2（车道中心线）
5 –	22.2	24.1	29.1	37.3	47.4	56.3	59.9

区域内最小照度　E_{min} = 22.16lx

区域内最大照度　E_{max} = 63.25lx

区域内平均照度　E_{av} = 47.09lx

· 计算区域内的路面亮度（cd/m^2）

	1 *	2 *	3 *	4 *	5 *	6 *	7 *
1 –	4.4	4.2	3.7	3.2	2.7	2.3	2.0
2 –	5.0	4.9	4.5	4.1	3.7	3.5	3.3
3 –	5.2	5.1	4.9	4.6	4.5	4.6	4.7
4 –	3.8	4.0	4.0	4.1	4.4	4.6	4.7
5 –	2.4	2.6	2.8	3.2	3.7	4.1	4.3

区域内最小亮度　$L_{min}=2.034cd/m^2$

区域内最大亮度　$L_{max}=5.184cd/m^2$

区域内平均亮度　$L_{av}=3.934cd/m^2$

区域内总均匀度　$U_0=0.517$

区域内纵向均匀度　$U_1=0.81$

2)利用系数方法

将 $W=8.5$、$S=6$、$\Phi=8180lm$、$M=0.7$、$N=1$、$\eta=0.4$ 代入式(4.11.2-4),则路面平均照度为:

$$E_{av}=0.40\times8180\times0.7\times1/8.5/6=44.9lx$$